𡊱 押 坤 埋 ✓ 일본 상용한자 필순

いける
れる

푹한 곳에 가득 차서) 묻히다. 파묻히
차다. ④온통 뒤덮이다. ⑤보충되다. ✓ 한자읽기가 두 종류임
다른 물건 속에 덮이어) 묻히다. ②(사
지다.
움푹한 곳에) 묻다. 파묻다. ②메우다.
미지근하게 하다. 희석하다. ✓ 한자읽기가 두 종류임
(다른 물건 속에) 묻다. 파묻다. ②메
건으로) 꽉 채우다.
축.
매립하다.

좋음.

름.

찾기 쉬운 김영진

일본어 漢字읽기 사전

머리말

제가 한국에서 최초로 「일본어 한자읽기 사전」을 편찬하여 세상에 내놓은 것이 1975년 10월이었습니다. 그러나 너무 부족한 점이 많아서, 내용을 추가하여 2년 후인 1977년 8월에 증보판을 내놓았습니다. 그 후 1990년대 후반에 접어들면서부터는 일본어 한자읽기 사전이 우후죽순처럼 보급되기 시작하여 일본어 한자읽기에 고생하는 독자들에게 많은 보탬이 되어 왔습니다. 그렇지만, 일련의 일본어 한자읽기 사전들이 과연 만족할 만한 수준에 이르렀나 하는 의문이 늘 제 가슴을 아프게 하였습니다.

또한 일본 사회도 끊임없이 변천을 거듭하여 새로운 한자 단어와 약어(略語)의 사용이 추가되었기에, 저 역시 「새로운 일본어 한자읽기 사전」의 필요성을 절감하게 되어, 그 동안 준비하여 두었던 원고에 독자들이 바라는 점을 꾸준히 수집하고 새로이 추가하여 30여년 만에 획기적인 2차 개정 증보판을 「도서출판 성안당」을 통해 세상에 내놓게 된 것을 참으로 기쁘게 생각합니다.

이번에 새로운 한자읽기 사전을 발행함에 있어서, 독자들의 편의를 위해 소형판은 『새로운 김영진 일본어 한자읽기 사전』으로, 중형판은 『찾기쉬운 김영진 일본어 한자읽기 사전』으로, 대형판은 『재미있는 김영진 일본어 한자읽기 사전』으로 서로 다른 내용으로 편집함과 동시에, 기존의 다른 사전들과 비교해서 찾기 쉽게 열 가지 사항이 새로 추가되었다는 것을 밝혀 둡니다.

(1) 일본의 상용한자 1945자는 모두 필순(筆順/글씨 쓰는 순서)을 표기하였습니다.
(2) 상용한자가 아닌 한자 중에서도 일본인들이 임의로 만들어서 사용하는 일본식 한자는 ˣ표가 있는 괄호 안에 표기하였습니다.
(3) ◉표의 훈독(訓読)과 음독(音読) 한자(漢字)는 일본어 능력시험과 일본의 초등학교·중학교 의무교육용 교과서와 신문에 사용하는 한자임(1981年 日本 内閣告示)을 밝혀 둡니다.

(4) ⊗표의 훈독(訓読)과 음독(音読) 한자(漢字)는 초·중등용 교과서와 신문을 제외한 그 밖의 과학·기술·예술 등의 각종 전문분야 교재나 작가 개인에 따라 사용하는 한자이므로, 일본어 능력시험을 준비하는 사람은 ⊗표시의 한자를 외울 필요가 없습니다.

(5) 일본어 능력시험용 지정 단어에는 급수를 나타내는 아라비아 숫자가 표제어 앞에 별색(別色)으로 나와 있습니다.

(6) ★표의 한자는 「특별읽기」로써 독자들이 특별히 신경을 써서 외우도록 하였습니다.

(7) 「加害[かがい] 가해; 남에게 해를 끼침」처럼 대부분의 음독(音読) 한자 표제어에도 친절하게 단어의 뜻을 해설하여 두었습니다.

(8) 특히 이해하기 어려운 단어에는 예문을 추가함으로써 독자들의 필요를 충족시키려고 노력하였습니다.

(9) 경우에 따라서는 「家内❶[やうち] ①집 안. ②가족. ❷[かない] ①가내; 집 안. ②가족. ③(자기의) 아내. 안사람.」처럼 ❶[やうち]라는 훈독(訓読)과 ❷[かない]라는 음독(音読)을 訓読 과 音読 양쪽 모두의 표제어에서 동시에 설명함으로써 찾기 쉽게 하였습니다.

(10) 부록편에는 음(音)으로 찾는 〈자음(字音) 색인〉, 한자의 획수를 세어서 찾는 〈총획(総劃) 색인〉, 그리고 일본어 かな로만 된 단어의 뜻과 한자(漢字)를 찾을 때는 〈かな 색인〉을 활용하도록 추가하였습니다.

앞으로도 시대의 변천에 따라 한자읽기 사전의 증보가 필요할 때는 언제든지 주저하지 않고 추가로 개정증보판을 내도록 하겠으며, 일본어 공부를 하는 분들에게 항상 사랑 받는 저자가 되도록 최선의 노력을 다 할 것을 약속드립니다.

대표 저자 김영진 드림

일러두기

1. 수록 한자

(1) 상용한자 : 1945자

(2) 전문용어 한자 : 1055자

2. 한자의 배열

예를 들어 <가>에서 필순(筆順)이 표기된 상용한자(加, 可, 假, 價, 佳, 家, 街, 嫁,暇, 歌, 稼)가 먼저 나오고, 상용한자가 아니기 때문에 필순(筆順)이 표기되지 않은 한자(伽, 呵, 茄, 苛, 枷, 珈, 痂, 袈, 嘉, 榎, 駕)는 그 뒤를 이어서 나오도록 편집하였습니다.

3. 표제어의 배열

모든 표제어(標題語)는 훈독(訓読)이 먼저 나오고, 이어서 음독(音読)이 나오도록 편집하였으며, 또한 일본어 발음에 따라 배열하거나 정리하지 않고 한글 <가, 나, 다> 순서에 따라 배열하여 누구나 빨리 찾아 볼 수 있도록 배려하였습니다.

4. 부록편의 이용방법

한자를 읽을 줄 아는 경우에는 <자음(字音) 색인>을 이용하거나 사전을 가, 나, 다 순서로 펴가면서 찾으면 됩니다만, 일본어로 읽을 줄 아는 경우에는 부록편 <かな 색인>에서 순서대로 찾으면 됩니다. 그러나 한자를 한글로도 일본어로도 읽을 줄 모를 경우에는 한자의 획수를 세어서 찾는 <총획(総劃) 색인>을 활용하시기 바랍니다.

5. 상용한자(常用漢字)

모든 상용한자는 필순(筆順/한자 쓰기 순서)을 표기하였으며, 구사체(旧字体) 즉, 중국 정통 한자가 있는 경우에는 괄호 안에 표기하여 두었습니다.

仮(假) 임시/거짓 가
ノ 亻 仁 仮 仮 仮

일본의 상용한자 1945자의 모든 필순(筆順)은 일본의 「일본 한자교육진흥회(日本漢字教育振興会)」가 주관하여 편찬한 상용한자사전(常用漢字辞典)에 근거하여 표기하였으므로, 한자에 따라서는 한국의 「한국 어문교육 연구회」에서 발행한 책의 한자 필순과 다를 수 있음에 유의해야 합니다.

6. 상용한자가 아닌 한자

일본의 상용한자가 아닌 한자 중에서 일본인들이 임의로 만들어서 사용하는 일본식 한자는 ×표가 있는 괄호 안의 한자로 표기하였습니다.

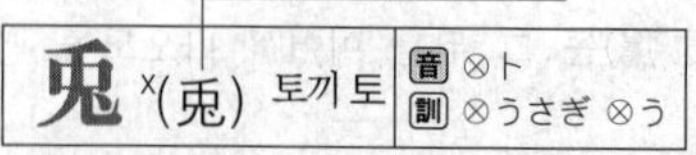

7. ◉표의 한자 훈독(訓読)과 음독(音読)

◉표 훈독(訓読)과 음독(音読)의 한자(漢字)는 일본어 능력시험과 일본 초등학교·중학교의 의무교육용 교과서와 신문에 사용하는 한자입니다.

8. ⊗표의 한자 훈독(訓読)과 음독(音読)

⊗표 훈독(訓読)과 음독(音読)의 한자(漢字)는 초·중등용 교과서와 신문을 제외한 그 밖의 과학·기술·예술 등의 각종 전문분야 교재나 작가 개인에 따라 사용하는 한자이므로, 일본어 능력시험을 준비하는 사람은 ⊗표시의 훈독(訓読) 한자를 외울 필요가 없습니다.

9. 표제어 앞의 숫자

표제어(標題語) 앞의 아라비아 숫자 '1'은 일본어 능력시험 1급용 지정 단어이고, '2'는 2급, '3'은 3급, '4'는 4급용 지정 단어임을 표시한 것입니다.

10. 괄호가 있는 표제어 埋(め)立(て)

표제어 중에서「埋(め)立(て)[うめたて]」처럼 괄호가 있는 표제어는 괄호안의 글자를 생략하여「埋立[うめたて]」처럼 표기해도 된다는 표시입니다.

11. ❶ ❷표시

❶ ❷표시는 한자읽기가 두 종류이며 서로 뜻이 다르다는 것을 표시한 것입니다. 그러나 뜻이 같은 한 단어에 한자읽기가 두 종류일 경우에는, 梅雨[つゆ/ばいう]처럼 표기하여 두었습니다.

埋	파묻을 매
一 十 ナ 扌 圳 坦 坦 坤 埋 埋	

音 ◉マイ
訓 ◉うまる ◉うめる ◉うもれる ⊗いける
⊗うずまる ⊗うずめる ⊗うずもれる

訓読

[1]◉埋まる❶[うまる] 〈5自〉 ①(움푹한 곳에 가득 차서) 묻히다. 파묻히다. ②메워지다. 막히다. ③꽉 차다. ④온통 뒤덮이다. ⑤보충되다.
⊗埋まる❷[うずまる] 〈5自〉 ①(다른 물건 속에 덮이어) 묻히다. ②(사람이나 물건으로) 꽉 차다. 메워지다.
[2]◉埋める❶[うめる] 〈下1他〉 ①(움푹한 곳에) 묻다. 파묻다. ②메우다. 채우다. ③보충하다. ④(물을) 미지근하게 하다. 희석하다.
[1]⊗埋める❷[うずめる] 〈下1他〉 ①(다른 물건 속에) 묻다. 파묻다. ②메우다. 채우다. ③(사람이나 물건으로) 꽉 채우다.
埋(め)立(て)[うめたて] 매립; 매축.
埋め立てる[うめたてる] 〈下1他〉 매립하다.

12. ★표의 한자 읽기

★표의 한자 읽기는「특별읽기」이므로 신경을 써서 외워 두어야 합니다.

景	별/경치 경
丨 冂 日 日 旦 早 呉 景 景 景	

音 ◉ケイ ◉ケ
訓 ―

音読

景観[けいかん] 경관; 경치.
[2]景気[けいき] 경기; ①기업 활동의 경제 상태. ②활동 상태나 위세・기세가 좋음.
[3]景色[★けしき] 경치. 풍경.
景仰[けいこう] 경앙; 우러러 따름.

13. 景気[けいき] 경기

표제어의 「**景気**[けいき] 경기; ①기업 활동의 경제 상태. ②활동 상태나 위세·기세가 좋음.」처럼, 「;」 표시가 있는 「경기;」는 표제어를 한글 발음으로 읽는 경우를 말하고, ①과 ②는 단어의 해설이 두 종류라는 것을 말합니다.

14. 문법 용어

문법 용어의 약어(略語) 표시는 모두 〈〉로 표시하였습니다.

〈形〉 : 형용사(形容詞)

〈形動〉: 형용동사(形容動詞)

〈5自〉 : 5단활용 자동사

〈5他〉 : 5단활용 타동사

〈上1自〉 : 상1단활용 자동사

〈上1他〉 : 상1단활용 타동사

〈下1自〉 : 하1단활용 자동사

〈下1他〉 : 하1단활용 타동사

〈カ変自〉: カ행 변격활용 자동사

〈サ変自〉: サ행 변격활용 자동사

〈サ変他〉: サ행 변격활용 타동사

15. 전문 용어

전문 용어의 약어(略語) 표시는 모두 ≪≫로 표시하였습니다.

≪建≫ 건축(建築)

≪経≫ 경제(経済)

≪工≫ 공업(工業)

≪鉱≫ 광업(鉱業)

≪気≫ 기상(気象)

≪基≫ 기독교(基督教)

≪論≫ 논리학(論理学)

≪農≫ 농업(農業)

≪動≫ 동물(動物)

≪文学≫ 문학(文学)

≪文法≫ 문법(文法)

≪物≫ 물리학(物理学)

≪美≫ 미술(美術)

≪法≫ 법률(法律)

≪服≫ 복식(服飾)

≪仏≫ 불교(仏教)

≪生理≫ 생리학(生理学)

≪数≫ 수학(数学)

≪植≫ 식물(植物)

≪心≫ 심리학(心理学)

≪雅≫ 아어(雅語)

≪野≫ 야구(野球)

≪語学≫ 언어학(言語学)

≪魚≫ 어류(魚類)

≪演≫ 연극/영화

≪音≫ 음악(音楽)

≪医≫ 의학(医学)

≪宗≫ 종교(宗教)

≪地≫ 지리(地理)

≪天≫ 천문학(天文学)

≪哲≫ 철학(哲学)

≪虫≫ 곤충(昆虫)

≪貝≫ 조개/패류(貝類)

≪化≫ 화학(化学)

가

加 더할/보탤 가

ㄱ 力 加 加 加

音 ◉カ ⊗ガ
訓 ◉くわうる ◉くわえる ◉くわわる

訓読

◉加うるに[くわうるに] 게다가. 더구나. 그 위에. 뿐만 아니라.

2◉加える[くわえる] 〈下1他〉 ①더하다. 보태다. ②가입시키다. ③주다. 끼치다.

加え算[くわえざん] 덧셈.

2◉加わる[くわわる] 〈5自〉 ①증가하다. 더 많아지다. 늘다. 더해지다. ②참여하다. 참가하다. 가담하다. 끼어들다.

⊗加之[しかのみならず] …뿐만 아니라. 게다가. 그 위에. 더군다나.

音読

加[か] ①'加奈陀(カナダ)'의 준말. ②'加州(かしゅう)'의 준말. 미국 캘리포니아 주. ③'일본 加賀(かが)' 지방의 준말.

2加減[かげん] 가감; ①덧셈과 뺄셈. ②조절. ③알맞음. ④건강 상태. ⑤관계. 탓.

加減乗除[かげんじょうじょ] 가감승제; 덧셈·뺄셈·곱셈·나눗셈.

1加工[かこう] 가공; 인공(人工)을 더함.

加冠[かかん] 가관; ①관례(冠礼)를 올리고 처음으로 관(冠)을 씀. ②관례 때 관을 씌우는 사람.

加級[かきゅう] 가급; 직급을 올림.

加給[かきゅう] 가급; 급료를 올림.

加年[かねん] 가년; (새해를 맞아) 나이를 한 살 더 먹음.

加担[かたん] 가담; ①한 편이 되어 일을 같이 함. ②짐을 짐.

加禄[かろく] 가록; 녹봉(禄俸)을 증가시킴.

加療[かりょう] 가료; 치료를 함.

加留多[かるた] ①딱지. 놀이딱지. ②트럼프. 카드.

加留多遊び[かるたあそび] 딱지놀이.

加留多取り[かるたとり] 딱지놀이. 카드놀이.

加盟[かめい] 가맹; 단체에 가입함.

1加味[かみ] 가미; ①음식에 다른 것을 넣어서 맛이 더 나게 함. ②어떤 것에 다른 요소를 첨가함.

加配[かはい] 가배; 추가 배급.

加法[かほう] 가법; 덧셈.

加算[かさん] 가산; 더하여 셈함.

加勢[かせい] 가세; 힘을 보탬.

2加速[かそく] 가속; 속도가 빨라짐.

2加速度[かそくど] 가속도.

加水分解[かすいぶんかい] 가수 분해.

加数[かすう] 가수; 덧수.

加湿器[かしつき] 가습기.

加湿機[かしつき] 가습기.

加圧[かあつ] 가압; 압력을 더함. 압력이 가해짐.

2加熱[かねつ] 가열; 열을 더 세게 함.

加温[かおん] 가온; 식지 않도록 따뜻하게 함.

1加入[かにゅう] 가입; 단체에 들어감.

加入者[かにゅうしゃ] 가입자.

加点[かてん] 가점; 점수를 더함.

加除[かじょ] 가제; 보탬과 뺌.

加州[かしゅう] 가주; 미국 캘리포니아 주.

加重[かじゅう] 가중; 더 무겁게 함.

加増[かぞう] 가증; ①증가. ②영지(領地)나 녹봉(禄俸)의 증가.

加持[かじ] 가지; 신불(神仏)에게 가호(加護)를 빌어 병이나 재앙을 면함.

加筆[かひつ] 가필; 글씨를 다듬어 고침.

加害[かがい] 가해; 남에게 해를 끼침.

加害者[かがいしゃ] 가해자; 해를 끼친 자.

加虐[かぎゃく] 가학; 학대(虐待)를 함.

加号[かごう] 가호; 덧셈 기호. 플러스(+).

加護[かご] 가호; 신불(神仏)이 잘 보살펴 줌.

◑冥加[みょうが], 奉加[ほうが]

可 옳을 가

一 ㄱ ㅁ 可 可

音 ◉カ
訓 ⊗べし

訓読

⊗可かけり[べかけり] …이어야 한다. …해야 한다. …할지어다.

⊗可からず[べからず] ①…해서는 안 된다. ②…할 수 없다.

⊗可き[べき] ①…해야 할. ②…하는 것이 적절한.

⊗可くして[べくして] ①…할 수는 있어도. ②마땅히 …해야 하였기에. …해야만 해서. …하지 않으면 안 되어.

⊗**可し**[べし] ①(당연의 뜻으로) ㉠…이 마땅하다. ㉡…임에 틀림없다. ㉢…해야 한다. ②(추측의 뜻으로) ㉠반드시 …일 것이다. ㉡…할 듯하다. …인 것 같다. ③(가능의 뜻으로) …할 수 있다. ④(명령의 뜻으로) …하라. …하여 다오.

⊗**可惜**[★あたら] ①아까운. 애석한. ②아깝게도. 애석하게도.

2⊗**可笑しい**[★おかしい] 〈形〉 ①(재미가 있어서) 우습다. ②비정상이다. 이상하다.

⊗**可笑しな**[★おかしな] ①우스운. ②이상한.

音読

2**可**[か] 가; ①좋음. ②좋다고 인정함. ¶~とする 좋다고 인정하다. ③성적을 평가하는 말의 하나.

可なり[かなり] 가함. …하여도 좋음.

2**可決**[かけつ] 가결; 좋다고 결정함.

可耕[かこう] 가경; 경작할 수 있음.

2**可能**[かのう] 가능; 할 수 있음.

可能性[かのうせい] 가능성; 실현될 수 있는 성질. 할 수 있는 성질.

可動[かどう] 가동; 움직일 수 있음.

可憐[かれん] 가련; ①가련함. 애처로움. ②귀여움. 사랑스러움.

可変[かへん] 가변; 변할 수 있음.

可否[かひ] 가부; ①옳음과 그름. ②찬성과 반대. ③찬성과 반대에 대하여 논함.

可分[かぶん] 가분; 나눌 수 있음.

2**可成**[かなり] 꽤. 제법. 상당히.

可視[かし] 가시; 눈으로 볼 수 있음.

可視光線[かしこうせん] 가시광선.

4**可愛い**[かわいい] 〈形〉 ①귀엽다. 사랑스럽다. ②깜찍하게 예쁘다.

2**可愛がる**[かわいがる] 〈5他〉 귀여워하다. 애지중지하다.

2**可愛らしい**[かわいらしい] 〈形〉 귀엽다. 사랑스럽다. 예쁘장하다.

2**可哀相**[かわいそう] 〈形動〉 가엾다. 불쌍하다.

2**可哀想**[かわいそう] 〈形動〉 가엾다. 불쌍하다.

可燃[かねん] 가연; 불에 탈 수 있음.

可燃物[かねんぶつ] 가연물; 불에 탈 수 있는 물질. 가연성(可燃性) 물질.

可燃性[かねんせい] 가연성; 불에 탈 수 있는 성질.

可溶[かよう] 가용; ①액체에 녹기 쉬움. ②낮은 온도에서 녹기 쉬움.

可聴音[かちょうおん] 가청음; 사람의 귀에 들리는 범위의 소리.

仮(假) 임시/거짓 가

ノ イ 仁 仮 仮 仮

音 ◉カ ◉ケ
訓 ◉かり

訓読

1◉**仮**[かり] ①임시. 일시적임. ②가짜.

1**仮に**[かりに] ①만약. 설사. 가령. ②임시로. 시험 삼아서.

仮にも[かりにも] 〈副〉 ①적어도. ②(부정문에서) 결코. 어떤 일이 있어도.

仮勘定[かりかんじょう] 임시 계산.

仮契約[かりけいやく] 가계약; 임시 계약.

仮橋[かりばし] 가교; 임시로 놓은 다리.

仮宮[かりみや] ①임시 궁전. ②천황이 임시로 머무는 행궁(行宮). ③(축제 때) 御輿(みこし)를 임시로 두는 장소.

仮渡し[かりわたし] ①가불(仮払). ②(주식 거래에서) 주식 매매를 할 때 주식이 부족한 경우, 대행 기관이 판 쪽을 대신해서 주식을 넘겨줌.

2**仮令**[★たとえ/たとい] 가령; 비록. 설사.

仮埋め[かりうめ] 가매장. 임시로 묻음.

仮埋葬[かりまいそう] 가매장; 임시로 매장함.

仮免[かりめん] 가면; 임시 면허.

仮免状[かりめんじょう] 가면장; 임시 면장.

仮免許[かりめんきょ] 가면허; 임시 면허.

2**仮名**❶[かりな/かめい] 가명; 임시 이름. 가짜 이름. ❷[かな/けみょう] ☞ [音読]

仮普請[かりぶしん] 임시 건축 공사.

仮縫い[かりぬい] 가봉; ①임시로 꿰맴. ②(옷을 만들 때) 시침바느질.

仮払(い)[かりばらい] 가불; 임시로 지불함.

仮払金[かりばらいきん] 가불금; 임시로 지불한 돈.

仮釈放[かりしゃくほう] 가석방; 임시 석방.

仮小屋[かりごや] 임시 오두막집.

仮刷(り)[かりずり] 가쇄; 인쇄 상태를 보기 위해 임시로 인쇄함. 또는 그 인쇄물.

仮受金[かりうけきん] 《経》 가수금; 임시로 받아 두는 돈.

仮需[かりじゅ] '가수요(仮需要)'의 준말.

仮需要[かりじゅよう] 가수요; 투기(投機) 목적으로 사 두는 것.

仮の宿[かりのやど] ①임시 숙소. ②덧없는 세상. 현 세상.

仮植え[かりうえ] 가식; 임시로 심어 둠.
仮役[かりやく] 임시로 맡은 역할.
仮屋[かりや] 임시로 지은 오두막집.
仮囲い[かりかこい] (건축 공사 현장 주위에 둘러치는) 임시 벽.
仮議長[かりぎちょう] 임시 의장.
仮入学[かりにゅうがく] 가입학; 임시 입학.
仮定款[かりていかん] 임시 정관.
仮政府[かりせいふ] 임시 정부.
仮製本[かりせいほん] 가제본; 임시 제본.
仮条約[かりじょうやく] 가조약; 임시 조약.
仮調印[かりちょういん] 가조인; 임시 조인.
仮座[かりざ] 임시로 마련한 자리.
仮住まい[かりずまい] 임시 거처.
仮執行[かりしっこう] 가집행; 임시로 집행함.
仮差(し)押(さ)え[かりさしおさえ] 가압류(仮押留).
仮処分[かりしょぶん] 가처분; 임시로 처분함.
仮綴(じ)本[かりとじほん] 임시 제본 책.
仮貼り[かりばり] ①임시로 바름. ②종이나 비단이 주름지지 않게 풀칠할 때 쓰는 틀.
仮初(め)[かりそめ] ①임시. 잠시. 덧없음. ②사소함. ③소홀함. 등한히 함.
仮祝言[かりしゅうげん] 집안끼리의 약식 혼례(婚礼).
仮出所[かりしゅっしょ] 가출소; '가출옥(仮出獄)과 가출장(仮出場)'의 속칭(俗称).
仮出獄[かりしゅつごく] 가출옥; 가석방.
仮出場[かりしゅつじょう] 가출장; 임시로 경기에 나감.
仮親[かりおや] ①수양부모. 양부모. ②대리 부모.
仮寝[かりね] ①선잠. 잠깐 눈을 붙임. ②노숙(露宿). 한뎃잠. 객지잠.

音読

仮す[かす] 〈5他〉 ①(시간 등을) 일시적으로 주다. ②용서하다.
仮納[かのう] 가납; 임시로 납부함.
仮面[かめん] 가면; 탈.
仮眠[かみん] 가면; 선잠.
[2]仮名❶[かな] 가나. 일본의 표음 문자. ❷[けみょう] 통칭(通称). *관례(冠礼) 때 대부(代父)가 지어 줌. ❸[かりな/かめい] ☞ [訓読]
[2]仮名遣(い)[かなづかい] 일본어 かな 표기법. 일본어를 かな로 적을 때의 표기법.
仮名交(じり)[かなまじり] 한자(漢字)와 かな를 섞어서 쓴 글.
仮名交(じり)文[かなまじりぶん] 한자(漢字)와 かな를 섞어서 쓴 문장.
仮名文字[かなもじ] 일본어의 표음 문자.
仮名書(き)[かながき] かな로 씀. かな로 쓴 문장.
仮泊[かはく] 가박; 배가 임시로 정박함.
仮病[★けびょう] 꾀병.
仮分数[かぶんすう] ≪数≫ 가분수.
仮死[かし] ≪医≫ 가사; 한동안 의식이 없고 호흡과 맥박이 멎어 죽은 것과 같은 상태.
仮想[かそう] 가상; 가정적으로 생각함.
仮設[かせつ] 가설; ①임시로 설치함. ②실제로는 존재하지 않는 것을 있는 것으로 가정함. ③ ≪論≫가정(仮定).
仮説[かせつ] 가설; 억설.
仮声[かせい] 가성; 꾸며낸 목소리.
仮性[かせい] ≪医≫ 가성; 원인은 다르나 그 증상이 진성(真性)에 가까운 병.
仮寓[かぐう] 가우; 임시 거처.
仮字[かな] 일본의 표음 문자.
仮作[かさく] 가작; ①임시로 만듦. 임시로 만든 것. ②픽션. 허구(虚構).
仮装[かそう] 가장; ①임시로 꾸밈. ②임시로 변장(変装)함.
[2]仮定[かてい] 가정; 실제로는 없는 것을 있는 것으로 말함.
仮定形[かていけい] ≪語学≫ 가정형.
仮題[かだい] 가제; 임시 제목.
仮借❶[かしゃ] 가차; 뜻은 다르나 음이 같은 한자를 빌려 쓰는 법. ❷[かしゃく] 가차; ①빌림. ②용서함. 사정을 보아줌.
仮称[かしょう] 가칭; 임시로 일컬음.
仮託[かたく] 가탁; 핑계. 빙자.

価(價) 값 가

丿 亻 仁 仁 佰 価 価 価

音 ◉カ
訓 ◉あたい

訓読

[1]◉価[あたい] ①값. ¶~をつける 값을 매기다. ②가치. 값어치. ③ ≪数≫ 수값. 수치(数値). ¶xの~を求(もと)める x의 값을 구하다.

[1]価する[あたいする] 〈サ変自〉 가치가 있다. …할 만하다.

価千金[あたいせんきん] 천금의 가치가 있음. 대단히 가치가 높음.

音読

[2]価格[かかく] 가격; 값.

価格表[かかくひょう] 가격표; 가격을 매긴 표.

価数[かすう] 가수; ①원소의 원자가(原子価)를 나타내는 수치. ②이온가(価)를 나타내는 수치.

価額[かがく] 가액; 값. 가격.

価電子[かでんし] 가전자; 원자의 가장 바깥쪽에 있는 전자.

[2]価値[かち] 가치; 값어치.

価値観[かちかん] 가치관.

佳 아름다울 가

丿 亻 仁 什 仕 佳 佳 佳

音 ◉カ

訓 —

音読

佳景[かけい] 가경; 아름다운 경치.

佳境[かきょう] 가경; ①흥미진진한 경지. ②경치가 좋은 곳.

佳句[かく] 가구; ①시가(詩歌) 등에서 잘된 구절. ②잘 지은 俳句(はいく).

佳良[かりょう] 가량; 아주 좋음.

佳麗[かれい] 가려; ①곱고 아름다움. ②미인. 아름다운 사람.

佳例[かれい] 가례; 좋은 선례(先例).

佳味[かみ] 가미; ①훌륭한 맛. 진미(珍味). ②재미.

佳人[かじん] 가인; 아름다운 여자. 미인.

佳日[かじつ] 가일; 길일(吉日). 좋은 날. 축하할 만한 날.

佳作[かさく] 가작; ①우수한 작품. 잘 된 작품. ②입선작 다음가는 좋은 작품.

佳品[かひん] 가품; ①좋은 물건. ②훌륭한 작품.

架 시렁 가

フ カ カ 加 加 架 架 架 架

音 ◉カ

訓 ◉かかる ◉かける

訓読

◉架かる[かかる] 〈5自〉 가설되다. 걸쳐지다. 설치되다. ¶橋(はし)が~ 다리가 놓이다. ¶電線(でんせん)が~ 전선이 가설되다. ¶虹(にじ)が~ 무지개가 뜨다.

◉架ける[かける] 〈下1他〉 가설하다. 걸치다. 설치하다. ¶橋(はし)を~ 다리를 놓다. ¶電線(でんせん)を~ 전선을 가설하다.

音読

架する[かする] 〈サ変他〉 ①(두 개의 물건 위에) 걸쳐놓다. 가설하다. ②(건물 위에) 짓다. 구축하다.

[2]架空[かくう] 가공; ①공중에 걸침. ¶~ケーブル 공중 케이블. ②상상으로 만들어 냄.

[2]架空人物[かくうじんぶつ] 가공인물.

架橋[かきょう] 가교; 다리를 놓음. 설치한 다리.

架道橋[かどうきょう] 가도교; 육교(陸橋).

架上[かじょう] 가상; 선반 위. 시렁 위.

架線[かせん/がせん] 가선; 전선 등을 가설함. ＊공사 관계자들은 'がせん'이라고 함.

架設[かせつ] 가설; 건너질러 설치함.

架蔵[かぞう] 가장; (서적 등을) 선반이나 시렁 위에 보관해 둠.

家 집 가

丶 丷 宀 宀 宀 宁 家 家 家 家

音 ◉カ ◉ケ

訓 ◉いえ ◉や

訓読

[4]◉家❶[いえ] ①집. 주택. ②가정. 가족. 살림. ¶~が貧(まず)しい 살림이 가난하다. ③가문. 문벌. ¶~を継(つ)ぐ 상속하다. ④재산. 가산. ¶~を食(く)いつぶす 가산을 탕진하다. ❷[か/け] ☞[音読]

家家[いえいえ] 집집마다. 가가호호.

家見[いえみ] ①(집을 매매하거나 빌리기 위한) 집 구경. ②(집의 신축이나 이사를 축하하기 위한) 집들이.

家継ぎ[いえつぎ] 호주 상속・상속인.

家構え[いえがまえ] 집의 구조.

家筋[いえすじ] 집안의 혈통. 가계(家系).

家内❶[やうち] ①집안. ②가족. ❷[かない] ①가내; 집안. ②가족. ③(자기의) 아내. 안사람.

家大工[やだいく] 집 짓는 목수. 대목.

家路[いえじ] 귀가(帰家). 귀로(帰路). 귀가 길.

家鳴り[いえなり] 진동으로 집이 울림.

家無し[いえなし] 집이 없음. 집 없는 사람.

家蚊[いえか] 집모기.

家並み[いえなみ/やなみ] ①집들이 즐비하게 늘어섬. ②집집마다.

家柄[いえがら] ①집안. 가문. 문벌. ②좋은 가문. 명문(名門).

家普請[いえぶしん/やぶしん] 가옥의 건축.

家付き[いえつき] ①집이 딸려 있음. ②본디부터 그 집에 살고 있음. ¶ ~の娘(むすめ) 데릴사위를 맞아들여야 할 딸.

家船[★えぶね/えふね] (배에 살면서 어획물을 식량 등과 교환하면서) 수상(水上) 생활을 하는 어민.

家続き[いえつづき] ①집이 늘어서 있음. ②집이 이웃해 있음.

家捜し[やさがし] ①집안을 샅샅이 뒤짐. ②집구하기. 살 집을 구하러 찾아다님.

家数[やかず] 집의 수효.

家の芸[いえのげい] ①집안에 전해 내려오는 독특한 기예(技芸). ②자랑으로 삼는 재주. 장기(長技).

家屋敷[いえやしき] 집과 대지(垈地).

家元[いえもと] ①종가(宗家). 한 유파의 전통을 잇는 집안. ②친정. 본가(本家).

家人❶[いえびと] ≪古≫ ①가족. 집안사람. ②가신(家臣). ③귀족 집안에 출입하는 사람. **❷**[かじん] ①집안사람. ②가신(家臣). **❸**[けにん] ①대대로 그 집을 섬겨 온 사람. 아랫사람. ②고대의 노예인 천민(賎民).

[2]**家賃**[やちん] 집세. 방세.

家作り[いえづくり/やづくり] ①집을 지음. ②집의 구조.

家蔵❶[いえくら] ①재산(財産). ②곳간. **❷**[かぞう] 가장; 집안에 소장(所蔵)함.

家造り[いえづくり/やづくり] ①집을 지음. ②집의 구조.

[2]**家主**[やぬし/いえぬし] ①(셋집 등의) 집주인. ②가구주(家口主). 가장(家長).

家中❶[いえじゅう] ①집안 전체. ②온 가족. **❷**[かちゅう] ①집안. ②가족. 집안. ③ ≪古≫ 大名(だいみょう)나 小名(しょうみょう)의 신하의 총칭. 가신(家臣).

家持ち[いえもち] ①집을 소유함. 집 주인. ②호주(戸主). 가장(家長). ③살림 솜씨.

[1]**家出**[いえで] 가출; ①출가(出家). 중이 됨. ②몰래 집을 떠남. ③외출(外出).

家探し[やさがし] ①집안을 샅샅이 뒤짐. ②집구하기. 살 집을 구하러 찾아다님.

家苞[いえづと] 집으로 갖고 돌아가는 선물.

音読

[2]**家❶**[か] ①사람. 財産(ざいさん)~ 재산가. ②전문가. 評論(ひょうろん)~ 평론가.

[2]**家❷**[け] 성(姓)이나 칭호 등에 붙여 집안·일족·가족 전체를 나타냄. ¶ 天皇(てんのう)~ 천황가. ¶ 田中(たなか)~ 다나카 집안. ¶ 将軍(しょうぐん)~ 장군가; 장군 집안. 쇼군 집안. **❸**[いえ] ☞ [訓読]

家格[かかく] 가격; 가문(家門). 문벌.

家系[かけい] 가계; 혈통.

家系図[かけいず] 가계도; 족보.

[1]**家計**[かけい] 가계; 살림살이. 생계.

[1]**家計簿**[かけいぼ] 가계부.

家計費[かけいひ] 가계비; 생활비.

[2]**家具**[かぐ] 가구; 살림살이 도구.

家具師[かぐし] 가구를 만들거나 파는 사람.

[2]**家具屋**[かぐや] 가구점. 가구를 파는 가게.

[3]**家内❶**[かない] ①가내; 집안. ②가족. ③(자기의) 아내. 안사람. **❷**[やうち] ①집 안. ②가족.

家督[かとく] 가독; 상속인. ¶ ~相続人(そうぞくにん) 호주 상속인.

[1]**家来**[けらい] 가신(家臣). 종자(従者). 부하.

家老[かろう] 가신(家臣). 중의 우두머리.

家門[かもん] 가문; ①문중. 일족(一族). ②집의 문. ③문벌. 가문의 격식.

家紋[かもん] 가문; 한 집안의 문장(紋章).

家法[かほう] 가법; ①가풍(家風). ②집안 전래(伝来)의 비법.

家宝[かほう] 가보; 한 집안의 보배.

家父[かふ] 가부; 자기 아버지.

家父長制[かふちょうせい] 아버지가 가장(家長)인 제도.

[2]**家事**[かじ] 가사; 집안 일.

家産[かさん] 가산; 집안의 재산.

家書[かしょ] 가서; ①집에서 온 편지. ②집안의 장서(蔵書).

家世[かせい] 가세; 가문과 혈통.

家塾[かじゅく] 가숙; 개인이 설립한 학교(글방).

家臣[かしん] 가신; 집안을 섬기는 부하.
家業[かぎょう] 가업; ①그 집안 생계의 기초가 되는 직업. ②그 집안 대대로 전해 내려오는 무예나 기술.
2家屋[かおく] 가옥; 집.
家運[かうん] 가운; 가세(家勢). 집안의 운세(運勢).
家人❶[かじん] ①집안 사람. ②가신(家臣). ❷[けにん] ①대대로 그 집을 섬겨 온 사람. 아랫사람. ②고대의 노예인 천민(賤民). ❸[いえびと] ≪古≫ ①가족. 집안 사람. ②가신(家臣). ③귀족 집안에 출입하는 사람.
家作[かさく] 가작; ①집을 지음. 지은 집. ②셋집으로 지은 집.
家作持ち[かさくもち] 세놓을 집을 가진 사람.
家長[かちょう] 가장; 호주(戸主). ¶ ~権(けん) 가장권; 호주권. 가부장권(家父長權).
家蔵❶[かぞう] 가장; 집안에 소장(所藏)함. ❷[いえくら] ①재산(財産). ②곳간.
家財[かざい] 가재; ①살림살이. ②가산(家産).
家裁[かさい] '가정재판소(家庭裁判所)'의 준말.
家伝[かでん] 가전; 집안 대대로 전해 내려옴.
家電[かでん] 가전; 가정용 전기 기구.
家政[かせい] 가정; 집안 살림.
家政婦[かせいふ] 가정부; 집안 일을 돌보기 위해 고용된 여자.
家政学[かせいがく] 가정학.
3家庭[かてい] 가정; 가족 집합체. 가족의 생활 장소.
4家族[かぞく] 가족; 부부를 중심으로 구성된 성원.
家中❶[かちゅう] ①집안. ②가족. 집안. ③≪古≫ 大名(だいみょう)나 小名(しょうみょう)의 신하의 총칭. 가신(家臣). ❷[いえじゅう] ①집안 전체. ②온 가족.
家職[かしょく] 가직; ①가업(家業). ②귀족이나 부호(富豪) 집의 집사(執事).
家什[かじゅう] 가집; 가구. 살림 도구.
1家畜[かちく] 가축; 집에서 사육하는 동물.
家畜小屋[かちくごや] 가축 축사(畜舍).
家親[かしん] 가친; 자기 부모.
家宅[かたく] 가택; 주거(住居).
家風[かふう] 가풍; 한 집안의 풍습.
家憲[かけん] 가헌; 가훈(家訓).
家訓[かくん] 가훈; 한 가정의 가르침.

街 거리 가

ノ 彳 行 行 彳 彳 街 街 街 街

音 ◉ガイ ◉カイ
訓 ◉まち

訓読

2◉街❶[まち] (상점들이 늘어 선) 거리. 번화가. ❷[がい] ☞ [音読]
2街角[まちかど] ①거리의 모퉁이. 길목. ②길거리. 가두(街頭).
街の女[まちのおんな] 거리의 여자. 창녀.
街の灯[まちのひ] 거리의 등불.
街明かり[まちあかり] 거리의 불빛.
街並み[まちなみ] 거리에 집이나 상점들이 즐비하게 늘어서 있는 곳.
街の紳士[まちのしんし] 거리의 신사. 갱.
街屋根[まちやね] 시가지에 즐비한 집들의 지붕.
街着[まちぎ] 나들이옷. 외출복.
街幅[まちはば] 가폭; 가로(街路)의 폭.

音読

1街❶[がい] (명사에 접속하여) 가; 거리. ¶ビル~ 빌딩가. ¶繁華(はんか)~ 번화가. ¶住宅(じゅうたく)~ 주택가. ❷[まち] ☞ [訓読]
1街道[★かいどう] 가도; ①큰길. 가로(街路). ②교통량이 많은 간선 도로.
街道筋[★かいどうすじ] 간선 도로변.
1街頭[がいとう] 가두; 길거리.
街灯[がいとう] 가등; 가로등.
街燈[がいとう] ☞ 街灯
街路[がいろ] 가로; 큰길.
街路灯[がいろとう] 가로등; 가로의 등.
街路樹[がいろじゅ] 가로수; 가로의 나무들. 도시의 미관이나 환경을 보전하기 위해 가로를 따라 심어진 나무들.

嫁 시집갈 가

く 女 女 女 女 女 女 嫁 嫁 嫁

音 ◉カ
訓 ◉とつぐ ◉よめ

訓読

◉嫁ぐ[とつぐ] 〈5自〉 시집가다. 출가하다.
嫁がせる[とつがせる] 〈下1他〉 시집보내다.
嫁ぎ[とつぎ] 시집감. 출가함.

嫁ぎ先[とつぎさき] 시집간 집. 시가. 시집.
2◉嫁[よめ] ①며느리. ②신부. 신혼 여성. ¶お~に行(い)く 시집가다. ③아내.
嫁いびり[よめいびり] (시어머니가) 며느리를 학대함·구박함.
嫁広め[よめひろめ] 신부를 여러 사람에게 선보임.
嫁迎え[よめむかえ] 신부를 맞이하는 일.
嫁入り[よめいり] 시집감. 또는 그 잔치.
嫁入り支度[よめいりじたく] 시집갈 준비.
嫁入る[よめいる] 〈5自〉 시집가다.
嫁自慢[よめじまん] 며느리 자랑.
嫁取り[よめとり] 장가듦. 또는 그 잔치.
嫁探し[よめさがし] 신붓감을 물색함.

音読

嫁す[かす] 〈5他〉 ☞ 嫁する
嫁する[かする] 〈サ変自〉 시집가다. 출가하다. 〈サ変他〉 ①시집보내다. 출가시키다. ②(책임을) 전가하다.
嫁期[かき] 가기; 결혼 적령기.
嫁資[かし] 가자; ①혼수 비용. ②시집갈 때 갖고 가는 재산. 지참금.
嫁娶[かしゅ/かじゅ] 가취; 시집가고 장가듦. 결혼을 함.

暇 겨를/한가할 가

日 𣅀 𣅀 𣅀 𣅀 𣅀 𣅀 𣅀 暇 暇

音 ◉カ
訓 ◉ひま ⊗いとま

訓読

4◉暇❶[ひま] ①(어떤 일을 하는 데 필요한) 짧은 시간. 틈. 짬. ② 〈形動〉 한가함. ③휴가. 말미. ④인연을 끊음. ¶~を出(だ)す 해고하다. 이혼하다.
⊗暇❷[いとま] ≪雅≫ ①여가. 틈. 짬. ②휴식. 휴가. 말미. ③해고. 사퇴. 사임. ④이혼. ⑤작별.
暇乞い[いとまごい] ①작별을 고함. 작별 인사. ②휴가를 청함.
暇潰し[ひまつぶし] ①심심풀이. ②시간 낭비. 시간을 보냄.
暇取る[ひまどる] 〈5自〉 시간이 걸리다. 손이 가다.

音読

◑休暇[きゅうか]

歌 노래 가

一 𠃍 可 可 哥 哥 哥 哥 歌 歌

音 ◉カ
訓 ◉うた ◉うたう

訓読

4◉歌[うた] 노래.
4◉歌う[うたう] 〈5自〉 노래 부르다. 노래하다.
歌がるた[うたがるた] 和歌(わか)를 적은 놀이카드. 또는 그것으로 하는 놀이.
歌加留多[うたがるた] ☞ 歌がるた
歌歌い[うたうたい] ≪俗≫ 가수(歌手).
歌い文句[うたいもんく] (사람의 주의를 끌기 위한) 선전 문구. 표어. 캐치프레이즈.
歌い上げる[うたいあげる] ①소리높이 노래하다. ②시나 노래로 표현하다. ③강조하다. 선전하다.
歌声[うたごえ] 노랫소리. 합창(合唱).
歌声喫茶[うたごえきっさ] 손님이 노래를 합창하며 즐기는 다방.
歌い手[うたいて] ①가수. 소리꾼. ②노래를 잘 부르는 사람.
歌心[うたごころ] ①和歌(わか)의 뜻. ②和歌(わか)에 대한 소양. 시심(詩心).
歌御会始[うたごかいはじめ] 매년 정월 중순에 궁중에서 열리는 和歌(わか)의 피로회(披露会).
歌詠み[うたよみ] 和歌(わか)를 잘 짓는 사람.
歌人[うたびと] ①和歌(わか)를 잘 짓는 사람. ②시인. ③≪古≫ 雅楽寮(ががくりょう)에 속하여 노래하는 가수.
歌枕[うたまくら] ①和歌(わか)의 소재가 된 명승지. ②和歌(わか)의 자료집.
歌合(わ)せ[うたあわせ] (平安(へいあん) 시대에) 두 패로 나뉘어 和歌(わか)를 지어 승부를 겨루던 귀족들의 놀이.
歌合戦[うたがっせん] 노래 시합. 노래 대항전.
歌会始[うたかいはじめ] ☞ 歌御会始
歌絵[うたえ] 노래의 내용을 표현한 그림.
歌姫[うたひめ] ≪雅≫ ①여류 가수. ②노래를 잘 부르는 여인.

音読

歌稿[かこう] 가고; 시가(詩歌)의 원고.
歌曲[かきょく] 가곡; 성악을 위한 곡.
歌劇[かげき] 가극; 오페라.

歌壇[かだん] 가단; 가인(歌人)의 사회. 和歌(わか)의 사회.

歌道[かどう] 和歌(わか)의 도(道). 和歌(わか)를 짓는 기술・작법.

歌留多[かるた] ①딱지. 딱지놀이. ②트럼프. 카드.

歌留多取り[かるたとり] 딱지놀이. 카드놀이.

歌舞[かぶ] 가무; ①노래와 춤. ②노래하고 춤을 춤.

歌舞の巷[かぶのちまた] 유흥가.

歌舞伎[かぶき] 가부키. (에도 시대에 발달하고 완성된) 일본의 전통적인 민중 연극.

歌舞伎座[かぶきざ] 가부키 극장.

歌詞❶[かし] (가곡・가요 등의) 가사. ❷[うたことば] 和歌(わか)에 사용하는 말.

歌仙[かせん] 가선; ①和歌(わか)에 뛰어난 사람. ②36구(句)로 된 連歌(れんが)・俳諧(はいかい)의 한 형식.

歌聖[かせい] 가성; 和歌(わか)에 재능이 뛰어난 사람.

2**歌手**[かしゅ] 가수; 노래를 부르는 것을 업으로 삼는 사람.

歌語[かご] 가어; 주로 和歌(わか)에만 사용하는 특수한 말.

2**歌謡**[かよう] 가요; 노래의 총칭.

歌謡曲[かようきょく] 가요곡; ①근대・현대의 일본의 유행가. ②서양의 가곡(歌曲).

歌意[かい] 가의; 노래나 시가(詩歌)의 뜻.

歌人[かじん] 가인; 和歌(わか)를 짓는 것을 전문으로 하는 사람.

歌誌[かし] 가지; 和歌(わか)의 지도와 보급을 목적으로 하는 잡지.

歌集[かしゅう] 가집; ①가곡집. 가요집. ②和歌(わか)를 모은 책.

歌唱[かしょう] 가창; 노래를 부름.

歌唱力[かしょうりょく] 가창력; 노래하는 실력.

歌風[かふう] 가풍; 和歌(わか)의 작풍(作風).

歌会[かかい] 가회; 和歌(わか)를 지어서 서로 발표하는 모임.

稼	농사 가
二 千 禾 禾 秄 秺 稼 稼 稼 稼	

音 ◉カ
訓 ◉かせぐ

訓読

2◉**稼ぐ**[かせぐ] 〈5自〉 ①열심히 일하다. ②(돈을) 벌다. ③(운동경기에서) 득점하다. 점수를 올리다.

稼ぎ[かせぎ] ①돈벌이. (일을 하여) 수입을 얻음. ②생업. 일자리. 직업.

稼ぎ高[かせぎだか] 수입액. 벌이한 금액.

稼ぎ口[かせぎぐち] 일자리. 직업.

稼ぎ手[かせぎて] ①돈벌이하는 사람. ②열심히 일하는 사람.

稼ぎ人[かせぎにん] ①부지런히 일하는 사람. ②(한 집안을) 벌어 먹이는 사람. 돈벌이하는 사람.

稼ぎ者[かせぎもの] 일꾼. 부지런히 일하는 사람.

稼ぎ出す[かせぎだす] 〈5他〉 ①돈벌이하기 시작하다. ②일을 해서 돈벌이하다.

音読

稼働[かどう] 가동; ①기계를 움직임. ②돈벌이를 위하여 일함. 생산에 종사함.

稼働人口[かどうじんこう] 취업 인구.

稼得[かとく] 가득; 일을 하거나 서비스를 제공하여 소득을 얻음.

稼業[かぎょう] 가업; 생계를 꾸려가기 위한 일. 직업. 생업. 가업.

伽	절 가	音 ⊗カ ⊗ガ ⊗キャ 訓 ⊗とぎ

訓読

⊗**伽**[とぎ] ①말벗. ②간병(看病). ③간병인(看病人). ④잠자리의 시중을 듦.

お伽[おとぎ] ①말벗. 말상대. ②귀인 옆에서 잠을 같이 자는 여자. ③(초상집에서) 밤샘을 함. ④동화(童話).

お伽坊主[おとぎぼうず] ①(초상집에서) 밤을 새워 독경하는 승려. ②밤에 大名(だいみょう) 등의 말상대를 하던 승려.

お伽話[おとぎばなし] ①동화(童話). 옛날이야기. ② ≪古≫ 주군(主君)에게 들려주는 이야기. ③너무 비현실적인 이야기. 꿈과 같은 이야기

音読

伽羅[きゃら] ①침향(枕香). 침향나무. ②침향의 향료(香料).

伽藍[がらん] 가람; 절(寺).

呵	꾸짖을/ 웃을 가	音 ⊗カ 訓 ⊗しかる

訓読

3 ⊗**呵る**[しかる] 〈5他〉 꾸짖다. 야단치다. 나무라다.

呵り付ける[しかりつける] 〈下1他〉 호통 치다. 야단치다. 몹시 꾸짖다.

音読

呵責[かしゃく] 가책; 몹시 꾸짖음. ¶良心(りょうしん)の~ 양심의 가책.

茄	가지 가	音 ⊗カ 訓 ⊗なす

訓読

⊗**茄**[なす] ☞ 茄子

⊗**茄子**[なす/なすび] ① ≪植≫ 가지. ②(입이 크고 중배가 불룩한) 가지 모양의 엽차 용기. *'なすび'는 'なす'의 별명임.

⊗**茄子紺**[なすこん] 가지 색. 남빛.

苛	독할/매울 가	音 ⊗カ 訓 ⊗さいなむ ⊗いじめる ⊗いら…

訓読

⊗**苛む**[さいなむ] 〈5他〉 ①꾸짖다. 책망하다. ②못살게 하다. 들볶다.

2 ⊗**苛める**[いじめる] 〈下1他〉 학대하다. 괴롭히다. 못살게 굴다. 곯리다.

苛めっ子[いじめっこ] (약한 아이를 못살게 들볶는) 짓궂은 아이. 개구쟁이.

⊗**苛苛しい**[いらいらしい] 〈形〉 초조하다. 조바심이 나다. 짜증스럽다.

苛立たしい[いらだたしい] 〈形〉 초조하다. 조바심이 나다. 짜증스럽다.

苛立つ[いらだつ] 〈5自〉 (뜻대로 안되어) 초조해지다. 안달이 나다. 조바심이 나다. 안절부절 못하다.

苛立てる[いらだてる] 〈下1他〉 초조하게 하다. 짜증나게 만들다. 애태우다.

苛波[いらなみ] 빠르고 작게 일렁이는 물결.

音読

苛刻[かこく] 가각; 가혹(苛酷)함.

苛斂誅求[かれんちゅうきゅう] 가렴주구; 세금 등을 가혹하게 징수함.

苛性[かせい] 가성; 동물의 피부나 세포 조직을 짓무르게 하는 성질.

苛性曹達[かせいソーダ] 가성 소다. '수산화나트륨'의 속칭.

苛虐[かぎゃく] 가학; 가혹하게 학대함.

苛酷[かこく] 가혹; 혹독하고 잔인함.

枷	도리깨 가	音 ⊗カ 訓 ⊗かせ

訓読

⊗**枷**[かせ] ①옛날의 고랑・차꼬・칼 등의 형구(刑具)를 말함. ②(비유적으로) 방해물. ③三味線(しゃみせん)의 음조를 조절하는 줄 굄목.

枷杭[かせぐい] (비유적으로) 자유로운 행동을 방해하는 방해물. 짐스러운 것.

珈	머리꾸미개 가	音 ⊗カ 訓 —

音読

珈琲[★コーヒー] 커피.

珈琲の木[★コーヒーのき] ≪植≫ 커피나무.

珈琲沸(か)し[★コーヒーわかし] 커피포트. 커피를 끓이는 기구.

痂	딱지 가	音 ⊗カ 訓 ⊗かさぶた

訓読

⊗**痂**[かさぶた] 부스럼 딱지.

音読

痂せる[かせる] 〈下1自〉 ①(종기나 상처의 표면에) 딱지가 앉다. ②(옻이나 약의 독성으로) 피부에 염증이 생기다.

痂皮[かひ] 가피; 부스럼 딱지.

袈	가사 가	音 ⊗ケ 訓 —

音読

袈裟[けさ] ≪仏≫ ①가사; 법의(法衣). 승복. ②'袈裟懸(けさが)け'의 준말.

袈裟懸け[けさがけ] ①(가사를 걸치듯이) 물건을 한쪽 어깨에서 다른 쪽 겨드랑이로 걸침. ②袈裟斬(けさぎ)り

嘉	아름다울 가	音 ⊗カ 訓 ⊗よみ ⊗よし

訓読

⊗嘉する[よみする]〈サ変他〉(귀인 등이 아랫사람을) 칭찬하다. 가상히 여기다.

音読

嘉納[かのう] 가납; ①(진언・소원 등을) 기꺼이 받아들임. ②(선물을) 기꺼이 받아들임.

嘉賞[かしょう] 가상; 칭찬하여 기림. 좋다고 칭찬함.

嘉日[かじつ] 가일; 좋은 날. 길일.

榎	개오동나무 가	音 ⊗カ 訓 ⊗えのき

訓読

⊗榎[えのき] ≪植≫ 팽나무.

榎茸[えのきたけ] ≪植≫ 팽이버섯. 팽나무버섯.

榎草[えのきぐさ] ≪植≫ 깨풀.

駕	가마 가	音 ⊗カ ⊗ガ 訓 —

音読

駕[が] 탈것. 말이 끄는 수레나 가마.

駕する[がする]〈サ変自〉①(탈 것을) 타다. ②능가하다. (남보다) 뛰어나다.

駕籠[かご] (일본식) 가마.

駕籠舁き[かごかき] 가마꾼.

駕籠屋[かごや] ①가마꾼. ②가마꾼을 두고 손님에게 가마를 제공해 주는 집. 또는 그런 사람.

〔각〕

各	각각 각
ノ ク 夂 夂 各 各	

音 ◉カク
訓 ◉おのおの

訓読

2◉各[おのおの] ①각각. 각자. 제각기. ②여러분.

2各各[おのおの] 각각; 각자. 제각기.

各各異なる[おのおのことなる]〈5自〉각양각색이다. 각각 다르다.

音読

各個[かっこ] 각개; 각각. 제각기.

各界[かっかい] 각계; 사회의 각 방면.

各階[かくかい] (건물의) 각층. 각층마다.

各階止(ま)り[かくかいどまり] (엘리베이터 등이) 각층마다 멎음.

各科[かっか] 각과; 각각의 과목・학과.

各課[かっか] 각과; 책 내용의 각각의 과.

各校[かくこう] 각교; 각 학교.

各国[かっこく] 각국; 여러 나라.

各論[かくろん] 각론; 각각의 항목에 대한 의논이나 논설.

各般[かくはん] 각반; 제반. 여러 가지.

各方面[かくほうめん] 각 방면; ①각 방향과 지역. ②여러 방면.

各部[かくぶ] 각부; ①각각의 부. ②각 부분.

各省[かくしょう] 각성; 각각의 성(省).

各省大臣[かくしょうだいじん] 각부 장관(長官). ＊한국의 중앙 행정부의 각 부처의 장관에 해당함.

各所[かくしょ] 각처; 여기저기. 여러 곳.

各氏[かくし] 여러분. 제씨(諸氏).

各様[かくよう] 각양; 각색(各色).

各駅[かくえき] 각역; 모든 역.

各員[かくいん] 각원; 각자.

各月[かくげつ] 각월; 매월. 매달. 다달이.

各位[かくい] 각위; 여러분. 제위(諸位).

各人[かくじん] 각인; 각자.

2各自[かくじ] 각자; 제각기. 저마다.

各停[かくてい] '各駅停車'의 준말.

各町村[かくちょうそん] (행정 구역의) 각 町(ちょう)와 村(そん).

各条[かくじょう] 각조; 각 조항.

1各種[かくしゅ] 각종; 여러 종류.

各週[かくしゅう] 각주; 매주.

2各地[かくち] 각지; 각처. 여러 곳.

各紙[かくし] 각지; 여러 신문.

各誌[かくし] 각지; 여러 잡지.

各庁[かくちょう] 각청; 각 관청.

各派[かくは] 각파; 각각의 유파(流派).

各項[かくこう/かっこう] 각항; 각 항목.

各戸[かっこ] 각호; 각 세대.

各回[かくかい] 각회; 매회(毎回).

却 물리칠/물러날 각

一 十 土 去 去 去ㄱ 却

音 ◉キャク
訓 ⊗かえって

訓読

2⊗**却って**[かえって] 오히려. 도리어. 반대로.

音読

却掃[きゃくそう] 각소; 털어 버림. 떨쳐 버림.

却退[きゃくたい] 각퇴; 퇴각. 뒤로 되돌아감.

却下[きゃっか] 각하; ①청원(請願) 등을 물리침. ②(관청이나 재판소에서) 신청이나 소송을 받지 않고 물리침.

角 뿔/모날 각

ノ ク 𠂊 角 角 角 角

音 ◉カク
訓 ◉かど ◉つの

訓読

4◉**角**❶[かど] ①모난 귀퉁이. 모서리. ②구석. ③모. 규각(圭角).

1◉**角**❷[つの] ①(동물의) 뿔. ②뿔 모양의 것. ③여자의 질투. ❸[かく] ☞ [音読]

角角しい[かどかどしい] 〈形〉 ①모가 많다. 모지다. ②(성격·인품이) 모가 나다. 원만하지 않다.

角突き合い[つのつきあい] (사이가 나빠서) 늘 충돌함. 서로 으르렁거림.

角突き合わせる[つのつきあわせる] 〈下1他〉 사이가 나빠 서로 싸우다. 티격태격하다.

角力[★すもう/かくりょく] (일본) 씨름.

角立つ[かどだつ] 〈5自〉 ①(물체의 표면이) 모가 나다. ②(인간관계가) 모나다. 껄끄러워지다.

角立てる[かどだてる] 〈下1他〉 ①(물체를) 모나게 하다. ②(인간관계를) 껄끄럽게 하다.

角目立つ[つのめだつ] 〈5自〉 ①다투다. 으르렁거리다. ②서로 흥분해서 충돌하다. 감정적으로 대립하다.

角番[かどばん] ①(장기나 씨름에서) 판가름 나는 마지막 판. 승패의 기로. ②운명의 갈림길. 인생의 기로.

角粉[つのこ] (사슴의) 녹각(鹿角) 가루.

角書(き)[つのがき] (책·논문 등의 제목 다음에) 간단하게 내용을 두 줄로 적은 것.

角細工[つのざいく] 뿔 세공.

角屋敷[かどやしき] 길모퉁이의 큰 저택. 두 면이 길에 면한 큰 집.

角隠(し)[つのかくし] (일본 결혼식 때) 신부가 머리에 쓰는 흰 천.

角張る[かどばる/かくばる] 〈5自〉 ①네모나다. 네모지다. ②(분위기가) 딱딱해지다. 굳어지다. 긴장하다.

角箸[つのばし] 동물의 뿔로 만든 젓가락.

角笛[つのぶえ] 뿔피리.

角店[つのみせ] 길모퉁이의 가게.

角地[かどち] 모퉁이의 땅.

角偏[つのへん] (한자 부수의 하나로) 뿔각변.

音読

1◉**角**❶[かく] 각; ①네모. ②≪数≫ 각. 각도. ③일본 장기 말 '角行(かっこう)'의 준말. ❷[かど/つの] ☞ [訓読]

角い[かくい] 〈形〉 모나다. 네모지다.

角コジック[かくコジック] ≪印≫ 모난 고딕 활자.

角す[かくす] 〈5他〉 우열을 비교하다. 겨루다.

角界[かくかい/かっかい] 씨름계. 씨름꾼의 사회.

角襟[かくえり] 가슴 부분이 네모지게 트인 옷깃.

角帯[かくおび] (일본 옷에서) 두 겹으로 된 빳빳하고 폭이 좁은 남자용 허리띠.

2**角度**[かくど] 각도; ① ≪数≫ 각의 크기. ②관점. 견지. 방향.

角度定規[かくどじょうぎ] 각도 자. 각도기.

角灯[かくとう] 각등; 유리를 끼운 네모난 등.

角落ち[かくおち] (장기에서) 실력 차이가 날 때 장기 말의 하나인 角(かく)을 떼고 두는 일.

角落(と)し[かくおとし] 양쪽에 기둥을 세우고 홈을 파서 각재(角材)를 차례로 끼워 봇둑으로 만든 것.

角力[かくりょく/すもう] (일본) 씨름.

角膜[かくまく] ≪生理≫ 각막; 안구(眼球)의 외벽을 덮는 막.

角膜炎[かくまくえん] ≪医≫ 각막염.

角皿[かくざら] 네모난 접시.

角帽[かくぼう] 각모; 사각모자.
角瓶[かくびん] 각병; 네모난 병.
角盆[かくぼん] 네모난 쟁반.
角砂糖[かくざとう] 각설탕.
角袖[かくそで] ①(일본 남자 옷에서) 네모난 소매. ②일본 옷.
角袖巡査[かくそでじゅんさ] 사복(私服)을 입은 형사.
角刈り[かくがり] 상고머리. 바싹 추켜올려 깎아서 헤어스타일이 네모나게 한 남자 머리 스타일.
角字[かくじ] 각자; 네모꼴의 글자.
角作り[かくづくり] 생선회를 네모나게 치는 방법.
角張る[かくばる/かどばる] 〈5自〉 ①네모나다. 네모지다. ②(분위기가) 딱딱해지다. 굳어지다. 긴장하다.
角材[かくざい] 각재; 오리목.
角切り[かくぎり] 물체를 입방체로 자름. 또는 그렇게 자른 물건.
角柱❶[かくちゅう] 각주; ①네모난 기둥. ② ≪数≫ 모기둥. 각도(角壔). ❷[かくばしら] ①네모난 기둥. ②대나무(竹)의 딴 이름.
角質[かくしつ] ① ≪生理≫ 각질. ②뿔처럼 단단한 성질.
角錐[かくすい] ≪数≫ 각추; 각뿔.
角逐[かくちく] 각축; 서로 이기려고 경쟁함.
角皮症[かくひしょう] ≪医≫ 각피증.
角行[かっこう] 일본 장기(将棋) 말의 하나.
角行灯[かくあんどん] 사방등(四方灯).

刻 새길 각

丶 亠 亥 亥 亥 亥 刻 刻

音 ◉コク
訓 ◉きざむ

訓読

2◉刻む[きざむ] 〈5他〉 ①잘게 썰다. ②새기다. 조각하다. ③(마음에) 새기다. 명심하다. ④(시간이) 일각일각 지나가다.
刻み[きざみ] ①새김. 새김자국. ¶ ~を入(い)れる 새기다. ②잘게 썬 담배. ③시간의 흐름. ④(접미어로 사용하여) …마다. 단계마다. 구분마다.
刻み付ける[きざみつける] 〈下1他〉 ①새기다. 새겨 넣다. 조각하다. ②(마음 속 깊이) 간직하다. 명심하다.
刻み足[きざみあし] 종종걸음. ¶ ~に歩(ある)く 종종걸음으로 걷다.

音読

刻[こく] ①(물시계의) 눈금. ②(옛날의 시간 단위로) 1각은 약 2시간.
刻する[こくする] 〈サ変他〉 새기다. 조각하다. 파다.
刻刻[こくこく/こっこく] 각각; 시시각각.
刻苦[こっく] 각고; 몹시 애씀.
刻苦勉励[こっくべんれい] 각고면려; 모든 고생을 이겨내며 부지런히 노력함.
刻本[こくほん] 각본; 판본(版本). 목판에 새겨 인쇄한 책.
刻印[こくいん] 각인; ①도장을 새김. 새긴 도장. ②표지(標識)를 새김. ③낙인(烙印).
刻一刻[こくいっこく] 각일각; 시시각각.
刻字[こくじ] 각자; 글자를 새김. 새긴 글자.
刻限[こくげん] 각한; ①정해진 시간. 한정된 시간. ②때. 시각(時刻).

脚 다리 각

丿 刀 月 月' 月⁺ 胠 胠 胠 胠 脚

音 ◉キャ ◉キャク
訓 ◉あし

訓読

4◉脚[あし] 발. 다리. 떠받치는 물건. ¶ 机(つくえ)の~ 책상 다리. ¶ 山(やま)の~ 산기슭. ¶ 船(ふね)の~ 배의 잠기는 부분.
脚物[あしもの] 다리가 달린 가구(책상·의자)의 총칭.
脚湯[あしゆ] 각탕; (피로를 풀기 위해) 무릎 아래를 뜨거운 물에 담그는 일.

音読

脚光[きゃっこう] 각광; 풋라이트.
脚気[★かっけ] ≪医≫ 각기병(脚気病).
脚力[きゃくりょく] 각력; 다릿심.
脚立[きゃたつ] (작업용) 접사다리.
脚半[きゃはん] 각반; 여행이나 등산할 때 다리에 감는 헝겊 띠.
脚絆[きゃはん] ☞ 脚半
脚病[★かくびょう] ≪医≫ 각기병(脚気病).
1脚本[きゃくほん] 각본; 대본. 시나리오.

脚本家[きゃくほんか] 각본가; 극작가.
脚部[きゃくぶ] 각부; 다리 부분.
脚色[きゃくしょく] 각색; 각본을 꾸밈.
脚線美[きゃくせんび] 각선미; 여자의 다리 곡선에서 느끼는 미(美).
脚韻[きゃくいん] 각운; 시구(詩句)의 끝 글자에 다는 운.
脚注[きゃくちゅう] 각주; 본문 밑에 다는 주석.
脚下[きゃっか] 각하; 발 밑. 다리 아래.

殼(殼) 겁질 각

十 士 声 声 声 壳 壳 壳 壳殳 殼

音 ◉カク
訓 ◉から

訓読

2◉殼[から] ①깍지. 껍질. 껍데기. ¶豆(まめ)の~ 콩깍지. ¶貝(かい)の~ 조가비. ②허물. ¶蛇(へび)の~ 뱀의 허물. ③빈통. ¶缶詰(かんづめ)の~ 통조림의 빈통. ④¶お~ 비지. 두부찌꺼기.
殼粉[からこ] ①쌀가루나 밀가루로 만든 경단. ②밀기울.

音読

殼果[かくか] 각과; 견과(堅果).
殼物[かくぶつ] 각물; 조개류.
殼族[かくぞく] 각족; 조개류.

覚(覺) 깨달을 각

丶 丷 ⺍ 𭕄 ⺌ 𫇦 尚 覚 覚 覚

音 ◉カク
訓 ◉おぼえる ◉さます ◉さめる ⊗おぼしい ⊗さとる

訓読

4◉覚える[おぼえる] 〈下1他〉 ①기억하다. ②느끼다. ③배우다. 익히다. 터득하다. ④≪老≫ 생각되다.
1覚え[おぼえ] ①기억. 이해. ②신임. 총애. ③(솜씨에 대한) 자신. 능력. ④각서. 메모. ⑤평판. 소문.
覚えず[おぼえず] 무의식중에. 모르는 사이에.
覚(え)書(き)[おぼえがき] 각서; ①메모. 비망록(備忘録). ②조약에 부대(附帯)하는 간단한 외교 문서.
覚え帳[おぼえちょう] ①메모장. 메모 수첩. ②(가게에서) 매매 기록 장부.
2◉覚ます[さます] 〈5他〉 ①(잠을) 깨우다. ¶目(め)を~ 잠을 깨다. ②깨우쳐 주다. 각성시키다. ③(술을) 깨우다. ¶酔(よ)いを~ 술을 깨게 하다.
2◉覚める[さめる] 〈下1自〉 ①(잠이) 깨다. ¶目(め)が~ 잠이 깨다. ②제정신이 들다. ③(술이) 깨다. ¶酔(よ)いが~ 술이 깨다.
⊗覚しい[おぼしい] 〈形〉 …으로 생각되다. …으로 보이다. ¶犯人(はんにん)と~男(おとこ) 범인으로 보이는 남자.
覚束無い[おぼつかない] 〈形〉 ①미덥지 못하다. 불안하다. ②자신이 없다. 의심스럽다.
覚束無がる[おぼつかながる] 〈5他〉 ①불안해하다. ②의심스러워하다.
覚束無げ[おぼつかなげ] 〈形動〉 의심스러운 듯함.
⊗覚る[さとる] 〈5他〉 깨닫다. 이해하다. 똑똑히 알다. 알아차리다.
覚り[さとり] ①깨달음. 이해. ②득도(得道). 오도(悟道).
覚り澄ます[さとりすます] 〈5自〉 완전히 깨닫다.

音読

覚醒[かくせい] 각성; ①눈을 뜸. 잠에서 깸. ②깨달음. 깨닫게 함.
覚醒剤[かくせいざい] ≪薬≫ 각성제.
覚樹[かくじゅ] 각수; '보리수(菩提樹)'의 다른 이름.
2覚悟[かくご] 각오; ①앞으로 닥칠 일에 대한 마음가짐. ②깨달음.
覚者[かくしゃ] 각자; ① ≪仏≫ 깨달음을 얻어 중생을 교도하는 사람. 부처. ②깨달은 사람.
覚知[かくち] 각지; (사물의 도리를) 깨달아서 앎.

閣 다락집 각

丨 冂 冂 冂 門 門 門 閉 閑 閣

音 ◉カク
訓 —

音読

閣[かく] 각; ①높은 건물. ②훌륭한 건물. ③'내각(内閣)'의 준말.

閣内[かくない] 각내; 내각의 내부.
閣令[かくれい] 각령; 내각의 지시 사항.
閣僚[かくりょう] 각료; 행정부의 각부 장관.
閣外[かくがい] 각외; 내각의 외부.
閣議[かくぎ] 각의; 내각의 장관 회의.
閣下[かっか] 각하; 높은 지위에 있는 사람을 높여서 일컫는 말.

擱 놓을 각	音 ⊗カク 訓 ⊗おく

訓読

⊗**擱く**[おく] 〈5他〉 그만두다. 중지하다. ¶筆(ふで)を~ 붓을 놓다. 글쓰기를 그만두다.

音読

擱岸[かくがん] 각안; 선박이 잘못되어 해안에 좌초함.
擱座[かくざ] 각좌; ①(선박이) 좌초함. ②(차량 등이) 망가져 움직이지 못하게 됨.
擱筆[かくひつ] 각필; 글쓰기를 중단함.

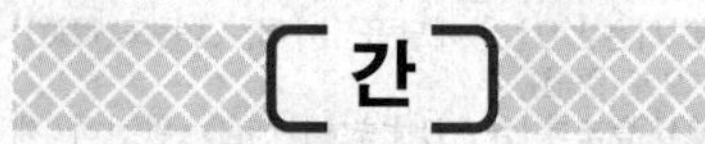

간

干 방패/마를 간

一 二 干

音 ◉カン
訓 ◉ほす ◉ひる

訓読

2 ◉**干す**[ほす] 〈5他〉 ①말리다. 건조시키다. ②바닥이 드러나도록 하다. ③ ≪俗≫ 굶기다. ④ ≪俗≫ (흔히 수동형 문형으로) 무시당하다. 일거리를 받지 못하다. 외면당하다. ¶仕事(しごと)を干(ほ)される 일거리를 받지 못하다.
干(し)[ほし] 말림. 말린 것.
干(し)竿[ほしざお] 빨래 장대.
干し固める[ほしかためる] 〈下1他〉 (물기를) 말려서 굳히다.
干(し)大根[ほしだいこん] 통째로 말린 무.
干(し)栗[ほしぐり] 밤을 삶아 말린 것.
干(し)物[ほしもの] ①볕에 말림. 말린 것. ②빨래. 세탁물.
干(し)物竿[ほしものざお] 빨래를 너는 장대.
干(し)飯[ほしいい] 말린 밥. 찐 쌀을 말린 비상식량.
干し上げる[ほしあげる] 〈下1他〉 ①(햇볕이나 불에) 바싹 말리다. ②아무 것도 먹이지 않고 괴롭히다. 굶기다.
干(し)柿[ほしがき] 곶감.
干(し)魚[ほしうお] 말린 생선. 건어(乾魚).
干(し)肉[ほしにく] 말린 고기.
干(し)場[ほしば] 건조장(乾燥場)
干(し)菜[ほしな] 시래기. 말린 푸성귀.
干(し)草[ほしくさ/ほしぐさ] (사료용) 마른 풀. 건초(乾草).
干(し)椎茸[ほししいたけ] 말린 표고버섯.
干(し)鮑[ほしあわび] 말린 전복.
干(し)葡萄[ほしぶどう] 건포도(乾葡萄).
干(し)海老[ほしえび] 말린 새우.
干(し)海鼠[ほしこ] 말린 해삼.
干(し)海苔[ほしのり] 해태(海苔). 말린 김.
◉**干る**[ひる] 〈上1自〉 ①(물기가) 마르다. ②조수(潮水)가 빠져 바닥이 드러나다. ③바닥나다. 다하다.
干からびる[ひからびる] 〈上1自〉 ①바싹 마르다. ②내용이 빈약하고 맛이 없다. 메마르다.
干菓子[ひがし] 마른 과자.
干物[ひもの] 건어물(乾魚物). 생선이나 조개 등을 말린 것.
干っ付く[ひっつく] 〈5自〉 물기가 말라서 달라붙다.
干上がる[ひあがる] 〈5自〉 ①(물기가) 바싹 마르다. ②생계가 어려워지다.
干潟[ひがた] 간석지(干潟地). 썰물 때 나타나는 개펄.
干魚[ひうお] 건어(乾魚). 말린 물고기.
干葉[ひば] 시래기.
干割れ[ひわれ] (건조한 탓에) 목재나 땅이 갈라짐.
干割れる[ひわれる] 〈下1他〉 (너무 말라서) 갈라지다. 금이 가다. 터지다.

音読

干満[かんまん] 간만; 썰물과 밀물.
干犯[かんぱん/かんはん] 간범; 간섭하여 남의 권리를 침범함.
1 **干渉**[かんしょう] 간섭; ①참견. 남의 일에 끼어들어 이러쿵저러쿵함. ② ≪物≫ 두 음파(音波)나 광파(光波)가 겹쳐서 강해지거나 약해지는 현상.
干与[かんよ] 간여; 참견함. 관계함.
干潮[かんちょう] 간조; 썰물.
干支❶[かんし] 간지; 10간(干) 12지(支). ❷[えと] 육십갑자(甲子).

干拓[かんたく] 간척; 호수・늪・바다를 메워 경작지를 만드는 일.
干拓地[かんたくち] 간척지.
干天[かんてん] 한천(旱天). 가뭄 날씨.
干瓢[かんぴょう] 박오가리. 박고지.
干害[かんがい] 한해(旱害). 가뭄의 재해(災害). 가뭄이 계속되기 때문에 농작물 등이 입는 피해.

刊 책펴낼 간

一 二 干 刊 刊

音 ◉カン
訓 —

音読

刊[かん] 간; 간행. 출간(出刊). 출판.
刊する[かんする] 〈サ変他〉 책을 출판하다.
刊本[かんぽん] 간본; 간행본.
[1]刊行[かんこう] 간행; 출판. 책을 인쇄하여 세상에 널리 펴냄.
刊行物[かんこうぶつ] 간행물; 출판한 책. 출판된 책.

肝 간/중요할 간

丿 月 月 月 肝 肝 肝

音 ◉カン
訓 ◉きも

訓読

◉肝[きも] ① ≪生理≫ 간; 간장(肝臓). ②내장. 오장육부. ③간담. 담력.
肝試し[きもだめし] 담력을 시험함. 담력을 시험하는 행사.
肝玉[きもだま] 담력. 배짱. 용기. 간덩이.
肝っ玉[きもったま] ☞ 肝玉
肝煎(り)[きもいり] (인간관계에서) 알선함. 주선함. 또는 그런 사람.
肝精[きもせい] 수고. 노력. 정성을 다함.

音読

肝硬変[かんこうへん] ≪医≫ 간경변.
肝膿瘍[かんのうよう] ≪医≫ 간농양.
肝脳[かんのう] 간뇌; 간장(肝臓)과 뇌수(脳髄).
肝胆[かんたん] 간담; ①간과 쓸개. ②본심. 속마음. ¶ ~相照(あいて)らす 서로 흉금을 터놓고 지내다.
[1]肝腎[かんじん] 〈形動〉 중요함. 소중함. 요긴함.
肝腎要[かんじんかなめ] 〈形動〉 가장 중요함. 매우 소중함.
[1]肝心[かんじん] 〈形動〉 중요함. 소중함.
肝心要[かんじんかなめ] 〈形動〉 가장 중요함. 매우 소중함.
肝炎[かんえん] ≪医≫ 간염; 간장염.
肝要[かんよう] 〈形動〉 간요; 중요함. 긴요함.
肝萎縮症[かんいしゅくしょう] ≪医≫ 간위축증.
肝臓[かんぞう] ≪生理≫ 간장; 간.
肝臓炎[かんぞうえん] ≪医≫ 간장염; 간염.

看 볼 간

一 二 三 手 手 看 看 看 看

音 ◉カン
訓 ⊗みる

訓読

⊗看る[みる] 〈上1他〉 ①(눈으로) 보다. ②구경하다. ③조사하다.
看做す[みなす] 〈5他〉 간주하다. 인정하다. 여기다.
看取り[みとり] 병간호. 병구완.
看取る[みとる] 〈5他〉 간호하다. 병구완하다.
看破る[みやぶる] 〈5他〉 간파하다. 꿰뚫어 보다. 알아차리다.

音読

看過[かんか] 간과; ①눈감아 줌. 보아 넘김. ②보지 못하고 넘어감.
[2]看病[かんびょう] 간병; 병간호. 병구완.
[2]看病人[かんびょうにん] 간병인; 간호하는 사람.
看病疲れ[かんびょうづかれ] 병간호의 피로.
看守[かんしゅ] 간수; ①(교도소에서) 죄인을 감시하는 사람. 교도관. ②파수 보는 사람. 파수꾼.
看視[かんし] 경계하며 감시함.
看取[かんしゅ] 간취; 간파함. 보고 알아차림.
看破[かんぱ] 간파; 숨겨진 사실을 알아차림. 꿰뚫어 봄.
[2]看板[かんばん] ①간판. ②(대외적인) 명분. ③명성. 신용. ④외관. 모양.
看板娘[かんばんむすめ] (가게에서) 손님을 끌기 위해 두는 아가씨.

看板倒れ[かんばんだおれ] 유명무실. 실속이 없음.
看板屋[かんばんや] 간판 가게.
[1]**看護**[かんご] 간호; 환자를 돌봄.
看護兵[かんごへい] 간호병; 위생병.
[2]**看護婦**[かんごふ] (여자) 간호사.
[2]**看護士**[かんごし] (남자) 간호사.
[2]**看護師**[かんごし] 간호사.
看護人[かんごにん] 간호인.
看護疲れ[かんごづかれ] 병간호의 피로.
看護学[かんごがく] 간호학; 간호를 위한 이론과 학문

間 사이 간

丨 ㄱ ㄱ 戸 戸 門 門 問 間 間

音 ◉カン ◉ケン
訓 ◉あいだ ◉ま ⊗あい

訓読

[3]◉**間❶**[あいだ] ①(공간적인) 사이. ②(정해진 시간적인) 사이. 동안. ③(한정된 기간·시간) 짬. ¶～をおいて 짬을 두고. ④중간. ¶～を取(と)る 중간을 취하다. ⑤(사람과 사람) 사이. ¶夫婦(ふうふ)の～ 부부 사이.
[2]◉**間❷**[ま] ①(공간적인) 틈. 간격. ¶木(こ)の～ 나무와 나무 사이. ②(어떤 현상이 중지된) 짬. 시간. ¶休(やす)む～もない 쉴 짬도 없다. ③(마침 좋은) 기회. 때. ¶～を見(み)て言(い)う 기회를 보아 말을 하다. ④다다미 방. ¶六畳(ろくじょう)～ 다다미 6장짜리 방. ⑤(음악이나 무곡의) 가락.
⊗**間❸**[あい] ①'幕間(まくあい)'의 준말. ②'間狂言(あいきょうげん)'의 준말. ③'間服'의 준말.
[2]**間もなく**[まもなく] 곧. 머지않아. 이윽고.
間口[まぐち] ①(토지·가옥의) 정면의 폭. ②(지식·연구·사업의) 영역의 넓이. 활동의 폭.
間駒[あいごま] (일본 장기에서) 상대 말의 길목에 말을 두어 장군을 막는 일.
間近[まぢか] 〈形動〉 ①(거리가) 아주 가까움. ②(시간적으로) 아주 가까움.
間近い[まぢかい] 〈形〉 (거리나 시간이) 아주 가깝다. 임박하다.
間代[まだい] 방세.
間貸し[まがし] 셋방을 놓음.
間鈍い[まのろい] 〈形〉 느려서 때를 놓치다. 굼떠서 쓸모없다.
間無しに[まなしに] ①쉴 새 없이. 그칠 새 없이. ②얼마 안 되어. 머지않아.
間も無く[まもなく] 곧. 머지않아. 이윽고.
間拍子[まびょうし] ①그 순간. 그 찰나. ②(음악의) 박자.
間抜け[まぬけ] ①얼간이. 멍청이. ②〈形動〉 멍청함. 바보짓을 함.
間配り[まくばり] 간격을 두는 방법.
間配る[まくばる] 〈5他〉 여기저기 나누어 놓다. 사이를 떼어 배치하다.
間柄[あいだがら] (사람과의) 관계. 사이.
間仕切り[まじきり] 칸막이.
間数❶[まかず] 방의 수효. 칸수. ❷[けんすう] 간수; 칸으로 잰 길이.
間食い[あいだぐい] 간식.
間延び[まのび] ①사이가 뜨고 느림. 지루하고 김이 빠짐. ②멍청함. 흐리멍텅함.
間遠[まどお] ①(거리나 시간적으로) 사이가 떨어져 있음. 간격이 벌어짐. ②피륙의 발이 설핌.
間遠い[まどおい] 〈形〉 (거리나 시간적으로) 사이가 떨어져 있다. 뜸하다. 멀다.
[2]**間違い**[まちがい] ①틀림. 잘못. ②실수. 과실. ③사고. 돌발. 말썽. 불상사.
[2]**間違う**[まちがう] 〈5自〉 잘못되다. 틀리다. 그릇되다. 실수하다.
[2]**間違える**[まちがえる] 〈下1他〉 ①잘못하다. 틀리게 하다. 실수하다. ②잘못 알다. 착각하다.
間違っても[まちがっても] (부정문에서) 어떤 일이 있어도. 결단코. 절대로.
間引く[まびく] 〈5他〉 ①솎아 내다. ②사이에 있는 것을 없애다. ③(에도 시대에 가난한 집에서 양육이 어려워) 갓난아이를 죽이다.
間引き[まびき] 솎음. 솎음질.
間引(き)運転[まびきうんてん] (전차나 버스의) 횟수를 줄여서 운행함.
間の子[あいのこ] ①튀기. 잡종. 혼혈아. ②중간치. 어중된 것.
間切り[まぎり] ①구획 짓는 일. ②'間切り走り'의 준말.
間切り走り[まぎりばしり] (돛단배가) 바람을 엇비스듬히 받고 지그재그로 나아감.
間切る[まぎる] 〈5自〉 ①배가 파도를 헤치고 나아가다. ②(돛단배가) 바람을 엇비스듬히 받고 지그재그로 나아가다.

間際[まぎわ] ①(어떤 일이 행해지기) 직전. ②바로 옆.
間紙[あいがみ] 간지; 물건과 물건 사이에 끼워 넣는 종이.
間借り[まがり] 세를 듦.
間借り人[まがりにん] 세든 사람. 셋방살이 하는 사람.
間尺❶[ましゃく] ①건축 공사의 치수. ②(수지의) 계산. 비율. 수지(収支). ❷[けんじゃく] ①(모내기의) 못줄. ②(측량용으로) 1칸마다 표를 한 줄.
間取り[まどり] 방의 배치.
間怠い[まだるい] 〈形〉 굼떠서 답답하다. 지루하다. 미적지근하다.
間怠っこい[まだるっこい] 〈形〉 답답할 정도로 굼뜨다. 미적지근하다.
間判[あいばん] ①(종이 치수의 하나로) A5판(判). ＊15×21㎝. ②(사진 치수의 하나로) 중간판. ＊13×10㎝. ③'浮世絵(うきよえ)' 판화의 크기의 하나. ＊세로 1자 1치×가로 7치 5푼.
間合い[まあい] ①짬. 틈. 사이. ②타이밍. 때.
間に合い[まにあい] 임시변통. 임시 대용.
3**間に合う**[まにあう] 〈5自〉 ①(늦지 않게) 시간에 대다. ②급한 대로 쓸 수 있다. 아쉬운 대로 도움이 되다. ③족하다. 충분하다.
間に合(わ)せ[まにあわせ] 임시변통. 임시 대용.

音読

2**間❶**[かん] ①사이. ¶生死(せいし)の~생사지간. ②기회. 틈. ¶その~に乗(じょう)じて 그 틈을 타서. ③첩자. ¶~を放(はな)つ 첩자를 보내다. ④불화. ¶~を生(しょう)じる 사이가 나빠지다. 불화가 생기다.
間❷[けん] 간; ①(길이의 단위로 일본 고대 건축에서) 두 기둥 사이. 6자. 약 1.82미터. ②(바둑·장기판의) 눈.
2**間隔**[かんかく] 간격; ①물건과 물건의 사이. ②시간의 차이.
間隙[かんげき] 간극; ①틈. ②불화. 반목. ③방심. 허(虛).
間欠[かんけつ] 간헐(間歇). 주기적으로 일어났다 그쳤다 함.
間脳[かんのう] 간뇌; 대뇌(大脳)와 중뇌(中脳) 사이에 있는 뇌의 일부.
間断[かんだん] 간단; ①잠깐 동안 끊김. ②틈. 쉴 사이.
間断なく[かんだんなく] 끊임없이. 쉴 새 없이. 줄기차게.
間道[かんどう] 간도; 샛길. 지름길.
間髪[かんぱつ] 간발. ¶~を入(い)れず 즉각.
間伐[かんばつ] 간벌; 솎아베기.
間色[かんしょく] 간색; 중간색.
間税[かんぜい] 간세; 간접세(間接税).
間数❶[けんすう] 간수; 칸으로 잰 길이. ❷[まかず] 방의 수효. 칸수.
間食[かんしょく] 간식; 식사 사이에 먹는 음식.
間然[かんぜん] 간연; 흠잡음. 비난함.
間一髪[かんいっぱつ] 간일발; 아슬아슬함. ＊사이가 머리카락 하나 정도밖에 안 된다는 뜻으로 매우 위태로움을 표현하는 말임.
間者[かんじゃ] 간자; 스파이.
間作[かんさく] ≪農≫ 간작; ①사이짓기. ②어떤 농작물을 수확하고 나서, 다음 농작물을 심기까지 그곳에 다른 농작물을 재배함.
2**間接**[かんせつ] 간접; 중간 매개를 통해 연락하는 관계.
間接費[かんせつひ] 간접비; 간접비용.
間接税[かんせつぜい] 간접세; 간접 세금.
間奏[かんそう] ≪楽≫ 간주; 어떤 곡의 도중에서 기분을 표현하기 위해 연주하는 부분.
間奏曲[かんそうきょく] 간주곡.
間諜[かんちょう] 간첩; 스파이.
間投助詞[かんとうじょし] 간투조사.
間歇[かんけつ] 간헐; 주기적으로 일어났다 그쳤다 함.

幹 줄기 간

一 + 𠆢 古 吉 直 卓 卓 卓 乾 幹

音 ◉カン
訓 ◉みき ⊗から

訓読

1◉**幹**[みき] ①나무줄기. ②(사물의) 줄거리. 골자. 주요 부분.
⊗**幹**[から] ①(식물의) 줄기. 대. ②화살대. ③도구의 손잡이.
幹竹割り[からたけわり] 세로로 똑바로 내리 쪼갬.

音読

幹流[かんりゅう] 간류; 주류(主流).

[1]幹部[かんぶ] 간부; 단체의 주축이 되는 사람.

幹部会[かんぶかい] 간부회; 간부회의. 간부 모임.

幹事[かんじ] 간사; ①(어떤 단체의) 사무를 담당함. ②행사 등의 일을 맡아 주선하는 사람.

幹事長[かんじちょう] 간사장; (어떤 단체의) 사무를 담당하는 사람들의 우두머리.

[1]幹線[かんせん] 간선; 철도・도로・송전선 등의 주요한 선.

幹枝[かんし] 간지; ①나무의 줄기와 가지. ②천간(天干)과 지지(地支).

墾 개간할 간

丷 乎 豸 豸 豸 貇 貇 貇 貇 墾

音 ◉コン

訓 —

音読

墾田[こんでん/はるた] 간전; 개간한 논밭.

◑開墾[かいこん]

懇 간절할/정성 간

丷 乎 豸 豸 豸 貇 貇 貇 貇 懇

音 ◉コン

訓 ◉ねんごろ

訓読

◉懇ろ[ねんごろ] 〈形動〉 ①공손함. 정중함. 예의 바름. ②친함. 친밀함. ③남녀가 정을 통함.

音読

懇懇と[こんこんと] 간절히. 간곡히.

懇談[こんだん] 간담; 모여서 정답게 터놓고 이야기함.

懇談会[こんだんかい] 간담회.

懇篤[こんとく] 간독; 친절하고 극진함.

懇望[こんもう] 간망; 간절한 부탁・희망.

懇命[こんめい] 간명; 윗사람의 간절한 명령이나 분부.

懇願[こんがん] 간원; 간청. 간절히 원함.

懇願者[こんがんしゃ] 간원자; 간청자(懇請者).

懇意[こんい] 〈形動〉 ①친밀함. 서로 허물이 없음. ②친절한 마음. 호의.

懇切[こんせつ] 〈形動〉 자상하고 친절함.

懇情[こんじょう] 간정; 간절한 마음씨.

懇志[こんし] 간지; 간절한 뜻. ＊편지 용어임.

懇請[こんせい] 간청; 간절히 청함.

懇親[こんしん] 간친; 친목(親睦).

懇親会[こんしんかい] 간친회; 친목회.

懇話[こんわ] 간담(懇談). 모여서 정답게 터놓고 이야기함.

懇話会[こんわかい] 간담회(懇談会).

簡 대쪽/간략할 간

笞 笞 笞 笞 笞 篃 篃 篃 簡 簡

音 ◉カン ⊗ケン

訓 —

音読

簡[かん] ①간단함. 간편함. 손쉬움. ②편지. 서간(書簡).

簡にして[かんにして] 간단하면서도.

[1]簡潔[かんけつ] 간결; 요령 있고 간단함.

[3]簡単[かんたん] 〈形動〉 간단; 간편함.

簡単明瞭[かんたんめいりょう] 간단명료.

簡単服[かんたんふく] 간단복; 간단한 여름용 원피스.

簡略[かんりゃく] 간략; 손쉽고 간단함.

簡明[かんめい] 간명; 간단하고 분명함.

簡抜[かんばつ] 간발; 여러 가운데서 가려 뽑음. 선발함.

簡素[かんそ] 간소; 간략하고 꾸밈이 없음.

簡素化[かんそか] 간소화; 간략하게 함.

簡約[かんやく] 간약; 요점만 골라서 간략하게 줄임.

簡約本[かんやくほん] 간약본; 요점만 골라서 간략하게 줄인 책.

[1]簡易[かんい] 간이; 간단하고 손쉬움.

簡裁[かんさい] '簡易裁判所'의 준말.

簡体字[かんたいじ] 간체자; 중국의 문자 개혁에 의해 제정된 간략한 자체의 한자.

簡便[かんべん] 간편; 간단하고 편리함.

◑料簡[りょうけん]

奸 간사할 간	音 ⊗カン 訓 —

音読

奸計[かんけい] 간계; 간사한 계략.
奸物[かんぶつ] 간물; 간사한 인물.
奸臣[かんしん] 간신; 간악한 신하.
奸悪[かんあく] 간악; 간사하고 악독함.
奸雄[かんゆう] 간웅; 간교한 영웅.
奸賊[かんぞく] 간적; 철저한 악인.
奸知[かんち] 간지; 간사한 꾀.
奸智[かんち] ☞ 奸知

姦 간음할 간	音 ⊗カン 訓 ⊗かしましい

訓読

⊗姦しい[かしましい] 〈形〉 떠들썩하다. 시끄럽다. 소란스럽다.

音読

姦する[かんする] 〈サ変他〉 (여자를) 범하다. 〈サ変自〉 간통하다.
姦計[かんけい] 간계; 간사한 계략.
姦物[かんぶつ] 간물; 간사한 인물.
姦夫[かんぷ] 간부; 간통한 사내.
姦婦[かんぷ] 간부; 간통한 여자.
姦臣[かんしん] 간신; 간악한 신하.
姦悪[かんあく] 간악; 간사하고 악독함.
姦淫[かんいん] 간음; 결혼한 남녀가 불륜의 육체관계를 맺는 일.
姦賊[かんぞく] 간적; 철저한 악인.
姦知[かんち] 간지; 간사한 꾀.
姦智[かんち] ☞ 姦知
姦通[かんつう] 간통; 결혼한 사람이 다른 이성과 육체관계를 맺음.
姦通罪[かんつうざい] 간통죄.

竿 장대 간	音 ⊗カン 訓 ⊗さお

訓読

[1]⊗竿[さお] ①장대. 작대기. ②삿대. ③저울대. ④三味線(しゃみせん)의 줄이 매워져 있는 길쭉한 부분. ⑤장롱의 건너지르는 멜대. ⑥《隠》 음경(陰茎).
竿頭❶[さおがしら] 그 날 그 배에서 물고기를 가장 많이 낚은 사람. ❷[かんとう] 간두; 장대 끝.
竿登り[さおのぼり] 똑바로 세운 긴 장대에 기어 올라가 여러 가지 곡예를 하는 묘기.
竿釣り[さおづり] 대낚시.
竿竹[さおだけ] 대나무 장대.

諫 ˣ(諌) 간할 간	音 ⊗カン 訓 ⊗いさめる

訓読

⊗諫める[いさめる] 〈下1他〉 간하다. 간언(諫言)하다. 충고하다.
諫め[いさめ] 간언(諫言). 충고함.

音読

諫死[かんし] 간사; 죽음을 각오하고 간함.
諫言[かんげん] 간언; 충고함.
諫止[かんし] 간지; 간하여 말림.

燗 (燗) 술데울 간	音 ⊗カン 訓 —

音読

燗[かん] (중탕으로) 술을 알맞게 데움. ¶～をつける 술을 알맞게 대우다.
燗する[かんする] 〈サ変他〉 술을 데우다.
燗冷(ま)し[かんざまし] 데웠다가 식은 술.
燗番[かんばん] (요릿집에서) 술을 데우는 사람.
燗酒[かんざけ] 데운 술.

癇 (癇) 경풍 간	音 ⊗カン 訓 —

音読

癇[かん] 화를 잘 내는 기질. ¶～が高(たか)ぶる 신경이 곤두서다.
癇立つ[かんだつ] 〈5自〉 신경질적이 되다.
癇声[かんごえ] 간성; 신경질적인 목소리.
癇性[かんしょう] 간성; 신경질적임.
癇癪[かんしゃく] 간적; 짜증.
癇癪持ち[かんしゃくもち] 화를 잘 내는 사람.
癇症[かんしょう] 간증; 신경질적임.
癇持ち[かんもち] 화를 잘 내는 사람.

艱 어려울 간	音 ⊗カン 訓 —

音読

艱苦[かんく] 간고; 고생. ¶～をものともせず 고생을 대수롭지 않게 여기다.

艱難[かんなん] 간난; 고난. 고생.
艱険[かんけん] 간험; 험난함.

갈

喝(喝) 꾸짖을 갈

丨 卩 口 叩 吅 吅 吚 喝 喝 喝

音 ◉カツ
訓 —

音読

喝する[かっする] 〈サ変他〉 큰 소리로 꾸짖다. 호통 치다. 호령하다.
喝上げ[かつあげ] 공갈쳐 빼앗음. 갈취(喝取). ＊은어(隱語)임.
喝采[かっさい] 갈채; 크게 소리를 지르며 칭찬하여 줌.
喝破[かっぱ] 갈파; ①큰 소리로 남의 이론을 뒤엎음. ②그릇된 것을 무너뜨리고 진리를 밝혀 말함.

渇(渴) 목마를 갈

丶 氵 氵 汩 沪 沪 沪 渇 渇 渇

音 ◉カツ
訓 ◉かわく

訓読

2 ◉渇く[かわく] 〈5自〉 (목이) 마르다. 갈증이 나다. ¶喉(のど)が～ 목이 마르다.
渇き[かわき] ①갈증. 목마름. ¶～をいやす 갈증을 풀다. ②갈구(渴求).
渇き望む[かわきのぞむ] 〈5他〉 갈망하다. 몹시 바라다. 몹시 소원하다.

音読

渇[かつ] ①목마름. 갈증. ②갈구. 소망.
渇する[かっする] 〈サ変自〉 ①목이 마르다. ②(물이) 바닥나다. 바싹 마르다. ③굶주리다. 결식하다.
渇望[かつぼう] 갈망; 목이 말라 물을 원하듯이 몹시 바람.
渇水[かっすい] 갈수; 가뭄이 계속되어 물이 부족함. 물이 마름.
渇仰[かつごう] 갈앙; ①《仏》 깊이 믿음. ②깊이 사모함.

褐(褐) 굵은베옷 갈

ㇷ 衤 衤 衤 衤 衵 衵 褐 褐 褐

音 ◉カツ ⊗カチ
訓 —

音読

褐❶[かつ] 짙은 감색(紺色). 거친 털로 짠 허름한 옷. ❷[かち] 짙은 쪽빛. '褐衣(かちえ)'의 준말.
褐色❶[かっしょく] 갈색. 다색(茶色). ❷[かついろ/かちいろ] 검은 빛을 띤 쪽빛.
褐染め[かちぞめ] 검은 빛을 띤 쪽빛으로 염색함.
褐衣[かちえ] (옛날) 사냥할 때 입던 옷. ＊양쪽 옆구리가 터진 것이 특징임.
褐炭[かったん] 《鉱》 갈탄; 갈색의 질이 낮은 석탄.

葛×(葛) 칡 갈

音 ⊗カツ
訓 ⊗くず ⊗つづら ⊗かずら

訓読

⊗葛❶[くず] 《植》 칡. ❷[つづら] 《植》 ①댕댕이 덩굴. ②칡의 딴이름. ❸[かずら] 덩굴. 덩굴 풀의 총칭.
葛掛け[くずかけ] 간을 맞춘 갈분 국물을 친 요리.
葛練り[くずねり] 갈분을 물에 개어 설탕을 넣고 졸여서 식힌 것.
葛籠造り[つづらづくり] ☞ 葛籠作り
葛溜り[くずだまり] 술간장 등으로 간을 맞추어 걸쭉하게 만들고 끓인 갈분 음식.
葛粉[くずこ] 갈분; 칡가루.
葛羊羹[くずようかん] 갈분과 팥소를 넣어 굳힌 양갱.
葛湯[くずゆ] 갈분탕.
葛布[くずふ] 갈포; 칡의 섬유로 만든 피륙.
葛餡[くずあん] 걸쭉한 녹말 국물.

音読

葛根[かっこん] 갈근; 칡뿌리.
葛根湯[かっこんとう] 갈근탕. ＊한방약임
葛藤❶[かっとう] 갈등; 마음속에 상반되는 욕구가 일어나 어느 쪽을 선택해야 좋을지 모름. ❷[つづらふじ] 《植》 댕댕이덩굴.
葛衣[かつい] 갈의; 칡 섬유로 만든 홑옷.

감

甘 달감

一 十 廾 廿 甘

音 ◉カン
訓 ◉あまい ◉あまえる ◉あまやか
◉あまやかす

訓読

4 ◉**甘い**[あまい] 〈形〉 ①(맛이) 달콤하다. 달다. ②(간이) 싱겁다. 심심하다. ③(느낌이) 달콤하다. ④(사랑이) 아기자기하다. ⑤(태도가) 너그럽다. 무르다. 후하다. 느슨하다. 낙관적이다. ⑥안이하다. 어수룩하다. ⑦느슨하다. 헐렁하다. ⑧무디다. ⑨시세가 약간 내림새다.

1 ◉**甘える**[あまえる] 〈下1自〉 ①응석부리다. 어리광부리다. ②(호의·친절에) 힘입다.

甘えん坊[あまえんぼう] 응석받이. 어리광부리는 아이.

甘さ[あまさ] 닮. 달콤함.

甘み[あまみ] ①단맛. 닮. ②단것.

甘ったるい[あまったるい] 〈形〉 ①지나치게 달다. 다디달다. ②무척 다정하다. 아기자기하다. ③어리광스럽다. ④(모양·성격이) 너절하다. 흐리멍덩하다.

甘ったれ[あまったれ] 응석받이. 어리광 부리는 아이.

甘ったれる[あまったれる] 〈下1自〉 몹시 어리광부리다. 응석부리다.

甘っちょろい[あまっちょろい] 〈形〉≪俗≫ (생각이 깊지 않고) 안이하다.

◉**甘やか**[あまやか] 〈形動〉 맛이 단 듯함.

2 ◉**甘やかす**[あまやかす] 〈5他〉 응석을 받아주다. 버릇없이 기르다.

甘んじる[あまんじる] 〈上1自〉 ①만족하다. ②달게 받다. 감수하다.

甘んずる[あまんずる] 〈サ変自〉 ①만족하다. ②달게 받다. 감수하다.

甘干し[あまぼし] ①곶감. ②생선을 설말림.

甘葛[あまずら] ≪古≫ ①담쟁이. ②돌메.

1 **甘口**[あまくち] ①맛이 삼삼함. 순한 맛이 돎. ②단 것을 좋아함. ③달콤한 말. 솔깃한 말. 감언(甘言). ④우둔함. 약간 모자람.

甘納豆[あまなっとう] 삶은 콩이나 팥을 설탕에 버무린 과자.

甘党[あまとう] 단 것을 좋아하는 사람.

甘栗[あまぐり] (뜨거운 자갈 속에서) 감미료를 첨가하여 구운 밤.

甘味[あまみ/かんみ] ①닮. 단맛. ②단것.

甘味噌[あまみそ] 약간 싱거운 된장.

甘酸っぱい[あまずっぱい] 〈形〉 ①새콤달콤하다. ②달콤하고 씁쓸하다. 유쾌하기도 하고 조금 슬프기도 하다.

甘食[あましょく] 원추꼴 모양의 달콤한 빵.

甘辛い[あまからい] 〈形〉 ①달고 짭짤하다. ②(추억이) 새콤달콤하다.

甘辛両刀使い[あまからりょうとうづかい] 단것과 술을 다 좋아함. 또는 그런 사람.

甘辛煮[あまからに] 달고 짭짤하게 졸인 조림.

甘塩[あまじお] ①(간이) 싱거움. ②(생선을) 싱겁게 간함. 살짝 절임.

甘煮[あまに] ①달콤하게 조림. ②달콤하게 조린 것.

甘酒[あまざけ] 감주; 단술.

甘茶[あまちゃ] ① ≪植≫ 산수국(山水菊). ②감차. *산수국 잎을 말려서 끓인 차.

甘酢[あまず] 초간장.

甘酢っぱい[あまずっぱい] 〈形〉 ①새콤달콤하다. 달고도 시다. ②달콤하고 씁쓸하다. 유쾌하기도 하고 조금 슬프기도 하다.

甘皮[あまかわ] ①(과일이나 나무의) 속껍질. ②손톱 뒤의 부드러운 살갗.

音読

甘苦[かんく] 감고; ①단 것과 쓴 것. ②즐거움과 고생. 고락(苦楽).

甘露[かんろ] 감로; ①달콤한 이슬. ②아주 달고도 맛이 좋음.

甘露水[かんろすい] 감로수; 끓여서 식힌 설탕물.

甘露煮[かんろに] 생선이나 과일 등을 설탕이나 물엿 등으로 조린 식품.

甘味料[かんみりょう] 감미료.

甘美[かんび] 감미; 달콤하고 아름다움.

甘受[かんじゅ] 감수; 달게 받아들임.

甘心[かんしん] 감심; ①만족함. 달게 여김. ②마음껏 행동함.

甘言[かんげん] 감언; 달콤한 말.

甘雨[かんう] 감우; 단비.

甘薯[かんしょ] 고구마. 'さつまいも'의 딴이름.

甘藷[かんしょ] 고구마. 'さつまいも'의 딴이름.

紺 감색 감

音 ◉コン
訓 —

音読

[2]**紺**[こん] 감색. 자청색(紫青色).
紺サージ[こんサージ] 감색 천.
紺碧[こんぺき] 감청색. 검푸름.
紺絣[こんがすり] ☞ 紺飛白
紺飛白[こんがすり] 스친 듯한 무늬가 있는 감색 옷감.
紺糸[こんいと] 감색 실.
紺色[こんいろ] 감색; 자청색(紫青色).
紺染め[こんぞめ] 감색으로 물들임.
紺屋[★こうや/こんや] ①염색집. ②염색하는 사람.
紺地[こんじ] 감색 바탕의 천.
紺青[こんじょう] 감청; 선명한 남빛.

勘 헤아릴 감

音 ◉カン
訓 —

音読

[2]**勘**[かん] 감; 육감(六感). 직감력.
勘考[かんこう] 감고; 심사숙고함.
勘気[かんき] (윗사람의) 책망. 꾸지람.
勘当[かんどう] 의절(義絶). 인연을 끊음.
[1]**勘弁**[かんべん] 용서함. 참음.
勘所[かんどころ] ①(현악기에서) 포지션. 필요한 높이의 음을 내기 위하여 손가락 끝으로 현(弦)을 짚는 곳. ②급소. 요점.
勘案[かんあん] 감안; 여러 가지로 생각해 봄.
[2]**勘違い**[かんちがい] 착각. 오해. 잘못 생각함.
[2]**勘定**[かんじょう] ①셈. 계산. ②(금전의) 계산. 대금 지불. ③(부기의) 계정(計定). ④예상. 고려. 계산.
勘定高い[かんじょうだかい] 〈形〉 타산적이다.
勘定科目[かんじょうかもく] 계정 과목.
勘定口座[かんじょうこうざ] 계정 계좌.
勘定方[かんじょうかた] 금전 출납 담당. 경리 담당.
勘定書[かんじょうがき] 계산서.
勘定日[かんじょうび] ①월급날. ②외상값 계산하는 날. ③ ≪経≫ (증권 거래소의) 정기 결산일.
勘亭流[かんていりゅう] 글씨체의 하나. ＊가부키(歌舞伎)의 간판이나 프로그램 따위를 쓰는 둥글둥글하고 굵직하고 모가 없는 글씨체.
勘合[かんごう] 대조 확인. ①진위(真偽) 여부를 조사함. 조사하여 맞추어 봄. ②'勘合符'의 준말.

堪 견딜 감

音 ◉カン ⊗タン
訓 ◉たえる ⊗たまる ⊗こらえる

訓読

[2]◉**堪える**[たえる] 〈下1自〉 ①참고 견디다. ②(외부의 힘이나 작용을) 감당해 내다. ③…할 만하다.
[2]⊗**堪える**[こらえる] 〈下1自〉 ①(고통 등을) 참다. 견디다. ②(감정 등을) 참다. 억누르다. 억제하다.
堪え兼ねる[たえかねる] 〈下1自〉 참을 수 없다. 견디지 못하다.
堪え難い[たえがたい] 〈形〉 참기 어렵다. 견딜 수 없다.
堪え性[こらえしょう] 참을성.
堪え忍ぶ[たえしのぶ] 〈5他〉 참고 견디다. 인내하다.
⊗**堪る**[たまる] 〈5他〉 참다. 참을 수 있다. 견디다. 견딜 수 있다.
[2]**堪らない**[たまらない] 〈形〉 ①참을 수 없다. 견딜 수 없다. ②말할 수 없이 좋다. 너무 좋다.
堪り兼ねる[たまりかねる] 〈下1自〉 참을 수 없게 되다. 견딜 수 없게 되다.

音読

堪能❶[かんのう] 그 방면에 뛰어남. 능숙함. ❷[たんのう] ①그 방면에 뛰어남. 능숙함. ②충분히 만족함.
堪忍[かんにん] ①참고 견딤. 인내함. ②참고 용서함. ③ ≪関西≫ 미안. 미안해.
堪忍袋[かんにんぶくろ] 참는 한도. 인내하는 도량. ¶ ～の緒(お)が切(き)れる 더는 참을 수 없다.

敢 용감할 감

一 ㄱ ㄱ 干 干 貢 貢 貣 敢 敢

音 ◉カン
訓 ⊗あえて

訓読

⊗敢えず[あえず] (동사 ます형에 접속하여) ①미처 다하지 못하고. 완전히는 …하지 못하고. ②참지 못하고.

1⊗敢えて[あえて] ①감히. 굳이. 억지로. ②(부정문에서) 결코. 별로.

⊗敢えない[あえない] 〈形〉 어이없다. 허망하다. 허무하다. 덧없다. 어처구니없다.

⊗敢えなくなる[あえなくなる] 〈5自〉 '死(し)ぬ'의 완곡한 표현.

音読

敢死[かんし] 감사; 결사(決死). 죽을 각오.

敢然と[かんぜんと] 감연히. 용감하게. 과감히. 단호하게.

敢闘[かんとう] 감투; 용감하게 싸움.

敢行[かんこう] 감행; 과감하게 행동함.

減 덜/줄일 감

氵 氵 汇 沪 沪 洉 洉 减 減 減

音 ◉ゲン
訓 ◉へす ◉へらす ◉へる ⊗めり

訓読

◉減す[へす] 〈5他〉≪俗≫ 줄이다.

減(し)目[へしめ] (뜨개질에서) 콧수를 줄임.

2◉減らす[へらす] 〈5他〉 (수량이나 정도를) 줄이다. 감하다. 덜다.

2◉減る[へる] 〈5自〉 ①줄다. 적어지다. ②腹(はら)が~배가 고프다. 허기지다.

減らず口[へらずぐち] 억지를 부림. 건방진 소리.

減り[へり] 감소. 줄어듦.

⊗減甲[めりかり] 음(音)의 고저(高低). 음조(音調).

⊗減り込む[めりこむ] 〈5自〉 ①(눌려서) 깊이 들어가다. 박히다. ②빠지다. 처박히다.

⊗減(り)張(り)[めりはり] ①음(音)의 고저(高低). 억양. ②늦춤과 당김. 신축성.

音読

減[げん] 감; ①감소(減少). ②≪数≫ 뺄셈.

減じる[げんじる] 〈上1自〉 ☞ 減ずる

減ずる[げんずる] 〈サ変自〉 줄어들다. 적어지다. 〈サ変他〉 ①줄이다. 감하다. 적게 하다. ②(수를) 빼다. 뺄셈을 하다.

減ページ[げんページ] 감면(減面). 페이지 수를 줄임.

減価[げんか] 감가; ①할인한 가격. 값을 낮춤. ②가치를 떨어뜨림.

減価償却[げんかしょうきゃく] 감가상각.

減光[げんこう] 감광; (조명 따위의) 빛의 강도를 줄임.

減給[げんきゅう] 감급; 감봉. 급료를 줄임.

減農薬[げんのうやく] ≪農≫ 감농약; 농약 사용량을 줄임.

減量[げんりょう] 감량; 양을 줄임.

減摩[げんま] 감마; ①닳아서 줄어듦. ②마찰을 적게 함.

減摩油[げんまゆ] 감마유; 윤활유.

減摩剤[げんまざい] 감마제; 윤활유.

減免[げんめん] 감면; ①경감과 면제. ②형벌을 가볍게 함.

減耗[げんもう] 감모; 닳아서 줄어듦.

減反[げんたん] ≪農≫ 경작 면적을 줄임.

減配[げんぱい] 감배; 배당량을 줄임.

減法[げんぽう] 감법; 뺄셈.

減俸[げんぽう] 감봉; 급료를 줄임.

減産[げんさん] 감산; 생산을 줄임.

減算[げんざん] 감산; 뺄셈.

減税[げんぜい] 감세; 세금을 줄임.

1減少[げんしょう] 감소; 줆. 줄어듦.

減速[げんそく] 감속; 속도를 줄임.

減損[げんそん] 감손; 줆. 줄임.

減殺[げんさい] 감쇄; 줄임. 감소.

減衰[げんすい] 감쇠; 점점 감소되어 감.

減水[げんすい] 감수; 물의 양이 줄어듦.

減収[げんしゅう] 감수; 수입이나 수확이 줆.

減数[げんすう] 감수; ①≪数≫ 빼수. 뺄셈에서 빼 내려는 수. ②수가 줆.

減食[げんしょく] 감식; 식사량을 줄임.

減圧[げんあつ] 감압; 압력을 줄임.

減圧弁[げんあつべん] 감압 밸브.

減額[げんがく] 감액; 액수를 줄임.

減員[げんいん] 감원; 인원을 줄임.

減資[げんし] 감자; 자본금을 줄임.

減作[げんさく] 감작; 수확이 줆.

1減点[げんてん] 감점; 점수가 줆. 점수를 줄임.

減枠[げんわく] 배당된 범위를 줄임.

減車[げんしゃ] 감차; 차량의 수 또는 운행 횟수를 줄임.

減債[げんさい] 감채; 빚을 조금씩 갚아서 줄임.

減縮[げんしゅく] 감축; 줄임. 줄어듦.

減退[げんたい] 감퇴; (기세·세력이) 줄어듦.

減便[げんびん] 감편; (교통편의) 정기편 운행 횟수를 줄임.

減刑[げんけい] 감형; 형량을 줄임.

減号[げんごう] 감호; 뺄셈표(−).

感 느낄 감

丿 厂 厂 后 后 咸 咸 咸 感 感

音 ◉カン

訓 —

音読

[2]感[かん] 감; ①느낌. 생각. ②감동.

[2]感じ[かんじ] ①느낌. 감각. 감촉. ②인상. ③기분. 분위기. ④감상.

[2]感じる[かんじる] 〈上1自〉 ☞ 感ずる

感じやすい[かんじやすい] 〈形〉 민감하다. 감수성이 예민하다.

[2]感ずる[かんずる] 〈サ変自他〉 ①느끼다. ②감동하다. ③마음에 새기다.

[2]感覚[かんかく] 감각; ①《生理》 감각 기관의 작용 과정. ②사물을 느껴서 받아들이는 힘. ③느낌. 인상.

感慨[かんがい] 감개; 감회(感懐).

感慨無量[かんがいむりょう] 감개무량.

[2]感激[かんげき] 감격; 감동을 받아 감정이 고조됨.

感官[かんかん] '感覚器官'의 준말.

感光[かんこう] 감광; 광선 작용을 받아 화학 변화를 일으킴.

[1]感度[かんど] 감도; 빛이나 전파 등의 일정한 자극을 받아들이는 정도.

[2]感動[かんどう] 감동; 강한 인상을 받아 마음을 빼앗기는 일.

感動詞[かんどうし] 감동사; 감탄사.

感得[かんとく] 감득; ①터득함. ②감지(感知)함. ③소원을 이룸.

感涙[かんるい] 감루; 감격(感激)하여 흘리는 눈물.

感銘[かんめい] 감명; 깊이 느끼어 마음에 새겨 둠.

感冒[かんぼう] 《医》 감기.

[1]感無量[かんむりょう] 감개무량(感慨無量).

感服[かんぷく] 감복; 감탄.

感付く[かんづく] 〈5自〉 알아채다. 눈치 채다.

感奮[かんぷん] 감분; 감격하여 분발함.

[2]感謝[かんしゃ] 감사; 고맙게 여김.

感傷[かんしょう] 감상; 사물을 보고 느끼고 마음 아파함.

[2]感想[かんそう] 감상; 느낀 소감.

感想文[かんそうぶん] 감상문.

感賞[かんしょう] 감상; ①감탄하여 칭찬함. ②공적이 있는 사람에게 주는 상.

感性[かんせい] 감성; ①감수성. ②《哲》 감성.

感受[かんじゅ] 감수; 마음으로 느껴 받아들임.

感受性[かんじゅせい] 감수성.

[2]感心[かんしん] ①감탄함. 탄복함. ②(역설적으로) 기가 막힘. 어이가 없음. ③〈形動〉 기특함. 신통함.

感熱紙[かんねつし] 감열지; 컴퓨터나 팩시밀리에 쓰이는 종이.

[1]感染[かんせん] 감염; ①병이 옮음. ②물듦. 영향을 받음.

感吟[かんぎん] 감음; ①감동하여 시가(詩歌)를 읊음. ②감탄할 만한 시가(詩歌).

感泣[かんきゅう] 감읍; 감격하여 욺.

感応[かんのう] 감응; ①감동함. ②《物》 감응 유도. ③《宗》 소원이 성취됨.

感じ易い[かんじやすい] 〈形〉 감수성이 예민하다. 민감하다.

感じ入る[かんじいる] 〈5自〉 매우 감동하다.

感状[かんじょう] 표창장(表彰状).

感電死[かんでんし] 감전사; 전기에 감전되어 사망함.

[2]感情[かんじょう] 감정; 마음속의 기분이나 느낌.

感情移入[かんじょういにゅう] 감정이입.

感知[かんち] 감지; 직감적으로 알아 챔.

[1]感触[かんしょく] 감촉; 촉감.

感じ取る[かんじとる] 〈5他〉 감지하다. 알아채다. 느끼다. 이해하다.

感嘆[かんたん] 감탄; ①감동하여 칭찬함. ②탄식함.

感嘆符[かんたんふ] 감탄부.

感歎[かんたん] ☞ 感嘆

感化[かんか] 감화; 감동(感動)되어 마음이 변화함.

感化院[かんかいん] 감화원; 소년원(少年院).
感懐[かんかい] 감회; 감상. 회포(懷抱).
感興[かんきょう] 감흥; 마음에 깊이 느끼어 일어나는 흥취.

監 볼/벼슬 감

丨 厂 𠂆 户 户 臣 臣 臣仁 監 監

音 ◉カン
訓 —

音読
監[かん] 감; ①감독. ¶ 生徒(せいと)～ 학생감. ②감방(監房). ¶ 未決(みけつ)～ 미결감.
監禁[かんきん] 감금; 가두어 두고 자유를 속박하고 감시함.
[2]**監督**[かんとく] 감독; 보살피고 단속함. 또는 그런 사람.
監理[かんり] 감리; 감독하고 관리함.
監房[かんぼう] 감방; 죄인을 가두는 방.
監事[かんじ] (공익 법인의) 감사.
監査[かんさ] 감사; 감독하고 검사함.
監守[かんしゅ] 감수; 감독하고 지킴. 감독하고 보호함·보호하는 사람.
監修[かんしゅう] 감수; 책의 저술·편찬을 지도 감독함.
監修者[かんしゅうしゃ] 감수자.
[1]**監視**[かんし] 감시; 단속하기 위해 주의하여 지켜 봄.
監獄[かんごく] 감옥; 교도소. 형무소.
監察[かんさつ] 감찰; 감시하고 살핌.
監察医[かんさつい] 감찰의; 검시의(検屍医).
監護[かんご] 감호; 감독 보호함.

憾 섭섭할 감

丶 忄 忄 忙 忙 怇 恄 憾 憾 憾

音 ◉カン
訓 ⊗うらむ

訓読
⊗**憾む**[うらむ] 〈5他〉 유감으로 여기다. 애석해하다.
憾むらくは[うらむらくは] 유감스러운 것은. 원망스럽게도. 애석하게도.
憾み[うらみ] 유감. 아쉬움. 애석한 점.

音読
◑**遺憾**[いかん]

鑑 거울 감

丿 𠆢 亼 牟 金 釒 鈩 鉀 鍳 鑑

音 ◉カン
訓 ⊗かがみ ⊗かんがみる

訓読
⊗**鑑**[かがみ] 귀감. 모범. ¶ ～とする 귀감으로 삼다. ¶ ～となる 귀감이 되다.
⊗**鑑みる**[かんがみる] 〈上1他〉 ①(거울삼아) 비추어 보다. 감안하다. ②본받다. 모범으로 삼다.

音読
鑑別[かんべつ] 감별; 보고 분별함.
[2]**鑑賞**[かんしょう] 감상; 예술품의 아름다움을 깊이 맛봄.
鑑識[かんしき] 감식; 보고 판단함.
鑑定[かんてい] 감정; ①진품인지 가짜인지를 판별함. ②정도나 가치를 따짐.
鑑札[かんさつ] 감찰; 허가증.

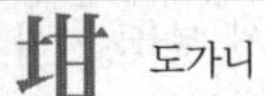

坩 도가니 감

音 ⊗カン
訓 —

音読
坩堝[かんか/るつぼ] ① 감과; 도가니. ＊화학 실험 등에서 물질을 용해시키는 경우에 사용하는 용기. ②(도가니 속이 끓듯이) 군중이 열광적으로 흥분한 상태.

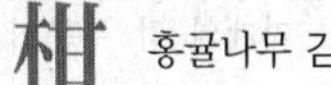

柑 홍귤나무 감

音 ⊗カン
訓 ⊗こうじ

訓読
柑子[こうじ] ≪植≫ 홍귤.
柑子色[こうじいろ] 주황색.
柑子革[こうじかわ] 주황색을 물들인 가죽.

音読
柑橘類[かんきつるい] ≪植≫ 감귤류.

疳 감질 감

音 ⊗カン
訓 —

音読
疳[かん] ≪医≫ 감; 신경질적이고 짜증을 잘 내는 신경성 소아병.
疳高い[かんだかい] 〈形〉 새되다. (목소리가) 날카롭고 드높다.

疳の虫[かんのむし] 신경질. 짜증. ¶ ~に触(さわ)る 신경에 거슬리다. ¶ ~がおさまる 짜증이 가라앉다.

嵌 새겨넣을 감	音 ⊗カン 訓 ⊗はまる ⊗はめる

訓読

[1]⊗**嵌まる**[はまる] 〈5自〉 ①꼭 들어맞다. 꼭 맞다. ②(조건 등에) 꼭 맞다. 들어맞다. ③(깊거나 나쁜 곳에) 빠지다. ④(계략에) 속다. 빠지다. 걸려들다.

嵌(ま)り役[はまりやく] 꼭 맞는 역할.

[2]⊗**嵌める**[はめる] 〈下1他〉 ①(단추・장갑・반지 등을) 끼우다. 끼다. 채우다. 박다. ②속이다. (함정에) 빠뜨리다. 속여 넘기다.

嵌(め)木細工[はめきざいく] 한 장의 널빤지에 도안대로 파고, 그곳에 색깔이나 결이 다른 나무를 박아서 무늬를 나타내는 기법.

嵌(め)殺し[はめころし/はめごろし] 붙박이미닫이. 붙박이창문. 열지 못하게 된 방식.

嵌(め)込み[はめこみ] 끼워 넣음. 끼워 넣은 것.

嵌め込む[はめこむ] 〈5他〉 ①끼워 넣다. 박아 넣다. ②함정에 빠뜨리다.

嵌め合い[はめあい] 기계의 각 부분이 서로 맞물리는 상태.

嵌(め)絵[はめえ] 지그소 퍼즐(jigsaw puzzle).

音読

嵌入[かんにゅう] 감입; 박아 넣음. 박음.

嵌合[かんごう] 감합; 기계의 각 부분이 서로 맞물리는 상태.

橄 감람나무 감	音 ⊗カン 訓 —

26

音読

橄欖[かんらん] ≪植≫ 감람나무. 올리브나무.

橄欖油[かんらんゆ] 감람유; 올리브기름.

橄欖石[かんらんせき] ≪鉱≫ 감람석.

瞰 내려다볼 감	音 ⊗カン 訓 —

音読

瞰視[かんし] 감시; 부감(俯瞰). 높은 데서 내려다 봄.

瞰下[かんか] 감하; 내려다 봄.

龕 감실 감	音 ⊗ガン 訓 —

音読

龕[がん] 감실(龕室). 신불(神仏)을 안치(安置)하는 불단(仏壇).

龕灯[がんどう] 감등; 불단(仏壇)의 등불.

龕灯返し[がんどうがえし] (회전무대를 쓰지 않는) 무대 변환 장치.

龕灯提灯[がんどうぢょうちん] 감등 초롱. 앞쪽만 비추게 되어 있는 초롱.

龕像[がんぞう] ≪仏≫ 감상; 작은 감(龕) 모양으로 만든 불상(仏像).

갑

甲 갑옷/첫째 갑
ㅣ 冂 日 日 甲

音 ◉カン ◉コウ
訓 ⊗かぶと ⊗きのえ ⊗よろい

訓読

⊗**甲**❶[かぶと] 투구. ❷[きのえ] 갑; 천간(天干)의 첫째. ❸[よろい] 갑옷. ❹[かん/こう] ☞ [音読]

音読

甲❶[かん] ①(일본 음악에서) 고음(高音). ②한 옥타브 높은 음. ③높은 음역(音域).

[1]**甲**❷[こう] ①(거북이・게 따위의) 등딱지. ②손발의 등. ¶ 手(て)の~ 손등. ③순위・등급의 첫째.

甲殻[こうかく] 갑각; (거북이 따위의) 등딱지.

甲殻類[こうかくるい] 갑각류.

甲高[こうだか] ①손등이나 발등이 높이 나옴. ②발등 부분이 높은 신발.

甲高い[かんだかい] 〈形〉 새되다. (목소리가) 날카롭고 드높다.

甲骨文字[こうこつもじ] ≪語学≫ 갑골문자.

甲羅[こうら] ①갑각(甲殻). (거북이 따위의) 등딱지. ②연공(年功).

甲論乙駁[こうろんおつばく] 갑론을박; 왈가왈부.

甲兵[こうへい] 갑병; 무장 군인.

甲府[こうふ] 일본 山梨県(やまなしけん)에 있는 현청(県庁) 소재지.
甲斐[★かい] 보람. 효과.
甲斐甲斐しい[★かいがいしい] 〈形〉 ①(몸을 아끼지 않고) 바지런하다. ②(여자・어린이가) 기특하다. 씩씩하다.
甲斐絹[★かいき] 염색한 견사(絹糸)로 짠 평직(平織).
甲斐無い[★かいない] 〈形〉 ①보람 없다. 효과가 없다. ②(…할 만큼의) 가치가 없다.
甲斐性[★かいしょう] 생활 능력. 주변머리.
甲状[こうじょう] 갑상; 투구와 같은 모양.
甲状腺[こうじょうせん] ≪生理≫ 갑상선.
甲声[かんごえ] 높고 날카로운 목소리.
甲所[かんどころ] ① ≪楽≫ 현악기의 현을 누르는 곳. ②중요한 곳. 급소.
甲乙❶[こうおつ] 갑을; 갑과 을. 첫째와 둘째. ❷[かるめる] (일본 음악에서) 음성의 높은 가락과 낮은 가락.
甲子[こうし/かっし/きのえね] ①(60갑자의) 갑자. ②'甲祭(きのえまつり)'의 준말.
甲卒[こうそつ] 갑졸; 무장 군인.
甲種[こうしゅ] 갑종; 1등급.
甲走る[かんばしる] 〈5自〉 (목소리가) 가늘고 높고 날카롭게 울리다. 새되게 울리다.
甲冑[★かっちゅう] 갑주; 갑옷과 투구.
甲鉄[こうてつ] 갑철; 특수한 두꺼운 철판.
甲板❶[かんぱん] (일상용어로) 갑판. ❷[こうはん] (전문 용어로) 갑판. ❸[こういた] (책상 위에 대는) 편편한 널빤지.
甲虫❶[こうちゅう] ≪虫≫ 갑충; 딱정벌레. ❷[かぶとむし] ≪虫≫ 투구풍뎅이.

岬 산기슭 갑
丨 山 山 山 岬 岬 岬 岬

音 —
訓 ◉みさき

訓読
2◉**岬**[みさき] ≪地≫ 갑; 곶. 바다나 호수가 뾰족하게 튀어나온 땅. ¶室戸(むろと)~ 무로토 갑.
岬山[みさきやま] 산부리가 뻗어서 된 곳.

閘 물문 갑
音 ⊗コウ
訓 —

音読
閘門[こうもん] 갑문; 물문. (운하・저수지 등의) 수문(水門).
閘門式運河[こうもんしきうんが] 갑문식 운하.
閘船渠[こうせんきょ] 갑선거; 갑독(閘dock).

江 물/강 강
丶 氵 氵 汀 江 江

音 ◉コウ ⊗ゴウ
訓 ◉え

訓読
◉**江**[え] 후미. 만(湾). 호수나 바다가 뭍으로 파고 든 곳.
江戸[えど] 에도. 東京(とうきょう)의 옛 이름.
江戸幕府[えどばくふ] 1603년 徳川家康(とくがわいえやす)가 '江戸(えど)'에 세운 막부(幕府).
江戸払い[えどばらい] 江戸(えど) 밖으로의 추방.
江戸寿司[えどずし] 江戸(えど) 스타일의 초밥. 손으로 쥐어 만든 초밥.
江戸時代[えどじだい] 에도 시대; 1603~1867년.
江戸っ子[えどっこ] 동경(東京) 토박이.
江戸前[えどまえ] ①江戸(えど) 스타일. 에도 방식. ②동경(東京) 근방에서 잡히는 물고기.
江戸詰[えどづめ] (江戸(えど) 시대에) 大名(だいみょう)가 '江戸(えど)'에 머물던 일. 또는 그 가신(家臣)이 '江戸(えど)'에서 근무하던 일.

音読
江南[こうなん] 강남; ①강의 남쪽. ②중국의 양자강(陽子江) 남쪽.
江都[こうと] '江戸(えど)'의 딴이름.
江畔[こうはん] 강반; 강변. 강가.
江山[こうざん] 강산; 산천(山川). 산수(山水).
江上[こうじょう] 강상; 강물 위.
江河[こうが] 강하; ①중국의 양자강(陽子江)과 황하(黄河). ②큰 강. 강.
江湖[こうこ/ごうこ] 강호; ①강과 호수. ②세상. 세상 사람들.

ㄱ

剛 굳셀 강

丨 冂 冂 冂 冂 冈 岡 岡 剛 剛

音 ◉ゴウ
訓 —

音読

剛[ごう] 힘이 셈. 굳건함.

剛強[ごうきょう] 굳세고 용감함. 만만치 않음.

剛健[ごうけん] 강건; (몸과 마음이) 억세고 튼튼함.

剛球[ごうきゅう] 강구; (야구에서) 강속구(強速球).

剛気[ごうき] 강기; (굴하지 않는) 굳센 기상.

剛胆[ごうたん] 강담; 대담함.

剛力[ごうりき] ①강력; 힘이 셈. ②등산하는 사람의 짐을 지고 안내하는 사람.

剛腹[ごうふく] 강복; 담력이 세고 도량이 큼.

剛性[ごうせい] ≪物≫ 강성.

剛勇[ごうゆう] 강용; 굳세고 용맹함.

剛毅[ごうき] 강의; 강직하여 굽힘이 없음.

剛の者[ごうのもの] 강자; 호걸.

剛直[ごうちょく] 강직; 완고하여 잘못된 짓을 하지 않음.

剛愎[ごうふく] 강퍅; 완고하고 고집이 셈. 자신감에 넘쳐 남에게 굽히지 않음.

降 ①내릴 강 ②항복할 항

⺁ 阝 阝 阝 阝 阝 降 降 降 降

音 ◉コウ ⊗ゴウ
訓 ◉おりる ◉おろす ◉ふらす ◉ふる ⊗くだる ⊗くだす

訓読

4◉**降りる**[おりる] 〈上1自〉 ①(탈것에서) 내리다. ②(아래로) 내려오다. 내리다. ③(서리・이슬이) 내리다. ④(관직에서) 물러나다. ⑤(중도에서) 그만두다. 포기하다. ⑥(안개가) 내리깔리다. ⑦(자물쇠가) 잠기다. ⑧(허가가) 나오다. ⑨(몸밖으로) 나오다. 유산하다.

降り口[おりくち/おりぐち] 내려가는 출구(出口).

降り立つ[おりたつ] 〈5自〉 ①(높은 곳이나 차에서) 내려서다. 내려가다. ②낮은 곳으로 내려가다. ③스스로 일을 하다.

2◉**降ろす**[おろす] 〈5他〉 ①(높은 곳에서 낮은 곳으로) 내리다. ②(탈것에서) 내려놓다. ③(귀인에게 받쳤던 음식이나 물건을) 물리다. ④(관직에서) 해임하다. 물러나게 하다. ⑤베어 내다. ⑥(새 것을) 입다. 착용하다. ⑦(몸밖으로) 몰아내다. 낙태시키다. ⑧(자물쇠를) 잠그다. 채우다. ⑨(간판을) 떼다. 내리다.

降(ろ)し[おろし] ①(아래로) 내림. ②(강판에) 갊. ③새 물건을 쓰기 시작함.

降(ろ)し金[おろしがね] 강판.

降(ろ)し大根[おろしだいこん] 무즙.

降(ろ)し立て[おろしたて] 갓 쓰기 시작한 새 물건.

◉**降らす**[ふらす] 〈5他〉 (눈・비를) 내리게 하다.

◉**降らせる**[ふらせる] 〈下1自〉 (눈・비를) 내리게 하다.

4◉**降る❶**[ふる] 〈5自〉 ①(눈・비가) 내리다. ②(비유적으로) 몰려오다. 쏟아지다.

⊗**降る❷**[くだる] 〈5自〉 항복하다.

⊗**降す**[くだす] 〈5他〉 항복시키다. 함락시키다.

降って[くだって] (편지에서 자신을 낮추어) 불초(不肖) 소생(小生).

降り[ふり] (비・눈이) 내림.

降りみ降らずみ[ふりみふらずみ] (눈・비가) 오락가락함. 오다 말다 함.

降り籠められる[ふりこめられる] 〈下1自〉 (눈・비로) 갇히다. 외출할 수 없게 되다.

降り明かす[ふりあかす] 〈5自〉 (눈・비가) 밤새도록 내리다.

降り募る[ふりつのる] 〈5自〉 (눈・비가) 점점 세차게 내리다.

降り暮らす[ふりくらす] (눈・비가) 온 종일 내리다.

降り敷く[ふりしく] 〈5自〉 (낙엽이나 눈이) 땅을 온통 뒤덮다.

降り頻る[ふりしきる] 〈5自〉 (눈・비가) 계속 줄기차게 내리다.

降り続く[ふりつづく] 〈5自〉 (눈・비가) 오래 계속 내리다.

降り込む[ふりこむ] (눈・비가) 들이치다.

降り積(も)る[ふりつもる] 〈5自〉 (눈 따위가) 내려 쌓이다.

降り注ぐ[ふりそそぐ] 〈5自〉 ①(비나 햇빛이) 집중적으로 쏟아져 내리다. 내리쬐다. ②(비유적으로) 빗발치다.

降り出す[ふりだす] 〈5自〉 갑자기 내리기 시작하다.

音読

降嫁[こうか] 강가; 황족의 딸이 신하에게 시집가는 일.

降格[こうかく] 강격; 격식·계급이 격하됨.

降旗[こうき] 강기; ①기를 내림. ②항복함. 백기(白旗).

降壇[こうだん] 강단; ①단상에서 내려옴. ②(대학 교수가 정년퇴직 이전에) 교수직을 그만 둠.

降魔[★ごうま] ≪仏≫ 항마; 악마를 항복시킴.

降雹[こうひょう] 강박; 우박이 내림.

降伏❶[こうふく] 항복; 적에게 굴복함. ❷[ごうぶく] ≪仏≫ 신불(神仏)에게 빌어 악마를 물리침·원수를 제압함.

[1]降服[こうふく] 항복; 적에게 굴복함.

降霜[こうそう] 강상; 서리가 내림.

降雪[こうせつ] 강설; 눈이 내림.

降雪量[こうせつりょう] 강설량.

[1]降水[こうすい] 강수; (눈·비 등으로) 지상에 내린 물.

[1]降水量[こうすいりょう] 강수량.

[1]降水確率[こうすいかくりつ] 강수 확률.

降圧[こうあつ] 강압; 혈압을 내리게 함.

降圧剤[こうあつざい] 강압제; 혈압 강하제.

降雨[こうう] 강우; 비가 내림.

降雨量[こううりょう] 강우량.

降任[こうにん] 강임; 직위를 낮춤.

降職[こうしょく] 강직; 직위를 낮춤.

降車[こうしゃ] 강차; 하차. 차에서 내림.

降車口[こうしゃぐち] 차에서 내리는 입구.

降参[こうさん] ①항복. 굴복. ②손듦. 질림.

降誕[こうたん] 강탄; (존귀한 인물의) 탄신.

降誕祭[こうたんさい] 크리스마스.

降誕会[こうたんえ] 강탄회; 석가모니의 탄생을 기념하는 법회.

降板[こうばん] 강판; (야구에서) 투수가 마운드에서 내려옴.

降下[こうか] 강하; ①높은 곳에서 내림. ②(명령 따위가) 내림.

降下部隊[こうかぶたい] 낙하산 부대. 공수(空輸) 부대.

康 편안할 강

亠 广 户 庐 庐 庚 庚 康 康 康

音 ◉コウ

訓 —

音読

康強[こうきょう] 몸과 마음이 건강함.

康健[こうけん] 강건; 건강함.

康寧[こうねい] 강녕; 병이 없이 건강함.

康福[こうふく] 강복; 편안하고 행복함.

康平[こうへい] 강평; 세상이 평화로움.

強(强) 강할 강

ㄱ コ 弓 弘 弘 弥 弥 弹 強 強

音 ◉キョウ ◉ゴウ

訓 ◉つよい ⊗こわい ◉しいる ⊗したたか ⊗あながち

訓読

[4]◉強い❶[つよい] 〈形〉 ①(힘이) 세다. 강하다. 억세다. ②튼튼하다. ③(도수가) 높다. ¶ ~酒(さけ) 독한 술. ¶ 度(ど)の~眼鏡(めがね) 도수가 높은 안경. ④실력이 있다. ¶ 語学(ごがく)に~ 어학 실력이 있다. ⑤엄하다. 호되다. ⑥질기다. ¶ ~糸(いと) 질긴 실.

⊗強い❷[こわい] 〈形〉 ①(음식이) 되다. 질기다. ②뻣뻣하다. 억세다.

[1]◉強いる[しいる] 〈上1自〉 강요하다. 강권하다. 강제로 하게 하다. 억지로 시키다.

[1]強いて[しいて] 억지로. 굳이. 구태여.

⊗強か[したたか] 〈副〉 ①세게. 강하게. 호되게. ②심하게. 지나치게. 과도하게. 〈形動〉 (성질이) 만만치 않음. 여간 아님.

強がり[つよがり] 허세를 부림. 큰소리침.

強がる[つよがる] 〈5自〉 허세를 부리다. 큰소리치다. 강한 체하다.

強さ[つよさ] 강도(強度). 강한 정도.

⊗強ち[あながち] ①(부정문에서) 반드시. 꼭. ② ≪雅≫ 억지로. 굳이.

[1]◉強まる[つよまる] 〈5自〉 세어지다. 강해지다. 드세어지다.

強み[つよみ] ①강함. 강한 정도. 강도(強度). ②강점. 장점. 유리한 점.

[1]◉強める[つよめる] 〈下1他〉 세게 하다. 강하게 하다. 강화시키다.

[2]強気❶[つよき] ①강경한 태도. 강경함. ②성미가 거셈. ③《経》 강세. 오름세. ❷[ごうぎ] 기세가 세참. 굉장함.
強気筋[つよきすじ] ①오름세를 예상하고 주식 등을 계속 사들이는 사람. ②강경파.
強談判[こわだんぱん] 강경한 담판.
強味[つよみ] ①강도(強度). 강한 정도. ②강점. 장점. 유리한 점.
強飯[こわいい/こわい/こわめし] 《雅》 지에밥. 찜통에 찐 밥.
強付く[こわつく] 〈5自〉 빳빳한 느낌이 들다. 굳어지다.
強腰[つよごし] ①배짱이 셈. ②강경함. 강경한 태도.
強意見[こわいけん] 강경한 충고.
強か者[したたかもの] 만만치 않은 사람. 고집이 센 사람.
強張る[こわばる] 〈5自〉 굳어지다. 뻣뻣해지다. 경직되다.
強含み[つよふくみ] (값이) 오름세. 오를 기미.
強火[つよび] (화력이) 센 불. 강한 불.

音読

[1]強[きょう] 강; ①강함. 강자(強者). ②(접미어로 어떤 숫자에 접속하여) 그보다 약간 더 됨을 나타냄.
強姦[ごうかん] 강간; 강제로 간음함.
強剛[きょうごう] 강호(強豪). 뛰어나게 강함.
強健[きょうけん] 강건; 튼튼하고 건강함.
強肩[きょうけん] 강견; (야구에서) 투구력이 센 어깨. 또는 그런 사람.
[1]強硬[きょうこう] 강경; 의지를 굽히지 않음.
強固[きょうこ] 강고; (정신적으로) 굳셈.
強攻[きょうこう] 강공; 위험을 무릅쓰고 공격함.
強攻策[きょうこうさく] 강공책.
強球[きょうきゅう] 강구; (야구에서) 강속구(強速球).
強国[きょうこく] 강국; 강대국(強大国).
強弓[ごうきゅう] 강궁; ①센 활. ②센 활을 쏘는 사람.
強権[きょうけん] 강권; 국가의 강제적인 권력.
強気❶[ごうぎ] 기세가 세참. 굉장함. ❷[つよき] ①강경한 태도. 강경함. ②성미가 거셈. ③(값이) 오름세임.
強記[きょうき] 강기; 기억력이 좋음.
強談[ごうだん] 강담; 강경한 담판.
強大[きょうだい] 강대; 강하고 큼.
強度[きょうど] 강도; ①강한 정도. 세기. ②정도가 심함.
[2]強盗❶[ごうとう] 강도; 협박하여 강제로 남의 재물을 빼앗음. ❷[がんどう] '強盗提灯(がんどうぢょうちん)'의 준말.
[2]強力❶[きょうりょく] 강력; 힘이 셈.
強力❷[ごうりき] ①등산길 안내자. 등산인의 짐을 지고 안내하는 사람. ②수도자(修道者)의 짐을 지는 하인.
強力無双[ごうりきむそう] 강력 무쌍; 비할 데 없이 강력함.
強力粉[きょうりきこ] 강력분; 단백질 등이 많아서 찰기가 있는 밀가루.
[1]強烈[きょうれつ] 강렬; 세차고 맹렬함.
強迫[きょうはく] 강박; ①강요. ②협박.
強迫観念[きょうはくかんねん] 강박관념.
強兵[きょうへい] 강병; 강한 군대.
強盛[きょうせい] 강성; 강하고 성함.
強勢❶[きょうせい] 강세; ①강한 힘. ②《語学》 스트레스. 강한 부분. ❷[ごうせい] ①기세가 드셈. ②정도가 심함.
強訴[ごうそ] 강소; 일정한 절차를 밟지 않고 떼 지어 실력으로 호소함.
強襲[きょうしゅう] 강습; 세차게 공격함.
強心剤[きょうしんざい] 《薬》 강심제.
強圧[きょうあつ] 강압; 강제로 억누름.
強弱[きょうじゃく] 강약; 강함과 약함.
強要[きょうよう] 강요; 강제로 요구함.
強欲[ごうよく] 강욕; 탐욕. 탐심.
強慾[ごうよく] ☞ 強欲
[2]強引[ごういん] (반대나 장애를 무릅쓰고) 억지로 함. 강제로 함.
強者[きょうしゃ] 강자; 강한 자.
強壮[きょうそう] 강장; 강건함. 튼튼함.
強的[ごうてき] ①멋있음. 훌륭함. ②정도가 심함. 굉장함. 대단함.
強敵[きょうてき] 강적; 강한 적군.
強電[きょうでん] 강전; 고압 전류.
強情[ごうじょう] 고집이 셈.
強情っ張り[ごうじょっぱり] 고집불통. 고집쟁이.
強精[きょうせい] 강정; 정력 증강.
強精剤[きょうせいざい] 강정제; 정력 증강제.
[1]強制[きょうせい] 강제; 억지로 시킴.
強制送還[きょうせいそうかん] 강제 송환.

強制処分[きょうせいしょぶん] 강제로 하는 징계 처분.

2強調[きょうちょう] 강조; ①강력히 주장함. ②(거래에서) 강세(強勢)임.

強直[きょうちょく] 강직; 경직. 굳어짐.

強震[きょうしん] 강진; 강한 지진.

強請❶[きょうせい/ごうせい] 강청; 무리하게 청함. 억지로 청함.

強請❷[★ゆすり] 협박해서 금품을 우려냄. 강탈함. 또는 그런 사람.

強請る[★ゆする] 〈5他〉 협박해서 금품을 우려내다. 등치다.

強打[きょうだ] 강타; (야구에서) 힘차게 때림.

強打者[きょうだしゃ] 강타자.

強奪[ごうだつ] 강탈; 강제로 빼앗음.

強暴[きょうぼう] 강포; ①힘이 세고 난폭함. ②협박하여 폭행을 가함.

強風[きょうふう] 강풍; 센바람.

強風雨[きょうふうう] 강풍우; 강한 비바람.

1強行[きょうこう] 강행; 강제로 시행함.

強行軍[きょうこうぐん] 강행군.

強豪[きょうごう] 강호; 뛰어나게 강함.

2強化[きょうか] 강화; 강하게 하는 것.

綱 벼리/대강 강

糹 糹 糹 糹 紅 網 網 網 綱 綱

音 ◉コウ

訓 ◉つな

訓読

2◉綱❶[つな] ①밧줄. 로프. ②의지할 대상. ③씨름 왕. ¶ ~を張(は)る 씨름 왕이 되다. ❷[こう] ☞ [音読]

綱渡(り)[つなわたり] ①줄타기. ②모험.

綱引(き)[つなひき] ①밧줄을 매고 끌고 감. ②줄다리기. ③(가축이) 끌려가지 않으려고 버팀.

綱車[つなぐるま] 도르래.

綱取(り)[つなとり] (씨름에서) 大関(おおぜき)가 좋은 성적을 올려 横綱(よこづな)가 되려고 함.

音読

綱❶[こう] 강; 생물 분류상의 한 단위. ＊문(門)과 목(目) 사이. ¶ 哺乳(ほにゅう)~ 포유강. ❷[つな] ☞ [訓読]

綱紀[こうき] 강기; ①사물의 근본. ②국가를 다스리는 근본이 되는 기강(紀綱). ¶ ~粛清(しゅくせい) 강기 숙청.

綱領[こうりょう] 강령; ①사물의 요점. 개요. ②(어떤 단체의) 기본 방침.

綱目[こうもく] 강목; 사물의 대요(大要)와 세목(細目).

綱要[こうよう] 강요; 기본 골자.

鋼 강철 강

金 金 金 金 釘 鋼 鋼 鋼 鋼 鋼

音 ◉コウ

訓 ◉はがね

訓読

◉鋼❶[はがね] 강철. ¶ ~のように鍛(きた)えた体(からだ) 강철처럼 단련한 몸. ❷[こう] ☞ [音読]

音読

鋼❶[こう] 〈接尾語〉 강; 강철. ¶ 特殊(とくしゅ)~ 특수강. ❷[はがね] ☞ [訓読]

鋼管[こうかん] 강관; 강철로 만든 관.

鋼塊[こうかい] 강괴; 강철 덩어리.

鋼索[こうさく] 강삭; 강철 밧줄.

鋼玉[こうぎょく] ≪鉱≫ 강옥; (다이아몬드 다음으로 강한 보석) 사파이어·루비 따위.

鋼材[こうざい] 강재; 강철로 만든 재료.

鋼製[こうせい] 강제; 강철로 만듦.

鋼鉄[こうてつ] 강철; 매우 단단하고 굳센 철.

鋼板[こうはん/こうばん] 강판; 강철판.

鋼鈑[こうはん/こうばん] ☞ 鋼板

講(講) 강론할/강구할 강

言 言 講 講 講 講 講 講 講 講

音 ◉コウ

訓 —

音読

講じる[こうじる] 〈上1他〉 ☞ 講ずる

講ずる[こうずる] 〈サ変他〉 ①강의하다. ②강구하다. 꾀하다.

講究[こうきゅう] 강구; 좋은 방법을 궁리함. 깊이 살펴 연구함.

講壇[こうだん] 강단; 연단(演壇).

講談[こうだん] 가락을 붙여 들려주는 연예. 야담(野談).
講談師[こうだんし] 야담가(野談家).
[2]講堂[こうどう] 강당; 강의를 하는 곳.
[1]講読[こうどく] 강독; 글을 읽고 그 내용을 강의함.
講読者[こうどくしゃ] 강독자.
[2]講師❶[こうし] 강사; ①강연·강의를 하는 사람. ②(대학에서의) 강사.
講師❷[こうじ] ①(궁중의 시가를 짓는 자리에서) 작품을 낭독하는 사람. ②고대 일본의 승관(僧官).
講書[こうしょ] 강서; 학자가 자기의 전문 영역에 관하여 귀인에게 강의하는 일. ¶ 御(ご)～始(はじ)め 연초에 천황이 강서를 받는 의식.
講釈[こうしゃく] 강석; ①문장의 뜻을 설명하여 들려 줌. ②야담(野談).
講釈師[こうしゃくし] 야담가(野談家).
講釈場[こうしゃくば] 야담 공연장.
講説[こうせつ] 강설; 강의하고 설명함.
[2]講習[こうしゅう] 강습; 배우고 익힘.
講習所[こうしゅうじょ] 강습소.
[2]講習会[こうしゅうかい] 강습회.
[2]講演[こうえん] 강연; 강의함.
[2]講演者[こうえんしゃ] 강연자; 연사(演士).
[2]講演会[こうえんかい] 강연회.
[2]講義[こうぎ] 강의; 학설이나 책의 내용을 풀어 가르침.
講座[こうざ] 강좌; ①강의하는 학과. ②강좌의 형식을 따서 편집·편성한 출판물이나 방송 프로그램.
講中[こうじゅう] ①신불(神仏)에게 참배하기 위한 모임. ②계원(契員).
講評[こうひょう] 강평; 이유를 설명하면서 비평함. 또는 그 비평.
講和[こうわ] 강화; 전쟁을 중지하고 평화로운 상태로 되돌아감.
講和条約[こうわじょうやく] 강화조약.
講話[こうわ] 강화; 알아듣기 쉽게 설명하여 줌. 또는 그런 이야기.

岡 산등성이 강	音 ⊗コウ 訓 ⊗おか

訓読

⊗岡[おか] 언덕. 구릉. 작은 산.
岡目[おかめ] (남이 하는 일을) 옆에서 봄.
岡目八目[おかめはちもく] 본인보다 제삼자가 시비·득실을 더 잘 앎.
岡辺[おかべ] 언덕 근처. 언덕 가.
岡山[おかやま] ≪地≫ ①일본 중부 지방의 현(県). ②'岡山県(おかやまけん)' 현청(県庁) 소재지.
岡焼(き)[おかやき] (직접 관계가 없는) 남의 사이를 질투함.
岡持(ち)[おかもち] 요리 배달통.
岡惚れ[おかぼれ] ①(남의 애인을) 짝사랑함. ②(몰래) 짝사랑함. ③혼자서 열을 올림.

腔 빈속 강	音 ⊗コウ 訓 —

音読

腔線[こうせん] (총포의) 강선.
腔腸動物[こうちょうどうぶつ] 강장동물. ＊해파리·산호·말미잘 따위를 가리킴.

慷 개탄할 강	音 ⊗コウ 訓 —

音読

慷慨[こうがい] 강개; 세상의 부정·불의나 자신의 불운함을 분하게 여김.
慷嘆[こうたん] 강탄; 개탄(慨嘆).
慷歎[こうたん] ☞ 慷嘆

糠 쌀겨 강	音 ⊗コウ 訓 ⊗ぬか

訓読

⊗糠[ぬか] 겨. 쌀겨.
糠味噌[ぬかみそ] 쌀겨에 소금을 넣고 반죽하여 발효시킨 것.
糠味噌女房[ぬかみそにょうぼう] 조강지처.
糠味噌臭い[ぬかみそくさい] ①겨 된장 냄새가 나다. ②살림에 찌들다.
糠雨[ぬかあめ] 이슬비. 보슬비.
糠油[ぬかあぶら] 쌀겨 기름.
糠喜(び)[ぬかよろこび] 덧없는 기쁨. 부질없는 기쁨. 보람 없는 기쁨. ¶ ～に終(お)わる 좋다가 말다.

音読

◑糟糠[そうこう]

개

介 끼일 개

ノ 𠆢 介 介

音 ◉カイ
訓 ⊗すけ

訓読

⊗介党鱈[すけとうだら] ≪魚≫ 명태.

音読

介す[かいす] 〈5他〉 ☞ 介する
介する[かいする] 〈サ変他〉 ①사이에 넣다. 중간에 두다. 사이에 두다. ②마음에 두다. 개의(介意)하다.
1介入[かいにゅう] 개입; 사건이나 언쟁 등에 끼어듦.
介在[かいざい] 개재; 사람과 사람, 사물과 사물 사이에 끼어 있음.
介錯[かいしゃく] ①시중듦. 시중드는 사람. ②할복하는 사람의 목을 쳐줌.
介錯人[かいしゃくにん] 할복하는 사람의 뒤에 있다가 목을 쳐주는 사람.
介添え[かいぞえ] ①시중듦. 시중드는 사람. ②(시집갈 때 친정에서) 딸려 보내는 하녀.
1介抱[かいほう] ①돌봄. 보호. ②간호.
1介護[かいご] (자택에서의) 간호.
介護福祉士[かいごふくしし] 간호 복지사.
介護休業[かいごきゅうぎょう] 병간호를 위해 일정 기간 휴가를 냄.

改 고칠 개

ㄱ コ 己 己' 己' 改 改

音 ◉カイ
訓 ◉あらたまる ◉あらためる

訓読

1◉改まる[あらたまる] 〈5自〉 ①새로워지다. 개선되다. 달라지다. 고쳐지다. 바뀌다. ②격식을 차리다. 정색을 하다. 새삼스러워지다.
2◉改める[あらためる] 〈下1他〉 ①변경하다. 고치다. 바꾸다. 개혁하다. ②(말・태도를) 바로잡다. 고치다. 개선하다. ③살펴보다. 조사하다. 검사하다.
改め[あらため] ①고침. 변경함. ②변경한 이름. ③(용의자의) 검문. 검색. 일제 조사.
2改めて[あらためて] 〈副〉 ①다시. 따로. 다른 기회에. ②새삼스럽게. 새삼스레. 새삼.

音読

改稿[かいこう] 개고; 원고를 고침. 또는 고친 원고.
1改良[かいりょう] 개량; 사물을 이전보다도 좋게 고침.
改暦[かいれき] 개력; ①역법(暦法)을 고침. ②새해. 신년.
改名[かいめい] 개명; 이름을 바꿈.
改名届[かいめいとどけ] 개명 신고.
2改善[かいぜん] 개선; 좋게 고침. 좋게 바꿈.
改善命令[かいぜんめいれい] 개선 명령.
改選[かいせん] 개선; 새로 선출함.
改姓[かいせい] 개성; 성(姓)을 바꿈.
1改修[かいしゅう] 개수; 수리(修理).
改新[かいしん] 개신; ①혁신(革新). ②연초(年初). 연시(年始).
改心[かいしん] 개심; 뉘우침. 마음을 고쳐먹음. 회개(悔改).
1改悪[かいあく] 개악; (좋게 고친다는 것이) 이전보다 더 나쁘게 고침.
改易[かいえき] 개역; ①고침. ② ≪古≫ 면직하고 다른 사람으로 바꿈. ③(에도 시대에) 무사를 파면시키고 재산과 영지를 몰수하던 형벌.
改悟[かいご] 개오; 뉘우침. 회개함.
改元[かいげん] 개원; 연호를 바꿈.
改印[かいいん] 개인; 인감(印鑑)을 바꿈.
改印届[かいいんとどけ] 개인계; 개인 신고.
改作[かいさく] 개작; ①완성된 작품에 손질을 하여 다시 만듦. 또는 그렇게 만든 것. ②다시 농경지를 활용하여 농사를 지음.
改装[かいそう] 개장; 새로 단장함.
改葬[かいそう] 개장; 묘를 옮김.
2改正[かいせい] 개정; (제도나 법률을) 바르게 고침.
1改定[かいてい] 개정; (한번 정했던 것을) 고치어 다시 정함.
1改訂[かいてい] 개정; 서적의 내용에 손질을 하여 일부를 다시 고침.
改題[かいだい] 개제; 제목을 바꿈.
2改造[かいぞう] 개조; 다시 고쳐 만듦.
改組[かいそ] 개조; 조직을 개편함.
改宗[かいしゅう] 개종; 종교를 바꿈.
改鋳[かいちゅう] 개주; 다시 주조(鋳造)함.

[2]改札[かいさつ] 개찰; 승차권을 검사함.
[2]改札口[かいさつぐち] 개찰구.
改札止め[かいさつどめ] 개찰 중지.
改築[かいちく] 개축; 건축물의 전부 또는 일부를 부수고 다시 고쳐 만듦.
改称[かいしょう] 개칭; 명칭이나 호칭을 바꿈. 또는 변경된 명칭.
改版[かいはん] 개판; 출판물의 내용을 고쳐 다시 출판함.
改編[かいへん] 개편; 이미 편성·편집된 것을 다시 고쳐서 재편성·재편집함
改廃[かいはい] 개폐; 개정과 폐기.
改憲[かいけん] 개헌; 헌법을 고침.
[1]改革[かいかく] 개혁; ①보다 좋게 새로 고침. ②기반은 그대로 유지하면서 사회 제도나 기구·조직 등을 새롭게 바꿈.
改号[かいごう] 개호; ①개명(改名). 개칭(改称). ②개원(改元). 연호를 고침.

皆 모두 개

一 ㅌ ㅌ' 比 比 毕 毕 皆 皆

音 ◉カイ
訓 ◉みな

訓読

[3]◉皆[みな] 모두. 전부. 죄다.
[4]皆さん[みなさん] 여러분.
皆皆[みなみな] 모두. 전부.
皆が皆[みながみな] 모두가 다. 남김없이.
皆皆様[みなみなさま] 여러분들.
皆殺し[みなごろし] 몰살. 섬멸(殲滅).
[3]皆様[みなさま] ①여러분. ②(상대방의 가족에 대한 존경어로) 댁내 모두. 가족 모두.
皆の衆[みなのしゅう] 여러분. 모든 사람.

音読

皆掛(け)[かいがけ] 물건이 담긴 용기째 저울에 닮.
皆勤[かいきん] 개근; 하루도 빠짐없이 출석하거나 참석함.
皆勤賞[かいきんしょう] 개근상.
皆既[かいき] 개기; ①모두임. 전부임. ②'皆既食'의 준말.
皆既食[かいきしょく] 개기식.
皆既月食[かいきげっしょく] 개기 월식.
皆既日食[かいきにっしょく] 개기 일식.
皆納[かいのう] 개납; 모두 바침. 완납.
皆目[かいもく] (부정문에서) 전혀. 도무지. 전연.
皆無[かいむ] 개무; 전무(全無). 전혀 없음.
皆伝[かいでん] 스승으로부터 비법(秘法)을 모두 전수 받음.
皆済[かいさい] 개제; ①(일을) 모두 끝냄. ②(빚이나 납부할 것을) 모두 갚음.

個 낱 개

丿 亻 亻 亻冂 伄 们 偶 個 個 個

音 ◉コ ◉カ
訓 —

音読

[4]個[こ] 개; ①개체. 개인. ¶ ~の問題(もんだい) 개인의 문제. ②(물건을 세는 말로서) 개.
[1]個個[ここ] 개개; 하나하나. 각각. 각자. 한 사람 한 사람.
個個別別[ここべつべつ] 각자 따로. 제각기.
個個人[ここじん] 개개인; 한 사람 한 사람.
[1]個別[こべつ] 개별; 하나하나. 한 사람 한 사람.
個別消費税[こべつしょうひぜい] 특별 소비세.
[1]個性[こせい] 개성; 개인이나 개체를 다른 것과 구별되게 하려는 고유의 특성.
[2]個所[かしょ] 개소; 군데. 곳. 자리. 부분.
個数[こすう] 개수; 물건의 수효.
個室[こしつ] 개실; 개인용의 방.
[4]個月[かげつ] 개월; (조수사로) 달 수를 세는 말.
[2]個人[こじん] 개인; 한 사람 한 사람.
個展[こてん] 개전; 개인전. 개인 전람회.
個条[かじょう] 개조; 조항. 조목. 항목.
個条書き[かじょうがき] 조목별·항목별로 씀. 또는 그렇게 쓴 것.
個体[こたい] 개체; ①《哲》 다른 것과 구별되어 독립적으로 존재하는 것. ②한 생물로서 완전한 기능을 가진 가장 작은 단위.

開 열 개

丨 ｢ ｢ ｣ 門 門 門 閂 開 開

音 ◉カイ
訓 ◉あく ◉ひらく ◉あける ◉ひらける ⊗はだかる ⊗はだける

訓読

4 ◉開く❶[あく] 〈5自〉 ①(문・뚜껑이) 열리다. ②(가게의 문을) 열다. 개점(開店)하다. 영업을 하다. ③(연극의 막이) 오르다. 열리다. 〈5他〉 벌리다. 열다. ¶口(くち)を~ 입을 벌리다.

3 ◉開く❷[ひらく] 〈5自〉 ①(문이) 열리다. ②(우산・꽃이) 벌어지다. 피다. ③격차가 벌어지다. 차이가 나다. ④끝이 벌어지다. 끝이 펴지다. ⑤(모임이) 끝나다. 〈5他〉 ①(닫힌 것을) 펴다. 열다. ②시작하다. 개시하다. ③가게를 열다. 개업하다. 개점하다. ④개척하다. 개간하다. ⑤개방하다. 터놓다. ⑥창시하다. 창립하다. ⑦ ≪数≫ 근(根)을 구하다.

開き❶[ひらき] ①엶. 열림. 여닫음. ②벌어짐. 격차. 차이. ❷[びらき] (접미어적인 용법으로) 개방함. 시작함. ¶プール~ 풀장 개방. ¶店(みせ)~ 개점.

開き封[ひらきふう] 개봉 우편물.

開き直る[ひらきなおる] 〈5自〉 정색하고 나서다. 태도를 바꾸어 강하게 나오다.

開き戸[ひらきど] 여닫이문.

⊗開かる[はだかる] 〈5自〉 ①(입은 옷이) 벌어지다. (입은 옷이 벌어져 몸의 일부가) 드러나다. ¶すそが~ 옷자락이 벌어지다. ②(팔다리를 벌리고 사람 앞을) 막아서다.

4 ◉開ける❶[あける] 〈下1他〉 ①(문・뚜껑을) 열다. ②(눈을) 뜨다. ③(영업을) 시작하다.

◉開ける❷[ひらける] 〈下1自〉 ①(막혔거나 닫힌 것이) 열리다. 트이다. ②전개되다. 펼쳐지다. ③개발되다. 발전되다. 개화되다. ④(도로・철도 등이) 나다. 개통되다. ⑤번화해지다.

⊗開ける❸[はだける] 〈下1他〉 (옷의 앞부분을) 풀어헤치다. 벌리다. 〈下1自〉 (옷의 앞부분이) 벌어지다.

開けっ広げ[あけっぴろげ] ①활짝 열어 놓음. ②개방적임. 노골적임.

開け広げる[あけひろげる] 〈下1他〉 ①활짝 열어젖히다. ②숨김없이 드러내다. 다 까놓다.

開けっ放し[あけっぱなし] ①활짝 열어 놓은 채로 방치함. ②개방적임. 노골적임.

開け放す[あけはなす] 〈5他〉 ①활짝 열어 놓다. 모두 열어 두다. ②개방하다.

開け放つ[あけはなつ] 〈5他〉 ①활짝 열어 놓다. 모두 열어 두다. ②개방하다.

開け払う[あけはらう] 〈5他〉 ①(문을) 열어젖히다. ②(집・방을) 비워 주다. 명도(明渡)하다.

開け閉て[あけたて] 개폐; 문의 여닫음.

開け閉め[あけしめ] 개폐; 문의 여닫음.

音読

開墾[かいこん] 개간; 산야(山野)를 새로 개척하여 논밭으로 만듦.

開講[かいこう] 개강; 강의를 시작함.

開館[かいかん] 개관; ①도서관・영화관 등이 그 날의 업무를 시작함. ②도서관・영화관 등이 처음으로 문을 엶.

開校[かいこう] 개교; 학교를 새로이 만들어 교육을 시작함.

開教師[かいきょうし] 개교사; 특히 해외에서 포교 활동을 하는 승려.

開口[かいこう] 개구; ①입을 엶. 말을 하기 시작함. ②개막 첫날 무대에 나와서 발언하거나 읊거나 함. ③(공기・햇빛 등이 통하게) 개방한 부분.

開口一番[かいこういちばん] 입을 열자마자. 개구 제일성.

開局[かいきょく] 개국; 방송국・우체국 등을 신설하여 새로이 업무를 시작함.

開国[かいこく] 개국; ①외국과 통상과 교통을 시작함. ②처음으로 나라를 세움. 건국(建国).

開襟[かいきん] 개금; ①옷깃을 헤쳐 젖힘. 또는 그런 옷. ②노타이 셔츠.

開基[かいき] 개기; ①일이나 사업을 시작함. ② ≪仏≫ 절을 새로 지음. 또는 새로 지은 절.

開幕[かいまく] 개막; ①연극 무대의 막이 열림. ②사물이 시작됨.

開幕劇[かいまくげき] 개막극.

開明[かいめい] 개명; 문명의 개화.

開門[かいもん] 개문; 문을 엶.

1 開発[かいはつ] 개발; ①천연 자원 등을 인간 생활에 도움이 되게 함. ②새로운 것을 생각해 내어 실용화함. ③황무지를 개간하여 논밭이나 주거용으로 만듦. ④잠재된 재능 등을 살리어 발달하게 함.

2 開放[かいほう] 개방; ①문을 활짝 열어 놓음. ②제한을 풂. 자유롭게 출입하도록 함.

開闢[かいびゃく] 개벽; 천지의 시초.

開封[かいふう] 개봉; ①봉한 것을 뗌. ②봉하지 않은 우편물. ③영화를 처음으로 상영함.

開府[かいふ] 개부; 관청을 신설하여 관리를 두고 업무를 시작함.
開削[かいさく] 개삭; 산야(山野)를 뚫어 도로나 운하를 만듦.
開署[かいしょ] 개서; 경찰서·세무서·소방서 등을 신설하여 업무를 시작함.
開設[かいせつ] 개설; 신설(新設)함.
開城[かいじょう] 개성; 적에게 항복하여 성을 넘겨줌.
開所[かいしょ] 개소; 사무소를 신설하여 집무를 시작함.
開示[かいじ] 개시; 공개하여 법정에서 명시함.
[2]開始[かいし] 개시; 시작함.
開眼❶[かいがん] 개안; 눈을 뜸. 눈을 뜨게 함. ❷[かいげん] ≪仏≫ 개안; ①불도의 진리를 깨달음. ②새로 완성된 불상(仏像)이나 불화(仏画)를 공양하여 부처의 영혼을 맞아들이는 의식. ③기예(技芸)·예술의 극치를 깨달음. 도통함.
開業[かいぎょう] 개업; ①개점. 가게를 엶. ②영업을 하고 있음.
開演[かいえん] 개연; 그 날의 공연이 시작됨.
開運[かいうん] 개운; 운이 트임.
開院[かいいん] 개원; ①병원·미장원 등이 개업함. ②국회가 열림. ③병원·소년원 등이 업무를 시작함.
開園[かいえん] 개원; ①유치원·동물원·식물원 등을 개설함. ②유원지·동물원 등을 열어 입장시킴.
開帳[かいちょう] 개장; ① ≪俗≫ 놀음판을 벌임. ②감실(龕室)을 열어 비장된 불상을 공개함.
開場[かいじょう] 개장; ①건물이나 시설을 만들어 일을 시작함. ②모임 장소에 사람을 입장시킴.
開戦[かいせん] 개전; 전쟁을 시작함.
開店[かいてん] 개점; ①개업함. ②가게를 열고 그 날의 장사를 시작함.
開店祝[かいてんいわい] 개업 축하.
開廷[かいてい] 개정; 법정에서 재판을 시작함.
開祖[かいそ] 개조; ①한 종교의 창시자. ②절(寺)의 창립자. ③한 유파(流派)의 창시자.
開陳[かいちん] 개진; 의견을 말함.
開札[かいさつ] 개찰; 입찰이나 투표 결과를 투표함을 열어 조사함.
[1]開拓[かいたく] 개척; ①황무지를 개간하여 논밭으로 만듦. ②영토를 넓힘. ③새로운 분야의 장애를 뚫고 나감.
[1]開拓者[かいたくしゃ] 개척자.
開庁[かいちょう] 개청; 관청을 신설하여 업무를 시작함.
開村[かいそん] 개촌; 선수촌 등을 새로이 만들어 문을 엶.
[1]開催[かいさい] 개최; 어떤 모임이나 행사를 주최하여 엶.
[2]開通[かいつう] 개통; 도로·철도·통신 등이 완성되어 통함.
[2]開通式[かいつうしき] 개통식.
開板[かいはん] 개판; (목판본의) 출판.
開版[かいはん] ☞ 開板(かいはん).
開平[かいへい] ≪数≫ 개평; 제곱근풀이.
開閉[かいへい] 개폐; 여닫음. 여닫이.
開閉器[かいへいき] 스위치.
開閉機[かいへいき] 차단기(遮断機).
開票[かいひょう] 개표; 투표함을 열어 투표의 결과를 조사함.
開学記念日[かいがくきねんび] 개교기념일.
開港[かいこう] 개항; ①무역을 위하여 창구를 개방함. 또는 그 항구. ②공항을 개설함.
開化[かいか] 개화; 지혜가 열리고 풍속과 사상이 진보되는 것.
開化期[かいかき] 개화기.
開花[かいか] 개화; ①꽃이 핌. ②번창함.
開花期[かいかき] 개화기; ①꽃이 피는 시기. ②번성함. 번창함. ③열렬함.
[2]開会[かいかい] 개회; 회의를 시작함.
[2]開会式[かいかいしき] 개회식.

慨(慨) 슬퍼할 개

丶 忄 忄 忄 忄 忄 忄 忄 慨 慨

音 ◉ガイ
訓 —

音読

慨する[がいする] 〈サ変他〉 세상을 개탄하다. 한탄하다. 분개하다.
慨世[がいせい] 개세; 세상을 개탄함.
慨然[がいぜん] 개연; ①분개하여 개탄함. ②분기함. 용기를 냄.
慨嘆[がいたん] 개탄; 분개하여 탄식함.
慨歎[がいたん] ☞ 慨嘆

概(槪) 대개 개

木 朩 村 杷 根 概 概 概 概 概

音 ◉ガイ
訓 ⊗おおむね

訓読

⊗概ね[おおむね] ①〈副〉 대개. 대체로. 대강. 일반적으로. ②대강(大綱). 개요(概要).

音読

概[がい] (사람에게 풍기는) 기개. 기상. 기세.
概して[がいして] 대개. 대체로. 일반적으로.
概見[がいけん] 개견; ①대충 봄. 대략적인 관찰. ②대체적인 예측.
概観[がいかん] 개관; 대충 살펴봄.
概括[がいかつ] 개괄; (내용이나 개념 따위를) 하나로 뭉뚱그림.
[1]概念[がいねん] 개념; 하나하나의 사물에서 공통된 성질이나 일반적인 성질을 추출해서 만들어진 표상(表象).
[1]概略[がいりゃく] 개략; 대략.
[2]概論[がいろん] 개론; 전체의 내용을 간추려서 논함.
概算[がいさん] 개산; 어림셈.
概算払い[がいさんばらい] 지불액이 확정되기 전의 어림셈에 의한 지불.
[1]概説[がいせつ] 개설; 개론(概論).
概数[がいすう] 개수; 어림수.
[1]概要[がいよう] 개요; 대략. 대요(大要).
概評[がいひょう] 개평; 대체적인 평가.
概況[がいきょう] 개황; 대체적인 상황.

箇 낱/개수 개

⺈ ⺮ 笁 竹 笛 筒 筒 箇 箇 箇

音 ◉カ ⊗コ
訓 —

音読

箇[か] 개. ¶三(さん)〜条(じょう) 3개조.
[2]箇所[かしょ] 개소; 군데. 곳. 자리. 부분. ¶四(よん)〜 네 군데.
箇月[かげつ] 개월; (조수사로) 달 수를 세는 말. ¶三(さん)〜 3개월.
箇条[かじょう] 개조; 조항. 조목. 항목.
[1]箇条書き[かじょうがき] 조목별로 씀.

芥 겨자/티끌 개

音 ⊗カイ ⊗ケ
訓 ⊗あくた ⊗ごみ ⊗からし

訓読

⊗芥[あくた] ≪雅≫ 먼지. 쓰레기.
[2]⊗芥[ごみ] 쓰레기. 먼지. 티끌.
芥捨場[ごみすてば] 쓰레기장.
芥溜(め)[ごみため] 쓰레기장. 쓰레기통.
芥箱[ごみばこ] 쓰레기통.
芥浚い[ごみさらい] ①쓰레기를 쳐 감. ②청소부. 환경 미화원.
芥取(り)[ごみとり] ①쓰레받기. ②쓰레기를 치움. 청소부.

音読

芥子❶[けし] ≪植≫ ①앵속. 양귀비. ②겨자씨. ❷[★からし] ≪植≫ 겨자. 겨자씨. 겨자가루.
芥子粉[★からしこ] 겨자 가루.
芥子油[けしあぶら] 양귀비 기름. 양귀비씨로 짠 기름.
芥子油[★からしゆ] 겨자기름.
芥子人形[けしにんぎょう] 옷을 입힌 아주 작은 나무 인형.
芥子漬(け)[★からしづけ] (야채의) 겨자 절임.

疥 옴 개

音 ⊗カイ
訓 ⊗はたけ

訓読

⊗疥[はたけ] ≪医≫ 마른버짐. 건선(乾癬). 안면 백선(顔面白癬). ¶〜ができる 마른버짐이 생기다.

音読

疥癬[かいせん] ≪医≫ 개선; 옴. ¶〜にかかる 옴이 옮다. 옴에 걸리다.
疥癬虫[かいせんちゅう] ≪虫≫ 개선충; 옴벌레.

凱 즐길 개

音 ⊗ガイ
訓 —

音読

凱歌[がいか] 개가; 승리를 축하하는 노래. ¶〜をあげる 개가를 올리다.
凱旋[がいせん] 개선; 전쟁에 이기고 돌아옴.
凱旋門[がいせんもん] 개선문.

凱旋将軍[がいせんしょうぐん] 개선장군.
凱陣[がいじん] 개진; 개선(凱旋). 전쟁에 이기고 돌아옴. 성공을 거두고 돌아옴.
凱風[がいふう] 개풍; 초여름의 산들바람.

蓋 덮을 개	音 ⊗ガイ 訓 ⊗ふた ⊗おおう ⊗けだし

訓読

[2]⊗**蓋**[ふた] ①뚜껑. 덮개. ②(소라·우럭 따위의) 딱지. ¶さざの~ 소라딱지.
⊗**蓋う**[おおう] 〈5他〉 ①가리다. 막다. ②덮다. ③은폐하다. 숨기다. ④뒤덮다.
⊗**蓋し**[けだし] 생각건대. 어쩌면. 아마. 틀림없이.
蓋開け[ふたあけ] ①뚜껑을 엶. ②개시(開始). 시작. ③(연극 등의) 개막. 개막일.
蓋明け[ふたあけ] ☞ 蓋開(ふたあ)け
蓋物[ふたもの] ①뚜껑이 있는 그릇. ②뚜껑이 있는 그릇에 담아 내놓는 요리.
蓋付(き)[ふたつき] (그릇 등에) 뚜껑이 딸림. 뚜껑이 딸려 있는 그릇.

音読

蓋世[がいせい] 개세; 기력·수완이 세상을 덮을 만큼 뛰어남.
蓋然[がいぜん] 개연; 확실하지 못하나 그럴 것 같은 모양.
蓋然性[がいぜんせい] 개연성.
蓋然判断[がいぜんはんだん] 개연 판단.

鎧 갑옷 개	音 ⊗ガイ 訓 ⊗よろう ⊗よろい

訓読

⊗**鎧う**[よろう] 〈5他〉≪古≫ 갑옷을 입다. 갑옷으로 무장하다.
⊗**鎧**[よろい] 갑옷.
鎧板[よろいいた] 미늘 창살. *실내의 채광이나 통풍을 위해 창에 경사지게 얇은 여러 장의 판자를 미늘처럼 댄 것.
鎧戸[よろいど] ①미늘문. ②셔터.

音読

鎧袖[がいしゅう] 갑옷 소매.
鎧袖一触[がいしゅういっしょく] (갑옷 소매로 한 번 스칠 정도로) 상대방을 가볍게 굴복시킴.

[객]

客 손님 객
' ' 宀 ケ 夕 安 客 客 客

音 ◉カク ◉キャク
訓 —

音読

[3]**客**[きゃく] 객; ①손님. ②승객. 여객. ¶~あしらい 손님접대. 접대.
[2]**客間**[きゃくま] 객실. 응접실.
[1]**客観**[きゃっかん] 객관; ①≪哲≫ 인식의 대상. ②사물을 제3자의 입장에서 생각하거나 관찰함.
[1]**客観性**[きゃっかんせい] 객관성.
[1]**客観的**[きゃっかんてき] 객관적.
客筋[きゃくすじ] ①단골손님. ②손님의 신분이나 인품. ③≪経≫ 일반 투자가.
客扱い[きゃくあつかい] ①손님 접대. ②(철도의) 여객 수송 업무.
客年[かくねん] 객년; 작년.
客待(ち)[きゃくまち] (택시 등이) 손님을 기다림. 손님을 기다리는 곳.
客待(ち)顔[きゃくまちがお] 손님을 기다리는 표정.
客分[きゃくぶん] 객분; 손님으로서의 대우.
客死[かくし] 객사; 객지에서의 죽음.
客舎[きゃくしゃ/かくしゃ] 객사; 여관.
客商売[きゃくしょうばい] 접객업(接客業).
[2]**客席**[きゃくせき] 객석; ①관람석. ②연회석.
客船[きゃくせん] 객선; 여객선.
客膳[きゃくぜん] 손님을 접대하는 식사.
客受(け)[きゃくうけ] ①손님들 사이의 평판. ②손님이 받는 인상.
客室[きゃくしつ] 객실; 손님방.
客室係[きゃくしつがかり] 객실 담당.
客様[きゃくさま] 손님.
客語[きゃくご] ≪語學≫ 객어; 목적어.
客演[きゃくえん] 객연; 객원 출연. 전속이 아닌 배우가 임시로 다른 극단·악단 등에 출연함.
客用[きゃくよう] 객용; 손님용. 내빈용.
客員[かくいん/きゃくいん] 객원; 정규 회원·사원은 아니지만, 손님으로서 특별한 대우를 받는 사람.
客月[かくげつ] 객월; 지난 달.

客位[きゃくい] 객위; ①손님의 입장. ②손님으로서의 지위·위치.
客人❶[きゃくじん] 객인; 손님. ❷[まれびと/まろうど] ≪雅≫ 손님.
客引(き)[きゃくひき] (여관이나 술집으로) 손님을 끌어들임. 유객(誘客)꾼.
客殿[きゃくでん] 영빈관(迎賓館).
客足[きゃくあし] 손님의 수. 고객의 출입.
客種[きゃくだね] 손님의 질·수준.
客座敷[きゃくざしき] 손님방. 객실.
客止(め)[きゃくどめ] (손님이 만원으로 인해) 입장을 사절함.
客地[かくち] 객지; 여행지. 타향.
客車[きゃくしゃ] 객차; 여객 열차.
客体[きゃくたい/かくたい] ≪哲≫ 객체; 객관(客観).
客土[かくど] ① ≪農≫ 객토; 토질을 개량하기 위해 논밭에 넣는 새로운 흙. ②객지. 타향.
客好(き)[きゃくずき] ①손님이 오는 것이나 손님 초청하기를 좋아함. 또는 그런 사람. ②손님의 마음에 듦.

喀 토할 객	音 ⊗カク 訓 —

音読

喀痰[かくたん] 객담; 가래를 뱉음.
喀痰検査[かくたんけんさ] 객담 검사; 가래를 세균학적으로 검사함.
喀痰禁止[かくたんきんし] 객담 금지; 침을 뱉지 말 것.
喀血[かっけつ] 객혈; 피를 토함.

갱

坑 구덩이 갱

一 十 土 圹 圹 坑 坑

音 ◉コウ
訓 —

音読

坑[こう] 갱; 땅에 판 구덩이.
坑口[こうこう/こうぐち] ≪鉱≫ 갱구.
坑内[こうない] 갱내; 갱도의 안.
坑内掘り[こうないぼり] 갱내 채굴.
坑内夫[こうないふ] 갱내부; 갱도 안에서 일하는 인부.
坑道[こうどう] 갱도; 광산의 갱내 통로.
坑木[こうぼく] 갱목; 갱도를 떠받치는 굵은 목재·통나무.
坑夫[こうふ] 갱부; 광부(鉱夫).
坑外夫[こうがいふ] 갱외부; 갱도 밖에서 일하는 인부.
坑低[こうてい] 갱저; 탄갱(炭坑)의 밑바닥.

更 ①다시 갱 ②고칠 경

一 𠄌 冂 戸 亘 更 更

音 ◉コウ
訓 ◉ふかす ◉ふける ◉さら ⊗ざら

訓読

◉**更かす**[ふかす] 〈5他〉 (밤을) 새우다.
◉**更ける**[ふける] 〈下1自〉 ①(밤이) 깊어지다. 이슥해지다. ②(가을이) 깊어지다. 한창 무르익다. ③(동물이) 발정(發情)하다.
◉**更❶**[さら] ≪古≫ 두말할 필요도 없음. 물론. ❷[こう] ☞ [音読]
更なり[さらなり] 말할 것도 없음. 지극히 당연함.
[2]**更に**[さらに] ①더한층. 더욱더. 보다 더. ②거듭. 다시. 새로이. 또 한 번. ③(부정문에서) 조금도. 전혀. 결코.
更更[さらさら] (부정문에서) 결코. 전혀. 조금도.
更紗[サラサ] 사라사. ①인물·화조(花鳥) 또는 기하학적 무늬를 색색으로 염색한 천. ②홍백색이 섞여 사라사와 비슷한 꽃빛깔.
更地[さらち] ①(개간하지 않은) 생땅. 생지(生地). ②(건물·나무 등이 없는) 빈 땅.
更紙[ざらがみ] 갱지; 한쪽이 질이 좋지 않은 종이. 하급 반지(半紙).

音読

更❶[こう] 경; ¶三(さん)~ 3경. ＊옛날에 오후 8시부터 새벽 4시까지를 5등분한 시간의 일컬음. ❷[さら] ☞ [訓読]
更改[こうかい] 경개; 갱신(更新). 다시 고침.
更年期[こうねんき] 갱년기; 여성의 월경이 멎는 시기.
更年期障害[こうねんきしょうがい] 갱년기 장애.
更生[こうせい] 갱생; ①원래의 바른 상태로 돌아감. ②재생(再生). ③회생(回生). 소생.

更新[こうしん] ①경신; 종전의 기록 등을 깸. ② ≪法≫ 갱신; 계약 기간 등을 연장함.
更衣[こうい] 갱의; ①옷을 갈아입음. ②옛 후궁인 여관(女官)의 하나.
更衣室[こういしつ] 탈의실(脱衣室).
更正[こうせい] 경정; 고쳐서 바르게 함.
更訂[こうてい] 경정; (책의 내용 등을) 고쳐서 정정함.
更迭[こうてつ] 경질; 교체. 바꿈. 바뀜.

〔갹〕

醵 거둘 갹	音 ⊗キョ 訓 —

音読
醵金[きょきん] 갹금; 여럿이 돈을 거둠.
醵集[きょしゅう] 갹집; (금품을) 추렴하여 모음.
醵出[きょしゅつ] 갹출; 동일한 목적을 위하여 여러 사람이 돈을 냄.
醵出金[きょしゅつきん] 갹출금.

〔거〕

巨 클 거
丨 厂 戸 戸 巨

音 ◉キョ ⊗コ
訓 —

音読
巨鯨[きょげい] 거경; 큰 고래.
2**巨大**[きょだい] 거대; 대단히 큼.
巨帯都市[きょたいとし] 메갈로폴리스.
巨頭[きょとう] 거두; ①큰 머리. ②우두머리.
巨利[きょり] 거리; 막대한 이익.
巨万[きょまん] 거만; 대단히 많음.
巨富[きょふ] 거부; 막대한 재산.
巨費[きょひ] 거비; 많은 비용.
巨商[きょしょう] 거상; 대상인. 호상(豪商).
巨象[きょぞう] 거상; 큰 코끼리.
巨像[きょぞう] 거상; 커다란 조각상.
巨星[きょせい] 거성; ①큰 별. ②위인. 위대한 인물.
巨細[きょさい/こさい] 거세; 크고 작음. 대소(大小). ¶ ～に調(しら)べる 빠짐없이 조사하다.
巨視的[きょしてき] 거시적; 장기적인 안목. 대국적인 견지.
巨岩[きょがん] 거암; 큰 바위.
巨額[きょがく] 거액; 많은 금액.
巨億[きょおく] 거억; 막대한 수.
巨人[きょじん] 거인; ①키가 큰 사람. ②위인. 위대한 인물.
巨匠[きょしょう] 거장; 예술의 대가(大家).
巨財[きょざい] 거재; 많은 재산.
巨鐘[きょしょう] 거종; 큰 종.
巨体[きょたい] 거체; 거대한 체구.
巨砲[きょほう] 거포; ①큰 대포. ②(야구에서) 강타자. ③(씨름에서) 손바닥으로 세게 밀어내는 기술.
巨漢[きょかん] 거한; 거인(巨人).
巨艦[きょかん] 거함; 큰 군함.

去 갈 거
一 十 土 去 去

音 ◉キョ ◉コ
訓 ◉さる ⊗いぬ

訓読
2◉**去る**[さる] 〈連体詞〉 지나간. 지난. ¶～七日(なのか) 지난 7일. 〈5自〉 ①떠나다. 가다. 죽다. 없어지다. ②(때・상태가) 지나가다. 끝나다. ③없어지다. 사라지다. ④(시간적・공간적으로) 떨어지다. 〈5他〉 인연을 끊다. 멀리하다. 버리다. ¶妻(つま)を～ 아내를 버리다.
去(り)状[さりじょう] (남편이 아내에게 주는) 이혼장.
去んぬる[さんぬる] 지난. 전(前).
⊗**去ぬ**[いぬ] 〈ナ変自〉≪古≫ ①가다. 가 버리다. ②(세월・시간이) 지나가다. 경과하다. ③죽다.

音読
4**去年**[きょねん] 거년; 작년. 지난해.
去痰[きょたん] ≪医≫ 거담; 목이나 기관지에 있는 담을 제거함.
去痰薬[きょたんやく] ≪薬≫ 거담약.
去冬[きょとう] 거동; 지난겨울.

去来[きょらい] 거래; 오감. 왕래.
去声[きょしょう/きょせい] ≪語学≫ 거성; 한자 사성(四声)의 하나.
去歳[きょさい] 거세; 지난해. 작년.
去秋[きょしゅう] 거추; 지난 가을.
去春[きょしゅん] 거춘; 지난 봄.
去就[きょしゅう] 거취; (일신의) 진퇴.
◑過去[かこ]

居 있을/살 거

ㄱ ㅋ 尸 尸 层 层 居 居

音 ◉キョ ◉コ
訓 ◉いる

訓読

4◉居る[いる] 〈上1自〉 ①(사람・동물이 어떤 장소에) 있다. ②존재하다. ③근무하다. ④(…하고) 있다.
2居間[いま] 거실. 리빙룸.
居据わる[いすわる] 〈5自〉 ①(남의 집・장소에) 버티고 앉다. ②(같은 위치・지위에) 계속 머물러 있다. 눌러앉다. ③ ≪経≫ 시세에 변동이 없다.
居留守[いるす] 집에 있으면서도 없는 체함. 집에 없다고 따돌림.
居眠り[いねむり] 앉아서 졺.
居眠る[いねむる] 〈5自〉 앉아서 졸다.
居抜(き)[いぬき] (상점・공장 등을 팔 때) 상품・시설 등을 포함시켜 팖. 끼워서 팖.
居並ぶ[いならぶ] 〈5自〉 줄지어 앉다.
居所❶[いどころ] 있는 곳. 거처. ❷[きょしょ] ①거처. 있는 곳. 주거. ¶ ~指定権(していけん) 거처 지정권. ②주소. 거주지.
居睡り[いねむり] 앉아서 졺.
居睡る[いねむる] 〈5自〉 앉아서 졸다.
居食い[いぐい] ①무위도식. 놀고먹는 생활. ②(낚시에서) 물고기가 낚시찌를 움직이지 않고 낚싯밥을 따먹음.
居心地[いごこち] ①(그곳에서의) 지내기. ②(그 자리에) 앉아 있는 기분.
居残り[いのこり] ①남아 있음. 잔류(残留). ②잔업(残業).
居残り手当[いのこりてあて] 잔업 수당.
居残る[いのこる] 〈5自〉 ①남아 있다. 잔류(残留)하다. ②잔업(残業)하다.
居丈[いたけ] 앉은키.
居丈高[いたけだか] 고자세(高姿勢). 위압적인 태도.
居場所[いばしょ] ①거처. ②있는 자리. ③주소.
居坐る[いすわる] ☞ 居座る
居座る[いすわる] 〈5自〉 ①(같은 장소에) 버티고 앉다. 눌러앉다. ②(같은 지위에) 눌러 앉다.
居住まい[いずまい] 앉음새. 앉은 자세.
居酒屋[いざかや] 선술집. 대폿집.
居直る[いなおる] 〈5自〉 ①고쳐 앉다. 바로 앉다. 앉음새를 바로 하다. ②고자세(高姿勢)로 돌변하다. ③임시 지위에서 정식 지위에 앉다.
居着き[いつき] ①정착함. 눌러앉아 삶. 자리 잡고 삶. ②일정한 장소에 사는 물고기.
居着く[いつく] 〈5他〉 ①그대로 눌러앉다. 정착하다. 자리 잡다. ②그대로 눌러 있다. 계속 머물다. 주저앉다.
居合(い)[いあい] (검술에서) 앉은 채로 재빨리 적을 베는 기술.
居合(わ)せる[いあわせる] 〈下1自〉 때마침 그곳에 있다.
居合抜き[いあいぬき] 앉은 채로 긴 칼을 재빨리 뽑았다가 다시 꽂는 재주를 보이는 곡예.
居合腰[いあいごし] (앉은 채로 하는 검술의 자세로) 오른쪽 무릎을 세우고 허리를 일으키는 자세.
居回り[いまわり] 자기 있는 곳의 주변.
居回る[いまわる] 〈5自〉≪古≫ 빙 둘러앉다.
居候[いそうろう] 식객(食客). 남의 집에서 놀며 얻어먹고 지내는 사람.

音読

居[きょ] 거처. 주거. 집. 사는 곳. ¶ ~は気(き)を移(うつ)す 누구든지 환경의 지배를 받는다.
居留[きょりゅう] 거류; ①조약에 의해 외국 땅의 일부에서 자유롭게 생활함. ②임시로 그 땅에 머물러 삶.
居留民[きょりゅうみん] 거류민.
居留地[きょりゅうち] 거류지.
居民[きょみん] 거민; 거주하는 사람.
居士[こじ] 거사; ①(학문과 덕이 있으면서) 벼슬하지 않는 선비. ② ≪仏≫ 중이 아니면서 불문(仏門)에 든 사람. ③ ≪仏≫ 사후(死後)에 남자의 법명에 붙이는 칭호.

居城[きょじょう] 거성; 거처하는 성.
居室[きょしつ] 거실; 거처하는 방.
居然[きょぜん] ①평안함. 태연함. 태평함. ②앉은 그대로. 있는 그대로. ③무료함. 따분함.
[1]居住[きょじゅう] 거주; 자리를 잡고 그곳에 머물러 삶.
居中[きょちゅう] 거중; 중재(仲裁).
居宅[きょたく] 거택; (평소에) 살고 있는 집. 주택.

拒 막을 거

一 丁 扌 扌 扌 扩 拒 拒

音 ◉キョ
訓 ◉こばむ

訓読

◉拒む[こばむ] 〈5他〉 ①거절하다. 거부하다. ②막다. 저지하다.

音読

[1]拒否[きょひ] 거부; 거절. 승낙하지 않음.
[1]拒否権[きょひけん] 거부권.
[1]拒絶[きょぜつ] 거절; 사절. 거부. 거부하여 사절함.
拒絶反応[きょぜつはんのう] 거부 반응.
拒絶品[きょぜつひん] 거절품.
拒止[きょし] 거지; 항거하여 막음.
拒斥[きょせき] 거척; 거절하여 배척함.

拠(據) 의지할 거

一 丁 扌 扌 扌 扨 拠 拠

音 ◉キョ ◉コ
訓 ⊗よる

訓読

⊗拠る[よる] 〈5自〉 ①의하다. 의거하다. 준하다. 따르다. ②근거로 삼다. 웅거하다.
拠り所[よりどころ] ①근거. ②의지로 삼는 곳. 기댈 곳. 기반. 지주(支柱).

音読

拠金[きょきん] 거금; 갹출한 돈. 기부금.
拠守[きょしゅ] 거수; 웅거하여 지킴.
拠点[きょてん] 거점; 활동의 근거지.
拠出[きょしゅつ] 거출; 갹출. 기부함.
◑証拠[しょうこ]

挙(擧) 들 거

丶 丷 丷 丷 ⺍ 兴 兴 兴 兴 挙

音 ◉キョ
訓 ◉あがる ◉あげる ⊗こぞる

訓読

◉挙がる[あがる] 〈5自〉 ①검거되다. 잡히다. ②(증거가) 드러나다.
[3]◉挙げる[あげる] 〈下1他〉 ①검거하다. 붙잡다. ②열거하다. ¶例(れい)を~ 예를 들다. ③들다. 쳐들다. ¶手(て)を~ 손을 들다. ④떨치다. ¶名(な)を~ 이름을 떨치다. ⑤(식을) 올리다. ⑥천거하다. ⑦일으키다. ⑧(온 힘을) 다하다. 기울이다.
挙げて[あげて] 모두. 전부. ¶国(くに)を~祝(いわ)う 거국적으로 축하하다.
挙(げ)句[あげく] ①결과. 결말. 결국. 필경. ②連歌(れんが)・俳諧(はいかい)에서 마지막 7・7의 구(句).
挙(げ)足[あげあし] ①발을 듦. 들어 올린 발. ②(씨름・유도에서) 허공에 뜬 발. 들린 발. ③한쪽 다리를 구부려 다른 다리 위에 올려놓음. ④말의 꼬투리.
⊗挙る[こぞる] 〈5他〉 모두 모으다. 남김없이 갖추다. 〈4自〉≪古≫ 모두 모이다.
挙って[こぞって] 모두. 빠짐없이.

音読

挙[きょ] 행동. 동작. 행위.
挙国[きょこく] 거국; 나라 전체. 온 나라.
挙党[きょとう] 거당; 당 전체.
挙動[きょどう] 거동; 행동.
挙動不審[きょどうふしん] 행동이 수상함.
挙兵[きょへい] 거병; 군사를 일으킴.
挙手[きょしゅ] 거수; 손을 듦.
挙手の礼[きょしゅのれい] 거수 경례.
挙式[きょしき] 거식; 결혼식을 올림.
挙用[きょよう] 거용; 기용. 발탁. 등용.
挙措[きょそ] 거조; 행동거지.
挙証[きょしょう] 거증; 증거를 듦. 입증함.
挙止[きょし] 거지; 거동. 동작. 행동거지. 평소의 몸가짐.
挙行[きょこう] 거행; 의식(儀式)을 행함.

据 일할 거

一 丨 扌 扌 扌 扌 护 护 护 据 据

音 ⊗キョ
訓 ◉すえる ◉すわる

訓読

[1]◉**据える**[すえる] 〈下1他〉 ①(물건을) 고정시키다. 설치하다. 놓다. ②차려놓다. ③(어떤 자리에) 모시다. 앉히다. ④¶目(め)を~ 응시하다. ⑤¶腰(こし)を~ 앉은 채 움직이지 않다. ⑥¶灸(きゅう)を~ 뜸뜨다.

据(え)物[すえもの] ①장식용으로 놓아두는 장식품. ②(장소를 옮기지 않고) 일정한 여관에서 손님을 받는 사창(私娼). ③《歴》(칼을 시험하기 위해) 흙으로 쌓은 단 위에 둔 죄인의 시체.

据(え)付け[すえつけ] 고정시킴. 붙박이.

[1]**据え付ける**[すえつける] 〈下1他〉 설치하다. 고정시키다. 붙박아 놓다.

据(え)石[すえいし] (정원 등에) 장식용으로 둔 돌.

据(え)膳[すえぜん] ①차려놓은 밥상. ②(누구나 할 수 있도록) 준비를 갖추어 둠. ③여자 쪽에서 유혹함.

据(え)置(き)[すえおき] 거치; 그대로 둠.

据(え)置(き)貯金[すえおきちょきん] 적금(積金).

据え置く[すえおく] 〈5他〉 ①움직이지 않도록 놓아두다. ②보류하다. 그대로 두다. ③(저금・채권 등을) 거치하다.

据(え)風呂[すえぶろ/すえふろ] 큰 나무통에 아궁이가 딸린 목욕통.

据(え)炬燵[すえごたつ] 마루청을 뚫고 묻은 코타츠.

◉**据わる**[すわる] 〈5自〉 ①자리 잡고 움직이지 않다. ②(무슨 일에도) 끄떡하지 않다. ③안정되다. 침착해지다. 튼튼해지다.

距 떨어질 거

口 早 早 早 𧾷 𧾷 距 距 距 距

音 ◉キョ
訓 ⊗けづめ

訓読

⊗**距**[けづめ] 《動》 ①(새・닭의) 며느리발톱. 뒷발톱. ②(소・말의) 뒷발톱.

音読

距[きょ] 거; ①(동물의) 며느리발톱. ②(꽃의) 꿀주머니.

距骨[きょこつ] 《生理》 거골; 복사뼈.

[2]**距離**[きょり] 거리; ①두 곳 사이의 떨어진 멀고 가까운 정도. ②추상적인 사물의 사이에 느껴지는 간격. ③사람과 사람 사이에 느껴지는 심리적인 간격.

距離標[きょりひょう] 거리표.

俥 인력거 거

音 —
訓 ⊗くるま

訓読

⊗**俥**[くるま] 인력거(人力車).

炬 횃불 거

音 ⊗キョ ⊗コ
訓 —

音読

炬[きょ] 횃불.

[1]**炬燵**[こたつ] 코타츠. 각로(脚炉). *(일본 전통 양식의) 테이블에 이불을 씌워서 만든 화로. ¶電気(でんき)~ 전기 코타츠.

炬火[きょか/こか] 거화; 횃불.

倨 거만할 거

音 ⊗キョ
訓 —

音読

倨慢[きょまん] 거만; 교만. ¶~な態度(たいど) 거만한 태도.

倨傲[きょごう] 거오; 거만스럽고 오만함. 건방짐.

渠 도랑 거

音 ⊗キョ
訓 —

音読

渠[きょ] 개천. 수채. 도랑.

渠魁[きょかい] 거괴; 두목. 괴수.

渠底[きょてい] 거저; 독(dock)의 밑.

粔 약과 거

音 ⊗キョ
訓 —

音読

粔籹[おこし] 밥풀과자. 쪄서 말린 찹쌀 등을 볶아 깨·호도·콩·김 등을 넣고 물엿이나 설탕으로 굳힌 과자.

裾	옷자락 거	音 ⊗キョ 訓 ⊗すそ

訓読

1 ⊗裾[すそ] ①옷단. 옷자락. ②산기슭. ③(강) 하류. ④뒷덜미 부분. ⑤ ≪古≫ 물건의 끝. 맨 아래.

裾短[すそみじか] 옷자락을 추켜올려 짧게 함.

裾裏[すそうら] 옷의 안단.

裾綿[すそわた] 옷의 아랫자락에만 솜을 넣어 만든 것. 또는 그 옷이나 솜.

裾模様[すそもよう] ①(여자 예복 따위의)옷자락 무늬. ②옷자락에 무늬를 넣은 옷.

裾物[すそもの] 좋지 않은 물건. 하치.

裾分け[すそわけ] 얻은 물건이나 이익을 나누어 가짐.

裾山[すそやま] 산기슭에 있는 작은 산.

裾上がり[すそあがり] 옷단. 옷단 길이.

裾野[すその] ①(화산의) 기슭이 완만하게 경사진 들판. ②활동의 폭.

裾前[すそまえ] (옷의) 앞자락.

裾除け[すそよけ] 속치마 위에 겹쳐 입는 옷. *속치마가 드러나 보이지 않게 하기 위한 것.

裾取り[すそとり] ☞ 裾回し

裾風[すそかぜ] (앉거나 일어날 때) 옷자락에서 일어나는 공기의 움직임.

裾回し[すそまわし] 일본 옷 겹옷의 옷단 안쪽에 대는 천.

裾廻し[すそまわし] 산기슭 근처. 산자락.

踞	웅크리고 앉을 거	音 ⊗キョ 訓 ⊗うずくまる

訓読

⊗踞る[うずくまる] 〈5自〉 ①웅크리다. 웅크리고 앉다. 쪼그리고 앉다. ②(짐승이) 앞발을 세우고 앉다. 웅크리다.

音読

踞座[きょざ] 거좌; 웅크림. 웅크리고 앉음. 쪼그리고 앉음.

鋸	톱 거	音 ⊗キョ 訓 ⊗のこ ⊗のこぎり

訓読

2 ⊗鋸[のこぎり/のこ] 톱.

鋸挽き[のこぎりびき] 톱으로 머리를 자르는 가장 잔혹한 형벌.

鋸屑[のこくず] 톱밥.

鋸屋根[のこぎりやね] 톱니 모양의 지붕.

鋸歯[のこきりば] 톱니. 톱날.

欅	느티나무 거	音 ⊗キョ 訓 ⊗けやき

訓読

⊗欅[けやき] ≪植≫ 느티나무.

襷	멜빵 거	音 ― 訓 ⊗たすき

訓読

⊗襷[たすき] ①(일을 할 때, 가뿐하게 하려고) 양어깨에서 겨드랑이로 엇매어 옷소매를 걷어매는 끈. *보통 등에서는 × 자가 되게 함. ②멜빵. 어깨띠.

襷掛け[たすきがけ] 소매를 걷어붙임.

〔건〕

件	사건/구분할 건
ノ 亻 亻' 仁 仁 件	

音 ◉ケン

訓 ⊗くだり ⊗くだん

訓読

⊗件[くだり] ①(문장 속에서 말하고 있는) 한 부분. 대목. ②앞에서 언급한 사항. 앞서 언급한 문장.

⊗件の[くだんの] ①전술(前述)한. 앞서 말한. ②항상 있는 일. 평소의 일.

音読

1 件[けん] 건; ①사항. 사건. ②(접미어로 사건·사항을 세는 말) 건.

件名[けんめい] 건명; ①분류한 각 항목의 이름. ②(도서관에서) 분류 항목.

件名目録[けんめいもくろく] 분류 항목 목록.
件数[けんすう] 건수; 사물・사건의 가짓수.

建 세울 건

ㄱ ㅋ ㅋ ㅋ ㅋ 聿 聿 建 建

音 ◉ケン ◉コン
訓 ◉たつ ◉たてる

訓読

[2]◉**建つ**[たつ] 〈5自〉 ①(건물이) 서다. 세워지다. ②(동상・기념비가) 세워지다.
[3]◉**建てる**[たてる] 〈下1自〉 ①(건물을) 짓다. 세우다. ②(동상・기념비를) 세우다. ③(나라를) 세우다.
[3]**建て**[だて] (명사에 접속하여) ①층. 집. 건물. ¶二階(にかい)～バス 2층 버스. ②통화 표시. ¶ドル～ 달러화 표시.
建家[たてや] 지어 놓은 집. 건물.
建具[たてぐ] 건구; 방의 칸막이용의 문짝이나 창문의 총칭. ¶～屋(や) 건구상. 창호 가게.
建(て)網[たてあみ] 정치망(定置網).
建(て)売り[たてうり] 장삿속으로 집을 지어서 팖. 또는 그런 집. 집장사.
建(て)売り住宅[たてうりじゅうたく] 집장수 집.
建(て)面積[たてめんせき] 건축 면적.
[4]**建物**[たてもの] 건물; 건축물.
建(て)方[たてかた] 건축하는 방법.
建玉[たてぎょく] 거래소에서 매매 약정을 한 물건.
建屋[たてや] 지어 놓은 집. 건물.
建て込む[たてこむ] 〈5自〉 집이 빽빽이 들어서다. 집이 밀집하다.
建(て)場[たてば] ①(옛날의) 가마꾼들의 휴게소. 역참(駅站). ②넝마주이에게서 넝마를 사들이는 가게. ③합승 마차.
[1]**建前**[たてまえ] ①≪建≫ 상량(上樑). 상량식(上梁式). ②(표면상의) 원칙. 기본 방침.
建株[たてかぶ] 상장주(上場株).
建株会社[たてかぶがいしゃ] 상장(上場) 회사.
建(て)増し[たてまし] 증축. 증축한 부분.
建て増す[たてます] 〈5他〉 증축하다.
建て直す[たてなおす] 〈5他〉 개축하다. 다시 짓다. 새로 건축하다.
建て替える[たてかえる] 〈下1他〉 (건물을) 개축하다. 고쳐 짓다.
建値[たてね] '建値段'의 준말.
建値段[たてねだん] 매매 기준 가격. 매매 표준 시세.
建坪[たてつぼ] 건평; 건물의 면적.

音読

建国[けんこく] 건국; 새로 나라를 세움.
建国記念日[けんこくきねんび] 건국 기념일. ＊2월 11일임.
建軍[けんぐん] 건군; 군대를 창설함.
建立❶[けんりつ] 건립; 건물을 지음. ❷[こんりゅう] ≪仏≫ 절(寺)을 건축함.
建白[けんぱく] 건의(建議). 상신(上申).
建白書[けんぱくしょ] 건의서. 상신서.
[2]**建設**[けんせつ] 건설; ①건물을 새로 지음. ②시설물을 따로 만듦.
建言[けんげん] 건언; 의견을 말함.
建業[けんぎょう] 건업; 사업의 토대를 세움.
建議[けんぎ] 건의; 의견을 말함.
建材[けんざい] 건재; 건축 자재.
建造[けんぞう] 건조; 세워 만듦.
建造物[けんぞうぶつ] 건조물.
建策[けんさく] 건책; 계획을 세움.
[2]**建築**[けんちく] 건축; 집을 설계하여 세움.
建蔽率[けんぺいりつ] 건폐율; 대지 면적과 건축 면적과의 비율.
建艦[けんかん] 건함; 군함을 건조함.

乾 마를 건

一 十 ㅜ 市 吉 直 卓 卓 卓 乾

音 ◉カン ⊗ケン
訓 ◉かわかす ◉かわく ⊗いぬい ⊗からびる ⊗ひる ⊗ほす

訓読

[2]◉**乾かす**[かわかす] 〈5他〉 (수분을) 말리다. 건조시키다.
[3]◉**乾く**[かわく] 〈5自〉 마르다. 건조하다.
乾き[かわき] 건조.
⊗**乾**❶[いぬい] 건방(乾方). 북서(北西). 서북(西北). ❷[けん] ☞ [音読]
⊗**乾す**[ほす] 〈5他〉 ①말리다. 건조시키다. ②바닥이 드러나도록 하다. ③남김없이 마시다. ④굶어 가다. 일거리를 안 주고 괴롭히다.

⊗乾びる[からびる] 〈上1自〉 ①(수분이) 마르다. ②(초목이) 시들다. ③마르고 쓸쓸한 느낌을 띠다.
⊗乾る[ひる] 〈上1自〉 ①마르다. 건조하다. ②(바닷물이) 빠지다.
乾し[ほし] 말림. 말린 것.
乾菓子[ひがし] 마른과자.
乾(し)大根[ほしだいこん] 통째로 말린 무.
乾鮭[からざけ] 말린 연어.
乾(し)物[ほしもの] ①볕에 말린 것. ②빨래. 세탁물.
乾(し)物竿[ほしものざお] 빨랫대.
乾(し)物綱[ほしものづな] 빨랫줄.
乾反る[ひぞる] 〈5自〉 말라서 뒤틀리다.
乾(し)飯[ほしいい] 말린 밥. 찐쌀을 말려서 만든 비상용 식량.
乾し殺す[ほしころす] 〈5他〉 굶겨 죽이다.
乾し上げる[ほしあげる] 〈下1他〉 ①바싹 말리다. ②아무것도 먹이지 않고 굶기다.
乾上がる[ひあがる] 〈5自〉 완전히 말라붙다. 바싹 마르다.
乾(し)柿[ほしがき] 곶감. 말린 감.
乾拭き[からぶき] (윤기를 내기 위한) 마른걸레질. 마른행주질.
乾(し)鰯[ほしか] 기름을 짜고 난 정어리를 말린 것. ＊비료용임.
乾(し)魚[ほしうお] 말린 물고기.
乾魚[ひうお/ひざかな] 건어; 건어물. 말린 물고기.
乾葉[ひば] 시래기. 마른 잎.
乾(し)場[ほしば] 건조장.
乾(し)藷[ほしいも] 고구마를 쪄서 얇게 썰어 말린 것.
乾煎り[からいり] 볶음. 볶은 것.
乾(し)草[ほしくさ] (사료용) 건초; 베어서 말린 풀.
乾(し)葡萄[ほしぶどう] 건포도.
乾風[からかぜ] 강바람. 눈·비를 동반하지 않은 세찬 바람.
乾っ風[からっかぜ] ☞ 乾風
乾咳[からせき/からぜき] ①마른기침. ②헛기침.
乾(し)海老[ほしえび] 마른 새우.
乾(し)海鼠[ほしこ] 말린 해삼.
乾(し)海苔[ほしのり] 말린 김.
乾涸びる[ひからびる] 〈上1自〉 바싹 마르다. 메마르다.

音読

乾❶[けん] ①팔괘(八卦)의 하나. ②하늘. ③임금. 천자(天子). ❷[いぬい] ☞ [訓読]
乾ドック[かんドック] 건독; 건선거(乾船渠).
乾パン[かんパン] 건빵.
乾薑[かんきょう] 건강; 말린 생강.
乾季[かんき] 건계; (특히 열대지방의) 가을부터 봄까지의 비가 오지 않는 계절.
乾坤一擲[けんこんいってき] 건곤일척; 운명을 건 큰 승부.
乾果[かんか] 건과; ①익으면 껍질이 마르는 과일. ②건조시킨 과일.
乾期[かんき] 건기; 비가 오지 않는 계절.
乾酪[かんらく] 건락; 치즈.
乾留[かんりゅう] 건류; 밀폐된 곳에 석탄 따위의 고체에 열을 가하여 분해해서 휘발성 화합물을 빼냄.
乾麺[かんめん] 건면; 마른 국수.
乾物[かんぶつ] 건어물. 말린 식품. 포.
乾物屋[かんぶつや] 건어물 가게.
乾杯[かんぱい] 건배; 술잔을 치켜들고 축하하면서 마심.
乾生薑[かんしょうが] 마른 생강.
乾癬[かんせん] 건선; 마른버짐.
乾性[かんせい] 건성; 수분이 적은 성질.
乾性油[かんせいゆ] 건성유; 건성 기름.
乾湿[かんしつ] 건습; 공기의 건조함과 습함.
乾湿計[かんしつけい] 건습계.
乾式[かんしき] 건식; 액체를 사용하지 않는 방식.
乾魚[かんぎょ/ひうお/ひざかな] 건어; 건어물. 말린 물고기.
乾油[かんゆ] 건유; 건성유.
乾場[かんば] 해조류(海藻類) 건조장.
乾田[かんでん] 건답(乾畓). ①물이 잘 빠져서 물을 대지 않으면 밭이 되는 논. ②수확을 마친 뒤 물을 빼어 잘 마른 논.
2乾電池[かんでんち] 건전지; 소형 전지.
2乾燥[かんそう] 건조; ①마름. ②운치가 없고 메마름. 재미가 없음.
乾草[かんそう/ほしくさ] 건초; 사료용으로 베어 말린 풀.
乾漆[かんしつ] 건칠; ①옻나무 진을 말린 덩어리. ②삼베를 옻으로 배접하여 붙인 바탕 위에 옻칠하는 기술.
乾板[かんぱん] 건판; 사진 감광판.
乾布[かんぷ] 건포; 마른 천.

健 건강할 건

亻 亻 亻 亻 亻 亻 亻 亻 亻 健

音 ◉ケン ⊗ケ
訓 ◉すこやか ⊗したたか ⊗すくよか

訓読

1◉健やか[すこやか] 〈形動〉 ①건강함. 튼튼함. ②건전함.
⊗健か[したたか] 〈形動〉 성질이 보통이 아님. 만만치 않음. 〈副〉 ①세게. 호되게. ②지나치게. 심하게.
⊗健か者[したたかもの] ①용사. ②고집이 센 사람. ③만만치 않은 사람.
⊗健よか[すくよか] 〈形動〉 ①무럭무럭 자람. ②건강함. 튼튼함.

音読

健脚[けんきゃく] 건각; ①힘센 다리. ②걸음을 잘 걷는 사람.
2健康[けんこう] 건강; 몸과 마음이 건전하고 튼튼함.
健康美[けんこうび] 건강미.
健康食[けんこうしょく] 건강식.
健康児[けんこうじ] 건강아; 건강한 아이.
健気[★けなげ] 〈形動〉 ①(나이에 비해) 부지런함. ②기특함. 갸륵함.
健啖[けんたん] 대식(大食). 잘 먹음.
健啖家[けんたんか] 대식가.
健忘症[けんぼうしょう] 《医》 건망증.
健保[けんぽ] 건보; 의료보험. '健康保険(けんこうほけん)'의 준말.
健棒[けんぼう] 건봉; (야구에서) 안타를 잘 침. 뛰어난 타격력.
健勝[けんしょう] 건승; 건강함.
健児[けんじ] 건아; 건강한 남아.
健在[けんざい] 건재; 탈 없이 잘 있음.
1健全[けんぜん] 건전; ①몸과 마음이 정상이며 건강함. ②상태나 사고방식이 정상임.
健診[けんしん] '健康診断(けんこうしんだん)'·'健康診査(けんこうしんさ)'의 준말.
健投[けんとう] 건투; (야구에서) 투수가 공을 잘 던짐.
健闘[けんとう] 건투; 불리한 조건에도 굴하지 않고 멋지게 싸움.
健筆[けんぴつ] 건필; 달필. 문장이나 글을 교묘하게 잘 씀.

巾 수건 건

音 ⊗キン
訓 ⊗はば

訓読

2⊗巾❶[はば] 폭. 너비. 나비. ＊흔히 '幅(はば)'의 약자로 쓰임. ❷[きん] ☞ [音読]
巾広[はばひろ] (보통보다) 폭이 넓음.
巾広い[はばひろい] 〈形〉 ①폭이 넓다. ②폭넓다. 광범위하다.
巾跳び[はばとび] 멀리뛰기.
巾利き[はばきき] (그 방면에서) 얼굴이 넓고 세력이 있음. 유력 인사.
巾出し[はばだし] (폭이 줄어든 천을) 일정한 폭으로 폄.
巾偏[はばへん] 수건건변. ＊한자(漢子) 부수(部首)의 하나로 '幅·帳' 등의 '巾' 부분을 말함.

音読

巾❶[きん] ①헝겊. 피륙. ②걸레. 행주. 수건. ③두건. 쓰개. ❷[はば] ☞ [訓読]
巾箱[きんそう] ①천으로 바른 작은 상자. ②'巾箱本(きんそうぼん)'의 준말.
巾箱本[きんそうぼん] 가는 글씨로 쓴 소형의 당본(唐本).
巾子[★こじ] 관(冠)의 꼭대기 뒤쪽의 상투를 집어넣는 툭 튀어나온 부분.
巾子形[★こじがた] 문턱이 없는 좌우 여닫이문에서 문 중앙에 고정시켜 문짝이 밖으로 밀리지 않도록 막는 돌.
巾着[きんちゃく] ①두루주머니. 주머니. 염낭. 돈주머니. ②세력가에게 비위를 맞추는 사람. ③(에도 시대의) 매춘부(売春婦).
巾着網[きんちゃくあみ] 건착망. ＊그물의 한 종류.
巾着切り[きんちゃくきり] 소매치기.

腱 힘줄 건

音 ⊗ケン
訓 —

音読

腱[けん] 《生理》 건; 힘줄. ¶アキレス～ 아킬레스 건.
腱反射[けんはんしゃ] 《生理》 건반사; 힘줄 반사.
腱鞘炎[けんしょうえん] 《生理》 건초염.

鍵 자물쇠/빗장 건	音 ⊗ケン 訓 ⊗かぎ

訓読

4 ⊗鍵❶[かぎ] ①열쇠. 키. ②관건(関鍵). 키포인트. ❷[けん] ☞ [音読]

鍵袋[かぎふくろ] 열쇠주머니.

鍵っ子[かぎっこ] ≪俗≫ 맞벌이하는 부부의 아이. ＊열쇠를 맡은 아이라는 뜻임.

鍵刺激[かぎしげき] 동물의 본능적 행동을 일으키는 특정 자극.

鍵層[かぎそう] ≪地≫ 건층; 광범위한 지역에 단시간에 형성된 식별이 용이한 지역.

鍵穴[かぎあな] 열쇠 구멍.

鍵環[かぎわ] 열쇠 고리.

音読

鍵❶[けん] (악기의) 건반. 키. ❷[かぎ] ☞ [訓読]

鍵盤[けんばん] 건반; 키.

걸

傑 뛰어날 걸
㇒ 亻 𠆢 ... 傑 (필순)

音 ◉ケツ
訓 —

音読

傑物[けつぶつ] 걸물; ①훌륭한 인물. ②뛰어난 인물.

傑士[けっし] 걸사; 뛰어난 인물.

傑僧[けっそう] 걸승; 뛰어난 중.

傑人[けつじん] 걸인; 뛰어난 인물.

2 傑作[けっさく] 걸작; ①명작. 뛰어난 작품. ② ≪俗≫ 우스꽝스러움. 별나고 야릇한 행동.

傑出[けっしゅつ] 걸출; 아주 뛰어남.

乞 빌 걸	音 ⊗キツ ⊗コツ 訓 ⊗こう

訓読

⊗乞う[こう] 〈5他〉 청하다. 원하다. 바라다.

乞い[こい] 청(請). 청(請)함.

乞い受ける[こいうける] 〈下1他〉 (임자에게) 사정하여 물건을 얻어내다.

乞丐[こつがい] 걸개; 거지. 비렁뱅이.

音読

乞巧奠[きっこうでん/きこうでん] 걸교전; (칠석날 밤에) 여자들이 견우・직녀성에게 길쌈과 바느질의 숙달을 비는 의식.

乞食❶[★こじき] 거지. 걸인. 비렁뱅이. ❷[こつじき] ① ≪仏≫ 탁발(托鉢). ② ≪古≫ 거지.

乞児[こつじ] 걸아; 거지.

乞者[こっしゃ] 걸자; 거지.

검

倹(儉) 검소할 검
㇒ 亻 𠆢 ... 倹 (필순)

音 ◉ケン
訓 ⊗つましい

訓読

⊗倹しい[つましい] 〈形〉 검소하다. 알뜰하다.

⊗倹しげ[つましげ] 〈形動〉 검소함. 알뜰함.

音読

倹飩[けんどん] ①(江戸(えど) 시대에) 우동・메밀국수・밥 등을 한 그릇씩 담아 팔던 것. ②'倹飩箱(けんどんばこ)'의 준말.

倹飩箱[けんどんばこ] 요리 배달통.

倹吝[けんりん] 검린; 인색함.

倹素[けんそ] 검소; 사치하지 않고 수수함.

1 倹約[けんやく] 검약; 절약.

倹約家[けんやくか] 검약가; 절약가.

剣(劍) 칼 검
㇒ 𠆢 ... 剣 (필순)

音 ◉ケン
訓 ◉つるぎ

訓読

◉剣❶[つるぎ] 양날 검. ❷[けん] ☞ [音読]

剣の舞[つるぎのまい] 칼춤.

剣の山[つるぎのやま] ≪仏≫ (지옥에 있다고 하는) 검산; 칼날을 거꾸로 꽂은 산.

剣羽[つるぎば] 원앙새 수컷의 양쪽에 있는 은행잎 모양의 아름다운 깃털.
剣の刃渡り[つるぎのはわたり] 칼날 타고 건너가기. ＊실패하면 파멸된다는 비유임.
剣太刀[つるぎたち] ≪雅≫ 양날 검. 예리한 도검(刀剣). 예리한 칼.

音読

剣❶[けん] ①검. ②총검. ③검술. ¶～をよくする 검술에 능하다. ❷[つるぎ] ☞ [訓読]
剣客[けんかく/けんきゃく] 검객; 검사(剣士).
剣劇[けんげき] 검극; 칼싸움 영화.
剣帯[けんたい] 검대; 칼을 차는 띠.
剣道[けんどう] 검도; 검술(剣術).
剣道場[けんどうじょう] 검도장.
剣舞[けんぶ] 검무; 칼춤.
剣法[けんぽう] 검법; 칼 쓰는 법.
剣士[けんし] 검사; 검객(剣客).
剣山[けんざん] (꽃꽂이의) 침봉(針峰).
剣術[けんじゅつ] 검술; 칼싸움하는 기술.
剣術使い[けんじゅつつかい] 검객(剣客).
剣尺[けんじゃく] 검척; 곱자의 한 자 두 치. ＊약 36센티를 8등분하여 나타낸 자.
剣呑[けんのん] 위험스러움. 위태로움.
剣呑性[けんのんしょう] 필요 이상으로 겁을 내는 사람. 겁쟁이.
剣豪[けんごう] 검호; 검술의 명인.

検(檢) 검사할 검

一 十 木 木 朩 朩 枪 枪 桧 検

音 ◉ケン ⊗ケ
訓 ⊗しらべる ⊗あらためる

訓読

⊗**検べる**[しらべる] 〈下1他〉 조사하다. 검사하다.
⊗**検める**[あらためる] 〈下1他〉 살펴보다. 조사하다. 검사하다.

音読

検する[けんする] 〈サ変他〉 ①조사하다. 검사하다. ②단속하다.
検挙[けんきょ] 검거; 용의자를 붙잡음.
検見❶[けんみ] ≪古≫ ①검사(検査). 검사역(検査役). ②파수. 망을 봄. ❷[けみ] (옛날에) 곡식의 작황을 조사하여 조세를 정하던 일.
検鏡[けんきょう] 검경; 현미경으로 조사함.
検尿[けんにょう] ≪医≫ 검뇨; 소변 검사.
検断[けんだん] 검단; 비리(非理)를 조사하여 그 죄를 단정함.
検痰[けんたん] ≪医≫ 검단; 가래 검사.
検量[けんりょう] 검량; 선적(船積)의 무게 및 용적을 검사함.
検了[けんりょう] 검료; 검사 완료. 검사필.
検流計[けんりゅうけい] 검류계; 물의 흐름을 조사하는 계기(計器).
検脈[けんみゃく] 검맥; 맥박을 검사함.
検面調書[けんめんちょうしょ] '検察官面前調書(けんさつかんめんぜんちょうしょ)'의 준말.
検問[けんもん] 검문; 조사하고 따져 물음.
検問所[けんもんじょ] 검문소.
検便[けんべん] 검변; 대변 검사.
検封[けんぷう] 검봉; ①검사하여 봉함. ②봉인을 검사함.
検分[けんぶん] 검분; 입회하여 검사함.
検死[けんし] 검시(検屍). 시체를 검시함.
[1]**検事**[けんじ] 검사; ①검찰관 계급의 하나. ②'検察官(けんさつかん)'의 옛날 칭호.
検事正[けんじせい] 지방 검찰청장.
[2]**検査**[けんさ] 검사; 좋고 나쁨을 살핌.
検算[けんざん] 검산; 셈한 것을 확인함.
検索[けんさく] 검색; 조사하여 찾음.
検束[けんそく] 검속; ①자유로운 행동을 못 하도록 단속함. ②일시적으로 경찰서 등에 유치함.
検収[けんしゅう] 검수; 물품의 수량과 종류를 확인하고 수납함.
検屍[けんし] 검시; 시체를 검사함.
検視[けんし] 검시; ①현장을 확인함. ②시체를 검사함. 검시(検屍).
検案[けんあん] 검안; ①상황 등을 조사함. ② ≪法≫ (형사 소송에서) 특수한 지식과 경험이 있는 사람이 하는 감정. ③시체에 대한 사망 사실을 의학적으로 확인함.
検案書[けんあんしょ] 사망 진단서.
検眼[けんがん] 검안; 시력(視力)을 확인함.
検疫[けんえき] 검역; 외국으로부터의 전염병을 막기 위해 입국하는 사람·동물을 검사함.
検疫所[けんえきじょ] 검역소.
検疫済[けんえきずみ] 검역필.
検閲[けんえつ] 검열; 행정기관이 행하는 검사.
検温[けんおん] 검온; 체온을 잼.
検印[けんいん] 검인; ①검사필 도장. ②저서(著書)의 판권에 찍는 도장.

検認[けんにん] 검인; 검사하여 인정함.
検字[けんじ] 검자; 사전에 수록된 한자(漢字)를 총획순으로 배열한 색인.
検電器[けんでんき] 검전기; ①전기의 흐름을 조사하는 계기. ②정전기의 검출에 사용하는 측정기.
検定[けんてい] 검정; 검사하여 합격 여부를 확인함.
検定済[けんていずみ] 검정필.
検証[けんしょう] 검증; 조사하여 밝힘.
検地[けんち] 검지; 논밭을 측량하여 경계선·면적·수확량 등을 검사함.
検診[けんしん] 검진; 진찰함.
検診日[けんしんび] 검진일; 진찰일.
検車[けんしゃ] 검차; 차량 검사.
検札[けんさつ] 검찰; 표를 검사함.
検察[けんさつ] 검찰; 검찰관이 하는 직무 내용.
検体[けんたい] 검체; 검사 대상의 물체.
検出[けんしゅつ] 검출; 검사하여 찾아냄.
検針[けんしん] 검침; 계량기의 눈금을 조사함.
検針日[けんしんび] 검침일.
2**検討**[けんとう] 검토; 조사하고 따짐.
検波[けんぱ] ≪物≫ 검파; ①전파(電波)를 검사함. ②신호 전류·음성 전류를 검사함.
検品[けんぴん] 검품; 제품의 질이나 수량을 검사함.

瞼 눈꺼풀 검	音 ⊗ケン 訓 ⊗まぶた

訓読

2⊗**瞼**[まぶた] 눈꺼풀. ¶二重(ふたえ)~ 쌍꺼풀. ¶~が重(おも)い 잠이 오다.

〔겁〕

劫 위협할 겁	音 ⊗コウ ⊗ゴウ 訓 —

音読

劫[こう] ① ≪仏≫ 겁; 지극히 긴 세월. ②(바둑에서) 패.
劫掠[ごうりゃく] 겁략; 위협하여 빼앗음.
劫略[ごうりゃく] ☞ 劫掠
劫立て[こうだて] (바둑에서) 패를 때림.
劫末[ごうまつ] ≪仏≫ 겁말; 이 세상의 종말.
劫罰[ごうばつ] ≪仏≫ 겁벌; 지옥의 고통의 벌.
劫争い[こうあらそい] (바둑에서) 패싸움.
劫初[ごうしょ] 겁초; 이 세상의 시초.
劫火[ごうか] 겁화; ① ≪仏≫ 온 세상을 태워 버린다는 큰 불. ②대화재(大火災).

怯 겁낼 겁	音 ⊗キョウ 訓 ⊗おびえる ⊗ひるむ

訓読

1⊗**怯える**[おびえる] 〈下1自〉 ①무서워하다. 겁먹다. ②가위눌리다.
⊗**怯む**[ひるむ] 〈5自〉 기세가 꺾이다. 풀이 죽다. 겁에 질리다. ¶~な、進(すす)め! 기죽지 마라! 돌격!

音読

怯懦[きょうだ] 겁나; 겁이 많고 의지가 약함.
怯夫[きょうふ] 겁부; 겁이 많은 남자.
怯弱[きょうじゃく] 겁약; 겁이 많음.
怯臆[きょうおく] 겁억; 두려워서 떪.
怯者[きょうしゃ] 겁자; 겁쟁이.

〔게〕

掲(掲) 높이들 게
一 十 扌 扌 扌 扌 扌 扌 掲 掲

音 ◉ケイ
訓 ◉かかげる

訓読

1◉**掲げる**[かかげる] 〈下1他〉 ①(기를) 내걸다. 게양하다. ②(머리 위로) 높이 들어 올리다. ③(간판을) 내걸다. ④(주의·주장을) 내세우다. ⑤(신문에) 싣다. 게재하다. ⑥걸어 올리다.

音読

2**掲示**[けいじ] 게시; (여러 사람에게 알리기 위해) 내어 걸거나 붙여 보게 함.
掲示場[けいじば] 게시장.
2**掲示板**[けいじばん] 게시판.

掲揚[けいよう] 게양; (기를) 높이 내걸음.
[1]掲載[けいさい] 게재; (신문・서적에) 어떤 내용이 실림.

憩 쉴 게

一 二 千 舌 舌' 舌' 舌' 舌自 憩 憩

音 ◉ケイ
訓 ◉いこい ◉いこう

訓読
◉憩い[いこい] (편히) 쉼. 휴식.
◉憩う[いこう] 〈5自〉 (편히) 쉬다. 휴식하다.

音読
◑休憩[きゅうけい], 休憩室[きゅうけいしつ]

격

格 격식/품위 격

一 十 才 木 杉 杪 柊 柊 格 格

音 ◉カク ◉コウ ◉ゴウ
訓 —

音読
[1]格[かく] 격; ①신분. ②격식. 기준. ③《語学》 격.
格納[かくのう] 격납; 비행기 따위를 창고 안으로 들여놓음.
格納庫[かくのうこ] 격납고.
格段[かくだん] 격단; 각별함. 현격함.
[1]格別[かくべつ] ①각별함. 특별함. ②각별히. 유난히. 특별히. ③(부정문에서) 그다지. 별로.
格付け[かくづけ] 신용 평가. 신용 등급을 매김.
格上[かくうえ] 격상; 지위나 격식이 상위임.
格上げ[かくあげ] 격상; (지위나 자격의) 승격. 격을 높임.
格式[かくしき] 격식; ①신분이나 계급에 관한 법식. ②가문. 집안.
格安[かくやす] 품질에 비해 값이 쌈.
格安品[かくやすひん] 품질에 비해 값이 싼 물건.
格言[かくげん] 격언; 금언(金言).
格外[かくがい] 격외; ①규격에 벗어남. ②보통이 아님. 예외. 분에 넘침.
格外の品[かくがいのしな] 격외품; 규격에서 벗어난 물건.
格子[こうし] 격자; ①가는 나무나 대(竹)로 정(井)자 스타일로 맞추어 짠 것. ②격자문.
格子窓[こうしまど] 격자창.
格子戸[こうしど] 격자문.
格子縞[こうしじま] 격자무늬. 체크무늬.
格子造り[こうしづくり] 앞쪽에 격자를 댄 집의 구조.
格助詞[かくじょし] 《語学》 격조사.
格調[かくちょう] 격조; 시가(詩歌)나 문장이 지니는 품격과 가락.
[1]格差[かくさ] 격차; 가격・등급・자격의 차이.
格闘[かくとう] 격투; 맞붙어 싸움.
格下[かくした] 격하; 지위나 격식이 하위임.
格下げ[かくさげ] 격하; (지위나 자격의) 강등(降等). 격을 낮춤.
[2]格好[かっこう] ①꼴. 모양. 볼품. 생김새. ②알맞음. 걸맞음. 적당함. ③(숫자에 접속하여) 쯤. 정도.

隔(隔) 막힐/멀 격

⁷ 阝 阝 阝 阝 阝 阝 隔 隔 隔 隔

音 ◉カク
訓 ◉へだたる ◉へだてる

訓読
[2]◉隔たる[へだたる] 〈5自〉 ①(거리가) 멀어지다. 떨어지다. ②(사이가) 멀어지다. ③(세월이) 지나다. 경과하다. 흐르다. ④차단되다. 막히다. ⑤(사물에) 차이가 생기다. 벌어지다.
隔たり[へだたり] ①거리. 간격. ②격차.
[2]◉隔てる[へだてる] 〈下1他〉 ①거리를 두다. ②가로막다. 가리다. ③사이를 떼어놓다. ④(세월을) 보내다.
隔て[へだて] ①칸막이. ②구별. 차별. ③(마음의) 벽. 격의.

音読
隔年[かくねん] 격년; 한 해를 거름.
隔離[かくり] 격리; ①사이가 가로막혀 서로 떨어짐. ②전염병 환자를 다른 곳으로 떼어 둠.
隔離病舎[かくりびょうしゃ] 격리 병동.
隔膜[かくまく] 격막; ① 《生理》 횡격막. ② 《物》 두 개의 액체를 가로막는 막.

隔壁[かくへき] 격벽; 칸막이 벽.
隔世[かくせい] 격세; 시대가 다름.
隔世遺伝[かくせいいでん] 격세 유전; 중간의 세대를 뛰어넘음.
隔心[かくしん] 격심; 격의. 마음의 벽.
隔月[かくげつ] 격월; 한 달씩 거름.
隔意[かくい] 격의; 마음의 벽.
隔日[かくじつ] 격일; 하루걸러.
隔絶[かくぜつ] 격절; 동떨어짐.
[1]**隔週**[かくしゅう] 격주; 한 주씩 거름.

擊(撃) 칠 격

一 亘 亘 車 軎 軗 毄 擊 擊

音 ◉ゲキ
訓 ◉うつ

訓読

[2]◉**撃つ**[うつ] 〈5他〉 ①(총을) 쏘다. 발사하다. ②(적을) 치다. 공격하다.
撃ち落とす[うちおとす] 〈5他〉 쏘아 떨어뜨리다. 격추시키다.
撃ち抜く[うちぬく] 〈5他〉 ①(총을 쏘아) 구멍을 뚫다. ②철저하게 쏘아 대다. ③마구 쏘아 대다.
撃(ち)方[うちかた] (총을) 쏘는 법. 사격술.
撃ち払う[うちはらう] 〈5他〉 (총을 쏘아) 격퇴하다. 몰아내다. 쫓아 버리다.
撃ち殺す[うちころす] 〈5他〉 쏘아 죽이다. 사살하다.
撃(ち)手[うちて] 총을 쏘는 사람.
撃ち込む[うちこむ] 〈5他〉 명중시키다.
撃ち止める[うちとめる] 〈下1他〉 쏘아 죽이다.
撃ち取る[うちとる] 〈5他〉 ①(적을) 쏘아 죽이다. 쳐죽이다. 찔러 죽이다. ②(경기에서) 패배시키다. 무찌르다. 강한 상대를 이기다.
撃ち破る[うちやぶる] 〈5他〉 (적을) 격파하다. 쳐부수다.
撃(ち)合い[うちあい] 서로 총질함.
撃ち合う[うちあう] 〈5他〉 서로 총격을 가하다. 서로 총질하다.

音読

撃剣[げっけん/げきけん] 격검; 검술(剣術).
撃砕[げきさい] 격쇄; 쳐부숨.
撃攘[げきじょう] 격양; 적을 격퇴함.
撃墜[げきつい] 격추; (비행기를) 공격하여 떨어뜨림.
撃沈[げきちん] 격침; (군함을) 쏘아 맞추어 가라앉힘.
撃退[げきたい] 격퇴; ①공격하여 물리침. ②물리침.
撃破[げきは] 격파; 쳐부숨.

激 심할 격

氵 氵 氵 氵 淖 淖 滂 滂 滂 激

音 ◉ゲキ
訓 ◉はげしい

訓読

[2]◉**激しい**[はげしい] 〈形〉 ①심하다. 격심하다. ¶ 風(かぜ)が~ 바람이 심하다. ②격렬하다. 과격하다. ¶ ~反対(はんたい) 격렬한 반대.

音読

激する[げきする] 〈サ変自〉 ①격렬하다. 격해지다. 거칠어지다. ②격노하다. 격분하다. 흥분하다. ③감동하여 분기하다. ④(흐름이) 부딪치다.
激減[げきげん] 격감; 갑자기 줄어듦.
激高[げきこう/げっこう] 격고; 몹시 분개함.
激怒[げきど] 격노; 몹시 분노함.
激突[げきとつ] 격돌; 심하게 부딪침.
激動[げきどう] 격동; 심하게 움직임. 심하게 변동함.
激動期[げきどうき] 격동기.
激浪[げきろう] 격랑; 거센 파도.
[1]**激励**[げきれい] 격려; 마음이나 기분을 북돋우어 힘쓰도록 함.
激烈[げきれつ] 격렬; 맹렬함. 치열함.
激論[げきろん] 격론; 격렬한 논쟁.
激流[げきりゅう] 격류; 급류. 세차게 흐름.
激務[げきむ] 격무; 몹시 바쁘고 힘듦.
激発[げきはつ] 격발; ①사건이 잇달아 일어남. ②갑자기 격한 감정이 치밂. ③(자극하여) 격한 행동을 하게 함.
激変[げきへん] 격변; 급격한 변화.
激憤[げきふん] 격분; 몹시 분개함.
激賞[げきしょう] 격상; 격찬. 몹시 칭찬함.
激暑[げきしょ] 격서; 심한 더위.
激甚[げきじん] 격심; 대단히 심함. 극심함. 아주 심함.
激昂[げきこう/げっこう] 격앙; 몹시 분개함.
激語[げきご] 격어; 과격한 말.

激越[げきえつ] 격월; 격앙. 감정이 거칠고 격함.
激戦[げきせん] 격전; 쌍방에 큰 피해가 날 것 같은 격렬한 싸움.
激情[げきじょう] 격정; 세게 미치는 감정. 심하게 고조된 감정.
[2]**激増**[げきぞう] 격증; 급격하게 늘어남.
激職[げきしょく] 격직; 몹시 바쁜 직무.
激震[げきしん] 격진; 집이 무너지고 산사태가 일어나는 극심한 지진. *진도(震度) 7을 말함.
激賛[げきさん] 격찬; 극구 칭찬함.
激臭[げきしゅう] 격취; 지독한 냄새.
激痛[げきつう] 격통; 심한 아픔.
激闘[げきとう] 격투; 격렬한 싸움.
激化[げっか/げきか] 격화; 더욱 심해짐.

檄	격문/격서 격	音 ⊗ゲキ 訓 —

音読

檄[げき] 격; 격문(檄文). 널리 알려 선동하기 위해 써내는 글.
檄する[げきする] 〈サ変他〉 격문을 띄우다. 격문을 돌리다.
檄文[げきぶん] 격문; 널리 알려 선동하기 위해 써내는 글.

【견】

犬 개 견

一 ナ 大 犬

音 ◉ケン
訓 ◉いぬ ⊗え

訓読

[3]◉**犬❶**[いぬ] ① ≪動≫ 개. ¶ ~が吠(ほ)える 개가 짖다. ②첩자. 앞잡이. 끄나풀. ❷[けん] ☞ [音読]
犬ころ[いぬころ] ≪俗≫ 강아지. 작은 개.
犬防ぎ[いぬふせぎ] ≪仏≫ ①불단 앞의 낮은 격자(格子). ②낮은 울짱.
犬死(に)[いぬじに] 개죽음. 헛된 죽음. 값없는 죽음.
犬小屋[いぬごや] 개집.
犬掻き[いぬかき] 개헤엄.
犬侍[いぬざむらい] 비겁한 무사(武士). 치사한 무사. 사이비 무사.
犬泳ぎ[いぬおよぎ] 개헤엄.
犬潜り[いぬくぐり] 개구멍. 개가 드나드는 구멍.
犬釘[いぬくぎ] ①(철도의) 침목정(枕木釘). ②전신주 발판용 대못.
犬走り[いぬはしり/いぬばしり] ①(건물 외벽과 바깥쪽 도랑 사이의) 좁은 길. 샛길. ②제방의 작은 둔덕.
犬畜生[いぬちくしょう] ①개나 그 밖의 짐승. 개 따위의 짐승. ②(욕하는 말로) 개자식. 개만도 못한 놈.
犬合(わ)せ[いぬあわせ] 투견(鬪犬) 시합.

音読

犬❶[けん] 〈接尾語〉 견; 개. ¶ 盲導(もうどう)~ 맹도견. ¶ 秋田(あきた)~ 아키타 견. ❷[いぬ] ☞ [訓読]
犬馬[けんば] 견마; 개와 말. ¶ ~の労(ろう) 견마지로; 남을 위해 수고함.
犬猿の仲[けんえんのなか] 견원지간. 몹시 사이가 나쁜 것을 말함.
犬儒[けんじゅ] 견유; ①견유학파의 철학자. ②세상을 비뚤어진 눈으로 보는 학자.
犬儒学派[けんじゅがくは] 견유학파; 시니시즘.
犬歯[けんし] 견치; 송곳니.

見 볼 견

丨 冂 冃 冃 目 貝 見

音 ◉ケン ⊗ゲン
訓 ◉みえる ◉みかける ◉みせる ◉みる

訓読

[3]◉**見える**[みえる] 〈下1自〉 ①(눈에) 보이다. ②…처럼 보이다. …같다. ③(어떤 상태가) 엿보이다. ④오시다. '来(く)る'의 높임말.
見え[みえ] ①외양. 외관. 볼품. ②허세. 겉치레.
見え坊[みえぼう] 허세를 부리는 사람.
見え隠れ[みえかくれ/みえがくれ] 보였다 안 보였다 함. 숨바꼭질함.
見えつ隠れつ[みえつかくれつ] ☞ 見え隠れ
見えっ張り[みえっぱり] 허세를 부리는 사람.
見え張る[みえばる] 〈5自〉 허세를 부리다. 겉치레하다.

見え透く[みえすく] 〈5自〉 ①(속까지) 환히 비쳐 보이다. ②(속셈이) 빤히 들여다보이다. 속보이다.

[4]◉見せる[みせる] 〈下1他〉 ①(남에게) 보여주다. 보이다. ②…인 체하다. ¶病気(びょうき)に~ 병든 체하다. ③…에게 진찰을 받다. ¶医者(いしゃ)に~ 의사에게 진찰을 받다.

見せしめ[みせしめ] 본보기로 징계함. 본때를 보임.

見せつける[みせつける] 〈下1他〉 ①과시하다. 자랑삼아 내보이다. ②똑똑하게 보여주다.

[1]見せびらかす[みせびらかす] 〈5他〉 과시하다. 자랑삼아 내보이다.

見せ掛け[みせかけ] 외관. 겉치레. 겉보기.

見せ掛ける[みせかける] 〈下1他〉 …체 하다. …처럼 보이게 하다.

見せ金[みせがね/みせきん] (사업을 시작할 때 신용을 얻기 위해) 상대방에게 보여주는 돈.

[1]見せ物[みせもの] ①(곡예・예술 등의) 흥행. ②구경거리.

見せ物小屋[みせものごや] 가설 흥행장. 임시로 지은 흥행장.

見せ付ける[みせつける] 〈下1他〉 ①과시하다. 자랑삼아 내보이다. ②똑똑하게 보여주다.

見せ所[みせどころ] 자랑삼아 꼭 보이고 싶은 연기.

見せ消ち[みせけち] 지운 글씨를 알아보도록 줄을 긋거나 점을 찍는 방법.

見せ場[みせば] (연극・영화에서) 클라이맥스. 볼만한 장면.

[4]◉見る[みる] 〈上1他〉 ①(눈으로) 보다. ②구경하다. ③대충 읽다. ¶新聞(しんぶん)を~ 신문을 보다. ④살펴보다. ¶風呂(ふろ)を~ 목욕물을 보다. ⑤판단하다. 조사하다. 살피다. ¶甘(あま)く~ 깔보다. ⑥돌보다. 맡아 보다. ⑦당하다. ¶痛(いた)い目(め)を~ 따끔한 맛을 보다. ⑧맛보다. ¶味(あじ)を~ 맛을 보다.

見るからに[みるからに] 보기만 해도. 언뜻 보기에.

見るべき[みるべき] 볼 만한.

見かけ[みかけ] 겉보기. 외관.

見かけだおし[みかけだおし] 겉만 번지르함.

[1]見かける[みかける] 〈下1他〉 ①눈에 띄다. ②보다가 그만두다. ③언뜻 보다.

見たところ[みたところ] 보아하니. 겉보기.

見つかる[みつかる] 〈5自〉 ①발견되다. 들키다. 발각되다. ②찾게 되다.

見つける[みつける] 〈下1他〉 ①찾다. 발견하다. ②늘 보다. 눈에 익다.

見にくい[みにくい] 〈形〉 보기 힘들다. 잘 안 보이다.

見はぐれる[みはぐれる] 〈下1他〉 ①보고 있던 것을 놓치다. ②볼 기회를 놓치다.

見覚え[みおぼえ] 본 기억.

見覚える[みおぼえる] 〈下1他〉 ①보고 기억하다. ②보면서 몸에 익히다.

見間違える[みまちがえる] 〈下1他〉 잘못 보다. 착각하다.

見開き[みひらき] (책・신문을 폈을 때) 좌우 양면.

見開く[みひらく] 〈5他〉 눈을 크게 뜨고 보다.

見据える[みすえる] 〈下1他〉 ①응시하다. 주시하다. ②끝까지 지켜보다. 끝까지 확인하다.

見す見す[みすみす] 뻔히 알면서. 뻔히 보고도.

見る見る[みるみる] 금새. 순식간에.

見遣る[みやる] 〈5他〉 ①(먼 곳을) 바라보다. ②(특정한 곳을) 바라보다. 쳐다보다.

見欠き鰊[みかきにしん/みがきにしん] 쪼개어 말린 청어.

見兼ねる[みかねる] 〈下1他〉 차마 볼 수 없다.

身頃[みごろ] (꽃 따위를) 보기에 알맞은 시기.

見境[みさかい] 분별. 분간. 구별.

[1]見計らう[みはからう] 〈5他〉 적당한 것으로 정하다. 감안하다.

見届ける[みとどける] 〈下1他〉 ①끝까지 지켜보다. 끝까지 확인하다. ②보고 확인하다.

見継ぐ[みつぐ] 〈4他〉≪古≫ ①끝까지 지켜보다. 끝까지 확인하다. ②원조하다. 가세(加勢)하다.

[1]見苦しい[みぐるしい] 〈形〉 꼴사납다. 보기 흉하다. 망측하다.

見苦しさ[みぐるしさ] 보기 흉함. 꼴사나움.

見果てぬ[みはてぬ] 〈連体詞〉 다 보지 못한. 못다 본.

見過す[みすごす] 〈5他〉 간과(看過)하다. 못 본 체하다.

[2]見慣れる[みなれる] 〈下1自〉 눈에 익다. 낯익다.

[2]見掛(け)[みかけ] 겉보기. 외관.

[1]見掛ける[みかける] 〈下1他〉 ①눈에 띄다. ②보다가 그만두다. ③언뜻 보다.

見掛(け)倒し[みかけだおし] 겉만 번지르르함.

見交わす[みかわす] 〈5他〉 서로 마주 보다.

見巧者[みごうしゃ] (연극 따위를) 잘 볼 줄 앎. 또는 그런 사람.

見咎める[みとがめる] 〈下1他〉 ①보고 이상히 여기다. ②수상쩍게 보고 캐묻다. 검문하다.

見極め[みきわめ] ①끝까지 지켜봄. 확인함. ②속속들이 알아냄. ③진위(真偽)를 가려냄.

見極める[みきわめる] 〈下1他〉 ①끝까지 지켜보다. 확인하다. ②속속들이 알아내다. ③진위(真偽)를 가려내다.

見棄てる[みすてる] 〈下1他〉 ①방치하다. 돌보지 않다. ②보고 그대로 내버려두다.

見難い[みにくい] 〈形〉 보기 힘들다. 잘 안 보이다.

見納め[みおさめ] 마지막으로 봄. 보는 것이 마지막임.

見当(た)る[みあたる] 〈5自〉 눈에 띄다. 발견되다.

見逃(し)[みのがし] ①못 보고 놓침. 빠뜨림. ②눈감아 줌. 묵인.

[1]見逃す[みのがす] 〈5他〉 ①(기회를) 놓치다. ②못 보고 넘기다. 빠뜨리고 못 보다. ③묵인하다. 눈감아 주다.

見渡し[みわたし] 전망(展望). 조망(眺望).

[1]見渡す[みわたす] 〈5他〉 (멀리 넓게) 바라보다. 둘러보다.

見突(き)[みつき] (배를 타고 물 속의 고기를 잡는) 작살질.

見得[みえ] (연극의 클라이맥스에) 배우가 잠깐 정지하여 유달리 눈에 띄는 동작이나 표정을 취함.

見落(と)し[みおとし] 간과(看過). 못 보고 넘김. 못 보고 빠뜨림.

[1]見落とす[みおとす] 〈5他〉 간과(看過)하다. 못 보고 넘기다. 못 보고 빠뜨리다.

見劣り[みおとり] (…만) 못해 보임.

見流す[みながす] 〈5他〉 못 본 체하다.

見離す[みはなす] 〈5他〉 ①포기하다. 단념하다. ②단념하여 돌보지 않다.

見立て[みたて] ①보고 정함. 고름. ②판단.

見立てる[みたてる] 〈下1他〉 ①보고 정하다. 고르다. ②판단하다. ③…에 비기다. ④ ≪古≫ 돌보다. ⑤ ≪古≫ 경멸하다. 업신여기다.

見忘れる[みわすれる] 〈下1他〉 (전에 본 것을) 몰라보다.

見た目[みため] 겉보기. 겉모양.

見る目[みるめ] ①(사물을) 보는 눈. 감식안. ②남의 눈. 남이 보고 있음.

見目[みめ] ①겉보기. ②용모. 얼굴 생김새. ③남의 눈. 체면. 명예.

見目形[みめかたち] 용모와 자태.

見目好い[みめよい] 〈形〉 용모가 예쁘다.

[2]見舞(い)[みまい] ①문안. 위문. 문병. ②위문품. ③달갑지 않은 것.

見舞(い)金[みまいきん] 위문금.

お見舞(い)状[おみまいじょう] 위문 편지.

[2]見舞う[みまう] 〈5他〉 ①문안하다. 위문하다. 문병하다. ②(타격을) 가하다.

見舞われる[みまわれる] 〈下1自〉 (달갑지 않은 것이) 찾아오다. 당하다.

見聞(き)[みきき] 견문; 보고 들음.

見物❶[みもの] 볼만함. 볼만한 것. 구경거리. ❷[けんぶつ] 구경. 관람.

見返し[みかえし] ①뒤돌아 봄. ②(책의) 면지(面紙). ③(양재에서) 깃 따위의 꺾은 부분. 안깃・안단

見返す[みかえす] 〈5他〉 ①뒤돌아보다. 되돌아보다. ②다시 보다. 거듭 보다. ③(앙갚음으로) 보라는 듯이 보여주다.

見返る[みかえる] 〈5他〉 뒤돌아보다.

見返(り)[みかえり] ①뒤돌아봄. ②담보물.

見返(り)物資[みかえりぶっし] (바터 무역에서) 수입품에 대한 보증으로서 수출하는 물자.

見返(り)品[みかえりひん] 담보물.

見抜く[みぬく] 〈5他〉 꿰뚫어 보다.

[2]見方[みかた] ①보는 방법. ②견해. 보는 각도. 생각.

見放す[みはなす] 〈5他〉 ①포기하다. 단념하다. ②방치하다.

見倣う[みならう] 〈5他〉 ①보고 배우다. ②본받다.

見変える[みかえる] 〈下1他〉 ①보고 다른 것으로 바꾸다. ②전혀 다른 것처럼 보이다.

[2]見本[みほん] 견본; ①표본. ②본보기. 좋은 예.

見本刷(り)[みほんずり] 견본 인쇄.
見本市[みほんいち] 견본시; 견본 시장.
見本組[みほんぐみ] 견본 조판.
[2]見付かる[みつかる] 〈5自〉 ①발견되다. 들키다. 발각되다. ②찾게 되다.
見付(き)[みつき] 외관. 겉모양.
見付(け)[みつけ] (파수꾼이 망을 보는) 성문의 바깥문.
[2]見付ける[みつける] 〈下1他〉 ①찾다. 발견하다. ②늘 보다. 눈에 익다.
見分け[みわけ] 분간. 분별.
見分ける[みわける] 〈下1他〉 분간하다. 분별하다. 가리다.
見紛う[みまがう] 〈5他〉 잘못 보다. 오인하다.
見比べる[みくらべる] 〈下1他〉 비교해 보다. 견주어 보다.
[2]見事[みごと] 〈形動〉 ①볼만함. 훌륭함. 멋짐. 뛰어남. ②완전함.
見捨てる[みすてる] 〈下1他〉 ①방치하다. 돌보지 않다. ②보고 그대로 내버려두다.
見殺し[みごろし] ①죽게 내버려 둠. 죽게 된 것을 못 본 체함. ②(어려운 입장을) 못 본 체함.
[2]見上げる[みあげる] 〈下1他〉 ①우러러보다. 쳐다보다. 올려다보다. ②우러러볼 만하다.
見繕う[みつくろう] 〈5他〉 (물건을 보고) 적당한 것으로 고르다. 적당히 고르다.
見世[みせ] 가게. 상점. 점포.
見世物[みせもの] ①구경거리. ②흥행거리.
見世物小屋[みせものごや] 가설(仮設) 흥행장. 임시로 지은 흥행장.
見所❶[みどころ] ①볼만한 장면. ②장래성. ❷[けんしょ] ①能楽(のうがく)의 관람석. ②(연극 등의) 볼만한 대목.
[2]見送り[みおくり] ①전송. 배웅. ②수수방관함. 보기만 하고 손을 쓰지 않음.
[2]見送る[みおくる] 〈5他〉 ①전송하다. 배웅하다. ②(멀어져 가는 것을) 바라보다. ③장송(葬送)하다. ④죽을 때까지 돌보다. ⑤그냥 보내다. 놓치다. ⑥보류하다.
見守る[みまもる] 〈5他〉 지켜보다.
見受ける[みうける] 〈下1他〉 ①눈에 띄다. 가끔 만나다. ②(…으로) 보이다.
見馴れる[みなれる] 〈下1自〉 늘 보아 오다. 낯익다. 눈에 익다.
見習(い)[みならい] 견습; 보고 익힘.
見習(い)工[みならいこう] 견습공.
[1]見習う[みならう] 〈5他〉 ①보고 배우다. 보고 익히다. ②본받다.
見辛い[みづらい] 〈形〉 ①보기 흉하다. 차마 볼 수 없다. ②잘 보이지 않다. 보기 어렵다.
見失う[みうしなう] 〈5他〉 (지금까지 보던 것을) 놓치다.
見様❶[みざま] 보는 방법. 견해. ❷[みよう] 밖에서 본 모양. 외관. 외모.
見様見真似[みようみまね] 눈동냥.
見映え[みばえ] 볼품이 좋음. 좋게 보임. 돋보임.
見栄[みえ] 겉치레. 허세.
見栄え[みばえ] 볼품이 좋음. 돋보임.
見栄っ張[みえっぱり] 허세를 부림.
見栄張る[みえばる] 〈5自〉 허세를 부리다.
見縊る[みくびる] 〈5他〉 깔보다. 얕보다. 업신여기다.
見て呉れ[みてくれ] ≪俗≫ 겉모양. 겉보기. 겉모습.
見誤る[みあやまる] 〈5他〉 잘못 보다. 오인(誤認)하다.
見外す[みはずす] 〈5他〉 잘못 보다.
見猿[みざる] 두 손으로 눈을 가린 원숭이 상(像).
見猿聞か猿言わ猿[みざるきかざるいわざる] ＊제각기 손으로 귀・눈・입을 가리고 있는 3마리의 원숭이 상에서 나온 말.
見越し[みこし] ①(담 따위의) 너머로 보임. ②(미래를) 내다봄. 예측.
見越す[みこす] 〈5他〉 ①넘어다 보다. 넘겨다보다. ②(미래를) 내다보다. 예측하다.
見違い[みちがい] 잘못 봄. 잘못 앎.
見違える[みちがえる] 〈下1他〉 잘못 보다. 몰라보다.
見応え[みごたえ] 볼품. 볼만한 가치.
見入る[みいる] 〈5他〉 주시하다. 자세히 보다. 〈5自〉 ①정신없이 보다. 넋을 잃고 보다. ②들여다 보다. ③자세히 보다.
見入られる[みいられる] 〈下1自〉 (무엇에) 홀리다.
見込まれる[みこまれる] 〈下1自〉 ①신임을 받다. ②눈독들이다. ③(…에게) 씌다.
[1]見込(み)[みこみ] ①예상. 목표. 예정. ②장래성. 가망. 전망.
見込(み)違い[みこみちがい] 잘못된 생각.
見込む[みこむ] 〈5他〉 ①내다보다. 예측하다. ②기대하다. ③눈독들이다. ④(연극 등에서) 안을 들여다 보다.

見逸れる[みそれる] 〈下1他〉 몰라보다. 잘못 보다.

見残す[みのこす] 〈5他〉 ①보다 남기다. ②≪老≫ 돌보지 않다. 방치하다.

見場[みば] (잠깐 본) 겉보기. 외모.

見張り[みはり] ①망봄. 지켜봄. 파수. ②파수꾼. 감시인.

見張る[みはる] 〈5他〉 ①(눈을) 부릅뜨다. 번쩍 뜨다. 크게 뜨다. ②망을 보다. 파수하다. 감시하다.

[1]見積(も)り[みつもり] 견적; 어림함.

見積(も)る[みつもる] 〈5他〉 ①견적하다. 어림하다. 대중 잡다. ②대략 계산하다.

見積書[みつもりしょ] 견적서.

見ず転[みずてん] ①돈만 주면 아무에게나 몸을 맡기는 여자. ②지조가 없음. 절개가 없음.

見ず転芸者[みずてんげいしゃ] 돈만 주면 아무에게나 몸을 맡기는 기생.

見切り[みきり] 단념함. 손을 뗌.

見切る[みきる] 〈5他〉 ①(끝까지) 다 보다. ②끝까지 지켜보다. 확인하다. ③단념하다. ④헐값으로 팔다. 투매(投売)하다.

見切(り)物[みきりもの] 덤핑 물건. 헐값으로 파는 물건.

見切(り)発車[みきりはっしゃ] ①승객이 다 타기 전에 출발함. ②충분한 심의를 거치지 않고 결정·표결함.

見切(り)品[みきりひん] 덤핑 물건. 헐값으로 파는 물건.

見定め[みさだめ] 보고 확정함. 끝까지 지켜봄.

見定める[みさだめる] 〈下1他〉 보고 확정하다. 끝까지 지켜보다.

見做す[みなす] 〈5他〉 ①간주하다. 가정하다. ②(법률에서) 인정하다.

見ず知らす[みずしらず] 낯섦. 안면이 없음.

見知らず[みしらず] ①분수를 모름. ②몸을 돌보지 않음.

見知らぬ[みしらぬ] 낯섦. 안면이 없음.

見知り[みしり] ①보고 앎. 알아봄. ②안면이 있음.

見知(り)越し[みしりごし] 전부터 아는 사이.

見知る[みしる] 〈5他〉 ①전부터 알다. 안면이 있다. ②알아보다. 보고 알다.

見直し[みなおし] 다시 봄. 재검토함. 재평가함.

[2]見直す[みなおす] 〈5自〉 ①(병·경기 등이) 나아지다. 회복되다. 호전되다. ②다시 보다. 다시 평가하다. 재검토하다.

見真似[みまね] 보고 흉내 냄.

見尽くす[みつくす] 〈5他〉 남김없이 보다. 다 보다.

見澄ます[みすます] 〈5他〉 주의해서 잘 보다. 끝까지 확인하다.

見窄らしい[みすぼらしい] 〈形〉 초라하다. 볼품이 없다.

見処[みどころ] ①볼만한 곳. ②장래성.

見晴るかす[みはるかす] ≪雅≫〈4他〉 멀리 보다. 먼 데를 바라보다.

[1]見晴(ら)し[みはらし] 전망(展望).

見晴(ら)し台[みはらしだい] 전망대(展望台).

見晴らす[みはらす] 〈5他〉 (멀리·넓게) 바라보다. 전망하다. 내다보다.

見初める[みそめる] 〈下1他〉 ①처음 보다. ②첫눈에 반하다.

[2]見出(し)[みだし] ①표제(表題). 표제어. ②목차. 색인. ③발탁.

見出(し)語[みだしご] 표제어(表題語).

見出す❶[みだす] 〈5他〉 ①보기 시작하다. ②찾아내다. 발견하다. ❷[みいだす] 〈5他〉 ①찾아내다. 발견하다. ②내다보다.

見て取る[みてとる] 〈5他〉 간파하다. 알아차리다. 알아채다.

見取り❶[みとり] 보고 앎. ❷[みどり] 둘러보고 마음대로 고름.

見取(り)図[みとりず] (건물·지형·기계 등의) 대체적인 모양을 알기 쉽게 그린 약도.

見取(り)算[みとりざん] (주산에서) 보고 놓기.

見取る[みとる] 〈5他〉 ①보고 알아차리다. 파악하다. ②보고 베끼다.

見蕩れる[みとれる] 〈下1自〉 넋을 잃고 바라보다. 정신 없이 보다. 홀딱 반하다.

[1]見通し[みとおし] ①전망. 예측. ②멀리까지 한눈에 내다봄. ③꿰뚫어 봄. 환히 들여다 봄.

見通す[みとおす] 〈5他〉 ①전망하다. 예측하다. 예상하다. ②(멀리까지) 한눈에 내다보다. ③(처음부터) 끝까지 다 보다.

見破る[みやぶる] 〈5他〉 간파하다. 꿰뚫어 보다. 알아차리다.

見飽き[みあき] 보기에 싫증남.

見飽きる[みあきる] 〈上1自〉 보기 싫어지다.

見下げる[みさげる] 〈下1他〉 멸시하다. 업신여기다. 깔보다. 얕보다. 경멸하다.

見下げ果てる[みさげはてる] 〈下1自〉 몹시 깔보다.

見下す[みくだす] 〈5他〉 ①멸시하다. 업신여기다. 깔보다. 얕보다. 경멸하다. ②내려다보다. 아래를 보다.

[2]見下ろす[みおろす] 〈5他〉 ①내려다보다. 굽어보다. ②훑어보다. ③얕보다. 깔보다.

見限る[みかぎる] 〈5他〉 ①체념하다. 단념하다. ②정이 떨어져 상대하지 않다.

[1]見合(い)[みあい] ①서로 봄. 맞선. 맞선봄. ②걸맞음. 균형이 잡힘.

見合う[みあう] 〈5自〉 (수입과 지출이) 균형이 잡히다. 〈5他〉 마주 보다. 서로 상대편을 살피다.

[1]見合わせる[みあわせる] 〈下1他〉 ①마주 보다. ②대조하다. 비교해 보다. ③보류하다. 미루다. ④≪古≫ 결혼시키다.

見向き[みむき] 돌아다봄.

見向く[みむく] 〈5他〉 얼굴을 돌려서 보다. 돌아다보다.

見顕わす[みあらわす] 〈5他〉 (정체를) 알아내다. 밝혀내다.

見好い[みよい] 〈形〉 ①보기 좋다. ②보기 쉽다.

見惚れる[みほれる] 〈下1自〉 넋을 잃고 바라보다. 정신없이 보다. 홀딱 반하다.

見回す[みまわす] 〈5他〉 주위를 둘러보다.

見回り[みまわり] ①둘러봄. 순찰. 순시. ②순찰인. 경비원.

見回る[みまわる] 〈5他〉 둘러보다. 순찰하다. 순시하다. 순방하다.

見廻す[みまわす] ☞ 見回す

見廻り[みまわり] ☞ 見回り

見廻る[みまわる] 〈5他〉 ☞ 見回る

[1]見詰める[みつめる] 〈下1他〉 응시하다. 주시하다. 뚫어지게 보다.

音読

見[けん] 견해. 관점. 생각.

見高[けんだか] 〈形動〉 자존심이 셈. 거만함.

[2]見当[けんとう] ①(대체적인) 부근. 방향. ②짐작. 예상. 예측. 전망. ③가늠자. 목표. ④정도. 쯤. 안팎.

見当違い[けんとうちがい] 예상이 빗나감.

見台[けんだい] 독서대(読書台).

見料[けんりょう] ①관람료. 입장료. ②복채(卜債).

見幕[けんまく] 무섭고 사나운 얼굴.

見聞[けんぶん/けんもん] 견문; 보고들은 지식.

[3]見物❶[けんぶつ] 구경. 관람. ❷[みもの] 볼만함. 볼만한 것. 구경거리.

見物客[けんぶつきゃく] 관람객. 구경꾼.

[3]見物人[けんぶつにん] 구경꾼.

見分[けんぶん] (입회하여) 실태를 조사함. 검사하여 확인함.

見識[けんしき] 견식; 식견(識見).

見識張る[けんしきばる] 〈5自〉 지식이 있는 체하다. 잘난 체하다.

[1]見地[けんち] 견지; ①견해. 관점. ②직접 토지를 살펴봄.

見参[★げんざん] 알현(謁見). 배알(拝謁). 귀인이 아랫사람을 만나 주는 일.

[2]見学[けんがく] 견학; 실지로 가서 보고 지식을 넓힘.

[2]見解[けんかい] 견해; 의견. 관점.

肩(肩) 어깨 견

一 ㄱ ヨ 戸 戸 肩 肩 肩

音 ◉ケン

訓 ◉かた

訓読

[2]◉肩[かた] ①어깨. ②어깨와 비슷한 부분. 물건의 윗부분.

肩慣(ら)し[かたならし] 준비 운동. 워밍업.

肩掛(け)[かたかけ] 어깨걸이. 숄.

肩口[かたぐち] 어깻죽지.

肩当て[かたあて] ①어깨 심. 어깻바대. ②(물건을 멜 때) 어깨에 대는 천이나 쿠션. ③(잠잘 때) 어깨에 두르는 방한용 천.

肩代(わ)り[かたがわり] ①대신 떠맡음. ②가마를 교대로 멤.

肩台[かただい] 양복의 어깨 부분을 다림질할 때 쓰는 받침대.

肩袋[かたぶくろ] 어깨에 메는 자루.

肩付(き)[かたつき] 어깨 모양.

肩山[かたやま] 어깨솔기.

肩上げ[かたあげ] (아동복의) 어깨 징금.

肩書き[かたがき] ①직함. ②지위. 신분. 칭호. ③세로로 쓴 글의 오른쪽 위에 단 주석(註釈).

肩先[かたさき] 어깻죽지.

肩息[かたいき] 어깻숨. 어깨로 쉬는 매우 고통스러운 숨.

肩身[かたみ] 체면. 면목.
肩揚げ[かたあげ] (아동복의 소매를 커서도 입을 수 있게 한) 어깨 징금.
肩越し[かたごし] 어깨너머.
肩凝り[かたこり] 어깨가 뻐근함. 어깨가 뻐근하게 결림.
肩衣[かたぎぬ] ①(室町(むろまち) 시대 이후의 무사복으로) 어깨에서 등으로 걸쳐 입는 소매 없는 옷. ②어깨와 등만을 덮는 가난한 사람의 옷.
肩入れ[かたいれ] ①후원함. 힘이 되어 줌. ②어깻바대.
肩肘[かたひじ] 어깨와 팔꿈치.
肩車[かたぐるま] ①목말. ②(유도에서) 어깨로 매치기.
肩替(わ)り[かたがわり] ①대신 떠맡음. ②가마를 교대로 멤.
肩総[かたふさ] 대례복(大礼服)이나 견장(肩章)에 달린 술.
肩透かし[かたすかし] ①(씨름에서) 상대방의 어깻죽지를 쳐서 쓰러뜨리는 수. ②(상대방을) 허탕 치게 만듦.
肩脱ぎ[かたぬぎ] 웃통을 벗어 어깨를 드러냄. 어깨까지 웃통을 벗음.
肩布団[かたぶとん] 잠잘 때 어깨에 두르는 방한용의 기다란 천.
肩幅[かたはば] ①어깨통. ②(양재에서) 어깨 넓이. 품.
肩休め[かたやすめ] 일손을 놓고 잠깐 쉼.

音読

肩胛骨[けんこうこつ] 견갑골; 어깨 뼈.
肩癖[けんぺき] 견벽; ①목에서 어깨에 걸쳐 근육이 경련을 일으킴. ②안마술.
肩章[けんしょう] 견장; 제복의 어깨에 달아서 계급을 표시하는 휘장.

堅 단단할 견

丨 ㄏ ㄏ 𠂆 𦣝 臣 臤 臤 臤 堅

音 ◉ケン
訓 ◉かたい

訓読

3◉堅い[かたい] 〈形〉 ①단단하다. ②견고하다. ③굳다. ④건실하다. 착실하다. ⑤확실하다. 틀림없다. ⑥엄하다. ⑦(행동이) 무겁다.
堅さ[かたさ] 단단함. 견고함.
堅苦しい[かたくるしい] 〈形〉 (격식에 치우쳐) 너무 딱딱하다. 거북하다.
堅苦しがる[かたくるしがる] 〈5自〉 (격식에 치우쳐) 너무 거북스러워하다.
堅苦しげ[かたくるしげ] 〈形動〉 (격식에 치우쳐) 너무 거북스러운 듯함.
堅気[かたぎ] ①고지식함. ②건실함. 착실함.
堅木[かたぎ] ①단단한 나무. ② ≪植≫ 떡갈나무.
堅物[かたぶつ] 고지식한 사람.
堅焼(き)[かたやき] 딱딱하게 구움.
堅人[かたじん] 고지식한 사람.
堅蔵[かたぞう] 붙임성이 없는 사람.
堅造[かたぞう] 붙임성이 없는 사람.
堅炭[かたずみ] 참숯. 백탄.
堅太り[かたぶとり] 탄탄하게 살이 찜.

音読

堅[けん] ①견고함. ②요새(要塞).
堅固[けんご] 견고; ①단단함. 굳건함. ②튼튼함. 건강함.
堅果[けんか] 견과; 껍질이 단단한 과실.
堅牢[けんろう] 견뢰; 견고함. 튼튼함.
堅塁[けんるい] 견루; 방비가 튼튼한 보루.
堅実[けんじつ] 견실; 착실함. 건실함.
堅忍[けんにん] 견인; 꾹 참고 견딤.
堅忍不抜[けんにんふばつ] 견인불발; 꾹 참고 뜻을 굽히지 않음.
堅調[けんちょう] 견조; 거래에서 시세가 오를 기미가 있음.
堅持[けんじ] 견지; 굳게 지킴.
堅陣[けんじん] 견진; 견고한 진지(陣地).

遣(遣) 보낼 견

口 中 中 冉 冉 冑 冑 冑 遣 遣

音 ◉ケン
訓 ◉つかう ◉つかわす ⊗やる

訓読

◉遣う[つかう] 〈5他〉 ①쓰다. 사용하다. ②(사람을) 부리다. 고용하다.
遣い[つかい] ①심부름. ②심부름꾼. ③신불(神仏)의 사자(使者).
遣い果たす[つかいはたす] 〈5他〉 다 써 버리다. 탕진하다.

遣い物[つかいもの] ①쓸 만한 것. ②선물.
遣い付ける[つかいつける] 〈下1他〉 ①늘 사용하여 손에 익다. ②평소에 부리다.
遣い先[つかいさき] ①심부름 간 곳. ②돈의 사용처.
遣い手[つかいて] ①(도구의) 사용자. ②명수(名手). ③돈의 씀씀이가 헤픈 사람.
遣い込み[つかいこみ] 공금 횡령.
遣い込む[つかいこむ] 〈5他〉 ①(돈을) 횡령하다. 유용하다. ②(예산을) 초과하여 사용하다. ③사용하여 길들이다.
遣い出[つかいで] 충분히 쓸 만큼의 양.
◉遣わす[つかわす] 〈5他〉 ①보내다. 파견하다. ②주다. 하사하다. 내리다.
4 ⊗遣る[やる] 〈5他〉 ①보내다. 파견하다. ②주다. ③하다. ④살아가다. 생활하다. ⑤먹다. 마시다.
遣らずぶったくり[やらずぶったくり] 강도짓.
遣りこなす[やりこなす] 〈5他〉 어려운 일을 해내다.
遣り過す[やりすごす] 〈5他〉 ①(뒤에서 오는 사람을) 앞서게 하다. 앞지르도록 하다. ②도를 지나치다.
遣り口[やりくち] ≪俗≫ 수단. 방법. 수법.
遣り句[やりく] ≪文学≫ 連歌(れんが)・俳諧(はいかい)에서 前句(まえく)에 그다지 구애받지 않고 가볍고 자연스럽게 붙이는 구.
遣る瀬ない[やるせない] 안타깝다.
遣る瀬なげ[やるせなげ] 안타까운 듯함.
遣る瀬なさ[やるせなさ] 안타까움.
遣り返す[やりかえす] 〈5他〉 ①다시 하다. ②반박하다. 공박하다.
遣り方[やりかた] 하는 방법. 방식.
遣る方ない[やるかたない] 마음을 풀 길이 없다.
遣り放し[やりはなし] ☞ 遣りっ放し
遣りっ放し[やりっぱなし] 내버려둠. 방치함.
遣り損う[やりそこなう] 〈5他〉 잘못하다. 실패하다. 실수하다.
遣り手[やりて] ①일꾼. ②수완가. ③물건을 줄 사람. ④창녀를 감독하는 늙은 노파.
遣り水[やりみず] ①(정원수에) 물을 줌. ②정원에 물을 끌어들여 흐르게 함.
遣り遂げる[やりとげる] 〈下1他〉 완수하다. 끝까지 해내다.
遣り羽根[やりばね] 羽子(はご)치기 놀이.
遣らずの雨[やらずのあめ] 마치 손님을 못 가게라도 하듯 내리는 비.
遣り込める[やりこめる] 〈下1他〉 (말로 상대방을) 찍소리도 못하게 하다. 꼼짝 못하게 하다.
遣り場[やりば] 둘 곳. 가져갈 곳.
遣り切れない[やりきれない] 〈形〉 ①끝까지 해낼 수 없다. ②견딜 수 없다. 당할 수 없다.
遣り繰り[やりくり] 변통. 융통.
遣り繰り算段[やりくりさんだん] 주변머리. 돈을 이리저리 변통함.
遣り繰る[やりくる] 〈5他〉 둘러맞추다. 융통하다. 변통하다.
遣り直し[やりなおし] 다시 함.
遣り直す[やりなおす] 〈5他〉 다시 하다. 고쳐 하다.
遣り取り[やりとり] ①(물건을) 주고받음. 교환. ②말다툼.
遣り退ける[やりのける] 〈下1他〉 (힘든 일을) 잘 해내다. 완수하다.
遣り合う[やりあう] 〈5自〉 ①서로 하다. ②서로 다투다. 언쟁하다. ③경쟁하다.

音読

遣唐使[けんとうし] 견당사; 일본이 중국의 당나라에 파견한 사신(使臣).
遣隋使[けんずいし] 견수사; (아스카 시대에) 일본이 중국 수(隋)나라에 파견한 사신(使臣).
遣外[けんがい] 견외; 해외 파견.
遣外使節[けんがいしせつ] 해외 파견 사절.

絹 비단 견

纟 纟 纟 糸 糸 絅 絅 絅 絹 絹

音 ◉ケン
訓 ◉きぬ

訓読

2 ◉絹[きぬ] ①명주. 비단. ②명주실. 견사(絹糸).
絹巻線[きぬまきせん] 명주실을 절연체로 써서 입힌 구리선.
絹漉[きぬごし] ①명주로 곱게 거름. ②곱게 걸러서 만든 두부.
絹綾[きぬあや] 얇은 능직(綾織)의 비단.
絹綿[きぬわた] 풀솜. 허드렛고치로 만든 솜.

絹帽[きぬぼう] 실크 모자.
絹物[きぬもの] ①견직물. 비단. ②비단 옷.
絹糸[きぬいと/けんし] 견사; 명주실.
絹小町糸[きぬこまちいと] 방적견사(紡績絹糸)로 만든 바느질 실.
絹篩[きぬぶるい] 깁체. 깁으로 쳇불을 메운 체.
絹傘[きぬがさ] ①자루가 긴 나들이용 비단 양산. *옛날 귀인들의 뒤쪽에서 받쳤음. ②우산 모양의 덮개. *불상(仏像)이나 관(棺)을 씌웠음.
絹張(り)[きぬばり] ①비단을 바르거나 씌움. ②비단을 풀 먹여 너는 널판·주름을 펴는 틀.
絹張(り)傘[きぬばりがさ] 비단 양산.
絹地[きぬじ] ①견직물의 바탕. 비단 천. ②동양화용 깁.
絹織(り)[きぬおり] 견직; 명주 비단.
絹織物[きぬおりもの] 견직물; 명주. 비단.
絹天[きぬてん] 견(絹) 비로드의 일종. 우단(羽緞).
絹針[きぬばり] 비단을 꿰매는 바늘.
絹絵[きぬえ] 명주에 그린 그림.

音読

絹紡糸[けんぼうし] 견방사; 방적견사(紡績絹糸).
絹本[けんぽん] 견본; 그림을 그리는 데 사용한 명주 천. 또는 거기에 그린 작품.
絹糸紡績[けんしぼうせき] 견사 방적.
絹布[けんぷ] 견포; 견직물. 비단. 명주.

繭 누에고치 견

一 艹 芇 芇 莭 萠 繭 繭 繭 繭

音 ◉ケン
訓 ◉まゆ

訓読

◉繭[まゆ] ① ≪虫≫ 누에고치. ¶~をかける (누에가) 고치를 치다. ②누에고치.
繭玉[まゆだま] (설날에 버드나무나 대나무 가지 등에) 누에고치 모양의 과자 등을 단 장식. *원래는 누에고치의 풍작을 기원하여 정월 보름에 만들었음.
繭籠(も)り[まゆごもり] 누에가 고치 속에 들어 있음.

音読

繭価[けんか] 견가; 고치의 가격.
繭糸[けんし] 견사; 명주실.
繭紬[けんちゅう] 견주; 산누에실로 짠 비단 옷감. 산동주(山東紬).

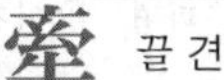

牽 끌 견

音 ⊗ケン
訓 ⊗ひく

訓読

⊗牽く[ひく] 〈5他〉 ①끌고 가다. ②예인(曳引)하다. 견인(牽引)하다.

音読

牽強[けんきょう] 견강; 억지로 합리화시킴.
牽強付会[けんきょうふかい] 견강부회; 억지로 합리화시킴.
牽牛星[けんぎゅうせい] ≪天≫ 견우성.
牽引[けんいん] 견인; 끌어당김.
牽制[けんせい] 견제; 끌어당기어 자유로운 행동을 하지 못하게 함.
牽制球[けんせいきゅう] 견제구.

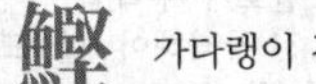

鰹 가다랭이 견

音 ⊗ケン
訓 ⊗かつお

訓読

⊗鰹[かつお] ≪魚≫ 가다랭이.
鰹の烏帽子[かつおのえぼし] ≪動≫ 고깔해파리.
鰹木[かつおぎ] 神社(じんじゃ)나 궁전의 마룻대 위에 장식으로 다는 통나무.
鰹船[かつおぶね] 가다랭이 잡이 배.
鰹節❶[かつおぶし] 쪄서 말린 가다랭이포. ❷[かつぶつ] '鰹節(かつおぶし)'의 구어(口語) 표현.
鰹節虫[かつおぶしむし] ≪動≫ 수시렁이.

〔결〕

欠(缺) 이지러질 결

ノ ⺈ 𠂊 欠

音 ◉ケツ
訓 ◉かく ◉かける

訓読

1◉欠く[かく] 〈5他〉 ①(일부가) 없다. 부족하다. ②(일부분을) 깨뜨리다. 상하다. ③게을리하다. 소홀히 하다. 태만하다. ④깎아내다.

[2]◉欠ける[かける] 〈下1自〉 ①일부분이 망가지다. 흠지다. ②부족하다. 모자라다. ③(달이) 이지러지다. ④(있어야 할 것이) 없다. 빠지다.

欠け[かけ] ①깨진 조각. 파편. ②이지러짐. 모자람. 빠짐.

欠(け)目[かけめ] ①흠. 결점. ②감량(減量). 모자란 근수(斤数). ③(바둑에서의) 옥집.

欠片[かけら] 깨진 조각. 파편.

音読

欠講[けっこう] 결강; 예정된 강의를 쉼.

欠格[けっかく] 결격; 자격 요건을 갖추지 못함.

欠格者[けっかくしゃ] 결격자.

欠課[けっか] 결과; 학생이 수업에 빠짐.

欠勤[けっきん] 결근; 근무를 쉼.

欠落[けつらく] 결락; 누락. 빠져서 없음.

欠礼[けつれい] 결례; 실례.

欠漏[けつろう] 결루; 탈락. 누락. 빠짐.

欠番[けつばん] 결번; 번호가 누락됨.

[2]欠席[けっせき] 결석; ①참석해야 할 모임에 불참함. ②학교를 쉼.

[2]欠伸[★あくび] 하품.

欠損[けっそん] 결손; ①모자람. ②손해. 손실. 적자.

[1]欠如[けつじょ] 결여; 마땅히 있어야 할 것이 없음. 빠져서 모자람.

欠員[けついん] 결원; 정원이 모자람.

欠場[けつじょう] 결장; 나가야 할 장소에 안 나감.

[2]欠点[けってん] 결점; ①단점. 흠. 약점. ②(학교에서) 낙제점.

[1]欠乏[けつぼう] 결핍; 부족함. 모자람.

[2]欠陥[けっかん] 결함; 결점. 흠. 약점.

欠航[けっこう] 결항; (정기 항로의 배나 비행기가) 항해·항공을 쉼. 휴항.

決 정할/끊을 결

丶 丶 氵 氵 沪 沪 決

音 ◉ケツ
訓 ◉きまる ◉きめる

訓読

[3]◉決まる[きまる] 〈5自〉 ①결정되다. 정해지다. ②(뜻대로) 먹혀들다. 성공하다. ③어울리다.

決(ま)って[きまって] 반드시. 늘. 항상.

[2]決(ま)り[きまり] ①규칙. ②결말. 매듭. ③정돈. 질서. ④¶お~ 판에 박은 듯. 늘 함.

決(ま)り文句[きまりもんく] 상투적인 말. 판에 박힌 말.

決(ま)り手[きまりて] (씨름에서) 결정적인 수. 승부를 결정짓는 수.

決(ま)り切った[きまりきった] ①당연한. 두말할 것도 없는. ②틀에 박힌. 판에 박은.

[3]◉決める[きめる] 〈下1他〉 ①정하다. 결정하다. ②결심하다. 작정하다. ③선정(選定)하다. ④(스포츠에서) 성공시키다. ⑤결판내다. 매듭짓다. ⑥(씨름에서 상대방을) 꼼짝 못하게 하다.

決め[きめ] 규칙. 결정 사항. 약속.

決め玉[きめだま] 결정타. 승부를 결정하는 볼.

決め倒し[きめたおし] (씨름에서) 상대방의 팔꿈치를 세게 낀 채 그대로 넘어뜨리는 수.

決め付ける[きめつける] 〈下1他〉 ①마구 나무라다. 몹시 꾸짖다. ②단정하다.

決め所[きめどころ] ①결정적인 시기나 장소. ②요점. 요소.

決め手[きめて] ①결정자. 판가름할 사람. ②(승부의) 결정타.

決め込む[きめこむ] 〈5他〉 ①(마음속으로) 믿다. …인 줄로 믿다. ②…인 체하다. ③…하기로 마음먹다.

決め出し[きめだし] (씨름에서) 상대방을 씨름판 밖으로 밀어내는 수.

音読

[1]決[けつ] 의결. 가부(可否)의 결정.

[1]決して[けっして] (부정문에서) 결코. 절대로.

決する[けっする] 〈サ変自〉 ①결정되다. 정해지다. ②(제방이 무너져) 물이 세차게 흐르다. 〈サ変他〉 ①결정하다. 정하다. ②(제방을 무너뜨려) 물이 세차게 흐르게 하다.

決壊[けっかい] 결괴; 제방이 터져 무너짐. 제방을 무너뜨림.

決起[けっき] 결기; 궐기. 벌떡 일어남.

[1]決断[けつだん] 결단; ①단호히 결정함. ②확고한 결정.

決裂[けつれつ] 결렬; 회의·교섭 등이 갈라짐.

決別[けつべつ] 결별; 이별. 작별.

決死[けっし] 결사; 죽음을 각오함.

1 決算[けっさん] 결산; ①최종적인 계산. ②일정 기간의 수지(収支)의 총 계산.

決算書[けっさんしょ] 결산서.

決選[けっせん] 결선; 본선(本選).

決選投票[けっせんとうひょう] 결선 투표.

1 決勝[けっしょう] 결승; 승부를 가림.

2 決心[けっしん] 결심; 마음을 정함.

決然と[けつぜんと] 결연히. 단호히.

1 決意[けつい] 결의; 결심.

1 決議[けつぎ] 결의; 의결(議決).

決議文[けつぎぶん] 결의문.

決裁[けっさい] 결재; 안건을 결정함.

決戦[けっせん] 결전; 승패를 결정짓는 싸움.

2 決定[けってい] 결정; 정함.

決済[けっさい] 결제; 대금을 주고받아 금전 거래를 끝맺음.

決着[けっちゃく] 결착; 결말이 남. 일이 끝남.

決闘[けっとう] 결투; 시비를 가리기 위해 서로 약속하여 싸움.

決行[けっこう] 결행; 단행(断行). 결심하여 행함.

結 맺을 결

〈 幺 幺 糸 糸 糸一 糸十 紅 結 結

音 ◉ケツ ⊗ケチ

訓 ◉むすぶ ◉ゆう ⊗すく

訓読

2 ◉結ぶ[むすぶ] 〈5他〉 ①매다. 묶다. ②연결하다. 잇다. ③(관계를) 맺다. ④손잡다. 제휴하다. ⑤(결과를) 맺다. 끝맺다. 이루다. ⑥(입을) 다물다. 〈5自〉 ①맺히다. ②한패가 되다. 결탁하다.

◉結ぼれる[むすぼれる] 〈下1自〉 ①얽히다. 엉키다. ②(이슬 등이) 맺히다. ③우울해지다. 울적해지다. ④인연이 닿다.

1 結び[むすび] ①맺음. 매듭. ②끝맺음. 결말. 결론. ③¶お~ 주먹밥.

結び目[むすびめ] 매듭.

結び文[むすびぶみ] 접은 쪽지・편지.

1 結び付き[むすびつき] 결합. 연결.

1 結び付く[むすびつく] 〈5自〉 ①연결되다. 결부되다. 결탁하다. ②맺어지다.

1 結び付ける[むすびつける] 〈下1他〉 ①잡아매다. 묶다. 매다. ②결부시키다. 연결시키다. ③결합시키다. 맺다.

結びの神[むすびのかみ] 남녀의 인연을 맺어 준다는 신.

結び状[むすびじょう] 접은 쪽지・편지.

◉結う[ゆう] 〈5他〉 ①묶다. 매다. ②(머리를) 땋다. 매다. ③(새끼 등으로) 엮다.

結い[ゆい] ≪方≫ 마을의 공동작업.

結い上げる[ゆいあげる] 〈下1他〉 ①(머리를) 틀어 올리다. ②매기를 끝내다.

結納[ゆいのう] 약혼 예물.

結納金[ゆいのうきん] 약혼 선물로 주는 돈.

結(い)綿[ゆいわた] ①(한가운데를 묶은) 예물용의 풀솜. ②(미혼 여성의) 일본 머리 모양의 한 가지.

結(い)目[ゆいめ] 매듭.

◉結わえる[ゆわえる] 〈下1他〉 (가늘고 긴 것을) 묶다. 잡아매다.

結わえ付ける[ゆわえつける] 〈下1他〉 묶다. 잡아매다.

◉結わく[ゆわく] 〈5他〉 ≪方≫ 매다. 묶다.

⊗結く[すく] 〈5他〉 (그물을) 뜨다.

音読

結する[けっする] 〈サ変自〉 변비증이 생기다.

結跏趺坐[けっかふざ] ≪仏≫ 결가부좌; 좌선(坐禅)할 때 책상다리를 하고 앉음.

結界[けっかい] ≪仏≫ 결계; ①수도(修道)를 위해 의식주에 제한을 둠. ②마귀가 접근하지 못하도록 한 구역. ③(절에서) 중과 속인과의 자리를 구별 짓는 목책(木柵).

2 結果[けっか] 결과; ①어떤 원인으로 생긴 것. ②열매를 맺음.

結句[けっく] 결구; ①시가(詩歌)의 끝 구절. ②결국. 마침내.

結球[けっきゅう] 결구; (채소의 잎이) 여러 겹으로 겹쳐져 구형(球形)을 이룸.

4 結構[けっこう] 〈形動〉 ①좋음. 훌륭함. 나무랄 데 없음. ②(사양하는 뜻으로) 충분함. 만족스러움. 이제 됐음. ③순진함. 얌전함. 무던함. ④다행임. 〈副〉 꽤. 제법. 그런대로. 〈名〉 ①짜임새. 구조. ② ≪古≫ 계획. 기도. ③ ≪古≫ 준비. 채비.

結構尽くめ[けっこうずくめ] 온통 좋은 일뿐임.

2 結局[けっきょく] 결국; ①끝. 결말. ②마침내. 드디어. 결국.

結団[けつだん] 결단; 단체를 만듦.
結党[けっとう] 결당; 정당을 결성함.
2結論[けつろん] 결론; ①최종적으로 내리는 판단이나 의견. ②(삼단 논법의 마지막 논제) 단안(断案). 귀결(帰結).
結膜[けつまく] ≪医≫ 결막; 눈알 표면을 둘러싼 투명한 얇은 점막.
結膜炎[けつまくえん] ≪医≫ 결막염.
結末[けつまつ] 결말; 끝. 끝장.
結盟[けつめい] 결맹; 동맹을 맺음.
結尾[けつび] 결미; 결말(結末).
結髪[けっぱつ] 결발; 머리를 쪽찜.
結氷[けっぴょう] 결빙; 얼음이 얾.
結石[けっせき] ≪医≫ 결석.
1結成[けっせい] 결성; 단체 등을 만듦.
1結束[けっそく] 결속; ①단합. 단결. ②다발로 묶음.
結縄[けつじょう] 결승; 새끼나 끈으로 매듭을 매어 글자 대신 의사소통으로 삼던 일.
結縄文字[けつじょうもじ] 결승 문자.
結実[けつじつ] 결실; ①열매를 맺음. ②결과가 나타남.
結審[けっしん] ≪法≫ 결심; 재판의 심리를 끝냄.
結語[けつご] 결어; 결론. 맺음말.
結縁[けちえん/けつえん] ≪仏≫ 결연; 불도(仏道)에 귀의함.
結節[けっせつ] ≪生理≫ 결절; 콩알 크기만 한 피부의 사마귀.
1結晶[けっしょう] 결정; ①엉켜서 굳어짐. ②원자 배열이 규칙적으로 된 고체.
結集❶[けっしゅう] 결집; 집결(集結). ❷[けつじゅう] ≪仏≫ 결집; 석가의 가르침을 정리·집성함.
結着[けっちゃく] 결착; 결말이 남. 결론이 남. 결과가 나옴.
結滞[けったい] ≪医≫ 결체; 맥박이 고르지 못한 증세.
結託[けったく] 결탁; 한 통속이 됨. 한패가 됨.
1結合[けつごう] 결합; 둘 이상의 것이 서로 관계를 맺고 합쳐서 하나로 됨.
結合織[けつごうしき] ≪生理≫ 결합직; 결합 조직.
1結核[けっかく] 결핵; ① ≪医≫ 결핵병. 폐결핵. ② ≪鉱≫ 수성암. 응회암의 용액이 핵의 주위에 침전된 덩어리.
結核菌[けっかくきん] 결핵균.
結核症[けっかくしょう] 결핵증.
4結婚[けっこん] 결혼; 혼인함. 남녀가 정식으로 부부 관계를 맺음.
4結婚式[けっこんしき] 결혼식.

潔(潔) 깨끗할 결

氵 氵 氵 氵 氵 氵 氵 潔 潔 潔

音 ◉ケツ
訓 ◉いさぎよい

訓読

◉潔い[いさぎよい] 〈形〉 ①맑고 깨끗하다. ②결백하다. 떳떳하다. ③(미련 없이) 깨끗하다.
潔さ[いさぎよさ] 깨끗함. 떳떳함.
潔しとしない[いさぎよしとしない] 부끄럽게 여기다.

音読

潔白[けっぱく] 결백; ①부정이 없음. ②깨끗하고 흼.
潔癖[けっぺき] 결벽; ①유별나게 깨끗한 것을 좋아하는 성격. ②부정을 싫어하는 성격.
潔斎[けっさい] 결재; 목욕재계.

抉 긁어낼 결

音 ⊗ケツ
訓 ⊗えぐる
⊗こじる

訓読

⊗抉る❶[えぐる] 〈5他〉 ①(예리한 도구로) 도려내다. 후비다. ②(핵심을) 찌르다. 파헤치다. 날카롭게 지적하다. ❷[こじる] 〈5他〉 (예리한 도구를 틈에 끼우고) 비틀다.

音読

◑剔抉[てっけつ]

訣 헤어질 결

音 ⊗ケツ
訓 —

音読

訣別[けつべつ] 결별; 이별. 작별.
訣辞[けつじ] 결사; 결별사. 작별의 말.

겸

兼(兼) 겸할 겸

丶 丷 䒑 㐅 彐 彐 兼 兼 兼 兼

音 ◉ケン
訓 ◉かねる

訓読

2 ◉兼ねる[かねる] 〈下1他〉 ①(둘 이상의 직무・역할을) 겸하다. ②(동사 ます형에 접속하여) …하기 어렵다. …하기 곤란하다.…하기를 꺼리다.

兼ねない[かねない] …할는지 모른다. …할 법하다.

兼ね備える[かねそなえる] 〈下1他〉 겸비하다. 아울러 갖추다. 함께 갖추다.

兼ね合い[かねあい] 비등. 걸맞음. 균형. 안배.

音読

兼[けん] 겸; 두 가지를 겸함.

兼勤[けんきん] 겸근; 다른 직무를 겸함.

兼務[けんむ] 겸무; 직무를 겸함.

兼備[けんび] 겸비; 겸하여 갖춤.

兼摂[けんせつ] 겸섭; 겸임.

兼摂大臣[けんせつだいじん] 겸임 대신.

兼修[けんしゅう] 겸수; 두 가지 이상을 동시에 배움.

1 兼業[けんぎょう] 겸업; 부업(副業). 본업 이외에 겸하여 영업함.

兼業農家[けんぎょうのうか] 겸업농가.

兼営[けんえい] 겸영; 두 가지 이상 겸하여 영업함.

1 兼用[けんよう] 겸용; 양용(両用). 양쪽으로 활용함.

兼有[けんゆう] 겸유; 두 가지 이상의 것을 겸하여 소유함.

兼任[けんにん] 겸임; 두 가지 이상의 직무를 겸함.

兼職[けんしょく] 겸직; 두 가지 이상의 직무를 겸함.

兼行[けんこう] 겸행; ①밤낮을 가리지 않고 일함. ②두 가지 이상의 일을 겸해서 행함.

謙(謙) 겸손할 겸

言 言' 言" 言䒑 言彐 言彐 謙 謙 謙 謙

音 ⊗ケン
訓 ⊗へりくだる

訓読

1 ⊗謙る[へりくだる] 〈5自〉 겸손하다. 자기를 낮추다.

2 謙遜[けんそん] 겸손; 자신을 낮춤.

謙譲[けんじょう] 겸양; 겸손함. 겸허함.

謙譲語[けんじょうご] 겸양어.

謙語[けんご] 겸어; 겸손한 말.

謙抑[けんよく] 겸억; 겸손하여 자기를 낮춤. 겸양 자세.

謙称[けんしょう] 겸칭; 겸손한 말씨.

2 謙虚[けんきょ] 겸허; (자신의 한계를 알고) 자기를 비워 낮춤. ¶ ~な態度(たいど) 겸허한 태도.

鎌(鎌) 낫 겸

音 ⊗ケン
訓 ⊗かま

訓読

⊗鎌[かま] 낫. ¶ ~をかける 속마음을 넌지시 떠보다. 넘겨짚다.

鎌尾根[かまおね] 낫의 날처럼 뾰족한 산등성이.

鎌柄[かまつか] ≪植≫ 만윤노리나무.

鎌首[かまくび] 낫처럼 굽은 (뱀의) 머리.

鎌鼬[かまいたち] 낫으로 벤 듯이 피부가 갈라짐.

鎌髭[かまひげ] 낫 모양처럼 위로 올라간 코밑수염.

鎌髭奴[かまひげやっこ] (江戸(えど) 시대의) 鎌髭(かまひげ)를 기른 무가(武家)의 하인.

鎌止め[かまどめ] 금양(禁養). 산야에서 초목을 베는 것을 금함.

鎌倉[かまくら] ≪地≫ 神奈川県(かながわけん)에 있는 도시의 이름.

鎌倉幕府[かまくらばくふ] 1192년 源頼朝(みなもとのよりもと)가 鎌倉(かまくら)에 세운 일본 최초의 무인(武人) 정권.

鎌倉時代[かまくらじだい] 일본 무인(武人) 정권 시대의 제1기. ＊1192~1333년까지임.

鎌倉彫[かまくらぼり] 검은 옻칠을 하고, 다시 주칠(朱漆)로 장식한 것.

鎌倉蝦[かまくらえび] 왕새우. ＊'伊勢海老(いせえび)'의 딴 이름.

경

更 ①다시 갱 ②고칠 경

☞ 更(갱) p. 39

京 서울 경

' 亠 亡 古 古 亨 京 京

音 ◉キョウ ◉ケイ
訓 —

音読

京[きょう] ①수도(首都). 서울. ②京都(きょうと). ③경; 조(兆)의 1만 배.
京間[きょうま] 《建》 京都(きょうと)에서 통하는 다다미의 치수.
京劇[きょうげき] 《劇》 중국의 대표적인 고전극.
京畿[けいき] 경기; 京都(きょうと) 부근의 지방.
京都[きょうと] 교토. *東京(とうきょう)로 수도를 옮기기 전 1000여 년 동안 일본의 수도였음.
京男[きょうおとこ] 京都(きょうと)의 남자.
京女[きょうおんな] 京都(きょうと)의 여자.
京大[きょうだい] '京都(きょうと)대학'의 준말.
京洛[きょうらく] 수도(首都). 京都(きょうと).
京舞[きょうまい] 京都(きょうと)에서 발달한 우아한 춤.
京白粉[きょうおしろい] 京都(きょうと)의 분(粉).
京浜[けいひん] 《地》 '東京(とうきょう)와 横浜(よこはま)'의 준말.
京師[けいし] 수도(首都). 서울.
京上(り)[きょうのぼり] 지방에서 京都(きょうと)로 올라감.
京扇[きょうおうぎ] 京都(きょうと)에서 만든 부채.
京焼(き)[きょうやき] 京都(きょうと)에서 생산되는 도자기.
京小袖[きょうこそで] 京都(きょうと) 스타일의 小袖(こそで).
京言葉[きょうことば] 京都(きょうと)의 말씨.
京染め[きょうぞめ] 京都(きょうと) 스타일의 염색.
京葉[けいよう] 《地》 '東京(とうきょう)와 千葉(ちば)'의 준말.
京人[きょうびと] 京都(きょうと)의 사람.
京人形[きょうにんぎょう] 京都(きょうと)에서 만든 인형.
京阪[けいはん] 《地》 '京都(きょうと)와 大阪(おおさか)'의 준말.
京阪神[けいはんしん] 《地》 '京都(きょうと)・大阪(おおさか)・神戸(こうべ)'의 준말.
京風[きょうふう] ①京都(きょうと)의 풍속. ②京都(きょうと) 스타일.
京下(り)[きょうくだり] 京都(きょうと)에서 지방으로 내려감.

径(徑) 지름길 경

ノ ノ 彳 彳 仅 径 径 径

音 ◉ケイ ⊗キン
訓 —

音読

径[けい] 경; 지름. 직경.
径路[けいろ] 경로; ①과정. ②좁은 길.
径山寺味噌[きんざんじみそ] 볶은 콩・보리와 누룩・소금을 넣고 오이・가지・차조기 썬 것을 넣어 담근 간장.
径庭[けいてい] 경정; 격차. 현격한 차이.
径行[けいこう] 경행; 소신대로 실행함.

茎(莖) 줄기 경

一 十 艹 艹 芝 茎 茎 茎

音 ◉ケイ
訓 ◉くき

訓読

[1]◉**茎**[くき] 《植》 줄기. *나무의 경우는 '幹(みき)'라고 함.
茎短[くきみじか] (칼이나 창을 쥘 때) 자루를 많이 남겨 두고, 앞쪽을 짧게 하여 쥐는 방법.
茎立つ[くきだつ] 〈5自〉 줄기가 뻗어나다.
茎漬(け)[くきづけ] 무・순무 등을 줄기 째 소금에 절인 것.
茎長[くきなが] (칼이나 창을 쥘 때) 자루를 조금 남겨 두고, 앞쪽을 길게 하여 쥐는 방법.

音読

◐**球茎**[きゅうけい], **根茎**[こんけい]

耕(耕) 받갈 경

一 ＝ 三 丰 耒 耒 耒 耒 耕 耕

音 ◉コウ
訓 ◉たがやす

訓読

[2]◉**耕す**[たがやす] 〈5他〉 (논밭을) 갈다. 경작하다. 일구다.

音読

耕具[こうぐ] 경구; 농기구.
耕耘[こううん] 경운; 논밭을 갈고 김을 맴.
耕耘機[こううんき] 경운기.
[1]**耕作**[こうさく] 경작; 농사를 지음.
耕作物[こうさくぶつ] 경작물.
耕作者[こうさくしゃ] 경작자.
耕作地[こうさくち] 경작지.
耕種[こうしゅ] 경종; 밭을 갈고 씨를 뿌림.
[2]**耕地**[こうち] 경지; 경작지. 농사를 짓는 땅.
[2]**耕地整理**[こうちせいり] 경지 정리.
耕土[こうど] 경토; 표토(表土). 경작에 알맞은 흙.

経(經) 지낼/경서/다스릴 경

く 纟 纟 糹 糸 糸 紀 紅 経 経

音 ◉キョウ ◉ケイ
訓 ◉へる ⊗たつ ⊗たて

訓読

[2]⊗**経つ**[たつ] 〈5自〉 (시간이) 경과하다. 지나다.
[1]◉**経る**[へる] 〈下1他〉 ①(시간이) 지나다. 흐르다. ②(어떤 곳을) 거치다. 경유하다. ③(과정을) 거치다. 겪다. 밟다.
⊗**経糸**[たていと] 경사; 날실.
経上がる[へあがる] 〈5自〉≪雅≫ ①승진하다. ②나이를 먹다.
経巡る[へめぐる] 〈5自〉 순회하다. 각지를 돌아다니다.
経回る[へまわる] 〈5自〉 편력(遍歴)하다.

音読

経❶[きょう] 불경(仏経). 경문. ❷[けい] (직물의) 날실.
[1]**経過**[けいか] 경과; ①사물이 변하는 상태. ②시간이 지남. ③일을 겪은 과정.
経口[けいこう] 경구; ①약을 입으로 먹음. ②균(菌)이 입을 통해 몸으로 들어감.
経国[けいこく] 경국; 나라를 다스림.
経机[きょうづくえ] ≪仏≫ 경문을 올려놓은 책상.
経団連[けいだんれん] 경단련; '経済団体連合会(けいざいだんたいれんごうかい)'의 준말.
[2]**経度**[けいど] ≪地≫ 경도; 날줄.
経絡[けいらく] 경락; 사물의 조리. ＊한의학에서 경(経)은 동맥, 락(絡)은 정맥을 뜻함.
経略[けいりゃく] 경략; ①나라를 다스림. ②천하를 경영하여 사방을 공략함.
[1]**経歴**[けいれき] 경력; 이력(履歴).
[1]**経路**[けいろ] 경로; ①과정. ②좁은 길.
経論❶[けいろん] 경론; 나라를 다스림. ❷[きょうろん] 불전의 경장(経蔵)과 논장(論蔵).
経理[けいり] 경리; 회계에 관한 사무.
経理士[けいりし] 경리사; 회계사.
経理学[けいりがく] 경리학; 회계학.
経木[きょうぎ] 경목; 무늬목. 종이처럼 얇게 깎은 나무.
経文[きょうもん] 경문; 경전(経典).
[1]**経費**[けいひ] 경비; 비용.
経師[きょうじ] ①표구사(表具師). ②≪古≫ 경문을 베끼는 사람.
経師屋[きょうじや] 표구사(表具師). 표구점.
経産婦[けいさんぷ] 경산부; 해산한 경험이 있는 여성.
経常[けいじょう] 경상; 늘 일정한 상태로 계속됨.
経常費[けいじょうひ] 경상비.
経線[けいせん] 경선; 날줄. 자오선(子午線).
経世[けいせい] 경세; 세상을 다스림.
経世済民[けいせいさいみん] 경세제민; 정치.
[2]**経営**[けいえい] 경영; 계획을 세워 사업을 해나감.
[1]**経緯❶**[けいい] 경위; ①경선(経線)과 위선(緯線). 경도(経度)와 위도(緯度). ②(직물의) 날실과 씨실. 날줄과 씨줄. ③가로와 세로. ④경위; 복잡한 내부 사정. ❷[いきさつ] 경위; 복잡한 내부 사정.
[1]**経由**[けいゆ] 경유; 거쳐 감. 통과함.
経蔵[きょうぞう] ≪仏≫ 경장; ①불경(仏経). ②경문을 보관하는 곳.
経伝[けいでん] 경전; 경서(経書)와 그것을 해석한 책.
経典❶[きょうてん] 경전; 불경(仏経). ❷[けいてん] ①경서. 성현(聖賢)의 가르침을 쓴 책. ②교전(教典). 교리를 쓴 책.

3経済[けいざい] 경제; ①소비 및 생산 활동. ②돈이나 재물을 절약함.
経済家[けいざいか] ①경제에 밝은 사람. ②절약가.
経済界[けいざいかい] 경제계.
経済博[けいざいはく] 경제박사.
経済人[けいざいじん] 경제인.
経済学[けいざいがく] 경제학.
経閉期[けいへいき] 경폐기; 폐경기. 갱년기.
3経験[けいけん] 경험; 실제로 겪음.
経験家[けいけんか] 경험가.
経験談[けいけんだん] 경험담.
経験論[けいけんろん] 경험론.
経験上[けいけんじょう] 경험상.
経験者[けいけんしゃ] 경험자.
経験則[けいけんそく] 경험을 통해 터득한 법칙.
経穴[けいけつ] ≪医≫ 경혈; 몸에 침을 놓거나 뜸을 뜨는 자리.

敬 공경할 경

一 艹 艹 苟 苟 苟 苟 敬 敬 敬

音 ◉ケイ ⊗キョウ
訓 ◉うやまう

訓読

2◉敬う[うやまう] 〈5他〉 공경하다. 존경하다. ¶師(し)と~ 스승으로서 존경하다.

音読

敬する[けいする] 〈サ変他〉 공경하다. 존경하다.
敬虔[けいけん] 경건; ①공경하여 삼감. ②신불(神仏)을 성심껏 섬김.
1敬具[けいぐ] 경구; (편지 끝에 쓰는 말로) '삼가 아뢴다.'는 뜻임.
敬礼[けいれい] 경례; 윗사람에게 절함.
敬老[けいろう] 경로; 노인을 존경함.
敬慕[けいぼ] 경모; 존경하고 사모함.
敬白[けいはく] 경백; (편지 끝에 쓰는 말로) '삼가 아뢴다.'는 뜻임.
敬服[けいふく] 경복; 존경하여 복종함.
敬神[けいしん] 경신; 신을 공경함.
敬愛[けいあい] 경애; 존경하고 사랑함.
敬譲[けいじょう] 경양; 겸손한 태도로 사양함.
敬譲語[けいじょうご] 존경어와 겸양어.
2敬語[けいご] 경어; 높임말.
敬遠[けいえん] 경원; ①존경하는 체하면서 멀리함. ②(야구에서) 작전상 일부러 포볼을 던짐.
2敬意[けいい] 경의; 존경하는 뜻.
敬重[けいちょう] 경중; 존중함.
敬体[けいたい] 경체; 경어체.
敬称[けいしょう] 경칭; 존칭.
◑愛敬[あいきょう]

景 볕/경치 경

丨 口 日 日 旦 早 暑 景 景 景

音 ◉ケイ ◉ケ
訓 —

音読

景観[けいかん] 경관; 경치.
2景気[けいき] 경기; ①기업 활동의 경제 상태. ②활동 상태나 위세·기세가 좋음.
景物[けいぶつ] 경물; ①철 따라 변하는 풍물. ②흥취를 돋우는 것. ③경품(景品).
景物詩[けいぶつし] 경물시; 사계절의 풍물을 읊은 시.
景勝[けいしょう] 경승; 경치가 좋음.
3景色[★けしき] 경치. 풍경.
景仰[けいこう] 경앙; 우러러 따름.
景品[けいひん] 경품; (행사의 참가자에게 주는) 상품. 기념품.
景品券[けいひんけん] 경품권.
景況[けいきょう] 경황; ①상황. ②경기 상태.

硬 굳을 경

一 ア 石 石 石 石 砢 砢 硬 硬

音 ◉コウ
訓 ◉かたい

訓読

3◉硬い[かたい] 〈形〉 ①(물체가) 단단하다. 굳다. ②딱딱하다. ③융통성이 없다. 완고하다.

音読

硬骨[こうこつ] 경골; ①단단한 뼈. ②강직하여 남에게 뜻을 굽히지 않는 기골(気骨).
硬骨魚[こうこつぎょ] ≪動≫ 경골어; 뼈대가 딱딱한 물고기.

硬教育[こうきょういく] 경교육; 스파르타식의 엄격한 교육.
硬球[こうきゅう] 경구; (야구나 정구용의) 딱딱한 공.
硬度[こうど] 경도; ①굳기. 단단한 정도. ② ≪物≫ 물이 소금기를 함유한 정도. ③ ≪物≫ 방사선의 물질 투과 정도.
硬水[こうすい] 경수; 광물질이 많이 들어 있는 물.
硬式[こうしき] 경식; (야구·정구에서) 딱딱한 공으로 경기하는 방식.
硬軟[こうなん] 경연; 딱딱함과 부드러움.
硬玉[こうぎょく] 경옥; 알칼리 휘석(輝石)의 한 종류. 비취.
硬直[こうちょく] 경직; ①뻣뻣하게 굳어짐. ②(태도·방침·물가 등이) 주위의 변화에 의해서 움직이지 않음.
硬質[こうしつ] 경질; 질이 굳음. 굳어진 성질
硬派[こうは] 경파; ①강경파. ②완력이나 폭력을 즐겨 쓰는 불량배. ③시세가 오르리라고 예상하는 사람. ④ ≪俗≫ 신문·잡지사의 정치·경제부. 방송에서 뉴스·교양 부문.
硬筆[こうひつ] 경필; 철필이나 연필.
硬化[こうか] 경화; ①굳어짐. ②(태도나 의견이) 강경해짐. ③시세가 오를 낌새를 보임.
2硬貨[こうか] 경화; 금속 화폐. 동전.

軽(輕) 가벼울 경

一 ㄒ 亘 亘 車 軒 軽 軽 軽 軽

音 ◉ケイ ⊗キン
訓 ◉かるい ◉かろやか ◉かろしめる ◉かろんじる ◉かろんずる

訓読

4◉軽い[かるい] 〈形〉 ①(무게나 정도가) 가볍다. ②홀가분하다. ③(양이) 적다. ④(입이) 경솔하다. ⑤하찮다.
軽げ[かるげ] 〈形動〉 가벼운 듯함.
軽さ[かるさ] 가벼움.
軽はずみ[かるはずみ] 경솔함. 경박함. 경망함.
軽み[かるみ] 가벼움.
軽め[かるめ] 가벼운 편임. 약간 가벼움.
軽軽しい[かるがるしい] 〈形〉 경솔하다. 신중하지 않다.
軽軽しさ[かるがるしさ] 경솔함. 신중하지 않음.
軽軽と[かるがると] 가뿐히. 거뜬히. 가볍게.
軽口[かるくち] ①익살. 농담. 조크. ②입이 가벼움.
軽口話[かるくちばなし] 익살스런 재담(才談).
軽目[かるめ] 가벼운 편임. 약간 가벼움.
軽籠[かるこ] 멜 것. 멜대. ＊양쪽에 짐을 매달고 어깨에 메어 나르는 도구.
軽衫[かるさん] 칼산. (눈이 많이 오는 지방의) 방한복·작업복 바지.
軽石[かるいし] ≪鉱≫ 경석; 속돌. 부석(浮石).
軽焼(き)[かるやき] 'せんべい'의 일종.
軽鴨[かるがも] ≪鳥≫ 흰뺨검둥오리.
軽業[かるわざ] ①(줄타기·공타기 등의) 곡예(曲芸). ②위험이 따르는 사업.
軽業師[かるわざし] 곡예사(曲芸師).
軽子[かるこ] 짐꾼. 품팔이꾼.
◉軽やか[かろやか] 〈形動〉 가뿐함. 가뜬함. 경쾌함.
◉軽しめる[かろしめる] 〈下1他〉 얕보다. 깔보다. 멸시하다. 가볍게 보다.
◉軽んじる[かろんじる] 〈上1他〉 ①깔보다. 얕보다. ②경시하다. 가볍게 보다. 아끼지 않다.
◉軽んずる[かろんずる] 〈サ変他〉 ☞ 軽んじる

音読

1軽減[けいげん] 경감; 덜어서 가볍게 함.
軽挙[けいきょ] 경거; 경솔한 행동.
軽挙妄動[けいきょもうどう] 경거망동.
軽軽に[けいけいに] 경솔하게. 경망스럽게.
軽工業[けいこうぎょう] 경공업.
軽金属[けいきんぞく] 경금속; 비중이 4이하인 가벼운 금속. ＊알루미늄.
軽騎兵[けいきへい] 경기병; 간편한 무장을 한 날쌘 기병.
軽度[けいど] 경도; 가벼운 정도.
軽量[けいりょう] 경량; 무게가 가벼움.
1軽蔑[けいべつ] 경멸; 멸시하여 업신여김.
軽侮[けいぶ] 경모; 경멸. 업신여김.
軽妙[けいみょう] 경묘; 경쾌하고 묘미가 있음.
軽微[けいび] 경미; 아주 적음. 대단한 일이 아님.
軽薄[けいはく] 경박; 가볍고 얇음.
軽薄短小[けいはくたんしょう] 경박 단소; 가볍고·얇고·짧고·작음.

軽輩[けいはい] 경배; 신분이 낮은 사람.
軽傷[けいしょう] 경상; 가벼운 상처.
軽少[けいしょう] 경소; 조금. 약간.
1 軽率[けいそつ] 경솔; 경박함.
軽水[けいすい] 경수; 보통의 물.
軽水炉[けいすいろ] 경수로.
軽視[けいし] 경시; 가볍게 봄. 얕봄.
軽食[けいしょく] 경식; 간단한 식사.
軽油[けいゆ] ≪化≫ 경유; 디젤용 기름.
軽音楽[けいおんがく] 경음악; 경쾌한 음악.
軽易[けいい] 경이; 손쉬움.
軽自動車[けいじどうしゃ] 경자동차; 소형 자동차.
軽装[けいそう] 경장; 홀가분한 복장.
軽佻[けいちょう] 경조; 경솔함. 경망.
軽躁[けいそう] 경조; ①경솔하고 수다스러움. 경박함. ②≪医≫ 조울증 환자.
軽舟[けいしゅう] 경주; 작은 배.
軽重[けいじゅう/けいちょう] 경중; ①가벼움과 무거움. ②경미함과 중대함. ③무게.
軽症[けいしょう] 경증; 가벼운 병의 증세.
軽震[けいしん] 경진; 가벼운 지진.
軽捷[けいしょう] 경첩; ①몸이 가뿐하고 민첩함. ②손쉽고 빠름.
1 軽快[けいかい] 경쾌; ①〈形動〉 몸이 가볍고 민첩함. ②〈名〉 병이 조금 나음.
2 軽便[けいべん] 경편; ①몸이 가볍고 민첩함. ②폭이 좁은 궤도에서 소형 기관차를 사용하는 철도.
軽風[けいふう] 경풍; 산들바람.
軽合金[けいごうきん] 경합금; 비중이 가벼운 합금.
◑剽軽[ひょうきん], 剽軽者[ひょうきんもの]

傾 기울 경

亻 化 化 化 佰 傾 傾 傾 傾 傾

音 ◉ケイ
訓 ◉かたむく ◉かたむける ⊗かしぐ ⊗かしげる ⊗なだれる

訓読

2 ◉傾く[かたむく] 〈5自〉 ①(한쪽으로) 쏠리다. 기울다. 기울어지다. ②(운세가) 기울다. 쇠퇴하다. ③(생각이) 기울어지다. 쏠리다. ④(해・달이) 기울다. 지다.
傾き[かたむき] ①경사. ②경향.
傾き加減[かたむきかげん] 경사도. 기울기.
1 ◉傾ける[かたむける] 〈下1他〉 ①(한쪽으로) 기울이다. ②(온 힘을) 쏟다.
⊗傾ぐ[かしぐ] 〈5自〉 기울다. 기울어지다.
⊗傾げる[かしげる] 〈下1他〉 (고개를) 갸웃하다.
⊗傾れ[なだれ] 사태. 눈사태.
⊗傾れる[なだれる] 〈下1自〉 ①비스듬히 기울다. ②사태가 나다. ③한꺼번에 밀어닥치다.
⊗傾れ込む[なだれこむ] 〈5自〉 (많은 사람이) 한꺼번에 밀어닥치다.
⊗傾れ出る[なだれでる] 〈5自〉 (많은 사람이) 한꺼번에 밀려나오다.

音読

傾国[けいこく] 경국; ①나라의 힘을 기울임. ②나라를 위태롭게 함.
傾度[けいど] 경도; 경사(傾斜)의 정도.
傾倒[けいとう] 경도; ①기울어 쓰러짐. ②전력을 기울임. ③심취. 몰두.
1 傾斜[けいしゃ] 경사; 기욺. 기울기.
傾斜度[けいしゃど] 경사도.
傾斜面[けいしゃめん] 경사면.
傾斜地[けいしゃち] 경사지.
傾城[けいせい] 경성; ①경성지색(傾城之色). 미인(美人). ②창녀. 유녀(遊女).
傾注[けいちゅう] 경주; 기울여 쏟음. 한곳에 쏠리게 함.
傾聴[けいちょう] 경청; 귀를 기울여 열심히 들음.
2 傾向[けいこう] 경향; ①한쪽으로 쏠림. ②좌익 사상으로 기욺.

境 경계 경

一 十 土 圹 垃 垶 培 培 境 境

音 ◉キョウ ◉ケイ
訓 ◉さかい

訓読

2 ◉境❶[さかい] ①경계. 경계선. ②갈림길. 기로(岐路). ③(어떤 범위 내의) 장소. 경지(境地). ❷[きょう] ☞ [音読]
境目[さかいめ] ①갈림길. ②경계선.

音読

境❶[きょう] ①일정한 장소. ②마음의 상태. 심경. 경지. ❷[さかい] ☞ [訓読]

[2]境界❶[きょうかい] 경계; 경계선. ❷[きょうがい] ≪仏≫ ①경계; 전생의 업보로 받는다는 이승의 신세. ②운명. ③심경.
[2]境界線[きょうかいせん] 경계선.
境界標[きょうかいひょう] 경계표.
境涯[きょうがい] 신세. 처지.
境域[きょういき] 경역; ①구역. 경계. ②영역. 범위.
[1]境遇[きょうぐう] ①운명. 처지. ②환경. 형편. ③신세. 처지.
[1]境地[きょうち] 경지; ①마음의 상태. 심경. ②분야. 환경.

鏡 거울 경

亼 仐 金 金 鉝 鉝 鋅 鐿 鏡 鏡

音 ◉キョウ
訓 ◉かがみ

訓読

[3]◉鏡[かがみ] ①거울. ②술통의 마개.
鏡開き[かがみびらき] ①鏡餅(かがみもち)를 물려 먹는 행사. ②(스포츠에서) 그 해의 첫 연습.
鏡物[かがみもの] (일본 문학에서) 제목에 '鏡(かがみ)'자가 붙는 역사책 총칭.
鏡餅[かがみもち] 신불(神仏)에게 바치는 떡.
鏡石[かがみいし] ①반질반질한 돌. ②(변소 옆의 손 씻는 물을 떠놓는) 대야 앞에 놓는 돌.
鏡板[かがみいた] ①(문이나 천장에 끼우는) 넓고 반반한 널빤지. ②'能(のう)'무대의 뒤쪽 정면의 소나무가 그려진 널빤지. ③'能(のう)'무대처럼 붙이는 송(松)·죽(竹)·매(梅)가 그려진 널빤지.
鏡割り[かがみわり] ☞ 鏡開き
鏡形[かがみがた] 팔화형(八花形)의 거울 모양.

音読

鏡台[きょうだい] 경대; 거울이 달린 화장대.
鏡面[きょうめん] 경면; 거울·렌즈의 표면.

慶 경사 경

一 广 户 声 声 声 廌 廖 廖 慶

音 ◉ケイ
訓 ⊗よろこぶ

訓読

⊗慶ぶ[よろこぶ] 〈5他〉 ①기뻐하다. 즐거워하다. 좋아하다. ②달가워하다. 기꺼이 받아들이다.
⊗慶び[よろこび] ①경사스러움. 경사스러운 일. ②경축의 말.

音読

慶する[けいする] 〈サ変他〉 경축하다. 축하하다.
慶福[けいふく] 경복; 경사스러움.
慶事[けいじ] 경사; 경사스러운 일.
慶典[けいてん] 경전; 경사스러운 의식.
慶弔[けいちょう] 경조; 경사(慶事)와 흉사(凶事).
慶祝[けいしゅく] 경축; 기쁜 마음으로 축하함.
慶賀[けいが] 경하; ①경축. 축하. ②임관(任官)의 예(礼)를 천황에게 아룀.

競 다툴 경

亠 立 立 音 竟 竟 竸 竸 競 競

音 ◉キョウ ◉ケイ
訓 ◉きそう ◉せる ⊗きおう

訓読

[1]◉競う❶[きそう] 〈5自〉 (서로 지지 않고 이기려고) 다투다. 겨루다. 경쟁하다.
⊗競う❷[きおう] 〈5自〉 ①(지지 않으려고) 기를 쓰다. 분발하다. ②경쟁하다. 겨루다.
⊗競い[きおい] ①(지지 않으려고) 기를 씀. 분발함. ②'競い肌(きおいはだ)'의 준말. ③≪古≫ 기세(気勢).
⊗競い肌[きおいはだ] 협기(俠気). 협객(俠客) 기질.
⊗競い立つ[きおいたつ] 〈5自〉 (지지 않으려고) 기를 쓰다. 분발하다. 분기하다.
競い合う[きそいあう] 〈5自〉 서로 경쟁하다. 서로 다투다.
◉競る[せる] 〈5他〉 ①다투다. 경쟁하다. ②(경매에서) 서로 다투어 값을 올리거나 내리다.
競り[せり] ①경쟁. ②경매. ③행상(行商).
競り落とす[せりおとす] 〈5他〉 경매에서 물건을 사다. 낙찰시키다.
競(り)売(り)[せりうり] 경매; 값을 제일 많이 부른 사람에게 팖.

競(り)買(い)[せりがい] 경매; 값을 제일 많이 불러서 삼.
競(り)売買[せりばいばい] 경매매; 경쟁시켜 매매 계약을 함.
競り上げる[せりあげる] 〈下1他〉 다투어 값을 올리다.
競(り)市[せりいち] 경매 시장.
競(り)合(い)[せりあい] 경합; 격심한 경쟁.
競り合う[せりあう] 〈5自〉 서로 경쟁하다. 서로 심하게 다투다.
競取り[★せどり] 동업자 사이에서 매매를 알선하고 수수료를 받음.

音読

2競技[きょうぎ] 경기; 우열을 겨룸.
競技場[きょうぎじょう] 경기장.
競技会[きょうぎかい] 경기 대회.
競輪[けいりん] 경륜; 직업 선수의 사이클에 거는 공인된 도박. ＊지방 자치 단체가 재정 수입을 위해 실시함.
競輪場[けいりんじょう] 경륜장; 사이클 경기장.
競馬[けいば] 경마; 말달리기 경주.
競馬馬[けいばうま] 경마용 말. 경마에 사용하는 말.
競馬場[けいばじょう] 경마장; 말달리기 하는 곳.
競売[きょうばい/けいばい] 경매; 값을 많이 부르는 사람에게 팖.
競売台[きょうばいだい] 경매대.
競売人[きょうばいにん] 경매인.
競売場[きょうばいじょう] 경매장.
競歩[きょうほ] 경보; 발뒤꿈치를 땅에 닿게 하여 빨리 걷는 경기.
競演[きょうえん] 경연; 연기를 겨룸.
競演会[きょうえんかい] 경연 대회.
競泳[きょうえい] 경영; 수영 경기.
競作[きょうさく] 경작; 경쟁적으로 작품을 만듦.
2競争[きょうそう] 경쟁; 동일한 목적을 향해서 서로 겨룸.
競争力[きょうそうりょく] 경쟁력.
競争心[きょうそうしん] 경쟁심.
競争率[きょうそうりつ] 경쟁률.
競争者[きょうそうしゃ] 경쟁자.
競艇[きょうてい] 경정; 모터보트 경주.
競艇場[きょうていじょう] 경정장.
競漕[きょうそう] 경조; 보트 경기.
競走[きょうそう] 경주; 달리기.
競走者[きょうそうしゃ] 경주자.
競合[きょうごう] 경합; ①경쟁. 서로 다툼. ②≪法≫ 하나의 행위가 여러 죄명에 저촉됨.

警 경계할/깨우칠 경

一 艹 芀 芍 茍 茍 苟 敬 警 警

音 ◉ケイ
訓 ⊗いましめる

訓読

⊗警める[いましめる] 〈下1他〉 ①경고하다. 타이르다. 훈계하다. ②경계하다. 수비를 엄중히 하다.
⊗警め[いましめ] ①경고. 타이름. 훈계. ②경계. 방비.

音読

1警戒[けいかい] 경계; 주의하고 조심함.
警戒網[けいかいもう] 경계망.
警戒色[けいかいしょく] 경계색.
警戒線[けいかいせん] 경계선.
2警告[けいこく] 경고; 주의하라고 알림.
警固[けいご] 경고; 굳게 지킴.
4警官[けいかん] 경관; 경찰관.
警句[けいく] 경구; 훈계가 담긴 짧은 글.
警邏[けいら] 경라; 순찰하며 경계함.
警抜[けいばつ] (아이디어가) 기발하고 뛰어남.
警防[けいぼう] 경방; 위험·재해 등을 경계하여 막음.
警防団[けいぼうだん] 경방단.
警報[けいほう] 경보; 경계하라는 알림.
警報器[けいほうき] 경보기.
警棒[けいぼう] 경찰봉(警察棒).
1警部[けいぶ] 경찰관 계급의 하나. ＊한국의 경감(警監)에 해당함.
2警備[けいび] 경비; 경계하여 방비함.
警備隊[けいびたい] 경비대.
警備兵[けいびへい] 경비병.
2警備員[けいびいん] 경비원.
警備艦[けいびかん] 경비함. 경비정.
警視[けいし] 경시; 경찰 계급의 하나. ＊한국의 경정(警正)에 해당함.
警視庁[けいしちょう] 경시청.
警視総監[けいしそうかん] 경시 총감. ＊경찰청 장관.
警衛[けいえい] 경위; ①경호함. 경비. ②경호인.

警笛[けいてき] 경적; 클랙슨.
4 警察[けいさつ] 경찰; 경찰관.
警察犬[けいさつけん] 경찰견.
警察官[けいさつかん] 경찰관.
警察隊[けいさつたい] 경찰대.
警察署[けいさつしょ] 경찰서.
警察庁[けいさつちょう] 경찰청.
警砲[けいほう] 경포; 경보를 알리기 위해 쏘는 대포.
警護[けいご] 경호; ①경계하고 보호함. ②경호인.

驚 놀랄 경

音 ◉キョウ
訓 ◉おどろかす ◉おどろく

訓読

2 ◉驚かす[おどろかす] 〈5他〉 놀라게 하다.
3 ◉驚く[おどろく] 〈5自〉 놀라다.
驚くなかれ[おどろくなかれ] 놀라지 마라.
驚くべき[おどろくべき] 놀랄 만한.
驚くべし[おどろくべし] 놀랍게도.
1 驚き[おどろき] ①놀람. 놀라움. ②놀라운 일.
驚き入る[おどろきいる] 〈5自〉 매우 놀라다.

音読

驚倒[きょうとう] 경도; 깜짝 놀라 자빠짐. 경악.
驚愕[きょうがく] 경악; 깜짝 놀람.
1 驚異[きょうい] 경이; 놀라움.
1 驚異的[きょういてき] 경이적.
驚天動地[きょうてんどうち] 경천동지; 세상을 깜짝 놀라게 함. 세상을 발칵 뒤집음.
驚嘆[きょうたん] 경탄; 놀라 탄복함.

庚 일곱째천간(天干) 경

音 ⊗コウ
訓 ⊗かのえ

訓読

⊗庚[かのえ] 경; 십간(十干)의 일곱째. 오행(五行)으로는 금(金).

音読

庚申[こうしん] 경신; ①60갑자(甲子)의 쉰일곱째. ②'庚申待ち(こうしんまち)'의 준말. ③경신일(庚申日) 밤에 고사지내는 대상(対象).
庚申待ち[こうしんまち] 경신수야(庚申守夜). 경신일(庚申日) 밤에는 잠을 자지 않는 것이라 하여 옛이야기 등으로 밤을 새움.
庚申薔薇[こうしんばら] 《植》 월계화.
庚申塚[こうしんづか] 三猿(さんえん)이나 금강동자(金剛童子)를 새긴 길가의 탑.

竟 마칠 경

音 ⊗キョウ
訓 ⊗ついに

訓読

⊗竟に[ついに] ①마침내. 드디어. 결국. ②(부정문에서) 끝까지. 끝끝내.

音読

竟宴[きょうえん] 경연; 경서(経書)의 강독이나 칙찬(勅撰) 가집(歌集) 등의 찬진(撰進)이 끝났을 때 베푸는 잔치.

頃 잠깐 경

音 ⊗ケイ
訓 ⊗ころ

訓読

4 ⊗頃[ころ] ①(시간의 대체적인) 경. 쯤. 무렵. 시절. 때. ②시기. 기회. 때.
頃おい[ころおい] ①적당한 시기. 시절. ②무렵. 때. 시기.
頃しも[ころしも] 〈接〉 때마침. 때는 바로. 바야흐로.
頃合(い)[ころあい] 적당한 시기·기회.

卿×(卿) 벼슬 경

音 ⊗キョウ ⊗ケイ
訓 —

音読

卿❶[きょう] 경; ①'헤이안 시대'와 '메이지 시대 초기'의 대신(大臣). ②《古》 삼품(三品) 이상 귀족의 높임말. ③영국의 작위. ❷[けい] 경; ①군주가 신하를 부르는 말. ②신분이 높은 사람이 동배나 손아랫사람을 부르는 말.
卿相[けいしょう] 경상; 재상(宰相). 대신(大臣).

脛 정강이 경

音 ⊗ケイ
訓 ⊗すね ⊗はぎ

訓/音読

⊗脛[すね/はぎ] 정강이.
脛骨[けいこつ] 《生理》 경골; 정강이뼈.
脛巾[はばき] 《古》 발감개. 각반(脚絆).

痙	중풍들/ 뻣뻣할 경	音 ⊗ケイ 訓 —

音読

痙攣[けいれん] 경련; 근육이 갑자기 굳어지며 오그라져 그 기능을 잃어버림.

痙攣症[けいれんしょう] 경련증.

梗	산느릅나무 경	音 ⊗コウ ⊗キョウ 訓 —

音読

梗概[こうがい] 경개; 개요. (소설이나 희곡의) 대강 줄거리.

梗塞[こうそく] 경색; ①돈이 융통되지 않고 막힘. ②막힘. 막혀서 통하지 않음.

◑桔梗[ききょう] ≪植≫ 도라지.

頸 ×(頚)	목덜미 경	音 ⊗ケイ 訓 ⊗くび

訓読

⊗頸[くび] ①목. ②목 모양으로 생긴 부분.

頸枷[くびかせ] ①죄인의 목에 채우던 칼. ②애물. 짐.

頸巻(き)[くびまき] 목도리.

頸筋[くびすじ] 목덜미.

頸輪[くびわ] ①목걸이. ②(개・고양이의) 목 고리.

頸木[くびき] 멍에.

頸飾り[くびかざり] 목걸이.

頸っ玉[くびったま] ≪俗≫ 목. 머리.

頸長木蜂[くびながきばち] ≪動≫ 목대장송곳벌.

音読

頸骨[けいこつ] ≪生理≫ 경골; 목뼈.

頸動脈[けいどうみゃく] ≪生理≫ 경동맥; 목 양쪽에 있는 굵은 동맥.

頸部[けいぶ] 경부; 목. 목 부분.

頸腺[けいせん] ≪生理≫ 경선; 임파선.

頸椎[けいつい] ≪生理≫ 경추; 척추 최상부에 있는 7개의 뼈.

鯨	고래 경	音 ⊗ゲイ 訓 ⊗くじら

訓読

⊗鯨[くじら] ≪動≫ 고래.

鯨帯[くじらおび] 안과 겉이 다른 색으로 된 일본 여자 옷의 띠.

鯨幕[くじらまく] (장례식에 사용하는) 휘장. ＊흰색과 검은 색 천을 번갈아 이어 만든 것.

鯨鬚[くじらひげ] 고래수염.

鯨差し[くじらざし] ☞ 鯨尺

鯨捕り[くじらとり] 고래잡이.

音読

鯨骨[げいこつ] 경골; 고래뼈.

鯨脳油[げいのうゆ] 경뇌유; 고래의 머리에서 짠 기름.

鯨油[げいゆ] 경유; 고래기름.

鯨肉[げいにく] 경육; 고래고기.

鯨飲[げいいん] 경음; 술을 많이 마심.

鯨飲馬食[げいいんばしょく] 경음마식; 고래가 물을 마시듯 술을 많이 마시고, 말처럼 밥을 많이 먹음.

鯨波[げいは] 경파; ①큰 파도. 큰 물결. ②함성(喊声).

〔계〕

系	계통 계

一 ㇒ ㇊ 玄 平 系 系

音 ◉ケイ
訓 —

音読

1 系[けい] 계; ①계통. ②혈통. ③계열. ④≪数≫ 계.

系図[けいず] 계도; ①족보. ②내력.

系図買(い)[けいずかい] ①평민이 귀족의 족보를 삼. ②장물 매매. 장물아비.

系図学[けいずがく] 계도학; 족보에 관한 학문.

系列[けいれつ] 계열; 서로 관계가 있거나 공통되거나 유사한 점에서 연결되는 계통이나 조직.

系列化[けいれつか] 계열화.

系譜[けいふ] 계보; 족보.

2 系統[けいとう] 계통; 관계를 순서에 따라 나눈 것.

系統樹[けいとうじゅ] 계통수.

戒 지킬/삼갈 계

一 二 𠄟 开 戒 戒 戒

音 ◉カイ
訓 ◉いましめる

訓読

◉戒める[いましめる] 〈下1他〉 ①훈계하다. 타이르다. 경고하다. ②꾸짖다. 나무라다. 책망하다. ③금하다. 제지하다. ④경계하다. 수비를 엄중히 하다. ⑤《古》 구속하다. 포박하다.

◉戒め[いましめ] ①훈계. 교훈. 경고. ②징계. 꾸지람. 벌. ③제지. 금지. ④경계. 방비. ⑤《古》 구속. 포박.

音読

戒[かい] 《仏》 계율. 죄를 범하지 못하게 하는 계율.

戒告[かいこく] 계고; ①경고(警告). ②행정법상의 의무 이행을 독촉하는 통지.

戒告処分[かいこくしょぶん] 계고 처분.

戒壇[かいだん] 《仏》 계단; 계율을 내리기 위해 만든 단.

戒名[かいみょう] 《仏》 계명; 법명(法名).

戒慎[かいしん] 계신; 조심하여 삼감.

戒心[かいしん] 계심; 조심.

戒厳令[かいげんれい] 계엄령.

戒律[かいりつ] 《仏》 계율.

届(屆) 이를/신고할 계

㇇ ㇆ 尸 尸 尸 届 届 届

音 —
訓 ◉とどく ◉とどける

訓読

2◉届く[とどく] 〈5自〉 ①(보낸 물건이) 도착하다. ②닿다. 도달하다. 미치다. ③(상대를 위하는 마음이) 골고루 미치다. ④(소원이) 이루어지다.

3◉届ける[とどける] 〈下1他〉 ①(물건을) 배달하다. 보내다. 전하다. ②신고하다.

1届(け)[とどけ] 신고. 신고서.

届(け)先[とどけさき] 제출처. 보낼 곳.

届(け)出[とどけで/とどけいで] 신고.

届け出る[とどけでる] 〈下1他〉 신고하다.

届(け)済(み)[とどけずみ] 신고필(申告畢).

季 계절 계

一 二 千 千 禾 禾 季 季

音 ◉キ
訓 —

音読

季[き] (俳句(はいく)에서) 계절을 나타내는 풍물(風物).

1季刊[きかん] 계간; 한 철에 한 번 발행하는 출판물.

季刊誌[きかんし] 계간지.

季冬[きとう] 계동; 늦겨울. 만동(晩冬).

季語[きご] 계어; 계절을 나타내는 용어.

2季節[きせつ] 계절; 사철의 변화.

季節感[きせつかん] 계절감.

季節病[きせつびょう] 계절병.

季節遅れ[きせつおくれ] 철이 지남. 철늦음.

季節風[きせつふう] 계절풍.

季節向き[きせつむき] 계절용. 계절에 맞음.

季題[きだい] 계제; 계절을 나타내는 용어.

季春[きしゅん] 계춘; 늦봄. 만춘(晩春).

季夏[きか] 계하; 늦여름. 음력 6월.

季候[きこう] 계후; 계절이나 날씨.

係 관계될 계

ノ 亻 亻 亻 伾 伾 侸 係 係

音 ◉ケイ
訓 ◉かかる ◉かかり ⊗かかわる

訓読

◉係る[かかる] 〈5自〉 ①관계되다. 관계하다. ②(어떤 행위에) 의하다. 힘입다. ③《語学》 (뒤의 어구・문절에) 걸리다.

2◉係(り)[かかり] 계; ①담당. 담당자. ②관련. 관계. ③《語学》 어떤 어구(語句)의 문법상의 작용이 다른 어구(語句)에 미치는 것. ④'係助詞(かかりじょし)'의 준말.

係官[かかりかん] 담당관.

係員[かかりいん] 계원; 담당자.

係長[かかりちょう] 계장; 담당자들의 우두머리.

係(り)助詞[かかりじょし] 《語学》 계조사.

2⊗係わる[かかわる] 〈5自〉 ①관계되다. ②관계가 있다. 상관하다. ③구애받다.

音読

係累[けいるい] 계루; 딸린 식구. 부양가족.
係留[けいりゅう] 계류; (빈 배 따위를) 매어 둠.
係船[けいせん] 계선; ①선박을 매어 둠. ②(불황으로) 선박의 운항을 중지함.
係属[けいぞく] 계속; ①연결됨. 연결을 지음. ②어떤 사건이 소송 중에 있음.
係数[けいすう] 계수; ①《数》 수 계수(数係数). ②《物》 비율을 나타내는 숫자.
係争[けいそう] 《法》 계쟁; (소송에서) 당사자끼리의 싸움.
係争物[けいそうぶつ] 《法》 계쟁물.

契(契) 맺을 계

一 十 ㆍ ㆍ ㆍ 刧 刧 㓞 契

音 ◉ケイ
訓 ◉ちぎる

訓読

2◉**契る**[ちぎる] 〈5他〉 ①장래를 굳게 약속하다. ②부부의 인연을 맺다.
契り[ちぎり] ①부부의 언약・약속. ②전세(前世)의 인연. ③동침(同寝). 부부의 인연.
契り置く[ちぎりおく] 〈4他〉 서로 약속해 두다.
契り合う[ちぎりあう] 〈5自〉 서로 부부의 인연을 맺다.

音読

契[けい] 계인(契印). 할인(割印).
契機[けいき] 계기; ①원인. 동기. 실마리. ②본질적 요소.
2**契約**[けいやく] 계약; 서면으로 약속함.
契約金[けいやくきん] 계약금.
契約書[けいやくしょ] 계약서.
契約者[けいやくしゃ] 계약자.
契約条項[けいやくじょうこう] 계약 조항.
契約の箱[けいやくのはこ] (성경에서) 언약궤. 계약의 상자.
契印[けいいん] 계인; 할인(割印). 관련된 두 종이에 찍어 그 관련성을 증명하는 계(契) 자를 새긴 도장.

界 경계선 계

丨 冂 ㆍ 田 罒 㽞 ㆍ 畀 界

音 ◉カイ
訓 —

音読

界[かい] 계; (어떤 범위의) 사회.
界線[かいせん] 계선; 경계선.
界隈[かいわい] 근처. 부근. 일대.
界層[かいそう] 계층; 사회를 구성하는 여러 층.

計 셈할 계

丶 亠 ㆍ 言 言 言 言 言一 計

音 ◉ケイ
訓 ◉はからう ◉はかる

訓読

◉**計らう**[はからう] 〈5他〉 ①(적절히) 조처하다. 처리하다. ②의논하다. ③(적당히) 봐주다.
計らい[はからい] ①처분. 조처. 처리. ②주선. 알선.
2◉**計る**[はかる] 〈5自〉 ①(길이를) 재다. (무게를) 달다. (되로) 되다. ②헤아리다. 짐작하다. 예측하다. ③의논하다. ④꾀하다. 도모하다. 계획하다. ⑤속이다. ⑥세다. 헤아리다.
計り[はかり] ①계량. 저울질. ②계획. 기도(企図).
計り減り[はかりべり] 저울질로 축이 남.
計り売り[はかりうり] (물건을) 저울에 달아 팖.
計り込む[はかりこむ] 〈5他〉 정량(定量)을 넘겨 달다.
計り切り[はかりきり] 정량(定量) 외에는 덤을 주지 않음.
計り知れない[はかりしれない] 〈形〉 헤아릴 수 없다. 막대하다. 막심하다.

音読

2**計**[けい] 계; ①합계. ②계획. 기획.
1**計器**[けいき] 계기; 계량 기구. 물건의 길이와 양을 재는 기구.
計略[けいりゃく] 계략; 책략. 모략.
計量[けいりょう] 계량; 물건을 달아봄.
計量器[けいりょうき] 계량기.
計理士[けいりし] 계리사; 공인 회계사.
計歩器[けいほき] 계보기; 발걸음 수를 계산하는 기구.
2**計算**[けいさん] 계산; ①셈을 함. ②생각해봄. 고려함.
計算係[けいさんがかり] 계산 담당자.
計算器[けいさんき] 계산기.

計算書[けいさんしょ] 계산서.
計算日[けいさんび] 계산일.
計算尺[けいさんじゃく] 계산자.
計上[けいじょう] 계상; 계산에 넣음.
計数[けいすう] 계수; ①셈. 계산함. ②어떤 단위로 어떤 양을 잰 수치.
計時[けいじ] 계시; (운동 경기에서) 시간을 잼.
計時係[けいじがかり] 시간을 재는 담당자.
計測[けいそく] 계측; 계기로 잼.
3計画[けいかく] 계획; 일을 꾀함.
計画性[けいかくせい] 계획성.
計画案[けいかくあん] 계획안.
計画者[けいかくしゃ] 계획자.
計画的[けいかくてき] 계획적.
計画中[けいかくちゅう] 계획 중.

啓(啓) 열 계

一 ㅋ ヨ 戸 戸 戸 戸 启 啓 啓

音 ◉ケイ
訓 —

音読

啓[けい] 편지 첫머리에 쓰는 말. *'拝啓(はいけい)'보다 약식임.
啓蒙[けいもう] 계몽; 깨우쳐 지식을 넓힘.
啓発[けいはつ] 계발; 계몽. 지능을 깨우쳐 줌.
啓白[けいはく] 계백; 삼가 아뢺. *편지 끝에 쓰는 말임.
啓上[けいじょう] 계상; 말을 올림. *편지에 쓰는 말임.
啓示[けいじ] 계시; 묵시(黙示). 신(神)의 가르침.
啓示の書[けいじのしょ] (성경에서) 계시록. 묵시록.
啓蟄[けいちつ] 계칩; 경칩(驚蟄). *24절기의 하나로 3월 5일경.

械 기계 계

一 十 木 木 朩 朩 枅 械 械 械

音 ◉カイ
訓 —

音読

◑機械[きかい] 기계. *동력(動力)으로 움직임.
◑器械[きかい] 기계. *간단한 도구와 규모가 아주 작은 기계를 말함.

渓(溪) 시냇물 계

氵 氵 氵 氵 氵 氵 氵 渓 渓 渓

音 ◉ケイ
訓 —

音読

渓谷[けいこく] 계곡; 골짜기.
渓流[けいりゅう] 계류; 시냇물.
渓声[けいせい] 계성; 골짜기의 시냇물 소리.
渓水[けいすい] 계수; 시냇물.

階 섬돌/층계 계

ﾌ ß ß ß 阝 阝 阝 階 階 階

音 ◉カイ
訓 —

音読

4階[かい] ①계단. 층층대. ②(건물의) 층.
階級[かいきゅう] 계급; 지위. 신분.
階級章[かいきゅうしょう] 계급장.
4階段[かいだん] 계단; ①층계. ②단계. 등급.
階段教室[かいだんきょうしつ] 계단 교실.
階段席[かいだんせき] 계단석; 층계 형식으로 된 좌석.
階上[かいじょう] ①위층. ②계단 위.
階梯[かいてい] 계제; ①계단. ②(초보) 단계. ③입문서. ④(기계 체조에서) 비스듬히 걸친 사다리. 또는 그것으로 하는 체조.
1階層[かいそう] 계층; ①건물의 층계. ②사회를 구성하는 여러 층.
階層的[かいそうてき] 계층적; 사물의 체계적인 관계.
階下[かいか] ①아래층. ② 계단 아래.

継(繼) 이을 계

ㄑ 幺 糸 糸 糹 紅 絆 継 継 継

音 ◉ケイ
訓 ◉つぐ ⊗ままＬい

訓読

1◉継ぐ[つぐ] 〈5自〉 ①잇다. 이어받다. 상속하다. 계승하다. ②잇다. 이어 붙이다. ③계속하다. ④첨가하다. 더하다. 보충하다.

ㄱ

継ぎ[つぎ] ①천 조각을 대어 기움. 바대. ②후계자. 후사. 상속자.
継(ぎ)竿[つぎざお] 이음 낚싯대.
継(ぎ)橋[つぎはし] 널다리.
継(ぎ)端[つぎは] 일단 끊긴 말끝을 이을 기회.
継(ぎ)台[つぎだい] ①접본(接本). 대목(台木). ②발판. 발돋음대.
継(ぎ)棹[つぎざお] 조립식 샤미센(三味線).
継(ぎ)立て[つぎたて] (옛날에) 짐을 역참(駅站)에서 역참으로 차례로 송달하는 일.
継ぎ立てる[つぎたてる] 〈下1他〉 역참(駅站)에서 사람·말을 바꿔 대다.
継(ぎ)馬[つぎうま] 역마. 파발말.
1**継(ぎ)目**[つぎめ] ①이음매. ②호주 상속인.
継(ぎ)物[つぎもの] ①옷을 기움. 기운 옷. ②(깨진 것을) 이어 붙인 그릇.
継(ぎ)糸[つぎいと] ①꿰매는 실. ②이은 실.
継(ぎ)手[つぎて] ①이음매. 이은 곳. ②상속자. 계승자. ③(바둑에서) 이음수.
継(ぎ)穂[つぎほ] ①접붙인 나무. ②이야기를 계속할 기회.
継(ぎ)接ぎ[つぎはぎ] ①누더기처럼 기움. ②남이 쓴 글을 누더기처럼 모아 문장을 만듦.
継(ぎ)切れ[つぎぎれ] (깁는 데에) 대는 천. 바대.
継(ぎ)足[つぎあし] ①(어떤 기구의) 이은 다리. ②의족(義足). ③발판. 디딤대.
継(ぎ)紙[つぎがみ] ①두루마리처럼 이어 붙인 종이. ②질이 다른 종이를 이어 붙인 종이.
継(ぎ)歯[つぎば/つぎは] ①충치를 깎아 내고 의치를 이어 댐. ②통나무나막신의 닳은 굽에 덧댐.
継ぎ合わせる[つぎあわせる] 〈下1他〉 ①이어 붙이다. 잇다. ②잇대어 꿰매다.
⊗**継しい**[まましい] 〈形〉 ①계부모와 의붓자식 사이이다. ②배다른 사이이다.
継母[ままはは/けいぼ] 계모; 의붓어미.
継父[ままちち/けいふ] 계부; 의붓아비.
継粉[ままこ] 반죽이 잘 안 되어 생긴 덩어리. 반죽 덩어리.
継子[ままこ/けいし] ①의붓자식. ②따돌림을 받음. ③(끈이나 띠의) 덩어리처럼 매듭진 것.
継子扱い[ままこあつかい] 의붓자식 취급. 따돌림.
継子虐め[ままこいじめ] 의붓자식을 학대함.
継親[ままおや] 양부모(養父母). 계부(継父)와 계모(継母).
継兄弟[ままきょうだい] 배다른 형제. 이복(異腹) 형제.

音読

継起[けいき] 계기; 잇달아 일어남.
継父母[けいふぼ] 계부모; 계부 또는 계모.
継嗣[けいし] 계사; 후계자. 후사.
2**継続**[けいぞく] 계속; 잇달아 이어짐.
継承[けいしょう] 계승; 선임자나 조상의 뒤를 이어받음.
継承者[けいしょうしゃ] 계승자.
継室[けいしつ] 계실; 후처(後妻).
継泳[けいえい] 계영; 수영의 릴레이 경기.
継走[けいそう] 계주; 릴레이 경주.
継投[けいとう] 계투; (야구에서) 앞 투수의 뒤를 이어 공을 던짐.

鶏(鷄) 닭 계

音 ◉ケイ
訓 ◉にわとり

訓読

◉**鶏**[にわとり] ≪鳥≫ 닭.
鶏合(わ)せ[にわとりあわせ] 닭싸움.

音読

鶏犬相聞こゆ[けいけんあいきこゆ] ①한적한 시골의 모습. ②마을의 집들이 잇대어 있음.
鶏冠[けいかん/とさか] 계관; 닭의 볏. ¶ ～に来(く)る ㉠화가 치밀다. ㉡머리가 돌다. 미치다.
鶏頭[けいとう] 계두; ①닭의 볏. ② ≪植≫ 맨드라미.
鶏卵[けいらん] 계란; 달걀.
鶏鳴[けいめい] 계명; ①닭이 욺. 닭의 울음소리. ②첫닭이 울 때. ③새벽. 새벽녘.
鶏糞[けいふん] 계분; 닭똥.
鶏舎[けいしゃ] 계사; 양계장. 닭집.
鶏肉[けいにく] 계육; 닭고기.

桂 계수나무 계

音 ⊗ケイ
訓 ⊗かつら

訓読

⊗**桂**[かつら] ≪植≫ 계수나무. ¶ ～を折(お)る 시험에 합격하다.

⊗桂剝き[かつらむき] (요리에서) 채소의 깎아썰기의 한 종류. *무를 5~6㎝의 길이로 잘라 껍질을 벗기듯 얇게 돌려 깎거나 채를 썰어 횟감에 곁들임.

音読

桂[けい] (일본 장기짝인) '桂馬(けいま)'의 준말.
桂冠[けいかん] 계관; 월계관.
桂冠詩人[けいかんしじん] 계관 시인; 영국 왕실에서 우대 받는 시인.
桂林[けいりん] 계림; ①계수나무 숲. ②아름다운 숲. ③문인들의 사회.
桂馬[けいま] 계마; ①(일본장기에서) 말. ②(바둑에서) 날일(日)자 또는 눈목(目)자로 대각선 위에 돌을 놓는 일.
桂皮[けいひ] 계피; 계수나무 껍질.

禊 재계 계	音 ⊗ケイ 訓 ⊗みそぎ

訓読

⊗禊[みそぎ] (죄·부정을 씻기 위해) 목욕재계함.
禊払い[みそぎはらい] (죄·부정을 씻기 위해) 목욕재계하는 행사.

誡 훈계할 계	音 ⊗カイ 訓 ⊗いましめる

訓読

⊗誡める[いましめる] 〈下1他〉 ①훈계하다. 타이르다. 경고하다. ②꾸짖다. 책망하다.
⊗誡め[いましめ] ①훈계. 가르침. 타이름. 경고. ②벌. 응징.

音読

誡告[かいこく] 계고; ①경고. ②(공무원에 대한) 징계 처분의 하나. ③(행정법상의) 의무 이행을 촉구함.

稽 생각할 계	音 ⊗ケイ 訓 —

音読

2稽古[けいこ] ①(무술이나 예능의) 레슨. 학습. 수업. 연습. ¶~する 레슨 받다. ②(영화나 연극에서) 연습.
稽古台[けいこだい] 연습에 쓰이는 상대나 물건.
稽古事[けいこごと] 여자가 교양으로 익혀야 할 예능. *꽃꽂이·다도(茶道) 등을 말함.
稽古所[けいこじょ] 레슨 받는 곳. 연습하는 곳.
稽古着[けいこぎ] 체육복. 운동복.

髻 상투 계	音 ⊗ケイ 訓 ⊗もとどり

訓読

⊗髻[もとどり/たぶさ] (일본식) 상투. ¶~を放(はな)つ (머리에 관을 쓰지 않고) 상투를 드러내 놓다. ¶~を切(き)る 중이 되다.
髻華[★うず] (상고 시대에) 머리나 관에 꽂던 나뭇가지나 꽃 등의 장식물.

繫 ×(繋) 동여맬 계	音 ⊗ケイ 訓 ⊗つながる ⊗つなぐ ⊗つなげる ⊗かかる

訓読

2⊗繫がる[つながる] 〈5自〉 ①연결되다. 이어지다. ②관계되다. ③(상태가) 유지되다. ④얽매이다. ⑤《俗》 교미하다. 흘레붙다.
2繫がり[つながり] ①연결. 연결된 것. ②관계. 유대.
2⊗繫ぐ[つなぐ] 〈5他〉 ①연결하다. 잇다. ②매어 두다. 묶어 두다. ③(관계를) 유지하다. 지탱하다.
繫ぎ[つなぎ] ①연결. 이음. ②막간(幕間). ③(요리에서) 차지게, 또는 질기게 하기 위한 재료. ④《経》 증거금을 추가로 내고 매매를 계속함.
繫ぎ目[つなぎめ] 이음매.
2⊗繫げる[つなげる] 〈下1他〉 ☞ 繫ぐ
⊗繫る[かかる] 〈5自〉 관계되다. 관련되다.

音読

繫累[けいるい] 계루; 딸린 식구.
繫留[けいりゅう] 계류; (배 등을) 매어 둠.
繫縛[けいばく] 계박; 속박. 결박.
繫辞[けいじ] 계사; 《論》 명제(命題)의 주사(主辞)와 빈사(賓辞)를 연결하는 말.
繫船[けいせん] 계선; 선박을 매어 둠.
繫属[けいぞく] 계속; ①연결됨. 연결함. ②《法》 어떤 사건이 소송 중에 있음.
繫獄[けいごく] 계옥; 감옥에 갇힘.
繫争[けいそう] 《法》 계쟁; (소송에서) 당사자끼리 싸움.

〔고〕

古 옛 고

一 十 ナ 古 古

音 ◉コ

訓 ◉ふるい ◉…ふるす

訓読

[4]◉古い[ふるい] 〈形〉 ①오래되다. ②낡다. ③구식이다.

[2]古[ふる] ①헌. 낡은. ②옛. 이전의. ③경험이 많은.

お古[おふる] 퇴물림. 고물.

古く[ふるく] 옛날부터.

古びる[ふるびる] 〈上1自〉 낡아지다. 낡다. 헐다.

古ぼける[ふるぼける] 〈下1自〉 오래되어 바래다.

古めかしい[ふるめかしい] 〈形〉 예스럽다. 구식이다. 고풍스럽다.

古強者[ふるつわもの] 경험이 많은 사람. 노련한 사람. 베테랑.

古道具[ふるどうぐ] 고물. 오래된 도구.

古道具屋[ふるどうぐや] 고물상(古物商).

古里[ふるさと] ①고향. ②고적지.

古狸[ふるだぬき] ①늙은 너구리. ②경험이 많은 교활한 사람. 능구렁이.

古物[ふるもの/こぶつ] 고물; 헌 물건.

古物屋[ふるものや] 고물상(古物商).

古米[ふるごめ] 묵은 쌀.

[2]古本[ふるほん/こほん] 고본; ①헌 책. ②옛날 책. 고서(古書).

古本屋[ふるほんや] 헌책방.

古事[ふるごと/ふること] 고사(故事). 옛일.

古寺[ふるでら] ①오래된 절. 고찰(古刹). ②오래되어 황폐한 절.

古傷[ふるきず] ①오래 된 상처. ②전과(前科).

古巣[ふるす] ①옛 보금자리. ②옛집. 전에 있던 곳.

古手[ふるて] ①고참. 오래된 사람. ②고물. ③케케묵은 수법.

古手屋[ふるてや] 고물상(古物商).

古馴染(み)[ふるなじみ] 옛 친구. 오래 사귄 친구.

[2]古新聞[ふるしんぶん] 헌 신문.

古顔[ふるがお] 고참. 한 직장에 오래 있는 사람.

古女房[ふるにょうぼう] ①오래 근무한 궁녀. ② ≪俗≫ 늙은 아내.

古屋[ふるや] 고옥; 낡은 집.

古人[ふるひと] ①옛날 사람. ②노인. ③고참.

古株[ふるかぶ] ①오래된 그루터기. ②고참.

古証文[ふるしょうもん] 오래된 증서. 무효가 된 증서.

古漬(け)[ふるづけ] 묵은 김치.

[2]古着[ふるぎ] 헌옷. 낡은 옷.

古着屋[ふるぎや] 헌옷 장수.

古川[ふるかわ] 옛날부터 흐르는 강.

古鉄[ふるかね/ふるがね/ふるてつ] 고철.

古鉄買い[ふるかねがい/ふるてつがい] 고철 수집상.

古鉄屋[ふるかねや/ふるてつや] 고철상.

古臭い[ふるくさい] 〈形〉 ①아주 낡다. 심히 낡았다. ②케케묵다. 너무 오래되다.

古河[ふるかわ] ☞ 古川(ふるかわ)

古疵[ふるきず] ☞ 古傷(ふるきず)

古血[ふるち] ①죽은 피. ②오래된 피.

古狐[ふるぎつね] 늙은 여우.

音読

古格[こかく] 고격; 옛 격식.

古今[ここん/こきん] 고금; 옛날과 지금. 옛날부터 지금까지.

古今和歌集[こきんわかしゅう] 일본 최초의 칙찬(勅撰) 시가집(詩歌集).

古記[こき] 고기; 옛 기록.

[1]古代[こだい] 고대; ①상대(上代). ②고풍. 구식.

古代紫[こだいむらさき] 붉은 빛을 띤 보라 가지색.

古都[こと] 고도; 옛 도읍지.

古来[こらい] 〈副〉 고래로. 자고로. 예로부터 지금까지.

古例[これい] 고례; 옛 관례.

古老[ころう] 고로; 옛날 일을 잘 아는 노인.

古文[こぶん] 고문; ①옛 문장. ②문어체로 쓰인 문장.

古文書[こぶんしょ] 고문서.

古物[こぶつ/ふるもの] 고물; 헌 물건.

古墳[こふん] 고분; 옛날 무덤.

古写本[こしゃほん] 고사본; 에도 시대 초기까지의 사본.

古事記[こじき] 일본 고대 역사서.
古色[こしょく] 고색; 낡은 빛깔.
古生代[こせいだい] ≪地≫ 고생대.
古書[こしょ] 고서; ①옛날 책. ②헌 책.
古城[こじょう] 고성; 옛 성.
古俗[こぞく] 고속; ①옛 풍속. ②예로부터의 관습.
古詩[こし] 고시; ①옛 시. ②고체시(古体詩).
古式[こしき] 고식; 옛날 스타일.
古雅[こが] 고아; 오래된 물건이 지니는 아취.
古語[こご] 고어; 옛말.
古往今来[こおうこんらい] 고금왕래(古今往来). 예로부터 지금에 이르기까지.
古跡[こせき] 고적; 유적(遺跡).
古蹟[こせき] 고적; 유적(遺跡).
[2]古典[こてん] 고전; 클래식.
古銭[こせん] 고전; 옛날 돈.
古戦場[こせんじょう] 고전장; 옛 싸움터.
古制[こせい] 고제; ①옛 제도. ②옛 수법으로 만듦.
古拙[こせつ] 고졸; 소박한 멋이 있음.
古酒[こしゅ] 고주; 묵은 술.
古刹[こさつ] 고찰; 오래된 절.
古参[こさん] 고참; 한 직장에 오래된 사람.
古品[こひん] 고품; 낡은 물품.
古風[こふう] 고풍; ①옛날 양식. ②옛 풍습.
古画[こが] 고화; 옛 그림.
古希[こき] 고희; 70세의 딴이름.
古稀[こき] ☞ 古希(こき)

考 생각할 고

一 十 土 耂 耂 考

音 ◉コウ
訓 ◉かんがえる

訓読

[3]◉考える[かんがえる] 〈下1他〉 ①(이것저것) 생각하다. 궁리하다. ②판단하다. ③마음먹다. ④연구하다. 고안하다. 창안하다.
[2]考え[かんがえ] ①(사고력을 동원한) 생각. 견해. ②판단. ③의사. 뜻. ④발상. 아이디어. ⑤상상.
考え物[かんがえもの] ①깊이 생각해 볼 일. ②수수께끼. 퀴즈.
考え抜く[かんがえぬく] 〈5自〉 잘 생각해 보다.
考え方[かんがえかた] 생각. 사고방식. 견해.
考え付く[かんがえつく] 〈5自〉 생각해 내다. 생각이 떠오르다. 착상(着想)하다.
考え事[かんがえごと] ①여러 가지 생각. ②걱정거리. 시름.
考え深い[かんがえぶかい] 〈形〉 사려 깊다.
考え違い[かんがえちがい] 오해. 착각.
考え込む[かんがえこむ] 〈5自〉 골똘히 생각하다. 생각에 잠기다.
考え直す[かんがえなおす] 〈5他〉 재고(再考)하다. 다시 생각해 보다.
考え出す[かんがえだす] 〈5自〉 ①생각해 내다. 궁리해 내다. ②생각하기 시작하다.

音読

[1]考古学[こうこがく] 고고학; 유적이나 유물을 고찰하여 과거의 인류의 문화를 연구하는 학문.
考課[こうか] 고과; 근무 성적을 따져 우열을 정함.
考課状[こうかじょう] 고과장; ①고과에 관한 보고서. ②영업 보고서.
考課表[こうかひょう] 고과표.
考究[こうきゅう] 고구; 본질까지 파고들어 규명함.
考量[こうりょう] 고량; 생각하여 헤아림.
[2]考慮[こうりょ] 고려; 잘 생각해 봄.
考査[こうさ] 고사; ①(능력이나 성격 등을) 조사하여 판단함. ②학생의 성적을 조사하는 시험.
考試[こうし] 고시; 학력(学力)이나 능력 등을 테스트하여 합격 여부를 판정하는 시험. 시험.
考案[こうあん] 고안; 연구하여 생각해 냄.
考訂[こうてい] 고정; 생각하여 바로 잡음. *특히 사료(史料) 등의 변형된 것을 원형으로 복원시킴.
考証[こうしょう] 고증; 문서를 증거로 하여 옛날의 사실을 따지고 설명함.
考察[こうさつ] 고찰; 생각하여 살펴 봄.

告(告) 고할 고

丿 𠂉 牛 生 牛 告 告

音 ◉コク
訓 ◉つげる

訓読

[1]◉告げる[つげる] 〈下1他〉 ①고하다. 알리다. ②전하다.

告げ[つげ] 알림. 고함.

お告げ[おつげ] 신(神)의 계시(啓示).

告げ口[つげぐち] 고자질함. 일러바침.

音読

告文[こくぶん] 고문; ①신(神)에게 알리는 글. ②상고문(上告文).

告発[こくはつ] 고발; 피해자 이외의 사람이 경찰에 알림.

告発人[こくはつにん] 고발인.

告発者[こくはつしゃ] 고발자.

告発状[こくはつじょう] 고발장.

[1]告白[こくはく] 고백; 숨김없이 말함.

告別[こくべつ] 고별; 이별을 고함.

告別式[こくべつしき] 고별식; ①송별식. ②영결식(永訣式).

告訴[こくそ] 고소; 피해자가 수사기관에 신고하여 처벌을 요구하는 것.

告訴人[こくそにん] 고소인.

告示[こくじ] 고시; 여러 사람이 알도록 글을 써서 게시함.

告示板[こくじばん] 고시판.

告諭[こくゆ] 고유; 깨우쳐 일러줌.

告知[こくち] 고지; 통지. 고하여 알림.

告知書[こくちしょ] 고지서.

告知板[こくちばん] 고지판.

固 굳을 고

丨 冂 冂 冂 冂 冂 固 固

音 ◉コ

訓 ◉かたい ◉かたまる ◉かためる ⊗もとより

訓読

[3]◉固い[かたい] 〈形〉 ①(의지가) 단단하다. 굳다. ②(표정이) 굳다. 딱딱하다. ③완고하다.

固さ[かたさ] 단단함. 견고함.

[2]◉固まる[かたまる] 〈5自〉 ①굳어지다. ②(의지가) 확고해지다. 튼튼해지다. ③모이다. ④몰두하다. 심취하다.

固まり[かたまり] ①덩어리. ②집단. 무리. 떼.

[1]◉固める[かためる] 〈下1他〉 ①굳히다. 다지다. ②응고시키다. ③한데 모으다. ④확고하게 하다. 굳히다. ⑤(방비를) 강화하다. ⑥정착하다. 자리 잡다.

固め技[かためわざ] (유도에서) 굳히기 수.

固目[かため] 조금 굳은 듯함. 딱딱한 듯함.

固め事[かためごと] 약속한 일. 맹세한 일.

固練り[かたねり] 된 반죽. 차지게 반죽함.

固肥り[かたぶとり] ☞ 固太り

固太り[かたぶとり] 살이 탄탄하게 찜. 참살이 찜.

固唾[かたず] (숨을 죽일 때) 입안에 괴는 침. 마른 침.

⊗固より[もとより] ①처음부터. 본래부터. 원래. ②물론. 말할 것도 없고.

音読

固陋[ころう] 고루; 완고하고 견문이 좁음.

固辞[こじ] 고사; 굳이 사양함.

固守[こしゅ] 고수; 굳게 지킴.

[1]固有[こゆう] 고유; ①본래부터 있음. ②특유.

[1]固有名詞[こゆうめいし] 고유 명사.

[1]固定[こてい] 고정; 일정하여 변하지 않음.

固持[こじ] 고지; 고수함. 고집함.

固執[こしつ/こしゅう] 고집; 끝까지 자기 의견을 주장함.

固着[こちゃく] 고착; ①달라붙음. ②정착(定着)함.

[2]固体[こたい] 고체; 일정한 형태를 유지하는 것.

固体化[こたいか] 고체화.

固形[こけい] 고형; 딱딱하고 일정한 형태를 가짐.

苦 쓴맛/괴로울 고

一 十 艹 艹 芏 芏 苦 苦

音 ◉ク

訓 ◉くるしい ◉くるしむ ◉くるしめる ◉にがい

訓読

[3]◉苦い[にがい] 〈形〉 ①(맛이) 쓰다. ②(기분이) 언짢다. ③괴롭다. 쓰라리다.

[2]◉苦しい[くるしい] 〈形〉 ①(신체적으로) 괴롭다. 고통스럽다. 답답하다. ②난처하다. ③힘들다. ④옹색하다. 가난하다. 궁색하다. ⑤구차하다.

[2]◉苦しむ[くるしむ] 〈5自〉 ①고생하다. 괴로워하다. ②시달리다. 앓다. ③고민하다. ④애먹다. 난처해하다.

苦しみ[くるしみ] 괴로움. 고통. 고난.

苦し紛れ[くるしまぎれ] 난처한 나머지. 괴로운 나머지. 궁색한 나머지.

[2]◉苦しめる[くるしめる] 〈下1他〉 고통을 주다. 괴롭히다.

苦み[にがみ] 쓴맛.

苦瓜[にがうり] ≪植≫ 여주. 여지. *박과의 1년생 식물임.

苦苦しい[にがにがしい] 〈形〉 못마땅하다. 아니꼽다. 정말 불쾌하다.

苦苦しげ[にがにがしげ] 〈形動〉 불쾌한 듯함.

苦木[にがき] ≪植≫ 소태나무. 황련나무.

苦味[にがみ/くみ] 쓴맛.

苦味走る[にがみばしる] 〈5自〉 (용모가) 다부지고 사나이답다. 시원스럽고 늠름하다.

苦笑い[にがわらい] 쓴웃음.

[2]苦手[にがて] 〈形動〉 ①서투름. ②질색임. 〈名詞〉 ①골칫거리. ②다루기 힘든 상대. 대하기 싫은 상대.

苦塩[にがしお] 간수. 소금에 습기가 차 녹아내린 쓴 물.

苦り切る[にがりきる] 〈5自〉 못마땅해 하다. 몹시 시무룩한 표정을 짓다.

苦汁[にがり] 간수. 소금에 습기가 차 녹아내린 쓴 물.

苦竹[にがたけ] ≪植≫ 참대. 왕대. *真竹(まだけ)의 딴이름.

苦菜[にがな] ≪植≫ 씀바귀.

苦虫[にがむし] 씹으면 쓸 것 같은 벌레.

苦土[にがつち] 식물이 자라기에 적합하지 않은 땅.

音読

苦[く] ①고생. 고통. 괴로움. ②근심. 걱정. 고민. ③고생. 힘듦. 노고. ④쓴맛.

苦境[くきょう] 고경; 괴로운 입장. 역경.

苦界[くがい] ① ≪仏≫ 고계; 고해(苦海). ②(포주에 묶인) 고달픈 창녀의 신세.

苦難[くなん] 고난; 괴로움과 어려움.

苦悩[くのう] 고뇌; 괴로워서 번뇌함.

苦楽[くらく] 고락; 괴로움과 즐거움.

苦慮[くりょ] 고려; 애써 생각함.

[2]苦労[くろう] 수고. 애씀. 노고.

苦労性[くろうしょう] 걱정이 팔자인 사람. 잔걱정이 많은 사람.

苦労人[くろうにん] (고생을 겪어) 세상 물정에 환한 사람.

苦悶[くもん] 고민; 괴로워하고 번민함.

苦杯[くはい] 고배; ①패배. ②쓰라린 경험.

苦渋[くじゅう] 고삽; ①쓰고 떪음. ②고뇌. 일이 잘 진척되지 않아 괴로워함.

苦笑[くしょう] 고소; 쓴웃음.

[2]苦心[くしん] 고심; 애를 씀.

苦心惨憺[くしんさんたん] 고심참담; 몹시 마음을 태우며 애를 쓰면서 걱정을 함.

苦言[くげん] 고언; 듣기는 싫지만 유익한 말.

苦役[くえき] 고역; ①고달픈 육체노동. ②징역.

苦肉[くにく] 고육; 적을 속이기 위해 자신의 괴로움을 돌보지 않음.

苦吟[くぎん] 고음; 고심하여 시가(詩歌)를 지음.

苦戦[くせん] 고전; 괴롭고 불리한 싸움.

苦節[くせつ] 고절; 고난을 참고 절개를 지킴.

[2]苦情[くじょう] ①불평. 불만. 푸념. ②괴로운 사정.

苦汁[くじゅう] 고즙; ①쓴 물. ②고생스런 경험.

苦衷[くちゅう] 고충; 괴로운 마음속.

[2]苦痛[くつう] 고통; 괴로움. 아픔.

苦闘[くとう] 고투; 괴로움을 무릅쓰고 싸움.

苦学[くがく] 고학; 일하면서 학교에 다님.

苦海[くかい] ≪仏≫ 고해; 고뇌가 많은 이 세상.

苦行[くぎょう] 고행; 괴로운 수행(修行).

苦患[くげん] ≪仏≫ 고환; 고뇌.

故 연고 고

一 十 ナ 古 古 古 古 故 故

音 ◉コ
訓 ◉ゆえ

訓読

[1]◉故[ゆえ] ①이유. 까닭. ②사정. 내력. ③…때문에. …까닭에.

[1]故に[ゆえに] 〈接〉 고로. 그러므로.

故無く[ゆえなく] 까닭 없이.

故由[ゆえよし] 까닭. 이유. 유래.

音読

故旧[こきゅう] 고구; 옛 친구.

故国[ここく] 고국; ①모국. ②고향.

故老[ころう] 고로; 옛일에 밝은 노인.

故買[こばい] 고매; 장물(贓物)인 줄 알면서 삼.

故買品[こばいひん] 장물(贓物). 범죄 행위로 취득한 타인의 물품.
故事[こじ] 고사; 옛날에 있었던 일.
故山[こざん] 고산; 고향의 산.
故殺[こさつ] 고살; ①고의로 살인함. ②《法》 우발적으로 살인함.
故実[こじつ] 고실; 전고(典故). 옛날의 법례(法例)나 의식의 규정·관례.
故園[こえん] 고원; 고향.
故意に[こいに] 고의로. 짐짓. 일부러
故人[こじん] 고인; 죽은 사람.
2故障[こしょう] 고장; ①탈이 남. ②지장. 방해. 장애. ③반대 의견. 이의(異議).
故障車[こしょうしゃ] 고장 난 차.
故主[こしゅ] 고주; 옛 주인.
故知[こち] 고지; 옛 사람이 사용한 지략.
故智[こち] ☞ 故知
故紙[こし] 고지; 못 쓰게 된 종이.
2故郷[こきょう/ふるさと] 고향; 전에 살던 고장.

枯 마를 고

一 十 オ 木 木 村 枯 枯 枯

音 ◉コ
訓 ◉からす ◉かれる

訓読

◉枯らす[からす] 〈5他〉 (초목을) 말리다. 시들게 하다.
2◉枯れる[かれる] 〈下1自〉 ①(초목이) 마르다. 시들다. ②기예(技芸) 등이 원숙해지다.
枯れ[がれ] (명사에 접속하여) 고갈됨. 바닥남. ¶資金(しきん)～ 자금이 바닥남. 자금이 고갈됨.
枯ればむ[かればむ] 〈5自〉 (초목이) 시들기 시작하다.
枯れ枯れ[かれがれ] 초목이 시들시들함.
枯れ木[かれき] 고목; 마른 나무.
枯れ尾花[かれおばな] 《植》 마른참억새.
枯れ薄[かれすすき] 《植》 마른억새.
枯れ山[かれやま] 초목이 말라 버린 산.
枯れ山水[かれさんすい] 연못도 없이, 돌과 모래만 배치하여 산수를 나타낸 정원.
枯れ色[かれいろ] (초목의) 시든 빛깔.
枯れ野[かれの] 초목이 마른 들판.
枯れ野原[かれのはら] 초목이 마른 들판.
枯れ葉[かれは] 고엽; 마른 잎.
枯れ芝[かれしば] 마른 잔디.
枯れ枝[かれえだ] ①마른 가지. 삭정이. ②잎이 말라 버린 나뭇가지.
枯れ草[かれくさ] 마른풀.
枯れ草色[かれくさいろ] 마른풀 빛깔.

音読

枯渇[こかつ] 고갈; ①물이 마름. ②자원이 결핍됨.
枯淡[こたん] 고담; 욕심이 없고 담백함.
枯露柿[ころがき] 곶감.
枯木[こぼく] 고목; 말라죽은 나무.
枯死[こし] 고사; 초목이 말라서 죽음.

孤 외로울 고

了 了 子 子 孑 孖 孤 孤 孤

音 ◉コ
訓 —

音読

孤[こ] ①고아. ②외로움.
孤客[こかく] 고객; 외로운 나그네.
孤剣[こけん] 고검; 단 한 자루의 칼.
孤軍[こぐん] 고군; ①고립된 소수의 군대. ②혼자의 힘.
孤軍奮闘[こぐんふんとう] 고군분투.
孤島[ことう] 고도; 외딴 섬.
1孤独[こどく] 고독; ①외로움. ②괴로움.
孤独感[こどくかん] 고독감.
孤塁[こるい] 고루; 단 하나의 보루.
1孤立[こりつ] 고립; 홀로임.
孤城[こじょう] 고성; ①외딴 성. ②원군이 없는 고립된 성.
孤城落日[こじょうらくじつ] 고성낙일; 세력이 약화되어 대단히 외롭고 불안한 상태의 비유.
1孤児[こじ/みなしご] 고아; 부모가 없는 아이.
1孤児院[こじいん] 고아원.
孤雁[こがん] 고안; 외로운 기러기. 외기러기.
孤影[こえい] 고영; 외로운 그림자.
孤舟[こしゅう] 고주; 외로이 떠 있는 작은 배.

拷 두드릴 고

一 十 才 扌 扌 扌 拷 拷 拷

音 ◉ゴウ
訓 —

音読

拷掠[ごうりゃく] 고략; 강제로 빼앗음.
拷問[ごうもん] 고문; 피의자의 신체에 고통을 주어 자백을 강요하며 심문하는 행위.
拷問台[ごうもんだい] 고문대.

高 높을 고

丶 亠 亡 古 亩 亨 高 高 高 高

音 ◉コウ
訓 ◉たか ◉たかい

訓読

◉高[たか] ①수량. 금액. ②(무사의) 녹봉 액수. ③정도. 분수.
4◉高い[たかい] 〈形〉 ①(높이가) 높다. ②(위치・품위・이상・기능・온도・기세・비율이) 높다. ③(값이) 비싸다. ④(소리가) 크다.
高が[たかが] 기껏해야. 고작해야.
高き[たかき] 높은 쪽.
3高さ[たかさ] 높이.
高ぶる[たかぶる] 〈5自〉 ①흥분하다. (신경이) 곤두서다. ②뽐내다. 뻐기다.
1高まる[たかまる] 〈5自〉 높아지다. 고조되다.
高み[たかみ] 높은 곳.
高め[たかめ] 〈形動〉 ①약간 높음. ②조금 비쌈. ③(야구에서) 스트라이크존의 높은 곳.
2高める[たかめる] 〈下1他〉 높이다.
高らか[たからか] 〈形動〉 소리 높임. 드높임.
高襷[たかだすき] (일할 때) 옷의 양쪽 소매를 높이 걷어 올려 등 뒤에서 어긋나게 매는 것.
高股[たかもも] 허벅다리.
高高指[たかたかゆび] ≪方≫ 가운뎃손가락.
高空[たかぞら/こうくう] 고공; 높은 하늘.
高根[たかね] 높은 산봉우리.
高紐[たかひも] 갑옷의 앞판과 뒤판을 매는 끈.
高曇り[たかぐもり] 하늘에 구름이 높게 끼어 흐림.
高台[たかだい] 고대; 주위보다 약간 높고 평평한 땅.
高島田[たかしまだ] (일본의 처녀나 시집가는 색시들의) 높이 추켜올린 머리 스타일.
高跳(び)[たかとび] 높이뛰기.
高嶺[たかね] 높은 산봉우리.
高嶺颪[たかねおろし] 재넘이. 산풍(山風).
高瀬[たかせ] (강의) 얕은 여울.
高瀬舟[たかせぶね] (얕은 여울에서의) 낮고 평평한 배.
高望み[たかのぞみ] 분수나 능력에 넘치는 소원.
高鳴る[たかなる] 〈5自〉 ①높게 울려 퍼지다. ②(기쁨・희망으로) 가슴이 고동치다. 두근거리다.
高飛(び)[たかとび] ①높이뛰기. ②줄행랑침. 멀리 도망함.
高飛(び)込み[たかとびこみ] 하이 다이빙.
高飛車[たかとびしゃ] 고자세. 위압적임.
高砂[たかさご] ①謡曲(ようきょく)의 곡명. ②대만(台湾)의 딴이름.
高砂族[たかさごぞく] 고사족; 대만(台湾)의 원주민.
高上がり[たかあがり] ①비용이 예상보다 많이 듦. ②높은 곳에 오름. ③윗자리에 앉음.
高笑い[たかわらい] 큰소리로 웃음.
高手[たかて] 상박(上膊). 팔꿈치에서 어깨 사이 부분.
高手小手[たかてこて] 뒷결박. 뒷짐결박.
高蒔絵[たかまきえ] 옻칠 바탕에 무늬가 두드러지게 금은박(金銀箔)을 한 그림.
高楊枝[たかようじ] (잘 먹었다는 듯이) 유유히 이를 쑤심.
高御座[たかみくら] ①천황(天皇)의 옥좌(玉座). ＊지금은 즉위식 때만 사용함. ②천황의 지위.
高音❶[たかね] 고음; ①높은 소리. ②三味線(しゃみせん) 합주에서 고(高)・저(低) 두 음으로 가락을 엮은 것. ❷[こうおん] 고음; 높은 소리. 소프라노.
高張提灯[たかはりぢょうちん] 긴 장대 끝에 높다랗게 매다는 큰 초롱.
高低❶[たかひく] 고저; 울퉁불퉁함. ❷[こうてい] 고저; ①높낮이. ②등락(騰落). 오르내림.
高殿[たかどの] ①높고 큰 전각. ②고층의 높다란 집.
高潮❶[たかしお] 해일(海溢). ❷[こうちょう] 고조; ①밀물의 한창 때. ②감정이나 사물의 절정.
高調子[たかちょうし] ①(흥분・긴장으로) 목소리가 높음. ②(시세의) 오름세.
高足❶[たかあし] ①발을 높이 들고 걸음. ②다리가 긺. ③죽마(竹馬). ④굽이 높은 나막신을 신고 추는 田楽舞(でんがくまい). ❷[こうそく] 뛰어난 제자. 수제자.

高足膳[たかあしぜん] 다리가 긴 소반.
高足駄[たかあしだ] 굽이 높은 나막신.
高足蟹[たかあしがに] ≪動≫ 발이 긴 게.
高知る[たかしる] 〈4他〉 ≪古≫ ①훌륭하게 다스리다. ②훌륭하게 세우다.
高札[たかふだ/こうさつ] ①(옛날에) 방문(榜文)을 써 붙인 게시판. ②최고 입찰 가격. ③상대방 편지의 높임말.
高菜[たかな] ≪植≫ '갓'의 변종.
高処[たかみ] 높은 곳.
高天原[たかまがはら] 여러 신(神)이 산다는 하늘나라.
高値[たかね] ①고가(高価). 비싼 값. ②(주식 거래에서) 상종가(上終価).
高歯[たかば] 왜나막신의 굽이 높은 것.
高枕[たかまくら] ①베개를 높이 하고 잠. 안심하고 잠을 잠. ②높은 베개.
高土間[たかどま] (옛날 歌舞伎(かぶき) 극장의) 약간 높게 만든 일반 관람석.
高波[たかなみ] 높은 파도.
高下駄[たかげた] 굽이 높은 왜나막신.
高鼾[たかいびき] 높은 소리로 코를 곪.
高話❶[たかばなし] 큰 소리로 이야기함. ❷[こうわ] 말씀. *상대방에 대한 높임말.

音読

高じる[こうじる] 〈上1自〉 ①(상태·정도가) 심해지다. ②버릇이 나빠지다. 거만해지다.
高ずる[こうずる] 〈サ変自〉 ☞ 高じる
2高価[こうか] 고가; 값이 비쌈.
2高価品[こうかひん] 고가품.
高架[こうか] 고가; 공중에 가설된 것.
高検[こうけん] 고검; '高等検察庁'의 준말.
高見[こうけん] 고견; ①뛰어난 식견. ②상대방 의견에 대한 높임말.
高潔[こうけつ] 고결; 덕이 높고 결백함.
高高度[こうこうど] 고고도; 7,200m 이상의 높이.
高空[こうくう/たかぞら] 높은 하늘.
高空飛行[こうくうひこう] 고공비행.
高官[こうかん] 고관; 지위가 높은 관직.
3高校[こうこう] 고교; 고등학교.
3高校生[こうこうせい] 고교생; 고등학생.
高句麗[こうくり] ≪歴≫ 고구려.
高貴[こうき] 고귀; ①(지체가) 높고 귀함. ②매우 희귀하여 값이 비쌈.
2高級[こうきゅう] 고급; ①계급이 높음. ②정도가 높음.
高級品[こうきゅうひん] 고급품.
高給[こうきゅう] 고급; 높은 급료.
高気圧[こうきあつ] 고기압; 높은 기압.
高年[こうねん] 고령(高齢). 나이가 많음.
高年層[こうねんそう] 고령층(高齢層).
高踏[こうとう] 고답; 세속을 떠나 초연하고 고결하게 처신함.
高踏派[こうとうは] 고답파.
高徳[こうとく] 고덕; 높은 덕망.
高度[こうど] 고도; ①해수면(海水面)부터의 높이. ②지평선에서 천체까지의 각거리(角距離). ③정도가 높음.
高度計[こうどけい] 고도계.
2高等[こうとう] 고등; ①정도가 높음. ②질이 좋음.
3高等学校[こうとうがっこう] 고등학교.
高騰[こうとう] 고등; 물가가 오름. 앙등(昂騰).
高覧[こうらん] 고람; 상대방이 보는 것을 높여서 부르는 말.
高齢[こうれい] 고령; 나이가 많음.
高齢者[こうれいしゃ] 고령자; 노인.
高禄[こうろく] 고록; 많은 녹봉(禄俸).
高論[こうろん] 고론; ①뛰어난 논설. ②상대방의 논설에 대한 높임말.
高楼[こうろう] 고루; 높이 지은 다락집. *흔히 요정(料亭)을 말함.
高利[こうり] 고리; ①많은 이익. ②비싼 이자.
高利貸し[こうりがし] 고리 대금. 고리 대금 업자.
高慢[こうまん] 교만(驕慢). 거만. 뽐내고 건방짐.
高邁[こうまい] 고매; 월등히 빼어나고 고상함.
高名❶[こうみょう] 고명; ①유명함. ②무훈(武勲). 전공(戦功). ❷[こうめい] 고명; ①유명함. ②성함. 존함.
高木[こうぼく] 고목; 높은 나무.
高配[こうはい] 고배; ①상대방에 대한 배려. ②이율이 높은 배당.
高配当[こうはいとう] 고배당; 이율이 높은 배당.
高峰[こうほう] 고봉; 높은 산봉우리.
高分子[こうぶんし] 고분자.
高射砲[こうしゃほう] 고사포.
高山[こうざん] 고산; 높은 산.
高山病[こうざんびょう] 고산병; 산악병. 산소부족으로 생기는 병.

高山植物[こうざんしょくぶつ] 고산 식물.
[1]高尚[こうしょう] 고상; 품위가 있음.
高説[こうせつ] 고설; ①훌륭한 학설. ②상대방 학설에 대한 높임말.
高性能[こうせいのう] 고성능; 성능이 좋음.
高所[こうしょ] 고소; ①높은 곳. ②넓은 시야. 높은 입장.
[2]高速[こうそく] 고속; 보통보다 빠른 속도.
高速度[こうそくど] 고속도.
高速度鋼[こうそくどこう] 고속도강; 고속강. *탄소・크롬・텅스텐 등을 함유한 특수 강철.
[2]高速道路[こうそくどうろ] 고속 도로.
高湿[こうしつ] 고습; 습도가 높음.
高僧[こうそう] 고승; 덕행이나 지위가 높은 중.
高雅[こうが] 고아; 고상하고 우아함.
高圧[こうあつ] 고압; ①높은 압력. ②높은 전압. ③높은 기압.
高圧線[こうあつせん] 고압선.
高額[こうがく] 고액; 많은 액수.
高揚[こうよう] 고양; 높이 선양함.
高言[こうげん] 고언; 장담. 큰 소리.
高熱[こうねつ] 고열; 높은 열.
高温[こうおん] 고온; 높은 온도.
[1]高原[こうげん] 고원; ①높은 지대의 평원. ②《経》 그래프에서 높은 상태가 계속됨.
高原景気[こうげんけいき] 호경기(好景気). 호황(好況).
高遠[こうえん] 고원; 높고 원대함.
高位[こうい] 고위; 높은 지위.
高緯度[こういど] 고위도; 북극이나 남극에 가까운 위도.
高率[こうりつ] 고율; 높은 비율.
高音❶[こうおん] 고음; 높은 소리. 소프라노. ❷[たかね] 고음; ①높은 소리. ②三味線(しゃみせん) 합주에서 고(高)・저(低) 두 음으로 가락을 엮은 것.
高吟[こうぎん] 고음; 큰 소리로 읊음.
高誼[こうぎ] 고의; 각별한 우의.
高姿勢[こうしせい] 고자세; 거만한 태도.
高障害競走[こうしょうがいきょうそう] 고장애물 경주. 하이허들.
高裁[こうさい] '高等裁判所'의 준말.
高積雲[こうせきうん] 고적운; 면화구름.
高節[こうせつ] 고절; 높은 절개.
高弟[こうてい] 고제; 뛰어난 제자. 수제자.
高祖[こうそ] 고조; ①조부모의 조부모. ②선조. 먼 조상. ③한 종파의 시조인 고승(高僧). ④나라를 창업한 황제.
高祖母[こうそぼ] 고조모; 고조할머니.
高祖父[こうそふ] 고조부; 고조할아버지.
高燥[こうそう] 고조; 땅이 높고 건조함.
高調[こうちょう] 고조; ①음률이 높은 가락. ②사물의 형세・의기・기분이 높아짐. ③강조.
高潮❶[こうちょう] 고조; ①밀물의 한창 때. ②감정이나 사물의 절정. ❷[たかしお] 해일(海溢).
高座[こうざ] 고좌; ①(연설・공연을 위해) 한층 높게 만든 자리. ②상좌(上座).
高周波[こうしゅうは] 《電》 고주파; 주파수가 많은 전파・전류.
高地[こうち] 고지; 높은 땅.
高次[こうじ] 고차; ①높은 차원. ②《数》 높은 차수(次数).
高察[こうさつ] 고찰; 남의 추측・관찰에 대한 높임말.
高唱[こうしょう] 고창; 큰 소리로 외치거나 부름.
[2]高層[こうそう] 고층; ①높은 상공(上空). ②높은 건물.
高層雲[こうそううん] 고층운; 양떼구름.
高評[こうひょう] 고평; ①평판이 높음. ②남의 비평에 대한 높임말.
高風[こうふう] 고풍; 고매한 인격.
高学年[こうがくねん] 고학년; 초등학교의 5・6학년.
高血圧[こうけつあつ] 고혈압; 높은 혈압.

庫 창고 고

丶 亠 广 庀 庁 启 肩 肩 肩 庫

音 ◉ク ◉コ
訓 ⊗くら

訓読

⊗庫[くら] 곳간. 창고. ¶~が立(た)つ 축재하다.
⊗庫入れ[くらいれ] 창고에 넣음. 입고.

音読

庫裏[くり] ①절의 부엌. ②주지나 그 가족의 거실.
◑金庫[きんこ], 倉庫[そうこ]

雇(雇) 품팔 고

一 ㄱ ㅋ 戸 戸 戸 戸 戸 雇 雇

音 ◉コ
訓 ◉やとう

訓読

²◉雇う[やとう] 〈5他〉 ①(사람을) 고용하다. 채용하다. ②(배・자동차를) 세내다.
雇い[やとい] ①고용. 고용함. ②고용인. ③임시 직원.
雇い人[やといにん] 고용인.
雇い入れ[やといいれ] 신규 채용.
雇い入れる[やといいれる] 〈下1他〉 새로 고용하다. 신규 채용하다.
雇い主[やといぬし] 고용주.
雇い車[やといぐるま] 세낸 자동차.

音読

¹雇用[こよう] 고용; 품삯을 주고 부림.
雇員[こいん] 고원; 고용인.

鼓 북 고

十 士 吉 吉 吉 壴 壴 壴 鼓 鼓

音 ◉コ
訓 ◉つづみ

訓読

◉鼓[つづみ] ①장구. 북. ②가죽을 입혀 만든 타악기의 총칭.
鼓打ち[つづみうち] 북잡이. 장구잡이.

音読

鼓する[こする] 〈サ変他〉 ①북을 치다. ②(기운을) 북돋다.
鼓弓[こきゅう] 고궁; ＊三味線(しゃみせん)의 반주로 쓰임.
鼓動[こどう] 고동; 심장의 운동.
鼓舞[こぶ] 고무; 격려하여 기세를 돋음.
鼓腹[こふく] 고복; ①배를 두드림. ②의식이 넉넉하고 안락함.
鼓手[こしゅ] 고수; 북・장구를 치는 사람.
鼓笛[こてき] 고적; 북과 피리.
鼓笛隊[こてきたい] 고적대.
鼓吹[こすい] 고취; ①고무(鼓舞). ②불어 넣음.

稿 원고 고

二 千 禾 稍 稍 稍 稿 稿 稿 稿

音 ◉コウ
訓 —

音読

稿[こう] 초고(草稿). 원고.
稿料[こうりょう] 고료; 원고료.
稿本[こうほん] 고본; 초고(草稿). 원고본.

顧(顧) 돌아볼 고

コ 戸 戸 戸 戸 雇 雇 顧 顧 顧

音 ◉コ
訓 ◉かえりみる

訓読

¹◉顧みる[かえりみる] 〈上1他〉 ①뒤돌아보다. 돌아다보다. ②회상하다. 회고하다. ③돌보다. 보살피다.

音読

顧客[こかく/こきゃく] 고객; 단골손님.
顧慮[こりょ] 고려; ①돌이켜 생각함. ②염려함.
顧問[こもん] 고문; 자문(諮問)에 응하여 의견을 말해 주는 직무.
顧問官[こもんかん] 고문관.
顧問団[こもんだん] 고문단.

叩 두드릴 고

音 ⊗コウ
訓 ⊗たたく

訓読

²⊗叩く[たたく] 〈5他〉 ①(손이나 손에 든 딱딱한 물건으로) 두드리다. ②털다. 때리다. 치다. ③(의견을) 묻다. 타진하다. ④(값을) 깎다. ⑤모두 써 버리다.
叩き[たたき] ①두들김. 침. ②잘게 다짐. ③(에도 시대)의 태형(笞刑). ④부채로 손을 두드리며 장단을 맞추는 小唄(こうた)의 가락.
叩き起こす[たたきおこす] 〈5他〉 자는 사람을 억지로 깨우다.
叩き台[たたきだい] 시안(試案).
叩き大工[たたきだいく] 서투른 목수.

叩き売り[たたきうり] 헐값에 팖. 투매(投売).
叩き付ける[たたきつける] 〈下1他〉 ①내동이치다. ②내던지다. 〈下1自〉 세게 내리치다.
叩き伏せる[たたきふせる] 〈下1他〉 때려눕히다.
叩き殺す[たたきころす] 〈5他〉 때려죽이다.
叩き上げる[たたきあげる] 〈上1他〉 (칼날을) 벼리다. 〈上1自〉 꾸준히 노력하여 출세하다.
叩き込む[たたきこむ] 〈5他〉 ①때려 박다. ②(난폭하게) 처넣다. ③(철저하게) 가르치다.
叩き鉦[たたきがね] ≪仏≫ 불단 앞에 엎어 놓고 두드리는 징.
叩き出す[たたきだす] 〈5他〉 ①두드리기 시작하다. ②(두들겨) 내쫓다.
叩き土[たたきつち] 푸석흙. 화강암이 풍화하여 된 흙.
叩き合う[たたきあう] 〈5他〉 서로 때리다.

音読

叩頭[こうとう] 고두; 엎드려 머리를 땅에 대고 조아려 절함.

尻 꽁무니 고	音 ⊗コウ 訓 ⊗しり

訓読

2⊗**尻**[しり] ①엉덩이. 궁둥이. 볼기. ②꽁무니. ③꼴찌. 맨 뒤. ④밑바닥. 밑. ⑤끝. ⑥옷자락. ⑦뒷수습. 뒤치다꺼리.
尻からげ[しりからげ] 옷자락을 걷어 그 끝을 허리띠에 끼움.
尻っぺた[しりっぺた] 볼기. 엉덩이.
尻っぽ[しりっぽ] ①엉덩이. ②(동물의) 꼬리. ③꽁무니. ④물건의 끝. ＊어린이 용어임.
尻居[しりい] 엉덩방아를 찧음.
尻軽[しりがる] ①바지런함. ②경박함. 경솔함. ③(여자의) 바람기. 몸가짐이 헤픔.
尻鰭[しりびれ] 뒷지느러미.
尻端折[しりはしょり] 옷자락을 걷어 올려서 그 끝을 허리띠에 끼움.
尻当て[しりあて] (바지 궁둥이에 대는) 밑바대.
尻擽い[しりこそばゆい] 〈形〉 낯간지럽다. 쑥스럽다. 겸연쩍다.
尻馬[しりうま] 남이 탄 말 뒤에 탐. 덩달아 탐.
尻毛[しりげ] 항문에 난 털.
尻目[しりめ] 곁눈질.
尻尾[しりお] (동물의) 꼬리.
尻抜け[しりぬけ] ①건망증이 심함. ②흐지부지함. ③불비(不備).
尻っ方[しりっぽ] ①엉덩이. ②(동물의) 꼬리. ③꽁무니. ④물건의 끝. ＊어린이 용어임.
尻癖[しりくせ] ①똥・오줌을 못 가림. ②(여자가) 바람기가 있음.
尻胼胝[しりだこ] 원숭이 궁둥이의 가죽이 두껍고 털이 없는 부분.
尻餅[しりもち] 엉덩방아.
尻付き[しりつき] ①엉덩이 모양. 엉덩이의 생김새. ②남의 꽁무니만 따라다님.
尻上がり[しりあがり] ①점점 좋아짐. 끝으로 갈수록 좋아짐. ②말끝의 어조가 높아짐. ③(기계 체조에서) 거꾸로 오르기.
尻拭い[しりぬぐい] 남의 뒤치다꺼리. 뒷수습.
尻食らえ観音[しりくらえかんのん] ≪俗≫ ①캄캄한 밤. ②나중 일은 어떻게 되든 상관없음. ③은혜를 원수로 갚음.
尻暗い観音[しりくらいかんのん] ≪俗≫ 캄캄한 밤.
尻押し[しりおし] ①뒤에서 밂. ②후원. 후원자. ③선동(煽動). ④(러시아워 때) 승객을 차 안으로 떠밀어 넣음.
尻隠し[しりかくし] ①자기 잘못을 감춤. ②(바지의) 뒷주머니.
尻込(み)[しりごみ] ①뒷걸음침. ②꽁무니를 뺌. 망설임. 머뭇거림. 주저함.
尻込む[しりごむ] 〈5自〉 ①뒷걸음치다. ②꽁무니를 빼다. 망설이다. 머뭇거린다.
尻子玉[しりこだま] 항문 끝에 붙어 있다고 상상한 구슬. ＊물귀신에게 이것을 빼앗기면 바보가 되거나 물에 빠져 죽는다고 생각했음.
尻切り半纏[しりきりばんてん] 길이가 엉덩이 위까지 오는 짧은 일본 옷 윗도리(작업복).
尻切(れ)[しりきれ] ①뒤쪽이 잘려 나감. ②중간에서 잘림. ③'尻切(れ)草履(しりきれぞうり)'의 준말.
尻切(れ)蜻蛉[しりきれとんぼ] 중도에서 그만둠. 마무리를 짓지 못함.
尻切(れ)草履[しりきれぞうり] ①뒤축이 해진 'ぞうり' ②뒤축이 짧은 'ぞうり'
尻足[しりあし] 뒷발. 뒷걸음.
尻重[しりおも] 엉덩이가 무거움. 동작이 느림. 굼뜸.

尻振[しりふり] ①엉덩이를 흔듦. ②자동차가 좌우로 흔들림.
尻窄まり[しりすぼまり] ①(깔때기처럼) 위가 넓고 아래가 좁음. ②(성적 등이) 갈수록 떨어짐. ③용두사미. 기세가 점점 수그러짐.
尻鞘[しりざや] 칼집을 싸는 모피 주머니.
尻取り[しりとり] 말잇기놀이.
尻取文句[しりとりもんく] 말잇기놀이의 말.
尻取遊び[しりとりあそび] 말잇기놀이.
尻下がり[しりさがり] ①갈수록 상태가 나빠짐. 갈수록 내려감. ②말끝을 낮춤.

剞	쪼갤 고	音 ⊗コ 訓 ⊗くる

訓読

⊗剞る[くる] 〈5他〉 도려내다. 후비어 파내다.
剞り[くり] 도려냄. 후비어 파냄.
剞り貫く[くりぬく] 〈5他〉 도려내다. 도려내어 구멍을 내다.
剞(り)鉢[くりばち] 나무주발.
剞(り)舟[くりふね/くりぶね] 통나무배.
剞(り)形[くりかた] ①도려내어 뚫은 구멍. ②건축물이나 가구를 깎아서 만든 곡선.

姑	시어머니 고	音 ⊗コ 訓 ⊗しゅうとめ

訓読

⊗姑[しゅうとめ] ①시어머니. ②장모. ＊준말로는 'しゅうと'라고 함.

音読

姑息[こそく] 고식; 일시적인 방편. ¶～な手段(しゅだん) 일시적인 방편의 수단.

股	다리 고	音 ⊗コ 訓 ⊗また ⊗もも

訓読

1 ⊗股❶[また] ①다리 가랑이. 사타구니. ②가랑이. ❷[もも] 허벅다리. 넓적다리. 대퇴.
股がる[またがる] 〈5自〉 ①걸터앉다. 올라타다. ②걸치다.
股旅[またたび] 노름꾼의 떠돌이 생활.
股旅物[またたびもの] 노름꾼의 떠돌이 생활을 주제로 한 영화나 소설.
股立(ち)[ももだち] 袴(はかま)의 양옆에 트인 곳.
股木[またぎ] 두 갈래로 갈라진 나무.
股引(き)[ももひき] 통이 좁은 바지 모양의 남자용 작업복. 잠방이.
股座[またぐら] 다리 가랑이. 사타구니.
股擦(れ)[またずれ] (살찌거나 옷에 닿아서) 가랑이의 살갗이 쓸림.
股下[またした] 바짓가랑이의 길이.
股火[またび] 다리가랑이를 벌리고 불을 쬠.
股火鉢[またびばち] 다리가랑이를 벌리고 불을 쬠.

音読

股間[こかん] 고간; 사타구니. 다리가랑이.
股関節[こかんせつ] 고관절; 비구 관절.
股肱[ここう] 고굉; 수족처럼 믿는 부하.

袴	바지 고	音 ⊗コ 訓 ⊗はかま

訓読

⊗袴[はかま] ①(일본 옷의) 겉에 입는 주름 잡힌 하의(下衣). ② ≪植≫ 풀줄기를 덮고 있는 껍질. ③'徳利(とくり)'를 끼우는 통(筒) 모양의 그릇.
袴能[はかまのう] (能楽(のうがく)에서) 모든 출연자가 가면과 무대 의상을 생략하고 紋服(もんぷく)・袴(はかま) 차림만으로 하는 能(のう).
袴着[はかまぎ] 사내아이가 처음으로 '袴(はかま)'를 입는 의식. ＊옛날에는 3살, 후세에는 5살 또는 7살.

菰	거적 고	音 — 訓 ⊗こも

訓読

⊗菰[こも] ① ≪植≫ 줄. 진고. ＊연못이나 물가에 삶. ②거칠게 짠 거적.
菰蓆[こもむしろ] 줄로 엮은 거적.

痼	고질 고	音 ⊗コ 訓 —

音読

痼癖[こへき] 고벽; 고질적인 버릇. 고치기 힘든 버릇.
痼疾[こしつ] 고질; 오랫동안 낫지 않는 병.

敲 두드릴 고	音 ⊗コウ 訓 ⊗たたく

訓読

[2]⊗**敲く**[たたく] 〈5他〉 ①두드리다. ②털다. 때리다. 치다.

敲き[たたき] ①두들김. ②생선이나 새고기 등을 다져서 만든 요리.

敲き鉦[たたきがね] ≪仏≫ 불단 앞에 얹어 놓고 두드리는 징.

音読

◑**推敲**[すいこう]

膏 기름 고	音 ⊗コウ 訓 ⊗あぶら

訓読

⊗**膏**[あぶら] (주로 동물성의) 기름.

膏性[あぶらしょう] 지방질이 많은 체질.

音読

膏薬[こうやく] 고약; 약재를 기름에 고아 만든 약.

膏血[こうけつ] 고혈; 고생하여 모은 재물.

膏肓[こうこう] 고황; 치료하기 어려운 곳.

藁 볏짚 고	音 ⊗コウ 訓 ⊗わら

訓読

[1]⊗**藁**[わら] (벼・보리의) 짚.

藁しべ[わらしべ] 짚의 고갱이.

藁工品[わらこうひん] 짚으로 만든 제품.

藁沓[わらぐつ] (눈 위에서 신는) 짚신. 눈신.

藁履[わらぐつ] ☞ 藁沓

藁半紙[わらばんし] 결이 거친 갱지(更紙).

藁細工[わらざいく] 짚 세공.

藁筵[わらむしろ] (짚으로 만든) 멍석.

藁屋[わらや] 초가집.

藁屋根[わらやね] 초가지붕.

藁葺(き)[わらぶき] 초가지붕.

藁人形[わらにんぎょう] 짚 인형.

藁紙[わらがみ] 볏짚으로 만든 종이.

藁薦[わらごも] 짚으로 만든 거적.

藁打(ち)[わらうち] 짚을 망치 등으로 쳐서 부드럽게 함.

藁苞[わらづと] 볏짚 꾸러미.

藁布団[わらぶとん] 짚을 넣어서 만든 요.

藁筆[わらふで] 짚으로 만든 붓.

藁火[わらび] 짚을 태운 불.

藁灰[わらばい] 짚을 태운 재.

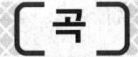

〔곡〕

曲 굽을 곡
丨 冂 巾 曲 曲 曲

音 ◉キョク
訓 ◉まがる ◉まげる ⊗くせ

訓読

[2]◉**曲がる**[まがる] 〈5自〉 ①구부러지다. ②굽다. ③방향을 바꾸다. ④기울어지다. ⑤비뚤어지다.

曲(が)り[まがり] 구부러짐.

曲(が)りくねる[まがりくねる] 〈5自〉 꼬불꼬불 구부러지다.

曲(が)りなり[まがりなり] 구부러짐.

曲(が)りなりにも[まがりなりにも] 겨우. 그럭저럭.

曲(が)り角[まがりかど] 길모퉁이. 전환점. 분기점.

曲(が)り道[まがりみち] 구부러진 길.

曲(が)り目[まがりめ] 구부러진 곳.

曲玉[まがたま] 곡옥; ＊고대 장신구의 하나로 끈에 꿰어 목에 거는 구부러진 옥돌.

曲尺[まがりじゃく/かねじゃく] 직각으로 된 구부러진 자.

[2]◉**曲げる**[まげる] 〈下1他〉 ①구부리다. 굽히다. ②(물건을) 저당 잡히다.

曲(げ)木細工[まげきざいく] 나무를 구부려서 하는 세공.

曲(げ)物[まげもの] ①나무나 판자를 구부려서 만든 그릇. ②≪俗≫ 저당물.

⊗**曲**[くせ] ①(謡曲(ようきょく)에서) 曲舞(くせまい)의 가락으로 부르는 부분. ②내가 구부러진 곳. 물굽이. ③결점.

曲舞[くせまい] 室町(むろまち) 시대의 춤의 한 가지.

曲事❶[くせごと] ①부정(不正)한 일. ②괘씸함. ③재앙. ④위법. ❷[きょくじ] 곡사; 부정(不正)한 일.

曲者❶[くせもの] ①심상치 않은 놈. ②수상한 놈. ③괴짜. ❷[きょくしゃ] 예능에 뛰어난 사람.

音読

2曲[きょく] 곡; ①악곡. ②마디. ③구부러진 것. ④곡예. ⑤흥미. 재미.
曲技[きょくぎ] 곡기; 곡예의 기술.
曲論[きょくろん] 곡론; 이치에 어긋나는 이론.
曲馬[きょくば] 곡마; 말을 타고 하는 곡예.
曲馬団[きょくばだん] 곡마단.
曲馬師[きょくばし] 곡마사.
曲面[きょくめん] 곡면; 평면이 아닌 면.
曲面体[きょくめんたい] 곡면체.
曲目[きょくもく] 곡목; 연주회의 프로그램.
曲譜[きょくふ] 곡보; 악보(楽譜).
曲飛(び)[きょくとび] 곡예 다이빙.
曲師[きょくし] '浪花節(なにわぶし)'의 三味線(しゃみせん)을 연주하는 사람.
曲射砲[きょくしゃほう] 곡사포.
2曲線[きょくせん] 곡선; 구부러진 선.
曲線美[きょくせんび] 곡선미.
曲乗(り)[きょくのり] 말이나 자전거 등을 곡예로 탐.
曲芸[きょくげい] 곡예; 신기한 재주를 부리는 연예.
曲芸団[きょくげいだん] 곡예단.
曲芸師[きょくげいし] 곡예사.
曲折[きょくせつ] 곡절; ①꼬불꼬불함. ②복잡한 사정.
曲直[きょくちょく] 곡직; 옳음과 그름.
曲弾(き)[きょくびき] 현악기를 곡예처럼 멋지게 연주함.
曲筆[きょくひつ] 곡필; 사실을 왜곡하여 씀.
曲学[きょくがく] 곡학; 진리에 어긋난 학문.
曲学阿世[きょくがくあせい] 곡학아세.
曲解[きょっかい] 곡해; (사물이나 다른 사람의 말을 그대로 받아들이지 않고) 사실과 다르게 이해함. 오해.

谷 골짜기 곡

丿 八 夂 仌 仌 谷 谷

音 ◉コク
訓 ◉たに

訓読

2◉谷[たに] ①산골짜기. ② ≪物≫ (파장이 낮은) 골. ③(지붕의) 골.
谷間[たにま/たにあい] ①산골짜기. ②(비유적으로) 응달.
谷渡(り)[たにわたり] ①골짜기 사이를 건너감. ②(나뭇가지가) 골짜기 너머로 뻗음. ③(골짜기 사이의) 휘파람새 소리.
谷辺[たにべ] 골짜기 근처.
谷底[たにそこ] 골짜기의 밑바닥.
谷川[たにがわ] 산골짜기의 시냇물.
谷風[たにかぜ] 골짜기 바람.
谷懐[たにぶところ] 산으로 둘러싸인 골짜기.

音読

◑渓谷[けいこく], 峡谷[きょうこく]

穀(穀) 곡식 곡

士 声 㱿 㱿 㱿 㱿 㱿 㱿 穀 穀

音 ◉コク
訓 —

音読

穀断(ち)[こくだち] (기도를 위한) 단식(断食).
穀類[こくるい] 곡류; 곡식의 종류.
穀粒[こくつぶ/こくりゅう] 곡식의 낟알.
2穀物[こくもつ] 곡물; 곡식.
穀粉[こくふん] 곡분; 곡식 가루.
穀象虫[こくぞうむし] ≪虫≫ 바구미. 쌀벌레.
穀雨[こくう] 곡우; 24절기의 하나. *4월 21일경임.
穀倉❶[こくぐら] 곡창; 곡물 창고. ❷[こくそう] 곡창; ①곡물 창고. ②곡창지대.
穀倉地帯[こくそうちたい] 곡창지대; 곡식이 많이 생산되는 지방.

哭 울 곡

音 ⊗コク
訓 —

音読

哭する[こくする] 〈サ変自〉 곡하다. 통곡하다.
哭声[こくせい] 곡성; 곡하는 소리.
哭泣[こっきゅう] 곡읍; 소리내어 슬피 욺.
◑痛哭[つうこく]

髷 고수머리 곡

音 ⊗キョク
訓 ⊗まげ

訓読

⊗髷[まげ] 상투. 틀어 올린 머리.
髷物[まげもの] (소설・영화의) 시대물(時代物). 사극(史劇). *특히 江戸(えど) 시대를 소재로 한 것.

곤

困 곤할 곤

丨 冂 冃 冃 冈 困 困

音 ◉コン
訓 ◉こまる

訓読

4◉困る[こまる] 〈5自〉 ①곤란해지다. 난처하게 되다. ②(생활의) 어려움을 겪다. 궁해지다. ③난처해지다. 애를 먹다.

困り果てる[こまりはてる] 〈下1自〉 몹시 곤란해지다. 곤경에 빠지다. 난감해하다.

困り抜く[こまりぬく] 〈5自〉 곤경에 빠지다. 몹시 곤란해 하다. 애를 먹다.

困り者[こまりもの] 말썽꾸러기. 골칫거리. 성가신 사람.

困り切る[こまりきる] 〈5自〉 몹시 난처해하다. 곤경에 빠지다.

音読

困却[こんきゃく] 곤각; 곤경에 빠짐. 쩔쩔맴.

困苦[こんく] 곤고; 고생. 곤궁.

困苦欠乏[こんくけつぼう] 곤고결핍; 살림이 몹시 어려움.

困窮[こんきゅう] 곤궁; ①(해결책이 없어) 곤란함. 곤경에 빠짐. ②곤궁. 빈곤.

困窮者[こんきゅうしゃ] 극빈자(極貧者). 생활이 어려운 사람.

2**困難**[こんなん] 곤란; 어려움.

困憊[こんぱい] 곤비; 몹시 피곤함.

困惑[こんわく] 곤혹; 난처함.

昆 만형/많을/벌레 곤

丨 冂 日 日 旦 昆 昆 昆

音 ◉コン
訓 —

音読

昆弟[こんてい] 형제(兄弟).

1**昆虫**[こんちゅう] 곤충; 여러 가지 벌레.

1**昆虫採集**[こんちゅうさいしゅう] 곤충 채집.

昆布[こんぶ/こぶ] ≪植≫ 다시마.

坤 땅/괘이름 곤

音 ⊗コン
訓 —

音読

坤[こん] 곤; ①팔괘(八卦)의 하나. ②서남방(西南方).

坤徳[こんとく] 황후의 덕.

坤輿[こんよ] 곤여; 대지. 지구.

坤軸[こんじく] 곤축; (땅을 떠받치고 있다고 생각되는) 지축. 땅의 중심.

梱 문지방 곤

音 ⊗コン
訓 ⊗こる ⊗こうる

訓読

⊗**梱る**[こる/こうる] 〈5他〉 (새끼나 밧줄로) 짐을 꾸리다. 포장하다.

梱(り)[こり] ①포장한 짐. ②(포장한 짐의 수량을 나타내는 단위) 짝.

音読

梱外の任[こんがいのにん] 장군(将軍)의 직무.

梱包[こんぽう] 곤포; 꾸린 짐짝. 짐을 꾸린 것.

棍 곤장 곤

音 ⊗コン
訓 —

音読

棍棒[こんぼう] 곤봉; ①몽둥이. ¶ ～で殴(なぐ)る 몽둥이로 때리다. ②(체조용) 곤봉. ③경찰봉.

褌 잠방이/속고의 곤

音 ⊗コン
訓 ⊗ふんどし

訓読

⊗**褌**[ふんどし] ①샅바. 남자의 음부를 가리는 폭이 좁고 긴 천. ②≪俗≫ 게의 배딱지.

褌担(ぎ)[ふんどしかつぎ] ①최하급 씨름꾼. ＊関取(せきとり)의 샅바나 메고 따라다닌다는 뜻에서 나온 말임. ②최하급자. 졸때기. 신참(新参).

音読

◑**緊褌**[きんこん], **緊褌一番**[きんこんいちばん]

〔골〕

骨 뼈 골

音 ◉コツ
訓 ◉ほね

訓読

[2]◉**骨** ❶[ほね] ① ≪生理≫ 뼈. ②(기물의) 뼈대. 살. ③(사물의) 핵심. 중심. ④기골. 기개. ⑤수고. 고생. 노고. ❷[こつ] ☞ [音読]

骨っぽい[ほねっぽい] 〈形〉 ①(생선에) 잔뼈가 많다. ②기골이 차다.

骨継(ぎ)[ほねつぎ] 접골(接骨).

骨絡み[ほねがらみ] 매독이 온몸에 퍼져 뼛속이 쑤시고 아픔.

骨離れ[ほねばなれ] (요리한 생선의) 뼈가 발라지는 정도. ¶ ~がいい 생선뼈가 잘 발라지다.

骨無し[ほねなし] ①등뼈가 물러서 똑바로 서지 못하는 불구자. ②줏대가 없음.

骨抜き[ほねぬき] ①(요리에서) 뼈를 발라냄. 뼈를 발라낸 요리. ②내용이 없음. 알맹이가 없음.

骨仕事[ほねしごと] 힘든 일. 노동.

骨惜しみ[ほねおしみ] 게으름을 피움. 꾀를 부림.

骨細[ほねぼそ] (골격이) 날씬하고 가냘픔.

骨身[ほねみ] 뼈와 살. 온몸.

骨違い[ほねちがい] 탈구(脱臼). 뼈가 관절에서 어긋남.

骨張る[ほねばる] 〈5自〉 ①(말라빠져) 뼈가 앙상해지다. ②성격이 모나다.

骨折り[ほねおり] 노력. 수고. 고생.

骨折り甲斐[ほねおりがい] 고생한 보람.

骨折り損[ほねおりぞん] 헛수고. 고생한 보람이 없음.

骨折り賃[ほねおりちん] 수고료. 노임(労賃).

骨折る[ほねおる] 〈5自〉 ①노력하다. 수고하다. ②애쓰다. 힘쓰다.

骨節[ほねぶし] ☞ 骨っ節

骨っ節[ほねっぷし] ①관절. 뼈마디. ②기골(気骨).

骨接(ぎ)[ほねつぎ] 접골. ①뼈를 이음. ②접골의(接骨医).

骨組(み)[ほねぐみ] ①뼈대. 뼈의 구조. ②(전체를 받치는) 골격. 얼거리. 뼈대.

骨太[ほねぶと] 건장함. 늠름함.

骨偏[ほねへん] 뼈골변. *한자 부수(部首)의 하나임.

骨休め[ほねやすめ] 쉼. 휴게. 휴양. 휴식.

音読

[2]**骨** ❶[こつ] ①요령. 비결. 급소. ②뼈. ¶お~ (화장한) 뼈. 유골(遺骨). ❷[ほね] ☞ [訓読]

お骨[こつ] (화장한) 뼈. 유골(遺骨).

骨幹[こっかん] 골간; 뼈대. 골격.

骨格[こっかく] 골격; 뼈대. 뼈 조직.

骨骼[こっかく] ☞ 骨格

骨堂[こつどう] 골당; 납골당(納骨堂).

骨董[こっとう] 골동; 여러 가지 물건이 한데 섞인 것.

[1]**骨董屋**[こっとうや] 골동품 가게.

[1]**骨董品**[こっとうひん] 골동품.

骨膜[こつまく] ≪生理≫ 골막.

骨盤[こつばん] 골반; 허리 밑에 있는 넓고 평평한 뼈.

骨柄[こつがら] ①골격. 뼈대. ②인품. 품격.

骨粉[こっぷん] 골분; 뼛가루.

骨相[こっそう] 골상; 뼈대의 생김새.

骨髄[こつずい] 골수; ① ≪生理≫ 뼛골. ②마음속.

骨髄炎[こつずいえん] 골수염.

骨揚(げ)[こつあげ] 화장한 뼈를 그릇에 주워 담는 의식.

骨肉[こつにく] 골육; 혈육. 육친(肉親).

骨子[こっし] 골자; 요점. 요지(要旨).

骨材[こつざい] 골재; 콘크리트에 사용하는 자갈・모래.

[2]**骨折**[こっせつ] 골절; 뼈가 부러짐.

骨頂[こっちょう] ☞ 骨張

骨炭[こったん] 골탄; 동물의 뼈를 태운 가루.

骨牌[こっぱい] 골패; ①마작 패. ②카드.

骨灰[こっかい/こっぱい/こつばい] 골회; 동물의 뼈를 태운 가루.

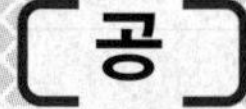

〔공〕

工 장인/만들 공

音 ◉コウ ◉く ⊗ぐ
訓 ⊗たくむ

訓読
⊗工む[たくむ] 〈5他〉 꾸미다. 기교를 부리다.
⊗工[たくみ] (나무로 물건을 만드는) 목수. 장인(匠人). 조각사.

音読
工高[こうこう] 공고; '工業高等学校'의 준말.
工科[こうか] 공과; 공업학과. 공학부.
工具[こうぐ] 공구; 공작에 쓰이는 연장.
工面[くめん] ①(돈을) 변통함. 마련함. 돈 마련. ②주머니 사정. 돈의 형편. 돈의 융통.
工務[こうむ] 공무; ①토목 공사에 관한 일. ②공장에 관한 사무.
工博[こうはく] 공박; '공학 박사'의 준말.
工房[こうぼう] 공방; 화가나 공예가의 작업장.
工兵[こうへい] 공병; 육군 병과의 하나.
2工夫❶[くふう] ①아이디어를 짜냄. 궁리함. 고안함. ②(禅宗에서) 주어진 공안(公案)에 대하여 생각을 거듭함.
工夫❷[こうふ] (전기・철도・토목 공사장의) 인부(人夫).
工費[こうひ] 공비; 공사비용.
2工事[こうじ] 공사; 토목이나 건축에 관한 일.
工事場[こうじば] 공사장; 공사 현장.
工事現場[こうじげんば] 공사 현장.
工手[こうしゅ] 공수; (공사장의) 인부.
3工業[こうぎょう] 공업; 원료를 가공하여 새로운 물품을 만드는 산업.
2工芸[こうげい] 공예; 실용적인 물건에 본래의 기능을 살리면서 조형미를 조화시키는 솜씨. 또는 그런 제품.
工芸家[こうげいか] 공예가.
工芸品[こうげいひん] 공예품.
2工員[こういん] 공원; 공장 직공.
工人[こうじん] ①세공인(細工人). 장색(匠色). ②노동자.
工賃[こうちん] 공임; 공전(工銭).
1工作[こうさく] 공작; ①간단한 물건을 만듦. ②목적을 위해 계획적으로 활동함.
工作機械[こうさくきかい] 공작 기계.
工作物[こうさくぶつ] 공작물.
工匠[こうしょう] 공장; ①장인(匠人). 장색(匠色). ②공작물의 디자인.
3工場❶[こうじょう] (대규모의) 공장; 물건을 대량으로 생산하는 곳.
2工場❷[こうば] 조그마한 공작소(工作所).
工場長[こうじょうちょう] 공장장.
工専[こうせん] 공전; '공업전문학교'의 준말.
工程[こうてい] 공정; ①작업 단계. 작업 순서. ②기계가 단위 시간 내에 작업하는 능률.
1工学[こうがく]공학; 공업에 관한 것을 연구하는 학문.
工学部[こうがくぶ] 공학부; 공과 대학 계열.
工合[ぐあい] ①(사물의) 상태. ②형편. 사정. ③방식. 스타일. ④체면. 체통.

公 공평할/귀인 공

ノ 八 公 公

音 ◉コウ ⊗ク
訓 ◉おおやけ

訓読
1◉公❶[おおやけ] ①공공단체. 관청. 조정. ②공공. 공중. 공유. ③공적(公的). ❷[こう] ☞ [音読]
公に[おおやけに] 공개적으로.
公事❶[おおやけごと/こうじ] 공사; 공적인 일. ❷[くじ] ≪古≫ ①조정의 정무(政務)・의식. ②소송. ③무가(武家) 시대의 세금의 총칭.
公沙汰[おおやけざた] ①민원(民願). 소송. ②세상에 공개됨.

音読
公❶[こう] ①공적(公的)임. ②공공(公共). ③정부. 관청. ④사회. 대중. ⑤대신(大臣). 재상(宰相). ⑥공작(公爵)의 준말. ⑦귀인의 이름 밑에 붙여서 경칭을 나타냄. ❷[おおやけ] ☞ [訓読]
公価[こうか] '公定価格'의 준말임.
公刊[こうかん] 공간; 사회에 보급하기 위해 출판함.
1公開[こうかい] 공개; 일반 대중에게 개방함.
公開状[こうかいじょう] 공개장; 사건을 일반 대중에게 알리는 글.
公告[こうこく] 공고; (공공 단체가) 일반 대중에게 널리 알림.
公庫[こうこ] 정부 출자의 금융 기관.
2公共[こうきょう] 공공; 사회 일반.
公課[こうか] 공과; ①공공 단체가 부과하는 세금. ②공무(公務).
公館[こうかん] 공관; 관청이나 공공건물.
公教会[こうきょうかい] 공교회; 로마 가톨릭교회. 천주교회.

公国[こうこく] 공국; 원수(元首)가 공(公)의 칭호를 가진 유럽의 작은 나라.
公権[こうけん] 공권; 공법상 인정되는 권리.
公金[こうきん] 공금; 공공 단체의 돈.
公企業[こうきぎょう] 공기업; '公共企業体'의 준말.
公器[こうき] 공기; 공공(公共)의 물건·기관.
[1]**公団**[こうだん] 공단; 국가적 사업의 경영을 위한 특수 기업체의 한 형태.
公徳[こうとく] 공덕; 공중도덕.
公徳心[こうとくしん] 공덕심.
公図[こうず] 지적도(地籍図).
公道[こうどう] 공도; ①올바른 도리. 정의(正義). ②공로(公路).
公論[こうろん] 공론; ①공정한 의론(議論). ②여론.
公吏[こうり] 공리; 지방 공무원.
公利[こうり] 공리; 공공의 이익.
公理[こうり] 공리; ①그 이론의 출발점으로 가정(仮定)되는 명제(命題). ②일반적인 진리.
公理系[こうりけい] 공리계; 그 이론에서 전제(前提)로 삼는 공리의 체계.
公理論[こうりろん] 공리론; 공리적 방식.
[1]**公立**[こうりつ] 공립; 공공 단체에서 설립한 것.
公明[こうめい] 공명; 공평함.
公明正大[こうめいせいだい] 공명 정대.
[1]**公募**[こうぼ] 공모; 널리 알려 모집함.
公武[こうぶ] 公家(くげ)와 武家(ぶけ). 조정(朝廷)과 막부(幕府).
[2]**公務**[こうむ] 공무; 공적인 사무.
[3]**公務員**[こうむいん] 공무원.
公文[こうぶん] 공문; 공공 단체의 문서.
公文書[こうぶんしょ] 공문서.
公民[こうみん] 공민; 국민.
公民館[こうみんかん] 공민관; 주민들을 위한 공회당.
公民権[こうみんけん] ≪法≫ 공민권; 국민의 권리.
公倍数[こうばいすう] ≪数≫ 공배수; 두 개 이상의 수에 공통된 배수.
公法[こうほう] 공법; 통치 관계를 규정한 법률.
公報[こうほう] 공보; ①관청에서 발표하는 보고. ②관청끼리의 보고.
公僕[こうぼく] 공복; 공무원.
公分母[こうぶんぼ] ≪数≫ 공분모; 공통되는 분모.

公憤[こうふん] 공분; 사회악에 대한 정의의 울분.
公社[こうしゃ] 공사; ①국가가 출자한 공공 기업 단체. ②공공 단체와 민간인이 공동 출자한 공공 기업체.
公社債[こうしゃさい] 공사채; 공채(公債)와 사채(社債).
公司[こうし] 공사; (중국의) 주식회사.
公私[こうし] 공사; ①공적인 일과 사적인 일. ②관(官)과 민(民). 사회와 개인.
公使[こうし] 공사; 대사(大使) 다음의 직급.
公使館[こうしかん] 공사관; 공사(公使)가 주재국에서 사무를 보는 곳.
公事❶[こうじ/おおやけごと] 공사; 공적인 일. ❷[くじ] ≪古≫ ①조정의 정무(政務)·의식. ②소송. ③무가(武家) 시대의 세금의 총칭.
公算[こうさん] 공산; 가능성. 확률.
公傷[こうしょう] 공상; 공무 집행 중에 입은 부상.
公選[こうせん] 공선; ①공개 선거. ②주민 투표에 의해 선거함.
公設[こうせつ] 공설; 공공 단체가 설치함. 또는 그 시설.
公訴[こうそ] ≪法≫ 공소; 검찰이 범죄인에 대한 심리와 재판을 청구하는 일.
公述[こうじゅつ] 공술; 공식 석상에서 의견을 진술함.
公述人[こうじゅつにん] 공술인.
公示[こうじ] 공시; 일반 대중에게 알림.
[2]**公式**[こうしき] 공식; ①공적으로 정해진 방식. ②≪数≫ 수학의 관계식.
公安[こうあん] 공안; 사회의 안전.
公安委員会[こうあんいいんかい] 공안 위원회.
公約[こうやく] 공약; ①공중에 대한 약속. ②공법상(公法上)의 계약.
公約数[こうやくすう] ≪数≫ 공약수; 둘 이상의 수에 공통되는 약수(約数).
公言[こうげん] 공언; 공공연히 말함.
[1]**公演**[こうえん] 공연; 음악·무용·연극을 공개적으로 연출함.
[1]**公然**[こうぜん] 공연; 공공연함. 버젓함.
公営[こうえい] 공영; 국가나 공공 단체가 경영·관리함.
[1]**公用**[こうよう] 공용; 국가나 공공 단체의 임무.
公用文[こうようぶん] 공용문; 공문서.

公用語[こうようご] 공용어; 표준어.
公用人[こうようにん] 공용인; (옛날) 大名(だいみょう)를 섬기며 주군(主君)의 공무를 맡아 처리하던 사람.
4公園[こうえん] 공원; 공중을 위한 유원지.
公有[こうゆう] 공유; 국가나 공공 단체의 소유.
公儀[こうぎ] 공의; ①조정(朝廷)이나 막부(幕府). ②정부 측. ③공적(公的). 표면적. 대외적.
公益[こうえき] 공익; 공공의 이익.
公人[こうじん] 공인; 공직에 있는 사람.
1公認[こうにん] 공인; 공적인 인가·인정.
公子[こうし] 공자; 귀족의 아들.
公爵[こうしゃく] 공작; 귀족의 제1계급.
公的[こうてき] 공적; 공공(公共)의 일에 관계됨.
2公正[こうせい] 공정; ①명백하고 옳음. ②공평함.
2公正取引[こうせいとりひき] 공정 거래.
公定[こうてい] 공정; 공공 단체가 공식으로 정함.
公定歩合[こうていぶあい] (중앙은행의) 공정 금리(金利).
公定相場[こうていそうば] 공정 시세.
2公衆[こうしゅう] 공중; 사회의 여러 사람.
2公衆便所[こうしゅうべんじょ] 공중변소.
公衆浴場[こうしゅうよくじょう] 공중목욕탕.
2公衆電話[こうしゅうでんわ] 공중전화.
公証[こうしょう] 공증; ①공식적인 증거. ②권한이 있는 사람의 직권으로 하는 증명.
公証人[こうしょうにん] 공증인.
公職[こうしょく] 공직; 공적인 직무.
公債[こうさい] 공채; 공공 단체의 채무 증서.
公称[こうしょう] 공칭; 공식 명칭.
公判[こうはん] 공판; 법정에서 심리하는 일.
公判廷[こうはんてい] 공판정.
2公平[こうへい] 공평; 치우치지 않고 올바름.
公布[こうふ] 공포; 일반에게 널리 알림.
2公表[こうひょう] 공표; 세상에 발표함.
公海[こうかい] 공해; 어느 나라에 소속되어 있지 않은 해양.
2公害[こうがい] 공해; 공중의 생활에 끼치는 공기와 물의 오염 및 소음(騷音).
公許[こうきょ] 공허; 관허(官許).
公会堂[こうかいどう] 공회당.
公休[こうきゅう] 공휴; 공식적인 휴일.
公休日[こうきゅうび] 공휴일.

孔 구멍/성씨 공

丿 了 孑 孔

音 ◉コウ ⊗ク
訓 ⊗あな

訓読

⊗孔[あな] 작은 구멍.
孔貫板[あなぬきばん] 펀치 등으로 판금(板金)에 구멍을 내는 기계.

音読

孔孟[こうもう] 공맹; 공자(孔子)와 맹자(孟子).
孔子[こうし] 공자. *BC 550~479년의 인물.
孔雀[くじゃく] ≪鳥≫ 공작새.
孔雀石[くじゃくせき] ≪鉱≫ 공작석.
孔雀羊歯[くじゃくしだ] ≪植≫ 공작고사리.
孔雀蝶[くじゃくちょう] ≪虫≫ 공작나비.
孔版[こうはん] 공판; 등사판.
孔版印刷[こうはんいんさつ] 공판인쇄; 등사판으로 하는 인쇄. 스크린 인쇄에서 판(版)의 뒤편으로 잉크가 배어나오게 하여 인쇄하는 방식의 총칭.
孔穴[こうけつ] 공혈; 구멍.

功 보람/공 공

一 丅 工 玎 功

音 ◉コウ ◉ク
訓 ⊗いさお

訓読

⊗功[いさお] 공; 공훈. 공적. 공로. *아어적(雅語的) 표현임.

音読

功[こう] 공; ①공로. 공적. 공훈. ②보람. 효력. 효험. ③일.
功過[こうか] 공과; 공적과 과실(過失).
功労[こうろう] 공로; 공(功)과 수고.
功労賞[こうろうしょう] 공로상.
功利[こうり] 공리; 공명(功名)과 이익.
功名[こうみょう] 공명; 공을 세워 유명해짐.
功名心[こうみょうしん] 공명심.
功臣[こうしん] 공신; 나라에 공을 세운 신하.
功業[こうぎょう] 공업; ①공(功). 공적(功績). ②보람 있는 훌륭한 사업.
2功績[こうせき] 공적; 공로와 실적.
功罪[こうざい] 공죄; 공(功)과 죄(罪).
功勲[こうくん] 공훈; 공적. 공로.

共 함께 공

一 十 卄 廾 共 共

音 ◉キョウ
訓 ◉とも

訓読

[1]◉共[とも] ①함께. 같이. ②모두. 전부. 다. ③포함하여.
[2]共に[ともに] ①함께. ②다 같이. ③동시에. 또한.
[1]共稼ぎ[ともかせぎ] 맞벌이.
共蓋[ともぶた] 그릇과 뚜껑이 같은 재료임.
共鏡[ともかがみ] 뒷모습을 보기 위해 앞뒤에서 거울을 비추어 봄.
共共[ともども] 모두 함께. 다 같이.
共襟[ともえり] 깃이 옷의 재료와 같음.
共倒れ[ともだおれ] 함께 망함.
[1]共働き[ともばたらき] 맞벌이.
共裏[ともうら] 겉감과 안감이 같은 재료임.
共鳴り[ともなり] 공명; 공진(共振). 발음체(発音体)가 외부의 음파에 자극되어 이와 동일한 진동수의 소리를 냄.
共白髪[ともしらが] 백년해로(百年偕老).
共食い[ともぐい] ①(같은 동물끼리) 서로 잡아먹음. 동족상잔(同族相残). ②서로 경쟁하다 함께 망함.
共切れ[ともぎれ] 옷감과 같은 천 조각.
友釣(り)[ともづり] 놀림낚시. 산 은어를 실에 매어 풀어놓고, 다른 은어를 꾀어 들여 낚시질함.
共地[ともじ] 같은 천.
共寝[ともね] 동침(同寝). 함께 잠.
共布[ともぎれ] 옷감과 같은 천 조각.

音読

[1]共感[きょうかん] 공감; 동감. 같은 감정.
[2]共同[きょうどう] 공동; 둘 이상의 사람이 함께 함.
共立[きょうりつ] 공립; 공동으로 설립함.
[1]共鳴[きょうめい] 공명; ①《物》 공진(共振). 발음체가 외부의 음파에 자극되어 이와 동일한 진동수의 소리를 냄. ②공감(共感). 찬동(賛同).
共謀[きょうぼう] 공모; 함께 모의함.
共謀者[きょうぼうしゃ] 공모자.
共犯[きょうはん] 공범; 함께 죄를 범함.
共犯者[きょうはんしゃ] 공범자.
共犯罪[きょうはんざい] 공범죄.
[2]共産[きょうさん] 공산; 재산을 공동으로 가짐.
[2]共産国[きょうさんこく] 공산국.
[2]共産党[きょうさんとう] 공산당.
[2]共産主義[きょうさんしゅぎ] 공산주의.
共産化[きょうさんか] 공산화.
共生[きょうせい] 공생; ①함께 삶. ②(서로 다른 생물이) 함께 생활함.
共訳[きょうやく] 공역; 공동 번역.
共演[きょうえん] 공연; 함께 출연함.
共営[きょうえい] 공영; 서로 함께 번영함.
共営圏[きょうえいけん] 공영권.
共用[きょうよう] 공용; 공동으로 씀.
共有[きょうゆう] 공유; 공동으로 소유함.
共益[きょうえき] 공익; 공동 이익.
共益費[きょうえきひ] 공익비; 공동 이익을 위해 출자하는 비용.
共著[きょうちょ] 공저; 책을 공동으로 지음.
共著者[きょうちょしゃ] 공저자.
共済[きょうさい] 공제; 단체 구성원이 출자하여 사업을 벌임.
共済組合[きょうさいくみあい] 공제 조합.
[1]共存[きょうそん/きょうぞん] 공존; 함께 생존함.
共進会[きょうしんかい] 공진회; 농산물・산업 품평회.
共催[きょうさい] '共同主催'의 준말.
[2]共通[きょうつう] 공통; 서로 통함.
共通語[きょうつうご] 공통어.
共通点[きょうつうてん] 공통점.
共闘[きょうとう] '共同闘争'의 준말.
共編[きょうへん] 공편; 공동 편찬.
共編者[きょうへんしゃ] 공편자.
[1]共学[きょうがく] 공학; 남녀 공학(共学).
共学制[きょうがくせい] 공학제; 남녀 공학(共学).
[1]共和[きょうわ] 공화; 공동으로 화합하여 사업을 함.
[1]共和国[きょうわこく] 공화국.
[1]共和制[きょうわせい] 공화제.

攻 공격할 공

一 T I Iʼ Iᐟ 攻 攻

音 ◉コウ
訓 ◉せめる

訓読

[2]◉攻める[せめる] 〈下1他〉 공격하다.
[1]攻め[せめ] 공격. 공세(攻勢).

攻め口[せめぐち/せめくち] ①공격 방법. ②공격할 곳. 공격이 용이한 곳.
攻め具[せめぐ] 공격용 무기.
攻め倦む[せめあぐむ] 〈5自〉 아무리 공격해도 함락되지 않아 난처해하다.
攻め寄せる[せめよせる] 〈下1自〉 적진 가까이까지 쳐들어가다. 공격해 들어가다.
攻め寄る[せめよる] 〈5自〉 가까이까지 쳐들어가다[오다].
攻め道具[せめどうぐ] 공격용 무기.
攻め落とす[せめおとす] 〈5他〉 ①함락시키다. 쳐서 빼앗다. 공략하다.
攻め立てる[せめたてる] 〈下1他〉 쉴새없이 공격하다. 맹렬히 공격하다.
攻め滅ぼす[せめほろぼす] 〈5他〉 공격하여 멸망시키다.
攻め抜く[せめぬく] 〈5他〉 ①공격하여 함락시키다. ②끝까지 공격하다. 맹렬히 공격하다.
攻め上る[せめのぼる] 〈5自〉 수도(首都) 쪽으로 진격하다. 공격해 올라가다.
攻め手[せめて] ①공격하는 사람. ②공격하는 방법.
攻め入る[せめいる] 〈5自〉 공격해 들어가다. 쳐들어가다.
攻め込む[せめこむ] 〈5自〉 공격해 들어가다. 쳐들어가다.
攻め太鼓[せめだいこ] 공격할 때 치는 북.
攻め合い[せめあい] 교전. 서로 공격함.
攻め合う[せめあう] 〈5自〉 교전하다. 서로 공격하다.
攻め懸ける[せめかける] 〈下1自〉 일제히 공격하다.

音読

2攻撃[こうげき] 공격; ①쳐부숨. ②윽박지름.
攻究[こうきゅう] 공구; 열심히 연구함.
攻略[こうりゃく] 공략; ①공격하여 빼앗음. ②격파함.
攻防戦[こうぼうせん] 공방전; 서로 공격하고 방어하는 싸움.
攻勢[こうせい] 공세; 공격 태세.
攻守[こうしゅ] 공수; 공격과 수비.
攻囲[こうい] 공위; 공격하여 포위함.

供 이바지할 공

丿 亻 亻 仁 什 供 供 供

音 ◉ク ◉グ ◉クウ ◉キョウ
訓 ◉そなえる ◉とも

訓読

◉供える[そなえる] 〈下1他〉 (윗사람에게) 드리다. 바치다. 올리다.
お供え[そなえ] ①제물(祭物). ②설이나 제사 때에 사용하는 둥글납작한 떡.
供え餅[そなえもち] (神仏에게 올리는) 2개의 둥글납작한 찰떡.
供(え)物[そなえもの] 공물; 공양물(供養物). 제물(祭物).
◉供[とも] 수행원(随行員). 종자(従者).
供待ち[ともまち] (문밖에서) 주인이 나오기를 기다림.
供頭[ともがしら] (武家 시대에) 행차 때 수행원들을 다스리던 직책.
供人[ともびと] 수행원(随行員). 종자(従者).
供揃え[ともぞろえ] 수행원을 모두 모음.
供回り[ともまわり] 수행원들. 보조자들.
供廻り[ともまわり] 수행원들. 보조자들.

音読

供する[きょうする] 〈サ変他〉 ①제공하다. 대접하다. 내놓다. ②이바지하다. 이바지하게 하다. ③(귀인에게) 바치다.
2供給[きょうきゅう] 공급; ①필요에 응하여 물품을 제공함. ②≪経≫ 판매 · 교환을 위하여 상품을 시장에 내놓음.
供覧[きょうらん] 공람; 관람하게 함.
供物[くもつ] 공물; 공양물(供養物). 제물(祭物).
供米❶[きょうまい] 쌀을 공출(供出)함. 공출미(供出米). ❷[くまい] ≪仏≫ 공양미(供養米).
供述[きょうじゅつ] 공술; 피의자가 하는 진술.
供述書[きょうじゅつしょ] 진술서.
供述者[きょうじゅつしゃ] 진술자.
供養[くよう] 공양; 음식을 차려놓고 죽은 사람의 명복을 빎.
供御[くご] ①천황의 음식물. ②황가(皇家)의 음식물. ③将軍(しょうぐん)의 음식물. ④궁중녀(宮中女)의 식사.
供与[きょうよ] 공여; 공급하여 줌.
供用[きょうよう] 공용; 사용하도록 제공함.
供応[きょうおう] 향응(饗応). 술 · 음식 등의 대접.
供出[きょうしゅつ] 공출; ①농산물을 정부에 팖. ②국가의 요청으로 금품을 제공함.
供出米[きょうしゅつまい] 공출미.

供託[きょうたく] ≪法≫ 공탁; ①맡기고 보관을 부탁함. ②법 규정에 따라 금전을 기탁함.

供血[きょうけつ] 공혈; 헌혈(献血).

空 빌/하늘 공

丶 丷 宀 穴 穴 空 空 空

音 ◉クウ

訓 ◉そら ◉から ◉あく ◉あける ⊗むなしい ⊗うつろ ⊗すく ⊗すかす

訓読

2◉空❶[から] ①(속이) 텅 비었음. ②거짓. 헛됨.

4◉空❷[そら] ①하늘. 공중. 허공. ②날씨. ③멀리 떨어진 장소. ④기분. 심경. ⑤들뜸. 건성. ⑥거짓말. ⑦암기. 보지 않고 외움. ¶ ~で言(い)う 암기해서 말하다. ❸[くう] ☞ [音読]

空オケ[からオケ] 가라오케. ①반주만 녹음한 테이프. ②노래방.

空っぽ[からっぽ] 속이 빔. 텅 빔.

⊗空かす[すかす] 〈5他〉 (배를) 주리다. 배고프게 하다.

3◉空く❶[あく] 〈5自〉 ①(공간・방이) 비다. ②틈이 생기다. 사이가 벌어지다.

3⊗空く❷[すく] 〈5自〉 ①(빈자리가) 나다. 비다. ②(배가) 고프다. ③짬이 나다.

2空き[あき] ①빈 곳. 빈자리. 빈 터. ②틈새. 빈틈. 여백. ③빈자리. 공석. 결원. ④짬. 빈틈. 여가. ⑤안 쓰는 물건. 여벌. 여분.

空(き)家[あきや] 빈집. 사람이 살지 않는 집.

空(き)殻[あきがら] ①빈 껍질. ②빈 그릇.

空き間❶[あきま] ①사이. 빈틈. ②빈방. ❷[すきま] ①빈틈. 틈새기. ②짬. 겨를.

空(き)缶[あきかん] 빈 깡통.

空(き)瓶[あきびん] 공병; 빈 병.

空き腹[すきはら] 공복; 허기진 배.

空きっ腹[すきっぱら] 공복; 허기진 배.

空(き)部屋[あきべや] 빈방. 사람이 살지 않는 방.

空(き)巣[あきす] ①빈 둥지. ②빈집.

空(き)巣狙い[あきすねらい] 빈집을 노리는 도둑.

空(き)地[あきち] 공지; 빈터. 놀고 있는 땅. 공한지(空閑地).

◉空ける[あける] 〈下1他〉 ①비우다. 쏟다. ②(집・방을)비우다. 내어 주다. ③(구멍을) 뚫다. ④(틈・시간을) 내다.

1⊗空しい[むなしい] 〈形〉 ①허무하다. 덧없다. ②공허하다. ③보람 없다. 헛되다. ④이 세상에 살지 않다.

1⊗空ろ[うつろ] ①속이 빔. ②얼빠짐. 공허함.

空せ貝[うつせがい] ①조가비. ② ≪貝≫ 큰 구슬우렁이.

空蟬[うつせみ] ≪雅≫ ①매미. ②매미의 허물. ③허탈한 상태.

空覚え[そらおぼえ] ≪老≫ ①암기. ②희미한 기억.

空見[そらみ] 헛봄. 잘못 봄.

空景気[からげいき] 겉으로만 좋아 보이는 경기.

空脛[からすね/からずね] 드러난 정강이. 정강이를 드러냄.

空高く[そらたかく] 하늘 높이.

空空しい[そらぞらしい] 〈形〉 ①새치름하다. 시치미 떼는 듯하다. ②속이 빤히 들여다보이다.

空空しさ[そらぞらしさ] ①새침함. ②빤함.

空恐ろしい[そらおそろしい] 〈形〉 어쩐지 무섭다. 괜히 두려운 생각이 들다.

空恐ろしさ[そらおそろしさ] 괜한 두려움.

空嘔[からえずき] 헛구역질.

空堀[からぼり] (城을 지키기 위해서 파 놓은) 물이 없는 호(濠).

空念仏[からねんぶつ] 공염불. ①진심이 깃들이지 않은 염불. ②실행이 안 따르는 주장.

空豆[そらまめ] ≪植≫ 잠두(蚕豆). 누에콩.

空頼み[そらだのみ] 부질없는 기대.

空涙[そらなみだ] 거짓 눈물.

空馬[からうま] 빈 말. 짐을 안 실은 말.

空売(り)[からうり] 공매도(空売渡). ＊주식 거래에서, 차액의 이익을 목적으로 주(株)를 갖고 있지 않으면서 파는 일.

空梅雨[からつゆ] 장마철에 비가 오지 않음.

空模様[そらもよう] ①날씨. ②일이 진행되는 추세. 형세.

空目[そらめ] ①잘못 봄. ②못 본 체함. ③눈을 치뜸.

空目遣い[そらめづかい] 눈을 치뜸.

空夢[そらゆめ] ①개꿈. 거짓 꿈. ②공상. 헛된 꿈.

空聞き[そらぎき] 건성으로 들음. 흘려들음.
空焚き[からだき] 빈 가마나 빈 목욕통에 불을 땜.
空悲しい[そらがなしい] 〈形〉 왠지 슬프다. 까닭 없이 슬프다.
空死に[そらじに] 짐짓 죽은 체함.
空似[そらに] (남남끼리) 얼굴이 닮음.
空事[そらごと] 빈말. 헛소리. 거짓말.
空写し[からうつし] ①사진을 헛 찍음. 카메라 셔터를 눌러도 찍히지 않음. ②대상을 정하지 않고 사진을 찍음.
空相場[からそうば] 공거래. ＊실물은 없이, 시세의 등락으로 손익을 계산하여 그 차액으로 결제하는 거래.
空箱[からばこ] 빈 상자.
空色[そらいろ] ①하늘 색. 연한 청색. ②날씨.
空惜しみ[そらおしみ] (거짓으로) 아까운 체함.
空笑い[そらわらい] 억지웃음. 헛웃음.
空嘯く[そらうそぶく] 〈5自〉 ①시건방지게 굴다. 딴전만 부리다. ②시치미를 떼다.
空誓文[からせいもん] 거짓 서약서.
空船[からぶね/あきぶね/くうせん] 빈 배. 짐을 안 실은 배.
空世辞[からせじ] 겉치레 말. 빈말. 입에 발린 말.
空騒ぎ[からさわぎ] 헛소동. 공연히 떠들어댐.
空送り[からおくり] 녹음이나 재생을 하지 않고 테이프를 그냥 돌림.
空手❶[からて] ①공수; 빈손. 맨손. ②당수(唐手). ＊일본의 무술. ❷[そらで] (신경통으로 은근히 느끼는) 노인의 팔의 통증.
空手形[からてがた] 공수표. ①부도가 날 위험이 많은 어음. ②실없는 약속. 공약(空約).
空穂[うつぼ/うつほ] 《仏》 ①공허. 속이 텅 빔. ②속옷을 입지 않음.
空穂舟[うつぼぶね/うつほぶね] 통나무배.
空身[からみ] 빈 몸. 맨몸. 홀몸.
空押し[からおし] 형압(型圧). 무늬만 도드라지게 한 것.
空揚げ[からあげ] 가루를 묻히지 않고 그냥 튀긴 것.
空様[そらざま] 하늘 쪽. 위쪽.
空言❶[そらごと] 빈말. 헛소리. ❷[くうげん] ①헛소문. 뜬소문. ②빈말. 실없는 말.
空誉め[そらぼめ] 입에 발린 칭찬.
空元気[からげんき] 허세. 객기(客気).
空威張り[からいばり] 허세. 허세를 부림.
空音[そらね] ①(실제로는 안 들리는데) 헛들린 악기 소리. ②(새 등의) 우는 시늉. ③헛소리. 거짓말.
空泣き[そらなき] 우는 시늉. 거짓 울음.
空耳[そらみみ] ①헛들음. 잘못 들음. ②못 들은 체함.
空釣り[からづり] 미끼 없이 하는 낚시질.
空ろ舟[うつろぶね] 통나무배.
空株[からかぶ/くうかぶ] 공주; 손익 계산만 하고 실제로는 거래하지 않는 주식.
空蒸し[からむし] 조미료를 사용하지 않고 그냥 찌는 음식.
空振り[からぶり] ①(야구에서) 공을 헛침. ②헛수고. 허사. 계획이 어긋남.
空車[からぐるま/くうしゃ] 공차; 빈차.
空茶[からちゃ] ①(곁들이는 것 없이) 차만 내놓음. ②(여러 번) 우려낸 차.
空鉄砲[からでっぽう] ①(총알 없이) 공포(空砲)로 쏨. ②허풍. 거짓말.
空籤[からくじ] 꽝. 당첨되지 않은 추첨.
空取引[からとりひき/くうとりひき] 공거래(空去来). 차익 거래. ＊실물은 없이, 시세의 등락으로 손익을 계산하여 그 차액으로 결재하는 거래.
空恥ずかしい[そらはずかしい] 〈形〉 멋쩍다. 어쩐지 부끄럽다.
空値[そらね] 실제보다 높게 매긴 가격. 가짜 가격.
空寝[そらね] 거짓 잠. 꾀 잠.
空便❶[からびん/あきびん] 여객이나 짐을 싣지 않은 배나 비행기. ❷[くうびん] '航空便'의 준말.
空風[からかぜ] 강바람. 비나 눈을 동반하지 않은 세찬 바람.
空っ風[からっかぜ] ☞ 空風(からかぜ)
空下手[からへた] 몹시 서투름.
空っ下手[からっぺた] '空下手(からへた)'의 강조.
空鼾[そらいびき] 헛코골기.
空合(い)[そらあい] ① 《老》 날씨. ②형세. 추세.
空解け[そらどけ] 《雅》 (끈・띠 등이) 저절로 풀림.
空咳[からせき/からぜき] ①마른기침. ②헛기침.

ㄱ

空嘘[からうそ] 새빨간 거짓말.
空穴[からけつ] ≪俗≫ 빈털터리. 무일푼.
空っ穴[からっけつ] '空穴(からけつ)'의 강조.
空濠[からぼり] (城을 지키기 위해 파 놓은) 물이 없는 호(濠).
空惚ける[そらとぼける] 〈下1他〉 시치미를 떼다. 모르는 체하다.
空回り[からまわり] 공회전(空回転). ①바퀴나 기계가 헛돌아 감. ②진전이 없이 답보 상태에 있음.
空薫き[そらだき] 은은하게 향을 피움. 은은한 향내.
空喜び[そらよろこび] 헛 기쁨. 헛된 기쁨. 기쁜 일도 아닌 것을 기뻐함.

音読

2◉空❶[くう] ①공중. 허공. ②〈形動〉 ㉠텅 빔. 공허. 허무함. ㉡근거가 없음. ㉢헛일. 허사. ❷[から/そら] ☞[訓読]
1空間[くうかん] 공간; ①비어 있는 곳. ②3차원의 무한한 넓이.
空軍[くうぐん] 공군; 항공 병력.
空拳[くうけん] 공권; 맨주먹. 빈주먹.
空閨[くうけい] 공규; 독수공방(独守空房).
空隙[くうげき] 공극; 빈틈. 틈바구니.
3空気[くうき] 공기; ①대기. 지구를 둘러싸고 있는 기체. ②분위기.
空気銃[くうきじゅう] 공기총.
空気抜(き)[くうきぬき] 통풍구. 통풍을 위한 장치.
空洞[くうどう] 공동; 굴. 동굴.
空洞化[くうどうか] 공동화.
空欄[くうらん] 공란; 빈칸.
空冷[くうれい] 공랭; 공기로 식힘.
空冷式[くうれいしき] 공랭식.
空路[くうろ] 공로; ①항공로. ②항공편.
空論[くうろん] 공론; 실제로 소용이 안 되는 이론.
空漠[くうばく] 공막; ①끝없이 넓음. ②막연함.
空母[くうぼ] '航空母艦'의 준말.
空文[くうぶん] 공문; 헛조문. 사문(死文)
空文化する[くうぶんかする] 〈サ変自〉 사문화(死文化)되다.
空白[くうはく] 공백; ①여백. ②(기간의) 공백.
1空腹[くうふく] 공복; 배고픔.
空費[くうひ] 공비; 낭비. 허비.
2空想[くうそう] 공상; 헛된 생각.
空席[くうせき] 공석; 빈자리. 빈 좌석.
空疎[くうそ] 공소; 뚜렷한 내용이 없음.
空輸[くうゆ] 공수; 비행기로 실어 나름. '空中輸送'의 준말.
空襲[くうしゅう] 공습; 비행기에 의한 습격.
空室[くうしつ] 공실; (호텔의) 빈방.
空言❶[くうげん] ①헛소문. 뜬소문. ②빈말. 실없는 말. ❷[そらごと] 빈말. 헛소리.
空位[くうい] 공위; ①빈자리. ②유명무실한 자리.
空前[くうぜん] 공전; 미증유. 비교할 만한 것이 전에는 없음.
空転[くうてん] 공전; 헛돎. 겉돎.
空挺部隊[くうていぶたい] 낙하산 부대.
空調[くうちょう] 공조; 에어컨디셔닝. '空気調節'의 준말.
空調設備[くうちょうせつび] 공조 설비; 에어컨디셔닝 설비.
2空中[くうちゅう] 공중; 하늘.
空中楼閣[くうちゅうろうかく] 공중누각.
空中分解[くうちゅうぶんかい] 공중분해.
空中線[くうちゅうせん] 공중선; 안테나.
空中戦[くうちゅうせん] 공중전.
空戦[くうせん] 공전; '공중전(空中戦)'의 준말.
空即是色[くうそくぜしき] 공즉시색.
空地[くうち] 공지; ①빈터. 공한지(空閑地). ②공중과 지상. 하늘과 땅.
空地連絡[くうちれんらく] 공중과 지상 연락.
空砲[くうほう] 공포; 실탄을 재지 않은 총포.
空爆[くうばく] '空中爆撃(くうちゅうばくげき)'의 준말.
3空港[くうこう] 공항; 비행장.
空虚[くうきょ] 공허; ①텅 빔. ②허무함. 내용·실속이 없음.

貢 바칠 공

一 丅 干 干 㓛 㓛 㓛 𧵊 貢 貢

音 ◉コウ ◉グ
訓 ◉みつぐ

訓読

◉貢ぐ[みつぐ] 〈5他〉 ①공물을 바치다. 헌상(献上)하다. ②(금품을) 선물하다. 대주다.
貢(ぎ)[みつぎ] ①조세(租税). ②조공(朝貢).

貢(ぎ)物[みつぎもの] ①공물(貢物). ②조공(朝貢).

音読

貢献[こうけん] 공헌; 이바지함. 기여(寄与)함.
貢献度[こうけんど] 공헌도; 이바지한 정도. 기여한 정도.
◑**年貢**[ねんぐ], **年貢米**[ねんぐまい]

恐 두려울 공

一 丅 工 玑 巩 巩 巩 巩 恐 恐

音 ◉キョウ
訓 ⊗おそらく ◉おそる ◉おそれる ◉おそろしい ⊗こわい

訓読

[2]⊗**恐らく**[おそらく] 아마. 어쩌면. 필시.
◉**恐る**[おそる] 〈下2自〉 두려워하다. ＊'恐(おそ)れる'의 문어적 표현임.
恐るべき[おそるべき] ①두려운. 무서운. 가공(可恐)할. ②놀라운. 굉장한. 대단한.
恐る恐る[おそるおそる] 조심조심. 흠칫흠칫. 두려워하면서.
[2]◉**恐れる**[おそれる] 〈下1自〉 ①무서워하다. 두려워하다. ②우려하다. 염려하다. ③경외(敬畏)하다. 두려워하다.
[1]**恐れ**[おそれ] ①두려움. 무서움. 공포심. ②걱정. 염려. 우려.
恐れ気[おそれげ] 두려워하는 기색.
恐れ多い[おそれおおい] 〈形〉 ①송구스럽다. 황송하다. ②대단히 고맙다.
恐れ乍ら[おそれながら] 황송하오나. 죄송하오나.
[1]**恐れ入る**[おそれいる] 〈5自〉 ①황송해하다. 송구스러워 하다. 죄송해 하다. ②어이없다. 질리다. ③(상대방에 압도되어) 두손 들다. 항복하다.
[2]◉**恐ろしい**[おそろしい] 〈形〉 ①무섭다. 두렵다. ②걱정스럽다. 염려스럽다. ③굉장하다. 지독하다. 심하다. ④묘하다. 이상하다.
恐ろしがる[おそろしがる] 〈5自〉 무서워하다. 두려워하다.
恐ろしさ[おそろしさ] 무서움. 두려움.
⊗**恐い**[こわい] 〈形〉 무섭다. 겁나다. 두렵다.
⊗**恐がる**[こわがる] 〈5自〉 무서워하다.
⊗**恐さ**[こわさ] 무서움. 두려움.

音読

恐喝[きょうかつ] 공갈; ①협박하여 무섭게 함. ②금품을 얻기 위해 위협함.
恐喝罪[きょうかつざい] 공갈죄.
恐恐[きょうきょう] 삼가 두려워함.
恐懼[きょうく] 공구; 황송함. 송구함.
恐竜[きょうりゅう] 공룡; 중생대에 살았던 거대한 파충류.
恐水病[きょうすいびょう] 《医》 공수병; 광견병(狂犬病).
恐悦[きょうえつ] 공열; 삼가 기뻐함.
恐察[きょうさつ] 공찰; 남의 사정을 삼가 헤아림.
恐妻家[きょうさいか] 공처가; 부인을 두려워하는 남편.
[2]**恐縮**[きょうしゅく] 송구함. 황송함. 죄송함.
恐縮千万[きょうしゅくせんまん] 죄송하기 짝이 없음.
[2]**恐怖**[きょうふ] 공포; 두려워함. 무서워함.
[2]**恐怖感**[きょうふかん] 공포감.
[2]**恐怖心**[きょうふしん] 공포심.
恐怖症[きょうふしょう] 공포증.
恐惶[きょうこう] 공황; 황공함. 황송함.
恐慌[きょうこう] 공황; ①놀랍고 두려워 당황함. ②경제 공황. 극심한 불경기.

恭 공손할 공

一 十 廾 共 共 共 恭 恭 恭 恭

音 ◉キョウ
訓 ◉うやうやしい

訓読

◉**恭しい**[うやうやしい] 〈形〉 공손하다. 예의바르다. 정중하다.
恭しげ[うやうやしげ] 〈形動〉 공손한 듯함.
恭恭しい[うやうやしい] ☞ 恭しい

音読

恭倹[きょうけん] 공검; 공손하고 조심스러움.
恭謙[きょうけん] 공겸; 공손하고 겸손함.
恭敬[きょうけい] 공경; 공손하게 섬김.
恭順[きょうじゅん] 공순; 공손하고 온순함. 삼가 복종함.
恭悦[きょうえつ] 공열; 삼가 기뻐함. ＊편지 등에 쓰는 말임.
恭賀新年[きょうがしんねん] 근하신년(謹賀新年).

控 당길/덜 공

一 † 扌 扌' 扌' 扌' 扌' 挖 挖 控

音 ◉コウ
訓 ◉ひかえる

訓読

[1]◉控える[ひかえる] 〈下1自〉 ①대기하다. 기다리다. ②(곁에서) 모시고 서다. 시립(侍立)하다. ③(앞쪽에) 가로놓이다. 〈下1他〉 ①붙잡다. 말리다. 그만두다. ②삼가다. 줄이다. 억제하다. ③보류하다. 그만두다. ④가까이에 있다. ⑤(잊지 않도록) 메모하다. 기록하다.

控え[ひかえ] ①대기함. ②예비. ③곁에서 도움. ④차례를 기다리는 씨름꾼. ⑤메모. 사본(写本). ⑥떠받치는 버팀목.

控え力士[ひかえりきし] 차례를 기다리는 씨름꾼.

控え目[ひかえめ] ①(사양하듯이) 조심스러움. 소극적임. 삼감. ②적은 듯하게 함. 약간 줄임.

[1]控(え)室[ひかえしつ] 대기실.

控(え)屋敷[ひかえやしき] (본 저택 외에) 따로 마련해 둔 저택.

控(え)邸[ひかえてい] ☞ 控屋敷

音読

控訴[こうそ] ≪法≫ 항소(抗訴).

控訴審[こうそしん] ≪法≫ 항소심(抗訴審).

[1]控除[こうじょ] 공제; 빼어 냄.

控除額[こうじょがく] 공제액; 빼어 낸 금액.

拱 팔짱낄 공

音 ⊗キョウ
訓 ⊗こまぬく

訓/音読

⊗拱く[こまぬく/こまねく] 〈5他〉 팔짱끼다. ¶腕(うで)を～ 팔짱끼다. 수수방관하다.

拱手[きょうしゅ] 공수; ①팔짱을 끼고 아무것도 하지 않음. ②두 손을 마주 잡는 중국의 예법.

鞏 굳을 공

音 ⊗キョウ
訓 —

音読

鞏固[きょうこ] 공고; (정신적으로) 굳세고 튼튼함.

鞏膜[きょうまく] ≪生理≫ 공막; 안구(眼球)를 싸고 있는 막(膜).

鞏膜炎[きょうまくえん] ≪医≫ 공막염.

〔과〕

果 실과/열매 과

丨 冂 日 旦 甲 甲 果 果

音 ◉カ
訓 ◉はたす ◉はつる◉はてる ◉はて ⊗おおせる ⊗はかない

訓読

[1]◉果たす[はたす] 〈5他〉 ① (해야 할 의무·역할을) 완수하다. 달성하다. ②(소원을) 이루다. ③죽이다.

[2]果(た)して[はたして] ①역시. 과연. 생각한 대로. ②정말. 과연. 도대체.

果(た)し眼[はたしまなこ] (상대를 죽일 듯한) 매서운 눈초리.

果(た)し状[はたしじょう] 결투(決闘)를 신청하는 서류.

果(た)し合い[はたしあい] 결투(決闘).

果(た)せる哉[はたせるかな] 과연. 아니나 다를까. 생각한 대로.

◉果つる[はつる] 막다른. 끝나는.

[1]◉果てる[はてる] 〈下1自〉 ①끝나다. ②다하다. 없어지다. ③목숨이 다하다. 죽다. ④(동사 ます형에 접속하여) 완전히 …다하다. 극도에 달하다.

[1]◉果て[はて] ①끝. 끝장. 종말. ②마지막 모습. 종말.

果てし[はてし] (부정의 말 앞에서) 끝. 한정.

果てしない[はてしない] 〈形〉 끝없다. 한없다.

果ては[はては] 끝내는. 결국은. 드디어는.

⊗果せる[おおせる] (동사 ます형에 접속하여) 끝까지 …해내다. 끝까지 …다하다. 끝까지 …완수하다.

[1]⊗果敢ない[はかない] 〈形〉 ①덧없다. 허무하다. 무상하다. ②헛되다. 부질없다. 소용없다.

音読

果[か] 과; ①결과. ② ≪仏≫ 수행(修行) 뒤에 얻는 깨달음.

果敢[かかん] 과감; 결단력 있고 용감함.

果断[かだん] 과단; 과감함. 과감하게 결정함.
果糖[かとう] ≪化≫ 과당.
4果物[★くだもの] 과일. 과실.
4果物屋[★くだものや] 과일가게.
果報[かほう] 과보; ① ≪仏≫ 인과응보. ②행복. 행운.
果報者[かほうもの] 행운아.
果樹[かじゅ] 과수; 과일 나무.
果樹園[かじゅえん] 과수원.
果実[かじつ] 과실; 열매.
果実酒[かじつしゅ] 과실주.
果然[かぜん] 과연; ①생각한대로 ②역시. 정말.
果肉[かにく] 과육; 과일의 살.
果汁[かじゅう] 과즙; 과일의 즙.
果菜[かさい] 과채; *가지・오이・호박 따위를 말함.
果皮[かひ] 과피; 과일 껍질.

科 과목 과

丿 二 千 禾 禾 禾' 禾' 禾ᅳ 科

音 ◉カ
訓 ⊗しな ⊗とが

訓読

⊗科❶[しな] ①잘못. 과오. 실수. ②죄가 되는 행위. 비행. 죄. ③결점. 허물. ❷[とが] ①애교. 교태. ②품위. ❸[か] ☞ [音読]
⊗科人[とがにん] 죄인(罪人).
⊗科白[せりふ] ① ≪劇≫ 대사(台詞). ②상투적인 말. 말투. 틀에 박힌 말. ③변명. 불평.
⊗科白回し[せりふまわし] (배우의) 대사 표현 솜씨.

音読

2科[か] 과; ①전문 분야와 학과의 작은 분류. ②생물 분류학상의 한 단계.
科する[かする] 〈サ変他〉 (벌을) 부과하다. 처벌하다.
科挙[かきょ] 과거; 중국에서 시행되던 고등 관료 자격시험 제도.
科料[かりょう/とがりょう] ≪法≫ 과태료. ①벌금(罰金). ②벌금형(罰金刑).
2科目[かもく] 과목; ①항목. ②(학과의) 과목.
科条[かじょう] 규정. 법령.
3科学[かがく] 과학; 어떤 영역의 대상을 객관적으로, 계통적으로 연구하는 활동. 또는 그 성과의 내용.

菓 과자 과

一 十 艹 艹 廿 苜 苴 革 菓 菓

音 ◉カ
訓 ―

音読

4菓子[かし] ¶お~ 과자.
菓子パン[かしパン] (식빵 이외의) 과자빵.
菓子料[かしりょう] 과자 값. 떡값.
菓子盆[かしぼん] 과자 쟁반.
菓子屋[かしや] 과자점. 케이크점.
菓子折(り)[かしおり] (선물용) 과자 상자.

過(過) 지날/허물 과

丨 冂 冋 冋 冎 冎 咼 渦 過 過

音 ◉カ
訓 ◉すぎる ◉すごす ◉あやまつ

訓読

3◉過ぎる[すぎる] 〈上1自〉 ①(장소를) 지나가다. 통과하다. ②(어떤 수준을) 넘다. 지나다. 지나치다. ③(세월이) 지나다. 지나가다. ④(기한이) 지나다.
4過(ぎ)[すぎ] ①(시간・나이가) 지남. 넘음. ②(동사 ます형에 접속하여) 지나침.
過ぎし[すぎし] 지나간.
過ぎない[すぎない] (…에) 불과하다. 지나지 않다.
過ぎ去る[すぎさる] 〈5自〉 ①통과하다. 지나가다. ②(시간이) 지나다. 지나가다.
過ぎ者[すぎもの] (결혼 등의) 과분한 상대자. 과분한 사람.
過ぎ行く[すぎゆく] 〈5自〉 ①지나가다. 통과하다. ②(시간이) 경과하다. 흘러가다. 지나가다.
2◉過ごす[すごす] 〈5他〉 ①(시간을) 보내다. ②지내다. 살다. ③(정도를) 넘다. 지나치다.
◉過つ[あやまつ] 〈5他〉 ①잘못하다. 실수하다. ②과오를 범하다. 그르치다.
1過ち[あやまち] ①잘못. 과오. ②(부지중의) 잘못. 실수.

音読

過客[かかく] 과객; ①찾아온 손님. ②길손. 나그네.

[2]過去[かこ] 과거; ①지난 날. 옛날. ②≪仏≫ 전생(前生). 전세(前世). ③(사람이 겪은) 옛날 일. ④≪語学≫ 과거.
過激[かげき] 과격; 지나치게 격렬함.
過年度[かねんど] 과년도; 작년도.
過年度払い[かねんどばらい] 작년도 분을 올해에 지출함.
過多[かた] 과다; 지나치게 많음.
過大[かだい] 과대; 지나치게 큼.
過大評価[かだいひょうか] 과대평가.
過度[かど] 과도; 정도가 지나침.
[1]過労[かろう] 과로; 지나치게 일하여 피로함.
過料[かりょう] ≪法≫ 과태료(過怠料). *행정 법규 위반자에게 부과하는 돈.
過敏[かびん] 과민; 지나치게 예민함.
[1]過密[かみつ] 과밀; 지나치게 빽빽함.
過半[かはん] 과반; 대부분.
[2]過半数[かはんすう] 과반수; 절반이 넘는 수.
過般[かはん] 과반; 지난번. 요전.
過不及[かふきゅう] 과불급; 지나치거나 모자람. 딱 맞지 않음.
過不足[かふそく] 과부족; 지나침과 모자람.
過分[かぶん] 과분; 분에 넘침.
過小[かしょう] 과소; 지나치게 작음.
過少[かしょう] 과소; 지나치게 적음.
[1]過疎[かそ] 과소; 지나치게 성김.
過信[かしん] 과신; 지나치게 믿음.
[2]過失[かしつ] 과실; 부주의로 인한 잘못.
過言[かげん] 과언; ①지나친 말. ②실언(失言).
過熱[かねつ] 과열; ①너무 뜨거워짐. ②(비유로) 불이 붙음.
過誤[かご] 과오; 잘못. 과실.
過日[かじつ] 과일; 지난번. 요전 날.
[2]過剰[かじょう] 과잉; 지나침.
[2]過剰生産[かじょうせいさん] 과잉 생산.
[2]過程[かてい] 과정; 사물의 진행과 발전 경로.
過重[かじゅう] 과중; 힘에 겨움.
過怠金[かたいきん] 과태료(過怠料).
過酷[かこく] 과혹; 지나치게 가혹함.

誇 자랑할 과

亠 言 言 言 言 訁 訁 訡 誇 誇

音 ◉コ
訓 ◉ほこる ◉ほこらか ◉ほこらしい

訓読

[1]◉誇る[ほこる] 〈5他〉 자랑하다. 뽐내다. 자랑으로 여기다. 명예로 삼다.
[2]誇り[ほこり] ①자랑. ②자부심. 자존심. 긍지. 명예.
誇りか[ほこりか] 〈形動〉 자랑스러움.
誇り顔[ほこりがお] 자랑스러운 얼굴.
◉誇らか[ほこらか] 〈形動〉 자랑스러움.
◉誇らしい[ほこらしい] 〈形〉 자랑스럽다. 뽐내고 싶다.
誇らしげ[ほこらしげ] 〈形動〉 자랑스러운 듯함.
誇らしさ[ほこらしさ] 자랑스러움.

音読

誇大[こだい] 과대; 크게 과장함.
誇大妄想[こだいもうそう] 과대망상.
誇大妄想狂[こだいもうそうきょう] 과대망상증 환자.
誇示[こじ] 과시; 자랑하여 보임.
[1]誇張[こちょう] 과장; 사실보다 크게 늘이어 말함.
誇張法[こちょうほう] ≪論≫ 과장법; 어떤 사물을 실제보다 더하게, 또는 훨씬 덜하게 나타내는 표현 방법.
誇称[こしょう] 과칭; ①뽐내어 크게 떠벌림. ②사실보다 더 불려서 말함.

寡 적을/과부 과

宀 宀 宀 宀 宀 宜 宜 寘 寡 寡

音 ◉カ
訓 —

音読

寡[か] 과; 수효가 적음.
寡黙[かもく] 과묵; 말수가 적음.
寡聞[かぶん] 과문; 견문이나 지식이 적음.
寡兵[かへい] 과병; 적에 비해 적은 군사.
寡婦[かふ] 과부; 미망인.
寡少[かしょう] 과소; 아주 적음.
寡言[かげん] 과언; 말수가 적음.
寡欲[かよく] 과욕; 욕심이 적음.
寡人[かじん] 과인; 왕이 자신을 낮추어 하는 말임.
寡作[かさく] 과작; 작품을 적게 만듦.
寡占[かせん] 과점; 어떤 상품 시장의 대부분을 소수의 기업이 독차지함.

課 부과할 과

亠 言 言 訁 訂 訂 誯 誯 課 課

音 ◉カ
訓 —

音読

[2]**課**[か] 과; ①사무 조직의 구분. ②교과서 등의 한 단원.
課する[かする] 〈サ変他〉 ①(세금을) 부과하다. ②(분부하여) 시키다.
課目[かもく] 과목; 학과의 종류.
[2]**課税**[かぜい] 과세; 세금을 부과함.
課業[かぎょう] 과업; 배당된 학과나 의무.
[1]**課外**[かがい] 과외; 정해진 학과나 과업 이외의 것.
課外活動[かがいかつどう] 과외 활동.
課長[かちょう] 과장; 한 과의 우두머리.
課程[かてい] 과정; 공부하는 범위와 순서.
課題[かだい] 과제; 부과된 문제. 부여한 임무.

戈 창/무기 과

音 ⊗カ
訓 ⊗ほこ

訓読

⊗**戈**[ほこ] 쌍날의 칼을 끝에 단 장창(長槍) 비슷한 옛날의 무기.
戈山車[ほこだし] (축제 때) 창을 꽂대기에 꽂아 장식한 수레.

音読

◑**干戈**[かんか], **兵戈**[へいか]

瓜 오이/참외 과

音 ⊗カ
訓 ⊗うり

訓読

⊗**瓜**[うり] ≪植≫ 외.
瓜の木[うりのき] ≪植≫ 박쥐나무.
瓜蠅[うりばえ] ≪虫≫ 넓적다리잎벌레.
瓜実顔[うりざねがお] 희고 갸름한 얼굴.
瓜揉み[うりもみ] 외 초무침. 오이채.
瓜二つ[うりふたつ] (외를 반으로 쪼갠 것처럼) 꼭 같이 닮음.
瓜子姫[うりこひめ] 우리코 공주. ＊민간 설화의 주인공임.
瓜畑[うりばたけ] 참외밭.
瓜草[うりくさ] ≪植≫ 외풀.
瓜皮[うりかわ] ≪植≫ 올미.
瓜核顔[うりざねがお] 희고 갸름한 얼굴.

音読

瓜田[かでん] 외밭. ¶~の靴(くつ) 참외밭에서 신발을 고치려다 참외 도둑으로 의심받다. 의심받는 행위는 삼가는 것이 좋다.

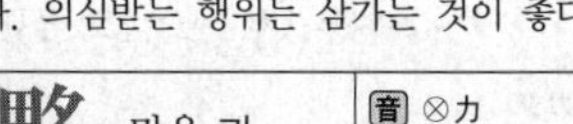

夥 많을 과

音 ⊗カ
訓 ⊗おびただしい

訓読

[1]⊗**夥しい**[おびただしい] 〈形〉 ①엄청나다. 매우 많다. ②(정도가) 심하다.

音読

夥多[かた] 과다; 매우 많음.

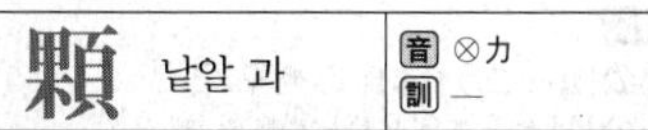

顆 낟알 과

音 ⊗カ
訓 —

音読

顆粒[かりゅう] 과립; ①작은 알갱이. ②≪生≫ 세포 내의 미세한 입자.
顆粒状[かりゅうじょう] 과립상; 작은 알갱이 모양.
顆粒剤[かりゅうざい] 과립제; 작은 알갱이 모양의 약.

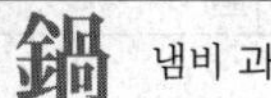

鍋 냄비 과

音 ⊗カ
訓 ⊗なべ

訓読

[2]⊗**鍋**[なべ] ①냄비. ②냄비요리.
鍋蓋[なべぶた] ①냄비 뚜껑. ②돼지해밑. ＊한자(漢字) 부수의 하나로 '京·交' 등의 '亠' 부분을 말함.
鍋尻[なべじり] 냄비 밑바닥.
鍋墨[なべずみ] 냄비나 솥의 밑바닥에 붙은 그을음.
鍋物[なべもの] 냄비요리. 찌개요리.
鍋敷(き)[なべしき] 냄비깔개. 냄비받침.
鍋焼(き)[なべやき] ①냄비볶음. ②냄비국수.
鍋焼(き)饂飩[なべやきうどん] 냄비우동.
鍋料理[なべりょうり] 냄비요리.
鍋底[なべぞこ] ①냄비 밑바닥. ②밑바닥 경기.
鍋底景気[なべぞこけいき] 밑바닥 경기.
鍋鶴[なべづる] ≪鳥≫ 흑두루미.
鍋鉉[なべづる] 냄비에 달린 활 모양의 손잡이.

〔곽〕

郭 바깥성/성씨 곽

亠 亠 亡 亡 亨 亨 享 享 享 郭

音 ◉カク
訓 ⊗くるわ

訓読

⊗郭[くるわ] ①유곽. ②성곽. 성·요새를 둘러싼 울타리. ③한 구역을 이루는 지역. ④둘레에 흙이나 돌로 울타리를 쳐놓은 지역.
⊗郭通い[くるわがよい] 유곽(遊廓) 출입.

音読

郭公[かっこう] ≪鳥≫ 뻐꾸기.
郭公鳥[かっこうどり] ≪鳥≫ 뻐꾸기.
郭内[かくない] 곽내; 성내(城内). 구역 내(区域内).
郭外[かくがい] 곽외; 성 밖. 구역 밖.
郭清[かくせい] 숙청(粛清). 오랜 폐단을 없애어 깨끗하게 함. 부정이나 불법을 제거함.

廓 클 곽

音 ⊗カク
訓 ⊗くるわ

訓読

⊗廓[くるわ] ①유곽. ②성곽. 성·요새를 둘러싼 울타리. ③한 구역을 이루는 지역. ④둘레에 흙이나 돌로 울타리를 쳐놓은 지역.
⊗廓通い[くるわがよい] 유곽(遊廓) 출입.

音読

廓大[かくだい] 곽대; 확대(拡大).
廓然[かくぜん] 곽연; 넓고 휑하니 비어 있음.
廓清[かくせい] 숙청(粛清). 오랜 폐단을 없애어 깨끗하게 함. 부정이나 불법을 제거함.

〔관〕

缶(罐) 두레박/깡통 관

ノ 𠂉 午 午 缶 缶

音 ◉カン
訓 ⊗かま

訓読

⊗缶❶[かま] 보일러. ❷[かん] ☞ [音読]
缶焚(き)[かまたき] 보일러에 불을 땜. ☞ [訓読]

音読

[2]缶❶[かん] ①깡통. ②통조림. ③쇠주전자. ④양철통. ❷[かま] ☞ [訓読]
缶切(り)[かんきり] 깡통 따개. 깡통을 돌아가며 갈라 여는 도구.
[2]缶詰(め)[かんづめ] ①통조림. ②(특별한 일로) 가두어둠. 연금시킴. ③(좁은 곳에 여러 사람이) 갇힘. 연금됨.
缶詰屋[かんづめや] 통조림 업자.
缶詰業[かんづめぎょう] 통조림업.

官 벼슬/관청 관

丶 丶 宀 宀 宀 宀 官 官

音 ◉カン
訓 —

音読

[1]官[かん] 관; ①정부. ②관공서. ③관직.
官界[かんかい] 관계; 관료의 사회.
官公吏[かんこうり] 관공리; 관료.
官公庁[かんこうちょう] 관공청; 관공서.
官軍[かんぐん] 관군; 정부군.
官女[かんじょ/かんにょ] 궁녀(宮女). 나인(内人).
官能[かんのう] 관능; ①감각 기관의 작용. ②성적(性的) 감각.
官能的[かんのうてき] 관능적; 육감적임.
[1]官僚[かんりょう] 관료; 공무원.
官吏[かんり] 관리; 공무원.
官命[かんめい] 관명; 정부의 명령.
官民[かんみん] 관민; 정부와 민간.
官房[かんぼう] 관방; 정부의 인사·문서·공보 등의 사무를 담당하는 부서. *한국의 총무처에 해당함.
官房長官[かんぼうちょうかん] 관방 장관. *한국의 총무처 장관에 해당함.
官報[かんぽう] 관보; ①정부에서 국민에게 알리기 위해 발행하는 문서. ②관공서에서 내는 공용(公用) 전보(電報).
官府[かんぷ] 관부; ①정부. ②관청.
官費[かんぴ] 관비; 국비(国費).
官舎[かんしゃ] 관사; 관저(官邸).

官選[かんせん] 관선; 정부나 관청에서 뽑음.
官省[かんしょう] 관성; ①내각(内閣)의 각 부처. ②관공서. 관청.
官衙[かんが] 관아; 관청.
官業[かんぎょう] 관업; 정부 사업.
官営[かんえい] 관영; 정부가 경영함.
官位[かんい] 관위; ①관직과 위계(位階). ②관직의 등급.
官有[かんゆう] 관유; 국유(国有). 정부 소유.
官有地[かんゆうち] 국유지.
官邸[かんてい] 관저; 특히 대신(大臣) 등이 사용하는 건물.
官展[かんてん] 관전; 문부성(文部省) 주최의 미술 전람회.
官制[かんせい] 관제; 정치상의 사무를 분담하는 기관에 대한 규정.
官製[かんせい] 관제; 정부 제조품.
官尊民卑[かんそんみんぴ] 관존민비; 관리를 존중하고 백성을 천하게 여김.
官職[かんしょく] 관직; 벼슬자리.
2官庁[かんちょう] 관청; 관공서.
官学[かんがく] 관학; ①관립 학교. ②정부가 공인한 학문.
官海[かんかい] 관해; 관리 생활.
官許[かんきょ] 관허; 정부의 허가.
官憲[かんけん] 관헌; ①경찰 관계의 관청. ②경찰 관리. ③관청의 법규.

冠 갓/으뜸 관

丶 冖 冖 冖 冖 冗 冠 冠 冠

音 ◉カン
訓 ◉かんむり ⊗かむり ⊗かぶ

訓読

2◉冠❶[かんむり] 관; ①왕관. 머리에 쓰는 것의 총칭. ②한자(漢子) 부수의 하나로, 草·冠·宿 등의 '艹'·'冖'·'宀' 부분을 말함. ❷[かん] ☞ [音読]
⊗冠付(け)[かむりづけ] '雑俳(ざっぱい)'의 하나로, 5·7·5의 첫 5글자를 제목으로 내놓고, 거기에 7글자·5글자를 덧붙임.
⊗冠木[かぶき] ①문·난간·울타리 등의 가로대. ②대문의 상인방(上引枋).
⊗冠木門[かぶきもん] 두 기둥 위에 가로장을 건너지른 지붕 없는 문.
⊗冠り物[かぶりもの] 머리쓰개. ＊모자·갓 등을 말함.

音読

冠❶[かん] 가장 뛰어남. 으뜸감. ❷[かんむり] ☞ [訓読]
冠する[かんする] 〈サ変他〉 ①머리에 쓰다. 관을 씌우다. ②관례(冠礼)를 치르다. ③(어떤 단어 위에 말을) 붙이다.
冠詞[かんし] ≪語学≫ 관사.
冠状[かんじょう] 관상; 관 모양.
冠省[かんしょう] 관생; 전략(前略). 편지에서 서두의 인사를 생략함.
冠水[かんすい] 침수(浸水). 물에 잠김.
冠水地域[かんすいちいき] 침수 지역.
冠位[かんい] 관위; 관(冠)의 색깔로 나타내는 직위.
冠者[かんじゃ/かじゃ] ①관례(冠礼)를 치르고 관을 쓴 소년. ②벼슬이 없는 사람. ③젊은 하인. 종자(従者). ④젊은이.
冠絶[かんぜつ] 관절; 가장 뛰어남. 으뜸.
冠婚葬祭[かんこんそうさい] 관혼상제; 관례(冠礼)·혼례(婚礼)·장례(葬礼)·제례(祭礼)의 총칭.

貫 꿸/꿰뚫을 관

乚 口 罒 毌 毌 毌 貫 貫 貫 貫

音 ◉カン
訓 ◉つらぬく ⊗ぬき

訓読

⊗貫❶[ぬき] 인방(引枋). ❷[かん] ☞ [音読]
◉貫く[つらぬく] 〈5他〉 ①꿰뚫다. 관통하다. ②관철하다. 일관하다. 이루다.
⊗貫孔[ぬきあな] ≪建≫ 인방(引枋)을 관통하기 위한 구멍.
⊗貫き通す[ぬきとおす] 〈5他〉 관통하다. 꿰뚫다.
⊗貫穴[ぬきあな] ☞ 貫孔

音読

貫❶[かん] ①무게의 관. ＊1관은 3.75kg. ②에도 시대의 화폐 단위로 1,000 문(文). ③鎌倉(かまくら) 시대 이후의 무사의 녹봉 단위. ＊10석(石). ❷[ぬき] ☞ [訓読]
1貫禄[かんろく] 관록; 몸에 갖추어진 위엄.
貫流[かんりゅう] 관류; 꿰뚫고 흐름.

貫目[かんめ] ①무게. 중량. ②(무게 단위의) 관. 3.75kg. ③사람이 지닌 위엄. 관록(貫禄).
貫徹[かんてつ] 관철; 끝까지 뚫고 나아가 목적을 이룸.
貫通[かんつう] 관통; 꿰뚫음.
貫通銃創[かんつうじゅうそう] 관통 총상(銃傷).

棺 널 관

十 木 朩 朩 柠 柠 柠 棺 棺 棺

音 ◉カン
訓 ⊗ひつぎ

訓読

⊗棺[ひつぎ] (죽은 사람의 시신을 넣는) 널.

音読

棺[かん] 관; (죽은 사람을 넣는) 널.
棺桶[かんおけ] 관(棺). 널.

款 조목 관

一 十 士 圭 寺 寺 寺 寺 款 款

音 ◉カン
訓 —

音読

款[かん] 관; ①진심. 진정. ②(예산 과목의) 관.
款待[かんたい] 관대; 환대(歓待). 후히 대접함.
款語[かんご] 관어; 터놓고 이야기함.
款項[かんこう] 관항; (예산 항목의 구분인) 관(款)과 항(項). *관(款)이 가장 큰 항목이고, 항(項)은 그 다음임.
款項目[かんこうもく] 관항목.

寛(寬) 너그러울 관

丶 丶 宀 宀 宀 宀 宀 宵 寛 寛

音 ◉カン
訓 ⊗くつろぐ ⊗くつろげる

訓読

⊗寛ぐ[くつろぐ] 〈5自〉 ①느긋하게 쉬다. 편히 쉬다. ②느슨해지다. 여유 있게 행동하다.
⊗寛げる[くつろげる] 〈下1他〉 ①(옷을) 풀다. 늦추다. ②편히 쉬게 하다. 마음을 편하게 하다.

音読

寛大[かんだい] 관대; 너그러움.
寛恕[かんじょ] 관서; ①관용. 용서. ②도량이 넓고 너그러움.
寛厳[かんげん] 관엄; 관대함과 엄격함.
[1]寛容[かんよう] 관용; 너그러움.
寛仁[かんじん] 관인; 마음이 너그럽고 인정이 많음.
寛仁大度[かんじんたいど] 관인대도; 마음이 너그럽고 인자하며 도량이 큼.

慣 익숙할/버릇 관

丶 忄 忄 忄 忄 忄 忄 惯 慣 慣

音 ◉カン
訓 ◉ならす ◉なれる ⊗ならわす

訓読

[1]◉慣らす[ならす] 〈5他〉 ①(새로운 환경에) 적응시키다. 순응시키다. 길들이다. ②(동물을) 길들이다.
慣らし運転[ならしうんてん] 운전 연수 교육.
[3]◉慣れる[なれる] 〈下1自〉 ①익숙해지다. 숙달되다. ②습관이 되다. 예사로워지다. ③(동사 ます형에 접속하여) …하는 데 익숙하다. 길들다.
慣れ[なれ] ①익숙함. 숙달. 몸에 익음. ②습관.
慣れっこ[なれっこ] ≪俗≫ 예사로 느낌. 익숙해져 아무렇지도 않음.
⊗慣わす[ならわす] 〈5他〉 (동사 ます형에 접속하여) 늘 …하다. …하는 버릇이 있게 하다.
慣わし[ならわし] 관습. 관례. 풍습. 습관.

音読

[1]慣例[かんれい] 관례; 습관이 된 전례(前例).
慣性[かんせい] ≪物≫ 관성; 타성.
慣手段[かんしゅだん] 늘 쓰는 수단. 상투 수단.
慣熟[かんじゅく] 관숙; 익숙해짐.
[1]慣習[かんしゅう] 관습; 전통적인 행동 양식.
慣習法[かんしゅうほう] 관습법.
[1]慣用[かんよう] 관용; ①관례가 되어 행함. ②늘 일상적으로 행함.
[1]慣用句[かんようく] 관용구.

[1]慣用語[かんようご] 관용어.
[1]慣用音[かんようおん] 관용음.
慣行[かんこう] 관행; ①관례대로 행함. ②늘 일상적으로 행함.
慣行犯[かんこうはん] 관행범; 상습범(常習犯).

管 대롱/관리할 관

音 ◉カン
訓 ◉くだ

訓読
[2]◉管❶[くだ] ①관; 대롱. 속이 빈 둥근 막대. ②실을 감는 대롱. 가락. ③베틀의 북에 넣는 실 꾸러미의 대. ④ ≪古≫ 대롱 모양의 피리. ❷[かん] ☞ [音読]
管玉[くだたま] 관옥; 대롱 모양의 구슬.
管鍼[くだばり] 금속 대롱에 넣어서 사용하는 침.

音読
[1]管❶[かん] 〈接尾語〉 관; ¶ 水道(すいどう)の~ 수도관. ❷[くだ] ☞ [訓読]
管する[かんする] 〈サ変他〉 ①관장하다. 취급하다. ②다스리다. 관할하다.
管見[かんけん] 관견; ①좁은 식견(識見). ②자기 소견의 겸사말.
管区[かんく] 관구; 관할 구역.
管内[かんない] 관내; 관할 지역.
[2]管理[かんり] 관리; ①책임을 지고 사무를 관할 처리함. ②경작물의 손질.
管理人[かんりにん] 관리인.
管状[かんじょう] 관상; 대롱 같은 모양.
管状花[かんじょうか] 관상화; 대롱 모양의 꽃.
管楽器[かんがっき] 관악기; 나팔 종류의 악기.
管外[かんがい] 관외; 관할 구역 밖.
管長[かんちょう] ≪宗≫ 관장; 불교 등에서의 종정(宗正). 한 종파의 우두머리.
管掌[かんしょう] 관장; 사무 등을 맡아서 주관함.
管財[かんざい] 관재; 재산·재무 등을 맡아서 관리함.
管財人[かんざいにん] 재산 관리인.
管制[かんせい] 관제; (국가가 강제로) 관리하고 제한함.
管制搭[かんせいとう] 관제탑.
管下[かんか] 관하; 관할하(管轄下). 관할 범위 안.
管轄[かんかつ] 관할; 권한에 의해 지배함.
管絃[かんげん] ☞ 管弦
管弦[かんげん] 관현; 관악기와 현악기.
管弦楽[かんげんがく] 관현악; 오케스트라.
管弦楽団[かんげんがくだん] 관현악단.

関(關) 관계할/빗장 관

音 ◉カン
訓 ◉せき ⊗かかわる

訓読
◉関[せき] ①관문(関門). ②가로막는 것. 방해하는 것.
[2]⊗関わる[かかわる] 〈5自〉 ①(결정적으로) 관계되다. ②관계가 있다. 상관하다. ③구애받다.
⊗関わり[かかわり] 관계. 상관.
関路[せきじ] 관문(関門)으로 통하는 길.
関の門[せきのと] ≪古≫ 관문(関門).
関の山[せきのやま] 고작. 기껏해야 그 정도. 최대한도.
関所[せきしょ] ①관문(関門). ②난관(難関).
関所手形[せきしょてがた] 관문을 통과하는 신분증. 통행증.
関所破り[せきしょやぶり] 부정한 방법으로 통행증 없이 관문을 빠져나감.
関守[せきもり] ≪雅≫ 관문(関門)지기.
関屋[せきや] ≪雅≫ 관문지기가 생활하는 오두막집.
関が原[せきがはら] 운명을 건 싸움. *'岐阜県'에 있는 지명(地名)임. 1600년 이곳에서의 싸움에서 徳川家康(とくがわいえやす)가 승리하여 천하의 실권을 장악한 데서 유래됨.
関取[せきとり] (일본 씨름에서) '十両(じゅうりょう)' 이상의 씨름꾼. *한국의 '장사급'에 해당함.
関破り[せきやぶり] ☞ 関所破り
関脇[せきわけ/せきわき] 일본 씨름꾼 계급의 하나.
関の戸[せきのと] ≪古≫ 관문(関門).

音読
[2]関する[かんする] 〈サ変自〉 관계하다. 관계되다. 관련되다.

[3]関係[かんけい] 관계; ①둘 이상이 서로 걸림. 관련됨. ②방면. ③(남녀간의) 관계. 정교(情交).
関係者[かんけいしゃ] 관계자.
[2]関東地方[かんとうちほう] ① 《地》 관동 지방. *일본의 중앙부에 위치한, 東京都(とうきょうと)・茨城(いばらき)・栃木(とちぎ)・群馬(ぐんま)・埼玉(さいたま)・千葉(ちば)・神奈川(かながわ) 県(けん)으로 이루어진 지방. ②鎌倉(かまくら)・江戸(えど) 幕府(ばくふ)의 특별한 명칭.
関東八州[かんとうはっしゅう] 《地》 箱根(はこね) 동쪽의 여덟 지방. *相模(さがみ)・武蔵(むさし)・安房(あわ)・上総(かずさ)・下総(しもうさ)・常陸(ひたち)・上野(こうづけ)・下野(しもつけ)의 총칭.
関東煮[かんとうに] 꼬치. *関西(かんさい) 지방에서 'おでん'을 일컫는 말임.
[2]関連[かんれん] 관련; (어떤 사물 사이에) 서로 관계됨.
関連性[かんれんせい] 관련성.
関聯[かんれん] ☞ 関連
関門[かんもん] 관문; ①옛날의 검문소의 문. ②통과하기 어려운 곳. 고비. ③下関(しものせき)와 門司(もじ).
関白[かんぱく] ①천황을 보좌하던 최고의 대신(大臣). ②위력이나 권세가 강한 자. 폭군(暴君).
[2]関西[かんさい] 《地》 京都(きょうと)와 大阪(おおさか)를 중심으로 한 지방.
関西弁[かんさいべん] 関西(かんさい) 지방 사투리.
関税[かんぜい] 관세; ①화물이 국경을 통과할 때 세관에서 부과하는 세금. 수입 세금. ②(옛날) 관문(関門)에서 징수했던 세금.
関税率[かんぜいりつ] 관세율.
関数[かんすう] 《数》 함수(函数).
[2]関心[かんしん] 관심; 어떤 사물에 마음이 끌리어 주의를 기울이는 일.
関心事[かんしんじ] 관심사.
関与[かんよ] 관여; 참여함. 관계함.
関節[かんせつ] 《生理》 관절; 뼈의 마디.
関節技[かんせつわざ] (유도에서) 관절꺾기.
関節部[かんせつぶ] 관절부.
関節炎[かんせつえん] 관절염; 관절부에 발생하는 염증.
関節痛[かんせつつう] 관절통; 관절부에 발생하는 통증.
関知[かんち] ①관여. ②감지(感知). 감응(感応).
関八州[かんはっしゅう] '関東八州(かんとうはっしゅう)'의 준말.

館(館/舘) 집 관

亼 今 今 食 食 食 館 館 館 館

音 ◉カン
訓 ⊗やかた ⊗たち ⊗たて

訓読

⊗館❶[やかた] ① 《雅》 (귀족들의) 저택(邸宅). ②귀인(貴人)에 대한 높임말. ¶お～様(さま) 나리. ③배・수레의 지붕. ❷[たち/たて] 《雅》 ①소규모의 성(城). ②귀인의 숙사(宿舎)・저택(邸宅). ❸[かん] ☞ [音読]

音読

[2]館❶[かん] ①(접미어로) 관. ¶美術(びじゅつ)～ 미술관. ②여관 등의 이름에 붙는 말. ❷[やかた/たち/たて] ☞ [訓読]
館内[かんない] 관내; 구내(構内). 영화관・도서관・미술관 등의 건물 내부.
館員[かんいん] 관원; 박물관・도서관・미술관・대사관 등의 직원.
館長[かんちょう] 관장; 박물관・도서관・미술관 등의 우두머리.
館蔵[かんぞう] 관장; 박물관・도서관・미술관 등에서 소장(所蔵)하고 있음.
館主[かんしゅ] 관주; 여관・영화관 따위의 주인.

観(觀) 볼 관

𠂉 𠂉 ⺈ 午 午 午 午 雚 雚 観

音 ◉カン
訓 ⊗みる

訓読

⊗観る[みる] 〈上1他〉 (눈으로) 보다. 관찰하다. ¶景色(けしき)を～경치를 보다. 경치를 구경하다.

音読

[1]観[かん] 모양. 외관. 양상. 본 느낌.
観ずる[かんずる] 〈サ変他〉 ①(진리를) 깨닫다. 터득하다. ②관찰하다. 살펴보다. 주의 깊게 보다. ③체념하다.
[2]観客[かんきゃく] 관객; ①구경꾼. ②독자(読者).

[2]観光[かんこう] 관광; 여행하며 구경함.
観光客[かんこうきゃく] 관광객.
観光団[かんこうだん] 관광단.
観光船[かんこうせん] 관광선.
観光旅行[かんこうりょこう] 관광여행.
観光地[かんこうち] 관광지.
観菊[かんぎく] 관국; 국화를 관상함.
観劇[かんげき] 관극; 연극 구경.
[2]観念[かんねん] 관념; ①사물에 대한 의식 내용. ② ≪仏≫ 눈을 감고 불법(仏法)의 진리를 생각함. ③단념. 체념. 각오.
観念論[かんねんろん] 관념론; ① ≪哲≫ 유심론. ②추상론.
[1]観覧[かんらん] 관람; 구경함.
観覧券[かんらんけん] 관람권.
観覧料[かんらんりょう] 관람료.
観覧席[かんらんせき] 관람석.
観覧者[かんらんしゃ] 관람자.
観梅[かんばい] 관매; 매화꽃 구경.
観望[かんぼう] 관망; ①형세를 살핌. ②전망. 바라봄.
観望台[かんぼうだい] 전망대(展望台).
観兵[かんぺい] 관병; 열병(閲兵). 군대를 사열함.
観兵式[かんぺいしき] 열병식(閲兵式).
観相[かんそう] 관상; 인상을 보고 성격・운명을 점치는 일.
観賞[かんしょう] 관상; 보고 즐김.
観賞魚[かんしょうぎょ] 관상어.
観象[かんしょう] 관상; 기상을 관측함.
観世縒り[かんぜより] 종이 노끈.
観桜[かんおう] 관앵; 벚꽃 감상.
観桜会[かんおうかい] 관앵회; 벚꽃놀이 모임.
観閲式[かんえつしき] 사열식(査閲式).
観葉植物[かんようしょくぶつ] 관엽식물.
観音[かんのん] 관음; ①観世音(かんぜおん)의 준말. ② ≪俗≫ 이(蝨). しらみ.
観音力[かんのんりき] ≪仏≫ 관음력.
観戦[かんせん] 관전; 시합이나 싸움을 봄.
[1]観点[かんてん] 관점; 보는 입장.
観照[かんしょう] 관조; ①객관적으로 냉정하게 관찰함. ② ≪美≫ 미를 직접적으로 인식함.
[1]観衆[かんしゅう] 관중; 구경꾼.
[2]観察[かんさつ] 관찰; 사물을 자세히 살핌.
観察力[かんさつりょく] 관찰력.
観察者[かんさつしゃ] 관찰자.
観取[かんしゅ] 관취; 간파함. 보아서 알아챔.
[2]観測[かんそく] 관측; ①(천체의) 관측. ②(장래의 일을) 미루어 헤아림. 추측.
観測気球[かんそくききゅう] 관측기구.
観測所[かんそくじょ] 관측소.
観艦式[かんかんしき] 관함식; 국가 원수 등이 자국의 군함을 검열하는 의식.

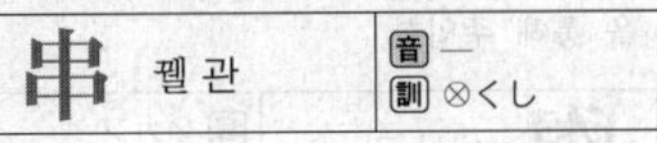

串 꿸 관 | 音 — | 訓 ⊗くし

訓読

⊗串[くし] 꼬챙이. 꼬치.
串カツ[くしカツ] ①돼지고기와 파를 꼬치에 꽂아 튀긴 것. ②쇠고기・생선・조개・야채 등을 꼬치에 꿰어 튀긴 것.
串縫(い)[くしぬい/ぐしぬい] (손바느질에서) 홈질.
串柿[くしがき] 곶감.
串焼(き)[くしやき] 꼬치구이.
串刺(し)[くしざし] ①꼬챙이에 꿤. ②꼬챙이나 창으로 찔러 죽임. ③목을 찔러 효수(梟首)하던 일.

菅 골풀 관 | 音 ⊗カン | 訓 ⊗すが ⊗すげ

訓読

⊗菅[すが/すげ] ≪植≫ 사초(莎草). 왕골.
菅笠[すががさ/すげがさ] 왕골 삿갓.
菅麻[すがそ] 왕골을 쪼개어 만든 끈.
菅蓑[すがみの] 왕골 잎으로 짠 도롱이.
菅原[すがわら/すげはら] 왕골이 돋아나 있는 들판.
菅垣[すががき] 거문고로 노래 없이 타는 곡.
菅薦[すがごも] 왕골로 짠 거적.
菅畳[すがたたみ] 왕골로 짠 다다미.

灌 ×(潅) 물댈/물줄 관 | 音 ⊗カン | 訓 ⊗そそぐ

訓読

⊗灌ぐ[そそぐ] 〈5自〉 ①흘러 들어가다. ②(비・눈이) 쏟아지다. ③(폭포수 등이) 흘러 떨어지다. 〈5他〉 ①(물을) 대다. 주다. ②따르다. 붓다. ③흘리다. ④뿌리다. 끼얹다. ⑤집중시키다. 쏟다. 기울이다.

音読

灌漑[かんがい] ≪農≫ 관개; 논밭에 물을 댐.

灌漑用水[かんがいようすい] 관개용수.
灌木[かんぼく] ≪植≫ 관목; 작은키나무.
灌仏[かんぶつ] ≪仏≫ 관불; ①불상(仏像)에 향수를 뿌림. ②'灌仏会'의 준말.
灌仏会[かんぶつえ] ≪仏≫ 관불회.
灌水[かんすい] 관수; 물을 댐.
灌腸[かんちょう] ≪医≫ 관장; 약물을 항문을 통해 주입함.

盥 대야 관	音 ⊗カン 訓 ⊗たらい

訓読
⊗盥[たらい] 대야.
盥回(し)[たらいまわし] ① ≪俗≫ (끼리끼리 권력·지위를) 차례로 차지함. 끼리끼리 돌려 가며 차지함. ②(곡예에서) 발로 대야 돌리기. ③어떤 일을 차례로 함. ④이리저리 옮김. 이곳저곳으로 옮김.

〔괄〕

括 묶을 괄

一 † 扌 扌 扌 扦 抒 括 括

音 ◉カツ
訓 ⊗くくる ⊗くびれる

訓読
⊗括る[くくる] 〈5他〉 ①(한 데)묶다. ②졸라매다. ③총괄하다. 매듭짓다. ④(죄인 등을) 묶다. ⑤¶高(たか)を〜 깔보다. 우습게 여기다. ⑥¶木(き)で鼻(はな)を〜 무뚝뚝하다. 퉁명스럽다.
括り[くくり] ①묶음. 매듭. 묶는 끈. ②(사물의) 매듭. 결말.
括(り)染(め)[くくりぞめ] 홀치기염색.
括(り)枕[くくりまくら] 메밀껍질 같은 것을 넣고 양쪽을 묶은 베개.
⊗括れる[くびれる] 〈下1自〉 가운데가 잘록해지다. 중심 부분이 가늘다.
括れ目[くびれめ] 잘록한 부분.

音読
括約筋[かつやくきん] ≪生理≫ 괄약근; 항문(肛門)이나 요도(尿道) 주위에 있는 신축성이 있는 근육.
2 括弧[かっこ] 괄호; 묶음표. ¶〜でくくる 괄호로 묶다.
括弧付(き)[かっこづき] 괄호를 붙여 쓴 말. *'이른바·소위'의 뜻이 포함됨.

刮 긁을 괄	音 ⊗カツ 訓 —

音読
刮目[かつもく] 괄목; 주목(注目). 눈을 비비고 주의 깊게 봄. 깊은 관심을 가지고 봄. ¶〜値(あたい)する 괄목할 만하다. 주의깊이 살펴볼 만하다. ¶〜して待(ま)つ 크게 기대하다. 크게 희망을 두다.

筈 그러할 터 괄	音 ⊗カツ 訓 ⊗はず

訓読
3 ⊗筈[はず] ①(당연함을 나타내어) …것임. …예정. …작정. ¶きっと勝(か)つ〜だ 꼭 이길 것이다. ②…할 리. …할 터. ¶そんな〜は無(な)い 그럴 리는 없다. ③(씨름에서) 엄지와 검지 사이로 상대방을 미는 기술. ④활고자. ⑤(화살의) 오늬.

〔광〕

広(廣) 넓을 광

' 亠 广 広 広

音 ◉コウ
訓 ◉ひろい ◉ひろがる ◉ひろげる ◉ひろまる ◉ひろめく ◉ひろめる ◉ひろやか

訓読
4 ◉広い[ひろい] 〈形〉 ①(면적이) 너르다. 넓다. ②(시야가) 넓다. ③(범위가) 넓다. ④(폭이) 넓다. ⑤너그럽다.
2 ◉広がる[ひろがる] 〈5自〉 ①넓어지다. ②퍼지다. 번지다. ③확대되다. 벌어지다. ④펼쳐지다. 전개되다. ⑤퍼지다.
広がり[ひろがり] 퍼짐. 확대.
2 ◉広げる[ひろげる] 〈下1他〉 ①벌리다. 펴다. 펼치다. ②넓히다. 확장하다. ③어질러 놓다.
1 ◉広まる[ひろまる] 〈5自〉 ①퍼지다. 번지다. ②(범위가) 넓어지다.

◉広めく[ひろめく] 〈5自〉 널찍해지다.
[2]◉広める[ひろめる] 〈下1他〉 ①(범위를) 넓히다. ②보급시키다. ③선전하다. 널리 알리다.
◉広やか[ひろやか] 〈形動〉 널찍하다.
[2]広さ[ひろさ] 넓이.
広っぱ[ひろっぱ] (집 밖의 넓은) 공터.
広み[ひろみ] 넓은 곳.
広め[ひろめ] (경사스런 일을) 널리 알림.
広間[ひろま] (모임에 사용하는) 큰 방. 홀.
広蓋[ひろぶた] ①옷상자 뚜껑. ②(뚜껑 비슷한) 쟁반.
広巾[ひろはば] ☞ 広幅(ひろはば)
[2]広広とした[ひろびろとした] 널찍한.
広口[ひろくち] ①(병・용기 등의) 주둥이・아가리가 넓음. ②(꽃꽂이용) 수반(水盤).
広口瓶[ひろくちびん] 주둥이・아가리가 넓은 병.
広島[ひろしま] 일본 中国(ちゅうごく) 지방에 있는 현(県).
広目屋[ひろめや] 광고하는 사람. 샌드위치 맨.
広小路[ひろこうじ] 노폭(路幅)이 넓은 가로(街路).
広袖[ひろそで] ①(일본 옷에서) 소맷부리의 아래쪽을 꿰매지 않은 소매. ②갑옷 소매의 한 가지.
広野[ひろの/ひろや/こうや] 광야.
広縁[ひろえん] ①넓은 툇마루. ② ≪古≫ (寝殿造(しんでんづくり)에서) 행랑방.
広め屋[ひろめや] 광고쟁이. 샌드위치 맨.
[2]広場[ひろば] 광장; 넓은 장소.
広前[ひろまえ] 신전(神殿)・불전(仏殿)・궁전(宮殿) 등의 앞뜰.
広庭[ひろにわ] 넓은 뜰.
広幅[ひろはば] 광폭; *일본 옷감에서 보통 폭의 2배가 되는 것으로 약 75㎝ 정도임.

音読

広角[こうかく] 광각; 렌즈의 촬영 각도가 넓음.
[2]広告[こうこく] 광고; 세상에 널리 알림.
広告灯[こうこくとう] 광고등.
広告欄[こうこくらん] 광고란.
広告料[こうこくりょう] 광고료.
広告取次店[こうこくとりつぎてん] 광고 대리점.
広軌[こうき] 광궤; 레일의 너비가 1.435미터 이상인 궤도.
広大[こうだい] 광대; 넓고 큼.
広量[こうりょう] 광량; 도량이 넓음.
広漠[こうばく] 광막; 끝없이 넓음.
広汎[こうはん] 광범; 범위가 넓음.
広範[こうはん] 광범; 범위가 넓음.
広報[こうほう] 광보; 홍보(弘報). 일반에게 널리 알림.
広報課[こうほうか] 홍보과.
広報館[こうほうかん] 홍보관.
広報用[こうほうよう] 홍보용.
広野[こうや/ひろの/ひろや] 광야.
広言[こうげん] 광언; 호언장담함. 큰소리침.
広域[こういき] 광역; 넓은 구역.
広葉樹[こうようじゅ] ≪植≫ 광엽수; 넓은 잎나무. 활엽수.
広原[こうげん] 광원; 넓은 들. 광야.
広遠[こうえん] 광원; 훤히 트이어 넓고 멈.
広義[こうぎ] 광의; 넓은 뜻.
広壮[こうそう] 굉장함. 넓고 으리으리함.
広狭[こうきょう] 광협; ①넓음과 좁음. ②너비. 넓이.
広闊[こうかつ] 광활; 아주 넓음.

光 빛광

丨 ⺌ ⺌ 业 光 光

音 ◉コウ
訓 ◉ひかり ◉ひからす ◉ひかる

訓読

[3]◉光[ひかり] ①빛. 광선. ②불빛. ③광. 윤. ④광명. 희망. ⑤후광. 위세. ⑥영광. 영예.
◉光らす[ひからす] 〈5他〉 ①광내다. 빛나게 하다. ②번득이다.
[3]◉光る[ひかる] 〈5自〉 ①빛나다. 반짝이다. ②(반사하여) 반짝이다. ③눈부시다. ④(눈이) 번득이다. ⑤뛰어나다.
光堂[ひかりどう] 금색으로 칠한 당(堂).
光(り)物[ひかりもの] ①번쩍이는 물건. ②고물 쇠붙이. ③(생선 초밥의 재료가 되는) 푸른 등의 생선.
光蘚[ひかりごけ] ≪植≫ 반짝이끼.

音読

光角[こうかく] ≪物≫ 광각; 두 눈과 물체와의 각도.
[2]光景[こうけい] 광경; 풍경.
光年[こうねん] 광년; 빛이 1년 간에 가는 거리.
光度[こうど] 광도; ①빛의 강도(強度). ② ≪天≫ 천체가 발하는 빛의 밝기.

光芒[こうぼう] 광망; 빛. 빛살. 빛줄기.
光明[こうみょう] 광명; ①밝은 빛. ②희망.
光背[こうはい] ≪仏≫ 광배; 불상(仏像) 뒤에 붙이는 빛을 본뜬 장식.
2 光線[こうせん] 광선; 빛살.
光速[こうそく] 광속; 빛의 속도.
光速度[こうそくど] 광속도.
1 光熱費[こうねつひ] 광열비; 전기료와 연료비.
光栄[こうえい] 광영; 영광(栄光).
光源[こうげん] 광원; 발광체. 빛을 내는 근원.
光陰[こういん] 광음; ①때. 시간. ②세월.
光彩[こうさい] 광채; 눈부신 빛.
光彩陸離[こうさいりくり] 광채가 한결 눈부시게 빛남.
光体[こうたい] 광체; 발광체. 빛을 내는 근원.
1 光沢[こうたく] 광택; 광(光). 윤(潤).
光沢紙[こうたくし] 광택지.
光波[こうは] 광파; 빛의 파동.
光学[こうがく] 광학; 빛의 작용을 연구하는 학문.
光輝[こうき] 광휘; ①아름답게 빛나는 빛. ②명예. 영예.

狂 미칠 광

丿 犭 犭 狂 狂 狂 狂

音 ◉キョウ
訓 ◉くるう ◉くるおしい ◉くるわしい ◉くるわす ◉くるわせる ⊗ふれる

訓読

2 ◉狂う[くるう] 〈5自〉 ①미치다. 정신이 돌다. ②지나치게 열중하다. 빠지다. ③이상해지다. 잘못되다. 정상에서 벗어나다. ④(계획・예상이) 빗나가다. 어긋나다.
狂い❶[くるい] ①미침. 정신이 돎. ②이상. 차질. 오차. 착오. ③(목재가) 휨.
狂い❷[ぐるい] (명사에 접속하여) …광; …에 미친 사람.
狂(い)死(に)[くるいじに] ①미쳐서 죽음. ②몸부림치며 죽음.
狂(い)咲(き)[くるいざき] 제철이 아닌 때에 피는 꽃.
◉狂おしい[くるおしい] 〈形〉 미칠 것 같다. 미칠 듯하다.
狂おしさ[くるおしさ] 미칠 듯함.
狂おしげ[くるおしげ] 미칠 듯.
◉狂わしい[くるわしい] ☞ 狂おしい
◉狂わす[くるわす] ☞ 狂わせる
◉狂わせる[くるわせる] 〈下1他〉 ①미치게 하다. 상하게 하다. ②틀리게 하다. 틀어지게 하다. ③(계획・예상이) 빗나가게 하다. 혼란스럽게 하다.
⊗狂れる[ふれる] 〈下1自〉 미치다. 정신이 돌다.

音読

狂する[きょうする] 〈サ変自〉 ①미치다. 정신이 돌다. ②열광하다. 미치광이처럼 열중하다.
狂歌[きょうか] (江戸(えど) 시대 중기 이후 유행했던) 풍자와 익살을 주로 읊은 和歌(わか).
狂歌師[きょうかし] 狂歌(きょうか)를 전문으로 짓는 사람.
狂犬[きょうけん] 광견; 미친 개.
狂犬病[きょうけんびょう] 광견병; 공수병.
狂句[きょうく] 광구; 익살스런 俳句(はいく).
狂気[きょうき] 광기; 미친 정신 상태.
狂女[きょうじょ] 광녀; 미친 여자.
狂乱[きょうらん] 광란; 미쳐 날뜀.
狂瀾[きょうらん] 광란; ①거센 파도. ②혼란스런 사회 정세.
狂奔[きょうほん] 광분; ①동분서주(東奔西走)함. ②미쳐 날뜀.
狂死[きょうし] 광사; 미쳐 죽음.
狂想曲[きょうそうきょく] ≪楽≫ 광상곡.
狂騒[きょうそう] 광소; 미쳐 날뜀. 미친 듯이 소란스러움.
狂詩[きょうし] 광시; (江戸(えど) 시대 중기 이후에 유행했던) 익살스런 내용의 한시(漢詩).
狂信[きょうしん] 광신; 미친 듯이 종교를 믿음.
狂信者[きょうしんじゃ] 광신자.
狂信的[きょうしんてき] 광신적.
狂言[きょうげん] ①能楽(のうがく)의 막간에 공연하는 희극. ②歌舞伎(かぶき)의 각본. ③농담. ④미친 소리. 얼토당토 않는 말.
狂人[きょうじん] 광인; 미치광이.
狂人扱い[きょうじんあつかい] 미치광이처럼 취급함.
狂体[きょうたい] ☞ 狂態
狂態[きょうたい] 광태; ①미친 짓. 추태. ②보통과 다른 체제의 시가(詩歌).
狂暴[きょうぼう] 광포; 미친 듯이 난폭함.

狂風[きょうふう] 광풍; 미친 듯이 사납게 부는 바람.

狂喜[きょうき] 광희; 몹시 기뻐함. 몹시 놀라고 기뻐함.

鉱(鑛) 쇳덩이 광

ノ ㅅ 스 仐 金 金 釒 鉱 鉱 鉱

音 ◉コウ
訓 ⊗あらがね

訓読

⊗鉱[あらがね] 조광(粗鉱). 원광(原鉱). 무쇠. 광산에서 캐낸 그대로의 금속.

音読

鉱坑[こうこう] 광갱; 광물을 채굴하기 위하여 판 굴.

鉱工業[こうこうぎょう] 광공업; 광물을 채굴하거나 제련하는 공업.

鉱区[こうく] 광구; 광물 채굴 허가를 받은 구역.

鉱毒[こうどく] 광독; 광물을 채굴하거나 제련할 때 생기는 독.

鉱脈[こうみゃく] 광맥; 광물의 줄기.

鉱物[こうぶつ] 광물; 천연 무기물

鉱夫[こうふ] 광부; 광산의 인부.

[2]鉱山[こうざん] 광산; 광물을 캐내는 산.

鉱産[こうさん] 광산물(鉱産物). ＊금(金)·은(銀)·동(銅)·철(鉄) 등등.

鉱床[こうしょう] 광상; 광물을 많이 함유한 암석이 있는 곳.

鉱石[こうせき] 광석; 광물이 섞여 있는 돌.

鉱水[こうすい] 광수; ①광물질이 많이 함유된 물. ②광산에서 배출하는 물.

鉱員[こういん] 광원; 광부(鉱夫).

鉱油[こうゆ] 광유; 광물성 기름.

[2]鉱業[こうぎょう] 광업; 광산업(鉱産業).

鉱泉[こうせん] 광천; 광물질이 많이 함유된 샘.

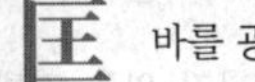

匡 바를 광

音 ⊗キョウ
訓 —

音読

匡正[きょうせい] 광정; 잘못을 바로잡아 고침.

匡済[きょうさい] 광제; ①시국을 바로잡아 구제함. ②악을 타일러서 선도함.

筐 대 바구니 광

音 ⊗キョウ
訓 ⊗かたみ

訓読

⊗筐[かたみ] ≪雅≫ 가늘게 엮은 대 바구니.

◐花筐[はながたみ] 꽃바구니.

曠ˣ(昿) 멀/빌 광

音 ⊗コウ
訓 —

音読

曠古[こうこ] 광고; 전례(前例)가 없음. 미증유.

曠久[こうきゅう] ☞ 曠日弥久

曠世[こうせい] 광세; 유례가 없음. 희대(稀代).

曠野[こうや] 광야; 넓은 들판.

曠原[こうげん] 광원; 광야. 넓은 들판.

曠日弥久[こうじつびきゅう] 광일미구; 우유부단하게 세월만 보냄. 헛되이 세월만 보냄.

曠職[こうしょく] 광직; 직책(職責)을 다하지 않음.

〔괘〕

掛 걸 괘

一 ㅏ 扌 扌 扌 拦 拦 挂 掛 掛

音 —
訓 ◉かかる ◉かける

訓読

[4]◉掛かる[かかる] 〈5自〉 ①(아래로) 걸리다. ②(공중에) 걸리다. ③상정(上程)되다. ④얽히다. ⑤(그물에) 걸리다.

掛(か)り❶[かかり] ①비용. 경비. ②만듦새. ③길게 늘어뜨린 머리 모양. ④초(初). 초입. ⑤(바둑에서) 공격. 공세.

掛(か)り❷[がかり] ①(숫자에 접속하여) …걸림. …의 품이 듦. ②…조(調). ¶芝居(しばい)～ 연극조. ③신세를 짐. 의탁함. ④…하는 김에. …하는 길에.

掛(か)り付(け)[かかりつけ] 특정 의사나 단골 의사의 진찰이나 치료를 받음.

掛(か)り息子[かかりむすこ] 노후(老後)에 의지할 자식.

掛(か)り切(り)[かかりきり] (한 가지 일에만) 매달림. 붙어 있음.

掛(か)り湯[かかりゆ] (목욕 후) 끼얹는 물.

ㄱ

掛(か)り合(い)[かかりあい] ①관련. 관계. ②말려듦. 연루됨.

掛(か)り合う[かかりあう] 〈5自〉 ①관련되다. 관계하다. ②연루되다. 말려들다.

4◉掛ける[かける] 〈下1他〉 ①걸다. 달다. 달아매다. ②말을 걸다. ③얹다. 올려놓다. ④(다리를) 가설하다. 만들다. ⑤걸터앉다. ⑥잠그다. ⑦끼얹다. 뿌리다. ⑧(몸에) 걸치다. 덮다.

1掛け ❶[かけ] ①걸이. ②외상. 외상 거래. ③에누리. ④부금(賦金). 곗돈. ⑤(장국에 만) 메밀국수. 국수. ⑥(동사 ます형에 접속하여) …하다 만. …하는 중. ❷[がけ] ①(숫자에 접속하여) …할(割). ②(동사 ます형에 접속하여) …하는 길. …하는 참. ③(몸에 착용하는 물건 이름에 붙여서) …차림. …바람. ④곱. 배(倍). ⑤(몇 사람이) 앉음.

掛けうどん[かけうどん] 뜨거운 장국에 만 국수.

掛けがね[かけがね] 문고리. 걸쇠.

掛けそば[かけそば] 뜨거운 장국에 만 메밀국수.

掛けまくも[かけまくも] ≪雅≫ 말하기조차. 입에 올리기도.

掛(け)竿[かけざお] ①횃대. ②족자걸이.

掛(け)減り[かけべり] (지난번보다) 분량이 줆. 축남.

掛(け)乞い[かけごい] ①외상값 수금(収金). ②외상값 수금원(収金員).

掛(け)橋[かけはし] ①가교(架橋). 사다리. ②임시 다리. 가교(仮橋). ③(험한 벼랑에 만든) 널다리. 잔교(桟橋). ④중개 역할. 다리 역할.

掛(け)蕎麦[かけそば] 뜨거운 장국에 만 메밀국수.

掛(け)構い[かけかまい] 관계. 상관.

掛(け)金 ❶[かけがね] ①문고리. 걸쇠. ②아래턱과 관자놀이를 연결해 주는 관절. ❷[かけきん] ①부금(賦金). 곗돈. ②외상값.

掛(け)衿[かけえり] ☞ 掛(け)襟

掛(け)襟[かけえり] ①옷깃의 깃. 동정. ②(이불깃의) 덧깃.

掛(け)図[かけず] 괘도; 걸게끔 만든 교습용의 지도나 그림.

掛(け)倒れ[かけだおれ] ①외상값을 떼임. ②비용만 들이고 이익이 없음. ③부금만 붓고 손해 봄.

掛け渡す[かけわたす] 〈5他〉 (다리를) 걸치다. 건너지르다.

掛け籠もる[かけこもる] 〈5自〉 (문을 걸어 잠그고) 안에 틀어박히다.

掛け離れる[かけはなれる] 〈下1自〉 ①동떨어지다. ②(차이가) 현격하다.

掛(け)売(り)[かけうり] 외상 판매.

掛(け)買(い)[かけがい] 외상 매입(買入).

掛(け)目[かけめ] ①(저울에 단) 무게. 중량. ②생사(生糸) 1관을 뽑는 데 드는 누에고치 값. ③(뜨개질에서) 코의 수를 늘리는 방법의 하나.

掛(け)物[かけもの] (벽에 거는) 족자.

掛(け)捨て[かけすて/かけずて] ①(만기 때) 부금을 못 받는 보험. ②(보험 등의) 중도 해약.

掛(け)詞[かけことば] 수사법(修辞法)의 하나로, 동음이의어(同音異義語)를 이용하여 한 낱말에 두 가지 이상의 뜻을 함축시키는 기교적인 표현. *'松(まつ)'와 '待(ま)つ'처럼 나타내는 것.

2掛(け)算[かけざん] 곱셈.

掛(け)先[かけさき] 외상 거래처. 외상을 준 상대.

掛(け)声[かけごえ] ①(힘을 내라고) 격려하는 소리. 성원하는 소리. ②장단 소리. 구호(口号).

掛(け)矢[かけや] 커다란 망치.

掛(け)時計[かけどけい] 괘종시계. 벽시계.

掛(け)饂飩[かけうどん] 뜨거운 장국에 만 국수.

掛(け)引き[かけひき] ①(싸움터에서) 임기응변의 진퇴. ②(장사나 협상에서) 흥정. 책략.

掛け違う[かけちがう] 〈5自〉 ①(길이) 엇갈리다. ②(의견이) 엇갈리다. 어긋나다.

掛人[かかりゅうど] 식객(食客).

掛(け)子[かけご] ①다른 상자 가장자리에 끼워 넣는 상자. ②본심을 숨김.

掛(け)鯛[かけだい] ①설날에 대문 위나 부뚜막에 매다는 말린 도미. ②축하 때에 사용하는 2마리의 도미.

掛(け)持ち[かけもち] 두 가지 일을 겸해서 함. 겸임. 겸직.

掛(け)紙[かけがみ] 선물의 포장지.

掛(け)茶屋[かけぢゃや] (유원지나 길가의) 간이 찻집.

掛(け)替え[かけがえ] 여벌. 예비용. 대용품.

掛け替える[かけかえる] 〈下1他〉 ①다른 것으로 바꾸어 걸다. ②장소를 바꾸어 다른 곳에 걸다.
掛(け)軸[かけじく] 족자.
掛(け)取り[かけとり] 외상값 수금. 수금원.
掛(け)値[かけね] ①에누리. ②과장(誇張).
掛(け)布団[かけぶとん] 이불.
掛(け)蒲団[かけぶとん] 이불.
掛(け)合い[かけあい] ①(물 등을) 서로 끼얹기. ②교섭. 협상. 타협. 담판. ③번갈아 함. ④양쪽에서 서로 공격함. ⑤두 사람이 서로 교대로 (대사를 외거나 문답 또는 노래를) 함.
掛け合う[かけあう] 〈5他〉 ①서로 끼얹다. ②협상하다. 교섭하다. 흥정하다. 담판하다.
掛け合(わ)せる[かけあわせる] 〈下1他〉 ①곱셈하다. 곱하다. ②교배(交配)시키다. 교미(交尾)시키다.
掛(け)行灯[かけあんどん] (입구나 툇마루에 걸어 두는) 초롱불.
掛(け)絵[かけえ] 그림 족자.

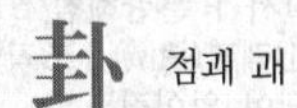

卦 점괘 괘
音 ⊗カ ⊗ケ ⊗ケイ
訓 —

音読

卦[け] 괘; 점괘.
卦算[けいさん] 문진(文鎭). 서진(書鎭). 책장이나 종이쪽이 바람에 날리지 않도록 누르는 물건.
卦象[かしょう] 괘상; 역괘(易卦)의 길흉(吉凶)의 상(象).
卦兆[かちょう] 괘조; 점괘의 길흉의 현상.
卦体[けたい] ①역(易)에 나타난 괘(卦)의 형태. 점(占)의 결과. ②좋은 일이 있을 조짐. 좋은 징조.

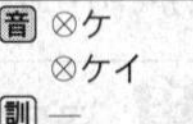

罫 바둑판/줄 괘
音 ⊗ケ ⊗ケイ
訓 —

音読

罫[けい] 괘; ①(글씨의 줄을 맞추기 위해) 종이에 친 줄. ②바둑판·장기판의 줄. ③(인쇄) 괘선(罫線).
罫線[けいせん] 괘선; ①용지에 친 줄. ②(인쇄) 활판 인쇄에서, 윤곽이나 줄을 나타내기 위해 쓰는 금속판.
罫線表[けいせんひょう] 《経》 괘선표; 증권 시세의 변동을 나타낸 도표.
罫紙[けいし/けいがみ/けがみ] 괘지; (글씨의 줄을 맞추기 위해) 줄친 종이.

〔괴〕

怪 괴상할 괴

音 ◉カイ ⊗ケ
訓 ◉あやしい ◉あやしむ

訓読

2◉**怪しい**[あやしい] 〈形〉 ①(모양·행동이) 이상하다. 수상하다. 기이하다. ②(헤아릴 수 없어) 이상야릇하다. ③(정체가) 수상하다. ④수상쩍다. 미심쩍다. 의심스럽다. ⑤(관계가) 수상하다. 수상쩍다.
怪しがる[あやしがる] 〈5他〉 수상하게 여기다.
怪しげ[あやしげ] 〈形動〉 수상함. 이상함.
怪しさ[あやしさ] 수상함.
◉**怪しむ**[あやしむ] 〈5他〉 의아해 하다. 의심하다. 이상히 여기다. 수상해하다.

音読

怪[かい] 괴; ①괴상함. 불가사의. ②요괴(妖怪).
怪傑[かいけつ] 괴걸; 매우 괴상한 행동을 하는 호걸.
怪怪[かいかい] 괴괴; 대단히 괴이함.
怪奇[かいき] 괴기; 괴이하고 진기함.
怪談[かいだん] 괴담; 귀신·도깨비 등이 나오는 이야기.
怪談物[かいだんもの] 괴담물; 괴담을 주제로 한 소설이나 연극.
怪盗[かいとう] 괴도; 신출귀몰(神出鬼没)하는 도둑.
怪童[かいどう] 괴동; 몸집이 크고 힘이 센 사내아이.
怪力[かいりき/かいりょく] 괴력; 이상할 정도로 센 힘.
怪聞[かいぶん] 괴문; 괴상한 소문.
怪物[かいぶつ] 괴물; ①괴이한 물건. 도깨비. ②괴상한 인물.
怪死[かいし] 괴사; 원인 모르는 죽음.
怪死体[かいしたい] 변사체(変死体).

怪石[かいせき] 괴석; 기이하게 생긴 돌.
怪獣[かいじゅう] 괴수; 괴상한 짐승.
3怪我[けが] ①부상. 상처. ②과실. 손실. 잘못. ③요행수. 뜻밖의 결과.
怪我負け[けがまけ] 실수로 짐. 뜻밖의 패배.
怪我勝ち[けががち] 운이 좋아 이김.
怪我人[けがにん] 부상자(負傷者).
怪腕[かいわん] 뛰어난 솜씨.
怪異[かいい] 괴이; ①이상함. ②도깨비 귀신. 요괴(妖怪).
怪火[かいか] 괴화; ①도깨비 불. ②원인 불명의 화재.
怪漢[かいかん] 괴한; 정체를 알 수 없는 수상한 사나이.

拐 유괴할 괴

一 十 扌 扌 扣 扣 拐 拐

音 ◉カイ
訓 —

音読

拐帯[かいたい] 괴대; 위탁받은 금품을 갖고 도망함.
拐帯者[かいたいしゃ] 위탁받은 금품을 갖고 도망친 사람. 공금 횡령자.
拐引[かいいん] 괴인; 유괴(誘拐). 유인(誘引).
◑誘拐[ゆうかい]

塊 덩어리 괴

扌 扌' 扌' 圴 坤 坤 坍 塊 塊 塊

音 ◉カイ
訓 ◉かたまり ⊗くれ

訓読

2◉塊[かたまり] ①덩어리. ②집단. 무리. 떼. ③(어떤 경향이 극단적으로 강한 사람) …장이. …꾸러기.
⊗塊打(ち)[くれうち] ≪農≫ 써레질.
⊗塊割(り)[くれわり] ≪農≫ 고무래. 메.

音読

塊茎[かいけい] ≪植≫ 괴경; 땅속줄기.
塊根[かいこん] ≪植≫ 괴근; 덩이뿌리.
塊金[かいきん] 괴금; 금덩이.
塊状[かいじょう] 괴상; 덩어리진 모양.
塊状溶岩[かいじょうようがん] 괴상 용암.
塊状火山[かいじょうかざん] 괴상 화산.
塊鉄[かいてつ] 괴철; 덩어리진 쇳덩이.
塊炭[かいたん] 괴탄; 덩어리진 석탄.
塊土[かいど] 괴토; 덩어리진 흙.

壊(壞) 무너질 괴

圹 圹 圹 坤 坤 坤 坤 坤 坤 壊

音 ◉カイ ⊗エ
訓 ◉こわす ◉こわれる

訓読

3◉壊す[こわす] 〈5他〉 ①부수다. 깨뜨리다. 파괴하다. ②고장 내다. 망가뜨리다. 탈을 내다. ③(약속・계획을) 망치다. 깨다. 결딴내다. ④분해하다.
3◉壊れる[こわれる] 〈下1自〉 ①깨지다. ②고장 나다. 탈나다. ③(약속・계획이) 깨지다. 어그러지다.
壊れ物[こわれもの] ①깨진 물건. 부서진 물건. ②깨지기 쉬운 물건.

音読

壊乱[かいらん] 괴란; 질서가 문란해짐.
壊滅[かいめつ] 괴멸; ①궤멸(潰滅). 조직이 무너져 망함. ②파괴되어 없어짐.
壊屋[かいおく] 괴옥; ①파괴된 집. ②(사람이 살지 않는) 부서진 집.
壊疽[えそ] ≪医≫ 괴저; 인체 조직의 일부분이 죽은 상태.
壊血病[かいけつびょう] ≪医≫ 괴혈병; 비타민 C의 부족으로 생기는 병.

乖 어그러질 괴

音 ⊗カイ
訓 —

音読

乖隔[かいかく] 괴격; 어그러지고 틈이 생김.
乖離[かいり] 괴리; 서로 등지고 떨어짐.

傀 꼭두각시 괴

音 ⊗カイ
訓 —

音読

傀儡 ❶[★くぐつ] ①(노래에 맞춰 움직이게 하는) 꼭두각시놀음. ②창녀. 유녀(遊女). ＊꼭두각시를 놀리는 여자가 매춘행위도 했던 데서 유래. ❷[かいらい] 괴뢰; ①꼭두각시. ②앞잡이. 허수아비.

傀儡師[くぐつし/かいらいし] ①꼭두각시를 놀리는 사람. ②뒤에서 조종하는 사람.

魁 우두머리 괴	音 ⊗カイ 訓 ⊗さきがけ

訓読

⊗**魁**[さきがけ] ①선구(先驅). 앞섬. 앞장섬. ②앞장서서 적진을 공격함.

音読

⊗**魁偉**[かいい] 괴위; 체격이나 얼굴이 유달리 크고 우람함.

槐 회화나무 괴	音 ⊗カイ 訓 ⊗えんじゅ

訓読

⊗**槐**[えんじゅ] ≪植≫ 홰나무. 회화나무.

音読

槐木[かいぼく] 괴목; 회화나무.

槐安の夢[かいあんのゆめ] 남가일몽(南柯一夢).

〔괵〕

摑 ×(掴) 움켜쥘 괵	音 ⊗カク 訓 ⊗つかまえる ⊗つかむ

訓読

⊗**摑まえる**[つかまえる] 〈下1他〉 ①잡다. 붙잡다. 붙들다. ②꽉 잡다. 움켜잡다. ③파악하다.

⊗**摑ます**[つかます] ☞ 摑ませる

⊗**摑ませる**[つかませる] 〈下1他〉 ①쥐여 주다. 쥐게 하다. ②(속여서 나쁜 물건을) 사게 하다.

⊗**摑まる**[つかまる] 〈5自〉 ①(범인 등이) 잡히다. 붙잡히다. ②(꽉 붙잡고) 매달리다.

⊗**摑まり立ち**[つかまりだち] (어린이가 문을 잡고) 겨우 일어섬.

2⊗**摑む**[つかむ] 〈5他〉 ①붙잡다. 움켜쥐다. ②손에 넣다. 내 것으로 만들다. ③(진상을) 파악하다.

摑み[つかみ] ①붙잡음. 움켜쥠. ②(바둑에서) 선수(先手)를 정함. ③≪建≫ 박공(牔栱) 머리를 보강하는 나무.

摑み掛かる[つかみかかる] 〈5自〉 움켜잡으며 덤벼들다.

摑み洗い[つかみあらい] 주물러서 빨래함.

摑み所[つかみどころ] ①붙잡을 데. ②기준점.

摑み差し[つかみざし] ①(칼 등을) 아무렇게나 참. ②(에도 시대에 여성들이) 장식용 비녀를 2개 나란히 꽂음.

摑み出す[つかみだす] 〈5他〉 ①집어내다. ②(밖으로) 끌어내다.

摑み取り[つかみどり] ①(한 움큼) 움켜잡음. 움켜쥠. ②물건을 마구 잡음.

摑み取る[つかみとる] 〈5他〉 ①움켜잡다. 움켜쥐다. ②헤아리다. 알아차리다.

摑み合い[つかみあい] 맞붙어서 싸움.

摑み合う[つかみみあう] 〈5自〉 ①서로 맞잡다. ②맞잡고 싸우다.

〔굉〕

宏 클/넓을 굉	音 ⊗コウ 訓 —

音読

宏大[こうだい] 굉대; 광대함. 넓고 큼.

宏大無辺[こうだいむへん] 굉대무변; 끝없이 넓고 큼.

宏図[こうと] 굉도; 굉장한 계획.

宏謨[こうぼ] 굉모; 굉장한 계획.

宏業[こうぎょう] 굉업; 굉장한 사업.

宏遠[こうえん] 굉원; 훤히 트이어 넓고 멂.

宏壮[こうそう] 굉장; 넓고 으리으리함.

轟 굉음 굉	音 ⊗ゴウ 訓 ⊗とどろかす ⊗とどろく

訓読

⊗**轟かす**[とどろかす] 〈5他〉 ①(굉음・폭음을) 울리다. ②(가슴을) 뛰게 하다. 두근거리게 하다. ③(명성을) 떨치다. 널리 세상에 알리다. PR하다.

⊗**轟く**[とどろく] 〈5自〉 ①(굉음・폭음이) 울려 퍼지다. ②(가슴이) 뛰다. 두근거리다. ③(명성이) 널리 알려지다.

音読

轟然[ごうぜん] 굉연; 큰 소리가 요란하게 울림.

轟音[ごうおん] 굉음; 요란하게 울리는 큰 소리.

轟沈[ごうちん] 굉침; 격침(擊沈). 함선(艦船)이 피격(被擊)되어 1분 이내에 침몰함.

교

巧 공교할 교

一 丅 工 工 巧

音 ◉コウ
訓 ◉たくみ ⊗たくむ

訓読

[1]◉**巧み**[たくみ] 〈名〉 ①기교(技巧). ②계략. 책략. 〈形動〉 ①정교함. 솜씨 좋음. ②교묘함. 수완이 좋음.
⊗**巧む**[たくむ] 〈5他〉 ①기교를 부리다. 꾸미다. ②음모를 꾸미다. 획책하다.

音読

巧[こう] 솜씨가 훌륭함. 교묘함.
巧技[こうぎ] 교기; 묘기(妙技).
[1]**巧妙**[こうみょう] 교묘; 썩 잘되고 교묘함.
巧手[こうしゅ] 교수; 교묘한 솜씨.
巧言[こうげん] 교언; 교묘하게 꾸민 말. 아첨.
巧言令色[こうげんれいしょく] 교언영색; 겉으로만 그럴 듯하게 꾸민 말.
巧者[こうしゃ] ①능숙함. ②능숙한 사람.
巧拙[こうせつ] 교졸; 능숙함과 서투름.
巧遅[こうち] 교지; 능숙하지만 속도가 느림.
巧緻[こうち] 교치; 정교하고 치밀함.

交 사귈 교

' 亠 六 六 六 交

音 ◉コウ
訓 ◉かわす ◉まじえる ◉まじわる ◉まざる ◉まじる ◉まぜる

訓読

[1]◉**交わす**[かわす] 〈5他〉 ①교환하다. 주고받다. ②서로 통하다. 교차하다. 오가다.
[1]◉**交える**[まじえる] 〈下1他〉 ①섞다. 끼게 하다. ②개입시키다. ③맞대다. 교차시키다. ④교환하다. 주고받다.
[1]◉**交わる**[まじわる] 〈5自〉 ①사귀다. 교제하다. ②교차하다. 엇갈리다. ③성교하다. 섹스를 하다.
交わり[まじわり] ①사귐. 교제. ②섹스. 성교. 교합.
[2]◉**交ざる**[まざる] 〈5自〉 뒤섞이다.
交じらい[まじらい] 교제. 사귐.
交じらう[まじらう] 〈4自〉《古》 ①서로 섞이다. ②사귀다. 교제하다.
[2]◉**交じる**[まじる] 〈5自〉 ①뒤섞이다. ②남들과 섞이다.
交じり[まじり] ①뒤섞임. 섞인 것. ②멀건 죽. 미음.
交じり気[まじりけ] 불순물(不純物). 섞여 있는 것.
[2]◉**交ぜる**[まぜる] 〈下1他〉 ①섞다. 혼합하다. ②뒤섞다. ③축에 끼워 주다.
交ぜ合わせる[まぜあわせる] 〈下1他〉 혼합하다. 섞어서 합치다.
交ぜ織り[まぜおり] 교직; 혼방(混紡).
交ぜ返し[まぜかえし] 여러 번 뒤섞음.
交ぜ飯[まぜめし] 비빔밥.
交ぜっ返す[まぜっかえす] 〈5他〉 ①잘 뒤섞다. 혼합하다. ②(말참견하여) 훼방 놓다. 말허리를 꺾다.
⊗**交交**[こもごも] 번갈아. 교대로.
⊗**交尾む**[★つるむ] 〈5自〉 (짐승이) 흘레하다. 교미하다.
⊗**交喙**[★いすか] 《鳥》 잣새.

音読

交[こう] 교; ①교제. 사귐. ②환절기.
交感[こうかん] 교감; 서로 접촉하여 느낌.
交感神経[こうかんしんけい] 교감 신경.
[2]**交代**[こうたい] 교대; 교체. 역할이 한 번 바뀜.
[2]**交流**[こうりゅう] 교류; ①서로 다른 것이 뒤섞임. ②《電》 전류의 방향이 번갈아 바뀌는 전기.
交尾[こうび] 교미; 흘레.
交配[こうはい] 교배; 생물의 암수를 인공적으로 수정(受精)시킴.
交配種[こうはいしゅ] 교배종.
[2]**交番**[こうばん] ①파출소. ②교대. 교체.
交番所[こうばんしょ] 파출소.
交番制[こうばんせい] 당번 교대제.
[1]**交付**[こうふ] 교부; 내어 줌.
[2]**交渉**[こうしょう] 교섭; ①협의. 협상. 논의. ②관계. 관련. 상관.
交信[こうしん] 교신; ①통신을 주고받음. ②서신 교환.

交易[こうえき] 교역; 무역(貿易).
交友[こうゆう] 교우; 벗. 친구.
交遊[こうゆう] 교유; 교제. 서로 사귐.
交誼[こうぎ] 교의; 친분.
交戦[こうせん] 교전; 서로 싸움.
交接[こうせつ] 교접; ①교제. ②교미(交尾). 성교(性交). 섹스.
交情[こうじょう] 교정; 사귄 정. 친분.
[2]交際[こうさい] 교제; 사귐. 사교(社交).
交際費[こうさいひ] 교제비.
交際上[こうさいじょう] 교제상.
交際好き[こうさいずき] 사귀기를 좋아함.
交織[こうしょく] 교직; 혼방. 섞어 짜기.
[2]交叉[こうさ] 교차; 엇갈림.
[3]交叉点[こうさてん] 교차로. 네거리.
[2]交差[こうさ] 교차; 엇갈림.
[3]交差点[こうさてん] 교차로. 네거리.
交錯[こうさく] 교착; 뒤얽힘.
[2]交替[こうたい] 교체; 여러 번 바뀜.
[2]交通[こうつう] 교통; ①통행. 왕래. ②수송. 통신.
[2]交通機関[こうつうきかん] 교통 기관.
交通難[こうつうなん] 교통난.
交通量[こうつうりょう] 교통량.
交通網[こうつうもう] 교통망.
交通渋滞[こうつうじゅうたい] 교통 체증.
交通禍[こうつうか] 교통사고로 인한 재화(災禍).
交響曲[こうきょうきょく] 교향곡.
交響詩[こうきょうし] 교향시.
交響楽[こうきょうがく] 교향악.
[1]交互に[こうごに] 번갈아. 교대로.
[2]交換[こうかん] 교환; 서로 바꿈. 서로 주고받음.
交換器[こうかんき] 교환기.
交換所[こうかんじょ] 교환소.
交換手[こうかんしゅ] 교환수.
交換円[こうかんえん] 교환하는 엔화.
交換品[こうかんひん] 교환품.
交歓[こうかん] 교환; 서로 즐김.
交驩[こうかん] ☞ 交歓

들/시외 교

丶 亠 六 亣 交 交 交 郊 郊

音 ◉コウ
訓 —

音読
[3]郊外[こうがい] 교외; 도시에 인접한 들이나 논밭이 비교적 많은 지역.
◑近郊[きんこう]

바로잡을/학교 교

一 十 才 木 木 村 杧 杧 校 校

音 ◉コウ ⊗キョウ
訓 ⊗あぜ

訓読
⊗校倉[あぜくら] (고대 창고 건축 양식의 하나로) 세모난 긴 재목을 '井' 모양으로 짜 올려 지은 방습(防湿)이 되게 한 창고.
⊗校倉造[あぜくらづくり] '校倉(あぜくら)' 스타일의 건축 양식. ＊자동적으로 습기를 조정하는데, '奈良(なら)'의 '正倉院(しょうそういん)'이 유명함.

音読
[2]校[こう] ①학교. ¶ わが~ 우리 학교. ②(숫자에 접속하여) 교정(校正)의 횟수를 세는 말.
校する[こうする] 〈サ変他〉 ①교정(校正)하다. ②비교 조사하다.
校歌[こうか] 교가; 학교 노래.
校勘[こうかん] 교감; 고전(古典)의 여러 이본(異本) 간의 본문의 이동(異同)을 비교 연구함.
校規[こうき] 교규; 교칙(校則).
校紀[こうき] 교기; ①학교의 풍기. ②학생이 지켜야 할 행동 기강.
校旗[こうき] 교기; 그 학교를 상징하는 기.
校内[こうない] 교내; 학교 내부.
校了[こうりょう] 교료; 교정(校正)을 마침.
校務[こうむ] 교무; 학교의 사무.
校門[こうもん] 교문; 학교의 문.
校服[こうふく] 교복; 학교의 제복.
校本[こうほん] 교본; ①교열본. ②교정한 책.
[2]校舎[こうしゃ] 교사; 학교 건물.
校閲[こうえつ] 교열; 문서나 원고의 틀린 곳을 바로 잡음.
校外[こうがい] 교외; 학교의 바깥.
校友[こうゆう] 교우; 학교 친구.
校医[こうい] 교의; 학교의 의사.
校印[こういん] 교인; 학교 도장.
[3]校長[こうちょう] 교장; 학교의 우두머리.
校正[こうせい] 교정; 원고와 인쇄물을 대조하여 잘못된 곳을 바로 잡아 고침.

校正刷り[こうせいずり] 교정쇄; 교정을 보기 위해 찍은 인쇄물.
校訂[こうてい] 교정; 출판물의 잘못된 곳을 바르게 고침.
2**校庭**[こうてい] 교정; 학교 운동장.
校則[こうそく] 교칙; 학교의 규칙.
校風[こうふう] 교풍; 각 학교마다의 특이한 기풍.
校訓[こうくん] 교훈; 학교의 교육 이념이나 목표를 간명하게 나타낸 표어.

教(敎) 가르칠 교

一 十 土 耂 耂 考 孝 孝 孝 教 教

音 ◉キョウ
訓 ◉おしえる ◉おそわる

訓読

4◉**教える**[おしえる] 〈下1他〉 ①가르치다. 교육하다. ②일러주다. 가르쳐 주다. ③깨우치다.
1**教え**[おしえ] ①가르침. 교육. ②교훈.
教え方[おしえかた] 가르치는 방법.
教え込む[おしえこむ] 〈5他〉 철저하게 가르치다.
教え子[おしえご] 제자(弟子).
教えの庭[おしえのにわ] 배움터. 학교.
2◉**教わる**[おそわる] 〈5他〉 가르침을 받다. 배우다.

音読

2**教**[きょう] 교; 종교.
1**教科**[きょうか] 교과; 체계적으로 가르치기 위한 일정한 과목.
教科目[きょうかもく] 교과목.
2**教科書**[きょうかしょ] 교과서.
教戒[きょうかい] 교계; 가르쳐 훈계함.
教誡[きょうかい] ☞ 教戒
教官[きょうかん] 교관; 교육 공무원. 교육이나 연구직에 있는 공무원.
教区[きょうく] 교구; 포교(布教) · 감독을 위해 설치한 구역.
教権[きょうけん] 교권; ①교육 · 종교상의 권위. ②(종교에서) 교황 · 교회의 권력.
教団[きょうだん] 교단; 종교 단체.
教壇[きょうだん] 교단; 강단(講壇).
教徒[きょうと] 교도; 신도(信徒).
教導[きょうどう] 교도; 가르쳐 인도함.
教導職[きょうどうしょく] 교도직; 사람을 교도하는 직책에 있는 사람.
教頭[きょうとう] 교감(校監) 선생.
教練[きょうれん] 교련; 군사 훈련.
教理[きょうり] 교리; 종교상의 이론.
教務[きょうむ] 교무; ①교수상(教授上)의 사무. ②종교 단체의 사무.
教務係[きょうむがかり] 교무 담당자.
教範[きょうはん] 교범; ①교수법. 가르치는 방법. ②교전(教典).
教本[きょうほん] 교본; ①가르침의 근본. ②교과서. 텍스트.
教唆[きょうさ] 교사; 꼬드김. 남을 선동하여 못된 일을 하게 함.
2**教師**[きょうし] 교사; ①선생. 교원(教員). ②선교사.
教書[きょうしょ] 교서; ①옛날 제후(諸侯)의 명령서. ②미국 대통령이 국회에 제출하는 정치상의 의견서. ③로마 교황의 포고 명령서.
2**教授**[きょうじゅ] 교수; ①학문을 가르쳐 주는 사람. ②대학의 정식 교원(教員).
1**教習**[きょうしゅう] 교습; 가르쳐서 익히게 함.
教習所[きょうしゅうしょ] 교습소; 학원.
教示[きょうじ] 교시; 자세히 가르쳐 보임.
4**教室**[きょうしつ] 교실; ①학교의 공부하는 곳. ②(전공과목의) 연구실.
2**教養**[きょうよう] 교양; ①가르쳐 기름. ②넓은 지식과 풍부한 정서(情緒).
教研[きょうけん] '教育研究所'의 준말.
2**教員**[きょういん] 교원; 교사. 선생.
教諭[きょうゆ] (유치원 · 초 · 중 · 고의) 정교사(正教師).
3**教育**[きょういく] 교육; ①가르쳐 기름. ②가르쳐 지식을 알려 줌.
教育者[きょういくしゃ] 교육자.
教育刑主義[きょういくけいしゅぎ] 교육형주의; 형벌은 수형자의 교육을 위한 것이라는 학설.
教義[きょうぎ] 교의; 교리. 종교상의 가르침.
教場[きょうじょう] 교장; 교실.
1**教材**[きょうざい] 교재; 학습의 재료.
教典[きょうてん] 교전; ①교육상 규범이 되는 책. ②경전(經典).
教程[きょうてい] 교정; ①교육 과정. ②교과서.
教条[きょうじょう] 교조; 교의(教義). 교리.

教条主義[きょうじょうしゅぎ] 교조주의; 독단론. 공식주의.
教祖[きょうそ] 교조; 한 종교의 창시자.
教主[きょうしゅ] 교주; 한 종교의 창시자.
教旨[きょうし] 교지; ①교육의 취지. ②종교의 가르침.
1教職[きょうしょく] 교직; 교육자로서의 직무.
教職員[きょうしょくいん] 교직원.
教則[きょうそく] 교칙; 교수상의 규칙.
教派[きょうは] 교파; 종교의 분파.
教鞭[きょうべん] 교편; 수업할 때 사용하는 회초리.
教学[きょうがく] 교학; 교육과 학문.
教誨[きょうかい] 교회; 가르쳐 깨우치게 함.
教誨師[きょうかいし] 수형자(受刑者)를 교화시키는 사람.
教化❶[きょうか] 교화; 가르쳐 지도함. 감화 교육. ❷[きょうげ/きょうけ] ≪仏≫ 교화; ①불법(仏法)으로 불교 사상을 넓힘. ②가락을 붙여 외는 경(経).
教皇[きょうこう/きょうおう] 교황; 로마 법왕(法王).
3教会[きょうかい] 교회; 교회당.
教会堂[きょうかいどう] 교회당.
1教訓[きょうくん] 교훈; 가르치고 이끌어 줌.

絞 목맬 교

く 幺 糸 糸 糸' 絃 絃 絃 絞 絞

音 ◉コウ
訓 ◉しぼる ◉しまる ◉しめる

訓読

2◉絞る[しぼる] 〈5他〉 ①(물기를) 쥐어짜다. ②조르다. 죄다. 좁히다. ③착취하다. ④야단치다. 혼내다. ⑤(한쪽으로) 밀어붙이다. ⑥(지혜를) 짜내다. ⑦호되게 야단치다. 혼내다. ⑧(범위를) 좁히다. 압축하다.
絞り[しぼり] ①(눌러서) 짬. ②홀치기염색. ③¶お~ 물수건. ④아롱무늬.
絞り上げる[しぼりあげる] 〈下1他〉 ①짜내다. 쥐어짜다. ②억지로 빼앗다. 강제로 우려내다. ③몹시 꾸짖다. 야단치다. 호되게 나무라다. ④엄하게 혼내 주다. ⑤(목소리를) 짜내다.
絞(り)染(め)[しぼりぞめ] 홀치기염색.
絞(り)朝顔[しぼりあさがお] 아롱무늬 나팔꽃.
絞(り)出(し)[しぼりだし] (치약 등의) 튜브.
◉絞まる[しまる] 〈5自〉 ①꼭 죄이다. 졸라지다. ②(옷이) 꼭 끼다.
◉絞める[しめる] 〈下1他〉 ①죄다. 졸라매다. ②쥐어짜다. ③목을 조르다. ④(닭 등을) 잡다. 잡아죽이다.

音読

絞殺[こうさつ] 교살; 목 졸라 죽임.
絞首[こうしゅ] 교수; 목 졸라 죽임.
絞首台[こうしゅだい] 교수대.
絞首刑[こうしゅけい] 교수형.
絞罪[こうざい] 교죄; ①교수형(絞首刑). ②사형에 해당하는 범죄.

較 비교할 교

一 亘 亘 車 車' 車亠 車亠 軲 軺 較

音 ◉カク ⊗コウ
訓 ⊗くらべる

訓読

⊗較べる[くらべる] 〈下1他〉 ①비교하다. 대조하다. 견주다. ②겨루다. 경쟁하다.
⊗較べ[くらべ] ①비교. 대조. ②경쟁. 겨루기.
較べ物[くらべもの] 비교할 만한 것. 견줄 수 있는 것

音読

較差[かくさ/こうさ] 교차; 최대와 최소, 최고와 최저, 좋은 것과 나쁜 것의 차이.
較正[こうせい] 교정; 계기류(計器類)의 오차나 정밀도를 표준기와 비교해서 바로잡음.
◑比較[ひかく]

橋 다리 교

一 十 木 木 木 木 桥 桥 橋 橋

音 ◉キョウ
訓 ◉はし

訓読

4◉橋[はし] 다리. 교량(橋梁).
橋掛(り)[はしがかり] (能楽(のうがく)에서) 분장실에서 무대로 통하는 다리 모양의 통로.

橋供養[はしくよう] 불교식으로 하는 다리 준공식. 고사(告祀).
橋渡(し)[はしわたし] ①다리를 놓음. ②중매. 중개 역할.
橋番[はしばん] 다리지기. 다리를 보호하기 위해 지키는 사람.
橋銭[はしせん] 다리 통행료.
橋板[はしいた] 다리 위에 까는 널빤지.
橋杭[はしぐい] 교각(橋脚).
橋桁[はしげた] 교각(橋脚) 위에 걸쳐서 널빤지를 받치는 재목(材木).
橋懸(り)[はしがかり] (能楽(のうがく)에서) 분장실에서 무대로 통하는 다리 모양의 통로.
橋詰(め)[はしづめ] 다릿목. 다리 옆.

音読

橋架[きょうか] 교가; ①다리. ②다리의 횡목(横木).
橋脚[きょうきゃく] 교각; 다리를 받치는 기둥.
橋台[きょうだい] 교대; 다리의 양쪽 끝을 괴는 받침대.
橋頭堡[きょうとうほ] 교두보; ①다리를 위해 필요한 곳에 만든 보루(堡塁). ②공격 거점.
橋畔[きょうはん] 교반; 다리 근처.
橋梁[きょうりょう] 교량; 다리.

矯 바로잡을 교

丿 ㅗ 午 矢 矢 矢 矢 矢 矯 矯

音 ◉キョウ
訓 ◉ためる

訓読

◉矯める[ためる] 〈下1他〉 ①(좋은 상태로 만들기 위해) 바로잡다. 곧게 펴다. 교정(矯正)하다. ②구부려서 보기 좋게 다듬다. ③(나쁜 습관을) 고치다. ④겨누다. 겨냥하다. ⑤≪古≫ 속이다.
矯めつ眇めつ[ためつすがめつ] 여러모로 꼼꼼히 살펴봄.

音読

矯激[きょうげき] 교격; (사상이) 과격함.
矯飾[きょうしょく] 교식; 겉치레. 허식(虚飾).
矯正[きょうせい] 교정; 결점을 바로 잡음. 똑바로 고침.
矯正院[きょうせいいん] 교정원; 소년원(少年院)의 옛 칭호.
矯風[きょうふう] 교풍; 나쁜 풍습을 고침. 풍기 문란을 바로 잡음.

咬 물어뜯을 교

音 ⊗コウ
訓 ⊗かむ

訓読

[3]⊗咬む[かむ] 〈5他〉 ①물다. ②깨물다. 〈5自〉 (톱니바퀴 등이) 맞물다.

音読

咬傷[こうしょう] 교상; (짐승 등에게) 물린 상처.
咬創[こうそう] 교창; (짐승 등에게) 물린 상처.

 狡 교활할 교

音 ⊗コウ
訓 ⊗ずるい
⊗こすい
⊗ずるける

訓読

[2]⊗狡い❶[ずるい] 〈形〉 (자신의 이익만을 위해서) 교활하다. 약삭빠르다. 간사하다. 비열하다. 약다.
⊗狡い❷[こすい] 〈形〉≪俗≫ 교활하다. 능글맞다. 약다.
⊗狡ける[ずるける] 〈下1自〉 ①꾀부리다. 게으름피우다. ②(느슨해서) 풀어지다.
⊗狡賢い[ずるがしこい] 〈形〉 교활하다. 약삭빠르다. 약다. 간사하다.
⊗狡休み[ずるやすみ] 꾀를 부려 쉼.
⊗狡辛い[こすからい] 〈形〉 인색하고 능글맞다.

音読

狡知[こうち] 교지; 간사한 꾀.
狡智[こうち] ☞ 狡知
狡兎[こうと] 교토; 날쌘 토끼.
狡猾[こうかつ] 교활; 사람이 간사하고 잔꾀가 많음.
狡獪[こうかい] 교쾌; 사람이 교활함. 간사하고 잔꾀가 많음.

喬 큰 나무 교

音 ⊗キョウ
訓 —

音読

喬木[きょうぼく] 교목; 줄기가 굵고 곧으며, 높이가 3m 이상 자라 위쪽에서 가지가 옆으로 뻗는 소나무·전나무.

蛟 교룡 교 | 音 ⊗コウ | 訓 ⊗みずち

訓読

⊗蛟[みずち] 교룡(蛟竜). *물에 살며 뿔과 4개의 다리가 있고, 독을 뿜어 사람을 해친다는, 뱀을 닮은 상상의 동물임.

音読

蛟竜[こうりゅう/こうりょう] 교룡; *때를 못 만나 뜻을 이루지 못한 영웅의 비유.

僑 붙어살 교 | 音 ⊗キョウ | 訓 —

音読

僑居[きょうきょ] 교거; 임시로 거주함.
僑民[きょうみん] 교민; 외국에 사는 동포.
僑胞[きょうほう] 교포; 외국에 사는 동포.

嬌 아리따울 교 | 音 ⊗キョウ | 訓 —

音読

嬌名[きょうめい] 교명; 화류계의 여자가 미인이라는 소문.
嬌声[きょうせい] 교성; 여자의 아양 떠는 소리.
嬌笑[きょうしょう] 교소; 요염한 웃음.
嬌羞[きょうしゅう] 교수; 요염한 수줍음.
嬌艶[きょうえん] 교염; 아름답고 요염함.
嬌姿[きょうし] 교자; 요염한 모습.
嬌態[きょうたい] 교태; 아양을 떪.

蕎 메밀 교 | 音 ⊗キョウ | 訓 ⊗そば

訓読

2⊗蕎麦[そば] ①《植》 메밀. ②메밀국수.
蕎麦殻[そばがら] 메밀껍질.
蕎麦練(り)[そばねり] 메밀수제비.
蕎麦蔓[そばかずら] 《植》 나도닭의덩굴. 딸기메밀덩굴
蕎麦饅頭[そばまんじゅう] 메밀만두.
蕎麦粉[そばこ] 메밀가루.
蕎麦搔(き)[そばがき] 메밀수제비.
蕎麦滓[そばかす] 메밀껍질.
蕎麦切(り)[そばきり/そばぎり] 메밀국수.
蕎麦菜[そばな] 《植》 모싯대.
蕎麦処[そばどころ] ①좋은 메밀이 생산되는 곳. ②(맛있게 하는) 메밀 국수집. *간판에 쓰는 말임.
蕎麦湯[そばゆ] ①메밀당수. 메밀가루를 뜨거운 물에 푼 음식. ②메밀국수를 삶아 낸 물.

膠 아교 교 | 音 ⊗コウ | 訓 ⊗にかわ

訓読

⊗膠[にかわ] 아교. 갓풀.

音読

膠状[こうじょう] 교상; 아교처럼 끈적거리는 상태.
膠質[こうしつ] 교질; 아교질.
膠着[こうちゃく] 교착; ①찐득찐득하게 달라붙음. ②어떤 사물의 상황에 오랫동안 변화가 없음.
膠着語[こうちゃくご] 교착어; 우랄알타이어 계통에 속한 언어.
膠漆[こうしつ] 교칠; ①아교와 칠. ②아주 절친함.
膠化[こうか] 교화; 끈적거리는 상태로 엉김.

驕 교만할 교 | 音 ⊗キョウ | 訓 ⊗おごる

訓読

⊗驕る[おごる] 〈5自〉 ①거만하게 굴다. 교만을 떨다. ②제멋대로 굴다.
驕り[おごり] 교만함. 거만함. 방자함.

音読

驕慢[きょうまん] 교만; 거만함.
驕兵[きょうへい] 교병; 교만하게 뽐내는 군대.
驕奢[きょうしゃ] 호사(豪奢). 사치스러움.
驕児[きょうじ] 교아; ①버릇없이 자란 아이. ②교만한 사람.
驕傲[きょうごう] 교오; 교만. 거만.
驕佚[きょういつ] 교일; 교만하고 방탕함.
驕逸[きょういつ] 교일; 교만하고 방자함.

攪 ×(撹) 어지러울 교 | 音 ⊗カク ⊗コウ | 訓 —

音読

攪乱[かくらん/こうらん] 교란; 휘저어 어지럽힘.

攪拌[かくはん/こうはん] 교반; 휘저어 뒤섞음.
攪拌機[こうはんき] 교반기; 휘저어 뒤섞는 기계.

鮫 상어 교	音 ⊗コウ 訓 ⊗さめ

訓読

⊗鮫[さめ] ≪魚≫ 상어.
鮫肌[さめはだ] (상어 가죽처럼) 까슬까슬한 살갗. 거친 살결. 또는 그런 사람
鮫皮[さめがわ] 상어 가죽.

〔구〕

九 아홉 구

ノ 九

音 ◉キュウ ◉ク
訓 ◉ここのつ

訓読

4◉九つ[ここのつ] 아홉. 아홉 개. 아홉 살.
九たび[ここのたび] 아홉 번.
九月❶[ここのつき] 아홉 달. 9개월. ❷[くがつ] 9월. September.
4九日[ここのか] 9일. 아흐레.
九重[ここのえ] ①아홉 겹. ②≪雅≫ 궁중. 구중궁궐. ③수도(首都).
⊗九十九折[★つづらおり] 꾸불꾸불한 산길. 구절양장(九折羊腸).

音読

4九[く/きゅう] 9. 아홉.
九九[くく] 구구법. 구구단.
九大[きゅうだい] '九州大学(きゅうしゅうだいがく)'의 준말.
九拝[きゅうはい] 구배; 여러 번 배례(拝礼)하여 경의를 표함.
九杯[きゅうはい] 구배; 아홉 잔.
九百[きゅうひゃく] 구백; 900.
九分❶[くぶ] 대체로. 십중팔구. ❷[きゅうふん/くふん] (시간 단위의) 9분.
九分九厘[くぶくりん] 99%. 거의 100%.
九分十分[くぶじゅうぶん] 비슷비슷함. 별로 차이가 없음.
九分通り[くぶどおり] 거의 대부분. 십중팔구.
九死一生[きゅうしいっしょう] 구사일생; 겨우 살아남.
九星[きゅうせい] 점성술(占星術).
九星家[きゅうせいか] 점성가.
九星術[きゅうせいじゅつ] 점성술.
4九時[くじ] 9시. 아홉 시.
九牛の一毛[きゅうぎゅうのいちもう] 구우일모; 많은 수 가운데 극히 적은 것.
4九月❶[くがつ] 9월. September. ❷[ここのつき] 아홉 달. 9개월.
九族[きゅうぞく] 구족; 자기를 중심으로 선조・자손 각 4대를 포함한 기록.
九天九地[きゅうてんきゅうち] 구천구지; 하늘 꼭대기부터 땅 밑까지 우주 전체.

久 오랠 구

ノ ク 久

音 ◉キュウ ◉ク
訓 ◉ひさしい

訓読

1◉久しい[ひさしい] 〈形〉 오래다. 오래되다. 오래간만이다.
久久[ひさびさ] ≪雅≫ 오래간만. 오랫동안.
久方の[ひさかたの] ≪雅≫ 오랜.
久方振(り)[ひさかたぶり] (격식을 차린 말로) 오래간만임.
2久し振(り)[ひさしぶり] 오래간만.

音読

久遠[くおん] ≪仏≫ 구원; 아득하게 멀고 오램. 영원. 영구. 영겁(永劫).
久遠実成[くおんじつじょう] ≪仏≫ 구원실성.
久闊[きゅうかつ] 구활; 격조(隔阻).

口 입 구

丨 冂 口

音 ◉ク ◉コウ
訓 ◉くち

訓読

4◉口[くち] ①입. ②(입과 비슷한 물건의) 마개. 아가리. 뚜껑. ③입맛. 미각. ④첫머리. 첫 부분. ⑤몫. ⑥일자리. 근무처. ⑦틈새. 구멍. ⑧浄瑠璃(じょうるり)의 첫 부분.
口コミ[くちコミ] 입소문. 평판.

口さがない[くちさがない] 〈形〉 ①수다스럽다. ②입이 험하다. 입이 걸다.

口ずから[くちずから] 자신의 입으로. 자기 말로.

口ずさみ[くちずさみ] 읊조림. 흥얼거림.

1 口ずさむ[くちずさむ] 〈5他〉 읊조리다. 흥얼거리다.

口つき[くちつき] ①입 모양. ②말투. ③(담배) 필터. ④마부(馬夫).

口づけ[くちづけ] 입맞춤. 키스.

口まめ[くちまめ] 입담이 좋음. 잘 지껄임. 말주변이 좋음.

口減らし[くちべらし] (생활비를 절약하기 위해) 식구를 줄임.

口開(け)[くちあけ] ①뚜껑을 땀. ②맨 처음. 시작. 개시(開始).

口堅い[くちがたい] 〈形〉 ①입이 무겁다. ②입이 야무지다.

口軽[くちがる] ①입이 가벼움. ②수다쟁이. 말이 술술 나옴.

口軽い[くちがるい] 〈形〉 입이 가볍다. 말이 술술 나오다.

口固め[くちがため] ①입막음. 함구령. ②굳은 언약. 굳게 약속함.

口過ぎ[くちすぎ] 생계. 살림.

口慣(ら)し[くちならし] ①입맛들임. ②유창하게 말이 나오도록 익힘.

口巧者[くちごうしゃ] 말주변이 좋음.

口口[くちぐち] ①각각. 저마다. ②모든 출입구.

口寄(せ)[くちよせ] (죽은 사람의 영혼을 불러 그 사람의 말을 전한다는) 공수. 공수무당.

口金[くちがね] ①쇠붙이 마개. ②핸드백을 여닫는 데 쓰는 쇠붙이. ③소켓에 끼우는 금속 부분.

口の端[くちのは] 화제(話題). 구설수.

口達者[くちだっしゃ] ①능변가. 달변가. ②입담이 좋음. ③수다스러움. 수다쟁이.

口答え[くちごたえ] 말대답. 말대꾸.

口当(た)り[くちあたり] ①감칠맛. 입에 맞음. ②대접. 접대.

口籠もる[くちごもる] 〈5自〉 ①말을 더듬다. ②우물거리다.

口凌ぎ[くちしのぎ] ①요기. ②호구지책.

口利き[くちきき] ①중개. 알선. 조정. ②유력자.

口利(き)役[くちききやく] 조정 역할. 조정자.

口裏[くちうら] ①말귀. 말투로 그 진의를 헤아림. ②남의 말소리로 길흉을 점침.

口立て[くちだて] 즉흥적으로 하는 연기.

口網[くちあみ] 바구니 아가리에 씌우는 망.

口明け[くちあけ] ①뚜껑을 땀. ②맨 처음. 시작. 개시(開始).

口拍子[くちびょうし] 입장단.

口返答[くちへんとう] 말대답. 말대꾸.

口抜き[くちぬき] 병따개.

口煩い[くちうるさい] 〈形〉 잔소리가 심하다. 말이 많다.

口癖[くちぐせ] 입버릇.

口不調法[くちぶちょうほう] 말주변이 없음.

口付(き)[くちつき] ①입 모양. ②말투. ③(담배) 필터. ④마부(馬夫).

口付(け)[くちづけ] 입맞춤. 키스.

口付ける[くちづける] 〈下1他〉 입 맞추다. 키스를 하다.

口写(し)[くちうつし] 말투 흉내.

口酸っぱく[くちすっぱく] 입이 닳도록.

口三味線[くちじゃみせん] ①입으로 三味線(しゃみせん) 가락을 흉내 냄. ②감언이설(甘言利說). 입에 발린 소리.

口上手[くちじょうず] 말주변이 좋음.

口塞ぎ[くちふさぎ] ①입막음. ②¶お~ 변변찮은 음식.

口書き[くちがき] ①머리말. 서문(序文). ②구필(口筆). 붓을 입에 물고 글씨를 씀.

口惜しい[くちおしい] 〈形〉 원통하다. 분하다. 억울하다.

口惜がる[くちおしがる] 〈5自〉 원통해하다.

口惜しげ[くちおしげ] 〈形動〉 원통한 듯함.

口惜しさ[くちおしさ] 억울함. 원통함.

口先[くちさき] ①입 끝. ②입에 발린 말. 말뿐임. 입만 살아 있음.

口速[くちばや] 말이 빠름.

口速い[くちばやい] 〈形〉 말을 빨리 하다.

口数[くちかず] ①말수. ②(음식을 준비하는 입장에서) 식구. 사람 수. ③(사건·사물의) 건수. 개수.

口馴(ら)し[くちならし] ①입맛들임. ②유창하게 말이 나오도록 익힘.

口悪[くちわる] 입이 험함. 말이 거침.

口悪い[くちわるい] 〈形〉 입이 험하다. 말이 거칠다.

口約束[くちやくそく] 구두 약속. 언약(言約).

口薬[くちぐすり] ①(비밀을 위해 주는) 입막이 금품. ②화승총(火繩銃)의 귀에 넣는 약.

ㄱ

口言葉[くちことば] ①현대어. ②구어(口語).
口汚い[くちぎたない] 〈形〉 ①입이 더럽다. 말투가 천하다. ②게걸스럽다.
口汚さ[くちぎたなさ] 말투가 천함.
口汚し[くちよごし] ①변변치 못한 음식. ②맛없는 음식.
口元[くちもと] ①입가. 입 언저리. ②출입구.
口吟む[くちずさむ] 〈5他〉 읊조리다. 흥얼거리다.
口移し[くちうつし] ①입안의 것을 상대의 입으로 옮겨 넣어 줌. ②구전(口伝). 말로 전함.
口入れ[くちいれ] 고용인을 소개함.
口入れ屋[くちいれや] 직업 소개소.
口任せ[くちまかせ] 입에서 나오는 대로 지껄임.
口髭[くちひげ] 콧수염. 코밑수염.
口争い[くちあらそい] 언쟁. 말다툼.
口寂しい[くちさびしい] 〈形〉 입이 심심하다. 입이 허전하다.
口笛[くちぶえ] 휘파람.
口伝え[くちづたえ] 구전; ①말로써 직접 가르침. ②입 소문.
口伝て[くちづて] 입 소문.
口前[くちまえ] 말솜씨.
口切(り)[くちきり] ①개시. 시작. ②초겨울에 시작하는 다회(茶会). ③ ≪経≫ 최초의 매매 성립.
口占[くちうら] 남의 말소리로 길흉을 점침.
口早[くちばや] 말이 빠름.
口早い[くちばやい] 〈形〉 말을 빨리 하다.
口調法[くちちょうほう] 말주변이 좋음. 입담이 좋음.
口走る[くちばしる] 〈5他〉 엉겁결에 말하다. 무심결에 지껄이다.
口重[くちおも] ①입이 무거움. ②말이 느림.
口重い[くちおもい] 〈形〉 입이 무겁다.
口止め[くちどめ] ①입막음. ②입막음 값.
口止(め)料[くちどめりょう] 입막음 값.
口舐り[くちなめずり] 입맛을 다심.
口直し[くちなおし] ①입가심. ②기분 전환.
口振り[くちぶり] 말씨. 말투. 말하는 품.
口真似[くちまね] 남의 말투를 흉내 냄.
口車[くちぐるま] 감언이설(甘言利説).
口茶[くちぢゃ] 재탕 차. 재탕한 차에 새 차를 보태어 다시 우려낸 차.
口添え[くちぞえ] 말을 거듦. 조언(助言).
口触り[くちざわり] 구미(口味). 감칠맛.
口出し[くちだし] 말참견.
口忠実[くちまめ] 입담이 좋음. 잘 지껄임. 말주변이 좋음.
口取(り)[くちとり] ①마부(馬夫). ②(달게 조린 생선 종류를) 접시에 담은 요리.
口八丁[くちはっちょう] 말주변이 좋음.
口偏[くちへん] 입구변. ＊한자(漢字)의 '呼'·'咲' 등의 '口' 부분을 말함.
口幅[くちはば] ①입의 크기. ②말투.
口幅ったい[くちはばったい] 〈形〉 (분수도 모르고) 큰소리치다. 주제넘은 소리를 하다. 건방지다.
口下手[くちべた] 말주변이 없음.
口合(い)[くちあい] ①말의 장단이 잘 맞음. ②중개인. ③발음은 비슷하나 뜻을 다르게 하는 말장난.
口許[くちもと] ①입가. 입 언저리. ②출입구.
口脇[くちわき] 입아귀. 입가.
2口紅[くちべに] ①입술 연지. ②(도자기의) 테만 빨갛게 칠함.
口火[くちび] ①불씨. 도화선(導火線). ②사건의 발단.
口荒い[くちあらい] 〈形〉 말이 거칠다.
口荒く[くちあらく] 거친 말투로.
口喧しい[くちやかましい] 〈形〉 ①말이 많아 시끄럽다. ②잔소리가 심하다. 까다롭게 굴다.
口喧嘩[くちげんか] 말다툼. 언쟁.
口絵[くちえ] 권두화(巻頭画). 책의 첫머리에 들어가는 그림.

音読

口角[こうかく] 구각; 입아귀.
口腔[こうくう/こうこう] 구강; 입 안. ＊의학계에서는 'こうこう'라고 함.
口蓋[こうがい] 구개; 입천장.
口蓋垂[こうがいすい] 구개수; 목젖.
口径[こうけい] 구경; ①총구(銃口)의 내경(内径). ②직경.
口供[こうきょう] 구공; ①구두(口頭)로 진술함. ②범인의 진술서.
口供書[こうきょうしょ] 진술서(陳述書).
口内[こうない] 구내; 입안.
口内炎[こうないえん] 구내염.
1口頭[こうとう] 구두; 입으로 하는 말.
1口頭試問[こうとうしもん] 구두시험.
口頭語[こうとうご] 구어(口語).

口論[こうろん] 언쟁. 말다툼.
口吻[こうふん] 구문; ①말투. 어투. ②주둥이. 부리.
口辺[こうへん] 구변; 입가. 입 언저리.
口分[くぶん] 사람 수대로 나눔.
口分給[くぶんきゅう] 인원수에 따라 주는 급여.
口分田[くぶんでん] 옛날, 일반 백성에게 일정한 비율로 나누어주던 논밭.
口碑[こうひ] 구비; 전설(伝説).
口上[こうじょう] ①격식을 갖춘 인사말. ②소개인사. 서두 인사. 연극의 줄거리를 설명함.
口舌❶[くぜつ] 구설; (남녀간의) 말다툼. 언쟁. ❷[こうぜつ] 구설; 말투. 말하는 품.
口説[くぜつ] 구설; (남녀간의) 말다툼. 언쟁.
口説く[くどく] 〈5他〉 ①설득하다. 타이르다. ②하소연하다. 푸념을 늘어놓다.
口説き落とす[くどきおとす] 〈5他〉 납득시키다. 설득하다.
口説き立てる[くどきたてる] 〈下1他〉 여러 말로 설득하다.
口誦[こうしょう] 구송; 소리 내어 외움.
口授[くじゅ/こうじゅ] 구수; 말로 전하여 줌. 말로써 가르침.
口数[こうすう] 구수; ①인구수. ②항목이나 품목의 수효. 가짓수.
口唇[こうしん] 구순; 입술.
[1]口述[こうじゅつ] 구술; 말로 진술함.
口承[こうしょう] 구승; 입에서 입으로 전해 내려옴.
口実[こうじつ] 구실; 핑계.
口約[こうやく] 구두 약속. 언약(言約).
口語[こうご] 구어; ①현대의 일상용어. ②회화체.
口語文[こうごぶん] 구어문.
口語体[こうごたい] 구어체.
口演[こうえん] 구연; ①구술(口述). 말로 진술함. ②(만담·재담 등을) 말로만 엮어 나감.
口外[こうがい] (비밀 등을) 누설함. 입 밖에 냄.
口伝[くでん] 구전; 말로 전하여 줌.
口調[くちょう] ①어조(語調). 말투. ②(말이나 문장의) 가락.
口座[こうざ] 구좌; ①장부의 계좌. ②진체(振替) 계좌. ③예금 계좌.
口中[こうちゅう] 구중; 입 안.
口臭[こうしゅう] 구취; 입내.

区(區) 나눌 구

一 フ メ 区

音 ◉ク
訓 —

音読

[1]区[く] 구; ①도시 등의 행정 구역의 하나. ②구획. 지역이나 구간을 여러 개로 구분한 것. ③선거구.
[1]区間[くかん] 구간; 일정한 지점의 사이.
区区❶[くく] 구구; ①저마다 다름. ②사소함. ❷[まちまち] 가지각색. 한결같지 않음.
区内[くない] 구내; ①구획의 안. ②한 구(区)의 안.
区名[くめい] 구명; 그 구(区)의 이름.
区民[くみん] 구민; 그 구(区)의 주민.
[2]区別[くべつ] 구별; 종류별로 나눔.
[2]区分[くぶん] 구분; 구별하여 나눔.
区分け[くわけ] 구분; 따로따로 갈라 나눔.
[2]区役所[くやくしょ] 구청(区庁).
[2]区域[くいき] 구역; 갈라놓은 지역.
区議会[くぎかい] 구의회; 구 의회.
区長[くちょう] 구청장(区庁長).
[1]区切り[くぎり] ①(문장의) 단락. ②(일의) 매듭. 구분.
[2]区切る[くぎる] 〈5他〉 ①(문장을) 크게 구분하다. 끊다. ②일의 매듭을 짓다. 일단락을 짓다. ③구분하다. 구획하다.
区政[くせい] 구정; 구(区)의 행정.
区整[くせい] '区画整理(くかくせいり)'의 준말.
区割(り)[くわり] 구분. 구획.
区会[くかい] 구(区) 의회(議会).
[1]区画[くかく] 구획; 구별하여 확정함.
区劃[くかく] ☞ 区画

丘 언덕 구

ˊ 厂 F 斤 丘

音 ◉キュウ ⊗ク
訓 ◉おか

訓読

[2]◉丘[おか] (주변보다 약간 높은) 언덕. 작은 산. 구릉(丘陵). ¶ ~に登(のぼ)る 언덕에 오르다.

音読

[1]丘陵[きゅうりょう] 구릉; 언덕.

丘上[きゅうじょう] 구상; 언덕 위.

丘疹[きゅうしん] 구진; 피부에 생기는 발진의 하나.

◑比丘[びく] ≪仏≫ 비구; 남자 중.

◑比丘尼[びくに] ≪仏≫ 비구니; 여자 중.

旧(舊) 옛 구

丨 㐅 丨冂 丨日 旧

音 ◉キュウ

訓 ⊗ふるい

訓読

⊗旧い[ふるい] 〈形〉 ①낡다. 오래 되다. 헐다. ②신선하지 않다.

旧す[ふるす] 〈5他〉 (동사 ます형에 접속하여) …낡게 하다. 늘 …하다.

旧びる[ふるびる] 〈上1自〉 낡다. 헐다. 오래 되다.

旧く[ふるく] 예전부터.

旧旧しい[ふるぶるしい] 〈形〉 매우 낡다.

旧年[ふるとし] ①지나간 해. 작년. ②저물어 가는 해. 연내(年内).

旧人❶[ふるひと/ふるびと] 고인(故人). 옛사람. ❷[きゅうじん] 구인; ①예전부터 세상에 알려진 사람. ②구시대 인물. ③구석기 및 중기(中期)의 인류.

音読

[2]旧[きゅう] 구; 묵은 것. 옛날 것. 오래된 것.

旧家[きゅうか] 구가; ①옛날에 살던 집. ②오래 대(代)를 이어 온 집안.

旧居[きゅうきょ] 구거; 이전에 살던 집.

旧館[きゅうかん] 구관; 오래된 건물.

旧慣[きゅうかん] 구관; 옛 습관.

旧観[きゅうかん] 구관; 예전의 모습.

旧交[きゅうこう] 구교; 오랜 교제.

旧教[きゅうきょう] 구교; 천주교.

旧教徒[きゅうきょうと] 구교도; 천주교 신자.

旧劇[きゅうげき] 구극; 신파극이 생기기 전의 극. ＊歌舞伎(かぶき) 등을 말함.

旧記[きゅうき] 구기; 옛 기록.

旧年[きゅうねん] 구년; 지난 해. 작년.

旧大陸[きゅうたいりく] 구대륙; 유럽, 아시아, 아프리카 3대륙.

旧都[きゅうと] 구도; 옛 도읍.

旧道[きゅうどう] 구도; 예전의 길.

旧臘[きゅうろう] 구랍; 작년 말.

旧来[きゅうらい] 구래; 옛날부터 전해 옴.

旧暦[きゅうれき] 구력; 음력.

旧例[きゅうれい] 구례; 이전의 예.

旧離[きゅうり] 구리; 의절(義絶). 친족 관계를 끊음.

旧名[きゅうめい] 구명; 옛날 이름.

旧聞[きゅうぶん] 구문; 오랜 이야기.

旧法[きゅうほう] 구법; ①예전 법률. ②옛 방법.

旧盆[きゅうぼん] 백중불공. 음력 7월 15일에 행하는 盂蘭盆会(うらぼんえ).

旧師[きゅうし] 구사; 옛 스승.

旧石器時代[きゅうせっきじだい] 구석기시대.

旧説[きゅうせつ] 구설; 옛 학설.

旧姓[きゅうせい] 구성; 옛 성씨.

旧俗[きゅうぞく] 구속; 옛 풍속.

旧習[きゅうしゅう] 구습; 옛 습관.

旧市街[きゅうしがい] 구시가; 옛 시가지.

旧式[きゅうしき] 구식; 옛 스타일.

旧臣[きゅうしん] 구신; 옛 신하.

旧新約聖書[きゅうしんやくせいしょ] 구신약성서.

旧新約全書[きゅうしんやくぜんしょ] 구신약전서.

旧悪[きゅうあく] 구악; 예전의 죄악.

旧約聖書[きゅうやくせいしょ] 구약 성서.

旧約全書[きゅうやくぜんしょ] 구약 전서.

旧訳[きゅうやく] 구역; 이전의 번역.

旧縁[きゅうえん] 구연; 옛날의 인연.

旧友[きゅうゆう] 구우; 옛 친구.

旧怨[きゅうえん] 구원; 오래된 원한.

旧恩[きゅうおん] 구은; 전에 입은 은혜.

旧人❶[きゅうじん] 구인; ①예전부터 세상에 알려진 사람. ②구시대 인물. ③구석기 및 중기(中期)의 인류. ❷[ふるひと/ふるびと] 고인(故人). 옛 사람.

旧著[きゅうちょ] 구저; 이전에 펴낸 저서.

旧跡[きゅうせき] 구적; 옛 고적.

旧蹟[きゅうせき] ☞ 旧跡

旧正月[きゅうしょうがつ] 음력 설.

旧制[きゅうせい] 구제; 옛 제도.

旧制度[きゅうせいど] 구제도; 옛 제도.

旧製[きゅうせい] 구제; 예전에 만든 것.

旧株[きゅうかぶ] 구주; 이전에 발행한 주식.

旧地[きゅうち] 구지; 옛 영토.
[1]旧知[きゅうち] 구지; 이전부터 아는 사이.
旧体制[きゅうたいせい] 구체제; 이전의 체제.
旧称[きゅうしょう] 구칭; 옛 명칭.
旧態依然[きゅうたいいぜん] 구태의연.
旧套[きゅうとう] 구투; 옛 격식.
旧版[きゅうはん] 구판; 같은 출판물의 이전 판.
旧弊[きゅうへい] 구폐; 오래된 나쁜 습관.
旧風[きゅうふう] 구풍; 옛 풍습.
旧型[きゅうがた/きゅうけい] 구형; 구식.
旧好[きゅうこう] 구호; 이전부터 좋아하는 사이.
旧懐[きゅうかい] 구회; 과거를 회상하는 마음.

句 글귀 구

ノ 勹 勺 句 句

音 ◉ク
訓 —

音読

[2]句[く] 구; ①문절(文節). ②(문장의) 단락. ③관용구. ④'俳句(はいく)'의 준말.
句読[くとう] 구두; ①구두법(句読法). ②'구두점(句読点)'의 준말.
句読法[くとうほう] 구두법.
[2]句読点[くとうてん] 구두점.
句法[くほう] 구법; 시(詩)나 俳句(はいく)의 작법(作法).
句柄[くがら] 俳句(はいく)나 連歌(れんが)의 품격.
句碑[くひ] 구비; 시비(詩碑). 俳句(はいく)를 새긴 비석.
句意[くい] 구의; 글귀나 俳句(はいく)의 뜻.
句作[くさく] 俳句(はいく)를 지음.
[1]句切(り)[くぎり] ①문장의 단락. ②일의 매듭. 구분.
[2]句切る[くぎる] 〈5他〉 ①(문장을) 크게 구분하다. 끊다. ②일의 매듭을 짓다. 일단락을 짓다.
句点[くてん] 구점; 종지부. 마침표. 피리어드.
句題[くだい] 구제; ①유명한 시(詩)의 한 구(句)를 제목으로 삼아 지은 시가(詩歌). ②俳句(はいく)의 제목.
句誌[くし] 구지; 俳句(はいく)의 전문 잡지.
句集[くしゅう] 俳句(はいく)를 모은 책.
句合(わ)せ[くあわせ] 두 팀이 俳句(はいく)를 지어 우열을 가리는 놀이.
句会[くかい] 구회; 俳句(はいく)를 짓는 모임.

求 구할 구

一 十 寸 才 オ 求 求

音 ◉キュウ ⊗グ
訓 ◉もとめる

訓読

[2]◉求める[もとめる] 〈下1他〉 ①구하다. 찾다. ②요청하다. 요구하다. ③(물건을) 구입하다. 사다.
求めて[もとめて] 자진하여. 구태여.
求め[もとめ] 요구. 수요.

音読

求道[きゅうどう/ぐどう] 구도; 종교적인 깨달음이나 진리를 찾아 수행하는 일.
求償[きゅうしょう] 구상; 배상이나 상환을 요구함.
求心[きゅうしん] 구심; 중심으로 쏠리는 마음.
求心力[きゅうしんりょく] 구심력.
求愛[きゅうあい] 구애; 이성에게 프러포즈함.
求人[きゅうじん] 구인; 사람을 구함.
求知心[きゅうちしん] 구지심; 지식을 갈구하는 마음.
求職[きゅうしょく] 구직; 직업을 구함.
求職者[きゅうしょくしゃ] 구직자.
求刑[きゅうけい] ≪法≫ 구형; 검사가 피고인에게 부과하는 형.
[2]求婚[きゅうこん] 구혼; 결혼을 신청함. 프러포즈함.
求婚者[きゅうこんしゃ] 구혼자.

究 연구할 구

' ハ 宀 穴 穴 究 究

音 ◉キュウ ⊗ク
訓 ◉きわめる

訓読

◉究める[きわめる] 〈下1他〉 (학문을) 깊이 연구하다.
究め尽くす[きわめつくす] 〈5他〉 (학문을) 철저히 연구하다. 철저히 규명하다.

音読

究竟❶[きゅうきょう] ①즉. 결국. 필경. ②근본(根本). ❷[くっきょう] ①즉. 결국. 필경. ②매우 힘이 셈. 건장함.

1**究極**[きゅうきょく] 궁극(窮極). ①결국. ②마지막에 다다름.

究理[きゅうり] 궁리; ①사물의 이치를 규명하는 일. ②(메이지 시대의) 물리학의 총칭.

究明[きゅうめい] 규명(糾明). 깊이 파고들어 밝힘.

拘 거리낄 구

一 亅 扌 扌 扚 扚 拘 拘

音 ◉コウ
訓 ⊗こだわる ⊗かかわる

訓読

1⊗**拘る**[こだわる] 〈5自〉 ①구애되다. 구애받다. ②일이 순조롭게 진척되지 않아 정체(停滞) 되거나 하다.

2⊗**拘わる**[かかわる] 〈5自〉 ①관계를 갖다. 관계되다. ②구애되다. 구애받다.

⊗**拘わらず**[かかわらず] …에도 불구하고. …에 관계없이.

音読

拘禁[こうきん] 구금; 유치장 등에 가둠.

拘泥[こうでい] 구애(拘碍). 융통성이 없음.

拘留[こうりゅう] 구류; 유치장 등에 가두어 둠.

拘留所[こうりゅうじょ] 구치소.

拘留状[こうりゅうじょう] 구류장; 체포영장.

1**拘束**[こうそく] 구속; 신체의 자유를 박탈함.

拘引[こういん] 구인; 심문하기 위해 강제로 데리고 감.

拘引状[こういんじょう] 구인장.

拘置[こうち] 구치; 일정한 곳에 붙들어 둠.

拘置所[こうちしょ] 구치소; 유치장.

欧(歐) 토할/유럽 구

一 フ ㄨ 区 区 区' 欧 欧

音 ◉オウ
訓 —

音読

欧[おう] 구라파. 유럽.

欧羅巴[ヨーロッパ] 구라파; 유럽.

欧露[おうろ] 유럽과 러시아.

欧文[おうぶん] 구문; 로마자(字). 알파벳

欧文脈[おうぶんみゃく] 일본어에 섞인 유럽 지역의 말을 직역하여 표현한 문맥.

2**欧米**[おうべい] 구미; 유럽과 아메리카.

欧亜[おうあ] 구아; 유럽과 아시아.

欧字[おうじ] 로마자(字).

欧州[おうしゅう] 구주; 유럽.

欧風[おうふう] 구풍; 유럽식. 서양식.

欧化[おうか] 서구화. 서구화(西欧化)됨. 서양화(西洋化)됨.

殴(毆) 때릴 구

一 フ ㄨ 区 区 区' 殴 殴

音 ◉オウ
訓 ◉なぐる

訓読

2◉**殴る**[なぐる] 〈5他〉 ①(딱딱한 물건으로 세게) 때리다. 구타하다. ②(동사 ます형에 접속하여) 거칠게 …하다.

殴り[なぐり] ①딱딱한 물건으로 세게 때림. 구타. ②일을 날림으로 함. ③나무를 울퉁불퉁하게 거칠게 다듬어 냄.

殴り倒す[なぐりたおす] 〈5他〉 때려눕히다.

殴り付ける[なぐりつける] 〈下1他〉 후려갈기다. 세게 때리다.

殴り飛ばす[なぐりとばす] 〈5他〉 힘껏 후려치다. 후려갈기다.

殴り書き[なぐりがき] 휘갈겨 씀. 난필(乱筆).

殴り込み[なぐりこみ] ①작당하여 남의 집에 몰려감. 난입(乱入)함. ②(업계에) 도전함. 업계를 뒤흔듦.

殴り込む[なぐりこむ] 〈5他〉 ①작당하여 남의 집에 몰려가다. 난입(乱入)하다. ②(싸움 상대에게) 치고 들어가다.

音読

殴打[おうだ] 구타; 세게 때림. 세게 후려침.

殴殺[おうさつ] 구살; 타살(打殺). 때려죽임.

具(具) 갖출 구

丨 ㄇ 冃 月 目 且 具 具

音 ◉グ
訓 ⊗そなえる ⊗そなわる ⊗つぶさに

訓読

⊗具える[そなえる] 〈下1他〉 ①갖추다. 구비하다. 비치하다. 마련하다. ②(덕이나 재능을) 갖추다. 지니다.

⊗具わる[そなわる] 〈5自〉 (덕이나 재능이) 갖추어지다.

⊗具に[つぶさに] ①자세히. 구체적으로. ②빠짐없이. 고루. 모두.

音読

具[ぐ] ①연장. 도구. 수단. ②(초밥·국수·국에 넣기 위해 잘게 썬 고기·생선·야채 등의) 건더기. 소. 고명.

具する[ぐする] 〈サ変自〉 ①갖추어지다. 구비되다. ②동반하다. 함께 가다. 〈サ変他〉 ①갖추다. 구비하다. ②동반하다. 데리고 가다. ③아뢰다. 말하다.

具備[ぐび] 구비; 빠짐없이 고루 갖춤.

具象[ぐしょう] 구상; ①구체적임. ②(예술 작품에서) 작품의 내용이 모든 사람에게도 이해하기 쉽게 표현됨.

具象的[ぐしょうてき] 구체적.

具象化[ぐしょうか] 구체화.

具述[ぐじゅつ] 구술; 상세히 진술함.

具申[ぐしん] 구신; 상신(上申). 아룀.

具案[ぐあん] 구안; ①초안을 잡음. 입안(立案). 기안(起案). ②(수단·방법의) 구비.

具眼[ぐがん] 구안; 사물을 보는 안목이 있음.

具有[ぐゆう] 구유; 갖추어짐. 갖추어 있음.

具足[ぐそく] ①부족함이 없음. 충분히 갖추어져 있음. ②간편한 갑옷. ③연장. 도구. 세간.

具足煮[ぐそくに] 왕새우를 껍데기째 토막 쳐서 삶은 요리.

具陳[ぐちん] 구진; 상세히 진술함.

具体[ぐたい] 구체; 모든 사람에게 이해될 수 있도록 되어 있는 것.

[2]具体的[ぐたいてき] 구체적.

[2]具体化[ぐたいか] 구체화.

[3]具合[ぐあい] ①형편. 상태. 컨디션. ②방식. 스타일. ③체면.

具現[ぐげん] 구현; 분명하게 구체적으로 나타냄.

救 구원할 구

一 𠂇 才 才 求 求 求 求 求 救 (stroke order)

音 ◉キュウ ⊗ク ⊗グ

訓 ◉すくう

訓読

[2]◉救う[すくう] 〈5他〉 ①구하다. 구원하다. 구출하다. 구제하다. 건지다. 살리다. ②(고민을) 덜어 주다. ③올바르게 지도하다. 선도하다.

救い[すくい] ①구제. 구조. 구출. 도움. ②한숨 놓임. 안도감. 다행임. ③(종교상의) 구원.

救い船[すくいぶね] 구조선.

救い小屋[すくいごや] (에도 시대에) 큰 재해의 피해자를 위해 세운 막사.

救い上げる[すくいあげる] 〈下1他〉 구출해내다. 살려내다.

[1]救い主[すくいぬし] ①구조자. 구해 준 사람. ②구세주(救世主).

救い出す[すくいだす] 〈5他〉 구해 내다. 구출하다.

音読

救国[きゅうこく] 구국; 나라를 구함.

救急[きゅうきゅう] 구급; 응급조치를 취함.

救急箱[きゅうきゅうばこ] 구급약 상자.

救急車[きゅうきゅうしゃ] 구급차.

救急処置[きゅうきゅうしょち] 응급조치.

救難[きゅうなん] 구난; 재난을 당한 사람을 구제함.

救命[きゅうめい] 구명; 위험에 처한 사람의 목숨을 구함.

救命具[きゅうめいぐ] 구명구; 구명 도구.

救命艇[きゅうめいてい] 구명정; 구명 보트.

救民[きゅうみん] 구민; 백성을 구제함.

救世❶[きゅうせい] 구세; 세상을 구제함. ❷[ぐせ/くせ/くぜ] ≪仏≫ 구세; 괴로움에 시달리는 중생을 구함.

救世軍[きゅうせいぐん] 구세군.

救世主[きゅうせいしゅ] 구세주.

[1]救援[きゅうえん] 구원; 구호(救護). 곤란한 처지에 있는 사람을 도와 줌.

[1]救済[きゅうさい] 구제; 불행한 상태에서 구하여 도와 줌.

[2]救助[きゅうじょ] 구조; 어려운 지경에 있는 사람을 도와 살려 줌.

救助米[きゅうじょまい] 구호미(救護米).

救出[きゅうしゅつ] 구출; 위험한 상태에서 구해 냄.

救護[きゅうご] 구호; 구조하여 보호함.

救護班[きゅうごはん] 구호반.

救荒[きゅうこう] 구황; 기근 때 빈민 구제 및 대책.

球 구슬 구

一 丅 Ŧ 王 王 玎 玎 玗 球 球

音 ◉キュウ
訓 ◉たま

訓読

2◉球[たま] ①옥. 구슬. 보석. 진주. ②아름다운 것. 소중한 것. ③공. 볼. 당구. ④(주산의) 알. ⑤전구(電球).

球突(き)[たまつき] 당구(撞球).

球乗(り)[たまのり] (공 위에 올라가) 공을 굴리는 곡예.

球菜[たまな] ≪植≫ 양배추.

球指(し)[たまざし] 구면계(球面計).

球差(し)[たまざし] 구면계(球面計).

球尺[たまざし] 구면계(球面計).

音読

球茎[きゅうけい] ≪植≫ 구경; 땅속줄기.

球界[きゅうかい] 구계; 야구의 사회. 야구계.

球果[きゅうか] ≪植≫ 구과; 소나무과 식물의 열매.

球菌[きゅうきん] 구균; 구상(球状)의 세균.

1球根[きゅうこん] ≪植≫ 구근; 땅속줄기.

球技[きゅうぎ] 구기; 공을 사용하는 운동 경기.

球団[きゅうだん] 구단; 직업 야구단.

球歴[きゅうれき] 구력; 야구 경력.

球面[きゅうめん] 구면; 공 모양의 표면.

球状[きゅうじょう] 구상; 공 모양.

球速[きゅうそく] 구속; (야구에서) 투수가 던진 공의 속도.

球審[きゅうしん] 구심; (야구에서) 주심(主審).

球威[きゅうい] 구위; (야구에서) 투수가 던진 공의 위력.

球場[きゅうじょう] 구장; 야구장(野球場).

球体[きゅうたい] 구체; 공 모양의 물체.

球形[きゅうけい] 구형; 공 모양.

溝(溝) 도랑 구

氵 氵 氵 氵 浀 浀 淕 溝 溝 溝

音 ◉コウ
訓 ◉みぞ ⊗どぶ

訓読

1◉溝❶[みぞ] ①도랑. 개천. ②홈. ③(인간관계의) 간격. 틈. 갭.

⊗溝❷[どぶ] 하수구. 시궁창.

溝泥[どぶどろ] 하수구에 쌓인 흙.

溝鼠[どぶねずみ] ① ≪動≫ 시궁쥐. ②주인을 속이는 고용주.

溝板[どぶいた] 하수구 뚜껑.

音読

溝渠[こうきょ] 하수구.

構(構) 얽을 구

木 朩 柑 柑 柑 柑 構 構 構 構

音 ◉コウ
訓 ◉かまう ◉かまえる

訓読

2◉構う[かまう] 〈5自〉 ①관계되다. 상관하다. ②마음을 쓰다. 개의하다. 보살피다. 돌보다. 〈5他〉 ①상대하다. 돌보다. ②(상대하여) 놀리다. 건드리다. 골리다. 희롱하다.

構い[かまい] ①상대. 관계. ②보살핌. 마음을 씀.

構い付ける[かまいつける] 〈下1他〉 (귀찮을 정도로) 이것저것 보살펴 주다.

構い手[かまいて] 상대해 주는 사람. 돌보아 주는 사람.

1◉構える[かまえる] 〈下1他〉 ①꾸미다. 이루다. ②(다음 동작에 대비하여) 자세를 취하다. 태세를 갖추다. ③(말을) 조작하다. 꾸미다. ④(태도를) 취하다.

1構え[かまえ] ①구조. 만듦새. 꾸밈새. ②(앞으로의) 준비. 태세. 대비. ③(검도・유도에서) 자세. ④조작된 것. 허구(虚構). ⑤(漢子 부수의 명칭으로) 몸.

構えて[かまえて] ① ≪雅≫ 반드시. 결코. ②기다려서. 준비하여. 마음에 두어.

音読

構内[こうない] 구내; 구역 안.

構図[こうず] 구도; 구성된 도형(図形).

構文[こうぶん] 구문; 문장의 구성.

1構想[こうそう] 구상; 생각을 얽어 놓음.

2構成[こうせい] 구성; 짜 맞춤. 조립.

構外[こうがい] 구외; (어떤 조직의) 구역 밖.

2構造[こうぞう] 구조; 기계・조직의 짜임새.

構造物[こうぞうぶつ] 구조물.

構築[こうちく] 구축; 조립하여 쌓아 올림.

構築物[こうちくぶつ] 구조물(構造物).

駆(驅) 말달릴 구

丨 ㄏ 𠃌 ⺕ 馬 馬 馬一 馬ㄱ 駆乂 駆

音 ◉ク
訓 ◉かける ◉かる

訓読

[1]◉駆ける[かける] 〈下1自〉 ①빨리 달리다. 질주하다. 달음질치다. ②말을 타고 달리다.
駆けっくら[かけっくら] 달음질. 경주(競走).
駆けくらべ[かけくらべ] 달음질. 경주(競走).
駆けっこ[かけっこ] 달리기. 달음질.
駆け競べ[かけくらべ] 달음질. 경주(競走).
駆け寄る[かけよる] 〈5自〉 (가까이) 달려들다. 달려오다.
駆け落ち[かけおち] 사랑의 도피.
駆け抜ける[かけぬける] 〈下1自〉 ①(달려서) 빠져나가다. ②달려서 앞지르다. ③말을 급히 몰아 앞으로 나서다.
駆け付け[かけつけ] ①급히 달려옴. ②원조함. 가세(加勢)함.
駆け付け三杯[かけつけさんばい] 술자리에 늦게 온 사람에게 벌칙으로 연거푸 술을 3잔 마시게 하는 일.
駆(け)比べ[かけくらべ] 달음질. 경주(競走).
駆け巡る[かけめぐる] 〈5自〉 뛰어 돌아다니다.
駆(け)引(き)[かけひき] ①임기응변의 진퇴. ②(임기응변의) 술책. 책략. 흥정.
駆(け)込(み)[かけこみ] ①뛰어듦. ②서두름.
駆(け)込(み)寺[かけこみでら] (강제 결혼이나 남편과 이혼하기 위해) 피신하는 비구니 절.
駆(け)込(み)訴え[かけこみうったえ] 직소(直訴). 상급 관원이나 영주(領主)에게 직접 호소함.
駆(け)込(み)乗車[かけこみじょうしゃ] 뛰어들어 승차함.
駆け込む[かけこむ] 〈5自〉 뛰어들다. 뛰어들어가다.
[1]駆(け)足[かけあし] ①구보(駆步). 뛰어감. ②말을 가장 빨리 달리게 함.
駆(け)出し[かけだし] ①출발. 스타트. 뛰어나감. ②신출내기. 신참. 신입.
駆(け)出(し)者[かけだしもの] 초심자. 초보자.
駆け出す[かけだす] 〈5他〉 ①(밖으로) 뛰어나가다. ②도망치다. 달아나다. ③뛰기 시작하다.
駆け通し[かけどおし] 쉬지 않고 달림.
駆け回る[かけまわる] 〈5自〉 ①(이리저리) 뛰어다니다. ②동분서주하다. 쏘다니다. 이리 뛰고 저리 뛰다.
駆けずり回る[かけずりまわる] 〈5自〉 이리저리 뛰어다니다. 분주하다.
◉駆る[かる] 〈5他〉 ①(짐승을) 몰다. 쫓다. ②(짐승을) 타고 달리다. (짐승을) 타고 몰다. ③몰아대다. 몰아붙이다.
駆り立てる[かりたてる] 〈下1他〉 ①짐승을 내몰다. 몰아대다. ②(부추기어) 몰아넣다. 몰아치다.
駆り集める[かりあつめる] 〈下1他〉 닥치는 대로 그러모으다.
駆り催す[かりもよおす] 〈5他〉 (들쑤시어) 사방에서 그러모으다.
駆り出す[かりだす] 〈5他〉 ①(억지로) 동원하다. 끌어내다. ②(짐승을) 내몰다. 몰아대다.

音読

駆動[くどう] 구동; 동력을 넣어 움직임.
駆動装置[くどうそうち] 구동 장치.
駆動軸[くどうじく] 구동축.
駆使[くし] 구사; ①마음대로 사용함. 자유자재로 활용함. ②(사람 등을) 혹사함.
駆潜艇[くせんてい] 구잠정; 잠수함을 구축(驅逐)하는 쾌속정.
駆除[くじょ] 구제; (해충을) 몰아내어 없앰.
駆除剤[くじょざい] 구충제.
駆逐[くちく] 구축; 몰아냄. 쫓아냄.
駆逐艦[くちくかん] 구축함.
駆虫[くちゅう] 구충; 기생충을 몰아냄.
駆虫剤[くちゅうざい] 구충제.

購(購) 물건살 구

目 貝 貝一 貝ᅭ 貝丵 貝丵 購 購 購 購

音 ◉コウ
訓 ⊗あがなう

訓読

⊗購う[あがなう] 〈5他〉 ①사들이다. 구입하다. 얻다. ②≪古≫ 현상을 걸고 구하다.

音読

購求[こうきゅう] 구구; 물건을 구하여 삼. 구매함.
[1]購読[こうどく] 구독; 사서 읽음.
[1]購読料[こうどくりょう] 구독료.
[1]購読者[こうどくしゃ] 구독자.

[1]購買[こうばい] 구매; 물건을 사들임.
購買力[こうばいりょく] 구매력.
購買欲[こうばいよく] 구매욕.
購買者[こうばいしゃ] 구매자.
[1]購入[こうにゅう] 구입; 사들임.
購入券[こうにゅうけん] 구입권.
購入者[こうにゅうしゃ] 구입자.

仇 원수 구 | 音 ⊗キュウ | 訓 ⊗あだ

訓読

⊗仇[あだ] ①적. 원수. 앙숙. ②원망. 원한. ③앙갚음. 보복. 해침.
仇討ち[あだうち] ①복수. 원수를 죽임. ②앙갚음. 보복. 설욕(雪辱).
仇浪[あだなみ] 원수.
仇敵[あだかたき/きゅうてき] 원수.
仇情[あだなさけ] ①일시적인 덧없는 사랑. ②일시적이고 그 때뿐인 인정이나 친절.

勾 구부러질 구 | 音 ⊗ク ⊗コウ | 訓 ⊗まが

訓読

⊗勾玉[まがたま] 곡옥(曲玉). (옛날에 끈에 꿰어 장신구로 쓰던) 구부러진 옥돌.

音読

勾当[こうとう] ①사찰이나 섭정(摂政)의 사무 직원. ②(궁정의) 수석 여관(女官). ③(옛날) 맹인(盲人)에게 주던 관직명.
勾欄[こうらん] 난간(欄干).
勾留[こうりゅう] ≪法≫ 구류(拘留). 구금(拘禁).
勾配[こうばい] ①경사도(傾斜度). ②비탈.
勾配織[こうばいおり] 굵기가 다른 두 종류 이상의 씨실과 날실을 섞어서 거죽이 골이 지게 짠 천.
勾引[こういん] ≪法≫ 구인(拘引). 잡아끌고 감.

臼 절구 구 | 音 ⊗キュウ | 訓 ⊗うす

訓読

⊗臼[うす] ①절구. ②맷돌.
臼歯[うすば/きゅうし] 어금니.

音読

臼状[きゅうじょう] 구상; 절구 모양.
臼砲[きゅうほう] ≪軍≫ 구포; 포신(砲身)이 짧고 사각(射角)이 큰 대포. 박격포.

灸 뜸뜰 구 | 音 ⊗キュウ | 訓 —

音読

灸[きゅう] 구; 뜸. 뜸질.
灸点[きゅうてん] 구점; 뜸뜰 자리.
灸治[きゅうじ] 구치; 뜸질 치료.
灸穴[きゅうけつ] 구혈; 뜸자리.

狗 개 구 | 音 ⊗ク | 訓 ⊗いぬ

訓読

⊗狗[いぬ] ① ≪動≫ 개. ② ≪俗≫ 앞잡이. 첩자. 노예. 끄나풀.
狗尾草[★えのころぐさ] ≪植≫ 구미초; 강아지풀.

音読

狗盗[くとう] 구도; 좀도둑.
狗肉[くにく] 구육; 개고기.

咎 허물 구 | 音 ⊗キュウ | 訓 ⊗とが

訓読

⊗咎[とが] ①허물. 실수. 과실. 잘못. ②(죄가 되는) 비행. 죄. ③결점. 흠.
咎める[とがめる] 〈下1他〉 ①나무라다. 책망하다. 힐책하다. 비난하다. ②검문하다. 수상쩍어 캐묻다. ③덧나다. ④¶気(き)が～ 속으로 켕기다. 마음이 꺼림칙해지다.
咎め[とがめ] ①문책. 책망. ②비난.
咎め立て[とがめだて] 필요 이상으로 심하게 책망함.
咎人[とがにん] 죄인.

苟 구차할 구 | 音 ⊗コウ | 訓 ⊗いやしくも

訓読

⊗苟も[いやしくも] ①적어도. ②만약. 만일. ③¶～しない 소홀히 하지 않다.

音読

苟安[こうあん] 한때의 편안함을 탐함.
苟且[こうしょ] 구차; 임시 변통.

垢 때 구	音 ⊗コ ⊗コウ 訓 ⊗あか

訓読

2⊗垢[あか] ①때. ②(마음의) 때. 더러움. ③물때.

垢光[あかびかり] 때에 절어 번들거림.

垢抜け[あかぬけ] 때를 벗음. 세련됨.

垢抜ける[あかぬける] 〈下1自〉 때를 벗다. 세련되다.

垢付く[あかづく] 〈4自〉≪古≫ 때가 끼다. 때가 묻다.

垢染みる[あかじみる] 〈上1自〉 때 묻다. 때가 끼다. 찌들다.

垢擦り[あかすり] ①때밀이. ②때를 미는 헝겊.

音読

垢離[こり] 목욕재계(沐浴斎戒).

垢面[こうめん] 구면; 때 묻은 얼굴.

垢衣[こうい] 구의; 때 묻은 옷.

枸 구기자 구	音 ⊗ク 訓 —

音読

枸杞[くこ] ≪植≫ 구기자나무.

枸杞飯[くこめし] 구기자의 순을 섞어 지은 밥.

枸杞茶[くこちゃ] 구기차.

枸櫞酸[くえんさん] 구연산. *밀감 등에 포함되어 있는 유기산.

柩 널 구	音 ⊗キュウ 訓 ⊗ひつぎ

訓読

⊗柩[ひつぎ] (시체를 넣는) 널. 관(棺).

音読

柩車[きゅうしゃ] 영구차(靈柩車).

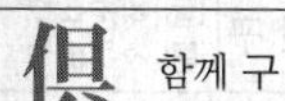

倶 함께 구	音 ⊗ク ⊗グ 訓 —

音読

2倶楽部[クラブ] 클럽. club.

倶発[ぐはつ] 구발; 한꺼번에 발생됨.

矩 표준 구	音 ⊗ク 訓 ⊗かね

訓読

⊗矩[かね] ①곱자. 곡척(曲尺). ②직각.

矩差し[かねざし] 곱자. 곡척(曲尺).

矩尺[かねじゃく] ①곱자. 곡척(曲尺). ②경척(鯨尺)에서 8치를 한 자(尺)로 하는 자.

音読

矩形[くけい] 구형; 장방형(長方形).

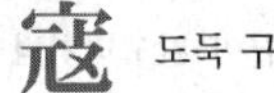

寇 도둑 구	音 ⊗コウ 訓 ⊗あだ

訓読

⊗寇[あだ] 쳐들어오는 적.

寇する[あだする] 〈サ変自〉 ①대항하다. 적대하다. ②해를 입히다. ③≪古≫ 쳐들어가다. 침략하다.

音読

寇讎[こうしゅう] 구수; 원수. 적.

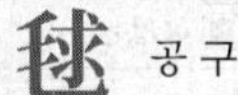

毬 공 구	音 ⊗キュウ 訓 ⊗いが ⊗まり

訓読

⊗毬❶[いが] 가시가 있는 겉껍데기. ❷[まり] 공. 볼. ball

毬栗[いがぐり] 밤송이.

毬栗頭[いがぐりあたま] 짧게 깎은 머리.

毬藻[まりも] ≪植≫ 공 모양의 녹조류(緑藻類).

毬投げ[まりなげ] 공 던지기.

音読

毬果[きゅうか] ≪植≫ 구과; 소나무과 식물의 열매의 총칭. 솔방울.

毬果植物[きゅうかしょくぶつ] ≪植≫ 구과식물.

釦 금테두리할 구	音 ⊗コウ 訓 ⊗ボタン

訓読

釦[ボタン] ①옷의 단추. ②기계의 단추. 버튼.

釦ホール[ボタンホール] 단추 구멍.

鉤 갈고리 구	音 ⊗コウ 訓 ⊗かぎ

訓読

⊗鉤[かぎ] ①갈고리. ②갈고리 모양의 물건. ③갈고리 모양의 무기. ④갈고리 모양의 부호. 「」.

鉤なり[かぎなり] 물건의 끝이 갈고리처럼 구부러진 모양.

鉤裂き[かぎざき] (옷이) 못에 걸려 직각 모양으로 찢어짐.

鉤鼻[かぎばな] 매부리코.

鉤状[かぎなり] 물건의 끝이 갈고리처럼 구부러진 모양.

鉤の手[かぎのて] ①갈고리처럼 구부러짐. ②길모퉁이.

鉤縄[かぎなわ] 끝에 쇠갈고리를 단 줄.

鉤針[かぎばり] 코바늘.

鉤針網[かぎばりあみ] 코바늘 뜨개질.

音読

鉤虫[こうちゅう] ≪虫≫ 구충; 십이지장충.

鳩 비둘기 구	音 ⊗キュウ 訓 ⊗はと

訓読

⊗鳩[はと] ≪鳥≫ 비둘기.

鳩麦[はとむぎ] ≪植≫ 율무.

鳩目[はとめ] ①동그란 구멍. ②동그란 쇠고리.

鳩小屋[はとごや] 비둘기 집.

鳩時計[はとどけい] (벽시계의 한 종류로) 비둘기시계.

鳩羽色[はとばいろ] 검은 색을 띤 연한 청록색.

鳩鼠[はとねずみ] 짙은 보라색을 띤 회색.

鳩杖[はとづえ] 손잡이 부분이 비둘기 모양으로 된 노인용 지팡이. ＊궁중에서 80세 이상의 노인들에게 하사했음.

鳩笛[はとぶえ] ①비둘기 소리를 내는 피리. ②비둘기 모양의 피리.

鳩派[はとは] 비둘기파(派). 온건파. 평화주의자.

鳩便[はとびん] 비둘기를 이용한 통신 수단.

鳩胸[はとむね] 새가슴.

音読

鳩尾[きゅうび/みずおち/みぞおち] ≪生理≫ 명치.

鳩舎[きゅうしゃ] 구사; 비둘기 집.

鳩首[きゅうしゅ] 구수; 여럿이 머리를 맞대어 의논함.

鳩信[きゅうしん] 구신; 비둘기를 이용한 통신 수단.

鳩合[きゅうごう] 규합(糾合). 불러 모음.

舅 시아버지 구	音 ⊗キュウ 訓 ⊗しゅうと

訓読

⊗舅[しゅうと] ①시아버지. ②장인.

音読

舅姑[きゅうこ] 구고; ①시부모. ②장인 장모.

蒟 구약나물 구	音 ⊗コン 訓 ⊗–

音読

蒟蒻[こんにゃく] ① ≪植≫ 구약나물. ＊봄에 자갈색(紫褐色)의 꽃이 핌. ②구약나물의 뿌리로 만든 식품.

蒟蒻玉[こんにゃくだま] 구약나물의 뿌리.

嘔 ×(呕) 토할 구	音 ⊗オウ 訓 —

音読

嘔吐[おうと] 구토; 토함.

嘔吐感[おうとかん] 구토감; 토하고 싶은 느낌.

嫗 ×(妪) 할머니 구	音 ⊗オウ 訓 ⊗おうな

訓読

⊗嫗[おうな] 할머니. 노파.

音読

◑老嫗[ろうう]

廐 ×(厩) 마구간 구	音 ⊗キュウ 訓 ⊗うまや

訓読

⊗廐[うまや] 마구간.

廐肥[うまやごえ/きゅうひ] ≪農≫ 구비; 마구간에 쌓인 거름. 외양간 두엄.

音読

廐舎[きゅうしゃ] 구사; ①마구간. ②경주용 말을 훈련시키고, 경마에 내보내는 일을 맡아 하는 곳.

駈 말몰 구	音 ⊗ク 訓 ⊗かける ⊗かる

訓読

1⊗**駈ける**[かける] 〈下1自〉 ①빨리 달리다. 질주하다. 달음질치다. ②말을 타고 달리다.

駈けっくら[かけっくら] 달음질. 경주(競走).

駈けくらべ[かけくらべ] 달음질. 경주(競走).

駈けっこ[かけっこ] 달리기. 달음질.

駈け競べ[かけくらべ] 달음질. 경주(競走).

駈け寄る[かけよる] 〈5自〉 (가까이) 달려들다. 달려오다.

駈け落ち[かけおち] 사랑의 도피.

駈け抜ける[かけぬける] 〈下1自〉 ①(달려서) 빠져나가다. ②달려서 앞지르다. ③말을 급히 몰아 앞으로 나서다.

駈け付け[かけつけ] ①급히 달려옴. ②원조함. 가세(加勢)함.

駈け付け三杯[かけつけさんばい] 술자리에 늦게 온 사람에게 벌칙으로 연거푸 술을 3잔 마시게 하는 일.

駈(け)比べ[かけくらべ] 달음질. 경주(競走).

駈け巡る[かけめぐる] 〈5自〉 뛰어 돌아다니다.

駈(け)引(き)[かけひき] ①임기응변의 진퇴. ②(임기응변의) 술책. 책략. 흥정.

駈(け)込(み)[かけこみ] ①뛰어듦. ②서두름.

駈(け)込(み)寺[かけこみでら] (강제 결혼이나 남편과 이혼하기 위해) 피신하는 비구니 절.

駈(け)込(み)訴え[かけこみうったえ] 직소(直訴). 상급 관원이나 영주(領主)에게 직접 호소함.

駈(け)込(み)乗車[かけこみじょうしゃ] 뛰어들어 승차함.

駈け込む[かけこむ] 〈5自〉 뛰어들다. 뛰어들어가다.

1**駈(け)足**[かけあし] ①구보(驅步). 뛰어감. ②말을 가장 빨리 달리게 함.

駈(け)出し[かけだし] ①출발. 스타트. 뛰어나감. ②신출내기. 신참. 신입.

駈(け)出(し)者[かけだしもの] 초심자. 초보자. 미숙한 사람.

駈け出す[かけだす] 〈5他〉 ①(밖으로) 뛰어나가다. ②도망치다. 달아나다. ③뛰기 시작하다.

駈け通し[かけどおし] 쉬지 않고 달림.

駈け回る[かけまわる] 〈5自〉 ①(이리저리) 뛰어다니다. ②동분서주하다. 쏘다니다. 이리 뛰고 저리 뛰다.

駈けずり回る[かけずりまわる] 〈5自〉 이리저리 뛰어다니다. 분주하다.

⊗**駈る**[かる] 〈5他〉 ①(짐승을) 몰다. 쫓다. ②(짐승을) 타고 달리다. (짐승을) 타고 몰다. ③몰아대다. 몰아붙이다.

駈り立てる[かりたてる] 〈下1他〉 ①짐승을 내몰다. 몰아대다. ②(부추기어) 몰아넣다. 몰아치다.

駈り集める[かりあつめる] 〈下1他〉 닥치는 대로 그러모으다.

駈り催す[かりもよおす] 〈5他〉 (들쑤시어) 사방에서 그러모으다.

駈り出す[かりだす] 〈5他〉 ①(억지로) 동원하다. 끌어내다. ②(짐승을) 내몰다. 몰아대다.

 망아지 구	音 ⊗ク 訓 ⊗こま

訓読

⊗**駒**[こま] ①망아지. 말. ＊'馬(うま)'의 아어(雅語) 표현. ②(장기의) 말. 장기짝. ③(현악기의) 기러기발.

駒落(ち)[こまおち] (장기에서) 상수가 어떤 말을 떼어놓고 둠.

駒除(け)[こまよけ] 말이 도망치지 못하게 두른 목책(木柵).

駒鳥[こまどり] ≪鳥≫ 붉은가슴울새.

駒組(み)[こまぐみ] (장기에서) 포진(布陣). 말을 벌여 놓음.

駒下駄[こまげた] 굽을 따로 달지 않고 통나무를 깎아 만든 나막신.

駒絵[こまえ] 조그만 삽화. 컷.

篝 배롱 구	音 ⊗コウ 訓 ⊗かがり

訓読

⊗**篝**[かがり] ①화톳불을 피우는 쇠바구니. ②화톳불. 횃불.

篝船[かがりぶね] 횃불을 피워 고기를 잡는 배.

篝火[かがりび] 화톳불. 횃불.

謳 노래할 구	音 ⊗オウ 訓 ⊗うたう

訓読

⊗謳う[うたう] 〈5他〉 ①구가하다. 칭송하다. ②강조하다. 주장하다. ③명시하다. 명문화하다.

謳われる[うたわれる] 〈下1自〉 ①칭송받다. 칭찬받다. ②명문화되다.

謳い文句[うたいもんく] 표어. 선전 문구. 캐치프레이즈.

謳い上げる[うたいあげる] 〈下1他〉 (특징을) 강조하여 선전하다.

音読

謳歌[おうか] 구가; 입을 모아 칭송함.

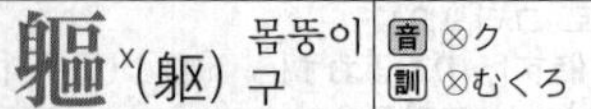

軀 ×(躯) 몸뚱이 구	音 ⊗ク 訓 ⊗むくろ

訓読

⊗軀[むくろ] ①몸뚱이. ②시체. 주검.

音読

軀幹[くかん] 구간; 몸. 신체. 체구.

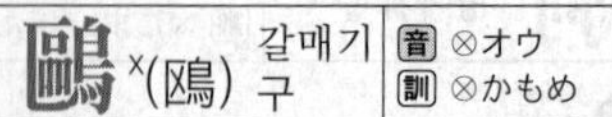

鷗 ×(鴎) 갈매기 구	音 ⊗オウ 訓 ⊗かもめ

訓読

⊗鷗[かもめ] ≪鳥≫ 갈매기. 백구(白鷗).

鷗鳥[かもめどり] ≪雅≫ 갈매기.

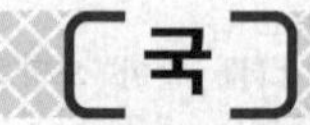

〔국〕

局 쪽/판 국
ㄱ ㄱ 尸 月 局 局 局

音 ◉キョク
訓 ⊗つぼね

訓読

⊗局[つぼね] ①궁전 안에 따로따로 칸막이 한 방. 또는 그런 방을 가진 궁녀. ②창녀의 몸종이 거처하는 방.

音読

[2]局[きょく] 국; ①사무의 한 분야를 담당하는 곳. ②방송국. 우체국. ③끝. 종말. ④사태. 국면(局面). ⑤(바둑・장기에서) 한 판.

局内[きょくない] 국내; 방송국의 내부.

局留[きょくどめ] (발신인이 지정한 우체국에) 유치하는 우편물.

局面[きょくめん] 국면; ①(일이 진행되어 가는) 사태. 정세. 형세. ②(바둑・장기의) 판세. 승부의 형세.

局方[きょくほう] '日本薬局方(にほんやっきょくほう)'의 준말.

局番[きょくばん] 국번; 전화국을 나타내는 번호.

局譜[きょくふ] 국보; (바둑・장기의) 기보(棋譜).

局部[きょくぶ] 국부; ①국소. 한 부분. ②음부(陰部).

局部麻痺[きょくぶまひ] 국소 마비.

局部麻酔[きょくぶますい] 국소 마취.

局線[きょくせん] 국선; 전화선. 외선(外線).

局勢[きょくせい] 국세; ①시국의 형세. ②(바둑・장기의) 판세.

局所[きょくしょ] 국소; ①국부. 한 부분. ②음부(陰部).

局外[きょくがい] 국외; ①국(局)의 관할 밖. ②그 일에 관계없는 입장.

局外者[きょくがいしゃ] 국외자.

局外中立[きょくがいちゅうりつ] 국외 중립; 교전국(交戦国)의 어느 편도 돕지 않는 국제법상의 입장.

局員[きょくいん] 국원; 우체국・방송국 등의 직원.

局長[きょくちょう] 국장; 국(局)의 우두머리.

局地[きょくち] 국지; 한정된 일정한 지역.

[1]局限[きょくげん] 국한; 제한. 한정됨.

国 (國) 나라 국
ㅣ 冂 冂 冂 冃 国 国 国

音 ◉コク
訓 ◉くに

訓読

[4]◉国[くに] ①나라. 국가. ②고국. 고향. 향토. ③(막연히) 어떤 지역. 고장. ④옛날의 지방 행정 구획. ⑤영지(領地). 임지.

国家老[くにがろう] (江戸(えど) 시대) 영주(領主)가 江戸(えど)에 머무는 동안 그 영지를 맡아 다스리던 우두머리 신하.

国境❶[くにざかい] 지방과 지방의 경계. ❷[こっきょう] 국경; 나라와 나라의 경계.

国国[くにぐに] 여러 나라. 각국.
国隣[くにどなり] 이웃 나라. 인접국.
国柄[くにがら] ①나라의 체제. ②(그 나라・지방의) 특성. 사정. 특색.
国払(い)[くにばらい] 국외 추방. 죄를 짓고 그 나라에서 추방당함.
国司[くにのつかさ/こくし] 옛날 조정에서 각 지방에 두었던 지방 행정관.
国所[くにところ] 태어난 고향.
国続き[くにつづき] 나라와 나라가 국경을 접하고 있음.
国(の)守[くにのかみ/こくしゅ] 옛날의 지방 장관.
国侍[くにざむらい] 지방 무사. 시골 무사. 영지(領地)에 사는 무사.
国言葉[くにことば] ①지방 사투리. ②국어(国語).
国訛(り)[くになまり] 사투리. 방언(方言).
国元[くにもと] ①大名(だいみょう)의 영지(領地). ②고향.
国原[くにはら] ≪雅≫ 넓은 국토. *나라의 미칭(美称).
国育ち[くにそだち] 시골 출신.
国人[くにびと] ①그 지방 주민. ②국민.
国入り[くにいり] ①영주(領主)가 자기 영지(領地)에 들어감. ②무사가 주군(主君)의 영지에 들어감. ③고향으로 감.
国者[くにもの] ①시골 사람. ②동향인.
国自慢[くにじまん] 고향 자랑. 향토 자랑.
国争(い)[くにあらそい] ①정권 싸움. ②나라 사이의 분쟁. ③영지(領地)와 영지의 싸움.
国造[くにのみやつこ] (옛날에) 세습적으로 한 지방을 다스리던 호족.
国酒[くにざけ] 토속주(土俗酒). 그 지방에서 나는 술.
国持(ち)[くにもち] 영지(領地)를 둘 이상 가진 大名(だいみょう).
国尽(し)[くにづくし] (옛 일본의) 66지방의 지명을 외우기 좋게 엮은 것.
国津[くにつ] ①이 땅의. 이 나라의. ②그 고장의.
国津物[くにつもの] 그 고장의 특산물.
国津神[くにつかみ] 국토의 신. 수호신(守護神).
国津罪[くにつつみ] 이승의 죄.
国振り[くにぶり] ①국풍(国風). 그 나라의 풍속・습관. ②그 지방의 민요.
国処[くにところ] 태어난 고향.
国替(え)[くにがえ] ①(옛날에) 일단 결정된 지방관의 임지를 희망에 따라 바꾸어 줌. ②(에도 시대에) 영주(領主)의 영지를 바꾸어 줌.
国表[くにおもて] ①大名(だいみょう)의 영지(領地). ②고향. 출생지.
国風[くにぶり] ①국풍(国風). 그 나라의 풍속・습관. ②그 지방의 민요.
国許[くにもと] ①大名(だいみょう)의 영지(領地). ②고향. 출생지.
国廻り[くにめぐり] 여러 지방을 돌아다님.
国詰(め)[くにづめ] (江戸(えど) 시대에) 大名(だいみょう)가 자기 영지(領地)에, 가신(家臣)이 주군(主君)의 영지에 있음.

音読

[2]国家[こっか] 국가; 나라.
国家主義[こっかしゅぎ] 국가주의.
国歌[こっか] 국가; ①애국가. ②和歌(わか).
[2]国境❶[こっきょう] 국경; 나라와 나라의 경계. ❷[くにざかい] 지방과 지방의 경계.
国庫[こっこ] 국고; ①재산권의 주체로서의 국가. ②국가의 금고.
[1]国交[こっこう] 국교; 국가 사이의 교제.
国教[こっきょう] 국교; 그 나라의 종교.
国権[こっけん] 국권; 국가의 권력.
国軍[こくぐん] 국군; 나라의 군대.
国劇[こくげき] 국극; 그 나라의 대표적인 연극.
国禁[こっきん] 국금; 국법으로 금함.
国技[こくぎ] 국기; 그 나라의 대표적인 스포츠나 무술.
国旗[こっき] 국기; 나라의 표지로 정한 기(旗).
国難[こくなん] 국난; 나라의 재난.
国内[こくない] 국내; ①나라의 영토 안. ②나라 안에만 관계됨.
国道[こくどう] 국도; 나라에서 관리하는 주요 도로.
国力[こくりょく] 국력; 나라의 힘.
[1]国連[こくれん] '国際連合'의 준말.
国老[こくろう] 국로; ①나라의 원로. ②大名(だいみょう)의 우두머리 신하.
国論[こくろん] 국론; 국민의 여론.
国利[こくり] 국리; 국가의 이익.
国利民福[こくりみんぷく] 국리민복.
[2]国立[こくりつ] 국립; 나라에서 설립함.

国名[こくめい] 국명; ①나라의 이름. 국호. ②국가의 명예.
国務[こくむ] 국무; 나라의 정무(政務).
国務省[こくむしょう] 국무성.
国文[こくぶん] 국문; ①국어로 쓴 문장. ②국문학.
国文法[こくぶんぽう] 국문법.
国文学[こくぶんがく] 국문학.
国文学科[こくぶんがっか] 국문학과.
[2]国民[こくみん] 국민; 국가를 조직한 백성.
国民性[こくみんせい] 국민성.
国民休暇村[こくみんきゅうかむら] 국민 휴게소. 국민 휴양소. 국민 휴양지.
[1]国防[こくぼう] 국방; 국가의 방비.
国法[こくほう] 국법; 나라의 법률.
国宝[こくほう] 국보; ①나라의 보배. ②국가가 특별히 지정한 문화재.
国富[こくふ] 국부; 나라의 재력.
国富論[こくふろん] 국부론.
国府[こくふ] ①옛날 일본의 지방 관청. ②'중국 정부'의 준말.
国費[こくひ] 국비; 나라에서 지출하는 경비.
国賓[こくひん] 국빈; 국가적인 대우를 받는 외국 손님.
国士[こくし] 국사; ①우국지사(憂国之士). ②당대 제일의 인물.
国史[こくし] 국사; 나라의 역사.
国師[こくし] 국사; ①奈良(なら) 시대에, 각 지방에 두었던 승관(僧官). ②옛날 국가에서 고승(高僧)에게 내리던 칭호.
国事[こくじ] 국사; 정치에 관한 일.
[1]国産[こくさん] 국산; 자기 나라의 생산품.
国璽[こくじ] 국새; 국가의 도장.
国書[こくしょ] 국서; ①국가 원수가 국가의 이름으로 내는 외교 문서. ②일본인이 일본어로 쓴 책.
国選[こくせん] 국선; 나라에서 뽑음.
国税[こくぜい] 국세; 국민에게 부과하는 세금.
国税庁[こくぜいちょう] 국세청.
国勢[こくせい] 국세; 나라의 형편이나 세력.
国勢調査[こくせいちょうさ] 국세 조사.
国粋[こくすい] 국수; 그 나라나 국민의 전통적인 장점.
国是[こくぜ] 국시; 나라의 방침.
[2]国語[こくご] 국어; ①나라의 말. ②일본어.
国語学[こくごがく] 국어학.
国営[こくえい] 국영; 국가가 경영함.
[2]国王[こくおう] 국왕; 나라의 임금.
国外[こくがい] 국외; 나라 밖.
国辱[こくじょく] 국욕; 나라의 치욕.
国運[こくうん] 국운; 나라의 운명.
国威[こくい] 국위; 나라의 위세.
国威宣揚[こくいせんよう] 국위 선양.
[1]国有[こくゆう] 국유; 나라의 소유.
国益[こくえき] 국익; 국가의 이익.
国字[こくじ] 국자; ①나라의 글자. ②일본에서 만들어진 한자(漢字).
国葬[こくそう] 국장; 국비로 치르는 장례식.
国賊[こくぞく] 국적; 역적(逆賊).
[2]国籍[こくせき] 국적; 국가의 구성원이 되는 자격.
[1]国定[こくてい] 국정; 나라에서 제정함.
国政[こくせい] 국정; 국가의 정사(政事).
国情[こくじょう] 국정; 나라의 형편.
[3]国際[こくさい] 국제; 국가 사이의 관계.
国際間[こくさいかん] 국제간.
国際色[こくさいしょく] 국제적인 색채.
国際連合[こくさいれんごう] 국제연합.
国際人[こくさいじん] 국제인.
国際場裡[こくさいじょうり] 국제무대.
国主[こくしゅ] 국주; ①군주(君主). 천자(天子). ②'国主大名(こくしゅだいみょう)'의 준말. ＊에도 시대, 둘 이상을 영유하던 영주(領主).
国債[こくさい] 국채; 국가의 채무・채권.
国策[こくさく] 국책; 나라의 정책.
国鉄[こくてつ] '国有鉄道'의 준말.
国体[こくたい] 국체; ①국가의 형태. ②'国民体育大会'의 준말.
[1]国土[こくど] 국토; 나라 땅.
国学[こくがく] 국학; ①(平安(へいあん) 시대에) 지방 관리의 자녀를 교육하기 위해 각 지방에 설립한 학교. ②일본 고유의 사상과 문학을 연구하는 학문.
国漢[こっかん] 국한; 국어와 한문.
国憲[こっけん] 국헌; 나라의 헌법.
国号[こくごう] 국호; 나라의 칭호.
国花[こっか] 국화; 나라를 상징하는 꽃.
国華[こっか] 국화; 나라의 명예.
[2]国会[こっかい] 국회; 나라의 의회.
[2]国会議事堂[こっかいぎじどう] 국회 의사당.
[2]国会議員[こっかいぎいん] 국회의원.
国訓[こっくん] 국훈; 한자를 훈(訓)으로 읽는 것.

菊 국화 국

一 艹 艹 芍 芍 芍 芍 菊 菊 菊

音 ◉キク
訓 ―

音読

菊[きく] ①《植》 국화; ②일본 황실의 문장(紋章).

菊見[きくみ] ①관국(観菊). 국화 구경. ②국화꽃으로 만든 요리.

菊半截[きくはんさい/きくはんせつ] 《印》 국반절.

菊水[きくすい] 물위에 뜬 국화를 그린 것으로 楠木(くすのき) 집안의 가문(家紋).

菊の宴[きくのえん] 음력 9월9일 궁중에서 국화를 감상하던 잔치.

菊芋[きくいも] 《植》 돼지감자.

菊月[きくづき] 음력 9월의 딴이름.

菊人形[きくにんぎょう] 국화꽃으로 장식한 인형.

菊日和[きくびより] 국화꽃이 필 무렵의 좋은 가을 날씨.

菊作り[きくづくり] 국화 재배.

掬 떠올릴 국

音 ⊗キク
訓 ⊗すくう

訓読

1⊗掬う[すくう] 〈5他〉 ①(액체나 분말을 수저로) 떠내다. 뜨다. 떠올리다. ②그물로 건지다. ③발을 걷어차다.

掬[すくい] ①(물을) 떠냄. ②(물고기를) 건져냄.

掬い網[すくいあみ] 물고기를 떠올려 잡는 작은 그물. 뜰채.

掬い上げる[すくいあげる] 〈下1他〉 떠올리다. 건져내다.

掬い出す[すくいだす] 〈5他〉 퍼내다.

掬い投げ[すくいなげ] (씨름에서) 상대방의 겨드랑이에 손을 넣어 번쩍 추켜올려서 넘어뜨리는 수.

音読

掬する[きくする] 〈サ変他〉 ①물을 양손으로 뜨다. ②(사정을) 감안하다. 헤아리다. 짐작하다.

鞠 때릴/기를 국

音 ⊗キク
訓 ⊗まり

訓読

⊗鞠[まり] (발로 차거나 손으로 갖고 노는) 공. 볼.

音読

鞠問[きくもん] 국문; 죄를 조사하여 밝힘.

鞠訊[きくじん] 국신; 국문(鞠問). 죄를 조사하여 밝힘.

鞠養[きくよう] 국양; 길러 돌봄.

鞠育[きくいく] 국육; 길러 키움.

麴 ×(麹) 누룩 국

音 ⊗キク
訓 ⊗こうじ

訓読

⊗麴[こうじ] 누룩.

麴菌[こうじきん] 《植》 누룩곰팡이.

麴黴[こうじかび] 《植》 누룩곰팡이.

麴室[こうじむろ] 누룩을 만드는 온실.

麴花[こうじばな] 찐쌀에 누룩곰팡이가 노랗게 낀 것.

音読

麴塵[きくじん] ①노란색을 띤 연두색. ②'麴塵の袍(きくじんのほう)'의 준말.

麴塵の袍[きくじんのほう] 천황이 가벼운 의식에 착용하는 포(袍).

[군]

君 임금 군

フ ㅋ ㅋ 尹 尹 君 君

音 ◉クン
訓 ◉きみ

訓読

2◉君❶[きみ] ①자네. 너. 그대. ②국왕. 임금. ③주군(主君). ④(윗사람에 대한 높임말로) 님. 공(公). ❷[くん] ☞[音読]

君が代[きみがよ] ①《雅》 당신의 한평생. ②주군(主君)의 치세(治世). ③일본의 애국가.

君影草[きみかげそう] 《植》 'すずらん(은방울꽃)'의 딴이름.

音読

3君❶[くん] 군. *동년배나 손아랫사람 이름에 붙여서 부르는 말. ❷[きみ] ☞ [訓読]
君臨[くんりん] 군림; ①군주(君主)로서 그 나라를 다스림. ②그 분야에서 권위와 세력이 있음.
君命[くんめい] 군명; 군주(君主)의 명령.
君民[くんみん] 군민; 군주와 백성.
君父[くんぷ] 군부; 군주와 아버지.
君臣[くんしん] 군신; 군주와 신하.
君王[くんのう] 군왕; 임금. 군주.
君恩[くんおん] 군은; 군주의 은혜.
君子[くんし] 군자; ①학식과 덕행이 높은 사람. ②높은 지위에 있는 사람. ③사군자(四君子).
君子蘭[くんしらん] ≪植≫ 군자란.
1君主[くんしゅ] 군주; 임금.
1君主国[くんしゅこく] 군주국.
君主政体[くんしゅせいたい] 군주 정체.
君寵[くんちょう] 군총; 임금의 총애.
君側[くんそく] 군측; 임금의 곁.
君侯[くんこう] 군후; 무사(武士)가 섬기는 영주(領主).

軍 군사 군

丶 冖 冖 冖 冐 冐 冐 冝 軍

音 ◉グン
訓 ⊗いくさ

訓読

⊗軍❶[いくさ] ①전쟁. 전투. 싸움. *아어적(雅語的)인 표현임. ② ≪古≫ 군대. 병사. ❷[ぐん] ☞ [音読]

音読

2軍❶[ぐん] ①군; 군대. 군부. ②전쟁. ❷[いくさ] ☞ [訓読]
軍歌[ぐんか] 군가; 군대의 노래.
軍犬[ぐんけん] 군견; 군용견(軍用犬).
軍鼓[ぐんこ] 군고; 전쟁터에서 치는 북.
軍功[ぐんこう] 군공; 전쟁터에서 세운 공훈(功勲).
軍国[ぐんこく] 군국; 군사(軍事) 국가.
軍国主義[ぐんこくしゅぎ] 군국주의.
軍規[ぐんき] 군규; 군대의 규율.
軍紀[ぐんき] 군기; 군대의 기강.
軍記[ぐんき] 전쟁 기록. 전쟁 실록.
軍記物[ぐんきもの] 전쟁 소설.
軍記物語[ぐんきものがたり] 전쟁을 주제로 한 역사 이야기.
軍旗[ぐんき] 군기; 군대의 깃발.
軍機[ぐんき] 군기; 군사 기밀.
軍団[ぐんだん] 군단; ①(옛날) 일본의 여러 지방에 배치된 군대. ②보병 2개 사단 이상으로 된 부대.
2軍隊[ぐんたい] 군대; 군인 집단.
軍刀[ぐんとう] 군도; 군인의 칼.
軍略[ぐんりゃく] 군략; 전략(戦略).
軍旅[ぐんりょ] 군려; ①전쟁터에 나가 있는 군대. ②전쟁.
軍馬[ぐんば] 군마; 군용 말.
軍務[ぐんむ] 군무; 군사에 관한 직무.
軍門[ぐんもん] 군문; 진문(陣門).
軍配[ぐんばい] ①(전투에서) 지휘・명령. ②'軍配団扇(ぐんばいうちわ)'의 준말.
軍配団扇[ぐんばいうちわ] ①(옛날에 장수가) 군대를 지휘한 쇠부채. ②(씨름에서 심판이 사용하는) 부채 모양의 도구.
軍閥[ぐんばつ] 군벌; 군부를 중심으로 한 정치적 세력.
軍法[ぐんぽう] 군법; ①전술(戦術). ②군대 관계에 적용하는 형법.
1軍服[ぐんぷく] 군복; 군인의 제복.
軍夫[ぐんぷ] 군부; 군대에 딸린 일꾼.
軍部[ぐんぶ] 군부; 군 당국.
軍備[ぐんび] 군비; 전쟁 준비.
軍備拡張[ぐんびかくちょう] 군비 확장.
1軍費[ぐんぴ] 군비; 군사비용.
軍使[ぐんし] 군사; 적진으로 파견되는 사자(使者).
軍師[ぐんし] 군사; ①참모(参謀). ②책사(策士).
1軍事[ぐんじ] 군사; 군대에 관한 일.
軍事力[ぐんじりょく] 군사력.
軍事上[ぐんじじょう] 군사상.
軍扇[ぐんせん] 군선; (옛날에) 장수가 사용하던 쥘부채.
軍勢[ぐんぜい] 군세; ①병력(兵力). 군대의 수효. ②군대의 기세. ③군대. 군사.
軍属[ぐんぞく] 군속; 민간인으로서 군무에 종사하는 사람.
軍手[ぐんて] 목장갑. (작업용) 면장갑.
軍需[ぐんじゅ] 군수; 군수 물자.
軍楽[ぐんがく] 군악; 군대 음악.
軍楽隊[ぐんがくたい] 군악대.
軍役[ぐんえき] 군역; ①군대 복무. ②전쟁.

軍営[ぐんえい] 군영; 병영. 진영.
軍用[ぐんよう] 군용; ①군사용. 군대용. ②군비(軍費).
軍用犬[ぐんようけん] 군용견.
軍用鳩[ぐんようばと] 군용 비둘기.
軍用金[ぐんようきん] 군자금.
軍用機[ぐんようき] 군용기.
軍用地[ぐんようち] 군용지.
軍容[ぐんよう] 군용; ①군대의 장비. ②군대의 규율.
軍律[ぐんりつ] 군율; ①군기(軍紀). ②군법(軍法).
軍医[ぐんい] 군의; 군의관(軍医官).
2軍人[ぐんじん] 군인; 장병의 총칭.
軍資金[ぐんしきん] 군자금; 군사 자금.
軍装[ぐんそう] 군장; ①군인의 복장. ②무장(武装).
軍政[ぐんせい] 군정; ①군사에 대한 정무(政務). ②군대에 의한 통치.
軍制[ぐんせい] 군제; 군사 제도.
軍曹[ぐんそう] 군조. ＊한국의 중사(中士) 계급에 해당함.
軍陣[ぐんじん] 군진; 군영(軍営).
軍縮[ぐんしゅく] '軍備縮小'의 준말.
軍票[ぐんぴょう] 군표; 전쟁터에서 사용하는 통화 대용의 증표.
1軍艦[ぐんかん] 군함; 해군 함정.
軍港[ぐんこう] 군항; 군사상의 항구.
軍靴[ぐんか] 군화; 군인용 구두.

郡 고을 군

ㄱ ㅋ ヨ 尹 尹 君 君 君' 君阝 郡

音 ◉グン
訓 ⊗こおり

訓読

⊗郡❶[こおり] 오늘날의 '군(郡)'에 해당하는 옛날의 행정 구역. ＊오늘날에는 '郡(ぐん)'이라고 함. ❷[ぐん] ☞ [音読]

音読

2郡❶[ぐん] (행정 구역상의) 군. ❷[こおり] ☞ [訓読]
郡内[ぐんない] 군내; 군(郡)의 구역 내.
郡代[ぐんだい] ①(室町(むろまち) 시대) 守護代(しゅごだい)의 일컬음. ②(에도 시대) 각 지방의 막부(幕府) 직할지를 다스리던 관직(官職).
郡部[ぐんぶ] 군부; 군(郡)에 딸린 지역.
郡史[ぐんし] 군사; 군(郡)의 역사.
郡市[ぐんし] 군시; 군(郡)과 시(市).
郡県[ぐんけん] 군현; 군(郡)과 현(県).

群 무리 군

ㄱ ㅋ ヨ 尹 君 君 君' 君'' 君˝ 群

音 ◉グン
訓 ◉むら ◉むれ ◉むれる

訓読

◉群❶[むら] ①무리. 떼. ②무더기. ❷[ぐん] ☞ [音読]
群がり[むらがり] 떼를 지음. 무리. 집단.
1群がる[むらがる] 〈5自〉 떼 지어 모이다. 군집(群集)하다.
群立つ[むらだつ] 〈4自〉≪雅≫ 떼 지어 날다.
群雀[むらすずめ] 참새 떼.
群竹[むらたけ] 대나무 숲.
群千鳥[むらちどり] 떼를 지은 물떼새.
2◉群(れ)[むれ] ①무리. 집단. 떼. ②한패. 패거리.
◉群れる[むれる] 〈下1自〉 떼를 짓다. 군집(群集)하다.

音読

1群❶[ぐん] 무리. 집단. 패거리. ❷[むら] ☞ [訓読]
群居[ぐんきょ] 군거; 떼 지어 생활함.
群島[ぐんとう] 군도; 불규칙하게 모여 있는 섬들.
群盗[ぐんとう] 군도; 도둑떼.
群落[ぐんらく] 군락; ①많은 촌락. ②군생(群生). 같은 자연 환경에서 자라는 식물군.
群盲[ぐんもう] 군맹; ①많은 맹인. ②많은 어리석은 사람들.
群舞[ぐんぶ] 군무; 떼를 지어 춤을 춤.
群発[ぐんぱつ] 군발; 잠시 동안에 집중적으로 일어남.
群発性地震[ぐんぱつせいじしん] 군발성 지진.
群像[ぐんぞう] 군상; 많은 사람의 형태를 주제로 묘사한 작품.
群生❶[ぐんせい] 군생; 식물이 한곳에 떼지어 자람. ❷[ぐんじょう] ≪仏≫ 많은 중생(衆生).
群棲[ぐんせい] 군서; 동물이 한곳에 모여 삶.

群小[ぐんしょう] 군소; 많이 모여 있는 작은 것들.
群臣[ぐんしん] 군신; 많은 신하들.
群雄[ぐんゆう] 군웅; 많은 영웅들.
群鳥[ぐんちょう] 군조; 떼를 이룬 새들.
1群衆[ぐんしゅう] 군중; 떼를 지어 모인 집단.
群衆心理[ぐんしゅうしんり] 군중 심리.
1群集[ぐんしゅう] 군집; 떼를 지어 모임.
群青[ぐんじょう] 군청; 군청색.
群青色[ぐんじょういろ] 군청색.

〔굴〕

屈 구부러질 굴

ㄱ ㄱ 尸 尸 屈 屈 屈 屈

音 ◉クツ
訓 ⊗かがまる ⊗かがむ ⊗かがめる

訓読

⊗屈まる[かがまる] 〈5自〉 ①(다리나 허리가) 구부러지다. ②웅크리다.
⊗屈む[かがむ] 〈5自〉 ①(다리나 허리가) 구부러지다. ②웅크리다.
⊗屈める[かがめる] 〈下1他〉 (다리나 허리를) 굽히다. 구부리다.

音読

屈する[くっする] 〈サ変自〉 ①구부러지다. ②굴복하다. 굴하다. 〈サ変他〉 ①구부리다. ②(뜻을) 굽히다.
屈強[くっきょう] 매우 힘이 셈.
屈曲[くっきょく] 굴곡; 이리저리 굽히어 꺾임.
屈伏[くっぷく] 굴복; 힘에 굴복하여 복종함.
屈服[くっぷく] ☞ 屈伏
屈伸[くっしん] 굴신; 굽혔다 폈다 함.
屈辱[くつじょく] 굴욕; 남에게 굴복 당하여 치욕을 받음.
屈従[くつじゅう] 굴종; 뜻을 굽혀 복종함.
1屈折[くっせつ] 굴절; ①휘어 구부러짐. ②비뚤어짐.
屈折率[くっせつりつ] ≪物≫ 굴절률.
屈指[くっし] 굴지; 손가락으로 셀 만큼 뛰어남.
屈託[くったく] 굴탁; ①괜히 걱정함. 신경을 씀. ②지쳐 버림. 지쳐서 싫증이 남.

堀 도랑 굴

十 土 圹 圹 圻 圻 坼 坼 堀 堀

音 —
訓 ◉ほり

訓読

2◉堀[ほり] ①도랑. ②해자(垓子). 성 둘레에 물이 괴거나 흐르게 한 곳.
堀江[ほりえ] 땅을 파서 물이 흐르게 한 강.
堀端[ほりばた] 도랑 옆. 도랑가.
堀川[ほりかわ] 땅을 파서 흐르게 한 강.

掘 파낼 굴

一 扌 扌 扌 扩 扩 振 振 掘 掘

音 ◉クツ
訓 ◉ほる ◉ほれる

訓読

2◉掘る[ほる] 〈5他〉 ①(땅을) 파다. ②(묻힌 것을) 파내다. 캐다.
◉掘れる[ほれる] 〈下1自〉 땅이 패다. 땅이 패어서 뿌리가 드러나다.
掘(り)炬燵[ほりごたつ] (마루 일부를 뜯어내) 파묻은 각로(脚炉).
掘(っ)建(て)[ほったて] ①(건축에서 초석 없이) 지면을 파고 기둥을 세움. ②허술한 집.
掘(っ)建(て)小屋[ほったてごや] 허술한 집.
掘り起こす[ほりおこす] 〈5他〉 ①(땅을) 파헤치다. 일구다. ②파내다. 발굴하다. ③(가능성을) 발굴하다.
掘(っ)立(て)[ほったて] ☞ 掘(っ)建て
掘(っ)立(て)小屋[ほったてごや] 허술한 집.
掘(っ)立(て)柱[ほったてばしら] 땅을 파서 초석 없이 바로 세운 기둥.
掘り返す[ほりかえす] 〈5他〉 ①(땅을) 파 엎다. ②파헤치다. 파내다. ③(문제를) 들추어내다.
掘(り)抜(き)[ほりぬき] '掘(り)抜(き)井戸'의 준말.
掘(り)抜(き)井戸[ほりぬきいど] 땅을 깊이 파서 만든 우물.
掘(り)切(り)[ほりきり] 땅을 파서 만든 수로(水路).
掘(り)井戸[ほりいど] 땅을 파서 만든 우물.
掘り出す[ほりだす] 〈5他〉 ①파내다. ②(진귀한 것을) 입수하다. 손에 넣다. 찾아내다.

掘(り)出(し)物[ほりだしもの] ①(우연히 얻은) 진귀한 보물. ②의외로 싼 물건.
掘り下げる[ほりさげる] 〈下1他〉 ①(땅을) 파내려 가다. 깊이 파다. ②(사물을) 깊이 파고들다. 깊이 생각하다.
掘(り)割(り)[ほりわり] (땅을 파서 만든) 수로(水路). 개천. 도랑.

音読

掘削[くっさく] 굴삭; 암석(巖石)이나 토사(土砂)를 파냄.
掘削機[くっさくき] 굴삭기; 굴착하는 기계.
掘進[くっしん] 굴진; 갱도 등을 파 들어감.

窟 동굴 굴	音 ⊗クツ 訓 ⊗いわや

訓読

⊗**窟**[いわや] ①암굴. 바위굴. 석굴. ②암굴 집.

音読

◑**洞窟**[どうくつ], **巣窟**[そうくつ], **岩窟**[がんくつ]

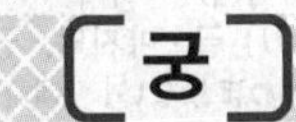

〔궁〕

弓 활 궁

ㄱ ㄱ 弓

音 ◉キュウ
訓 ◉ゆみ ⊗ゆん ⊗ゆ

訓読

1 ◉**弓**❶[ゆみ] ①활. ②궁술(弓術). ❷[きゅう] ☞ [音読]
弓なり[ゆみなり] 활 모양.
⊗**弓筈**[ゆはず] 활고자. 활 양끝의 시위를 거는 부분.
弓師[ゆみし] 궁사; 활을 쏘는 사람.
⊗**弓勢**[ゆんぜい] 활을 쏘는 힘. 활시위를 당기는 힘.
⊗**弓手**[ゆんで] ①활을 잡는 왼손. ②왼쪽.
弓矢[ゆみや] 궁시; ①활과 화살. ②무기. ③전투. 전쟁.
弓矢八幡[ゆみやはちまん] ①무신(武神)인 八幡(はちまん) 대보살. ②≪古≫ 결단코. 절대로.
弓引く[ゆみひく] 〈5自〉 ①활을 당기다. ②반역하다. 배반하다.
⊗**弓杖**[ゆんづえ] ①활을 지팡이 삼아 짚음. ②활의 길이.
弓張(り)[ゆみはり] ①활시위를 메김. ②'弓張月(ゆみはりづき)'의 준말. ③'弓張提灯(ゆみはりぢょうちん)'의 준말.
弓張月[ゆみはりづき] (활 모양의) 상현(上弦)달. 하현(下弦)달. 반달.
弓張提灯[ゆみはりぢょうちん] (활처럼 굽은) 대막대기에 걸어서 펴게 된 초롱.
弓取(り)[ゆみとり] ≪雅≫ ①손에 활을 듦. ②활을 잘 쏘는 사람. 무사(武士). ③(씨름에서) 옛날, 横綱(よこづな)가 활을 들고 하던 의식. ＊현대는 다른 씨름꾼이 대신 행함.
弓偏[ゆみへん] 활궁변. ＊한자(漢字) 부수의 하나로「強」·「引」등의「弓」부분을 말함.
弓弦[ゆみづる] 궁현; 활시위.
⊗**弓懸**[ゆがけ] (활을 쏠 때 손가락을 보호하기 위한) 가죽 장갑.
弓形[ゆみなり/ゆみがた/きゅうけい] 활 모양.

音読

弓❶[きゅう] 바이올린의 활. ❷[ゆみ] ①활. ②궁술(弓術). ☞ [訓読]
弓道[きゅうどう] 궁도; 궁술(弓術).
弓馬[きゅうば] 궁마; ①궁술과 마술. ②무술. 무예.
弓状[きゅうじょう] 궁상; 활 모양.
弓術[きゅうじゅつ] 궁술; 활 쏘는 기술.
弓箭[きゅうせん] 궁전; ①활과 화살. ②무기. 무술.

宮 궁궐/집 궁

丶 丷 宀 宀 宀 宀 宮 宮 宮 宮

音 ◉ク ◉グウ ◉キュウ
訓 ◉みや

訓読

◉**宮**[みや] ①신(神)에게 제사지내는 건물. 신사(神社). ②궁. 궁궐. ③황족에 대한 존칭.
宮家[みやけ] ①황족(皇族) 집안. ②宮(みや)의 칭호를 받는 집안.
宮居[みやい] ①神社(じんじゃ)가 있는 곳. ②궁. 궁궐.
宮崎[みやざき] ①九州(きゅうしゅう) 남동부의 현(県). ②宮崎県(みやざきけん)의 현청 소재지.

宮大工[みやだいく] 神社(じんじゃ)・절・궁전 등의 건축을 전문으로 하는 목수.
宮籠(も)り[みやごもり] (기도를 하기 위해) 神社(じんじゃ)에 머무름.
宮腹[みやばら] ≪雅≫ 황녀(皇女)의 소생.
宮仕え[みやづかえ] ①궁중 또는 귀족 밑에서 일함. ②벼슬살이. ③고용살이.
宮司❶[みやづかさ] ①신관(神官). ②中宮職(ちゅうぐうしき)・東宮坊(とうぐうぼう)・斎宮(さいぐう)・斎院(さいいん) 등에 종사하는 직원. ❷[ぐうじ] 신사(神社)의 우두머리 신관(神官).
宮寺[みやでら] 신불(神仏)을 함께 모시는 神社(じんじゃ)에 딸린 절.
宮相撲[みやずもう] (축제 때) 神社(じんじゃ)의 경내에서 행해지는 씨름.
宮城❶[みやぎ] 일본 東北(とうほく) 지방의 현(県). ＊현청(県庁) 소재지는 仙台市(せんだいし)임. ❷[きゅうじょう] 궁성; 천황이 거처하는 곳.
宮所[みやどころ] ①神社(じんじゃ)가 있는 곳. ②궁. 궁궐.
宮守(り)[みやもり] 神社(じんじゃ)를 지킴.
宮巡(り)[みやめぐり] 여러 곳의 神社(じんじゃ)를 순례함.
宮様[みやさま] 황족(皇族)을 존경하여 부르는 호칭.
宮人[みやびと] ①벼슬아치. ②신관(神官). 신(神)을 섬기는 사람.
宮入貝[みやいりがい] ≪貝≫ 다슬기.
宮座[みやざ] 제례(祭礼)를 하기 위한 특수한 神社(じんじゃ)조합.
宮作り[みやづくり] 궁전을 건조함.
宮造り[みやづくり] 궁전을 건조함.
宮柱[みやばしら] 궁전의 기둥.
宮芝居[みやしばい] 축제 때 神社(じんじゃ)의 경내에서 하는 연극.
宮参り[みやまいり] 神社(じんじゃ) 참배(参拝).
宮号[みやごう] 宮(みや)의 칭호. ＊일반인의 성(姓)에 해당함.

音読

宮内省[くないしょう] 궁내성; 지금의 宮内庁(くないちょう)의 옛이름.
宮内庁[くないちょう] 궁내청; 황실(皇室) 살림에 관한 사무를 맡아보는 관청.
宮門[きゅうもん] 궁문; 대궐의 문.
宮司❶[ぐうじ] 신사(神社)의 우두머리 신관(神官). ❷[みやづかさ] ①신관(神官). ②中宮職(ちゅうぐうしき)・東宮坊(とうぐうぼう)・斎宮(さいぐう)・斎院(さいいん) 등에 종사하는 직원.
宮城❶[きゅうじょう] 궁성; 천황이 거처하는 곳. ❷[みやぎ] 일본 東北(とうほく) 지방의 현(県). ＊현청(県庁) 소재지는 仙台市(せんだいし)임.
[1]宮殿[きゅうでん] 궁전; ①대궐. ②신을 모신 당집.
宮廷[きゅうてい] 궁정; 궁중. 대궐.
宮中[きゅうちゅう] 궁중; 대궐 안.
宮刑[きゅうけい] 궁형; 옛날 중국에서 거세(去勢)하던 형벌.

窮 다할 궁

宀 穴 空 穷 窍 窮 窮 窮 窮 窮

音 ◉キュウ
訓 ◉きわまる ◉きわめる

訓読

◉窮まる[きわまる] 〈5自〉 ①극히 …하다. …하기 짝이 없다. ②끝나다. 다하다. ③(곤란한 처지에) 빠지다.
窮まり[きわまり] 끝. 마지막. 궁극.
窮まりない[きわまりない] 〈形〉 ①끝없다. 한이 없다. ②…하기 짝이 없다.
◉窮める[きわめる] 〈下1他〉 ①(정상에) 다다르다. 끝까지 가다. ②다하다. 더할 나위 없이 …하다. ③규명하다. 깊이 연구하다. 밝히다.
窮め[きわめ] ①끝. 마지막. 궁극. ②(골동품의) 감정.
窮め尽くす[きわめつくす] 〈5他〉 끝까지 추구하다. 철저히 규명하다.

音読

窮する[きゅうする] 〈サ変自〉 ①궁해지다. 막막해지다. 막히다. ②생활이 어려워지다. 궁색해지다.
窮境[きゅうきょう] 궁경; 궁지.
[1]窮屈[きゅうくつ] ①비좁음. 답답함. ②(꼭 끼어) 갑갑함. ③궁핍함. 옹색함. ④융통성이 없음. 딱딱함. ⑤부자유스러움. 거북함.
窮極[きゅうきょく] 궁극; 극도에 달함.
窮民[きゅうみん] 궁민; 빈민(貧民).
窮迫[きゅうはく] 궁핍(窮乏)함.
窮死[きゅうし] 궁사; 생활고로 죽음.
窮状[きゅうじょう] 궁상; 궁핍한 상태.
窮余[きゅうよ] 궁여; 궁한 나머지.

窮地[きゅうち] 궁지; ①곤경(困境). ②≪古≫ 벽촌(僻村). 벽지(僻地).

窮策[きゅうさく] 궁책; 궁여지책.

1窮乏[きゅうぼう] 궁핍; 몹시 가난함.

권

券(券) 문서 권

丶 丷 䒑 丷 兰 关 券 券

音 ◉ケン
訓 —

音読

2券[けん] ①(입장권·승차권 등의) 표. ②증서(証書). 주권(株券).

券売機[けんばいき] 매표기(売票機).

券面[けんめん] 권면; 액면(額面). 금액이 기재되어 있는 표면.

券種[けんしゅ] 권종; 상품권·은행권·채권 등의 종류.

巻(巻) 책/감을 권

丶 丷 䒑 丷 兰 关 关 巻 巻

音 ◉カン ⊗ケン
訓 ◉まく ◉まき

訓読

2◉巻く[まく] 〈5他〉 ①감다. ②말다. ③(나사·태엽을) 죄다. ④(몸에) 두르다. ⑤포위하다.

◉巻❶[まき] ①감음. 감은 것. 감은 정도. ②서화(書画)의 두루마리. ❷[かん] ☞ [音読]

巻きタバコ[まきタバコ] 궐련. 엽궐련.

巻(き)藁[まきわら] (활의 과녁이 되는) 볏짚묶음.

巻き起こす[まきおこす] 〈5他〉 (예상 밖의 일을) 일으키다. 야기하다.

巻き落とす[まきおとす] 〈5他〉 (일본 씨름에서) 상대방의 허리를 낚아채어 감듯이 돌려 넘어뜨리다.

巻(き)網[まきあみ] 선망(旋網). 고기떼를 둘러싸서 잡는 그물.

巻物[まきもの] ①두루마리. ②축(軸)에 감은 옷감. ③둥글게 만든 초밥.

巻(き)返し[まきかえし] ①(천이나 실을) 되감음. ②(만회하기 위해) 반격함.

巻き返す[まきかえす] 〈5他〉 ①(천이나 실을) 되감다. ②(만회하기 위해) 반격하다.

巻き付く[まきつく] 〈5自〉 휘감기다.

巻き付ける[まきつける] 〈下1他〉 휘감다.

巻き上げる[まきあげる] 〈下1他〉 ①감아 올리다. 말아 올리다. ②다 감다. ③(협박하거나 속여서) 빼앗다. 탈취하다.

巻(き)上(げ)機[まきあげき] 윈치. 물건을 감아 올리는 기계.

巻(き)舌[まきじた] 야무진 어조(語調).

巻(き)狩(り)[まきがり] 몰이사냥.

巻(き)寿司[まきずし] (김·달걀부침 등으로) 둥글게 만든 초밥.

巻(き)髭[まきひげ] ≪植≫덩굴손. 권수.

巻き揚げる[まきあげる] ☞ 巻き上げる

巻(き)煙草[まきたばこ] 궐련. 잎궐련.

巻(き)雲[まきぐも/けんうん] 권운; 새털구름.

巻き込む[まきこむ] 〈5他〉 ①(안으로) 말려들게 하다. ②(사건에) 연루되다. 끌어들이다.

巻紙[まきがみ] ①두루마리 종이. ②물건을 마는 종이.

巻(き)鮨[まきずし] (김·달걀부침 등으로) 둥글게 만든 초밥.

巻(き)尺[まきじゃく] 권척; 줄자.

巻(き)添え[まきぞえ] (남의 사건에) 휘말림. 말려들어 골탕먹음.

巻(き)取(り)紙[まきとりがみ] 권취지; (인쇄에 사용하는) 큰 종이 두루마리.

巻(き)貝[まきがい] ≪動≫고둥. ＊소라·우렁이 등을 말함.

音読

2巻❶[かん] ①두루마리. ②책. ③(필름·테이프를 세는 말) 권. ④(전집물 중의 하나인) 권. ❷[まき] ☞ [訓読]

巻頭[かんとう] 권두; ①책머리. ②서질(書帙) 중에서 가장 뛰어난 시가(詩歌).

巻頭言[かんとうげん] 권두언; 머리말.

巻末[かんまつ] 권말; 책의 끝 부분.

巻尾[かんび] 권미; 책의 맨 끝.

巻首[かんしゅ] 권수; 책머리.

巻数[かんすう] 권수; ①책의 수. ②(영화에서 한 작품의) 필름 편수.

巻子本[かんすぼん] 두루마리로 된 책.

巻軸[かんじく] 권축; ①두루마리의 축. ②두루마리나 책의 끝 부분. ③두루마리 책 속의 뛰어난 시가(詩歌).

◑席巻[せっけん]

圏(圈) 범위 권

| 冂 冂 冃 冄 冈 冉 冈 圏 圏

音 ◉ケン
訓 —

音読

圏[けん] 권; ①우리. ②범위. 한정된 지역.
圏内[けんない] 권내; 어떤 범위 안. 어떤 테두리 안.
圏外[けんがい] 권외; 범위 밖. 테두리 밖.
圏点[けんてん] 권점; 방점(傍点). 문장 가운데 요점을 표시하기 위해 글자 옆에(위에) 찍는 둥근 점.

勧(勸) 권할 권

ノ 二 ケ 午 午 牟 𠂉 雈 雈 勧

音 ◉カン
訓 ◉すすめる

訓読

[2]◉勧める[すすめる] 〈下1他〉 ①권하다. 권고하다. ②권장하다. 장려하다.
勧め[すすめ] ①권함. 권고. ②권장. 장려.

音読

[1]勧告[かんこく] 권고; 하도록 권함.
勧賞[かんしょう] 권상; 칭찬하여 장려함.
勧善懲悪[かんぜんちょうあく] 권선징악; 선을 권하고 악을 징계함.
勧業[かんぎょう] 권업; 산업을 장려함.
勧業銀行[かんぎょうぎんこう] 기업은행.
[1]勧誘[かんゆう] 권유; 권하여 하도록 함.
勧銀[かんぎん] '勧業銀行(かんぎょうぎんこう)'의 준말.
勧奨[かんしょう] 권장; 권하여 장려함.
勧進[かんじん] ≪仏≫ 권진; ①(절의 건립·보수를 위해) 기부금을 거둠. ②불도를 권하여 공덕심을 쌓게 함.
勧進元[かんじんもと] ①(연극·씨름의) 흥행주. ②(기부금을 모으기 위한 흥행의) 발기인. 후원자.
勧進帳[かんじんちょう] ① ≪仏≫ 기부금 장부. ②歌舞伎(かぶき) 十八番의 하나.
勧懲[かんちょう] '勧善懲悪(かんぜんちょうあく)'의 준말.
勧学[かんがく] 권학; ①학문을 권장함. ②≪仏≫ 학승(学僧)에게 주는 최고의 학위.
勧降文[かんこうぶん] 항복 권고문.
勧降使[かんこうし] 권항사; 항복을 권하는 사자.

権(權) 권세 권

木 朩 朩 杵 杵 柃 栫 梓 権 権

音 ◉ケン ◉ゴン
訓 —

音読

[2]権❶[けん] 권; ①권력. ②방편. 임기응변의 수단. ❷[ごん] (옛날에 벼슬 이름 앞에 붙여서) 임시로 둔 지위임을 나타냈음. 임시직.
権高[けんだか] 거만함. 자존심이 셈.
権能[けんのう] 권능; ①권한. ②권리.
[1]権力[けんりょく] 권력; 사회적인 실력.
権力争い[けんりょくあらそい] 권력 다툼.
[2]権利[けんり] 권리; ①자격. ②사용권. ③≪古≫ 권세와 이익.
権利落(ち)[けんりおち] 권리가 없어짐.
権利株[けんりかぶ] 권리주; 장래에 발행될 주식의 인수 권리를 갖는 주.
権謀[けんぼう] 권모; 임시 방편으로 둘러 맞추는 모략.
権謀術数[けんぼうじゅっすう] 권모술수.
権門[けんもん] 권문; 권세 있는 집안.
権柄[けんぺい] ①정치상의 실권. ②권력으로 억압함.
権柄ずく[けんぺいずく] 우격다짐.
権勢[けんせい] 권세; 권력과 세력.
権臣[けんしん] 권신; 권력 있는 신하.
[1]権威[けんい] 권위; ①위신. ②신뢰성. ③대가(大家).
権威主義[けんいしゅぎ] 권위주의.
権益[けんえき] 권익; 권리와 이익.
[1]権限[けんげん] 권한; 권리.
権現[ごんげん] ① ≪仏≫ 권현; 권화(権化). ②신(神).
権現様[ごんげんさま] 사후(死後)의 徳川家康(とくがわいえやす)를 높여 부르는 말.
権現造(り)[ごんげんづくり] ≪建≫ 神社(じんじゃ) 건축 양식의 하나.
権衡[けんこう] 권형; ①저울. ②균형.
権化[ごんげ] ① ≪仏≫ 권화. ②화신(化身).

倦 ˣ(倦)	게으를 권	音 ⊗ケン 訓 ⊗うむ

訓読

⊗倦む[うむ] 〈5自〉 ①싫증나다. ②지치다.

音読

倦厭[けんえん] 권염; 권태가 생겨 싫어짐.
倦怠[けんたい] 권태; 싫증을 느껴 게을러짐.
倦怠感[けんたいかん] 권태감.
倦怠期[けんたいき] 권태기.

拳(拳)	주먹 권	音 ⊗ケン ⊗ゲン 訓 ⊗こぶし

訓読

⊗拳 ❶[こぶし] 주먹. ❷[けん] ☞ [音読]

音読

拳 ❶[けん] ①주먹. ②권법(拳法). ❷[こぶし] ☞ [訓読]
拳固[げんこ] 주먹.
拳骨[げんこつ] 주먹.
拳拳[けんけん] 권권; 두 손으로 받듦.
拳万[げんまん] (동경 지방의 어린이들이 약속을 지킨다는 뜻으로) 새끼손가락 걸기.
拳法[けんぽう] 권법; 발로 차고 주먹으로 치는 중국 무술.
拳玉[けんだま] 죽방울. *장난감의 하나.
拳銃[けんじゅう] 권총.
拳闘[けんとう] 권투; 복싱.

捲 ˣ(捲)	감을 권	音 ⊗ケン 訓 ⊗まく ⊗まくる ⊗まくれる ⊗めくる

訓読

⊗捲く[まく] 〈5他〉 ①감다. ②말다. ③두르다. ④포위하다.
捲き起こす[まきおこす] 〈5他〉 ①(바람이) 휘말 듯이 불어 올리다. ②(어떤 일로 인해 사건을) 야기하다. 일으키다.
捲き起こる[まきおこる] 〈5自〉 ①회오리쳐 올라가다. ②갑자기 발생하다.
捲き上げる[まきあげる] 〈下1他〉 ①감아 올리다. 말아 올리다. ②다 감다. ③(협박하여) 빼앗다. 탈취하다.
捲(き)上(げ)機[まきあげき] 윈치. 물건을 감아 올리는 기계.
捲(き)線[まきせん] 권선; 코일.
捲(き)雲[まきぐも] 권운; 새털구름.
捲き込む[まきこむ] 〈5他〉 ①(안으로) 말려들게 하다. ②(사건에) 연루되다. 끌어들이다.
捲し立てる[まくしたてる] 〈下1他〉 숨도 쉬지 않고 지껄여대다.
捲し上げる[まくしあげる] 〈下1他〉 걷어 올리다.
⊗捲る❶[まくる] 〈5他〉 ①(소매 등을) 걷다. 걷어붙이다. 걷어 올리다. ②걷어 올려 살을 드러내다. ③(동사 ます형에 접속하여) 마구 …하다. 계속 …해대다. ❷[めくる] 〈5他〉 ①젖히다. 넘기다. ②벗기다. 떼다. 뜯다.
捲り❶[まくり] ①걷어 올림. ②(병풍 등에 붙였던) 서화를 떼어낸 것. ③표구(表具)하지 않고 매매하는 서화(書画). ❷[めくり] ①젖힘. 넘김. ②'捲り札'의 준말.
捲り札[めくりふだ] (화투・트럼프에서) 젖혀서 나온 짝.
⊗捲れる[まくれる] 〈下1自〉 젖혀지다. 걷히다.

音読

捲線[けんせん] 권선; 코일.
捲土重来[けんどじゅうらい] 권토중래; 한 번 실패했다가 실력을 갖추어 재기함.

眷	돌아볼 권	音 ⊗ケン 訓 —

音読

眷顧[けんこ] 권고; 보살핌. 특별히 돌봄.
眷恋[けんれん] 권련; 몹시 연모함.
眷属[けんぞく] 권속; 한 집안 식구.
眷遇[けんぐう] 권우; 후하게 대접함.
眷族[けんぞく] ☞ 眷属

〔궐〕

蕨	고사리 궐	音 ⊗ケツ 訓 ⊗わらび

訓読

⊗蕨[わらび] ≪植≫ 고사리.
蕨餅[わらびもち] 고사리로 만든 떡.
蕨粉[わらびこ] 고사리 뿌리에서 채취한 녹말.
蕨取り[わらびとり] 고사리 채취.

闕 대궐 궐	音 ⊗ケツ 訓 —

音読

闕本[けっぽん] 궐본; ①결본(欠本). 권수가 모자란 책. ②전집물 가운데 모자란 부분.

闕所[けっしょ] 궐소; ①영주(領主)가 없는 장원(荘園). ②(에도 시대에) 추방 이상의 형을 받은 자의 영지(領地)나 재산을 몰수하던 부가형(附加刑)의 하나.

闕如[けつじょ] 궐여; 있어야 할 것이 없거나 모자람.

闕位[けつい] 궐위; 어떤 지위의 자리가 빔.

蹶 뛸 궐	音 ⊗ケツ 訓 —

音読

蹶起[けっき] 궐기; ①벌떡 일어남. ②용기를 내어 뜻을 이루고자 함. 분기(奮起)함.

蹶然として[けつぜんとして] 결연히. 감연(敢然)히.

〔궤〕

机 책상 궤
一 十 才 木 机 机

音 ◉キ
訓 ◉つくえ

訓読

4◉机[つくえ] 책상.

音読

机辺[きへん] 책상 근처. 책상 옆.

机上[きじょう] 궤상; 책상 위. 탁상 위.

机案[きあん] 책상.

机下[きか] 궤하; ＊편지에서 상대방 이름 밑에 붙여서 높이는 말임.

軌 수레바퀴 궤
一 冂 日 目 旦 車 車 軌 軌

音 ◉キ
訓 —

音読

軌[き] 궤; 행동 노선. 방법. 법칙.

1軌道[きどう] 궤도; ①철로. 레일. 선로. ②≪天≫ 천체가 일정한 법칙에 따라 움직이는 경로. ③≪物≫ 어떤 일이 되어 가는 경로.

軌道車[きどうしゃ] 궤도차.

軌道軸[きどうじく] 궤도축.

軌範[きはん] 궤범; 규범(規範). 모범.

軌跡[きせき] 궤적; ①바퀴자국. ②(인생의) 발자취. ③≪数≫ 주어진 조건에 적합한 점(点)이나 선(線)의 전체를 나타내는 도형.

軌条[きじょう] 궤조; 선로. 궤도. 레일.

軌条折損[きじょうせっそん] 선로 절손. 레일이 꺾여 파손됨.

几 안석 궤	音 ⊗キ 訓 —

音読

几帳[きちょう] 칸막이 휘장. ＊옛날 귀인들의 방 칸막이로 사용하던 휘장.

1几帳面[きちょうめん] 〈形動〉 ①꼼꼼함. 고지식함. 야무짐. 빈틈없음. ②세심함. 자상함.

跪 꿇어앉을 궤	音 ⊗キ 訓 ⊗ひざまずく

訓読

⊗跪く[ひざまずく] 〈5自〉 무릎을 꿇다. 꿇어앉다.

音読

跪拝[きはい] 궤배; 무릎을 꿇고 절함.

跪坐[きざ] 궤좌; 꿇어앉음.

跪座[きざ] 궤좌; 꿇어앉음.

詭 괴이할 궤	音 ⊗キ 訓 —

音読

詭計[きけい] 궤계; 속임수.

詭弁[きべん] 궤변; 도리에 맞지 않는 변론. 불합리한 이론.

詭策[きさく] 궤책; 거짓 책략.

潰 무너뜨릴 궤	音 ⊗カイ 訓 ⊗ついえる ⊗つぶす ⊗つぶれる

訓読

⊗潰える[ついえる] 〈下1自〉 ①무너지다. ②(전쟁에서) 궤멸되다. ③파산하다.

2⊗潰す[つぶす] 〈5他〉 ①찌부러뜨리다. ②으깨다. ③손상하다. 망치다. ④눌러 죽이다. ⑤(금속을) 녹이다. ⑥(구멍을) 메우다. ⑦(시간을) 낭비하다. ⑧몹시 놀라다.

潰し[つぶし] ①으깸. 짓이김. 찌부러뜨림. ②다른 방면에 이용함.

潰(し)島田[つぶししまだ] 島田(しまだ) 머리 스타일을 낮게 한 머리.

潰(し)値段[つぶしねだん] ①(금속 제품의 재료만 따진) 쇠붙이값. ②재료값. 원료값.

潰(し)餡[つぶしあん] 으깬 팥소.

2⊗潰れる[つぶれる] 〈下1自〉 ①찌부러지다. ②으깨지다. ③손상되다. 망가지다. 못쓰게 되다. ④파산하다. ⑤몹시 놀라다. ⑥시간이 낭비되다. ⑦(가슴이) 메다. ⑧(계획이) 틀어지다.

音読

潰乱[かいらん] 궤란; 패배하여 산산이 흩어짐.

潰滅[かいめつ] 궤멸; 괴멸(壊滅).

潰瘍[かいよう] ≪医≫ 궤양.

潰敗[かいはい] 궤패; 무너져 패함.

[귀]

帰(歸) 돌아갈/돌아올 귀
丨 刂 刂' 刂'' 刂ヨ 刂ヨ 刂ヨ 帰 帰 帰

音 ◉キ

訓 ◉かえす ◉かえる

訓読

2◉帰す[かえす] 〈5他〉 돌려보내다. 돌아가게 하다.

4◉帰る[かえる] 〈5自〉 ①(본래 있던 곳으로) 돌아오다. 돌아가다. ②(와 있던 사람이) 돌아가다.

3帰り[かえり] ①돌아감. 돌아옴. ②귀로(帰路). 귀가(帰家). 귀국(帰国).

帰りがけ[かえりがけ] 돌아가는 길. 돌아오는 길.

帰りしな[かえりしな] ☞ 帰りがけ

帰りなん[かえりなん] (타향살이를 그만두고 고향으로) 이제 돌아가자.

帰り道[かえりみち] 돌아가는 길. 돌아오는 길.

帰り路[かえりみち]☞ 帰り道

帰り新参[かえりしんざん] 복직(復職)함. 복직자(復職者).

帰り支度[かえりじたく] 돌아갈 준비. 돌아올 준비.

帰り車[かえりぐるま] 돌아가는 빈 차.

音読

帰する[きする] 〈サ変自〉 ①돌아가다. 귀착되다. ②(불교에) 귀의(帰依)하다.

帰去来[ききょらい] 귀거래; 관직을 그만두고 고향으로 돌아감.

帰結[きけつ] 귀결; 귀착(帰着).

1帰京[ききょう] 귀경; 서울로 돌아옴.

帰耕[きこう] 귀경; 관직을 그만두고 고향으로 돌아가 농사를 지음.

帰館[きかん] 귀관; 귀가(帰家). ＊과장된 표현임.

帰国[きこく] ①귀국; 본국으로 돌아감. ②귀향(帰郷).

帰納[きのう] 귀납; 여러 구체적인 사실에서 일반적인 원리를 유도해 냄.

帰農[きのう] 귀농; 고향으로 돌아가 농사를 지음.

帰途[きと] 귀도; 귀로(帰路).

帰路[きろ] 귀로; 돌아가는 길. 돌아오는 길.

帰服[きふく] 귀복; 복종. 귀순(帰順).

帰省[きせい] 귀성; 귀향(帰郷).

帰巣本能[きそうほんのう] 귀소본능.

帰属[きぞく] 귀속; 재산・권리가 특정한 주체에 속하게 됨.

帰順[きじゅん] 귀순; 반항심을 버리고 복종함.

帰心[きしん] 귀심; 돌아가고 싶은 마음.

帰雁[きがん] 귀안; 봄에 북쪽으로 돌아가는 기러기.

帰依[きえ] 귀의; ①돌아가 몸을 의지함. ②신불(神仏)의 가르침을 믿고 그에 따름.

帰一[きいつ] 귀일; 귀착(帰着).

帰任[きにん] 귀임; 임지로 돌아옴.

帰朝[きちょう] 귀조; 귀국(帰国).

帰着[きちゃく] 귀착; ①귀환. ②귀결. 낙착.

帰着点[きちゃくてん] 귀착점.
帰参[きさん] 귀참; ①(오래 떠나 있던 사람이) 돌아옴. ②(일단 떠났던 무사가) 돌아와 다시 주인을 섬김. ③(의절 당한 자식이) 다시 집에 돌아옴.
帰趨[きすう] 귀추; 추이(推移).
[2]**帰宅**[きたく] 귀택; 귀가(帰家).
帰艦[きかん] 귀함; 함정으로 돌아옴.
帰港[きこう] 귀항; (배가) 항구로 돌아옴.
帰郷[ききょう] 귀향; 고향으로 돌아감.
帰化[きか] 귀화; ①다른 나라의 국적을 얻어 그 나라의 국민이 됨. ②어떤 식물이 외국에서 자생하여 번식하게 됨.
帰化人[きかじん] 귀화인.
帰還[きかん] 귀환; (싸움터에서) 돌아옴.
帰休[ききゅう] 귀휴; 휴가.

鬼 귀신 귀

丿 丨 白 由 由 申 鬼 鬼 鬼 鬼

音 ◉キ
訓 ◉おに

訓読

[2]◉**鬼**[おに] ①귀신. 도깨비. ②영령(英霊). ③악마. 냉혹한 사람. ④(한 가지 일에) 미친 사람. ⑤매우 못생긴 사람. ⑥(명사 앞에서 접두어로 쓰이면) 냉혹한. 무서운. 호랑이.
鬼ごっこ[おにごっこ] 술래잡기.
鬼監督[おにかんとく] 호랑이 감독.
鬼遣(い)[おにやらい] ①입춘 전날 밤에 하는 節分(せつぶん) 행사. ②(옛날 궁중에서) 섣달 그믐밤에 궁중에서 하던 액신(厄神)을 쫓기 위한 액막이행사.
鬼が島[おにがしま] 도깨비섬.
鬼神[おにがみ/きしん/きじん] 귀신; 유령. 마귀. 도깨비.
鬼瓦[おにがわら] 귀신 모양의 큰 기와. *용마루 끝에 사용함.
鬼子[おにご] ①부모를 닮지 않은 아이. ②태어날 때부터 이가 나 있는 아이. ③귀신의 자식.
鬼将軍[おにしょうぐん] 맹장(猛将).
鬼歯[おにば] 버드렁니.
鬼婆[おにばば] ①마귀할멈. ②잔인한 노파.
鬼火[おにび] ①도깨비불. ②(장례식에서) 출관(出棺)할 때 문 앞에 피우는 불.

音読

鬼哭[きこく] 귀곡; 귀신의 곡・소리.
鬼気[きき] 귀기; 소름끼치는 무서움.
鬼女[きじょ] 귀녀; ①여자 모습의 귀신. ②악마처럼 잔인한 여자.
鬼面[きめん] 귀면; ①도깨비 얼굴. ②도깨비의 탈.
鬼門[きもん] 귀문; ①귀방(鬼方). ②달갑지 않은 사람. ③가기 싫은 곳. ④딱 질색임.
鬼手[きしゅ] 귀수; (바둑・장기에서) 승부수.
鬼子母神[きしもじん/きしぼじん] ≪仏≫ 순산(順産)과 유아(幼児) 보호의 여신(女神).
鬼才[きさい] 귀재; 사람들이 깜짝 놀랄만한 재능을 가진 사람.
鬼籍[きせき] ≪仏≫ 귀적; 죽은 신도의 이름・기일(忌日) 등을 기록한 장부. 과거장(過去帳).
鬼畜[きちく] 귀축; ①마귀와 짐승. ②배은망덕한 사람. ③잔인한 사람.

貴 귀할 귀

丨 口 口 中 冉 冉 冉 冉 冉 貴

音 ◉キ
訓 ◉たっとい/とうとい ◉たっとぶ/とうとぶ ⊗あて

訓読

[2]◉**貴い**[とうとい/たっとい] 〈形〉 ①귀중하다. 귀하다. ②(신분이) 높다. 고귀하다.
[2]◉**貴ぶ**[とうとぶ/たっとぶ] 〈5他〉 공경하다. 존경하다. 존중하다.
⊗**貴**[あて] ≪古≫ ①신분이 높음. 존귀함. ②고상함. 우아함.
⊗**貴男**[あなた] 당신. *상대방이 남자일 경우.
⊗**貴女**[あなた] 당신. *상대방이 여자일 경우.
[4]⊗**貴方**[あなた] 당신.
貴方方[あなたがた] 당신네들.

音読

貴家[きか] 귀가; 귀댁(貴宅). 댁내(宅内).
貴公[きこう] 귀공; *남자의 동년배나 손아랫사람에 대한 호칭.
貴公子[きこうし] 귀공자.
貴校[きこう] 귀교; 상대방 학교에 대한 높임말.

貴君[きくん] 귀군; 자네.
貴金属[ききんぞく] 귀금속; 금・은・보석.
貴台[きだい] 귀체(貴体). 존체. ＊편지에서 상대방에 대한 높임말.
貴覧[きらん] 귀람; 고람(高覧).
貴報[きほう] 귀보; ＊상대방의 편지나 보도에 대한 높임말.
貴婦人[きふじん] 귀부인.
貴賓[きひん] 귀빈; 귀한 손님.
貴社[きしゃ] 귀사; 상대방 회사에 대한 높임말.
貴書[きしょ] 귀서; 상대방 저서에 대한 높임말.
貴僧[きそう] 귀승; ①고승(高僧). ②상대방 중에 대한 높임말.
貴紳[きしん] 귀신; 신분이 높은 사람.
貴様[きさま] (욕할 때 쓰는) 너. 이 자식. ＊원래는 높임말임.
貴意[きい] 귀의; 고견(高見). ＊편지에서 사용함.
貴人[きじん] 귀인; 신분이 높은 사람.
貴殿[きでん] 귀전; ＊편지에서 동년배 이상에 대하여 사용함.
[1]**貴族**[きぞく] 귀족; 신분이 높은 사람들.
[2]**貴重**[きちょう] 귀중; 아주 소중함.
[2]**貴重品**[きちょうひん] 귀중품.
貴地[きち] 귀지; ＊상대방이 살고 있는 곳에 대한 높임말.
貴紙[きし] 귀지; ＊상대방 편지・신문에 대한 높임말.
貴誌[きし] 귀지; ＊상대방 잡지에 대한 높임말.
貴賤[きせん] 귀천; 귀함과 천함.
貴宅[きたく] 귀택; 귀댁.
貴下[きか] 귀하; ＊편지에서 남자들이 사용함.
貴顕[きけん] 귀현; 신분이 높고 유명한 사람.
貴兄[きけい] 귀형; ＊편지에서 남자끼리 사용하는 말.

亀(龜)	①거북 귀 ②틀 균	音 ⊗キ 訓 ⊗かめ

訓読

⊗**亀**[かめ] ①≪動≫ 거북. ②≪俗≫ 술고래.
亀の甲[かめのこう] ①귀갑; 거북의 등딱지. ②귀갑(亀甲) 무늬.
お亀蕎麦[おかめそば] 김・야채・어묵・표고버섯을 얹은 메밀국수.
お亀饂飩[おかめうどん] 김・야채・어묵・표고버섯을 얹은 가락국수.
亀の子[かめのこ] ①거북의 새끼. ②귀갑(亀甲).
亀節[かめぶし] 조그만 가다랭이포.
亀虫[かめむし] ≪動≫ 노린재.

音読

亀鑑[きかん] 귀감; 모범. 본보기.
亀甲[★きっこう] 귀갑; ①거북의 등 껍데기. ②귀갑(亀甲) 무늬나 모양.
亀頭[きとう] 귀두; 거북의 머리.
亀卜[きぼく] 귀복; 거북 점(卜).
亀裂[きれつ] 균열; 거북의 등처럼 갈라져서 터짐.

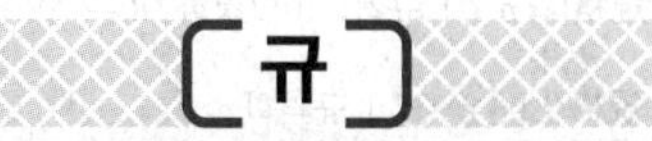

叫(叫) 부르짖을 규

丨 ㄇ 口 口l 口L 叫

音 ◉キョウ
訓 ◉さけぶ

訓読

[2]◉**叫ぶ**[さけぶ] 〈5自〉 ①외치다. 부르짖다. ②강력히 주장하다.
[1]**叫び**[さけび] 외침. 부르짖음.
叫び声[さけびごえ] 외치는 소리. 부르짖는 소리.

音読

叫喚[きょうかん] 규환; 울부짖음.
叫喚地獄[きょうかんじごく] ≪仏≫ 규환지옥; 죄인이 가게 된다는 지옥으로, 펄펄 끓는 가마솥에 들어가거나 시뻘건 불 속에 던져져 고통을 받는다고 하는 곳.

糾(糾) 얽힐/꼴 규

⺈ 幺 幺 糸 糸 糸 糸l 糸L 糾

音 ◉キュウ
訓 ⊗あざなう ⊗ただす

訓読

⊗**糾う**[あざなう] 〈5他〉 (새끼・실을) 꼬다.
⊗**糾す**[ただす] 〈5他〉 조사하여 밝혀내다. 규명하다.

音読

糾明[きゅうめい] 규명; 따져서 밝혀냄.
糾問[きゅうもん] 규문; 진상을 따져 물음.
糾弾[きゅうだん] 규탄; 잘못이나 허물을 따지고 캐어 밝힘.
糾合[きゅうごう] 규합; 어떤 목적 아래 많은 사람을 한데 불러모음.

規 법 규

一 二 丰 夫 … 規

音 ◉キ
訓 —

音読

[1]規格[きかく] 규격; ①일정한 표준. ②규정. 규칙.
規格化[きかくか] 규격화.
規矩[きく] 규구; ①콤파스와 곱자. ②규칙. 법도. 준칙.
[1]規模[きぼ] 규모; ①짜임새. ②≪古≫ 본보기. 올바른 예.
[1]規範[きはん] 규범; 본보기. 모범.
規範文法[きはんぶんぽう] 규범 문법. 교과 문법.
[1]規約[きやく] 규약; 규정.
[2]規律[きりつ] 규율; 질서. 기율(紀律).
規正[きせい] 규정; 규제(規制).
[1]規定[きてい] 규정; 규칙. 규율.
規程[きてい] 규정; 사무 집행상의 준칙.
[1]規制[きせい] 규제; 규율에 따라 제한함.
[2]規準[きじゅん] 규준; 준칙. 규범. 기준.
[3]規則[きそく] 규칙; ①사무 처리의 표준 준칙. ②법칙. 질서. ③국회 이외의 기관에서 제정된 법의 일종.
規則的[きそくてき] 규칙적.

珪 서옥 규

音 ⊗ケイ
訓 —

音読

珪砂[けいしゃ] 규사(硅砂); 석영을 함유한 모래.
珪酸[けいさん] ≪化≫ 규산(硅酸).
珪石[けいせき] ≪鉱≫ 규석(硅石); 규소의 화합물로 된 광물.
珪素[けいそ] ≪化≫ 규소.
珪素樹脂[けいそじゅし] ≪化≫ 규소 수지.
珪藻[けいそう] ≪植≫ 규조; 담수(淡水)나 해수(海水)에 자라는, 규산(硅酸)을 함유한 단세포 식물.
珪藻土[けいそうど] ≪鉱≫ 규조토; 규조가 쌓여서 된 흙.
珪肺病[けいはいびょう] ≪医≫ 규폐병.

硅 규소 규

音 ⊗ケイ
訓 —

音読

硅素[けいそ] ≪化≫ 규소.
硅素樹脂[けいそじゅし] ≪化≫ 규소 수지.

葵 아욱 규

音 ⊗キ
訓 ⊗あおい

訓読

⊗葵[あおい] ①≪植≫ 아욱과 식물. ②徳川(とくがわ) 집안의 가문(家紋).
葵菫[あおいすみれ] ≪植≫ 아욱제비꽃.
葵祭[あおいまつり] 京都(きょうと)의 神社(じんじゃ)의 축제. *5월 15일에 행함.
葵苔[あおいごけ] ≪植≫ 아욱제비꽃.

閨 안방 규

音 ⊗ケイ
訓 ⊗ねや

訓読

⊗閨[ねや] ①침실. ②깊숙한 방. ③부부의 침실.

音読

閨門[けいもん] 규문; ①침실 문. ②안방. ③부부의 관계. ④가정의 예의 범절.
閨房[けいぼう] 규방; 침실. 내실.
閨閥[けいばつ] 규벌; 아내의 인척을 중심으로 한 파벌.
閨秀[けいしゅう] 규수; 학예에 뛰어난 여자.
閨秀作家[けいしゅうさっか] 여류 작가.
閨室[けいしつ] 규실; ①침실. 안방. ②아내.
閨中[けいちゅう] 규중; 침실. 안방.

窺 엿볼 규

音 ⊗キ
訓 ⊗うかがう

訓読

[2]⊗窺う[うかがう] 〈5他〉 ①엿보다. 살피다. ②노리다.

音読

窺知[きち] 규지; 탐지(探知).

鮭 연어 규	音 ⊗ケイ ⊗カイ 訓 ⊗さけ ⊗しゃけ

訓読

⊗鮭[さけ/しゃけ] ≪魚≫ 연어. ＊일반적으로는 'しゃけ'로 말함.

⊗鮭缶[さけかん/しゃけかん] 연어 통조림.

◑塩鮭[しおざけ/しおじゃけ]

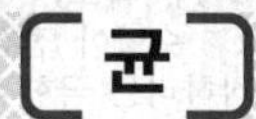

균

均 고를 균

一 十 𠂇 圴 圴 均 均

音 ◉キン
訓 ⊗ならす

訓読

⊗均す[ならす] 〈5他〉 ①고르게 하다. 고르다. 평평하게 하다. ②평준화하다. 평균하다.

⊗均し[ならし] ①고르게 함. 평평하게 함. ②평균.

音読

均等[きんとう] 균등; 고르고 가지런하여 차별이 없음.

均等割り[きんとうわり] 균등할; 균등하게 나눔.

均分[きんぶん] 균분; 등분. 고르게 나눔.

均一[きんいつ] 균일; 똑같이 차별이 없음.

均整[きんせい] 균형. 밸런스.

均斉[きんせい] 균형. 밸런스.

均質[きんしつ] 균질; 성분·성질이 일정함.

[1]均衡[きんこう] 균형; 밸런스.

菌 곰팡이 균

一 艹 艹 芇 芇 苪 苪 菌 菌 菌

音 ◉キン
訓 —

音読

[1]菌[きん] 균; ①세균. ②버섯.

菌類[きんるい] ≪植≫ 균류; ＊버섯·곰팡이·효묘 등의 총칭.

菌糸[きんし] 균사; 균류(菌類)의 실올 모양의 세포.

菌種[きんしゅ] 균종; 균(菌) 또는 균사(菌糸)의 종류.

귤

橘 감귤 귤	音 ⊗キツ 訓 ⊗たちばな

訓読

⊗橘[たちばな] ≪植≫ ①귤나무. ②'みかん'·'こうじ'의 옛 이름.

橘月[たちばなづき] 음력 5월의 다른 이름.

音読

橘中[きっちゅう] 귤중; 귤 속.

橘中の楽しみ[きっちゅうのたのしみ] 귤중지락; 바둑이나 장기를 두는 즐거움.

◑柑橘類[かんきつるい] ≪植≫ 감귤류; 귤과 밀감에 속한 종류.

극

克 이길 극

一 十 十 古 古 古 克

音 ◉コク
訓 ⊗かつ ⊗よく

訓読

⊗克つ[かつ] 〈5他〉 ①이겨내다. 극복하다. ②이기다. 승리하다.

⊗克ち取る[かちとる] 〈5他〉 쟁취하다. 차지하다.

⊗克く[よく] 용하게. 기특하게. 참으로 잘.

⊗克くも[よくも] 용하게도. 기특하게도. 참으로 잘도.

音読

克己[こっき] 극기; (충격·욕망·감정 등을 억눌러) 자신을 이겨냄.

克己心[こっきしん] 극기심.

克明[こくめい] 극명; 자상하게 신경을 씀.

[2]克服[こくふく] 극복; 곤란을 이겨냄.

克復[こくふく] 극복; ①이기어 다시 회복함. ②(전쟁에 이겨) 평화를 회복함.

極 자극할/멀/다할 극

一 十 木 朩 朽 柯 柯 極 極 極

音 ◉キョク ◉ゴク
訓 ◉きわまる ◉きわみ ◉きわめる

訓読

◉極まる[きわまる] 〈5自〉 ①극도에 달하다. …하기 짝이 없다. 극히 …하다. ②최고다. 그만이다. 최상이다.

極まりない[きわまりない] 〈形〉 ①끝없다. 한이 없다. ②…하기 짝이 없다.

◉極み[きわみ] ①끝. 극도. 극점. 절정. ②한껏. 지극함.

◉極める[きわめる] 〈下1他〉 ①정상에 다다르다. 끝까지 가다. ②다하다. 더할 나위 없이 …하다.

極め[きわめ] ①끝. 궁극. ②(골동품 등의) 감정. ③계약. 결정.

1極めて[きわめて] 지극히. 더없이.

極め付(き)[きわめつき] ①(골동품 등의) 감정서가 붙어 있음. ②정평이 나 있음. 소문이 나 있음.

極め書(き)[きわめがき] (골동품 등의) 감정서. 감정 증명서.

音読

極❶[きょく] 극; ①극도. 절정. ②끝. 종말. 종국. ③지구의 극. ④《物》 극.

2極❷[ごく] 극히. 대단히. 아주. 매우.

極冠[きょっかん] 《天》 극관; 화성(火星)의 양극에 보이는 하얀 부분.

極光[きょっこう] 극광; 오로라.

極極[ごくごく] 가장. 지극히.

極内[ごくない] 극비(極秘).

1極端[きょくたん] 극단; 한쪽으로 치우침.

極端論[きょくたんろん] 극단론.

極大値[きょくだいち] 극대치.

極帯[きょくたい] 극대; 극지(極地). 남극·북극 지대.

極度[きょくど] 극도; 더할 수 없는 정도.

極道[ごくどう] 극도; 방탕함. 방탕아.

極東[きょくとう] 극동; 동쪽의 맨 끝.

1極楽[ごくらく] ① 《仏》 극락. ②편안한 처지.

極楽往生[ごくらくおうじょう] ① 《仏》 극락왕생; 죽어서 극락 정토에 태어남. ②편안하게 죽음.

極楽浄土[ごくらくじょうど] 《仏》 극락정토.

極楽鳥[ごくらくちょう] 《鳥》 극락조.

極楽蜻蛉[ごくらくとんぼ] 《俗》 빈둥거리며 태평하게 지내는 사람.

極力[きょくりょく] 극력; 힘껏. 적극적으로.

極論[きょくろん] 극론; ①극단적인 논의. 극언(極言). ②끝까지 논의함.

極微[きょくび/ごくび] 극미; 지극히 작음.

極秘[ごくひ] 극비; 지극한 비밀.

極貧[ごくひん] 극빈; 몹시 가난함.

極上[ごくじょう] 극상; 제일 좋음. 최상.

極暑[ごくしょ] 극서; 지독한 더위.

極細[ごくぼそ] 극세; 아주 가늚.

極小[きょくしょう] 극소; ①크기가 아주 작음. ② 《数》 수량이 점점 줄다가 도로 증가하기 시작하려는 극한점의 값.

極少量[きょくしょうりょう] 극소량.

極所[きょくしょ] 극소; 최종점. 극한점.

極悪[ごくあく] 극악; 흉악함.

極悪非道[ごくあくひどう] 극악 무도(無道).

極悪人[ごくあくにん] 극악인; 흉악한 사람.

極安[ごくやす] 아주 쌈.

極言[きょくげん] 극언; 극단적으로 말함.

極右派[きょくうは] 극우파; 극단적인 우익계.

極意[ごくい] 극의; 비결. 깊은 경지. 비법(秘法).

極印[ごくいん] 극인; 낙인(烙印). 지울 수 없는 증거.

極点[きょくてん] 극점; ①극도. 절정. ②남북 극점.

極製[ごくせい] 특제(特製). 특제품.

極左派[きょくさは] 극좌파; 극단적인 좌익계.

極重[ごくじゅう] 극중; 아주 무거움.

極重悪人[ごくじゅうあくにん] 극악인. 가장 중죄의 악인.

極地[きょくち] 극지; 지구의 양극 지방.

極彩色[ごくさいしき] 극채색; 아주 화려한 색채.

極超短波[ごくちょうたんぱ] 극초단파; 마이크로웨이브.

極致[きょくち] 극치; 더할 수 없는 경지나 상태.

極限[きょくげん] 극한; ①극도. 더할 수 없는 정도. ② 《数》 일정한 법칙에 따라 변화하는 수가 무한히 어떤 수치에 접근했을 때의 그 수치.

極限値[きょくげんち] 《数》 극한치.

極寒[ごっかん] 극한; 지독한 추위.

極刑[きょっけい] 극형; 사형(死刑).

劇 연극/심할 극

丨 丨 广 广 卢 虍 虍 虏 豦 豦 劇

音 ◉ゲキ
訓 ⊗はげしい

訓読

⊗劇しい[はげしい] 〈形〉 ①세차다. 격심하다. ②빈번하다. 잦다.

音読

[2]劇[げき] 극; ①연극. ②드라마.
劇界[げきかい] 극계; 연극계.
[1]劇団[げきだん] 극단; 연극의 상연을 목적으로 구성된 단체.
劇烈[げきれつ] 극렬; 격렬(激烈)함. 치열함.
劇論[げきろん] 극론; 격렬한 논쟁.
劇務[げきむ] 극무; 격무(激務).
劇詩[げきし] 극시; 희곡 형식으로 쓴 시.
劇甚[げきじん] 극심; 격심함.
劇薬[げきやく] 극약; 독약.
劇映画[げきえいが] 극영화.
劇作[げきさく] 극작; 시나리오.
劇作家[げきさくか/げきさっか] 극작가.
[2]劇場[げきじょう] 극장; 연극·영화 등을 공연하거나 상영하는 곳.
劇的[げきてき] 극적; ①연극과 같은 요소가 있는 것. ②연극을 보는 것처럼 감격적이고 인상적임.
劇中[げきちゅう] 극중; 연극 속.
劇職[げきしょく] 극직; 몹시 나쁜 격무.
劇通[げきつう] 극통; 연극계 사정에 밝은 사람.
劇痛[げきつう] 극통; 격심한 통증.
劇評[げきひょう] 극평; 연극 비평.
劇化[げきか] 극화; ①연극으로 만듦. ②더욱 심해짐.
劇画[げきが] 극화; ①그림 연극. ②이야기를 글과 그림으로 엮은 책.

棘 가시나무 극

音 ⊗キョク
訓 ⊗とげ ⊗おどろ

訓読

[1]⊗棘❶[とげ] 가시. ❷[おどろ] ①덤불. 수풀. ②헝클어져 있음.
棘棘しい[とげとげしい] 〈形〉 심술궂고 모나다. 가시 돋치다.
棘立つ[とげだつ] 〈5自〉 ①가시가 돋치다. ②모나다. 표독스럽다.
棘魚[とげうお] ≪魚≫ 큰가시고기.

音読

棘皮動物[きょくひどうぶつ] ≪動≫ 극피동물. ＊해삼·불가사리 종류.

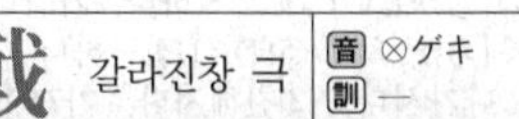

戟 갈라진창 극

音 ⊗ゲキ
訓 —

音読

◑剣戟[けんげき], 刺戟[しげき]

隙 틈 극

音 ⊗ゲキ
訓 ⊗すき ⊗ひま

訓読

[2]⊗隙❶[すき] ①빈틈. 여지. ②짬. 겨를. ③허점. 허술함.
⊗隙❷[ひま] ①한가한 시간. 틈. ②한가함. ③때. 시기. 기회. ④휴가. ⑤해고. 이혼.
[2]隙間[すきま] ①빈틈. 틈새기. ②짬. 겨를. ③허점. 빈틈.
隙間風[すきまかぜ] ①틈새기 바람. ②(비유적으로) 찬바람. 불화(不和).
隙隙[ひまひま] 짬짬이. 틈틈이.
隙取る[ひまどる] 〈5自〉 시간이 걸리다.

音読

◑間隙[かんげき], 空隙[くうげき], 寸隙[すんげき]

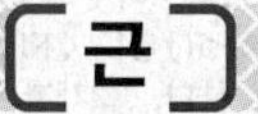

〔근〕

斤 무게 근

一 厂 斤 斤

音 ◉キン
訓 —

音読

斤[きん] 근; 무게의 단위.
斤量[きんりょう] 근량; 무게.
斤目[きんめ] 근수. 근량. 무게.

近(近) 가까울 근

一 厂 斤 斤 䜣 䜣 近

音 ◉キン ⊗コン
訓 ◉ちかい

訓読

[4]◉近い[ちかい] 〈形〉 가깝다.

[4]近く[ちかく] ① 〈名〉 근처. 가까운 곳. ②〈副〉 머지않아. 근간에.

近しい[ちかしい] 〈形〉 친하다. 가깝다.

[2]近づく[ちかづく] 〈5自〉 ①접근하다. 다가오다. 다가서다. ②친해지다. 가까이 사귀다. ③닮아가다. 비슷해지다.

[2]近づける[ちかづける] 〈下1他〉 ①가까이 하다. 가깝게 하다. ②가까이 사귀다. 가까이 하다. ③닮게 하다.

近間[ちかま] 근처. 근방.

[2]近頃[ちかごろ] 요즈음. 근래. 최근.

[2]近近[ちかぢか] 머지않아. 근간에. 곧.

近寄せる[ちかよせる] 〈下1他〉 ①접근시키다. 가까이 갖다 대다. ②가까워지게 하다. 친해지게 하다.

[2]近寄る[ちかよる] 〈5自〉 ①접근하다. 다가서다. 가까이 서다. ②가까이 사귀다.

近道[ちかみち] ①지름길. 가까운 길. ②첩경. 빠른 길.

近路[ちかみち] ☞ 近道

近目[ちかめ] ①근시(近視). 근시안. ②얕은 소견. ③약간 가까운 곳.

近付き[ちかづき] ①친하게 사귐. ②교제. ③친지(親知).

[2]近付く[ちかづく] 〈5自〉 ①접근하다. 다가오다. 다가서다. ②친해지다. 가까이 사귀다. ③닮아가다. 비슷해지다.

[2]近付ける[ちかづける] 〈下1他〉 ①가까이하다. 가깝게 하다. ②가까이 사귀다. 가까이 하다. ③닮게 하다.

近勝り[ちかまさり] 가까이서 보면 멀리서 보는 것보다 좋게 보임.

近劣り[ちかおとり] 가까이서 보면 멀리서 보는 것보다 못해 보임.

近優り[ちかまさり] ☞ 近勝り

近回り[ちかまわり] ①지름길로 감. ②근처. 부근.

近廻り[ちかまわり] ☞ 近回り

音読

近刊[きんかん] 근간; 곧 출판될 출판물.

近距離[きんきょり] 근거리; 가까운 거리.

近景[きんけい] 근경; 가까이 보이는 경치.

近古[きんこ] 근고; ①중고(中古)와 근세(近世) 사이의 시기. ②일본의 鎌倉(かまくら)・室町(むろまち) 시대.

[1]近郊[きんこう] 근교; 도시의 가까운 주변.

近近に[きんきんに] 가까운 장래에. 곧.

近畿[きんき] 근기; ①옛날, 궁성(宮城) 소재지 근처의 지방. ②京都(きょうと)・大阪(おおさか) 지방을 중심으로 한 2부(府)와 5현(県)을 말함. ＊5현(県)은 三重(みえ)・滋賀(しが)・兵庫(ひょうご)・奈良(なら)・和歌山(わかやま) 지방을 말함.

近年[きんねん] 근년; 근래. 최근의 수년.

[2]近代[きんだい] 근대; (日本史에서는) 明治維新(めいじいしん)부터 2차 세계 대전 종료 시까지를 말함.

近東[きんとう] 근동; 유럽에 가까운 동방 제국.

近来[きんらい] 근래; 요사이. 최근.

近隣[きんりん] 근린; 이웃.

近辺[きんぺん] 근변; 부근.

近似[きんじ] 근사; 유사(類似).

近似値[きんじち] 근사치.

近世[きんせい] 근세; 근대(近代).

[3]近所[きんじょ] ①근처. ②이웃. 이웃집.

近所隣[きんじょどなり] 가까운 이웃.

近所迷惑[きんじょめいわく] 이웃사람에게 폐가 됨.

近所合壁[きんじょがっぺき] 벽 하나 사이의 이웃. 이웃집들.

近習[きんじゅう/きんじゅ] 근신(近臣). 군주(君主)나 영주(領主)를 가까이 모시는 신하.

[1]近視[きんし] 근시; 가까운 사물만 잘 보임.

[1]近視眼[きんしがん] 근시안.

近時[きんじ] 근시; 최근. 요즈음.

[1]近眼[きんがん] 근안; ①근시. 근시안. ②선견지명이 없음.

[1]近眼鏡[きんがんきょう] 근시 안경.

近業[きんぎょう] 근업; 근작(近作). 최근의 작품.

近縁種[きんえんしゅ] 근연종; 형태는 다르나 생물의 분류 계통상으로는 관계가 가까움.

近詠[きんえい] 근영; 최근에 읊은 시가(詩歌).

近影[きんえい] 근영; 최근의 사진.

近衛兵[このえへい] 근위병; 궁중의 호위병.

近因[きんいん] 근인; 직접적인 원인.

近日[きんじつ] 근일; 근간(近間).

近作[きんさく] 근작; 최근의 작품.

近在[きんざい] 근재; 근교(近郊).

近著[きんちょ] 근저; 최근의 저작물.

近接[きんせつ] 근접; ①접근. ②가까움.

近着[きんちゃく] 근착; 최근에 도착함.
近親[きんしん] 근친; ①가까운 친척. ②근신(近臣).
近称[きんしょう] ≪語学≫ 근칭; 자신에게 가까운 사물을 가리키는 대명사.
近海[きんかい] 근해; 가까운 바다.
近海物[きんかいもの] 근해어(近海魚).
近郷[きんごう] 근향; ①근교(近郊). ②이웃마을.
近県[きんけん] 근현; 가까운 현(県).
近火[きんか] 근화; 이웃의 화재.
近況[きんきょう] 근황; 최근의 상황.

根 뿌리 근

一 十 才 木 朩 朩 朩 相 根 根

音 ◉コン
訓 ◉ね

訓読

2 ◉根❶[ね] ① ≪植≫ 뿌리. ②(서 있거나 돋아난 것의) 밑동. 밑둥치. ③(사물의) 근본. 기원. 뿌리. ④(부스럼의) 근. ⑤본성. 천성. ⑥(마음속에 맺힌) 응어리. 원한. ❷[こん] ☞ [音読]
根から[ねから] ①애초부터. 나면서부터. ②도무지. 전혀.
根っから[ねっから] ☞ 根から
根こぎ[ねこぎ] 뿌리째 뽑음.
根こそぎ[ねこそぎ] 뿌리째 뽑음. 모조리. 송두리째.
根強い[ねづよい] 〈形〉 ①뿌리깊다. ②끗끗하다.
根継ぎ[ねつぎ] 기둥밑동의 썩은 부분을 갈아 댐.
根継(ぎ)柱[ねつぎばしら] 기둥밑동을 갈아 댄 기둥.
根曲(が)り竹[ねまがりだけ] ≪植≫ 섬대. 밑동이 굽어 있는 작은 대나무.
根刮ぎ[ねこそぎ] 뿌리째 뽑음. 모조리. 송두리째.
根掛(け)[ねがけ] 여자의 트레머리에 다는 장식품.
根の国[ねのくに] ≪雅≫ 저승. 황천(黄泉).
根掘じ[ねこじ] 뿌리째 파냄.
根掘り[ねほり] 뿌리를 캠. 또는 그 연장.
根掘り葉掘り[ねほりはほり] 미주알고주알. 꼬치꼬치.
根芹[ねぜり] 뿌리를 먹는 미나리.
根瘤❶[ねこぶ] 뿌리가 혹처럼 불거진 부분. ❷[こんりゅう] ≪植≫ 근류; 콩과식물의 뿌리혹.
根無し[ねなし] ①뿌리가 없음. ②근거가 없음.
根無し葛[ねなしかずら] ≪植≫ 새삼.
根無し言[ねなしごと] 헛소문. 근거 없는 말. 뜬소문.
根無し草[ねなしぐさ] ① ≪植≫ 개구리밥. 부평초. ②떠돌이. 정처 없이 떠돎.
根問い[ねどい] 꼬치꼬치 캐어물음.
根方[ねかた] ①나무의 밑동. ②나무의 뿌리.
根本❶[ねもと] ①뿌리 부분. 밑동. 밑둥치. ②근본. 근원. ❷[こんぽん] 근본; 근원. 근저(根底).
根付く[ねづく] 〈5自〉 뿌리를 내리다.
根付け[ねつけ] ①담배쌈지. ②남에게 빌붙어 따라다니는 사람.
根分け[ねわけ] 분근. 뿌리를 나누어 옮겨 심음.
根上(が)り[ねあがり] 뿌리가 땅 위로 드러나 보임.
根生(い)[ねおい] ①출생지. ②창립 멤버.
根雪[ねゆき] (봄까지 남아) 쌓여서 굳은 눈.
根城[ねじろ] ①아성(牙城). ②(활동의) 근거지. 본거지.
根笹[ねざさ] ≪植≫ 뿌리대. 산야(山野)에 자생하는 작은 대나무.
根深[ねぶか] ≪植≫ 파. *'ねぎ'의 딴이름.
根深い[ねぶかい] 〈形〉 ①뿌리깊다. ②내력이 깊다.
根魚[ねうお] 해조 덤불 속이나 암초에 사는 물고기.
根芋[ねいも] ≪植≫ 토란.
根元[ねもと] ①뿌리 부분. 밑동. 밑둥치. ②근본. 근원.
根引き[ねびき] ①뿌리채 뽑음. ②몸값을 치르고 기녀(妓女) 등을 빼냄.
根っ子[ねっこ] ≪俗≫ 뿌리. 밑동. 그루터기.
根抵当権[ねていとうけん] ≪法≫ 근저당권.
根切り[ねきり] ①뿌리를 자름. ②뿌리를 갉아먹는 벌레.
根切り葉切り[ねきりはきり] 송두리째.
根切り虫[ねきりむし] 뿌리를 갉아먹는 벌레.
根絶やし[ねだやし] ①뿌리채 뽑아 없앰. ②근절(根絶)함.

根株[ねかぶ] ①그루터기. ②그루터기의 뿌리 쪽. ③말뚝.
根竹[ねだけ] 대나무 밑동의 마디가 촘촘히 많은 부분.
根差す[ねざす] 〈5自〉 ①뿌리가 내리다. 뿌리박다. ②기인하다. 유래하다. ③징조가 나타나다. 싹트다.
根締(め)[ねじめ] ①그루터기에 흙을 돋우어 다짐. ②꽃꽂이한 것이 돋보이게 밑동에 덧꽂는 화초. ③그루터기에 돋아나는 풀.
根太❶[ねだ] 마루청을 받치는 가로대. ❷[ねぶと] ≪医≫ (허벅지·엉덩이에 생기는) 종기.
[1]根回し[ねまわし] ①(옮겨심기 위해) 뿌리 둘레를 파서 잔뿌리를 침. ②사전 교섭. 사전 협상. 사전 공작.
根回り[ねまわり] 뿌리 둘레. 뿌리 둘레에 심은 화초.

音読

根❶[こん] 근; ①≪数≫ 방정식을 만족시키는 미지수의 값. ②≪数≫ 멱근. 승근(乗根). ③이온화될 경향이 있는 기(基). ④끈기. ❷[ね] ☞ [訓読]
根幹[こんかん] 근간; ①근본. ②뿌리와 줄기.
[1]根拠[こんきょ] 근거; ①본거(本拠). ②근본이 되는 바탕.
根茎[こんけい] 근경; ①뿌리와 줄기. ②땅속줄기.
[1]根気[こんき] 근기; 끈기. 지구력.
根基[こんき] 근기; 기본. 기초.
根粒[こんりゅう] ≪植≫ 근류; 콩과식물의 뿌리혹.
根毛[こんもう] 근모; 뿌리털.
[1]根本❶[こんぽん] 근본; 근원. 근저(根底). ❷[ねもと] ①뿌리 부분. 밑동. 밑둥치. ②근본. 근원.
[1]根本的[こんぽんてき] 근본적.
根本義[こんぽんぎ] 근본 의의(意義).
根負け[こんまけ] 끈기에 짐. 지구력에 짐.
根比べ[こんくらべ] 끈기 겨루기.
根性[こんじょう] 근성; ①마음보. 기질. ②강한 기질. 성깔.
根源[こんげん] 근원; 근본.
[1]根底[こんてい] 근저; 밑바탕. 기초. 근본.
根柢[こんてい] ☞ 根底
根絶[こんぜつ] 근절; 뿌리채 뽑아 없앰. 깡그리 없앰.
根菜類[こんさいるい] 근채류; 뿌리채소류.
根治[こんじ] 근치; 완치(完治).
根限り[こんかぎり] 힘껏. 힘닿는 데까지.
根号[こんごう] ≪数≫ 근호; 루트.

勤(勤) 부지런할 근

一 艹 芇 苫 芇 革 堇 菫 勤 勤

音 ◉キン ◉ゴン
訓 ◉つとまる ◉つとめる ⊗いそしむ

訓読

◉勤まる[つとまる] 〈5自〉 (직무를) 감당해 내다. 맡을 수 있다.
[2]◉勤める[つとめる] 〈下1他〉 ①근무하다. ②임무를 맡다. ③봉사하다. ④(제사를) 지내다. ⑤(기생이) 손님을 받다.
[2]勤め[つとめ] ①근무. ②(중들의) 수행(修行). ③(기생의) 접객.
勤め口[つとめぐち] 일자리. 직장.
勤め上(が)り[つとめあがり] 기생·창녀 출신.
勤め上げる[つとめあげる] 〈下1他〉 모든 임기를 마치다.
[1]勤め先[つとめさき] 직장. 근무처.
勤め人[つとめにん] 월급쟁이.
勤め向き[つとめむき] 공무(公務). 근무에 관한 일.
⊗勤しむ[いそしむ] 〈5自〉 (부지런히) 힘쓰다. 열중하다.

音読

勤倹[きんけん] 근검; 근면하고 검소함.
[1]勤労[きんろう] 근로; 일에 힘씀.
勤労所得[きんろうしょとく] 근로 소득.
勤労者[きんろうしゃ] 근로자; 노동자.
[1]勤勉[きんべん] 근면; 부지런함.
勤勉家[きんべんか] 근면가; 부지런한 사람.
[1]勤務[きんむ] 근무; 직무에 종사함.
勤務中[きんむちゅう] 근무중.
勤務先[きんむさき] 근무처. 직장.
勤番[きんばん] ①교대 근무. ②(江戸(えど) 시대에) 영주(領主)의 가신(家臣)들이 교대로 江戸(えど)에 있는 영주의 저택에서 근무하던 일.
勤続[きんぞく] 근속; 계속하여 오래 근무함.
勤王[きんのう] 근왕; 군주(君主)에게 충성을 다함.

勤王攘夷[きんのうじょうい] (江戸(えど) 시대 말기에) 왕정복고(王政復古)를 꾀하며 외국인을 배척하는 사상.
勤惰表[きんだひょう] 출결근 일람표.
勤学[きんがく] 근학; 학문에 힘씀.
勤行[★ごんぎょう] ≪仏≫ 근행; 중이 조석(朝夕)으로 불공드리는 일.
勤皇[きんのう] ☞ 勤王
勤皇攘夷[きんのうじょうい] ☞ 勤王攘夷

筋 힘줄 근

丿 𠂉 ⺮ ⺮ 笁 笁 笁 筋 筋 筋

音 ◉キン
訓 ◉すじ

訓読

[2]◉**筋❶**[すじ] ①힘줄. ②핏대. 혈관. ③줄기. ④선. 금. ⑤줄무늬. ⑥혈통. ⑦줄거리. ⑧조리. 이치. 사리. ⑨소질. ⑩관계자. 당국자. 소식통. ⑪일대. 부근. ❷[きん] ☞ [音読]
筋骨❶[すじぼね] ①근골; 근육과 뼈. ②연골(軟骨). ❷[きんこつ] 근골; 근육과 골격. 체격.
筋交い[すじかい] ①대각선으로 교차함. ②≪建≫ 비스듬히 가로지른 버팀목.
筋交う[すじかう] 〈5自〉 ①비스듬히 교차하다. 엇갈리다. ②엇비스듬히 마주보다.
筋金[すじがね] ①(콘크리트의) 철근. ②견실함. 확고하고 신념이 있음.
筋金入り[すじがねいり] ①철근이 들어 있음. ②신념이 확고함.
筋道[すじみち] ①사리. 도리. ②절차. 순서.
筋立て[すじだて] 대강의 줄거리.
筋目[すじめ] ①(치마・바지의) 주름. ②혈통. 핏줄. ③사리. 도리.
筋書(き)[すじがき] ①(사건・내용의) 줄거리. 개요. 골자. ②미리 짠 계획.
筋屋[すじや] 열차 운행표를 짜는 사람.
筋違い[すじちがい] ①비스듬하게 교차함. ②도리에 어긋남. ③엉뚱함. ④(근육・힘줄이) 삠.
筋揉み[すじもみ] 근육을 따라 안마함.
筋子[すじこ] 연어알젓.
筋張る[すじばる] 〈5自〉 ①힘줄이 서다. 힘줄이 당기다. ②말투나 태도가 딱딱해지다.
筋播(き)[すじまき] 줄을 따라 씨를 뿌림.
筋蒲鉾[すじかまぼこ] (생선의 힘줄과 껍질을 섞어 만든) 싸구려 어묵.
筋合(い)[すじあい] ①(사물에 대한) 조리. 도리. ②통하는 관계. ③이유. 까닭.
筋向(か)い[すじむかい] 비스듬히 마주봄.
筋向(こ)う[すじむこう] 비스듬히 마주봄.

音読

筋❶[きん] 근육. ❷[すじ] ☞ [訓読]
筋力[きんりょく] 근력; 근육의 힘. 체력.
筋繊維[きんせんい] 근섬유; 근육을 구성하는 섬유.
筋炎[きんえん] ≪医≫ 근염; 근육의 염증.
[2]**筋肉**[きんにく] ≪生理≫ 근육; 심줄과 살.
筋肉労働[きんにくろうどう] 육체 노동.
筋電図[きんでんず] ≪医≫ 근전도.
筋腫[きんしゅ] ≪医≫ 근종; 근육의 종기.

謹(謹) 삼갈 근

言 訁 訁 訁 訁 訁 訁 謹 謹 謹

音 ◉キン
訓 ◉つつしむ ◉つつしんで

訓読

[1]◉**謹む**[つつしむ] 〈5自〉 삼가 경의를 표하다. 정중하게 경의를 표하다.
◉**謹んで**[つつしんで] 삼가. 정중하게.

音読

謹啓[きんけい] 근계; 삼가 아룁니다. ＊편지의 첫머리에 쓰는 인사말.
謹告[きんこく] 근고; 삼가 알림.
謹上[きんじょう] 근상; 삼가 올림.
謹慎[きんしん] 근신; ①잘못・실수를 반성하여 언행을 삼감. ②(江戸(えど) 시대의) 외출을 금지하던 형벌.
謹厳[きんげん] 근엄; 점잖고 엄함.
謹呈[きんてい] 근정; 삼가 드림.
謹製[きんせい] 근제; 삼가 만듦.
謹聴[きんちょう] 근청; 삼가 들음.
謹賀新年[きんがしんねん] 근하신년; 삼가 새해를 축하합니다.
謹話[きんわ] 근화; 삼가 말함. ＊황실(皇室)에 관한 것을 말할 때 사용하는 말임.

芹 미나리 근

音 ⊗キン
訓 ⊗せり

訓読

⊗**芹**[せり] ≪植≫ 미나리.
◑**根芹**[ねぜり]

菫 쓸바귀 근	音 ⊗キン 訓 ⊗すみれ

訓読

⊗菫[すみれ] ① ≪植≫ 제비꽃. 오랑캐꽃. ②'すみれいろ'의 준말.

⊗菫色[すみれいろ] 짙은 보라색. 제비꽃 빛깔.

音読

菫外線[きんがいせん] ≪物≫ 근외선; 자외선(紫外線).

僅 ×(僅) 겨우 근	音 ⊗キン 訓 ⊗わずか

訓読

[2]⊗僅か[わずか] 〈形動〉 ①조금. 약간. ②겨우. 불과. ③간신히. 겨우.

音読

僅僅[きんきん] 근근히. 겨우.

僅少[きんしょう] 근소; 약간임. 조금임.

僅少差[きんしょうさ] 근소차.

僅差[きんさ] 근차; 근소한 차이.

槿 무궁화나무 근	音 ⊗キン 訓 ⊗むくげ

訓読

⊗槿[むくげ] ≪植≫ 무궁화.

音読

槿花[きんか] 근화; ①무궁화. ②덧없는 영화(栄華).

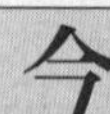

今 이제 금

ノ 𠆢 亼 今

音 ◉キン ◉コン
訓 ◉いま

訓読

[4]◉今[いま] ①지금. 이제. ②오늘날. 현대.

今しも[いましも] 〈副〉 지금 막. 바야흐로. 바로. 지금. 방금.

今では[いまでは] 현재. 오늘날.

今でも[いまでも] 지금도. 현재에도.

[2]今に[いまに] ①이제. 이제 곧. ②머지않아. ③아직도.

今にして[いまにして] 지금 와서. 이제 와서.

[2]今にも[いまにも] 금방이라도. 당장이라도.

今のところ[いまのところ] 지금으로서는. 현 단계로서는.

今ほど[いまほど] ①지금처럼. ②근래. 요즈음. ③조금 전. 방금.

今まで[いままで] 지금까지. 여태껏.

今めかしい[いまめかしい] 〈形〉 현대적이다. 현대풍이다.

今もって[いまもって] 아직도. 아직껏.

今や[いまや] ①바야흐로. 지금이야말로. ②이젠. 지금은.

[1]今更[いまさら] 새삼스레. 지금에 와서.

今更らしい[いまさららしい] 〈形〉 새삼스러워 보인다.

今頃[いまごろ] ①지금쯤. ②(때 늦은) 이제. 이 시간.

今方[いまがた] 방금. 조금 전.

今し方[いましがた] 조금 전. 방금.

今少し[いますこし] 조금 더. 좀더.

今時[いまどき] ① ≪老≫ 오늘날. 요즘. ②이맘때. 지금쯤. ③아직도.

今時分[いまじぶん] ≪老≫ 지금쯤. 이맘때.

今様[いまよう] ①(平安(へいあん) 시대의 유행가) '今様歌(いまようた)'의 준말. ②요즈음의 유행.

今以て[いまもって] 아직도. 여태껏.

今一つ[いまひとつ] ①하나 더. 또 하나. ②무언가 조금. 어딘가 조금 더.

今川焼き[いまがわやき] 묽은 밀가루 반죽을 거푸집에 부어 팥소를 넣고 구운 과자.

今出来[いまでき] 요즘의 물건. 날림으로 만들어진 물건.

今風[いまふう] 현대의 유행.

音読

今季[こんき] ①현재의 계절. ②이번 시즌.

今古[きんこ] 금고; 지금과 옛날.

[4]今年[★ことし] 금년; 올해.

今年度[こんねんど] 금년도.

[2]今度[こんど] ①이번. 금번. ②이 다음. 다음 번.

[3]今晩[こんばん] 오늘 밤. 오늘 저녁.

[2]今晩は[こんばんは] (저녁 인사로) 안녕하세요.

今般[こんぱん] 금번. 이번.

今上[きんじょう] 금상; 현재의 천황(天皇).

今上陛下[きんじょうへいか] 금상폐하.
今生[こんじょう] ≪老≫ 금생; 이 세상.
今夕[こんゆう] 금석; 오늘 저녁.
今昔[こんじゃく] 금석; 옛날과 지금.
今夜[こんや] 금야; 오늘 밤. 오늘 저녁.
4今月[こんげつ] 금월; 이달.
今月分[こんげつぶん] 금월분; 이달 분
今月中[こんげつちゅう] 금월중; 이달 중.
4今日❶[きょう] 오늘. ❷[こんにち] 오늘날. 현대.
2今日は[こんにちは] 안녕하세요. *낮 인사.
4今朝[★けさ] 오늘 아침.
4今週[こんしゅう] 금주; 이번 주.
今次[こんじ] 금차; 이번. 금번.
2今回[こんかい] 금회; 이번 차례.
今暁[こんぎょう] 금효; 오늘 새벽.
2今後[こんご] 금후; 앞으로. 차후.

金 ①쇠 금 ②성씨 김
ノ 𠆢 亼 今 全 余 金 金

音 ◉キン ◉コン
訓 ◉かね ◉かな

訓読

2◉金❶[かね] ①돈. 금전. ②쇠. 금속. ❷[きん] ☞[音読]
金ずく[かねずく] 돈으로 …함. 돈의 힘으로.
金巾[カナキン] 카네킨. 옥양목.
金遣い[かねづかい] 돈의 씀씀이.
金高[かねだか/きんだか] 금액. 액수.
金串[かなぐし] (생선을 굽는) 쇠꼬챙이.
金盥[かなだらい] 쇠로 만든 대야.
金具[かなぐ] 쇠장식물.
金亀子[★こがねむし] ≪虫≫ 풍뎅이.
金掘り[かねほり] ①채광(採鉱). 광산에서 광석을 캐냄. ②광부(鉱夫).
金気❶[かねけ] ①철분. 쇳내. ②≪俗≫ 돈. ❷[かなけ] ①(물에 녹아 있는) 철분. ②(새 솥에 뜨는) 쇳물.
金貸(し)[かねかし] ①돈놀이. 대금업. ②돈놀이꾼. 대금업자.
金沓[かなぐつ] 말굽쇠.
金頭[かながしら] ≪魚≫ 달강어. 달궁이.
金聾[かなつんぼ] 심한 귀머거리.
金輪[かなわ] ①쇠고리. ②삼발이.
金離れ[かねばなれ] 돈 쓰는 솜씨.
金蔓[かねづる] 돈줄. 돈을 대 주는 사람.
金網[かなあみ] 철망. 쇠그물.
金売(り)[かねうり] ①돈 장사. 환전상(換銭商). ②(옛날에) 금을 매매하던 상인. 금장수.
金目[かねめ] ①값. 값어치. ②값나감. 값짐.
金物[かなもの] ①철물. ②쇠장식물.
金物屋[かなものや] 철물점.
金縛り[かなしばり] ①단단히 묶음. ②≪俗≫ 돈으로 꼼짝 못하게 함.
金棒[かなぼう] ①쇠몽둥이. ②철봉.
金棒引(き)[かなぼうひき] ①≪古≫ 야경꾼. ②수다장이. 수다꾼. ③허풍장이.
金敷[かなしき] (대장간의) 모루. 철침(鉄砧).
金仏[かなぶつ/かなぼとけ] 금불; ①금속제의 불상. ②매우 냉정한 사람. 목석.
金肥[かねごえ/きんぴ] 금비; 화학 비료.
金篦[かなべら] ①쇠주걱. ②흙손.
金轡[かなぐつわ] 쇠재갈.
金糸雀[カナリア] ≪鳥≫ 카나리아.
金蛇[かなへび] ≪動≫ 장지뱀.
金山❶[かなやま] 금광(金鉱). ❷[きんざん] 금산; ①금광(金鉱). ②철옹성(鉄甕城).
金箱[かねばこ] ①돈궤. 금고. ②수입원. 돈줄. ③돈을 잘 벌어주는 물건·사람.
金屑[かなくず] 쇠부스러기.
金渋[かなしぶ] 쇳물. 녹물.
金性[かねしょう] 금성; ①금속의 성질. 금속성. ②오행(五行)의 하나.
金元[かねもと] 돈줄. 출자자(出資者).
金入れ[かねいれ] ①돈지갑. ②돈을 넣어두는 장소.
金雀児[★えにしだ] ≪植≫ 금작화(金雀花).
金雀枝[★えにしだ] ☞ 金雀児
金蔵[かねぐら] ①금고(金庫). ②돈줄. 물주.
金儲け[かねもうけ] 돈벌이.
金切(り)声[かなきりごえ] (여자의) 비명 소리.
金梃[かなてこ] 쇠지렛대.
金釘[かなくぎ] 쇠못.
金釘流[かなくぎりゅう] 서투른 필체(筆体).
金繰り[かねぐり] 돈 변통. 돈 마련.
3金持ち[かねもち] 부자. 돈 많은 사람.
金錆[かなさび] 녹.
金請け[かねうけ] 빚보증. 빚보증인.
金槌[かなづち] ①쇠망치. ②≪俗≫ 수영을 못하는 사람.
金槌頭[かなづちあたま] 돌대가리. 석두(石頭).
金臭い[かなくさい] 〈形〉 쇳내가 나다.

金吹き[かねふき] ①광물(鉱物)을 분리함. ②화폐를 주조함.

金偏[かねへん] ①쇠금 변. ＊한자(漢字) 부수의 하나로 '銅・鉄' 등의 '金' 부분을 말함. ②≪俗≫ 금속 관련 산업.

金偏景気[かねへんけいき] 광산업・철강업의 경기.

金平[かねひら] ≪魚≫ 납지리.

金回り[かねまわり] ①돈의 유통. 자금 사정. ②주머니 사정. 재정 상태.

金鋏[かなばさみ] ①금속을 자르는 가위. 양철 가위. ②부집게.

金壺[かなつぼ] 쇠항아리.

金壺眼[かなつぼまなこ] 옴팡눈.

金火箸[かなひばし] ①부젓가락. ②말라깽이. 야윈 몸.

金詰(ま)り[かねづまり] 자금이 딸림. 돈의 융통이 안 됨.

音読

4 **金❶**[きん] ①금. 황금. ②금빛. 황금빛. ③일금(一金). ＊금액을 표시할 때. ④금의 순도를 나타냄. 18(じゅうはっ)～ 18금. ❷[かね] ☞ [訓読]

金ボタン[きんボタン] ①금단추. ②≪俗≫ 학생복. ③≪俗≫ 남학생.

金閣寺[きんかくじ] 금각사; ＊京都(きょうと)에 있는 절.

金柑[きんかん] ≪植≫ 금귤.

金剛力[こんごうりき] ≪仏≫ 금강력.

金剛力士[こんごうりきし] ≪仏≫ 금강 역사.

金剛不壊[こんごうふえ] ≪仏≫ 금강 불괴.

金剛砂[こんごうしゃ] ≪地≫ 금강사.

金剛石[こんごうせき] 금강석; 다이아몬드.

金剛神[こんごうじん] ≪仏≫ 금강신.

金剛心[こんごうしん] ≪仏≫ 금강심.

金剛杖[こんごうづえ] ≪仏≫ 금강장.

金坑[きんこう] 금갱; 금을 캐는 구덩이.

2 **金庫**[きんこ] 금고; 돈을 보관하는 곳.

金庫破(り)[きんこやぶり] 금고털이.

金工[きんこう] 금공; 금 세공인.

金科玉条[きんかぎょくじょう] 금과옥조; 가장 중요한 법률이나 규정.

金冠[きんかん] 금관; 금으로 된 관.

金管楽器[きんかんがっき] 금관악기; 금속제의 악기.

金光り[きんぴかり] 금빛으로 빛남. 금빛.

金鉱[きんこう] 금광; 금을 캐는 광산.

金塊[きんかい] 금괴; 금덩이.

金券[きんけん] 금권; ①금화와 바꿀 수 있는 지폐. ②증권(証券).

金権[きんけん] 금권; 돈의 위력. 금력(金力).

金筋[きんすじ] 금테. 금줄. 금빛의 선(線).

金泥[きんでい/こんでい] 금니; 금박 가루를 아교에 갠 서화용(書画用) 물감.

金堂[こんどう] ≪仏≫ 금당; 본당. 대웅전.

金襴[きんらん] 금실로 무늬를 짠 화려한 비단.

金力[きんりょく] 금력; 돈의 힘.

金輪際[こんりんざい] ①≪仏≫ 금륜제. ②사물의 밑바닥.

金利[きんり] 금리; 이자. 이율(利律).

金満家[きんまんか] 금만가; 재산가. 부호(富豪). 갑부.

金脈[きんみゃく] 금맥; ①황금의 맥. ②≪俗≫ 돈줄.

金木犀[きんもくせい] ≪植≫ 금목서; 단계목.

金無垢[きんむく] ≪俗≫ 순금(純金).

金文字[きんもじ] 금문자; 금빛 글씨.

金箔[きんぱく] 금박; ①금을 종이처럼 얇게 만든 것. ②세속적인 가치. ③겉치레.

金髪[きんぱつ] 금발; 금색의 머리털.

金杯[きんぱい] 금배; 금 술잔.

金盃[きんぱい] 금배; 금 술잔.

金本位[きんほんい] 금본위; 금본위 제도.

金粉[きんぷん] 금분; 금가루.

金肥[きんぴ] 금비; 화학 비료.

金砂[きんしゃ] 금사; ①금가루. ②금박 가루. ③금빛 모래.

金砂子[きんすなご] 금박 가루.

金紗[きんしゃ] 금실로 무늬를 짜 넣은 비단 옷감.

金山❶[きんざん] 금산; ①금광(金鉱). ②철옹성(鉄甕城). ❷[かなやま] 금광(金鉱).

金色[きんいろ/こんじき] 금빛. 황금빛. ＊'こんじき'는 문장 용어임.

金色夜叉[こんじきやしゃ] '尾崎紅葉(おざきこうよう)'의 장편 소설. ＊금력(金力)을 둘러싼 사랑 싸움을 묘사한 소설.

金石[きんせき] 금석; ①쇠붙이와 돌. ②금속기와 석기. ③견고하고 변함없는 것.

金線[きんせん] 금선; 금줄. 금빛 줄.

金星❶[きんせい] ≪天≫ 금성; 샛별. ❷[きんぼし] ①(씨름에서) 関脇(せきわけ) 이하의 씨름꾼이 横綱(よこづな)에게 이기는 일. ②뜻밖의 큰 공훈. 수훈(殊勲).

金城鉄壁[きんじょうてっぺき] 금성철벽; ①난공불락의 성. ②빈틈이 없음.
金城湯池[きんじょうとうち] 금성탕지; ①수비가 견고한 성. ②굳게 확보한 세력권.
2**金属**[きんぞく] 금속; 쇠붙이.
金属性[きんぞくせい] 금속성.
金時[きんとき] ①팥빙수. ②'坂田金時(さかたのきんとき)'의 약칭. ③고구마의 일종.
金時計[きんどけい] 금시계.
金鍔[きんつば] ①금빛 쇠붙이의 날밑. ②밀가루 반죽에 팥소를 넣고 날밑 모양으로 구운 과자.
2**金額**[きんがく] 금액; 돈의 액수.
2**金魚**[きんぎょ] ≪魚≫ 금붕어.
金魚鉢[きんぎょばち] 어항.
金言[きんげん] 금언; 격언. 명언.
金言集[きんげんしゅう] 금언집.
金縁[きんぶち] 금테. 금빛 테.
金玉❶[きんぎょく] 금옥; ①금과 옥. ②귀중함. 훌륭함. ❷[きんたま] ① ≪俗≫ 불알. ②금빛 구슬.
4**金曜**[きんよう] 금요일.
4**金曜日**[きんようび] 금요일.
金員[きんいん] 금액. 돈의 액수.
金円[きんえん] 돈. 금전.
金位[きんい] 금위; ①금의 순도. ②금화의 합금의 순도.
2**金融**[きんゆう] 금융; 돈의 융통.
金融業[きんゆうぎょう] 금융업.
金融債[きんゆうさい] 금융채.
金銀[きんぎん] 금은; ①금과 은. ②금화와 은화. ③돈. 금전.
金一封[きんいっぷう] 금일봉; 촌지(寸志).
金子[きんす] 돈. 금전. 화폐.
金字[きんじ] 금자; 금빛 문자.
金字塔[きんじとう] 금자탑; ①피라미드. ②불멸의 업적.
金将[きんしょう] 금장. *일본 장기 말의 하나.
2**金銭**[きんせん] 금전; 돈. 화폐.
金銭ずく[きんせんずく] 돈으로 …함. 돈의 힘으로….
金座[きんざ] 江戸幕府(えどばくふ)의 금화 주조소(鋳造所).
金地[きんじ] 금색 바탕.
金枝玉葉[きんしぎょくよう] 금지옥엽; 황족(皇族). 왕족(王族).
金紙[きんがみ] 금지; 금종이. 금박지.
金策[きんさく] 돈 마련. 자금 조달.
金鉄[きんてつ] 금철; ①금속. 쇠붙이. ②매우 견고함. 철석(鉄石).
金側[きんがわ] ①금딱지. ②금시계.
金歯[きんば] 금치; 금니.
金鵄[きんし] (일본 신화의) 금빛 소리개.
金鵄勲章[きんしくんしょう] 무공훈장(武功勲章).
金太郎[きんたろう] ①'坂田金時(さかたのきんとき)'라는 전설적 영웅의 어릴 때 이름. ② ≪俗≫ 아기의 배두렁이.
金波[きんぱ] 금파; 황금빛 물결. 햇빛・달빛이 어리어 금빛으로 반짝이는 물결.
金牌[きんぱい] 금패; 금메달.
金品[きんぴん] 금품; 돈과 물건.
金婚式[きんこんしき] 금혼식; 결혼 50주년 기념 잔치.
金貨[きんか] 금화; 금돈.
金環[きんかん] 금환; 금고리. 금반지.
金環食[きんかんしょく] ≪天≫ 금환식.

琴 거문고 금

一 丁 千 王 玎 玗 珡 琴 琴 琴

音 ◉キン
訓 ◉こと

訓読

◉**琴**❶[こと] 거문고. ❷[きん] ☞ [音読]
琴歌[ことうた] 거문고에 맞춰 부르는 노래.
琴糸[こといと] 거문고 줄.
琴の緒[ことのお] 거문고 줄.
琴爪[ことづめ] 가조각(仮爪角). *거문고를 탈 때 손톱에 끼는 두겁.
琴柱[ことじ] (거문고의) 안족(雁足). 기러기 발.

音読

◉**琴**❶[きん] 중국의 7현(弦) 현악기. ❷[こと] ☞ [訓読]
琴曲[きんきょく] 금곡; 거문고 곡.
琴の琴[きんのこと] ≪雅≫ 거문고. 칠현금(七弦琴).
琴線[きんせん] ①거문고 줄. ②심금(心琴).
琴瑟[きんしつ] 금슬; ①거문고와 비파. ②금실. 부부 사이.

禁 금지할/금할 금

一 十 才 木 朩 林 林 埜 埜 禁

音 ◉キン
訓 —

音読

禁[きん] 금; 금지. 금지된 것.
[2]禁じる[きんじる] 〈上1自〉 금하다. 금지하다.
[2]禁ずる[きんずる] 〈サ変他〉 ☞ 禁じる
禁固[きんこ] 금고; ①(방에) 가둠. ② ≪法≫ 금고.
禁錮[きんこ] ☞ 禁固
禁句[きんく] 금구; ①和歌(わか)・俳句(はいく)에서 기피해야 할 어구. ②(남의 비위를 거스르지 않기 위해) 삼가 해야 할 말.
禁忌[きんき] 금기; 꺼려서 금함.
禁断[きんだん] 금단; 금지함.
禁猟[きんりょう] 금렵; 사냥을 금함.
禁猟期[きんりょうき] 금렵기.
禁裏[きんり] 궁중. 궁궐.
禁令[きんれい] 금령; 금지 명령. 금지된 법령.
禁門[きんもん] 금문; ①출입을 금하는 문. ②대궐 문.
[1]禁物[きんもつ] 금물; ①삼가 피해야 할 일. ②바람직하지 않은 것.
禁色[きんじき] 금색; 옛날, 천황이나 황족의 옷 빛깔을 신하들이 사용함을 금했던 일.
禁書[きんしょ] 금서; 출판・보급을 금하는 책.
禁輸[きんゆ] 금수; 수출입을 금함.
禁漁[きんりょう/きんぎょ] 금어; 고기잡이 금지.
禁漁区[きんりょうく/きんぎょく] 금어 구역.
禁漁期[きんりょうき/きんぎょき] 금어기.
[2]禁煙[きんえん] 금연; ①담배를 끊음. ②담배를 피워서는 안 됨.
[2]禁煙席[きんえんせき] 금연석.
禁転載[きんてんさい] 금전재; (신문・잡지 서적의 기사나 내용을) 무단으로 전재를 금함.
禁制[きんせい] 금제; 금지.
禁制品[きんせいひん] 금지품.
禁鳥[きんちょう] 금조; 사냥을 금하여 보호하는 새.
禁足[きんそく] 금족; 외출・여행을 금함.
禁足令[きんそくれい] 금족령.
禁酒[きんしゅ] 금주; 술을 금함.
禁中[きんちゅう] 금중; 궁궐. 대궐.
[2]禁止[きんし] 금지; 금하여 못하게 함.
禁止法[きんしほう] 금지법.
禁持(ち)出し[きんもちだし] 반출 금지.
禁治産[きんちさん/きんじさん] ≪法≫ 금치산.
禁婚[きんこん] 금혼; 결혼을 금함.

襟 옷깃/가슴 금

ノ ク 衤 衤 衤 衤 衤 襟 襟 襟

音 ◉キン
訓 ◉えり

訓読

[1]◉襟[えり] ①옷깃. 깃. ②목덜미.
襟刳(り)[えりぐり] ≪服≫ 목덜미의 선. 네크라인.
襟垢[えりあか] 옷깃에 묻은 때.
襟巻(き)[えりまき] ①목도리. ②머플러.
襟髪[えりがみ] ①목덜미의 털. ②목덜미.
襟先[えりさき] 깃의 끝 부분.
襟首[えりくび] 목덜미.
襟飾り[えりかざり] 넥타이・목걸이・브로치 등의 총칭.
襟芯[えりしん] 깃 속에 넣은 빳빳한 심.
襟腰[えりこし] (옷에서) 목 둘레를 따라 깃이 서게 한 부분.
襟元[えりもと] 목 언저리. 옷깃의 언저리.
襟章[えりしょう] 옷깃에 다는 기장・휘장. 배지.
襟足[えりあし] 목덜미의 머리털이 난 부분.

音読

襟度[きんど] 도량. 아량.
襟懐[きんかい] 마음속. 회포.

衿 옷깃 금

音 ⊗キン
訓 ⊗えり

訓読

⊗衿[えり] ①옷깃. 깃. ②목덜미.

衾 이불 금

音 ⊗キン
訓 ⊗ふすま

訓読

⊗衾[ふすま] ≪雅≫ 이불.

音読

衾褥[きんじょく] 금욕; 이부자리와 요. 침구.

禽 새 금	音 ⊗キン 訓 —

音読

禽舎[きんしゃ] 금사; 가금(家禽) 우리.

禽獣[きんじゅう] 금수; ①날짐승과 길짐승. ②무례한 사람.

禽鳥[きんちょう] 금조; 새. 날짐승.

擒 사로잡을 금	音 ⊗キン 訓 ⊗とりこ

訓読

⊗擒[とりこ] 포로.

音読

擒縦[きんじゅう] 금종; ①사로잡음과 놓아줌. ②자유롭게 다룸.

擒縦自在[きんじゅうじざい] 자유자재로 다룸.

噤 입다물 금	音 ⊗キン 訓 ⊗つぐむ

訓読

⊗噤む[つぐむ] 〈5他〉 입을 다물다. 함구(緘口)하다. 잠자코 있다.

錦 비단 금	音 ⊗キン 訓 ⊗にしき

訓読

⊗錦[にしき] ①고급 비단. ②(색채와 무늬가) 아름답고 훌륭한 것.

錦鯉[にしきごい] ≪魚≫ 비단잉어.

錦の御旗[にしきのみはた] ①관군(官軍)의 붉은 비단 기. ②대의명분.

錦絵[にしきえ] 목판으로 인쇄한 다색(多色)의 풍속화.

音読

錦鶏[きんけい] ≪鳥≫ 금계; 꿩과의 깃털이 아름다운 새.

錦旗[きんき] 금기; 빨간 비단에 해와 달을 그린 천황(天皇)의 깃발.

錦繡[きんしゅう] 금수; ①비단과 수를 놓은 직물. ②비단. 비단옷. ③아름다운 글귀. ④아름다운 꽃이나 단풍.

錦衣[きんい] 금의; 화려한 옷.

錦切れ[きんぎれ] ①비단 조각. ②明治維新(めいじいしん) 때의 관군(官軍).

[급]

及(及) 미칠 급
ノ 乃 及

音 ◉キュウ
訓 ◉およぶ ◉および ◉およぼす

訓読

[1]◉及ぶ[およぶ] 〈5自〉 ①다다르다. 미치다. 이르다. ②견주다. 필적하다. ③성취되다. 이루어지다.

及ばずながら[およばずながら] 미흡하나마. 불충분하나마.

及ばない[およばない] 〈形〉 ①못 당하다. 못 미치다. ②…할 필요가 없다.

[1]◉及び[および] 〈接〉 및.

及びもつかない[およびもつかない] 〈句〉 어림도 없다. 상대가 안 되다.

及び腰[およびごし] 엉거주춤함.

[2]◉及ぼす[およぼす] 〈5他〉 (영향을) 미치게 하다. 끼치다.

音読

及第[きゅうだい] 급제; 시험에 합격함.

及第者[きゅうだいしゃ] 급제자; 합격자.

及第点[きゅうだいてん] 급제점; 합격점.

扱(扱) 취급할 급
一 十 扌 扌 扨 扱

音 ⊗キュウ
訓 ◉あつかう ⊗こく ⊗しごく ⊗こぐ

訓読

[2]◉扱う[あつかう] 〈5他〉 ①(일을) 맡아 처리하다. 취급하다. 담당하다. ②(상품을) 취급하다. ③(기계를) 다루다. 조작하다. ④돌보다. 대하다. ⑤대접하다. 대우하다. ⑥중재(仲裁)하다.

[1]扱い[あつかい] ①(일의) 취급. ②(기계의) 취급. ③(사람의) 취급. 대접. ④중재(仲裁).

扱い人[あつかいにん] 취급자. 담당자.

⊗扱く❶[こく] 〈5他〉 (곡식을) 훑다. ❷[しごく] 〈5他〉 ①(긴 것의 끝을 한쪽 손에 쥐고) 자기 쪽으로 잡아당기다. ②(수염을) 쓰다듬다. ③호되게 훈련시키다.

扱き[しごき] ①(긴 것의 끝을 한쪽 손에 쥐고) 자기 쪽으로 잡아당김. ②호된 훈련. 기합.
扱き交ぜる[こきまぜる] 〈下1他〉 뒤섞다.
扱き帯[しごきおび] 한 폭의 천을 꿰매지 않고 그대로 매어 쓰는 여자의 허리띠.
扱き落とす[こきおとす] 〈5他〉 훑어 내리다. 문질러 떨어뜨리다.
扱き使う[こきつかう] 〈5他〉 혹사하다. 사정없이 부려먹다.
扱き交ぜる[こきまぜる] 뒤섞다. 혼합하다.
扱き下ろす[こきおろす] ①헐뜯다. 비방하다. 깎아 내리다. ②훑어 내리다.
⊗扱ぐ[こぐ] 〈5他〉 (뿌리째) 뽑다.

急(急) 급할 급

ノ ク 㔾 刍 刍 刍 急 急 急

音 ◉キュウ
訓 ◉いそぐ ◉いそがす ◉いそがせる ⊗せく

訓読

◉急がす[いそがす] 〈5他〉 재촉하다. 몰아치다.
◉急がせる[いそがせる] 〈下1他〉 재촉하다. 몰아치다.
3◉急ぐ[いそぐ] 〈5自他〉 ①(행동을) 서두르다. 바삐 굴다. ②(마음으로) 서두르다. 조급해지다. ③≪古≫ 준비하다. 채비하다.
急ぎ[いそぎ] ①급함. 서두름. ②≪古≫ 준비. 채비.
急ぎ物[いそぎもの] 급한 것. 급한 주문.
急ぎ足[いそぎあし] 빠른 걸음. 잰걸음.
⊗急く[せく] 〈5自〉 ①조급해지다. 조급히 굴다. 서두르다. ②(숨이) 가빠지다. 거칠어지다.
急き立てる[せきたてる] 〈下1他〉 재촉하다. 독촉하다. 다그치다.
急き込む[せきこむ] 〈5自〉 안달하다. 성급해지다. 조급해지다.
⊗急かす[せかす] 〈5他〉 재촉하다. 독촉하다.
⊗急かせる[せかせる] 〈下1他〉 재촉하다. 독촉하다.

音読

急[きゅう] ①급함. 위급. 긴급. ②갑작스러움. 돌변함. ③가파름. ④빠름. 급함. 급속.
3急に[きゅうに] 급히. 갑자기.
急降下[きゅうこうか] 급강하; 갑자기 내려감.
急拠[きゅうきょ] 급거; 갑작스레. 허겁지겁. 급히.
2急激[きゅうげき] 급격; 급하고 격렬함.
急騰[きゅうとう] 급등; (물가・시세가) 갑자기 오름.
急落[きゅうらく] 급락; 폭락. (물가・시세가) 갑자기 내림.
急流[きゅうりゅう] 급류; 급한 물살.
急募[きゅうぼ] 급모; 급히 모집함.
急務[きゅうむ] 급무; 급한 볼일.
急迫[きゅうはく] 급박; 절박함.
急変[きゅうへん] 급변; ①돌변. 갑자기 악화됨. ②돌발 사고. 갑작스런 사고.
急病[きゅうびょう] 급병; 급성병. 급한 병.
急病人[きゅうびょうにん] 급성 환자. 위급한 환자.
急報[きゅうほう] 급보; ①급한 소식. ②급히 알림.
急死[きゅうし] 급사; 갑자기 죽음.
急使[きゅうし] 급사; ①급한 심부름. ②급히 보내는 심부름꾼.
急逝[きゅうせい] 급서; 갑자기 죽음.
急先鋒[きゅうせんぽう] 급선봉; 맨 앞장에 섬.
急性[きゅうせい] 급성; 갑자기 일어남.
急所[きゅうしょ] 급소; ①생명에 관계되는 중요한 곳. ②요점. 핵심. 약점. 급소.
2急速[きゅうそく] 급속; 매우 빠름.
急送[きゅうそう] 급송; 급히 보냄.
急須[きゅうす] 차(茶) 주전자. ＊사기로 만든 손잡이가 달린 작은 주전자로 차를 우려냄.
急襲[きゅうしゅう] 급습; 갑자기 습격함.
急用[きゅうよう] 급용; 급한 볼일.
急場[きゅうば] 위기. 위급한 경우.
急場凌ぎ[きゅうばしのぎ] 임시 변통.
急転[きゅうてん] 급전; 갑자기 형세가 바뀜.
急転直下[きゅうてんちょっか] 급전직하; 형세가 급변하여 해결이 남.
急造[きゅうぞう] 급조; 급히 만듦.
急潮[きゅうちょう] 급조; 빠른 조류.
急調[きゅうちょう] 빠른 템포.
急拵え[きゅうごしらえ] 급조(急造). 급히 만듦.
急峻[きゅうしゅん] 가파르고 험함. 험준함.
急進[きゅうしん] 급진; ①서둘러 진행함. ②급히 이성을 실현하고자 함.
急追[きゅうつい] 급추; 맹렬한 추적.
急派[きゅうは] 급파; 급히 파견함.
急坂[きゅうはん] 가파른 비탈길.

急便[きゅうびん] ①지급편. 급한 소식. ②급한 심부름꾼.
[3]急行[きゅうこう] 급행; ①급히 감. ②급행열차.
急行軍[きゅうこうぐん] 급행군; 강행군.
急行券[きゅうこうけん] 급행권; 급행열차의 표.
急火❶[きゅうか] ①갑자기 일어난 화재. ②이웃의 화재. ❷[きゅうび] ①갑자기 타오르는 불. ②화력이 센 불.
急患[きゅうかん] 급환; 급한 환자.

級(級) 차례/등급 급

〈 ㄠ ㄠ 糸 糸 糸 糺 級 級

音 ◉キュウ
訓 —

音読

[2]級[きゅう] 급; ①계급. ②반열(班列). 반차(班次). ③학급. 반(班). ④단(段). ＊계단을 세는 말.
級数[きゅうすう] ≪数≫ 급수; 수열(数列).
級友[きゅうゆう] 급우; 클래스메이트. 학급 친구.
級長[きゅうちょう] 급장; 학급 반장(班長).

給 공급할 급

〈 ㄠ ㄠ 糸 糸 糸 紒 紒 給 給

音 ◉キュウ
訓 ⊗たまう ⊗たまわる

訓読

⊗給う[たまう] 〈5他〉 (손윗사람이) 주시다. 내리시다.
給え[たまえ] (동사 ます형에 접속하여) …하게. …하시오.
⊗給わる[たまわる] 〈5他〉 ①(손윗사람에게서) 받다. ②내려주시다. 하사하시다.

音読

給する[きゅうする] 〈サ変他〉 주다. 지급하다.
給金[きゅうきん] 급료. 봉급.
[2]給料[きゅうりょう] 급료; 봉급. 급여.
[2]給料日[きゅうりょうび] 월급날.
給料取(り)[きゅうりょうとり] 월급쟁이.
給付[きゅうふ] 급부; 지급. 물건을 줌.
給付金[きゅうふきん] 급부금; 지급하는 돈.
給費[きゅうひ] 급비; 비용・학비를 대줌.
給費生[きゅうひせい] 급비생; 장학금으로 공부하는 학생.
[1]給仕[きゅうじ] 급사; ①사환(使喚). ②식사 시중을 듦. ③웨이터. 웨이트리스.
給水[きゅうすい] 급수; 물을 공급함.
給水管[きゅうすいかん] 급수관.
[1]給食[きゅうしょく] 급식; (학교・회사에서) 식사를 제공함.
給食費[きゅうしょくひ] 급식비.
給養[きゅうよう] 급양; ①물건을 대주며 키움. ②필요한 물건을 공급함.
給養係[きゅうようがかり] 공급 담당자.
[2]給与[きゅうよ] 급여; ①금품을 지급함. 지급. 지불. ②급여. 급료.
給与ベース[きゅうよベース] 급여 기준.
給原[きゅうげん] ☞ 給源
給源[きゅうげん] 급원; 공급원.
給油[きゅうゆ] 급유; 기름을 공급함.
給電[きゅうでん] 급전; 전력 공급. 송전.

汲 물길을 급

音 ⊗キュウ
訓 ⊗くむ

訓読

[2]⊗汲む[くむ] 〈5他〉 ①(물을) 긷다. 푸다. ②(잔에) 따라 마시다. ③(사정을) 이해하다. 참작하다. 헤아리다.
汲み干す[くみほす] 〈5他〉 몽땅 퍼내다. 퍼서 바닥을 드러내다.
汲み乾す[くみほす] 〈5他〉 몽땅 퍼내다. 퍼서 바닥을 드러내다.
汲み立て[くみたて] 갓 길어 냄.
汲み分ける[くみわける] 〈5他〉 ①떠내다. 퍼내다. 따르다. ②이해하다. 참작하다. 헤아리다.
汲み上げる[くみあげる] 〈下1他〉 ①(물을) 퍼올리다. ②다 퍼내다. 죄다 길어 내다.
汲み入れる[くみいれる] 〈下1他〉 ①(물을) 퍼 넣다. 길어 넣다. ②이해하다. 참작하다. 헤아리다.
汲み込む[くみこむ] 〈5他〉 (물을) 퍼 넣다. 길어서 붓다.
汲み出し[くみだし] (엽차를 따르는) 큼직한 찻종.
汲み出す[くみだす] 〈5他〉 ①(물을) 퍼내다. 길어 내다. ②퍼내기 시작하다. 긷기 시작하다.

汲(み)取(り)[くみとり] ①퍼내기. ②(재래식 변소의) 변소치기.
汲み取る[くみとる] 〈5他〉 ①(물을) 퍼내다. 떠 내다. ②이해하다. 참작하다. 헤아리다.
汲取口[くみとりぐち] 변소치는 구멍.
汲み置き[くみおき] (물을 예비로) 길어 둠.

音読

汲汲[きゅうきゅう] 급급; 한 가지 일에 골똘하다.
汲水[きゅうすい] 급수; 물을 길음.

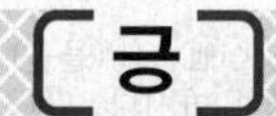

笈 ×(笈) 책상자 급	音 ⊗キュウ 訓 ⊗おい

訓読

⊗笈❶[おい] 수행자(修行者)가 불구(仏具)와 일용품을 넣어서 지고 다니던 다리가 달린 궤. ❷[きゅう] ☞ [音読]
笈摺[おいずる] 순례자가 옷 위에 입는 소매 없는 겉옷.

音読

笈❶[きゅう] 궤. ＊옛날, 여행할 때 등에 지고 다니던 대로 엮은 궤. ❷[おい] ☞ [訓読]

〔긍〕

肯 승낙할 긍

丨 ⺊ 㫔 止 屶 肎 肯 肯

音 ◉コウ
訓 ⊗うけがう ⊗かえんじる ⊗かえんずる

訓読

⊗肯う[うけがう] 〈5他〉 승낙하다. 떠맡다. ＊'承知(しょうち)する'·'引(ひ)き受(う)ける'의 아어(雅語).
⊗肯じる[かえんじる] 〈上1他〉 승낙하다. 수긍하다.
⊗肯ずる[かえんずる] 〈サ変他〉 승낙하다. 수긍하다.

音読

肯綮[こうけい] 긍경; 급소. 사물의 가장 중요한 곳.
²肯定[こうてい] 긍정; (어떤 사실이나 생각을) 그렇다고 인정함.
肯定文[こうていぶん] ≪語学≫ 긍정문.
肯定的[こうていてき] 긍정적; 사물을 그렇다고 인정하며 좋게 봄.
肯定判断[こうていはんだん] 긍정 판단.

矜 자랑할 긍	音 ⊗キョウ ⊗キン 訓 —

音読

⊗矜持/矜恃[きょうじ/きんじ] 긍지; 자부심. 프라이드. ＊'きんじ'는 관용음임.

〔기〕

己 몸 기

㇕ コ 己

音 ◉キ ◉コ
訓 ◉おのれ ⊗つちのと ⊗うぬ

訓読

◉己❶[おのれ] ①자기 자신. 자기. ②너. 자네. ③이놈. 너 이놈.
⊗己❷[つちのと] 기; 십간(十干)의 여섯 번째. ❸[うぬ] ①네놈. 너 이놈. ②나.
己惚れ[うぬぼれ] 지나친 자부. 자부심. 자만.
己惚れる[うぬぼれる] 〈下1自〉 지나치게 자부하다. 자만하다.

音読

◑克己[こっき], 利己心[りこしん], 利己主義[りこしゅぎ], 自己[じこ], 知己[ちき]

企 발돋음할/꾀할 기

ノ 𠆢 个 个 企 企

音 ◉キ
訓 ◉くわだてる ⊗たくらむ

訓読

◉企てる[くわだてる] 〈下1他〉 꾀하다. 시도하다. 계획하다. 기도(企図)하다.
企て[くわだて] 기획. 기도. 계획.
⊗企む[たくらむ] 〈5他〉 (나쁜 일을) 획책하다. 꾀하다. 음모를 꾸미다.
企み[たくらみ] 계획. 획책. 기도(企図).

音読

企及[ききゅう] 기급; 같은 수준에 이르도록 노력함. 어깨를 겨룸.

企図[きと] 기도; 계획. 꾀함.
[2]企業[きぎょう] 기업; 영리의 목적으로 어떤 사업을 하는 조직.
企業家[きぎょうか] 기업가; 사업가.
企業体[きぎょうたい] 기업체.
企業化[きぎょうか] 기업화.
[1]企画[きかく] 기획; ①계획을 세움. 어떤 일을 꾀함. ②어떤 계획이나 아이디어.
企画性[きかくせい] 기획성.

肌 피부 기

丿 刀 月 月 肌 肌

音 ⊗キ
訓 ◉はだ ⊗はだえ

訓読
[2]◉肌❶[はだ] ①피부. 살갗. 살결. ②상반신의 몸. 웃통. ③(토지나 물건의) 표면. 겉. 껍질. ④기질. 성미.
⊗肌❷[はだえ] ①피부. 살갗. *아어(雅語)적인 표현임. ②(칼의) 표면.
肌付(き)[はだつき] ①피부의 상태. 살결의 모양. ②피부에 직접 댐. ③속옷.
肌色[はだいろ] ①(사람의 피부색과 같은 빛깔의) 살색. ②(도자기의) 바탕색.
肌身[はだみ] 살갗. 몸.
肌襦袢[はだじばん/はだじゅばん] 내의. 속옷.
肌衣[はだぎぬ] 속옷. 내의.
[2]肌着[はだぎ] 속옷. 내의.
肌触り[はだざわり] ①감촉. 촉감. ②첫 인상. 인상.
肌脱ぎ[はだぬぎ] 웃통을 벗음. 웃통을 벗은 모습.
肌寒い[はださむい] 〈形〉 으스스 춥다.
肌合(い)[はだあい] 성질. 기질. 성미.
肌荒れ[はだあれ] 피부가 거칠어짐.

音読
肌理[きめ] ①나뭇결. ②(물건의) 결. 살결.
肌膚[きふ] 살갗. 피부.

気(氣) 기운 기

丿 𠂉 仁 气 気 気

音 ◉キ ◉ケ
訓 —

音読
[3]気❶[き] ①느낌. 분위기. 공기. ②(자연의) 정기. 기운. ③기염. 용기. 기세. ④마음. 기분. 감정. ⑤기질. 성질. ⑥마음씨. ⑦정신. 의식. ⑧의욕. 생각. ⑨기분. 감정. ⑩숨. 호흡. ⑪김. 냄새. ⑫기운. 맥. ⑬흥미. 기대. 관심. ⑭재치. 기지. ❷[け] ①기미. 낌새. 기운. ②병(病). ③성분.
気さく[きさく] 〈形動〉 (인품・태도가) 자연스러움. 소탈함. 싹싹함. 솔직함. 허물없음.
気ばえ[きばえ] 마음씨. 성품.
気ぶっせい[きぶっせい] 〈形〉≪俗≫ 갑갑하다. 답답하다. 언짢다.
気まずい[きまずい] 〈形〉 멋쩍다. 어색하다. 서먹서먹하다.
気強い[きづよい] 〈形〉 ①마음 든든하다. 믿음직하다. ②마음이 강하다. 다부지다. ③매정하다. 박정하다.
気概[きがい] 기개; 씩씩한 기상. 꿋꿋한 절개.
気遣い[きづかい] 염려. 걱정.
気遣う[きづかう] 〈5他〉 염려하다. 마음을 쓰다.
気遣わしい[きづかわしい] 〈形〉 걱정스럽다. 염려스럽다.
[1]気兼ね[きがね] 눈치를 봄. 신경을 씀.
[1]気軽[きがる] (마음이) 부담이 없음. 부담스럽지 않음.
気軽い[きがるい] 〈形〉 ①부담이 없다. ②소탈하다. 싹싹하다.
気高い[けだかい] 〈形〉 고상하다. 품격이 높다. 품위가 있다.
気苦労[きぐろう] 잔 걱정. 근심.
気骨❶[きこつ] 기골; 씩씩한 기상. 꿋꿋한 절개. ❷[きぼね] 성가심.
気孔[きこう] ≪生理≫ 기공; 숨구멍.
気功[きこう] 기공; 중국 건강법의 하나.
気管[きかん] ≪生理≫ 기관; 숨통.
気管支炎[きかんしえん] ≪医≫기관지염.
気掛(か)り[きがかり] 마음에 걸림. 염려됨.
気構え[きがまえ] ①마음의 준비. 마음가짐. 각오. ②시세의 변동에 거는 마음.
気球[ききゅう] 기구; 애드벌룬.
気球観測[ききゅうかんそく] 기구 관측.
気根[きこん] ①인내력. 끈기. 기력. ②≪植≫ 기근; 공기 중에 노출된 식물의 뿌리.

気難しい[きむずかしい] 〈形〉 성미가 까다롭다. 신경질적이다.

気嚢[きのう] 기낭; ①조류(鳥類)의 공기 주머니. ②애드벌룬 등의 가스 주머니.

気団[きだん] ≪天≫ 기단; 넓은 범위에 걸친 같은 온도·습도의 공기 덩어리.

気短[きみじか] 〈形動〉 조급함. 성급함.

気道[きどう] ≪生理≫기도; 숨통.

[2]**気の毒**[きのどく] 〈形動〉 ①딱함. 가엾음. 불쌍함. ②(폐를 끼쳐) 미안함.

気動車[きどうしゃ] 기동차.

気働き[きばたらき] (임기응변의) 재치.

気落ち[きおち] 낙담. 낙심.

[2]**気楽**[きらく] ①홀가분함. 마음이 편함. ②태평함.

気力[きりょく] 기력; 박력. 정력.

[1]**気流**[きりゅう] 기류; 공기의 흐름.

[1]**気立て**[きだて] 마음씨. 심지.

気脈[きみゃく] 기맥; 혈관(血管).

[2]**気味❶**[きみ] 기미; ①경향. 기색. ②기분.

[2]**気味❷**[ぎみ] (명사에 접속하여 접미어로) 기미; 경향. 기색.

気味悪い[きみわるい] 〈形〉 어쩐지 무섭다. 기분 나쁘다.

気密[きみつ] 기밀; 기체의 흐름을 막음.

気迫[きはく] 기백; 진취성 있는 정신.

気抜け[きぬけ] 맥이 빠짐. 얼빠짐.

気配❶[きはい] ①배려(配慮). ②경기(景気). ③시세.

[2]**気配❷**[けはい] 기색. 낌새.

気配り[きくばり] 배려; 여러 모로 마음을 씀.

気配状[きはいじょう] (증권거래의) 시세 동향표.

気魄[きはく] 기백; 진취성 있는 정신.

気変わり[きがわり] 마음이 변함. 변덕스러움.

気保養[きほよう] 기분 전환.

気不味い[きまずい] 〈形〉 멋적다. 어색하다. 서먹서먹하다.

気付き[きづき] 알아차림. 눈치를 챔.

[2]**気付く**[きづく] 〈5自〉 ①눈치채다. 알아차리다. 깨닫다. ②의식을 회복하다. 제 정신이 들다.

気付(け)❶[きつけ] ①(기절한 사람의) 정신·기운을 차리게 함. ②정신이 들게 함. ③각성제(覚醒剤). ❷[きづけ](편지 겉봉의) 전교(転交). ＊편지를 다른 사람을 거쳐 받게 할 때 겉봉에 쓰는 말임.

気負う[きおう] 〈5自〉 ①지지 않으려고 기를 쓰다. 분발하다. ②경쟁하다. 겨루다.

気負い[きおい] ①(지지 않으려고) 기를 씀. 분발함. ②협기(侠気). 협객(侠客).

気負い立つ[きおいたつ] 〈5自〉 지지 않으려고 기를 쓰다. 분발하다.

気分[きぶん] 기분; ①마음. 속. 심정. ②느낌. 분위기.

気分屋[きぶんや] 기분파.

気紛れ[きまぐれ] ①변덕. 변덕스러움. ②즉흥적인 생각.

気紛れ者[きまぐれもの] 변덕쟁이.

気散じ[きさんじ] ①기분 전환. ②무사태평함. 마음 편함. 안락함.

[1]**気象**[きしょう] 기상; ①날씨의 상태. ②기질

気象台[きしょうだい] 기상대.

気象庁[きしょうちょう] 기상청.

気色❶[きしょく] 기색; ①안색. ②기분. ❷[けしき] ①기미. 낌새. 징조. ② ≪古≫ 기분. ③ ≪古≫노여움. 꾸지람. ④ ≪古≫ 총애. ⑤ ≪古≫생각.

気色ばむ[けしきばむ] 〈5自〉 ①불끈 화를 내다. ② ≪古≫기색을 나타내다.

気性[きしょう] 기성; 성질. 천성.

気勢[きせい] 기세; 기운과 세력.

気随[きずい] 제멋대로 함.

気乗り[きのり] 마음이 내킴.

気乗り薄[きのりうす] ①마음이 내키지 않음. ②거래가 부진함.

気息[きそく] 숨. 호흡.

気息奄奄[きそくえんえん] 기진맥진함.

気心[きごころ] 속마음. 본심.

気安い[きやすい] 〈形〉 ①허물없다. 거리낌없다. ②홀가분하다. 마음 편하다.

[2]**気圧**[きあつ] 기압; 대기의 압력.

気圧計[きあつけい] 기압계.

気圧される[けおされる] ☞ 気押される

気押される[けおされる] 〈下1自〉 기세에 눌리다. 기가 질리다. 압도되다.

気炎[きえん] 기염; 대단한 기세.

気焔[きえん] ☞ 気炎(きえん)

気鋭[きえい] 기예; 기백이 날카로움.

[2]**気温**[きおん] 기온; 대기의 온도.

気温計[きおんけい] 온도계.

気運[きうん] 기운; (되어 가는) 추세·형편.

気位[きぐらい] 자존심.

気違い[きちがい] ①미치광이. 정신 이상자. ②광(狂). 마니아.

気慰み[きなぐさみ] 기분 전환.
気任せ[きまかせ] 기분 내키는 대로. 마음 내키는 대로.
気に入り[きにいり] 마음에 듦.
気に入る[きにいる] 〈5自〉 마음에 들다.
気丈[きじょう] 마음이 굳셈. 야무짐.
気丈夫[きじょうぶ] ①마음이 든든함. ②야무짐.
気長[きなが] (마음이) 느긋함.
気張る[きばる] 〈5自〉 ①분발하다. 용기를 내다. ②큰마음 먹고 돈을 쓰다. 호기부리다.
1気障[きざ] 아니꼬움. 비위에 거슬림. 못마땅함.
気障っぽい[きざっぽい] 〈形〉 아니꼽다. 비위에 거슬리다.
気障り[きざわり] 아니꼬움. 못마땅함. 비위에 거슬림.
気前[きまえ] ①기질. 심지. ②쩨쩨하지 않음. 돈을 잘 씀.
気節[きせつ] ①기개. 기골. ②기후. 계절.
気絶[きぜつ] 기절; 졸도. 까무러침.
気早[きばや] 성급함. 조급함.
気早い[きばやい] 〈形〉 성급하다. 조급하다.
気組(み)[きぐみ] 패기. 마음가짐.
気重[きおも] ①기분이 내키지 않음. 침울함. ②주식 거래가 활발하지 못함.
3気持ち[きもち] ①기분. 감정. ②마음가짐.
気儘[きまま] 방자함. 제멋대로 함.
1気質 [きしつ/かたぎ] 기질. *'きしつ'는 문장 용어임.
気晴らし[きばらし] 기분전환. 기분풀이.
2気体[きたい] 기체; 일정한 모양과 부피가 없고 자유로이 유동하는 성질의 물질.
気体燃料[きたいねんりょう] 기체 연료.
気取り[きどり] ①…인 체함. ②거드름. 허세.
気取り屋[きどりや] 허세부리는 사람.
気取る[きどる] 〈5自〉 ①거드름피우다. 허세부리다. ②…인 체하다. ③알아차리다.
気恥かしい[きはずかしい] 〈形〉 멋쩍다. 겸연쩍다.
気泡[きほう] 기포; 공기를 품은 거품.
1気品[きひん] 기품; 품위.
1気風[きふう] 기풍; 기질.
気っ風[きっぷ] 쩨쩨하지 않은 기질. 돈을 잘 씀.
気疲れ[きづかれ] (정신적인) 피로. 피곤.
気合(い)[きあい] 기합; ①기합소리. ②호흡. ③기백. 기세.
気化[きか] 기화; 고체 등이 기체로 변함.
気化器[きかき] 기화기; 카뷰레터.
2気候[きこう] 기후; 날씨의 상태.
気候帯[きこうたい] 기후대.
気後れ[きおくれ] 기가 죽음. 주눅이 듦.
気休め[きやすめ] 위안의 말. 안심시킴. 마음을 가라앉힘.
気胸[ききょう] ≪医≫ ①기흉. ②기흉 요법.
気詰(ま)り[きづまり] 거북함. 어색함. 서먹서먹함.

岐 갈라질 기

丨 山 山 屵 岐 岐 岐

音 ◉キ ⊗ギ
訓 ⊗わかれる

訓読

⊗岐れる[わかれる] 〈下1自〉 길이 갈리다. 갈라지다.
岐れ道[わかれみち] 갈림길. 기로(岐路).
岐れ目[わかれめ] 갈림길. 분기점.

音読

岐路[きろ] 기로; 갈림길.
岐阜[ぎふ] 일본 중부지방의 현(県).
岐阜提灯[ぎふぢょうちん] 기후(岐阜) 지방 특산의 그림 초롱. *계란 모양으로 만들어 아래쪽에는 술을 달아서 백중날이나 여름밤에 매닮.

汽 김 기

丶 氵 氵 氵 汽 汽 汽

音 ◉キ
訓 —

音読

汽缶[きかん] 기관; 보일러.
汽缶室[きかんしつ] 기관실; 보일러실.
1汽船[きせん] 기선; 증기선.
汽水[きすい] 기수; 민물과 바닷물이 섞이어 염분이 적은 물.
汽水湖[きすいこ] 기수호; 바다와 연결되어 있어, 바닷물과 민물이 섞여 있는 호수.
汽圧[きあつ] 기압; 증기의 압력.
汽圧計[きあつけい] 기압계.
汽笛[きてき] 기적; 고동(鼓動).
汽艇[きてい] 기정; 증기 기관으로 달리는 작은 배.

[1]汽車[きしゃ] 기차.
汽車道[きしゃみち] 기찻길.
汽車弁[きしゃべん] 열차에서 파는 도시락.
汽車弁当[きしゃべんとう] 열차에서 파는 도시락.
汽車賃[きしゃちん] 기찻삯. 기차 운임.
汽車便[きしゃびん] 기차편.
汽筒[きとう] 기통; 실린더.

忌 꺼릴 기

ㄱ ㅋ 己 己 ㄹ 忌 忌

音 ◉キ
訓 ◉いむ ◉いまわしい

訓読

◉忌む[いむ] 〈5他〉 ①기피하다. 꺼리다. ②멀리하다. 증오하다.
忌み[いみ] ①기피. 꺼림. 싫어함. ②상(喪). 상중(喪中). 복중(服中).
忌み名[いみな] ①시호(諡号). ②고인(故人)의 생전의 이름. ③귀인의 존함
忌み明け[いみあけ] ①탈상(脱喪). ② ≪古≫ 해산(解産)의 부정(보통 40일)이 지남.
忌部[いみべ] ①상고 시대에 제기(祭器)를 만들고 제사에 종사하던 사람의 직명. ②성씨(姓氏)의 하나.
忌み詞[いみことば] ☞ 忌み言葉
忌み言葉[いみことば] 기피하는 말.
忌日❶[いみび] ①음양가(陰陽家)들이 재난이 있다고 꺼리는 날. ②부정(不浄)을 피해 근신하는 날. ③기일; 제삿날. ❷[きじつ/きにち] 기일; 제삿날.
忌み嫌う[いみきらう] 〈5他〉 몹시 싫어하다. 기피하다. 꺼리어 피하다.
◉忌まわしい[いまわしい] 〈形〉 ①꺼림칙하다. 역겹다. ②불길하다.
忌ま忌ましい[いまいましい] 〈形〉 분하다. 화가 치밀다. 분통이 터지다. 짜증스럽다.

音読

忌明け[きあけ] 탈상(脱喪).
忌服[きぶく] 상중(喪中). 거상(居喪).
忌引(き)[きびき] 근친의 상(喪)을 당하여 직장을 쉬고 복(服)을 입음.
忌日❶[きじつ/きにち] 기일; 제삿날. ❷[いみび] ①음양가(陰陽家)들이 재난이 있다고 꺼리는 날. ②부정(不浄)을 피해 근신하는 날. ③기일; 제삿날.
忌中[きちゅう] 기중; 상중(喪中). 특히 사후(死後) 49일간.
忌憚[きたん] 기탄; 꺼리낌.
忌避[きひ] 기피; 꺼리어 피함.
忌避権[きひけん] 기피권.
忌諱[きき/きい] 꺼리어 싫어함. *'きい'는 관용음임.

技 재주 기

一 亅 扌 扌 扩 抄 技

音 ◉ギ
訓 ◉わざ

訓読

[1]◉技[わざ] ①솜씨. 기예. 재주. 기술. ②(유도・검도・씨름에서) 수. 기술.
技有り[わざあり] (유도 경기에서) 절반. *2회 반복되면 한판 승리로 간주함.

音読

技官[ぎかん] 기관; 기술을 담당하는 관리.
技巧[ぎこう] 기교; ①솜씨가 아주 교묘함. ②테크닉.
[1]技能[ぎのう] 기능; 솜씨. 기술상의 재능.
技倒[ぎとう] (복싱에서) TKO.
技量[ぎりょう] 기량; 기능. 수완.
技法[ぎほう] 기법; 기교와 방법.
[2]技師[ぎし] 기사; 엔지니어.
技手[ぎしゅ/ぎて] 기수; 기원(技員). *技師(ぎし) 밑에서 기술을 담당하는 사람.
[1]技術[ぎじゅつ] 기술; 재능. 재주.
技術者[ぎじゅつしゃ] 기술자.
技芸[ぎげい] 기예; 미술・공예 방면의 재주.

奇 기이할 기

一 ナ 大 夳 夲 奆 奇 奇

音 ◉キ
訓 ⊗くしき ⊗くしくも

訓読

⊗奇しき[くしき] 이상한. 야릇한. 기이한.
⊗奇しくも[くしくも] 이상하게도. 묘하게도. 기이하게도. *아어적(雅語的)인 표현임.

音読

奇[き] 기; ①진기함. 이상야릇함. ②기수. 홀수.

奇計[きけい] 기계; 묘책. 기발한 꾀.
奇功[きこう] 기공; 뜻밖의 훌륭한 공적.
奇観[きかん] 기관; ①장관. 기이한 광경. ②훌륭한 경치.
奇怪[きかい] 기괴; ①괴이함. 이상야릇함. ②해괴함.
奇っ怪[きっかい] '奇怪(きかい)'를 강조하는 말.
奇怪千万[きかいせんばん] 해괴하기 짝이 없음.
奇奇怪怪[ききかいかい] 기기괴괴; 매우 기괴함.
奇奇妙妙[ききみょうみょう] 기기묘묘; 매우 기묘함.
奇談[きだん] 기담; 괴담. 기이한 이야기.
4奇麗[きれい] 〈形動〉 ①예쁨. 예쁘장함. 고움. 멋있음. 아름다움. ②깨끗함. 말쑥함.
奇麗事[きれいごと] ①깨끗한 솜씨. ②겉치레.
奇麗所[きれいどころ] ①예쁜 기생. ②예쁘게 치장한 여자.
奇麗好き[きれいずき] 결벽증인 사람. 깨끗한 것을 좋아함.
2奇妙[きみょう] 기묘; 기이하고 묘함.
奇聞[きぶん] 기문; 이상한 소문.
奇抜[きばつ] 기발; 유달리 뛰어남.
奇癖[きへき] 기벽; 괴상한 버릇.
奇病[きびょう] 기병; 기이한 병.
奇想[きそう] 기상; 기발한 생각.
奇想天外[きそうてんがい] 기상천외.
奇書[きしょ] 기서; 진서(珍書).
奇瑞[きずい] 기서; 기이하고 상서로운 징조.
奇声[きせい] 기성; 괴상한 소리.
2奇数[きすう] ≪数≫ 기수; 홀수.
奇術[きじゅつ] 기술; 마술. 요술.
奇術師[きじゅつし] 요술쟁이.
奇習[きしゅう] 기습; 기이한 풍습.
奇襲[きしゅう] 기습; 불의에 습격함.
奇勝[きしょう] 기승; ①절경. 뛰어난 경치. ②뜻밖의 승리.
奇岩[きがん] 기암; 기이한 모양의 바위.
奇巖[きがん] ☞ 奇岩
奇縁[きえん] 기연; 이상한 인연.
奇遇[きぐう] 기우; 뜻밖의 만남.
奇異[きい] 기이; 기괴하고 이상함.
奇人[きじん] 기인; 괴짜.
奇才[きさい] 기재; 뛰어난 재주(꾼).
奇跡[きせき] 기적; 상식적으로 생각할 수 없는 이상야릇한 일.
奇蹟[きせき] ☞ 奇跡
奇知[きち] 기지; 기발한 지혜.
奇智[きち] ☞ 奇知
奇策[きさく] 기책; 기발한 책략.
奇態[きたい] 기태; 매우 괴상함. 진기함.
奇特[きとく] 기특; ①갸륵함. ②불가사의한 효력. 영험(靈驗).
奇行[きこう] 기행; 기발한 행동.
奇形[きけい] 기형; 불구.
奇貨[きか] 기화; ①진기한 물건. ②좋은 기회.
奇禍[きか] 기화; 뜻밖의 재난.

紀 다스릴 기

纟 纟 纟 纟 糸 糸 糸 紀 紀

音 ◉キ
訓 —

音読

紀年[きねん] 기원(紀元)부터 셈한 연수.
紀念[きねん] 기념; 기억하여 잊지 않도록 함.
紀要[きよう] 기요; 정기적으로 내놓는 연구 보고서 간행물.
紀元[きげん] 기원; 역사상 연대를 계산하는 데 기준이 되는 해.
紀元前[きげんぜん] 기원전.
紀元節[きげんせつ] 기원절; 일본 본래의 건국 기념일.
紀律[きりつ] 기율; ①질서. ②규칙.
紀行[きこう] 기행; 여행기.
紀行文[きこうぶん] 기행문; 여행 기록.

既(旣) 이미 기

ㄱ ㅋ ㅋ 艮 艮 既 既 既 既 既

音 ◉キ
訓 ◉すでに

訓読

2◉既に[すでに] ①이미. 벌써. ②하마터면.
既にして[すでにして] 그러는 동안에. 그러는 사이에.

音読

既刊[きかん] 기간; 이미 간행됨.
既決囚[きけつしゅう] ≪法≫ 기결수; 수형자(受刑者).
既得[きとく] 기득; 이미 취득함.

既得権[きとくけん/きとっけん] ≪法≫ 기득권.
既報[きほう] 기보; 이미 보도함.
既払い[きばらい] 기불; 이미 돈을 치름.
既設[きせつ] 기설; 이미 설치됨.
既成[きせい] 기성; 이미 이루어짐.
既成概念[きせいがいねん] 기성 개념.
既遂[きすい] 기수; 이미 수행함.
既述[きじゅつ] 기술; 이미 진술함.
既往[きおう] 기왕; 이전. 지나간.
既往年度[きおうねんど] 지난 연도.
既往症[きおうしょう] 기왕증; 전에 걸렸던 병.
既定[きてい] 기정; 이미 정해짐.
既製[きせい] 기제; 기성(既成). 미리 만들어 놓음.
既製服[きせいふく] 기성복(既成服).
既製品[きせいひん] 기성품(既成品).
既済[きさい] 기제; 결재나 계산이 끝남.
既存[きそん] 기존; 이미 존재함.
既知[きち] 기지; 이미 알려짐.
既知数[きちすう] ① ≪数≫ 기지수; 방정식 가운데 이미 값이 부여된 수. ②이미 알려져 있음.
[1]既婚[きこん] 기혼; 이미 결혼함.
[1]既婚者[きこんしゃ] 기혼자.

祈(祈) 기도할/빌 기

丶 ㇇ 礻 礻 祈 祈 祈 祈

音 ◉キ
訓 ◉いのる

訓読

[3]◉祈る[いのる] 〈5他〉 ①빌다. 기도하다. 기원하다. ②(진심으로) 바라다. 희망하다.
[1]祈り[いのり] 기도. 기원(祈願).
⊗祈年祭[★としごいのまつり] 풍년을 비는 축제.
⊗祈ぎ事[★ねぎごと] ≪古≫ 원하는 것. 바라는 사항.

音読

祈年祭[きねんさい] 풍년을 비는 축제.
祈念[きねん] (어떤 목적달성을 위해 신에게) 기원(祈願)함. 기도함.
祈禱[きとう] 기도; 신불(神仏)에게 소원을 빔.
祈禱書[きとうしょ] 기도서.
祈禱会[きとうかい] 기도회.
祈誓[きせい] 기원(祈願). 서원(誓願).
祈願[きがん] 기원; 기도.
祈願文[きがんぶん] 기원문.
祈請[きせい] 기원(祈願). 서원(誓願).

記 기록할 기

一 二 三 言 言 言 言 訁 訂 記

音 ◉キ
訓 ◉しるす

訓読

◉記す[しるす] 〈5他〉 ①적다. 기록하다. ②(마음에) 새기다. 명심하다. ③저술(著述)하다.

音読

記[き] 기; (사실대로 적은) 기록. 기록문.
記する[きする] 〈サ変他〉 ①기록하다. ②기억하다. 명심하다.
記紀[きき] ≪歴≫ 古事記(こじき)와 日本書紀(にほんしょき).
[2]記念[きねん] 기념; 기억하여 잊지 않도록 함.
[2]記念物[きねんぶつ] 기념물.
[1]記念碑[きねんひ] 기념비.
[2]記念日[きねんび] 기념일.
記念切手[きねんきって] 기념우표.
記念品[きねんひん] 기념품.
記念行事[きねんぎょうじ] 기념행사.
[2]記録[きろく] 기록; ①문서. 자료. ②최고의 점수・성적.
記録的[きろくてき] 기록적.
記録破り[きろくやぶり] 기록을 깸.
[1]記名[きめい] 기명; 이름을 써 넣음.
[2]記事[きじ] 기사; 사실을 적은 글.
[1]記述[きじゅつ] 기술; 글로 나타냄.
[2]記憶[きおく] 기억; 잊지 아니함.
記憶喪失[きおくそうしつ] 기억 상실.
[2]記入[きにゅう] 기입; 써 넣음.
[2]記者[きしゃ] 기자; (신문・잡지・방송에서) 자료를 모으거나 기사를 쓰는 사람.
記章[きしょう] 기장; ①메달. ②배지. 휘장(徽章).
記帳[きちょう] 기장; ①장부에 기입함. ②등록함.
[1]記載[きさい] 기재; 기록함.
[2]記号[きごう] 기호; 약속의 표지(標識).

起 일어날 기

一 十 土 キ キ 走 走 起 起 起

音 ◉キ
訓 ◉おきる ◉おこす ◉おこる

訓読

4◉起きる[おきる] 〈上1自〉 ①일어나다. 일어서다. ②(잠자리에서) 일어나다. ③잠자지 않고 있다. ④(사건이) 발생하다. 생기다.

起き掛け[おきがけ] (잠자리에서) 막 일어남. 막 일어났을 때.

起き抜け[おきぬけ] (잠자리에서) 막 일어남. 막 일어났을 때.

起き伏し[おきふし] ①기동. 일어남과 잠자리에 듦. ②기거함. 생활함. ③〈副〉 자나 깨나. 항상. 언제나.

起き上がる[おきあがる] 〈5自〉 (잠자리에서) 일어나다. 일어서다.

起き上(が)り小法師[おきあがりこぼし] 오뚝이. 부도옹(不倒翁)

起き直る[おきなおる] 〈5自〉 일어나 바로 앉다. 다시 일어서다.

3◉起(こ)す[おこす] 〈5他〉 ①(쓰러진 것을) 일으키다. 일으켜 세우다. ②(잠자리에서) 깨우다. ③(사건을) 시작하다. 발생시키다. ④(조직을) 설립하다. ⑤(땅을) 일구다. ⑥(카드를) 뒤집다. ⑦(마음을) 일으키다. ⑧(병을) 일으키다.

2◉起(こ)る[おこる] 〈5自〉 ①(사건이) 발생하다. 일어나다. ②(병이) 발작하다. 발병하다.

起(こ)り[おこり] ①시초. 기원. 발달. 유래. ②원인. 발단.

音読

起居[ききょ] 기거; ①행동거지. 거동. ②일상생활.

起工[きこう] 기공; 공사에 착수함.

起工式[きこうしき] 기공식.

起動[きどう] 기동; 움직이기 시작함.

起立[きりつ] 기립; 일어섬.

1起伏[きふく] 기복; 높아졌다 낮아졌다 함.

起死回生[きしかいせい] 기사회생; 병으로 죽을 뻔 하다가 다시 살아남.

起算[きさん] 기산; (어느 시점을 기준으로 하여) 계산을 시작함.

起算点[きさんてん] 기산점.

2起床[きしょう] 기상; 잠자리에서 일어남.

起訴[きそ] 기소; 소송을 제기함.

起訴猶予[きそゆうよ] 기소 유예.

起訴状[きそじょう] 기소장.

起承転結[きしょうてんけつ] 기승전결; ①한시(漢詩)의 수사법. ②문장이나 사물의 순서.

起案[きあん] 기안; 초안을 작성함.

起業[きぎょう] 기업; 사업을 새로 일으킴.

起用[きよう] 기용; 발탁함. 등용시킴.

起原[きげん] 기원; 근원. 시작.

1起源[きげん] 기원; 근원. 시작.

起因[きいん] 기인; 일어나는 원인.

起電機[きでんき] 기전기; 발전기.

1起点[きてん] 기점; 출발점.

起債[きさい] 기채; 빚을 얻음.

起請[きしょう] ①청원(請願)함. 청원서. ②신(神)에게 서약함. ③서약서.

起請文[きしょうぶん] 서약의 문서.

起草[きそう] 기초; 초안을 잡음.

起爆[きばく] 기폭; 폭발을 일으킴.

飢(飠几) 굶주릴 기

ノ 𠆢 亽 今 今 刍 食 食 飣 飢

音 ◉キ
訓 ◉うえる ⊗かつえる

訓読

2◉飢える[うえる] 〈下1自〉 ①주리다. 굶주리다. 허기지다. ②(욕망에) 주리다. 갈망하다. 결핍을 느끼다.

飢え[うえ] 굶주림. 허기. 배고픔.

飢(え)死(に)[うえじに] 굶어 죽음.

⊗飢える[かつえる] 〈下1自〉 ①굶주리다. 허기지다. ②(욕망에) 주리다. 갈망하다. 결핍을 느끼다. *아어적(雅語的)인 표현임.

⊗飢(え)死(に)[かつえじに] 굶어 죽음. *아어적(雅語的)인 표현임.

音読

飢渇[きかつ] 기갈; 굶주림과 목마름.

2飢饉[ききん] 기근; ①(농작물의) 흉작. ②(필요한 것이) 부족함.

飢餓[きが] 기아; 먹고 살아갈 음식이 없어서 굶주림.

飢寒[きかん] 기한; 굶주림과 추위.

寄 붙어살 기

丶 宀 宀 宀 宊 宊 宎 宎 寄 寄 寄

音 ◉キ
訓 ◉よせる ◉よる ⊗よそえる

訓読

[2]◉寄せる[よせる] 〈下1自〉 밀려오다. 다가오다. 접근하다. 〈下1他〉 ①바싹 붙여 대다. ②구실 삼다. 빗대다. 핑계 삼다. 비유하다. ③마음을 두다. ④의탁하다. ⑤한데 모으다. ⑥보내다. ⑦더하다. 보태다. ⑧들르게 하다. 찾아보다.

寄せ[よせ] ①한데 그러모음. ②(바둑·장기의) 종반전.

寄居虫[★やどかり] ≪動≫ 소라게. 집게.

寄(せ)鍋[よせなべ] 전골냄비. ＊고기·생선·야채 등을 넣어 끓이면서 먹는 요리.

寄せ掛ける[よせかける] 〈下1他〉 ①기대다. 기대어 세우다. ②(적이) 쳐들어 가(오)다

寄(せ)棟造(り)[よせむねづくり] 모임지붕. ＊건축 양식에서 중심 용마루에서 사방으로 경사면을 이룬 지붕.

寄(せ)木[よせぎ] 쪽매. 나무쪽을 짜 맞추어 만든 것.

寄(せ)木細工[よせぎざいく] 쪽매붙임. 쪽모이 세공.

寄(せ)木造り[よせぎづくり] 쪽매질. 여러 개의 나무쪽을 맞추어 물건을 만듦.

寄(せ)物[よせもの] 다져서 으깬 생선에 밀가루·달걀·참마즙 등을 넣어서 익힌 것을 굳혀 만든 식품.

寄せ付ける[よせつける] 〈下1他〉 ①가까이 끌어들이다. 접근시키다. ②'寄(よ)せ付(つ)けない'의 형태로 '얼씬도 못하게 하다.'

寄(せ)算[よせざん] ≪数≫ 덧셈.

寄生木[★やどりぎ] ≪植≫ ①다른 나무에 기생하는 식물. ②겨우살이. 기생목.

寄(せ)書き[よせがき] 여럿이 한 장의 종이에 글을 쓰거나 그림을 그려서 만든 것.

寄席[よせ/よせせき] 사람을 한데 모아 돈을 받고 만담·야담 등을 들려주는 흥행장.

寄席芸人[よせげいにん/よせせきげいにん] 만담가.

寄(せ)手[よせて] 공격군. 쳐들어 가(오)는 군대.

寄越す[よこす] 〈5他〉 보내다. 넘겨주다.

寄人[よりゅうど/よりうど] ①궁중의 직원. ②궁내청 직원.

寄(せ)場[よせば] 사람을 집합시키는 장소.

寄(せ)切れ[よせぎれ] 지스러기 천 조각. 재단하고 남은 천 조각을 모아 놓은 것.

寄(せ)集め[よせあつめ] 오합지졸. 어중이떠중이.

寄せ集める[よせあつめる] 〈下1他〉 한데 그러모으다. 불러 모으다.

寄借り[★やどかり] ①≪動≫ 소라게. 집게. ②세든 사람. 동거인.

寄(せ)太鼓[よせだいこ] ①공격 신호로 치는 북. ②(흥행장에서) 손님을 모으기 위해 치는 북.

[2]◉寄る[よる] 〈5自〉 ①접근하다. 다가서다. ②들르다. ③모이다. ④기울다. ⑤(나이가) 들다. ⑥(주름이) 잡히다. ⑦(생각이) 미치다. ⑧기대다. ⑨(씨름에서) 상대방 샅바를 잡고 떠밀고 나아가다. ⑩(증권거래에서) 그 날 최초의 매매가 성립되다.

寄る辺[よるべ] 의지할 곳·사람.

[1]寄り[より] ①모임 상태. 집합 상태. ②(부스럼이) 덧남. ③(씨름에서) 상대방 샅바를 잡고 떠밀고 가로 밀어붙임. ④(증권거래에서) 첫 입회. ⑤(장소가) 가까움. ⑥(바람이)…에서 불어옴. ⑦(노선·사상의) …경(傾).

寄り掛かり[よりかかり] 기대는 것.

[1]寄り掛かる[よりかかる] 〈5自〉 ①기대다. ②의지하다. 의존하다.

寄り寄り[よりより] ①관계자가 몇 사람 모임. ②〈副〉 이따금. 수시로.

寄り道[よりみち] 가는 길에 들름.

寄り倒し[よりたおし] (씨름에서) 맞붙은 채로 상대방을 밖으로 떠밀어 쓰러뜨림.

寄り倒す[よりたおす] 〈5他〉 (씨름에서) 맞붙은 채로 상대방을 밖으로 떠밀어 쓰러뜨리다.

寄(り)目[よりめ] ≪俗≫ 사팔뜨기.

寄(り)付き[よりつき] ①접근. 접근함. ②(증권거래에서) 첫 거래. ③(들어서면서) 첫째 방. ④(정원 등에 만든) 간이 휴게소.

寄り付く[よりつく] 〈5自〉 ①접근하다. 가까이 다가서다. ②(증권거래에서) 그날의 첫 거래가 성립되다.

寄(り)附き[よりつき] ☞ 寄(り)付き

寄(り)身[よりみ] (씨름에서) 맞붙어서 상대방을 떠 밀침.

寄(り)切り[よりきり] (씨름에서) 맞붙어서 상대방을 밖으로 떠밀어내는 기술.
寄り切る[よりきる] 〈5他〉 (씨름에서) 맞붙어서 상대방을 밖으로 떠밀어내다.
寄り集まる[よりあつまる] 〈5自〉 집합하다. 모여들다. 한데 모이다.
寄り添う[よりそう] 〈5自〉 바싹 다가서다. 다가붙다.
寄り縋る[よりすがる] 〈5自〉 ①매달리다. ②믿고 의지하다.
寄(り)合(い)[よりあい] ①모임. 집회. ②잡다한 모임. ③(씨름에서) 맞붙은 채로 떠밀거나 누르려고 함. ④'連歌(れんが)·俳諧(はいかい)에서' 앞의 구(句)의 말·사물과 연관이 있는 것.
寄り合う[よりあう] 〈5自〉 (의논하기 위해) 한 곳에 모임. 집합함.
寄(り)合(い)所帯[よりあいじょたい] ①여러 세대가 한 곳에 모여 삶. ②잡다한 모임.
⊗寄える[よそえる] 〈下1他〉 ①비유하다. 비하다. ②핑계 대다. 구실로 삼다.

音読

寄稿[きこう] 기고; 원고를 신문사나 잡지사에 보냄.
寄金[ききん] 기부금. 성금(誠金).
寄留[きりゅう] 기류; 타향이나 남의 집에 머묾.
寄留地[きりゅうち] 기류지.
2寄付[きふ] 기부; ①공공 단체를 위해 금품을 내놓음. ②헌금(献金).
寄付金[きふきん] 기부금; 헌금.
寄附[きふ] ☞ 寄付
寄生[きせい] 기생; 다른 동·식물에 붙어 더부살이함.
寄生虫[きせいちゅう] 기생충; 더부살이하는 벌레.
寄宿[きしゅく] 기숙; 남의 집이나 단체에 딸린 집에서 거처함.
寄宿舎[きしゅくしゃ] 기숙사.
寄宿生[きしゅくせい] 기숙생.
寄食[きしょく] 기식; 남의 집에 붙이어 먹임.
1寄与[きよ] 기여; 공헌함. 이바지함.
寄寓[きぐう] 기우; 임시 거처.
1寄贈[きぞう/きそう] 기증; 물건을 증정함.
寄贈本[きぞうぼん/きそうぼん] 기증본.
寄進[きしん] ≪仏≫ 기진; 시주(施主).
寄託[きたく] 기탁; 위탁.
寄託金[きたくきん] 기탁금.
寄港[きこう] 기항; 항해 중인 배·비행기가 항구나 공항에 들름.
寄港地[きこうち] 기항지.
寄航[きこう] 기항; 항해 중인 배·비행기가 항구나 공항에 들름.
寄航地[きこうち] 기항지.

基 근본/터 기

一 十 廾 甘 甘 其 其 其 基 基 基

音 ◉キ
訓 ◉もとい ◉もと

訓読

◉基❶[もとい] ≪文章語≫ (국가·사회·집의) 근본. 근원. 기초. 토대.
2◉基❷[もと] 디딤돌. 기초. 근본. 근원. 토대. ＊일상 용어임. ❸[き] ☞ [音読]
基づく[もとづく] 〈5自〉 ①입각하다. 근거하다. 의거하다. ②말미암다. 비롯하다. 기인하다.
基肥[もとごえ] 밑거름.

音読

基❶[き] 기. ＊등롱(灯籠)·묘석(墓石)을 세는 말임. ❷[もと/もとい] ☞ [訓読]
基幹[きかん] 기간; 원 줄거리.
基幹産業[きかんさんぎょう] 기간산업.
1基金[ききん] 기금; 일정한 목적을 위해 준비해 놓은 자금.
基督教[キリストきょう] ≪宗≫ 기독교; 그리스도교.
1基盤[きばん] 기반; 토대. 기초.
基部[きぶ] 기부; 밑 부분.
2基本[きほん] 기본; 기초. 토대.
基本給[きほんきゅう] 기본급.
2基本的[きほんてき] 기본적.
基線[きせん] 기선; 기준이 되는 직선.
基数[きすう] ≪数≫ 기수; 1부터 9까지의 정수(整数).
基底[きてい] 기저; 토대가 되는 밑바탕.
基点[きてん] 기점; 근본이 되는 점.
基調[きちょう] 기조; ①주조음(主調音). ②작품이나 사상·학술 등의 근본 뼈대.
2基準[きじゅん] 기준; 표준.
2基地[きち] 기지; (활동의) 근거지.
2基礎[きそ] 기초; ①(건물의) 토대. ②(사물의) 기초.
基礎控除[きそこうじょ] 기초 공제.

基礎体温[きそたいおん] 기초 체온.
基礎付ける[きそづける] 〈下1他〉 뒷받침하다. 토대를 굳히다. 기초를 잡게 하다.

崎 산길험할 기

音 ⊗キ
訓 ◉さき

訓読

◉**崎**[さき] ①갑(岬). 곶. ＊'岬(みさき)'의 아어적(雅語的) 표현임. ②산부리. 산이 바다로 튀어나온 끝.

幾 몇/얼마 기

音 ◉キ
訓 ◉いく ◉いくつ

訓読

[4]◉**幾つ**[いくつ] ①몇. ②몇 개. ③몇 살.
[2]**幾**[いく] (명사 앞에 접속하여) 몇.
[4]**幾ら**[いくら] ①얼마. ②〈副〉 아무리.
幾らか[いくらか] 얼마쯤. 약간. 조금.
幾久しく[いくひさしく] 〈副〉 오래오래. 언제까지나.
幾年❶[いくねん] ①몇 년. ②여러 해. ❷[いくとせ] ≪雅≫ 몇 해.
[1]**幾多**[いくた] ① 〈副〉 숱하게. 무수히. 수많음. ② ≪古≫ 얼마쯤.
幾度❶[いくど] 몇 번. 몇 회. ❷[いくたび] ①몇 번. 몇 회. ②〈副〉 여러 번.
幾等[いくら] 얼마.
幾百[いくひゃく] ①몇 백. ②수 백. 수많음.
[2]**幾分**[いくぶん] ①일부. 일부분. ②몇으로 나눈 것. ③얼마쯤. 약간. 어느 정도.
幾分か[いくぶんか] 〈副〉 약간. 다소.
幾夜[いくよ] 며칠 밤. 숱한 밤.
幾億[いくおく] ①몇 억. ②수억. 수많음.
幾人[いくにん/いくたり] 몇 명. 몇 사람.
幾日[いくにち/いくか] ①며칠. 몇 날. ②어느 날. 며칟날. ③여러 날.
幾程[いくほど] 〈副〉 얼마나.
幾重[いくえ] ①몇 겹. ②여러 겹. 겹겹. 첩첩.
幾重にも[いくえにも] ①여러 겹으로. ②몇 번이고. 거듭거듭. 되풀이해서.
幾千代[いくちよ] 몇 천 대. 오랜 세월.
幾許[いくばく] 얼마. 어느 정도.
幾許もなく[いくばくもなく] 얼마 안 가서. 이내. 이윽고.

音読

幾何[きか] '幾何学'의 준말.
幾何級数[きかきゅうすう] ≪数≫ 기하급수.
幾何学[きかがく] ≪数≫ 기하학; 도형 및 그것이 차지하는 공간의 성질에 관하여 연구하는 수학의 일부분.

棋 바둑 기

音 ◉キ ⊗ギ
訓 —

音読

棋界[きかい] 기계; 바둑이나 장기를 즐기는 사람들의 사회.
棋局[ききょく] 기국; ①바둑・장기의 국면. ②바둑판. 장기판.
棋力[きりょく] 기력; 바둑・장기의 실력.
棋譜[きふ] 기보; 직업적으로 바둑・장기를 두는 사람.
棋士[きし] 기사; 바둑・장기의 명인.
棋聖[きせい] 기성; 바둑・장기의 명인(名人).
棋勢[きせい] 기세; 바둑・장기의 승부의 형세.
棋風[きふう] 기풍; 바둑・장기를 둘 때 나타나는 그 사람의 개성.
◑**将棋**[しょうぎ]

期 때/바랄 기

音 ◉キ ◉ゴ
訓 —

音読

[2]**期**❶[き] 기; ①기한. 기간. 시기. 시한. ②좋은 기회. ❷[ご] ①때. 무렵. ②최후.
期する[きする] 〈サ変他〉 ①기하다. 기한을 정하다. ②벼르다. 결심하다. ③기대하다. 기약하다.
期せずして[きせずして] 뜻밖에. 예기치 않게.
[2]**期間**[きかん] 기간; 일정한 때부터 다른 일정한 때까지의 사이.

[2]期待[きたい] 기대; 좋은 결과나 상태를 예기하고, 그 실현을 바라는 것.
期待外れ[きたいはずれ] 기대에 어긋남.
期末[きまつ] 기말; 어떤 일정한 기간이나 기한의 끝.
期望[きぼう] 기망; 기대하며 바람.
期成[きせい] 기성; 사물의 성공이나 완성을 강하게 기함.
期成会[きせいかい] 기성회.
期外収縮[きがいしゅうしゅく] 《医》 기외수축.
期月[きげつ] 기월; ①미리 정해진 기한의 달. ②1개월.
[1]期日[きじつ] 기일; 일정한 것을 하기 위하여 미리 정해진 날.
期中[きちゅう] 그중; 정해진 기한 내.
期中償還[きちゅうしょうかん] 기중 상환.
[2]期限[きげん] 기한; 미리 정해진 시기. 일정한 기간.
期限付き[きげんつき] 기한부.
期限表示[きげんひょうじ] 기한 표시.

欺 속일 기

一 十 卄 卄 甘 其 其 欺 欺 欺

音 ◉ギ ⊗キ
訓 ◉あざむく

訓読
[1]◉欺く[あざむく] 〈5他〉 ①속이다. 기만하다. ②무색케 하다. …으로 착각할 정도다. …에 못지않다.
欺き[あざむき] 속임. 기만. 거짓.

音読
欺瞞[ぎまん] 기만; 교묘하게 속이는 것. 그럴듯하게 속이는 것.

棄 버릴 기

亠 厶 亠 亡 产 弃 弃 垂 垂 棄

音 ◉キ
訓 ⊗すてる

訓読
[2]⊗棄てる[すてる] 〈下1他〉 ①버리다. ②포기하다. ③방치하다. 돌보지 않다. 모른 체 하다. ④관심을 끊다. 등지다.
棄(て)児[すてご] ①어린 아이를 버림. ②버린 아이.

音読
棄却[ききゃく] 《法》 기각; ①어떤 사물을 버림. 버리고 문제 삼지 않음. 포기함. ②소송을 무효로 함.
[1]棄権[きけん] 기권; 자기의 권리를 포기함. 자기의 권리를 버리고 행사하지 않음.

碁 바둑 기

一 十 卄 甘 甘 其 其 其 其 碁

音 ◉ゴ ⊗キ
訓 —

音読
[2]碁[ご] 바둑.
碁客[ごかく] 기객; 바둑을 두는 사람.
碁器[ごき] 바둑돌 그릇.
碁立て[ごだて] 바둑의 포석(布石).
[1]碁盤[ごばん] 기반; 바둑판.
碁盤格子[ごばんごうし] 바둑판무늬.
碁盤の目[ごばんのめ] 바둑판의 눈.
碁盤縞[ごばんじま] 바둑판무늬.
碁盤割り[ごばんわり] 바둑판처럼 질서정연하게 나눔.
碁笥[ごけ] 바둑돌 통.
碁石[ごいし] 바둑돌.
碁敵[ごがたき] 기적(棋敵); 바둑의 맞수.
碁打ち[ごうち] ①바둑을 둠. ②기사(棋士). 바둑을 잘 두는 사람.
碁会[ごかい] 기회; 바둑을 두는 모임.
碁会所[ごかいしょ] 기원(棋院).

旗 깃발 기

亠 方 方 扩 扩 旃 旃 旌 旗 旗

音 ◉キ
訓 ◉はた

訓読
[2]◉旗❶[はた] 기; 깃발. ❷[き] ☞ [音読]
旗竿[はたざお] 깃대.
旗挙げ[はたあげ] 거병(挙兵). 군사를 일으킴.
旗頭[はたがしら] ①깃발의 윗부분. ②전투부대의 우두머리. ③한 파의 우두머리. 수령. 두목.

旗売り[はたうり] 주식의 공매(空売).
旗本[はたもと] (江戸(えど) 시대에) 1만석 이하의 녹봉을 받던 将軍(しょうぐん) 직속의 무사.
旗本奴[はたもとやっこ] (江戸(えど) 시대에) 旗本(はたもと)의 청년 무사로서 집단으로 의협을 일삼던 자.
旗師[はたし] ①깃발을 만드는 사람. ②투기 거래를 하는 상인.
旗色[はたいろ] (전쟁・경기의) 전황(戦況). 상황. 형세(形勢).
旗揚げ[はたあげ] 거병(挙兵). 군사를 일으킴.
旗魚[★かじき] ≪魚≫ 청새치.
旗雲[はたぐも] (깃발처럼) 옆으로 길게 뻗은 구름.
旗印[はたじるし] 기치(旗幟). ①(전쟁터에서) 무늬나 글자를 새겨 표로 삼았던 기. ②(행동 목표가 되는) 주의. 주장.
旗日[はたび] 국기를 다는 날. 국경일.
旗持ち[はたもち] 기수(旗手).
旗指物[はたさしもの] (옛날 전쟁터에서) 갑옷의 등에 꽂아 표로 삼던 작은 깃발.
旗振り[はたふり] ①신호로 깃발을 흔듦. 신호수(信号手). ②리더. leader.
旗差物[はたさしもの] (옛날 전쟁터에서) 갑옷의 등에 꽂아 표로 삼던 작은 깃발.
旗標[はたじるし] ☞ 旗印
旗行列[はたぎょうれつ] 깃발 행렬.

音読

旗❶[き] (명사에 접속하여 접미어로서) 기. 깃발. ¶ 大会(たいかい)～ 대회기. ❷[はた] ☞ [訓読]
旗鼓[きこ] 기고; ①군기(軍器)와 북. ②군대. ¶ ～の間(かん) 싸움터.
旗門[きもん] 기문; (스키의 회전 경기에서) 코스를 나타내는 한 쌍의 기.
旗手[きしゅ] 기수; 깃발을 든 사람.
旗亭[きてい] 주막. 찻집. 요릿집.
旗幟[きし] 기치; ①(전쟁터에서) 무늬나 글자를 새겨 표로 삼았던 기. ②(행동 목표가 되는) 주의. 주장.
旗下[きか] 기하; ①장군의 깃발 아래. ②휘하(麾下).
旗艦[きかん] 기함; 함대의 사령관이 타고 있는 군함.

器(器) 그릇 기

音 ◉キ
訓 ◉うつわ

訓読

1◉**器❶**[うつわ] ①그릇. 용기. ②기구. 도구. ③인물. 그릇. …감. ❷[き] ☞ [音読]

音読

2**器❶**[き] (명사에 접속하여 접미어로) 기; ①기관(器官). ¶ 呼吸(こきゅう)～ 호흡기. ②간단한 도구. ¶ 電熱(でんねつ)～ 전열기. ❷[うつわ] ☞ [訓読]
2**器械**[きかい] 기계; (모터가 달리지 않은) 간단한 도구.
器械体操[きかいたいそう] 기계 체조.
1**器官**[きかん] 기관; 생물체의 한 부분.
2**器具**[きぐ] 기구; 구조・조작이 간단한 도구류.
器機[きき] 기기; 기구(器具)와 기계(機械)를 통틀어 하는 말.
器量[きりょう] 기량; ①사람의 재능과 도량. ②(특히 여자의) 용모. 얼굴.
器量負け[きりょうまけ] ①재능이 상대방보다 못함. ②재능・용모가 좋아 오히려 불행을 초래함.
器量好し[きりょうよし] 얼굴이 예쁨.
器物[きぶつ] 기물; 살림살이의 그릇.
器楽[きがく] 기악; 악기로 연주하는 음악.
2**器用**[きよう] 〈形動〉 ①솜씨가 좋음. 손재주가 많음. ②약삭빠름. 요령이 좋음. 재주가 있음. ③(군소리 없이) 깨끗함. 순순히 함.
器材[きざい] 기재; 기구와 재료.
器財[きざい] 기재; 가재 도구. 기물(器物).
器質[きしつ] 기질; ① ≪医≫ 기관(器官)의 형태적 특질. ②기량(器量)과 타고난 소질.

機 베틀/기계 기

音 ◉キ
訓 ◉はた

訓読

◉機❶[はた] 베. ¶~を 織(お)る 베를 짜다. ❷[き] ☞ [音読]

機屋[はたや] ①베를 짜는 사람. ②베를 짜는 집. 베를 짜는 방.

機織り[はたおり] ①베틀로 베를 짬. ②베를 짜는 사람.

機織虫[はたおりむし] ≪虫≫ 여치.

音読

機❶[き] (명사에 접속하여 접미어로) 기; ①기계. ②기. ＊비행기를 세는 말. ❷[はた] ☞ [訓読]

機甲[きこう] 기갑; 최신 무기로 무장함.

機甲部隊[きこうぶたい] 기갑 부대.

[3]機械[きかい] 기계; 모터를 움직여서 일정한 일을 하는 설비.

機械水雷[きかいすいらい] 기뢰(機雷).

[2]機関[きかん] 기관; ①수력・화력・전력 등의 에너지를 기계적 에너지로 바꾸는 장치. ②어떤 목적을 이루기 위한 조직.

[2]機関車[きかんしゃ] 기관차.

機巧[きこう] 기교; ①교묘한 장치. ②잔꾀를 부림.

機具[きぐ] 기구; 기계와 기구.

[1]機構[きこう] 기구; ①하나의 조직을 이루고 있는 체계. ②기계의 내부 구조.

機器[きき] 기기; 기계・기구의 총칭.

機内[きない] 기내; 비행기 안.

[2]機能[きのう] 기능; 사물의 작용이나 힘.

機動[きどう] 기동; 상황에 따라 조직적으로 재빠르게 하는 행동.

機略[きりゃく] 기략; 임기응변의 계략.

機雷[きらい] 기뢰; 물 속에 설치하여 배를 폭파하는 폭탄.

機微[きび] 기미; 낌새.

機敏[きびん] 〈形動〉 눈치가 빠르고 동작이 날쌤.

機密[きみつ] 기밀; 매우 중요한 비밀.

機密費[きみつひ] 기밀비.

機帆船[きはんせん] 기범선; 발동기가 달린 소형 범선.

機鋒[きほう] 기봉; 예봉(鋭鋒). 날카로운 칼 끝.

機上[きじょう] 기상; 비행기 안.

機先[きせん] 기선; 선수(先手).

機船[きせん] '発動機船(はつどうきせん)'의 준말.

機首[きしゅ] 기수; 비행기 앞머리.

機業[きぎょう] 기업; 방직업(紡織業).

機縁[きえん] 기연; 계기. 인연.

機外[きがい] 기외; 비행기 밖.

機運[きうん] 기운; 시운(時運). 때.

機長[きちょう] 기장; 비행기 승무원 중의 책임자.

機才[きさい] 기재; 임기응변의 재주.

機材[きざい] 기재; 기계와 재료.

機転[きてん] 기전; 재치. 임기응변.

機種[きしゅ] 기종; ①비행기의 종류. ②기계의 종류.

機知[きち] 기지; 임기응변.

機智[きち] 기지; 임기응변.

機体[きたい] 기체; 비행기의 동체(胴体).

機銃[きじゅう] 기총; 기관총.

機銃掃射[きじゅうそうしゃ] 기총 소사.

機軸[きじく] 기축; ①굴대. 회전축. 기관・바퀴 등의 축. ②방법. 방식. ③활동의 중심.

[2]機嫌[きげん] ①(남의) 건강 상태. 안부. ②기분. 비위. 심기.

機嫌買い[きげんかい] ①변덕스러움. 변덕쟁이. ②상대의 기분을 맞춤. 기분파.

[3]機会[きかい] 기회; 알맞은 때.

騎 말탈기

丨 厂 FF 丐 馬 馬 馬 騎 騎 騎

音 ◉キ

訓 —

音読

騎馬[きば] 기마; 말을 탐.

騎馬戦[きばせん] 기마전.

騎兵[きへい] 기병; 말을 탄 군사.

騎兵隊[きへいたい] 기병대; 말 탄 군대.

騎士[きし] 기사; ①말을 탄 무사. ②(중세 유럽의) 무사 계급.

騎士道[きしどう] 기사도; 중세 유럽의 기사 계급의 정신적인 규범.

騎射[きしゃ] 기사; 말을 타고 달리면서 활을 쏨.

騎手[きしゅ] 기수; 특히, 경마(競馬)의 말을 타는 사람.

騎乗[きじょう] 기승; 승마. 말을 탐.

騎銃[きじゅう] 기총; 기병총(騎兵銃).

騎行[きこう] 기행; 말을 타고 감.

伎 재주 기	音 ⊗ギ ⊗キ 訓 —

音読

伎倆[ぎりょう] 기량; 능력. 수완. 역량. 솜씨.

伎楽[ぎがく] ①가면 무용극. ②≪仏≫ 음악.

伎芸[ぎげい] 기예; 예능. 가무(歌舞)·음곡(音曲)의 재주.

伎芸天[ぎげいてん] ≪仏≫ 기예(技芸)를 지켜 복(福)과 덕(徳)을 준다는 아름다운 천녀(天女).

◑歌舞伎[かぶき]

妓 기생 기	音 ⊗ギ 訓 —

音読

妓[ぎ] 기; 기생. 기녀.

妓女[ぎじょ] 기녀; 기생. 유녀(遊女).

妓楼[ぎろう] 기루; 기생집. 청루(青楼).

妓夫[ぎふ/ぎゅう] 기부; ①(유곽의) 유객(誘客)꾼. ②유곽에서 일하는 남자.

妓楽[ぎがく] 기악; 기생이 연주하는 음악.

杞 구기자 기	音 ⊗キ ⊗コ 訓 —

音読

杞憂[きゆう] 기우; 공연한 걱정. 쓸데없는 걱정. 부질없는 걱정.

◑枸杞[くこ] ≪植≫ 구기자나무.

◑枸杞茶[くこちゃ] 구기차; 구기자차.

其 그것 기	音 ⊗キ 訓 ⊗その ⊗それ

訓読

4⊗其の[その] ①(자기로부터 조금 떨어진) 그. ②(조금 전에 말한) 그. ③(문제가 된) 그. ④(강조하는 의미의) 그. ⑤(말문이 막힐 때의) 그.

其の間[そのかん] 그간. 그 동안. 그 사이.

2其の頃[そのころ] 그 무렵. 그 당시.

其の筈[そのはず] 그럴 것임. 당연함.

其の筋[そのすじ] ①그 분야. 그 방면. 그 계통. ②(특히 경찰) 당국(当局).

其の内[そのうち] ①가까운 시일 안에. 근일간에. ②곧. 이윽고. ③그 동안. ④그 중. 그 가운데.

其の代(わ)り[そのかわり] 그 대신.

其の度[そのたび] 그때마다.

其の都度[そのつど] 그때마다.

其の道[そのみち] ①그 분야. 그 방면. 그 계통. ②≪俗≫ (섹스의) 색(色).

其の物[そのもの] (바로) 그것. 그 자체.

其の方❶[そのほう] ①그쪽. 그편. ②(에도시대에 무사가 손아랫사람을 부를 때) 너. 그대. ❷[そのかた] 그분. 그 사람.

其の癖[そのくせ] 그런데도.

其の辺[そのへん] ①그 근처. 그 근방. ②그와 같은 일. ③그쯤. 그 정도.

2其の上❶[そのうえ] 게다가. 더구나. ❷[そのかみ] ①그 당시. 그 무렵. 그때. ②옛날. 그 옛날.

其の昔[そのむかし] 그 옛날. 아득한 옛날.

其の手[そのて] ①그런 수단. 그런 계략. ②그런 종류.

其の時[そのとき] ①(과거의) 그때. ②(미래의) 그때.

其の実[そのじつ] 실은. 사실은.

其の様[そのよう] 그러함. 그런 식. 그렇게.

其の外[そのほか] ①그 밖. 나머지. ②그 위.

其の儀[そのぎ] 그 일.

其の人[そのひと] ①(화제의) 그 사람. ②당사자. 그 사람. ③(내로라하는) 인물.

其の日[そのひ] 그 날. 그 당일.

其の日稼ぎ[そのひかせぎ] ①날품팔이. ②하루살이 생활.

其の日其の日[そのひそのひ] 그날그날. 하루하루.

其の日暮らし[そのひぐらし] ①하루살이 생활. ②소극적임.

其の場[そのば] ①그 자리. 그곳. 현장. ②즉석.

其の場逃れ[そのばのがれ] 임시변통. 어물어물 넘김.

其の場凌ぎ[そのばしのぎ] 임시 모면.

其の場限り[そのばかぎり] 그때뿐임.

其の伝[そのでん] ≪俗≫ 그런 식. 그런 생각.

其の節[そのせつ] 그때. 그 당시.

其の種[そのしゅ] 그런 종류.

其の儘[そのまま] ①(그냥) 그대로. ②곧. 바로. ③꼭 닮음.

其の次[そのつぎ] 그 다음.

其の他[そのた] 그 밖. 기타.
其の向き[そのむき] ①그 분야. 그 방면. 그 계통. ②(특히 경찰) 당국(当局).
其の後[そのご] 그 후. 그 뒤.
4⊗**其れ**[それ] ①(조금 떨어진 곳의) 그것. ②(조금 전에 말한) 그것. 그 사람. ③그 때. ④〈感〉 자. 봐라.
其れ其れ[それぞれ] 저마다. 각기. 각각. 각자.
其れ故[それゆえ] 그러므로. 그러니까.
其れと無く[それとなく] 슬며시. 넌지시.
其れ相当[それそうとう] 그에 상당함. 응분.
其れ相応[それそうおう] 그에 상응함. 응분.
其れ位[それくらい] 그 정도. 그 만큼.
其れ者[それしゃ] ≪俗≫ ①전문가. ＊나쁜 뜻으로 말함. ②기생.
其れ者上がり[それしゃあがり] 기생 출신.
其れ丈[それだけ] ①그뿐. ②그만큼. 그 정도. 그쯤. ③그것만. 그 일만.
其れ程[それほど] ①그렇게. 그만큼. 그 정도. ②그다지.

埼 갑/언덕머리 기	音 ⊗キ 訓 ⊗さき

訓読
⊗**埼**[さき] ①갑(岬). 곶. 육지가 바다나 호수로 튀어나온 곳. ＊'岬(みさき)'의 아어적(雅語的) 표현임. ②산부리. 산 끝부분이 평야로 돌출한 곳.
埼玉[★さいたま] 일본 관동지방(関東地方)의 내륙에 있는 현(県).

祇 ×(祗) 땅귀신 기	音 ⊗ギ 訓 —

音読
祇園[ぎおん] ①≪仏≫ 京都(きょうと) 八坂神社(やさかじんじゃ) 부근의 옛 명칭. ＊유흥가임. ②'祇園精舎(ぎおんしょうじゃ)'의 준말.
祇園精舎[ぎおんしょうじゃ] ≪仏≫ 기원정사. ＊옛날, 수달장자(須達長者)가 석가를 위해 설법 도장으로 지은 절.

嗜 즐길 기	音 ⊗シ 訓 ⊗たしなむ

訓読
⊗**嗜む**[たしなむ] 〈5他〉 ①애호하다. 즐기다. ②평소에 준비하다. 소양을 쌓다. ③삼가다. 조심하다.
嗜み[たしなみ] ①기호(嗜好). 취미. ②예도(芸道)에 대한 소양. ③조심성. 몸가짐. 행실. ④마음가짐.

音読
嗜慾[しよく] 기욕; 즐기고 좋아함. 즐기고 좋아하고자 하는 욕망.
嗜好[しこう] 기호; 즐기고 좋아함.
嗜好品[しこうひん] 기호품; 기호 식품. 영양을 목적으로 한 것이 아니고 맛을 음미하기 위한 음식물.

畸 기이할 기	音 ⊗キ 訓 —

音読
畸人[きじん] 기인; 괴짜.
畸形[きけい] 기형; 불구(不具).
畸型[きけい] 기형; 불구(不具).
畸形児[きけいじ] 기형아; 불구아(不具児).

綺 비단 기	音 ⊗キ 訓 —

音読
綺談[きだん] 기담; 재미있게 꾸민 이야기.
綺羅[きら] 기라; ①화려한 옷. ②아름다움. 화려함. ③화려하게 차려입은 사람. ④≪古≫ 극에 달한 영화(栄華).
綺羅星[きらぼし] 기라성; 아름답게 빛나는 별.
4**綺麗**[きれい] 〈形動〉 ①예쁨. 예쁘장함. 고움. 멋있음. 아름다움. ②깨끗함. 말쑥함.
綺麗事[きれいごと] ①깨끗한 솜씨. ②겉치레.
綺麗所[きれいどころ] ①예쁜 기생. ②예쁘게 치장한 여자.
綺麗好き[きれいずき] 결벽증의 사람. 깨끗한 것을 좋아함.
綺想曲[きそうきょく] ≪楽≫ 기상곡; 광상곡(狂想曲).
綺語[きご] 기어; ①아름답게 표현한 말. 미사여구(美辞麗句). ②≪仏≫ 십악(十悪)의 하나. 진실과 동떨어진 꾸며낸 말.

 **磯** 물가 기	音 ⊗キ 訓 ⊗いそ

訓読

磯[いそ] 갯바위. 암석 해안. *바다나 호수의 바위가 많은 물가.
磯菅[いそすげ] ≪植≫ 밀사초.
磯蚯蚓[いそめ] ≪動≫ 갯지렁이.
磯巾着[いそぎんちゃく] ≪動≫ 말미잘.
磯目[いそめ] ≪動≫ 갯지렁이.
磯明け[いそあけ] 바다낚시 등의 정식 해금(解禁) 시기.
磯の木[いそのき] ≪植≫ 산황나무.
磯辺[いそべ] ≪雅≫ 바위가 많은 바닷가.
磯山点突[いそやまてんつき] ≪植≫ 갯하늘지기.
磯松[いそまつ] ①바닷가의 소나무. ②≪植≫ 갯질경이.
磯馴(れ)松[いそなれまつ] ≪雅≫ (해풍(海風)으로 가지나 줄기가 휘어 땅에 낮게 드리운) 바닷가 소나무.
磯陰[いそかげ] 물가의 바위 그늘.
磯釣(り)[いそづり] 바닷가 낚시.
磯菜[いそな] ≪植≫ 갯나물.
磯千鳥[いそちどり] 갯바위에 사는 물떼새.
磯臭い[いそくさい] 〈形〉 바닷가 특유의 냄새가 나다. 비린내가 나다. 바다 냄새가 나다.
磯況[いそきょう] 바닷가의 낚시 상황.

麒	기린 기	音 ⊗キ 訓 —

音読

麒麟[きりん] ≪動≫ 기린.
麒麟児[きりんじ] 기린아; 장래가 촉망되는 청소년.
麒麟草[きりんそう] ≪植≫ 기린초.

饑	굶주릴 기	音 ⊗キ 訓 —

音読

饑饉[ききん] 기근; ①흉작. ②물자 부족.
饑餓[きが] 기아; 굶주림.
饑餓療法[きがりょうほう] 기아 요법; 단식 요법.
饑寒[きかん] 기한; 굶주림과 추위.

驥	천리마 기	音 ⊗キ 訓 —

音読

驥尾[きび] 기미; ①준마의 꼬리. 준마의 뒤. ②훌륭한 사람의 업적.
驥足[きそく] 기족; 뛰어난 재능.

〔긴〕

緊 긴요할 긴

丨 𠃊 𠃊 臣 臣 臤 臤 臤 堅 緊

音 ◉キン
訓 —

音読

[1]緊急[きんきゅう] 긴급; 긴요하고도 급함. 대단히 중대한 사태가 되어 그 대응·조처에 급함이 필요함.
緊密[きんみつ] 〈形動〉 긴밀; ①관계가 아주 밀접함. ②엄격함.
緊迫[きんぱく] 긴박; 아주 절박함. 긴장된 상태가 됨.
緊縛[きんばく] 긴박; 단단히 묶음.
緊要[きんよう] 긴요; 아주 중요함.
[2]緊張[きんちょう] 긴장; ①마음을 다잡아 정신을 바싹 차리거나 몸이 굳어질 정도로 켕기는 일. ②무슨 일이 터질 것 같은 예사롭지 않은 상태.
緊張味[きんちょうみ] 긴장감.
緊縮[きんしゅく] 긴축; 바짝 줄임.
緊褌[きんこん] 마음을 단단히 먹음.
緊褌一番[きんこんいちばん] 결의를 새로이 함.

〔길〕

吉 길할 길

一 十 士 吉 吉 吉

音 ◉キチ ◉キツ ⊗キ
訓 —

音読

吉[きち] 길; 경사. 좋은 일.
吉例[きちれい] 길례; 좋은 관례.
吉利支丹[きりしたん] (室町(むろまち) 시대에 일본에 전해진) 천주교. 또는 그 신도.

吉利支丹天連[きりしたんパテレン] ①천주교 신부의 높임말. ②사교(邪教).
吉夢[きちむ] 길몽; 좋은 꿈.
吉方[★えほう] 좋은 방위.
吉方参り[★えほうまいり] (설날에) 좋은 방위에 있는 神社(じんじゃ)나 절에 가서 그 해의 행운을 빎.
吉報[きっぽう] 길보; 희소식.
吉事[きちじ] 길사; 경사스러운 일.
吉相[きっそう] 길상; ①좋은 인상. ②길조. 좋은 일이 있을 징조.
吉祥❶[きちじょう] 길상; 상서로운 징조. ❷[きっしょう] 행운. 경사.
吉祥天女[きちじょうてんにょ] ≪仏≫ 길상천녀.
吉瑞[きちずい] 길서; 운수가 좋은 조짐.
吉日[きちにち/きちじつ] 길일; 일진이 좋은 날.
吉丁虫[★たまむし] ①≪虫≫ 비단벌레. ②'吉丁虫色(たまむしいろ)'의 준말.
吉丁虫色[★たまむしいろ] ①(빛의 반사에 따라 변하는) 무지개 빛깔. ②애매모호함.
吉兆[きっちょう] 길조; 좋은 조짐.
吉左右[きっそう] ①좋은 소식. ②가부간(可否間)의 소식.
吉辰[きっしん] 길진; 길일(吉日).
吉凶[きっきょう] 길흉; 행복과 재앙. 좋은 일과 나쁜 일.

拮 바쁘게일할 길	音 ⊗キツ 訓 —

音読

⊗**拮据**[きっきょ] 길거; 괴로움을 참고 부지런히 일함.
拮抗[きっこう] 대항(対抗). 세력이 비등하여 맞겨룸.

桔 도라지 길	音 ⊗キ ⊗キツ 訓 —

音読

桔梗[ききょう] ≪植≫ 도라지.
桔梗皿[ききょうざら] 도라지꽃 모양으로 만든 접시.
桔梗袋[ききょうぶくろ] 밑바닥을 도라지꽃처럼 5각형으로 만든 작은 봉지.

끽

喫(喫) 마실/당할 끽

口 口 口 口 口 口 叻 叻 喫 喫

音 ◉キツ
訓 —

音読

喫する[きっする] 〈サ変他〉 ①(茶를) 마시다. 먹다. ②(담배를) 피우다. ③(좋지 않은 일을) 당하다. 받다.
喫驚[きっきょう] 끽경; 깜짝 놀람.
喫緊[きっきん] 끽긴; 중대함. 매우 긴요함.
喫緊事[きっきんじ] 매우 중대한 일. 매우 긴요한 일.
喫水[きっすい] 흘수(吃水). 배의 아랫부분이 물에 잠긴 깊이.
喫水線[きっすいせん] 흘수선.
喫煙[きつえん] 끽연; 담배를 피움.
喫煙室[きつえんしつ] 끽연실.
喫煙者[きつえんしゃ] 끽연자.
2**喫茶**[きっさ] 차를 마심.
4**喫茶店**[きっさてん] 찻집. 다방(茶房). 커피・홍차 등의 음료수나 경양식을 내놓는 음식점.

〔나〕

奈 나락 나	音 ⊗ナ 訓 —

音読

奈落[ならく] ①《仏》 나락; 지옥. ②막다른 골목. ③막바지. ④(극장에서) 승강식 소형 무대.

奈落の底[ならくのそこ] ①지옥의 밑바닥. ②한없이 깊은 곳. ③도저히 헤어날 수 없는 밑바닥. ④재기 불능의 처지.

奈良[なら] 《地》 일본 近畿(きんき) 지방 중남부 내륙의 현(県).

奈良時代[ならじだい] 《歴》 (고대 일본) 나라 시대. *기원 710~794년의 80여 년간.

奈良漬け[ならづけ] (술찌끼에 담근) 오이지.

那(那) 나라이름 나	音 ⊗ナ ⊗ダ 訓 —

音読

那辺[なへん] 어디. 어느 곳.

那覇[なは] 《地》 沖縄県(おきなわけん)의 현청(県庁) 소재지의 시(市).

拿 붙잡을 나	音 ⊗ダ 訓 —

音読

拿捕[だほ] 나포; ①붙잡아 자유를 구속함. ②(군함 등이) 외국의 선박을 붙잡아 지배하에 두는 일.

〔낙〕

諾 대답할 낙
亠 亠 言 言 訁 計 言 訬 訬 諾

音 ◉ダク
訓 ⊗うべなう

訓読

⊗**諾う**[うべなう] 〈5自他〉 ①승낙하다. 동의하다. ②수긍하다. 인정하다. ③복종하다.

音読

諾[だく] 낙; 승낙

諾諾として[だくだくとして] 고분고분.

諾否[だくひ] 승낙 여부.

諾威[ノルウェー] 《地》 노르웨이.

諾唯[だくい] 남의 말에 대한 응답. 대답.

諾意[だくい] 낙의; 승낙할 의사.

〔난〕

暖(暖) 따뜻할 난
日 日一 日' 日'' 日'' 日罒 日爫 日乎 暖 暖

音 ◉ダン
訓 ◉あたたか ◉あたたかい ◉あたたまる ◉あたためる

訓読

[2]◉**暖か**[あたたか] 〈形動〉 ①(기온・온도가) 따스함. 따뜻함. 훈훈함. ②(마음이) 따뜻함. 훈훈함. 다정함. ③(감촉・음식이) 따뜻함. ④경제적으로 여유가 있음. 경제 상태가 좋음.

[4]◉**暖かい**[あたたかい] 〈形〉 ①(기온・온도가) 따스하다. 따뜻하다. 훈훈하다. ②(마음이) 따뜻하다. 다정하다. 정답다. ③(감촉・음식이) 따뜻하다. ④경제적으로 여유가 있다.

[2]◉**暖まる**[あたたまる] 〈5自〉 ①(기온・온도가) 따스해지다. 따뜻해지다. 훈훈해지다 ②(마음이) 따뜻해지다. 훈훈해지다. ③경제적으로 여유가 생기다. 경제 상태가 좋아지다.

[2]◉**暖める**[あたためる] 〈下1他〉 ①(물건을)따뜻하게 하다. 데우다. ②(새가 알을) 품다. ③간직하다. ④대기하다. ⑤착복하다. 횡령하다. ⑥(우정을) 돈독히 하다. 과거의 친밀한 관계를 회복하다.

音読

暖[だん] 난; 따뜻함.

暖国[だんごく] 난국; 기후가 따뜻한 나라.

暖気[だんき] 난기; 따뜻한 기후・기운.

暖帯[だんたい] 난대; 열대와 온대의 중간 지대.

暖冬[だんとう] 난동; 평년보다 따뜻한 겨울.

暖冬異変[だんとういへん] 난동 이변.

暖簾[★のれん] ①포렴(布簾). 헝겊으로 발처럼 친 막(幕). *옥호(屋号)를 써넣어 햇빛을 막는 막(幕). ②상점의 신용. ③노

포(老舗). 선조 대대로 번창해 오는 신용 있는 점포.
暖簾名[★のれんな] 상점 이름.
暖炉[だんろ] 난로; 스토브.
暖流[だんりゅう] 난류; 수온이 높은 해류.
[2]**暖房**[だんぼう] 난방; 방안을 따뜻하게 함.
[2]**暖房装置**[だんぼうそうち] 난방 장치.
暖色[だんしょく] 난색; 따뜻한 색깔.
暖衣[だんい] 난의; 따뜻한 옷.
暖衣飽食[だんいほうしょく] 난의포식; 따뜻하게 입고 배불리 먹음.
暖地[だんち] 난지; 따뜻한 고장.

難(難) 어려울 난

艹 𦫳 𦰩 菓 菓 歎 歎 歎 難 難

音 ◉ナン
訓 ◉むずかしい ◉かたい ⊗にくい

訓読

[4]◉**難しい**[むずかしい] 〈形〉 ①(이해하기) 어렵다. 힘겹다. ②곤란하다. ③(해결하기) 어렵다. ④복잡하다. ⑤(병이) 고질이다. 위중하다. ⑥번거롭다. 까다롭다. ⑦(기분이) 언짢다. 못마땅하다.
◉**難い**[かたい] 〈形〉 어렵다. ＊하려고 하는데도 좀처럼 안 된다는 뜻임.
[2]◉**難い**[がたい] 〈形〉 (동사 ます형에 접속하여) …하기 어렵다. 힘들다. 좀처럼 …할 수 없다.
[2]⊗**難い**[にくい] 〈形〉 (동사 ます형에 접속하여) ①…하기 어렵다. 힘들다. ②…하기 거북하다. ③좀처럼 …않다.

音読

[1]**難**[なん] 난; ①재난. ②결점. 결함. 흠. ③비난. ④곤란. 어려움.
難なく[なんなく] 무난히. 쉽사리. 쉽게.
難攻不落[なんこうふらく] 난공불락.
難関[なんかん] 난관; 통과하기 힘든 곳.
難局[なんきょく] 난국; ①어려운 고비. ②(바둑·장기에서) 어려운 국면. 힘에 겨운 한판.
難読[なんどく] 난독; 읽기 어려움.
難無く[なんなく] 〈副〉 무난히. 쉽사리. 쉽게.
難問[なんもん] 난문; 어려운 문제·질문.
難物[なんぶつ] 난물; ①골칫거리. ②골치 아픈 사람.
難民[なんみん] 난민; 피난민.
難民救済[なんみんきゅうさい] 난민 구제.
難癖[なんくせ] (하찮은) 결점. 흠. 트집.
難病[なんびょう] 난병; 난치병(難治病). 고질(痼疾).
難事[なんじ] 난사; 해결하기 어려운 일.
難産[なんざん] 난산; ①해산이 순조롭지 못함. ②일이 좀처럼 성립되지 않음.
難渋[なんじゅう] 난삽; ①지체됨. ②어렵고 빡빡하여 술술 풀리지 않음. ③어려움. 고생함. 곤란함.
難色[なんしょく] 난색; ①난처한 기색. ②불찬성이라는 기색. ③비난하는 듯한 기색.
難船[なんせん] 난선; ①배가 풍랑으로 파손·전복함. ②난파선(難破船).
難所[なんしょ] 난소; 난관. 험한 곳.
難語[なんご] 난어; 이해하기 어려운 말.
難語集[なんごしゅう] 난어집; 이해하기 어려운 말을 모은 책.
難儀[なんぎ] 난의; ①곤란. 어려움. ②고생. 힘듦. ③번거로움. 귀찮음. 폐. ④고민. 괴로움. ⑤가난.
難易[なんい] 난이; 어려움과 쉬움.
難易度[なんいど] 난이도; 어려움의 정도.
難場[なんば] 난장; ①통과하기 어려운 곳. 난관. ②어려운 고비·장면.
難戦[なんせん] 난전; 고전(苦戦). 힘든 싸움.
難点[なんてん] 난점; ①어려운 점. 해결하기 곤란한 점. ②결점. 트집. 흠.
難題[なんだい] 난제; ①시문(詩文)을 짓기 어려운 제목. ②어려운 문제. 까다로운 문제. ③터무니없는 생트집.
難聴[なんちょう] 난청; ①귀가 잘 안 들림. ②(라디오 등이) 잘 안 들림.
難破[なんぱ] 난파; 배가 풍랑으로 파손되거나 전복함.
難航[なんこう] 난항; ①항해가 곤란함. ②(장애가 많아) 일이 잘 진척되지 않음.
難解[なんかい] 난해; 이해하기 힘듦.
難行❶[なんぎょう] 난행; 어렵고 고된 수행(修行). ❷[なんこう] 난행; 일이 잘 진행되지 않음.
難行苦行[なんぎょうくぎょう] 난행고행; ①어렵고 고된 수행(修行). ②무척 많은 고생을 겪음.
難訓[なんくん] 난훈; 한자(漢字)의 훈독(訓読)이 어려운 것.
難詰[なんきつ] 난힐; 결점을 들추어 비난함. 힐난.

〔날〕

埒 낮은담 날	音 ⊗ラチ ⊗ラツ 訓 —

音読

埒[らち] (목장이나 마장의) 울짱.
埒内[らちない] 울 안. 테두리 안. 범위 안.
埒外[らちがい] 울 밖. 테두리 밖. 범위 밖.
◑放埒[ほうらつ]

捏 반죽할 날	音 ⊗ネツ 訓 ⊗こねる ⊗つくねる

訓読

⊗捏ねる❶[こねる] 〈下1他〉 ①반죽하다. 개다. 이기다. ②억지를 쓰다. 떼를 쓰다. ③(야구 투수가) 공을 양손으로 주물럭거리다. ❷[つくねる] 〈5他〉 ＊捏(こ)ねる의 속어(俗語)임.
捏ねくる[こねくる] 〈5他〉 ①반죽하다. 개다. 이기다. ②억지를 쓰다. 떼쓰다.
捏ね返す[こねかえす] 〈5他〉 ①자꾸 반죽하다. ②(분쟁을) 격화시키다.
捏ね焼き[つくねやき] 다진 어육(魚肉)이나 새고기에 달걀을 섞어 빚어 구운 음식.
捏ね取り[こねどり] (떡을 칠 때) 골고루 쳐지도록 옆에서 떡을 욱여넣음.
捏ね回す[こねまわす] 〈5他〉 ①자꾸 반죽하다. ②(일을) 주물러 터뜨리다.

音読

捏造[ねつぞう] 날조; 없는 것을 있는 것처럼 거짓으로 꾸며 만듦.

捺 손으로누를 날	音 ⊗ナツ 訓 ⊗おす

訓読

⊗捺す[おす] 〈5他〉 (도장을) 찍다. 누르다.
捺し染め[おしぞめ] 날염; 피륙에 여러 가지 모양의 본을 대고 물감을 칠하여 염색함.

音読

捺染[なっせん] 날염; 피륙에 여러 가지 모양의 본을 대고 물감을 칠하여 염색함.
捺印[なついん] 날인; 도장을 찍음.

〔남〕

男 사내 남
丨 口 囗 田 田 男 男

音 ◉ダン ◉ナン
訓 ◉おとこ ⊗お

訓読

4男[おとこ] ①사나이. 남성. 남자. ②(동물의) 수컷. ③남자의 체면. ④남자다움. 사나이다움. ⑤남자 애인. 남자 친구.
男っぷり[おとこっぷり] ①남자다운 풍채. ②남자로서의 체면.
男やもめ[おとこやもめ] 홀아비.
男らしい[おとこらしい] 〈形〉 남자답다. 사나이답다.
男結び[おとこむすび] (끈을 매는 방법의 한 가지로서) 끈의 오른쪽 끝을 왼쪽 아래로 돌려 뺀 코에 왼쪽 끝을 넣어 매는 매듭.
男狂い[おとこぐるい] (여자가) 남자에게 미침.
男芹[おとこぜり] ≪植≫ 개구리미나리.
男気 ❶[おとこぎ] 의협심(義侠心). ❷[おとこけ] 남자가 있는 기미.
男男しい[★おおしい] 〈形〉 사나이답다. 씩씩하다.
男女 ❶[おとこおんな] ①선머슴 같은 여자. ②여자 같은 남자. ❷[だんじょ] 남녀; 남자와 여자.
男帯[おとこおび] (일본 옷에서) 남자가 매는 좁은 허리띠.
男郎花[おとこえし] ≪植≫ 뚜깔.
男冥利[おとこみょうり] 남자로 태어난 기쁨・행복.
男文字[おとこもじ] ①남자의 필적. ②한자(漢字).
男物[おとこもの] 남자용품. 남성용.
男腹[おとこばら] 아들만 낳는 여자.
男盛り[おとこざかり] 남자의 한창때.
男所帯[おとこじょたい] 홀아비 살림. 남자들만의 살림.
男手[おとこで] ①남자의 일손. 남자의 손. ②남자의 필적.
男勝り[おとこまさり] 여장부. 남자 못지않음.

男心[おとこごころ] ①남자의 마음. ②(남자에게 끌리는) 남자의 마음. ③남자의 바람기.
男艾[おとこよもぎ] ≪植≫ 제비쑥.
男役[おとこやく] 남자 역할의 여자 배우.
男泣き[おとこなき] 사나이가 감정에 북받쳐 욺.
男伊達[おとこだて] ①사나이다움. ②의협심이 강함. 또는 그런 사람.
男一匹[おとこいっぴき] 사내대장부.
[4]**男の子**[おとこのこ] ①사내아이. ②젊은 사내.
男前[おとこまえ] ①남자로서의 풍채. ②남자의 체면. ③미남. 호남.
男柱[おとこばしら] 다리나 난간 등의 양끝에 있는 높고 큰 기둥.
男衆[おとこしゅう] ①남자들. 남정네. ②머슴. 하인.
男持ち[おとこもち] 남자용. 남성용.
男振り[おとこぶり] ①남자로서의 풍채. ②남자의 체면.
男妾[おとこめかけ/だんしょう] (여자가 먹여 살리는) 기둥서방. 정부(情夫).
男臭い[おとこくさい] 〈形〉 ①남자 냄새가 나다. ②남성답다. ③(여자가) 남자처럼 보이다. 남자 같다.
男親[おとこおや] 아버지.
男向き[おとこむき] 남자용. 남성용.
男嫌い[おとこぎらい] (여자가) 남자를 싫어함. 남자를 싫어하는 여자.
男好き[おとこずき] ①(여자의 외모나 기질이) 남자들이 좋아함. ②(여자가 다정해서) 남자를 밝힘.

音読

男女❶[だんじょ] 남녀; 남자와 여자. ❷[おとこおんな] ①선머슴 같은 여자. ②여자 같은 남자.
男女共学[だんじょきょうがく] 남녀 공학.
男女同権[だんじょどうけん] 남녀 동등권.
男色[だんしょく/なんしょく] 남색; 호모.
男生[だんせい] 남학생.
男生徒[だんせいと] 남학생.
[2]**男性**[だんせい] 남성; 남자.
男性軍[だんせいぐん] (시합에서) 남성팀.
男性的[だんせいてき] 남성적; ①남자다운 기질을 가짐. ②당당함. 웅장함.
男児[だんじ] 남아; ①사내아이. ②대장부.
男児用[だんじよう] 남아용; 사내아이용.
男優[だんゆう] 남우; 남자 배우.
[2]**男子**[だんし] 남자; 사내. 남성.
男子用[だんしよう] 남자용; 남성용.
男爵[だんしゃく] 남작; 다섯 번째의 작위(爵位).
男装[だんそう] 남장; 여자가 남자처럼 꾸밈.
男尊女卑[だんそんじょひ] 남존여비.
◑**美男**[びなん], **善男善女**[ぜんなんぜんにょ], **長男**[ちょうなん], **嫡男**[ちゃくなん], **次男**[じなん], **下男**[げなん]

南 남녘 남

一 十 广 冂 冂 冂 冂 南 南 南

音 ◉ナ ◉ナン
訓 ◉みなみ

訓読

[4]◉**南**[みなみ] ①남; 남쪽. ②남풍(南風).
南する[みなみする] 〈サ変自〉 남쪽으로 가다.
南半球[みなみはんきゅう] 남반구; 지구 적도에서 남쪽 부분.
南十字星[みなみじゅうじせい] ≪天≫ 남십자성.
南支那海[みなみしなかい] ≪地≫남지나해.
南側[みなみがわ] 남측; 남쪽.
南風[みなみかぜ/なんぷう] 남풍; 마파람.
南向き[みなみむき] 남향; 남쪽으로 향함.
南回帰線[みなみかいきせん] ≪地≫ 남회귀선.

音読

南柯の夢[なんかのゆめ] 남가일몽.
南京豆[なんきんまめ] ≪植≫ 땅콩.
南京玉[なんきんだま] (실을 꿰어 목걸이나 반지 등으로 하는) 장식용 구슬.
南京錠[なんきんじょう] 돈주머니 모양의 자물쇠.
南京虫[なんきんむし] ① ≪虫≫빈대. ②(여성용의) 아주 작은 소형 손목시계.
南欧[なんおう] 남구; 남유럽.
南瓜[★かぼちゃ] ≪植≫ 호박
南国[なんごく] 남국; 남쪽의 따뜻한 나라.
[2]**南極**[なんきょく] 남극.
南極大陸[なんきょくたいりく] 남극 대륙.
南端[なんたん] 남단; 남쪽 끝.
南都[なんと] ①'奈良(なら)'의 딴이름. ②奈良(なら)에 있는 '興福時(こうふくじ)'의 딴이름.

南蛮[なんばん] 남만; ①남쪽의 미개인. ②(室町(むろまち) 시대에서 江戸(えど) 시대에 걸쳐서 해외 무역의 대상이 된) 동남아시아의 남양 제도(南洋諸島).
南蛮煮[なんばんに] ①야채·생선·닭고기 등을 기름에 볶은 요리. ②양념한 파를 생선·닭고기 등과 함께 볶은 요리. ③고추를 넣고 볶은 요리.
南蛮漬(け)[なんばんづけ] 식초·소금·술을 탄 물에 생선이나 야채를 절인 음식.
南面[なんめん] 남면; ①남향, 남쪽 ②왕위(王位)에 오름 ¶~の位(くらい) 임금 자리. 왕위
南無[なむ] ≪仏≫ 나무. *절대적인 신앙심을 나타내기 위해 외는 말.
南無三[なむさん] (놀라거나 실수했을 때) 아차. 아뿔사.
南無三宝[なむさんぼう] 나무삼보. ①불(仏)·법(法)·승(僧)의 삼보에 귀의(帰依)함. ②(놀라거나 실수했을 때) 아차. 아뿔사.
南無阿弥陀仏[なむあみだぶつ] ≪仏≫ 나무아미타불.
[2]**南米**[なんべい] 남미; 남아메리카.
南方[なんぽう] 남방; ①남쪽. ②동남아시아 지방.
南部[なんぶ] 남부; ①남쪽 지방. ② ≪地≫ (옛날 南部氏(なんぶし)가 영유하던) 盛岡(もりおか) 지방.
[2]**南北**[なんぼく] 남북; 남쪽과 북쪽.
南北問題[なんぼくもんだい] 남북 문제.
南北朝[なんぼくちょう] 남북조; 기원 1336년~1392년까지의 일본 조정이 남북으로 갈라졌던 시대.
南氷洋[なんぴょうよう] 남빙양; 남극해(南極海)의 옛 명칭.
南西[なんせい] 남서; 남서쪽.
南船北馬[なんせんほくば] 남선북마; 쉴새없이 여행함.
南洋[なんよう] 남양; ①태평양에서 적도 주변의 해역. ②미크로네시아의 여러 섬과 말라야 군도·필리핀 군도 등의 총칭.
南緯[なんい] 남위; 적도에서 남쪽으로 측정한 위도
南中[なんちゅう] ≪天≫ 남중; 천체가 자오선(子午線)을 통과함.
南進[なんしん] 남진; 남쪽으로 진출함.
南天[なんてん] ① ≪植≫ 남천촉(南天燭). 남촉목(南燭木.) ②남쪽 하늘.
南下[なんか] 남하; 남쪽을 향하여 내려감.
南海[なんかい] 남해; ①남쪽 바다. ②'南海道(なんかいどう)'의 준말.
南画[なんが] ≪美≫ 남화(南画). 남종화(南宗画).

〔납〕

納(納) 바칠 납

く 幺 幺 糸 糸 糸 糽 紅 納 納

音 ◉ナ ◉ナッ ◉ナン ◉ノウ ◉トウ
訓 ◉おさまる ◉おさめる

訓読

[1]◉**納まる**[おさまる] 〈5自〉 ①(금품이) 걷히다. 들어오다. 수납되다. 납입되다. ②수습되다. 결말이 나다. ③(어떤 범위 안에) 꼭 알맞게 들어앉다. 보기 좋게 들어가다. ④(어떤 지위·형편에) 정착하다. 들어앉다.
納まり[おさまり] ①(금품의) 납입. 수납. ②수습. 결말. ③(물건의) 놓임새. 안정감.
[2]◉**納める**[おさめる] 〈下1他〉 ①(금품을) 바치다. 납부하다. 납품하다. ②(제자리로) 거두다. 거두어들이다. ③(속이나 안에) 넣다. 담다. 챙기다. ④받아들이다. ⑤마치다. ⑥수습하다. ⑦(결과를) 얻다. 거두다.
納め[おさめ] 최후. 끝냄. 종료. 마지막.

音読

納骨[のうこつ] 납골; 화장한 유골을 단지에 넣어 간수함.
納骨堂[のうこつどう] 납골당.
納棺[のうかん] 납관; 입관(入棺). 시체를 관에 넣음.
納金[のうきん] 납금; ①돈을 납부함. ②납부할 돈.
納期[のうき] 납기; 납입 기한.
納豆[なっとう] ①일본식 청국장. 푹 삶은 메주콩을 볏짚꾸러미 등에 넣고 띄운 식품. ②띄운 콩에 간해서 말림.
[2]**納得**[なっとく] 납득; 이해. 양해.
納得尽く[なっとくずく] 서로 납득함. 서로 합의함.
納涼[のうりょう] 납량; 더위를 피하여 시원한 바람을 쐼.
納涼船[のうりょうせん] 납량선.

納本[のうほん] 납본; 출판물을 당국 등에 납부함.
納付[のうふ] 납부; 납입함.
納付金[のうふきん] 납부금; 납입금.
納税[のうぜい] 납세; 세금을 바침. 세금을 냄.
納税額[のうぜいがく] 납세액; 내야 할 세금.
納言[なごん] '大納言(だいなごん)・中納言(ちゅうなごん)・少納言(しょうなごん)'의 총칭
納屋[なや] 헛간.
1納入[のうにゅう] 납입; 납품.
納采[のうさい] 납채; 약혼 예물을 교환함.
納采の儀[のうさいのぎ] 약혼 예물을 교환하는 의식.
納品[のうひん] 납품; 물건을 납입함.
納戸[なんど] (의복・세간 등을 간수해 두는) 골방.
納会[のうかい] 납회; ①그 해의 마지막 모임. 종무식(終務式). ②《経》(거래소에서) 월말의 입회.

낭

娘 아가씨 낭

ㄑ 女 女 女' 女ㄱ 女ㅋ 女ㅌ 娘 娘 娘

音 ⊗ジョウ
訓 ◉むすめ

訓読

3◉娘[むすめ] ①딸. ②처녀. ¶~時代(じだい) 처녀 시절. ¶~らしい 처녀티가 나다.
娘分[むすめぶん] 임시로 딸 대우를 함.
娘盛り[むすめざかり] 처녀로서 꽃다운 나이.
娘心[むすめごころ] 순정어린 처녀의 마음.
娘御[むすめご] 따님. *남의 딸에 대한 존경어.
娘義太夫[むすめぎだゆう] 처녀가 읊는 義太夫節(ぎだゆうぶし).

音読

娘子[じょうし] 낭자; ①처녀. 소녀. ②여자. 부인.
娘子軍[じょうしぐん/ろうしぐん] 낭자군; ①여성 군대. ②여성들의 단체. *'ろうしぐん'은 관용음(慣用音)임.

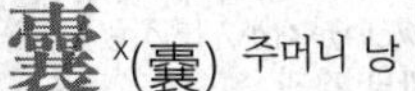

嚢 ×(嚢) 주머니 낭

音 ⊗ノウ
訓 ⊗ふくろ

訓読

⊗嚢[ふくろ] ①자루. 주머니. 봉지. ②돈주머니. ③과일의 껍질.
嚢の鼠[ふくろのねずみ] 독 안에 든 쥐.
嚢子[ふくろご] 양막(羊膜)에 싸인 태아(胎児).

音読

嚢状[のうじょう] 낭상; 주머니 같은 모양.
嚢底[のうてい] 낭저; 주머니 밑바닥. 지갑의 바닥.
嚢剤[のうざい] 낭제; 캡슐.
嚢腫[のうしゅ] 《医》 낭종; 종기(腫気)의 일종.
嚢中[のうちゅう] 낭중; ①주머니 속. ②지갑 속. 소지금.

내

内(內) 안쪽 내

丨 冂 内 内

音 ◉ダイ ◉ナイ
訓 ◉うち

訓読

2◉内[うち] ①안. 안쪽. 내부. 속. ②사이. 동안. ③집. 집안. ④우리. 동료.
内つ[うちつ] ①안쪽의. 속의. ②천황이 사는 궁전.
内減り[うちべり] ①곡식을 절구로 찧었을 때 처음보다 줄어듦. ②(계산에서) 줄어드는 비율.
内勘定[うちかんじょう] 비밀 구좌.
内開き[うちびらき] 문 따위가 안쪽으로 열림.
内稽古[うちげいこ] 자기 집이나 도장에서 하는 연습.
内掛け[うちがけ] (씨름에서) 상대방을 밀고 가다가 안걸이로 넘어뜨리는 수.
内高[うちだか] (江戸(えど) 시대에) 大名(だいみょう)의 실제 수입
内股❶[うちもも] 안쪽 허벅지. ❷[うちまた] ①허벅다리. 허벅지. ②안짱다리의 걸음걸이. ③(유도에서) 샅걸이.
内股膏薬[うちまたごうやく] 변덕쟁이. 기회주의자. 허벅지에 붙인 고약처럼 이쪽에 붙었다가 저쪽에 붙는 사람.
内庫[うちくら/うちぐら] ①옛날 조정에서 관물(官物)을 넣어 두는 창고. ②안채에 이어 지은 창고.

内踝[うちくるぶし] 발목 안쪽.
内交渉[うちこうしょう] 예비 교섭. 예비 접촉.
内堀[うちぼり] 성(城) 안에 있는 호(濠).
内金[うちきん] 계약금. 대금의 일부를 선불로 줌.
内気[うちき] 내향성(内向性) 성격.
内気配[うちけはい] (증권거래소에서) 뒷시세. 다음 입회시의 증권 시세의 예상.
内寄(り)合い[うちよりあい] 가족 모임.
内内❶[うちうち] 내밀(内密). 집안끼리의 비밀. ❷[ないない] ①내심. 마음 속. ②몰래. 은밀히. ③비밀.
内貸し[うちがし] (보수・임금의) 일부를 선금으로 지불함.
内渡し[うちわたし] 계약금.
内兜[うちかぶと] ①투구의 안쪽. ②약점(弱点).
内劣り[うちおとり] 내열; 겉보기보다 내용이 못함.
内輪❶[うちわ] ①가정 내. 집안. ②(실제보다) 적음. 작음. ③안짱다리의 걸음걸이. ❷[ないりん] 내륜; 안쪽 바퀴.
内輪同士[うちわどうし] 가족끼리. 집안 식구만으로.
内輪揉め[うちわもめ] 집안싸움. 내분(内紛).
内輪喧嘩[うちわげんか] 집안싸움. 내분(内紛).
内幕[うちまく/ないまく] ①안쪽에 둘러치는 막. ②내막; 내용.
内幕話[うちまくばなし] 내막 이야기.
内面❶[うちづら] 집안사람을 대하는 태도. ❷[ないめん] 내면; ①안쪽. 내부. ②사람의 심리.
内耗り[うちべり] ①곡식을 절구로 찧었을 때 처음보다 줄어듦. ②(계산에서) 줄어드는 비율.
内蒙古[うちもうこ] ≪地≫ 내몽고.
内法[うちのり] ①용기(容器)의 안쪽 치수. ②문지방에서 상인방(上引枋)까지의 거리.
内弁慶[うちべんけい] 집안에서만 큰소리치는 사람.
内釜[うちがま] 목욕탕의 솥이 목욕탕의 일부로서 붙박이 된 것.
内払い[うちばらい] 선불(先払). 미리 지불함.
内払(い)金[うちばらいきん] 계약금. 미리 지불하는 돈.
内沙汰[うちざた] 비밀 지시. 비밀 지령.
内孫[うちまご/ないそん] 친손자.
内鰐[うちわに] 안짱다리의 걸음걸이.
[1]内訳[うちわけ] 내역; 명세(明細).
内訳書[うちわけしょ] 내역서; 명세서(明細書).
内芸者[うちげいしゃ] 요정 등에 묵고 있는 기생.
内隠し[うちかくし] 양복의 안주머니.
内の人[うちのひと] ①집안사람. 식구. 가족. ②(아내가 자기 남편을 남에게) 우리 집 양반.
内入り[うちいり] ①빚의 일부를 갚는 일. ②수입(収入).
内の者[うちのもの] ①집안사람. 가족. ②집사람. 아내. ③집의 고용인.
内張り[うちばり] 안쪽에 바르는 것.
内庭[うちにわ] 안뜰. 안마당.
内弟子[うちでし] 침식(寝食)을 같이하는 제자. 데리고 있는 제자.
内造り[うちづくり] 집에서 만든 것.
内冑[うちかぶと] ①투구의 안쪽. ②약점(弱点).
内池[うちいけ] 정원의 연못.
内借り[うちがり] 선불(先払)로 받음.
内倉[うちくら] ①(옛날 조정에서) 관물(官物)을 넣어 두는 창고. ②안채에 이어 지은 창고.
内祝い[うちいわい] 집안끼리의 축하 행사.
内側[うちがわ] 내측; 안쪽. 내면(内面).
内湯[うちゆ] ①옥내(屋内) 목욕탕. ②집 안으로 끌어들인 온천.
内風呂[うちぶろ] 건물 안에 시설된 목욕탕.
内割引[うちわりびき] (은행의) 어음 할인.
内海[うちうみ/ないかい] ①내해. ②호수(湖水).
内玄関[うちげんかん/ないげんかん] 가족들이 사용하는 현관.
内濠[うちぼり] 성(城) 안에 있는 호(濠).
内回り[うちまわり] ①(순환선의 전차・기찻길에서) 복선의 안쪽을 도는 것. ②집안. 가정 내.
内懐[うちぶところ] ①안주머니. ②내부의 사정.

音読

内角[ないかく] 내각; ① ≪数≫ 안쪽의 각. ②(야구에서) 본루의 타자에 가까운 곳. 인코너.
[1]内閣[ないかく] ≪法≫ 내각.
内閣官房長官[ないかくかんぼうちょうかん] ≪政≫ 내각 관방 장관.

内閣総理大臣[ないかくそうりだいじん] ≪政≫ 내각 총리대신. 수상.
内剛外柔[ないごうがいじゅう] 내강외유.
内見[ないけん] 내견; 은밀히 봄.
内径[ないけい] 내경; ①(기물의) 안쪽 치수. ②(총포 따위의) 구경(口径).
内界[ないかい] 내계; 정신계(精神界).
内攻[ないこう] ≪医≫ 내공; 병독(病毒)이 내부를 침범하여 몸에 해를 끼침.
[2]内科[ないか] ≪医≫ 내과.
内科医[ないかい] ≪医≫ 내과의; 내과 의사.
内郭[ないかく] 내곽; 안쪽 테두리.
内観[ないかん] 내관; 자신의 심리 상태를 관찰함.
内国[ないこく] 내국; 나라 안. 국내.
内国民[ないこくみん] 내국민; 한 나라 안의 국민.
内宮[ないくう] 伊勢神宮(いせじんぐう)의 하나.
内規[ないき] 내규; 내부의 규정.
内勤[ないきん] 내근; 실내에서 근무함.
内内❶[ないない] 내심. ①마음 속. ②몰래. 은밀히. ③비밀. ❷[うちうち] 내밀. 집안끼리의 비밀.
内大臣[ないだいじん] 좌대신(左大臣)과 우대신(右大臣)에 버금가는 벼슬.
内諾[ないだく] 내락; 비공식적인 승낙.
[1]内乱[ないらん] 내란; 국내의 반란.
[1]内陸[ないりく] 내륙; 육지의 안쪽.
内陸国[ないりくこく] 내륙국; 바다가 없는 나라.
内陸性気候[ないりくせいきこう] ≪気≫ 내륙성 기후.
内裏[だいり] 천황(天皇)이 사는 궁궐.
内裏様[だいりさま] 천황과 황후의 모습을 본떠서 만든 남녀 한 쌍의 인형.
内裏雛[だいりびな] ☞ 内裏様
内幕[ないまく/うちまく] 내막; ①안쪽에 둘러치는 막. ②내용.
内面❶[ないめん] 내면; ①안쪽. 내부. ②사람의 심리. ❷[うちづら] 집안사람을 대하는 태도.
内命[ないめい] 내명; 비공식 명령.
内蒙[ないもう] ≪地≫ 내몽고.
内務[ないむ] 내무; ①국내 행정. ②(군대에서) 일상생활에 관한 실내의 일.
内務省[ないむしょう] ≪法≫ 내무성.
内聞[ないぶん] 내문; ①비공식으로 들음. ②높은 사람의 귀에 들어감. ③비밀. 표면화되지 않은 것.
内密[ないみつ] 내밀; 은밀. 비밀. 남이 알아서는 안 될 사항.
内壁[ないへき] 내벽; 안쪽 벽.
内報[ないほう] 내보; 비공식적으로 알림.
内服薬[ないふくやく] 내복약; 먹는 약.
内福[ないふく] 내복; 알부자. 겉보기와는 달리 실속 있는 부자.
[1]内部[ないぶ] 내부; 안쪽.
内分泌[ないぶんぴつ] ≪生理≫ 내분비.
内分泌腺[ないぶんぴつせん] ≪生理≫ 내분비선.
内紛[ないふん] 내분; 내부의 분규.
内斜視[ないしゃし] 내사시; 모들뜨기 눈.
内事[ないじ] 내사; 내부의 사정.
内査[ないさ] 내사; 은밀히 조사함.
内状[ないじょう] 내상; 내부의 사정.
内相[ないしょう] 내상; 내무대신(内務大臣).
[1]内緒[ないしょ] ①은밀히 함. 비밀로 함. ②집안. ③유곽(遊廓)의 주인방. 또는 회계 보는 곳. ④살림살이.
内緒事[ないしょごと] 은밀한 일. 비밀스런 일.
内緒話[ないしょばなし] 비밀 이야기.
[2]内線[ないせん] 내선; ①안쪽의 선. ②구내(構内) 전화선.
内省[ないせい] 내성; ①반성. ② ≪心≫ 자신을 관찰해 봄.
内所[ないしょ] ①은밀히 함. 비밀로 함. ②집안. ③유곽(遊廓)의 주인 방. 또는 회계 보는 곳. ④살림살이.
内所事[ないしょごと] 은밀한 일. 비밀스런 일.
内所話[ないしょばなし] 비밀 이야기.
内需[ないじゅ] 내수; 국내의 수요(需要).
内示[ないじ] 내시; 비공식적으로 보여 줌.
内侍[ないし] 내시; (옛날에) 内侍司(ないしのつかさ)에 봉사하던 여관(女官).
内視鏡[ないしきょう] ≪医≫ 내시경.
内申[ないしん] 내신; 은밀하게 문서를 보냄.
内申書[ないしんしょ] 내신서; 은밀하게 보내는 문서.
内実[ないじつ] 내실; ①내막. 내부의 실정. ②〈副〉 사실은.
[1]内心[ないしん] 내심; ①속마음. 마음 속. ② ≪数≫다각형에 내접하는 원(円)의 중심.
内謁[ないえつ] 내알; ①은밀한 알현. ②요인(要人)의 측근에게 은밀히 부탁함.
内野[ないや] (야구에서) 내야.
内野席[ないやせき] ≪野≫ 내야석.
内野手[ないやしゅ] ≪野≫ 내야수.

内約[ないやく] 내약; 은밀한 약속. 비공식적인 결정.
内縁[ないえん] 내연; 비공식적인 부부 관계.
内燃[ないねん] 내연; 연료가 기통(汽筒) 내부에서 타는 것.
内閲[ないえつ] 내열; 비밀히 열람하거나 검열함.
内奥[ないおう] 내오; (정신 따위의) 속 깊은 곳.
内外❶[ないがい] 내외; 안팎. ❷[うちと] ①안팎. 내외. ②(불교의 입장에서) 불교와 유교. ③伊勢神宮(いせじんぐう)의 내궁(内宮)과 외궁(外宮). ④본국과 외국.
内用[ないよう] 내용; ①약을 먹음. ②집안의 볼일.
2 **内容**[ないよう] 내용; ①사물의 안. ②≪哲≫ 사물 또는 현상을 성립시키고 있는 실질(実質).
内憂外患[ないゆうがいかん] 내우외환.
内苑[ないえん] 내원; 신사(神社)나 궁궐의 뜰.
内応[ないおう] 내응; 적과 몰래 내통함. 배반함.
内意[ないい] 내의; 마음 속의 생각.
内儀[ないぎ] 내의; ①(江戸(えど) 시대의) 상인(商人)의 아내. ②남의 아내에 대한 높임말. ③은밀히 하는 일.
内議[ないぎ] 내의; 은밀히 하는 의논.
内耳[ないじ] ≪医≫ 내이; 속귀.
内耳炎[ないじえん] ≪医≫ 내이염; 속귀의 염증.
内因[ないいん] 내인; 내부의 원인.
内装[ないそう] 내장; ①내부의 장식과 설비. ②짐을 꾸릴 때의 속포장.
内蔵[ないぞう] 내장; ①내부에 가지고 있음. ②포함하고 있음.
1 **内臓**[ないぞう] ≪生理≫ 내장.
内在[ないざい] 내재; 내부에 있음.
内戦[ないせん] 내전; 국내의 전쟁.
内接[ないせつ] ≪数≫ 내접.
内定[ないてい] 내정; 은밀히 정함.
内政[ないせい] 내정; 국내 정치.
内偵[ないてい] 내정; 은밀히 탐색함.
内情[ないじょう] 내정; 내부의 사정.
内助[ないじょ] 내조; 아내가 남편을 도움.
内証❶[ないしょ] ①은밀히 함. 비밀로 함. ②집안. ③유곽(遊廓)의 주인방. 또는 회계 보는 곳. ④살림살이. ❷[ないしょう] ① ≪仏≫ 내증; (불교의) 진리를 터득함. ②내밀. 은밀. ③살림살이. 재정 상태. ④내실(内室). ＊주부의 높임말임. ⑤유곽(遊廓)의 주인.
内証事[ないしょごと] 은밀한 일.
内証話[ないしょばなし] 비밀 이야기.
内地[ないち] 내지; ①본토. 본국. ②국내. ③내륙(内陸).
内職[ないしょく] 내직; ①부업(副業). ②아르바이트. ③(수업이나 회의에서) 이야기를 들은 척하면서 딴 일을 함.
内陣[ないじん] 내진; (神社나 절의) 본전(本殿).
内妻[ないさい] 내처; 내연(内縁)의 처(妻).
内出血[ないしゅっけつ] ≪医≫ 내출혈.
内親王[ないしんのう] 내친왕; 적출(摘出)의 황녀(皇女).
内通[ないつう] 내통; ①은밀히 적(敵)과 통함. ②(남녀의) 밀회(密会).
内包[ないほう] 내포; 내부에 포함됨.
内航[ないこう] 내항; 국내를 항해(航海)함.
内海[ないかい/うちうみ] ①내해. ②호수(湖水).
内向[ないこう] 내향; 안쪽으로 향함.
内訌[ないこう] 내홍; 내분(内紛).
内患[ないかん] 내환; 집안의 근심. 나라 안의 근심.

耐 견딜 내

一 丆 丆 丙 而 而 而一 耐 耐

音 ◉タイ
訓 ◉たえる

訓読

1 ◉**耐える**[たえる] 〈下1自〉 ①견디다. 참다. ②(외부의 힘을) 감당하다. 지탱하다. 견뎌내다.
耐え兼ねる[たえかねる] 〈下1自〉 참지 못하다. 견디지 못하다.
耐え難い[たえがたい] 〈形〉 참기 어렵다. 견디기 어렵다.
耐え忍ぶ[たえしのぶ] 〈5自〉 참고 견디다. 인내하다.

音読

耐[たい] 내; …에 견디는.
耐久[たいきゅう] 내구; 오래 견딤.
耐久性[たいきゅうせい] 내구성; 견디는 성질.
耐酸[たいさん] 내산; 산(酸)에 견딤.

耐暑[たいしょ] 내서; 더위에 견딤.
耐性[たいせい] 내성; 병원균이 약제에 견디어 사는 저항성.
耐水[たいすい] 내수; 물에 견딤. 물이 배어들지 않음.
耐湿[たいしつ] 내습; 습기에 견딤.
耐食[たいしょく] 내식; 부식(腐蝕)에 잘 견딤.
耐蝕[たいしょく] ☞ 耐食
耐圧[たいあつ] 내압; 압력에 견딤.
耐熱[たいねつ] 내열; 열에 잘 견딤.
耐用[たいよう] 내용; (시설·기계가 오랫동안) 사용에 견딤.
耐震[たいしん] 내진; 지진에 견딤.
耐乏[たいぼう] 내핍; 궁핍을 참고 견딤.
耐寒[たいかん] 내한; 추위에 견딤.
耐火[たいか] 내화; 불이나 열에 잘 견딤.
耐火煉瓦[たいかれんが] 내화 벽돌.

乃 이에 내	音 ⊗ダイ ⊗ナイ 訓 ⊗すなわち

訓読

⊗**乃ち**[すなわち] ①즉. 다름 아닌. ②…하면 언제나. ③그리고. 그래서.

音読

乃公[だいこう] (자기를 가리켜) 나. 본인.
乃父[だいふ] ①남의 아버지. ②(아버지가 자기 아들에게 쓰는 자칭) 네 아비.
乃至[ないし] 내지; ①…부터 …까지. ②또는. 혹은.

〔녀〕

女 여자/계집/딸 녀
㇛ 女 女

音 ◉ジョ ◉ニョ ◉ニョウ
訓 ◉おんな ◉め

訓読

4◉**女**[おんな] ①여자. ②성숙한 여자. 여성.
女だてらに[おんなだてらに] 여자인 주제에. 여자답지 않게.
女たらし[おんなたらし] 난봉꾼. 색마. 여자를 농락함.
女らしい[おんならしい] 〈形〉 ①여자답다. ②여자 같다.
女仮名[おんながな] '히라가나'의 별명 *남자는 한자(漢字)를 사용하고, 여자는 히라가나만 사용한데서 나온 말.
女客[おんなきゃく] 여자 손님.
女結び[おんなむすび] 끈을 매는 방식의 하나.
女寡[おんなやもめ] 과부(寡婦). 미망인.
女狂い[おんなぐるい] (남자가) 여자에게 미침. 여색에 빠짐.
女誑し[おんなたらし] 난봉꾼. 색마. 여자를 농락함.
女君[めぎみ] 남의 딸이나 부인에 대한 존칭어.
女気❶[おんなぎ] 여자다운 마음씨. ❷[おんなけ] ①여자로 인하여 조성되는 분위기. ②여자가 있는 기미.
女女しい[めめしい] 〈形〉 연약하다. 사내답지 않다. 여자 같다.
女帯[おんなおび] 여자들이 몸에 두르는 띠.
女道楽[おんなどうらく] 여색에 빠짐. 계집질.
女童[おんなわらべ] ①여자 아이. ②여자와 아이. 아녀자.
女滝[めだき] 나란히 있는 두 폭포 중 좁고 물살이 약한 파도.
女冥利[おんなみょうり] 여자로 태어난 행복.
女舞[おんなまい] ①여자의 춤. ②여성적인 연출로 (남자가) 추는 춤.
女文[おんなぶみ] 여자가 쓴 편지.
女文字[おんなもじ] ①여자의 글씨. 여자의 필적. ②'히라가나'의 별칭.
女物[おんなもの] 여성 용품.
女髪結(い)[おんなかみゆい] 여자의 머리를 쪽찌는 것을 업으로 하는 사람.
女方[おんながた] ①(歌舞伎(かぶき)에서) 여자 역할을 하는 남자 배우. ②(인형극에서) 여자 모습의 꼭두각시. ③(옛날의) 창녀.
女白波[おんなしらなみ] 여자 도둑.
女腹[おんなばら] 여자아이만 낳는 여자.
女付(き)[おんなつき] 여자로서의 용모.
女部屋[おんなべや] 여자의 방.
女山[おんなやま] 작은 산. 완만하게 생긴 산.
女三昧[おんなざんまい] 계집질. 여색에 빠짐.
女殺し[おんなごろし] ①여자 살인범. ②(여자를 사로잡는) 미남자. 매력적인 남자.
女盛り[おんなざかり] (30대 후반의) 여자의 한창때.
女世帯[おんなじょたい] 여자 살림. 여자만의 살림.

女所帯[おんなじょたい] 여자 살림. 여자만의 살림.
女松[めまつ] '赤松(あかまつ)'의 딴 이름. 적송.
女手[おんなで] ①여자의 일손. 여자의 힘. ②여자의 글씨. 여자의 필적.
女心[おんなごころ] ①(여자 특유의) 여자다운 마음. 여자의 마음. ②(남자를 그리워하는) 여자의 마음.
女神[めがみ] 여신; 여자 신(神).
女業[おんなわざ] 여자의 소행. 여자의 짓.
女役[おんなやく] ①여자 역할. ②여자 역할을 하는 남자 배우.
女遊び[おんなあそび] 계집질. 딴 여자와 바람을 피움. 여자와 놀아남.
女義太夫[おんなぎだゆう] 여자가 열창하는 義太夫節(ぎだゆうぶし).
女任せ[おんなまかせ] 여자가 하는 대로 내맡김.
4**女の子**[おんなのこ] ①여자 아이. ②(멸시나 친근감에서) 젊은 여자.
女姿[おんなすがた] 여자의 모습. 여자의 옷차림.
女将[おかみ/じょしょう/にょしょう] (여관·요릿집·요정 등의) 여주인.
女正月[おんなしょうがつ] 작은 설날. 1월 15일.
女主[おんなあるじ] 여자 주인.
女衆[おんなしゅう] ①(남자들이 말하는) 여자들. 아낙네들. ②여자 종. 하녀.
女芝居[おんなしばい] 여자만으로 이루어진 芝居(しばい).
女持ち[おんなもち] 여성용. 여성용 물건.
女振り[おんなぶり] 여자다운 모습. 여자로서의 용모.
女っ振り[おんなっぷり] 여자다운 모습. 여자로서의 용모.
女天下[おんなでんか] 여인 천하. 집안의 모든 일을 여자가 도맡아서 처리함.
女出入(り)[おんなでいり] 복잡한 여자관계.
女親[おんなおや] 안부모. 어머니.
女湯[おんなゆ] (공중목욕탕의) 여탕.
女偏[おんなへん] 계집녀변. ＊한자(漢字) 부수(部首)의 하나로 '奸·姦' 등의 '女' 부분을 말함.
女向(き)[おんなむき] 여성에게 적합함.
女嫌い[おんなぎらい] (남자가) 여자를 싫어함.
女形[おやま/おんながた] ①(歌舞伎(かぶき)에서) 여자 역할을 하는 남자 배우. ②(인형극에서) 여자 모습의 꼭두각시. ③(옛날에) 창녀.
女戸主[おんなこしゅ] 여자 호주.
女好き[おんなずき] ①여자를 좋아하는 남자. 색골. ②(남자의 용모가) 여성이 좋아하는 스타일.

音読

女傑[じょけつ] 여걸; 여장부.
女系[じょけい] 여계; 모계(母系).
女工[じょこう] 여공; 여자 공원(工員).
女官[じょかん/にょかん] 궁녀. 나인.
女官長[じょかんちょう] 궁녀의 우두머리.
女教師[じょきょうし] 여교사; 여자 선생님.
女教員[じょきょういん] 여교원; 여자 선생님.
女権[じょけん] 여권; 여자의 권리.
女給[じょきゅう] 여급; 접대부.
女難[じょなん] 여난; 여자로 말미암은 재앙.
女郎[じょろう/じょうろ] ①창녀. ②여자.
女流[じょりゅう] 여류; 여성.
2**女房**[にょうぼう] ①아내. 마누라. 처(妻). ②(옛날의) 궁녀. ③(옛날에) 귀족의 시녀. ④여자. 부인.
女房役[にょうぼうやく] (아내가 남편의 뒷바라지를 하듯이) 옆에서 보좌하는 역할. 보좌관. 보좌역.
1**女史**[じょし] 여사; ＊'女子'의 높임말임.
女色[じょしょく] 여색; ①여자의 성적 매력. ②정사(情事).
女生[じょせい] 여학생.
女生徒[じょせいと] 여생도; 여학생.
女婿[じょせい] 여서; 사위.
2**女性**[じょせい] 여성; 여자.
女性語[じょせいご] 여성어; 여성 특유의 언어나 표현.
女囚[じょしゅう] 여수; 여자 죄수.
女児[じょじ] 여아; 여자 아이.
女御[にょうご] ①(平安(へいあん) 시대에) 중궁(中宮)에 버금가는 후궁(後宮). ②상황(上皇)·황태자(皇太子)의 비(妃).
2**女王**[じょおう] 여왕; ①여자 왕. ②여성의 제일인자. ③옛날에, 내친왕(内親王)의 칭호를 받지 못한 왕족의 여자. ④천황(天皇)으로부터 3세(世) 이하의 적출인 여성 왕족.
女王蜂[じょおうばち] 여왕벌.
女王蟻[じょおうあり] 여왕개미

[2]女優[じょゆう] 여우; 여자 배우.
女院[にょういん] (옛날) 불문(仏門)에 귀의(帰依)한 천황(天皇)의 생모(生母)에 대한 호칭.
女医[じょい] 여의; 여자 의사.
女人禁制[にょにんきんせい] ≪仏≫ 여인 금제; 여인 출입 금지.
女人像[にょにんぞう] 여인상.
[2]女子[じょし] 여자; ①여성. ②여자 아이. 딸.
女子大[じょしだい] 여자 대학.
女子大生[じょしだいせい] 여대생(女大生).
女子大学[じょしだいがく] 여자 대학.
女子学生[じょしがくせい] 여학생.
女丈夫[じょじょうふ] 여장부; 여걸.
女装[じょそう] 여장; 남자가 여자 복장을 함.
女店員[じょてんいん] 여점원; 여자 점원.
女帝[じょてい] 여제; 여자 황제.
女尊男卑[じょそんだんぴ] 여존남비; 여성을 존중하고 남성을 비천하게 여김.
女中[じょちゅう] ①식모. 하녀. ②(옛날) 어엿한 부인. ③(옛날의) 벼슬하는 여자.
女体[じょたい/にょたい] 여체; 여자의 몸.
女学校[じょがっこう] 여학교; 여자 학교.
女学生[じょがくせい] (고등학교 이하의) 여학생.
女学院[じょがくいん] 여학교.

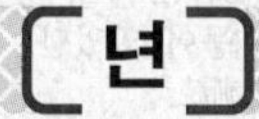

年 해/나이 년

丿 𠂉 ⺧ 仁 ⿱ 年

音 ◉ネン
訓 ◉とし

訓読

[4]◉年❶[とし] ①해. 년. ②나이. 연령. ❷[ねん] ☞ [音読]
年甲斐[としがい] 나이 먹은 보람. 나잇값.
年強[としづよ] 1년 중 전반기에 태어난 사람.
年格好[としかっこう] 어림나이. 연령의 정도.
[1]年頃[としごろ] ①적령기. ②시집갈 나이. ③본 나이의 정도.
年の頃[としのころ] ≪老≫ 대강의 나이.
年頃日頃[としごろひごろ] 요즈음.
年の功[としのこう] 연공; 나이가 들어감에 따라 경험을 쌓음.
年掛け[としがけ] 연불(年払).
[2]年寄り[としより] ①노인. 늙은이. ②(武家 시대에) 정무(政務)에 참여한 중신(重臣). ③(江戸(えど) 시대에) 町村(ちょうそん)에서 주민들의 우두머리 역할을 한 사람.
年寄る[としよる] 〈5自〉 늙다. 고령이 되다.
年男[としおとこ] ①(武家 시대에) 새해맞이 청소와 장식을 하고, 새해 새벽에 정화수(井華水)를 긷는 일 따위를 하는 남자. ②(입춘 전날 밤에) 액막이로 콩을 뿌리는 역할을 맡은 남자.
年の内[としのうち] ①연내(年内). ②연말(年末).
年の女[としのおんな] 입춘 전날 밤에 액막이로 콩을 뿌리는 역할의 여자.
年年[としどし/ねんねん] 연년. 해마다.
年端[としは] (어린아이의) 나이
年の端[としのは] (어린아이의) 나이.
年頭❶[としがしら] 최고 연장자. ❷[ねんとう] 연두; 새해 시작.
年老い[としおい] 노인. 늙은이.
年老いる[としおいる] 〈上1自〉 나이를 먹다. 늙다.
年籠り[としごもり] (연말・연시에) 신사(神社)나 절에 틀어박혀 기도를 드림.
年の瀬[としのせ] 세모(歳暮). 연말(年末).
年忘れ[としわすれ] 망년회(忘年会).
年毎に[としごとに] 해마다. 매년.
年の暮れ[としのくれ] 연말(年末). 세모(歳暮).
年上[としうえ] 연상; 손위. 나이가 위임.
年盛り[としざかり] 한창 나이. 혈기 왕성한 나이.
年嵩[としかさ] ①연장자. 나이가 훨씬 위임. ②고령(高齢).
年の市[としのいち] (연말의) 대목. 대목장.
年若[としわか] 젊음. 젊은이.
年弱[としよわ] ①젊음. 젊은이. ②1년 중 7월 이후에 태어난 사람.
年延[としばえ] 나이. 연령의 정도.
年玉[としだま] 세뱃돈.
[3]年月❶[としつき] ①세월. ②긴 세월. 오랜 세월. ❷[ねんげつ] ☞ [音読]
年越し[としこし] 묵은해를 보내고 새해를 맞이함.
年子[としご] 연년생(年年生). 한 살 터울의 형제.
年増[としま] 처녀다운 나이를 지난 여자.

年取り[としとり] ①나이를 먹음. ②제야(除夜) 또는 입춘 전날 밤에 행하는 의식(儀式).
年取る[としとる] 〈5自〉 나이를 먹다. 늙다.
年波[としなみ] 나이. 연륜.
年下[としした] 연하; 손아래.
年回り[としまわり] 나이에 따른 연운(年運).
年廻り[としまわり] ☞ 年回り
年恰好[としかっこう] 어림나이. 보아서 짐작한 나이.

音読

[2]年❶[ねん] 연. 연간. 1년 단위. ❷[とし] ☞ [訓読]
年刊[ねんかん] 연간; 1년에 한 번 간행하는 간행물.
[2]年間[ねんかん] 연간; 한 해 동안.
[1]年鑑[ねんかん] 연감; 1년 동안의 기록을 모아 간행한 책.
年季[ねんき] 고용살이의 약속 기간.
年功[ねんこう] 연공; ①여러 해의 공로. ②여러 해 동안 쌓은 숙련.
年貢[ねんぐ] 연공; ①소작료. ②매년 바치는 공물. ③조세(租税).
年金[ねんきん] 연금; 해마다 지급하는 금액.
年給[ねんきゅう] 연급; 연봉(年俸).
年忌[ねんき] 연기; 죽은 뒤 해마다 돌아오는 기일(忌日).
年期[ねんき] 연기; 1년을 단위로 정한 기간.
年期明け[ねんきあけ] 1년을 단위로 정한 기간이 끝남.
年内[ねんない] 연내; 그 해가 다 가기 전.
年年[ねんねん/としどし] 연년. 해마다.
年年歳歳[ねんねんさいさい] 연년세세; 매년. 해마다.
[2]年代[ねんだい] 연대; ①경과한 시대. ②특정한 1년 간.
[2]年度[ねんど] 연도; 회계·결산을 위하여 구분한 1년 기간.
年度替わり[ねんどがわり] 연도가 바뀌는 때.
年頭❶[ねんとう] 연두; 새해 시작. ❷[としがしら] 최고 연장자.
年来[ねんらい] 연래; 몇 해 전부터.
年令[ねんれい] 연령; 나이.
[2]年齢[ねんれい] 연령; 나이.
年礼[ねんれい] 새해의 축하 인사.
[1]年輪[ねんりん] 연륜; ①나무의 나이테. ②해가 갈수록 깊어가는 경험이나 인간미.
年利[ねんり] 연리; 연간 이자.
年末[ねんまつ] 연말; 세밑.
年明け[ねんあけ] ①고용 기간이 끝남. ②새해. 신년.
年配[ねんぱい] 연배; ①나이의 정도. ②지긋한 나이. 중년. ③연상(年上).
年配者[ねんぱいしゃ] 연장자(年長者).
年輩[ねんぱい] ☞ 年配
年報[ねんぽう] 연보; 한 해 동안의 보고.
年譜[ねんぷ] 연보; 개인·단체의 기록을 연차순(年次順)으로 기록한 것.
年俸[ねんぽう] 연봉; 연급(年給).
年賦[ねんぷ] 연부; 연불(年払).
年賦金[ねんぷきん] 연부금.
年払い[ねんばらい] 연불(年払).
年産[ねんさん] 연산; 한 해의 생산.
年産額[ねんさんがく] 연산액; 한 해의 생산액.
[2]年生[ねんせい] 학년(学年).
年少[ねんしょう] 연소; 나이가 적음.
年少者[ねんしょうしゃ] 연소자; 나이가 어린 사람.
年収[ねんしゅう] 연수; 연간 수입.
年数[ねんすう] 연수; 햇수.
年始[ねんし] 연시; ①연초(年初). ②연하(年賀). 새해 인사.
年始回り[ねんしまわり] 세배하러 다님.
年額[ねんがく] 연액; 한 해의 금액.
[2]年月❶[ねんげつ] ①연월. 햇수와 달수. 세월. ②(사건 등이 있었던) 해와 달. ❷[としつき] ☞ [訓読]
年月日[ねんがっぴ] 연월일. 날짜.
年率[ねんりつ] 연율; 1년 단위의 비율.
年一年[ねんいちねん] 해가 갈수록 더욱. 해마다 더욱.
[1]年長[ねんちょう] 연장; 연상(年上).
年長者[ねんちょうしゃ] 연장자. 나이가 많은 사람.
[2]年中[ねんじゅう/ねんちゅう] 일 년 내내. 항상.
年次[ねんじ] 연차; ①해의 순서. ②장유(長幼)의 순서. ③연도(年度).
年次的[ねんじてき] 연차적. 해의 순서대로.
年初[ねんしょ] 연초; 연시(年始).
年表[ねんぴょう] 연표; 연대표.
[1]年賀状[ねんがじょう] 연하장.
年限[ねんげん] 연한; 햇수로 정한 기간.
年割り[ねんわり] 연간 비율.
[1]年号[ねんごう] 연호; 그 해에 붙이는 칭호.
年会[ねんかい] 연회; 1년에 한 번의 모임.
年会費[ねんかいひ] 연회비. 1년간의 회비.

撚 잡을/꼴 년	音 ⊗ネン 訓 ⊗よる

訓読

⊗撚る[よる] 〈5他〉 꼬다. 꼬아서 서로 엉키게 하다.

⊗撚り[より] 꼼. 꼰 것. 꼰 정도.

撚り金[よりきん] 금박을 감은 실.

撚り糸[よりいと] 꼰 실.

撚り上げる[よりあげる] 〈下1他〉 다 꼬다.

撚り合わせる[よりあわせる] 〈下1他〉 한 가닥으로 꼬다. 합쳐서 꼬다.

音読

撚糸[ねんし] 연사(撚絲); ①실을 꼼. ②꼰 실.

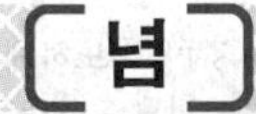

〔념〕

念 생각할 념
ノ 𠆢 亽 今 今 念 念 念

音 ◉ネン
訓 ―

音読

1念[ねん] ①생각. ②주의. 주의함. ③(날수에서) '이십(二十)'의 대용. ¶ ~四日(よっか) 24일.

念じる[ねんじる] 〈上1他〉 ①늘 마음에 생각하다. ②바라다. 염원하다. ③빌다. 기원하다. ④(마음속으로) 외다.

念ずる[ねんずる] 〈サ変他〉 ①늘 마음에 생각하다. ②바라다. 염원하다. ③빌다. 기원하다. ④(마음속으로) 외다.

念頭[ねんとう] 염두; 마음 속. 머릿속.

念慮[ねんりょ] 생각. 사려(思慮).

念力[ねんりき] 염력; 의지력. 정신력.

念仏[ねんぶつ] ≪仏≫ 염불.

念仏三昧[ねんぶつざんまい] ≪仏≫ 염불 삼매; 염불에 열중함.

念書[ねんしょ] 다짐장. 각서(覚書).

念誦[ねんじゅ] ≪仏≫ 염송; 염불 송경(誦經).

1念願[ねんがん] 염원; 소원.

念の為[ねんのため] 만약을 위해. 보다 확실히 하기 위해.

念入り[ねんいり] 정성들임. 공들임. 매우 조심함.

念者[ねんしゃ] 매사에 공들여 꼼꼼히 처리하는 사람.

念珠[ねんじゅ] ≪仏≫ 염주; 염불할 때 손으로 돌려 수효를 세는 기구(器具).

捻 비틀 념	音 ⊗ネン 訓 ⊗ひねくる ⊗ひねる

訓読

⊗捻くる[ひねくる] 〈5他〉 ①(이리저리) 만지작거리다. ②이런저런 이유를 늘어놓다. 핑계를 대다.

捻くれる[ひねくれる] 〈下1自〉 ①뒤틀리다. ②성질이 비뚤어지다.

捻くり回す[ひねくりまわす] 〈5他〉 ①만지작거리다. ②이런저런 이유를 늘어놓다.

2⊗捻る[ひねる] 〈5他〉 ①틀다. 꼬다. 돌리다. ②비틀다. 뒤틀다. ③궁리하다. ④(시가를) 짓다. ⑤해치우다. 가볍게 이기다. ⑥(궁리해서) 일부러 색다르게 만들다.

捻り[ひねり] ①비틂. ②포장지의 위를 비틀어 주는 새전(賽銭). ③(씨름에서) 상대를 비틀어 넘어뜨리는 수.

捻り出す[ひねりだす] 〈5他〉 ①궁리해 내다. 머리를 짜내다. ②(돈을) 염출해 내다. 이리저리 변통하여 돈을 마련해 내다.

捻り回す[ひねりまわす] 〈5他〉 ①(손끝으로) 이리저리 만지작거리다. ②(이리저리 궁리하여) 생각을 짜내다. 문장을 짜내다.

音読

捻転[ねんてん] 염전; 꼬이어 방향이 바뀜.

捻挫[ねんざ] 염좌; 관절을 삠.

捻出[ねんしゅつ] 염출; ①머리를 짜냄. ②생각해 냄. ③변통해 냄.

〔녕〕

寧(寗) 편안할 녕
丶 宀 宀 宀 宀 宀 寍 寍 寧 寧

音 ◉ネイ
訓 ⊗むしろ

訓読

2⊗寧ろ[むしろ] 〈副〉 오히려. 차라리.

音読

寧日[ねいじつ] 영일; 평온한 날.

佞	재주/아첨할 녕	音 ⊗ネイ 訓 ―

音読

佞奸[ねいかん] 영간; 겉으로는 유순한 체 하나 속은 간사하고 교활함.

佞姦[ねいかん] ☞ 佞奸

佞臣[ねいしん] 영신; 간사하고 교활한 신하. 간신(奸臣).

佞人[ねいじん] 영인; 아첨꾼. 간사스런 사람.

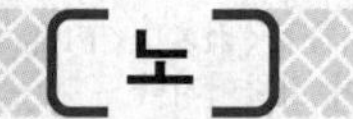

〔노〕

奴 종/노예 노

ㄑ 𠃌 女 奵 奴

音 ◉ド ⊗ヌ

訓 ⊗やつ ⊗やっこ

訓読

[1]⊗奴❶[やつ] ①녀석. 놈. ②그놈. 그 자식.

⊗奴❷[やっこ] ①(江戸(えど) 시대의) 무가(武家)의 종. ②하인. 종. ③놈. 녀석. ④쇤네. 소생. ⑤녀석. 작자.

奴さん[やっこさん] (동년배 이하의 남자를 허물없이 부르는 말로) 녀석. 작자.

奴凧[やっこだこ] (江戸(えど) 시대의) 무가(武家)의 하인의 모습을 본떠서 만든 연.

奴豆腐[やっこどうふ] 네모나게 썬 두부. 또는 그 두부를 물에 담가 양념장에 찍어 먹는 요리.

音読

奴輩[どはい] 놈들. 녀석들.

奴僕[どぼく/ぬぼく] 노복; 머슴. 사내종.

奴婢[どひ/ぬひ] 노비; ①하녀. 계집종. ②(律令 제도에서) 천민(賎民).

奴隷[どれい] 노예; 종. 하인.

奴隷制度[どれいせいど] 노예 제도.

奴隷解放[どれいかいほう] 노예 해방.

努 힘쓸 노

ㄑ 𠃌 女 奵 奴 努 努

音 ◉ド

訓 ◉つとめる

訓読

[1]◉努める[つとめる] 〈下1他〉 노력하다. 힘쓰다. 애쓰다.

◉努めて[つとめて] 〈副〉 애써. 힘써. 되도록.

音読

[2]努力[どりょく] 노력; 애씀. 힘씀.

努力家[どりょくか] 노력가; 열심히 하는 사람.

怒 성낼 노

ㄑ 𠃌 女 奵 奴 奴 怒 怒 怒

音 ◉ド ⊗ヌ

訓 ◉いからす ◉いかる ◉おこる

訓読

◉怒らす[いからす] ①노하게 하다. 성나게 하다. 화나게 하다. ②(눈을) 부라리다. ③(어깨를) 으쓱 추켜올리다. ④(언성을) 높이다.

◉怒る❶[いかる] 〈5自〉 ①성내다. 화내다. ②모나다. 모지다. ③미친 듯이 날뛰다.

[3]◉怒る❷[おこる] 〈5自〉 ①성내다. 화내다. ②야단치다. 나무라다. 꾸짖다.

[1]怒り[いかり] 노여움. 분노. 화.

怒りっぽい[おこりっぽい] 〈形〉 걸핏하면 성내다. 화를 잘 내다.

怒り肩[いかりがた] 딱 바라지고 올라간 어깨. 모난 어깨.

怒り狂う[いかりくるう] 〈5自〉 미친 듯이 화내다. 미친 듯이 성나다.

怒りん坊[おこりんぼう] 화를 잘 내는 사람. 성미가 급한 사람.

怒り上戸[おこりじょうご] 술 취하면 화를 잘 내는 사람.

音読

怒気[どき] 노기; 성난 표정.

怒濤[どとう] 노도; 성난 파도.

[2]怒鳴る[どなる] 〈5自〉 ①큰 소리로 부르다. 고함치다. 소리치다. ②호통치다.

怒髪[どはつ] 노발; 화나서 곤두서는 머리털.

怒声[どせい] 노성; 화난 목소리.

怒張[どちょう] ① ≪医≫ (혈관 등이) 부풀어오름. ②어깨 등을 으쓱 치켜 폄.

怒号[どごう] 노호; ①화내어 소리를 지름. 화가 나서 큰소리로 외침. ②(바람이나 파도가) 세찬 소리를 냄.

〔농〕

農 농사 농

丨 口 曲 曲 曲 芦 農 農 農 農

音 ◉ノウ
訓 —

音読

農[のう] ①농업. ②농민. 농부.
[2]農家[のうか] 농가; 농사짓는 집안.
農耕[のうこう] 농경; 논밭을 경작하여 농작물을 가꿈.
[1]農工[のうこう] 농공; ①농업과 공업. ②농부와 직공(職工).
農工業[のうこうぎょう] 농공업; 농업과 공업.
農科[のうか] 농과; 농업에 관한 학과. 농업을 연구하는 학과.
農期[のうき] 농기; 농사철.
農機具[のうきぐ] 농기구; 농사짓는 도구.
農奴[のうど] ≪歴≫ 농노; 중세 유럽 사회 계급의 하나.
農大[のうだい] 농대; '農業大学'의 준말.
農道[のうどう] 농도; 농업에 이용되는 도로.
農林[のうりん] 농림; 농업과 임업.
農林水産大臣[のうりんすいさんだいじん] 농림수산대신. *한국의 과거 '농림수산부장관'에 해당함.
農林水産省[のうりんすいさんしょう] 농림수산성. *한국의 과거 '농림수산부'에 해당함.
農牧[のうぼく] 농목; 농업과 목축업.
農務[のうむ] 농무; ①농사일. ②농민에 관한 정무(政務).
[2]農民[のうみん] 농민; 농부.
農民一揆[のうみんいっき] ≪歴≫ ①(봉건시대의) 농민의 반란. ②농민의 반대 운동.
農繁期[のうはんき] 농번기; 농사일이 바쁜 철.
農法[のうほう] 농법; 농사 방법과 기술.
農夫[のうふ] 농부; ①농민. ②농사일에 고용된 일꾼.
農婦[のうふ] 농부; 농사짓는 여자.
農事[のうじ] 농사; 농사일.
農事試験場[のうじしけんじょう] 농사시험장.
農産[のうさん] 농산; 농산물.
[2]農産物[のうさんぶつ] 농산물.
農相[のうしょう] 농림수산부 장관.
農水相[のうすいしょう] 농림수산부 장관.
農水省[のうすいしょう] 농림수산부. *'農林水産省'의 준말.
[2]農薬[のうやく] 농약; 농사에 사용하는 약.
[2]農業[のうぎょう] 농업; 농사.
農業国[のうぎょうこく] 농업국.
農業保険[のうぎょうほけん] 농업 보험.
農業試験場[のうぎょうしけんじょう] 농업시험장.
農業協同組合[のうぎょうきょうどうくみあい] 농업협동조합.
農芸[のうげい] 농예; ①농업과 원예. ②농업 기술.
農外収入[のうがいしゅうにゅう] 농외 수입; 농업 이외의 수입.
農園[のうえん] 농원; 농장.
農作[のうさく] 농작; 경작.
農作物[のうさくぶつ] 농작물; 농산물.
農作業[のうさぎょう] 농사일.
[1]農場[のうじょう] 농장; 농사를 짓는 데 필요한 토지·건물·시설 등이 있는 일정한 장소.
農政[のうせい] 농정; 농업에 관한 정책·행정.
[1]農地[のうち] 농지; 농토. 농사짓는 땅.
農地改革[のうちかいかく] 농지개혁.
[2]農村[のうそん] 농촌; 시골.
農学[のうがく] 농학; 농업에 관한 학문.
農閑期[のうかんき] 농한기; (계절적으로) 농사일이 그리 바쁘지 않은 시기.
農協[のうきょう] 농협; 농업협동조합.

濃 진할/짙을 농

氵 氵 氵 氵 漕 漕 濃 濃 濃 濃

音 ◉ノウ
訓 ◉こい ⊗こまやか

訓読

[2]◉濃い[こい] 〈形〉 ①(맛·색깔·냄새 등이) 진하다. 짙다. ②(농도가) 진하다. ③(밀도·확률이) 높다. ④(애정이) 짙다. 아기자기하다.
濃さ[こさ] 진함. 짙음.
濃い口[こいくち] 맛이 진함.
濃い目[こいめ] (보통보다) 약간 진함.
濃(い)茶[こいちゃ] ①진하게 뽑은 차. ②진한 다갈색(茶褐色).

濃い化粧[こいげしょう] 짙은 화장.
⊗濃やか[こまやか] 〈形動〉 ①세밀함. 자상함. ②짙음. 진함. ③정이 두터움. ④(세련되어) 오묘함.

音読

濃褐色[のうかっしょく] 농갈색; 진한 갈색.
濃紺[のうこん] 농감; 짙은 감색(紺色).
濃淡[のうたん] 농담; 짙음과 옅음.
2濃度[のうど] 농도; 짙은 정도.
濃緑[のうりょく] 농록; 짙은 초록.
濃緑色[のうりょくしょく] 농록색; 짙은 초록색.
濃霧[のうむ] 농무; 짙은 안개.
濃艶[のうえん] 농염; 요염함. 화사하고 아름다움.
濃餅汁[★のっぺいじる] 채소와 유부의 맑은 장국에 갈분을 풀어 넣고 끓인 요리.
濃溶液[のうようえき] 농용액; 진한 액체.
濃紫色[のうししょく] 농자색; 짙은 자색.
濃青色[のうせいしょく] 농청색; 짙은 청색.
濃縮[のうしゅく] 농축; 바짝 졸여서 매우 짙게 함.
濃紅色[のうこうしょく] 농홍색; 짙은 다홍색.
濃厚[のうこう] 농후; ①(맛・색깔이) 진함. 짙음. ②가능성이 많음. ③(남녀의 사랑이) 강렬함. 자극적임.

膿 고름 농	音 ⊗ノウ 訓 ⊗うむ ⊗うみ

訓読

⊗膿む[うむ] 〈5自〉 곪다. 화농하다.
⊗膿[うみ] 농; 고름.
膿血[うみち/のうけつ] 피고름.

音読

膿痂疹[のうかしん] ≪医≫ 농가진; 화농균에 의한 농포(膿疱).
膿尿[のうにょう] ≪医≫ 농뇨; 고름이 섞인 오줌.
膿毒症[のうどくしょう] ≪医≫ 농독증; 농혈증(膿血症).
膿漏[のうろう] ≪医≫ 농루; 고름이 계속 흘러나오는 질환.
膿瘍[のうよう] ≪医≫ 농양; 고름이 괴는 증세.
膿瘍歯[のうようし] ≪医≫ 농양치.
膿腫[のうしゅ] ≪医≫ 농종; 곪은 종기.
膿汁[のうじゅう] ≪医≫ 농즙; 고름.
膿疱[のうほう] ≪医≫ 농포; 고름으로 차 있음.

〔뇌〕

悩(惱) 괴로워할 뇌

丶 丷 忄 忄 忄 忄 忄 忄 悩 悩

音 ◉ノウ
訓 ◉なやむ ◉なやましい ◉なやます ◉なやめる

訓読

2◉悩む[なやむ] 〈5自〉 ①(정신적으로) 고민하다. 번민하다. 괴로워하다. ②(병으로) 고생하다. 앓다. 시달리다. ③(동사ます형에 접속하여) 잘 …되지 않다. …하지 못하고 머물러 있다. 제자리걸음을 하다.
1悩み[なやみ] ①고민. 괴로움. 번민. 근심. 걱정. ②≪古≫ 병.
1◉悩ます[なやます] 〈5他〉 괴롭히다.
1◉悩ましい[なやましい] 〈形〉 ①괴롭다. 고통스럽다. ②매혹적이다. 뇌쇄적이다.
◉悩める[なやめる] 〈下1他〉 ①(육체적인 고통으로) 앓다. 시달리다. 고생하다. ②(정신적으로) 괴롭히다.

音読

悩乱[のうらん] 뇌란; 고뇌로 마음이 혼란해짐.
悩殺[のうさつ] 뇌쇄; (여자가 남자의 마음을) 애가 타도록 몹시 괴롭힘.

脳(腦) 뇌수/두뇌 뇌

丿 刀 月 月 月 月 月 月 脳 脳

音 ◉ノウ
訓 —

音読

1脳[のう] 뇌; ①≪生理≫ 뇌수. ②두뇌. 머리.
脳幹[のうかん] ≪生理≫ 뇌간.
脳裏[のうり] 뇌리; 머릿속.
脳膜[のうまく] ≪生理≫ 뇌막.
脳膜炎[のうまくえん] ≪医≫ 뇌막염.
脳味噌[のうみそ] ≪俗≫ ①뇌. 골. ②두뇌. 머리. 지혜.
脳病[のうびょう] ≪医≫ 뇌병.
脳貧血[のうひんけつ] ≪医≫ 뇌빈혈.

脳死[のうし] 《医》 뇌사.
脳性小児麻痺[のうせいしょうにまひ] 뇌성소아마비.
脳水腫[のうすいしゅ] 《医》 뇌수종.
脳髄[のうずい] 《医》 뇌수; 뇌.
脳神経[のうしんけい] 《生》 뇌신경.
脳室[のうしつ] 《生理》 뇌실; 두개골. 내부의 공간.
脳軟化症[のうなんかしょう] 《医》 뇌연화증.
脳炎[のうえん] 《医》 뇌염.
脳溢血[のういっけつ] 《医》 뇌일혈.
脳漿[のうしょう] ①《生理》 뇌장; 뇌척수액. ②온갖 지혜.
脳電流[のうでんりゅう] 《生理》 뇌전류.
脳卒中[のうそっちゅう] 《医》 뇌졸중.
脳腫瘍[のうしゅよう] 《医》 뇌종양.
脳震盪[のうしんとう] 《医》 뇌진탕.
脳脊髄[のうせきずい] 뇌척수.
脳脊髄膜炎[のうせきずいまくえん] 《医》 뇌척수막염.
脳脊髄液[のうせきずいえき] 《生理》 뇌척수액.
脳天[のうてん] 두상(頭上). 정수리.
脳出血[のうしゅっけつ] 《医》 뇌출혈.
脳充血[のうじゅうけつ] 《医》 뇌충혈.
脳波[のうは] 《医》 뇌파; 뇌의 파장.
脳下垂体[のうかすいたい] 《生理》 뇌하수체.
脳血栓[のうけっせん] 《医》 뇌혈전.

〔뇨〕

尿 오줌 뇨
㇕ ㇕ 尸 尸 尿 尿 尿

音 ◉ニョウ
訓 ⊗いばり ⊗しと

訓読
⊗**尿**[いばり/ゆばり] 소변. 오줌.
⊗**尿**[しと] 《古》 소변. 오줌.

音読
1**尿**[にょう] 뇨; 소변. 오줌.
尿検査[にょうけんさ] 《医》 요검사; 소변검사.
尿器[にょうき] 요기; 요강.
尿道[にょうどう] 《生理》 요도.
尿毒症[にょうどくしょう] 《医》 요독증; 콩팥의 기능 장애로 생기는 중독 증상.
尿瓶[★しびん/しゅびん] 요강. 변기(便器).
尿酸[にょうさん] 《化》 요산; 오줌 속에 요소(尿素)와 함께 있는 유기 화합물.
尿石[にょうせき] 《医》 요석; 신장이나 방광 등에 생기는 결석.
尿素[にょうそ] 《化》 요소; 오줌 속에 포함된 유기 화합물.
尿失禁[にょうしっきん] 《医》 요실금; 오줌이 무의식중에 나오는 상태의 병.
尿意[にょうい] 요의; 오줌이 마려운 느낌.

撓	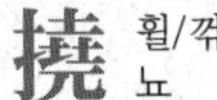 휠/꺾일 뇨	音 ⊗トウ ⊗ドウ 訓 ⊗しなう ⊗しなる ⊗たわむ ⊗たわめる

訓読
⊗**撓う**[しなう] 〈5自〉 ①(부드럽게) 휘다. 휘어지다. ②《古》 순종하다.
⊗**撓る**[しなる] 〈5自〉 휘다. 휘어지다.
⊗**撓む**[たわむ] 〈5自〉 ①굽다. 휘다. ②마음이 내키지 않다. 피곤하여 싫증이 나다.
撓み[たわみ] ①휨. 휘어짐. ②《物》 만곡(彎曲).
⊗**撓める**[たわめる] 〈下1他〉 구부러지게 하다. 굽히다. 휘다.

〔눌〕

訥 더듬거릴 눌	音 ⊗トツ 訓 —

音読
訥訥たる[とつとつたる] 더듬거리는.
訥訥として[とつとつとして] 더듬더듬하며.
訥弁[とつべん] 눌변; 더듬거리는 말투. 서투른 말솜씨.

〔뉴〕

紐 끈/맺을 뉴	音 ⊗チュウ ⊗ジュウ 訓 ⊗ひも

訓読
2⊗**紐**[ひも] ①끈. 줄. ②조건부(條件附). 조건이 붙음. ③《俗》 (돈만 뜯어가는) 기둥서방. 정부(情夫).

ㄴ

紐付き[ひもつき] ①끈이 달려 있음. ②조건이 붙음. ③ ≪俗≫ 기둥서방이 있음. 정부(情夫)가 있음.

紐解き[ひもとき] 여자아이의 7세 때의 축하 행사. *옷에 달린 끈을 떼고 처음으로 띠를 사용한 데서 생겨난 말임.

紐解く[ひもとく] 〈5他〉 책을 펴서 읽다. 독서하다.

紐革[ひもかわ] ①가죽 끈. ②'紐革饂飩(ひもかわうどん)'의 준말.

紐革饂飩[ひもかわうどん] (가죽 끈처럼) 납작하게 뽑은 국수.

音読

紐帯[ちゅうたい/じゅうたい] 유대; ①허리띠와 끈. ②관계를 유지하고 있는 조건.

〔능〕

能 능할 능

⺈ 厶 𠂇 㐬 育 育 育 能 能 能

音 ◉ノウ
訓 ⊗あたう ⊗よく

訓読

⊗**能う**[あたう] 〈5自〉 ①가능하다. …할 수 있다. ② ≪古≫ 적합하다. 어울리다.

⊗**能わず**[あたわず] 불가능하다. …할 수 없다.

⊗**能くする**[よくする] 〈サ変他〉 ①능숙하게 하다. 능하다. ②('能(よ)くしたものだ'의 문형으로) 잘 되게 되어 있다.

音読

能[のう] ①능력. 재능. 능사(能事). ②효능. 효험. ③(일본 전통의 가면 음악극) 能楽(のうがく).

能間[のうあい] 能(のう)의 공연 중간에 狂言(きょうげん)을 하는 사람이 맡은 연기・역할.

能界[のうかい] 能楽(のうがく) 배우들의 사회.

能狂言[のうきょうげん] ①能楽(のうがく)와 狂言(きょうげん). ②能楽(のうがく)의 막간(幕間)에 하는 희극.

能動[のうどう] 능동; ①적극적으로 작용함. ② ≪語学≫ 그 동사가 다른 것에 작용하는 성질.

能動性[のうどうせい] 능동성; 적극적으로 작용하는 성질.

能動的[のうどうてき] 능동적; 적극적임.

能動態[のうどうたい] ≪語学≫ 능동태; active voice.

2**能力**[のうりょく] 능력; ①일을 감당해 낼 수 있는 힘. ② ≪心≫ 정신 작용에 의한 힘. ③ ≪法≫ 권리를 행사할 수 있는 자격.

能力給[のうりょくきゅう] ≪経≫ 능력급.

2**能率**[のうりつ] 능률; ①일정한 시간에 할 수 있는 작업량. ②표준 작업량에 대한 실제 작업량의 비율. ③ ≪物≫ 모멘트. moment.

能率給[のうりつきゅう] ≪経≫ 능률급.

能率的[のうりつてき] 능률적; 효율적임.

能吏[のうり] 능리; 유능한 관리(官吏).

能面[のうめん] 能楽(のうがく)를 할 때 쓰는 가면.

能舞台[のうぶたい] 能楽(のうがく)・狂言(きょうげん)을 공연하는 무대.

能文[のうぶん] 능문; 문장에 능함.

能弁[のうべん] 능변; 달변. 말을 잘 함.

能事[のうじ] 능사; 할 일. 해야 할 일.

能相[のうそう] ≪語学≫ 능동태; active voice.

能書[のうしょ] 능서; 글을 잘 씀. 달필(達筆).

能書き[のうがき] ①약 등의 효능을 설명한 쪽지. ②자기 자랑.

能楽[のうがく] 일본 전통의 가면 음악극.

能楽堂[のうがくどう] 能楽(のうがく)를 공연하는 곳.

能楽舞台[のうがくぶたい] 能楽(のうがく) 무대.

能楽師[のうがくし] 能楽(のうがく)를 연기하는 사람.

能役者[のうやくしゃ] 能楽(のうがく)의 배우(俳優).

能研テスト[のうけんテスト] 재단법인 '能力開発研究所'가 일본 전국적으로 실시하는 고교 학력 테스트.

能装束[のうしょうぞく] 能楽(のうがく) 배우의 의상(衣裳).

能筆[のうひつ] 능필; 달필(達筆).

〔니〕

尼 여승 니

㇇ ㇇ 尸 尸 尼

音 ◉ニ
訓 ◉あま

訓讀

◉尼[あま] ① ≪仏≫ 여승. 여자 중. 비구니. ② ≪天主≫ 수녀. ③ ≪俗≫ (여자를 욕하는 말로) 계집년. 이년.

尼っちょ[あまっちょ] ≪俗≫ 계집년.

尼君[あまぎみ] 귀한 신분으로 여승이 된 여자의 높임말.

尼法師[あまほうし] 여승. 여자 중. 비구니.

尼寺[あまでら] ① ≪仏≫ 여승만이 사는 절. ② ≪天主≫ 수녀원.

尼削(ぎ)[あまそぎ] ①여승이 될 사람이 어깨 높이로 머리를 자름. ②여승처럼 어깨 높이로 자른 여자아이의 머리 모양.

尼御台[あまみだい] ≪古≫ 여승이 된 大臣(だいじん)이나 将軍(しょうぐん)의 부인의 높임말.

尼(っ)子[あまっこ] ≪俗≫ 계집년. 이년.

音讀

尼公[にこう] 이공; 비구니가 된 귀부인의 높임말.

尼僧[にそう] ≪仏≫ 이승; 여승. 여자 중. 비구니.

尼僧院[にそういん] ≪仏≫ 비구니만이 사는 절.

泥 진흙 니

丶 冫 氵 氵コ 氵ヨ 氵尸 氵尸 泥

音 ◉デイ

訓 ◉どろ ⊗なずむ

訓讀

2◉泥[どろ] ①진흙. ② ≪俗≫ 도둑.

⊗泥む[なずむ] 〈5自〉 ①더디다. 지체되다. ②집착하다. ③친숙해지다. 융화되다. ④제자리를 찾다.

泥だらけ[どろだらけ] 진흙투성이.

泥んこ[どろんこ] ≪俗≫ 진흙. 흙탕. 진흙투성이.

泥亀[どろがめ] ≪動≫ 자라. *'すっぽん'의 딴이름.

⊗泥濘❶[ぬかるみ] ①수렁. 진창. ②역경. 곤경. ❷[でいねい] 진창. 수렁.

⊗泥濘る[ぬかる] 〈5自〉 (땅이) 질퍽거리다.

泥泥[どろどろ] ①진흙투성이. ②질척질척. ③(더러워져) 얼룩덜룩함.

泥道[どろみち] 흙탕길. 진창길.

泥塗れ[どろまみれ] ①진흙투성이. 흙탕. ②역경. 곤경.

泥跳ね[どろはね] 진흙탕. 진흙탕물.

2泥坊[どろぼう] 도둑. 도둑질.

泥塀[どろべい] 진흙벽.

2泥棒[どろぼう] 도둑. 도둑질.

泥棒根性[どろぼうこんじょう] 도둑 근성.

泥棒猫[どろぼうねこ] ①도둑고양이. ②간통(姦通)한 자를 욕하여 부르는 말.

泥仕合い[どろじあい] ①진흙투성이 싸움. ②추잡한 싸움. 이전투구(泥田闘狗).

泥沼[どろぬま] ①수렁. 진창. ②헤어나기 힘든 나쁜 환경. 곤경.

泥水❶[どろみず] ①더러운 물. 흙탕물. ②화류계(花柳界). ❷[でいすい] 이수; 흙탕물.

泥縄[どろなわ] 벼락치기. *도둑을 잡고 나서 새끼를 꼰다는 뜻에서 나온 말.

泥試合[どろじあい] ①진흙투성이 싸움. ②추잡한 싸움. 이전투구(泥田闘狗).

泥深い[どろぶかい] 〈形〉 (늪의) 진흙층이 깊다.

泥田[どろた] 수렁논.

泥除け[どろよけ] (자동차 등의) 흙받이.

泥足[どろあし] ①진흙 묻은 더러운 발. ②화류계(花柳界) 신세. 떳떳하지 못한 신세.

泥鰌[★どじょう] ≪魚≫ 미꾸라지.

泥鰌汁[★どじょうじる] 추어탕. 미꾸라지탕.

泥鰌髭[★どじょうひげ] (미꾸라지 수염처럼) 듬성듬성 난 콧수염.

泥臭い[どろくさい] 〈形〉 ①흙냄새가 나다. 흙내가 나다. ②촌스럽다. 세련되지 못하다.

泥土❶[どろつち] 찰흙. 진흙. ❷[でいど] 이토; ①진흙. 진흙투성이. ②무가치한 것. 더럽혀진 것.

泥海[どろうみ] ①흙탕물이 된 바다. ②질펀한 진창.

泥靴[どろぐつ] 진흙투성이의 구두.

泥絵の具[どろえのぐ] 가루 모양의 물감. 디스템퍼(distemper).

音讀

泥金[でいきん] ≪鉱≫ 사금(砂金).

泥流[でいりゅう] 이류; ①≪地≫(화산 폭발 때의) 진창의 흐름. ②산사태 때의 진흙물의 흐름.

泥像[でいぞう] (중국에서) 묘 속에 넣기 위해 흙을 구워 만든 사람이나 동물의 형상.

泥中[でいちゅう] 이중; 진흙 속.
泥地[でいち] 이지; 늪지. 수렁.
泥質[でいしつ] 진흙의 성질.
泥酔[でいすい] 이취; 술이 곤드레만드레 취함.
泥炭[でいたん] ≪鉱≫ 이탄; 토탄(土炭).

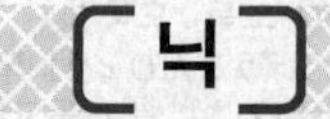

〔닉〕

匿 숨을/숨길 닉

一 二 三 䒑 亣 䒒 䒓 若 若 匿

音 ◉トク
訓 ⊗かくまう

訓読

⊗匿う[かくまう] 〈5他〉 (범인·도망자를) 은닉하다. 숨겨 주다.

音読

匿名[とくめい] 익명; 본명(本名)을 숨기고 밝히지 않음. 이름을 숨김.

搦 ×(搦) 잡을 닉

音 ⊗ジャク
訓 ⊗がらみ ⊗からめる

訓読

⊗搦み[がらみ] ①(나이를 나타내는 숫자에 접속하여) 쯤. 가량. 안팎. ②통틀어. …째. 싸잡아서.
⊗搦める[からめる] 〈下1他〉 ①묶다. 포박하다. 결박하다. ②(등산에서) 장애물을 피해 돌아서 가다.
⊗搦(め)手[からめて] ①성(城)의 뒷문. 적의 후방. ②(상대방의) 허점. 약점. 사물의 이면(裏面). ③적의 후방을 공격하는 부대. ④수색대(捜索隊). 체포대(逮捕隊).

溺 ×(溺) 물에 빠질 닉

音 ⊗デキ
訓 ⊗おぼらす ⊗おぼれる

訓読

⊗溺らす[おぼらす] 〈5他〉 ①물에 빠뜨리다. 물에 빠지게 하다. ②골몰하게 하다. 열중하게 하다.
2⊗溺れる[おぼれる] 〈下1自〉 ①물에 빠지다. 익사하다. ②몰두하다. 탐닉하다.
溺れ谷[おぼれだに] ≪地≫ 협만(峡湾).
溺れ死に[おぼれじに] 익사; 물에 빠져 죽음.

音読

溺没[できぼつ] 익몰; 물에 빠져 가라앉음. 물에 빠져 죽음.
溺死[できし] 익사; 물에 빠져 죽음.
溺死者[できししゃ] 익사자; 물에 빠져 죽은 사람.
溺死体[できしたい] 익사체; 물에 빠져 죽은 사람의 시체.
溺愛[できあい] 익애; 맹목적으로 사랑함.
溺惑[できわく] 익혹; 정신을 빼앗겨 어쩔 줄을 모름.

〔다〕

多 많을 다

ノ ク タ タ 多 多

音 ◉タ
訓 ◉おおい

訓読

4◉多い[おおい] 〈形〉 (수량・수효・횟수・물건이) 많다.
多かれ[おおかれ] 많을지어다. 많이 있어라.
多き[おおき] 많음.
3多く[おおく] ①많음. 대부분. ②〈副〉 흔히. 대개. 대체로.
多くとも[おおくとも] 〈副〉 많아도. 많아 봐야.
多過ぎる[おおすぎる] 〈上1自〉 너무 많다. 과다하다. 지나치게 많다.
多目[おおめ] 약간 많음.
多かれ少なかれ[おおかれすくなかれ] 많든 적든. 다소간에.

音読

多[た] 다; 다수. 많음.
多とする[たとする] 높이 평가하다. 고맙게 여기다.
多角[たかく] 다각; ①각이 많음. ②다방면. 광범위.
多角経営[たかくけいえい] 다각 경영.
多角的[たかくてき] 다각적; 여러 방면.
多角形[たかくけい/たかっけい] 다각형.
多感[たかん] 다감; 감수성이 예민함.
多寡[たか] 다과; 수효의 많고 적음.
多国籍[たこくせき] 다국적; 여러 나라에 근거를 둠.
多極[たきょく] 다극; 여러 방면이 서로 대립함.
多岐[たき] 다기; 여러 갈래로 갈라짐. 다방면에 걸침.
多岐亡羊[たきぼうよう] 다기망양; ①학문의 길이 너무 넓어서 진리를 찾기 어려움. ②방침이 많아서 갈피를 못 잡음.
多難[たなん] 다난; 재난이나 어려운 일이 많음.
多年[たねん] 다년; 오랜 세월.
多年生[たねんせい] 다년생; 오래살이.
多年草[たねんそう] 다년초; 다년생풀.
多能[たのう] 다능; ①재능이 많음. ②여러 기능을 갖추고 있음.
多多[たた] 〈副〉 ①많이. ②많으면 많을수록.
多多益益弁ず[たたますますべんず] 다다익선. 많으면 많을수록 좋다.
多端[たたん] 다단; 일이 많음.
多大[ただい] 다대; 매우 많음.
多読[たどく] 다독; 책을 많이 읽음.
多量[たりょう] 다량; 많은 양.
多力[たりょく] 다력; ①힘이 많음. ②능력이 충분함.
多忙[たぼう] 다망; 몹시 바쁨.
多面[ためん] 다면; 여러 방면. 다방면.
多面体[ためんたい] 《数》 다면체; 4개 이상의 평면으로 둘러싸인 입체.
多目的[たもくてき] 다목적; 여러 가지 목적.
多聞天[たもんてん] 《仏》 사천왕(四天王)의 하나.
多発[たはつ] 다발; ①자주 발생함. 빈발함. ②(비행기 등의) 엔진이 많음.
多方面[たほうめん] 다방면; 여러 방향・방면.
多弁[たべん] 다변; 말이 많음.
多病[たびょう] 다병; 병이 많음. 자주 앓음.
多宝塔[たほうとう] 《仏》 다보탑.
2多分[たぶん] ①많음. 다량. ②아마. 십중팔구.
多分に[たぶんに] ①상당히. 다분히. ②¶ご~ 아니나다를까. 예외가 아니고.
多士[たし] 인재가 많음.
多士済済[たしせいせい] 다사제제; 뛰어난 인재가 많음.
多事多難[たじたなん] 다사다난; 사건・사고가 많아 고생이 많음.
多事多端[たじたたん] 다사다단; 매우 바쁨.
多謝[たしゃ] 다사; ①깊이 감사함. ②깊이 사과함.
多産[たさん] 다산; ①자녀를 많이 낳음. ②물건을 많이 생산함.
多色[たしょく] 다색; 여러 가지 색깔.
多色刷り[たしょくずり] 컬러 인쇄.
多細胞[たさいぼう] 《生》 다세포.
多勢[たぜい] 다세; 많은 사람.
多勢に無勢[たぜいにぶぜい] 중과부적(衆寡不敵).
2多少[たしょう] 다소; ①많음과 적음. ②〈副〉 조금. 약간.
多収穫[たしゅうかく] 다수확; 생산량이 많음.
多数[たすう] 다수; 수효가 많음.

[1]多数決[たすうけつ] 다수결; (회의에서) 다수의 찬성으로 결정함.
多湿[たしつ] 다습; 습기가 많음.
多神教[たしんきょう] 《宗》 다신교; 여러 신(神)을 섬기는 종교.
多額[たがく] 다액; 많은 금액. 고액(高額).
多様[たよう] 다양; 여러 가지임.
多言[たげん] 다언; 말이 많음.
多芸[たげい] 다예; 재주가 많음.
多欲[たよく] 다욕; 욕심이 많음.
多用[たよう] 다용; 용무가 많음. 바쁨.
多元[たげん] 다원; 많은 근원.
多元論[たげんろん] 《哲》 다원론.
多元放送[たげんほうそう] 다원 방송.
多元方程式[たげんほうていしき] 《数》 다원방정식.
多義[たぎ] 다의; 여러 가지 뜻. 뜻이 많음.
多人数[たにんずう] 많은 사람.
多作[たさく] 다작; 작품을 많이 만듦.
多才[たさい] 다재; 재능이 많음.
多情[たじょう] 다정; ①정이 많음. ②(이성에 대한) 바람기가 있음.
多情多感[たじょうたかん] 다정다감; 감수성이 많아 잘 느낌.
多情多恨[たじょうたこん] 다정다한; (감수성이 많아) 애틋한 정도 많고 한스러운 점도 많음.
多情仏心[たじょうぶっしん] 다정불심; 다정다감하면서도 착한 마음이 많은 성질.
多照[たしょう] 다조; 햇볕 쬐는 시간이 많음. 일조(日照) 시간이 긺.
多種[たしゅ] 다종; 많은 종류.
多種多様[たしゅたよう] 다종다양; 가지각색.
多重[たじゅう] 다중; 여러 겹으로 겹침.
多重放送[たじゅうほうそう] 다중 방송.
多肢選択法[たしせんたくほう] 다지선택법; 여러 개의 답 중에서 옳은 것 하나를 선택함.
多罪[たざい] 다죄; ①죄가 많음. ②(편지에서) 실례를 사과하는 말.
多彩[たさい] 다채; ①여러 색채로 아름다움. ②종류가 많아 화려함.
多妻[たさい] 다처; 아내가 많음.
多趣味[たしゅみ] 다취미; 취미가 많음.
多幸[たこう] 다행; 복이 많음.
多血[たけつ] 다혈; ①피가 많음. ②혈기가 많음.
多血質[たけつしつ] 다혈질; 혈기가 많은 사람.

ㄷ

茶 ①차 다 ②차 차

一 十 卄 艾 犮 苂 苓 茶 茶

音 ◉チャ ◉サ
訓 —

音読

茶[ちゃ] ① 《植》 차나무. ②차. ③갈색. ④희롱함. ⑤풍류(風流).
[2]お茶[おちゃ] 차. '茶(ちゃ)'의 공손한 말.
茶殻[ちゃがら] 차 찌꺼기.
[1]茶の間[ちゃのま] ①다실(茶室). ②거실(居室).
茶褐色[ちゃかっしょく] 다갈색.
茶巾[ちゃきん] ①(茶道에서) 찻잔을 닦는 행주. ②'茶巾絞り(ちゃきんしぼり)'의 준말.
茶巾さばき[ちゃきんさばき] (茶道에서) 행주질 솜씨.
茶菓[ちゃか/さか] 다과; 차와 과자.
茶菓子[ちゃがし] 차에 곁들여 내놓는 과자. 다과.
茶掛け[ちゃがけ] 다석(茶席)에 걸어 두는 족자.
茶蕎麦[ちゃそば] 차메밀국수. ＊메밀가루에 찻가루를 섞어서 만든 것.
茶臼[ちゃうす] 다구; 찻잎을 갈아서 가루차로 만드는 맷돌.
茶気[ちゃき] ①다도(茶道)의 마음가짐. ②속세를 떠난 마음. ③장난기.
茶器[ちゃき] 다기; ①차 도구. ②가루차를 담아 두는 그릇.
茶断ち[ちゃだち] (소원 성취를 위해) 일정 기간 차를 마시지 않음.
茶箪笥[ちゃだんす] 찻장.
茶代[ちゃだい] ①찻값. ②팁.
茶代返し[ちゃだいがえし] (찻값을 지불한 것에 대한) 답례. 답례품.
茶台[ちゃだい] (찻잔을 받치는) 찻상.
茶袋[ちゃぶくろ] ①찻잎을 넣어 보관하는 주머니. ②엽차(葉茶)를 우려내는 무명 주머니.
茶道[ちゃどう/さどう] 다도; 차를 마시며 정신 수양을 하는 예법.
茶道具[ちゃどうぐ] 차도구; 차의 도구.
茶漉し[ちゃこし] 차를 거르는 쇠그물 조리.
茶寮[ちゃりょう/さりょう] ①다실(茶室). ②요릿집. 요정.
茶の木[ちゃのき] 《植》 차나무.
茶目[ちゃめ] 장난기. 장난꾸러기.
茶目(っ)気[ちゃめっけ] 장난기.
茶目(っ)子[ちゃめっこ] 장난꾸러기.

茶味[ちゃみ] ①다도(茶道)의 정신·멋. ②풍아한 취향.

茶飯❶[ちゃめし] ①찻물로 밥을 짓고 소금으로 간을 맞춘 밥. ②간장과 술을 섞어 지은 밥. ❷[さはん] ①차와 밥. ②흔한 일.

茶飯事[さはんじ] 다반사; 흔한 일.

茶坊主[ちゃぼうず] ①(武家에서) 다도(茶道)를 담당하던 관리. ②아첨꾼. ③술래잡기의 한 가지.

茶房[さぼう] 찻집.

茶焙じ[ちゃほうじ] 番茶(ばんちゃ)를 볶는 도구.

茶伯[ちゃはく] 다도(茶道)의 선생.

茶番[ちゃばん] ①차 시중을 드는 사람. ②'茶番狂言'의 준말. ③속이 들여다보이는 짓.

茶番狂言[ちゃばんきょうげん] 손짓·발짓과 익살로 꾸미는 즉흥 연극.

茶番劇[ちゃばんげき] 속이 빤히 들여다보이는 어처구니없는 짓.

茶柄杓[ちゃびしゃく] (茶道에서) 사용하는 자루가 긴 국자.

茶瓶[ちゃびん] ①찻주전자. ②차도구(茶道具)를 넣어 가지고 다니는 그릇. ③'茶瓶頭'의 준말.

茶瓶頭[ちゃびんあたま] 대머리.

茶腹[ちゃばら] 차를 많이 마셔 불룩해진 물배.

茶釜[ちゃがま] (茶道에서) 물·차를 끓이는 솥. 차솥.

茶盆[ちゃぼん] 찻잔을 얹는 쟁반.

茶棚[ちゃだな] 차도구(茶道具)를 얹어 놓는 선반.

茶事❶[ちゃごと] ①제삿날에 친지를 초대하는 모임. ②다과회. ❷[ちゃじ] ①다과회. ②다도(茶道)에 관한 여러 가지 일.

茶師[ちゃし] 차의 제조·판매업 종사자.

茶箱[ちゃばこ] ①차 상자. ②차도구(茶道具) 상자.

3茶色[ちゃいろ] 갈색(褐色).

2茶色い[ちゃいろい] 〈形〉 갈색이다.

茶席[ちゃせき] ①다실(茶室). ②다도(茶道)를 여는 자리. ③다과회.

茶筅[ちゃせん] ①가루차를 끓일 때 휘젓는 도구. ②'茶筅髪(ちゃせんがみ)'의 준말.

茶禅[ちゃぜん] 다도(茶道)와 선도(禅道).

茶所[ちゃどころ] 차(茶)의 명산지.

茶時[ちゃどき] ①찻잎을 따는 시기. ②차를 마시는 휴식 시간.

茶匙[ちゃさじ] 찻숟갈.

茶室[ちゃしつ] 다실; 다회(茶会)를 여는 건물이나 방.

茶屋[ちゃや] ①제품화된 차를 파는 가게. ②찻집. ③요정. ④흥행장의 휴게실. ⑤다실(茶室).

2茶碗[ちゃわん] 찻종. 밥공기.

茶碗飯[ちゃわんめし] 밥공기에 담은 밥.

茶碗酒[ちゃわんざけ] 공기에 따라 마시는 술.

茶碗蒸し[ちゃわんむし] 공기에 넣고 찐 음식.

茶園[ちゃえん/さえん] 다원; 차밭.

茶飲み[ちゃのみ] ①차를 즐겨 마심. ②'茶飲み茶碗'의 준말. 찻잔.

茶飲(み)友達[ちゃのみともだち] ①차를 마시며 흉허물없이 대화를 할 수 있는 친구. ②늙어서 맺어진 부부.

茶飲(み)茶碗[ちゃのみぢゃわん] 찻잔.

茶飲(み)話[ちゃのみばなし] 한담(閑談). 차를 마시며 나누는 세상 이야기.

茶人[ちゃじん] ①다도(茶道)를 즐기는 사람. ②풍류인.

茶入れ[ちゃいれ] 차를 넣어 두는 그릇.

茶の子[ちゃのこ] ①차에 곁들이는 과자. ②彼岸会(ひがんえ)의 제물(祭物). ③불사(仏事) 뒤에 돌리는 선물. ④(농촌의) 새벽참. ⑤아주 손쉬움.

茶杓[ちゃしゃく] ①가루차를 떠내는 작은 숟갈. ②뜨거운 물을 떠내는 국자.

茶滓[ちゃかす] 차의 찌꺼기.

茶摘み[ちゃつみ] 찻잎을 땀. 또는 그 사람.

茶畑[ちゃばたけ] 차나무 밭. 다원(茶園).

茶店[ちゃみせ/ちゃてん] (거리의) 다과점. 찻집.

茶亭[ちゃてい] 다정; 찻집.

茶庭[ちゃてい] 다실(茶室)에 딸린 정원.

茶柱[ちゃばしら] 番茶(ばんちゃ)를 찻잔에 부을 때 똑바로 뜨는 차의 줄기. *흔히 길조(吉兆)로 여김.

茶漬(け)[ちゃづけ] ①찻물에 만 밥. ②변변치 않은 식사.

茶茶[ちゃちゃ] ¶ ~を入(い)れる 방해하다. 찬물을 끼얹다.

茶請(け)[ちゃうけ] 차에 곁들여 내는 과자.

2茶の湯[ちゃのゆ] ①(茶道에서) 손님에게 차를 대접함. ②다과회.

茶筒[ちゃづつ] 차통; 차를 담아 두는 통.

茶舗[ちゃほ] (제품화된) 차를 파는 가게.

茶花[ちゃばな] 다실(茶室)에 꽃꽂이한 꽃.
茶話[ちゃばなし/ちゃわ/さわ] ①차를 마시면서 나누는 이야기. ②익살기가 있는 이야기.
茶話会[ちゃわかい/さわかい] 다과회.
茶会[ちゃかい] 다과회. 손님을 초대하여 차를 대접하는 모임.

단

丹 붉을/진심 단

丿 冂 冃 丹

音 ◉タン
訓 ⊗に

訓読
⊗丹[に] 붉은색.
丹塗り[にぬり] 붉은 칠을 함.
丹色[にいろ] 단색; 붉은색.

音読
丹念[たんねん] 단념; 정성 들여 함.
丹毒[たんどく] ≪医≫ 단독.
丹碧[たんぺき] 붉은색과 파란색. 단청(丹青).
丹心[たんしん] 단심; 정성스러운 마음.
丹田[たんでん] 단전; 아랫배.
丹前[たんぜん] 단전; 솜을 두껍게 넣은 일본 옷.
丹頂[たんちょう] ≪鳥≫ 두루미.
丹精[たんせい] 단정; 정성을 다함.
丹青[たんせい] 단청; 붉은색과 파란색.
丹波栗[たんばぐり] ≪植≫ 알이 큰 밤.
丹花[たんか] 단화; 붉은 꽃.

団(團) 둥글 단

丨 冂 冂 冃 闭 団 団

音 ◉ダン ◉トン
訓 —

音読
団歌[だんか]단가; 단체의 정신을 표현한 노래.
団居[★まどい] ①한 자리에 둘러앉음. ②단란함.
[1]団結[だんけつ] 단결; 여러 사람이 한데 뭉침.
団交[だんこう] '団体交渉'의 준말.
団旗[だんき] 단기; 단체를 표현하는 깃발.
団団[だんだん] ①둥글둥글함. ②(이슬이) 방울방울 맺힘.
団欒[だんらん] 단란; ①친한 사람끼리 모여 즐겁게 지냄. ②한 자리에 둘러앉음. ③둥근 모양.
団栗[★どんぐり] ≪植≫ 도토리.
団栗眼[★どんぐりまなこ] 왕눈. 퉁방울눈.
団服[だんぷく] 단복; 단체를 표현하는 옷.
[1]団扇[★うちわ] 둥근 부채.
団扇太鼓[★うちわだいこ] 둥근 부채 모양의 북.
団円[だんえん] 단원; ①둥글둥글함. ②원만함. ③끝. 종말.
団員[だんいん] 단원; '…団'이라고 칭하는 단체에 소속된 사람.
団子[だんご] ①경단. ②경단처럼 둥글게 만듦.
団子鼻[だんごばな] 주먹코.
団長[だんちょう] 단장; '…団'이라고 칭하는 단체의 우두머리.
[2]団地[だんち] 단지; 같은 종류의 건물이 집단을 이룬 곳.
[2]団体[だんたい] 단체; ①어떤 사람들의 집단. ②사람들의 모임.
団体交渉権[だんたいこうしょうけん] ≪法≫ 단체 교섭권.
団体協約[だんたいきょうやく] ≪法≫ 단체 협약.
◑金団[きんとん], 水団[すいとん], 布団[ふとん]

但 다만 단

丿 亻 亻 亻 伯 但 但

音 —
訓 ◉ただし

訓読
[2]◉但し[ただし] 단; 다만. ＊전문(前文)에 대하여 보충적인 설명·조건·예외를 나타낼 때 사용하는 말.
但しは[ただしは] 혹은. 그렇지 않으면.
但し付き[ただしつき] 조건부(条件附). 조건이 붙음.
但し書[ただしがき] 단서; 본문에 덧붙여 보충적인 설명·조건·예외를 나타낼 때 사용하는 말.

単(單) 홀로/홑 단

丶 ⺍ ⺍⺍ ⺍⺍冖 ⺍⺍冂 ⺍⺍冂 ⺍⺍日 ⺍⺍旦 単

音 ◉タン
訓 ⊗ひとえ

訓読

⊗**単帯**[ひとえおび] 홑띠. 안감을 대지 않은 띠.
⊗**単物**[ひとえもの] (안감을 대지 않은) 홑옷.
⊗**単羽織**[ひとえばおり] (안감을 대지 않은) 여름용 羽織(はおり).
⊗**単衣**[ひとえ] (안감을 대지 않은) 홑옷.
⊗**単衣物**[ひとえもの] (안감을 대지 않은) 홑옷.

音読

1**単**[たん] 단; ①하나의 ②(운동 경기의) 단식(単式). 싱글. ③'단식승(単式勝)'의 준말.
2**単なる**[たんなる] 단순한.
2**単に**[たんに] 단지. 다만.
単価[たんか] 단가; 낱개의 가격.
単記[たんき] 단기; 하나하나 따로 기록함.
単機[たんき] 단기; 1대의 비행기.
単騎[たんき] 단기; 혼자서만 말을 탐.
単刀直入[たんとうちょくにゅう] 단도직입.
1**単独**[たんどく] 단독; ①혼자. ②오로지 하나.
単利[たんり] 단리; 원금에 대한 이자만 계산함.
単命手形[たんめいてがた] 단명 어음. 채무자가 한 명으로 된 약속 어음.
単発[たんぱつ] 단발; ①하나의 엔진. ②한 발씩 발사함.
単発機[たんぱつき] 단발기; 엔진을 하나만 장착한 비행기.
単発銃[たんぱつじゅう] 단발총; 총알 하나만 발사하게 되어 있는 총.
単弁[たんべん] 홑겹으로 된 꽃잎.
単複[たんぷく] 단복; ①단순함과 복잡함. ②단수와 복수. ③단식과 복식.
単本位制[たんほんいせい] 단본위제; 금이나 은을 본위 화폐로 하는 화폐 제도.
単比例[たんぴれい] ≪数≫ 단비례.
単色[たんしょく] 단색; 한 가지 색깔.
単線[たんせん] 단선; 하나뿐인 선.
単性[たんせい] 단성; 생물이 암수 가운데 어느 한쪽의 생식 기관만을 가짐.
単細胞[たんさいぼう] 단세포; 하나의 세포.
2**単数**[たんすう] 단수; 수효가 하나임.
単数型[たんすうがた] 단수형.
2**単純**[たんじゅん] 단순; 간단함.
単勝式[たんしょうしき] 단승식.
単試合[たんしあい] (테니스의) 단식 시합.
単式[たんしき] 단식; 단순한 형식.
単身[たんしん] 단신; 자기 홑몸.
単身赴任[たんしんふにん] 단신 부임; 혼자서 임명지로 떠남.
単眼[たんがん] 단안; ①외눈. ②≪虫≫ 홑눈.
2**単語**[たんご] 단어; 낱말.
単葉[たんよう] 단엽; 한 장의 잎.
単葉機[たんようき] 단엽기; 날개가 좌우 하나씩인 비행기.
単元[たんげん] 단원; 한 묶음의 제목.
2**単位**[たんい] 단위; 기준이 됨.
単音[たんおん] 단음; 음성의 최소 단위.
単音節[たんおんせつ] 단음절.
1**単一**[たんいつ] 단일; 오직 하나뿐임.
単子葉[たんしよう] 단자엽; 외떡잎.
単作[たんさく] 단작; 일모작(一毛作).
1**単調**[たんちょう] 단조; 단순하고 변화가 적음.
単坐機[たんざき] 단좌기; 1인승 비행기.
単車[たんしゃ] 단차; 오토바이.
単打[たんだ] 단타; 싱글히트(Single-hit).
単項式[たんこうしき] ≪数≫ 단항식.
単行[たんこう] 단행; ①혼자서 행함. ②단 한 번만 행함.
単行本[たんこうぼん] 단행본; 한 권으로 출판한 책.

段 층계 단

丿 厂 F F 𠂤 阝 阝几 段 段

音 ◉ダン ⊗タン
訓 —

音読

2**段**[だん] ①계단. 층계. ②(문장의) 단락. 문단. ③(歌舞伎(かぶき)・浄瑠璃(じょうるり) 등의) 대목. 장면. ④(스포츠의) 단. 급수. ⑤(어떤 일의) 경우. 점. 정도. 차원. ⑥(진행되는 일의) 단계. 국면. 사태.
段ボール[だんボール] 골판지.
2**段階**[だんかい] 단계; ①과정. ②등급. ③순서.
段丘[だんきゅう] 단구; 토사가 계단처럼 쌓인 것.
段段[だんだん] ①층계. 계단. ②여러 가지. ③점점. 차츰.

段段畑[だんだんばたけ] 계단식 밭.
段落[だんらく] 단락; ①문장 중의 큰 매듭. ②사물의 결말.
段別[たんべつ] ①논밭을 1단보(段歩)씩 나눔. ②논밭의 면적을 재는 단위.
段別割[たんべつわり] 논밭의 면적을 기준으로 부과하는 조세(租税).
段歩[たんぶ] 단보; 논밭의 면적을 나타내는 단위.
段鼻[だんばな] 콧마루가 층이 진 코.
段位[だんい] 단위; 단수(段数).
段違い[だんちがい] ①(둘 사이의) 현격한 차이. ②높이가 서로 다름.
段違い平行棒[だんちがいへいこうぼう] 2단 평행봉.
段梯子[だんばしご] 사닥다리.
段取り[だんどり] (일의) 순서·절차·방법.
段平[だんびら] ≪俗≫ 날이 넓은 칼.

断(斷) 끊을 단

丷 䒑 半 米 米 迷 迷 断 断 断

音 ◉ダン
訓 ◉たつ ◉ことわる

訓読

[1]◉断つ[たつ] 〈5他〉 ①끊다. 절단하다. ②중단하다. 그만두다. ③(중간에서) 차단하다.
断ち物[たちもの] 신(神)에게 소원 성취를 빌 때 어떤 음식을 금함.
断ち切る[たちきる] 〈5他〉 ①자르다. 베다. 절단하다. ②(관계를) 끊다. ③(장애물로) 방해하다.
断ち割る[たちわる] 〈5他〉 쪼개다. 가르다.
[2]◉断る[ことわる] 〈5他〉 ①사전에 양해를 구하다. 미리 알리다. ②사절하다. 거절하다. ③거듭 다짐하다.
断り[ことわり] ①예고함. 사전에 양해를 구함. ②사절. 거절. ③변명함. 사과함.
断り書き[ことわりがき] 단서(但書). 본문에 대한 설명·조건·예외 등을 추가한 문장.

音読

断[だん] ①단행. 결행. ②결단. 단안.
断じて[だんじて] ①단연코. 기필코. 반드시. ②단호히. ③절대로. 결코.
断じる[だんじる] 〈上1他〉 ①단정하다. ②단행하다. 결행하다. ③판가름하다.
断ずる[だんずる] 〈サ変他〉 ☞ 断じる
断固[だんこ] 단호히. 단연코.
断交[だんこう] 단교; ①국교를 단절함. ②절교. 교제를 끊음.
断郊[だんこう] 단교; 교외를 가로질러 나감.
断念[だんねん] 단념; 포기함.
断断固として[だんだんことして] 단호히.
断頭[だんとう] 단두; 목을 자름.
断頭台[だんとうだい] 단두대; 죄인의 목을 자르는 대.
断末魔[だんまつま] ≪仏≫ 단말마; ①숨이 끊어질 때의 고통. ②임종.
[1]断面[だんめん] 단면; ①물체를 베어낸 면. ②실체를 나타내는 일면.
断面図[だんめんず] 단면도.
断滅[だんめつ] 단멸; 끊어져 멸망됨.
断髪[だんぱつ] 단발; ①머리털을 짧게 자름. ②단발머리.
断髪式[だんぱつしき] 단발식; 은퇴하는 씨름꾼의 상투를 자르는 의식.
断碑[だんぴ] 단비; 조각난 비석.
断想[だんそう] 단상; 단편적인 생각.
断線[だんせん] 단선; 선이 끊어짐.
断続[だんぞく] 단속; 끊어졌다 이어졌다 함.
[2]断水[だんすい] 단수; 수돗물이 끊어짐.
断食[だんじき] 단식; 먹기를 중단함.
断案[だんあん] 단안; ①판단. 단정. ②결론.
断崖[だんがい] 단애; 깎아지른 듯한 절벽. 낭떠러지.
[1]断言[だんげん] 단언; 딱 잘라 말함.
[1]断然[だんぜん] 단연; ①단연코. 단호히. ②훨씬. ③결코. 절대로.
断熱材[だんねつざい] 단열재; 열이 통하지 않게 차단한 재료.
断雲[だんうん] 단운; 조각 구름.
断章[だんしょう] 단장; ①짧은 시가·문장. ②남의 시문을 멋대로 인용함.
断腸[だんちょう] 단장; 창자가 끊어지는 듯한 슬픔.
断裁[だんさい] 단재; 종이를 재단함.
断切[だんせつ] 단절; 절단. 끊음.
断截[だんせつ] 단절; 끊음. 절단.
断絶[だんぜつ] 단절; 관계를 끊음.
[2]断定[だんてい] 단정; ①딱 잘라 결정함. ②판단. ③지정(指定).
断種[だんしゅ] 단종; ①거세(去勢). ②씨를 없애 버림.
断罪[だんざい] 단죄; ①유죄 판결을 내림. ②참수형. 사형.

断酒[だんしゅ] 단주; 술을 끊음.
断層[だんそう] 단층; ①지층(地層)이 어긋남. ②(생각・의견이) 엇갈림.
断片[だんぺん] 단편; 조각. 토막.
断編[だんぺん] 단편; 토막토막의 문장.
断篇[だんぺん] ☞ 断編
断行[だんこう] 단행; 결단하여 실행함.

短 짧을 단

丿 𠂉 ⺈ 矢 矢 矢 知 矩 短 短

音 ◉タン
訓 ◉みじかい

訓読

4◉短い[みじかい] 〈形〉 ①(길이・시간이) 짧다. ②(성질이) 조급하다. 성급하다. 급하다. ③(생각이) 얕다.
短め[みじかめ] 〈形動〉 짤막함.
短夜[みじかよ/たんや] (여름의) 짧은 밤.

音読

2短[たん] 단; ①짧음. ②결점. 단점.
1短歌[たんか] 단가; 일본의 和歌(わか).
短距離[たんきょり] 단거리; 짧은 거리.
短剣[たんけん] 단검; ①단도. 비수. ②(시계의) 단침.
短見[たんけん] 단견; 좁은 소견.
短経[たんけい] 단경; 짧은 지름.
短檠[たんけい] 단경; 낮은 등잔걸이.
短計[たんけい] 단계; 얕은 꾀.
短軀[たんく] 단구; 키가 작은 몸.
1短気[たんき] 성급함. 조급함.
2短期[たんき] 단기; 짧은 기간.
短期間[たんきかん] 단기간; 짧은 기간.
1短大[たんだい] '短期大学'의 준말. 전문대학.
短刀[たんとう] 단도; 비수.
短絡[たんらく] 단락; ①전기 회로의 합선. ②정상적인 순서를 밟지 않고 극히 간단하게 연결지음.
短慮[たんりょ] 단려; ①소견이 좁음. ②성급함. 조급함.
短命[たんめい] 단명; 수명이 짧음.
短文[たんぶん] 단문; 짧은 문장.
短兵[たんぺい] 단병; ①짧은 무기. ②단창(短槍).
短兵急[たんぺいきゅう] 〈形動〉 ①짧은 무기로 갑자기 공격함. ②갑작스러움. 느닷없음.
短三度[たんさんど] ≪楽≫ 단삼도.
短小[たんしょう] 단소; 키가 작음.
2短所[たんしょ] 단소; 단점. 결점.
短水路[たんすいろ] 단수로; (수영에서) 길이 25m 이상 50m 미만의 풀장.
短時間[たんじかん] 단시간; 짧은 시간.
短時日[たんじじつ] 단시일; 짧은 시일.
短信[たんしん] 단신; 토막 뉴스. 짧은 편지.
短音[たんおん] 단음; 짧은 음.
短音階[たんおんかい] ≪楽≫ 단음계; '라'에서 시작하는 음계.
短日月[たんじつげつ] 단시일. 단기간.
短資[たんし] 단자; '短期資金'의 준말.
短艇[たんてい] 단정; ①보트. ②거룻배.
短調[たんちょう] ≪楽≫ 단조; 단음계에 의한 가락.
短冊[たんざく] ①띠지. ②조붓하고 긴 종이. ③'短冊形'의 준말.
短冊形[たんざくがた] 직사각형.
短尺[たんざく] ☞ 短冊
短銃[たんじゅう] 단총; 권총.
1短縮[たんしゅく] 단축; 짧게 줄임.
短針[たんしん] 단침; 시계의 시침(時針).
短打[たんだ] 단타; 확실한 안타를 노려 짧게 치는 공.
1短波[たんぱ] 단파; 짧은 파장의 전파.
短波放送[たんぱほうそう] 단파방송.
短波長[たんぱちょう] 단파장; 짧은 파장의 전파.
2短編[たんぺん] 단편; ①짧은 시문(詩文). ②단편 소설.
短篇[たんぺん] ☞ 短編(たんぺん)
短評[たんぴょう] 단평; 촌평(寸評).
短靴[たんぐつ] 단화; 목이 짧은 구두.

端 끝/바를 단

亠 立 立 立' 立ㄓ 立屮 竗 竡 端 端

音 ◉タン
訓 ◉は ◉はし ◉はた ⊗はした

訓読

◉端❶[は] 둘레. 가장자리. ¶口(くち)の~ 입가. ¶山(やま)の~ 산 가장자리. 산 능선.
2◉端❷[はし] ①(어떤 물건의) 끝. 끄트머리. ¶ひもの~ 끈의 끝. ②가. 가장자리. ¶机(つくえ)の~ 책상 가장자리. ③일부분. 말단. ¶言葉(ことば)の~ 말꼬리. ④(잘라낸) 토막.

ㄷ

¶木(き)の～ 나무 토막. ⑤구석. 끝쪽. ¶部屋(へや)の～ 방구석. ⑥시초. 맨 처음. ¶～から始(はじ)める 맨 처음부터 시작하다.
◉端❸[はた] ①가. 가장자리. ¶池(いけ)の～ 연못가. ②곁. 옆. 제삼자. ¶～から口(くち)をはさむ 곁에서 말참견하다.
⊗端❹[はした] 우수리. 나머지. 끝수.
端から[はしから] 맨 처음부터.
端くれ[はしくれ] ①토막. ②말단(末端). 나부랭이.
端っこ[はじっこ/はしっこ] ≪俗≫ 끝. 가. 구석.
端ミシン[はしミシン] (실이 풀리지 않게 천 끝을 약간 접어 틀로 박는) 오버랩 미싱.
端綱[はづな] 소나 말의 굴레.
端居[はしい] 더위를 피하기 위해 마루 끝에 앉아 있음.
端境[はざかい] ≪農≫ 햅쌀이 나올 무렵.
端境期[はざかいき] ≪農≫ 햅쌀이 나올 무렵.
端近[はしぢか] 집 입구에 가장 가까움.
端近い[はしぢかい] 〈形〉 입구에 가깝다.
端金[はしたがね] 푼돈. 적은 돈.
端女[はしため] 하녀(下女).
端端[はしばし] 사소한 부분.
端武者[はむしゃ] ①보잘 것 없는 무사. 졸자. ②하찮은 사람.
端無くも[はしなくも] 우연히도. 뜻하지 않게.
端物[はもの] ①짝이 모자라는 것. ②단편(短篇)으로 된 浄瑠璃(じょうるり). ③책이 아닌 인쇄물. 전단지.
端本[はほん] 여러 권으로 된 한 질의 책에서 빠진 책.
端縫い[はしぬい] 단 박기. 천의 가장자리를 약간 접어서 꿰맴.
端仕事[はしたしごと] 어중간한 일.
端山[はやま] 마을 가까이의 야산(野山).
端書き[はしがき] ①서문(序文). 머리말. ②(편지의) 추신(追伸).
端数[はすう] 우수리. 끝수.
端役[はやく] 단역; ①(연극・영화의) 단역. ②하찮은 역할.
端銭[はせん/はしたぜに] 잔돈. 푼돈.
端切れ[はぎれ] 헝겊. 천 조각.
端折る[はしおる/はしょる] 〈5他〉 ①옷자락을 걷어올려 허리띠에 지르다. ②(이야기나 일을) 줄여서 간략하게 하다.
端株[はかぶ] ≪経≫ 단주; 거래 단위 미달의 주식. 500주 이하의 주.

音読

端麗[たんれい] 단려; 단정하고 아름다움.
端末[たんまつ] 단말; ①끝. ②(전기 회로에서) 전류의 출입구. ③(컴퓨터에서) 입출력 장치를 연결하는 부분.
端末機[たんまつき] 단말기; 입출력 기기.
端緒[たんしょ/たんちょ] 단서; 일의 실마리.
端厳[たんげん] 단엄; 단정하고 엄숙함.
端然[たんぜん] 단연; 단정함.
端倪[たんげい] 단예; ①산꼭대기와 물가. ②사물의 시초와 끝. ③예측.
端午[たんご] 단오.
端午の節句[たんごのせっく] 단오절.
端子[たんし] 단자; 터미널.
端的[たんてき] 단적; ①간단하고 분명함. ②명백하고 솔직함.
端正[たんせい] 단정; 얌전하고 바름.
端整[たんせい] 단정; ①용모가 반듯함. ②(행동이) 바르게 정돈되어 있음.
端艇[たんてい] 단정; ①보트. ②거룻배.
端座[たんざ] 단좌; 똑바로 앉음. 정좌(正坐).

壇 단 단

音 ◉タン ◉ダン
訓 —

音読

壇[だん] 단; 높게 만든 자리.
壇上[だんじょう] 단상; 높게 만든 자리.
壇場[だんじょう] 단장; 단이 만들어져 있는 장소.
◑土壇場[どたんば]

鍛 단련할 단

音 ◉タン
訓 ◉きたえる

訓読

1◉鍛える[きたえる] 〈下1他〉 ①(심신을) 단련하다. 연마하다. 맹훈련시키다. ②(쇠붙이를) 벼르다. 단련하다.
鍛え上げる[きたえあげる] 〈下1他〉 잘 단련하다. 잘 단련하여 완성시키다.

音読

鍛鋼[たんこう] 단강; 프레스로 단조한 강철.
鍛練[たんれん] 단련; 연마함. 맹훈련시킴.
鍛錬[たんれん] ☞ 鍛練
鍛冶[★かじ] 대장일. 대장장이.
鍛冶屋[★かじや] 대장간. 대장장이.
鍛接[たんせつ] 단접; 금속을 이어 붙임. 또는 이어 붙이는 방법.
鍛造[たんぞう] 단조; 금속에 열을 가하여 쇠망치로 두들겨 만듦.
鍛鉄[たんてつ] 단철; 불순물을 없애고 잘 단련한 쇠.

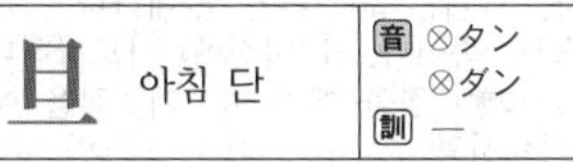

旦 아침 단 音 ⊗タン ⊗ダン 訓 —

音読

1 旦那[だんな] ①《仏》 시주(施主). ②주인어른. ③남편. 바깥양반. ④기둥서방. ⑤손님. 아저씨. ⑥(지위가 높은) 나리.
旦那寺[だんなでら] 가족의 위패를 모신 절.
旦那芸[だんなげい] 심심풀이로 배운 재주.
旦那衆[だんなしゅう] 나리님들. 어르신네들.
旦那取り[だんなどり] ①고용인이 됨. ②(첩으로서) 서방을 얻음. 첩이 됨.
旦暮[たんぼ] 단모; 아침 저녁.
旦夕[たんせき] 단석; ①아침 저녁. ②밤낮. 늘. ③중대한 사태가 일어날 시기.

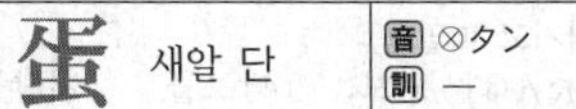

蛋 새알 단 音 ⊗タン 訓 —

音読

蛋民[たんみん] 단민; 중국의 남부 지방이나 홍콩에서 수상(水上) 생활을 하는 인종.
蛋白[たんぱく] 단백; ①단백질. ②달걀 흰자위.
蛋白尿[たんぱくにょう] 《医》 단백뇨.
蛋白石[たんぱくせき] 단백석; 오팔(opal).
1 蛋白質[たんぱくしつ] 《化》 단백질; 흰자질.

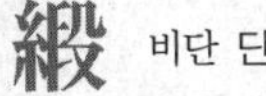

緞 비단 단 音 ⊗タン ⊗ドン 訓 —

音読

緞子[どんす] 무늬 있는 비단.
緞帳[どんちょう] ①무늬 있는 두터운 막(幕). ②'緞帳役者(どんちょうやくしゃ)'의 준말. ③'緞帳芝居(どんちょうしばい)'의 준말.
緞帳役者[どんちょうやくしゃ] 엉터리 배우.
緞帳芝居[どんちょうしばい] 엉터리 연극.

檀 박달나무 단 音 ⊗タン ⊗ダン 訓 ⊗まゆみ

訓読

⊗檀[まゆみ] 참빗살나무.
檀弓[まゆみ] 참빗살나무로 만든 활.

音読

檀家[だんか] 《仏》 단가; 시주하는 신도(信徒).
檀尻[だんじり] 축제 때 끌고 다니는 장식한 수레.
檀那[だんな] ① 《仏》 시주(施主). ②주인어른. ③남편. 바깥양반. ④기둥서방. ⑤손님. 아저씨. ⑥(지위가 높은) 나리.
檀徒[だんと] 《仏》 단도; 시주하는 신도들.
檀林[だんりん] 단림; 승려들이 학문을 닦는 곳. 강원(講院).
檀林風[だんりんふう] (俳句(はいく)에서) 松尾芭蕉(まつおばしょう)의 작풍(作風) 이전에 유행하던 익살스런 맛의 작품.
檀越[だんおち/だんおつ] 《仏》 단월; 시주(施主).
檀紙[だんし] 참빗살나무의 껍질로 만든 두껍고 쭈글쭈글한 일본 종이.
◑黒檀[こくたん]

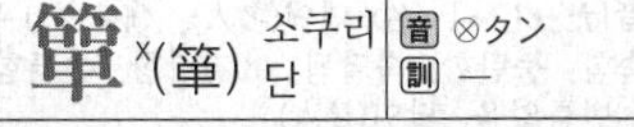

簞 ˣ(箪) 소쿠리 단 音 ⊗タン 訓 —

音読

簞笥[たんす] (의복이나 자질구레한 도구를 넣어 두는) 장롱. 옷장
簞食[たんし] 대나무그릇에 담은 밥.
簞食瓢飲[たんしひょういん] 단사표음; 청빈한 생활.
簞食壺漿[たんしこしょう] 단사호장; 대나무그릇에 담은 밥과 항아리에 담은 음료수.

달

達(達) 달할/이를 달

一 土 幸 幸 幸 幸 幸 㚔 逹 達

音 ◉タツ ⊗タチ ⊗ダチ
訓 —

ㄷ

音読

2達[★たち/だち] …들. *사람이나 생물의 복수를 나타내는 말임.
達し[たっし] (관청으로부터의) 훈령. 통보. 시달.
2達する[たっする] 〈サ変自〉 ①도달하다. 이르다. ②능숙하다. 숙달하다. 〈サ変他〉 ①달성하다. 이루다. ②널리 알리다. 시달하다. 고시하다.
達て[たって] 굳이. 꼭. 억지로.
達見[たっけん] 달견; 전체나 장래를 충분히 내다보는 의견.
達観[たっかん] 달관; 넓은 안목으로 내다봄.
達磨[★だるま] ①《仏》 달마 대사. ②오뚝이. ③오뚝이처럼 둥근 물건. 온통 빨갛게 된 사람. ④매춘부. 갈보.
達磨ストーブ[★だるまストーブ] (배가 불룩한) 둥근 난로.
達磨船[★だるまぶね/だるません] 오뚝이처럼 가운데가 불룩한 배.
達士[たっし] 사물의 이치를 깨달은 사람.
1達成[たっせい] 달성; 목적한 바를 이룸.
達識[たっしき] 달식; 식견. 전체를 내다보는 식견.
達意[たつい] 달의; 뜻이 잘 통함.
達人[たつじん] 달인; ①학문・기예에 뛰어난 사람. ②인생을 달관한 사람.
1達者[たっしゃ] 〈名〉 명인(名人). 〈形動〉 ①능숙함. 능란함. 숙달됨. ②건강함. 튼튼함. ③빈틈없음. 달인(達人).
達筆[たっぴつ] 달필; 글씨를 잘 씀.

담

担(擔) 멜/짊어질 담

一 𠂇 扌 扌 扣 扣 担 担

音 ◉タン
訓 ◉になう ◉かつぐ

訓読

1◉担う[になう] 〈5他〉 ①(어깨에) 메다. 짊어지다. ②(책임을) 지다. 떠맡다.
担い[にない] 어깨에 멤. 짊어짐.
担い籠[にないかご] 어깨에 메는 바구니.
担い商い[にないあきない] 등짐장수.
担い手[にないて] ①짐을 짊어지는 사람. ②담당자.
担い太鼓[にないだいこ] 둘이서 메고 다니며 치는 아악(雅楽)에 쓰는 북.
担い桶[にないおけ] (멜대로 메어 나르는) 질통. 큰 통.
2◉担ぐ[かつぐ] 〈5他〉 ①(무거운 짐을) 짊어지다. 메다. ②받들다. 추대하다. ③(장난으로) 속이다. ④(미신에) 사로잡히다.
担ぎ[かつぎ] 짐을 메어 나르기. 짐을 메어 나르는 사람.
担ぎ上げる[かつぎあげる] 〈下1他〉 ①(짐을) 지고 일어나다. ②받들어 모시다.
担ぎ商い[かつぎあきない] 등짐장수.
担ぎ屋[かつぎや] ①미신을 몹시 따지는 사람. ②남을 속이고 즐거워하는 사람. ③생산지에서 농산물을 갖다가 파는 사람.
担ぎ込む[かつぎこむ] 〈5他〉 메어다 들여놓다. 메어다 놓다.
担ぎ出し[かつぎだし] ①메어 냄. ②추대함.
担ぎ出す[かつぎだす] 〈5他〉 ①밖으로 메어 내다. ②추대하다. 내세우다.

音読

1担架[たんか] (환자・부상자를 나르는) 들것.
2担当[たんとう] 담당; 책임지고 그 일을 맡음. 책임지고 떠맡음.
担保[たんぽ] 담보; ①담보물. ②저당물. 저당(抵当). ③보증함. 보증인
担税[たんぜい] 담세; 조세를 부담함.
担任[たんにん] 담임; 교사가 어느 학급이나 학과를 맡음.
担荷[たんか] 짐을 짐. 짊어진 짐.

胆(膽) 쓸개 담

丿 刀 月 月 刖 肌 胆 胆 胆

音 ◉タン
訓 ⊗きも ⊗い

音読

胆[たん] ①《生理》 담; 담낭. 쓸개. ②담력. 배짱.
胆結石[たんけっせき] 《医》 담결석.

胆管[たんかん] ≪生理≫ 담관.
胆嚢[たんのう] ≪生理≫ 담낭; 쓸개.
胆嚢炎[たんのうえん] ≪医≫ 담낭염.
胆略[たんりゃく] 담략; 대담하고 계략에 능함. 대담하고 지략이 풍부함.
胆力[たんりょく] 담력; 배짱.
胆石[たんせき] ≪医≫ 담석; 담석증.
胆石症[たんせきしょう] ≪医≫ 담석증.
胆液[たんえき] ≪生理≫ 담액; 담즙.
胆勇[たんゆう] 담용; 담력과 용기.
胆汁[たんじゅう] ≪生理≫ 담즙.
胆汁質[たんじゅうしつ] ≪心≫ 담즙질; 일반적으로 침착·냉정·인내력·의지가 강한 반면 고집이 세고 거만한 사람.

淡 묽을/싱거울 담

音 ◉タン
訓 ◉あわい

訓読
◉淡い[あわい] 〈形〉 ①(맛·색깔·향기 등이) 연하다. ②희미하다. 어렴풋하다. ③얇다. ④덧없다. 막연하다.
淡さ[あわさ] 옅음. 담백함. 담담함.
淡す[あわす] 〈5他〉 감의 떫은맛을 우리다.
淡淡しい[あわあわしい] 〈形〉 (색깔·모양이) 매우 희미하다. 담박하다. 옭다.
淡路島[あわじしま] ≪地≫ 兵庫県(ひょうごけん)의 일부로 瀬戸内海(せとないかい) 동쪽 끝에 위치한 섬.
淡雪[あわゆき] (초봄의) 금방 녹는 눈. 자국눈.
淡竹[★はちく] ≪植≫ 담죽; 감죽. 솜대.
淡海[あわうみ] 호수. 담수호(淡水湖).

音読
淡褐色[たんかっしょく] 담갈색; 옅은 갈색.
淡淡[たんたん] 담담; ①(맛·느낌이) 담백함. ②(태도·행동이) 담담함.
淡緑色[たんりょくしょく] 담록색; 연둣빛. 연한 초록색.
淡味[たんみ] 담미; 산뜻한 맛·취미.
淡泊[たんぱく] ☞ 淡白
淡白[たんぱく] 담백; ①(맛·느낌이) 산뜻함. ②(태도·성질 등이) 깔끔함. 소탈함.
²淡水[たんすい] 담수; 민물. 단물.
淡水魚[たんすいぎょ] ≪魚≫ 담수어; 민물고기.
淡水湖[たんすいこ] 담수호; 민물 호수.
淡彩[たんさい] 담채; 엷은 채색.
淡彩画[たんさいが] 담채화; 엷은 채색화.
淡湖[たんこ] ≪地≫ 담호; 담수호.
淡紅色[たんこうしょく] 담홍색; 연분홍.

談 말씀 담

音 ◉ダン
訓 —

音読
談[だん] 담; 담화. 이야기.
談じる[だんじる] 〈上1自〉 ①이야기하다. 논하다. ②의논하다. 상의하다. ③담판하다. 따지다.
談ずる[だんずる] 〈サ変他〉 ☞ 談じる
談じ込む[だんじこむ] 〈5他〉 따지다. 강력히 담판하다.
談論[だんろん] 담론; 담화나 의론.
談林[だんりん] 담림; ① ≪仏≫ 승려들이 학문을 닦는 곳. ②'談林風'의 준말.
談笑[だんしょう] 담소; 환담. 웃으면서 이야기함.
談余[だんよ] 담여; 이야기 끝. 이야기하는 김.
談義[だんぎ] ☞ 談議
談議[だんぎ] ①서로 의논함. 상의함. ②설교. 강의. ③시시한 이야기. 너절한 이야기.
談判[だんぱん] 담판; (사건·분쟁을 해결하기 위한) 따짐. 서로 상의함.
談合[だんごう] 담합; ①상의. 의논. ②(입찰·판매) 가격을 사전에 협정함.
談じ合う[だんじあう] 〈5他〉 의논하다. 이야기를 나누다.
談合ずく[だんごうずく] 의논해서 함. 타협해서 결정함.
談話[だんわ] 담화; ①대화. ②어떤 사안에 대한 공식적인 의견.
談話室[だんわしつ] 담화실; 휴게실.

曇 흐릴 담

音 ◉ドン
訓 ◉くもらす ◉くもる

訓読

◉曇らす[くもらす] 〈5他〉 ①(유리 등을) 흐리게 하다. ②(생각·판단을) 흐리게 하다. ③슬픈 듯한 표정을 짓다.

[4]◉曇る[くもる] 〈5自〉 ①(날씨가) 흐리다. ②(유리 등이) 흐려지다. ③(마음·표정 등이) 어두워지다. 우울해지다.

[2]曇り[くもり] ①흐림. ②우울함.

曇りガラス[くもりガラス] 불투명 유리. 젖빛 유리.

曇り空[くもりぞら] 흐린 날씨.

曇り渡る[くもりわたる] 〈5自〉 하늘 전체가 흐려지다.

曇り声[くもりごえ] 어두운 목소리.

曇り勝ち[くもりがち] 대체로 흐림. 흐리는 일이 많음. 흐려지기 쉬움.

曇り日[くもりび] 흐린 날. 흐린 날씨.

曇り草[くもりくさ] '소나무'의 다른 이름.

音読

曇天[どんてん] 담천; 흐린 날씨.

痰 가래 담 | 音 ⊗タン | 訓 —

音読

痰[たん] 담; 가래.

痰唾[たんつば] 담타; 가래와 침.

痰吐き[たんはき] 타구(唾具). 가래를 뱉는 그릇.

痰咳[たんせき] 담해; ①가래와 기침. ②가래가 끓는 기침.

痰壺[たんつぼ] 타구(唾具). 가래를 뱉는 그릇.

[답]

答 대답할 답

音 ◉トウ ◉ドウ

訓 ◉こたえる

訓読

[4]◉答える[こたえる] 〈下1他〉 ①답하다. 대답하다. ②(문제에) 대답하다.

[3]答え[こたえ] 답; ①대답. ②(문제의) 답. 해답.

音読

答礼[とうれい] 답례; 상대방의 예(礼)에 대해 답(答)함.

答弁[とうべん] 답변; 물음에 대한 대답.

答辞[とうじ] 답사; 식사(式辞)나 축사(祝辞)에 답하는 말.

答申[とうしん] 답신; (상급 관청이나 상사에게) 의견을 상신(上申)함.

答案[とうあん] 답안; ①문제의 해답. ②대답의 안건.

答電[とうでん] 답전; 회답 전보.

◑問答[もんどう]

踏 밟을 답

音 ◉トウ

訓 ◉ふまえる ◉ふむ ◉ふんまえる

訓読

◉踏まえる[ふまえる] 〈下1他〉 ①밟고 서다. 꽉 밟다. ②근거로 삼다. 입각하다.

踏まえ所[ふまえどころ] ①발 디딜 곳. ②입장. 처지. 근거.

[2]◉踏む[ふむ] 〈5他〉 ①(발로) 밟다. ②디디다. 딛다. ③과정을 거치다. ④(목적지를) 방문하다. ⑤경험하다. ⑥값을 매기다. 평가하다. ⑦지위에 오르다. ⑧운(韻)을 달다. ⑨떼어먹다.

踏み[ふみ] ≪経≫ 손해인 줄 알면서 주권(株券)을 다시 사들임.

踏みにじる[ふみにじる] 〈5他〉 ①짓밟다. 밟아 뭉개다. ②(약속을) 저버리다. 파기하다.

踏みはだかる[ふみはだかる] 〈5自〉 양다리를 벌리고 서다.

踏みはだける[ふみはだける] 〈下1他〉 양다리를 벌리고 버티어 서다.

踏み堪える[ふみこたえる] 〈下1他〉 ①(다리에 힘을 주고) 버티다. ②참고 견디다. 인내하다.

踏み継ぎ[ふみつぎ] 발판.

踏み固める[ふみかためる] 〈下1他〉 밟아 다지다.

踏み臼[ふみうす] 디딜방아.

踏み潰す[ふみつぶす] 〈5他〉 ①밟아 으깨다. ②(체면을) 심하게 손상시키다.

踏み均す[ふみならす] 〈5他〉 밟아 고르게 다지다.

踏み段[ふみだん] 층층대.
踏み台[ふみだい] 발판.
踏み倒す[ふみたおす] 〈5他〉 ①밟아 쓰러뜨리다. ②(돈을) 떼어먹다.
踏み拉く[ふみしだく] 〈5他〉 짓밟다. 밟아 뭉개다.
踏み立てる[ふみたてる] 〈下1他〉 ①발로 밟고 서다. ②(땅을 세게 밟아 새가) 날아가게 하다. ③밟아 발에 찔리다.
踏み面[ふみづら] (계단의) 발 디디는 곳. 디딤판.
踏み鳴らす[ふみならす] 〈5他〉 (발로) 쿵쿵 구르다.
踏み迷う[ふみまよう] 〈5自〉 ①(산이나 들에서) 헤매다. 방황하다. ②타락하다.
踏み反る[ふみそる] 〈5自〉 다리를 벌리고 버티고 서서 몸을 젖히다.
踏み抜き[ふみぬき] (못・가시 등에) 발바닥이 찔림.
踏み抜く[ふみぬく] 〈5他〉 ①세게 밟아 구멍을 내다. ②(못・가시 등에) 발바닥이 찔리다.
踏み付け[ふみつけ] ①짓밟음. 밟아 누름. ②깔봄. 업신여김. 얕봄.
踏み付ける[ふみつける] 〈下1他〉 ①짓밟다. 밟아 누르다. ②깔보다. 업신여기다. 얕보다.
踏み分ける[ふみわける] 〈下1他〉 밟아 헤치며 가다.
踏み散らす[ふみちらす] 〈5他〉 짓밟다. 거칠게 밟다.
踏み殺す[ふみころす] 〈5他〉 밟아 죽이다.
踏み石[ふみいし] ①디딤돌. ②징검돌.
踏み所[ふみどころ] 발 디딜 곳.
踏み外す[ふみはずす] 〈5他〉 ①(발을) 헛디디다. ②(정당한 길에서) 탈선하다. ③실각하다.
踏み越える[ふみこえる] 〈下1自〉 ①밟고 넘다. ②(곤란을) 극복하다. 뚫고 나가다.
踏み越し[ふみこし] (씨름에서) 발이 씨름판 밖으로 나감.
[1]**踏み込む**[ふみこむ] 〈5自〉 ①(힘차게) 발을 내딛다. ②발을 들여놓다. ③(남의 집에) 무단으로 뛰어들다. 〈5他〉 밟아서 밀어 넣다.
踏み込み[ふみこみ] ①힘차게 발을 내딛음. ②신발을 벗어 놓는 곳. ③(씨름에서) 일어서자마자 발을 앞으로 내딛음. ④(사물을) 깊이 파고듦.
踏み込み畳[ふみこみだたみ] 다실(茶室)에서 차를 대접하는 주인의 출입구.
踏み場[ふみば] 발 디딜 곳.
踏み張る[ふみはる] 〈5自〉 발을 벌려 힘차게 밟다.
踏み跡[ふみあと] 발자국.
[2]**踏(み)切(り)**[ふみきり] ①(철도의) 건널목. ②(뜀틀경기에서) 도약판. ③(씨름에서) 밀리어 발을 씨름판 밖으로 내밂. ④결단.
踏み切る[ふみきる] 〈5他〉 힘차게 밟아 끊다. 〈5自〉 ①땅을 힘차게 밟고 뛰어오르다. ②(씨름에서) 씨름판 밖으로 발을 내딛다. ③결단을 내리다. ④선로를 가로지르다.
踏み止まる[ふみとどまる] 〈5自〉 ①힘껏 딛고 서다. ②남아 머무르다. ③꾹 참고 그만두다. 단념하고 그만두다.
踏み車[ふみぐるま] 발로 밟아 논에 물을 대는 수차(水車).
踏み締める[ふみしめる] 〈下1他〉 ①힘껏 딛다. ②밟아 다지다.
踏み出す[ふみだす] 〈5他〉 ①(발을) 내딛다. ②출발하다. ③착수하다. 시작하다. ④(씨름판 밖으로) 발을 내딛다.
踏み脱ぐ[ふみぬぐ] 〈5他〉 (신발・하의 등을) 발로 밟아 벗다.
踏み破る[ふみやぶる] 〈5他〉 ①밟아 부수다. 걷어차 부수다. ②답파(踏破)하다.
踏み板[ふみいた] ①걸쳐놓은 발판. ②(오르간의) 발판. ③(목욕탕의) 디딤널. ④(소달구지의 앞뒤에 대는) 가로장.
踏み荒らす[ふみあらす] 〈5他〉 짓밟아 망치다. 마구 짓밟다. 엉망으로 짓밟다.
踏み絵[ふみえ] ①(江戸(えど) 시대에) 기독교인을 색출하기 위해 예수・마리아 그림을 밟게 함. ②(권력 기관의) 사상(思想) 조사・수단.

◉**踏んまえる**[ふんまえる] 〈下1他〉≪俗≫ ☞ 踏まえる
踏ん反る[ふんぞる] 〈5自〉 다리를 벌리고 버티고 서서 몸을 젖히다.
踏ん反り返る[ふんぞりかえる] 〈5自〉 ①(의자에 앉은 사람이) 거만하게 몸을 뒤로 젖히다. ②거만한 태도를 취하다. 뽐내다.
踏ん付ける[ふんづける] 〈下1他〉 ①짓밟다. 밟아 누르다. ②깔보다. 업신여기다. 얕보다.
踏ん込む[ふんごむ] 〈5自〉 ①(힘차게) 발을 내딛다. ②발을 들여놓다. ③(남의 집에) 무단으로 뛰어들다. 〈5他〉 밟아서 밀어 넣다.

踏ん込み[ふんごみ] ①힘차게 발을 내딛음. ②신발을 벗어 놓는 곳. ③(씨름에서) 일어서자마자 발을 앞으로 내딛음. ④(사물을) 깊이 파고듦. ⑤'踏込袴'의 준말. ⑥(눈이 많은 지방에서 신는) 짚신의 일종.
踏込袴[ふんごみばかま] (江戸(えど) 시대에 머슴이나 평민이 입었던) 옷자락이 좁은 여행용 袴(はかま).
踏ん張り[ふんばり] ①분발(奮発). ②버틸 힘. ③매춘부.
踏ん張る[ふんばる] 〈5自〉 ①발을 벌려 힘차게 밟다. ②분발(奮発)하다. ③뻗대다. 주장을 굽히지 않다.
踏ん切り[ふんぎり] 결심함. 결단함.
踏ん切る[ふんぎる] 〈5他〉 결단을 내려 실행하다. 결행하다.

音読

踏歌[とうか] 답가; 발을 구르며 노래하는 고대의 집단 무용.
踏舞[とうぶ] 답무; 무도. 춤.
踏査[とうさ] 답사; 실지로 가서 보고 조사함.
踏襲[とうしゅう] 답습; 그 때까지의 방식을 그대로 이어받음.
踏青[とうせい] 답청; 봄에 파랗게 난 풀을 밟으며 거닒. 들놀이.
踏破[とうは] 답파; 험한 길이나 먼 길을 끝까지 걸어감.

〔당〕

当(當) 마땅 당

丨 丷 ⺌ 当 当 当

音 ◉トウ
訓 ◉あたらす ◉あたる ◉あてる ⊗まさに

訓読

◉**当たらす**[あたらす] 〈5他〉 담당하게 하다. 맡게 하다. 대항하게 하다. 대처하게 하다.
2◉**当たる**[あたる] 〈5自〉 ①부딪히다. ②(해가) 비치다. ③(바람을) 맞다. ④(불을) 쬐다. ⑤조사하거나 확인하다. ⑥해당하다. 상당하다. ⑦명중하다. 적중하다. ⑧히트하다. 잘 팔리다.
当たらざる[あたらざる] 〈連語〉 적당하지 않다.
当たらず障らず[あたらずさわらず] 〈連語〉 무난함.
当たらない[あたらない] 〈連語〉 ①…할 필요 없다. ②들어맞지 않다.
1**当(た)り**[あたり] ①(야구에서) 타격. 공이 맞음. ②명중. 맞음. ③성공. 히트. ④촉감. 감촉. 반응. 닿는 느낌. ⑤(낚시에서의) 입질. ⑥추측. 짐작. ⑦(바둑에서) 단수(単手). ⑧(숫자에 접속하여) …당. …에 대하여. 평균. ⑨(더위·음식으로 인한) 탈. 중독.
当(た)りめ[あたりめ] 말린 오징어. するめ.
当(た)り狂言[あたりきょうげん] 흥행에 성공한 狂言(きょうげん).
当(た)り年[あたりどし] ①풍년. ②운수가 좋은 해. 일이 뜻대로 되는 해.
当(た)り鉢[あたりばち] 절구. 확돌. すりばち.
当(た)り棒[あたりぼう] 절굿공이. すりこぎ.
当(た)り散らす[あたりちらす] 〈5他〉 (닥치는 대로) 마구 화를 내다.
当(た)り箱[あたりばこ] 벼룻집. すずりばこ
当(た)り所[あたりどころ] 얻어맞은 곳.
当(た)り役[あたりやく] 호평받은 배역.
当(た)り芸[あたりげい] 호평을 받은 배역.
当(た)り屋[あたりや] ①(노름에서) 재수 좋은 사람. ②(야구에서) 안타를 잘 치는 사람. ③장사가 잘 되는 가게. ④자해공갈단(自害恐喝団). 일부러 차에 부딪치고 돈을 뜯는 사람.
当(た)り外れ[あたりはずれ] ①예상과 적중이 빗나감. ②성공과 실패.
当(た)り障り[あたりさわり] 탈. 지장.
2**当(た)り前**[あたりまえ] ①당연함. 마땅함. ②보통임. 예사로움.
2◉**当てる**[あてる] 〈下1他〉 ①부딪다. ②갖다 대다. 닿게 하다. ③(빛·열 등을) 쬐다. ④(바람을) 쐬다. ⑤명중시키다. 적중시키다. ⑥성공하다. ⑦어떤 용도에 쓰다. 충당시키다. ⑧(편지를) …앞으로 보내다. ⑨(일을 시키기 위해) 지명하다.
当てずっぽう[あてずっぽう] ≪俗≫ 억측. 어림짐작.
当てっこ[あてっこ] ≪俗≫ ①알아맞히기. ②(공 따위를) 서로 던져 맞히기.
当てられる[あてられる] 〈下1自〉 ①중독되다. 체하다. (더위를) 먹다. ②(남녀 간의 정다운 광경을 보거나 듣거나 하여) 겸연쩍다. ③지명되다. ④할당되다. 충당되다.

当てレコ[あてレコ] (영화・TV에서) 대사의 번역 녹음.

2 当て嵌まる[あてはまる] 〈5自〉 들어맞다. 적합하다. 합당하다.

2 当て嵌める[あてはめる] 〈下1他〉 맞추다. 결부시키다. 적용하다. 적용시키다.

当て技[あてわざ] (유도에서) 상대방의 급소를 찌르는 수.

当て逃げ[あてにげ] 뺑소니.

当て量る[あてはかる] 〈5他〉 추측하다. 헤아리다.

当て馬[あてうま] ①암말의 발정을 살피기 위해 접근시키는 수말. ②(상대방이 어떻게 나오는가를 시험하기 위해 내세우는)대행자(代行者). ③(선거에서) 들러리 후보.

当て無し[あてなし] 목적지가 없음.

当て物[あてもの] ①퀴즈. 수수께끼. ②현상(懸賞). ③물건 사이에 끼우는 물건.

当て付け[あてつけ] 빗대어 말하기.

当て付けがましい[あてつけがましい] 〈形〉 빗대어 빈정대는 경향이 있다.

当て付ける[あてつける] 〈下1他〉 ①넌지시 비꼬다. ②과시하다. ③할당하다. 배당하다.

当て事[あてごと] ①기대. 희망. ②퀴즈. 수수께끼.

当て石[あていし] 시금석(試金石). 황금(黄金)의 진위(真偽)를 시험하는 돌.

当て所[あてど] 목적지.

当て身[あてみ] (유도에서) 상대방의 급소를 찌르는 수.

当て外れ[あてはずれ] 기대에 어긋남. 예상이 빗나감.

当て込み[あてこみ] 기대. 희망.

当て込む[あてこむ] 〈5他〉 기대하다. 믿다.

当て字[あてじ] ①차자(借字). 뜻에 관계없이 음(音)이나 훈(訓)을 따서 어떤 말을 나타내는 한자(漢字). ②취음자(取音字). ③오자(誤字).

当て擦り[あてこすり] 빈정댐. 비꼼.

当て擦る[あてこする] 〈5自〉 빈정거리다. 비꼬다.

当て推量[あてずいりょう] 억측. 어림짐작.

当て布[あてぬの] ①(옷의) 안감. ②(물건을 어깨에 멜 때) 옷을 보호하기 위해 대는 천 조각.

⊗当に[まさに] 〈副〉 반드시. 당연히. 마땅히. 필히. 꼭.

音読

当[とう] ①합당함. 도리에 맞음. ②바로 그. 문제의.

当家[とうけ] ①우리 집. ②¶ご~ 귀댁. 그 댁.

当局者[とうきょくしゃ] 당국자; 관계 기관의 담당자.

当今❶[とうぎん] 금상(今上). 당대의 천황. ❷[とうこん] 요즈음. 근래.

当期[とうき] 당기; 이 기간. 그 기간.

当年[とうねん] 당년; ①올해. 금년. ②그 해. 그 당시.

当代[とうだい] 당대; ①현대. ②그 시대. ③현재의 주인. ④금상(今上). 지금의 천황.

当落[とうらく] 당락; 당선과 낙선.

当面[とうめん] 당면; ①일이 눈앞에 당함. ②당분간. 당장. 우선.

当方[とうほう] 당방; 우리 쪽. 이쪽.

2 当番[とうばん] 당번; 번 드는 차례.

当腹[とうふく] 현재 아내의 소생.

当否[とうひ] 당부; ①맞음과 안 맞음. ②옳음과 그름.

当分[とうぶん] 당분; ①당분간. 얼마 동안. ②그 당장.

当寺[とうじ] 이 절. 우리 절.

当社[とうしゃ] 당사; ①이 회사. ②이 신사(神社).

当事国[とうじこく] 당사국; 직접 그 일에 관계되는 나라.

当事者[とうじしゃ] 당사자; 직접 그 일에 관계되는 사람.

当山[とうざん] ①이 산. ②이 절(寺). 우리 절.

1 当選[とうせん] 당선; ①선거에 뽑힘. ②입선(入選).

当世[とうせい] 당세; ①현대. 지금 세상. ②그 당시.

当世男[とうせいおとこ] 그 당시 남자.

当世女[とうせいおんな] 그 당시 여자.

当世流[とうせいりゅう] 지금 세상에 맞는 방식.

当世児[とうせいじ] 그 해에 낳은 아이.

当世風[とうせいふう] ①그 당시. ②현대식.

当世向き[とうせいむき] 현대 취향에 맞음.

当歳[とうさい] ①올해. 금년. ②그 해에 태어남. 한 살.

当歳馬[とうさいば] 한 살 된 말.

当所[とうしょ] 당소; ①이 장소. 이 곳. ②이 사업소. 이 사무소.

[2]当時[とうじ] 당시; ①그때. 그 무렵. ②현재. 요즈음.
当業者[とうぎょうしゃ] 당업자; 해당 업자.
[2]当然[とうぜん] 당연; 마땅함.
当用買い[とうようがい] 당장 쓰이는 것만을 조금씩 삼.
当用日記[とうようにっき] 당면한 일을 적는 일기.
当用漢字[とうようかんじ] 당용 한자. 1946년에 정해진 1850자의 상용 한자. ＊1981년에 1945자인 상용 한자(常用漢字)로 대체되었음.
当月[とうげつ] 당월; 이 달. 금월(今月).
当為[とうい] ≪哲≫ 당위; 존재.
当意即妙[とういそくみょう] 당의즉묘; 임기응변. 재치가 있음.
[1]当人[とうにん] 당인; 당사자. 본인.
[2]当日[とうじつ] 당일; 그 날.
当節[とうせつ] 요즈음. 근래.
当店[とうてん] 당점; 우리 가게. 이 가게.
当座[とうざ] 당좌; ①그 때. 그 자리. 당장. 즉석. ②당분간. 우선. 임시. 잠시. ③즉석에서 내는 和歌(わか)・俳句(はいく)의 제목. ④'当座預金'의 준말.
当座勘定[とうざかんじょう] ≪経≫ 당좌계정.
当座貸(し)越(し)[とうざかしこし] ≪経≫당좌대월.
当座逃れ[とうざのがれ] 임시 모면.
当座凌ぎ[とうざしのぎ] 임시변통. 아쉬운대로 한때를 때움.
当座預金[とうざよきん] ≪経≫ 당좌예금.
当主[とうしゅ] 당주; (그 집의) 현재 주인. 호주(戸主).
当地[とうち] 당지; ①이 고장. 그 고장. ②¶ご~ 댁이 계신 곳.
当直[とうちょく] 당직; 당직자. (근무하는 곳에서) 숙직이나 일직의 번을 듦.
当籤[とうせん] 당첨; 제비에 뽑힘.
当初[とうしょ] 당초; 최초. 처음.
当限[とうぎり] ≪経≫ 당한; 당월한(当月限).
当該[とうがい] 당해; 그.
当該者[とうがいしゃ] 당해자; 당사자. 직접 그 일에 관계된 사람.
当惑[とうわく] 당혹; 당황. 어찌할 바를 모름.
当惑顔[とうわくがお] 당황한 표정. 몹시 난처한 표정.
当確[とうかく] '当選確実'의 준말.

唐(唐) 당나라 당

丶 亠 广 户 庐 戸 庚 唐 唐 唐

音 ◉トウ
訓 ◉から

訓読

◉唐❶[から] '중국'의 옛 명칭. ❷[とう] ☞[音読]
唐めく[からめく] 〈5自〉 ①중국식이다. ②이국적이고 멋있다.
唐歌[からうた] 한시(漢詩).
唐絹[からぎぬ] 중국 비단.
唐臼❶[からうす] 디딜방아. ❷[とううす] 맷돌
唐櫃[からびつ] 다리가 6개 달린 옷궤.
唐橘[からたちばな] ≪植≫ 송이꽃자금우.
唐金[からかね] 청동(青銅).
唐錦[からにしき] 중국산 비단.
唐琴[からこと] 중국의 거문고.
唐輪[からわ] 옛날, 머리 위에 고리 2개 얹은 것처럼 땋던 머리 모양.
唐綾[からあや] 도드라지게 짠 능직(綾織).
唐名❶[からな] 중국식 이름. 진귀한 이름. ❷[とうみょう] 중국식 명칭.
唐木[からき/とうぼく] 당목; 열대산 고급 목재의 총칭.
唐撫子[からなでしこ] ≪植≫ 패랭이꽃.
唐墨[からすみ/とうぼく] 당묵. 당먹.
唐文字[からもじ] 한자(漢字).
唐門[からもん] 唐破風(からはふ)가 붙은 문. ＊桃山(ももやま) 시대에 많이 사용되었음.
唐物❶[からもの] 당에서 수입한 물품. ❷[とうぶつ] 외래품. 양품(洋品).
唐獅子[からじし] 미술적으로 장식화한 사자・사자 무늬.
唐傘[からかさ] 종이우산.
唐鋤[からすき] 쟁기.
唐船[からふね] 중국 스타일의 배.
唐松[からまつ] ≪植≫ 낙엽송(落葉松).
唐手[からて] 당수; 일본의 권법. 가라테.
唐心[からごころ] 중국 당나라의 문화・사상에 심취한 마음.
唐鞍[からくら] 외국인의 접대에 사용했던 장식 안장의 하나.
唐様[からよう] ①중국 스타일. ②중국식 서체(書体).
唐芋[からいも] 'さつまいも'의 딴이름.

唐衣❶[からぎぬ] 平安(へいあん) 시대에 내명부 등이 정장할 때 맨 위에 걸친 비단옷. ❷[からころも] ①중국식 옷. ②진귀하고 아름다운 옷.
唐子[からこ] ①중국 스타일의 인형이나 그림. ②(江戸(えど) 시대에) 옆머리와 정수리를 남기고 민 유아의 머리 모양.
唐子髷[からこまげ] 머리 위에 고리를 2개 얹은 것처럼 한 머리 모양.
唐子人形[からこにんぎょう] 중국 스타일의 인형.
唐竹[からたけ] 중국에서 건너온 대나무.
唐紙❶[からかみ] 당지; 고운 무늬의 종이. ❷[とうし] 서화용의 중국제 종이.
唐紙障子[からかみしょうじ] 당지(唐紙)를 바른 미닫이.
唐織[からおり] ①중국 비단. ②能(のう) 옷차림의 하나. *여자의 우아한 상의(上衣).
唐津[からつ] ① ≪地≫ 佐賀県(さがけん)에 있는 도시. ②'唐津焼(からつやき)'의 준말.
唐津物[からつもの] ①唐津(からつ) 도자기. ② ≪関西≫ 도자기의 총칭.
唐津焼[からつやき] 唐津(からつ) 도자기. *일본 佐賀県(さがけん) 唐津(からつ)시 및 그 부근에서 구워 내는 도자기임.
唐津屋[からつや] ≪関西≫ 도자기상.
唐草[からくさ] '唐草模様'의 준말.
唐草模様[からくさもよう] 덩굴풀이 꼬이며 뻗어나가는 모양을 그린 무늬.
唐破風[からはふ] ≪植≫ 곡선으로 된 박공(牔栱)의 한 가지. *현관・대문・신사(神社) 등의 지붕에 장식용으로 쓰임.
唐風[からふう/とうふう] 중국 스타일.
唐皮[からかわ] 호랑이 가죽.
唐学び[からまなび] 한학(漢学).
唐行き[からゆき] (天草(あまくさ) 섬 지방에서) 남방으로 돈벌이하러 창녀가 되어 떠난 여성을 일컫는 말.
唐革[からかわ] 호랑이 가죽.
唐紅[からくれない] 진홍색. 짙은 다홍빛.
唐絵[からえ] 중국화(中国画).

音読

唐❶[とう] 당; 당나라. ❷[から] ☞ [訓読]
唐茄子[とうなす] 호박. 'かぼちゃ'의 딴이름.
唐突[とうとつ] 당돌; 뜻밖임. 갑작스러움.
唐変木[とうへんぼく] 얼빠진 놈. 바보.
唐本[とうほん] 당본; 중국에서 전래된 책.
唐黍[とうきび] ≪植≫ ①옥수수. ②수수.
唐詩[とうし] 당시; ①한시(漢詩). ②중국 당(唐) 시대의 시.
唐辛子[とうがらし] ≪植≫ 고추.
唐音[とうおん] 당음; ①중국 송(宋)나라 때 일본에 전해진 한자음(漢字音). ②江戸(えど) 시대에 전해진 중국어 음(音).
唐人[とうじん/からびと] ①중국인. ②외국인.
唐人船[とうじんぶね] ①중국선. ②외국선.
唐人の寝言[とうじんのねごと] (외국인의 잠꼬대처럼) 알아들을 수 없는 말. 두서없는 말.
唐縮緬[とうちりめん] 가는 실로 짠 얇고 부드러운 평직(平織).
唐土[とうど] ①중국. ②당나라.
唐画[とうが] 당화; ①당나라 시대의 그림. ②중국 스타일의 그림.

党(黨) 무리 당

丶 丷 丷 ⺌ 尚 尚 尚 尚 党 党

音 ◉トウ
訓 —

音読

[2]**党**[とう] 당; ①무리. 패거리. ②정당(政党).
党規[とうき] 당규; 당칙(党則).
党紀[とうき] 당기; 당(党)의 기강.
党内[とうない] 당내; 당의 내부.
党同伐異[とうどうばつい] 당동벌이; (옳고 그름을 떠나) 같은 파에 편들고 다른 파를 공격함.
党略[とうりゃく] 당략; 당의 책략.
党論[とうろん] 당론; 정당(政党)의 의견.
党類[とうるい] 당류; 한패거리.
党利[とうり] 당리; 당(党)의 이익.
党務[とうむ] 당무; 당(党)의 사무.
党閥[とうばつ] 당벌; 당(党)의 파벌.
党費[とうひ] 당비; ①당(党)의 비용. ②당원이 부담하는 비용.
党勢[とうせい] 당세; 당(党)의 세력.
党首[とうしゅ] 당수; 당(党)의 우두머리.
党員[とういん] 당원; 당파(党派)를 이룬 사람.
党議[とうぎ] 당의; 당론(党論).
党人[とうじん] 당인; 당원(党員).
党争[とうそう] 당쟁; 당파간의 싸움.
党籍[とうせき] 당적; 당원으로서 등록된 적(籍).
党則[とうそく] 당칙; 당규(党規).
党派[とうは] 당파; 정당의 나누인 갈래.

堂 집/당당할 당

丨 𠃍 ⺌ 𫩏 ⺍ 尚 尚 尚 堂 堂 堂

音 ◉ドウ
訓 —

音読

堂[どう] 당; ①당집. ②회당(会堂).
[1]**堂堂と**[どうどうと] ①당당함. ②당당히. 버젓이. 공공연하게.
堂堂巡り[どうどうめぐり] ①(의논 등의) 공전(空転). 개미 쳇바퀴 돌 듯함. ②(소원을 이루기 위해) 절 등의 당 주위를 돎. ③강강술래 비슷한 놀이. ④(의회에서) 국회의원이 차례로 투표함.
堂上[どうじょう] 당상; ①대청 위. ②당상관. 4품 이상의 공경(公卿). ③조정에 벼슬하는 사람.
堂上華族[どうじょうかぞく] 公家(くけ) 가문으로서 明治(めいじ) 유신 이후 화족(華族)이 된 귀족.
堂守[どうもり] 당직(堂直). 당지기.
堂奥[どうおう] 당오; ①당내(堂内)의 깊숙한 곳. ②(학문·기예 등의) 심오한 경지.
堂宇[どうう] 당우; ①당(堂)의 처마. ②전당(殿堂).
堂塔[どうとう] 당탑; 사찰(寺刹)의 당(堂)과 탑.
堂塔伽藍[どうとうがらん] 당탑가람; 사찰(寺刹)에 건립된 온갖 축조물.

糖(糖) ①사탕 당 ②사탕 탕

丷 丬 米 米' 籵 粐 粔 粓 糖 糖

音 ◉トウ
訓 —

音読

糖[とう] 당; 당분(糖分).
糖尿病[とうにょうびょう] 당뇨병.
糖類[とうるい] 당류; 가용성이며 단맛이 나는 탄수화물.
糖蜜[とうみつ] 당밀; 설탕을 녹여 꿀처럼 졸인 것.
糖分[とうぶん] 당분; 단맛의 성분.
糖衣錠[とういじょう] 당의정; 약의 겉에 당의를 입힌 것.
糖質[とうしつ] 당질; 다량의 전분을 함유한 물질.
糖化[とうか] 당화; 탄수화물이 당분으로 변화됨.

撞 두드릴 당

音 ⊗ドウ ⊗シュ
訓 ⊗つく

訓読

⊗**撞く**[つく] 〈5他〉 ①(공을) 치다. ②(종을) 치다.

音読

撞球[どうきゅう] 당구.
撞木[しゅもく] 당목; 절에서 종을 치는 T자형의 나무 막대.
撞着[どうちゃく] 당착; 모순.

瞠 똑바로볼 당

音 ⊗ドウ
訓 ⊗みはる

訓読

⊗**瞠る**[みはる] 〈5他〉 ①눈을 크게 뜨고 보다. ②경계(警戒)하다. 망을 보다.

音読

瞠目[どうもく] 당목; 괄목. (놀라거나 감탄하여) 눈을 크게 뜸.
瞠若[どうじゃく] 당약; 감짝 놀라서 눈이 휘둥그레짐.

〔대〕

大 큰 대

一 ナ 大

音 ◉タイ ◉ダイ ⊗タ
訓 ◉おおきい ◉おお

訓読

[2]◉**大**[おお] ①'큰·넓은·많은' 등의 뜻. ②'정도가 심한·아주 큰' 등의 뜻. ③'서열에서 상위'의 뜻. ④'극한적인·제일'의 뜻.
大いなる[おおいなる] ①비상한. 위대한. 크나큰. ②대단한. 엄청난. 심한.
[2]**大いに**[おおいに] ①대단히. 매우. 크게. ②많이.
[4]◉**大きい**[おおきい] 〈形〉 ①크다. ②(정도가) 심하다. ③허세부리다. 과장하다. 잘

난 체하다. 허풍을 떨다. ④중요하다. 값어치가 있다. ⑤마음이 넓다.

3 **大きさ**[おおきさ] 크기.

3 **大きな**[おおきな] 큰. 큼직한. 커다란.

大きに[おおきに] ①대단히. 매우. 몹시. ②고맙다. ＊関西(かんさい) 지방의 방언 'おおきに ありがとう'의 준말.

大きやか[おおきやか]〈形動〉꽤 큼직함. 제법 큼.

大どか[おおどか]〈形動〉대범하고 느긋함. 태평스러움. 느긋함.

大っぴら[おおっぴら]〈形動〉공공연함.

大まか[おおまか]〈形動〉①대충임. 대략적임. ②대범함. 의젓함.

大らか[おおらか]〈形動〉대범함. 너글너글함.

2 **大家❶**[おおや] ①셋집 주인. 집주인. ②안채. 본채. ③본가. 큰집. ❷[たいか] ☞ [音読] ❸[たいけ] ☞ [音読]

大歌[おおうた] 궁정의 행사에 쓰이는 노래.

大袈裟[おおげさ] ①과장됨. 허풍을 떪. ②(정도가 지나친) 요란스러움. 야단스러움. ③어깨로부터 비스듬히 내리쳐 벰.

大角豆[★ささげ] ≪植≫ 광저기. 강두.

大間[おおま] ①물건 사이의 간격이 큼. ②넓은 방. ③〈形動〉장단 사이의 박자가 느림.

大間違い[おおまちがい] 큰 잘못. 큰 착각.

大甘[おおあま] ①지나치게 관대함. ②지나치게 낙관적임.

大江戸[おおえど] '江戸(えど)'의 미칭(美称).

大岡裁き[おおおかさばき] 공정하고 인정미 넘치는 재판. ＊江戸(えど) 중기의 명재판관 大岡越前守(おおおかえちぜんのかみ)의 재판이 인정미 있고 공정한 데서 유래됨.

大降り[おおぶり] (비・눈이) 세차게 내림.

大綱[おおづな] ①굵은 밧줄. ②(사물의) 대강(大綱). 근본.

大鋸[★おが] 큰 톱.

大鋸屑[★おがくず] 톱밥.

大犬のふぐり[おおいぬのふぐり] ≪植≫ 큰개불알풀.

大犬蓼[おおいぬたで] ≪植≫ 큰개여뀌.

大犬座[おおいぬざ] ≪天≫ 대견좌; 큰개자리.

大見得[おおみえ] (歌舞伎(かぶき)에서) 배우가 유달리 눈에 띄는 연기나 표정을 함.

大見出し[おおみだし] 대표제어. ①문장 전체에 붙이는 큰 표제어. ②(신문에서) 눈에 띄게 큰 활자로 된 표제어.

大股[おおまた] 황새걸음. 성큼성큼 걸음.

大鼓[おおかわ/おおつづみ] 能(のう)・歌舞伎(かぶき)에서 사용하는 장구.

大谷渡り[おおたにわたり] ≪植≫ 파초일엽.

大谷石[おおやいし] ≪鉱≫ 응회석(凝灰石). 응회암(凝灰巖).

大曲❶[おおわだ] 후미. 강이나 호수의 물이 육지 깊숙이 들어온 곳. ❷[たいきょく] ≪楽≫ 대곡; ①규모가 큰 악곡. ②아악곡(雅楽曲)의 하나.

大曲(が)り[おおまがり] 길이 심하게 구불구불함.

大骨[おおぼね] ①큰 뼈. 굵은 뼈. ②몹시 고생을 함. 심히 고생을 함.

1 **大空**[おおぞら] 넓은 하늘. 창공.

大供[おおども] ≪俗≫ 덜된 어른. 늦된 어른. ＊조롱하는 말임.

大貫[おおぬき] 삼목(杉木)이나 노송나무의 중인방.

大関[おおぜき] ①(씨름꾼의 등급의 하나로) 최고인 横綱(よこづな) 다음. ②(옛날) 같은 무리 중에서 제일 뛰어난 사람.

大広間[おおひろま] ①모임을 위한 아주 넓은 방. 큰 홀. ②(옛날) 江戸(えど) 성안의 정식 대면 장소.

大広場[おおひろば] 대광장; 아주 넓은 장소.

大掛(か)り[おおがかり] 대규모. 대대적임.

大橋[おおはし] 대교; 큰 다리.

大口[おおぐち] ①큰 입. 입을 크게 벌림. ②큰소리. 허풍. ③(거래에서) 거액. 수량이 많음.

大篝[おおかがり] 크게 피운 화톳불.

大軍❶[おおいくさ] 큰 전쟁. ❷[たいぐん] 대군; 많은 군대.

大君❶[おおきみ] ①천황(天皇)의 경칭. ②친왕(親王)・왕자・왕녀 등의 경칭. ❷[おおぎみ] 주군(主君)의 높임말. ❸[たいくん] 군주(君主)의 높임말.

大弓❶[おおゆみ] (옛날의) 석궁(石弓). ❷[だいきゅう] 대궁; 큰 활.

大宮[おおみや] ①대궐・궁전・神社(じんじゃ)의 높임말. ②태황태후(太皇太后)・황태후(皇太后)의 높임말. ③모후(母后).

大宮人[おおみやびと] 궁중에서 벼슬살이하는 귀족.

大鬼蓮[おおおにばす] ≪植≫ 큰가시연.

大掴み[おおづかみ] ①한 움큼. ②대충. 대강.

大根❶[おおね] ①근본. 근원. ②굵은 화살촉. ❷[だいこん] ≪植≫ 무.

1 **大筋**[おおすじ] 대강의 줄거리. 대략적인 면.
大金持ち[おおがねもち] 큰 부자.
大錦鶏菊[おおきんけいぎく] ≪植≫ 큰금계국.
大急ぎ[おおいそぎ] 몹시 급함. 화급(火急).
大己貴神[おおなむちのかみ] '大国主命(おおくにぬしのみこと)'의 딴이름.
大技[おおわざ] (씨름·유도에서) 큰 기술. 대담한 수.
大寄せ[おおよせ] ①유흥장에 많은 기생이나 연예인을 모아 놓고 노는 일. ②(바둑에서) 종반전 초에 형세의 판단이 어려운 단계.
大男[おおおとこ] 몸집이 큰 남자.
大納戸[おおなんど] (江戸(えど) 시대에) 将軍(しょうぐん)·大名(だいみょう)의 의복·기구 등의 출납을 담당하던 벼슬.
大内[おおうち] 궁궐. 대궐.
大内山[おおうちやま] 궁궐. 대궐.
大内刈り[おおうちがり] (유도에서) 안다리 후리기.
大内雛[おおうちびな] 천황(天皇) 부부를 본떠 만든 한 쌍의 인형.
大女[おおおんな] 몸집이 큰 여자.
大年[おおとし] 섣달 그믐날.
大年寄り[おおどしより] 豊臣(とよとみ) 시대의 관직 이름.
大年増[おおどしま] 한창때가 지난 40대의 중년 부인. ＊江戸(えど) 시대에는 30대를 말하였음.
大旦那[おおだんな] ①웃어른. 큰 주인 영감. ②절의 큰 시주(施主).
大檀那[おおだんな] ☞ 大旦那
大当(た)り[おおあたり] ①크게 적중함. ②대성공. 히트 침. ③(추첨에서) 크게 당첨됨. ④(야구에서) 타격이 아주 좋음.
大台[おおだい] ①(주식 거래에서) 100엔대. 100엔선. ②(수량의 큰 단위) …대(台). …선(線).
大台乗せ[おおだいのせ] (주식 거래에서) 주식값이 100엔대를 넘어섬.
大台割れ[おおだいわれ] (주식 거래에서) 주식값이 100엔대 이하로 떨어짐.
大待宵草[おおまつよいぐさ] ≪植≫ 큰달맞이꽃.
大道❶[おおみち] ①넓은 길. 큰 거리. 대로. ②36정(町) 또는 60정(町)을 1리(里)로 치는 이정(里程). ❷[だいどう] ①대로. 큰길. ②길가. 가두. ③(마땅히 지켜야 할) 도리. 근본 도덕.
大道具[おおどうぐ] ①대도구; 큰 무대. ②대도구 담당자.
大道具方[おおどうぐがた] 대도구·큰 무대 담당자.
大島紬[おおしまつむぎ] 大島(おおしま) 명주.
大島餡[おおしまあん] 흑설탕을 넣어 만든 팥소.
大胴[おおどう] 큰북. 큰장고.
大棟[おおむね] 용마루.
大童[おおわらわ] ①머리가 산발이 됨. ②정신없이 일함. 분주함.
大頭[おおがしら] 우두머리.
大嵐[おおあらし] 대폭풍.
大連[おおむらじ] 大和(やまと) 조정(朝廷)의 집정자.
大鈴[おおすず] 탁(鐸). 자루 달린 요령.
大路[おおじ] 대로; 큰길. 한길.
大瑠璃[おおるり] ≪鳥≫ 큰유리새.
大鹿[おおじか] ≪動≫고라니. 큰사슴.
大綾[おおあや] 능직의 무늬가 큰 것.
大立(て)者[おおだてもの] ①(연극단에서) 간판 배우. 가장 뛰어난 배우. ②거물. 실력자. 중진.
大立(ち)回り[おおたちまわり] ①(연극에서) 대난투극. 대활극. ②큰 싸움. 대결투.
大粒[おおつぶ] 낱알이 굵음. 큰 방울. 큰 알.
大売(り)出(し)[おおうりだし] 대매출; 특별판매. 세일.
大麦[おおむぎ] ≪植≫ 대맥; 보리.
大毛蓼[おおけたで] ≪植≫ 털여뀌.
大名物[おおめいぶつ] 가장 오래되고 귀한 다도구(茶道具).
大木戸[おおきど] ①큰 대문. ②江戸(えど) 시대에 각 도시의 출입구에 둔 관문(関門).
大目[おおめ] ①200돈(750그램)을 1근으로 하는 계산법. ②관대함. 너그러움.
大目付[おおめつけ] 江戸(えど) 시대의 관직 이름.
大目玉[おおめだま] ①부릅뜬 눈. 큰 방울눈. ②심한 꾸중. 야단.
大木吸虫[おおきすいむし] ≪植≫ 나무 쑤시기.
大文字❶[おおもじ] (로마자의) 대문자. ❷[だいもんじ] ①굵고 큰 문자. ②큰댓자(大). ③뛰어난 문장.
大門❶[おおもん] 대문; ①(저택이나 성의) 정문. ②유곽 입구의 문. ❷[だいもん] ①(사찰 등의) 바깥 정문. ②훌륭한 가문.
大物[おおもの] ①큰 것. 대짜. ②거물. 큰 인물.

大物食い[おおものぐい] (씨름·바둑·장기에서) 상급자 킬러.

大味[おおあじ] ①맛이 덤덤함. 감칠맛이 없음. ②아기자기한 맛이 없음.

大反魂草[おおはんごんそう] ≪植≫ 삼잎국화.

大飯[おおめし] 많은 양의 밥.

大飯食らい[おおめしぐらい] 식충이. 밥을 많이 먹는 사람.

大盤振(る)舞い[おおばんぶるまい] ①진수성찬. ②성대한 향응. 후한 대접.

1 **大方❶**[おおかた] ①대부분. ②보통. 일반. ③일반 사람. ④대충. 대강. 거의. ⑤아마. ❷[たいほう] ☞ [音読]

大百姓[おおびゃくしょう] 대농(大農).

大伯母[おおおば] 조부모의 누이. 왕고모.

大伯父[おおおじ] 조부모의 형. 종조부.

大番[おおばん] ①사이즈가 큰 것. 대형. ②'大番役(おおばんやく)'의 준말. ③'大番組'의 준말.

大番役[おおばんやく] (平安(へいあん)·鎌倉(かまくら) 시대에) 京都(きょうと)의 왕궁을 경비하던 각 지방의 무사.

大番組[おおばんぐみ] 江戸城(えどじょう)·京都(きょうと)의 궁성·大阪城(おおさかじょう)을 교대로 경비하던 江戸幕府(えどばくふ)의 군사 조직.

大鷭[おおばん] ≪鳥≫ 큰물닭.

2 **大凡**[おおよそ] ①대개. 대강. ②대략. ③일반적으로.

大壁[おおかべ] ≪建≫ 기둥의 양쪽에 판자를 붙이거나 그 외부에 회칠을 한 벽.

大弁慶草[おおべんけいそう] ≪植≫ 큰꿩의비름.

1 **大柄**[おおがら] ①몸집이 보통보다 큼. ②무늬가 큼.

大服[おおぶく] ①한 번에 많이 먹음. ②한 번에 많이 끓임.

大服茶[おおぶくちゃ] ☞ 大福茶

大福❶[おおぶく] ①한 번에 많이 먹음. ②한 번에 많이 끓임. ❷[だいふく] ①대복; 큰 복. ②'大福餅'의 준말.

大福茶[おおぶくちゃ/だいふくちゃ] 대복차; 매실·검정콩·산초·다시마 등을 띄운 차로서 설날에 마시면 그 해의 액막이가 된다고 하는 차.

大本[おおもと/たいほん] (사물의) 대본. 근본. 기틀.

大部屋[おおべや] ①큰 방. ②공동으로 쓰는 방. ③단역 배우. ④일반 병실(病室).

大敷(き)網[おおしきあみ] 정치 어망(定置漁網)의 하나.

大分❶[おおいた] 九州(きゅうしゅう) 동북부의 현(県). 또는 그 현청(県庁) 소재지. ❷[だいぶ/だいぶん] 꽤. 제법. 상당히. 많이.

大祓[おおはらい/おおはらえ] 궁중·神社(じんじゃ)에서 하는 큰 액막이 의식.

大仕掛(け)[おおじかけ] 〈形動〉 ①대규모임. 대대적임. ②규모가 큰 주식 거래.

大写し[おおうつし] (영화·TV·사진에서) 클로즈업.

大事❶[おおごと] 중대사. 큰일. 대사건. ❷[だいじ] ①대사; 큰일 중대사. ②〈形動〉 소중함. 중요함.

大蛇[おろち/だいじゃ] 대사; 큰 뱀. 이무기.

大鉈[おおなた] 큰 손도끼.

大山衾[おおやまふすま] ≪植≫ 개벼룩.

大山蓮花[おおやまれんげ] ≪植≫ 함박꽃나무.

大山鷺草[おおやまさぎそう] ≪植≫ 큰제비난.

大山桜[おおやまざくら] ≪植≫ 산벚나무.

大相撲[おおずもう] ①(일본씨름협회가 주관하는) 씨름 대회. ②볼만한 열띤 씨름.

大商い[おおあきない] 대상; 큰 장사. 큰손.

大商人[おおあきんど] 대상인; 호상(豪商).

大昔[おおむかし] 아주 먼 옛날. 태고(太古).

大船[おおぶね/たいせん] 대선; 큰 배.

大雪❶[おおゆき] 대설; 큰 눈. ❷[たいせつ] ①대설; 큰 눈. ②24절기 중의 하나인 대설. ＊12월 8일경.

1 **大声❶**[おおごえ] 큰 목소리. ❷[たいせい] ①큰 목소리 ②고상한 음악.

大城戸[おおきど] ①큰 대문. ②(江戸(えど) 시대에) 각 도시 출입구에 둔 관문(関門).

大盛り[おおもり] 수북이 담음. 곱빼기.

大猩猩[おおしょうじょう] ≪動≫ 고릴라.

4 **大勢❶**[おおぜい] 여러 사람. 여럿. 많은 사람. ❷[たいせい] 대세; 대체의 형세.

大歳[おおとし] 섣달 그믐날.

大所❶[おおどころ/おおどこ] ①부잣집. 큰 집. ②실력자. 세도가. 세력가. ③권위자. 거물. ❷[たいしょ] ①넓은 시야. 넓은 관점. ②떳떳한 자리.

大笑い[おおわらい] ①큰 소리로 웃음. ②웃음거리.

大掃除[おおそうじ] ①대청소. ②(반대자의) 정리. 숙청.

大騒ぎ[おおさわぎ] 큰 소동. 야단법석.
大束[おおたば] 〈名〉 큰 다발. 큰 묶음. 〈形動〉 ①대충. 대략적임. ②과장. 과대. 어마어마함.
大粟[おおあわ] ≪植≫ 조.
大粟反[おおあわがえり] ≪植≫ 큰조아재비.
大損[おおぞん/だいそん] 큰 손해.
[1]**大水**[おおみず] 큰물. 홍수.
大手❶[おおて] ①(전투에서) 정면 공격부대. ②성(城)의 정면 출입구. ③(상거래에서) 큰손. ❷[おおで] 활개. 두 팔.
大手筋[おおてすじ] ①(상거래에서). 큰손. ②대기업(大企業). ③성(城) 앞의 큰길.
大手亡[おおてぼう] 강낭콩의 일종. *상거래에서 사용하는 말임.
大手門[おおてもん] 성(城)의 정문.
大手合(い)[おおてあい] (일본 기원에서) 공식 승단 대회.
大受け[おおうけ] 대호평임. 대단한 인기를 얻음.
大叔母[おおおば] 종조모. 조부모의 자매.
大叔父[おおおじ] 종조부. 조부모의 형제.
大矢数[おおやかず] ①(江戸(えど) 시대에) 일주야를 계속 활을 쏘던 경기. ②(俳諧(はいかい)에서) 한 사람이 하루에 많은 구(句)를 계속 읊음.
大時代[おおじだい] ①고리타분함. 시대에 뒤짐. 케케묵음. ②'大時代狂言'의 준말.
大時代狂言[おおじだいきょうげん] (浄瑠璃(じょうるり)・歌舞伎(かぶき)에서) 源平(げんぺい) 이전 시대의 것을 소재로 각색한 狂言(きょうげん).
大息[おおいき/たいそく] 한숨. 큰 숨.
大食い[おおぐい] 대식가. 많이 먹음.
大身❶[おおみ] (칼・창의) 날이 길고 큼. ❷[たいしん] 신분・지위가 높음.
大神[おおかみ/だいしん] 대신; 위대한 신.
大岩[おおいわ] 큰 바위.
大岩切草[おおいわぎりそう] ≪植≫ '글록시니아(gloxinia)'의 딴 이름.
大桜草[おおさくらそう] ≪植≫ 큰앵초.
大仰[おおぎょう] ①과장됨. 허풍을 떪. 호들갑스러움. ②대규모.
大野[おおの] 광야. 넓은 들판.
大弱り[おおよわり] 몹시 난처함.
大様[おおよう] ① 〈形動〉 대범함. 의젓함. 느긋함. ②대강. 대체로.
大御[おおみ] 신(神)이나 천황(天皇)에 관한 사물에 붙이던 말. 어(御).
大御歌[おおみうた] 천황(天皇)이 직접 지은 和歌(わか).
大御代[おおみよ] 천황(天皇)이 다스리는 시대.
大御稜威[おおみいつ] 천황(天皇)의 거룩한 위덕(威徳).
大御宝[おおみたから] 천황(天皇)의 백성.
大御世[おおみよ] ☞ 大御代(おおみよ)
大御所[おおごしょ] ①은퇴한 将軍(しょうぐん). 또는 그 거처. ②親王(しんのう)・将軍(しょうぐん)의 높임말. ③거물. 실력자.
大御神[おおみかみ] '신(神)'의 높임말. 위대한 신.
大御心[おおみこころ] 천황(天皇)의 마음.
大御言[おおみこと] 천황(天皇)의 말씀.
大御祖[おおみおや] ①천황의 조상. ②천황의 어머니.
大御酒[おおみき] ①신주(神酒). ②천황에게 바치는 술.
大業❶[おおわざ] (씨름・유도에서) 큰 기술. ❷[おおぎょう] ☞ 大仰(おおぎょう) ❸[たいぎょう] 대업; 큰 업적.
大業物[おおわざもの] 아주 예리한 도검(刀剣).
大葉麻殻[おおばあさがら] ≪植≫ 나래쪽동백.
大葉升麻[おおばしょうま] ≪植≫ 왜승마.
大葉疣取[おおばいぼた] ≪植≫ 왕쥐똥나무.
大葉子[おおばこ] ≪植≫ 질경이.
大葉草藤[おおばくさふじ] ≪植≫ 큰갈퀴.
大葉血止草[おおばちどめくさ] ≪植≫ 큰잎피막이.
大蒜[★にんにく] ≪植≫ 마늘.
大奥[おおおく] ①(江戸城(えどじょう)에서) 将軍(しょうぐん)의 부인이 거처하던 곳. ②궁중의 깊숙한 곳.
大奥様[おおおくさま] 奥様(おくさま)라고 불리는 여자의 모친이나 시어머니.
大玉[おおだま] ①큰 구슬. 큰 진주. ②알이 굵은 과일. ③알이 굵은 것.
大屋[おおや] ☞ 大家(おおや)
大屋根[おおやね] 2층의 지붕.
大外刈り[おおそとがり] (유도에서) 밭다리후리기.
大雨[おおあめ/たいう] 큰비. 폭우. 호우.
大雨注意報[おおあめちゅういほう] 호우 주의보.
大熊座[おおぐまざ] ≪天≫ 대웅좌; 큰곰자리.
大違い[おおちがい] 큰 차이.

大有り[おおあり] ①얼마든지 있음. ②물론 있음. 말할 것도 없이 있음.

大油薄[おおあぶらすすき] ≪植≫ 큰기름새.

大揉め[おおもめ] 말썽이 많음. 크게 말썽이 일어남.

大銀杏[おおいちょう] ①큰 은행나무. ②은행잎처럼 편 무가(武家)의 머리 모양.

4 **大人❶**[★おとな] ①어른. 성인. ②〈形動〉 ㉠착함. 얌전함. ㉡의젓함. 어른스러움. ❷[たいじん] ☞[音読] ❸[だいにん] ☞[音読]

大人しい[★おとなしい] 〈形〉 ①얌전하다. 온순하다. ②점잖다. ③고분고분하다.

大人しやか[★おとなしやか] 〈形動〉 ①얌전함. ②의젓함. 어른스러움.

大人びる[★おとなびる] 〈上1自〉 어른스러워지다.

大人ぶる[★おとなぶる] 〈5自〉 어른인 양 …하다.

大人気無い[★おとなげない] 〈形〉 어른답지 않다. 점잔하지 않다.

大人数[おおにんずう] 많은 사람.

大引(き)[おおびき] ≪建≫ 마룻귀틀을 받치는 횡목(横木).

大引(け)[おおびけ] ①(증권 거래에서) 종가(終価). ②(옛날 유곽에서) 새벽 2시경의 문 닫는 시간.

大引値段[おおびけねだん] (증권 거래소에서) 최종가(最終価).

大一番[おおいちばん] ①(씨름에서) 우승이나 승진이 걸린 아주 중요한 시합. ②중요한 승부.

大一座[おおいちざ] ①(극단 등의) 많은 인원으로 구성된 일단(一団). ②집단 손님.

大入り[おおいり] (흥행장의) 만원(満員).

大入(り)袋[おおいりぶくろ] 특별 보너스 봉투.

大入道[おおにゅうどう] ①까까머리의 거인. ②키가 큰 까까머리의 도깨비.

大入(り)満員[おおいりまんいん] 대만원(大満員). 초만원(超満員).

大字❶[おおあざ] 일본의 말단 행정 구역의 하나. ❷[だいじ] ①대자; 큰 글자. ②漢数字. ＊壱(일)・弐(이)・参(삼).

大雑把[おおざっぱ] ①엉성함. 조잡함. ②대충. 어림잡음.

大場[おおば] ①넓고 큰 장소. ②(바둑에서) 돌을 꼭 먼저 놓아야 할 큰 곳. ③큰 뜰.

大場所[おおばしょ] ①넓은 장소. ②공식적인 자리. ③정기 씨름 대회.

大蔵[おおくら] ①큰 광. 창고. ②조정(朝廷)의 창고.

大蔵大臣[おおくらだいじん] 대장대신; 재무부(財務部) 장관.

大蔵省[おおくらしょう] 대장성; 재무부(財務部).

大蔵印刷局[おおくらいんさつきょく] 대장성 인쇄국. 조폐공사.

大裁ち[おおだち] (일본 옷에서) 성인용 한 벌을 마름질하는 방법.

大底[おおぞこ] ①(증권 거래소에서) 1년 동안에 가장 싼 가격. ②값이 내렸을 때의 최저 가격.

大儲(け)[おおもうけ] 큰 벌이. 큰 이익.

大殿[おおとの] ①대전; '宮殿(きゅうでん)'의 높임말. ②(귀인의 부친에 대한 높임말로) 큰 대감. ③'大臣(だいじん)'에 대한 높임말. 대감님. ④귀인의 집에 대한 높임말. 큰 집.

大殿油[おおとのあぶら] 궁중의 대전에 켜는 등잔불.

大切り[おおぎり] ①큼직하게 토막을 냄. ②(그 날의) 마지막 공연. ③최후. 마지막. 끝장.

大店❶[おおみせ] ①큰 가게. 큰 상점. ②江戸吉原(えどよしわら)에서, 격식이 가장 높은 유곽. ❷[おおだな] 큰 가게. 큰 상점.

大正月[おおしょうがつ] ①1월 1일. ②1월 1일부터 7일까지.

大政所[おおまんどころ] ①摂政(せっしょう)・関白(かんぱく)의 어머니에 대한 높임말. ②특히 豊臣秀吉(とよとみひでよし)의 어머니를 말함.

大庭埃[おおにわほこり] ≪植≫ 큰비노리.

大助かり[おおだすかり] 크게 도움이 됨.

大組(み)[おおぐみ] (인쇄에서) 대판. 부분 조판한 것을 한 페이지로 정리한 것.

大鳥[おおとり] ①큰 새. ②상징적인 큰 새.

大潮[おおしお] 한사리. 조수의 차가 가장 큰 때의 밀물과 썰물.

大足[おおあし] ①큰 발. ②대형 나막신. ③큰 걸음. 성큼성큼 걸음.

大酒[おおざけ/たいしゅ] 대주; 많은 양의 술.

大酒飲(み)[おおざけのみ] 대주가. 모주꾼.

大株主[おおかぶぬし] 대주주.

大旨❶[おおむね] ①사물의 대체적인 취지. 대강. ②대체적으로. 일반적으로. ❷[たいし] 대지; 대의(大意).

1 **大地震**[おおじしん] 대지진; 규모가 큰 지진.

ㄷ

大芝居[おおしばい] ①규모가 큰 연극. 유명 배우들이 총출연하는 연극. ②幕府(ばくふ)가 공인한 극장. ③사활을 건 대승부.

大持て[おおもて] 대인기. 대환영.

大振り[おおぶり] ①(야구에서) 크게 휘두름. ②진폭의 정도가 큼. ③큼직함. 대형임.

大振(る)舞(い)[おおぶるまい] 성대히 대접함. 성대한 연회.

大真面目[おおまじめ] 아주 진지함.

大札[おおふだ] ①큰 팻말. ②프리패스 입장권. ③흥행의 회계 책임자.

大川[おおかわ] ①대천; 큰 강. ②隅田川(すみだがわ)의 하류. ③淀川(よどがわ)의 하류.

大川端[おおかわばた] 隅田川(すみだがわ) 하류의 우안(右岸) 일대.

大川狩(り)[おおかわがり] 큰 강에서 목재를 한 개씩 흘려보냄.

大出来[おおでき] ①훌륭한 성과. ②(만듦새가) 큼직함.

大炊[おおい] 천황의 수라상.

大打物[おおうちもの] 커다란 무기.

大太鼓[おおだいこ] 큰 북.

大太刀[おおだち] 큰 칼.

大筒[おおづつ] ①옛날의 대포(大砲). ②술을 담는 커다란 대통.

[2]**大通り**[おおどおり] 큰길. 대로. 한길.

大把[おおたば] ①큰 다발. 큰 묶음. ②〈形動〉 대충. 대략적임. ③과장. 과대. 어마어마함.

大判[おおばん] ①대판; 대형판. ②江戸(えど) 시대의 금화(金貨)·은화(銀貨).

大八洲[おおやしま] '일본(日本)'의 옛 이름.

大貝[おおがい] 한자(漢字)의 머리혈(頁) 변.

大鮃[★おひょう] ≪魚≫ 북해(北海)산의 큰 넙치.

大幣[おおぬさ] 신전(神前)의 공물로 종이·비단 등을 오려 막대 끝에 늘어뜨린 것.

[1]**大幅**❶[おおはば] 대폭; ①큰 폭. 천의 넓은 폭. ②변동이 큼. 대폭적임. ❷[たいふく] 큰 족자.

大風❶[おおかぜ] 태풍. 강풍. ❷[おおふう] ①거만함. 거드름을 피움. ②대범함. 느긋함.

大風呂敷[おおぶろしき] ①큰 보자기. 큰 보따리. ②허풍.

大皮[おおかわ] 能(のう)·歌舞伎(かぶき)에 사용하는 장구.

大汗[おおあせ] 비지땀.

大海❶[おおうみ] ①대해; 대양. 큰 바다. ②(직물·蒔絵(まきえ)에서) 큰 파도·어패류·해초 등 해변 경치를 나타낸 무늬. ❷[たいかい] 대해; 대양. 큰 바다.

大海原[おおうなばら] 넓고넓은 바다.

大蟹釣[おおかにつり] ≪植≫ 개나리새.

大向(こ)う[おおむこう] ①(극장에서의) 입석. ②일반 관람객.

大向(こ)う受け[おおむこううけ] 관객의 갈채를 받음. 대중의 호평을 받음.

大嘘鳥[おおおそどり] 까마귀. ＊욕하는 말임.

大穴[おおあな] ①큰 구멍. ②큰 손해. ③(경마·경륜 등에서) 예상 밖의 큰돈. 뜻밖의 큰돈. 횡재(横財).

大形❶[おおがた] 규모가 아주 큼. 대형. ❷[おおぎょう] ①과장됨. 허풍을 떪. 호들갑스러움. ②대규모.

大型[おおがた] 대형; 규모가 아주 큼.

大戸[おおど] 정문. 대문. 큰 가게 문.

大虎杖[おおいたどり] ≪植≫ 왕호장근.

大胡坐[おおあぐら] 건방지게 책상다리를 하고 앉음.

大紅空木[おおべにうつぎ] ≪植≫ 붉은병꽃나무.

大和[★やまと] ①일본의 옛 지명. ＊지금의 奈良県(ならけん). ②'日本国'의 딴 이름.

大和仮名[★やまとがな] 'カタカナ'의 딴이름.

大和歌[★やまとうた] '和歌(わか)'의 딴이름.

大和琴[★やまとごと] 일본 거문고.

大和島根[★やまとしまね] ①'일본'의 옛 이름. ②'奈良県(ならけん)'의 옛 이름.

大和路[★やまとじ] 옛날 大和(やまと) 지방의 연도(沿道).

大和万歳[★やまとまんざい] 奈良県(ならけん)의 한 지방에서 발달한 2인조 광대.

大和塀[★やまとべい] 삼나무 껍질을 세로로 늘어세우고 대오리로 테를 두른 일본식 울타리.

大和撫子[★やまとなでしこ] ①일본 여성의 미칭(美称). ②'撫子(なでしこ)'의 딴 이름.

大和文字[★やまともじ] 'かな'의 딴 이름.

大和民族[★やまとみんぞく] 일본 민족.

大和時代[★やまとじだい] 大和(やまと) 조정(朝廷)이 있었던 4세기부터 645년까지의 시대.

大和柿[★やまとがき] 단감. 'ごしょがき'의 딴이름.

大和心[★やまとごころ] ①일본 고유의 용맹스런 정신. ②우미(優美)하고 부드러운 심정.
大和鞍[★やまとぐら] 일본식 장식 안장.
大和言葉[★やまとことば] ①일본 고유의 언어. ②주로 平安(へいあん) 시대의 언어. ③和歌(わか).
大和芋[★やまといも] 참마의 일종.
大和煮[やまとに] 쇠고기를 간장·설탕·생강 등으로 삶은 식품.
大和朝廷[★やまとちょうてい] 일본 황실(皇室)이 大和(やまと) 지방에 있었던 시대의 조정.
大和酒[★やまとざけ] 일본술. ＊沖縄(おきなわ)에서 하는 말임.
大和魂[★やまとだましい] 일본 민족 고유의 용맹스런 정신.
大和絵[★やまとえ] ①일본화(日本画). ②일본화의 한 유파.
大禍時[おおまがとき] 어스름 저녁때.
大荒れ[おおあれ] ①매우 심하게 황폐해짐. ②큰 소란. ③난폭해짐. ④심한 폭풍우. ⑤(스포츠·도박에서) 예상이 크게 빗나감.
大慌て[おおあわて] 몹시 당황함.
大回し[おおまわし] ①멀리 둘러막음. ②(항해하는 배가) 큰 항구에만 정박함.
大廻し[おおまわし] ☞ 大回し
大回り[おおまわり] ①멀리 돌아감. 우회함. ②원을 크게 그리며 돎. ③배우가 무대를 한 바퀴 크게 돎.
大廻り[おおまわり] ☞ 大回り
大晦日[おおみそか] 섣달 그믐날.
大喜び[おおよろこび] 몹시 기쁨.
大喜利[おおぎり] (그 날의) 마지막 공연.
大詰(め)[おおづめ] ①(연극의) 마지막 장면. 대단원. ②막판. 최종 단계.

音読

[3]**大**[だい] ①큼. 큰 것. ②(정도가) 심함. ③(양력의) 큰 달. ④훌륭함. ⑤아주. 굉장한. ⑥(접두어로서) 큰. 대단한. 뛰어난. ⑦(접미어로서) …만한 크기.
[2]**大した**[たいした] ①대단한. 굉장한. 엄청난. ②(부정의 말과 함께) 별. 이렇다 할. 대단한.
[2]**大して**[たいして] (부정의 말과 함께) 그다지. 별로.
大それた[だいそれた] 괘씸한. 발칙한. 당치 않은.

[1]**大家**❶[たいか] 대가; ①거장(巨匠). 그 방면의 학술·기술에 조예가 깊은 사람. ②큰 집. ❷[たいけ] 부잣집. 문벌이 좋은 집안. ❸[おおや] ☞ [訓読]
大家族[だいかぞく] 대가족.
大喝[だいかつ] 대갈; 큰소리로 외침.
大綱[たいこう] 대강; ①근본적인 사항. ②개요. 골자. 요점.
[1]**大概**[たいがい] 대개; ①개요. ②거의. 대부분. ③대충.
大挙[たいきょ] 대거; ①원대한 계획. ②〈副〉 여럿이. 한꺼번에. 떼지어.
大経師[だいきょうじ] 표구사(表具師).
大慶[たいけい] 대경; 매우 경사스러움.
大系[たいけい] 대계; 같은 종류의 책을 두루 모아 차례로 엮은 책.
大計[たいけい] 대계; 큰 계획.
大曲❶[たいきょく] ≪楽≫ 대곡; ①규모가 큰 악곡. ②아악곡(雅楽曲)의 하나. ❷[おおわだ] 후미. 강이나 호수의 물이 육지 깊숙이 들어온 곳.
[2]**大工**[だいく] 목수.
大工道具[だいくどうぐ] 목수 연장.
大工仕事[だいくしごと] 목수 일.
大工事[だいこうじ] 대공사; 큰 공사.
大公使[たいこうし] 대공사; 대사(大使)와 공사(公使).
大功[たいこう] 대공; 큰 공적.
大過[たいか] 대과; 큰 잘못.
大官[たいかん] 대관; 고관(高官).
大観[たいかん] 대관; ①전체를 봄. ②광대한 조망(眺望).
大臼歯[だいきゅうし] 대구치; 큰 어금니.
大局[たいきょく] 대국; ①전체적인 상황. ②(바둑에서의) 판세.
大国[たいこく] 대국; 강대국.
大君❶[たいくん] 대군; '군주(君主)'의 높임말. ❷[おおきみ] ①'천황(天皇)'의 높임말. ②친왕(親王)·왕자·왕녀 등의 높임말. ❸[おおぎみ] '주군(主君)'의 높임말.
大軍❶[たいぐん] 대군; 많은 군대. ❷[おおいくさ] 큰 전쟁.
大群[たいぐん] 대군; 큰 무리.
大弓❶[だいきゅう] 대궁; 큰 활. ❷[おおゆみ] (옛날의) 석궁(石弓).
大権[たいけん] 대권; (일본 구 헌법에서) 천황이 행사하던 통치권.
大規模[だいきぼ] 대규모; 규모가 큼.

大極殿[だいごくでん] (平安(へいあん) 시대에) 천황이 정무를 보던 정전(正殿).
大根❶[だいこん] 무. ❷[おおね] ①근본. 근원. ②굵은 화살촉.
大根役者[だいこんやくしゃ] 연기가 서투른 배우.
大根足[だいこんあし] (여자의) 무같이 굵은 다리.
大根下し[だいこんおろし] ①(강판에 간) 무즙. ②강판.
[1]**大金**[たいきん/おおがね] 거금(巨金). 큰 돈.
大企業[だいきぎょう] 대기업.
[2]**大気**[たいき] 대기; ①공기. ②도량이 큼.
大気圏[たいきけん] 대기권.
大気汚染[たいきおせん] 대기 오염.
大器[たいき] 대기; 큰 그릇.
大器晩成[たいきばんせい] 대기만성.
大吉[だいきち] ①대길. ②'大吉日'의 준말.
大吉日[だいきちにち] 대길일.
大難[だいなん] 대난; 큰 재난. 큰 어려움.
大納言[だいなごん] ≪歴≫ ①太政官(だいじょうかん)의 차관(次官). ②'大納言小豆'의 준말.
大納言小豆[だいなごんあずき] 팥의 일종.
大納会[だいのうかい] 대납회; 거래소의 1년 중 마지막 입회일.
大農[だいのう] 대농; 대규모의 농업.
大農経営[だいのうけいえい] 대규모 농업 경영.
大脳[だいのう] 대뇌.
大脳皮質[だいのうひしつ] 대뇌피질.
大多数[だいたすう] 대다수; 대부분.
大団円[だいだんえん] 대단원; 마지막 장면.
[1]**大胆**[だいたん] 대담; 겁내지 않음.
大大と[だいだいと] 큰 대자로. 큼직하게.
大大的[だいだいてき] 대대적.
大代表[だいだいひょう] 대대표; 11회선 이상의 전화가 있을 때, 지정된 번호를 돌리면 비어 있는 회선에 자동적으로 연결되는 전화 번호.
大隊[だいたい] ≪軍≫ 대대.
大盗[たいとう] 대도; 큰 도둑.
大徳❶[だいとく] 대덕; ①고승(高僧). ②부자(富者). ❷[だいとこ] 고승(高僧).
大徳人[だいとくにん] 부자(富者).
大刀[だいとう] 대도; 큰 칼.
大都会[だいとかい] 대도회; 대도시.
大道❶[だいどう/たいどう] ①대로. 큰길. ②길가. 가두. ③(마땅히 지켜야 할) 도리. 근본 도덕. ❷[おおみち] ①넓은 길. 큰 거리. 대로. ②36정(町) 또는 60정(町)을 1리(里)로 치는 이정(里程).
大道商い[だいどうあきない] 노점상(露店商).
大道易者[だいどうえきしゃ] 거리의 점쟁이.
大道演説[だいどうえんぜつ] 가두 연설.
大道芸[だいどうげい] 거리에서 하는 연예.
大道芸人[だいどうげいにん] 거리의 연예인.
大同[だいどう] 대동; ①대체로 같음. ②많은 사람이 하나로 뭉침.
大同団結[だいどうだんけつ] 대동단결.
大同小異[だいどうしょうい] 대동소이.
大東亜戦争[だいとうあせんそう] 대동아 전쟁; 태평양 전쟁.
大豆[だいず] 대두; 콩.
大豆粕[だいずかす] 콩깻묵.
大豆油[だいずゆ] 대두유; 콩기름.
大乱[たいらん] 대란; 큰 난리.
大略[たいりゃく] 대략; ①개요. ②뛰어난 책략. ③대충.
大量[たいりょう] 대량; ①많은 수량. ②도량이 큼.
大力[だいりき] 굉장히 힘이 셈. 장사.
大猟[たいりょう] 대렵; 사냥에서 많은 짐승이 잡힘.
大礼[たいれい] 대례; 즉위(即位)·입후(立后) 등 조정의 중대한 의식.
大老[たいろう] 대로; ①존경받는 노인. ②(江戸(えど) 시대에) 将軍(しょうぐん)을 보좌하던 최고 행정관.
[2]**大陸**[たいりく] 대륙; ①지구상의 광대한 육지. ②(일본에서 본) 중국.
大陸間弾道弾[たいりくかんだんどうだん] 대륙간탄도탄.
大陸棚[たいりくだな] 대륙붕.
大陸性気候[たいりくせいきこう] 대륙성 기후.
大陸的[たいりくてき] 대륙적; ①대륙 특유의 상태나 성질. ②도량이 넓어 자질구레한 것에 얽매이지 않음.
大輪[たいりん] 대륜; 큰 꽃송이.
大利[たいり] 대리; 큰 이익.
大理石[だいりせき] 대리석.
大麻[たいま] 대마; ①대마초. ②(神社(じんじゃ)에서 주는) 부적(符籍). ③(神道(しんとう)에서) 신에게 빌 때 바치는 삼·종이 등을 가늘게 오려 만든 것.
大望[たいもう/たいぼう] 대망; 큰 소망.

大枚[たいまい] 대매; 많은 돈.
大名❶[だいみょう] ①(平安(へいあん) 시대) 넓은 영지를 가진 자. ②(鎌倉(かまくら) 시대) 넓은 영지와 가신(家臣)을 둔 무사의 우두머리. ③(室町(むろまち) 시대) 수개국을 지배했던 격식 높은 영주. ④(江戸(えど) 시대) 将軍(しょうぐん)과 직접 주종(主従) 관계에 있던 연록(年緑) 1만석 이상의 무사. ❷[おおな] 町村(ちょうそん)을 크게 나눈 행정 구역의 호칭.
大名暮らし[だいみょうぐらし] 호화판 생활.
大名旅行[だいみょうりょこう] 호화판 여행.
大名芸[だいみょうげい] 본인은 뽐내지만 신통찮은 예능.
大名行列[だいみょうぎょうれつ] ①大名(だいみょう) 행렬. ②많은 부하를 거느리고 가는 일행.
大名縞[だいみょうじま] 가느다란 세로무늬.
大命[たいめい] 대명; 임금의 명령.
[2]**大木**[たいぼく] 대목; 거목. 큰 나무.
大廟[たいびょう] 대묘; ①종묘(宗廟). ②'伊勢神宮(いせじんぐう)'의 딴 이름.
大文字❶[だいもんじ] 대문자; ①굵고 큰 글씨. ②큰 대자(大). ③훌륭한 문장. ④'大文字の日'의 준말. ❷[おおもじ] (로마자의) 대문자.
大文字の日[だいもんじのひ] 음력 7월 15일 밤, 京都(きょうと)의 如意ケ岳(にょういがたけ)에서 큰 대자(大) 모양으로 피우는 횃불.
大門❶[だいもん] ①(사찰 등의) 바깥 정문. ②훌륭한 가문. ❷[おおもん] ①(저택·성 등의) 정문. ②유곽 입구의 문.
大尾[たいび] 대미; 끝. 종말.
[2]**大半**[たいはん] 태반. 대부분. 과반.
大盤石[だいばんじゃく] 대반석; ①큰 바위. ②요지부동.
大発[だいはつ] '大型発動機艇'의 준말.
大発会[だいはっかい] 거래소의 신년 최초의 입회.
大方❶[たいほう] ①세상 사람. 일반 사람. ②도량이 큰 사람. ③학문·식견이 높은 사람. ❷[おおかた] ☞ [訓読]
大杯[たいはい] 대배; 큰 잔.
大法廷[だいほうてい] 대법정.
[4]**大変**[たいへん] ①큰일. 큰 사건. ②〈形動〉 ㉠대단함. 굉장함. 중대함. ㉡몹시 힘듦. 고생스러움. ③〈副〉 대단히. 매우. 굉장히. 무척.
[1]**大便**[だいべん] 대변; 큰 용변.
大別[たいべつ] 대별; 크게 나눔.
大兵❶[たいへい] 대병; 많은 군대. ❷[だいひょう] 거구(巨軀). 몸집이 큼. 체격이 우람스런 사람.
大病[たいびょう] 중병. 중환(重患). 큰 병.
大病者[たいびょうしゃ] 중환자(重患者).
大福❶[だいふく] 대복; ①큰 복. ②'大福餅(だいふくもち)'의 준말. ❷[おおぶく] ①한번에 많이 먹음. ②한번에 많이 끓임.
大福餅[だいふくもち] 팥소를 넣은 둥근 찹쌀떡.
大福長者[だいふくちょうじゃ] 백만장자. 큰 부자.
大福帳[だいふくちょう] 원장(元帳).
大福茶[だいふくちゃ/おおぶくちゃ] 대복차; 매실·검정콩·산초·다시마 등을 띄운 차로서 설날에 마시면 그 해의 액막이가 된다고 하는 차.
大本[たいほん/おおもと] 대본; 근본. 기틀.
大本山[だいほんざん] 대본산; 총본산(総本山) 다음가는 사찰로 소속된 말사(末寺)를 관리하는 절.
大本営[だいほんえい] 대본영; 2차 대전 당시 천황 밑에 두었던 육해군 최고 통수 본부.
大夫❶[たいふ] ①옛날, 5품 관직의 통칭. ②大名(だいみょう)의 家老(かろう). ❷[だいぶ] 옛날, 중앙 관청의 장관. ❸[たゆう] ①(옛날) 5품 관직의 통칭. ②격이 높은 연예인. ③歌舞伎(かぶき)의 남자 배우. ④江戸(えど) 시대의 최상위 창녀.
大夫元[たゆうもと] 흥행주(興行主).
[1]**大部**[たいぶ] ①두꺼운 책. ②권수가 많은 책. ③〈副〉 대부분. 거의.
[2]**大部分**[だいぶぶん] 대부분; 거의.
[2]**大分**❶[だいぶ/だいぶん] 꽤. 제법. 상당히. 많이. ❷[おおいた] ☞ [訓読]
大仏[だいぶつ] 대불; 큰 불상(仏像).
大悲[だいひ] 대비; 중생의 괴로움을 구제하는 부처의 큰 자비.
大司教[だいしきょう] 대주교(大主教).
大社[たいしゃ] ①유명한 神社(じんじゃ). ②1등급의 神社(じんじゃ). ③특히 '出雲大社(いずもたいしゃ)'를 일컫는 말임.
[2]**大使**[たいし] 대사; 국가를 대표하여 타국으로 파견되는 최상위의 외교 사절. 또는 그 외교관.
[4]**大使館**[たいしかん] 대사관; 주재국에서 대사가 사무를 보는 공관(公館).

[3]大事❶[だいじ] ① 〈形動〉 소중함. ②큰일. 중대한 일. ❷[おおごと] 중대사. 큰일. 대사건.

大師[だいし] 대사; ①부처·보살의 높임말. ②고승(高僧)의 높임말. ③'弘法大師(こうぼうだいし)'를 일컫는 말임.

大赦[たいしゃ] 대사; 일반 사면(赦免).

大山[たいざん] 대산; 큰 산. 태산.

大上段[だいじょうだん] ①(검도에서) 칼을 머리 위로 높이 쳐든 자세. ②위압적인 태도.

大賞[たいしょう] 대상; 그랑프리.

大嘗祭[だいじょうさい] 천황 즉위 후의 첫 新嘗祭(にいなめさい).

大嘗会[だいじょうえ] ☞ 大嘗祭

大西洋[たいせいよう] 대서양.

大書[たいしょ] 대서; 크게 씀.

大石[たいせき] 대석; ①큰 돌. ②(바둑에서) 대마(大馬).

大選挙区[だいせんきょく] 대선거구.

大雪❶[たいせつ] ①대설; 큰 눈. ②(24절기의 하나인) 대설. *12월 8일경. ❷[おおゆき] 대설; 큰 눈.

大成[たいせい] 대성; ①훌륭히 이룩함. ②집대성. 많은 것을 모아 체계적으로 매듭지음. ③크게 성공함.

大声❶[たいせい] ①큰 목소리. ②고상한 음악. ❷[おおごえ] 큰 목소리.

大聖[たいせい] 대성; 대성인.

大勢❶[たいせい] 대세; 대체의 형세. ❷[おおぜい] 여러 사람. 많은 사람. 여럿. 많이.

[2]大小[だいしょう] 대소; ①큰 것과 작은 것. ②크고 작음. ③(무사가 찬) 큰칼과 작은 칼. ④큰북과 작은북. ⑤큰 달과 작은 달.

大小便[だいしょうべん] 대소변.

大所❶[たいしょ] ①넓은 시야. 넓은 관점. ②떳떳한 자리. ❷[おおどころ/おおどこ] ①부잣집. 큰 집. ②실력자. 세도가. 세력가. ③권위자. 거물.

大所高所から[たいしょこうしょから] 대국적 견지에서. 큰 안목으로.

大笑[たいしょう] 대소; 크게 웃음.

大損[だいそん/おおぞん] 큰 손해.

大数[たいすう] 대수; ①큰 수. 다수. ②대강의 수. ③대강. 대략.

大樹[たいじゅ] 대수; ①큰 나무. 거목. ②'征夷大将軍(せいいたいしょうぐん)'의 딴이름.

大循環[だいじゅんかん] 대순환.

大乗[だいじょう] 대승 불교.

大乗的[だいじょうてき] 대국적(大局的).

大勝[たいしょう] 대승; 큰 승리. 대첩.

大勝利[だいしょうり] 대승리; 큰 승리.

大僧正[だいそうじょう] 대승정; 승려의 최고 직위.

大食[たいしょく] 대식; 많이 먹음.

[2]大臣❶[だいじん] 대신; ①장관(長官). ②太政官(だいじょうかん)의 상관. ❷[おとど] 옛날의 '大臣(だいじん)·公卿(くぎょう)' 등의 높임말.

大身❶[たいしん] 신분이 높은 사람. ❷[おおみ] (칼·창의) 날이 길고 큼.

大審院[だいしんいん] 대심원; '最高裁判所'의 옛 칭호.

大我[たいが/だいが] ①아집(我執)·아견(我見)을 벗어난 자유로운 경지. ②(철학에서) 유일 절대의 정신.

大安[たいあん] '大安日(たいあんにち)'의 준말.

大安日[たいあんにち] 길일(吉日).

大厄[たいやく] 대액; ①큰 재난. ②가장 큰 액년(厄年). *남자 42세, 여자 33세라고 함.

大洋[たいよう] 대양; 대해(大海).

大魚[たいぎょ] 대어; 큰 물고기.

大漁[たいりょう] 대어; 풍어(豊漁). 물고기가 많이 잡힘.

大漁旗[たいりょうばた] 만선기(満船旗). 풍어기(豊漁旗).

大言[たいげん] 대언; ①훌륭한 말. ②호언. 큰소리.

大言壮語[たいげんそうご] 호언장담.

大業❶[たいぎょう] 대업; 큰 업적. ❷[おおわざ] (씨름·유도에서) 큰 기술. ❸[おおぎょう] ☞ 大仰(おおぎょう)

大役[たいやく] 대역; 큰 역할.

大逆[たいぎゃく/だいぎゃく] 대역; 큰 죄.

大逆無道[たいぎゃくむどう] 대역무도.

大悟[たいご/だいご] 대오; 크게 깨달음.

大獄[たいごく] 대옥; 큰 옥사(獄舎).

大王[だいおう] 대왕; ①왕의 높임말. ②親王(しんのう)·諸王(しょおう)의 높임말.

大往生[だいおうじょう] 대왕생; 편하게 죽음.

大要[たいよう] 대요; 개요. 요지.

大欲[たいよく] 대욕; ①큰 욕심. 대망(大望). ②욕심이 많은 사람.

大宇宙[だいうちゅう] 대우주; 사람을 소우주(小宇宙)로 칭하는 데 대해 우주 그 자체.

大雨[たいう/おおあめ] 큰비. 호우.

大元帥[だいげんすい] 대원수; 육해군 통솔자로서의 천황(天皇).

大円[だいえん] 대원; ①큰 원. ②(수학에서) 구(球)의 중심을 지나는 평면과 구면(球面)이 만나서 이루는 원.

大願[たいがん/だいがん] 대원; ①큰 소원. ②부처가 중생을 구하려는 소원.

大の月[だいのつき] (양력의) 큰달.

大尉[たいい] 대위; 장교 계급. ＊해군에서는 'だいい'라고 함.

大儒[たいじゅ] 대유; ①대유학자. ②대학자.

大音声[だいおんじょう] 대음성; 큰 목소리.

大意[たいい] 대의; 대강의 뜻.

大義[たいぎ] 대의; 마땅히 해야 할 중대한 의리.

大儀[たいぎ] 대의; ①중대한 의식. 대전(大典). ② 〈形動〉 ㉠귀찮음. 성가심. 힘듦. ㉡(남이) 수고함.

大人❶[たいじん] ①거인. ②성인. 어른. ③인격자. 덕망이 높은 사람. ④귀인. 지위가 높은 사람. ❷[だいにん] (입장료 등의 표지에 쓰이는 말로) 대인; 어른. ❸[おとな] ☞ [訓読]

大日本[だいにっぽん] 대일본; 일본(日本)의 미칭(美称).

大任[たいにん] 대임; 큰 임무.

大の字[だいのじ] 큰댓자(大).

大字❶[だいじ] 대자; ①큰 글자. ②한자수(漢字数). ＊一・二・三 대신에 壱・弐・参 등의 글자. ❷[おおあざ] 일본 말단 행정 구역의 하나.

大字報[だいじほう] 대자보.

大自然[だいしぜん] 대자연.

大姉[だいし] ①여자의 법명(法名) 다음에 붙이는 칭호. ②비구니. ③여성 신도.

大慈大悲[だいじだいひ] 대자대비.

大作[たいさく] 대작; ①걸작. ②대규모의 작품.

4**大丈夫**❶[だいじょうぶ] ①안전함. 끄떡없음. 괜찮음. 걱정 없음. ②틀림없음. 확실함. ❷[だいじょうふ] 대장부.

大将[たいしょう] 대장; ①'近衛府(このえふ)'의 장관. ②(군인 계급의) 대장. ③우두머리. 대장. ④(다정하게 부르는 말로) 친구.

大将軍[たいしょうぐん/だいしょうぐん] ①대장군. ②총대장. ③두령. 두목.

大腸カルタ[だいちょうカルタ] 대장염(大腸炎).

大腸菌[だいちょうきん] 대장균.

大腸炎[だいちょうえん] 대장염.

大蔵経[だいぞうきょう] 대장경; 불교 경전의 총칭.

3**大抵**[たいてい] ①대개. 대강. 대충. 대략. ②〈副〉 ㉠대부분. 대다수. 대체로. 대개. 거의. ㉡(추측의 말을 수반하여) 아마. 틀림없이. 십중팔구. ㉢(부정의 말을 수반하여) 보통. ㉣적당히.

大著[たいちょ] 대저; 큰 저술.

大前提[だいぜんてい] 대전제.

2**大戦**[たいせん] 대전; 큰 전쟁.

4**大切**[たいせつ] 〈形動〉 중요함. 귀중함. 소중함.

大正[たいしょう] (1912년 7월 30일부터 1926년 12월 25일까지의) 大正天皇(たいしょうてんのう)의 시대.

大正琴[たいしょうごと] ≪楽≫ 대정금; 두 줄로 된 간단한 현악기.

大政奉還[たいせいほうかん] 1867년 10월 江戸幕府(えどばくふ)가 정권을 明治天皇(めいじてんのう)에게 넘긴 일.

大静脈[だいじょうみゃく] 대정맥.

大帝[たいてい] 대제; 황제의 높임말.

大祭[たいさい] 대제; ①큰 제전(祭典). ②천황이 주재하는 황실의 제사.

大詔[たいしょう] 조칙(詔勅). 조서(詔書).

大卒[だいそつ] '大学卒業'의 준말.

大佐[たいさ] (옛날 일본군의) 대좌. ＊한국의 '대령'에 해당함.

大罪[たいざい/だいざい] 대죄; 큰 죄.

大酒家[たいしゅか] 대주가; 많은 양의 술을 마시는 사람.

1**大衆**❶[たいしゅう] 대중; 세상 사람들. 민중. ❷[だいしゅ] ≪仏≫ 많은 중. 승도(僧徒).

大衆団交[たいしゅうだんこう] 대중 단체 협상.

大旨❶[たいし] ≪文≫ 대지; 대의(大義). 대강의 취지. ❷[おおむね] ①(사물의) 대체적인 취지. 대강. ②〈副〉 대체로. 일반적으로.

大地[だいち] 대지; 넓고 큰 땅.

大志[たいし] 대지; 큰 뜻.

大尽[だいじん] ①부자. 갑부. ②(화류계에서) 돈을 잘 쓰는 사람.

大尽客[だいじんきゃく] (화류계에서) 돈을 잘 뿌리는 사람.

大尽遊び[だいじんあそび] 화류계에서의 호유(豪遊).

大震災[だいしんさい] 대지진의 재해(災害).
大車輪[だいしゃりん] 대차륜; ①큰 수레바퀴. ②철봉을 잡고 크게 회전하는 체조. ③열심히 함. 최선을 다함.
大差[たいさ] 대차; 큰 차이.
大冊[たいさつ] 대책; 큰 책.
2大体[だいたい] ①대략. 대강. 개요. ②대부분. 대다수. ③〈副〉 ㉠대충. 대개. 거의. 대체로. ㉡본래. 애당초.
2大層[たいそう] ①매우. 몹시. 대단히. 굉장히. 무척. ②〈形動〉 훌륭함. 굉장함. 거창함. 엄청남.
大層らしい[たいそうらしい] 〈形〉 거창하다. 어마어마하다. 엄청나다.
大通[だいつう] ①세상 물정에 환한 사람. ②화류계 방면에 정통한 사람.
大腿[だいたい] 대퇴; 넓적다리.
2大統領[だいとうりょう] 대통령.
大破[たいは] 대파; ①크게 부서짐. ②크게 이김. 대승(大勝).
大八[だいはち] '大八車'의 준말.
大八車[だいはちぐるま] 사람이 끄는 대형 수레.
大敗[たいはい] 대패; 크게 짐. 참패(惨敗).
大砲[たいほう] 대포.
大筆[たいひつ] 대필; ①큰 붓. ②훌륭한 글씨나 시문(詩文).
大幅❶[たいふく] 큰 족자. ❷[おおはば] 대폭; ①큰 폭. 천의 넓은 폭. ②대폭적임. 변동이 큼.
大河[たいが] 대하; 큰 강.
大廈[たいか] 대하; 큰 건물.
4大学[だいがく] 대학; 대학. 대학교.
大学校[だいがっこう] 대학교. ＊학교 교육법에 의하지 않은 행정관청 직할의 교육기관임.
大学林[だいがくりん] 불교도를 위한 최고 교육 기관.
3大学生[だいがくせい] 대학생.
2大学院[だいがくいん] 대학원.
大学者[だいがくしゃ] 대학자.
大寒[だいかん] 대한; 24절기의 하나로 1월 20일 경임.
大韓民国[だいかんみんこく] 대한민국.
大艦[たいかん] 대함; 큰 군함.
大海❶[たいかい] 대해; 큰 바다. ❷[おおうみ] ①대양(大洋). 큰 바다. ②(직물・蒔絵(まきえ)에서) 해변 경치를 나타낸 무늬.

大害[たいがい/だいがい] 대해; 큰 손해.
大憲章[だいけんしょう] 대헌장.
大賢[たいけん] 대현; 아주 현명함.
大嫌い[だいきらい] 〈形動〉 아주 싫어함. 딱 질색임.
大兄[たいけい] 대형; '兄(あに)'의 높임말.
4大好き[だいすき] 〈形動〉 아주 좋아함. 굉장히 좋아함. 제일 좋음.
大好物[だいこうぶつ] ①대단히 좋아하는 것. ②특히 즐기는 음식.
大豪[だいごう/たいごう] 대호; ①대호걸. ②큰 부자. 갑부. 부호(富豪).
大惑星[だいわくせい] 대혹성; 대행성(大行星).
大火[たいか] 대화; 큰 화재.
大患[たいかん] 대환; ①중병. 중환. ②큰 우환.
3大会[たいかい] 대회; 총회(総会).
大会社[だいがいしゃ] 대회사; 큰 회사.
大凶[だいきょう] 대흉; ①점괘가 아주 나쁨. ②흉악범. 중죄인.
大黒[だいこく] '大黒天'의 준말.
大黒頭巾[だいこくずきん] 둥글넓적한 두건.
大黒帽子[だいこくぼうし] 위쪽이 둥글넓적하고 가장자리가 불룩한 모자.
大黒柱[だいこくばしら] 대들보. 큰 기둥.
大黒天[だいこくてん] ①삼보(三宝)를 지키며 음식을 풍부하게 한다는 신(神). ②복덕(福徳)의 신.

代 대신 대

ノ イ 仁 代 代

音 ◉タイ ◉ダイ
訓 ◉かえる ◉かわる ◉しろ ◉よ

訓読

2◉代える[かえる] 〈下1他〉 ①(서로) 바꾸다. 교환하다. ②(새것으로) 갈다. 교체하다. 바꾸다. ③대신하다. ④…을 바치다.
代え[かえ] ①교환. 바꿈. ②교체. 바뀜. ③대신. 대체품. ④교환 비율.
2◉代わる[かわる] 〈5自〉 ①대신하다. 대리하다. ②바뀌다. 교체되다.
2代(わ)り[かわり] ①대신. 대용. ②교체. 교체물. ③교대. 교대자. ④대가(代価). ⑤음식을 한 그릇 다 먹고 더 먹음.
2代(わ)りに[かわりに] 대신에. 그 대신에

代(わ)り代(わ)り[かわりがわり] 번갈아. 교대로.

1代(わ)る代(わ)る[かわるがわる] 교대로. 번갈아가며. 차례차례로.

代(わ)り目[かわりめ] 바뀔 때. 교대할 때.

代(わ)り番[かわりばん] 순번. 교대.

代(わ)り映え[かわりばえ] 바꾼 보람.

代(わ)り合う[かわりあう] 〈5自〉 서로 교대하다. 번갈아하다.

◉代❶[しろ] 대금(代金). 값. 삯. ❷[よ] ①나라. 국가. ②시대. 세대. ③때. 세태. ④일평생. 일생. 생애. ❸[だい] ☞[音読]

代代❶ [よよ] ①대대; 대를 거듭함. 세대. ② ≪仏≫ 과거・현재・미래. ❷[だいだい] 대대; 역대(歴代).

代馬[しろうま] 논갈이에 부리는 말.

代物❶[しろもの] ①물건. 상품. ②(어떤 평가를 받는) 사람. ❷[だいぶつ] 대물; 대용물. ❸[だいもつ] ①대금(代金). ②돈.

代物替[しろものがえ] 물물 교환.

代掻き[しろかき] 써레질.

音読

2代❶[だい] ①대. 세대. ②대금. 값. ③'代表電話'의 준말. ❷[よ/しろ] ☞[訓読]

代価[だいか] 대가; 값.

代講[だいこう] 대강; 대리로 강의나 강연을 함.

代決[だいけつ] 대결; 대리로 결재함.

代官[だいかん] 대관; ①어떤 관직의 대리. ②(江戸(えど) 시대에) 직할지의 지방 관리.

2代金[だいきん] 대금; 값.

代金引換[だいきんひきかえ] 대금인환; 대금을 받고 물건을 건네 줌.

代納[だいのう] 대납; ①대리로 납부함. ②돈 대신에 물건으로 납부함.

代読[だいどく] 대독; 대리로 읽음.

2代理[だいり] 대리; 남을 대신하여 일을 처리함.

代理人[だいりにん] 대리인.

代理店[だいりてん] 대리점.

2代名詞[だいめいし] 대명사; ①대이름씨. ②대표적이거나 전형적인 것.

代目[だいめ] ①대가 바뀜. ②(代의 수를 세는 말로) …대째.

代務[だいむ] 대무. 대신하여 사무를 처리함.

代返[だいへん] 대변. 출석을 부를 때, 결석한 친구를 대신하여 대답함.

1代弁[だいべん] 대변; ①본인을 대신하여 변상함. ②본인을 대신하여 사무를 봄. ③본인을 대신하여 의견을 말함.

代謝[★たいしゃ] 대사; 생체 내의 낡은 것과 새것의 교체.

代償[だいしょう] 대상; 보상 대가(代価).

代書[だいしょ] 대서; 대필(代筆).

代署[だいしょ] 대서; 대리로 서명함.

代数[だいすう] 대수; ①세대(世代)의 수. ②'代数学'의 준말.

代数学[だいすうがく] 대수학.

代案[だいあん] 대안; 대신하여 내는 안.

代言[だいげん] 대언; 본인을 대신하여 진술함.

代役[だいやく] 대역; 연극 따위에서 대신 출연하는 사람.

代燃[だいねん] 대연; '代用燃料'의 준말.

代燃車[だいねんしゃ] 가솔린 이외의 연료를 사용하는 차.

1代用[だいよう] 대용; 대신하여 사용함.

代用食[だいようしょく] 대용식.

代用肉[だいようにく] 대용육.

代用品[だいようひん] 대용품.

代位[だいい] 대위; 대신하여 그 지위에 오름.

代議士[だいぎし] 국회의원. 중의원(衆議員)의 속칭.

代人[だいにん] 대인; 대리인.

代引(き)[だいひき] '대금인환(代金引換)'의 준말.

代印[だいいん] 대인; 대리로 도장을 찍음.

代日[だいにち] 대일; 일요일에 출근함.

代日休暇[だいにちきゅうか] 일요일에 출근한 대신의 휴일.

代作[だいさく] 대작; 대리로 만든 작품.

代将[だいしょう] 준장(准将).

代地[だいち] 대지; 대신의 땅.

代診[だいしん] 대진; 대리로 진찰함.

代執行[だいしっこう] 대집행; 국가를 대신하여 강제 처분함.

代参[だいさん] 대참; 대신 참배함.

代替[だいたい/だいがえ] 대체; 다른 것으로 바꿈.

代替品[だいたいひん] 대체품.

代替(わ)り[だいがわり] 대(代)가 바뀜.

代打[だいだ] 대타; 어떤 타자(打者) 대신 침.

代八車[だいはちぐるま] 여러 사람이 끄는 대형 수레.

[2]**代表**[だいひょう] 대표; ①전체의 성질·상태 등을, 그 하나만으로 잘 나타내는 것. ②단체를 대신하여 그 의사를 외부로 나타내는 일. 또는 그 사람. ③전체 중에서 뛰어난 최적인 것으로서 선발된 사람.
代表者[だいひょうしゃ] 대표자.
代表作[だいひょうさく] 대표작.
代筆[だいひつ] 대필; 본인을 대신하여 편지·서류 등을 써 줌.
代行[だいこう] 대행; 대리로 어떤 일을 행함. 또는 그 사람.

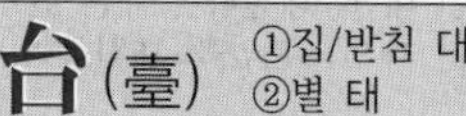

台(臺) ①집/받침 대 ②별 태

ㄥ ム 亼 台 台

音 ◉タイ ◉ダイ
訓 ⊗うてな

訓読

⊗**台**[うてな] ①(지붕이 없이) 높고 전망이 좋은 누각(楼閣). ②(물건을 올려놓는) 받침대. ③(식물의) 꽃받침.
台詞[★せりふ] 대사; ①각본의 대화. ②말투. ③틀에 박힌 말.
台詞回し[★せりふまわし] 대사 표현 방법.

音読

[4]**台**[だい] ①받침대. ②(접목의) 밑나무. ③주원료. ④(기계를 세는 말) …대(台). ⑤(값·연령의) 대(代).
台閣[たいかく] 대각; ①높은 누각. ②내각(内閣). 중앙 정부.
台尻[だいじり] (총의) 개머리판.
台頭[たいとう] 대두; ①고개를 쳐듦. 세력을 뻗음. ②(上奏文 등에서 천황이나 将軍(しょうぐん)에 관한 표현을) 행(行)을 바꿔 다른 줄보다 몇 자 올려서 씀.
台覧[たいらん] 태람; 귀인(貴人)이 보심.
台臨[たいりん] 태림; 황족이 참석함.
台湾[たいわん] 대만; 타이완.
台湾人[たいわんじん] 대만인; 대만 사람.
台命[たいめい] ①将軍(しょうぐん)의 명령. ②삼공(三公)의 명령. ③귀인의 명령.
台木[だいぎ] 대목; ①접본(接本). 밑나무. ②물건을 받치는 나무. 받침나무.
[1]**台無し**[だいなし] 엉망이 됨.
[1]**台本**[だいほん] 대본; 각본. 시나리오.
[4]**台所**[だいどころ] ①부엌. 주방. ②살림살이.
台数[だいすう] 대수; 기계의 숫자.
台子[だいす] 다정자(茶亭子). 다구(茶具)를 얹는 탁자.
台帳[だいちょう] 대장; ①원장(元帳). 원부(原簿). ②(연극의) 각본. 대본.
台座[だいざ] 대좌; ①물건을 얹는 받침대. 좌대(座台). ②엉덩이.
台地[だいち] 대지; 넓고 평평한 고지대(高地帯).
台紙[だいし] 대지; 밑바탕이 되는 종이.
台秤[だいばかり] 대칭; 앉은뱅이저울.
[2]**台風**[たいふう] 태풍; 북태평양 남서부에서 발생한 열대성 저기압 중 최대 풍속이 매초 17.2m 이상으로 발달한 것.
台風の目[たいふうのめ] 태풍의 눈.
台下[だいか] 대하; ①받침대의 아래. ②(편지에서 상대방을 높여서) 나리.
台形[だいけい] 사다리꼴.
台割り[だいわり] (인쇄에서) 대수 나누기.
台割れ[だいわれ] 주가(株価)가 떨어져 단위 자리가 낮아짐.

対(對) 대할 대

一 ナ 大

音 ◉タイ ◉ツイ
訓 一

音読

[2]**対❶**[たい] ①(비율을 나타내는 말) 대. ②(상대를 나타내는 말) 대. ③짝. 쌍. ④반대. ⑤대등함.
[1]**対❷**[つい] ①(둘로 짝을 이루는 것) 쌍. 짝. 벌. ②대구(対句).
[2]**対する**[たいする] 〈サ変自〉 ①대하다. 마주보다. ②응하다. ③맞서다. 대항하다. ④상대하다. ⑤관계되다. ⑥비(比)하다.
対価[たいか] 대가; 받은 이익에 대하여 주는 보수(報酬).
対角[たいかく] 대각; ①마주 보는 각. ②삼각형의 한 변과 맞선 각.
対角線[たいかくせん] 대각선.
[1]**対決**[たいけつ] 대결; ①양자가 맞서서 우열을 결정함. ②(법정에서 원고와 피고와의) 대질(対質).
対空[たいくう] 대공; 공중에 대한 것.
対校[たいこう] 대교; ①학교 대항(対抗). ②이본(異本)과의 대조. ③(교정쇄와 원고의) 대조 교정.

対句[ついく] 대구; 어격(語格)이나 뜻이 상대되는 둘 이상의 구를 대조적으로 내놓아 표현하는 수사적 기교.
対局[たいきょく] 대국; ①바둑·장기를 마주 둠. ②시국에 당면함.
対極[たいきょく] 대극; 반대의 극.
対内[たいない] 대내; 내부에 관한 것.
[1]**対談**[たいだん] 대담; 마주 대해 말함.
[1]**対等**[たいとう] 대등; 양쪽이 비슷함.
対流[たいりゅう] 대류; 액체·기체의 순환 운동.
対流圏[たいりゅうけん] 대류권.
[2]**対立**[たいりつ] 대립; 마주 섬. 서로 버팀.
[1]**対面**[たいめん] 대면; 마주 봄.
対面交通[たいめんこうつう] 대면 교통; 보도와 차도의 구분이 없는 곳에서 사람과 차가 마주 보고 다님.
対物[たいぶつ] 대물; 어떤 물건에 대한 것.
対辺[たいへん] 대변; 맞변.
[1]**対比**[たいひ] 대비; 비교. 대조. 견줌.
[2]**対象**[たいしょう] 대상; ①목표가 되는 것. ②(철학에서) 인식 작용의 목적이 되는 것. 객관.
対手国[たいしゅこく] 상대국(相対国).
対数[たいすう] ≪数≫ 대수; 로그.
対数表[たいすうひょう] (상용) 로그표.
対岸[たいがん] 대안; 건너편 기슭.
対案[たいあん] 대안; 따로 내놓는 안.
対顔[たいがん] 대안; 얼굴을 마주함.
対語[たいご] 대어; ①맞보고 대화함. ②반대어. ③대의어(対義語).
対訳[たいやく] 대역; 원문과 대조하면서 하는 번역.
対外[たいがい] 대외; 외부·외국에 대함.
対偶[たいぐう] 대우; ①2개로 한 쌍이 되는 것. ②대구(対句).
対位法[たいいほう] 대위법; 다른 선율을 동시에 들리게 하는 선율법.
[1]**対応**[たいおう] 대응; ①서로 마주 봄. 대립. ②서로 일정한 관계에 있음. ③걸맞음. 균형을 이룸. ④상황에 따라 대처함.
対応角[たいおうかく] 대응각.
対応策[たいおうさく] 대응책.
対義語[たいぎご] 대의어; 반대어.
対人[たいじん] 대인; 사람을 대함.
対日[たいにち] 대일; 일본에 대함.
対戦[たいせん] 대전; 서로 맞서 싸움.
対戦車砲[たいせんしゃほう] 대전차포.
対点[たいてん] (수학의) 대점.
対頂角[たいちょうかく] 대정각; 맞꼭지각.
[2]**対照**[たいしょう] 대조; 대비(対比).
対座[たいざ] 대좌; 마주 앉음.
対症療法[たいしょうりょうほう] ①대증요법. ②임기응변의 대처. 미봉책.
対地攻撃[たいちこうげき] 대지 공격.
対陣[たいじん] 대진; 적과 맞대하며 진을 침.
対質[たいしつ] 대질; 두 사람을 맞붙여 심문함.
[2]**対策**[たいさく] 대책; 방책.
[1]**対処**[たいしょ] 대처; 대응하는 조처.
対蹠的[たいしょてき] 대척적; 대조적.
対峙[たいじ] 대치; ①(높은 산이) 마주 보고 솟아 있음. ②(행동하지 않고) 대립함.
対置[たいち] 대치; 대조적인 위치에 둠.
対称[たいしょう] 대칭; ①2개의 사물이 대응 관계에 있어 균형을 이룸. ②2개의 사물이 마주 보는 위치에 있음. ③제2인칭.
[1]**対抗**[たいこう] 대항; ①서로 상대하여 겨룸. ②(경마·경륜에서) 1등과 우승을 겨루리라고 예상되는 것.
対向[たいこう] 대향; 마주 봄.
対向車[たいこうしゃ] 대향차; 마주 달려오는 차.
[1]**対話**[たいわ] 대화; 마주 대하여 이야기함.

待 기다릴 대

丿 彡 彳 彳 彳 彳 待 待

音 ◉タイ
訓 ◉まつ

訓読

[4]◉**待つ**[まつ] 〈5他〉 ①기다리다. ②기대를 걸다.
待ちあぐむ[まちあぐむ] 〈5他〉 기다리다 지치다.
待ちくたびれる[まちくたびれる] 〈下1自〉 기다리다 지치다.
待ちわびる[まちわびる] 〈上1他〉 애타게 기다리다. 마음 졸이며 기다리다.
待ち兼ね[まちかね] ①학수고대. 애타게 기다림. ②(궁중어로) 쌀겨.
待ち兼ねる[まちかねる] 〈下1他〉 ①기다리다 못해 …하다. 더 이상 기다릴 수 없다. ②학수고대하다. 애타게 기다리다.
待ち駒[まちごま] (장기에서) 상대방 궁의 진로를 막아 지게 만드는 말.

待ち構える[まちかまえる] 〈下1他〉 (만반의 준비를 하고) 대기하다. 기다리다.
待ち倦む[まちあぐむ] 〈5他〉 기다리다 지치다.
待ち女郎[まちじょろう] 결혼식 때 신부의 옷치장·화장을 시중드는 여자.
待ちに待った[まちにまった] 기다리고 기다리던. 애타게 기다리던. 고대하던.
待ち渡る[まちわたる] 〈5他〉 오랫동안 기다리다. 계속 기다리다.
[1]待ち望む[まちのぞむ] 〈5他〉 애타게 기다리다.
待ち明かす[まちあかす] 〈5他〉 밤새도록 기다리다.
待ち暮らす[まちくらす] 〈5他〉 ①기다리며 날을 보내다. ②하루 종일 계속 기다리다.
待ち伏せ[まちぶせ] ①매복. 복병. ②잠복하여 기다림.
待ち伏せる[まちぶせる] 〈下1他〉 잠복하여 기다리다.
待ち付ける[まちつける] 〈下1他〉 ①기다렸다가 만나다. ②늘 기다려 익숙해지다.
待ち肥[まちごえ] 밑거름.
待ち設け[まちもうけ] 준비하고 기다림. 기대.
待ち設ける[まちもうける] 〈下1他〉 ①준비하고 기다리다. ②기대하다. 예기하다.
待ち受ける[まちうける] 〈下1他〉 오는 것을 기다리다. 대기하다.
待ち時間[まちじかん] 기다리는 시간.
待ち顔[まちがお] 기다리는 듯한 표정.
待ち遠[まちどお] 몹시 기다림.
[1]待ち遠しい[まちどおしい] 〈形〉 몹시 기다리다.
待ち遠しげ[まちどおしげ] 〈形動〉 몹시 기다려지는 듯.
待ち人[まちびと] 기다리는 사람. 기다려지는 사람.
待ち酒[まちざけ] 손님용으로 담가 둔 술.
待ち侘びる[まちわびる] 〈上1他〉 애타게 기다리다. 마음 졸이며 기다리다.
待ち草臥れる[まちくたびれる] 〈下1自〉 기다리다 지치다.
待ち焦(が)れる[まちこがれる] 〈下1他〉 애타게 기다리다. 손꼽아 기다리다.
待ち針[まちばり] 시침바늘.
待(ち)合(い)[まちあい] ①(사람·차례를) 기다림. 기다리는 곳. ②'待茶屋(まちぢゃや)'의 준말.
待ち合う[まちあう] 〈5自〉 서로 기다리다. 약속하고 기다리다가 만나다.
待ち合わす[まちあわす] 〈5他〉 ☞ 待ち合わせる

[1]待ち合(わ)せ[まちあわせ] ①약속하고 만나기로 함. ②다른 열차를 기다림.
[2]待ち合わせる[まちあわせる] 〈下1他〉 약속하고 만나기로 하다. 기다리다.
[2]待合室[まちあいしつ] 대합실.
待合政治[まちあいせいじ] 요정에서 이루어지는 정치. 밀실 정치.
待茶屋[まちぢゃや] 요정(料亭).
待ち惚け[まちぼけ/まちぼうけ] ①기다리다 지쳐 맥이 빠짐. ②(기다리던 사람이 오지 않아) 헛물켬. 바람맞음.

音読

待球[たいきゅう] (야구에서) 타자가 치기 좋은 공을 기다림.
待機[たいき] 대기; 준비하고 때가 오기를 기다림.
[1]待望[たいぼう/たいもう] 대망; 큰 소망. 기다리고 바람.
待命[たいめい] 대명; ①명령을 기다림. ②관리가 무보직(無補職)으로 대기함.
[1]待遇[たいぐう] 대우; ①(손님에 대한) 대접. ②(직장에서의) 처우.
待遇表現[たいぐうひょうげん] 대우 표현.
待避[たいひ] 대피; 피하여 기다림.

帯(帶) 띠 대

一 十 卄 丗 卌 帀 帯 帯 帯 帯

音 ◉タイ
訓 ◉おびる ◉おび

訓読

[1]◉帯びる[おびる] 〈上1他〉 ①(몸에) 차다. 달다. ②(색깔을) 띠다. 머금다. ③(책임·사명을) 띠다. ④(지역을) 끼다.
[2]◉帯[おび] ①(일본 옷의) 허리띠. ②'帯紙(おびがみ)'·'帯番組(おびばんぐみ)'의 준말.
帯グラフ[おびグラフ] 띠그래프.
帯ドラマ[おびドラマ] 연속 드라마. 일일 연속극.
帯鋼[おびこう] (궤짝·통에 두르는) 강철로 된 쇠테.
帯鋸[おびのこ] 띠톱.
帯広告[おびこうこく] 띠지에 쓴 광고.
帯広解け[おびひろどけ] 허리띠를 깔끔하게 매지 않음. 허리띠가 헐렁함.
帯金[おびがね] ①(궤짝·통에 두르는) 강철로 된 쇠테. ②(칼집에 달린) 쇠고리. ③(띠를 맬 때의) 쇠장식.

帯代裸[おびしろはだか] (일본옷에서) 가는 띠만을 두른 단정하지 못한 여자의 모습.
帯留(め)[おびどめ] (일본 여자 옷에서) 양끝을 장신구로 물리도록 띠 위에 두르는 끈. 또는 그 끈에 다는 장신구.
帯番組[おびばんぐみ] (방송의) 연속 프로.
帯封[おびふう] 띠봉투. *신문·잡지 등의 우편물을 포장하는 좁은 폭의 띠종이.
帯心[おびしん] ☞ 帯芯
帯芯[おびしん] (일본 여자 옷에서) 띠 속에 넣는 빳빳한 심지. 띠의 심.
帯揚(げ)[おびあげ] (일본 여자 옷에서) 허리띠가 흘러내리지 않게 띠 밑으로 둘러 매는 헝겊.
帯際[おびぎわ] 허리띠를 맨 부분.
帯止(め)[おびどめ] ☞ 帯留め
帯地[おびじ] 띠의 감. 띠에 쓰이는 천.
帯紙[おびがみ] 띠지. 띠종이.
帯鉄[おびてつ] (궤짝·통에 두르는) 강철로 된 쇠테.
帯締(め)[おびじめ] (일본 여자 옷에서) 허리띠가 흘러내리지 않게 띠 위에 두르는 끈.
帯祝(い)[おびいわい] (임신 5개월째에 순산을 빌며) 복대(腹帯)를 감는 축하 행사.
帯側[おびがわ] (일본 여자 옷에서) 겹띠의 겉감으로 쓰는 두꺼운 천.
帯皮[おびかわ] ①혁대. 가죽 허리띠. ②기계용 벨트. 피대.
帯下[おびした] ①허리띠를 매는 허리 부분. ②허리띠에서 발목까지의 길이.
帯革[おびかわ] ☞ 帯皮(おびかわ)

音読

帯する[たいする] 〈サ変他〉 몸에 지니다.
帯剣[たいけん] 대검; 칼을 참. 허리에 찬 칼.
帯刀[たいとう] 대도; 칼을 참. 허리에 찬 칼.
帯刀御免[たいとうごめん] 대도 허용. *江戸(えど) 시대에 무사 이외의 사람에게도 가문이나 공로로 보아 대도를 허용한 일.
帯同[たいどう] 대동; 동반. 동행.
帯分数[たいぶんすう] 대분수.
帯状[たいじょう/おびじょう] 대상; 띠 모양.
帯小数[たいしょうすう] 대소수.
帯磁[たいじ] 대자; 자화(磁化). 자기 감응에 의해 물체가 자성을 띠는 일.
帯電[たいでん] 대전; 물체가 전기를 띰.
帯電体[たいでんたい] 대전체; 전기를 띤 물체.
帯出禁止[たいしゅうきんし] 대출금지; 비치된 책 등을 갖고 나가는 것을 금함.

자루/주머니 대

亻 仁 代 代 代 岱 岱 袋 袋 袋

音 ◉タイ
訓 ◉ふくろ

訓読

2◉袋[ふくろ] ①(종이·천·가죽 등으로 만든) 주머니. 자루. 봉지. ②돈주머니. ③(과일의) 껍질.
お袋[おふくろ] 어머니. *성인 남자가 자기 어머니를 친근하게 이르는 말. 남의 어머니는 'お袋(ふくろ)さん'이라고 함.
袋ナット[ふくろナット] 캡너트.
袋角[ふくろづの] 여름에 새로 난 사슴의 뿔.
袋叩き[ふくろだたき] ①뭇매질. ②(많은 사람한테서) 비난·반대를 당함.
袋掛け[ふくろかけ] (과일나무의) 과일 봉지 씌우기.
袋帯[ふくろおび] 속이 비게 짠 띠.
袋網[ふくろあみ] 자루그물.
袋物[ふくろもの] ①자루나 봉지에 넣은 물건. ②주머니 모양의 일용품.
袋縫い[ふくろぬい] 통솔. *천의 겉을 맞꿰맨 후 뒤집어서 다시 꿰매는 일.
袋棚[ふくろだな] 벽장.
袋床[ふくろどこ] 3면이 벽으로 된 床(とこ)の間(ま).
袋の鼠[ふくろのねずみ] 독 안에 든 쥐.
袋小路[ふくろこうじ] ①막다른 골목. ②막다른 처지. 진퇴유곡.
袋熊[ふくろぐま] ≪動≫ 코알라.
袋耳[ふくろみみ] ①한 번 들으면 결코 잊어먹지 않음. ②직물의 가장자리를 속이 비게 두 겹으로 짠 것.
袋入り[ふくろいり] 봉지·자루·주머니에 넣은 것.
袋地[ふくろじ] (남의 땅에 둘러싸여) 길이 없는 땅.
袋織(り)[ふくろおり] 자루 모양으로 속이 비게 짬.
袋綴(じ)[ふくろとじ] 봉철(縫綴). 종이를 반으로 접어 접히지 않은 쪽을 철하는 재래식 제본법.
袋包(み)[ふくろづつみ] 포대로 옷을 짠 것.
袋戸[ふくろど] 袋戸棚(ふくろとだな)의 맹장지.
袋戸棚[ふくろとだな] ①벽장. ②다도(茶道)에서 쓰는 선반.

音読

◑**郵袋**[ゆうたい], **風袋**[ふうたい]

隊(隊) 무리 대

音 ◉タイ
訓 —

音読

[1]**隊**[たい] ①(어떤 목적을 위해 모인) 대. 대열(隊列). 정렬한 무리. ②부대(部隊).
隊旗[たいき] 대기; 부대의 기.
隊名[たいめい] 대명; 부대의 이름.
隊務[たいむ] 대무; 군대의 사무.
隊付(き)[たいづき] 부대에 소속됨.
隊商[たいしょう] 대상; 단체로 왕래하는 상인들.
隊列[たいれつ] 대열; 대오를 지어 선 행렬.
隊伍[たいご] 대오; 군대의 항오.
隊員[たいいん] 대원; 대열의 성원.
隊長[たいちょう] 대장; 대열의 우두머리.
隊形[たいけい] 대형; 대열의 모양.

貸 빌려줄 대

音 ◉タイ
訓 ◉かす

訓読

[4]◉**貸す**[かす] 〈5他〉 ①빌려 주다. ②세내다. 임대하다. ③도와 주다.
[2]**貸し**[かし] ①빚. 빌려 준 돈. ②임대. 빌려 줌. ③신세. 빚. ④대변(貸辺).
貸(し)ビル[かしビル] 임대 빌딩.
[2]**貸(し)家**[かしや/かしいえ] 셋집.
[2]**貸(し)間**[かしま] 셋방.
貸(し)庫[かしぐら] 빌려 주는 창고.
貸(し)金[かしきん] 대출금. 빌려 준 돈.
貸金庫[かしきんこ] (은행 안의) 대금고.
貸(し)倒れ[かしだおれ] (빚·외상 등으로) 떼인 돈. 대손(貸損).
貸(し)料[かしりょう] 임대료. 세.
貸(し)売り[かしうり] 외상 판매.
貸(し)方[かしかた] ①채권자. 빌려 주는 사람. ②빌려 주는 방법. ③(복식 부기의) 대변(貸辺).
貸方勘定[かしかたかんじょう] 대변(貸辺) 계정(計定).
貸本[かしほん] 대본; 빌려 주는 책.
貸本屋[かしほんや] 대본 가게. 책을 빌려 주는 책방.
貸(し)付(け)[かしつけ] 대부; 빌려 줌.
貸し付ける[かしつける] 〈下1他〉 대부하다. 빌려주다.
貸付金[かしつけきん] 대부금.
貸付信託[かしつけしんたく] 대부 신탁.
貸(し)上(げ)[かしあげ] ①빌려준다는 명목으로 금품을 헌상함. ②大名(だいみょう)에게 금품을 헌상하여 무사로 발탁되는 사람.
貸席[かしせき] (임대용) 회의장·연회장.
貸船[かしぶね] 빌려 주는 배.
貸(し)手[かして] 빌려 준 사람.
貸室[かししつ] 셋방.
貸(し)元[かしもと] ①전주(銭主). 돈을 빌려 주는 사람. ②노름판의 물주.
貸(し)越(し)[かしこし] 대월; ①대출 초과. 초과 대부. ②당좌 대월.
貸し越す[かしこす] 〈5他〉 일정(一定) 한도 이상으로 빌려 주다.
貸越金[かしこしきん] 당좌 대월금.
貸賃[かしちん] 임대료. 세(貰).
貸(し)切(り)[かしきり] 대절; 전세(専貰).
貸し切る[かしきる] 〈5他〉 ①대절하다. 전세 내다. ②몽땅 빌려 주다.
貸(し)店[かしみせ] 임대 점포.
貸座敷[かしざしき] ①(임대용) 회의장·연회장. ②유곽.
貸(し)主[かしぬし] 채권자. 빌려 준 사람.
貸(し)地[かしち] 임대 토지.
貸(し)借(り)[かしかり] 대차; ①빌려 줌과 빌려 옴. ②(부기에서) 대변(貸辺)과 차변(借辺).
[2]**貸(し)出(し)**[かしだし] 대출; 빌려 줌.
貸し出す[かしだす] 〈5他〉 ①대출하다. 빌려 주다. ②빌려 주기 시작하다.
貸出金[かしだしきん] 대출금.
貸(し)布団[かしぶとん] 세를 받고 빌려 주는 이불.
貸し下げる[かしさげる] 〈下1他〉 (정부에서) 민간인에게 빌려 주다.

音読

貸費[たいひ] 학자금 대여. 학비 대여.
貸与[たいよ] 대여; 빌려 줌.
貸与金[たいよきん] 대여금; 빌려 준 돈.

戴 머리에 일 대	音 ⊗タイ 訓 ⊗いただく

訓読

⊗戴く[いただく] 〈5他〉 ①머리에 얹다. ②높이 쳐들다. ③받들어 모시다. 우러러 섬기다. ④'もらう'의 겸양어.

戴き[いただき] 승리. 이김.

戴(き)立ち[いただきだち] 식사가 끝나자마자 일어남.

戴(き)物[いただきもの] 받은 것. 얻은 것.

音読

戴冠式[たいかんしき] 대관식; 제왕(帝王)이 왕관을 쓰고 등극하는 의식.

戴天[たいてん] 대천; 하늘을 머리에 임. 이 세상에 삶.

擡 ×(抬) 들 대	音 ⊗タイ 訓 ⊗もたげる

訓読

⊗擡げる[もたげる] 〈下1他〉 (머리를) 들다. 쳐들다. 대두하다.

音読

擡頭[たいとう] 대두; ①고개를 쳐듦. 세력을 뻗침. ②(上奏文에서 천황이나 将軍(しょうぐん)에 관한 표현을) 행을 바꿔 다른 줄보다 몇 자 올려서 씀.

〔덕〕

德(德) 큰/덕 덕
彳 行 㣫 佧 徝 徳 徳 徳 德 德

音 ◉トク
訓 —

音読

德[とく] 덕; ①훌륭한 인격. ②은혜. 은총. ③덕택. ④이익. 이득.

德とする[とくとする] 〈サ変他〉 고맙게 여기다. 감사하다.

德島[とくしま] ①일본 四国(しこく) 동부의 현(県). ②德島県(とくしまけん)의 현청(県庁) 소재지.

德利[とくり/とっくり] ①(목이 길고 아가리가 좁은) 술병. 호리병. ②수영을 못하는 사람. ③호리병 모양의 스웨터.

德望[とくぼう] 덕망; 덕이 높고 인망이 있음.

德目[とくもく] 덕목; 도(道)나 덕의 하나하나를 분류한 이름.

德性[とくせい] 덕성; 도덕심.

德用[とくよう] 덕용; (값에 비하여) 쓰기 편하고 이로움.

德用品[とくようひん] 덕용품.

德育[とくいく] 덕육; 도덕 교육.

德義[とくぎ] 덕의; 도덕상의 의무.

德義心[とくぎしん] 덕의심; 도덕상의 의무를 소중히 여기는 마음.

德川幕府[とくがわばくふ] 德川家康(とくがわいえやす)가 1603년에 江戸(えど)에서 시작한 幕府(ばくふ).

德川時代[とくがわじだい] 德川家康(とくがわいえやす)가 江戸(えど)에서 일본을 통치하던 시대.

德俵[とくだわら] (씨름판의 동서남북의 각 중앙 네 곳에서) 가마니 너비만큼 바깥쪽으로 내어서 묻은 가마니.

德行[とっこう] 덕행; 도덕적인 행동.

德化[とっか] 덕화; 덕으로 감화시킴.

〔도〕

刀 칼 도
𠃌 刀

音 ◉トウ
訓 ◉かたな

訓読

2◉刀[かたな] 칼. ①외날의 칼. ②(허리에 차는) 큰 칼.

刀掛(け)[かたなかけ] ①칼걸이. 칼을 걸어 두는 기구. ＊흔히 2단으로 되어 있음. ②무사를 업신여기는 말.

刀鍛冶[かたなかじ] 도공(刀工). 도장(刀匠). 칼을 만들거나 벼리는 대장장이.

刀目利(き)[かたなめきき] 칼의 질이나 진위(真偽)를 감정하는 일. 또는 그 사람.

刀背[★むね] ①칼등. ②손등.

刀背打ち[★むねうち] (죽이지 않고 타격만을 줄 목적으로) 칼등으로 침.

刀傷[かたなきず/とうしょう] 칼자국. 칼에 의한 상처.
刀狩り[かたながり] 豊臣秀吉(とよとみひでよし)가 일본을 통일한 후 농민·상인들에게서 칼·창 등의 무기를 몰수한 일.
刀差し[かたなさし] 칼을 참. 칼을 찬 사람.
刀懸(け)[かたなかけ] ☞ 刀掛け

音読

刀架[とうか] 도가; 칼걸이. 도검걸이.
刀剣[とうけん] 도검; 칼.
刀工[とうこう] 도공; 칼을 만들거나 벼리는 대장장이.
刀圭[とうけい] 도규; ①약숟가락. ②의학. 의술.
刀圭家[とうけいか] 의사(医師).
刀圭術[とうけいじゅつ] 의술(医術).
刀身[とうしん] 도신; 칼의 몸.
刀刃[とうじん] 도인; ①칼날. ②날붙이.
刀匠[とうしょう] 도장; 도공(刀工).
刀自[★とじ] ①여사(女史). ②주부(主婦).
刀杖[とうじょう] 도장; 칼과 지팡이.
刀筆[とうひつ] 도필; ①(옛날 중국에서) 대나무에 문자를 새기던 칼. ②문서의 기록. 문서의 기록을 하는 하급 관리.
刀筆の吏[とうひつのり] ①서기(書記). ②하급 관리.
刀痕[とうこん] 도흔; 칼자국.

図(圖) 그림/꾀할 도

丨 冂 冂 冂 冈 図 図

音 ◉ズ ◉ズウ ◉ト
訓 ◉はかる

訓読

1◉図る[はかる] 〈5他〉 ①(어떤 일을) 도모(図謀)하다. ②(어떤 행동을) 꾀하다. 기도(企図)하다.
図らず[はからず] 뜻밖에. 의외로. 우연히. 공교롭게.
図らずも[はからずも] 뜻밖에도. 우연히도. 공교롭게도.

音読

2図[ず] ①도면. 도형. ②화. 그림. ③꼴. 모양. 상태. ④생각해 낸 대로임.
2図鑑[ずかん] 도감; 사진이나 그림으로 설명한 책.
図工[ずこう] 도공; ①'図画(ずが)·工作(こうさく)'의 준말. ②화공(画工).
2図図しい[ずうずうしい] 〈形〉 뻔뻔스럽다. 낯 두껍다. 넉살좋다. 철면피하다.
図録[ずろく] 도록; 도감(図鑑).
図面[ずめん] 도면; 설계도.
図抜ける[ずぬける] 〈下1他〉 빼어나다. 뛰어나다. 두드러지다.
図法[ずほう] 도법; 작도법(作図法).
図柄[ずがら] (직물 등의) 도안. 무늬.
図譜[ずふ] 도보; 도감(図鑑).
図上[ずじょう] 도상; 도면(図面)·지도(地図)의 위.
図書[としょ] 도서; 책. 서적.
4図書館[としょかん] 도서관.
図書室[としょしつ] 도서실.
図書頭[ずしょのかみ] 図書寮(ずしょりょう)의 우두머리.
図書寮[ずしょりょう] (大宝令(たいほうりょう) 제도하에서) 국사 편찬, 서적·경전의 보관·출납을 관장하던 관청.
図説[ずせつ] 도설; 그림이나 도표로 설명함.
図星[ずぼし] ①과녁 중앙의 검은 점. ②핵심. 급소.
図示[ずし] 도시; 그림으로 그려 보임.
図式[ずしき] 도식; ①그래프. ②(철학에서) 개념의 관계를 밝히기 위한 부호의 양식. ③(철학에서) 카테고리를 현상에 적용하기 위한 매개를 하는 것.
図案[ずあん] 도안; 디자인.
図様[ずよう] 도안. 무늬.
図引き[ずひき] 도면을 그림. 도면을 그리는 사람.
図入り[ずいり] (책 등에) 삽화가 들어 있음.
図題[ずだい] 도제; 그림의 제목.
図体[ずうたい] 큰 덩치. 몸집. ＊흔히 몸집만 크고 속이 비었다는 뜻으로 쓰임.
図取り[ずどり] 배치도. 사물의 형태를 그림으로 나타냄.
図太い[ずぶとい] 〈形〉 ①배짱 좋다. 배짱이 세다. 대담하다. ②뻔뻔스럽다. 넉살좋다. 유들유들하다.
図版[ずはん] 도판; 책에 실린 그림.
2図表[ずひょう] 도표; 그래프.
図解[ずかい] 도해; 그림으로 설명함.
2図形[ずけい] 도형; ①그림의 형상. ②그림으로 그린 모양.
図画[ずが] 도화; ①그림. ②그림을 그림.
図画用紙[ずがようし] 도화지.
図会[ずえ] 그림책.
図絵[ずえ] 그림책.

到 이를 도

一 ⺈ 五 五 至 至 到 到

音 ◉トウ
訓 ⊗いたる

訓読

⊗**到る**[いたる] 〈5自〉 ①(어떤 시간·장소·상태·단계에) 이르다. 도달하다. 당도하다. ②(어떤 정도·상태·단계에) 이르게 되다. ③두루 미치다. 구석구석까지 미치다. ④닥치다. 도래하다.
到る所[いたるところ] 도처에. 가는 곳마다.
到れり尽くせり[いたれりつくせり] 극진함. 더할 나위 없음. 빈틈없이 짜여 있음.

音読

[1]**到達**[とうたつ] 도달; 정한 곳에 다다름.
[2]**到頭**[とうとう] 드디어. 마침내. 결국.
到来[とうらい] 도래; ①때가 옴. ②선물로 받음.
到来物[とうらいもの] 선물로 받은 물건.
[1]**到底**[とうてい] 〈副〉 ①요컨대. 결국. ②도저히. 아무리 하여도.
[2]**到着**[とうちゃく] 도착; 어느 장소에 다다름.
到着駅[とうちゃくえき] 도착역; 도착한 역.
到着順[とうちゃくじゅん] 도착순; 도착하는 순서.
到着港[とうちゃくこう] 도착항; 도착한 항구.

度 법도/정도 도

丶 亠 广 广 庐 庐 庐 度 度

音 ◉タク ◉ト ◉ド
訓 ◉たび

訓読

[2]◉**度❶**[たび] ①때. 번. ②…할 적마다. …할 때마다. ③횟수. ④…번. …회. ❷[ど] ☞ [音読]
[2]**度度**[たびたび] 자주. 번번이. 누차. 여러 번.
度毎[たびごと] 매번. 그때마다.
度重なる[たびかさなる] 〈5自〉 거듭되다.

音読

[4]**度❶**[ど] ①도. 정도. 한도. ②(안경의) 도수. ③횟수. ④눈금. ⑤침착함. 침착성. ❷[たび] ☞ [訓読]
度肝[どぎも] 담력. 배짱.
度量[どりょう] 도량; ①길이와 부피. ②아량. 너그러운 마음.
度量衡[どりょうこう] 도량형; ①길이·부피·무게. ②도량형기(度量衡器).
[1]**度忘れ**[どわすれ] 건망증. 깜빡 잊어버림.
度盛り[どもり] (온도계의) 눈금.
度数[どすう] 도수; ①횟수. ②(온도·각도의) 도수.
度数分布[どすうぶんぷ] 도수분포.
度数制[どすうせい] 도수제.
度外[どがい] 도외; ①범위 밖. ②마음에 두지 않음. 개의치 않음.
度外れ[どはずれ] 보통의 정도를 초과함. 지나침. 엄청남.
度外視[どがいし] 도외시; 무시함.
度合い[どあい] (사물의) 정도.
度胸[どきょう] 담력. 배짱.
度胸試し[どきょうだめし] 담력 테스트.

挑 집적거릴 도

一 亅 扌 扌 扌 扌 挑 挑 挑

音 ◉チョウ
訓 ◉いどむ

訓読

[1]◉**挑む**[いどむ] 〈5他〉 ①(싸움·시비를) 걸다. 도전하다. ②(여자에게) 집적거리다. 〈5自〉 (정복하기 위해) 도전하다. 덤비다.

音読

挑発[ちょうはつ] 도발; 집적거리어 일이 발생하게 함.
挑発者[ちょうはつしゃ] 도발자.
挑発的[ちょうはつてき] 도발적.
挑発行為[ちょうはつこうい] 도발 행위.
[1]**挑戦**[ちょうせん] 도전; ①싸움을 겖. ②(매우 어려운 일에) 처음으로 맞섬.
挑戦状[ちょうせんじょう] 도전장; 도전하겠다는 뜻을 적어서 상대에게 보내는 편지.

逃(迯) 도망할 도

丿 ⺈ 扌 兆 兆 兆 ⻍兆 逃 逃

音 ◉トウ
訓 ◉のがす ◉のがれる ◉にがす ◉にげる

訓読

[1]◉**逃す**[のがす] 〈5他〉 ①놓아 주다. ②놓치다. ③(동사 ます형에 접속하여) 못…하고 말다. 못…한 체하다.

[1]◉**逃れる**[のがれる] 〈下1自〉 ①(위험 범위 밖으로) 도망하다. 달아나다. 도주하다. ②벗어나다. 면하다. 피하다.

逃れ[のがれ] 벗어남. 회피. 모면.

[2]◉**逃がす**[にがす] 〈5他〉 ①놓아 주다. ②놓치다.

[2]◉**逃げる**[にげる] 〈下1自〉 ①(눈앞의 위기로부터 적극적으로) 도망치다. 달아나다. ②패주하다. 물러나다. ③(귀찮은 일을) 피하다. 회피하다. 빠져나가다. ④(경기에서) 앞질리기 전에 승리하다.

逃げ[にげ] 도망침. 발뺌함.

逃げ去る[にげさる] 〈5自〉 도망쳐 버리다. 멀리 가다.

逃げ果せる[にげおおせる] 〈下1自〉 끝까지 도망치다. 완전히 도망치다.

逃げ口[にげぐち] ①도망갈 구멍・길. ②핑계. 구실.

逃げ口上[にげこうじょう] 핑계. 구실.

逃げ道[にげみち] ①도피로. 도망갈 길. ②구실. 핑계.

逃げ落ちる[にげおちる] 〈上1自〉 몰래 달아나다. 무사히 달아나다.

逃げ散る[にげちる] 〈5自〉 도망쳐 흩어지다.

逃げ水[にげみず] 신기루(蜃気楼) 현상.

逃げ失せる[にげうせる] 〈下1自〉 도망쳐 행방이 묘연하다. 도망쳐 자취를 감추다.

逃げ言葉[にげことば] 핑계. 구실. 발뺌.

逃げ延びる[にげのびる] 〈上1自〉 멀리 도망치다. 용케 도망치다.

逃げ腰[にげごし] ①도망치려는 자세. ②발뺌하려는 태도.

逃げ隠れ[にげかくれ] 도피. 도망쳐 숨음.

逃げ隠れる[にげかくれる] 〈下1自〉 도망쳐 숨다. 도망쳐 자취를 감추다.

逃げ込む[にげこむ] 〈5自〉 ①도망쳐 숨다. ②(경기에서) 앞질리기 전에 승리하다.

逃げ場[にげば] 도피처. 도망할 곳.

逃げ切る[にげきる] 〈5自〉 ①끝까지 도망치다. ②(경기에서) 추격을 따돌리고 승리하다.

逃げ足[にげあし] ①도망치려는 자세. ②도망치는 발걸음. ③막바지를 달리는 속도.

逃げ支度[にげじたく] 도망칠 채비.

逃げ出す[にげだす] 〈5自〉 ①도망치다. 달아나다. ②도망치기 시작하다. ③도망쳐 나가다.

逃げ吠え[にげぼえ] ①(개가) 도망가며 짖어댐. ②패하여 도망가면서도 떠들어댐.

逃げ惑う[にげまどう] 〈5自〉 도망치려고 우왕좌왕하다. 갈팡질팡하다.

逃げ回る[にげまわる] 〈5自〉 이리저리 피해 다니다. 여기저기 도망쳐 다니다.

逃げ後れる[にげおくれる] 〈下1自〉 도망칠 기회를 놓치다. 미처 도망치지 못하다.

音読

逃亡[とうぼう] 도망; 몰래 피해 달아남. 달아나 모습을 감춤.

逃亡者[とうぼうしゃ] 도망자.

[1]**逃走**[とうそう] 도주; 몰래 도망쳐 달아남.

逃走車[とうそうしゃ] 도주 차량.

逃避[とうひ] 도피; 도망하여 피함.

逃避行[とうひこう] 도피행; ①도망하여 피해 감. ②도피하여 떠나는 길.

倒 넘어질 도

丿 亻 亻 亻 仵 侄 侄 倒 倒

音 ◉トウ

訓 ◉たおす ◉たおれる

訓読

[2]◉**倒す**[たおす] 〈5他〉 ①쓰러뜨리다. ②넘어뜨리다. ③타도하다. ④(빚을) 떼어먹다.

[3]◉**倒れる**[たおれる] 〈下1自〉 ①쓰러지다. ②넘어지다. ③전복되다. ④(회사가) 망하다. 파산하다. ⑤앓아 눕다. ⑥죽다.

倒れ[たおれ] ①쓰러짐. 넘어짐. ②(빌려 준 돈을) 떼임. ③겉만 그럴듯함. 실속이 없음.

音読

倒閣[とうかく] 도각; 내각을 쓰러뜨림.

倒壊[とうかい] 도괴; 무너짐.

倒潰[とうかい] 도괴; 무너짐.

倒句[とうく] 도구; 뜻을 강조하기 위해 거꾸로 한 문구(文句).

倒立[とうりつ] 도립; 물구나무서기.

倒幕[とうばく] 幕府(ばくふ)를 타도함.

[1]**倒産**[とうさん] 도산; ①기업이 망함. ②역산(逆産). 아이를 거꾸로 출산함.

倒語[とうご] 도어; 차례가 뒤바뀜.

倒影[とうえい] 도영; ①거꾸로 비친 그림자. ②석양(夕陽).

倒錯[とうさく] 도착; ①(위치・상태가) 거꾸로 됨. ②사회 도덕에 어그러진 행위를 보임.

倒置法[とうちほう] 도치법; 어순을 반대로 하여 둠.

倒懸[とうけん] 도현; ①거꾸로 매닮. ②극심한 고통.

島 섬 도

´ ｢ 𠂆 户 户 自 鳥 鳥 島 島

音 ◉トウ
訓 ◉しま

訓読

[2] ◉島❶[しま] ①섬. ②연못이나 석가산(石仮山)이 있는 정원. ③(조직 폭력배들의) 세력권. ❷[とう] ☞ [音読]
島国[しまぐに] 섬나라.
島国根性[しまぐにこんじょう] 섬나라 근성. ＊시야가 좁고 포용력이 적은 반면 단결성이 강하고 배타적임.
島国生れ[しまぐにうまれ] 섬나라 태생. 섬에서 태어남.
島根[しまね] ①섬. 섬나라. ②島根県庁(しまねけんちょう)이 있는 소재지.
島根県[しまねけん] 시마네 현.
島台[しまだい] 결혼식 때 사용하는 장식품.
島島[しまじま] 많은 섬. 여러 섬.
島流し[しまながし] ①유배(流配). 유형(流刑). ②좌천(左遷).
島抜け[しまぬけ] 유배된 죄인이 몰래 도망침. 도망친 죄인.
島山[しまやま] ①산 모양의 섬. ②섬에 있는 섬.
島守[しまもり] 섬지기. 섬을 지키는 사람.
島巡り[しまめぐり] 섬을 한 바퀴 도는 관광.
島宇宙[しまうちゅう] 은하계 밖의 성운(星雲).
島影[しまかげ] 섬의 모습.
島育ち[しまそだち] 섬에서 태어남. 섬에서 성장함.
島隠れ[しまがくれ] 배가 섬 그늘에 숨음.
島陰[しまかげ] 섬에 가려서 안 보이는 곳. 섬 저쪽.
島人[しまびと] ①섬사람. ②섬지기. 섬을 지키는 사람.
島田[しまだ] '島田髷(しまだまげ)'의 준말.
島田髷[しまだまげ] 틀어올리는 여자의 머리 스타일.
島田崩し[しまだくずし] '島田髷(しまだまげ)'의 변형 스타일.
島伝い[しまづたい] 섬에서 섬으로 옮겨감. 섬을 따라 감.
島脱け[しまぬけ] ☞ 島抜け
島破り[しまやぶり] 유배된 죄인이 몰래 도망침. 도망친 죄인.
島風[しまかぜ] 섬 바람.

音読

[2] 島[とう] (명사에 접속하여 섬을 나타내는 말로) 도. ¶無人(むじん)～ 무인도.
島民[とうみん] 도민; 섬의 주민. 섬사람.
島嶼[とうしょ] 도서; 크고 작은 섬들. ＊'嶼'는 '작은 섬'이라는 뜻임.

桃 복숭아 도

一 十 オ 木 札 杉 杉 桃 桃 桃

音 ◉トウ
訓 ◉もも

訓読

◉桃[もも] ①복숭아. 복숭아나무. ②'桃色(ももいろ)'의 준말.
桃尻[ももじり] 말타기가 서툴러서 엉덩이가 안장에 잘 자리잡히지 않음. ＊복숭아가 둥글기 때문에 잘 고정되지 않은 데서 생긴 말임.
桃山[ももやま] 일본 과자의 한 종류.
桃山時代[ももやまじだい] 織田信長(おだのぶなが)・豊臣秀吉(とよとみひでよし)가 정권을 잡았던 시대(1568~1600년).
桃色[ももいろ] ①분홍색. 핑크색. ②(향락적인) 남녀 간의 정사(情事). ③(사상이) 약간 좌경(左傾)임.
桃の節句[もものせっく] 3월 삼짇날.
桃太郎[ももたろう] 일본 5대 동화의 하나로 복숭아 속에서 태어난 주인공.
桃割れ[ももわれ] 16・17세 가량의 소녀 머리 스타일의 하나. ＊머리를 좌우 양쪽으로 갈라 복숭아처럼 만들어 얹는 모양임.

音読

桃李[とうり] 도리; 복숭아와 자두.
桃源[とうげん] 도원; 무릉도원.
桃源境[とうげんきょう] 도원경; 무릉도원.
桃源郷[とうげんきょう] 도원향; 무릉도원.
桃花[とうか] 도화; 복숭아꽃.

徒 무리 도

ノ ノ 彳 彳 彳 祚 往 往 徒 徒

音 ◉ト
訓 ⊗あだ ⊗いたずら ⊗かち ⊗ただ ⊗むだ

訓読

⊗**徒❶**[あだ] ①헛수고. 헛일. 부질없음. ②덧없음. 허무함. ③들떠 있음. ❷[かち] 도보(徒歩). ❸[ただ] ①헛됨. 보람 없음. ②보통. 예사. 그냥. ③〈副〉 헛되이. 보람 없이. ④그저. 괜히. 쓸데없이. ❹[むだ] 쓸데없음. 헛됨. 보람이 없음. ❺[と] ☞ [音読]

⊗**徒に**[いたずらに] 공연히. 헛되이. 쓸데없이. 무익하게.

徒遣い[むだづかい] 낭비. 허비.

徒し契り[あだしちぎり] 믿을 수 없는 약속.

徒っ広い[ただっぴろい] 〈形〉 덩그렇다. 휑뎅그렁하다.

徒骨折り[むだぼねおり] 헛수고.

徒口[あだぐち/むだぐち] 잡담. 쓸데없는 말.

徒弓[かちゆみ] 걸으면서 활을 쏘기.

徒し男[あだしおとこ] 바람둥이 남자. 정부(情夫).

徒し女[あだしおんな] 바람둥이 여자. 정부(情婦).

徒渡り[かちわたり] 걸어서 강을 건넘.

徒立ち[かちだち] 걸어서 출발함.

徒名[あだな] ①염문. 스캔들. ②(연애와 관계된) 뜬소문. 헛소문.

徒夢[あだゆめ] 허무한 꿈. 허망한 꿈.

徒士[かち] (江戸(えど) 시대에) 도보(徒歩)로 주군을 수종하거나 선도하던 하급 무사.

徒死[むだじに] 개죽음. 무의미한 죽음.

徒事❶[あだごと] ①부질없는 일. 헛일. ②하찮은 일. 시시한 일. ❷[ただごと] 보통 일. 예삿일. ❸[むだごと/とじ] 헛일. 허사.

徒跣[かちはだし] 맨발로 걸음.

徒し世[あだしよ] 덧없는 세상.

徒疎かに[あだおろそかに] (부정의 말을 수반하여) 함부로. 소홀히.

徒矢[あだや] 빗나간 화살.

徒食い[むだぐい] ①간식. 군것질. ②무위도식(無為徒食).

徒し心[あだしごころ] 변덕스런 마음. 들뜬 마음.

徒桜[あだざくら] 덧없는 벚꽃.

徒言[あだごと] 무성의한 말.

徒し言葉[あだしことば] 무성의한 말.

徒し煙[あだしけむり] 덧없는 연기.

徒人❶[あだびと] ①변덕스런 사람. 바람둥이. ②남. 타인. ❷[ただびと] ①보통 사람. ②평민. ③속세의 사람.

徒者[ただもの] 보통 사람.

徒情け[あだなさけ] ①일시적인 덧없는 사랑. 풋사랑. ②그때뿐인 인정이나 친절.

徒し情け[あだしなさけ] 변하기 쉬운 정.

徒波[あだなみ] ①바람도 없는데 공연히 치는 파도. ②변하기 쉬운 사람의 마음. ③밀려오는 적병.

徒花❶[あだばな] ①수꽃. ②속빈 강정. 빛 좋은 개살구. ③제철이 아닌 때에 피는 꽃. ④피었다가 금방 지는 덧없는 꽃. 특히 벚꽃을 말함. ❷[むだばな] 수꽃.

徒話[むだばなし] 잡담. 쓸데없는 이야기.

音読

徒[と] ①제자. ②패. 무리.

徒競走[ときょうそう] 달리기 시합. 달음질.

徒党[ととう] 도당; (불순한 사람들의) 무리.

徒労[とろう] 도로; 헛수고.

徒論[とろん] 도론; 쓸데없는 논쟁.

1**徒歩**[とほ] 도보; 걸어서 감.

徒歩旅行[とほりょこう] 도보 여행.

徒死[とし] 도사; 개죽음.

徒事❶[とじ/むだごと] 헛일. 허사. ❷[あだごと] ①부질없는 일. 헛일. ②하찮은 일. 시시한 일. ❸[ただごと] 보통 일. 예삿일.

徒渉[としょう] 도섭; 걸어서 얕은 곳을 건넘.

徒手[としゅ] 도수; 맨손.

徒食[としょく] 도식; 놀고 먹음.

徒長[とちょう] 도장; 농작물이 웃자람.

徒弟[とてい] 도제; ①불제자(仏弟子). ②제자. 문하생. ③어려서부터 스승의 집에 기거하면서 기능을 배우는 소년.

徒刑[とけい] 도형; ①징역. ②(明治(めいじ) 초기에) 섬으로 유배시켜 노역시키던 형벌.

徒刑囚[とけいしゅう] 도형수; 죄수.

途(途) 길 도

ノ 𠆢 亼 亽 全 余 余 `余 涂 途

音 ⦿ト

訓 ⊗みち

訓読

⊗**途**[みち] 길. 도로.

音読

途[と] 길. 특히 목적을 갖고 가는 길. ¶帰国(きこく)の~に就(つ)く 귀국길에 오르다.

2**途端**[とたん] ①…하는 순간. 찰나. ②…하자마자.

途方[とほう] ①수단. 방법. ②도리. 이치.
[1]途上[とじょう] 도상; ①도중. ②노상(路上).
途絶[とぜつ] 두절(杜絶). 교통이나 통신이 장애물에 막혀 끊어짐.
[1]途絶える[とだえる] 〈下1自〉 ①두절되다. 왕래가 끊어지다. ②중도에서 끊어지다.
途切れ[とぎれ] 끊김. 중도에서 끊어짐.
途切れ途切れ[とぎれとぎれ] ①끊어졌다 이어졌다 함. ②띄엄띄엄. ③헐레벌떡.
[2]途中[とちゅう] 도중; 어떤 일을 하고 있을 때.
途次[とじ] (가는) 도중.
途轍[とてつ] 사리(事理). 조리.

悼 슬퍼할 도

丶 ﾊ 忄 忄' 忄⺊ 忄⺊ 怙 悄 悼 悼

音 ◉トウ
訓 ◉いたむ

訓読

◉悼む[いたむ] 〈5他〉 슬퍼하다. 애도하다. ¶お悼(いた)み申(もう)し上(あ)げます 애도의 뜻을 표합니다.

音読

悼辞[とうじ] 도사; 조사(弔辞).
悼惜[とうせき] 도석; (사람의 죽음을) 애도하고 애석하게 여김.

陶 질그릇/즐길 도

' ß ß ß' 阝ク 阝勹 阝匀 陶 陶 陶

音 ◉トウ
訓 ⊗すえ

訓読

⊗陶物[すえもの] 오지그릇. 도자기.
⊗陶物師[すえものし] 도공(陶工). 도기공.

音読

陶工[とうこう] 도공; 도자기를 만드는 사람.
陶棺[とうかん] 도관; 옹관(甕棺).
[1]陶器[とうき] 도기; ①오지그릇. ②도자기(陶磁器)의 총칭.
陶冶[とうや] 도야; 재능이나 성격을 닦아서 기름.
陶然と[とうぜんと] ①술이 거나하게 취함. ②황홀함.
陶芸[とうげい] 도예; 도자기 공예.
陶窯[とうよう] 도요; 도기를 굽는 가마.
陶磁器[とうじき] 도자기.
陶製[とうせい] 도제; 도자기로 만들어져 있음.
陶土[とうど] 도토; 도자기의 원료인 백토(白土).
陶酔[とうすい] 도취; ①기분 좋게 취함. ②황홀한 경지에 달함.
陶酔境[とうすいきょう] 도취경; 황홀한 경지.
陶画[とうが] 도화; 도기에 그린 그림.

盗(盜) 훔칠 도

冫 冫 氵 次 次 次 咨 咨 盗 盗

音 ◉トウ
訓 ◉ぬすむ

訓読

[2]◉盗む[ぬすむ] 〈5他〉 ①훔치다. 도둑질하다. ②속이다. ③표절하다. 도작(盗作)하다. ④짬을 내다. 시간을 내다. ⑤(야구에서) 도루(盗塁)하다.
[1]盗み[ぬすみ] 도둑질.
盗み見[ぬすみみ] 몰래 엿봄. 훔쳐 봄.
盗み見る[ぬすみみる] 〈上1他〉 몰래 보다. 훔쳐보다.
盗み読み[ぬすみよみ] ①(옆에서) 슬쩍 훔쳐봄. ②(남의 편지나 글을) 몰래 읽음.
盗み聞き[ぬすみぎき] 도청(盗聴). 몰래 엿들음.
盗み笑い[ぬすみわらい] 남몰래 웃음.
盗み食い[ぬすみぐい] ①훔쳐 먹음. ②숨어서 몰래 먹음.
盗み心[ぬすみごころ] 도심; 도둑질하려는 마음.
盗人[ぬすびと/ぬすっと] 도둑. 도둑놈.
盗み足[ぬすみあし] 살금살금 걸음. 발소리를 죽이고 감.

音読

盗掘[とうくつ] 도굴; 몰래 파냄.
[2]盗難[とうなん] 도난; 도둑맞는 재난.
盗難届け[とうなんとどけ] 도난 신고.
盗塁[とうるい] (야구) 도루; 스틸.
盗伐[とうばつ] 도벌; 나무를 몰래 벰.
盗犯[とうはん] 도범; 도둑질을 한 범인.
盗癖[とうへき] 도벽; 훔치는 버릇.
盗視[とうし] 도시; 훔쳐봄. 슬쩍 봄.

盗心[とうしん] 도심; 도둑질하려는 마음.
盗用[とうよう] 도용; 몰래 훔쳐 사용함.
盗作[とうさく] 도작; 표절(剽窃).
盗賊[とうぞく] 도적; 도둑.
盗電[とうでん] 도전; 전기를 몰래 씀.
盗泉[とうせん] 도천; 불의(不義).
盗聴[とうちょう] 도청; 몰래 엿들음.
盗品[とうひん] 도품; 장물(贓物).
盗汗[とうかん] 도한; 잠잘 때 나는 식은 땀.

都(都) 도읍/도회지 도

一 十 土 耂 耂 者 者 者' 都 都

音 ◉ツ ◉ト
訓 ◉みやこ

訓読

2◉都❶[みやこ] ①서울. 수도(首都). ②도회지. 도시. ③(그 지방의) 중심 도시. ④살기 좋은 곳. ❷[と] ☞ [音読]
都大路[みやこおおじ] 대도시의 중심 도로.
都落ち[みやこおち] 낙향(落郷). ①수도를 버리고 도망감. ②도시에서 시골로 전근감.
都踊り[みやこおどり] (京都(きょうと)의 祇園(ぎおん)에서) 매년 4월부터 5월 중순까지 거행되는 무용회(舞踊会).
都育ち[みやこそだち] 도회지 출신.
都移り[みやこうつり] 천도(遷都). 도읍을 다른 곳으로 옮김.
都入り[みやこいり] 입경(入京). 서울로 들어감.
都遷し[みやこうつし] 천도(遷都). 도읍을 다른 곳으로 옮김.

音読

3都❶[と] '東京都(とうきょうと)'의 준말. ❷[みやこ] ☞ [訓読]
都内[とない] 도내; ①東京都(とうきょうと)의 전체. ②東京都(とうきょうと) 중심 지역.
都度[つど] 매회(毎回). …때마다.
都道府県[とどうふけん] 일본 전국 행정 구획의 총칭. *東京都(とうきょうと)・北海道(ほっかいどう)・京都府(きょうとふ)・大阪府(おおさかふ)와 43현(県).
都立[とりつ] 도립; 東京都(とうきょうと)가 설립함.
都民[とみん] 도민; 東京都(とうきょうと)의 주민.
都鄙[とひ] 도비; 서울과 시골. 도시와 농촌.
都城[とじょう] 도성; 도읍을 둘러싼 성곽.
2都市[とし] 도시; 도회지.
都市銀行[としぎんこう] 시중은행(市中銀行).
2都心[としん] 도심; 도시의 중심지.
都雅[とが] 도아; 품위 있음.
都営[とえい] 도영; 東京都(とうきょうと)가 직접 경영함.
都邑[とゆう] 도읍; 도회지.
都議[とぎ] '都議会(とぎかい)'의 준말.
都議会[とぎかい] 도의회; 東京都(とうきょうと)의 의회.
都電[とでん] 도전; 東京都(とうきょうと)가 경영하는 전차.
都政[とせい] 도정; 東京都(とうきょうと)의 행정.
都制[とせい] 도제; 東京都(とうきょうと)의 지방 자치 제도.
都知事[とちじ] 東京都(とうきょうと)의 지사(知事).
都塵[とじん] 도진; 도시의 번잡함.
都庁[とちょう] 도청; 東京都(とうきょうと)의 행정을 맡아 보는 관청.
都下[とか] 도하; ①장안. ②東京都(とうきょうと)의 모든 관할 지역. ③東京都(とうきょうと)에서 23구(区)를 제외한 외곽 도시.
2都合[つごう] ①형편. 사정. ②편의. ③마련함. 변통함. ④〈副〉 합계. 총계.
2都会[とかい] 도회; ①도시. ②'都議会(とぎかい)'의 준말.

渡 건널 도

氵 氵 氵 广 广 产 浐 浐 渡 渡

音 ◉ト
訓 ◉わたす ◉わたる

訓読

4◉渡す[わたす] 〈5他〉 ①(강・다리를) 건너다. 건네 주다. ②(물건을) 건네다. 넘기다. ③양도하다. 내주다. 넘겨주다. ④주다. 수여하다. ⑤걸치다. 건너질러 놓다.
渡し[わたし] ①(배로 사람・물건을) 건네줌. ②나루터. ③나룻배. ④배에서 딴 곳으로 건너기 위한 발판. ⑤(물건을) 넘겨줌. 인도(引渡).
渡し金[わたしがね] 석쇠.
渡し文[わたしぶみ] 양도(譲渡) 증서.

渡し船[わたしぶね] 나룻배.
渡し守[わたしもり] 나룻배 사공. 나루터지기.
渡し賃[わたしちん] ①도선료(渡船料). 나룻배삯. ②다리를 건널 때의 통행료.
渡し場[わたしば] 나루터. 도선장(渡船場).
渡し銭[わたしせん] ①도선료(渡船料). 나룻배삯. ②다리를 건널 때의 통행료.
渡殿[わたどの] '渡(わた)り殿(どの)'의 변한 말.
渡座[わたまし] ①'귀인의 이사(移徙)'의 높임말. ②神輿(しんよ)의 행차.
渡し舟[わたしぶね] 나룻배.
渡し津海[わたしつうみ] 바다.
4 ◉**渡る**[わたる] 〈5自〉 ①(강·다리를) 건너다. ②건너가다. 건너오다. ③지나가다. 스쳐가다. ④(남에게) 인도하다. ⑤살아가다. ⑥고루 배부하다. 고루 돌아가다. ⑦(어떤 기간·범위에) 걸치다. 미치다. ⑧서로 지지 않고 맞붙다.
渡り[わたり] ①물을 건넘. ②나루터. 도선장(渡船場). ③…에서 들어옴·건너옴. ④떠돌이. 뜨내기. ⑤교섭. 협상. ⑥직경. 지름. ⑦(바둑에서) 두 무더기의 돌이 연결되기. ⑧철새의 이동. ⑨(접미어로) …회. 횟수.
渡り稼ぎ[わたりかせぎ] 뜨내기장사.
渡り台詞[わたりぜりふ] (歌舞伎(かぶき)에서) 한 대사를 여럿이 분담해서 차례대로 말함.
渡り廊下[わたりろうか] 두 건물을 잇는 복도.
渡り物[わたりもの] ①외래품. 수입품. ②선조 대대로 내려오는 물건. ③다른 사람으로 넘어가는 물건. ④주인에게 받는 급료.
渡り歩く[わたりあるく] 〈5自〉 (일거리를 찾아) 이리저리 떠돌아다니다.
渡り奉公[わたりぼうこう] 뜨내기 고용살이.
渡り船[わたりぶね] 나룻배.
渡り者[わたりもの] ①(주인을 바꾸어 여기저기 옮겨 다니는) 떠돌이 고용살이. ②뜨내기. ③타향 사람.
渡り場[わたりば] 나루터. 도선장(渡船場).
渡り殿[わたりどの] 두 건물을 잇는 복도.
1 **渡り鳥**[わたりどり] ①철새. ②뜨내기.
渡り初め[わたりぞめ] 다리의 개통식.
渡り板[わたりいた] 배와 육지를 잇는 발판.
渡り合う[わたりあう] 〈5自〉 ①논쟁하다. ②서로 칼부림하다. 서로 싸우다.
渡蟹[わたりがに] ≪動≫ 꽃게.

音読

渡欧[とおう] 도구; 유럽으로 건너감.
渡来[とらい] 도래; 외국에서 건너옴.
渡米[とべい] 도미; 미국으로 건너감.
渡仏[とふつ] 도불; 프랑스로 건너감.
渡船[とせん] 도선; 나룻배.
渡線橋[とせんきょう] (철로 위를 건너지른) 구름다리. 육교.
渡世[とせい] 도세; ①처세. 세상살이. ②직업. 생업.
渡世人[とせいにん] 노름꾼. 건달.
渡洋[とよう] 도양; 넓은 바다를 건넘.
渡御[とぎょ] ①천황과 황후의 행차. ②神輿(しんよ)의 행차.
渡河[とか] 도하; 강을 건넘.
渡航[とこう] 도항; 배를 타고 바다를 건넘.
渡海[とかい] 도해; 배를 타고 바다를 건넘.
渡海船[とかいせん] 도해선; 도항선(渡航船).

道(道) 길/도 도

丷 䒑 䒑 丫 苩 首 首 首 道 道

音 ◉トウ ◉ドウ
訓 ◉みち

訓読

4 ◉**道❶**[みち] 길. ①도로. ②(인생의) 길. 진로. ③(지켜야 할) 도리. ④수단. 방법. ⑤도. 가르침. ⑥(전문) 분야. 방면. ❷[どう] ☞ [音読]
道しるべ[みちしるべ] ①길 표지. 이정표. ②길 안내. 길잡이. ③지침서. 안내서. ④'斑猫(はんみょう)'의 딴 이름.
道すがら[みちすがら] 길을 가면서. 가는 도중에.
道ならぬ[みちならぬ] 도리에 어긋난. 인륜에 벗어난.
道教え[みちおしえ] ≪虫≫ 반묘(斑猫). 가뢰.
道筋[みちすじ] ①연도(沿道). 코스. 지나가는 길. ②조리. 이치.
道寄り[みちより] 도중에 들름.
道の記[みちのき] 여행기(旅行記).
1 **道端**[みちばた] 길가. 도로변.
道道[みちみち] ①각기 나아가는 길. ②여러 학문·예능. ③길을 가면서. 가는 도중에.
道連れ[みちづれ] 길동무. 동행.

道の辺[みちのべ] 노변. 길가.
道辺[みちべ] 길가.
道普請[みちぶしん] 도로 공사.
道糸[みちいと] 낚싯줄.
[2]道順[みちじゅん] ①지나가는 길. 코스. ②순서. 절차.
道案内[みちあんない] ①길 안내. 길 안내인. ②길 표지. 이정표(里程標).
道悪[みちわる] 질퍽거리는 길.
道外れ[みちはずれ] ①길에서 벗어난 곳. ②도리에 어긋남.
道程❶[みちのり] 도정; 거리. ❷[どうてい] ①도정; 거리. ②여정(旅程). ③과정.
道中❶[みちなか] ①(길을 가는) 도중. ②길 한복판. 노상. ❷[どうちゅう] ☞ [音読]
道芝[みちしば] ①길가에 난 잔디. ②길가에 난 잡초.
道草[みちくさ] ①길가의 풀. ②길을 가는 도중에.
道幅[みちはば] 도폭; 길의 너비.
道標❶[みちしるべ] ①길 표지. 이정표. ②길 안내. 길잡이. ③지침서. 안내서. ④'斑猫(はんみょう)'의 딴 이름. ❷[どうひょう] 도표; 이정표(里程標). 도로 표지.
道行き[みちゆき] ①(운문체의) 기행문. ②(연극의) 사랑의 도피 장면. ③경위. 경과. ④기모노 위에 입는 여성용 코트.
道火[みちび] (화약의) 도화선(導火線).

音読

[2]道❶[どう] '北海道(ほっかいどう)'의 준말. ❷[みち] ☞ [訓読]
道ぶら[どうぶら] 大阪(おおさか)의 道頓堀(どうとんぼり)를 산책함.
道家[どうか] 도가; 도교(道教)를 받드는 학자들을 통틀어 일컫는 말.
道教[どうきょう] ≪宗≫ 도교; 중국 재래 종교.
[3]道具[どうぐ] 도구; ①연장. 용구. ②얼굴 생김새. ③(나쁜 의미의) 이용물. 도구. 수단.
道具立て[どうぐだて] ①모든 준비. ②필요한 도구를 갖춤.
道具方[どうぐかた] 무대 장치 담당자.
道具師[どうぐし] 무대 도구 제작자.
道具箱[どうぐばこ] 연장궤. 연장통.
道具屋[どうぐや] 헌 도구를 파는 고물상.
[2]道徳[どうとく] 도덕; 인륜(人倫).
道楽[どうらく] 도락; ①취미로서 즐김. ②난봉. 방탕함. ③색다른 것을 좋아함.
道楽息子[どうらくむすこ] 방탕한 아들. 탕자(蕩子).
道楽者[どうらくもの] ①난봉꾼. 탕아(蕩児). ②노름꾼. ③게으름뱅이.
[2]道路[どうろ] 도로; 길.
道路標示[どうろひょうじ] 도로 표시; 노면(路面)에 표시된 선·문자·기호.
道路標識[どうろひょうしき] 도로 표지.
道陸神[どうろくじん] 도로 수호신(守護神).
道理[どうり] 도리; 이치. 까닭.
道明寺粉[どうみょうじこ] 찹쌀 미숫가루.
道明寺種[どうみょうじだね] 찹쌀 미숫가루.
道民[どうみん] 북해도민(北海道民).
道服[どうふく/どうぶく] 도복; ①도사(道士)의 옷. ②옛날 귀족들의 여행복. ③약식(略式)의 검은 법의(法衣).
道士[どうし] 도사; ①도교(道教)를 닦은 사람. ②신선(神仙). ③중. ④도덕을 갖춘 사람.
道産[どうさん/どさん] ①북해도산(北海道産). ②북해도(北海道) 태생.
道書[どうしょ] 도서; 도교(道教)의 책.
道術[どうじゅつ] 도술; ①도교(道教)의 술법. 방술(方術). ②성인의 가르침에서 얻은 처세술(処世術).
道心[どうしん] 도심; ①도덕심. ②불심(仏心). ③13세나 15세가 넘어서 중이 된 사람.
道義[どうぎ] 도의; 도덕상의 의리.
道人❶[どうじん] 도인; ①불교를 득도한 사람. ②도교(道教)를 닦은 사람. ③신선(神仙)의 술법을 닦은 사람. ④속세를 떠난 사람. ❷[どうにん] 불도(仏道)를 깨우친 사람.
[1]道場[どうじょう] 도장; ①불도(仏道)를 닦는 곳. ②무술·무예를 닦는 곳. ③심신을 단련하는 곳.
道政[どうせい] 북해도(北海道)의 행정.
道程❶[どうてい] ①도정; 거리. ②여정(旅程). ③과정. ❷[みちのり] 도정; 거리.
道祖神[どうそじん] 도신(道神). 도로 수호신.
道中❶[どうちゅう] ①여행 도중. ②여행길. ③유녀(遊女)가 성장하여 유곽을 거닒. ❷[みちなか] ☞ [訓読]
道中双六[どうちゅうすごろく] 東海道(とうかいどう) 53개소 역참을 그린 말판으로 노는 주사위 놀이.
道中差し[どうちゅうざし] 여행할 때 차는 칼.
道中着物[どうちゅうきもの] 여행복.
道庁[どうちょう] 북해도(北海道) 도청(道庁).

道破[どうは] 도파; 설파(説破). 갈파(喝破).
道標❶[どうひょう] 도표; 이정표(里程標). 도로 표지. ❷[みちしるべ] ①길 표지. 이정표. ②길 안내. 길잡이. ③지침서. 안내서. ④'반묘(斑猫)'의 딴 이름.
道学[どうがく] 도학; ①도덕을 가르치는 학문. ②유학(儒学). ③도교(道教). ④(江戸(えど) 시대의) 심학(心学).
道学者[どうがくしゃ] 도학자.
道化[どうけ] 익살을 부림. 익살꾼.
道化る[どうける] 〈下1自〉 익살을 부리다. 익살을 떨다.
道化方[どうけがた] (歌舞伎(かぶき)에서) 익살꾼 역할.
道化師[どうけし] ①익살꾼. ②어릿광대. 피에로.
道化役[どうけやく] 익살꾼 역할.
道化者[どうけもの] 익살꾼.
◑神道[しんとう], 御天道様[おてんとうさま], 天道[てんとう]

跳 뛸 도

ㅁ 口 早 足 足 跀 跀 跳 跳 跳

音 ◉チョウ
訓 ◉とぶ ◉はねる

訓読

2◉跳ぶ[とぶ] 〈5自〉 뛰다. 뛰어오르다. 뛰어넘다. 건너뛰다.
跳(び)箱[とびばこ] (체조 기구의) 뜀틀.
跳び越す[とびこす] 〈5自〉 뛰어넘다. 건너뛰다.
跳び回る[とびまわる] 〈5自〉 (이리저리) 뛰어다니다. 급히 돌아다니다.
2◉跳ねる[はねる] 〈下1自〉 ①뛰다. 뛰어오르다. ②튀다. ③팔팔하다. 까불거리다. ④(그 날의) 흥행이 끝나다. ⑤값이 급등하다.
跳ね[はね] ①뜀. ②튄 흙탕. ③(그 날의) 흥행이 끝남.
跳ねかす[はねかす] 〈5他〉 (물·흙탕을) 튀기다.
跳(ね)橋[はねばし] ①(성문 등에 매달아) 불필요할 때는 달아올리는 다리. ②도개교(跳開橋). 배가 지나다닐 때만 들어올리는 다리.
跳ね起きる[はねおきる] 〈上1自〉 벌떡 일어나다. 힘차게 일어나다.
跳(ね)馬[はねうま] 사나운 말.
跳ね返す[はねかえす] 〈5他〉 ①만회하다. ②반격하다. 되받아치다. 딱 잘라 거절하다. ③(물·흙탕을) 세게 튀기다.
跳(ね)返り[はねかえり] ①반동. 튀어 되돌아옴. ②파급. 끼친 영향. ③시세의 회복. ④경솔함. ⑤말괄량이.
跳(ね)っ返り[はねっかえり] ☞ 跳ね返り
跳ね返える[はねかえる] 〈5自〉 ①튀어 되돌아오다. ②(물·흙탕이) 세게 튀다. ③(영향이) 파급되다. 되돌아오다.
跳(ね)上(が)り[はねあがり] ①도약. 뛰어오름. ②(물가의) 폭등. ③무분별한 행동. 과격한 행동.
跳ね上がる[はねあがる] 〈5自〉 ①껑충 뛰어오르다. 튀다. ②(값이) 폭등하다. ③무분별하게 행동하다. 제멋대로 굴다.
跳(ね)炭[はねずみ] (불을 붙일 때) 잘 튀는 숯.
跳ね退く[はねのく] 〈5自〉 (놀라서) 몸을 날려 비켜서다.
跳ね回る[はねまわる] 〈5自〉 뛰어 돌아다니다. 깡충깡충 뛰어다니다.

音読

跳開橋[ちょうかいきょう] 도개교; 배가 지나다닐 때만 들어올리는 다리.
跳梁[ちょうりょう] 도량; ①함부로 날뜀·설침. ②좋지 않은 것들이 함부로 날뜀. 횡행(横行).
跳馬[ちょうば] 도마; 뜀틀. 뜀틀 넘기.
跳躍[ちょうやく] 도약; ①점프. 뛰어오름. ②높이뛰기.

塗 바를/칠할 도

氵 氵 氵 氵 氵 涂 涂 涂 涂 塗

音 ◉ト
訓 ◉ぬる ⊗まぶす ⊗まみれる

訓読

⊗塗す[まぶす] 〈5他〉 (가루를) 골고루 묻히다. 온통 바르다.
⊗塗れる[まみれる] 〈下1自〉 (땀·먼지·피 등이 묻어) 더러워지다. …투성이가 되다.
2◉塗る[ぬる] 〈5他〉 ①(어떤 물체의 표면에)칠하다. 바르다. ②(명예에) 먹칠하다. ③(죄·책임을) 전가하다. 덮어씌우다.

塗り[ぬり] ①칠. ②칠한 것. ③칠한 모양. ④옻칠.
塗りこくる[ぬりこくる] 〈5他〉 마구 칠하다.
塗りたくる[ぬりたくる] 〈5他〉 마구 칠하다.
塗(り)むら[ぬりむら] 칠에 얼룩이 짐.
塗(り)骨[ぬりぼね] 옻칠을 한 부챗살·우산살.
塗り潰す[ぬりつぶす] 〈5他〉 ①빈틈없이 칠하다. ②은폐하다. 감추다.
塗(り)籠(め)[ぬりごめ] (흙을 발라 만든) 움막집.
塗り立て[ぬりたて] 갓 칠함.
塗り立てる[ぬりたてる] 〈下1他〉 ①곱게 칠하다. ②마구 칠하다. ③짙은 화장을 하다.
塗り笠[ぬりがさ] 옻칠한 삿갓.
塗(り)物[ぬりもの] 칠기(漆器).
塗り付ける[ぬりつける] 〈下1他〉 ①문질러 칠하다. 처바르다. ②(죄·책임을) 전가하다. 덮어씌우다.
塗り盆[ぬりぼん] 옻칠을 한 쟁반.
塗師[★ぬし] 칠하는 사람.
塗師屋[★ぬしや] 칠하는 사람.
塗(り)師[ぬりし] 칠하는 사람.
塗り上げる[ぬりあげる] 〈下1他〉 완전히 칠하다. 칠을 끝내다.
塗(り)薬[ぬりぐすり] 바르는 약.
塗(り)屋造り[ぬりやづくり] 외면을 흙으로 두껍게 바른 토담집.
塗(り)椀[ぬりわん] 옻칠한 나무 공기.
塗り隠す[ぬりかくす] 〈5他〉 ①덧칠하여 안 보이게 하다. ②은폐하다. 감추다. 숨기다.
塗り込める[ぬりこめる] 〈下1他〉 ①빈틈없이 바르다. ②안에다 물건을 넣고 안 보이게 칠하다.
塗(り)箸[ぬりばし] 옻칠한 젓가락.
塗り直す[ぬりなおす] 〈5他〉 다시 칠하다.
塗(り)替え[ぬりかえ] 칠한 위에 다시 칠함.
塗り替える[ぬりかえる] 〈下1他〉 ①칠한 위에 다시 칠하다. 덧칠하다. ②쇄신(刷新)하다. 일신(一新)하다.
塗(り)板[ぬりいた] ①(게시판용) 옻칠한 판자. ②칠판.
塗(り)下[ぬりした] 칠하는 바탕.
塗(り)下駄[ぬりげた] 옻칠을 한 나막신.
塗(り)絵[ぬりえ] (색칠하도록) 윤곽만을 그린 그림.

音読

塗料[とりょう] 도료; 페인트.
塗抹[とまつ] 도말; ①칠함. 바름. ②칠하여 지워 버림. 말소(抹消).
塗装[とそう] 도장; 칠을 하여 단장함.
塗炭[とたん] 도탄; 말할 수 없는 고생.
塗布[とふ] 도포; 칠함. 바름.

稲(稻) 벼 도

音 ◉トウ
訓 ◉いね ◉いな

訓読

[2]◉稲[いね] ≪植≫ 벼.
稲つるび[いなつるび] 번개.
稲架け[いねかけ] ☞ 稲掛け
稲架[★はさ] ☞ 稲掛け
稲幹[いながら] 잎이 붙은 벼줄기.
[1]稲光[いなびかり] 번개.
稲掛け[いねかけ/いなかけ] 볏덕. 벤 벼를 걸어서 말리는 장치.
稲扱き[いねこき] 벼 훑기. 벼훑이.
稲城[いなぎ/いなき] ①전쟁 때 볏단으로 쌓아 만든 보루. ②짚단을 저장하는 곳간.
稲穂[いなほ/いなぼ] 벼 이삭.
稲筵[いなむしろ] ①볏짚으로 만든 멍석. ②여물어 쓰러진 벼.
稲刈り[いねかり] 벼 베기.
稲子[いなご] ≪虫≫ 메뚜기.
稲作[いなさく] ①벼농사. ②벼의 작황.
稲雀[いなすずめ] 벼논에 모인 참새.
稲田[いなだ/とうでん] 논.
稲株[いなかぶ] 볏그루.
稲車[いなぐるま] 볏단을 운반하는 수레.
稲倉[いなぐら] 벼를 두는 창고.
稲妻[いなずま] 번개.
稲妻形[いなずまがた] 번개무늬.
稲叢[いなむら] 볏가리.
稲置[いなぎ] 大和(やまと) 조정의 지방관.
稲波[いななみ] 논의 황금 물결.
稲荷[いなり] ①5곡의 신을 모신 神社(じんじゃ). ②'狐(きつね)'의 딴 이름. ③'稲荷鮨(いなりずし)'의 준말.
稲荷寿司[いなりずし] 유부초밥.
稲荷鮨[いなりずし] 유부초밥.

音読

稲熱病[とうねつびょう/いもちびょう] 도열병.
稲田[とうでん/いなだ] 논.

導(導) 이끌 도

丷 䒑 产 首 首 渞 道 道 導 導

音 ◉ドウ
訓 ◉みちびく ⊗しるべ

訓読

[1]◉導く[みちびく] ①안내하다. ②인도(引導)하다. 이끌다. 지도하다. ③유도하다. ④찾아내다.

導き[みちびき] 인도(引導). 지도. 안내. 유도.

⊗導[しるべ] 길잡이. 안내.

音読

導管[どうかん] 도관; 파이프.

導関数[どうかんすう] 도함수(導函数). 어떤 함수를 미분해서 얻어지는 함수.

導師[どうし] 도사; ①법회・장례식을 주재하는 중. ②부처. 보살.

導線[どうせん] 도선; 전류가 통하는 선.

導水[どうすい] 도수; 물이 흐르게 함.

導引[どういん] 도인; ①인도(引導). 안내. ②수족을 구부려 호흡을 조절하는 심신 요법. ③안마 요법.

[1]導入[どうにゅう] 도입; ①(사물을) 끌어들임. ②(본격적인 수업에 들어가기 전에) 학습 의욕을 고취시키는 단계.

導入部[どうにゅうぶ] 도입부; ①서주부(序奏部). ②문학 작품 등의 첫 부분.

導者[どうしゃ] 인도자(引導者). 안내인.

導体[どうたい] 도체; 열이나 전기를 잘 전달하는 물체.

導火線[どうかせん] 도화선; ①화약이 폭발하도록 점화하는 심지. ②사건이 일어나게 하는 직접적인 원인.

掏 더듬을 도

音 ⊗トウ
訓 ⊗する

訓読

⊗掏る[する] 〈5他〉 소매치기하다.

掏り替える[すりかえる] 〈下1他〉 슬쩍 바꾸어 놓다.

掏り取る[すりとる] 〈5他〉 소매치기하다. 슬쩍 훔치다.

[2]掏摸[★すり] 소매치기.

淘 쌀일/물흐를 도

音 ⊗トウ
訓 ⊗よなげる

訓読

⊗淘げる[よなげる] 〈下1他〉 ①쌀을 일다. ②물로 일어서 가려내다. ③선별하다.

⊗淘げ屋[よなげや] 강바닥의 토사를 소쿠리 등으로 떠올려 값나가는 물건을 일어서 거두는 사람.

音読

⊗淘汰[とうた] 도태; ①여러 중에서 불필요한 부분이 줄어 없어짐. ②물에 씻어 좋은 것만 취함. ③(생물 중에서) 자연 환경에 적응하지 못하는 것은 사멸되는 자연 법칙.

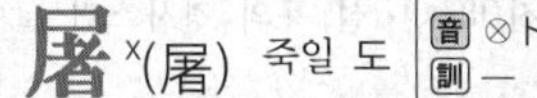

屠 x(屠) 죽일 도

音 ⊗ト
訓 —

音読

屠腹[とふく] (자살하기 위해) 배를 가름. 할복(割腹).

屠殺[とさつ] 도살; 짐승을 잡아 죽임.

屠所[としょ] 도살장.

屠蘇[とそ] 도소; 도소주(屠蘇酒).

屠蘇機嫌[とそきげん] 도소주를 마신 거나한 기분.

屠蘇散[とそさん] 도소산; 산초・도라지・계피 약초를 섞어서 제조한 약.

屠牛[とぎゅう] 도우; 소를 잡음.

屠牛場[とぎゅうじょう] 도우장; 도살장.

屠場[とじょう] 도살장.

棹 노 도

音 ⊗トウ
訓 ⊗さお

訓読

⊗棹[さお] ①삿대. 노. ②三味線(しゃみせん)의 줄을 매는 길쭉한 부분. 또는 三味線(しゃみせん). ③(큰 저울의) 저울대.

棹刺す[さおさす] 〈5他〉 ☞ 棹差す

棹差す[さおさす] 〈5他〉 ①배를 젓다. 노를 젓다. ②시류(時流)에 편승하다.

棹秤[さおばかり] 대저울.

音読

棹歌[とうか] 도가; 뱃노래.

搗 찧을 도	音 ⊗トウ 訓 ⊗つく ⊗かち…

訓読

⊗搗く[つく] 〈5他〉 ①찧다. 빻다. ②(떡을) 치다.

⊗搗き[つき] 찧음. 빻음.

⊗搗(き)減り[つきべり] 도정(搗精) 감량(減量). 찧음으로써 분량이 줄어듦.

⊗搗き交ぜる[つきまぜる] 〈下1他〉 ①빻아서 섞다. ②뒤섞다.

⊗搗き砕く[つきくだく] 〈5他〉 (곡식 등을) 빻다. 찧다.

⊗搗き杵[つきぎね] 절굿공이.

⊗搗ち栗[かちぐり] 황밤. ＊승리의 축하・출진(出陣)・설 등의 경사스런 날에 사용함.

⊗搗ち上げる[かちあげる] 〈下1他〉 (씨름에서) 일어서는 순간에 팔・어깨로 상대방의 상반신을 쳐올리다.

⊗搗ち合う[かちあう] 〈5自〉 ①부딪히다. 충돌하다. ②마주치다. 만나다.

音読

搗精[とうせい] 도정; 쌀을 깨끗하게 찧음.

搗精度[とうせいど] 도정도; 쌀을 깨끗하게 찧는 정도.

賭 ×(賭) 도박할 도	音 ⊗ト 訓 ⊗かける

訓読

1⊗賭ける[かける] 〈下1他〉 ①내기하다. 걸다. ②(실패하면 잃을 각오로 목숨・명예를) 걸다. 내걸다.

1賭(け)[かけ] ①내기. ②노름. 도박. ③모험.

賭弓[のりゆみ] ①내기 활쏘기. ②(平安(へいあん) 시대에) 정월 18일에 하던 활쏘기.

賭(け)碁[かけご] 내기 바둑.

賭(け)馬[かけうま] ①경마. ②경마 말.

賭(け)物[かけもの] 내기에 거는 경품.

賭(け)事[かけごと] 내기. 노름. 도박.

音読

賭する[とする] 〈サ変他〉 ①내기하다. 걸다. ②(중요한 것을) 내걸다. 내던지다. 걸다.

賭博[とばく] 도박; 노름.

賭場[とば] 노름판. 도박장.

賭場荒し[とばあらし] 노름판 털기.

鍍 도금할 도	音 ⊗ト 訓 —

音読

鍍金❶[ときん] 도금; 금속 표면에 금이나 은 따위의 얇은 막을 입히는 일. ❷[めっき] 도금; ①금속 표면에 금이나 은 따위의 얇은 막을 입히는 일. ②겉치레.

〔독〕

毒 독할/해칠 독
一 十 丰 圭 声 青 毒 毒

音 ◉ドク
訓 —

音読

2毒[どく] 독; ①독약. ②해로움. ③독기(毒気). ④해독(害毒).

毒ガス[どくガス] 독가스.

毒する[どくする] 〈サ変他〉 해치다. 해독을 끼치다.

毒見[どくみ] ①음식을 권하기 전에 시식하여 독의 유무를 확인함. ②음식 맛을 봄.

毒口[どくぐち] 독설. 욕설.

毒芹[どくぜり] 독미나리.

毒気[どくけ/どっき/どくき/どくぎ] 독기; ①독성. 독의 성분. ②악의(悪意).

毒断ち[どくだち] (병을 앓을 때) 음식을 가려 먹음.

毒毒しい[どくどくしい] 〈形〉 ①독이 있어 보이다. ②독살스럽다. 표독스럽다. ③색깔이 지나치게 야하다. ④지나치게 강렬하다.

毒突く[どくづく] 〈5自〉 악담을 하다. 독설을 퍼붓다.

毒物[どくぶつ] 독물; 독이 있는 물질.

毒味[どくみ] ①음식을 권하기 전에 시식하여 독의 유무를 확인함. ②음식 맛을 봄.

毒婦[どくふ] 독부; 악독한 여자.

毒死[どくし] 독사; 독약으로 인해 죽음.

毒蛇[どくへび/どくじゃ] ≪動≫ 독사.

毒殺[どくさつ] 독살; 독약으로 죽임.

毒舌[どくぜつ] 독설; 심한 욕설.

毒性[どくせい] 독성; 독이 있는 성질.

毒素[どくそ] 독소; 독의 원소.

毒消し[どくけし] 해독(解毒). 해독제.

毒手[どくしゅ] 독수; 마수(魔手). 악랄한 수단.
毒矢[どくや] 독시; 독을 바른 화살.
毒牙[どくが] 독아; ①독사의 이빨. ②악랄한 수단.
毒蛾[どくが] ≪虫≫ 독나방.
毒液[どくえき] 독액; 독이 있는 액체.
毒薬[どくやく] 독약; 독이 있는 약.
毒魚[どくぎょ] 독어; 독이 있는 물고기.
毒瓦斯[どくガス] 독가스.
毒茸[どくきのこ/どくたけ] 독버섯.
毒刃[どくじん] 흉한의 악독한 칼.
毒除け[どくよけ] 해독(解毒). 중독을 예방함.
毒酒[どくしゅ] 독주; 독약을 탄 술.
毒中り[どくあたり] 식중독(食中毒).
毒草[どくそう] 독초; 독이 있는 풀.
毒虫[どくむし] 독충; 독벌레.
毒筆[どくひつ] 독필; 남을 중상하는 글.

独(獨) 홀로 독

丿 犭 犭 犭 犭 犭 犭 独 独

音 ◉ドク
訓 ◉ひとり

訓読

2◉独り[ひとり] ①혼자. ②홀몸. 독신. ③〈副〉 다만. 단지. 단순히.
独りごちる[ひとりごちる] 〈上1自〉 혼잣말을 하다.
独りでに[ひとりでに] 저절로. 자연히.
独りぼっち[ひとりぼっち] 외톨이.
独り居[ひとりい] 독거; 혼자 있음.
独り決め[ひとりぎめ] ①독단적으로 결정함. ②혼자 속단함.
独り台詞[ひとりぜりふ] (연극에서) 독백.
独り娘[ひとりむすめ] 외동딸.
独り旅[ひとりたび] 혼자 여행함.
独り立ち[ひとりだち] ①(젖먹이가) 혼자서 일어섬. 걸음마함. ②독립. 자립.
独り暮らし[ひとりぐらし] 독신 생활.
独り舞台[ひとりぶたい] 독무대.
独り歩き[ひとりあるき] ①남의 도움 없이 혼자 걸음. ②혼자서 걸음. ③독립. 자립.
独り相撲[ひとりずもう] ①혼자서 날뜀. ②독무대.
独り善がり[ひとりよがり] 독선. 독선적.
独り笑い[ひとりわらい] 혼자 웃음.
独り息子[ひとりむすこ] 외동아들. 외아들.
独り身[ひとりみ] 독신; 홀몸.
独り案内[ひとりあんない] 자습서.
独り言[ひとりごと] 혼잣말. 독백.
独り子[ひとりご] 외아들. 독자.
独りっ子[ひとりっこ] 외아들. 독자.
独り者[ひとりもの] 독신자. 홀몸.
独り占い[ひとりうらない] 자기 점을 침.
独り占め[ひとりじめ] 독점; 독차지.
独り住まい[ひとりずまい] 독신 생활.
独り芝居[ひとりしばい] ①1인극. ②혼자 흥분하여 설침.
独り天下[ひとりでんか] 1인 천하. 독무대. 혼자 설침.
独り寝[ひとりね] 혼자서 잠.
独り合点[ひとりがてん] 지레짐작. 혼자 속단함.

音読

独[どく] 독일. '独逸(どいつ)'의 준말.
独鈷[どっこ] 독고; 불구(仏具)의 일종.
独禁法[どっきんほう] '独占禁止法'의 준말.
独断[どくだん] 독단; 혼자만의 생각으로 결정함.
独壇場[どくだんじょう] 독무대.
独得[どくとく] 〈形動〉 독특함.
独楽[★こま] 팽이.
独力[どくりょく] 독력; 혼자의 힘.
2独立[どくりつ] 독립; ①따로 떨어져 혼자 있음. ②예속에서 벗어나 홀로 섬.
独立独歩[どくりつどっぽ] 독립독보; ①독립해서 자기 소신대로 함. ②다른 것과 차별화함.
独立独行[どくりつどっこう] ☞ 独立独歩
独立宣言[どくりつせんげん] 독립 선언.
独文[どくぶん] 독문; ①독일어 문장. ②독일 문학.
独文学[どくぶんがく] 독문학; 독일 문학.
独房[どくぼう] 독방; 혼자만의 감방.
独白[どくはく] 독백; 혼잣말.
独歩[どっぽ] 독보; ①혼자서 걸음. ②혼자 힘으로 함. ③비할 데 없이 뛰어남.
独善[どくぜん] 독선; ①자신만 옳다고 생각함. ②자신만 올바르게 처신하려고 함.
独修[どくしゅう] 독수; 기술을 혼자서 익힘.
独習[どくしゅう] 독습; 기술을 혼자서 익힘.
2独身[どくしん] 독신; ①미혼자. ②홀몸.
独語[どくご] 독어; ①독일어. ②혼잣말.
独演[どくえん] 독연; ①단독 출연. 독창. 독주. ②독무대.

独演会[どくえんかい] ①독창회(独唱会). 독주회(独奏会). ②독무대.
独泳[どくえい] 독영; ①혼자서 헤엄침. ②(경기에서) 남보다 빼어나게 앞섬.
独往[どくおう] 독왕; 독립.
独吟[どくぎん] 독음; ①홀로 읊음. ②홀로 짓는 連歌(れんが)나 俳諧(はいかい).
独逸[★ドイツ] 독일.
独逸語[★ドイツご] 독일어.
[1]独自[どくじ] 독자; ①개인적임. ②독특함.
独酌[どくしゃく] 독작; ①혼자서 술을 마심. ②자기 손으로 술을 따라 마심.
[1]独裁[どくさい] 독재; 모든 일을 자기만의 판단으로 함.
[1]独占[どくせん] 독점; 혼자서 독차지함.
独尊[どくそん] 독존; 자기 혼자만 존귀함.
独座[どくざ] 독좌; 홀로 앉아 있음.
独走[どくそう] 독주; ①혼자서 달림. ②선두에 달림. ③혼자서 제멋대로 행동함.
独奏[どくそう] 독주; 솔로. 혼자서 악기를 연주함.
独唱[どくしょう] 독창; 솔로. 혼자서 노래를 부름.
[1]独創[どくそう] 독창; 혼자의 생각으로 창안해 냄.
独擅場[どくせんじょう] 독천장; 독무대.
[2]独特[どくとく] 독특함. 특별히 다름.
独学[どくがく] 독학; 선생 없이 혼자서 공부함.
独航[どっこう] 독항; 단독으로 항해함.
独航船[どっこうせん] 독항선; (원양 어업에서) 고기를 잡아 모선(母船)으로 넘기는 어선.
独行[どっこう] 독행; ①혼자서 길을 감. ②혼자서 일을 함.
独和[どくわ] 독일과 일본.

督 살필 독

丨 ⺊ ⺗ 𠂇 ⺘ 未 叔 叔 督 督

音 ◉トク
訓 —

音読

督する[とくする] 〈サ変他〉 ①감독하다. 단속하다. ②통솔하다. ③재촉하다. 독촉하다.
督励[とくれい] 독려; 감독하며 격려함.
督戦[とくせん] 독전; ①부하를 격려하여 싸우게 함. ②뒤에서 싸움을 감독함.
督責[とくせき] 독책; ①심한 독촉. ②엄한 힐책.
督促[とくそく] 독촉; 일을 빨리 완료하게 하거나 돈을 빨리 갚도록 재촉함.
督学[とくがく] 독학; 학사(学事)를 감독함. 또는 그 사람.

読(讀) 읽을 독

言 言 言 言 計 計 詩 詩 読 読

音 ◉ド ◉トウ ◉トク ◉ドク
訓 ◉よむ ◉よませる ◉よめる

訓読

[4]◉読む[よむ] 〈5他〉 ①(책을) 읽다. 낭독하다. ②이해하다. ③꿰뚫어보다. 알아차리다. ④(바둑・장기에서) 수를 내다보다.
◉読ませる[よませる] 〈下1他〉 ①읽게 하다. ②(재미가 나서) 읽을 만하다.
◉読める[よめる] 〈下1自〉 ①읽을 수 있다. ②이해되다. 들여다보이다. ③(재미가 나서) 읽을 만하다. ④(바둑・장기에서) 상대방 수가 내다보이다.
[2]読み[よみ] ①읽기. ②한자(漢字)의 훈독(訓読). ③(바둑・장기에서) 수읽기. ④앞을 내다봄. 통찰력.
読みかける[よみかける] 〈下1他〉 ①읽기 시작하다. ②중간까지 읽다.
読みごたえ[よみごたえ] ①(책의 내용이) 읽을 만함. ②(내용이 어려워서) 읽기 힘듦.
読みこなす[よみこなす] 〈5他〉 읽고 완전히 이해하다.
読みさし[よみさし] 읽다가 맒.
読みさす[よみさす] 〈5他〉 읽다가 말다.
読みで[よみで] (내용도 좋고 분량도 많아) 읽을 만함.
読みとる[よみとる] 〈5他〉 ①독해하다. 읽은 내용을 이해하다. ②알아차리다. 꿰뚫어보다. 간파하다.
読み掛ける[よみかける] 〈下1他〉 ①읽기 시작하다. ②중간까지 읽다.
読み流す[よみながす] 〈5他〉 ①거침없이 줄줄 읽다. ②대충 읽다. 죽 훑어보다.
読(み)売(り)[よみうり] (江戸(えど) 시대에) 사건을 와판(瓦板)으로 인쇄한 것을 읽으며 팔러다니던 일.

読(み)物[よみもの] ①독서. ②읽을거리. 흥미 본위의 기사. ③서책(書冊). ④읽을 만한 문장. ⑤講談師(こうだんし)가 다루는 야담(野談) 제목. ⑥(能楽(のうがく)에서) 주연 배우가 낭독하는 문장.

読み返す[よみかえす] 〈5他〉 반복해서 읽다. 다시 읽다.

読(み)方[よみかた] ①읽는 법. 읽기. ②(문장에 대한) 이해력. ③(옛날) 국어 교과서.

読み癖[よみくせ] ①(그 사람 특유의) 읽는 버릇. ②(옛날부터 습관적으로) 특별한 읽는 법.

読み捨てる[よみすてる] 〈下1他〉 ①(신문 등을) 다 읽고 나서 버리다. ②읽은 것을 마음에 두지 않다.

読み上げ[よみあげ] ①소리내어 읽음. 낭독. ②통독. 다 읽음.

1**読み上げる**[よみあげる] 〈下1他〉 ①낭독하다. 소리내어 읽다. ②통독하다. 다 읽다. 독파하다.

読(み)上(げ)算[よみあげざん] (주산에서) 듣고 놓기.

読み書き[よみかき] ①읽기와 쓰기. ②한자(漢字)의 훈독(訓読).

読み声[よみごえ] ①읽는 소리. 음조. ②한자(漢字)의 훈독(訓読).

読み手[よみて] ①읽는 역할을 맡은 사람. ②歌(うた)ガルタ의 글귀를 읽는 사람.

読み熟す[よみこなす] 〈5他〉 읽고 완전히 이해하다.

読み応え[よみごたえ] ①(책의 내용이) 읽을 만함. ②(내용이 어려워서) 읽기 힘듦.

読み人[よみびと] 시가(詩歌)의 작자.

読み込む[よみこむ] 〈5他〉 ①시가(詩歌) 등에 사물의 이름을 넣어서 짓다. ②잘 읽어 이해하다.

読(み)切(り)[よみきり] ①다 읽음. 통독. ②(신문・잡지에서) 1회로 완결되는 단편물.

読み切る[よみきる] 〈5他〉 다 읽다. 통독하다. 독파하다.

読み止し[よみさし] 읽다가 맒.

読み止す[よみさす] 〈5他〉 읽다가 말다.

読み振り[よみぶり] ①읽는 태도. 읊는 투. ②시가(詩歌)를 지을 때의 태도. ③시가(詩歌)의 작풍(作風).

読み札[よみふだ] (歌(うた)ガルタ에서) 읽는 쪽 사람의 패.

読み替える[よみかえる] 〈下1他〉 ①하나의 한자를 다른 음훈(音訓)으로 읽다. ②법령 조문의 구절에 같은 조건의 다른 구절을 대체하여 그대로 적용하다.

読(み)初め[よみぞめ] 새해 들어 처음으로 책을 읽음.

読み取る[よみとる] 〈5他〉 ①독해하다. 읽은 내용을 이해하다. ②알아차리다. 꿰뚫어 보다. 간파하다.

読み耽ける[よみふける] 〈5他〉 탐독하다. 열중하여 읽다.

読み通す[よみとおす] 〈5他〉 다 읽다. 통독하다.

読み破る[よみやぶる] 〈5他〉 독파하다.

読み下す[よみくだす] 〈5他〉 ①대충 훑어보다. ②한문을 일본어 어순으로 고쳐 읽다.

読(み)合(わ)せ[よみあわせ] ①(원고와 교정쇄를) 읽으면서 맞추어 봄. ②대본 읽기 연습.

読み合わせる[よみあわせる] 〈下1他〉 (원고와 교정쇄를) 읽으면서 맞추어 보다.

読み解く[よみとく] 〈5他〉 해독하다.

音読

読経[どきょう] 독경; 경전을 읽음.

読図[どくず] 독도; (도면・지도 등을) 보고 내용을 이해함.

読了[どくりょう] 독료; 다 읽음. 통독.

読本❶[とくほん] 독본; ①어학 교과서. ②입문서. ❷[よみほん] (江戸(えど) 시대 말엽에) 공상적・전기적(伝奇的) 소설.

読史[どくし] 독사; 역사책을 읽음.

2**読書**[どくしょ] 독서; 책을 읽음.

読誦❶[どくじゅ] 독송; ≪仏≫ 불경(仏経)을 소리 내어 읽음. ❷[どくしょう] 독송; 소리 내어 읽음.

読字[どくじ] 독자; 한자(漢字)를 읽음.

1**読者**[どくしゃ] 독자; 책을 읽는 사람.

読点[とうてん] 쉼표. 모점(、).

読破[どくは] 독파; 통독.

読後感[どくごかん] 독후감; 책을 읽고 난 후의 느낌.

読解[どっかい] 독해; 글을 읽고 이해함.

読会[どっかい] 독회; 의회에서 중요 의안을 심의하는 모임.

篤 두터울 독

⺮ 𥫗 竺 竺 笁 笃 笃 笃 篤 篤

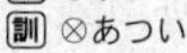

音 ◉トク

訓 ⊗あつい

訓読

⊗篤い[あつい] 〈形〉 ①(인정 등이) 두텁다. 후하다. ②(종교심이) 독실하다. 돈독하다. ③병이 무겁다. 위독하다.

音読

篤と[とくと] 신중하게. 꼼꼼히. 차분히. 깊이. 잘. *흔히 보거나 듣거나 생각하는 경우에 사용함.
篤農[とくのう] 독농; 독실한 농사꾼.
篤信[とくしん] 독신; 믿음이 두터움.
篤実[とくじつ] 독실; 성실하고 돈독함.
篤志[とくし] 독지; ①두텁고 친절한 뜻이나 마음. ②어떤 일에 열심히 마음을 기울임.
篤志家[とくしか] 독지가; 특히 사회 봉사 활동에 열심인 사람.
篤学[とくがく] 독학; 학문에 충실함.
篤行[とっこう] 독행; 인정이 두터운 행실.
篤厚[とっこう] 독후; 독실하고 인정이 두터움. 인정이 많고 성실함.

禿	대머리/무너질 독	音 ⊗トク 訓 ⊗はげる ⊗ちびる ⊗かぶろ

訓読

⊗禿[かぶろ] ①단발머리. ②대머리. ③민둥산. ④기녀(妓女)가 부리는 여자아이.
⊗禿げる[はげる] 〈下1自〉 ①(머리가) 벗어지다. ②민둥산이 되다. 헐벗어가다.
禿げ[はげ] ①머리털이 빠짐. 머리털이 빠진 자리. ②대머리. ③민둥산.
禿(げ)頭[はげあたま] 대머리.
禿(げ)山[はげやま] 민둥산.
禿げ上がる[はげあがる] 〈5自〉 머리가 벗어져 올라가다.
禿鷹[はげたか/はげわし] 대머리독수리.
禿(げ)茶碗[はげちゃわん] 대머리. *조롱하는 말임.
⊗禿びる[ちびる] 〈上1自〉 끝이 무지러지다. 끝이 뭉뚝해지다. 끝이 닳다.
禿(び)筆[ちびふで] 몽당붓.

音読

禿頭[とくとう] 독두; 대머리.
禿頭病[とくとうびょう] 독두병; 탈모증.
禿筆[とくひつ] 독필; ①몽당붓. ②자신의 필적이나 글을 낮추어 이르는 말.

瀆	욕될/개천 독	音 ⊗トク 訓 —

音読

瀆聖[とくせい] 독성; 신성 모독.
瀆神[とくしん] 독신; 신을 모독함.
瀆職[とくしょく] 독직; 공무원이 지위나 직무를 남용하여 비행을 저지름.
瀆職罪[とくしょくざい] 독직죄.

[돈]

豚	돼지 돈
丿 刀 月 月 肎 肦 肦 豚 豚 豚	

音 ◉トン
訓 ◉ぶた

訓読

◉豚❶[ぶた] 돼지. ❷[とん] ☞ [音読]
豚饅[ぶたまん] ≪方≫ 고기만두.
豚飼い[ぶたがい] 양돈업자. 돼지 사육자.
豚箱[ぶたばこ] ≪俗≫ 경찰서 유치장.
豚小屋[ぶたごや] ①돼지우리. ②작고 지저분한 집.
豚肉[ぶたにく] 돈육; 돼지고기.
豚汁[ぶたじる] 돼지고기와 채소를 잘게 썰어 넣은 된장찌개.
豚草[ぶたくさ] ≪植≫ 호그위드(hogweed).

音読

豚❶[とん] ≪俗≫ 돼지. 돼지고기. ❷[ぶた] ☞ [訓読]
豚カツ[とんカツ] 돼지고기 커틀릿. 포크커틀릿.
豚コレラ[とんコレラ] 돼지 콜레라.
豚舎[とんしゃ] 돈사; 돼지우리. 돼지를 사육하는 우리.
豚児[とんじ] 돈아; 못난 자식. *자기 아들을 낮추어 하는 말.
豚脂[とんし] 돈지; 돼지기름.
豚虎列刺[とんコレラ] 돼지 콜레라.

敦	두터울 돈	音 ⊗トン 訓 —

音読
敦厚[とんこう] 돈후; 온화하고 인정이 두터움. 성실하고 인정이 많음.

頓	조아릴/갑자기 돈	音 ⊗トン 訓 ⊗とみに

訓読
⊗頓に[とみに] 〈副〉 갑자기. 별안간. 급히.

音読
頓と[とんと] ①(부정문에서) 도무지. 전혀. 조금도. ②완전히. 깡그리. 까맣게. 아주.
頓狂[とんきょう] 갑자기 엉뚱한 짓을 함.
頓馬[とんま] 돈마; 멍청함. 얼빠짐.
頓服[とんぷく] 돈복; 약을 한 번만 복용함.
頓死[とんし] 돈사; ①급사(急死). 갑자기 죽음. ②(장기에서) 궁이 외통수로 몰림.
頓首[とんしゅ] 돈수; (편지에서) 머리가 땅에 닿도록 절한다는 뜻.
頓才[とんさい] 돈재; 재치. 임기응변.
頓挫[とんざ] 돈좌; 좌절(挫折).
頓知[とんち] 돈지; 기지. 재치.
頓智[とんち] ☞ 頓知
頓珍漢[とんちんかん] ①뚱딴지 같음. 종잡을 수 없음. 대중없음. ②얼간이. 얼뜨기. 바보.
頓着[とんじゃく/とんちゃく] 구애됨. 괘념. 개의(介意)함. 신경을 씀.
頓痴気[とんちき] 얼간이. 얼뜨기. 바보.
頓興[とんきょう] 갑자기 엉뚱한 짓을 함. 우스꽝스럽고 얼빠진 짓을 함.

〔돌〕

突(突) 부딪칠/갑자기 돌

丶 丷 宀 穴 穴 穵 突 突

音 ◉トツ
訓 ◉つく ◉つっ

訓読
2◉突く[つく] 〈5他〉 ①(뾰족하거나 가느다란 물건으로) 찌르다. ②(종을) 치다. ③(도장을) 찍다. ④짚다. 괴다. ⑤(우무를) 눌러서 가늘게 뽑다. ⑥찌르다. 습격하다. ⑦(공을) 치다. ⑧(마음을) 자극하다. ⑨(장기에서) 졸(卒)을 앞으로 보내다.

突き[つき] ①찌름. 찌르기. ②(검도에서) 목찌르기. ③(씨름에서) 일어서자마자 상대의 가슴·어깨 근처를 손바닥으로 연달아 밀치는 수.
突っ慳貪[つっけんどん] 퉁명스러움. 무뚝뚝함.
突き掛かる[つきかかる] 〈5自〉 ①달려들다. 덤벼들다. ②걸리다. ③대들다. 반항하다. ④트집을 잡아 싸움을 걸다.
突っ掛かる[つっかかる] 〈5自〉 ☞ 突き掛かる
突っ掛け[つっかけ] ①(신발을) 아무렇게나 신음. ②갑자기 함. 맨 처음 함. ③(歌舞伎(かぶき)에서 배우가 花道(はなみち)를 달려나올 때 하는) 반주의 한 가지. ④표를 예매하지 않고 갑자기 구경 오는 사람. ⑤'突っ掛け草履'의 준말.
突っ掛ける[つっかける] 〈下1他〉 ①(신발을) 아무렇게나 신다. ②갑자기 세게 부딪치다. ③갑자기 싸움을 걸다. ④(씨름에서) 상대방보다 먼저 덤벼들려고 하다.
突っ掛(け)草履[つっかけぞうり] (발가락을 끼지 않고) 발끝에 걸치는 짚신.
突(き)具[つきぐ] 물고기 따위를 찔러 잡는 도구.
突(き)襟[つきえり] (일본 고유의 부인복을 입는 방법의 하나로) 깃을 뒤로 젖혀서 목덜미가 드러나게 입는 법.
2突(き)当(た)り[つきあたり] ①맞닥뜨림. 마주침. ②막다른 곳.
2突き当たる[つきあたる] 〈5自〉 ①부딪히다. 충돌하다. ②막다른 곳에 이르다. ③봉착하다. 방해를 받다.
突き当てる[つきあてる] 〈下1他〉 ①부딪다. 부딪히다. ②(목표를) 찾아내다. 맞히다.
突き倒す[つきたおす] 〈5他〉 ①밀어서 쓰러뜨리다. ③(씨름에서) 상대방의 가슴을 밀쳐서 넘어뜨리다.
1突っ突く[つっつく] 〈5他〉 ①가볍게 쿡쿡 찌르다. ②쪼다. 쪼아 먹다. ③(젓가락으로) 들쑤시며 먹다. ④(결점을) 들추다. ⑤부추기다. 선동하다. ⑥괴롭히다. 집적거리다.
突き落とす[つきおとす] 〈5他〉 ①밀어서 쓰러뜨리다. ②(궁지에) 빠뜨리다. ③(씨름에서) 상대방의 팔을 껴안듯이 하고 양손으로 상대방의 몸을 비틀어 쓰러뜨리다.
突き戻す[つきもどす] 〈5他〉 ①되밀치다. ②퇴짜를 놓다. 물리치다.

突き立てる[つきたてる] 〈下1他〉 ①꽂다. 꽂아 세우다. ②힘차게 박아 세우다. ③찔러넣다. 푹 찌르다. ④마구 밀어내다. 자꾸 밀다.

突っ立つ[つったつ] 〈5自〉 ①우뚝 서다. 꼿꼿이 서다. ②벌떡 일어서다. ③우두커니 서 있다.

突っ立てる[つったてる] 〈下1他〉 ☞ ①꽂다. 꽂아 세우다. ②힘차게 박아 세우다. ③푹 찌르다. ④자꾸 밀다.

突き目[つきめ] ①(点景 등에서) 인물의 눈을 붓끝으로 점을 찍어 그림. ②눈이 찔려서 생기는 외상.

突き返す[つきかえす] 〈5他〉 ①되밀치다. 되찌르다. ②(받지 않고) 되돌리다. 퇴짜를 놓다.

突っ返す[つっかえす] ☞ 突き返す

突き抜く[つきぬく] 〈5他〉 꿰뚫다. 관통하다.

突き抜ける[つきぬける] 〈下1自〉 ①꿰뚫고 나가다. 관통하다. ②빠져나가다. 통과하다.

突っ撥ねる[つっぱねる] 〈下1他〉 ①세게 되밀치다. 되찌르다. ②완강히 거절하다. 딱 잘라 물리치다.

突き放す[つきはなす] 〈5他〉 ①세게 밀어 떼어놓다. 뿌리치다. ②돌보지 않다. 버리다.

突っ放す[つっぱなす] ☞ 突き放す

突き付ける[つきつける] 〈下1他〉 들이대다. 쑥 내밀다.

突き付け売り[つきつけうり] 강제로 팔려고 함. 강매(強売)함.

突っ伏す[つっぷす] 〈5自〉 갑자기 푹 엎드리다.

突き崩す[つきくずす] 〈5他〉 ①밀어 무너뜨리다. ②무찌르다.

突き飛ばす[つきとばす] 〈5他〉 들이받다. 냅다 밀치다.

突き殺す[つきころす] 〈5他〉 찔러 죽이다.

突っ殺す[つっころす] 〈5他〉 ☞ 突き殺す

突(き)上げ[つきあげ] ①밑에서 밀어올림. ②상급자에 대한 압력.

突き上げる[つきあげる] 〈下1他〉 ①밀어올리다. 쳐올리다. ②(상급자에게) 압력을 가하다. ③(감정이) 복받치다. 치밀어오르다.

突き上げ戸[つきあげど] 들창.

突き傷[つききず] 찔린 상처.

突き袖[つきそで] (거드름이나 점잔을 뺄 때) 일본 옷의 소매 속에 손을 넣고 앞으로 내미는 일.

突き膝[つきひざ] 무릎을 꿇고 허리를 들어올린 자세.

突き眼[つきめ] ①인물의 눈을 붓끝으로 점을 찍어 그림. ②눈이 찔려서 생기는 외상.

突き入る[つきいる] 〈5自〉 뛰어들다. 돌입하다.

突き入れる[つきいれる] 〈下1他〉 (세게) 찔러 넣다.

[2]突き込む[つきこむ] 〈5自〉 ①돌진하다. 돌입하다. ②깊이 파고들다. 〈5他〉 ①쑤셔넣다. 처박다. ②푹 찌르다. ③날카롭게 추궁하다. ④깊이 관여하다. 몰두하다.

突っ込み[つっこみ] ①돌진함. 돌입함. ②돌진하는 기세. ③철저하게 파고듦. 예리하게 추구함. ④평균.

[2]突っ込む[つっこむ] ☞ 突き込む

突き刺さる[つきささる] 〈5自〉 ①꽂히다. ②(마음에) 깊은 상처를 입다.

突っ刺さる[つっささる] ☞ 突き刺さる

突き刺す[つきさす] 〈5他〉 ①깊게 푹 찌르다. ②(마음 등을) 찌르다.

突っ刺す[つっさす] ☞ 突き刺す

突っ張り[つっぱり] ①뻗디딤. ②뻗장댐. ③버팀목. 버팀대로 받침. ④(씨름에서) 손바닥으로 상대방을 씨름판 밖으로 밀쳐내는 수.

[1]突っ張る[つっぱる] 〈5他〉 ①버티다. 뻗대다. ②고집을 부리다 강경하게 나가다. ③(씨름에서) 팔을 뻗질러 손바닥으로 세게 상대방을 밀쳐 내려고 하다. 〈5自〉 근육이 땅기다.

突っ転ばす[つっころばす] 〈5他〉 세게 밀어 뒹굴게 하다. 들이받아 넘어뜨리다.

突き切る[つききる] 〈5他〉 ①찔러서 베다. ②깊이 찌르다. ③(벌판이나 한길을) 가로지르다. 돌파하다.

突っ切る[つっきる] ☞ 突き切る

突き除ける[つきのける] 〈下1他〉 밀어젖히다. 밀어제치다.

突っ走る[つっぱしる] 〈5自〉 마구 달리다. 질주하다. 냅다 달리다.

突っ支い[つっかい] ①버팀. 떠받침. 버팀목. ②정신적인 지주(支柱).

突っ支い棒[つっかいぼう] ①버팀목. ②정신적인 지주(支柱).

突っ支う[つっかう] 〈5他〉 ①버팀목을 대어 받치다. ②곁에서 돕다. 지원하다.
突き指[つきゆび] 세게 부딪혀 손가락을 삠.
突き止める[つきとめる] 〈下1他〉 (규명하여) 밝혀내다. 찾아내다.
突き進む[つきすすむ] 〈5自〉 돌진하다. 힘차게 나아가다.
突き出し[つきだし] ①쑥 밀어냄. 쑥 내민 것. ②(씨름에서) 상대의 가슴을 밀쳐서 씨름판 밖으로 밀어내는 수. ③(일본 요리에서) 처음에 내놓는 간단한 안주. ④(사업의) 첫출발. ⑤창녀가 처음으로 손님을 받음.
突き出す[つきだす] 〈5他〉 ①떠밀어내다. ②쑥 내밀다. ③(경찰에) 연행하다. 넘기다.
突き出る[つきでる] 〈下1自〉 ①뚫고 나오다. ②튀어나오다. 돌출하다.
突き通す[つきとおす] 〈5他〉 ①꿰뚫다. 관통하다. ②(의견을) 관철하다. 끝까지 주장하다.
突き通る[つきとおる] 〈5自〉 뚫고 나가다.
突き破る[つきやぶる] 〈5他〉 ①눌러서 찢다. 찔러서 찢다. ②격파하다. 돌파하다.
突(き)合い[つきあい] 서로 찌름. 서로 밀치기.
突き合わす[つきあわす] 〈5他〉 ①맞대다. ②대조하다. 맞추어 보다. ③대질시키다.
突(き)合(わ)せ[つきあわせ] ①대조. 조회. ②대질(対質). 무릎맞춤. ③주된 요리에 곁들이는 야채.
突き合わせる[つきあわせる] 〈下1他〉 ①맞대다. ②대조하다. 맞추어 보다. ③대질시키다.
突き詰める[つきつめる] 〈5他〉 ①(끝까지) 밝혀내다. 규명하다. ②골똘히 생각하다.

音読

突として[とっとして] 갑자기. 별안간. 돌연.
突角[とっかく] 돌각; 튀어나온 모서리.
突撃[とつげき] 돌격; 돌진하여 공격함.
突貫[とっかん] 돌관; ①꿰뚫음. ②돌진함. ③벼락치기로 완성함.
突兀[とっこつ] 높이 솟아 우뚝함.
突起[とっき] 돌기; ①높이 솟아오름. ②돌발. 갑자기 발생함.
突起物[とっきぶつ] 돌기물; 툭 튀어나온 물건.
突端❶[とったん] 돌출한 끝. 쑥 내민 끝. ❷[とっぱし] 튀어나온 끝. ❸[とっぱな] ①쑥 내민 끝. ②(사물의) 첫머리. 시초.
突拍子もない[とっぴょうしもない] 〈形〉 당치않다. 엉뚱하다. 얼토당토않다.
突発[とっぱつ] 돌발; 갑자기 발생함.
突飛[とっぴ] ①별남. 엉뚱함. 기발함. ②시세가 갑자기 오름.
突鼻[とっぱな] ①쑥 내민 끝. ②(사물의) 첫머리. 시초.
突先[とっさき] 뾰족한 끝. 쑥 내민 끝.
1**突如**[とつじょ] 갑자기. 별안간. 돌연.
2**突然**[とつぜん] 돌연; 갑자기. 느닷없이.
突然に[とつぜんに] 돌연; 갑자기. 느닷없이.
突然変異[とつぜんへんい] 돌연변이.
突外れ[とっぱずれ] 맨 끝. 맨 끄트머리.
突入[とつにゅう] 돌입; 갑자기 뛰어듦.
突堤[とってい] 돌제; 바다 쪽으로 쑥 내민 제방.
突進[とっしん] 돌진; 거침없이 곧장 나아감.
突出[とっしゅつ] 돌출; 툭 튀어나옴.
突破[とっぱ] 돌파; ①쳐서 깨뜨림. ②어떤 기준에 도달하여 그것을 넘음.
突破口[とっぱこう] 돌파구.
突風[とっぷう] 돌풍; 갑자기 강하게 불어오는 바람.

咄	꾸짖을 돌	音 ⊗トツ 訓 ⊗はなし

訓読

⊗**咄**[はなし] (남에게 들려 주기 위한) 만담(漫談). 재담(才談). 옛날 이야기.
咄家[はなしか] 만담가(漫談家). 만담을 직업적으로 하는 사람.

音読

咄咄と[とつとつと] ①(혀를 차거나 분할 때) 쯧쯧. ②(놀라서) 오호.
咄嗟[とっさ] 돌차; 순간. 찰나. 순식간.

〔동〕

冬(冬) 겨울 동
ノ ク 夂 夂 冬

音 ◉トウ
訓 ◉ふゆ

訓読

4◉**冬**[ふゆ] 겨울.

冬ざれ[ふゆざれ] 황량한 겨울 모습. *俳句(はいく)에서 사용하는 말.
冬ざれた[ふゆざれた] 겨울이 되어 황량해진.
冬景色[ふゆげしき] 겨울 경치.
冬枯れ[ふゆがれ] ①겨울에 초목이 마름. ②겨울의 쓸쓸한 경치. ③겨울철 불경기.
冬枯れる[ふゆがれる] 〈下1自〉 겨울에 초목이 마르다.
冬空[ふゆぞら] 겨울 하늘.
冬籠(も)り[ふゆごもり] 동면(冬眠). 겨울잠.
冬籠もる[ふゆごもる] 〈5自〉 겨울잠을 자다. 동면(冬眠)하다.
冬毛[ふゆげ] 동모; 겨울털.
冬木[ふゆき] ①잎이 떨어진 겨울나무. ②(겨울의) 상록수.
冬木立[ふゆこだち] 잎이 떨어진 숲 속의 겨울나무.
冬物[ふゆもの] 겨울옷.
冬服[ふゆふく] 동복; 겨울옷.
冬山[ふゆやま] ①황량한 겨울 산. ②겨울철의 등산.
冬越し[ふゆごし] 월동. 겨울을 남.
冬衣[ふゆごろも] 겨울옷.
冬日[ふゆび] ①겨울 햇살. ②(짧은) 겨울 하루.
冬仔[ふゆご] 겨울에 태어난 동물의 새끼.
冬作[ふゆさく] 겨울 작물. 월동 작물.
冬将軍[ふゆしょうぐん] 동장군; 혹한(酷寒).
冬場[ふゆば] 겨울철. 겨울 동안.
冬田[ふゆた] 작물을 심지 않은 겨울의 빈 논.
冬鳥[ふゆどり] 겨울 철새.
冬支度[ふゆじたく] 겨울 준비. 월동 준비.
冬菜[ふゆな] 겨울 나물.
冬草[ふゆくさ] ①겨울의 마른 풀. ②겨울에도 살아 있는 풀.
冬葱[★わけぎ] ≪植≫ 쪽파. 골파. 실파.
冬向き[ふゆむき] 겨울용. 겨울에 적합함.
冬休み[ふゆやすみ] 겨울 휴가. 겨울 방학.

音読

冬季[とうき] 동계; 겨울철.
冬瓜[とうがん/とうが] ≪植≫ 동과; 동아.
冬期[とうき] 동기; 겨울의 기간.
[1]冬眠[とうみん] 동면; 겨울잠.
冬眠麻酔[とうみんますい] 동면마취; 저체온 마취.
冬扇夏炉[とうせんかろ] 동선하로; 무용지물.
冬芽[とうが] ≪植≫ 동아; 겨울눈.
冬営[とうえい] 동영; ①진영(陣営)을 치고 겨울을 남. ②월동 준비.
冬月[とうげつ] 동월; ①겨울철. ②겨울밤의 달.
冬至[とうじ] 동지; 24절기의 하나로 12월 21일경.

同 한가지 동

丨 冂 冂 冋 同 同

音 ◉ドウ
訓 ◉おなじ

訓読

[4]◉同じ[おなじ] ①〈形動〉 같음. 똑같음. ②〈副〉 어차피. 이왕에.
同じい[おなじい] 〈形〉 같다. 동일하다.
同じく[おなじく] ①똑같이. 마찬가지로. ②〈接〉 동. *같은 말을 반복해서 말할 때 사용함.
同じくは[おなじくは] 이왕이면. 같은 값이면.
[1]同い年[★おないどし] 동갑. 나이가 같음.

音読

[2]同[どう] 동; ①같음. ②(앞서 말한) 그. ③마찬가지로.
同じる[どうじる] 〈上1自〉 동의하다. 찬성하다.
同ずる[どうずる] 〈サ変自〉 동의하다. 찬성하다.
[1]同感[どうかん] 동감; 같은 느낌.
[1]同居[どうきょ] 동거; ①(가족이) 한집에서 함께 삶. ②남과 같이 지냄. ③이질적인 것이 같이 존재함.
[2]同格[どうかく] 동격; ①같은 자격. 대등한 격식. ②같은 격. ③(증권거래소에서) 같은 품위의 품목.
同慶[どうけい] 경하(慶賀)함. 함께 경사스럽고 기쁘게 여김.
同系[どうけい] 동계; 같은 계통.
同工[どうこう] 동공; 솜씨가 같음.
同工異曲[どうこういきょく] 동공이곡; 대동소이(大同小異).
同国[どうこく] 동국; ①같은 지방. 같은 고향. ②(앞서 말한) 그 나라.
同権[どうけん] 동권; 동등권.
同衾[どうきん] 동금; (남녀의) 동침(同寝).
[1]同級[どうきゅう] 동급; ①같은 등급. ②같은 학급.
同級生[どうきゅうせい] 동급생; 같은 학급의 학생.

同期[どうき] 동기; ①같은 시기・기간. ②(앞서 말한) 그 시기・기간. ③입학・졸업・연도가 같음. ④(기계의) 작동 시기를 일치시킴.

同年[どうねん] 동년; ①같은 해. ②(앞서 말한) 그 해. ③동갑. 같은 나이.

同年輩[どうねんぱい] 동년배; 나이가 같은 또래.

同年生れ[どうねんうまれ] 같은 해의 태생.

同断[どうだん] (이유가) 같음. 전술한 바와 같음.

同党[どうとう] 동당; ①같은 당파. ②(앞서 말한) 그 당.

同道[どうどう] 동도; 동반(同伴). 동행(同行).

[1]同等[どうとう] 동등; 같은 등급.

同量[どうりょう] 동량; 같은 분량.

同列[どうれつ] 동렬; ①같은 줄. ②같은 지위・정도・대우. ③같은 동아리. ④동행(同行)함. ⑤(앞서 말한) 그 줄.

[2]同僚[どうりょう] 동료; 같은 직장의 사람.

同類[どうるい] 동류; 같은 종류.

同類項[どうるいこう] ①《数》 동류항. ②한패. 한동아리.

同率[どうりつ] 동률; 같은 비율.

[1]同盟[どうめい] 동맹; ①함께 행동하기로 약속함. ②'全日本労働総同盟'의 준말.

同名[どうめい] 동명; 이름이 같음.

同文[どうぶん] 동문; ①쓰는 문자가 같음. ②같은 문장. ③(앞서 말한) 그 글.

同門[どうもん] 동문; 같은 학과나 같은 스승 밑에서 배운 동무.

同伴[どうはん] 동반; 같이 데리고 감.

同輩[どうはい] 동배; 나이나 신분이 서로 같은 사람.

同法[どうほう/どうぼう] 동법; ①같은 방법. ②한 스승 밑에서 불법(仏法)을 닦는 동료.

同病[どうびょう] 동병; ①같은 병. 같은 병을 앓는 사람. ②(앞서 말한) 그 병.

同病相憐れむ[どうびょうあいあわれむ] 〈句〉 동병상련.

同腹[どうふく] 동복; ①한 어머니가 난 형제. ②한통속. 똑같은 사고방식.

[1]同封[どうふう] 동봉; 편지에 함께 넣어 봉함.

[1]同士[どうし] 〈接尾語〉 …끼리. 한패.

同士討ち[どうしうち] 같은 패끼리의 싸움. 집안싸움.

同上[どうじょう] 동상; 위와 같음.

同床異夢[どうしょういむ] 동상이몽.

同色[どうしょく] 동색; 같은 색깔.

同棲[どうせい] 동서; 동거(同居). 결혼하지 않은 남녀가 함께 삶.

同席[どうせき] 동석; ①자리를 함께 함. 같은 모임에 참석함. ②같은 석차・지위.

同姓[どうせい] 동성; 성씨가 같음.

同性[どうせい] 동성; ①성(性)이 같음. ②성질이 같음.

同性愛[どうせいあい] 동성애; 동성 연애.

同勢[どうぜい] 일행(一行). 동행자.

同数[どうすう] 동수; 같은 수효.

同宿[どうしゅく] 동숙; ①같은 숙소에 머묾. ②같은 절에 삶.

同乗[どうじょう] 동승; (탈것에) 함께 탐.

同市[どうし] 동시; (앞서 말한) 그 시.

[2]同時[どうじ] 동시; 같은 시각.

同時代[どうじだい] 동시대; 같은 무렵.

同視[どうし] 동시; 동일시(同一視)함.

同室[どうしつ] 동실; ①같은 방. 한 방을 씀. ②동일한 방. ③(앞서 말한) 그 방.

同心[どうしん] 동심; ①뜻을 같이함. ②중심이 같음. ③(鎌倉(かまくら)・室町(むろまち) 시대) 무가(武家)의 하급 병졸.

同氏[どうし] 동씨; 그분. (앞서 말한) 그분.

同案[どうあん] 동안; ①같은 안. ②(앞서 말한) 그 안.

同額[どうがく] 동액; 같은 금액.

同夜[どうや] 동야; ①같은 밤. ②그날 밤.

[2]同様[どうよう] 마찬가지임. 다름없음.

同業[どうぎょう] 동업; 같은 영업.

同役[どうやく] 동역; 같은 직무의 사람.

同然[どうぜん] 동연; 똑같음.

同月[どうげつ] 동월; ①같은 달. ②(앞서 말한) 그 달.

同位[どうい] 동위; 동일한 위치.

同音[どうおん] 동음; ①같은 발음. ②(악기의) 같은 높이의 소리.

同音語[どうおんご] 동음어.

同音異義語[どうおんいぎご] 동음 이의어.

[1]同意[どうい] 동의; ①뜻이 같음. ②찬성. 승낙.

同義[どうぎ] 동의; 같은 뜻.

同人[どうにん/どうじん] 동인; ①그 사람. 문제의 인물. ②(앞서 말한) 그 사람. ③동호인.

[2]同一[どういつ] 동일; ①똑같음. 한가지임. ②동등함. 평등함.

同一律[どういつりつ] 동일률; 동일 원리.

同一轍[どういつてつ] 동일철; 실패에 이르는 같은 결과. 같은 전철(前轍).

同日[どうじつ] 동일; ①한날. 같은 날. ②그 날.

同前[どうぜん] 동전; ①앞서 기록한 것과 같음. ②똑같음.

同店[どうてん] 동점; ①같은 가게. ②그 가게.

同点[どうてん] 동점; 점수가 같음.

[1]同情[どうじょう] 동정; ①남의 불행을 가엾게 여겨 온정을 베풂. ②같은 느낌.

同情スト[どうじょうスト] 동정 파업.

[1]同調[どうちょう] 동조; ①보조를 맞춤. 동의(同意). ②같은 가락. ③외부로부터의 전기 진동에 공명(共鳴)함.

同族[どうぞく] 동족; ①같은 종족. 같은 핏줄에 속함. ②원소가 같은 족임.

同種[どうしゅ] 동종; 같은 종류.

同舟[どうしゅう] 동주; 같은 배에 탐.

同重元素[どうじゅうげんそ] 동중원소; 원자량이 같고 화학적 성질이 다른 원소.

[1]同志[どうし] 동지; 사상과 행동을 같이하는 사람.

同職[どうしょく] 동직; 동업. 같은 직업·업무.

同質[どうしつ] 동질; 같은 성질.

同次[どうじ] 동차; 각 항(項)의 차수(次数)가 같음.

同車[どうしゃ] 동차; 같은 차에 탐. 동승(同乗).

同窓[どうそう] 동창; 같은 학교를 졸업함.

同体[どうたい] 동체; ①한몸. ②(씨름에서 쓰러질 때) 같은 자세임. *무승부로 침.

同村[どうそん] 동촌; ①같은 마을. ②(앞서 말한) 그 마을.

同趣[どうしゅ] 동취; 취향이 같음.

同値[どうち] 동치; 같은 값.

同胞[どうほう/どうぼう] 동포; 한겨레.

同胞一和[どうほういちわ] 동포일화; 동포가 하나로 화합함.

同筆[どうひつ] 동필; 동일인의 필적.

同学[どうがく] 동학; 같은 학교. 동문(同門).

同行❶[どうぎょう] 동행; ①(불교에서) 함께 순례하는 사람. ②같은 종파의 사람. 함께 수도하는 사람. ❷[どうこう] 동행; ①함께 감. ②따라서 감. ③(문장에서) 같은 행(行). ④(앞서 말한) 그 행.

同郷[どうきょう] 동향; 고향이 같음.

同県[どうけん] 동현; ①같은 현(県). ②(앞서 말한) 그 현(県).

同穴[どうけつ] 동혈; ①같은 굴. ②(부부 등이) 죽어서 같은 무덤에 묻힘.

同形[どうけい] 동형; 형상이나 형식이 같음.

同型[どうけい] 동형; 스타일이 같음.

同好会[どうこうかい] 동호회; 취미가 같은 사람들의 조직. 또는 그 모임.

同化[どうか] 동화; ①서로 다른 것이 닮아 같게 됨. 감화(感化)됨. ②(지식 등의) 소화. ③《植》 동화

同和[どうわ] 동화; '同胞一和'의 준말.

同会[どうかい] 동회; 그 회.

同訓[どうくん] 동훈; 글자는 다르나 같은 훈(訓)의 글자.

東 동녘 동

一 丅 百 百 亘 車 東 東

音 ◉トウ

訓 ◉ひがし ⊗あずま

訓読

[4]◉東❶[ひがし] 동; ①동쪽. ②동풍. ③関東(かんとう).

⊗東❷[あずま] 일본 동부 지방의 옛 이름.

東コート[あずまコート] 明治(めいじ) 시대부터 유행한 일본 여자 외투.

東ゴート[ひがしゴート] 東Goth.

東する[ひがしする] 〈サ変自〉 동쪽으로 가다.

東歌[あずまうた] 平安(へいあん) 시대의 가무(歌舞)의 일종.

東琴[あずまごと] 일본의 육현금(六絃琴).

東男[あずまおとこ] 동부 지방의 사나이.

東路[あずまじ] 京都(きょうと)에서 関東(かんとう) 지방으로 통하는 옛길.

東半球[ひがしはんきゅう] 동반구.

東方❶[ひがしがた] 동방; ①동쪽. ②(경기에서) 동서로 나눈 때의 동쪽 진영(陣営) 사람. ❷[とうほう] 동쪽.

東山時代[ひがしやまじだい] 足利義政(あしかがよしまさ)가 将軍(しょうぐん)직에 있던 시대. *기원 1449~1473년.

東屋[あずまや] 정자(亭子).

東遊[あずまあそび] 平安(へいあん) 시대의 가무(歌舞)의 일종.

東雲[★しののめ] 《雅》 새벽. 동트기.

東夷❶[あずまえびす] 京都(きょうと) 사람이 関東(かんとう) 지방 사람을 '동쪽 오랑캐'라는 뜻으로 경멸하여 부르던 말. ❷[とうい] ☞ [音読]
東印度[ひがしいんど] 동인도.
東日本[ひがしにっぽん] 동일본.
東支那海[ひがししなかい] 동지나해.
東側[ひがしがわ] (유럽 입장에서) 소련 및 소련에 동조하는 나라.
東風❶[ひがしかぜ/とうふう] 동풍; 동쪽에서 부는 바람. ❷[こち] ≪雅≫ 동풍; 춘풍(春風).
東下駄[あずまげた] 여성용의 왜나막신.
東向き[ひがしむき] 동향; 동쪽으로 향함.

音読

東京[とうきょう] 동경; 도쿄(Tokyo).
東京都[とうきょうと] 동경도. *한국의 '서울특별시'에 해당함.
東経[とうけい] 동경; 영국 그리니치 천문대를 지나는 경도(経度).
東郊[とうこう] 동교; ①동쪽 교외(郊外). ②봄의 들판.
東欧[とうおう] 동구; 동유럽.
東国[とうごく] 동국; 동쪽 나라.
東軍[とうぐん] 동군; 동쪽 군대.
東宮[とうぐう] 동궁; 황태자.
東南[とうなん/ひがしみなみ] 동남.
東端[とうたん] 동단; 동쪽의 끝.
東都[とうと] 동도; '東京(とうきょう)'의 다른 이름.
東独[とうどく] 동독; 동부 독일.
東面[とうめん] 동면; 동쪽으로 향한 면.
東門[とうもん] 동문; 동쪽의 문.
東方❶[とうほう] 동방; 동쪽. ❷[ひがしがた] ①동쪽. ②(경기에서) 동서로 나눈 때의 동쪽 진영(陣営) 사람.
東邦[とうほう] 동방; 동쪽 나라.
東部[とうぶ] 동부; 동쪽 부분.
東北[とうほく] 동북; ①동북쪽. ②동북 지방.
東北人[とうほくじん] 동북인.
東奔西走[とうほんせいそう] 동분서주.
東上[とうじょう] 東京(とうきょう)로 감. 상경(上京).
2**東西**[とうざい] 동서; ①동쪽과 서쪽. ②동양과 서양.
2**東西南北**[とうざいなんぼく] 동서남북.
東西東西[とうざいとうざい] (흥행장에서) 관객을 진정시킬 때 서두의 말.
東西屋[とうざいや] ①가게 앞에서 선전하는 사람. ②광고쟁이. 샌드위치맨.
東亜[とうあ] 동아; 동쪽 아시아.
東岸[とうがん] 동안; 동쪽 해안.
東岸沿い[とうがんぞい] 동쪽 해안을 따라.
2**東洋**[とうよう] 동양; 오리엔트.
東洋段通[とうようだんつう] 동양 양탄자.
東洋蘭[とうようらん] 동양란.
2**東洋人**[とうようじん] 동양인.
東洋通[とうようつう] 동양통; 동양에 대해 잘 앎.
東洋風[とうようふう] 동양풍; 동양 스타일.
東夷❶[とうい] 동이; ①동쪽 오랑캐. ②옛날 関東(かんとう)・東北(とうほく) 지방의 무사(武士). ❷[あずまえびす] ☞ [訓読]
東漸[とうぜん] 동점; 세력을 차차 동쪽으로 옮김.
東征[とうせい] 동정; 동쪽으로 정벌하러 감.
東進[とうしん] 동진; 동쪽으로 나아감.
東天[とうてん] 동천; (새벽의) 동쪽 하늘.
東天紅[とうてんこう] ①새벽을 알리는 닭 울음소리. ②닭 품종의 하나.
東遷[とうせん] 동천; 동쪽으로 옮김.
東風❶[とうふう/ひがしかぜ] 동풍; 동쪽에서 부는 바람. ❷[★こち] ≪雅≫ 동풍; 춘풍(春風).
東海[とうかい] 동해; 동쪽 바다.
東海道[とうかいどう] ①東京(とうきょう)에서 京都(きょうと)까지의 해안선을 따른 길. ②옛날 7도(道)의 하나. ③東京(とうきょう)에서 神戸(こうべ)까지의 간선 도로.
東行[とうこう] 동행; 동쪽으로 감.

凍 얼동

丶 冫 冫 汇 沪 沪 洹 凍 凍 凍

音 ◉トウ
訓 ◉こおる ◉こごえる ⊗いてる ⊗しみる

訓読

2◉**凍る**[こおる] 〈5自〉 ①(물이) 얼다. ②차게 느껴지다. ¶凍(こお)った 空気(くうき) 차디찬 공기.
凍(り)豆腐[こおりどうふ] 얼린 두부.
凍り付く[こおりつく] 〈5自〉 얼어붙다. 꽁꽁 얼다.
1◉**凍える**[こごえる] 〈下1自〉 (추위로 몸의 감각이) 곱다. 얼다. ¶手(て)が~ (추위로) 손이 곱다.

ㄷ

凍え付く[こごえつく] 〈5自〉 (추위로 몸의 감각이) 곱다. 얼어붙다.
凍え死に[こごえじに] 동사; 얼어 죽음.
凍え死ぬ[こごえしぬ] 〈5自〉 동사하다. 얼어 죽다.
⊗凍てる[いてる] 〈下1自〉 얼다. 얼어붙다.
凍て[いて] 얾. 언 것처럼 느껴지는 추위.
凍て付く[いてつく] 〈5自〉 얼어붙다. 꽁꽁 얼다.
凍て雲[いてぐも] (얼어붙은 듯 움직이지 않는) 겨울 구름.
⊗凍みる[しみる] 〈上1自〉 얼다. 얼어붙을 듯이 춥다.
凍み豆腐[しみどうふ] 얼린 두부.
凍(み)餅[しみもち] 겨울에 얼린 떡. ＊일본 동북 지방의 보존 식품.
凍み付く[しみつく]〈5自〉 얼어붙다. 꽁꽁 얼다.
凍(み)雪[しみゆき] 쌓인 채 얼어 굳은 눈.

音読

凍結[とうけつ] 동결; ①얼어붙음. ②(자산 등의 사용이나 이동을) 일정 기간 금한 상태.
凍結精液[とうけつせいえき] (인공적으로 채취・보존된) 동결 정액.
凍露[とうろ] 동로; 이슬이 동결된 서리.
凍死[とうし] 동사; 얼어 죽음.
凍上[とうじょう] 동상; 땅 속이 얼어서 지표면이 부풀어오름.
凍傷[とうしょう] 동상; 심한 추위로 피부가 얼어서 상함.
凍雨[とうう] 동우; ①겨울비. ②진눈깨비. ③우박.
凍原[とうげん] 동원; 툰드라.
凍土[とうど] 동토; 언 땅.
凍寒[とうかん] 동한; 얼어붙을 정도의 혹심한 추위.
凍害[とうがい] 동해; 추위나 서리로 인한 농작물의 피해.

洞

①마을 동
②꿰뚫을 통

丶 丷 氵 氵 汩 洞 洞 洞 洞

音 ◉ドウ
訓 ◉ほら

訓読

◉洞[ほら] 굴. 동굴.
洞が峠[ほらがとうげ] 기회주의. ＊京都(きょうと)와 大阪(おおさか) 경계에 있는 산마루의 이름. 1582년 山崎(やまざき) 전투에서 筒井順慶(つついじゅんけい)가 유리한 쪽에 붙으려고 전세를 관망했다는 데서 생겨난 말임.
洞ヶ峠[ほらがとうげ] ☞ 洞が峠
洞穴[ほらあな/どうけつ] 동혈; 동굴.

音読

洞見[どうけん] 통견; 통찰.
洞窟[どうくつ] 동굴; 굴.
洞門[どうもん] 동문; ①굴 입구. ②동굴.
洞察[どうさつ] 통찰; 예리한 관찰력으로 어떤 사물을 환하게 내다봄.
洞察力[どうさつりょく] 통찰력.
洞穴[どうけつ/ほらあな] 동굴.

胴

큰창자/몸통 동

丿 刀 月 月 刖 肌 胴 胴 胴 胴

音 ◉ドウ
訓 —

音読

[1]胴[どう] ①몸통. 동체(胴体). ②(악기의) 몸통. ③(배・비행기의) 동체. ④(검도・갑옷의) 가슴・배를 가리는 동의(胴衣).
胴の間[どうのま] ①배의 중앙의 선실. ②배의 나비.
胴間声[どうまごえ] 탁하고 굵은 목소리.
胴巻(き)[どうまき] (돈을 넣어) 허리에 감는 전대(纏帯).
胴突き[どうづき] ①(토목 공사의) 달구질. 터다지기. ②달굿대. 달구.
胴乱[どうらん] ①허리에 차는 네모난 가죽자루. ②(어깨에 메는) 양철로 된 식물 채집통.
胴裏[どううら] 겹옷・솜옷 아랫단에 대는 안감.
胴忘れ[どうわすれ] 깜박 잊음.
胴部[どうぶ] 몸통 부분.
胴上げ[どうあげ] 헹가래.
胴声[どうごえ] 탁하고 굵은 목소리.
胴揚げ[どうあげ] 헹가래.
胴欲[どうよく] ① 대단히 욕심이 많음. 탐욕스러움. ②무자비함.
胴欲者[どうよくもの] 대단히 욕심이 많은 사람. 탐욕자.
胴元[どうもと] ①노름방 주인. ②일을 총괄하여 마무르는 사람.

胴衣[どうい] 동의; ①조끼. ②겉옷과 속옷 사이에 껴입는 방한 내복.
胴長[どうなが] ①몸통이 긺. ②가슴부터 바지·신발까지 하나로 붙은 고무옷.
胴切り[どうぎり] 몸통을 동강냄.
胴中[どうなか] ①몸통의 중간. ②한가운데. 중앙. 복판.
胴震い[どうぶるい] (추위나 무서움으로) 온몸이 떨림.
胴着[どうぎ] ①겉옷과 속옷 사이에 껴입는 방한 내복. ②(어떤 목적으로 몸에 걸치는) 조끼.
胴体[どうたい] 동체; 몸통.
胴締め[どうじめ] ①몸통을 죔. ②(여자의) 허리끈. ③(유도·레슬링의) 허리죄기.
胴取り[どうとり] 노름방 주인.
胴親[どうおや] ☞ 胴元
胴丸[どうまる] 몸통을 보호하는 간편한 갑옷.
胴回り[どうまわり] 몸통 둘레. 허리 둘레.

動 움직일 동

一 𠂉 亍 肓 盲 盲 重 重 動 動

音 ◉ドウ
訓 ◉うごかす ◉うごく ⊗やや

訓読

2◉動かす[うごかす] 〈5他〉 ①움직이게 하다. 움직이다. ②(위치를) 옮기다. ③(마음·상태를) 움직이다. ④행동하게 하다. ⑤활용하다.
4◉動く[うごく] 〈5自〉 ①(저절로) 움직이다. (기계가) 작동하다. ②(위치가) 바뀌다. 옮겨지다. ③(고정된 것이) 움직이다. 흔들리다. ④(마음·상태가) 흔들리다. 변하다. ⑤행동하다. 활동하다.
1動き[うごき] ①움직임. 몸놀림. 동작. ②변화. 변천. ③동향. 동태. 동정.
動き回る[うごきまわる] 〈5自〉 ①이리저리 움직이다. 돌아다니다. ②활동하다.
⊗動もすると[ややもすると] 자칫하면. 곧잘.
⊗動もすれば[ややもすれば] ☞ 動もすると

音読

動[どう] 동; 움직임.
動じる[どうじる] 〈上1自〉 동요하다. 마음이 흔들리다.
動ずる[どうずる] 〈サ変自〉 ☞ 動じる
動感[どうかん] 동감; (그림·사진이) 움직이는 느낌.
動悸[どうき] 동계; (가슴이) 두근거림. 심장의 고동이 평소보다 심하게 침.
1動機[どうき] 동기; ①일을 발동시키는 계기. ②(음악의) 모티브.
動機付け[どうきづけ] 동기 부여.
動乱[どうらん] 동란; ①전란(戦乱). 소동. ②(마음이) 어지럽게 흔들림.
1動力[どうりょく] 동력; 원동력.
動輪[どうりん] 동륜; 동력을 받아 차체를 달리게 하는 수레바퀴.
動脈[どうみゃく] 동맥; 심장에서 나온 혈액을 온몸으로 보내는 혈관.
動名詞[どうめいし] 동명사; 동사와 명사의 기능을 함께 지닌 품사.
4動物[どうぶつ] 동물; 살아 움직이는 생물.
3動物園[どうぶつえん] 동물원.
2動詞[どうし] 동사; 사물의 움직임이나 작용을 나타내는 말.
動産[どうさん] 동산; 부동산 이외의 자산.
動植物[どうしょくぶつ] 동식물; 동물과 식물.
1動揺[どうよう] 동요; ①흔들려 움직임. 움직여 흔들림. ②떠들썩함. 어수선함. 불안함.
動用字[どうようじ] 한자(漢字)의 이체(異体) 문자. *'峰'을 '峯'으로 쓰는 한자.
1動員[どういん] 동원; 어떤 목적을 위해 사람이나 물건을 집중시킴.
動議[どうぎ] 동의; 임시로 내놓는 의제.
動因[どういん] 동인; 직접적인 원인.
2動作[どうさ] 동작; ①몸놀림. ②(기계가) 작동함.
1動的[どうてき] 동적; 움직이고 있는 모양. 생기가 넘치는 모양.
動転[どうてん] ①깜짝 놀람. ②변천. 변함. 변화.
動電気[どうでんき] 동전기; 전류.
動電力[どうでんりょく] 동전력; 기전력(起電力).
動静[どうせい] 동정; 움직임. 동태.
動態[どうたい] 동태; 움직이는 상태. 변동하는 상태. 활동하는 상태.
1動向[どうこう] 동향; ①사람이나 물건의 움직임. ②사물의 움직이는 방향.
動画[どうが] 동화; 애니메이션.

働 일할 동

亻 仁 仁 仁 佢 俥 俥 偅 働 働

音 ◉ドウ
訓 ◉はたらかす ◉はたらく

訓読

◉**働かす**[はたらかす] 〈5他〉 ①일을 시키다. ②(정신을) 쓰다. 구사하다. ③(기계를) 움직이게 하다.

4◉**働く**[はたらく] 〈5自〉 ①일하다. ②(정신이) 움직이다. 활동하다. 잘 돌아가다. ③효과가 보이다. ④작용하다. ⑤≪語学≫ 활용하다. 어미가 변하다. 〈5他〉 (나쁜 짓을) 하다.

2**働き**[はたらき] ①일. 노동. ②기능. 작용. 효과. ③공적. 노고. ④재능. 능력. ⑤≪語學≫ 활용. 어미 변화.

働き甲斐[はたらきがい] 일한 보람.

働き掛け[はたらきかけ] 압력. 제의.

働き掛ける[はたらきかける] 〈下1自〉 압력을 가하다. 손을 쓰다.

働き口[はたらきぐち] 일자리. 직장.

働き蜂[はたらきばち] ≪虫≫ 일벌.

働き盛り[はたらきざかり] 한창 일할 나이.

働き手[はたらきて] ①(집안의) 기둥. ②(유능한) 일꾼.

働き蟻[はたらきあり] ≪虫≫ 일개미.

働き者[はたらきもの] 부지런한 사람. 유능한 일꾼.

音読

◑**労働**[ろうどう]

棟 마룻대 동

丨 木 朩 朩 杧 桓 桓 梀 棟 棟

音 ◉トウ
訓 ◉むね ◉むな…

訓読

◉**棟❶**[むね] ①(지붕의) 용마루. ②마룻대. ③칼등. ④(건물을 세는 말로) 동. 채. ❷[とう] ☞ [音読]

棟木[むなぎ] 마룻대로 쓰는 목재.

棟門[むなもん] (지체 높은 집안의) 솟을대문.

棟上げ[むねあげ] 상량(上樑). 상량식(上樑式).

棟飾り[むねかざり] 용마루에 하는 장식.

棟札[むなふだ] 상량(上樑)할 때 공사의 내력・건축 연월일・건축자 등을 기록하여 마룻대에 박아 두는 패.

棟割長屋[むねわりながや] 한 채의 집을 벽으로 칸막이해서 여러 세대로 나눈 긴 집.

音読

1**棟❶**[とう] 건물. ¶研究(けんきゅう)~ 연구동. ¶病(びょう)~ 병동; 병원 건물. ❷[むね] ☞ [訓読]

棟梁[とうりょう] 동량; ①마룻대와 들보. ②목수의 우두머리. ③(한 나라를 버티는) 우두머리. 통솔자.

童 아이 동

丶 亠 产 产 音 音 音 音 童 童

音 ◉ドウ
訓 ◉わらべ ⊗わらわ ⊗わっぱ

訓読

◉**童**[わらべ] 아동. 어린이들.

⊗**童❶**[わらわ] 아이. 10세 안팎의 남녀 아이. ❷[わっぱ] ①(어린아이를 욕하여 부르는 말로) 녀석. ②장난꾸러기. 개구쟁이.

童歌[わらべうた] 동요(童謡). 어린이의 노래. ＊구전되어 내려온 자연 발생적인 어린이의 노래.

童女[わらわめ/どうじょ] 동녀; 계집아이. 소녀.

童名[わらべな] 아명(児名).

童部[わらわべ] 아이. 10세 안팎의 남녀 아이.

童遊び[わらべあそび] 어린이 놀이.

童姿[わらわすがた] 어릴 때의 모습.

音読

童女[どうじょ/わらわめ] 동녀; 계집아이. 소녀. 여자아이.

童僕[どうぼく] 동복; 소년 사환(使喚).

童詩[どうし] 동시; ①어린이를 위한 시. ②어린이가 지은 시.

童心[どうしん] 동심; 어린이의 마음.

童顔[どうがん] 동안; ①어린이의 순진한 얼굴. ②나이에 비해 젊은 얼굴.

2**童謡**[どうよう] 동요; 어린이 노래.

童幼[どうよう] 동유; 어린아이.

童子[どうじ] 동자; ①아동. ②사미승(沙弥僧). ③불목하니. ④신불(神仏)을 믿는 남자.

童貞[どうてい] 동정; ①순결을 지켜 이성과 관계를 맺지 않음. ②수녀(修女).
童体[どうたい] 동체; (조각 등의 대상으로서의) 어린이 모습.
童形[どうぎょう] 동형; (옛날) 관례(冠礼)를 치르기 전의 소년의 모습.
童画[どうが] 동화; ①어린이를 위한 그림. ②어린이가 그린 그림.
[2]童話[どうわ] 동화; 어린이를 위한 이야기.

銅	구리 동
ノ ㅅ 亼 亽 㑒 金 釒 釦 釦 銅	

音 ◉ドウ
訓 ⊗あかがね

訓読
⊗銅[あかがね] 구리. 동(銅).
銅色[あかがねいろ/どうしょく] 구릿빛.

音読
[2]銅[どう] 동; ①구리. ②'銅(どう)メダル'의 준말.
銅メダル[どうメダル] 동메달.
銅鏡[どうきょう] 동경; 구리 거울.
銅鉱[どうこう] 동광; ①구리를 캐는 광산. ②구리를 함유한 광산.
銅塊[どうかい] 동괴; 구리 덩어리.
銅器[どうき] 동기; 구리로 만든 기구.
銅鑼[★どら] 동라; 징.
銅鑼焼[★どらやき] 밀가루 반죽에 팥소를 넣고 구운 징처럼 둥근 일본식 과자.
銅盤[どうばん] 동반; 구리 대야.
銅鉢[どうばち] ≪仏≫ 동발; 근행(勤行)할 때 울리는 바리때 모양의 바라.
銅山[どうざん] 동산; 동광(銅鉱).
銅像[どうぞう] 동상; 구리로 만든 사람의 형상.
銅色[どうしょく/あかがねいろ] 구릿빛.
銅線[どうせん] 동선; 구리 철사.
銅細工[どうざいく] 동세공; 구리 세공.
銅製[どうせい] 동제; 구리로 만든 것.
銅臭[どうしゅう] 동취; 동전의 악취.
銅鐸[どうたく] 동탁; 종 모양의 청동기.
銅板[どうばん] 동판; 구리판.
銅版[どうばん] 동판; 구리판에다 그림이나 문자를 새긴 인쇄용 활판.
銅牌[どうはい] 동패; 동메달.
銅壺[どうこ] 동호; (화로 속에 설치하는) 쇠·구리로 만든 단지 모양의 물 끓이는 주전자.
銅貨[どうか] 동화; 동전(銅銭).

桐	오동나무 동	音 ⊗トウ 訓 ⊗きり

訓読
⊗桐[きり] ① ≪植≫ 오동나무. ②오동나무의 꽃잎을 본뜬 가문(家紋). ③'琴(こと)'의 딴 이름. ④(화투에서) 오동.
桐簞[きりたんす] 오동나무 장롱.
桐油❶[きりあぶら] 동유; 오동나무 열매로 짠 기름. ❷[とうゆ] ①동유; 오동나무 열매로 짠 기름. ②'桐油紙(とうゆがみ)'의 준말. ③'桐油合羽(とうゆがっぱ)'의 준말.

音読
桐油紙[とうゆがみ] 동유지; 오동나무 열매 기름을 칠한 방수지(防水紙).
桐油合羽[とうゆがっぱ] 오동나무 열매 기름으로 만든 비옷.

憧	동경할 동	音 ⊗ドウ ⊗ショウ 訓 ⊗あこがれる

訓読
[2]⊗憧れる[あこがれる] 〈下1自〉 ①(이상적으로 여기고 있는 것에 강하게 마음이 이끌려) 동경하다. 그리워하다. ②(어떤 사물에 마음이 이끌려) 갈팡지팡하다.
[1]⊗憧れ[あこがれ] 동경. 그리움.

音読
憧憬[どうけい/しょうけい] ≪文≫ 동경; 그리움.

瞳	눈동자 동	音 ⊗ドウ 訓 ⊗ひとみ

訓読
[2]⊗瞳[ひとみ] ①눈동자. 동공(瞳孔). 눈 중심에 있는 검고 둥근 부분. ②눈.

音読
瞳孔[どうこう] 동공; 안구(眼球)의 홍채 가운데에 있는 눈동자.
瞳子[どうし] 동자; 눈동자.

두

斗 말 두

丶 丶 二 斗

音 ◉ト
訓 —

音読
斗掻(き)[とかき] 평미레. 평목.
斗酒[としゅ] 두주; 말술.

豆 콩 두

一 丆 冖 戸 戸 豆 豆

音 ◉トウ
訓 ◉まめ

訓読
2◉豆[まめ] ① ≪植≫ 콩. ②(콩알 같은) 물집. ③음핵(陰核). 공알.
豆幹[まめがら] (타작하고 남은) 콩가지·콩대·콩깍지.
豆科[まめか] 콩과. 콩 계통임.
豆絞り[まめしぼり] 콩알 모양의 무늬를 홀치기 염색한 것. *수건으로 사용함.
豆男[まめおとこ] ①풍류와 여자를 좋아하는 남자. ②몸집이 작은 남자. ③節分(せつぶん)에 액막이로 콩을 뿌리는 남자.
豆女[まめおんな] 節分(せつぶん)에 액막이로 콩을 뿌리는 여자.
豆単[まめたん] 작은 영어 단어집.
豆捻(じ)[まめねじ] 볶은 콩을 설탕으로 뭉친 꽈배기.
豆粒[まめつぶ] 콩알.
豆名月[まめめいげつ] 음력 9월 13일 밤의 달.
豆粕[まめかす] 콩깻묵.
豆本[まめほん] (휴대용의) 아주 작은 책.
豆の粉[まめのこ] 콩가루. 콩고물.
豆撒(き)[まめまき] ①밭에 콩을 심음. ②입춘 전날 밤 액막이로 콩을 뿌리는 행사.
豆生[まめふ] 콩밭.
豆素麺[まめそうめん] 녹두의 녹말로 가늘게 뽑아 만든 국수.
豆蒔(き)[まめまき] ①밭에 콩을 심음. ②입춘 전날 밤 액막이로 콩을 뿌리는 행사.
豆油[まめあぶら] ①두유; 콩기름. ②콩국.
豆銀[まめぎん] (江戸(えど) 시대에) 幕府(ばくふ)에서 만든 콩 모양의 은화(銀貨).
豆自動車[まめじどうしゃ] 장난감 소형 자동차.
豆蔵[まめぞう] ①거리의 연예인. ②(비웃는 말로) 수다스러운 사람.
豆電球[まめでんきゅう] 꼬마 전구.
豆殿[まめどん] (江戸(えど)의 岡場所(おかばしょ)에서) 유녀(遊女)의 시중을 들던 소녀.
豆煎(り)[まめいり] ①콩을 볶음. 볶은 콩. ②콩강정.
豆助[まめすけ] (조롱하는 말로) 신체가 작은 남자.
豆鉄砲[まめでっぽう] 대나무로 만든 장난감 총.
豆打ち[まめうち] 입춘 전날 밤 액막이로 콩을 뿌리는 행사.
豆炭[まめたん] 조개탄.
豆台風[まめたいふう] 규모가 아주 작은 소규모의 태풍.
豆板[まめいた] ①납작하게 만든 콩엿. ②콘크리트 표면에 자갈이 뭉치어 생긴 요철(凹凸). ③'豆板銀'의 준말.
豆板銀[まめいたぎん] (江戸(えど) 시대에) 幕府(ばくふ)에서 만든 콩 모양의 은화(銀貨).

音読
豆腐[とうふ] 두부; 콩으로 만든 식품.
豆腐殻[とうふがら] 비지.
豆腐屋[とうふや] 두부 장수. 두부 가게.
豆腐汁[とうふじる] 두부 국.
豆乳[とうにゅう] 두유; 진한 콩국. *우유나 모유(母乳)의 대용으로 섭취함.

痘 마마 두

丶 亠 广 广 疒 疒 疔 痘 痘 痘

音 ◉トウ
訓 —

音読
痘苗[とうびょう] 두묘; 왁친.
痘瘡[とうそう] 두창; 천연두. 마마.
痘痕[とうこん/あばた] 두흔; 마마 자국. 곰보 자국.
痘痕面[★あばたづら] 얽은 얼굴. 곰보딱지.

頭 머리 두

一 𠮛 豆 豆 豆 豆' 頭 頭 頭 頭

音 ◉ズ ◉ト ◉トウ
訓 ◉あたま ◉かしら

訓読

4◉頭❶[あたま] ①(사람의) 머리. ②(동물의) 대가리. ③두뇌. ④염두. 생각. ⑤머리털. 머리카락. 두발. ⑥꼭대기. ⑦처음. 시초. 선두. ⑧우두머리. 보스.

1◉頭❷[かしら] ①고개. ②머리털. ③우두머리. 수령. 두목. ④맨 위. 첫머리. ⑤인형의 머리. ⑥칼자루 끝의 쇠붙이. ⑦能楽(のうがく)의 가발. ❸[ず/とう] ☞ [音読]

頭から[あたまから] 처음부터. 무조건. 덮어놓고. 아예.

頭ごなし[あたまごなし] 불문곡직. 무조건. 덮어놓고.

頭でっかち[あたまでっかち] ①짱구. 불균형하게 머리만 큼. ②(물건의) 위쪽이 큼. ③(조직의) 간부가 지나치게 많음. ④말만 앞섬. 행동이 뒤따르지 않음.

頭金[あたまきん] ①계약금. 착수금. ②담보물의 시가와 대부금과의 차액.

頭立つ[かしらだつ] 〈5自〉 남의 위에 서다. 우두머리가 되다.

頭文字[かしらもじ] 머리글자.

頭の物[あたまのもの] (여자의) 머리 꾸미개. *빗·비녀 등을 말함.

頭分[かしらぶん] 두목. 우두머리.

頭書(き)[かしらがき] (본문 위의) 두주(頭註).

頭の雪[かしらのゆき] 백발. 하얗게 센 머리.

頭数[あたまかず] 머릿수. 인원수.

頭勝ち[あたまがち] ①짱구. 불균형하게 머리만 큼. ②콧대가 셈. 오만함.

頭役[かしらやく] 두목. 우두머리.

頭越し[あたまごし] ①(남의) 머리 너머. ②중개인 없이 직접함.

頭字[かしらじ] 머리글자.

頭株[あたまかぶ] ①두목. 우두머리. ②간부. 중심 인물.

頭打ち[あたまうち] ①상한가(上限価). ②한계점.

頭割り[あたまわり] ①인원수대로 나눔. ②(비용을) 인원수대로 할당함.

音読

頭❶[ず] 머리. ¶ ~が高(たか)い 건방지다. 불손하다. ❷[とう](숫자에 접속하여 덩치가 큰 동물을 세는 말로) 두; …마리. ❸[あたま/かしら] ☞ [訓読]

頭角[とうかく] 두각; 뛰어남.

頭蓋骨[ずがいこつ] 두개골.

頭巾❶[ずきん] (방한·변장을 위해) 머리나 얼굴을 가리는 쓰개. ❷[ときん] 수도(修道)하는 행자(行者)가 쓰는 검고 조그만 두건.

頭垢[★ふけ] (머리의) 비듬.

2頭脳[ずのう] 두뇌; ①뇌. ②지혜. 판단력. ③우수한 두뇌를 가진 사람. ④수뇌. 중심 인물.

頭領[とうりょう] 두령; 두목. 우두머리.

頭目[とうもく] 두목; 우두머리.

頭髪[とうはつ] 두발; 머리털.

頭部[とうぶ] 두부; 머리 부분.

頭上[ずじょう] 머리 위.

頭状花[とうじょうか] 두상화; 많은 꽃이 한데 뭉쳐서 두상(頭状)을 이룬 꽃.

頭書[とうしょ] 두서; ①첫머리의 글. ②본문의 상란(上欄)에 적어 넣음.

頭首[とうしゅ] 두수; ①머리와 목. ②우두머리. 두목.

頭韻[とういん] 두운; 얼리터레이션(alliteration)

頭注[とうちゅう] 두주; 본문 위쪽에 단 어구 등의 주석.

頭重[ずおも] ①머리 쪽이 무거움. ②거만한 태도. ③보합세(保合勢).

頭陀[ずだ] 두타; ①불도(仏道) 수행. ②수도승(修道僧).

頭陀袋[ずだぶくろ] ①수도승(修道僧)이 경문·보시 등을 넣어서 목에 거는 주머니. ②(장례 때) 죽은 사람의 목에 걸어 주는 주머니. ③헐렁한 주머니.

2頭痛[ずつう] 두통; ①머리가 아픔. ②근심. 걱정.

頭痛鉢巻(き)[ずつうはちまき] 머리를 싸매고 고심함.

頭取[とうどり] ①은행장(銀行長). ②배우 분장실의 감독자. ③씨름꾼의 감독자.

頭寒足熱[ずかんそくねつ] 두한족열; 머리는 차게 하고, 발은 따뜻하게 하고 자면 건강에 좋다는 말임.

◑音頭[おんど]

杜 막을 두	音 ⊗ズ ⊗ト ⊗トウ 訓 ⊗もり

訓読

⊗**杜**[もり] 神社(じんじゃ)를 둘러싼 숲.

音読

杜鵑❶[★ほととぎす] ≪鳥≫ 두견. **❷**[とけん] ≪文≫ 두견. 'ほととぎす'의 딴 이름.

杜漏[ずろう] 일이 조잡하고 허술함.

杜松[★ねず] ≪植≫ 두송; 노간주나무.

杜氏[とうじ/とじ] 두씨; ①술을 빚는 기술자. ②간장 제조 기술자.

杜絶[とぜつ] 두절; 교통·통신이 막혀서 끊어짐.

杜撰[ずさん] 두찬; ①틀린 데가 많은 저술물. ②엉터리. 날림.

兜 투구 두	音 ⊗ト 訓 ⊗かぶと

訓読

⊗**兜**[かぶと] 투구.

兜の緒[かぶとのお] 투구의 끈.

兜首[かぶとくび] 투구를 쓴 죽은 대장의 목.

兜人形[かぶとにんぎょう] 투구를 쓴 무사 인형.

兜町[かぶとちょう] ①東京에 있는 日本橋(にほんばし)의 지명. ＊일본의 대표적인 증권가. ②東京의 주식 시장.

兜虫[かぶとむし] ≪虫≫ 투구벌레. 투구풍뎅이.

音読

兜巾[ときん] ≪仏≫ 수도하는 행자(行者)가 쓰는 검고 조그마한 두건.

兜率天[とそつてん] ≪仏≫ 욕계육천(欲界六天)의 하늘.

〔둔〕

屯 모일 둔

音 ◉トン
訓 ⊗たむろ

訓読

⊗**屯**[たむろ] ①진영(陣営). 병사가 모여 있는 곳. ②(어떤 한패의) 집단. ③明治(めいじ) 시대의 파출소·경찰서.

屯する[たむろする] 〈サ変自〉 (사람들이) 떼지어 모이다. (군대가) 주둔하다.

音読

屯所[とんしょ] ①병영(兵営). ②明治(めいじ) 초기의 경찰서.

屯営[とんえい] 둔영; (군대가) 주둔함.

屯田[とんでん] 둔전; ①(중국에서 옛날에는) 군사를 국경 근처에 주둔시켜 평시에는 농사일을 시키던 제도. ②(平安(へいあん) 시대) 鎮守府(ちんじゅふ)를 위해 陸奥(むつ)에 두었던 전지(田地).

屯田兵[とんでんへい] 둔전병; 明治(めいじ) 초기에 北海道를 경비·개척하던 영농 병사.

鈍 무딜 둔

音 ◉ドン
訓 ◉にぶい ◉にぶる ⊗のろい ⊗なまる ⊗なまくら

訓読

[2]◉**鈍い❶**[にぶい] 〈形〉 ①무디다. ②둔하다. ③(동작이) 굼뜨다. 느리다. ④(빛이) 희미하다. ⑤(소리가)둔탁하다.

[2]⊗**鈍い❷**[のろい] 〈形〉 ①(일의 추진이) 느리다. ②(이해가) 둔하다. ③여자에 무르다.

[2]◉**鈍る❶**[にぶる] 〈5自〉 ①무디어지다. 둔해지다. ②힘이 약해지다.

⊗**鈍る❷**[なまる] 〈5自〉 ①(칼날이) 무디어지다. ②(기술·의지·힘·기세 등이) 둔화되다. 무디어지다.

⊗**鈍**[なまくら] ①(칼날이) 무딤. ②무능함. 어정뜸. ③솜씨가 신통하지 못함.

鈍刀[なまくらがたな] 무딘 칼.

鈍武士[なまくらぶし] ①무딘 칼을 찬 무사. ②쓸모없는 무사.

鈍四つ[なまくらよつ] (씨름에서) 왼씨름과 오른씨름을 다 할 수 있는 씨름꾼.

鈍色[にぶいろ/にびいろ] 짙은 쥐색.

音読

鈍[どん] ①(날붙이가) 무딤. 무디어짐. ②(머리·행동이) 둔함. 굼뜸.

鈍する[どんする] 〈サ変自〉 둔해지다. 멍청해지다. 무디어지다.
鈍角[どんかく] 둔각; 90° 보다는 크고 180° 보다는 작은 각.
鈍感[どんかん] 둔감; 감각이 둔함.
鈍甲[どんこ] ≪魚≫ 동사리.
鈍根[どんこん] 재주와 슬기가 둔함.
鈍器[どんき] 둔기; ①무딘 날붙이. ②뭉툭한 흉기.
鈍刀[どんとう] 둔도; 날이 무딘 칼.
鈍麻[どんま] 감각이 무디어짐.
鈍磨[どんま] 둔마; 닳아 무디어짐.
鈍物[どんぶつ] 멍청이. 바보. 얼간이.
鈍才[どんさい] 둔재; 재주가 없는 사람.
鈍重[どんじゅう] 둔중; 둔하고 느림.
鈍臭い[どんくさい] 〈形〉 둔하고 느리다. 얼빠지다. ＊関西(かんさい) 지방에서 씀.
鈍痛[どんつう] 둔통; 무지근한 아픔.
鈍行[どんこう] 각 역마다 정거(停車)하는 완행(緩行) 열차.
鈍化[どんか] 둔화; 둔해짐.

遁 ×(遁) 달아날 둔	音 ⊗トン 訓 ⊗のがれる

訓読

⊗**遁れる**[のがれる] 〈下1自〉 ①(위험한 범위 밖으로) 도망하다. 달아나다. ②벗어나다. 피하다. 면하다.
遁れ[のがれ] 벗어남. 모면함. 회피.

音読

遁辞[とんじ] 둔사; 핑계.
遁世[とんせい] 둔세; ①은둔함. 은거(隱居)함. ②속세를 떠나 불문(仏門)에 들어감.
遁世者[とんせいしゃ] 둔세자; 은거자.
遁走[とんそう] 둔주; 도주. 도망.
遁走曲[とんそうきょく] ≪楽≫ 둔주곡.
遁避[とんぴ] 둔피; 속세를 버리고 한적한 곳에 은신함.

〔득〕

得 언을 득
㇒ 彳 彳 彳 𢔶 𢔶 㝵 得 得 得

音 ◉トク
訓 ◉える ◉えたり ◉うる

訓読

2◉**得る** ❶[える] 〈下1他〉 ①얻다. 손에 넣다. 획득하다. ②깨닫다. 이해하다. ❷[うる] 〈下2他〉 ①얻다. ②(동사 ます형에 접속하여) …할 수 있다.
◉**得たり**[えたり] 〈感〉 ('～とばかり'의 문형으로) 잘 됐다는 듯이. 옳거니 하고.
得たり顔[えたりがお] 회심의 미소. 득의만면한 표정.
得たりや応[えたりやおう] ('～とばかり'의 문형으로) 됐어. 알았어.
得たり賢し[えたりかしこし] ('～とばかり'의 문형으로) 됐다. 옳거니.
得て[えて] ①자칫. 곧잘. 흔히. ②도저히.
得てして[えてして] 자칫. 곧잘. 흔히.
得ない[えない] …할 수 없다.
得難い[えがたい] 〈形〉 구하기 힘들다. 얻기 힘들다.
得物[えもの] ①자기가 가장 잘 쓰는 도구. ②무기.
得手[えて] ①장기(長技). 특기. ②(어떤 일을) 가장 잘 하는 사람. ③그 장소. 그 물건. 그 사람. ④ ≪俗≫ 원숭이.
得手物[えてもの] ①장기. 특기. ②그 장소. 그 물건. 그 사람.
得手勝手[えてかって] 제멋대로임. 자기 본위임.
得も言われぬ[えもいわれぬ] 이루 말할 수 없는. 형용할 수 없는.
得体[えたい] 정체(正体). 본성.

音読

2**得**[とく] 득; ①이득. 이익. ②〈形動〉 유리함. 편리함.
得する[とくする] 〈サ変自〉 득보다. 이익을 보다.
得度[とくど] ≪仏≫ 득도; ①깨달음을 얻음. ②출가하여 불문(仏門)에 들어감.
得度式[とくどしき] ≪仏≫ 득도식; 출가하여 불문(仏門)에 들어가는 식.
得道[とくどう] 득도; ① ≪仏≫ 깨달음을 얻음. ②납득함. 이해함.
得得と[とくとくと] 의기양양하게. 득의양양하게.
得恋[とくれん] 연애에 성공함.
得率[とくりつ] 득률; 원료에 대한 제품의 생산 비율.
得利[とくり] 득리; 이익. 이득.
得分[とくぶん] ①몫. 배당. ②이익. 벌이.
得喪[とくそう] 득실(得失). 이익과 손실.

得色[とくしょく] 자신만만한 얼굴.
得失[とくしつ] 득실; 이익과 손실.
得心[とくしん] 납득. 이해.
得業[とくぎょう] 득업; 일정한 과정을 마침.
得用[とくよう] 덕용(徳用). 값에 비해 쓰기 편하고 이로움.
2得意[とくい] 득의; ①만족. ②뽐냄. 으스댐. ③장기(長技). 특기. ④단골 손님.
得意満面[とくいまんめん] 득의만면; 뽐내는 얼굴.
得意先[とくいさき] 단골 손님. 단골집.
得意顔[とくいがお] 자랑스러운 얼굴. 의기양양한 얼굴.
得意場[とくいば] 단골집.
得意回り[とくいまわり] 거래처 순방.
1得点[とくてん] 득점; 점수를 얻음.
得策[とくさく] 득책; 상책(上策).
得票[とくひょう] 득표; 표를 얻음.

〔등〕

灯(燈) 등불 등

丶 丷 火 火 火 灯

音 ◉トウ
訓 ◉ひ ⊗ともす ⊗ともる

訓読
◉灯❶[ひ] 등; 등불. 불빛.
⊗灯❷[ともし] 등; 등불. 불빛.
⊗灯す[ともす/とぼす] 〈5他〉 (등불을) 켜다.
⊗灯る[ともる] 〈5自〉 (등불이) 켜지다.
灯火❶[ともしび] ①등불. ②횃불. ❷[とうか] 등화; 등불.

音読
灯光[とうこう] 등광; 등불의 빛.
2灯台[とうだい] ①등대. ②등잔 받침대. ③촛대.
灯台守[とうだいもり] 등대지기.
灯台船[とうだいせん] 등대선; 등선(灯船).
灯台下暗し[とうだいもとくらし] 등잔 밑이 어둡다.
灯籠/灯篭[とうろう] 등롱; 돌・나무・금속 등으로 동그랗게 만들어 그 안에 불을 켜 두게 만든 것.
灯籠流し[とうろうながし] ≪仏≫ 우란분재(盂蘭盆斎)의 마지막 날에 대나무로 만든 조그마한 등롱에 불을 켜서 강이나 바다에 띄우는 행사.
灯明[とうみょう] 등명; 신불(神仏)에게 바치는 등불.
灯明台[とうみょうだい] 등잔 받침대.
灯明船[とうみょうせん] 등대선(灯台船).
灯船[とうせん] 등선; 등대선(灯台船).
灯心[とうしん] (등의) 심지.
灯心草[とうしんぐさ] ≪植≫ 등심초; 골풀.
灯蛾[とうが] ≪虫≫ 등아; 불나방.
灯影[★ほかげ] ①불빛. 등불 빛. ②불빛에 비치는 그림자.
灯用[とうよう] 등화용(灯火用).
2灯油[とうゆ] 등유; 등불을 켜는 데 쓰는 기름.
灯標[とうひょう] 등표; 등화 항로 표지.
灯下[とうか] 등하; 등불 밑.
灯火❶[とうか] 등화; 등불. ❷[ともしび] ①등불. ②횃불.
灯火管制[とうかかんせい] 등화관제.

登 오를 등

フ ヌ ダ 癶 癶 咎 咎 登 登 登

音 ◉ト ◉トウ
訓 ◉のぼる

訓読
4◉登る[のぼる] 〈5自〉 (높은 곳에) 오르다.
登り[のぼり] 오름. 올라감. 오르막.
登り口[のぼりぐち] ①산길의 어귀. ②층계의 초입.
登り坂[のぼりざか] ①오르막. 고갯길. 비탈길. ②상승 기세.
登り詰める[のぼりつめる] 〈下1自〉 꼭대기까지 오르다. 정상에 도달하다. 다 오르다.

音読
登降[とうこう] 등강; 오르내림.
登高[とうこう] 등고; 높은 곳에 오름.
登科[とうか] 등과; ①과거 시험에 합격함. ②입학 시험에 합격함.
1登校[とうこう] 등교; 학생이 학교에 감.
登記[とうき] 등기; 등기부에 기록함.
登壇[とうだん] 등단; 연단・교단에 오름.
1登録[とうろく] 등록; 공식 기록에 오름.
登楼[とうろう] 등루; ①높은 누각에 오름. ②청루에 가서 유흥함.
登攀[とうはん] 등반; 산이나 높은 곳에 오름.
2登山[★とざん] 등산; 높은 산에 오름.

登山靴[★とざんぐつ] 등산화.
登仙[とうせん] 등선; ①선인(仙人)이 되어 승천함. ②천황(天皇)의 죽음을 높여 이르는 말.
登城[★とじょう] (무사가 근무하기 위해) 성으로 들어감. 幕府(ばくふ)에 출사(出仕)함.
登用[とうよう] 등용; 좋은 지위에 올려 씀.
登庸[とうよう] ☞ 登用
登竜門[とうりゅうもん] 등용문; 출세의 관문.
登院[とういん] 등원; 의원(議員)이 의회에 출석함.
[2]**登場**[とうじょう] 등장; 무대에 나타남.
登載[とうさい] 등재; 서류에 기록함.
登頂[とうちょう] 등정; 산꼭대기에 오름.
登第[とうだい] 등제; 과거에 급제함.
登庁[とうちょう] 등청; 관청에 출근함.
登坂[とうはん] 등판; (자동차가) 고개를 올라감.
登板[とうばん] 등판; (야구에서) 투수가 마운드에 섬.

等 등급/같을 등

丿 𠂉 𥫗 𥫗 笁 笁 笙 笙 等 等

音 ◉トウ
訓 ◉ひとしい ⊗など ⊗…ら

訓読

[2]◉**等しい**[ひとしい] 〈形〉 ①같다. 동일하다. 똑같다. ②마찬가지다. 다름없다.
⊗**等** ❶[など] …등. 따위. 등등. ❷[ら] ①(복수를 나타내는 말로) …들. ②(방향·장소·때의) 쯤. 때. 곳.

音読

[2]**等**[とう] (숫자에 접속하여) 등; 순서. 순위. 단계. 등급.
等価[とうか] 등가; 같은 값어치.
等角[とうかく] 등각; 같은 크기의 각.
等距離[とうきょり] 등거리; 같은 거리.
等高線[とうこうせん] 등고선; 수평 곡선.
[1]**等級**[とうきゅう] 등급; 등수.
等等[とうとう/などなど] 등등; 따위.
等量[とうりょう] 등량; 같은 양.
等方性[とうほうせい] 등방성; 물리적 성질이 방향에 따라 달라지지 않는 것.
等辺[とうへん] 등변; 길이가 같은 변.
[2]**等分**[とうぶん] 등분; 똑같은 분량.
等比[とうひ] 등비; 비율이 서로 같음.
等時性[とうじせい] 등시성; 시간의 간격이 일정하여 똑같음.
等式[とうしき] 등식; '='로 묶는 관계식
等身[とうしん] 등신; 제 키와 똑같은 높이.
等圧線[とうあつせん] 등압선; 기압이 같은 지점을 연결한 선.
等外[とうがい] 등외; ①정한 등급 밖. ②明治(めいじ) 시대 '等外官(とうがいかん)'의 준말.

等温[とうおん] 등온; 온도가 똑같음.
等質[とうしつ] 등질; 같은 성질.
等差[とうさ] 등차; ①차등. 차이. ②똑같은 차이.
等親[とうしん] 등친; 촌(寸). 촌수(寸数).
等閑 ❶[とうかん] 등한; 소홀함. ❷[なおざり] 〈形動〉 등한함. 소홀함.
等号[とうごう] 등호; 같음 표. =.

謄(謄) 베낄 등

月 月' 月' 月' 胖 胖 胖 謄 謄 謄

音 ◉トウ
訓 —

音読

謄本[とうほん] 등본; ①(호적 등본이나 등기부 등본의) 원문의 내용을 모두 그대로 복사한 문서. ②호적 등본.
謄写[とうしゃ] 등사; ①베낌. ②등사판으로 인쇄함.
謄写版[とうしゃばん] 등사판; 등사로 찍어 낸 인쇄물.

騰(騰) 오를 등

月 月' 月' 胖 胖 胖 勝 勝 騰 騰

音 ◉トウ
訓 ⊗あがる ⊗あげる

訓読

⊗**騰がる**[あがる] 〈5自〉 (값이) 오르다.
騰(り)馬[あがりうま] 뛰어오르는 말.
⊗**騰げる**[あげる] 〈下1他〉 (값을) 올리다.

音読

騰貴[とうき] 등귀; 값이 오름.
騰落[とうらく] 등락; 물가의 오름과 내림.
騰勢[とうせい] 등세; 물가의 오름세.

藤 등나무 등	音 ⊗トウ 訓 ⊗ふじ

訓読

⊗藤[ふじ] ① ≪植≫ 등나무. ②연한 보랏빛. 연보라. ③'藤衣(ふじごろも)'의 준말.

藤葛[ふじかずら] ①등나무 덩굴. ②덩굴성 식물의 총칭.

藤袴[ふじばかま] ≪植≫ 등골나물.

藤浪[ふじなみ] ≪文≫ 등나무꽃. ＊등나무꽃이 바람에 나부끼는 모양을 물결에 비긴 말임.

藤笠[ふじがさ] 등나무 덩굴로 만든 갓.

藤蔓[ふじづる] 등나무 덩굴.

藤棚[ふじだな] ①등나무 시렁. ②등나무꽃을 감상하도록 만든 선반.

藤色[ふじいろ] 연보라. 연한 보랏빛.

藤衣[ふじごろも] ①등나무나 칡 섬유로 만든 옷. ②삼베로 지은 상복.

藤波[ふじなみ] 등나무꽃. ＊등나무꽃이 바람에 나부끼는 모양을 물결에 비긴 말임.

藤行李[ふじごうり] 등나무 덩굴로 만든 고리짝.

音読

藤四郎[とうしろう/とうしろ] ≪俗≫ 풋내기. 초심자. ＊'素人(しろうと)'를 거꾸로 읽어 사람 이름처럼 쓰는 은어임.

라

裸 벌거숭이 라

ク ネ ネ ネ 衵 袒 裡 裸 裸 裸

音 ◉ラ
訓 ◉はだか

訓読

2 ◉裸[はだか] ①알몸. 맨몸. 벌거숭이. 나체. 누드. ②(아무것도 덮지 않은) 벌거숭이. ③빈털터리. 무일푼. 알거지. ④솔직함. 있는 그대로임.
裸馬[はだかうま] 안장을 얹지 않은 말.
裸麦[はだかむぎ] 나맥; 쌀보리.
裸文[はだかぶみ] 봉투에 넣지 않은 편지.
裸ん坊[はだかんぼう] 알몸뚱이. 벌거숭이.
裸山[はだかやま] 민둥산.
裸相場[はだかそうば] 권리금이 포함되지 않은 시세.
裸商売[はだかしょうばい] ①맨몸으로 하는 직업. ②무일푼으로 하는 직업.
裸線[はだかせん] 나선; 절연체로 피복하지 않은 전선.
裸身❶[はだかみ] ①나신; 알몸. 나체. ②빼어든 칼. ❷[らしん] 나신; 알몸. 나체.
裸踊り[はだかおどり] 나체 춤. 스트립 쇼.
裸傭船[はだかようせん] 선원 없이 배만 빌리는 것.
裸一貫[はだかいっかん] 몸뚱이 하나. 맨몸. 빈주먹.
裸電球[はだかでんきゅう] 알 전구. 갓이나 덮개 등을 씌우지 않고 사용하는 전구.
1 裸足[★はだし] ①맨발. ②무색함. 맨발로도 못 따라감.
裸参り[はだかまいり] (추운 날에) 벌거벗고 신불(神仏)에 참배함.
裸虫[はだかむし] ①나충; 곤충의 애벌레. ②가난하여 옷이 없는 사람.

音読

裸根[らこん] 나근; 남근(男根).
裸女[らじょ] 나녀; 벌거벗은 여자.
裸婦[らふ] 나부; 벌거벗은 여자.
裸像[らぞう] 나상; 나체상.
裸身❶[らしん] 나신; 알몸. 나체. ❷[はだかみ] ①나신; 알몸. 나체. ②빼어든 칼.
裸眼視力[らがんしりょく] 나안 시력; 안경을 쓰지 않은 시력.
裸子植物[らししょくぶつ] 나자 식물. ＊은행나무・소나무.
裸体[らたい] 나체; 알몸. 벌거숭이.
裸出[らしゅつ] 나출; 노출(露出).
裸形[らぎょう/らけい] (사람의) 알몸의 모습.

羅 벌릴 라

冂 罒 罒 罕 罕 罗 罹 羅 羅 羅

音 ◉ラ
訓 ―

音読

羅綾[らりょう] 나릉; 능라(綾羅). ＊사치스런 의복을 말함.
羅馬[ローマ] 로마(Rome). 이탈리아 수도.
羅紗[らしゃ] 나사; 양복지. 양장지.
羅紗綿[らしゃめん] '면양(緜羊)'의 딴 이름.
羅紗紙[らしゃがみ] 양복지 부스러기 털실을 섞어서 만든 종이.
羅紗妾[らしゃめん] 서양인의 첩이 된 일본 여자.
羅生門[らしょうもん] 나생문. ＊옛날 京都(きょうと)의 朱雀(すざく) 대로 남쪽의 큰 대문. ＊후에 황폐되어 시체를 버리는 장소와 도둑의 소굴이 되었음.
羅列[られつ] 나열; 열거(列挙).
羅宇[ラウ/ラオ] 담배설대. 간죽(簡竹).
羅宇屋[ラウや/ラオや] 설대 장수.
羅宇替え[ラウがえ/ラオがえ] 설대 장수.
羅甸[ラテン] 라틴. ①라틴어. ②라틴 민족.
羅織り[らおり] 능직물(綾織物).
羅刹[らせつ] ≪仏≫ 나찰; 악마. 마귀.
羅針盤[らしんばん] 나침반.
羅針儀[らしんぎ] 나침의; ①컴퍼스. ②나침반.
羅漢[らかん] ≪仏≫ 나한; 아라한(阿羅漢).
羅漢槙[らかんまき] ≪植≫ 나한송.
羅漢柏[★あすなろ] ≪植≫ 나한백; 노송나무 비슷한 상록수.

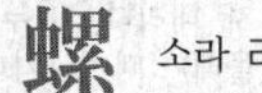

螺 소라 라

音 ⊗ラ
訓 ⊗にし

訓読

⊗螺[にし] (바다에서 나는) 고둥의 총칭. ＊우렁이・고둥・소라 등.

ㄹ

[2]**螺子**[★ねじ] ①나사(螺糸). ②(시계 등의) 태엽을 감는 장치.
螺子切り[★ねじきり] 나사의 홈을 팜.
螺子釘[★ねじくぎ] 나사못.
螺子回し[★ねじまわし] 드라이버.

音読

螺旋[らせん] 나선; 나사 모양으로 된 것.
螺旋降下[らせんこうか] 나선 강하; 나사 모양으로 내려감.
螺旋状[らせんじょう] 나선 상태. 나사 모양.
螺旋形[らせんけい] 나선형; 나사 모양.
螺線[らせん] ≪数≫평면상에서의 소용돌이 모양의 곡선.
螺鈿[らでん] 나전; 자개.

癩 문둥병 라	音 ⊗ライ 訓 ⊗かったい

訓読

⊗**癩**[かったい] 나병; 문둥병. 한센병.
癩坊[かったいぼう] 문둥이.

音読

癩菌[らいきん] 나균; 나병균.
癩病[らいびょう] 나병; 문둥병.
癩病人[らいびょうにん] 나병인; 문둥병자.
癩者[らいしゃ] 나환자. 문둥병자.
癩患者[らいかんじゃ] 나환자; 문둥병자.

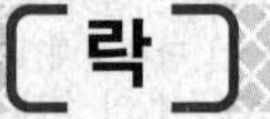

落 떨어질 락

一 十 艹 艹 艹 茳 茨 洨 落 落

音 ◉ラク
訓 ◉おちる ◉おとす

訓読

[3]◉**落ちる**[おちる] 〈上1自〉 ①(위에서 아래로) 떨어지다. ②(시험에) 낙제하다. ③(수준이) 떨어지다. ④(경매에) 낙찰되다. ⑤(계략에) 걸려들다. 빠지다. ⑥(때·색깔이) 빠지다. 바래다. ⑦무너져 내리다. ⑧누락되다. ⑨자백하다. ⑩(몰래) 빠져나가다. ⑪(성이) 함락되다. ⑫기절하다. ⑬저속해지다. 상스러워지다. ⑭(살이) 빠지다.
落ち[おち] ①떨어짐. 빠짐. ②누락. 빠뜨림. ③도망침. 빠져나감. ④뻔한 결과. ⑤(끝마무리의) 우스갯소리. ⑥떨어져 나감. ⑦물고기가 깊은 데로 이동함.
落ちこぼれ[おちこぼれ] ①(탈곡할 때) 땅에 떨어진 곡물. ②(그릇에 담다가) 남은 물건. ③어부지리. 공짜로 얻은 이익. ④낙오자.
落ちぶれる[おちぶれる] 〈下1自〉 (사람·세력·살림이) 몰락하다. 보잘것 없이 찌그러지다.
落ち居る[おちいる] 〈上1自〉 안정되다. 마음이 가라앉다.
落ち掛かる[おちかかる] 〈5自〉 ①(물건 위에) 떨어지다. ②지금 막 떨어지려고 하다.
落ち口[おちぐち] ①(물이 흘러내려) 떨어지는 곳. ②떨어지기 시작함. ③(입찰의) 낙찰자. ④(복권의) 당첨자.
落ち度[おちど] 잘못. 실수. 과실.
落ち栗[おちぐり] 떨어진 밤.
落ち目[おちめ] ①내리막길. 사양길. 한물감. ②(상품의 중량이) 송장(送状)의 내용보다 줄어 있음.
落ち武者[おちむしゃ] 싸움에 패하고 도망치는 무사.
落ち穂[おちぼ] (떨어진) 이삭.
落ち様[おちざま] ①떨어지려고 하는 찰나. ②떨어지는 모양.
落ち魚[おちうお] ①(산란·월동하러) 깊은 곳으로 내려가는 물고기. ②죽은 물고기.
落ち延びる[おちのびる] 〈上1自〉 멀리 도망치다. 달아나다.
落(ち)縁[おちえん] 방바닥보다 낮은 툇마루.
落ち葉[おちば] 낙엽.
落ち葉色[おちばいろ] 낙엽 빛깔.
落ち葉拾い[おちばひろい] 낙엽 줍기.
落ち零れ[おちこぼれ] ①(탈곡할 때) 땅에 떨어진 곡물. ②(그릇에 담다가) 남은 물건. ③어부지리. 공짜로 얻은 이익. ④낙오자.
落ち窪む[おちくぼむ] 〈5自〉 움푹 패다.
落窪物語[おちくぼものがたり] (平安(へいあん) 시대의 작품으로) 계모의 학대를 받던 규수가 이윽고 행복한 결혼 생활과 영화를 누린다는 이야기.
落人[おちうど/おちゅうど] ①싸움에 패하고 도망치는 사람. ②남몰래 도망치는 사람.
[1]**落ち込む**[おちこむ] 〈5自〉 ①(물·함정에) 빠지다. ②(나쁜 상태에) 빠지다. ③움푹 들어가다. ④(실적이) 뚝 떨어지다. ⑤침울해지다.

落(ち)鮎[おちあゆ] (산란하러) 바다로 내려가는 은어.

落(ち)潮[おちしお] 썰물.

1 **落ち着き**[おちつき] ①침착성. 침착한 태도. ②안정감.

落ち着き払う[おちつきはらう] 〈5自〉 매우 침착하다. 태연자약하다.

2 **落ち着く**[おちつく] 〈5自〉 ①자리잡다. 정착하다. ②(마음이) 가라앉다. 차분해지다. 침착해지다. ③안정되다. 진정되다. ④(소란이) 가라앉다. ⑤결말이 나다. 낙착되다. ⑥(분위기가) 차분하다. 점잖다.

落ち着ける[おちつける] 〈下1他〉 ①(마음을) 안정시키다. 진정시키다. 가라앉히다. ②(물건을) 안정된 상태에 두다.

落ち合い[おちあい] ①(약속 장소에서) 만남. ②(산·강이) 합류함.

落ち合う[おちあう] 〈5自〉 ①(약속 장소에서) 만나다. ②(산·강이) 합류하다.

落ち行く[おちゆく] 〈5自〉 ①달아나다. 도망가다. ②귀착되다. 낙착되다. ③몰락해 가다.

3 ◉**落とす**[おとす] 〈5他〉 ①(위에서 아래로) 떨어뜨리다. ②(실수하여) 놓치다. ③분실하다. 잃어버리다. ④(깜박 잊고) 빠뜨리다. ⑤(정도를) 떨어뜨리다. ⑥(뒤에) 남겨두다. 떨어뜨리다. ⑦낙찰되다. ⑧(성을) 함락시키다. ⑨(더러움을) 없애다. ⑩(나쁜 상태로) 떨어뜨리다. ⑪삭제하다. 빼다. 빼내다. ⑫도피시키다. ⑬(유도에서) 기절시키다. ⑭(동물을) 죽이다. ⑮실망하다. 기가 죽다. ⑯낙태시키다.

落(と)し[おとし] ①낙하. 떨어뜨림. 떨어뜨린 물건. ②놓침. ③함정. 덫. ④책략. 음모. ⑤(이야기의) 끝맺음. ⑥(난로·화로의) 재받이. ⑦문지방 구멍에 박는 나뭇조각.

落(と)し蓋[おとしぶた] ①냄비 안에 들어가는 작은 뚜껑. ②위아래로 여닫는 뚜껑.

落(と)し幕[おとしまく] (무대의) 끈을 잡아당기면 내리게 되어 있는 막.

落(と)し網[おとしあみ] 정치망(定置網)의 하나. 대모망(大謀網).

落(と)し文[おとしぶみ] 공공연하게 말할 수 없어 글로 써서 떨어뜨려 자연히 남들이 보게 하는 익명의 문서.

2 **落(と)し物**[おとしもの] 분실물(紛失物).

落(と)し水[おとしみず] (벼를 베기 전) 논의 물을 뺌.

落(と)し入れる[おとしいれる] 〈下1他〉 ①(나쁜 상태에) 빠뜨리다. ②함락시키다. ③(구멍에) 빠뜨리다.

落(と)し子[おとしご] ①사생아. 서자(庶子). ②달갑지 않은 부산물.

落(と)し前[おとしまえ] 싸움 뒤처리로 주고받는 돈.

落(と)し紙[おとしがみ] 화장지.

落(と)し差し[おとしざし] (칼을 찰 때 단정치 못하게) 칼끝이 아래로 처지게 찬 칼.

落(と)し懸け[おとしがけ] ①(床(とこ)の間(ま)나 書院(しょいん)의) 창 위쪽에 건너지른 횡목(横木). ②불단(仏壇)의 난간 밑에 대는 구름무늬의 조각물. ③나무 화로의 재를 담는 부분.

落(と)し穴[おとしあな] ①함정. ②계략. 모략. 책략.

落(と)し話[おとしばなし] (재미있는) 만담(漫談).

音読

落居[らっきょ] ①사물이 정해짐. ②재판의 결말이 남.

落慶[らっけい] (神社(じんじゃ)·사찰 등의) 낙성을 축하함.

落果[らっか] 낙과; 열매가 떨어짐. 떨어진 열매.

落款[らっかん] 낙관; 서화에 필자가 서명하거나 도장을 찍음.

落球[らっきゅう] 낙구; (야구에서) 받은 공을 떨어뜨림.

落胆[らくたん] 낙담; 실망.

落雷[らくらい] 낙뢰; 벼락이 떨어짐.

落涙[らくるい] 낙루; 눈물을 흘림.

落馬[らくば] 낙마; 말에서 떨어짐.

落莫[らくばく] 낙막; 쓸쓸함. 적막함.

落梅[らくばい] 낙매; 떨어지는 매화꽃.

落命[らくめい] 낙명; 죽음.

落剝[らくはく] 낙박; 벗겨져 떨어짐.

落盤[らくばん] 낙반; 갱내에서 천장이나 암벽이 무너짐.

落魄[らくはく] 낙백; 몰락(没落).

落書[らくしょ] 낙서; 옛날에 시사(時事)나 인물을 풍자한 익명(匿名)의 글.

落書き[らくがき] 낙서; 아무데나 글씨를 쓰거나 그림을 그림.

落石[らくせき] 낙석; 산 위에서 돌이 떨어짐.

落選[らくせん] 낙선; ①선거에서 떨어짐. ②(출품 등에서) 뽑히지 않음.

落成[らくせい] 낙성; 준공(竣工).
落城[らくじょう] 낙성; ①성이 적에게 함락됨. ②설득되어 승낙함. ③견디지 못하고 포기함.
落手[らくしゅ] ①편지를 받음. ②(장기 · 바둑에서) 실수한 수. 놓친 수.
落首[らくしゅ] 옛날에 시사(時事)나 인물을 풍자한 익명(匿名)의 狂歌(きょうか) · 狂句(きょうく).
落飾[らくしょく] 귀인이 삭발하고 중이 됨.
落雁[らくがん] 낙안; ①줄을 지어 땅으로 내려앉으려는 기러기. ②미숫가루로 만든 과자.
落語[らくご] 만담(漫談).
落葉松[★からまつ] 낙엽송.
落葉樹[らくようじゅ] 낙엽수.
落伍[らくご] 낙오; ①대오에서 탈락함. ②경쟁에서 뒤짐.
落胤[らくいん] 귀인의 사생아.
落日[らくじつ] 낙일; 석양. 지는 해.
落掌[らくしょう] 낙장; 편지를 받음.
落籍[らくせき] 낙적; ①단체에서 탈퇴하여 이름을 뺌. ②호적에 이름이 빠져 있음. ③몸값을 치르고 기적(妓籍)에서 이름을 뺌.
落籍す[★ひかす] 〈5他〉 낙적하다. 빚을 갚아 주고 기적(妓籍)에서 빼내다.
落丁[らくちょう] 낙정; 책장이 빠져 있음.
落丁本[らくちょうほん] 낙정본; 책장이 빠진 책.
2 **落第**[らくだい] 낙제; ①불합격. 낙방. ②유급(留級).
落照[らくしょう] 낙조; 석양빛.
落差[らくさ] 낙차; ①물의 낙차. ②(높낮이의) 차. 격차.
落着[らくちゃく] 낙착; ①결말이 남. ②(江戸(えど) 시대에) 소송 사건이 판결남.
落札[らくさつ] 낙찰; 경쟁 입찰에서 매매의 권리를 얻음.
落潮[らくちょう] 낙조; ①썰물. ②쇠퇴(衰退). 몰락.
落筆[らくひつ] 낙필; ①붓으로 서화를 그리거나 씀. ②심심풀이로 씀.
落下[らっか] 낙하; 높은 데서 떨어짐.
落下傘[らっかさん] 낙하산.
落花[らっか] 낙화; 꽃이 떨어짐.
落花生[らっかせい] 낙화생; 땅콩.
落花狼藉[らっかろうぜき] 낙화낭자; ①어지럽게 흩어져 있음. ②부녀자를 능욕함.
落後[らくご] 낙후; ①대오에서 탈락함. ②경쟁에서 뒤짐.

絡 이을 락

く 幺 幺 糸 糸 紀 紗 終 絡 絡

音 ◉ラク
訓 ◉からます ◉からめる ◉からまる ◉からむ

訓読

◉絡ます[からます] 〈5他〉 ①휘감기게 하다. 얽히게 하다. ②(이야기를) 복잡하게 하다.
◉絡ませる[からませる] 〈下1他〉 ('絡(から)む'의 사역형으로) 휘감기게 하다. 얽히게 하다. 관련시키다.
◉絡まる[からまる] 〈5自〉 ①휘감기다. 감기다. ②(문제가) 얽히다. ③시비를 걸다.
◉絡める[からめる] 〈下1他〉 ①휘감다. 얽다. ②(엿 · 사탕 · 고물 등) 끈기있는 것을 묻히다. ③관련시키다. 연관시키다.
1 **◉絡む**[からむ] 〈5自〉 ①휘감기다. 감기다. ②(문제가) 얽히다. 관계되다. ③집적거리다. 치근거리다. 〈5他〉 휘감다.
絡み[がらみ] (명사에 접속하여) 얽힘. 관계됨.
絡み付く[からみつく] 〈5自〉 ①휘감기다. 달라붙다. ②집적거리다. 치근거리다.
絡み付ける[からみつける] 〈下1他〉 얽히게 하다. 휘감다. 감기게 하다.
絡繰る[からくる] 〈4他〉 ①조종하다. ②뒤에서 조종하다. 부리다.
絡繰り[からくり] ①실 등으로 조종함. ②기계 장치. 구조. ③계략. 음모. 모략.
絡繰り仕掛け[からくりじかけ] ①기계 장치. ②걸치레.
絡繰り眼鏡[からくりめがね] 요지경(瑶池鏡).
絡繰り人形[からくりにんぎょう] 꼭두각시.
絡み合い[からみあい] ①뒤얽힘. 서로 얽힘. ②복잡한 관계.
絡み合う[からみあう] 〈5自〉 ①서로 얽히다. ②(문제가) 복잡하게 얽히다.

音読

絡繹[らくえき] 낙역; 인마(人馬)의 왕래가 빈번함.

楽(樂)
①즐거울 락
②풍류 악
③좋아할 요

音 ◉ラク ◉ガク
訓 ◉たのしい ◉たのしみ ◉たのしむ ◉たのしめる

訓読

4 ◉**楽しい**[たのしい] 〈形〉 즐겁다. 유쾌하다. 재미있다.

楽しがる[たのしがる] 〈5自〉 즐거워하다.

楽しげ[たのしげ] 〈形動〉 즐거운 듯함.

楽しさ[たのしさ] 즐거움.

3 ◉**楽しみ**[たのしみ] ①즐거움. 낙. 재미. ②즐거움으로 삼음. ③ 〈形動〉 기다려짐. 고대함. 기대함.

3 ◉**楽しむ**[たのしむ] 〈5他〉 ①즐기다. 즐겁게 지내다. ②취미로 즐기다. ③낙으로 삼다.

◉**楽しめる**[たのしめる] 〈下1自〉 즐길 수 있다.

音読

2 **楽❶**[らく] ①편함. 편안함. ②(생활이) 넉넉함. ③손쉬움. 용이함. 수월함. ④끝남. 끝냄. ⑤(흥행의) 마지막 날.

楽❷[がく] ①음악. ②아악(雅楽). ③(能楽(のうがく)에서) 무악(舞楽)의 기법을 도입한 춤.

楽曲[がっきょく] 악곡; ①음악의 곡조. ②곡조를 나타내는 부호.

1 **楽観**[らっかん] 낙관; 긍정적으로 생각함.

楽劇[がくげき] 악극; 뮤직 드라마.

楽器[がっき] 악기; 음악을 연주하는 기구.

楽団[がくだん] 악단; 음악을 연주하는 단체.

楽壇[がくだん] 악단; 음악계. 음악 세계.

楽隊[がくたい] 악대; 음악을 연주하는 단체.

楽楽と[らくらくと] ①넉넉히. 너끈히. ②손쉽게. 가볍게. 쉽사리.

楽譜[がくふ] 악보; 음악의 곡조를 일정한 부호를 써서 나타낸 것.

楽士[がくし] 악사; 음악을 연주하는 사람.

楽師[がくし] 악사; 아악(雅楽) 연주자.

楽聖[がくせい] 악성; 위대한 음악가.

楽焼き[らくやき] ①낮은 온도에서 구운 도기. ②애벌구이 도기에 손님이 직접 그림을 그리게 하여 즉석에서 구워낸 것.

楽手[がくしゅ] 악단에 속한 악사(楽士).

楽勝[らくしょう] 낙승; 쉽게 이김.

楽屋[がくや] ①무대 뒤. 분장실. ②내막. 이면(裏面). ③(雅楽에서) 악사(楽師)가 음악을 연주하는 곳.

楽屋落ち[がくやおち] ①(연극・만담에서) 당사자끼리만 통하고 관객들은 모르는 일. ②당사자끼리만 아는 일.

楽屋裏[がくやうら] ①무대 뒤. ②내막. 내부 사정.

楽屋雀[がくやすずめ] ①연극에 정통한 사람. 연극통. ②어떤 분야에 정통한 사람.

楽屋話[がくやばなし] 뒷이야기. 내막 이야기.

楽員[がくいん] 악단원. 악사(楽士).

楽園[らくえん] 낙원; 파라다이스.

楽隠居[らくいんきょ] 안락한 은거 생활.

楽人[がくじん/がくにん] 악인; 아악을 연주하는 악사(楽師).

楽日[らくび] 흥행 기간의 마지막 날.

楽匠[がくしょう] 악장; 대음악가.

楽章[がくしょう] 악장; 악곡의 장.

楽長[がくちょう] 악장; 주악(奏楽) 단체의 장.

楽典[がくてん] 악전; 악보에 관한 규칙을 쓴 책.

楽調[がくちょう] 악조; 음악의 가락.

楽天[らくてん] 낙천; ①세상과 인생을 즐겁게 생각함. ②태평스러움.

楽寝[らくね] 안면(安眠). 편안하게 잠을 잠.

楽土[らくど] 낙토; 낙원.

酪
쇠젖 락

音 ◉ラク
訓 —

音読

1 **酪農**[らくのう] 낙농; 소・양을 기르며 우유・버터・치즈 등을 생산하는 농업.

酪酸[らくさん] 낙산; 부티르산.

酪漿[らくしょう] 낙장; ①소・양의 젖. ②소・양 등의 젖으로 만든 제품.

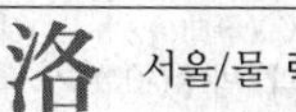

洛
서울/물 락

音 ⊗ラク
訓 —

音読

洛[らく] ①수도(首都). 서울. ②京都(きょうと).

洛南[らくなん] 京都(きょうと)의 남쪽 지역.
洛内[らくない] 京都(きょうと)의 시내.
洛東[らくとう] 京都(きょうと)의 동쪽 지역.
洛北[らくほく] 京都(きょうと)의 북쪽 지역.
洛西[らくせい] 京都(きょうと)의 서쪽 지역.
洛陽[らくよう] ①중국의 뤄양. ②'京都(きょうと)'의 딴 이름.
洛外[らくがい] 京都(きょうと)의 시외.
洛中[らくちゅう] 京都(きょうと)의 시내.

烙 불로지질 락	音 ⊗ラク 訓 —

音読

烙印[らくいん] 낙인; ①불에 달구어 찍는 쇠도장. 화인(火印). ②씻기 어려운 불명예스러운 이름.

駱 낙타 락	音 ⊗ラク 訓 —

音読

駱駝[らくだ] ① ≪動≫ 낙타. ②낙타의 털로 만든 털실・모직물.

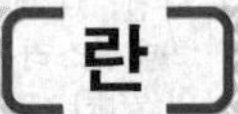

란

乱(亂) 어지러울/난리 란

一 二 千 千 舌 舌 乱

音 ◉ラン
訓 ◉みだす ◉みだれる

訓読

2◉乱す[みだす] 〈5他〉 ①흐트러뜨리다. ②(세상・마음을) 어지럽히다.
2◉乱れる[みだれる] 〈下1自〉 ①흐트러지다. ②어수선해지다. 뒤숭숭해지다. ③난잡해지다. 문란해지다.
乱れ[みだれ] ①흐트러짐. 어지러움. 혼란. ②(能楽(のうがく)에서) 속도가 조금씩 변하는 춤이나 반주. ③(箏曲(そうきょく)에서) 단(段)과 악절(楽節)의 박수(拍数)가 복잡하게 변화하는 곡.
乱れ籠[みだれかご] (목욕탕・탈의장의) 옷 담는 바구니.
乱れ髪[みだれがみ] 마구 흐트러진 머리. 어수선한 머리.
乱れ飛ぶ[みだれとぶ] 〈下1自〉 어지럽게 날아다니다. 난무(乱舞)하다.
乱れ箱[みだればこ] 뚜껑 없는 상자.
乱れ書き[みだれがき] 두서없이 쓴 글.
乱れ世[みだれよ] 난세; 어지러운 세상.
乱れ焼き[みだれやき] 도검(刀剣)의 날을 어지럽게 물결치는 무늬로 벼르는 법.
乱れ足[みだれあし] ①보조가 맞지 않음. ②분주함.

音読

乱[らん] 난; ①난리. 난동. ②문란함. ③음악・시가(詩歌)의 최후의 장(章).
乱撃[らんげき] 난격; 아군과 적군이 뒤섞이어 공격함.
乱高下[らんこうげ] 물가의 변동이 심함.
乱交[らんこう] 난교; 혼음(混淫).
乱国[らんごく] 난국; 어지러운 나라.
乱菊[らんぎく] 꽃잎이 길고 가지런하지 않은 국화.
乱軍[らんぐん] 혼전(混戦).
乱掘[らんくつ] 난굴; 마구 팜.
乱気流[らんきりゅう] 난기류.
乱読[らんどく] 난독; 닥치는 대로 읽음.
乱流[らんりゅう] 난류.
乱倫[らんりん] 난륜; 패륜(悖倫). 인륜에 어긋남.
乱立[らんりつ] 난립; 질서 없이 늘어섬.
乱麻[らんま] 난마; 어지럽게 얽혀 혼란스런 상태.
乱売[らんばい] 투매(投売). 덤핑.
乱脈[らんみゃく] 난맥; 질서가 어지러움.
乱舞[らんぶ] 난무; ①어지럽게 춤을 춤. ②(能楽(のうがく)에서) 연기 사이에 추는 춤.
乱反射[らんはんしゃ] 난반사.
乱発[らんぱつ] 난발; ①말을 함부로 함. ②총알을 마구 발사함. ③남발(濫発). 수표를 함부로 발행함.
乱髪[らんぱつ] 난발; 흐트러진 머리.
乱杯[らんぱい] 술잔을 어지럽게 주고받음.
乱伐[らんばつ] 난벌; 남벌(濫伐). 나무를 마구 베어냄.
乱費[らんぴ] 낭비(浪費).
乱射[らんしゃ] 난사; 총알을 마구 발사함.
乱世[らんせい] 난세; 어지러운 세상.
乱数表[らんすうひょう] 난수표.

乱視[らんし] 난시; 물체를 바르게 보지 못하는 눈.
乱臣[らんしん] 난신; 나라를 어지럽히는 신하.
乱心[らんしん] 정신 이상이 됨. 미침.
乱用[らんよう] 남용(濫用). 함부로 마구 씀.
乱雲[らんうん] 난운; ①어지러이 떠도는 구름. ②비구름. 먹구름.
乱入[らんにゅう] 난입; 어지럽게 함부로 들어감.
乱作[らんさく] 남작(濫作). 함부로 많이 지어냄.
乱雑[らんざつ] 난잡; 뒤섞여 질서가 없음.
乱戦[らんせん] 난전; ①혼전(混戦). 혼란한 싸움. ②좀처럼 판가름나지 않는 어지러운 경기.
乱切り[らんぎり] (요리에서) 난도질. 아무렇게나 썲.
乱丁[らんちょう] 책 페이지 순서가 뒤바뀐 것.
乱政[らんせい] 난정; 어지러운 정치.
乱造[らんぞう] 남조(濫造). 마구 만듦.
乱調[らんちょう] 난조; ①흐트러진 상태. ②격식에서 벗어난 시가(詩歌). ③시세 변동이 심함.
乱調子[らんちょうし] ①(가락·상태가) 흐트러짐. ②시세의 변동이 심함.
乱取り[らんどり] ①적지에 들어가서 빼앗음. ②(유도에서) 자유 대련. ③(歌舞伎(かぶき)에서) 마구잡이 승부.
乱酔[らんすい] 난취; 만취. 고주망태가 됨.
乱層雲[らんそううん] 난층운; 비구름.
乱痴気[らんちき] ①남녀 간의 치정(痴情). ②혼란함. 난잡함.
乱痴気騒ぎ[らんちきさわぎ] ①야단법석을 떪. ②남녀간의 치정(痴情) 싸움.
乱打[らんだ] 난타; ①마구 때림. ②(야구·정구에서) 시합 전의 연습.
乱打ち[らんうち] ①(검도에서) 두 사람이 맞서서 때리는 연습을 함. ②난타; 마구 때림.
乱闘[らんとう] 난투; 서로 덤벼들어 어지럽게 싸움.
乱捕り[らんどり] ①적지에 들어가서 빼앗음. ②(유도에서) 자유 대련. ③(歌舞伎(かぶき)에서) 마구잡이 승부.
2**乱暴**[らんぼう] 난폭; 거칢. 사나움.
乱暴者[らんぼうもの] 무뢰한 자.
乱筆[らんぴつ] 난필; ①마구 휘갈긴 필적. ②자기 필적에 대한 겸양어.
乱杭[らんぐい] 마구 박은 말뚝.
乱行[らんぎょう/らんこう] 난행; 행패. 문란한 행동.
乱婚[らんこん] 난혼; 잡혼(雑婚).
乱獲[らんかく] 남획(濫獲); 가리지 않고 마구 잡음.

卵 알 란

丆 ⺁ ⺁ 㠯 卯 卵 卵

音 ◉ラン
訓 ◉たまご

訓読

2◉**卵**[たまご] ①(새·벌레·물고기의) 알. ②달걀. 계란. ③햇병아리. 올챙이.
卵豆腐[たまごどうふ] ①순두부에 달걀을 넣어 찐 요리. ②맛을 내어 끓인 국물에 달걀을 풀어 낸 요리.
卵色[たまごいろ] ①달걀색. ②연한 노란색.
卵焼き[たまごやき] 달걀 부침.
卵酒[たまござけ] 달걀술.
卵綴じ[たまごとじ] 국건더기 등에 달걀을 풀어 얹어 엉기게 한 요리.
卵型[たまごがた] 달걀 모양. 계란형.

音読

卵殻[らんかく] 난각; 알껍데기.
卵管[らんかん] ≪生理≫ 난관; 나팔관.
卵塊[らんかい] (새·곤충의) 알 무더기.
卵嚢[らんのう] 난낭; 알주머니.
卵白[らんぱく] (달걀의) 흰자위.
卵膜[らんまく] 난막; 알막.
卵状[らんじょう] 난상; 달걀 모양.
卵生❶[らんじょう] ≪仏≫ 난생; 사생(四生)의 한 가지. *조류(鳥類) 등. ❷[らんせい] 난생; 알을 낳아 새끼를 까는 것.
卵細胞[らんさいぼう] 난세포.
卵巣[らんそう] 난소.
卵用種[らんようしゅ] 난용종; 산란을 목적으로 기르는 닭의 품종.
卵円形[らんえんけい] 타원형(楕圓形).
卵乳[らんにゅう] 난유; 달걀과 우유.
卵子[らんし] 난자; 자성(雌性)의 생식 세포.
卵形[らんけい] 난형; 달걀 모양.
卵黄[らんおう] 노른자위.

欄(欄) 난간/난 란

木 朩 朩' 杛 杛' 枵 枵 榈 欄 欄

音 ◉ラン
訓 —

音読

[2]欄[らん] ①(계단・툇마루・다리 등의) 가장자리에 세워 놓은 살. 난간. ②(인쇄물에서 구분하기 위한) 둘레. 테. ③(신문・잡지에서) 특정 기사의 구분.

欄干[らんかん] 난간; 계단・툇마루・다리 등의 가장자리에 나무나 쇠붙이로 가로세로 세워 놓은 살.

欄間[らんま] 천장과 상인방(上引枋) 사이에 통풍・채광을 위해 교창(交窓)을 낸 부분.

欄内[らんない] 난내; 테두리 안.

欄門[らんもん] 투조(透彫)가 있는 문.

欄外[らんがい] 난외; 테두리 밖.

蘭(蘭) 난초 란

音 ⊗ラン
訓 —

音読

蘭[らん] ①≪植≫ 난; 난초. ②'네덜란드'의 약칭.

蘭交[らんこう] 난교; 친밀한 사람끼리의 교제.

蘭方[らんぽう] (江戸(えど) 시대에) 네덜란드에서 전래된 의술・의학.

蘭書[らんしょ] 네덜란드 서적.

蘭語[らんご] 네덜란드어.

蘭医[らんい] ①(江戸(えど) 시대에) 네덜란드의 의술을 배운 의사. ②네덜란드 의학.

蘭学[らんがく] 네덜란드 학문.

爛 빛날/썩을 란

音 ⊗ラン
訓 ⊗ただれる

訓読

⊗爛れる[ただれる] 〈下1自〉 ①(피부가) 짓무르다. ②(탐닉하여) 문란해지다.

爛れ[ただれ] 짓무름. 염증.

爛れ目[ただれめ] 짓무른 눈. 염증이 난 눈.

音読

爛として [らんとして] 찬란히.

爛爛[らんらん] ①반짝반짝 빛나는. ②눈빛이 날카롭게 빛남.

爛漫[らんまん] 난만; ①꽃이 만발함. ②밝게 나타나 보임.

爛発[らんぱつ] 난발; ①왕성하게 일어남. ②꽃이 흐드러지게 핌.

爛熟[らんじゅく] 난숙; ①(과일 등이) 무르익음. ②사물이 충분히 발달함.

爛酔[らんすい] 난취; 만취. 고주망태가 됨.

람

覧(覽) 볼 람

丨 Γ Γ 戸 戸 臣 臣 臣' 覧 覧

音 ◉ラン
訓 —

音読

[3]ご覧[ごらん] ①보심. ¶～になる 보시다. ¶～に入(い)れる 보여 드리다. ¶～の通(とお)り 보시는 바와 같이. ②보시오. ¶あれを～ 저것 좀 봐요.

◉観覧[かんらん], 博覧[はくらん], 遊覧[ゆうらん], 一覧[いちらん], 閲覧[えつらん], 展覧[てんらん], 便覧[びんらん], 回覧[かいらん]

濫 넘칠/함부로 람

氵 氵 氵 氵' 沪 浐 濫 濫 濫 濫

音 ◉ラン
訓 ⊗みだり

訓読

⊗濫り[みだり] 〈形動〉 ①함부로 함. 무분별함. ②무질서함.

音読

濫する[らんする] 〈サ変自〉 어지러워지다. 복잡해지다. 문란해지다.

濫掘[らんくつ] 남굴; 마구 팜.

濫読[らんどく] 남독; 책을 닥치는 대로 읽음.

濫立[らんりつ] 난립(乱立). 질서 없이 늘어섬.

濫発[らんぱつ] 남발; ①말을 마구 함. ②총알을 마구 발사함. ③수표를 마구 발행함.

濫伐[らんばつ] 남벌; 나무를 마구 베어냄.

濫費[らんぴ] 낭비(浪費).

濫觴[らんしょう] 남상; 기원. 시초.
[1]**濫用**[らんよう] 남용; 함부로 마구 씀.
濫作[らんさく] 남작; 함부로 많이 지어냄.
濫造[らんぞう] 남조; 마구 만듦.
濫行[らんこう] 남행; 행패. 문란한 행동.
濫獲[らんかく] 남획; 가리지 않고 마구 잡음.

嵐 산기운/아지랑이 람	音 ⊗ラン 訓 ⊗あらし

訓読
⊗**嵐**[あらし] ①강풍(強風). 거센 바람. ②폭풍우. ③(비유적으로) 감정의 흔들림. 파동(波動). 파란(波瀾). 소동(騷動).

音読
嵐気[らんき] 남기; 산 속의 안개가 밝게 햇빛을 받아 생기는 현상.

藍 남빛 람	音 ⊗ラン 訓 ⊗あい

訓読
⊗**藍**[あい] ① ≪植≫ 쪽. ②쪽 물감. ③쪽빛. 남색.
藍色[あいいろ] 쪽빛. 남색.
藍染め[あいぞめ] 남색 물을 들임. 남색으로 염색한 것.
藍玉❶[あいだま] 쪽잎을 발효시켜 찧어 굳힌 염료. ❷[らんぎょく] ≪鉱≫ 남옥; 아콰마린.
藍葦[あいあし] ≪植≫ 모새달.

音読
藍碧[らんぺき] 남벽; 짙은 푸른빛.
藍本[らんぽん] 남본; 원본(原本). 원전(原典).
藍綬褒章[らんじゅほうしょう] 남수포장; 사회 공익에 이바지한 사람에게 일본 정부가 표창하는 휘장. *남색으로 되었으며 왼쪽 가슴에 닮.
藍藻[らんそう] 남조; 해조류(海藻類). 바닷말류.
藍青色[らんせいしょく] 남청색.

襤 옷해질 람	音 ⊗ラン 訓 —

音読
襤褸[らんる] 남루; 누더기. 넝마.
襤衣[らんい] 남의; 헌옷. 누더기.

랍

拉 끌어갈 랍	音 ⊗ラ ⊗ラッ 訓 ⊗ひしぐ ⊗ひしげる

訓読
⊗**拉ぐ**[ひしぐ] 〈5他〉 ①으스러뜨리다. 찌부러뜨리다. ②(기세를) 꺾다.
⊗**拉げる**[ひしげる] 〈下1自〉 ①눌리어 찌부러지다. 납작해지다. ②(기세가) 꺾이다.

音読
拉する[らっする] 〈サ変他〉 납치하다. 억지로 데려가다.
拉丁[ラテン] 라틴. 라틴어. 라틴 민족. 라틴 음악.
拉致[らち/らっち] 납치; 강제 연행. 억지로 데려감.

蠟ˣ(蝋) 밀/밀초 랍	音 ⊗ロウ 訓 —

音読
蠟の木[ろうのき] ≪植≫ 황로. 거망옻나무.
蠟染め[ろうぞめ] 염색법의 한 가지.
[1]**蠟燭**[ろうそく] (촛불을 켜는) 초. 양초.

랑

郎(郞) 사내/낭군 랑
丶 ㄱ ㅋ ㅋ 自 良 良 良' 郎 郎

音 ◉ロウ
訓 ⊗いらつ

訓読
⊗**郎女**[いらつめ] ≪古≫ 젊은 여자를 친밀하게 부르던 말. 아가씨.
⊗**郎子**[いらつこ] ≪古≫ 젊은 남자를 친밀하게 부르던 말. 도령.

音読
郎君[ろうくん] 낭군; 귀공자.
郎党[ろうどう] 무가(武家)의 가신(家臣).
郎等[ろうどう] ☞ 郎党
郎従[ろうじゅう] ☞ 郎党

ㄹ

浪 물결/방황할 랑

音 ◉ロウ
訓 ⊗なに ⊗なみ

訓読

⊗浪[なみ] 파도. 물결.
浪速[なにわ] 大阪(おおさか) 지방의 옛 칭호.
浪花[なにわ] ☞ 浪速(なにわ)
浪花節[なにわぶし] 三味線(しゃみせん)의 반주에 곡조를 붙여 노래하다가 이야기하다가 하는 예능.
浪花節的[なにわぶしてき] 의리와 인정을 앞세우는 통속적이고 예스러움.
浪華[なにわ] ☞ 浪速(なにわ)

音読

浪界[ろうかい] 浪花節(なにわぶし)를 하는 사람들의 사회.
浪曲[ろうきょく] 浪花節(なにわぶし)의 딴 이름.
浪浪[ろうろう] ①방랑함. 유랑함. 정처 없이 헤맴. ②일정한 직업 없이 놀고 있음.
浪漫[ろうまん] 낭만; 사물을 감정적·정서적으로 대함.
[1]浪費[ろうひ] 낭비; 재물·시간을 헛되이 씀.
浪士[ろうし] 일정한 소속이나 섬길 주인이 없는 무사.
浪人[ろうにん] 낭인; ①타향을 유랑하는 사람. ②소속이 없어 떠도는 무사. ③실직자. 실업자. 재수생.
浪宅[ろうたく] 낭인(浪人)의 주거.

朗(朗) 달밝을 랑

音 ◉ロウ
訓 ◉ほがらか

訓読

[2]◉朗らか[ほがらか] 〈形動〉 ①쾌활함. 명랑함. ②(날씨가) 쾌청함. 맑게 갬.
朗ら[ほがら] 〈形動〉 쾌활함. 명랑함.

音読

[1]朗読[ろうどく] 낭독; 시나 문장을 소리 높여 읽음.
朗朗と[ろうろうと] 낭랑하게.
朗報[ろうほう] 낭보; 기쁜 소식.
朗誦[ろうしょう] 낭송; 소리 내어 읽음.
朗詠[ろうえい] 낭영; ①가락을 붙여 소리 높여 읊음. ②(平安(へいあん) 시대) 2절(節) 1연(連)의 한시(漢詩)에 가락을 붙인 것.
朗吟[ろうぎん] 낭음; 시가(詩歌)를 가락에 맞추어 소리 높여 읊음.
朗唱[ろうしょう] 소리 내어 읽음. 낭송.

廊(廊) 곁채/복도 랑

音 ◉ロウ
訓 —

音読

[2]廊下[ろうか] 낭하; 복도.
廊下続き[ろうかつづき] 두 건물이 복도로 이어짐.
廊下鳶[ろうかとんび] ①(遊廓에서) 손님이 상대할 유녀(遊女)가 오지 않아 서성거리는 손님. ②볼일도 없이 복도에서 어정거림.

狼 이리/늑대 랑

音 ⊗ロウ
訓 ⊗おおかみ

訓読

⊗狼[おおかみ] ① 《動》 이리. 늑대. 승냥이. ②여자를 협박하는 무서운 남자.

音読

狼戻[ろうれい] ①(이리처럼) 탐욕스럽고 마음이 비뚤어지고 도리에 어긋남. ②어지럽게 흩어져 있음.
狼煙[ろうえん/のろし] ①봉화(烽火). ②신호.
狼子[ろうし] 새끼 이리.
狼藉[ろうぜき] 낭자; ①어지럽게 흩어져 있음. 어수선함. ②행패. 난폭한 행동.
狼狽[ろうばい] 낭패; 당황함. 허둥지둥함.
狼狽える[★うろたえる] 〈下1自〉 당황하다. 허둥대다. 갈팡질팡하다.
狼火[ろうか] 낭화; 봉화(烽火).

〔래〕

来(來) 올 래

音 ◉ライ
訓 ◉くる ◉きたる ◉きたす

訓読

[4]◉来る[くる] 〈カ変〉 ①(어떤 장소로) 오다. ②(사람이) 찾아오다. ③(시간·계절이) 오다. ④(어떤 상태가) 오다. ⑤(시설물이) 통하다.

[1]◉来る[きたる] 〈連体〉 오는. 다가오는. 이번.

来るべき[きたるべき] 〈連体〉 다가올. 다음에 올. 요다음의.

◉来たす[きたす] 〈5他〉 (어떤 상태를) 초래하다. 가져오다. 일으키다.

来かかる[きかかる] 〈5自〉 마침 …에 접어들다. 다다르다.

来掛け[きがけ] 오는 도중. 오는 김. 오는 참.

来ん年[こんとし] 내년. 명년(明年).

来し方[こしかた/きしかた] ①지나온 과거. ②지나온 곳.

来合わせる[きあわせる] 〈下1自〉 그곳에서 우연히 만나다. 마침 그곳에 오다.

音読

[2]来[らい] …이래. …이후. 그때부터 지금까지.

来駕[らいが] 왕림(枉臨). 찾아오심. 와 주심.

来降[らいこう] 강림(降臨). 내려오심.

来客[らいきゃく] 찾아온 손님.

来客中[らいきゃくちゅう] 방문객이 있음.

来貢[らいこう] 내공; 외국 사신이 와서 조공을 바침.

来館[らいかん] 내관; 도서관·박물관·미술관·영화관 등에 옴.

来観[らいかん] 내관; 와서 봄.

来校[らいこう] 내교; 학교를 찾아옴.

来冦[らいこう] 내구; 외국의 침략.

[4]来年[らいねん] 내년; 명년(明年).

来歴[らいれき] 내력; ①유래(由来). ②경력.

来臨[らいりん] 내림; 찾아오심. 왕림(枉臨).

来訪[らいほう] 내방; 손님이 찾아옴.

来報[らいほう] 내보; ①와서 알림. 와서 알린 소식. ②≪仏≫ 돌아올 응보.

来復[らいふく] 내복; 다시 옴.

来否[らいひ] 내부; 출석 여부.

来賓[らいひん] 내빈; 찾아오신 손님.

来社[らいしゃ] 내사; 회사에 옴.

来署[らいしょ] 내서; 세무서·경찰서에 옴.

来世 ❶[らいせい] 내세; 미래. ❷[らいせ] ≪仏≫ 사후(死後)의 세계.

来所[らいしょ] 내소; 사무소·출장소에 옴.

来襲[らいしゅう] 내습; 습격하러 옴.

来信[らいしん] 내신; 서신이 옴.

来演[らいえん] 내연; 와서 연기·연주함.

来迎[らいごう] ≪仏≫ 내영; 임종 때 부처·보살이 극락정토에서 맞으러 옴.

来往[らいおう] 내왕; 오고 감.

来院[らいいん] 내원; 병원에 옴.

来援[らいえん] 내원; 와서 도움.

[4]来月[らいげつ] 내월; 다음달.

来由[らいゆ] 내유; 유래. 내력.

来遊[らいゆう] 내유; 놀러 옴.

来意[らいい] 내의; ①찾아온 뜻. ②편지의 취지.

来日 ❶[らいじつ] 내일; 장래. 미래.

[2]来日 ❷[らいにち] 외국인이 일본으로 옴.

[1]来場[らいじょう] 내장; 그 장소에 옴.

来店[らいてん] 내점; 가게에 옴.

来朝[らいちょう] 내조; 외국인이 그 나라에 찾아옴.

[4]来週[らいしゅう] 내주; 다음 주.

来診[らいしん] 내진; 왕진(往診).

来着[らいちゃく] 내착; 이곳에 도착함.

来秋[らいしゅう] 내추; 내년 가을.

来春[らいしゅん] 내춘; 내년 봄.

来夏[らいか] 내하; 내년 여름.

来賀[らいが] 내하; 좋은 소식을 가지고 옴.

来会[らいかい] 내회; 회합에 참석함.

랭

冷 찰/식힐/쓸슬할 랭

丶 冫 冫 冫 冫 冷 冷

音 ◉レイ

訓 ◉つめたい ◉さます ◉さめる ◉ひえる ◉ひや ◉ひやかす ◉ひやす ◉ひややか

訓読

[4]◉冷たい[つめたい] 〈形〉 ①차다. 차갑다. 쌀쌀하다. ②(분위기가) 냉정하다. 냉담하다. 쌀쌀하다.

[2]◉冷ます[さます] 〈5他〉 ①식히다. 차게 하다. ②(체온을) 내리게 하다. ③(분위기를) 깨다. 가시게 하다.

[2]◉冷める[さめる] 〈下1自〉 ①식다. 차가워지다. ②(관심이) 식다.

[2]◉冷える[ひえる] 〈下1自〉 ①(날씨가) 쌀쌀해지다. 추워지다. ②(음식이) 식다. 차가워지다. ③(관심이) 식다.

冷え[ひえ] ①냉기. 차가워짐. ②(몸이) 냉해짐. 냉증(冷症).
冷え冷え[ひえびえ] ①냉랭함. 썰렁함. ②(마음이) 허전함. 스산함.
冷え性[ひえしょう] 냉한 체질.
冷え込む[ひえこむ] 〈5自〉 ①몹시 추워지다. ②추위가 몸 속까지 스며들다. 몸이 얼다.
冷え症[ひえしょう] 냉증; 냉병(冷病).
◉冷や[ひや] ①찬물. 냉수. ②찬술.
1 ◉冷やかす[ひやかす] 〈5他〉 ①놀리다. 야유하다. 조롱하다. ②물건값만 물어 보다.
冷やかし[ひやかし] ①놀림. 야유. 조롱. ②물건값만 물어봄.
2 ◉冷やす[ひやす] 〈5他〉 ①식히다. 차게 하다. ②(마음을) 진정시키다. 가라앉히다. ③(간담이) 서늘해지다. 오싹해지다.
◉冷ややか[ひややか] 〈形動〉 ①싸늘함. ②냉정함. 냉담함.
冷ややかさ[ひややかさ] 싸늘함. 냉담함.
冷や奴[ひややっこ] 양념한 날두부.
冷や冷や[ひやひや] ①서늘함. 선득선득함. ②조마조마함.
冷や麦[ひやむぎ] 냉국수.
冷や飯[ひやめし] 찬밥.
冷や水[ひやみず] 냉수; 찬물.
冷や酒[ひやざけ] 찬술. 데우지 않은 술.
冷や汗[ひやあせ] 식은땀. 진땀.

音読

冷却[れいきゃく] 냉각; ①식힘. ②얼마 동안 대화를 중단하고 기분을 가라앉힘.
冷覚[れいかく] 냉각; 찬 감각.
冷間圧延[れいかんあつえん] 냉간 압연.
冷感症[れいかんしょう] 냉감증; 불감증.
冷菓[れいか] 냉과; 빙과(氷菓).
冷気[れいき] 냉기; 찬 공기. 찬 기운.
冷暖房[れいだんぼう] 냉난방.
1 冷淡[れいたん] 냉담; ①열의가 없음. ②불친절함. 동정심이 없음. 쌀쌀함.
冷帯[れいたい] 냉대; 아한대(亜寒帯).
2 冷凍[れいとう] 냉동; 냉각시켜 얼림.
冷涼[れいりょう] 냉량; 차갑고 서늘함.
冷媒[れいばい] 냉매; 냉동기에서 열을 운반하는 물질.
冷罵[れいば] 냉매; 비웃고 욕함.
3 冷房[れいぼう] 냉방; ①찬 방. ②방을 차게 함.
冷床[れいしょう] 냉상; 인공으로 따뜻한 열을 공급하지 않는 묘상(苗床).
冷笑[れいしょう] 냉소; 비웃음. 조소(嘲笑).
冷水[れいすい] 냉수; 찬물.
冷湿布[れいしっぷ] 냉찜질.
冷眼[れいがん] 냉안; 차가운 눈초리.
冷暗所[れいあんしょ] 냉암소; 차고 어두운 곳.
冷罨法[れいあんぽう] 냉엄법; 냉찜질.
冷厳[れいげん] 냉엄; 냉정하고 엄격함.
冷延[れいえん] 냉연; '冷間圧延'의 준말.
冷然[れいぜん] 냉연; 냉담함.
冷熱[れいねつ] 냉열; ①차가움과 따뜻함. ②냉담과 열성.
冷温[れいおん] 냉온; ①차고 더움. ②낮은 온도.
冷温帯[れいおんたい] 냉온대; 아한대(亜寒帯).
冷用[れいよう] 냉용; 식혀서 마심.
冷遇[れいぐう] 냉우; 푸대접.
冷肉[れいにく] 냉육; 찜해서 식힌 고기.
1 冷蔵[れいぞう] 냉장; 냉온에서 저장함.
4 冷蔵庫[れいぞうこ] 냉장고.
冷戦[れいせん] 냉전; 국가간의 심한 대립.
冷点[れいてん] 냉점; 찬 것을 느끼게 하는 감각점(感覚点).
2 冷静[れいせい] 냉정; 침착함.
冷製[れいせい] 냉제; 음식을 만들어 차게 식힌 서양 요리의 총칭.
冷酒[れいしゅ] 냉주; ①데우지 않은 청주. ②차게 마시도록 만든 술.
冷泉[れいせん] 냉천; 찬 샘.
冷徹[れいてつ] 냉철; 냉정하고 투철함.
冷評[れいひょう] 냉평; ①냉정하게 비평함. ②비웃음.
冷風[れいふう] 냉풍; 찬바람.
冷汗[れいかん] 냉한; 식은땀. 진땀.
冷寒[れいかん] 냉한; 한랭(寒冷).
冷害[れいがい] 냉해; 한랭에 의한 피해.
冷血[れいけつ] 냉혈; ①찬 피. ②냉혹함. 무정함.
1 冷酷[れいこく] 냉혹; 인정이 없고 가혹함.

〔략〕

略 간략할 략

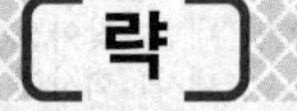

音 ◉リャク
訓 ⊗ほぼ

訓読

[2]⊗略[ほぼ] 〈副〉 거의. 대략. 대강.

音読

略[りゃく] ①계략. ②생략. ③대략. 개략.

略す[りゃくす] 〈5他〉 ①생략하다. 간략하게 줄이다. ②공략하다.

[2]略する[りゃくする] 〈サ変他〉 ①생략하다. 간략하게 줄이다. 약하다. ②공략하다.

略記[りゃっき] 약기; 간략하게 기록함.

略図[りゃくず] 약도; 대충 그린 도면(図面).

略読[りゃくどく] 약독; 대충 읽음.

略歴[りゃくれき] 약력; 간단한 경력.

略帽[りゃくぼう] 약모; ①간편한 모자. ②(군대에서) 작업·훈련·전투 때에 쓰는 모자.

略文[りゃくぶん] 약문; 간추려 쓴 글.

略譜[りゃくふ] 약보; ①간추린 계보(系譜). ②간략한 악보(楽譜). 숫자보(数字譜).

略服[りゃくふく] 약복; 간단한 복장.

略書[りゃくしょ] 약서; 간략하게 쓴 것.

略説[りゃくせつ] 약설; 간략하게 설명함.

略述[りゃくじゅつ] 약술; 요점만을 말함.

略式[りゃくしき] 약식; 간략한 절차.

[1]略語[りゃくご] 약어; 준말. 줄인 말.

略儀[りゃくぎ] 약의; 간략한 의식(儀式).

略字[りゃくじ] 약자; 획수를 줄여서 간단하게 쓴 글자.

略装[りゃくそう] 약장; 간단한 복장.

略伝[りゃくでん] 약전; 간략하게 기록한 전기(伝記).

略体[りゃくたい] 약체; ①간략화한 것. ②약자(略字).

略取[りゃくしゅ] 약취; 탈취(奪取).

略称[りゃくしょう] 약칭; 생략해서 일컬음.

[1]略奪[りゃくだつ] 약탈; 강제로 빼앗음.

略表[りゃくひょう] 약표; 간략화한 표.

略筆[りゃくひつ] 약필; ①요점만 기록함. ②획수를 줄여서 씀. 약자(略字).

略号[りゃくごう] 약호; 간단한 부호.

略画[りゃくが] 약화; 간단하게 그린 그림.

掠 노략질할 략	音 ⊗リャク 訓 ⊗かすめる ⊗かする

訓読

⊗掠める[かすめる] 〈下1他〉 ①훔치다. 빼앗다. ②(눈을) 속이다. ③스치다. 스쳐 지나가다.

掠め取る[かすめとる] 〈5他〉 ①약탈하다. 빼앗다. ②속여 훔치다.

⊗掠る[かする] 〈5他〉 ①가볍게 스치고 지나가다. ②삥땅하다. 일부를 슬쩍 가로채다. ③(물건이 담긴 그릇 바닥을) 긁듯이 하여 푸다. 바닥을 긁어 뜨다.

掠り[かすり] ①살짝 스침. ②삥땅함. 일부를 슬쩍 가로챔. ③찰과상. 긁힌 상처.

掠り傷[かすりきず] ①찰과상. 긁힌 상처. ②가벼운 손해. 적은 피해.

掠り書き[かすりがき] 군데군데 먹물이 덜 묻게 쓰거나 그린 것.

音読

掠奪[りゃくだつ] 약탈; 폭력을 사용하여 남의 것을 강제로 빼앗음.

掠奪農業[りゃくだつのうぎょう] 약탈농업; 비료를 주지 않고 지력(地力)에만 의존하는 원시적인 농업.

〔량〕

両(兩) 둘 량

一 丨 冂 币 両 両

音 ◉リョウ

訓 —

音読

[2]両[りょう] 양; ①양쪽. ②둘. ③(차량을 세는 말로) …량. ④(江戸(えど) 시대의) 무게의 단위. 약 15그램. ⑤옛날 화폐의 단위.

両家[りょうけ] 양가; 양쪽 집안.

両開き[りょうびらき] (문짝이) 양쪽으로 열림. 쌍바라지.

両建預金[りょうだてよきん] 양건예금; 은행이 대출해 주면서 대출금의 일부를 정기 예금으로 예치하게 하는 것.

両国[りょうこく] 양국; 양쪽 나라.

両君[りょうくん] 양군; ①두 군주. ②두 남자.

両軍[りょうぐん] 양군; 양쪽 군대.

[1]両極[りょうきょく] 양극; ①전기의 음극과 양극. ②남극과 북극. ③양극단.

両極端[りょうきょくたん] 양극단; 양극.

両断[りょうだん] 양단; 하나를 둘로 끊음.

両端❶[りょうはし] 양쪽 끝. ❷[りょうたん] ①양쪽 끝. ②처음과 끝.

両党[りょうとう] 양당; 양쪽 당. 두 개의 정당.
両刀[りょうとう] 양도; ①(무사의) 크고 작은 두 자루의 칼. ②'両刀使い'의 준말.
両刀使い[りょうとうづかい] ①쌍칼잡이. ②두 가지 일을 동시에 하는 사람. ③과자와 술을 다 좋아함.
両度[りょうど] 두 번. 두 차례.
両得[りょうとく] 양득; ①한번에 두 이익을 얻음. ②양쪽이 모두 이익을 얻음.
両両[りょうりょう] 양쪽 모두. 둘 다.
両論[りょうろん] 양론; 대립하는 두 이론.
両輪[りょうりん] 양륜; ①양쪽 바퀴. ②둘이 합하여 제구실을 함.
両隣[りょうどなり] 양린; 좌우 양편의 이웃.
[1]両立[りょうりつ] 양립; 둘이 함께 섬.
両面[りょうめん] 양면; ①앞면과 뒷면. 양쪽의 면. ②두 방면.
両名[りょうめい] 2명. 두 사람.
[3]両方[りょうほう] 양방; 양쪽. 두 편.
両辺[りょうへん] 양변; ①두 변. 양쪽 가. ②《数》 우변과 좌변.
両分[りょうぶん] 양분; 둘로 나눔.
両三[りょうさん] 양삼; 두셋. 이삼.
両生[りょうせい] 양생; 물 속과 뭍의 양편에서 삶.
両棲[りょうせい] 양서; ☞ 両生(りょうせい)
両舌[りょうぜつ] 《仏》 양설; 이간질함.
両成敗[りょうせいばい] 쌍벌. 양쪽 모두 처벌함.
両性[りょうせい] 양성; ①남성과 여성. ②양성과 음성. ③서로 다른 두 성질.
両所[りょうしょ] 양소; ①두 군데. ②두 명. *'両人(りょうにん)'의 높임말.
両損[りょうぞん] 양손; ①두 가지 손해. ②양쪽 다 손해 봄.
両手[りょうて] 양손; 두 손.
両袖[りょうそで] 양쪽 소매.
両膝[りょうひざ] 양쪽 무릎.
両岸[りょうがん/りょうぎし] 양안; 양쪽 기슭.
両眼[りょうがん] 양안; 두 눈. 양쪽 눈.
両腕[りょううで] 양팔. 두 팔.
両腰[りょうごし] (허리에 차는) 긴 칼과 작은 칼.
両用[りょうよう] 양용; ①겸용. ②두 가지 용변(用便).
両雄[りょうゆう] 양웅; 두 영웅.
両院[りょういん] 양원; ①일본의 衆議院(しゅうぎいん)과 参議院(さんぎいん). ②상원(上院)과 하원(下院).
両翼[りょうよく] 양익; ①두 날개. ②좌측과 우측.
両人[りょうにん] 양인; 두 사람.
両刃[りょうば] 양날. 쌍날.
両日[りょうじつ] 양일; 이틀. 2일.
両者[りょうしゃ] 양자; 두 사람. 두 사물.
両全[りょうぜん] 양전; 양쪽 모두 완전함.
両前[りょうまえ] (양복 윗도리의) 더블.
両切り[りょうぎり] 필터·물부리가 없는 담배.
両足[りょうあし] 양족; 양발. 양쪽 발.
両肘[りょうひじ] 양쪽 팔꿈치.
両次[りょうじ] 양차; 두 번. 2회.
両天秤[りょうてんびん] 양다리를 걸침.
[2]両替[りょうがえ] ①환전(換銭). 돈을 바꿈. ②유가 증권을 돈으로 바꿈.
両替屋[りょうがえや] 환전상(換銭商).
[2]両側[りょうがわ] 양측; 양쪽. 양편.
[4]両親[りょうしん] 양친; 부모.
両脇[りょうわき] ①양쪽 겨드랑이. ②양 옆.
両頬[りょうきょう] 양쪽 뺨.

良 어질/좋을 량

丶 ㇇ ㇇ ㇋ 白 良 良

音 ◉リョウ
訓 ◉よい

訓読

[1]◉良い[よい] 〈形〉 ①좋다. ②착하다. ③뛰어나다. ④아름답다. ⑤상관 없다. ⑥충분하다. ⑦이롭다.
[2]良く[よく] ①잘. 충분히. ②훌륭하게. ③종종. 자주. 곧잘. ④아주. 몹시. ⑤참으로. 잘.
[1]良し[よし] 《文》 좋다. 선하다. 올바르다.

音読

良[りょう] 양; 양호. 좋음.
良家[りょうか/りょうけ] 가문이 좋은 집안.
良計[りょうけい] 양계; 좋은 계획.
良導体[りょうどうたい] 양도체.
良吏[りょうり] 양리; 좋은 관리.
良馬[りょうば] 양마; 좋은 말.
良民[りょうみん] 양민; ①선량한 백성. ②일반 백성.
良不良[りょうふりょう] 양불량; 좋고 나쁨.
良否[りょうひ] 양부; 좋고 나쁨.

良師[りょうし] 양사; 훌륭한 스승.
良相[りょうしょう] 양상; 훌륭한 재상(宰相).
良書[りょうしょ] 양서; 좋은 책.
良説[りょうせつ] 양설; 훌륭한 설.
良性[りょうせい] 양성; ①천성이 좋음. ②치료하기에 좋음.
良俗[りょうぞく] 양속; 좋은 풍속.
1良識[りょうしき] 양식; 높은 식견.
1良心[りょうしん] 양심; 도덕적 감각.
良案[りょうあん] 양안; 좋은 생각.
良薬[りょうやく] 양약; 잘 듣는 약.
良縁[りょうえん] 양연; 좋은 인연.
良友[りょうゆう] 양우; 좋은 벗.
良医[りょうい] 양의; 명의(名医).
良人[りょうじん] 남편. 부군(夫君).
良材[りょうざい] 양재; ①좋은 재목. ②뛰어난 인재.
良剤[りょうざい] 양제; 좋은 약.
良種[りょうしゅ] 양종; 좋은 품종.
1良質[りょうしつ] 양질; 좋은 품질.
良策[りょうさく] 양책; 좋은 계책.
良妻[りょうさい] 양처; 좋은 아내.
良品[りょうひん] 양품; 좋은 물품.
良風[りょうふう] 양풍; 좋은 풍습.
良港[りょうこう] 양항; 좋은 항구.
1良好[りょうこう] 양호; 좋은 상태임. 뛰어남.
良化[りょうか] 양화; 좋아짐.
良貨[りょうか] 양화; 실제 가격과 법정 가격의 차이가 적은 화폐.

涼(凉) 서늘할 량

丶 冫 氵 氵 汸 汸 沽 涼 涼 涼

音 ◉リョウ
訓 ◉すずしい ◉すずむ

訓読

4◉涼しい[すずしい] 〈形〉 ①시원하다. 선선하다. 서늘하다. ②시원스럽다. ③산뜻하다. 날씬하다.
2◉涼む[すずむ] 〈5自〉 납량(納涼)하다. 시원한 바람을 쐬다.
涼み[すずみ] 납량(納涼). 시원한 바람을 쐼.
涼み客[すずみきゃく] 시원한 바람을 쐬러 나온 사람들.
涼み台[すずみだい] 납량용(納涼用) 평상(平床).
涼み船[すずみぶね] 납량용(納涼用) 배.

音読

涼[りょう] 시원함. 선선함. 서늘함. 시원한 바람.
涼感[りょうかん] 시원한 느낌.
涼気[りょうき] 시원한 공기. 시원한 느낌.
涼味[りょうみ] 시원한 맛.
涼夜[りょうや] 시원한 밤.
涼雨[りょうう] (여름의) 시원한 비.
涼秋[りょうしゅう] ①시원한 가을. ②음력 9월의 딴 이름.
涼風[りょうふう/すずかぜ] 선들바람. 초가을의 시원한 바람.

量 헤아릴 량

丨 冂 日 旦 早 昌 昌 畳 量 量

音 ◉リョウ
訓 ◉はかる

訓読

2◉量る[はかる] 〈5他〉 (무게・양을 저울에) 달다. 재다.
量り[はかり] 저울질. 되질.
量り減り[はかりべり] 저울질에서 전체의 양이 부족함. 저울질로 축이 남.
量り売り[はかりうり] 저울에 달아서 팖.
量り込む[はかりこむ] 〈5他〉 (저울질할 때) 정량 이상으로 달다.

音読

2量[りょう] 양; ①부피. ②무게. ③수량. ④정도. ⑤마음의 넓이. 도량.
量感[りょうかん] 양감; ①(사물의) 중량감. 볼륨. ②(그림의) 입체감.
量目[りょうめ] 저울에 단 무게.
量産[りょうさん] 양산; 대량 생산.
量水[りょうすい] 양수; 수량(水量)・수위(水位)를 잼.
量子[りょうし] 양자; 불연속적인 양적 변화를 하는 최소량의 단위.
量的[りょうてき] 양적; 양으로 따짐.
量定[りょうてい] 양정; 헤아려 정함.
量販[りょうはん] 양판; 대량 판매.
量刑[りょうけい] 양형; 형벌의 정도를 정함.

糧 곡식 량

丷 丷 半 米 粎 粡 粮 粮 糧 糧

音 ◉リョウ ◉ロウ
訓 ◉かて

訓読

◉糧[かて] ①양식. 식량. ¶~が尽(つ)きる 양식이 떨어지다. ②활동의 근원. ¶書物(しょもつ)は心(こころ)の~ 책은 마음의 양식.

音読

糧米[りょうまい] 양미; 식량으로 쓸 쌀.
糧食[りょうしょく] 양식; 식량.
◑兵糧[ひょうろう]

粱 들보/다리 량	音 ⊗リョウ 訓 ⊗はり ⊗やな

訓読

⊗粱❶[はり/うつばり] 들보. 대들보. ❷[やな] 어량(魚粱). 통발을 치고 물고기를 잡는 장치.

音読

粱木[りょうぼく] 체조 용구의 하나.
粱上の君子[りょうじょうのくんし] 양상군자; ①도둑. ②쥐.
粱塵[りょうじん] 양진; ①들보 위의 먼지. ②아름다운 음악이나 노래.

諒 생각해줄 량	音 ⊗リョウ 訓 —

音読

諒[りょう] 양해. 납득. 이해.
諒する[りょうする] 〈サ変他〉 양해하다. 이해하다. 승낙하다.
諒とする[りょうとする] 〈サ変他〉 납득하다. 이해하다. 양해하다.
諒恕[りょうじょ] 양서; 용서(容恕).
諒承[りょうしょう] 승낙. 납득. 이해.
諒闇[りょうあん] 양암; ①임금의 부모가 사망했을 때 복을 입는 기간. ②일본의 천황·태황태후·황태후가 사망했을 때 황실 및 국민이 복을 입는 기간.
諒察[りょうさつ] 양찰; 생각하여 미루어 살핌.
諒解[りょうかい] 양해; 이해하고 승낙함.

輛 ×(輌) 수레 량	音 ⊗リョウ 訓 —

音読

輛[りょう] 량; 기차·전차 등의 대수를 세는 말. ＊지금은 '両(りょう)'로 표기하고 있음.

려

励(勵) 힘쓸 려
一 厂 厂 厉 厉 厉 励

音 ◉レイ
訓 ◉はげます ◉はげむ

訓読

1◉励ます[はげます] 〈5他〉 ①격려하다. (힘을) 북돋다. ②(목소리를) 높이다.
励まし[はげまし] 격려. 힘을 북돋워 줌.
1◉励む[はげむ] 〈5自〉 힘쓰다. 노력하다.
励み[はげみ] ①자극. 격려. ②힘씀. 노력. 분발. 열성.

音読

励起[れいき] 《物》 여기.
励磁[れいじ] 《物》 여자; 자화(磁化).
励声[れいせい] 큰소리를 지름.
励精[れいせい] 열심히 함. 힘씀.
励行[れいこう] ①힘써 행함. ②(규칙·약속 등을) 엄격하게 지킴. 엄수(厳守)함.

戻(戾) 돌려줄 려
ㄱ ㅋ 戸 戸 戸 戻

音 ◉レイ
訓 ◉もどす ◉もどる

訓読

2◉戻す[もどす] 〈5他〉 ①되돌리다. ②되돌려 보내다. 되돌려 주다. ③뒤로 돌리다. ④토하다.
戻し税[もどしぜい] 일단 수납한 후 일정한 조건이 갖춰지면 되돌려 주는 형태의 세금.
3◉戻る[もどる] 〈5自〉 되돌아가다. 되돌아오다.
戻り[もどり] ①되돌아감. 되돌아옴. 회전. ②귀가. 귀로. 돌아오는 길. ③(낚시·뜨개바늘 등의) 미늘. ④시세 회복. ⑤(歌舞伎(かぶき)·浄瑠璃(じょうるり)에서) 악인이 착한 사람이 된다는 줄거리.
戻りがけ[もどりがけ] ①되돌아오(가)려고 할 때. ②되돌아오(가)는 도중.
戻り掛け[もどりがけ] ①되돌아오(가)려고 할 때. ②되돌아오(가)는 도중.
戻り道[もどりみち] 귀로. 되돌아오(가)는 길.

戻り売り[もどりうり] 일단 내린 시세가 다시 올랐을 때 팖.
戻り相場[もどりそうば] 회복 시세.
戻り船[もどりぶね] 출항지로 되돌아가(오)는 배.
戻り足[もどりあし] ①돌아가는 발길. ②하락한 시세가 다시 오르려는 기세.

音読

◑返戻[へんれい]

旅 나그네/여행할 려

音 ◉リョ
訓 ◉たび

訓読

1◉旅[たび] 여행.
旅稼ぎ[たびかせぎ] ①타향에 가서 돈벌이를 함. ②지방을 순회 흥행을 하며 돈벌이를 함.
旅居[たびい] 여행지에서 머묾.
旅の空[たびのそら] ①객지에서 본 낯선 하늘. ②타향. 여행지.
旅戻り[たびもどり] 여행에서 돌아옴.
旅路[たびじ] 여로; 여행길.
旅籠[★はたご] ①여관. 여인숙. ②(여행용) 말의 사료 바구니. ③(여행용) 도시락.
旅籠屋[★はたごや] 여관. 여인숙.
旅籠銭[★はたごせん] 숙박료.
旅立ち[たびだち] 여행길에 오름.
旅立つ[たびだつ] 〈5自〉 ①여행길에 오르다. 여행을 떠나다. ②죽다.
旅物[たびもの] 먼 곳에서 온 채소나 생선.
旅歩き[たびあるき] 여행. 도보 여행.
旅商い[たびあきない] 행상(行商).
旅商人[たびしょうにん] 행상인(行商人).
旅先[たびさき] 여행지. 행선지.
旅所[たびしょ] 축제 때 메고 나온 神輿(みこし)를 잠시 멈춰 두는 곳.
旅送り[たびおくり] 여행을 떠나는 사람을 배웅함.
旅僧[たびそう] 떠돌이중. 행각승.
旅心[たびごころ] 여심; ①여정(旅情). ②여행하고 싶은 마음.
旅心地[たびごこち] 여행할 때의 심정.
旅役者[たびやくしゃ] 지방을 순회하는 연예인.
旅芸人[たびげいにん] 유랑 연예인.
旅芸者[たびげいしゃ] 떠돌이 기생.
旅烏[たびがらす] ①뜨내기. 방랑자. ②타향 사람.
旅衣[たびごろも] 여행용 옷.
旅人❶[たびにん] 떠돌이. 뜨내기. 방랑자. ❷[たびびと/りょじん] 여행자. 나그네.
旅日記[たびにっき] 여행 일기.
旅装束[たびしょうぞく] 여행용 복장.
旅鳥[たびどり] 철새. 후조(候鳥).
旅住(ま)い[たびずまい] 여행 도중 묵고 있는 곳.
旅支度[たびじたく] ①여행 준비. ②여장(旅装). 여행 차림.
旅差(し)[たびざし] 여행할 때 차는 칼.
旅出立ち[たびでたち] 여행 준비.
旅枕[たびまくら] ①객지 잠. ②객지 생활. ③여행.
旅寝[たびね] 객지 잠. 여행지에서의 잠.
旅疲れ[たびづかれ] 여독(旅毒).
旅回り[たびまわり] 각 지방을 떠돌아다님.
旅興行[たびこうぎょう] 지방 순회 공연.

音読

1旅客[りょかく/りょきゃく] 여객; ①여행자. ②승객.
旅客機[りょかくき] 여객기; 승객용 비행기.
旅客船[りょかくせん] 여객선; 승객용 배.
3旅館[りょかん] 여관; 여행객을 묵게 하는 것을 업으로 하는 집.
1旅券[りょけん] 여권; 패스포트.
旅団[りょだん] ≪軍≫ 여단.
旅費[りょひ] 여비; 여행 비용.
旅愁[りょしゅう] 여수; 나그네의 시름.
旅荘[りょそう] 여관(旅館).
旅装[りょそう] 여장; 여행 차림.
旅亭[りょてい] 여관(旅館).
旅程[りょてい] 여정; 여행 일정.
旅情[りょじょう] 여정; 여행지에서 느끼는 심정.
旅中[りょちゅう] 여행 중.
4旅行[りょこう] 여행; (일정 기간) 다른 나라나 다른 지방으로 가는 일.

慮 생각할 려

音 ◉リョ
訓 ⊗おもんぱかる

訓読

⊗慮る[おもんぱかる] 〈5他〉 ①깊이 생각하다. 숙고하다. ②세심하게 배려하다. ③일을 꾀하다. 획책하다.

慮り[おもんぱかり] ①깊은 생각. 사고. ②조처. 배려. ③일을 꾀함. 획책.

音読

慮外[りょがい] ①〈形動〉 뜻밖임. 의외임. ②무례함. 버릇없음.

慮外者[りょがいもの] 무례한 놈. 버릇없는 놈. 막돼먹은 놈.

◑考慮[こうりょ]

ㄹ

麗 고울 려

丆 冂 丽 丽丽 严 丽 丽 麗 麗

音 ◉レイ
訓 ◉うるわしい ⊗うららか

訓読

◉麗しい[うるわしい] 〈形〉 ①곱다. 예쁘다. 아름답다. 화사하다. ②명랑하다. 기분이 좋다. ③흐뭇하다.

⊗麗らか[うららか] 〈形動〉 ①(날씨가) 화창함. ②밝고 명랑함.

音読

麗句[れいく] 여구; 아름답게 꾸민 글귀.

麗麗しい[れいれいしい] 〈形〉 (겉모양이) 번지르르하다. 요란하다.

麗麗と[れいれいと] 〈副〉 (겉모양이) 번지르르하게. 요란하게.

麗容[れいよう] 여용; 아름다운 모습.

麗人[れいじん] 여인; 미인(美人).

麗日[れいじつ] 여일; 화창한 날.

麗姿[れいし] 아름다운 자태(姿態).

麗質[れいしつ] ①고운 바탕. 아름다운 천성. ②훌륭한 자질.

麗筆[れいひつ] ①우아하고 깨끗한 글씨. ②훌륭한 문장.

黎 동틀 려

音 ⊗レイ
訓 —

音読

黎明[れいめい] 여명; ①새벽. 동틀 무렵. ②새로운 시대.

黎民[れいみん] 여민; 일반 시민. 서민.

〔력〕

力 힘 력

フ 力

音 ◉リキ ◉リョク
訓 ◉ちから

訓読

3 ◉力❶[ちから] 힘; ①육체적인 힘. 체력. ②에너지. ③실력. 능력. ④노고. 덕택. ⑤기력. ⑥도움. 의지. ⑦지배력. ⑧(종합적인) 세력. ❷[りき] ☞ [音読]

力ずく[ちからずく] ①온 힘을 다함. ②우격다짐.

2 力強い[ちからづよい] 〈形〉 ①마음 든든하다. ②힘차다.

力競べ[ちからくらべ] 힘겨루기. 힘내기.

力拳[ちからこぶし] 철권. 힘센 주먹.

力落(と)し[ちからおとし] 낙담. 낙심.

力頼み[ちからだのみ] 믿고 의지함. 든든하게 여김.

力瘤[ちからこぶ] ①알통. ②위세를 부림.

力立て[ちからだて] 힘 자랑.

力無い[ちからない] 〈形〉 힘이 없다. 기운이 없다.

力抜け[ちからぬけ] 맥이 빠짐. 낙담. 낙심.

力餅[ちからもち] ①휴대용 떡. ②친정에서 보내온 떡. ③돌맞이 아이가 짊어지는 돌떡. ④씨름 흥행장에서 파는 떡.

力付く[ちからづく] 〈5自〉 기운이 나다.

力付ける[ちからづける] 〈下1他〉 격려하다. 용기를 북돋아 주다.

力負け[ちからまけ] ①힘을 너무 써서 도리어 패함. ②힘이 달려서 짐.

力比べ[ちからくらべ] 힘겨루기. 힘내기.

力仕事[ちからしごと] 육체 노동.

力相撲[ちからずもう] 뚝심만으로 하는 씨름.

力石[ちからいし] 들돌. 힘자랑으로 들어올리는 돌.

力水[ちからみず] (씨름꾼이) 힘을 내기 위해 입에 머금는 물.

力試し[ちからだめし] (체력・능력을) 시험해 봄.

力業[ちからわざ] ①육체 노동. ②힘으로 하는 기술.

力一杯[ちからいっぱい] 힘껏.

力任せ[ちからまかせ] ①전력을 다함. ②힘만 믿고 마구 함.
力自慢[ちからじまん] 힘자랑.
力将棋[ちからしょうぎ] (정석에 따르지 않고) 힘으로 싸우는 장기.
力足[ちからあし] 힘을 준 다리.
力紙[ちからがみ] ①(씨름꾼이) 몸을 닦아 정하게 하는 종이. ②힘이 세어지도록 기원하여 인왕상(仁王像)을 향해 씹어 뭉쳐서 던지는 종이. ③(제본에서) 철(綴)한 곳을 보강하기 위해 바르는 종이.
力持ち[ちからもち] 힘이 셈. 힘이 센 사람.
力尽く[ちからずく] ①온 힘을 다함. ②우격다짐.
力添え[ちからぞえ] 남을 도움. 원조.
力草[ちからぐさ] 자기의 힘으로 믿는 것.
力布[ちからぬの] 바느질한 곳이 해지지 않도록 뒤에서 대는 천.

音読

力[りき] ❶①힘. 능력. 기운. ②…몫의 힘. ❷[ちから] ☞ [訓読]
力む[りきむ] 〈5自〉 ①힘을 주다. 힘을 몰아 쓰다. ②허세를 부리다.
力み[りきみ] ①힘을 줌. 힘을 씀. ②야무지고 날카로운 얼굴.
力み返る[りきみかえる] 〈5自〉 ①온 힘을 모으다. 단단히 힘을 주다. ②힘이 있는 체하다.
力量[りきりょう] 역량; 능력.
力士[りきし] ①씨름꾼. ②힘센 사람.
力説[りきせつ] 역설; 힘써 말함.
力演[りきえん] 열연(熱演). 힘껏 연기함.
力泳[りきえい] 역영; 힘껏 헤엄침.
力作❶[りきさく] 역작; 힘들여 지은 작품. ❷[りょくさく] 노동. 힘써 일함.
力戦[りきせん] 역전; 힘껏 싸움.
力点[りきてん] 역점; ①주안점. 중점. ②(지렛대의) 힘점.
力漕[りきそう] 역조; 배를 힘껏 저음.
力走[りきそう] 역주; 힘껏 달림.
力投[りきとう] 역투; 힘껏 던짐.
力闘[りきとう] 역투; 힘껏 싸움.
力学[りきがく] 역학; 물체에 작용하는 힘에 관해 연구하는 학문.
力行[りっこう] 역행; 힘써 행함.
◑**強力**[きょうりょく], **権力**[けんりょく], **国力**[こくりょく], **能力**[のうりょく], **魅力**[みりょく], **兵力**[へいりょく]

歷(歴) 지날 력

音 ◉レキ
訓 —

音読

歴年[れきねん] 역년; ①세월을 거침. ②매년(毎年).
歴代[れきだい] 역대; 대대(代代).
歴覧[れきらん] 역람; 일일이 살핌.
歴歴[れきれき] ①신분이 높은 사람들. ②역력; 뚜렷함.
歴訪[れきほう] 역방; 차례로 방문함.
2 **歴史**[れきし] 역사; ①역사 기록. ②내력. 경력. ③역사학.
歴世[れきせい] 역세; 역대. 대대(代代).
歴巡[れきじゅん] 역순; 차례로 방문함.
歴然[れきぜん] 역연; 역력함. 뚜렷함.
歴遊[れきゆう] 역유; 여러 곳을 편한 마음으로 여행하며 돌아다님.
歴任[れきにん] 역임; 차례로 여러 가지 일에 임명됨.
歴戦[れきせん] 역전; 많은 싸움·시합에 나간 일이 있음.
歴程[れきてい] 역정; 지나온 과정.
歴朝[れきちょう] 역조; 역대 왕조.
歴青[れきせい] 역청; 콜타르·아스팔트

曆(暦) 달력 력

音 ◉レキ
訓 ◉こよみ

訓読

1 ◉**暦**[こよみ] 책력(冊曆). 달력. 일력(日曆). ¶~を繰(く)る 달력을 넘기다. ¶~の上(うえ)では 달력상으로는.

音読

暦年[れきねん] 역년; 달력상의 1년.
暦年齢[れきねんれい] 달력상의 나이. 생활연령.
暦法[れきほう] 역법; 책력을 만드는 법.
暦本[れきほん] 역본; 책력(冊曆).
暦象[れきしょう] 역상; ①천체의 운명. ②달력으로 천체의 운명을 추산함.

暦数[れきすう] 역수; ①천체의 운행을 측정하여 달력을 만드는 법. ②자연의 운명. ③연수(年数). 햇수.

暦日[れきじつ] 역일; ①세월의 흐름. ②달력. ③달력상의 하루.

暦学[れきがく] 역학; 책력에 관한 학문.

礫 조약돌 력	音 ⊗レキ 訓 —

音読

礫耕栽培[れきこうさいばい] 역경재배; 콘크리트 용기에 채소를 재배하는 법.

礫石[れきせき] 역석; 자갈. 잔돌.

礫岩[れきがん] 역암; 자갈이 진흙이나 모래에 섞여 굳어진 퇴적암.

礫土[れきど] 역토; 잔돌이 섞인 흙.

轢 차에치일 력	音 ⊗レキ 訓 ⊗ひく

訓読

2 ⊗**轢く**[ひく] 〈5他〉 (자동차 등으로 사람을) 치다. ¶ 列車(れっしゃ)に 轢(ひ)かれる 기차에 치이다.

轢き逃げ[ひきにげ] 뺑소니.

轢き逃げ犯[ひきにげはん] 뺑소니 범인.

轢き殺す[ひきころす] 〈5他〉 (자동차 등으로 사람을) 치어 죽이다.

音読

轢断[れきだん] 역단; (열차 등이) 몸뚱이를 갈아서 절단함.

轢死[れきし] 역사; 차에 치여 죽음.

轢殺[れきさつ] 역살; 차로 치어 죽임.

〔련〕

恋(戀) 그리워할/사모할 련
丶 亠 亣 亦 亦 亦 亦 恋 恋 恋

音 ◉レン
訓 ◉こいしい ◉こう ◉こい

訓読

◉**恋う**[こう] 〈5他〉 그리다. 그리워하다.

2 ◉**恋**[こい] (남녀간의) 사랑. 연애.

2 ◉**恋しい**[こいしい] 〈形〉 그립다.

恋しがる[こいしがる] 〈5自〉 그리워하다.

1 **恋する**[こいする] 〈サ変他〉 (남녀간에) 사랑하다.

恋歌[こいか/こいうた/れんか] 연가; 사랑의 노래.

恋女房[こいにょうぼう] 연애 결혼한 아내.

恋路[こいじ] 사랑의 길. 사랑.

恋(い)慕う[こいしたう] 〈5他〉 연모하다. 애타게 그리워하다.

恋文[こいぶみ] 연애 편지.

恋煩い[こいわずらい] 상사병(相思病).

恋死に[こいじに] 상사병으로 죽음.

恋心[こいごころ] 연심; 그리는 마음.

2 **恋人**[こいびと] 연인; 사랑하는 애인.

恋敵[こいがたき] 연적; 라이벌.

恋仲[こいなか] 사랑하는 사이.

恋妻[こいづま] 연애 결혼한 아내.

恋(い)焦がれる[こいこがれる] 〈下1自〉 그리워 애태우다. 애타게 그리워하다.

恋風[こいかぜ] 연정(恋情).

音読

恋慕[れんぼ] 연모; 사랑하여 그리워함.

1 **恋愛**[れんあい] 연애; 남녀 간의 그리워 사모하는 애정.

恋情[れんじょう] 연정; 연모하여 그리는 마음.

恋着[れんちゃく] 연착; 깊이 연모하여 잊지 못함.

連(連) 이을 련
一 𠂉 冂 百 百 亘 車 車 連 連

音 ◉レン
訓 ◉つらなる ◉つらねる ◉つれる

訓読

1 ◉**連なる**[つらなる] 〈5自〉 ①(한 줄로) 줄지어 있다. 늘어서 있다. ②이어지다. 관계되다. ③참석하다. ④(단체의) 일원이 되다.

連なり[つらなり] 줄지어(연이어) 있음.

1 ◉**連ねる**[つらねる] 〈下1他〉 ①늘어세우다. 늘어놓다. ②거느리다. 동행하다.

連ね[つらね] (歌舞伎(かぶき)에서) 배우가 늘어놓는 긴 대사.

3 ◉**連れる**[つれる] 〈下1他〉 동반하다. 데리다. 데리고 가(오)다. 〈下1自〉 ①따르다. ②…함에 따르다.

連れ❶[つれ] ①동행. 동반자. ②(能(のう)·狂言(きょうげん)에서) 조연자(助演者). ❷[づれ] (명사에 접속하여) ①동행. 동반. ②…따위. …같은 것.
連れ立つ[つれだつ] 〈5自〉 동행하다. 같이 가다.
連(れ)舞い[つれまい] 여럿이 함께 춤을 춤.
連れ小便[つれしょうべん] 덩달아 소변을 봄. 남을 따라 소변을 봄.
連れ込み[つれこみ] ①(사람을) 데리고 들어감. ②'連れ込み宿(つれこみやど)'의 준말.
連れ込み宿[つれこみやど] 러브 호텔.
連れ込む[つれこむ] 〈5他〉 데리고 들어가다. 달고 들어오다.
連れ子[つれこ] 의붓자식. 덤받이.
連れっ子[つれっこ] 의붓자식. 덤받이.
連(れ)節[つれぶし] 합창(合唱).
連れ衆[つれしゅう/つれしゅ] 일행(一行).
連れ添い[つれそい] ≪関西≫ 배우자.
連れ添う[つれそう] 〈5他〉 부부가 되다.
連れ出す[つれだす] 〈5他〉 데리고 나가다. 꾀어내다.
連れ弾き[つれびき] 거문고·三味線(しゃみせん) 등의 합주(合奏).
連れ合い[つれあい] ①동행인. 동반자. 일행. ②배우자. 배필.
連れ合う[つれあう] 〈5自〉 ①동행하다. 동반하다. ②부부가 되다.
連れ行く[つれゆく] 〈5他〉 연행하다. 데리고 가다. 이끌고 가다.

音読

連歌[れんが] 연가; 중세 일본 시가(詩歌)의 한 형태.
連結[れんけつ] 연결; 이어 맴.
連係[れんけい] 연계; 밀접한 관계를 가짐.
連繫[れんけい] ☞ 連係
連関[れんかん] 연관; ①관련. ②연쇄.
連句[れんく] 俳諧(はいかい)·連歌(れんが)의 구(句) 짓기.
連丘[れんきゅう] 연구; 연이어진 언덕.
連記[れんき] 연기; 나란히 적음.
連碁[れんご] 여러 사람이 함께 두는 바둑.
連年[れんねん] 연년; 매년.
[1]**連帯**[れんたい] 연대; 연합해서 책임을 짐.
連隊[れんたい] ≪軍≫ 연대.
連動[れんどう] 연동; 한 부분의 움직임에 따라 다른 부분도 함께 움직임.
連騰[れんとう] 연등; 물가가 계속 오름.
[3]**連絡**[れんらく] 연락; ①서로 이어짐. ②통보.
連連と[れんれんと] 빈틈없이.
連累[れんるい] 연루; 남의 범죄에 관련됨.
連類[れんるい] 연류; 한패. 동배.
連理[れんり] 연리; ①서로 뿌리가 다른 나뭇가지가 맞닿아서 결이 통한 가지. ②화목한 부부·남녀 사이.
連立[れんりつ] 연립; 여럿이 어울려 섬.
[1]**連盟**[れんめい] 연맹; 동맹.
連綿と[れんめんと] 빈틈없이.
連名[れんめい] 연명; 여러 사람이 이름을 한 곳에 죽 잇대어 씀.
連袂[れんべい] 연메; 여럿이 행동을 함께 함.
連発[れんぱつ] 연발; ①잇달아 일어남. ②연이어 발사함.
[1]**連邦**[れんぽう] 연방; 연합 국가.
連峰[れんぽう] 연봉; 죽 연달아 이어져 있는 산봉우리.
[2]**連想**[れんそう] 연상; 한 관념으로 인해 관련되는 다른 관념을 생각하는 현상.
連署[れんしょ] 연서; 여럿이 연이어 서명함.
[2]**連続**[れんぞく] 연속; 이어짐. 이음.
連鎖[れんさ] 연쇄; ①사물이 연이어져 있음. ②연관.
連勝[れんしょう] 연승; 잇달아 승리함.
連夜[れんや] 연야; 매일 밤.
連語[れんご] 연어; 2개 이상의 단어가 결합하여 한 관념을 나타내나, 문장을 이루지 못한 것.
連用[れんよう] 연용; 계속해서 사용함.
連吟[れんぎん] 연음; 謡曲(ようきょく)의 일부분을 여럿이 소리를 맞추어 읊음.
[1]**連日**[れんじつ] 연일; 매일. 날마다.
連子[れんじ] 창살.
連子窓[れんじまど] 살창.
連子鯛[れんこだい] ≪魚≫ 황돔.
連作[れんさく] 연작; ①농사 이어짓기. ②여러 작가가 릴레이식으로 말아 씀. ③한 작가가 같은 주제로 지은 일련의 短歌(たんか)·俳句(はいく).
連載[れんさい] 연재; 신문·잡지에 연이어 실음.
連戦[れんせん] 연전; 잇따라 싸움.
連接[れんせつ] 연접; 이어 맞닿음.
連座[れんざ] 연좌; ①한 자리에 잇달아 앉음. ②남의 죄에 말려들어 처벌됨.
連珠[れんじゅ] 연주; ①꿴 구슬. ②(바둑의) 오목(五目).

連奏[れんそう] 연주; 여럿이 함께 연주함.
[1]連中[れんじゅう/れんちゅう] 한패. 일당.
連体詞[れんたいし] ≪語学≫ 연체사.
連体形[れんたいけい] ≪語学≫ 연체형.
連打[れんだ] 연타; 연속적으로 침.
連濁[れんだく] ≪語学≫ 연탁.
連弾[れんだん] 연탄; 하나의 악기를 두 사람이 동시에 연주함.
連破[れんぱ] 연파; 상대를 연이어 이김.
連判[れんぱん] 연판; 연명(連名)으로 도장을 찍음.
連敗[れんぱい] 연패; 연달아 패배함.
連覇[れんぱ] 연패; 잇달아 이김.
[2]連合[れんごう] 연합; 두 가지 이상이 합침.
連行[れんこう] 연행; (범인 등을) 데리고 감.
連呼[れんこ] 연호; 되풀이해서 부름.
連環[れんかん] 연환; 쇠사슬.
[1]連休[れんきゅう] 연휴; 휴일이 이틀 이상 겹침.
連携[れんけい] 연휴; 제휴(提携).

練(練) 익힐 련

糹 糹 糹 糹 糹 絧 綞 練 練 練

音 ◉レン
訓 ◉ねれる ◉ねる

訓読

◉練れる[ねれる] 〈下1自〉 ①(인품이) 원만해지다. 원숙해지다. ②잘 반죽한 상태가 되다.
練れ物[ねれもの] 노련한 사람.
[1]◉練る[ねる] 〈5他〉 ①(실을) 누이다. ②반죽하다. 개다. ③(가죽을) 무두질하다. ④(쇠붙이를) 불리다. 벼리다. ⑤단련하다. 연마하다. 다듬다. 〈5自〉 줄지어 천천히 행진하다.
練り[ねり] ①반죽. 이김. ②누임질한 명주. ③(금속을) 단련함. 연마함.
練(り)絹[ねりぎぬ] 누임질한 명주.
練り固める[ねりかためる] 〈下1他〉 단단하게 반죽하다.
練(り)供養[ねりくよう] 불교 법회의 한 가지.
練(り)菓子[ねりがし] 양갱 종류의 과자.
練(り)貫[ねりぬき] 생사를 날실로, 숙사(熟糸)를 씨실로 짠 명주.
練馬大根[ねりまだいこん] ① ≪植≫ 네리마무. ②여자의 굵은 다리.
練(り)物[ねりもの] ①반죽해서 굳힌 것. ②인조 보석. ③(축제 때의) 가장(仮装) 행렬.
練(り)白粉[ねりおしろい] 크림 모양의 물분.
練(り)塀[ねりべい] 찰흙과 기왓장으로 쌓고 그 위를 기와로 인 토담.
練り歩く[ねりあるく] 〈5自〉 줄지어 천천히 행진하다.
練(り)糸[ねりいと] 숙사(熟糸). 누임질한 명주.
練り上げる[ねりあげる] 〈下1他〉 ①잘 반죽하다. ②(문장・계획을) 여러 번 다듬어 완성하다.
練(り)色[ねりいろ] (염색의) 엷은 노란색을 띤 흰색.
練(り)薬[ねりぐすり] 연고(軟膏).
練(り)羊羹[ねりようかん] 양갱.
練(り)踊り[ねりおどり] 줄지어 춤추며 감.
練(り)牛[ねりうし] 걸음이 느린 소.
練(り)雲丹[ねりうに] 성게알젓.
練(り)餌[ねりえ] ①(낚시의) 떡밥. ②새 먹이.
練り込む[ねりこむ] 〈5他〉 이겨서 넣다.
練(り)切り[ねりきり] 목형(木型)으로 눌러 만든 생과자.
練(り)製[ねりせい] 반죽하여 만듦.
練(り)製品[ねりせいひん] 생선살을 으깨어 만든 식품.
練(り)直し[ねりなおし] ①다시 반죽함. ②다시 검토함.
練り直す[ねりなおす] 〈5他〉 ①다시 반죽하다. ②다시 검토하다. 다시 다듬다.
練(り)歯磨き[ねりはみがき] 크림 치약.
練(り)布[ねりぬの] 누임질한 천.
練り合わせる[ねりあわせる] 〈下1他〉 여러 가지 것을 섞어 반죽하다.
練(り)香[ねりこう] 향료 가루를 꿀로 개어 굳힌 향.
練(り)革[ねりかわ] 묽은 아교를 물에 담가 두들겨 굳힌 가죽.

音読

練達[れんたつ] 연달; 숙달.
練磨[れんま] 연마; 여러 번 갈고 닦음.
練武[れんぶ] 연무; 무술 단련.
練兵[れんぺい] 연병; 군사 훈련.
練成[れんせい] 연성; 단련 육성함.
練熟[れんじゅく] 연숙; 숙련.
[4]練習[れんしゅう] 연습; 반복하여 연마하며 익힘.

練乳[れんにゅう] 연유; 설탕을 넣어 수분을 증발시켜 진하게 만든 우유.
練炭[れんたん] 연탄; 석탄으로 만든 탄.
練行[れんぎょう] 연행; 불도(仏道)의 수행을 쌓음.

鍊(錬) 단련할 련
𠂉 ⺈ 金 金 釒 釘 鈩 鋉 鋉 鍊

音 ◉レン
訓 ⊗ねる

訓読
⊗**錬る**[ねる] 〈5他〉 (쇠붙이를) 벼리다. 불리다. ¶刀(かたな)を~ 칼을 벼리다.

音読
錬金術[れんきんじゅつ] 연금술; 비금속을 금·은·동으로 변화시키는 기술.
錬磨[れんま] 연마; (몸·마음·기술 등을) 갈고 닦음.
錬成[れんせい] 연성; (몸·마음·기술 등을) 단련하여 육성함.
錬鉄[れんてつ] 연철; ①잘 단련된 쇠. ②탄소가 함유되어 있지 않은 쇠

煉×(煉) 쇠달굴 련	音 ⊗レン 訓 ⊗ねる

訓読
⊗**煉る**[ねる] 〈5他〉 개다. 반죽하다. 이기다.
煉り[ねり] (금속을) 단련함. 연마함.
煉り固める[ねりかためる] 〈下1他〉 단단하게 반죽하다.
煉(り)菓子[ねりがし] 양갱 종류의 과자.
煉(り)白粉[ねりおしろい] 크림 모양의 물분.
煉(り)塀[ねりべい] 찰흙과 기왓장으로 쌓고 그 위를 기와로 인 토담.
煉(り)薬[ねりぐすり] 연고(軟膏).
煉(り)羊羹[ねりようかん] 양갱.
煉(り)雲丹[ねりうに] 성게알젓.
煉(り)餌[ねりえ] ①(낚시의) 떡밥. ②새 먹이.
煉(り)切り[ねりきり] 목형(木型)으로 눌러 만든 생과자.
煉(り)製[ねりせい] 반죽하여 만듦.
煉(り)製品[ねりせいひん] 생선살을 으깨어 만든 식품.
煉(り)歯磨き[ねりはみがき] 크림 치약.
煉り合わせる[ねりあわせる] 〈下1他〉 여러 가지 것을 섞어 반죽하다.
煉(り)香[ねりこう] 향료 가루를 꿀로 개어 굳힌 향.
煉(り)革[ねりかわ] 묽은 아교를 물에 담가 두들겨 굳힌 가죽.
煉(り)紅[ねりべに] 고약처럼 된 연지.

音読
煉丹[れんたん] 연단; ①옛날 중국에서 단사(丹砂)로 황금이나 불사약을 만들었다는 연금술. ②연고(軟膏). ③기(気)를 아랫배 단전(丹田)에 모으는 심신 수련법.
煉獄[れんごく] (가톨릭에서) 연옥.
2**煉瓦**[れんが] 연와; 벽돌.
煉乳[れんにゅう] 연유; 설탕을 넣어 수분을 증발시켜 진하게 만든 우유.
煉炭[れんたん] 연탄; 석탄으로 만든 탄.

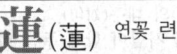

蓮(蓮) 연꽃 련	音 ⊗レン 訓 ⊗はす

訓読
⊗**蓮**[はす] ≪植≫ 연. 연꽃.
蓮の台[はすのうてな] ≪仏≫ 연화대(蓮花台).
蓮糸[はすいと] 연사; 연줄기의 섬유로 만든 실.
蓮葉[はすは] ☞ 蓮っ葉
蓮っ葉[はすっぱ] ≪俗≫ (여자의) 언동이 경박하고 천함. 품행이 단정치 못한 여자.
蓮池[はすいけ] 연못. 연을 심은 못.

音読
蓮根[れんこん] 연근; 연뿌리.
蓮台[れんだい] 연대; 불상(仏像)이 안치되는 연꽃 모양의 대좌(台座).
蓮歩[れんぽ] 연보; 미인의 걸음걸이.
蓮華[れんげ] 연화; ①연꽃. ②요리에 사용하는 사기 숟가락. ③≪植≫ 자운영.
蓮華草[れんげそう] ≪植≫ '자운영'의 다른 이름.

憐 불쌍히여길 련	音 ⊗レン 訓 ⊗あわれむ

訓読
⊗**憐れむ**[あわれむ] 〈5他〉 ①불쌍히 여기다. 동정하다. ②애틋해하다. 귀여워하다. ③애달파하다. 정취를 느끼다.
憐れ[あわれ] 불쌍함. 애처로움. 딱함. 가련함.
憐れみ[あわれみ] 동정심. 가엾은 생각. 연민. 측은한 생각.

音読

憐憫[れんびん] 연민; 불쌍하고 가련함.
憐情[れんじょう] 연정; 연민의 정.
憐察[れんさつ] 연찰; 불쌍히 여겨 동정함.

聯 나란히할 련	音 ⊗レン 訓 —

音読

聯[れん] 연; ①주련판(柱聯板). 벽이나 기둥 등의 좌우에 걸어 장식하는 서화판. ②(漢詩에서) 율시(律詩)의 대구(対句).
聯繋[れんけい] 연계; 밀접한 관계를 가짐.
聯関[れんかん] 연관; ①관련. ②연쇄.
聯句[れんく] ①(漢詩에서) 여럿이 한두 구(句)씩 지어 한 편의 장시(長詩)로 만드는 시. ②율시(律詩)의 대구(対句).
聯碁[れんご] 여러 사람이 함께 두는 바둑.
聯帯[れんたい] 연대; 연합해서 책임을 짐.
聯隊[れんたい] ≪軍≫ 연대.
聯動[れんどう] 연동; 한 부분의 움직임에 따라 다른 부분도 함께 움직임.
聯絡[れんらく] 연락; ①서로 이어짐. ②통보.
聯立[れんりつ] 연립; 여럿이 어울려 섬.
聯盟[れんめい] 연맹; 동맹.
聯邦[れんぽう] 연방; 연합 국가.
聯想[れんそう] 연상; 한 관념으로 인해 관련되는 다른 관념을 생각하는 현상.
聯詩[れんし] 연시; 여럿이 한 구(句)씩 지어 한 편의 한시(漢詩)를 완성한 것.
聯装砲[れんそうほう] 연장포; 하나의 포탑(砲塔)·포가(砲架)에 2문 이상의 포를 장비한 포.
聯珠[れんじゅ] 연주; ①꿴 구슬. ②(바둑의) 오목(五目).
聯奏[れんそう] 연주; 여럿이 함께 연주함.
聯弾[れんだん] 연탄; 하나의 악기를 두 사람이 동시에 연주함.
聯合[れんごう] 연합; 두 가지 이상이 합침.

〔렬〕

劣 뒤떨어질 렬
丨 小 小 少 劣 劣

音 ◉レツ
訓 ◉おとる

訓読

[2]◉劣る[おとる] 〈5自〉 (다른 것에 비해 가치·능력·수량 등이) 뒤떨어지다. 미치지 못하다. 뒤지다.

音読

劣等[れっとう] 열등; 낮은 등급.
劣性[れっせい] 열성; 멘델 법칙에 따라 잡종 제1대에는 나타나지 않는 형질.
劣勢[れっせい] 열세; 세력이 뒤짐.
劣悪[れつあく] 열악; 몹시 질이 낮음.
劣弱[れつじゃく] 열약; 몹시 뒤지고 약함.
劣位[れつい] 열위; 뒤지는 위치.
劣情[れつじょう] 열정; 추잡한 성욕(性慾).
劣敗[れっぱい] 열패; 열등한 것이 패함.
劣化[れっか] 열화; 품질이 떨어짐.
劣後[れつご] 열후; 다른 것에 뒤떨어짐.

列 벌일/줄/반열/펼 렬
一 ア 歹 歹 列 列

音 ◉レツ
訓 ⊗つらなる ⊗つらねる

訓読

⊗列なる[つらなる] 〈5自〉 ①(한 줄로) 줄지어 있다. 늘어서 있다. ②이어지다. 관계되다. ③참석하다. ④(단체의) 일원이 되다.
列なり[つらなり] 줄지어(연이어) 있음.
⊗列ねる[つらねる] 〈下1他〉 ①늘어 세우다. 늘어놓다. ②거느리다. 동행하다.

音読

[2]列[れつ] 열; ①줄. 행렬. ②등급. 서열. 축.
列する[れっする] 〈サ変自〉 ①참석하다. 출석하다. ②(축에) 끼다. 〈サ変他〉 늘어놓다.
列強[れっきょう] 열강; 여러 강국.
列挙[れっきょ] 열거; 하나씩 들어 말하거나 기록함.
列国[れっこく] 열국; 여러 나라.
列記[れっき] 열기; 나열하여 기록함.
列代[れつだい] 열대; 역대(歴代). 대대(代代).
[2]列島[れっとう] 열도; 줄지은 모양으로 죽 늘어선 여러 개의 섬.
列藩[れつばん] 강대한 藩(ばん).
列席[れっせき] 열석; 다른 사람과 함께 출석함.
列聖[れっせい] 열성; 역대의 임금.
列世[れっせい] 열세; 역대. 대대(代代).

列伍[れつご] 열오; 대오(隊伍).
列伝[れつでん] 열전; 여러 사람의 전기(伝記)를 열거한 것.
列座[れつざ] 열좌; 그 자리에 죽 벌이어 앉음.
2列車[れっしゃ] 열차; 기차.
列火[れっか] 불화변. *한자(漢字) 부수의 하나로 '熱·蒸' 등의 '灬' 부분을 말함.
列侯[れっこう] 열후; 제후(諸侯).

烈 세찰 렬

一 厂 万 歹 歹 列 列 列 烈 烈

音 ◉レツ
訓 ⊗はげしい

訓読

⊗烈しい[はげしい] 〈形〉 ①심하다. 격심하다. ②격렬하다. 아주 세차다.

音読

烈女[れつじょ] 열녀; 절개가 곧은 여자.
烈烈[れつれつ] 열렬; 매우 강렬함.
烈婦[れっぷ] 열부; 열녀(烈女).
烈士[れっし] 열사; 절개가 굳은 사람. 신념과 절개를 굳게 지키는 사람.
烈日[れつじつ] 열일; 뜨거운 태양빛.
烈震[れっしん] 열진; 진도 6의 지진.
烈風[れっぷう] 열풍; 강풍(強風). 풍속 15~29미터의 바람.
烈火[れっか] 열화; 세차게 타는 불.

裂 찢을 렬

一 厂 万 歹 列 列 列 裂 裂 裂

音 ◉レツ
訓 ◉さく ◉さける ⊗きれ

訓読

2◉裂く[さく] 〈5他〉 ①(한 장의 종이나 천을 무리하게) 찢다. ②쪼개다. 빠개다. ③(친밀한 사람과의 사이를) 이간시키다. 떼어 놓다. ④가르다. ⑤(시간·돈·공간 등의 일부를) 할애하다.
1◉裂ける[さける] 〈下1自〉 찢어지다. 터지다. 갈라지다.
裂け目[さけめ] ①갈라진 곳. 터진 곳. ②금. 균열.
⊗裂れ[きれ] ①자투리. 천 조각. ②옷감. 직물. 헝겊.
裂れ地[きれじ] ①옷감. ②천 조각. 자투리. 헝겊.
裂れ痔[きれじ] 항문(肛門) 열상(裂傷).

音読

裂帛[れっぱく] 열백; 비단을 찢는 것처럼 목소리가 높고 날카로움.
裂傷[れっしょう] 열상; 피부가 찢어진 상처.

捩 ×(捩) 비틀 렬

音 ⊗レツ ⊗レイ
訓 ⊗ねじる ⊗ねじれる

訓読

2⊗捩(じ)る[ねじる] 〈5他〉 ①비틀다. 비꼬다. 뒤틀다. ②비틀어 돌리다. 틀다.
1⊗捩(じ)れる[ねじれる] 〈下1自〉 ①비틀어지다. 뒤틀리다. 꼬이다. ②(심성이) 비뚤어지다.
捩(じ)くれる[ねじくれる] 〈下1自〉 ①비틀어지다. 꼬부라지다. ②(심성이) 비뚤어지다.
捩(じ)れ[ねじれ] 비틂. 뒤틀림. 꼬임.
捩じ開ける[ねじあける] 〈下1他〉 비틀어 열다.
捩じ曲げる[ねじまげる] 〈下1他〉 ①비틀어 구부리다. ②곡해하다. 왜곡하다.
捩じ倒す[ねじたおす] 〈5他〉 비틀어 넘어뜨리다. 비틀어 엎어누르다.
捩(じ)鉢巻(き)[ねじはちまき/ねじりはちまき] 수건을 비틀어서 이마에 맨 머리띠.
捩(じ)伏せる[ねじふせる] 〈下1他〉 상대의 팔을 비틀어 덮쳐누르다.
捩(じ)り棒[ねじりぼう] 꽈배기밥풀과자.
捩じ上げる[ねじあげる] 〈下1他〉 비틀어 올리다.
捩(じ)り飴[ねじりあめ] 꽈배기엿.
捩じ込む[ねじこむ] 〈5他〉 ①비틀어 넣다. 비틀어 박다. ②억지로 쑤셔넣다. 비집고 넣다. 〈5自〉 항의하다. 따지고 덤비다.
捩子[ねじ] ①나사. ②(시계 등의) 태엽을 감는 기계.
捩じ切る[ねじきる] 〈5他〉 비틀어 끊다.
捩菖蒲[ねじあやめ] ≪植≫ 다래붓꽃.
捩じ取る[ねじとる] 〈5他〉 (팔을) 비틀고 억지로 빼앗다.
捩(じ)合い[ねじあい] 격투. 맞붙음.
捩じ合う[ねじあう] 〈5自〉 ①격투하다. 맞붙다. ②맞비틀어지다. 맞죄어지다.
捩じ向く[ねじむく] 〈5自〉 몸을 비틀어 그쪽을 향하다.

捩じ向ける[ねじむける] 〈下1他〉 비틀어서 그쪽으로 방향을 돌리다.
捩花[ねじばな] ≪植≫ 타래난초.

〔렴〕

廉(廉) 청렴할/값쌀 렴

亠 广 产 庐 庠 庠 庳 廉 廉 廉

音 ◉レン
訓 ⊗やすい

訓読
⊗廉い[やすい] 〈形〉 (값이) 싸다.

音読
廉[れん] ①마음이 깨끗하고 욕심이 없음. ②값이 쌈.
廉価[れんか] 염가; 싼값. 헐값.
廉潔[れんけつ] 염결; 청렴결백. 마음이 맑고 욕심이 없고 행동이 올바름.
廉売[れんばい] 염매; 염가 판매.
廉直[れんちょく] 염직; 결백하고 정직함.
廉恥[れんち] 염치; 청렴하고 깨끗하고 부끄러움을 아는 것.

簾ˣ**(簾)** 발 렴 | 音 ⊗レン | 訓 ⊗すだれ

訓読
⊗簾[すだれ] 발. 문발. ¶ ~をかける 발을 치다. ¶ ~を上(あ)げる 발을 올리다.

音読
簾台[れんだい] 염대; ①실내에 한 단 높게 하고 앞에 친 발. ②결혼식 때 장식용 칸막이.
簾中[れんちゅう] 염중; ①발을 친 안쪽. ②귀인의 부인에 대한 존경어. 마님.

〔렵〕

猟(獵) 사냥할 렵

ノ 犭 犭 犭 犭' 犭'' 犭''' 犭⺍ 猟 猟

音 ◉リョウ
訓 —

音読
猟[りょう] ①수렵. 사냥. ②사냥감.
猟犬[りょうけん/かりいぬ] 엽견; 사냥개.
猟官[りょうかん] 엽관; 관직을 얻으려고 다툼.
猟具[りょうぐ] 엽구; 사냥 도구.
猟奇[りょうき] 엽기; 괴이한 것에 흥미가 생겨 쫓아다님.
猟期[りょうき] 엽기; 사냥철. 수렵기.
猟師[りょうし] 엽사; 사냥꾼.
猟色[りょうしょく] 엽색; 여색(女色)을 탐함.
猟船[りょうせん] 엽선; 고기잡이배.
猟人[★かりゅうど/かりうど] 사냥꾼.
猟場[りょうば] 엽장; 사냥터.
猟銃[りょうじゅう] 엽총; 사냥총.

〔령〕

令 명령할 령

ノ 人 亼 今 令

音 ◉レイ ⊗リョウ
訓 —

音読
令[れい] 영; 명령. 분부.
令する[れいする] 〈サ変他〉 ①분부하다. ②명령하다.
令閨[れいけい] 영규; 영부인(令夫人).
令達[れいたつ] 영달; 명령을 전달함.
令妹[れいまい] 영매; 남의 누이동생의 높임말.
令名[れいめい] 영명; 명성(名声).
令夫人[れいふじん] 영부인; 남의 부인의 높임말.
令色[れいしょく] 영색; 아첨하는 표정.
令書[れいしょ] 영서; 행정 처분을 하기 위한 명령 서류.
令婿[れいせい] 영서; 남의 사위의 높임말.
令孫[れいそん] 영손; 남의 손자의 높임말.
令息[れいそく] 영식; 남의 아들의 높임말.
令室[れいしつ] 영실; 남의 부인의 높임말.
令嬢[れいじょう] 영양; 남의 딸의 높임말.
令姉[れいし] 영자; 남의 누이의 높임말.
令状[れいじょう] 영장; 법원의 명령서.
令弟[れいてい] 영제; 남의 동생의 높임말.
令旨[れいし/りょうじ] 영지; 황족(皇族)의 명령을 기록한 문서.
令兄[れいけい] 영형; 남의 형의 높임말.

鈴 방울 령

亼 亼 牟 金 金 鈐 鈴 鈴 鈴 鈴

音 ◉リン ◉レイ
訓 ◉すず

訓読

◉鈴❶[すず] 방울. ❷[りん] ☞ [音読]
鈴掛け[すずかけ] 가사(袈裟).
鈴掛けの木[すずかけのき] ≪植≫ 플라타너스.
鈴蘭[すずらん] ≪植≫ 은방울꽃.
鈴蘭灯[すずらんとう] 은방울꽃 모양의 장식용 가로등.
鈴生り[すずなり] ①(과일 등이) 주렁주렁 열림. ②(사람이) 꽉 참. 잔뜩 매달려 있음. 몰려듦.
鈴鴨[すずがも] ≪鳥≫ 검은머리흰죽지.
鈴柴胡[すずさいこ] ≪植≫ 산해박.
鈴虫[すずむし] ≪虫≫ 방울벌레.
鈴虫草[すずむしそう] ≪植≫ 나리난초.
鈴虫花[すずむしばな] ≪植≫ 방울꽃.

音読

鈴❶[りん] ①방울. ②초인종. 벨. ③≪仏≫ 독경 때 치는 주발 모양의 불구(仏具). ❷[すず] ☞ [訓読]
◑銀鈴[ぎんれい]

零 떨어질/영 령

一 雨 雨 雨 雨 零 零 零 零 零

音 ◉レイ
訓 ⊗こぼす ⊗こぼれる

訓読

2⊗零す[こぼす] 〈5他〉 ①엎지르다. 흘리다. ②(눈물을) 흘리다. ③(그릇을 기울여) 따르다. ④투덜대다. 불평하다.
零し[こぼし] ①엎지름. 흘림. ②(茶道에서) 찻잔을 씻은 물을 담는 그릇.
2⊗零れる[こぼれる] 〈下1自〉 ①넘쳐 흘러내리다. 넘치다. ②넘쳐 떨어지다. ③(밖으로) 비어져 나오다. 새어 나오다. ④흩어져 떨어지다. ⑤(매력이) 넘칠 듯이 나타나다. 넘치다.
零れ[こぼれ] ①넘쳐 흐름. ②새어 나옴. ③떨어져 흩어짐.
零れ落ちる[こぼれおちる] 〈上1自〉 ①넘쳐 떨어지다. 흩어져 떨어지다. ②누락되다. ③넘칠 듯이 나타나다.
零れ種[こぼれだね] ①저절로 땅에 떨어진 씨앗. ②사생아. 서자(庶子).
零れ幸い[こぼれざいわい] 뜻밖의 행운.
零れ話[こぼればなし] 여담. 에피소드.

音読

4零[れい] 영; 제로. 0.
零度[れいど] 영도; 도수(度数)를 계산할 때의 기점(起点).
零落[れいらく] 영락; 몰락함.
零露[れいろ] 영로; 방울져 떨어지는 이슬.
零墨[れいぼく] 영묵; (붓으로 쓴) 문서 등의 단편. 부분적으로 남겨진 선인(先人)의 필적.
零細[れいさい] 영세; 규모가 작음.
零時[れいじ] 영시; 밤 12시.
零雨[れいう] 영우; 조용히 내리는 비.
2零点[れいてん] 영점; ①빵점. ②빙점(氷点).
零敗[れいはい] 영패; ①시합에서 득점이 없이 패함. ②시합에서 진 횟수가 없음. 무패(無敗).
零下[れいか] 영하; 빙점하(氷点下).

領 거느릴 령

𠆢 亽 今 令 令 䌛 領 領 領 領

音 ◉リョウ
訓 —

音読

2領[りょう] ①영토(領土). 영역(領域). 영지(領地). ②(갑옷을 세는 단위) …벌.
領する[りょうする] 〈サ変他〉 ①자기의 영토로 삼다. 차지하다. 소유하다. ②영수하다. 받다. ③납득하다. 승낙하다.
領空[りょうくう] 영공; 영토(領土)와 영해(領海) 위의 하늘.
領国[りょうごく] (제후의) 영지・영토.
領内[りょうない] 영내; 영역 내.
領導[りょうどう] 영도; 통솔하여 인도함.
領分[りょうぶん] 영분; ①영토. 영지. ②영역. 세력 범위.
2領事[りょうじ] 영사; 외국에 주재하는 자국민의 보호를 담당하는 관직.
領事館[りょうじかん] 영사관.
2領収[りょうしゅう] 영수; 받아들임.
2領収書[りょうしゅうしょ] 영수증.
領袖[りょうしゅう] 영수; 우두머리.
領承[りょうしょう] 승낙. 납득. 이해.
1領域[りょういき] 영역; ①세력 범위. 전문 분야. ②주권이 행사되는 범위.

領有[りょうゆう] 영유; 소유.
領掌[りょうしょう] 승낙. 들어 줌.
領主[りょうしゅ] 영주; ①영지(領地)·장원(荘園)의 소유주. ②(江戸(えど) 시대에) 성(城)을 갖지 않은 大名(だいみょう)·小名(しょうみょう).
[1]**領地**[りょうち] 영지; 영토(領土).
領置[りょうち] ≪法≫ 영치.
[1]**領土**[りょうど] 영토; 영지(領地).
[1]**領海**[りょうかい] 영해; 영역 내의 바다.
領解[りょうかい] 납득. 양해. 승낙.

霊(靈) 신령 령

音 ◉レイ ◉リョウ
訓 ◉たま

訓読

◉**霊**❶[たま] 혼. 영혼. ❷[れい] ☞ [音読]
霊代[たましろ] 혼백(魂帛). 신주. 위패(位牌).
霊送り[たまおくり] ≪仏≫ 우란분재(盂蘭盆斎)의 마지막에 송신(送神)·혼령을 배웅하는 일.
霊迎え[たまむかえ] ≪仏≫ 우란분재(盂蘭盆斎)의 처음에 조상의 영혼을 맞이하는 일.
霊屋[たまや] ①영안실. ②사당(祠堂).
霊祭(り)[たままつり] 우란분재(盂蘭盆斎). 백중날 지내는 조상의 제사.

音読

霊❶[れい] ①혼. 정신. ②신비적인 현상·존재. 신성(神性). 정기(精気). ❷[たま] ☞ [訓読]
霊感[れいかん] 영감; 신불(神仏)의 영묘한 감응(感応). 신불(神仏)의 계시를 받은 느낌.
霊界[れいかい] 영계; ①영의 세계. ②정신세계.
霊柩車[れいきゅうしゃ] 영구차.
霊気[れいき] 영기; 영묘한 기운.
霊徳[れいとく] 영덕; 높은 덕.
霊力[れいりょく] 영력; 영묘한 힘.
霊媒[れいばい] 영매; 영(霊)과 의사 소통을 하게 하는 매개체.
霊木[れいぼく] 영목; 귀신이 깃드는 나무.
霊夢[れいむ] 영몽; 신(神)이 나타난 영묘한 꿈.
霊妙[れいみょう] 영묘; 불가사의함. 신비스럽고 기묘함.
霊廟[れいびょう] 영묘; 사당(祠堂).
霊宝[れいほう] 영보; 신성한 보물.
霊峰[れいほう] 영봉; 신성한 산.
霊山[れいざん] 영산; 신성한 산.
霊獣[れいじゅう] 영수; 상서로운 짐승.
霊室[れいしつ] 영실; 신불(神仏)이나 선조의 위패를 둔 방.
霊安室[れいあんしつ] 영안실; 시체실.
霊液[れいえき] 영액; ①신통한 효력이 있는 액. ②'つゆ(이슬)'의 딴 이름.
霊薬[れいやく] 영약; 신통한 효력이 있는 약.
霊域[れいいき] 영역; 신성한 지역.
霊園[れいえん] 공동 묘지.
霊位[れいい] 영위; 위패(位牌).
霊威[れいい] 영위; 신령한 위력.
霊肉[れいにく] 영육; 정신과 육체.
霊異[れいい] 영이; 불가사의. 영묘함.
霊長[れいちょう] 영장; 불가사의한 힘을 가진 우두머리. 곧 인간.
霊長類[れいちょうるい] 영장류; 사람. 인간.
霊場[れいじょう] 영장; 신성한 장소.
霊的[れいてき] 영적; 정신이나 신성(神性)에 관계가 있는 것.
霊殿[れいでん] 영전; 신불(神仏)이 있는 건물.
霊鳥[れいちょう] 영조; 신비스런 새.
霊地[れいち] 영지; 신성한 땅.
霊芝[れいし] ≪植≫ 영지.
霊知[れいち] 영지; 영묘한 지혜.
霊草[れいそう] 영초; 신비한 약초.
霊験[れいげん] 영험; 신불(神仏)이 나타내는 불가사의한 감응(感応)이나 이익.
霊魂[れいこん] 영혼; 넋. 정신.
霊活[れいかつ] 영활; 마음·정신이 기민하게 활동함.
◑**死霊**[しりょう], **生き霊**[いきりょう]

齢(齡) 나이 령

音 ◉レイ
訓 ⊗よわい

訓読

⊗**齢**[よわい] ≪雅≫ 나이. 연령.

音読

◑**年齢**[ねんれい], **老齢**[ろうれい]

嶺 산고개/봉우리 령 | 音 ⊗レイ 訓 ⊗みね

訓読

⊗**嶺**[みね] ①봉우리. ②봉우리처럼 볼록한 부분. ③칼등. ¶~を食(く)わす 칼등으로 치다.

嶺続き[みねつづき] 봉우리가 연이어짐.

音読

◑**分水嶺**[ぶんすいれい]

례

礼(禮) 예도/예절 례

丶 ナ ネ ネ 礼

音 ◉ライ ◉レイ

訓 —

音読

[2]**礼**[れい] 예; ①예의. ②경례. 인사. ③감사의 말. ④답례. 사례.

礼する[れいする] 〈サ変自〉 경의·사의를 표하다. 〈サ変他〉 공손히 대접하다.

礼金[れいきん] 사례금.

礼帽[れいぼう] 예모; 정장용의 모자.

礼物[れいもつ] 예물; 사례품.

礼返し[れいがえし] 답례(荅礼).

礼拝❶[れいはい] (기독교의) 예배. ❷[らいはい] ①경배. 숭상. ②(불교의) 예배.

礼法[れいほう] 예법; 예절.

礼服❶[れいふく] 예복; 예식 때 입는 옷. ❷[らいふく] 옛날 조하례(朝賀礼) 및 즉위식 때 5품 이상의 관리가 입는 정식 복장.

礼式[れいしき] 예식; ①예법. ②예물. 사례품.

礼楽[れいがく] 예악; ①예의와 음악. ②문화(文化).

[2]**礼儀**[れいぎ] 예의; 예절과 몸가짐.

礼儀作法[れいぎさほう] 예의범절.

礼者[れいしゃ] (설날에) 세배 다니는 사람.

礼状[れいじょう] 감사의 편지.

礼装[れいそう] 예식 복장. 예복(礼服).

礼典[れいてん] 예전; ①예법. ②예법에 관한 책.

礼節[れいせつ] 예절; 예의.

礼奏[れいそう] 예주; 연주회 때 재청에 답해서 하는 연주.

礼紙[らいし] 예지; 편지·목록 등을 싸는 종이.

礼賛[らいさん] ①《仏》 예찬; 삼보(三宝)를 예배하고 그 공덕을 기림. ②칭송. 예찬.

礼参[らいさん] 《仏》 예참; 예배함.

礼参り[れいまいり] ①소원이 이루어져 그 답례로 참배함. ②사례 인사를 하기 위해 돌아다님.

礼砲[れいほう] 예포; 의식(儀式)에서 경의(敬意)를 표하기 위해 쏘는 공포(空砲).

礼回り[れいまわり] 사례 인사를 하기 위해 돌아다님.

例 견줄 례

ノ イ イ 仍 仍 伢 例 例

音 ◉レイ

訓 ◉たとえる ⊗ためし

訓読

◉**例える**[たとえる] 〈下1他〉 ①예로 들다. 비유하다. ②견주다. 비기다.

[1]**例え**[たとえ] ①비유(比喩). ②비슷한 예.

[2]**例えば**[たとえば] ①예를 들면. 이를테면. ②가령. 비록. 설령.

例え話[たとえばなし] 우화(寓話).

⊗**例**[ためし] ①선례(先例). 전례(前例). ②고사(故事). 사물의 본보기.

音読

[2]**例**❶[れい] 예; ①선례(先例). ②통례(通例). ③여느 때와 같음. ④보기. 범례. ⑤본보기. ❷[ためし] ☞ [訓読]

例規[れいき] 예규; 선례(先例)로 삼는 규칙.

例年[れいねん] 예년; 여느 해.

例文[れいぶん] 예문; ①예로 든 문장. ②계약서에 쓰여져 있는 조항.

例示[れいじ] 예시; 예로서 보임.

例言[れいげん] 예언; ①일러두기. ②예를 들어 설명함.

[2]**例外**[れいがい] 예외; 통례에서 벗어난 것.

例祭[れいさい] 神社(じんじゃ)나 神道(しんとう) 계통에서 지내는 시사(時祀).

例題[れいだい] 예제; 연습 문제.

例証[れいしょう] 예증; ①증거로 드는 예. ②예를 들어 증명함.

例解[れいかい] 예해; 예를 들어 풀이함.
例話[れいわ] 예화; 예로 든 이야기.
例会[れいかい] 예회; 정기적으로 여는 모임. 정례회(定例会).

隷 종 례

音 ◉レイ
訓 —

音読

隷農[れいのう] 예농; 농노(農奴).
隷書[れいしょ] 예서; 한자(漢字) 고서체(古書体)의 한 종류.
隷属[れいぞく] 예속; 딸려서 매임.
隷人[れいじん] 예인; 종. 노예.
隷従[れいじゅう] 예종; 예속. 딸려서 매임.
隷下[れいか] 예하; 휘하(麾下). 부하(部下).

老 늙을 로

一 十 土 耂 耂 老

音 ◉ロウ
訓 ◉ふける ◉おいる

訓読

1 ◉老ける[ふける] 〈下1自〉 (막연하게) 늙다. 나이를 먹다.
老け役[ふけやく] (연극・영화의) 노인역.
◉老いる[おいる] 〈上1自〉 ①(실제로) 늙다. 나이를 먹다. ②노쇠하다. ③낡아지다. 약해지다. ④계절이 다 되어 가다.
老い[おい] ①늙음. 노령. 노년. ②늙은이. 노인.
老いさらばえる[おいさらばえる] 〈下1自〉 늙어빠지다. 노쇠해지다.
老いぼれ[おいぼれ] ①노쇠. 늙어빠짐. ②늙은이. 늙은 것. ③늙다리.
老いぼれる[おいぼれる] 〈下1自〉 늙어빠지다. 노쇠해지다.
老いらく[おいらく] 늘그막. 노년(老年).
老楽[おいらく] 노후의 안락한 생활.
老い木[おいき] 노목; 고목(古木).
老い武者[おいむしゃ] 늙은 무사.
老いの僻み[おいのひがみ] 노인의 쓸데없는 곡해(曲解).
老いの僻耳[おいのひがみみ] 늙었다는 생각에서 오해하여 들음.
老いの病[おいのやまい] 노환(老患).
老い先[おいさき] 늙은이의 여생(余生).
老(い)松[おいまつ] 노송; 늙은 소나무.
老いの一徹[おいのいってつ] 늙은이의 옹고집.
老い込む[おいこむ] 〈5自〉 폭삭 늙다.
老いの繰(り)言[おいのくりごと] 똑같은 말을 계속하는 노인의 잔소리.
老いの寝覚め[おいのねざめ] 노인의 옅은 잠.
老いの波[おいのなみ] 노인의 늘어가는 주름살.
老舗[★しにせ/ろうほ] 선조 대대로 물려 내려오는 가게.
老い朽ちる[おいくちる] 〈上1自〉 ①늙어 쓸모없게 되다. ②(나무가) 오래되어 폭삭 썩다.

音読

老境[ろうきょう] 노경; ①노년. 늘그막. ②노인의 심경.
老骨[ろうこつ] 노골; 노구(老軀). 늙은 몸.
老公[ろうこう] 노공; 노인의 높임말.
老軀[ろうく] 노구; 늙은 몸.
老女❶[ろうじょ] 노녀; ①늙은 여자. ②(武家(ぶけ) 시대에) 将軍(しょうぐん)・영주 부인을 섬기던 시녀의 우두머리. ❷[おうな] 노파(老婆). 늙은 여자.
老年[ろうねん] 노년; 노령(老齢).
老農[ろうのう] 노농; 경험이 많은 노인 농부.
老大[ろうだい] 노대; 한창때를 지남.
老練[ろうれん] 노련; 능란함. 능숙함.
老齢[ろうれい] 노령; 늙은 나이.
老齢艦[ろうれいかん] 노후함(老朽艦).
老馬[ろうば] 노마; 늙은 말.
老母[ろうぼ] 노모; 늙은 어머니.
老木[ろうぼく] 노목; 고목(古木).
老輩[ろうはい] 노배; 늙은 사람들.
老兵[ろうへい] 노병; ①늙은 병사. ②경험 많은 병사. ③늙은이.
老病[ろうびょう] 노병; 노쇠병(老衰病).
老僕[ろうぼく] 노복; 늙은 하인.
老父[ろうふ] 노부; 늙은 아버지.
老師[ろうし] 노사; ①연로한 스승. ②노승(老僧).

ㄹ

老成[ろうせい] ①조숙함. 숙성함. ②노련하고 성숙함.
老成る[★ませる] 〈下1自〉 조숙하다. 올되다. 되바라지다.
老少[ろうしょう] 노소; 늙은이와 젊은이.
老松[ろうしょう] 노송; 늙은 소나무.
1**老衰**[ろうすい] 노쇠; 늙어 쇠약함.
老樹[ろうじゅ] 노수; 노목(老木). 고목.
老熟[ろうじゅく] 노숙; 원숙함. 노련함.
老僧[ろうそう] 노승; 늙은 중.
老視[ろうし] 노시; 노안(老眼).
老臣[ろうしん] 노신; ①늙은 신하. ②중신(重臣). 신분이 높은 신하.
老身[ろうしん] 노신; 늙은 몸.
老実[ろうじつ] 노실; 노련하고 성실함.
老眼鏡[ろうがんきょう] 노안경; 돋보기.
老鶯[ろうおう] 노앵; 늦은 봄에 우는 휘파람새.
老若[ろうにゃく/ろうじゃく] 노약; 노인과 젊은이.
老弱[ろうじゃく] 노약; ①노인과 어린이. ②늙어 쇠약함.
老嬢[ろうじょう] 노처녀.
老媼[ろうおう] 노온; 늙은 노파.
老翁[ろうおう] 노옹; 늙은 남자.
老友[ろうゆう] 노우; 늙은 벗.
老雄[ろうゆう] 노웅; 늙은 영웅.
老幼[ろうよう] 노유; 노인과 유아.
老儒[ろうじゅ] 노유; 늙은 유생(儒生).
2**老人**[ろうじん] 노인; 늙은이.
老人扱い[ろうじんあつかい] 노인 취급.
老子[ろうし] 노자.
老残[ろうざん] 노잔; 늙어 살아 있음.
老荘[ろうそう] 노장; 노자(老子)와 장자(荘子).
老将[ろうしょう] 노장; ①늙은 장수. ②노련한 장수.
老中[ろうじゅう] 江戸(えど) 시대의 将軍(しょうぐん) 직속으로 정무를 담당하던 최고 책임자.
老妻[ろうさい] 노처; 늙은 아내.
老体[ろうたい] 노체; ①늙은 몸. ②노인. 영감.
老親[ろうしん] 노친; 늙은 부모.
老婆[ろうば] 노파; 할멈.
老廃物[ろうはいぶつ] 노폐물; 오래 되어 소용없게 된 물건.
老化[ろうか] 노화; 노년기에 나타나는 노인성 변화.
老獪[ろうかい] 노회; 교활함.
老檜[ろうかい] 노회; 늙은 노송나무.
老朽[ろうきゅう] 노후; 오래 되어서 쓸모없음.
老後[ろうご] 노후; 만년(晩年). 늙은 나이.

労(勞) 힘쓸 로

丶 〃 ⺍ 〳 ⺌ 学 労

音 ◉ロウ
訓 ⊗ねぎらう ⊗いたつき ⊗いたわしい ⊗いたわる

訓読

⊗**労う**[ねぎらう] 〈5他〉 (노고를) 치하하다. 위로하다.
⊗**労い**[ねぎらい] (노고를) 치하함. 위로함.
⊗**労き**[いたつき] ①노고. 수고. 고생. ②병.
⊗**労しい**[いたわしい] 〈形〉 가엾다. 애처롭다. 측은하다. 딱하다.
1⊗**労る**[いたわる] 〈5他〉 ①(노약자를) 친절하게 대하다. 돌보다. ②노고를 위로하다.

音読

労[ろう] 노고. 노력. 수고.
労苦[ろうく] 노고; 수고.
労農[ろうのう] 노농; 노동자와 농민.
2**労働**[ろうどう] 노동; 근로.
労働大臣[ろうどうだいじん] 노동부 장관.
労働者[ろうどうしゃ] 노동자; 근로자.
労働組合[ろうどうくみあい] 노동조합.
1**労力**[ろうりょく] 노력; ①수고. ②노동력. 일손. 인적 자원.
労務[ろうむ] 노무; ①노동 근무. ②노동에 관한 사무.
労使[ろうし] 노사; 노동자와 사용자.
労相[ろうしょう] 노상; '労働大臣'의 준말.
労役[ろうえき] 노역; ①육체 노동. ②노역·노동에 종사함.
労銀[ろうぎん] 임금. 노임. 품삯.
労賃[ろうちん] 노임; 임금. 품삯.
労資[ろうし] 노자; 노동과 자본. 노동자와 자본가.
労作[ろうさく] ①노동. 힘써 일함. ②힘써 만든 작품. 역작(力作).
労組[ろうくみ/ろうそ] 노조; '労働組合'의 준말.
労咳[ろうがい] 노해; 폐결핵.

炉(爐) 화로 로

丶 丷 火 火 炉 炉 炉 炉

音 ◉ロ
訓 —

音読

炉[ろ] ①다다미를 사각형으로 파고 만든 네모난 화로. ②용광로. ③난로. 스토브.
炉開き[ろびらき] (茶道에서) 음력 10월 1일에 풍로를 치우고 화로를 사용하기 시작함.
炉端[ろばた] 난롯가. 화롯가.
炉辺[ろへん] 노변; 화롯가.
炉塞ぎ[ろふさぎ] (茶道에서) 음력 3월 말에 화로를 치우고 풍로를 사용하기 시작함.
炉縁[ろぶち] ①화로의 가장자리가 넓적하게 된 곳. 화롯전. ②화롯가.

路 길 로

口 卩 卩 𧾷 𧾷 𧾷 路 路 路 路

音 ◉ロ
訓 ◉じ

訓読

◑家路[いえじ], 旅路[たびじ], 山路[やまじ]

音読

路肩[ろかた/ろけん] 노견; ①도로 가장자리. ②벼랑길 가장자리.
路頭[ろとう] 노두; 길가. 길거리.
路面[ろめん] 노면; 도로의 표면.
路盤[ろばん] 노반; 도로나 철도의 지반.
路傍[ろぼう] 노방; 길가.
路辺[ろへん] 노변; 길가.
路上[ろじょう] 노상; ①길 위. 길바닥. ②지나가는 길. 왕래하는 도중.
路床[ろしょう] 노상; 노반(路盤).
路線[ろせん] 노선; ①교통선. ②방침.
路用[ろよう] 노용; 여비(旅費). 교통비.
路銀[ろぎん] 여비(旅費). 교통비.
路地[ろじ] ①골목. 골목길. ②정원 안의 좁은 통로.
路次[ろじ] 가는 도중.
路標[ろひょう] 노표; 도로 표지.

虜(虜) 사로잡을 로

丶 ⺊ 𠂉 广 声 声 虍 虐 虜 虜

音 ◉リョ
訓 ⊗とりこ

訓読

⊗虜[とりこ] 포로. ①(전투에서 적에게) 사로잡힌 군인. ②어떤 사물에게 정신이 팔리거나 매여서 꼼짝 못하는 상태.

音読

虜囚[りょしゅう] 포로. (전투에서 적에게) 사로잡힌 군인.
◑捕虜[ほりょ]

露 이슬/드러날 로

雨 雨 雫 雫 雫 雫 霅 霳 露 露

音 ◉ロ ◉ロウ
訓 ◉つゆ

訓読

1 ◉露[つゆ] ①이슬. ②덧없음. ③눈물. ④조금. ⑤전혀.
露けし[つゆけし] ①이슬을 머금다. ②잘 울다.
露ほども[つゆほども] 조금도. 전혀.
露も[つゆも] 조금도. 전혀.
露の間[つゆのま] 잠시 동안. 잠시.
露聊かも[つゆいささかも] 조금도. 전혀.
露の命[つゆのいのち] 덧없는 목숨.
露払い[つゆはらい] ①벽제(辟除). ②선도자(先導者). ③첫 출연자. 맨 처음 출연함. ④(씨름에서) 横綱(よこづな)의 土俵入(どひょういり) 때 앞장서서 씨름판으로 들어가는 씨름꾼.
露霜[つゆじも] ①이슬과 서리. ②이슬이 얼어서 서리처럼 된 것.
露の世[つゆのよ] 덧없는 세상.
露の宿[つゆのやど] 노숙; 한데서 잠.
露時雨[つゆしぐれ] 이슬이 많이 내려 소나기가 지나간 듯함.
露程も[つゆほども] 조금도. 전혀.
露草[つゆくさ] ≪植≫ 달개비. 닭의장풀.

音読

露[ろ] 노; 러시아.
露見[ろけん] 노견; 드러남. 폭로됨.

1 **露骨**[ろこつ] 노골; 숨기지 않고 그대로 드러냄.
露光[ろこう] 노광; ①이슬빛. ②(사진의) 노출.
露国[ろこく] 노국; 러시아.
露軍[ろぐん] 노군; 러시아 군대.
露台[ろだい] 노대; ①발코니. ②노천 무대.
露頭[ろとう] 노두; ①맨머리. ②암석·광맥 등이 땅 표면에 드러난 부분.
露命[ろめい] 노명; 이슬 같은 목숨.
露西亜[ロシア] 러시아.
露宿[ろしゅく] 노숙; 한데서 잠.
露悪[ろあく] 노악; 자기의 결점을 일부러 드러냄.
露語[ろご] 노어; 러시아말.
露訳[ろやく] 노역; 러시아말로 번역함.
露営[ろえい] 노영; ①야외에 진을 침. ②캠프.
露店[ろてん] 노점; 길바닥에 벌려 놓은 소규모의 가게.
露点[ろてん] 노점; 이슬점.
露呈[ろてい] 노정; 드러남. 드러냄.
露帝[ろてい] 노제; 러시아 제국.
露助[ロスケ] 로스케. ＊러시아 사람을 경멸하여 부르는 말.
露地[ろじ] 노지; ①한데. 노천(露天). ②다실(茶室)로 통하는 뜰 안의 통로. 다실 정원. ③속세를 떠난 조용한 경지.
露天風呂[ろてんぶろ] 노천 목욕탕.
露天掘り[ろてんぼり] 노천 채굴.
露出[ろしゅつ] 노출; 드러남. 드러냄.
露和辞典[ろわじてん] 노일 사전.
◑**披露**[ひろう]

蘆 갈대 로	音 ⊗ロ 訓 ⊗あし/よし

訓読

⊗**蘆**[あし/よし] ≪植≫ 갈대.
蘆笛[あしぶえ] 갈피리. 갈잎 피리.

音読

蘆生の夢[ろせいのゆめ] 노생의 꿈. 덧없는 부귀영화.
蘆荻[ろてき] 노적; 갈대와 물억새.
蘆薈[ろかい] ≪植≫ 노회; 알로에.

櫓 망대 로	音 ⊗ロ 訓 ⊗やぐら

訓読

⊗**櫓❶**[やぐら] ①성루(城楼). ②망루(望楼). 전망대. 감시대. ③(歌舞伎(かぶき)·씨름에서) 북을 치기 위한 고대(高台). ❷[ろ] ☞ [音読]
櫓門[やぐらもん] ①망루 아래의 대문. ②누문(楼門).
櫓囲い[やぐらかこい] (일본 장기의) 수비 방법의 하나.
櫓太鼓[やぐらだいこ] (흥행장의) 개장·폐장을 알리는 북소리.
櫓投げ[やぐらなげ] (씨름에서) 상대방의 몸을 번쩍 들어 올렸다가 흔들면서 내동댕이치는 기술.
櫓下[やぐらした] ①망루의 아래. ②'人形浄瑠璃(にんぎょうじょうるり)'의 대표자.

音読

櫓❶[ろ] (배를 젓는) 노. ❷[やぐら] ☞ [訓読]
櫓脚[ろあし] ①(노를 저을 때) 노의 물에 잠긴 부분. ②노질할 때 이는 파도.
櫓櫂[ろかい] 노와 상앗대.
櫓縄[ろなわ] (뱃바닥에 매어) 노에 거는 밧줄.
櫓舵[ろかじ] 노와 키.

〔록〕

緑(綠) 푸를 록
ㄑ 幺 糸 糹 紀 紀 綒 綒 緑 緑

音 ◉リョク ◉ロク
訓 ◉みどり

訓読

4 ◉**緑**[みどり] ①녹색. 초록색. ②청색. 푸른빛. ③(초목의) 새싹. ④(신록의) 초목.
緑色[みどりいろ] 녹색; 초록색.
緑の羽根[みどりのはね] (산림녹화를 위한 모금 운동에 기부한 사람에게 주는) 녹색 깃털.
緑の週間[みどりのしゅうかん] 녹화 주간. ＊매년 4월 1일~7일.
緑の窓口[みどりのまどぐち] 녹색 창구. ＊일본 철도역에서 특급권을 발매하는 창구.
緑虫[みどりむし] ≪虫≫ 연두벌레.
緑の革命[みどりのかくめい] 녹색 혁명.
緑の黒髪[みどりのくろかみ] (젊은 여성의) 윤이 나는 검은 머리.

音読

緑内障[りょくないしょう] ≪医≫ 녹내장.
緑豆[りょくとう/りょくず] 녹두.
緑肥[りょくひ] 녹비; 풋거름. 퇴비.
緑樹[りょくじゅ] 녹수; 무성한 나무.
緑綬褒章[りょくじゅほうしょう] 녹수포장. ＊일본 정부에서 사회적인 공헌이 많은 훌륭한 사람에게 수여하는 녹색 수(綬)가 달린 포장(褒章).
緑十字[りょくじゅうじ] 녹십자.
緑野[りょくや] 녹야; 푸른 들.
緑雨[りょくう] 녹우; 신록 철의 비.
緑藻類[りょくそうるい] 녹조류; 푸른 바닷말.
緑酒[りょくしゅ] 녹주; 고급 술.
緑地帯[りょくちたい] 녹지대; 그린벨트.
緑茶[りょくちゃ] 녹차.
緑青[ろくしょう] 녹청; ①동록(銅緑). 구리 녹. ②청록색 물감.
緑土[りょくど] 녹토; ①초목이 무성한 땅. ②녹색의 해저 침전물.
緑風[りょくふう] 녹풍; 초여름의 바람.
緑化[りょっか] 녹화; 국토를 푸르게 가꿈.
緑黄色[りょくおうしょく] 녹황색.

録(錄) 기록할 록

𠆢 全 𨥪 金 釒 釕 釒 録 録 録

音 ◉ロク
訓 —

音読

録する[ろくする] 〈サ変他〉 기록하다. 적다.
2**録音**[ろくおん] 녹음; 소리를 기록함.
録音機[ろくおんき] 녹음기; 녹음하는 기계.
録画[ろくが] 녹화; 화상(画像)을 자기 테이프나 디스크 등에 기록함.

鹿 사슴 록

音 ⊗ロク
訓 ⊗しか ⊗か

訓読

⊗**鹿**[しか] ≪動≫ 사슴.
鹿毛[かげ] 사슴털 같은 구렁말의 털빛. 또는 그 말.
鹿の子[かのこ] 새끼 사슴.
鹿の子絞り[かのこしぼり] 밤색 바탕에 흰 점이 드문드문 드러난 홀치기 염색.
鹿の子斑[かのこまだら] 사슴털처럼 밤색 바탕에 흰 점이 있는 무늬.
鹿の子百合[かのこゆり] ≪植≫ 응달나리.
鹿の子餅[かのこもち] 팥소가 든 찰떡 겉에 팥고물을 묻힌 과자.
鹿の子草[かのこそう] ≪植≫ 쥐오줌풀.
鹿爪らしい[しかつめらしい] 〈形〉 ①심각한 체하다. 그럴 듯하다. ②(태도나 표정이) 딱딱하다.
鹿皮[しかがわ] 사슴 가죽.

音読

鹿毛[ろくもう] 녹모; 사슴의 털.
鹿茸[ろくじょう] 녹용; 사슴의 연한 뿔.
鹿苑[ろくえん] 녹원; 사슴 농장.
鹿砦[ろくさい] 녹채; 가시나무 울타리.

禄(祿) 복 록

音 ⊗ロク
訓 —

音読

禄[ろく] 녹; ①(봉건시대의) 급여. 녹봉(禄俸). ② ≪古≫ 즉석에서 내리는 상여(賞与). ③행운. 행복.
禄高[ろくだか] 녹봉(禄俸)의 액수.
禄盗人[ろくぬすびと] 월급 도둑. 제대로 일도 못하면서 월급을 타먹는 사람.
禄米[ろくまい] 녹미; 녹으로 받는 쌀.
禄地[ろくち] 녹지; 봉토(封土).

碌 작은돌 록

音 ⊗ロク
訓 —

音読

碌すっぽ[ろくすっぽ] 제대로. 변변히.
碌な[ろくな] 변변한.
碌に[ろくに] 제대로.
碌碌[ろくろく] 제대로. 변변히.
碌で無し[ろくでなし] 쓸모가 없는 사람. 변변치 않은 사람. 밥벌레.

麓 산기슭 록

音 ⊗ロク
訓 ⊗ふもと

訓読

⊗**麓**[ふもと] 산기슭. ¶山(やま)の~にある村(むら) 산기슭에 있는 마을.

音読

◑**山麓**[さんろく]

〔론〕

論 말할/의논할 론

訁 訁 言 訃 訡 訡 詥 諭 諭 論

音 ◉ロン
訓 ⊗あげつらう

訓読

⊗**論う**[あげつらう] 〈5他〉 (옳고 그름을) 따지다. 시비를 가리다. 왈가불가하다.
論い[あげつらい] 논의. 토론.

音読

2**論**[ろん] 논; ①이론. ②의견. 견해.
2**論じる**[ろんじる] 〈上1他〉 논하다. 토론하다.
2**論ずる**[ろんずる] 〈サ変他〉 ☞ 論じる
論客[ろんかく/ろんきゃく] 논객; 담론에 능한 사람.
論拠[ろんきょ] 논거; 논의의 근거.
論決[ろんけつ] 논결; 논의하여 결정함.
論結[ろんけつ] 논결; 논의하여 결론을 내림.
論告[ろんこく] 논고; ①자기의 의견을 말함. ②≪法≫ 논고.
論功行賞[ろんこうこうしょう] 논공행상; 공적의 유무・대소(大小)를 논하여 거기에 알맞은 상(賞)을 내리는 일.
論究[ろんきゅう] 논구; 사물의 이치를 밝히어 논함.
論及[ろんきゅう] 논급; 언급(言及).
論難[ろんなん] 논란; 잘못을 따져 비난함.
論断[ろんだん] 논단; 논하여 판단을 내림.
論壇[ろんだん] 논단; ①강단. 연단. ②언론계.
1**論理**[ろんり] 논리; ①의논의 조리. ②의논의 인과 관계.
論無く[ろんなく] 물론. 말할 것도 없이.
2**論文**[ろんぶん] 논문; 학술 연구의 업적이나 결과를 발표한 글.
論駁[ろんばく] 논박; 잘못된 것을 공격하여 말함.
論法[ろんぽう] 논법; 의논을 전개해 나가는 방법.
論弁[ろんべん] 논변; 변론(弁論).
論鋒[ろんぽう] 논봉; 논박할 때의 격렬한 말씨.
論説[ろんせつ] 논설; (특히 신문사의) 의견.
論述[ろんじゅつ] 논술; 논하여 의견을 진술함. 논하여 의견을 진술한 것.
論語[ろんご] 논어; 공자(孔子)의 언행.
論外[ろんがい] 논외; ①(논의의) 범위 밖. ②논할 가치가 없음.
1**論議**[ろんぎ] 논의; ①의견을 논술하여 토의함. ②의논. ③(謡曲(ようきょく)에서) 한 배역과 地謡(じうたい), 또는 두 배역이 번갈아 부르는 부분.
論者[ろんしゃ] 논자; 논하는 사람.
2**論争**[ろんそう] 논쟁; 서로 논하여 다툼.
論著[ろんちょ] 논저; 논하여 저술함.
論敵[ろんてき] 논적; 논쟁의 상대.
論戦[ろんせん] 논전; 논하여 다툼.
論点[ろんてん] 논점; 논의의 요점.
論定[ろんてい] 논정; 의논하여 결정함.
論題[ろんだい] 논제; ①토론・이론의 제목. ②논문의 주제.
論調[ろんちょう] 논조; ①논술의 투. ②논쟁의 내용.
論証[ろんしょう] 논증; ①이론으로 증명함. ②입증. 증명.
論旨[ろんし] 논지; 논의의 취지.
論陣[ろんじん] 논진; 논쟁하기 위한 진용.
論集[ろんしゅう] 논집; 논문집.
論破[ろんぱ] 논파; 설파.
論判[ろんぱん] 논판; ①논하여 시비를 판정함. ②논쟁.
論評[ろんぴょう] 논평; 시비를 논술해 비평함.
論詰[ろんきつ] 논힐; 논하여 힐책함.

〔롱〕

滝(瀧) 여울 롱

氵 氵 氵 氵 氵 氵 滝 滝 滝 滝

音 ―
訓 ◉たき

訓読

2◉**滝**[たき] ①폭포. ②여울. 급류.
滝口[たきぐち] ①폭포수가 떨어지기 시작하는 곳. ②옛날 궁성의 무사.
滝登り[たきのぼり] 폭포를 거슬러 올라감.
滝つ瀬[たきつせ] 여울. 급류.
滝飲み[たきのみ] 쭉 들이킴. 꿀꺽꿀꺽 마심.
滝川[たきがわ] 계곡의 급류. 격류.
滝壺[たきつぼ] 폭포수가 떨어지는 깊은 웅덩이.
滝縞[たきじま] (옷감의) 굵은 줄이 가늘어졌다가 다시 굵어지는 세로줄 무늬.

弄 희롱할 롱	音 ⊗ロウ 訓 ⊗いらう ⊗もてあそぶ ⊗いじる

訓読

⊗**弄う**[いらう] 〈5他〉 ≪関西≫ ①만지작거리다. 주물럭거리다. ②조롱하다.

⊗**弄ぶ**[もてあそぶ] 〈5他〉 ①가지고 놀다. 장난하다. ②(심심풀이로) 즐기다. ③희롱하다. 짓궂게 놀리다. 농락하다.

弄び[もてあそび] ①가지고 놂. 노리개. 장난감. ②위안물. 심심풀이.

⊗**弄る❶**[いじる] 〈5他〉 ①만지작거리다. 주물럭거리다. ②(취미삼아) 손대다. 애완하다. 만지다. ③(함부로) 주물럭거리다. ❷[まさぐる] 〈5他〉 ①만지작거리다. 가지고 놀다. ②(손으로) 더듬어 찾다. 뒤적거리다.

音読

弄する[ろうする] 〈サ変他〉 (어떤 목적을 위해) 부리다. 수단을 마음대로 쓰다.

弄璋[ろうしょう] 농장; 아들을 낳음.

弄火[ろうか] 농화; 불장난.

弄花[ろうか] 농화; 화투놀이.

朧 흐릴 롱	音 ⊗ロウ 訓 ⊗おぼろ

訓読

⊗**朧**[おぼろ] ①〈形動〉 몽롱함. 희미함. 아련함. 어슴푸레함. ②찐 생선을 으깨어서 양념하여 볶거나 말린 식품. ③두부를 볶은 요리. ④초를 친 다시마를 얇고 가늘게 썬 식품.

朧げ[おぼろげ] 〈形動〉 몽롱함. 희미함.

朧昆布[おぼろこぶ/おぼろこんぶ] 초를 친 다시마를 얇고 가늘게 썬 식품.

朧気[おぼろげ] 〈形動〉 몽롱함. 희미함.

朧朧と[おぼろおぼろと] 희미하게. 어렴풋하게. 아련하게. 흐릿하게.

朧夜[おぼろよ] 으스름 달밤.

朧雲[おぼろぐも] 높구름. 고층운.

朧月[おぼろづき] (봄철의) 으스름달.

朧月夜[おぼろづきよ] (봄철의) 으스름 달밤.

籠 ×(篭) 바구니 롱	音 ⊗ロウ 訓 ⊗こもる ⊗かご

訓読

[2]⊗**籠**[かご] 바구니.

[1]⊗**籠(も)る**[こもる] 〈5自〉 ①두문불출하다. 틀어박히다. ②(절에) 묵으면서 기도하다. ③굳게 버티다. ④(연기가) 자욱하다. ⑤(정성이) 담기다. 깃들다. ⑥(목소리가) 분명치 않다.

籠(も)り[こもり] ①두문불출함. 틀어박힘. ②(절에) 묵으면서 기도함.

籠(も)り居[こもりい] 두문불출함. 틀어박힘.

籠(も)り堂[こもりどう] 신자가 묵으면서 기도하는 집.

籠渡し[かごわたし] 골짜기 사이에 동아줄을 걸고 바구니를 달아 사람·물건을 건네는 장치.

籠目[かごめ] ①바구니의 엮어 짠 틈새. ②바구니 눈 같은 무늬. ③술래잡기.

籠抜け[かごぬけ] ①바구니를 빠져나가는 곡예. ②'籠抜け詐欺'의 준말.

籠抜け詐欺[かごぬけさぎ] 물건을 받아 쥔 다음 물건값을 준다고 앞문에서 기다리게 하고 뒷문으로 도망치는 사기.

籠塀[かごべい] 바구니처럼 얽어 만든 울타리.

籠写し[かごうつし] 서화(書画)의 윤곽만을 가는 선으로 베끼기.

籠手[★こて] ①(활을 쏠 때) 왼팔에 씌우는 덮개. ②갑옷의 팔 덮개. 갑옷 토시. ③검도할 때의 토시. ④검도에서 팔뚝을 침.

籠耳[かごみみ] 까막귀. 듣는 족족 잊어버림. 들은 것을 금새 잊어버림.

籠枕[かごまくら] 죽침(竹枕). 대나무로 엮어 만든 여름용 베개.

籠脱け[かごぬけ] ☞ 籠抜け

音読

籠居[ろうきょ] 칩거. 틀어박힘.

籠球[ろうきゅう] 농구; バスケットボール

籠絡[ろうらく] 농락; 얕은꾀로 남을 놀림.

籠城[ろうじょう] 농성; ①적에게 포위되어 성 안에 버팀. ②집에 틀어박힘.

籠鳥[ろうちょう] 농조; 새장 속의 새.

聾 귀머거리 롱	音 ⊗ロウ 訓 ⊗つんぼ

訓読

⊗**聾**[つんぼ] 귀머거리.

⊗聾桟敷[つんぼさじき] ①(무대에서 멀리 떨어져) 대사가 잘 들리지 않는 관람석. ②소외된 입장.

音読

聾する[ろうする] 〈サ変他〉 귀먹게 하다. 귀를 먹먹하게 하다.

聾児[ろうじ] 농아; 귀머거리 아이.

聾者[ろうしゃ] 농자; 귀머거리.

聾学校[ろうがっこう] 농학교; 농아학교.

〔뢰〕

雷 천둥/우레 뢰

一 𠃍 𠕁 币 雨 雨 雷 雷 雷 雷

音 ◉ライ

訓 ◉かみなり ⊗いかずち

訓読

2◉雷❶[かみなり] ①천둥. 우레. 뇌성. ②벼락. ③뇌신(雷神). ④불호령.

⊗❷[いかずち] 천둥. 우레.

雷声[かみなりごえ] 벽력 같은 목소리.

雷族[かみなりぞく] 폭주족(暴走族).

雷親父[かみなりおやじ] 호통을 잘 치는 아버지・주인・영감.

音読

雷撃[らいげき] 뇌격; ①벼락을 맞음. ②어뢰로 적을 공격함.

雷公[らいこう] 뇌공; 천둥.

雷管[らいかん] 뇌관; 폭발 장치.

雷光[らいこう] 뇌광; 번갯불.

雷同[らいどう] 뇌동; 무조건 동의함.

雷名[らいめい] 뇌명; ①드높은 명성. ②존함.

雷鳴[らいめい] 뇌명; ①천둥 소리. ②불호령.

雷神[らいじん] 뇌신; 벼락을 친다는 신.

雷魚[らいぎょ] 《魚》 뇌어; 가물치.

雷雨[らいう] 뇌우; 천둥을 동반한 비.

雷雲[らいうん/かみなりぐも] 소나기구름.

雷電[らいでん] 뇌전; 천둥과 번개.

雷霆[らいてい] 뇌정; 천둥.

雷除け[らいよけ] ①피뢰침(避雷針). ②벼락을 피하는 부적・주문(呪文).

雷鳥[らいちょう] 《鳥》 뇌조; 유럽들꿩.

雷火[らいか] 뇌화; ①낙뢰로 인한 화재. ②번개. 번갯불.

頼(賴) 의뢰할 뢰

一 𠃍 𠕁 𠦍 束 束 䡛 頼 頼 頼

音 ◉ライ

訓 ◉たのむ ◉たのもしい ◉たよる

訓読

4◉頼む[たのむ] 〈5他〉 ①부탁하다. 당부하다. ②맡기다. ③의지하다. 믿다. ④이리 오너라!

2頼み[たのみ] ①부탁. 청(請). ②의지. 믿음.

頼み少い[たのみすくない] 〈形〉 미덥지 않다. 마음이 놓이지 않다.

頼み入る[たのみいる] 〈5他〉 ☞ 頼み込む

頼み込む[たのみこむ] 〈5他〉 신신당부하다. 간절히 부탁하다.

頼もう[たのもう] 이리 오너라! 여봐라!

2◉頼もしい[たのもしい] 〈形〉 믿음직하다. 미덥다. 장래가 촉망되다.

頼母子[たのもし] 계(契). 무진(無尽).

頼母子講[たのもしこう] 계(契). 무진(無尽).

頼もの人形[たのものにんぎょう] 일본의 中国(ちゅうごく)・四国(しこく) 지방에서 8월 1일에 만드는 인형 경단.

2◉頼る[たよる] 〈5自〉 ①의지하다. 의존하다. 믿다. ②연고를 찾아가다.

頼り[たより] ①의지함. 믿고 의지함. ②연고. 연줄.

頼りない[たよりない] 〈形〉 ①의지할 데 없다. ②미덥지 못하다. 어설프다. ③신통하지 않다.

頼り無い[たよりない] 〈形〉 ☞ 頼りない

頼り無し[たよりなし] 가난뱅이.

音読

頼信紙[らいしんし] 전보 용지.

◑信頼[しんらい], 依頼[いらい]

瀬(瀨) 여울 뢰

氵 氵 氵 沖 涑 涑 涑 瀬 瀬 瀬

音 —

訓 ◉せ

訓読

瀬[せ] ①(걸어서 건너는) 얕은 내. ②여울. 급류. ③기회. 찬스. ④입장. 처지.

瀬踏み[せぶみ] ①여울의 깊이를 재 봄. ②(일을 하기 전에) 미리 떠봄. 의사 타진을 해 봄.

瀨音[せおと] 여울 물소리.
瀨戸[せと] ①좁은 해협. ②愛知県(あいちけん) 서북부 도시.
瀨戸内海[せとないかい] 일본의 다도해(多島海).
[2]**瀨戸物**[せともの] ①도자기. ②愛知県(あいちけん) 瀨戸(せと) 지방에서 생산되는 도자기.
瀨戸物屋[せとものや] 도자기 가게.
瀨戸物貝[せとものがい] ≪貝≫ 권패(巻貝).
瀨戸焼[せとやき] 愛知県(あいちけん) 瀨戸(せと) 지방에서 생산되는 도자기.
瀨戸引(き)[せとびき] (철제 식기에 녹이 슬지 않도록 칠한) 법랑(琺瑯).
瀨戸際[せとぎわ] ①좁은 해협과 바다와의 경계. ②운명의 갈림길.

牢 감옥 뢰	音 ⊗ロウ 訓 —

音読

牢[ろう] 뇌; 옥. 감옥.
牢として[ろうとして] 확고하게. 견고하게.
牢固[ろうこ] 뇌고; 확고함. 굳음.
牢記[ろうき] 뇌기; 마음 속에 새겨 둠.
牢名主[ろうなぬし] 감방장(監房長).
牢番[ろうばん] 옥졸. 옥지기. 옥리(獄吏).
牢死[ろうし] 뇌사; 옥사(獄死).
牢舎[ろうしゃ] 뇌사; 감옥.
牢役人[ろうやくにん] 옥지기. 간수(看守).
牢屋[ろうや] 감옥. 형무소. 교도소.
牢獄[ろうごく] 뇌옥; 감옥.
牢晴[ろうせい] 하늘이 화창하게 갬.
牢脱け[ろうぬけ] 탈옥(脱獄).
牢破り[ろうやぶり] 탈옥(脱獄). 탈옥수.

〔료〕

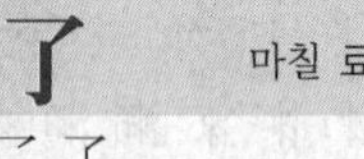

音 ◉リョウ
訓 —

音読

了[りょう] ①완료. 끝. ②터득함. 깨달음.
了する[りょうする] 〈サ変自〉 ①끝나다. 마치다. 완료하다. ②터득하다. 깨닫다. 납득하다.
了覚[りょうかく] 터득함. 깨달음.
了簡[りょうけん] ①(좋지 않은) 생각. ②참고 용서함. ③잘 생각해 판단함.
了簡違い[りょうけんちがい] 분별력이 없음.
了見[りょうけん] ☞了簡
了見違い[りょうけんちがい] ☞了簡違い
了得[りょうとく] 납득. 이해.
[1]**了承**[りょうしょう] 납득함. 이해함.
了然[りょうぜん] 확실함. 분명함.
了知[りょうち] 깨달아 앎.
了察[りょうさつ] 충분히 이해함.
[1]**了解**[りょうかい] ①양해(諒解). ②〈感〉 알았어요!

料 헤아릴 료
丶 丷 䒑 半 米 米 米 米 米 料

音 ◉リョウ
訓 —

音読

料[りょう] (명사에 접속하여) ①재료. ②요금. 대금. 보수.
料る[りょうる] 〈5他〉 요리하다.
料簡[りょうけん] ①(좋지 않은) 생각. ②참고 용서함. ③잘 생각해 판단함.
料金[りょうきん] 요금. 어떤 사물을 사용한 대가로 지불하는 돈.
料金箱[りょうきんばこ] 요금통. 요금함.
料金別納郵便[りょうきんべつのうゆうびん] 요금 별납 우편.
[3]**料理**[りょうり] 요리; ①음식을 만듦. 만든 음식. ②(일을) 잘 처리함. 잘 다스림.
料理菊[りょうりぎく] 식용 국화.
料理方[りょうりかた] ①요리사. ②요리 당번.
料理番[りょうりばん] 요리 당번.
料理屋[りょうりや] 음식점.
料理人[りょうりにん] 요리사. 요리 당번.
料理茶屋[りょうりぢゃや] 음식점.
料飲店[りょういんてん] 음식점.
料亭[りょうてい] 요정; 주로 일본 요리를 제공하는 음식점.
料地[りょうち] 어떤 목적을 위한 토지. 용지(用地).
料紙[りょうし] 소용되는 종이. 용지(用紙).
料峭[りょうしょう] 요초; 봄바람이 참.

僚 동료 료

亻 仁 仫 仫 伙 伙 侨 僚 僚 僚

音 ◉リョウ
訓 —

音読

僚機[りょうき] 요기; 자기편 비행기.
僚船[りょうせん] 요선; 자기편 배.
僚友[りょうゆう] 요우; 동료.
僚艇[りょうてい] 요정; 자기편 배.
僚艦[りょうかん] 요함; 자기편 군함.

寮 집/벼슬 료

宀 宀 宊 宊 宊 宊 寮 寮 寮 寮

音 ◉リョウ
訓 —

音読

[2]寮[りょう] ①기숙사. ②(茶道에서) 다실(茶室). ③별장.
寮歌[りょうか] 요가; 기숙사의 노래.
寮母[りょうぼ] 요모; 기숙생들의 뒷바라지를 하는 여자.
寮費[りょうひ] 요비; 기숙사비.
寮舎[りょうしゃ] 요사; 기숙사.
寮生[りょうせい] 요생; 기숙생. 기숙사 생활을 하는 학생.
寮生活[りょうせいかつ] 기숙사 생활.
寮長[りょうちょう] 사감(舎監).

療 병고칠 료

亠 广 疒 疒 疒 疒 疒 瘖 瘠 療

音 ◉リョウ
訓 —

音読

療法[りょうほう] 요법; 치료하는 방법.
療病[りょうびょう] 요병; 병을 치료함.
療術[りょうじゅつ] 요술; 치료술.
療養[りょうよう] 요양; 치료와 조섭(調摂).
療友[りょうゆう] 요우; 함께 요양하는 벗.
療院[りょういん] 요원; 요양원.
療治[りょうじ] 요치; 병을 치료함.

瞭 분명할 료

音 ⊗リョウ
訓 —

音読

瞭然[りょうぜん] 요연; 똑똑하고 분명함.

〔룡〕

竜/龍 용 룡

亠 亣 立 产 竞 音 音 竜 竜 竜

音 ◉リュウ ⊗リョウ
訓 ◉たつ

訓読

◉竜/龍❶[たつ] 용. ❷[りゅう] ①용. ②용왕(竜王). ③공룡. ④드래곤. ⑤(장기에서) 玉将(ぎょくしょう)의 자격도 아울러 갖게 된 飛車(ひしゃ).
竜巻[たつまき] 선풍. 회오리바람.

音読

竜駕[りょうが] 용가; 어가(御駕). 임금의 수레.
竜骨[りゅうこつ] 용골; ①선박・비행기의 킬. ②거대한 동물의 뼈화석.
竜宮[りゅうぐう] 용궁.
竜胆[★りんどう] ≪植≫ 용담.
竜頭❶[りゅうず] ①손목시계의 태엽 감는 꼭지. ②(종을 매다는) 용머리 모양의 꼭지. ❷[りゅうとう/りょうとう] 용두; ①용의 머리. 용머리 모양의 장식. ②뱃머리에 용머리를 장식한 배.
竜頭蛇尾[りゅうとうだび] 용두사미.
竜頭鷁首[りょうとうげきしゅ] 용두익수; 용머리 모양의 놀잇배.
竜灯[りゅうとう] 용등; ①바닷속의 인광(燐光)이 등불처럼 연이어 비치는 현상. ②神社(じんじゃ)에 바치는 등불.
竜馬[りゅうめ] 용마; ①준마. ②(장기에서) 玉将(ぎょくしょう)의 자격도 아울러 갖게 된 角(かく).
竜門[りゅうもん] 용문; 등용문.
竜舌蘭[りゅうぜつらん] ≪植≫ 용설란.
竜神[りゅうじん] 용신; 용왕(竜王).
竜眼[りゅうがん] ≪植≫ 용안.
竜顔[りゅうがん] 용안; 임금의 얼굴.

ㄹ

竜攘虎搏[りゅうじょうこはく] 용양호박; 용호상박(竜虎相搏).
竜涎香[りゅうぜんこう] 용연향; 고래에서 채취하는 향료.
竜王[りゅうおう] ①용왕. ②용신(竜神). ③(장기에서) 飛車(ひしゃ)가 적진에 들어가서 玉将(ぎょくしょう)의 자격도 아울러 갖게 된 것.
竜虎[りゅうこ/りょうこ] 용호; ①용과 호랑이. ②실력이 비슷한 두 영웅.

〔루〕

涙(淚) 눈물 루

` ` 氵 氵 汀 沪 沪 沪 泪 淚 涙

音 ◉ルイ
訓 ◉なみだ

訓読

2◉涙[なみだ] ①눈물. ②울음. ③동정. 인정. 자비.
涙がち[なみだがち] 툭하면 눈물을 흘림.
涙ぐましい[なみだぐましい] 〈形〉 눈물겹다.
涙ぐむ[なみだぐむ] 〈5自〉 눈물을 머금다. 눈물짓다. 눈물을 글썽이다.
涙する[なみだする] 〈サ変自〉 눈물을 흘리다.
涙ながら[なみだながら] 눈물을 흘리면서.
涙金[なみだきん] (인연을 끊을 때 주는) 위로금. 동정금. 위자료.
涙乍ら[なみだながら] 눈물을 흘리면서.
涙声[なみだごえ] 울먹이는 소리.
涙顔[なみだがお] 눈물에 젖은 얼굴.
涙雨[なみだあめ] ①(슬플 때 내리는) 눈물 같은 비. ②조금 오는 비.
涙脆い[なみだもろい] 〈形〉 눈물이 많다. 인정에 약하다.

音読

涙腺[るいせん] ≪生理≫ 누선; 눈물샘.
涙眼[るいがん] 누안; 눈물어린 눈.
涙痕[るいこん] 누흔; 눈물 자국.

楼(樓) 다락/누각 루

木 朩 术 朩 柈 柈 楼 楼 楼 楼

音 ◉ロウ
訓 —

音読

楼[ろう] 누; ①누각. 큰 건물. ②망루. 성루(城楼).
楼閣[ろうかく] 누각; 큰 건물.
楼観[ろうかん] 누관; ①누각. ②(중국에서) 도교(道教)의 큰 사원.
楼台[ろうだい] 누대; ①누각. ②지붕이 붙은 대(台).
楼門[ろうもん] 누문; 위에 망루(望楼)가 있고 그 아래로 통행하게 된 문.
楼上[ろうじょう] 누상; 높은 건물 위.
楼船[ろうせん] 누선; 지붕이 있는 놀잇배.
楼主[ろうしゅ] ①'楼'자가 붙은 집의 주인. ②기루(妓楼)의 주인.

累 여러 루

丨 口 田 田 田 甲 罒 罒 界 累

音 ◉ルイ
訓 —

音読

累[るい] 누; 폐. 성가심.
累加[るいか] 누가; 같은 수를 거듭하여 보태거나 증가함.
累減[るいげん] 누감; ①점차로 줄어듦. ②차례로 줄임.
累計[るいけい] 누계; 소계(小計)를 더함.
累年[るいねん] 누년; 여러 해.
累代[るいだい] 누대; 대대(代代).
累卵[るいらん] 누란; 달걀을 쌓아올림.
累累[るいるい] ①겹겹이 쌓임. ②계속 이어짐.
累犯[るいはん] 누범; 거듭 죄를 범함.
累算[るいさん] 누산; 누계(累計).
累石[るいせき] 누석; 돌을 쌓아올림.
累世[るいせ/るいせい] 누세; 여러 대(代).
累歳[るいさい] 누세; 여러 해.
累乗[るいじょう] 누승; 거듭 제곱.
累月[るいげつ] 누월; 여러 달.
累日[るいじつ] 누일; 여러 날.
累積[るいせき] 누적; 겹쳐 쌓임.
累増[るいぞう] 누증; 여러 차례 더함. 차차로 더해짐.
累進[るいしん] 누진; ①지위 등이 차례차례 올라감. ②수량의 증가에 따라 그것에 대한 비율도 증가함.
累次[るいじ] 누차; 여러 번.

塁(壘) 보루/진 루

冂 冂 冂 日 甲 甲 甲 甲 塁 塁 塁

音 ◉ルイ
訓 ―

音読

塁[るい] 루; ①성채. 보루. ②(야구에서) 루; 베이스.
塁間[るいかん] 누간; (야구에서) 베이스와 베이스와의 사이.
塁壁[るいへき] 누벽; 성벽. 성채.
塁上[るいじょう] 누상; (야구에서) 베이스의 위.
塁塞[るいさい] 누새; 성채. 보루.
塁審[るいしん] 누심; (야구에서) 1루・2루・3루 옆에 있는 심판.
塁砦[るいさい] 누채; 성채. 보루.
塁打数[るいだすう] (야구에서) 누타수.

漏 물샐 루

氵 氵 氵 氵 氵 氵 涓 漏 漏 漏

音 ◉ロウ
訓 ◉もらす ◉もる ◉もれる

訓読

1◉漏らす[もらす] 〈5他〉 ①(물을) 흘러나오게 하다. 새게 하다. ②누설하다. 입 밖에 내다. ③(이불이나 옷에) 오줌을 싸다. ④빠뜨리다. ⑤놓치다. ⑥(동사 ます형에 접속하여) 빠뜨리고 …하다.
1◉漏る[もる] 〈5自〉 (물・비가) 새다.
漏り[もり] (물・비가) 샘.
1◉漏れる[もれる] 〈下1自〉 ①(물・비・가스 등이) 새다. ②(비밀이) 누설되다. ③누락되다. 탈락되다. 빠지다.
漏れ[もれ] ①(틈새로) 샘. 누출. ②누락. 탈락.
漏れなく[もれなく] 죄다. 빠짐없이. 모두.
漏れ聞く[もれきく] 〈5他〉 ①간접적으로 듣다. 주워듣다. ②'聞(き)く'의 겸양어.

音読

漏刻[ろうこく] 누각; 물시계. 물시계 눈금.
漏斗[ろうと/じょうご] 깔때기.
漏泄[ろうせつ] 누설; 액체・비밀이 샘.
漏泄元[ろうせつもと] 누설원; 누설 근원지.
漏水[ろうすい] 누수; 물이 샘.
漏洩[ろうえい] ☞ 漏泄
漏電[ろうでん] 누전; 전류가 샘.
漏出[ろうしゅつ] 누출; 새어 나옴.

陋 추할 루

音 ⊗ロウ
訓 ―

音読

陋居[ろうきょ] 누거; ①좁고 초라한 집. ②자기 집을 낮추어서 하는 말.
陋見[ろうけん] 누견; ①좁은 소견. 천박한 생각. ②자기의 생각・의견을 낮추어서 하는 말.
陋習[ろうしゅう] 누습; 나쁜 습관. 악습.
陋室[ろうしつ] 누실; ①좁고 누추한 방. ②자기 방을 낮추어서 하는 말.
陋劣[ろうれつ] 누열; 비열함. 치사함.
陋屋[ろうおく] 누옥; ①비좁고 누추한 집. ②자기 집을 낮추어서 하는 말.
陋策[ろうさく] 누책; 졸책(拙策).
陋宅[ろうたく] 누택; ①비좁고 누추한 집. ②자기 집을 낮추어서 하는 말.
陋巷[ろうこう] 누항; ①좁고 지저분한 거리. ②속세. 속된 세상.

〔류〕

柳 버들 류

一 十 才 木 木 朾 杤 枊 柳

音 ◉リュウ
訓 ◉やなぎ

訓読

◉柳[やなぎ] ≪植≫ ①버들. 버드나무. ②수양버들.
柳腰[やなぎごし] 버들가지처럼 날씬한 허리.
柳陰[やなぎかげ] ①버드나무 그늘. ②소주에 찹쌀・누룩을 넣어 빚은 술.
柳刃包丁[やなぎばぼうちょう] 회칼.
柳箸[やなぎばし] (설날 떡국 먹을 때 사용하는) 버드나무 젓가락.
柳樽[やなぎだる] ①좋은 행사에 쓰이는 붉은 옻칠을 한 술통. ②'酒(さけ)'의 딴 이름.
柳行李[やなぎごうり] 버들고리.
柳川[やなぎがわ] '柳川鍋'의 준말.
柳川鍋[やなぎがわなべ] 미꾸라지와 우엉을 넣고 끓여서 달걀을 풀어 얹은 요리.

音読

柳眉[りゅうび] 유미; (여자의) 버들잎처럼 가늘고 예쁜 눈썹.
柳色[りゅうしょく] 유색; 푸른 버드나무 빛깔.
柳絮[りゅうじょ] 유서; ①버들강아지. ②버들강아지가 솜처럼 흩날리는 모양.
柳暗花明[りゅうあんかめい] 유암화명; ①봄철의 아름다운 경치. ②화류계(花柳界).
柳葉[りゅうよう] 유엽; ①버들잎. ②(여자의) 버들잎처럼 가늘고 예쁜 눈썹.
柳営[りゅうえい] 유영; ①将軍(しょうぐん)이 있는 진영. 막부(幕府). ②将軍(しょうぐん)의 집안.

留 머무를 류

一 𠂉 𠂉 㠯 𠁣 卯 留 留 留 留

音 ◉リュウ ◉ル
訓 ◉とまる ◉とめる

訓読

2 ◉**留まる**[とまる] 〈5自〉 ①(새·벌레 등이) 내려앉다. ②고정되다. 죄어지다. ③머무르다. ④의식하다.
留(ま)り[とまり] ①멈춤. ②끝. 종점.
留(ま)り木[とまりぎ] ①(닭장·새장 속의) 홰. ②(유흥장 등의 카운터 앞의) 높은 의자.
2 ◉**留める**[とめる] 〈下1他〉 ①고정시키다. ②꽂다. 끼우다. 채우다. ③붙잡아두다. ④의식하다.
留め[とめ] ①금지. 중지. ②끝. 끝마음.
留めだて[とめだて] 말림. 제지(制止).
留(め)具[とめぐ] 움직이거나 떨어지지 않게 고정시키는 조그만 쇠붙이.
留(め)金[とめがね] 연결용 금속 기구. 쇠고리. 걸쇠.
留(め)男[とめおとこ] ①싸움을 말리는 남자. ②손님을 끄는 남자 호객꾼.
留(め)女[とめおんな] ①싸움을 말리는 여자. ②손님을 끄는 여자 호객꾼.
留(め)立て[とめだて] 말림. 제지(制止).
留(め)木[とめぎ] 향나무를 불태워 그 향기를 의복 등으로 옮김.
留(め)山[とめやま] 입산 금지.
留(め)書き[とめがき] ①적어 둠. 쪽지. ②(편지의) 맺음말.
留(め)袖[とめそで] 보통 소매 길이의 일본 여자 옷.
留(め)役[とめやく] 싸움을 말리는 사람.
留(め)処[とめど] 끝. 한도(限度).
留(め)置(き)[とめおき] 유치; ①사람을 그 자리에 붙잡아 둠. ②(우편물을) 우체국에 둠.
留め置く[とめおく] 〈5他〉 ①사람을 붙잡아 두다. ②옮기지 않고 그대로 두다. ③기록해 두다. ④중단하다.
留(め)針[とめばり] ①시침바늘. ②핀.
留(め)湯[とめゆ] ①전날 사용한 목욕물을 다시 사용함. ②독탕. ③월정 요금을 내고 수시로 목욕함. ④영주(領主)가 일반인의 사용을 금한 온천.
留(め)桶[とめおけ] 대중탕에서 물을 퍼서 쓰는 통.
留(め)風呂[とめぶろ] 독탕(独湯).

音読

留❶[りゅう] 유; 행성(行星)이 외견상 천구(天球)에서 일시 정지하는 현상. ❷[ルーブル] 루블; 러시아의 화폐 단위.
留年[りゅうねん] 유년; 유급. 낙제.
留別[りゅうべつ] 유별; 떠나가는 사람이 작별 인사를 함.
留保[りゅうほ] 유보; 보류(保留).
3 **留守**[るす] ①부재중. 집에 없음. 집을 비움. ②(딴 데 정신이 팔려) 소홀히함.
留守居[るすい] ①집 보기. 빈집을 지킴. ②(근세 초기)京都(きょうと)의 수호를 담당하던 직명. ③江戸幕府(えどばくふ)의 직명.
2 **留守番**[るすばん] 집 보기. 빈집을 지킴.
留守番電話[るすばんでんわ] 부재중에도 자동으로 녹음되는 전화기.
留意[りゅうい] 유의; 마음에 둠.
留日[りゅうにち] 유일; 일본에 체류함
留任[りゅうにん] 유임; 그냥 머물러 사무를 맡음.
留置[りゅうち] 유치; 사람을 그 자리에 붙잡아 둠.
2 **留学**[りゅうがく] 유학; 일정 기간 동안 외국에 가서 공부하는 것.
4 **留学生**[りゅうがくせい] 유학생.

流 흐를 류

丶 丷 氵 氵 氵 汁 㳅 浐 浐 流

音 ◉リュウ ◉ル
訓 ◉ながす ◉ながれる

訓読

[2]◉流す[ながす] 〈5他〉 ①흐르게 하다. 흘리다. ②떠내려 보내다. ③씻어 내다. ④유배하다. 귀양 보내다. ⑤널리 알리다. ⑥(택시・안마사・악사 등이) 손님을 찾아 돌아다니다. ⑦유산시키다. ⑧몰래 넘겨주다. ⑨유회(流会)시키다. ⑩(야구에서) 밀어치다. ⑪수월하게 해치우다.

[1]流し[ながし] ①흘려 보냄. ②설거지대. 싱크대. ③(목욕통 밖의) 몸을 씻는 곳. ④때밀이에게 때를 밀게 함. ⑤(택시・안마사・악사 등이) 손님을 찾아 돌아다님.

流(し)台[ながしだい] 설거지대. 싱크대.

流(し)網[ながしあみ] 유망; 물길을 가로질러 치는 그물.

流(し)目[ながしめ] ①곁눈질. ②(이성에게 관심을 나타내는) 추파. 윙크.

流(し)箱[ながしばこ] 한천을 넣어서 굳히는 상자.

流(し)元[ながしもと] 싱크대. 설거지대.

流し込む[ながしこむ] 〈5他〉 부어 넣다. 흘려 넣다.

流(し)場[ながしば] (목욕통 밖의) 몸을 씻는 곳.

流(し)釣(り)[ながしづり] 흘림낚시.

流(し)撮(り)[ながしどり] 스냅 촬영.

流(し)雛[ながしびな] (3월 삼짇날) 종이 인형을 강이나 바다로 흘려보내는 행사.

流(し)打(ち)[ながしうち] (야구에서) 공을 가볍게 밀어치는 타법.

流(し)板[ながしいた] ①설거지대에 깐 판자. ②(목욕탕의) 몸을 씻는 곳에 깐 판자.

[2]◉流れる[ながれる] 〈下1自〉 ①흐르다. 흘러내리다. ②흘러가다. 떠내려가다. ③(시간이) 경과하다. ④(소리가) 들려오다. ⑤널리 알려지다. ⑥떠돌아다니다. 방랑하다. ⑦빗나가다. ⑧중지되다. 취소되다. ⑨(순조롭게) 진행되다. ⑩줄지어 늘어서다.

[2]流れ[ながれ] ①흐름. ②흐르는 물. 물살. 냇물. ③윗사람이 주는 술. ④추세. 추이. ⑤혈통. 핏줄. ⑥계통. 유파(流派). ⑦방랑. 떠돌아다님. ⑧무효. 취소. ⑨경사도(傾斜度). ⑩모임을 끝내고 돌아가는 사람들. ⑪폭. *기(旗)를 세는 말.

流れ女[ながれおんな] '창녀'의 딴 이름.

流れ図[ながれず] 플로차트. ①공정 경로 도표(工程経路図表). ②정보 처리 도표.

流れ落ちる[ながれおちる] 〈上1自〉 흘러 떨어지다.

流れ物[ながれもの] ①필요 없게 된 물건. ②기한이 지나 소유권이 없어진 물건.

流れ歩き[ながれあるき] 방랑. 유랑.

流れ歩く[ながれあるく] 〈5自〉 방랑하다. 유랑하다. 정처없이 떠돌아다니다.

流れ仏[ながれぼとけ] 바다에 뜬 익사체.

流れ星[ながれぼし] 유성; ①별똥별. ②말의 이마에서 코에 이르는 기다란 흰 점.

流れ矢[ながれや] 유시; 빗나간 화살.

流れ込む[ながれこむ] 〈5自〉 흘러 들어가다.

流れ者[ながれもの] 떠돌이. 방랑자. 유랑자.

流れ作業[ながれさぎょう] 컨베이어 시스템.

流れ造り[ながれづくり] 지붕의 앞면을 뒷면보다 길게 나오게 한 神社(じんじゃ)의 건축 양식.

流れ着く[ながれつく] 〈5自〉 ①떠내려가다. ②떠돌다가 어느 곳에 다다르다.

流れ出る[ながれでる] 〈下1自〉 ①흘러나오다. ②유출되다. 흐르듯이 나오다.

流れ弾[ながれだま] 유탄; 빗나간 총알.

流れ解散[ながれかいさん] 도착하는 대로 해산함.

流れ行く[ながれゆく] 〈5自〉 ①떠내려가다. 흘러가다. ②변천하다. ③유배되어 가다. 귀양가다.

流離う[★さすらう] 〈5自〉 방랑하다. 정처 없이 떠돌다.

流石に[★さすがに] ①과연. ②(뭐니뭐니 해도) 역시.

流鏑馬[★やぶさめ] 말을 타고 달리면서 3개의 과녁을 우는 살로 쏘아 맞히는 경기.

流行[★はやり/りゅうこう] 유행; 사회에 널리 퍼짐. *'はやり'는 약간 예스러운 말씨임.

流行らす[★はやらす] 〈5他〉 유행시키다.

流行らせる[★はやらせる] 〈下1他〉 유행시키다.

流行る[★はやる] 〈5自〉 ①유행하다. ②(인기가 있어) 번창하다. 번성하다. 잘되다. ③(질병이) 퍼지다. ④활발히 움직이다.

流行歌[★はやりうた/りゅうこうか] 유행가.

流行っ妓[★はやりっこ] 인기 있는 기생.

流行っ児[★はやりっこ] ①인기 있는 기생. ②인기 있는 연예인.

流行眼[★はやりめ] 유행성 결막염.

流行言葉[★はやりことば] 유행어.

流行節[★はやりぶし] 유행가의 곡조.

流行廃り[★はやりすたり] 유행의 기복(起伏).

流行風邪[★はやりかぜ] 유행성 감기.

音読

[2]流[りゅう] ①유파(流派). 계통. ②(특유한) 방식. 스타일.
流感[りゅうかん] 유행성 감기. 독감.
流動[りゅうどう] 유동; 흘러 움직임.
流灯[りゅうとう] 유등; 불을 켠 등롱을 물에 떠내려 보냄.
流浪[るろう] 유랑; ①떠돌아다님. ②생계를 잃고 방황함.
流量[りゅうりょう] 유량; 일정한 시간에 흐르는 유체(流体)의 양.
流麗[りゅうれい] 유려; 글이 유창함.
流露[りゅうろ/るろ] 유로; 숨김없이 나타남.
流離[りゅうり/さすらい] 유리; 방황. 유랑.
流亡[りゅうぼう] 유망; 방황. 유랑.
流眄[りゅうべん] 유면; 곁눈질.
流木[りゅうぼく] 유목; ①떠내려가는 나무. ②강물에 띄워 운반하는 벌채목.
流民[りゅうみん/るみん] 유민; 유랑민.
流氷[りゅうひょう] 유빙; 성엣장.
流砂[りゅうさ/りゅうしゃ] 유사; ①물에 흐르는 모래. ②유동하기 쉬운 모래. ③사막.
流産[りゅうざん] 유산; ①낙태. ②계획이 중지됨.
流線型[りゅうせんけい] 유선형; 물체의 앞부분을 둥글게 만든 형태.
流説[りゅうせつ/るせつ] 유설; ①떠도는 소문. ②세상에 널리 알려진 설.
流星[りゅうせい] 유성; 별똥별.
流勢[りゅうせい] 유세; ①물살. ②사물이 진행하는 기세.
流速[りゅうそく] 유속; 유체(流体)의 속도.
流水[りゅうすい] 유수; ①흐르는 물. ②물의 흐름. ③내. 강물.
流失[りゅうしつ] 유실; 떠내려가 없어짐.
流言[りゅうげん] 유언; 뜬소문.
[2]流域[りゅういき] 유역; 강가의 지역.
流用[りゅうよう] 유용; 딴 목적으로 사용함.
流儀[りゅうぎ] 유의; ①유파(流派). 가문 나름의 법식. ②자기 나름의 방식.
流人[るにん] 유배형에 처해진 사람.
流入[りゅうにゅう] 유입; 흘러들어옴.
流伝[りゅうでん/るでん] 유전; 널리 퍼짐.
流転[るてん] 유전; ①끝없이 변천함. ②윤회(輪廻).
流罪[るざい] 유형(流刑). 유배형.
流暢[りゅうちょう] 유창; 막힘이 없음.
流体[りゅうたい] 유체; 기체와 액체의 총칭.
流出[りゅうしゅつ] 유출; 흘러나옴.
流弾[りゅうだん] 유탄; 빗나간 총알.
[1]流通[りゅうつう] 유통; ①막힌 데 없이 흘러 통함. ②세상에 널리 통용됨.
流派[りゅうは] 유파; 어떤 파(派)에서 갈라져 나온 갈래.
流布[るふ] 유포; 널리 퍼짐.
流汗[りゅうかん] 유한; 흐르는 땀.
[2]流行[りゅうこう/はやり] 유행; 사회에 널리 퍼짐.
流行歌[りゅうこうか/はやりうた] 유행가.
流行病[りゅうこうびょう/はやりやまい] 유행병.
流行性[りゅうこうせい] 유행성.
流行児[りゅうこうじ] 인기 있는 사람.
流行語[りゅうこうご] 유행어.
流血[りゅうけつ] 유혈; 피를 흘림.
流刑[りゅうけい/るけい] 유형; 귀양.
流会[りゅうかい] 유회; 회의가 성립되지 않고 끝남.

硫 유황 류

一 厂 石 石' 石' 矿 矿 矿 硫 硫

音 ◉リュウ
訓 —

音読

硫酸[りゅうさん] ≪化≫ 유산.
硫安[りゅうあん] 유안; 황산암모니아.
硫化[りゅうか] ≪化≫ 황화(黄化). 유황과 다른 물질이 화합함.
硫黄泉[★いおうせん] 유황천.

類(類) 종류 류

丷 丬 半 米 类 类 类 類 類 類

音 ◉ルイ
訓 ⊗たぐい ⊗たぐう ⊗たぐえる

訓読

⊗類[たぐい] 같은 종류. 유례(類例).
⊗類う[たぐう] 〈5自〉 견줄 만하다. 엇비슷하다. 필적하다.
⊗類える[たぐえる] 〈下1他〉 나란히 놓고 비교하다. 나란히 하다.

音読

[1]類[るい] ①같은 종류. ②비슷한 것. 유례(類例). ③종류.

類する[るいする] 〈サ変自〉 닮다. 비슷하다.
類規[るいき] 유규; 같은 종류의 법규.
類同[るいどう] 유동; 같은 종류임.
類例[るいれい] 유례; 비슷한 예.
類別[るいべつ] 유별; 분류해서 구별함.
類比[るいひ] 유비; ①비교함. ②유추(類推).
[1]類似[るいじ] 유사; 닮음. 비슷함.
類書[るいしょ] 유서; 같은 종류의 책.
類焼[るいしょう] 유소; 이웃집에서 난 불이 옮겨 탐.
類語[るいご] 유어; 뜻이 비슷한 말.
類縁[るいえん] 유연; ①친척. ②(모양·성질이) 서로 가까운 관계에 있음.
類音語[るいおんご] 유음어; 발음이 비슷한 말.
類義語[るいぎご] 유의어; 뜻이 비슷한 말.
類人猿[るいじんえん] 유인원.
類字[るいじ] 유자; 비슷한 글자.
類題[るいだい] 유제; ①같은 종류의 제목. ②비슷한 문제. ③비슷한 제목별로 분류한 것.
類従[るいじゅう] 유종; 종류별로 모음.
類脂質[るいししつ] 유지질; 리포이드.
類集[るいしゅう] 유집; 같은 종류를 모아 분류하여 편찬함.
[1]類推[るいすい] 유추; 미루어 추리함.
類型[るいけい] 유형; ①비슷한 성질의 것을 모아 공통점을 찾아 종합한 스타일. ②개성이 없고 흔한 스타일.

溜 물방울 류	音 ⊗リュウ 訓 ⊗たまる ⊗ためる

訓読

[2]⊗溜まる[たまる] 〈5自〉 ①(물이) 괴다. ②모이다. ③늘다. 증가하다. ④(일이) 밀리다. ⑤쌓이다.
[1]溜(ま)り[たまり] ①(물이) 굄. 괸 곳. ②대기실. ③된장에서 우러난 진국. ④콩만으로 담근 진간장.
溜(ま)り水[たまりみず] 괸 물.
溜(ま)り場[たまりば] 대기실. 집합소.
溜(ま)り醬油[たまりじょうゆ] 콩만으로 담근 간장.
[2]⊗溜める[ためる] 〈下1他〉 ①(수집·저축을 위해) 모으다. ②(일·지불할 돈을) 미루다.
溜め[ため] ①모아 둠. 모아 두는 장소. ②거름 구덩이. ③(江戸(えど) 시대에) 병든 죄수나 15세 미만의 죄수를 수용하던 감옥.
溜(め)塗り[ためぬり] 옻칠의 일종.
溜(め)涙[ためなみだ] 글썽거리는 눈물.
溜(め)水[ためみず] 방화수(防火水).
[2]溜(め)息[ためいき] 한숨. 탄식.
溜め込む[ためこむ] 〈5他〉 부지런히 모으다. 비축하다.
溜(め)池[ためいけ] 저수지.
溜(め)桶[ためおけ] ①거름통. ②빗물을 받는 통.
溜め置く[ためおく] 〈5他〉 모아 두다.

音読

溜飲[りゅういん] ① ≪医≫ 유음; 위산과다증. ②쌓인 불평·불만. ¶ ~が下(さ)がる 가슴이 후련해지다. ¶ ~を下(さ)げる 가슴을 후련하게 하다.

瘤 혹 류	音 ⊗リュウ 訓 ⊗こぶ

訓読

⊗瘤[こぶ] ①혹. ②(나무의) 옹이. ③(낙타의) 육봉(肉峰). ④(노끈이나 새끼줄의) 매듭. ⑤(혹처럼) 짐스러운 것.
瘤付き[こぶつき] ①혹이 달림. ②귀찮은 존재. ③(새로 맞은 아내에게 전 남편의) 아이가 딸려 있음. 자식이 딸림.
瘤鯛[こぶだい] ≪魚≫ 혹도미.

〔륙〕

六 여섯 륙
' 亠 六 六

音 ◉リク ◉ロク
訓 ◉むっつ ◉むつ ◉むい ◉む

訓読

[4]◉六つ[むっつ/むつ] ①여섯. ②여섯 개. ③여섯 살. ④여섯 째
六つ時[むつどき] (옛날 시각으로) 오전·오후 6시쯤.
[4]◉六日[むいか] ①엿새. 6일. ②초엿새.
六十路[むそじ] ①예순. ②예순 살.
六月 ❶[むつき] 여섯 달. 6개월. ❷[ろくがつ] (달력상의) 6월.

音読

[4]六[ろく] 육; 6. 여섯.
六角[ろっかく] 육각; 육각형.

六経[りくけい/りっけい] 육경; ＊역경(易経)・서경(書経)・시경(詩経)・춘추(春秋)・예기(礼記)・악기(楽記).
六界[ろっかい] ≪仏≫ 육계; ①육도(六道). ②육대(六大).
六曲一双[ろっきょくいっそう] 여섯 폭 병풍.
六区[ろっく] 東京(とうきょう) 浅草(あさくさ)의 환락가.
六根清浄[ろっこんしょうじょう] ≪仏≫ 육근청정.
六大学[ろくだいがく] 6대학; (야구 리그전에서) 東京(とうきょう)・慶応(けいおう)・早稲田(わせだ)・法政(ほうせい)・明治(めいじ)・立教(りっきょう) 여섯 대학을 말함.
六道[ろくどう] ≪仏≫ 육도; 육계(六界).
六韜三略[りくとうさんりゃく] 육도삼략; ①중국의 병서(兵書). ②병법의 비전서.
六六判[ろくろくばん] 가로 세로 6㎝ 크기의 사진판.
六面体[ろくめんたい] 육면체.
六方[ろっぽう] 육방; ①동서남북과 천지의 여섯 방향. ②육면체. ③(歌舞伎(かぶき)에서) 주연 배우의 독특한 걸음걸이. ④거칠고 세련되지 못한 것. ⑤협객(俠客).
六方体[ろっぽうたい] 육면체.
六法[ろっぽう] 육법; ①여섯 가지 중요 법률. ②'六法全書'의 준말. ③(歌舞伎(かぶき)에서) 주연 배우의 독특한 걸음걸이.
六法全書[ろっぽうぜんしょ] 육법전서.
六部[ろくぶ] ①일본의 66개 지방의 영지(霊地)를 순례하며 필사한 법화경을 한 부씩 헌납하는 행각승(行脚僧). ②여러 지방을 도는 순례(巡礼).
六腑[ろっぷ] 육부; 여섯 가지 내장(内臓).
六分❶[ろっぷん] (시계의) 6분. ❷[ろくぶ] 6할. 6부.
六分儀[ろくぶんぎ] 육분의; 섹스턴트.
六三制[ろくさんせい] 6・3제. ＊초등학교 6년, 중학교 3년의 의무 교육 제도.
六書[りくしょ] ①한자(漢字)의 성립과 사용에 대한 여섯 가지 종별(種別). ②한자(漢字)의 여섯 가지 서체(書体).
[4]六時[ろくじ] ①(시계의) 여섯 시. ②≪仏≫ 여섯 때.
六十六部[ろくじゅうろくぶ] ☞ 六部
六十余州[ろくじゅうよしゅう] 옛날의 일본 전국을 말함. ＊원래 68개 지방으로 나뉘어져 있었음.

ㄹ

六芸[りくげい] 고대 중국 교육의 여섯 과목. ＊예(礼)・악(楽)・사(射)・서(書)・어(御)・수(数)를 말함.
[4]六月❶[ろくがつ] (달력상의) 6월. ❷[むつき] 6개월. 여섯 달.
六重奏[ろくじゅうそう] 6중주.
六重唱[ろくじゅうしょう] 6중창.
六尺[ろくしゃく] ①6척. ②가마꾼. ③江戸幕府(えどばくふ)에서 잔심부름하던 하인.
六尺棒[ろくしゃくぼう] 6척 길이의 몽둥이.
六尺褌[ろくしゃくふんどし] 6척 길이의 샅바.
六体[ろくたい] 한자(漢字)의 여섯 서체(書体).
六親[ろくしん] 육친; 육척(六戚).
六合[りくごう] 육합; ①천지와 사방. ②우주.

陸 땅 륙

㇇ 了 阝 阝一 阝十 阝土 阝圥 阝坴 陸 陸

音 ◉リク ⊗ロク
訓 ⊗おか

訓読

⊗陸❶[おか] ①뭍. 육지. ②벼루의 먹을 가는 곳. ③(목욕통 밖의) 몸을 씻는 곳. ❷[りく] ☞ [音読]
⊗陸稲[おかぼ/りくとう] 육도; 밭벼.
⊗陸釣(り)[おかづり] 뭍에서 낚시질함.
⊗陸蒸気[おかじょうき] 기차(汽車).
⊗陸湯[おかゆ] 몸을 헹구는 깨끗한 온수.

音読

[2]陸[りく] 뭍. 육지.
陸橋[りっきょう] 구름다리.
陸軍[りくぐん] ≪軍≫ 육군.
陸稲[りくとう/おかぼ] 육도; 밭벼.
陸路[りくろ] 육로; 땅 위의 길.
陸離[りくり] 육리; ①빛이 선명하고 찬란함. ②복잡하게 뒤섞임.
陸士[りくし] ①일본 육상 자위대의 계급의 하나. ②육군 사관학교.
陸産[りくさん] 육산; 육지에서 나는 것.
陸上[りくじょう] 육상; 땅 위.
陸上自衛隊[りくじょうじえいたい] 육상 자위대.
陸相[りくしょう] 육군(陸軍) 장관.
陸生[りくせい] 뭍에 삶.
陸棲[りくせい] 뭍에 삶.
陸続き[りくつづき] 육지로 이어짐.

陸続と[りくぞくと] 계속. 잇따라.
陸送[りくそう] 육송; 육상 수송.
陸揚げ[りくあげ] 양륙. 뱃짐을 풂.
陸軟風[りくなんぷう] 육연풍; 밤에 육지에서 바다로 부는 바람.
陸屋根[りくやね/ろくやね] 평지붕.
陸運[りくうん] 육운; 육상 수송.
陸尉[りくい] 육상 자위대 계급의 하나.
陸将[りくしょう] 육상 자위대의 최고위 계급. 장관(将官).
陸戦[りくせん] 육전; 육상 전투.
陸曹[りくそう] 육상 자위대 계급의 하나.
陸佐[りくさ] 육상 자위대 계급의 하나.
陸地[りくち] 육지; 뭍.
陸風[りくふう/りくかぜ] 육풍; 밤에 육지에서 바다로 부는 바람.
陸海[りくかい] 육해; ①육상과 해상. ②육군과 해군.
陸海空[りくかいくう] 육해공; 육해공군.
陸行[りっこう] 육행; 육로(陸路)로 감.

〔륜〕

倫 인륜/윤리 륜

丿 亻 亻' 亽 亽 伶 倫 倫 倫 倫

音 ◉リン
訓 ―

音読

倫理[りんり] 윤리; ①인륜. 도덕. ②도덕의 기준. 모럴.
倫理的[りんりてき] 윤리적.
倫理学[りんりがく] 윤리학; 도덕과 윤리를 연구하는 학문.

輪 바퀴 륜

一 日 亘 車 軡 軡 軡 輪 輪 輪

音 ◉リン
訓 ◉わ

訓読

2◉輪[わ] ①고리. 원형. ②바퀴. ③테. 테두리.
輪ゴム[わゴム] 고무 밴드.
輪奈[わな] (끈·실의) 고.
輪留め[わどめ] (자동차의) 바퀴 고정 장치. 굄돌. 굄목.
輪抜け[わぬけ] 높이 매단 고리를 몸을 날려 빠져나가는 곡예.
輪乗り[わのり] 말을 타고 원형으로 돎.
輪飾り[わかざり] 짚을 고리 모양으로 엮은 설날의 장식물.
輪切り[わぎり] 원통형의 물건을 단면이 둥글게 썲.
輪中[わじゅう] 수해를 막기 위해 부락 주위에 제방을 두름.
輪差[わさ] 올가미. 올무.
輪取る[わどる] 〈5自〉 고리 모양으로 둥글게 하다. 고리 모양이 되다.
輪投げ[わなげ] 고리 던지기 놀이.
輪形[わなり/りんけい] 고리 모양. 원형.
輪回し[わまわし] 굴렁쇠.

音読

輪姦[りんかん] 윤간; 여러 남자가 한 여자를 돌려 가며 강간함.
輪講[りんこう] 윤강; 여러 사람이 차례로 강의함.
輪郭[りんかく] 윤곽; ①사물의 겉모양. ②둘레의 선. ③사물의 개요.
輪光[りんこう] 윤광; 고리 모양의 빛.
輪読[りんどく] 윤독; 차례로 돌려 가며 읽고 해석하며 연구함.
輪舞[りんぶ] 윤무; ①원을 그리며 추는 춤. ②윤무곡.
輪番[りんばん] 윤번; 순번. 여러 사람이 차례로 돌아가며 맡은 임무를 처리함.
輪伐[りんばつ] 윤벌; 삼림을 매년 차례로 베어 냄.
輪生[りんせい] ≪植≫ 윤생; 돌려나기.
輪作[りんさく] ≪農≫ 윤작; 돌려짓기.
輪蔵[りんぞう] 윤장; 경전(経典)을 넣어 두는 회전식 책장.
輪栽[りんさい] ≪農≫ 윤재; 돌려짓기.
輪転[りんてん] 윤전; 바퀴가 돎.
輪転機[りんてんき] 윤전기.
輪座[りんざ] 윤좌; 둘러앉음.
輪唱[りんしょう] 윤창; 돌림노래.
輪尺[りんしゃく] 윤척; 나무의 지름을 재는 기구.
輪形[りんけい/わなり] 고리 모양. 원형.
輪禍[りんか] 윤화; 교통 사고.
輪廻[りんね] ≪仏≫ 윤회.

〔률〕

律 법률/가락 률

ノ ㇇ 彳 彳 行 㣖 律 律 律

音 ◉リチ ◉リツ
訓 —

音読

律[りつ] ①법칙. 법률. ②(奈良(なら)・平安(へいあん) 시대의) 형벌에 관한 규정. ③(동양 음악의) 육률(六律). ④음악의 가락. 음의 높이. ⑤율시(律詩). ⑥중이 지켜야 할 규칙.
律する[りっする] 〈サ変他〉 (어떤 기준에 맞추어) 처리하다. 조처하다.
律動[りつどう] 율동; 리듬.
律呂[りつりょ] 율려; ①율(律)과 여(呂). 율선(律旋)과 여선(呂旋). ②음악의 가락. 음률(音律).
律令❶[りつりょう] 奈良(なら)・平安(へいあん) 시대의 법률. ❷[りつれい] 율령; 법률.
律法[りっぽう] 율법; ①법률. 규칙. ②《仏》 계율(戒律).
律師[りっし] 율사; ①계율에 정통하고 덕망이 높은 중. ②승관(僧官)의 하나.
律詩[りっし] 율시; 오언(五言) 또는 칠언(七言)의 여덟 구로 된 한시(漢詩).
律語[りつご] 율어; 운문(韻文).
律義[りちぎ] ①성실함. ②《仏》 율의; 계율을 지켜 행동을 바로 함.
律儀[りちぎ] ☞ 律義

率(率) ①비율 률 ②거느릴 솔

亠 亠 玄 玄 玄 㳄 率

音 ◉リツ ◉ソツ
訓 ◉ひきいる

訓読

◉率いる[ひきいる] 〈上1他〉 ①거느리다. 인솔하다. 이끌다. ②통솔하다. 다스리다.

音読

率[りつ] 율; ①비율. ②(노력・수고에 대한) 보수(報酬).
率先[そっせん] 솔선; 남보다 앞장 섬.
率然と[そつぜんと] ①갑자기. 돌연히. ②경솔하게.
率爾[そつじ] 솔이; 당돌함. 갑작스러움.
率直[そっちょく] 솔직; 숨김이 없이 바르고 곧음.
率土[そっと] 솔토; 국토의 끝. 변경.
◉比率[ひりつ], 統率[とうそつ]

栗 밤 률

音 ⊗リツ
訓 ⊗くり

訓読

⊗栗[くり] ①《植》 밤. 밤나무. ②밤색. 짙은 갈색.
栗饅頭[くりまんじゅう] 밤소 찐빵.
栗名月[くりめいげつ] 음력 9월 13일 밤의 달.
栗毛[くりげ] ①말의 밤색털. ②황마(黄馬).
栗飯[くりめし] 밤밥. 밤을 까서 술・간장 등으로 양념하여 넣어 지은 밥.
栗ご飯[くりごはん] ☞ 栗飯(くりめし)
栗色[くりいろ] 밤색. 짙은 갈색.
栗鼠❶[くりねずみ] ①밤색을 띤 쥐색. ②말의 털빛. ③털이 쥐색을 띤 구렁말. ❷[りす] 《動》 다람쥐.
栗石[くりいし] 밤톨 크기의 자갈.
栗葉蘭[くりはらん] 《植》 밤일엽.
栗芋[くりいも] 밤고구마.
栗茸[くりたけ] 《植》 밤버섯.
栗薯[くりいも] 밤고구마.

慄 두려워할 률

音 ⊗リツ
訓 ⊗おののく

訓読

⊗慄く[おののく] 〈5自〉 부들부들 떨다. 전율하다.

音読

慄然とする[りつぜんとする] 〈サ変自〉 소름이 끼치다. 두려워서 몸이 떨리다.

〔륭〕

隆(隆) 높을/성할 륭

⁷ ㇋ 阝 阝 阝 阝 陊 陊 隆 隆

音 ◉リュウ
訓 —

音読

隆起[りゅうき] 융기; ①높게 일어나 들뜸. ②땅이 기준면에 비해 상대적으로 높아짐.
隆隆[りゅうりゅう] 융륭; ①기세가 왕성함. 힘참. ②(근육이) 울퉁불퉁함.
隆鼻術[りゅうびじゅつ] 융비술; 낮은 코를 높이는 정형 수술.
隆盛[りゅうせい] 융성; 크게 번성함.
隆然[りゅうぜん] 융연; 우뚝 솟아 있음.
隆運[りゅううん] 융운; 번창하는 가문.
隆昌[りゅうしょう] 융창; 크게 번성함.
隆替[りゅうたい] 융체; 성쇠(盛衰).

〔륵〕

肋 갈비 륵	音 ⊗ロク 訓 ⊗あばら

訓読

⊗**肋**[あばら] '肋骨(あばらぼね)'의 준말.
肋肉[★ばらにく] (소·돼지 등의) 갈비 부분의 살. 안심.

音読

肋間[ろっかん] 늑간; 늑골 사이.
肋骨[ろっこつ/あばらぼね] 늑골; 갈빗대.
肋膜[ろくまく] 늑막; 흉막(胸膜).
肋木[ろくぼく] 늑목; 운동 기구의 하나.

〔릉〕

陵 언덕 릉
7 3 阝 阝 阝 阝 陡 陡 陵 陵

音 ◉リョウ
訓 ◉みささぎ

訓読

◉**陵**[みささぎ/りょう] 천황·황후 등의 무덤.

音読

陵[りょう/みささぎ] 천황·황후 등의 무덤.
陵駕[りょうが] 능가; 어떤 수준을 넘음.
陵墓[りょうぼ] 능묘; 능.
陵辱[りょうじょく] 능욕; ①창피·수치를 줌. ②성폭행. 폭력으로 여자를 범함.

凌 능가할/업신여길 릉	音 ⊗リョウ 訓 ⊗しのぐ

訓読

1⊗**凌ぐ**[しのぐ] 〈5他〉 ①참고 견디다. 참아내다. ②극복하다. 헤치고 나아가다.
凌ぎ[しのぎ] ①참고 견디어 냄. ②임시방편.

音読

凌駕[りょうが] 능가; 어떤 수준을 넘음.
凌霄花[のうぜんかずら] ≪植≫ 능소화. ＊정원에 심는 낙엽 활엽수.
凌辱[りょうじょく] 능욕; ①창피·수치를 줌. ②성폭행. 폭력으로 여자를 범함.

菱 마름 릉	音 ⊗リョウ 訓 ⊗ひし

訓読

⊗**菱**[ひし] ①≪植≫ 마름. ②마름모꼴.
菱餅[ひしもち] 마름모꼴로 자른 떡. ＊'ひなまつり'에 차려 놓은 홍(紅)·백(白)·녹(緑) 3색의 떡.
菱形[ひしがた/りょうけい] 마름모꼴.

稜 위엄/모 릉	音 ⊗リョウ 訓 —

音読

稜[りょう] 능; 모서리.
稜角[りょうかく] 능각; 다면체의 뾰족한 모서리.
稜稜[りょうりょう] 능릉; ①모가 나고 엄함. ②추위가 매서움.
稜線[りょうせん] 능선; 산등성이.
稜威[りょうい] 능위; 천자(天子)의 위광.

綾 비단 릉	音 ⊗リョウ 訓 ⊗あや

訓読

⊗**綾**[あや] ①능직. ②능직 비단.
綾なす[あやなす] 〈5他〉 ①아름답게 꾸미다. 곱게 채색하다. ②조종하다. 능숙하게 다루다.
綾絹[あやぎぬ] 능직 비단.
綾錦[あやにしき] ①무늬 있는 비단. ②눈부시게 아름다운 옷·단풍.

綾糸[あやいと] ①(아이들 놀이의) 실뜨기. ②(베틀의) 잉아. 종사(綜糸).
綾竹[あやだけ] ①(아이들 놀이의) 실뜨기. ②좁게 자른 색종이를 비스듬히 붙인 2자 가량의 대나무. *춤·곡예용임. ③引窓(ひきまど)의 끈을 걸치는 가로지른 대나무.
綾地[あやじ] 능직 천. 능직 바탕.
綾織り[あやおり] 능직; ①능직물. ②능직을 짬. 또는 그 사람.
綾取り[あやとり] ①(아이들 놀이의) 실뜨기. ②(베틀의) 시침대.
綾取る[あやどる] 〈5他〉 ①(멜빵 등을) 열십자형으로 메다. ②(문장 등을) 수식하다. 꾸미다. ③조종하다. 능숙하게 다루다.

音読

綾羅[りょうら] 능라; 아름다운 의복.
綾羅錦繡[りょうらきんしゅう] 능라금수; 아름다운 옷. 아름답게 옷을 차려 입음.

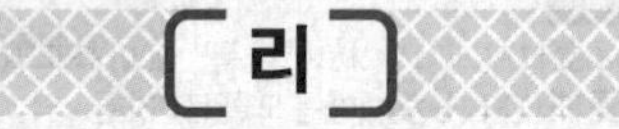

吏 관리 리

一 ㄱ 戸 吕 吏 吏

音 ◉リ
訓 —

音読

吏道[りどう] 이도; 관리로서 마땅히 지켜야 할 도리.
吏務[りむ] 이무; 관리의 직무.
吏員[りいん] 이원; 공무원.

利 이로울/날카로울 리

一 二 千 禾 禾 利 利

音 ◉リ
訓 ◉きかす ◉きかせる ◉きく

訓読

◉**利かす**[きかす] 〈5他〉 ☞ 利かせる
◉**利かせる**[きかせる] 〈下1他〉 ①(맛·효능을) 살리다. ②이용하다.
◉**利く**[きく] 〈5他〉 ①말을 하다. ②거들어 주다. 〈5自〉 ①(약이) 잘 듣다. 효력이 있다. ②(기능이) 충분히 발휘되다. ③가능하다. 할 수 있다. ④통하다.

利き[きき] ①기능. 작용. ②효능. 효력. 효험.
利き駒[ききごま] (장기에서) 중요한 말.
利かぬ気[きかぬき] 오기(傲気). 지기 싫어하는 성질. 고집이 셈.
利かん気[きかんき] ☞ 利かぬ気
利き目[ききめ] 효능. 효과. 효력. 효험.
利き所[ききどころ] ①효험이 있는 자리. ②급소. 요소.
利き手[ききて] 잘 쓰는 쪽의 팔.
利かぬ顔[きかぬかお] 고집스런 얼굴.
利き腕[ききうで] 잘 쓰는 쪽의 팔.
利け者[きけもの] 수완가. 재주꾼.
利き足[ききあし] 잘 쓰는 쪽의 발.
利き酒[ききざけ] 시음(試飮). 술 맛을 봄.
利いた風[きいたふう] 아는 체함.
利鎌[★とがま/とかま] 잘 드는 낫. ¶ ~のような月(つき) 초승달.

音読

利[り] ①이득. 이익. ②이로움. 유리함. ③편리함. 효율성. ④이자(利子).
利する[りする] 〈サ変自〉 이롭다. 득을 보다. 도움이 되다. 〈サ変他〉 ①이롭게 하다. 이익을 주다. 유익하다. ②이용하다. 활용하다.
利巧[りこう] ☞ 利口
[2]**利口**[りこう] ①영리함. 똑똑함. ②착함. ③빈틈없음. 약음. ④구변이 좋음.
利権[りけん] 이권; 많은 금액의 이익이 수반되는 권리.
利権屋[りけんや] ①모리배. ②브로커.
利根[りこん] 영일함. 똑똑함. 슬기로움.
利金[りきん] ①이자(利子). ②이익금.
利己主義[りこしゅぎ] 이기주의.
利器[りき] 이기; ①편리한 도구. ②예리한 칼.
利尿[りにょう] 이뇨; 오줌이 잘 나오게 함.
利徳[りとく] 이득. 이익.
利鈍[りどん] 이둔; ①날카로움과 무딤. ②현명함과 어리석음. ③행운과 불운.
利得[りとく] 이득; 이익.
利落ち[りおち] 이자가 지불필로 된 유가증권.
利発[りはつ] 영리함. 똑똑함. 현명함.
利付(き)[りつき] 이자부(利子附).
利払い[りばらい] 이자 지불.
利上げ[りあげ] ①금리 인상. ②이자만 지불하고 저당 기한을 연장함.
利生[りしょう] 부처의 은혜.
利水[りすい] 이수; 물을 잘 이용함.

[1]利息[りそく] 이식; 이자(利子).
利食(い)売(り)[りぐいうり] ①차액 따먹기. ②이자가 붙음.
利食(い)買(い)[りぐいがい] 공매(公売)한 주가가 하락했을 때 되사들여 차액을 벎.
利食(い)押(し)[りぐいおし] 차액을 노린 증권이 쏟아져 나와 시세가 내림.
利殖[りしょく] 이식; 돈벌이.
利欲[りよく] 이욕; 탐욕. 사리사욕.
利用[りよう] 이용; 잘 사용함.
利運[りうん] 이운; 행운. 호운.
[1]利潤[りじゅん] 이윤; 이익.
利率[りりつ] 이율; 이자의 비율.
[2]利益❶[りえき] 이익; 이득.
利益❷[りやく] ≪仏≫ ①공덕(功徳). ②부처의 은혜.
[1]利子[りし] 이자; 이식(利殖).
利敵行為[りてきこうい] 이적 행위.
[1]利点[りてん] 이점; 이익이 되는 점.
利札[りふだ／りさつ] 이자표(利子表).
利鞘[りざや] 이초; 이익금.
利他主義[りたしゅぎ] 이타주의.
利弊[りへい] 이폐; 이익과 폐해.
利便[りべん] 편리함. 편리.
利幅[りはば] 이익의 폭.
利下げ[りさげ] 금리 인하.
[2]利害[りがい] 이해; 이익과 해됨.
利回り[りまわり] 이율(利率). 이자의 비율.
利休色[りきゅういろ] 거무스름한 녹색.
利休鼠[りきゅうねずみ] 녹색을 띤 쥐색.
利休下駄[りきゅうげた] 굽 낮은 왜나막신.
利休形[りきゅうがた] ①가장자리가 완만하게 둥그스름한 일반 도구. ②(茶道에서) 千利久(せんのりきゅう)가 좋아한 스타일.
利休好み[りきゅうごのみ] ①다도(茶道)에 통한 사람다움. 수수함. ②(茶道에서) 千利久(せんのりきゅう)가 좋아한 격식・기구.

里 마을 리

丨 口 日 日 甲 甲 里

音 ◉リ
訓 ◉さと

訓読

◉里❶[さと] ①마을. ②시골. 촌. ③본가. 친정. ④아기를 맡겨 키우는 집. ⑤태생. 신분. ⑥유곽(遊廓). ❷[り] ☞ [音読]

里帰り[さとがえり] ①첫 친정 나들이. ②귀향. 귀성(帰省). 친정 나들이.
里内裏[さとだいり] (平安(へいあん) 시대에) 섭정(摂政)의 저택으로서 궁중 밖에 임시로 마련한 궁궐.
里方[さとかた] ①며느리의 친정. ②(사위・양자의) 본가・친척.
里腹[さとばら] 친정에 돌아와 마음껏 먹음.
里雪[さとゆき] 평야 지방에 내리는 눈.
里馴れる[さとなれる] 〈下1他〉 ①사는 곳에 익숙해지다. ②유곽의 생활에 익숙해지다.
里神楽[さとかぐら] 민간 神社(じんじゃ)에서 행해지는 神楽(かぐら).
里心[さとごころ] 향수(郷愁). 고향 생각.
里桜[さとざくら] 개량종 벚꽃나무.
里言葉[さとことば] ①시골말. 사투리. 방언. ②화류계(花柳界) 용어.
里芋[さといも] ≪植≫ 토란.
里人[さとびと] ①마을 사람. ②시골 사람.
里子[さとご] ①수양 자식. ②수양 부모에게 맡긴 자식.
里長[さとおさ] 촌장(村長).
里住み[さとずみ] 궁녀가 은퇴하여 자기 집에서 삶.
里親[さとおや] 수양 부모.
里偏[さとへん] 한자(漢字)의 '마을리변'

音読

里❶[り] ①(거리의 단위로) 4킬로미터. ②(면적의 단위로) 36정보(町歩). ③옛날의 지방 행정 구역의 최소 단위. ❷[さと] ☞ [訓読]
里道[りどう] 이도; 국도(国道)・현도(県道) 이외의 공도(公道).
里俗[りぞく] 이속; 마을의 풍속.
里数[りすう] 이수; 이정(里程).
里余[りよ] 10리 남짓. 10여 리.
里謡[りよう] 속요. 민요.
里程標[りていひょう] 이정표; (거리를 적어 세운) 도로 표지판.

厘 리 리

一 厂 厂 戸 戸 戸 厘 厘 厘

音 ◉リン
訓 —

音読

厘[りん] 리; ①1의 100분의 1. ②(화폐 단위) 1엔(円)의 1000분의 1. 1전(銭)의 10분의 1.

③(길이 단위) 한 치의 10분의 1. ④(무게단위) 한 돈의 100분의 1. ⑤(비율 단위) 100분의 1. 1할의 100분의 1.
厘毛[りんもう] (부정문에서) 극소. 아주 적음. 추호. 털 끝 만큼.

理 이치 리

音 ◉り
訓 ⊗ことわり

訓読
⊗**理**[ことわり] 이치. 도리. 이유. ¶~に背(そむ)く 도리에 어긋나다. ¶~無(な)しとしない 일리가 있다. ¶~せめて 지극히 당연함.

音読
理[り] ①원리. 법칙. ②이론. 이치. ③도리. 사리.
[2]**理科**[りか] 이과; ①자연과학 계통의 총칭. ②(대학의) 이과.
[1]**理屈**[りくつ] ①이치. 도리. 사리. ②억지 이론. ③구실. 핑계.
理屈っぽい[りくつっぽい] 〈形〉 이론만 내세우다. 말이 많다.
理屈屋[りくつや] 이유만 내세우는 사람.
理屈張る[りくつばる] 〈5自〉 핑계만 대다.
理屈責め[りくつぜめ] 이유를 들어 꾸짖음.
理窟[りくつ] ☞ 理屈
理念[りねん] 이념; 신조로 삼는 가치관.
理路[りろ] 이로; 논리적 줄거리.
[2]**理論**[りろん] 이론; ①조리 있는 지식 체계. ②계통적 학설. ③사물의 이치.
理博[りはく] '理学博士'의 준말.
理髪店[りはつてん] 이발소.
理法[りほう] 사리에 맞는 법칙.
理不尽[りふじん] 불합리함.
理非[りひ] 시비(是非). 옳고 그름.
理事[りじ] 이사; 사무를 집행하고 권리를 행사하는 역(役).
[2]**理想**[りそう] 이상; 최선의 이념과 상태.
理説[りせつ] 이설; 이론과 학설.
[1]**理性**[りせい] 이성; ①사물의 이치를 생각하는 능력. ②도덕적 의지의 능력. ③우주를 지배하는 근본 원리.
理数[りすう] 이수; 이과(理科)와 수학.
理外[りがい] 도리가 아님.
理容[りよう] 이용; 이발과 미용.
[2]**理由**[りゆう] 이유; ①까닭. ②구실. 핑계.
理財[りざい] 이재; ①재산이나 금전을 잘 운용함. ②'경제(経済)'의 구칭(旧称).
理知[りち] 이지; 이성(理性)과 지혜.
理智[りち] ☞ 理知(りち)
理学[りがく] 이학; ①자연과학. ②물리학. ③성리학(性理学).
[2]**理解**[りかい] 이해; ①사리를 분별하여 해석함. ②깨달아 알아들음. ③양해(諒解).
理化学[りかがく] 이화학; 물리학과 화학.
理会[りかい] 이회; 이해. 납득이 감.
理詰(め)[りづめ] 이론만으로 따짐.

痢 이질/설사 리

音 ◉り
訓 —

音読
痢病[りびょう] 이병; 설사병. 심한 복통이나 설사를 수반하는 병.
◑**疫痢**[えきり], **赤痢**[せきり], **下痢**[げり]

裏 속옷/안쪽 리

音 ◉り
訓 ◉うら

訓読
[3]◉**裏**[うら] ①뒷면. 뒤쪽. 뒤. ②내막. ③안감. ④반대의 뜻. ⑤배후. ⑥(야구에서) …회 말(末).
裏家[うらや] 골목 집. 뒷골목 집.
裏街道[うらかいどう] 뒷길. 뒤안길.
裏罫[うらけい] 괘선(罫線)의 뒤쪽을 사용한 굵은 선.
裏曲[うらがね] 곱자 뒤에 새긴 눈금.
[2]**裏口**[うらぐち] ①뒷문. ②뒷구멍. 부정한 수단.
裏鬼門[うらきもん] 이귀문; 서남방(西南方).
裏金[うらがね] ①신발 밑창의 쇠. ②뒷거래에 사용하는 돈. 뒷돈. 커미션.
裏襟[うらえり] 옷깃의 안쪽.
裏年[うらどし] 과일이 흉작인 해.
裏道[うらみち] ①뒷길. ②샛길. ③부정한 방법. ④그늘지고 고달픈 생활. 뒤안길.

裏渡し[うらごし] 발이 가는 체.
裏漏り[うらもり] (물을 따를 때) 용기를 타고 물이 흘러내림.
裏毛[うらけ] 안쪽에 털을 댄 옷.
裏木戸[うらきど] ①(집 뒤쪽의) 부엌 출입구로 통하는 나무쪽문. ②흥행장의 뒷문.
裏目[うらめ] ①주사위의 뒷면. ②예상과 정반대임. 나쁜 결과. ③곱자의 뒷면 눈금. ④편물 따위의 뒷면 코.
裏門[うらもん] 뒷문. 후문.
裏紋[うらもん] 정식 가문(家紋) 대신 사용하는 약식(略式) 가문(家紋).
[1]**裏返し**[うらがえし] ①뒤집기. 뒤집은 상태. ②반대. 역(逆).
[2]**裏返す**[うらがえす] 〈5他〉 ①(속의 것이 겉으로 나오게) 뒤집다. 뒤엎다. ②사물을 반대의 입장에서 보다.
裏返る[うらがえる] 〈5自〉 ①(속의 것이 겉으로 나오게) 뒤집히다. ②적과 내통하다. 배신하다.
裏方[うらかた] ①마님. 영부인. ②무대 뒤에서 일하는 사람. ③숨은 공로자.
裏背戸[うらせど] 뒤쪽의 출입문.
裏白[うらじろ] ① ≪植≫ 풀고사리. ②뒷면이 흰 것.
裏番組[うらばんぐみ] ①예비 프로그램. ②(다른 방송국의) 인기 프로그램에 대항하는 프로그램.
裏腹[うらはら] ①정반대임. 모순됨. ②속과 겉. 표리(表裏) ③등을 맞댐. 이웃 사이. 서로 이웃하고 있음.
裏付け[うらづけ] ①뒷받침. 확실한 증거. ②튼튼하게 안을 댐. 안을 대는 물건.
裏付ける[うらづける] 〈下1他〉 ①뒷받침하다. 확실한 증거를 대다. ②튼튼하도록 안을 대다.
裏写り[うらうつり] ①뒤가 비치게 인쇄됨. ②인쇄된 종이 뒷면에 다른 인쇄물의 잉크가 묻음.
裏山[うらやま] 뒷산. 뒷동산.
裏書(き)[うらがき] ①(수표・어음・증권 등의) 이서. ②(서화 등의 뒷면에) 감정문・내력 따위를 씀. ③뒷받침. 입증. 증명.
裏声[うらごえ] ①가성(仮声). ②三味線(しゃみせん) 가락보다 낮게 부르는 노랫소리.
裏手[うらて] ①뒤쪽. 뒤편. ②배후.
裏芸[うらげい] 숨은 재주.
裏汚れ[うらよごれ] 인쇄된 종이 뒷면에 다른 인쇄물의 잉크가 묻음.
裏屋[うらや] 골목 집. 뒷골목 집.
裏移り[うらうつり] ①뒤가 비치게 인쇄됨. ②인쇄된 종이 뒷면에 다른 인쇄물의 잉크가 묻음.
裏日本[うらにほん] 本州(ほんしゅう) 중에서 東海(とうかい)에 면한 지방.
裏作[うらさく] 이작; 그루갈이. 뒷갈이.
裏長屋[うらながや] 뒷골목의 연립 주택.
裏張り[うらばり] ①안을 댐. ②보강함.
裏切り[うらぎり] 배신. 배반.
[2]**裏切る**[うらぎる] 〈5他〉 ①(아군을 버리고 적군에 붙어) 배반하다. 배신하다. ②(약속・신의・예상・기대를) 저버리다. 뒤엎다. 어기다.

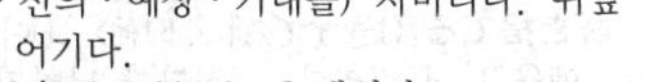

裏切り者[うらぎりもの] 배신자.
裏店[うらだな] 뒷골목의 초라한 셋집.
裏正面[うらじょうめん] 씨름판과 마주한 정면 좌석의 반대편.
裏定理[うらていり] 가설(仮説)과 종결을 모두 부정하여 세운 정리(定理).
裏町[うらまち] 뒷골목의 거리.
裏庭[うらにわ] 뒷마당. 뒤뜰.
裏釘[うらくぎ] 뒤쪽까지 뚫고 나온 못.
裏地[うらじ] (옷의) 안감.
裏尺[うらじゃく] 곱자 뒤에 새긴 눈금.
裏側[うらがわ] 이면(裏面). 뒤쪽.
裏打(ち)[うらうち] ①(옷의) 안을 받침. 안을 댐. ②뒤쪽에 다른 것을 대서 튼튼히 함. ③뒷받침. 보강(補強).
裏通り[うらどおり] 뒷골목. 뒷길.
裏編(み)[うらあみ] (뜨개질의) 안뜨기.
裏表[うらおもて] ①안팎. 안과 겉. ②뒤집음. ③겉과 속이 다름.
裏合(わ)せ[うらあわせ] ①거꾸로 됨. 반대로 됨. ②안과 안을 마주대기. 등을 마주대기.
裏話[うらばなし] 숨은 이야기. 비화(秘話).

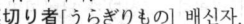

音読

裏急後重[りきゅうこうじゅう] ≪医≫ 이급후중; 설사에서 뒤를 보고도 이내 또 뒤가 보고 싶어지는 증세.
裏面[りめん] 이면; ①속. 안. 내면. ②뒷면. 뒤쪽.
裏面工作[りめんこうさく] 이면공작; 표면에 드러나지 않게 활동함.
裏面史[りめんし] 이면사; 외부에 알려지지 않은 것을 서술한 역사.

履 밟을 리

一 コ 尸 尸 尸 尸 屌 屌 履 履

音 ◉リ
訓 ◉はく

訓読

4 ◉履く[はく] 〈5他〉 (버선・양말・신발 등을) 신다.
履(き)物[はきもの] 신. 신발.
履(き)物屋[はきものや] 신발 가게.
履(き)捨て[はきすて] ①신다가 낡아서 버림. ②한 번 신고 버림.
履き捨てる[はきすてる] 〈下1他〉 ①아무 곳에나 벗어 버리다. ②신다가 낡아지면 그대로 버리다.
履き違える[はきちがえる] 〈下1他〉 ①신발을 잘못 바꿔 신다. ②잘못 이해하다.
履き替える[はきかえる] 〈下1他〉 ①갈아 신다. ②잘못 바꿔 신다.
履き初め[はきぞめ] ①아기가 처음으로 신발을 신음. ②새 신발을 신음.

音読

1 履歴書[りれきしょ] 이력서.
履修[りしゅう] 이수; 차례대로 학과를 배움.
履行[りこう] 이행; 실제로 행함.

離 떠날 리

亠 亣 卤 离 离 离 离 离 離 離

音 ◉リ
訓 ◉はなす ◉はなれる

訓読

2 ◉離す[はなす] 〈5他〉 ①(밀착된 두 개의 사이를) 떼다. 떼어놓다. ②멀리 떼어놓다. 거리를 두다.
2 ◉離れる[はなれる] 〈下1自〉 ①(장소를) 떠나다. ②(거리가) 떨어지다. 떠나다. ③(붙어 있던 것이) 떨어지다. ④(관계에서) 떠나다.
離れ❶[はなれ] 별당(別堂). 별채. ❷[ばなれ] (명사에 접속하여) …답지 않음. …에서 떨어져 나감.
離れ家[はなれや] ①외딴집. ②별채.
離れ技[はなれわざ] 아슬아슬한 재주. 대담한 행동. 대담하고 기발한 재주.
離れ島[はなれじま] 외딴섬.
離れ離れ[はなればなれ] 뿔뿔이 흩어짐.
離れ業[はなれわざ] 아슬아슬한 재주. 대담한 행동. 대담하고 기발한 재주.
離れ座敷[はなれざしき] 별당(別堂). 별채.

音読

離間[りかん] 이간; 두 사람 사이가 멀어지게 술책을 씀.
離隔[りかく] 이격; 격리(隔離).
離京[りきょう] 이경; 수도를 떠남.
離苦[りく] ①번뇌와 고통에서 벗어남. ②이별의 괴로움.
離宮[りきゅう] 이궁; 별궁(別宮).
離農[りのう] 이농; 살던 농촌을 떠남.
離党[りとう] 이당; 탈당(脱党).
離島[りとう] 이도; ①외딴섬. 낙도(落島). ②섬을 떠남.
離陸[りりく] 이륙; ①비행기가 날기 위해 땅에서 떠오름. ②(어떤 일이) 새로운 단계로 접어듦.
離反[りはん] 이반; 배반(背反).
離別[りべつ] 이별; ①헤어짐. ②이혼.
離散[りさん] 이산; 흩어짐. 헤어짐.
離船[りせん] 이선; 배를 떠남.
離縁[りえん] 이연; ①이혼. ②양자의 인연을 끊음. 파양(罷養).
離縁状[りえんじょう] 이혼장(離婚状).
離乳[りにゅう] 이유; 젖을 뗌.
離日[りにち] (외국인이) 일본을 떠남.
離任[りにん] 이임; 임지・임무에서 떠남.
離籍[りせき] 이적; 호주가 어떤 가족을 호적에서 떼어냄.
離職[りしょく] 이직; ①어떤 직무에서 떠남. ②일을 그만둠. 퇴직함. 실직함.
離着陸[りちゃくりく] 이착륙; 비행기가 뜨고 내림.
離礁[りしょう] 이초; 좌초됐던 배가 다시 뜸.
離村[りそん] 이촌; 살던 마을을 떠남.
離脱[りだつ] 이탈; 떨어져 나감.
離合[りごう] 이합; 헤어짐과 모임.
離郷[りきょう] 이향; 고향을 떠남.
2 離婚[りこん] 이혼; 결혼 생활을 그만둠.
離魂病[りこんびょう] 몽유병(夢遊病).

李 오얏 리

音 ⊗リ
訓 ⊗すもも

訓読

⊗李[すもも] 《植》 ①자두나무. 오얏나무. ②자두. 오얏.

音読

李下[りか] 이하; 자두나무 아래.

俚 속될 리	音 ⊗り 訓 ⊗さとび

訓読

⊗俚[さとび] 소박함. 촌스러움.

俚歌[さとびうた] 속요. 촌스런 노래.

俚言葉[さとびことば] ①시골말. ②상스런 말.

音読

俚辞[りじ] 상스런 말.

俚俗[りぞく] ①시골의 관례. 천한 풍습. ②촌스러움. 천하고 속됨.

俚言[りげん] 이언; ①사투리. ②속어.

俚諺[りげん] 이언; 속담.

俚耳[りじ] 속인의 귀.

狸 너구리 리	音 ⊗り 訓 ⊗たぬき

訓読

⊗狸[たぬき] ① 《動》 너구리. ②음흉하고 능청스런 사람. 능구렁이.

狸蕎麦[たぬきそば] 튀김 부스러기를 넣은 메밀국수.

狸掘(り)[たぬきぼり] ①(광산에서) 광상(鉱床)을 따라 파들어가는 원시적인 채굴 방법. ②(도로 공사 등에서 기계 장비를 사용하지 않고) 괭이나 삽 등으로 조금씩 파가는 원시적인 방법.

狸顔[たぬきがお] 시치미를 떼는 얼굴. 짐짓 모르는 체하는 표정.

狸饂飩[たぬきうどん] 튀김 부스러기를 넣은 가락국수.

狸囃子[たぬきばやし] ①밤중에 들려오는 축제의 흥겨운 장단과 가락. ②달밤에 너구리가 축제의 가락을 흉내 내어 자기 배를 두드린다는 장단.

狸藻[たぬきも] 《植》 통발.

狸汁[たぬきじる] ①너구리고기 된장국. ②곤약·두부·팥을 넣은 된장국.

狸親父[たぬきおやじ] 능구렁이 영감.

狸寝[たぬきね] ☞ 狸寝入り

狸寝入り[たぬきねいり] 거짓잠. 자는 체함.

梨 배나무 리	音 ⊗り 訓 ⊗なし

訓読

⊗梨[なし] 《植》 배. 배나무.

梨瓜[なしうり] 《植》 배참외.

梨子地[★なしじ] ①칠기에 금은 가루를 뿌린 다음에 칠을 하여 배의 껍질처럼 보이도록 한 공예품. ②배 껍질처럼 오톨도톨하게 짠 옷감.

梨打ち[なしうち] ①부드럽게 만든 것. ②'無打ち烏帽子'의 준말.

梨打ち烏帽子[なしうちえぼし] 겉에는 검은 능직 천을, 안에는 옻칠한 것을 마주 꿰매서 만든 烏帽子(えぼし). *머리띠나 투구 밑에 사용함.

梨割(り)[なしわり] (배를 쪼개듯) 둘로 쪼갬.

音読

梨園[りえん] 이원; ①배나무 정원. ②극단(劇団). 연극계.

梨花[りか] 이화; 배꽃.

罹 병걸릴 리	音 ⊗り 訓 ⊗かかる

訓読

⊗罹る[かかる] 〈5自〉 (병에) 걸리다. ¶病気(びょうき)に~ 병에 걸리다. ¶コレラに~ 콜레라에 걸리다.

音読

罹病[りびょう] 이병; 병에 걸림.

罹病率[りびょうりつ] 이병률; 발병률.

罹災[りさい] 이재; 재해를 입음.

罹災者[りさいしゃ] 이재민(罹災民).

罹災地[りさいち] 재해 지역.

罹患[りかん] 이환; 병에 걸림.

鯉 잉어 리	音 ⊗り 訓 ⊗こい

訓読

⊗鯉[こい] 《魚》 잉어.

鯉口[こいぐち] 칼집의 아가리.

鯉濃く[こいこく] '鯉濃漿'의 준말.

鯉濃漿[こいこくしょう] 잉어 된장조림.

鯉幟[こいのぼり] 종이나 천으로 만든 잉어 모양의 기드림.

〔린〕

隣 이웃 린

⻖ 阝 阝' 阝" 阝米 阝⽶ 阝粦 阝粦 隣 隣

音 ◉リン
訓 ◉となる ◉となり

訓読
◉隣る[となる] 〈5自〉 이웃하다. 인접하다.
3 ◉隣[となり] ①이웃. 옆. 곁. ②이웃집. 옆집.
隣近所[となりきんじょ] 이웃. 근처. 이웃 간.
隣付き合い[となりづきあい] 이웃끼리의 교제.
隣組[となりぐみ] 반상회(班常会).
隣り合う[となりあう] 〈5自〉 서로 이웃하다. 나란히 하다.
隣り合(わ)せ[となりあわせ] 이웃 사이. 서로 이웃하여 있음.
隣り合(わ)せる[となりあわせる] 〈下1他〉 이웃하다. 나란히 하다.

音読
隣家[りんか] 인가; 이웃집. 옆집.
隣国[りんごく] 인국; 이웃 나라.
隣邦[りんぽう] 인방; 이웃 나라.
隣保[りんぽ] 인보; ①이웃 사람들. ②이웃끼리 서로 돕기 위한 조직.
隣保館[りんぽかん] 영세민 구제 센터.
隣席[りんせき] 인석; 옆자리.
隣室[りんしつ] 옆방. 이웃방.
隣人[りんじん/となりびと] 이웃 사람.
隣接[りんせつ] 인접; 이웃하고 있음.
隣地[りんち] 인지; 이웃 땅.
隣好[りんこう] 인호; 선린(善隣). 이웃끼리 사이좋게 지냄.

吝 아낄 린

音 ⊗リン
訓 ⊗しわい ⊗やぶさか

訓読
⊗吝い[しわい] 〈形〉 인색하다. 쩨쩨하다.
吝ん坊[しわんぼう] 구두쇠. 노랑이.
⊗吝か[やぶさか] 〈形動〉 ①인색함. ②주저함. ③('…に~でない' 문형으로) 기꺼이…하다.

音読
吝嗇[りんしょく] 인색; 쩨쩨함.

燐 도깨비불 린

音 ⊗リン
訓 —

音読
燐[りん] ≪化≫ 인.
燐光[りんこう] 인광; 황린이 공기 중에서 저절로 타는 푸른빛.
燐鉱[りんこう] ≪鉱≫ 인광; 인광석.
燐肥[りんぴ] '燐酸肥料'의 준말.
燐酸[りんさん] ≪化≫ 인산.
燐火[りんか] 인화; 도깨비불.
燐灰石[りんかいせき] ≪鉱≫ 인회석.

鱗 비늘 린

音 ⊗リン
訓 ⊗うろこ ⊗うろくず

訓読
⊗鱗❶[うろこ/こけら] ①비늘. ②비늘 모양의 삼각형 무늬. ③머리의 비듬. ❷[うろくず] ①물고기의 비늘. ②물고기. ❸[りん] ☞ [音読]

音読
鱗❶[りん] 비늘. ❷[うろこ/うろくず] ☞ [訓読]
鱗介[りんかい] 인개; ①어패류(魚貝類). ②해산물의 총칭.
鱗茎[りんけい] ≪植≫ 인경; 비늘줄기.
鱗台[りんだい] '図書寮(ずしょりょう)'의 딴이름.
鱗毛[りんもう] ≪植≫ 인모.
鱗木[りんぼく/うろこぎ] ≪植≫ 인목.
鱗粉[りんぷん] ≪虫≫ 인분; 나비의 날개에 붙은 비늘 모양의 가루.
鱗状[りんじょう] 인상; 비늘 모양.
鱗屑[りんせつ] 인설; 피부 표면의 비늘.
鱗雲[りんうん/うろこぐも] 비늘구름.
鱗虫[りんちゅう] 인충; 비늘 있는 동물.
鱗片[りんぺん] 인편; ①비늘 모양의 조각. ② ≪植≫ 비늘조각.
鱗形[りんけい/うろこがた] 인형; 비늘 모양.

〔림〕

林 수풀 림

一 十 才 木 木' 村 材 林

音 ◉リン
訓 ◉はやし

訓読

2◉林❶[はやし] 숲. 수풀.

林❷[ばやし] (명사에 접속하여) 사물이 숲처럼 집중적으로 모여 있는 곳·상태. ¶松(まつ)~ 소나무 숲. ¶雑木(ぞうき)~ 잡목 숲.

音読

林間[りんかん] 임간; 숲 속.

4林檎[りんご] ≪植≫ 사과. 사과나무.

林道[りんどう] 임도; 숲 속의 길.

林立[りんりつ] 임립; 숲의 나무처럼 죽 늘어섬.

林産物[りんさんぶつ] 임산물.

林相[りんそう] 임상; 삼림의 형태.

林野[りんや] 임야; 숲과 들판.

林野庁[りんやちょう] 산림청(山林庁).

1林業[りんぎょう] 임업; 삼림 경영의 사업.

林葬[りんそう] ≪仏≫ 임장; 시체를 숲 속에 방치하는 장례.

林政学[りんせいがく] 임정학; 임업에 관한 행정학.

林地[りんち] 임지; ①숲으로 된 땅. ②육림(育林)하는 땅.

林泉[りんせん] 임천; ①나무·우물·연못을 배치한 정원. ②은둔처.

林学[りんがく] 임학; 삼림학(森林学).

臨	잠시/임할 림
丨 𠃌 𠂉 ... 臨	

音 ◉リン
訓 ◉のぞむ

訓読

1◉臨む[のぞむ] 〈5自〉 ①(건물이나 토지가 강이나 바다 쪽으로) 면하다. 향하다. ②임하다. 출석하다. 참석하다. ③(어떤 상황에) 직면하다. 즈음하다. 당하다. ④(아랫사람을) 대하다. ⑤군림하다.

音読

臨検[りんけん] 임검; 현장 검사.

臨界[りんかい] 임계; 경계(境界).

臨機応変[りんきおうへん] 임기응변.

臨本[りんぽん] 임본; 글씨본. 그림본.

臨写[りんしゃ] 임사; 원본을 베낌.

臨床[りんしょう] 임상; ①환자가 누워 있는 곁으로 감. ②환자를 진찰하고 치료함.

臨書[りんしょ] 임서; 원본을 베낌.

臨席[りんせき] 임석; 참석. 출석함.

2臨時[りんじ] 임시; 일시적인 기간.

臨時会[りんじかい] ①임시 모임. ②임시 국회. ③임시 의회.

臨御[りんぎょ] 임어; 임금이 참석함.

臨月[りんげつ] 임월; 산월(産月).

臨場感[りんじょうかん] 임장감; 현장감.

臨戦[りんせん] 임전; 전쟁에 임함.

臨済宗[りんざいしゅう] ≪仏≫ 임제종.

臨終[りんしゅう] 임종; 죽음에 임함.

臨港線[りんこうせん] 임항선; 하역을 위해 부두까지 깐 철도 선로.

臨海[りんかい] 임해; 바다에 인접해 있음.

臨行[りんこう] 임행; 귀인이 가서 참석함.

臨幸[りんこう] 임행; 임금이 그곳에 거둥함.

臨休[りんきゅう] 임휴; ①임시 휴업. ②임시 휴가. ③임시 휴교.

淋	물댈/쓸쓸할 림	音 ⊗リン 訓 ⊗さびしい

訓読

⊗淋しい[さびしい] 〈形〉 ①쓸쓸하다. 한적하다. ②허전하다. 서운하다. ③(내용이) 허술하다. 빈약하다. 초라하다.

淋しがり屋[さびしがりや] 외로움을 잘 타는 사람. 남보다 더 외로워하는 사람.

音読

淋菌[りんきん] ≪医≫ 임균; 임질균.

淋毒[りんどく] 임독; 임질의 독.

淋漓[りんり] 임리; 많은 양의 땀이나 피가 뚝뚝 떨어짐.

淋病[りんびょう] ≪医≫ 임병; 임질(淋疾).

淋疾[りんしつ] ≪医≫ 임질.

淋巴球[りんぱきゅう] ≪生理≫ 임파구.

淋巴腺[りんぱせん] ≪生理≫ 임파선.

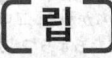

〔립〕

立	설 립
丶 亠 亡 立 立	

音 ◉リツ ◉リュウ
訓 ◉たつ ◉たてる

訓読

4◉立つ[たつ] 〈5自〉 ①일어서다. ②서다. ③(자연 재해가) 생기다. 일다. ④(책임 있는 자리에) 서다. ⑤떠나다. 출발하다.

⑥설치되다. 마련되다. ⑦유지되다. ⑧(눈에) 띄다. ⑨(계획이) 서다. ⑩(불에) 타다. 끓다. ⑪흥분하다. ⑫박히다. 꽂히다.

立ちはだかる[たちはだかる] 〈5自〉 가로막다. 막아서다.

[1]**立ち去る**[たちさる] 〈5自〉 떠나가다. 물러가다.

立(ち)居[たちい] 동작. 몸짓. 거동.

立(ち)居振(る)舞(い)[たちいふるまい] 평소의 몸가짐. 행동거지.

立(ち)撃ち[たちうち] (활·총을) 서서 쏨.

立(ち)見[たちみ] 선 채로 봄.

立(ち)稽古[たちげいこ] 동작 연습. 리허설.

立(ち)枯れ[たちがれ] (초목이) 선 채로 말라죽음. 고사(枯死)함.

立(ち)枯れる[たちがれる] 〈下1自〉 (초목이) 선 채로 말라죽다. 고사(枯死)하다.

立(ち)枯(れ)病[たちがれびょう] ≪農≫ 모잘록병.

立(ち)高跳び[たちたかとび] 제자리높이뛰기.

立(ち)高飛び[たちたかとび] 제자리높이뛰기.

立ち掛(か)る[たちかかる] 〈5自〉 ①일어서려고 하다. ②덤벼들다. 맞서다.

立ち交じる[たちまじる] 〈5自〉 한패에 끼이다.

立(ち)葵[たちあおい] ≪植≫ 접시꽃.

立ち均す[たちならす] 〈5他〉 땅을 밟아 고르다.

立(ち)襟[たちえり] 스탠딩 칼라.

立(ち)技[たちわざ] (유도·레슬링의) 서서 상대방을 공격하는 수.

[1]**立ち寄る**[たちよる] 〈5自〉 ①다가서다. ②들르다.

立(ち)台[たちだい] 단(壇). 연단(演壇).

立(ち)代(わ)り[たちかわり] 교대. 교체.

立ち代わる[たちかわる] 교대하다. 교체하다.

立(ち)待(ち)月[たちまちつき] 음력 17일 밤의 달.

立ち渡る[たちわたる] 〈5自〉 (구름·안개 등이) 자욱이 끼다.

立(ち)読み[たちよみ] (책방에서 책은 사지 않고) 선 채로 읽음.

立ち働く[たちはたらく] 〈5自〉 부지런히 일하다.

立ち戻る[たちもどる] 〈5自〉 되돌아오다. 되돌아가다.

立ち連なる[たちつらなる] 〈5自〉 이어져 서 있다. 연이어 늘어서다.

立ち籠める[たちこめる] 〈下1自〉 (냄새·구름·안개 등이) 자욱하다.

立(ち)流し[たちながし] 서서 하는 설거지통.

立(ち)売り[たちうり] 가두 판매. 가판(街販).

立(ち)明かし[たちあかし] 세워 두는 횃불.

立(ち)毛[たちげ] 논밭의 농작물.

立(ち)木[たちき] 서 있는 나무.

立(ち)聞き[たちぎき] 엿들음.

立ち迷う[たちまよう] 〈5自〉 (연기·안개 등이) 자욱하다. 떠돌다.

立ち返る[たちかえる] 〈5自〉 되돌아가다. 되돌아오다.

立(ち)方[たちかた] (일본 무용의) 무용수.

立ちん坊[たちんぼう] ①계속 서 있음. ②날품팔이. ③짐수레를 밀어 주고 삯을 받던 사람.

立(ち)番[たちばん] 서서 망을 봄.

立ち別れる[たちわかれる] 〈下1自〉 갈라서다. 헤어지다. 헤어져 떠나가다.

立ち並ぶ[たちならぶ] 〈5自〉 ①나란히 늘어서다. ②(재능·힘이) 비슷하다.

立ち腐れ[たちぐされ] ①(나무·기둥이) 선 채로 썩음. ②(방치된 건물이) 황폐됨.

立ち射ち[たちうち] (총·활을) 선 채로 쏨.

立(ち)上(が)り[たちあがり] ①일어섬. ②스타트. 첫 동작. 시동. 시발.

[2]**立ち上がる**[たちあがる] 〈5自〉 ①일어서다. 기립하다. ②나서다. ③(고통에서) 다시 일어서다. ④높이 솟아오르다. ⑤(씨름에서) 맞붙으려고 일어서다.

立ち上る[たちのぼる] 〈5自〉 (연기·수증기가) 피어오르다. 솟아오르다.

立ち塞がる[たちふさがる] 〈5自〉 앞을 가로막다. 막아서다.

立(ち)席[たちせき] 입석.

立(ち)小便[たちしょうべん] 화장실이 아닌 곳에서 소변을 봄.

立(ち)所に[たちどころに] 당장. 곧. 금방.

立(ち)消え[たちぎえ] ①불이 타는 도중에 꺼짐. ②(일·계획이) 흐지부지됨.

立ち騒ぐ[たちさわぐ] 〈5自〉 ①마구 떠들어대다. ②(바람이) 크게 소리를 내다. ③(파도가) 거세게 출렁이다.

立ち続ける[たちつづける] 〈下1自〉 줄곧 서 있다. 계속해서 서 있다.

立ち竦む[たちすくむ] 〈5自〉 (두려움으로) 선 채 꼼짝 못하다.

立ち勝る[たちまさる]〈5自〉 더 좋다.

立(ち)食い[たちぐい] ①서서 먹음. ②카운터에서 먹음.

立ち身[たちみ] ①일어서려고 하는 자세. ②서 있는 자세.

立(ち)暗み[たちくらみ] 일어섰을 때 나는 현기증.

立(ち)業[たちわざ] (유도・레슬링에서) 서서 상대방을 공격하는 수.

立(ち)役[たちやく] (歌舞伎(かぶき)에서) 착한 사람 역의 주연 배우.

立ち連なる[たちつらなる] 〈5自〉 연이어 늘어서다.

立ち葉[たちは] 연잎처럼 긴 줄기에 받쳐져 서 있는 잎.

立(ち)泳ぎ[たちおよぎ] 발로만 하는 헤엄.

立(ち)往生[たちおうじょう] ①선 채로 죽음. ②(전차나 자동차의 앞뒤가 막혀) 오도 가도 못함. 선 채로 꼼짝 못함. ③(일을 처리할 수 없어) 꼼짝 못함.

立(ち)涌き[たちわき] 중간이 불룩하게 된 곡선을 마주 이은 세로줄의 무늬.

立ち違う[たちちがう] 〈5自〉 연달아 드나들다.

立(ち)飲み[たちのみ] 간단히 서서 마심.

立ち込む[たちこむ] 〈5自〉 ①(사람・자동차가 많아) 옴짝달싹못하다. ②물 속에 들어가 낚시질하다.

立ち入る[たちいる] 〈5自〉 ①안으로 들어가다. 출입하다. ②개입하다. 깊이 파고들다. ③간섭하다.

立(ち)入り[たちいり] 안으로 들어감.

立(ち)姿[たちすがた] ①서 있는 모습. ②춤추는 모습.

2**立場**[たちば] 입장; ① (뭔가를 하기 위한) 경우. 처지. 형편. ②설 곳. 설 자리. ③견지. 관점.

立(ち)前[たちまえ] ①떠나기 전. 출발 전. ②노동에 대한 임금. ③노동자의 하루 생활비.

立ち淀む[たちよどむ] 〈5自〉 주저하다.

2**立ち止まる**[たちどまる] 〈5自〉 멈추어 서다.

立ち至る[たちいたる] 〈5自〉 (심각한 상태에) 이르다. 접어들다.

立(ち)遅れ[たちおくれ] (발전이) 뒤짐. 낙후됨.

立ち遅れる[たちおくれる] 〈下1自〉 ①뒤늦게 일어서다. ②(발전이) 뒤지다. 낙후되다. ③일의 출발이 늦다.

立ち直り[たちなおり] ①다시 일어섬. ②재기(再起)함. 회복.

立ち直る[たちなおる] 〈5自〉 ①다시 일어서다. 몸을 가누다. ②재기(再起)하다. 회복되다.

立ち尽くす[たちつくす] 〈5自〉 (마음이 끌리어) 언제까지나 그 곳에 서 있다.

立ち振(る)舞い❶[たちふるまい] 평소의 몸가짐. 행동거지. ❷[たちぶるまい] 송별 잔치.

立ち添う[たちそう] 〈5自〉 바짝 다가서다. 붙어 서다.

立(ち)通し[たちどおし] 계속 서 있음.

立ち退く[たちのく] 〈5自〉 ①떠나다. 물러나다. ②퇴거하다. 집을 옮기다.

立(ち)退き[たちのき] 퇴거. 주소 이전.

立(ち)幅跳び[たちはばとび] 제자리멀리뛰기.

立(ち)幅飛び[たちはばとび] 제자리멀리뛰기.

立(ち)合い[たちあい] ①대결. 맞붙음. ②(씨름에서)일어서려는 순간. ③(能(のう)에서) 경연(競演).

立ち合う[たちあう] 〈5自〉 맞서 싸우다. 맞붙다.

立ち行く[たちゆく] 〈5他〉 ①나가다. 나서다. ②(시간이) 흘러가다. 지나가다. ③(살림이) 그럭저럭 꾸려 나가다.

立ち向(か)う[たちむかう] 〈5自〉 ①(목표로) 향하다. ②정면 대결하다. 맞서다. 대항하다.

立(ち)眩み[たちくらみ] 일어섰을 때 나는 현기증.

立(ち)話[たちばなし] ①선 채로 이야기함. ②서서 하는 이야기.

立ち回る[たちまわる] 〈5自〉 ①여기저기 돌아다니다. ②눈치 빠르게 움직이다. ③(수배 중인 범인이) 들르다. ④(연극에서) 난투를 벌이다.

立(ち)回り[たちまわり] ①돌아다님. ②(연극의) 난투 장면. ③싸움. 난투.

立(ち)回(り)先[たちまわりさき] 행방(行方).

立ち会う[たちあう] 〈5自〉 (증인이나 참고인으로서) 입회하다. 그 자리에 있다.

立ち会い[たちあい] 입회; ①그 자리에 있음. ②(거래소에서) 거래를 함.

立(ち)会い演説[たちあいえんぜつ] 합동 연설.

立会人[たちあいにん] ①입회인. ②선거 참관인.

立(ち)後れ[たちおくれ] (발전이) 뒤짐. 낙후됨.

立ち後れる[たちおくれる] 〈下1自〉 ①뒤늦게 일어서다. ②(발전이) 뒤지다. 낙후되다. ③일의 출발이 늦다.
立ち休らう[たちやすらう] 〈5自〉 ①멈춰 서다. ②머뭇거리다.
立(ち)詰め[たちづめ] 계속 서 있음.
3◉立てる[たてる] 〈下1他〉 ①세우다. ②(자연 현상을) 일으키다. ③흥분하게 하다. ④(소리를) 내다. ⑤내세우다. ⑥제기하다. ⑦유지하게 하다. ⑧(소원을) 빌다.
立て❶[たて] ①(동사 ます형에 접속하여) 갓 …한. 막 …한. ②(숫자에 접속하여) 연패(連敗). ❷[だて] ①(동사 ます형에 접속하여) 일부러 …함. ②우마차를 끄는 마소의 수. ③배에 딸린 노(櫓)의 수. ④1회 상영 편수. ⑤방법. 항목.
立(て)看[たてかん] ☞ 立看板
立(て)看板[たてかんばん] 입간판; 길쪽으로 세워 둔 간판.
立て坑[たてこう] 수직 갱도.
立て掛ける[たてかける] 〈下1他〉 기대어 세워 놓다.
立て臼[たてうす] 큰 절구.
立(て)女形[たておやま] 여배우로 분장한 남자 배우.
立て籠める[たてこめる] 〈下1自〉 (냄새·안개·가스 등이) 자욱하다.
立て籠もる[たてこもる] 〈5自〉 ①집안에 틀어박히다. ②농성하다. 점거하다.
立(て)網[たてあみ] 정치망(定置網).
立(て)文[たてぶみ] 편지를 礼紙(らいし)로 싼 다음 백지로 다시 싸서 위아래로 접은 편지.
立(て)物[たてもの] ①'埴輪(はにわ)'의 딴 이름. ②투구에 다는 장식물.
立(て)付け[たてつけ] (문의) 여닫히는 상태.
立て付ける[たてつける] 〈下1他〉 ①(문을) 잘 맞춰 달다. ②잇달아 하다.
立(て)蔀[たてじとみ] 격자창 모양의 널판장.
立(て)山[たてやま] 출입이 금지된 산.
立て続けに[たてつづけに] 계속. 연달아.
立(て)膝[たてひざ] 한쪽 무릎을 세우고 앉음.
立(て)役[たてやく] 주연 배우.
立(て)役者[たてやくしゃ] ①주연 배우. ②중심 인물. 실세(実勢).
立(て)烏帽子[たてえぼし] 꼭대기를 접지 않은 えぼし.
立て引き[たてひき] ①라이벌. ②(호기를 부려) 돈을 대신 치름. ③입체함.
立て引きずく[たてひきずく] 서로 고집을 부림.
立て引く[たてひく] 〈5自〉 ①서로 고집을 부리다. ②(호기를 부려) 돈을 대신 치르다.
立て込む[たてこむ] 〈5自〉 ①(사람으로) 북적거리다. ②(집이) 빽빽이 들어서다. 밀집하다. ③일이 겹치다.
立て込める[たてこめる] 〈下1他〉 (문을) 꼭 닫다.
立(て)者[たてもの] ①(극단의) 대표적인 배우. ②대표적인 인물. 중심 인물.
立(て)場[たてば] ①(江戸(えど) 시대의) 역참. ②넝마장수. ③출발 장소.
立(て)敵[たてがたき] (歌舞伎(かぶき)에서) 가장 중요한 악역(悪役).
立て切る[たてきる] 〈5他〉 ①(문을) 꼭 닫다. ②칸막이를 하다. ③관철시키다. ④끝까지 지키다.
立(て)直し[たてなおし] ①다시 세움. ②재수립함. 바로잡음. 재정비. 개선함.
立て直す[たてなおす] 〈5他〉 ①다시 세우다. ②재건하다. 바로 잡다.
立(て)札[たてふだ] 팻말.
立(て)替え[たてかえ] 입체; 돈을 대신 치름.
1立て替える[たてかえる] 〈下1他〉 입체하다. 돈을 대신 치르다.
立て通す[たてとおす] 〈5他〉 ①관철시키다. ②지켜나가다. 견지하다.
立(て)板[たていた] 세워 놓은 판자.
立坪[たてつぼ/りゅうつぼ] (흙·자갈 등의) 6자 입방의 부피.
立(て)行司[たてぎょうじ] (씨름의) 수석 심판.
立て回す[たてまわす] 〈5他〉 둘러치다.

音読

立脚[りっきゃく] 입각; 근거로 함.
立脚地[りっきゃくち] 근거로 하는 입장.
立国[りっこく] 입국; ①건국. ②나라의 번영을 도모함.
立党[りっとう] 입당; 창당(創党).
立刀[りっとう] 칼도방. *한자(漢字) 부수의 하나로 '利, 創' 등의 '刂' 부분을 말함.
立冬[りっとう] 입동; 24절기의 하나.
立礼❶[りつれい] 선 채로 경례함. ❷[りゅうれい] ☞ 立礼式
立論[りつろん] 입론; 이론의 순서·취지를 세움.
立面図[りつめんず] 입면도; 물체를 바로 옆에서 본 그림.

立命[りつめい/りゅうめい] 입명; 천명(天命)을 좇아 마음의 안정을 얻음.
立米[りゅうべい] '立方メートル'의 준말.
[1]**立方**[りっぽう] 입방; ①세제곱. ②'立方体(りっぽうたい)'의 준말.
立方メートル[りっぽうメートル] 입방 미터.
立方体[りっぽうたい] 입방체; 정육면체.
[1]**立法**[りっぽう] 입법; 법률을 제정함.
立腹[りっぷく] 화를 냄. 역정을 냄.
立像[りつぞう] 입상; 서 있는 자세의 상.
立身[りっしん] 입신; 출세함.
立心偏[りっしんべん] 심방변. ＊한자(漢字) 부수의 하나로 '性' 등의 '忄'을 말함.
立案[りつあん] 입안; ①계획을 세움. ②초안을 만듦.
立願[りゅうがん/りつがん] 소원을 빎.
立証[りっしょう] 입증; 증명함.
立地[りっち] 입지; ①땅의 자연 조건이 작용함. ②입장.
立志[りっし] 입지; 뜻을 세움.
[1]**立体**[りったい] 입체; 높이·너비·두께 등을 갖고 있는 물건.
立体感[りったいかん] 입체감.
立秋[りっしゅう] 입추; 24절기의 하나.
立錐[りっすい] 입추; 송곳을 세움.
立春[りっしゅん] 입춘; 24절기의 하나.
立太子[りったいし] 입태자; 태자 책립.
[2]**立派**[りっぱ] ①훌륭함. 멋짐. 근사함. 당당함. ②충분함. 흡족함. 어엿함.
立夏[りっか] 입하; 24절기의 하나.
立憲[りっけん] 입헌; 헌법을 제정함.
立后[りっこう] 입후; 황후의 책립.
立候補[りっこうほ] 입후보; 후보로 나섬.

粒 낟알 립

丷 丬 半 米 米 米' 米ᅩ 粒 粒 粒

音 ◉リュウ
訓 ◉つぶ

訓読

[2]◉**粒**[つぶ] ①낟알. 알. ②주사위. ③주판알. ④하나하나. 골고루.
粒粒[つぶつぶ] ①많은 알맹이. ②좁쌀 알 같은 것. 발진(発疹). ③도톨도톨. 방울방울.
粒粒書(き)[つぶつぶがき] 글씨를 또박또박 씀.
粒立つ[つぶだつ] 〈5自〉 ①도톨도톨 돋아나다. 소름끼치다. ②(연기·연출이) 돋보이다.
粒選り[つぶより] 좋은 것만 골라냄. 엄선함.
粒銀[つぶぎん] (江戸(えど) 시대의) 콩알 모양으로 작게 만든 은화(銀貨).
粒餌[つぶえ] 낟알 모이.
粒揃い[つぶぞろい] ①알의 크기가 고름. ②한결같이 뛰어남.

音読

粒粒辛苦[りゅうりゅうしんく] 숱한 고생을 함. 쉬지 않고 노력을 쌓음.
粒状[りゅうじょう/つぶじょう] 입상; 알갱이 모양.
粒食[りゅうしょく] 입식; ①쌀을 먹음. ②곡식을 낟알 그대로 먹음.
粒子[りゅうし] 입자; 물질을 구성하는 가장 미세한 알갱이.

笠 삿갓 립

音 ⊗リュウ
訓 ⊗かさ

訓読

⊗**笠**[かさ] ①삿갓. ②갓 모양의 것. ③'茶碗(ちゃわん)'의 뚜껑. ④비호 세력. 배경.
笠木[かさぎ] (난간·문·울타리) 위에 대는 가로대
笠雲[かさぐも] (산꼭대기의) 삿갓구름.
笠子[かさご] ≪魚≫ 쏨뱅이. 수염어.
笠懸[かさがけ] 말을 타고 걸어놓은 삿갓을 쏘아 맞히는 경기의 하나.

마

馬 말 마

丨 𠃊 ⺁ 𠂩 𠂪 馬 馬 馬 馬 馬

音 ◉バ ⊗メ
訓 ◉うま ◉ま

訓読

4 ◉**馬**[うま] ① ≪動≫ 말. ②접사다리. ③목마. ④외상값을 받으러 손님에게 딸려 보내는 사람.
馬なり[うまなり] (경마에서) 말이 달리는 대로 내버려 둠.
馬の脚[うまのあし] 마각; ①(연극에서) 말의 다리 역할을 하는 배우. ②단역 배우.
馬鎧[うまよろい] 말의 갑옷.
馬耕し[うまおこし] 말로 밭을 갊.
馬の骨[うまのほね] ①말 뼈다귀. ②신원을 알 수 없는 사람.
馬菅[うますげ] ≪植≫ 좀도깨비사초.
馬弓[うまゆみ] 말을 타고 활쏘기.
馬克[マルク] 마르크. ＊독일의 화폐.
馬刀貝[まてがい] ≪貝≫ 긴맛.
馬跳び[うまとび] 말 타기 놀이.
馬の鈴草[うまのすずくさ] ≪植≫ 쥐방울덩굴.
馬溜り[うまだまり] 성 밖 다리 근처의 말 매어두는 곳.
馬陸[★やすで] ≪虫≫ 노래기.
馬面[うまづら] ①말상. 긴 얼굴. ② ≪魚≫ 쥐치.
馬の尾[うまのお] 말 꼬리.
馬尾蜂[うまのおばち] ≪動≫ 말총벌.
馬尾藻[★ほんだわら] ≪植≫ 모자반.
馬返し[うまがえし] 말을 타고 갈 수 없는 험한 산길.
馬方[うまかた] 마부(馬夫).
馬方節[うまかたぶし] 마부들의 노래.
馬の背[うまのせ] 산등성이 길.
馬の背越[うまのせごえ] 산등성이 길.
馬筏[うまいかだ] ①물살이 센 강을 말 타고 건널 때 취하는 대형(隊形). ②말을 나르는 뗏목.
馬柄杓[まびしゃく] 말에게 물을 주는 그릇.
馬糞[まぐそ/ばふん] 마분; 말똥.
馬糞紙[まぐそがみ/ばふんし] 마분지.
馬肥やし[うまごやし] ≪植≫ ①개자리. ②'클로버'의 속칭.
馬飛び[うまとび] 말 타기 놀이.
馬三葉[うまのみつば] ≪植≫ 참반디.
馬小屋[うまごや] 마구간.
馬の巣[うまのす] 말총. 말 꼬리털.
馬乗り[うまのり] ①승마. ②승마를 잘하는 사람. ③말 타듯 올라탐.
馬蠅[うまばえ] ≪虫≫ 말파리.
馬市[うまいち] 마시; 말 시장.
馬顔[うまがお] 말상. 긴 얼굴.
馬煙[うまけむり/うまけぶり] 마연; 말이 마구 달려서 일어나는 흙먼지.
馬屋[うまや] 마구간.
馬印[うまじるし] 장수의 말 위치를 알리는 표지.
馬子[まご] 마부(馬夫).
馬槽[うまぶね] ①말구유. ②큰 통
馬の足[うまのあし] ①(연극에서) 말의 다리 역할을 하는 배우. ②단역 배우.
馬の足形[うまのあしがた] ≪植≫ 미나리아재비.
馬鍬[まぐわ/うまぐわ] ≪農≫ 써레.
馬追(い)[うまおい] ①말을 부림. 마부. ②(목장의) 말몰이.
馬追(い)虫[うまおいむし] ≪虫≫ 베짱이.
馬取(り)[うまとり] 경마꾼.
馬酔木[★あしび/あせび] ≪植≫ 마취목.
馬偏[うまへん] 말마변. ＊한자(漢字) 부수의 하나로 '駅, 験' 등의 '馬' 부분을 말함.
馬標[うまじるし] ☞ 馬印(うまじるし)
馬銜[★はみ/はめ] 마함; 재갈.
馬蛤貝[まてがい] ≪貝≫ 긴맛.
馬験[うまじるし] ☞ 馬印(うまじるし)
馬廻り[うままわり] ①말 탄 장수를 경호하던 기마 무사. ②대장이 탄 말의 주위.

音読

馬脚[ばきゃく] 마각; ①말의 다리. ②정체(正体).
馬見所[ばけんじょ] 마술·경마를 보기 위해 설치한 건물.
馬耕[ばこう] 마경; 말로 논밭을 갊.
馬具[ばぐ] 마구; 말을 부리는 기구.
馬券[ばけん] 마권; 경마 투표권.
馬力[ばりき] 마력; ①동력을 나타내는 단위. ②강한 체력. 정력. ③짐마차.
馬力屋[ばりきや] 마부(馬夫).
馬齢[ばれい] 마령; 자기 나이에 대한 겸양어.

馬鈴薯[ばれいしょ/じゃがいも] ≪植≫ 감자.
[2]**馬鹿**[ばか] ①바보. 멍청이. ②어처구니없음. ③못쓰게 됨.
馬鹿たれ[ばかたれ] 멍청이. 얼간이. 바보.
馬鹿でかい[ばかでかい] 〈形〉 무척 크다. 쓸데없이 크다.
馬鹿らしい[ばからしい] 〈形〉 어이없다. 어처구니없다. 부질없다. 어리석다.
馬鹿念[ばかねん] 지나치게 신경을 씀.
馬鹿当(た)り[ばかあたり] 예상외로 잘 됨.
馬鹿の大足[ばかのおおあし] 바보는 발이 큼.
馬鹿力[ばかぢから] 엄청난 힘. 뚝심.
馬鹿馬鹿しい[ばかばかしい] 〈形〉 ①몹시 어리석다. ②터무니없다. 엄청나다.
馬鹿面[ばかづら] 얼빠진 얼굴. 바보같은 표정.
馬鹿笑い[ばかわらい] 바보 같은 웃음. 유별나게 큰 소리로 웃는 웃음.
馬鹿騒ぎ[ばかさわぎ] 실없는 야단법석.
馬鹿野郎[ばかやろう] 바보 자식. 얼간이.
馬鹿者[ばかもの] 바보. 멍청이. 숙맥.
馬鹿丁寧[ばかていねい] 지나치게 공손함.
馬鹿正直[ばかしょうじき] 고지식함.
馬鹿臭い[ばかくさい] 〈形〉 바보스럽다. 어리석다.
馬鹿値[ばかね] 엄청나게 비싼 값.
馬鹿貝[ばかがい] ≪貝≫ 명주조개. 개량조개.
馬鹿話[ばかばなし] 시시한 이야기.
馬上[ばじょう] 마상; 말을 타고 있음.
馬手[めて] ①말고삐를 잡는 손. ②오른쪽. 오른쪽 방향.
馬首[ばしゅ] 마수; 말머리.
馬術[ばじゅつ] 마술; ①말을 타는 기술. ②곡마. 곡예.
馬身[ばしん] 마신; 말 몸통의 길이.
馬肉[ばにく] 마육; 말고기.
馬耳東風[ばじとうふう] 마이동풍.
馬場[ばば] 마장; 승마장. 경마장.
馬賊[ばぞく] 마적; ①말 도둑. ②말 탄 도적.
馬蹄[ばてい] 마제; 말굽.
馬車[ばしゃ] 마차; 말이 끄는 수레.
馬匹[ばひつ] 마필; 말.
馬革[ばかく] 마혁; 가공한 말가죽.

麻(蔴) 삼/마비할 마

亠 广 户 庁 序 床 床 麻 麻 麻

音 ◉マ
訓 ◉あさ

訓読

◉**麻**[あさ] ① ≪植≫ 삼. ②삼베. ③삼실. ④대마(大麻).
麻幹[★おがら] 껍질을 벗긴 삼대.
麻冠[あさかんむり] 삼마머리. ＊한자(漢字) 부수의 하나로 '摩·磨' 등의 '麻' 부분을 말함.
麻裏[あさうら] 삼베 안감.
麻裏草履[あさうらぞうり] 삼실을 결어서 소용돌이 모양으로 바닥에 댄 ぞうり.
麻糸[あさいと] 마사; 삼실.
麻縄[あさなわ] 삼실로 만든 밧줄.
麻の葉[あさのは] ①삼잎. ②삼잎 무늬.
麻苧[あさお] 삼. 삼실.
麻織(り)[あさおり] 마직; 삼베.
麻布[あさぬの] 마포; 삼베.
麻布蓼[★あざぶたで] ≪植≫ 가는 여뀌.

音読

[1]**麻痺**[まひ] 마비; ①저림. ②신경 기능이 정지됨. ③활동이 정지됨.
麻薬[まやく] 마약; 마취나 환각 등의 작용이 있는 약물.
麻雀[マージャン] 마작. 마장.
麻紙[まし] 마지; 삼 섬유로 만든 종이.
麻疹[ましん/はしか] 마진; 홍역(紅疫).
[1]**麻酔**[ますい] 마취; 기능이 마비됨.
麻酔薬[ますいやく] 마취약.

摩(摩) 문지를 마

亠 广 户 庁 序 麻 麻 麻 麾 摩

音 ◉マ
訓 ⊗さする ⊗する ⊗すれる

訓読

[1]⊗**摩る❶**[さする] 〈5他〉 (손바닥으로) 쓰다듬다. 가볍게 문지르다.
⊗**摩る❷**[する] 〈5他〉 ①문지르다. (성냥을) 긋다. ②(먹을) 갈다. ③으깨다. 짓이기다.
⊗**摩れる**[すれる] 〈下1自〉 ①스치다. 맞닿다. ②스쳐서 닳다. ③약아 빠지다.
摩り[さすり] ①(손바닥으로) 쓰다듬음. ②첩(妾). 정부(情婦). ③(건축에서) 두 면이 동일 평면상에 있음.
摩り減らす[すりへらす] 〈5他〉 ①(문질러) 닳게 하다. ②(심신을) 피곤하게 하다.
摩り減る[すりへる] 〈5自〉 ①닳아서 마멸되다. ②(심신이) 피곤해지다.
摩り付ける[すりつける] 〈下1他〉 ①문지르다. ②문질러 불을 켜다.

摩(り)付(け)木[すりつけぎ] 성냥.
摩(り)切(り)[すりきり] ①평미레질. ②끈을 문질러서 끊음.
摩り切る[すりきる] 〈5他〉 ①문질러서 끊다. ②(돈을) 다 써버리다.
摩り切れる[すりきれる] 〈下1自〉 닳아서 해지다.
摩(り)替え[すりかえ] 바꿔치기.
摩り替える[すりかえる] 〈下1他〉 슬쩍 바꿔치기하다.

音読

摩利支天[まりしてん] 불교의 수호신.
摩滅[まめつ] 마멸; 닳아 없어짐.
摩耗[まもう] 마모; 닳아서 얇아짐.
摩損[まそん] 마손; 닳아서 손상됨.
2摩擦[まさつ] 마찰; ①비빔. ② ≪物≫ 저항. ③불화. 분쟁.
摩天楼[まてんろう] 마천루; 하늘을 찌를 듯 한 고층 건물.
摩訶不思議[まかふしぎ] 희한함.

磨(磨) 갈/연마할 마

丶 亠 广 广 庐 床 麻 麻 磨 磨

音 ◉マ
訓 ◉みがく ⊗とぐ ⊗する

訓読

4◉磨く[みがく] 〈5他〉 ①(문질러서) 닦다. 광을 내다. ②아름답게 가꾸다. ③(학문・기예를) 갈고 닦다. 연마하다. 수련하다.
磨き[みがき] ①닦음. 닦아서 낸 윤. ②수련. 세련.
磨き立てる[みがきたてる] 〈下1他〉 ①빛나게 닦다. ②아름답게 몸치장하다.
磨き粉[みがきこ] 연마분.
磨き砂[みがきずな] 마사; 연마용 분말.
磨き上げる[みがきあげる] 〈下1他〉 ①빛나게 닦다. ②갈고 닦다. 연마하다.
⊗磨ぐ[とぐ] 〈5他〉 ①(칼을) 갈다. ②문질러 윤을 내다. ③(곡식을) 씻다.
磨ぎ水[とぎみず] ①물건을 갈기 위한 물. ②쌀뜨물.
磨ぎ汁[とぎしる] 쌀뜨물.
磨ぎ澄ます[とぎすます] 〈5他〉 ①(칼을) 잘 갈다. ②반질반질하게 닦다. ③갈고 닦다. 연마하다.

⊗磨る[する] 〈5他〉 ①문지르다. (성냥을) 긋다. ②(먹을) 갈다. ③으깨다. 짓이기다. ④탕진하다.
磨りガラス[すりガラス] 젖빛 유리.
磨り減らす[すりへらす] 〈5他〉 ①문질러 마멸시키다. ②(심신을) 피곤하게 하다.
磨り減る[すりへる] 〈5自〉 ①닳아서 마멸되다. ②(심신이) 피곤해지다.
磨り糠[すりぬか] 왕겨.
磨り潰す[すりつぶす] 〈5他〉 ①갈아 으깨다. ②(심신을) 망그러뜨리다.
磨り膝[すりひざ] 무릎걸음. 앉은걸음.
磨り出す[すりだす] 〈5他〉 갈고 닦아 광택을 내다.

音読

磨滅[まめつ] 마멸; 닳아 없어짐.
磨耗[まもう] 마모; 닳아서 얇아짐.
磨損[まそん] 마손; 닳아서 손상됨.

魔(魔) 마귀/마술 마

广 庐 麻 麻 麻 麻 磨 魔 魔 魔

音 ◉マ
訓 —

音読

魔[ま] ①마귀. 악마. 귀신. ②(나쁜 의미의) 마(魔)의… ③…광(狂). …꾼. *병적으로 열중인 사람.
魔境[まきょう] 마경; ①악마가 사는 곳. ②(인적이 드문) 신비로운 세계. ③마굴(魔窟).
魔界[まかい] 마계; 악마의 세계.
魔球[まきゅう] (야구의) 마구; 타자를 괴롭히는 변화구.
魔窟[まくつ] 마굴; ①악마가 사는 곳. ②(나쁜 의미의) 소굴(巣窟).
魔女[まじょ] 마녀; ①마법을 부리는 여자. ②악마 같은 여자.
魔女狩(り)[まじょがり] ①(기독교의) 마녀사냥. ②이단 분자에 대한 일방적인 단죄.
魔道[まどう] 마도; ①악마의 세계. ②타락의 길. 나쁜 길.
魔力[まりょく] 마력; ①불가사의한 힘. ②사람을 현혹시키는 이상한 힘.
魔物[まもの] 마물; 요괴. 괴물.
魔法[まほう] 마법; 마술. 요술.

魔法瓶[まほうびん] 보온병(保温瓶).
魔法使い[まほうつかい] 마법사. 마술사.
魔性[ましょう] 마성; ①악마의 성질. ②사람을 현혹시키는 성질.
魔手[ましゅ] 마수; 악마의 손.
魔術[まじゅつ] 마술; 요술.
魔神[まじん/ましん] 마신; 악마.
魔王[まおう] 마왕; ①악마의 왕. ②사람을 미혹하는 천마(天魔)의 왕.
魔除け[まよけ] 마귀를 쫓는 물건. 부적.

막

幕 휘장/장막 막

一 艹 芦 苩 苴 莫 莫 莫 幕 幕

音 ◉バク ◉マク
訓 —

音読

[2]**幕**[まく] 막; ①휘장. ②(무대의) 막. ③장면. 경우. 때. ④끝. 종결. ⑤상위권 명단에 든 씨름꾼. ⑥연극의 일단락.
幕閣[ばっかく] 江戸幕府(えどばくふ)의 최고 수뇌부.
幕間[まくあい] 막간; 연극의 휴식시간.
幕間劇[まくあいげき] 막간극; ①막간을 이용한 연극. ②역사의 흐름 속에 끼어든 비정상적인 사건.
幕開き[まくあき] 개막; ①막이 오르고 연극이 시작됨. ②일의 시작.
幕開け[まくあけ] ☞ 幕開き
幕見[まくみ] (연극을) 한 막씩의 요금을 내고 봄.
幕尻り[まくじり] 幕内(まくうち)의 최하위급의 씨름꾼.
幕軍[ばくぐん] 徳川幕府(とくがわばくふ)의 군대.
幕内[まくうち] 최상단에 이름이 실리는 씨름꾼.
幕の内[まくのうち] ① ☞ 幕内(まくうち). ②막간(幕間). ③'幕の内弁当(まくのうちべんとう)'의 준말.
幕の内弁当[まくのうちべんとう] 깨를 뿌린 주먹밥에 반찬을 곁들인 도시락.
幕僚[ばくりょう] 막료; 참모(参謀).
幕末[ばくまつ] 江戸幕府(えどばくふ)의 말기.
幕無しに[まくなしに] 끊임없이. 쉴 새 없이.
幕藩体制[ばくはんたいせい] (江戸(えど) 시대의) 幕府(ばくふ)를 중심으로 한 중앙 집권적인 통치 체제.
幕府[ばくふ] 막부; ①将軍(しょうぐん)의 거처나 진영. ②무가(武家) 정권.
幕舎[ばくしゃ] 막사; 군대가 거주하는 텐트로 만든 집.
幕臣[ばくしん] 막신; 幕府(ばくふ)의 신하.
幕営[ばくえい] 막영; ①천막을 친 진영(陣営). ②천막을 치고 야영함.
幕屋[まくや] ①막사(幕舎). ②휘장을 둘러친 막 뒤의 분장실·휴게실.
幕議[ばくぎ] 幕府(ばくふ)의 회의.
幕切れ[まくぎれ] ①(연극에서) 한 막이 끝남. ②일의 끝.

幕政[ばくせい] 幕府(ばくふ)의 정치.
幕下❶[ばっか] 막하; ①막의 아래. 장군이 있는 본진. ②지휘관 직속의 부하. ③'将軍(しょうぐん)'의 높임말. ❷[まくした] (씨름 대전표의) 제2단에 이름이 실리는 씨름꾼.

漠 사막/넓을 막

氵 汀 汁 汼 湛 湛 漠 漠 漠 漠

音 ◉バク
訓 —

音読

漠[ばく] ①끝없이 넓음. ②막연함.
漠漠[ばくばく] 막막; ①끝없이 넓음. ②막연함. ③어두움. 침침함. 어스레함.
[1]**漠然**[ばくぜん] 막연; ①아득함. ②분명하지 않고 어렴풋함.

膜 꺼풀 막

丿 刀 月 月 肝 胪 胪 腊 腊 膜

音 ◉マク
訓 —

音読

[1]**膜**[まく] 막; 표면을 덮고 있는 얇은 막.
膜壁[まくへき] 막벽; (생물체의) 칸막이.
膜状[まくじょう] 막상; 막(膜)과 같은 상태.
膜質[まくしつ] 막질; 막(膜)과 같은 성질.
膜片[まくへん] 막편; 막(膜)의 조각.

莫 없을 막	音 ⊗バク ⊗マク 訓 ⊗なかれ

訓読

⊗**莫れ**[なかれ] …하지 마라. …하지 말지어다.

莫告藻[★なのりそ] ≪植≫ 모자반.

莫大小[メリヤス] 메리야스.

音読

2**莫大**[ばくだい] 막대; 대단히 크고 많음.

莫連[ばくれん] 닳고 닳음. 막 굴러먹음

莫逆[ばくぎゃく/ばくげき] 막역; 마음이 통함. 아주 친밀한 사이.

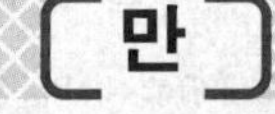

만

万(萬) 일만/많을 만

一 丂 万

音 ◉バン ◉マン
訓 ⊗よろず

訓読

⊗**万**[よろず] ≪雅≫ ①수많음. ②매우 많음. 모든 것. ③모두. 전부. 온갖. 만사.

⊗**万屋**[よろずや] ①만물상(万物商). ②만물박사.

音読

万❶[ばん] ①만에 하나라도. ②아무리 해도.

4**万❷**[まん] ①만. 천(千)의 열 배. 10,000. ②수가 많음.

万感[ばんかん] 만감; 여러 가지 느낌.

万古[ばんこ] 만고; ①영구. 영원. ②'万古焼(ばんこやき)'의 준말.

万古焼[ばんこやき] 일본 三重県(みえけん) 四日市市(よっかいちし)에서 생산되는 도자기.

万考[ばんこう] 만고; 많은 생각.

万国[ばんこく] 만국; 전 세계.

万国旗[ばんこっき] 만국기.

万巻[まんがん] 만권; 많은 서적.

万筋[まんすじ] 옷감의 줄무늬.

万金[まんきん] 만금; 많은 돈.

万難[ばんなん] 만난; 온갖 고난.

万年[まんねん] 만년; 오랜 세월.

万年暦[まんねんごよみ] ①만세력(万歳暦). ②만물박사.

万年杉[まんねんすぎ] ≪植≫ 만년석송.

万年床[まんねんどこ] 밤낮으로 펴 놓은 이부자리.

万年雪[まんねんゆき] 만년설.

万年茸[まんねんだけ] ≪植≫ 영지(霊芝).

万年青[★おもと] ≪植≫ 만년청.

万年草[まんねんぐさ] ≪植≫ 만년초.

4**万年筆**[まんねんひつ] 만년필.

1**万能❶**[ばんのう] 만능; ①모든 것에 효력이 있음. ②모든 면에 뛰어남.

万能❷[まんのう] ≪農≫ 써레.

万端[ばんたん] 만단; 모든 사항. 모든 수단.

万灯会[まんどうえ] ≪仏≫ 만등회.

万来[ばんらい] 만래; 많은 사람이 옴.

万両[まんりょう] ≪植≫ 백냥금.

万力[まんりき] ≪工≫ 바이스.

万里❶[ばんり] 매우 멂. ❷[まんり] 만 리. 4만km.

万里同風[ばんりどうふう] 만리동풍; 천하가 통일되어 태평함.

万里長城[ばんりちょうじょう] 만리장성.

万万[ばんばん] 모두. 죄다. 충분히.

万目[ばんもく] 만인의 눈.

万物[ばんぶつ] 만물; 우주의 모든 사물.

万民[ばんみん] 만민; 모든 백성.

万博[ばんぱく] '万国博覧会'의 준말.

万般[ばんぱん] 만반; 여러 방면.

万方[ばんぽう] 만방; ①여러 방향. ②여러 나라. ③모든 수단·방법.

万邦[ばんぽう] 만방; 여러 나라.

万病[まんびょう] 만병; 온갖 질병.

万分の一[まんぶんのいち] 만분의 일. 아주 적음. 극소수임.

万事[ばんじ] 만사; 모든 일.

万象[ばんしょう] 만상; 온갖 사물과 형상.

万世[ばんせい/よろずよ] 만세; 영원.

万世一系[ばんせいいっけい] 만세일계.

2**万歳❶**[ばんざい] 만세; 이겼을 때나 기쁠 때 외치는 말.

万歳❷[まんざい] 새해에 집집마다 돌아다니며 축하의 말을 하면서 장구를 치며 춤추는 사람.

万葉❶[ばんよう] 만엽; ①영원. ②많은 나뭇잎. ❷[まんよう] '万葉集(まんようしゅう)'의 준말.

万葉仮名[まんようがな] かな가 생기기 전에 한자(漢字)의 음훈(音訓)을 빌어서 표기한 문자.

万葉調[まんようちょう] 万葉集(まんようしゅう)에 수록된 和歌(わか)의 특색.
万葉集[まんようしゅう] 일본에서 가장 오래된 시가집(詩歌集).
万愚節[ばんぐせつ] 만우절.
万有[ばんゆう] 만유; 만물.
万有引力[ばんゆういんりょく] 만유인력.
1**万人**[ばんにん/まんにん] 만인; 온갖 사람. 수많은 사람.
万人向き[まんにんむき] 만인에게 어울림.
万引き[まんびき] 들치기. 물건을 사는 체하면서 훔침.
万一[まんいち] 만일; ①만에 하나. ②만약.
2**万が一**[まんがいち] 만약. 만일에.
万障[ばんしょう] 만장; 온갖 장애.
万全[ばんぜん] 만전; 아주 안전함.
万策[ばんさく] 만책; 온갖 수단.
万遍無く[まんべんなく] 두루. 고르게.
万化[ばんか] 만화; 끝없이 변화함.
万華鏡[まんげきょう/ばんかきょう] 만화경.

蛮(蠻) 오랑캐 만

亠 亣 亦 亦 亦 峦 峦 峦 蛮 蛮

音 ◉バン
訓 —

音読

蛮力[ばんりょく] 만력; 폭력.
蛮民[ばんみん] 만민; 야만인. 미개인.
蛮声[ばんせい] 거칠고 굵은 목소리.
蛮語[ばんご] 만어; ①야만인의 말. ②외국어.
蛮勇[ばんゆう] 만용; 함부로 부리는 용기.
蛮夷[ばんい] 만이; 야만인. 오랑캐.
蛮人[ばんじん] 만인; 야만인.
蛮族[ばんぞく] 만족; 야만족. 미개인.
蛮地[ばんち] 만지; 미개지(未開地).
蛮風[ばんぷう] 만풍; 야만적인 풍습.
蛮行[ばんこう] 만행; 야만적인 행위.

満(滿) 가득찰 만

氵 汀 汁 汫 洪 洪 浩 浩 満 満

音 ◉マン
訓 ◉みたす ◉みちる ⊗みつ

訓読

1◉**満たす**[みたす] 〈5他〉 ①(가득) 채우다. ②충족시키다. 만족시키다.
満たない[みたない] 미달이다. 미만이다. 모자라다.
2◉**満ちる**[みちる] 〈上1自〉 ①(가득) 차다. 넘치다. ②(기한이) 만료되다. 기한이 되다. ③보름달이 되다. ④만조가 되다.
満ち干[みちひ] 간만; 밀물과 썰물.
満ち欠け[みちかけ] 달(月)이 참과 이지러짐.
満ち潮[みちしお] 만조; 밀물.
満ち足りる[みちたりる] 〈上1自〉 만족스럽다. 만족해하다. 흡족해하다.
⊗**満つ**[みつ] 〈5自〉 충분하다.

音読

満[まん] ①가득 참. 충분함. ②(나이의) 만.
満タン[まんタン] 탱크에 가득 참.
満干[まんかん] 간만. 썰물과 밀물.
満腔[まんこう] 만강; 온몸. 전신.
満開[まんかい] 만개; 꽃이 활짝 핌.
満更[まんざら] ①아주. 꽤. ②(부정문에서) 반드시…인 것만은 아니다.
満貫[まんがん] (마작의) 규정된 최고점.
満款[まんがん] ☞ 満貫
満期[まんき] 만기; 정한 기한이 다 참.
満喫[まんきつ] 만끽; ①실컷 먹고 마심. ②욕망을 충분히 만족시킴.
満年齢[まんねんれい] 만 연령; 만 나이.
満堂[まんどう] 만당; 회당에 가득 모임.
満了[まんりょう] 만료; 기한이 꽉 차서 끝남.
満塁[まんるい] (야구의) 만루; 풀 베이스.
満満[まんまん] 만만; 가득 참.
満面[まんめん] 만면; 얼굴 전체.
満目[まんもく] 만목; 눈에 띄는 것 모두.
満腹[まんぷく] 만복; 배부름.
満山[まんざん] 만산; ①온 산. ②온 절(寺).
満席[まんせき] 만석; 만원(満員).
満船[まんせん] 만선; 짐으로 배가 가득 참.
満水[まんすい] 만수; 물이 가득 참.
満身[まんしん] 만신; 온몸. 전신.
満悦[まんえつ] 만열; 만족하여 기뻐함.
2**満員**[まんいん] 만원; 정한 인원이 다 참.
満願[まんがん] 만원; 날수를 정한 기도나 법회가 끝남.
1**満月**[まんげつ] 만월; 보름달. 둥근 달.
満作[まんさく] 만작; 풍작(豊作).
1**満場**[まんじょう] 만장; 회장에 가득 모임.
満載[まんさい] 만재; ①사람이나 물건을 가득 실음. ②신문·잡지에 기사를 가득 실음.
満点[まんてん] 만점; ①규정된 최고 점수. ②나무랄 데가 없음.

ㅁ

満庭[まんてい] 만정; 뜰 가득.
2満潮[まんちょう] 만조; 밀물.
2満足[まんぞく] 만족; ①온전함. 충분함. ②충족. 흡족.
満座[まんざ] 만좌; 그 자리의 모든 사람.
満州[まんしゅう] ≪地≫ 만주.
満株[まんかぶ] 주식의 청약이 모집 수효에 달함.
満車[まんしゃ] 만차; 주차장이 자동차로 가득 참.
満天下[まんてんか] 만천하; 온 세계.
満遍無く[まんべんなく] 두루. 고르게
満幅[まんぷく] 만폭; ①온 폭. 전체의 폭. ②전폭적임.
満艦飾[まんかんしょく] 만함식; ①(축제일에) 군함을 화려하게 꾸밈. ②≪俗≫ 여자가 옷을 화려하게 차려 입음. ③≪俗≫ 빨래를 잔뜩 널어놓음.

湾(灣) 물굽이 만

音 ◉ワン
訓 —

音読

2湾[わん] 만; 바다가 육지 가운데로 쑥 들어온 곳.
湾曲[わんきょく] 만곡; 활처럼 굽음.
湾口[わんこう] 만구; 만의 입구.
湾屈[わんくつ] ☞ 湾曲
湾内[わんない] 만내; 만의 안쪽.
湾頭[わんとう] 만두; 만의 가장자리.
湾流[わんりゅう] 만류; 대서양 난류.
湾外[わんがい] 만외; 만의 밖.
湾入[わんにゅう] 만입; 해안선이 활 모양으로 육지로 들어감.

晩(晚) 저물/늦을 만

音 ◉バン
訓 ⊗おそい

訓読

⊗晩い[おそい] 〈形〉 ①(철이나 생일이) 늦다. ②(밤이) 늦다.

音読

4晩[ばん] ①저녁. ②밤.
晩げ[ばんげ] 저녁때.
晩景[ばんけい] 만경; ①석양. ②저녁 경치.
晩菊[ばんぎく] 만국; 늦게 피는 국화.
晩期[ばんき] 만기; ①늘그막. ②말기(末期).
1晩年[ばんねん] 만년; 늘그막.
晩稲[ばんとう/おくて] 만도; 늦벼.
晩冬[ばんとう] 만동; 늦겨울.
晩飯[ばんめし] 저녁밥. 저녁 식사. ＊남자들의 거친 말씨.
晩方[ばんがた] 저녁때. 해질 무렵.
4晩御飯[ばんごはん] 저녁 식사. 저녁밥.
晩霜[ばんそう] 만상; 늦서리.
晩生❶[ばんせい] 만생; 식물이 늦됨. ❷[おくて] 식물이 늦됨. 늦깎이.
晩成[ばんせい] 만성; 늦게 성공함.
晩熟❶[ばんじゅく] 만숙; 성숙이 늦됨. ❷[おくて] 식물의 성숙이 늦됨.
晩食[ばんしょく] 저녁 식사. 저녁밥.
晩酌[ばんしゃく] 만작; 저녁 반주.
晩鐘[ばんしょう] 만종; 저녁 종.
晩餐[ばんさん] 만찬; 저녁 식사.
晩秋[ばんしゅう] 만추; 늦가을.
晩春[ばんしゅん] 만춘; 늦봄.
晩夏[ばんか] 만하; 늦여름.
晩学[ばんがく] 만학; 나이가 들어 늦게 배움.
晩婚[ばんこん] 만혼; 나이가 들어 늦게 결혼함.

慢 게으를/거만할 만

音 ◉マン
訓 —

音読

慢じる[まんじる] 〈上1自〉 ☞ 慢ずる
慢ずる[まんずる] 〈サ変自〉 자만심을 갖다. 자만하다. 뽐내다.
慢気[まんき] 만기; 자만심.
慢罵[まんば] 만매; 깔보고 욕함.
慢侮[まんぶ] 만모; 깔보고 업신여김.
1慢性[まんせい] 만성; ①오래 끄는 병의 상태. ②안 좋은 상태가 오래 계속됨.
慢心[まんしん] 만심; 자만심.

漫 부질없을 만
氵 氵' 氵冂 氵冃 氵日 氵昌 渭 温 漫 漫

音 ◉マン
訓 ⊗そぞろ

訓読

⊗漫ろ[そぞろ] ①〈形動〉 마음이 들뜸. 마음이 설렘. 마음이 싱숭생숭함. ②어쩐지. 공연히. 저절로. 절로.
漫ろ歩き[そぞろあるき] 산책.
漫ろ心[そぞろごころ] 들뜬 마음.
漫ろ言[そぞろごと] 무심코 하는 말.

音読

漫談[まんだん] 만담; 세상을 풍자하는 이야기.
漫録[まんろく] 만록; 만필(漫筆).
漫漫[まんまん] 끝없이 넓음.
漫罵[まんば] 까닭 없이 욕함.
漫歩[まんぽ] 만보; 산책.
漫語[まんご] ☞ 漫言
漫言[まんげん] 두서없는 말.
漫然[まんぜん] 만연; ①산만함. ②멍함.
漫芸[まんげい] 만예; 익살스런 연기.
漫遊[まんゆう] 만유; 목적 없는 여행.
漫吟[まんぎん] 만음; 흥이 나는 대로 시가(詩歌)를 읊음.
漫才[まんざい] 만재; 만담(漫談).
漫評[まんぴょう] 만평; 체계가 없이 생각나는 대로 하는 비평.
漫筆[まんぴつ] 만필; 체계가 없이 생각나는 대로 쓴 글.
2漫画[まんが] 만화; ①풍자하는 그림. ②이야기를 그림으로 엮은 것.

卍 만자 만	音 ⊗マン 訓 ⊗まんじ

訓読

卍[まんじ] 만자. '卍'의 모양·무늬.
卍巴[まんじともえ] 얼기설기. 뒤죽박죽.

挽 ×(挽) 당길 만	音 ⊗バン 訓 ⊗ひく

訓読

⊗挽く[ひく] 〈5他〉 ①(톱 등으로) 켜다. 썰다. 깎다. ②(물레를) 돌리다. ③끌다.
挽き臼[ひきうす] 맷돌.
挽(き)肉[ひきにく] (기계로) 간 고기.
挽(き)子[ひきこ] ①인력거꾼. ②호객(号客)꾼.
挽(き)茶[ひきちゃ] 녹차를 가루로 빻은 고급차.

音読

挽歌[ばんか] 만가; 애도가(哀悼歌).
挽詩[ばんし] 만시; 애도하는 시.
挽回[ばんかい] 만회; 회복.

蔓 덩굴 만	音 ⊗マン 訓 ⊗つる

訓読

⊗蔓[つる] ① ≪植≫ 덩굴. ②줄. 연줄. ③단서. 실마리. ④(안경의) 다리. ⑤광맥(鉱脈).
蔓立(ち)[つるだち] 덩굴 식물.
蔓梅擬[つるうめもどき] ≪植≫ 노박덩굴.
蔓性[つるせい] ≪植≫ 만성; 덩굴성.
蔓植物[つるしょくぶつ] 덩굴 식물.
蔓茘枝[つるれいし] ≪植≫ 여주. 여지.
蔓延る[★はびこる] 〈5自〉 ①(잡초가) 무성하다. ②창궐하다. 횡행하다. 판치다.
蔓質[つるだち] 덩굴 식물.
蔓菜[つるな] ≪植≫ 번행초(蕃杏草).
蔓草[つるくさ] 덩굴 식물.

音読

蔓生[まんせい] 만생; 줄기가 덩굴이 되어 자라남.
蔓延[まんえん] 만연; 유행함. 널리 퍼짐.

幔 장막 만	音 ⊗マン 訓 —

音読

幔幕[まんまく] (식장·회의장 등에 둘러치는) 휘장. 장막.

輓 수레끌 만	音 ⊗バン 訓 —

音読

輓歌[ばんか] 만가; 애도가(哀悼歌).
輓車[ばんしゃ] 만거; 상여(喪輿).
輓近[ばんきん] 최근. 요사이. 근래.
輓馬[ばんば] 만마; 수레를 끄는 말.

饅	만두 만	音 ⊗マン 訓 —

音読

饅頭[まんじゅう] ①찐빵. ②호빵. ③《俗》(도둑 사이에서) 은시계.

饅頭笠[まんじゅうがさ] 찐빵 모양의 삿갓.

鰻	뱀장어 만	音 ⊗マン 訓 ⊗うなぎ

訓読

⊗鰻[うなぎ] 《魚》 뱀장어.

鰻登り[うなぎのぼり] (물가・온도・지위 등이) 뱀장어처럼 급상승함. 급등함.

鰻丼[★うなどん] 장어 덮밥.

鰻の寝床[うなぎのねどこ] (뱀장어처럼) 좁고 길쭉한 방이나 집.

〔말〕

末	끝 말
一 二 キ 才 末	

音 ◉バツ ◉マツ
訓 ◉すえ ⊗うれ ⊗うら

訓読

[2]◉末❶[すえ] ①(물체의) 끝. ②(시시한) 말단. ③(기간의) 끝. 마지막. ④…한 끝. …한 뒤. ⑤장래. 앞날. ⑥자손. 후예. ⑦막내. ⑧말세(末世). ❷[まつ] ☞ [音読]

⊗末❸[うれ] ①풀의 줄기나 잎의 끝. ②나무줄기나 가지의 끝.

末枯れ[うらがれ] 초목의 끝이 마름.

末枯れる[うらがれる] 〈下1自〉 초목의 끝이 마르다.

末恐ろしい[すえおそろしい] 〈形〉 장래가 두렵다. 뒷날이 겁난다.

末広[すえひろ] ①점점 끝 쪽으로 퍼져감. ②쥘부채. *축하 선물로 할 때 하는 말임. ③의식용 부채. ④점점 번창함.

末広がり[すえひろがり] ☞ 末広(すえひろ)

末頼もしい[すえたのもしい] 〈形〉 장래가 촉망되다. 장래가 기대되다.

末末[すえずえ] ①먼 뒷날. 장래. 앞으로 내내. ②아랫것들. 서민. ③후손. 자손.

末方[すえかた] ①끝 쪽. 끝 무렵. ②궁중의 神楽(かぐら) 연주에서 나중에 연주하는 것.

末つ方[すえつかた] 끝 쪽. 끝 무렵.

末生り[うらなり] ①열매가 철늦게 덩굴 끝에 열림. 끝물. ②허약한 사람.

末成り[うらなり] ☞ 末生り

末の世[すえのよ] ①후세. ②말세.

末始終[すえしじゅう] ①최후. 마지막. ②언제까지고. 두고두고. 끝까지.

末野[すえの] 들판 끝.

末永く[すえながく] 길이길이. 언제까지나.

[2]末っ子[すえっこ] 막내. 막내둥이.

末長く[すえながく] 길이길이. 언제까지나.

音読

[1]末[まつ] ①가루. 분말. ②말; 어떤 기간의 끝.

末技[まつぎ] 말기; ①중요하지 않은 기술. ②미숙한 기술.

[1]末期❶[まっき] 말기; 말엽(末葉). 끝 무렵.

末期❷[まつご] 일생의 종말. 임종(臨終).

末男[まつなん/ばつなん] 말남; 막내아들.

末女[まつじょ] 말녀; 막내딸.

末端[まったん] 말단; 맨 끝.

末代[まつだい] 말대; ①후세. ②죽은 후의 세상.

末路[まつろ] 말로; ①일생의 끝 무렵. ②비극적인 종말.

末流[まつりゅう] 말류; ①하류(下流). ②자손. 후손. ③말단의 보잘 것 없는 유파(流派). ④말세.

末妹[まつまい] 말매; 막내 여동생.

末文[まつぶん] 말문; ①문장의 끝 부분. ②편지에 쓰는 간단한 문구.

末尾[まつび] 말미; 끝.

末法思想[まっぽうしそう] 비관적인 사회관.

末伏[まっぷく] 말복; 삼복(三伏)의 하나.

末寺[まつじ] 《仏》 말사; 본산(本山)에 소속된 절.

末社[まっしゃ] 말사; 본사(本社)에 소속된 神社(じんじゃ).

末席[まっせき/ばっせき] 말석; ①끝자리. 아랫자리. ②낮은 지위.

末世[まっせ] 말세; ①후세(後世). ②도덕과 인정이 땅에 떨어진 세상.

末孫[まっそん/ばっそん] 말손; 먼 자손.

末葉❶[まつよう/ばつよう] 말엽; ①끝 무렵. ②자손. 말손. ❷[すえば/うらば] 초목의 끝 쪽의 잎.

末位[まつい] 말위; 제일 아래 지위.

末日[まつじつ] 말일; 마지막 날.
末子[まっし/ばっし/すえこ] 막내.
末節[まっせつ] 말절; 하찮은 부분.
末弟[まってい/ばってい] 막내 남동생.
末座[まつざ/すえざ] 말좌; 말석(末席).
末梢[まっしょう] 말초; ①나뭇가지 끝. ②끝. 말단. 사소한 것.
末筆[まっぴつ] 말필; 끝으로. *편지의 끝에 쓰는 글귀·문구.

抹 바를/지울 말

一 十 扌 扌 扌 抹 抹 抹

音 ◉マツ
訓 —

音読

抹する[まっする] 〈サ変他〉 ①(문질러) 칠하다. 바르다. ②가루로 빻다.
抹殺[まっさつ] 말살; ①지움. 지워 없앰. ②무시함. 부정함.
抹消[まっしょう] 말소; 지워 버림.
抹茶[まっちゃ] 고급 가루차.
抹香[まっこう] 말향; ①가루향. ②≪動≫향유고래.
抹香臭い[まっこうくさい] 〈形〉 ①가루향 냄새가 나다. ②불교적인 색채가 짙다. 절간 냄새가 나다.

망

亡 망할/죽을/달아날 망

' 亠 亡

音 ◉ボウ ◉モウ
訓 ◉ない ◉なくす ◉なくなる ⊗ほろびる ⊗ほろぼす

訓読

◉**亡い**[ない] 〈形〉 (이미 죽고) 이 세상에 없다. 죽었다. 죽고 없다.
亡き[なき] 죽은. 돌아가신. 고(故).
亡き数[なきかず] 죽은 사람 축. 죽은 사람.
亡き人[なきひと] 고인(故人). 죽은 사람.
亡き者[なきもの] 망자; 죽은 사람.
亡き親[なきおや] 돌아가신 부모.
亡き骸[なきがら] 시체. 유해(遺骸).
亡き後[なきあと] 사후(死後). 죽은 후.
[2]◉**亡くす**[なくす] 〈5他〉 여의다. 사별하다. 잃다.
[2]◉**亡くなる**[なくなる] 〈5自〉 죽다. 돌아가시다. 작고하다.
⊗**亡びる**[ほろびる] 〈上1自〉 망하다. 멸망하다. 멸절되다.
⊗**亡ぼす**[ほろぼす] 〈5他〉 멸망시키다. 망하게 하다. 망치다.

音読

亡[ぼう] ①망함. ②사망. ③고(故). 돌아가신.
亡国[ぼうこく] 망국; ①나라를 망침. ②망한 나라.
亡君[ぼうくん] 망군; 죽은 주군(主君).
亡霊[ぼうれい] 망령; 유령(幽霊).
亡妹[ぼうまい] 망매; 죽은 여동생.
亡命[ぼうめい] 망명; 외국으로 몸을 피함.
亡母[ぼうぼ] 망모; 죽은 어머니.
亡父[ぼうふ] 망부; 죽은 아버지.
亡夫[ぼうふ] 망부; 죽은 남편.
亡失[ぼうしつ] 망실; 없어짐. 잃음.
亡失届[ぼうしつとどけ] 분실 신고.
亡児[ぼうじ] 망아; 죽은 아이.
亡友[ぼうゆう] 망우; 죽은 벗.
亡子[ぼうし] 망자; 죽은 자식.
亡姉[ぼうし] 망자; 죽은 누이.
亡者[もうじゃ] 망자; ①≪仏≫ 죽은 사람. ②≪仏≫ 죽어서 성불하지 못한 사람. ③…노(奴). 좋지 못한 것에 집념이 강한 사람.
亡弟[ぼうてい] 망제; 죽은 남동생.
亡妻[ぼうさい] 망처; 죽은 아내.
亡親[ぼうしん] 망친; 돌아가신 부모.
亡兄[ぼうけい] 망형; 죽은 형.
亡魂[ぼうこん] 망혼; 망령(亡霊).

妄 망령될 망

' 亠 亡 亡 忘 忘 忘

音 ◉モウ ◉ボウ
訓 ⊗みだり

訓読

⊗**妄り**[みだり] 〈形動〉 ①함부로임. 멋대로임. 무분별함. ②난잡함. 무질서함.
妄りがましい[みだりがましい] 〈形〉 (남녀 관계가) 난잡하다. 추잡하다. 음란스럽다. 외설스럽다.
妄りがわしい[みだりがわしい] ☞妄りがましい

音読

妄挙[ぼうきょ] 망거; 분별없는 행동.
妄念[もうねん] 망념; 쓸데없는 생각.
妄断[もうだん] 망단; 제멋대로의 판단.
妄動[もうどう] 망동; 분별없이 행동함.
妄想❶[もうそう] 망상; ①병적인 원인에서 오는 그릇된 판단. ②몽상(夢想). ❷[もうぞう] ≪仏≫ ①그릇된 상념(想念). ②근거 없는 상상.
妄説[もうせつ/ぼうせつ] 망설; 허무맹랑한 이야기.
妄信[もうしん] 망신; 맹신(盲信).
妄言[もうげん/ぼうげん] 망언; 허무맹랑한 말.
妄執[もうしゅう] ≪仏≫ 망집; 잡념.
妄誕[もうたん/ぼうたん] ≪仏≫ 망탄; 거짓말.
妄評[もうひょう/ぼうひょう] 망평; ①엉터리 비평. ②자신이 한 비평에 대한 겸양어.

忙(忙) 바쁠 망

丶 丷 忄 忄 忙 忙

音 ◉ボウ
訓 ◉いそがしい ◉いそがわしい ⊗せわしい

訓読

4◉忙しい❶[いそがしい] 〈形〉 ①바쁘다. 분주하다. ②들뜨다. 부산하다. 어수선하다. ③조급하다.
⊗忙しい❷[せわしい] 〈形〉 ①바쁘다. 짬이 없다. ②조급하다. 성급하다.
忙しがる[いそがしがる] 〈5自〉 바빠하다. 성급해하다.
忙しげ[いそがしげ] 〈形動〉 바쁜 듯함.
忙しさ[いそがしさ] 바쁨. 성급함.
◉忙わしい[いそがわしい] 〈形〉 바쁘다. 분주하다.

音読

忙[ぼう] 바쁨. 분주함.
忙殺[ぼうさつ] 몹시 바쁨.
忙中[ぼうちゅう] 망중; 바쁜 가운데.
忙中閑[ぼうちゅうかん] 망중한; 바쁜 가운데 약간의 짬이 있음.

忘 잊을 망

丶 亠 亡 亡 忘 忘 忘

音 ◉ボウ
訓 ◉わすれる

訓読

4◉忘れる[わすれる] 〈下1自〉 ①잊다. 잊어버리다. 망각하다. ②(열중하여) 자기를 잊다. 깨닫지 못하다.
忘れっぽい[わすれっぽい] 〈形〉 건망증이 심하다. 곧잘 잊다.
忘れ難い[わすれがたい] 〈形〉 잘 잊히지 않다. 잊을 수 없다.
2忘れ物[わすれもの] 분실물. 물건을 잊고 감.
忘れん坊[わすれんぼ/わすれんぼう] 건망증이 심한 사람. 잘 잊어먹는 사람.
忘れ霜[わすれじも] 늦서리.
忘れ水[わすれみず] 사람들 눈에 잘 띄지 않게 흐르는 물.
忘れ勝ち[わすれがち] 잘 잊어먹음.
忘れ草[わすれぐさ] ≪植≫ ①원추리. ②담배. *담배를 피우면 울적함을 잊는다는 데서.
忘れな草[わすれなぐさ] ≪植≫ 물망초(勿忘草).
忘れ形見[わすれがたみ] ①기념물. 기념품. ②부모가 죽고 남겨진 아이.

音読

忘ず[ぼうず] 〈サ変他〉 잊다. 잊어버리다.
忘却[ぼうきゃく] 망각; 잊어버림.
忘年[ぼうねん] 망년; ①나이의 차이를 잊음. ②그 해의 노고를 잊음.
忘年会[ぼうねんかい] 망년회.
忘失[ぼうしつ] 망실; 아주 잊어버림.
忘我[ぼうが] 망아; 몰두하여 자기를 잊어버림.
忘憂[ぼうゆう] 망우; 근심을 잊어버림.
忘恩[ぼうおん] 망은; 은혜를 잊음.
忘八[ぼうはち] 망팔; ①창녀와 놀아나는 사람. ②유곽(遊廓). ③유곽의 주인.

望(望) 바랄 망

丶 亠 亡 亡 切 胡 望 望 望 望

音 ◉ボウ ◉モウ
訓 ◉のぞましい ◉のぞまれる ◉のぞむ

訓読

1◉望ましい[のぞましい] 〈形〉 바람직하다. 소망스럽다.
◉望まれる[のぞまれる] 〈下1自〉 요망되다. 요구되다. 요청되다.
2◉望む[のぞむ] 〈5他〉 ①바라다. 원하다. ②(먼 곳을) 바라보다. 멀리서 보다. ③우러러보다.

望むべくんば[のぞむべくんば] 가능하다면.
望むらくは[のぞむらくは] 바라건대. 원컨대.
[2]望み[のぞみ] ①소망. 소원. 희망. ②전망. 가능성. ③기대.
望み見る[のぞみみる] 〈上1他〉 멀리서 보다. 멀리 바라보다.
望み薄[のぞみうす] 거의 가망이 없음.

音読

望見[ぼうけん] 망견; 멀리서 봄.
望楼[ぼうろう] 망루; 망대(望台).
望洋[ぼうよう] 망양; ①먼 곳을 바라봄. ②너무 넓어 종잡을 수 없음.
望外[ぼうがい] 망외; 예상 밖임.
望遠レンズ[ぼうえんレンズ] 망원 렌즈.
[2]望遠鏡[ぼうえんきょう] 망원경.
望蜀[ぼうしょく] 망촉; 만족을 모름.
望郷[ぼうきょう] 망향; 고향을 그리워함.
◑本望[ほんもう], 所望[しょもう]

網(網) 그물 망

幺 糸 糸 糹 紅 網 網 網 網 網

音 ◉モウ
訓 ◉あみ ⊗あ

訓読

[1]◉網❶[あみ] ①그물. ②망. ❷[もう] ☞ [音読]
網シャツ[あみシャツ] ①그물처럼 만든 여름용 속옷. ②(歌舞伎(かぶき)에서) 무사나 도둑이 입는 망을 걸친 속옷.
網結き[あみすき] 그물뜨기.
網結き針[あみすきばり] 그물 뜨는 바늘.
網端[★あば] 어망에 다는 부표(浮漂).
網代[★あじろ] ①(대나무・갈대 등으로) 엮은 자리. ②어살. 어전(漁箭).
網目[あみめ] 그물코.
網目版[あみめばん] (인쇄의) 망판(網版).
網棚[あみだな] 그물 선반.
網船[あみぶね] 그물로 고기 잡는 어선.
網焼(き)[あみやき] 석쇠구이. 숯불구이.
網漁業[あみぎょぎょう] 그물 어업.
網元[あみもと] 선주(船主).
網子[あみこ] ①그물을 당기는 어부. ②고용된 어부.
網杓子[あみじゃくし] 그물 국자.
網針[あみばり] 그물 뜨는 바늘.
網打ち[あみうち] ①투망질. ②(씨름에서) 상대방의 한 팔을 잡아 뒤로 던지는 수.
網版[あみはん/あみばん] (인쇄의) 망판(網版).
網戸[あみど] 방충망(防虫網)을 단 문.

音読

[1]網❶[もう] (명사에 접속하여) 망. 네트워크. ¶通信(つうしん)~ 통신망. ❷[あみ] ☞ [訓読]
網羅[もうら] 망라; ①그물을 쳐서 물고기를 잡음. ②남김없이 모조리 수록함.
網膜[もうまく] ≪生理≫ 망막.
網状[もうじょう] 망상; 그물코 모양.
網状脈[もうじょうみゃく] 망상맥; 그물맥.

茫 아득할 망

音 ⊗ボウ
訓 —

音読

茫漠[ぼうばく] 망막; ①넓고 아득함. ②종잡을 수 없음. ③모호함. 막연함.
茫茫[ぼうぼう] 망망; ①넓고 아득함. ②망연함. ③(풀・머리털이) 텁수룩함.
茫洋[ぼうよう] 망양; ①끝없이 넓음. ②종잡을 수 없음.
茫然[ぼうぜん] 망연; ①넓고 아득함. 막연하여 종잡을 수 없음. ②(뜻밖의 일로) 멍함.
茫然自失[ぼうぜんじしつ] 망연자실; 정신을 잃고 어리둥절함.
茫乎[ぼうこ] 망호; 널찍함. 망망함. 멍함.

매

毎(毎) 늘/매양 매

丿 𠂉 𠂉 句 毎 毎

音 ◉マイ
訓 ⊗ごと

訓読

⊗毎[ごと] (명사에 접속하여) …마다. ¶月(つき)~の行事(ぎょうじ) 달마다의 행사.

音読

[2]毎[まい] 매; 늘. 그때마다.
毎期[まいき] 매기; 그 기간마다.
[4]毎年[まいとし/まいねん] 매년; 해마다.
[2]毎度[まいど] 매번. 늘. 항상. 번번이.
[4]毎晩[まいばん] 매일 밤. 밤마다.
毎毎[まいまい] 매회. 매번. 항상. 늘.
毎分[まいふん] 매분; 1분마다.
毎夕[まいゆう] 매일 저녁. 저녁마다.

毎時[まいじ] 매시; 1시간마다.
毎夜[まいよ] 매일 밤. 밤마다.
4毎月[まいつき/まいげつ] 매월; 달마다.
4毎日[まいにち] 매일; 날마다.
4毎朝[まいあさ] 매일 아침. 아침마다.
4毎週[まいしゅう] 매주; 1주일마다.
毎次[まいじ] 매차; 매회. 그때마다.
毎秒[まいびょう] 매초; 1초마다.
毎頁[まいページ] 페이지마다.
毎戸[まいこ] 매호; 집집마다.
毎号[まいごう] (신문・잡지의) 매호.
毎回[まいかい] 매회; 그때마다. 매번.

売(賣) 물건팔 매

一 十 士 声 声 声 売

音 ◉バイ ⊗マイ
訓 ◉うる ◉うれる

訓読

4◉売る[うる] 〈5他〉 ①(물건을) 팔다. 판매하다. 매각하다. ②널리 알리다. ③배신하다. 배반하다. ④(싸움 등을) 걸다. 청하다.
売り[うり] ①(물건을) 팔기. 팖. ②(증권시장에서) 파는 쪽을 택함.
売りオペ[うりオペ] ☞ 売りオペレーション.
売りオペレーション[うりオペレーション] 세일즈 오퍼레이션. 매출 작전.
売りこかす[うりこかす] 〈5他〉 팔아버리다. 냅다 팔아 치우다.
売(り)家[うりいえ/うりや] 팔 집.
売(り)建(て)玉[うりたてぎょく] 팔기로 약정만 하고 결제를 하지 않은 물건이나 주식.
売(り)繋ぎ[うりつなぎ] ①계속 팔아서 생활을 함. ②연계 매매.
売(り)高[うりだか] 판매액. 매상고.
売(り)叩く[うりたたく] 〈5他〉 ①헐값으로 팔다. ②밑지고 팔다. 덤핑하다.
売(り)広める[うりひろめる] 〈下1他〉 팔아 보급시키다. 널리 팔다.
売(り)掛け[うりかけ] 외상 판매. 외상값.
売掛金[うりかけきん] 외상값.
売(り)口[うりくち] ①팔 곳. 판로(販路). ②판매 방법.
売(り)急ぐ[うりいそぐ] 〈5他〉 서둘러 팔다.
売(り)急ぎ[うりいそぎ] 서둘러 팖.
売(り)気[うりき] ①팔 마음. 팔 생각. ②(상품・주식을) 팔려는 기미.
売(り)代[うりしろ] 매상금. 매출액.
売(り)逃げ[うりにげ] (상품・주식을) 팔아서 한몫 보고 손을 뗌.
売り渡す[うりわたす] 〈5他〉 매도하다. 팔아넘기다.
売り流す[うりながす] 〈5他〉 먼 곳에다 팔아버리다. 팔아 멀리 보내다.
売(り)溜め[うりだめ] 매출액의 저축.
売(り)立て[うりたて] 일괄 매각함.
売(り)買い[うりかい] 매매. 팔고 사기.
売(り)物[うりもの] 매물; ①팔 물건. ②자랑거리. 주된 상품. 주무기.
売(り)米[うりまい] 팔려고 내놓은 쌀.
売(り)方[うりかた] ①판매 방법. ②파는 쪽.
売り付ける[うりつける] 〈下1他〉 강매하다.
売り払う[うりはらう] 〈5他〉 몽땅 팔아치우다. 처분하다.
売り飛ばす[うりとばす] 〈5他〉 ①아낌없이 팔아 치우다. ②멀리 팔아 버리다.
売り上げる[うりあげる] 〈下1他〉 ①물건을 다 팔다. ②매상을 올리다.
2売(り)上(げ)[うりあげ] 매상; ①물건을 다 팖. ②매출. 매상고.
売上高[うりあげだか] 매상고; 매출액.
売上金[うりあげきん] 매상금; 매출액.
売り惜しむ[うりおしむ] 〈5他〉 매석하다. 팔기를 꺼리다.
売(り)惜しみ[うりおしみ] 매석(売惜); 팔기를 꺼림.
売(り)先[うりさき] 판로(販路). 판매처.
売(り)声[うりごえ] 장삿소리. (행상인 등이) 물건을 팔려고 외치는 소리.
売(り)手[うりて] 파는 쪽.
売手市場[うりてしじょう] 매주시장(売主市場).
売(り)時[うりどき] 매도 시기.
売(り)食い[うりぐい] 가진 것을 조금씩 팔아서 살아감.
売(り)言葉[うりことば] 시비를 거는 말.
売(り)玉[うりぎょく] '売(り)建(て)玉'의 준말.
売(り)越し[うりこし] ①매도량이 매입량을 초과함. ②사는 쪽이 파는 쪽으로 바뀜.
売(り)込み[うりこみ] ①(선전으로) 판로 확장. ②값이 계속 하락해도 계속 팔기.
売り込む[うりこむ] 〈5他〉 ①(선전으로) 물건을 팔다. ②(정보를) 팔아넘기다. ③자기선전을 하다. 〈5自〉 소문이 나다. 인기가 있다.

売(り)子[うりこ] ①(열차·극장의) 판매원. ②여점원.
[2]売(り)場[うりば] ①매장; 판매장. ②팔기에 좋은 시기. 팔 시기.
売り切る[うりきる] 〈5他〉 다 팔아 버리다.
[2]売(り)切れ[うりきれ] 매절; 매진. 다 팔림.
[2]売り切れる[うりきれる] 〈下1自〉 매절되다. 다 팔리다. 매진되다.
売(り)主[うりぬし] 파는 사람.
売(り)止め[うりどめ] 판매 중지.
売(り)地[うりち] 팔 땅.
[1]売(り)出(し)[うりだし] ①팔기 시작함. ②대매출. 바겐세일. ③갑자기 인기가 높아짐.
[1]売り出す[うりだす] 〈5他〉 ①팔기 시작하다. ②대대적으로 팔다. 〈5自〉 유명해지다.
売(り)値[うりね] 판매가. 파는 값.
売り捌く[うりさばく] 〈5他〉 (많은 양을) 팔아 치우다. 팔아 버리다.
売(り)下(げ)所[うりさげじょ] (정부의) 판매소.
[2]◉売れる[うれる] 〈下1自〉 ①(잘) 팔리다. ②널리 알려지다. 인기가 있다. ③ ≪俗≫시집가다. ④('売(う)る'의 가능동사로) 팔 수 있다.
売れ[うれ] 매상. 팔림새.
売れ高[うれだか] 매상고. 판매고.
売れ口[うれくち] ①판로. 살 사람. ② ≪俗≫ 시집갈 곳. 혼처(婚処). 취직자리.
売れっ妓[うれっこ] 인기 있는 기생.
売れっ児[うれっこ] 인기 직업인.
売れっ子[うれっこ] 인기 직업인.
売れ残り[うれのこり] ①팔다 남은 상품. ② ≪俗≫ 시집을 못 간 노처녀. ③ ≪俗≫ 취직을 못한 졸업생.
売れ残る[うれのこる] 〈5自〉 ①(물건이) 팔리지 않고 남다. ② ≪俗≫ 시집을 못 가고 독신으로 남다. ③ ≪俗≫ 취직을 못하다.
売れ足[うれあし] 팔림새. 팔리는 속도.
売れ出す[うれだす] 〈5自〉 ①팔리기 시작하다. ②판로가 넓어지다. ③유명해지기 시작하다.
[2]売れ行き[うれゆき] 팔림새. 팔리는 상태.

音読

売価[ばいか] 매가; 파는 값.
売却[ばいきゃく] 매각; 팔아 치움.
売国[ばいこく] 매국; 나라를 팖.
売女❶[ばいた] ①창녀. 매춘부. ②(욕하는 말로) 갈보. 화냥년. ❷[ばいじょ] 매춘부.
[2]売買[ばいばい] 매매; 팔고 사고 함.
売買い[ばいかい] 매매; ①팔고 사고 함. ②(거래소에서 채권을) 팔고 삼.
売名[ばいめい] 매명; 이름을 팖.
売文[ばいぶん] 매문; 원고료를 받음.
売約[ばいやく] 매약; 팔기로 약속함.
[2]売店[ばいてん] 매점; 물건을 파는 가게.
売春[ばいしゅん] 매춘; 여자가 몸을 팖.
売品[ばいひん] 매품; 파는 물건.
売血[ばいけつ] 매혈; 피를 팖.

妹 누이동생 매

ㄑ 女 女 女⁻ 女⁼ 奸 妹 妹

音 ◉マイ
訓 ◉いもうと

訓読

[4]◉妹[いもうと] ①여동생. ②손아래 시누이. ③처제(妻弟). ④제수(弟嫂).
妹分[いもうとぶん] 누이동생뻘.
妹婿[いもうとむこ] 여동생의 남편. 매부(妹夫). 매제(妹弟).
妹御[いもうとご] 영매(令妹). *남의 여동생의 높임말.
妹背[いもせ] ①부부(夫婦). ②(친근한 사이의) 남녀. ③오누이. 남매.

音読

◑姉妹[しまい], 令妹[れいまい]

枚 낱장 매

一 十 才 木 木' 木⁻ 杓 枚

音 ◉マイ ⊗バイ
訓 —

音読

[4]枚❶[まい] ①(얇은 물건을 세는 단위) …매. …장. ②(논을 세는 단위) …뙈기.
枚❷[ばい] 하무. *소리를 못 지르게 입에 물리던 나무 막대기. ¶～をふくむ 하무를 물다. 침묵을 지키다.
枚挙[まいきょ] 매거; 하나하나 셈.
[2]枚数[まいすう] 매수; 장수.

埋 파묻을 매

一 十 土 圵 圵 坦 坦 坦 埋 埋

音 ◉マイ
訓 ◉うまる ◉うめる ◉うもれる ⊗いける ⊗うずまる ⊗うずめる ⊗うずもれる

訓読

1 ◉**埋まる❶**[うまる] 〈5自〉 ①(움푹한 곳에 가득 차서) 묻히다. 파묻히다. ②메워지다. 막히다. ③꽉 차다. ④온통 뒤덮이다. ⑤보충되다.

⊗**埋まる❷**[うずまる] 〈5自〉 ①(다른 물건 속에 덮이어) 묻히다. ②(사람이나 물건으로) 꽉 차다. 메워지다.

2 ◉**埋める❶**[うめる] 〈下1他〉 ①(움푹한 곳에) 묻다. 파묻다. ②메우다. 채우다. ③보충하다. ④(물을) 미지근하게 하다. 희석하다.

1 ⊗**埋める❷**[うずめる] 〈下1他〉 ①(다른 물건 속에) 묻다. 파묻다. ②메우다. 채우다. ③(사람이나 물건으로) 꽉 채우다.

埋(め)立(て)[うめたて] 매립; 매축.

埋め立てる[うめたてる] 〈下1他〉 매립하다.

埋(め)木[うめき] 목재의 갈라진 틈에 나무를 박아 메우는 나뭇조각.

埋(め)木細工[うめきざいく] 나무쪽 세공.

1 **埋め込む**[うめこむ] 〈5他〉 메꿔넣다. 채워넣다.

埋め尽(つ)くす[うずめつくす] 〈5他〉 ①완전히 채우다. ②완전히 묻다.

埋(め)茶女郎[うめちゃじょろう] (江戸(えど) 시대에) 吉原(よしわら)의 창녀 계급의 하나임.

埋(め)草[うめくさ] ①성을 공격할 때 외호(外濠)를 묻어 버리기 위해 사용하던 풀. ②가축용으로 저장한 풀. ③여백을 메우기 위한 짧은 기사.

埋み樋[うずみひ] 땅속에 묻은 수도관.

埋め合わす[うめあわす] 〈5他〉 보충하다.

埋(め)合(わ)せ[うめあわせ] 보충. 벌충.

埋め合わせる[うめあわせる] 〈下1他〉 보충하다. 벌충하다.

埋み火[うずみび] 잿속에 묻어둔 숯불.

◉**埋もれる❶**[うもれる] 〈下1自〉 ①(흙·낙엽·눈 등으로) 묻히다. 파묻히다. 뒤덮이다. ②(재능이) 가리어지다. 남몰래 묻히다. ③(성질이) 소극적이다. 조심스럽다.

⊗**埋もれる❷**[うずもれる] 〈下1自〉 ①(다른 물건 속에) 묻히다. 파묻히다. 뒤덮이다. ②(사람이나 물건으로) 꽉 차다. 메워지다. ③(재능이) 가리어지다. 남몰래 묻히다.

埋もれ木[うもれぎ] ①매목; 땅속에 오래 파묻혀 화석처럼 된 나무. ②세상에서 잊힌 신세.

⊗**埋ける**[いける] 〈下1他〉 ①(불이 꺼지지 않도록) 묻어 두다. ②(보호하기 위해 땅에) 묻다.

埋け炭[いけずみ] 재 속에 묻어 둔 숯불.

音読

埋骨[まいこつ] 매골; 화장한 뼈를 묻음.

埋没[まいぼつ] 매몰; 파묻음. 파묻힘.

埋伏[まいふく] 매복; 상대편을 해치려고 일정한 곳에 숨어 있음.

埋設[まいせつ] 매설; 수도관을 땅속에 묻음.

埋葬[まいそう] 매장; 시체를 땅속에 묻음.

1 **埋蔵**[まいぞう] 매장; ①광물이 땅속에 묻혀 있음. ②묻어서 감춤.

梅(梅) 매화 매

一 十 才 木 木' 朩 构 栴 梅 梅

音 ◉バイ
訓 ◉うめ

訓読

2 ◉**梅**[うめ] ≪植≫ ①매실. ②매실나무.

1 **梅干し**[うめぼし] 매실장아찌.

梅干飴[うめぼしあめ] 매실초로 만든 엿.

梅干婆[うめぼしばば] 쪼그랑할멈.

梅見[うめみ] 매화꽃놀이.

梅見月[うめみづき] 음력 2월의 딴이름.

梅桃[★ゆすらうめ] ≪植≫ 앵두나무.

梅暦[うめごよみ] 봄을 알리는 매화꽃.

梅鉢[うめばち] 매화꽃 가문(家紋).

梅色[うめいろ] ≪魚≫ 황등어.

2 **梅雨**[★つゆ/ばいう] 장마. 장마철.

梅雨冷え[★つゆびえ] 장마철에 기온이 갑자기 차가워짐.

梅雨明け[★つゆあけ] 장마철이 끝남.

梅雨入り[★つゆいり] 장마철에 접어듦.

梅雨晴れ[★つゆばれ] ①장마철에 가끔 갬. ②장마가 끝나서 갬.

梅雨寒[★つゆざむ] 장마철에 기온이 갑자기 내려가 으스스함.

梅雨型[★つゆがた] ①장마철의 기압 배치형. ②장맛비처럼 내리는 비.
梅擬[うめもどき] ≪植≫ 나도매화나무.
梅醬[うめびしお] 설탕으로 만든 매실장아찌.
梅田熱[うめたねつ] ≪医≫ 유행성 출혈열.
梅酒[うめしゅ] 매실주.
梅が枝[うめがえ] 매화나무 가지.
梅漬(け)[うめづけ] ①매실 절임. ②매실초에 절인 채소.
梅酢[うめず] 매실초.
梅割(り)[うめわり] 매실주를 탄 소주.
梅が香[うめがか] 매화 향기.

音読

梅毒[ばいどく] ≪医≫ 매독.
梅林[ばいりん] 매림; 매화나무 숲.
梅雨前線[ばいうぜんせん] 장마 전선.
梅園[ばいえん] 매원; ①매화나무 밭. ②매화나무를 많이 심은 정원.
梅月[ばいげつ] 매월; 음력 2월의 딴이름.
梅花[ばいか] 매화; 매화꽃.

買 물건살 매

丨 冂 冂 罒 罒 罒 罒 買 買 買

音 ◉バイ
訓 ◉かう

訓読

4 ◉買う[かう] 〈5他〉 ①(물건을) 사다. 구입하다. ②(장점을) 높이 평가하다. 인정하다. ③떠맡다. ④자초하다. ⑤(창녀를) 사다.
買い[かい] 물건을 사들임. 매입.
買いたて[かいたて] 갓 산 것.
買(い)建(て)玉[かいだてぎょく] 사기로 약정만 하고 아직 결제가 나지 않은 물건.
買(い)繋ぎ[かいつなぎ] (증권 거래에서) 신용 거래로 사 둠.
買(い)継ぎ商[かいつぎしょう] 중간 도매상.
買い叩く[かいたたく] 〈5他〉 값을 후려 깎아서 사다.
買(い)控え[かいびかえ] 물건 사기를 삼감.
買(い)掛け[かいかけ] 외상. 외상값.
買掛金[かいかけきん] 외상값.
買い求める[かいもとめる] 〈下1他〉 매입하다.
買い急ぐ[かいいそぐ] 〈5他〉 서둘러 사다.
買(い)気[かいき] 사고 싶은 마음.
買(い)徳[かいどく] 싸게 삼.
買(い)得[かいどく] 싸게 삼.
買い戻す[かいもどす] 〈5他〉 (판 것을) 다시 사다.
買(い)溜め[かいだめ] 사재기. 매점(買占).
買(い)立て[かいたて] ①마구 사들임. ②산지 얼마 안 됨.
買い立てる[かいたてる] 〈下1他〉 마구 사들이다. 무턱대고 사들이다.
買い募る[かいつのる] 〈5他〉 더 사다.
4 買(い)物[かいもの] ①물건사기. 장보기. 쇼핑. ②싸게 산 물건.
買物袋[かいものぶくろ] 쇼핑 백.
買い返す[かいかえす] 〈5他〉 (판 것을) 다시 사다.
買(い)方[かいかた] ①(물건을) 사는 방법. ②사는 쪽.
買(い)付(け)[かいつけ] ①단골집. ②대량 구매. 매입(買入).
買い付ける[かいつける] 〈下1他〉 ①늘 사다. 단골로 사다. ②대량으로 사들이다.
買付金[かいつけきん] 구매 자금.
買付量[かいつけりょう] 구매량. 수매량.
買い上げる[かいあげる] 〈下1他〉 ①(정부가) 사들이다. 수매하다. ②(지위가 높은 사람이) 사 주다. 구매해 주다.
買上品[かいあげひん] (손님이) 사신 물건.
買い煽る[かいあおる] 〈5他〉 (값을 올리기 위해) 마구 사들이다. 충동 구매하다.
買(い)損[かいぞん] 사서 손해를 봄.
買(い)手[かいて] 사는 사람. 살 사람.
買手筋[かいてすじ] 투기꾼.
買手市場[かいてしじょう] 매주(買主) 시장. 사는 쪽이 유리한 시장 상황.
買い受ける[かいうける] 〈下1他〉 매수하다. 사 들이다.
買い馴染む[かいなじむ] 〈5他〉 어떤 창녀의 단골이 되다.
買い時[かいどき] 물건을 살 시기.
買(い)食い[かいぐい] 군것질.
買い薬[かいぐすり] 의사의 처방 없이 사는 약.
買い漁る[かいあさる] 〈5他〉 여기저기서 사 모으다.
買(い)言葉[かいことば] 대꾸하는 욕설.
買(い)玉[かいぎょく] '買(い)建(て)玉'의 준말.
買(い)越し[かいこし] ①매입량이 매도량을 초과함. ②파는 쪽이 사는 쪽으로 바뀜.
買(い)為替[かいかわせ] 매입환(買入換).
買(い)入れ[かいいれ] 매입; 사들임.
買い入れる[かいいれる] 〈下1他〉 사들이다. 매입하다.
買い込む[かいこむ] 〈5他〉 많이 사들이다.

買(い)子[かいこ] 상품 구입자.
買(い)場[かいば] 물건을 살 시기.
買(い)切り[かいきり] ①매점(買占). ②매절.
買い切る[かいきる] 〈5他〉 ①몽땅 사다. ②전세 내다. ③매절하다.
買(い)占め[かいしめ] 매점; 몽땅 사 모음.
買い占める[かいしめる] 〈下1他〉 (필요 이상으로) 사서 독차지하다. 매점하다.
買い主[かいぬし] 산 사람. 살 사람.
買(い)支え[かいささえ] 주식을 많이 사서 시세의 안정을 꾀함.
買い支える[かいささえる] 〈下1他〉 주식을 많이 사서 시세의 안정을 꾀하다.
買い集める[かいあつめる] 〈下1他〉 사서 모으다.
買い替える[かいかえる] 〈下1他〉 새로 사서 바꾸다.
買(い)初め[かいぞめ] 새해 들어 처음으로 물건을 삼.
買(い)出し[かいだし] ①도매상에 가서 직접 삼. ②소비자가 생산자에게 가서 삼.
買(い)取り[かいとり] ①매입함. 사들임. ②매절(買切).
買い取る[かいとる] 〈5他〉 사들이다.
買(い)値[かいね] 산 값. 매입가.
買い置き[かいおき] 사서 비축함.
買い被る[かいかぶる] 〈5他〉 ①비싸게 사다. ②과대평가하다.
買い換える[かいかえる] 〈下1他〉 새로 사서 바꾸다.
買(い)回り品[かいまわりひん] 비교 검토해서 사는 명품.

音読

買価[ばいか] 매가; 파는 값.
買収[ばいしゅう] 매수; ①물건을 사들임. ②남을 꾀어 자기편으로 만듦.
買弁[ばいべん] 매판. ①(옛날 중국의) 무역 중개업자. ②외국 자본과 결탁함. ③ ≪俗≫ 외국인 앞잡이.
買弁資本[ばいべんしほん] 매판 자본.
買血[ばいけつ] 매혈; 피를 삼.

媒 중매설 매

ㄑ 女 女 女一 女廿 女廿 女甘 媒 媒 媒

音 ◉バイ
訓 ⊗なかだち

訓読

⊗媒[なかだち] 중매. 중개인. 중매인.
⊗媒人[なかだちにん] 중개인.

音読

媒介[ばいかい] 매개; ①중개. 주선. ②중매. 중개.
媒介物[ばいかいぶつ] 매개물.
媒概念[ばいがいねん] 매개념.
媒染[ばいせん] 매염; 염색이 잘 되도록 약품을 씀.
媒酌[ばいしゃく] 매작; 중매인.
媒材[ばいざい] 매재; ①매개가 되는 재료. ②그림물감을 개는 재료.
媒質[ばいしつ] 매질; 매개가 되는 물질.
媒体[ばいたい] 매체; ①매개가 되는 것. ②매질(媒質).

魅 호릴 매

白 由 由 鬼 鬼 鬼 鬽 魅 魅 魅

音 ◉ミ
訓 —

音読

魅する[みする] 〈サ変他〉 호리다. 매혹하다. 반하게 하다.
魅せられる[みせられる] 〈下1自〉 홀리다. 매혹되다. 매혹당하다. 반하다.
2魅力[みりょく] 매력; 매혹하여 끄는 힘.
魅了[みりょう] 매료; 마음을 사로잡음.
魅入られる[みいられる] 〈下1自〉 (귀신에게) 홀리다.
魅惑[みわく] 매혹; 사람의 마음을 호림.

呆 어리석을 매

音 ⊗ホウ ⊗ボウ
訓 ⊗あきれる

訓読

2⊗呆れる[あきれる] 〈下1自〉 ①어이가 없어지다. 기가 막히다. ②(엄청나서) 기가 질리다.
呆れ果てる[あきれはてる] 〈下1自〉 기가 막히다. 질려버리다. 아연실색하다.
呆れ返る[あきれかえる] 〈5自他〉 기가 막히다. 질려버리다. 아연실색하다.
呆れ顔[あきれがお] 어이없어하는 표정.

音読

呆気[★あっけ] 놀랍고 어이없음.

呆然[ぼうぜん] ①어안이 벙벙함. 어이가 없어 얼떨떨함. ②(맥이 빠져) 멍함.

苺/莓 딸기 매	音 ⊗バイ 訓 ⊗いちご

訓読

⊗苺[いちご] ≪植≫ 딸기.

昧 어두울 매	音 ⊗マイ 訓 —

音読

昧爽[まいそう] 매상; 이른 새벽.
昧者[まいしゃ] 매자; 어리석은 자. 바보.

煤 그을음 매	音 ⊗バイ 訓 ⊗すす

訓読

⊗煤[すす] ①그을음. 검댕. ②그을음 빛깔.
煤ける[すすける] 〈下1自〉 ①그을리다. ②낡아 색이 바래다. 더러워지다.
煤ばむ[すすばむ] 〈5自〉 그을리다.
煤ぼける[すすぼける] 〈下1自〉 그을리다.
煤払い[すすはらい] 대청소(大清掃).
煤色[すすいろ] 그을음 빛깔. 노르스름한 엷은 검정색.
煤掃き[すすはき] 대청소(大清掃).
煤埃[すすほこり] ①그을음이 낀 먼지. ②그을음과 먼지.
煤竹[すすたけ] ①그을린 검붉은 대나무. ②그을음을 터는 대나무 가지.
煤取り[すすとり] 대청소(大清掃).

音読

煤煙[ばいえん] 매연; 그을음 섞인 연기.
煤塵[ばいじん] 매진; 그을음이 섞인 재.
煤炭[ばいたん] '石炭(せきたん)'의 옛말.

罵 욕할 매	音 ⊗バ 訓 ⊗ののしる

訓読

1⊗罵る[ののしる] 〈5他〉 욕을 퍼붓다. 〈5自〉 떠들어대다. 큰 소리로 떠들다.

音読

罵倒[ばとう] 매도; 욕하며 꾸짖음.
罵詈[ばり] 매리; 욕하며 꾸짖음.
罵声[ばせい] 매성; 큰 소리로 욕하는 소리.

邁 ×(迈) 힘쓸 매	音 ⊗マイ 訓 —

音読

邁進[まいしん] 매진; 힘차게 나아감. 주저함 없이 나아감.

〔맥〕

麦(麥) 보리 맥

一 十 丰 主 夫 夹 麦

音 ◉バク
訓 ◉むぎ

訓読

◉麦[むぎ] ≪植≫ 보리.
麦とろ[むぎとろ] 마즙을 친 보리밥.
麦わら[むぎわら] 보릿짚. 밀짚.
麦扱き[むぎこき] 보리 이삭을 훑음.
麦藁[むぎわら] 맥고; 보릿짚. 밀짚.
麦踏み[むぎふみ] 보리밟기.
麦搗き[むぎつき] 보리 찧기.
麦萌し[むぎもやし] 엿기름.
麦味噌[むぎみそ] 보리된장.
麦飯[むぎめし/ばくはん] 보리밥.
麦粉[むぎこ] 보릿가루. 밀가루.
麦蒔(き)[むぎまき] ①보리 파종. ② ≪鳥≫ 노랑딱새.
麦刈(り)[むぎかり] 보리 베기.
麦作[むぎさく] 보리농사.
麦笛[むぎぶえ] 보리피리.
麦畑[むぎばたけ] 보리밭.
麦酒[ビール] 맥주.
麦茶[むぎちゃ] 보리차.
麦焦(が)し[むぎこがし] 보리 미숫가루.
麦秋[むぎあき/ばくしゅう] 보릿가을. 초여름.
麦の秋[むぎのあき] 맥추; 초여름.
麦打ち[むぎうち] ①보리타작. ②도리깨.
麦湯[むぎゆ] 보리차.

音読

麦角[ばっかく] 맥각; ①깜부기. ②맥각 지혈제.
麦角菌[ばっかくきん] ≪植≫ 맥각균.
麦稈[ばっかん] 맥간; 보릿짚. 밀짚.
麦稈真田[ばっかんさなだ] 보릿짚으로 만든 끈. *보릿짚모자의 재료임.

麦粒腫[ばくりゅうしゅ] 맥립종; 다래끼.
麦秀[ばくしゅう] 맥수; 망국(亡国)의 슬픔.
麦芽[ばくが] 맥아; ①엿기름. ②보리 싹.
麦芽糖[ばくがとう] 맥아당.

脈 줄기/혈관 맥

丿 刀 月 月 月𠂆 肝 肝 脈 脈 脈

音 ◉ミャク
訓 —

音読

[1]脈[みゃく] 맥; ①《生理》 혈관. 맥박. ②광맥(鉱脈). ③희망. 가망. ④이어진 것. 연결.
脈動[みゃくどう] 맥동; ①지각(地殻)의 규칙적인 미동(微動). ②힘차게 맥박이 뜀. ③주기적으로 유동함.
脈絡[みゃくらく] ①《生理》 혈맥. 혈관. ②맥락; 일관된 줄거리.
脈流[みゃくりゅう] 맥류; 시시각각으로 변하는 전류.
脈脈と[みゃくみゃくと] 면면히. 끊임없이.
脈拍[みゃくはく] 맥박; 혈관이 뜀.
脈所[みゃくどころ] 맥소; ①맥을 짚는 곳. ②사물의 급소(急所).
脈打つ[みゃくうつ] 〈5自〉 ①맥박이 뛰다. ②(생기가) 약동하다.

盲(盲) 눈멀 맹

丶 亠 亡 𠃊 肓 肓 盲 盲

音 ◉モウ
訓 ⊗めくら ⊗めしい

訓読

⊗盲❶[めくら] ①장님. 소경. 봉사. ②문맹. 문맹자. ③사리를 분간 못함. ❷[めしい] 소경. 장님.
盲暦[めくらごよみ] 문맹자용 그림달력.
盲滅法[めくらめっぽう] 무턱대고 함.
盲法師[めくらほうし] 장님 중.
盲蛇[めくらへび] 함부로 날뜀.
盲捜し[めくらさがし] ①암중모색. 더듬어 찾음. ②무턱대고 찾음.
盲打ち[めくらうち] 아무데나 마구 침.
盲探し[めくらさがし] ☞ 盲捜し
盲判[めくらばん] 무턱대고 찍는 도장.
盲縞[めくらじま] 감색 면직물.

音読

盲管[もうかん] 맹관; 맹장(盲腸).
盲管銃創[もうかんじゅうそう] 총알이 몸 안에 박혀 생긴 상처.
盲導犬[もうどうけん] 맹도견; 장님의 길 안내를 하는 훈련된 개.
盲目[もうもく] 맹목; ①장님. ②무분별. ③눈에 의존하지 않고 계기(計器)만으로 운행・작동함.
盲斑[もうはん] 《生理》 맹반.
盲射[もうしゃ] 맹사; 무턱대고 마구 쏨.
盲信[もうしん] 맹신; 무턱대고 믿음.
盲唖者[もうあしゃ] 맹아자; 소경과 벙어리.
盲愛[もうあい] 맹애; 맹목적인 사랑.
盲人[もうじん] 맹인; 장님. 소경. 봉사.
盲者[もうしゃ] 맹자; 장님. 소경.
盲腸[もうちょう] 《生理》 맹장.
[1]盲点[もうてん] ①《生理》 맹점. ②부주의하기 쉬운 점.
盲従[もうじゅう] 맹종; 무턱대고 따름.
盲爆[もうばく] 맹폭; 무차별 폭격.
盲学校[もうがっこう] 맹인 학교.

猛 사나울 맹

丿 犭 犭 犭了 犭孑 犭子 犭孑 猛 猛 猛

音 ◉モウ
訓 ⊗たけし ⊗たける

訓読

⊗猛し[たけし] ①용맹하다. 굳세다. ②베짱이 세다. ③아주 좋다.
⊗猛る[たける] 〈5自〉 사납게 날뛰다.
猛り狂う[たけりくるう] 〈5自〉 미친 듯이 날뛰다.
猛り立つ[たけりたつ] 〈5自〉 사납게 날뛰다.
猛男[たけお] 용감한 사나이.
猛猛しい[たけだけしい] 〈形〉 ①사납고 용맹스럽다. ②뻔뻔스럽다. 유들유들하다.
猛夫[たけお] 용감한 사나이.

音読

猛撃[もうげき] 맹격; 맹렬히 공격함.
猛犬[もうけん] 맹견; 사나운 개.
猛攻[もうこう] 맹공; 맹렬히 공격함.
猛禽類[もうきんるい] 맹금류; 사나운 새.
猛毒[もうどく] 맹독; 맹렬한 독.

[1]猛烈[もうれつ] 맹렬; 사납고 세참.
猛射[もうしゃ] 맹사; 맹렬한 사격.
猛暑[もうしょ] 맹서; 지독한 더위.
猛省[もうせい] 맹성; 깊이 반성함.
猛獣[もうじゅう] 맹수; 사나운 짐승.
猛襲[もうしゅう] 맹습; 맹렬한 습격.
猛悪[もうあく] 맹악; 사납고 악독함.
猛然と[もうぜんと] 맹렬하게.
猛勇[もうゆう] 맹용; 용맹.
猛威[もうい] 맹위; 맹렬한 기세.
猛者[★もさ] 강자(強者). 고수. 실력자.
猛将[もうしょう] 맹장; 용맹한 장수.
猛鳥[もうちょう] 맹조; 사나운 새.
猛卒[もうそつ] 맹졸; 용맹한 졸병.

盟 맹세할 맹

冂 日 日) 明 明 明 明 明 盟 盟

音 ◉メイ
訓 —

音読

盟[めい] 맹세. 동맹. 약속.
盟邦[めいほう] 맹방; 동맹국(同盟国).
盟約[めいやく] 맹약; 굳게 맹세한 약속.
盟友[めいゆう] 맹우; 동지(同志).
盟主[めいしゅ] 맹주; 동맹을 맺은 무리의 우두머리.
盟兄[めいけい] 맹형; '盟友'의 높임말.
盟休[めいきゅう] 맹휴; '同盟休校(どうめいきゅうこう)'의 준말.

孟 맏/첫 맹

音 ⊗モウ
訓 —

音読

孟冬[もうとう] 맹동; 초겨울.
孟浪[もうろう] 맹랑; 엉터리임.
孟母[もうぼ] 맹모; 맹자의 어머니.
孟宗竹[もうそうちく] ≪植≫ 맹종죽; 죽순대.
孟秋[もうしゅう] 맹추; 초가을.
孟春[もうしゅん] 맹춘; 초봄.
孟夏[もうか] 맹하; 초여름.

萌 풀싹 맹

音 ⊗ホウ
訓 ⊗きざす
⊗もえる

訓読

⊗萌す[きざす] 〈5自〉 ①싹트다. 움트다. ②마음이 생기다. 꿈틀거리다.
萌し[きざし] 조짐. 징조.
⊗萌える[もえる] 〈下1自〉 싹트다. 움트다. 돋아나다.
萌え立つ[もえたつ] 〈5自〉 한창 싹트다.
萌葱[もえぎ] 연둣빛. 녹황색.
萌え出る[もえでる] 〈下1自〉 싹트다. 움트다.
萌黄色[もえぎいろ] 연둣빛. 녹황색.

音読

萌芽[ほうが] 맹아; ①싹. 싹이 틈. ②싹틈. 움틈.
萌芽期[ほうがき] 발아기. 싹트는 시기.

〔면〕

免(免) 면할 면

ノ ク ク 各 句 刍 免 免

音 ◉メン
訓 ◉まぬかれる ◉まぬがれる

訓読

[1]◉免れる[まぬかれる/まぬがれる] 〈下1自〉 (위험을) 면하다. 모면하다. 벗어나다. 피하다.

音読

免じる[めんじる] 〈上1他〉 ①면제하다. ②면직시키다. 해임시키다. ③(체면을 보아) 용서하다.
免ずる[めんずる] 〈サ変他〉 ☞ 免じる
[2]免税[めんぜい] 면세; 세금을 면제함.
免訴[めんそ] 면소; 불기소 판결.
免役[めんえき] 면역; 면제(免除).
免疫[めんえき] 면역; ①병원체에 저항력이 증가한 상태. ②어떤 일에 익숙해짐.
免状[めんじょう] 면장; ①면허장. ②졸업장.
[1]免除[めんじょ] 면제; 책임을 지우지 않음.
免罪[めんざい] 면죄; 죄를 용서함.
免職[めんしょく] 면직; 직장을 그만 둠.
免責[めんせき] 면책; 책임을 면함.
[2]免許[めんきょ] 면허; ①허가. ②스승이 제자에게 모든 것을 전수함.
免許皆伝[めんきょかいでん] 스승이 제자에게 모든 것을 전수함.
免許証[めんきょしょう] ①면허증; 행정 관청이 면허 증명으로서 발행한 문서. ②자동차 면허증.

面 낯/얼굴 면

一 丆 丆 丙 而 而 而 面 面

音 ◉メン

訓 ◉おも ◉おもて ◉つら

訓読

◉面❶[おも] 표면. ¶水(みず)の~ 물 위. ❷[おもて] ①얼굴. 낯. 안면. ②탈. 가면. ③겉면. ❸[つら] ≪俗≫ ①낯. 낯짝. 상판. ②…같은 얼굴. …인 체함. ❹[めん] ☞ [音読]

面やせ[おもやせ] 얼굴이 수척함.

面やつれ[おもやつれ] 얼굴이 야윔.

面構え[つらがまえ] 낯짝. 면상.

面繋[おもがい] 말 머리의 장식용 끈.

面当て[つらあて] 빗대어 빈정거림. 화풀이.

面輪[おもわ] ≪雅≫ 얼굴 모습.

面立ち[おもだち] 용모. 얼굴 생김새.

面忘れ[おもわすれ] 얼굴을 몰라봄.

4面白い[おもしろい] 〈形〉 ①우스꽝스럽다. ②재미있다. 흥겹다. ③마음이 끌리다. 흥미 있다. ④바람직스럽다. 좋다.

面白がる[おもしろがる] 〈5自〉 재미있어하다.

面白げ[おもしろげ] 우스운 듯함. 재미있는 듯함.

面白さ[おもしろさ] 우스움. 재미. 흥미.

面白み[おもしろみ] 재미. 흥미. 진미.

面白可笑しい[おもしろおかしい] 〈形〉 우스꽝스럽다. 익살스럽다.

面白尽く[おもしろずく] 장난삼아 함.

面変(わ)り[おもがわり] 얼굴 모습이 변함.

面伏せ[おもぶせ/おもてぶせ] 부끄러움.

面付き[つらつき] 상판대기. 낯짝.

面瘦せ[おもやせ] 얼굴이 수척함.

面様[おもよう] 얼굴 모양. 표정.

面影[おもかげ] ①(기억 속에 남아 있는 옛날의) 모습. ②(누군가와 닮은) 모습.

面映ゆい[おもはゆい] 〈形〉 겸연쩍다.

面汚し[つらよごし] 수치. 망신. 창피.

面作り[おもてづくり] 탈·가면 만들기.

面長[おもなが] 얼굴이 갸름함.

面杖[つらづえ] 팔꿈치를 세워 턱을 굄.

面憎い[つらにくい] 〈形〉 (얼굴만 보아도) 얄밉다. 밉살스럽다.

面持ち[おももち] (감정이 나타난) 얼굴 표정. 안색.

面差し[おもざし] (어떤 느낌을 주는) 얼굴 모습. 용모.

面出し[つらだし] 얼굴 내밀기.

面舵[おもかじ] ①우향타(右向舵). ②우현(右舷).

面の皮[つらのかわ] 낯가죽. 낯짝.

面皰[★にきび] 여드름.

面懸[おもがい] 말 머리의 장식용 끈.

面魂[つらだましい] 다부진 얼굴 표정.

面黒い[おもくろい] 〈形〉 재미없다. 시시하다.

音読

2面❶[めん] ①얼굴. ②탈. 가면. ③(검도의) 방호구(防護具). ④(검도의) 머리치기. ⑤표면. 외면. ⑥평면. ⑦방면. 분야. ⑧(거울을 세는 말로) …개. ❷[おも/おもて/つら] ☞ [訓読]

1面する[めんする] 〈サ変自〉 ①면하다. 마주 보다. 향하다. ②직면하다.

面角[めんかく] 면각; ①2면각. ②안면각(顔面角).

面談[めんだん] 면담; 서로 만나서 대화함.

面対称[めんたいしょう] 면대칭; 평면 대칭.

2面倒[めんどう] ①귀찮음. 성가심. 번거로움. 폐. ②돌봄. 보살핌. 시중듦.

面倒見[めんどうみ] 돌봄. 보살핌. 시중듦.

2面倒臭い[めんどうくさい] 〈形〉 아주 귀찮다. 번거롭기 짝이 없다.

面罵[めんば] 면매; 면전에서 욕함.

面面[めんめん] 면면; 각자. 제각기.

面貌[めんぼう] 면모; ①용모. ②외관. 외면.

1面目[めんぼく/めんもく] 면목; 체면. 명예.

面目躍如[めんもくやくじょ] 자못 그 사람답고 훌륭함.

面目玉[めんぼくだま/めんもくだま] 면목. 체면.

面目次第[めんぼくしだい] '面目(めんぼく/めんもく)'의 겸양어.

面壁[めんぺき] 면벽; 벽을 향해 좌선함.

面部[めんぶ] 면부; 얼굴 부분.

面謝[めんしゃ] 면사; ①직접 만나 감사드림. ②직접 만나서 사과함.

面上[めんじょう] 면상; 얼굴 위.

面相[めんそう] ①면상; 용모. ②'面相筆(めんそうふで)'의 준말.

面食い[めんくい] 미인만 탐하는 사람.

面食らう[めんくらう] 〈5自〉 ① ≪俗≫ 허둥대다. 쩔쩔매다. ②연이 공중에서 뱅글뱅글 돌다.

面識[めんしき] 면식; 안면. 아는 사이.

面妖[めんよう] 면요; 희한함. 이상야릇함.

面容[めんよう] 면용; 얼굴 모양. 용모.
面子❶[めんこ] 딱지. 딱지치기. ❷[メンツ] 체면. 면목. *중국어임.
²面積[めんせき] 면적; 넓이.
面前[めんぜん] 면전; (남의) 앞.
²面接[めんせつ] 면접; 직접 만나봄.
面従[めんじゅう] 면종; 겉으로만 복종함.
面責[めんせき] 면책; 맞대놓고 책망함.
面体[めんてい] 용모. 얼굴 생김새.
面取り[めんとり] 모따기. 모서리를 따서 둥그스름하게 함.
面打ち[めんうち] ①가면·탈 만들기. ②딱지치기.
面通し[めんとおし] 대질(対質). 무릎맞춤.
面皮[めんぴ] 면피; ①낯가죽. ②체면. 면목. 명예.
面割り[めんわり] 대질(対質). 무릎맞춤.
面と向かって[めんとむかって] 얼굴을 맞대고. 서로 마주보고.
面向不背[めんこうふはい] 앞뒤 어디서 보나 나무랄 데 없음. 흠이 없음.
¹面会[めんかい] 면회; 사람을 만남.
面詰[めんきつ] 면힐; 맞대놓고 힐난함.

勉(勉) 힘쓸 면

丿 ⺈ ⺈ 㑒 㑒 㑒 免 免 勉 勉

音 ◉ベン
訓 ⊗つとめる

訓読
⊗勉める[つとめる] 〈下1他〉 노력하다. 힘쓰다. 애쓰다.
⊗勉めて[つとめて] 애써. 힘써. 되도록. ¶~運動(うんどう)するようにしている 되도록 운동하려고 노력하고 있다.

音読
⁴勉強[べんきょう] ①공부. 노력. ②(장래를 위한) 경험. ③(물건을) 싸게 팖. 할인.
勉強家[べんきょうか] 노력가.
勉励[べんれい] 면려; 열심히 노력함.
勉学[べんがく] 면학; 공부에 힘씀.

眠 잠잘 면

丨 П 月 月 目 目' 目ᄀ 目ᄅ 眠 眠

音 ◉ミン
訓 ◉ねむい ◉ねむらす ◉ねむる

訓読
²◉眠い[ねむい] 〈形〉 졸리다. 졸음이 오다. 자고 싶다.
眠がる[ねむがる] 〈5自〉 졸리다.
眠げ[ねむげ] 졸린 듯.
眠さ[ねむさ] 졸음. 졸림.
¹眠たい[ねむたい] 〈形〉 졸리다. 자고 싶다.
眠気[ねむけ] 졸음.
眠気覚(ま)し[ねむけざまし] 졸음 쫓기.
◉眠らす[ねむらす] 〈5他〉 ①잠들게 하다. 재우다. ②≪俗≫ 죽이다. 없애다. ③묵혀두다. 사장(死蔵)하다.
²◉眠る[ねむる] 〈5自〉 ①잠들다. 잠자다. ②죽다. 잠들다. ③사장(死蔵)되다. ④(누에가) 잠을 자다.
眠り[ねむり] ①잠. 수면. ②누에잠. ③죽음.
眠りこける[ねむりこける] 〈下1自〉 곤히 잠들다. 정신없이 잠자다.
眠り病[ねむりびょう] 잠자는 병.
眠り薬[ねむりぐすり] 수면제(睡眠剤).
眠り込む[ねむりこむ] 〈5自〉 깊이 잠들다.
眠り草[ねむりぐさ] ≪植≫ 함수초.

音読
眠性[みんせい] (누에가 고치를 만들 때까지) 잠을 자며 껍질을 벗는 습성.
◑睡眠薬[すいみんやく]

綿 솜 면

𠃋 幺 糸 糸' 糸' 糸ᄇ 糸白 綿 綿 綿

音 ◉メン
訓 ◉わた

訓読
²◉綿❶[わた] ① ≪植≫ 목화(木花). 면화(棉花). ②솜. 풀솜. ❷[めん] ☞ [音読]
綿繭[わたまゆ] 면견; 솜고치.
綿菓子[わたがし] 솜사탕.
綿弓[わたゆみ] 무명활. 솜을 타는 활.
綿毛[わたげ] 솜털.
綿帽子[わたぼうし] 풀솜으로 만든 여자의 머리쓰개.
綿抜き[わたぬき] 솜을 빼고 만든 겹옷.
綿上[わたがみ] ①갑옷의 양어깨 부분. ②후두부.
綿雪[わたゆき] 함박눈.
綿雲[わたぐも] 뭉게구름. 솜구름.
綿油[わたあぶら] 면실유(棉実油).

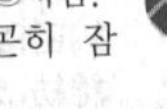

綿飴[わたあめ] 솜사탕.
綿入れ[わたいれ] ①(이불・옷에) 솜을 넣음. ②솜옷. 핫옷.
綿繰り[わたくり] 씨아질. 목화씨를 제거하는 작업.
綿種[わただね] 목화씨. 면화씨.
綿津見[わたつみ] ①바다의 신. 해신(海神). ②바다.
綿打ち[わたうち] 솜을 탐.
綿打(ち)弓[わたうちゆみ] 무명활. 솜활.
綿板[わたいた] 문에 끼운 널빤지.

音読

綿❶[めん] 면. 무명. 목화솜. 면사. 면직물. ❷[わた] ☞ [訓読]
綿綿[めんめん] 면면; 끝없이 이어짐.
綿密[めんみつ] 면밀; 자세하고 빈틈없음.
綿紡[めんぼう] 면방; '綿糸紡績'의 준말.
綿服[めんぷく] 면복; 무명옷.
綿棒[めんぼう] 면봉; 끝에 솜을 감은 막대기.
綿糸[めんし] 면사; 무명실.
綿実油[めんじつゆ] 면실유.
綿羊[めんよう] 면양; 양(羊).
綿衣[めんい] 면의; ①무명옷. ②솜옷.
綿製品[めんせいひん] 면제품; 면직물.
綿織物[めんおりもの] 면직물; 면제품.
綿布[めんぷ] 면포; 면직물. 무명.
綿火薬[めんかやく] 면화약; 솜화약.
綿花[めんか] 면화; 목화(木花).

棉 목화 면	音 ⊗メン 訓 ⊗わた

訓読

⊗棉[わた] ≪植≫ 목화(木花).

音読

棉花[めんか] ≪植≫ 면화; 목화(木花).

麵 ×(麺) 밀가루 면	音 ⊗メン 訓 —

音読

麵[めん] 면; ①면류. 국수. ②밀가루.
麵類[めんるい] 면류; 국수. 국수 종류.
麵棒[めんぼう] 면봉; 국수방망이.
麵包[めんぽう] 면포; 빵.

〔멸〕

滅 멸할/사라질 멸
氵 氵 氵 汇 沪 沪 浉 減 滅 滅

音 ◉メツ ⊗メ
訓 ◉ほろびる ◉ほろぼす

訓読

[1]◉滅びる[ほろびる] 〈上1自〉 망하다. 멸망하다. 멸절(滅絶)되다.
[1]◉滅ぶ[ほろぶ] 〈5自〉 망하다. 멸망하다. 멸절(滅絶)되다.
[1]◉滅ぼす[ほろぼす] 〈5他〉 망치다. 망하게 하다. 멸망시키다.

音読

滅する[めっする] 〈サ変自他〉 ①망하다. 멸망하다. 멸망시키다. 없어지다. 없애다. ②꺼지다. 끄다.
滅却[めっきゃく] 멸각; 없애버림.
滅菌[めっきん] 멸균; 살균(殺菌).
滅期[めつご] 멸기; ①멸망의 시기. ②사망의 시기. 임종. ③석가의 입멸 시기.
[2]滅多に[めったに] ①함부로. 분별없이. ②좀처럼. 거의.
滅多切り[めったぎり] 난도질. 마구 벰.
滅多打ち[めったうち] 마구 때림. 마구 쏨.
滅度[めつど] ≪仏≫ 멸도; ①깨달음의 경지. 열반(涅槃). ②입적(入寂).
滅裂[めつれつ] 멸렬; 찢기고 흩어져 없어짐.
[1]滅亡[めつぼう] 멸망; 망하여 없어짐.
滅法[めっぽう] ① ≪仏≫ 멸법; 모든 존재의 소멸. ② ≪俗≫〈形動〉 터무니없음. ③대단히. 굉장히. 아주. 매우.
滅法界[めっぽうかい] ≪俗≫ 터무니없음.
滅私奉公[めっしほうこう] 멸사봉공; 사(私)를 버리고 공(公)을 위하여 힘써 일함.
滅相[めっそう] ① ≪仏≫ 멸상; 업이 다 되어 생명이 끝남. ② ≪俗≫〈形動〉 터무니없음.
滅相もない[めっそうもない] 〈形〉 당치도 않다. 예상 밖이다.
滅失[めっしつ] 멸실; 소멸됨.
滅入る[★めいる] 〈5自〉 ①기가 죽다. 맥이 풀리다. 우울해지다. ②깊이 빠져들다.

滅絶[めつぜつ] 멸절; 멸망하여 아주 없어짐.
滅罪[めつざい] 멸죄; 속죄(贖罪).
滅尽[めつじん] 멸진; 멸절(滅絶).
滅茶[★めちゃ] ①당치 않음. ②터무니없음. 정도가 지나침.
2滅茶苦茶[★めちゃくちゃ] 엉망진창임. 뒤죽박죽임. 형편없음.
滅茶滅茶[★めちゃめちゃ] ☞ 滅茶苦茶
滅後[めつご] ≪仏≫ 멸후; (특히 석가의) 입멸(入滅) 후.

蔑 업신여길 멸	音 ⊗ベツ 訓 ⊗さげすむ ⊗ないがしろ ⊗なみする

訓読

⊗蔑む[さげすむ] 〈5他〉 깔보다. 경멸하다. 멸시하다. 업신여기다. 얕보다.
⊗蔑ろ[ないがしろ] 멸시함. 경멸함. 멸시함. 업신여김. 얕봄.
⊗蔑する[なみする] 〈サ変他〉 깔보다. 경멸하다. 멸시하다. 업신여기다. 얕보다.

音読

蔑視[べっし] 멸시; 경멸. 깔봄.
蔑如[べつじょ] 멸여; 멸시. 경멸.
蔑称[べっしょう] 멸칭; 업신여겨 일컬음.

〔명〕

皿 그릇 명

丨 冂 冊 皿 皿

音 ⊗ベイ
訓 ◉さら

訓読

2◉皿[さら] ①접시. ②접시 모양의 물건.
皿盛り[さらもり] 접시에 담은 물건.
皿洗い[さらあらい] 설거지. 접시 닦기.
皿小鉢[さらこばち] 부엌용 접시・주발.
皿秤[さらばかり] 앉은뱅이저울.
皿回し[さらまわし] ①접시돌리기. ②접시돌리기 곡예사.
◑大皿[おおざら], 小皿[こざら], 灰皿[はいざら]

名 이름 명

ノ ク タ タ 名 名

音 ◉メイ ◉ミョウ
訓 ◉な

訓読

2◉名❶[な] ①이름. 명칭. 호칭. ②명의. ③명분. 구실. 명목. ④체면. 명성. ❷[めい] ☞ [音読]
名あて[なあて] 수취인 주소 성명.
名うて[なうて] 유명함. 소문남.
名だたる[なだたる] 유명한. 소문난.
1名高い[なだかい] 〈形〉 유명하다.
名告る[なのる] ☞ 名乗(なの)る
名広め[なびろめ] 새 예명(芸名)・새 상호를 널리 알림.

名寄せ[なよせ] 동류(同類)의 이름・물건 등을 모은 책・수집록.
名代❶[なだい] ①유명함. 소문남. ②명의. 이름. ❷[みょうだい] ①(윗사람의) 대리. 대리인. ②대리 유녀(遊女).
名立たる[なだたる] 유명한. 소문난.
名無し[ななし] 이름이 없음.
名無し指[ななしゆび] 무명지.
名無し草[ななしぐさ] 잡초. 쓸모없는 풀.
名付(け)[なづけ] 이름을 지음. 명명(命名).
1名付ける[なづける] 〈下1他〉 ①이름을 짓다. 명명(命名)하다. ②일컫다. 칭하다.
名付(け)親[なづけおや] ①대부(代父). (아이에게) 이름을 지어준 사람. ②(사물의 맨 처음) 명명자(命名者).
名所❶[などころ] ①명소; 유명한 곳. ②성명과 주소. ③(물건의) 각 부분의 명칭. ❷[めいしょ] ☞ [音読]
名乗る[なのる] 〈5自他〉 ①자기 이름을 대다. ②자기 이름으로 사용하다. 일컫다. ③본인임을 밝히다.
名乗(り)[なのり] ①자기 신분을 댐. ②파는 물건의 이름을 외치고 다님. ③자(字). ＊무사가 관례(冠礼) 후에 본명 대신 부르던 이름.
名乗(り)字[なのりじ] 관례(冠礼) 때 짓는 실명(実名). 실명에 사용하는 한자(漢字).
名乗(り)座[なのりざ] (能(のう)에서) 등장인물이 자기 신분을 말하는 곳.
名乗り出る[なのりでる] 〈下1自〉 자기 신분을 밝히고 나서다. 본인임을 밝히다.

名乗り合う[なのりあう] 〈5自〉 서로 자기 신분을 밝히다.
名宛[なあて] 수취인 주소 성명.
名宛人[なあてにん] 수취인(受取人).
名子[なご] (중세의) 농노(農奴).
1名残り[なごり] ①(과거를 연상케 하는) 흔적. 자취. 여운. ②이별. 석별의 정. ③≪古≫ 자손. 후손. ④≪古≫ 남은 것.
名残りなく[なごりなく] ①아낌없이. ②남김없이.
名残(り)狂言[なごりきょうげん] (은퇴할 때 하는) 마지막 狂言(きょうげん).
名残りの杯[なごりのさかずき] 이별의 술잔.
名残(り)惜しい[なごりおしい] 〈形〉 헤어지기 섭섭하다. 헤어지기가 아쉽다.
名残り顔[なごりがお] 이별이 아쉬운 듯 한 표정.
名残りの宴[なごりのえん] 송별식.
名残りの月[なごりのつき] ①새벽 달. ②음력 9월 13일 밤의 달.
名残りの折[なごりのおり] (連歌(れんが)・俳諧(はいかい)에서) 앞의 구(句)에 다음 구를 붙여 쓰는 懐紙(かいし)를 네 번 접은 마지막 장.
名残りの茶[なごりのちゃ] (茶道에서) 음력 8월부터 9월에 여는 다회(茶会).
4名前[なまえ] ①이름. 성명. ②명칭.
名前負け[なまえまけ] 이름이 너무 훌륭해서 그 사람이 오히려 초라하게 보임.
名折れ[なおれ] 망신. 불명예.
名題[なだい] 명제; ①성명・품명의 표제(表題). ②각본의 제목. ③'名題看板'의 준말. ④'名題役者'의 준말.
名題看板[なだいかんばん] (歌舞伎(かぶき)의) 극장 선전 간판.
名題役者[なだいやくしゃ] 주연(主演) 배우.
名題下[なだいした] 조연(助演) 배우.
名主❶[なぬし] (江戸(えど)시대의) 촌장(村長). ❷[みょうしゅ/めいしゅ] ☞ [音読]
名指し[なざし] 지명. 이름을 지칭함.
名札[なふだ] 명찰; 명패. 이름패.
名取(り)[なとり] ① ≪雅≫ 유명함. 유명인. ②(芸道에서) 기능을 인정받아 스승에게서 예명(芸名)을 받음.
名取(り)草[なとりぐさ] '牡丹(ぼたん)'의 다른 이름.
名親[なおや] ①대부(代父). (아이에게) 이름을 지어준 사람. ②(사물의 맨 처음) 명명자(命名者).

名披露目[なびろめ] ☞ 名広め
名弘め[なびろめ] ☞ 名広め

音読

2名❶[めい] ①이름. 명칭. ②〈接頭語〉 …뛰어난. 유명한. ③〈接尾語〉 (사람의 수를 세는 말로) …명. ❷[な] ☞ [訓読]
名コンビ[めいコンビ] 명콤비; 손발이 잘 맞는 2인조.
名家[めいか] 명가; ①명문. 이름난 가문. ②특출한 명인. 대가(大家).
名歌[めいか] 명가; 유명한 和歌(わか)나 시.
名鑑[めいかん] 명감; ①명부(名簿). 인명록. ②사물의 이름을 모은 책.
名剣[めいけん] 명검; 보검(宝剣).
名犬[めいけん] 명견; 훌륭한 개.
名曲[めいきょく] 명곡; 유명한 악곡.
名工[めいこう] 명공; 명장(名匠).
名菓[めいか] 명과; 소문난 과자.
名教[めいきょう] '유교(儒教)'의 딴이름.
名句[めいく] 명구; ①명언(名言). ②유명한 글귀. ③유명한 문구.
名君[めいくん] 명군; 훌륭한 군주.
名妓[めいぎ] 명기; 이름난 기생.
名技[めいぎ] 명기; 뛰어난 재주.
名器[めいき] 명기; 이름난 기물(器物).
名答[めいとう] 명답; 꼭 알맞은 답.
名大[めいだい] '名古屋(なごや)大学'의 준말.
名代[みょうだい] (윗사람의) 대리인.
名刀[めいとう] 명도; 명검(名剣).
名論[めいろん] 명론; 탁월한 의견.
名利[めいり/みょうり] 명리; 명예(名誉)와 이익(利益).
名馬[めいば] 명마; 훌륭한 말.
名望[めいぼう] 명망; 명성과 인망.
名木[めいぼく] 명목; ①유서가 있는 유명한 나무. ②훌륭한 향나무.
名目❶[めいもく] 명목; ①이름. 호칭. 명칭. ②구실. 이유. 핑계. ❷[みょうもく] 명목; ①이름. 호칭. 명칭. ②(어떤 계층에서) 습관상 한자(漢字)를 특별하게 읽는 법. ③속담.
名目論[めいもくろん] 명목론.
名目賃金[めいもくちんぎん] 명목 임금.
名文[めいぶん] 명문; 훌륭한 문장.
名門[めいもん] 명문; ①훌륭한 가문. ②유명한 존재.
名聞❶[めいぶん] 명문; 세상의 평판. 소문. ❷[みょうもん] 명예.

²名物[めいぶつ] 명물; ①(그 고장의) 명산물. ②유명한 것. 유명한 사람. ③다구(茶具)의 명품.
名物切(れ)[めいぶつぎれ] ①귀중한 옛 서화(書画)의 단편. ②(중국의) 금실 무늬의 호화로운 비단 자투리.
名盤[めいばん] 명반; 유명한 음반.
¹名簿[めいぼ] 명부; 이름을 적는 장부.
名分[めいぶん] 명분; ①지켜야 할 도리. ②명목. 구실. 이유.
名士[めいし] 명사; 유명한 사람.
²名詞[めいし] 명사; 이름씨.
名山[めいざん] 명산; 유명한 산.
¹名産[めいさん] 명산; 그 지방의 특산물.
名産地[めいさんち] 명산지.
名状しがたい[めいじょうしがたい] 〈形〉 형용하기 어렵다. 이루 말할 수 없다.
名相[めいしょう] 명상; 훌륭한 재상(宰相).
名声[めいせい] 명성; 명예. 명망.
名城[めいじょう] 명성; ①유명한 성. ②'名古屋城(なごやじょう)'의 준말.
²名所❶[めいしょ] 명소; 유명한 곳. ❷[などころ] ☞ [訓読]
名手[めいしゅ] 명수; ①명인(名人). ②(바둑·장기의) 멋진 수.
名僧[めいそう] 명승; 이름난 승려.
名勝[めいしょう] 명승; 이름난 경치.
名神[めいしん] 名古屋(なごや)와 神戸(こうべ).
名実[めいじつ] 명실; 소문과 실제의 속내.
名案[めいあん] 명안; 뛰어난 생각.
名薬[めいやく] 명약; 효력이 좋은 약.
名言[めいげん] 명언; 유명한 말.
名訳[めいやく] 명역; 훌륭한 번역.
名演[めいえん] 명연; 훌륭한 연기.
¹名誉[めいよ] 명예; ①영예. ②체면. 면목.
名誉職[めいよしょく] 명예직.
名優[めいゆう] 명우; 유명한 배우.
名苑[めいえん] 명원; 훌륭한 정원.
名園[めいえん] 명원; 훌륭한 정원.
名月[めいげつ] 명월; ①음력 8월 보름달. ②음력 9월 13일 밤의 달.
名吟[めいぎん] ①뛰어난 俳句(はいく)·詩歌(しいか). ②훌륭한 음영(吟詠).
名医[めいい] 명의; 소문난 의사.
名義[めいぎ] 명의; ①표면상의 명칭. ②표면상의 이유. ③명분(名分).
名義書(き)換(え)[めいぎかきかえ] (장부상의) 명의 변경.
²名人[めいじん] 명인; ①그 분야에서 뛰어난 사람. ②(바둑·장기) 최고위 칭호의 하나.
名人肌[めいじんはだ] 명인의 기질.
名人芸[めいじんげい] 명인의 재주.
名人位[めいじんい] 명인위; (바둑·장기의) 명인전(名人戦)의 우승자.
名人戦[めいじんせん] (바둑·장기의) 명인전.
²名字[みょうじ] 성(姓). 성씨(姓氏).
²名刺[めいし] 명함(名銜).
²名作[めいさく] 명작; 유명한 작품.
名匠[めいしょう] 명장; ①기술이 뛰어난 장인(匠人). ②훌륭한 학자.
名将[めいしょう] 명장; 훌륭한 장군.
名著[めいちょ] 명저; 훌륭한 저서(著書).
名跡[めいせき] 명적; ①유명한 고적. ②조상 전래의 성씨(姓氏)·가명(家名)·칭호.
名籍[めいせき] 명적; 명부(名簿).
名店[めいてん] 명점; 유명한 상점.
名酒[めいしゅ] 명주; 소문난 술.
名刹[めいさつ] 명찰; 유명한 절.
¹名称[めいしょう] 명칭; 호칭. 이름.
名品[めいひん] 명품; 뛰어난 물건.
名筆[めいひつ] 명필; ①썩 잘 쓴 글씨. ②글씨를 잘 쓰는 사람.
名号[みょうごう] ≪仏≫ 명호; ①'아미타불'의 칭호. ②나무아미타불을 욈.
名花[めいか] 명화; ①이름난 꽃. ②미인.
名画[めいが] 명화; ①훌륭한 그림. ②훌륭한 영화. 이름난 영화.

命 목숨 명

ノ 人 𠆢 亼 合 合 合 命

音 ◉メイ ◉ミョウ
訓 ◉いのち ⊗みこと

訓読

²◉命❶[いのち] ①목숨. 생명. ②수명. ③가장 중요한 것. ❷[めい] ☞ [音読]
⊗命❸[みこと] (古代에) 신(神)이나 귀인(貴人)의 이름 밑에 붙여 쓴 높임말.
命からがら[いのちからがら] 간신히. 가까스로. 구사일생으로. 겨우 목숨만 부지하여.
命綱[いのちづな] ①구명줄. ②생명줄. 생명선.
命の綱[いのちのつな] 목숨을 이어갈 수단.
命掛け[いのちがけ] 목숨을 겲.

命乞い[いのちごい] ①살려 달라고 애걸함. ②(神仏에게) 명을 빎.
命冥加[いのちみょうが] (神仏의 가호로) 죽을 목숨을 건짐.
命毛[いのちげ] 붓끝.
命の洗濯[いのちのせんたく] 기분 전환.
命拾い[いのちびろい] 간신히 살아남.
命辛辛[いのちからがら] 간신히. 가까스로. 구사일생으로. 겨우 목숨만 부지하여.
命の際[いのちのきわ] 죽음 직전. 임종(臨終).
命知らず[いのちしらず] 죽음을 두려워하지 않음.
命取り[いのちとり] ①죽게 된 원인. 사인(死因). ②치명상. ③큰 실수나 실각(失脚)의 원인.
命の親[いのちのおや] 생명의 은인.
命限り[いのちかぎり] 목숨을 다하여.
命懸け[いのちがけ] 목숨을 걺.

音読

命❶[めい] 명; ①명령. ②운명. ③생명. 목숨. ❷[いのち/みこと] ☞ [訓読]
[2]**命じる**[めいじる] ☞ 命ずる
[2]**命ずる**[めいずる] 〈サ変他〉 ①명하다. 명령하다. ②임명하다. ③이름 짓다. 명명(命名)하다.
命根[めいこん] 명근; 생명의 근원.
[2]**命令**[めいれい] 명령; 분부(分付).
命脈[めいみゃく] 명맥; 목숨.
命名[めいめい] 명명; 이름을 지음.
命数[めいすう] 명수; ①수명. ②운명. 숙명. ③≪数≫ 어떤 수에 이름을 붙임.
命数法[めいすうほう] 명수법.
命運[めいうん] 명운; 운명.
命日[めいにち] ①기일(忌日). ②제삿날.
命題[めいだい] 명제; ①제목을 붙임. 붙인 제목. ②판단의 내용을 언어나 기호로 나타낸 것. ③주어진 과제.
[1]**命中**[めいちゅう] 명중; 적중(的中)함.

明 밝을 명

丨 冂 月 日 明 明 明 明

音 ◉メイ ◉ミョウ ⊗ミン ⊗メン
訓 ◉あかり ◉あかるい ◉あかるむ ◉あからむ ◉あきらか ◉あきらめる ◉あかす ◉あかる ◉あく ◉あくる ◉あける

訓読

[2]◉**明(か)り**[あかり] ①(밝은) 빛. 광선. ②불빛. 등불. ③결백. 결백의 증거.
明(か)り先[あかりさき] 빛 쪽. 불빛 쪽. 빛이 들어오는 쪽.
明(か)り障子[あかりしょうじ] 장지문. 미닫이문.
明(か)り窓[あかりまど] 들창. 채광창.
明(か)り取り[あかりとり] 들창. 채광창.
[4]◉**明るい**[あかるい] 〈形〉 ①밝다. 환하다. ②명랑하다. ③정통하다. 잘 알다. ④(전망이) 밝다. ⑤공정하다. 공명하다.
明るさ[あかるさ] 밝기. 밝은 정도. 밝은 곳.
◉**明るむ**[あかるむ] 〈5自〉 밝아지다.
明るみ[あかるみ] ①밝은 곳. ②공공장소. 세상.
◉**明らむ**[あからむ] 〈5自〉 밝아지다.
[2]◉**明らか**[あきらか] 〈形動〉 ①뻔함. 명백함. ②밝음. 환함.
◉**明らめる**[あきらめる] 〈下1他〉 (진상을) 밝히다. 규명하다.
[1]◉**明かす**[あかす] 〈5他〉 ①털어놓다. 밝히다. ②밤을 새우다.
明かし暮す[あかしくらす] 〈5自〉 세월을 보내다. 날을 보내다.
明石縮[あかしちぢみ] 여자용 비단옷감.
◉**明かる**[あかる] 〈5自〉 열리다. 열려지다.
◉**明くる**[あくる] 이듬의. 다음의. 오는.
[2]◉**明く**[あく] 〈5自〉 ①(시간이) 나다. ②(공간이) 비다. ③열리다. ④자리가 비다. ⑤쓰이지 않다. 놀다.
[2]**明き**[あき] ①짬. ②틈새. ③빈자리. 결원. ④속이 빔. ⑤빈 곳.
明き家[あきや] 빈집. 비어 있는 셋집.
明き間[あきま] ①틈. 빈틈. 틈새기. ②빈방.
明き盲[あきめくら] ①눈뜬장님. ②문맹. 까막눈이.
明き白[あきしろ] 여백. 공백.
明き巣[あきす] ①빈 둥지. ②빈집.
明き地[あきち] 공지(空地). 빈터.
[2]◉**明ける**[あける] 〈下1自〉 ①(날이) 새다. 밝다. ②새해가 되다. ③(어떤 기간이) 끝나다. 만료되다. 〈下1他〉 ①(눈을) 뜨다. ②뚫다. ③비우다. ④떼어놓다. ⑤트다. ⑥열다.
明け[あけ] ①새벽. ②(어떤 기간이) 끝남. ③새해가 됨.

明けしい[あけしい] 〈形〉 한가롭다. 느긋하다. 편안하다.
明けて[あけて] 새해 들어. 해가 바뀌어.
明けやらぬ[あけやらぬ] 날이 덜 밝음.
明け遣らぬ[あけやらぬ] 날이 덜 밝음.
明けっ広げ[あけっぴろげ] ①활짝 열어둠. ②개방적임. 노골적임.
明け広げる[あけひろげる] 〈下1他〉 ①활짝 열어젖히다. ②숨김없이 드러내다. 다 까놓다.
明け渡す[あけわたす] 〈5他〉 (재산을) 명도하다. 넘겨주다. 내어주다.
明け渡し[あけわたし] (재산을) 명도함. 넘겨줌. 내어 줌. 비워 줌.
明け渡る[あけわたる] 〈5自〉 날이 환히 새다. (구름・안개가) 완전히 걷히다.
明け六つ[あけむつ] 새벽 6시를 알리는 종. 묘시(卯時).
明け離れる[あけはなれる] 〈下1自〉 날이 환히 새다. 날이 완전히 밝다.
明けの明星[あけのみょうじょう] 샛별. 계명성(啓明星). 명성(明星).
明け暮れ[あけくれ] ①조석(朝夕). 아침저녁. ②나날. 매일. ③나날을 보냄. ④항상. 늘. 자나 깨나.
明け暮れる[あけくれる] 〈5下1自〉 ①세월이 가다. ②매일 몰두하다. 골몰하다.
明けても暮れても[あけてもくれても] 자나 깨나. 밤낮없이. 매일.
2**明け方**[あけがた] 새벽녘. 동틀 녘.
明け放す[あけはなす] 〈5他〉 (문을) 활짝 열어놓다. 열어젖히다.
明け放し[あけはなし] ①활짝 열려 있음. ②노골적임. 개방적임.
明けっ放し[あけっぱなし] '明け放し'의 강조.
明け放れる[あけはなれる] 〈下1自〉 날이 환히 새다. 날이 완전히 밝다.
明け番[あけばん] ①야간 근무를 마치고 나옴. ②비번 휴무. ③새벽 근무.
明け払う[あけはらう] 〈5他〉 ①(문을) 활짝 열어놓다. 열어젖히다. ②(집을) 명도하다. 비워주다. 내어 주다.
明け烏[あけがらす] ①새벽에 우는 까마귀. ②≪隠≫ 먹.
明け残る[あけのこる] 〈5自〉 (달・별이) 지새다. 새벽까지 남아 있다.
明けの鐘[あけのかね] 새벽 종소리.
明け透け[あけすけ] 노골적임. 솔직함.
明け荷[あけに] ①여행용 고리짝. ②씨름꾼의 샅바를 넣는 상자.
明け行く[あけゆく] 〈下1自〉 (날이) 밝아지다. 밝아오다. 새다.

音読

明❶[めい] ①밝기. 밝음. ②통찰력. ③시력. **❷**[みょう] (날짜와 관련하여) 오는. 다음의. **❸**[みん] (중국의) 명; 명나라.
明鏡止水[めいきょうしすい] 명경지수; 잡념이 없는 잔잔한 마음.
明君[めいくん] 명군; 현명한 군주.
明記[めいき] 명기; 똑똑하게 기록함.
明年[みょうねん] 명년; 내년.
明断[めいだん] 명단; 명쾌한 판단.
明答[めいとう] 명답; 확답(確答).
明大[めいだい] '明治大学(めいじだいがく)'의 준말.
明徳[めいとく] 명덕; ①훌륭한 덕성(徳性). ②타고난 맑은 본성.
1**明朗**[めいろう] 명랑; ①밝고 쾌활함. ②밝고 공정함.
1**明瞭**[めいりょう] 명료; 분명하고 똑똑함.
2**明晩**[みょうばん] 내일 밤. 내일 저녁.
明滅[めいめつ] 명멸; 불이 켜졌다 꺼졌다 함.
明明白白[めいめいはくはく] 명명백백; 아주 분명함.
明明後年[みょうみょうごねん] 내후년의 다음해.
明明後日[みょうみょうごにち] 글피.
明眸皓歯[めいぼうこうし] 명모호치; (미인의) 맑고 아름다운 눈과 흰 치아.
明文[めいぶん] 명문; 명확한 조문(条文).
明媚[めいび] 명미; (경치가) 맑고 아름다움.
明敏[めいびん] 명민; 총명함.
明礬[みょうばん] ≪化≫ 명반.
1**明白**[めいはく] 명백; 아주 분명함.
明色[めいしょく] 명색; 밝은 빛.
明晰[めいせき] 명석; 분명하고 똑똑함.
明細[めいさい] 명세; ①자세함. 상세함. ②'明細書'의 준말.
明細書[めいさいしょ] 명세서.
明星[みょうじょう] 명성; ①샛별. 금성(金星). ②스타.
明示[めいじ] 명시; 명확하게 표시함.
明視[めいし] 명시; 똑똑히 보임.
明暗[めいあん] 명암; ①밝은 면과 어두운 면. 기쁨과 슬픔. 행복과 불행. 승리와 패배. ②색깔의 짙고 옅음.
明夜[みょうや] 명야; 내일 밤.

明言[めいげん] 명언; 명확하게 말함

明王❶[めいおう] 명왕; 현명한 군주. ❷[みょうおう] ≪仏≫ ①명왕. ②부동명왕(不動明王).

明月[めいげつ] 명월; 밝은 보름달.

明日❶[みょうにち] 명일; 내일. ＊격식을 차린 말임. ❷[あす] ①내일. ②앞날. 장래.

明朝❶[みょうちょう/みょうあさ] 명조; 내일 아침. ❷[みんちょう] ①명조; 명나라 조정. ②'明朝体(みんちょうたい)'의 준말.

明朝体[みんちょうたい] 명조체; 명조 활자.

明主[めいしゅ] 명주; 현명한 군주.

明証[めいしょう] 명증; 확증.

明知[めいち] 명지; 뛰어난 지혜.

明徴[めいちょう] 명징; 확증.

明澄[めいちょう] 명징; 밝고 맑음.

明察[めいさつ] 명찰; ①진상을 꿰뚫어 봄. ②상대방의 '推察(すいさつ)'의 높임말.

明窓浄机[めいそうじょうき] 청결한 서재.

明暢[めいちょう] 명창; ①성격이 밝고 구김살이 없음. ②말이 분명하고 조리가 있음.

明哲[めいてつ] 명철; 현명하고 사리에 밝음.

明春[みょうしゅん] 명춘; 내년 봄.

明治[めいじ] ①일본 明治天皇(めいじてんのう)의 연호. ②'明治時代(めいじじだい)'의 준말.

明快[めいかい] 명쾌; 조리가 분명하여 마음이 시원함.

明太[めんたい] ≪魚≫ 명태.

明太子[めんたいこ] 명란(明卵)젓.

明解[めいかい] 명해; 간결한 해석.

[2]明確[めいかく] 명확; 명백하고 확실함.

明後[みょうご] 명후; 다음다음의. 모레의.

明後年[みょうごねん] 명후년; 내후년.

[2]明後日[みょうごにち] 명후일; 모레.

銘 새길 명

丿 𠂉 亼 亽 金 金 金' 釸 鈔 銘

音 ◉メイ

訓 —

音読

銘[めい] ①(기물에) 새긴 글. ②(기물에 새긴) 제작자의 이름. ③교훈의 글. ④특별히 상등품으로 명명(命名)한 명칭.

銘じる[めいじる] 〈上1他〉 ☞ 銘ずる

銘する[めいする] 〈サ変他〉 금석(金石)에 글자를 새기다.

銘ずる[めいずる] 〈サ変他〉 명심하다. 마음에 깊이 새기다.

銘肝[めいかん] 명간; 마음에 새김.

銘菓[めいか] 명과; 유명한 고급 과자.

銘記[めいき] 명기; 명심(銘心)함.

銘刀[めいとう] 명도; 이름이 새겨진 칼.

[2]銘銘[めいめい] 각각. 제각기. 각자.

銘銘皿[めいめいざら] 개인 접시. 음식을 각자 덜어 먹는 접시.

銘銘伝[めいめいでん] 개인 전기(伝記).

銘木[めいぼく] 값비싼 목재.

銘文[めいぶん] 명문; 기물에 새겨진 글.

銘柄[めいがら] ①일류 상품의 브랜드. ②우량 상품.

銘柄品[めいがらひん] 유명한 상품.

銘仙[めいせん] 거칠게 짠 비단.

銘入り[めいいり] 제작자의 이름을 새김.

銘酒[めいしゅ] 명주; 유명한 술.

銘茶[めいちゃ] 명차; 유명한 차.

銘打つ[めいうつ] 〈5他〉 (상품에) 이름을 짓다. 간판을 내걸다.

鳴 울 명

口 口' 口' 口'' 叩 叩 咱 鳴 鳴 鳴

音 ◉メイ

訓 ◉なく ◉ならす ◉なる

訓読

[4]◉鳴く[なく] 〈5自〉 (새・벌레・짐승이) 울다.

鳴き交わす[なきかわす] 〈5自〉 (새・벌레・짐승이) 여기저기서 울어대다. 함께 울다.

鳴き竜/鳴き龍[なきりゅう] 다중 반향 현상(多重反響現象).

鳴き立てる[なきたてる] 〈下1自〉 (새・벌레・짐승이) 몹시 시끄럽게 울다.

鳴き頻る[なきしきる] 〈5自〉 (새・벌레・짐승이) 요란하게 울어대다.

鳴き声[なきごえ] (새・벌레・짐승의) 울음소리.

鳴き尽くす[なきつくす] 〈5自〉 지칠 때까지 울다.

鳴き真似[なきまね] (새・벌레・짐승의) 우는 흉내.

鳴き虫[なきむし] 우는 벌레.

[2]◉鳴らす[ならす] 〈5他〉 ①소리를 내다. 울리다. ②(이름을) 날리다. 떨치다. ③투덜대다. 불평하다.

[3]◉**鳴る**[なる] 〈5自〉 ①소리가 나다. 울리다. ②(이름이) 널리 알려지다. 떨치다.

鳴り[なり] ①울리는 소리. 울림. ②(떠들썩한) 소리.

鳴りはためく[なりはためく] 〈5自〉 (큰 소리가) 울려 퍼지다.

鳴り渡る[なりわたる] 〈5自〉 ①(큰 소리가) 울려 퍼지다. ②널리 알려지다.

鳴り物[なりもの] ①악기의 총칭. ②흥을 돋우기 위한 음악. ③(歌舞伎(かぶき)에서) 三味線(しゃみせん)을 제외한 악기의 총칭.

鳴り物入り[なりものいり] ①(歌舞伎(かぶき)에서) 악기로 흥을 돋움. ②요란하게 선전함.

鳴神[なるかみ] ≪雅≫ ①천둥. 우레. 뇌성. ②벼락. ③뇌신(雷神).

鳴神月[なるかみづき] '음력 6월'의 딴이름.

鳴子[なるこ] 논밭의 새를 쫓는 딸랑이.

鳴子縄[なるこなわ] 딸랑이 줄.

鳴戸巻(き)[なるとまき] 소용돌이 무늬가 나오게 만든 蒲鉾(かまぼこ).

鳴戸蜜柑[なるとみかん] 일본 淡路(あわじ) 섬 특산물인 귤.

鳴り響く[なりひびく] 〈5自〉 ①사방에 울려 퍼지다. ②널리 알려지다.

音読

鳴管[めいかん] ≪鳥≫ 명관; 울대. 조류(鳥類)의 발성 기관.

鳴禽類[めいきんるい] 명금류; 잘 우는 새 종류.

鳴動[めいどう] 명동; (큰 것이) 큰 소리를 내며 움직임.

鳴謝[めいしゃ] 명사; 깊이 사례함.

鳴鐘[めいしょう] 명종; 종을 울림.

鳴弦[めいげん] 명현; 활시위를 당겨 그 소리로 악귀를 쫓던 일.

冥	어두울 명	音 ⊗メイ ⊗ミョウ 訓 —

音読

冥加[みょうが] 명가; ①신불(神仏)의 은혜·가호(加護). ②행운. 운이 좋음.

冥加金[みょうがきん] ①신불(神仏)의 은혜에 대한 답례로 바치는 돈. ②(江戸(えど) 시대의) 세금의 일종.

冥感[めいかん] 명감; 신앙심이 신불(神仏)에 통함.

冥界[めいかい] 명계; 저승.

冥契[めいけい] 명계; 부지중에 마음이 일치함.

冥途[めいど] ≪仏≫ 명도; 저승. 황천.

冥利[みょうり] ①≪仏≫ 명리; 신불(神仏)의 은혜·가호(加護). ②선행의 응보로 받는 행복. ③행운.

冥漠[めいばく] 명박; 어두워서 분명치 않음.

冥冥[めいめい] 명명; ①어두움. ②분명치 않음.

冥罰[みょうばつ] 명벌; 천벌(天罰).

冥福[めいふく] 명복; 사후(死後)의 행복.

冥府[めいふ] 명부; ①저승. ②지옥.

冥王星[めいおうせい] ≪天≫ 명왕성.

冥応[みょうおう] ≪仏≫ 신불(神仏)이 돌봐줌.

冥助[みょうじょ] ≪仏≫ 명조; 신불(神仏)의 은혜·가호(加護).

冥土[めいど] ≪仏≫ 명토; 저승. 황천.

冥合[みょうごう/めいごう] ≪仏≫ 명합; 자연히 일치함.

冥護[みょうご] 명호; 신불(神仏)의 은혜·가호(加護).

酩	술취할 명	音 ⊗メイ 訓 —

音読

酩酊[めいてい] 명정; 만취(満酔). 술에 몹시 취함.

瞑	눈감을 명	音 ⊗メイ 訓 ⊗つぶる ⊗つむる

訓読

⊗**瞑る**❶[つぶる] 〈5他〉 ①(눈을) 감다. ②보고도 못 본 체하다. 눈감아 주다. ❷[つむる] 〈5他〉 (눈을) 감다.

音読

瞑する[めいする] 〈サ変自〉 ①눈을 감다. ②편안히 죽다. 잠들다.

瞑目[めいもく] 명목; ①눈을 감음. ②편안히 죽음.

瞑氛[めいふん] 명분; 어두운 느낌.

瞑想[めいそう] 명상; 눈을 감고 고요히 사색에 잠김.

瞑捜[めいそう] 명수; 눈을 감고 탐구함.

瞑座[めいざ] 명좌; 눈을 감고 조용히 앉아 있음.

모

毛 털 모

一 二 三 毛

音 ◉モウ
訓 ◉け

訓読

[3]◉毛❶[け] ①(동・식물의) 털. ②머리털. ③(새의) 깃털. ④양털. 양모(羊毛). ❷[もう] ☞ [音読]
毛ピン[けピン] 머리핀. 헤어핀.
毛脚[けあし] ☞ 毛足(けあし)
毛見[けみ] 간평(看坪). 옛날에 곡식의 작황을 조사하여 조세를 정하던 일.
毛脛[けずね] (털 많은) 정강이.
毛孔[けあな] 모공; 털구멍.
毛筋[けすじ] ①(낱낱의) 머리카락. ②빗질 자국. ③털끝만큼. 사소한 일.
毛筋立て[けすじたて] 빗치개.
毛筋棒[けすじぼう] 빗치개.
毛唐[けとう] 외국인. 코쟁이.
毛唐人[けとうじん] ☞ 毛唐(けとう)
毛裏[けうら] 안에 털을 댄 옷.
毛の末[けのすえ] 털끝. 극히 사소함.
毛描(き)[けがき] (일본 그림에서) 털을 가는 선으로 그림.
毛描(き)筆[けがきふで] 털을 가는 선으로 그리는 붓.
毛黴[けかび] ≪植≫ 털곰팡이.
毛抜き[けぬき] 족집게.
毛抜(ぬ)き合(わ)せ[けぬきあわせ] ① ≪服≫ 양쪽 천 가장자리를 가지런히 맞추어 꿰맴. ②2개를 딱 맞춤.
毛並み[けなみ] ①털의 결. ②성질. 종류. ③혈통. 가문. 출신 성분.
[2]毛糸[けいと] 모사; 털실.
毛生え薬[けはえぐすり] 양모제(養毛剤). 머리털을 나게 하는 약.
毛繕い[けづくろい] 털 다듬기.
毛焼き[けやき] (털 뽑은 닭이나 새의) 잔털을 불에 그슬려 태워 없앰.
毛繻子[けじゅす] 모수자; 날실은 면사로 씨실은 모사(毛糸)로 짠 직물.
毛深い[けぶかい] 〈形〉 털의 숱이 많다.
毛染め[けぞめ] 머리 염색. 염색약.
毛玉[けだま] 보풀이 뭉쳐 덩어리진 것. 곱슬마디.
毛羽[けば] ①보풀. 보푸라기. ②(지도의) 등고선(等高線).
毛羽立つ[けばだつ] 〈5自〉 ①(마찰되어) 보풀이 일다. ②머리가 헝클어지다.
毛羽立ち[けばだち] 보풀이 임.
毛羽毛羽[けばけば] 보풀. 보푸라기. 잔털.
毛衣[けごろも] ①모피 옷. ②새의 깃털로 만든 옷.
毛蚕[けご] ≪虫≫ 털누에. 갓깬누에.
毛際[けぎわ] 털이 난 가장자리.
毛彫り[けぼり] 털처럼 가느다란 선으로 새김.
毛足[けあし] ①(담요나 직물의) 표면에 선 털. ②털이 자라는 상태. ③털이 많은 다리.
毛織(り)[けおり] ①모직; 모직물. ②무명의 보풀을 세워 짬.
毛織物[けおりもの] 모직물.
毛槍[けやり] 깃털로 창집을 장식한 창.
毛虫[けむし] 모충; ①송충이. ②남들이 싫어하는 사람.
毛虫眉[けむしまゆ] 송충이 같은 눈썹.
毛虫眉毛[けむしまゆげ] 송충이 같은 눈썹.
[2]毛皮[けがわ] 모피; ①털가죽. ②가죽피. ＊한자(漢字) 부수의 하나임.
毛蟹[けがに] ≪動≫ 털게.
毛穴[けあな] 모공(毛孔). 털구멍.
毛嫌い[けぎらい] 괜히 싫어함.

音読

毛❶[もう] 모; ①(길이로는) 寸(すん)의 1000분의 1. ②(무게로는) 匁(もんめ)의 1000분의 1. ③(비율로는) 1할의 1000분의 1. ④(화폐의 단위로) 厘(りん)의 10분의 1. ❷[け] ☞ [訓読]
毛管[もうかん] 모관; ① ≪物≫ 모세관(毛細管). ②'毛細血管'의 준말.
毛管現象[もうかんげんしょう] ≪物≫ 모세관 현상.
毛根[もうこん] ≪生理≫ 모근; 털뿌리.
毛嚢[もうのう] ≪生理≫ 모낭; 털주머니.
毛髪[もうはつ] 모발; 머리털.
毛細管[もうさいかん] 모세관; ① ≪物≫ 모관(毛管). ② ≪生理≫모세 혈관.
毛細血管[もうさいけっかん] ≪生理≫모세 혈관.
毛様体[もうようたい] ≪生理≫모양체.
毛穎[もうえい] 모영; 붓.

毛氈[もうせん] 모전; 양탄자.
毛氈苔[もうせんごけ] ≪植≫ 모전태; 끈끈이주걱.
毛製品[もうせいひん] 모제품.
2毛布[もうふ] 모포; 담요.
毛包[もうほう] ≪生理≫ 모낭(毛嚢).
毛筆[もうひつ] 모필; 털붓. 붓.
毛筆画[もうひつが] 모필화.

矛 창 모

㇇ 龴 子 予 矛

音 ◉ム ⊗ボウ
訓 ◉ほこ

訓読

◉矛[ほこ] ①(쌍날칼을 꽂은 긴) 창. ②공격용 무기.
矛山車[ほこだし] (축제 때) 창 따위를 꽂아 장식한 수레.
矛杉[ほこすぎ] 창 모양으로 뻗은 삼목.
矛先[ほこさき] ①창끝. ②(비난·공격의) 화살·방향·목표.
矛偏[ほこへん] 창모변. ＊한자(漢字) 부수의 하나로 '矜' 등의 '矛' 부분을 말함.

音読

矛戟[ぼうげき] 모극; 창.
2矛盾[むじゅん] 모순; 앞뒤가 맞지 않음. 사리에 맞지 않음.
矛盾論[むじゅんろん] ≪論≫ 모순론; 사리에 맞지 않는 논리.

母 어머니 모

𠃋 𠃌 𠃌 母 母

音 ◉ボ
訓 ◉はは

訓読

4◉母[はは] ①어머니. 모친. ②근원. 원천.
4お母さん[★おかあさん] ①어머니. ②(남편이 아내를 부를 때) 여보.
母家[★おもや] ①(건물의) 안채. 몸채. ②본가(本家). 종가(宗家).
母君[ははぎみ] 자당(慈堂). ＊존경어임.
母物[ははもの] 모성애를 주제로 한 영화·연극
母方[ははかた] 외가 쪽.
母上[ははうえ] 어머님. ＊존경어임.
お母様[★おかあさま] 어머님.
母御[ははご] 자당(慈堂). ＊존경어임.
母屋[★おもや] ①(건물의) 안채. 몸채. ②본가(本家). 종가(宗家).
母人[ははびと] 자기의 어머니를 친밀하게 부르는 말.
母の日[ははのひ] 어머니 날.
母子草[ははこぐさ] ≪植≫ 떡쑥.
母者人[ははじゃひと] 어머니, 우리 어머니. ＊어머니를 친밀하게 부르는 말.
2母親[ははおや] 모친; 어머니.

音読

母系[ぼけい] 모계; ①여계(女系). ②어머니 쪽을 기준으로 하여 가문·혈통·상속을 정함.
1母校[ぼこう] 모교; 출신 학교.
1母国[ぼこく] 모국; 조국. 고국.
母国語[ぼこくご] 모국어; 자기 나라의 말.
母権[ぼけん] 모권; 어머니로서의 권리.
母堂[ぼどう] 모당; 자당(慈堂). ＊존경어임.
母斑[ぼはん] ≪生理≫ 모반.
母船[ぼせん] 모선; 큰 배.
母線[ぼせん] 모선; 굵은 간선(幹線).
母岩[ぼがん] 모암; ①광물을 함유한 암석. ②풍화되기 전의 원래의 암석.
母語[ぼご] 모어; ①모국어. ②같은 계통에 속하는 언어의 원천이 되는 언어.
母乳[ぼにゅう] 모유; 어머니의 젖.
母音[ぼいん] 모음; 홀소리.
母衣[★ほろ] 화살을 막기 위에 갑옷 위에 덮어씌운 포대.
母衣蚊屋[★ほろがや] 어린이용 모기장.
母子[ぼし] 모자; 어머니와 자식.
母子寮[ぼしりょう] 모자원. 과부로서 궁핍한 생활을 하는 모자를 수용하는 곳.
母指[ぼし] 엄지손가락.
母集団[ぼしゅうだん] 모집단; 통계 측정의 기본이 되는 기본 집단.
母体[ぼたい] 모체; ①출산 전후의 어머니의 몸. ②갈라져 나온 것의 본래의 것.
母胎[ぼたい] 모태; ①어머니의 태내. ②(어떤 사물의) 기본이 되는 모체.
母艦[ぼかん] 모함; 항공모함. 잠수모함.
母港[ぼこう] 모항; 출항한 배가 근거지로 삼는 항구.
母型[ぼけい] 모형; 활자를 만들어 내는 거푸집.
母后[ぼこう] 모후; 황태후(皇太后).

侮(侮) 업신여길 모

丿 亻 亻' 亻𠂉 仁 侮 侮 侮

音 ◉ブ
訓 ◉あなどる

訓読

◉侮る[あなどる] 〈5他〉 업신여기다. 깔보다. 얕보다. 얕잡아 보다. 멸시하다. 경멸하다.
侮り[あなどり] 업신여김. 깔봄. 얕봄. 멸시. 경멸.

音読

侮蔑[ぶべつ] 모멸; 업신여겨 깔봄.
侮言[ぶげん] 모언; 모욕적인 말.
1 侮辱[ぶじょく] 모욕; 업신여겨 욕되게 함.
侮辱罪[ぶじょくざい] ≪法≫ 모욕죄.
侮日[ぶにち] 모일; 일본을 업신여김.

冒(冒) 무릅쓸 모

丨 冂 冃 冃 冐 冐 冐 冒 冒

音 ◉ボウ
訓 ◉おかす

訓読

◉冒す[おかす] 〈5他〉 ①(위험을) 무릅쓰다. ②(병균이) 침범하다. (병에) 걸리게 하다. ③모독하다. ④남의 성(姓)을 사칭하다. ⑤피해를 입히다.

音読

冒瀆[ぼうとく] 모독; 욕되게 함.
1 冒頭[ぼうとう] 모두; ①첫머리. 벽두(劈頭). ②서두(序頭). 전제(前提).
2 冒険[ぼうけん] 모험; 위험을 무릅쓰고 행함.

某 아무개 모

一 十 廾 廿 甘 苷 苴 某 某

音 ◉ボウ
訓 ⊗それがし ⊗なにがし

訓読

⊗某❶[それがし] ①아무개. 모(某). ②저. 나. 본인. ❷[なにがし] ①아무개. 모(某). ②(적은 금액을 말할 때) 약간. 얼마간.

音読

某国[ぼうこく] 모국; 어떤 나라.
某女[ぼうじょ] 모녀; 어떤 여자.
某某[ぼうぼう] 모모; 누구누구. 아무개.
某所[ぼうしょ] 모소; 모처. 어떤 곳.
某氏[ぼうし] 모씨; 어떤 분.
某月某日[ぼうげつぼうじつ] 모월 모일.
某紙[ぼうし] 모지; 어떤 신문.
某誌[ぼうし] 모지; 어떤 잡지.
某地[ぼうち] 모지; 어떤 지방.

耗(耗) 감할/덜 모

一 三 三 丰 耒 耒 耒 耗 耗 耗

音 ◉モウ ◉コウ
訓 —

音読

耗尽[もうじん] 모진; 소모되어 없어짐.
◑消耗[しょうもう], 損耗[そんもう]
◑心神耗弱[しんしんこうじゃく]

帽(帽) 모자 모

丨 冂 巾 巾 帄 帄 帄 帽 帽 帽

音 ◉ボウ
訓 —

音読

帽[ぼう] 모자.
4 帽子[ぼうし] ①모자. ②모자 모양의 뚜껑.
帽子掛け[ぼうしかけ] 모자걸이.
帽子屋[ぼうしや] 모자점. 모자 가게.
帽章[ぼうしょう] 모장; 모표(帽標).

募 모을 모

一 艹 艹 芦 莒 莫 莫 莫 募 募

音 ◉ボ
訓 ◉つのる

訓読

1 ◉募る[つのる] 〈5自〉 점점 더해지다. 심해지다. 격해지다. 〈5他〉 모집하다.
募り[つのり] ①모집. ②점점 심해짐.

音読

1 募金[ぼきん] 모금; 기부금을 모집함.
募金箱[ぼきんばこ] 모금함(募金函).
募兵[ぼへい] 모병; 병사를 모집함.

²募集[ぼしゅう] 모집; 조건에 맞는 사람이나 사물을 모음.
募債[ぼさい] 모채; 공채(公債)·사채(社債) 등을 모집함.

慕 그리워할 모

一 艹 艹 苩 苩 莫 莫 慕 慕 慕

音 ◉ボ
訓 ◉したう ◉したわしい

訓読

¹◉慕う[したう] 〈5他〉 ①그리워하다. 사모하다. 연모하다. ②우러르다. 앙모하다. ③(헤어지기 싫어) 뒤를 좇다. 따르다.
慕い寄る[したいよる] 〈5自〉 ①사모하여 접근하다. ②인품에 끌려 접근하다.
◉慕わしい[したわしい] 〈形〉 (곁으로 다가가고 싶어지는 심정으로) 그립다.
慕わしげ[したわしげ] 〈形動〉 그리운 듯.

音読

慕情[ぼじょう] 모정; 이성(異性)을 사모하는 마음.

暮 해저물 모

一 艹 艹 苩 苩 苩 莫 莫 暮 暮

音 ◉ボ
訓 ◉くらす ◉くれる

訓読

²◉暮らす[くらす] 〈5自他〉 ①생활하다. 살림하다. 살다. ②(시간·세월을) 보내다. 지내다.
²暮(ら)し[くらし] ①생활. 살림. ②생계. 생활비.
暮(ら)し向き[くらしむき] 살림살이. 생활 형편. 살림 형편.
³◉暮れる[くれる] 〈下1自〉 ①(해가) 지다. (날이) 저물다. ②(계절·한 해가) 저물다. 끝나다. ③지새다. 잠기다. ④어찌할 바를 모르다.
²暮れ[くれ] ①해질 무렵. 석양(夕陽). ②(계절의) 끝 무렵. ③연말(年末). 세모(歳暮).
暮れなずむ[くれなずむ] 〈5自〉 해가 뉘엿뉘엿하다. 해가 질 듯하면서도 좀처럼 지지 않는다.
暮れ果てる[くれはてる] 〈下1自〉 해가 완전히 지다. 저물어 버리다.
暮れ掛かる[くれかかる] 〈5自〉 해가 지려고 하다. 저녁때가 되다.
暮れ泥む[くれなずむ] 〈5自〉 해가 뉘엿뉘엿하다. 해가 질 듯하면서도 좀처럼 지지 않는다.
暮れ渡る[くれわたる] 〈5自〉 사방이 온통 어두워지다
暮れ六つ[くれむつ] 저녁 여섯 시.
暮れ暮れ[くれぐれ] 해질녘. 저녁 때.
暮れ方[くれがた] 해질녘. 저녁 때.
暮れ残る[くれのこる] 〈5自〉 (해가 져서) 땅거미 지다. 어스레하다.
暮れ行く[くれゆく] 〈5自〉 저물어 가다.

音読

暮色[ぼしょく] 모색; 날이 저물어가는 어스레한 경치.
暮雪[ぼせつ] 모설; 저녁때 내리는 눈.
暮愁[ぼしゅう] 모수; 저녁때 느끼는 외로움.
暮夜[ぼや] 모야; 한밤중.
暮煙[ぼえん] 모연; ①저녁 연기. ②저녁 안개.
暮雨[ぼう] 모우; 저녁때 오는 비.
暮雲[ぼうん] 모운; 저녁 구름.
暮鐘[ぼしょう] 모종; 저녁 종. 만종(晩鐘).
暮秋[ぼしゅう] 모추; 늦가을. 만추(晩秋).
暮春[ぼしゅん] 모춘; 늦봄. 만춘(晩春).

模 본뜰 모

一 十 木 木 村 栉 栉 梼 模 模

音 ◉モ ◉ボ
訓 ⊗かたどる

訓読

⊗模る[かたどる] 〈5自他〉 모방하다. 본뜨다.

音読

模する[もする] 〈サ変他〉 본뜨다. 흉내 내다. 모방하다.
¹模倣[もほう] 모방; 흉내 냄.
¹模範[もはん] 모범; 본받아 배울 만함.
模本[もほん] 모본; ①복사본. ②그림본. 글씨본.
模写[もしゃ] 모사; 흉내 내어 베낌.
¹模索[もさく] 모색; 더듬어 찾음.
模試[もし] '模擬試験'의 준말.
²模様[もよう] 모양; ①무늬. ②형편. 상황. ③낌새. 기미. ④모범. 본보기.
模様替(え)[もようがえ] ①(실내 장식을) 변경함. 개조함. ②(계획을) 변경함.

模様編(み)[もようあみ] 무늬뜨기 편물.
模擬[もぎ] 모의; 흉내 냄. 모방.
模擬店[もぎてん] 임시식당. 간이식당.
模造[もぞう] 모조; 본떠서 만듦.
模造紙[もぞうし] 모조지; 백상지(白上紙).
1**模型**[もけい] 모형; ①실물을 본뜬 것. ②거푸집. ③모범.
模糊[もこ] 모호; 분명하지 않음.
◑**規模**[きぼ]

謀 꾀할 모

言 言 言 言 言 誁 謀 謀 謀 謀

音 ◉ボウ ◉ム
訓 ◉はかる ⊗たばかる ⊗はかりごと

訓読

◉**謀る❶**[はかる] 〈5他〉 ①(나쁜 일을) 꾀하다. 기도(企図)하다. ②속이다.
⊗**謀る❷**[たばかる] 〈5他〉 ①궁리하다. 이것저것 생각하다. ②계략을 써서 속이다. ③모의하다.
◉**謀り❶**[はかり] 계획. 기도(企図).
⊗**謀り❷**[たばかり] ①궁리. ②속임수. ③모의.
⊗**謀**[はかりごと] 계략. 책략.
◉**謀り事**[はかりごと] 계략. 책략.

音読

謀計[ぼうけい] 모계; 계략. 책략.
謀略[ぼうりゃく] 모략; 계략을 꾸밈.
謀反[むほん] 모반; 반역(反逆).
謀叛[むほん] 모반; 반역(反逆).
謀殺[ぼうさつ] 모살; ①살인을 꾀함. ②계획적인 살인.
謀議[ぼうぎ] 모의; ①일을 꾀하고 논의함. ②범죄의 계획・실행 등을 의논함.
謀策[ぼうさく] 모책; 모략. 책략.

牡 수컷 모

音 ⊗ボ
訓 ⊗おす

訓読

⊗**牡**[おす] 수컷.
牡犬[おすいぬ] ≪動≫ 수캐.

音読

牡丹[ぼたん] ① ≪植≫ 모란. 모란꽃. ② ≪俗≫ 멧돼지고기의 딴이름.
牡丹鍋[ぼたんなべ] 멧돼지고기 요리.
牡丹餅[ぼたんもち] 팥소를 묻힌 떡.
牡丹雪[ぼたんゆき] 함박눈.
牡丹刷毛[ぼたんばけ] 화장용 둥근 솔.
牡丹桜[ぼたんざくら] ≪植≫ 겹벚나무.
牡丹杏[ぼたんきょう] 자두나무의 일종.
牡蠣[★かき] ≪貝≫ 굴. 굴 조개.
牡蠣養殖[★かきようしょく] 굴 양식.

茅 띠/억새풀 모

音 ⊗ボウ
訓 ⊗かや

訓読

⊗**茅**[かや] ≪植≫ ①참억새. ②띠・억새・사초 등의 총칭.
茅屋[かやや/ぼうおく] 모옥; ①억새로 이은 지붕 집. 초가집. ②누옥(陋屋). ③자기 집의 겸양어.
茅原[かやはら] 억새 밭.
茅場[かやば] ①지붕용의 억새를 베는 곳. ②꼴을 베는 곳.
茅葺[かやぶき] 억새나 띠로 지붕을 임.
茅戸[かやと] 억새・띠가 무성한 산비탈.

〔목〕

木 나무 목

一 十 才 木

音 ◉モク ◉ボク
訓 ◉き ◉こ

訓読

4◉**木**[き] ①나무. 수목(樹木). ②목재(木材). ③딱따기. ④땔나무.
木ガス[きガス/もくガス] 나무를 건류(乾留)할 때 생기는 가연성 기체.
木の間[このま] 나무 사이.
木強[きごわ] 무뚝뚝함.
木強者[きごわもの] 무뚝뚝한 사내.
木遣(り)[きやり] ①무거운 것을 여럿이서 함께 소리를 지르며 운반함. ②'木遣歌(きやりうた)'의 준말.
木遣(り)歌[きやりうた] 일을 할 때 힘을 내라고 부르는 노래.
木遣(り)音頭[きやりおんど] ☞ 木遣(り)歌
木枯(ら)し[こがらし] 초겨울의 찬바람.
木尻[きじり] ①나무 밑동. ②난로가의 말석(末席). ③(그 계절에) 마지막으로 떠내려 보내는 벌목한 나무.

木口❶[きぐち] ①건축용 재목. ②목재의 절단면. ③나무 손잡이. ❷[こぐち] 목재의 절단면.
木具[きぐ] 조잡한 목기(木器).
木肌[きはだ] 나무껍질.
木乃伊[ミイラ] 미라.
木の端[きのはし] ①나뭇조각. ②시시한 것.
木端❶[きばな] (벌목철에) 맨 처음 떠내려 보내는 벌목 나무. ❷[こば] ①나무 부스러기. ②널빤지.
木っ端[こっぱ] ①나무 부스러기. ②시시함.
木っ端微塵[こっぱみじん] 산산조각이 남.
木端板[こばいた] 지붕 널.
木の頭[きのかしら] (歌舞伎(かぶき)에서) 무대가 바뀔 때 신호로 두드리는 딱따기의 첫 소리.
木登り[きのぼり] 나무 오르기. 나무타기.
木連格子[きつれごうし] 격자(格子).
木蓮❶[きはちす] 'むくげ(무궁화)'의 옛 이름. ❷[もくれん] ≪植≫ 목련.
木霊[こだま] ①산울림. 메아리. ②나무의 정기(精気).
木漏れ日[こもれび] 나뭇잎 사이로 비치는 햇빛.
木裏[きうら] (널빤지의) 고갱이쪽.
木立ち[こだち] 나무숲.
木醂[きざわし] ≪植≫ 단감.
木馬❶[きうま] 나무를 운반하는 썰매. ❷[もくば] 목마; ①나무로 만든 말. ②(체조용) 뜀틀.
木馬道[きうまみち] 통나무를 깔아 木馬(きうま)를 보내는 길.
木挽き[こびき] 목재를 톱으로 켬.
木挽き歌[こびきうた] 나무를 켤 때 부르는 노래.
木末[こぬれ] ≪雅≫ 나뭇가지의 끝.
木綿❶[きわた] ①'パンヤ(판야)'의 딴이름. ②면화. 솜. ❷[もめん] ☞ [音読]
木皿[きざら] 나무접시.
木木[きぎ] 많은 나무들.
木目❶[きめ] ①나뭇결. ②살결. ③(물건의) 결. 감촉. ❷[もくめ] 나뭇결.
木苺[きいちご] ≪植≫ 나무딸기.
木鉢[きばち] 나무주발. 목주발.
木仏[きぶつ/きぼとけ] 목불; ①나무부처. ②목석같은 사람. 감정이 없는 사람.
木鼻[きばな] ①들보의 끝이 기둥 밖으로 내민 부분. ②(벌목철에) 맨 처음 떠내려 보내는 벌목 나무.
木箱[きばこ] 나무 상자. 나무 궤.
木鼠[きねずみ] 'りす(다람쥐)'의 딴이름.
木屑[きくず] 나무 부스러기.
木の性[きのしょう] 나뭇결 모양.
木小屋[きごや] 목재 창고.
木食虫[きくいむし] ≪虫≫ 나무좀.
木の実[きのみ/このみ] 나무 열매.
木深い[こぶかい] 〈形〉 울창하다.
木の芽[きのめ/このめ] ①새싹. 나무 순. ②산초나무 순.
木の芽田楽[きのめでんがく] 구운 두부에 산초순을 갈아 넣고 된장을 발라 만든 음식.
木の芽和え[きのめあえ] 산초순 무침.
木暗い[こぐらい] 〈形〉 (나뭇잎이 우거져) 어둠침침하다.
木の葉[このは] ①나뭇잎. ②시시함. 하찮음.
木羽[こば] ①나무 부스러기. ②엷게 켠 널빤지.
木羽板[こばいた] 지붕 널.
木偶❶[★でく] ①목우; 목각인형. ②(인형극용) 인형. ③멍청이. 얼간이. 등신. ❷[もくぐう] 목우; 목각인형.
木越し[こごし] 나무 너머.
木隠れ[こがくれ] 나무 그늘에 숨음.
木耳[きくらげ] ≪植≫ 목이버섯.
木印[きじるし] 베어낸 나무에 표시함.
木賃[きちん] 여인숙의 숙박료.
木賃泊(ま)り[きちんどまり] 여인숙에 묵음.
木賃宿[きちんやど] 싸구려 여인숙.
木場[きば] ①물에 띄우는 목재 저장소. ②목재상 거리.
木賊[★とくさ] ≪植≫ 속새.
木銭[きせん] 여인숙에 지불하는 장작값.
木切れ[きぎれ] 나무토막. 나뭇조각.
木釘[きくぎ] 나무못.
木組(み)[きぐみ] 재목을 짜 맞추기.
木彫(り)[きぼり] 목각; 나무 조각.
木蔦[きづた] ≪植≫ 송악. 상춘등(常春藤).
木枠[きわく] 나무 틀. 나무 테.
木地[きじ] ①나뭇결. ②칠하지 않은 나무. ③나뭇결을 살린 옻칠. ④목각에 사용하는 나무.
木地塗り[きじぬり] 나뭇결이 보이게 엷게 한 옻칠.
木地屋[きじや] 목기(木器)를 만드는 장인(匠人). 또는 그 가게.
木振り[きぶり] 나무의 생김새.

木札[きふだ] 나무로 된 표.
木槌[きづち] 나무망치. 나무 메.
木取り[きどり] 재목의 마름질.
木枕[きまくら] 목침; 나무로 만든 베개.
木太刀[きだち] 목검(木剣). 목도(木刀).
木菟[★ずく] ≪鳥≫ 수리부엉이.
木通[★あけび] ≪植≫ 으름덩굴. 으름열매.
木表[きおもて] (널빤지의) 고갱이에서 먼 쪽.
木品[きしな] 목재의 품질.
木割り[きわり] ①장작패기. 나무 쪼개기. ②나무 마름질.
木の香[きのか] 목향; ①나무 향기. ②술에 옮아 밴 술통의 향기.
木鋏[きばさみ] 전지(剪枝)용 가위.
木型[きがた] 목형; 나무 거푸집.
木戸[きど] ①출입구의 외짝 여닫이문. ②흥행장의 입구. ③성문. ④'木戸銭(きどせん)'의 준말.
木戸番[きどばん] (흥행장의) 출입문 문지기.
木戸御免[きどごめん] 입장료가 무료인 사람.
木戸銭[きどせん] 입장료. 관람료.
木靴[きぐつ] 나막신.
木灰[きばい/もっかい] 목회; 나뭇재.
木の下❶[きのした] 나무 아래. 나무 밑. ❷[このした] ≪雅≫ 나무 아래.

音読

木簡[もっかん] 목간; 목편(木片) 문서.
木剣[ぼっけん] 목검; 나무칼.
木斛[もっこく] ≪植≫ 후피향나무.
木骨[もっこつ] 목골; 건축물의 나무뼈대.
木工[もっこう] 목공; ①목수. ②목재 공예.
木瓜[★ぼけ] ≪植≫ 모과. 모과나무.
木槨[もっかく] 목곽; (古墳의 내부 구조에서) 관(棺)을 보호하는 나무 상자 모양의 설비.
木棺[もっかん] 목관; 나무 관.
木管[もっかん] 목관; ①나무로 만든 대롱. ②방적 기계의 실감개.
木管楽器[もっかんがっき] 목관 악기.
木槿[★むくげ] ≪植≫ 목근; 무궁화.
木琴[もっきん] 목금; 실로폰.
木刀[ぼくとう] 목도; 나무칼. 목검(木剣).
木蘭[もくらん] '木蓮(もくれん)'의 딴이름.
木蠟[もくろう] 목랍; 목초.
木蓮❶[もくれん] ≪植≫ 목련. ❷[きはちす] 'むくげ(무궁화)'의 옛 이름.
木理[もくり] 나뭇결.
木履[ぼくり/ぽっくり] 소녀용 나막신.

2 木綿❶[★もめん] 목면; ①솜. ②무명. 면직물. ③면사(綿糸). 무명사. ❷[きわた] ☞ [訓読]
木像[もくぞう] 목상; ①나무로 만든 형상. ②멍청이. 얼간이. 등신. ③말이 없는 사람.
木像仏[もくぞうぶつ] 목상불.
木犀[もくせい] ≪植≫ 목서; 물푸레나무.
木犀草[もくせいそう] ≪植≫ 목서초.
木石[ぼくせき] 목석; ①나무와 돌. ②인정이 없는 사람. ③정사(情事)를 모르는 사람.
木石漢[ぼくせきかん] 목석한; 목석같은 사람.
木船[もくせん] 목선; 목조선(木造船).
木星[もくせい] ≪天≫ 목성.
木食[もくじき] 목식; 나무 열매만 먹고 삶.
木魚[もくぎょ] ①≪仏≫ 목탁. ②어판(魚板). 어고(魚鼓).
4 木曜日[もくようび] 목요일.
2 木材❶[もくざい] 목재. 재목. ❷[きざい] ≪俗≫ 목재.
木精[もくせい] 목정; ①나무의 정령(精霊). ②메칠 알코올.
木製[もくせい] 목제; 나무로 만듦.
木造[もくぞう] 목조; 나무로 만듦.
木質[もくしつ] 목질; ①나무의 성질. ②식물 줄기의 단단한 부분.
木柵[もくさく] 목책; 나무 울짱.
木酢[もくさく] 목초; 목초산(木醋酸).
木銃[もくじゅう] 목총; 나무총.
木鐸[ぼくたく] 목탁; 사회의 지도층.
木炭[もくたん] 목탄; ①숯. ②≪美≫ 데생할 때 쓰는 가늘고 부드러운 숯.
木版[もくはん] 목판; 인쇄용 나무판.
木片[もくへん] 목편; 나무 조각.
木皮[もくひ] 목피; 나무껍질.

目 눈 목

丨 冂 冃 月 目

音 ◉モク ◉ボク
訓 ◉め ◉ま

訓読

4 ◉目❶[め] ①≪生理≫ 눈. 안구(眼球). ②시선(視線). 눈빛. 눈짓. ③시력(視力). ④(사물을 식별하는) 눈. ⑤(사물의) 눈. ⑥(천·나무의) 결. ⑦(쇠붙이의) 날. ⑧(저울의) 눈금. ❷[もく] ☞ [音読]

目くじら[めくじら] 눈초리.
目っかる[めっかる] 〈5自〉 ≪俗≫ 들키다.
目っける[めっける] 〈下1他〉 ≪俗≫ 찾아내다.
目まぐるしい[めまぐるしい] 〈形〉 눈이 어지럽다. 눈이 팽팽 돌다.
目もあやに[めもあやに] 눈부시게.
目角[めかど] ①눈초리. ②사물을 보는 눈.
2目覚(ま)し[めざまし] ①잠을 깨움. 잠을 깸. 졸음을 쫓음. ②잠깰 때 주는 과자. ③'目覚(ま)し時計'의 준말.
1目覚ましい[めざましい] 〈形〉 눈부시다. 놀랍다. 놀랄 만큼 훌륭하다.
2目覚(ま)し時計[めざましどけい] 알람시계.
目覚ます[めざます] 〈5他〉 ①잠을 깨우다. ②깨우치다.
目覚め[めざめ] ①눈뜸. 잠에서 깸. ②(본능이) 눈뜸. ③자각(自覚). 각성(覚醒).
1目覚める[めざめる] 〈下1自〉 ①잠에서 깨어나다. 눈뜨다. ②(본능이) 눈뜨다. 싹트다. ③본심으로 돌아오다. 자각하다.
目減り[めべり] ①(취급 도중에) 자연 감량(減量). 축남. ②실질적인 가치가 내림.
目蓋[まぶた] 눈꺼풀.
目見[まみ] (사물을 보는) 눈빛.
目見え[めみえ] ①¶お~ 뵘. 뵈옴. ②¶お~ 배우의 첫 출연. ③고용인이 고용주를 처음 만남. ④임시직.
目遣い[めづかい] (사물을 보는) 눈빛.
目尻[めじり] 눈초리.
目高[めだか] ≪魚≫ 송사리.
目貫き[めぬき] 칼이 빠지지 않게 끼우는 쇠못.
目慣れる[めなれる] 〈下1自〉 눈에 익다.
目掛ける[めがける] 〈下1他〉 목표로 하다. 노리다. 겨냥하다.
目交ぜ[めまぜ] 눈짓.
目口[めくち] 눈과 입.
目垢[めあか] 눈곱.
目潰し[めつぶし] 상대의 눈을 못 뜨게 끼얹는 재나 모래.
目端[めはし] 눈치. 재치.
目の当(た)り[まのあたり] ①눈앞. 목전(目前). ②직접. 몸소.
目当て[めあて] ①목표. 목적. ②목표물. ③총의 가늠쇠.
目も当てられない[めもあてられない] 차마 눈뜨고 볼 수 없다.
1目途[めど/もくと] 목표. 전망. 목적.
目塗り[めぬり] ①이음새를 발라 막음. ②(화재 시에) 곳간의 문을 발라서 불기를 막음.
目頭[めがしら] 눈시울.
目路[めじ] 시야(視野).
目籠[めかご] 성긴 대바구니.
目利(き)[めきき] (골동품의) 감정(鑑定).
目利(き)立て[めききだて] 감정(鑑定)이 뛰어남을 자랑함.
目利(き)違い[めききちがい] 잘못 감정함.
2目立つ[めだつ] 〈5自〉 눈에 띄다.
目立って[めだって] 눈에 띄게.
目立て[めたて] (톱·줄칼의) 날 세우기.
目明(か)し[めあかし] ①(江戸(えど) 시대) 최하급의 포리(捕吏). ②≪古≫ 감정(鑑定).
目明き[めあき] ①눈뜬 사람. ②글을 아는 사람. ③사리를 아는 사람.
目文字[めもじ] ¶お~ 만나 뵘.
目梶木[めかじき] ≪魚≫ 황새치.
目敏い[めざとい/めばしこい] 〈形〉 ①눈치가 빠르다. ②잠귀가 밝다.
目抜き[めぬき] ①눈에 잘 띔. ②번화가. 중심지. 요지(要地).
1目方[めかた] (저울에 단) 무게. 중량.
目配せ[めくばせ] 눈길을 줌.
目配り[めくばり] 두루 살펴 봄.
目白[めじろ] ≪鳥≫ 동박새.
目白押し[めじろおし] ①(동박새처럼) 많은 사람이 서로 밀치며 늘어섬. ②많은 아이들이 서로 밀치며 노는 놀이.
目病み[めやみ] 눈병. 안질(眼疾).
1目付(き)[めつき] 눈매. 눈초리.
目付(け)[めつけ] 감시. 감시자.
目付柱[めつけばしら] (能(のう) 무대의 4개의 기둥 중) 정면을 향해 왼쪽 앞 기둥.
目腐れ[めくされ] ①(눈병으로 인한) 진눈. ②눈먼 녀석. *욕하는 말임.
目腐れ金[めくされがね] 푼돈.
目分量[めぶんりょう] 눈대중. 눈어림.
目糞[めくそ] 눈곱.
目庇[まびさし] 차양(遮陽).
目鼻[めはな] ①눈과 코. ②이목구비. 얼굴 생김새. ③사물의 대체적인 윤곽.
2目上[めうえ] 윗사람. 손윗사람.
目塞(き)[めせき] '目塞(き)笠'의 준말.
目塞(き)笠[めせきがさ] 눈 부분만 보이게 엮은 골풀 삿갓.
目塞(き)垣[めせきがき] 어린 녹죽(緑竹) 울타리.

目色[めいろ] 눈빛. 안색(顔色).
目先[めさき] ①눈앞. 목전. ②당장. 현재. ③장래의 전망. ④볼품. 외모. ⑤단기간의 장래의 시세 변동.
目先筋[めさきすじ] 단기 차익을 노리는 전문 투기꾼.
目線[めせん] ≪俗≫ 시선. 눈길.
目性[めしょう] 시력(視力).
目星[めぼし] ①어림짐작. 목표. ②(눈동자의) 각막 백반.
目盛る[めもる] 〈5他〉 눈금을 새기다.
[1]目盛り[めもり] (자・저울의) 눈금.
目速い[めばやい] 〈形〉 눈치가 빠르다.
目新しい[めあたらしい] 〈形〉 새롭다. 신기하다. 색다르다.
目深[まぶか] (모자를) 깊숙이 눌러 씀.
[2]目安[めやす] ①표준. 기준. 목표. ②주판의 자릿수를 표시한 것. ③읽기 쉽게 조목별로 쓴 것.
目顔[めがお] 눈의 표정.
目縁[まぶち] 눈가. 눈언저리.
目映い[まばゆい] 〈形〉 ①눈부시다. ②눈부시게 아름답다.
目玉[めだま] ①눈알. 안구(眼球). ②눈알 모양의 것. ③야단맞음. 꾸지람을 들음. ④사람들의 관심을 끄는 것.
目の玉[めのたま] 눈알.
目のくり玉[めのくりだま] ≪俗≫ 눈알.
目玉番組[めだまばんぐみ] 인기 프로.
目玉商品[めだましょうひん] 특매품(特売品).
目玉焼(き)[めだまやき] 계란 프라이.
目凹[めくぼ] 옴팡눈. 오목눈.
目元[めもと] ①눈가. 눈언저리. ②눈매. 눈초리.
目違い[めちがい] ①잘못 봄. 오판(誤判). ② ≪建≫ (나무의 이음매 등의) 부착부에서 조금 들어간 부분.
目隠し[めかくし] ①눈을 가림. 눈을 가린 천. ②술래잡기. ③(집안이 밖에서 보이지 않게 가리는) 가리개.
目陰/目蔭[まかげ] 이마에 손을 대고 햇빛을 가림.
目医者[めいしゃ] 안과 의사.
目移り[めうつり] 이것저것에 눈길이 쏠림.
目引(き)[めひき] ①색이 바랜 천을 다시 염색함. ②(제본에서) 철하기 위해 구멍을 뚫음.
[2]目印[めじるし] ①표시. ②표적. 목표물.
目一杯[めいっぱい] ①저울눈이 꽉 참. ②힘껏. 최대한.
目溢し[めこぼし] ①묵인함. 눈감아 줌. 잘 봐줌. ②빠뜨리고 못 봄.
目溢れ[めこぼれ] 빠뜨리고 못 봄.
目の子[めのこ] 어림셈. 암산.
目刺(し)[めざし] (정어리를 말린) 두름.
目張り[めばり] ①(문틈에) 종이를 발라 봉함. ②(무대 화장에서) 눈이 크게 보이게 하는 화장.
目っ張[めっぱ] 눈가의 피부가 당겨짐.
目障り[めざわり] ①보는 데 방해가 됨. 방해물. ②눈에 거슬림.
目積(も)り[めづもり] 눈대중. 눈짐작. 눈어림.
目の前[めのまえ] ①눈앞. 목전(目前). ②코앞. 가까운 장래.
目切れ[めぎれ] 무게가 모자람.
目釘[めくぎ] (날이 빠지지 않도록) 자루에 박는 대갈못.
目早い[めばやい] 〈形〉 눈치가 빠르다.
目笊[めざる] 성기게 짠 소쿠리.
目脂[めやに] 눈곱.
目地[めじ] ≪建≫ 메지. 맞춤새.
[2]目指す[めざす] 〈5他〉 목표로 하다. 겨냥하다. 지향하다.
目指し[めざし] ①목표로 삼음. 표적. ②눈매. 눈초리. 시선.
目差す[めざす] 〈5他〉 목표로 하다. 겨냥하다. 지향하다.
目差し[めざし] ①목표로 삼음. 표적. ②눈매. 눈초리. 시선.
目茶[めちゃ] ①당치 않음. ②터무니없음. 정도가 지나침.
目茶苦茶[めちゃくちゃ] 엉망진창임. 뒤죽박죽임. 형편없음.
目処[めど] (장래의) 목표. 전망.
目千両[めせんりょう] 매우 아름다운 눈.
目貼り[めばり] ☞ 目張り(めばり)
目出度い[めでたい] 〈形〉 ①경사스럽다. 축하할 만하다. ②어수룩하다. ③순조롭다. 좋다.
目出度くなる[めでたくなる] 〈5自〉 죽다.
目出帽[めでぼう] 눈만 나오는 방한모.
目打ち[めうち] ①천에 구멍을 뚫거나 수실의 헝클어진 것을 푸는 재봉용구. ②(우표 등의) 점점이 뚫은 구멍. ③송곳의 일종. ④(뱀장어를 요리할 때) 눈에 박는 도구.

目弾き[めはじき] ①눈을 깜박임. ② ≪植≫ 익모초.
目通し[めどおし] (처음부터 끝까지) 훑어봄. 통람(通覧).
目通り[めどおり] ①눈높이. ②눈높이에서 잰 나무의 굵기. ③배알. 알현. ④눈앞. 면전.
目板[めいた] (판자 울타리의) 판자 사이에 대서 박은 좁은 판자. 오리목.
目板鰈[めいたがれい] ≪魚≫ 도다리.
目八分[めはちぶ/めはちぶん] ①눈높이보다 약간 낮음. ②(그릇의) 80% 정도.
目偏[めへん] 눈목변. ＊한자(漢字) 부수의 하나로 '眠' 등의 '目' 부분을 말함.
[2]**目下❶**[めした] 손아랫사람. 손아래. ❷[もっか] ☞ [音読]
目の下[めのした] ①눈 아래. ②내려다보는 쪽. ③물고기의 크기.
目許[めもと] ①눈가. 눈언저리. ②눈매.
目眩[めまい] 현기증.
目眩く[めくるめく] 〈5自〉 ①(눈이 부셔) 아찔해지다. ②(욕심으로) 눈이 어두워지다.
目眩む[めくらむ] 〈5自〉 (현기증으로) 보이지 않게 되다. 눈앞이 캄캄해지다.
目詰り[めづまり] (먼지 등으로) 그물 등의 눈이 막힘.

音読

目❶[もく] 목; ①항(項)과 절(節) 사이. ②생물 분류학상의 한 단위. ③(바둑에서) 집. 목. ❷[め] ☞ [訓読]
目する[もくする] 〈サ変他〉 ①보다. ②지목하다. 간주하다. ③주목하다. 촉망하다.
目撃[もくげき] 목격; 사건을 직접 봄.
目今[もっこん] 목금; 현재. 지금 코앞.
目途[もくと/めど] 목도; 표적. 목표.
目睹[もくと] 목도; 눈으로 봄. 목격(目撃).
目礼[もくれい] 목례; 눈인사.
[1]**目録**[もくろく] 목록; ①리스트. ②목차. ③물품 리스트. ④(芸道에서) (스승이 제자에게 주는) 비법을 적은 문서. ⑤(잘 싸서) 남에게 주는 돈.
目論む[もくろむ] 〈5他〉 계획하다. 꾀하다.
[1]**目論見**[もくろみ] 계획. 기도(企図).
目算[もくさん] 목산; ①눈짐작. 눈대중. 눈어림. ②예측. 예상. 예정.
目送[もくそう] 목송; (작별한 사람이 안 보일 때까지) 눈으로 따라가며 전송함.
目語[もくご] 목어; 눈짓으로 말함.
目迎[もくげい] 목영; (다가오는 사람에게) 눈으로 마중함.
[2]**目的**[もくてき] 목적; 목표.
目前[もくぜん] 목전; 눈앞. 코앞.
[2]**目次**[もくじ] 목차; 차례.
目測[もくそく] 목측; 눈짐작. 눈어림. 눈대중.
[2]**目標**[もくひょう] 목표; ①도달하려는 대상. ②(사격의) 과녁.
[1]**目下❶**[もっか] 목하; ①당장. 지금. 현재. ②목전(目前). 코앞. 눈앞. ❷[めした] ☞ [訓読]

牧 목장/기를 목

ノ ㇐ 牛 牛 牜 牝 牧 牧

音 ◉ボク
訓 ◉まき

訓読

◉**牧**[まき] 목장. 우마(牛馬)를 방목(放牧)하는 곳.

音読

牧歌[ぼっか] 목가; ①목동들의 노래. ②전원(田園) 생활을 주제로 한 시가(詩歌).
牧童[ぼくどう] 목동; 카우보이. 양치기.
牧民官[ぼくみんかん] 목민관; (한 지방의) 백성을 다스리는 관리.
牧夫[ぼくふ] 목부; 목장에서 일하는 사람.
牧舎[ぼくしゃ] 목사; 축사(畜舎).
[1]**牧師**[ぼくし] (교회의) 목사.
牧野[ぼくや] 목야; 가축을 방목하는 들.
牧羊[ぼくよう] 목양; 양을 침.
牧牛[ぼくぎゅう] 목우; 소를 놓아기름.
牧人[ぼくじん] 목인; 목자(牧者). 양치기.
牧者[ぼくしゃ] 목자; 양치기.
[2]**牧場**[ぼくじょう] 목장; 울타리를 두르고 우마(牛馬)를 방목(放牧)하는 곳. ＊まきば라고도 발음함.
牧笛[ぼくてき] 목적; 목동의 피리.
牧地[ぼくち] 목지; 목장이 있는 토지.
牧草地[ぼくそうち] 목초지.
[2]**牧畜**[ぼくちく] 목축; 목장을 경영함.

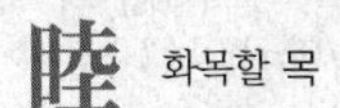

睦 화목할 목

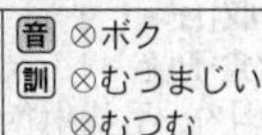

音 ⊗ボク
訓 ⊗むつまじい ⊗むつむ

訓読

⊗睦まじい[むつまじい] 〈形〉 화목하다. 의가 좋다. 정답다.

⊗睦まやか[むつまやか] 〈形動〉 화목함. 의가 좋음. 정다움.

⊗睦み合う[むつみあう] 〈5自〉 서로 사이좋게 지내다. 서로 의가 좋다.

⊗睦む[むつむ] 〈4自〉 의좋게 지내다.

⊗睦る[むつる] 〈下2他〉 ≪古≫ 친숙해지다. 따르다.

⊗睦物語[むつものがたり] (남녀간의) 다정하게 속삭이는 이야기.

⊗睦言[むつごと] (남녀 간의 잠자리에서 나누는) 정담(情談).

⊗睦月[むつき] ≪雅≫ 음력 정월.

⊗睦魂[むつたま] 다정한 영혼.

音読

◑親睦[しんぼく], 和睦[わぼく]

〔몰〕

没(沒) 빠질/죽을 몰

丶 冫 氵 氵 氵 氵 沙 没

音 ◉ボツ ⊗モツ

訓 —

音読

没[ぼつ] 몰; ①사망. 죽음. ②채택되지 않은 원고. 몰서(没書).

没する[ぼっする] 〈サ変自〉 ①가라앉다. ②(해가) 지다. ③사라지다. 묻히다. ④죽다. 〈サ変他〉 ①가라앉히다. ②빼앗다. 박탈하다. 몰수하다.

没却[ぼっきゃく] 몰각; 잊어버림. 없앰.

没交渉[ぼっこうしょう/ぼつこうしょう] 몰교섭; 협상(協商)·협의가 없음.

没年[ぼつねん] 몰년; ①죽은 때의 나이. 향년(享年). ②죽은 해.

没頭[ぼっとう] 몰두; 열중함.

1 没落[ぼつらく] 몰락; 멸망하여 없어짐.

没常識[ぼつじょうしき] 몰상식; 상식이 없음.

没書[ぼっしょ] 몰서; 채택되지 않은 원고.

1 没収[ぼっしゅう] 몰수; 압수(押収).

没食子[もっしょくし/ぼっしょくし] ≪植≫몰식자. 무식자(無食子).

没我[ぼつが] 몰아; 몰두하여 자기를 잊어버림.

没薬[もつやく] 몰약; 미라나무의 즙액으로 만든 약.

没入[ぼつにゅう] 몰입; ①가라앉음. 침몰함. ②몰두함.

没前[ぼつぜん] 몰전; 죽기 전. 생전(生前).

没取[ぼっしゅ] 몰취; 소유권을 빼앗아 국가에 귀속시키는 행정 처분.

没趣味[ぼっしゅみ] 몰취미; 취미가 없음.

没後[ぼつご] 몰후; 죽은 후. 사후(死後).

歿×(殁) 죽을 몰

音 ⊗ボツ

訓 —

音読

歿[ぼつ] 몰; 사망. 죽음.

歿する[ぼっする] 〈サ変自〉 죽다. 사망하다.

歿年[ぼつねん] 몰년; ①죽은 때의 나이. 향년(享年). ②죽은 해.

歿前[ぼつぜん] 몰전; 죽기 전. 생전(生前).

歿後[ぼつご] 몰후; 죽은 후. 사후(死後).

〔몽〕

夢 꿈 몽

一 艹 艹 苎 苗 苗 苗 夢 夢 夢

音 ◉ム

訓 ◉ゆめ

訓読

3 ◉夢[ゆめ] ①꿈. ②덧없음. 허무함. ③희망. 소망. 이상(理想). ④단꿈. 감미로운 상태.

夢にも[ゆめにも] (부정문에서) 꿈에도. 조금도. 전혀. 결코.

夢見[ゆめみ] 꿈을 꿈. 꿈자리.

夢見る[ゆめみる] 〈上1自他〉 꿈을 꾸다. 공상하다.

夢見心地[ゆめみごこち] 꿈을 꾸는 듯한 기분. 황홀한 기분.

夢更[ゆめさら] (부정문에서) 꿈에도. 조금도. 전혀. 결코.

夢路[ゆめじ] 꿈길.

夢物語[ゆめものがたり] ①꿈 이야기. ②일장춘몽. 꿈같은 덧없는 이야기.

夢の世[ゆめのよ] 허무한 세상.
夢心[ゆめごころ] 꿈을 꾸는 듯한 기분.
夢心地[ゆめごこち] 황홀한 기분.
夢語(り)[ゆめがたり] ①꿈 이야기. ②일장춘몽. 꿈같은 덧없는 이야기.
夢違え[ゆめちがえ] 나쁜 꿈을 꾸었을 때 재난을 모면하기 위한 액막이.
夢占[ゆめうら] 해몽(解夢).
夢占い[ゆめうらない] 해몽(解夢).
夢枕[ゆめまくら] 꿈꿀 때의 베갯머리.
夢判じ[ゆめはんじ] 해몽(解夢).
夢判断[ゆめはんだん] 해몽(解夢).
夢合(わ)せ[ゆめあわせ] 해몽(解夢).
夢解き[ゆめとき] 해몽(解夢).
夢許り[ゆめばかり] (꿈처럼) 아련함. 어렴풋이. 아주 조금.
夢現[ゆめうつつ] ①꿈과 현실. ②비몽사몽. 꿈결.
夢幻[ゆめまぼろし/むげん] ①꿈과 환상. ②몹시 허무함. 덧없음.

音読

夢魔[むま] 몽마; ①꿈에 나타나는 악귀. 가위. ②악몽. 무서운 꿈.
夢寐[むび] 몽매; 꿈 속.
夢死[むし] 몽사; 꿈을 꾸듯이 한평생을 허송세월로 마침.
夢想[むそう] 몽상; ①공상(空想). ②꿈에서도 생각함. ③꿈속에서의 계시(啓示). 현몽(現夢).
夢遊病[むゆうびょう] ≪医≫ 몽유병.
夢精[むせい] 몽정; 몽설(夢泄).
2**夢中**[むちゅう] 몽중; ①꿈속. ②몰두함. 열중함. 정신이 없음.
夢中遊行[むちゅうゆうこう] ≪医≫ 몽유병.

蒙	어릴/입을 몽	音 ⊗モウ 訓 ⊗こうむる

訓読

⊗**蒙る**[こうむる] 〈5他〉 ①(은혜·피해를) 입다. ②(윗사람한테서) 받다.

音読

蒙古[もうこ] ≪地≫ 몽고; 몽골.
蒙古来[もうこらい] 중국의 원(元)나라가 2회에 걸쳐 일본을 습격한 일. 원구(元寇).
蒙古斑[もうこはん] ≪医≫ 몽고반; 소아반(小児斑).
蒙古症[もうこしょう] ≪医≫ 몽고증; 다운증후군.
蒙昧[もうまい] 몽매; 어리석고 어두움.
蒙塵[もうじん] 몽진; 임금의 피난·피신

묘

妙	묘할 묘
ㄑ 女 女 女l 女J 女小 妙	

音 ◉ミョウ
訓 ⊗たえ

訓読

⊗**妙**[たえ] 절묘함. 매우 아름다움. ¶~なる乙女(おとめ) 아리따운 처녀.

音読

2**妙**[みょう] 묘; ① 〈形動〉 묘함. 이상함. ②절묘(絶妙)함. 오묘(奥妙)함.
妙ちきりん[みょうちきりん] ≪俗≫ 이상야릇함. 기묘함. 괴상함.
妙境[みょうきょう] 묘경; ①뛰어난 경치. ②예술·기예(技芸) 등의 훌륭한 경지.
妙計[みょうけい] 묘계; 묘책(妙策).
妙曲[みょうきょく] 묘곡; 뛰어난 음악.
妙工[みょうこう] 묘공; ①훌륭한 세공. ②뛰어난 장인(匠人).
妙技[みょうぎ] 묘기; 교묘한 기술과 재주.
妙齢[みょうれい] 묘령; ①젊은 여자의 꽃다운 나이. ②여자 20세 전후의 나이.
妙味[みょうみ] 묘미; ①뛰어난 맛. ②미묘한 취미.
妙法[みょうほう] ≪仏≫ 묘법; ①불가사의한 불법(仏法). ②'法華経'의 준말.
妙手[みょうしゅ] 묘수; ①뛰어난 명수(名手). ②(바둑·장기의) 뛰어난 수.
妙案[みょうあん] 묘안; 좋은 생각.
妙音[みょうおん] 묘음; 아름다운 음악.
妙策[みょうさく] 묘책; 묘안. 좋은 생각.
妙諦[みょうてい] 묘체; 오묘한 진리.
妙趣[みょうしゅ] 묘취; 절묘한 정취.

苗	모종/모/싹 묘
一 十 艹 艹 苎 芇 苗 苗	

音 ◉ビョウ ⊗ミョウ
訓 ◉なえ ◉なわ

訓読

[1]◉**苗**[なえ] ①모종. ②모. ③치어(稚魚).
苗代[なわしろ] (벼의) 못자리. 묘판.
苗代水[なわしろみず] 못자리 물.
苗代時[なわしろどき] 못자리를 마련할 철.
苗代田[なわしろだ] 못자리. 묘판.
苗木[なえぎ] 묘목; 모종할 어린 나무.
苗半作[なえはんさく] 볏모가 그 해 농사의 절반을 좌우함.
苗床[なえどこ] 묘상; 묘판.

音読

苗裔[びょうえい] 묘예; 후예. 후손.
苗字[みょうじ] 성(姓). 성씨(姓氏).
苗字帯刀[みょうじたいとう] (江戸(えど) 시대에 공로가 있는 무사나 평민에게 허용된 특권으로) 자기 성씨(姓氏)를 쓰고 칼을 찼던 일.
苗圃[びょうほ] 묘포; 묘상(苗床). 묘판.

畝 이랑/두둑 묘

音 ⊗ホ
訓 ◉うね ◉せ

訓読

◉**畝**❶[うね] ①밭이랑. 밭두둑. ②밭이랑처럼 골이 진 것. ❷[せ] 묘; (면적의) 30평(坪).
畝くる[うねくる] 〈5自〉 높고 낮게 또는 좌우로 꾸불꾸불 움직이다.
畝間[うねま] 고랑. 이랑과 이랑 사이.
畝織り[うねおり] (직물을) 골이 지게 짬.

描 그릴 묘

音 ◉ビョウ
訓 ◉えがく

訓読

[2]◉**描く**[えがく] 〈5他〉 ①그리다. ②묘사하다. 표현하다. ③(마음속에) 그리다. ④모양을 그리다.
描き出す[えがきだす] 〈5他〉 ①(사물의 형태를 그림이나 말로) 표현하다. 그려내다. ②(사물의 형태를) 상상하다.

音読

[1]**描写**[びょうしゃ] 묘사; 사물을 있는 그대로 표현함.
描線[びょうせん] 묘선; 그리는 선.
描出[びょうしゅつ] 묘출; 그려냄.
描破[びょうは] 묘파; 모조리 그려냄.
描画[びょうが] 묘화; 그림을 그림.

猫 고양이 묘

音 ◉ビョウ ⊗ミョウ
訓 ◉ねこ

訓読

[4]◉**猫**[ねこ] ① ≪動≫ 고양이. ② ≪俗≫ '三味線(しゃみせん)'의 딴이름. ③ ≪俗≫ '芸者(げいしゃ)'의 딴이름. ④이불 속에 넣어 두는 화로.
猫かぶり[ねこかぶり] ①얌전빼. ②시치미 뗌. 또는 그런 사람.
猫じゃらし[ねこじゃらし] ≪植≫ 강아지풀.
猫可愛がり[ねこかわいがり] (고양이를 사랑하듯이) 분별없이 맹목적으로 사랑함.
猫脚[ねこあし] ①고양이 다리처럼 안으로 굽은 상다리. ②(씨름에서) 좀처럼 넘어지지 않는 다리.
猫柳[ねこやなぎ] ≪植≫ 갯버들.
猫目石[ねこめいし] (보석) 묘안석(猫眼石).
猫撫で声[ねこなでごえ] 간사스런 목소리. 알랑거리는 목소리.
猫背[ねこぜ] 새우등.
猫糞[ねこばば] 시치미를 뗌. 습득물을 슬쩍 가로챔. *고양이가 자신의 똥을 흙으로 덮어 감춘다는 뜻임.
猫舌[ねこじた] 뜨거운 것을 못 먹는 사람.
猫額❶[ねこびたい] 땅이 손바닥만 함. ❷[びょうがく] ①고양이 이마. ②땅이 매우 좁음.
猫の額[ねこのひたい] 고양이 이마빼기만 함. 손바닥만 함.
猫要らず[ねこいらず] ≪俗≫ 쥐약.
猫足[ねこあし] ①고양이 다리처럼 안으로 굽은 상다리. ②(씨름에서) 좀처럼 넘어지지 않는 다리.
猫車[ねこぐるま] (손잡이를 뒤에서 잡고 밀어서) 흙을 운반하는 일륜차(一輪車).
猫板[ねこいた] 직사각형 화로 끝에 얹어 놓은 좁고 긴 판자.

猫被り[ねこかぶり] ①얌전빼. ②시치미 뗌. 또는 그런 사람.

音読

猫額大[びょうがくだい] 토지 등의 면적이 매우 작음. *'고양이 이마 정도의 크기'라는 뜻임.

墓 무덤 묘

一 艹 艹 苜 苜 荁 莫 莫 墓 墓

音 ◉ボ
訓 ◉はか

訓読

2 ◉墓[はか] 묘; 무덤. 묘소(墓所).
墓掘り[はかぼり] 무덤을 팜.
墓石[はかいし/ぼせき] 묘석; 묘비(墓碑).
墓所[はかしょ/はかどころ] 묘소; 묘지.
墓守[はかもり] 묘지기.
墓詣で[はかもうで] 성묘(省墓).
墓場[はかば] 묘지(墓地).
墓参り[はかまいり] 성묘(省墓).
墓標[はかじるし/ぼひょう] 묘표; 무덤의 표지. 무덤에 표지로 세운 나무나 돌.
墓穴[はかあな/ぼけつ] 묘혈; 무덤구덩이.

音読

墓畔[ぼはん] 모반; 무덤 가.
墓碑[ぼひ] 묘비; 무덤에 세운 비석.
墓前[ぼぜん] 묘전; 무덤 앞.
1 墓地[ぼち] 묘지; 무덤.
墓誌[ぼし] 묘지; 죽은 사람의 행적을 비석 등에 새긴 것.
墓誌銘[ぼしめい] 묘지명; 죽은 사람의 행적을 적어 관(棺)과 함께 묻는 것.
墓参[ぼさん] 성묘(省墓)

卯 토끼 묘

音 ⊗ボウ
訓 ⊗う

訓読

⊗卯[う] 묘; ①십이지(十二支)의 넷째. 방위로는 동쪽. 시각으로는 오전 5시~7시 사이. ② ≪俗≫ 토끼.
卯木[うつぎ] ≪植≫ 댕강목.
卯月[うづき] 음력 4월.
卯の時[うのとき] 오전 5시~7시 사이.
卯の花腐し[うのはなくたし] 장맛비.
卯の花鮨[うのはなずし] 비지 초밥.

廟 사당 묘

音 ⊗ビョウ
訓 —

音読

廟[びょう] 묘; ①사당(祠堂). 영묘(霊廟). ②라마교의 사원.
廟堂[びょうどう] 묘당; ①사당(祠堂). ②조정(朝廷).
廟祀[びょうし] 묘사; 神社(じんじゃ)나 사당에다 위패를 두고 제사를 지냄.
廟宇[びょうう] 묘우; ①조상・귀인의 신당. ②神社(じんじゃ)・社殿.
廟議[びょうぎ] 묘의; 조정의 평의(評議).

錨 닻 묘

音 ⊗ビョウ
訓 ⊗いかり

訓読

⊗錨[いかり] ①닻. ②닻 모양의 갈고리.
錨綱[いかりづな] 닻줄.
錨紋蛾[いかりもんが] ≪虫≫ 뿔나비나방.
錨草[いかりそう] ≪植≫ 삼지구엽초(三枝九葉草).

音読

錨鎖[びょうさ] 닻줄.
錨地[びょうち] (선박의) 정박지.

〔무〕

武 군사 무

一 二 干 干 干 正 武 武

音 ◉ブ ◉ム
訓 —

音読

武[ぶ] 무; ①무술. 무예. ②무력. 군사력.
武家[ぶけ] 무가; 무사(武士)의 집안.
武家物[ぶけもの] 무가(武家)의 생활을 소재로 한 통속 소설.
武家方[ぶけがた] ①무가의 사람들. ②무가 쪽에 편드는 사람들.
武家奉公[ぶけぼうこう] 무가의 고용살이.
武家時代[ぶけじだい] 무가 시대.
武家造り[ぶけづくり] 무가의 저택 양식.
武家衆[ぶけしゅう] 무가의 관리가 됨.
武鑑[ぶかん] 무가(武家)의 연감(年鑑).

武庫[ぶこ] 무기 창고.
武骨[ぶこつ] 무골; ①뼈가 앙상하여 매끄럽지 못함. ②세련되지 못함. 매끄럽지 못함. ③무례함. 버릇없음.
武骨者[ぶこつもの] 무례한 놈.
武功[ぶこう] 무공; 전쟁에서의 공적.
武官[ぶかん] 무관; ①군관(軍官). ②하사관 이상의 군인.
武具[ぶぐ] 무구; ①갑옷. ②무기.
武技[ぶぎ] 무기; 무예. 무술.
2武器[ぶき] 무기; 병기(兵器).
武断[ぶだん] 무단; ①무력(武力)을 배경으로 일을 처리함. ②강제적인 독단.
1武力[ぶりょく] 무력; 군사력. 병력.
武陵桃源[ぶりょうとうげん] 무릉도원.
武名[ぶめい] 무명; 무용(武勇)으로 떨친 이름.
武門[ぶもん] 무문; 무사의 집안.
武辺[ぶへん] 무도(武道)에 관한 일.
2武士[ぶし] 무사; 무인(武人).
武士道[ぶしどう] 무사도.
武術[ぶじゅつ] 무술; 무예(武芸).
武臣[ぶしん] 무신; 무관(武官)인 신하.
武神[ぶしん] 무신; 전쟁의 신.
武芸[ぶげい] 무예; 무술(武術).
武勇[ぶゆう] 무용; 무술에 능하고 용기가 있음.
武運[ぶうん] 무운; 군사의 승패에 관한 운명.
武威[ぶい] 무위; 무력의 위세.
武人[ぶじん] 무인; 무사. 군인.
武者[むしゃ] 무사. 갑옷을 입고 투구를 쓴 무사.
武者人形[むしゃにんぎょう] 무사 인형.
武将[ぶしょう] 무장; ①장수(将帥). ②무예가 뛰어난 장수.
武張る[ぶばる] 〈5自〉 ①씩씩하게 굴다. ②우락부락하여 세련된 맛이 없다.
1武装[ぶそう] 무장; 전투 준비.
武蔵[むさし] (옛 지명의 하나로) 지금의 東京都(とうきょうと) 대부분과 埼玉県(さいたまけん)과 神奈川県(かながわけん)의 일부.
武侠小説[ぶきょうしょうせつ] 무협 소설.
武勲[ぶくん] 무훈; 무공(武功).

茂 무성할 무

一 十 艹 艹 产 茂 茂 茂

音 ◉モ
訓 ◉しげる ⊗しげみ

訓読
⊗茂み[しげみ] 수풀. 덤불.
2◉茂る[しげる] 〈5自〉 (초목이) 우거지다. 무성해지다.
茂り[しげり] (초목이) 무성함. 무성한 곳.
茂り合う[しげりあう] 〈5自〉 (초목이) 빽빽이 우거지다. 무성하게 우거지다.

音読
茂林[もりん] 무림; 초목이 우거진 곳. 초목이 무성한 곳.

務 힘쓸 무

マ マ 予 予 矛 矛 矜 務 務 務

音 ◉ム
訓 ◉つとめる

訓読
2◉務める[つとめる] 〈下1他〉 ①(임무를) 맡다. 역할을 하다. ②(배역을) 맡다.
2務め[つとめ] 직무. 책무. 임무.

音読
◑税務[ぜいむ], 外務[がいむ], 医務[いむ], 財務[ざいむ], 債務[さいむ], 会務[かいむ]

無 없을 무

ノ 𠂉 ⺧ 午 缶 無 無 無 無 無

音 ◉ム ◉ブ
訓 ◉ない ◉なくす ◉なくなる ◉なくもがな ◉なし

訓読
4◉無い[ない] 〈形〉 없다.
4◉無くす[なくす] 〈5他〉 ①분실하다. 잃어버리다. ②없애다.
3◉無くなる[なくなる] 〈5自〉 ①분실되다. 없어지다. ②다 없어지다. 떨어지다. 다하다.
◉無くもがな[なくもがな] 차라리 없느니만 못함. 없는 편이 나음.
2◉無し[なし] 없음. 없는 상태.

音読
2無[む] 무; 아무것도 없음.
無価[むか] 무가; ①값을 따질 수 없을 만큼 귀중함. ②무료임. 공짜임.
無間[むけん/むげん] ≪仏≫ 끊임없음.
無間地獄[むけんじごく/むげんじごく] ≪仏≫ 아비(阿鼻) 지옥.

無感覚[むかんかく] 무감각; ①감각이 없음. ②무신경.
無感地震[むかんじしん] 무감 지진; 진도 0의 지진.
無蓋[むがい] 무개; 뚜껑이 없음.
無欠[むけつ] 무결; 흠이 없음.
無欠席[むけっせき] 무결석; 결석이 없음.
無競争[むきょうそう] 무경쟁; 경쟁자가 없음.
無届(け)[むとどけ] 무단(無断). 무신고(無申告).
無季[むき] (俳句(はいく)에서) '季語(きご)'가 빠져 있음.
無計画[むけいかく] 무계획; 계획성이 없음.
無稽[むけい] 무계; 터무니없음.
無考え[むかんがえ] 생각이 얕음. 분별력이 없음. 지각(知覚)이 없음.
無辜[むこ] 무고; 죄가 없음.
無骨[ぶこつ] 무골; ①뼈가 앙상하여 매끄럽지 못함. ②세련되지 못함. 매끄럽지 못함. ③무례함. 버릇없음.
無骨者[ぶこつもの] 무례한 놈.
無掛[むけ] 무괘; (陰陽道에서) 5년 동안 불길한 일이 계속된다는 운.
無官[むかん] 무관; 관직이 없음.
無冠[むかん] 무관; 지위가 없음.
無関係[むかんけい] 무관계; 무관함.
無関心[むかんしん] 무관심; 관심이 없음.
無教養[むきょうよう] 무교양; 교양이 없음.
無教育[むきょういく] 무교육; ①교육을 받지 않았음. ②무식함.
1無口[むくち] 과묵함. 말수가 적음.
無垢[むく] 무구; ① ≪仏≫ 번뇌에서 벗어나 깨끗함. ②순결함. 티 없음.
無窮[むきゅう] 무궁; 끝없음.
無軌道[むきどう] 무궤도; ①궤도가 없음. ②사상이나 행동에 일정한 방향이 없음.
無軌条電車[むきじょうでんしゃ] 무궤도 전차.
無菌[むきん] 무균; 세균이 없음.
無根[むこん] 무근; ①뿌리가 없음. ②근거가 없음.
無給[むきゅう] 무급; 급료가 없음. 무보수.
無気力[むきりょく] 무기력; 기운이 없음.
無気味[ぶきみ] 어쩐지 기분이 나쁨. 으스스함. 어쩐지 무서움.
無記名[むきめい] 무기명; 이름을 적지 않음.
無期[むき] 무기; 기한이 없음.
無期刑[むきけい] ≪法≫ 무기형.
無器用[ぶきよう] ①손재주가 없음. 서투름. 어설픔. ②(일처리가) 서투름.
無機[むき] 무기; 그 자체에 생활 기능이 없음.
1無難[ぶなん] 무난; 결점・지장이 없음.
1無念❶[ぶねん] 부주의로 깨닫지 못함. 미처 깨닫지 못하여 유감스러움. ❷[むねん] ①분함. 억울함. 원통함. ② ≪仏≫ 무념; 아무것도 생각하지 않음.
無念無想[むねんむそう] 무념무상; ① ≪仏≫ 모든 잡념을 버린 상태. ②아무 생각이 없음.
1無能[むのう] 무능; 능력이 없음.
無能力[むのうりょく] 무능력; 능력이 없음.
1無断[むだん] 무단; 미리 승낙을 얻지 못함.
無担保[むたんぽ] 무담보; 담보물이 없음.
無党[むとう] 무당; 어느 당파에도 속하지 않음.
無糖[むとう] 무당; 당분이 포함되지 않음.
無代[むだい] 무대; 무료. 공짜.
無道[むどう/ぶどう] 무도; 도리에 벗어남.
無毒[むどく] 무독; 해독(害毒)이 없음.
無頓着[むとんちゃく/むとんじゃく] 무관심함. 아랑곳하지 않음.
無得点[むとくてん] 무득점; 득점이 없음.
無量[むりょう] 무량; 끝이 없음.
無慮[むりょ] 무려; 넉넉함.
無力[むりょく] 무력; ①힘・세력이 없음. ②능력・활동력이 없음.
1無礼[ぶれい] 무례; 실례(失礼).
無礼講[ぶれいこう] 지위・신분을 떠나 어울려 즐기는 모임.
1無論[むろん] 무론; 물론(勿論).
無頼[ぶらい] ①건달. ②의지할 데 없음.
無頼漢[ぶらいかん] 무뢰한; 불량배. 건달.
2無料[むりょう] 무료; 공짜.
無聊[ぶりょう] 무료; 심심함.
無類[むるい] 무류; 유례가 없음.
無利息[むりそく] 무이식; 무이자(無利子).
無利子[むりし] 무이자; 이자가 없음.
2無理[むり] 무리; ①이치에 맞지 않음. ②억지. ③불가능함.
無理からぬ[むりからぬ] 당연한.
無理やりに[むりやりに] 무리하게. 억지로.
無理強い[むりじい] 강제. 억지.
無理難題[むりなんだい] 생트집.
無理無体[むりむたい] 강제. 터무니없는 억지.
無理算段[むりさんだん] 무리해서 돈을 변통함.

無理数[むりすう] ≪数≫ 무리수.
無理矢理に[むりやりに] 무리하게. 억지로.
無理心中[むりしんじゅう] 억지 정사(情死). 억지 자살(自殺).
無理押し[むりおし] 억지로 강행함.
無理押(し)付[むりおしつけ] 억지로 강요함. 억지로 밀어붙임.
無理往生[むりおうじょう] 억지로 억눌러 복종시킴.
無理解[むりかい] 몰이해. 이해심이 없음. 이해 못함.
無免許[むめんきょ] 무면허; ①면허가 없음. ②면허가 필요 없음.
無名[むめい] 무명; ①무기명(無記名). ②이름을 모름. ③명분이 서지 않음.
無名指[むめいし] 무명지; 약손가락.
無名氏[むめいし] 무명씨; 이름을 알 수 없는 사람.
無明[むみょう] ≪仏≫ 무명; 진리에 어두움.
無銘[むめい] 무명; 작자(作者)의 이름이 새겨져 있지 않음.
無帽[むぼう] 무모; 모자를 안 씀.
無謀[むぼう] 무모; 사려 깊지 않음.
無紋[むもん] ①무늬가 없음. ②가문(家紋)이 없는 의복·천.
無味[むみ] 무미; ①맛이 없음. ②재미가 없음.
無反り[むぞり] 칼날이 쪽 곧음.
無防備[むぼうび] 무방비; 아무런 방비가 없음.
無配[むはい] 무배; 무배당.
無法[むほう] 무법; ①법이 없음. ②무례함.
無法者[むほうもの] 무법자; 무례한 사람.
無辺[むへん] 무변; 무한함.
無辺際[むへんざい] 끝없이 넓음.
無病息災[むびょうそくさい] 무병식재; 병 없고 재난도 없음.
無報酬[むほうしゅう] 무보수; 보수가 없음.
無縫[むほう] 무봉; 솔기가 없음.
無分別[むふんべつ] 무분별; 분별이 없음.
無比[むひ] 무비; 아주 뛰어나서 비할 데가 없음.
無死[むし] 무사; 죽지 않음.
無私[むし] 무사; 사심이 없음.
2**無沙汰**[ぶさた] 소식을 전하지 않음. 왕래가 없음. 격조(隔阻).
1**無邪気**[むじゃき] ①악의가 없음. ②순진함. 천진난만함.

2**無事**[ぶじ] 무사; ①평온함. ②탈 없이 건강함.
無事故[むじこ] 무사고; 사고가 없음.
無産[むさん] 무산; ①무직(無職). ②재산이 없음.
無上[むじょう] 무상; 최상(最上).
無想[むそう] 무상; 모든 상념을 떠남.
無常[むじょう] 무상; ① ≪仏≫ 만물은 변천함. ②덧없음. ③사람의 죽음.
無常所[むじょうしょ] 묘지. 무덤.
無常迅速[むじょうじんそく] 무상신속; 죽음이 예상외로 빨리 다가옴.
無傷[むきず] ①흠·상처가 없음. ②결점이 전혀 없음.
無償[むしょう] 무상; ①보수가 없음. ②무료.
無双[むそう] 무쌍; ①비길 데 없음. ②안팎을 같은 재료로 만듦. ③(씨름에서) 한 손을 상대의 허벅다리에 대고 돌리듯이 쓰러뜨리는 기술.
無色[むしょく] 무색; ①아무 색깔이 없음. ②중립(中立).
無生物[むせいぶつ] 무생물.
1**無線**[むせん] 무선; 전선을 가설하지 않음.
無声[むせい] 무성; ①소리가 나지 않음. ② ≪語学≫ 성대의 진동을 수반하지 않음.
無性❶[むせい] 무성; 성(性)의 구별이 없음. ❷[むしょう] ≪仏≫ 불성(仏性)이 없음.
無性に[むしょうに] 무턱대고. 공연히.
無税[むぜい] 무세; 세금이 없음.
無勢[ぶぜい] (상대에 비해) 사람의 수효가 적음. 소수임. 열세임.
無所属[むしょぞく] 무소속; 소속이 없음.
無水[むすい] 무수; ①수분이 없음. ②결정수(結晶水)가 없음. ③무수산(無水酸)임.
無手[むて/むで] ①빈손. 맨손. ②무자본.
無手勝流[むてかつりゅう] ①'卜伝流(ぼくでんりゅう)'의 딴이름. ②싸우지 않고 이김. ③자기 나름대로의 방식.
無粋[ぶすい] 멋이 없음. 세련되지 않음.
2**無数**[むすう] 무수; 한없이 많음.
無宿[むしゅく] 무숙; ①살 집이 없음. ②(江戸(えど)시대의) 무적자(無籍者).
2**無視**[むし] 무시; ①눈여겨보지 않음. ②업신여김.
無試験[むしけん] 무시험; 시험이 없음.
無神経[むしんけい] 무신경; ①둔감함. ②뻔뻔스러움.
無神論[むしんろん] ≪宗≫ 무신론.

無実[むじつ] 무실; ①그런 사실이 없음. ②억울한 죄를 씀. 무고함.
無心[むしん] 무심; ①아무 생각이 없음. ②순진함. 천진난만함. 사심이 없음. ③염치없이 돈을 요구함.
無我[むが] 무아; ①사심이 없음. ②자기를 잊음.
無我夢中[むがむちゅう] 제정신이 아님.
無我愛[むがあい] 무아애; 사심이 없는 참된 사랑.
1無闇に[むやみに] ①무턱대고. 함부로. ②지나치게. 터무니없이.
無愛敬[ぶあいきょう] 애교가 없음.
無愛嬌[ぶあいきょう] 애교가 없음.
無愛想[ぶあいそ/ぶあいそう] 무뚝뚝함.
無碍[むげ] 무애; 일에 지장이 없음.
無涯[むがい] 무애; 끝이 없음.
無様[ぶざま] 꼴사나움. 보기 흉함.
1無言[むごん] 무언; 말이 없음.
無業[むぎょう] 무업; 무직(無職).
無煙[むえん] 무연; 연기가 안 남.
無縁[むえん] 무연; ①인연이 없음. 무관함. ②연고자가 없음.
無熱[むねつ] 무열; ①열이 없음. ②(병인데도) 보통 체온임.
無塩[むえん] 무염; 소금이 없음.
無芸[むげい] 무예; 재주가 없음.
無畏[むい] ≪仏≫ 무외; 무소외(無所畏).
無腰[むごし] 칼을 차고 있지 않음.
無欲[むよく] 무욕; 욕심이 없음.
1無用[むよう] 무용; ①쓸데없음. ②불필요함. ③볼일이 없음. ④(명사에 접속하여) …해서는 안 됨. 금지.
無用心[ぶようじん] ①조심하지 않음. 경계가 소홀함. ②위험함. 무시무시함.
無援[むえん] 무원; 도움이 없음.
無遠慮[ぶえんりょ] 사양할 줄 모름. 멋대로 행동함. 버릇이 없음.
無月[むげつ] 무월; 흐려서 달이 안 보임.
無為❶[むい] 무위; ①있는 그대로임. ② ≪仏≫ 변화하지 않는 것. ③하는 일이 없음. ❷[ぶい] ①있는 그대로임. ②평온함. 무사함.
無音❶[むおん] 무음; 소리가 나지 않음. ❷[ぶいん] 무소식. 소식을 전하지 않음.
無医村[むいそん] 무의촌; 의사가 없는 마을.
無依[むえ] ≪仏≫ 사물에 집착하지 않음.
無意[むい] 무의; ①고의가 아님. ②무의식. ③특별한 의미·의사가 없음.
1無意味[むいみ] 무의미; 의미가 없음.
無意識[むいしき] 무의식; ①의식이 없음. ②자신도 모름. ③잠재의식.
無意義[むいぎ] 무의의; 무의미(無意味).
無二[むに] 무이; 둘도 없음.
無異[ぶい] 무이; 평소와 다름없음.
無益[むえき] 무익; 부질없음. 보람 없음.
無人❶[むじん] 무인; 사람이 살고 있지 않음. ❷[むにん/ぶにん] ①일손이 모자람. 수가 적음. ②사람이 살지 않음.
無人島[むじんとう/むにんとう] 무인도.
無人芝居[ぶにんしばい] (歌舞伎(かぶき)에서) 배역에 마땅한 배우가 없는 채 공연하는 연극.
無印[むじるし] ①상표가 없음. ②주목을 받지 못함. ③≪俗≫ 수입이 없음. 무수입.
無一文[むいちもん] 무일푼.
無一物[むいちもつ/むいちぶつ] 빈털터리.
無任所[むにんしょ] 무임소.
無賃[むちん] 무임; 삯돈이 없음.
無自覚[むじかく] 무자각; 자각함이 없음.
無資格[むしかく] 무자격; 자격이 없음.
無資力[むしりょく] 무자력; 자력(資力)이 없음.
無慈悲[むじひ] 무자비; 냉혹함.
無作[むさく] ①교양이 없음. ②농작물 수확이 없음.
無作法[ぶさほう] 무례함. 버릇없음.
無作為[むさくい] 무작위; 꾸민 일이 아님.
無残[むざん] ①잔인함. 참혹함. ②무참(無惨)함. ③≪仏≫ 죄를 짓고도 부끄러워하지 않음.
無雑[むざつ] 순수함.
無抵当[むていとう] 무저당; 무담보.
無抵抗[むていこう] 무저항; 저항하지 않음.
無敵[むてき] 무적; 겨룰 만한 적이 없음.
無籍者[むせきもの] ①무적자. ②주거(住居)가 불확실한 사람. 떠돌이.
無電[むでん] 무전; 무선 전신·전화.
無銭[むせん] 무전; ①돈이 없음. ②돈을 지불하지 않음.
無定見[むていけん] 무정견; 일정한 주견이 없음.
無定形[むていけい] 무정형; ①일정한 형체가 없음. ②≪化≫ 고체에서 일정한 결정형(結晶形)이 없음.

無定型[むていけい] 무정형; 일정한 스타일이 없음.
無政府[むせいふ] 무정부; 정부가 존재하지 않음.
無情[むじょう] ①무정함. ②감정이 없음. 비정(非情)함.
無精[ぶしょう] 게으름.
無精卵[むせいらん] 무정란; 홀알.
無精者[ぶしょうもの] 게으름뱅이.
無精髭[ぶしょうひげ] 다박수염.
無制限[むせいげん] 무제한; 제한이 없음.
無題[むだい] 무제; ①제목이 없음. ②제목이 없이 읊은 시가(詩歌).
無条件[むじょうけん] 무조건; 조건이 없음.
無造作[むぞうさ] ①손쉬움. 수월함. ②아무렇게나 함.
無調法[ぶちょうほう] ①미흡함. 서투름. ②(술·담배를) 못함. ③실수. 잘못.
無罪放免[むざいほうめん] 무죄 방면.
無住[むじゅう] 무주; ①《仏》 절에 주지가 없음. ②사는 사람이 없음.
無重力[むじゅうりょく] 무중력; 중력이 없음.
[2]無地[むじ] 무지; 무늬가 없음.
[1]無知[むち] 무지; ①지식이 없음. ②지혜가 없음.
無智[むち] 지혜가 없음. 어리석음.
無遅刻[むちこく] 무지각; 지각한 일이 없음.
無職[むしょく] 무직; 직업이 없음.
無尽[むじん] 무진; ①없어지지 않음. ②'無尽講'의 준말.
無尽講[むじんこう] 계(契).
無尽蔵[むじんぞう] 무진장; 무한량으로 많이 있음.
無尽会社[むじんがいしゃ] 상호 신용 금고. 저축 은행.
[1]無茶[むちゃ] ①난폭함. ②당치 않음. 터무니없음.
[1]無茶苦茶[むちゃくちゃ] 《俗》 엉망진창임. 터무니없음. 당치않음.
無差別[むさべつ] 무차별; 차별이 없음.
無着陸[むちゃくりく] 무착륙; 착륙을 안 함.
無札[むさつ] 무찰; 티켓을 갖지 않음.
無慘[むざん] ①잔인함. 참혹함. ②무참(無慘)함. ③《仏》 죄를 짓고도 부끄러워하지 않음.
無策[むさく] 무책; 계책이 없음.
無責任[むせきにん] 무책임; 책임이 없음.
無妻主義[むさいしゅぎ] 독신주의.
無鉄砲[むてっぽう] 〈形動〉 무모함. 분별없음.
無体[むたい] 무체; ①무형(無形). ②무리함. 이치에 맞지 않음.
無臭[むしゅう] 무취; 냄새가 없음.
無趣味[むしゅみ] 무취미; 취미가 없음.
無恥[むち] 무치; 부끄러움을 모름.
[2]無駄[むだ] 헛됨. 쓸데없음. 낭비.
[1]無駄遣い[むだづかい] 낭비. 허비.
無駄骨[むだぼね] 헛수고.
無駄骨折り[むだぼねおり] 헛수고.
無駄口[むだぐち] 잡담. 쓸데없는 말.
無駄飯[むだめし] 놀고먹는 밥.
無駄死に[むだじに] 개죽음.
無駄事[むだごと] 헛일. 허사(虛事).
無駄食い[むだぐい] ①간식. 군것질. ②놀고먹음. 무위도식함.
無駄足[むだあし] 헛걸음.
無駄花[むだばな] 수꽃.
無駄話[むだばなし] 잡담. 쓸데없는 말.
無痛[むつう] 무통; 아프지 않음.
無投票[むとうひょう] 무투표; 투표를 안 함.
無派[むは] 무파; 무소속.
無敗[むはい] 무패; (시합에서) 패한 적이 없음.
無表情[むひょうじょう] 무표정; 표정이 없음.
無品[むほん] 친왕(親王)으로서 품계(品階)를 갖지 않음.
無風[むふう] 무풍; 바람이 없음.
無下[むげ] 형편없음. 말도 안됨.
無下に[むげに] ①함부로. 무턱대고. ②아주. 몹시. 대단히.
無学[むがく] 무학; ①무식함. ②《仏》 진리를 터득하여 더 배울 필요가 없음.
[2]無限[むげん] 무한; 끝이 없음.
無害[むがい] 무해; 해롭지 않음.
無血[むけつ] 무혈; ①피가 없음. ②피를 흘림이 없음.
無血虫[むけつちゅう] 냉혈한(冷血漢).
無形[むけい] 무형; 형체가 없음.
無花果[★いちじく] 《植》 무화과.
無患子[むくろじ] 《植》 무환자나무.
[1]無効[むこう] 무효; 보람·효력이 없음.
無休[むきゅう] 무휴; 휴일이 없음. 쉬지 않음.

貿 무역할 무

〔필순〕 貿

音 ◉ボウ
訓 —

音読

[2]**貿易**[ぼうえき] 무역; 국제간의 상업거래. 외국과 상품의 매매(売買)를 함.
貿易尻[ぼうえきじり] 무역의 수지 결산.
貿易風[ぼうえきふう] 무역풍; 열대 동풍.
貿易港[ぼうえきこう] 무역항; 국제항.

舞 춤출 무

〔필순〕 舞

音 ◉ブ
訓 ◉まう

訓読

[1]◉**舞う**[まう] 〈5自〉 ①(공중에서) 빙빙 돌다. 빙빙 돌며 날다. 흩날리다. ②춤추다.
舞(い)[まい] ①춤. 무용. ②일본의 춤.
舞い降りる[まいおりる] 〈上1自〉 ①(춤추듯이) 너풀너풀 내려오다. ②갑자기 나타나다.
舞い狂う[まいくるう] 〈5自〉 미친 듯이 춤추다. 격렬하게 춤추다.
舞い納める[まいおさめる] 〈下1他〉 춤을 끝내다. 마지막 춤을 추다.
舞良戸[まいらど] '書院造(しょいんづくり)'의 건물에 사용하는 미닫이문의 한 종류.
舞い戻る[まいもどる] 〈5自〉 되돌아오다. 되돌아가다.
舞い立つ[まいたつ] 〈5自〉 (춤추듯이) 위로 오르다.
舞舞[まいまい] ①曲舞(くせまい)·曲舞(くせまい)를 추는 연예인. ②'舞舞螺(まいまいつぶり)'의 준말.
舞舞螺[まいまいつぶり] 'かたつむり(달팽이)'의 딴이름.
舞舞虫[まいまいむし] 'みずすまし(물매암이)'의 딴이름.
舞舞風[まいまいかぜ] 《関西》 회오리바람.
舞い上がる[まいあがる] 〈5自〉 ①(너울거리며) 날아 올라가다. ②날려 올라가다.
舞扇[まいおうぎ] 춤출 때 사용하는 부채.
舞い巡る[まいめぐる] 〈5自〉 돌아다니며 춤추다.
舞衣[まいぎぬ] 무의; 춤출 때 입는 옷.
舞子[まいこ] 춤을 추는 나이 어린 동기(童妓).
舞姫[まいひめ] 《雅》 무희; 춤추는 여자.

音読

舞曲[ぶきょく] 무곡; ①춤과 음악. ②무도곡(舞蹈曲). 춤곡.
舞妓[ぶぎ] 무기; 무희(舞姫).
[2]**舞台**[ぶたい] 무대; ①(연극) 무대. ②(무대에서의) 연기. ③(활동하는) 무대.
舞台稽古[ぶたいげいこ] 무대 연습.
舞台劇[ぶたいげき] 무대극.
舞台裏[ぶたいうら] ①무대 뒤. 무대 출연을 준비하는 곳. ②이면(裏面). 막후(幕後).
舞踏[ぶとう] 무도; 춤.
舞楽[ぶがく] 무악; ①춤이 따르는 아악(雅楽). ②춤.
舞踊[ぶよう] 무용; 춤.
舞踊劇[ぶようげき] 무용극.

霧 안개 무

〔필순〕 霧

音 ◉ム
訓 ◉きり

訓読

[2]◉**霧**[きり] ①(주로 가을의) 안개. *'봄 안개'는 '霞(かすみ)'로 분류하는 경향이 있음. ②물안개.
霧島[きりしま] 《植》 (관상용) 왜진달래.
霧箱[きりばこ] 《物》 (윌슨의) 안개상자.
霧雨[きりさめ/きりあめ] 안개비. 이슬비.
霧雲[きりぐも] 안개구름.
霧隠れ[きりがくれ] 안개에 가려 안 보이게 됨.
霧吹き[きりふき] 분무기. 스프레이.

音読

霧氷[むひょう] 무빙; 나뭇가지 등에 붙어 생긴 얼음.
霧散[むさん] 무산; 안개처럼 흩어져 없어짐.
霧消[むしょう] 무소; 안개처럼 사라짐.
霧笛[むてき] 무적; 안개가 자욱할 때 울리는 기적(汽笛).
霧中[むちゅう] 무중; ①안개 속. ②예측할 수 없음.
霧海[むかい] 무해; 자욱하게 낀 안개.

巫 무당 무	音 ⊗フ 訓 —

音読

巫覡[ふげき] 무격; 무당과 박수.
巫蠱[ふこ] 무고; 무술(巫術)로 저주함.
巫女[みこ/ふじょ] 무녀; 무당.
巫山戯る[ふざける] 〈下1自〉 ①희롱거리다. 농담하다. 장난치다. 까불다. ②깔보다. 얕보다. ③(남녀가) 새롱거리다.
巫術[ふじゅつ] 무술; 무당의 방술(方術).
巫祝[ふしゅく] 무축; 신사(神事)를 관장하는 사람.

誣 무고할 무	音 ⊗フ ⊗ブ 訓 ⊗しいる

訓読

⊗誣いる[しいる] 〈上1他〉 모함하다. 왜곡하여 나쁘게 말하다. 헐뜯다.

音読

誣告[ぶこく] 무고; 없는 사실을 거짓으로 꾸며 고소·고발함.
誣告者[ぶこくしゃ] 무고자.
誣告罪[ぶこくざい] ≪法≫ 무고죄.
誣言[ぶげん/ふげん] 무언; 사실을 왜곡하여 나쁘게 말함.

撫 어루만질 무	音 ⊗ブ 訓 ⊗なでる

訓読

2⊗撫でる[なでる] 〈下1他〉 ①어루만지다. 쓰다듬다. ②살짝 스치다. ③달래다. ④(머리를) 매만지다. 빗질하다.
撫で肩[なでがた] 처진 어깨.
撫で摩る[なでさする] 〈5他〉 쓰다듬다. 어루만지다.
撫で付ける[なでつける] 〈下1他〉 ①(머리를) 곱게 매만지다. 쓰다듬어 붙이다. 곱게 빗질하다. ②눌러서 펴다.
撫で上げる[なであげる] 〈下1他〉 쓰다듬어 올리다. 쓸어 올리다.
撫子[なでしこ] ① ≪植≫ 패랭이꽃. ②석죽과 초본의 총칭. ③귀여운 아이.
撫(で)切り[なでぎり] ①닥치는 대로 벰. ②닥치는 대로 격파함.
撫で下ろす[なでおろす] 〈5他〉 ①쓰다듬어 내리다. 쓸어내리다. ②안심하다. 한시름 놓다.
撫で回す[なでまわす] 〈5他〉 (손바닥으로) 돌려가며 어루만지다. 여기저기 매만지다.

音読

撫する[ぶする] 〈サ変他〉 ①쓰다듬다. ②안심시키다.
撫養[ぶよう] 무양; 쓰다듬어 기름.
撫育[ぶいく] 무육; 사랑하며 기름.

蕪 거칠/순무 무	音 ⊗ブ 訓 ⊗かぶ ⊗かぶら

訓読

⊗蕪[かぶ/かぶら] ≪植≫ 순무. 무청(蕪菁).
蕪菜[かぶな/かぶらな] '蕪(かぶ)'의 딴이름.

音読

蕪辞[ぶじ] 무사; 두서없는 글.
蕪雑[ぶざつ] 무잡; 뒤섞여 난잡함.

〔묵〕

墨(墨) 먹 묵
冂 旦 甲 甲 里 里 黒 黒 墨 墨

音 ◉ボク
訓 ◉すみ

訓読

2◉墨[すみ] ①먹. ②먹물. ③검댕. 그을음. ④검정빛. ⑤(오징어·문어의) 먹물.
墨継ぎ[すみつぎ] ①붓에 먹을 다시 묻혀 글을 씀. ②먹집게.
墨金[すみがね] ①곱자. ②곱자로 목재에 먹줄을 치는 기술.
墨袋[すみぶくろ] (오징어의) 먹물 주머니.
墨流し[すみながし] 먹물을 물에 떨어뜨려 퍼지는 물결 무늬를 물들인 무늬.
墨付き[すみつき] ①먹이 묻는 정도. ②먹으로 쓴 필적.
墨糸[すみいと] 먹줄.
墨色[すみいろ] 먹빛. 검정 빛깔.
墨書(き)[すみがき] ①묵화(墨画). ②먹으로 그린 밑그림.
墨縄[すみなわ] 먹줄.
墨染め[すみぞめ] ①잿빛. ②검정 물을 들임. ③검은 빛의 중 옷. ④잿빛 상복(喪服).

墨字[すみじ] 묵자; 붓으로 쓴 글씨.
墨打(ち)[すみうち] 먹줄을 침.
墨壺[すみつぼ] ①먹물을 담는 종지. ②(목수의) 먹통.
墨絵[すみえ] 묵화(墨画).

音読

墨客[ぼっかく/ぼっきゃく] 묵객; 글씨를 쓰거나 그림을 그리는 사람.
墨東[ぼくとう] 東京(とうきょう) 隅田川(すみだがわ)의 동안(東岸).
墨書[ぼくしょ] 묵서; 먹으로 쓴 것.
墨水[ぼくすい] 隅田川(すみだがわ)의 딴 이름.
墨跡[ぼくせき] 묵적; 필적(筆跡).
墨堤[ぼくてい] 隅田川(すみだがわ)의 제방.
墨汁[ぼくじゅう] 묵즙; 먹물.
墨池[ぼくち] 묵지; ①연지(硯池). ②먹통.
墨香[ぼっこう] 묵향; 먹의 향기.
墨画[ぼくが] 묵화; 먹으로 그린 그림.
墨痕[ぼっこん] 묵흔; 붓글씨의 흔적.

黙(默) 잠잠할 묵

丨 ㄇ 日 甲 甲 里 里 默 默 黙

音 ◉モク
訓 ◉だまる

訓読

2◉**黙る**[だまる] 〈5自〉 ①침묵하다. 잠자코 있다. 입을 다물다. ②말없이 있다. 가만히 있다. ③무단으로 …하다.
黙りこくる[だまりこくる] 〈5自〉 잠자코만 있다. 끝까지 말이 없다.
黙り込む[だまりこむ] 〈5自〉 (이제까지 말을 하던 사람이) 잠자코 있다. 입을 다물고 있다.

音読

黙する[もくする] 〈サ変自〉 ①침묵하다. 잠자코 있다. 입을 다물다. ②말없이 있다. 가만히 있다.
黙契[もっけい] 묵계; 말없는 가운데 우연히 뜻이 맞음.
黙考[もっこう] 묵고; 묵상(黙想).
黙過[もっか] 묵과; 모르는 체하고 지나쳐 버림.
黙劇[もくげき] 묵극; 무언극(無言劇).
黙諾[もくだく] 묵낙; 말없이 승낙함.
黙禱[もくとう] 묵도; 말없는 기도.
黙読[もくどく] 묵독; 소리 내지 않고 읽음.
黙礼[もくれい] 묵례; 말없는 인사.
黙黙と[もくもくと] 묵묵히.
黙秘[もくひ] 묵비; 비밀로 하여 말하지 않음.
黙秘権[もくひけん] ≪法≫ 묵비권.
黙殺[もくさつ] 묵살; 알고도 모르는 체함.
黙想[もくそう] 묵상; 말없이 생각에 잠김.
黙示[もくし/もくじ] 묵시; ①은연중에 의사를 표시함 ②하느님이 인간에게 진리를 알림. 계시(啓示).
黙示録[もくしろく] 묵시록; 계시록(啓示録).
黙視[もくし] 묵시; ①말없이 봄. ②간섭하지 않고 보고만 있음.
黙約[もくやく] 묵약; 묵계(黙契).
黙然として[もくねんとして/もくぜんとして] 잠자코.
黙認[もくにん] 묵인; 모르는 체하고 슬며시 승인함.
黙従[もくじゅう] 묵종; 묵묵히 복종함.
黙座[もくざ] 묵좌; 말없이 앉아 있음.
黙止[もくし] 묵지; 잠자코 있음.
黙許[もっきょ] 묵허; 슬며시 허락함.

[문]

文 글월 문

丶 亠 ナ 文

音 ◉ブン ◉モン
訓 ◉ふみ ⊗あや

訓読

◉**文**❶[ふみ] ①기록. 문서. 책. ②(漢学의) 학문. ③서한. 편지. ❷[あや] 여러 가지 무늬. ❸[ぶん/もん] ☞ [音読]
文殻[ふみがら] 읽고 나서 필요 없게 된 편지.
文机[ふみづくえ/ふづくえ] 책상.
文目[あやめ] ①무늬. 빛깔. ②(사물의) 구분. ③도리. 이치. 사리.
文使い[ふみづかい] 편지 심부름꾼.
文箱[ふみばこ/ふばこ] ①문갑(文匣). ②편지를 넣어서 보내는 함. ③짊어지고 다니는 책궤.
文月[ふみづき/ふづき] 음력 7월의 딴이름.
文挟み[ふみばさみ] ①(平安(へいあん) 시대) 문서류를 꽂아 윗사람에게 바치던 맨 나무 막대기. ②책갈피에 끼우는 금·은·상아로 만든 얇은 판(板).

音読

2文❶[ぶん] ①글. 문장. ②학문. 예술. 예능. ❷[もん] ①(옛날 돈의 단위) 문. 푼. ②(양말·신발 등의) 사이즈. ❸[ふみ/あや] ☞ [訓読]
文庫[ぶんこ] 문고; ①서고(書庫). ②일련의 장서(蔵書). ③보급용의 작은 책. ④문갑(文匣).
文庫紙[ぶんこし] 문고지.
文科[ぶんか] 문과; ①인문·사회 과학 분야. ②문학부.
文官[ぶんかん] 문관; 문과 출신의 관리.
文教[ぶんきょう] 문교; 교육 행정.
2文句[もんく] ①문구; 글귀. ②불평. 불만. 트집. 시비.
文句無し[もんくなし] ①완전함. ②무조건.
文具[ぶんぐ] 문구; 문방구.
文金島田[ぶんきんしまだ] (결혼식 때) 높이 빗어 올린 고상하고 화려한 여자의 머리 모양.
文壇[ぶんだん] 문단; 문인들의 사회.
文台[ぶんだい] 문대; 낮고 작은 책상.
文頭[ぶんとう] 문두; 서두(書頭).
文楽[ぶんらく] 浄瑠璃(じょうるり)에 맞추어 하는 인형극.
文末[ぶんまつ] 문말; 문장의 끝부분.
2文脈[ぶんみゃく] 문맥; 글의 맥락.
文盲[もんもう] 문맹; 무식하여 글을 모름.
文面[ぶんめん] 문면; 글의 대강의 내용.
文名[ぶんめい] 문명; 글을 잘 하여 알려진 이름.
2文明[ぶんめい] 문명; 물질문화.
文無し[もんなし] ①무일푼. 빈털터리. ②엄청나게 큰 버선.
文武[ぶんぶ] 문무; 학문과 무예.
文物[ぶんぶつ] 문물; 문화의 산물.
文民[ぶんみん] 문민; 군인이 아닌 민간인.
文博[ぶんはく/ぶんぱく] '文学博士'의 준말.
文房[ぶんぼう] 문방; 글방.
2文房具[ぶんぼうぐ] 문방구; 문구.
2文房具屋[ぶんぼうぐや] 문방구점. 문구점.
文範[ぶんぱん] 문범; 글·문장의 본.
3文法[ぶんぽう] 문법; ①문장 구성 법칙. ②말의 일정한 규칙.
文部[もんぶ] 교육 행정.
文部大臣[もんぶだいじん] 교육부 장관.
文部省[もんぶしょう] 교육부.
文士[ぶんし] 문사; 작가(作家).
文辞[ぶんじ] 문사; 문장. 문장의 말.
文相[ぶんしょう] 교육부 장관.
1文書[ぶんしょ/もんじょ] 문서; 서류.
文殊[もんじゅ] ≪仏≫ 문수보살(文殊菩薩).
文身[ぶんしん/いれずみ] 문신; 몸에 글이나 그림을 새김.
文雅[ぶんが] 문아; ①풍류(風流)의 도(道). ②문학적이고 고상함.
文案[ぶんあん] 문안; 문장의 초안.
文弱[ぶんじゃく] 문약; 글만 좋아하여 기풍이 나약함.
文様[もんよう] 문양; 무늬.
1文語[ぶんご] 문어; ①문장어. ②平安(へいあん) 시대의 문법을 기초로 하여 고정된 언어 체계.
文語文[ぶんごぶん] 문어문; 문장어 문법.
文語法[ぶんごほう] 문어법; 문어 문법.
文語体[ぶんごたい] 문어체; 문장어를 사용한 문장 양식.
文言[ぶんげん/もんごん] 문언; 문장 속의 글귀.
2文芸[ぶんげい] 문예; ①학예(学芸). ②문학과 기타 예술. ③문학.
文運[ぶんうん] 문운; 학문·예술이 크게 발전함.
文苑[ぶんえん] ☞ 文園
文意[ぶんい] 문의; 글에 담긴 뜻.
文義[ぶんぎ] 문의; 문장의 뜻.
文人[ぶんじん] 문인; 문필(文筆)에 종사하는 사람.
文人画[ぶんじんが] ≪美≫ 문인화.
2文字[もじ/もんじ] 문자; ①글자. ②글. 문장.
文字金[ぶんじきん] 江戸幕府(えどばくふ)가 1736년에 주조한 금화(金貨)의 딴이름.
文字盤[もじばん] (시계·계기 등의) 문자반.
文字通り[もじどおり] 글자 그대로. 그야말로. 정말로.
文字絵[もじえ] 문자 그림.
4文章[ぶんしょう] 문장; 글월.
文才[ぶんさい] 문재; 글재주.
文典[ぶんてん] 문전; 문법 책.
文展[ぶんてん] '文部省美術展覧会'의 준말.
文節[ぶんせつ] 문절; 문장의 최소 단위.
文題[ぶんだい] 문제; ①작문의 제목. ②문장이나 한시(漢詩)의 제목.
文鳥[ぶんちょう] ≪鳥≫ 문조.
文中[ぶんちゅう] 문중; 글 가운데.

文鎮[ぶんちん] 문진; 서진(書鎮).
文集[ぶんしゅう] 문집; 시나 문장을 모아 엮은 책.
文彩[ぶんさい] 문채; 무늬. 색채.
文責[ぶんせき] 문책; 쓴 글에 대한 책임.
[2]**文体**[ぶんたい] 문체; ①문장의 양식. ②문장의 개성적인 특성.
文治[ぶんじ] 문치; 학문과 법령으로 나라를 다스림.
文通[ぶんつう] 편지 왕래. 펜팔.
文筆[ぶんぴつ] 문필; 시가나 문장을 짓는 일.
[3]**文学**[ぶんがく] 문학; 글에 대한 학문.
[2]**文献**[ぶんけん] 문헌; 학술 연구의 자료가 되는 문서.
文型[ぶんけい] 문형; 센텐스 구성상의 유형.
文豪[ぶんごう] 문호; 뛰어난 문학가.
[3]**文化**[ぶんか] 문화; 정신적 활동에 따른 정신적·물질적인 성과.
[1]**文化財**[ぶんかざい] 문화재.
文話[ぶんわ] 문화; 문장에 관한 담화(談話).
文華[ぶんか] 문화; ①문장이 화려함. ②문화·문명이 호화로움.

匁 무게단위 문

ノ 勹 勺 匁

音 —
訓 ◉もんめ

訓読

◉**匁**[もんめ] ①(무게의 단위로) 관(貫)의 1000분의 1. 약 3.75g. ②(화폐 단위로) 小判(こばん) 한 량(両)의 60분의 1.

門 문문

丨 冂 冂 門 門 門 門 門

音 ◉モン
訓 ◉かど ⊗と

訓読

◉**門**❶[かど] ≪雅≫ ①문. ②문 앞. 문간. 집 앞. ❷[もん] ☞ [音読]
門口[かどぐち] ①집의 출입구. 문간. ②일의 시작. 시초.
門構え[かどがまえ/もんがまえ] ①대문의 구조. ②한자(漢字) 부수의 하나로 '問, 聞' 등의 '門' 부분을 말함.
⊗**門渡る**[とわたる] 〈4自〉≪古≫ ①바다나 강의 좁은 곳을 지나다. ②개미가 한 가닥 가는 줄을 지어 나가다.
⊗**門渡り**[とわたり] 회음(会陰). 음부(陰部)와 항문(肛門)과의 사이.
門涼み[かどすずみ] 문 앞에서 바람 쐬기.
門百姓[かどびゃくしょう] 지주(地主)의 행랑채에 살면서 잡일·소작을 하는 농민.
門辺[かどべ] 문 가. 문 옆.
門並み[かどなみ] ①가가호호. 집집마다. ②날날이. 모두. ③죽 늘어선 집들.
門付け[かどづけ] 문 앞에서 노래를 불러 돈을 받고 돌아다님.
門先[かどさき] 문전(門前). 문 앞.
門松[かどまつ] 새해에 문 앞에 세우는 장식용 소나무.
門守り[かどもり] 문지기.
門屋[かどや] ①행랑채. 문간채. ②하인·상주(喪主) 등이 거처하는 오두막집.
門違い[かどちがい] ①집을 잘못 찾음. 번지수가 틀림. ②착각. 잘못 짚음.
門田[かどた] 문전답(門前畓).
門柱[かどばしら/もんちゅう] 문기둥.
門出[かどで] (큰 뜻을 품고) 집을 떠남.
門脇[かどわき/もんわき] 문 옆.
門火[かどび] ①(장례식 때·우란분(盂蘭盆)날에) 문 앞에서 피우는 불. ②결혼식 때 신부를 보내는 의식으로 문 앞에서 피우는 불. *되돌아오는 일이 없기를 빈다는 뜻에서.

音読

[4]**門**❶[もん] ①문; 대문(大門). ②학문의 유파(流派). ③대포(大砲)를 세는 말. ❷[かど] ☞ [訓読]
門鑑[もんかん] 문감; 문의 출입증.
門内[もんない] 문내; 대문 안.
門徒[もんと] 문도; ①문하생. ② ≪仏≫ 그 종문(宗門)의 신도.
門灯[もんとう] 문등; 대문에 다는 등불.
門留め[もんどめ] 문을 닫아 출입을 금지함. 출입금지.
門番[もんばん] 수위. 문지기.
門閥[もんばつ] 문벌; 대대로 내려오는 가문의 지체.
門扉[もんぴ] 문비; 대문. 문짝.
門生[もんせい] 문생; 제자. 문하생.
門訴[もんそ] 문소; ①여러 사람이 영주(領主)의 문전에 몰려와 호소함. ②절차 없이 고관에게 직접 호소함.

門外[もんがい] 문외; 문 밖.
門外漢[もんがいかん] 문외한; 전문적인 지식이 없거나 관계가 없는 사람.
門院[もんいん] (옛날) 천황의 생모나 후궁에게 내린 칭호.
門衛[もんえい] 수위. 문지기.
門人[もんじん] 문인; 제자. 문하생.
門跡[もんぜき] ≪仏≫ ①문적; 절의 주지(住持). ②황족이나 귀족의 자제가 법통을 잇는 사찰. ③本願寺(ほんがんじ)의 주지.
門前[もんぜん] 문전; 문 앞.
門前払い[もんぜんばらい] ①문전 박대. ②문전 추방.
門前町[もんぜんまち] (중세 이후) 유명한 神社(じんじゃ)나 절 문 앞에 발달한 시가지(市街地).
門弟[もんてい] 문제; 제자. 문하생.
門弟子[もんていし] 문제자; 문하생.
門主[もんしゅ] ≪仏≫ ①주지(住持). ②한 교파의 우두머리 중.
門柱[もんちゅう/もんばしら] 문기둥. 문설주.
門地[もんち] 문지; 가문. 문벌(門閥).
門札[もんさつ] 문패.
門歯[もんし] ≪生理≫ 문치; 앞니.
門派[もんぱ] 문파; 종문의 유파.
門標[もんぴょう] 문표; 문패.
門下生[もんかせい] 문하생; 제자.
門限[もんげん] 폐문(閉門) 시간. 귀가 시간.
門戸[もんこ] 문호; ①출입문. ②자기 유파(流派).

紋 무늬 문

く 幺 幺 糸 糸 糸 糸' 紋 紋 紋

音 ◉モン
訓 —

音読

紋[もん] ①무늬. ②가문(家紋).
紋甲烏賊[もんごういか] ≪動≫ 뼈오징어.
紋絽[もんろ] 돋을무늬로 짠 여름용 비단 옷감.
紋白蝶[もんしろちょう] ≪虫≫ 배추흰나비.
紋柄[もんがら] 무늬의 모양.
紋服[もんぷく] 가문(家紋)이 표시된 예복용 옷.
紋付(き)[もんつき] 가문(家紋)이 표시된 물건・예복용 옷.
紋紗[もんしゃ] 돋을무늬로 짠 비단.
紋散らし[もんぢらし] 여러 가지 무늬를 흩뜨려서 도안한 것.
紋所[もんどころ] 가문(家紋).
紋御召し[もんおめし] 돋을무늬를 넣고 오글오글하게 짠 비단.
紋羽二重[もんはぶたえ] 돋을무늬로 짠 윤이 나고 부드러운 비단.
紋日[もんび] 유곽에서의 명절이나 축일.
紋章[もんしょう] 문장; 가문(家紋).
紋帳[もんちょう] 문장; 가문(家紋)의 견본을 수집한 책.
紋切り形[もんきりがた] ①같은 모양・무늬를 오려내기 위한 틀. ②틀에 박힌 방식.
紋切り型[もんきりがた] ☞ 紋切り形
紋織(り)[もんおり] 돋을무늬로 짠 직물.
紋織(り)お召し[もんおりおめし] 돋을무늬를 넣고 오글오글하게 짠 비단.
紋下[もんした] 文楽座(ぶんらくざ)의 최고 지위의 배우.
紋黄蝶[もんきちょう] ≪虫≫ 노랑나비.

蚊 모기 문

丨 口 口 中 虫 虫 虫' 虫亠 虫ナ 蚊

音 ⊗ブン
訓 ◉か

訓読

[2]◉蚊[か] ≪虫≫ 모기.
蚊遣り[かやり] 모깃불을 피움.
蚊遣り火[かやりび] 모깃불.
蚊屋[かや] 모기장.
蚊帳[かや] 모기장.
蚊屋吊草[かやつりぐさ] ≪植≫ 금방동사니.
蚊蜻蛉[かとんぼ] ①≪虫≫ 꾸정모기. ②(마르고 키가 큰 사람) 말라깽이.
蚊除け[かよけ] 모기를 쫓음.
蚊柱[かばしら] 떼 지어 나는 모기떼.
蚊取(り)線香[かとりせんこう] 모기향.

問 물을 문

丨 𠃌 𠃌 門 門 門 門 門 問 問

音 ◉モン
訓 ◉とう ◉とい ◉とん

訓読

2◉問う[とう] 〈5他〉 ①묻다. 질문하다. ②추궁하다. 따지다. ③조문(弔問)하다.
2問(い)[とい] ①물음. 질문. ②문제. 설문.
問い掛ける[といかける] 〈下1他〉 ①묻다. 질문하다. ②질문을 꺼내다. 묻기 시작하다.
問い返す[といかえす] 〈5他〉 ①되묻다. 다시 질문하다. ②반문하다.
問い声[といごえ] 남에게 묻는 소리.
問わず語り[とわずがたり] 묻지도 않은 말.
問屋❶[といや] (江戸(えど) 시대의) 객주(客主). ❷[とんや] ①도매상. ②도맡아 함.
問い質す[といただす] 〈5他〉 ①캐어묻다. 추궁하다. 규명하다. ②질문하다.
2問い合(わ)せ[といあわせ] 조회. 문의.
1問い合わせる[といあわせる] 〈下1他〉 문의하다. 조회하다. 알아보다.
問丸[といまる] (鎌倉(かまくら)・室町(むろまち) 시대의) 객주(客主).
問い詰める[といつめる] 〈下1他〉 (끝까지) 캐묻다. 추궁하다.

音読

2問答[もんどう] 문답; ①질문과 대답. ②논쟁. 말다툼.
問者[もんじゃ] 질문자. 질문하는 사람.
4問題[もんだい] 문제; ①해답을 필요로 하는 물음. ②해결해야 할 사항. ③성가신 일. ④세상의 이목이 쏠리는 것.
問題作[もんだいさく] 문제작.
問題集[もんだいしゅう] 문제집.
問罪[もんざい] 문죄; 죄를 캐내어 물음.
問診[もんしん] 문진; 환자에게 질문함.
問責[もんせき] 문책; 책임을 묻고 따짐.

聞 들을 문

| 丨 冂 𠃊 門 門 門 門 聞 聞 聞 |

音 ◉ブン ◉モン
訓 ◉きく ◉きこえる ⊗きこす

訓読

4◉聞く[きく] 〈5他〉 ①(말・소리를) 듣다. ②(의견을) 들어주다. ③묻다. 질문하다. ④(향을) 맡다. 감상하다. ⑤술을 맛보아 판정하다.
聞きかじる[ききかじる] 〈5他〉 ①주워듣다. ②수박 겉핥기로 알다.
聞きかじり[ききかじり] 섣부르게 주워들음. (수박 겉핥기의) 피상적인 지식.
聞きただす[ききただす] 〈5他〉 물어 확인하다. 캐묻다.
聞(き)覚え[ききおぼえ] ①들은 기억. ②귀동냥. 들어서 앎.
聞き覚える[ききおぼえる] 〈下1他〉 ①들어서 알다. ②귀동냥으로 익히다.
聞き間違い[ききまちがい] ①잘못 들음. ②잘못 물음.
聞き継ぐ[ききつぐ] 〈5他〉 ①계속해서 듣다. ②전해 듣다.
聞き届ける[ききとどける] 〈下1他〉 ①들어주다. 승낙하다. ②귀담아 듣다.
聞き古す[ききふるす] 〈5他〉 귀가 닳도록 듣다.
聞き苦しい[ききぐるしい] 〈形〉 ①듣기 거북하다. ②알아듣기 어렵다.
聞き過ごす[ききすごす] 〈5他〉 듣고 흘려버리다. 귀담아 듣지 않다.
聞き慣れる[ききなれる] 〈下1自〉 귀에 익다.
聞き巧者[ききごうしゃ] 맞장구를 치며 잘 들음. 또는 그런 사람.
聞き咎める[ききとがめる] 〈下1他〉 따지다. 따져 묻다.
聞き糾す[ききただす] 〈5他〉 물어 확인하다. 캐묻다.
聞き及ぶ[ききおよぶ] 〈5他〉 전해 듣다.
聞き納め[ききおさめ] 마지막으로 들음. 마지막 목소리.
聞き落とす[ききおとす] 〈5他〉 빠뜨리고 못 듣다.
聞き良い[ききよい] 〈形〉 듣기 좋다. 듣기 수월하다.
聞き漏らす[ききもらす] 〈5他〉 빠뜨리고 못 듣다.
聞き流す[ききながす] 〈5他〉 듣고 흘려버리다. 못 들은 체하다.
聞き忘れる[ききわすれる] 〈下1他〉 ①들은 것을 잊어버리다. ②물은 것을 잊어버리다.
聞き物[ききもの] 들을 만한 것.
聞き返す[ききかえす] 〈5他〉 ①다시 듣다. ②되묻다. 다시 묻다.
聞き方[ききかた] ①듣는 방법. ②듣는 편. ③묻는 방법. 묻기.
聞き僻む[ききひがむ] 〈下2他〉 ≪古≫ 남의 말을 나쁜 뜻으로 받아들이다.

聞き付ける[ききつける] 〈下1他〉 ①자주 들어 귀에 익다. ②우연히 듣다. ③(소리를) 포착하여 듣다.
聞き分け[ききわけ] (어린애가) 말귀를 알아들음. 듣고 분별함.
聞き分ける[ききわける] 〈下1他〉 ①소리를 분간하다. ②납득하다. 알아듣다.
聞(き)事[ききごと] 들을 만한 것.
聞(き)捨て[ききずて] 못 들은 체함.
聞き捨てる[ききすてる] 〈下1他〉 못 들은 체하다.
聞き上手[ききじょうず] 맞장구를 치며 잘 들음. 또는 그런 사람.
聞(き)書き[ききがき] 듣고 쓴 기록.
聞き所[ききどころ] 들을 만한 부분.
聞き損ない[ききそこない] ①잘못 들음. ②빠뜨리고 못 들음.
聞き損なう[ききそこなう] 〈5他〉 ①잘못 듣다. ②빠뜨리고 못 듣다.
聞き手[ききて] ①듣는 사람. 듣는 쪽. ②(남의 이야기를) 잘 듣는 사람.
聞き悪い[ききにくい] 〈形〉 ①알아듣기 힘들다. ②질문하기 거북하다. ③듣기 거북하다.
聞(き)様[ききよう] ①듣기. 듣는 방법. ②묻기. 묻는 방법.
聞き役[ききやく] 듣는 입장.
聞き染める[ききしめる] 〈下1他〉 듣고 잊지 않다. 듣고 마음 속 깊이 간직하다.
聞き厭きる[ききあきる] 〈上1他〉 싫증나도록 듣다. 지겹게 듣다.
聞き誤り[ききあやまり] 잘못 들음.
聞き誤る[ききあやまる] 〈5他〉 잘못 듣다.
聞き外す[ききはずす] 〈5他〉 ①빠뜨리고 못 듣다. ②(듣는 도중에) 듣기를 그만두다.
聞き違い[ききちがい] 잘못 들음.
聞き違う[ききちがう] 〈5他〉 잘못 듣다.
聞き違える[ききちがえる] 〈下1他〉 잘못 듣다.
聞き応え[ききごたえ] 들을 만함. 들은 보람이 있음.
聞き耳[ききみみ] ①귀를 기울임. ② ≪古≫ 소문.
聞き入る[ききいる] 〈5自〉 귀담아 듣다. 열심히 듣다.
聞き入れ[ききいれ] (부탁을) 들어줌.
聞き入れる[ききいれる] 〈下1他〉 (부탁을) 들어주다. 받아주다.
聞(き)伝え[ききづたえ] 전해 들음.
聞き伝える[ききつたえる] 〈下1他〉 전해 듣다.
聞き済ます[ききすます] 〈5他〉 끝까지 다 듣다.
聞き酒[ききざけ] 시음(試飲)함. 술맛을 봄.
聞き做す[ききなす] 〈5他〉 듣고 그렇다고 생각하다.
聞き知る[ききしる] 〈5他〉 들어서 알다.
聞き質す[ききただす] 〈5他〉 캐묻다. 물어서 확인하다.
聞き澄ます[ききすます] 〈5他〉 귀담아 듣다.
聞き出す[ききだす] 〈5他〉 ①캐묻다. 탐문하다. ②듣기 시작하다.
1 **聞(き)取り**[ききとり] ①듣기. 히어링. ②사정을 들음.
聞(き)取り書[ききとりしょ] 조서. 청취서.
聞き取る[ききとる] 〈5他〉 ①알아듣다. ②청취하다.
聞き置く[ききおく] 〈5他〉 ①들어 두다. ②듣고 기억해 두다.
聞き蕩れる[ききとれる] 〈下1自〉 도취되어 듣다.
聞き怖じ[ききおじ] 듣기만 해도 무서움.
聞き飽きる[ききあきる] 〈上1他〉 너무 많이 들어 싫증나다.
聞き下手[ききべた] 듣는 태도가 서투름. 또는 그런 사람.
聞(き)合(わ)せ[ききあわせ] 문의. 조회.
聞き合わせる[ききあわせる] 〈下1他〉 문의하다. 조회하다.
聞き惚れる[ききほれる] 〈下1自〉 넋을 잃고 듣다. 도취되어 듣다.
3 ◉**聞こえる**[きこえる] 〈下1自〉 ①(소리가) 들리다. ②받아들여지다. 납득되다. 이해되다. ③알려지다.
聞こえ[きこえ] ①들림. 들리는 정도. ②평판. 소문. ③(남이) 듣는 느낌.
聞こえよがしに[きこえよがしに] 들어 보라는 듯이. 들으라는 듯이.
⊗**聞こす**[きこす] 〈4他〉≪古≫ ①들으시다. ②말씀하시다.
聞こし召す[きこしめす] 〈5他〉 ①(술을) 드시다. 잡수시다. ②≪古≫ 들으시다. ③≪古≫ 하시다. 다스리시다.

音読

聞達[ぶんたつ] 문달; 유명해짐. 출세함.
聞知[ぶんち] 문지; 들어서 앎.
聞香[ぶんこう] 문향; 향을 피워 감상함.
◑**前代未聞**[ぜんだいみもん], **聴聞会**[ちょうもんかい]

〔물〕

物 만물/물건 물

丿 𠂉 ⺧ 牛 牜 物 物 物

音 ◉ブツ ◉モツ
訓 ◉もの

訓読

4◉物[もの] ①(형태를 갖춘) 물건. 것. ②(막연한 대상의) 무엇. ③(추상적인) 것. 일. ④(무슨) 말. ⑤글. ⑥도리. 이치. 사리. ⑦(이렇다 할) 문제.

物さびる[ものさびる] 〈上1自〉 ①어딘지 쓸쓸한 느낌이 들다. ②고색(古色)이 창연하다.

物する[ものする] 〈サ変他〉≪古≫ ①(무엇인가를) 하다. ②글을 쓰다. 저술하다.

物の[ものの] ①대략. 약. ②고작. 기껏해야. 불과.

物覚え[ものおぼえ] ①기억. 기억력. ②사물을 배워 익힘.

物干し[ものほし] 빨래를 말림.

物乞い[ものごい] ①구걸. 동냥. ②거지.

物見[ものみ] ①구경. 관광. ②망루(望楼). ③파수. 경비. 척후. ④밖을 살피는 작은 구멍.

物見高い[ものみだかい] 〈形〉 호기심이 많다. 구경을 좋아하다.

物見櫓[ものみやぐら] 망루(望楼).

物見番[ものみばん] 파수병. 보초병.

物見遊山[ものみゆさん] 유람(遊覧). 관광.

物見車[ものみぐるま] (平安(へいあん) 시대에) 귀족이 축제를 구경할 때에 탔던 牛車(ぎっしゃ).

物の見事に[もののみごとに] 정말 멋지게. 훌륭하게.

物驚き[ものおどろき] 뭔가에 잘 놀람.

物恐ろしい[ものおそろしい] 〈形〉 왠지 두렵다. 으스스하다.

物慣れる[ものなれる] 〈下1自〉 익숙해지다. 숙달되다.

物狂い[ものぐるい] ①광기(狂気). 미치광이. ②(能(のう)에서) 주인공이 잠시 흥분 상태에 빠지는 장면.

物狂おしい[ものぐるおしい] 〈形〉 미친 듯하다. 미칠 것 같다. 광적(狂的)이다.

物の怪[もののけ] 사람을 괴롭히는 귀신.

物の具[もののぐ] ①가구류와 일용품 도구. ②갑옷. 무기.

物の気[もののけ] 사람을 괴롭히는 귀신.

物忌み[ものいみ] 재계(斎戒)함. 부정 탄다고 어떤 것을 꺼리어 기피함.

物断ち[ものだち] 신불(神仏)에게 기원하기 위해 일정 기간 단식(断食)함.

物頭[ものがしら] 우두머리. 두목.

物淋しい[ものさびしい] 〈形〉 왠지 쓸쓸하다. 적적하다. 허전하다.

物忘れ[ものわすれ] 건망증.

物売り[ものうり] 행상(行商).

物問いたげ[ものといたげ] 궁금하게 여김.

物問う[ものとう] 〈5他〉 ①물어보다. 질문하다. ②≪古≫ 점을 치다.

物物しい[ものものしい] 〈形〉 ①삼엄하다. ②어마어마하다. 거창하다.

物別れ[ものわかれ] 결렬(決裂)됨.

物病み[ものやみ] 병(病). 질병.

物の本[もののほん] 어떤 책. 그 방면의 책.

物分かり[ものわかり] 이해력. 이해심.

物悲しい[ものがなしい] 〈形〉 왠지 모르게 슬프다. 서글프다. 구슬프다.

2**物事**[ものごと] 세상사. 매사(毎事).

物思い[ものおもい] 근심. 수심(愁心).

物惜しみ[ものおしみ] 깍쟁이 짓. 인색함.

物羨み[ものうらやみ] 시새움. 시기.

物洗貝[ものあらがい] ≪貝≫ 명주우렁이.

物貰い[ものもらい] ①거지. ②다래끼.

物笑い[ものわらい] 웃음거리. 비웃음.

物騒がしい[ものさわがしい] 〈形〉 ①어쩐지 소란스럽다. 시끄럽다. ②뒤숭숭하다. 흉흉하다.

物数[ものかず] ①물건의 수효. ②말수.

物の数[もののかず] 특별히 내세울 만한 것. 문제 삼을 만한 대단한 것.

物申[ものもう] 이리 오너라! 이봐라!

物申す[ものもうす] 〈感〉 이리 오너라! 이봐라! 〈5自〉 ①말씀을 올리다. 고(告)하다. ②주장하다. 항의하다. ③신불(神仏)에게 기원할 때 축문으로 고(告)하다.

物心[ものごころ] (물정을 아는) 철. 분별.

物案じ[ものあんじ] 생각에 잠김.

物の哀れ[もののあわれ] 왠지 서글픔.

物揚(げ)場[ものあげば] (작은 배의) 화물 양륙장.

2**物語**[ものがたり] ①이야기. ②전설. 설화(説話). ③(허구의) 이야기. 소설.

2**物語る**[ものがたる] 〈5他〉 ①이야기하다. 말하다. ②웅변해 주다.

物言い[ものいい] ①말씨. 말투. ②언쟁. 말다툼. ③이의(異議). ④말을 잘하는 사람.
物影[ものかげ] 그림자. 모습.
物詣で[ものもうで] 참배함.
物要り[ものいり] 비용이 듦.
物腰[ものごし] (사람을 대하는) 태도.
物欲しい[ものほしい] 〈形〉 갖고 싶어 하다.
物欲しげ[ものほしげ] 갖고 싶어 함.
物欲しそう[ものほしそう] 갖고 싶어 함.
物越し[ものごし] (무엇인가의) 너머.
物柔らか[ものやわらか] 〈形動〉 온화함.
2物音[ものおと] (무엇인가의) 소리.
物陰[ものかげ] (어떤 물체의 뒤에) 가려서 보이지 않는 곳. 그늘.
物日[ものび] 축제일. 명절.
物入り[ものいり] 비용이 듦.
物自体[ものじたい] 사물 그 자체.
物争い[ものあらそい] 말다툼. 싸움.
物寂しい[ものさびしい] 〈形〉 왠지 쓸쓸하다.
物寂びる[ものさびる] 〈上1自〉 ①왠지 쓸쓸하고 허전한 느낌이 들다. ②고색(古色)이 창연하다.
物静か[ものしずか] 〈形動〉 ①조용함. 고요함. ②차분함. 침착함.
1物足りない[ものたりない] 〈形〉 뭔가 아쉽다.
物種[ものだね] ①(사물의 근본이 되는) 제일의 것. ②초목의 씨.
物指し[ものさし] ①자. 잣대. ②(평가의) 척도. 기준.
物持ち[ものもち] ①재산가. 부자. ②물건을 소중하게 오래 씀.
物知らず[ものしらず] 세상 물정을 모름.
物知り[ものしり] 박식함. 박식한 사람.
物知り顔[ものしりがお] 잘 아는 체하는 얼굴.
物尽くし[ものづくし] (비슷한 종류의 것을) 전부 열거함.
物珍しい[ものめずらしい] 〈形〉 신기하다. 희한하다. 진귀하다.
物真似[ものまね] 흉내.
2物差し[ものさし] ①자. 잣대. ②(평가의) 척도. 기준.
物参り[ものまいり] 참배(参拝).
2物凄い[ものすごい] 〈形〉 ①끔찍하다. 매우 무섭다. ②굉장하다. 대단하다.
物凄まじい[ものすさまじい] 〈形〉 ①무시무시하다. ②(기세가) 대단하다. 굉장하다. 세차다.
物臭[ものぐさ] 게으름. 게으름뱅이.
物臭い[ものぐさい] 〈形〉 성가시다. 번거롭고 귀찮다.
物取り[ものとり] 도둑. 도둑질.
2物置[ものおき] 광. 곳간. 헛간.
物の弾み[もののはずみ] 사소한 계기.
物怖じ[ものおじ] 겁을 먹음.
物学び[ものまなび] 사물을 배움.
物合(わ)せ[ものあわせ] 두 편이 내놓은 것을 비교하여 우열을 가리는 놀이.
1物好き[ものずき] ①호기심. ②색다른 것을 좋아함.
物好み[ものごのみ] 가리기를 좋아함.
物懐かしい[ものなつかしい] 〈形〉 어쩐지 그립다.

音読

2物価[ぶっか] 물가; 물건값.
物件[ぶっけん] 물건; 물품.
物界[ぶっかい] 물계; 물질세계.
物故[ぶっこ] 물고; 사망함. 죽음.
物故者[ぶっこしゃ] 사망자. 죽은 사람.
物怪[もっけ] 의외. 뜻밖.
物交[ぶっこう] '物物交換'의 준말.
物権[ぶっけん] ≪法≫ 물권.
物納[ぶつのう] 물납; 조세 등을 물품으로 바침.
物量[ぶつりょう] 물량; 물건의 분량.
物療[ぶつりょう] '物理療法'의 준말.
物流[ぶつりゅう] 물류; 물품의 유통.
2物理[ぶつり] 물리; ①사물의 이치. ②'物理学'의 준말.
物物交換[ぶつぶつこうかん] 물물 교환.
物産[ぶっさん] 물산; 토산물.
物上[ぶつじょう] 물상; 물건·재산에 관한 것.
物相[もっそう] 물상; 1인분용 밥그릇.
物相飯[もっそうめし] ①1인분용 밥그릇. ②감옥의 밥. 콩밥.
物象[ぶっしょう] 물상; ①물리·화학의 총칭. ②물건의 형상.
物色[ぶっしょく] 물색; 쓸 만한 것을 찾아 고름
物色買い[ぶっしょくがい] 유망주(有望株)를 물색하여 매입함.
物性[ぶっせい] 물성; 물건의 성질.
物税[ぶつぜい] 물세; 대물세(対物税).
2物騒[ぶっそう] 뒤숭숭한. 겁이 남.
物神崇拝[ぶっしんすうはい] 물신 숭배.
物我[ぶつが] 물아; 주체와 객체.
物外[ぶつがい] 물외; ①물질계 이외의 세계. ②속세를 떠난 세계.

物欲[ぶつよく] 물욕; 탐내는 마음.
[1]**物議**[ぶつぎ] 물의; 뭇사람의 평판·논의.
[1]**物資**[ぶっし] 물자; 물품.
物的[ぶってき] 물적; 물질적.
物情[ぶつじょう] 물정; 인심(人心).
物証[ぶっしょう] 물증; 물적 증거.
[2]**物質**[ぶっしつ] 물질; 물건의 본바탕.
[1]**物体❶**[ぶったい] 물체; 물건의 형체.
物体❷[もったい] 거드름.
[2]**物体無い**[もったいない] 〈形〉 ①아깝다. ②황공하다. 과분하다. ③죄스럽다. 불경스럽다.
物体振る[もったいぶる] 〈5自〉 거드름피우다. 대단한 체하다.
物品[ぶっぴん] 물품; 물건.
物活論[ぶっかつろん] ≪哲≫ 물활론.

勿 금할 물	音 ⊗ブツ/モチ 訓 ⊗なかれ

訓読

⊗**勿れ**[なかれ] (동작의 금지에 쓰이는 말로 …하지 마라. …말지어다. ¶騒(さわ)ぐ~ 떠들지 마라. ¶驚(おどろ)く~놀라지 말지어다.
勿忘草[★わすれなぐさ] ≪植≫ 물망초.

音読

勿怪[もっけ] 의외(意外). 뜻밖.
[3]**勿論**[もちろん] 물론; 말할 것도 없이.
勿体[もったい] 거드름.
[2]**勿体無い**[もったいない] 〈形〉 ①아깝다. ②황공하다. 과분하다. ③죄스럽다. 불경스럽다.
勿体振る[もったいぶる] 〈5自〉 거드름피우다. 대단한 체하다.

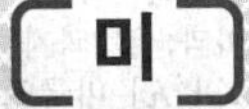

未 아닐 미

一 二 キ 才 未

音 ◉ミ ⊗ビ
訓 ⊗ひつじ ⊗まだ ⊗いまだ

訓読

⊗**未**[ひつじ] 미; ①12지(支)의 여덟 번째. ②미시(未時). 오후 1시부터 3시 사이. ③미방(未方). 남남서(南南西). ④≪俗≫양(羊).
未申[ひつじさる] 서남쪽.
未草[ひつじぐさ] ≪植≫ 수련. *오후 2시경에 꽃이 핀다는 데서 생겨난 말임.
[4]⊗**未だ❶**[まだ] ①아직. 아직도. 여태껏. ②지금까지도. 계속해서. ③더욱. 또.
⊗**未だ❷**[いまだ] 아직. 아직도.
未だし[まだし/いまだし] 미숙하다. 시기상조이다.
未だしも[まだしも] 미숙하지만. 그런대로.
未だに[いまだに] 아직껏. 아직까지도.
未だ未だ[まだまだ] 아직. 아직도.

音読

未刊[みかん] 미간; 아직 발간하지 않음.
未墾[みこん] 미간; 미개간(未開墾).
[1]**未開**[みかい] 미개; ①미개봉(未開封). ②아직 꽃이 피지 않음. ③미개화. ④미개척.
未見[みけん] 미견; ①아직 보지 못함. ②아직 만나보지 못함.
未決[みけつ] 미결; ①미해결. ②≪法≫ 판결이 나지 않음.
未決算[みけっさん] 미결산; 아직 결산이 나지 않음.
未決済[みけっさい] 미결제; 아직 결제가 나지 않음.
未経験[みけいけん] 미경험; 아직 경험하지 않음.
未納[みのう] 미납; 아직 납부하지 않음.
未踏[みとう] 미답; 아직 아무도 발을 들여놓지 않음.
未到[みとう] 미도; 아직 아무도 이르지 않음.
[2]**未来**[みらい] 미래; ①장래. 앞날. ②후세.
[1]**未練**[みれん] 미련; ①미숙. ②아쉬움.
未練がましい[みれんがましい] 〈形〉 아쉬워하다. 연연해하다.
未練未酌がない[みれんみしゃくがない] 〈形〉 인정사정이 없다.
未練者[みれんもの] 미련을 못 버리는 사람.
未了[みりょう] 미료; 아직 덜 끝남.
[2]**未満**[みまん] 미만; 정한 수에 미달함.
未亡人[みぼうじん] 미망인; 과부(寡婦).
未明[みめい] 미명; 새벽.
未聞[みもん] 미문; 아직 듣지 못함.
未発[みはつ] 미발; ①미연(未然). ②아직 발명·발견·발표되지 않음.
未発表[みはっぴょう] 미발표; 아직 발표하지 않음.
未配[みはい] '未配給·未配当'의 준말.
未配給[みはいきゅう] 미배급; 아직 배급하지 않음.

未配当[みはいとう] 미배당; 아직 배당하지 않음.
未分化[みぶんか] 미분화; 아직 분화하지 않음.
未払い[みはらい] 미불; 아직 지불하지 않음.
未詳[みしょう] 미상; 상세하지 않음.
未成年者[みせいねんしゃ] 미성년자.
未成品[みせいひん] 미완성품.
未収[みしゅう] 미수; 아직 거두지 않음.
未遂[みすい] 미수; 아직 이루지 못함.
1未熟[みじゅく] 미숙; ①(과일이) 덜 익음. ②서투름.
未熟児[みじゅくじ] 미숙아; 발육이 충분치 않은 아이.
未熟者[みじゅくもの] 미숙한 사람.
未習[みしゅう] 미습; 아직 배우지 않음.
未信者[みしんじゃ] 미신자; (종교를) 아직 믿지 않는 사람.
未然[みぜん] 미연; 사전(事前).
未然形[みぜんけい] ≪語学≫ 미연형.
未完[みかん] 미완; 미완성.
未完成[みかんせい] 미완성.
1未定[みてい] 미정; 아직 정하지 않음.
未定稿[みていこう] 미완성 원고.
未済[みさい] 미제; 아직 끝나지 않음.
未製品[みせいひん] 미제품; 미완성품.
未曾有[みぞう] 미증유; 역사상 처음임.
1未知[みち] 미지; 아직 모름.
未確認[みかくにん] 미확인; 아직 확인하지 않음.
未確定[みかくてい] 미확정; 아직 확정하지 않음.
未着[みちゃく] 미착; 아직 도착되지 않음.
未解決[みかいけつ] 미해결; 아직 해결되지 않음.
1未婚[みこん] 미혼; 아직 결혼하지 않음.

米 쌀/미터 미

丶 丷 䒑 半 米 米

音 ◉ベイ ◉マイ
訓 ◉こめ ⊗よね

訓読

3◉米❶[こめ] ①쌀. ②쌀농사.
⊗米❷[よね] ① ≪古≫ 쌀. ②미수(米寿). 88세. 여든 여덟 살. ❸[べい] ☞ [音読]
米かし[こめかし] ≪古≫ 쌀 씻기.
米糠[こめぬか] 쌀겨.
米櫃[こめびつ] ①뒤주. 쌀통. ② ≪俗≫ 생활비를 벌어들이는 사람.
米代[こめだい] ①쌀값. ②생활비.
米搗き[こめつき] ①도정(搗精). 쌀 찧기. ②도정업자(搗精業者).
米粒[こめつぶ] 쌀알.
米の飯[こめのめし] 쌀밥.
米の粉[こめのこ] 쌀가루.
米相場[こめそうば] ①쌀 시세. ②쌀 거래 시장. ③미두(米豆). 현물 없이 쌀을 거래함.
米所[こめどころ] 곡창 지대. 쌀 고장.
米騒動[こめそうどう] 쌀 소동. 쌀 폭등.
米食(い)虫[こめくいむし] ① ≪虫≫ 쌀벌레. 바구미. ②식충이. 밥벌레.
米研(ぎ)[こめとぎ] 쌀 씻기.
米屋[こめや] 쌀가게. 쌀 집.
米油[こめあぶら] 겨기름.
米刺(し)[こめさし] 색대. 가마니 속의 쌀을 찔러 빼내어 보는 연장.
米蔵[こめぐら] 쌀 곳간. 쌀 창고.
米沢織[よねざわおり] 山形県(やまがたけん) 米沢(こめざわ) 지방에서 생산되는 견직물.
米沢紬[よねざわつむぎ] 山形県(やまがたけん) 米沢(こめざわ) 지방에서 생산되는 명주.
米偏[こめへん] 쌀미변. *한자(漢字) 부수의 하나로 '粉・精' 등의 '米' 부분을 말함.
米俵[こめだわら] 쌀가마니.

音読

米❶[べい] ①미국. 아메리카. ②미터. ❷[こめ/よね] ☞ [訓読]
米トン[べいトン] 미국 톤. 쇼트 톤.
米価[べいか] 미가; 쌀값.
米穀[べいこく] 미곡; 곡물.
米菓[べいか] 미과; 쌀 과자.
米国人[べいこくじん] 미국인.
米軍[べいぐん] 미군; 미국 군인.
米利堅粉[メリケンこ] 밀가루.
米麦[べいばく] 미맥; 쌀과 보리. 곡물.
米綿[べいめん] 미국산 면화.
米飯[べいはん] 미반; 쌀밥.
米紛[べいふん] 미분; 쌀가루.
米産[べいさん] 쌀의 생산.
米産地[べいさんち] 쌀 생산지.
米商[べいしょう] 미상; 미곡상. 쌀가게.
米松[べいまつ] ≪植≫ 미송(美松).
米収高[べいしゅうだか] 쌀 수확.

米寿[べいじゅ] 미수; 88세.
米食[べいしょく] 미식; 쌀을 주식으로 함.
米塩[べいえん] 미염; 쌀과 소금.
米人[べいじん] 미국인. 미국 사람.
米作[べいさく] 미작; 벼농사.
米材[べいざい] 미국산 재목.
米銭[べいせん] 미전; ①쌀과 돈. ②쌀값. 생활비.
米紙[べいし] 미지; 미국 신문.
米誌[べいし] 미지; 미국 잡지.
米貨[べいか] 미화; 달러.
◑白米[はくまい], 新米[しんまい], 玄米[げんまい]

尾 꼬리 미

ㄱ ㅋ 尸 尸 尸 尾 尾

音 ◉ビ
訓 ◉お

訓読

[1]◉尾[お] ①(동물의) 꼬리. ②꼬리 모양의 것. ③길게 뻗은 산기슭.
尾鰭❶[おひれ] (물고기의) 꼬리와 지느러미. ❷[おびれ] 꼬리지느러미.
尾根[おね] 산등성이. 능선.
尾頭[おかしら] 생선의 꼬리와 머리.
尾頭付(き)[おかしらつき] (머리와 꼬리가 달린) 통째로 구운 생선.
尾籠❶[おこ] 바보스러움. 바보. 어리석음. ❷[びろう] ①실례. 무례. ②(이야기 내용이) 더러움. 불결함. 지저분함.
尾の上[おのえ] 산꼭대기. 정상.
尾羽[おは] 새의 꽁지와 깃.
尾長[おなが] ≪鳥≫ 물까치.
尾長鶏[おながどり] ≪鳥≫ 긴꼬리닭.
尾長鴨[おながも] ≪鳥≫ 긴꼬리오리.
尾長揚羽[おながあげは] ≪虫≫ 긴꼬리제비나비.
尾長猿[おながざる] ≪動≫ 긴꼬리원숭이.
尾長雉[おながきじ] ≪鳥≫ 긴꼬리꿩.
尾花[おばな] ≪植≫ 참억새. 참억새꽃.

音読

尾骨[びこつ] ≪生理≫ 미골; 꼬리뼈.
尾大[びだい] 미대; 머리보다 꼬리가 큼.
尾灯[びとう] 미등; 자동차의 뒤에 단 위험 표시의 등불.
尾翼[びよく] 미익; 비행기 동체 뒤에 달린 수평 날개.
尾錠[びじょう] 혁대의 버클.
尾行[びこう] 미행; 몰래 뒤따름.

味 맛 미

丨 ㄇ ㅁ 口 口 吽 味 味

音 ◉ミ
訓 ◉あじ ◉あじわう

訓読

[3]◉味[あじ] ①(음식의) 맛. ②묘미. 멋. 운치. 재미. ③(체험으로 얻은) 맛. ④〈形動〉 멋있음. 근사함. 신통함. 재치 있음.
[2]◉味わう[あじわう] 〈5他〉 ①(음식을) 맛보다. ②음미하다. 감상하다. ③체험하다.
[1]味わい[あじわい] ①(음식의) 맛. 맛깔. ②(사물이 풍기는) 정취. 멋. 운치.
味加減[あじかげん] 맛. 맛내기. 간.
味見[あじみ] 맛을 봄. 간을 봄.
味気無い[あじきない/あじけない] 〈形〉 무미건조하다. 따분하다. 멋이 없다. 재미가 없다.
味付け[あじつけ] (양념하여) 맛을 냄. 간 맞추기.
味付け飯[あじつけめし] 양념한 밥.
味付け海苔[あじつけのり] 맛김.

音読

[1]味覚[みかく] 미각; 혀로 맛본 감각.
味到[みとう] 잘 맛봄. 충분히 음미함.
味読[みどく] 잘 음미하여 읽음.
味得[みとく] 잘 음미하여 터득함.
味盲[みもう] 미맹; 맛을 느끼지 못함.
[2]味方[みかた] ①아군(我軍). 자기편. ②편듦. 가세함.
[3]味噌[みそ] ①된장. 장. ②특색. 자랑거리.
味噌漉し[みそこし] 된장을 거르는 소쿠리.
味噌豆[みそまめ] ①삶은 메주콩. ②메주콩.
味噌糞[みそくそ] 엉망진창임.
味噌蔵[みそぐら] 된장 곳간.
味噌汁[みそしる] 된장국.
味噌漬け[みそづけ] 된장에 절임.
味噌っ歯[みそっぱ] 어린이의 충치.
味噌和え[みそあえ] 된장 무침.
味解[みかい] 미해; (문장의) 깊은 뜻을 곰곰이 생각함.

美 아름다울 미

丶 丷 䒑 兰 兰 羊 兰 美 美

音 ◉ビ ⊗ミ
訓 ◉うつくしい ⊗いしくも

訓読

3◉美しい [うつくしい] 〈形〉 ①아름답다. 곱다. 예쁘다. ②(정신적인 면에서) 곱다. 기특하다.
⊗美しくも[いしくも] 기특하게도. 갸륵하게도.
⊗美味い[★うまい] 〈形〉 맛있다. ＊남성 용어임.
4⊗美味しい[★おいしい] 〈形〉 맛있다.
⊗美人局[★つつもたせ] 미인계(美人計). 미인계로 금품을 갈취함.

音読

1美[び] 미; ①아름다움. ②훌륭함.
美感[びかん] 미감; 미적(美的) 감각.
美挙[びきょ] 미거; 선행(善行).
美観[びかん] 미관; 훌륭한 경치.
美技[びぎ] 미기; 멋진 연기.
美男[びなん] 미남; 미남자.
美男子[びだんし] 미남자. 미남.
美女[びじょ] 미녀; 미인(美人).
美濃[みの] ①옛 지명의 하나로 지금의 岐阜県(ぎふけん) 남부. ②'美濃絹'의 준말.
美濃絹[みのぎぬ] 岐阜県(ぎふけん) 美濃(みの) 지방에서 생산되는 견직물.
美濃柿[みのがき] 감 품종의 한 종류.
美濃紙[みのがみ] 미농지.
美濃判[みのばん] 미농지 크기. ＊약 273㎜×394㎜
美談[びだん] 미담; 갸륵한 이야기.
美徳[びとく] 미덕; 갸륵한 덕행.
美麗[びれい] 미려; 아름다움.
美名[びめい] 미명; ①명성. 좋은 평판. ②그럴 듯한 명목.
美貌[びぼう] 미모; 아름다운 용모.
美妙[びみょう] 미묘; 형언할 수 없이 아름다움.
美文[びぶん] 미문; 아름다운 문장.
美味[びみ] 미미; 맛있음.
美髪[びはつ] 미발; 아름다운 머리.
美辞麗句[びじれいく] 미사여구.
美声[びせい] 미성; 고운 목소리.
美少女[びしょうじょ] 미소녀.
美少年[びしょうねん] 미소년.
美俗[びぞく] 미속; 아름다운 풍속.
3美術館[びじゅつかん] 미술관.
美食[びしょく] 미식; 맛있는 음식.
美神[びしん] 미신; 미의 신. 비너스.
美心[びしん] 미심; 고운 마음씨.
美顔[びがん] 미안; 얼굴을 예쁘게 함.
2美容[びよう] 미용; ①예쁜 용모. ②얼굴을 아름답게 함.
2美容院[びよういん] 미장원(美粧院).
美意識[びいしき] 미의식; 미에 대한 의식.
2美人[びじん] 미인; 미녀(美女).
美丈夫[びじょうふ] 미장부; 미남(美男).
美田[びでん] 미전; 옥답(沃畓).
美点[びてん] 미점; 장점(長点).
美酒[びしゅ] 미주; 좋은 술.
美質[びしつ] 미질; 좋은 성품.
美醜[びしゅう] 미추; 아름다움과 추함.
美称[びしょう] 미칭; 아름다운 칭호.
美風[びふう] 미풍; 아름다운 풍속.
美学[びがく] 미학; 미의 본질과 구조를 연구하는 학문.
美形[びけい] 미형; ①예쁜 용모. ②미인. ③기생.
美化[びか] 미화; 아름답게 만듦.
美姫[びき] 미희; 미인. 미녀(美女).

迷(迷) 미혹할/헤맬 미

丶 丷 䒑 半 米 米 米 迷 迷

音 ◉メイ
訓 ◉まよう ◉まよわす

訓読

2◉迷う[まよう] 〈5自〉 ①(길을) 잃다. 헤매다. ②망설이다. 갈피를 못 잡다. ③유혹되다. 눈이 어두워지다. ④깨닫지 못하다. ⑤ ≪仏≫ 성불(成仏)하지 못하고 헤매다.
迷い[まよい] ①망설임. ②망상. ③ ≪仏≫도를 깨닫지 못함.
◉迷わす[まよわす] 〈5他〉 미혹하다. 헷갈리게 하다. 현혹시키다.

音読

迷宮[めいきゅう] 미궁; 나올 길을 찾을 수 없는 궁전.
迷宮入り[めいきゅういり] 미궁에 빠짐.
迷乱[めいらん] 미란; (마음속의) 미혹.

迷路[めいろ] 미로; ①한번 들어가면 출입구를 알 수 없는 홀림길. ②'内耳(ないじ)'의 딴이름.
迷妄[めいもう] 미망; 사리에 어두움.
迷夢[めいむ] 미몽; 얼떨떨한 정신 상태.
迷霧[めいむ] 미무; ①방향을 알 수 없는 짙은 안개. ②갈피를 잡을 수 없는 마음.
迷想[めいそう] 미상; 헷갈리는 생각.
2迷信[めいしん] 미신; 종교적·과학적인 근거가 없이 사회생활에 지장을 초래하는 신앙.
2迷子[★まいご] 미아(迷児). 길 잃은 아이.
迷子札[★まいごふだ] 미아(迷児) 방지용 어린이 이름표.
迷走神経[めいそうしんけい] 《生理》 미주신경.
迷執[めいしゅう] 미집; 사물에 집착함.
迷彩[めいさい] 미채; 위장술(偽装術).
迷彩服[めいさいふく] 위장복(偽装服).
迷眩[めいげん] 미현; 눈이 어지럽고 캄캄함.
2迷惑[めいわく] 귀찮음. 성가심. 폐.
迷惑至極[めいわくしごく] 몹시 귀찮음. 귀찮기 짝이 없음.

微(微) 작을/희미할 미

彳 彳' 彳' 彳'' 彳' 彳" 微 微 微 微

音 ◉ビ ⊗ミ
訓 ⊗かすか

訓読

1⊗微か[かすか] 〈形動〉 ①희미함. 아련함. 흐릿함. 어렴풋함. ②미미함. ③초라함. 보잘것없음.
微笑ましい[★ほほえましい] 〈形〉 흐뭇하다.
微笑み[★ほほえみ] 미소.
2微笑む[★ほほえむ] 〈5自〉 ①미소 짓다. ②꽃망울이 벌어지다.
微睡み[★まどろみ] 잠시 졺. 풋잠.
微睡む[★まどろむ] 〈5自〉 잠시 졸다. 깜박졸다.
微酔い[★ほろよい] 얼근하게 취함. 거나함.

音読

微[び] 미; ①미미함. 희미함. ②아주 작음. 미세(微細)함.
微光[びこう] 미광; 희미한 빛.
微動[びどう] 미동; 약간 움직임.
1微量[びりょう] 미량; 극소량(極少量).
微力[びりょく] 미력; ①힘이 약함. 힘이 모자람. ②'자기 힘'의 겸양어.
微禄[びろく] 미록; ①박봉(薄俸). ②몰락(没落)함.
微粒子[びりゅうし] 미립자; (맨눈으로 보기 힘든) 매우 미세한 입자.
2微妙[びみょう] 미묘; 간단하게 표현하기 곤란한 상태.
微微[びび] 미미; 보잘것없이 작거나 희미함.
微分[びぶん] 《数》 미분.
微生物[びせいぶつ] 미생물; 박테리아.
微細[びさい] 미세; ①가늘고 작음. ②미천함.
微小[びしょう] 미소; 매우 작음.
微少[びしょう] 미소; 매우 적음.
1微笑[びしょう] 미소; 엷은 웃음.
微睡[びすい] 미수; 풋잠.
微弱[びじゃく] 미약; 가냘프고 약함.
微熱[びねつ] 미열; 가냘프고 약한 열.
微温[びおん] 미온; 미지근함.
微温湯[びおんとう/ぬるまゆ] 미온탕; ①미지근한 물. ②미지근한 목욕물.
微雨[びう] 미우; 가랑비. 보슬비.
微音[びおん] 미음; 작은 소리.
微積分[びせきぶん] 《数》 미적분.
微罪[びざい] 미죄; 가벼운 죄.
微塵[みじん] 미진; ①티끌. 작은 먼지. ②아주 작게 조각이 남.
微塵棒[みじんぼう] 꽈배기과자.
微塵粉[みじんこ] 찹쌀미숫가루.
微塵水蚤[みじんこ] 《虫》 물벼룩.
微塵子[みじんこ] 《虫》 물벼룩.
微塵切り[みじんぎり] 채소를 아주 잘게 썲.
微震[びしん] 미진; 진도 1의 지진.
微賤[びせん] 미천; 보잘것없고 천함.
微風[びふう] 미풍; 산들바람.
微行[びこう] 미행; 변장하여 몰래 감.

眉 눈썹 미

音 ⊗ビ ⊗ミ
訓 ⊗まゆ

訓読

1⊗眉[まゆ] ①눈썹. ②눈썹을 그리는 먹.
眉尻[まゆじり] 눈썹 꼬리. 눈썹 끝.
眉根[まゆね] 얼굴 중앙 쪽의 눈썹 끝.
眉毛[まゆげ] 눈썹.
眉墨[まゆずみ] 눈썹을 그리는 먹.
眉刷毛[まゆはけ] (화장 후에) 눈썹을 터는 솔.
眉唾物[まゆつばもの] 미심쩍음. 수상쩍음.

音読

眉間[みけん] 미간; 눈썹과 눈썹 사이.
眉目[びもく] 미목; ①눈썹과 눈. ②용모.
眉庇[まびさし] 차양(遮陽).
眉雪[びせつ] 미설; 눈처럼 하얀 눈썹.
眉宇[びう] 미우; 눈썹 언저리.
眉尖刀[びせんとう] 언월도(偃月刀).

弥(彌) 두루 미	音 ⊗ビ ⊗ミ 訓 ⊗いや ⊗や

訓読

⊗弥生[やよい] '음력 3월'의 딴이름.
弥生式時代[やよいしきじだい] 2세기경부터 계속된 일본의 농경문화 시대.
弥生式土器[やよいしきどき] 일본의 弥生(やよい) 시대에 사용된 토기(土器).
弥蔵[やぞう] ≪俗≫ 양손을 품속에 넣어 주먹을 불끈 쥐고 어깨를 추켜올린 모습.
弥増さる[いやまさる] 〈5自〉 점점 심해지다. 점점 더해지다.
弥増しに[いやましに] 점점 더. 더욱더.
弥増す[いやます] 〈5自〉 자꾸 더해지다. 점점 심해지다.
弥次[やじ] ①'弥次馬(やじうま)'의 준말. ②야유. 야유하는 말.
弥次郎兵衛[やじろべえ] 양팔을 벌린 오뚝이 인형.
弥次馬[やじうま] (자기와 관계없는 일에) 덩달아 나섬. 호기심 많은 구경꾼.
弥次馬根性[やじうまこんじょう] 호기심 많은 근성.

音読

弥久[びきゅう] 미구; 오래 걸림.
弥勒菩薩[みろくぼさつ] 미륵보살.
弥漫[びまん] 미만; 널리 퍼져 가득 참. 만연(蔓延)됨.
弥縫[びほう] 미봉; 임시변통.
弥撒[ミサ] ≪天主教≫ 미사.
弥陀[みだ] '아미타(阿弥陀)'의 준말.

梶 나무끝 미	音 ⊗ビ 訓 ⊗かじ

訓読

⊗梶[かじ] 수레의 채.
梶の木[かじのき] ≪植≫ 꾸지나무.
梶棒[かじぼう] (수레의) 채. 끌채.

媚 아첨할 미	音 ⊗ビ 訓 ⊗こびる

訓読

⊗媚びる[こびる] 〈上1自〉 ①(여자가) 아양 떨다. ②아첨하다. 알랑거리다.
媚び[こび] ①아양. 교태(嬌態). ②아첨. 알랑거림.
媚び諂う[こびへつらう] 〈5自〉 아첨하다. 알랑거리다.

音読

媚笑[びしょう] 미소; 아양 떠는 웃음.
媚態[びたい] 미태; 교태. 아양.

謎 ×(謎) 수수께끼 미	音 ⊗メイ 訓 ⊗なぞ

訓読

2⊗謎[なぞ] ①수수께끼. 불가사의. 신비. ②암시. 에둘러 말하여 깨닫게 함.
謎めく[なぞめく] 〈5自〉 수수께끼 같다. 수수께끼처럼 알 수 없다.
謎掛け[なぞかけ] 수수께끼를 냄.
2謎謎[なぞなぞ] 수수께끼놀이.
謎解(き)[なぞとき] 수수께끼를 풂.

靡 쓰러질 미	音 ⊗ビ 訓 ⊗なびかす ⊗なびく

訓読

⊗靡かす[なびかす] 〈5他〉 ①(바람에) 나부끼게 하다. ②복종하게 하다. 따르게 하다.
⊗靡く[なびく] 〈5自〉 ①(바람에) 나부끼다. ②복종하다. 따르다. ③(여자가 남자한테) 마음이 쏠리다.

音読

靡然[びぜん] 미연; 순순히 복종하며 따름.

黴 곰팡이 미	音 ⊗バイ 訓 ⊗かび

訓読

2⊗黴[かび] 곰팡이.
黴る[かびる] 〈上1自〉 ①곰팡이 슬다. 곰팡이 피다. ②시대에 뒤떨어지다. 뒤지다.
黴臭い[かびくさい] 〈形〉 ①곰팡내가 나다. ②케케묵다. 진부하다.

音読

1黴菌[ばいきん] 미균; 박테리아. 세균.

〔민〕

民 백성 민

ㄱ ㄱ ㄹ ㄹ 民

音 ◉ミン
訓 ◉たみ

訓読

◉民❶[たみ] ①백성. 국민. ②신민(臣民). ③(하느님의 종으로서의) 백성. ❷[みん] ☞ [音読]

民草[たみくさ/たみぐさ] 민초; 백성. 국민.

音読

民❶[みん] 민; 민간인. ❷[たみ] ☞ [訓読]

民家[みんか] 민가; 일반 백성의 집.

2民間[みんかん] 민간; 일반 국민의 사회.

民具[みんぐ] 민구; 민간에 전승되어 사용하는 도구류.

民権[みんけん] 민권; 국민의 권리.

民団[みんだん] 민단; '居留民団'의 준말.

民譚[みんだん] 민담; 민간 설화.

民度[みんど] 민도; 백성의 문화 수준.

民力[みんりょく] 민력; 국민의 경제력.

民望[みんぼう] 민망; ①국민의 희망. ②인망(人望).

民泊[みんぱく] 민박; 민숙(民宿).

民放[みんぽう] 민방; '民間放送'의 준말.

民法[みんぽう] 민법; 개인에 관한 일반법.

民兵[みんぺい] 민병; 민간인 병사.

民本主義[みんぽんしゅぎ] 민본주의; 민주주의.

民事[みんじ] 민사; 일반 국민에 관한 일.

民生[みんせい] 민생; 국민의 생활.

民選[みんせん] 민선; 국민이 선출함.

民設[みんせつ] 민설; 민간인 설립.

民訴[みんそ] 민소; '民事訴訟'의 준말.

1民俗[みんぞく] 민속; 민간의 풍속.

民数記[みんすうき] (성경의) 민수기.

民需[みんじゅ] 민수; 민간의 수요.

1民宿[みんしゅく] 민숙; 민박(民泊).

民心[みんしん] 민심; 국민의 마음.

民約説[みんやくせつ] 민약설; 사회 계약설.

民業[みんぎょう] 민업; 민영 사업.

民営[みんえい] 민영; 민간인의 경영.

民芸品[みんげいひん] 민예품; 민족 고유의 공예품.

2民謡[みんよう] 민요; 향토색이 짙은 가요.

民有[みんゆう] 민유; 민간 소유.

民意[みんい] 민의; 국민의 의사.

民政[みんせい] 민정; 국민에 의한 정치.

民情[みんじょう] 민정; 국민의 생활 형편.

1民族[みんぞく] 민족; 동일 지역의 인간 집단.

2民主主義[みんしゅしゅぎ] 민주주의.

民衆[みんしゅう] 민중; 대중(大衆).

民衆駅[みんしゅうえき] 민자역(民資駅).

民地[みんち] 민지; '民有地'의 준말.

民話[みんわ] 민화; 민간 설화(説話).

敏(敏) 민첩할 민

ノ ㇒ 仁 句 毎 毎 毎 毎 敏 敏

音 ◉ビン
訓 ⊗さとい

訓読

⊗敏い[さとい] 〈形〉 ①재빠르다. 민첩하다. 민감하다. 예민하다. ②총명하다.

音読

敏[びん] 민첩함. 날램.

1敏感[びんかん] 민감; 예민함.

敏速[びんそく] 민속; 재빠름.

敏腕[びんわん] 민완; 일을 잘 처리하는 솜씨.

敏捷[びんしょう] 민첩; 재빠름.

敏活[びんかつ] 민활; 재빠르게 행동함.

罠 올가미 민

音 ⊗ミン
訓 ⊗わな

訓読

⊗罠[わな] ①덫. 올무. 올가미. ¶～にかかる 덫에 걸리다. ②함정. 계략. 술책. ¶～に落(お)とす 함정에 빠뜨리다.

悶 번민할 민

音 ⊗モン
訓 ⊗もだえる

訓読

⊗悶える[もだえる] 〈下1自〉 ①고민하다. 번민하다. 몹시 괴로워하다. ②(고통 등으로) 몸부림치다.

悶え[もだえ] 고민. 번민. 괴로움.

悶え死に[もだえじに] 괴로워하다가 죽음.

音読

悶悶[もんもん] 몸부림치며 괴로워함.

悶死[もんし] 고민하다 죽음.
悶絶[もんぜつ] 괴로워 기절함.
悶着[もんちゃく] 말썽. 다툼. 분쟁. 분규.

〔밀〕

密 빽빽할/비밀 밀

丶 宀 宀 宓 宓 宓 宓 宻 密 密

音 ◉ミツ
訓 ⊗ひそか ⊗ひそめく ⊗ひそやか

訓読

1⊗密か[ひそか] 〈形動〉 ①살짝 함. 몰래 함. ②은근함. 은밀함.
⊗密めく[ひそめく] 〈5自〉 소곤거리다. 속삭이다.
⊗密やか[ひそやか] 〈形動〉 ①조용함. 고요함. ②은밀함. ③조촐함. 자그마함.
⊗密か事[ひそかごと] 은밀한 일.

音読

密[みつ] ①촘촘함. 조밀함. ②치밀함. 면밀함. ③친밀함. 관계가 깊음. ④비밀.
密計[みっけい] 밀계; 비밀스런 계약.
密告[みっこく] 밀고; 몰래 고발함.
密教[みっきょう] ≪仏≫ 밀교.
密談[みつだん] 밀담; 비밀 이야기.
1密度[みつど] 밀도; 촘촘한 정도.
密猟[みつりょう] 밀렵; 불법 사냥.
密林[みつりん] 밀림; 빽빽한 숲.
密売[みつばい] 밀매; 몰래 팖.
密売買[みつばいばい] 밀매매; 몰래 팔고 삼.
密命[みつめい] 밀명; 비밀 명령.
密謀[みつぼう] 밀모; 비밀 모의.
密貿易[みつぼうえき] 밀무역; 비밀 무역.
密培地[みつばいち] 밀배지; 비밀 재배지.
密封[みっぷう] 밀봉; 엄중하게 봉함.
密使[みっし] 밀사; 비밀 심부름꾼.
密事[みつじ] 밀사; 비밀. 은밀한 일.
密殺[みっさつ] 밀살; 밀도살(密屠殺).
密生[みっせい] 밀생; 빽빽하게 자람.
密書[みっしょ] 밀서; 비밀문서・편지.
密送[みっそう] 밀송; 몰래 보냄.
密輸[みつゆ] 밀수; 불법 수출입.
密輸入[みつゆにゅう] 밀수입.
密輸出[みつゆしゅつ] 밀수출.
密室[みっしつ] 밀실; ①유폐된 방. ②비밀스런 방.
密約[みつやく] 밀약; 비밀 약속.
密語[みつご] 밀어; 비밀 이야기.
密漁[みつりょう] 밀어; 불법 어로 작업.
密雲[みつうん] 밀운; 짙은 구름.
密議[みつぎ] 밀의; 비밀회의.
密入国[みつにゅうこく] 밀입국; 불법 입국.
密葬[みっそう] 밀장; ①남몰래 장사지냄. ②집안끼리 은밀히 장례를 치름.
密栓[みっせん] 밀전; 마개를 꼭 닫음.
1密接[みっせつ] 밀접; ①빈틈이 없음. ②관계가 아주 깊음.
密偵[みってい] 밀정; 스파이. 첩자.
密造[みつぞう] 밀조; 몰래 만듦.
密宗[みっしゅう] '진언종(真言宗)'의 딴이름.
密奏[みっそう] 밀주; 몰래 군주께 아뢺.
密旨[みっし] 밀지; 비밀 명령.
1密集[みっしゅう] 밀집; 빈틈없이 빽빽하게 모여 있음.
密着[みっちゃく] 밀착; ①꽉 달라붙음. ②(사진의) 밀착 인화.
密出国[みつしゅっこく] 밀출국; 불법 출국.
密通[みっつう] 밀통; ①남녀가 몰래 정을 통함. ②적과 내통함.
密閉[みっぺい] 밀폐; 빈틈이 없게 함.
密航[みっこう] 밀항; 불법 항해.
密画[みつが] 밀화; 세밀화(細密画).
密会[みっかい] 밀회; 남녀가 몰래 만남.

蜜 꿀 밀

音 ⊗ミツ ⊗ミ
訓 —

音読

蜜[みつ] ①꿀. ②꿀처럼 감미로운 것.
蜜柑[★みかん] ≪植≫ ①밀감; 귤. 귤나무. ②감귤류의 총칭.
蜜豆[みつまめ] 삶은 완두콩에 과일・한천을 썰어 넣고 꿀을 친 음식.
蜜蠟[みつろう] 밀랍; 꿀벌 집을 만드는 주성분.
蜜蜂[みつばち] ≪虫≫ 꿀벌.
蜜腺[みっせん] ≪植≫ 밀선; 꿀샘.
蜜語[みつご] 밀어; (남녀간의) 달콤한 말.
蜜月[みつげつ] 밀월; 허니문.
蜜漬け[みつづけ] 과일을 썰어 꿀물에 담근 식품.
蜜吸[みつすい] ≪鳥≫ 홍작새.

박

朴 나무껍질/순박할 박

一 十 才 木 札 朴

音 ◉ボク
訓 ⊗ほお

訓読

⊗朴[ほお] ≪植≫ 후박나무. 일본목련.
朴の木[ほおのき] ≪植≫ 후박나무. 일본목련.
朴歯[ほおば] 후박나무 굽을 단 왜나막신.

音読

朴念仁[ぼくねんじん] ①무뚝뚝한 사람. ②벽창호. 융통성이 없는 사람.
朴訥[ぼくとつ] 순진하고 입이 무거움.
朴素[ぼくそ] 박소; 소박함.
朴実[ぼくじつ] 박실; 소박하고 착실함.
朴直[ぼくちょく] 박직; 순박하고 정직함.
◑純朴[じゅんぼく]

泊 배댈/머무를 박

丶 冫 氵 氵 氵 泊 泊 泊

音 ◉ハク
訓 ◉とまる ◉とめる

訓読

3◉泊まる[とまる] 〈5自〉 ①(숙소에) 묵다. 숙박하다. 잠자다. ②숙직하다. ③(배가 항구에) 정박하다.
泊(ま)り[とまり] ①숙박. ②숙소. ③숙직.
泊(ま)り客[とまりきゃく] 숙박 손님.
泊(ま)り掛け[とまりがけ] 묵을 예정.
泊(ま)り番[とまりばん] 숙직 당번.
泊(ま)り宿[とまりやど] 여관. 여인숙.
泊(ま)り込み[とまりこみ] (어떤 일로) 부득이 묵음.
泊まり込む[とまりこむ] 〈5自〉 (어떤 일로) 부득이 묵게 되다.
泊(ま)り賃[とまりちん] 숙박료.
2◉泊める[とめる] 〈下1他〉 ①(숙소에) 묵게 하다. 숙박시키다. 잠재우다. ②(배를 항구에) 정박시키다.

音読

2泊[はく] ①외박(外泊). ②(숫자에 접속하여) …박. *숙박한 날 수를 나타냄.
泊地[はくち] 정박지(碇泊地). 배가 안전하게 정박할 수 있는 곳.

拍 손뼉칠 박

一 扌 扌 扌 扌 拍 拍 拍

音 ◉ハク ◉ヒョウ
訓 —

音読

拍[はく] 박자. 박자 수.
拍動[はくどう] 박동; 맥박이 뜀.
2拍手❶[はくしゅ] 박수; 손뼉을 침. ❷[かしわで] 신(神)에게 배례할 때 손뼉을 쳐서 소리를 냄.
拍子[ひょうし] 박자; ①장단. 가락. ②(能楽(のうがく)에서) 피리·북 등의 반주. ③…하는 바람·순간.
拍子記号[ひょうしきごう] ≪楽≫ 박자 기호.
拍子木[ひょうしぎ] 딱따기.
拍子抜け[ひょうしぬけ] 맥이 빠짐. 김빠짐. 헛김이 샘.
拍節器[はくせつき] ≪楽≫ 박절기; 메트로놈.
拍車[はくしゃ] 박차; 승마용 구두의 뒤축에 댄 쇠로 만든 톱니 모양의 물건.
拍板[★びんざさら] ≪楽≫ 박판; 수십 장의 얇은 대나무·나무판자를 끈에 꿰어, 그것을 흔들어 소리를 내는 악기로서 농악이나 무용에 사용함.

迫(迫) 핍박할/재촉할 박

′ 亻 白 白 白 白 泊 迫

音 ◉ハク
訓 ◉せまる ⊗せる

訓読

2◉迫る❶[せまる] 〈5自〉 ①(거리가) 좁혀지다. ②(어떤 시각이) 다가오다. 닥쳐오다. ③(어느 방향으로) 다가서다. 육박하다. ④(어떤 상태에) 직면하다. ⑤(숨이) 막히다. 답답해지다. 〈5他〉 강요하다. 재촉하다. 채근하다.
⊗迫る❷[せる] 〈5他〉 ①사이를 조금씩 좁히다. 다가서다. ②재촉하다. 독촉하다.
迫り[せり] 극장 무대 바닥의 일부에 구멍을 내어 밑에서 배우나 무대 장치를 밀어 올림.
迫り立てる[せりたてる] 〈下1他〉 강요하다. 재촉하다. 핍박하다. 채근하다.

迫り上がる[せりあがる] 〈5自〉 ①밑에서 위로 조금씩 올라가다·솟아오르다. ②극장에서 배우나 무대 장치가 무대 밑에서부터 迫(せ)り장치에 의해 올라가다.

迫(り)上げ[せりあげ] ①(밑에서부터) 차츰 밀어 올림. ②극장에서 배우나 무대 장치를 무대 밑에서부터 迫(せ)り장치로 밀어 올림.

迫り上げる[せりあげる] 〈下1他〉 ①(밑에서부터) 차츰 밀어 올리다. ②극장에서 배우나 무대 장치를 무대 밑에서부터 迫(せ)り장치로 밀어 올리다.

迫(り)持(ち)[せりもち] ≪建≫ 아치.

迫(り)出し[せりだし] ①밑에서 위로 밀어 올림. ②극장에서 무대 밑에서부터 迫(せ)り장치로 배우나 무대 장치를 무대에 등장시킴.

迫り出す[せりだす] 〈5他〉 ①밑에서 위로 밀어 올리다. ②극장에서 무대 밑에서부터 迫(せ)り장치로 배우나 무대 장치를 무대에 등장시키다.

音読

迫撃砲[はくげきほう] ≪軍≫ 박격포.

迫力[はくりょく] 박력; 추진력.

迫真[はくしん] 박진; 박진감. 진실감을 느끼게 하는 표현.

[1]**迫害**[はくがい] 박해; 핍박.

舶 큰배 박

´ ノ 介 角 舟 舟´ 舟´ 舶 舶 舶

音 ◉ハク
訓 —

音読

舶来[はくらい] 박래; 외래(外来). 외국제.

舶来品[はくらいひん] 외래품(外来品).

舶用[はくよう] 선박용(船舶用).

舶載[はくさい] 박재; ①배로 운반함. ②외국에서 배로 실어옴.

博(博) 넓을/노름 박

一 十 十 忄 忄 忄 恒 博 博 博

音 ◉ハク ⊗バク
訓 —

音読

博[はく] ①'博士(はくし)'의 준말. ②박람회.

博する[はくする] 〈サ変他〉 ①널리 알리다. (이름을) 떨치다. ②얻다. 획득하다. 독차지하다.

博徒[ばくと] 노름꾼. 도박꾼.

博覧[はくらん] 박람; ①박식(博識). ②널리 일반 사람들이 봄.

博覧会[はくらんかい] 박람회.

博聞強記[はくぶんきょうき] 박문강기; 사물을 널리 견문하고서 잘 기억함.

博物[はくぶつ] 박물; 박식(博識).

[2]**博物館**[はくぶつかん] 박물관.

[2]**博士❶**[はかせ] ① ≪俗≫ 박식한 사람. ②옛날 大学寮(だいがくりょう)·陰陽寮(いんようりょう)의 교관.

博士❷[はくし] (학위로서의) 박사.

博識[はくしき] 박식; 여러 분야의 지식에 정통함.

博雅[はくが] 박아; 박식하고 품행이 단정함.

博愛[はくあい] 박애; 모든 사람을 평등하게 사랑함.

博引旁証[はくいんぼうしょう] 박인방증; 많은 사례를 인용하여 자기 학설의 정당성을 증명함.

博戦[はくせん] 박전; 격투(激闘).

博奕[ばくち] ☞ 博打

博打[ばくち] ①노름. 도박. ②모험. 투기.

博打ち[ばくうち] 노름. 도박. 노름꾼. 도박꾼.

博打打ち[ばくちうち] 노름꾼. 도박꾼.

博学[はくがく] 박학; 박식(博識)함.

博戯[ばくぎ] 박희; 도박처럼 돈을 따려고 하는 놀이.

撲 두드릴 박

一 十 扌 扌' 扌'' 扌''' 扌業 扌業 撲 撲

音 ◉ボク
訓 ⊗なぐる

訓読

⊗**撲る**[なぐる] 〈5他〉 (딱딱한 물건으로 세게) 때리다. 치다.

撲り[なぐり] 구타. 세게 때림.

音読

撲滅[ぼくめつ] 박멸; 쳐서 없애버림. 소탕(掃蕩)함.

撲殺[ぼくさつ] 박살; 때려죽임.

薄(薄) 얇을 박

艹 艹 芦 芦 菏 蒲 蒲 蒲 薄 薄

音 ◉ハク
訓 ◉うすい ⊗うっす ⊗すすき

訓読

4 ◉薄い[うすい]〈形〉①(두께가) 얇다. ②(빛깔이) 엷다. 열다. ③적다. 묽다. 희미하다. ④(관심・이익이) 적다. 별로 없다. ⑤부족하다. 모자라다.
薄❶[うす] (명사에 접속하여) …이 적음. 별로 …이 없음. 별로 …하지 않음.
⊗薄❷[すすき] ≪植≫ 참억새.
薄っぺら[うすっぺら] 〈形動〉 ①얄팍함. ②(언행이) 경박함. 천박함.
◉薄まる[うすまる]〈5自〉①(빛깔이) 엷어지다. 열어지다. ②(맛이) 싱거워지다. 묽어지다.
2 ◉薄める[うすめる] 〈下1他〉 (농도・맛을) 묽게 하다. 엷게 하다. 연하게 하다. 싱겁게 하다.
薄め[うすめ] ①(두께가) 약간 얄팍함. 비교적 엷음. ②(색이) 약간 연함. ③(맛이) 싱거움.
◉薄らぐ[うすらぐ]〈5自〉①사라지다. 덜해지다. 약해지다. 희박해지다. ②사라져가다. 희미해지다.
◉薄れる[うすれる]〈下1自〉①엷어지다. 희박해지다. ②희미해지다. 약해지다. ③(관심・흥미가) 적어지다. 줄어들다.
⊗薄らと[うっすらと] 어렴풋이. 희미하게. 살며시.
⊗薄りと[うっすりと] (빛깔두께가) 엷게. 얄팍하게.
薄絹[うすぎぬ] 얇은 비단.
薄口[うすくち] ①(맛이) 담백함. ②(맛・빛깔이) 연함. ③(그릇이) 얄팍함.
薄気味悪い[うすきみわるい] 〈形〉 어쩐지 기분이 나쁘다. 으스스하다.
薄端[うすばた] 금속으로 만든 꽃꽂이 화반.
薄曇り[うすぐもり] 약간 흐림.
薄禿げ[うすはげ] 머리숱이 엉성하게 벗겨짐. 또는 그런 사람.
薄痘痕[うすあばた] 살짝곰보.
薄鈍[うすのろ] ①멍청함. 아둔함. ②멍청이. 얼간이. 팔푼이.
薄鈍い[うすのろい]〈形〉멍청하다. 아둔하다.
薄馬鹿[うすばか] ①멍청함. 아둔함. ②멍청이. 얼간이. 팔푼이.
薄明(か)り[うすあかり] 박명; ①희미한 빛. ②여명(黎明). 어스름.
薄ら明(か)り[うすらあかり] 희미한 빛.
薄明るい[うすあかるい]〈形〉희미하게 밝다.
薄模様[うすもよう] 연보랏빛 무늬.
薄目[うすめ] 실눈. 가늘게 뜬 눈.
薄霧[うすぎり] 박무; 엷은 안개.
薄墨[うすずみ] 묽은 먹물.
薄物[うすもの] ①얇은 옷감・옷. ②(술을 데우는) 구리로 만든 작은 그릇.
薄味[うすあじ] 엷은 맛. 담백한 맛.
薄薄[うすうす] 어렴풋이. 희미하게.
薄白い[うすじろい]〈形〉약간 희다. 희끄무레하다.
薄氷[うすごおり/はくひょう] 박빙; 살얼음.
薄ら氷[うすらごおり] 박빙; 살얼음.
薄商い[うすあきない] 소액의 거래.
薄色[うすいろ] ①연한 색. ②연한 자색의 염색. ③날실은 자색으로 씨실은 흰색으로 짠 직물.
薄笑い[うすわらい] (경멸・비웃음의) 엷은 웃음.
薄ら笑い[うすらわらい] ☞ 薄笑い
薄焼(き)[うすやき] 얇게 구운 음식.
薄手[うすで] ①(바탕이) 얇음. 얄팍함. ②경상. 가벼운 상처. ③(내용이) 경박함. 빈약함.
2 薄暗い[うすぐらい]〈形〉조금 어둡다. 어둑어둑하다.
薄暗がり[うすくらがり] 조금 어두움. 어둑어둑함.
薄野呂[うすのろ] ①멍청함. 아둔함. ②멍청이. 얼간이. 팔푼이.
薄野呂い[うすのろい]〈形〉멍청하다. 아둔하다.
薄様[うすよう] ①얇게 뜬 고급 안피지(雁皮紙). ②(염색에서) 위에서 아래로 점점 엷게 바램.
薄様紙[うすようがみ] 얇게 뜬 고급 안피지(雁皮紙).
薄縁[うすべり] 가장자리에 천을 댄 돗자리.
薄塩[うすじお] ①싱겁게 간함. 얼간. ②(고기・채소를) 살짝 절임.
薄葉[うすよう] ☞ 薄様(うすよう)
薄葉細辛[うすばさいしん] ≪植≫ 족두리.

薄汚い[うすぎたない] 〈形〉 어쩐지 더럽다. 지저분하다. 누추하다.

薄汚れる[うすよごれる] 〈下1自〉 약간 때 묻다. 약간 더러워지다. 꾀죄죄하다.

薄羽蜉蝣[うすばかげろう] ≪虫≫ 명주잠자리.

薄雲[うすぐも] 엷은 구름.

薄元手[うすもとで] 약간의 자본.

薄肉[うすにく] ①(歌舞伎(かぶき)에서) 숫돌가루를 분에 섞어 얼굴을 분홍색으로 칠하는 화장법. ②'薄肉彫り(うすにくぼり)'의 준말.

薄肉彫り[うすにくぼり] 얕은 돌을 새기는 기법.

薄刃[うすば] 칼날이 얇음.

薄日[うすび] 약한 햇살. 부드러운 햇살.

薄ら日[うすらび] ≪雅≫ 흐린 날씨의 약한 햇살.

薄れ日[うすれび] 구름에 가리어 약하게 비치는 햇살.

薄紫[うすむらさき] 연보라색.

薄切り[うすぎり] 얇게 썲.

薄ら寂しい[うすらさびしい] 〈形〉 왠지 쓸쓸하다. 왠지 허전하다.

薄地[うすじ] (천・금속이) 얇음.

薄紙[うすがみ] 얇은 종이.

薄茶[うすちゃ] ①묽은 차. ②엷은 갈색(褐色).

薄着[うすぎ] (추울 때도) 옷을 얇게 입음.

薄歯[うすば] 굽이 얇은 나막신.

薄濁り[うすにごり] ①약간 흐림. ②멀건 막걸리.

薄板[うすいた] ①얇은 판자. ②얇은 옷감. ③폭이 넓은 무늬목.

薄皮[うすかわ] ①얇은 껍질. ②얇은 막(膜).

薄皮蝸牛[うすかわまいまい] ≪虫≫ 달팽이.

薄霞[うすがすみ] 엷은 안개.

薄ら寒い[うすらさむい] 〈形〉 으스스 춥다.

薄化粧[うすげしょう] 엷은 화장.

薄黒い[うすぐろい] 〈形〉 약간 검다. 거무스름하다.

音読

薄給[はっきゅう] 박급; 박봉(薄俸).

薄力粉[はくりきこ] (과자・튀김용의) 박력분; 단백질이 가장 적은 밀가루.

薄利多売[はくりたばい] 박리다매.

薄膜[はくまく] 박막; 얇은 막.

薄命[はくめい] 박명; ①불운. 불우. ②단명(短命).

薄明[はくめい] 박명; ①(새벽이나 황혼의) 어스름. ②하늘이 어스름할 무렵.

薄暮[はくぼ] 박모; 황혼(黄昏).

薄氷[はくひょう/うすごおり] 박빙; 살얼음.

薄謝[はくしゃ] 약간의 사례. ＊겸양어임.

[1]**薄弱**[はくじゃく] 박약; 빈약(貧弱)함.

薄弱児[はくじゃくじ] 정신박약아.

薄遇[はくぐう] 박우; 박대. 냉대.

薄才[はくさい] 박재; ①변변치 못한 재능. ②(겸양어로) 비재(非才).

薄情[はくじょう] 박정; 인정이 없음.

薄志[はくし] 박지; ①의지가 약함. ②약간의 사례. 촌지(寸志).

薄片[はくへん] 박편; 얇은 조각.

薄幸[はっこう] 박행; 불우함. 복이 없음.

縛(縛) 묶을 박

糸 糹 紆 絧 縆 縛 縛 縛 縛 縛

音 ◉バク

訓 ◉しばる ⊗いましめる

訓読

[2]◉**縛る**[しばる] 〈5他〉 ①(끈으로) 묶다. 매다. ②(행동의 자유를) 얽매다. 속박하다.

縛り[しばり] ①묶는 끈. 묶음. ②기한. 기한부. ③은행의 정기 대부금.

縛り付ける[しばりつける] 〈下1他〉 ①(끈으로) 붙들어 매다. 동여매다. ②(행동의 자유를) 얽매다. 속박하다.

縛り上げる[しばりあげる] 〈下1他〉 꽁꽁 묶다.

縛り首[しばりくび] ①두 손을 뒤로 묶고 목을 앞으로 내밀게 하여 자르는 형벌. ②교수형(絞首刑).

⊗**縛める**[いましめる] 〈下1他〉 (죄인을) 묶다. 포박하다.

縛め[いましめ] 포박(捕縛). (죄인을) 묶음.

音読

縛[ばく] 포박. 오랏줄. 포승.

縛する[ばくする] 〈サ変他〉 ①(죄인을) 묶다. 포박하다. ②(행동의 자유를) 얽매다. 속박하다.

剝ˣ(剥) 벗길/깎을 박

音 ⊗ハク

訓 ⊗はがす ⊗はがれる ⊗はぐ ⊗はげる ⊗むく

訓読

[2]⊗**剝がす**[はがす] 〈5他〉 (붙은 것을) 벗기다. 떼다

剝(が)し暦[はがしごよみ] (매일 한 장씩 떼어내는) 일력(日曆).
⊗**剝がれる**[はがれる] 〈下1自〉 (붙은 것이) 벗겨지다. 벗겨져 떨어지다.
2 ⊗**剝く**[むく] 〈5他〉 ①(껍질을) 벗기다. 까다. ②(눈을) 크게 뜨다. 부라리다. ③(밖으로) 드러내다.
剝きみ[むきみ] 조갯살.
剝き出し[むきだし] ①(밖으로) 드러냄. 노출함. ②노골적임. 공공연함.
剝き出す[むきだす] 〈5他〉 (밖으로) 드러내다. 노출시키다.
1 ⊗**剝ぐ**[はぐ] 〈5他〉 ①벗기다. ②(자격을) 박탈하다.
剝ぎ取る[はぎとる] 〈5他〉 ①(붙은 것을) 떼어내다. 벗겨내다. ②(몸에 지닌 것을) 강탈하다. 몽땅 빼앗다. ③(자격을) 박탈하다.
剝ぎ取り[はぎとり] (만원 전차에) 매달린 승객을 끌어내림. 또는 그 담당자.
⊗**剝ける**[むける] 〈下1自〉 ①(껍질 등이) 벗겨지다. ②(정체가) 드러나다.
1 ⊗**剝げる**[はげる] 〈下1自〉 ①(붙은 것이) 벗겨지다. ②(정체가) 드러나다. 탄로나다. ③(색깔이) 바래다. 퇴색하다. 한물가다.
⊗**剝る**[むくる] 〈5他〉 (껍질을) 벗기다. 까다.
⊗**剝れる**[むくれる] 〈下1自〉 ①(껍질이) 벗겨지다. ② ≪俗≫ 뾰로통해지다. 샐쭉해지다. 입이 한 자나 나오다. ③아랫입술이 뒤둥그러지다.

音読

剝落[はくらく] 박락; 벗겨져 떨어짐.
剝離[はくり] 박리; 벗겨져 떨어짐. 벗겨 떼어냄.
剝製[はくせい] 박제; 동물을 방부제로 처리하여 살아 있는 것처럼 만듦.
剝脱[はくだつ] 박탈; 벗겨져 떨어짐. 벗겨 떼어냄.
剝奪[はくだつ] 박탈; 강제로 빼앗음.
剝片[はくへん] 박편; 벗겨져 떨어진 조각.

搏 칠/잡을 박	音 ⊗ハク 訓 —

音読

搏動[はくどう] 박동; 맥박이 뜀.
◑**脈搏**[みゃくはく]

箔 금종이 박	音 ⊗ハク 訓 —

音読

箔[はく] ①박; (금・은・동 등을) 종이처럼 얇게 펴서 늘인 것. ②관록(貫祿).
箔付(き)[はくつき] ①금・은박이 붙어 있음. ②정평이 나 있음.
箔押(し)[はくおし] 금・은박을 입힘.
箔屋[はくや] 금・은박을 만들어 파는 가게・사람.
箔置(き)[はくおき] 금・은박을 입힌 물건. 또는 그 기술자.
箔打(ち)[はくうち] 금・은박을 만듦. 또는 그 업자.

駁 논박할 박	音 ⊗バク 訓 —

音読

駁する[ばくする] 〈サ変他〉 반박하다. 논박하다. 반대하다.
駁撃[ばくげき] 박격; (남의 의견을) 비난하며 공박함.
駁論[ばくろん] 박론; 논박(論駁).
駁説[ばくせつ] 박설; 반박하는 학설.

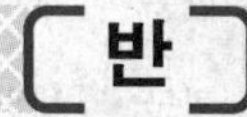

반

反 돌이킬/반대할 반
一 厂 万 反

音 ◉タン ◉ハン ◉ホン
訓 ◉そらす ◉そる ⊗かえって

訓読

1 ◉**反らす**[そらす] 〈5他〉 ①(몸을) 뒤로 젖히다. (입을) 비죽거리다. ②(활처럼) 휘게 하다.
1 ◉**反る**[そる] 〈5自〉 ①(몸이) 뒤로 젖혀지다. ②(활처럼) 휘다.
反り[そり] ①휨. 휘어짐. 휘어진 정도. ②기질. 성격.
反り橋[そりはし] 아치형의 다리.
反り刀[そりがたな] (칼등이) 휜 칼.
反り返る[そりかえる] 〈5自〉 ①몹시 휘다. 몹시 뒤틀리다. ②거만하게 굴다. 잘난 체하다. 몹시 으스대다.

反り身[そりみ] (으스대며) 몸을 뒤로 젖힘. 뒤로 젖힌 자세.
反っ歯[そっぱ] 뻐드렁니.
反り歯[そりば] 뻐드렁니.
[2]⊗**反って**[かえって] 오히려. 도리어. 반대로.

音読

反❶[はん] (반대의 뜻을 나타내는) 반. **❷**[たん] ①(옷감을 재는 단위) 필(疋). ②1정(町)의 10분의 1로서 300평. ③(옛날 거리의 단위) 6간(間). 약 10.9m.
[2]**反する**[はんする] 〈サ変自〉 ①반하다. 반대하다. 어긋나다. ②위반되다. 위배되다. ③거역하다. 배반하다.
反ソ[はんソ] 반소; 소련에 반대함.
反歌[はんか] 장가(長歌) 뒤에 붙이는 단가(短歌).
反間[はんかん] ①간첩. 스파이. ②간첩을 역이용함.
[1]**反感**[はんかん] 반감; 나쁜 감정.
[1]**反撃**[はんげき] 반격; 적의 공격을 막고 되잡아 공격함.
反古[★ほご] ☞ 反故
反故[★ほご] ①휴지. 못 쓰는 종이. ②허사(虚事). 무용지물. ③취소.
反骨[はんこつ] 반골; 저항하는 기골.
反共[はんきょう] 반공; 공산주의에 반대함.
反攻[はんこう] 반공; 수세 입장에서 반대로 공격 자세를 취함.
反軍[はんぐん] 반군; ①반란군. ②군부·군국주의에 반대함.
反旗[はんき] 반기; 반란군의 깃발.
反当(た)り[たんあたり] 1단보당(段歩当). 300평당.
[2]**反対**[はんたい] 반대; 맞서서 대항함.
反徒[はんと] 반도; 반역자.
反動[はんどう] 반동; ①반작용. ②역사의 흐름에 대항해서 일어나는 정반대의 움직임.
反騰[はんとう] 반등; 떨어진 시세가 다시 오름.
反落[はんらく] 반락; 오른 시세가 다시 내림.
[1]**反乱**[はんらん] 반란; 반역하여 난을 일으킴.
反論[はんろん] 반론; 반대 의논.
反面[はんめん] 반면; ①반대의 면. ②다른 한편.
反命[はんめい] 반명; 명령대로 처리한 결과를 보고함.
反毛[はんもう] 반모; 재생모(再生毛).
反目[はんもく] 반목; 서로 미워함.
反問[はんもん] 반문; 되물음.
反物[たんもの] 피륙. 옷감.
反物屋[たんものや] 포목점. 옷감가게.
反米[はんべい] 반미; 미국에 반대함.
反駁[はんばく/はんぱく] 반박; 반대하여 비난함.
[1]**反発**[はんぱつ] 반발; ①되받아 튕겨짐. ②(상대방의 말에) 반항함. ③떨어진 시세가 다시 오름.
反歩[たんぶ] 단보(段歩). 300평.
反復[はんぷく] 반복; 되풀이함.
反覆[はんぷく] 반복; ①약속을 어김. ②되풀이함. ③전복(転覆).
反比例[はんぴれい] 《数》 반비례.
[1]**反射**[はんしゃ] 반사; 빛이 물체에 부딪쳐 되돌아옴.
[2]**反省**[はんせい] 반성; 자신의 언행을 뒤돌아보며 생각해 봄.
反俗[はんぞく] 반속; 세상의 일반적인 관습에 거역함.
反語[はんご] 반어; 뜻을 강조하기 위해 본래의 뜻과는 반대되게 하는 말.
反逆[はんぎゃく] 반역; 배반함.
反訳[はんやく] ①번역. ②번역한 것을 본래의 말로 다시 번역함.
[2]**反映**[はんえい] 반영; 되비침.
[1]**反応**[はんのう] 반응; 자극이나 작용을 받아 일어나는 변화나 움직임.
反意語[はんいご] 반의어; 반대어.
反日[はんにち] 반일; 일본에 반대함.
反作用[はんさよう] 반작용; 반대 작용.
反転[はんてん] 반전; ①뒤집힘. ②뒤바뀜. ③(사진의) 필름을 반대로 함.
反戦[はんせん] 반전; 전쟁을 반대함.
反体制[はんたいせい] 반체제; 체제에 반대함.
反芻[はんすう] 반추; ①되새김. ②되새겨 음미함.
反側[はんそく] 반측; ①몸을 뒤척임. 돌아누움. ②약속을 어김.
反則[はんそく] 반칙; 규칙에 위반함.
反哺[はんぽ] 반포; ①은혜를 갚음. ②효도(孝道).
[2]**反抗**[はんこう] 반항; 순순히 따르지 않고 대듦.
[1]**反響**[はんきょう] 반향; 메아리.
反革命[はんかくめい] 반혁명; 혁명을 뒤엎어 구체제의 부활을 꾀하는 일.
◑**謀反**[むほん]

半(半) 절반 반

丶 丷 䒑 𠀎 半

音 ◉ハン
訓 ◉なかば ⊗なから

訓読

2◉半ば[なかば] ①절반. 반수. 반 정도. ②중간. 중앙. 중순(中旬). ③중도. 도중. 한창일 때. ④거의. 반쯤.
⊗半ら[なから] ≪古≫ ①반. 절반. ②중도. 도중. 중간. ③거의. 태반. 반수.
半ら半尺[なからはんじゃく] 어중간. 중동무이. 반거들충이.
半銭[★きなか] ①반 푼. ②아주 적은 양.

音読

2半[はん] 반; ①절반. ②홀수. 기수(奇数). ③반시간. 30분.
半コート[はんコート] 반코트.
半ズボン[はんズボン] 반바지.
半ちく[はんちく] 어중간. 중동무이.
半ドア[はんドア] (자동차의) 문이 완전히 닫히지 않은 상태.
半ドン[はんドン] 반공일. 반휴일.
半ぺら[はんぺら] 종이 한 장의 절반 크기.
半可[はんか] 미숙함. 어중간함.
半可通[はんかつう] 잘 모르면서 아는 체함.
半価[はんか] 반가; 반값.
半角[はんかく] 반각; 활자(活字) 1자분의 반 나비.
半間[はんま] ≪俗≫ ①온전치 못함. 엉성함. ②얼간이. 멍청함.
半減[はんげん] 반감; 절반으로 줄어듦.
半開[はんかい] 반개; ①반쯤 열림. ②꽃이 반쯤 핌. ③문화가 조금 개화됨.
半開き[はんびらき] 반개; ①반쯤 열림. ②꽃이 반쯤 핌.
半乾き[はんかわき] 반쯤 건조됨.
半肩[はんかた] ①한쪽 어깨. ②짝이 되어 계획에 참여함.
2半径[はんけい] 반경; 반지름.
半空[はんくう] 중천(中天). 하늘 중앙.
半官半民[はんかんはんみん] 반관반민.
半狂乱[はんきょうらん] 반광란; 반미치광이.
半壊[はんかい] 반괴; 반쯤 부서짐.
半口[はんくち] 반사람 몫.
半句[はんく] 반구; ①반 구절. ②아주 적은 말수.
半球[はんきゅう] 반구; ① ≪数≫ 구(球)를 중앙에서 둘로 나눈 하나. ② ≪地≫ 지구의 표면을 중앙에서 동서로 또는 남북으로 나눈 하나.
半弓[はんきゅう] 반궁; 앉아서 쏘는 작은 활.
半券[はんけん] 반쪽 표. 증거로 절반을 잘라주는 표.
半金[はんきん] 반금; 반값. 반액(半額).
半襟[はんえり] 여성용 속옷의 깃 위에 대는 장식용 깃.
半気違い[はんきちがい] 반미치광이.
半期[はんき] 반기; ①일정 기간의 절반. ②반년. 1년의 절반.
半旗[はんき] 반기; 조기(弔旗).
半年[はんとし/はんねん] 반년; 6개월.
半農[はんのう] 반농; 생업의 반이 농업임.
1半端[はんぱ] ①온전하지 않음. 우수리. 자투리. ②어중간함. ③멍청이. 얼간이. 바보.
半端物[はんぱもの] 파치. 양(量)이나 개수가 모자라는 물건.
半端者[はんぱもの] 얼간이. 멍청이.
半途[はんと] 도중(途中). 중도.
2半島[はんとう] ≪地≫ 반도.
半導体[はんどうたい] ≪物≫ 반도체.
半搗(き)米[はんつきまい] 반도정미. 현미를 반쯤 찧은 쌀.
半裸[はんら] 반라; 반나체.
半量[はんりょう] 반량; 반의 분량.
半輪[はんりん] 반륜; 반원형.
半里[はんり] 반리; 2㎞.
半盲[はんもう] 반맹; 반소경.
半面[はんめん] 반면; ①얼굴의 절반. ②(사물의) 일면. ③다른 한쪽 편.
半母音[はんぼいん] 반모음.
半拍[はんぱく] 반박; 반 박자.
半泊[はんぱく] 반박; 저녁부터 밤중까지, 밤중부터 아침까지 숙박함.
半半[はんはん] 반반; 절반씩.
半返し[はんがえし] ①(바느질의) 반박음질. ②(관혼상제의 관습으로) 받은 금품의 절반에 해당한 금품으로 답례함.
半病人[はんびょうにん] 반 병자. 반 환자.
半歩[はんぽ] 반보; 반걸음.
1半分[はんぶん] 반분; ①절반. ②반쯤. ③반…삼아. 반…의 기분으로.
半払い[はんばらい] 절반만 지불함.
半死[はんし] 반사; ①반죽음. ②여생이 얼마 남지 않음.

ㅂ

半殺し[はんごろし] 반죽음.
半床[はんどこ] 3척(尺) 폭의 床(とこ)の間(ま).
半商[はんしょう] 반상; 생계의 절반을 상업에 의존함.
半双[はんそう] 반쌍; 한 쌍 중의 한 짝.
半生❶[はんしょう] 생사(生死)의 갈림길. 반죽음. ❷[はんせい] 반생; 반평생.
半生涯[はんしょうがい] 반생애; 반평생.
半世紀[はんせいき] 반세기.
半焼[はんしょう] 반소; 화재로 반쯤 탐.
半焼け[はんやけ] ①반쯤 구워짐. 설구워짐. ②반소; 화재로 반쯤 탐.
半速[はんそく] 반속; 전속력의 절반.
半寿[はんじゅ] 반수; 81세의 축하. *'半'을 파자하면 '八十一'이 된다는 데서.
半袖[はんそで] 반소매.
半数[はんすう] 반수; 전체 수의 절반.
半睡半醒[はんすいはんせい] 비몽사몽.
半熟[はんじゅく] 반숙; ①(과일이) 덜 익음. ②(계란이) 덜 삶아짐.
半熟練工[はんじゅくれんこう] 반숙련공; 아직 미숙한 숙련공.
半時[はんとき] 반시; ①옛날의 반시. 지금의 한 시간. ②잠시. 촌각(寸刻).
半身❶[はんしん] 반신; ①전신의 절반. ②상반신. ❷[はんみ] ①(씨름·검도에서) 상대방에 대해 몸을 비스듬히 트는 자세. ②생선을 반으로 갈랐을 때의 그 한 쪽.
半身不随[はんしんふずい] ≪医≫ 반신불수.
半身像[はんしんぞう] 상반신상.
半身浴[はんしんよく] 반신욕; 하반신만 하는 목욕.
半信半疑[はんしんはんぎ] 반신반의.
半額[はんがく] 반액; 반값. 절반 가격.
半夜[はんや] 반야; ①야밤중. ②하룻밤의 반.
半永久的[はんえいきゅうてき] 반영구적.
半玉[はんぎょく] 반옥; 동기(童妓). 애송이 기생. *화대(花代)를 절반만 받는다는 데서.
半円形[はんえんけい] 반원형.
半月❶[はんつき] 반달. 15일간. 보름. ❷[はんげつ] (하늘의) 반월; 반달.
半月分[はんつきぶん] 반 달치. 보름 분.
半月形[はんげつけい] 반월형; 반달 모양.
半ヶ月[はんかげつ] 반달. 15일간. 보름.
半音[はんおん] ≪楽≫ 반음.
半音階[はんおんかい] ≪楽≫ 반음계.
半人前[はんにんまえ] 반사람 몫.
半人足[はんにんそく] 일을 남의 절반 몫밖에 못하는 사람.
半日[はんにち/はんじつ] 반일; 한나절. 반날.
半煮え[はんにえ] (음식이) 반쯤 익음. 덜 익음.
半長靴[はんながぐつ] 반장화.
半張り[はんばり] 구두 밑창의 앞쪽 부분만 댐.
半裁[はんさい] (종이·천 등을) 반으로 자름.
半田[はんだ] ≪化≫ 땜납.
半田付(け)[はんだづけ] 납땜질.
半纏[はんてん] 羽織(はおり) 비슷한 짧은 겉옷의 하나.
半纏着[はんてんぎ] 半纏(はんてん)을 입음. 또는 半纏(はんてん)을 입고 일하는 사람.
半切[はんせつ] 반절; ①절반으로 자른 것. ②절반으로 자른 종이. ③절반으로 자른 종이에 쓴 서화.
半切(り)❶[はんきり] 반으로 자른 종이. ❷[はんぎり] ①(能楽(のうがく)에서) 화려한 무늬를 짜 넣은 남자 袴(はかま). ②(歌舞伎(かぶき)에서) 액션 배우가 입는 소매가 넓고 화려한 옷. ③대야 모양의 바닥이 얕은 물통.
半切(り)桶[はんぎりおけ] 대야 모양의 바닥이 얕은 물통.
半切れ[はんきれ] 반 토막.
半切(り)紙[はんぎりがみ] 반절지.
半切れ紙[はんぎれがみ] 반절지.
半切符[はんきっぷ] 반표. 규정 요금의 반액으로 산 표.
半折[はんせつ] 반절; ①절반으로 자른 물건. ②절반으로 자른 종이. ③절반으로 자른 종이에 쓴 서화.
半製品[はんせいひん] 반제품.
半鐘[はんしょう] (경보나 신호용으로 사용하는) 경종(警鐘). 작은 종.
半周[はんしゅう] 반주; 반 바퀴.
半紙[はんし] 반지; 습자지(習字紙).
半天[はんてん] 반천; ①하늘의 절반. ②중천(中天). 하늘 중앙.
半畳[はんじょう] ①다다미의 반 장. ②옛날, 극장에서 관람자가 앉던 작은 방석.
半値[はんね] 반값. 반액(半額).
半濁音[はんだくおん] ≪語学≫ 반탁음.
半透膜[はんとうまく] ≪生理≫ 반투막.
半透明[はんとうめい] 반투명.

半幅[はんはば] 반폭; 보통 폭의 절반.
半風子[はんぷうし] 'しらみ(이)'의 딴이름.
半割り[はんわり] 세로로 반 쪼개기.
半解[はんかい] 반해; 사물의 반만 앎.
半革装丁[はんかわそうてい] 반혁 장정.
半休[はんきゅう] 반휴; 반휴일. 반공일.

伴(伴) 짝/동무 반

丿 亻 亻 亻' 亻⺷ 伫 伴

音 ◉ハン ◉バン
訓 ◉ともなう

訓読

1◉**伴う**[ともなう] 〈5自他〉 ①(사람을) 동반하다. 따라가다. ②(책임・위험이) 수반하다. 따르다. ③걸맞다. 어울리다.

音読

伴侶[はんりょ] 반려; 길동무. 동반자. 배우자.
伴性遺伝[はんせいいでん] 반성 유전.
伴僧[ばんそう] ≪仏≫ 반승; 재(斎)・장례식에서 도사(導師)를 수행하는 중.
伴食[ばんしょく] 반식; ①손님과 함께 식사함. ②(지위만 높고) 실권(実権)・실력이 없음.
伴走[ばんそう] 반주; 마라톤 선수와 함께 달리는 사람.
伴奏[ばんそう] ≪楽≫ 반주; 함께 연주함.

返(返) 돌이킬/돌아올 반

一 厂 万 反 反 坂 返

音 ◉ヘン
訓 ◉かえす ◉かえる

訓読

4◉**返す**[かえす] 〈5他〉 ①(원상태로) 되돌려 놓다. 되돌리다. ②(제자리에) 갖다 놓다. ③(빌린 것을) 갚다. 되돌려주다. 반환하다. ④보답하다. 갚다. ⑤말대꾸하다. ⑥뒤집다. 〈5自〉 (파도 등이) 밀려오다. 밀려가다.
返し[かえし] ①반환. 되돌려줌. ②답례. ③노래의 후렴. ④(바람・파도・지진이) 멎었다가 다시 발생함. ⑤'返(かえ)し歌(うた)'의 준말. ⑥'返(かえ)し幕(まく)'의 준말. ⑦거스름돈. ⑧한 번 함께 논 창녀를 다시 부름. ⑨(낚싯바늘의) 미늘.
返し歌[かえしうた] ①(和歌(わか)에서) 답가(答歌). ②長歌(ちょうか) 뒤에 덧붙이는 短歌(たんか).
返し技[かえしわざ] (유도에서) 상대방이 걸어온 수를 되받아 역이용하는 수.
返し刀[かえしがたな] 한 번 친 칼을 되돌리자마자 다른 쪽을 침.
返し留め[かえしどめ] 몇 바늘을 더 꿰매고 풀리지 않게 홀침.
返し幕[かえしまく] (연극에서) 일단 막을 내렸다가 다시 막을 올림.
返す返す[かえすがえす] ①거듭거듭. ②아무리 생각해도. 몹시.
返し縫い[かえしぬい] 박음질.
返す書(き)[かえすがき] 추신(追伸).
返し字[かえしじ] 한문을 훈독할 때 한자 왼편에 붙이는 기호.
返し針[かえしばり] ①박음질. ②몇 바늘을 더 꿰매고 풀리지 않게 홀침.

2◉**返る**[かえる] 〈5自〉 ①(원상태로) 되돌아가다. 되돌아오다. ②(제자리로) 되돌아오다. ③(반응이) 되돌아오다. ④뒤집히다.
返り[かえり] ①(원상태로) 되돌아감. 되돌아옴. ②(보답으로) 되돌아옴. 돌아오는 것. ③'返(かえ)り点(てん)'의 준말.
返り読(み)[かえりよみ] 한문을 읽을 때 일본어 순서에 따라 읽는 방법.
返り病み[かえりやみ] 병이 재발함. 재발하는 병.
返り咲き[かえりざき] ①(제철이 지났는데) 다시 꽃이 핌. ②복귀. 컴백.
返り咲く[かえりざく] 〈5自〉 ①(제철이 지났는데) 다시 꽃이 피다. ②복귀하다. 컴백하다.
返り言[かえりごと] ①심부름꾼이 전하는 답장. ②답장. 회신. ③답가(答歌).
返り点[かえりてん] 한문을 훈독할 때 한자 왼쪽에 붙이는 기호.
返り初日[かえりしょにち] (흥행에서) 재상연・재공연 첫날.
返り忠[かえりちゅう] 배신. 배반. 내통.
返り討ち[かえりうち] 원수를 갚으려다가 도리어 당함.
返り血[かえりち] (칼로 상대를 베었을 때) 튀어 오는 피.
返り花[かえりばな] 철이 지나서 핀 꽃. 두 번 핀 꽃.

音読

返[へん] ①회답. ②(접미어로서 횟수를 나타내어) …회. …번.
返歌[へんか] 답가(答歌). 답하는 노래.
返却[へんきゃく] 반각; 반환.
返金[へんきん] 돈을 갚음.
返納[へんのう] 반납; 되돌려줌.
1返答[へんとう] 대답. 응답. 답변. 회답.
返戻[へんれい] 반려; 되돌려 보냄.
返礼[へんれい] 답례. 답례품.
返杯[へんぱい] (술좌석에서) 돌리는 잔.
返報[へんぽう] ①보답. ②보복. 앙갚음.
返本[へんぽん] 책의 반품.
返付[へんぷ] 반납. 반환. 환급.
3返事[へんじ] ①대답. 응답. ②답장. 회신.
返辞[へんじ] ☞ 返事
返上[へんじょう] 반환. 반납.
返書[へんしょ] 답장. 회신.
返送[へんそう] 반송; 되돌려 보냄.
返信[へんしん] 회신. 답장.
返状[へんじょう] 답상. 답신. 회신.
1返済[へんさい] 반제; 변제. 빚을 갚음.
返品[へんぴん] 반품; (상품을) 되돌려 줌.
1返還[へんかん] 반환; (원위치로) 되돌려 줌. 되돌아 옴.

班 나눌 반

音 ◉ハン
訓 —

音読

1班[はん] 반; ①조(組). ②…반.
班別[はんべつ] 반별; 반 단위로 나눔.
班員[はんいん] 반원; 한 반을 이루는 각 사람.
班長[はんちょう] 반장; 조장(組長).
班田収授の法[はんでんしゅうじゅのほう] 옛날, 大化(たいか)の改新(かいしん) 직후부터 10세기 초까지 실시된 토지 제도.

畔(畔) 밭두둑 반

音 ◉ハン
訓 ⊗あぜ ⊗くろ

訓読

⊗畔❶[あぜ] ①(논밭의 경계선을 나타내는) 두렁. ②(문지방이나 상인방의) 홈과 홈 사이의 경계 · 턱. ❷[くろ] ①(논밭의 경계선을 나타내는) 두렁. ②(평지의) 약간 높은 곳. 둔덕.

音読

◑池畔[ちはん], 河畔[かはん], 湖畔[こはん]

般 일반 반

音 ◉ハン
訓 —

音読

般若[はんにゃ] 반야; ①진리를 터득하는 지혜. ②무서운 여자 귀신. ③'般若面'의 준말.
般若経[はんにゃきょう] ≪仏≫ 반야경.
般若面[はんにゃづら/はんにゃめん] 두 뿔이 달린 여자 귀신 모양의 能面(のうめん) 탈.
般若心経[はんにゃしんぎょう] ≪仏≫ 반야심경.
般若湯[はんにゃとう] ≪俗≫ 술. *승려 사회의 은어(隠語)임.
◑今般[こんぱん], 万般[ばんぱん], 先般[せんぱん], 一般[いっぱん], 全般[ぜんぱん]

飯(飯) 밥 반

音 ◉ハン
訓 ◉めし ⊗いい

訓読

2◉飯❶[めし] ①밥. *남성 용어임. ②식사. 끼니. 생계.
⊗飯❷[いい] ≪古≫ 밥.
飯櫃[めしびつ/いいびつ] 나무 밥통.
飯粒[めしつぶ] 밥알.
飯時[めしどき] 식사 시간. 끼니때.
飯の食い上げ[めしのくいあげ] 밥줄이 끊어짐. 생계가 막힘.
飯杓子[めしじゃくし] 밥주걱.
飯の種[めしのたね] 밥줄. 밥벌이. 생계 수단. 수입의 원천.
飯炊(き)[めしたき] ①취사(炊事). 밥 짓기. ②밥 짓는 사람.

飯行李[めしごうり/めしごり] 밥 담는 고리 그릇.

音読

4ご飯[ごはん] 진지. 밥. 식사.
ご飯蒸し[ごはんむし] 찜통.
ご飯炊き[ごはんたき] ①취사. 밥을 지음. ②밥 짓는 사람.
飯台[はんだい] 큰 밥상. 큰 식탁.
飯米[はんまい] 반미; 밥쌀.
飯場[はんば] 노무자 합숙소 겸 식당.
飯店[はんてん] 반점; 중국 음식점.
飯盒[はんごう] 반합; 밥을 지을 수 있는 그릇.
◑残飯[ざんぱん], 噴飯[ふんぱん]

搬	운반할 반
一 扌 扌 扩 扨 捓 搬 搬 搬 搬	

音 ◉ハン
訓 —

音読

搬送[はんそう] 반송; 운송(運送).
搬送波[はんそうは] ≪物≫ 반송파.
搬入[はんにゅう] 반입; 운반해 들임.
搬出[はんしゅつ] 반출; 운반해 냄.
◑運搬[うんぱん]

頒	반포할 반
丿 八 分 分 分 分 分 頒 頒 頒	

音 ◉ハン
訓 ⊗わかつ ⊗わける

訓読

⊗頒かつ[わかつ] 〈5他〉 ①나누다. ②분배하다. ③구분하다. ④분간하다. 가리다.
⊗頒ける[わける] 〈下1他〉 ①나누다. ②분배하다. ③구분하다. ④분간하다. 가리다.

音読

頒布[はんぷ] 반포; 배포(配布). 널리 나누어줌. ¶小冊子(しょうさっし)を~する 소책자를 배포하다.

盤	쟁반 반
舟 舟 舟 舟 般 般 般 般 盤 盤	

音 ◉バン
訓 —

音読

盤[ばん] ①쟁반. ②(바둑·장기·주사위 등의) 판. ③음반. 레코드판. ④물건을 장치하는 판.
盤踞[ばんきょ] 반거; ①뿌리를 내리고 움직이지 않음. ②뱀이 몸을 사리고 움직이지 않음. ③터전을 잡고 세력을 부림.
盤根錯節[ばんこんさくせつ] 반근착절; ①서린 뿌리와 얽힌 마디. ②사건이 뒤얽혀 해결이 곤란함.
盤台[ばんだい] 얕은 타원형의 대야.
盤台面[ばんだいづら] 떡판 얼굴. 넓적한 얼굴.
盤面[ばんめん] 반면; ①(바둑·장기의) 면. ②(바둑·장기의) 승부의 판세. ③레코드판의 표면.
盤上[ばんじょう] (바둑·장기의) 반상.
磐石[ばんじゃく] 반석; ①큰 바위. ②매우 견고함. 매우 단단함.
盤外[ばんがい] 반외; ①바둑판·장기판의 밖. ②바둑·장기 이외의 대국.

叛×(叛)	배반할 반	音 ⊗ハン ⊗ホン 訓 ⊗そむく

訓読

⊗叛く[そむく] 〈5自〉 ①반항하다. 거역하다. ②반역하다. ③배반하다. 저버리다.

音読

叛軍[はんぐん] 반군; 반란군.
叛旗[はんき] 반기; 반란의 기치(旗幟).
叛徒[はんと] 반도; 반란의 무리들.
叛乱[はんらん] 반란; 반역하여 일으킨 난리.
叛臣[はんしん] 반신; 반역한 신하.
叛心[はんしん] 반심; 반역하는 마음.
叛逆[はんぎゃく] 반역; 배반함.
叛意[はんい] 반의; 반역하려는 생각.
◑謀叛[むほん]

絆	줄 반	音 ⊗ハン ⊗バン 訓 ⊗きずな ⊗ほだす

訓読

⊗絆[きずな] ①굴레. 고삐. ②(끊기 어려운) 정(情). 유대. 인연.
⊗絆す[ほだす] 〈5他〉 (자유를) 붙들어 매다. 속박하다. 얽매다.
絆し[ほだし] ①(자유를) 속박하는 것. 굴레. ②수갑. 족쇄.

絆される[ほだされる] 〈下1他〉 (정에) 이끌리다. 얽매이다. 속박되다.

音読

絆創膏[ばんそうこう] ≪医≫ 반창고; 상처를 보호하거나 붕대를 고정시키는 밴드.

◑脚絆[きゃはん]

斑 얼룩 반	音 ⊗ハン 訓 ⊗まだら ⊗むら

訓読

⊗斑❶[まだら/ふ] 얼룩. 반점(斑点). ❷[むら] ①얼룩짐. ②고르지 못함. ③변덕스러움.

斑鳩[★いかる/いかるが] ≪鳥≫ 고지새.

斑気[むらき/むらぎ] 변덕스러움.

斑濃[むらご] 얼룩지게 하는 염색 방법.

斑馬[まだらうま] 얼룩말.

斑模様[まだらもよう] 얼룩무늬.

斑雪[まだらゆき] 얼룩무늬처럼 여기저기 남아 있거나 쌓여 있는 눈.

斑消え[むらぎえ] 드문드문 사라짐.

斑入り[★ふいり] 점박이. 얼룩덜룩함.

音読

斑猫[はんみょう] ≪虫≫ 반묘; 가뢰.

斑文[はんもん] 반문; 얼룩무늬.

斑紋[はんもん] 반문; 얼룩무늬.

斑斑[はんぱん] ①얼룩짐. 얼룩덜룩함. ②여러 가지 색깔이 뒤섞여 있음.

斑点[はんてん] 반점; 얼룩점.

斑条[はんじょう] 줄무늬.

斑竹[はんちく] 얼룩무늬의 대나무.

〔발〕

抜(拔) 뽑을 발
一 扌 扌 扌 抜 抜 抜

音 ◉バツ

訓 ◉ぬかす ◉ぬかる ◉ぬく ◉ぬける

訓読

1 ◉抜かす[ぬかす] 〈5他〉 ①(중요한 것을) 빠뜨리다. ②거르다. ③따돌리다. ④ ≪俗≫ 지껄이다. ⑤힘이 빠지다. ⑥열중하여 얼이 빠지다.

◉抜かる[ぬかる] 〈5自〉 (부주의로) 실패하다. 실수하다.

抜からぬ顔[ぬからぬかお] ①야무진 얼굴. ②시치미 떼는 얼굴.

抜かり[ぬかり] 실패. 실수. 빠뜨림.

抜かり者[ぬかりもの] 멍청이.

2 ◉抜く[ぬく] 〈5他〉 ①(박힌 것을) 뽑다. 빼내다. ②선발하다. 골라내다. 가려내다. ③(불필요한 것을) 제거하다. 없애다. 빼다. ④거르다. 생략하다. ⑤따라잡다. 앞지르다. ⑥공략하다. 함락시키다. ⑦도둑질하다. 훔치다. ⑧(옷을 입을 때) 목덜미를 드러내다.

抜き[ぬき] ①생략함. 거름. 뺌. ②미꾸라지 뼈를 발라냄. ③병따개. ④(사람 숫자에 접속하여) 계속 이김.

抜きんでる[ぬきんでる] 〈下1自〉 ①출중하다. 빼어나다. 뛰어나다. ②눈에 띄다. 돌출하다. 〈下1他〉 ①선발하다. 골라내다. ②남보다 열심히 하다.

抜(き)撃ち[ぬきうち] ☞ 抜き打ち

抜(き)襟[ぬきえり] ☞ 抜き衣紋

抜き難い[ぬきがたい] 〈形〉 ①제거할 수 없다. 없애기 힘들다. ②함락시키기 어렵다.

抜(き)読み[ぬきよみ] 발췌하여 읽음.

抜き連ねる[ぬきつらねる] 〈下1他〉 (여럿이) 동시에 칼을 빼다.

抜き連れる[ぬきつれる] 〈下1他〉 (여럿이) 동시에 칼을 빼다.

抜き綿[ぬきわた] 헌솜.

抜き放す[ぬきはなす] 〈5他〉 칼을 쑥 빼어 들다. 단숨에 칼을 빼다.

抜き放つ[ぬきはなつ] 〈5他〉 칼을 쑥 빼어 들다. 단숨에 칼을 빼다.

抜(き)本[ぬきほん] ①浄瑠璃(じょうるり)의 일부분을 발췌한 책. ②초본(抄本). 발췌본.

抜(き)写し[ぬきうつし] 발췌하여 복사함. 필요한 부분만 복사함.

抜き糸[ぬきいと] (뜯어낸) 실밥.

抜(き)師[ぬきし] 소매치기. 'すり'의 딴이름.

抜(き)書(き)[ぬきがき] ①발췌하여 씀. 발췌하여 쓴 것. ②(배우 1인용만 뽑아 쓴) 약식 대본(台本).

抜(き)刷(り)[ぬきずり] 발췌 인쇄물.

抜(き)手[ぬきて] 양손을 번갈아 빼내면서 전진하는 수영법.

抜(き)身[ぬきみ] 뽑아 든 칼.

抜(き)染め[ぬきぞめ] 발염.

抜(き)衣紋[ぬきえもん] 깃을 뒤로 젖혀서 목덜미가 드러나게 옷 입는 법.

抜(き)足[ぬきあし] 살금살금 걸음.

抜(き)足差し足[ぬきあしさしあし] 살금살금 걸음.
抜き差し[ぬきさし] ①빼냄과 꽂아 넣음. ②뺌과 보탬. 빼거나 추가함. ③이리저리 변통함. ④몸을 이리저리 움직임.
抜き出す[ぬきだす] 〈5他〉 ①빼내다. ②선발하다. 골라내다.
抜(き)取り[ぬきとり] ①발취; 뽑아냄. 빼냄. ②알맹이를 빼냄. ③(남의 호주머니의) 지갑을 빼냄.
抜き取る[ぬきとる] 〈5他〉 ①발취하다. 뽑아내다. 빼내다. ②알맹이만 훔쳐내다. 빼먹다. ③선발하다. 골라내다. 가려내다.
抜(き)打ち[ぬきうち] ①칼을 뽑자마자 내려침. ②예고 없이 갑자기 함.
抜(き)荷[ぬきに] (보관・수송중인 짐에서) 알맹이만 몰래 빼냄.
抜き合わせる[ぬきあわせる] 〈下1他〉 서로 칼을 빼들고 겨루다.
2◉**抜ける**[ぬける] 〈下1自〉 ①(박힌 물건이) 빠지다. ②(중요한 것이) 누락되다. 빠지다. 탈락되다. ③없어지다. 사라지다. ④(조직에서) 빠져나오다. 이탈하다. ⑤뚫리다. 통하다. ⑥빠져나가다. ⑦얼빠지다. ⑧함락되다. ⑨(하늘・호수가) 끝없이 맑다.
抜け[ぬけ] ①누락됨. 빠짐. 탈락. ②시세가 어느 선을 넘음. ③얼간이.
抜(け)殻[ぬけがら] ①(곤충의) 허물. 벗은 껍질. ②얼빠진 사람. ③빈 껍질. 껍데기.
抜(け)口[ぬけぐち] 책임 전가.
抜(け)駆け[ぬけがけ] ①몰래 남보다 앞질러 적진에 쳐들어감. ②남보다 앞질러 함.
抜け代わる[ぬけかわる] 〈5自〉 (뿔・털・이빨이) 빠지고 새로 나다.
抜(け)道[ぬけみち] ①지름길. 샛길. ②빠져나갈 길. ③빠져나올 방법.
抜(け)落ち[ぬけおち] 누락됨. 탈락. 빠짐.
抜(け)裏[ぬけうら] 뒷길. 샛길.
抜(け)売り[ぬけうり] ①암매(暗売). 몰래 팖. ②밀수. 밀수품.
抜(け)買い[ぬけがい] 몰래 물건을 삼.
抜(け)毛[ぬけげ] 탈모(脱毛). 털이 빠짐. 빠진 털.
抜(け)目[ぬけめ] 허점(虚点). 빈틈.
抜け上がる[ぬけあがる] 〈5自〉 ①(머리털이) 벗어지다. ②투명하다. 속이 비쳐 보이다.
抜(け)字[ぬけじ] 탈자(脱字). 빠진 글자.
抜(け)作[ぬけさく] ≪俗≫ 얼간이. 바보. 등신. 멍청이.
抜け切る[ぬけきる] 〈5自〉 ①(머리털・이가) 완전히 빠져 버리다. ②(나쁜 습관・상태에서) 완전히 벗어나다.
抜(け)参り[ぬけまいり] (江戸(えど) 시대에) 부모나 주인 몰래 伊勢神宮(いせじんぐう)에 참배함.
抜け替わる[ぬけかわる] 〈5自〉 (뿔・털・이빨이) 빠지고 새로 나다.
1**抜け出す**[ぬけだす] 〈5自〉 ①살짝 빠져나가다. 탈출하다. ②(뿔・털・이빨이) 빠지기 시작하다.
抜け出る[ぬけでる] 〈下1自〉 ①살짝 빠져나가다. 탈출하다. ②뛰어나다. 출중하다. 빼어나다. 돋보이다. ③우뚝 솟아나다.
抜(け)荷[ぬけに] (江戸(えど) 시대의) 밀무역. 밀수품.
抜(け)穴[ぬけあな] ①빠져나갈 구멍. ②은밀한 통로. ③(곤경에서) 빠져나갈 수단・방법.

音読

抜剣[ばっけん] 발검; 칼을 빼어듦.
抜群[ばつぐん] 발군; 출중함. 여럿 중에서 뛰어남.
抜根[ばっこん] 발근; 뿌리를 뽑음.
抜刀[ばっとう] 발도; 칼을 빼어듦.
抜錨[ばつびょう] 발묘; 배가 닻을 올리고 출항함.
抜本[ばっぽん] 발본; 근본 원인을 제거함.
抜本塞源[ばっぽんそくげん] 발본색원.
抜糸[ばっし] 발사; (수술 후) 실을 뽑음.
抜山蓋世[ばつざんがいせい] 발산개세; 산을 뽑을 만한 힘과 세상을 뒤덮을 기력.
抜粋[ばっすい] 발췌. 필요한 부분만 골라 뽑음.
抜染[ばっせん] 발염.
抜歯[ばっし] 발치; 이를 뽑음.
抜擢[ばってき] 발탁; 여러 사람 중에서 선발하여 채용함.

発(發) 필/떠날/쏠 발

発

音 ◉ハツ ◉ホツ
訓 ⊗あばく ⊗たつ

訓読

⊗**発く**[あばく] 〈5他〉 ①파헤치다. ②폭로하다. 들추어내다.

発き立てる[あばきたてる] 〈下1他〉 마구 들추어내다. 마구 폭로하다. 까발리다.

発き出す[あばきだす] 〈5他〉 마구 들추어내다. 마구 폭로하다. 까발리다.

⊗発つ[たつ] 〈5自〉 출발하다. 떠나다.

音読

[2]発[はつ] 발; ①출발. ②발신(発信). ③발사된 총알의 수효. ④때린 횟수. ⑤비행기 엔진의 수효.

発する[はっする] 〈サ変自〉 ①시작되다. ②출발하다. 떠나다. ③(효력이) 나타나다. 〈サ変他〉 ①시작하다. 일으키다. ②(빛·소리를) 발하다. 생기게 하다. ③(화살·총을) 쏘다. 발사하다. ④발표하다. 알리다. ⑤파견하다. 보내다.

発覚[はっかく] 발각; 모두에게 드러남.

発刊[はっかん] 발간; 책을 출판함.

[2]発見[はっけん] 발견; 찾아냄.

発光[はっこう] 발광; 빛을 냄.

発狂[はっきょう] 발광; 미침.

発句[ほっく] ①시가(詩歌)의 첫 구. ②俳句(はいく).

[1]発掘[はっくつ] 발굴; 땅 속에 묻혀 있는 것을 파냄.

発券[はっけん] 발권; 돈·승차권 등을 발행함.

発根[はっこん] 발근; 뿌리가 남.

発禁[はっきん] 발금; 발매(発売) 금지.

発給[はっきゅう] 발급; 발행하여 줌.

発起[ほっき] 발기; ①계획을 세워 일을 시작함. ②불심(仏心)을 일으킴.

発起人[ほっきにん] 발기인; 어떤 활동을 꾀하여 일으키는 사람.

発端[ほったん] 발단; 일의 시작. 실마리.

[2]発達[はったつ] 발달; 진보. 성장.

発動[はつどう] 발동; ①움직이기 시작함. ②동력을 일으킴.

発頭❶[ほっとう] 발두; 맨 처음으로 계획함·일으킴. ❷[はつがしら] 한자(漢字) 부수의 하나로 '発·登' 등의 '癶' 부분을 말함.

発頭人[ほっとうにん] 어떤 일을 맨 처음 일으키거나 계획한 사람. 주모자(主謀者).

発令[はつれい] 발령; 명령을 내림.

発露[はつろ] 발로; 겉으로 드러남.

[2]発売[はつばい] 발매; 팔기 시작함.

[2]発明[はつめい] ① 〈形動〉 영리함. 총명함. ②발명; 없던 것을 만들어 냄.

発毛剤[はつもうざい] 발모제; 머리털이 나게 하는 약.

発問[はつもん] 발문; 질문을 던짐.

[1]発病[はつびょう] 발병; 병이 남.

発憤[はっぷん] 발분; 분발(奮発).

発奮[はっぷん] 발분; 분발(奮発).

[2]発射[はっしゃ] 발사; (화살·총·전파 등을) 쏨.

発散[はっさん] 발산; ①밖으로 내뿜음. ②광선이 한 지점에서 퍼져 나감.

発喪[はつも] 발상; 황실(皇室)의 상(喪).

発祥地[はっしょうち] 발상지; 맨 처음 시작된 곳.

[2]発想[はっそう] 발상; ①착상(着想). 생각이 남. ②감정을 표현함. ③《楽》 연주로 표현함.

発色[はっしょく] 발색; 제 색깔이 남.

[1]発生[はっせい] 발생; 생겨남.

発声[はっせい] 발성; ①소리를 냄. ②선창(先唱)함. ③맨 먼저 和歌(わか)를 읊음.

発送[はっそう] 발송; 물건을 보냄.

発受[はつじゅ] 발수; 발송과 수취.

発信[はっしん] 발신; 우편물·서신·신호를 보냄.

発心[ほっしん] 발심; ①결심(決心). ②삭발하고 중이 됨.

[1]発芽[はつが] 발아; (식물의) 싹이 틈.

発案[はつあん] 발안; ①안을 냄. 생각을 냄. ②의안(議案)의 제출.

発癌[はつがん] 발암; 암이 발생함.

発揚[はつよう] 선양(宣揚). 널리 알림.

[1]発言[はつげん] 발언; 의견을 말함.

発駅[はつえき] ①출발역. ②화물의 발송역.

発煙[はつえん] 발연; 연기를 냄.

発熱❶[はつねつ] 발열; ①물체가 열을 냄. ②체온이 높아짐. ❷[ほつねつ] 병으로 열이 남.

発熱体[はつねつたい] 발열체.

発源[はつげん] 발원; ①물이 솟아 흐르는 원천. ②사물의 기원(起源).

[1]発育[はついく] 발육; 발달하여 자람.

[3]発音[はつおん] 발음; 목소리나 소리를 냄.

発意❶[はつい] 발의; ①계획·의견을 냄. ②어떤 일을 생각해 냄. ❷[ほつい] ①어떤 일이 생각남·생각해 냄. ②《仏》 보리심(菩提心).

発議[はつぎ/ほつぎ] 발의; 회의에서 의견·의논을 제창함.

1 **発作**[ほっさ] ≪医≫ 발작; 어떤 병세가 갑자기 일어남.
発赤[はっせき/ほっせき] ≪医≫ 발적; 피부가 붉어짐.
2 **発展**[はってん] 발전; ①매우 번영함. 널리 뻗어 나감. ②다음 단계로 옮겨감. ③많은 이성(異性)과 사귐.
発展家[はってんか] ≪俗≫ 플레이보이. 바람둥이.
2 **発電**[はつでん] 발전; 전기를 일으킴.
発電所[はつでんしょ] 발전소.
発条[★ばね] ①용수철. 스프링. ②탄력성. 순발력.
発条秤[★ばねばかり] 용수철저울.
1 **発足**❶[ほっそく] 발족; ①어떤 단체의 일이 시작됨. ②길을 떠남. 출발함. ❷[はっそく] (여행 등을) 떠남. 출발함.
発走[はっそう] 발주; (경기의) 스타트.
発注[はっちゅう] 발주; 주문을 함.
発疹[はっしん] ≪医≫ 발진.
発振[はっしん] 발진; 전기진동을 일으킴.
発進[はっしん] 발진; (자동차・비행기・군함 등이) 출발함.
2 **発車**[はっしゃ] 발차; 차가 출발함.
発着[はっちゃく] 발착; 출발과 도착.
発出[はっしゅつ] 발출; 발생하여 나타남.
発破[はっぱ] 발파; 화약으로 암석을 폭파함.
発布[はっぷ] 발포; 세상에 널리 알림.
発泡[はっぽう] 발포; 거품이 남.
発疱[はっぽう] 발포; 피부에 물집이 생김.
発砲[はっぽう] 발포; 총을 쏨.
2 **発表**[はっぴょう] 발표; 널리 세상에 알림.
発汗[はっかん] 발한; 땀이 남.
2 **発行**[はっこう] 발행; 책・우표・화폐・상품권・증권・증명서・입장권 등을 만들어 세상에 내놓음.
発向[はっこう] 발향; 목적지로 떠남.
発火[はっか] 발화; ①불이 남. ②총포에 화약만 넣고 공포를 쏨.
発火点[はっかてん] 발화점; ①착화점(着火点). ②사건 돌발의 계기.
発効[はっこう] 발효; 효력이 발생함.
発酵[はっこう] 발효; 유기물이 미생물에 의해서 분해됨.
発会[はっかい] 발회; ①어떤 모임이 처음으로 개최됨. ②(증권거래소에서) 그 달의 첫 입회일.
2 **発揮**[はっき] 발휘; 떨치어 나타냄.

鉢 바리때 발

丿 亼 今 金 金 金一 針 鈢 鉢 鉢

音 ◉ハチ ◉ハツ
訓 —

音読

2 **鉢**[はち] ①(중의 밥그릇) 바리때. ②주발. 사발. ③화분(花盆). ④머리통. 두개골. ⑤투구의 머리 부분.
鉢叩き[はちたたき] 징이나 표주박을 치며 염불을 하면서 춤을 추는 중.
鉢巻(き)[はちまき] 머리띠.
鉢の木[はちのき] 화분에 심은 나무.
鉢物[はちもの] ①분재(盆栽). ②그릇에 담은 안주.
鉢坊主[はちぼうず] ①탁발승(托鉢僧). ②품행이 나쁜 중.
鉢生け[はちいけ] 화분에 심긴 화초.
鉢植(え)[はちうえ] 화분(花盆).
鉢の子[はちのこ] 탁발승의 쇠 바리때.
鉢合(わ)せ[はちあわせ] ①박치기. ②정면충돌. ③(꺼리는 사람과) 맞닥뜨림. 딱 마주침.
◑**衣鉢**[いはつ], **托鉢**[たくはつ], **捨鉢**[すてばち], **植木鉢**[うえきばち], **乳鉢**[にゅうばち]

髪(髮) 머리카락 발

丨 厂 ⺕ 巨 镸 髟 髟 髪 髪 髪

音 ◉ハツ
訓 ◉かみ

訓読

3 ◉**髪**[かみ] ①머리털. 머리카락. ②머리 모양. 헤어스타일.
髪綱[かみづな] 머리털로 꼰 줄. ＊신앙의 표시로 절에 바침.
髪結い[かみゆい] 머리를 땋거나 쪽찜. 또는 그런 가게.
髪結い床[かみゆいどこ] (江戸(えど) 시대의) 이발소.
髪結いの亭主[かみゆいのていしゅ] 아내가 버는 돈으로 생활하는 남편.
髪冠[かみかんむり] 한자(漢字) 부수(部首)의 터럭발변.
髪筋[かみすじ] ①빗질한 자국. ②머리카락. ③아주 적은 것.

³髪の毛[かみのけ] 머리털. 머리카락.
髪癖[かみくせ] 머릿결.
髪上げ❶[かみあげ] ①땋은 머리. 묶은 머리. ②(옛날) 여자의 성인식(成人式). 머리 올리기. ❷[くしあげ] 머리를 빗어 올림.
髪床[かみどこ] (江戸(えど) 시대의) 이발소.
髪洗い[かみあらい] 세발. 머리감기.
髪飾り[かみかざり] ①머리치장. ②머리 장식품. 머리꾸미개.
髪油[かみあぶら] 머릿기름.
髪切り[かみきり] ①머리를 자름. 또는 그 도구. ②머리를 짧게 자른 여자. ③머리가 잘린 것처럼 빠지는 병. ④창녀가 진심을 보이기 위해 머리를 잘라 남자에게 줌.
髪切虫[かみきりむし] ≪虫≫ 하늘소.
髪亭[かみてい] 아내가 버는 돈으로 생활하는 남편.
髪際[かみぎわ/はっさい] 머리털이 난 언저리.
髪形[かみかたち] ①머리 모양. 헤어스타일. ②두발과 얼굴 생김새.
髪型[かみがた] 머리 모양. 헤어스타일.

音読

髪膚[はっぷ] 발부; ①머리털과 피부. ②몸 전체.
◑金髪[きんぱつ], 断髪[だんぱつ], 散髪[さんぱつ], 洗髪[せんぱつ], 銀髪[ぎんぱつ]

勃 활발할 발	音 ⊗ボツ 訓 —

音読

勃起[ぼっき] 발기; ①갑자기 일어남. ②≪医≫ (음경의) 발기.
勃起力[ぼっきりょく] (음경의) 발기력.
勃発[ぼっぱつ] 발발; (전쟁이) 갑자기 일어남.
勃勃[ぼつぼつ] 발발; 힘차게 일어남.
勃然[ぼつぜん] 발연; ①갑자기 일어남. ②갑자기 화를 냄.
勃興[ぼっこう] 발흥; 갑자기 흥해짐.

撥 튕길 발	音 ⊗ハツ ⊗バチ 訓 ⊗はねる

訓読

⊗撥ねる[はねる] 〈下1他〉 ①(글씨를 쓸 때) 붓끝을 추켜올리다. 삐치다. ②튀기다. 들이받다. ③퇴짜 놓다. ④(불량품을) 골라내다. 가려내다. 제거하다. ⑤(일부를) 삥땅치다. 떼어먹다.
撥ね[はね] ①(글씨를 쓸 때) 끝을 추켜올림. 삐침. ②(일부를) 삥땅침.
撥ねかす[はねかす] 〈5他〉 튀기다.
撥ね掛かる[はねかかる] 〈5自〉 (물・흙탕이) 튀어 오르다.
撥ね掛ける[はねかける] 〈下1他〉 ①(물・흙탕을) 튀기어 뒤집어씌우다. ②남에 죄를 뒤집어씌우다.
撥(ね)物[はねもの] (흠이 있는) 불량품.
撥ね付ける[はねつける] 〈下1他〉 ①(부딪쳐 오는 것을) 다시 튀기다. ②퇴짜 놓다. 거절하다. 물리치다.
撥ね上げる[はねあげる] 〈下1他〉 ①(물・흙탕을) 튀기어 올리다. 튀기다. ②차올리다. ③물가를 갑자기 많이 올리다.
撥(ね)者[はねもの] 따돌림 받는 사람.
撥(ね)銭[はねせん] ①소개료. 구전(口銭). ②(남의 돈 일부를) 삥땅침. 떼어먹음.
撥ね除ける[はねのける] 〈下1他〉 ①(불량품을) 골라내다. 가려내다. 제거하다. ②밀어 제치다. ③물리치다. 떨쳐버리다.
撥(ね)釣瓶[はねつるべ] 방아두레박.
撥(ね)荷[はねに] ①따로 제쳐둔 화물. ②(난파당한 배에서) 바다에 버리는 화물.

音読

撥[ばち] ①(현악기의) 줄을 튕기는 도구. 발목(撥木). 술대. ②북채. 징채.
撥乱[はつらん] 발란; 난세를 평정함.
撥無[はつむ] 발무; 뿌리쳐 부정함.
撥水[はっすい] (천・종이 등이) 물을 받지 않는 일.
撥音❶[ばちおと] 발목(撥木)으로 악기를 연주하는 소리. ❷[はつおん] ≪語学≫ 콧소리(鼻音)의 하나로서 'ん'의 음.
撥鬢[ばちびん] (江戸(えど) 시대의) 남자 머리 모양의 하나.

방

方 모/네모/방향 방
' 亠 ㄅ 方

音 ◉ホウ
訓 ◉かた

訓読

4◉方❶[かた] ①분. *남에 대한 높임말. ②(둘 중에 한쪽) 편. 쪽. 담당. 담당자. ③(이름 밑에 접속하여) 댁. ④(동사 ます형에 접속하여) …하는 방법. …방식. ⑤…을 함. …하기. ⑥즈음. 시절. ⑦장소. 곳. ⑧방향. 방위. ❷[ほう] ☞ [音読]

方忌み[かたいみ] (陰陽道에서) 방위가 막힌 것을 꺼림. 손 있는 쪽을 꺼림.

方方❶[かたがた] ①여러분. ②당신들. 분들. ③여기저기. 여러 가지. 이것저것. ❷[ほうぼう] ☞ [音読]

方塞(が)り[かたふさがり] (陰陽道에서) 방위가 막혀·손이 있어서 가지 못함.

方屋[かたや] ①(씨름 선수들이) 좌우·동서로 나뉘어 대기하는 곳. ②씨름판.

方違え[かたちがえ] (平安(へいあん) 시대의 미신의 하나로) 목적지의 방위가 나쁘면, 그 전날 다른 곳에서 1박하고 방위를 바꿔 목적지로 갔던 일.

方人[かたうど] ①(歌合(うたあ)わせ에서) 두 편중의 한쪽 편. ②한패. 같은 편.

方偏[かたへん] 모방변. *한자(漢字) 부수의 하나로 '旅·旗' 등의 '方' 부분을 말함.

音読

4方❶[ほう] ①쪽. 편. ②방위. 방향의 길흉. ③분야. 방면. 계통. ❷[かた] ☞ [訓読]

2方角[ほうがく] ①방위. ②방향. 쪽. 진로. ③방침(方針). ④견해(見解). 각도(角度).

方角違い[ほうがくちがい] ①엉뚱함. 뚱딴지같음. ②목적과 다른 방향.

方今[ほうこん] 방금; 현재.

方図[ほうず] ≪俗≫ 제한. 끝. 한도.

方途[ほうと] 방도; 방법.

方略[ほうりゃく] 방략; 방책. 계략.

方里[ほうり] 방리; 사방 10리.

2方面[ほうめん] 방면; ①그 방향. ②분야.

方面隊[ほうめんたい] 일본 육상 자위대 부대 편성의 하나.

2方方❶[ほうぼう] 이곳저곳. 사방. 여기저기. ❷[かたがた] ☞ [訓読]

2方法[ほうほう] 방법; 수단.

方墳[ほうふん] 방분; 네모난 고분(古墳).

方士[ほうし] 방사; 도사(道士).

方所[ほうしょ] 방향과 장소.

方術[ほうじゅつ] 방술; ①수단. 방법. ②기술. 기예(技芸).

1方式[ほうしき] 방식; 법칙. 법식(法式).

方眼紙[ほうがんし] 방안지; 모눈종이.

2方言[ほうげん] 방언; 사투리.

方円[ほうえん] 방원; 네모와 원.

方位[ほうい] 방위; ①방향. ②방향의 길흉(吉凶).

方音[ほうおん] 방음; 사투리 발음.

方丈[ほうじょう] ①사방 약 3.03미터의 방. ②승려의 방. ③주지(住持).

方丈記[ほうじょうき] 기원 1212년에 완성된 鴨長明(かものちょうめい)의 수필 작품. *불교의 무상관(無常観)이 주류임.

2方程式[ほうていしき] ≪数≫ 방정식.

方剤[ほうざい] 방제; ①조제한 약. ②약을 조제함. 조제한 방법.

方舟[★はこぶね] 방주; 네모난 배.

方陣[ほうじん] 방진; ①네모난 진. ②마방진(魔方陣).

1方策[ほうさく] 방책; ①문서. ②계략. 수단. 방법.

方処[ほうしょ] 방처; 방향과 장소.

方尖柱[ほうせんちゅう] 방첨주.

方尖塔[ほうせんとう] 방첨탑; 오벨리스크.

方寸[ほうすん] 방촌; ①사방 3.03㎝. 사방 한 치. ②매우 비좁음. ③마음. 심중.

方錐[ほうすい] 방추; ①네모꼴 송곳. ②≪数≫ 바닥면이 정사각형인 각뿔.

2方針[ほうしん] 방침; 계획과 방향.

方便[ほうべん] 방편; ①수단. 방법. ②≪仏≫ 중생을 제도하기 위한 온갖 수단·방법.

方解石[ほうかいせき] ≪鉱≫ 방해석.

2方向[ほうこう] 방향; ①방위. ②방침. 목표.

方向板[ほうこうばん] 방향판.

方向舵[ほうこうだ] (비행기의) 방향타.

坊 동네 방

一 十 土 圹 圹 坊 坊

音 ◉ボウ ◉ボッ

訓 —

音読

坊[ぼう] ①동궁(東宮). ②중. 승려. ③절. 승방(僧房).

2坊さん[ぼうさん] 스님. *친근한 호칭.

2坊ちゃん[★ぼっちゃん] ①도련님. 아드님. ②철부지. 철없는 남자.

2坊や[ぼうや] ①아가! 아가야! *사내아이의 호칭. ②철부지. 철없는 젊은 남자.

坊間[ぼうかん] 시중(市中). 항간(巷間).
坊本[ぼうほん] 민간인이 발행한 책.
坊舎[ぼうしゃ] 중이 사는 집.
坊主[ぼうず] ①중. 주지. ②까까머리. ③짧게 깎은 머리. ④꼬마. *사내아이의 애칭. ⑤(화투의) 공산명월(空山明月). ⑥낚시로 물고기를 한 마리도 잡지 못함. ⑦옛날, 성중(城中)에서 허드렛일을 하는 사람.
坊主襟[ぼうずえり] 아주 짧은 목.
坊主頭[ぼうずあたま] 까까머리.
坊主山[ぼうずやま] 민둥산.
坊主丸儲け[ぼうずまるもうけ] 한 푼도 투자하지 않고 이익을 통째로 얻음.
坊主還り[ぼうずがえり] 환속한 사람.

妨 방해할 방

亻 女 女 女' 女' 妨 妨

音 ◉ボウ
訓 ◉さまたげる

訓読

2◉妨げる[さまたげる] 〈下1他〉 (남이 하고자 하는 어떤 일을) 방해하다. 훼방을 놓다. 지장을 주다. 가로막다.
妨げ[さまたげ] 방해. 훼방. 지장
妨げない[さまたげない] 〈形〉 무방(無妨)하다. 상관없다.

音読

妨害[ぼうがい] 방해; 남의 일에 해살을 놓아 못하게 함.

芳 꽃다울 방

一 十 艹 艹 芏 芳 芳

音 ◉ホウ
訓 ◉かんばしい

訓読

◉芳しい[かんばしい] 〈形〉 ①향기롭다. 향긋하다. ②훌륭하다. 명예롭다.
芳しくない[かんばしくない] 좋지 않다. 바람직하지 않다.

音読

芳紀[ほうき] 방기; 방년(芳年). 젊은 여성의 나이에 대한 존경어임.
芳年[ほうねん] 방년; 꽃다운 나이.
芳名[ほうめい] 방명; ①명성. 좋은 평판. ②존함. 남의 이름에 대한 존경어임.
芳墨[ほうぼく] 방묵; ①향기로운 먹. ②남의 서신·필적에 대한 존경어임.
芳墨帳[ほうぼくちょう] 서명장(署名帳).
芳書[ほうしょ] 방서; 남의 편지에 대한 존경어임.
芳醇[ほうじゅん] 방순; 향기가 많고 맛이 좋음.
芳情[ほうじょう] 방정; 남의 후의의 존경어임.
芳志[ほうし] 방지; 남의 후의의 존경어임.
芳香[ほうこう] 방향; 꽃다운 향기.

防 막을 방

⁷ 了 阝 阝' 阝' 防 防

音 ◉ボウ
訓 ◉ふせぐ

訓読

2◉防ぐ[ふせぐ] 〈5他〉 ①(적의 공격을) 막다. 방어하다. ②(재해 등을) 방지하다. 예방하다. 막다.
防ぎ[ふせぎ] ①(적의 공격을) 방어함. 방어하는 도구. ②경호원.

音読

防共[ぼうきょう] 방공; 공산주의 세력에 대한 방위(防衛).
防空[ぼうくう] 방공; 공중에 대한 방어.
防空頭巾[ぼうくうずきん] 방공 두건; 공습 때에 머리를 보호하기 위한 두건.
防空壕[ぼうくうごう] 방공호.
防具[ぼうぐ] (검도의) 방어용 도구.
防毒[ぼうどく] 방독; 독성을 막아냄.
防塁[ぼうるい] 방루; 요새(要塞).
2防犯[ぼうはん] 방범; 범죄를 방지함.
防壁[ぼうへき] 방벽; 공격을 방어하기 위한 벽.
防腐剤[ぼうふざい] 방부제.
防備[ぼうび] 방비; 방위(防衛).
防砂堤[ぼうさてい] 방사제; 토사의 유출·붕괴를 방지하기 위해 쌓은 둑.
防塞[ぼうさい] 방색; 바리케이드.
防雪林[ぼうせつりん] 방설림; 눈보라를 방지하기 위해 조성한 삼림.
防水[ぼうすい] 방수; 물이 스미지 못하게 함.

防湿剤[ぼうしつざい] 방습제; 습기가 차는 것을 방지하는 재료.
防食[ぼうしょく] 방식; 금속의 부식을 방지함.
防遏[ぼうあつ] 방알; 방지(防止).
防圧[ぼうあつ] 방압; 방지(防止).
防御[ぼうぎょ] 방어; 공격을 막아냄.
防疫[ぼうえき] 방역; 전염병을 예방함.
防熱服[ぼうねつふく] 방열복.
1防衛[ぼうえい] 방위; 막아서 지킴.
防音[ぼうおん] 방음; 잡음이나 반사음을 막음.
防人[★さきもり] 옛날, 九州(きゅうしゅう) 해안의 방비를 위해 전국에서 선발한 군인.
防災[ぼうさい] 방재; 재해를 방지함.
防戦[ぼうせん] 방전; 방어전(防禦戦).
防除[ぼうじょ] 방제; 농작물의 병충해(病虫害)를 예방함.
防潮堤[ぼうちょうてい] 방조제; 해일과 높은 파도의 피해를 막기 위해 쌓은 뚝.
2防止[ぼうし] 방지; 막아서 멎게 함.
防塵[ぼうじん] 방진; 먼지가 들어가는 것을 막음.
防諜[ぼうちょう] 방첩; 간첩의 활동을 막음.
防縮[ぼうしゅく] 방축; 천의 수축을 막음.
防虫剤[ぼうちゅうざい] 방충제; 해충을 방지하는 약제.
防臭剤[ぼうしゅうざい] 방취제; 나쁜 냄새를 방지하는 약제.
防弾[ぼうだん] 방탄; 총알을 막음.
防波堤[ぼうはてい] 방파제; 해일과 높은 파도의 피해를 막기 위해 쌓은 뚝.
防風[ぼうふう] 방풍; ① ≪植≫ 방풍나물. ②바람을 막음.
防寒[ぼうかん] 방한; 추위를 막음.
防護[ぼうご] 방호; 막아서 지켜 보호함.
1防火[ぼうか] 방화; 화재가 났을 때 불이 번져 타는 것을 막음.

邦(邦) 나라 방

一 = 三 丰 丰' 邦 邦

音 ◉ホウ
訓 —

音読

邦家[ほうか] 방가; 나라. 국가.
邦文[ほうぶん] 방문; ①자기 나라의 문자. ②일본어 문자.
邦楽[ほうがく] 방악; ①국악(国楽). ②일본 전통 음악.
邦訳[ほうやく] 방역; 일본어로 번역함.
邦人[ほうじん] 방인; ①자국인(自国人). ②해외 교포(僑胞).
邦字[ほうじ] ①자기 나라 문자. ②일본어 문자.
邦土[ほうど] 방토; 국토(国土).
邦画[ほうが] 방화; 자기 나라의 그림・영화.
邦貨[ほうか] 방화; 자기 나라의 화폐.

房(房) 방/집 방

一 ㅋ ヨ 戸 戸 戸 房 房

音 ◉ボウ
訓 ◉ふさ

訓読

◉房[ふさ] ①(포도・바나나 등의) 송이. ②(여러 가닥의 실로 구슬처럼 만든) 술.
房房と[ふさふさと] 주렁주렁. 치렁치렁.
房飾り[ふさかざり] 술로 된 장식.
房楊枝[ふさようじ] 술처럼 만든 이쑤시개.
◑玉房[たまぶさ], 乳房[ちぶさ], 花房[はなぶさ]

音読

房事[ぼうじ] 방사; 남녀 간의 섹스 행위.
房事過多[ぼうじかた] 방사 과다; 섹스를 지나치게 많이 함.

放 놓을/내쫓을 방

' 亠 方 方 方' 方' 於 放

音 ◉ホウ
訓 ◉はなす ◉はなつ ◉はなれる ⊗ほうる

訓読

2◉放す[はなす] 〈5他〉 ①(손에 잡고 있던 것을) 놓다. ②(매인 것을) 놓아주다. 풀어주다.
放し馬[はなしうま] 방목(放牧)하는 말.
放し飼い[はなしがい] 방사; 방목(放牧). 가축을 놓아서 기름.
◉放つ[はなつ] 〈5他〉 *'放(はな)す'보다는 문어적(文語的)임. ①(매인 것을) 놓아주다. 풀어주다. ②(화살・총알을) 쏘다. 발사하다. ③(빛・소리・냄새 등을) 내다. 발하다. ④방화하다. 불을 지르다. ⑤파견하다. 보내다. ⑥시선을 향하다. ⑦≪古≫ 추방하다. ⑧≪古≫ 물리치다. 멀리하다.

2⊗放る[ほうる] 〈5他〉 ①(멀리) 던지다. 내던지다. ②포기하다. 집어치우다. ③방치하다.
放り上げる[ほうりあげる] 〈下1他〉 높이 던져 올리다.
1放り込む[ほうりこむ] 〈5他〉 던져 넣다.
放り出す[ほうりだす] 〈5他〉 ①밖으로 던져 내다. ②내팽개치다. ③포기하다. 집어치우다. 내동댕이치다. ④아낌없이 내놓다.
放り投げる[ほうりなげる] 〈下1他〉 ①멀리 던지다. 내팽개치다. 내동댕이치다. ②(해야 할 일을) 내팽개치다. 내버려두다.
◉放れる[はなれる] 〈下1自〉 ①(매인 것이) 놓이다. 풀리다. 풀려나다. ②(화살・총알이) 발사되다.
放れ馬[はなれうま] 고삐 풀린 말. 주인 없이 제멋대로 날뛰는 말.

音読

放歌[ほうか] 방가; 큰 소리로 노래함.
放歌高吟[ほうかこうぎん] 고성방가(高声放歌).
放課後[ほうかご] 방과 후; 그 날의 학과 수업이 끝난 후.
放光[ほうこう] 방광; 빛을 발함.
放校[ほうこう] 방교; 퇴학(退学)시킴.
1放棄[ほうき] 포기(抛棄)함. 버려버림.
放念[ほうねん] 방념; 안심(安心).
放尿[ほうにょう] 방뇨; 소변을 봄.
放胆[ほうたん] 방담; 매우 담대함.
放談[ほうだん] 방담; 생각나는 대로 거리낌 없이 말함.
放浪[ほうろう] 방랑; 정처 없이 떠돌아다님.
放列[ほうれつ] 방렬; ①(사격하기 위한) 대포(大砲)의 대열. ②(촬영하기 위한) 카메라 대열.
放流[ほうりゅう] 방류; ①막았던 물을 흘려보냄. ②양식하기 위해 치어(稚魚)를 물에 놓아줌.
放漫[ほうまん] 방만; 제멋대로임.
放免❶[ほうめん] 방면; ①풀어 줌. ②≪法≫ 석방. ❷[ほうべん] 옛날에, 유형(流刑) 대신에 '検非違使庁(けびいしちょう)'에서 첩보원 노릇을 하던 사람.
放牧[ほうぼく] 방목; 가축을 놓아서 기름.
放物線[ほうぶつせん] ≪数≫ 포물선(抛物線).
放伐[ほうばつ] 방벌; 악한 임금을 몰아냄.
放屁[ほうひ] 방비; 방귀를 뀜.
1放射[ほうしゃ] 방사; 중앙의 한 지점에서 그 주위 사방으로 내뻗침.
1放射能[ほうしゃのう] 방사능.
放散[ほうさん] 방산; 널리 흩뜨림.
放生[ほうじょう] 방생; 잡은 동물을 풀어 줌.
放線菌[ほうせんきん] 방선균; 세균과 곰팡이의 중간적인 성질을 가진 미생물.
放笑[ほうしょう] 방소; 큰 소리로 웃음.
3放送[ほうそう] 방송; 전파를 보냄.
放送局[ほうそうきょく] 방송국.
放水[ほうすい] 방수; ①물을 끌어 흘려보냄. ②(소화 펌프로) 물을 멀리 뿌림.
放心[ほうしん] 방심; ①다른 일에 정신이 팔려 멍함. ②안심(安心).
放言[ほうげん] 방언; 무책임한 발언.
放熱器[ほうねつき] 방열기; 라디에이터.
放映[ほうえい] 방영; ①TV 방송. ②극장용 영화를 TV로 방송함.
放逸[ほういつ] 방일; 제멋대로임.
放任[ほうにん] 방임; 간섭하지 않음.
放資[ほうし] 방자; ①자본을 투자함. ②주식 투자.
放恣[ほうし] 방자; 교만함.
放電[ほうでん] ≪物≫ 방전; ①축전지에서의 전기 유출. ②절연체를 통해 두 전극 사이에 흐르는 전류.
放題[ほうだい] (동사 ます형에 접속하여) 마음대로 …함. …하고 싶은 대로 실컷 함.
放鳥[ほうちょう] 방조; 잡은 새를 놓아줌.
放縦[ほうじゅう] 방종; 제멋대로 행동함.
放逐[ほうちく] 방축; 추방. 쫓아냄.
1放出[ほうしゅつ] 방출; ①분출. 세차게 내뿜음. ②비축한 것을 일반에게 내놓음.
1放置[ほうち] 방치; 내버려 둠.
放蕩[ほうとう] 방탕; 주색(酒色)에 빠져 제멋대로 생활함.
放下❶[ほうか] 방하; ①아래로 내던짐. ②아래로 내림. ③田楽(でんがく)에서 나온 곡예. ❷[ほうげ] ①≪仏≫ 모든 집착을 버리고 해탈함. ②방치함. 내팽개침.
放下師[ほうかし] 곡예사.
放下僧[ほうかぞう] 중 모습의 곡예사.
放火[ほうか] 방화; 일부러 불을 지름.

肪 비계/기름 방

丿 刀 月 月 月' 月⁻ 肪 肪

音 ◉ボウ
訓 —

音読

◑脂肪[しぼう], 脂肪酸[しぼうさん]

倣 본받을 방

丿 亻 亻 仿 仿 仿 倣 倣 倣 倣

音 ◉ホウ
訓 ◉ならう

訓読

[2]◉**倣う**[ならう] 〈5他〉 흉내 내다. 모방하다. 본받다. 따르다.

音読

◑**模倣**[もほう]

紡 실뽑을 방

𠃋 幺 幺 糸 糸 糸 糸' 紡 紡 紡

音 ◉ボウ
訓 ◉つむぐ

訓読

◉**紡ぐ**[つむぐ] 〈5他〉 (누에고치·목화에서) 실을 잣다. 실을 뽑다.
紡ぎ歌[つむぎうた] 실을 자으면서 부르는 노래.
紡ぎ糸[つむぎいと] 허드렛고치·풀솜 등으로 자은 실.

音読

紡毛[ぼうもう] 방모; 털을 자아 실을 뽑음.
[1]**紡績**[ぼうせき] 방적; 실을 자음. 제사(製糸).
紡績糸[ぼうせきいと] 방적사.
紡績織り[ぼうせきおり] 방적사로 짠 직물.
紡織機[ぼうしょくき] 방직기; 방직 기계.
紡錘[ぼうすい] 방추; 물레의 가락.

傍 곁 방

亻 亻 亻 仿 仿 倅 倅 倅 傍 傍

音 ◉ボウ ⊗ホウ
訓 ◉かたわら ⊗おか ⊗はた ⊗わき

訓読

◉**傍ら**[かたわら] ①곁. 옆. ②…하는 한편. …함과 동시에.
⊗**傍目** ❶[おかめ] 곁에서 구경함. ❷[はため] 옆에서 보는 눈. 남의 눈.
傍目八目[おかめはちもく] 훈수 초단.
傍迷惑[はためいわく] (주위에) 폐를 끼침.
傍焼き[おかやき] (남의 사이를) 시새함.
傍役[わきやく] ①(연극의) 조연(助演). ②보좌역. 보조 역할.
傍惚れ[おかぼれ] ①짝사랑. ②(바람기로 약간 좋아하게 된) 애인.

音読

傍系[ぼうけい] 방계; 직계에서 갈라져 나온 계통.
傍観[ぼうかん] 방관; 곁에서 봄.
傍線[ぼうせん] 방선; 글자 옆에 그은 줄.
傍受[ぼうじゅ] 방수; 무선 통신을 제3자가 들음.
傍若無人[ぼうじゃくぶじん] 방약무인; 사람을 무시함.
傍点[ぼうてん] 방점; 글자 옆에 찍은 점.
傍注[ぼうちゅう] 방주; 본문 옆에 단 주석.
傍証[ぼうしょう] 방증; 범죄의 증명에 간접적으로 도움이 되는 증거.
傍聴人[ぼうちょうにん] 방청인; 회의·공판·공개 방송의 상황을 옆에서 보는 사람.

訪 방문할 방

亠 亠 言 言 言 言 言' 訁 訪 訪

音 ◉ホウ
訓 ◉たずねる ◉おとずれる ⊗とう

訓読

[3]◉**訪ねる**[たずねる] 〈下1他〉 ①방문하다. 찾아가다. 심방하다. ②(명소 등을) 답사하다. 찾다.
[1]◉**訪れる**[おとずれる] 〈下1自〉 ①방문하다. 찾아가다. ②(계절·때가) 찾아오다. 오다. ③ ≪古≫ 편지하다. 소식을 묻다. 안부하다.
⊗**訪う**[とう] 〈5他〉 찾다. 찾아가다. 방문하다. 심방하다.

音読

訪客[ほうきゃく/ほうかく] 방문객.
訪欧[ほうおう] 방구; 유럽을 방문함.
[2]**訪問**[ほうもん] 방문; 남의 집을 찾아감.
訪米[ほうべい] 방미; 미국을 방문함.
訪仏[ほうふつ] 방불; 프랑스를 방문함.
訪英[ほうえい] 방영; 영국을 방문함.
訪日[ほうにち] 방일; 일본을 방문함.
訪中[ほうちゅう] 방중; 중국을 방문함.
訪韓[ほうかん] 방한; 한국을 방문함.

彷 방황할 방 | 音 ⊗ホウ | 訓 ⊗さまよう

ㅂ

訓読

⊗**彷徨う**[さまよう] 〈5自〉 ①정처 없이 떠돌다. 유랑하다. ②방황하다. 헤매다. ③주저하다. 망설이다.

音読

彷彿[ほうふつ] 방불; ①눈에 선함. 눈에 생생함. ②희미함. 아련함.

彷徨[ほうこう] 방황; ①헤맴. 정처 없이 유랑함. ②어찌할 바를 모름. 갈팡질팡함.

尨 삽살개 방 | 音 ⊗ボウ | 訓 ⊗むく

訓読

⊗**尨犬**[むくいぬ] ≪動≫ 방견; 삽살개.

尨毛[むくげ] (짐승의) 텁수룩한 털.

音読

尨大[ぼうだい] 방대; 규모나 양이 대단히 크고 많음.

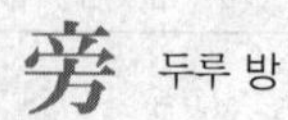

旁 두루 방 | 音 ⊗ホウ | 訓 ⊗かたがた ⊗かたわら ⊗つくり

訓読

⊗**旁❶**[かたがた] ①아울러. 겸하여. 한편으로는. ②…하는 김에. ❷[かたわら] 곁. 옆. ❸[つくり] 방; 두 자를 조합한 한자(漢字)의 오른쪽 부분을 말함.

音読

旁註[ぼうちゅう] 방주; 본문 옆에 단 주석(註釈). ¶ ~をつける 방주를 달다.

膀 오줌통 방 | 音 ⊗ボウ | 訓 —

音読

膀胱[ぼうこう] ≪生理≫ 방광; 오줌통.

膀胱結石[ぼうこうけっせき] 방광 결석.

膀胱炎[ぼうこうえん] ≪医≫ 방광염.

謗 욕할 방 | 音 ⊗ボウ/ホウ | 訓 ⊗そしる

訓読

⊗**謗る**[そしる] 〈5他〉 비방하다. 비난하다. 헐뜯다.

謗り[そしり] 비방. 비난. 헐뜯음.

音読

◑**誹謗**[ひぼう]

〔배〕

拜(拜) 절할 배

一 扌 扌 扌 扌 扌 扌 拝

音 ◉ハイ
訓 ◉おがむ

訓読

[1]◉**拝む**[おがむ] 〈5他〉 ①두 손 모아 빌다. 합장 배례하다. ②(허리를 굽혀) 절하다. ③간청하다. 빌다. 사정하다. ④뵙다. '見(み)る'의 겸양어임.

拝み倒す[おがみたおす] 〈5他〉 사정사정하다. 빌다시피 하다.

拝み切り[おがみぎり] ☞ 拝み打ち

拝み打ち[おがみうち] (큰 칼을) 두 손으로 높이 쳐들어 내리침.

音読

拝[はい] 배; ①편지에서 자신의 이름 밑에 작게 써서 공손함을 나타내는 말임. ②(머리 숙여 절을 한 횟수를 나타내는 말로) …배.

拝する[はいする] 〈サ変他〉 ①(몸을 굽혀) 절을 하다. 배례하다. ②(명령을) 삼가 받다. ③뵙다. 배알하다.

[3]**拝見**[はいけん] (삼가) 봄.

[1]**拝啓**[はいけい] 배계; 편지 서두에서 '삼가 아뢰니다'는 뜻임.

拝観[はいかん] 배관; 삼가 관람함.

拝具[はいぐ] 배상(拝上). 편지 끝에서 '삼가 올리다'는 뜻임.

拝金[はいきん] 배금; 돈을 존중함.

拝読[はいどく] 배독; 삼가 읽음.

拝領[はいりょう] 배령; 삼가 받음.

拝礼[はいれい] 배례; 절을 함.

拝命[はいめい] 배명; ①삼가 임명을 받음. ②삼가 명령을 받음.

拝伏[はいふく] 배복; 절하여 엎드림.

拝復[はいふく] 배복; 답장 서두에 의례적으로 쓰는 말임.

拝辞[はいじ] 배사; ①'사절(謝絶)·사퇴(辞退)'의 겸양어. ②'작별·하직'의 겸양어.
拝受[はいじゅ] 배수; 삼가 받음.
拝承[はいしょう] 배승; 삼가 듣거나 인정함.
拝謁[はいえつ] 배알; 높은 어른을 뵘.
拝殿[はいでん] 배전; 본전(本殿) 앞의 배례(拝礼)를 위한 건물.
拝呈[はいてい] 배정; 삼가 드림.
[1]**拝借**[はいしゃく] 배차; 삼가 빌림.
拝察[はいさつ] 배찰; 삼가 헤아려 살핌.
拝聴[はいちょう] 배청; 삼가 들음.
拝賀[はいが] 배하; 축하 인사를 올림.
拝火教[はいかきょう] 배화교; 조로아스터교. *불을 숭배하는 종교임.

杯 술잔 배

一 十 才 木 木 杉 杯 杯

音 ◉ハイ
訓 ◉さかずき

訓読

[1]◉**杯**❶[さかずき] 술잔. ❷[はい] ☞ [音読]
杯事[さかずきごと] ①부부·의형제·주종(主従) 관계를 맺기 위해 술잔을 나누는 행사. ②주연(酒宴). 술잔치.

音読

[4]**杯**❶[はい] ①잔. 배. ②(음식이 담긴 그릇을 세는 말로 숫자에 접속하여) …그릇. …잔. ③오징어·문어 등을 세는 말.
杯盤[はいばん] 배반; 술잔과 쟁반.

背 등 배

丨 十 ㅋ ㅋ 北 北 背 背 背

音 ◉ハイ
訓 ◉せ ◉せい ◉そむく ◉そむける

訓読

[4]◉**背**❶[せい] 키. 신장(身長).
[2]◉**背**❷[せ] ①등. 등허리. ②등 뒤. 배경. ③산등성이. ④키. 신장(身長).
[1]◉**背く**[そむく] 〈5自〉 ①등을 돌리다. 등지다. ②위반하다. 어기다. ③반항하다. 거역하다. ④반역하다. ⑤(기대를) 저버리다. ⑥세상을 버리다. 속세를 떠나다.
◉**背ける**[そむける] 〈下1他〉 (눈길·얼굴을) 돌리다. 외면하다.

背開き[せびらき] 두 쪽을 가른 생선.
背格好[せいかっこう/せかっこう] 체격. 키와 몸집.
背高のっぽ[せいたかのっぽ] 키다리.
背骨[せぼね] 등뼈. 척추.
[4]**背広**[せびろ] (남자용) 신사복.
背筋❶[せすじ] ①등골. 등줄기. ②등솔기. ❷[はいきん] 배근; 등에 있는 근육.
背文字[せもじ] (양장본으로 된 책의) 표제와 저자의 이름을 표기한 등 글자.
背美鯨[せみくじら] ≪動≫ 큰고래.
背抜き[せぬき] 등에 안감을 대지 않고 만든 여름용 남자 윗도리.
背番号[せばんごう] 백넘버. 등 번호.
背縫い[せぬい] 옷의 등솔기를 꿰맴.
[2]**背負う**[せおう] 〈5他〉 ①짊어지다. 업다. 메다. ②(빚·책임을) 떠맡다. 지다.
背負い込む[せおいこむ] 〈5他〉 (빚·책임을) 떠맡다. 지다.
背負(い)投げ[せおいなげ] ①(유도의) 업어치기. ②골탕.
背比べ[せいくらべ/せくらべ] 키 재기. 키 대보기.
背順[せいじゅん] 키순. 키순서.
背伸び[せのび] ①발돋움. 까치발. ②안간힘을 씀. 용을 씀.
背泳ぎ[せおよぎ] 배영; 송장헤엄.
背丈[せいたけ/せたけ] 키. 신장.
背節[せぶし] 등살로 만든 가다랭이포.
[3]**背中**[せなか] ①등. ②뒤쪽.
背中合(わ)せ[せなかあわせ] ①서로 등을 맞댐. ②등진 사이. 서로 사이가 나쁨. 불화 관계. ③표리(表裏) 관계에 있음.
背板[せいた] ①죽데기 널판. ②등받이. ③등받이 판자.
背割り[せわり] ①(생선 등의) 등을 가름. ②옷 등솔기의 아랫자락을 터놓음. ③≪建≫ 기둥이 갈라지는 것을 방지하기 위해 미리 톱자국을 냄.
背革[せがわ] 배혁; 양장본 책의 등에 대는 가죽 표지.
背戸[せど] ①집의 뒷문. ②집의 뒤쪽.
背戸口[せどぐち] 뒷문. 뒤쪽 출입구.
背黒鰯[せぐろいわし] ≪魚≫ 멸치.

音読

[1]**背景**[はいけい] 배경; ①뒷경치. ②배후 세력.
背教[はいきょう] 배교; ①종교의 교리를 저버림. ②믿던 종교를 버리거나 다른 종교로 개종함.
背嚢[はいのう] 배낭.

背徳[はいとく] 배덕; 도리에 어긋남.
背理[はいり] 배리; 도리에 어긋남. 이치에 맞지 않음.
背離[はいり] 배리; 서로 등져 갈라섬.
背面[はいめん] 배면; 등 쪽. 뒷면.
背反[はいはん] 배반; ①거역. 위반. ②서로 상대를 부정함. 모순.
背部[はいぶ] 배부; ①등 부분. ②뒤쪽. 후방.
背水の陣[はいすいのじん] 배수의 진.
背信[はいしん] 배신; 신의를 저버림.
背泳[はいえい] 배영; 송장헤엄.
背任罪[はいにんざい] 배임죄; 맡은 바 임무를 저버린 죄.
背馳[はいち] 배치; 반대가 됨. 어긋남.
1背後[はいご] 배후; ①뒤쪽. 후방. ②이면(裏面).

倍 갑절 배

丿 亻 亻 亻 亻 亻 倍 倍 倍 倍

音 ◉バイ
訓 —

音読

3倍[ばい] 배; ①갑절. 2배. ②곱절.
倍する[ばいする] 〈サ変自他〉 ①갑절이 되다. 배가 되다. 배로 하다. 갑절로 하다. ②많아지다.
倍加[ばいか] 배가; 갑절로 늘어남.
倍旧[ばいきゅう] 배구; 배전(倍前). 전(前)보다 더욱.
倍大[ばいだい] 배대; 2배의 크기.
倍量[ばいりょう] 배량; 갑절의 분량.
倍返し[ばいがえし] 계약금을 2배로 물어줌.
倍数[ばいすう] 배수; ①갑절이 되는 수. ②≪数≫ 공배수.
倍額[ばいがく] 배액; 2배의 금액.
1倍率[ばいりつ] 배율; ①경쟁률. ②확대율.
倍音[ばいおん] 배음; 하모닉스.
倍増[ばいぞう] 배증; 갑절로 늘어남.
倍増し[ばいまし] 배증; 갑절로 늘어남. 갑절로 늘림.

俳 광대/배우/익살 배

丿 亻 亻 亻 亻 亻 俳 俳 俳 俳

音 ◉ハイ
訓 —

音読

俳句[はいく] ≪文学≫ 하이쿠. 일본 고유의 짧은 시(詩). ＊5・7・5형식의 3구(句) 17음절(音節)로 된 단시(短詩).
俳壇[はいだん] 하이쿠를 짓는 사람들의 사회.
俳論[はいろん] 하이쿠에 관한 이론・평론・토론.
俳名[はいめい] ①하이쿠 작가의 이름. ②하이쿠 작가로서의 명성.
俳文[はいぶん] 하이쿠의 맛을 곁들인 간결한 산문(散文).
俳味[はいみ] 俳諧(はいかい) 고유의 서민적인 멋.
俳書[はいしょ] 하이쿠・俳諧(はいかい)에 관한 책.
俳聖[はいせい] 하이쿠의 명인(名人).
俳言[はいごん] 俳諧(はいかい)에만 쓰는 한어(漢語).
俳友[はいゆう] 하이쿠로 사귄 벗.
2俳優[はいゆう] 배우; 스타.
俳人[はいじん] 하이쿠를 짓는 사람.
俳誌[はいし] 하이쿠의 잡지.
俳趣味[はいしゅみ] 俳諧(はいかい)의 취미.
俳風[はいふう] 하이쿠의 작풍(作風).
俳諧[はいかい] ①농담. 익살. 해학(諧謔). ②'俳諧歌(はいかいか)'의 준말. ③'俳諧連歌(はいかいれんが)'의 준말.
俳諧師[はいかいし] 俳諧(はいかい)를 짓는 사람.
俳号[はいごう] 하이쿠를 짓는 사람의 아호(雅号).
俳画[はいが] 문인화(文人画).

配 짝/나눌/귀양보낼 배

一 丆 冂 币 两 西 酉 酉 酉 配

音 ◉ハイ
訓 ◉くばる

訓読

2◉配る[くばる] 〈5他〉 ①나누어주다. 배분하다. 배부하다. 분배하다. ②고루고루 미치게 하다. ③(사람・물건을) 배치하다.
配り[くばり] ①배분. 분배. 배치. ②(꽃꽂이에서) 두 갈래로 갈라진 나무.
配り物[くばりもの] 나누어 주는 선물.
配り分ける[くばりわける] 〈下1他〉 배분하다. 분배하다. 나누어주다.

音読

配する[はいする] 〈サ変他〉 ①(색을) 배합하다. ②(사람・물건을) 배치하다. ③배속(配属)시키다. ④(부부로) 짝짓다. ⑤유배(流配)시키다.
配管[はいかん] 배관; 파이프를 배치함.
[1]**配給**[はいきゅう] 배급; 물건을 일정하게 나누어줌.
[2]**配達**[はいたつ] 배달; 물건을 분배해 줌.
配当[はいとう] 배당; 적당하게 나누어줌.
[1]**配慮**[はいりょ] 배려; 이리저리 마음을 씀.
配流[はいる/はいりゅう] 유배(流配). 귀양.
配本[はいほん] 배본; 책을 나누어줌.
配付[はいふ] 배부; 나누어줌.
配賦[はいふ] 배부; 나누어서 돌려 줌.
[1]**配分**[はいぶん] 배분; 나누어 줌.
配色[はいしょく] 배색; 색의 배합.
配船[はいせん] 배선; 배를 배치함.
配線[はいせん] 배선; 전선으로 연결함.
配膳[はいぜん] 밥상을 차려 냄.
配所[はいしょ] 유배지(流配地).
配属[はいぞく] 배속; 사람을 분배하여 근무・종사하게 함.
配送[はいそう] 배송; ①배달과 발송. ②배달.
配水[はいすい] 배수; 물을 공급함.
配役[はいやく] 배역; 배우에게 역할을 할당함.
[1]**配列**[はいれつ] 배열; 죽 벌여서 줄을 섬.
[1]**配偶者**[はいぐうしゃ] 배우자; 남편이나 아내.
配意[はいい] 배의; 배려(配慮).
配転[はいてん] '配置転換'의 준말.
配電[はいでん] 배전; 전력을 나누어 보냄.
配剤[はいざい] 배제; ①약의 조제. ②알맞게 배합함.
配陣[はいじん] 배진; 진을 침.
配車[はいしゃ] 배차; 차를 배치함.
[1]**配置**[はいち] 배치; 할당하고 분배하여 제자리에 둠.
配置転換[はいちてんかん] 배치 전환; 담당 부서 변경.
配置換え[はいちがえ] 배치 변경. 담당 부서 변경.
[1]**配布**[はいふ] 배포; 널리 배부함.
配下[はいか] 부하(部下). 수하(手下).
配合[はいごう] 배합; 알맞게 섞어 한데 합함.

培 북돋을 배

一 十 土 圹 圹 坾 垶 垶 培 培

音 ◉バイ
訓 ◉つちかう

訓読

◉**培う**[つちかう] 〈5他〉 ①(뿌리에) 흙을 덮어주다. 북돋우다. 재배하다. 기르다. ②(미생물을) 배양하다. 기르다.

音読

培養[ばいよう] 배양; ①식물을 북돋아 기름. ②사람을 가르쳐 기름. ③미생물을 인공적으로 기름.

排 물리칠 배

一 亅 扌 扌 扌 扌 扫 挦 排 排

音 ◉ハイ
訓 —

音読

排ガス[はいガス] '排気ガス'의 준말.
排する[はいする] 〈サ変他〉 ①(문을) 밀어서 열다. ②물리치다. 밀어내다. 배제하다. ③배열하다.
排撃[はいげき] 배격; 물리침.
排球[はいきゅう] 배구; バレーボール.
排菌[はいきん] 배균; 보균자가 병균을 몸 밖으로 내보냄.
排気ガス[はいきガス] 배기 가스.
排気口[はいきこう] 배기구; 가스를 배출하는 출구.
排尿[はいにょう] 배뇨; 오줌을 배설함.
排卵[はいらん] 배란; 난자가 난소에서 배출됨.
排便[はいべん] 배변; 대변을 배설함.
排泄[はいせつ] 배설; 쓸데없는 노폐물을 몸 밖으로 몰아냄.
[1]**排水**[はいすい] 배수; 물을 밖으로 뽑아내 배출함.
[1]**排水溝**[はいすいこう] 배수구; 물을 밖으로 뽑아내 배출하는 도랑.
排列[はいれつ] 배열(配列); 죽 벌여서 열을 지음.
排外[はいがい] 배외; 외국의 사물을 배척함.
排日[はいにち] 배일; 일본을 배척함. 반일(反日).
[1]**排除**[はいじょ] 배제; 물리쳐서 치워냄.

排斥[はいせき] 배척; 반대하여 물리침.
排出[はいしゅつ] 배출; ①밀어 내보냄. ②배설(排泄).
排他[はいた] 배타; 남을 배척함.

陪 도울 배

⺈ 阝 阝 阝' 阝 阝 阝 阝 陪 陪

音 ◉バイ
訓 —

音読
陪観[ばいかん] 배관; 신분이 높은 분을 모시고 구경함.
陪賓[ばいひん] 배빈; 주빈의 상대역을 맡은 손님.
陪席[ばいせき] 배석; ①귀인(貴人)과 동석함. ②'陪席裁判官'의 준말.
陪席裁判官[ばいせきさいばんかん] 배석 재판관.
陪乗[ばいじょう] 배승; 귀인을 모시고 탐.
陪食[ばいしょく] 배식; 귀인을 모시고 식사함.
陪臣[ばいしん] 배신; ①신하의 신하. 부하의 부하. ②大名(だいみょう)의 신하.
陪審[ばいしん] 배심; 재판의 심리에 배석함.
陪従[ばいじゅう] 배종; 수행. 수행원.
陪聴[ばいちょう] 배청; 귀인과 동석해서 들음.
陪塚[ばいちょう/ばいづか] 《考古》 배총; 큰 고분 곁에 딸린 작은 고분.

賠 배상할 배

丨 冂 目 貝 貝 貝 貝 賠 賠 賠

音 ◉バイ
訓 —

音読
[1]賠償[ばいしょう] 배상; 남에게 입힌 손해나 권리를 갚아 주는 것.
賠償金[ばいしょうきん] 배상금; 남에게 끼친 손해, 또는 침해한 권리에 대해 배상해 주는 돈.

輩 무리 배

丿 ㅋ ㅋ 非 非 非 非 輩 輩 輩

音 ◉ハイ
訓 ⊗ともがら ⊗やから

訓読
⊗輩[ともがら/やから] 동아리. 한패. 무리. 패거리. *'やから'는 좋지 않은 뜻으로 쓰임.

音読
輩[はい] 한패. 동아리. 패거리.
輩出[はいしゅつ] 배출; 인재(人材)가 계속하여 나옴.

盃 술잔 배

音 ⊗ハイ
訓 ⊗さかずき

訓読
⊗盃❶[さかずき] 술잔. ❷[はい] ☞ [音読]
盃事[さかずきごと] ①부부・의형제・주종(主従) 관계를 맺기 위해 술잔을 나누는 행사. ②주연(酒宴). 술잔치.

音読
盃❶[はい] ①잔. 배. ②(음식이 담긴 그릇을 세는 말로 숫자에 접속하여) …그릇. …잔. ③오징어・문어 등을 세는 말. ❷[さかずき] ☞ [訓読]
盃盤[はいばん] 배반; 술잔과 쟁반.
盃洗[はいせん] 배세; 술자리에서 술잔을 씻는 물그릇.

胚 아이밸 배

音 ⊗ハイ
訓 —

音読
胚[はい] 배; ①씨눈. 배아(胚芽). ② 《動》 배자(胚子).
胚嚢[はいのう] 《植》 배낭.
胚芽[はいが] 《植》 배아; 씨눈.
胚葉[はいよう] 《動》 배엽.
胚乳[はいにゅう] 《動》 배유; 배젖.
胚子[はいし] 《動》 배자.
胚珠[はいしゅ] 《植》 배주.
胚胎[はいたい] 배태; ①잉태됨. 임신함. ②(사물의 원인이) 움틈. 싹틈.

徘 어정거릴 배

音 ⊗ハイ
訓 —

音読
徘徊[はいかい] 배회; 목적 없이 거님. ¶ 近所(きんじょ)を~する 근처를 배회하다.

焙	불에말릴 배	音 ⊗バイ ⊗ホウ 訓 ⊗あぶる

訓読

⊗焙る[あぶる] 〈5他〉 ①불에 살짝 굽다. ②(불에) 쬐다. 말리다.

焙り肉[あぶりにく] 불고기.

焙り出し[あぶりだし] 은현지(隠現紙). 불에 쬐면 글씨나 그림이 나타나는 종이.

音読

焙じる[ほうじる] 〈上1他〉 불에 쬐어 말리다. 불에 볶다.

焙烙[ほうろく] 질냄비.

焙烙頭巾[ほうろくずきん] 질냄비 모양의 두건.

焙烙蒸し[ほうろくむし] 질냄비 찜.

焙焼[ばいしょう] 배소; 불에 쬐어 익힘.

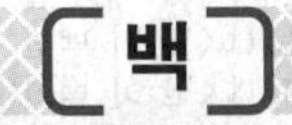

백

白	흰 백
' ľ ľ' 白 白 白	

音 ◉ハク ◉ビャク
訓 ◉しろ ◉しろい ◉しら

訓読

4◉白い[しろい] 〈形〉 ①희다. 하얗다. ②(손이) 깨끗하다. ③결백하다. 무죄하다.

3◉白❶[しろ] 백; ①흰색. ②흰 것. ③(바둑의) 흰돌. ④백군(白軍). ⑤백지 답안지. ⑥결백. 무죄.

白❷[しら] ①진지한 태도. 꾸미지 않은 태도. ¶ ~で言(い)う 소박하게 말하다. ②시치미. ¶ ~を切(き)る 시치미를 떼다.

白け[しらけ] 무관심함. 흥미가 없음.

白ける[しらける] 〈下1自〉 ①색이 바래다. 퇴색하다. ②흥이 깨지다. 분위기가 깨지다.

白タク[しろタク] ≪俗≫ 자가용차의 불법 택시 영업 행위.

白っぽい[しろっぽい] 〈形〉 ①희끄무레하다. ②풋내기 티가 나다.

白ナンバ[しろナンバ] ≪俗≫ 백색 넘버. 자가용차의 불법 택시 영업 행위.

白バイ[しろバイ] (경찰의) 백색 오토바이.

白ばくれる[しろばくれる] 〈下1自〉≪俗≫시치미를 떼다. 알고도 모르는 체하다.

白ばむ[しろばむ] 〈5自〉 희끄무레하다.

白む[しらむ] 〈5自〉 ①흰색을 띠다. ②(새벽의) 날이 밝아지다. 훤해지다. ③기가 꺾이다. 풀이 죽다. 겁먹다.

白干し[しらぼし] (고기・채소를) 말린 것.

白絹[しらぎぬ] 무늬 없는 흰 명주.

白孔雀[しろくじゃく] ≪鳥≫ 백공작.

白光り[しろびかり] 하얗게 빛남.

白絞(め)油[しらしめゆ] ①평지씨 기름. ②식용유.

白菊[しらぎく] 백국; 흰 국화.

白根[しろね/しらね] ①채소류의 흰 뿌리. ②'ねぎ(파)'의 딴이름. ③쉽싸리.

白金❶[しろがね] ①은화(銀貨). ②은빛. 은색. ❷[はっきん] ≪化≫ 백금.

白几帳面[しらきちょうめん] 고지식함.

白肌[しらはだ] ①하얀 피부. ②백납.

白旗[しろはた/しらはた] 백기; ①하얀 깃발. ②源氏(げんじ)의 깃발.

白南風[しらはえ] ①장마가 끝날 무렵에 부는 바람. ②6월경의 남서풍.

白塗り[しろぬり] 하얗게 칠함. 하얗게 칠한 것.

白浪[しらなみ] ①흰 파도. ②도둑.

白浪稼業[しらなみかぎょう] 도둑질.

白浪物[しらなみもの] 도둑을 주인공으로 한 歌舞伎(かぶき).

白練り[しろねり] ①하얗게 누인 비단. ②흰색 양갱(羊羹).

白露❶[しらつゆ] 백로; 하얗게 빛나는 이슬. ❷[はくろ] 백로; 24절기의 하나로 9월 7일경.

白鷺[しらさぎ] ≪鳥≫ 백로.

白鹿毛[しろかげ/しらかげ] 몸은 갈색이고 발은 흰 색깔인 말(馬).

白滝[しらたき] ①하얗게 보이는 폭포. ②실처럼 가느다란 곤약.

白綾[しらあや/しろあや] 흰 바탕의 능직물(綾織物).

白馬❶[しろうま/はくば] 백마; ①흰말. ②막걸리. 탁주. ❷[あおうま] 백마; 흰말.

白梅[しらうめ/はくばい] 백매; 흰매화.

白面❶[しらふ] (술에 안 취한) 맨송맨송한 얼굴. 말짱한 정신. ❷[はくめん] 백면; ①흰 얼굴. ②나이가 어리고 미숙함. 경험이 없음.

白面郎[はくめんろう] 젊고 경험이 없는 남자.

白木[しらき] 껍질만 벗기고 칠하지 않은 나무.

白木綿❶[しろもめん] 옥양목. ❷[しらゆう] 닥나무 껍질의 섬유로 만든 흰 실·천.
白木帳面[しらきちょうめん] 고지식함.
白木造り[しらきづくり] 칠하지 않은 나무로 만든 것.
白目[しろめ] ①(눈의) 흰자위. ②차가운 눈초리.
白妙[しろたえ] ①≪古≫ 흰빛. 백색. ②꾸지나무 껍질의 섬유로 만든 흰 천.
白無垢[しろむく] 흰옷. 소복 차림.
白米[しろごめ/はくまい] 백미; 흰쌀.
白味噌[しろみそ] 황백색 된장.
白蜜[しろみつ] ①백설탕을 녹여 달인 액체. ②꿀. 벌꿀.
白拍子[しらびょうし] ①(平安(へいあん) 시대 말기에 시작된) 유녀(遊女)의 춤. 또는 그 춤을 추는 유녀. ②(江戸(えど) 시대) 유녀의 속된 칭호. ③기생. ④(雅楽에서) 박자의 한 종류.
白斑❶[しらふ] 흰 얼룩. 흰 반점. ❷[はくはん] 백반; ①흰 반점. ②≪天≫ 태양 표면의 빛이 강하고 희게 보이는 부분. ③≪医≫ 백납.
白抜(き)[しろぬき] 백발; 문자·무늬 등을 바탕과는 달리 흰색으로 함.
[2]白髪❶[しらが] ①백발; 흰머리. 새치. ②(옛날 어린이 잔치에 사용한) 명주실로 만든 모자. ❷[はくはつ] 백발; 흰머리.
白髪昆布[しらがこぶ] 머리카락처럼 가늘게 썬 흰 다시마.
白髪染め[しらがぞめ] 머리 염색약.
白髪三千丈[はくはつさんぜんじょう] 오랫동안 걱정만 해서 흰머리가 많아졌다는 뜻임.
白房[しろぶさ] 씨름판 위의 지붕 남서쪽에 늘어뜨린 흰 술.
白白しい[しらじらしい] 〈形〉 ①시치미 떼다. 천연덕스럽다. ②속이 빤히 들여다보이다. 뻔하다. ③(관심이) 시들하다. ④하얗게 보이다.
白白と❶[しらしらと] ①(새벽의 날이 새는 모양의) 희끄무레하게. ②희끔하게. ❷[しらじらと] ①천연덕스럽게. ②희끄무레하게. ③희끔하게. ④어색하게. 서먹하게. ❸[しろじろと] 새하얗게.
白白明け[しらしらあけ/しらじらあけ] 새벽녘.
白百合[しらゆり] 흰 백합.
白帆[しらほ] 흰 돛. 흰 돛단배.
白壁[しらかべ/しろかべ] ①흰 벽. ②(궁중의) 두부.
白柄[しらえ] ①나무로 만든 손잡이 자루. ②흰 실로 감은 손잡이.
白粉[★おしろい] (화장용) 분.
白飛白[しろがすり] 흰 바탕에 살짝 스친 듯한 무늬.
白糸[しらいと/しろいと] ①흰 실. ②생사(生糸). ③폭포. ④(궁중의) 실국수.
白砂[しらすな/はくしゃ] 백사; 흰모래.
白砂糖[しろざとう] 백설탕. 흰 설탕.
白蛇[しろへび/はくじゃ] 백사; 흰뱀.
白生地[しろきじ] 흰 천.
白鼠[しろねずみ] 백서; ①흰쥐. ②흰 생쥐. ③주인에게 충실한 점원. ④연한 쥐색.
白石[しろいし] (바둑의) 흰돌.
白癬[しらくも/はくせん] 백선; 쇠버짐.
白雪[しらゆき/はくせつ] 백설; 흰 눈.
白雪姫[しらゆきひめ] 백설 공주.
白星[しろぼし] ①하얀 별표(☆)나 동그라미(○). ②씨름에서 승리를 나타내는 ○ 표지. ③성공. 공훈.
白星続き[しろぼしつづき] 연승(連勝).
白小袖[しろこそで] 흰 천으로 만든 소매가 좁은 옷.
白焼(き)[しらやき] 양념하지 않고 구운 생선.
白水[しろみず] 쌀뜨물.
白首❶[しろくび/しらくび] 매춘부. 창녀. ❷[はくしゅ] 하얗게 센 머리.
白身[しろみ] ①(계란의) 흰자위. ②(고기나 생선의) 하얀 살. ③목재의 흰 부분.
白眼[しろまなこ] ①눈의 흰자위. ②차가운 눈초리.
白魚[しらうお] ≪魚≫ 뱅어.
白煉瓦[しろれんが] 흰 벽돌.
白玉❶[しらたま] ①백옥; 흰 옥. ②진주(真珠). ③찹쌀가루로 만든 경단. ❷[はくぎょく] 백옥; 흰 옥.
白玉粉[しらたまこ] 찹쌀가루.
白玉椿[しらたまつばき] 흰 꽃이 피는 동백나무.
白羽[しらは] 화살에 달린 흰 깃털.
白雲[しらくも/しろくも/はくうん] 백운; 흰 구름.
白熊[しろくま] 흰곰. 백곰.
白蟻[しろあり] 흰개미.
白飴[しろあめ] 흰엿.

白刃[しらは/はくじん] 칼집에서 뺀 칼.
白子❶[しらこ/しろこ] ①(물고기의) 이리. 어백(魚白). ②선천성 백피증(白皮症). ❷[しらす] 바닷물고기의 새끼·치어(稚魚).
白子干し[しらすぼし] 말린 멸치.
白子鳩[しらこばと] 염주비둘기.
白煮[しらに] (간장을 쓰지 않고) 설탕과 소금만으로 요리함.
白長須鯨[しろながすくじら] 큰고래.
白張り[しらはり] ①옛날, 하인이 입던 풀 먹인 흰옷. ②흰 종이로 바름. ③'白張り提灯'의 준말.
白張り提灯[しらはりぢょうちん] 백지를 바른 장례식용 초롱.
白装束[しろしょうぞく] 소복. 흰옷차림.
白田❶[しろた] 눈 덮인 겨울 논. ❷[はくでん] 밭.
白鳥❶[しらとり] ①백조; 고니. ②하얀 새. ❷[はくちょう] ①백조; 고니. ②'白鳥徳利(はくちょうどくり)'의 준말.
白州[しらす] ①(하천의) 흰 모래톱. ②(뜰에) 흰 모래를 깐 곳. ③(江戸(えど) 시대의) 재판소. 법정. ④(能(のう) 무대와 관객 사이에) 흰 모래와 자갈을 깐 곳.
白酒[しろざけ] 희고 걸쭉한 단술.
白粥[しらかゆ/しらがゆ] 흰죽.
白蒸し[しらむし] (팥을 넣지 않은) 찰밥. 고두밥.
白地❶[しらじ] ①굽지 않은 기와나 도자기. ②흰 종이. 백지.③흰 천. ④숫처녀. ⑤(궁중의) 절구. 막자사발. ❷[しろじ] ①천·종이의 흰 바탕. ②흰 흙. ❸[はくち] ①하얀 천. ②밭. ③법(法)이 미치지 않는 지역.
白紙❶[しらかみ] 백지; 흰 종이. ❷[はくし] 백지; ①흰 종이. ②서화용(書画用)의 종이. ③선입견이 없음. ④아무것도 없는 상태.
白真弓[しらまゆみ] 참빗살나무로 만든 활.
白茶[しらちゃ] 연한 갈색.
白茶ける[しらちゃける] 〈下1自〉 색깔이 희뿌옇게 바래다.
白川夜船[しらかわよふね] 세상모르게 잠이 듦. 깊이 잠이 듦.
白縮緬[しろちりめん] 염색하지 않은 縮緬(ちりめん).
白歯[しらは] ①하얀 치아. 흰 이. ②≪古≫ 미혼녀. 처녀.
白炭[しろずみ/はくたん] 백탄; ①화력이 강한 참숯. ②석회 등으로 하얗게 칠한 지탄(枝炭).
白湯❶[★さゆ] 백탕; 백비탕(白沸湯). 끓인 맹물. ❷[はくとう] (온천수가 아닌) 보통 목욕물.
白太[しらた] ①변재(邊材). 목재의 가장자리 부분의 빛깔이 연한 곳. ②목재의 빛깔이 흰 삼목(杉木).
白土[しらつち/しろつち/はくど] 백토; ①흰 흙. ②도자기 원료인 흙.
白兎[しろうさぎ] ≪動≫ 흰 토끼.
白葡萄酒[しろぶどうしゅ] 백포도주.
白表紙[しろびょうし] ≪俗≫ 文部省(もんぶしょう)의 검정을 받기 위한 교과서 원본.
白下[しろした] 백설탕의 원료인 막설탕.
白河夜船[しらかわよふね] 세상모르게 잠이 듦. 깊이 잠이 듦.
白和え[しらあえ] 참깨·두부·된장에 고기와 야채를 버무려 만든 요리.
白樺[しらかば/しらかんば] ≪植≫ 자작나무.
白樺派[しらかばは] 일본 근대 문학 사상의 일파.
白絵[しらえ] 묵화. 채색하지 않은 그림.
白黒❶[しろくろ] ①흑백. 흰색과 검은 색. ②옳고 그름의 시비. ③(놀라서) 눈을 희번덕임. ❷[こくびゃく] ①시비. 잘잘못. 유죄와 무죄. ②검은 색과 흰 색.

音読

白ロシア[はくロシア] ≪地≫ 백러시아.
白鍵[はっけん] 백건; 피아노·풍금의 흰 건반.
白系[はっけい] 백계; 러시아 10월 혁명에서 소련 연방 정권에 반대한 사람들의 계통.
白骨[はっこつ] 백골; 죽어남은 뼈.
白球[はっきゅう] 백구; (골프·야구의) 흰 공.
白駒[はっく] 백구; ①흰말. 백마. ②세월.
白内障[はくないしょう/しろそこひ] ≪医≫ 백내장.
白糖[はくとう] 흰 설탕. 백설탕.
白図[はくず] 백지도(白紙図).
白桃[はくとう/しろもも] ①백도; 흰 복숭아. ②흰 복숭아꽃.
白銅[はくどう] ≪化≫ 백동; 흰 구리.
白頭[はくとう] 백두; 하얗게 센 머리.
白灯油[はくとうゆ] 백등유.
白蘭[はくらん] ≪植≫ 백란; 흰 꽃이 피는 난.
白蓮[はくれん/びゃくれん] ≪植≫ 백련; 흰 연꽃.

白魔[はくま] 백마; 큰 피해를 주는 폭설(暴雪).
白木蓮[はくもくれん] ≪植≫ 백목련.
白描[はくびょう] ≪美≫ 백묘; 백묘법.
白墨[はくぼく] 백묵; 분필.
白米[はくまい/しろごめ] 백미; 흰쌀.
白眉[はくび] 백미; ①흰 눈썹. ②가장 뛰어난 사람.
白兵[はくへい] 백병; 칼집에서 뺀 칼.
白兵戦[はくへいせん] 백병전.
白紗[はくさ] 백사; 희고 엷은 명주.
白色[はくしょく] 백색; 흰 색깔.
白書[はくしょ] 백서; 정부에서 발표하는 실정 보고서.
白皙[はくせき] 백석; 피부가 흼.
白皙人種[はくせきじんしゅ] 백인종(白人種).
白扇[はくせん] 백선; 흰 부채.
白線[はくせん] 백선; 흰 줄.
白寿[はくじゅ] 백수; 99세.
白詩[はくし] 백락천(白楽天)의 시.
白亜[はくあ] ①백악(白堊). 흰 벽. ②회백색의 무른 이회암(泥灰巖).
白亜館[はくあかん] 백악관. 미국 대통령 관저.
白亜期[はくあき] 백악기(白堊期). 중생대 말기.
白眼視[はくがんし] 백안시; 냉대함.
白夜[はくや/びゃくや] ≪気≫ 백야.
白楊[はくよう] ≪植≫ 백양.
白熱[はくねつ] 백열; ①아주 높은 온도에서 가열됨. ②극도에 오른 정열.
白熊[★はぐま] 야크의 흰 꼬리털.
白月❶[はくげつ] 백월; 명월. 밝게 빛나는 달. ❷[びゃくげつ] 선보름. 보름달에 가까운 달.
白肉[はくにく] 양념을 하지 않고 익힌 돼지고기.
白銀[はくぎん] ①은. ②(江戸(えど) 시대의) 은화.
白衣❶[はくい] 백의; 흰옷. ❷[びゃくえ] ①≪古≫ 백의; 흰옷. ②소매가 작은 저고리와 바지만 입은 것. ③≪仏≫ 승복(僧服)을 입지 않은 속인(俗人).
白人[はくじん] ①백인; 백색 인종. ②(江戸(えど) 시대의) 사창(私娼).
白日[はくじつ] 백일; ①빛나는 태양. ②백주(白昼). 대낮. ③결백함.
白磁[はくじ] 백자; 순백색 자기.
白状[はくじょう] 자백(自白). 고백.
白昼[はくちゅう] 백주; 대낮.
白地図[はくちず] 백지도; 윤곽만 그린 지도.
白菜[はくさい] ≪植≫ 배추.
白痴[はくち] 백치; 천치. 바보.
白濁[はくだく] 백탁; 뿌옇게 흐려짐.
白布[はくふ/しろぬの] 백포; 흰 천.
白票[はくひょう] 백표; ①국회에서 찬성투표에 사용하는 흰 나무패나 종이. ②백지투표.
白血球[はっけっきゅう] 백혈구.
白血病[はっけつびょう] 백혈병.
白狐[びゃっこ/しろぎつね] 백호; 흰 여우.
白虎[びゃっこ] 백호; ①흰 호랑이. ②사신(四神)의 하나로 서방(西方)의 신.

 일백 백

一 丆 丅 丙 百 百

音 ◉ヒャク ⊗ハク
訓 ⊗もも…

訓読

⊗百敷[ももしき] ≪雅≫ 궁중. 궁궐.
百枝[ももえ] 수많은 가지.
百千鳥[ももちどり] ≪雅≫ 온갖 새들.

音読

4百[ひゃく] 백; ①100. ②100세. ③수량이 매우 많음.
百家[ひゃっか] 백가; 많은 작가・학자.
百個[ひゃっこ] 백 개. 100개.
百箇日[ひゃっかにち] ①100일. ② ≪仏≫ 사람이 죽은 지 100일 재(斎).
百計[ひゃっけい] 백계; 온갖 계략.
2百科事典[ひゃっかじてん] 백과사전.
百果[ひゃっか] 백과; 온갖 과일.
百官[ひゃっかん] 백관; 모든 정부 관리.
百鬼夜行[ひゃっきやこう/ひゃっきやぎょう] 백귀야행; ①악인들이 거리낌 없이 설침. ②온갖 잡귀신들이 밤중에 설침.
百年[ひゃくねん] 백년; ①100년. ②오랜 세월.
百年目[ひゃくねんめ] ①100년째. ②(비밀이 들통이 나면) 끝장임.
百代[ひゃくだい] 백대; 오랜 세월.
百度参り[ひゃくどまいり] 神社(じんじゃ)나 절에서 일정한 거리를 100번 왕래하며 기원하는 일.
百里[ひゃくり] 백리; 400㎞.

百万[ひゃくまん] ①백만; 100만. ②매우 많음.
百万言[ひゃくまんげん] 온갖 말.
百万長者[ひゃくまんちょうじゃ] 백만장자.
百万遍[ひゃくまんべん] 백만 번. 수 없이.
百面相[ひゃくめんそう] 백면상; ①여러 가지로 얼굴 표정을 바꿈. ②여러 가지 표정을 바꾸어 보이는 연극.
百聞[ひゃくぶん] 백문; 수 없이 많이 들음.
百味[ひゃくみ] 백미; 여러 진미의 음식.
百般[ひゃっぱん] 백반; 여러 방면.
百発百中[ひゃっぱつひゃくちゅう] 백발백중.
百方[ひゃっぽう] 백방; 모든 방면.
百分率[ひゃくぶんりつ] 백분율.
百選[ひゃくせん] 백선; 100종을 고름.
百舌[★もず] ≪鳥≫ 때까치. 물까치.
百姓❶[ひゃくしょう] ①농부. 농사꾼. ②농사를 지음. ③시골뜨기. ❷[ひゃくせい] ①여러 성씨(姓氏). ②백관(百官). ③서민. 일반 국민.
百姓仕事[ひゃくしょうしごと] 농사일.
百姓一揆[ひゃくしょういっき] (江戸(えど) 시대의) 농민 폭동.
百獣[ひゃくじゅう] 백수; 온갖 짐승.
百薬[ひゃくやく] 백약; 온갖 약.
百薬の長[ひゃくやくのちょう] 가장 좋은 약.
百葉箱[ひゃくようばこ/ひゃくようそう] (기상관측에 사용하는) 백엽상.
百人力[ひゃくにんりき] ①일당백(一当百)의 힘. ②마음이 아주 든든함.
百人一首[ひゃくにんいっしゅ] 100명의 和歌(わか)를 한 수(首)씩 골라 모은 것.
百日[ひゃくにち] ①100일. 백날. ②여러 날.
百日咳[ひゃくにちぜき] ≪医≫ 백일해.
百日紅[★さるすべり/ひゃくじつこう] ≪植≫ 백일홍.
百戦[ひゃくせん] 백전; 수많은 전투.
百済[★くだら] ≪歴≫ 백제.
百足[★むかで] ≪動≫ 지네.
百尺竿頭[ひゃくしゃくかんとう] 백척간두.
百出[ひゃくしゅつ] 백출; 여러 형태로 많이 나옴.
百態[ひゃくたい] 백태; 여러 가지 모습.
百合[★ゆり] ≪植≫ 백합; 나리.
百合鷗[★ゆりかもめ] ≪鳥≫ 붉은부리갈매기.
百害[ひゃくがい] 백해; 온갖 해로움.
百花[ひゃっか] 백화; 온갖 꽃.
百貨店[ひゃっかてん] 백화점.

伯 맏 백

丿 亻 亻' 亻' 伯 伯 伯

音 ◉ハク
訓 —

音読

伯楽[はくらく] 백락; ①말을 잘 감별하는 사람. ②농가를 찾아다니며 마소를 치료하는 사람. ③유능한 젊은이를 발굴하여 성공시키는 실력이 있는 사람.
[4]伯母[★おば] 백모; 큰어머니·큰외숙모·큰고모·큰이모의 총칭.
[4]伯父[★おじ] 백부; 큰아버지·큰외삼촌·큰 고모부·큰 이모부의 총칭.
伯爵[はくしゃく] 백작; 옛날 귀족의 벼슬 중의 하나로 5작위의 셋째임.
伯仲[はくちゅう] 백중; 실력이 비슷함. 우열의 차이가 없음.
伯兄[はっけい] 백형; 맏형.

帛 비단 백

音 ⊗ハク
訓 —

音読

帛書[はくしょ] 백서; 비단에 쓴 글씨.
◑裂帛[れっぱく], 布帛[ふはく]

柏 떡갈나무 백

音 ⊗ハク
訓 ⊗かしわ

訓読

⊗柏[かしわ] ≪植≫ 떡갈나무.
柏餅[かしわもち] ①떡갈나무 잎에 싼 찰떡. *단오절에 먹음. ②이불을 접어 한 자락은 깔고 한 자락은 덮고 잠.
柏手[かしわで] 신(神)에게 배례할 때 손바닥을 마주 쳐서 소리를 내는 것. 박장(拍掌).

魄 넋/혼 백

音 ⊗ハク
訓 —

音読

魄[はく] ①혼백(魂魄). 넋. ②월면(月面)의 검게 보이는 바다 부분.

번

番 차례 번

一 丆 ㄇ 立 平 乎 釆 釆 番 番 番

音 ◉バン
訓 ⊗つがい ⊗つがう ⊗つがえる

訓読

⊗**番❶**[つがい] ①(암수・부부 등의) 한 쌍. ②관절. ❷[ばん] ☞ [音読]

⊗**番う**[つがう] 〈5自〉 ①한 쌍・한 벌・한 짝・한 켤레가 되다. ②(새・짐승이) 흘레하다. 교미(交尾)하다.

⊗**番える**[つがえる] 〈下1他〉 ①(두 가지 이상의 것을) 짝지어 맞추다. ②(활에) 화살을 메기다. ③서로 굳게 약속하다.

音読

[4]**番**[ばん] 번; ①차례. 순서. 순번. ②망을 봄. 지킴. ③당번. ④번호. 순위. …번. ⑤(승부・편조의) 횟수. …판. ⑥(직물의) 번수.

番犬[ばんけん] 번견; 집지키는 개.

番狂(わ)せ[ばんくるわせ] 뜻밖의 결과. 이변(異変).

番台[ばんだい] (목욕탕 등의) 카운터. 또는 그 카운터에 앉아 있는 사람.

番頭[ばんとう] ①(여관이나 상점의) 지배인. ②목욕탕의 카운터. 목욕탕의 때밀이. ③연예인의 매니저.

番毎に[ばんごとに] 그때마다.

[2]**番目**[ばんめ] (숫자에 접속하여 횟수를 나타내는 말로) …번째.

番兵[ばんぺい] 보초병. 파수병.

番付[ばんづけ] ①연예 프로그램이나 진행표. ②순위표(順位表). ③ 서열(序列).

番傘[ばんがさ] 지우산. 종이우산.

番船[ばんせん] 순찰선(巡察船).

番線[ばんせん] 번선; ①굵기에 따라 번호가 매겨진 철사. ②(철도역 구내의) 플랫폼.

番小屋[ばんごや] 초소(哨所). 파수막.

番所[ばんしょ] ①초소(哨所). ②(江戸(えど) 시대의) 관문(関門).

番手[ばんて] ①경비병(警備兵). ②(실의 굵기를 나타내는) 번수. ③(경기의 순번을 나타내는) …번째. ④(군대 대열의 순서를 나타내는 말로)…번째 진(陣).

番数[ばんかず] ①(씨름에서) 대전(対戦)의 수효. ②(연예・경기의) 프로그램의 수효.

番屋[ばんや] ①초소(哨所). 파수막. ②(江戸(えど) 시대) 파수꾼이 살던 오두막.

番外[ばんがい] ①예정 밖. 프로그램 이외. ②참관인. 옵서버. ③특별히 다름.

番外地[ばんがいち] 번지 없는 땅.

番人[ばんにん] 경비원. 파수꾼.

番匠[ばんじょう/ばんしょう] 목수.

番長[ばんちょう] ①(平安(へいあん) 시대) 궁중 경비 부서의 하급 간부. ②시종(侍従)의 우두머리. ③ ≪俗≫ (학교 내의) 불량서클의 우두머리.

[3]**番組**[ばんぐみ] (방송・연예 등의) 프로그램.

番卒[ばんそつ] 보초병. 파수병.

[2]**番地**[ばんち] 번지; 주소(住所).

番茶[ばんちゃ] 질이 낮은 엽차.

[4]**番号**[ばんごう] 번호; 순번을 나타내는 숫자.

煩 번거로울 번

丶 丷 火 灬 灯 炘 炘 焆 煩 煩

音 ◉ハン ◉ボン
訓 ◉わずらう ◉わずらわしい ◉わずらわす ⊗うるさい

訓読

◉**煩う**[わずらう] 〈5自他〉 ①걱정하다. 고민하다. 번민하다. 괴로워하다. ②(동사 ます형에 접속하여) ㉠…하여 괴로워하다. ㉡좀처럼…하지 못하다. 망설이다. ㉢…하기 어려워하다.

◉**煩い❶**[わずらい] 걱정. 고민. 번민. 번뇌.

⊗**煩い❷**[うるさい] 〈形〉 ①번거롭다. 성가시다. 귀찮다. ②시끄럽다. ③잔소리가 많다. ④까다롭다.

[1]◉**煩わしい**[わずらわしい] 〈形〉 ①번거롭다. 성가시다. 귀찮다. ②까다롭다. 뒤엉켜 복잡하다.

◉**煩わす**[わずらわす] 〈5他〉 ①귀찮게 하다. 성가시게 하다. 괴롭히다. ②수고를 끼치다.

⊗**煩型**[うるさがた] 잔소리꾼. 말이 많은 사람. 말참견을 좋아하는 사람.

音読

煩[はん] 번; 번거로움.

煩悩[ぼんのう] ≪仏≫ 번뇌; 모든 망상(妄想)과 욕망.

煩多[はんた] 번다; 번거롭게 많음.

煩労[はんろう] 번로; 번거로운 수고.
煩忙[はんぼう] 번망; 번거롭고 바쁨.
煩悶[はんもん] 번민; 잡생각에 시달림.
煩雑[はんざつ] 번잡; 번거롭고 복잡함.

繁(繁) 번성할 번

音 ◉ハン
訓 ⊗しげい ⊗しげる

訓読

⊗**繁い**[しげい] 〈形〉 ①(초목이) 무성하다. 빽빽하다. ②(수량이) 많다. ③빈번하다. 잦다.
⊗**繁み**[しげみ] 수풀. 덤불.
⊗**繁る**[しげる] 〈5自〉 (초목이) 우거지다. 무성해지다.
⊗**繁り**[しげり] 무성함. 무성한 곳.
⊗**繁繁と**[しげしげと] ①자주. 빈번하게. 뻔질나게. ②차근차근.
⊗**繁り合う**[しげりあう] 〈5自〉 (초목이) 무성하게 우거지다. 빽빽하게 무성해지다.

音読

繁簡[はんかん] 번간; 번잡함과 간략함.
繁多[はんた] 번다; ①사물이 매우 많음. ②일이 몹시 바쁨.
繁忙[はんぼう] 번망; 일이 몹시 바쁨.
繁茂[はんも] 번무; 초목이 무성함.
[1]**繁盛**[はんじょう] 번성; 번창함.
[1]**繁殖**[はんしょく] 번식; 수효가 늘어나 많이 퍼짐.
[1]**繁栄**[はんえい] 번영; 일이 잘 되어 영화로움.
繁縟[はんじょく] 번욕; 번거롭고 복잡함.
繁用[はんよう] 번용; 볼일이 많아 몹시 바쁨.
繁雑[はんざつ] 번잡; 일이 많고 복잡함.
繁閑[はんかん] 번한; 바쁨과 한가함.
繁華[はんか] 번화; 번창하고 화려함.
繁華街[はんかがい] 번화가; 번화한 거리.

藩 울타리 번

音 ◉ハン
訓 —

音読

藩[はん] 번; (江戸(えど) 시대의) 大名(だいみょう)의 영지(領地)·민생(民生)·통치 기구의 총칭.
藩校[はんこう] 藩이 세운 학교.
藩老[はんろう] 藩의 家老(かろう).
藩論[はんろん] 藩의 여론·의견.
藩命[はんめい] 藩·영주(領主)의 명령.
藩閥[はんばつ] 明治(めいじ) 유신 때 공을 세운 藩 출신들이 만든 파벌.
藩府[はんぷ] 藩의 관아(官衙).
藩士[はんし] 藩의 무사·신하.
藩臣[はんしん] ①왕실을 수호하는 신하. ②藩의 신하.
藩儒[はんじゅ] 藩의 영주에게 종속된 유학자.
藩邸[はんてい] 지방 영주(領主)가 江戸(えど)에 두었던 저택.
藩政[はんせい] 藩의 정치.
藩主[はんしゅ] 藩의 영주(領主).
藩札[はんさつ] 각 藩의 화폐.
藩学[はんがく] 각 藩이 세운 학교.
藩侯[はんこう] 藩의 영주(領主).

翻(飜) 펄럭일/번역할 번

音 ◉ホン
訓 ◉ひるがえす ◉ひるがえる

訓読

◉**翻す**[ひるがえす] 〈5他〉 ①(물건을) 뒤집다. ②(몸을) 훌쩍 날리다. 홱 돌리다. ③(바람에) 나부끼게 하다. ④(마음·태도 등을) 바꾸다. 번복하다.
◉**翻る**[ひるがえる] 〈5自〉 ①뒤집히다. ②(바람에) 나부끼다. 펄럭이다. ③(마음·태도 등이) 갑자기 바뀌다.
翻って[ひるがえって] 입장을 바꾸어. 뒤집어. 반대로.

音読

翻刻[ほんこく] 번각; (책의) 개정판(改訂版)을 발행함.
翻筋斗[★もんどり] 재주넘기. 공중제비. 텀블링.
翻弄[ほんろう] 번롱; ①농락함. 제멋대로 갖고 놂. ②(파도 등에) 흔들림.
翻身[ほんしん] 몸을 날쌔게 돌림.
翻案[ほんあん] 번안; 소설·희곡 등의 원작 내용을 살리면서 개작함.
[2]**翻訳**[ほんやく] 번역; 한 나라의 말을 다른 나라의 말로 옮김.
翻然と[ほんぜんと] ①펄럭펄럭. ②갑자기. 홀연히. 불현듯.
翻意[ほんい] 번의; 결심·생각을 바꿈.

蕃	①우거질 번 ②성씨 반 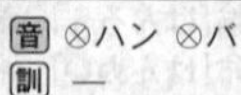	音 ⊗ハン ⊗バン 訓 —

ㅂ

音読

蕃別[ばんべつ] 중국이나 한국에서 귀화한 사람을 조상으로 하는 씨족.
蕃社[ばんしゃ] 외국인 마을.
蕃人[ばんじん] ①미개인. ②외국인. ③(타이완의) 고사족(高砂族).
蕃族[ばんぞく] 번족; 야만인. 미개인.

燔	불사를 번 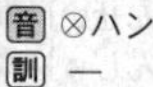	音 ⊗ハン 訓 —

音読

燔祭[はんさい] 번제; (고대 이스라엘 백성이) 가축을 불살라 여호와 하느님께 바치던 의식.

[벌]

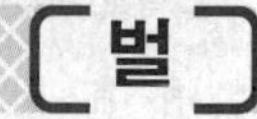

伐 칠/벨 벌

丿 亻 仁 代 伐 伐

音 ◉バツ
訓 ⊗きる

訓読

⊗伐る[きる] 〈5他〉 (나무를) 베다. 자르다. ¶木(き)を~ 나무를 베다. 벌목하다.

音読

伐木[ばつぼく] 벌목; 산의 나무를 베어냄.
伐採[ばっさい] 벌채; 산의 나무를 베어내고 섶을 깎아냄.

罰 벌줄 벌

丨 冂 罒 罒 罒 罒 罒 詈 罰 罰

音 ◉バチ ◉バツ
訓 —

音読

[1]罰❶[ばつ] 벌; 죄를 짓거나 잘못을 범한 사람에게 자유를 억제하거나 괴로움을 주는 일. ❷[ばち] 천벌(天罰). 하늘에서 내리는 벌.
[2]罰する[ばっする] 〈サ変他〉 벌주다. 처벌하다.
罰金[ばっきん] 벌금; 범죄의 처벌로서 부과하는 돈.
罰当(た)り[ばちあたり] ①천벌(天罰)을 받음. ②천벌을 받아 마땅한 사람.
罰杯[ばっぱい] 벌주(罰酒). 벌로 먹이는 술.
罰俸[ばっぽう] 벌봉; 감봉(減俸).
罰点[ばってん] 벌점; ①×표. ②낙제점.
罰条[ばつじょう] 벌조; 처벌 규정.
罰則[ばっそく] 벌칙; 위반 행위의 처벌을 정해 놓은 규칙.

閥 문벌 벌

丨 ｢ 門 門 門 閂 閂 閥 閥 閥

音 ◉バツ
訓 —

音読

閥[ばつ] 벌; ①문벌. 가문. 집안. ②파벌.
閥族[ばつぞく] 벌족; ①문벌. 가문. 집안. ②족벌(族閥). 파벌을 형성한 일족(一族).

筏	뗏목 벌	音 ⊗バツ 訓 ⊗いかだ

訓読

⊗筏[いかだ] 뗏목.
筏葛[いかだかずら] 《植》 부겐빌레아.
筏流し[いかだながし] ①강물에 뗏목을 떠내려 보냄. ②뗏목꾼. 뗏목 사공.
筏蔓[いかだかずら] 《植》 부겐빌레아.
筏師[いかだし] 뗏목꾼. 뗏목 사공.
筏焼き[いかだやき] 작은 생선을 가지런히 꿴 꼬챙이구이.
筏乗り[いかだのり] ①뗏목을 타고 강을 내려감. ②뗏목꾼. 뗏목 사공.

[범]

凡 무릇 범

丿 几 凡

音 ◉ハン ◉ボン
訓 ⊗およそ ⊗すべて

訓読

[2]⊗凡そ[およそ] ①대개. 대강. 대체. ②(부정문에서) 도무지. 전혀. ③일반적으로. 무릇.
[2]⊗凡て[すべて] 모두. 모조리. 전부. 죄다.

音読

凡[ぼん] 보통임. 평범함.
凡境[ぼんきょう] ≪仏≫ 범경; 보통의 장소.
凡骨[ぼんこつ] 범골; 평범한 사람.
凡慮[ぼんりょ] 범려; 평범한 생각.
凡例[★はんれい] 범례; 일러두기. 보기.
凡百[ぼんぴゃく] 범백; 온갖 종류.
凡夫[ぼんぷ] 범부; ①평범한 사람. ②≪仏≫ 중생.
凡常[ぼんじょう] 범상; 보통임. 예사로움.
凡庶[ぼんしょ] 범서; 평범한 사람.
凡俗[ぼんぞく] 범속; ①평범함. ②평범한 사람. 범인(凡人). 속인(俗人).
凡手[ぼんしゅ] 범수; 평범한 솜씨. 평범한 솜씨의 사람.
凡失[ぼんしつ] 범실; (야구에서) 대수롭지 않은 실수.
凡眼[ぼんがん] 범안; 보통 식견.
凡庸[ぼんよう] 범용; ①평범함. ②범인(凡人).
凡愚[ぼんぐ] 범우; ①평범하고 어리석음. ②어리석은 사람.
凡人[ぼんじん] 범인; 보통 사람. 평범한 사람.
凡作[ぼんさく] 범작; 평범한 작품.
凡才[ぼんさい] 범재; 평범한 재능의 사람.
凡打[ぼんだ] 범타; (야구에서) 안타가 되지 못한 평범한 타구.
凡退[ぼんたい] 범퇴; (야구에서) 타자(打者)가 안타를 치지 못하고 아웃됨.
凡下[ぼんげ] 범하; ①평범함. 평범한 사람. ②평민. 보통 사람. 신분이 낮은 사람.

犯 범할/범죄 범

丿 犭 犭 犯 犯

音 ◉ハン
訓 ◉おかす

訓読

2 ◉犯す[おかす] 〈5他〉 ①(규칙・도덕・법률을) 범하다. 어기다. ②거역하다. 모독하다. ③(여자를) 성폭행(性暴行)하다. 욕보이다.

音読

犯[はん] …범; …범인. …범죄.
犯意[はんい] 범의; 범죄 행위를 하려는 생각.
2 犯人[はんにん] 범인; 범죄인. 죄를 저지른 사람.
犯跡[はんせき] ≪法≫ 범적; 범죄의 흔적.
2 犯罪[はんざい] 범죄; 죄를 지음. 지은 죄.
犯則[はんそく] 범칙; 반칙. 규정이나 법칙을 어김.
犯行[はんこう] 범행; 범죄 행위.

帆 돛 범

丨 口 巾 巾 帆 帆

音 ◉ハン
訓 ◉ほ

訓読

◉帆[ほ] 돛. 배가 바람을 받아 앞으로 나아가도록 돛대에 높게 펼쳐 매단 넓은 천.
帆綱[ほづな] 돛대 줄. 용총줄.
帆掛(け)船[ほかけぶね] 돛단배. 범선.
帆立貝[ほたてがい] ≪貝≫ 가리비.
帆木綿[ほもめん] 돛에 사용하는 두껍고 튼튼한 무명.
帆手[ほて] (돛의 좌우에 달린) 닻줄.
帆影[ほかげ] 멀리 보이는 돛단배의 모습.
帆前船[ほまえせん] 서양식 대형 범선.
帆柱[ほばしら] 돛대.
帆布[ほぬの/はんぷ] 범포; 돛을 만드는 두꺼운 천.
帆桁[ほげた] (돛대의) 가로대. 활대.

音読

帆船[はんせん/ほぶね] 범선; 돛단배.
帆走[はんそう] 범주; 돛에 바람을 받아 물위를 항해함.

範 법/한계/본보기 범

⺈ ⺮ 笁 笁 笵 笹 笹 範 範 範

音 ◉ハン
訓 ―

音読

範[はん] 모범(模範). 본보기.
範例[はんれい] 범례; 규범이 되는 예.
範式[はんしき] 범식; ①본. 규범(規範). ②수학 공식.
2 範囲[はんい] 범위; 행동이나 생각이 미치는 한계.
範疇[はんちゅう] 범주; 카테고리. 같은 성질의 것이 속하는 부류・부분・영역.
範型[はんけい] 범형; 본. 규범(規範).

ㅂ

氾 물넘칠 범	音 ⊗ハン 訓 —

音読

1 氾濫[はんらん] 범람; ①물이 가득 차서 넘쳐흐름. ②바람직하지 않은 것들이 크게 나돎.

汎 넓을 범	音 ⊗ハン 訓 —

音読

汎[はん] 범; 전(全). 널리 전체에 미침.
汎論[はんろん] 범론; 개괄적인 이론. 통론.
汎理論[はんりろん] ≪哲≫ 범리론.
汎神論[はんしんろん] ≪哲≫ 범신론.
汎心論[はんしんろん] ≪哲≫ 범심론.
汎愛[はんあい] 범애; 모든 사람을 차별 없이 사랑하는 것. 박애(博愛).
汎用[はんよう] 범용; 널리 여러 방면에 사용함.
汎称[はんしょう] 범칭; 넓은 범위로 사용하는 칭호.

梵 불경 범	音 ⊗ボン ⊗ボ 訓 —

音読

梵論字[ぼろんじ] ≪仏≫ 허무승(虚無僧). 머리를 기른 보화종(普化宗)의 중.
梵文[ぼんぶん] 범문; ①범어(梵語)로 쓴 글. ②고대 인도 문학.
梵楽[ぼんがく] 범악; 불교 음악.
梵語[ぼんご] 범어; 고대 인도의 문장어. 산스크리트. ＊음역(音訳)되어 불교 용어로 쓰이고 있음.
梵字[ぼんじ] 범자; 범어를 표기하는 데 사용하는 글자.
梵鐘[ぼんしょう] 범종; 종루에 매다는 종.
梵讃[ぼんさん] ≪仏≫ 범찬; 범어(梵語)대로 부르는 찬불가(讃仏歌).
梵刹[ぼんさつ/ぼんせつ] 절. 사찰(寺刹).
梵天[ぼんてん] ≪宗≫ 범천; ①(인도의 고대 종교에서) 만물 창조의 신. ② ≪仏≫ 범천. ③(바다) 줄낚시의 찌.
梵唄[ぼんばい] 범패; 경문(経文)이나 게(偈)에 가락을 붙여서 부름.

〔법〕

法 법/불교 법
丶 冫 氵 氵一 汁 注 法 法

音 ◉ホウ ◉ホッ ◉ハッ
訓 ⊗のり ⊗のっとる

訓読

⊗法[のり] ①불법(仏法). 부처의 가르침. ②치수. 지름. 직경. ③모범. 본.
⊗法る[のっとる] 〈5自〉 (원칙・기준으로 삼고) 따르다. 준(準)하다. 본받다.

音読

2 法❶[ほう] 법; ①법률. 규범. ②예의. 법도(法度). ③수단. 방법. ④불법(仏法).
法❷[フラン] 프랑. ＊프랑스・벨기에・스위스의 화폐 단위.
法家[ほうか] 법가; ①법률가. ②(고대 중국에서) 법률로써 엄하게 다스리는 정치를 주장한 학파.
法界❶[★ほっかい] ≪仏≫ 법계; ①의식의 대상이 되는 모든 사물. ②자연계. 우주의 모든 것. ❷[ほうかい] '法界悋気'의 준말.
法科[ほうか] 법과; ①법률에 대한 학문을 연구하는 학과. ②법 조항.
法官[ほうかん] 법관; 사법 공무원.
法規[ほうき] 법규; 법률과 규칙.
法難[ほうなん] 법난; 불교를 포교하는 과정에서 받는 박해.
法堂[ほうどう] ≪仏≫ 법당; 경전을 강(講)하는 강당. ＊선종(禅宗)에서는 'はっとう'라고 함.
法度[★はっと] 법도; ①(武家 시대의) 법령. 법률. 규정. ②금지 사항. 금령(禁令).
法灯[ほうとう] ≪仏≫ 법등; ①불법(仏法). 부처의 가르침. ②한 종파의 우두머리. ③불전(仏前)의 등불.
法螺[★ほら] ①'法螺貝(ほらがい)'의 준말. ②허풍을 떪. 과장해서 말함.
法螺吹き[★ほらふき] 허풍쟁이.
法螺貝[★ほらがい] ① ≪貝≫ 소라고둥. ②나각(螺角). 소라고둥 나팔.
法螺話[★ほらばなし] 허풍.
法楽[ほうらく] 법락; ①신불(神仏)을 공양하는 음악. ②덕(德)을 쌓는 즐거움. ③ ≪俗≫ 즐거움. 위안. 위로. ④ ≪俗≫ 공짜. 무료.

法力[ほうりき] 법력; 불법(仏法)의 위력. 불법을 닦아 터득한 불가사의한 힘.
法令[ほうれい] 법령; 법률과 명령.
法例[ほうれい] 법례; 법률을 적용할 때에 준거하는 일반 통칙.
法輪[ほうりん] 법륜; 불법(仏法).
3法律[ほうりつ] 법률; 국가적인 규범.
法隆寺[ほうりゅうじ] 법륭사; 奈良県(ならけん) 生駒郡(いこまぐん) 斑鳩(いかるが) 마을에 있는 절로서 기원 607년에 세운 세계에서 가장 오래된 목재 건물임.
法理[ほうり] 법리; 법률의 원리.
法網[ほうもう] 법망; 범죄자에 대한 법률의 제재(制裁)를 물고기에 비유한 말임.
法名[ほうみょう] 법명; ①승명(僧名). ②계명(戒名).
法務[ほうむ] 법무; ①법률에 관한 사무. ②≪仏≫ 불법(仏法)에 관한 사무.
法務大臣[ほうむだいじん] 법무대신; 법무부장관.
法務省[ほうむしょう] 법무성; 법무부.
法文❶[ほうぶん] 법문; ①법령 조문(条文). ②(대학교의) 법과 대학과 문과대학. ❷[ほうもん] ≪仏≫ 불법(仏法)을 해설한 문장.
法博[ほうはく] '法学博士'의 준말.
法返し[ほうがえし] 취할 수단·방법.
法服[ほうふく] 법복; ①법정에서 법관이 입는 제복. ②승려의 정장. 법의(法衣).
法事[ほうじ] ≪仏≫ 재(斎). 법요(法要).
法師[ほうし] 법사; 중. 승려.
法相[ほうしょう] 법상; 법무부장관.
法式[ほうしき] 법식; 예법(礼法).
1法案[ほうあん] 법안; 법률안.
法眼[ほうげん] 법안; ①≪仏≫ 승려 계급 중의 하나. ②(중세 이후)승려에 준하여 의사·화가·連歌師(れんがし) 등에게 내린 칭호.
法語[ほうご] ≪仏≫ 법어; 불법(仏法)을 해설한 책.
法悦[ほうえつ] ① ≪仏≫ 법열. ②황홀한 기분.
法王[ほうおう] 법왕; ①로마 교황청의 교황(教皇). ② ≪仏≫ 석가여래의 딴이름.
法外[ほうがい] 부당함. 터무니없음. 과도함. 엄청남.
法要[ほうよう] ≪仏≫ 법요; 법회(法会). 법사(法事).
法衣[ほうえ/ほうい] ≪仏≫ 법의; 승복(僧服).
法医学[ほういがく] 법의학.
法意[ほうい] 법의; 법의 취지.
法益[ほうえき] 법익; 법률로 보호하는 생활상의 이익.
法人[ほうじん] 법인; 법률상으로 인격을 인정받아 권리·능력을 부여받는 주체.
法印[ほういん] ① ≪仏≫ 승려의 최고직. ②(중세 이후) 승려에 준하여 의사·화가·連歌師(れんがし) 등에게 내린 칭호.
法蔵[ほうぞう] ≪仏≫ 법장; ①부처의 가르침. ②불경(仏経). 경전. ③불경을 두는 방. ④법장보살.
法的[ほうてき] 법적; 법에 의거함.
法典[ほうてん] 법전; ①성문 법규집. ②법률. 법규.
法定[ほうてい] 법정; 법률로 규정함.
1法廷[ほうてい] 법정; 재판정(裁判廷).
法制[ほうせい] 법제; ①법률과 제도. ②법률로 정한 제도.
法制局[ほうせいきょく] 법제처(法制処).
法曹界[ほうそうかい] 법조계; 사법에 관계된 사람들의 사회.
法主[★ほっしゅ/ほっす/ほうしゅ] ≪仏≫ ①부처. ②종파의 우두머리. ③법회의 주재자.
法体[★ほったい] ≪仏≫ 법체; ①삭발한 중의 모습. ②만유의 실체.
法治[ほうち] 법치; 법으로 다스림.
2法則[ほうそく] 법칙; ①꼭 지켜야 하는 규범. ②일정한 조건하에 성립되는 관계.
法被[★はっぴ] ①(종업원이 입는) 상호가 찍힌 겉옷. ②(武家에서) 하급 무사가 고용인이 입는 웃옷. ③(禅宗)에서) 고승(高僧)의 의자에 걸치는 금란(金襴) 등의 천.
1法学[ほうがく] 법학; 법률학.
法号[ほうごう] ≪仏≫ 법호; ①법명(法名). ②사후(死後)에 주어지는 이름. 계명(戒名).
法貨[ほうか] ①'法定貨幣'의 준말. ②프랑스의 화폐.
法華[★ほっけ] ≪仏≫ 법화. ①'妙法蓮華経(みょうほうれんげきょう)'의 준말. ②'法華宗(ほっけしゅう)'의 준말.
法華宗[★ほっけしゅう] ≪仏≫ 법화종; ①'天台宗(てんだいしゅう)'의 딴이름. ②'日蓮宗(にちれんしゅう)'의 딴이름.
法話[ほうわ] ≪仏≫ 법화; 불법에 관한 이야기.
法皇[ほうおう] 법황; 불문(仏門)에 들어간 상황(上皇).
法会[ほうえ] 법회; ①설법을 위한 모임. ②불사(仏事).

〔벽〕

ㅂ

壁 벽 벽

ㄱ 尸 启 启ᅩ 启ᅭ 启立 辟 辟 辟 壁

音 ◉ヘキ
訓 ◉かべ

訓読

3◉壁[かべ] ①벽. 바람벽. ②장애. 난관. ③(등산에서) 깎아지른 듯한 암벽.
壁掛(け)[かべがけ] 벽걸이.
壁代[かべしろ] ①(옛날 궁전·절에서 사용하던) 칸막이용의 거적이나 장막. ②흙벽의 뼈대.
壁塗り[かべぬり] ①벽에 흙을 바름. ②미장이.
壁隣[かべどなり] 벽 하나를 사이에 둔 이웃.
壁書き[かべがき] 벽서; 벽에 써 붙인 글.
壁新聞[かべしんぶん] ①벽신문. ②대자보(大字報).
壁越し[かべごし] 벽 너머.
壁一重[かべひとえ] 벽 하나 사이.
壁紙[かべがみ] 벽지; 도배지.
壁土[かべつち] 벽토; 벽에 바르는 흙.
壁下地[かべしたじ] 흙벽의 뼈대.

音読

壁面[へきめん] 벽면; 벽의 표면.
壁書[へきしょ] 벽서; ①벽에 쓴 글씨. ②(일본 戦国 시대에) 제후(諸侯)의 가법(家法). ③벽보. 벽에 붙인 공고문.
壁宿[へきしゅく] 벽수; 벽성(壁星). 28수(宿)의 하나로 북쪽의 일곱 번째 별자리.
壁画[へきが] 벽화; ①벽에 그린 장식 그림. ②벽에 걸린 그림.

癖 버릇 벽

亠 广 疒 疒 疒 疒 疒 疒 癖 癖

音 ◉ヘキ
訓 ◉くせ

訓読

2◉癖[くせ] ①버릇. 습관. ②독특함. 특징. 보통과는 다른 점. ③(머리카락의) 결. ④(양재에서) 몸매의 특징에 맞추어 잡는 곡선. 몸매의 특징.
癖毛[くせげ] 곱슬머리. 고수머리.
癖直し[くせなおし] ①구겨지거나 접힌 자국을 수증기에 쐬어 바로잡음. ②머리를 빗기 전에 물수건으로 문질러 줌.

音読

癖[へき] 〈接尾語〉 …벽; …하는 경향. …하는 버릇. ¶ 放浪(ほうろう)~ 방랑벽.

辟 임금 벽

音 ⊗ヘキ
訓 —

音読

1辟易[へきえき] ①(상대의 기세에) 압도되어 물러남. ② ≪俗≫ 손을 듦. 질려버림.

碧 푸를 벽

音 ⊗ヘキ
訓 —

音読

碧空[へきくう] 벽공; 푸른 하늘.
碧潭[へきたん] 벽담; 짙푸른 하늘.
碧羅[へきら] 벽라; 푸르고 얇은 비단.
碧落[へきらく] 벽락; ①푸른 하늘. 창공. ②머나먼 곳.
碧藍色[へきらんしょく] 벽람색; 푸른빛을 띤 남색.
碧瑠璃[へきるり] ①푸른 빛깔의 유리. ②파랗게 맑은 물.
碧色[へきしょく] 벽색; 청록색(青緑色).
碧水[へきすい] 벽수; 짙푸른 물.
碧眼[へきがん] 벽안; ①푸른 눈. ②서양 사람의 눈.
碧梧[へきご] ≪植≫ 벽오동.
碧玉[へきぎょく] 벽옥; ①푸른빛이 나는 옥. ② ≪鉱≫ 석영(石英).
碧雲[へきうん] 벽운; 푸른 구름.
碧天[へきてん] 벽천; 푸른 하늘.
碧海[へきかい] 벽해; 푸른 바다.

僻 두메산골 벽

音 ⊗ヘキ
訓 ⊗ひがむ

訓読

⊗僻む[ひがむ] 〈5自〉 (열등감 등으로) 비뚤어지다. 잘못 받아들이다. 곡해(曲解)하다.
僻み[ひがみ] 곡해(曲解). 비뚤어짐.
僻覚え[ひがおぼえ] ≪古≫ 잘못된 기억.
僻み根性[ひがみこんじょう] 비뚤어진 근성.
僻目[ひがめ] ①사팔눈. ②잘못 봄. 헛봄. ③편견.

僻事[ひがごと] 도리에 어긋난 일. 불합리한 일.
僻心[ひがごころ] 곡해(曲解). 비뚤어진 마음. 잘못된 생각.
僻み心[ひがみごころ] ☞ 僻心
僻耳[ひがみみ] 잘못 들음. 잘못 듣고 곡해(曲解)함.
僻者[ひがもの] 괴짜. 비뚜로 나가는 녀석. 청개구리.

音読

僻する[へきする] 〈サ変自〉 ①치우치다. 쏠리다. ②비뚤어지다.
僻見[へきけん] 벽견; 편견. 치우친 생각.
僻論[へきろん] 벽론; 치우친 이론.
僻書[へきしょ] 벽서; 유교의 가르침과 일치하지 않은 내용의 책.
僻説[へきせつ] 벽설; 이치에 안 맞는 말.
僻遠[へきえん] 벽원; 외지고 먼 곳.
僻在[へきざい] 벽재; ①한쪽에 치우쳐 있음. ②벽지(僻地)에 외따로 있음.
僻地[へきち] 벽지; 도시에서 멀리 떨어져 있는 한적한 곳.
僻村[へきそん] 벽촌; 궁벽한 마을.
僻陬[へきすう] 벽추; 벽지. 두메.

劈 쪼갤 벽	音 ⊗ヘキ 訓 ⊗つんざく

訓読

⊗**劈く**[つんざく] 〈5他〉 세차게 찢다. 세차게 뚫다.

音読

劈開[へきかい] 벽개; ①쪼개져 갈라짐. ② ≪鉱≫ 광물(鉱物)이 일정한 방향으로 결을 따라 갈라짐.
劈頭[へきとう] 벽두; 맨 처음. 최초. 첫 번째.

변

弁(辯/瓣)	①말잘할 변 ②꽃잎 판
𠂉 𠫓 厶 弁 弁	

音 ◉ベン
訓 ⊗わきまえる

訓読

⊗**弁える**[わきまえる] 〈下1他〉 ①분별하다. 분간하다. 식별하다. ②(분수・예의를) 알다.
⊗**弁え**[わきまえ] ①분별. 식별. ②소양. 주의사항. 수칙(守則). ③보상(補償). 변상.

音読

弁[べん] ①(액체나 기체를 조절하는) 밸브. ②꽃잎. ③말. 말투. 말의 내용. ④(지방의) 사투리. 말투.
弁じる[べんじる] 〈上1他〉 ☞ 弁ずる
弁ずる[べんずる] 〈サ変自他〉 ①끝나다. ②구별하다. 판별하다. ③(일을) 처리하다. 마치다. ④진술하다. 설명하다. 말하다. ⑤변명하다. 변호하다. 해명하다.
弁難[べんなん] 변난; 논란(論難).
2**弁当**[べんとう] 도시락.
弁当箱[べんとうばこ] 도시락 그릇.
1**弁論**[べんろん] 변론; ①연설. ②논쟁. ③진술.
弁理士[べんりし] 변리사.
弁じ立てる[べんじたてる] 〈下1他〉 지껄여대다.
弁膜[べんまく] ≪生理≫ 판막(瓣膜).
弁明[べんめい] 변명; 변호(弁護).
弁務官[べんむかん] (영국의) 판무관.
弁駁[べんぱく] 변박; 논박. 반박.
弁別[べんべつ] 변별; 분별. 식별. 구별.
弁士[べんし] 변사; ①말을 잘하는 사람. ②(강연・연설의) 연사(演士). ③(무성 영화의) 변사.
1**弁償**[べんしょう] 변상; 손실을 물어줌.
弁舌[べんぜつ] 변설; 구변(口弁).
弁才[べんさい] 변재; 말재주. 말솜씨.
弁才天[べんざいてん] ☞ 弁財天
弁財天[べんざいてん] 칠복신(七福神)의 하나로 말재주・음악・지혜・재복(財福)을 담당한다는 인도의 여신.
弁済[べんさい] 변제; ①빚을 갚음. ②채무를 이행함.
弁証法[べんしょうほう] ≪哲≫ 변증법.
弁知[べんち] 변지; 분별. 식별. 구별.
弁天[べんてん] ① ≪仏≫ '弁才天・弁財天'의 준말. ② ≪俗≫ 복스럽고 재능이 있는 여성.
弁天娘[べんてんむすめ] 복스럽고 예쁜 처녀.
1**弁解**[べんかい] 변명. 변호.
弁護[べんご] 변호; 그 사람에게 유리하도록 주장하여 도와줌.
1**弁護士**[べんごし] ≪法≫ 변호사.
弁護人[べんごにん] ≪法≫ 변호인.

ㅂ

辺(邊) 가/곁/변방 변

丁 刀 刀 辺 辺 辺

音 ◉ヘン
訓 ◉あたり ◉…べ

訓読

[2]◉辺り[あたり] ①근처. 부근. 주변. 일대. ②(명사에 접속하여) ㉠…같은 곳. ㉡…같은 사람. ㉢…경(頃). …쯤. …정도.
◑水辺[みずべ], 岸辺[きしべ], 川辺[かわべ], 海辺[うみべ]

音読

[4]辺[へん] ①근방. 근처. ②쯤. 정도. ③《数》 변.
辺境[へんきょう] 변경; ①국경. ②벽촌.
辺塞[へんさい] 변새; 국경(国境).
辺陲[へんすい] 변수; 변경. 국경. 변방.
辺隅[へんぐう] 변우; 변경. 벽지.
辺材[へんざい] 변재; 통나무의 표면.
辺際[へんさい] 변제; (국토나 토지의) 끝. 한계.
辺地[へんち] 변지; 벽지. 외진 곳.
辺土[へんど] 변토; 벽촌(僻村).
辺幅[へんぷく] 변폭; 표면. 외관.

変(變) 변할/고칠 변

' 亠 ナ 亣 亦 亦 亦 亦 変

音 ◉ヘン
訓 ◉かえる ◉かわる

訓読

[3]◉変える[かえる] 〈下1他〉 ①(상태를) 변화시키다. 바꾸다. ②(위치·방향을) 옮기다. 바꾸다. ③(날짜·계획을) 변경하다. 바꾸다.
[3]◉変(わ)る[かわる] 〈5自〉 ①(상태가) 변하다. 바뀌다. ②색다르다. 별나다. 괴짜다.
変(わ)り[かわり] ①변화. 변함. 다름. 이상(異常). ②별고. 탈. ③차이. 다름.
変(わ)り果てる[かわりはてる] 〈下1自〉 (좋지 않게) 딴판으로 변하다. 몰라보게 변하다.
変(わ)り裏[かわりうら] 옷단 안쪽만 색깔이 다른 천을 대어 만든 것.
変(わ)り目[かわりめ] ①바뀔 때. 변할 때. ②다른 점. 차이점.
変(わ)り飯[かわりめし] 여러 가지 재료(고기·생선·죽순·버섯 등)를 섞어 지은 밥. 별식(別食).
変(わ)り身[かわりみ] ①몸의 자세·위치를 재빨리 바꿈. ②(상황에 따라) 처신을 달리함. 전향(転向).
変(わ)り御飯[かわりごはん] ☞ 変(わ)り飯
変(わ)り者[かわりもの] 괴짜. 별난 사람.
変(わ)り種[かわりだね] ①변종. ②괴짜. 별난 사람.
変(わ)り雛[かわりびな] 그 시대를 반영하여 만든 풍자(諷刺) 인형.

音読

[3]変[へん] 〈形動〉 ①이상함. 보통과 다름. 수상함. ②엉뚱함. 예상 밖임. 〈名詞〉 ①바뀜. 변화. 달라짐. ②변고. 난(乱). ③《楽》 반음 내림. 플랫(기호♭).
変じる[へんじる] 〈上1自他〉 변하다. 변화하다. 변경하다. 바꾸다.
変ずる[へんずる] 〈サ変自他〉 ☞ 変じる
変ちき[へんちき] 〈形動〉《俗》 이상함. 괴상함. 기묘함.
変改[へんかい] 변개; 변경(変更).
変格[へんかく] 변격; ①불규칙한 격식. ②《語学》 변격 활용.
[2]変更[へんこう] 변경; 바꾸어서 고침.
変記号[へんきごう] 변기호; 플랫(기호♭). 내림표.
変動[へんどう] 변동; ①달라짐. 변하여 움직임. ②난리. 사변(事変).
変動費[へんどうひ] 변동비; 변동 비용.
変貌[へんぼう] 변모; 변한 모습. 모습을 바꿈.
変死[へんし] 변사; 뜻밖의 재난으로 죽음.
変事[へんじ] 변사; 이변. 변고.
変色[へんしょく] 변색; 색깔이 바뀜.
変生[へんじょう] 《仏》 변생; 환생(還生). 다른 모습으로 바뀌어 태어남.
変生男子[へんじょうなんし] ①《仏》 여자가 남자로 바뀌어 태어남. ②여자로 바뀌어 태어난 듯한 상냥한 남자.
変成❶[へんせい] 변성; 모양이 다르게 바뀌어 이루어짐. ❷[へんじょう] 《仏》 변생(変生). 환생(還生). 다른 모습으로 바뀌어 태어남.
変声期[へんせいき] 《生理》 변성기.
変性[へんせい] 변성; ①(한 종류에서) 보통의 것과는 다른 성질이 있음. ②특정한 물질의 성질이 여러 가지 원인으로 변화함.

変速[へんそく] 변속; 속도를 바꿈.
変数[へんすう] ≪数≫ 변수.
変身[へんしん] 변신; 몸의 모양을 바꿈. 모양이 바뀐 몸.
変心[へんしん] 변심; 마음이 변함.
変圧器[へんあつき] ≪物≫ 변압기.
変音[へんおん] ≪楽≫ 변음; 플랫(b)이 붙은 반음 낮은 음.
変異[へんい] 변이; ①이변. 변동. ②같은 종류의 생물 간에 다른 성질이 나타남.
変移[へんい] 변이; 변천(変遷). 변화하여 옮아감.
変人[へんじん] 변인; 괴짜. 별난 사람.
変装[へんそう] 변장; 옷차림이나 모양을 다르게 바꿈.
変転[へんてん] 변전; 변하여 달라짐.
変電所[へんでんしょ] 변전소.
変節[へんせつ] 변절; 절개나 주장을 바꿈.
変造[へんぞう] 변조; 기존물의 형상이나 내용에 변경을 함.
変調[へんちょう] 변조; ①상태가 바뀜. 상태를 바꿈. ②몸의 컨디션이 정상이 아님. ③ ≪楽≫ 조바꿈. 전조(転調). ④ ≪物≫ 변조.
変調子[へんちょうし] ≪物≫ (기계 등의) 이상(異常).
変種[へんしゅ] 변종; ①유난히 다름. ②생물 분류학상 종(種)의 아래.
変奏曲[へんそうきょく] ≪楽≫ 변주곡; 바리에이션.
変質[へんしつ] 변질; ①성질・물질이 변함. ②병적(病的)인 성격.
変質者[へんしつしゃ] 이상 성격자. 정신 질환자. 병적(病的)인 사람.
[1]変遷[へんせん] 변천; 바뀌어 변함.
変哲[へんてつ] 변철; 별다름. 보통과 다름.
変体[へんたい] 변체; 보통 체제와 다름.
変則[へんそく] 변칙; 규칙에 벗어남.
変針[へんしん] 변침; 배가 침로(針路)를 변경함.
変態[へんたい] 변태; ①이상한 형태. ②형태를 바꿈. ③≪動≫ 탈바꿈. ④≪植≫ 기관(器官)의 형태와 기능이 달라짐. ⑤'変態性欲'의 준말.
変態性欲[へんたいせいよく] 변태성욕; 성적인 행위나 대상이 도착(倒錯)되어 이상한 형태를 취하여 나타나는 것.
変通[へんつう] 변통; 임기응변으로 잘 처리함.
[1]変革[へんかく] 변혁; 바꾸어 새롭게 함.
変形[へんけい] 변형; 형태를 바꿈.
[2]変化❶[へんか] 변화; ①(성질・상태가) 바뀜. 변함. ② ≪語学≫ 단어의 어형이 용법에 따라 꼴이 바뀜. ❷[へんげ] ①괴물. 요괴(妖怪). 도깨비. ②신불(神仏)이 잠시 사람의 모습으로 나타남.
変化球[へんかきゅう] (야구의) 변화구.
変換[へんかん] 변환; ①전환. 변경. ②≪数≫ 변환.
変換え[へんがえ] 변환; 변경(変更).
変換える[へんがえる] 〈下1他〉 변환하다. 변경하다. 바꾸다. 고치다.

〔별〕

別 다를/헤어질/나눌 별

丨 ㄇ 口 号 另 別 別

音 ◉ベツ
訓 ◉わかれる ⊗わきて ⊗わける ⊗わかつ

訓読

[3]◉別れる[わかれる] 〈下1自〉 ①이별하다. 헤어지다. ②사별(死別)하다.
[2]別れ[わかれ] ①이별. 헤어짐. ②고별(告別). 결별(訣別). 작별(作別). 하직(下職).
別れ道[わかれみち] ①기로(岐路). 갈림길. ②샛길. ③작별하는 길.
別れ路[わかれじ] ①헤어져 가는 길. ② ≪雅≫ 사람과 헤어짐.
別れ目[わかれめ] ①분기점. 갈림길. ②갈라설 때. 헤어질 때.
別れ別れ[わかれわかれ] 뿔뿔이 헤어짐. 따로따로 떨어짐.
別れ霜[わかれじも] 늦서리.
別れ際[わかれぎわ] 헤어지기 직전. 헤어질 때.
別れ話[わかればなし] 이혼 이야기. 작별 이야기.
⊗別きて[わきて] ≪古≫ 특히. 유난히. 각별히.
⊗別ける[わける] 〈下1他〉 ①나누다. 분할하다. 가르다. ②헤치다. ③분류하다. 구분하다. 고르다. ④분배하다. 나누어주다. ⑤중재하다. 말리다. ⑥무승부로 하다. 비긴 것으로 하다.

別けて[わけて] 특히. 그 중에서도. 유독. 유난히. 유달리.

別けても[わけても] '別けて'의 강조.

別けて隔て[わけてへだて] 차별 대우.

⊗別つ[わかつ] 〈5他〉 ①나누다. 구분하다. 가르다. ②따로따로 하다. ③분배하다. 나누어주다. ④떼어놓다. ⑤판단하다.

別ち[わかち] 구별. 구분. 차이

別ち書き[わかちがき] 띄어쓰기.

音読

[2]別[べつ] 〈名詞〉 ①구별. ②이별. ③다름. 별도. ④제외. 〈形動〉 ①같지 않음. 다름. ②특별함. 각별함.

別あつらえ[べつあつらえ] 특별 주문.

別して[べっして] 특별히. 각별히. 유난히. 특히.

[3]別に[べつに] ①(부정문에서) 별로. 특별히. ②(대답으로) 별로. 그다지.

別家[べっけ] ①분가(分家). ②종업원이 독립하여 주인집 상호로 딴 가게를 개업함.

別懇[べっこん] 절친함. 각별히 친함.

別個[べっこ] 별개; ①서로 다른 것. ②별도. 따로.

[1]別居[べっきょ] 별거; 따로 삶. 따로 생활함.

別件[べっけん] 별건; 별도의 용건. 다른 사건.

別格[べっかく] 별격; 특별한 지위. 특별대우.

別科[べっか] 별과; 본과 외에 따로 설치한 학과.

別館[べっかん] 별관; 본관 밖에 따로 설치한 건물.

別記[べっき] 별기; 따로 기록함.

別納[べつのう] 별납; 따로 납부함.

別段[べつだん] ①특별함. ②(부정문에서) 특별히. 별로. 그다지.

別当[べっとう] ①(平安(へいあん) 시대부터 江戸(えど) 시대까지) 院長(いんのちょう)・検非違使庁(けびいしちょう)・蔵人所(くろうどどころ) 등의 장관. ②(明治(めいじ) 시대에) 황족(皇族) 집안의 수석 직원. ③승직(僧職)의 하나. ④맹인의 벼슬의 하나. ⑤마부(馬夫).

別途[べっと] 별도; 다른 방면. 다른 방법.

別棟[べつむね] 별동; 딴채. 별채.

別涙[べつるい] 별루; 이별의 눈물.

別離[べつり] 별리; 이별.

別面[べつめん] 별면; 다른 페이지.

別名[べつめい] 별명; 다른 이름.

別命[べつめい] 별명; 별도의 명령.

別問題[べつもんだい] 별문제; 별개의 문제.

別物[べつもの] ①다른 것. 별개의 것. ②예외. 특별 취급.

[2]別別[べつべつ] 제각기. 각각. 따로따로.

別封[べっぷう] 별봉; ①따로 봉한 것. ②따로 곁들인 봉서(封書).

別世界[べっせかい] 별세계; 딴 세계. 별천지(別天地).

別刷り[べつずり] 별쇄; ①따로 인쇄함. ②발췌 인쇄.

別室[べっしつ] 별실; 특별실.

別様[べつよう] 다른 모양. 다른 양식.

別業[べつぎょう] 별업; ①다른 직업. ②별장(別荘).

別院[べついん] ≪仏≫ 별원; ①본산(本山)의 출장소. ②(절 안의) 별채.

別人[べつじん] 별인; 딴 사람.

[2]別荘[べっそう] 별장; ①더위나 추위를 피하기 위해서 본댁과는 다른 장소에 지은 집. ②≪俗≫ 교도소. 형무소.

別荘番[べっそうばん] 별장지기.

別邸[べってい] 별저; 별장.

別丁[べっちょう] 별도 지면(紙面).

別製[べっせい] 별제; 특별 제작.

別条[べつじょう] 보통과 다른 사항. 별일. 이상(異状).

別枠[べつわく] 별도의 규정・기준.

別誂え[べつあつらえ] 특별 주문.

別種[べっしゅ] 별종; 다른 종류.

別紙[べっし] 별지; 서류・편지 등에 따로 첨부하는 종이쪽.

別珍[べっちん] 벨베틴. 무명 벨벳. 우단.

別冊[べっさつ] 별책; ①따로 나누어 만든 책. ②다른 책.

別冊付録[べっさつふろく] 별책 부록.

別天地[べってんち] 별천지; 딴 세계.

別称[べっしょう] 별칭; 딴 이름. 별명.

別宅[べったく] 별택; 딴 살림집.

別派[べっぱ] 별파; 다른 파.

別便[べつびん] 별편; ①따로 보내는 우편물. ②다른 편지. ③다른 교통편. 다른 인편.

別表[べっぴょう] 별표; 따로 첨부한 표시나 도표.

別品[べっぴん] ①별품; 특별한 물건. 특별히 좋은 물건. ②미인(美人).

別項[べっこう] 별항; 다른 항목.

丙 셋째 병

一 冂 冂 丙 丙

音 ◉ヘイ
訓 ⊗ひのえ

訓読

⊗**丙**❶[ひのえ] 병; 십간(十干)의 세 번째. ❷[へい] ☞ [音読]

丙午[ひのえうま] 병오; 육십갑자의 43번째.

音読

丙❶[へい] 병; ①십간(十干)의 세 번째. ②갑(甲)·을(乙)의 다음. 제3위. ❷[ひのえ] ☞ [訓読]

兵 군사 병

一 厂 F F 丘 乒 兵

音 ◉ヒョウ ◉ヘイ
訓 ⊗つわもの

訓読

⊗**兵**❶[つわもの] ①군인. 병사. 용사. ②수완가. 실력자. ❷[へい] ☞ [音読]

音読

兵❶[へい] ①군인. 병사. ②군대. ③전쟁. 군사(軍事). ④무기. ❷[つわもの] ☞ [訓読]

兵家[へいか] 병가; ①군인. 무사. ②병법가(兵法家). 병법을 연마한 사람.

兵戈[へいか] 병과; ①무기. ②전쟁.

兵科[へいか] 병과; ①병종(兵種). ②기본 병과.

兵権[へいけん] 병권; 군대를 지휘하는 권한.

兵具[へいぐ] 병구; 무기.

1 **兵器**[へいき] 병기; 무기.

兵器廠[へいきしょう] 병기창; 무기 창고.

兵団[へいだん] 병단; 군단(軍団).

2 **兵隊**[へいたい] ①군대. ②병사. 군인.

兵隊勘定[へいたいかんじょう] ≪俗≫ 각자 부담. 더치페이.

兵略[へいりゃく] 병략; 전략(戦略).

兵糧[★ひょうろう] 병량; 군량미(軍糧米).

兵力[へいりょく] 병력; 군대의 힘.

兵馬[へいば] 병마; ①병기와 군마. ②군대. ③전쟁.

兵法[へいほう] 병법; ①전략. ②무술. 검술.

1 **兵士**[へいし] 병사; 병졸(兵卒).

兵舎[へいしゃ] 병사; 병영(兵営).

兵事[へいじ] 병사; 군대에 관한 일.

兵書[へいしょ] 병서; 병법에 관한 책.

兵船[へいせん] 병선; 전함(戦艦).

兵術[へいじゅつ] 병술; 용병술(用兵術).

兵食[へいしょく] 병식; 군량(軍糧).

兵児帯[★へこおび] (어린이나 남자가) 和服(わふく)에 두르는 허리띠.

兵役[へいえき] 병역; 군대에 복무함.

兵営[へいえい] 병영; 병사(兵舎).

兵員[へいいん] 병원; 병사의 수효.

兵長[へいちょう] 병장; 군대 계급의 하나.

兵籍[へいせき] 병적; ①군인으로서의 신분. ②'兵籍簿'의 준말.

兵制[へいせい] 병제; ①군대의 제도. ②군대의 편제.

兵曹[へいそう] 해군 하사관 계급.

兵卒[へいそつ] 병졸; 병사(兵士).

兵站[へいたん] 병참; 군수품을 보급하는 기관.

兵学[へいがく] 병학; 군사학.

兵学校[へいがっこう] ①江戸(えど) 말기의 서양식 조련 기관. ②'海軍兵学校'의 준말.

兵火[へいか] 병화; 전쟁에 의한 화재.

併(倂) 나란히할/합할 병

ノ 亻 亻 亻' 亻ᅳ 亻ᅶ 併 併

音 ◉ヘイ
訓 ◉あわせる ⊗しかし

訓読

◉**併せる**[あわせる] 〈下1他〉 (두 개의 사물을) 합치다. 합병하다. 병합하다.

併せて[あわせて] 아울러. 겸해서.

併せ持つ[あわせもつ] 〈5他〉 둘 다 갖추다. 함께 갖추다. 겸비(兼備)하다.

4 ⊗**併し**[しかし] 그러나. 그렇지만.

併し乍ら[しかしながら] 그러나. 그렇지만.

音読

併結[へいけつ] 병결; 목적지나 차의 종류가 다른 차량을 한 열차에 연결함.

併科[へいか] 병과; 두 가지 이상의 형벌을 동시에 부과함.

併記[へいき] 병기; 두 가지 이상을 동시에 아울러 기록함.

併発[へいはつ] 병발; 두 가지 이상의 일이 동시에 일어남.

ㅂ

併発症[へいはつしょう] 병발증; 두 가지 이상의 병이 겹쳐 생기는 증세.

併殺[へいさつ] (야구에서) 병살; 두 주자(走者)를 동시에 아웃시킴.

併設[へいせつ] 병설; 두 가지 이상의 것을 동시에 아울러 설립함.

併映[へいえい] 병영; 가극(歌劇)·음악회 등에서 영화도 병행하여 상영함.

併用[へいよう] 병용; 두 가지 이상의 것을 아울러 사용함.

併有[へいゆう] 병유; 두 가지 이상의 물건을 동시에 가짐.

併存[へいそん/へいぞん] 병존; 두 가지 이상의 것이 함께 존재함.

併進[へいしん] 병진; 함께 나란히 나아감.

併称[へいしょう] 병칭; ①한데 아울러서 호칭됨. ②다른 것과 함께 칭찬함.

併合[へいごう] 병합; 합병(合併).

並(竝) 아우를/나란히 설 병

丶 丷 䒑 丫 並 並 並 並

音 ◉ヘイ

訓 ◉ならぶ ◉ならべる ◉なみ

訓読

4 ◉**並ぶ**[ならぶ] 〈5自〉 ①줄서다. 나란히 서다. 늘어서다. ②견주다. 필적하다.

並び[ならび] ①줄. 줄섬. 줄지어 섬. 늘어섬. ②같은 쪽. 같은 줄. ③유례(類例). 견줄 수 있는 것.

並びない[ならびない] 〈形〉 비할 것이 없다. 유례가 없다. 둘도 없다.

1 **並びに**[ならびに] 및. 또. …와. …과.

並び大名[ならびだいみょう] ①(歌舞伎(かぶき)에서) 大名(だいみょう)로 분장하고 서 있기만 하는 배우. ②(이름만 늘어놓고) 그리 중요하지 않은 사람.

並び立つ[ならびたつ] 〈5自〉 ①늘어서다. 줄지어 서다. 즐비하다. 나란히 서다. ②아울러 서다. 어깨를 겨루다.

並び称する[ならびしょうする] 〈サ変他〉 병칭하다. 아울러 일컫다. 동등하게 평가하다.

4 ◉**並べる**[ならべる] 〈下1他〉 ①(한 줄로) 나란히 하다. 나란히 세우다. 가지런히 놓다. ②(물건을) 진열하다. 죽 늘어놓다. ③(말을) 늘어놓다. 열거하다. ④비교하다. 견주다.

並べ立てる[ならべたてる] 〈下1他〉 (물건을) 하나하나 죽 늘어놓다.

1 ◉**並(み)**[なみ] ①보통. 중간치. ②하치. 하등급(下等級). 하급(下級). ③늘어섬. 줄지음. ④(명사에 접속하여) ㉠정도. 수준. 만큼. 처럼. ㉡각 …마다.

並サイズ[なみサイズ] 보통 크기.

並(み)居る[なみいる] 〈上1自〉 한 자리에 나란히 앉아 있다.

並大抵[なみたいてい] (부정문에서) 보통. 예사. 이만저만.

並等[なみとう] 보통 등급. 최하 등급.

並(み)立つ[なみたつ] 〈5自〉 나란히 서다. 늘어서다.

2 **並木**[なみき] 가로수(街路樹).

並物[なみもの] 보통 물건.

並並ならぬ[なみなみならぬ] 보통이 아니다. 이만저만이 아니다.

並手形[なみてがた] ≪俗≫ 일본 은행이 재할인할 때 뒤로 밀리는 어음.

並外れ[なみはずれ] 유별남. 특별함.

並外れる[なみはずれる] 〈下1自〉 유별나다. 특별하다. 남다르다. 뛰어나다.

並(み)肉[なみにく] 보통 고기. 질이 낮은 고기.

並為替[なみがわせ] 외국환 중에서 송금용으로 쓰이는 돈.

並一通り[なみひととおり] 보통임. 웬만함. 예삿일.

並製[なみせい] 보통제. 중급품.

並足[なみあし] ①보통 발걸음. ②(馬術에서) 가장 느린 걸음.

並太[なみぶと] 중간 크기의 털실.

並判[なみばん] (옷·종이 제품 등의) 보통 크기.

並幅[なみはば] (피륙의) 보통 폭.

並型[なみがた] 보통 스타일.

音読

並列[へいれつ] 병렬; ①나란히 늘어섬. ②나란히 연결시킴. ③(전기 회로에서) 병렬접속.

並立[へいりつ] 병립; ①나란히 있음. ②(대립 관계의 것이) 동시에 존재함.

並進[へいしん] 병진; 함께 나란히 나아감.

並置[へいち] 병치; 병설(併設).

並称[へいしょう] 병칭; ①한데 어울러서 호칭됨. ②다른 것과 함께 칭찬함.

並行[へいこう] 병행; ①나란히 나아감. ②비슷한 일이 동시에 행해짐.

柄 자루/손잡이 병

一 十 才 木 杧 杤 枥 柄 柄

音 ◉ヘイ ⊗ヒ
訓 ◉え ◉がら ⊗つか

訓読

1 ◉柄❶[え] 자루. 손잡이.
2 ◉柄❷[がら] ①체격. 몸집. ②무늬. 문양. ③품격. 품위. ④분수. 주제.
⊗柄❸[つか] ①(칼이나 활의) 손잡이. ②붓대.
柄袋[つかぶくろ] 칼자루에 씌우는 주머니.
柄頭[つかがしら] ①칼자루의 머리. ②칼자루 머리에 씌우는 금속 장식.
柄物[がらもの] 옷감의 무늬.
柄糸[つかいと] 칼자루에 감은 끈.
柄樽[えだる] 2개의 손잡이가 달린 술통.
柄行[がらゆき] ①무늬의 모양·색깔. ②무늬의 느낌.

音読

柄杓[ひしゃく] 국자. ¶~で汲(く)む 국자로 뜨다.
◑**権柄**[けんぺい], **葉柄**[ようへい], **話柄**[わへい], **横柄**[おうへい]

病 병들 병

丶 亠 广 广 疒 疒 疒 病 病 病

音 ◉ビョウ ◉ペイ
訓 ◉やまい ◉やむ ⊗やめる

訓読

◉病❶[やまい] ①병. 질병. 병환. ②나쁜 버릇. ❷[びょう] (명사에 접속하여 접미어로서) …병.
病犬[やまいぬ] ('やまいいぬ'의 준말로) ①병든 개. ②미친 개.
病垂[やまいだれ] 병질안. ＊한자(漢字) 부수의 하나로 '疫, 病' 등의 '疒' 부분.
病葉[★わくらば] 병든 나뭇잎.
1 ◉病む[やむ] 〈5自他〉 ①병들다. 병을 앓다. ②병에 걸리다. 앓다. ③몹시 걱정하다. 고민하다.
病(み)付き[やみつき] ①발병. 병이 듦. 병이 남. ②열중하게 됨. 몰두하게 됨. 인이 박임. (취미·나쁜 습관에) 빠짐.
病み付く[やみつく] ①병들다. ②(취미·나쁜 습관에) 빠지다. 인이 박이다. 미치다.
病み上(が)り[やみあがり] 병석에서 갓 일어난 상태.
病み呆ける[やみほうける] 〈下1自〉 (오랜 질병으로) 기력이 쇠약해지다.
⊗**病める**[やめる] 〈下1自〉 아프다. 병들다. 앓다.

音読

病欠[びょうけつ] 병결; 병으로 인한 결석·결근.
病欠届け[びょうけつとどけ] 병결계; 병으로 인한 결석계·결근계.
病苦[びょうく] 병고; 병으로 인한 고통.
病菌[びょうきん] 병균; 병원균(病原菌).
病根[びょうこん] 병근; ①병의 원인. ②어떤 폐해의 근본 원인.
4 **病気**[びょうき] ①병. 질병. 질환. ②나쁜 버릇.
病棟[びょうとう] 병동; 병원 건물.
病歴[びょうれき] 병력; 병에 걸린 경력.
病理学[びょうりがく] 병리학.
病魔[びょうま] 병마; ①질병. 질환. ②병에 걸리게 한다는 마귀.
病名[びょうめい] 병명; 병의 이름.
病没[びょうぼつ] 병몰; 병으로 사망함.
病癖[びょうへき] 병벽; 병적인 버릇.
病死[びょうし] 병사; 병으로 죽음.
病舎[びょうしゃ] 병사; 병동(病棟).
病床[びょうしょう] 병상; 병자가 눕는 침상.
病状[びょうじょう] 병상; 병의 상태.
病勢[びょうせい] 병세; 병의 형세.
病巣[びょうそう] 병소; 병원균이 있는 곳.
病身[びょうしん] 병신; ①병든 몸. ②병약한 몸.
病室[びょうしつ] 병실; 환자의 방.
病児[びょうじ] 병아; 병든 아이.
病弱[びょうじゃく] 병약; ①병으로 쇠약함. ②몸이 허약하여 병에 걸리기 쉬움.
病臥[びょうが] 병와; 와병(臥病).
4 **病院**[びょういん] 병원.
病原[びょうげん] 병원; 병의 근원.
病原菌[びょうげんきん] 병원균.
病原体[びょうげんたい] 병원체.
病人[びょうにん] 병자(病者). 환자.
病因[びょういん] 병인; 병의 원인.
病者[びょうしゃ] 병자; 환자.

病的[びょうてき] 병적; 언행이 정상적이 아닌 불건전한 상태.
病体[びょうたい] 병체; 병든 몸.
病態[びょうたい] 병태; 병의 상태.
病弊[びょうへい] 병폐; 폐단(弊端).
病害[びょうがい] 병해; 병에 의한 농작물의 피해.
病後[びょうご] 병후; 병이 나은 뒤.
◑疾病[しっぺい]

瓶(甁) 항아리 병

丶 丷 䒑 亠 并 并 𠂀 瓶 瓶 瓶

音 ◉ビン ⊗ヘイ
訓 —

音読

²瓶[びん] 병. ¶~に詰(つ)める 병에 채우다. ¶~に入(い)れる 병에 넣다.
瓶子[へいじ/へいし] 길쭉한 술병.
²瓶詰(め)[びんづめ] 병조림. 병에 담은 것. 병에 담음.

塀(塀) 담/울타리 병

一 十 土 圹 圹 圹 坍 塀 塀 塀

音 ◉ヘイ ◉ベイ
訓 —

音読

²塀[へい] 담. 울타리.
◑煉瓦塀[れんがべい], 土塀[どべい], 板塀[いたべい]

屛×(屛) 병풍 병

音 ⊗ヘイ ⊗ビョウ
訓 —

音読

屛居[へいきょ] 병거; 세상에서 물러나 집에만 틀어박혀 있음.
屛息[へいそく] 병식; ①(숨을 죽이고) 꼼짝 않음. ②두려워서 움츠러듦.
屛風[びょうぶ] 병풍.
屛風倒し[びょうぶだおし] 병풍이 쓰러지듯 발딱 넘어짐.
屛風岩[びょうぶいわ] 병풍바위.
屛風絵[びょうぶえ] 병풍 그림.

餠×(餅) 떡 병

音 ⊗ヘイ
訓 ⊗もち

訓読

²⊗餠[もち] 떡. 찰떡.
餠菓子[もちがし] 일본 생과자.
餠肌[もちはだ] 희고 고운 피부.
餠搗(き)[もちつき] ①떡을 침. ②떡을 치는 사람.
餠網[もちあみ] ①떡 굽는 석쇠. ②떡을 넣어 두는 그물.
餠米[もちごめ] 떡쌀. 찹쌀.
餠腹[もちばら] 떡을 많이 먹어 더부룩한 배의 상태.
餠負い[もちおい] (아이의 첫돌에) 떡을 짊어지게 하는 의식.
餠屋[もちや] 떡집. 떡장수.
餠草[もちぐさ] (떡에 넣는) 어린 쑥잎.
餠花[もちばな] 떡을 얇게 펴서 버드나무 가지에 매달아 놓은 것. *설날에 神棚(かみだな)에 바치고 어린이 놀이에 사용함.
◑煎餠[せんべい], 画餠[がべい]

[보]

宝(寶) 보배 보

丶 丶 宀 宀 宀 宇 宝 宝

音 ◉ホウ
訓 ◉たから

訓読

²◉宝[たから] ①보물. 보배. ②가장 소중한 것. ③≪俗≫ ¶お~ 돈.
宝島[たからじま] 보물섬.
宝物[たからもの/ほうもつ] 보물; 보배.
宝の山[たからのやま] 보물이 많은 산.
宝箱[たからばこ] 보물 상자.
宝船[たからぶね] 보물선.
宝尽くし[たからづくし] ①온갖 보물을 열거한 것. ②여러 가지 보물을 그린 무늬나 그림.
宝籤[たからくじ] 복권(福券).
宝探し[たからさがし] 보물찾기.
宝貝[たからがい] ≪貝≫ 자패(紫貝).

音読

宝鑑[ほうかん] 보감; ①귀중한 거울. ②실용적인 지식을 모은 책.

宝剣[ほうけん] 보검; 보배로운 칼.
宝鏡[ほうきょう] 보경; 귀중한 거울.
宝庫[ほうこ] 보고; ①보물 창고. ②보물이 많이 나는 땅.
宝冠[ほうかん] 보관; 보석으로 꾸민 관.
宝冠章[ほうかんしょう] 보관장; 공로가 많은 여성에게 수여하는 훈장.
宝刀[ほうとう] 보도; 보배로운 칼.
宝灯[ほうとう] 보등; 신불(神仏)에게 바치는 등불.
宝算[ほうさん] 보산; 임금의 나이.
2宝石[ほうせき] 보석; 귀중한 천연석.
宝玉[ほうぎょく] 보옥; 보석.
宝典[ほうてん] 보전; ①귀중한 책. ②(실용적인 지식을 모은) 편리한 책.
宝前[ほうぜん] 신불(神仏)의 앞.
宝珠[ほうしゅ/ほうじゅ] ①보옥(宝玉). 보배로운 구슬. ②≪仏≫ 여의주(如意珠).
宝鐸[ほうたく/ほうちゃく] 보탁; (절의) 풍경(風磬)
宝塔[ほうとう] 보탑; ①≪仏≫ 사찰의 탑. ②진귀한 보물로 장식한 탑. ③≪仏≫ '다보탑(多宝塔)'의 준말. ④평면이 원형으로 된 탑신(塔身)의 단층탑.

歩(步) 걸을 보

丨 ト 止 屮 屮 屮 歩 歩

音 ◉フ ◉ブ ◉ホ
訓 ◉あるく ◉あゆむ

訓読

4◉歩く[あるく] 〈5自〉 ①걷다. 거닐다. 걸어가다. ②여기저기 돌아다니다. 이동(移動)하다.
歩き[あるき] 걸음. 걷기.
歩き方[あるきかた] 걸음걸이. 걷는 방법.
歩き詰め[あるきづめ] 계속 걸음.
1◉歩む[あゆむ] 〈5自〉≪文≫ ①걷다. 걸어가다. 거닐다. ②전진하다. 앞으로 나아가다. ③거쳐 오다. 지내다.
1歩み[あゆみ] ①발걸음. 걸음. 보조(歩調). ②(일의) 진행. 진척. 추이. ③(재래식 목선(木船)의) 삿대를 미는 자리. ④물건의 중심선에서 중심선까지의 거리. ⑤시세의 변동.
歩み寄る[あゆみよる] 〈5自〉 ①다가서다. 접근하다. ②서로 접근하다. 서로 양보하다.
歩み寄り[あゆみより] 서로 다가섬. 서로 양보함. 타협(妥協)함.
歩み板[あゆみいた] ①디디고 다니도록 걸쳐놓은 판자. 디딤널. ②(배와 해안 사이에) 걸쳐놓은 다리. 널다리.
歩み合い[あゆみあい] 서로 다가섬. 서로 양보함. 타협함.

音読

歩❶[ふ] (일본 장기의) 졸(卒). '歩兵(ふひょう)'의 준말.
歩❷[ぶ] ①(넓이의) 평(坪). 약 3.3평방미터. ②(이율의 단위) 푼. ③(원금에 대한) 비율. 이율. ④수수료. 구전. ⑤형세.
2歩❸[ほ] ①발걸음. ②보조(歩調).
歩度[ほど] 보도; 걸음걸이. 보폭(歩幅).
歩度計[ほどけい] 만보계(万歩計).
2歩道[ほどう] 보도; 인도(人道).
歩留(ま)り[ぶどまり] ①생산 수율(収率). 가득율(稼得率). ②(식품의 원형에 대해) 먹을 수 있는 비율.
歩兵❶[ほへい] 보병; ①걸으며 싸우는 병사. ②졸병. 병졸. ❷[ふひょう] (일본 장기의) 졸(卒).
歩歩[ほほ] 한 걸음 한 걸음. 한 발짝씩.
歩数[ほすう/ほかず] 걸음 수.
歩数計[ほすうけい] 만보계(万歩計).
歩引き[ぶびき] 할인(割引).
歩積預金[ぶづみよきん] 강제성 예금.
歩調[ほちょう] 보조; 여러 사람이 함께 걸을 때의 걸음걸이.
歩卒[ほそつ] 보졸; 보병(歩兵).
歩止(ま)り[ぶどまり] ☞ 歩留(ま)り
歩哨[ほしょう] 보초; 경계·감시 임무를 맡은 병사. 보초병.
歩測[ほそく] 보측; 걸음 수로 거리를 잼.
歩幅[ほはば] 보폭; 걸음나비.
歩割[ぶわり] ①비율. ②(거래할 때의) 수수료. 보수.
歩合[ぶあい] ①비율. ②(거래할 때의) 수수료. 보수(報酬).
歩合給[ぶあいきゅう] 능률급. 비율급.
歩合制[ぶあいせい] 능률제. 비율제.
歩行[ほこう] 보행; 걸어서 감.

保 보호할 보

丿 亻 亻 亻 亻 亻 亻 亻 保 保

音 ◉ホ
訓 ◉たもつ ⊗もち

訓読

1◉**保つ**[たもつ] 〈5自〉 유지되다. 견디다. 부지되다. 〈5他〉 ①유지하다. ②지키다. 보전하다. ③소유하다. 소지하다.
⊗**保合い**[もちあい] ①세력의 균형이 잡힘. ②서로 협조함. ③≪経≫ 보합 상태.
⊗**保合(い)相場**[もちあいそうば] ≪経≫ 보합세.

音読

保する[ほする] 〈サ変他〉 보증하다. 보장하다.
2**保健**[ほけん] 보건; 건강을 보전함.
1**保管**[ほかん] 보관; 잘 간직하여 관리함.
保管証[ほかんしょう] 보관증.
保菌[ほきん] 보균; 병균을 몸속에 지님.
保留[ほりゅう] 보류; 결정을 미루어 둠.
保母[ほぼ] 보모; (유아원에서) 어린이들을 보육하는 여자.
保釈金[ほしゃくきん] ≪法≫ 보석금.
保線[ほせん] 보선; 철도를 보수・관리함.
保税[ほぜい] 보세; 관세의 부과를 유예함.
1**保守**[ほしゅ] 보수; ①보전하여 지킴. ②(기계 등의) 정상 상태를 유지 점검함.
保身術[ほしんじゅつ] 보신술; 몸을 보전하는 기술. 처세술.
保安[ほあん] 보안; 사회의 안녕・질서를 보전함.
1**保養**[ほよう] 보양; 휴식을 취하여 건강을 보전함.
1**保温**[ほおん] 보온; 일정한 온도를 유지함.
保有[ほゆう] 보유; 가지고 있음.
1**保育**[ほいく] 보육; 유아를 돌보아 기름.
1**保障**[ほしょう] 보장; 장애가 없도록 보증・보호함.
保全[ほぜん] 보전; 보호하여 안전하게 함.
2**保存**[ほぞん] 보존; 본래의 상태로 유지함.
2**保証**[ほしょう] 보증; 틀림없음을 책임짐.
保持[ほじ] 보지; 보전하여 잘 지냄.
1**保険**[ほけん] 보험; 손해를 보장하겠다는 보증.
1**保護**[ほご] 보호; 돌보아 잘 지킴.
保護検束[ほごけんそく] ≪法≫ 보호 조치.
保護預かり[ほごあずかり] (은행에서의) 보호 보관. 보호 예치(預置).

報 갚을/알릴 보

一 十 土 去 击 幸 幸 幹 報 報

音 ◉ホウ
訓 ◉むくいる ◉むくう

訓読

◉**報いる**[むくいる] 〈上1自他〉 ①보답하다. 갚다. ②앙갚음하다. 보복하다.
報い[むくい] ①보답. 보수(報酬). ② ≪仏≫ 응보(応報). 과보.
◉**報う**[むくう] 〈5自他〉 보답하다. 갚다. *'報(むく)いる'의 문어(文語)임.

音読

報[ほう] ①소식. 알림. 통보. ② ≪仏≫ 응보(応報). 과보.
報じる[ほうじる] 〈上1自他〉 ①보답하다. 갚다. ②앙갚음하다. 보복하다. ③보도하다. 알리다. 고하다.
報ずる[ほうずる] 〈サ変自他〉 ☞ 報じる
2**報告**[ほうこく] 보고; 결과를 알림.
報国[ほうこく] 보국; 나라를 위해 충성을 다함. 은혜를 갚음.
報徳[ほうとく] 보덕; 은덕을 갚음.
1**報道**[ほうどう] 보도; 소식을 알려줌.
報道陣[ほうどうじん] 보도진; 신문 기자들.
報復[ほうふく] 보복; 앙갚음.
報謝[ほうしゃ] 보사; ①은혜에 보답함. ②(중에게) 시주(施主)함.
報償[ほうしょう] 보상; ①손해를 갚음. 변상함. ②앙갚음. 보복.
1**報酬**[ほうしゅう] 보수; 사례(謝礼).
報時[ほうじ] 보시; 시간을 알림.
報身[ほうしん] 보신; 부처의 삼신(三身)의 하나.
報恩[ほうおん] 보은; 은혜에 보답함.
報奨[ほうしょう] 보장; 어떤 행위에 대해 보답하고 장려함.
報奨金[ほうしょうきん] 장려금(奬励金).
報知[ほうち] 보지; 알림. 통지.

普 넓을 보

丷 䒑 丫 并 并 並 並 普 普 普

音 ◉フ
訓 ⊗あまねく ⊗あまねし

訓読

⊗普く[あまねく] 골고루. 널리. 두루.

⊗普し[あまねし] 〈形〉≪古≫ 널리 퍼져 있다. 두루 미치다.

音読

[2]普及[ふきゅう] 보급; 세상에 널리 퍼지게 함.

[2]普段[ふだん] 평소. 평상시.

普段着[ふだんぎ] 평상복(平常服). 일상복(日常服).

普選[ふせん] '普通選挙'의 준말.

普請[ふしん] 보청; ①널리 시주(施主)를 모아 절을 신축·수리함. ②건축 공사. 토목 공사.

[3]普通[ふつう] 보통; ①일반적임. ②대개. 일반적으로.

普通文[ふつうぶん] 보통문; 일반적으로 쓰는 문어체의 문장.

普通法[ふつうほう] 보통법.

普通人[ふつうじん] 보통인; 보통 사람.

普通学[ふつうがく] 보통학; 일상생활에 필요한 정도의 학문.

[1]普遍[ふへん] 보편; ①두루 널리 미침. ②모든 것에 공통됨.

普遍論[ふへんろん] 보편론; 보편주의.

普遍性[ふへんせい] 보편성; 일반성.

普遍的[ふへんてき] 보편적; 일반적.

普遍化[ふへんか] 보편화; 일반화.

補 도울 보

ㆍ ネ ネ ネ ネ 衤 衤 衬 补 補 補

音 ◉ホ
訓 ◉おぎなう

訓読

[2]◉補う[おぎなう] 〈5他〉 ①보충하다. 부족한 것을 메우다. ②(상대방에 대한 손해를) 변상하다. 보상하다.

補い[おぎない] 보충. 보탬.

補い薬[おぎないぐすり] 보약; 몸을 보(補)하는 약.

音読

補[ほ] ①보충. 보탬. 채움. ② 〈接尾語〉 (직함 밑에 접속하여) …후보. …후보 자격.

補する[ほする] 〈サ変他〉 보하다. 직책을 맡기다.

[1]補強[ほきょう] 보강; 보충하고 채워서 더 튼튼하게 함.

補講[ほこう] 보강; 보충 강의.

補欠[ほけつ] 보결; 비어 모자라는 자리를 채움.

補闕[ほけつ] ☞ 補欠

[1]補給[ほきゅう] 보급; 물품을 뒷바라지로 계속 공급함.

補記[ほき] 보기; 보충하여 기록함.

補導[ほどう] 보도; 잘 도와서 인도함.

補殺[ほさつ] (야구에서) 보살; 야수(野手)가 잡은 공을 베이스에 던져서 아웃시키는 것을 도움.

[1]補償[ほしょう] 보상; 남의 손해를 물어줌.

補色[ほしょく] ≪美≫ 보색.

補繕[ほぜん] 보선; 수리. 수선.

補説[ほせつ] 보설; 보충 설명.

補修[ほしゅう] 보수; 보충하여 수리함.

補習[ほしゅう] 보습; 보충 학습.

補語[ほご] ≪語学≫ 보어.

補完[ほかん] 보완; 모자라는 것을 보충하여 완전하게 함.

補遺[ほい] 보유; 빠진 것을 채워 보탬.

補塡[ほてん] 보전; 보충.

補正[ほせい] 보정; 보충하여 바르게 고침.

補正予算[ほせいよさん] 추가 경정 예산.

補訂[ほてい] 보정; 내용을 손질함.

補整[ほせい] 보정; 보충하여 갖춤.

[1]補助[ほじょ] 보조; 보충하여 도와줌.

補助翼[ほじょよく] 보조익; 보조 날개.

[1]補足[ほそく] 보족; 보충하여 채움.

補佐[ほさ] 보좌; 상관을 도와 일을 처리함.

補注[ほちゅう] 보주; 보충 주석(註釈).

補職[ほしょく] 보직; 공무원 임명에 구체적인 직무를 주는 행위.

補聴器[ほちょうき] 보청기.

[1]補充[ほじゅう] 보충; 모자란 것을 보태어 채움.

補則[ほそく] 보칙; 법령의 규정을 보충하기 위해 만들어진 규칙.

補筆[ほひつ] 보필; 보충하여 씀.

補弼[ほひつ] 보필; 임금을 보좌함.

補血[ほけつ] 보혈; 약을 먹어서 피의 조성을 도움.

補回戦[ほかいせん] (야구에서 9회에 승부가 나지 않는 경우에 하는) 연장전(延長戦).

譜 적을/계보/악보 보

言 訁 訁 訁 訁 訁 訁 譜 譜 譜

音 ◉フ
訓 —

音読

譜[ふ] 보; ①악보(楽譜). 음보(音譜). ②기보(棋譜). ③계보(系譜). 도감(図鑑).
譜曲[ふきょく] 악보(楽譜).
譜代[ふだい] ①대대로 한 가계(家系)·계통을 이어받음. ②대대로 같은 주군(主君)·집안을 섬김. ③徳川(とくがわ) 집안을 섬겨온 신하.
譜代大名[ふだいだいみょう] 대대(代代)로 徳川(とくがわ) 집안을 섬겨온 신하.
譜代相伝[ふだいそうでん] 조상 대대(代代)로 이어받아서 전함.
譜面[ふめん] 보면; 악보(楽譜).
譜面台[ふめんだい] 악보대(楽譜台).
譜第[ふだい] ☞ 譜代
譜表[ふひょう] ≪楽≫ 오선(五線) 보표.

堡 성채 보

音 ⊗ホウ ⊗ホ
訓 —

音読

堡塁[ほるい/ほうるい] 보루; 적군의 접근과 공격을 막기 위해 돌·흙·콘크리트 등으로 만든 견고한 구축물.

輔 도울 보

音 ⊗ホ
訓 —

音読

輔導[ほどう] 보도; 잘 도와서 인도함.
輔翼[ほよく] 보익; 보좌. 보필.
輔佐[ほさ] 보좌; 상관을 도와 일을 처리함.
輔弼[ほひつ] 보필; ①임금을 보좌함. ②윗사람의 일을 도움.

菩 보살 보

音 ⊗ホ ⊗ボ
訓 —

音読

菩薩[ぼさつ] ≪仏≫ 보살. ①부처가 되려고 힘쓰는 사람. ②고승(高僧)을 칭송하는 칭호. ③신불습합(神仏習合) 사상에 의해서 일본 신(神)에게 주어진 칭호.
菩提樹[ぼだいじゅ] ≪植≫ 보리수.

〔복〕

伏 엎드릴 복

ノ イ 仁 仕 伏 伏

音 ◉フク
訓 ◉ふす ◉ふせる

訓読

◉**伏す**[ふす] 〈5自〉 ①(땅에) 엎드리다. ②숨다. 매복하다. 드러눕다.
伏して[ふして] 간곡히. 부디. 삼가.
伏(し)目[ふしめ] 눈을 내리뜸. 시선을 내리뜨는 눈.
伏し拝む[ふしおがむ] 〈5他〉 복배하다. 엎드려 절하다.
伏し沈む[ふししずむ] 〈5自〉 깊은 생각에 잠기다. 비탄(悲嘆)에 잠기다.
◉**伏せる**[ふせる] 〈下1他〉 ①아래로 숙이다. 엎드리다. 엎드리게 하다. ②감추다. 숨기다. 감추어두다. ③뒤집어놓다. 엎어놓다. ④(보이지 않게) 덮어두다. 묻다. ⑤덮어씌우다. 덮쳐잡다. ⑥쓰러뜨리다. 엎어누르다.
伏せ[ふせ] ①엎드림. ②엎드려! *명령하는 말임. ③〈助数詞〉 손가락 한 개의 나비를 일컫는 말.
伏(せ)籠[ふせご] ①불 위에 씌워놓고 옷을 말리거나 향(香)을 배게 하는 바구니. ②닭장. 닭의 어리.
伏(せ)縫い[ふせぬい] (바느질의) 공그르기.
伏(せ)勢[ふせぜい] 복병(伏兵).
伏(せ)屋[ふせや] 오두막집.
伏(せ)字[ふせじ] 복자; ①문장 가운데 명기(明記)하기 곤란한 부분에 ○× 등의 부호로 나타냄. ②조판할 때 필요한 글자가 없어서 임시로 꽂아두는 글자.

音読

伏する[ふくする] 〈サ変自他〉 ①(땅에) 엎드리다. 부복하다. 엎드리게 하다. 부복시키다. ②따르다. 따르게 하다. 항복하다. 항복하게 하다. ③숨다. 숨기다. 잠복하다. 잠복하게 하다. 매복하다. 매복시키다.

伏竜[ふくりゅう] 복룡; ①(물속에) 숨어 있는 용. ②알려지지 않은 큰 인물.
伏流[ふくりゅう] 복류; 땅 위를 흐르다가 땅속으로 스며들어 흐르는 물.
伏魔殿[ふくまでん] 복마전; 죄악의 근원지.
伏兵[ふくへい] 복병; 숨겨진 군사.
伏射[ふくしゃ] 복사; 엎드려서 쏨.
伏線[ふくせん] 복선; 뒷일을 미리 암시함.
伏蔵[ふくぞう] 복장; ①숨음. ②≪仏≫ 땅속에 숨겨진 재보(財宝).
伏在[ふくざい] 복재; 몰래 숨겨져 있음. 잠재(潜在)해 있음.

服 옷/다스릴 복

丿 刀 月 月 月' 肌 服

音 ◉フク
訓 ―

音読

[4]服[ふく] 복; ①옷. 의복. 서양 옷. ②(가루약의) 봉지. ③(담배・차・약 등의 먹는 횟수) 모금. 대. 잔.
服す[ふくす] 〈5自他〉 ☞ 服する
服する[ふくする] 〈サ変自〉 ①순순히 따르다. 복종하다. ②(어떤 일에) 종사하다. 복무하다. ③상(喪)을 입다. 〈サ変他〉 ①담배・차・약 등을) 먹다. 마시다. 복용하다. ②(옷을) 입다. ③복종시키다.
服毒[ふくどく] 복독; 독약을 마심.
服務[ふくむ] 복무; 직무를 맡아 봄.
服喪[ふくも] 복상; 상(喪)을 입음.
服属[ふくぞく] 복속; 복종하며 따름.
服飾[ふくしょく] 복식; ①의복과 장식품. ②의복의 장식.
服薬[ふくやく] 복약; 약을 먹음.
服役[ふくえき] 복역; ①병역(兵役). ②징역(懲役)을 삶.
服用[ふくよう] 복용; ①약을 먹음. ②옷을 입음.
服膺[ふくよう] 복응; 마음속에 간직함.
[2]服装[ふくそう] 복장; 옷차림.
服制[ふくせい] 복제; 의복에 관한 제도・규정.
服従[ふくじゅう] 복종; 명령에 따름.
服地[ふくじ] 복지; 옷감. 양복감.

復 ①회복할/되풀이할 복 ②다시 부

彳 彳 彳 徇 狗 復 復

音 ◉フク
訓 ―

音読

復す[ふくす] 〈5自他〉 ☞ 復する
復する[ふくする] 〈サ変自〉 (원래 상태로) 되돌아가다. 회복되다. 〈サ変他〉 ①(원래 상태로) 되돌리다. 회복시키다. ②되풀이하다. ③보복하다. 복수하다. ④대답하다.
復刻[ふっこく] 복각; 번각(飜刻).
復刊[ふっかん/ふくかん] 복간; 발간을 중지했던 출판물을 다시 발간함.
復啓[ふくけい/ふっけい] 복계; 배복(拝伏). *답장 첫머리에 쓰는 말.
復古[ふっこ] 복고; 옛날대로 회복함.
復古調[ふっこちょう] 복고조; 과거의 사상・전통 속에서 의지할 곳을 찾으려는 경향.
復校[ふっこう] 복교; 복학(復学).
[1]復旧[ふっきゅう] 복구; 원래 상태로 회복함.
復権[ふっけん/ふくけん] 복권; 상실・정지되었던 권리나 자격을 회복시킴.
復帰[ふっき] 복귀; 본래의 자리・상태로 되돌아감.
復党[ふくとう] 복당; 본래의 당으로 다시 입당함.
復礼[ふくれい] 복례; 예(礼)의 본질로 돌아감.
復路[ふくろ] 복로; 귀로(帰路).
復命[ふくめい] 복명; 명령대로 처리한 결과를 보고함.
復配[ふくはい] 복배; 무배당의 주식에 배당이 부활됨.
復姓[ふくせい] 복성; 구성(旧姓)으로 되돌아감.
復讐[ふくしゅう] 복수; 보복. 앙갚음.
[3]復習[ふくしゅう] 복습; 배운 것을 다시 익히어 공부함.
復氏[ふくうじ] 구성(旧姓)으로 되돌아감.
復縁[ふくえん] 복연; 끊었던 인연을 다시 본래의 관계로 회복시킴.
復元[ふくげん] 복원; 원래대로 회복함.
復原[ふくげん] 복원; 본래대로 회복함.
復員[ふくいん] 복원; 전시 체제(戦時体制)에서 평시 체제(平時体制)로 되돌림.
復籍[ふくせき] 복적; ①원래의 호적으로 되돌아옴. ②본래의 학적으로 되돌아감.

復調[ふくちょう] 복조; ①(건강이) 원래 상태로 되돌아감. ②≪物≫ 검파(検波).

復職[ふくしょく] 복직; 물러난 직에 다시 오름.

復唱[ふくしょう] 복창; 남의 말을 받아 그대로 욈.

1**復活**[ふっかつ] 부활; 죽었다가 다시 되살아남.

1**復興**[ふっこう] 부흥; 쇠잔했던 것이 다시 일어남. 또는 일어나게 함.

腹 배 복

丿 月 月 月' 肝 肝 胙 腹

音 ◉フク
訓 ◉はら

訓読

2◉**腹**[はら] ①(척추동물의) 배. 복부(腹部). ②위장. 배. ③마음. 생각. ④배짱. 담력. ⑤(불쾌한) 감정. 기분. ⑥(물건의) 가운데. 중심부.

腹ごなし[はらごなし] (소화를 돕기 위한) 식후 운동.

腹ぺこ[はらぺこ] ≪俗≫ 배가 몹시 고픔.

腹ぼて[はらぼて] ≪関西/俗≫임신하여 불룩한 배. *놀리는 말임.

腹鼓[はらつづみ] ①만족하여 부른 배를 두드림. ②(전설에서) 너구리가 보름달 밤에 들떠서 배를 두드림.

腹掛(け)[はらがけ] ①(아이들의) 배두렁이. ②가슴과 배를 덮고 아래쪽에 주머니가 달린 작업복.

腹具合[はらぐあい] ①위장(胃腸)의 상태. ②허기. 배고픈 상태.

腹構え[はらがまえ] 각오. 마음의 준비.

腹巻(き)[はらまき] ①배두렁이. ②등에서 잡아매는 갑옷.

腹筋[はらすじ] ①뱃살. ②배꼽을 뺄 정도의 우스움.

腹鰭[はらびれ] ≪魚≫ 배지느러미.

腹当て[はらあて] ①배두렁이. ②(옛날 배만 가리던) 졸병의 갑옷.

腹帯[はらおび/ふくたい] ①배두렁이. ②복대; 배에 감는 띠.

腹立たしい[はらだたしい] 〈形〉 화가 나다. 괘씸하다. 화가 치밀다.

腹立ち[はらだち] 화를 냄. 성을 냄.

腹立つ[はらだつ] 〈5自〉 화가 나다. 성이 나다.

腹立てる[はらだてる] 〈下1他〉 화를 내다. 성을 내다.

腹変(わ)り[はらがわり] 이복(異腹). 배다른 형제・자매.

腹時計[はらどけい] 배꼽시계.

腹悪し[はらあし] ≪古≫ ①속이 검다. 마음씨가 나쁘다. ②화를 잘 내다.

腹芸[はらげい] ①(연극에서) 배우가 대사나 동작 이외의 다른 표정으로 심중을 나타냄. ②배짱이나 경험으로 일을 처리함. ③드러누운 사람의 배 위에서 하는 곡예. ④배에 사람의 얼굴을 그려놓고 호흡으로 그 얼굴 표정을 여러 모양으로 변화시키는 곡예.

腹汚い[はらぎたない] 〈形〉 마음씨가 더럽다.

腹違い[はらちがい] 이복(異腹). 배다른 형제・자매.

腹癒せ[はらいせ] 분풀이. 화풀이

腹一杯[はらいっぱい] ①배가 부름. 만복(満腹). ②마음껏. 실컷.

腹這い[はらばい] ①배를 땅에 대고 김. 포복. ②엎드림.

腹這う[はらばう] 〈5自〉 ①배를 땅에 대고 기다. 포복하다. ②엎드리다.

腹積(も)り[はらづもり] 속셈. 작정. 복안(腹案). 계획.

腹切り[はらきり] 할복(割腹). 배를 가름.

腹の足し[はらのたし] 요기. 요기 거리. 약간의 음식.

腹拵え[はらごしらえ] (일을 하기 전에) 식사를 해 둠. 배를 채워 둠.

腹の中[はらのなか] 뱃속. 마음속. 심중.

腹持ち[はらもち] (소화가 잘 안되어) 배가 든든함. 근기가 있음.

腹の虫[はらのむし] ① ≪俗≫ 회충(蛔虫). ②울화. 비위.

腹痛[はらいた/ふくつう] 복통; 배앓이.

腹八分[はらはちぶ] 적당히 먹음.

腹皮[はらかわ] 생선의 뱃가죽.

腹の皮[はらのかわ] 뱃가죽.

腹下し[はらくだし] ①설사. ②설사약.

腹下り[はらくだり] 설사.

腹合(わ)せ[はらあわせ] ①안팎이 서로 다른 천으로 만든 여자용 허리띠. ②서로 몸을 마주 대함. ③마음을 합함.

腹合(わ)せ帯[はらあわせおび] 안팎이 서로 다른 천으로 만든 여자용 허리띠.

腹黒い[はらぐろい] 〈形〉 속이 검다. 엉큼하다. 심보가 나쁘다.

音読

腹腔[ふっこう/ふくこう] ≪生理≫ 복강. ＊의학용어로는 'ふくくう'임

腹膜炎[ふくまくえん] ≪医≫ 복막염.

腹背[ふくはい] 복배; ①배와 등. 앞과 뒤. ②마음속으로 반대함.

腹部[ふくぶ] 복부; 배 부분.

腹式呼吸[ふくしきこきゅう] 복식호흡; 배로 숨쉬기.

腹心[ふくしん] 복심; ①마음속. 진심. ②두텁게 신뢰함. 심복(心腹).

腹案[ふくあん] 복안; 마음속의 생각.

腹囲[ふくい] 복위; 복부의 둘레.

腹蔵[ふくぞう] 복장; 마음속에 감춤.

腹中[ふくちゅう] 복중; ①뱃속. ②속마음.

福(福) 복 복

丶 ㇇ 礻 ネ 礻 祀 祀 福 福 福

音 ◉フク

訓 —

音読

1福[ふく] 복; 행복.

福藁[ふくわら] 설날에 마당에 까는 짚.

福徳[ふくとく] ≪仏≫ 복덕; ①복과 덕. ②행복과 이익.

福島[ふくしま] 일본 本州(ほんしゅう) 동북 지방 남단의 한 현(県).

福豆[ふくまめ] ①입춘 전날 뿌리는 볶은 콩. ＊악귀를 쫓아낸다고 함. ②福茶(ふくちゃ)에 넣는 콩.

福禄[ふくろく] 복록; ①행복과 봉록(俸禄). ②행복. ③복(福)과 수(寿).

福禄寿[ふくろくじゅ] 복록수; ①복록(福禄)과 수명. ②일곱 복신(福神)의 하나로 남극성(南極星)의 화신으로 남극 노인이라고도 함.

福利[ふくり] 복리; 행복과 이익.

福福しい[ふくぶくしい] 〈形〉 ①복스럽다. ②부자 티가 나다.

福分け[ふくわけ] 남한테 받은 선물 일부를 다른 사람에게도 나누어 줌.

福相[ふくそう] 복상; 복스러운 얼굴.

福笑い[ふくわらい] (설날 놀이의 하나로) 얼굴 윤곽만을 그린 종이 위에, 눈・눈썹・코・귀 등의 종잇조각을 놓아 얼굴을 완성시키는 놀이.

福寿[ふくじゅ] 복수; 행복과 장수(長寿).

福寿草[ふくじゅそう] ≪植≫ 복수초.

福の神[ふくのかみ] 복신; ①복을 가져다준다는 신. ②경제적 위기를 구해 준 사람.

福神[ふくじん] ☞ 福の神

福神漬(け)[ふくじんづけ] 일곱 가지 재료로 만든 일본 김치.

福運[ふくうん] 복운; 행운.

福音[ふくいん] 복음; ①기쁜 소식. 좋은 소식. ②그리스도의 구원과 가르침.

福耳[ふくみみ] 복귀. 귓불이 크고 두툼한 귀.

福引(き)[ふくびき] (경품의) 제비뽑기.

福引(き)券[ふくびきけん] 복권(福券).

福者[ふくしゃ] 복자; ①행복한 사람. ②(천주교에서의) 복자.

福助[ふくすけ] ①행복을 가져다 준다는 인형. ②머리가 아주 큰 사람.

1福祉[ふくし] 복지; 행복과 이익.

福紙[ふくがみ] 책장의 귀퉁이가 접힌 채 재단되어 생긴 여분.

福茶[ふくちゃ] 복차; ＊설날・입춘 전날・섣달 그믐날에 장수를 축원하며 마시는 차.

福草履[ふくぞうり] 골풀로 만든 ぞうり. 일본식 짚신.

僕 종/하인 복

亻 亻 亻' 亻'' 亻''' 亻" 亻" 僕 僕 僕

音 ◉ボク

訓 ⊗しもべ

訓読

⊗僕❶[しもべ] 종. 하인. ❷[ぼく] ☞ [音読]

音読

3僕[ぼく] (남성 용어로) 나. ＊동년배나 손아랫사람에게 말할 때 사용하는 말임.

僕達[ぼくたち] 우리들.

僕等[ぼくら] 우리들.

僕婢[ぼくひ] 비복(婢僕). 하인과 하녀.

複 겹칠 복

丶 ㇇ 礻 ネ ネ 衤 衤 衤 複 複

音 ◉フク

訓 —

音読

複[ふく] 복; ①복수(複数). 이중(二重)임. ②(탁구・테니스에서) 복식(複式) 경기.

複道[ふくどう] 복도; ①상하 2층으로 된 도로. ②(중국 건축 양식에서) 상하 2층으로 된 복도.
複利[ふくり] 복리; 이자에 대하여 또 이자가 붙음.
複名手形[ふくめいてがた] 복명 어음; 채무자가 2명 이상 기재된 어음.
複方[ふくほう] ≪医≫ 복방; 처방에 따라 두 가지 이상의 약품을 배합한 약제.
複複線[ふくふくせん] 복복선; 복선(複線)이 두 줄 깔린 철도 선로.
複本[ふくほん] 복본; ①부본(副本). ②동일 내용의 어음 증권.
複本位[ふくほんい] 복본위; 두 가지 이상의 화폐를 본위 화폐로 하는 제도.
2**複写**[ふくしゃ] 복사; 베낌. copy.
複線[ふくせん] 복선; ①겹으로 된 줄. ②복선 궤도.
2**複数**[ふくすう] 복수; 둘 이상의 수.
複勝式[ふくしょうしき] (경마・경륜에서) 복승식.
複試合[ふくしあい] 복식(複式) 경기.
複式[ふくしき] 복식; ①이중(二重). 이중으로 된 방식. ②복식 부기(複式簿記).
複式簿記[ふくしきぼき] 복식 부기.
複十字[ふくじゅうじ] 복십자. *결핵 예방 주사를 맞았다는 만국 공통의 표지.
複眼[ふくがん] ① ≪動≫ 복안; 겹눈. ②사물을 여러 관점에서 봄.
複葉[ふくよう] 복엽; ①겹잎. ②비행기의 주익(主翼)이 두 겹으로 된 것.
複音[ふくおん] 복음; ①(하모니카에서) 소리 나는 구멍이 나란히 두 줄로 있는 것. ②두 가지 이상의 높이가 다른 소리가 동시에 나는 것.
3**複雑**[ふくざつ] 〈形動〉 복잡; 복잡함.
複製[ふくせい] 복제; 본래의 것과 똑같은 것을 만듦.
複座[ふくざ] 복좌. *항공기 등에서 2인승.
1**複合**[ふくごう] 복합; 두 가지 이상을 하나로 합침.

覆(覆) 덮을/엎을 복

一 ㄧ 覀 覀 覀 覀 覆 覆 覆 覆

音 ◉フク
訓 ◉おおう ◉くつがえす ◉くつがえる

訓読

2◉**覆う**[おおう] 〈5他〉 ①(표면을) 덮다. ②씌우다. 보호하다. 감싸다. ③가리다. 막다. ④숨기다. 은폐하다. ⑤(하늘을) 뒤덮다. ⑥망라하다. 일괄하다.
覆い[おおい] 덮개. 씌움. 씌우개. 커버.
覆い隠す[おおいかくす] 〈5他〉 ①(덮어서) 가리다. ②감추다. 은폐하다.
覆い被さる[おおいかぶさる] 〈5自〉 ①(위로부터) 덮이다. 덧씌워지다. ②(책임 등이) 지워지다.
覆い被せる[おおいかぶせる] 〈下1他〉 ①덮어 씌우다. ②(상대방이 말을 못하게) 계속해서 말하다.
◉**覆す**[くつがえす] 〈5他〉 ①뒤엎다. 뒤집다. ②전복시키다. ③(판결을) 번복시키다.
◉**覆る**[くつがえる] 〈5自〉 ①뒤집히다. ②전복되다. ③(정권이) 무너지다. ④(판결이) 번복되다.

音読

覆刻[ふっこく] 복각; 번각(飜刻).
覆道[ふくどう] 복도; ①상하 2층으로 된 도로. ②(중국 건축 양식에서) 상하 2층으로 된 복도.
覆輪[ふくりん] 복륜; ①가장자리를 금이나 은으로 장식함. ②일본 여자 옷의 소맷부리 등을 다른 천으로 가늘게 선을 두름.
覆滅[ふくめつ] 복멸; 뒤집혀 멸망함. 뒤집어 멸망하게 함.
覆面[ふくめん] ①복면; 얼굴을 가림. ②익명(匿名). 이름을 숨김.
覆面作家[ふくめんさっか] 익명(匿名) 작가.
覆没[ふくぼつ] ①복몰; 침몰(沈没). ②군대의 패망. 국가의 멸망.
覆鉢[ふくばち] ≪仏≫ 복발.
覆水[ふくすい] 복수; 엎지른 물.
覆審[ふくしん] ≪法≫ 복심.
覆車[ふくしゃ] 복차; 수레가 뒤집힘. 뒤집힌 수레.
覆轍[ふくてつ] 복철; 실패의 전례(前例). 전철(前轍).
覆土[ふくど] ≪農≫ 복토; 흙을 덮음.

卜	점칠 복	音 ⊗ボク 訓 ⊗うらなう

訓読

⊗**卜う**[うらなう] 〈5他〉 점치다.

卜い[うらない] 점. 점을 침.
卜い師[うらないし] 점쟁이.
卜い者[うらないもの] 점쟁이.

音読

卜する[ぼくする] 〈サ変他〉 ①점치다. ②점을 쳐서 정하다.
卜居[ぼっきょ] 복거; 거주할 만한 곳을 점을 쳐서 삶.
卜筮[ぼくぜい] 복서; 점.
卜者[ぼくしゃ] 복자; 점쟁이.
卜占[ぼくせん] 복점; 점.

幅	①바퀴살 복 ②바퀴살 폭	音 ⊗フク 訓 ⊗や

訓読

⊗**幅**[や] (수레의) 바퀴살.

音読

幅射[ふくしゃ] 복사; 열이나 전자파가 물체로부터 사방으로 방사하는 현상.
幅射熱[ふくしゃねつ] 복사열.
幅輳[ふくそう] 폭주. ①사물이 한 곳으로 집중됨. ②《生理》 두 눈의 주시선이 눈앞의 한 점으로 집중됨.
幅湊[ふくそう] ☞ 幅輳

본

本	근본/책 본
一 十 才 木 本	

音 ◉ホン ◉ボン
訓 ◉もと

訓読

◉**本❶**[もと] ①근본. 근원. 기초. ②그루. 포기. ❷[ほん] ☞ [音読]
本宮❶[もとみや] ①중심이 되는 神社(じんじゃ). ②본전(本殿). ❷[ほんぐう] ①원래부터 신(神)을 모시던 본궁(本宮). ②'熊野本宮(くまのほんぐう)'의 준말.
本末❶[もとすえ] ①초목의 줄기와 가지. 윗가지와 아랫가지. ②(노래의) 윗구와 아랫구. ③(神楽(かぐら) 연주에서) 本方(もとかた)와 末方(すえかた). ❷[ほんまつ] 본말; 일의 처음과 끝. 근본과 여줄가리.
本木[もとき] ①나무의 밑동. ②전남편(前男便). 전처(前妻).
本本[もともと] ①본전치기. ②원래. 본디.
本肥[もとごえ] 《農》 밑거름.
本生り[もとなり] 식물 줄기나 덩굴의 밑부분에 열린 열매.
本成り[もとなり] ☞ 本生り
本葉[もとは] 본엽; 줄기 가까운 곳의 잎.

音読

4**本❶**[ほん] ①책. 서적. ②각본. 대본. ③바탕. 근본. ④(가늘고 긴 물건을 셀 때의) …자루. ⑤(영화의 작품 수를 셀 때의) …본. …편. ⑥(승부의 횟수를 세는 말로) …판. ❷[もと] ☞ [訓読]
本に[ほんに] 정말로. 참으로. 진실로. 실로.
本ネル[ほんネル] 플란넬. 보폴보폴한 면직물.
本の[ほんの] ①그저 약간. 그저 명색뿐인. 보잘 것 없는. ②겨우. 불과. 아주.
本家[ほんけ] 본가; ①종가(宗家). ②유파(流派)의 종가. ③(상점의) 본점(本店). ④장원(荘園)의 영주(領主) 위에 있던 명목상의 지배자.
本家本元[ほんけほんもと] 원조(元祖). 대종가(大宗家).
本街道[ほんかいどう] (江戸(えど) 시대의) 간선 도로. 정규 도로.
本歌[ほんか/もとうた] ①본래의 和歌(わか). ②정식 和歌(わか).
本降り[ほんぶり] 비가 본격적으로 내림.
本坑[ほんこう] 본갱; 중심 갱도.
本拠地[ほんきょち] 본거지; 근거지.
本件[ほんけん] 본건; 이 사건. 이 안건.
本建築[ほんけんちく] 철근콘크리트 건축.
1**本格**[ほんかく] 본격; 본래의 격식.
本絹[ほんけん] 본견; 순견(純絹).
本決(ま)り[ほんぎまり] 정식으로 결정됨.
本工[ほんこう] 본공; 정규직 직공.
本科[ほんか] 본과; ①본격적인 과정. ②이 과(科).
本官[ほんかん] 본관; ①정규직 관직. ②그 사람 본래의 관직. ③관직에 있는 사람의 자칭(自称).
1**本館**[ほんかん] 본관; ①주(主)가 되는 건물. ②이 건물.
本卦帰り[ほんけがえり] 환갑. 회갑(回甲).
本卦還り[ほんけがえり] 환갑. 회갑(回甲).

本校[ほんこう] 본교; ①주(主)가 되는 학교. ②이 학교.

1本国[ほんごく] 본국; ①그 사람의 국적이 있는 나라. ②식민지가 아닌 본래의 나라. ③조상의 나라.

本国人[ほんごくじん] 본국인.

本局[ほんきょく] 본국; ①주(主)가 되는 국. ②(바둑・장기에서) 이 대국(対局).

本筋[ほんすじ] ①본 줄거리. 중심 줄거리. 본론. ②정도(正道). 옳은 방도. 본래의 방식.

本金[ほんきん] 본금; ①원금(元金). ②순금(純金).

本給[ほんきゅう] 본급; 본봉(本俸).

1本気[ほんき] 진심. 제정신. 본심. 진정.

本年[ほんねん] 금년(今年). 올해.

1本能[ほんのう] 본능; 선천적으로 갖고 있는 동작이나 운동.

本曇り[ほんぐもり] (비가 쏟아질 듯이) 하늘이 완전히 흐림.

4本当[ほんとう] ①정말. 사실. 진짜. ②올바름. 참됨. 정확함. ③정상임. 제대로임.

本堂[ほんどう] ≪仏≫ 본당; 대웅전.

本党[ほんとう] 본당; ①중심이 되는 당. ②이 당(党).

本代[ほんだい] 책값. 서적 값.

本隊[ほんたい] 본대; ①중심이 되는 부대. ②이 부대.

本島[ほんとう] 본도; ①중심이 되는 섬. ②이 섬.

本道[ほんどう] 본도; ①중심 도로. ②올바른 길.

本盗[ほんとう] (야구에서) 홈스틸.

本読み[ほんよみ] ①독서. 책을 읽음. ②(촬영 전에) 배우에게 대본을 읽어 줌.

本欄[ほんらん] 본란; ①(잡지 등의) 중심이 되는 난. ②이 난(欄).

2本来[ほんらい] 본래; ①본디. 원래. ②보통. 여느.

本暦[ほんれき] 기본이 되는 달력.

本領[ほんりょう] 본령; ①본래의 영지(領地). ②특성. 특색.

本論[ほんろん] 본론; ①중심이 되는 의논・논의. ②이 론(論).

本塁[ほんるい] 본루; ①근거지. ②(야구에서) 홈베이스.

本塁打[ほんるいだ] 본루타; 홈런.

本流[ほんりゅう] 본류; ①그 강의 물줄기. ②주류(主流).

本立て[ほんたて] 책꽂이.

本末❶[ほんまつ] 본말; 처음과 끝. 근본과 여줄가리. ❷[もとすえ] ①초목의 줄기와 가지. 윗가지와 아랫가지. ②(노래의) 윗구와 아랫구. ③(神楽(かぐら) 연주에서) 本方(もとかた)와 末方(すえかた).

本末転倒[ほんまつてんとう] 본말 전도.

本望[ほんもう] 본망; ①숙원(宿願). ②만족. 흡족.

2本名[ほんみょう] 본명; 실명(実名). 진짜 이름.

本命[ほんめい] 본명; ①태어난 해의 간지(干支). ②(경마・경륜 등에서) 우승 후보 선수.

本務[ほんむ] 본무; ①본래의 직무. ②본분(本分).

本舞台[ほんぶたい] 본무대; ①歌舞伎(かぶき) 극장의 정면 무대. ②자신의 실력을 마음껏 발휘할 수 있는 공식 장소.

1本文❶[ほんぶん] 본문; 원문(原文). ❷[ほんもん] ①본문; 원문(原文). ②전거(典拠)로 사용되는 고서(古書). ③원전(原典).

2本物[ほんもの] ①진짜 물건. 실물(実物). ②본격적임. 제대로임.

本返し[ほんがえし] (바느질에서) 온 박음질.

本邦[ほんぽう] 본방; 우리나라. 이 나라.

本百姓[ほんびゃくしょう] (江戸(えど) 시대의) 부유층 농민. 자영(自営) 농민.

本番[ほんばん] ①(방송국의) 정규 방송. ②(연습용이 아닌) 정식 촬영. ③정식 기말고사. ④정기 시합.

本法[ほんぽう] 본법; ①본체가 되는 법률. ②이 법률. 이 법.

本普請[ほんぶしん] 정성껏 공사한 건축물.

本譜[ほんぷ] ≪楽≫ 본보; 오선지에 그린 악보.

本復[ほんぷく] ①(병이) 완쾌됨. 쾌유. ②이전의 신분・재산을 되찾음. ③유배지에서 풀려남.

本俸[ほんぽう] 본봉; 기본 봉급.

本夫[ほんぷ] 본남편. 정식 남편.

2本部[ほんぶ] 본부; 중심이 되는 곳.

本分[ほんぶん] 본분; 의무. 본래의 직분.

4本棚[ほんだな] 서가(書架). 책장.

本社[ほんしゃ] 본사; ①(회사의) 본부 사업소. ②이 회사. ③근본이 되는 神社(じんじゃ). ④이 神社(じんじゃ).

本山[ほんざん] ① ≪仏≫ 일종일파(一宗一派)의 본부가 되는 절. ②이 절.

本箱[ほんばこ] 책장. 책궤.
本色[ほんしょく] 본색; ①원래의 색깔. ②타고난 성질. 본성(本性).
本書[ほんしょ] 본서; ①주요 문서. 정식 문서. ②이 문서.
本署[ほんしょ] 본서; ①중앙 관서. ②경찰서. ③이 서(署).
本船❶[ほんせん] ①본선; 모선(母船). ②(자기가 타고 있는) 이 배. ❷[もとぶね] 본선; 모선(母船).
本船渡し[ほんせんわたし] (무역에서) 본선 인도. FOB.
本選[ほんせん] 본선; 우승자를 뽑는 시합.
本線[ほんせん] 본선; ①중심이 되는 노선(路線). 간선(幹線). ②이 선(線).
本膳[ほんぜん] (일본 정식 요리에서) 첫 번째로 나오는 상.
本姓[ほんせい] 본성; 본래의 성(姓).
本性❶[ほんしょう] 본성; ①본래의 성질. ②본정신. 제정신. ❷[ほんせい] 본성; 본래의 성질.
本省[ほんしょう] 본성; ①중앙 최고의 관청. ＊한국의 중앙 관청인 '부(部)'에 해당함. ②이 성(省).
本城[ほんじょう] 본성; ①중심이 되는 성. 근거지. ②이 성(城).
本所[ほんしょ] 본소; ①근본 장소. ②본댁(本宅). 본집. ③장원(荘園)의 소유자. ④(武家에 대하여) 公家(くげ). ⑤이곳.
本訴[ほんそ] 본소; 계류 중인 소송.
本属[ほんぞく] 본속; 직속(直属)임.
本刷り[ほんずり] 교정이 끝난 정식 인쇄물.
本手[ほんて] ①장기(長技). ②전문가. ③기본적인 수법. ④≪楽≫ (三味線(しゃみせん)·箏曲(そうきょく)의 연주에서) 기본적인 선율.
本数[ほんすう] 본수; …자루로 세는 것의 수.
本式[ほんしき] 본식; 정식(正式).
本身[ほんみ] 진짜 칼.
本心[ほんしん] 본심; 제정신. 진심.
本案[ほんあん] 본안; ①(현재 문제가 되고 있는) 의안. ②≪法≫ 중심이 된 사안.
本業[ほんぎょう] 본업; 본래의 직업.
本然[ほんぜん/ほんねん] 본연; 자연 그대로의 것.
本営[ほんえい] 본영; 총지휘관이 있는 진영.
本予算[ほんよさん] 본예산; 추가 예산에 대한 본래의 예산.
本屋[ほんや] ①서점. 책방. ②안채. 안집.
本腰[ほんごし] 진지한 마음. 본격적인 채비.
本元[ほんもと] 근원. 본바탕.
本院[ほんいん] ①(여러 명의 上皇(じょうこう)·法皇(ほうおう) 중에서) 첫째가 되는 上皇·法皇. ②주(主)가 되는 원(院). ③이 원(院).
本員[ほんいん] 본원; 위원(委員)·의원(議員)·회원(会員) 등이 자기를 가리키는 말.
本源[ほんげん] 본원; 근본. 근원.
本願[ほんがん] 본원; ①본래의 소원. 숙원. ②부처가 중생을 구하려는 서원(誓願). ③사원(寺院)·불탑(仏塔)·불상(仏像) 등의 창립자.
本位[ほんい] 본위; ①(행동의) 중심으로 삼는 기준. ②화폐 제도의 기초. ③본래의 위치. 원위치. 제자리.
[1]**本音**[ほんね] ①본심(本心). 진심. 속마음. ②본래의 음색(音色).
本意[ほんい] 본의; ①진의. 진정한 마음. ②본래의 마음. ③진정한 의미.
本義[ほんぎ] 본의; ①본래의 뜻. ②근본 의의(意義).
[2]**本人**[ほんにん] 본인; 장본인.
本因坊[ほんいんぼう] 바둑 우승자에게 수여하는 칭호의 하나.
本日[ほんじつ] 오늘. 금일(今日).
本字[ほんじ] ①(かなに 대하여) 한자(漢字). ②정통 한자. 정식 한자.
[1]**本場**[ほんば] ①본고장. 본바닥. ②본산지. 주산지. 본고장. ③(거래소에서) 전장(前場).
本場所[ほんばしょ] ①(역량을 겨루는 영광스런) 본바닥. 본고장. ②'すもう'의 정식 시합.
本葬[ほんそう] 정식 장례식.
本邸[ほんてい] 본저; 본댁(本宅). 본집.
本籍地[ほんせきち] 본적지.
本田[ほんでん] 모내기한 논.
本殿[ほんでん] 본전; 神社(じんじゃ)의 정전(正殿).
本店[ほんてん] 본점; ①영업의 중심이 되는 가게. ②이 가게.
本祭り[ほんまつり] 神社(じんじゃ)의 정식 축제.
本題[ほんだい] 본제; ①주제. 중심이 되는 제목. ②이 제목.
本組(み)[ほんぐみ] 교정이 끝난 정식 조판(組版).
本朝[ほんちょう] 본조; 자기 나라. 자기 나라의 조정(朝廷).

本調子[ほんちょうし] ①본래의 상태. 본격적인 상태. 정상적인 상태. ②(三味線(しゃみせん)에서) 기본적인 조현법(調絃法).

本尊[ほんぞん] ① ≪仏≫ 본존. ② ≪俗≫ 중심인물. 주동자. ③ ¶ 御(ご)~ 본인. 당사자.

本州[ほんしゅう] 혼슈. ＊일본열도(日本列島)의 주(主)가 되는 가장 큰 섬.

本旨[ほんし] 본지; 참뜻. 근본 취지.

本志[ほんし] 원래부터 품은 뜻.

本紙[ほんし] 본지; ①이 신문. ②신문의 중심이 되는 지면.

本誌[ほんし] 본지; ①이 잡지. ②잡지・서적의 중심이 되는 부분.

本職[ほんしょく] 본직; ①본업. ②전문가. ③공직에 있는 사람의 자칭(自称). 본관(本官).

本陣[ほんじん] 본진; ①진영(陣営). 진지의 본부. ②江戸(えど) 시대에 大名(だいみょう) 등이 묵었던 공인된 숙사(宿舎).

本真[ほんま] ≪関西≫ 정말. 진짜.

本真に[ほんまに] ≪関西≫ 정말로. 진짜로.

[1]**本質**[ほんしつ] 본질; ①본래의 성질. 근본 성질. ②본체(本体).

本妻[ほんさい] 본처; 정식 아내.

本庁[ほんちょう] 본청; ①중심이 되는 관청. ②이 청(庁).

[1]**本体**[ほんたい] 본체; ①사물의 참모습. ② ≪哲≫ 본질. 근본. ③주된 부분. ④神社(じんじゃ)의 신체(神体).

本草[ほんぞう] 본초; ①초목. 식물. ②한방 약재(薬材).

本則[ほんそく] 본칙; ①원칙. 근본 법칙. ②법령과 규칙의 주(主)가 되는 부분.

本態[ほんたい] 본태; 참모습. 본래의 모습.

本宅[ほんたく] 본댁; 본집.

本土[ほんど] 본토; ①본국(本国). ②그 나라의 중심이 되는 국토.

本編[ほんぺん] 본편; ①(부록에 대하여) 주체가 되는 편. ②이 편. ③극장용 영화.

本舗[ほんぽ] 본포; ①본점(本店). ②상품의 제조 판매원.

本学[ほんがく] 본학; 이 학교. 이 대학.

本号[ほんごう] 본호; (잡지 등의) 이번 호.

本好き[ほんずき] 독서광(読書狂). 책벌레.

本花道[ほんはなみち] 歌舞伎(かぶき)에서, 무대를 향해 마련된 객석 가운데의 花道(はなみち).

本丸[ほんまる] 본성(本城). 성(城)의 중심이 되는 건물.

本会[ほんかい] 본회; ①정식 모임. ②이 모임.

本会議[ほんかいぎ] 본회의; ①정식 회의. ②이 회의.

本懐[ほんかい] 본회; 본래의 소망. 숙원.

◑**校訂本**[こうていぼん], **単行本**[たんこうぼん], **文庫本**[ぶんこぼん]

〔봉〕

奉 받들 봉

一 ＝ 三 夫 夫 𡗗 叁 奉

音 ◉ホウ ◉ブ
訓 ◉たてまつる

訓読

[1]◉**奉る**[たてまつる] 〈5他〉 ①바치다. 올리다. 헌상(献上)하다. ②(명목상) 받들다. 앉히다. ③(동사 ます형에 접속하여) … 해 드리다. …말씀드리다.

奉り物[たてまつりもの] 진상품(進上品). 바치는 물건.

音読

奉じる[ほうじる] 〈上1他〉 ①바치다. 올리다. 헌상(献上)하다. ②받들다. 받들어 모시다. ③(공직에) 근무하다. 종사하다.

奉ずる[ほうずる] 〈サ変他〉 ☞ 奉じる

奉加[ほうが] ≪仏≫ 시주(施主). 기부(寄附).

奉告[ほうこく] 봉고; 신(神)이나 귀인에게 아룀.

奉公[ほうこう] 봉공; ①나라를 위해 일함. ②주인에게 봉사함.

奉公先[ほうこうさき] 고용살이하는 곳. 근무처.

奉公人[ほうこうにん] (숙식하는) 점원. 고용인.

奉教人[ほうきょうにん] 기독교 신자. ＊지금은 사용하지 않음.

奉納[ほうのう] 봉납; 신(神)에게 바침.

奉戴[ほうたい] 봉대; 공손히 받듦.

奉拝[ほうはい] 봉배; 공손히 배례함.

[1]**奉仕**[ほうし] 봉사; ①받들어 섬김. ②(사회나 남을 위해) 무료로 이바지함. 무료로 서비스함.

奉仕値段[ほうしねだん] 봉사가격. 싼값.
奉仕品[ほうしひん] 봉사품; 싼값으로 파는 물건.
奉伺[ほうし] 봉사; 문안 인사를 드림.
奉祀[ほうし] 봉사; 사당에 모심. 제사지냄.
奉謝[ほうしゃ] 봉사; 사례의 말씀을 드림.
奉書[ほうしょ] 봉서; ①옛날, 신하가 상의(上意)를 받아 명령을 내리던 문서. ②'奉書紙'의 준말.
奉送[ほうそう] 봉송; 귀인을 전송함.
奉迎[ほうげい] 봉영; 귀인을 맞이함.
奉呈[ほうてい] 봉정; 공손히 드림.
奉職[ほうしょく] 봉직; 공손히 직무를 수행함.
奉賛[ほうさん] 봉찬; 神社(じんじゃ)의 사업에 공손히 협력함.
奉賛金[ほうさんきん] 찬조금(賛助金).
奉祝[ほうしゅく] 봉축; 공손히 축하함.
奉勅[ほうちょく] 봉칙; 칙명을 받듦.
奉賀[ほうが] 봉하; 신불(神仏)에게 바침. 기부(寄附). 헌납(献納).
奉行[★ぶぎょう] (武家시대에) 행정 부서 우두머리.
奉献[ほうけん] 봉헌; 공손히 바침.
奉還[ほうかん] 봉환; 정권을 천황(天皇)에게 되돌려 드림.

封 봉할 봉

一 十 土 圭 圭 圭 圭 封 封

音 ◉フウ ◉ホウ
訓 —

音読

封❶[ふう] ①(열지 못하게) 봉함. ②(야구에서) 봉살(封殺). ③(편지를 세는 말로) …통. ❷[ほう] ①大名(だいみょう)의 영지(領地). 봉토(封土). ②땅의 경계.
封じる❶[ふうじる] 〈上1他〉 ①(열지 못하게) 봉하다. ②가두다. 봉쇄하다. 막다. ③하지 못하게 하다. 금지시키다. ❷[ほうじる] 〈上1他〉 영주(領主)로 임명하다.
封ずる❶[ふうずる] 〈サ変他〉 ☞ 封(ふう)じる ❷[ほうずる] 〈サ変他〉 ☞ 封(ほう)じる
[1]封建[ほうけん] 봉건; 토지를 나누어 주어 제후(諸侯)에게 영유(領有)시키던 일.
封じ目[ふうじめ] (열지 못하게) 봉한 자리.
封殺[ふうさつ] ①(야구에서) 봉살; 포스아웃. force out. ②봉쇄(封鎖).
[1]封鎖[ふうさ] 봉쇄; 굳게 잠가 출입을 못하게 함.
封じ手[ふうじて] ①봉수. ＊바둑・장기에서 대국이 그 날로 끝나지 않은 경우 종이에 적어 밀봉해 두는 마지막 수. ②(씨름 등에서) 사용을 금지한 수.
封印[ふういん] 봉인; 봉한 자리에 도장을 찍음.
封入[ふうにゅう] 봉입; ①동봉(同封)함. ②넣고 봉함.
封じ込める[ふうじこめる] 〈下1他〉 ①가두다. 구속하다. ②안에 넣고 봉하다.
封じ込め政策[ふうじこめせいさく] (공산주의 제국에 대한) 봉쇄 정책.
封切る[ふうきる] 〈5他〉 (새 영화를) 개봉하다. 처음으로 상영하다.
封切(り)[ふうきり] ①개봉(開封). 일의 시작. ②영화의 개봉.
封切館[ふうきりかん] 영화 개봉관.
封地[ほうち] 봉토(封土). 영지(領地).
封土[ほうど] 봉토; ①흙을 쌓아올려 만든 제단(祭壇). ②大名(だいみょう)의 영지(領地).
[4]封筒[ふうとう] (편지) 봉투.
封緘[ふうかん] 봉함; 편지 등을 열어보지 못하게 함.
封侯[ほうこう] 봉후; 봉토(封土)를 받고 제후(諸侯)가 됨.

俸 봉급/급료 봉

ノ 亻 亻 仁 仨 仹 俤 倈 倴 俸

音 ◉ホウ
訓 —

音読

俸[ほう] 봉; 녹봉. 급료(給料). 봉급.
俸給[ほうきゅう] 봉급; 급료(給料).
俸禄[ほうろく] 봉록; 녹봉(禄俸).
俸禄米[ほうろくまい] 봉록미; 녹봉으로 받는 쌀.

峰(峯) 봉우리 봉

丨 山 山 山' 山ク 山夂 峂 峰 峰 峰

音 ◉ホウ
訓 ◉みね

訓読

[1]◉峰[みね] ①봉우리. ②칼등.

峰続き[みねつづき] 연봉(連峰). 산봉우리의 연속. 산봉우리가 연이어져 있음.

峰入り[みねいり] 불도(仏道) 수행자(修行者)가 수도(修道)를 위해 奈良県(ならけん)의 大峰山(おおみねさん)에 입산함.

峰伝い[みねづたい] 산봉우리를 따라 감.

峰打ち[みねうち] (일부러 죽이지 않고) 칼등으로만 침.

音読

峰頭[ほうとう] 봉두; 산봉우리의 꼭대기. 봉정(峰頂).

◑**高峰**[こうほう]

棒 막대기 봉

一 十 才 木 朩 栌 栐 栐 桂 棒

音 ◉ボウ
訓 —

音読

[2]**棒**[ぼう] ①막대기. 몽둥이. ②봉술(棒術). ③지휘봉. ④굵은 선. 막대줄.

棒グラフ[ぼうグラフ] 막대그래프.

棒高跳(び)[ぼうたかとび] 봉고도; 장대높이뛰기.

棒倒し[ぼうたおし] (운동회에서의) 장대 넘히기.

棒読み[ぼうよみ] ①구두점이나 억양을 무시하고 단조롭게 읽음. ②한문(漢文)에 토를 달지 않고 읽음.

棒立ち[ぼうだち] ①(놀라서) 막대 모양으로 꼿꼿하게 섬. 장승처럼 우뚝 섬. ②말이 앞발을 쳐들고 섬.

棒上げ[ぼうあげ] (주식 시세가) 오름세임. 수직 상승.

棒状[ぼうじょう] 봉상; 막대기 모양.

棒先[ぼうさき] ①막대기 끝. ②가마의 채 끝. ③가마꾼.

棒線[ぼうせん] ①막대선. 직선. ②굵은 선.

棒術[ぼうじゅつ] 봉술; 몽둥이를 사용한 무술.

棒暗記[ぼうあんき] 무턱대고 암기함.

棒引(き)[ぼうびき] ①세로줄을 그음. ②(貸借 관계의) 말소.

棒切れ[ぼうぎれ] 나무토막. 짧은 막대기.

棒組(み)[ぼうぐみ] ①가마의 맞채잡이. ②《俗》 한패. 한통속. 한동아리. ③(활판 인쇄에서) 계속 이어 조판하기.

棒振り[ぼうふり] ①몽둥이를 휘두름. ②지휘자. ③江戸(えど) 시대의 하급 순라 무사.

棒下げ[ぼうさげ] (주식 시세가) 내림세임. 수직 하강.

棒縞[ぼうじま] 굵은 세로줄 무늬.

棒紅[ぼうべに] 막대기형 입술연지.

縫(縫) 꿰맬 봉

纟 糸 糸' 糹 紁 絳 絳 綘 縫 縫

音 ◉ホウ
訓 ◉ぬう

訓読

[2]◉**縫う**[ぬう] 〈5他〉 ①(바늘로) 꿰매다. 깁다. 바느질하다. ②수(繡)를 놓다. ③틈새를 빠져나가다. 누비다. ④(창・화살이) 뚫고 나가다. 꿰뚫다.

縫い[ぬい] ①바느질. ②자수(刺繡). ③꿰맨 자리. 솔기.

縫いぐるみ[ぬいぐるみ] ①봉제완구. ②(동물극의) 동물 복장.

縫(い)代[ぬいしろ] 시접.

縫(い)模様[ぬいもよう] 수놓은 모양.

縫(い)目[ぬいめ] ①솔기. 바느질 자리. ②땀. 바늘로 뜬 눈.

縫(い)紋[ぬいもん] 수를 놓아 나타낸 가문(家紋).

縫(い)物[ぬいもの] ①재봉. 바느질. ②바느질감. ③자수(刺繡). 수를 놓음.

縫(い)箔[ぬいはく] ①(옛날에) 꿰매 붙였던 금박・은박의 총칭. ②금실・은실로 놓는 자수(刺繡).

縫い方[ぬいかた] ①꿰매는 방법. ②재봉 담당자.

縫い付ける[ぬいつける] 〈下1他〉 다른 천을 대어 꿰매다. 꿰매 붙이다.

縫い糸[ぬいいと] 바느질 실. 재봉실.

縫い師[ぬいし] 바느질을 직업으로 하는 사람.

縫い上(が)り[ぬいあがり] 바느질이 다 됨.

縫い上げ[ぬいあげ] (아이가 커서도 입을 수 있게) 어깨・허리에 주름을 잡아서 꿰매 넣음.

縫い上げる[ぬいあげる] 〈下1他〉 ①(어깨・허리에) 주름을 잡아서 꿰매 넣다. ②꿰매 완성하다.

縫い込み[ぬいこみ] 접어 넣고 꿰맨 시접.

縫い込む[ぬいこむ] 〈5他〉 ①(물건을) 속에 넣고 꿰매다. ②시접 안에 들어가도록 꿰매다. ③정성껏 꿰매다.
縫い直し[ぬいなおし] 다시 꿰맴.
縫い直す[ぬいなおす] 〈5他〉 다시 꿰매다.
縫い出す[ぬいだす] 〈5他〉 품을 늘리다. 시접을 내어 품을 늘리다.
縫(い)取り[ぬいとり] ①자수(刺繡). 수를 놓음. ②자수를 놓은 和服(わふく)의 옷감.
縫い取る[ぬいとる] 〈5他〉 자수(刺繡)를 하다. 수를 놓다.
縫(い)針❶[ぬいはり] 바느질. 재봉. ❷[ぬいばり] 바느질 바늘. 재봉 바늘.
縫い包み[ぬいぐるみ] ①봉제 완구. ②(동물극의) 동물 복장.
縫い合(わ)せる[ぬいあわせる] 〈下1他〉 ①꿰매어 잇다. 꿰매어 맞추다. ②(성질이 상반된) 둘을 하나로 조화시키다.

音読

縫製[ほうせい] 봉제; 재봉틀로 박아서 만듦.
縫製品[ほうせいひん] 봉제품.
縫合[ほうごう] ≪医≫ 봉합; 수술 부위나 상처 등을 꿰맴.

逢ˣ(逢) 만날 봉	音 ⊗ホウ 訓 ⊗あう ⊗おう

訓読

⊗**逢う**[あう] 〈5自〉 (사람을) 만나다. 대면하다.
逢瀬[おうせ] (사랑하는 남녀가) 몰래 만남. 밀회(密会).
逢引き[あいびき] ☞ 逢瀬

音読

逢着[ほうちゃく] 봉착; (좋지 않은 일에) 맞부딪침. 마주침. 만남.

捧 두손으로 받들 봉	音 ⊗ホウ 訓 ⊗ささげる

訓読

1⊗**捧げる**[ささげる] 〈下1他〉 ①양손으로 높이 받들다. ②바치다. 헌상(献上)하다. ③(정성・사랑을) 바치다.
捧げ物[ささげもの] 바치는 물건. 진상품(進上品). 헌물(献物). 헌상물(献上物).
捧げ銃[ささげつつ] 받들어총.

音読

捧読[ほうどく] 봉독; 양손으로 공손히 받쳐 들고 읽음.
捧呈[ほうてい] 봉정; 양손으로 받들어 드림.
捧持[ほうじ] 봉지; 높이 받들어 듦.

蜂 벌 봉	音 ⊗ホウ 訓 ⊗はち

訓読

⊗**蜂**[はち] ≪虫≫ 벌.
蜂の頭[はちのあたま] ≪俗≫ 무용지물. 아무 쓸모가 없는 것.
蜂蜜[はちみつ] 벌꿀. 꿀.
蜂師[はちし] 양봉업자(養蜂業者).
蜂の巣[はちのす] 벌집.
蜂の子[はちのこ] 말벌의 유충.
蜂雀[はちすずめ] '蜂鳥(はちどり)'의 딴이름.
蜂鳥[はちどり] ≪鳥≫ 벌새.

音読

蜂起[ほうき] 봉기; 벌떼처럼 군중이 들고 일어남.

鳳 봉황새 봉	音 ⊗ホウ 訓 —

音読

鳳輦[ほうれん] 봉연; ①임금의 탈것의 미칭(美称). ②꼭대기에 금빛 봉황이 달린 가마.
鳳仙花[ほうせんか] ≪植≫ 봉선화; 봉숭아.
鳳声[ほうせい] 봉성. ＊남의 전언(伝言)이나 소식의 높임말임.
鳳雛[ほうすう] 봉추; ①봉황의 새끼. ②장래가 촉망되는 젊은이.
鳳凰[ほうおう] 봉황. ＊상서롭게 여기는 상상의 새. '鳳'은 수컷, '凰'은 암컷을 말함.

鋒 앞장/끝 봉	音 ⊗ホウ 訓 ⊗ほこ

訓読

⊗**鋒先**[ほこさき] ①창끝. ②비난・공격의 화살. 공격 방향. 비난 공세.

音読

鋒鋩[ほうぼう] ①칼끝. 서슬. ②날카로운 기질. 성깔.

〔부〕

不 ①아니 불 ②아니 부

☞ 不(불) p. 493

夫 지아비/사내 부

一 二 チ 夫

音 ◉フ ◉フウ ⊗ブ
訓 ◉おっと

訓読

3◉夫[おっと] 남편. ¶ ~がある 남편이 있다. ¶ ~を失(うしな)う 남편을 잃다.

音読

夫君[ふくん] 부군. ＊남의 남편에 대한 존경어.
夫権[ふけん] 부권; 남편의 권리.
2夫婦[ふうふ] 부부; 남편과 아내.
夫婦共稼ぎ[ふうふともかせぎ] 부부 맞벌이.
夫婦別れ[ふうふわかれ] 이혼(離婚).
夫婦連れ[ふうふづれ] 부부 동반.
夫婦仲[ふうふなか] 부부 사이.
夫役[★ぶやく/ぶえき] 부역; 부역(賦役). 사람에게 부과(賦課)하는 노역(労役).
2夫人[ふじん] 부인. ＊남의 아내에 대한 존경어임.
夫唱婦随[ふしょうふずい] 부창부수.
2夫妻[ふさい] 부처; 부부(夫婦).

父 아비 부

ノ ハ ク 父

音 ◉フ
訓 ◉ちち

訓読

4◉父[ちち] ①아버지. 부친. ②선구자.
4お父さん[★おとうさん] ①아버님. 아버지. ②(아내가 남편을 부를 때) 여보.
父君[ちちぎみ] 춘부장(春府丈). 아버님. ＊남의 아버지에 대한 존경어.
父無し子[★てなしご] ①아버지를 여윈 자식. ②《俗》 아비 없는 자식. 사생아.
父方[ちちかた] 부계(父系). 아버지 쪽의 혈통.
父上様[ちちうえさま] 아버님.
父御[ちちご] 춘부장(春府丈). ＊남의 아버지에 대한 존경어.
2父親[ちちおや] 부친; 아버지. ＊호칭은 아님.

音読

父系[ふけい] 부계; 아버지 쪽의 혈통.
父権[ふけん] 부권; ①가장권(家長権). ②부친으로서의 친권(親権).
2父母[ふぼ/ちちはは] 부모; 어버이.
父子[ふし] 부자; 아버지와 아들.
父子相伝[ふしそうでん] 부자상전; 부전자전(父伝子伝).
父祖[ふそ] 부조; 선조. 조상.
父兄[ふけい] 부형; 학부형(学父兄).
父兄会[ふけいかい] 학부형회(学父兄会).

付 붙을 부

ノ イ 仁 付 付

音 ◉フ
訓 ◉つく ◉つける

訓読

2◉付く[つく] 〈5自〉 ①(떨어지지 않게) 달라붙다. 붙다. ②(이물질이) 묻다. ③(힘·재능·실력이) 생기다. 붙다. ④(새로운 것이) 덧붙다. 붙다. ⑤갖추어지다. 딸리다. ⑥뒤따르다. ⑦(불이) 켜지다. 붙다. ⑧(길이) 만들어지다. ⑨자국이 생기다. ⑩기록되다.
2付き[つき] ①달라붙음. 붙는 상태. ②불이 붙음. 인화성(引火性). ③시중듦. ④《俗》 재수. 운. ⑤붙임성. 애교(愛嬌).
付きっきり[つきっきり] 늘 곁에 있음. 늘 곁에서 시중듦.
付きまとう[つきまとう] 〈5自〉 (귀찮게) 늘 붙어 다니다. 늘 따라다니다.
付(き)物[つきもの] 부속물. 으레 따르게 마련인 것.
付き随う[つきしたがう] 〈5自〉 ☞ 付き従う
付(き)人[つきびと] 시중드는 사람.
付(き)切り[つききり] 항상 곁에 붙어있음.
付き切る[つききる] 〈5他〉 항상 곁에 붙어 있다.
付き従う[つきしたがう] 〈5自〉 ①수행하다. 뒤따르다. ②부하가 되다. ③복종하다. ④아첨하다.

付(き)添(い)[つきそい] 시중꾼. 시중듦.
付き添う[つきそう] 〈5自〉 곁에서 시중들다. 곁에 따르다.
[2]付(き)合い[つきあい] ①교제(交際). 사귐. ②교제상.
[2]付き合う[つきあう] 〈5自〉 ①교제하다. 사귀다. ②(의리상) 행동을 함께 하다.
[2]◉付ける[つける] 〈下1他〉 ①(떨어지지 않게) 붙이다. 부착시키다. ②(이물질을) 묻히다. 바르다. 칠하다. ③(힘・재능・실력을) 익히다. 붙이다. ④(새로운 것을) 덧붙이다. 곁들이다. ⑤뒤쫓다. ⑥(불을) 켜다. ⑦(자국을) 남기다. 내다. ⑧기록하다. 기입하다. 적다. ⑨주목하다. ⑩(결말을) 내다. 마무리 짓다.
付け[つけ] ①붙임. ②청구서. 계산서. ③외상. ④歌舞伎(かぶき)에서, 효과를 내기 위해 딱따기로 마루를 침. ⑤(동사 ます형에 접속하여) 늘 …함. 단골로 …함. ⑥날짜.
付けたり[つけたり] ①덤. 부록. ②촌지(寸志). 성의를 표시하는 약소한 물품. ③명목. 핑계. 구실.
付けひげ[つけひげ] 가짜 수염.
付けまつげ[つけまつげ] 가짜 속눈썹.
[1]付け加える[つけくわえる] 〈下1他〉 부가하다. 덧붙이다. 첨가하다. 곁들이다.
付け加わる[つけくわわる] 〈5自〉 부가되다. 덧붙여지다. 첨가되다. 곁들여지다.
付け景気[つけげいき] 경기가 좋은 것처럼 꾸밈.
付け届け[つけとどけ] ①선물. ②뇌물.
付け髷[つけまげ] 가발 상투.
付け根[つけね] 물건이 붙어 있는 부분.
付け紐[つけひも] (어린이옷의) 허리에 꿰매 단 띠.
付け台[つけだい] (초밥집에서) 초밥을 손님 앞에 내놓는 대.
付け帯[つけおび] 옛날, 여성의 옷에 매던 띠의 일종.
付(け)落ち[つけおち] 장부상의 누락.
付(け)落とし[つけおとし] 장부상의 누락.
付(け)立て[つけたて] ①장부에 표시를 함. ②방금 붙였음. ③歌舞伎(かぶき)의 공연에 필요한 도구를 장부에 기입함. ④동양화를 그릴 때 윤곽을 잡지 않고 그리는 방법.
付(け)馬[つけうま] 외상값을 받으러 손님 집까지 딸려 보내는 사람.
付(け)目[つけめ] ①노리는 점. 이용할 약점. ②숨겨진 목적.
付(け)木[つけぎ] 불쏘시개.
付(け)文[つけぶみ] 몰래 보내는 연애편지.
付(け)髪[つけがみ] 가발(仮髪).
付け上がる[つけあがる] 〈5自〉 버릇없이 굴다. 기어오르다.
付(け)状[つけじょう] ①첨부한 편지. ②귀인에게 직접 보내기 죄송하여 측근자 앞으로 보낸 편지.
付(け)城[つけじろ] 적의 성을 공격할 때 그것에 맞세워 쌓는 성.
付(け)所[つけどころ] 특히 주의할 점.
付(け)焼き[つけやき] 간장을 발라 구움.
付(け)焼(き)刃[つけやきば] ①벼락치기로 배운 지식. ②임시변통의 가장(仮装). ③무딘 칼의 날에만 강철을 덧붙인 것.
付(け)薬[つけぐすり] 붙이는 약.
付(け)元気[つけげんき] 허세(虚勢).
付(け)人[つけびと] ①시중드는 사람. ②비서(秘書). ③付家老(つけがろう).
付け入る[つけいる] 〈5自〉 ①기회를 잘 이용하다. ②비위를 맞추다.
付(け)込(み)[つけこみ] ①기회를 포착함. ②장부에 기입함.
付け込む[つけこむ] 〈5自他〉 ①틈타다. 허점을 이용하다. ②장부에 기입하다. ③실제보다 많은 액수를 기입하다.
付(け)髭[つけひげ] 가짜 수염.
付(け)帳[つけちょう] 연극의 연출용 메모.
付け狙う[つけねらう] 〈5他〉 늘 뒤를 밟으며 노리다.
付(け)足し[つけたし] 덧붙임. 곁들여 냄.
付け足す[つけたす] 〈5他〉 덧붙이다. 곁들여 내다. 첨가하다. 부가하다.
付(け)汁[つけじる] (국수나 튀김에) 곁들여 주는 국물.
付(け)知恵[つけぢえ] ①꾀를 가르쳐 줌. ②남에게 배운 꾀.
付(け)差し[つけざし] 자기 입에 대었던 담배나 술잔을 남에게 줌. *정(情)을 표시하는 멋이라고 함.
付(け)札[つけふだ] 가격표.
付け替える[つけかえる] 〈下1他〉 바꾸어 붙이다. 갈아붙이다.

付(け)睫[つけまつげ] 만들어 붙인 속눈썹.
付(け)出し[つけだし] ①외상값 청구서. 계산서. ②장부에 기입하기 시작함. ③씨름에서 기술이 뛰어나 갑자기 대전표(対戦表)에 이름이 오름.
付け出す[つけだす] 〈5他〉 ①외상값을 청구하다. ②장부에 기입하기 시작하다. ③짐을 말에 실어 보내다. ④씨름에서 기술이 뛰어나 갑자기 대전표(対戦表)에 이름이 오르다. ⑤값을 매기기 시작하다.
付(け)値[つけね] 손님이 부르는 값.
付(け)合(わ)せ[つけあわせ] 서비스 요리.
付(け)火[つけび] 방화(放火). 불을 냄.
付け回す[つけまわす] 〈5他〉 귀찮게 따라다니다. 끈덕지게 좇아다니다.

音読

付す[ふす] 〈5自他〉 ☞ 付する
付する[ふする] 〈サ変自〉 따르다. 〈サ変他〉 ①덧붙이다. 첨부하다. 딸리다. 달다. ②(재판에) 회부하다. 부치다. ③교부하다. 주다. ④…라는 형태로 처리하다.
付加[ふか] 부가; 덧붙임. 첨가함.
[2]付近[ふきん] 부근; 근처. 근방.
付記[ふき] 부기; 덧붙여 기록함.
付帯[ふたい] 부대; 곁달아서 덧붙임.
付図[ふず] 부도; 부속된 지도.
[1]付録[ふろく] 부록; ①본문에 덧붙여 쓴 것. ②별책 부록.
付設[ふせつ] 부설; 부속시켜 설치함.
[2]付属[ふぞく] 부속; 주된 것에 딸려 붙음.
付随[ふずい] 부수; 붙어서 따라감.
付言[ふげん] 부언; 덧붙여 말함.
付与[ふよ] 부여; 줌. 주는 일.
付議[ふぎ] 부의; 회의에 부침.
付子[★ぶし/ぶす] (한약제) 부자.
付箋[ふせん] 부전; 간단한 의견을 써서 덧붙인 쪽지.
付注[ふちゅう] 부주; 주를 닮.
付註[ふちゅう] ☞ 付注
付着[ふちゃく] 부착; 달라붙어 떨어지지 않음.
付則[ふそく] 부칙; 부가한 규칙.
付託[ふたく] 부탁; 위탁.
付表[ふひょう] 부표; 본문에 곁들인 표.
付票[ふひょう] 부표; 꼬리표.
付和[ふわ] 부화; 경솔하게 찬성함.
付会[ふかい] 부회; 말을 억지로 끌어다 붙여 이치에 맞게 함.

扶 도울 부

一 丁 扌 扌 扌 扶 扶

音 ◉フ
訓 —

音読

扶桑[ふそう] 부상. ＊'일본'의 딴이름.
扶植[ふしょく] 부식; (세력・사상을) 심음. 뿌리박음.
[1]扶養[ふよう] 부양; 경제 능력이 없는 사람의 생활을 돌봄.
扶育[ふいく] 부육; 도와서 기름.
扶育料[ふいくりょう] 보육료(保育料).
扶助[ふじょ] 부조; 남을 도와줌. 보조(補助).
扶助料[ふじょりょう] ①생활 보조금. ②국가가 유족에게 지급하는 연금.
扶持[ふち] 부지; ①생활을 도와줌. ②녹미(禄米).
扶持米[ふちまい] 주군이 신하에게 급여로 준 쌀. 녹미(禄米).

否 아니 부

一 丆 不 不 不 否 否

音 ◉ヒ
訓 ◉いな ⊗いや

訓読

◉否❶[いな] ①반대. ②아님. 아니오.
[2]⊗否❷[いや] ①〈形動〉 싫음. 좋아하지 않음. ②〈感〉 아니. 아냐. ③〈接〉 그러면.
⊗否でも[いやでも] 싫더라도. 반드시.
否む[いなむ] 〈5他〉 ①거절하다. 거부하다. 사절하다. ②부정하다.
否や[いなや] ①…인지 아닌지. …인지 어떤지. ②…하자마자. …함과 동시에. ③가부(可否). ④반대.
⊗否が応でも[いやがおうでも] 뭐라 해도. 반드시
⊗否でも応でも[いやでもおうでも] 싫든 좋든. 어쨌든. 가부간(可否間)에.
⊗否応なしに[いやおうなしに] 다짜고짜로. 무조건.

音読

否❶[ひ] 부; 불찬성. ❷[いな/いや] ☞ [訓読]
[1]否決[ひけつ] 부결; 의안을 승인하지 않는 의결(議決).

否運[ひうん] 부운; 불운(不運). 막힌 운수.
否認[ひにん] 부인; 인정하지 않음.
2否定[ひてい] 부정; 그렇지 않다고 부인함.
否定文[ひていぶん] ≪語学≫ 부정문.

府 마을/곳집/관청 부

丶 亠 广 广 庁 府 府 府

音 ◉フ
訓 ―

音読

府[ふ] 부. *지방 단체의 하나로 현재는 '大阪府(おおさかふ)'와 '京都府(きょうとふ)'가 있음.
府令[ふれい] 부령; '府条例(ふじょうれい)'의 구칭(旧称).
府立[ふりつ] 부립; 지방 자치 단체인 府(ふ)에서 설립함.
府税[ふぜい] 부세; 지방 자치 단체인 府(ふ)에서 부과하는 지방세.
府営[ふえい] 부영; 지방 자치 단체인 府(ふ)의 경영.
府議会[ふぎかい] 부의회; 지방 자치 단체인 府(ふ)의 의결 기관.
府中[ふちゅう] ①옛날 国府(こくふ)의 소재지. ②조정에서 정치를 하는 공식적인 장소.
府知事[ふちじ] 부지사; 지방 단체인 大阪府(おおさかふ)와 京都府(きょうとふ)의 지사(知事)를 말함.
府庁[ふちょう] 지방 자치 단체인 府(ふ)의 행정을 맡은 관청.
府下[ふか] 지방 자치 단체인 府(ふ)의 구역 안.
府県[ふけん] 부현; 지방 자치 단체인 '府(ふ)'와 '県(けん)'을 말함.

附 붙을/부칠 부

⺈ 阝 阝 阝 阡 阡 附 附

音 ◉フ
訓 ⊗つく ⊗つける

訓読

⊗附く[つく] 〈5自〉 ☞ 付(つ)く
⊗附ける[つける] 〈下1他〉 ☞ 付(つ)ける

音読

附加[ふか] 부가; 덧붙임. 첨가함.
附近[ふきん] 부근; 근처. 근방.
附記[ふき] 부기; 덧붙여 기록함.
附帯[ふたい] 부대; 곁달아서 덧붙임.
附図[ふず] 부도; 부속된 지도.
附録[ふろく] 부록; ①본문에 덧붙여 쓴 것. ②별책 부록.
附設[ふせつ] 부설; 부속시켜 설치함.
附属[ふぞく] 부속; 주된 것에 딸려 붙음.
附随[ふずい] 부수; 붙어서 따라감.
附言[ふげん] 부언; 덧붙여 말함.
附与[ふよ] 부여; 줌. 주는 일.
附箋[ふせん] 부전; 간단한 의견을 써서 덧붙인 쪽지.
附注[ふちゅう] 부주; 주를 닮.
附註[ふちゅう] ☞ 付注(ふちゅう)
附着[ふちゃく] 부착; 달라붙어 떨어지지 않음.
附則[ふそく] 부칙; 부가한 규칙.
附表[ふひょう] 부표; 본문에 곁들인 표.
附票[ふひょう] 부표; 꼬리표.
附和[ふわ] 부화; 경솔하게 찬성함.
附会[ふかい] 부회; 말을 억지로 끌어다 붙여 이치에 맞게 함.

負 짐질/입을/빚 부

ノ ⺈ 仁 角 角 角 自 負 負

音 ◉フ
訓 ◉おう ◉まかす ◉まかる ◉まける

訓読

1◉負う[おう] 〈5他〉 ①(등에) 짊어지다. 업다. ②(책임・비난・상처 등을) 입다. 받다. ③등지다. 〈5自〉 ①힘입다. 도움 받다. ②어울리다. 맞먹다.
負い籠[おいこ] 끈을 단 대바구니.
負い目[おいめ] ①마음의 부담. 부담감. 빚을 진 느낌. ②빚. 부채(負債).
1◉負かす[まかす] 〈5他〉 (상대를) 이기다.
◉負かる[まかる] 〈5自〉 값을 깎을 수 있다.
2◉負ける[まける] 〈下1自〉 ①(싸움에) 지다. 패배하다. ②너그럽게 봐주다. 용서해 주다. ③(유혹・분위기에) 압도되다. 지다. ④(강한 자극으로) 피부에 염증이 생기다. 〈下1他〉 ①(값을) 깎아주다. ②덤으로 주다.
2負け[まけ] ①(싸움에) 짐. 패배. ②값을 싸게 함. 경품(景品). 덤.
負け犬[まけいぬ] 싸움에 지고 슬금슬금 도망치는 개.
負け軍[まけいくさ] 패전(敗戰). 싸움에 짐.
負けず劣らず[まけずおとらず] 막상막하로.

負けっ放し[まけっぱなし] 연전연패(連戦連敗). 내리 짐.
負け腹[まけばら] 지고 나서 화를 냄.
負け色[まけいろ] 패색(敗色). 질 낌새.
負け惜しみ[まけおしみ] (승부에 지고도) 억지를 부림.
負け星[まけぼし] (씨름에서) 졌다는 표시로 패자(敗者)의 이름 위에 찍는 검은 점.
負け越し[まけこし] (승부에) 진 횟수가 이긴 횟수보다 많음.
負け越す[まけこす] 〈5自〉 (승부에) 진 횟수가 이긴 횟수보다 많아지다.
負け戦[まけいくさ] 패전(敗戦). 싸움에 짐.
負け態[まけわざ] 승부에 진편이 이긴 편을 대우해 주는 일.
負け投手[まけとうしゅ] (야구에서) 패전투수. 진편의 투수.
負け嫌い[まけぎらい] 몹시 지기를 싫어함.
負けず嫌い[まけずぎらい] 몹시 지기를 싫어함.
負けじ魂[まけじだましい] 지지 않으려는 투지. 오기(傲気).

音読

負[ふ] ① ≪数≫ 부; 음수(陰数). 마이너스. ② ≪物≫ 음극. 마이너스.
[1]**負担**[ふたん] 부담; ①어떤 일의 의무・책임을 맡음. ②능력에 넘치는 일・의무・짐을 짐.
[1]**負傷**[ふしょう] 부상; 상처를 입음.
[1]**負債**[ふさい] 부채; 빚. 채무(債務).
負荷[ふか] 부하; ①짊어짐. 떠맡음. ②부모의 직업을 이어받음. ③ ≪物≫ 원동기에 가해지는 작업량. 하중(荷重).
負号[ふごう] 부호; 뺄셈표. 마이너스 부호.

赴　다다를 부

一 + 土 キ キ 走 走 赴 赴

音 ◉フ
訓 ◉おもむく

訓読

[1]◉**赴く**[おもむく] 〈5自〉 ①(목적지로) 향하여 가다. 떠나다. 출발하다. ②(어떤 경향・상태로) 향하다. 내키다. 들어서다.

音読

[1]**赴任**[ふにん] 부임; 임지(任地)로 감. 임명받은 곳으로 감.
赴任地[ふにんち] 부임지; 임명받은 지역.

浮(浮)　물에 뜰 부

丶 冫 氵 氵 氵 氵 浮 浮 浮 浮

音 ◉フ
訓 ◉うかす ◉うかぶ ◉うかべる ◉うかれる ◉うく ◉うわつく

訓読

◉**浮かす**[うかす] 〈5他〉 ①(물・공중에) 띄우다. 뜨게 하다. ②(겉으로) 나타나게 하다. ③엉거주춤한 상태가 되다. ④(절약하여) 벌다. 남기다. ⑤(마음을) 들뜨게 하다.
浮かし[うかし] ①(물・공중에) 띄움. 뜨게 하는 것. ②국의 건더기. ③낚시찌.
浮かされる[うかされる] 〈下1自〉 ①(마음이) 들뜨다. ②(고열로) 정신을 잃다. 의식이 혼미해지다. ③(차를 마시고) 신경이 흥분되다.
浮かせる[うかせる] 〈下1他〉 ☞ 浮かす
[2]◉**浮(か)ぶ**[うかぶ] 〈5自〉 ①(물・공중에) 뜨다. ②(겉으로) 나타나다. 드러나다. ③(머릿속에) 떠오르다. 생각나다. ④(역경에서) 헤어나다. 형편이 펴다.
浮かばれる[うかばれる] 〈下1自〉 ①(죽은 사람이) 편히 눈을 감을 수 있다. ②체면이 서다.
浮かび上がる[うかびあがる] 〈5自〉 ①(수면에) 떠오르다. 부상(浮上)하다. ②(모습・윤곽이) 드러나다. ③(역경에서) 벗어나다. 헤어나다.
浮かび出る[うかびでる] 〈下1自〉 ①(수면에) 떠오르다. 부상(浮上)하다. ②(겉으로) 나타나다. 드러나다. ③(바탕・배경에) 떠올라 뚜렷이 보이다.
[2]◉**浮(か)べる**[うかべる] 〈下1他〉 ①(물・공중에) 띄우다. 뜨게 하다. ②(기억을) 떠올리다. 회상하다. 그리다. ③(감정을) 겉으로 드러내다. 나타나게 하다.
◉**浮(か)れる**[うかれる] 〈下1自〉 (마음이) 들뜨다. 싱숭생숭해지다.
浮(か)れ[うかれ] ①(마음이) 들뜸. 싱숭생숭해짐. ②마음을 들뜨게 하는 三味線(しゃみせん)의 가락. ③기녀(妓女). 창녀.
浮(か)れ男[うかれお] 건달. 한량(閑良).
浮(か)れ女[うかれめ] 기녀(妓女). 창녀.
浮(か)れ烏[うかれがらす] ①(달빛에) 들떠 우는 까마귀. ②들떠서 밤에 놀러 다니는 건달. 한량.

浮(か)れ調子[うかれちょうし] 들뜬 기분. 들뜬 상태.
浮(か)れ出す[うかれだす] 〈5自〉 마음이 들뜨기 시작하다. 흥겨워지다.
浮(か)れ出る[うかれでる] 〈下1自〉 ①마음이 들떠서 외출하다. ②신이 나다. 흥겨워지다.
2◉**浮く**[うく] 〈5自〉 ①(물・공중에) 뜨다. ②(고정된 것이) 들뜨다. ③(마음이) 들뜨다. ④(겉으로) 드러나다. 나타나다. 떠오르다. ⑤(절약하여) 남다. ⑥(사이가) 멀어지다.
浮き[うき] ①(물에) 뜸. ②낚시찌. ③(수영용) 튜브.
浮きドック[うきドック] 부양식(浮揚式) 도크.
浮(き)橋[うきはし] 부교; 배다리.
浮(き)袋[うきぶくろ] ①(수영용) 튜브. ②(물고기의) 부레.
浮(き)貸し[うきがし] ①(금융기관의) 불법 대출. ②옛날에, 물품을 외상으로 주고 팔린 만큼만 수금함.
浮(き)島[うきしま] ①(늪・호수에서) 섬처럼 보이는 풀덤불. ②수면에 떠 있는 것처럼 보이는 섬.
浮(き)灯台[うきとうだい] 등대선(灯台船).
浮き立つ[うきたつ] 〈5自〉 ①(마음이) 들뜨다. 부풀다. ②돋보이다. 눈에 띄다.
浮(き)名[うきな] ①스캔들. 염문(艶聞). ②뜬소문. 헛소문.
浮(き)木[うきぎ] 부목; ①물에 뜬 나무. ②뗏목.
浮(き)紋[うきもん] 무늬를 도드라지게 짠 견직물.
浮き浮きと[うきうきと] 〈副〉 들떠서. 들떠.
浮き上がる[うきあがる] 〈5自〉 ①(수면으로) 떠오르다. ②(바닥에서) 들뜨다. ③(윤곽이) 뚜렷이 나타나다. 드러나다. ④(난관에서) 헤어나다. ⑤고립되다.
浮(き)石[うきいし] 부석; ①물 위에 뜨는 돌. ②불안정하게 흔들리는 암석.
浮(き)城[うきしろ] 물 위에 뜬 성. 군함(軍艦).
浮き世[うきよ] ①덧없는 세상. 뜬세상. 뜻대로 안 되는 괴로운 세상살이. ②속세. 세상.
浮(き)世男[うきよおとこ] 호색한(好色漢).
浮(き)世離れ[うきよばなれ] 속세를 떠남.
浮き世小路[うきよこうじ] 속세. 덧없는 이 세상의 거리.
浮(き)世風呂[うきよぶろ] 대중 목욕탕.
浮(き)世話[うきよばなし] ①세상 돌아가는 이야기. 잡담. ②남녀 간의 정사(情事) 이야기.
浮(き)世絵[うきよえ] 江戸(えど) 시대에 유행한 풍속화(風俗画).
浮(き)巣[うきす] ①(농병아리의) 물위의 둥지. ②주거(住居)가 일정하지 않음.
浮(き)身[うきみ] 송장헤엄.
浮(き)実[うきみ] ①(서양 요리의) 수프에 띄우는 건더기. ②국에 넣는 건더기.
浮かぬ顔[うかぬかお] 어두운 얼굴. 무거운 표정.
浮(き)魚[うきうお] 해면(海面) 가까이에 사는 표층어(表層魚). 천해어(浅海魚).
浮(き)葉[うきは] 수면에 뜬 잎.
浮吾里[うきごり] ≪魚≫ 꺽저기.
浮(き)玉[うきだま] 오동나무로 만들어 몸에 감는 튜브.
浮(き)腰[うきごし] ①엉거주춤한 자세. ②허둥지둥함. 갈팡질팡함. ③(유도에서) 허리띄기. 허리채기.
浮(き)雲[うきぐも] ①뜬구름. ②불안정함.
浮(き)彫(り)[うきぼり] 부조; ①돋을새김. ②사물을 돋보이게 나타냄. 부각시킴.
浮(き)足[うきあし] ①까치발. 발끝으로 서기. ②당장 도망칠 듯한 자세
浮(き)足立つ[うきあしだつ] 〈5自〉 도망치려고 하다. 안절부절못하다. 허둥지둥하다. 동요(動揺)하다.
浮(き)州[うきす] 수면에 떠 있는 것처럼 보이는 섬.
浮(き)舟[うきふね] ① ≪雅≫ 수면에 떠 있는 조각배. ②수상 비행기의 물에 닿는 부분. 플로트.
浮(き)織(り)物[うきおりもの] 돋을무늬 직물.
浮(き)川竹[うきかわたけ] 덧없는 기녀(妓女)의 신세.
浮(き)草[うきくさ] ① ≪植≫ 개구리밥. 부평초. ②부초; 수면에 떠 있는 식물. ③불안정한 상태.
浮(き)草稼業[うきくさかぎょう] 떠돌이 직업. 뜨내기 생활.
浮き出す[うきだす] 〈5自〉 ①(표면에) 떠오르다. 드러나다. ②(무늬가) 도드라지다. ③떠오르기 시작하다.
浮き出る[うきでる] 〈下1自〉 ①(표면에) 떠오르다. 드러나다. ②(무늬가) 도드라지다.

浮(き)寝[うきね] ①(물새가) 물에 뜬 채 잠을 잠. ②배에서의 잠. ③정처 없이 떠돌며 잠. ④선잠. ⑤(남녀간의) 일시적인 정사(情事).
浮(き)沈み[うきしずみ] 부침; ①떴다 가라앉았다 함. ②흥망성쇠(興亡盛衰).
浮(き)秤(り)[うきばかり] 액체 속에 가라앉은 비율로 측정하는 비중계(比重計).
浮(き)河竹[うきかわたけ] 덧없는 기녀(妓女)의 신세.
浮(き)荷[うきに] ①파선으로 물 위에 떠도는 하물(荷物). 표류물(漂流物). ②인수인이 결정되기도 전에 선적(船積)해 보내는 하물.
浮(き)絵[うきえ] ≪美≫ 원근법으로 도드라져 보이게 그린 그림.
◉浮つく[うわつく] 〈5自〉 마음이 들뜨다.
浮気[うわき] ①바람남. 바람기. ②변덕. 변덕스러움.
浮気者[うわきもの] 바람둥이.

音読

浮図[ふと] ≪仏≫ ①부처. ②중. ③불탑(仏塔). ④절.
浮動[ふどう] 부동; 물에 떠서 움직임.
浮浪者[ふろうしゃ] 부랑자; 노숙자(露宿者).
浮力[ふりょく] 부력; 물위로 뜨는 힘.
浮流[ふりゅう] 부류; 떠서 흐름.
浮木[ふぼく] 부목; 물위에 떠 있는 나무.
浮薄[ふはく] 부박; 천박하고 경솔함.
浮氷[ふひょう] 부빙; 물위에 뜬 얼음.
浮上[ふじょう] 부상; ①물위로 떠오름. ②침체된 상태에서 벗어나 두각을 나타냄
浮説[ふせつ] 부설; 뜬소문. 낭설.
浮揚[ふよう] 부양; 물위로 띄워 올림. 물위로 떠오름.
浮言[ふげん] 부언; 뜬소문. 낭설.
浮雲[ふうん] 부운; 뜬구름.
浮遊[ふゆう] 부유; 떠돎.
浮子[★うき] ①물에 뜸. ②낚시찌. ③(수영용) 튜브.
浮腫[ふしゅ] 부종; 몸이 부어오르는 병.
浮腫み[★むくみ] 부종; 몸이 부어오름.
浮腫む[★むくむ] 〈5自〉 몸이 부어오르다.
浮塵子[★うんか] ≪虫≫ 멸구.
浮礁[ふしょう] 부초; 인공(人工)으로 된 물고기의 집.
浮沈[ふちん] 부침; ①떴다 가라앉았다 함. ②흥망성쇠(興亡盛衰).
浮評[ふひょう] 부평; 뜬소문. 낭설.
浮標[ふひょう] 부표; 부이(buoy). 물위에 띄워 어떤 표적으로 삼는 물건.
浮華[ふか] 부화; 겉치레뿐임. 실속 없이 겉만 화려함.

剖 쪼갤 부

丶 亠 亠 立 立 卋 音 咅 咅 剖

音 ◉ボウ
訓 —

音読

剖検[ぼうけん] ≪医≫ 부검; (시체 따위를) 해부하여 정밀하게 검사함.
◑解剖[かいぼう]

部 떼/거느릴/분류 부

丶 亠 亠 立 立 卋 音 咅 咅⁷ 咅阝 部

音 ◉ブ
訓 —

音読

[2]部[ぶ] 부; ①한 구분. ②부류. ③(관공서・회사 등의) 부. ④동호인 클럽. ⑤(책・문서를 세는 말로) 부.
部局[ぶきょく] 부국; ①부(部)・국(局)・과(課) 등의 총칭. ②일부분. 국부(局部).
部内[ぶない] 부내; 소속된 범위 안.
部隊[ぶたい] 부대; ①한 단위의 군대. ②공통된 목적을 가진 집단.
部落[ぶらく] 부락; ①마을. ②(江戸(えど) 시대) 천민(賤民)의 부락.
部類[ぶるい] 부류; 종류에 따라 나눈 갈래.
部立て[ぶだて] 和歌(わか) 등을 여러 부류로 나눔.
部面[ぶめん] 부면; 몇 개로 나눈 것 중의 한 면.
部門[ぶもん] 부문; (전체를 크게 분류한 각각의) 부서(部署).
[2]部分[ぶぶん] 부분; 전체를 몇 개로 나눈 것 중의 하나.
部分食[ぶぶんしょく] 부분 일식(日蝕). 부분 월식(月蝕).
部分品[ぶぶんひん] 부분품; 부품(部品).
部署[ぶしょ] 부서; ①할당된 장소・역할. ②역할을 정함.

部属[ぶぞく] 부속; 부로 나눠 거기에 소속됨.
部首[ぶしゅ] 《語学》 한자(漢字)의 부수.
部数[ぶすう] 부수; 책·신문의 수효.
4部屋[★へや] ①방. ②(씨름의) 소속된 도장(道場). ③(궁중의) 내당(内堂). ④江戸(えど) 시대 大名(だいみょう) 집 하인들의 방.
部屋代[★へやだい] 방세. 방값.
部屋住(み)[★へやずみ] ①(상속하기 이전의) 장남. ②(차남 이하의) 상속권이 없는 사람. ③부모의 신세를 지고 있는 사람.
部屋制度[★へやせいど] 후배 씨름꾼을 양성하기 위한 합숙소 제도.
部屋着[★へやぎ] 실내복(室内服).
部屋割(り)[★へやわり] 방을 배당함.
部外[ぶがい] 부외; 소속된 부의 범위 밖.
部員[ぶいん] 부원; 부에 속한 사람.
部位[ぶい] 부위; (전체에 대해) 어떤 부분이 차지하는 위치.
3部長[ぶちょう] 부장; 한 부(部)의 장(長).
部将[ぶしょう] 부장; 부대장. 한 부대의 장(長).
部族[ぶぞく] 부족; 같은 조상이라는 민족의 단위.
2部品[ぶひん] 부품; 부분품. 부속품.
部下[ぶか] 부하; 어떤 사람을 따르며 그 사람의 명령을 받아 행동하는 사람.
部会[ぶかい] 부회; ①각 부서별 모임. ②부 단위의 모임.
部厚い[ぶあつい] 〈形〉 두툼하다. 두껍다.

副 버금/둘째 부

一 丅 冖 戸 戸 戸 畐 畐 畐 副

音 ◉フク
訓 ⊗そう ⊗そえる

訓読

⊗副う[そう] 〈5自〉 ①더해지다. 늘다. ②(곁에) 따르다. 붙어 다니다. ③부부가 되다. ④(기대에) 부합되다. 부응하다.
⊗副える[そえる] 〈下1他〉 ①곁들이다. 첨부하다. 덧붙이다. ②붙이다. 딸리게 하다. ③(곁에서) 거들다. ④(흥을) 돋우다. 더하다.
副え馬[そえうま] 부마; (마차 등에서) 보조 역할을 하는 말.
副え木[そえぎ] 부목; (화초의) 버팀목. 받침대.

音読

2副[ふく] 부; ①부차적인 것. ②곁에서 시중듦.
副官[ふっかん/ふくかん] (군대의) 부관.
副交感神経[ふくこうかんしんけい] 《生理》 부교감 신경.
副都心[ふくとしん] 부도심; 대도시 변두리에 생긴 부차적인 중심지.
副読本[ふくどくほん] 부독본; 보조 학습용 독본.
副木[ふくぼく] 부목; (화초의) 버팀목. 받침대.
副文[ふくぶん] 부문; 조약서·계약서 정문(正文)에 덧붙인 것.
副鼻腔[ふくびこう] 《生理》 부비강.
副司令官[ふくしれいかん] 부사령관.
副社長[ふくしゃちょう] 부사장.
副使[ふくし] 부사; 정사(正使)를 돕는 버금 사신.
副査[ふくさ] 부사; 주사(主査)를 도와 심사를 하는 사람.
2副詞[ふくし] 《語学》 부사.
副産物[ふくさんぶつ] 부산물.
副賞[ふくしょう] 부상; 정식 상품 이외에 덧붙여 주는 상.
副書[ふくしょ] 부서; 부본(副本).
副手[ふくしゅ] 부수; ①조수(助手). 돕는 사람. ②(대학에서) 조수 아래의 직원.
副収入[ふくしゅうにゅう] 부수입.
副食[ふくしょく] 부식; 반찬.
副腎皮質[ふくじんひしつ] 《生理》 부신피질.
副審[ふくしん] 부심; 주심(主審)을 돕는 심판.
副業[ふくぎょう] 부업; 본업 외에 갖는 직업.
副議長[ふくぎちょう] 부의장.
副因[ふくいん] 부인; 2차적인 원인.
副作用[ふくさよう] 부작용; 본래의 작용에 부수하여 일어나는 작용.
副長[ふくちょう] 부장; ①장(長)의 버금자리. ②(해군에서) 부함장.
副将[ふくしょう] 부장; 주장(主将)을 보좌하는 장수(将帥).
副章[ふくしょう] 부장; 훈장의 정장(正章)에 곁들여 수여하는 기장(記章).
副葬品[ふくそうひん] 부장품.
副題[ふくだい] 부제; 부제목.
副操縦士[ふくそうじゅうし] 부조종사.
副知事[ふくちじ] 부지사.
副次的[ふくじてき] 부차적; 2차적.
副総理[ふくそうり] 부총리.
副会長[ふくかいちょう] 부회장.

婦(婦) 며느리/부인 부

音 ◉フ
訓 —

音読

婦警[ふけい] 여경(女警). '婦人警察'의 준말.
婦女子[ふじょし] 부녀자; 여자와 어린이.
婦女暴行[ふじょぼうこう] 부녀 폭행.
婦徳[ふとく] 부덕; 여자가 지켜야 할 덕의(徳義).
婦道[ふどう] 부도; 여자가 마땅히 지켜야 할 도리.
婦選[ふせん] '婦人選挙権'의 준말.
[2]**婦人**[ふじん] 부인; ①여성. 여자. ②결혼한 여성.
婦人服[ふじんふく] 부인복; 여성복.
婦長[ふちょう] 수(首)간호사.

符 증거 부

音 ◉フ
訓 —

音読

符[ふ] ①부적(符籍). ②(옛날에) 관청에 내린 공문서. ③증표(証票). ④기호. 부호.
符節[ふせつ] 부절; 부신(符信).
符丁[ふちょう] ①(특별한 뜻의) 기호・부호・도장. ②비밀 가격표. ③은어(隠語).
符牒[ふちょう] ☞ 符丁
符合[ふごう] 부합; 둘이 서로 꼭 들어맞음.
[2]**符号**[ふごう] 부호; ①기호(記号). ② ≪数≫ 수의 음(陰)・양(陽)을 나타내는 '+'와 '−'의 부호.

富 부자/넉넉할 부

音 ◉フ ◉フウ
訓 ◉とむ ◉とみ

訓読

[1]◉**富む**[とむ] 〈5自〉 ①부자가 되다. 부유해지다. ②…이 많다. …이 풍부하다.
富み果たす[とみはたす] 〈5自〉 평생 부유하게 지내다.
富み栄える[とみさかえる] 〈下1自〉 부자가 되다. 부유해지다.
[1]◉**富**[とみ] 부; ①재산. 재화(財貨). ②자원(資源). ③'富籤(とみくじ)'의 준말.
富本節[とみもとぶし] 江戸(えど) 시대에 성행했던 浄瑠璃(じょうるり)의 일파(一派).
富札[とみふだ] '富籤(とみくじ)'의 번호표. 복권(福券). 추첨권.
富籤[とみくじ] 江戸(えど) 시대에 유행했던 복권(福券).

音読

富家[ふか/ふうか] 부가; 부잣집.
富強[ふきょう] 부강; ①부유하고 강함. ②'富国強兵'의 준말.
富国強兵[ふこくきょうへい] 부국강병.
富貴[ふうき/ふっき] 부귀; 재산이 많고 지위가 높음.
富農[ふのう] 부농; 부자 농가.
富力[ふりょく] 부력; 재력(財力).
富士[ふじ] '富士山(ふじさん)'의 준말.
富士絹[ふじぎぬ] 명주실로 짠 견직물.
富士山[ふじさん] 후지산. ＊일본에서 제일 높은 산으로서 높이는 3776미터임.
富士額[ふじびたい] 앞이마의 머리털이 富士山(ふじさん) 모양으로 난 이마.
富士形[ふじがた] 富士山과 같은 모양.
富商[ふしょう] 부상; 부자 상인.
富岳[ふがく] 富士山의 딴이름.
富嶽[ふがく] 富士山의 딴이름.
富源[ふげん] 부원; 부(富)를 낳는 근원.
富有[ふゆう/ふゆ] 부유; 부자. 재산가.
富裕[ふゆう] 부유; 재산이 넉넉함.
富者[ふしゃ] 부자; 재산이 많은 사람.
富豪[ふごう] 부호; 재산이 많고 세력이 있는 사람.

腐 썩을 부

音 ◉フ
訓 ◉くさらす ◉くさらせる ◉くさる ◉くされる

訓読

◉**腐らす**[くさらす] 〈5他〉 ①썩게 하다. ②속상하게 하다. 속을 썩이다.
◉**腐らせる**[くさらせる] 〈下1他〉 ①썩게 하다. ②속상하게 하다. 속을 썩이다.

2◉腐る[くさる] 〈5自〉 ①썩다. 부패되다. 상하다. ②(나무가) 썩다. (금속이) 삭다. 녹슬다. (바위가) 부슬부슬하게 되다. ③(정신이) 타락하다. 썩다. ④기가 죽다. 침울해하다. 상심하다.
腐り[くさり] ①썩음. 부패. ②썩은 부분. 썩은 정도.
腐り合う[くさりあう] 〈5自〉 남녀가 밀통(密通)하다. 남녀가 몰래 정을 통하다. 남녀가 불륜의 관계를 맺다.
◉腐れる[くされる] 〈下1自〉 썩다. 상하다. 부패되다.
腐れ[くされ] ①썩음. 썩은 것. 썩은 정도. ②(욕할 때) 썩은. 더러운.
腐れ金[くされがね] ①더러운 돈. ②약간의 돈. 푼돈.
腐れ女[くされおんな] 더러운 여자.
腐れ付く[くされつく] 〈5自〉 ①썩어서 다른 물건에 달라붙다. ②남녀가 정을 통하여 떨어지지 않다.
腐れ水[くされみず] 썩은 물. 더러운 물. 오수(汚水).
腐れ市[くされいち] ①재활용품 시장. 벼룩시장. ②10월 19일 밤 東京 日本橋(にほんばし)에서 열리는 장.
腐れ縁[くされえん] 끊을 수 없는 지겨운 인연. 지긋지긋한 사이.
腐れ学者[くされがくしゃ] 썩어 빠진 학자.
腐れ合う[くされあう] 〈5自〉 남녀가 밀통(密通)하다. 남녀가 몰래 정을 통하다.

音読

腐乱[ふらん] 부란; 썩어 문드러짐.
腐食[ふしょく] 부식; ①썩어 문드러짐. ②화학 작용에 의해 변질·소모되는 현상.
腐蝕[ふしょく] ☞ 腐食
腐植[ふしょく] ≪農≫ 부식; 유기물이 토양 속에서 썩어서 된 암흑색의 물질.
腐植土[ふしょくど] 부식토.
腐心[ふしん] 부심; 고심. 애씀.
腐葉土[ふようど] ≪農≫ 부엽토; 낙엽 등이 썩어서 된 흙.
腐儒[ふじゅ] 부유; 아무 쓸모없는 유학자. 마음이 썩은 학자.
腐肉[ふにく] 부육; 썩은 고기.
腐臭[ふしゅう] 부취; 썩은 냄새.
腐敗[ふはい] 부패; 썩음.
腐朽[ふきゅう] 부후; 썩어서 문드러짐. 노후화(老朽化)됨.

敷(敷) 깔/펼 부

一 帀 亘 甫 甫 䡇 尃 尃 尃 敷

音 ◉フ
訓 ◉しく

訓読

2◉敷く[しく] 〈5他〉 ①(바닥에) 깔다. 펴다. ②(물건 밑에) 깔다. ③깔아뭉개다. ④진(陣)을 치다. ⑤(철도를) 부설하다. ⑥(정치·법을) 펴다. 베풀다.
敷き[しき] ①(물건 밑에 까는) 깔개. ②배의 바닥 판자. ③요. ④부지(敷地).
敷居[しきい] 문턱. 문지방.
敷居越し[しきいごし] ①문지방을 사이에 두고 뭔가를 함. ②간격이 매우 좁음.
敷金[しききん] ①집세 보증금. ②거래 보증금.
敷女[しきめ] 첩(妾). 애인(愛人).
敷台[しきだい] 현관 마루. 손님을 맞이하고 배웅하는 곳.
敷物[しきもの] 깔개.
敷(き)写し[しきうつし] ①서화(書画)의 투사(透写). 트레이싱. ②표절. 남의 것을 그대로 모방함.
敷き写す[しきうつす] 〈5他〉 ①엷은 종이 등을 대고 베끼다. ②(남의 글을) 표절하다. 모방하여 쓰다.
敷砂[しきすな] (앞마당 등에) 모래를 까는 일. 깐 모래.
敷石[しきいし] 포석(鋪石). 현관 앞의 통로나 정원 등에 까는 돌.
敷石道[しきいしみち] 돌·보도블록 등을 깐 길.
敷瓦[しきがわら] 땅에 까는 납작한 기와.
2敷地[しきち] 부지; 대지(垈地).
敷紙[しきがみ] ①(물건 밑에) 까는 종이. ②종이 깔개. 종이 밑받침.
敷寝[しきね] 밑에 깔고 잠.
敷板[しきいた] ①바닥 널. 깔판. ②마루청. 청널. ③변소의 발판.
敷布[しきふ] 요 위에 까는 천. 시트.
敷布団[しきぶとん] 요.
敷蒲団[しきぶとん] ☞ 敷布団
敷皮[しきがわ] 모피 깔개.
敷(き)革[しきがわ] 구두 안창.
敷(き)詰(め)[しきつめ] 방 전체에 까는 깔개.

敷き詰める[しきつめる] 〈下1他〉 전면(全面)에 깔다.

音読

敷設[ふせつ] 부설; 깔아서 설치함. 설치해 둠.
敷延[ふえん] 부연; 덧붙여 알기 쉽게 자세히 설명을 늘어놓음.

膚 살갗 부

丶 一 广 广 广 声 声 庿 膚 膚

音 ◉フ
訓 ⊗はだ

訓読

⊗**膚**[はだ] ①피부. 살갗. 살결. ②(물건의) 표면. 거죽. 껍질. ③성질. 기질. 성미.
膚付き[はだつき] ①살결의 모양. ②살결에 직접 댐. ③속옷. 내의.
膚守り[はだまもり] 몸에 지니는 부적.
膚身[はだみ] 몸. 피부. 살갗.
膚着[はだぎ] 내복. 속옷.
膚触り[はだざわり] ①촉감(触感). 느낌. ②사람을 대하는 인상.
膚脱ぎ[はだぬぎ] 웃통을 벗음.
膚寒[はださむ] (늦가을의) 으스스한 추위.
膚寒い[はださむい] 〈形〉 ①으스스 춥다. 쌀쌀하다. ②오싹하다. 선뜩하다.
膚合い[はだあい] ①감촉(感触). 느낌. ②성질. 성미. 기질. ③(남의) 성질·기질이 자기에게 맞음.
膚荒れ[はだあれ] 피부가 거칠어짐.

音読

◑**皮膚**[ひふ], **皮膚病**[ひふびょう]

賦 구실/읊을 부

丨 刂 貝 貝 貝 賦 賦 賦 賦 賦

音 ◉フ ◉ブ
訓 —

音読

賦[ふ] ①느낀 그대로 적는 한시체(漢詩体)의 하나. ②글귀 끝에 운(韻)을 달고 대(対)를 맞추는 한문체(漢文体)의 하나. ③(작품 제목으로서의) 시. 노래.
賦する[ふする] 〈サ変他〉 ①부과하다. 할당하다. ②시가(詩歌)를 짓다.
賦課[ふか] 부과; 세금이나 의무를 할당함.
賦金[ふきん] 부금; ①부과금(賦課金). ②연부(年賦)·월부(月賦)의 상환.
賦払い[ぶばらい] 부불; 분할 지불. 할부(割賦).
賦性[ふせい] 부성; 천성(天性).
賦税[ふぜい] 부세; 세금을 부과함.
賦与[ふよ] 부여; ①나눠줌. ②(재능 등이) 태어날 때부터 있음.
賦役[ふえき] 부역; ①토지에 대한 세금. ②부역(賦役). 노역(労役).
賦質[ふしつ] 부질; 타고난 성질. 천성(天性).

簿(簿) 장부 부

𥫗 竺 竺 竺 笵 笵 箔 簿 簿 簿

音 ◉ボ
訓 —

音読

簿記[ぼき] 부기; 일정(一定) 기간 동안의 기업의 경제 활동을 일정한 기록 방법으로 출납과 거래 내용을 정리하는 기장(記帳) 방법.
簿冊[ぼさつ] 부책; 장부(帳簿).
◑**家計簿**[かけいぼ], **帳簿**[ちょうぼ]

芙 연꽃 부

音 ⊗フ
訓 —

音読

芙蓉[ふよう] ① ≪植≫ 부용. ②'연꽃'의 딴 이름.
芙蓉の峰[ふようのみね] '富士山(ふじさん)'의 미칭(美称).
芙蓉峰[ふようほう] '富士山(ふじさん)'의 미칭(美称).

斧 도끼 부

音 ⊗フ
訓 ⊗おの

訓読

⊗**斧**[おの] 도끼.
斧旁[おのづくり] 도끼근방. ＊한자(漢字) 부수의 하나로 '新·断' 등의 '斤' 부분을 말함.
斧折樺[おのおれかんば] ≪植≫ 박달나무.
斧足類[おのあしるい] ≪動≫ 부족류; 이매패류(二枚貝類).

音読

斧鉞[ふえつ] 부월; ①큰 도끼와 작은 도끼. ②(문장 등의) 손질. 수정(修正).

斧鑿[ふさく] ①도끼와 끌. ②도끼와 끌로 세공함.

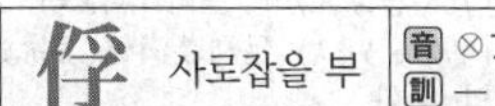

俘 사로잡을 부 | 音 ⊗フ 訓 —

音読

俘虜[ふりょ] 부로; 포로(捕虜). ＊현재는 '捕虜(ほりょ)'로 대체하여 사용하고 있음.

俘囚[ふしゅう] 부수; 포로(捕虜).

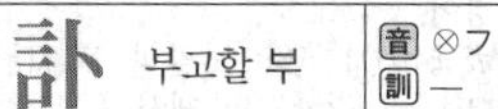

訃 부고할 부 | 音 ⊗フ 訓 —

音読

訃[ふ] 부; 부고(訃告). 부음(訃音). 사망했다는 소식. 사망했다는 소식을 알림.

訃報[ふほう] 부보; 부음(訃音). 사망했다는 소식. ¶ ～に接(せっ)する 부보에 접하다. ＊보통 사망 소식을 받는 쪽에서 사용함.

訃音[ふいん/ふおん] 부음; 부고(訃告). 사망했다는 소식.

俯 머리숙일 부 | 音 ⊗フ 訓 ⊗うつむく ⊗うつむける ⊗うつぶす ⊗うつぶせる

訓読

1⊗**俯く**[うつむく] 〈5自〉 머리를 숙이다. 고개를 숙이다.

俯き[うつむき] ①머리를 숙임. 고개를 숙임. 엎드림. ②(그릇 등을) 엎어 놓음.

俯き様[うつむきざま] 머리를 숙인 자세.

⊗**俯ける**[うつむける] 〈下1他〉 ①(고개를) 떨구다. 숙이다. ②(그릇 등을) 엎어 놓다. 뒤집어 놓다.

⊗**俯す**[うつぶす] 〈5自〉 ①엎드리다. ②머리를 숙이다. 고개를 숙이다.

俯し[うつぶし] 엎드리기. 엎드린 자세.

⊗**俯せる**[うつぶせる] 〈下1自〉 엎드리다. 〈下1他〉 ①(고개를) 숙이다. ②(그릇 등을) 엎어놓다. 뒤집어 놓다.

俯せ[うつぶせ] ①엎드림. 엎어짐. ②엎어 놓음. 뒤집어 놓음.

音読

俯角[ふかく] 《数》 부각; 내려다본 각.

俯瞰[ふかん] 부감; 조감(鳥瞰). 높은 곳에서 내려다봄.

俯瞰図[ふかんず] 부감도; 높은 곳에서 내려다본 그림.

俯伏[ふふく] 부복; 고개를 숙이고 엎드림.

俯仰[ふぎょう] 부앙; ①내려다봄과 올려다봄. ②행동거지.

釜 가마 부 | 音 ⊗フ 訓 ⊗かま

訓読

2⊗**釜**[かま] 솥. 가마솥.

釜がえり[かまがえり] (지어놓은 밥이) 밥솥에서 그대로 굳어짐.

釜飯[かまめし] (솥째로 내놓는) 솥 밥.

釜敷(き)[かましき] (솥・냄비・주전자 등의) 깔개.

釜師[かまし] 솥을 만드는 사람.

釜揚げ饂飩[かまあげうどん] 솥에서 삶은 물과 함께 그릇에 담아 장국에 찍어먹는 국수.

釜茹で[かまゆで] 데침. 솥에 넣고 삶음.

釜日[かまび] 다도(茶道)에서, 스승이 제자들과 실습하는 날.

音読

釜中[ふちゅう] 부중; 솥 안. ¶ ～の魚(うお) 솥 안의 물고기. 위기가 임박했음. ¶ ～魚(うお)を生(しょう)ず 부중생어(釜中生魚). 오랫동안 밥을 짓지 않아 솥에 물고기가 생김. 몹시 가난함.

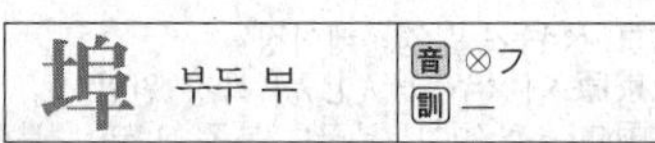

埠 부두 부 | 音 ⊗フ 訓 —

音読

埠頭[ふとう] 부두; 선창(船艙). 항만 내에 배를 정박시켜 승객의 승선(乗船)・하선(下船) 및 하물(荷物)의 하역(荷役)을 하는 곳.

腑 내장 부 | 音 ⊗フ 訓 —

音読

腑[ふ] 부; ①내장(内臟). ②마음속. 생각.

腑甲斐無い[ふがいない] 〈形〉 무기력하다. 패기가 없다. 한심스럽다.

腑抜け[ふぬけ] ①멍청함. 얼빠짐. ②얼간이. 겁쟁이.

腑抜ける[ふぬける] 〈下1自〉≪俗≫ 얼빠지다. 멍청하다. 무기력해지다.

腑分け[ふわけ] (江戸(えど) 시대의 의학용어로) 해부(解剖). 해체(解体).

孵	알깔 부	音 ⊗フ 訓 ⊗かえす ⊗かえる

訓読

⊗孵す[かえす] 〈5他〉 (알을) 까다. 부화하다.

⊗孵る[かえる] 〈5自〉 (알이) 부화되다.

音読

孵卵[ふらん] 부란; 알을 깜.

孵卵器[ふらんき] 부란기; 부화기.

孵化[ふか] 부화; 알을 깜.

孵化器[ふかき] 부화기; 부란기.

〔북〕

北	①북녘 북 ②달아날 배
一 ㅓ ㅓ ㅓ' 北	

音 ◉ホク
訓 ◉きた

訓読

4◉北[きた] 북; ①북쪽. 북녘. ②북풍.

北する[きたする] 〈サ変自〉 북쪽으로 가다. 북행하다.

北京[ペキン] 북경; 베이징.

北京原人[ペキンげんじん] 북경 원인.

北国❶[きたぐに] 북국; 북쪽 나라. 북쪽 지방. ❷[ほっこく] ①북쪽 나라. 북쪽 지방. ②北陸道(ほくりくどう)의 여러 지방.

北国街道[ほっこくかいどう] 北陸街道(ほくりくかいどう)와 中山道(なかせんどう)를 잇는 도로.

北の台[きたのだい] ≪雅≫ 내당 마님.

北の対[きたのたい] 寝殿造(しんでんづくり)에서 북쪽에 있는 対屋(たいのや).

北面❶[きたおもて] ①북면; 북쪽 방향. ②북향 방. ③(객실에 대하여) 안방. ❷[ほくめん] ①북면; 북쪽 방향. ②신하로서 섬김.

北半球[きたはんきゅう] ≪地≫ 북반구.

北の方❶[きたのかた] ①북쪽. ②내당 마님. ❷[きたのほう] 북쪽.

北山[きたやま] ①북녘 산. ②배가 고파옴. 허기짐. ③ ≪俗≫ (상대방이) 관심을 보임. ④≪俗≫ 음식물이 상함.

北山文化[きたやまぶんか] 室町(むろまち) 초기 3대 将軍(しょうぐん) 足利義満(あしかがよしみつ) 시절의 문화.

北山時雨[きたやましぐれ] ①京都(きょうと)의 北山(きたやま) 쪽에서 오기 시작하는 늦가을비. ②관심이 있음.

北の政所[きたのまんどころ] ≪古≫ 摂政(せっしょう)・関白(かんぱく)의 정처(正妻)를 지칭하는 존경어.

北祭り[きたまつり] 5월 15일의 京都(きょうと) 賀茂神社(かもじんじゃ)의 제사.

北窓[きたまど] 북창; 북쪽 창문.

北側[きたがわ] 북측; 북쪽.

北枕[きたまくら] 머리를 북쪽으로 두고 잠을 잠. *시체를 두는 방향이라 하여 일반인은 꺼림.

北風[きたかぜ] 북풍; 삭풍. 북새바람.

北向き[きたむき] 북향; 북쪽으로 향함.

北回帰線[きたかいきせん] ≪地≫ 북회귀선.

音読

北欧[ほくおう] 북구; 북유럽.

2北極[ほっきょく] ≪地≫ 북극.

北極圏[ほっきょくけん] ≪地≫ 북극권.

北極熊[ほっきょくぐま] ≪動≫ 북극곰.

北極海[ほっきょくかい] ≪地≫ 북극해.

北寄貝[ほっきがい] ≪貝≫ 함박조개.

北端[ほくたん] 북단; 북쪽 끝.

北東[ほくとう] 북동; 북쪽과 동쪽.

北斗七星[ほくとしちせい] ≪天≫ 북두칠성.

北陸[ほくりく] ①'北陸道(ほくりくどう)'의 준말. ②'北陸地方(ほくりくちほう)'의 준말.

北陸地方[ほくりくちほう] 중부 지방의 福井(ふくい)・石川(いしかわ)・富山(とやま)・新潟(にいがた)의 네 현(県)의 총칭.

北米[ほくべい] 북미; 북아메리카.

北方[ほっぽう] 북방; 북쪽.

北方領土[ほっぽうりょうど] 북방 영토.

北辺[ほくへん] 북변; 북쪽 변방.

北部[ほくぶ] 북부; 북쪽의 부분.

北氷洋[ほっぴょうよう] 북빙양; '北極海(ほっきょくかい)'의 옛 칭호.

北上[ほくじょう] 북상; 북쪽으로 올라감.

北西[ほくせい] 북서; 북쪽과 서쪽.

北洋[ほくよう] 북양; 북해(北海).
北越[ほくえつ] 주로 越後(えちご)・新潟(にいがた) 현(県) 지방을 말함.
北緯[ほくい] 북위; 적도 이북의 위도.
北朝[ほくちょう] ①室町(むろまち) 시대 초기에 京都(きょうと)에 옹립된 조정(朝廷). ②(중국에서) 수(隋) 나라가 통일할 때까지의 화북(華北)의 역대 왕조.
北辰[ほくしん] 북진; 북극성(北極星).
北進[ほくしん] 북진; 북쪽으로 나아감.
北天[ほくてん] 북천; 북쪽 하늘.
北限[ほくげん] 북한; 생물이 분포하는 북쪽의 한계.
北海[ほっかい] 북해; 북쪽 바다.
北海道[ほっかいどう] 홋카이도.

분

分 나눌 분

ノ 八 分 分

音 ◉ブ ◉フン ◉ブン
訓 ◉わかつ ◉わかる ◉わかれる ◉わける

訓読

◉**分かつ**[わかつ] 〈5他〉 ①(여럿으로) 나누다. 구분하다. ②이별하다. 헤어지다. ③구별하다. ④칸을 막다. 칸을 지르다. ⑤판별하다. 분간하다. ⑥분배하다. 나누다.
分かち[わかち] 구별. 구분. 차별.
分(か)ち書き[わかちがき] 띄어쓰기.
3◉**分かる**[わかる] 〈5自〉 ①(모르던 것을) 알다. 이해하다. 깨닫다. 터득하다. ②세상 물정을 알다. 이해심이 있다. ③밝혀지다. 판명되다. 〈5他〉 (기분을) 알다. 이해하다. 받아들이다.
分かり[わかり] 이해. 깨달음. 납득. 터득.
分からず屋[わからずや] (아무리 설명해도) 이해하지 못하는 사람. 벽창호.
分かり切った[わかりきった] 당연한. 뻔한.
2◉**分(か)れる**[わかれる] 〈下1自〉 ①나뉘다. 갈리다. 분리되다. 분열되다. 갈라지다. ②판가름 나다.
分(か)れ[わかれ] 갈래. 분파(分派). 방계(傍系).
分(か)れ道[わかれみち] ①갈림길. 기로(岐路). ②샛길.
分(か)れ目[わかれめ] ①갈림길. 분기점(分岐点). ②갈라설 때. 헤어질 때.
2◉**分ける**[わける] 〈下1他〉 ①나누다. 가르다. 분할하다. ②헤치다. ③분류하다. 구분하다. ④중재하다. 말리다. ⑤무승부로 하다. 비기다.
分け[わけ] ①나눔. 가름. 분할. 구분. 분배. ②비김. 무승부. ③(마을・부락의) 소구분. ④(기생이) 화대를 포주와 반반씩 나눔. ⑤모든 비용. 지불.
分け隔て[わけへだて] 차별 대우. 차별을 둠. 차별화함.
分け皿[わけざら] 음식물을 나눠 담는 접시.
分け目[わけめ] ①경계. 경계선. ②갈림길. 분기점. 판가름. 고비.
分け髪[わけがみ] 가리마. 가르마를 탄 머리.
分け入る[わけいる] 〈5自〉 헤치고 들어가다.
分け作[わけさく] 지주(地主)와 소작인이 수확을 반반씩 나누어 가짐.
分(け)前[わけまえ] 몫. 할당. 배당.
分(け)取り[わけどり] 나누어 가짐. 분배함.
分葱[わけぎ] ≪植≫ 쪽파. 골파.

音読

2**分❶**[ぶ] ①푼. ②1할의 10분의 1. 한 치의 10분의 1. ③할(割). 전체를 10등분한 것. ④江戸(えど)시대의 화폐의 단위. ⑤ ≪楽≫ 전음(全音)을 등분한 길이. ⑥승산(勝算). ⑦이익의 정도. 배당. ⑧두께의 정도.
4**分❷**[ふん] 분; ①(시간의 단위) 60초. ②각도의 단위. ③(무게의 단위) 푼.
2**分❸**[ぶん] ①부분. ②몫. ③(사물의) 상태. 정도. ④분수. 신분. ⑤본분. 직분. ⑥종류. 물건. ⑦등분(等分). ⑧그에 해당하는 신분. …뻘 되는 사람. ⑨계절. 철. ⑩범위. 분량.
分家[ぶんけ] 분가; 가족의 일부가 따로 독립하여 일가(一家)를 이룸.
分遣[ぶんけん] 분견; 나누어서 파견함.
分界[ぶんかい] 분계; 경계가 되는 곳. 경계를 만듦.
分骨[ぶんこつ] 분골; 화장한 유골을 두 군데 이상으로 나누어서 묻음.
分科[ぶんか] 분과; 과목(科目)을 나눔. 나눈 과목.
分課[ぶんか] 분과; 여러 과(課)로 나눔. 나눈 과(課).
分館[ぶんかん] 분관; 별관(別館).

分光[ぶんこう] 분광; 프리즘을 통해 빛을 스펙트럼으로 나눔.

分校[ぶんこう] 분교; 본교에서 따로 떨어져 설립한 학교.

分教場[ぶんきょうじょう] 분교장; 분교(分校).

分局[ぶんきょく] 분국; 본국(本局)에서 갈라진 기관.

分権[ぶんけん] 분권; 권력을 분산함.

分極[ぶんきょく] 《物》 분극.

分岐点[ぶんきてん] 분기점; 갈림길.

分納[ぶんのう] 분납; 나누어서 납부함.

分団[ぶんだん] 분단; 그룹. 세분한 집단.

分段[ぶんだん] 분단; ①구분. 매듭. ②《仏》 사바세계. ③《仏》 일반인의 몸.

分断[ぶんだん] 분단; 나누어 끊음.

1分担[ぶんたん] 분담; 부담을 나누어 맡음.

分隊[ぶんたい] 분대; 군대의 최소 단위.

分度器[ぶんどき] 분도기; 각도기.

分銅[ふんどう] 분동; 저울추.

1分量[ぶんりょう] 분량; ①무게. ②용적(容積). 수량. ③분수. 신분.

分力[ぶんりょく] 《物》 분력.

分霊[ぶんれい] 분령; 어떤 神社(じんじゃ)의 신령을 나누어 모심.

分領[ぶんりょう] 분령; 영지(領地)를 나누어서 차지함.

分流[ぶんりゅう] 분류; ①갈라져 흐르는 물줄기. 지류(支流). ②분파(分派). 유파(流派).

分留[ぶんりゅう] 《化》 분류; 분별 증류.

2分類[ぶんるい] 분류; 종류에 따라 나눔.

分利[ぶんり] 분리; ① 《医》 열이 갑자기 내리고 회복기에 들어섬. ②이익을 나눔.

分厘[ふんりん] 분리; 푼리. 1푼 1리. 극소량.

1分離[ぶんり] 분리; 나눔. 나누어짐.

分立[ぶんりつ] 분립; ①갈라져 존재함. ②따로 갈라져 설립함.

分娩[ぶんべん] 분만; 해산(解産).

分売[ぶんばい] 분매; 일부분씩 나누어서 판매함.

分脈[ぶんみゃく] 분맥; (광맥·산맥·혈맥 등의) 갈라진 맥. 지맥(支脈).

分明[ぶんめい] 분명; 확실함. 명백함.

1分母[ぶんぼ] 《数》 분모.

1分配[ぶんぱい] 분배; 고르게 나눔.

分別❶[ふんべつ] 분별력. 지각력(知覚力). 철. ❷[ぶんべつ] 분별; 종류에 따라 구별함.

分別盛り[ふんべつざかり] 철이 들 나이.

分別収集[ぶんべつしゅうしゅう] 분류 수집.

分別顔[ふんべつがお] 철이 든 것 같은 나이.

分別者[ふんべつもの] 철이 든 사람.

分別蒸留[ぶんべつじょうりゅう] 분별 증류.

分別臭い[ふんべつくさい] 〈形〉 분별력이 있는 체하다. 철이 든 체하다.

分服[ぶんぷく] 분복; 분할 복용.

分封[ぶんぽう] 분봉; ①영지(領地)를 나눔. 나누어진 영지. ②분봉(分蜂). 꿀벌의 일부가 다른 곳으로 옮겨 새로운 보금자리를 만듦.

分泌[ぶんぴ/ぶんぴつ] 《生理》 분비.

分詞[ぶんし] 《語学》 분사.

1分散[ぶんさん] 분산; ①갈라져 흩어짐. ② 《物》 소리나 빛의 분산. ③ 《数》 편차의 정도. ④(江戸(えど) 시대의) 파산(破産). 도산(倒産).

分相応[ぶんそうおう] 분수에 맞음. 신분에 어울림.

分署[ぶんしょ] 분서; (경찰서·세무서 등의) 본서(本署)에서 갈라진 기관.

2分析[ぶんせき] 분석; ①물질의 성분을 검출함. ②사물을 요소·성분별로 구조를 밝힘.

分所[ぶんしょ] 분소; 영업소. 본부에서 갈라진 사무소.

分速[ふんそく] 분속; 1분간의 속도.

分損[ぶんそん] 분손; (해상 보험물의) 부분적인 손해.

分水[ぶんすい] 분수; ①물의 흐름이 갈라짐. ②본류(本流)에서 갈라져 흐름.

2分数[ぶんすう] 《数》 분수.

分宿[ぶんしゅく] 분숙; 나뉘어 숙박함.

分乗[ぶんじょう] 분승; 나뉘어 탐.

分身[ぶんしん] 분신; ①한 몸이 둘로 갈라짐. ②자식. 자식을 낳음. ③ 《仏》 화신(化身).

分室[ぶんしつ] 분실; ①나뉜 작은 방. ②출장소.

1分野[ぶんや] 분야; 범위. 영역.

分譲[ぶんじょう] 분양; (토지나 건물의) 일부분을 나누어 양도함.

1分業[ぶんぎょう] 분업; ①분담하여 일을 함. ②제품 공정을 부분별로 분담 생산함.

分蘖[ぶんけつ/ぶんげつ] 《農》 분얼. 벼나 보리가 밑동에서 가지가 갈라짐.

分与[ぶんよ] 분여; 나누어 줌.

分列[ぶんれつ] 분열; 갈라져 늘어섬.

[1]分裂[ぶんれつ] 분열; ①찢어져 갈라짐. ②생물의 개체가 무성적(無性的)으로 나뉘어서 번식함.
分外[ぶんがい] 분외; 과분함. 분수나 한도에 넘침.
分院[ぶんいん] 분원; 본원과는 별도로 설립된 건물.
分陰[ふんいん] 분음; 촌각(寸刻). 촌음(寸陰).
分任[ぶんにん] 분임; 분담(分担).
分引き[ぶびき] 할인. discount.
[1]分子[ぶんし] 분자; ① ≪化≫ 독립성을 가진 화학 물질의 최소 단위. ② ≪数≫ 분자. ③조직체의 구성원.
分字[ぶんじ] 파자(破字). 한자(漢字)의 구성 원리를 따로따로 분리해 냄.
分掌[ぶんしょう] 분장; 분담(分担).
分蔵[ぶんぞう] 분장; 분산하여 소장(所蔵)함.
分籍[ぶんせき] ≪法≫ 분적; 분가(分家).
分切り[ぶんぎり] 일정한 길이로 자름.
分店[ぶんてん] 분점; 지점(支店).
分際[ぶんざい] 분수. 주제. 신분.
分地[ぶんち] 분지; 토지 분양. 분양한 토지.
分冊[ぶんさつ] 분책; 낱권.
分秒[ふんびょう] 분초; 1분과 1초.
分村[ぶんそん] 분촌; ①본 마을에서 분리된 마을. ②집단 이주촌.
分針[ふんしん] 분침; (시계의) 긴 바늘.
分派[ぶんぱ] 분파; 갈라져 나온 파.
[2]分布[ぶんぷ] 분포; ①나뉘어 퍼짐. ②종류에 따라 따로 존재함.
分捕る[ぶんどる] 〈5他〉 ①노획하다. ②탈취하다. 빼앗다.
分捕り[ぶんどり] ①노획함. 탈취함. ②노획물. 탈취물.
分捕り物[ぶんどりもの] 전리품. 탈취한 것.
分捕り品[ぶんどりひん] 노획물. 탈취물.
分筆[ぶんぴつ] 분필; 필지(筆地) 분할.
分筆登記[ぶんぴつとうき] 필지(筆地) 분할 등기.
分限❶[ぶげん] ①분수. 신분. 주제. ②부자. 재산가. ❷[ぶんげん] ①분수. 신분. 주제. ②공무원의 지위·자격. ③부자. 부호. 재산가.
分限者[ぶげんしゃ/ぶげんじゃ] 부자. 부호. 재산가.
分割[ぶんかつ] 분할; 몇 개로 나눔.
分轄[ぶんかつ] 분할; 몇 개로 나누어 관할함.
[2]分解[ぶんかい] 분해; ①결합된 것을 잘게 나눔. ②화합물이 두 종류 이상의 물질로 나뉨. 또는 그렇게 나눔.
分県[ぶんけん] 일본 전체를 都(と)·道(どう)·府(ふ)·県(けん)으로 나눈 것.
分会[ぶんかい] 분회; 본부의 관리하에 따로 나눈 모임.
分暁[ぶんぎょう] 분효; ①날이 환하게 밝음. ②분명하게 깨달음. ③분명함. 명백함.
分厚[ぶあつ] 두꺼움. 두툼함.
分厚い[ぶあつい] 〈形〉 두껍다. 두툼하다.

奔 달릴 분

一 ナ 大 太 本 李 奔 奔

音 ◉ホン
訓 ⊗はしる

訓読
⊗奔る[はしる] 〈5自〉 (주인이나 부모에게서) 달아나다. 도망치다. 도망쳐 몸을 숨기다.

音読
奔騰[ほんとう] 분등; 폭등(暴騰). 걷잡을 수 없이 치솟아 오름.
奔流[ほんりゅう] 분류; 격류(激流). 물이 세차게 빨리 흐름.
奔馬[ほんば] 분마; ①거칠게 날뛰는 말. ②기세가 세참.
奔命[ほんめい] 분명; 바쁘게 돌아다님.
奔放[ほんぽう] 분방; 제멋대로 행동함.
奔逸[ほんいつ] 분일; ①매우 빨리 달림. ②달려서 도망침. ③제멋대로 행동함.
奔走[ほんそう] 분주; 뛰어다니며 노력함.
奔注[ほんちゅう] 분주; 물이 세차게 흘러듦.
奔出[ほんしゅつ] 분출; 힘차게 내뿜음. 용솟음침.

盆 동이 분

ノ 八 分 分 分 盆 盆 盆 盆

音 ◉ボン
訓 —

音読
[2]盆[ぼん] ①쟁반. ②우란분재(盂蘭盆斎). 음력 7월 15일 전후에 걸쳐 조상의 제사를 지내는 불사(仏事).
盆景[ぼんけい] 분경; 쟁반에 산수(山水)의 풍경을 꾸며놓은 것.
盆供養[ぼんくよう] 우란분재(盂蘭盆斎).

盆灯籠[ぼんどうろう] 우란분재(盂蘭盆斎)에 켜 놓는 등(灯).
盆暮れ[ぼんくれ] 우란분재(盂蘭盆斎)와 연말(年末).
盆棚[ぼんだな] 우란분재(盂蘭盆斎)에 공물을 올려놓는 선반.
盆山[ぼんざん] ①조그만 산. ②분재(盆栽)의 돌산.
盆石[ぼんせき] 분석; 분경(盆景)에 사용된 자연석 돌.
盆送り[ぼんおくり] 우란분재(盂蘭盆斎)가 끝나고 공물(供物)을 강물에 띄어 흘려보내는 일.
盆踊り[ぼんおどり] 우란분재(盂蘭盆斎)의 민속춤.
盆栽[ぼんさい] 분재; 관상용으로 화분에 심은 화초나 나무.
2盆地[ぼんち] 분지; 산으로 둘러싸인 평지.

粉 가루 분

丶 丷 ⺷ 米 米 米 米 粉 粉 粉

音 ◉フン
訓 ◉こ ◉こな

訓読

1◉粉[こな/こ] (주로 곡식 종류의) 가루. 분말.
粉ミルク[こなミルク] 분유(粉乳). 분말 우유.
粉米[こごめ] 싸라기.
粉味噌[こなみそ] 가루 된장.
粉微塵[こなみじん] 산산조각이 남.
粉白粉[こなおしろい] 가루분.
1粉粉[こなごな] 산산조각이 남.
粉石鹸[こなせっけん] 가루비누.
粉雪[こなゆき] 싸락눈.
粉薬[こなぐすり] 가루약.
粉屋[こなや] 곡식 가루를 파는 가게.
粉茶[こなちゃ] 가루차.
粉炭❶[こずみ/こなずみ] 가루 숯. ❷[ふんたん] 분탄; 가루로 된 석탄.

音読

粉骨砕身[ふんこつさいしん] 분골쇄신.
1粉末[ふんまつ] 분말; 가루.
粉本[ふんぽん] 분본; ①(동양화의) 밑그림. ②그림・문장 등의 교본. ③참조용으로 복사한 그림.
粉状[ふんじょう] 분상; 가루 모양.
粉砕[ふんさい] 분쇄; ①잘게 부숨. ②완전히 쳐부숨.
粉食[ふんしょく] 분식; 밀가루 음식.
粉乳[ふんにゅう] 분유; 분말 우유.
粉剤[ふんざい] 분제; 가루로 된 약제.
粉塵[ふんじん] 분진; 돌・금속 등이 부서져서 된 가루 먼지.
粉塵公害[ふんじんこうがい] 분진 공해.

紛 어지러울 분

丶 幺 幺 糸 糸 糸 紒 紒 紛 紛

音 ◉フン
訓 ◉まぎらす ◉まぎらわしい ◉まぎらわす ◉まぎれる ⊗まがう ⊗まがえる

訓読

◉紛らす[まぎらす] 〈5他〉 ①(비슷한 것과 섞어) 감추다. 얼버무리다. ②(다른 것으로 기분・마음을) 달래다.
1◉紛らわしい[まぎらわしい] 〈形〉 헷갈리기 쉽다. 혼동하기 쉽다.
◉紛らわす[まぎらわす] 〈5他〉 ①(비슷한 것과 섞어) 감추다. 얼버무리다. ②(다른 것으로 기분・마음을) 달래다.
1◉紛れる[まぎれる] 〈下1自〉 ①(비슷한 것과 뒤섞여) 헷갈리다. 혼동되다. ②뒤섞이다. ③(혼란・어둠을) 틈타다. ④(다른 것에 마음이 쏠리어 걱정・시름이) 잊히다.
⊗紛う[まがう] 〈5自〉 (비슷하여) 착각하다. 헷갈리다.
⊗紛い[まがい] ①(뒤섞여) 구별하기 어려움. ②모조. 모조품. 유사품. 가짜.
⊗紛える[まがえる] 〈下1他〉 ①(뒤섞여) 헷갈리게 하다. ②착각하게 하다.
⊗紛い物[まがいもの] 모조품. 가짜.

音読

紛[ふん] 뒤섞여 헷갈림.
紛糾[ふんきゅう] 분규; 뒤얽힘. 분쟁.
紛乱[ふんらん] 분란; 혼란.
紛来[ふんらい] 우편물이 잘못 배달됨.
紛紛[ふんぷん] 분분; ①뒤섞여 어수선함. 갈피를 못 잡음. ②흩날리며 떨어짐.
1紛失[ふんしつ] 분실; 잃어버림.
紛失届け[ふんしつとどけ] 분실 신고.
紛失物[ふんしつぶつ] 분실물.
紛然[ふんぜん] 분연; 뒤섞여 복잡한 모양.
紛擾[ふんじょう] 분요; 분쟁. 분란.
紛議[ふんぎ] 분의; 분분한 의논.
1紛争[ふんそう] 분쟁; 분규(紛糾).

雰 안개 분

一 厂 戸 币 雨 雫 雰 雰 雰 雰

音 ◉フン
訓 —

音読

[2]**雰囲気**[ふんいき] 분위기; ①(어떤 환경이나 자리에서 저절로 만들어져) 그 장소에 감도는 느낌. ②천체(天体)를 둘러싸고 있는 대기(大気).

噴 뿜을 분

ㅁ 叮 吽 呿 咗 啨 嗜 嗜 嘈 噴

音 ◉フン
訓 ◉ふく

訓読

◉**噴く**[ふく] 〈5自他〉 내뿜다. 뿜어 나오다. 뿜어내다.
噴き上がる[ふきあがる] 〈5自〉 (물·액체 등이) 뿜어 오르다. 솟아오르다. 솟구치다
噴き上げ[ふきあげ] (물·온천 등이) 뿜어 오름. 분출(噴出)함.
噴き上げる[ふきあげる] 〈下1他〉 (기체·액체·재 등을) 세차게 뿜어 올리다. 밀어 올리다.
噴き零れる[ふきこぼれる] 〈下1自〉 (물이) 끓어 넘치다.
噴き井戸[ふきいど] 물이 솟아 넘쳐흐르는 우물.
噴き出す[ふきだす] 〈5自〉 ①(물·액체 등이) 내뿜다. 분출하다. ②(웃음·불만 등이) 터져 나오다.
噴き出る[ふきでる] 〈下1自〉 솟아나다. 뿜어 나오다.

音読

噴気[ふんき] 분기; 기체의 분출(噴出).
噴騰[ふんとう] 분등; 솟구쳐 오름.
噴霧器[ふんむき] 분무기; 스프레이.
噴門[ふんもん] 분문; 위장(胃腸)의 입구.
噴飯[ふんぱん] 웃음을 참을 수가 없음.
噴射[ふんしゃ] 분사; 기체를 내뿜음.
[2]**噴水**[ふんすい] 분수; ①내뿜는 물. ②물을 뿜어내는 장치.
噴煙[ふんえん] 분연; 연기를 뿜어냄. 뿜어낸 연기.
噴油[ふんゆ] 분유; ①간헐적으로 내뿜는 석유. ②(디젤 엔진의) 연료 분사.
噴泉[ふんせん] 분천; 솟아나는 샘.
[1]**噴出**[ふんしゅつ] 분출; 솟아남. 뿜어냄.
噴火[ふんか] ≪地≫ 분화; 화산이 폭발하여 용암·수증기 등을 내뿜음.
噴火口[ふんかこう] ≪地≫ 분화구.
噴火山[ふんかざん] ≪地≫ 분화산; 활화산(活火山).

墳 무덤 분

士 圹 圲 圲 坩 塒 塒 墳 墳 墳

音 ◉フン
訓 —

音読

墳墓[ふんぼ] 분묘; 무덤.
墳墓の地[ふんぼのち] ①선산(先山). 조상의 무덤이 있는 고장. ②죽어 묻힐 곳.

憤 분할 분

忄 忄 忭 怯 悖 悖 悖 憤 憤 憤

音 ◉フン
訓 ◉いきどおる

訓読

◉**憤る**[いきどおる] 〈5自〉 ①(내면적으로) 분노하다. 분개하다. ②한탄하다. 개탄(慨嘆)하다.
憤り[いきどおり] 분노. 분개. 노여움.
憤ろしい[いきどおろしい] 〈形〉 노엽다. 화나다. 불만스럽다.

音読

[1]**憤慨**[ふんがい] 분개; 분노. 노여움.
憤激[ふんげき] 분격; 격분. 몹시 노함.
憤怒[ふんど/ふんぬ] 분노; 몹시 화를 냄.
憤悶[ふんもん] 분민; (뜻대로 되지 않아) 분해서 번민함.
憤死[ふんし] 분사; ①분에 못 이겨 죽음. ②(야구에서) 주자(走者)가 아깝게도 아웃됨.
憤然[ふんぜん] 분연; 불끈 화를 냄.
憤怨[ふんえん] 분원; 분노와 원한.
憤恨[ふんこん] 분한; 분노와 원한.

奮 떨칠/힘쓸 분

六 衣 衣 衣 奞 奞 奞 奮 奮 奮

音 ◉フン
訓 ◉ふるう

訓読

◉奮う[ふるう] 〈5自〉 ①떨치다. 번창해지다. 오르다. ②분발하다. 자진하다 ③용기를 내다 ④색다르다. 기발하다.
奮って[ふるって] 분발하여. 자진하여. 적극적으로.
奮い起こす[ふるいおこす] 〈5他〉 분발하게 하다. 불러일으키다. 격려하다.
奮い立つ[ふるいたつ] 〈5自〉 분발하다. 분기(奮起)하다.

音読

奮激[ふんげき] 분격; 격하여 분발함.
奮起[ふんき] 분기; 분발하여 일어남.
奮励[ふんれい] 분려; 분발하여 노력함.
奮発[ふんぱつ] 분발; ①마음과 힘을 북돋아 일으킴. ②큰맘 먹고 돈을 냄. 듬뿍 돈을 냄.
奮然[ふんぜん] 분연; 분발하여 일어남.
奮戦[ふんせん] 분전; 힘을 다해 싸움.
1奮闘[ふんとう] 분투; 분발해서 싸우거나 노력함.

扮 꾸밀 분

音 ⊗フン
訓 —

音読

扮する[ふんする] 〈サ変自〉 분하다. 분장(扮装)하다. 꾸미다.
扮飾[ふんしょく] 분식; 겉치레.
扮装[ふんそう] 분장; ①배우가 작품 속의 인물로 꾸밈. ②변장(変装).

忿 성낼 분

音 ⊗フン
訓 —

音読

忿怒[ふんど/ふんぬ] 분노; 몹시 화를 냄.
忿懣[ふんまん] 분만; 울분(鬱憤).
忿然[ふんぜん] 분연; 불끈 화를 냄.

焚 불사를 분

音 ⊗フン
訓 ⊗たく

訓読

2⊗焚く[たく] 〈5他〉 ①(불을) 때다. 지피다. 피우다. ②(목욕물을) 데우다. ③태우다. ④(향을) 피우다.
焚き口[たきぐち] 아궁이.
焚(き)落(と)し[たきおとし] (장작이 타다 남은) 불등걸.
焚(き)物[たきもの] 땔감.
焚(き)付け[たきつけ] 불쏘시개.
焚き付ける[たきつける] 〈下1他〉 ①(불을) 때다. 지피다. 피우다. ②선동하다. 꼬드기다. 부추기다.
焚き染める[たきしめる] 〈下1他〉 (향을 피워 다른 물건에 향내를) 배게 하다.
焚(き)触り[たきざわり] 하녀 겸 첩(妾)임.
焚(き)出し[たきだし] (이재민에게) 식사를 제공함. 밥을 지어 내놓음.
1焚(き)火[たきび] ①모닥불. 화톳불. ②횃불.

音読

焚殺[ふんさつ] 분살; 불태워 죽임.
焚書坑儒[ふんしょこうじゅ] 분서갱유. *중국의 진시황세가 의약·기술 서적을 제외한 모든 책을 불사르고 많은 유학자를 생매장한 일.
焚刑[ふんけい] 분형; 화형(火刑).

糞 똥 분

音 ⊗フン
訓 ⊗くそ

訓読

⊗糞❶[くそ] ①(사람의) 똥. 대변. ②거지 같은. *접두어로서 욕을 나타냄. ③미련한. 한심한. 지나친. ❷[ふん] ☞ [音読]
糞度胸[くそどきょう] 똥배짱. 지독한 배짱.
糞落(ち)着(き)[くそおちつき] 얄미울 만큼 침착함.
糞力[くそぢから] 뚝심.
糞溜め[くそだめ] 똥구덩이.
糞味噌[くそみそ] ≪俗≫ ①(좋고 나쁜 것을) 가리지 않음. 싸잡아 함. ②마구. 형편없이. 호되게.
糞垂れ[くそたれ] ≪俗≫ 빌어먹을 놈. 똥쌀 놈.
糞食らえ[くそくらえ] 똥이나 처먹어라. 엿먹어라. 뒈져라. 빌어먹을.
糞人参[くそにんじん] ≪植≫ 개똥쑥.
糞真面目[くそまじめ] 지나치게 고지식함.
糞虫[くそむし] 똥을 먹고 사는 유충.
糞壺[くそつぼ] 똥통. 똥통용 항아리.

音読

糞❶[ふん] (사람 이외의 동물의) 똥. 분. ❷[くそ] ☞ [訓読]

糞尿[ふんにょう] 분뇨; 똥오줌.

糞便[ふんべん] 분변; 대변(大便).

糞土[ふんど] 분토; ①썩은 흙. 더러운 흙. ②천한 것. 가치가 없는 것.

糞詰(ま)り[ふんづまり] ①변비(便秘). ②대변(大便)이 나오지 않음.

〔불〕

①아니 불
②아니 부

一 ア 不 不

音 ◉フ ◉ブ
訓 —

音読

[2]**不**[ふ] 불; ①좋지 않음. ②불합격.

不加減[ふかげん] 간이 맞지 않아 맛이 없음.

[2]**不可**[ふか] 불가; ①옳지 않음. 좋지 않음. ②불합격 점수. 최하급.

不可見[ふかけん] 불가견; 볼 수가 없음.

[1]**不可欠**[ふかけつ] 불가결; 없어서는 안 됨.

[2]**不可能**[ふかのう] 불가능; 될 수 없음.

不可得[ふかとく] 불가득; 이해되지 않음.

不可分[ふかぶん] 불가분; 도저히 나눌 수가 없음.

不可思議[ふかしぎ] 불가사의; ①도저히 이해할 수 없음. ②이상함. 신기함.

不可説[ふかせつ] 불가설; 말로는 설명할 수 없음.

不可視[ふかし] 불가시; 눈으로 볼 수 없음.

不可逆[ふかぎゃく] 불가역; 돌이킬 수 없음.

不可知[ふかち] 불가지; 알 수 없음.

不可知論[ふかちろん] ≪哲≫ 불가지론.

不可触賤民[ふかしょくせんみん] 불가촉 천민. *인도의 카스트 제도에서 최하층민.

不可測[ふかそく] 불가측; 예측할 수 없음.

不可侵[ふかしん] 불가침; 침범해서는 안 됨.

不可避[ふかひ] 불가피; 피할 수 없음.

不可抗力[ふかこうりょく] 불가항력; 사람의 힘으로는 막을 수 없음.

不可解[ふかかい] 불가해; 이해할 수 없음.

不覚[ふかく] 불각; ①각오가 서 있지 않음. ②방심하여 실수함. ③무의식. 정신없음.

不覚者[ふかくもの] ①각오가 확고하지 않은 사람. ②방심하여 실수·실패하는 사람.

不干渉[ふかんしょう] 불간섭; 간섭하지 않음.

不間[ぶま] 얼빠짐. 눈치가 없음.

不堪[ふかん] 불감; ①(예능면에서) 재주가 미숙함. ②(주의가) 고루 미치지 못함. 부주의.

不堪田[ふかんでん] 경작할 수 없는 황폐된 논.

不感症[ふかんしょう] 불감증; ①둔감해서 느끼지 못함. ②섹스할 때 쾌감을 느끼지 못함.

不甲斐無い[ふがいない] 〈形〉 한심스럽다. 답답할 정도로 무기력하다.

不介入[ふかいにゅう] 불개입; 개입하지 않음.

不乾性油[ふかんせいゆ] 불건성유; 공기 중에 두어도 마르지 않는 기름.

不健康[ふけんこう] 불건강; ①건강하지 못함. 건강에 나쁨. ②불건전함.

不健全[ふけんぜん] 불건전; 건전하지 못함.

不検束[ふけんそく] ≪法≫ 불검속.

不格好[ぶかっこう] 꼴사나움. 볼품없음.

不見識[ふけんしき] 불견식; 분별이 없고 경망함.

不見転[★みずてん] ①지조가 없음. ②돈만 주면 아무에게나 몸을 맡김.

不結果[ふけっか] 좋지 않은 결과.

[2]**不潔**[ふけつ] 불결; 깨끗하지 않음.

不敬[ふけい] 불경; 신불(神仏)에게 예(礼)를 갖추지 않음.

[1]**不景気**[ふけいき] 불경기; 경제가 활발하지 않음.

不経済[ふけいざい] 불경제; 비경제적임. 낭비가 많음.

不耕作地[ふこうさくち] 불경작지; 경작하지 않는 땅.

不届き[ふとどき] ①소홀함. ②무례함. 괘씸함.

不稽[ふけい] 무계; 터무니없음.

不公明[ふこうめい] 불공명; 공명하지 않음.

不公正[ふこうせい] 불공정; 공정하지 않음.

不公平[ふこうへい] 불공평; 공평하지 않음.

不慣れ[ふなれ] 서투름. 익숙하지 않음.

不壊[ふえ] 불괴; 부서지지 않음. 견고함.

不具[ふぐ] 불구; ①신체 장애. ②(편지 끝에 쓰는 말로) 다 갖추지 못했음.

不倶戴天[ふぐたいてん] 불구대천; 몹시 미워하여 복수를 해야 함.
不屈[ふくつ] 불굴; 굽히지 않음.
不軌[ふき] 불궤; ①반역. 모반(謀叛). ②법·규칙을 지키지 않음.
不帰[ふき] 불귀; 다시 돌아오지 않음.
[2]不規則[ふきそく] 불규칙; 규칙적이 아님.
不規律[ふきりつ] 불규율; 규율이 없음.
不均衡[ふきんこう] 불균형; 균형이 맞지 않음.
不筋[ふすじ] 도리에서 벗어남.
不謹慎[ふきんしん] 불근신; 조심스럽지 못함. 불성실함.
不急[ふきゅう] 불급; 급하지 않음.
不起訴[ふきそ] ≪法≫ 불기소.
不気味[ぶきみ] 어쩐지 기분이 나쁨. 으스스함.
不器量[ぶきりょう] ①재주·재능이 없음. ②못생김. 용모가 추함.
不器用[ぶきよう] ①서투름. 어설픔. ②손재주가 없음. ③비열함. 야비함.
不機嫌[ふきげん] 기분이 언짢음.
[1]不吉[ふきつ] 불길; 운수가 안 좋음.
不納[ふのう] 불납; 납부하지 않음.
不念[ぶねん] 부주의로 깨닫지 못함. 미처 깨닫지 못함.
不佞[ふねい] 불녕; 재주가 없음.
不能[ふのう] 불능; ①불가능. ②무능함. ③성적(性的) 무능. 섹스가 불가능함.
不断[ふだん] 부단; ①끊임없음. ②결단성이 없음. ③평소. 평상시.
不断着[ふだんぎ] 평상복. 일상복.
不断草[ふだんそう] ≪植≫ 근대.
[1]不当[ふとう] 부당; 정당하지 않음.
不当(た)り[ふあたり] ①적중하지 않음. ②인기가 없음. ③유행하지 않음.
不徳[ふとく] 부덕; ①부도덕(不道徳). ②덕이 모자람. 덕이 없음.
不徳義[ふとくぎ] 부덕의; 부도덕(不道徳).
不徳漢[ふとくかん] 부덕한; 부도덕한 사람.
不図[ふと] ①뜻밖에. 우연히. ②갑자기. 별안간. 문득. ③≪古≫ 간단히. 쉽게.
不渡(り)[ふわたり] 부도; 어음·수표에 적힌 금액을 받을 수 없게 됨.
不都合[ふつごう] ①(형편·사정이 안 좋아서) 적합하지 않음. 난처함. 불편함. ②괘씸함. 무례함.
不倒翁[ふとうおう/おきあがりこぼうし] 부도옹; 오뚝이.
不道徳[ふどうとく] 부도덕; 도덕에 어긋남.
不導性[ふどうせい] 부도성; 전기가 통하지 않음.
不導体[ふどうたい] 부도체; 불량 도체.
不同[ふどう] 부동; 다름. 같지 않음.
不同意[ふどうい] 부동의; 찬성하지 않음.
不同化[ふどうか] 부동화; 동화되지 않음.
不動[ふどう] 부동; 움직이지 않음.
不動明王[ふどうみょうおう] ≪仏≫ 부동명왕.
[1]不動産[ふどうさん] 부동산; 토지나 건물 등 움직일 수 없는 재산.
[1]不動産屋[ふどうさんや] 복덕방.
不凍液[ふとうえき] 부동액; 영하에도 얼지 않는 액체.
不凍港[ふとうこう] 부동항; 영하에도 얼지 않는 항구.
不得手[ふえて] ①서투름. ②즐기지 않음.
不得要領[ふとくようりょう] 부득요령; 애매하여 요점을 파악하지 못함. 분간할 수 없음.
不得意[ふとくい] 서투름.
不得策[ふとくさく] 불리(不利)함.
不等[ふとう] 부등; 서로 같지 않음.
不埒[ふらち] 괘씸함. 발칙함.
[1]不良[ふりょう] 불량; ①질이 안 좋음. ②품행이 나쁨.
不良導体[ふりょうどうたい] ≪物≫ 불량 도체.
不量簡[ふりょうけん] 잘못된 생각. 마음보가 나쁨.
不慮[ふりょ] 뜻밖에.
不連続線[ふれんぞくせん] ≪気≫ 불연속선.
不猟[ふりょう] (사냥이) 잘 안됨.
不例[ふれい] (귀인의) 병환. 환후.
不老[ふろう] 불로; 늙지 않음.
不老長寿[ふろうちょうじゅ] 불로장수.
不労所得[ふろうしょとく] 불로소득.
不了簡[ふりょうけん] ☞ 不料簡
不料簡[ふりょうけん] 잘못된 생각. 마음보가 나쁨.
不倫[ふりん] 불륜; 도덕에 어긋남.
[2]不利[ふり] 불리; 이롭지 못함. 이익이 없음. 조건 등이 상대방보다 못함.
不利益[ふりえき] 불이익; 손해. 불리함.
不離[ふり] 불리; 떨어지지 않음.
不立文字[ふりゅうもんじ] ≪仏≫ 불립문자.
不磨[ふま] 불마; 불멸(不滅). 불후(不朽).
[2]不満[ふまん] 불만; 만족하지 않음.
不満足[ふまんぞく] 불만족; ①만족하지 않음. ②부족함.

不昧[ふまい] 불매; ①사리에 밝음. ②(욕심에) 눈이 밝음.
不買[ふばい] 불매; 물건을 사지 않음.
不眠症[ふみんしょう] 불면증; 잠을 못 자는 증세.
不面目[ふめんぼく] 불면목; 불명예.
不勉強[ふべんきょう] ①공부에 힘쓰지 않음. ②소홀히 함.
不滅[ふめつ] 불멸; 멸망하지 않음.
不名数[ふめいすう] ≪数≫ 불명수; 무명수.
不名誉[ふめいよ] 불명예; 명예스럽지 못함.
1不明[ふめい] 불명; ①불분명. ②어리석음.
不明朗[ふめいろう] 불명랑; ①명랑하지 않음. ②석연치 않음. 뭔가 낌새가 이상함.
不明瞭[ふめいりょう] 불명료; 명확하지 않음.
不毛[ふもう] 불모; ①(땅이 황폐하여) 식물이 자라지 못함. ②무익함. 아무런 성과도 없음.
不文[ふぶん] 불문; ①글자로 써서 나타내지 않음. ②졸문(拙文). 문장이 서투름. ③문맹(文盲). 글자를 모름. ④미개(未開).
不問[ふもん] 불문; 묻지 않음.
不味[ふみ] 불미; ①맛이 없음. ②주식 시세가 하락세임.
不味い[★まずい] 〈形〉 맛이 없다.
不美人[ふびじん] 못생긴 여자. 추녀.
不躾[ぶしつけ] ①무례함. ②별안간. 갑자기. ③노골적임. 거리낌 없음.
不敏[ふびん] 불민; ①민첩하지 못함. ②재능이 모자람.
不憫[ふびん] 불민; ①측은함. 가엾음. ②불쌍히 여김.
不愍[ふびん] ☞ 不憫
不抜[ふばつ] ①의지가 강함. ②기초가 튼튼하여 변화가 없음.
不発[ふはつ] 불발; ①탄환·폭탄이 발사·폭발하지 않음. ②하려던 일이 중단됨.
不犯[ふぼん] ≪仏≫ 불범.
不法[ふほう] 불법; ①법에 어긋남. ②부당함.
不弁[ふべん] 말주변이 없음.
不変[ふへん] 불변; 변하지 않음.
1不服[ふふく] 불복; ①복종하지 않음. ②납득하지 않음. ③불만스러움.
不本意[ふほんい] 본의가 아님. 기대에 어긋남. 바라는 바가 아님.
不払(い)[ふばらい] 지불해야 할 돈을 지불하지 않음. 미불(未払). 체불(滞払).
不備[ふび] 불비; ①충분히 갖추지 못함. ②편지 끝에 쓰는 인사말.
不仕付け[ぶしつけ] ①무례함. ②별안간. 갑자기. ③노골적임. 거리낌 없음.
不仕合(わ)せ[ふしあわせ] 불행함.
不死[ふし] 불사; 죽지 않음.
不死鳥[ふしちょう] 불사조; 피닉스.
不似合(い)[ふにあい] 안 어울림.
2不思議[ふしぎ] ①불가사의(不可思議)함. ②희한함. 신기함. 이상함. 괴이함.
不祥[ふしょう] 불상; 상서롭지 못함.
不祥事[ふしょうじ] 불상사; 상서롭지 못한 사건.
不詳[ふしょう] 불상; 미상(未詳). 자세하게 알지 못함.
不相応[ふそうおう] 안 어울림.
不生不滅[ふしょうふめつ] ≪仏≫ 불생불멸.
不生産[ふせいさん] ①직접 생산에 관계가 없음. ②비생산. 생산하지 않음.
不惜身命[ふしゃくしんみょう] ≪仏≫ 불석신명.
不宣[ふせん] 불선. ＊편지 끝에서 할 말을 다 하지 못했다는 뜻으로 씀. 윗사람에겐 사용하지 않음.
不善[ふぜん] 불선; 좋지 않음.
不善感[ふぜんかん] ≪医≫ 불선감; 종두(種痘)의 결과가 음성임.
不鮮明[ふせんめい] 불선명; 선명하지 않음.
不摂生[ふせっせい] 불섭생; 건강에 주의하지 않음.
不成功[ふせいこう] 불성공; 실패.
不成立[ふせいりつ] 불성립; 성립되지 않음.
不成績[ふせいせき] 불성적; 성적이 좋지 않음.
不世出[ふせいしゅつ] 불세출; 세상에 드물게 뛰어남.
不細工[ぶさいく/ぶざいく] ①(만듦새가) 엉성함. 서투름. ②손재주가 없음. ③얼굴이 못생김.
不所存[ふしょぞん] 나쁜 생각. 못된 심보.
不所存者[ふしょぞんもの] 심보가 못된 사람. 마음씨가 고약한 사람.
不消化[ふしょうか] 불소화; 소화 불량.
不束[ふつつか] ①못남. ＊겸양어임. ②버릇없음. 무뚝뚝함. ③≪古≫ 굵고 투박함.
不束者[ふつつかもの] 못난 사람.
不遜[ふそん] 불손; 공손하지 않음.
不手際[ふてぎわ] (솜씨가) 서투름.

不手回し[ふてまわし] ①손이 잘 돌아가지 않음. ②일이 잘 풀리지 않음. ③가난함.
不首尾[ふしゅび] ①결과가 나쁨. 나쁜 결과. ②(윗사람에게) 밉보임. 평판이 좋지 않음.
不粋[ぶすい] 멋이 없음. 촌스러움. 세련되지 않음. 풍류를 모름.
不随[ふずい] 불수; 몸이 제대로 움직이지 않음.
不随意[ふずいい] 불수의; 마음대로 안 됨.
不随意筋[ふずいいきん] ≪生理≫ 불수의근.
不銹鋼[ふしゅうこう] 불수강; stainless steel.
不輸[ふゆ] 장원(莊園)이 세금을 면제받음.
不輸不入[ふゆふにゅう] (옛날에) 납세가 면제되고 징세(徵稅)나 간섭을 거부했던 일.
不輸田[ふゆでん] (옛날에) 세금을 면제받은 논밭.
不熟[ふじゅく] 불숙; ①미숙(未熟). 익지 않음. 설익음. ②서투름. ③금실이 안 좋음. 불화(不和)함.
不純[ふじゅん] 불순; 순수하지 않음. 순진하지 않음.
不純交遊[ふじゅんこうゆう] 미성년자의 불건전한 이성 교제. *경찰 용어임.
[1]不順[ふじゅん] 불순; ①고르지 못함. ②순종하지 않음. ③도리에 어긋남.
不馴れ[ふなれ] 서투름.
不承[ふしょう] 불승; ①승낙하지 않음. 불찬성. ②마지못해 승낙함.
不承不承[ふしょうぶしょう] 마지못해. 하는 수 없이. 할 수 없이.
不承知[ふしょうち] 승낙하지 않음. 불찬성.
不時[ふじ] 불시; 임시(臨時).
不時着[ふじちゃく] 불시착; 비행기가 사고로 인해 목적지 이외의 장소에 임시로 착륙함.
不始末[ふしまつ] ①(뒤처리가 허술한) 부주의. 잘못. ②(남에게 폐를 끼치는) 실수. 불미스런 일. 잘못. 못된 짓.
不識[ふしき] 불식; (사물을) 알지 못함
不信[ふしん] 불신; ①불성실함. ②신용이 없음. 신용하지 않음. ③신앙심이 없음.
不信感[ふしんかん] 불신감; 신용하지 않는 마음의 상태.
不信心[ふしんしん] 불신심; 신앙심이 없음.
不信用[ふしんよう] 불신용; 신용하지 않음. 신용이 없음.
不信任案[ふしんにんあん] 불신임안.
不信者[ふしんじゃ] 불신자; 신앙심이 없는 사람.
不身持(ち)[ふみもち] 행실이 나쁨.
不実[ふじつ] 부실; ①성실하지 않음. ②사실이 아님. 거짓임.
不心得[ふこころえ] 마음씨가 나쁨.
不心得者[ふこころえもの] 마음씨가 나쁜 사람.
不心中[ふしんじゅう] (남녀 관계에서) 무성의함.
[1]不審[ふしん] 불심; ①의심스러움. 미심쩍음. ②수상함.
不審尋問[ふしんじんもん] 불심 검문.
不審顔[ふしんがお] 미심쩍은 얼굴.
不審紙[ふしんがみ] 책의 의문이 나는 곳에 표지로 붙여 두는 종이.
不審火[ふしんか] 원인 모를 화재.
不十分[ふじゅうぶん] 불충분함. 불완전함.
[1]不安[ふあん] 불안; 안정되지 않음.
不安心[ふあんしん] 불안감. 불안.
不安定[ふあんてい] 불안정; 안정되지 않음.
不案内[ふあんない] (어떤 상황에) 생소함. 익숙하지 않음.
不夜城[ふやじょう] 불야성; 번화한 밤거리.
不様[ぶざま] 보기 흉함. 꼴사나움.
不養生[ふようじょう] 건강을 돌보지 않음.
不漁[ふりょう] 흉어(凶漁). 물고기가 잡히지 않음.
不語[ふご] 불어; 말을 안 함.
不言[ふげん] 불언; 말을 하지 않음.
不如帰[ほととぎす/ふじょき] ≪鳥≫ 소쩍새.
不如意[ふにょい] 불여의; ①뜻대로 안됨. ②돈에 쪼들림. 가난함.
不易[ふえき] 불역; 불변(不変).
不縁[ふえん] ①이혼(離婚). ②혼담(婚談)이 깨짐. ③혼담이 없음.
不燃[ふねん] 불연; 불에 타지 않음.
不熱心[ふねっしん] 열심히 없음.
不予[ふよ] 불예; ①임금의 병환·환후. ②불쾌함. 불유쾌함.
不穏[ふおん] 불온; 온당하지 않고 험악함.
不穏当[ふおんとう] 불온당; 온당치 못함.
不完全[ふかんぜん] 불완전; 완전하지 않음.
不要[ふよう] 불요; 불필요함.
不撓不屈[ふとうふくつ] 불요불굴; 어떤 어려움에도 동요하지 않고 굴하지 않음.
不用[ふよう] 불용; ①사용하지 않음. ②쓸모가 없음. 소용이 없음.

不用心[ぶようじん] ①(경계가) 허술함. ②무서움. 위험함.
不用意[ふようい] ①준비가 안됨. ②조심성이 없음. 부주의함.
不用品[ふようひん] 불용품; 사용하지 않는 물건.
不溶性[ふようせい] 불용성; 액체에 녹지 않는 성질.
不遇[ふぐう] 불우; 불운(不運)함.
[2]不運[ふうん] 불운; 불행함. 운이 나쁨.
不為[ふため] 도움이 안됨. 무익함.
不衛生[ふえいせい] 비위생적임.
不愉快[ふゆかい] 불유쾌; 불쾌함.
[1]不意[ふい] 불의; ①불시(不時). ②허점(虚点).
不意と[ふいと] 별안간. 갑자기. 불쑥.
不意に[ふいに] 별안간. 갑자기. 돌연. 뜻밖에.
不意打ち[ふいうち] ①기습 공격. ②불시에 함.
不意討ち[ふいうち] ☞ 不意打ち
不義[ふぎ] 불의; ①도리에 어긋남. ②(남녀간의) 불륜(不倫). 밀통(密通).
不義理[ふぎり] ①도리에 어긋남. 의리를 저버림. 의리가 없음. ②셈이 흐림. 빚을 갚지 않음.
不義の子[ふぎのこ] 사생아(私生児).
不二[ふじ] 불이; ①하나뿐임. ②(세상에 둘도 없다는 뜻에서) 富士山(ふじさん). ③(편지 끝의 인사말로 '뜻을 다하지 못한다'는 뜻으로) 불비(不備).
不履行[ふりこう] 불이행; 약속대로 실행하지 않음.
不人望[ふじんぼう] 남한테서 신뢰와 존경을 받지 못함.
不人情[ふにんじょう] 몰인정함. 야박함.
不仁[ふじん] ①무정함. 몰인정함. ②(마비되어) 감각이 없음.
不印[ふじるし] ≪俗≫ ①(결과나 상태가) 좋지 않음. 바람직하지 않음. ②돈이 없음. ③못생긴 여자.
不一[ふいつ] 불일; ①(편지 끝의 인사말로) 여불비례(余不備礼). ②고르지 않음. 같지 않음.
不一致[ふいっち] 불일치; 일치하지 않음.
不日[ふじつ] 며칠 안으로.
不妊[ふにん] 불임; 임신되지 않음.
不入[ふにゅう] ①간섭하지 않음. ②간섭하면 안 됨.
不入り[ふいり] 손님이 적음. 한산함.
不自然[ふしぜん] 부자연; 어색함.
[2]不自由[ふじゆう] 부자유; ①불편함. 부자유스러움. ②돈에 쪼들림. ③(몸이) 불편함.
不作[ふさく] ①(농작물의) 흉작. ②됨됨이가 안 좋음.
不作法[ぶさほう] 무례함. 버릇없음.
不作為[ふさくい] ≪法≫ 부작위.
不才[ふさい] 재주가 없음. ＊겸양어임.
[1]不在[ふざい] 부재; 그 장소에 없음.
不敵[ふてき] 뻔뻔스러움. 대담무쌍함.
不適[ふてき] 부적당함.
不適当[ふてきとう] 부적당; 적당치 않음.
不適任[ふてきにん] 부적임; 적임이 아님.
不全[ふぜん] 부전; 불량. 불완전.
不戦[ふせん] 부전; 싸우지 않음.
不揃い[ふぞろい] 한결같지 않음. 고르지 않음.
[2]不正[ふせい] 부정; 바르지 않음.
不正規[ふせいき] 부정규; 비정규(非正規).
不正直[ふしょうじき] 부정직; 정직하지 않음.
不正確[ふせいかく] 부정확; 정확하지 않음.
不定❶[ふてい] 부정; 일정하지 않음. ❷[ふじょう] ≪仏≫ 덧없음.
不定期[ふていき] 부정기; 정기적이 아님.
不定法[ふていほう] ≪語学≫ 부정법.
不定詞[ふていし] ≪語学≫ 부정사.
不定愁訴[ふていしゅうそ] ≪医≫ 부정수소.
不定称[ふていしょう] ≪語学≫ 부정칭.
不定形[ふていけい] 부정형; 모양이나 양식이 일정하지 않음.
不定型詩[ふていけいし] 부정형시.
不貞[ふてい] 부정; 여자가 정조를 지키지 않음.
不貞る[ふてる] 〈下1自〉 '不貞腐る'의 문어(文語)임.
不貞腐る[ふてくさる] 〈5自〉 토라지다. 실쭉해지다. 심통이 나다. 부루퉁해지다.
不貞腐れる[ふてくされる] 〈下1自〉 ☞ 不貞腐る
不貞寝[ふてね] 토라져서 누워버림. 심통이 나서 자버림.
不浄[ふじょう] 부정; ①깨끗하지 않음. ②대소변. 월경(月経). ③¶ご~ 변소. 화장실.
不浄役人[ふじょうやくにん] 포졸(捕卒). ＊조롱하는 말임.

不整[ふせい] 부정; 고르지 못함. 규칙적이 아님.

不整頓[ふせいとん] 부정돈; 잘 정돈되어 있지 않음. 난잡함.

不整脈[ふせいみゃく] ≪医≫ 부정맥.

不精[ぶしょう] 게으름. 귀찮아함.

不精者[ぶしょうもの] 게으름뱅이.

不精髭[ぶしょうひげ] 다박수염. 제멋대로 자라게 내버려 둔 수염.

不条理[ふじょうり] 부조리; 불합리함.

不釣(り)合[ふつりあい] 어울리지 않음. 부적합함.

[1]不調[ふちょう] 부조; ①상태・컨디션이 나쁨. ②성립되지 않음. 이루어지지 않음.

不調法[ぶちょうほう] ①서투름. 미흡함. ②실수. 잘못. 과실(過失). ③(술・담배를) 즐기지 않음.

不調法者[ぶちょうほうもの] 서투른 사람.

不調子[ぶちょうし] (상대방과) 잘 어울리지 못함. 어색함.

不調和[ふちょうわ] 부조화; 어울리지 않음. 조화되지 않음.

[2]不足[ふそく] 부족; ①모자람. 불충분함. ②불평. 불만.

不足額[ふそくがく] 부족액; 부족한 금액.

不従順[ふじゅうじゅん] 불순종. 순종하지 않음.

不住[ふじゅう] 부주; 살지 않음.

不注意[ふちゅうい] 부주의; 주의하지 않음.

不仲[ふなか] 불화(不和). 사이가 나쁨.

不即不離[ふそくふり] 부즉불리; 붙지도 않고 떨어지지도 않음.

不知[ふち] 부지; 알지 못함.

不知案内[ふちあんない] 실정・상황을 모름. 내용・형편을 모름.

不知火[★しらぬい] 여름밤에 熊本県(くまもとけん) 八代(やつしろ) 앞바다에 무수히 보이는 이상한 불빛.

不尽[ふじん] 부진; ①다하지 못함. ②(편지 끝의 인사말로 '뜻을 다하지 못한다'는 뜻으로) 불비(不備).

[1]不振[ふしん] 부진; 일이 잘 안됨.

不真面目[ふまじめ] 불성실함.

不着[ふちゃく] 불착; 도착하지 않음.

不賛成[ふさんせい] 불찬성; 찬성하지 않음.

不参[ふさん] 불참; 참석・참여하지 않음.

不参加[ふさんか] 불참가; 참여하지 않음.

不徹底[ふてってい] 불철저; 철저하지 않음.

不請[ふしょう] 불청; 달갑지 않음.

不体裁[ふていさい] ①꼴사나움. 창피스러움. ②(듣기에) 거북함.

不肖[ふしょう] 불초; ①어리석음. ②모자람. *겸양어임.

不祝儀[ぶしゅうぎ] 궂은일. 흉사(凶事).

不祝儀袋[ぶしゅうぎぶくろ] 부의금.

不出[ふしゅつ] 불출; 밖으로 나가지 않음. 내보내지 않음.

不出来[ふでき] 신통찮음. 변변치 않음. 잘 되지 않음. 서투름.

不充分[ふじゅうぶん] 불충분; 충분하지 않음.

不忠[ふちゅう] 불충; 충의(忠義)에 어긋남.

不忠者[ふちゅうもの] 불충한 사람.

不測[ふそく] 불측; 뜻밖. 예측할 수 없음.

不治[ふじ/ふち] 불치; 병이 낫지 않음.

不親切[ふしんせつ] 불친절; 몰인정함. 인정이 없음.

不沈[ふちん] 불침; 가라앉지 않음.

不侵略[ふしんりゃく] 불침략; 불가침(不可侵).

不寝番[ふしんばん/ねずのばん] 불침번; 잠을 자지 않고 보초를 섬.

不快[ふかい] 불쾌; ①기분이 안 좋음. ②병(病). 병환(病患).

不快感[ふかいかん] 불쾌감.

不快指数[ふかいしすう] 불쾌지수.

[2]不通[ふつう] 불통; 통하지 않음.

不統一[ふとういつ] 불통일; 통일이 안 됨.

不退[ふたい] ①≪仏≫ 근행(勤行)을 게을리 하지 않음. ②항상 열심히 함.

不退転[ふたいてん] ①≪仏≫ 수행(修行)에만 전념함. ②굽히지 않음.

不透明[ふとうめい] 불투명; 투명하지 않음.

不特定[ふとくてい] 불특정; 특별히 정하지 않음.

不敗[ふはい] 불패; 경쟁・싸움에 지지 않음.

[3]不便[ふべん] 불편; 편리하지 않음.

不便利[ふべんり] 불편리; 불편함.

不偏不党[ふへんふとう] 불편부당; 공정함. 공평함.

[2]不平[ふへい] 불평; 불만을 말함.

不平等[ふびょうどう] 불평등; 평등하지 않음.

[1]不評[ふひょう] 불평; 평판이 좋지 않음. 악평(悪評).

不評判[ふひょうばん] ☞ 不評(ふひょう)

不品行[ふひんこう] (이성과의 교제에) 품행이 나쁨.

不風流[ぶふうりゅう] 멋을 모름. 운치가 없음. 풍류를 모름.
不必要[ふひつよう] 불필요; 필요하지 않음.
不学[ふがく] 불학; 무식함.
不合格[ふごうかく] 불합격; 합격되지 않음.
不合理[ふごうり] 불합리; 합리적이 아님.
不行(き)届(き)[ふゆきとどき] 소홀함. 불충분함.
不行状[ふぎょうじょう] ①행실이 나쁨. 방탕함. ②버릇없음.
不行儀[ふぎょうぎ] 버릇없음.
不行跡[ふぎょうせき] ①행실이 나쁨. 방탕함. ②버릇없음.
2不幸[ふこう] 불행; ①행복하지 않음. ②가족·친척의 사망. *완곡한 표현임.
不幸せ[ふしあわせ] 불행함. 불운함.
不向き[ふむき] (기호·성질에) 적합하지 않음. 부적당함. 맞지 않음.
不許可[ふきょか] 불허가; 허가하지 않음.
不許複製[ふきょふくせい] 불허복제; 복사 절대 금지.
不協和音[ふきょうわおん] ≪楽≫ 불협화음.
不好き[ぶすき] 불호; 좋아하지 않음.
不惑[ふわく] 불혹; 마흔 살.
不和[ふわ] 불화; 화목하지 않음.
不拡大[ふかくだい] 불확대; 확대하지 않음.
不確か[ふたしか] 불확실함. 애매함.
不確実[ふかくじつ] 불확실; 애매함.
不確定[ふかくてい] 불확정; 확정되지 않음.
不換紙幣[ふかんしへい] 불환 지폐.
不活発[ふかっぱつ] 불활발; 활발하지 않음.
1不況[ふきょう] 불황; 불경기(不景気).
不孝❶[ふきょう] 불효자식과 의절(義絶)함. ❷[ふこう] 불효; 효도를 하지 않음.
不孝者[ふこうもの] 불효자; 불효자식.
不朽[ふきゅう] 불후; 오랫동안 썩지 않음.
不休[ふきゅう] 불휴; 쉬지 않음.
不恰好[ぶかっこう] 꼴사나움. 볼품없음.
不興[ふきょう] ①흥이 깨짐. 재미가 없음. ②(윗사람의) 노여움. 역정(逆情). ③의절(義絶).

仏(佛) 부처 불

ノ イ 仏 仏

音 ◉ブツ ⊗フツ
訓 ◉ほとけ

訓読

2◉仏❶[ほとけ] ≪仏≫ ①부처. 석가모니. 불타(仏陀). ②불상(仏像). ③고인(故人). 죽은 사람. ④자비로운 사람. ❷[ふつ] ☞ [音読]
仏いじり[ほとけいじり] 무턱대고 불공만 드림.
仏弄り[ほとけいじり] ☞ 仏いじり
仏性❶[ほとけしょう] 불성; 자비심이 많은 성질. ❷[ぶっしょう] ≪仏≫ 불성; ①중생이 지닌 부처가 될 수 있는 성질. ②부처의 본성.
仏心❶[ほとけごころ] 불심; ①불교를 깊이 깨달은 마음. ②자비심. ❷[ぶっしん] ①부처의 자비심. ②(부처의 자비심 같은) 인정미.
仏顔[ほとけがお] ①자비로운 얼굴. ②고인(故人)의 얼굴.
仏様[ほとけさま] 부처님. 석가모니.
仏の座[ほとけのざ] ≪植≫ 광대나물.
仏臭い[ほとけくさい] 〈形〉 불교적인 색채가 짙다. 절간 냄새가 나다.

音読

仏❶[ふつ] 프랑스. 불란서. ❷[ほとけ] ☞ [訓読]
仏家[ぶっか/ぶっけ] 불가; ①사찰(寺刹). 절. ②승려. 불문(仏門).
仏閣[ぶっかく] 불각; 사원(寺院).
仏間[ぶつま] 불상이나 위패를 두는 방.
仏経[ぶっきょう] 불경; 불교의 경전(経典).
仏界[ぶっかい] ≪仏≫ 불계; 불토(仏土).
仏骨[ぶっこつ] 불골; 불사리.
仏工[ぶっこう] 불공; 불상(仏像)·불구(仏具)를 만드는 사람.
仏果[ぶっか] ≪仏≫ 불과; 불도 수행으로 얻은 과보(果報).
仏教[ぶっきょう] ≪仏≫ 불교.
仏具[ぶつぐ] 불구; 불사(仏事)에 쓰는 기구.
仏具屋[ぶつぐや] 불구점. 불구를 파는 가게.
仏国❶[ふっこく] 프랑스. 불란서. ❷[ぶっこく] ≪仏≫ 불국; 불토(仏土). 극락정토.
仏壇[ぶつだん] 불단; 불상(仏像)이 있는 단.
仏堂[ぶつどう] 불당; 절.
仏徒[ぶっと] 불도; 불교도.
仏道[ぶつどう] 불도; 불교.
仏蘭西[フランス] 프랑스. 불란서.
仏力[ぶつりき] 불력; 부처의 힘.
仏領[ふつりょう] 불령; 프랑스 영토.
仏滅[ぶつめつ] 불멸; ① ≪仏≫ 부처의 입적(入寂). ②'仏滅日'의 준말.

仏滅日[ぶつめつにち] 불멸일; 음양도(陰陽道)에서 만사에 흉하다는 날.
仏名[ぶつみょう] 불명; ①부처의 이름. ②'仏名会'의 준말.
仏名会[ぶつみょうえ] (음력 12월 9일부터 3일간) 궁중이나 절에서 행하는 법회(法会).
仏文[ふつぶん] 불문; ①프랑스어 문장. ②프랑스어.
仏文科[ふつぶんか] 불문과; 프랑스어 문학과.
仏文学[ふつぶんがく] 불문학; 프랑스어 문학.
仏門[ぶつもん] ≪仏≫ 불문; 불교.
仏罰[ぶつばち/ぶつばつ] 불벌; 부처가 내리는 벌.
仏法❶[ふつほう] 프랑스 법학(法学). ❷[ぶっぽう] ≪仏≫ 불법; 불교.
仏法僧[ぶっぽうそう] ① ≪仏≫ 불법승; 부처와 불법과 중. ② ≪鳥≫ 파랑새. ③ ≪鳥≫ 부엉이.
仏菩薩[ぶつぼさつ] ≪仏≫ 불보살; 부처와 보살.
仏寺[ぶつじ] ≪仏≫ 불사; 절.
仏事[ぶつじ] ≪仏≫ 불사; 법회(法会). 불교 의식.
仏舎利[ぶっしゃり] ≪仏≫ 불사리.
仏師[ぶっし] 불상(仏像)·불구(仏具)를 만드는 사람.
仏桑花[ぶっそうげ] ≪植≫ 불상화.
1仏像[ぶつぞう] 불상; 부처의 상(像).
仏生会[ぶっしょうえ] ≪仏≫ 불생회.
仏書❶[ふっしょ] 프랑스어 서적. ❷[ぶっしょ] 불교 서적.
仏説[ぶっせつ] ≪仏≫ 불설; 부처의 가르침.
仏性❶[ぶっしょう] ≪仏≫ 불성; ①중생이 지닌 부처가 될 수 있는 성질. ②부처의 본성. ❷[ほとけしょう] 불성; 자비심이 많은 성질.
仏式[ぶっしき] ≪仏≫ 불식; 불교식.
仏身[ぶっしん] ≪仏≫ 불신; 부처의 몸.
仏神[ぶっしん] 불신; 부처와 신.
仏心❶[ぶっしん] ①부처의 자비심. ②(부처의 자비심 같은) 인정미. ❷[ほとけごころ] 불심; ①불교를 깊이 깨달은 마음. ②자비심.
仏眼[ぶつげん] ≪仏≫ 불안; 부처의 눈. 해탈한 눈.
仏語❶[ふつご] 불어; 프랑스어. ❷[ぶつご] 불교 용어.
仏訳[ふつやく] 불역; 프랑스어로 번역함. 프랑스어로 번역한 것.
仏縁[ぶつえん] ≪仏≫ 불연; 부처와의 인연.
仏院[ぶついん] 불원; 절. 사원(寺院).
仏恩[ぶつおん] 불은; 부처의 은혜.
仏人[ふつじん] 불인; 프랑스 사람. 프랑스인.
仏印[ふついん] ≪地≫ '仏領(ふつりょう) インドシナ'의 준말.
仏子[ぶっし] ≪仏≫ 불자; ①불제자(仏弟子). ②모든 중생(衆生).
仏者[ぶっしゃ] ≪仏≫ 불자; 불교도.
仏葬[ぶっそう] 불장; 불교식 장례.
仏跡[ぶっせき] 불적; ①석가의 유적. ②부처의 족적(足跡).
仏敵[ぶってき] ≪仏≫ 불적; 불교를 해치는 적. 불교의 적
仏典[ぶってん] 불전; 불교 서적.
仏前[ぶつぜん] 불전; ①부처의 앞. ②불단(仏壇)의 앞.
仏殿[ぶつでん] 불전; 불당(仏堂).
仏頂面[ぶっちょうづら] 시무룩한 표정.
仏頂尊[ぶっちょうそん] ≪仏≫ 불정존.
仏弟子[ぶつでし] 불제자; 불교도.
仏祖[ぶっそ] ≪仏≫ 불조; ①석가. ②부처와 조사(祖師).
仏足石[ぶっそくせき] ≪仏≫ 불족석.
仏種[ぶっしゅ] ≪仏≫ 불종.
仏座[ぶつざ] 불좌; 연대(蓮台).
仏刹[ぶっさつ] ≪仏≫ 불찰; 절. 사찰.
仏参[ぶっさん] 불참; 절에 가서 참배함.
仏体[ぶったい] ≪仏≫ 불체; ①부처의 몸. ②불상(仏像).
仏陀[ぶつだ] ≪仏≫ 불타; 부처.
仏誕[ぶったん] ≪仏≫ 불탄; 석가 탄생.
仏塔[ぶっとう] 불탑; 절의 탑.
仏土[ぶつど] ≪仏≫ 불토; ①부처가 사는 곳. ②부처의 교화(教化)를 받는 곳.
仏学❶[ふつがく] 불학; 프랑스에 관한 학문. ❷[ぶつがく] 불교학. 불교에 관한 학문.
仏艦[ふつかん] 불함; 프랑스 함대.
仏和[ふつわ] '仏和辞典'의 준말.
仏和辞典[ふつわじてん] 불화사전; 프랑스어를 일본어로 해설한 사전.
仏画[ぶつが] 불화; 불교에 관한 그림.

払(拂) 떨칠 불

一 十 扌 扎 払

音 ◉フツ
訓 ◉はらう

訓読

3◉払う[はらう] 〈5他〉 ①(돈을) 치르다. 지불하다. ②털어내다. 없애다. ③제거하다. ④추방하다. 쫓다. ⑤(옆으로) 후려치다. ⑥(불필요한 것을) 팔아 치우다. ⑦널리 미치게 하다. 떨치다. ⑧철수하다. 물러나다. ⑨(목적 달성을 위해) 바치다. 제공하다. ⑩(마음을) 쓰다. 기울이다.

払い[はらい] ①지불. 계산. 셈. ②(불필요한 것을) 제거함. 없애버림. ③(탄광의) 채탄장(採炭場).

払い渡す[はらいわたす] 〈5他〉 ①지불하다. 돈을 치르다. ②(불필요한 물건을) 팔아 치우다.

払い落とす[はらいおとす] 〈5他〉 ①털어 버리다. 털어 떨어뜨리다. ②(마음속의 응어리를) 떨어 없애다. 끊어버리다.

2払い戻す[はらいもどす] 〈5他〉 ①(정산하고 나머지를) 되돌려주다. 환불하다. ②(은행에서 돈을) 내주다.

払(い)物[はらいもの] 팔아 치울 물건.

払い上げる[はらいあげる] 〈下他〉 밑에서 위로 털어 버리듯 흔들다.

払(い)手形[はらいてがた] 지불 어음.

払(い)込み[はらいこみ] 불입; 납부.

2払い込む[はらいこむ] 〈5他〉 (돈을) 불입하다. 납부하다.

払い除ける[はらいのける] 〈下1他〉 뿌리치다. 털어 버리다. 물리치다. 쫓다.

払い超[はらいちょう] 지불 초과.

払(い)出(し)[はらいだし] 인출. 지출.

払い出す[はらいだす] 〈5他〉 ①털어 내다. 내쫓다. ②지불하다. 돈을 지출하다.

払い下げる[はらいさげる] 〈下1他〉 불하하다. (관청이) 동산・부동산을 민간인에게 매도(売渡)하다.

払(い)下げ[はらいさげ] 불하; (관청이) 동산・부동산을 민간인에게 매도(売渡)함.

音読

払拭[ふっしょく/ふっしき] 불식; 털고 닦은 것처럼 아주 싹 없애 버림.

払子[★ほっす] ≪仏≫ 선종(禅宗)의 중이 법회 때 쓰는 먼지떨이 비슷한 불구(仏具).

払底[ふってい] 동이 남. 바닥이 남. 품절(品切). 부족함.

払暁[ふつぎょう] 불효; 새벽녘.

弗 아닐/달러 불	音 ⊗フツ ⊗ドル 訓 —

音読

弗[ドル] ①불; (미국 화폐의) 달러. ②돈.

弗建て[ドルだて] ≪経≫ 달러 표시.

弗買い[ドルかい] ≪経≫ 달러 매입.

弗相場[ドルそうば] ≪経≫ 달러 시세.

弗箱[ドルばこ] ≪経≫ ①금고. ②돈을 대주는 사람. ③달러 박스. 돈을 벌어주는 물건이나 사람.

弗素[ふっそ] ≪化≫ 불소; 플루오르.

弗素樹脂[ふっそじゅし] ≪化≫ 불소 수지.

弗入れ[ドルいれ] 지갑

弗地域[ドルちいき] ≪経≫ 달러 지역. 달러로 상거래를 하는 지역.

祓 푸닥거리 불	音 ⊗フツ/バツ 訓 ⊗はらう

訓読

⊗祓う[はらう] 〈5他〉 불제(祓除)하다. 푸닥거리를 하다. 신(神)에게 빌어 재앙・죄・부정(不浄) 등을 없애다.

祓い[はらい] 불제(祓除). 푸닥거리. 재앙・죄・부정(不浄) 등을 물리치는 행사.

祓い清める[はらいきよめる] 〈下1他〉 불제(祓除)하다. 정(浄)하게 하다. 신(神)에게 빌어 재앙・죄・부정(不浄) 등을 없애다.

音読

◑修祓[しゅうふつ/しゅうばつ]

〔붕〕

崩(崩) 산무너질 붕

' 屮 屮 屵 岸 岸 崩 崩 崩 崩

音 ◉ホウ

訓 ◉くずす ◉くずれる

訓読

2◉崩す[くずす] 〈5他〉 ①무너뜨리다. 허물어뜨리다. ②(정돈된 것을) 흐트러뜨리다. ③(글씨를) 흘려 쓰다. ④(돈을) 잔돈으로 바꾸다. 헐다. ⑤싱글벙글하다. ⑥타락하다. 몸을 망치다.

崩し[くずし] ①무너뜨림. 허물어뜨림. ②(가요 따위에서) 변형시킴. 변형시킨 것.
崩し売り[くずしうり] 닥치는 대로 물건을 조금씩 팖.
崩し書き[くずしがき] ①약자(略字). ②초서(草書)나 행서(行書).
崩し字[くずしじ] 초서(草書). 흘려 쓴 글자.
2◉**崩れる**[くずれる] 〈下1自〉 ①무너지다. 허물어지다. ②(정돈된 것이) 흐트러지다. ③(시세가) 갑자기 떨어지다. 급락하다. ④(잔돈으로) 바꿀 수 있다. 헐 수 있다. ⑤(날씨가) 나빠지다. 궂어지다. ⑥(피부가) 헐다. 짓무르다.
崩れ[くずれ] ①무너짐. 붕괴. 붕괴된 곳. ②(모임을) 해산한 사람들. ③(직업을 나타내는 말에 접속하여) 퇴물(退物).
崩れ家[くずれや] ①무너진 집. ②몰락한 집.
崩れ掛かる[くずれかかる] 〈5自〉 ①무너져 내리다. ②무너지기 시작하다. 무너지려고 하다.
崩れ口[くずれぐち] ①무너진 곳의 가장자리. ②무너지려는 찰나.
崩れ落ちる[くずれおちる] 〈上1自〉 무너져 내리다. 허물어져 내리다.
崩れ垣[くずれがき] 무너진 울타리.
崩れ際[くずれぎわ] ①무너지려는 찰나. ②무너진 곳의 가장자리.
崩れ足[くずれあし] ①진영이 무너질 것 같은 기미. ②시세가 하락세로 기욺.

音読

崩じる[ほうじる] 〈上1自〉 ☞ 崩ずる
崩ずる[ほうずる] 〈サ変自〉 (임금이) 붕어(崩御)하시다. 돌아가시다. 승하하시다.
1**崩壊**[ほうかい] 붕괴; ①허물어져 내림. ②방사선 원소가 방사선을 방출하고 다른 원소로 변함.
崩潰[ほうかい] ☞ 崩壊
崩落[ほうらく] 붕락; ①무너져 내림. 허물어져 내림. ②시세의 급격한 하락. 급락. 폭락.
崩御[ほうぎょ] 붕어; (임금이) 돌아가심. 승하하심.

棚(棚) 시렁 붕

一 十 才 木 杓 朋 朋 棚 棚 棚

音 ⊗ホウ
訓 ◉たな

訓読

3◉**棚**[たな] ①선반. 시렁. ②(자라는 식물의 덩굴을 올리는) 시렁. ③산의 경사가 완만한 곳. ④대륙붕(大陸棚). ⑤물고기가 노는 곳. 유영층(遊泳層). ⑥뱃전의 안쪽에 댄 쪽널.
棚ぼた[たなぼた] ≪俗≫ 뜻밖의 행운.
棚経[たなぎょう] 盂蘭盆会(うらぼんえ) 때 중이 불전(仏前)에서 불경을 욈.
棚橋[たなはし] 난간 없이 널판때기로 선반처럼 걸친 다리.
棚機[たなばた] ①베틀. ②직녀(織女).
棚機祭り[たなばたまつり] 칠석제(七夕祭).
棚牧丹[たなぼた] ≪俗≫ 뜻밖의 행운.
棚無(し)小舟[たななしおぶね] 뱃전에 대는 널판때기가 없는 작은 배.
棚卸し[たなおろし] ①재고 조사. 재고 정리. ②남의 결점을 일일이 들어 헐뜯음. 흉을 봄.
棚上げ[たなあげ] ①(수요와 공급을 위해) 일시적으로 출고를 정지함. ②보류해 둠. 뒤로 미룸. ③(사람을) 은근히 무시함. 뒷전에 앉힘.
棚雲[たなぐも] 옆으로 길게 뻗은 구름.
棚引く[たなびく] 〈5自〉 (구름・안개 등이) 가로로 길게 뻗치다.
棚田[たなだ] (산비탈의) 계단식 논.
棚浚え[たなざらえ] 바겐세일. 떨이.

朋 친구 붕

音 ⊗ホウ
訓 ―

音読

朋党[ほうとう] 붕당; 도당(徒党). 뜻이 같은 사람끼리 모인 단체.
朋輩[ほうばい] 붕배; 같은 스승・주인을 섬기는 동아리. 동배(同輩).

硼 붕사 붕

音 ⊗ホウ
訓 ―

音読

硼砂[ほうしゃ] ≪化≫ 붕사; 붕산나트륨의 흰 결정.
硼酸[ほうさん] ≪化≫ 붕산.
硼酸軟膏[ほうさんなんこう] 붕산 연고.
硼素[ほうそ] ≪化≫ 붕소. ＊기호는 B.

비

比 견줄 비

一 ト ヒ 比

音 ◉ヒ ⊗ビ
訓 ◉くらべる ⊗たぐう ⊗たぐえる ⊗よそえる

訓読

3◉**比べる**[くらべる] 〈下1自〉 ①비교하다. 대조하다. ②(우열을) 겨루다. 경쟁하다.

比べ[くらべ] ①비교. 대조. ②(우열을) 겨룸. 경쟁. 겨루기.

比べ物[くらべもの] 비교물. 비교할 만한 가치가 있는 것.

比ぶべくも無い[くらぶべくもない] 〈形〉 비할 바가 아니다. 아주 심한 차이가 나다

⊗**比う**[たぐう] 〈5自〉 ①(비슷한 것이) 늘어서다. ②엇비슷하다. 견줄 만하다. 필적(匹敵)하다.

⊗**比い無い**[たぐいない] 〈形〉 아주 빼어나다. 아주 뛰어나다. 이루 말할 수 없다.

⊗**比える❶**[たぐえる] 〈下1他〉 나란히 하여 견주다. 나란히 하다. ❷[よそえる] 〈下1他〉 ①비유(比喩)하다. ②핑계 대다. 구실 삼다.

音読

比[ひ] 비; ①견줄만 함. 유례(類例). 비교. ②비율(比率).

比する[ひする] 〈サ変他〉 비하다. 비교하다.

比肩[ひけん] 비견; 비등함. 엇비슷함.

2**比較**[ひかく] 비교; 견줌.

比較級[ひかくきゅう] ≪語学≫ 비교급.

2**比較的**[ひかくてき] 비교적.

比丘[びく] ≪仏≫ 비구; 남자 중.

比丘尼[びくに] ≪仏≫ ①비구니; 여자 중. 여승(女僧). ②옛날, 여승의 모습으로 매춘을 한 하급 창녀.

1**比例**[ひれい] 비례; ①예를 들어 비교함. ② ≪数≫ 정비례(正比例).

比類[ひるい] 비류; 유례(類例). 비길 데 없음.

比倫[ひりん] 비륜; 비길 만한 것.

比目魚[ひらめ] ≪魚≫ 넙치. 광어(広魚).

比熱[ひねつ] ≪物≫ 비열.

比喩[ひゆ] 비유; 효과적으로 설명하기 위해 그와 비슷한 다른 사물에 빗대어 표현하는 것.

1**比率**[ひりつ] 비율; 한 개의 수를 기준으로 하여 나타낸 다른 수의 비교값.

比翼[ひよく] 비익; ①2마리의 새가 날개를 나란히 함. ②부부(夫婦). ③깃・소매 등을 겹으로 지음.

比翼連理[ひよくれんり] 비익연리; 사이좋은 남녀 한 쌍.

比翼の鳥[ひよくのとり] 금실 좋은 부부. 사이좋은 남녀.

比翼塚[ひよくづか] 서로 사랑하던 남녀나 동반 자살한 남녀의 무덤.

1**比重**[ひじゅう] 비중; ①어떤 물질과 표준물질의 질량의 비(比). ②중요도(重要度).

比重計[ひじゅうけい] 비중계.

比体重[ひたいじゅう] 비체중; 키에 대한 체중의 비율을 나타내는 지수(指数).

比況[ひきょう] 비황; ①비유(比喩). ② ≪語学≫ 다른 것과 견주어 비유해서 표현하는 방법.

妃 왕비 비

く 女 女 如 妃 妃

音 ◉ヒ
訓 ⊗きさき

訓読

⊗**妃❶**[きさき] ①천황의 부인. 황후(皇后). ②왕후(王侯)의 아내.

音読

妃❷[ひ] 비; 천황(天皇)의 후궁의 한 사람. 황후(皇后)의 다음. ＊明治(めいじ) 이후에는 황족(皇族)의 배우자를 말함.

妃殿下[ひでんか] 비전하; 황족의 비(妃)를 존경하는 칭호.

◑**皇太子妃**[こうたいしひ]

批 비평할 비

一 扌 扌 扌 批 批 批

音 ◉ヒ
訓 —

音読

批点[ひてん] 비점; ①비평할 곳에 찍은 점. 시가(詩歌)나 문장을 비평・정정하여 매기는 평점. ②비평・정정할 곳. 비난할 곳. 결점. 흠.

批正[ひせい] 비정; 비판하여 정정함.
批准[ひじゅん] 비준; 조약의 체결에 대한 당사국의 최종적 확인.
2批判[ひはん] 비판; 비평하고 판단함.
2批評[ひひょう] 비평; 평가하여 논함.

泌 분비할 비

丶 丷 氵 氵 沁 泌 泌 泌

音 ◉ヒ ◉ヒツ
訓 —

音読
泌尿器[ひにょうき/ひつにょうき] 《生理》 비뇨기; 오줌의 배출을 맡은 내장 기관.
◑分泌[ぶんぴつ/ぶんぴ]

沸 물끓을 비

丶 丷 氵 氵 沪 沪 涄 沸

音 ◉フツ
訓 ◉わかす ◉わく ⊗にえ

訓読
3◉沸かす[わかす] 〈5他〉 ①(물을) 끓이다. ②데우다. ③(금속을) 녹이다. ④열광시키다.
沸かし湯[わかしゆ] ①끓인 물. ②데운 목욕물.
3◉沸く[わく] 〈5自〉 ①(물이) 끓다. ②뜨거워지다. 데워지다. ③(금속이) 녹다. ④열광하다. 흥분하다. 들끓다. ⑤발효하다. 뜨다.
沸き[わき] (물이) 끓는 속도.
沸き起こる[わきおこる] 〈5自〉 ①(박수 등이) 터져 나오다. 환호하다. 환성을 지르다. ②(구름 등이) 솟아오르다. 피어오르다.
沸き立つ[わきたつ] 〈5自〉 ①펄펄 끓다. 끓어오르다. ②(구름이) 뭉게뭉게 피어오르다. ③(흥분하여) 열광하다. 들끓다.
沸き返る[わきかえる] 〈5自〉 ①펄펄 끓다. 끓어오르다. ②(속이) 부글부글 끓다. 치밀어 오르다. ③(흥분하여) 열광하다. 들끓다.
沸き上がる[わきあがる] 〈5自〉 ①펄펄 끓다. 끓어오르다. ②(구름이) 뭉게뭉게 피어오르다. ③(흥분하여) 열광하다. 들끓다.

⊗沸[にえ] 일본도(日本刀)의 칼날과 몸통의 경계선에 은모래를 뿌린 것같이 빛나 보이는 잔무늬.

音読
1沸騰[ふっとう] 비등; ①(액체가) 끓어오름. 펄펄 끓음. ②(여론・인기 등이) 들끓음. 흥분함. ③(물가의) 폭등. 급등.
沸騰点[ふっとうてん] 비등점; 액체가 끓어오르는 온도.
沸沸[ふつふつ] ①(액체가 끓는 모양) 부글부글. 펄펄. ②(액체 등이 솟아오르는 모양) 펑펑. 콸콸.
沸点[ふってん] 비점; 비등점. 액체가 끓어오르는 온도.

肥 살찔/거름 비

丿 刀 月 月 肝 肝 肥 肥

音 ◉ヒ
訓 ◉こえる ◉こやす ◉こえ

訓読
◉肥える[こえる] 〈下1自〉 ①(동물이) 살찌다. ②(땅이) 기름지다. 비옥해지다. ③(사물을 보는 안목이) 높아지다 ④(자산이) 불어나다. 증대하다.
◉肥やす[こやす] 〈5他〉 ①(동・식물을) 살찌우다. ②(땅을) 비옥하게 하다. ③(감상력・안목을) 넓히다 기르다. ④(부당한 이득을) 채우다.
肥(や)し[こやし] 거름. 비료(肥料).
◉肥[こえ] 거름. 비료(肥料). 분뇨.
肥担桶[こえたご] 거름통.
肥溜め[こえだめ] 분뇨 구덩이.
肥柄杓[こえびしゃく] 똥바가지.
肥車[こえぐるま] 분뇨 운반차.
肥取[こえとり] 분뇨 수거(収去).
肥取車[こえとりぐるま] 분뇨 수거차.
肥桶[こえおけ] 거름통.

音読
肥大[ひだい] 비대; 살이 쪄서 몸집이 크고 뚱뚱함.
肥料[ひりょう] 비료; 거름.
肥馬[ひば] 비마; 살찐 말.
肥満型[ひまんがた] 비만형; 살찐 체격.
肥培[ひばい] 비배; 특별히 거름을 주어서 농작물을 재배함.
肥沃[ひよく] 비옥; 땅이 기름짐.

肥育[ひいく] 비육; 가축을 살찌게 함.
肥効[ひこう] 비효; 비료의 효과.
肥厚[ひこう] 비후; (피부나 점막이) 부어서 두꺼워짐.
肥後の守[ひごのかみ] 주머니칼의 일종.

非 아닐 비

丿 ⺈ ⺕ ⺕ 刲 非 非 非

音 ◉ヒ
訓 ⊗あらず

訓読

⊗非ず[あらず] (앞서 말한 사실을 받아서) …아니다. …않다.

音読

2非[ひ] 비; ①도리에 어긋남. 나쁨. ②불리함. ③잘못. 결점. 죄. 과오. ④비난. 비방.
非家[ひか] 비전문가. 문외한(門外漢).
非公式[ひこうしき] 비공식; 공식적이 아님.
非国民[ひこくみん] 비국민; 국민의 본분을 벗어난 사람.
非金属[ひきんぞく] ≪化≫ 비금속.
非器[ひき] 비기; 그 일을 할 만한 능력이 모자람.
非難[ひなん] 비난; 남의 잘못이나 흠을 책잡음.
非能率的[ひのうりつてき] 비능률적.
非道[ひどう] 비도; 도리에 어긋남.
非道い[ひどい] 〈形〉 ①가혹하다. 끔찍하다. 참혹하다. 잔인하다. ②지독하다. 아주 심하다. 혹독하다. ③형편없다.
非力[ひりき/ひりょく] 무력(無力)함. 역량이 모자람.
非礼[ひれい] 비례; 무례함. 실례.
非理[ひり] 비리; 도리에 어긋남.
非望[ひぼう] 비망; 과분한 희망.
非売品[ひばいひん] 비매품; 팔지 않는 물품.
非命[ひめい] 비명; 뜻밖의 재난으로 죽음.
非番[ひばん] 비번; 당번이 아님.
非凡[ひぼん] 비범; 뛰어남. 훌륭함.
非上場株[ひじょうじょうかぶ] 비상장주.
3非常[ひじょう] 비상; ①뜻밖의 비상사태. ②예사가 아님. 대단함. 아주 심함.
2非常に[ひじょうに] 대단히. 아주. 심히.
非常口[ひじょうぐち] 비상구.
非常線[ひじょうせん] 비상선.
非常識[ひじょうしき] 비상식; 몰상식.
非業[ひごう] 비업; 비명(非命).
非運[ひうん] 비운; 불운(不運).
非人情[ひにんじょう] 비인정; ①몰인정함. ②의리・인정을 초월함.
非才[ひさい] 비재; 무능함.
非晶質[ひしょうしつ] ≪物≫ 비정질.
非情[ひじょう] 비정; ①무정함. 매정함. ②≪仏≫ 목석(木石).
非鉄金属[ひてつきんぞく] 비철금속.
非合理[ひごうり] 비합리; 불합리.
非合法[ひごうほう] 비합법; 법률의 규정에 위반되는 일.
1非行[ひこう] 비행; 나쁜 짓.
非現業[ひげんぎょう] 비현업; (기업에서) 관리・사무 부서의 일.

卑(卑) 낮을/천할 비

′ 〳 勹 冂 冃 由 由 甶 卑

音 ◉ヒ
訓 ◉いやしい ◉いやしむ ◉いやしめる

訓読

1◉卑しい[いやしい] 〈形〉 ①저속하다. 품위가 없다. 천하다. ②게걸스럽다. 치사하다. 탐욕스럽다.
◉卑しむ[いやしむ] 〈5他〉 깔보다. 무시하다. 경멸하다.
◉卑しめる[いやしめる] 〈下1他〉 깔보다. 무시하다. 경멸하다.
卑しん坊[いやしんぼう] ①게걸스러운 사람. 걸신든 사람. ②구두쇠. 노랑이.

音読

2卑怯[ひきょう] 비겁; 정당하지 못하고 야비함.
卑怯者[ひきょうもの] 비겁자.
卑見[ひけん] 비견. ＊자신의 의견의 겸양어임.
卑屈[ひくつ] 비굴; 용기가 없고 마음이 비겁함.
卑近[ひきん] 비근; 흔하고 가까움.
卑金属[ひきんぞく] 비금속; 공기 중에서 쉽게 산화(酸化)되는 금속.
卑陋[ひろう] 비루; 야비함.
卑小[ひしょう] 비소; 하찮고 작음.
卑俗[ひぞく] 비속; 저속함.
卑属[ひぞく] 비속; 친족 중에서 손아랫사람.
卑語[ひご] 비어; 상말. 욕.
卑劣[ひれつ] 비열; 행동이 천함.

卑情[ひじょう] 비정; 비열한 마음.
卑賤[ひせん] 비천; 신분이 낮고 천함.
卑下[ひげ] 비하; 자기를 낮춤.
卑下自慢[ひげじまん] 못난 체하면서 자기 자랑을 함.

날 비

音 ◉ヒ
訓 ◉とばす ◉とぶ

訓読

[2]◉飛ばす[とばす] 〈5他〉 ①(하늘로) 날리다. 날게 하다. ②(차를) 빨리 몰다. ③튀기다. ④(활을) 쏘다. ⑤내뱉다. ⑥(중요한 것을) 건너뛰다. 빼놓다. ⑦퍼뜨리다. ⑧좌천시키다.
[4]◉飛ぶ[とぶ] 〈5自〉 ①(하늘을) 날다. ②비행하다. 날아가다. ③달려가다. 급히 가다. ④(공중으로) 튀어 흩어지다. 튀다. ⑤끊어지다. ⑥널리 퍼지다. 전해지다. ⑦뛰다. 뛰어넘다. ⑧멀리 달아나다. ⑨(색깔이) 없어지다. 바래다.
飛びっこ[とびっこ] ≪児≫ 멀리뛰기 경쟁.
飛(び)降り[とびおり] ①(차에서) 뛰어내림. ②(높은 데서) 뛰어내림.
飛び降りる[とびおりる] 〈上1自〉 ①(차에서) 뛰어내리다. ②(높은 데서) 뛰어내리다.
飛び去る[とびさる] 〈5自〉 ①날아서 사라지다. 날아가 버리다. ②재빨리 물러나다.
飛(び)競[とびくら] 높이뛰기 경쟁. 멀리뛰기 경쟁.
飛び掛かる[とびかかる] 〈5自〉 덤벼들다. 대들다.
飛び交う[とびかう] 〈5自〉 어지럽게 날다.
飛(び)級[とびきゅう] 월반(越班).
飛び起きる[とびおきる] 〈上1自〉 (자리에서) 벌떡 일어나다. 황급히 일어나다.
飛(び)台[とびだい] ①(수영의) 다이빙대. ②영(零)이 끼어 있는 일련의 수. ＊101 같은 수.
飛び渡る[とびわたる] 〈5自〉 날아서 건너다. 건너뛰다. 뛰어서 건너다.
飛(び)道具[とびどうぐ] (총·활처럼) 멀리서 쏘는 무기.
飛び離れる[とびはなれる] 〈下1自〉 ①펄쩍 뛰어 물러나다. ②멀리 떨어지다. ③현격한 차이가 나다.
飛び立つ[とびたつ] 〈5自〉 ①날아가다. 날아오르다. ②(기뻐서) 날아갈 듯하다.
飛び抜ける[とびぬける] 〈下1自〉 뛰어나다. 현격한 차이가 나다.
飛び歩く[とびあるく] 〈5自〉 ①바삐 돌아다니다. 뛰어다니다. ②여기저기 돌아다니다.
飛び付く[とびつく] 〈5自〉 ①달려들다. 덤벼들다. ②(유행을) 따르다.
飛び飛び[とびとび] ①띄엄띄엄. 듬성듬성. 드문드문. 간간이. ②건너 뛰어.
飛び散る[とびちる] 〈5自〉 (사방으로) 날아 흩어지다. 흩날리다. 튀다.
飛び上がる[とびあがる] 〈5自〉 ①높이 날아오르다. ②뛰어오르다. ③(순서를 밟지 않고) 뛰어넘다.
飛(び)上(が)り[とびあがり] ①높이 날아오름. ②뛰어오름. ③벼락출세. ④엉뚱함.
飛び上(が)り者[とびあがりもの] ①엉뚱한 짓만 하는 괴짜. ②벼락출세한 사람.
飛び翔る[とびかける] 〈5自〉 비상하다. 하늘 높이 날아가다.
飛(び)箱[とびばこ] (체조 용구) 뜀틀.
飛(び)双六[とびすごろく] 주사위의 숫자에 따라 전진하는 놀이.
飛(び)石[とびいし] 징검돌. 징검다리.
飛び巡る[とびめぐる] 〈5自〉 ①날아다니다. ②바쁘게 돌아다니다.
飛び乗り[とびのり] (탈것에) 뛰어 올라탐. 뛰어 오름.
飛び乗る[とびのる] 〈5自〉 (탈것에) 뛰어 올라타다. 뛰어 오르다.
飛(び)魚[とびうお] ≪魚≫ 비어; 날치.
飛び越える[とびこえる] 〈下1他〉 ①(장애물을) 뛰어넘다. ②앞지르다.
飛び越す[とびこす] 〈5自〉 ①건너뛰다. 뛰어넘다. ②앞지르다.
飛び違う[とびちがう] 〈5自〉 ①어지럽게 날다. 뒤섞여 날다. ②상당히 차이가 나다.
飛(び)入り[とびいり] ①갑자기 뛰어듦. ②얼룩점이 박혀 있음.
[2]飛び込む[とびこむ] 〈5自〉 ①뛰어들다. ②스스로 투신(投身)하다.
飛(び)込(み)[とびこみ] ①뛰어듦. ②불쑥 나타남. ③다이빙.
飛(び)込(み)客[とびこみきゃく] 불쑥 나타난 손님.
飛(び)切り[とびきり] ①뛰어오르면서 적을 벰. ②뛰어남. 월등함.

飛(び)地[とびち] 비지; 행정구역의 일부가 다른 행정구역 안에 떨어져 있는 지역.
飛(び)出(し)ナイフ[とびだしナイフ] 누르면 칼날이 튀어나오는 나이프.
2飛び出す[とびだす] 〈5自〉 ①뛰쳐나가다. 뛰쳐나오다. ②튀어나오다. 내밀다. 돌출하다. ③(물이) 내뿜다. ④관계를 끊고 뛰쳐나오다. ⑤날기 시작하다. 달리기 시작하다. 출발하다.
飛び出る[とびでる] 〈下1自〉 튀어나오다. 내밀다. 돌출하다.
飛び退く[とびのく] 〈5自〉 잽싸게 물러나다. 홱 비켜서다.
飛び退る[とびしさる] 〈5自〉 잽싸게 물러나다. 홱 비켜서다.
飛(び)板[とびいた] (수영의) 스프링보드. 도약판. 뜀 판.
飛び下がる[とびさがる] 〈5自〉 ①뛰어내리다. ②재빨리 물러서다.
飛(び)下り[とびおり] ①(차에서) 뛰어내림. ②(높은 곳에서) 뛰어내림.
飛び下りる[とびおりる] 〈上1自〉 ①(차에서) 뛰어내리다. ②(높은 곳에서) 뛰어내리다.
飛(び)火[とびひ] ①불똥이 튐. 흩어져 튀는 불똥. ②(사건이) 비화(飛火)됨. 엉뚱한 곳으로 번짐.
飛び回る[とびまわる] 〈5自〉 ①날아 돌아다니다. ②바쁘게 뛰어다니다.

音読

飛脚[ひきゃく] ①파발꾼. ②(江戸(えど) 시대의) 심부름꾼.
飛来[ひらい] 비래; 날아옴.
飛竜[ひりゅう/ひりょう] 비룡; ①하늘을 나는 용. ②성인(聖人)이 임금 자리에 있음.
飛沫❶[ひまつ] 비말; ①물보라. ②물벼락. ❷[しぶき] 비말; 물보라.
飛沫伝染[ひまつでんせん] ≪医≫ 비말 전염.
飛白❶[ひはく] 비백; 한자(漢字)의 한 체(体). ❷[かすり] 붓으로 살짝 스친 듯한 잔무늬.
飛報[ひほう] 비보; 급보(急報).
飛散[ひさん] 비산; 날아 흩어짐.
飛翔[ひしょう] 비상; 높이 날아오름.
飛躍[ひやく] 비약; 높이 뛰어오름.
飛揚[ひよう] 비양; ①높이 날아오름. ②높은 지위에 오름.
飛語[ひご] 비어; 뜬소문.
飛電[ひでん] 비전; ①번개. ②지급(至急) 전보.
飛鳥❶[ひちょう] 비조; 나는 새. ❷[あすか] 奈良県(ならけん)에 있는 지명(地名).
飛車[ひしゃ] 일본 장기 말의 하나.
飛泉[ひせん] 비천; 폭포.
飛弾[ひだん] 비탄; 날아오는 탄환.
4飛行機[ひこうき] 비행기.
3飛行場[ひこうじょう] 비행장.
飛蝗[★ばった] ≪虫≫ 메뚜기.

秘(祕) 숨길 비

一 二 千 禾 禾 秋 秘 秘 秘 秘

音 ◉ヒ
訓 ◉ひめる

訓読

◉秘める[ひめる] 〈下1他〉 (안 보이게) 감추다. 간직하다. 숨기다.
秘め事[ひめごと] 비사; 비밀스런 일. 내밀한 일.

音読

秘[ひ] 비; 비밀. 신비.
秘す[ひす] 〈5他〉 ☞ 秘する
秘する[ひする] 〈サ変他〉 숨기다. 감추다. 비밀로 하다.
秘訣[ひけつ] 비결; 비법(秘法).
秘境[ひきょう] 비경; 신비스런 장소.
秘計[ひけい] 비계; 비책(秘策).
秘曲[ひきょく] 비곡; 비전(秘伝)의 악곡.
秘技[ひぎ] 비기; ①비밀의 기술. ②침실에서의 기교(技巧).
秘匿[ひとく] 비닉; 은닉(隠匿). 몰래 감춤.
秘録[ひろく] 비록; 비밀 기록.
2秘密[ひみつ] 비밀; 남에게 알려지지 않도록 숨겨 둠.
秘方[ひほう] 비방; 비밀의 방법.
秘法[ひほう] 비법; ①비밀의 방법. ② ≪仏≫ (真言宗의) 비밀 기도.
秘宝[ひほう] 비보; 공개되지 않은 귀중한 보물.
秘本[ひほん] 비본; ①비장본(秘蔵本). ②음서(淫書).
秘仏[ひぶつ] 비불; 평소에는 공개하지 않는 불상(仏像).
秘史[ひし] 비사; 숨은 역사.
秘事[ひじ] 비사; 비밀 사항.
1秘書[ひしょ] 비서; ①비밀 문서. ②상사에게 직속되어 중요 사무를 다루는 사람.
秘術[ひじゅつ] 비술; 비밀의 기술.

秘薬[ひやく] 비약; 묘약. 특효약.
秘語[ひご] 비어; 비밀의 말. 은어.
秘奥[ひおう] 비오; (학문·예술의) 쉽게 이룰 수 없는 심오한 곳.
秘義[ひぎ] 비의; 깊은 뜻.
秘儀[ひぎ] 비의; 비밀 의식(儀式).
秘蔵[ひぞう] 비장; 숨겨서 간직함.
秘伝[ひでん] 비전; 비밀히 전해 내려옴.
秘中[ひちゅう] 비중; 비밀 속.
秘策[ひさく] 비책; 비밀 계책.
秘話[ひわ] 비화; 숨은 이야기.
◑便秘[べんぴ], 神秘[しんぴ]

備 갖출 비

亻 仁 仩 伳 伴 𠈇 偫 備 備 備

音 ◉ビ
訓 ◉そなえる ◉そなわる ⊗つぶさに

訓読

[2]◉備える[そなえる] 〈下1他〉 ①갖추다. 구비하다. 비치하다. ②대비하다. 준비하다. ③(덕이나 재능을) 갖추다. 지니다.
備え[そなえ] ①대비. 준비. ②방비 태세. 경비(警備).
備(え)付け[そなえつけ] 비치함. 비치한 물품.
[1]備え付ける[そなえつける] 〈下1他〉 비치하다. 갖추다. 설치하다.
備(え)付け品[そなえつけひん] 비치품.
[1]◉備わる[そなわる] 〈5自〉 ①갖춰지다. 구비되다. 비치되다. ②(덕이나 재능이) 갖추어지다. ③(한패에) 끼다.
⊗備に[つぶさに] ①자세하게. 소상하게. ②모조리. 죄다. 빠짐없이. 골고루.

音読

備考[びこう] 비고; 참고로 준비해 둠.
備考欄[びこうらん] 비고란.
備忘録[びぼうろく] 비망록; 메모.
備蓄[びちく] 비축; 대비하여 저장해 둠.
備品[びひん] 비품; 갖추어 둔 물품.
備荒[びこう] 비황; 흉작·재해에 대비함.

悲 슬플 비

丿 丆 ヨ ヨ 刲 非 非 非 悲 悲

音 ◉ヒ
訓 ◉かなしい ◉かなしむ

訓読

[3]◉悲しい[かなしい] 〈形〉 ①슬프다. ②애처롭다. 딱하다. 구슬프다.
悲しがる[かなしがる] 〈5自〉 슬퍼하다.
悲しげ[かなしげ] 〈形動〉 슬픈 듯함.
[2]◉悲しむ[かなしむ] 〈5他〉 슬퍼하다. 마음 아파하다.
悲しみ[かなしみ] 슬픔. 비애(悲哀).

音読

悲歌[ひか] 비가; ①슬픈 노래. ②슬픔을 노래함. 슬프게 노래함.
悲境[ひきょう] 비경; 슬픈 처지.
[1]悲観[ひかん] 비관; 사물을 슬프게만 보고 실망함.
[2]悲劇[ひげき] 비극; ①불행을 주제로 한 극. ②불행한 사건.
悲恋[ひれん] 비련; 슬픈 연애.
[1]悲鳴[ひめい] 비명; (공포·압박감·위험 등으로) 갑자기 외마디 소리를 지름.
悲報[ひほう] 비보; 슬픈 소식.
悲憤[ひふん] 비분; 슬프고 분함.
悲傷[ひしょう] 비상; 비통(悲痛)함.
悲愁[ひしゅう] 비수; 슬픔과 근심.
悲哀[ひあい] 비애; 슬픔과 설움.
悲運[ひうん] 비운; 슬픈 운명. 불운(不運).
悲願[ひがん] 비원; ①꼭 달성하려는 비장한 소원. ②≪仏≫ 비원.
悲壮[ひそう] 비장; 슬프고도 장함.
悲調[ひちょう] 비조; 슬픈 가락.
[1]悲惨[ひさん] 비참; 슬프고도 끔찍함.
悲愴[ひそう] 비창; 비통(悲痛)함.
悲嘆[ひたん] 비탄; 슬프게 탄식함.
悲痛[ひつう] 비통; 슬퍼서 마음이 아픔.
悲話[ひわ] 비화; 슬픈 이야기.
悲況[ひきょう] 비황; 슬퍼할 만한 상황.
悲喜[ひき] 희비. 슬픔과 기쁨.

扉(扉) 문짝 비

一 ㄱ ヨ 戸 戸 戸 扉 扉 扉 扉

音 ◉ヒ
訓 ◉とびら

訓読

[1]◉扉[とびら] ①문. 문짝. 대문. ②(책의) 안겉장. 속표지. ③(잡지의) 본문 앞의 첫 페이지.

扉絵[とびらえ] ①(책의) 속표지 그림. ②사원(寺院)이나 감실(龕室) 등의 문짝에 그린 그림.

音読

◑**開扉**[かいひ], **門扉**[もんぴ], **鉄扉**[てっぴ]

費 소모할 비

音 ◉ヒ
訓 ◉ついえる ◉ついやす

訓読

◉**費える**[ついえる] 〈下1自〉 ①(수량이) 줄다. 줄어들다. 적어지다. 축나다. ②허비되다. 낭비되다.

費え[ついえ] ①비용. ②허비. 낭비.

[1]◉**費やす**[ついやす] 〈5他〉 ①소비하다. 쓰다. 탕진하다. ②허비하다. 낭비하다.

音読

費途[ひと] 비도; 돈의 사용처.

費目[ひもく] 비목; 비용의 명목.

費消[ひしょう] 비소; 소비. 금품 등을 모두 써 버림. 탕진.

[2]**費用**[ひよう] 비용; 어떤 일을 하거나 물건을 사는 데 내는 돈.

碑(碑) 비석 비

音 ◉ヒ
訓 —

音読

碑[ひ] 비; 비석(碑石).

碑銘[ひめい] 비명; 비(碑)에 새긴 글.

碑文[ひぶん] 비문; 비(碑)에 새긴 글.

碑石[ひせき] 비석; ①석비(石碑)의 재료. ②돌비석.

鼻(鼻) 코 비

音 ◉ビ
訓 ◉はな

訓読

[4]◉**鼻**[はな] ①코. ②후각(嗅覚).

鼻っぱし[はなっぱし] 콧대. 고집.

鼻歌[はなうた] 콧노래.

鼻歌交じり[はなうたまじり] 힘이 안 듦. 진지한 맛이 덜함.

鼻綱[はなづな] 고삐.

鼻欠け[はなかけ] (매독 등으로) 코가 떨어져 없음. 또는 그런 사람.

鼻っ欠け[はなっかけ] '鼻欠け'의 강조.

鼻高高[はなたかだか] 우쭐댐. 의기양양함. 콧대가 높음.

鼻曲(が)り[はなまがり] ①코가 삐뚤어짐. ②《俗》 성질이 삐뚤어진 사람.

鼻溝[はなみぞ] 인중(人中).

鼻筋[はなすじ] 콧날.

鼻嵐[はなあらし] 거센 콧김.

鼻拉げ[はなひしげ] 코가 납작함.

鼻輪[はなわ] ①쇠코뚜레. ②(장식용) 코걸이.

鼻面[はなづら] (동물의) 콧등.

鼻っ面[はなっつら] '鼻面(はなづら)'의 강조.

鼻毛[はなげ] 코털.

鼻木[はなぎ] 쇠코뚜레.

鼻白む[はなじろむ] 〈5自〉 머쓱해지다.

鼻糞[はなくそ] 코딱지.

鼻緒[はなお] (나막신의) 끈.

鼻先[はなさき] ①코끝. ②눈앞. 코앞. ③(뭔가 하려는) 찰나. ④앞끝. 선단(先端).

鼻の先[はなのさき] ①코끝. ②눈앞. 코앞. ③매우 가까움.

鼻声[はなごえ] ①콧소리. ②코멘소리.

鼻水[はなみず/はなじる] 콧물.

鼻息[はないき] ①콧김. 콧숨. ②기세.

鼻眼鏡[はなめがね] 코안경.

鼻薬[はなぐすり] ①코약. ②약간의 뇌물. ③어린애를 달래는 과자.

鼻茸[はなたけ] 코에 생기는 종양(腫瘍).

鼻元[はなもと] ①코언저리. ②바로 코앞. 지척(咫尺).

鼻元思案[はなもとじあん] 얕은 생각.

鼻っ張り[はなっぱり] 오기. 고집.

鼻摘み[はなつまみ] 밉상을 떪.

鼻柱[はなばしら] ①코뼈. 콧등. ②고집. 콧대.

鼻っ柱[はなっぱしら] '鼻柱(はなばしら)'의 강조.

鼻汁[はなしる/はなじる] 콧물.

鼻持ち[はなもち] 고약한 냄새를 견딤.

鼻脂[はなあぶら] 코언저리의 개기름.
鼻紙[はながみ] 코를 푸는 종이.
鼻の差[はなのさ] ①(경마에서) 말의 코 길이 만큼의 근소한 차이. ②아주 근소한 차이.
鼻風邪[はなかぜ] 콧물감기.
鼻血[はなぢ] 코피.
鼻詰(ま)り[はなつまり] 코가 막힘.

音読

鼻カタル[びカタル] ≪医≫ 비염(鼻炎).
鼻腔[びこう/びくう] ≪生理≫ 비강; 콧구멍. ＊의학 용어로는 'びくう'임.
鼻骨[びこつ] ≪生理≫ 비골; 코뼈.
鼻孔[びこう] ≪生理≫ 비공; 콧구멍
鼻梁[びりょう] 비량; 콧대. 콧마루.
鼻炎[びえん] ≪医≫ 비염.
鼻音[びおん] 비음; 콧소리.
鼻翼[びよく] 비익; 콧방울.
鼻祖[びそ] 비조; 원조. 시조.
鼻出血[びしゅっけつ] 비출혈; 코에서 피가 나옴.

屁 방귀 비	音 ⊗ヒ 訓 ⊗へ

訓読

⊗屁[へ] ①방귀. ②시시한 것. 하찮은 것.
屁理屈[へりくつ] 억지소리. 억지 핑계. 이치에 닿지 않는 핑계.

音読

◑放屁[ほうひ]

庇 감쌀 비	音 ⊗ヒ 訓 ⊗かばう

訓読

1⊗庇う[かばう] 〈5他〉 ①두둔하다. 감싸다. 비호(庇護)하다. ②(상처를) 감싸다.
庇い立て[かばいだて] 두둔함. 감싸 줌. 비호(庇護)함.
庇い手[かばいて] ①감싸주는 사람. 두둔하는 사람. ②(씨름할 때 상대방과 넘어질 때) 위쪽의 사람이 아래쪽 상대방을 보호하기 위해 먼저 씨름판에 손을 짚음.

音読

庇蔭[ひいん] 비음; ①차양의 그늘. ②도움. 음덕(蔭徳).
庇護[ひご] 비호; 옹호하여 보호함.

砒 비상 비	音 ⊗ヒ 訓 —

音読

砒酸鉛[ひさんえん] ≪化≫ 비산연; 비산 수소연.
砒石[ひせき] ≪鉱≫ 비석; 비소・유황・철로 된 광물.
砒素[ひそ] ≪化≫ 비소; 비금속 원소의 한 종류.

婢 계집종 비	音 ⊗ヒ 訓 —

音読

婢僕[ひぼく] 비복; 남종과 여종.
婢妾[ひしょう] 비첩; 종으로 첩이 된 여자.

琵 비파 비	音 ⊗ビ 訓 —

音読

琵琶[びわ] ≪楽≫ 비파.
琵琶歌[びわうた] 비파가; 비파에 맞추어 부르는 노래.
琵琶法師[びわほうし] 비파를 타는 중.
琵琶湖[びわこ] 滋賀県(しがけん)에 있는 일본 최대의 호수.

脾 지라 비	音 ⊗ヒ 訓 —

音読

脾腹[ひばら] 비복; 옆구리.
脾臓[ひぞう] ≪生理≫ 비장; 지라.
脾脱疽[ひだっそ] ≪医≫ 비탈저; 탄저병.

痺 저릴 비	音 ⊗ヒ 訓 ⊗しびれる

訓読

2⊗痺れる[しびれる] 〈下1自〉 ①저리다. 마비되다. ② ≪俗≫ 몹시 흥분하다. 아주 도취되다.
痺れ[しびれ] 저림. 마비(痲痺).
痺鰻[しびれうなぎ] ≪魚≫ 전기뱀장어.
痺れ薬[しびれぐすり] ≪俗≫ 마취제.

音読

◑麻痺[まひ] 마비; ①저림. ② ≪医≫ 신경 기능의 쇠약・정지. ③원래의 활동이 정지됨.

鄙 더러울 비	音 ⊗ヒ 訓 ⊗ひな

訓読
⊗鄙[ひな] 시골. 촌.
鄙びる[ひなびる] 〈上1自〉 시골티가 나다. 시골 냄새가 나다. 촌스럽다.
鄙歌[ひなうた] 시골의 속요. 지방 민요.
鄙振(り)[ひなぶり] ①고대 가요 분류의 한 종류. ②'狂歌(きょうか)'의 딴이름. ③시골티가 남.
音読
鄙見[ひけん] 비견. *자기 의견의 겸양어.
鄙陋[ひろう] 비루; 야비함.
鄙語[ひご] 비어; 상말. 욕.
鄙劣[ひれつ] 비열; 행동이 천함.

緋 붉은빛 비	音 ⊗ヒ 訓 —

音読
緋桃[ひもも] 《植》 진홍색 꽃이 피는 복숭아나무.
緋衣草[ひごろもそう] 《植》 'サルビア'의 딴이름.
緋鯉[ひごい] 《魚》 관상용 잉어. 비단잉어.

誹 헐뜯을 비	音 ⊗ヒ 訓 ⊗そしる

訓読
⊗誹る[そしる] 〈5他〉 헐뜯다. 비방하다. 비난하다. 중상(中傷)하다.
誹り[そしり] 헐뜯기. 비방. 비난. 중상.
音読
誹謗[ひぼう] 비방; (남을) 중상(中傷)함. 헐뜯음.
誹謗中傷[ひぼうちゅうしょう] 비방 중상.

빈

浜(濱) 물가 빈

丶 冫 氵 氵 汇 汇 沂 浜 浜 浜

音 ◉ヒン
訓 ◉はま

訓読
1◉浜[はま] ①바닷가. 호숫가. ②벼루의 얕은 부분. ③(바둑의) 따낸 돌. ④ 《俗》 '横浜(よこはま)'의 준말.
浜街道[はまかいどう] ①해변 도로. ②江戸(えど)에서 陸前(りくぜん)까지의 해변 도로.
浜開き[はまびらき] 해변을 개방함.
浜端[はまばた] 바닷가.
浜路[はまじ] 바닷가・호숫가의 길.
浜万年青[はまおもと] '浜木綿(はまゆう)'의 딴이름.
浜木綿[はまゆう] 《植》 문주란.
1浜辺[はまべ] 바닷가. 해변.
浜焼(き)[はまやき] (갓 잡은 물고기를) 바닷가에서 바로 구운 것.
浜手[はまて] 해변. 해변 쪽.
浜の真砂[はまのまさご] ①해변의 잔모래. ②수없이 많음.
浜千鳥[はまちどり] 해변의 물떼새.
浜風[はまかぜ] 갯바람. 바닷바람.
音読
◑京浜[けいひん]

貧 가난 빈

丿 八 分 分 㑥 贫 貧 貧 貧 貧

音 ◉ヒン ◉ビン
訓 ◉まずしい

訓読
2◉貧しい[まずしい] 〈形〉 ①가난하다. ②(내용이) 부족하다. 빈약하다. 보잘것없다.
貧しげ[まずしげ] 〈形動〉 가난한 듯함.
貧しさ[まずしさ] 가난. 빈곤. 빈곤도(貧困度). 가난한 정도.
音読
貧[ひん] 가난. 빈곤.
貧する[ひんする] 〈サ変自〉 가난해지다.
貧家[ひんか] 빈가; 가난한 집.
貧苦[ひんく] 빈고; 가난의 고통.
1貧困[ひんこん] 빈곤; ①가난하여 생활이 어려움. ②빈약함. 보잘것없음.
貧鉱[ひんこう] 빈광; ①질이 낮은 광산. ②산출량이 적은 광산.
貧窮[ひんきゅう] 빈궁; 빈곤. 가난.
貧農[ひんのう] 빈농; 가난한 농민.
貧民[ひんみん] 빈민; 가난한 백성.
貧民窟[ひんみんくつ] 빈민굴.
貧富[ひんぷ] 빈부; 가난함과 부유함.
貧相[ひんそう] 빈상; ①가난한 인상. 초라한 인상. ②궁상맞음. 초라함.
1貧弱[ひんじゃく] 빈약; 다른 것에 비해서 초라하고 뒤짐.

貧者[ひんじゃ] 빈자; 가난한 사람.
貧村[ひんそん] 빈촌; 가난한 마을.
貧土[ひんど] 빈토; 척박한 땅. 불모지.
[1]貧乏[びんぼう] 빈핍; 가난함. 궁핍함. 빈궁함.
貧乏徳利[びんぼうどっくり] 원통형 모양의 자기 술병.
貧乏性[びんぼうしょう] 궁상을 떠는 성질.
貧乏神[びんぼうがみ] ①가난을 가져다준다는 신. ②十両(じゅうりょう)의 첫 번째 씨름꾼.
貧乏揺すり[びんぼうゆすり] (앉아 있을 때) 무릎을 떪.
貧乏人[びんぼうにん] 가난뱅이.
貧寒[ひんかん] 빈한; ①초라하고 썰렁함. ②빈약함. 많이 부족함.
[1]貧血[ひんけつ] 빈혈; 혈액 중의 적혈구나 혈색소가 정상치 이하인 상태.

賓(賓) 손님 빈

宀 宀 宀 宀 宀 宀 宀 宀 賓 賓

音 ◉ヒン
訓 —

音読

賓[ひん] 빈; ①손님. 빈객. ②주(主)된 것에 종속(従属)된 것.
賓客[ひんかく/ひんきゃく] 빈객; 귀한 손님.
賓格[ひんかく] 《語学》 빈격; 목적격.
賓辞[ひんじ] 《論》 빈사; 술어(述語).

頻(頻) 자주 빈

丨 ト 止 牛 歩 歩 歩 頻 頻 頻

音 ◉ヒン
訓 ⊗しきり

訓読

⊗頻り[しきり] 빈번함. 거듭 거듭됨.
[2]⊗頻りに[しきりに] ①끊임없이. 자꾸. 계속해서. ②몹시. 아주. 열심히.

音読

頻度[ひんど] 빈도; 반복되는 횟수.
頻発[ひんぱつ] 빈발; ①자주 발생함. ②자동차가 잇달아 많이 발차(発車)함.
[1]頻繁[ひんぱん] 빈번; 횟수가 잦음. 쉴 새 없음. 끊임없음.
頻頻と[ひんぴんと] 빈번하게. 자주.
頻出[ひんしゅつ] 빈출; 자주 나타남・발생함.
頻出度[ひんしゅつど] 빈출도; 자주 나타나거나 자주 발생하는 횟수.

牝 암컷 빈

音 ⊗ヒン
訓 ⊗めす ⊗め

訓読

⊗牝[めす] ①(동물의) 암컷. ②≪俗≫ 여자. ＊멸시하는 말임.
牝犬[めすいぬ] 암캐.
牝鹿[めじか] 암사슴.
牝猫[めすねこ] 암고양이.
牝牡[めすおす] 암컷과 수컷.
牝羊[めひつじ] 암양.
牝牛[めうし] 암소.
牝狐[めぎつね] 암여우.

音読

牝鶏[ひんけい] 암탉.
牝馬[ひんば] 암말.

彬 빛날 빈

音 ⊗ヒン
訓 —

音読

彬彬[ひんぴん] 빈빈; ①외양과 실속이 잘 갖추어져 있음. ②문물(文物)이 제대로 갖추어짐.

瀕×(瀕) 물가/임박할 빈

音 ⊗ヒン
訓 —

音読

瀕する[ひんする] 〈サ変自〉 (절박한 상황이) 직면하다. 닥치다. 임박하다. 박두하다.
瀕死[ひんし] 빈사; 거의 죽게 된 상태에 이름.

〔빙〕

氷 얼음 빙

亅 冫 氵 氺 氷

音 ◉ヒョウ
訓 ◉こおり ◉ひ ⊗こおる

訓読

[2]◉氷[こおり] 얼음. ¶～が張(は)る 얼음이 얼다. ¶～が溶(と)ける 얼음이 녹다.

⊗氷る[こおる] 〈5自〉 (물이) 얼다. 차게 느껴지다.
氷菓子[こおりがし] 얼음과자.
氷袋[こおりぶくろ] 얼음주머니.
氷豆腐[こおりどうふ] 얼린 두부.
氷白玉[こおりしらたま] 찹쌀떡에 설탕이나 빙수를 끼얹은 여름용 식품.
氷砂糖[こおりざとう] 얼음사탕.
氷水[こおりみず] 빙수; ①얼음물. ②얼음을 눈처럼 갈아서 당밀 즙을 넣은 빙수.
氷襲[こおりがさね] 질이 좋은 하얀 안피지(雁皮紙) 2장을 겹친 것.
氷室[ひむろ/ひょうしつ] 빙실; 얼음 창고.
氷魚[ひお/ひうお] ≪魚≫ 새끼 은어.
氷屋[こおりや] ①얼음가게. ②빙수 가게.
氷雨[ひさめ] ①≪雅≫ 우박. ②진눈깨비.
氷蔵[こおりぐら] 얼음 창고.
氷柱[つらら/ひょうちゅう] ①고드름. ②얼음 기둥.
氷枕[こおりまくら] 얼음 베개.
氷滑り[こおりすべり] 얼음지치기.
氷詰め[こおりづめ] 얼음을 채움. 얼음에 채운 것.

音読

氷結[ひょうけつ] 빙결; 얼어붙음. 결빙.
氷塊[ひょうかい] 빙괴; 얼음덩어리.
氷嚢[ひょうのう] 빙낭; 얼음주머니.
氷面[ひょうめん] 빙면; 얼음의 표면.
氷霧[ひょうむ] 빙무; ①수증기가 얼어서 결정체가 됨. ②공기 중의 물방울이 얼어 안개처럼 보임.
氷山[ひょうざん] 빙산; 얼음덩이 산.
氷上[ひょうじょう] 빙상; 얼음 위.
氷霜[ひょうそう] 빙상; ①얼음과 서리. ②상고대. 나무나 풀에 내린 서리.
氷雪[ひょうせつ] 빙설; 얼음과 눈.
氷野[ひょうや] 빙야; 빙원(氷原).
氷原[ひょうげん] 빙원; 얼음 벌판.
氷点[ひょうてん] 빙점; 얼음이 어는 온도.
氷点下[ひょうてんか] 빙점하; 영하(零下).
氷質[ひょうしつ] 빙질; 얼음의 질.
氷酢酸[ひょうさくさん] ≪化≫ 빙초산.
氷層[ひょうそう] 빙층; 얼음의 층.
氷炭[ひょうたん] 빙탄; 얼음과 숯. 서로 상극(相剋)임.
氷河期[ひょうがき] 빙하기.
氷海[ひょうかい] 빙해; 얼어붙은 바다.
氷解[ひょうかい] 빙해; ①얼음이 녹음. ②의문이나 의심이 완전히 풀림.

〔사〕

士 선비 사

一 十 士

音 ◉シ ⊗ジ
訓 —

音読

1**士**[し] ①무사(武士). 무사 계급. ②(江戸(えど) 시대의) 선비. ③전문직의 사람.

士官学校[しかんがっこう] 사관학교.

士君子[しくんし] 사군자; 학식이 많고 덕망이 높은 사람.

士気[しき] 사기; ①싸우려하는 병사들의 씩씩한 기개. ②일을 하고자 하는 기분.

士農工商[しのうこうしょう] 사농공상; (江戸(えど) 시대의) 무사・농민・공인・상인을 계급 순서대로 말함 것임.

士道[しどう] 사도; 무사로서 지켜야 할 도리. ＊'武士道(ぶしどう)'의 준말.

士分[しぶん] 무사의 신분. 무사 계급.

士族[しぞく] 사족; ①무사의 집안. ②(明治維新(めいじいしん) 이후에) 옛 무사 계급에 주어진 신분.

士卒[しそつ] 사졸; 병사(兵士).

士風[しふう] 사풍; 무사(武士)의 기풍.

士魂[しこん] 사혼; 무사(武士) 정신.

◑**居士**[こじ], **富士山**[ふじさん], **衛士**[えじ]

四 넉 사

丨 冂 冂 四 四

音 ◉シ
訓 ◉よっつ ◉よん ◉よ

訓読

4◉**四❶**[よ/よっ/よん] ①넷. ②네 개. ③네 살. ④(일본 씨름에서) 서로 양팔을 지르고 맞붙음. ❷[し] ☞ [音読]

4◉**四つ**[よっつ/よつ] ①넷. ②네 개. ③네 살. ④(일본 씨름에서) 서로 양팔을 지르고 맞붙음.

四H[よんえっち] 4에이치.

2**四つ角**[よつかど] ①네 귀. 네 모퉁이. 4개의 각. ②네거리.

四つ脚[よつあし] ①네 발 짐승. ②네 발을 가짐.

四つ脚門[よつあしもん] 4개의 큰 기둥에 지붕을 얹은 대문.

四階[よんかい] (건물의) 4층.

四年[よねん] 4년. 네 해.

四年生[よねんせい] 4학년. 4학년 학생.

四年制[よねんせい] 4년제.

四等国[よんとうこく] 4등국.

四輪車[よんりんしゃ] 4륜차; 자동차.

四つ目[よつめ] ①눈이 4개 있음. ②4각형을 4개씩 짝지어 맞춘 무늬.

四つ目結い[よつめゆい] (家紋의 하나로) '회(回)' 모양 넷을 짜 맞추어 정사각형 또는 마름모꼴로 나타낸 무늬.

四つ目垣[よつめがき] 대나무를 가로 세로로 성기게 엮어 칸살이 4각형인 울타리.

四つ目錐[よつめぎり] 끝이 4각형인 송곳.

四拍子[よんびょうし] ≪楽≫ 4박자.

四方❶[よも] ≪雅≫ 사방; 동서남북. 전후좌우. ❷[しほう] ①사방; 주위. ②천하(天下).

四番目物[よんばんめもの] (能(のう)에서) 하루에 연주하는 5곡목(曲目) 중 4번째 곡목.

四つ相撲[よつずもう] (일본 씨름에서) 서로 양팔을 질러 맞붙은 자세의 씨름.

四つ手[よつで] ①손 모양이 넷 달려 있음. ②(일본 씨름에서) 서로 양팔을 질러 맞붙은 자세.

四つ手籠[よつでかご] 4개의 대를 기둥으로 하여 대나무로 엮은 엉성한 가마. ＊江戸(えど) 시대에 서민들이 탔음.

四つ手網[よつであみ] 네 귀퉁이에 대나무를 댄 네모난 그물.

四時❶[よじ] 4시. 네 시. ❷[しじ] ①4계절. 사철. ②≪仏≫ 하루의 네 때. 아침・낮・저녁・밤.

四つ時[よつどき] (옛날 시각으로) 지금의 오전・오후의 10시.

四つ身[よつみ] ①(열 살 전후의) 어린이옷의 재단법. 또는 그걸로 지은 옷. ②(일본 씨름에서) 서로 양팔을 질러 맞잡은 자세.

四十路[よそじ] ①마흔. 40. ②마흔 살. 40세.

四(つ)辻[よつつじ] 네거리. 십자로.

四阿[★あずまや] 정자(亭子). 지붕만 있고 벽이 없는 집.

四つ葉[よつば] ≪植≫ 한 잎자루에 잎이 4개 달린 것.

四月❶[よつき] 넉 달. 4개월. ❷[しがつ] (1년 중의) 4월.

四ヶ月[よんかげつ] 4개월. 넉 달.

四人[よにん] 4명. 네 사람.

[4]四日[よっか] ①초나흗날. ②4일간. 나흘.

四字熟語[よじじゅくご] 4자숙어; 한자 4자로 구성된 숙어.

四つ切り[よつぎり] ①전체를 넷으로 자름. 넷으로 자른 것. ②(사진에서) 4절판.

四つ足門[よつあしもん] 4개의 큰 기둥에 지붕을 얹은 대문.

四種[よんしゅ] '第4種郵便物'의 준말.

四つ竹[よつだけ] 죽박(竹拍). 대나무조각을 2개씩 양손에 쥐고 손바닥을 오므렸다 폈다하여 울리는 악기. 또는 그것에 맞추어 추는 춤.

四布[よの] ☞ 四幅(よの)

四幅[よの] 네 폭. 네 폭의 천.

四回[よんかい] 4회; 네 번.

音読

[4]◉四❶[し] 4. 넷. ❷[よ/よっ/よん] ☞ [訓読]

[2]四角[しかく] ①4각. 네모. ②모가 남. ③(태도가) 딱딱함. 엄격함.

[2]四角い[しかくい] 〈形〉 ①네모나다. ②융통성이 없이 딱딱하다. 고지식하다.

四角四面[しかくしめん] ①네모 반듯함. 정사각형임. ②융통성이 없음. 고지식함.

四角張る[しかくばる] 〈5自〉 ①네모나다. ②고지식하다. 융통성이 없다.

四角形[しかくけい/しかっけい] 4각형.

四更[しこう] 4경; 지금의 오전 1시부터 3시 사이.

[2]四季[しき] 사계; ①사철. ②각 계절의 막달인 음력 3·6·9·12월.

四季施[しきせ] ①주인이 철따라 고용인에게 옷을 해 입힘. ②웃어른이나 회사가 준 것. ③형식적인 일. 판에 박은 일.

四股[しこ] (씨름에서) 발.

四顧[しこ] 사고; ①사방을 돌아봄. ②둘레. 부근. 주위.

四球[しきゅう] 사구; (야구에서) 포볼.

四国[しこく] ①사국; 네 나라. ②'四国地方(しこくちほう)'의 준말.

四君子[しくんし] 《美》 사군자; (동양화에서) 매(梅)·란(蘭)·국(菊)·죽(竹).

四六[しろく] 사륙; ①4와 6. ②(4곱하기 6인) 24. ③'四六判(しろくばん)'의 준말. ④'四六文(しろくぶん)'의 준말.

四六文[しろくぶん] 사륙문; 4자·6자의 대구(対句)의 한문체(漢文体).

四六倍版[しろくばいばん] 사륙 배판; 사륙판의 갑절이 되는 인쇄물의 규격.

四六時中[しろくじちゅう] 하루 종일. 24시간.

四六判[しろくばん] 사륙판; 가로 13㎝ 세로 19㎝ 되는 인쇄물의 규격.

四面[しめん] 사면; ①네 면. ②사방.

四面体[しめんたい] 4면체.

四面楚歌[しめんそか] 사면초가.

四民[しみん] 사민; 사(士)·농(農)·공(工)·상(商)의 네 계층. 모든 계층의 사람.

四半[しはん] ①4분의 1. ②정사각형으로 자른 천.

四半斤[しはんぎん] 4분의 1근.

四半期[しはんき] 4분기(分期); 1년을 넷으로 나눈 기간.

四半敷き[しはんしき] (현관 등에) 정사각형 돌을 비스듬하게 깔거나 깐 것.

四半分[しはんぶん] 4분의 1.

四方❶[しほう] ①사방; 주위. ②천하(天下). ❷[よも] 《雅》 사방; 동서남북. 전후좌우.

四方拝[しほうはい] 정월 초하룻날 아침에 천황(天皇)이 사방의 신(神)에게 국태민안(国泰民安)과 풍년을 기원하는 의식.

四方八方[しほうはっぽう] 사방팔방.

四辺[しへん] 사변; ①부근. 근방. 주위. ②사방의 변경(邊境). ③《数》 4개의 변.

四辺形[しへんけい] 4변형.

四福音書[しふくいんしょ] 사복음서; 성서의 '마태복음·마가복음·누가복음·요한복음'을 말함.

四部[しぶ] 사부; 네 부분.

四分❶[しぶん] 네 부분으로 나눔. ❷[よんぶ] ①4할. 40%. ②4푼. 4%. ❸[よんぷん] (시간의) 4분. 240초.

四分六[しぶろく] 4대 6의 비율.

四分五裂[しぶんごれつ] 사분오열.

四分音符[しぶおんぷ] 《楽》 4분 음표.

四分板[しぶいた] 4푼 널. 약 1.2㎝ 두께의 판자.

[2]四捨五入[ししゃごにゅう] 사사오입.

四散[しさん] 사방으로 흩어짐.

四書[ししょ] 사서; 대학(大学)·중용(中庸)·논어(論語)·맹자(孟子)의 총칭.

四声[しせい] 《語学》 사성.

四聖[しせい] 사성; 예수·석가·공자·소크라테스 4명을 말함.

四時❶[しじ] ①4계절. 사철. ②≪仏≫ 하루의 네 때. 아침·낮·저녁·밤. ❷[よじ] (시간의) 4시. 네 시.

四十肩[しじゅうかた] 사십견; 40대에 어깨·팔이 쑤심.

四十九日[しじゅうくにち] ≪仏≫ 49일.

四十雀[しじゅうから] ≪鳥≫ 박새.

四十八手[しじゅうはって] ①(씨름의) 48종의 기술. ②(목적 달성을 위한) 온갖 수단.

[4]**四月**❶[しがつ] (1년 중의) 4월. ❷[よつき] 넉 달. 4개월.

四囲[しい] 사위; 사방. 주위. 둘레.

四足[しそく] 사족; 네 발. 네 발 달린 짐승.

四周[ししゅう] 사주; 주위. 둘레.

四重奏[しじゅうそう] ≪楽≫ 4중주.

四重唱[しじゅうしょう] ≪楽≫ 4중창.

四肢[しし] 사지; 팔다리.

四次元[しじげん/よじげん/よんじげん] 4차원.

四天王[してんのう] ① ≪仏≫ 사천왕. ②(제자·부하 가운데서) 가장 뛰어난 네 사람.

四則[しそく] ≪数≫ 4칙; 가(加)·감(減)·승(乗)·제(除)의 총칭.

四通八達[しつうはったつ] 사통팔달; 교통이 잘 발달해 있음.

四海[しかい] 사해; ①사방의 바다. ②온 세계. 천하.

司 맡을/벼슬 사

音 ◉シ
訓 ⊗つかさどる

訓読

[1]⊗**司る**[つかさどる] 〈5他〉 ①(업무를) 담당하다. 맡아 하다. ②관리하다. 감독하다. 지배하다.

音読

司教[しきょう] (天主教의) 주교(主教).

司令[しれい] 사령; 군대를 통솔·지휘함.

司令官[しれいかん] 사령관.

司令部[しれいぶ] 사령부.

司令塔[しれいとう] 사령탑.

[1]**司法**[しほう] 사법; 분쟁 해결을 위해 법을 적용하여 일정한 사항의 적법성·위법성·권리 관계를 확정·선언하는 행위.

司法権[しほうけん] 사법권.

司書[ししょ] 사서; (도서관에서) 도서의 정리·보존 및 열람에 관한 사무에 종사하는 사람.

司式[ししき] (기독교에서) 의식·장례식 등의 진행을 맡음.

司掌[ししょう] 사장; ①직무를 관장하는 사람. ②옛날, 관청의 잡역을 관장하던 벼슬.

司政[しせい] 사정; (점령지 등의) 정치·행정을 관장하는 일.

司祭[しさい] (천주교) 사제; 신부(神父).

司直[しちょく] 사직; 사직 당국. 검찰관과 재판관.

[2]**司会**[しかい] 사회; 회의·모임 등의 진행을 맡아 봄.

司会者[しかいしゃ] 사회자; 사회하는 사람.

写(寫) 베낄 사

音 ◉シャ
訓 ◉うつす ◉うつる

訓読

[3]◉**写す**[うつす] 〈5他〉 ①베끼다. 복사하다. ②그리다. 묘사하다. ③본뜨다. 모방하다. ④(사진을) 찍다. 촬영하다.

[1]**写し**[うつし] ①복사본. 사본. ②베낌. 모작(模作). ③사진을 찍음.

写し物[うつしもの] 베낀 것. 복사한 것.

写し場[うつしば] 사진관. 스튜디오.

写し取る[うつしとる] 〈5他〉 ①베끼다. 복사하다. ②모방하다. 본뜨다. ③(사진을) 찍다. 촬영하다.

写し絵[うつしえ] ①사생화(写生畫). 베낀 그림. ②초상화.

[2]◉**写る**[うつる] 〈5自〉 ①(속이) 비쳐 보이다. ②(사진에) 찍히다.

写り[うつり] ①비침. (사진에) 찍힘. ②영상(映像).

音読

写角[しゃかく] 사각; 카메라 앵글.

写経[しゃきょう] 사경; 경문(経文)을 베낌. 베낀 경문.

写本[しゃほん] 사본; 베낀 것. 복사한 것.
[2]写生[しゃせい] 사생; 스케치.
写植[しゃしょく] 사식; '写真植字'의 준말.
写実[しゃじつ] 사실; 사물을 있는 그대로 묘사함.
写実主義[しゃじつしゅぎ] 사실주의; 리얼리즘.
写場[しゃじょう] 사장; 사진관.
[4]写真[しゃしん] ①사진. ②사실(写実).
写真機[しゃしんき] 사진기; 카메라.
写真写り[しゃしんうつり] (사진의) 찍힘새.
写真植字[しゃしんしょくじ] 사진 식자.

史 역사 사

丨 冂 口 中 史

音 ◉シ
訓 —

音読

[2]史[し] ①역사. ②(大宝令(たいほうりょう) 제도에서) 제4등의 문서를 담당하던 관리.
史家[しか] 사가; 역사학자.
史官[しかん] 사관; 역사 편찬을 관장하는 관리.
史観[しかん] 사관; 역사관(歴史観).
史劇[しげき] 사극; 역사상의 사건을 소재로 한 극.
史談[しだん] 사담; 역사 이야기.
史略[しりゃく] 사략; 간추린 역사.
史論[しろん] 사론; 역사에 관한 평론.
史料[しりょう] 사료; 역사 자료.
史上[しじょう] 사상; 역사상(歴史上).
史書[ししょ] 사서; 역사 책.
史詩[しし] 사시; 사실(史実)을 소재한 시.
史実[しじつ] 사실; 역사상의 사실.
史的[してき] 사적; 역사에 관한 것.
史的現在[してきげんざい] 사적 현재; 과거의 일을 현재의 일처럼 서술하는 것.
史跡[しせき] 사적; 역사의 유적.
史蹟[しせき] ☞ 史跡
史籍[しせき] 사적; 역사 책.
史伝[しでん] 사전; ①역사와 전기(伝記). ②역사를 기초로 하여 만든 전기(伝記).
史学[しがく] 사학; 역사를 연구하는 학문.
史学家[しがっか] 사학가; 역사학자.
史学科[しがっか] 사학과; 역사학과.
史学者[しがくしゃ] 사학자; 역사학자.

仕 벼슬/섬길 사

丿 亻 仁 什 仕

音 ◉シ ◉ジ
訓 ◉つかえる ⊗つかまつる

訓読

[1]◉仕える[つかえる] 〈下1自〉 ①섬기다. 모시다. ②(정부 관리로서) 근무하다.
⊗仕る[つかまつる] 〈4自〉≪古≫ 받들어 모시다. 〈5他〉 ('する'와 '行(おこ)なう'의 겸양어로서) 하다. 행하다.

音読

仕かねる[しかねる] 〈下1他〉 (선뜻) 하기 어렵다. 할 수 없다.
仕兼ねる[しかねる] ☞ 仕かねる
仕過ごす[しすごす] 〈5他〉 지나치게 하다. 너무 하다.
仕官[しかん] ①관직에 오름. ②야인(野人)이던 무사(武士)가 주군(主君)을 섬김.
仕掛かる[しかかる] 〈5他〉 ①(일을) 시작하다. 착수하다. ②(일을) 중도까지 하다.
[1]仕掛(け)[しかけ] ①하기 시작함. ②(일을) 중도까지 함. ③(궁리하여 꾸며낸) 장치. 속임수. 조작. ④낚시 도구.
[1]仕掛ける[しかける] 〈下1他〉 ①(일을) 시작하다. 착수하다. ②(일을) 중도까지 하다. ③걸다. ④장치하다. 놓다. ⑤(불에) 얹다. 안치다. ⑥(씨름에서) 수를 걸다.
仕掛(け)期間[しかけきかん] 제작 기간.
仕掛(け)品[しかけひん] 제조 과정의 물건.
仕掛(け)花火[しかけはなび] 여러 모양의 불꽃이 나타나게 장치한 불꽃.
仕納め[しおさめ] (어떤 일・행동 등의) 마지막. 끝장.
仕度[したく] ①준비. 채비. ②(외출용) 옷차림.
[1]仕来たり[しきたり] 관습. 관례.
仕留める[しとめる] 〈下1他〉 쏘아 죽이다.
仕立(て)[したて] ①제작. 만듦. ②바느질. 옷 모양. ③교육. 훈련. 양성. ④준비. 마련.
[1]仕立てる[したてる] 〈下1他〉 ①(옷을) 맞추다. 만들다. ②(탈 것을) 준비하다. 마련하다. ③훈련시키다. 양성하다. ④다시 만들다. ⑤분장하다. 꾸미다. ⑥≪古≫치료하다.

仕立(て)券[したてけん] 맞춤 상품권.
仕立(て)物[したてもの] ①바느질. 재봉. ②새로 맞춘 옷.
仕立(て)方[したてかた] ①준비하는 법. ②훈련하는 법. ③옷 만드는 법.
仕立(て)屋[したてや] 바느질 집. 바느질 집 주인.
仕立(て)直し[したてなおし] 옷 수선.
仕立(て)下(ろ)し[したておろし] 새로 맞춘 옷. 새로 맞춘 옷을 입어봄.
仕舞う[しまう] 〈5他〉 ①(일을) 마치다. 끝내다. 파하다. ②(물건을) 챙기다. 간수하다. 넣다. 치우다. ③(가게 문을) 닫다. 폐업하다.
仕舞い[しまい] ①마지막. 끝. 최후. ②끝장. ③품절. 매절.
仕舞(い)店[しまいてん] ①고물상. ②땡 처리 가게.
仕返し[しかえし] ①보복. 복수. 앙갚음. ②다시 함.
仕返す[しかえす] 〈5他〉 ①보복하다. 복수하다. 앙갚음하다. ②다시 하다.
3仕方[しかた] ①수단. 방법. ②하는 짓. 처사. ③몸짓.
仕方なしに[しかたなしに] 〈副〉 하는 수 없이. 부득이.
仕方話[しかたばなし] 몸짓으로 하는 말.
仕付(け)[しつけ] ①예의범절. ②(옷 가봉에서) 시침질. ③모내기.
仕付ける[しつける] 〈下1他〉 ①예의범절을 가르치다. ②(옷 가봉에서) 시침질하다. ③익숙해지다. ④모내기하다.
仕付(け)糸[しつけいと] (옷 가봉에서) 시침질하는 실. 시침실.
仕分け[しわけ] 분류. 구분.
仕分ける[しわける] 〈下1他〉 분류하다. 구분하다.
4仕事[しごと] ①일. 작업. 업무. ②직업. 직장.
仕事台[しごとだい] 작업대.
仕事率[しごとりつ] 작업 능률.
仕事柄[しごとがら] 일의 성질상. 일 관계로.
仕事師[しごとし] ①막일꾼. 노동자. ②수완가. 일꾼. 능력가.
仕事先[しごとさき] 직장. 일터.
仕事日[しごとび] 작업 일수.
仕事場[しごとば] 작업장. 일터.
仕事着[しごとぎ] 작업복.
2仕上(が)り[しあがり] ①마무리. 완성. ②완성된 결과.
1仕上がる[しあがる] 〈5自〉 마무리되다. 완성되다. 일이 다 되다.
1仕上(げ)[しあげ] ①마무리. 완성. 완성된 결과. ②(작업의) 끝손질. 마지막 공정(工程).
1仕上げる[しあげる] 〈下1他〉 ①마무리하다. 완성하다. ②(작업의) 끝손질하다. 마무리하다.
仕上工[しあげこう] 마무리하는 사람.
仕上(げ)鉋[しあげかんな] 마무리대패.
仕損じる[しそんじる] 〈上1他〉 ☞ 仕損ずる
仕損ずる[しそんずる] 〈サ変他〉 일을 그르치다.
仕送り[しおくり] 생활비나 학비 일부를 보내줌.
仕手[して] ①하는 사람. ②(能楽(のうがく)에서) 주인공. ③투기꾼. 투기업자.
仕手株[してかぶ] 투기의 대상이 되는 주식.
仕勝ち[しがち] 자주 그렇게 하는 경향이 많음. 자칫하면. 걸핏하면 …함.
1仕様[しよう] 일하는 방법. 하는 수.
仕様書(き)[しようがき] 시방서(示方書).
仕業[しわざ] 짓. 행위. 소행.
仕訳[しわけ] ①구분. 분류. ②(簿記에서) 분개(分介).
仕訳帳[しわけちょう] (簿記에서) 분개장(分介帳).
仕儀[しぎ] ①일이 되어 가는 형세. 형편. ②(좋지 않은) 결과. 사태.
仕入(れ)[しいれ] 매입(買入). 사들임.
1仕入れる[しいれる] 〈下1他〉 ①(업자가 상품을) 사들이다. 구입하다. 매입하다. ②입수하다. 얻다. ③ ≪古≫ 가르치다. 훈련시키다.
仕入(れ)物[しいれもの] 구입품. 사들이는 물건.
仕入(れ)先[しいれさき] 구입처. 매입처(買入處).
仕込む[しこむ] 〈5他〉 ①(예능을) 가르치다. ②(동물을) 길들이다. 훈련시키다. ③(물건을) 사들이다. ④속에 장치하다. 주입하다. ⑤(술·간장을) 담그다. 빚다.
仕込(み)[しこみ] ①가르침. ②길들임. 훈련시킴. ③(물건을) 사들임. 매입함. ④(술·간장을) 담금. ⑤(落語(らくご)에서) 서론(序論). ⑥(연극에서) 준비 작업.

仕込(み)っ子[しこみっこ] (妓女가 되기 위해) 여러 예능을 배우는 소녀.
仕込(み)杖[しこみづえ] 속에 칼을 장치한 지팡이.
[1]**仕切る**[しきる] 〈5他〉 ①칸막이하다. 분할하다. ②결산하다. 청산하다. ③매듭짓다. 결말을 짓다. 〈5自〉 (씨름꾼이) 맞붙을 자세를 취하다.
仕切(り)[しきり] ①칸막이. 분할. ②결산. 청산. ③(씨름꾼이) 맞붙을 자세를 취함.
仕切(り)金[しきりきん] 결산금. 청산금(清算金).
仕切(り)書[しきりしょ] ①송장(送状). ②상품 내용 명세서.
仕切(り)屋[しきりや] 폐품 판매업자.
仕切(り)場[しきりば] ①폐품 거래소. ②입장료 계산소. ③회계 책임자.
仕切(り)直し[しきりなおし] (씨름꾼이) 다시 맞붙을 자세를 취함.
仕切(り)値段[しきりねだん] ①(시세에 의한) 매매 가격. ②전매(転売). ③다시 산 가격.
仕丁[じちょう/しちょう] (옛날) 관청의 잡역부.
[1]**仕組(み)**[しくみ] ①얼개. 짜임새. ②(기계의) 구조. 장치. ③궁리. 계획. 방법. ④(소설의) 줄거리. 구상.
仕組む[しくむ] 〈5他〉 ①(기계를) 짜 만들다. ②(몰래) 계획하다. ③(소설・희곡을) 구상하다. 각색하다.
仕種[しぐさ] ☞ 仕草
仕振(り)[しぶり] ①하는 짓. 행동하는 자세. ②일하는 태도.
仕着(せ)[しきせ] ①주인이 철따라 고용인에게 옷을 해 입힘. ②윗사람이 준 것. ③형식적인 일. 판에 박힌 일.
仕替(え)[しかえ] 다시 함. 고쳐 만듦.
仕替える[しかえる] 〈下1他〉 다시 하다. 고쳐 만들다.
仕草[しぐさ] ①하는 짓. 짓거리. 태도. ②(배우의) 연기.
仕出かす[しでかす] 〈5他〉 (잘못・실수를) 저지르다. 해버리다.
仕出す[しだす] 〈5他〉 ①하기 시작하다. ②(재산을) 만들어 내다. ③음식을 만들어 배달하다.
仕出(し)[しだし] ①연구하여 새로 만들어 냄. 고안. ②주문 음식을 만들어 배달함.
仕出(し)屋[しだしや] 음식을 배달하는 가게・사람.
仕置(き)[しおき] ①(江戸(えど) 시대의) 사형(死刑). ②징계. 처벌.
仕置(き)場[しおきば] 사형장(死刑場).
仕打(ち)[しうち] ①(남에 대한 좋지 못한) 처사. 소행. ②(배우의) 연기. ③흥행주. 주최자.
仕合[しあい] 시합. 경기(競技).
仕合(わ)せ[しあわせ] ①행복. ②운. 운명.
仕向け[しむけ] ①(상품의) 발송. ②(남에 대한 좋지 못한) 대접・대우.
仕向ける[しむける] 〈下1他〉 ①(상품을) 발송하다. ②(무슨 일을 하도록) 만들다. 유도하다. ③(특정한 태도로) 대하다.
仕向(け)先[しむけさき] 도착지. 물건이 도착할 장소.
仕向(け)地[しむけち] 도착지. 물건이 도착할 장소.
仕向(け)港[しむけこう] 물건이 도착할 항구.

死 죽을 사

一 歹 歹 歹 歹 死

音 ◉シ
訓 ◉しぬ

訓読

[4]◉**死ぬ**[しぬ] 〈5自〉 ①죽다. 사망하다. ②(활동이) 멎다. 잠잠하다. ③활기가 없다. ④활용되지 않다. 사장되다. ⑤(바둑에서) 잡히다. ⑥(야구에서) 아웃되다.
死にかかる[しにかかる] 〈5自〉 (오래 앓던 사람이) 곧 죽을 것 같다. 죽게 되다.
死にかける[しにかける] 〈下1自〉 다 죽어 가다. 죽게 되다.
死に果てる[しにはてる] 〈下1自〉 ①다 죽어 버리다. 멸족하다. ②멸종하다. 전멸하다.
死に掛かる[しにかかる] 〈5自〉 (오래 앓던 사람이) 곧 죽을 것 같다. 죽게 되다.
死に掛ける[しにかける] 〈下1自〉 다 죽어 가다. 죽게 되다.
死に金[しにがね] ①사장(死蔵)된 돈. ②써도 보람 없는 돈. ③장례(葬礼) 비용.
死に急ぐ[しにいそぐ] 〈5自〉 죽음을 재촉하다. 빨리 죽으려 하다.
死に目[しにめ] 임종(臨終).

死に物狂い[しにものぐるい] 필사적으로 버둥거림. 결사적인 몸부림.
死に方[しにかた] ①죽는 방법. ②죽을 때의 상태.
死に変わる[しにかわる] 〈5自〉 죽어서 다시 태어나다. 환생하다.
死に別れ[しにわかれ] 사별(死別).
死に別れる[しにわかれる] 〈下1自〉 사별하다. 여의다.
死に病[しにやまい] 죽을 병.
死に石[しにいし] (바둑에서) 사석(死石). 두어도 효과가 없는 돌. 상대에게 잡힌 돌.
死に所[しにどころ] 죽을 곳. 죽어야 할 곳.
死に損ない[しにぞこない] ①죽으려다 살아남은 사람. ②죽을 때가지나 너무 오래 산 사람. 늙다리.
死に損なう[しにそこなう] 〈5自〉 ①죽으려다 실패하다. ②죽지 못하고 살아남다.
死に水[しにみず] 임종 때 입술을 축이는 물.
死に時[しにどき] 죽을 때. 죽어야 할 때.
死に身[しにみ] ①죽어야 할 몸. ②결사적임.
死に神[しにがみ] 사신; 죽음의 신.
死に顔[しにがお] 죽은 사람의 얼굴.
死に様[しにざま] 죽는 모습.
死に欲[しによく] 죽을 때가 가까워져 더욱 부리는 욕심.
死に場所[しにばしょ] 죽을 곳. 죽어야 할 곳.
死に装束[しにしょうぞく] ①자살하려는 사람이 입는 옷. ②수의(壽衣).
死に絶える[しにたえる] 〈下1自〉 멸종되다. 전멸하다.
死に際[しにぎわ] 임종(臨終).
死に足[しにあし] (씨름에서) 양쪽 발끝이 들려 뒤꿈치로 버티고 있는 상태.
死に支度[しにじたく] 죽을 준비.
死に遅れる[しにおくれる] 〈下1自〉 ①(어떤 사람을) 먼저 여의다. ②죽어야 할 때에 죽지 않고 살아남다.
死に処[しにどころ] 죽을 곳.
死に体[しにたい] (씨름에서) 완전히 넘어지게 된 상태.
死に恥[しにはじ] 수치스러운 죽음.
死に学問[しにがくもん] 죽은 학문. 쓸모없는 학문.
死に花[しにばな] 명예로운 죽음.
死に後れる[しにおくれる] 〈下1自〉 ①(어떤 사람을) 먼저 여의다. ②죽어야 할 때에 죽지 않고 살아남다.

音読

[1]死[し] ①죽음. ②사형(死刑). ③활동을 멈춤. ④어쩐지 기분이 나쁨. ⑤(야구에서) 아웃.
死す[しす] 〈サ変〉 죽다.
死する[しする] 〈サ変他〉 죽다.
死角[しかく] 사각; ①사정거리 안에 있으면서 쏘아 맞히지 못하는 구역. ②안 보이는 범위·각도.
死去[しきょ] 사거; 사망. 죽음.
死球[しきゅう] (야구에서) 사구; 데드볼.
死期[しき/しご] ①임종. ②죽을 시기.
死力[しりょく] 사력; 죽을 힘. 전력(全力).
[2]死亡[しぼう] 사망; 죽음.
死面[しめん] 데스마스크.
死滅[しめつ] 사멸; 죽어 없어짐.
死命[しめい] 사명; 운명. 생사(生死).
死没[しぼつ] 사몰; 사망. 죽음.
死文[しぶん] 사문; ①효력 없는 법령. ②죽은 글.
死物[しぶつ] 사물; ①생명이 없는 것. ②무용지물.
死別[しべつ] 사별; 여의어 이별함. 죽어서 이별함.
死病[しびょう] 사병; 죽을 병.
死産[しざん/しさん] 사산; 죽은 아이를 낳음.
死相[しそう] 사상; ①죽을 상. ②죽은 사람의 얼굴.
死傷者[ししょうしゃ] 사상자; 사망자와 부상자.
死生[しせい] 사생; 생사(生死). 죽음과 삶.
死線[しせん] 사선; 죽을 고비.
死所[ししょ] 사소; ①죽을 장소·기회. ②죽은 장소.
死守[ししゅ] 사수; 목숨 걸고 지킴.
死児[しじ] 사아; 죽은 자식. 사산아(死産児).
死語[しご] 사어; 현재 사용하지 않는 언어.
死因[しいん] 사인; 죽은 원인.
死者[ししゃ] 사자; 죽은 사람.
死蔵[しぞう] 사장; 활용하지 않고 처박아 둠.
死戦[しせん] 사전; 목숨을 걸고 싸움.
死節[しせつ] 사절; 죽음으로써 절개를 지킴.
死罪[しざい] 사죄; ①죽을 죄. ②사형(死刑).
死地[しち] 사지; ①죽을 곳. ②위험한 곳. 죽을 고비. ③궁지(窮地).
死体[したい] 사체; 시체. 주검.
死闘[しとう] 사투; 목숨을 걸고 싸움.
死票[しひょう] 사표; 낙선자에 던진 표.
死骸[しがい] 사해; 시체. 송장.

死刑[しけい] 사형; 죽음에 처함.
死火山[しかざん] 사화산; 휴화산(休火山).
死活[しかつ] 사활; 생사(生死). 죽음과 삶.
死灰[しかい] 사회; ①불 꺼진 재. ②생기를 잃은 것.
死後[しご] 사후; 죽은 후.

寺 절 사

一 十 土 圭 寺 寺

音 ◉ジ
訓 ◉てら ◉でら

訓読

3◉寺[てら] ≪仏≫ 절. 사찰(寺刹).
寺男[てらおとこ] 절에서 잡일을 하는 남자.
寺方[てらかた] ①절과 관계있는 사람들. ②절의 중.
寺小姓[てらこしょう] 절의 주지 곁에서 시중들던 소년.
寺侍[てらざむらい] (江戸(えど) 시대에) 격이 높은 절에서 사무를 보던 사무라이.
寺入り[てらいり] ①서당・글방에 들어감. ②죄인이 절에 들어가 근신함. ③죄인들이 절로 도망쳐 죄를 면함.
寺子[てらこ] 서당・글방에 들어간 아이.
寺子屋[てらこや] 서당. 글방.
寺銭[てらせん] (도박의) 자릿세.
寺参り[てらまいり] 절에 참배함.
◑尼寺[あまでら], 山寺[やまでら], 禅寺[ぜんでら]

音読

2寺[じ] 〈接尾語〉…사; 절.
寺格[じかく] 사격; 사찰의 등급.
寺領[じりょう] 사령; 절의 소유지.
寺門[じもん] 사문; ①절의 문. ②天台宗(천태종)의 총본산인 '園城寺(おんじょうじ)'의 준말.
寺社[じしゃ] 사찰과 신사(神社).
寺僧[じそう] 사승; 절의 중.
2寺院[じいん] 사원; 절. 사찰.
寺塔[じとう] 사탑; 절의 탑.
寺号[じごう] 사호; 사찰명(寺刹名). 절 이름.

糸(絲) 실 사

ㄥ 幺 幺 乡 糸 糸

音 ◉シ
訓 ◉いと

訓読

3◉糸[いと] ①실. ②(실 모양의) 줄. ③낚싯줄. ④(현악기의) 현(絃/弦).
糸ふけ[いとふけ] 물고기가 낚시의 미끼를 건드려 수면에 보이는 낚싯줄이 흔들리는 일. (낚싯줄의) 낚싯봉이 바닥에 닿아 줄이 느슨해짐.
糸鋸[いとのこ] 실톱. 실 같이 가는 톱.
糸経[いとだて] 날실은 삼실로, 씨실은 골풀로 짠 거적.
糸競べ[いとくらべ] 거문고・三味線(しゃみせん)을 타는 재주 겨루기.
糸瓜[★へちま] ① ≪植≫ 수세미외. ②하찮은 것의 비유. 쓸모없는 것.
糸菅[いとすげ] ≪植≫ 실사초.
糸口[いとぐち] ①실의 끝. ②실마리. 단서.
糸蚯蚓[いとみみず] ≪虫≫ 실지렁이.
糸巻(き)[いとまき] ①실패. 실감개. ②(현악기의) 줄감개. ③일본 여자 머리 스타일의 하나.
糸筋[いとすじ] ①실낱. 실가닥. ②실처럼 가는 것. ③현악기의 줄.
糸錦[いとにしき] ①여러 가지 색실로 짠 직물. ②'가죽옷'의 딴이름.
糸道[いとみち] ①현악기를 타는 기술. ②현악기 연주로 손톱 끝에 생긴 홈.
糸柳[いとやなぎ] '枝垂れ柳(しだれやなぎ/수양버들)'의 딴이름.
糸立て[いとだて] 실을 넣어두는 종이 봉지.
糸毛の車[いとげのくるま] 색실로 꾸민 수레. *후궁이나 공주가 탐.
糸目[いとめ] ①실낱. 실가닥. ②(연의) 벌이줄. ③생사(生絲)의 무게. ④그릇에 새긴 실금. ⑤줄거리. ⑥ ≪虫≫ 실갯지렁이.
糸眉[いとまゆ] 실눈썹.
糸薄[いとすすき] ≪植≫ 가는잎억새.
糸紡ぎ[いとつむぎ] 실잣기. 실 잣는 사람.
糸杉[いとすぎ] ≪植≫ ①측백나무의 변종. ②이탈리아사이프레스.
糸屑[いとくず] 실밥. 실 부스러기.
糸水[いとみず] 실처럼 가는 낙숫물.
糸遊[いとゆう] ①아지랑이. ②하루살이.
糸引き[いとひき] ①실처럼 늘어남. ②실잣기.
糸印[いとじるし] 실로 꿰매어 표시함.
糸入り[いといり] 무명실에 명주실을 곁들여 짠 직물.

糸入り紬[いといりつむぎ] 무명 이합사(二合糸)와 명주실을 섞어 짠 교직물.
糸作り[いとづくり] 가늘게 썬 생선회.
糸底[いとぞこ] (그릇의) 실굽.
糸切り[いときり] ①실 끊기. ②(그릇의) 실굽. ③실처럼 가늘게 채썰기. ④(요리에서) 실을 감아 붙이고 썰기.
糸切(り)団子[いときりだんご] 실로 묶어 둥글게 썬 경단.
糸切(り)歯[いときりば] ≪俗≫ 송곳니.
糸点突[いとてんつき] ≪植≫ 실하늘지기.
糸操り[いとあやつり] ①실로 조종하는 인형. ②꼭두각시놀이.
糸繰り[いとくり] ①실잣기. ②실 잣는 여자. ③얼레.
糸繰(り)車[いとくりぐるま] 물레.
糸枠[いとわく] 얼레.
糸竹[いとたけ] ①일본 악기. ②관현(管絃). 관악기와 현악기의 총칭. ③(일본 악기의) 음악.
糸芝[いとしば] ≪植≫ 금잔디.
糸織(り)[いとおり] 드린 명주실로 짠 천.
糸織姫[いとおりひめ] 직녀성(織女星).
糸車[いとぐるま] 물레.
糸取り[いととり] ①실잣기. ②실 잣는 여자. ③실뜨기.
糸捌き[いとさばき] ①실 다루는 솜씨. ②연주 솜씨.
糸偏[いとへん] ①실사변. *한자(漢字) 부수의 하나. ②≪俗≫ 섬유 산업.
糸姫[いとひめ] ≪俗≫ 방직 공장의 여공(女工).

音読

◑**綿糸**[めんし], **原糸**[げんし], **蚕糸**[さんし]

伺 살필 사

丿 亻 亻刁 亻司 伺 伺 伺

音 ◉シ
訓 ◉うかがう

訓読

2◉**伺う**[うかがう] 〈5他〉 (손윗사람에게) 여쭙다. *'聞(き)く・問(と)う'의 겸양어임. 〈5自〉 (손윗사람에게) 문안드리다. 찾아뵙다. *'訪(たず)ねる'의 겸양어임.
伺い[うかがい] ①여쭘. 여쭈어 봄. ②찾아뵘. 문안함.

音読

伺候[しこう] 사후; ①귀인(貴人)을 곁에서 모심. ②(윗사람에게) 문안을 드림.

似 닮을 사

丿 亻 亻丨 亻レ 亻以 似 似

音 ◉ジ
訓 ◉にる ◉にせる

訓読

2◉**似る**[にる] 〈上1自〉 닮다. 비슷하다.
◉**似せる**[にせる] 〈下1他〉 닮게 하다. 흉내내다. 모방하다.
似つく[につく] 〈5自〉 ①매우 닮았다. ②잘 어울리다.
似つかわしい[につかわしい] 〈形〉 어울리다. 적합하다. 꼭 알맞다. 걸맞다.
似気無い[にげない] 어울리지 않다. 걸맞지 않다.
似寄り[により] 아주 닮음. 비슷함.
似寄る[による] 〈5自〉 닮다. 비슷하다. 유사하다.
似たり寄ったり[にたりよったり] 비슷비슷함. 엇비슷함.
似て非なる[にてひなる] 사이비(似而非). 언뜻 보면 비슷하나 사실은 다름.
似非[★えせ] ①사이비(似而非). 돌팔이. ②천박함.
似非者[★えせもの] ①가짜 인물. ②비천한 자. ③마음씨가 고약한 자. ④쓸모없는 자.
似ても似つかない[にてもにつかない] 〈形〉 닮은 데가 전혀 없다. 전혀 다르다.
似顔[にがお] 초상화.
似而非[★えせ] ①사이비(似而非). 돌팔이. ②천박함.
似た者[にたもの] (성격 등이) 서로 닮은 사람.
1**似通う**[にかよう] 〈5自〉 서로 닮았다. 서로 비슷하다.
似合い[にあい] 어울림. 걸맞음.
2**似合う**[にあう] 〈5自〉 어울리다. 걸맞다.
似合わしい[にあわしい] 〈形〉 알맞다. 걸맞다. 적합하다.
似(せ)絵[にせえ] 초상화(肖像画).

音読

◑**近似値**[きんじち], **類似**[るいじ]

社(社) 모일 사

丶 ㇇ 礻 礻 礻 社 社

音 ◉シャ
訓 ◉やしろ

訓読

◉社[やしろ] 신(神)을 모신 건물. 신사(神社).

音読

2社[しゃ] ①'会社(かいしゃ)·新聞社(しんぶんしゃ)' 등의 준말. ②단체. 조합. ③신사(神社).
社家[しゃけ] 신관(神官). 또는 그 집안.
社格[しゃかく] ①신사(神社)의 격. ②회사의 격.
社告[しゃこく] 사고; 회사에서 내는 광고.
1社交[しゃこう] 사교; 사회적으로 교제하며 사귐.
社交辞令[しゃこうじれい] 발림말. 겉치레말.
社旗[しゃき] 사기; 회사의 기.
社内[しゃない] 사내; ①회사 내. ②신사(神社)의 경내.
社団法人[しゃだんほうじん] 사단법인.
社頭[しゃとう] 신사(神社) 경내에서 신전(神殿)의 부근.
社歴[しゃれき] 사력; ①입사(入社) 후의 경력. ②회사의 역사.
社名[しゃめい] 사명; ①회사의 이름. ②신사(神社)의 이름.
社命[しゃめい] 사명; 회사의 명령.
社務[しゃむ] 사무; ①회사 일. ②신사(神社)의 사무.
社務所[しゃむしょ] 신사(神社)의 사무를 보는 곳.
社報[しゃほう] 사보; '社内報(しゃないほう)'의 옛 칭호.
社司[しゃし] ①신관(神官). ②신사(神社)의 신직(神職).
社寺[しゃじ] 신사(神社)와 절.
社線[しゃせん] 민간회사가 경영하는 철도·버스의 노선.
2社説[しゃせつ] 사설; 신문·잡지사의 논설.
社是[しゃぜ] 사시; 회사나 단체의 경영상의 방침.
社業[しゃぎょう] 사업; 회사의 사업.
社屋[しゃおく] 사옥; 회사의 건물.
社外[しゃがい] 사외; ①신사(神社) 밖. ②회사 밖. ③그 회사 사원 이외의 외부인.
社用[しゃよう] 사용; ①회사의 용무. ②신사(神社)의 용무.
社用族[しゃようぞく] ≪俗≫ 사용족; 회사 비용으로 유흥을 즐기는 회사원.
社友[しゃゆう] 사우; ①같은 회사의 동료. ②사원이 아니면서 사원 대우를 받는 사람.
社運[しゃうん] 사운; 회사의 운명.
社員[しゃいん] 사원; ①회사원. ② ≪法≫사단법인의 구성원.
社印[しゃいん] 사인; 회사의 인장.
3社長[しゃちょう] 사장; 회사의 우두머리.
社章[しゃしょう] 사장; 회사나 단체의 기장(記章).
社葬[しゃそう] 사장; 회사 주관으로 치르는 장례식.
社殿[しゃでん] 사전; 신사(神社)의 신전(神殿).
社主[しゃしゅ] 사주; 회사의 주인.
社中[しゃちゅう] 사중; ①사내. 회사 내. ②같은 단체의 동료. ③(일본 전통 무용·음악 사회에서) 동문(同門).
社稷[しゃしょく] 사직; ①(고대 중국의) 토지 신(神)과 오곡(五穀)의 신. ②국가(国家).
社債[しゃさい] 사채; 회사가 발행하는 채무(債務) 증권.
社則[しゃそく] 사칙; 회사의 규칙.
1社宅[しゃたく] 사택; 회사 소유의 집.
社風[しゃふう] 사풍; 회사의 기풍.
社号[しゃごう] 사호; ①신사(神社)의 칭호. ②회사의 명칭.
3社会[しゃかい] 사회; ①여러 사람이 공동생활하는 형태. ②세상.
社会面[しゃかいめん] (신문의) 사회면.
社会人[しゃかいじん] 사회인.
社会鍋[しゃかいなべ] 자선 냄비.

私 사사로울 사

一 二 千 禾 禾 私 私

音 ◉シ
訓 ◉わたくし ⊗ひそか

訓読

4◉私[わたくし] ①저. *'わたし'보다 격식을 차린 공손한 말씨임. ②사사로움. 개인. ③사심(私心). 사리(私利). ④불공평. 정실. *'わたし'로도 읽음.
⊗私か[ひそか] 〈形動〉 몰래함. 살짝 함. 은밀함.

私する[わたくしする] 〈サ変他〉 ①(공적인 것을) 개인 용도로 사용하다. ②독점하다. 사유화하다.
私事[わたくしごと/しじ] ①개인적인 일. ②비밀스런 일.
私小説[わたくししょうせつ/ししょうせつ] 사소설; 1인칭 소설.
私心[わたくしごころ/ししん] 사심; 이기심. 사견(私見).

音読

私家[しか] 사가; ①자기 집. ②개인 집.
私家集[しかしゅう] 개인의 시가집(詩歌集).
私家版[しかばん] 자비(自費) 출판.
私見[しけん] 사견; 개인의 의견.
私曲[しきょく] 사곡; 부정(不正).
私権[しけん] 사권; 인격권・재산권・상속권 등을 말함.
私企業[しきぎょう] 사기업; 개인 기업.
私記[しき] 사기; 개인적인 기록.
私党[しとう] 사당; 개인의 도당.
私大[しだい] 사대; '사립대학(私立大学)'의 준말.
私道[しどう] 사도; 사설 도로.
私利私欲[しりしよく] 사리사욕; 개인의 이익과 욕심.
1私立[しりつ/わたくしりつ] 사립; 개인이 설립함.
私文書[しぶんしょ] 사문서; 개인의 문서.
1私物[しぶつ/わたくしもの] ①개인 소유물. ②비장물(秘蔵物).
私法[しほう] 사법; 민법・상법 등을 말함.
私法人[しほうじん] 사법인; 회사・법인 등을 말함.
私服[しふく] 사복; ①평상복. ②'私服刑事(しふくけいじ)'의 준말.
私腹[しふく] 사복; 사리사욕(私利私慾).
私憤[しふん] 사분; 개인적인 분노.
私費[しひ] 사비; 개인이 부담하는 비용.
私生児[しせいじ] 사생아; 법률상 부부가 아닌 사이에서 태어난 아이.
私生子[しせいし] ☞ 私生児
私書[ししょ] 사서; ①개인적인 편지. ②비밀스런 편지.
私書箱[ししょばこ] 사서함.
私設[しせつ] 사설; 개인이 시설함.
私消[ししょう] 사소; 공금을 개인적으로 사용함.
私淑[ししゅく] 사숙; 어떤 사람을 본보기로 배움.
私塾[しじゅく] 사숙; 개인의 글방・서당.
私信[ししん] 사신; ①개인의 편지. ②비밀스런 편지.
私室[ししつ] 사실; 개인의 방.
私心[ししん] 사심; 이기심. 개인의 욕심.
私案[しあん] 사안; 개인의 고안.
私語[しご] 사어; 사담(私談).
私営[しえい] 사영; 개인 경영.
私欲[しよく] 사욕; 개인의 욕심.
1私用[しよう] 사용; ①개인적인 볼일. ②개인의 이익을 위해 사용함.
私怨[しえん] 사원; 개인적인 원한.
私有[しゆう] 사유; 개인의 소유.
私恩[しおん] 사은; 사적인 은혜.
私意[しい] 사의; ①개인의 의견. ②사심(私心).
私議[しぎ] 사의; ①개인적인 의견. ②뒤에서 비방함.
私益[しえき] 사익; 개인의 이익.
私人[しじん] 사인; 개인.
私蔵[しぞう] 사장; 개인이 간직하고 있음.
私財[しざい] 사재; 개인의 재산.
私邸[してい] 사저; 개인의 저택.
私的[してき] 사적; 사사로움.
私田[しでん] 사전; 개인 소유의 전답.
私情[しじょう] 사정; ①개인 연고 관계에 끌리는 감정. ②이기적인 생각.
私製[しせい] 사제; 개인이 만듦.
私鋳[しちゅう] 사주; 민간인이 화폐를 몰래 주조함.
私鉄[してつ] 사철; 민영 철도.
私宅[したく] 사택; ①개인 집. ②자기 집.
私闘[しとう] 사투; 개인적인 원한에 의한 싸움.
私版[しはん] 사판; ①민간 출판. ②자비(自費) 출판.
私学[しがく] 사학; ①개인의 학설. ②사립학교.
私行[しこう] 사행; 사생활.
私刑[しけい] 사형; 린치.

事 일 사

一 冖 冖 冖 亘 亘 亘 事

音 ◉ジ ◉ズ
訓 ◉こと

訓読

3◉事[こと] ①(세상의) 일. 사실. ②큰일. 사건. ③경험.

事とする[こととする] 〈サ変他〉 전념하다. 몰두하다.
事なかれ[ことなかれ] 무사안일(無事安逸).
事なく[ことなく] 무사히. 탈 없이.
事もあろうに[こともあろうに] 하필이면.
事欠く[ことかく] 〈5自〉 (물자가) 부족하다.
事寄せる[ことよせる] 〈下1自〉 핑계 삼다. 구실 삼다.
事納め[ことおさめ] 종업(終業). 종무(終務). 그 해의 일을 끝마침.
事毎に[ことごとに] 매사에. 사사건건.
事無く[ことなく] 무사히. 탈 없이.
事も無げ[こともなげ] 태연함. 아무렇지도 않음. 대수롭지 않음.
事勿れ主義[ことなかれしゅぎ] 무사안일주의(無事安逸主義).
事変わる[ことかわる] 〈5自〉 모습이 바뀌다. 모습이 다르다.
1事柄[ことがら] ①사정. 내용. ②일. 사항.
事事[ことごと] 모든 일.
事事しい[ことごとしい] 〈形〉 야단스럽다. 호들갑스럽다.
事の序でに[ことのついでに] …하는 김에.
事細か[ことこまか] 〈形動〉 자상함. 세밀함.
事始め[ことはじめ] ①일의 시작. ②시초. ③(옛날) 음력 2월 8일에 농사를 시작하던 행사. ④(옛날) 음력 12월 8일에 대청소를 하고 설을 맞이할 준비를 하던 행사.
事新しい[ことあたらしい] 〈形〉 ①새삼스럽다. ②새롭다.
事の心[ことのこころ] 어떤 일의 사정.
事訳[ことわけ] 까닭. 사유(事由).
事有り顔[ことありがお] 무슨 사정이 있는 듯한 얼굴.
事切れる[ことぎれる] 〈下1自〉 숨이 끊어지다. 죽다.
事程左様に[ことほどさように] 그처럼. 그만큼. 그 정도로.
事足りる[ことたりる] 〈上1自〉 충분하다. 족하다.
事触れ[ことぶれ] 널리 알리고 다님. 알리고 다니는 사람.
事に触れて[ことにふれて] 기회가 있을 때마다.

音読

2事件[じけん] 사건; 뜻밖에 생긴 일
2事故[じこ] 사고; 뜻밖의 사건.
事大[じだい] 사대; 약자가 강자를 좇아 섬김.
事例[じれい] 사례; ①전례가 되는 사실. ②낱낱의 사실과 형편.
事理[じり] 사리; ①사물의 이치. ② ≪仏≫ 상대적인 여러 현상과 유일하며 절대의 진리.
2事務[じむ] 사무; ①다루는 일. ②업무.
事務引(き)継ぎ[じむひきつぎ] 사무 인계.
3事務所[じむしょ] 사무소.
事務次官[じむじかん] 사무차관; 각 성(省)의 大臣(だいじん)을 보좌하는 차관.
事務取(り)扱(い)[じむとりあつかい] 서리(署理). 직무대행(職務代行).
2事物[じぶつ] 사물; 일이나 물건. ＊물건에 중점을 둔 말임.
事犯[じはん] 사범; 형벌을 받을 만한 행위.
事変[じへん] 사변; ①(경찰력으로는 진압할 수 없는) 변란(変乱). 소요(騷擾). ②천재(天災). ③(선전 포고가 없는) 전쟁 행위.
事事物物[じじぶつぶつ] 사사건건. 모든 일.
事象[じしょう] 사상; 사실과 현상.
事実[じじつ] 사실; ①실제로 있는 일. ②정말. 참말로.
1事業[じぎょう] 사업; ①세상에 유익이 되는 일. ②회사나 가게를 경영하는 일.
事由[じゆう] 사유; 사물의 이유와 원인.
事績[じせき] 사적; 업적(業績).
事跡[じせき] 사적; 사건이 있었던 흔적.
事蹟[じせき] 사적; 사건이 있었던 흔적.
1事典[じてん] 사전; '百科事典'의 준말.
1事前[じぜん] 사전; 미리. 앞서.
2事情[じじょう] 사정; 어떤 일의 형편.
事情通[じじょうつう] 소식통. 어떤 일을 잘 알고 있는 사람.
2事態[じたい] 사태; 일이 되어 가는 형편.
1事項[じこう] 사항; 일의 조항.
事後[じご] 사후; 일이 지난 뒤.
◑好事[こうず], 好事家[こうずか]

使 부릴 사

丿 亻 亻 仁 仁 伊 使 使

音 ◉シ
訓 ◉つかう ◉つかえる

訓読

4◉使う[つかう] 〈5他〉 ①(물건을) 쓰다. 사용하다. ②(돈・시간을) 쓰다. 소비하다. ③(사람을) 부리다. ④(말을) 하다. ⑤(정신을) 쓰다. ⑥목욕하다. ⑦부채질하다. ⑧먹다.

ㅅ

◉使える[つかえる] 〈下1自〉 ①쓸 수 있다. 쓸 만하다. ②(검술 등의 기술을) 능숙하게 쓸 수 있다.
使い[つかい] ①심부름. ②심부름꾼.
使いこなす[つかいこなす] 〈5他〉 잘 다루다. 능숙하게 활용하다.
使い古す[つかいふるす] 〈5他〉 오래 사용하여 낡아지게 하다.
使い慣らす[つかいならす] 〈5他〉 (기계・도구를) 오래 사용하여 익숙해지게 하다. 단련시키다.
使い慣れる[つかいなれる] 〈下1自〉 숙련되다.
使い奴[つかいやっこ] 하인(下人).
1 使い道[つかいみち] ①용도. 쓸모. ②사용법.
使い料[つかいりょう] ①사용료. ②사용할 목적으로 두는 물건.
使い物[つかいもの] ①쓸 만한 물건. 변변한 물건. ②선물.
使い方[つかいかた] 사용법. 사용 방법.
使い歩き[つかいあるき] 심부름꾼.
使い付ける[つかいつける] 〈下1他〉 (기계・도구를) 오래 사용하여 익숙해지게 하다. 단련시키다.
使い分け[つかいわけ] 물건을 가려 씀.
使い分ける[つかいわける] 〈下1他〉 ①물건을 가려서 쓰다. ②적절하게 사용하다.
使い捨て[つかいすて] 한 번 쓰고 버림.
使い先[つかいさき] ①심부름 간 곳. ②돈의 사용처.
使い水[つかいみず] 허드렛물.
使い手[つかいて] ①(도구의) 사용자. ②명수(名手). ③씀씀이가 헤픈 사람.
使い熟す[つかいこなす] 〈5他〉 잘 다루다. 능숙하게 활용하다.
使い馴らす[つかいならす] 〈5他〉 (동물을) 오래 부려 길들이다.
使い馴れる[つかいなれる] 〈下1自〉 (동물을) 오래 다루어 길들여지다.
使い勝手[つかいがって] 사용하기 편리한 정도.
使い賃[つかいちん] 심부름 값.
使い込み[つかいこみ] 공금 횡령.
使い込む[つかいこむ] 〈5他〉 ①(공금을) 횡령하다. ②예산을 초과하여 쓰다. ③사용하여 길들이다.
使い走り[つかいばしり] 심부름. 심부름꾼.
使い出[つかいで] ①쓸 만함. ②오래 감.

音読

使途[しと] (돈의) 사용처. 용도.
使徒[しと] 사도; 예수 그리스도의 12제자.
使徒行伝[しとぎょうでん] 사도행전.
1 使命[しめい] 사명; 임무.
使僧[しそう] 사자(使者)로서 파견하는 중.
使臣[ししん] 사신; 국가의 심부름으로 외국으로 가는 신하.
使役[しえき] 사역; 부리는 일을 시킴.
2 使用[しよう] 사용; 씀.
1 使用人[しようにん] 사용인; 고용인.
使用者[しようしゃ] 사용자; ①고용주. ②(장소나 물건을 사용하는) 이용인.
使者[ししゃ] 사자; 명령을 받고 심부름하는 자.
使節団[しせつだん] 사절단; 사절로서 외국에 가는 일단.
使丁[してい] 사환. 심부름꾼.
使嗾[しそう] 사주; 선동함. 남을 부추기어 시킴.

舎(舍) 집 사

丿 𠆢 亼 今 全 舎 舎 舎

音 ◉シャ
訓 —

音読

舎監[しゃかん] 사감; 기숙사의 감독자.
舎利[しゃり] 사리; ①≪仏≫ 부처・성자의 유골. ②화장하고 남은 뼈. ③≪俗≫ 쌀알. 쌀밥.
舎利別[しゃりべつ] 시럽. syrup.
舎利塩[しゃりえん] 사리염.
舎営[しゃえい] 사영; 군대가 병영 밖의 가옥에서 숙박함.
舎弟[しゃてい] 사제; 자기 아우를 남에게 말할 때 일컫는 말.
舎宅[しゃたく] 사택; 주택. 저택.
舎兄[しゃけい] 사형; 자기 형을 남에게 말할 때 일컫는 말.

邪 간사할 사

一 ㄏ ㄈ 牙 牙 牙⁷ 邪 邪

音 ◉ジャ
訓 ⊗よこしま

訓読

⊗邪[よこしま] 〈形動〉 사악함. 악함.

音読

邪見[じゃけん] 사견; ①옳지 못한 생각. ②≪仏≫ 인과(因果)를 무시한 망견(妄見).

邪教[じゃきょう] 사교; 사회를 해치는 요사스런 종교.

邪鬼[じゃき] 사귀; 악신(悪神). 악령(悪霊).

邪気[じゃき] 사기; ①병을 일으키는 독소. ②악의(悪意).

邪念[じゃねん] 사념; ①사악한 마음. ②잡념.

邪道[じゃどう] 사도; 옳지 못한 방법.

邪恋[じゃれん] 사련; 불륜의 사랑.

邪論[じゃろん] 사론; 옳지 못한 이론.

[2]邪魔[じゃま] ①방해. 방해물. 거추장스러움. ②(방문한다는 뜻의) 실례. ③≪仏≫ 사마; 수행(修行)을 방해하는 악마.

邪魔っ気[じゃまっけ] 귀찮게 느낌. 거추장스러움.

邪魔立て[じゃまだて] 일부러 방해함.

邪魔者[じゃまもの] 방해자.

邪法[じゃほう] ①사도(邪道). ②마법. 요술.

邪説[じゃせつ] 사설; 사람을 현혹시키는 그릇된 학설.

邪神[じゃしん] 사신; 요사스런 신(神).

邪心[じゃしん] 사심; 비뚤어진 마음.

邪悪[じゃあく] 사악; 부당하고 악함. 심성이 비뚤어져 악의에 가득참.

邪欲[じゃよく] 사욕; 부정한 욕망.

邪淫[じゃいん] 사음; ①부정하고 음탕함. ②≪仏≫ 오악(五悪)의 하나.

邪推[じゃすい] 사추; 그릇된 추측.

邪険[じゃけん] 냉혹하고 악의에 참. 무자비함. 매정함.

査 조사할 사

一 十 才 木 木 杏 杳 杳 査

音 ◉サ

訓 ―

音読

査問[さもん] 사문; 조사하여 따져 물음.

査収[さしゅう] 사수; 잘 조사하여 수납함.

査閲[さえつ] 사열; ①실제로 하나하나 조사함. ②군사교련의 성적을 실제로 조사함.

査定[さてい] 사정; 조사하여 결정함.

査証[さしょう] 사증; ①조사하여 증명함. ②비자. 외국인의 입국 허가.

査察[ささつ] 사찰; 어떤 일이 기준대로 행해지고 있는지를 조사함.

思 생각 사

 口 罒 田 田 田 思 思 思

音 ◉シ

訓 ◉おもう ◉おもえる ◉おもわしい ⊗おぼしい

訓読

[3]◉思う[おもう] 〈5他〉 ①느끼다. 생각하다. 여기다. ②추측하다. 헤아리다. 예상하다. ③소망하다. 원하다. ④회상하다. ⑤그리워하다.

◉思える[おもえる] 〈下1自〉 ①생각되다. 느껴지다. 여겨지다. ②(가능의 뜻으로) 생각할 수 있다.

◉思わしい[おもわしい] 〈形〉 바람직하다. 좋다고 생각하다.

⊗思しい[おぼしい] 〈形〉 …처럼 보이다. 생각되다.

思い[おもい] ①생각. ②기분. 느낌. 마음. ③기대. 예상. ④소원. ⑤사모하는 마음. ⑥미련. 집념. ⑦근심. 걱정. 수심.

思いきや[おもいきや] …라고 생각했더니 의외에도.

思いのまま[おもいのまま] 뜻대로. 자유대로.

思えらく[おもえらく] 생각건대.

[2]思わず[おもわず] 무심코. 그만. 무의식중에. 엉겁결에.

思い見る[おもいみる] 〈上1他〉 숙고하다. 잘 생각하다.

思い遣り[おもいやり] 동정. 동정심. 이해심.

思い遣る[おもいやる] 〈5他〉 ①(멀리서) 생각하다. 그리다. ②(남의 마음을) 헤아리다. 동정하다. 염려하다.

思い固める[おもいかためる] 〈下1他〉 굳게 결심하다. 단단히 마음에 다짐하다.

思い過ごし[おもいすごし] 기우(杞憂). 지나친 생각. 쓸데없는 걱정.

思い過ごす[おもいすごす] 〈5他〉 지나치게 생각하다. 쓸데없이 걱정하다.

思い掛けず[おもいがけず] 뜻밖에도.

[2]思い掛けない[おもいがけない] 〈形〉 뜻밖이다. 의외이다. 예상 밖이다.

思い屈する[おもいくっする] 〈サ変自〉 시름에 잠기다. 골똘히 생각하여 울적해지다.
思い及ぶ[おもいおよぶ] 〈5自〉 생각이 미치다.
思い起こす[おもいおこす] 〈5他〉 생각해 내다.
思い悩む[おもいなやむ] 〈5自〉 많은 생각으로 고민하다. 이것저것 생각하며 고민하다.
思い断つ[おもいたつ] 〈5他〉 단념하다. 포기하다.
思い当たる[おもいあたる] 〈5自〉 짐작이 가다. 생각이 미치다. 짚이다.
思い道[おもいみち] (이성에 대한) 깊은 사모.
思い乱れる[おもいみだれる] 〈下1自〉 심란해지다.
思い立ち[おもいたち] (뭔가 하려는) 결심. 마음.
思い立つ[おもいたつ] 〈5他〉 (뭔가 하려고) 결심하다. 마음먹다.
思い描く[おもいえがく] 〈5他〉 마음속에 그리다. 상상하다.
思い迷う[おもいまよう] 〈5自〉 갈피를 못 잡다. 당혹하다.
思い煩う[おもいわずらう] 〈5自〉 번민하다. 고민하다.
[1]思い付き[おもいつき] ①즉흥적인 생각. ②아이디어.
[2]思い付く[おもいつく] 〈5他〉 ①(좋은 것을) 생각해 내다. ②(잊었던 것을) 기억해 내다.
思い浮かぶ[おもいうかぶ] 〈5自〉 생각나다. 마음에 떠오르다.
思い浮かべる[おもいうかべる] 〈下1他〉 회상하다. 상상하다.
思い死に[おもいじに] 상사병으로 죽음.
思い思い[おもいおもい] 각자의 생각대로. 제 나름대로.
思い上(が)り[おもいあがり] 우쭐댐. 교만함.
思い上がる[おもいあがる] 〈5自〉 우쭐대다. 잘난 체하다. 자만하다.
思い設ける[おもいもうける] 〈下1他〉 예상하다. 예기하다.
思し召し[おぼしめし] ①뜻. 생각. 의향. ②호의. 마음의 표시. *'考(かんが)え', '心持(こころも)ち'의 높임말임.
思し召す[おぼしめす] 〈5他〉 생각하시다. 여기시다. *'思(おも)う', '考(かんが)える'의 높임말임.
思い巡らす[おもいめぐらす] 〈5他〉 여러 모로 생각하다.
思い顔[おもいがお] 뭔가 생각하는 얼굴.
思い余る[おもいあまる] 〈5自〉 생각을 가누지 못하다. 갈팡질팡하다.
思いの外[おもいのほか] 뜻밖에. 예상외로. 의외로.
思い違い[おもいちがい] 잘못 생각함. 오해. 착각.
思い違える[おもいちがえる] 〈下1他〉 잘못 생각하다. 착각하다.
思い人[おもいびと] 사랑하는 연인.
思い入る[おもいいる] 〈5自〉 골똘히 생각하다. 외곬으로 생각하다.
思い入れ[おもいいれ] ①생각에 잠김. 깊이 생각함. ②무언극(無言劇). ③마음껏. 실컷.
思い入れる[おもいいれる] 〈下1他〉 골똘히 생각하다. 깊이 생각하다.
[2]思い込む[おもいこむ] 〈5自〉 ①굳게 믿다. ②굳게 결심하다. 각오하다.
思い者[おもいもの] ①연인. 애인. ②첩(妾).
思い残す[おもいのこす] 〈5他〉 미련을 남기다.
思いの丈[おもいのたけ] (애정 관계에서) 가슴속의 생각.
思い切った[おもいきった] 대담한. 과감한.
思い切って[おもいきって] ①결단코. 단연코. ②실컷. 마음껏. ③대단히. 매우. 몹시.
[2]思い切り[おもいきり] ①단념. 체념. ②마음껏. 힘껏.
[2]思いっ切り[おもいっきり] '思い切り'의 강조.
思い切る[おもいきる] 〈5他〉 단념하다. 체념하다. 〈5自〉 결심하다. 각오하다.
思い定める[おもいさだめる] 〈下1他〉 (생각 끝에) 마음속에 정하다. 점찍다.
思う存分に[おもうぞんぶんに] 마음껏. 실컷. 소신껏.
思い種[おもいぐさ] 근심거리. 걱정거리.
思い做し[おもいなし] 추측. 짐작. ¶~か 짐작 탓인지. 그렇게 생각해서 그런지.
思い做す[おもいなす] 〈4他〉 ①믿어버리다. ②추측하다. 헤아리다.
思い止まる[おもいとまる/おもいとどまる] 〈5他〉 생각 끝에 단념하다.
思い至る[おもいいたる] 〈5自〉 (여러 생각 끝에) 생각이 미치다.
思い知らせる[おもいしらせる] 〈下1他〉 뼈저리게 느끼게 하다. 깊이 깨닫게 하다.
思い知る[おもいしる] 〈5他〉 뼈저리게 느끼다. 깊이 깨닫다. 절실히 느끼다.
思い直す[おもいなおす] 〈5他〉 다시 생각하다. 재고하다.

思わせ振り[おもわせぶり] 변죽을 울림. 의미 있는 듯이 언동함. 암시적임.
思い差し[おもいざし] 술을 따라 권함.
思い草[おもいぐさ] ① ≪植≫ 야고. ②심심초. 담배. ③근심거리. 걱정거리.
[2]思い出[おもいで] 추억. 회상.
[3]思い出す[おもいだす] 〈5他〉 ①생각하기 시작하다. ②생각나다. 상기하다. 생각해내다.
思い出し笑い[おもいだしわらい] (뭔가 생각나서) 혼자서 씩 웃음.
思い出話[おもいでばなし] 추억담.
思い置く[おもいおく] 〈5他〉 ①마음에 새겨두다. ②미련을 남기다.
思い通す[おもいとおす] 〈5他〉 골똘히 생각하다. 깊이 생각하다. 계속 생각하다.
思い通り[おもいどおり] 생각한 대로. 생각대로.
思い合(わ)せる[おもいあわせる] 〈下1他〉 (다른 일과) 관련시켜 생각하다.
思惑[おもわく] ①예상. 속셈. 생각. ②평판. 소문. 인기.
思い惑う[おもいまどう] 〈5自〉 심란하다. 마음이 헷갈리다.
思惑買(い)[おもわくがい] 투기 매입(投棄買入).
思惑師[おもわくし] 투기꾼.
思惑違い[おもわくちがい] 예상이 빗나감.
思い詰める[おもいつめる] 〈下1他〉 (어떻게 할까하고) 깊이 생각하다. 골똘히 생각하다.

音読

[1]思考[しこう] 사고; 생각하고 궁리함.
思考力[しこうりょく] 사고력; 생각하고 궁리하는 능력.
思念[しねん] 사념; 생각함.
思量[しりょう] 사량; 사료. 헤아려 생각함.
思慮[しりょ] 사려; 신중히 생각함.
思慮深い[しりょぶかい] 〈形〉 사려가 깊다. 슬기롭다. 지혜롭다. 총명하다.
思料[しりょう] 사료; 헤아려 생각함.
思慕[しぼ] 사모; 그리워함.
思弁[しべん] 사변; (경험에 의하지 않고) 논리적으로 생각하여 판별함.
[2]思想[しそう] 사상; 생각. 의견.
思想犯[しそうはん] 사상범.
思索[しさく] 사색; 사물을 깊이 생각함.
思案[しあん] 사안; ①여러 모로 생각함. 분별. ②근심. 걱정.
思案深い[しあんぶかい] 〈形〉 생각이 깊다. 사려가 깊다.
思案顔[しあんがお] 걱정스러운 얼굴. 생각에 잠긴 얼굴.
思案投げ首[しあんなげくび] 생각에 잠겨 고개를 늘어뜨림. 곤궁에 빠짐.
思惟[しい] 사유; 사고(思考). 생각.
思議[しぎ] 사의; 생각하여 의논함.
思潮[しちょう] 사조; 사상의 흐름.
思春期[ししゅんき] 사춘기.

모래 사

一 ア 丆 石 石 石 矿 砂 砂

音 ◉サ ◉シャ
訓 ◉すな ⊗いさご

訓読

[3]◉砂[すな] 모래. ¶ 目(め)に~が入(はい)る 눈에 모래가 들어가다. ¶ ~をまく 모래를 뿌리다.
⊗砂[いさご] ≪雅≫ 모래.
砂かぶり[すなかぶり] 씨름판 바로 곁의 관람석.
砂ゴム[すなゴム] 꺼칠꺼칠한 고무지우개.
砂肝[すなぎも] 조류(鳥類)의 모래주머니. 사낭(砂囊).
砂袋[すなぶくろ] ①(소화・방수용의) 모래주머니. ②조류의 모래주머니.
砂弄り[すないじり] 모래 장난.
砂留め[すなどめ] 모래막이. 사방(砂防).
砂壁[すなかべ] 색깔이 든 모래로 바른 벽.
砂払い[すなばらい] ①'こんにゃく'의 딴이름. ②'針供養(はりくよう)'를 하는 날에 こんにゃく를 먹는 행위.
砂浜[すなはま] 모래 해변. 모래톱. 모래사장.
砂山[すなやま] 모래 언덕.
砂色[すないろ] 모래 색깔.
砂書き[すながき] 모래로 글씨를 쓰거나 그림을 그림.
砂船[すなぶね] 모래 채취선. 모래 운반선.
砂時計[すなどけい] 모래시계.
砂埃[すなぼこり] 모래 먼지.
砂煙[すなけむり] 모래 먼지.
砂原[すなはら] 모래벌판.
砂遊び[すなあそび] 모래 장난.
砂子[すなご] ①모래. ②금・은박의 가루.
砂場[すなば] 모래밭. 모래땅.
砂舟[すなぶね] 모래 채취선. 모래 운반선.
砂地[すなじ/すなち] 모래땅.
砂擦り[すなずり] ①물고기의 배 쪽의 살찐 부분. ②물건의 밑바닥이 지면에 닿는 부분.

砂八つ目[すなやつめ] ≪魚≫ 다묵장어.
砂風呂[すなぶろ] 모래찜질.
砂被り[すなかぶり] 씨름판 바로 곁의 관람석.
砂絵[すなえ] 지면에 5색 모래를 뿌리면서 그리는 그림.

音読

砂丘[さきゅう] 사구; 모래 언덕.
砂金[さきん/しゃきん] ≪鉱≫ 사금.
砂嚢[さのう] 사낭; 모래주머니.
砂礫[されき/しゃれき] 사력; 모래와 자갈.
[1]砂利[じゃり] ①자갈. ②조무래기. 꼬마.
砂利道[じゃりみち] 자갈길.
[2]砂漠[さばく] ≪地≫ 사막.
砂防[さぼう/しゃぼう] 사방; 토사가 허물어져 내리는 것을 방지함.
砂上[さじょう] 사상; 모래 위.
砂岩[さがん/しゃがん] 사암; 모래가 굳어진 바위.
砂州[さす/さしゅう] 사주; 모래톱.
砂塵[さじん/しゃじん] 사진; 모래 섞인 먼지.
砂鉄[さてつ/しゃてつ] ≪鉱≫ 사철.
[4]砂糖[さとう] 설탕.
砂土[さど] 사토; 모래땅.

卸 짐부릴 사

丿 𠂉 𠂉 午 午 缶 缶 卸 卸

音 ⊗シャ
訓 ◉おろす ◉おろし

訓読

[2]◉卸す[おろす] 〈5他〉 (도매업자가 소매상인에게 물건을) 도매하다.
◉卸[おろし] 도매. 도매가격.
卸売(り)[おろしうり] 도매
卸問屋[おろしどんや] 도매상. 도매상점.
卸商[おろししょう] 도매상.
卸業[おろしぎょう] 도매업.
卸屋[おろしや] 도매상.
卸値[おろしね] 도매가격. 도매값.

師 스승/군사 사

丿 丨 𠂤 𠂤 𠂤 𠂤 𠂤 𠂤 師 師

音 ◉シ ⊗ジ
訓 —

音読

[1]師[し] ①스승. 선생. ②군대. ③기능인.
師家[しか] 사가; ①스승의 집. ②스승. 선생.
師団[しだん] 사단; 군대 편제의 하나.
師道[しどう] 사도; 스승의 길.
師範[しはん] 사범; ①모범. ②선생. 스승.
師範代[しはんだい] 대리 사범. 사범을 대신하여 가르치는 사람.
師父[しふ] 사부; ①스승과 아버지. ②아버지처럼 존경하는 스승.
師事[しじ] 사사; 스승한테서 가르침을 받음.
師友[しゆう] 사우; ①스승과 친구. ②스승으로 존경하는 친구.
師恩[しおん] 사은; 스승의 은혜.
師匠[ししょう] 사장; ①스승. ②연예인을 높여서 부르는 말.
師長[しちょう] 사장; 스승과 손윗사람.
師弟[してい] 사제; 스승과 제자.
師走[しわす] ≪雅≫ 음력 섣달.
師表[しひょう] 사표; 학식과 인격이 높아 모범이 되는 인물.
◑経師屋[きょうじや], 禅師[ぜんじ]

唆 부추길 사

丨 ㄇ 口 口 口 口 口 吩 唆 唆

音 ◉サ
訓 ◉そそのかす

訓読

◉唆す[そそのかす] 〈5他〉 부추기다. 꾀다.

音読

◑教唆[きょうさ], 示唆[しさ]

射 쏠 사

丿 丨 ㄇ 内 自 自 身 身 射 射

音 ◉シャ
訓 ◉いる

訓読

◉射る[いる] 〈上1他〉 ①쏘다. 쏘아 맞추다. ②쏘아보다. ③(빛이 강렬하게) 비추다.
射貫く[いぬく] 〈5他〉 쏘아서 꿰뚫다.
射掛ける[いかける] 〈下1他〉 (목표물에) 활·총을 쏘다.
射当てる[いあてる] 〈下1他〉 쏘아 맞추다. 쏘아 명중시키다.

射倒す[いたおす] 〈5他〉 쏘아서 죽이다.

射落とす[いおとす] 〈5他〉 ①쏘아서 떨어뜨리다. 쏘아서 잡다. ②(노리던 것을) 사로잡다. 차지하다.

射返す[いかえす] 〈5他〉 ①(활·총을) 쏘아 적을 물리치다. ②적이 쏜 화살로 되쏘다. ③마주 쏘다. 응사(応射)하다. ④반사(反射)하다. 되비치다.

射抜く[いぬく] 〈5他〉 쏘아서 꿰뚫다.

射散らす[いちらす] 〈5他〉 (활·총을)쏘아서 흩어뜨리다.

射竦める[いすくめる] 〈下1他〉 ①(활·총을) 쏘아 적을 꼼짝 못하게 하다. ②상대를 쏘아보아 꼼짝 못하게 하다.

射手 ❶[いて] 사수; ①궁수(弓手). ②명궁(名弓). 궁술의 명인. ❷[しゃしゅ] 사격수(射撃手).

射場[いば] ①활터. ②궁수(弓手)가 서는 자리.

射中てる[いあてる] 〈下1他〉 ①(활·총 따위로) 쏘아 맞히다. 명중시키다. ②(목표로 한 것을) 따내다. 얻다.

射止める[いとめる] 〈下1他〉 ①쏘아 죽이다. 쏘아 잡다. 사살하다.②(목표로 하던 것을) 차지하다. 획득하다. 얻다. 사로잡다.

音読

射[しゃ] (교양·무예로서의) 궁술(弓術).

射角[しゃかく] 사각; 발사 각도.

射距離[しゃきょり] 사거리; 사정거리(射程距離).

射撃[しゃげき] 사격; 활·총을 쏨.

射殺[しゃさつ] 사살; (활·총을) 쏘아서 죽임.

射影[しゃえい] 사영; ①투영(投影). 물체가 그림자를 비침. ② ≪数≫ 사영.

射的[しゃてき] ①(연습용) 표적 사격. ②공기총으로 표적을 쏘는 놀이.

射的屋[しゃてきや] ①사격 연습장. ②공기총 오락장.

射程[しゃてい] 사정; 쏘는 거리. 사정거리.

射精[しゃせい] 사정; 정액을 사출(射出)함.

射出[しゃしゅつ] 사출; ①(활·총의) 발사. ②(함선에서) 비행기 발사. ③(액체의) 분출. ④방사(放射).

射幸[しゃこう] 사행; 요행(僥倖). 노력하지 않고 뜻밖의 이익이나 성공을 바람.

射倖[しゃこう] ☞ 射幸

斜 비스듬 사

ノ ヘ 亼 今 余 余 余 余 斜 斜

音 ◉シャ

訓 ◉ななめ ⊗はす

訓読

[2]◉**斜め**[ななめ] ①비스듬함. 경사짐. ②(한쪽으로) 기욺. ③(기분 등이) 좋지 않음. 저기압임.

斜めならず[ななめならず] (기분·기쁨 등이) 대단히 좋음. 대단히 기뻐함.

斜子織[ななこおり] 발이 가늘고 비스듬하여 올이 돋아 보이는 평직(平織).

⊗**斜**[はす] 비스듬함. 경사짐.

斜掛(け)[はすかけ] 비스듬함.

斜交い[はすかい] ①비스듬함. ②비스듬하게 엇갈림.

音読

斜[しゃ] 비스듬함.

斜坑[しゃこう] 사갱; 경사진 갱도(坑道).

斜光[しゃこう] 사광; 비스듬히 비치는 빛.

斜度[しゃど] 사도; 경사도. 기울어진 각도.

斜列駐車[しゃれつちゅうしゃ] (길가의) 비스듬한 주차.

[1]**斜面**[しゃめん] 사면; 경사면.

斜紋織[しゃもんおり] 사문직; 능직(綾織).

斜辺[しゃへん] 사변; ①빗변. ② ≪数≫ 직각 삼각형의 직각의 맞변.

斜線[しゃせん] 사선; 빗금.

斜視[しゃし] 사시; ①곁눈질. ② ≪医≫ 사팔뜨기.

斜眼[しゃがん] 사안; ①곁눈질. ②사시(斜視). 사팔뜨기.

斜陽[しゃよう] 사양; ①석양(夕陽). ②≪俗≫ 쇠퇴. 몰락.

斜陽族[しゃようぞく] 사양족; 몰락한 귀족.

射影[しゃえい] 사영; 비스듬히 비친 그림자.

斜日[しゃじつ] 사일; 석양(夕陽).

斜照[しゃしょう] 사조; 석양(夕陽).

斜塔[しゃとう] 사탑; 비스듬히 기울어진 탑.

捨(捨) 버릴 사

一 十 才 扌 扑 抡 拎 拴 捨 捨

音 ◉シャ

訓 ◉すてる

訓読

3◉捨てる[すてる] 〈下1他〉 ①(불필요한 것을) 버리다. 내다버리다. ②내버려두다. 모르는 체하다. ③포기하다. 체념하다.

捨てぜりふ[すてぜりふ] ①각본에 없는 즉석 대사. ②(떠나면서) 아무렇게나 내뱉는 난폭하고 야비한 말.

捨(て)仮名[すてがな] 한자(漢字)를 훈독하기 위한 かな.

捨(て)去る[すてさる] 〈5他〉 (미련 없이) 버리고 떠나다. 떨쳐 버리다.

捨(て)金[すてがね] ①헛돈. 쓴 보람이 없는 돈. ②버린 셈치고 빌려주는 돈. ③(기생의) 몸값.

捨(て)台詞[すてぜりふ] ☞ 捨てぜりふ

捨(て)売り[すてうり] 덤핑 판매.

捨(て)苗[すてなえ] ①모내기를 하고 남은 모. ②(모내기 때) 심기 좋도록 군데군데 던져 놓은 모.

捨(て)物[すてもの] ①내버린 것. ②소용이 없는 것.

捨(て)鉢[すてばち] 자포자기.

捨(て)扶持[すてぶち] 버리는 셈치고 주는 품삯.

捨(て)石[すていし] ①정원석(庭園石). ②물속에 기초를 놓기 위해 던져 넣는 돌. ③(바둑에서) 사석. 희생돌. ④디딤돌. 밑거름.

捨(て)所[すてどころ] 버릴 만한 시기.

捨(て)小舟[すておぶね] ①내버려진 쪽배. ②의지할 곳 없는 외로운 몸.

捨(て)身[すてみ] 목숨을 걺. 필사적임.

捨(て)印[すていん] (증서에) 만일을 위해 난외에 찍어 두는 도장.

捨(て)子[すてご] 기아(棄児). 아이를 버림. 버린 아이.

捨(て)場[すてば] 버리는 곳.

捨(て)鐘[すてがね] 시종(時鐘)을 치기 전에 세 번 치는 예비종.

捨(て)札[すてふだ] (江戸(えど) 시대에) 죄인을 처형할 때 신상명세서를 적어 거리에 내걸던 표찰.

捨(て)値[すてね] 헐값. 덤핑.

捨(て)置く[すておく] 〈5他〉 내버려두다. 방치하다.

音読

捨象[しゃしょう] 사상; 현상의 특성이나 공통점 이외의 요소를 버림.

捨身❶[しゃしん] ≪仏≫ 사신; ①출가(出家). ②불법이나 중생을 구하기 위해 목숨을 버림. ❷[すてみ] 목숨을 걺. 필사적임.

捨身成道[しゃしんじょうどう] ≪仏≫ 사신성도.

蛇 뱀 사

口 口 中 虫 虫 虫' 虫' 虫' 虫ᅮ 蛇

音 ◉ジャ ◉ダ
訓 ◉へび

訓読

◉蛇[へび] ≪動≫ 뱀

蛇遣い[へびつかい] ①음악으로 뱀을 춤추게 함. ②음악으로 뱀을 부리는 사람. ③게으름뱅이.

蛇遣い座[へびつかいざ] ≪天≫ 뱀주인자리.

蛇苺[へびいちご] ≪植≫ 뱀딸기.

蛇座[へびざ] ≪天≫ 뱀자리.

蛇蜻蛉[へびとんぼ] ≪虫≫ 뱀잠자리.

音読

蛇蝎[だかつ] 사갈; 뱀과 전갈.

蛇管[じゃかん] 사관; ①나선형의 관. ②호수.

1蛇口[じゃぐち] 수도꼭지.

蛇毒[じゃどく] 사독; 뱀의 독.

蛇籠[じゃかご] (제방을 쌓는 데 쓰는) 철사로 만든 원통 모양으로 얽어 속에 돌을 채운 바구니.

蛇紋[じゃもん] 사문; 뱀 껍질 모양의 얼룩무늬.

蛇紋石[じゃもんせき] ≪鉱≫ 사문석.

蛇紋岩[じゃもんがん] ≪鉱≫ 사문암.

蛇腹[じゃばら] ①(카메라의) 주름상자. ②신축성이 있는 몸통부분. ③신축성이 있는 호수. ④ ≪建≫ 실내의 벽에 둘러 붙인 장식용 돌출부.

蛇性[じゃせい] 사성; 뱀의 성질. 뱀 같은 성질.

蛇足[だそく] 사족; 군더더기.

蛇体[じゃたい] 뱀의 몸. 뱀의 형상.

蛇行[だこう] 사행; 뱀이 기어가듯 꾸불꾸불 나아감. 갈지자(之)로 감.

赦 놓아줄 사

一 十 土  赤 赤 赦 赦 赦

音 ◉シャ
訓 ⊗ゆるす

訓読

⊗**赦す**[ゆるす] 〈5他〉 ①(죄나 잘못을) 용서하다. 사하다. ②(교도소에서) 복역중인 사람을 석방하다.

音読

赦免[しゃめん] 사면; 죄를 용서함.

赦罪[しゃざい] 사죄; 죄를 용서하고 처벌을 하지 않음.

詐 속일 사

亠 言 言 言 言 言 訁 訂 詐 詐

音 ◉サ

訓 ⊗いつわる

訓読

⊗**詐る**[いつわる] 〈5他〉 거짓말하다. 속이다. 기만하다.

詐り[いつわり] 거짓. 허위. 속임수. 기만.

音読

1**詐欺**[さぎ] 사기; ①남을 속여 금품을 탈취하거나 손해를 끼침. ②남을 속여서 착오로 빠뜨리는 행위.

詐欺師[さぎし] 사기꾼.

詐略[さりゃく] 사략; 남을 속이는 계략.

詐術[さじゅつ] 사술; 속임수.

詐取[さしゅ] 사취; 속여서 빼앗음.

詐称[さしょう] 사칭; 이름이나 신분 등을 허위로 꾸며 댐.

詞 말 사

亠 言 言 言 言 訂 訂 詞 詞 詞

音 ◉シ

訓 ⊗ことば

訓読

⊗**詞❶**[ことば] (노래의) 가사. 노랫말. ❷[し] ☞ [音読]

詞書(き)[ことばがき] ①和歌(わか)의 머리말. ②두루마리 그림의 설명문. ③그림책의 대화문.

詞寄せ[ことばよせ] 連歌(れんが)・俳諧(はいかい)에 필요한 용어를 수집해 놓은 책.

音読

詞❶[し] ①시문(詩文). ②일본어 단어를 문법상의 성질로 크게 나눈 둘 중의 하나. ❷[ことば] ☞ [訓読]

詞林[しりん] ①문단(文壇). 시인・문인들의 사회. ②시문을 모아서 엮은 책. ③사서(辞書). 사전(辞典).

詞章[ししょう] 사장; 시가(詩歌)와 문장.

詞藻[しそう] 사조; ①문장을 수식하는 어구. 문장・말의 수식. ②시가(詩歌). 문장. ③문장을 짓는 뛰어난 재능.

詞花[しか] ☞ 詞華

詞華[しか] 사화; 아름답게 꾸며서 표현한 시(詩)・문장.

 줄/하사할 사

冂 目 貝 貝 貝 貝 貝 賜 賜 賜

音 ◉シ

訓 ◉たまわる ⊗たまう

訓読

1◉**賜る**[たまわる] 〈5他〉 ①(웃어른한테서) 하사 받다. 받다. ②(웃어른이) 주시다. 하사하시다.

賜り物[たまわりもの] 웃어른이 내려 주신 물품.

⊗**賜う**[たまう] 〈5他〉 하사하시다. 내리시다.

賜物[たまもの] ①신(神)이 내리신 선물. ②좋은 결과・보람・은혜・덕분.

音読

賜暇[しか] 사가; 공무원이 휴가를 얻음.

賜暇戦術[しかせんじゅつ] 휴가 전술. 파업할 수 없는 공무원이 한꺼번에 휴가를 얻어 태업하는 전술.

賜金[しきん] 사금; 하사금.

賜杯[しはい] 사배; ①하사배. 하사된 우승컵. ②하사품. 하사주(下賜酒).

辞(辭) 말씀/사양할 사

一 二 千 千 舌 舌 舌 辞 辞 辞

音 ◉ジ

訓 ◉やめる ⊗いなむ

訓読

2◉**辞める**[やめる] 〈下1他〉 (직장을) 그만두다. 사직하다. 사임하다.

⊗**辞む**[いなむ] 〈5他〉 ①거절하다. 거부하다. 사절하다. ②부정하다.

音読

辞[じ] ①말. 글. ②(한문에서) 사.

辞す[じす] 〈5自他〉 ☞ 辞する

辞する[じする] 〈サ変自〉 물러 나오다. 하직하다. 〈サ変他〉 ①사절하다. 사양하다. ②사직하다. 사퇴하다. ③불사하다. 무릅쓰다.
辞去[じきょ] 사거; 작별하고 떠남.
辞令[じれい] 사령; ①응대의 말. ②임명장. 사령장. ③(사교적인) 겉치레 말.
辞林[じりん] 사림; 낱말 사전.
辞柄[じへい] 구실. 핑계.
[4]辞書[じしょ] 사서; 낱말 사전.
辞世[じせい] 사세; ①세상을 떠남. 죽음. ②죽을 때 남겨 놓는 和歌(わか)나 俳句(はいく). 사세구(辞世句).
辞宜[じぎ] ☞ 辞儀
辞意[じい] 사의; ①말의 뜻. 어의(語意). ②사직 의사.
辞儀[じぎ] ①인사. 절. ②사퇴. 사양.
辞任[じにん] 사임; 직책을 물러남.
[3]辞典[じてん] 사전; 낱말 사전.
[1]辞職[じしょく] 사직; 직책을 물러남.
辞退[じたい] 사퇴; 작별하고 물러남. 사절하여 물리침.
辞表[じひょう] 사표; 직책을 사퇴하는 문서.

嗣 이을/후사 사

ㅁ ㅁ 𠮛 月 肙 肙 䎽 嗣 嗣 嗣

音 ◉シ
訓 ⊗つぐ

訓読

⊗嗣ぐ[つぐ] 〈5他〉 계승하다. 상속하다. 대(代)를 잇다.

音読

嗣子[しし] 사자; 대(代)를 이을 자식. 적자(嫡子). 후사(後嗣).

飼(飼) 기를 사

丿 𠆢 𠆢 今 今 𩙿 𩙿 飠 飣 飼

音 ◉シ
訓 ◉かう

訓読

[1]◉飼う[かう] 〈5他〉 ①(동물을) 기르다. 사육하다. ②(동물에게) 먹이를 주다.
飼(い)犬[かいいぬ] (집에서) 기르는 개.
飼い慣らす[かいならす] 〈5他〉 (사육해서) 길들이다.
飼(い)猫[かいねこ] (집에서) 기르는 고양이.
飼(い)方[かいかた] (동물을) 사육하는 법. 기르는 법.
飼(い)放し[かいはなし] 방목(放牧). 가축을 놓아기름.
飼(い)付け[かいつけ] ①(동물을) 길들여 기름. ②말에게 먹이를 줌.
飼(い)殺し[かいごろし] ①(쓸모없는 가축을) 죽을 때까지 기름. ②(쓸모없는 사람을) 평생 고용함.
飼(い)葉[かいば] 여물. 꼴.
飼(い)葉桶[かいばおけ] 여물통. 구유.
飼(い)鳥[かいどり] (애완용으로) 기르는 새.
飼(い)主[かいぬし] 사육주. 기르는 사람.
飼(い)草[かいぐさ] 여물. 꼴.
飼(い)桶[かいおけ] 여물통. 구유.

音読

飼料[しりょう] 사료; 가축의 먹이.
飼養[しよう] 사양; 사육.
[1]飼育[しいく] 사육; 가축을 먹이어 기름.

謝 사례할/거절할 사

言 言 訁 訂 訃 訃 謝 謝 謝 謝

音 ◉シャ
訓 ◉あやまる

訓読

[2]◉謝る[あやまる] 〈5自他〉 ①사과하다. 사죄하다. 용서를 빌다. ②항복하다. 손들다. ③(난처하여) 사양하다. 사절하다.
謝り[あやまり] 사과. 사죄.

音読

謝す[しゃす] 〈5自他〉 ☞ 謝する
謝する[しゃする] 〈サ変自〉 작별을 하고 떠나다. 〈サ変他〉 사과하다. 사죄하다. 용서를 빌다.
謝金[しゃきん] 사례금(謝礼金).
謝礼[しゃれい] 사례; 사례 인사.
謝辞[しゃじ] ①감사의 인사. ②사과의 말.
謝肉祭[しゃにくさい] ≪宗≫ 사육제.
謝恩会[しゃおんかい] 사은회; 스승의 은혜에 감사하다는 뜻으로 베푸는 연회·다과회.
謝意[しゃい] 사의; ①감사의 뜻. ②사과의 뜻. 유감의 뜻.
謝儀[しゃぎ] 사의; 사례. 사례품.
謝状[しゃじょう] ①감사의 편지. ②사과의 편지.

[1]謝絶[しゃぜつ] 사절; 거절함.
[1]謝罪[しゃざい] 사죄; 지은 죄에 대해 용서를 빎.

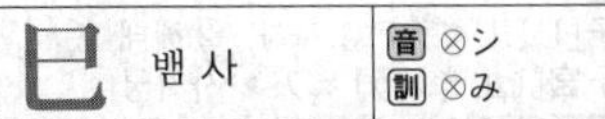

巳 뱀 사 — 音 ⊗シ 訓 ⊗み

訓読
⊗巳[み] 사; ①십이지(十二支)의 여섯째. 뱀. ②사시(巳時). 오전 9시부터 11시까지의 사이. ③사방(巳方). 남남동(南南東).
⊗巳年[みどし] 사년; 십이지(十二支)의 여섯째인 뱀의 해(年).
⊗巳の時[みのとき] 사시; 오전 9시부터 11시까지의 사이.

沙 모래 사 — 音 ⊗サ ⊗シャ 訓 ⊗すな

訓読
⊗沙[すな] 모래. ¶~をかます(씨름에서) 상대방을 넘어뜨리다. ¶~をかむような 모래를 씹는 듯한. 무미건조한.
音読
沙羅樹[しゃらじゅ/さらじゅ] ≪植≫ 사라수.
沙羅双樹[しゃらそうじゅ/さらそうじゅ] ≪仏≫ 사라쌍수.
沙漠[さばく] ≪地≫ 사막.
沙門[しゃもん] ≪仏≫ 사문; 출가(出家)한 중.
沙弥[しゃみ] ≪仏≫ 사미; 나이 어린 중.
沙子[★いさご] ≪雅≫ 모래.
沙蚕[★ごかい] ≪動≫ 갯지렁이.
沙汰[さた] ①판가름. 시비를 가림. ②명령. 지시. 분부. ③소식. 기별. ④(화제가 되는) 소문. 사건.
沙汰止み[さたやみ] (명령・계획의) 중지.
沙汰の限り[さたのかぎり] 당치도 않음. 언어도단임.

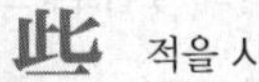

些 적을 사 — 音 ⊗サ 訓 ⊗いささか

訓読
⊗些か[いささか] 조금. 약간. 좀. 다소. *'すこし'와 'わずか'의 아어적(雅語的) 표현임.
音読
些事[さじ] 사사; 사소한 일. 하찮은 일.
些細[ささい] 사세; 사소함. 하찮음.
些少[さしょう] 사소; 조금. 약간.

祀 제사 사 — 音 ⊗シ 訓 ⊗まつる

訓読
⊗祀る[まつる] 〈5他〉 ①제사지내다. ②신으로 받들어 모시다.

音読
◑祭祀[さいし], 祭祀料[さいしりょう]

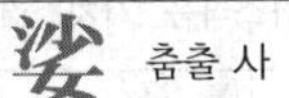

娑 춤출 사 — 音 ⊗サ ⊗シャ 訓 —

音読
沙羅樹[さらじゅ] ≪植≫ 사라수.
娑婆[しゃば] 사바; ① ≪仏≫ 사바세계. 세속(世俗). ②(군대나 감옥 안에서 본) 바깥세상. 일반인의 자유로운 세계.
娑婆界[しゃばかい] 사바계; 속세계(俗世界).
娑婆気[しゃばけ] 세속적인 마음.
娑婆塞げ[しゃばふさげ] 세상에 쓸모없는 존재. 밥벌레.

祠 사당 사 — 音 ⊗シ 訓 ⊗ほこら

訓読
⊗祠[ほこら] 사당(祠堂).
音読
祠官[しかん] 사관; 신관(神官). 제관(祭官).
祠堂[しどう] 사당; ①가묘(家廟). ②(절에 부속된) 위패당(位牌堂). ③조그마한 신사(神社).
祠堂金[しどうきん] (절에 바치는) 공양금(供養金).

嗄 목쉴 사 — 音 ⊗サ 訓 ⊗からす ⊗かれる

訓読
⊗嗄らす[からす] 〈5他〉 (목소리를) 쉬게 하다.
⊗嗄れる[かれる] 〈下1自〉 (목이) 잠기다. 쉬다. 허스키해지다.
嗄れ嗄れ[かれがれ] 목이 잠김. 목이 쉼.
音読
嗄声[させい] 사성; 목쉰 소리.

奢 ×(奢) 사치할 사	音 ⊗シャ 訓 ⊗おごる

訓読

1⊗奢る[おごる] 〈5他〉 한턱내다. 대접하다. 〈5自〉 ①사치하다. 사치스럽다. ②우쭐대다. 우쭐하다.

奢り[おごり] ①한턱냄. 대접. ②사치. 호사. ③우쭐댐. 우쭐함.

音読

奢侈[しゃし] 사치; 호화스러움. 사치스러움.

覗 엿볼 사	音 ⊗シ 訓 ⊗のぞかせる ⊗のぞく ⊗のぞける

訓読

⊗覗かせる[のぞかせる] 〈下1他〉 ①(틈 사이로) 슬쩍 내비치다. 들여다보게 하다. 엿보이게 하다. ②(씨름에서) 상대방의 옆구리에 손목이 닿을 정도로 손을 얕게 넣어 잡다.

1⊗覗く[のぞく] 〈5他〉 ①(좁은 틈으로) 엿보다. 들여다보다. ②(몸을 내밀고) 아래를 내려다보다. ③잠깐 들여다보다. 잠깐 들르다. ④(남의 비밀을) 엿보다. 훔쳐보다. 〈5自〉 일부분이 살짝 보이다.

覗き[のぞき] 들여다봄. 엿봄.

覗き見[のぞきみ] ①엿봄. 들여다봄. 훔쳐봄. ②남의 사생활을 알려고 함.

覗き鼻[のぞきばな] 들창코. 매부리코.

覗き眼鏡[のぞきめがね] ①요지경. ②만화경. ③상자 모양의 물안경.

覗き込む[のぞきこむ] 〈5他〉 속을 들여다보다.

覗き窓[のぞきまど] 밖을 내다보기 위해 만든 작은 창.

⊗覗ける[のぞける] 〈下1他自〉 일부분이 살짝 보이다. 일부분이 보이게 하다.

斯 이것 사	音 ⊗シ 訓 —

音読

斯界[しかい] 사계; 이 분야.

斯道[しどう] 사도; ①그 분야. ②유학(儒学)의 길.

斯文[しぶん] 사문; ①이 학문. ②유학(儒学).

斯業[しぎょう] 사업; 이 사업.

獅 사자 사	音 ⊗シ 訓 —

音読

獅子[しし] ≪動≫ ①사자. ②해태.

獅子宮[ししきゅう] ≪天≫ 사자궁.

獅子頭[ししがしら] ①(사자춤을 출 때의) 사자탈. ②금붕어의 한 변종. ③ ≪植≫ 양치류의 일종.

獅子舞(い)[ししまい] 사자 춤.

獅子鼻[ししばな] 납작코. 개발코.

獅子吼[ししく] 사자후; ①부처의 설법(説法). ②크게 열변을 토함.

瀉 토할/설사할 사	音 ⊗シャ 訓 —

音読

瀉下剤[しゃかざい] 사하제; 설사약.

瀉血[しゃけつ] ≪医≫ 사혈; 치료 목적으로 피를 뽑아냄.

〔삭〕

削(削) 깎을 삭
丨 ⺌ 小 肖 肖 肖 肖 削 削

音 ◉サク
訓 ◉けずる ⊗そぐ ⊗そげる

訓読

2◉削る[けずる] 〈5他〉 ①얇게 깎다. 대패로 밀다. ②(예산 등을) 깎다. 삭감하다. ③삭제하다.

削り掛け[けずりかけ] 나뭇가지를 얇게 깎아 끝을 억새꽃처럼 만든 막대기. ＊옛날 정월 14~20일에 문 앞에 매달아 두고 복을 청했던 것.

削り節[けずりぶし] (요리의 조미료용으로) 얇게 깎은 かつおぶし.

削り花[けずりばな] ☞ 削り掛け

⊗削ぐ[そぐ] 〈5他〉 ①뾰족하게 깎다. ②(머리칼 등을) 자르다. 치다. ③엷게 깎다. ④(흥을) 깨다. 꺾다.

削ぎ袖[そぎそで] 소맷부리가 작고 배래기가 둥근 소매.

削ぎ取る[そぎとる] 〈5他〉 얇게 깎아내다. 긁어 없애다.

⊗削げる[そげる] 〈下1自〉 얇게 깎이다. 모서리가 깎이다. 까지다.

削げ[そげ] (대나무・재목 등의) 거스러미. 가시.

音読

削減[さくげん] 삭감; 깎아서 줄임.

削剝[さくはく] 삭박; ①깎아서 벗김. ②자연의 힘으로 지반이 깎여서 평평해짐.

削成[さくせい] 삭성; 깎아서 만듦.

削岩[さくがん] 착암. 바위에 구멍을 뚫음.

削岩機[さくがんき] 착암기. 바위에 구멍을 뚫는 기계.

2 削除[さくじょ] 삭제; ①깎아서 없앰. ②기록된 것을 지워 없앰.

朔 초하루/북쪽 삭	音 ⊗サク 訓 ⊗ついたち

訓読

⊗朔[ついたち] ①(매월) 1일. 초하루. ②상순(上旬). 초순(初旬).

朔日[ついたち/さくじつ] ☞ 朔(ついたち)

音読

朔望[さくぼう] 삭망; 음력 초하루와 보름.

朔望月[さくぼうげつ] 삭망월; 음력 초하루의 달과 보름달.

朔北[さくほく] 삭북; 북쪽.

朔月[さくげつ] 삭월; 음력 초하루의 달.

朔風[さくふう] 삭풍; 북풍(北風).

山 메/뫼 산

丨 山 山

音 ◉サン ◉ザン

訓 ◉やま

訓読

4 ◉山[やま] ①산. ②광산(鉱山). ③무더기. 산더미. ④(어떤 물건의) 꼭대기. ⑤절정. 고비. 클라이맥스. 최고조. ⑥요행수. ⑦ ≪俗≫ 범죄 사건. ＊경찰과 기자들의 용어임.

山つつじ[やまつつじ] ①야생의 진달래. ②산철쭉.

山なり[やまなり] (던진 물건이) 곡선을 그리며 날아가다가 떨어짐.

山家[やまが/さんか] 산가; 산 속의 집.

山家育ち[やまがそだち] 산 속에서 자란 사람. 세련되지 못한 사람.

山家者[やまがもの] 시골뜨기.

山家住(ま)い[やまがずまい] 산 속의 집. 산 속에서 삶.

山稼ぎ[やまかせぎ] 산에서의 돈벌이.

山籠[やまかご] 산길의 가마.

山間[やまあい/さんかん] 산간; 산골짜기.

山勘[やまかん] ≪俗≫ ①사기를 침. ②사기꾼. ③어림짐작. 요행수.

山開き[やまびらき] ①등산을 허용하는 행사. ②산에 길을 냄. ③여름 등산 시즌을 맞이함.

山裾[やますそ] 산기슭.

山犬[やまいぬ] ①들개. ②이리. 승냥이.

山鯨[やまくじら] ≪俗≫ 멧돼지 고기.

山高[やまたか] ①꼭대기가 높음. ②'山高帽子(やまたかぼうし)'의 준말.

山高帽子[やまたかぼうし] 중산모자. 꼭대기가 높은 모자.

山冠[やまかんむり] 뫼산밑. ＊한자(漢字) 부수의 하나로 '岸, 岩' 등의 '山'부분.

山掛(け)[やまかけ] ①높이 쌓아 올림. ②마즙을 친 생선회.

山口[やまぐち] ①산 어귀. ②일본의 中国(ちゅうごく) 지방의 한 현(県).

山鳩[やまばと] ① ≪鳥≫ 산비둘기. ②호도애.

山鳩色[やまばといろ] 검푸른 빛의 연한 황색.

山国[やまぐに] 산골. 산이 많은 고장.

山国育ち[やまぐにそだち] 산골에서 자람.

山葵[★わさび] ≪植≫ 고추냉이.

山葵卸[★わさびおろし] 강판.

山葵醬油[★わさびじょうゆ] 고추냉이를 넣은 간장.

山葵漬(け)[★わさびづけ] 고추냉이를 절인 것.

山肌[やまはだ] (나무가 없는) 산의 표면. 산의 흙바닥.

山気[やまき/やまけ] 모험심. 투기심.

山っ気[やまっけ] '山気(やまき/やまけ)'의 강조어.

山男[やまおとこ] ①산 사나이. ②등산을 좋아하는 남자. ③깊은 산 속의 남자 괴물.

山女[やまめ] ≪魚≫ 산천어(山川魚).

山の端[やまのは] 능선. 산마루. 산등성이.

山踏み[やまぶみ] 산을 돌아다님.

山台[やまだい] (歌舞伎(かぶき)에서) 음악을 연주하는 사람들이 앉는 무대보다 약간 높은 대(台).
山刀[やまがたな] 나무꾼용 칼.
山桃[やまもも] ≪植≫ 속나무. 소귀나무.
山道[やまみち] 산길.
山楝蛇[やまかがし] ≪動≫ 율모기.
山登り[やまのぼり] ①등산. 산에 오름. ②등산가. 산을 좋아하는 사람.
山嵐[やまあらし] ①산에서 부는 거센 바람. ②(유도의) 메치는 기술의 하나.
山藍[やまあい] ≪植≫ ①산쪽풀. ②'琉球藍(りゅうきゅうあい)'의 딴이름.
山姥[やまうば] 깊은 산 속의 마귀할멈.
山路[やまじ] ≪雅≫ 산길.
山蕗[やまぶき] ≪植≫ 야생의 머위.
山籠(も)り[やまごもり] ①산 속에 숨어삶. ②산사(山寺)에 틀어박혀 수행(修行)함.
山留め[やまどめ] 토사의 붕괴를 막는 설비.
山流し[やまながし] 죄인을 깊은 산중(山中)으로 유배 보냄.
山里[やまざと] 산촌. 두멧마을.
山里人[やまざとびと] 시골사람.
山梨[やまなし] ≪地≫ 일본 중부 동부 지방의 한 현(県).
山立(ち)[やまだち] ①산적(山賊). ②사냥꾼.
山鳴(ら)し[やまならし] 일본사시나무.
山鳴り[やまなり] (화산 폭발 등으로) 산이 울림. 산울림.
山鉾[やまぼこ] 산 모양의 장식대(装飾台) 위에 무기를 꽂은 山車(だし).
山猫[やまねこ] ①들고양이. ②일본의 살쾡이. ③江戸(えど) 시대, 神社(じんじゃ)와 절 근처에 있던 매춘부. ④연장주머니.
山猫スト[やまねこスト] 본부의 지령 없이 제멋대로 하는 파업.
山猫座[やまねこざ] ≪天≫ 살쾡이자리.
山の尾[やまのお] 산의 능선.
山背[やませ] ①산바람. 재넘이. ②높새바람.
山背風[やませかぜ] ①산바람. 높새바람. ②琵琶湖(びわこ) 주변의 봄·여름에 부는 바람.
山百合[やまゆり] ≪植≫ 산나리.
山番[やまばん] 산지기.
山法師[やまほうし] 승병(僧兵).
山辺[やまべ] 산 근처. 산언저리.
山並み[やまなみ] 산이 연이어 솟아 있음. 연산(連山).
山伏(し)[やまぶし] ①산야(山野)에서 수행하는 중. ②'修験者(しゅげんじゃ)'의 딴이름.
山膚[やまはだ] (나무가 없는) 산의 표면. 산의 흙바닥.
山分け[やまわけ] ①공평하게 나눔. ②눈대중으로 나눔.
山崩れ[やまくずれ] (소규모의) 산사태.
山仕事[やましごと] ①산에서 하는 일. ②투기업(投機業).
山寺[やまでら] 산사; 산에 있는 절.
山師[やまし] ①광산 개발업자. ②산림 매매업자. ③투기업자. ④사기꾼.
山詞[やまことば] (사냥꾼·숯 굽는 사람들이) 산에서만 사용하는 말.
山山[やまやま] ①많은 산. 여러 산. 이산 저산. ②태산 같음. ③고작. 기껏해야.
山山羊[やまやぎ] ≪動≫ 노루.
山雪[やまゆき] (평야보다도) 산에 많이 내리는 눈.
山城❶[やまじろ/さんじょう] 산성; 산 위에 쌓은 성. ❷[やましろ] (일본의 옛 지명으로) 현재 京都府(きょうとふ)의 남부.
山盛り[やまもり] (음식을) 수북이 담음. 곱빼기로 담음.
山小屋[やまごや] 산막. 등산객의 숙박·휴식을 위해 지은 오두막집.
山焼き[やまやき] (새싹이 잘 돋아나게끔) 산의 마른 풀을 태움.
山送り[やまおくり] 시체를 산에 장사지냄.
山手[やまて] ☞ 山の手(やまのて)
山の手[やまのて] ①산 쪽. 산에 가까운 쪽. ②도시의 높은 지대의 주택지.
山の手言葉[やまのてことば] 東京(とうきょう)의 지식층이 사용하던 말.
山守[やまもり] 산지기.
山狩(り)[やまがり] ①산에서 하는 사냥. ②(범인을 잡기 위해) 산을 뒤짐. 산을 수색함.
山始め[やまはじめ] 새해 들어 처음으로 산에 들어가 일을 시작하는 의식.
山時鳥[やまほととぎす] 산에 사는 두견새.
山の神[やまのかみ] ①산신령(山神霊). ② ≪俗≫ 마누라. 여편네.
山岸[やまぎし] ①산 속의 절벽. ②산기슭이 수면에 접한 곳.
山桜[やまざくら] ①산에 피는 벚꽃. ②산벚나무.
山鶯[やまうぐいす] ≪鳥≫ 휘파람새.

山羊[★やぎ] ≪動≫ 염소.
山彦[やまびこ] ①메아리. ②산신령.
山言葉[やまことば] (사냥꾼·숯 굽는 사람들이) 산에서만 사용하는 말.
山塩[やまじお] 산염; 암염(巖塩).
山奥[やまおく] 깊은 산 속.
山牛蒡[やまごぼう] ≪植≫ ①자리공. ②국화수리취.
山の芋[やまのいも] ≪植≫ 참마.
山雲[やまぐも] 산운; 산에 끼는 구름.
山元[やまもと] ①산기슭. ②산 주인. ③광산의 소재지.
山猿[やまざる] ①산의 원숭이. ② ≪俗≫ 촌놈.
山越え[やまごえ] ①산을 넘어감. 산을 넘는 곳. ②(江戸(えど) 시대에) 통행증이 없는 사람이 몰래 산을 넘음.
山越し[やまごし] ①산을 넘음. ②산 너머.
山育ち[やまそだち] 산에서 자람. 산에서 자란 사람.
山陰❶[やまかげ] 산그늘. ❷[さんいん] 산음; 북쪽.
山人[やまびと] ≪雅≫ ①산촌에 사는 사람. ②산에서 일하는 사람. ③신선(神仙).
山子[やまご/やまこ] 산에서 일하는 사람.
山雀[やまがら] ≪鳥≫ 산작; 곤줄박이.
山蚕[やままゆ] ≪虫≫ 산누에.
山岨[やまそわ] ≪雅≫ 산벼랑.
山積み[やまづみ] 산적; ①산처럼 쌓아 올림. ②(할 일이) 많이 밀림.
山田[やまだ] 산의 논.
山伝い[やまづたい] 산을 타고 감.
山畑[やまばた] 산에 있는 밭.
山程[やまほど] 산더미 만큼.
山際[やまぎわ] ①산기슭. 산등성이. ②산 근처.
山鳥[やまどり] 산의 새.
山足[やまあし] 스키를 탈 때, 경사진 곳에서 옆으로 섰을 때 산 쪽의 발.
山住み[やまずみ] ①산촌에서 삶. ②촌사람.
山中[やまなか] 산중; 산 속.
山止め[やまどめ] 입산 금지.
山持ち[やまもち] ①산을 소유함. ②산 임자. 산 주인.
山津波[やまつなみ] (대규모의) 산사태.
山車[★だし] (축제 때의) 축제 수레.
山千[やません] ①산에서 천년이나 삶. ②세상 물정에 밝아 교활함.
山川❶[やまかわ/さんせん] 산천; 산과 내. ❷[やまがわ] 산 속을 흐르는 시내·강.
山賤[やまがつ] 산 속에 사는 미천한 사람. 또는 그런 사람의 집.
山草❶[やまぐさ] ≪植≫ 풀고사리. ❷[さんそう] 산초; 산에 나는 풀.
山出し[やまだし] ①목재·숯 등을 산에서 실어냄. ②시골에서 갓 나옴. 시골뜨기.
山吹[やまぶき] ≪植≫ 황매화나무.
山吹色[やまぶきいろ] 황금빛. 황매화 빛.
山酔い[やまよい] 고산병(高山病).
山漆[やまうるし] ≪植≫ 산칠; 개옻나무.
山梔子[★くちなし] ≪植≫ 치자나무.
山坂[やまさか] ①산과 고개. ②산 고개.
山苞[やまづと] 산촌에서 가지고 온 선물.
山葡萄[やまぶどう] ≪植≫ 산포도; 머루.
山風[やまかぜ] ①산바람. ②재넘이. 해가 진후에 산에서 불어내리는 바람.
山颪[やまおろし] 재넘이. 산바람.
山幸[やまさち] ☞ 山の幸
山の幸[やまのさち] ①산에서 사냥한 것. ②산에서 채취한 열매.
山峡[やまかい/さんきょう] 산협; 산골짜기.
山形[やまがた] ①산 모양. ②활터의 과녁 뒤에 친 장막. ③일본 동북 지방의 한 현(県).
山火事[やまかじ] 산불.
山荒(ら)し[やまあらし] ≪動≫ 호저(豪豬).
山懐[やまふところ/やまぶところ] 깊은 산간의 움푹 팬 곳.
山姫[やまひめ] ①산의 여신(女神). ②あけび(으름덩굴)의 딴이름.

音読

山居[さんきょ] 산거; 산 속 생활.
山谷[さんこく] 산곡; 산과 골짜기. 산골짜기.
山塊[さんかい] 산괴; 산줄기에서 외따로 떨어진 산의 덩어리.
山窟[さんくつ] 산굴; 산중 동굴.
山帰来[さんきらい] ≪植≫ 산귀래.
山内[さんない] 산내; ①산 속. ②절(寺)의 경내.
山茶花[★さざんか] ≪植≫ 애기동백.
山頭[さんとう] 산두; 산꼭대기.
山嶺[さんれい] 산령; 산봉우리.
山霊[さんれい] 산령; 산신령. 산신(山神).
山麓[さんろく] 산록; 산기슭.
山籟[さんらい] 산뢰; 나무에 산바람이 스치는 소리.

山稜[さんりょう] 산릉; 산등성이.
山陵[さんりょう] 산릉; ①산과 언덕. ②제왕(帝王)·왕후(王侯)의 무덤.
[2]**山林**[さんりん] 산림; ①산과 숲. ②산 속의 숲.
[1]**山脈**[さんみゃく] 산맥.
山門[さんもん] 산문; ①절의 문. ②'比叡山(ひえいざん)'의 딴이름.
[1]**山腹**[さんぷく] 산복; 산중턱. 산허리.
山査子[さんざし] ≪植≫ 산사나무.
山上[さんじょう] 산상; 산 위.
山上の垂訓[さんじょうのすいくん] 산상 수훈.
山相[さんそう] 산상; 산의 모양.
山塞[さんさい] 산새; ①산중의 요새. ②산적의 소굴.
山色[さんしょく] 산색; 산의 경치.
山勢[さんせい] 산세; 산의 형세.
山水[さんすい] 산수; 산과 물.
山水画[さんすいが] 산수화.
山僧[さんそう] 산승; ①산사(山寺)의 중. ②소승(小僧). *자신을 낮추는 겸양어임.
山神[さんじん] 산신; 산신령.
[1]**山岳**[さんがく] 산악; 높고 험한 산.
山岳病[さんがくびょう] 산악병; 고산병(高山病).
山野[さんや] 산야; ①산과 들. ②시골.
山陽[さんよう] 산양; 산의 남쪽.
山陽地方[さんようちほう] 일본 瀬戸内海(せとないかい)에 면한 지역.
山容[さんよう] 산용; 산의 모양.
山紫水明[さんしすいめい] 산자수명; 산수(山水)의 경치가 아주 좋음.
山荘[さんそう] 산장; 산의 별장.
山葬[さんそう] 산장; 산에 장사지냄.
山賊[さんぞく] 산적; 산 속의 도적.
山積[さんせき] 산적; ①(물건이) 높이 쌓임. ②(할 일이) 많이 밀림.
山亭[さんてい] 산정; ①산 속의 정자. 산장(山荘). ②산 속의 술집.
[1]**山頂**[さんちょう] 산정; 산꼭대기.
山精[さんせい] 산정; 산신(山神).
山地[さんち] 산지; ①산악지대. ②산 속의 땅. 산이 많은 곳.
山菜[さんさい] 산채; 산나물.
山椒[さんしょう] ≪植≫ 산초; 산초나무.
山椒魚[さんしょううお] ≪動≫ 도롱뇽.
山沢[さんたく] 산택; 산과 연못.
山砲[さんぽう] 산포; 산악 전용 화포.
山河[さんが/さんか] 산하; ①산천(山川). ②산천이 이룬 자연.
山河襟帯[さんかきんたい] 산하금대; 자연의 요충지.
山海[さんかい] 산해; 산과 바다.
山行[さんこう] 산행; ①산에 감. ②산 속을 여행함.
山火[さんか] 산화; 산불.
山火防止[さんかぼうし] 산불 방지.
◑**鉱山**[こうざん], **登山**[とざん], **本山**[ほんざん], **下山**[げざん], **火山**[かざん]

産(產) 낳을 산

亠 产 产 产 产 产 产 产 産 産

音 ◉サン
訓 ◉うまれる ◉うむ ◉うぶ

訓読

◉**産まれる**[うまれる] 〈下1自〉 태어나다. 출생하다.
[1]◉**産む**[うむ] 〈5他〉 ①(새끼나 알을) 낳다. 분만하다. 출생하다. ②(새로운 것을) 만들어내다. ③발생시키다. ④(어떤 생각을) 낳게 하다.
産み[うみ] 출산(出産). 낳음.
産みの苦しみ[うみのくるしみ] 산고; ①낳는 고생. 출산의 고통. ②사물을 시작할 때의 고생.
産み落とす[うみおとす] 〈5他〉 (새끼나 알을) 낳다. 분만하다. 출생하다.
産みの母[うみのはは] 생모. 낳은 어머니.
産み付ける[うみつける] 〈下1他〉 ①(어떤 성질을 갖도록) 낳다. ②(물고기·벌레 등이 알을) 낳다. 슬다.
産み月[うみづき] 산월; 해산달.
産みの子[うみのこ] ①친자식. ② ≪古≫ 자손.
産み出す[うみだす] 〈5他〉 (새끼나 알을) 낳다. 분만하다. 낳기 시작하다.
産みの親[うみのおや] 친부모. 생부모.
◉**産毛**[うぶげ] ①배냇머리. ②(피부의) 솜털.
産声[うぶごえ] 갓난아기의 첫 울음소리.
産神[うぶがみ] 산신; ①삼신할머니. ②향토수호신.
産の神[うぶのかみ] ☞ 産神
産屋[うぶや] ①산실(産室). ②해산 때 부정(不浄)을 꺼려 따로 지은 집.

産衣[うぶぎ] 배내옷.
産着[うぶぎ] 배내옷.
産祝い[うぶいわい] 출산 축하.
産湯[うぶゆ] 갓난아기를 목욕시키는 더운 물.
産土[うぶすな] ①출생지. 태어난 곳. 고향. ②'産土神(うぶすながみ)'의 준말.
産土神[うぶすながみ] 태어난 고장의 수호신.
産土参り[うぶすなまいり] 갓난아이가 처음으로 그 고장 수호신을 참배하는 일. ＊생후 30일 전후에 함.

音読

[2]産[さん] ①출산. 분만. ②출생. 출신. ③산출. ④재산.
産する[さんする] 〈サ変他〉 ①(새끼나 알을) 낳다. 분만하다. 출생하다. ②(새로운 것을) 생산하다. 산출하다. 만들어내다. 〈サ変自〉 ①태어나다. ②생산되다. 산출되다.
産科[さんか] 산과; 산부인과.
産科医[さんかい] 산부인과 의사.
産具[さんぐ] 산구; 출산(出産) 도구.
産金[さんきん] 산금; 금의 생산.
産金高[さんきんだか] 금 생산고.
産気[さんけ] 산기; 해산의 기미.
産気付く[さんけづく] 〈5自〉 산기가 돌다. 해산의 진통이 시작되다.
産道[さんどう] ≪医≫ 산도.
産銅[さんどう] 산동; ①구리 생산. ②생산된 구리.
産卵期[さんらんき] 산란기; 알을 낳는 기간.
産量[さんりょう] 산량; 생산량.
[1]産物[さんぶつ] 산물; 소산(所産).
産米[さんまい] 산미; 쌀 생산.
[1]産婦人科[さんふじんか] 산부인과.
産室[さんしつ] 산실; 아이를 낳는 방.
産児制限[さんじせいげん] 산아 제한.
産額[さんがく] 산액; 생산액. 산출액.
[3]産業[さんぎょう] 산업; 생산을 하는 사업.
産褥[さんじょく] 산욕; 해산할 때 임산부가 눕는 자리.
産院[さんいん] 산원; 산부인과 의원.
産油国[さんゆこく] 산유국.
産油量[さんゆりょう] 산유량.
産前[さんぜん] 산전; 아기를 낳기 전.
[2]産地[さんち] 산지; ①생산지. ②출생지.
[1]産出[さんしゅつ] 산출; 생산됨.
産出高[さんしゅつだか] 생산고. 생산량.
産出量[さんしゅつりょう] 산출량; 생산량.
産婆[さんば] '助産婦(じょさんふ)'의 옛 칭호.
産品[さんぴん] 산품; 생산품.
産学[さんがく] 산학; 산업계와 대학.
[1]産後[さんご] 산후; 출산 후.
[1]産休[さんきゅう] 산휴; 출산 휴가.

傘 우산 산

ノ 𠆢 仐 仐 仐 仐 仐 仐 仐 傘

音 ◉サン
訓 ◉かさ

訓読

[4]◉傘[かさ] 우산(雨傘). 양산(陽傘).
傘骨[かさぼね] 우산 살. 양산 살.
傘立て[かさたて] 우산꽂이.
傘屋[かさや] 우산을 생산・판매하는 사람.
傘張り[かさばり] 우산을 만드는 사람.
傘地[かさじ] 우산에 사용하는 천.
傘紙[かさがみ] 우산에 사용하는 종이.
傘形[かさがた] 우산 모양.

音読

傘寿[さんじゅ] 80세. 80세의 잔치.
傘下[さんか] 산하; 보호를 받는 어떤 세력의 그늘.
傘下団体[さんかだんたい] 산하 단체.

散 흩어질 산

一 十 卄 廾 肀 昔 昔 背 散 散

音 ◉サン
訓 ◉ちらかす ◉ちらかる ◉ちらす ◉ちらばる ◉ちる

訓読

[2]◉散らかす[ちらかす] 〈5他〉 흩트려 놓다. 어지르다. 어질러 놓다.
[2]◉散らかる[ちらかる] 〈5自〉 흩어지다. 어질러지다.
[2]◉散らす[ちらす] 〈5他〉 ①흩날리다. ②흩어뜨리다. 흩어 놓다. ③튀기다. ④어수선하게 하다. 어지르다. ⑤(수술하지 않고) 가라앉히다 가시게 하다. ⑥산만하게 하다. ⑦퍼뜨리다.
散らし[ちらし] ①흩어뜨림. 어지름. ②광고용 전단. 광고지. 삐라.
散らし広告[ちらしこうこく] 광고 전단.
散らし模様[ちらしもよう] 흩어뜨린 무늬.
散らし髪[ちらしがみ] (여자의) 산발한 머리.

散らし書き[ちらしがき] 이리저리 흩어 뜨려 씀.
散らし寿司[ちらしずし] 초밥의 일종.
◉散らばる[ちらばる] 〈5自〉 ①흩어지다. 분산되다. ②널리 분포하다. 산재(散在)하다. ③흩어지다. 어질러지다.
2◉散る[ちる] 〈5自〉 ①(꽃·나무 등이) 지다. 떨어지다. ②흩어지다. 어질러지다. ③튀기다. ④(구름·안개가) 걷히다. ⑤(소문이) 널리 퍼지다. ⑥(잉크가) 번지다. ⑦(통증이) 가라앉다. 가시다. ⑧산만해지다. ⑨떳떳이 죽다. 산화(散華)하다.
散り交う[ちりかう] 〈5自〉 서로 뒤섞여 흩날리다.
散り乱れる[ちりみだれる] 〈下1自〉 어지럽게 흩어지다.
散り蓮華[ちりれんげ] 손잡이가 작고 짧은 사기 숟가락.
散り方[ちりがた] 흩어질 무렵.
散り敷く[ちりしく] 〈5自〉 (꽃·나뭇잎 등이) 떨어져서 깔리다.
散り散り[ちりぢり] 뿔뿔이 흩어짐.
散り残る[ちりのこる] 〈5自〉 (꽃·나뭇잎 등이) 지지 않고 남다.
散り銭[ちりせん] 잡비(雜費).
散り花[ちりばな] 산화; ①꽃이 짐. ②열매를 못 맺는 꽃. ③(연극에서) 꽃·색종이 등을 뿌림.

音読

散じる[さんじる] 〈上1自〉 ☞ 散ずる
散ずる[さんずる] 〈サ変自〉 ①흩어지다. 달아나다. ②없어지다. 탕진되다. 〈サ変他〉 ①없애다. 탕진하다. ②(기분을) 날려버리다. 풀어버리다.
散開[さんかい] 산개; ①모인 사람 등이 흩어짐. ②(군대가) 일정한 간격으로 흩어짐.
散居村[さんきょそん] 산거촌; 부락을 이루지 못하고 흩어져 사는 마을.
散見[さんけん] 산견; 군데군데 보임.
散乱[さんらん] 산란; ①흩어짐. ②≪仏≫ 마음이 흐트러짐.
散漫[さんまん] 산만; 집중되지 않고 흩어져 있음.
散文[さんぶん] 산문; 형식이 없는 문장.
散発[さんぱつ] 산발; ①이따금씩 총을 쏨. ②일이 때때로 일어남. 분산해서 일어남.
散髪[さんぱつ] 산발; ①풀어헤친 머리. ②이발. 머리를 깎음.
散髪代[さんぱつだい] 이발료.
散髪屋[さんぱつや] 이발소.
散兵[さんぺい] 일정한 간격으로 흩어진 병사.
4散歩[さんぽ] 산책(散策).
散散[さんざん] ①실컷. 마음껏. ②몹시. 심하게. 지독하게. 호되게. ③(결과상태가) 형편없음. 엉망임.
散水[さんすい] 살수(撒水). 물을 뿌림.
散水車[さんすいしゃ] 살수차(撒水車).
散薬[さんやく] 산약; 가루약.
散逸[さんいつ] 산일; 흩어져 없어짐.
散在[さんざい] 산재; 여기저기 흩어져 있음.
散財[さんざい] 산재; 돈을 낭비함.
散財袋[さんざいぶくろ] (연회석에서) 팁을 넣어주는 봉투.
散銭[さんせん] 시주 돈. 연보 돈.
散剤[さんざい] 산제; 가루약.
散切り[ざんぎり] ①(상투를 자른) 단발머리. ②(江戸(えど) 시대에) 죄인을 다루던 천인(賤人).
散点[さんてん] 흩어져 있음. 산재(散在).
散茶[さんちゃ] ①가루 차. 분말 차. ②갓 달인 차.
散策[さんさく] 산책.
散弾銃[さんだんじゅう] 산탄총.
散布[さんぷ] ①살포(撒布). 흩어 뿌림. ②(여기 저기) 흩어짐.
散布剤[さんぷざい] 살포제(撒布剤). 뿌리는 약.
散布超過[さんぷちょうか] 정부의 재정 적자.
散票[さんぴょう] 산표; ①(여러 후보에게) 표가 분산됨. 분산된 표. ②(한 후보에게) 여러 투표소에서 조금씩 흩어져 투표된 표.
散華[さんげ] 산화; ①≪仏≫ 부처를 공양하기 위해 꽃을 뿌림. ②(꽃이 지듯) 전사(戰死)함.
散会[さんかい] 산회; ①모임이 끝남. 모임이 끝나고 참석자들이 흩어짐. ②(주식거래에서) 그 날의 입회(立会)가 마감됨.

算 셈할 산

ノ ト ⺮ 笇 笇 笇 筲 筫 算 算

音 ◉サン
訓 —

音読

算[さん] 산; ①산가지. ②셈. 계산. ③점. 점괘. ④가망. 공산. 예상.

算する[さんする] 〈サ変他〉 (어떤 수・양에) 이르다. 헤아리다.
算計[さんけい] 산계; 계산.
算段[さんだん] (돈・물건을 마련할) 궁리. 변통.
算当[さんとう] 셈. 어림.
算木[さんぎ] ①(셈할 때의) 산가지. ②(점칠 때의) 점대.
2算盤[★そろばん] ①주판. 주산. ②손익의 계산. 타산. 수지. 채산.
算法[さんぽう] 산법; ①계산 방법. ②(江戸(えど) 시대의) 수학.
2算数[さんすう] 산수; 수학(数学).
算術[さんじゅつ] 산술; ①계산 방법. ②돈벌이.
算用[さんよう] 산용; ①셈. 계산. ②견적. 어림잡음.
算入[さんにゅう] 산입; 계산에 넣음.
算定[さんてい] 산정; 계산하여 정함.
算出[さんしゅつ] 산출; 계산해 냄.
算筆[さんぴつ] 산필; 셈하기와 글씨 쓰기.

酸 신맛 산

一 冂 两 西 酉 酉' 酉'' 酢 酸 酸

音 ◉サン
訓 ◉すい ⊗すっぱい

訓読
◉酸い[すい] 〈形〉 맛이 시다. 시큼하다.
2⊗酸っぱい[すっぱい] 〈形〉 ①맛이 시다. 시큼하다. ②불쾌하다.
酸漿[★ほおずき] ① ≪植≫ 꽈리. ②(부는) 꽈리.
酸漿提灯[★ほおずきぢょうちん] (꽈리 모양의) 붉고 둥글며 작은 초롱.

音読
1酸[さん] ①초(醋). 신맛. 신 것. ② ≪化≫ 산(酸).
酸苦[さんく] 괴로움.
酸度[さんど] 산도; 신맛・산성의 정도.
酸類[さんるい] ≪化≫ 산류; 산성 화합물.
酸味[さんみ/すみ] 산미; 신맛.
酸鼻[さんび] 처참함. 무참함.
2酸性[さんせい] ≪化≫ 산성.
1酸素[さんそ] ≪化≫ 산소.
酸敗[さんぱい] 산패; 음식이 시어짐.
1酸化[さんか] ≪化≫ 산화.
酸化物[さんかぶつ] ≪化≫ 산화물.

霰 싸락눈 산

音 ⊗サン
訓 ⊗あられ

訓読
⊗霰[あられ] ①싸락눈. ②깍두기 모양의 떡. ③육면체(六面体)로 썬 것. 깍둑썰기.
霰餅[あられもち] 깍두기처럼 썰어서 말린 것을 볶아서 맛을 낸 떡.
霰小紋[あられこもん] (싸락눈처럼) 희고 작은 알갱이 무늬.

音読
霰弾銃[さんだんじゅう] 산탄총; 발사와 동시에 많은 잔 탄알이 퍼져 발사되는 총.

살

殺(殺) ①죽일 살 ②심할/덜 쇄

ノ 乄 乄 杀 杀 杀 杀 杀' 殺 殺

音 ◉サツ ◉セツ ◉サイ
訓 ◉ころす ⊗そぐ ⊗そげる

訓読
2◉殺す[ころす] 〈5他〉 ①죽이다. 살해하다. ②억제하다. 억누르다. 눌러 참다. ③(재능을) 쓸모없게 하다. 썩이다. ④없애다. ⑤전당잡히다. ⑥(야구에서) 아웃시키다. ⑦(상대방을) 뇌쇄(悩殺)하다. 녹이다. 홀리다.
殺し[ころし] 살인(殺人). 살인 사건.
殺(し)塗り[ころしぬり] 묘선(描線)을 남기지 않고 전체에 색을 칠하는 방법.
殺し文句[ころしもんく] ①홀리는 말. 달콤한 말. ②협박조의 말.
殺し屋[ころしや] ≪俗≫ 살인 청부업자.
殺し場[ころしば] (연화・연극의) 살인 장면.
⊗殺ぐ[そぐ] 〈5他〉 ①뾰족하게 깎다. ②자르다. ③깎아내다. 엷게 깎다. ④(흥을) 싹 없애다. 깨다.
殺ぎ竹[そぎたけ] 끝을 뾰족하게 깎은 대나무.
殺ぎ取る[そぎとる] 〈5他〉 엷게 깎아내다.
殺ぎ板[そぎいた] 엷게 켠 판자.
⊗殺げる[そげる] 〈下1自〉 엷게 깎이다. 홀쭉해지다.

音読

殺菌[さっきん] 살균; 세균을 죽여 없앰.
殺気[さっき] 살기; ①살벌한 기운. ②(가을·겨울의) 한기(寒気). 차가운 기운.
殺気立つ[さっきだつ] 〈5自〉 살기를 띠다.
殺到[さっとう] 쇄도; 세차게 몰려듦.
殺戮[さつりく] 살륙; 사람을 마구 죽임.
殺伐[さつばつ] 살벌; 거칠고 무시무시함.
殺傷[さっしょう] 살상; 죽이거나 상처를 입힘.
殺生[せっしょう] 살생; ①사람이나 짐승을 죽임. ②끔찍함. 잔인함.
殺意[さつい] 살의; 죽이려는 의사.
1殺人[さつじん] 살인; 사람을 죽임.
殺人剣[さつじんけん] 살인검.
殺人犯[さつじんはん] 살인범.
殺人罪[さつじんざい] 살인죄.
殺蛆剤[さっそざい] 살저제; 구더기를 죽이는 약.
殺陣[★たて] (영화·연극의) 칼싸움 장면. 난투극.
殺陣師[★たてし] (영화·연극의) 칼싸움이나 난투극 장면의 연기를 지도하는 사람.
殺虫剤[さっちゅうざい] 살충제; 벌레를 죽이는 약.
殺風景[さっぷうけい] 살풍경; ①경치나 풍경이 운치가 없고 메마름. ②매몰차고 흥미가 없음. 재미가 없음.
殺害[さつがい] 살해; 남의 생명을 해침.
◑減殺[げんさい], 相殺[そうさい]

撒 뿌릴 살	音 ⊗サツ ⊗サン 訓 ⊗まく

訓読

2⊗撒く[まく] 〈5他〉 ①(물건을) 흩어지게 뿌리다. ②(광고지 등을) 골고루 살포하다. ③(동행자·미행자를) 따돌리다.
撒き散らす[まきちらす] 〈5他〉 ①흩어 뿌리다. 뿌려서 흩어지게 하다. ②퍼뜨리다. 유포하다. ③(돈을) 뿌리다.
撒き餌[まきえ] (물고기나 새에게) 모이를 줌. 또는 그 모이.

音読

撒水[さっすい/さんすい] 살수; 물을 뿌림.
撒水車[さっすいしゃ/さんすいしゃ] 살수차; 도로에 물을 뿌리는 차.
撒布[さっぷ/さんぷ] 살포; 흩어 뿌림.

삼

三 석 삼
一 二 三

音 ◉サン ⊗シャ
訓 ◉みっつ ◉みつ ◉み

訓読

4◉三つ[みっつ/みつ] ①셋. ②세 개. ③(나이) 세 살.
三つ角[みつかど] ①삼각; 3개의 각. ②삼거리.
三つ口[みつくち] ≪医≫ 언청이.
三つ具足[みつぐそく] ≪仏≫ 삼구족; 불전(仏前)에 바치는 향로·화병·촛대.
三つ道具[みつどうぐ] ①휴대 도구로서의 작은칼·가위·송곳. ②(배의) 돛대·활대·키. ③(江戸(えど) 시대) 범인 체포에 사용한 세 가지 도구로 突棒(つきぼう)·袖搦(そでがらみ)·刺股(さすまた).
三つ目[みつめ] ①세 눈박이. 눈이 3개 있음. ②결혼이나 생일로부터 3일째.
三つ目小僧[みつめこぞう] 눈이 3개 있는 괴물. 세 눈박이 괴물.
三つ目錐[みつめぎり] 세모송곳.
三つ紋[みつもん] 옷의 등과 양쪽 소매 세 군데에 넣은 무늬.
三つ星[みつぼし] 삼성; 별 셋.
三つ身[みつみ] ①3세 전후의 어린이를 위한 일본 옷의 재단법. ②3세 전후 어린이의 일본 옷.
三つ葉[みつば] ①세 잎. ② ≪植≫ 파드득나물.
三つ葉葵[みつばあおい] 徳川(とくがわ) 씨 집안의 가문(家紋)인 족도리풀의 세 잎.
三つ又[みつまた] ①삼거리. ②세 갈래로 갈라진 나뭇가지.
三つ子[みつご] ①세쌍둥이. ②3세 된 아이.
三つ揃い[みつぞろい] 3개로 한 벌이 됨.
三つ折(り)[みつおり] ①셋으로 접음. 셋으로 접은 것. ②3등분한 것. ③(옛날) 남자 머리스타일의 하나.
三つ組(み)[みつぐみ] ①3개로 한 벌이 됨. ②세 가닥으로 갈라서 끈처럼 엮은 것.
三つ重ね[みつがさね] 셋이 합해져 한 벌이 되는 것.

三つ指[みつゆび] 엄지·집게·가운데의 세 손가락.

三つ叉[みつまた] ①삼거리. ②세 갈래로 갈라진 나뭇가지.

三つ巴[みつどもえ] ①바깥쪽으로 도는 소용돌이 모양이 3개 맞물려 있는 무늬. ②삼파(三巴).

三筋[みすじ] ①三味線(しゃみせん)의 딴이름. ②세 가닥.

三年❶[みとせ] 3년; 세 해. ❷[さんねん] 3년.

三毛[みけ] ①백색·흑색·갈색이 섞인 털. ②삼색얼룩고양이.

三毛猫[みけねこ] 삼색 얼룩 고양이.

三十❶[みそじ] ≪雅≫ ①서른. 삼십. ②30세. 서른 살. ❷[さんじゅう] 30. 서른.

三十路[みそじ] 30세. 서른 살.

三十日❶[みそか] 그믐. 그믐날. ❷[さんじゅうにち] 30일.

三月❶[みつき] 석 달. 3개월. ❷[さんがつ] (1년 중의 셋째 달) 3월.

4 **三日**[みっか] ①사흘. 3일. ②초사흘.

三日路[みっかじ] ≪雅≫ 사흘 여행길.

三日麻疹[みっかばしか] ≪俗≫ 풍진(風疹).

三日坊主[みっかぼうず] 금방 싫증을 내는 사람.

三日三晩[みっかみばん] 사흘 낮 사흘 밤.

三日三夜[みっかみや] 사흘 낮 사흘 밤.

三日月[みかづき] 초승달.

三日月眉[みかづきまゆ] (여자의) 초승달 모양의 눈썹.

三日月形[みかづきがた/みかづきなり] 초승달 모양.

三日月湖[みかづきこ] 하적호(河跡湖)의 하나. 초승달 모양의 호수.

三日天下[みっかてんか] 3일 천하.

三組[みくみ/さんくみ] 3조.

三重❶[みえ] ①세 겹. ②일본 近畿(きんき) 지방 동부의 한 현(県). ❷[さんじゅう] 3중. 세 겹.

三七日❶[みなのか/みなぬか] ≪仏≫ 삼칠제. 죽은 지 21일째. ❷[さんしちにち] ①21일간. ②생후 21일째의 축하.

三布[みの] ☞ 三幅

三幅[みの] ①보통 폭(36㎝)의 천 셋을 합친 폭. ②'三幅布団'의 준말.

三幅布団[みのぶとん] 세 폭 이불.

三下り半[みくだりはん] 아내에게 주는 이혼장(離婚状).

三行半❶[みくだりはん] 아내에게 주는 이혼장(離婚状). ❷[さんぎょうはん] (문장의) 3행 반. 세 줄 반.

音読

4 **三**[さん] 3. 셋. 셋째.

三ばん[さんばん] 선거 운동에 필수적인 세 가지 요소로, 地盤(じばん)·看板(かんばん)·かばん을 말함.

2 **三角**[さんかく] 삼각; ①세모꼴. 삼각형. ②'三角法(さんかくほう)'의 준말.

三脚[さんきゃく] 삼각; ①세 다리. ②삼발이. 삼각가(三脚架).

三箇月[さんかげつ] 3개월; 석 달.

三箇日[さんがにち] 설날부터 3일간.

三傑[さんけつ] 3걸; 뛰어난 세 인물.

三更[さんこう] 3경; 한밤중. *오후 11시~오전 1시 사이.

三景[さんけい] 3경; 세 곳의 명승지.

三顧の礼[さんこのれい] 삼고의 예; 삼고초려(三顧草廬).

三冠馬[さんかんば] (경마의) 3관마.

三冠王[さんかんおう] (경기의) 3관왕.

三関[さんかん] 도성(都城)을 지키는 중요 3관문.

三国[さんごく] 삼국; 세 나라.

三国一[さんごくいち] 세계 제일.

三国伝来[さんごくでんらい] 인도에서 중국을 거쳐 일본으로 전래됨.

三国誌[さんごくし] 삼국지.

三軍[さんぐん] 삼군; ①육·해·공군의 총칭. ②전군(全軍). ③대군(大軍).

三権分立[さんけんぶんりつ] 삼권 분립.

三男[さんなん] 삼남; 셋째 아들.

三段[さんだん] 삼단; 3단계.

三段跳び[さんだんとび] 3단 뛰기.

三代[さんだい] 삼대; ①부(父)·자(子)·손(孫)의 3대. ②3대째.

三徳[さんとく] 삼덕; ①지(智)·인(仁)·용(勇)의 세 가지 덕. ②세 가지 용도. ③세 가지 이점(利点). ④다용도.

三度笠[さんどがさ] 얼굴이 가려지는 삿갓.

三度目の正直[さんどめのしょうじき] 삼세번. 내기·점괘 등에서 세 번째는 확실하다는 말.

三冬[さんとう] 삼동; ①겨울의 석달. ②세 겨울. 3년.

三頭政治[さんとうせいじ] 삼두정치.

三等[さんとう] 삼등; 셋째 등급. 제3위.

三郎[さぶろう] ①삼남(三男). 셋째 아들. ②세 번째의 것.
三塁[さんるい] (야구의) 3루.
三塁手[さんるいしゅ] (야구의) 3루수.
三流[さんりゅう] 삼류; ①세 유파(流派). ②낮은 등급.
三輪❶[さんりん] 삼륜; ①세 바퀴. ② ≪仏≫ 이 세상을 떠받치고 있는 금륜(金輪)·수륜(水輪)·풍륜(風輪). ③신(身)·구(口)·의(意)의 삼업(三業). ❷[みつわ] (3개의 고리를 조금씩 서로 겹쳐서 도안한) 가문(家紋)의 이름.
三輪車[さんりんしゃ] 삼륜차.
三稜鏡[さんりょうきょう] 삼릉경; 프리즘.
三枚目[さんまいめ] ①(연극에서) 익살스러운 역. ②익살꾼.
三枚肉[さんまいにく] 삼겹살. 세겹살.
三枚下ろし[さんまいおろし] 생선을 세 조각으로 뜸.
三昧❶[さんまい] 삼매; (어떤 일에) 열중함. 빠져 있음. ❷[ざんまい] (명사에 접속하여) 툭하면 …함. 마음껏 …함.
三昧境[さんまいきょう] 삼매경; 한 가지 일에 마음을 집중시켜 열중함.
三昧場[さんまいば] 장례지. 묘지.
三面[さんめん] 삼면; ①세 면. 세 방면. 세 분야. ②(한 몸의) 세 얼굴. ③(신문의) 사회면.
三面鏡[さんめんきょう] 삼면경.
三面図[さんめんず] (설계도의) 삼면도.
三面六臂[さんめんろっぴ] 삼면육비; ①얼굴이 셋이고 손이 여섯인 불상(仏像). ②혼자서 여러 사람 몫을 함.
三文[さんもん] 서 푼. 아주 적은 돈. 무가치.
三文判[さんもんばん] 싸구려 도장.
三門[さんもん] 삼문; ①중앙의 큰 문과 좌우의 작은 문이 연결된 문. ② ≪農≫ 절(寺)의 정문.
三味[★しゃみ] '三味線(しゃみせん)'의 준말.
1三味線[★しゃみせん] ≪楽≫ 삼현(三絃)의 일본 고유의 악기.
三味線草[★しゃみせんぐさ] ≪植≫ 냉이.
三拍子[さんびょうし] ① ≪楽≫ 3박자. ② ≪楽≫ 큰북·작은북·피리 등 세 악기로 맞추는 박자. ③세 가지 중요한 기본 조건.
三半規管[さんはんきかん] ≪生理≫ 삼반규관.
三方[さんぽう] 삼방; 세 방향. 세 방면.
三杯酢[さんばいず] 초장(醋醬).
三拝[さんぱい] 삼배; 세 번 절함.
三拝九拝[さんぱいきゅうはい] 삼배 구배; 거듭거듭 절함.
三百代言[さんびゃくだいげん] ①엉터리 변호사. ②악덕 변호사. ③궤변가.
三番勝負[さんばんしょうぶ] 삼판 양승제(両勝制)의 승부.
三宝[さんぽう] ① ≪仏≫ 삼보; 불(仏)·법(法)·승(僧). ② ≪仏≫ 부처. ③도교(道教)의 3보배인 귀·눈·입. ④〈접미어〉 …되어 가는 대로.
三伏[さんぷく] 삼복; 초복·중복·말복.
三複線[さんふくせん] 삼복선.
三部[さんぶ] 삼부; 3부분.
三部作[さんぶさく] 3부작.
三部合奏[さんぶがっそう] 3부 합주.
三部合唱[さんぶがっしょう] 3부 합창.
三盆[さんぼん] 고급 설탕.
三盆白[さんぼんじろ] 고급 백설탕.
三社[さんしゃ] 삼사; ①유명한 세 神社(じんじゃ). ②세 회사.
三思一言[さんしいちごん] 삼사일언; 세 번 생각하고 한 번 말함.
三三九度[さんさんくど] 일본 결혼식 의례. *3개의 잔으로 3회씩 아홉 잔의 술을 마시고 부부 약속을 함.
三三五五[さんさんごご] 삼삼오오.
三色[さんしょく/さんしき] 삼색; ①세 빛깔. ②삼원색(三原色).
三色菫[さんしょくすみれ/さんしきすみれ] ≪植≫ 팬지.
三生児[さんせいじ] 세 쌍둥이.
三世❶[さんせい] 3세; ①3대째 세대. ②부모·자식·손자의 3대. ❷[さんぜ] ①과거·현재·미래. ②부(父)·자(子)·손(孫)의 3대.
三省[さんせい] 삼성; 거듭거듭 반성함.
三聖[さんせい] 삼성; 가장 뛰어난 세 사람.
三乗[さんじょう] 삼승; ①세 제곱. ② ≪仏≫ 삼승.
三乗根[さんじょうこん] 세 제곱근.
三食[さんしょく] 삼식; 세 끼 식사.
三審制度[さんしんせいど] ≪法≫ 삼심 제도.
三十六計[さんじゅうろっけい] 삼십육계.
三十六俵[さんじゅうろっぴょう] 씨름판.
三業❶[さんぎょう] 음식점, 요정, 창루(娼楼)의 세 가지 영업. ❷[さんごう] ≪仏≫삼업; 신업(身業)·구업(口業)·의업(意業).

三役[さんやく] 삼역; ①(씨름의) 大関(おおぜき)・関脇(せきわけ)・小結(こむすび)의 총칭. ②(조직의) 중요 세 직책. 세 중요 간부.

三葉虫[さんようちゅう] ≪動≫ 삼엽충.

三五[さんご] ①보름밤. 음력 15일의 밤. ②15세. ③숨겨놓은 창녀. ④삼삼오오.

三五屋[さんごや] 보름밤. 음력 15일의 밤.

三羽烏[さんばがらす] 3총사. 뛰어난 3명.

三元[さんげん] 삼원; ①상원(上元)・중원(中元)・하원(下元). ②정월 초하루.

三原色[さんげんしょく] 삼원색.

三猿[さんえん] 삼원; 손으로 눈・귀・입을 가리고 있는 세 마리의 원숭이 상(像).

三猿主義[さんえんしゅぎ] 보지도 듣지도 말하지도 않겠다는 소극적인 처세주의.

4 三月❶[さんがつ] (1년 중의 셋째 달) 3월. ❷[みつき] 석 달. 3개월.

三位❶[さんい] 3위. 3등. ❷[さんみ] (벼슬의) 3품.

三位一体[さんみいったい] 삼위일체; 세 가지 것이 하나로 통일되거나 하나가 됨.

三遊間[さんゆうかん] (야구의) 3루수와 유격수 사이.

三人官女[さんにんかんじょ] 궁녀 모습의 인형.

三人三様[さんにんさんよう] 각인각색. 세 사람 모두 각각 다름.

三人上戸[さんにんじょうご] 술에 취하면 화내고・울고・웃는 세 술꾼의 표정을 한 3개로 된 한 벌의 인형.

三一致の法則[さんいっちのほうそく] (연극의) 삼일치의 법칙.

三者[さんしゃ] 삼자; 세 사람. 3명.

三才[さんさい] 삼재; ①하늘과 땅과 사람. ②우주간의 만물. ③(관상학의) 이마(天)・턱(地)・코(人). ④3명의 재사(才士).

三才図絵[さんさいずえ] (옛날의) 그림을 넣은 백과사전.

三助[さんすけ] (대중탕의) 때밀이.

三族[さんぞく] 삼족; ①가까운 세 친족. 부(父)・자(子)・손(孫). ②부모의 형제・자기의 형제・자식의 형제. ③부모・형제・처자. ④부계족・모계족・처족.

三尊[さんぞん] 삼존; ①군(君)・사(師)・부(父) 세 어른. ② ≪仏≫ 삼존; 중앙의 부처상과 좌우의 보살.

三種[さんしゅ] 삼종; ①세 종류. ②제3종 우편물.

三種の神器[さんしゅのじんぎ] ①황위(皇位)의 상징으로 천황이 승계하는 세 가지 보물. ② ≪俗≫ 귀중한 세 가지 물건.

三重❶[さんじゅう] 3중. 세 겹. ❷[みえ] ①세 겹. ②일본 近畿(きんき) 지방 동부의 한 현(県).

三重苦[さんじゅうく] 3중고; 한꺼번에 겹쳐 치르는 세 가지 큰 고통.

三重棚[さんじゅうだな] 3층 선반의 찻장.

三重殺[さんじゅうさつ] (야구의) 삼중살; 트리플 플레이.

三振[さんしん] (야구의) 삼진; 스트럭아웃.

三次[さんじ] 3차; ①세 번째. ② ≪数≫ 삼승(三乗).

三次元[さんじげん] 삼차원.

三次会[さんじかい] (술꾼의) 3차 모임.

三差[さんさ] 삼차; 세 갈래.

三差路[さんさろ] 삼거리. 세 갈래길.

三唱[さんしょう] 삼창; 세 번 부름.

三彩[さんさい] 삼채; 3색의 유약을 바르고 구운 도자기.

三尺[さんじゃく] 삼척; ①석 자. 약 90㎝. ②길이 3척 정도의 칼.

三尺帯[さんじゃくおび] 석 자(약 90㎝) 정도의 짧은 띠.

三遷[さんせん] 삼천; 세 번 바뀜.

三寸[さんずん] ①세 치. 약 9㎝. ②짧은 것.

三寸縄[さんずんなわ] (죄인을 묶는) 포승.

三秋[さんしゅう] 삼추; ①가을의 3개월. ②3년.

三親等[さんしんとう] 삼촌간(三寸間).

三太[さんた] ①(江戸(えど) 시대에) 가게에서 부리던 소년. ②멍청이. 얼간이.

三太郎[さんたろう] ≪俗≫ 멍청이. 얼간이. 바보.

三太夫[さんだゆう] (부자 집안의) 집사(執事). 청지기.

三板[さんぱん] 거룻배.

三遍[さんべん] 3회. 세 번.

三鞭酒[シャンパン] 샴페인.

三平汁[さんぺいじる] (北海道의) 생선찌개.

三幅対[さんぷくつい] ①세 폭이 한 벌로 된 족자. ②셋이 한 조로 된 것.

三下[さんした] ☞ 三下奴

三下奴[さんしたやっこ] 노름꾼의 똘마니.

三寒四温[さんかんしおん] ≪気≫ 삼한사온.

三行広告[さんぎょうこうこく] 3행 광고; 구인・구직 등의 간단한 안내 광고.

三弦[さんげん] ①'三味線(しゃみせん)'의 딴이름. ②和琴(わごん)・비파(琵琶)・쟁(箏)의 세 가지 악기.
三絃[さんげん] ☞ 三弦
三和音[さんわおん] ≪楽≫ 삼화음.
三和土[★たたき] 시멘트 바닥.
三回忌[さんかいき] 삼주기(三周忌).
三后[さんこう] 삼후; 태황태후(太皇太后)・황태후(皇太后)・황후(皇后).

 杉 삼나무 삼

一 十 才 木 朩 杉 杉

音 ―
訓 ◉すぎ

訓読

2◉杉[すぎ] ≪植≫ 삼목(杉木)
杉木立[すぎこだち] 삼나무 숲.
杉並木[すぎなみき] 삼나무 가로수.
杉垣[すぎがき] 삼나무 울타리.
杉原[すぎはら/すぎわら] ①삼나무 들판. ②'杉原紙'의 준말.
杉原紙[すぎはらがみ/すぎわらがみ] 닥나무로 만든 종이.
杉材[すぎざい] 삼목재.
杉箸[すぎばし] 삼나무 젓가락.
杉折り[すぎおり] 삼나무로 만든 도시락 상자.
杉重[すぎじゅう] 삼나무로 만든 찬합.
杉菜[すぎな] ≪植≫ 쇠뜨기.
杉叢[すぎむら] 삼나무 숲.
杉苔[すぎごけ] ≪植≫ 솔이끼.
杉板[すぎいた] 삼나무 판자.
杉皮[すぎかわ] 삼나무 껍질.
杉形[すぎなり] 피라미드형.
杉戸[すぎと] 삼나무 판자로 만든 문.

森 나무빽빽할 삼

一 十 オ 木 本 杢 李 森 森 森

音 ◉シン
訓 ◉もり

訓読

3◉森[もり] 울창한 숲. 수풀.
森路[もりじ] 숲길.
森番[もりばん] 산지기.
森陰[もりかげ] 숲 그늘. 숲 속.

音読

森羅万象[しんらばんしょう] 삼라만상.
2森林[しんりん] 삼림; 숲.
森林公園[しんりんこうえん] 삼림 공원.
森林浴[しんりんよく] 삼림욕.
森森[しんしん] ①(나무가) 빽빽이 들어참. ②위풍이 늠름함.
森厳[しんげん] 삼엄; 질서가 바로 서고 매우 엄숙함.
森然[しんぜん] 삼연; ①(나무가) 울창함. ②엄숙함. ③(두려움으로) 오싹해짐.
森閑[しんかん] 삼한; 인기척이 없이 매우 고요함.

 滲 물스며들 삼

音 ⊗シン
訓 ⊗しみる ⊗にじむ

訓読

1⊗滲みる[しみる] 〈上1自〉 ①(액체가 물건에) 스미다. 스며들다. ¶インキが～ 잉크가 스며들다. ②(액체나 기체의 자극을 받아) 쑤시듯이 아프다. 아리다.
1⊗滲む[にじむ] 〈5自〉 ①(액체가) 스미다. 번지다. 배다. ②(물건의 윤곽이) 아물거리다.

音読

滲出[しんしゅつ] 삼출; 스며 나옴.
滲出液[しんしゅつえき] 삼출액.
滲透[しんとう] 삼투; 스며듦.
滲透圧[しんとうあつ] ≪物≫ 삼투압.

〔삽〕

挿(插) 꽂을 삽

一 丁 扌 扩 扩 扩 挿 挿 挿 挿

音 ◉ソウ
訓 ◉さす ⊗はさむ

訓読

2◉挿す[さす] 〈5他〉 ①(꽃・비녀 등을) 꽂다. ②꺾꽂이하다. ③(허리에) 차다.
挿(し)木[さしき] 삽목; 꺾꽂이.
挿(し)物[さしもの] (머리에) 꽂는 장식물.
挿(し)穂[さしほ] 삽수; 꺾꽂이용 줄기나 잎.
挿(し)芽[さしめ] 새싹을 잘라 땅에 묻어 번식시키는 꺾꽂이.
挿(し)薬[さしぐすり] 좌약(坐薬).

挿(し)櫛[さしぐし] 머리에 장식용으로 꽂는 빗.
挿(し)絵[さしえ] 삽화(挿画).
挿(し)絵入り[さしえいり] 삽화(挿画)가 있음.
挿(し)絵画家[さしえがか] 삽화가(挿画家).
⊗挿む[はさむ] 〈5他〉 끼다. 끼우다.

音読

挿頭[★かざし] (옛날) 꽃이나 조화(造花) 등을 머리나 관(冠)에 꽂아 한 장식.
挿頭の花[★かざしのはな] 머리나 관(冠)에 꽂는 꽃이나 조화(造花).
挿入[そうにゅう] 삽입; 끼워 넣음.
挿花[そうか] 삽화; 꽃꽂이.
挿画[そうが] 삽화; 끼워 넣는 그림.
挿話[そうわ] 삽화; 에피소드.

渋(澁) 떫을 삽

丶 冫 氵 氵' 氵⺊ 氵止 氵止⺊ 渋 渋 渋

音 ◉ジュウ
訓 ◉しぶ ◉しぶい ◉しぶる

訓読

◉渋[しぶ] ①떫은 맛. ②감물. ③물 때. 앙금.
1 ◉渋い[しぶい] 〈形〉 ①(맛이) 떫다. ②(표정이) 떨떠름하다. 못마땅하다. 씁쓸하다. ③수수하면서도 깊은 맛이 있다. 차분하다. 구성지다. ④쩨쩨하다. 짜다. 인색하다.
渋ちん[しぶちん] ≪関西≫ 구두쇠. 노랑이.
渋み[しぶみ] ☞ 渋味
◉渋る[しぶる] 〈5自〉 ①(일이) 술술 진행되지 않다. 원활하지 않다. 매끄럽지 않다. ②(뱃속이) 무지근해지다. 〈5他〉 망설이다. 주저하다. 꺼리다.
渋り[しぶり] (일이) 술술 진행되지 않음. 원활하지 않음. 매끄럽지 않음.
渋りない[しぶりない] 〈形〉 막힘이 없다.
渋団扇[しぶうちわ] (주로 부엌에서 사용하는) 감물을 칠한 적갈색의 튼튼한 부채.
渋塗り[しぶぬり] 감물을 칠함. 감물을 칠한 것.
渋っ面[しぶっつら] 찌푸린 얼굴. 씁쓸한 얼굴. 우거지상.
渋味[しぶみ] ①떫은 맛. ②점잖고 고상한 멋. 은근한 멋.
渋抜き[しぶぬき] (땡감의) 떫은맛을 뺌. 떫은맛을 뺀 감.
渋り腹[しぶりばら] (변은 마려우나) 시원하게 나오지 않는 증세. 무지근한 배.
渋渋と[しぶしぶと] 마지못해.
渋色[しぶいろ] 감물 색. 적갈색.
渋柿[しぶがき] 떫은 감. 땡감.
渋染(め)[しぶぞめ] 감물을 들임. 감물을 들인 것.
渋紙[しぶがみ] 감물을 먹인 종이.
渋茶[しぶちゃ] ①맛이 떫은 차. ②하급차. 질이 낮은 차.
渋皮[しぶかわ] ①(나무・과일 등의) 속껍질. ②때가 낀 더러운 피부.
渋好み[しぶごのみ] 차분하고 은근한 멋을 좋아함.

音読

渋面[じゅうめん/しぶつら] 찌푸린 얼굴. 씁쓸한 얼굴. 우거지상.
2 渋滞[じゅうたい] 삽체; ①(일이) 걸림이 많아 진행이 더딤. ②(자동차의) 정체(停滞). 체증(滞症).

〔상〕

上 윗 상

丨 ⺊ 上

音 ◉ジョウ ◉ショウ
訓 ◉あがる ◉あげる ◉のぼせる ◉のぼる ◉うえ ◉うわ ◉かみ

訓読

4 ◉上❶[うえ] ①위. 위쪽. ②표면. 겉면. ③(지위・능력・위치・나이가) 높음. 위임. ④겉모양.
2 上❷[かみ] ①위. 위쪽. ②¶お～ 주군(主君). 정부(政府). ③(강의) 상류(上流). ④상석(上席). 상좌(上座). ⑤첫 부분. ⑥¶お～さん (여관・음식점의) 안주인. 아주머니. ⑦(객석에서 봐서) 무대의 오른쪽. ❸[じょう] ☞ [音読]
3 ◉上がる[あがる] 〈5他〉 (음식을) 잡수시다. 드시다. 〈5自〉 ①(위로) 오르다. 올라가다. ②(목욕이) 끝나다. ③(방으로) 들어가다. 들다. ④(지위・정도가) 오르다. 승진하다. ⑤(실력・성적이) 좋아지다. 향상되다. ⑥진학하다. ⑦(물건이) 올라가다. ⑧끝나다. 완성되다. ⑨찾아뵙다. ⑩기가 죽다. 얼다.

1 **上がり**[あがり] ①오름. 올라감. ②매상. 수익. 이익. 매출. ③숙달. 늚. 진보. ④(일의) 끝남. 종료. 마침. ⑤갓 끓인 차. ⑥…출신.

上がり降り[あがりおり] 오르내리기. 오르내림. 승강(昇降).

上がり高[あがりだか] 매상고. 매출액. 수확량. 수입.

上がり框[あがりかまち] (현관에서 안으로 올라서는) 마루 귀틀. 가로장.

上がり口[あがりぐち] ①(마루나 방으로) 올라가는 입구. ②계단 입구.

上がり段[あがりだん] 계단. 층계.

上がり端[あがりはな] ①(봉당에서 올라가는) 방 입구. ②값이 오르기 시작할 때.

上がり目[あがりめ] ①눈초리가 치켜 올라감. ②(물가·운세 등의) 오름세.

上がり物[あがりもの] ①신불(神仏)에게 바치는 공물(供物). 제물(祭物). ②드실 음식. 잡수실 것. ③(논밭의) 수확. 소출. ④폐품(廃品). ⑤(물건을 팔아서 생긴) 수입. ⑥사례로 받은 선물. ⑦ ≪古≫ 관(官)에 몰수된 것.

上がり込む[あがりこむ] 〈5自〉 (남의 집에) 들어가 앉다.

上がり場[あがりば] 목욕탕의 탈의장.

上がり地[あがりち] 관(官)에 몰수된 토지.

上がり湯[あがりゆ] (목욕이 끝날 때) 몸을 헹구는 더운 물.

上がり下がり[あがりさがり] 오르내림. 고저(高低).

上がり花 [あがりばな] 갓 끓인 차.

4 ◉**上げる**[あげる] 〈下1他〉 ①(위로) 올리다. ②쏘아 올리다. 띄우다. ③(몸의 일부를) 들어 올리다. 들다. ④(수입·효과를) 올리다. 거두다. ⑤(사람을) 모셔 들이다. ⑥승진시키다. 진학시키다. ⑦(값·수치를) 올리다. ⑧신불(神仏)에게 바치다. ⑨(이불을) 치우다. 걷다. ⑩(손님을) 들여보내다. ⑪소리를 지르다. ⑫(일을) 마치다. 끝내다. 완성시키다. 〈下1自〉 (바닷물이) 밀려오다.

上げ[あげ] ①올림. 인상(引上). 상승(上昇). ②(옷의 기장을 줄이기 위한) 징금. 징근 주름.

上げず[あげず] …간격을 두지 않고. …이 멀다 하고.

上げ蓋[あげぶた] ☞ 上げ板

上げ石[あげいし] (바둑에서) 잡은 돌.

上げ膳据え膳[あげぜんすえぜん] 놀고먹음. 무위도식.

上げ底[あげぞこ] ①(상자·통의) 바닥을 높임. ②겉보기만 좋음. 허울만 좋음.

上げ銭[あげせん] ①구전(口銭). 수수료. ②거스름돈. ③매상금. 매출액. ④할부금. 월부금. ⑤팁. 화대(花代).

上げ潮[あげしお] ①밀물. 만조(満潮). ②상승세. 오름세.

上げ舵[あげかじ] (비행기의) 상승타(上昇舵).

上げ板[あげいた] ①(부엌 바닥이나 마루청 등에 물건을 넣기 위해) 떼었다 끼웠다 하게 만든 널빤지 뚜껑. ②목욕탕 바닥의 널판때기. ③(극장에서) 무대와 花道(はなみち)를 이은 좌우의 널마루.

上げ下げ[あげさげ] ①올림과 내림. 올렸다 내렸다 함. ②추켜세웠다 깎아내렸다 함. 칭찬과 비난. ③밀물과 썰물.

上げ下し[あげくだし] 구토와 설사. 토사(吐瀉).

上げ下ろし[あげおろし] ①올림과 내림. ②(짐을) 싣고 부림.

◉**上す**[のぼす] 〈5他〉 ☞ 上せる

◉**上せる**[のぼせる] 〈下1他〉 ①(높은 곳으로) 올리다. ②(기록에) 올리다. 싣다. ③서울로 보내다. ④문제 삼다. (의제로) 올리다.

2 ◉**上る**[のぼる] 〈5自〉 ①(높은 곳으로) 올라가다. 오르다. ②(나무에) 기어오르다. ③(수량이 어느 정도에) 달하다. 이르다. ④(상류로) 올라가다. ⑤(높은 지위에) 오르다. ⑥(화제 등에) 오르다. ⑦(연기가) 피어오르다. ⑧(마음에) 떠오르다.

2 **上り**[のぼり] ①올라감. 오름. ②비탈. 오르막. ③상행 열차. ④상경(上京). 서울로 감.

上り口[のぼりぐち] ①계단 입구. ②산길의 입구.

上り列車[のぼりれっしゃ] 상행 열차.

上り鮎[のぼりあゆ] (봄에) 상류로 올라가는 새끼 은어(銀魚).

上り調子[のぼりちょうし] ①상승 기세. ②(값의) 오름세.

上り坂[のぼりざか] ①오르막길. 고갯길. 비탈길. ②상승 기세. 상승 일로.

上り詰める[のぼりつめる] 〈下1自〉 끝까지 오르다. 정점(頂点)에 도달하다.

上家[うわや] ①(기둥과 지붕만 있는) 간이(簡易) 건물. ②보세 창고.
上の間[かみのま] (유흥업소에서) 손님을 맞는 방.
上の空[うわのそら] 마음이 들뜸. 건성임.
上掛(か)り[うわがかり] (能楽(のうがく)에서) '観世(かんぜ)'와 '宝生(ほうしょう)'의 양파(両派)를 말함.
上掛(け)[うわがけ] ①덧옷. 위에 걸쳐 입는 옷. ②(이불의) 겉껍데기.
上の句[かみのく] 和歌(わか)의 첫 구.
上の巻[かみのかん] (책의) 상권.
上期[かみき] 상반기(上半期).
上女中[かみじょちゅう] 시녀(侍女).
上達部[★かんだちめ] 옛날, 大臣(だいじん)·大納言(だいなごん)·中納言(ちゅうなごん), 삼품(三品) 이상 사품(四品)인 参議(さんぎ)의 총칭.
上塗り[うわぬり] ①덧칠. 마지막칠. 마무리칠. ②마무리. ③(나쁜 짓을) 거듭함.
上履(き) [うわばき] 실내화(室内靴).
上面❶[うわつら] ①겉면. 표면. ②겉보기. 외관. ❷[じょうめん] 상면; 위쪽 면. 윗면.
上っ面[うわっつら] '上面(うわつら)'의 강조.
上目[うわめ] ①눈을 치켜 뜸. ②(분량의) 초과. ③(저울대의) 위쪽 눈금.
上目使い[うわめづかい] 눈을 치켜 뜸.
上物❶[うわもの] 지상(地上) 건물. ❷[じょうもの] 상품(上品). 고급품.
上米❶[うわまい] ①(江戸(えど) 시대 때) 공미를 운송할 때의 통행세. ②(남에게 줄) 임금·대금의 일부. 남의 몫. ❷[じょうまい] 상등미(上等米). 고급 쌀.
上半期[かみはんき] 상반기.
上つ方[うえつがた] 상류 계급 사람들. 신분이 높은 사람들.
上方❶[かみがた] 京都(きょうと)·大阪(おおさか) 지방. ❷[じょうほう] 상방; 위쪽.
上方舞[かみがたまい] 京阪(けいはん) 지방에서 발달한 일본 무용.
上背[うわぜい] 키. 신장.
上白む[うわじらむ] 〈4自〉 겉면의 색깔이 바래서 하얗게 되다.
上辺[うわべ] ①겉. 표면. ②외관. 겉모양.
上覆い[うわおおい] ①씌우개. 덮개. ②겉옷. 덧옷.
上付く[うわつく] 〈5自〉 (마음이) 들뜨다.
上敷(き)[うわしき/うわじき] ①깔개. ②돗자리.

上書き[うわがき] 겉봉에 주소를 씀. 겉봉에 쓴 주소.
上席❶[かみせき] 그 달 초순의 흥행. ❷[じょうせき] 상석; ①상좌(上座). ②(계급·석차가) 위임. 윗자리.
上水❶[うわみず] (찌꺼기가 가라앉은) 맑은 윗물. ❷[じょうすい] ①수돗물. ②상수도.
上手❶[うわて] ①땅의 높은 쪽. 위쪽. ②바람이 불어오는 쪽. ③강의 상류. ④(실력이) 상수임. 한 수 위임. ⑤(씨름에서) 상대방이 내민 팔위로 샅바를 잡음. ⑥고자세(高姿勢). 고압적임. ❷[かみて] ①위쪽. 윗자리. ②강의 상류. ③(객석에서 본) 무대의 오른쪽. ❸[じょうず] ☞ [音読]
上手い[★うまい] 〈形〉 잘하다. 능숙하다.
上手投げ[うわてなげ] ①(야구의) 오버 스로. ②(씨름의) 상대방의 팔 바깥쪽으로 샅바를 잡고 던지는 기술.
上唇[うわくちびる] 윗입술.
上乗せ[うわのせ] 덧붙임. 추가함.
上乗り[うわのり] ①짐 위에 올라탐. ②(운반 중의) 화물 관리. 화물 관리인.
上身[うわみ] (도마 위에) 옆으로 뉘인 생선의 윗부분.
上薬[うわぐすり] 유약(釉薬). 잿물.
上様❶[うえさま] ①각하(閣下). ＊천황이나 将軍(しょうぐん)에 대한 존칭. ②귀하. ＊영수증 등에서 상대방 이름 대신 사용함. ❷[かみさま] ①마님. ②아주머님. ❸[かみざま] ≪古≫ ①위쪽. ②신분이 높은 사람들.
上役[うわやく] 윗사람. 상사(上司). 상관.
上葉❶[うわば] 초목의 위쪽 잎. ❷[じょうよう] ≪生理≫ 상폐엽(上肺葉).
上屋[うわや] ①기둥과 지붕만 있는 간단한 건물. ②보세 창고.
上屋敷[かみやしき] 江戸(えど) 시대에, 大名(だいみょう)·旗本(はたもと) 등이 江戸(えど)에 마련해 놓고 살던 집.
上越す[うえこす] 〈5他〉≪古≫ 뛰어나다. 능가하다.
上衣❶[うわぎ] ①겉옷. ②윗도리. ❷[じょうい] 상의. 윗옷.
上一段活用[かみいちだんかつよう] ≪語学≫ 상1단 활용.
上張り[うわばり] ①(마무리하는) 겉 도배. 덧바름. ②겉 도배지.

上っ張り[うわっぱり] (작업용) 겉옷. 덧옷.
上積み[うわづみ] ①웃짐. 쌓은 짐 위에 또 짐을 쌓음. ②웃돈. 더 얹어주는 돈.
上前[うわまえ] ①(옷의) 겉섶. ②(남에게 줄) 남의 몫. 임금·대금의 일부.
上調子❶[うわちょうし/うわっちょうし] ① 덤벙거림. 진득하지 못함. 경박함. ② ☞ ❷[うわぢょうし] 三味線(しゃみせん)의 합주(合奏)에서, 한쪽 연주자가 다른 연주자와 다른 가락으로 하는 연주.
上座❶[かみざ] 상좌; ①윗자리. ②(객석에서 봐서) 무대의 오른쪽. ❷[じょうざ] 상좌; ①윗자리. ② ≪仏≫ 문주보살상. ③ ≪仏≫ 상좌. *장로(長老)나 상좌승의 호칭.
上汁[うわしる] ①(찌꺼기가 가라앉은) 맑은 윗물. ②남의 이익의 일부분.
上枝[★ほつえ] ≪雅≫ 상지; 나무의 윗가지.
上紙[うわがみ] ①포장지. ②표지(表紙).
上澄み[うわずみ] ①(찌꺼기가 가라앉은) 맑은 윗물. ②(박걸리의 찌꺼기가 가라앉혀 받은) 맑은 술.
4 **上着**[うわぎ] ①겉옷. ②상의. 윗도리. 저고리.
上擦る[うわずる] 〈5自〉 ①(긴장·흥분하여) 달아오르다. 흥분하다. ②(음성이) 높아지다. 흥분하다.
上草履[うわぞうり] 실내용 草履(ぞうり).
上鞘[うわざや] (증권 거래에서) 강세. 높은 시세.
上側[うわがわ] ①위쪽. 겉쪽. 표면. ②겉보기. 외관. 표면에 나타난 것.
上値[うわね] (증권 거래에서) 비싼 값. 높은 시세.
上歯[うわば] 윗니.
上置き[うわおき] ①물건 위에 얹어 놓음. 또는 그 물건. ②책상 위에 놓는 상자. ③(밥·국수 위에) 얹어 놓는 부식물. ④명목상의 윗자리에 내놓음. ⑤명목상의 출판물의 감수자. ⑥(극단의 지방 흥행 때) 다른 데서 초청한 명목상의 간판 배우.
上土[うわつち] 표토. 표면의 흙.
上包み[うわづつみ] 겉포장. 겉 포장지.
上下❶[うえした] ①상하; 위아래. ②거꾸로임. 반대임. ❷[かみしも] ①(신분의) 위아래. 상위와 하위. ②저고리와 바지. ③(안마에서) 허리의 위아래의 안마. ❸[じょうげ/しょうか/じょうか] ☞ [音読]

上荷[うわに] ①(차나 배에) 실은 짐. ②웃짐. 짐 위쪽에 쌓은 덧짐.
上賀茂羊歯[かみがもしだ] ≪植≫ 개차고사리.
上向き[うわむき] ①상향; 위를 향함. 위를 봄. ②겉. 겉보기. ③(시세의) 오름세. ④(일이) 잘 되어 가는 경향.
上火[うわび] (요리할 때) 위에서 쬐는 불.
上靴[うわぐつ] 실내화. 덧신.
上滑り[うわすべり] ①(표면이) 미끄러움. 미끄러짐. ②수박 겉핥기임. 피상적임. ③경솔함. 경박함.
1 **上回る**[うわまわる] 〈5自〉 ①상회하다. 웃돌다. ②우수하다. 뛰어나다.
上絵[うわえ] ①(염색에서) 백발(白抜) 바탕에 그린 그림이나 무늬. ②(도자기에서) 유약을 바른 위에 그린 그림이나 무늬.

音読

2 **上❶**[じょう] 상; ①(가치·계급·순위·지위·품질 등이) 제일 위임. ②상급. 훌륭함. ③(책의) 상권. ❷[うえ/かみ] ☞ [訓読]
上甲板[じょうかんぱん] (배의) 상갑판; 맨 위 갑판.
上客[じょうきゃく] 상객; ①주빈(主賓). ②중요한 고객.
上掲[じょうけい] 상게; 위에 게재·게시함.
2 **上京**[じょうきょう] 상경; 서울로 감·옴.
上啓[じょうけい] 상계; 상서(上書). 말씀을 올림.
上古[じょうこ] 상고; ①먼 옛날. ②(일본의) 大和(やまと) 시대.
上告[じょうこく] 상고; ①상신(上申). ② ≪法≫ 상급 법원에 상소함.
1 **上空**[じょうくう] 상공; 높은 하늘. 어떤 지역의 하늘.
上官[じょうかん] 상관; 윗자리의 관리.
上巻[じょうかん] (책의) 상권.
2 **上級**[じょうきゅう] 상급; ①윗 등급. 높은 계급. ②학급·학년의 윗 단계.
上気[じょうき] 상기; 발끈 흥분함.
上記[じょうき] 상기; 위에 기록함.
上機嫌[じょうきげん] 매우 기분이 좋음.
上納[じょうのう] 상납; ①정부 기관에 납품함. ②소작료(小作料). ③상급 단체에 금품을 납부함.
上農[じょうのう] 상농; 규모가 큰 농가.
上段[じょうだん] 상단; ①윗단. ②상좌(上座). 상석(上席). ③한 단계 높인 방바닥. ④칼을 머리 위로 치켜 겨룸. ⑤고단(高段).

上段者[じょうだんしゃ] 상단자; 고단자(高段者).
上端[じょうたん] 상단; 위의 끝 부분.
2上達[じょうたつ] 상달; ①(학문・예술 등의) 숙달. 향상. ②상부에 알려짐.
上代[じょうだい] 상대; ①먼 옛날. 태고(太古). ②大和(やまと)・奈良(なら) 시대.
上図[じょうず] 상도; 위의 그림.
上途[じょうと] 상도; 여행길에 오름.
上都[じょうと] 상도; ①서울. 수도(首都). ②상경(上京). 서울로 감.
上棟式[じょうとうしき] 상량식(上梁式).
2上等[じょうとう] 상등; ①고급. ②뛰어남. 훌륭함.
上等品[じょうとうひん] 상등품; 고급품.
上騰[じょうとう] 상등; ①위로 오름. ②물가가 오름.
上覧[じょうらん] 상람; 어람(御覧). 천황이나 将軍(しょうぐん)이 보심.
上略[じょうりゃく] 상략; 전략(前略).
上例[じょうれい] 상례; 위의 예(例).
上流[じょうりゅう] 상류; ①(강의) 상류. ②사회의 높은 계층.
1上陸[じょうりく] 상륙; ①(배에서 내려) 육지로 올라옴. ②바다로부터 태풍이 닥쳐옴.
上面❶[じょうめん] 상면; 위쪽 면. 윗면. ❷[うわつら] ①겉면. 표면. ②겉보기. 외관.
上木[じょうぼく] 출판(出版).
上文[じょうぶん] 상문; 위의 문장.
上物❶[じょうもの] 상품(上品). 고급품. ❷[うわもの] 지상(地上) 건물.
上米❶[じょうまい] 상등미(上等米). 고급쌀. ❷[うわまい] ①(江戸(えど) 시대) 공미를 운송할 때의 통행세. ②(남에게 줄) 남의 몫. 임금・대금의 일부.
上膊骨[じょうはくこつ] ≪生理≫ 상박골.
上半身[じょうはんしん] 상반신; 윗몸.
上方❶[じょうほう] 상방; 위쪽. ❷[かみがた] 京都(きょうと)・大阪(おおさか) 지방.
上白[じょうはく] ①고급 쌀. 상등미(上等米). ②고급 백설탕.
上白糖[じょうはくとう] 상백당; 고급 백설탕.
上番[じょうばん] 근무에 들어감.
上部[じょうぶ] 상부; 윗부분.
上分別[じょうふんべつ] 상책(上策). 가장 좋은 생각.
1上司[じょうし] 상사; ①직장에서 자기보다 지위가 높은 사람. ②상급 관청.
上死点[じょうしてん] 상사점; 피스톤이 실린더 안에 가장 깊이 들어간 위치.
上上[じょうじょう] 최상. 최고. 가장 좋음. 더없이 좋음. 최고로 좋음.
上上吉[じょうじょうきち] ①대길(大吉). ②(솜씨가) 최상급임.
上書[じょうしょ] 상서; 윗사람에게 글을 올림.
上席❶[じょうせき] 상석; ①상좌(上座). ②(계급・석차가) 위임. 윗자리. ❷[かみせき] 그 달 초순의 흥행.
上訴[じょうそ] 상소; ①상급자・상급기관에 호소함. ②≪法≫ 상소.
上水❶[じょうすい] ①수돗물. ②상수도. ❷[うわみず] (찌꺼기가 가라앉은) 맑은 윗물.
4上手❶[じょうず] ①능숙함. 잘함. 솜씨가 뛰어남. ②아첨. 입에 발린 말. ❷[うわて/かみて] ☞ [訓読]
上手物[じょうてもの] 정교하고 비싼 공예품.
上手者[じょうずもの] 아첨꾼.
上首尾[じょうしゅび] 일이 잘 되어 감. 결과가 만족스러움. 성공적임.
上宿[じょうやど] 고급 여관.
2上旬[じょうじゅん] 상순; 초순(初旬).
上述[じょうじゅつ] 상술; 위에 말함.
上乗[じょうじょう] 상승; ①(작품이) 최상임. 가장 뛰어남. ②더할 나위 없이 좋음. ③≪仏≫ 최상의 가르침.
1上昇[じょうしょう] 상승; 위로 올라감.
上申書[じょうしんしょ] 상신서; 윗사람이나 관청에 올리는 의견서.
上伸[じょうしん] 상신; 시세가 오름.
1上演[じょうえん] 상연; 연극을 공개함.
上縁[じょうえん] 위쪽의 가장자리.
上葉❶[じょうよう] ≪生理≫ 상폐엽(上肺葉). ❷[うわば] 초목의 위쪽 잎.
上映[じょうえい] 상영; 영화를 공개함.
上玉[じょうだま] ①1등품. 상등품(上等品). ②≪俗≫ 미인(美人). 미기(美妓). ＊화류계 용어임.
上腕骨[じょうわんこつ] ≪生理≫ 상완골.
上院[じょういん] ≪政≫ 상원.
1上位[じょうい] 상위; 높은 자리.
上肉[じょうにく] 질 좋은 고기.

上衣❶[じょうい] 상의. 윗옷. ❷[うわぎ] ①겉옷. ②윗도리.
上意[じょうい] 상의; 통치자의 명령·의견.
上意討ち[じょういうち] 통치자의 명령으로 죄인을 토벌함.
上議[じょうぎ] 상의; 의제로 올림. 상정(上程).
上人[★しょうにん] 상인; ①스님. ②'法橋上人位(ほっきょうしょうにんい)'의 준말.
上作[じょうさく] ①걸작(傑作). 잘 만듦. 훌륭한 솜씨. ②풍작. 풍년.
上将[じょうしょう] 상장; 상위의 장군.
上将軍[じょうしょうぐん] 상장군; 전군(全軍)의 총수(総帥).
上長[じょうちょう] 상장; ①손윗사람. 연장자(年長者). ②윗사람. 상사(上司).
上場[じょうじょう] 상장; ①주식 매매 대상으로 거래소에 등록함. ②연극을 상연(上演)함.
上場株[じょうじょうかぶ] 상장주.
上田[じょうでん] 상전; 좋은 논.
上程[じょうてい] 상정; 의안을 의회에 올림.
上帝[じょうてい] 상제; 하느님. 조물주.
上製[じょうせい] 상제; 고급으로 만듦. 고급품.
上製本[じょうせいぼん] 상제본; 양장본.
上座❶[じょうざ] 상좌; ①윗자리. ②≪仏≫ 문주보살상. ③≪仏≫ 상좌. ＊장로(長老)나 상좌승의 호칭. ❷[かみざ] 상좌; ①윗자리. ②(객석에서 봐서) 무대의 오른쪽.
上奏[じょうそう] 상주; 임금에게 아룀.
上酒[じょうしゅ] 상주; 고급 술.
上中下[じょうちゅうげ] 상·중·하.
上地[じょうち] 상지; ①좋은 땅. ②토지를 정부에 바침. 정부에 바친 토지.
上知[じょうち] 지혜가 뛰어남.
上進[じょうしん] 상진; 지위·정도 등이 오름. 향상됨.
上質[じょうしつ] 상질; 질이 좋음.
上策[じょうさく] 상책; 제일 좋은 꾀.
上天気[じょうてんき] 아주 좋은 날씨.
上体[じょうたい] 상체; 상반신. 윗몸.
上出来[じょうでき] ①썩 잘됨. 성과가 훌륭함. ②특제품.
上層[じょうそう] 상층; ①위층. 윗부분. ②윗 계급의 사람들.
上布[じょうふ] 상포; 품질 좋은 마직물.
上表❶[じょうひょう] 상표; ①상소(上疏). ②(문장 등의) 위에 있는 표. ③사표를 제출함. ❷[うわひょう] 겉표지.
上表文[じょうひょうぶん] 상소문(上疏文).
2上品❶[じょうひん] ①〈形動〉 품위가 있음. 고상함. ②상품; 고급품. ❷[じょうぼん] ≪仏≫ 극락정토의 최상위의 세 품계.
上皮[じょうひ] ≪生理≫ 상피.
2上下❶[じょうげ] ①상하; 위아래. ②(신분의) 상하. ③(책의) 상하권. ④오르내림. ⑤(탈것에) 타고 내림. 승강(昇降). ❷[しょうか] ①통치자와 백성. ②오르내림. ❸[じょうか] ①상원(上院)과 하원(下院). ②통치자와 백성. ❹[うえした/かみしも] ☞[訓読]
上下動[じょうげどう] 상하동; 아래위로 흔들리는 진동.
上限[じょうげん] 상한; ①위쪽 한계. ②(시대의) 오래된 쪽의 한계.
上弦[じょうげん] 상현; 상현달.
上戸[じょうご] 술꾼. 애주가. 술을 많이 마시는 사람.
上皇[じょうこう] 상황; ＊양위(譲位)한 천황의 높임말.

床 마루 상

丶 亠 广 户 庄 床 床

音 ◉ショウ
訓 ◉とこ ◉ゆか ◉ゆかしい

訓読
◉床❶[とこ] ①잠자리. 이부자리. ②모판. 못자리. ③이발소. ④'床の間(とこのま)'의 준말.
2◉床❷[ゆか] ①마루. 바닥. ②浄瑠璃(じょうるり)를 낭창(朗唱)하는 높게 만든 무대. ❸[しょう] ☞[音読]
◉床しい[ゆかしい] 〈形〉 ①우아하다. ②어쩐지 그립다.
2床の間[とこのま] (일본식 가옥의) 객실 상좌에 만든 장식용 공간.
床框[とこがまち] '床の間(とこのま)' 앞의 장식 가로대.
床暖房[ゆかだんぼう] 온돌. 바닥을 따뜻하게 설비를 한 난방장치.
床涼み[とこすずみ] (여름밤에) 평상에 앉아 더위를 식힘.

床離れ[とこばなれ] ①기상(起床). 잠자리에서 일어남. ②완쾌되어 병상(病床)을 떠남. ③남녀 간의 애정이 멀어짐.
床杯[とこさかずき] (결혼 첫날밤) 신혼부부가 합환주를 주고받는 의식.
床盃[とこさかずき] ☞ 床杯(とこさかずき)
床本[ゆかぼん] 浄瑠璃(じょうるり)의 대본(台本).
床払い[とこばらい] ☞ 床上げ(とこあげ)
床山[とこやま] 배우나 씨름꾼의 머리를 땋아 주는 사람.
床上[ゆかうえ] 마루 위.
床上げ[とこあげ] 병이 완쾌됨.
床飾り[とこかざり] '床の間(とこのま)'를 꾸미는 장식품.
[2]床屋[とこや] 이발소. 이발사.
床運動[ゆかうんどう] 마루 운동. ＊체조 경기의 하나.
床入り[ゆかいり] ①잠자리에 듦. ②신혼부부의 첫날밤.
床店[とこみせ] ①살림방이 없는 조그마한 가게. ②포장마차 가게.
床柱[とこばしら] '床の間(とこのま)'의 한쪽에 장식용으로 세운 기둥.
床擦れ[とこずれ] ≪医≫ 욕창(蓐瘡).
床畳[とこだたみ] '床の間(とこのま)'에 까는 다다미.
床土[とこつち] 상토; 모판의 흙.
床板❶[とこいた] '床の間(とこのま)'의 바닥에 까는 널빤지. ❷[ゆかいた] 마루청. 청널.
床下[ゆかした] 마루 밑.

音読

床❶[しょう] (병원의) 병상(病床)의 수효. …병상(病床). ❷[とこ/ゆか] ☞ [訓読]
床几[しょうぎ] (낚시터 등에서 사용하는) 접는 의자.
床机[しょうぎ] ☞ 床几
◑起床[きしょう], 病床[びょうしょう], 温床[おんしょう]

状(狀) ①모양 상 ②문서 장

丨 丨 丬 丬 壮 状 状

音 ◉ジョウ
訓 ―

音読

[2]状[じょう] ①모양. ②편지.
状景[じょうけい] 정경(情景). 사람의 마음을 움직이는 풍경이나 장면.
状袋[じょうぶくろ] 봉투.
状箱[じょうばこ] ①편지함. ②(심부름용) 편지함.
状勢[じょうせい] 정세(情勢). 형세(形勢).
状差し[じょうさし] (기둥이나 벽에 거는) 편지꽂이. 서신함.
[2]状態[じょうたい] 상태; 사물의 형편・모양.
状挟み[じょうばさみ] 서류 집게.
[2]状況[じょうきょう] 상황; 정황(情況). 그때그때의 사물의 상태.

尚(尙) 오히려/숭상할 상

丨 ⺌ ⺌ ⺌ 尚 尚 尚 尚

音 ◉ショウ
訓 ⊗なお

訓読

⊗尚[なお] ①역시. 여전히. 아직. ②더욱. 오히려. 한층.
尚のこと[なおのこと] 더더욱. 더 한층.
尚も[なおも] 더욱더. 계속해서. 여전히. 아직도.
[1]尚更[なおさら] 더욱더. 게다가. 더 한층.
尚尚[なおなお] ①아직도. 역시. ②더욱더. 더 한층. ③덧붙여서. 그 위에 또.
尚尚書(き)[なおなおがき] 추신(追伸).
尚又[なおまた] 그리고 또. 그밖에. 또한.
尚以て[なおもって] 더욱. 더욱더.
尚且つ[なおかつ] ①또한. 게다가. ②아직도. 그래도 역시.

音読

尚古[しょうこ] 상고; 옛 문물・사상・제도를 숭상함.
尚武[しょうぶ] 상무; ①무예를 숭상함 ②군비(軍備)에 힘씀.
尚書[しょうしょ] ①'書経(しょきょう)'의 딴이름. ②'弁官(べんかん)'의 딴이름.
尚侍[しょうじ] ①옛날, 内侍司(ないしのつかさ)의 장관. ＊주로 여성임. ②明治(めいじ)・大正(たいしょう) 시대의, 궁중의 최상위의 궁녀.
尚蔵[しょうぞう] 후궁(後宮)의 蔵司(くらつかさ)의 장관.
尚早[しょうそう] 상조; 아직 때가 이름.
尚歯[しょうし] 상치; 노인을 공경함.

峠 고개/산마루 상

丨 山 山 山' 山ᅡ 山ᅳ 峠 峠 峠

音 —
訓 ◉とうげ

訓読

²◉峠[とうげ] ①고개. 산마루. ②고비. 한창 때. 절정기. ¶ ~を越(こ)す 고비를 넘기다. ¶ 寒(さむ)さも今(いま)が~だ 추위도 지금이 고비다.
峠柴[とうげしば] ≪植≫ 뱀톱.

相 서로 상

一 十 オ 木 和 相 相 相 相

音 ◉ソウ ◉ショウ
訓 ◉あい

訓読

◉相嫁[あいよめ] (여자끼리의) 동서(同婿).
相客[あいきゃく] ①숙소의 한 방에서 함께 묵었던 사람. 동숙객(同宿客). ②남의 집을 방문했을 때, 종종 자리를 함께 했던 사람. 동석객(同席客).
相隔てる[あいへだてる] 〈下1他〉 서로 떨어져 있다.
相撃ち[あいうち] ①(무술에서) 서로 동시에 상대방을 공격함. ②비김. 무승부. ③하나의 적을 둘 이상이 침.
相見る[あいみる] 〈上1自他〉 보다. 서로 보다. 서로 만나다. 대면하다.
相継ぐ[あいつぐ] 〈5他〉 ①(뒤를) 잇다. 계승하다. ②상속하다.
相共に[あいともに] 함께. 같이.
相交わる[あいまじわる] 〈5自〉 사귀다. 교제하다.
相構えて[あいかまえて] ①매우 조심하여. ②(금지의 말을 수반하여) 결코.
相碁[あいご] 맞바둑. 호선(互先).
相対❶[あいたい] ①(당사자끼리) 대면. 마주 대함. ②당사자끼리 함. ③≪古≫ 서로 납득함. 합의. ❷[そうたい] ①상대; 서로 마주 봄. ②다른 사물에 대응되게 존재함.
相対する[あいたいする] 〈サ変自〉 ①상대하다. 마주 대하다. 맞대면하다. ②맞서다. 대립하다. 서로 반대 입장에 서다.
相対売買[あいたいばいばい] 당사자끼리 직접 거래하는 매매.
相対死に[あいたいじに] 정사(情死).
相対相場[あいたいそうば] (당사자끼리 합의하여 정한) 직접 거래 시세.
相対尽くで[あいたいずくで] 단둘이서. 합의하에.
相対取引[あいたいとりひき] 당사자끼리의 직접 매매.
相等しい[あいひとしい] 〈形〉 서로 같다.
相憐れむ[あいあわれむ] 〈5自〉 서로 불쌍해하다.
相老い[あいおい] 부부 해로(偕老).
相搏つ[あいうつ] 〈5自〉 맞붙어 겨루다. 힘껏 싸우다.
²相撲[★すもう] (일본) 씨름.
相撲取り[★すもうとり] 씨름꾼.
相撲取り草[★すもうとりぐさ] 'すみれ(제비꽃)'의 딴이름.
相反する[あいはんする] 〈サ変自〉 상반되다. 서로 반대·대립되다.
相半ばする[あいなかばする] 〈サ変他〉 서로 반반이다.
相伴う[あいともなう] 〈5自〉 ①동반하다. ②(서로) 따르다. 수반하다.
相方[あいかた] ①상대. 상대방. ②주역의 상대가 되는 배우. ③손님의 상대가 되는 창녀.
相番[あいばん] 함께 당번을 함. 당번의 짝.
²相変(わ)らず[あいかわらず] 변함없이. 여전히. 전과 다름없이.
相も変(わ)らず[あいもかわらず] 변함없이. 여전히. 전과 다름없이.
相も変(わ)らぬ[あいもかわらぬ] 변함없다. 여전하다. 전과 다름없다.
相棒[あいぼう] ①한패. 동료. 동업자. ②가마를 함께 메는 짝.
相部屋[あいべや] (숙소에서) 남남끼리 한 방에 묵음. 동숙(同宿)함.
相四つ[あいよつ] (씨름에서) 상대방의 겨드랑이 밑으로 팔을 뻗어 샅바 잡는 수법이 같음.
相生(い)[あいおい] ①한 뿌리에서 돋아남. ②부부가 해로(偕老)함.
相婿[あいむこ] (남자끼리의) 동서.
相席[あいせき] 합석(合席). 동석(同席).
相先[あいせん] 맞바둑. 호선(互先).
相成る[あいなる] 〈5自〉 되다. *'なる(되다)'의 격식 차린 말.

相性[あいしょう] ①성격이 맞음. ②궁합이 맞음.

相星[あいぼし] 양 팀의 승패(勝敗)의 전적(戦績)이 동률(同率)임.

相の手[あいのて] ①(대화 도중의) 맞장구. 장단. ②(노래나 춤의) 장단. ③三味線(しゃみせん)만의 간주(間奏).

2**相手**[あいて] ①(뭔가를 함께 하는) 상대. ②(경쟁자로서의) 상대. 상대편.

相手方[あいてかた] 상대방. 상대편.

相手役[あいてやく] 상대역.

相手次第[あいてしだい] 상대편 나름.

相手向い[あいてむかい] 당사자들끼리만의 의논・이야기.

相宿[あいやど] 동숙; 같은 숙소・방에 묵음.

相乗り[あいのり] ①합승(合乗). ②편의상 공동으로 함.

相乗番組[あいのりばんぐみ] (여러 스폰서의) 공동 제공 프로그램.

相俟って[あいまって] 서로 어울려. 더불어.

相身互い[あいみたがい] 동병상련(同病相憐). 비슷한 처지라서 서로 동정하고 도움.

相室[あいしつ] 같은 방. 한 방.

相哀れむ[あいあわれむ] 〈5自〉 서로 불쌍해하다.

相役[あいやく] 같은 직무. 동료.

相擁する[あいようする] 〈サ変自〉 서로 껴안다. 서로 포옹하다.

相容れない[あいいれない] (성격・성질이) 서로 맞지 않다. 서로 용납할 수 없다.

相応しい[★ふさわしい] 〈形〉 적합하다. 걸맞다. 어울리다.

相異なる[あいことなる] 〈5自〉 상이하다. 서로 다르다.

相子[あいこ] 비김. 무승부.

相争う[あいあらそう] 〈5他〉 서로 다투다. 서로 싸우다.

相済まぬ [あいすまぬ] 미안하다.

相弟子[あいでし] 같은 선생의 제자. 동문(同門).

相弔う[あいともらう] 〈5他〉 서로 위로하다.

相照らす[あいてらす] 〈5他〉 서로 터놓다.

相中❶[あいちゅう] 옛 歌舞伎(かぶき) 배우 중 名題(なだい) 아래 계급의 하나. ❷[あいなか] 물체와 물체 사이.

相知る[あいしる] 〈5他〉 서로 알다.

相持ち[あいもち] ①맞듦. 같이 듦. 번갈아 듦. ②공동 소유. ③(비용을) 똑같이 분담함. ④상부상조함. 서로 도움.

相次ぐ[あいつぐ] 〈5自〉 잇따르다.

相槌[あいづち] ①(연장을 벼릴 때 두 사람의) 맞망치질. 맞메질 ②(말할 때의) 맞장구.

相取り[あいどり] ①일을 함께 함. 동료. ②(떡을 칠 때) 욱여넣는 사람. ③공모(共謀)하여 나쁜 짓을 함.

相打つ[あいうつ] 〈5自〉 맞붙어 겨루다. 힘껏 싸우다.

相打ち[あいうち] ①(무술에서) 서로 동시에 상대방을 공격함. ②비김. 무승부. ③하나의 적을 둘 이상이 침.

相討ち[あいうち] ☞ 相打ち

相判[あいばん] ①(종이의) 국판(菊判). ②(사진 건판에서) 간판(間判). 13×10㎝. ③浮世絵(うきよえ) 판화 크기.

相合傘[あいあいがさ] (남녀가) 한 우산을 씀.

相懸(か)り[あいがかり] ①양편이 동시에 공격함. ②(장기에서) 초반에 서로 같은 진형(陣形)으로 싸움.

相互い[あいたがい] 상호; 쌍방. 양편.

相互いに[あいたがいに] 서로. 교대로.

相惚れ[あいぼれ] 서로 그리워함.

相和す[あいわす] 〈5自〉 ☞ 相和する

相和する[あいわする] 〈サ変自〉 ①서로 조화되다. 서로 화합하다. ②서로 어울리다.

相携える[あいたずさえる] 〈下1自〉 (일을 추진하기 위해) 제휴하다. 서로 손을 잡다. 서로 협력하다.

音読

相❶[しょう] 상; 재상(宰相). 대신(大臣). 장관(長官).

1**相**❷[そう] ①형상. 형체. 모습. ②인상(人相). ③《語学》 상. 태(態).

相する[そうする] 〈サ変他〉 상을 보다. 점치다.

相姦[そうかん] 상간; 남녀 간의 불륜(不倫).

相公[しょうこう] 상공; 재상(宰相)・대신(大臣)・장관(長官)의 높임말.

相関[そうかん] 상관; 서로 관련을 가짐.

相関係数[そうかんけいすう] 《数》 상관 계수.

相国[しょうこく] 상국; 고대 중국의 재상(宰相).

相克[そうこく] 상극; ①대립된 것끼리 서로 다툼. ②(오행설의) 상극.

相剋[そうこく] ☞ 相克

3**相談**[そうだん] 상담; 의논. 상의.

2**相当**[そうとう] 상당; ①해당함. 대등함. ②상응함. 걸맞음. 알맞음. 어울림. ③〈副〉 꽤. 제법. 상당히.

[1]相対❶[そうたい] 상대; ①서로 마주봄. ②다른 사물에 대응되게 존재함.
相対❷[あいたい] ①(당사자끼리) 대면. 마주 대함. ②당사자끼리 함. ③≪古≫ 서로 납득함. 합의.
相輪[そうりん] 상륜; 탑의 맨 위쪽 장식 부분.
相輪塔[そうりんとう] 상륜탑.
相利共生[そうりきょうせい] 상리공생.
相模川[さがみがわ] 神奈川県(かながわけん)에 있는 강(江) 이름.
相貌[そうぼう] 상모; 용모. 인상. 얼굴 모양.
相聞歌[そうもんか] 연가(恋歌). 사랑의 노래.
相伴[しょうばん] ①동반함. 동반자. ②덩달아 덕을 봄. ③주빈(主賓)의 동반자로서 함께 대접을 받음.
相法[そうほう] 상법; 관상법(観相法).
相補[そうほ] 상보; 서로 보충함.
相似形[そうじけい] 상사형; 서로 닮은꼴.
相思病[そうしびょう] 상사병; 연정(恋情)에 사로잡혀 생기는 병.
相思相愛[そうしそうあい] 상사상애; 서로 그리워하며 서로 사랑함.
[2]相続[そうぞく] 상속; ①선대(先代)를 대신하여 가명(家名) 등을 이어받음. ②사람이 죽기 전에 재산상의 권리·의무 등을 배우자·자녀·친족 등에게 분배함.
相続税[そうぞくぜい] 상속세.
相殺[そうさい] 상쇄; ①두 특징이 마주쳐서 효력이 없어짐. ②≪法≫ 상계(相計).
相承[そうしょう] 상승; 계승(継承). 이어받음.
相乗[そうじょう] 상승; 2개 이상의 수를 서로 곱함.
相識[そうしき] 상식; 서로 안면이 있음.
相愛[そうあい] 상애; 서로 사랑함.
[2]相違[そうい] 상위; 서로 다름.
[2]相違ない[そういない] 〈形〉 틀림없다.
相恩[そうおん] 상은; 대대로 은혜를 입음.
[1]相応[そうおう] 상응; 어울림. 알맞음.
相人[そうにん] 관상가(観相家). 관상쟁이.
相者[そうしゃ] 관상가(観相家). 관상쟁이.
[1]相場[そうば] ①시가(時価). 시세(時勢). ②투기(投機). ③통념(通念). 일반적인 평가.
相場師[そうばし] 투기꾼.
相伝[そうでん] 상전; 대대로 이어받아 전함.
相称[そうしょう] 상칭; 대칭(対称). 좌우균제(左右均斉).
相通[そうつう] 상통; 서로 통함.
[2]相互[そうご] 상호; ①서로. ②번갈아. 교대로.
相互乗(り)入(れ)[そうごのりいれ] 서로 다른 노선과 연결 운행함. 상호 연결 운행.
相好[そうごう] 용모. 얼굴 표정.

祥(祥) 상서로울 상

音 ◉ショウ
訓 —

音読
祥瑞[しょうずい] 상서; 길조(吉兆). 경사스러운 일이 있을 좋은 징조.
祥雲[しょううん] 상운; 상서로운 구름.
祥月[しょうつき] 상월; 1주기(周忌) 이후에 돌아오는 고인(故人)이 죽은 달.

桑 뽕나무 상

音 ◉ソウ
訓 ◉くわ

訓読
◉桑[くわ] ≪植≫ 뽕나무.
桑弓[くわゆみ] 뽕나무 활.
桑原[くわばら] ①뽕밭. ②맙소사. 하느님 살려 주소서.
桑蚕[くわご] ≪虫≫ 멧누에나방.
桑摘み[くわつみ] 뽕따기. 뽕따는 사람.
桑畑[くわばたけ] 뽕밭. 뽕나무 밭.

音読
桑門[そうもん] 상문; 중. 승려.
桑園[そうえん] 상원; 뽕나무 밭.
桑田[そうでん] 상전; 뽕나무 밭.

商 장사 상

音 ◉ショウ
訓 ◉あきなう

訓読
◉商う[あきなう] 〈5他〉 장사하다. 매매하다. 거래하다.
商い[あきない] ①장사. 매매. 거래. ②매상고. 매출액.

音読

[2]商[しょう] ①상업. 장사. ②≪数≫ 상. 나눗셈에서 얻은 답. 몫.
商家[しょうか] 상가; 상인의 집.
商界[しょうかい] 상계; 상업계.
商計[しょうけい] 상계; ①이것저것 생각함. 헤아려 생각함. ②상술(商術).
商賈[しょうこ] 상고; ①상인. 장사치. ②장사. 매매. 거래.
商工[しょうこう] 상공; 상업과 공업. 상인과 장인(匠人).
商科[しょうか] 상과; 상업에 관한 교과목.
商慣習法[しょうかんしゅうほう] 상관습법.
商館[しょうかん] 상관; (江戸(えど) 시대의) 외국 상인 영업소.
商権[しょうけん] 상권; 상업상의 권리.
商圏[しょうけん] 상권; 영업 범위.
商機[しょうき] 상기; ①상거래상의 기회. ②상업상의 기밀.
商談[しょうだん] 상담; 상업상의 대화.
商都[しょうと] 상도; 상업 도시.
商道[しょうどう] 상도; 상업도덕.
商略[しょうりゃく] 상략; 상업상의 책략.
商量[しょうりょう] 상량; 헤아려 생각함.
[2]商売[しょうばい] ①장사. 상업. ②≪俗≫직업. ③접객업. 술장사.
商売気[しょうばいぎ] ①장삿속. ②직업의식.
商売気質[しょうばいかたぎ] 상인 기질.
商売女[しょうばいおんな] 매춘부(売春婦).
商売柄[しょうばいがら] ①직업상. ②장사의 종류. 직업의 종류.
商売上がり[しょうばいあがり] 창녀・기생 출신.
商売屋[しょうばいや] ①상인의 집안. ②기생집. 요릿집.
商売敵[しょうばいがたき] 상업상의 경쟁자.
商売人[しょうばいにん] ①상인. 장사꾼. ②전문가. ③기생. 창녀.
商売替え[しょうばいがえ] 직업 전환.
商務[しょうむ] 상무; 상업상의 사무.
商法[しょうほう] 상법; ①상술(商術). 장사의 방식. ②≪法≫ 상법.
[2]商社[しょうしゃ] 상사; 무역 회사.
商事[しょうじ] 상사; ①장사에 관한 사항. ②'商事会社(しょうじかいしゃ)'의 준말.
商状[しょうじょう] ①상업상의 형편. ②(주식・상품 시장의) 거래 상황.
商船[しょうせん] 상선; 화물선.
商勢[しょうせい] 상세; 거래 상황.
[2]商業[しょうぎょう] 상업; 장사.
商用[しょうよう] 상용; 상업상의 용무.
商運[しょううん] 상운; 장사 운.
商議[しょうぎ] 상의; 상담(商談). 협의.
商議員[しょうぎいん] (연구소・단체・법인 등의) 상담역.
[2]商人[しょうにん/あきびと/あきんど] 상인; 장사꾼.
商人根性[しょうにんこんじょう] 상인 근성.
商才[しょうさい] 상재; 장사 재주.
商戦[しょうせん] 상전; 상업상의 경쟁.
[2]商店[しょうてん] 상점; 가게.
商店街[しょうてんがい] 상점가; 상가(商街).
商取引[しょうとりひき] 상거래(商去来).
商舗[しょうほ] 상포; 점포. 가게.
商標[しょうひょう] 상표; trademark.
商標権[しょうひょうけん] 상표권.
[2]商品[しょうひん] 상품; 시장에서 거래되는 물건.
商品券[しょうひんけん] 상품권.
商品切手[しょうひんきって] 상품권.
商学部[しょうがくぶ] 상과대학(商科大学).
商港[しょうこう] 상항; 상업 항구.
商行為[しょうこうい] ≪法≫ 상행위.
商況[しょうきょう] 상황; 장사의 형편.
商号[しょうごう] 상호; 옥호(屋号).
商魂[しょうこん] 상혼; 상인 기질.
商会[しょうかい] 상회; 상점(商店).

常 항상 상

丨 ⺌ 㑚 𫩏 常 常 常 常 常 常

音 ◉ジョウ
訓 ◉つね ◉とこ

訓読

◉常[つね] ①예사(例事). 흔히 있는 일. ②평소. 평상. ③보통. 평범. ④변함없음.
◉常しえ[とこしえ] 영원히. 영구히.
常なし[つねなし] ①변심하기 쉽다. ②덧없다. 허무하다.
常ならず[つねならず] ①평소와 달리. ②무상하다.
常ならぬ[つねならぬ] 덧없다. 허무하다.
[2]常に[つねに] 늘. 항상. 언제나. 평소에.
常磐[★ときわ] ①영구불변. ②나뭇잎이 사철 푸름.
常磐木[★ときわぎ] 상록수(常緑樹).
常並み[つねなみ] 평범함. 보통임. 당연함.

常常[つねづね] ①평소. ②늘. 항상. 언제나. 평소에.
常世[とこよ] ①영구불변. ②'常世の国(とこよのくに)'의 준말.
常世の国[とこよのくに] ①머나먼 상상의 나라. ②불로불사(不老不死)의 나라.
常闇[とこやみ] 영원한 어둠.
常夜[とこよ] 영원한 밤.
常葉[とこは] 상록수(常緑樹)의 잎.
常日頃[つねひごろ] 평소. 일상(日常).
常節[とこぶし] ≪貝≫ 떡조개. 오분자기.
常体[つねてい] ①평소의 모습·상태. ②보통임.
常春[とこはる] 상춘; 늘봄.
常夏[とこなつ] ①상하; 늘 여름. ② ≪植≫ 패랭이꽃. ③석죽(石竹)의 원예 품종.
常滑[とこなめ] ①이끼가 끼어 미끄러운 곳. ②愛知県(あいちけん)의 시(市)의 이름.
常滑焼[とこなめやき] 常滑市(とこなめし) 부근에서 생산되는 도자기.

音読

常客[じょうきゃく] 상객; 단골손님.
常雇い[じょうやとい] ①장기 고용. 장기 고용인. ②단골 일꾼.
常軌[じょうき] 상궤; 정상적인 길. 바른 길.
常規[じょうき] 상규; 통상 규칙. 사물의 표준.
常勤[じょうきん] 상근; 매일 근무함.
常綺羅[じょうきら] 평소에 고급 옷만 입음.
常道[じょうどう] 상도; ①항상 지켜야 할 도리. ②늘 하는 방법.
常得意[じょうとくい] 단골손님. 고객(顧客).
常灯[じょうとう] 상등; ①신불(神仏) 앞에 항상 켜두는 등불. ②(밤새 켜두는) 가로등.
常灯明[じょうとうみょう] ☞ 常灯
常例[じょうれい] 상례; 관례. 예사(例事).
常緑樹[じょうりょくじゅ] ≪植≫ 상록수.
常務[じょうむ] 상무; ①일상의 보통 업무. ②'常務取締役'의 준말.
常務取締役[じょうむとりしまりやく] (주식회사의) 상무이사.
常法[じょうほう] ①일정한 규칙. ②보통의 방법.
常服[じょうふく] 평상복.
常備[じょうび] 상비; 늘 준비해 둠.
常設[じょうせつ] 상설; 늘 설비해 둠.
常数[じょうすう] 상수; ①일정한 수. ② ≪数≫ 정수(定数). 항수(恒数).
常宿[じょうやど] 단골 여관.
常習[じょうしゅう] 상습; 늘 하는 버릇.
常勝[じょうしょう] 상승; 항상 승리함.
常時[じょうじ] 상시; 늘. 항상.
常式[じょうしき] 상식; ①정해진 방식. ②일반적인 의식(儀式). ③평소. 늘. 항상.
常食[じょうしょく] 상식; 늘 먹음.
[2]常識[じょうしき] 상식; 일반적인 지식.
常識外れ[じょうしきはずれ] 상식을 벗어남.
常夜灯[じょうやとう] ☞ 常灯
常温[じょうおん] 상온; ①일정한 온도. ②자연 그대로의 온도. ③ ≪気≫ 연간 평균 기온.
常用[じょうよう] 상용; 늘 사용함. 평소 사용함.
常用漢字[じょうようかんじ] 상용한자.
常傭[じょうよう] 상용; 장기간 고용함.
常人[じょうじん] ①보통 사람. ②정상인.
常日[じょうじつ] 상일; 평소. 평상.
常任[じょうにん] 상임; ①항상 그 임무를 맡아봄. ②항상 임무를 맡김.
常住[じょうじゅう] 상주; ①(어떤 곳에) 계속 머물러 삶. ② ≪仏≫ 상주. ③ 〈副〉 평소. 항상.
常住着[じょうじゅうぎ] 평상복.
常駐[じょうちゅう] 상주; 늘 주재(駐在)함.
常体[じょうたい] 평서(平叙) 문체. *문말(文末)이 'だ·である'로 끝나는 문체.
常置[じょうち] 상치; 상설(常設).
常態[じょうたい] 상태; 정상적인 상태.
常套[じょうとう] 상투; 평소의 방법.
常況[じょうきょう] 상황; 평소의 상태.
常会[じょうかい] 상회; ①정기 모임. 정례회의. ② ≪法≫ 정기 국회(定期国会).

喪 죽을/잃을 상

一 十 卄 市 市 亟 亟 亟 喪 喪

音 ◉ソウ
訓 ◉も ⊗うしなう

訓読

[1]◉喪[も] 상; ①복(服). 사람이 죽은 후, 친족이 그 죽음을 애도하며 일정 기간 근신함. ②흉사(凶事).
⊗喪う[うしなう] 〈5他〉 사별(死別)하다. 여의다.
[1]喪服[もふく] 상복; ①상제옷. ②문상객이 입는 검은 예복.
喪屋[もや] 빈소(殯所).

喪章[もしょう] 상장; 죽은 사람을 조상(弔喪)하기 위해 팔에 두르는 표.
喪主[もしゅ] 상주; 맏상제.
喪中[もちゅう] 상중; 복중(服中).

音読

喪家[そうか] 상가; ①초상집. ②집을 잃음.
喪具[そうぐ] 상구; 장례 도구.
喪具屋[そうぐや] 장의사(葬儀社).
喪神[そうしん] ①상심(喪心). 실심(失心). ②기절. 실신(失神).
1**喪失**[そうしつ] 상실; 잃어버림.
喪心[そうしん] 상심; ①실심(失心). ②기절. 실신(失神).

象 코끼리/모양 상

ノ ク 白 缶 缶 争 争 多 象 象

音 ◉ショウ ◉ゾウ
訓 ⊗かたどる

訓読

⊗**象る**[かたどる] 〈5自他〉 ①모방하다. 본뜨다. ②상징하다.

音読

2**象**[ぞう] ≪動≫ 코끼리.
象嵌[ぞうがん] ☞ 象眼
象牙[ぞうげ] 상아; 코끼리의 앞니.
象牙色[ぞうげいろ] 상아색; 연한 황백색.
象牙椰子[ぞうげやし] ≪植≫ 상아야자.
象牙彫り[ぞうげぼり] 상아 조각.
象牙質[ぞうげしつ] 상아질.
象眼[ぞうがん] ①상감(象嵌). 공예품의 일부를 파내고 그 속에 다른 재료를 박아 넣는 공예 기술. ②(인쇄에서) 연판(鉛版) 수정.
1**象徴**[しょうちょう] 상징; 심벌.
象虫[ぞうむし] ≪虫≫ 바구미.
象皮病[ぞうひびょう] ≪医≫ 상피병.
象限[しょうげん] ≪数≫ 상한; ①원(円)의 4분의 1. ②사분면(四分面).
象形文字[しょうけいもじ] 상형 문자.

傷 상할/상처 상

亻 亻 亻 作 作 作 但 傷 傷 傷

音 ◉ショウ
訓 ◉いたましい ◉いたむ ◉いためる ◉きず

訓読

◉**傷ましい**[いたましい] 〈形〉 가엾다. 딱하다. 애처롭다. 참혹하다. 측은하다.
◉**傷む**[いたむ] 〈5自〉 ①(기물이) 깨지다. 고장 나다. 망가지다. 흠이 생기다 ②(식품이) 상하다. 부패하다. 썩다.
傷み[いたみ] ①(기물의) 파손. 손상. 고장. 깨짐. ②(식품의) 상함. 부패. 썩음.
傷み分け[いたみわけ] 한쪽의 부상으로 인한 경기 중단.
傷み入る[いたみいる] 〈5自〉 황송해하다. 송구스러워하다.
◉**傷める**[いためる] 〈下1他〉 ①(기물을) 파손하다. 망가뜨리다. 고장 내다. 깨뜨리다. 상처 내다. ②(식품을) 상하게 하다. 부패시키다. 쉬게 하다. 썩이다.
2◉**傷**[きず] ①상처. 부상(負傷). ②(마음의) 상처. ③흠. 흠집. 결점. 티. 금간 데. ④불명예. 수치. 오점. 허물.
傷口[きずぐち] ①상처 자리. 생채기. 흠집. ②과거의 허물.
傷咎め[きずとがめ] ①상처가 덧남. ②묵은 허물을 건드림.
傷物[きずもの] ①파치. 흠이 있는 물건. ② ≪俗≫ 순결을 잃은 처녀.
1**傷付く**[きずつく] 〈5自〉 ①상처가 나다. 다치다. 부상을 입다. ②(기물이) 흠집이 나다. 망가지다. 금이 가다. ③(마음・명예 등이) 상처를 입다. 손상되다.
2**傷付ける**[きずつける] 〈下1他〉 ①상처를 내다. 다치게 하다. 부상을 입히다. ②(기물을) 흠집 내다. 망가뜨리다. 파손시키다. ③(마음・명예・기분 등을) 상하게 하다. 손상시키다. 훼손하다.
傷傷しい[いたいたしい] 〈形〉 불쌍하다. 애처롭다. 안쓰럽다.
傷薬[きずぐすり] 상처에 바르는 약.
傷跡[きずあと] 상처 자국. 흉터. 흠.
傷痕[きずあと/しょうこん] 상흔; 상처 자국. 흉터. 흠.

音読

傷兵[しょうへい] 상병; 부상병(負傷兵).
傷病[しょうびょう] 상병; 부상과 질병.
傷心[しょうしん] 상심; 마음이 상함.
傷痍[しょうい] 상이; 부상. 상처.
傷者[しょうしゃ] 부상자(負傷者).
傷害[しょうがい] 상해; (남에게) 상처를 내어 해를 입힘.
傷痕[しょうこん/きずあと] 상흔; 상처 자국. 흉터. 흠.

想 생각 상

一 十 木 相 相 相 相 想 想 想

音 ◉ソウ ◉ソ
訓 —

音読

想[そう] 생각. 구상.
想見[そうけん] 상견; 상상해 봄.
想起[そうき] 상기; 지난 일을 다시 생각해 봄.
想念[そうねん] 상념; 마음에 떠오르는 생각.
想望[そうぼう] 상망; ①사모하여 우러러봄. ②기대함.
1 想像[そうぞう] 상상; 머릿속으로 그리며 미루어 생각함.
想定[そうてい] 상정; 어떤 상황을 가정함.
◑愛想[あいそ/あいそう]

詳 자세할 상

亠 言 言 言 訁 訁 詳 詳 詳 詳

音 ◉ショウ
訓 ◉くわしい ⊗つまびらか

訓読

2 ◉詳しい[くわしい] 〈形〉 ①상세하다. 자세하다. 자상하다. ②(어떤 분야에) 정통하다. 잘 알고 있다. 밝다.
⊗詳らか[つまびらか] 〈形動〉 소상함. 상세함. 자세함.

音読

詳記[しょうき] 상기; 자세히 기록함.
詳録[しょうろく] 상록; 자세한 기록.
詳論[しょうろん] 상론; 자세히 논함.
詳密[しょうみつ] 상밀; 상세함. 세밀함.
詳報[しょうほう] 상보; 상세한 보고.
詳説[しょうせつ] 상설; 자세한 설명.
1 詳細[しょうさい] 상세; 자세함. 소상함.
詳述[しょうじゅつ] 상술; 자세히 진술함.
詳悉[しょうしつ] 상실; 아주 상세함.
詳言[しょうげん] 상언; 상세히 말함.
詳伝[しょうでん] 상전; 상세한 전기(伝記).
詳注[しょうちゅう] 상주; 상세한 주석(注釈).
詳註[しょうちゅう] ☞ 詳注
詳察[しょうさつ] 상찰; 상세히 살핌.
詳解[しょうかい] 상해; 상세한 해설.

像 형상 상

亻 伫 伯 侮 僋 傍 像 像 像 像

音 ◉ゾウ
訓 —

音読

2 像[ぞう] 상; ①어떤 형태. 모습. 모양. 꼴. ②형상(形像). 신불(神仏)이나 사람의 모양을 본떠 그리거나 만든 것. ③《物》 빛의 반사나 굴절로 비치는 물체의 모양.
像法[ぞうぼう] 《仏》 상법; 정법(正法) 다음에 오는 1000년.
◑銅像[どうぞう], 想像[そうぞう]

賞 상줄 상

⺌ ⺌ 尚 尚 尚 尚 営 賞 賞 賞

音 ◉ショウ
訓 —

音読

2 賞[しょう] 상; 포상(褒賞).
賞する[しょうする] 〈サ変他〉 ①칭찬하다. 칭송하다. 기리다. ②감상하다. 보고 즐기다.
2 賞金[しょうきん] 상금; 포상으로 주는 돈.
賞美[しょうび] 상미; ①찬미(讃美). ②감상함. 맛을 즐김.
賞味[しょうみ] 상미; 음식 맛을 즐김.
賞杯[しょうはい] 상배; 우승컵.
賞罰[しょうばつ] 상벌; 상과 벌.
賞辞[しょうじ] ☞ 賞詞
賞詞[しょうし] 상사; 찬사(讃辞).
賞揚[しょうよう] 상양; 칭찬. 찬양.
賞与金[しょうよきん] 상여금; 보너스.
賞玩[しょうがん] 상완; ①감상함. 음미해 즐김. ②칭찬하여 맛봄.
賞状[しょうじょう] 상장; 상 주는 뜻을 표하는 증서.
賞賛[しょうさん] 칭찬.
賞嘆[しょうたん] 상탄; 크게 칭찬함.
賞牌[しょうはい] 상패; 상으로 주는 메달・패(牌).
2 賞品[しょうひん] 상품; 상으로 주는 물품.
賞勲[しょうくん] 상훈; ①상과 훈장. ②훈공을 포상함.

箱 상자 상

ノ ㅅ ㅆ 笁 笁 竿 竿 笧 箱 箱

音 —
訓 ◉はこ

訓読

4◉箱[はこ] ①상자. 함. 궤짝. 박스. ②≪俗≫ 철도 차량. ③≪俗≫ 三味線(しゃみせん). 三味線(しゃみせん)을 넣는 상자. 三味線(しゃみせん)을 운반하는 남자. ④기녀(妓女). 기생(妓生).

箱柳[はこやなぎ] ≪植≫ 일본사시나무.

箱馬車[はこばしゃ] 지붕이 있는 상자 모양의 마차.

箱師[はこし] 찻간의 소매치기.

箱書(き)[はこがき] (공예품을 넣은) 상자 뚜껑에 작가나 감정가 등이 진품임을 증명하는 서명·날인.

箱船[はこぶね] 네모난 배. 방주(方舟).

箱細工[はこざいく] (공예품으로서) 상자를 만듦. 공예품으로서의 상자.

箱乗り[はこのり] ≪俗≫ (신문 기자의 회견 상대가 탄) 기차에 동승함.

箱眼鏡[はこめがね] 상자 모양의 물안경.

箱屋[はこや] ①상자를 만들어 파는 가게나 사람. ②기생의 三味線(しゃみせん)을 들고 다니는 남자.

箱入り[はこいり] ①상자에 들어 있음. ②애지중지함. 소중히 함.

箱入り娘[はこいりむすめ] 여염집 아가씨.

箱庭[はこにわ] 상자 안에 만든 모형 정원·산수(山水) 풍경.

箱錠[はこじょう] 상자 모양의 자물쇠.

箱梯子[はこばしご] 수납장으로 이용하는 계단이나 층계.

箱提灯[はこぢょうちん] 접으면 전체가 뚜껑 안으로 들어가는 등롱(灯籠).

箱釣り[はこづり] (야시장에서) 수조(水槽)에 넣은 금붕어를 낚는 낚시 놀이.

箱止め[はこどめ] 기생의 출입을 금지함. 기생이 출입을 안 함.

箱車[はこぐるま] 상자를 얹은 짐수레.

箱枕[はこまくら] 나무 상자 모양의 베개.

箱風呂[はこぶろ] 상자 모양의 목욕통.

箱型[はこがた] 상자 모양.

箱火鉢[はこひばち] (겉을 나무로 만든) 상자 모양의 화로.

箱詰(め)[はこづめ] 상자에 물건을 담음. 상자들이 물건.

償 갚을 상

亻 亻' 亻″ 亻⺌ 俨 俨 償 償 償 償

音 ◉ショウ
訓 ◉つぐなう ⊗つぐのう

訓読

1◉償う[つぐなう/つぐのう] 〈5他〉 ①변상하다. 배상하다. 보상하다. ②속죄하다. 죄를 갚다.

1償い[つぐない/つぐのい] 변상. 배상. 보상(補償). 속죄. 죄를 갚음.

音読

償却[しょうきゃく] 상각; ①(빚 등을) 갚음. ②'감가상각(減価償却)'의 준말.

償金[しょうきん] 배상금(賠償金).

償還[しょうかん] 상환; ①보상해 되돌려 줌. ②금전 채무를 변제함.

霜 서리 상

一 戸 雨 雨 雨 霄 霜 霜 霜 霜

音 ◉ソウ
訓 ◉しも

訓読

2◉霜[しも] ①≪気≫ 서리. ②(냉장고의) 성에. ③백발(白髪).

霜げる[しもげる] 〈下1自〉 (초목이) 서리를 맞아 상하다.

霜降り[しもふり] ①서리가 내림. ②(옷감의) 희끗희끗한 무늬. 쑥색. 쑥색 무늬의 천. ③(쇠고기의) 차돌박이. ④살짝 데친 생선이나 닭고기.

霜枯れ[しもがれ] ①(초목이) 서리를 맞아 시들어 버림. ②불황(不況). 불경기(不景気).

霜枯れる[しもがれる] (초목이) 서리를 맞아 시들어 버리다.

霜枯れ時[しもがれどき] ①(초목이) 서리를 맞아 시드는 계절. ②불황(不況). 불경기(不景気).

霜曇り[しもぐもり] 서리가 내릴 것 같은 겨울의 흐린 날씨.

霜崩れ[しもくずれ] 서릿발이 녹음.

霜焼け[しもやけ] ①≪医≫ (가벼운) 동상(凍傷). ②(초목이) 서리 맞음.

霜夜[しもよ] (서리 내리는) 추운 밤.
霜月[しもつき] 음력 11월.
霜囲い[しもがこい] ☞ 霜除け
霜融け[しもどけ] ☞ 霜解け
霜除け[しもよけ] ≪農≫ 서리막이. 서리 맞지 않도록 덮거나 싸줌.
霜柱[しもばしら] ①서릿발. ②차조기과(科)의 다년초.
霜取り[しもとり] (냉장고의) 성에 제거.
霜膨れ[しもぶくれ] ①아래쪽이 불룩함. ②아랫볼이 불룩한 얼굴.
霜風[しもかぜ] 서릿바람. 찬바람.
霜解け[しもどけ] ①서릿발이 녹음. ②해빙(解氷).

音読

霜降[そうこう] 상강; 24절기의 하나로 10월 23일경.
霜露[そうろ] 상로; 서리와 이슬.
霜雪[そうせつ] 상설; ①서리와 눈. ②백발.
霜葉[そうよう] 상엽; 서리 맞아 단풍진 잎.
霜天[そうてん] 상천; 서리가 내린 날씨.
霜害[そうがい] 상해; 서리의 피해.

爽 상쾌할 상	音 ⊗ソウ 訓 ⊗さわやか

訓読

2⊗爽やか[さわやか] 〈形動〉 ①(기분이) 상쾌함. ②(말이 막힘없이) 유창함. 명쾌함.

音読

爽気[そうき] 상기; ①상쾌한 (가을의) 대기(大気). ②상쾌한 기분.
爽涼[そうりょう] 상량; 상쾌하고 시원함.
爽快[そうかい] 상쾌; 기분이 아주 유쾌함.

翔(翔) 날 상	音 ⊗ショウ 訓 ⊗かける

訓読

⊗翔る[かける] 〈5自〉 (하늘 높이) 날다. 높게 날아오르다. 비상(飛翔)하다.

音読

◑高翔[こうしょう], 飛翔[ひしょう]

裳 치마 상	音 ⊗ショウ 訓 ⊗も

訓読

⊗裳[も] ①(옛날) 귀족이 袴(はかま) 위에 입던 옷. ②(옛날) 여자의 치마.
裳裾[もすそ] 옷자락. 치맛자락.
裳階[もこし] ☞ 裳層
裳層[もこし] ≪建≫ 건물 둘레의 처마 밑에 한 층 낮게 덧댄 차양 모양의 지붕.

音読

◑衣裳[いしょう]

嘗 맛볼 상	音 ⊗ショウ 訓 ⊗なめる

訓読

1⊗嘗める[なめる] 〈下1他〉 ①(혀로) 핥다. ②맛보다. ③(불길이 혀로 핥듯이) 불태우다. ④(괴로움을) 겪다. 맛보다. ⑤깔보다. 얕보다.
嘗め物[なめもの] (짠맛의) 밑반찬.
嘗め味噌[なめみそ] (그냥 먹을 수 있게끔) 조리한 된장.

音読

嘗試[しょうし] 상시; 시험해 봄.

〔새〕

璽 옥새 새
一 冖 冂 爪 爾 爾 爾 爾 璽 璽

音 ◉ジ
訓 ―

音読

璽[じ] ①옥새. 임금의 인장(印章). ②일본의 세 가지 신기(神器)의 하나인 八尺瓊曲玉(やさかにのまがたま).
璽書[じしょ] 임금의 옥새가 찍힌 문서. 옥새를 찍은 문서.
◑玉璽[ぎょくじ]

塞 ①변방 새 ②막을 색	音 ⊗サイ ⊗ソク 訓 ⊗とりで ⊗ふさがる ⊗ふさぐ

訓読

⊗塞[とりで] ①성채(城砦). ②요새.

[2]⊗**塞がる**[ふさがる] 〈5自〉 ①막히다. ②닫히다. ③(가득) 차다. ④(짬이) 안 나다. ⑤(전화가) 통화중이다.

塞がり[ふさがり] ①막힘. ②(陰陽道에서) 손이 있는 방향.

[2]⊗**塞ぐ**[ふさぐ] 〈5他〉 ①막다. 틀어막다. 메우다. ②가로막다. ③(시간·임무를) 채우다. ④(방해되게) 자리를 차지하다. 〈5自〉 우울해지다.

塞ぎ[ふさぎ] ①막음. 메움. 막는 것. ②우울함.

塞ぎ込む[ふさぎこむ] 〈5自〉 울적해지다.

塞ぎの虫[ふさぎのむし] 울적함. 우울함.

音読

塞翁が馬[さいおうがうま] 새옹지마.

塞外[さいがい] 새외; ①성채(城砦) 밖. ②국경 밖.

塞源[そくげん] 색원; 악의 근원을 막음.

賽 굿 새	音 ⊗サイ 訓 —

音読

賽[さい] 주사위.

賽の目[さいのめ] ①주사위의 눈. ②주사위의 크기·모양.

賽子[さいころ] 주사위.

賽銭[さいせん] ≪仏≫ 새전; 시줏돈.

賽銭箱[さいせんばこ] 새전함; 시줏돈을 넣는 함.

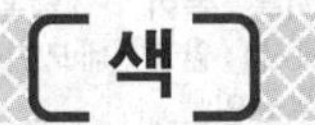

색

色 빛/예쁜 여자 색

ノ ク 㔾 刍 刍 色

音 ◉シキ ◉ショク
訓 ◉いろ

訓読

[4]◉**色**[いろ] 색; ①색깔. 빛깔. ②피부색. ③얼굴빛. 기색. 표정. ④(섹스의) 색. 색정(色情). ⑤여자 애인(愛人). 정부(情婦).

色っぽい[いろっぽい] 〈形〉 섹시하다. 요염하다.

色とりどり[いろとりどり] 여러 가지. 온갖.

色むら[いろむら] (빛깔 속의) 얼룩.

色めく[いろめく] 〈5自〉 ①곱게 물들다. ②섹시해지다. 요염해지다. ③들뜨다. 활기를 띠다. 동요하다. 술렁거리다.

色んな[いろんな] 여러 가지. 온갖.

色街[いろまち] 유흥가. 환락가. 홍등가.

色気[いろけ] ①색조(色調). 빛깔의 조화. ②멋. 취향. 재미. ③성적 매력. 이성을 앎. ④관심. 의욕. ⑤여자의 존재.

色気違い[いろきちがい] ①색마(色魔). ②호색(好色). 호색한(好色漢).

色気付く[いろけづく] 〈5自〉 ①(꽃·열매 등이) 물들다. ②성(性)에 눈뜨다.

色男[いろおとこ] ①미남. 미남자. ②정부(情夫). ③호색꾼. 색골 남자. 레이디 킬러.

色女[いろおんな] ①미녀. 미인. ②정부(情婦). ③색정적인 미녀.

色落ち[いろおち] (세탁 등으로) 색깔이 빠짐.

色恋[いろこい] 연애. 색정(色情).

色恋沙汰[いろこいざた] 연애 사건.

色里[いろざと] 유흥가. 환락가.

色利[いろり] 가다랭이포나 콩을 삶은 국물.

色めき立つ[いろめきたつ] 〈5自〉 흥분하여 들뜨다. 술렁거리다. 활기를 띠다. 동요하다.

色模様[いろもよう] ①빛깔 무늬. ②歌舞伎(かぶき)의 연애 장면.

色目[いろめ] ①색상. 빛깔의 조화. ②추파. 윙크.

色文[いろぶみ] 연애 편지.

色物[いろもの] ①(백색과 흑색을 제외한) 채색된 종이·천. ②(寄席(よせ)에서의) 음곡·곡예·요술·춤·만담 등. ③落語(らくご)에 나오는 인정담(人情談).

色斑[いろむら] (빛깔 속의) 얼룩.

色抜(き)[いろぬき] ①탈색. ②주연(酒宴)에서 여자가 끼지 않음.

色白[いろじろ] 피부가 흼.

色変(わ)り[いろがわり] ①변색. 퇴색. ②(모양은 같으나) 색깔이 다름. ③(종류가) 색다름. 별남. ④여러 가지 빛깔로 변함.

色柄[いろがら] 옷감의 빛깔과 무늬.

色本[いろほん] ①연애 소설. ②색 견본.

色付く[いろづく] 〈5自〉 ①물들다. 단풍들다. ②(여자가) 성(性)에 눈뜨다.

色付け[いろづけ] ①착색. 채색. 물들임. ②특별 서비스. ③(기생이) 처음으로 손님에게 몸을 허락함.

色付ける[いろづける] 〈下1他〉 ①물들게 하다. ②착색(着色)하다. 채색(彩色)하다.

色分け[いろわけ] ①색별(色別). 색깔별로 구분함. ②분류. 종류별로 나눔.
色仕掛け[いろじかけ] 미인계(美人計).
色糸[いろいと] 색실.
色事[いろごと] ①연애. 정사(情事). ②(연극의) 연애 장면.
色事師[いろごとし] ①연애 장면을 잘 하는 배우. ②바람둥이. 호색가(好色家).
色色[いろいろ] 여러 가지. 온갖. 갖가지.
色盛り[いろざかり] ①여자의 한창때. 여자의 전성기. ②성욕이 왕성한 나이.
色焼(け)[いろやけ] ①퇴색. 빛깔이 바램. ②살갗이 햇볕에 탐. ③화장독이 오름.
色刷り[いろずり] 컬러 인쇄.
色収差[いろしゅうさ] ≪物≫ 색수차.
色悪[いろあく] ①(歌舞伎(かぶき)의) 미남 악역(悪役). ②색마(色魔).
色眼鏡[いろめがね] 색안경.
色揚がり[いろあがり] 염색이 아름답게 됨.
色揚げ[いろあげ] ①염색 상태. ②퇴색한 것을 다시 염색함.
色鉛筆[いろえんぴつ] 색연필.
色染め[いろぞめ] 염색. 염색한 것.
色艶[いろつや] ①색깔과 광택. ②(얼굴·피부의) 윤기. ③성적 매력. ④정감. 정취. 흥미.
色温度[いろおんど] ≪物≫ 색온도.
色遊び[いろあそび] 기생·창녀와 놂.
色町[いろまち] 유흥가. 환락가.
色鳥[いろどり] (俳句(はいく)에서) 여러 가지 새. 특히 가을의 새.
色止(め)[いろどめ] 탈색 방지용 약품.
色紙❶[いろがみ] 색종이. ❷[しきし] ①和歌(わか)·俳句(はいく)를 적는 두꺼운 종이. ②낡은 옷의 안감. ③(요리에서) 얇고 네모지게 썲.
色直し[いろなおし] ①(결혼식 후에) 신부가 옷을 갈아입음. ②다시 염색함. ③≪古≫ (산모와 갓난아기가) 무색옷으로 갈아입음.
色取り[いろどり] ①채색. 착색. 색칠. ②배색(配色). ③멋. 정취. 흥취. ④(사물의) 구색(具色).
色取る[いろどる] 〈5他〉 ①채색하다. 착색하다. 색칠하다. ②화장하다. ③(색을 배합하여) 장식하다. 단장하다. 꾸미다.
色褪せる[いろあせる] 〈下1自〉 ①퇴색하다. 변색하다. ②진부해지다.

色布[いろぬの] 염색한 천.
色合(い)[いろあい] ①색조. 색상. ②경향. 성향. 느낌. ③분위기. 무드.
色香[いろか] 색향; ①색깔과 향기. ②여자의 아름다운 모습.
色革[いろがわ] 염색한 가죽.
色好い[いろよい] 바람직한. 호의적인.
色好み[いろごのみ] 호색가. 색골.
色回り[いろまわり] (전체적인) 때깔.
色絵[いろえ] ①채색화(彩色画). ②도자기 그림.

音読

色覚[しきかく] 색각; 색을 식별하는 감각.
色感[しきかん] 색감; ①색깔의 느낌. ②색을 식별하는 감각.
色界[しきかい] 색계; 삼계(三界)의 하나.
色度[しきど] 색도; 색깔의 수치.
色魔[しきま] 색마; 난봉꾼. 여자를 농락하는 사람.
色盲[しきもう] 색맹; 색깔을 분간 못하는 시력.
色相[しきそう] 색상; ①색조(色調). 색깔의 조화. ② ≪仏≫ 육안으로 볼 수 있는 형체.
色素[しきそ] 색소; 색의 본질.
色欲[しきよく] 색욕; ①성적 욕망. ②색정과 이욕(利慾).
色情[しきじょう] 색정; 남녀 간의 정욕.
色調[しきちょう] 색조; 색깔의 조화.
色紙❶[しきし] ①和歌(わか)·俳句(はいく)를 적는 두꺼운 종이. ②낡은 옷의 안감. ③(요리에서) 얇고 네모지게 썲. ❷[いろがみ] 색종이.
[1]色彩[しきさい] 색채; ①색의 조화. 빛깔. ②특색. 성질.
色沢[しきたく/しょくたく] 색택; 빛나는 윤기.

索 ①찾을 색 ②새끼줄 삭

一 十 ㇐ 士 ⺊ 击 ⿱ 索 索 索

音 ◉サク
訓 —

音読

索[さく] 굵은 밧줄. 로프.
索具[さくぐ] 삭구; 선박용 밧줄.
索莫[さくばく] 삭막; 호젓함. 쓸쓸함.

索書[さくしょ] 색서; 책을 찾음.
索然[さくぜん] 삭연; ①흥미가 없음. ②무미건조함. 삭막하고 아취가 없음.
²索引[さくいん] 색인; 인덱스(index).
索敵[さくてき] 색적; 적을 수색함.
索条[さくじょう] 삭조; 동아줄. 와이어로프.

〔생〕

生 날/낳을/살/살릴/산 것 생

丿 𠂉 仁 牛 生

音 ◉セイ ◉ショウ
訓 ◉なま ◉おい ◉はえる ◉いかす ◉いきる ◉いける ◉なす ◉うまれる ◉うむ ◉ならす ◉なる ◉き ◉はやす

訓読
²◉生❶[なま] ①날 것. 생것. 가공하지 않은 것. ②(과일의) 덜 익은 것. ③생생함. ④미숙함. 서투름. ⑤'生(なま)ビール'의 준말. ⑥《俗》 건방짐. ⑦《俗》 현금. ⑧(칼날이) 무딤. ❷[き] 순수함. 잡것이 섞이지 않음. ❸[せい] ☞ [音読]
◉生い立つ[おいたつ] 〈5自〉 (초목이나 어린이가) 성장하다. 자라나다.
生い立ち[おいたち] ①성장함. 자라남. ②성장 과정. 자란 내력.
生い茂る[おいしげる] 〈5自〉 (초목이) 무성해지다. 우거지다.
生い先[おいさき] 장래. 앞날.
生い先籠る[おいさきこもる] 〈5自〉 장래가 촉망되다. 가능성이 많다.
生い先遠し[おいさきとおし] 장래가 길다. 아직 나이가 젊다.
生い育つ[おいそだつ] 〈5自〉 성장하다. 자라다.
²◉生える[はえる] 〈下1自〉 나다. 자라다.
生え抜き[はえぬき] ①본토박이. ②창립 이래 계속 근무함. 외길로 근무함.
生え変わる[はえかわる] 〈5自〉 (빠진 자리에) 다시 생겨나다. 새로 나다.
生え上がる[はえあがる] 〈5自〉 머리털이 빠져 이마 위로 벗어져 올라가다. 대머리가 되다.
生え際[はえぎわ] (이마·목덜미의) 머리털이 난 언저리.
¹◉生かす[いかす] 〈5他〉 ①살리다. 살려 두다. ②되살리다. ③발휘하다. 활용하다. ④(교정·작문에서) 일단 지운 것을 되살리다.
³◉生きる[いきる] 〈上1自〉 ①살다. 생존하다. ②생활하다. 지내다. 살다. ③존재하다. 있다. ④유효하다. 가치를 지니다. ⑤생동하다. 생기를 띠다. ⑥(경기에서) 죽지 않다. ⑦(교정·작문에서) 일단 지워진 부분이 되살아나다.
生き[いき] ①생; 삶. ②신선함. 싱싱함. 팔팔함. ③(바둑·장기에서) 삶. ④(교정에서) 되살림.
生き肝[いきぎも] 생간; 날간.
¹生き甲斐[いきがい] 사는 보람. 산 보람.
生き金[いきがね] ①현금. ②보람있게 쓴 돈.
生き霊[いきりょう] 원한이 있는 사람에게 재앙을 내린다는 산 사람의 영혼.
生き馬[いきうま] 살아 있는 말.
生き埋め[いきうめ] 생매장(生埋葬).
²生き物[いきもの] 생물; ①살아 있는 것. ②생명체.
生き返る[いきかえる] 〈5自〉 ①소생하다. 되살아나다. ②(기억이) 되살아나다.
生き抜く[いきぬく] 〈5自〉 (어려움을 극복하며) 살아 나가다.
生き方[いきかた] ①생활 태도. 삶의 태도. ②생활 방식. 사는 방법.
生き別れ[いきわかれ] 생이별(生離別).
生き別れる[いきわかれる] 〈下1自〉 (가족·친족과) 생이별하다.
生き不動[いきふどう] 《仏》 부동명왕(不動明王).
生き仏[いきぼとけ] 생불 ①산 부처. 고승(高僧). ②자비로운 사람.
生き写し[いきうつし] 꼭 빼닮음.
生き死に[いきしに] 생사; 삶과 죽음.
²生き生きと[いきいきと] 생생하게. 생기 있게.
生き生きとした[いきいきとした] 생생한. 싱싱한. 활기찬.
生きとし生けるもの[いきとしいけるもの] 모든 생물.
生き身[いきみ] (살아 있는) 몸.
生き神[いきがみ] ①생불(生仏). 살아 있는 신. ②영험 있는 신.
生き顔[いきがお] 살아 있을 때의 얼굴. 산 얼굴.
生き延びる[いきのびる] 〈上1自〉 ①살아남다. ②더 살다. 장수하다. 오래 살다.

生き餌[いきえ] 산 미끼. 산 먹이.
生き人形[いきにんぎょう] ①산 사람처럼 만든 인형. ②산 인형. 인형처럼 예쁜 여자.
生き字引[いきじびき] 살아 있는 사전. 만물박사.
生き作り[いきづくり] 물고기의 머리와 뼈는 그대로 두고 살만 회를 쳐서 살아 있는 모양으로 꾸며 내놓는 요리.
生き残る[いきのこる] 〈5自〉 살아남다.
生き長らえる[いきながらえる] 〈下1自〉 장수하다. 오래 살다.
生き地獄[いきじごく] 생지옥.
生き体[いきたい] (씨름에서) 넘어질 것 같으면서도 역전시킬 수 있는 체형(体形).
生き恥[いきはじ] 살아서 수모를 당함.
生き血[いきち] 생혈; 생피.
[1]◉生ける[いける] 〈連語〉 살아 있는. 산. 〈下1他〉 ①소생시키다. 살리다. 되살리다. ②꽃꽂이하다. 꽂다. ③(식물을) 심다.
生け船[いけぶね] 산 물고기를 넣어 두는 수족관. 수족관 설비를 갖춘 배.
生け魚[いけうお] 활어(活魚). 활어조(活魚槽)에 기르는 물고기.
生け垣[いけがき] 산울타리.
生け作り[いけづくり] 물고기의 머리와 뼈는 그대로 두고 살만 회를 쳐서 살아 있는 모양으로 꾸며 내놓는 요리.
生け贄[いけにえ] 희생(犧牲). 산 제물.
生け簀[いけす] 활어조(活魚槽).
生け捕り[いけどり] 생포; ①사로잡음. ②포로(捕虜).
生け捕る[いけどる] 〈5他〉 ①생포하다. 사로잡다. ②포로로 하다.
[2]生け花[いけばな] 꽃꽂이. 꽃꽂이한 꽃.
◉生す[なす] 〈5他〉 낳다. 〈5自〉 생기다. 자라다. 나다.
[4]◉生(ま)れる[うまれる] ①태어나다. 출생하다. 탄생하다. ②(어떤 상태·사태가) 발생하다. 생기다. 생겨나다.
[2]生(ま)れ[うまれ] ①태어남. 출생. ②태생지. 출생지. ③태어난 가문. 출신.
生(ま)れながら[うまれながら] 선천적으로. 태어나면서.
生(ま)れ故郷[うまれこきょう] 태어난 고장. 고향. 고향 땅.
生(ま)れ落ちる[うまれおちる] 〈上1自〉 태어나다. 탄생하다.
生(ま)れ立ち[うまれだち] ①천성(天性). 타고난 성질. ②성장(成長).
生(ま)れ立て[うまれたて] 갓 태어남.
生(ま)れ変(わ)り[うまれかわり] ①다시 태어남. 환생. ②(성격·행동이) 딴 사람이 됨.
生(ま)れ変(わ)る[うまれかわる] 〈5自〉 ①다시 태어나다. 환생하다. ②(성격·행동이) 딴사람이 되다.
[1]生(ま)れ付き[うまれつき] ①천성(天性). 타고남. ②선천적으로. 천성으로. 태어날 때부터.
生(ま)れ付く[うまれつく] 〈5自〉 (어떤 능력·천성을) 타고나다.
生(ま)れ素姓[うまれすじょう] 태어난 가문. 출신.
生(ま)れ損(な)い[うまれぞこない] 칠뜨기. 팔푼이. 덜된 놈. 불출. 병신. *욕하는 말임.
生(ま)れ値[うまれね] (거래소에) 상장(上場)한 후 첫 거래 주가(株価).
生(ま)れ合わす[うまれあわす] 〈5他〉 (우연히도) 같은 시기에 태어나다.
[1]◉生む[うむ] 〈5他〉 ①(새끼나 알을) 낳다. 분만하다. 출산하다. ②(없던 것을) 생기게 하다. 낳다.
生み[うみ] ①낳음. 출산. ②(사물을) 새로 만들어 냄. 일의 시작.
生み落とす[うみおとす] 〈5他〉 (새끼나 알을) 낳다. 분만하다. 출산하다.
生み付ける[うみつける] 〈下1他〉 ①(어떤 모양·상태·성질로) 낳다. ②(곤충·물고기 등이) 알을 낳다. 알을 슬다.
生みの子[うみのこ] 친자식.
生み出す[うみだす] 〈5他〉 ①(새끼나 알을) 낳다. 분만하다. 출산하다. ②(새 것을) 만들어 내다. 창안해 내다. ③낳기 시작하다.
生みの親[うみのおや] ①친부모. 생부모. ②(고생 끝에) 최초로 만들어낸 사람. 창시자. 공로자.
[1]◉生やす[はやす] 〈5他〉 (수염·초목 등을) 자라게 하다. 기르다.
◉生らす[ならす] 〈5他〉 열매를 맺게 하다. 열매가 열리게 하다.
[2]◉生る[なる] 〈5自〉 ①(열매가) 열리다. 맺히다. ②≪古≫ 태어나다.
生り[なり] (열매 등이) 열림. 결실.
生り年[なりどし] (해거리에서) 과일이 잘 열리는 해. 과일 풍년.

生り木[なりき] 과수(果樹). 과일 나무.
生り物[なりもの] ①농산물. ②과일. 열매. ③과수(果樹). 과일 나무.
生り下がる[なりさがる] 〈5自〉 (열매가) 주렁주렁 열리다.
生クリーム[なまクリーム] 생크림.
生ごみ[なまごみ] 부엌 쓰레기.
生ゴム[なまゴム] 생고무.
生コン[なまコン] 레미콘. '生コンクリート'의 준말.
生コンクリート[なまコンクリート] 레미콘.
生ハム[なまハム] 날 햄.
生ビール[なまビール] 생맥주.
生フィルム[なまフィルム] 생필름. 아직 촬영하지 않은 필름.
生ワクチン[なまワクチン] ≪医≫ 생균백신.
生覚え[なまおぼえ] ①어설픈 기억. ② ≪古≫ 신임이 두텁지 않음.
生干し[なまぼし] 덜 마름. 설말림.
生乾[なまび] 덜 마름. 덜 마른 것.
生乾き[なまがわき] 덜 마름. 덜 마른 것.
生乾し[なまぼし] 덜 마름. 덜 마른 것.
生絹[きぎぬ] 생견; 생사로 짠 견직물.
生繭[なままゆ] 생견; 생고치.
生欠伸[なまあくび] 선하품.
生菓子[なまがし] 생과자.
生蕎麦[きそば] 순 메밀국수.
生暖かい[なまあたたかい] 〈形〉 약간 따뜻하다. 미적지근하다. 뜨뜻미지근하다.
生卵[なまたまご] 생계란. 날달걀.
生蠟[きろう] 목랍(木蠟). 목초.
生娘[きむすめ] 숫처녀. 동정녀(童貞女).
生麻[きあさ] 생마; 삶지 않은 마.
生梅[なまうめ] 청매(青梅). 덜 익은 매실. 나무에서 갓 딴 매실.
生牡蛎[なまがき] 생굴.
生木[なまき] ①살아 있는 나무. ②갓 베어 낸 나무. 덜 마른 나무.
生聞き[なまぎき] ①어설프게 들음. ②제대로 알지 못하고 아는 체함.
生物❶[なまもの] ①날것. 생것. ②생선. ❷[せいぶつ] 생물; 동물·식물의 총칭.
生物知り[なまものしり] 어설픈 지식으로 떠벌림. 아는 체하는 사람.
生米❶[なまごめ] 생쌀. ❷[きごめ] 현미.
生剝げ[なまはげ] 秋田(あきた) 지방의 정월 보름날 밤의 민속 행사.
生半[なまなか] ①어설픔. 어중간함. ②〈副〉 차라리.
生半可[なまはんか] 미숙함. 어설픔. 엉거주춤함. 불충분함.
生半熟[なまはんじゅく] ①(달걀 등의) 반숙. ②미숙함. 어설픔. 엉거주춤함.
生半尺[なまはんじゃく] 미숙함. 어설픔. 엉거주춤함.
生返事[なまへんじ] 건성으로 대답함.
生放送[なまほうそう] 생방송.
生白い[なまじろい] 〈形〉 약간 희다. 좀 희다. 창백하다.
生番組[なまばんぐみ] 생방송 프로그램.
生壁[なまかべ] ①(갓 칠하여) 마르지 않은 벽. ②'生壁色(なまかべいろ)'의 준말.
生壁色[なまかべいろ] 짙은 남색을 띤 쥐색.
生兵法[なまびょうほう] ①어설픈 병법·검술. ②어설픈 지식. 섣부른 기술.
生麩[なまふ/きぶ] (갓 빼낸) 밀기울.
生糸[きいと] 생사; 생명주실.
生殺し[なまごろし] ①반죽음. 반죽임. 초죽음. ②해결하지 않고 방치해 둠.
生渋[きしぶ] 감물.
生傷[なまきず] 갓 입은 상처.
生生しい[なまなましい] 〈形〉 생생하다. 새롭다.
生焼き[なまやき] 설구움. 설구운 것.
生焼け [なまやけ] 설구워짐.
生水[なまみず] 생수; 끓이지 않은 물.
生首[なまくび] 방금 자른 목.
生粋[きっすい] 순수함.
生侍[なまざむらい] 풋내기 무사(武士).
[1]**生身**[なまみ] ①산 몸. 살아있는 몸뚱이. ②날고기. 생고기.
生新しい[なまあたらしい] 〈形〉 싱싱하다. 생생하다.
生息子[きむすこ] 숫총각. 동정남(童貞男).
生揚げ[なまあげ] ①설 튀김. 설 튀긴 것. ②두부튀김.
生薬[きぐすり/しょうやく] 생약.
生薬屋[きぐすりや] 건재 약방. 한약방.
生魚[なまうお/なまざかな] ①날생선. ②산 물고기. 활어(活魚).
生茹で[なまゆで] 설삶음. 설데침.
生葉[なまは] 덜 마른 잎.
生悟り[なまざとり] 어설픈 깨달음.
生玉子[なまたまご] 생계란. 날달걀.

[1]生温い[なまぬるい] 〈形〉 ①미지근하다. ②미온적이다. 흐리멍덩하다. ③엄하지 않다.
生齧り[なまかじり] 수박 겉핥기.
生牛乳[なまぎゅうにゅう] 생우유.
生原稿[なまげんこう] 손으로 쓴 원고.
生乳[なまちち] 생우유.
[2]生意気[なまいき] 〈形動〉 ①건방짐. 주제넘음. ②건방진 놈.
生意気盛り[なまいきざかり] 한창 건방질 때.
生飲み込み[なまのみこみ] 충분히 알지 못함.
生易しい[なまやさしい] 〈形〉 (부정의 말을 수반하여) 손쉽다. 간단하다.
生一本[きいっぽん] ①강직함. 올곧음. ②순수한 일본 술. 청주. 전내기.
生子[なまこ] ① ≪動≫ 해삼. ②거푸집에 부은 선철(銑鉄)·동(銅).
生子餅[なまこもち] 해삼 모양의 떡.
生子瓦[なまこがわら] 반원형 기와.
生子板[なまこいた] 골함석. 골슬레이트.
生子形[なまこがた] ①반달형. 반원통형. ②해삼 모양.
生煮え[なまにえ] ①설익음. 덜 삶아짐. ②모호함. 흐리멍덩함.
生醬油[なまじょうゆ] ①날 간장. 달이지 않은 간장. ②진간장. 양념하지 않은 간장.
生節[なまぶし/なまりぶし] 설마른 가다랭이포.
生爪[なまづめ] 생손톱.
生酒[きざけ] 전내기. 순수한 일본 술.
生中継[なまちゅうけい] 생중계.
生憎[★あいにく] ①공교롭게도. 하필이면. ②운수 사나움. 재수 없음.
[2]生地[きじ] ①옷감. 천. 직물. ②본성. 본바탕. ③소태(素胎). 유약을 바르기 전의 질그릇.
生紙[きがみ] 생지; 풀을 먹이지 않고 뜬 종이.
生漬け[なまづけ] 겉절이 김치.
生直[きすぐ] ≪古≫ 고지식함. 소박함.
[1]生真面目[きまじめ] 고지식함. 꼼꼼함. 착실함. 진국임.
生鉄[なまがね] 덜 벼린 쇠.
生臭[なまぐさ] ①비림. 비릿함. 비린내 남. ②비린내 나는 음식.
[1]生臭い[なまぐさい] 〈形〉 ①비릿하다. 비린내가 나다. ②피비린내가 나다. ③(중이) 속되다. ④건방지다. ⑤세속적이다. 타산적이다.
生臭料理[なまぐさりょうり] 비린내가 나는 음식.
生臭物[なまぐさもの] 비린내가 나는 음식.
生臭坊主[なまぐさぼうず] 파계승. 속된 중. ＊'비린내 나는 것을 좋아하는 중'이라는 뜻임.
生酔い[なまよい] 거나하게 취함. 약간 취함.
生恥ずかしい[なまはずかしい] 〈形〉 약간 부끄럽다.
生漆[きうるし] 생칠; 정제하지 않은 옻.
生唾[なまつば] 군침.
生貝[なまがい] ①생조개. ②전복회.
生平[きびら] 생모시. 생베.
生皮[なまかわ] ①(살아 있는 동물의) 생피; 날가죽. ②가공하지 않은 가죽. ③초에 절인 오리·기러기 등의 껍질.
生学問[なまがくもん] 어설픈 학문.
生汗[なまあせ] 진땀.
生血[なまち] 생혈; 생피.
生花[なまばな/せいか] (꽃꽂이의) 생화.

音読

[2]生❶[せい] 생; ①삶. 생활. ②생명. 목숨. ③생물. ④소생(小生). ＊남자의 겸양어임. ⑤생. ＊남자가 자기 이름 밑에 붙여 겸양어로 씀. ❷[き/なま] ☞ [訓読]
[2]生じる[しょうじる] 〈上1自〉 ①(식물 등이) 나다. 돋아나다. ②발생하다. 생기다. 일어나다. ③(저절로) 생겨나다. 〈上1他〉 ①(식물 등을) 돋아나게 하다. ②생기게 하다. 일으키다. ③(어떤 상태·결과를) 만들어내다.
[2]生ずる[しょうずる] ☞ 生じる
生家[せいか] 생가; ①태어난 집. ②(며느리·양자의) 본가. 친정.
生姜[しょうが] ≪植≫ 생강; 새앙.
生姜味噌[しょうがみそ] 된장에 볶은 생강.
生姜漬け[しょうがづけ] 설탕에 절인 생강.
生姜湯[しょうがゆ] 생강탕.
生硬[せいこう] 생경; ①고지식함. ②(문장이) 어색함.
[1]生計[せいけい] 생계; 살아 나아갈 방도.
生気[せいき] 생기; 활기. 활력.
[2]生年月日[せいねんがっぴ] 생년월일.
[4]生徒[せいと] 생도; (중·고교) 학생.
生動感[せいどうかん] 생동감; 살아 생기 있게 움직이는 느낌.
生得[せいとく/しょうとく] 천성(天性). 타고남.
生来[せいらい/しょうらい] ①천성(天性). 타고남. ②본디. 태어난 이래.
生類[せいるい/しょうるい] 생물.

[1]生理[せいり] 생리; ①생물이 살아가는 원리. ②월경. 달거리.

生理日[せいりび] 생리일; 달거리하는 날.

生滅[しょうめつ] 생멸; 생사(生死).

[2]生命[せいめい] 생명; ①목숨. ②수명. ③가장 중요한 것.

生母[せいぼ] 생모; 친모(親母).

生没[せいぼつ] 생몰; 태어남과 죽음.

[2]生物❶[せいぶつ] 생물; 동물·식물의 총칭. ❷[なまもの] ①날 것. 생것. ②생선.

生別[せいべつ] 생별; 생이별.

生仏[しょうぶつ] 생불; 중생과 부처.

[1]生死[せいし/しょうし] 생사; ①삶과 죽음. ②태어남과 죽음. ③《仏》 윤회(輪廻).

[3]生産[せいさん] 생산; ①생활에 필요한 물건을 만들어 냄. ②각종 경제 활동의 총칭. ③생활. 가업(家業).

生殺与奪[せいさつよだつ] 생살여탈; 살리고 죽이고, 주고 빼앗는 일.

生色[せいしょく] 생색; 생기(生気).

生生流転[せいせいるてん/しょうじょうるてん] 생생유전; 만물이 끊임없이 생겨나 변해감.

生生世世[しょうじょうせぜ] 《仏》 생생세세; ①영원. 영겁. ②영원히. 언제까지나.

生鮮[せいせん] (생선·야채 등이) 신선함. 싱싱함.

生成[せいせい] 생성; ①사물이 생겨남. ②물건을 만들어 냄.

生受的[せいじゅてき] 선천적(先天的).

生食[せいしょく] 생식; 날것으로 먹음.

生息[せいそく] ①생존함. 번식함. ②서식(棲息).

生殖[せいしょく] 생식; 낳아서 불림.

生新[せいしん] 싱싱하며 신선함.

[1]生涯[しょうがい] 생애; ①평생. 일생. ②일생의 어느 기간.

生業[せいぎょう] 생업; 직업.

生肉[せいにく] 생육; 날고기.

[1]生育[せいいく] 생육; ①태어나 자람. 낳아서 기름. ②(식물이) 성장함.

生者[せいしゃ/せいじゃ] 생자; 산 사람.

[2]生長[せいちょう] 생장; 초목이 자람.

生前[せいぜん] 생전; 죽기 전.

[2]生存[せいぞん] 생존; 살아 있음.

生彩[せいさい] 생채; 생기. 생동감.

生体[せいたい] 생체; 살아 있는 몸.

生態[せいたい] 생태; 살아가는 모양.

生害[しょうがい] 자해(自害). 자살.

生化学[せいかがく] 생화학. 생물 화학.

生還[せいかん] 생환; ①살아서 돌아옴. ②(야구에서) 주자(走者)가 홈인함.

[3]生活[せいかつ] 생활; ①살아감. ②살아서 활동함. ③생활을 지탱함.

生後[せいご] 생후; 출생한 후.

省 ①덜 생 ②살필 성

丨 小 少 少 省 省 省 省 省

音 ◉ショウ ◉セイ

訓 ◉はぶく ◉かえりみる

訓読

[2]◉省く[はぶく] 〈5他〉 생략하다. 제거하다. 줄이다. 없애다.

[1]◉省みる[かえりみる] 〈上1他〉 반성하다. 돌이켜보다. 뒤돌아보며 곰곰이 생각하다.

音読

[2]省[しょう] ①일본 내각 안의 행정관서. ＊한국 행정부의 부(部)에 해당함. ②〈接頭語〉 절약함. 생략함.

省エネルギ[しょうエネルギ] 에너지 절약.

[2]省略[しょうりゃく] 생략; 덜어서 줄임.

省力[しょうりょく] 생력; (기계화로) 일손을 덞·줄임.

省令[しょうれい] 성령; 대신(大臣)의 명령.

省文[せいぶん] 생문; ①문장의 문자·문구를 생략함. 생략한 문자·문구. ②(漢字의 획수를 줄인) 약자(略字).

省営[しょうえい] 중앙 관청 성(省)이 경영함.

省資源[しょうしげん] 자원 절약.

省察[せいさつ] 성찰; 반성.

省筆[しょうひつ] 생필; ①문장 중의 어구를 생략함. ②글자의 자획을 생략함.

牲 희생 생

丿 𠂉 牛 牛 牛 牪 牪 牲 牲

音 ◉セイ

訓 ⊗にえ

訓読

⊗牲[にえ] ①제물(祭物). ②조정(朝廷)에 바치는 진상물. ③희생(犠牲). 산 제물(祭物).

音読

◑犠牲[ぎせい], 犠牲者[ぎせいしゃ], 犠牲打[ぎせいだ]

甥 조카 생	音 ⊗セイ 訓 ⊗おい

訓読

[2]⊗甥[おい] 남자 조카. 생질(甥姪).

甥っ子[おいっこ] ≪俗≫ 조카 아이.

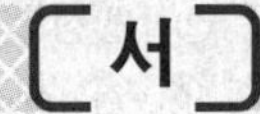

서

西 서녘 서

一 丆 冂 丙 西 西

音 ◉セイ ◉サイ
訓 ◉にし

訓読

[4]◉西[にし] 서; ①서쪽. ②서풍(西風). ③서방층(西方層). 자본주의.

西サモア[にしサモア] ≪地≫ 서사모아.

西する[にしする] 〈サ変自〉 서쪽으로 가다. 서쪽을 향해 나아가다.

西の光[にしのひかり] 서방 정토의 광명.

西の内紙[にしのうちがみ] 질긴 기름종이.

西明(か)り[にしあかり] 잔조(残照). 해가 진후에도 잠시 서쪽 하늘이 밝음.

西半球[にしはんきゅう] ≪地≫ 서반구.

西方❶[にしがた] ①서쪽. 서편. ②(경기에서 동서로 나눴을 때) 서쪽편. ❷[さいほう/せいほう] 서방; 서쪽.

[1]西日[にしび] 석양. 서쪽으로 기운 해.

西日本[にしにほん] 일본 서쪽.

西陣織[にしじんおり] 京都(きょうと)의 西陣(にしじん)에서 생산되는 고급 비단.

西側[にしがわ] 서측; ①서쪽. ②서방측. 자유 진영. 서방 유럽 제국.

西風[にしかぜ] 서풍; 갈바람.

西向き[にしむき] 서향; 서쪽을 향함.

西の丸[にしのまる] 성(城)의 本丸(ほんまる/중심 건물)의 서쪽 건물.

音読

西経[せいけい] ≪地≫ 서경; 영국 그리니치 천문대를 기점으로 하여 서쪽 경도(経度).

西瓜[★すいか] ≪植≫ 수박.

西郊[さいこう/せいこう] 서교; 도시의 서쪽 교외(郊外).

西欧[せいおう] 서구; 서유럽.

西国[さいごく] ①서쪽 지방·나라. ②九州(きゅうしゅう) 지방.

西紀[せいき] 서기; 서력(西暦).

[2]西暦[せいれき] 서력; 서기(西紀).

西方教会[せいほうきょうかい] 서방교회

西方浄土[さいほうじょうど] ≪仏≫ 서방 정토.

西部[せいぶ] 서부; ①서쪽. ②서양.

[3]西洋[せいよう] 서양; 유럽.

西域[せいいき/さいいき] 서역; 서쪽 지역.

西下[さいか] 東京(とうきょう)에서 関西(かんさい)쪽으로 감.

西海[さいかい] 서해; 서쪽 바다.

西海道[さいかいどう] 서해도; 지금의 九州(きゅうしゅう) 지방.

◑東西[とうざい], 東西南北[とうざいなんぼく]

序 차례/실마리 서

丶 亠 广 广 庁 序 序

音 ◉ジョ
訓 ⊗ついでる

訓読

⊗序でる[ついでる] 〈下1自〉 순서대로 늘어놓다. 차례대로 놓다. 가지런히 놓다.

[2]序で[ついで] ①형편이 좋을 때. 알맞은 기회. ②순서. 차례.

序でに[ついでに] …하는 김에.

音読

序[じょ] 서; ①순서. 차례. ②실마리. ③머리말. ④(연극의) 서막(序幕). 첫 장면. ⑤能楽(のうがく)의 느린 템포.

序する[じょする] 〈サ変他〉 ①서술하다. 시가(詩歌)로 표현하다. ②머리말을 쓰다.

序開き[じょびらき] 서막(序幕). 시작. 발단. 서두(序頭).

序曲[じょきょく] 서곡; ①서악(序楽). 오버추어. ②시초. 전조(前兆).

序の口[じょのくち] ①(사물의) 시초. 시작. ②최하위 씨름꾼.

序論[じょろん] 서론; 머리말로 쓴 논설.

序幕[じょまく] 서막; ①(연극의) 제1막. ②시작 단계.

序の舞[じょのまい] ①能楽(のうがく) 춤의 일종. ②歌舞伎(かぶき)의 はやし의 일종.

序文[じょぶん] 서문; 머리말.

序盤[じょばん] 서반; ①(바둑·장기의) 초반(初盤). ②첫 단계. 시작 단계.

序詞[じょし] 서사; 서문(序文). 머리말.
序説[じょせつ] 서설; 서론(序論).
序数詞[じょすうし] 서수사; 사물의 순서를 나타내는 수사(数詞).
序詩[じょし] 서시; 머리말로 쓴 시.
序言[じょげん] 서언; 머리말.
序列[じょれつ] 서열; 순서. 차례.
序章[じょしょう] 서장; ①논문·소설 등의 최초의 장. ②사물의 시작.
序奏[じょそう] 서주; 악곡 도입부로서의 연주곡.
序破急[じょはきゅう] ①(사물의) 처음·중간·끝. ②곡과 춤의 완급(緩急)의 변화.

叙(敍) 차례매길/베풀 서

ノ 𠆢 亼 亽 숙 余 余 叙 叙

音 ◉ジョ
訓 —

音読
叙する[じょする] 〈サ変他〉 ①서술하다. 문장·시가로 표현하다. ②머리말을 쓰다. ②작위(爵位) 등을 수여하다.
叙景[じょけい] 서경; 자연의 경치를 글로 표현함.
叙級[じょきゅう] 서급; 관리에게 어떤 직급을 수여함. 관리에게 수여한 직급.
叙法[じょほう] 서법; 서술 방법. 표현법.
叙事[じょじ] 서사; 사실을 있는 그대로 글로 표현함.
叙事詩[じょじし] 서사시; 역사상의 사실·신화·전설 등을 객관적으로 읊은 시.
叙上[じょじょう] 상술(上述). 전술(前述).
叙説[じょせつ] 서설; 서술하여 설명함.
叙述[じょじゅつ] 서술; 순서대로 말함.
叙位[じょい] 서위; 위계(位階)를 수여함.
叙任[じょにん] 서임; 관위(官位)를 내림.
叙爵[じょしゃく] 서작; ①작위(爵位)를 수여받음. ②(옛날) 처음으로 종오품하(従五品下)에 서위(叙位)됨.
叙情[じょじょう] 서정; 자기의 감정을 나타냄.
叙情詩[じょじょうし] 서정시; 주관적으로 자기 내부의 감정을 운율적으로 나타낸 시.
叙唱[じょしょう] 서창; (오페라 등에서) 말하듯 노래하는 창법(唱法).
叙勲[じょくん] 서훈; 훈공 등급에 따라 훈장을 내림.

書 글/문서 서

ㄱ ㅋ ㅋ ㅋ 𠃍 聿 聿 書 書 書

音 ◉ショ
訓 ◉かく

訓読
4◉書く[かく] 〈5他〉 ①(글씨를) 쓰다. ②(글을) 쓰다. 짓다. ③(그림·모양을) 그리다.
書きさす[かきさす] 〈5他〉 쓰다가 중지하다.
書き加える[かきくわえる] 〈下1他〉 가필(加筆)하다. 덧붙여 쓰거나 그리다.
書き改める[かきあらためる] 〈下1他〉 개서하다. 고쳐 쓰다.
書き果せる[かきおおせる] 〈下1他〉 (긴 문장·어려운 문장을) 끝까지 써내다
書き慣れる[かきなれる] 〈下1自〉 ①늘 써서 손에 익다. ②늘 써서 익숙해지다.
書き殴る[かきなぐる] 〈5他〉 ①휘갈겨 쓰다. ②써 갈기다
書き潰す[かきつぶす] 〈5他〉 ①잘못 써 종이를 버리다. ②너무 많이 기록하여 종이를 없애다.
書き起(こ)す[かきおこす] 〈5他〉 ①(긴 문장을) 다시 쓰기 시작하다. ②(그림의) 지운 선을 다시 그리다.
書き記す[かきしるす] 〈5他〉 기록하다.
書き納める[かきおさめる] 〈下1他〉 쓰는 일을 끝내다. 다 기록하다.
書き落(と)す[かきおとす] 〈5他〉 빠뜨리고 쓰다. 적는 것을 깜빡 잊다.
書き連ねる[かきつらねる] 〈下1他〉 ①장황하게 쓰다. 써서 늘어놓다. ②열기(列記)하다.
書き漏らす[かきもらす] 〈5他〉 빠뜨리고 쓰다. 적는 것을 깜빡 잊다.
書き流す[かきながす] 〈5他〉 줄줄 써 나가다. 흘려 쓰다.
2書留[かきとめ] ①써 둠. 메모. ②'書留郵便(かきとめゆうびん)'의 준말.
書き留める[かきとめる] 〈下1他〉 기록해 두다. 메모해 두다.
2書留郵便[かきとめゆうびん] 등기 우편.
書き溜める[かきためる] 〈下1自〉 글씨를 써서 모아두다.
書き立てる[かきたてる] 〈下1他〉 ①조목조목 쓰다. ②(신문·잡지 등에) 눈에 띄게 크게 다루다.

書き忘れる[かきわすれる] 〈下1他〉 기록하는 것을 잊다. 깜빡 잊고 쓰지 않다.

書き模様[かきもよう] 붓으로 그린 옷감의 무늬.

書き紋[かきもん] 의복에 그린 가문(家紋).

書き物[かきもの] ①기록. 문서. ②글쓰기. 글을 씀.

書き味[かきあじ] 필기도구의 감촉.

書(き)抜き[かきぬき] ①(요점을) 발췌해 씀. 뽑아 씀. ②(연극의) 대사만을 뽑아 쓴 것.

書き抜く[かきぬく] 〈5他〉 (요점을) 발췌해 쓰다. 뽑아 쓰다.

書き方[かきかた] ①서식(書式). 쓰는 법. 작성법. ②획순. ③글자쓰기. 습자(習字).

書き並べる[かきならべる] 〈下1他〉 ①열기(列記)하다. 나란히 적다. ②(남에게) 뒤지지 않게 쓰다.

書き本[かきほん] ①사본(写本). 필사본(筆写本). ②굵은 글자로 쓰고 가락을 붙인 浄瑠璃(じょうるり)의 정본(正本).

書(き)付(け)[かきつけ] ①문서. 증서(証書). ②청구서.

書き付ける[かきつける] 〈下1他〉 ①기록해 두다. ②(글씨를) 써 버릇하다.

書き分ける[かきわける] 〈下1他〉 구별하여 쓰다. 가려서 쓰다.

書(き)崩し[かきくずし] ①초서체로 씀. ②자획을 생략하여 씀. 약자(略字)로 씀. ③잘못 써서 못쓰게 됨.

書き飛ばす[かきとばす] 〈5他〉 ①빨리 쓰다. 휘갈겨 쓰다. ②일부분을 빠뜨리고 쓰다.

書き写す[かきうつす] 〈5他〉 베껴 쓰다.

書き捨てる[かきすてる] 〈下1他〉 ①쓴 것을 버리다. ②써놓고 방치해 두다. ③아무렇게나 쓰다.

書き散らす[かきちらす] 〈5他〉 ①마구 휘갈겨 쓰다. ②여기저기 써 두다.

書き上げる[かきあげる] 〈下1他〉 ①(목적한 것을) 탈고(脱稿)하다. 모두 쓰다. ②낱낱이 열거하여 기록하다.

書き損じ[かきそんじ] 틀리게 씀.

書き損じる[かきそんじる] 〈上1他〉 틀리게 쓰다. 잘못 쓰다.

書き損ずる[かきそんずる] ☞ 書き損じる

書き損ない[かきそこない] 잘못 씀. 틀리게 씀.

書き損なう[かきそこなう] 〈5他〉 잘못 쓰다. 틀리게 쓰다.

書き送る[かきおくる] 〈5他〉 써서 보내다. 적어 보내다.

書き手[かきて] ①필자(筆者). 글을 쓴 사람. ②문장가. 명필가.

書き示す[かきしめす] 〈5他〉 (남에게) 써서 보여주다.

書き言葉[かきことば] 문장어. 글말.

書き役[かきやく] 서기(書記). 문서의 초안을 만들거나 필사(筆写)하는 사람.

書き誤り[かきあやまり] 잘못 씀. 틀리게 씀.

書き入れ[かきいれ] ①기입. 써 넣음. ②(이익・매상・흥행에 대한) 기대.

書き入れる[かきいれる] 〈下1他〉 ①기입하다. 써 넣다. ②첨서(添書)하다. 보태어 써넣다.

書き入れ時[かきいれどき] 대목 때.

書き込み[かきこみ] 써 넣음. 기입(記入).

書き込む[かきこむ] 〈5他〉 (여백에) 기입(記入)하다. 써 넣다.

書き残す[かきのこす] 〈5他〉 ①써서 남기다. (쓸 것을) 다 쓰지 못하고 남기다. ②빠뜨리고 쓰다.

書き著す[かきあらわす] 〈5他〉 저술(著述)하다. 책을 쓰다.

書き足す[かきたす] 〈5他〉 가필(加筆)하다. 보완해서 쓰다.

書き止す[かきさす] 〈5他〉 쓰다가 중지하다.

書き直す[かきなおす] 〈5他〉 다시 쓰다. 고쳐 쓰다. 새로 쓰다.

書き振り[かきぶり] ①글씨를 쓰는 태도. ②서체(書体). 필적(筆跡). ③문체(文体).

書き綴る[かきつづる] 〈5他〉 (역사 등을) 글로 엮어 쓰다.

書き添える[かきそえる] 〈下1他〉 첨서(添書)하다. 덧붙여 쓰다.

書き替え[かきかえ] ①고쳐 씀. 다시 씀. ②(명의의) 변경. ③(증서의) 갱신.

書き替える[かきかえる] 〈下1他〉 ①고쳐 쓰다. 다시 쓰다. ②개서(改書)하다. (명의를) 변경하다. ③갱신하다.

書き初め[かきぞめ] 신춘휘호(新春揮毫).

書き出し[かきだし] ①(글의) 첫머리. 서두(書頭). ②청구서. 계산서. ③발췌. 뽑아 쓰기. ④(연극 배역표에) 이름이 첫 번째에 오르는 젊은 인기 배우.

書き出す[かきだす] 〈5他〉 ①(글을) 쓰기 시작하다. ②발췌해 쓰다. ③(청구서·계산서를) 써서 내다. ④써서 내걸다.

[2]**書き取り**[かきとり] ①베껴 씀. ②받아쓰기.

[1]**書き取る**[かきとる] 〈5他〉 ①베끼다. 복사하다. ②받아쓰다.

書き置き[かきおき] ①쪽지 편지. 메모. ②유서. 유언장.

書き判[かきはん] 수결(手決). 이름 밑에 자필로 하는 서명.

書き表(わ)す[かきあらわす] 〈5他〉 ①글로 표현하다. 그림으로 표현하다. ②글자로 표기하다.

書き下す[かきくだす] 〈5他〉 ①(위에서 아래로) 써 내려가다. ②붓 가는 대로 써 내려가다. ③한문을 일본어 어순으로 고쳐 쓰다.

書き下(ろ)し[かきおろし] 새로 씀. 새로 쓴 작품. 신작(新作).

書き下(ろ)し文[かきおろしぶん] 새로 쓴 글.

書き下ろす[かきおろす] 〈5他〉 (작품을) 새로 쓰다.

書き割り[かきわり] (무대의) 배경.

書き換え[かきかえ] ①고쳐 씀. 다시 씀. ②(명의의) 변경. ③(증서의) 갱신.

書き換える[かきかえる] 〈下1他〉 ①고쳐 쓰다. 다시 쓰다. ②개서(改書)하다. (명의를) 변경하다. ③갱신하다.

音読

[1]**書**[しょ] ①글씨를 씀. 필적. ②서도(書道). ③책. ④편지. 서간(書簡).

書する[しょする] 〈サ変他〉 기록하다. 쓰다. 적다.

書架[しょか] 서가; 책시렁.

書家[しょか] 서도가(書道家).

書簡[しょかん] 서간; 편지.

書見台[しょけんだい] 독서대. 책을 펴 놓고 보는 받침대.

書経[しょきょう] 서경; 오경(五経)의 하나.

書痙[しょけい] ≪医≫ 서경; 늘 글을 쓰는 사람의 손가락에 생기는 경련이나 통증.

書庫[しょこ] 서고; 서적 창고.

書紀[しょき] '日本書紀(にほんしょき)'의 준말.

書記[しょき] 서기; 기록을 맡아 봄.

[2]**書道**[しょどう] 서도; 서예(書芸).

[2]**書類**[しょるい] 서류; 문서(文書).

書林[しょりん] 서림; ①책이 많은 장소. ②〈接尾語〉 서점. 책방.

書面[しょめん] 서면; ①문서상의 내용. ②문서. 편지.

書名[しょめい] 서명; 책 이름.

書目[しょもく] 서목; ①도서 목록. ②책 이름.

[2]**書物**[しょもつ] 책. 서적.

書房[しょぼう] ①서재(書斎). ②〈接尾語〉 서점.

書法[しょほう] 서법; ①글씨 쓰는 법. ②철자법. ③표기법. ④서도(書道).

書棚[しょだな] 서가(書架). 책장.

書写[しょしゃ] 서사; ①베껴 씀. ②(학교에서의) 글씨쓰기. 습자(習字). 서예(書芸).

書生[しょせい] 서생; ①학생. ②남의 집안일을 도와주고 기식하면서 공부하는 사람.

書生っぽ[しょせっぽ] 서생나부랭이.

書聖[しょせい] 서성; 서도(書道)의 명인.

書式[しょしき] 서식; 서류의 양식.

書芸[しょげい] 서예; 서도(書道).

書院[しょいん] 서원; ①절의 글방. ②서재(書斎). ③응접실. 사랑방. ④〈接尾語〉 서점. 출판사.

書字[しょじ] 글자를 씀.

書状[しょじょう] 서장; 편지.

[2]**書斎**[しょさい] 서재; 독서를 하거나 글을 쓰거나 연구를 하는 방.

書跡[しょせき] 서적; 필적(筆跡).

[2]**書籍**[しょせき/しょじゃく] 서적; 책. 도서.

[2]**書店**[しょてん] 서점; 책방.

書証[しょしょう] 서증; 재판에서 서면의 내용을 증거로 함.

書誌[しょし] 서지; ①책. 서적. 도서. ②책에 대한 기술(記述). ③문헌 목록.

書札[しょさつ] 서찰; 편지.

書冊[しょさつ] 서책; 책. 서적.

書体[しょたい] 서체; ①글씨체의 종류. ②개인의 서풍(書風).

[1]**書評**[しょひょう] 서평; 책에 대한 평.

書幅[しょふく] 서폭; (글씨를 쓴) 족자.

書翰[しょかん] 서한; 편지.

書協[しょきょう] '日本書籍出版協会'의 준말.

書画[しょが] 서화; 글씨와 그림.

徐 천천히 서

音 ◉ジョ

訓 ⊗おもむろに

訓読

⊗徐に[おもむろに] 서서히. 천천히.

音読

徐歩[じょほ] 서보; ①조용조용히 천천히 걸어감. ②무게있게 천천히 걸음.

2徐徐に[じょじょに] ①서서히. 천천히. ②차츰. 조금씩.

徐行[じょこう] 서행; 천천히 감.

徐行区間[じょこうくかん] 서행 구간.

徐行運転[じょこううんてん] 서행 운전.

逝(逝) 갈/죽을 서

一 扌 扌 扌 扩 扩 折 折 浙 逝

音 ◉セイ

訓 ◉ゆく

訓読

◉逝く[ゆく] 〈5自〉 (사람이) 죽다. 서거(逝去)하다.

音読

逝去[せいきょ] 서거; *'死(し)ぬ(죽다)'의 존경어. ¶~される 서거하시다. 돌아가시다.

庶 여러/무리 서

丶 亠 广 广 庐 庐 庐 庐 庶 庶

音 ◉ショ

訓 ⊗こいねがう

訓読

⊗庶幾う[こいねがう] 〈5他〉 갈망하다. 간절히 바라다.

⊗庶幾くは[こいねがわくは] 〈副〉 간절히. 바라건대. 부디. 청컨대. 제발.

音読

庶流[しょりゅう] 서류; ①서자(庶子)의 계통. ②분가(分家)한 집안.

庶務[しょむ] 서무; 잡다한 사무.

庶務係[しょむがかり] 서무계; 서무 담당.

庶務掛[しょむがかり] 서무 담당. 서무 담당자.

1庶民[しょみん] 서민; 일반 대중.

庶子[しょし] 서자; 첩의 자식.

庶政[しょせい] 서정; 여러 방면의 정치(政治)·정무(政務).

庶出[しょしゅつ] 서출; 첩의 소생.

婿 사위 서

く 女 女 女 女 女 妒 婿 婿 婿

音 ◉セイ

訓 ◉むこ

訓読

1◉婿[むこ] ①사위. ②신랑. ③데릴사위.

婿がね[むこがね] 사윗감으로 정한 사람.

婿選び[むこえらび] 신랑감 고르기.

婿養子[むこようし] 데릴사위.

婿入り[むこいり] 데릴사위로 들어감. 또는 그 의식(儀式).

婿取り[むことり] 사위를 맞아들임.

婿取り娘[むことりむすめ] 데릴사위를 맞이해야 할 딸.

音読

◑女婿[じょせい/にょせい]

暑(暑) 더울 서

丨 冂 日 日 旦 旦 旱 暑 暑 暑

音 ◉ショ

訓 ◉あつい ◉あつがる

訓読

4◉暑い[あつい] 〈形〉 (날씨가) 덥다.

4暑さ[あつさ] 더위. 더운 정도.

暑苦しい[あつくるしい] 〈形〉 몹시 무덥다. 후텁지근하다. 숨 막힐 듯이 무덥다.

◉暑がる[あつがる] 〈5自〉 더워하다.

暑がり[あつがり] 더위를 많이 탐.

暑がり屋[あつがりや] 더위를 많이 타는 사람.

音読

暑[しょ] ①더위. ②복중(伏中). 대서(大暑)와 소서(小暑).

暑気[しょき] 서기; 여름 더위.

暑気払い[しょきばらい] 피서(避暑). 더위를 떨쳐버림.

暑気中り[しょきあたり] 더위를 먹음.

暑熱[しょねつ] 서열; 여름의 더위.

暑月[しょげつ] 여름철. 하계(夏季).

暑中[しょちゅう] ①삼복(三伏) 때. ②입추(立秋) 전 18일간.

暑中見舞い[しょちゅうみまい] 복중 문안.

暑中伺い[しょちゅううかがい] 복중 문안. 복중 문안 편지.

暑中休暇[しょちゅうきゅうか] 여름 휴가.

暑寒[しょかん] 서한; ①더위와 추위. ②여름과 겨울.

署(署) 관청 서

音 ◉ショ
訓 —

音読

署[しょ] 서; 세무서(税務署). 경찰서(警察署). 영림서(営林署).

署する[しょする] 〈サ変他〉 서명(署名)하다. 자기 이름을 쓰다.

2**署名**[しょめい] 서명; 자기 이름을 써 넣음. 문서상에 기록된 이름.

署名捺印[しょめいなついん] 서명 날인; 본인의 이름을 쓰고 사인을 함.

署員[しょいん] 서원; 경찰서나 세무서에 근무하는 사람.

署長[しょちょう] 서장; 경찰서장. 세무서장.

誓 맹세할 서

音 ◉セイ
訓 ◉ちかう

訓読

2◉**誓う**[ちかう] 〈5他〉 맹세하다. 서약(誓約)하다. 굳게 약속하다.

誓い[ちかい] 맹세. 서약.

誓い言[ちかいごと] 맹세의 말.

誓い合う[ちかいあう] 〈5自〉 서로 맹세하다.

音読

誓文[せいもん] 서문; 서약문. 서약서.

誓文固め[せいもんがため] 서약서를 교환하며 약속을 다짐함.

誓文払い[せいもんばらい] 《関西》 바겐세일.

誓詞[せいし] 서사; 맹세의 말.

誓書[せいしょ] 서약서. 서원서.

誓約[せいやく] 서약; 맹세하고 약속함.

誓言[せいごん/せいげん] 서언; 맹세의 말. 서약의 말.

誓願[せいがん] 서원; 신불(神仏)에 대한 약속.

誓紙[せいし] 서지; 맹세의 말을 기록한 종이.

緒(緒) 실마리 서

音 ◉ショ ◉チョ
訓 ◉お

訓読

◉**緒**❶[お] ①끈. 줄. 실. ②(악기의) 줄. 현(弦). ③(사물이) 길게 이어짐. ❷[しょ/ちょ] ☞ [音読]

緒締め[おじめ] 주머니끈 조리개. (주머니끈을 꿰어 주머니를 졸라매게 만든) 구멍 뚫린 구슬. ＊돌·뿔·상아 등으로 만듦.

音読

緒❶[しょ/ちょ] 단서. 실마리. 시작. 처음. ❷[お] ☞ [訓読]

緒論[しょろん/ちょろん] 서론; 본론에 들어가기 전의 논설.

緒言[しょげん/ちょげん] 서언; 머리말.

緒戦[しょせん/ちょせん] 서전; 싸움의 초기. 최초의 싸움. 최초의 시합.

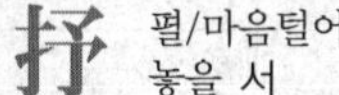

抒 펼/마음털어놓을 서

音 ⊗ジョ
訓 —

音読

抒情[じょじょう] 서정; 자기의 감정을 나타냄.

抒情文[じょじょうぶん] 서정문; 자신의 감정을 표현한 문장.

抒情詩[じょじょうし] 서정시; 작가가 주관적으로 자신의 생각이나 감정을 운율적으로 나타낸 시.

棲 깃들일 서

音 ⊗セイ
訓 ⊗すむ

訓読

⊗**棲む**[すむ] 〈5自〉 (동물이) 서식(棲息)하다. 깃들이다.

音読

棲息[せいそく] 서식; 동물이 어떤 곳에 삶.

棲息地[せいそくち] 서식지; 동물이 사는 곳.

瑞 상서로울 서

音 ⊗ズイ
訓 ⊗みず

訓読

⊗**瑞木**[みずき] 싱싱한 어린 나무.

瑞瑞しい[みずみずしい] 〈形〉 윤기가 있고 싱싱하다. 아름답고 싱싱하다.
瑞穂[みずほ] 탐스럽게 여문 벼이삭.
瑞穂の国[みずほのくに] '일본'의 미칭(美称).
瑞垣[みずがき] '궁전・神社(じんじゃ)의 울타리'의 미칭(美称).
瑞枝[みずえ] 싱싱한 어린 나무.
瑞歯[みずは] ①튼튼하고 고운 이. ②노인이 되어 다시 돋아나는 이. ③노인.

音読

瑞光[ずいこう] 서광; 상서로운 빛.
瑞気[ずいき] 서기; 상서로운 기운.
瑞相[ずいそう] 서상; ①길조(吉兆). 서조(瑞兆). ②복스러운 인상(人相).
瑞祥[ずいしょう] 서상; 길조(吉兆).
瑞象[ずいしょう] 서상; 길조(吉兆).
瑞西[スイス] ≪地≫ 스위스.
瑞雲[ずいうん] 서운; 상서로운 구름.
瑞典[スウェーデン] ≪地≫ 스웨덴.
瑞兆[ずいちょう] 서조; 길조(吉兆).
瑞鳥[ずいちょう] 서조; 상서로운 새.

鼠 쥐 서	音 ⊗ソ 訓 ⊗ねずみ

訓読

2⊗鼠[ねずみ] ① ≪動≫ 쥐. ②'鼠色(ねずみいろ)'의 준말.
鼠公[ねずみこう] ≪俗≫ 서생원. ＊쥐를 의인화해 부르는 말임.
鼠落(と)し[ねずみおとし] 쥐덫.
鼠鳴き[ねずみなき] 쥐 울음소리.
鼠返し[ねずみがえし] 쥐의 침입을 막기 위해 부착한 판자.
鼠算[ねずみざん] ①기하 급수식 계산. ②기하급수적으로 늘어남. 쥐가 번식하듯 갑자기 늘어남.
鼠色[ねずみいろ] 쥐색. 회색(灰色).
鼠衣[ねずみごろも] 회색의 법의(法衣).
鼠入らず[ねずみいらず] 쥐가 드나들 수 없게 만든 창.
鼠取り[ねずみとり] ①쥐덫. ②쥐약. ③구렁이.
鼠捕り[ねずみとり] ☞ 鼠取り
鼠穴[ねずみあな] 쥐구멍.
鼠花火[ねずみはなび] 불꽃놀이 일종.

音読

鼠輩[そはい] 서배; (쥐새끼 같은) 하찮은 사람들. 소인배(小人輩).
鼠賊[そぞく] 서적; 좀도둑.

鋤 호미 서	音 ⊗ショ 訓 ⊗すき ⊗すく

訓読

⊗鋤[すき] ≪農≫ 가래.
⊗鋤く[すく] 〈5他〉 가래로 땅을 일구다. 가래질하다.
鋤鍋[すきなべ] 전골용 냄비.
鋤き起こす[すきおこす] 〈5他〉 가래로 (논밭의) 흙을 일구다.
鋤き返す[すきかえす] 〈5他〉 가래로 (논밭의) 흙을 갈아엎다.
鋤焼(き)[すきやき] 전골 요리. 쇠고기・두부・파 등을 육수로 끓여 익히면서 먹는 냄비 요리.

曙(曙) 새벽 서	音 ⊗ショ 訓 ⊗あけぼの

訓読

⊗曙[あけぼの] ≪雅≫ 새벽. 여명(黎明).
曙色[あけぼのいろ] 노란 색을 띈 담홍색(淡紅色).
曙染め[あけぼのぞめ] 새벽하늘처럼 아래는 희게, 위로 올라가면서 진하게 물들이는 선염법(渲染法).

音読

曙光[しょこう] 서광; ①새벽빛. ②장래에 비치는 기대나 희망.

薯×(薯) 참마 서	音 ⊗ショ ⊗ジョ 訓 ⊗いも

訓読

⊗薯[いも] 감자・고구마・토란 등의 총칭.
⊗薯蕷[★とろろ] '薯蕷芋(とろろいも)'와 '薯蕷汁(とろろじる)'의 준말.
薯蕷芋[とろろいも] 마. 참마.
薯蕷汁[とろろじる] 마・참마 등을 갈아서 맑은 장국으로 묽게 한 요리.

音読

◑甘薯[かんしょ], 馬鈴薯[ばれいしょ]

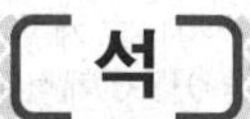

석

夕 저녁 석

ノクタ

音 ◉セキ
訓 ◉ゆう

訓読

◉**夕**[ゆう] 저녁.
夕さり[ゆうさり] 저녁때. 해질녘.
夕されば[ゆうされば] 저녁때가 되면.
夕べ[ゆうべ] ①저녁때. ②어젯밤. 간밤. 어제 저녁.
夕刻[ゆうこく] 저녁때. 황혼.
2 **夕刊**[ゆうかん] 석간; 석간신문.
夕間暮れ[ゆうまぐれ] 황혼. 어스름 때.
夕景[ゆうけい] ①저녁때. ②저녁 경치.
夕景色[ゆうげしき] 저녁 경치.
夕嵐[ゆうあらし] 저녁 바람.
夕涼み[ゆうすずみ] 여름날 저녁때 시원한 바람을 쐼.
2 **夕立**[ゆうだち/ゆだち] ①(여름날 오후의) 소나기. ②저녁때가 되자 바람·구름·파도 등이 일기 시작함.
夕立雲[ゆうだちぐも] (여름날 오후의) 소나기구름. 적란운(積乱雲).
夕明かり[ゆうあかり] 저녁 어스름.
1 **夕暮れ**[ゆうぐれ] 황혼. 해질녘.
夕霧[ゆうぎり] 저녁 안개.
4 **夕飯**❶[ゆうはん] 저녁 식사. ❷[ゆうめし] 저녁밥. *남성용어로 거친 말씨임.
4 **夕方**[ゆうがた] 저녁때. 해질녘.
夕霜[ゆうしも] 저녁에 내리는 서리.
1 **夕焼け**[ゆうやけ] 저녁놀. 해질 무렵에 서쪽 하늘이 붉게 보이는 현상.
夕焼(け)空[ゆうやけぞら] 저녁놀이 진 하늘.
夕食[ゆうしょく] 석식; 저녁 식사.
夕顔[ゆうがお] ≪植≫ 박. 박꽃.
夕闇[ゆうやみ] 땅거미.
夕陽[ゆうひ/せきよう] 석양; 저녁 해.
4 **夕御飯**[ゆうごはん] 저녁 식사.
夕煙[ゆうけむり/ゆうけぶり] ①저녁밥을 짓는 연기. ②저녁 안개.
夕映え[ゆうばえ] ①저녁놀. ②석양을 받아 붉게 빛남.
夕影[ゆうかげ] 석양. 저녁 햇빛.
夕烏[ゆうがらす] 저녁때 보금자리로 돌아가는 까마귀.
夕月[ゆうづき] 초저녁 달.
夕月夜[ゆうづきよ/ゆうづくよ] ①초저녁 달. ②달이 떠 있는 저녁.
夕雲[ゆうぐも] 모운(暮雲). 해질 무렵의 구름.
夕陰[ゆうかげ] 저녁 그늘. 저녁때 그늘이 지는 곳.
2 **夕日**[ゆうひ] 석양. 저녁 해.
夕日影[ゆうひかげ] 낙조(落照). 석양 햇빛.
夕潮[ゆうしお] 석조; 저녁 밀물.
夕凪(ぎ)[ゆうなぎ] (해안 지방의)저녁뜸. 저녁때 잠시 바람이 멈춤.
夕晴れ[ゆうばれ] 저녁때 하늘이 갬.
夕波[ゆうなみ] 저녁 파도.
夕風[ゆうかぜ] 저녁 바람.
夕河岸[ゆうがし] ①저녁에 서는 어시장(魚市場). ②저녁에 도착하는 어류(魚類).
夕霞[ゆうがすみ] 석하; (특히 봄철에 생기는) 저녁 안개.
夕化粧[ゆうげしょう] 저녁 화장.

音読

夕陽[せきよう/ゆうひ] 석양; 저녁 해.
◑**一朝一夕**[いっちょういっせき], **日夕**[にっせき]

石 돌 석

一ア不石石

音 ◉コク ◉シャク ◉セキ
訓 ◉いし

訓読

3 ◉**石**❶[いし] ①돌. 석재(石材). ②보석. ③(가위·바위·보의) 바위. ④담석(胆石). 결석(結石). ⑤바둑돌. ❷[こく/せき] ☞ [音読]
石高❶[いしだか] 돌이 많아 길이 울퉁불퉁함. ❷[こくだか] ①쌀 수확량. ②(옛날) 쌀로 지급한 녹봉(禄俸).
石高道[いしだかみち] 돌길. 돌이 많아 울퉁불퉁한 길.
石工[いしく/せっこう] 석공; 석수(石手).
石塊[いしくれ/いしころ/せっかい] 돌멩이.
石橋[いしばし] ①돌다리. 돌로 만든 다리. ②돌로 만든 징검다리.
石臼[いしうす] 돌절구. 맷돌.

石弓[いしゆみ] 석궁; ①돌을 날리는 무기. ②(고무줄) 새총.
石拳[いしけん] 가위바위보.
石亀[いしがめ] ≪動≫ 남생이.
石肌[いしはだ] 돌의 표면.
石女[★うまずめ] 석녀; 아이를 못 낳는 여자.
石段[いしだん] 석단; 돌계단. 돌층계.
石突(き)[いしづき] ①물미. ＊칼집・우산・창 등의 땅에 닿는 부분의 쇠붙이. ②버섯의 밑동.
石頭[いしあたま] 석두; ①돌대가리. ②돌처럼 단단한 머리.
石灯籠[いしどうろう] 석등롱; 석등.
石蕗[★つわぶき] ≪植≫ 털머위.
石榴[★ざくろ] ≪植≫ 석류. 석류나무.
石榴石[★ざくろいし] ≪鉱≫ 석류석.
石榴草[★ざくろそう] ≪植≫ 석류초.
石綿[いしわた/せきめん] 석면; 돌솜.
石目[いしめ] ①돌의 결. ②(금속 조각에서) 표면에 쪼아낸 잔 점.
石文[いしぶみ] 돌비. 석비(石碑).
石斑魚[★うぐい] ≪魚≫ 황어.
石部金吉[いしべきんきち] 꽁생원. 샌님.
石敷(き)[いしじき] 돌을 깐 곳.
石粉[いしこ] 석분; ①돌가루. ②석회석 가루.
石仏[いしぼとけ/せきぶつ] ①석불; 돌부처. ②감정을 드러내지 않는 사람.
石山[いしやま] 석산; ①돌산. 돌이 많은 산. ②채석산. 돌을 캐내는 산.
石船[いしぶね] 석선; ①석재 운반선. ②돌로 만든 욕조(浴槽).
石焼(き)[いしやき] ①자기. 사기 그릇. ②돌구이. 돌에 굽는 요리.
石焼(き)芋[いしやきいも] 군고구마.
石首魚[いしもち] ≪魚≫ 조기.
石神[いしがみ/しゃくじん] 석신; 돌로 만든 형상을 신(神)으로 섬기는 민속 신앙.
石室[いしむろ/せきしつ] ①(등산자를 위한) 돌움막. ②(고대의) 돌무덤. ③석실.
石屋[いしや] ①석수. 석공(石工). ②채석업자.
石垣[いしがき] ①돌담. ②석벽(石壁). 석축(石築).
石衣[いしごろも] 과자의 일종.
石子[いしこ] 자갈. 돌멩이.
石子積(み)[いしこづみ] 자갈을 쌓음. 자갈로 다짐.
石子詰(め)[いしこづめ] (옛날) 죄인을 자갈로 매장해 죽이던 형벌.

石作り[いしづくり] 돌 세공. 돌 세공장이.
石切(り)[いしきり] ①채석(採石). 돌뜨기. ②석수. 석공(石工).
石切(り)夫[いしきりふ] 석수. 석공.
石切(り)場[いしきりば] 채석장(採石場).
石庭[いしにわ] 돌로 꾸민 정원.
石造り[いしづくり] 돌 세공. 돌 세공장이.
石組(み)[いしぐみ] (정원의) 돌의 배치.
石鯛[いしだい] ≪魚≫ 돌돔.
石持[いしもち] ≪魚≫ 조기.
石紙[いしかみ] 가위바위보.
石車[いしぐるま] 돌수레.
石川[いしかわ] 일본 중부 지방의 한 현(県).
石畳[いしだたみ] ①납작한 돌을 깐 곳. ②돌계단. ③바둑판 무늬.
石弾き[いしはじき] ①석궁(石弓). 돌을 쏘는 무기. ②(바둑판에서) 손으로 튕겨 돌 따먹기.
石投げ[いしなげ] 투석. 돌 던지기. 돌팔매.
石合戦[いしがっせん] ①투석전(投石戦). ②돌 싸움.
石火矢[いしびや] ①돌을 쏘는 큰 활. ②서양에서 건너온 대포.

音読

石❶[こく] ①석; 섬. 10말. 약 180리터. ②배(船)의 적재량. ③목재(木材)・석재(石材)의 체적(体積) 단위. ④봉록(俸禄)의 단위. ⑤연어・송어를 세는 수량의 단위. ❷[いし] ☞ [訓読]
石刻[せっこく] 석각; 돌에 새김.
石刻本[せっこくぼん] 석각본.
石鹸[せっけん] 비누.
石高❶[こくだか] ①쌀 수확량. ②(옛날) 쌀로 지급한 녹봉(禄俸). ❷[いしだか] 돌이 많아 길이 울퉁불퉁함.
石膏像[せっこうぞう] 석고상.
石斛[せっこく/せきこく] ≪植≫ 석곡.
石工[せっこう/いしく] 석공; 석수.
石棺[せっかん/せきかん] 석관; 돌로 만든 관.
石塊[せっかい/いしくれ/いしころ] 돌멩이.
石窟[せっくつ] 석굴; 바위 굴.
石器時代[せっきじだい] 석기 시대.
石南花[しゃくなげ] ≪植≫ 석남. 석남화.
石楠花[しゃくなげ] ☞ 石南花(しゃくなげ)
石綿[せきめん/いしわた] ≪鉱≫ 석면.
石墨[せきぼく] ≪鉱≫ 석묵; 흑연.
石盤[せきばん] ①슬레이트. ②석판(石板).
石仏[せきぶつ/いしぼとけ] ①석불; 돌부처. ②감정을 드러내지 않는 사람.

石碑[せきひ] 석비; ①비석. ②묘석(墓石).
石像[せきぞう] 석상; 돌로 만든 형상.
石筍[せきじゅん] ≪鉱≫ 석순.
石室[せきしつ/いしむろ] 석실; ①(등산자를 위한) 돌 움막. ②(고대의) 돌무덤. ③석실.
石英[せきえい] ≪鉱≫ 석영.
2石油[せきゆ] 석유.
石油化学[せきゆかがく] 석유화학.
石印[せきいん] 석인; ①돌에 새긴 도장. ②석판 인쇄.
石材[せきざい] 석재; 돌로 된 재료.
石造[せきぞう] 석조; 돌로 만듦.
石柱[せきちゅう] 석주; 돌기둥.
石竹[せきちく] ≪植≫ 석죽; 패랭이꽃.
石質[せきしつ] 석질; 돌의 질.
2石炭[せきたん] ≪鉱≫ 석탄.
石塔[せきとう] 석탑; ①돌탑. ②묘석(墓石). 묘비(墓碑).
石板[せきばん] ①슬레이트. ②석판.
石版[せきばん] 석판; 평판 인쇄의 하나.
石筆[せきひつ] 석필; 납석으로 만든 필기구.
石火[せっか] 석화; ①돌과 쇠붙이를 부딪쳤을 때 나는 불. ②재빠른 동작.
石化❶[せっか] 석화; 화석으로 됨. ❷[せきか] '石油化学(せきゆかがく)'의 준말.
石灰[せっかい] ≪鉱≫ 석회.
石灰石[せっかいせき] ≪鉱≫ 석회석.
石灰岩[せっかいがん] ≪鉱≫ 석회암.

析 쪼갤 석

一 十 才 木 木 朾 析 析

音 ◉セキ
訓 —

音読

析出[せきしゅつ] 석출; ①화합물을 분석하여 어떤 물질을 추출함. ②용액에서 고체가 분리되어 나옴. ③(자료를) 분석하여 전반적인 경향 등을 알아냄.
◑分析[ぶんせき], 解析[かいせき]

昔 옛날 석

一 十 艹 廾 苎 昔 昔 昔

音 ◉セキ ◉シャク
訓 ◉むかし

訓読

3◉昔[むかし] ①옛날. 예전. ②과거 10년의 세월.
昔ながら[むかしながら] 옛날 그대로.
昔気質[むかしかたぎ] 옛날 기질. 예스럽고 완고한 기질.
昔物語[むかしものがたり] 옛날 이야기.
昔昔[むかしむかし] 옛날 옛적.
昔馴染(み)[むかしなじみ] 옛 친구.
昔語り[むかしがたり] 경험담. 지난 이야기. 옛날 이야기.
昔人[むかしびと] ①옛날 사람. ②고인(故人). 죽은 사람. ③노인.
昔者[むかしもの] 고지식한 노인.
昔風[むかしふう] 고풍(古風). 예스러움.
昔話[むかしばなし] ①경험담. 지난 이야기. 회고담. ②옛날 이야기. 전설(伝説).

音読

昔年[せきねん] 석년; 옛날.
昔時[せきじ] 석시; 옛날. 지난 날.
昔日[せきじつ] 석일; 옛날.
◑今昔[こんじゃく]

席 자리 석

亠 广 户 产 产 庐 庐 席 席

音 ◉セキ
訓 —

音読

3席[せき] ①좌석. 자리. ②(무슨 일을 하는) 자리. ③(직장・계급 등의) 자리. 위치. ④흥행장. ⑤ 〈接尾語〉 (성적・지위의 차례) 석차. 등(等).
席巻[せっけん] 석권; 돗자리를 말아 감듯이 모조리 차지함.
席代[せきだい] 자릿세. 좌석 요금.
席貸(し)[せきがし] 돈을 받고 자리를 빌려줌. 연회장・회의장 임대.
席料[せきりょう] 자릿세. 좌석 요금.
席末[せきまつ] 말석. 맨 끝의 자리.
席上[せきじょう] 모임의 자리.
席書(き)[せきがき] 즉석에서 서화를 그림. 즉석 서화.
席順[せきじゅん] 석순; 좌석의 차례. 석차(席次).
席入(り)[せきいり] 다도회(茶道会)에 참석할 때의 예법.

席亭[せきてい] ①흥행장의 주인. ②흥행장.
席題[せきだい] (和歌(わか)・俳句(はいく)의 모임에서) 즉석에서 내는 제목.
席次[せきじ] 석차; ①좌석 순위. ②성적 순위.
席画[せきが] 석화; 즉석에서 그림을 그림. 즉석 그림.

惜 아낄 석

音 ◉セキ ⊗シャク
訓 ◉おしい ◉おしむ

訓読

2◉惜しい[おしい] 〈形〉 ①아깝다. ②소중하다. ③애석하다. 서운하다. 섭섭하다.
惜しがる[おしがる] 〈5他〉 아까워하다.
惜しげ[おしげ] 아까워하는 기색.
惜しさ[おしさ] 아까움. 애석함.
1◉惜しむ[おしむ] 〈5他〉 ①아까워하다. ②아끼다. ③애석해하다. 아쉬워하다.
惜しむらくは[おしむらくは] 아깝게도.
惜しまず[おしまず] 아끼지 않고.
惜しみ無い[おしみない] 〈形〉 아낌없다.

音読

惜命[しゃくみょう] 석명; 목숨을 소중히 함.
惜別[せきべつ] 석별; 아쉬운 이별.
惜陰[せきいん] 석음; ①짧은 시간도 아낌. ②세월이 빨리 지나감을 아까워함.
惜春[せきしゅん] 석춘; 봄이나 청춘이 지나감을 아쉬워함.
惜敗[せきはい] 석패; 아깝게 패함.

釈(釋) 풀/해석할 석

音 ◉シャク
訓 —

音読

釈[しゃく] 해석. 풀이.
釈する[しゃくする] 〈サ変他〉 해석하다. 풀이하다.
釈家[しゃっけ] ①불가(仏家). 중. ②경론(経論)을 주석(註釈)하는 학승(学僧).
釈迦[★しゃか] 석가. 석가모니.
釈迦牟尼[★しゃかむに] 석가모니.
お釈迦[★おしゃか] ≪俗≫ 불량품. 파치.
お釈迦様[★おしゃかさま] 부처님.
釈講[しゃっこう] 강의하여 해석함.
釈明[しゃくめい] 석명; ①풀이해 밝힘. ②변명. 해명.
釈門[しゃくもん] 석문; 불문(仏門).
釈放[しゃくほう] 석방; ①잡힌 자를 풀어 줌. ② ≪法≫ 구금 해제.
釈師[しゃくし] '講釈師(こうしゃくし/야담가)'의 준말.
釈氏[しゃくし] ①석가(釈迦). ②중.
釈然としない[しゃくぜんとしない] 석연치 않다. 의심스러운 점이 시원하게 풀리지 않다.
釈義[しゃくぎ] 석의; 해석. 뜻풀이.
釈典[しゃくてん] 불전(仏典).
釈尊[しゃくそん] 석존; '석가모니(釈迦牟尼)'의 존경어.

潟 개펄 석

音 ⊗セキ
訓 ◉かた

訓読

◉潟[かた] ①석호(潟湖). 사구(砂丘) 등으로 생긴 호수나 늪. ②개펄. 간석지(干潟地). ③ ≪関西≫ 포구(浦口). 만(湾).

汐 썰물 석

音 ⊗セキ
訓 ⊗しお

訓読

⊗汐[しお] ①바닷물. 조수(潮水). 밀물과 썰물. ②호기(好機). 좋은 기회.

音読

◑潮汐[ちょうせき]

碩 클 석

音 ⊗セキ
訓 —

音読

碩徳[せきとく] 석덕; 덕망이 높은 사람. 고승(高僧).
碩士[せきし] 석사; 덕이 높은 선비.
碩儒[せきじゅ] 석유; 유명한 유학자.
碩学[せきがく] 석학; 학문이 넓고 깊은 사람.

錫 주석 석	音 ⊗シャク 訓 ⊗すず

訓読

⊗錫[すず] ≪化≫ 주석(朱錫). 기호는 Sn.

音読

錫杖[しゃくじょう] ≪仏≫ 석장; ①중이 짚고 다니는 지팡이. ②'祭文読(さいもんよ)み'가 흔들며 장단을 맞추는 도구.

〔선〕

仙 신선 선
ノ 亻 亻l 仙 仙

音 ◉セン
訓 —

音読

仙❶[せん] 신선(神仙). 선인(仙人). ❷[セント] (미국의 화폐 단위) 센트. cent.

仙客[せんかく] 선객; ①선인(仙人). ②'鶴(つる/학)'의 딴이름.

仙境[せんきょう] 선경; 신선이 사는 곳.

仙界[せんかい] 선계; 신선이 사는 곳.

仙骨[せんこつ] 선골; ①비범한 풍채. ② ≪生理≫ 천골(薦骨). 엉덩이뼈.

仙窟[せんくつ] 선굴; ①신선이 사는 곳. ②속세를 떠난 거처.

仙女[せんにょ/せんじょ] 선녀.

仙丹[せんたん] 선단; 불로불사약(不老不死薬).

仙術[せんじゅつ] 선술; 신선의 술법.

仙薬[せんやく] 선약; ①불로불사약(不老不死薬). ②영약(霊薬).

仙人[せんにん] 선인; ①신선(神仙). ②욕심이 없고 속세를 떠난 사람.

仙人掌[サボテン] ≪植≫ 선인장.

仙人草[せんにんそう] ≪植≫ 참으아리.

仙郷[せんきょう] 선향; 신선이 사는 곳.

仙花紙[せんかし] 선화지; 닥나무로 만든 두껍고 질긴 종이.

先 먼저/옛 선
ノ 𠂉 𠂉 生 失 先

音 ◉セン
訓 ◉さき ⊗まず

訓読

4◉先❶[さき] ①(어떤 물체의) 끝. 끝 부분. ②앞. 선두(先頭). ③앞쪽. 전방(前方). ④목적지. 행선지. ⑤(비즈니스의) 상대. ⑥장래. 앞날. ⑦이전. ⑧다음. 뒤. ❷[せん] ☞ [音読]

3⊗先ず[まず] ①우선. 먼저. 첫째로. ②하여간. 어쨌든. ③대체로. 아마도.

⊗先ずは[まずは] (편지에서) 우선. 하여튼. 만사 제쳐놓고.

⊗先ず先ず[まずまず] 우선. 그럭저럭. 그저 그런대로.

⊗先ず以て[まずもって] 우선. 무엇보다도.

先っちょ[さきっちょ] ≪俗≫ 끝.

先っぽ[さきっぽ] ≪俗≫ 끝 쪽.

1先に[さきに] 〈副〉 ①먼저. 우선. ②앞서. 이전에. 지난 번.

先んじる[さきんじる] 〈上1自〉 ①(남보다) 먼저 가다. 앞서 가다. ②남보다 앞서 있다. 뛰어나다.

先んずる[さきんずる] ☞ 先んじる

先肩[さきかた] (둘이서 물건을 어깨에 멜 때) 앞에서 메는 사람.

先頃[さきごろ] 일전. 요전.

先高[さきだか] 오름세. 앞으로 시세가 오를 기미.

先供[さきども] ①주인 앞에 서서 수행하는 사람. ②장례 행렬의 선두에 서는 사람.

先駆け[さきがけ] 선구; ①앞장섬. 먼저 알림. ②앞장서서 적진에 쳐들어감.

先駆ける[さきがける] 〈下1自〉 ①앞장서다. ②앞장서서 적진에 쳐들어가다.

先つ年[さきつとし] 지난해. 전년(前年).

先貸し[さきがし] 선불(先払).

先渡し[さきわたし] ①선불(先払). ②선도; 매매 계약을 하고 일정 기간 후에 상품을 넘겨줌. ③화물을 도착지에서 넘겨줌.

先隣[さきどなり] 한 집 걸러 옆집.

先立ち[さきだち] 앞장섬. 선구(先駆).

先立つ[さきだつ] 〈5自〉 ①앞서다. 앞장서다. ②(순서가) 앞서다. ③먼저 죽다. ④우선 필요하다.

先立てる[さきだてる] 〈下1他〉 ①앞장세우다. 먼저 보내다. ②먼저 죽게 되다.

先売り[さきうり] (증권 거래소의) 선매.

先買い[さきがい] 선매; ①먼저 사둠. ②(증권 거래소에서) 선물(先物)을 삼.

先物[さきもの] ① ≪経≫ 선물; 나중에 거래하는 조건으로 미리 매매 계약함. ②(증권거래소에서) 장기 청산 거래. ③ ≪俗≫ 장래성이 있는 사람.
先物買い[さきものがい] ①선물(先物) 매입(買入). ②장래의 이익을 예상하고 매입(買入)함.
先物食い[さきものぐい] 새로운 것을 좋아하는 사람.
先方❶[さきがた] 아까. 조금 전. ❷[せんぽう] ①상대방. 상대편. ②앞쪽. 전방(前方).
先腹❶[さきばら] ①전처(前妻)의 자식. ②주군(主君)보다 먼저 할복자살함. ❷[せんぷく] 전처(前妻)의 자식.
先棒[さきぼう] ①(가마를 멜 때) 앞채를 멤. ②남의 앞잡이.
先付け[さきづけ] 날짜를 늦추어서 기입함.
先払い[さきばらい] 선불; ①미리 지불함. ②(우편・운임의) 수취인 부담. ③벽제(辟除).
先備え[さきぞなえ] 선진(先陣). 선봉(先鋒). 선두에 서는 군대.
先山[さきやま] (광산・탄광의) 막장꾼.
先箱[さきばこ] 将軍(しょうぐん)이나 大名(だいみょう)의 행차 때 앞장서서 메고 가던 옷궤.
先先[さきざき] ①먼 장래. 먼 훗날. ②가는 곳마다. ③(사물의) 끝. ④오래 전. 훨씬 이전.
先の世[さきのよ] ≪仏≫ ①전생(前生). ②후세.
先細[さきぼそ] 끝이 가늚.
先細り[さきぼそり] ①끝으로 갈수록 가늘어짐. ②점점 쇠약해짐. 점점 적어짐.
先手❶[さきて] (군대의) 선진(先陣). 선봉(先鋒). ❷[せんて] 선수; ①(바둑・장기에서) 먼저 두는 사람. ②기선(機先). 상대방보다 앞서 행함.
先乗り[さきのり] ①말을 타고 행렬 선두에 서는 사람. ②(단체 여행에서) 선발대. 준비하기 위해 먼저 떠남.
先勝ち[さきがち] 선승; 먼저 이김.
先安[さきやす] 내림세. 앞으로 시세가 내릴 기미.
先様[さきさま] 그분. *상대편에 대한 존경어.
先染(め)[さきぞめ] 피륙을 짜기 전에 미리 염색함.
先の日[さきのひ] 요전 날. 지난날.
先込(め)[さきごめ] 전장(前装). 탄환을 총구로 장전(装塡)함.
先潜り[さきくぐり] ①앞질러서 남몰래 무슨 일을 함. ②지레짐작함.
[1]**先程**[さきほど] 아까. 조금 전. *'さっき'보다 겸양어.
先程来[さきほどらい] 아까부터. 조금 전부터. *'先程(さきほど)から'보다 겸양어.
先繰り[さきぐり] ☞ 先潜り(さきくぐり)
先走り[さきばしり] ①(행차 때) 앞질러 감. ②(남보다) 너무 앞서 감. ③주제넘음. 촐랑거림. ④제철보다 앞선 농수산물.
先走る[さきばしる] 〈5自〉 ①남보다 앞질러 나아가다. ②주제넘은 짓을 하다. 촐랑거리다.
先地[さきじ] (양복을 맞출 때) 손님이 내놓는 양복감.
先借り[さきがり] 선불. 미리 지불 받음.
先触れ[さきぶれ] ①예고. 조짐. ②전조(前兆).
先撮り[さきどり] 사전 녹음. 먼저 녹음을 하고 나중에 촬영함.
先取り[さきどり] 선취; ①남보다 먼저 행함. ②선불(先払)을 받음. ③앞지름.
先太[さきぶと] 끝이 굵은 것.
先荷[さきに] 주인보다 먼저 도착하는 짐.
先限[さきぎり] 선한; (증권거래에서) 수수기일이 가장 긴 장기 청산 거래.
先行き[さきゆき/さきいき] 선행; ①먼저 감. 선발(先発). ②장래. 미래. 앞날. ③주식시세・경기(景気)의 전망.
先回り[さきまわり] ①앞질러 미리 가 있음. ②(언행을) 남보다 앞질러 함.

音読

[1]**先**❶[せん] 선; ①앞장. 선수(先手). ②이전. ③먼저 할 차례. ❷[さき] ☞ [訓読]
[1]**先だって**[せんだって] 요전 날. 지난번. 일전에.
先覚[せんかく] 선각; ①남보다 먼저 깨달음. ②학문상의 선배.
先刻[せんこく] ①아까. 조금 전. ②이미. 벌써.
先客[せんきゃく] 선객; 먼저 온 손님.
先見の明[せんけんのめい] 선견지명.
先遣[せんけん] 선견; 먼저 파견함.
先決[せんけつ] 선결; 먼저 해결함.
先攻[せんこう] 선공; 먼저 공격함.
先口[せんくち] (차례의) 앞 순번. 앞 차례.
先駆[せんく] 선구; ①남보다 앞서 행함. ②선도(先導).

先君[せんくん] 선군; ①앞 군주(君主). ②선친(先親). 돌아가신 아버지.
先年[せんねん] ①몇 년 전. 몇 해 전. ②지난 해. 작년.
[2]**先端**[せんたん] 첨단(尖端). (물체의) 끝.
先達[せんだつ] ①(그 분야의) 선배. 지도자. ②(등산의) 안내인. ③《仏》(입산할 때의) 선도자(先導者).
先達て[せんだって] 요전 날. 지난번. 일전에.
[1]**先代**[せんだい] 선대; ①전대(前代). ②(현재의 주인) 이전의 주인.
先度[せんど] 일전. 요전. 지난 번.
先途[せんど] ①운명의 갈림길. 중요한 고비. ②전도(前途). 추세. 결말. ③(문벌에 따라 오를 수 있는) 최고의 벼슬·지위.
先導[せんどう] 선도; 앞서서 인도함.
[2]**先頭**[せんとう] 선두; 첫머리.
先例[せんれい] 선례; 같은 사례.
先般[せんぱん] 전번. 지난 번. 요전.
先般来[せんぱんらい] 요전부터.
先発隊[せんぱつたい] 선발대; 먼저 출발하는 부대.
先方❶[せんぽう] ①상대방. 상대편. ②앞쪽. 전방(前方). ❷[さきがた] 아까. 조금 전.
[3]**先輩**[せんぱい] 선배.
先番[せんばん] 선번; ①먼저 할 차례. ②(바둑·장기에서) 선수(先手). 선(先).
先鋒隊[せんぽうたい] 선봉대; 맨 앞장서 출발하는 부대.
先父[せんぷ] 선부; 선친(先親).
先史時代[せんしじだい] 선사 시대.
先相先[せんあいせん] 선상선; (바둑에서) 3국 중 2국을 하수(下手)가 흑을 쥠.
[4]**先生**[せんせい] 선생; ①선생님. *존경어임. ②선생. 그 양반. 그 녀석. 그 사람. *놀리는 말임.
先先代[せんせんだい] 전전대(前前代).
[2]**先先月**[せんせんげつ] 지지난 달.
[2]**先先週**[せんせんしゅう] 지지난 주.
先手❶[せんて] 선수; ①(바둑·장기에서) 먼저 두는 사람. ②기선(機先). 상대방보다 앞서 행함. ❷[さきて] (군대의) 선진(先陣). 선봉(先鋒).
先守[せんしゅ] (운동 경기의) 선수; 먼저 수비함.
先述[せんじゅつ] 전술(前述). 앞서 말한 사실.
先勝[せんしょう] 선승; ①먼저 승리함. ②'先勝日'의 준말.
先約[せんやく] 선약; ①(다른 사람과) 먼저 한 약속. ②(상대방과) 이전에 한 약속.
先鋭[せんえい] ①첨예(尖鋭)함. 끝이 뾰족함. ②(사상·행동이) 과격함. 급진적임.
先王[せんおう/せんのう] 선왕; ①선대(先代)의 왕. ②옛날의 성왕(聖王).
[4]**先月**[せんげつ] 전월(前月). 지난 달.
先議[せんぎ] 선의; 먼저 심의함.
先人[せんじん] 선인; ①옛 사람. ②조상. ③선친(先親).
[2]**先日**[せんじつ] 요전 날. 일전.
先日来[せんじつらい] 요전 날부터.
先任[せんにん] 선임; 먼저 그 임무를 맡음.
先入見[せんにゅうけん] 선입견; 고정 관념.
先入観[せんにゅうかん] 선입관; 고정 관념.
先占[せんせん] 선점; 남보다 앞서 차지함.
先制攻撃[せんせいこうげき] 선제공격.
先帝[せんてい] 선제; 선대의 황제.
[2]**先祖**[せんぞ] 선조; ①조상. 시조(始祖). ②선조 대대.
先祖返り[せんぞがえり] 격세 유전(隔世遺伝).
先住[せんじゅう] 선주; ①남보다 먼저 거주함. ②《仏》 전(前)의 주지(住持).
[4]**先週**[せんしゅう] 지난 주.
先進[せんしん] 선진; ①선배. ②앞서 나아감.
先進国[せんしんこく] 선진국.
先陣[せんじん] 선진; ①제1진. 선봉 부대. ②선봉. 맨 앞장.
先陣争い[せんじんあらそい] 선두 다툼.
[1]**先着**[せんちゃく] 선착; 먼저 도착함.
先着順[せんちゃくじゅん] 선착순.
先妻[せんさい] 전처(前妻).
先天性[せんてんせい] 선천성; 태어날 때부터 가지고 있는 성질.
[1]**先天的**[せんてんてき] 선천적; 태어날 때부터 갖추고 있는 것.
先取[せんしゅ] 선취; 남보다 먼저 가짐.
先鞭[せんべん] 기선(機先). 선수(先手).
[1]**先行**[せんこう] 선행; ①앞서감. ②앞서 행함. ③안내. 인도(引導). ④이전의 행동.
先行指標[せんこうしひょう] 선행 지표.
先賢[せんけん] 선현; 선철(先哲).
先皇[せんのう] 선황; 선대의 천황(天皇).
先後[せんご] 선후; ①(일의) 전후(前後). 앞뒤. ②일의 순서가 거꾸로 됨.

宣 베풀 선

丶 宀 宀 宀 宀 宁 宁 宣 宣

音 ◉セン
訓 ⊗のたまう ⊗のべる

訓読

⊗宣う[のたまう] 〈4自〉 말씀하시다.
宣わく[のたまわく] 가라사대. 말씀하시기를.
⊗宣べる[のべる] 〈下1他〉 ①논리적으로 말하다. 진술하다. ②서술(叙述)하다.
宣べ伝える[のべつたえる] 〈下1他〉 전파(伝播)하다. 말로 전하여 널리 퍼뜨리다.

音読

宣する[せんする] 〈サ変他〉 선언하다. 선포하다.
宣告[せんこく] 선고; 법정에서 재판장이 판결을 공고함.
1宣教[せんきょう] 선교; 포교(布教) 활동.
宣教師[せんきょうし] 선교사.
宣教者[せんきょうしゃ] 선교인.
宣命[せんみょう] 선명체(宣命体)로 쓴 천황의 조칙(詔勅).
宣命体[せんみょうたい] 고대 일본어를 한자음으로 기록한 일종의 일본식 이두 문체.
宣撫[せんぶ] 선무; 정부의 정책을 이해시켜 민심을 안정시킴.
宣誓[せんせい] 선서; 성실할 것을 맹세함.
宣揚[せんよう] 선양; 널리 세상에 떨침.
1宣言[せんげん] 선언; 의견을 공표함.
2宣伝[せんでん] 선전; 널리 전함.
宣伝屋[せんでんや] 허풍쟁이.
宣戦[せんせん] 선전; 전쟁을 시작한다는 선언.
宣旨[せんじ] 선지; 천황의 말을 기록한 문서.
宣託[せんたく] 선탁; 신(神)이 사람을 매개로 하여 그의 뜻을 나타냄.
宣布[せんぷ] 선포; 세상에 널리 알림.
宣下[せんげ] 선하; ①선지(宣旨)를 내림. ②선지(宣旨)를 내려 임시로 임명함.

扇(扇) 부채/부채질할 선

一 ㇇ ⺕ 戸 戸 戸 戸 扇 扇 扇

音 ◉セン
訓 ◉おうぎ ⊗あおぐ

訓読

◉扇[おうぎ] 부채.
扇形[おうぎがた/せんけい] 부채꼴.
2⊗扇ぐ[あおぐ] 〈5他〉 부채질하다.
扇ぎ立てる[あおぎたてる] 〈下1他〉 ①계속 부채질하다. ②선동하다. 마구 부추기다.

音読

扇動[せんどう] 선동; 남을 부추기어 일을 일으키게 함.
扇面[せんめん] 선면; ①부채의 표면. ②부채.
扇面屏風[せんめんびょうぶ] 부채꼴 그림을 붙인 병풍.
扇面画[せんめんが] 선면화; 부채 그림.
扇状地[せんじょうち] 선상지; 부채꼴 모양의 지형(地形).
2扇子[せんす] 쥘부채. 접부채.
扇情的[せんじょうてき] 선정적; 욕망이나 정욕(情慾)을 북돋워 일으킴.
2扇風機[せんぷうき] 선풍기.

旋 빙빙돌 선

亠 方 方 方 方 扩 斺 旃 旋 旋

音 ◉セン
訓 —

音読

旋頭歌[★せどうか] 和歌(わか)의 한 형식. 5·7·7의 3구(句)로 된 것.
旋網[★まきあみ] 고기떼를 둘러싸서 잡는 그물. *건착망·후릿그물 등을 말함.
旋毛[せんもう/つむじ] 선모; ①소용돌이 모양의 머리털. ②(머리의) 가마.
旋毛曲(が)り[★つむじまがり] ①성질이 비뚤어진 사람. ②괴팍한 성질.
旋盤[せんばん] 선반; 공작 기계.
旋律[せんりつ] 선율; 멜로디.
旋転[せんてん] 선전; 빙빙 돎.
旋風[せんぷう/つむじかぜ] 선풍; 회오리바람.
旋回[せんかい] 선회; 빙빙 돎.

船(船) 배 선

丿 ⺆ 月 舟 舟 舟 舟 舡 船 船

音 ◉セン
訓 ◉ふね ◉ふな…

訓読

3◉船[ふね] ①배. 선박(船舶). ②(생선회 등을 담는) 접시.

船歌[ふなうた] 뱃노래.
船脚[ふなあし] ①배의 속도. ②흘수(吃水).
船開き[ふなびらき] 출항. 출범.
船掛(か)り[ふながかり] 배가 항구에 정박함. 배가 정박한 장소.
船橋[ふなばし] 선교; 부교(浮橋).
船具[ふなぐ/せんぐ] 선구; 선박에 사용하는 기구.
船軍[ふないくさ] ①수전(水戦). 해전(海戦). ②수군(水軍). 해군(海軍).
船端[ふなばた] 뱃전.
船大工[ふなだいく] 배목수.
船待ち[ふなまち] 배의 입출항을 기다림.
船渡し[ふなわたし] ①나룻배로 (사람·짐을) 나름. ②나루터. ③본선 인도(本船引渡). FOB.
船旅[ふなたび] 배 여행. 선박 여행.
船霊[ふなだま] 배 안에 모신 배의 수호신.
船路[ふなじ] ①뱃길. ②선박 여행.
船留め[ふなどめ] (배의) 입출항 금지.
船方[ふなかた] 뱃사공.
船筏[ふないかだ] 부교(浮橋). 배다리.
船棚[ふなだな] 뱃전에 붙인 널.
船卸し[ふなおろし] ①진수(進水). ②뱃짐부리기. 양륙(揚陸).
船床[ふなどこ] 목조선의 바닥.
船小屋[ふなごや] 선고(船庫). 배를 넣어 두는 창고.
船守[ふなもり] 배를 지키는 사람.
船宿[ふなやど] ①배 객주집. 해상 운송업을 하는 집. ②놀잇배·낚싯배를 주선하는 집.
船乗り[ふなのり] 뱃사람.
船食虫[ふなくいむし] ≪貝≫ 배좀벌레조개.
船旅[ふなたび] 배 여행. 선박 여행.
船縁[ふなべり] 뱃전.
船遊び[ふなあそび] 뱃놀이.
船人[ふなびと] ①배의 승객. ②뱃사람.
船印[ふなじるし] 선박의 표지.
船賃[ふなちん] 뱃삯.
船子[ふなこ] 뱃사람.
船場[ふなば] 선착장(船着場).
船蔵[ふなぐら] 배 안의 곳간.
船底[ふなぞこ] ①뱃바닥. ②뱃바닥처럼 생긴 물건.
船底枕[ふなぞこまくら] 바닥이 활처럼 굽은 목침.
船積み[ふなづみ] 선적; 배에 짐을 실음.
船梯子[ふなばしご] 배에 오르내리는 사닥다리.
船繰り[ふなぐり] 배선(配船). 선박의 운항을 원활하게 할당함.
船足[ふなあし] ①배의 속도. ②흘수(吃水).
船主[ふなぬし] 선주; 배주인.
船止め[ふなどめ] (배의) 입출항 금지.
船着場[ふなつきば] 선착장; 배를 대는 곳.
船倉[ふなぐら/せんそう] 배 안의 곳간.
船出[ふなで] ①출항(出航). 출범(出帆). ②사회로의 출발. 사업을 시작함.
船虫[ふなむし] ≪虫≫ 갯강구.
船酔い[ふなよい] 뱃멀미.
船板[ふないた] ①뱃바닥의 깔판. ②선재(船材).
船板塀[ふないたべい] 낡은 배의 널조각으로 만든 판자 울타리.
2船便[ふなびん] 선편; ①배편. 선박 교통. ②선박 운송.
船標[ふなじるし] 선박의 표지.
船下(ろ)し[ふなおろし] ①진수(進水). ②뱃짐부리기. 양륙(揚陸).
船荷[ふなに] 선하; 뱃짐.
船荷証券[ふなにしょうけん] 선하 증권.
船火事[ふなかじ] 선박 화재.
船会社[ふながいしゃ] 선박회사. 해운회사.

音読

船架[せんか] 선가; 수리할 배를 뭍으로 끌어올리는 장치.
船客[せんきゃく/せんかく] 선객; 배에 탄 손님.
船渠[せんきょ] 선거; 독. dock.
船内[せんない] 선내; 배 안.
船団[せんだん] 선단; 선박의 일단(一団).
船台[せんだい] 선대; 배를 올려놓는 대.
船隊[せんたい] 선대; 여러 척의 배로 구성된 대(隊).
船頭[せんどう] ①뱃사공. ②(작은 목선의) 선장.
船齢[せんれい] 선령; 선박의 나이.
船尾[せんび] 선미; 배의 뒤쪽. 고물.
船舶[せんぱく] 선박; 배.
船腹[せんぷく] 선복; ①배의 동체(胴体) 부분. ②배의 적재량. ③(수송 기관으로서의) 선박.
船腹数[せんぷくすう] 선박의 수효.
船夫[せんぷ] 선부; 선원. 뱃사공.
船上[せんじょう] 선상; 배 위

船首❶[せんしゅ] 선수; 뱃머리. 이물. ❷[みよし] (소형 배의) 뱃머리. 이물.
船室[せんしつ] 선실; 배 안의 승객의 방.
船影[せんえい] 선영; 배의 모습.
船員[せんいん] 선원; 뱃사람.
船医[せんい] 선의; 배 안에서 승무원·승객의 건강을 돌보는 의사.
船長❶[せんちょう] 선장; ①배의 우두머리. ②배의 길이. ❷[ふなおさ] (소형 배의) 선장.
船籍[せんせき] 선적; 선박의 국적.
船中[せんちゅう] 선중; 배 안.
船倉[せんそう/ふなぐら] 배 안의 곳간.
船窓[せんそう] 선창; 배의 창문.
船体[せんたい] 선체; 배의 동체(胴体).
船側[せんそく] 선측; ①배의 측면. ②배의 곁.
船幅[せんぷく] 선폭; 배의 폭.
船型[せんけい] 선형; 배의 모양.

善 좋을/착할 선

丷 䒑 䒑 兰 羊 羊 盖 盖 善 善

音 ◉ゼン
訓 ◉よい

訓読

◉善い[よい] 〈形〉 (도덕적으로) 착하다. 좋다. 바르다.
善がる[よがる] 〈5自〉 ① 《古》 좋다고 여기다. ②만족해하다. 득의양양해지다.
善かれ[よかれ] 잘 되어라. 좋게 되어라.
善かれ悪しかれ[よかれあしかれ] 좋든 나쁘든. 어찌 되든.
善き[よき] 좋은.
善し悪し[よしあし] ①선악; 좋고 나쁨. 옳고 그름. ②('…も~だ'의 문형으로) …도 고려할 문제다.

音読

2善[ぜん] 선; 선행(善行). 옳은 일. 좋은 일. 착한 일.
善感[ぜんかん] 선감; ①감동하기 쉬움. ②(병의) 감염이 잘됨.
善根[ぜんこん] 《仏》 선근; 좋은 열매를 맺는 착한 뿌리.
善男善女[ぜんなんぜんにょ] 《仏》 선남선녀.
善導[ぜんどう] 선도; 올바른 길로 인도함.
1善良[ぜんりょう] 선량; 착하고 어짊.
善隣[ぜんりん] 선린; 이웃과 사이좋게 지냄.
善美[ぜんび] 선미; ①선과 미. ②훌륭하고 아름다움.
善事[ぜんじ] 선사; ①착한 일. ②경사스런 일.
善性[ぜんせい] 선성; 좋은 성질.
善心[ぜんしん] 선심; 착한 마음.
善悪[ぜんあく] 선악; 선과 악.
善玉[ぜんだま] ①선인(善人). 착한 사람. ②(연극의) 선인역(善人役).
善用[ぜんよう] 선용; ①올바르게 사용함. ②유효하게 사용함.
善意[ぜんい] 선의; 좋은 뜻.
善人[ぜんにん] 선인; 착한 사람.
善人面[ぜんにんづら] 착한 사람인 체하는 얼굴.
善哉[ぜんざい] ①(関東(かんとう) 지방의) '善哉餅(ぜんざいもち)'의 준말로, 단팥 고물에 무친 떡. ②(関西(かんさい) 지방의) 단팥죽. ③〈感〉 좋을시고. 좋구나.
善哉餅[ぜんざいもち] (関東(かんとう) 지방의) 단팥 고물에 무친 떡.
善戦[ぜんせん] 선전; 잘 싸움.
善政[ぜんせい] 선정; 바르고 어진 정치.
善処[ぜんしょ] 선처; ①잘 처리함. ②《仏》 극락(極楽).
善行[ぜんこう] 선행; 착한 행실.
善後策[ぜんごさく] 선후책; 뒤처리를 잘 하려는 계책.

禅(禪) 고요할 선

ㇷ ネ ネ ネ' ネ'' ネ'' 祁 祁 禅 禅

音 ◉ゼン
訓 ―

音読

1禅[ぜん] 《仏》 선; ①정신을 하나의 대상에 집중하여 그 참모습을 알려고 하는 것. ②선종(禅宗). ③좌선(座禅).
禅家[ぜんか/ぜんけ] 선가; 선종(禅宗). 선사(禅寺). 선승(禅僧).
禅客[ぜんかく] 선객; 선종(禅宗)의 수도승(修道僧).
禅尼[ぜんに] 《仏》 선니; 불문에 들어간 여자. 보살(菩薩).
禅堂[ぜんどう] 《仏》 선당.
禅林[ぜんりん] 선림; 선사(禅寺).

禅門[ぜんもん] 선문; 선종(禅宗).
禅問答[ぜんもんどう] ① ≪仏≫ 선문답. ② 동문서답(東問西答).
禅味[ぜんみ] 선미; 선(禅)의 멋·취향.
禅寺[ぜんでら] 선사; 선원(禅院).
禅師[ぜんじ] ≪仏≫ 선사; 고승(高僧).
禅僧[ぜんそう] 선승; 선종(禅宗)의 중.
禅室[ぜんしつ] ≪仏≫ 선실; ①선방(禅房). ②선승(禅僧)의 거실. ③(선종의) 주지. ④중.
禅譲[ぜんじょう] 선양; ①제왕(帝王)이 왕위를 세습하지 않고 덕망 있는 사람에게 물려줌. ②통치자의 양위(譲位).
禅院[ぜんいん] 선원; 선사(禅寺).
禅定[ぜんじょう] ≪仏≫ ①선정; 정신을 어떤 대상에 집중시켜 종교적인 상태에 들어감. 또는 그런 정신 상태. ②입산수도. ③산(山)의 정상(頂上).
禅宗[ぜんしゅう] ≪仏≫ 선종.
禅刹[ぜんさつ] 선찰; 선사(禅寺).
禅学[ぜんがく] ≪仏≫ 선학.
禅話[ぜんわ] ≪仏≫ 선화.

銑 무쇠 선

音 ◉セン
訓 ⊗ずく

訓読

⊗**銑**[ずく] 선철. 무쇠. ＊'ずく'는 'せんてつ'의 속칭임.

音読

銑鉄[せんてつ/ずくてつ] 선철; 무쇠. ＊'ずくてつ'는 'せんてつ'의 속칭임.

選(選) 고를/가릴 선

音 ◉セン
訓 ◉えらぶ ⊗える ⊗よる

訓読

[3]◉**選ぶ**[えらぶ] 〈5他〉 ①선택하다. 택하다. 고르다. ②선발하다. 뽑다. ③편집하다. 편찬하다.
選び抜く[えらびぬく] 〈5他〉 엄선하다. 선발하다. 골라내다.
選む[えらむ] 〈5他〉 ☞ 選ぶ
⊗**選る**[える/よる] 〈5他〉 고르다. 뽑다.
選りすぐる[えりすぐる/よりすぐる] 〈5他〉 엄선하다. 고르고 고르다.
選り抜き[えりぬき/よりぬき] 엄선함. 골라 뽑음. 선발함.
選り抜く[えりぬく/よりぬく] 〈5他〉 엄선하다. 골라 뽑다. 선발하다.
選り分ける[えりわける/よりわける] 〈下1他〉 선별(選別)하다. 골라내다.
選り出す[よりだす] 〈5他〉 ①골라내다. 가려내다. ②고르기 시작하다.
選り取る[よりどる] 〈5他〉 골라잡다.
選り取り[よりどり] 골라잡음.
選り取り見取り[よりどりみどり] 마음대로 골라잡음.
選り嫌い[えりぎらい] 가리기.
選り好み[えりごのみ] (좋아하는 것을) 가림.

音読

選[せん] 선; ①가려 뽑음. 선발. ②〈接尾語〉 ㉠선집(選集). ㉡선거(選挙).
選歌[せんか] 선가; 시가를 가려 뽑음.
[2]**選挙**[せんきょ] 선거; 투표로 선출함.
[1]**選考**[せんこう] 전형(銓衡). 적임자를 선발함.
選曲[せんきょく] 선곡; 곡을 고름.
選果[せんか] 선과; 과일의 선별.
選科[せんか] 선과; 규정 학과목 중 일부만을 골라 배우는 과정.
選管[せんかん] '選挙管理委員会'의 준말.
選鉱[せんこう] 선광; 광석을 가려냄.
選球眼[せんきゅうがん] 선구안; (야구에서) 타자가 투수의 볼과 스트라이크를 가려내는 식별력.
選局[せんきょく] 선국; 수신기를 조절하여 방송국을 고름.
選良[せんりょう] 선량; ①선출된 훌륭한 사람. ②'代議士(だいぎし/국회의원)'의 딴이름.
選抜[せんばつ] 선발; 고르고 고름.
選別[せんべつ] 선별; 가려서 따로 나눔.
選書[せんしょ] 선서; 총서(叢書).
[2]**選手**[せんしゅ] 선수; 선발되어 경기에 나가는 사람.
選外[せんがい] 선외; 당선권에 들지 못함.
選一[せんいつ] 선일; 하나를 택함. 택일.
選任[せんにん] 선임; 사람을 뽑아서 직무를 맡김.
選者[せんじゃ] 선자; 심사 위원.

選定[せんてい] 선정; 가려서 정함.
選集[せんしゅう] 선집; 몇 가지를 추려 모은 책.
選出[せんしゅつ] 선출; 가려냄.
選炭[せんたん] 선탄; 석탄을 가려냄.
[2]**選択**[せんたく] 선택; 골라 가림.
選評[せんぴょう] 선평; ①(응모 작품을) 선택하여 비평함. ②선후평(選後評).

線 실/줄 선

く 幺 幺 糸 糸 糸' 糸白 糸白 糸泉 線

音 ◉セン
訓 —

音読

[3]**線**[せん] 선; ①줄. 금. ②(교통통신의) 노선. 선. ③윤곽. 인상. 느낌. ④기준. 수준. 한도. ⑤방침. 방향.
線量[せんりょう] 선량; 방사선의 양.
[2]**線路**[せんろ] 선로; 철도의 레일.
線輪筒[せんりんとう] 선륜통; 원통꼴로 감은 코일.
線描[せんびょう] 선묘; (일본화에서) 물건 모양을 모두 선으로 나타내는 기법.
線描き[せんがき] ☞ 線描
線描画[せんびょうが] 선묘화; 백묘화(白描畫). 선으로만 그린 그림.
線上[せんじょう] 선상; 선의 위.
線審[せんしん] 선심; 라인즈맨.
線引小切手[せんびきこぎって] 횡선 수표.
線条[せんじょう] 줄. 선(線).
線香[せんこう] 선향; 실처럼 가는 향.
線香代[せんこうだい] ①부의(賻儀). 향전(香奠). ②기생의 화대(花代).
線香花火[せんこうはなび] ①장난감 화포(火砲). ②≪俗≫ 덧없음. 허무함.
線画[せんが] 선화; ①백묘(白描). 선으로만 그린 그림. ②선화를 촬영한 영화.
線形[せんけい] 선형; 선 모양. 선처럼 가늘고 긴 모양.

鮮 고울/깨끗할 선

ノ ⺈ 𠂊 角 备 鱼 魚 魚' 魚' 鮮

音 ◉セン
訓 ◉あざやか ◉あざやぐ

訓読

[1]◉**鮮やか**[あざやか] 〈形動〉 ①선명함. 뚜렷함. 산뜻함. ②(동작·솜씨가) 뛰어남. 훌륭함. 멋짐.
◉**鮮やぐ**[あざやぐ] 〈5自〉 ①선명하게 보이다. 뚜렷하게 보이다. ②긴장해 있다. 고압적인 자세로 보이다.

音読

鮮度[せんど] 선도; 신선도. 신선한 정도.
鮮麗[せんれい] 선려; 선명하고 아름다움.
鮮烈[せんれつ] 선렬; 선명하고 강렬함.
鮮明[せんめい] 선명; 산뜻하고 밝음.
鮮鋭[せんえい] 선예; 예리하고 선명함.
鮮魚[せんぎょ] 선어; 갓 잡은 신선한 생선.
鮮肉[せんにく] 선육; 신선한 생고기.
鮮赤色[せんせきしょく] 선적색; 선명한 빨강색.
鮮血[せんけつ] 선혈; 새빨간 피.
鮮紅色[せんこうしょく] 선홍색; 산뜻하고 밝은 붉은 색.

繕 고칠/수리할 선

糸 糸' 糸⺷ 糸羊 糸羊 糸羊 糸羊 繕 繕 繕

音 ◉ゼン
訓 ◉つくろう

訓読

[1]◉**繕う**[つくろう] 〈5他〉 ①(터진 곳을) 꿰매다. 깁다. 수선하다. ②(흐트러진 것을) 바로잡다. 가다듬다. ③체면을 차리다. 외관을 꾸미다. ④얼버무리다. 둘러대다.
繕い[つくろい] 수리. 수선.
繕い物[つくろいもの] 수선할 의복. 의복의 수선.

音読

◑修繕[しゅうぜん], 営繕[えいぜん]

腺 샘 선

音 ⊗セン
訓 —

音読

腺病質[せんびょうしつ] 선병질; 체격이 약하고 흉곽이 평평하며 빈혈질 등의 약한 체질.
◑涙腺[るいせん], 乳腺[にゅうせん], 汗腺[かんせん]

羨 부러워할 선	音 ⊗エン ⊗セン 訓 ⊗うらやましい ⊗うらやむ

訓読

⊗**羨ましい**[うらやましい] 〈形〉 부럽다.

⊗**羨ましがる**[うらやましがる] 〈5自〉 부러워하다.

⊗**羨む**[うらやむ] 〈5他〉 선망(羨望)하다. 부러워하다. 샘하다.

音読

羨道[えんどう/せんどう] ≪考古≫ 연도; 고분의 입구에서 현실(玄室)까지의 길.

羨望[せんぼう] 선망; 부러워함.

羨慕[せんぼ] 선모; 부러워하며 흠모함.

煽 ×(煽) 부채질할 선	音 ⊗セン 訓 ⊗あおぐ ⊗あおる ⊗おだてる

訓読

⊗**煽ぐ**[あおぐ] 〈5他〉 부채질하다.

煽ぎ立てる[おだぎたてる] 〈下1他〉 ①계속 부채질하다. ②마구 선동하다. 마구 부추기다. 마구 꼬드기다.

1 ⊗**煽てる**[おだてる] 〈下1他〉 ①치켜세우다. ②선동하다. 부추기다.

煽て[おだて] ①치켜세움. ②선동함. 부추김.

⊗**煽る**[あおる] 〈5他〉 ①부채질하다. 부치다. ②재촉하다. 몰아대다. 박차를 가하다. ③선동하다. 부추기다. 꼬드기다. ④(증권거래소에서) 시세를 부채질하다. ⑤카메라의 렌즈를 위로 향하게 하여 찍다.

煽り[あおり] ①(강풍 등의) 피해. 영향. 여파. 충격. 진동. ②말을 빨리 몲. ③충동질. 부추김. ④바람을 일으켜 보냄. ⑤(카메라) 렌즈의 각도 변화 장치.

煽り立てる[あおりたてる] 〈下1他〉 ①바람이 세차게 흔들다. ②몹시 선동하다. 몹시 부추기다.

煽り買い[あおりがい] 주가(株価)를 조작하기 위해 주식을 대량으로 사들임.

煽り付ける[あおりつける] 〈下1他〉 ①마구 선동하다. 몹시 부추기다. ②(술을) 연거푸 들이켜다.

音読

煽動[せんどう] 선동; 남을 부추기어 일을 일으키게 함.

煽情的[せんじょうてき] 선정적; 욕망이나 정욕(情慾)을 북돋워 일으킴.

膳 반찬/음식 선	音 ⊗ゼン 訓 —

音読

1 **膳**[ぜん] 밥상. 요리상.

膳立て[ぜんだて] ①상차림. 식사 준비. ②만반의 준비.

膳夫❶[ぜんぷ] 요리사. ❷[★かしわで] ≪古≫ 옛날 궁중의 요리 담당자.

膳部[ぜんぶ] ①요리상. 요리. ② ≪古≫ 요리사.

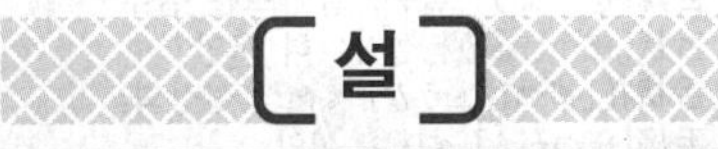

설

舌 혀 설

一 二 千 千 舌 舌

音 ◉ゼツ
訓 ◉した

訓読

2 ◉**舌**[した] ≪生理≫ (입안의) 혀.

舌なめずり[したなめずり] ①혀로 입술을 핥음. ②입맛을 다심. 잔뜩 벼름. 몹시 기다림.

舌鼓[したつづみ] ①(음식이 맛이 있어서 다 먹고 난 후에) 입맛을 다심. ②불만스러운 듯 혀를 참/차는 소리.

舌の根[したのね] 설근; 혀뿌리.

舌代[しただい/ぜつだい] 설대; 말 대신 글로 쓴다는 인사말.

舌縺れ[したもつれ] (혀가 굳어서) 말소리가 분명치 않음.

舌先[したさき] ①혀끝. ②감언이설.

舌の先[したのさき] ①혀끝. ②감언이설.

舌先三寸[したさきさんずん] 감언이설. 교묘한 입담.

舌長[したなが] 허풍을 떪. 큰 소리를 침.

舌切り雀[したきりすずめ] ①(동화의 하나로) 혀 잘리고 쫓겨난 참새. ②생각한 것을 입 밖에 내지 못하는 사람. ③주인집에서 쫓겨난 사람.

舌早[したばや] 말을 빨리 함.

舌足らず[したたらず] ①혀짤배기. 혀가 짧음. ②표현이 서툶. 설명이 부족함.
舌打ち[したうち] ①혀를 참. ②입맛을 다심.
舌怠い[したたるい] 〈形〉 혀짤배기소리를 하다. 응석부리는 말투로 말하다.
舌触り[したざわり] 혀에 닿는 감촉.
舌偏[したへん] 혀설변. ＊한자(漢字) 부수의 하나로 '乱, 辞' 등의 '舌' 부분을 말함.
舌平目[したびらめ] ≪魚≫ 참서대. 서대기.
舌鮃[したびらめ] ☞ 舌平目

音読

舌耕[ぜっこう] 설경; 강연으로 생활비를 벎.
舌根[ぜっこん] 설근; ①혀뿌리. ②≪仏≫혀.
舌端[ぜったん] 설단; ①혀끝. ②말투.
舌鋒[ぜっぽう] 설봉; 날카로운 말투.
舌状[ぜつじょう] 설상; 혀 모양.
舌状花[ぜつじょうか] ≪植≫ 설상화.
舌癌[ぜつがん] ≪医≫ 설암.
舌音[ぜつおん] 설음; 혓소리.
舌戦[ぜっせん] 설전; 말다툼.
舌苔[ぜったい] ≪医≫ 설태.
舌禍[ぜっか] 설화; 구설수.

雪(雪) 눈설

一 ㇀ ㇀ 币 币 雨 雨 雪 雪 雪

音 ◉セツ
訓 ◉ゆき ⊗そそぐ

訓読

4 ◉雪[ゆき] ①≪気≫ 눈. ②흰 색. 흰 것.
⊗雪ぐ[そそぐ] 〈5他〉 설욕(雪辱)하다. 오명(汚名)을 씻다.
雪しずり[ゆきしずり] 나뭇가지에 쌓인 눈. 또는 그 눈이 떨어짐.
雪しろ[ゆきしろ] (눈이 녹아) 흘러내림.
雪つぶて[ゆきつぶて] (뭉친) 눈 덩이.
雪もよい[ゆきもよい] 곧 눈이 올 듯한 날씨. 눈발이 선 날씨.
雪間[ゆきま] ①눈이 잠시 그친 사이 ②쌓인 눈 속. ③쌓인 눈이 군데군데 녹은 곳.
雪降り[ゆきふり] 눈이 내림. 강설(降雪).
雪降(ろ)し[ゆきおろし] ①쌓인 눈을 쓸어내림. ②눈이 몰아치는 재넘이. ③(歌舞伎(かぶき)에서) 큰 눈이 내리는 장면 때 치는 북소리.
雪見[ゆきみ] 눈 구경. 설경을 즐김.
雪見灯籠[ゆきみどうろう] 정원용의 석등롱.
雪見酒[ゆきみざけ] 설경을 즐기며 술을 마심.
雪景色[ゆきげしき] 설경. 눈경치.
雪叩き[ゆきたたき] 눈을 털.
雪空[ゆきぞら] 눈이 내릴 듯한 하늘.
雪国[ゆきぐに] 눈이 많이 내리는 지방.
雪肌[ゆきはだ] ①쌓인 눈의 표면. ②눈처럼 흰 여자의 피부.
雪起(こ)し[ゆきおこし] 눈이 내리려고 할 때 치는 천둥.
雪男[ゆきおとこ] 설인(雪人).
雪女[ゆきおんな] 눈의 정령(精霊)이 둔갑해서 나타난다는 흰옷 입은 여자.
雪達磨[ゆきだるま] 눈사람.
雪曇り[ゆきぐもり] 눈이 내릴 듯이 하늘이 흐림.
雪踏み[ゆきふみ] 눈을 밟아서 길을 만듦.
雪道[ゆきみち] 눈길. 눈이 쌓인 길.
雪灯籠[ゆきどうろう] 눈으로 만든 등롱.
雪柳[ゆきやなぎ] ≪植≫ 가는잎조팝나무.
雪明(か)り[ゆきあかり] 쌓인 눈의 반사로 주위가 어슴푸레하게 보임.
雪模様[ゆきもよう] 곧 눈이 올 듯한 날씨. 눈발이 선 날씨.
雪目[ゆきめ] ≪医≫ 설안염(雪眼炎).
雪白❶[ゆきじろ] ①눈처럼 흼. ②고급 백설탕. ❷[せっぱく] ①눈처럼 흼. ②결백함.
雪腹[ゆきばら] 눈이 올 때 배나 허리가 냉해져서 아픔.
雪膚[ゆきはだ] ①쌓인 눈의 표면. ②눈처럼 흰 여자의 피부.
雪仏[ゆきぼとけ] 눈을 뭉쳐 만든 불상.
雪崩[★なだれ] ①눈사태. 사태. ②경사(傾斜). 비스듬히 기욺.
雪崩れる[★なだれる] 〈下1自〉 ①눈사태가 나다. 무너져 내리다. ②비스듬히 기울다. ③(많은 사람이) 우르르 몰려나오다.
雪崩れ込む[★なだれこむ] 〈5自〉 (많은 사람이) 우르르 몰려들다. 한꺼번에 밀어닥치다.
雪山❶[ゆきやま] 설산; ①눈이 쌓인 산. ②(눈을 긁어모은) 눈 더미. ❷[せつざん] 설산; 일 년 내내 눈이 녹지 않는 산.
雪雪崩[ゆきなだれ] 눈사태.
雪消[ゆきげ] 눈이 녹음.
雪消え[ゆきぎえ] 눈이 녹음.
雪掻き[ゆきかき] ①눈을 침. ②제설기(除雪器). 눈을 치우는 도구.

雪焼け[ゆきやけ] ①(눈의 반사로) 피부가 눈에 탐. ②가벼운 동상(凍傷).
雪煙[ゆきけむり] 눈보라.
雪雲[ゆきぐも] 설운; 눈구름.
雪遊び[ゆきあそび] 눈 장난. 눈싸움.
雪囲い[ゆきがこい] ①(눈이나 서리의 피해를 막기 위해) 짚이나 가마니 등으로 둘러쌈. ②집에 거적 등을 둘러침.
雪融け[ゆきどけ] ①눈이 녹음. ②긴장이 완화됨. 해빙(解氷) 무드.
雪日和[ゆきびより] 눈이 내릴 듯한 날씨.
雪折れ[ゆきおれ] 쌓인 눈의 무게로 나뭇가지 등이 부러짐.
雪除け[ゆきよけ] ①눈을 치움. 제설 작업. ②눈보라를 막음.
雪吊り[ゆきづり] 눈의 무게로 나뭇가지 등이 부러지지 않도록 장대로 받쳐 두거나 줄로 매달아 둠.
雪釣り[ゆきつり] 실 끝에 매단 숯 등을 쌓인 눈 위에 드리워 눈이 많이 붙게 하는 놀이.
雪止め[ゆきどめ] 지붕의 눈이 한꺼번에 떨어지는 것을 방지하는 장치.
雪持ち[ゆきもち] ①초목에 눈이 소복이 쌓여 있음. ②지붕의 눈이 한꺼번에 떨어지는 것을 방지하는 장치.
雪菜[ゆきな] 겨울에 재배하는 채소.
雪晴れ[ゆきばれ] 눈이 그치고 맑게 갬.
雪催い[ゆきもよい] 곧 눈이 올 듯한 날씨. 눈발이 선 날씨.
雪兎[ゆきうさぎ] 눈을 뭉쳐 만든 토끼.
雪投げ[ゆきなげ] 눈싸움.
雪避け[ゆきよけ] ①눈을 치움. 제설 작업. ②눈보라를 막음.
雪の下[ゆきのした] ≪植≫ 바위치.
雪下(ろ)し[ゆきおろし] ①쌓인 눈을 쓸어내림. ②눈이 몰아치는 재넘이. ③(歌舞伎(かぶき)에서) 큰 눈이 내리는 장면 때 치는 북소리.
雪下駄[ゆきげた] 눈이 올 때 신는 미끄럼 방지용 나막신.
雪割豆[ゆきわりまめ] ≪植≫ 장두콩.
雪割草[ゆきわりそう] ≪植≫ ①설앵초(雪桜草). ②노루귀.
雪合戦[ゆきがっせん] 눈싸움.
雪解[ゆきげ] 눈이 녹음.
雪解け[ゆきどけ] ①눈이 녹음. ②긴장이 완화됨. 해빙(解氷) 무드.
雪化粧[ゆきげしょう] (화장한 것처럼) 눈으로 아름답게 덮임.
雪花[ゆきばな] 설화; ①벚꽃이 지듯이 내리는 눈. ②나뭇가지에 핀 눈꽃.
雪花菜[★おから/きらず] 비지.
雪靴[ゆきぐつ] 눈이 올 때 신는 신.

音読

雪景[せっけい] 설경; 눈경치.
雪渓[せっけい] 설계; 여름에도 눈이 녹지 않는 심산계곡.
雪泥[せつでい] 설니; 눈 섞인 진창.
雪洞❶[せつどう] ①설동; 눈 속을 파서 만든 동굴. ②나무나 대로 만든 틀에 백지를 바르고 한 곳에 창을 내어 다로(茶炉)를 가리는 물건. ❷[ぼんぼり] ①단면이 육각이며 위가 약간 벌어진 틀에 종이나 비단을 발라 불을 켜는 초롱. ②종이로 싼 촛대.
雪嶺[せつれい] 설령; 눈이 쌓인 봉우리.
雪盲[せつもう] ≪医≫ 설맹; 설안염(雪眼炎).
雪白❶[せっぱく] ①눈처럼 흼. ②결백함. ❷[ゆきじろ] ①눈처럼 흼. ②고급 백설탕.
雪山❶[せつざん] 설산; 일 년 내내 눈이 녹지 않는 산. ❷[ゆきやま] 설산; ①눈이 쌓인 산. ②(눈을 긁어모은) 눈 더미.
雪上[せつじょう] 설상; 눈 위.
雪線[せっせん] 설선; 항설선(恒雪線).
雪辱[せつじょく] 설욕; 부끄럼을 씻음.
雪原[せつげん] 설원; 눈이 쌓인 넓은 들.
雪月花[せつげっか] 설월화; 눈과 달과 꽃. 사계절의 아름다운 경치.
雪隠[せっちん] 변소. 뒷간.
雪隠大工[せっちんだいく] 서투른 목수.
雪隠詰め[せっちんづめ] (장기에서) 궁을 외통수로 몰아넣음.
雪堤[せってい] 설제; (철도 선로의 비탈에 쌓인) 눈의 두둑.
雪中[せっちゅう] 설중; 눈 속.
雪駄[せった] 눈 올 때 신는 신발.
雪片[せっぺん] 설편; 눈송이.
雪害[せつがい] 설해; 눈에 의한 피해.

設 베풀/세울 설

一 二 言 言 言 言 言 訁 訁 設

音 ◉セツ
訓 ◉もうける ⊗しつらえる

訓読

[1]◉設ける[もうける] 〈下1他〉 ①(어떤 상황을) 마련하다. 준비하다. 만들다. ②설치하다. 제정하다. ③붙이다. 달다.

設け[もうけ] ①준비. 마련. ②설치함.

⊗設える[しつらえる] 〈下1他〉 (건물이나 방안에) 꾸미다. 장식하다. 설비하다. 마련하다.

設え[しつらえ] 장식. 장치. 설치함.

音読

[2]設計[せっけい] 설계; 목적에 따라 계획을 세우고 도면으로 나타냄.

設計図[せっけいず] 설계도.

[1]設立[せつりつ] 설립; (조직을) 만들어 세움.

設問[せつもん] 설문; 문제나 질문을 냄. 또는 그 문제나 질문.

[2]設備[せつび] 설비; 필요한 건물·장치·기구 등을 목적에 따라 설치함. 또는 이미 설치된 것.

設営[せつえい] 설영; ①미리 시설이나 건물을 만듦. ②(회의장의) 준비·설치.

[1]設定[せってい] 설정; ①새로 만들어 정해 둠. ②≪法≫ 설정.

設題[せつだい] 설제; 문제·제목을 설정함.

[1]設置[せっち] 설치; 미리 시설·건물·비품 등을 만들어 둠.

説(說) 말할/말씀 설

亠 言 言 言 言 言' 訁 訁 訁 説

音 ◉セツ ◉ゼイ

訓 ◉とく

訓読

[1]◉説く[とく] 〈5他〉 ①설명하다. ②타이르다. ③설교하다.

説き勧める[ときすすめる] 〈下1他〉 설득하여 권하다.

説き及ぶ[ときおよぶ] 〈5自〉 언급하다.

説き起(こ)す[ときおこす] 〈5他〉 (…부터) 설명하기 시작하다.

説き明(か)す[ときあかす] 〈5他〉 설명하다. 해설하다.

説き聞かせる[ときききかせる] 〈下1他〉 타이르다. 설명하여 들려주다.

説き伏せる[ときふせる] 〈下1他〉 설득하다. 설복하다.

説き付ける[ときつける] 〈下1他〉 설득하다. 설복하다.

説き分ける[ときわける] 〈下1他〉 차근차근 설명하다. 잘 알아듣도록 설명하다.

音読

[2]説[せつ] 설; ①의견. 주장. ②학설. ③소문. 풍설.

説経[せっきょう] ≪仏≫ 설경; 설법(説法). 중이 경전(経典)을 읽고 해석함.

説経師[せっきょうし] 설경사; 경문을 해석해 들려주는 사람.

説教[せっきょう] 설교; ①종교상의 교리 설명. ②잔소리. 교훈·충고의 말.

[1]説得[せっとく] 설득; 설명하여 납득시킴.

[3]説明[せつめい] 설명; 내용·이유 등을 풀어서 밝힘.

説文[せつもん] 설문; 문자의 성립 유래와 원의(原義)의 설명.

説法[せっぽう] ≪仏≫ 설법; 설교.

説伏[せっぷく] 설복; 설득.

説服[せっぷく] 설복; 설득.

説述[せつじゅつ] 설술; 설명하여 진술함.

説示[せつじ] 설시; 설명하여 보여 줌.

説諭[せつゆ] 설유; 훈계.

説破[せっぱ] 설파; 논파(論破).

説話[せつわ] 설화; 예로부터 민간에 전해진 이야기.

◑遊説[ゆうぜい]

洩 물샐 설

音 ⊗エイ⊗セツ

訓 ⊗もらす ⊗もる ⊗もれる

訓読

⊗洩らす[もらす] 〈5他〉 ①(물을) 흘러나오게 하다. 새게 하다. ②누설하다. 입 밖에 내다. ③(이불이나 옷에) 오줌을 싸다. ④빠뜨리다. ⑤놓치다. ⑥(동사 ます형에 접속하여) 빠뜨리고 …하다.

⊗洩る[もる] 〈5自〉 (물·비가) 새다.

洩り[もり] (물·비가) 샘.

⊗洩れる[もれる] 〈下1自〉 ①(물·비·가스 등이) 새다. ②(비밀이) 누설되다. ③누락되다. 탈락되다. 빠지다.

洩れ[もれ] ①(틈새로) 샘. 누출. ②누락. 탈락.

洩れなく[もれなく] 죄다. 빠짐없이. 모두.

洩れ聞く[もれきく] 〈5他〉 ①간접적으로 듣다. 주워듣다. ②'聞(き)く'의 겸양어.

◑漏洩[ろうえい／ろうせつ]

渫 준설할 설	音 ⊗セツ 訓 ⊗さらう ⊗さらえる

訓読

⊗**渫う**[さらう] 〈5他〉 (우물・개천 등을) 준설하다. 도랑을 치다. 긁어내다.

⊗**渫える**[さらえる] 〈下1他〉 ☞ 渫う

音読

◑**浚渫**[しゅんせつ]

繊(纖) 가늘 섬

音 ◉セン
訓 —

音読

繊[せん] (무 등을) 가늘게 썲. 채침.
繊巧[せんこう] 섬교; 섬세하고 교묘함.
繊度[せんど] 섬도; 섬유・실의 굵기.
繊六本[せんろっぽん] 무채. 무채를 썲.
繊毛[せんもう] 섬모; 가는 털. 솜털.
繊毛虫類[せんもうちゅうるい] 섬모충류.
繊細[せんさい] 섬세; ①가냘프면서도 아름다움. ②(감정이나 감각이) 세밀함. 미묘함.
繊手[せんしゅ] 섬수; (여자의) 가냘픈 손.
繊弱[せんじゃく] 섬약; 가냘프고 약함.
1**繊維**[せんい] 섬유; ①생물체의 몸을 이루는 가늘고 실 같은 물체. ②직물의 원료.
繊維労連[せんいろうれん] '日本繊維産業労働組合連合会'의 준말.
繊条[せんじょう] 섬조; ①금속제의 가는 줄. ②필라멘트. ③가는 실.

閃 번쩍일 섬	音 ⊗セン 訓 ⊗ひらめかす ⊗ひらめく

訓読

⊗**閃かす**[ひらめかす] 〈5他〉 ①(순간적으로) 번쩍이다. 번뜩이다. ②(깃발을) 펄럭이다. ③(재능 등을) 발휘하다.

⊗**閃く**[ひらめく] 〈5自〉 ①(순간적으로) 번쩍이다. ②(바람에) 나부끼다. ③(생각 등이) 번쩍 떠오르다.

閃き[ひらめき] ①번쩍임. 번뜩임. 빛남. ②(바람에) 펄럭임. ③(재능이) 번뜩임.

音読

閃光[せんこう] 섬광; 번쩍이는 빛.
閃閃[せんせん] 섬섬; 번쩍이는 모양.

渉(涉) 물건널 섭

音 ◉ショウ
訓 —

音読

渉禽類[しょうきんるい] ≪鳥≫ 섭금류; 백로・학처럼 부리・목・다리가 긴 물새 종류.
渉猟[しょうりょう] 섭렵; ①널리 찾아 헤맴. ②여러 가지 많은 책을 읽음.
渉外[しょうがい] 섭외; 외부와 연락・교섭함.
渉外係[しょうがいがかり] 섭외 담당.

摂(攝) 끌어잡을 섭

音 ◉セツ ⊗ショウ
訓 ⊗とる

音読

摂家[せっけ] 섭정(摂政)이나 関白(かんぱく)에 임명될 수 있는 지체 높은 집안.
摂関[せっかん] 섭정(摂政)과 関白(かんぱく).
摂関政治[せっかんせいじ] 섭정과 関白(かんぱく)가 행하는 정치.
摂関家[せっかんけ] 섭정(摂政)이나 関白(かんぱく)에 임명될 수 있는 지체 높은 집안.
摂理[せつり] 섭리; 하느님이 인간의 이익을 염두에 두고 세상의 모든 것을 다스림.
摂生[せっせい] 섭생; 몸과 마음을 튼튼하게 해서 장수를 꾀함.
摂受[しょうじゅ] 섭수; 관대한 마음으로 남을 받아들임.
摂氏[せっし] 섭씨; 기호는 C.
摂政[せっしょう] 섭정; 임금을 대신하여 정치를 함.

摂取[せっしゅ] 섭취; 외부로부터 받아들여 자기 것으로 함.
摂取不捨[せっしゅふしゃ] ≪仏≫ 섭취불사.
摂行[せっこう] 섭행; ①직무의 대행(代行). ②일을 겸하여 행함.

成(成) 이룰 성

丿 厂 万 成 成 成

音 ◉セイ ◉ジョウ
訓 ◉なす ◉なる

訓読

◉**成す**[なす] 〈5他〉 ①이룩하다. 이루다. 성취하다. 달성하다. ②형성하다. 만들어내다. ③(어떤 것을 바꾸어) 다른 것으로 만들다.
成し遂げる[なしとげる] 〈下1他〉 이룩하다. 성취하다. 완수하다. 해내다.
4◉**成る**[なる] 〈5自〉 ①이룩되다. 이루어지다. 완성되다. ②(조직 등이) …로 되다. 구성되다. 이루어지다. ③(일본 장기에서) 궁・金将(きんしょう) 이외의 말이 적진에 진입하여 金将의 자격을 얻다. 승격하다. ④행차하시다.
成り[なり] ①(장기에서) 말이 적진에 진입하여 金将의 자격을 얻음. ②(신분이 높은 사람의) 행차.
成り果せる[なりおおせる] 〈下1自〉 완전히 …로 되어 버리다.
成り果てる[なりはてる] 〈下1自〉 ①달성되다. 이루어지다. ②몰락하다. 전락하다.
成れの果て[なれのはて] 몰락한 모습. 서글픈 말로(末路).
成り掛かる[なりかかる] 〈5自〉 되어 가다. 되기 시작하다.
成(り)金[なりきん] ①(일본 장기에서) 말이 적진에 들어가 金将(きんしょう)의 자격을 얻음. ②벼락부자. 졸부.
成り代わる[なりかわる] 〈5自〉 대신하다. 대리가 되다. 대신이 되다.
成り立ち[なりたち] ①성립; 완성. 이루어짐. ②(되어 가는) 과정. 내력. 경과. ③성분. 구성 요소.
1**成り立つ**[なりたつ] 〈5自〉 ①성립되다. 완성되다. 이루어지다. ②이루어지다. 구성되다. ③(채산이 맞아) 장사가 되다.
成り変(わ)る[なりかわる] 〈5自〉 대신하다. 대리가 되다. 대신이 되다.
成り上がり[なりあがり] 벼락출세. 벼락부자.
成り上がる[なりあがる] 〈5自〉 벼락출세하다. 벼락부자가 되다.
成り勝る[なりまさる] 〈5自〉 (형용사 연용형에 접속하여) 점점 정도가 심해지다.
成り丈[なりたけ] 가능한 한. 가급적.
成る丈[なるたけ] 가능한 한. 가급적.
成り切る[なりきる] 〈5自〉 완전히 그것이 되다. 완전히 변모하다.
2**成程**[なるほど] ①(듣던 바와 같이) 과연. 정말. ②아무렴. 그렇고말고.
成り済ます[なりすます] 〈5自〉 …인 체하다.
成り下がり[なりさがり] 몰락함. 전락함.
成り下がる[なりさがる] 〈5自〉 몰락하다. 전락(転落)하다.
成(り)行き[なりゆき] ①(되어 가는) 과정. 내력. 경과. ②(증권에서) 시세.
成り行く[なりゆく] 〈5自〉 차차 되어가다. 진척되다. 점차 변해가다.

音読

2**成功**[せいこう] 성공; 목적을 이룸.
1**成果**[せいか] 성과; 이루어진 결과.
成句[せいく] 성구; 글귀를 이룸.
1**成年**[せいねん] 성년; 20세 이상의 성인.
成年式[せいねんしき] 성년식.
成道[じょうどう] ≪仏≫ 성도; 도를 닦아 이룸.
成道会[じょうどうかい] ≪仏≫ 성도회.
2**成立**[せいりつ] 성립; 사물이 이루어짐.
成文[せいぶん] 성문; 문장으로 나타남.
成否[せいひ] 성부; 성공 여부.
2**成分**[せいぶん] 성분; 바탕이 되는 원질.
成仏[じょうぶつ] 성불; ①번뇌를 해탈하여 불과(仏果)를 이룸. ②죽어서 부처가 됨.
成算[せいさん] 성산; 성취될 가능성.
1**成熟**[せいじゅく] 성숙; ①(농작물이) 익음. ②(심신의) 성숙. ③(시기가) 무르익음.
成心[せいしん] ①선입관(先入観). ②속셈. 꿍꿍이속.
成案[せいあん] 성안; 안을 작성함.
成約[せいやく] 성약; 계약이 성립됨.

成魚[せいぎょ] 성어; 다 자란 물고기.
成語[せいご] 성어; 말을 이룸.
成業[せいぎょう] 성업; 학교를 졸업함. 사업을 성취함.
成員[せいいん] 성원; 조직의 구성원.
成育[せいいく] 성육; 자람.
2成人[せいじん] 성인; 어른.
成人向き[せいじんむき] 성인용(成人用).
成因[せいいん] 성인; 사물이 이루어진 원인.
2成長[せいちょう] 성장; 자라서 점점 커짐.
成長株[せいちょうかぶ] ① ≪経≫ 성장주. ②유망주. 장래가 촉망되는 사람.
1成績[せいせき] 성적; 평가된 결과.
成竹[せいちく] 성죽; 미리 세운 계획. 성취될 가능성.
成体[せいたい] 성체; 다 자란 생물체.
成虫[せいちゅう] 성충; 어른벌레.
成就[じょうじゅ] 성취; 목적을 이룸.
成層[せいそう] 성층; 겹치어 층을 이룸.
成敗❶[せいはい] 성패; 성공과 실패. ❷[せいばい] ①처벌. ②(옛날 죄인의) 목을 벰. 참수(斬首)함.
成形[せいけい] 성형; 형체를 만듦.
成型[せいけい] 성형; 틀에 넣어 프레스로 눌러 만듦.
成婚[せいこん] 성혼; 혼인이 성립됨.

声(聲) 소리 성

一 十 士 圭 圭 圭 声

音 ◉セイ ◉ショウ
訓 ◉こえ ◉こわ

訓読

4◉声[こえ] ①목소리. ②(물건이) 진동해서 나는 소리. ③의견. 생각. ④(계절의) 낌새.
声つき[こわつき] 음성(音声). 목소리.
声遣い[こわづかい] 어조(語調). 말투.
声高[こわだか] 높은 소리. 목청을 돋움.
声掛(か)り[こえがかり] (손윗사람의) 천거. 주선. 알선.
声変(わ)り[こえがわり] 변성. 변성기. 목소리가 변함.
声柄[こえがら] 음색(音色). 목소리.
声付き[こえつき] 음성. 목소리.
声色❶[こわいろ] ①음색. 목청. 목소리. ②성대모사. 남의 목소리를 흉내 냄. ❷[せいしょく] 성색; ①목소리와 얼굴빛. ②(퇴폐적인 뜻의) 여색(女色).
声色屋[こわいろや] 성대 모사꾼. (직업적으로) 남의 목소리를 잘 흉내 내는 사람.
声声に[こえごえに] 저마다. 입을 모아.
声様[こえざま/こわざま] 음성. 목소리의 특징.
声音❶[こわね] 음성. 목소리. 목청. ❷[せいおん] ①음성. 목소리. ②음악. 성악(声楽).
声作り[こわづくり] ①꾸민 목소리로 말함. ②헛기침을 함.
声振り[こわぶり] (노래할 때의) 목소리.
声の下[こえのした] 말이 떨어지자마자.

音読

声価[せいか] 성가; 세상의 좋은 평가.
声帯[せいたい] ≪生理≫ 성대; 목에 있는 발성 기관(発声器官).
声量[せいりょう] 성량; 목소리의 울리는 양.
声涙[せいるい] 성루; 목소리와 눈물.
声望[せいぼう] 성망; 명성과 인망.
声名[せいめい] 성명; 명성(名声).
1声明❶[せいめい] 성명; 어떤 사항에 관한 견해·의견을 발표함. ❷[しょうみょう] ≪仏≫ ①(고대 인도의) 음운(音韻)·문법·주석(注釈)의 학문. ②범패(梵唄).
声門[せいもん] ≪生理≫ 성문.
声紋[せいもん] 성문; 목소리를 주파수 분석 장치로 줄무늬 모양의 그림으로 나타낸 것.
声色❶[せいしょく] 성색; ①목소리와 얼굴빛. ②(퇴폐적인 뜻의) 여색(女色). ❷[こわいろ] ①음색. 목청. 목소리. ②성대모사. 남의 목소리를 흉내 냄.
声楽[せいがく] 성악; 사람의 가창(歌唱)을 주제로 한 음악.
声域[せいいき] 성역; 소리넓이.
声優[せいゆう] 성우; 라디오 방송극 전문의 배우.
声援[せいえん] 성원; 격려하고 고무하여 사기를 북돋아 도와줌.
声音❶[せいおん] ①음성. 목소리. ②음악. 성악(声楽). ❷[こわね] 음성. 목소리. 목청.
声調[せいちょう] 성조; ①목소리의 가락. ②시가(詩歌)의 가락.

姓 성/성씨/백성 성

音 ◉セイ ◉ショウ
訓 ⊗かばね

訓読

⊗**姓**❶[かばね] ①상고(上古) 시대에, 씨족과 직업을 나타냈던 세습제의 칭호. ＊30여 종류가 있었음. ②天武天皇(てんむてんのう) 때 제정한 씨족의 존비(尊卑)를 구분한 칭호. ❷[せい] ☞ [音読]

音読

姓❶[せい] 성; ①성씨(姓氏). ②(상고 시대의) 씨족의 칭호. ❷[かばね] ☞ [訓読]
[1]**姓名**[せいめい] 성명; 성씨와 이름.
姓氏[せいし] 성씨; 성(姓).
◑**百姓**[ひゃくしょう], **素姓**[すじょう]

性 성품/바탕/성별 성

音 ◉セイ ◉ショウ
訓 —

音読

[2]**性**❶[せい] 성; ①천성. 본성. ②(만물의) 본질. ③(남녀를 구분하는) 성. ④성. 섹스. ⑤(언어학상의) 성 구별.
性❷[しょう] ①(타고난) 성질. ②체질. ③(물건의) 특성. 품질. ④≪仏≫ 만물의 본체.
性感[せいかん] 성감; 성적인 감각. 성적인 쾌감.
性感帯[せいかんたい] 성감대.
[2]**性格**[せいかく] 성격; 고유의 성질.
性交[せいこう] 성교; (남녀의) 섹스 행위.
性教育[せいきょういく] 성교육.
性根❶[しょうこん] 끈기. 근성(根性). ❷[しょうね] 마음씨. 마음보. 심성. 심지.
性急[せいきゅう] 성급; 성미가 급함.
性器[せいき] 성기; 생식기(生殖器).
[2]**性能**[せいのう] 성능; 성질과 능력.
性道徳[せいどうとく] 성도덕.
性来[せいらい] 타고난. 천성적으로.
性理学[せいりがく] ≪哲≫ 성리학.
性犯罪[せいはんざい] 성범죄.
性癖[せいへき] 성벽; 버릇.
[2]**性別**[せいべつ] 성별; 남녀의 구별. 암수의 구별.
性病[せいびょう] ≪医≫ 성병.
性分[しょうぶん] 성분; 타고난 성질. 성미.
性状[せいじょう] 성상; ①품행(品行). ②(물건의) 성질과 상태.
性生活[せいせいかつ] 성생활.
性善説[せいぜんせつ] ≪哲≫ 성선설.
性腺[せいせん] 성선; 생식선(生殖腺).
性悪[しょうわる] 심보가 고약함. 심술궂음.
性悪説[せいあくせつ] ≪哲≫ 성악설.
性愛[せいあい] 성애; 남녀 간의 본능적인 애욕(愛慾).
性染色体[せいせんしょくたい] 성염색체.
性欲[せいよく] 성욕; 성적(性的) 욕망.
性情[せいじょう] 성정; 타고난 성질.
性知識[せいちしき] 성지식.
[2]**性質**[せいしつ] 성질; ①본래의 특성. ②성격.
性懲りもなく[しょうこりもなく] 뉘우치는 기색도 없이. 질리지도 않고.
性行[せいこう] 성행; 품행(品行).
性行為[せいこうい] 성행위; 섹스 행위.
性向[せいこう] 성향; 기질.

城(城) 재/성 성

音 ◉ジョウ ⊗セイ
訓 ◉しろ

訓読

[2]◉**城**❶[しろ] ①성. ②본거지. 아성. ❷[じょう] ☞ [音読]
城攻め[しろぜめ] 공성. 성을 공격함.
城跡[しろあと] 성지(城址). 성터.
城詰め[しろづめ] 성안에서 근무 대기함. 또는 그런 사람.

音読

城❶[じょう] (地名에 접속하여) …성. ¶ 大阪(おおさか)～ 오사카 성. ❷[しろ] ☞ [訓読]
城閣[じょうかく] 성각; 성. 성의 망루.
城郭[じょうかく] 성곽; ①성의 외곽. 성벽. ②성. 성채(城砦).
城内[じょうない] 성내; 성안. 성중(城中).

城代[じょうだい] ①성주 대리(城主代理). ②(江戸(えど) 시대에) 大阪城(おおさかじょう)·駿府城(すんぷじょう)·二条城(にじょうじょう) 등을 지키던 직명. ③'城代家老(じょうだいがろう)'의 준말.
城代家老[じょうだいがろう] (江戸(えど) 시대에 大名(だいみょう)의 부재중일 때의) 성주 대리(城主代理).
城塁[じょうるい] 성루; 성보(城堡).
城楼[じょうろう] 성루; 성의 망루(望楼).
城門[じょうもん] 성문; 성의 출입문.
城壁[じょうへき] 성벽; 성의 담벼락.
城府[じょうふ] 성부; ①도시. ②(마음의) 담. 차별.
城塞[じょうさい] 성새; 성채(城砦).
城市[じょうし] 성시; 성이 있는 시가(市街).
城外[じょうがい] 성외; 성밖. 성문 밖.
城将[じょうしょう] 성장; 성을 지키는 장수.
城障[じょうしょう] 성장; 적을 막는 성벽·제방 등의 장애물.
城主[じょうしゅ] 성주; 성의 주인.
城中[じょうちゅう] 성중; 성안. 성내(城内).
城地[じょうち] 성지; 성과 영지(領地).
城址[じょうし] 성지; 성터.
城砦[じょうさい] 성채; 성과 요새(要塞).
城柵[じょうさく] 성책; ①성의 울짱. ②성채(城砦). 성(城).
城下[じょうか] 성하; ①성벽 아래. ②'城下町(じょうかまち)'의 준말.
城下町[じょうかまち] 성시(城市). 성을 중심으로 발달한 도시.
◐**傾城**[けいせい]

星 별 성

丨 冂 日 日 旦 旦 早 星 星

音 ◉セイ ◉ジョウ
訓 ◉ほし

訓読

3 ◉**星**[ほし] ①《天》 별. ②별표. ③세월. ④(눈동자에 생기는) 점. ⑤과녁. 표적. ⑥(씨름에서) 승패의 성적. ⑦범인. ⑧운수. 운세.
星空[ほしぞら] 별이 총총한 밤하늘.
星明(か)り[ほしあかり] 별빛. 별빛으로 밝음.
星目[ほしめ] 《医》 삼눈.
星屑[ほしくず] 밤하늘의 작은 별들.
星眼[ほしめ] 《医》 삼눈.
星影[ほしかげ] 《雅》 별빛.
星月夜[ほしづきよ/ほしづくよ] 별빛이 달처럼 밝은 밤.
星占い[ほしうらない] 점성술(占星術).
星鰈[ほしがれい] 《魚》 범가자미.
星祭り[ほしまつり] ①칠석제(七夕祭). ②액막이로 별을 제사지냄.
星取り[ほしとり] (씨름 등에서) 이겼다는 흰 동그라미(○) 표를 땀.
星取(り)表[ほしとりひょう] (씨름 등에서) 흑백 동그라미(○·●)를 표시한 성적표.
星合い[ほしあい] 칠석날 밤. 견우와 직녀의 만남.
星回り[ほしまわり] 운수. 운명. 팔자. 신수.
◐**白星**[しろぼし], **黒星**[くろぼし], **図星**[ずぼし]

音読

星間雲[せいかんうん] 《天》 성간운.
星団[せいだん] 성단; 항성의 집단.
星図[せいず] 성도; 항성도(恒星図).
星霜[せいそう] 성상; 세월.
星宿[せいしゅく] 성수; 별자리.
星辰[せいしん] 성신; 별.
星夜[せいや] 성야; 별이 밝은 밤.
星雲[せいうん] 성운; 구름이나 안개처럼 보이는 천체.
星章[せいしょう] 성장; 별 모양의 표지.
星条旗[せいじょうき] 성조기; 미국 국기.
1 **星座**[せいざ] 성좌; 별자리.
星河[せいが] 성하; 은하(銀河).
◐**明星**[みょうじょう]

省 ①덜 생 ②살필 성

☞ 省(생) p. 571

盛(盛) 성할/담을 성

丿 厂 万 成 成 成 成 成 盛 盛

音 ◉セイ ◉ジョウ ⊗ショウ
訓 ◉さかん ◉さかる ◉もる

訓読

2 ◉**盛ん**[さかん] 〈形動〉 ①번창함. 번성함. ②왕성함. ③맹렬함. 열렬함. 활발함. ④한창 유행함. ⑤빈번함. 자주.

◉盛る❶[さかる] 〈5自〉 ①(가게 등이) 번창하다. 번영하다. ②(기세가) 좋아지다. 활발해지다. ③유행하다. ④(짐승이) 발정하여 교미하다.

[2]◉盛る❷[もる] 〈5他〉 ①(그릇에) 수북이 담다. ②쌓아 올리다. ③(독약을) 섞어 조제하다. ④눈금을 새기다. ⑤(사상・감정 등을) 글로 표현하다.

[2]盛り❶[さかり] ①한창. 한창때. ②(짐승의) 발정. 암내.

盛り❷[もり] ①(그릇에) 수북이 담음. ②(숫자에 접속하여 조수사로) …그릇. …공기.

盛岡[もりおか] ≪地≫ 岩手県(いわてけん)의 현청(県庁) 소재지.

盛(り)菓子[もりがし] ①신불(神仏)에게 바치는 과자. ②수북이 담은 과자.

盛(り)蕎麦[もりそば] 일본식 메밀국수.

盛り潰す[もりつぶす] 〈5他〉 곯아떨어지게 술을 먹이다. 곤드레만드레가 되게 술을 먹이다.

盛(り)物[もりもの] ①상에 차린 음식. ②제수(祭需). 공물(供物).

盛り返す[もりかえす] 〈5他〉 (쇠퇴한 기운을) 만회하다. 복구하다. 회복시키다.

盛り付ける[もりつける] 〈下1他〉 (그릇에) 음식을 수북이 담다.

盛(り)砂[もりずな] ①(옛날에 귀인을 환영하거나 의식이 있을 때) 대문 양쪽에 높이 쌓았던 모래. ②쌓아 올린 모래.

盛り殺す[もりころす] 〈5他〉 ①(음식물에 약을 넣어) 독살하다. ②약을 잘못 써서 죽이다.

[1]盛り上がる[もりあがる] 〈5自〉 ①부풀어 오르다. 튀어나오다. ②(분위기가) 고조(高潮)되다. 높아지다. 비등(沸騰)하다.

盛(り)上げ[もりあげ] ①쌓아 올림. 두둑하게 돋음. ②앙양(昂揚). 제고(提高).

盛り上げる[もりあげる] 〈下1他〉 ①돋우다. 쌓아 올리다. ②(분위기를) 고조(高潮)시키다. 제고(提高)하다. 앙양(昂揚)하다.

盛(り)上げ彩色[もりあげざいしき] (일본 화법(画法)의 하나로) 호분(胡粉) 등 짙은 물감을 써서 두텁게 부풀어 오르게 하는 채색법.

盛(り)塩[もりじお] 재수 좋으라고 문간에 소금을 놓음.

盛り込む[もりこむ] 〈5他〉 ①(여러 가지 물건을) 함께 담다. ②(여러 가지 생각 등을) 종합하다. 포함시키다.

盛り場[さかりば] 번화가(繁華街).

盛っ切り[もっきり] ☞ 盛(り)切り

盛(り)切り[もりきり] 그릇에 가득 담음.

盛(り)切(り)飯[もりきりめし] 추가분이 없는 한 그릇의 밥.

盛(り)出(し)[もりだし] 저울눈의 맨 처음. 저울의 1돈(3.75g) 부분.

盛(り)沢山[もりだくさん] (내용이) 풍부함. 다채로움.

盛(り)土[もりつち] 흙을 높이 쌓아 올림.

盛(り)花[もりばな] 갖가지 꽃을 가득히 꽂은 꽃꽂이.

音読

盛挙[せいきょ] 성거; 성대한 사업. 웅대한 계획.

盛観[せいかん] 성관; 한창임. 장관(壮観).

盛期[せいき] 성기; 한창때.

盛年[せいねん] 성년; 한창때.

[1]盛大[せいだい] 성대; 아주 성함.

盛代[せいだい] 성대; 태평 성세.

盛徳[せいとく] 성덕; 훌륭한 덕.

盛名[せいめい] 성명; 명성(名声).

盛事[せいじ] 성사; 성대한 사업・행사.

盛暑[せいしょ] 성서; 한더위.

盛衰[せいすい] 성쇠; 성함과 쇠퇴함.

盛時[せいじ] 성시; ①한창때. ②(국운 등이) 흥성한 때.

盛業[せいぎょう] 성업; 사업이 번창함.

盛宴[せいえん] 성연; 성대한 연회.

盛運[せいうん] 성운; 흥하는 운세.

盛儀[せいぎ] 성의; 성대한 의식.

盛者必衰[じょうしゃひっすい／しょうじゃひっすい] 성자필쇠.

[1]盛装[せいそう] 성장; 옷을 훌륭하게 차려 입음.

盛典[せいてん] 성전; 성대한 의식.

盛夏[せいか] 성하; 한여름.

盛況[せいきょう] 성황; 성대한 상황.

盛会[せいかい] 성회; 성대한 모임.

聖(聖) 거룩할/성인 성

一 𠃍 匚 𠀎 耳 耳' 耶 聖 聖 聖

音 ◉セイ ⊗ショウ

訓 ⊗ひじり

訓読

⊗聖❶[ひじり] ①천황(天皇)의 높임말. ②성인(聖人). ③고승(高僧). ④명인(名人). ⑤청주(清酒). ❷[せい] ☞ [音読]

聖柄[ひじりづか] 나뭇결이 드러난 칼자루.
聖の御代[ひじりのみよ] 성대(聖代). 태평성세(泰平盛世).

音読

聖❶[せい] 거룩함. 신성함. ❷[ひじり] ☞[訓読]
聖なる[せいなる] 거룩한. 신성한.
聖歌[せいか] 성가; ①신불(神仏)을 찬양하는 노래. ②(기독교의) 찬송가.
聖駕[せいが] 성가; (임금의) 어가(御駕). 임금이 타는 수레.
聖経[せいきょう] 성경; ①신성한 경전. ②(기독교의) 성서(聖書).
聖公会[せいこうかい] 성공회.
聖教❶[せいきょう] 성교; ①공자의 가르침. ②기독교. ❷[せいぎょう] ≪仏≫ 부처의 가르침.
聖句[せいく] 성구; 성경 구절.
聖女[せいじょ] 성녀; 신성한 여자.
聖断[せいだん] 성단; 천자의 단안.
聖壇[せいだん] 성단; 신단(神壇).
聖譚曲[せいたんきょく] ≪楽≫ 성담곡.
聖堂[せいどう] 성당; ①천주교 교회당. ②공자묘(公子廟).
聖徒[せいと] 성도; ①기독교도. ②(천주교의) 성인(聖人).
聖霊[せいれい] 성령; 거룩한 영.
聖母像[せいぼぞう] 성모상.
聖別[せいべつ] 성별; 거룩한 용도로 사용하기 위해 정결하게 따로 구별함.
聖上[せいじょう] 성상; 주상(主上). 임금.
聖像[せいぞう] 성상; ①공자의 초상. ②임금의 초상.
[1]**聖書**[せいしょ] 성서; 성경.
聖寿[せいじゅ] 성수; 천자의 나이・수명.
聖楽[せいがく] 성악; 종교 음악.
聖夜祭[せいやさい] 성탄 전야제.
聖業[せいぎょう] 성업; ①신성한 사업. ②임금의 업적.
聖域[せいいき] 성역; 신성한 지역.
聖王[せいおう] 성왕; 성군(聖君).
聖油[せいゆ] 성유; 성별된 향유.
聖恩[せいおん] 성은; 천자의 은혜.
聖人❶[せいじん] 성인; ①지덕(智徳)이 뛰어난 사람. ②위대한 신앙인. ③청주(清酒). ❷[しょうにん] ≪仏≫ 성인; ①지덕(智徳)이 높고 자비심이 많은 사람. ②고승(高僧).
聖日[せいじつ] 성일; 일요일.
聖者❶[せいじゃ] 성자; ①성인(聖人). ②뛰어난 신앙인. ③위대한 순교자・신도의 높임말. ❷[しょうじゃ] ≪仏≫ 성자; 번뇌를 끊고 올바른 도리를 깨달은 사람.
聖跡[せいせき] 성적; ①성스러운 유적. ②천자와 관계된 유적.
聖典[せいてん] 성전; 경전(経典).
聖戦[せいせん] 성전; 종교적인 목적을 위해 싸우는 전쟁.
聖衆[しょうじゅ] ≪仏≫ 성중; ①성자(聖者)의 무리. ②극락의 보살들.
聖旨[せいし] 성지; 천자의 뜻.
聖地巡礼[せいちじゅんれい] 성지 순례.
聖職[せいしょく] 성직; 신성한 직분.
聖餐[せいさん] 성찬; (예수의) 최후의 만찬.
聖体[せいたい] 성체; ①천황의 몸. ②그리스도의 몸.
聖誕祭[せいたんさい] 성탄절. 크리스마스.
聖賢[せいけん] 성현; ①성인과 현인. ②청주와 탁주.
聖火[せいか] 성화; ①신에게 바치는 신성한 불. ②올림픽에 사용하는 신성한 불.
聖火台[せいかだい] 성화대.
聖画[せいが] 성화; 종교화.

誠(誠) 정성 성

⺀ 言 言 言 訁 訂 訢 試 誠 誠

音 ◉セイ
訓 ◉まこと

訓読

[1]◉**誠**[まこと] ①참. 사실. 진실. ②성의. 정성. 진심. ③〈副〉 참으로. 정말로.
誠しやか[まことしやか] 〈形動〉 그럴 듯함. 아주 그럴싸함.
[1]**誠に**[まことに] 〈副〉 참으로. 정말로. 대단히.

音読

[1]**誠実**[せいじつ] 성실; 거짓됨이 없이 진실함. 진심이 느껴짐.
誠心[せいしん] 성심; 정성스런 마음.
誠意[せいい] 성의; 정성.
誠忠[せいちゅう] 성충; 충성(忠誠).

醒 술깰 성

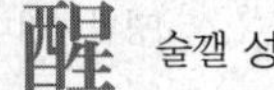

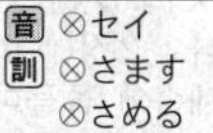

音 ⊗セイ
訓 ⊗さます
⊗さめる

訓読

⊗醒ます[さます] 〈5他〉 (술기운을) 깨게 하다. 제정신이 들게 하다.

⊗醒める[さめる] 〈下1自〉 (술이) 깨다. 제정신이 들다.

醒め遣らぬ[さめやらぬ] (술이) 아직 덜 깨다. (흥분이) 아직 덜 가시다.

音読

◑覚醒剤[かくせいざい], 警醒[けいせい]

世 인간/세상 세

一 十 廾 廾 世

音 ◉セ ◉セイ
訓 ◉よ

訓読

[1]◉世❶[よ] ①(사람이 모여 사는) 세상. 사회. ②(역사상의) 시대. 세대. ③(한 사람의) 일생. 인생. ④(한 집안의) 대(代). ⑤(그때의) 시국. 때. ⑥ ≪仏≫ 세상. 속세. ⑦나라. ⑧남녀의 정. 남녀 관계. ⑨나이. 연령. ❷[せい] ☞ [音読]

世に[よに] ①특히. 각별히. 매우. ② ≪古≫ (부정문에서) 결코.

世にも[よにも] '世(よ)に'의 강조임.

世の覚え[よのおぼえ] 세상의 평판.

世継ぎ[よつぎ] 대를 이음. 상속인. 후사.

世過ぎ[よすぎ] 세상살이. 생활.

世慣れる[よなれる] 〈下1自〉 ①세상 물정에 밝아지다. ②남녀 관계를 잘 알다.

世渡り[よわたり] 처세. 세상살이.

世の例し[よのためし] 세상의 관계.

世離れる[よばなれる] 〈下1自〉 세상 물정을 모르다. 속세를 벗어나다.

世の聞こえ[よのきこえ] 세상의 평판.

世迷い言[よまいごと] 넋두리. 횡설수설.

世並み[よなみ] ①평범함. 보통임. ②세태. 세상이 되어 가는 형편.

世柄[よがら] 세태(世態).

世付く[よづく] 〈4自〉≪古≫ ①세상 물정에 밝다. ②성(性)에 눈뜨다. ③평범해지다. ④세속에 물들다.

世捨(て)人[よすてびと] 속세를 떠난 사람.

世の常[よのつね] ①세상의 관례. 흔히 있는 일. ②보통임. 예사로움.

世世[よよ/せぜ] 대대(代代). 대(代)를 거듭함.

世馴れる[よなれる] 〈下1自〉 ①세상 물정에 밝아지다. ②남녀 관계를 잘 알다.

世の習い[よのならい] 세상의 관습.

世心[よごころ] 이성(異性)간의 정.

世語り[よがたり] 세상 이야기.

世の営み[よのいとなみ] 세상살이.

[2]世の中[よのなか] 세상. 사회.

世直し[よなおし] 사회 개혁.

世の限り[よのかぎり] ①일생. 한평생. ②임종(臨終). 세상 끝.

音読

世❶[せい] 〈接尾語〉 …세. ＊이어받은 세대・지위・칭호 등의 대수(代数)나 순서를 나타냄. ❷[よ] ☞ [訓読]

[2]世間[せけん] ①(사람이 모여 사는) 세상. 사회. ②세상사람. ③활동 범위. 교제 범위.

世間見ず[せけんみず] 세상 물정에 어두움.

世間口[せけんぐち] 세상의 평판. 구설수.

世間気[せけんぎ] 세상에 대한 체면.

世間離れ[せけんばなれ] 세속을 벗어남.

世間並み[せけんなみ] 평범함. 보통임.

世間師[せけんし] ≪俗≫ 약삭빠른 사람.

世間騒がせ[せけんさわがせ] 세상을 떠들썩하게 하는 것.

世間的[せけんてき] 세속적임.

世間知らず[せけんしらず] 세상 물정에 어두움.

世間擦れ[せけんずれ] 세파에 시달림.

世間体[せけんてい] 세상에 대한 체면.

世間通[せけんつう] 세상일에 정통함.

世間話[せけんばなし] 세상 이야기. 잡담.

[3]世界[せかい] 세계; ①모든 나라. ②우주. ③세상.

世界一[せかいいち] 세계 제일.

世界中[せかいじゅう] 온 세계. 전 세계.

世故[せこ] 세상 물정.

[2]世紀[せいき] 세기; ①100년을 단위로 한 시대 구분. ②일정한 기간. 시대. ③세기적인. 100년에 한 번 꼴.

[1]世代[せだい] 세대; ①어떤 연령층. ②여러 대(代).

世代交代[せだいこうたい] 세대 교체.

世代交番[せだいこうばん] 세대 교체.

[1]世帯[せたい] 세대; 가구(家口).
世帯主[せたいぬし] 세대주.
世帯持(ち)[せたいもち] 가정을 가진 사람.
世路[せろ] 세로; 인생 행로.
世論[せろん] 여론(輿論).
世事[せじ] 세사; ①세상 일. 세속적인 일. 세상 물정. ②아첨.
[1]世辞[せじ] 아첨. 맞장구치는 인사말.
世辞者[せじもの] 아첨꾼.
世嗣[せいし] 후사(後嗣).
世上[せじょう] 세상; 사회.
世相[せそう] 세상; 세태(世態).
世俗[せぞく] 세속; 이 세상. 세상 풍속.
世襲[せしゅう] 세습; 자자손손 물려받음.
世業[せいぎょう] 세업; 조상 대대로 물려받은 직업.
世運[せいうん/せうん] 세운; 세상의 추세.
世銀[せぎん] '世界銀行'의 준말.
世人[せじん] 세인; 세상 사람들.
世子[せいし] 세자; 후사(後嗣).
世才[せさい] 세재; 처세술.
世伝[せいでん] 세전; 대대로 전해 내려옴·전해 줌.
世情[せじょう] 세성; 세상 물정.
世知[せち] 세지; 처세술.
世知辛い[せちがらい] 〈形〉 ①세상살이가 힘들다. 먹고살기가 힘들다. ②야박하다. 각박하다.
世塵[せじん] 세진; 세상의 번거로운 일.
世態[せたい] 세태; 세상 상태.
世評[せひょう] 세평; 세상의 평판.
[2]世話[せわ] ①시중. 돌봄. 보살핌. ②수고. 폐. 신세. ③참견. ④추천. 소개. ⑤평판. 소문.
世話狂言[せわきょうげん] (歌舞伎(かぶき)에서) 서민 생활을 소재로 한 희극.
世話女房[せわにょうぼう] 살림꾼 아내. 알뜰한 아내.
世話物[せわもの] (歌舞伎(かぶき)·浄瑠璃(じょうるり)에서) 江戸(えど) 시대의 세태를 묘사한 것.
世話焼き[せわやき] ①남의 일을 잘 돌봐주는 사람. ②(단체 등의) 살림꾼.
世話役[せわやく] (단체 등의) 살림꾼.
世話人[せわにん] (단체 등의) 살림꾼.
世話場[せわば] ①(歌舞伎(かぶき)에서) 서민의 일상생활을 연출하는 장면. ②가난하여 생활이 어려움.
世話好き[せわずき] 남의 일을 잘 돌봐줌.

洗 씻을 세

音 ◉セン
訓 ◉あらう

訓読

[4]◉洗う[あらう] 〈5他〉 ①(물로) 씻다. 빨다. 빨래하다. ②(파도가) 밀려와 부딪치다. ③(비밀을) 들추어내다. 캐내다. 밝혀내다.
洗い[あらい] ①(물로) 씻음. 세탁. 빨래. ②냉회. 얼음물에 씻어 오돌오돌하게 만든 생선회.
洗い落とす[あらいおとす] 〈5他〉 씻어내다.
洗い流す[あらいながす] 〈5他〉 씻어내다. 닦아내다. 씻어 떠내려 보내다.
洗い立て[あらいたて] ①갓 씻음. 갓 빤 것. ②(비밀을) 들추어냄. 캐냄. 밝혀냄.
洗い立てる[あらいたてる] 〈下1他〉 ①말끔히 씻어내다. 잘 닦아내다. ②(비밀·약점을) 모조리 들추어내다. 낱낱이 폭로하다.
洗い物[あらいもの] ①빨랫감. 설거짓감. ②빨래. 설거지.
洗い髪[あらいがみ] (여자의) 막 감은 머리.
洗い粉[あらいこ] 가루비누.
洗い上げる[あらいあげる] 〈下1他〉 ①다 씻다. 씻기를 마치다. ②깨끗이 씻다. ③(비밀 등을) 캐내다. 밝혀내다. 속속들이 조사하다.
洗い晒し[あらいざらし] 자주 빨아서 색이 바램.
洗い晒す[あらいざらす] 〈5他〉 자주 빨아서 색이 바래다. 색이 바래도록 빨다.
洗い矢[あらいや] (총열 안을 닦는) 꽂을대.
洗い場[あらいば] ①빨래터. 설거지하는 곳. ②(목욕탕의) 때 씻는 곳.
洗い張り[あらいはり] 옷감을 빨아 풀을 먹여 반반하게 펴서 말림.
洗い朱[あらいしゅ] 주황색(朱黄色).
洗い浚い[あらいざらい] 모조리. 죄다.
洗い直す[あらいなおす] 〈5他〉 ①다시 씻다. 다시 빨다. ②재검토하다. 재조사하다.
洗い出し[あらいだし] ①(벽돌·인조석의) 표면을 바르지 않고 그대로 둠. ②(벽·바닥이 마르기 전에) 물로 씻어내어 표면에 잔돌이 드러나게 한 것. ③(삼나무 판자를 물로 씻어내어) 나뭇결을 도드라지게 한 것. ④조사(調査).

洗い出す[あらいだす] 〈5他〉 ①씻거나 닦아서 바탕을 드러내다. ②(비밀・약점을) 들추어내다. 폭로하다. 밝혀내다. 캐내다.

洗い濯ぎ[あらいすすぎ] 세탁. 빨래.

洗い桶[あらいおけ] 씻는 통. 물통.

音読

洗脳[せんのう] 세뇌; 어떤 사상・주의를 주입시키는 일.

洗練[せんれん] 세련; 인품을 닦아 고상함.

洗礼[せんれい] 세례; ①기독교의 신자가 될 때의 의식. ②반드시 거쳐야 할 특이한 경험.

2 **洗面**[せんめん] 세면; 세수를 함.

洗面器[せんめんき] 세면기.

洗面台[せんめんだい] 세면대.

洗面所[せんめんじょ] 세면소; 세면장.

洗髪[せんぱつ] 세발; 머리를 감음.

洗眼[せんがん] ≪医≫ 세안; 눈을 씻음.

洗顔[せんがん] 세안; 얼굴을 씻음.

洗浄[せんじょう] 세정; 세척(洗滌).

洗剤[せんざい] 세제; 물에 타서 더러움을 씻어내는 약제.

洗足[せんそく] 세족; 발을 씻음. 발 씻을 물.

洗車場[せんしゃじょう] 세차장.

洗滌[せんじょう] 세척; 깨끗이 씻음.

4 **洗濯**[せんたく] 세탁; 빨래.

洗濯機[せんたくき] 세탁기.

洗濯物[せんたくもの] 세탁물; 빨랫감.

洗濯日和[せんたくびより] 빨래하기에 좋은 날씨.

洗濯板[せんたくいた] 빨래판.

洗濯挟み[せんたくばさみ] 빨래집게.

細 가늘/자세할 세

〈 幺 幺 糸 糸 糹 細 細 細 細

音 ◉サイ

訓 ◉ほそい ◉ほそめる ◉ほそる ◉こまか ◉こまかい

訓読

4 ◉**細い**[ほそい] 〈形〉 ①(물체가) 가늘다. ②(목소리가) 가늘다. ③(힘・신경이) 약하다. ④(양이) 적다. ⑤(폭이) 좁다.

◉**細か**[こまか] 〈形動〉 ①(모양이) 아주 작음. 잘다. ②자세함. 상세함. ③면밀함. ④타산적임.

3 ◉**細かい**[こまかい] 〈形〉 ①(크기가) 잘다. 작다. ②자세하다. 상세하다. ③면밀하다. 세심하다. ④사소하다. 하찮다. ⑤타산적이다. 짜다. ⑥(금액이) 작다.

細かさ[こまかさ] 작음.

細かしい[こまかしい] 〈形〉≪方≫ 귀찮을 만큼 까다롭다. 자질구레하다.

細さ[ほそさ] 가늘기. 가늚. 좁음.

細っこい[ほそっこい] 〈形〉 보기만 해도 가냘프다.

◉**細める**[ほそめる] 〈下1他〉 ①가늘게 하다. ②(소리・기세를) 약하게 하다.

細め[ほそめ] ①비교적 가늚. 약간 좁음. ②좁은 틈.

1 ◉**細やか❶**[こまやか] 〈形動〉 ①자상함. 세밀함. ②(애정이) 두터움.

◉**細やか❷**[ほそやか] 〈形動〉 가느스름함. 가냘픔.

⊗**細やか❸**[ささやか] 변변치 못함. 보잘것없음.

◉**細る**[ほそる] 〈5自〉 가늘어지다. 작아지다. 약해지다. 여위다. 줄다.

細口[ほそくち] ①(병 등의) 아가리가 좁음. ②가는 모양. 소형임.

細巻(き)[ほそまき] (김밥 등을) 가늘게 맒. 가늘게 만 것.

細帯[ほそおび] 폭이 좁은 띠.

細道[ほそみち] 오솔길. 좁은 길.

細棹[ほそざお] 줄을 매는 부분이 가느다란 三味線(しゃみせん).

細面[ほそおもて] 갸름한 얼굴.

細目❶[ほそめ] ①실눈. 가늘게 뜬 눈. ②(편물 등의) 촘촘히 짠 코. ③가느스름함. ④좁은 틈. ❷[さいもく] 세목; 자세한 조목.

細糸[ほそいと] 가는 실.

細石[★さざれいし] 잔돌. 조약돌.

細雪[★ささめゆき] 세설; 가랑눈.

細細しい[こまごましい] 〈形〉 ①자질구레하다. ②자세하다. 세세하다. ③번거롭다.

細細と❶[こまごまと] 〈副〉 ①자질구레하게. ②자세하게. 상세하게. 자상하게. ③부지런히. ❷[ほそぼそと] 〈副〉 ①가느다랗게. ②근근이. 겨우.

細首[ほそくび] ①가느다란 목. 가는 목. ②(욕하는 말로) 모가지.

細身[ほそみ] 폭이 좁고 날씬하게 만든 것.

細魚[★さより] ≪魚≫ 공미리. 침어(針魚).
細腕[ほそうで] ①가냘픈 팔. ②가냘픈 힘. 연약한 힘.
細引き[ほそびき] 가는 삼노끈.
細字[ほそじ/さいじ] 가느다란 글자.
細作り[ほそづくり] ①가늘게 만든 것. 가늘게 만듦. ②날씬함. 날씬한 몸매.
細く長く[ほそくながく] 가늘고 길게. 조금씩조금씩.
細切れ[こまぎれ] 잘게 썬 토막.
細濁り[★さざにごり] (연못·강 등의) 물이 약간 흐림.
細波[★さざなみ/さざれなみ] ①잔물결. ②작은 분쟁.

音読

細[さい] 미세함. 자세함.
細見[さいけん] ①자세히 봄. ②상세한 도면. 자세한 지도.
細径[さいけい] 좁은 길. 오솔길.
1**細工**[さいく] 세공; ①손끝을 사용해서 조그만 물건을 만듦. ②≪俗≫ 잔꾀. 농간.
細君[さいくん] (친구 사이에서 아내를 지칭하여) 마누라. 집사람.
1**細菌**[さいきん] 세균; 박테리아.
細謹[さいきん] 세근; 사소한 잘못.
細大[さいだい] 세대; 작은 것과 큰 것. 크고 작은 일.
細大漏らさず[さいだいもらさず] 모두. 전부.
細論[さいろん] 세론; 상론(詳論).
細流[さいりゅう/せせらぎ] 세류; 작은 시냇물.
細粒[さいりゅう] 세립; 작은 알갱이.
細目❶[さいもく] 세목; 자세한 조목. ❷[ほそめ] ①실눈. 가늘게 뜬 눈. ②(편물 등의) 촘촘히 짠 코. ③가느스름함. ④좁은 틈.
細紋[さいもん] 세문; 잔무늬.
細微[さいび] 세미; 미세함.
細民[さいみん] 세민; 영세민. 빈민.
細民街[さいみんがい] 빈민가(貧民街).
細民窟[さいみんくつ] 빈민굴(貧民窟).
細密[さいみつ] 세밀; 면밀함. 세심함.
細密画[さいみつが] 세밀화; 미니어처.
細別[さいべつ] 세별; 세밀하게 나눔.
細部[さいぶ] 세부; 세밀한 부분.
細分[さいぶん] 세분; 세밀하게 분류함.
細事[さいじ] 세사; ①자세한 일. ②자세한 사항.
細査[さいさ] 세사; 세밀한 조사.
細叙[さいじょ] 세서; 자세하게 적음.
細小[さいしょう] 세소; 미세함.
細心[さいしん] 세심; 꼼꼼한 마음.
細雨[さいう] 세우; 가랑비. 이슬비.
細作[さいさく] 세작; 간첩. 스파이.
細注[さいちゅう] 세주; ①자세한 주석. ②잔글씨로 단 주석.
細緻[さいち] 세치; 치밀함. 면밀함.
細則[さいそく] 세칙; 자세한 규칙.
1**細胞**[さいぼう/さいほう] ≪生理≫ 세포; 생물체를 이루는 최소 단위.
細胞膜[さいぼうまく] ≪生理≫ 세포막.
細胞核[さいぼうかく] ≪生理≫ 세포핵.
細胞分裂[さいぼうぶんれつ] 세포 분열.
細筆[さいひつ] 세필; ①끝이 가는 붓. ②잘게 쓴 글씨. ③자세하게 씀.

税(税) 세금 세

丶 二 千 矛 禾 禾' 秈 秙 税 税

音 ◉ゼイ
訓 —

音読

2**税**[ぜい] 세; 세금.
2**税関**[ぜいかん] 세관.
税関渡し[ぜいかんわたし] 세관도; 화물을 세관에서 인도하는 조건의 거래 계약.
税関上屋[ぜいかんうわや] 보세 창고. 통관 수속을 마치지 않은 화물을 임시 보관하는 곳.
2**税金**[ぜいきん] 세금.
税吏[ぜいり] 세리; 세무 공무원.
税理士[ぜいりし] 세무사(税務士).
税目[ぜいもく] 세목; 세금 종목.
1**税務署**[ぜいむしょ] 세무서.
税法[ぜいほう] 세법; 세무에 관한 법률.
税収[ぜいしゅう] 세수; 세금 수입.
税額[ぜいがく] 세액; 조세의 액수.
税率[ぜいりつ] 세율; 과세율.
税引(き)[ぜいびき] 세금 공제.
2**税込(み)**[ぜいこみ] 세금 포함.
税政[ぜいせい] 세정; 세무 행정.
税制[ぜいせい] 세제; 조세 제도.
税調[ぜいちょう] '税制調査会'의 준말.

歲(歳) 해/나이 세

丨 屮 屵 岸 岸 岸 崴 歲 歲 歲

音 ◉サイ ◉セイ
訓 ⊗とし

訓読

⊗歲❶[とし] ①해. ②나이. 연령. ❷[さい] ☞[音読]

歲徳棚[としとくだな] 세덕신(歲德神)을 모시는 선반.

歲徳神[としとくじん] 세덕신(歲德神); 연초에 제사지내는 신.

歲の市[としのいち] 섣달 대목장.

歲神[としがみ] ①그 해의 풍작을 비는 신. ②세덕신(歲德神).

音読

2歲❶[さい] (숫자에 접속하여) …세; …살. ＊접미어로 나이를 셀 때. ❷[とし] ☞[訓読]

歲計[さいけい] 세계; 1년 또는 회계 연도 중의 수입과 지출의 총계.

歲旦[さいたん] 세단; ①설날 아침. ②신년(新年). 새해.

歲末[さいまつ] 세말; 연말(年末).

歲暮[せいぼ] 세모; ①연말(年末). ②¶お~ 연말의 선물.

歲費[さいひ] 세비; ①국회의원 1년간의 수당. ②1년 동안 필요한 비용.

歲歲[さいさい] 세세; 해마다. 매년.

歲時記[さいじき] 세시기; ①1년 동안의 행사와 관련된 생활을 해설한 책. ②俳句(はいく)의 계어(季語)를 분류・해설한 책.

歲月[さいげつ] 세월; 어느 긴 기간.

歲入[さいにゅう] 세입; 1년간의 총수입.

歲次[さいじ] 세차; 간지(干支)에 따라 정한 해(年)의 차례.

歲差[さいさ] 세차; 춘분(春分)이 되는 날이 해마다 조금씩 틀림.

歲出[さいしゅつ] 세출; 1년간의 총지출.

歲出入[さいしゅつにゅう] 세출입; 1년간의 수입과 지출.

勢 기세 세

一 十 ㅊ 夫 坴 坴 埶 埶 勢 勢

音 ◉セイ
訓 ◉いきおい

訓読

2◉勢い[いきおい] ①(자연의) 힘. ②(원기의) 힘. ③기세. 권세. 위세. 세력. 위력. ④기운. 여세. ⑤(되어 가는) 추세. 흐름. ⑥〈副〉 자연히. 당연히.

勢いよく[いきおいよく] 힘차게. 활기차게. 대단한 기세로.

勢い付く[いきおいづく] 〈5自〉 기운이 나다. 기운 차리다. 힘이 나다.

勢い込む[いきおいこむ] 〈5自〉 기운을 내다. 분발하다.

音読

勢[せい] 세; ①기세. 힘. ②(군대의) 병력. 군세(軍勢).

勢ぞろい[せいぞろい] ①총집결. 한 자리에 모두 모임. ②(병력의) 집결(集結).

勢家[せいか] 세가; 세도가(勢道家).

1勢力[せいりょく] 세력; ①남을 복종시키는 기세와 힘. ②(어떤 일을 하는 데에) 사용하는 인원・기자재(器資材).

勢威[せいい] 세위; 위세. 세력.

勢子[★せこ] (사냥에서) 몰이꾼.

勢子船[★せこぶね] 옛날에 고래를 쫓아가 작살을 박는 역할을 하던 배.

貰 세낼 세

音 ⊗セイ
訓 ⊗もらう

訓読

3⊗貰う[もらう] 〈5他〉 ①얻다. 받다. ②인수하다. 떠맡다. ③(양자・며느리・사위로) 맞이하다. ④(시합에) 이기다. ⑤전염되다. 옮기다. ⑥(물건을) 사다. 사가지다.

貰い[もらい] ①얻음. 얻은 것. 동냥한 것. ②딴 좌석의 기녀(妓女) 등을 불러옴.

貰い年[もらいどし] 액년(厄年)을 피하기 위해 실제 나이보다 늘려 보탬.

貰い物[もらいもの] 얻은 물건. 선물.

貰いっ放し[もらいっぱなし] 선물을 받고도 답례를 하지 않음.

貰い笑い[もらいわらい] 덩달아서 웃음.

貰い手[もらいて] 받아주는 사람. 떠맡는 사람. 가져갈 사람. 데리고 갈 사람.

貰い水[もらいみず] 얻은 물.

貰い受ける[もらいうける] 〈下1他〉 얻다. 얻어 갖다.

貰い食い[もらいぐい] 얻어 먹음.

貰い乳[もらいぢ/もらいぢち] 남의 젖을 얻어 먹임. 얻어 먹이는 남의 젖.
貰い泣き[もらいなき] 덩달아 욺.
貰い子[もらいご] 양자. 양녀.
貰い湯[もらいゆ] 남의 집 목욕탕에서 목욕을 함.
貰い下げ[もらいさげ] 구속자 등의 신병(身柄)을 인수함.
貰い火[もらいび] ①얻어 온 불씨. 불씨를 얻어 옴. ②이웃집에서 옮겨 붙은 불.

소

小 작을 소

亅 小 小

音 ◉ショウ
訓 ◉ちいさい ◉お ◉こ

訓読

4◉小さい[ちいさい] 〈形〉 ①(면적・부피가) 작다. ②(수량・정도가) 적다. ③(나이가) 어리다. 적다. ④(소리가) 작다. 낮다. ⑤(규모가) 작다. 사소하다. ⑥(마음이) 좁다.
小さげ[ちいさげ] 작은 듯함.
小ささ[ちいささ] 작음. 적음. 조그마함.
4小さな[ちいさな] 조그마한.
小さやか[ちいさやか] 자그마함.
小さ刀[ちいさがたな] (무사가 큰칼과 함께 허리에 차는) 작은 칼.
小家[こいえ/しょうか] 작은 집. 오두막집.
小家勝ち[こいえがち] 작은 집들이 많음.
小刻み[こきざみ] ①잘게 썲. ②종종걸음. ③조금씩. 찔끔찔끔.
小間[こま] ①짬. 틈. 겨를. ②작은 방. 좁은 공간. ③《建》 서까래와 서까래 사이. 동귀틀과 동귀틀 사이. 기와의 너비. ④(일본 배에서) 뱃머리에 가장 가까운 곳.
小間結び[こまむすび] (실・끈을) 옭아맴.
小間物[こまもの] 방물. (여자용의) 자질구레한 장신구(裝身具).
小間物屋[こまものや] ①방물상. 방물 가게. 잡화상. ②(입으로) 토함. 토한 것.
小間使い[こまづかい] (여자의) 몸종.
小間絵[こまえ] 조그만 컷・삽화.
小降り[こぶり] (눈・비가) 조금씩 내림.
小糠[こぬか] 쌀겨. 속겨.
小糠雪[こぬかゆき] 싸락눈. 가루눈.
小糠雨[こぬかあめ] 가랑비. 이슬비.
小糠草[こぬかぐさ] 《植》 흰겨이삭.
小芥子[こけし] 일본 東北(とうほく) 지방 특산물인 목각 인형.
小格子[こごうし] ①작은 격자. ②작은 격자무늬 ③吉原(よしわら) 유곽에서 격이 낮은 유곽.
小犬[こいぬ] ①작은 개. ②강아지.
小犬座[こいぬざ] 《天》 작은개자리.
小見出し[こみだし] ①작은 표제어(標題語). 부제(副題). ②한 문장의 소제목(小題目).
2小遣(い)[こづかい] 용돈.
小遣(い)稼ぎ[こづかいかせぎ] 용돈벌이.
小遣(い)銭[こづかいぜに/こづかいせん] 용돈.
小結[こむすび] (씨름에서) 三役(さんやく)의 최하위로서 関脇(せきわき) 다음 자리.
小競り合い[こぜりあい] ①소규모의 전투. 작은 충돌. ②사소한 분쟁. 알력. 시비.
小鯨[こくじら] 《動》 새끼 고래.
小袿[こうちぎ/こうちき] 옛날 귀부인이 입던 간단한 예복.
小姑[こじゅうと/こじゅうとめ] 시누이. 처제. 처형.
小股[こまた] ①사타구니. 다리 가랑이. ②종종걸음.
小股掬い[こまたすくい] ①(씨름에서) 안다리 잦히기. ②상대방을 틈타 자기의 이익을 꾀함.
小高い[こだかい] 〈形〉 약간 높다.
小骨[こぼね] ①(물고기 등의) 잔뼈. 잔가시. ②약간의 고생. 약간의 수고.
小冠者[こかんじゃ] ①약관(弱冠). ②풋내기.
小口[こぐち] ①(막대 모양 물건의) 절단면. ② 《経》 소량. 소액. ③단서. 실마리. ④책의 재단면.
小口扱い[こぐちあつかい] 소량 화물 취급.
小口書(き)[こぐちがき] 재단한 책의 바닥면에 책명이나 권수 등을 적어 넣음.
小口切り[こぐちぎり] 물건의 끝을 조금씩 자름. 물건의 끝을 자름.
小菊[こぎく] ① 《植》 꽃송이가 작은 국화. ②판(判)이 작은 일본 고유의 종이.
小弓[こゆみ] 장난감 활.
小机[こづくえ] 작은 책상.
小鬼百合[こおにゆり] 《植》 중나리.
小金[こがね] 작은 목돈.

小急ぎ[こいそぎ] 조금 서두름.
小気味[こきみ] 기분. 느낌.
小技[こわざ] (씨름·유도에서) 잔재주.
小奇麗[こぎれい] 〈形動〉 아담함. 깔끔함.
小器用[こきよう] ①손재주가 있음. 손이 날렵함. ②약삭빠름.
小旗[こばた] 작은 깃발.
小綺麗[こぎれい] 〈形動〉 아담함. 깔끔함.
小機転[こぎてん] 약간의 재치.
小難しい[こむずかしい] 〈形〉 ①약간 까다롭다. ②마음이 언짢다.
小男[こおとこ] 몸집이 작은 남자.
小女郎[こじょろう] 소녀. 어린 계집.
小女房[こにょうぼう] ①젊은 궁녀. ②몸집이 작은 궁녀.
小旦那[こだんな] 도련님. 젊은 주인님. *주인 아들의 높임말.
小端[こはし] 우수리.
小当(た)り[こあたり] (남의 속을) 슬쩍 떠봄.
小刀❶[こがたな] ①주머니칼. ②작은 칼. ❷[しょうとう] ①창칼. ②허리에 차는 작은 칼.
小島[こじま/おじま] 소도; 작은 섬.
小道[こみち] ①골목길. 좁은 길. ②샛길. 옆길. ③6정(町)을 1里(4㎞)로 하는 이정(里程).
小道具[こどうぐ] 소도구; ①자질구레한 도구. ②(무대에서 사용하는) 소도구. ③도검(刀剣)의 부속품.
小盗人[こぬすびと] 좀도둑.
小突く[こづく] 〈5他〉 ①(손가락 등으로) 쿡쿡 찌르다. ②(약한 자를) 들볶다. 못살게 굴다.
小突き回す[こづきまわす] 〈5他〉 ①쿡쿡 찌르거나 잡아 흔들다. ②들볶다. 못살게 굴다. 괴롭히다.
小童[こわっぱ] 풋내기. 신출내기. 애송이.
小豆[★あずき] ≪植≫ 팥.
小豆粥[★あずきがゆ] 팥죽.
小豆色[★あずきいろ] 팥빛. 검붉은 색.
小頭[こがしら] 소두목. 조장(組長).
小娘[こむすめ] 소녀. 계집애.
小戻し[こもどし] ≪経≫ 일단 내린 시세가 약간 회복되어 올라감.
小戻り[こもどり] (원래의 방향·상태로) 약간 되돌아감.
小力[こぢから] 무시 못 할 힘. 힘깨나 씀.
小路[こうじ] 골목길. 좁은 길.
小料理[こりょうり] 간단한 요리.
小料理屋[こりょうりや] 일품(一品) 음식점.
小流れ[こながれ] 작은 시냇물.
小利口[こりこう] 약삭빠름.
小理屈[こりくつ] 그럴싸한 핑계.
小粒[こつぶ] ①작은 알갱이. ②몸집이 작음. ③인품·역량이 떨어짐.
小馬[こうま] ①망아지. ②조랑말.
小馬鹿[こばか] 바보 취급을 함. 깔봄.
小馬座[こうまざ] ≪天≫ 망아지자리.
小忙しい[こいそがしい] 〈形〉 하는 일 없이 바쁘다. 괜히 바쁘다.
小望月[こもちづき] 14일 밤의 달.
小売(り)[こうり] 소매.
小買い[こがい] 조금씩 사들임.
小麦[こむぎ] ≪植≫ 밀.
小麦粉[こむぎこ] 소맥분; 밀가루.
小麦色[こむぎいろ] 연한 갈색.
小盲[こめくら] 장님 아이.
小面❶[こづら] 낯짝. 상판. ❷[こおもて] 젊은 여성을 나타내는 탈.
小面憎い[こづらにくい] 〈形〉 얄밉다. 밉살스럽다.
小皿[こざら] 작은 접시.
小名❶[こな] 마을 단위를 세분화한 구역. ❷[しょうみょう] ①영지(領地)가 大名(だいみょう)보다 적었던 영주(領主). ②영지(領地)가 1만석 이하의 제후(諸侯).
小母[おば] 아줌마. 아주머니.
小目[こもく] (바둑의) 소목.
小猫[こねこ] 작은 고양이. 새끼 고양이.
小文字[こもじ] ①작은 글자. 작게 쓴 글자. ②(영어의) 소문자.
小門[こもん] (대문 옆의) 작은 문.
小紋[こもん] 잔무늬. 작은 무늬.
小物[こもの] ①부속품. 자질구레한 도구. ②소인배. 하찮은 인물. ③잔챙이. 조무래기. ④(연회장 등에서) 손님에게 내놓는 방석·재떨이 등.
小米[こごめ] 싸라기.
小味[こあじ] 감칠맛.
小半[こなから] 2홉 반.
小半斤[こはんぎん] 한 근의 4분의 1.
小半歳[こはんとし] ①1년의 4분의 1. ②약 반년 간.
小半時[こはんとき] 반시간. 30분.
小半時間[こはんじかん] 거의 반시간.
小鉢[こばち] 작은 주발.

小坊主[こぼうず] ① ≪仏≫ 아이 중. ②애녀석. 아이 놈.
小百姓[こびゃくしょう] 가난한 농부.
小百合[★さゆり] ≪植≫ 나리. 백합.
小法師[こぼうし] ①젊은 중. ②(중세와 근세의) 궁궐의 잡역부.
小壁[こかべ] 천장과 상인방(上引枋) 사이의 좁고 작은 벽.
小兵[こひょう] ①몸집이 작음. ②활시위를 당기는 힘이 약한 사람.
[1]小柄❶[こがら] ①몸집이 작음. ②무늬 등이 자잘함. ❷[こづか] 요도(腰刀)의 칼집 바깥쪽에 꽂는 작은 칼.
小餅[こもち] 조그마하고 둥근 떡.
小歩き[こあるき] ①종종걸음. ②조금 걸음.
小普請[こぶしん] ①(건물의) 수리. 개축(改築). ②녹봉(禄俸) 200석 이상 3,000석 이하의 旗本(はたもと)・御家人(ごけにん) 중에서 관직이 없는 사람.
小腹[こばら] ①아랫배. ②배.
小父[おじ] 아저씨.
小本[こほん] 조그마한 책. 작은 책.
小付(け)[こづけ] 큰 짐에 덧붙인 작은 짐.
小斧[こおの] 작은 도끼.
小分(け)[こわけ] 세분함. 조금씩 나눔.
小肥り[こぶとり] 약간 뚱뚱함.
小鼻[こばな] 콧방울.
小浜縮緬[こはまちりめん] 짜임새가 오글오글한 비단.
小使(い)[こづかい] 소사; 사환(使喚).
小山[こやま] 작은 산.
小山羊[こやぎ] 새끼 염소.
小商い[こあきない] 조그마한 장사.
小商人[こあきんど] 소상인.
小箱[こばこ] 조그마한 상자.
小生意気[こなまいき] 시건방짐.
小書き[こがき] 문장 속의 주(註).
小石[こいし] 작은 돌.
小船[こぶね] 작은 배.
小雪❶[こゆき] 조금 오는 눈. ❷[しょうせつ] 소설; 24절기의 하나로 11월 22일경.
小声[こごえ] 낮은 목소리.
小城[こじろ] 조그마한 성.
小姓[こしょう] ①(옛날 귀인의) 시동(侍童). ②소년. 아이.
小細工[こざいく] ①자질구레한 세공. ②잔재주. 잔꾀.
小笹[こざさ] 키가 낮은 조릿대.
小勢❶[こぜい] ①적은 수의 군세(軍勢). ②적은 인원수. ❷[しょうぜい] 적은 인원수.
小束[こたば] 작은 묶음.
小松[こまつ] 잔솔. 작은 소나무.
小手[こて] ①팔뚝. 손목. ②손끝. 손재주. 잔재주. ③(검도에서) 손목 부분을 침.
小手先[こてさき] ①(세공할 때의) 잔손질. ②손재주. ③잔재주. 잔꾀.
小手定め[こてさだめ] 예행 연습.
小手調べ[こてしらべ] 예행 연습.
小手招き[こてまねき] 손짓하여 부름.
小手投げ[こてなげ] (씨름에서) 상대방의 팔을 되감아 던지는 기술.
小手回し[こてまわし] ①미리 준비해 둠. ②재치가 있음.
小首[こくび] (목에 관계되는 가벼운 동작의) 고개.
小袖[こそで] ①소매통이 좁은 평상복. ②솜을 둔 명주옷.
小粋[こいき] 어딘가 멋있음. 맵시 있음.
小盾[こだて] 작은 방패. 임시방패.
小楯[こだて] ☞ 小盾
小膝[こひざ] (무릎에 관계되는 가벼운 동작의) 무릎.
小僧[こぞう] ①나이 어린 중. ②나이 어린 점원. ③애송이. 풋내기.
小僧っ子[こぞっこ] ☞ 小僧
小暗い[こぐらい/おぐらい] 〈形〉 어둑하다. 어스레하다.
小暗がり[こぐらがり] 약간 어둑어둑함.
小夜着[こよぎ] 소매가 달린 작은 이불.
小夜嵐[★さよあらし] ≪雅≫ 밤에 부는 폭풍.
小躍り[こおどり] 덩실거림.
小羊[こひつじ] ①어린 양. ②새끼 양.
小揚げ[こあげ] ①하역(荷役). 뱃짐을 부림. ②(부두의) 하역부. ③가마꾼.
小楊枝[こようじ] 이쑤시개.
小魚[こざかな] 작은 물고기.
小役人[こやくにん] 하급 관리.
小汚い[こぎたない] 〈形〉 ①꾀죄죄하다. 추레하다. ②비열하다.
[2]小屋❶[こや] ①(임시로 지은) 오두막집. 작은 집. ②가설극장. ③(옛날) 성 안에 있던 하급 무사의 집. ❷[しょうおく] ①오두막집. ②누옥(陋屋). ＊자기 집의 낮춤말임.
小屋掛け[こやがけ] 가설 극장을 세움.
小屋根[こやね] 작은 지붕.

小屋組(み)[こやぐみ] 지붕의 무게를 지탱해 주는 골조.
小料理[こりょうり] 간단한 요리.
小料理屋[こりょうりや] 일품(一品) 요리집.
小揺(る)ぎ[こゆるぎ] 약간 흔들림.
小腰[こごし] (허리에 관계되는 가벼운 동작의) 허리.
小用[こよう] ①사소한 볼일. ②소변.
小雨[こあめ/こさめ] 가랑비.
小六月[ころくがつ] 음력 10월의 딴이름.
小為替[こがわせ] 소액 우편환.
小隠れる[こがくれる] 〈下1自〉 눈에 띄지 않게 잠깐 숨다.
小陰[こかげ] (어떤 물건에 가려져) 남의 눈에 띄지 않는 곳.
小意気[こいき] 맵시 있음. 어딘가 멋있음.
小意地[こいじ] 심술.
小耳[こみみ] (귀에 관계되는 가벼운 동작의) 귀.
小人数[こにんずう] 적은 인원수.
小引(き)出し[こひきだし] 작은 서랍.
小字❶[こあざ] (행정 구역의 하나로) 町(ちょう)·村(そん) 아래의 大字(おおあざ)를 세분한 구역. ❷[しょうじ] 소자; ①작은 글자. ②잔글씨.
小自作[こじさく] 소자작; 소작과 자작을 겸하는 농가.
小者[こもの] ①젊은이. ②무가(武家)의 하인. ③하인. 가게에서 심부름하는 사람. ④하찮은 사람.
小作[こさく] 소작; 남의 땅을 빌려 농사를 짓는 일.
小作り[こづくり] ①조그마하게 만듦. 조그맣게 만들어 진 것. ②몸집이 작음.
小才[こさい] 잔재주. 잔꾀.
小田[おだ] ≪雅≫ 논.
小田原[おだわら] 일본 神奈川県(かながわけん) 서남부 相模(さがみ) 만(湾)에 있는 시(市).
小田原提灯[おだわらぢょうちん] 접었다 폈다 하게 만든 원통 모양의 초롱.
小田原評定[おだわらひょうじょう] 질질 끌기만 하고 결론이 나지 않는 회의.
小前[こまえ] ①소규모 영업. 소규모의 상인. ②(江戸(えど) 시대의) 일반 농민.
[1]小銭[こぜに] ①잔돈. ②약간의 목돈.
小切り[こぎり] 조그맣게 자름.
小切る[こぎる] 〈5他〉 ①잘게 썰다. 잘게 자르다. ②값을 깎다.
小切れ[こぎれ] 자투리. 헝겊 조각.
小切れ物[こぎれもの] 배우의 의상에 딸린 물건. ＊손수건·버선 등을 말함.
[1]小切手[こぎって] ≪経≫ 수표.
小切手帳[こぎってちょう] 수표책.
小節❶[こぶし] ①작은 마디. ②(민요·유행가에서) 음보(音譜)로 나타낼 수 없는 미묘한 억양. ❷[しょうせつ] 소절; ①작은 마디. 작은 절(節). ②문장의 짧은 한 단락. ③(악보에서) 마디. ④사소한 의리·절조.
小店❶[こだな] 작은 가게. ❷[しょうてん] ①작은 가게. ②자기 가게를 낮추어 하는 말.
小正月[こしょうがつ] 음력 정월 대보름.
小町[こまち] 소문난 미인 처녀. 미녀.
小町娘[こまちむすめ] 소문난 미인 처녀.
小町糸[こまちいと] 주란사 실 두 올로 꼰 실.
小町針[こまちばり] 시침질 바늘.
小庭[こにわ] 좁은 마당. 좁은 정원.
小爪[こづめ] ①속손톱. 속발톱. 반달. ②손·발톱의 깎은 것.
小早[こばや] (동작이) 재빠름.
小早い[こばやい] 〈形〉 (동작이) 재빠르다. 날쌔다.
[3]小鳥[ことり] 작은 새. 조그마한 새.
小潮[こしお] 소조; 조금. 간만(干満)의 차가 가장 적은 밀물과 썰물.
小倅[こせがれ] ①애송이. 풋내기. ②자식놈. ＊자기 아들의 겸양어임.
小座敷[こざしき] ①(다다미를 깐) 작은 방. ②본채에 잇대어 들인 방. 곁방. ③(茶道에서) 작은 방.
小舟[こぶね] 작은 배.
小走り[こばしり] ①종종걸음. ②몸종.
小昼[こひる] ①정오에 가까운 시각. ②(오전의) 새참. ③간식.
小憎らしい[こにくらしい] 〈形〉 얄밉다.
小止み[こやみ] 비·눈이 잠시 멈춤.
小枝[こえだ] 잔가지. 작은 가지.
小指[こゆび] 새끼손가락·발가락.
小振り[こぶり] ①〈形動〉 (약간) 작음. ②작게 휘두름.
小倉❶[おぐら] ①'小倉餡(おぐらあん)'의 준말. ②'小倉汁粉(おぐらじるこ)'의 준말. ❷[こくら] 일본의 北九州市(きたきゅうしゅうし) 북부에 있는 지명(地名).
小倉餡[おぐらあん] 꿀에 잰 팥고물을 섞은 소(素).

小倉汁粉[おぐらじるこ] 小倉餡(おぐらあん)으로 만든 단팥죽.
小倉織[こくらおり] 굵은 실로 두껍게 짠 면직물.
小褄[こづま] 옷자락.
小川[おがわ] 작은 내. 시냇물. 실개천.
小体[こてい] (생활이) 조촐함.
小村[こむら/しょうそん] 작은 마을.
小槌[こづち] 작은 망치.
小春[こはる/しょうしゅん] 소춘; 음력 10월의 딴이름.
小春日[こはるび] (초겨울의) 봄처럼 따뜻한 날.
小春日和[こはるびより] (초겨울의) 봄처럼 따뜻한 날씨.
小出し[こだし] 찔끔찔끔 내놓음.
小忠実[こまめ] 성실하고 부지런함.
小取(り)回し[ことりまわし] 재치가 있음.
小恥ずかしい[こはずかしい] 〈形〉 무안하다. 겸연쩍다. 멋쩍다. 조금 부끄럽다.
小太鼓[こだいこ] 소고(小鼓). 작은 북.
小太刀[こだち] ①짧은 칼. ②짧은 칼을 쓰는 검술.
小筒[こづつ] ①작은 통. 대나무 통. ②소총(小銃).
小波[こなみ] 잔물결.
小判[こばん] ①(종이 등의) 작은 판. ②(江戸(えど) 시대의) 금화(金貨).
小貝[こがい] ①작은 조개. ②조개패 변. *한자(漢字) 부수의 하나로 '財·貯' 등의 '貝' 부분을 말함.
2**小包**[こづつみ] 소포.
小包郵便[こづつみゆうびん] 소포 우편.
小幅❶[こはば] 소폭; ①폭이 좁음. ②(피륙의) 약 36㎝의 폭. ③시세의 변동이 적음. ❷[しょうふく] 작은 족자(簇子).
小風[こかぜ] 미풍(微風). 실바람.
小荷物[こにもつ] 소하물; ①작은 짐. ②(화물 기차의) 소하물.
小荷駄[こにだ] 마바리. 말에 싣고 나르는 짐.
小割り[こわり] ①작게 쪼갬. 작게 쪼갠 나무. ②손도끼.
小賢しい[こざかしい] 〈形〉 ①주제넘다. 건방지다. ②약삭빠르다. 잔재주가 있다. 몹시 약다.
小脇[こわき] (겨드랑이에 관계되는 가벼운 동작의) 겨드랑이.
小形[こがた] 소형; 형체가 작음.
小型[こがた] 소형; 작게 만들어진 것.
小火[★ぼや/しょうか] ①작은 불. ②작은 화재.
小話[こばなし] ①짧은 이야기. ②짤막한 에피소드.
小確り[こじっかり] 시세가 약간 오름세임.
小回り[こまわり] ①조금 돌아서 감. ②(차가 회전할 때) 가깝게 돎. ③잽싸게 대처함.
小喧しい[こやかましい] 〈形〉 ①잔소리가 심하다. ②까다롭다. 번거롭다.
小休み[こやすみ] 잠깐 쉼.

音読

2**小**[しょう] 소; 작음. 작은 것. 작은 쪽.
小アジア[しょうアジア] 소아시아.
小康[しょうこう] 소강; ①병세가 조금 좋아짐. ②혼란된 상태가 가라앉음.
小憩[しょうけい] 소게; 잠깐 쉼.
小径[しょうけい] 소경; 좁은 길.
小景[しょうけい] 소경; 자그마한 풍경.
小計[しょうけい] 소계; 일부분의 합계.
小官[しょうかん] 소관; ①하급 관리. ②자기 지위의 겸양어임.
小国[しょうこく] 소국; ①국토가 작은 나라. ②약소국가.
小規模[しょうきぼ] 소규모; 규모가 작음.
小企業[しょうきぎょう] 소기업; 규모가 작은 기업.
小農[しょうのう] 소농; 소규모 농사.
小脳[しょうのう] 《生理》 소뇌; 작은 골.
小党[しょうとう] 소당; 소수당.
小隊[しょうたい] (군대의) 소대.
小刀❶[しょうとう] ①창칼. ②허리에 차는 작은 칼. ❷[こがたな] ①주머니칼. ②작은 칼.
小都市[しょうとし] 소도시; 작은 도시.
小量[しょうりょう] 소량; 도량이 좁음.
小吏[しょうり] 소리; 하급 관리.
小利[しょうり] 소리; 작은 이익.
小変[しょうへん] ①작은 변화. ②작은 사건.
2**小便**[しょうべん] 소변; 오줌.
小別[しょうべつ] 소별; 작게 나눔.
小部分[しょうぶぶん] 소부분; 작은 부분.
小史[しょうし] 소사; ①약사(略史). ②작가 등이 아호(雅号) 밑에 붙이는 말.
小社[しょうしゃ] 소사; ①작은 회사. ②자기 회사의 겸양어. ③작은 神社(じんじゃ).
小祠[しょうし] 소사; 작은 사당(祠堂).

小事[しょうじ] 소사; 사소한 일.
小生[しょうせい] 소생. *편지에서 자기를 낮추는 말임.
小暑[しょうしょ] 소서. *24절기의 하나로 7월 7일경임.
小善[しょうぜん] 소선; 자그마한 선행.
小選挙区[しょうせんきょく] 소선거구.
小雪❶[しょうせつ] 소설. 24절기의 하나로 11월 22일경. ❷[こゆき] 조금 오는 눈.
3小説[しょうせつ] 소설.
小成[しょうせい] 소성; 작은 성공.
小水[しょうすい] 오줌. 소변. 소피.
2小数[しょうすう] 소수; ①작은 수. 적은 수. ②≪数≫ 절대값이 1보다 작은 실수(実数).
小数点[しょうすうてん] ≪数≫ 소수점.
小乗的[しょうじょうてき] 소승적; 소국적(小局的).
小市民[しょうしみん] 소시민; 중산층. 서민.
小食[しょうしょく] 소식; 양을 적게 먹음.
小身[しょうしん] 신분이 낮음.
小心[しょうしん] 소심; 도량이 좁음.
2小児科[しょうにか] ≪医≫ 소아과.
小児麻痺[しょうにまひ] ≪医≫ 소아마비.
小児病[しょうにびょう] 소아병; ①어린이에게 잘 걸리는 병. ②유치하고 극단적인 행동·사상.
小我[しょうが] 소아; ①≪仏≫ 소아. ②≪哲≫ 현상계의 자아.
小額[しょうがく] 소액; 작은 단위의 금액.
小夜曲[★さよきょく/しょうやきょく] 소야곡.
小宴[しょうえん] 소연; ①작은 연회. ②자기가 베푸는 연회의 낮춤말.
小勇[しょうゆう] 소용; 객기(客気).
小宇宙[しょううちゅう] 소우주; ①인간. 사람. ②≪天≫ 은하계.
小円[しょうえん] 소원; ①작은 원. ②≪数≫ 소원.
小の月[しょうのつき] (1개월에 30일 있는) 작은 달.
小委員会[しょういいんかい] 소위원회.
小遊星[しょうゆうせい] 소행성(小行星).
小異[しょうい] 소이; 약간의 차이.
小人❶[しょうじん] 소인; ①아이. 어린애. ②키가 작은 사람. ③난쟁이. ④신분이 낮은 사람. ⑤소인배. 도량이 좁은 사람. ❷[しょうにん] 소인; 어린애. ❸[こびと] ①(동화에 나오는) 소인. 난쟁이. ②(옛날 武家의) 하인.
小人物[しょうじんぶつ] 소인물; 졸장부.
小腸[しょうちょう] ≪生理≫ 소장.
小伝[しょうでん] 소전; 간략한 전기(伝記).
小節❶[しょうせつ] 소절; ①작은 마디. 작은 절(節). ②문장의 짧은 한 단락. ③(악보에서) 마디. ④사소한 의리·절조. ❷[こぶし] ①작은 마디. ②(민요·유행가에서) 음보(音譜)로 나타낼 수 없는 미묘한 억양.
小店員[しょうてんいん] 꼬마 점원.
小株主[しょうかぶぬし] 소주주; 약간의 주식을 갖고 있는 주주.
小集[しょうしゅう] 소집회(小集会).
小差[しょうさ] 소차; 작은 차이.
小冊[しょうさつ] 소책; 작은 책자.
小冊子[しょうさっし] 소책자; 팸플릿.
小策[しょうさく] 소책; 잔꾀.
小天地[しょうてんち] 소천지; 좁은 세계.
小銃[しょうじゅう] 소총; 휴대용 총.
小派[しょうは] 소파; 작은 유파(流派).
小破[しょうは] 소파; 조금 파손됨.
小片[しょうへん] 소편; 작은 조각.
小学[しょうがく] '小学校'의 준말.
2小学校[しょうがっこう] 초등학교.
2小学生[しょうがくせい] 초등학생.
小閑[しょうかん] 소한; 짧은 여가.
小寒[しょうかん] 소한. *24절기의 하나로 1월 6일경.
小火器[しょうかき] 소화기; 권총·소총·기관총·엽총 등을 말함.
小会[しょうかい] 소회; 소집회(小集会).
小会派[しょうかいは] 소수 당파(少数党派).
小休止[しょうきゅうし] 잠깐 쉼.

少 적을/젊을 소

丿 小 小 少

音 ◉ショウ
訓 ◉すこし ◉すくない

訓読

4◉少し[すこし] 〈副〉 조금. 좀. 약간.
少しも[すこしも] 조금도. 전혀.
4◉少ない[すくない] 〈形〉 ①(수량·수효가) 적다. ②(나이가) 적다. 어리다.
少なからず[すくなからず] 적잖이. 많이. 매우. 몹시. 대단히.
少なくとも[すくなくとも] 적어도. 최소한.
少なめ [すくなめ] 약간 적음.

音読

少憩[しょうけい] 잠깐 쉼. 잠시 휴식함.

少考[しょうこう] 소고; ①조금 생각함. ②자기 생각의 낮춤말.

少国民[しょうこくみん] 어린이. ＊2차 대전 당시의 용어임.

少納言[しょうなごん] (奈良(なら) 시대에) 太政官(だじょうかん)의 삼등관(三等官).

2少女[しょうじょ] 소녀; 나이 어린 처녀.

2少年[しょうねん] 소년; 나이 어린 남자.

少量[しょうりょう] 소량; 적은 양.

2少少[しょうしょう] ①조금. 약간. ②잠깐. 잠시. 조금. 좀.

少数[しょうすう] 소수; 적은 수효.

少時[しょうじ] 소시; ①어릴 때. ②잠시.

少食[しょうしょく] 소식; 양을 적게 먹음.

少額[しょうがく] 소액; 적은 금액.

少欲[しょうよく] 소욕; 욕심이 적음.

少尉[しょうい] ≪軍≫ 소위.

少資本[しょうしほん] 소자본.

少壮[しょうそう] 소장; 젊고 원기 왕성함.

少将[しょうしょう] ① ≪軍≫ 소장. ②(옛날) 近衛府(このえふ)의 차관(次官).

少敵[しょうてき] 소적; 소수의 적.

少弟[しょうてい] 소제; ①손아래 아우. ②자기 동생의 낮춤말. ③자기의 낮춤말.

少佐[しょうさ] ≪軍≫ 소좌. ＊한국의 소령(少領)에 해당함.

少閑[しょうかん] 소한; 잠깐의 여가.

召 부를 소

フ 刀 㔾 召 召

音 ◉ショウ
訓 ◉めす

訓読

1◉召す[めす] 〈5他〉 ①부르시다. 불러들이시다. ②하시다. (음식을) 잡수시다. (옷을) 입으시다. (신을) 신으시다. (차에) 타시다. (물건을) 사시다. ③감기 드시다. 목욕하시다. 마음에 드시다. 나이를 잡수시다.

召し[めし] 부르심. 초대하심.

召し具す[めしぐす] 〈5他〉 거느리다. 동반하다.

召し具する[めしぐする] 〈サ変他〉 거느리다. 동반하다.

召し寄せる[めしよせる] 〈下1他〉 ①(손윗사람이) 소환하다. 불러들이다. ②가져오게 하다.

召し連れる[めしつれる] 〈下1他〉 불러내어 데리고 가다. 동반하다. 거느리고 가다.

召(し)料[めしりょう] 귀인의 물건·음식.

召し物[めしもの] 귀인의 물건·음식.

召し放す[めしはなす] 〈5他〉 (직위·領地 등을) 몰수하다.

召使[めしつかい] 머슴. 하인. 하녀.

召し使う[めしつかう] 〈5他〉 고용해서 부리다. 고용하다.

2召し上がる[めしあがる] 〈5他〉 (음식을) 잡수시다. 드시다.

召し上げる[めしあげる] 〈下1他〉 ①거두어들이다. 징발하다. 몰수하다. ②소환하다. 불러들이다.

召人[めしゅうど/めしうど] ①和歌所(わかどころ)의 寄人(よりゅうど)의 딴이름. ②귀인의 시중을 드는 사람. 첩. ③무악(舞楽) 등을 위해 차출된 사람.

召(し)替え[めしかえ] ①(귀인이 탈것을) 바꿔 탐. ②(귀인이 옷을) 바꿔 입음. 바꿔 입을 옷.

召し替える[めしかえる] 〈下1他〉 ①(귀인이 탈것을) 바꿔 타다. ②(귀인이 옷을) 바꿔 입다.

召し出す[めしだす] 〈5他〉 ①불러내다. 호출하다. 소환하다. 차출하다. ②불러내어 관직이나 녹(禄)을 주다.

召し抱える[めしかかえる] 〈下1他〉 부하로 삼다. 고용하다.

召し捕る[めしとる] 〈5他〉 (죄인 등을) 체포하다. 잡다.

召(し)下(ろ)し[めしおろし] (귀인이 주신) 하사품(下賜品).

音読

召命[しょうめい] 소명; ①신(神)의 부름을 받음. ②성직자로서의 사명이 주어짐.

召募[しょうぼ] 소모; 불러 모음.

召集[しょうしゅう] 소집; (많은 사람을) 불러 모음.

召請[しょうせい] 초청(招請).

召致[しょうち] 소치; 불러들임. 소환함.

召喚[しょうかん] 소환; 피고인·증인 등에 대해 출두를 명하는 강제 처분.

召還[しょうかん] 소환; 일을 마치기 전에 돌아오게 함.

沼 늪 소

丶 丷 氵 氵ㄱ 沪 沪 沼 沼

音 ◉ショウ
訓 ◉ぬま

ㅅ

訓読

1 ◉沼[ぬま] 늪. 늘 물이 괸 곳.
沼縁[ぬまべり] 늪가. 늪과 육지와의 경계.
沼田[ぬまた] 수렁논.
沼地[ぬまち/しょうち] 소지; 늪지대.

音読

沼気[しょうき] 소기; 메탄가스.
沼沢[しょうたく] 소택; 늪과 못.
沼沢地[しょうたくち] 소택지.
沼湖[しょうこ] 소호; 늪과 호수.

昭 밝을 소

丨 冂 ㅂ 日 日ㄱ 昭 昭 昭 昭

音 ◉ショウ
訓 —

音読

昭代[しょうだい] 소대; 태평성대.
昭昭[しょうしょう] 밝고 뚜렷함. 분명함.
昭示[しょうじ] 밝혀 냄. 분명히 밝힘.
昭和[しょうわ] 서기 1926년~1988년 사이의 일본의 연호(年号).
昭和基地[しょうわきち] 일본의 남극 관측기지.

所(所) 바/장소 소

一 ㅋ ㅋ 戸 戸 所 所 所

音 ◉ショ
訓 ◉ところ

訓読

4 ◉所[ところ] ①곳. 장소. ②주소. 근무처. ③부분. 데. ④형편. 처지. 때. ⑤…하는 참. ⑥정도. 쯤. ⑦…한 바.
所得顔[ところえがお] 우쭐함. 우쭐댐.
所斑[ところまだら] 군데군데 얼룩짐.
所番地[ところばんち] 지명과 번지. 주소.
所柄[ところがら] 장소의 형편상.
所払い[ところばらい] (江戸(えど) 시대에) 거주지에서 추방하던 형벌.
所書(き)[ところがき] 기록된 주소.
2 所所[ところどころ] 군데군데. 여기저기.
2 所謂[★いわゆる] 소위; 흔히 말하는.
所以[★ゆえん] 까닭. 이유. 연유.
所嫌わず[ところきらわず] 아무데나.
所狭い[ところせまい] 〈形〉 장소가 비좁다.

音読

所感[しょかん] 소감; 느낀 바.
所見[しょけん] 소견; ①본 바. 본 결과. 본 풍경. ②의견. 생각하고 있는 바. ③본 경험.
所管[しょかん] 소관; 맡아 다스림.
所期[しょき] 소기; 기대하는 바.
所帯[しょたい] 세대(世帯). 가구(家口).
所帯持ち[しょたいもち] ①살림을 차림. ②살림을 꾸려 나감.
1 所得[しょとく] 소득; 이익. 수입.
所得税[しょとくぜい] 소득세.
所領[しょりょう] 소유 영지(領地).
所労[しょろう] 피로. 병(病).
所論[しょろん] 소론; 의견. 논하는 바.
所望[しょもう] 소망; 소원. 바라는 바.
所思[しょし] 의견. 생각하는 바.
所産[しょさん] 소산; 결과.
所生[しょせい] 소생; ①친부모. ②친자식. ③출생지. ④…이 만들어 낸.
所説[しょせつ] 소설; 주장하는 바.
所所方方[しょしょほうぼう] 사방팔방.
1 所属[しょぞく] 소속; 어떤 단체에 딸림.
所信[しょしん] 소신; 믿는 바.
所業[しょぎょう] (나쁜) 행위. 짓.
所与[しょよ] 주어진 것. 부여된 것.
所演[しょえん] 출연함. 연기(演技)함.
所縁[しょえん/ゆかり] 인연. 연고.
所要[しょよう] 소요; 필요로 함.
所用[しょよう] 소용; ①쓸데. ②용무. 볼일.
所員[しょいん] 연구소・사무소 직원.
所願[しょがん] 소원; 원하는 바.
所為❶[しょい] ①행위. 소행. 짓. ②탓. 때문.
2 所為❷[せい] 탓. 원인. 이유.
所由[しょゆう] 소유; 까닭. 이유.
1 所有[しょゆう] 소유; 갖고 있음.
所作[しょさ] ①거동. 행동. 몸짓. ②할 일.
所蔵[しょぞう] 소장; 간직해 둠.
1 所在[しょざい] 소재; ①거처. 있는 곳. ②하는 일. 행동.
所伝[しょでん] 소전; ①(말이나 글로) 전해 내려온 것. ②전래(伝来)된.

[1]所定[しょてい] 소정; 정한 바.
所存[しょぞん] 소견. 생각. 의견.
[1]所持[しょじ] 소지; 가지고 있음.
所行[しょぎょう] 소행; (나쁜) 행위. 짓.
所懐[しょかい] 소회; 생각하는 바.

咲(咲) 웃을/꽃필 소

丨 口 口 口' 口'' 口'' 口'' 吖 咲

音 ⊗ショウ
訓 ◉さく

訓読

[4]◉咲く[さく] 〈5自〉 (꽃이) 피다.
咲き[さき] 개화(開花). 꽃이 핌.
咲き殻[さきがら] 시든 꽃.
咲き誇る[さきほこる] 〈5自〉 (탐스럽게) 한창 피다.
咲き匂う[さきにおう] 〈5自〉 (많은 꽃이) 아름답게 피다.
咲き乱れる[さきみだれる] 〈下1自〉 (많은 꽃이) 흐드러지게 만발하다.
咲(き)分け[さきわけ] (돌연변이로 인해) 한 그루에서 다른 색의 꽃이 핌.
咲き残る[さきのこる] 〈5自〉 ①(다른 꽃보다) 늦게 피다. 늦게까지 피다. ②(다른 꽃이 피어도) 아직 피지 않고 있다. ③(다른 꽃이 진 뒤에도) 아직도 피어 있다.
咲き揃う[さきそろう] 〈5自〉 많은 꽃이 한꺼번에 피다.
咲き初める[さきそめる] 〈下1自〉《雅》 (꽃이) 피기 시작하다.
咲き出す[さきだす] 〈5自〉 (꽃이) 피기 시작하다.
◑室咲き[むろざき], 早咲き[はやざき], 遅咲き[おそざき], 返り咲き[かえりざき]

宵(宵) 밤/초저녁 소

丶 丷 宀 宀 宀 宵 宵 宵 宵 宵

音 ◉ショウ
訓 ◉よい

訓読

◉宵[よい] ①초저녁. ②초경(初更). 아직 밤이 깊지 않은 무렵.
宵の口[よいのくち] 초저녁. 저녁.
宵宮[よいみや] 축제일의 전야제.
宵の年[よいのとし] 섣달 그믐날 밤.
宵待[よいまち] 초저녁을 기다림.
宵待草[よいまちぐさ] 《植》 달맞이꽃.
宵立ち[よいだち] 밤에 여행을 떠남.
宵の明星[よいのみょうじょう] 《天》 태백성. 초저녁에 보이는 금성(金星).
宵闇[よいやみ] ①(음력 16일부터 다음 달 초승까지) 초저녁의 어둠. ②땅거미.
宵月夜[よいづきよ] 초저녁에 서쪽 하늘에 달이 떴다가 한밤중에는 져버리는 밤.
宵越し[よいごし] 하룻밤을 넘김. 하룻밤을 묵힌 물건.
宵っ張り[よいっぱり] 밤늦도록 잠을 자지 않음. 또는 그런 사람.
宵祭り[よいまつり] 축제일의 전야제.
宵の秋[よいのあき] 가을밤.
宵の春[よいのはる] 봄밤.
宵寝[よいね] ①초저녁부터 잠. ②초저녁잠. 초저녁에만 잠을 잠.

音読

◑徹宵[てっしょう], 春宵[しゅんしょう]

消(消) 끌/꺼질/사라질 소

丶 丶 氵 氵' 氵'' 氵'' 氵'' 消 消 消

音 ◉ショウ
訓 ◉きえる ◉けす

訓読

[4]◉消える[きえる] 〈下1自〉 ①사라지다. 없어지다. ②(불이) 꺼지다. ③(눈 등이) 녹다. ④지워지다. ⑤(목숨이) 사라지다. 죽다. ⑥《俗》 (사람이) 없어지다. 꺼지다.
消えやらぬ[きえやらぬ] (없어져야 할 것이) 아직도 사라지지 않은.
消え去る[きえさる] 〈5自〉 사라지다.
消え果てる[きえはてる] 〈下1自〉 완전히 사라지다. 사라져 없어지다.
消え消え[きえぎえ] ①거의 사라짐. ②(놀라거나 두려워서) 자지러짐.
消え失せる[きえうせる] 〈下1自〉 ①(사람이) 자취를 감추다. 사라져 없어지다. ②죽다.
消え入る[きえいる] 〈5自〉 ①꺼져 들어가다. 사라지다. ②죽다. 숨이 끊어지다. ③실신하다. 기절하다.
消え残る[きえのこる] 〈5自〉 사라지지 않고 남다. 꺼지지 않고 남아 있다.

4◉消す[けす] 〈5他〉 ①(불・스위치 등을) 끄다. ②(흔적을) 지우다. 없애다. ③제거하다. 없애다. ④(종적을) 감추다. ⑤《俗》(사람을) 죽이다.
3消しゴム[けしゴム] 고무지우개.
消(し)口[けしぐち] 화재의 불을 끄기 위해 위치를 잡는 장소.
消し飛ぶ[けしとぶ] 〈5自〉 (순식간에) 날아가 없어지다. 날아가 버리다.
消印[けしいん] 소인; 날짜 도장.
消し止める[けしとめる] 〈下1他〉 ①불길을 잡다. 불을 끄다. ②(소문 등이) 퍼지는 것을 막다.
消し炭[けしずみ] ①뜬숯. ②引手茶屋(ひきてぢゃや)의 하인.
消し壺[けしつぼ] 불붙은 장작・숯 등을 넣어서 끄는 항아리.

音読

消却[しょうきゃく] 소각; ①지워 없앰. ②소비함. 써서 없앰. ③상환. 빚을 갚음.
消渇[しょうかち] 《医》 소갈; ①소갈증. 목이 마르고 소변이 안 나오는 병. ②여성의 임질(淋疾)의 속칭.
1消去[しょうきょ] 소거; 지워 없앰.
消去法[しょうきょほう] 《数》 소거법.
消光[しょうこう] 소일(消日). 세월을 보냄.
2消極的[しょうきょくてき] 소극적.
2消毒[しょうどく] 소독; 병균을 죽임.
消灯[しょうとう] 소등; 등불을 끔.
消滅[しょうめつ] 소멸; 사라져 없어짐.
2消耗[しょうもう] 소모; ①사용해서 없어짐. ②체력・기력을 소진시킴.
消防[しょうぼう] 소방; 화재나 재해를 예방하거나 수습하는 일.
2消防署[しょうぼうしょ] 소방서.
消防車[しょうぼうしゃ] 소방차.
2消費[しょうひ] 소비; 사용해서 없앰.
消散[しょうさん] 소산; 흩어져 없어짐. 지워 없앰.
1消息[しょうそく] 소식; ①기별. 연락. ②정보. 동정(動静).
消息筋[しょうそくすじ] 소식통. 정보통.
消失[しょうしつ] 소실; 사라져 없어짐.
消炎剤[しょうえんざい] 《医》 소염제.
消音[しょうおん] 소음; 소리를 지워 없앰.
消音装置[しょうおんそうち] 소음 장치.
消日[しょうじつ] 소일; 세월을 보냄.
消沈[しょうちん] 소침; ①사라져 없어짐. ②힘이 사그라져 까라짐.
消夏[しょうか] 소하; 더위를 이겨냄.
消閑[しょうかん] 소한; 심심풀이.
2消化[しょうか] 소화; ①《生理》 음식물을 위에서 삭임. ②완전히 이해함.
消火[しょうか] 소화; 붙은 불을 끔.
消火栓[しょうかせん] 소화전; 화재를 진압하기 위해 설치한 급수(給水) 시설.

素 바탕/흴 소

一 十 キ 圭 丰 妻 妻 妻 素 素

音 ◉ス ◉ソ
訓 ⊗もと

訓読

⊗素より[もとより] 〈副〉 ①원래. 처음부터. ②물론. 말할 것도 없이.

音読

素[そ] ①흰 비단. ②《数》 소수(素数)
素干し[すぼし] 그늘에서 말림.
素乾し[すぼし] ☞ 素干し
素見[すけん/ひやかし] 물건은 사지 않고 구경만 하거나 값만 물음.
素絹[そけん] 소견; 생명주. 무늬가 없는 조잡한 비단.
素っ気無い[そっけない] 〈形〉 무뚝뚝하다. 쌀쌀하다.
素っ気も無い[そっけもない] 〈形〉 멋・재미도 없다. 무미건조하다.
素肌[すはだ] ①(화장하지 않은) 맨 살갗. 살결. ②맨살. ③노출시킨 살갗.
素読[そどく] 소독; 한문(漢文)을 해석하지 않고 글자만을 소리 내어 읽음.
素読み[すよみ] ① ☞ 素読 ②원고와 대조하지 않고 교정쇄(校正刷)만 읽어가면서 교정함.
素裸[すはだか] 맨몸. 알몸. 알몸뚱이.
素っ裸[すっぱだか] ①알몸. 알몸뚱이. ②적나라함. 전혀 숨기지 않음.
素浪人[すろうにん] ①하찮은 떠돌이 무사(武士). ②의지할 곳 없는 무사.
素戻り[すもどり] 헛걸음. 볼일을 못 보고 그냥 돌아옴.
素粒子[そりゅうし] 《物》 소립자.
素面❶[すめん] ①(검도에서) 탈을 쓰지 않음. ②술에 취하지 않은 얼굴. 맨송맨송한 얼굴. ❷[★しらふ] (술에 취하지 않은) 멀쩡한 정신・상태.

素麵[★そうめん] 소면; 실처럼 가늘게 뽑은 국수.
素描[そびょう] 소묘; ①데생. 밑그림. ②사물의 요점만을 대충 써나감.
素描き[すがき] 소묘; 데생. 밑그림.
素朴[そぼく] 소박; 꾸밈없는 상태.
素泊(ま)り[すどまり] 잠만 자는 숙박.
素の屛風[すのびょうぶ] 서화(書画)가 없는 흰 병풍.
素封家[そほうか] 관직은 없으나 대대로 내려온 부자(富者).
素っ飛ばす[すっとばす] 〈5自〉 마구 달리다. 마구 내몰다.
素生[すじょう] ☞ 素性
素跣[すはだし] 맨발.
素姓[すじょう] ☞ 素性
素性[すじょう] ①가문. 혈통. 핏줄. ②신원. 정체. ③본성. ④유래. 내력. ⑤소질.
素焼(き)[すやき] ①초벌구이. ②생선・고기 등을 양념하지 않고 굽기.
1素速い[すばやい] 〈形〉 재빠르다. 날래다. 민첩하다.
素手[すで] ①맨손. 맨주먹. ②빈손.
素首[そくび] 모가지. ＊남의 '목'을 낮추어 부르는 말.
素首落とし[そくびおとし] (씨름에서) 상대방의 목을 잡아당겨 앞으로 꼬꾸라뜨리는 수.
素数[そすう] ≪数≫ 소수.
素顔[すがお] ①(여성의) 화장하지 않은 얼굴. ②(배우의) 분장하지 않은 얼굴. ③(술에 취하지 않은) 맨송맨송한 얼굴. ④(있는 그대로의) 실상. 참모습.
素養[そよう] 소양; 평소의 교양.
素魚[★しろうお] ≪魚≫ 사백어(死白魚).
素語り[すがたり] ①반주 없이 浄瑠璃(じょうるり)를 창(唱)함. ②인형 없이 浄瑠璃(じょうるり)를 창(唱)함.
素襖[すおう] 삼베에 가문(家紋)을 넣은 의복.
素饂飩[すうどん] 삶은 국수에 국물만 부은 것.
素謡[すうたい] 반주와 춤도 없이 謡曲(ようきょく)만 읊는 能(のう)의 약식 연주.
素踊り[すおどり] (일본 춤에서) 정식 의상이나 가발을 쓰지 않고 추는 춤.
素月[そげつ] 소월; ①밝은 달빛. ②'음력 8월'의 딴이름.
素意[そい] 소의; 평소 품고 있는 뜻.

2素人[★しろうと] ①아마추어. 초심자. 풋내기. ②여염집. 가정집.
素人筋[★しろうとすじ] 일반 투자가.
素人娘[★しろうとむすめ] 여염집 처녀.
素人離れ[★しろうとばなれ] 아마추어답지 않게 능숙함.
素人目[★しろうとめ] 문외한의 견해.
素人芸[★しろうとげい] 취미로 하는 기예(技芸).
素人屋[★しろうとや] 일반 하숙집.
素人芝居[★しろうとしばい] 아마추어 연극.
素人臭い[★しろうとくさい] 〈形〉 미숙하다. 아마추어 티가 나다.
素人下宿[★しろうとげしゅく] 일반 하숙집.
素引(き)[すびき] ①(화살 없이) 시위를 당겨 봄. ②말로만 활을 잘 쏜다고 함.
素因[そいん] 소인; ①근본 원인. ②어떤 병에 걸리기 쉬운 소질.
素子[そし] ≪工≫ 소자.
素材[そざい] 소재; 근본 재료.
素的[すてき] ☞ 素敵
素適[すてき] ☞ 素敵
素敵[すてき] 〈形動〉 ①아주 멋있음. 정말 근사함. ②굉장함. 대단함.
素町人[すちょうにん] 장사꾼.
1素早い[すばやい] 〈形〉 재빠르다. 날래다. 민첩하다.
素足[すあし] 맨발.
素地[そじ/そち] 소지; 밑바탕. 기초.
素志[そし] 소지; 평소의 생각.
素知らぬ[そしらぬ] 모르는 체하는.
2素直[すなお] 〈形動〉 ①순박함. 순진함. 순수함. ②고분고분함. 온순함. ③곧음. 비뚤어진 데가 없음. ④자연스러움.
素振り❶[すぶり] ①검・목검(木劍)・죽도(竹刀) 등을 상단(上段)에서 중단(中段)까지 상하로 휘두름. ②(야구에서) 배트를 휘두르는 연습. ❷[そぶり] 거동. 행동. 기색.
2素質[そしつ] 소질; 본래부터 갖추어져 있는 성질.
3素晴らしい[すばらしい] 〈形〉 ①기막히게 좋다. 멋지다. 근사하다. 훌륭하다. ②굉장하다. 대단하다.
素通し[すどおし] ①(앞・속이) 훤히 내다보임. ②도수 없는 안경. ③투명 유리. ④유리가 투명한 전구.
素通り[すどおり] ①(들러보지 않고) 그대로 지나침. ②(언급하지 않고) 그냥 넘어감.

素っ破抜く[すっぱぬく] 〈5他〉 (남의 비밀을) 갑자기 폭로하다.
素袍[すおう] 삼베에 가문(家紋)을 넣은 의복.
素行[そこう] 소행; 행동. 품행.
素話[すばなし] ①(술·다과 없이) 그냥 이야기만 함. ②악기의 반주 없이 하는 落語(らくご).
素懐[そかい] 소회; 평소의 소망.

 笑 웃을 소

丿 𠂉 𥫗 ⺮ 竺 竺 笁 竺 笑 笑

音 ◉ショウ
訓 ◉わらう ◉えむ

訓読

3◉笑う[わらう] 〈5自〉 ①웃다. ②(꽃이) 피다. (열매가 익어서) 벌어지다. ③(꿰맨 곳이) 타지다. ④ ≪俗≫ 웃기다. 가소롭다. 〈5他〉 비웃다. 빈정대다.
笑い[わらい] ①웃음. ②비웃음. ③ ≪経≫ 시세가 올라가 경기가 좋아짐. ④ ≪建≫ 돌을 쌓을 때 접합부를 약간 떼어놓음.
笑いこける[わらいこける] 〈下1自〉 자지러지게 웃다. 포복절도하다.
笑いさざめく[わらいさざめく] 〈5自〉 왁자지껄하게 웃다.
笑える[わらえる] 〈下1自〉 저절로 웃음이 나오다.
笑い物[わらいもの] 남의 웃음거리.
笑い崩れる[わらいくずれる] 〈下1自〉 자지러지게 웃다. 포복절도하다.
笑い飛ばす[わらいとばす] 〈5他〉 웃어넘기다.
笑い事[わらいごと] 웃을 일. 웃어넘길 일.
笑い上戸[わらいじょうご] ①술에 취하면 웃는 사람. ②잘 웃는 사람.
笑い声[わらいごえ] 웃음소리.
笑い顔[わらいがお] 웃는 얼굴.
笑い転げる[わらいころげる] 〈下1自〉 자지러지게 웃다. 포복절도하다.
笑い種[わらいぐさ] 웃음거리.
笑い話[わらいばなし] ①우스운 이야기. ②우스갯소리. ③비웃음거리.
笑い絵[わらいえ] ①익살스런 그림. ②춘화도(春花図).
◉笑む[えむ] 〈5自〉 ①미소 짓다. 생긋이 웃다. ②(꽃이) 피다. (꽃봉오리가) 벌어지다. ③(열매가) 익어서 벌어지다.
笑み[えみ] ①미소. 웃음. ②개화(開花). 꽃이 핌. ③(열매가) 익어서 벌어짐.
2笑顔[えがお] 웃는 얼굴. 미소짓는 얼굴.
笑窪[えくぼ] 보조개.
笑み溢れる[えみこぼれる] 〈下1自〉 얼굴 가득히 미소를 띠다.
笑み割れる[えみわれる] 〈下1自〉 (열매가) 익어서 벌어지다.
笑壺[えつぼ] 회심의 미소.

音読

笑劇[しょうげき] 소극; 코미디. 희극.
笑納[しょうのう] 소납. *선물할 때 '별것 아니지만 웃으며 받아 주십시오'라는 뜻임.
笑覧[しょうらん] 소람. *자기 것을 남에게 보일 때 '웃으면서 봐 주십시오'라는 뜻임.
笑殺[しょうさつ] 소살; ①크게 웃김. 몹시 비웃음. ②웃어넘김.
笑声[しょうせい] 웃음소리.
笑止[しょうし] ①가소로움. 우스움. ②딱함. 가엾음.
笑話[しょうわ] 소화; 우스운 이야기.

巣(巢) 새집/보금자리 소

丶 丷 ⺍ 𭕄 𭕄 㓁 巣 巣 巣 巣

音 ◉ソウ
訓 ◉す

訓読

2◉巣[す] ①(짐승·물고기·벌레의) 집. 둥지. ②소굴. ③보금자리.
巣がく[すがく] 〈5他〉 (거미가) 집을 짓다.
巣くう[すくう] 〈5自〉 ①(짐승·물고기·벌레가) 집을 짓고 살다. 둥지를 틀다. 깃들이다. ②소굴을 이루다. 근거지로 삼다. ③(좋지 않은 마음·병이) 깃들이다. 자리 잡다.
巣籠る[すごもる] 〈5自〉 ①(알을 까기 위해) 둥지에 틀어박히다. ②(동면하기 위해) 땅속에 들어가다.
巣離れ[すばなれ] ①(새끼가 다 자라서) 보금자리를 떠남. ②(봄이 되자 물고기가) 활동하기 시작함.
巣立ち[すだち] ①(새끼가 다 자라서) 둥지를 떠남. ②사회로 진출함. ③자립함. 독립함.

巣立つ[すだつ] 〈5自〉 ①(새끼가 다 자라서) 둥지를 떠나다. ②사회로 진출하다. ③자립하다. 독립하다.
巣立てる[すだてる] 〈下1他〉 (새끼가 다 자라서) 둥지를 떠나게 하다.
巣箱[すばこ] (사람이 만든) 둥우리 상자.
巣隠れ[すがくれ] 새가 둥지에 숨음.
巣引き[すびき] (기르는 새가) 새장에서 둥지를 만들고 새끼를 기름.

音読

巣窟[そうくつ] 소굴; ①도둑·불량배들의 본거지. ②거처로 삼고 있는 곳.

掃(掃) 쓸어버릴 소

一 丨 扌 扌 扫 扫 扫 扫 掃 掃

音 ◉ソウ
訓 ◉はく

訓読

2◉掃く[はく] 〈5他〉 ①(빗자루로) 쓸다. 비질하다. ②(가볍게) 칠하다. ③(갓 깬 애누에를) 잠란지(蚕卵紙)에서 옮기다.
掃き溜め[はきだめ] 쓰레기터. 쓰레기통.
掃き立て[はきたて] ①방금 청소함. ②(갓 깬 애누에를) 잠란지(蚕卵紙)에서 옮기기.
掃墨[★はいずみ] 먹·도료(塗料)의 원료. *참기름·유채기름 등의 그을음을 모은 것.
掃き散らす[はきちらす] 〈5他〉 쓸다가 어질러놓다.
掃き掃除[はきそうじ] 빗자루로 청소함.
掃き手[はきて] (씨름에서) 경기 도중 土俵(どひょう)에 손이 가볍게 닿음.
掃き清める [はききよめる] 〈下1他〉 ①(빗자루로) 쓸어서 깨끗이 하다. ②(어떤 지역의) 적을 완전히 소탕하다.
掃き初め[はきぞめ] (새해의) 첫 청소.
掃き出す[はきだす] 〈5他〉 쓸어내다.
掃き出(し)[はきだし] ①쓰레기·먼지를 쓸어냄. ②'掃き出(し)窓'의 준말.
掃き出(し)窓[はきだしまど] 방 안의 쓰레기를 쓸어내기 위해 방바닥과 같은 높이로 낸 창문.

音読

掃滅[そうめつ] 소멸; 송두리째 없애버림.
掃射[そうしゃ] 소사; 기관총을 상하 좌우로 연달아 쏘아댐.
4掃除[そうじ] 소제; 청소.
掃除屋[そうじや] 청소부.
掃除人[そうじにん] 청소하는 사람.
掃蕩[そうとう] 소탕; 송두리째 없애버림.
掃討[そうとう] ☞ 掃蕩
掃海[そうかい] 소해; 바다 속에 부설된 수뢰(水雷) 등을 처치함.
掃海艇[そうかいてい] 소해정.

疎 성길/소통할 소

一 丆 下 疋 疋 疋 疋 疎 疎 疎

音 ◉ソ
訓 ◉うとい ◉うとむ ⊗おろそか ⊗まばら

訓読

◉疎い[うとい] 〈形〉 ①친한 사이가 아니다. 소원하다. ②사정에 어둡다. 잘 모르다.
疎ましい[うとましい] 〈形〉 역겹다. 몹시 싫다.
疎ましがる[うとましがる] 〈5他〉 역겨워하다. 몹시 싫어하다.
疎ましげ[うとましげ] 〈形〉 역겨운 듯. 몹시 싫은 듯.
◉疎む[うとむ] 〈5〉 따돌리다. 멀리하다.
疎んじる[うとんじる] 〈上1他〉 꺼리다. 멀리하다.
疎んずる[うとんずる] 〈サ変他〉 ☞ 疎んじる
疎疎しい[うとうとしい] 〈形〉 서먹서먹하다.
⊗疎か❶[おろか] 〈副〉 …은 물론이고. …은 말할 것도 없이.
1⊗疎か❷[おろそか] 〈形動〉 소홀함. 등한함.
疎抜き[おろぬき] 솎음. 솎음질.
疎抜き菜[おろぬきな] 솎음 푸성귀.
⊗疎ら[まばら] 〈形動〉 (사이가) 뜸. 성김. 드문드문함. 듬성듬성함.
疎ら筋[まばらすじ] ≪経≫ 소액 거래자.

音読

疎[そ] 소; ①성김. ②소원함. 냉담함. ③넓고 성김.
疎開[そかい] 소개; ①밀집한 것들의 사이를 넓힘. ②도시의 주민들을 지방 등으로 이동시킴.
疎隔[そかく] 소격; 소원함. 냉담함.
疎漏[そろう] 소루; 엉성함. 소홀함.
疎林[そりん] 소림; 나무가 듬성듬성한 숲.
疎明[そめい] 소명; ①변명함. ②재판관에게 어느 정도 확실하다는 심증을 줌.
疎密[そみつ] 소밀; 성김과 빽빽함.

疎密度[そみつど] ≪物≫ 소밀도.
疎放[そほう] 치밀하지 못함. 꼼꼼하지 못함.
疎水[そすい] 인공 수로(人工水路).
疎外[そがい] 소외; 가까이 하지 않음.
疎遠[そえん] 소원; 친하지 않고 멀어짐.
疎音[そいん] 소음; 오랫동안 소식을 전하지 않음. 격조(隔阻).
疎通[そつう] 소통; 막히지 않고 서로 통함.

紹 이을 소

〱 ㄠ 幺 糸 糸 紀 紹 紹 紹 紹

音 ◉ショウ
訓 —

音読

3**紹介**[しょうかい] 소개; ①모르는 사람끼리 알고 지내도록 관계를 맺어줌. ②잘 알려지지 않은 것을 알게 해 줌.
紹介状[しょうかいじょう] 소개장; 모르는 사람을 소개하기 위한 서한(書翰).

焼(燒) 불사를 소

丶 ㇒ 火 火 灶 炷 炷 烓 焼 焼

音 ◉ショウ
訓 ◉やく ◉やける

訓読

3◉**焼く**[やく] 〈5他〉 ①(불에) 태우다. 굽다. ②그을리다. 지지다. ③애태우다. ④(여러 모로) 돌봐주다. ⑤(사진을) 인화하다. 복사하다. ⑥달구다. ⑦질투하다. 시기하다.
焼き[やき] ①구움. 구운 정도. ②담금질.
焼(き)鎌[やきがま] 담금질로 날을 세운 낫.
焼(き)串[やきぐし] (생선・고기 등을) 꿰어 굽는 꼬챙이. 구이 꼬챙이.
焼(き)蕎麦[やきそば] ①튀긴 국수 요리. ②볶은 국수 요리.
焼(き)金[やきがね] ①낙인을 찍음. ②순금(純金).
焼(き)豚[やきぶた] 오향장육 요리.
焼(き)桐[やきぎり] 표면을 그슬려 나뭇결을 낸 오동나무.
焼(き)豆腐[やきどうふ] 두부구이.
焼(き)鈍[やきなまし] ≪化≫ 풀림.
焼(き)戻し[やきもどし] ≪化≫ 뜨임.
焼(き)鏝[やきごて] ①인두. ②낙화(烙画)용 작은 인두.
焼(き)網[やきあみ] 석쇠.
焼(き)明礬[やきみょうばん] ≪化≫ 소명반.
焼(き)物[やきもの] ①도자기. ②불에 구운 요리. ③담금질하여 벼린 날붙이.
焼(き)物師[やきものし] 도공(陶工).
焼(き)米[やきごめ] 볶은 햅쌀.
焼(き)飯[やきめし] ①볶음밥. ②불에 구운 주먹밥.
焼(き)餅[やきもち] ①구운 떡. ②질투. 시기. 샘.
焼(き)餅焼き[やきもちやき] 질투심이 강한 사람.
焼き付く[やきつく] 〈5自〉 ①타서 눌어붙다. ②강하게 인상지어지다.
焼(き)付け[やきつけ] ①도자기에 무늬를 그려서 구움. ②(사진에서) 인화(印画). ③도금(鍍金).
焼き付ける[やきつける] 〈下1他〉 ①낙인(烙印)을 찍다. ②사진을 인화하다. ③(금속을) 달구어 붙이다. ④도금(鍍金)하다. ⑤강한 인상을 남기다.
焼(き)麩[やきふ] 구운 밀개떡.
焼き払う[やきはらう] 〈5他〉 ①죄다 태워버리다. ②태워서 쫓아버리다.
焼(き)杉[やきすぎ] 표면을 그슬려 나뭇결을 낸 삼목(杉木) 판자.
焼き上がる[やきあがる] 〈5自〉 잘 구워지다.
焼き上げる[やきあげる] 〈下1他〉 ①잘 굽다. ②구워 내다.
焼(き)石[やきいし] 불에 달군 돌
焼(き)魚[やきざかな] 생선구이.
焼(き)塩[やきしお] 구운 소금.
焼(き)玉機関[やきだまきかん] 세미 디젤 기관.
焼(き)芋[やきいも] 군고구마.
焼(き)肉[やきにく] 불고기.
焼(き)栗[やきぐり] 군밤.
焼(き)刃[やきば] ①담금질한 날붙이. ②칼날의 물결무늬.
焼(き)印[やきいん] 낙인(烙印).
焼(き)入れ[やきいれ] 담금질.
焼(き)場[やきば] ①소각장. ②화장터(火葬場).
焼(き)畑[やきばた] ≪農≫ 화전(火田).
焼(き)切り[やききり] 불에 달구어 끊음.
焼き切る[やききる] 〈5他〉 ①불에 달구어 끊다. ②충분히 달구다. 다 태우다.

焼(き)接ぎ[やきつぎ] (깨진 도자기를) 유약으로 땜질함.
焼(き)鳥[やきとり] 새고기 꼬치구이.
焼(き)鳥屋[やきとりや] 꼬치구이 집.
焼(き)増し[やきまし] (사진의) 추가 인화.
焼(き)直し[やきなおし] ①(음식을) 다시 구움. ②(사진에서) 다시 인화함. ③개작(改作). 원작을 약간 손질하여 신작인 양 발표함.
焼き直す[やきなおす] 〈5他〉 ①(음식을) 다시 굽다. ②불에 다시 달구다. ③개작(改作)하다. 원작을 약간 손질하여 신작인 양 발표하다.
焼(き)太刀[やきだち] 담금질로 날을 벼린 칼.
焼(き)討ち[やきうち] 불로 공격함.
焼(き)筆[やきふで] 목탄(木炭) 붓.
焼(き)蛤[やきはまぐり] 조개구이.
焼(き)海苔[やきのり] 맛김. 구운 김.
焼(き)絵[やきえ] 낙화(烙画). 인두로 지져서 그리는 그림.
3◉**焼ける**[やける] 〈下1自〉 ①불타다. ②구워지다. ③뜨거워지다. 달다. ④(햇볕에) 그을리다. 타다. ⑤변색하다. 바래다. ⑥놀이 지다. 붉게 물들다. ⑦(소화불량으로) 속이 쓰리다. ⑧애가 쓰이다. ⑨질투하다. 샘이 나다. ⑩(화산이) 분화하다. ⑪주독(酒毒)으로 빨개지다.
焼け[やけ] ①탐. 그을림. ②(하늘의) 노을. ③(화장독으로) 얼굴이 푸르죽죽함. ④암갈색으로 변한 금속의 광상(鉱床).
焼けぼっくい[やけぼっくい] ≪俗≫ 불탄 말뚝. 타나 남은 그루터기.
焼け落ちる[やけおちる] 〈上1自〉 불타서 무너져 내리다.
焼け木杭[やけぼっくい] ≪俗≫ 불탄 말뚝. 타나 남은 그루터기.
焼け目[やけめ] 불탄 자국.
焼け棒杭[やけぼっくい] ≪俗≫ 불탄 말뚝. 타나 남은 그루터기.
焼け付く[やけつく] 〈5自〉 ①불타다. ②타서 눌어붙다.
焼け死ぬ[やけしぬ] 〈5自〉 소사하다. 불에 타 죽다.
焼け山[やけやま] ①불타버린 산. ② ≪俗≫ 휴화산.
焼け色[やけいろ] 그을린 빛깔.
焼け石[やけいし] 불에 달궈진 돌.
焼け野[やけの] 불타버린 들판.
焼け野原[やけのはら] ①불타버린 들판. ②(화재로 인한) 허허 벌판.
焼け残る[やけのこる] 〈5自〉 불에 타지 않고 남다. 화재를 모면하다.
焼け跡[やけあと] 불탄 흔적.
焼け焦がし[やけこがし] 타서 눌음.
焼け焦げ[やけこげ] 타서 눌음.
焼け出され[やけだされ] ①(화재・전쟁으로) 집을 잃음. ②화재로 인한 이재민.
焼け出される[やけだされる] 〈下1自〉 (화재・전쟁으로) 집을 잃다.
焼け太り[やけぶとり] 화재 덕분에 전보다 형편이 더 나아짐.
焼け土[やけつち] ①불에 탄 흙. ②햇볕에 뜨거워진 흙.
焼け穴[やけあな] (옷의) 불탄 구멍.
焼け火箸[やけひばし] 달군 부젓가락.
焼け灰[やけばい] 불탄 재.
焼け痕[やけあと] 화상의 흔적.

音読

焼却[しょうきゃく] 소각; 불태워 없앰.
焼却炉[しょうきゃくろ] 소각로.
焼却場[しょうきゃくじょう] 소각장.
焼亡[しょうぼう/しょうもう] 불타 없어짐.
焼死[しょうし] 소사; 불에 타 죽음.
焼失[しょうしつ] 소실; 불에 타 없어짐.
焼酎[しょうちゅう] 소주.
焼香[しょうこう] 소향; 분향(焚香).

訴 하소연할 소

訴 訴 訴 訴 訴 訴 訴 訴 訴 訴

音 ◉ソ
訓 ◉うったえる

訓読

2◉**訴える**[うったえる] 〈下1他〉 ①(법에) 고소하다. 소송하다. ②호소하다. 하소연하다. ③(해결하기 위해) 수단으로 쓰다.
1**訴え**[うったえ] ①호소. 하소연. ② ≪法≫ 소송(訴訟).

音読

訴件[そけん] 소건; 소송 사건.
訴権[そけん] 소권; 판결 청구권.
1**訴訟**[そしょう] 소송; 재판을 청구함.
訴訟法[そしょうほう] 소송법.
訴訟人[そしょうにん] 소송인.

訴願[そがん] 소원; 호소하여 청원함.
訴願人[そがんにん] 소원인.
訴人[そにん] 고소인(告訴人).
訴因[そいん] 소인; 소송의 원인을 구성시키는 사람.
訴状[そじょう] 소장; 소송장(訴訟状).
訴追[そつい] 소추; ①(검사의) 기소(起訴). ②(탄핵의) 소추.
訴追委[そついい] '裁判官訴追委員会'의 준말.

塑 흙인형 소

丷 䒑 𠀎 㞢 屰 朔 朔 朔 朔 塑

音 ◉ソ
訓 —

音読

塑像[そぞう] 소상; (찰흙으로 만든) 점토상(粘土像). (석고로 만든) 석고상(石膏像).
塑造[そぞう] 소조; 석고·찰흙으로 조각의 원형을 만듦.

騷(騷) 시끄러울 소

丨 厂 𠘧 𠀆 馬 馬 馬 騷 騷 騷

音 ◉ソウ
訓 ◉さわがしい ◉さわがす ◉さわぐ

訓読

2◉騒がしい[さわがしい] 〈形〉 ①시끄럽다. 떠들썩하다. 왁자지껄하다. 소란스럽다. ②(분위기가) 뒤숭숭하다.
◉騒がす[さわがす] 〈5他〉 ①시끄럽게 하다. 떠들썩하게 하다. ②(가슴을) 두근거리게 하다.
騒がせる[さわがせる] 〈下1他〉 ☞ 騒がす
3◉騒ぐ[さわぐ] 〈5他〉 ①떠들다. ②소란을 피우다. 소동을 일으키다. ③술렁거리다. 허둥대다. ④(수동형 '騒(さわ)がれる'로 변하여) 인기가 있다. 평판(評判)이 좋다.
2騒ぎ[さわぎ] ①시끄러움. 떠들썩함. ②소동. 소란. 분쟁. 사건.
騒ぎ立つ[さわぎたつ] 〈5自〉 (물결 등이) 어지럽게 일다.
騒ぎ立てる[さわぎたてる] 〈下1自〉 떠들어대다. 과장해서 떠들썩하게 만들다.
騒ぎ出す[さわぎだす] 〈5他〉 떠들기 시작하다. 소란을 피우기 시작하다.

音読

1騒動[そうどう] 소동; 여러 사람이 문제를 일으켜 분쟁함.
騒乱[そうらん] 소란; 소동(騒動).
2騒騒しい[そうぞうしい] 〈形〉 ①떠들썩하다. 시끄럽다. ②소란하다. 어수선하다.
騒然[そうぜん] 소연; ①떠들썩함. ②뒤숭숭함. 어수선함.
騒擾[そうじょう] 소요; 소동(騒動).
2騒音[そうおん] 소음; 시끄러운 소리.

疏 뚫릴 소

音 ⊗ソ
訓 —

音読

疏明[そめい] 소명; ①변명함. ②재판관에게 어느 정도 확실하다는 심증을 줌.
疏水[そすい] 인공 수로(人工水路)
疏食[そし] 소식; 변변치 못한 음식.
疏通[そつう] 소통; 막히지 않고 서로 통함.

搔×(掻) 긁을 소

音 ⊗ソウ
訓 ⊗かく

訓読

2⊗掻く[かく] 〈5他〉 ①긁다. 긁적거리다. ②(현악기의 줄을) 퉁기다. 타다. ③(자기 쪽으로 당기어) 베다. 자르다. ④(칼로) 긁어내다. 깎다. ⑤할퀴다. 파헤치다. ⑥(쟁기로) 일구다. 갈다. ⑦(갈퀴로) 긁어모으다. ⑧빗질하다. ⑨휘저어 개다. 반죽하다.
掻き口説く[かきくどく] 〈5他〉 하소연하다. 푸념을 늘어놓다.
掻き起こす[かきおこす] 〈5他〉 ①(숯불 등을) 쑤석거려 일으키다. ②(안아) 일으켜 세우다.
掻き寄せる[かきよせる] 〈下1他〉 ①긁어모으다. ②(손으로) 끌어당기다.
掻き曇る[かきくもる] 〈5自〉 ①갑자기 흐려지다. ②눈앞이 흐리어 보이다.
掻き登る[かきのぼる] 〈5自〉 (가파른 곳을) 손으로 긁다시피 하여 오르다.
掻き乱す[かきみだす] 〈5他〉 휘저어 어지럽히다. 흐트러뜨리다. 교란시키다.
掻き立てる[かきたてる] 〈下1他〉 ①심지를 돋우다. ②북돋우다. ③휘젓다. ④(현악기를) 켜다. 퉁기다.
掻き鳴らす[かきならす] 〈5他〉 (현악기를) 켜다. 퉁기다.

掻き暮れる[かきくれる] 〈下1自〉 ①완전히 캄캄해지다. ②(눈물로) 지새다.
掻き餅[かきもち] ①(설날에 사용한) 鏡餅(かがみもち)를 잘게 뜯은 것. ②찰떡을 얇게 썰어 말린 것.
掻き分ける[かきわける] 〈下1他〉 (좌우로) 헤치다. 헤집다.
掻っ払い[かっぱらい] 날치기. 들치기.
掻っ払う[かっぱらう] 〈5他〉 ①날치기하다. 들치기하다. ②옆으로 휘둘러 걷어차다.
掻き捨て[かきすて] (창피를 당해도) 아무렇지도 않음.
掻き散らす[かきちらす] 〈5他〉 ①(여기저기) 함부로 긁다. ②한꺼번에 흐트러뜨리다.
掻き上げる[かきあげる] 〈下1他〉 ①그러 올리다. 쓸어 올리다. ②(심지 등을) 돋우다.
掻き消える[かききえる] 〈下1自〉 갑자기 사라지다. 싹 사라지다.
掻き捜す[かきさがす] 〈5他〉 뒤지다.
掻き暗す[かきくらす] 〈4他〉≪古≫ ①하늘을 온통 어둡게 하다. ②마음을 온통 어둡게 하다.
掻き暗れる[かきくれる] 〈下1自〉 완전히 캄캄해지다.
掻き揚げ[かきあげ] ①튀김 요리. ②(심지 등을) 돋움. 위로 당김.
掻き揚げる[かきあげる] 〈下1他〉 ①그러 올리다. 쓸어 올리다. ②(심지 등을) 돋우다.
掻き込む[かきこむ] 〈5他〉 ①(앞쪽으로) 그러모으다. 그러당기다. ②(입 안에) 그러넣다. 급히 먹다.
掻っ込む[かっこむ] 〈5他〉 (입 안에) 그러넣다. 급히 먹다.
掻き雑ぜる[かきまぜる] 〈下1他〉 뒤섞다.
掻き切る[かききる] 〈5他〉 단숨에 베다. 싹둑 자르다.
掻っ切る[かっきる] 〈5他〉 ①싹둑 자르다. 동강 치다. ②단숨에 가르다.
掻き集める[かきあつめる] 〈下1他〉 ①(단번에) 그러모으다. 끌어 모으다. ②긁어모으다.
掻き出す[かきだす] 〈5他〉 긁어내다. 퍼내다.
掻き探す[かきさがす] 〈5他〉 뒤지다.
掻き退ける[かきのける] 〈下1他〉 좌우로 밀치다. 밀어 제치다. 헤치다.
掻き抱く[かきいだく] 〈5他〉 꽉 껴안다.
掻き合(わ)せる[かきあわせる] 〈下1他〉 ①여미다. ②(현악기로) 합주하다.
掻き昏れる[かきくれる] 〈下1他〉 완전히 캄캄해지다.
掻き混ぜる[かきまぜる] 〈下1他〉 뒤섞다.
[1]掻き回す[かきまわす] 〈5他〉 휘젓다.

音読

掻痒[そうよう] 소양; 가려운 곳을 긁음.
掻爬[そうは] 소파; 몸 안의 병적 조직의 일부를 떼어냄.

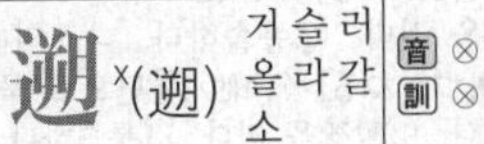

遡 ×(遡) 거슬러 올라갈 소	音 ⊗ソ 訓 ⊗さかのぼる

訓読

[2]⊗遡る[さかのぼる] 〈5自〉 ①(흐르는 물을) 거슬러 올라가다. ②(과거・근본으로) 되돌아가다. ③소급하다.

音読

遡及[そきゅう/さっきゅう] 소급; 거슬러 올라감. ＊'さっきゅう'는 관용음임.
遡源[そげん/さくげん] 소원; 원천으로 거슬러 올라감. ＊'さくげん'은 관용음임.
遡航[そこう] 소항; 수류(水流)를 거슬러 항해함.
遡行[そこう] 소행; 수류(水流)를 거슬러 올라감.

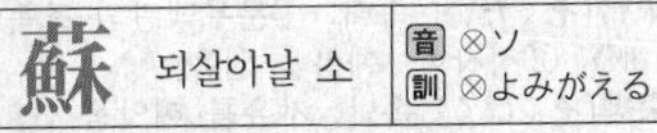

蘇 되살아날 소	音 ⊗ソ 訓 ⊗よみがえる

訓読

[1]⊗蘇る[よみがえる] 〈5自〉 되살아나다. 소생(蘇生)하다.
蘇り[よみがえり] 소생(蘇生). 되살아남.

音読

蘇民将来[そみんしょうらい] ①(부적에 적어 넣는) 역병(疫病)을 쫓는 신. ②복(福)을 비는 부적.
蘇生[そせい] 소생; ①되살아남. ②생기를 되찾음.
蘇鉄[そてつ] ≪植≫ 소철.

〔속〕

束 묶을 속

一 ㄱ ㄷ 𠮛 申 束 束

音 ◉ソク
訓 ◉たば ⊗つか

訓読

[2]◉束❶[たば] 다발. 뭉치. 단.

⊗束❷[つか] ①≪建≫ 쪼구미. 동자기둥. ②책의 부피. ③줌. *옛 길이의 단위로서 네 손가락으로 쥐었을 때의 길이. ❸[そく] ☞ [音読]

[1]◉束ねる❶[たばねる] 〈下1他〉 ①단으로 묶다. 다발을 짓다. ②통솔하다. 다스리다.

⊗束ねる❷[つかねる] 〈下1他〉 ①단으로 묶다. 다발을 짓다. ②팔짱을 끼다. ③통솔하다.

束ね[たばね] ①다발. 묶음. ②통솔.

束の間[つかのま] 잠깐 사이. 순간.

束見本[つかみほん] 가제본한 견본 책.

束ね髪❶[たばねがみ] 속발; 뒤에서 잡아 묶은 머리. ❷[そくはつ] 틀어 올린 서양식 머리.

束子[★たわし] (그릇을 씻을 때 사용하는) 솔솔. 수세미.

束柱[つかばしら] ≪建≫ 쪼구미. 동자기둥.

音読

束❶[そく]①(다발로 된 물건을 세는 조수사로) …속. …다발. …묶음. ②벼 10단의 단위. ③반지(半紙) 200매의 단위. ④화살 길이의 단위. ⑤(100개를 한 단위로) …접. ❷[たば/つか] ☞ [訓読]

束帯[そくたい] 속대; ①문무백관의 조복(朝服). ②정장함. 예복을 입음.

[1]束縛[そくばく] 속박; 자유를 빼앗음.

束手[そくしゅ] 속수; 방관(傍観)함.

束脩[そくしゅう] 속수; ①묶음으로 된 말린 고기. ②제자로 입문할 때 스승에게 바치는 선물.

俗 풍속/속될 속

丿 亻 亻' 亻'' 亻ハ 亻八 亻谷 俗 俗

音 ◉ゾク

訓 —

音読

俗[ぞく] ①세상. ②속인(俗人). ③속됨. 세속적임. 속물(俗物)임. 저속함.

俗っぽい[ぞくっぽい] 〈形〉 속되다. 저속하다. 상스럽다.

俗に[ぞくに] 흔히. 속되게. 일반적으로.

俗歌[ぞっか] 속가; 저속한 노래.

俗間[ぞっかん] 속간; 세상. 세간(世間).

俗曲[ぞっきょく] 속곡; 三味線(しゃみせん) 반주에 맞추어 부르는 통속적인 노래.

俗気[ぞくけ] 속기; 속된 마음.

俗念[ぞくねん] 속념; 세속적인 욕심.

俗談[ぞくだん] 속담; ①잡담. 세상 이야기. ②속어(俗語).

俗論[ぞくろん] 속론; 세속적인 의논. 견해가 좁은 의견.

俗流[ぞくりゅう] 속류; 속물들.

俗離れ[ぞくばなれ] (언행이) 보통 사람과 다름. 세속에 무관심함.

俗吏[ぞくり] 속리; ①속물 관리. ②보통의 관리.

俗名❶[ぞくみょう] ①속명; 중의 출가(出家)하기 전의 이름. ②(故人의) 생전의 이름. ❷[ぞくめい] ①세속적인 하찮은 명성. ②속칭(俗称).

俗務[ぞくむ] 속무; 속된 잡무.

俗文[ぞくぶん] 속문; ①속어를 써서 쓴 글. ②서한문. 편지글.

俗物[ぞくぶつ] 속물; 저속한 인간.

俗輩[ぞくはい] 속배; 속된 무리.

俗本[ぞくほん] 속본; 저속한 책.

俗士[ぞくし] 속사; 보통 사람.

俗事[ぞくじ] 속사; 속된 일.

俗書[ぞくしょ] 속서; ①통속적인 책. ②품위 없는 필적.

俗説[ぞくせつ] 속설; 통설(通説).

俗姓[ぞくせい] 속성; 중이 되기 전의 성.

俗世[ぞくせ/ぞくせい] 속세; 세상.

俗世間[ぞくせけん] 속세간; 속세.

俗手[ぞくて/ぞくしゅ] (바둑・장기의) 평범한 수.

俗受け[ぞくうけ] 대중에게 인기를 얻음. 일반 사람의 평판이 좋음.

俗習[ぞくしゅう] 속습; 세속적인 습관.

俗心[ぞくしん] 속심; 속된 마음.

俗悪[ぞくあく] 속악; 저속함.

俗楽[ぞくがく] 속악; ①통속적인 음악. 민간의 음악. ②저속한 음악.

俗語[ぞくご] 속어; ①구어(口語). 일상 회화어. ②은어. 속된 말.

俗言[ぞくげん] 속언; ①속어. 은어. ②소문. 세평(世評).

俗諺[ぞくげん] 속언; 속담.

俗縁[ぞくえん] 속연; 속세와의 연고 관계.

俗謡[ぞくよう] 속요; ①유행가. ②'小唄(こうた)'의 딴이름.

俗用[ぞくよう] 속용; ①번거로운 잡무. ②(세상에서) 흔히 사용하는 방법.

俗儒[ぞくじゅ] 속유; 속된 유학자(儒学者).
俗耳[ぞくじ] 속이; 속인의 귀.
俗人[ぞくじん] 속인; ①속된 사람. 속물. ②풍류를 모르는 사람. ③중이 아닌 사람.
俗字[ぞくじ] 속자; 漢字의 약자(略字).
俗伝[ぞくでん] 속전; 세상에 널리 전해지는 구전(口伝).
俗塵[ぞくじん] 속진; 속세의 번거로움.
俗臭[ぞくしゅう]속취; 속된 냄새.
俗称[ぞくしょう] 속칭; ①통칭(通称). ②중이 되기 전의 속명(俗名).
俗評[ぞくひょう] 속평; 보통 사람들의 평판.
俗学[ぞくがく] 속학; 저속한 학문.
俗解[ぞっかい] 속해; 통속적인 해석.
俗向き[ぞくむき] 대중용. 대중적임. 통속적임.
俗化[ぞっか] 속화; 세속적이 됨.
俗話[ぞくわ] 속화; 세속 이야기. 잡담.

速(速) 빠를 속

一 ㄇ ㄇ 戸 市 市 束 束 涑 速

音 ◉ソク
訓 ◉はやい ◉すみやか

訓読

4◉速い[はやい] 〈形〉 (속도・동작・과정・반응이) 빠르다. 날래다.
速く[はやく] 〈副〉 빨리. 빠르게.
4速さ[はやさ] 속도. 빠르기.
速まる[はやまる] 〈5自〉 (속도가) 빨라지다.
速め[はやめ] 약간 빠름.
1速める[はやめる] 〈下1他〉 속력을 내다. 서두르다. 재촉하다.
1◉速やか[すみやか] 〈形動〉 재빠름. 신속함.

音読

速決[そっけつ] 속결; 빨리 결정함.
速攻[そっこう] 속공; 재빠른 공격.
速球[そっきゅう] 속구; (야구의) 빠른 공.
速急[そっきゅう] 속급; 매우 빠름. 매우 급함.
速記[そっき] 속기; 속기술(速記術).
速断[そくだん] 속단; 빨리 판단함.
2速達[そくたつ] 속달; 속달 우편.
速答[そくとう] 속답; 빨리 대답함.
2速度[そくど] 속도; 스피드. 빠르기.
速読[そくどく] 속독; 책을 빨리 읽음.
2速力[そくりょく] 속력; 스피드. 속도.
速了[そくりょう] 지레짐작.
速歩[そくほ] 속보; 잰걸음. 빠른 걸음.
速報[そくほう] 속보; 긴급 뉴스.
速写[そくしゃ] 속사; ①사진을 재빨리 찍음. ②글자를 재빨리 베낌.
速射砲[そくしゃほう] 속사포.
速成[そくせい] 속성; 목적을 신속히 이룸.
速修[そくしゅう] 속수; 빨리 배움.
速修科[そくしゅうか] 속성과(速成科).
速習[そくしゅう] 속습; 빨리 배움.
速習科[そくしゅうか] 속성과(速成科).
速戦即決[そくせんそっけつ] 속전속결(速戦速决).
速筆[そくひつ] 속필; 빨리 쓰는 글씨.
速効[そっこう] 속효; 빠른 효과.

属(屬) 속할 속

㇇ ㇇ 尸 尸 居 居 扂 属 属 属

音 ◉ゾク ⊗ショク
訓 —

音読

2属する❶[ぞくする] 〈サ変自〉 속하다. 소속되다. 포함되다. 범위 안에 들다.
属する❷[しょくする] 〈サ変自〉 기대하다. 촉망되다. 희망을 걸다.
属官[ぞっかん] 속관; ①하급 관리. ②(옛날의) 판임관(判任官)인 문관.
属国[ぞっこく] 속국; 종속된 나라. 식민지.
属領[ぞくりょう] 속령; 종속된 영지(領地).
属僚[ぞくりょう] 속료; 하급 관리.
属吏[ぞくり] 속리; 하급 공무원.
属望[しょくぼう] 촉망(嘱望). 기대함.
属性[ぞくせい] 속성; ①특성. ②사물의 본질을 이루는 성질.
属人主義[ぞくじんしゅぎ] 속인주의.
属地[ぞくち] 속지; ①부속된 땅. ②그 고장에 속함.
属地主義[ぞくちしゅぎ] 속지주의.

続(續) 이을 속

纟 纟 糸 糸 糸 紼 紼 続 続

音 ◉ゾク ⊗ソク
訓 ◉つづく ◉つづける

訓読

3◉続く[つづく] 〈5自〉 ①계속되다. 이어지다. ②잇따르다. ③뒤따르다. ④버금가다.

[2]続き[つづき] ①연결. ②계속. ③죽 계속됨. 잇닿음. 연속됨.
続き間[つづきあい] ①상호 관계. ②혈연 관계. 친족 관계.
続き物[つづきもの] (소설·드라마·영화 등의) 연속물. 연재물.
続き柄[つづきがら] 혈연 관계.
続(き)合い[つづきあい] ①상호 관계. ②혈연 관계. 친족 관계.
続(き)絵[つづきえ] 2장 이상을 이어서 1장으로 그린 그림.
[3]◉続ける[つづける] 〈下1他〉 ①계속하다. ②잇다. 연결하다.
続け書き[つづけがき] 띄어 쓰지 않고 이어 씀.
続け様[つづけざま] 잇따름. 계속됨.
続け字[つづけじ] (빨리 쓰려고) 띄어 쓰지 않고 잇달아 흘린 글씨.
続け打ち[つづけうち] 계속 두들김.

音読

続[ぞく] 속; '続編'의 준말.
続刊[ぞっかん] 속간; 계속 발간함.
続開[ぞっかい] 속개; 일단 멈추었던 회의 등이 다시 계속됨.
続騰[ぞくとう] 속등; 시세가 계속 오름.
続落[ぞくらく] 속락; 시세가 계속 내림.
続飯[★そくい] 밥풀. 밥으로 만든 풀.
続発[ぞくはつ] 속발; 잇달아 발생함.
[2]続続と[ぞくぞくと] 속속; 잇달아. 연이어.
続審[ぞくしん] ≪法≫ 속심.
続演[ぞくえん] 속연; 연장 공연(公演).
続映[ぞくえい] 속영; 연장 상영(上映).
続載[ぞくさい] 속재; 계속 게재함.
続出[ぞくしゅつ] 속출; 연이어 발생함.
続投[ぞくとう] 속투; (야구에서) 투수가 쉬지 않고 계속해서 공을 던짐.
続編[ぞくへん] 속편; 앞서의 책·영화·드라마 등에 잇대어 편집한 것.
続行[ぞっこう] 속행; 계속 행함.

贖	속죄할 속	音 ⊗ショク 訓 ⊗あがなう

訓読

⊗贖う[あがなう] 〈5他〉 ①(어떤 대가를 치르고) 죄를 갚다. 속죄(贖罪)하다. ②대속(代贖)하다. 보상하다.
贖い[あがない] 대속(代贖). 속죄(贖罪). 죄갚음.

音読

贖罪[しょくざい] 속죄; 금품을 내거나 공을 세워 지은 죄를 비겨 없앰.
贖罪金[しょくざいきん] 속죄금; 지은 죄를 용서받기 위해 내는 돈.

〔손〕

孫	손자 손
一 了 子 孑 孒 孖 孙 孫 孫 孫	

音 ◉ソン
訓 ◉まご

訓読

[2]◉孫[まご] ①손자. ②한 대(代)를 사이에 둔 관계.
孫娘[まごむすめ] 손녀(孫女)
孫廂[まごびさし] 차양에 다시 이어 단 차양. 덧댄 차양.
孫の手[まごのて] (등을 긁는 도구인) 등긁이. 효자손.
孫引き[まごびき] 재인용(再引用). 다른 책에 인용된 문장을 그대로 인용함.
孫子❶[まごこ] ①손자와 아들. ②자손. ❷[そんし] ①손자; 중국 전국(戦国) 시대의 전략가. ②중국 병법의 대표적인 고전.
孫弟子[まごでし] 제자의 제자.
孫株[まごかぶ] 신주(新株)를 발행하여 증자(増資)한 후 다시 증자(増資)하기 위해 발행한 주식.
孫太郎虫[まごたろうむし] ≪虫≫ 잠자리의 애벌레.

音読

◑王孫[おうそん], 子孫[しそん], 子子孫孫[ししそんそん]

損	손해볼 손
一 扌 扌 扚 扪 捐 揖 損 損	

音 ◉ソン
訓 ◉そこなう ◉そこねる

訓読

[1]◉損なう[そこなう] 〈5他〉 ①망가뜨리다. 파손하다. 부수다. ②(기분·건강·성질을) 해치다. 상하게 하다. ③살상(殺傷)하다.

④(동사 ます형에 접속하여) ㉠잘못 …하다. …하기를 실패하다. ㉡…할 기회를 놓치다. ㉢(하마터면) …할 뻔하다.
◉損ねる[そこねる] 〈下1他〉 (기분 · 건강 · 성질을) 해치다. 상하게 하다.

音読

[2]損[そん] ①손해. ②소득이 없음. 불리함.
損じ[そんじ] ①부서짐. 망가짐. 파손됨. ②(동사 ます형에 접속하여) 잘못 …함.
損じる[そんじる] 〈上1他〉 ①부수다. 망가뜨리다. 파손하다. ②(기분 · 건강 · 성질을) 해치다. 상하게 하다. ③(동사 ます형에 접속하여) 잘못 …하다.
損する [そんする] 〈サ変他〉 손해보다.
損ずる [そんずる] ☞ 損じる
損壊[そんかい] 손괴; 파괴.
損金[そんきん] 손금; 손해액. 손해 본 돈.
損金袋[そんきんぶくろ] 팁을 넣어주는 봉투.
損気[そんき] 손해를 보는 성질. 손해를 봄.
[2]損得[そんとく] 손득; 손해와 이득. 손익.
損料[そんりょう] 손료; 임차료(賃借料). 사용료.
損料貸(し)[そんりょうがし] 사용료를 받고 빌려줌. 임대(賃貸)함.
損亡[そんもう/そんぼう] 손망; 손실(損失).
損耗[そんもう/そんこう] 손모; 소모(消耗).
損保[そんぽ] '損害保険'의 준말.
[1]損失[そんしつ] 손실; ①손해. ②(전쟁으로 인한) 사상(死傷).
損益[そんえき] 손익; 손실과 이익. 지출과 소득.
損益勘定[そんえきかんじょう] 손익 계정.
[2]損害[そんがい] 손해; ①손실. 손상. ②파손.
損害保険[そんがいほけん] 손해 보험.

遜×(遜) 겸손할 손	音 ⊗ソン 訓 ⊗へりくだる

訓読

[1]⊗遜る[へりくだる] 〈5自〉 겸손하다. 자기를 낮추다.

音読

遜色[そんしょく] 손색; 다른 것에 비해 뒤떨어짐.
遜譲[そんじょう] 손양; 겸손하여 남에게 양보함.

〔솔〕

率(率) ①거느릴 솔 ②비율 률

亠 亠 玄 玄 玄 泫 泫 泫 泫 率

音 ◉ソツ ◉リツ
訓 ◉ひきいる

訓読

[1]◉率いる[ひきいる] 〈上1他〉 ①거느리다. 인솔하다. 이끌다. ②통솔하다. 다스리다.

音読

[2]率[りつ] 율; ①비율. ②(노력 · 수고에 대한) 보수(報酬).
率先[そっせん] 솔선; 남보다 앞장 섬.
率然と[そつぜんと] ①갑자기. 돌연히. ②경솔하게.
率爾[そつじ] 솔이; 당돌함. 갑작스러움.
[2]率直[そっちょく] 솔직; 숨김이 없이 바르고 곧음.
率土[そっと] 솔토; 국토의 끝. 변경.
◑能率[のうりつ], 比率[ひりつ]

〔송〕

松 소나무 송

一 十 才 木 木' 木八 松 松

音 ◉ショウ
訓 ◉まつ

訓読

[2]◉松[まつ] ①≪植≫ 소나무. ②'門松(かどまつ)'의 준말. ③≪雅≫ '松明(たいまつ)'의 준말.
松かさ[まつかさ] 솔방울.
松江[まつえ] 일본 島根県(しまねけん)의 현청(県庁) 소재지.
松過ぎ[まつすぎ] 설날의 松飾(まつかざ)り를 치운 지 얼마 안 되는 무렵.
松毬[まつかさ/まつぼっくり] 솔방울.
松納め[まつおさめ] 설 축하 장식용 소나무를 치우는 행사.
松の内[まつのうち] 설에 門松(かどまつ)를 세워 두는 기간. *설날부터 7일간임.
松島湾[まつしまわん] 일본 宮城県(みやぎけん) 동해안에 있음.

松林[まつばやし] 송림; 솔밭. 소나무 숲.
松明[★たいまつ] 횃불.
松毛虫[まつけむし] ≪虫≫ 송충이.
松山[まつやま] 소나무가 무성한 산.
松食虫[まつくいむし] 소나무 해충(害虫).
松飾り[まつかざり] (설날) 대문에 장식하는 소나무.
松薪[まつまき] 소나무 장작.
松の葉[まつのは] 송엽; ①솔잎. ②촌지(寸志). ＊선물 포장 겉면에 쓰는 말임.
松葉[まつば] 송엽; ①솔잎. ②바늘.
松葉杖[まつばづえ] 목발.
松茸[まつたけ] ≪植≫ 송이버섯.
松原[まつばら] (해안 근처의) 소나무 숲.
松の位[まつのくらい] ①'5품인 大夫(たゆう)'의 딴이름. ②'3품 벼슬'의 딴이름. ③(江戸(えど)시대의) 최상위의 유녀.
松が枝[まつがえ] ≪雅≫ 소나무 가지.
松脂[まつやに] 송진.
松坂縞[まつざかじま] 三重県(みえけん)의 松阪市(まつざかし)에서 생산되는 줄친 면직물.
松風[まつかぜ] 송풍; ①솔바람. ②차(茶)가 끓는 소리.

音読

松露[しょうろ] ① ≪植≫ 송로버섯. ②솔잎에 맺힌 이슬.
松籟[しょうらい] 송뢰; 송풍. 솔바람.
松柏[しょうはく] 송백; ①소나무와 잣나무. ②상록수. ③(지조를 지켜) 변하지 않음.
松竹梅[しょうちくばい] 송죽매; 소나무・대나무・매화.

送(送) 보낼 송

丶 丷 ㅛ 兰 关 关 㕡 浂 送

音 ◉ソウ
訓 ◉おくる

訓読

3◉**送る**[おくる] 〈5他〉 ①(물건・짐・신호 등을) 보내다. 부치다. ②전송하다. 배웅하다. ③파견하다. ④바래다주다. 모셔다 주다. ⑤(죽은 자를) 떠나보내다. ⑥(세월을) 보내다. ⑦(차례로) 돌리다. 넘기다. 옮기다. ⑧(자리를) 좁히다. ⑨갚다. 보답하다. ⑩(졸업생을) 내보내다. 배출하다. ⑪送り仮名(おくりがな)를 달다.

送り[おくり] ①(물건・짐・신호 등을) 보냄. 발송. ②전송. 배웅. ③'送(おく)り状(じょう)'의 준말. 송장. ④뒤로 물림. ⑤'送り仮名(おくりがな)'의 준말. ⑥관할(管轄)을 옮김. 송치(送致)함. ⑦(인쇄・공작 기계에서) 공작물을 이동시킴. 이동시키는 장치. ⑧(浄瑠璃(じょうるり)에서) 끝 장면・장면 변경・배우가 교대할 때의 음악. ⑨(歌舞伎(かぶき)에서) 배우가 무대에서 물러날 때 부르는 下座唄(げざうた). ⑩ ≪古≫장송(葬送). 죽은 자를 묘소까지 전송함. ⑪≪古≫ 배우의 심부름꾼.
送りバント[おくりバント] (야구의) 보내기 번트.
2**送り仮名**[おくりがな] 漢字와 かな를 혼용할 때 漢字 뒤에 다는 かな.
送り届ける[おくりとどける] 〈下1他〉 (목적지까지) 보내주다. 바래다주다.
送り巻[おくりけん] 거래 명세표.
送り倒し[おくりたおし] (씨름에서) 상대방을 뒤에서 떼밀어 넘어뜨리는 기술.
送り狼[おくりおおかみ] ①산중에서 길가는 행인의 뒤를 밟다가 해치는 이리. ②(여자를 바래다주는 체하면서 나쁜 짓을 하려는) 치한(痴漢).
送り返す[おくりかえす] 〈5他〉 반송(返送)하다. 되돌려 보내다.
送り付ける[おくりつける] 〈下1他〉 (일방적으로) 보내다. 송달(送達)하다.
送り先[おくりさき] 보낼 곳.
送り膳[おくりぜん] 잔치에 참석 못한 사람에게 보내는 음식.
送り手[おくりて] ①발송인. 보내는 사람. ②발신자(発信者). 정보 제공자.
送り迎え[おくりむかえ] 송영; 전송과 마중.
送り込む[おくりこむ] 〈5他〉 (목적한 데로) 보내다. 들여보내다. 올려 보내다. 바래다주다.
送り字[おくりじ] 첩자(畳字). 같은 한자(漢字)나 かな가 중복될 때 사용하는 부호.
送り状[おくりじょう] 송장; 짐을 보내는 사람이 받는 사람에게 보내는 문서.
送り主[おくりぬし] (물건을) 보내는 사람.
送り出し[おくりだし] ①떠나보냄. 전송. 배웅. ②(씨름에서) 등떼밀어내기.
送り出す[おくりだす] 〈5他〉 ①전송하다. 배웅하다. ②밖으로 내보내다. 배출하다. ③물건을 부치다. ④(씨름에서) 상대방을 씨름판 밖으로 떼밀어내다.

送り火[おくりび] ①(음력 7월 16일 밤) 조상의 영혼을 떠나보내기 위해 문전에 피우는 불. ②(장례식에서) 출상 때 문전에서 피우는 불. ③(결혼식이 끝난 후) 신부가 집을 떠날 때 문전에서 피우는 불.

音読

送検[そうけん] 송청(送庁). 용의자나 범죄자를 검찰청으로 보냄.

送球[そうきゅう] 송구; ①핸드볼. ②공을 던짐. 공을 보냄.

[1]**送金**[そうきん] 송금; 돈을 보냄.

送金手形[そうきんてがた] 송금 환어음.

送金為替[そうきんかわせ] 송금환(送金換).

送気管[そうきかん] 송기관; 공기를 보내는 파이프.

送達[そうたつ] 송달; ①전달함. ②법원에서 소송 서류를 당사자에게 보냄.

[2]**送料**[そうりょう] 송료; 물건을 보내는 요금.

[2]**送別**[そうべつ] 송별; 사람을 이별하여 보냄.

送本料[そうほんりょう] 송본료; 책을 부칠 때 드는 요금.

送付[そうふ] 송부; (일방적으로) 보냄.

送水管[そうすいかん] 송수관; 물을 보내는 파이프.

送受[そうじゅ] 송수; 보냄과 받음. 송신과 수신.

送信塔[そうしんとう] 송신탑; 통신을 보내는 탑.

送迎[そうげい] 송영; 사람을 보내고 맞이함.

送油管[そうゆかん] 송유관; 기름을 보내는 파이프.

送葬[そうそう] 장송(葬送). 유해(遺骸)를 장지(葬地)로 보냄.

送電線[そうでんせん] 송전선.

送致[そうち] 송치; ①송달(送達). ②≪法≫ 다른 곳으로 보냄.

送風[そうふう] 송풍; 바람을 보냄.

送話器[そうわき] (전화기의) 송화기.

送還[そうかん] 송환; 되돌려 보냄.

訟 송사 송

一 二 三 言 言 言 訁 訟 訟 訟

音 ◉ショウ
訓 —

音読

訟務局[しょうむきょく] 송무국; 소송에 관한 모든 사무를 관장하는 부서.

◑**訴訟**[そしょう], **争訟**[そうしょう]

頌 기릴 송

音 ⊗ショウ
訓 —

音読

頌[しょう] 송; 종묘에 임금의 덕을 기리어 아뢰는 시.

頌歌[しょうか] 송가; 찬가(讃歌). 찬송가.

頌徳碑[しょうとくひ] 송덕비; 공덕을 기리기 위해 만든 비.

頌辞[しょうじ] ☞ 頌詞

頌詞[しょうし] 송사; 공덕을 칭송하는 문장.

頌詩[しょうし] 송시; 공덕을 칭송하는 시.

頌春[しょうしゅん] 송춘; 새해를 칭송함. ＊연하장에 사용하는 말임.

쇄

刷 인쇄할/솔질할 쇄

ㄱ ㅋ 尸 尸 㕞 㕞 刷 刷

音 ◉サツ
訓 ◉する

訓読

[2]◉**刷る**[する] 〈5他〉 (책을) 인쇄하다. (판화를) 찍다.

刷り[すり] ①인쇄. 인쇄된 모양새. ②인쇄물.

刷毛[★はけ] 솔. 브러시.

刷毛目[★はけめ] 솔 자국. 솔 자국과 비슷한 무늬.

刷り物[すりもの] 인쇄물.

刷り本[すりほん] ①판본(版本). 판목(板木)으로 찍은 책. ②인쇄만 끝나고 아직 제본되지 않은 책.

刷り上がる[すりあがる] 〈5自〉 인쇄가 끝나다.

刷り上げる[すりあげる] 〈下1他〉 인쇄를 끝마치다.

刷り込む[すりこむ] 〈5他〉 (어떤 지면에) 추가로 인쇄하다. 추가해서 인쇄해 넣다.

◑**手刷**[てずり], **校正刷**[こうせいずり]

音読

刷新[さっしん] 쇄신; 나쁜 폐단을 없애고 새롭게 함.

刷子[さっし] 솔. 브러시.

◑**印刷**[いんさつ], **印刷物**[いんさつぶつ]

砕(碎) 부술 쇄

一 丆 丆 石 石 石' 砕 砕 砕

音 ◉サイ
訓 ◉くだく ◉くだける

訓読

[2]◉砕く[くだく] 〈5他〉 ①(단단한 물건을) 부수다. 깨뜨리다. ②(기세·계획을) 꺾다. 쳐부수다. ③(어려운 표현을) 쉽게 풀어서 이야기하다. ④(어떤 목적을 달성하기 위해) 애쓰다. 힘을 다하다.
[2]◉砕ける[くだける] 〈下1自〉 ①(단단한 물건이) 부서지다. 깨지다. ②(기세·계획이) 꺾이다. ③스스럼없어지다. 소탈하다. 격의 없다. 허물이 없어지다.
砕け米[くだけまい] 싸라기.

音読

砕鉱[さいこう] 쇄광; 광석을 부숨.
砕米[さいまい] 싸라기.
砕氷[さいひょう] 쇄빙; 얼음을 깸.
砕氷船[さいひょうせん] 쇄빙선.
砕石[さいせき] 쇄석; 암석을 잘게 부숨. 잘게 부순 돌.
砕身[さいしん] 쇄신; 몸을 부술 정도로 고생함.
砕心[さいしん] 쇄심; 마음을 썩임.
砕破[さいは] 쇄파; 깨뜨려 부숨. 깨짐.
砕片[さいへん] 쇄편; 파편(破片).

鎖(鎻) 쇠사슬 쇄

𠆢 牟 金 釗 釗' 釗'' 鈔 銷 鎖 鎖

音 ◉サ
訓 ◉くさり ⊗とざす ⊗さす

訓読

[2]◉鎖[くさり] ①쇠사슬. 체인. ②연계. 인연. ③한바탕.
⊗鎖す❶[とざす] 〈5他〉 ①(문·자물쇠 등을) 잠그다. 닫다. ②(가게 문을) 닫다. 장사를 그만 두다. ③(길·통행을) 막다. 봉쇄하다. ④갇히게 하다. 덮어 가리다. ❷[さす] 〈5他〉 (문·자물쇠 등을) 잠그다.
鎖鎌[くさりがま] 쇠사슬이 달린 낫.
鎖帷子[くさりかたびら] (갑옷 속에 받쳐 입는) 가는 쇠사슬로 엮어 만든 옷.
鎖編(み)[くさりあみ] (편물의) 사슬뜨기.

音読

鎖骨[さこつ] ≪生理≫ 쇄골; 빗장뼈.
鎖国[さこく] 쇄국; 외국과의 통상이나 교통을 금함.
鎖国令[さこくれい] 쇄국령; 江戸幕府(えどばくふ)의 무역 금지령.

洒 씻을 쇄

音 ⊗シャ ⊗サイ
訓 —

音読

洒落❶[しゃらく] 쇄락; 속되지 않고 깔끔함. (기질이) 시원스러움.
[2]洒落❷[しゃれ] ①익살. 유머. 농담. 재치. ②¶お~ 멋부림. 멋쟁이.
洒落た[しゃれた] 멋있는. 멋들어진. 재치 있는.
洒落のめす[しゃれのめす] 〈5自〉 ①줄곧 익살을 떨다. 말끝마다 익살을 부리다. ②한껏 멋을 부리다.
[1]洒落る[しゃれる] 〈下1自〉 ①세련되다. 멋지다. ②멋을 부리다. ③익살을 떨다. ④시건방지게 굴다. 똑똑한 체하다.
洒落っ気[しゃれっけ] ①멋을 내려고 함. ②기지. 재치.
洒落込む[しゃれこむ] 〈5自〉 호기를 부리다. 큰맘 먹고 하다.
洒落者[しゃれもの] ①멋쟁이. ②익살·유머가 풍부한 사람.
洒落臭い[しゃらくさい] 〈形〉 시건방지다.
洒掃[さいそう] 쇄소; 깨끗하게 청소함.
洒脱[しゃだつ] 쇄탈; 소탈함. 깔끔함.

晒 햇볕쬘 쇄

音 ⊗サイ
訓 ⊗さらす

訓読

⊗晒す[さらす] 〈5他〉 ①(햇볕·비바람에) 쬐다. 맞히다. ②바래다. 표백하다. ③(창피·수치를) 드러내다. ④위험한 상태에 두다. ⑤효수형(梟首刑)에 처하다. ⑥응시하다. 뚫어지게 보다. ⑦하다. 'する'의 난폭한 말임.
晒(し)[さらし] ①(빛이) 바램. 바랜 물건. ②표백한 무명. ③(江戸(えど)시대에) 죄인을 묶어놓고 시민에게 보여 창피를 주던 형벌.
晒(し)鯨[さらしくじら] 기름기를 빼고 희고 연한 고래 고기.

晒(し)木綿[さらしもめん] 표백한 무명.
晒(し)粉[さらしこ] ①표백분(漂白粉). ②물에 불려서 말린 흰 쌀가루.
晒(し)首[さらしくび] 효수(梟首).
晒(し)飴[さらしあめ] 흰 엿.
晒(し)者[さらしもの] ①효수(梟首)에 처해진 죄인. ②(대중 앞에서) 놀림감이 된 사람. 조소의 대상이 됨.
晒(し)餡[さらしあん] 체에 밭여 말린 팥소.

瑣 옥가루 쇄	音 ⊗サ 訓 —

音読
瑣末[さまつ] 사소함. 하찮음.
瑣事[さじ] 사소한 일. 하찮은 일.
瑣細[ささい] 사세; 사소함.
瑣少[さしょう] 사소; 조금. 약간.

〔쇠〕

衰(衰) 쇠약할 쇠

衰

音 ◉スイ
訓 ◉おとろえる

訓読
1◉**衰える**[おとろえる] 〈下1自〉 (힘·기세 등이) 쇠약해지다. 쇠퇴하다. 시들해지다.
衰え[おとろえ] (힘·기세 등이) 쇠약해짐. 쇠퇴함. 쇠잔함. 시들해짐.

音読
衰亡[すいぼう] 쇠망; 쇠퇴하여 망함. 멸망.
衰滅[すいめつ] 쇠멸; 쇠망. 멸망.
衰微[すいび] 쇠미; 쇠퇴하여 약해짐.
衰死[すいし] 쇠사; ①쇠약해져 죽음. ②시들어 죽음.
衰世[すいせい] 쇠세; ①쇠퇴한 세상. ②도덕이 타락한 세상. 말세.
衰勢[すいせい] 쇠세; 쇠퇴해 가는 세력.
衰弱[すいじゃく] 쇠약; 쇠퇴하여 약해짐.
衰容[すいよう] 쇠용; 야윈 얼굴.
衰運[すいうん] 쇠운; 쇠퇴하는 운명.
衰残[すいざん] 쇠잔; 몹시 쇠약함.
衰退[すいたい] 쇠퇴; 쇠약해져 전보다 점점 더 못하여 감.

〔수〕

手 손 수

一 二 三 手

音 ◉シュ
訓 ◉て ◉た

訓読
4◉**手**[て] ①손. ②(동물의) 앞다리. ③손잡이. ④수단. 방법. ⑤계략. ⑥솜씨. ⑦필적. ⑧쪽. 방향. ⑨관계. 교제. ⑩(트럼프에서) 패. ⑪일손. 노동력.
手ずから[てずから] 손수. 몸소. 직접.
手だれ[てだれ] 무술·예능이 뛰어남.
手つき[てつき] ①손놀림. ②필적. 글씨체.
手ばしこい[てばしこい] 〈形〉 날쌔다. 재빠르다. 날렵하다.
手ぶら[てぶら] 빈손. 맨손.
手ぶれ[てぶれ] (카메라의 셔터를 누를 때) 손이 움직여서 생긴 화상의 떨림.
手まめ[てまめ] ①부지런함. ②솜씨 있음.
手ミシン[てミシン] 손재봉틀.
手もなく[てもなく] 간단하게. 손쉽게.
手加減[てかげん] ①손대중. 손어림. ②(사물을 다루는) 요령. ③참작함. 사정을 봐줌.
手枷[てかせ] 수갑(手匣).
2**手間**[てま] ①노력. 품. 시간. ②일손. 노동력. 일꾼. ③임금. 품삯.
手間暇[てまひま] 수고와 시간.
手間潰し[てまつぶし] 헛수고.
手間隙[てまひま] 수고와 시간.
手間代[てまだい] 품삯. 임금(賃金).
手間仕事[てましごと] ①삯일. 품팔이 일. ②노력이 드는 일.
手間損[てまぞん] 헛수고.
手間遠[てまどお] 노력이 듦.
手間賃[てまちん] 품삯. 임금(賃金).
手間取り[てまとり] ①삯일. ②품팔이꾼.
手間取る[てまどる] 〈5自〉 (어떤 일에) 노력이 들다. 시간이 걸리다.
手鑑[てかがみ] ①옛 사람들의 필적을 모은 접첩(摺帖). ②모범. 교본.
手の甲[てのこう] 손등.
手っ甲[てっこう] 손등 싸개. 손등을 덮는 장갑. ＊노동용·전투용임.

手強い[てづよい/てごわい] 〈形〉 ①만만치 않다. 강경하다. ②호되다.
手綱[たづな] ①말고삐. ②남을 견제・조정하는 힘.
手堅い[てがたい] 〈形〉 ①견실하다. 확실하고 무난하다. ②시세가 하락할 위험이 없다.
手遣い[てづかい] ①손놀림. ②준비. 채비. ③(인형극에서) 인형을 조종함.
[1]手頃[てごろ] ①(크기・굵기가) 적당함. 알맞음. ②(능력・조건이) 걸맞음. 어울림.
[1]手軽[てがる] 간편함. 간단함. 손쉬움.
手軽い[てがるい] 〈形〉 ①간편하다. 간단하다. 손쉽다. ②대단찮다. 중대하지 않다. ③눈치가 빠르고 동작이 재빠르다.
手鏡[てかがみ] 손거울.
手械[てかせ] 수갑(手匣).
手古摺る[てこずる] 〈5自〉 주체하지 못하다. 쩔쩔매다. 애먹다. 혼나다.
手空き[てあき] 손이 빔. 한가함.
手控え[てびかえ] ①(잊지 않도록) 메모함. ②여벌. ③조심해서 함. 신중히 함.
手控える[てびかえる] ①(잊지 않도록) 메모하다. ②조심해서 하다. 신중히 하다. ③(증권 거래에서) 관망하다.
手控(え)帳[てびかえちょう] 비망록. 메모.
手鍋[てなべ] 손잡이가 달린 냄비.
手管[てくだ] (남을 속이는) 농간. 잔꾀.
手慣(ら)し[てならし] 사전(事前) 연습.
手慣れ[てなれ] 손에 익숙해짐.
手慣れる[てなれる] 〈下1自〉 ①손에 익숙해지다. ②숙달되다. 익숙하다.
[1]手筈[てはず] 준비. 채비. 계획.
手広い[てびろい] 〈形〉 ①널찍하다. 너르다. ②광범위하다. 규모가 크다.
[1]手掛(か)り[てがかり] ①손으로 잡을 곳. ②(수사의) 단서. 실마리.
手掛け[てかけ] ①손잡이. (의자의) 팔걸이. ②첩(妾).
[1]手掛ける[てがける] 〈下1他〉 ①직접 다루다. 직접 하다. ②돌보다.
手口[てぐち] ①(범죄의) 수법. 방법. ②(증권 거래에서) 거래처.
手垢[てあか] 손때. 손의 때.
手鉤[てかぎ] ①쇠갈고리. 갈고랑이. ②소방용 갈고랑이.
手駒[てごま] ①(장기에서) 잡아서 자기 말로 사용할 수 있는 말. ②(마음대로 부리는) 부하.
手毬[てまり] ☞ 手鞠
手鞠[てまり] ①(색실로 감아 만든) 공. 나무 공. ②공놀이. 공치기.
手掘り[てぼり] 흙을 파냄.
手巻(き)[てまき] 손으로 맒・감음.
手摑み[てづかみ] 맨손으로 움켜 쥠.
手隙[てすき] 짬. 짬이 남. 한가함.
[1]手近[てぢか] 〈形動〉 ①바로 곁에 있음. 가까움. ②잘 알려짐. 비근(卑近)함.
手近い[てぢかい] 〈形〉 ①바로 곁에 있다. ②잘 알려지다.
手の筋[てのすじ] ①손의 파란 핏줄. ②손금. ③꿰뚫어봄. 잘 알아맞힘. ④필적. 글씨체.
手筋[てすじ] ①손금. ②손재주. 소질. ③수단. 방법. ④(바둑・장기에서) 정수. ⑤연줄. 연고. ⑥(증권 거래의) 거래처.
手金[てきん] 계약금. 예약금.
手技[てわざ] (유도에서) 손기술.
手奇麗[てぎれい] 솜씨가 고움.
手綺麗[てぎれい] 솜씨가 고움.
手旗[てばた] 수기; ①손에 드는 작은 깃발. ②수기 신호에 사용하는 홍백(紅白)기.
手旗信号[てばたしんごう] 수기 신호.
手機[てばた] 베틀.
手の内[てのうち] ①손바닥. ②(상대가 모르는) 솜씨. ③세력 범위. 수중(手中). ④속셈. 마음속.
手内職[てないしょく] 손으로 하는 부업.
手短[てみじか] (문장이나 이야기가) 간략함. 간단함.
手答え[てごたえ] ①손에 받는 반응. 느낌. ②(무기로) 맞혔다는 느낌. ③(언행에 대한) 반응. 호응.
[2]手当❶[てあて] 수당; ①급여. ②팁. 사례금.
[2]手当て❷[てあて] ①(상처의) 치료. 처치. ②준비. 대비.
手当(た)り[てあたり] ①촉감. ②실마리. 단서.
手当(た)り次第[てあたりしだい] 닥치는 대로.
手代[てだい] ①수석 점원. ②주인의 대리. 지배인의 대리.
[3]手袋[てぶくろ] ①장갑. ②깍지.
手刀[てがたな] 수도; 손을 펴서 무엇을 베듯이 내리치는 동작의 손 모양.
手渡し[てわたし] ①직접 전함. ②손에서 손으로 건넴.
手渡す[てわたす] 〈5他〉 ①직접 전하다. ②손에서 손으로 건네다.

手道具[てどうぐ] 자질구레한 연장.
手都合[てつごう] 일의 형편.
手絡[てがら] 여자들의 댕기 머리.
手落ち[ておち] 실수. 부주의. 미비점.
手練❶[てれん] 속임수. 농간. ❷[しゅれん] 수련; 익숙한 솜씨.
手練手管[てれんてくだ] 온갖 속임수. 농간.
手漉き[てすき] 손으로 뜬 종이.
手弄り[てまさぐり] ①손으로 만지작거림. ②손으로 더듬어 찾음.
手籠[てかご] 손바구니.
手籠め[てごめ] ①폭행. ②강간(強姦).
手料理[てりょうり] 집에서 만든 요리.
手療治[てりょうじ] 자가 치료.
手利き[てきき] 재주꾼. 수완가.
手の裏[てのうら] 손바닥.
手離れ[てばなれ] ①(젖먹이가 어머니 곁을 떠날 만큼) 성장함. ②(제품이) 완성됨.
手立て[てだて] (구체적인) 수단・방법.
手蔓[てづる] ①연줄. 연고. ②단서. 실마리.
手明き[てあき] 손이 빔. 한가함.
手描き[てがき] 손으로 그린 것.
手無し[てなし] ①손・팔이 없는 사람. ②소매가 없는 옷. ③(어찌할) 방법이 없음. ④덩굴이 없는 식물. ⑤《宮》 월경.
手も無く[てもなく] 간단하게. 어이없게.
手文庫[てぶんこ] 문갑(文匣). 손궤.
手の物[てのもの] ①수중의 물건. ②특기. 장기(長技).
手拍子[てびょうし] ①손장단. ②(바둑・장기에서) 기분 내키는 대로 둠.
手薄[てうす] ①수중에 가진 돈・상품이 적음. ②허술함. 불충분함.
手抜(か)り[てぬかり] 실수. 미비한 점.
手抜き[てぬき] ①날림. 부실. ②한가함. 짬이 남. ③(바둑・장기에서) 손을 뺌. 다른 곳에 둠.
手抜(き)工事[てぬきこうじ] 날림 공사.
手抜け[てぬけ] 실수. 미비한 점. 결함.
手放し[てばなし] ①손을 놓음. ②방치함. 방임함. ③노골적임. ④무조건.
手放す[てばなす] 〈5他〉 ①손을 놓다. 손을 떼다. ②(남에게) 양도하다. 넘겨주다. 처분하다. ③(자식을) 멀리 떠나보내다. 여의다. ④한때 중단하다. 손을 떼다.
[1]手配[てはい] 수배; ①준비. 채비. ②(범인 체포를 위한) 수배.
手配り[てくばり] 온갖 준비. 손을 나눔.
手配師[てはいし] 노무자 알선업자.
手焙り[てあぶり] 손난로.
手癖[てくせ] ①손버릇. 도벽(盜癖). ②수없이 손이 닿아 반들반들함.
手弁当[てべんとう] ①도시락을 지참함. ②무보수.
手並み[てなみ] 솜씨. 기량.
手柄[てがら] 공. 공적.
手柄顔[てがらがお] 자랑스러운 얼굴.
手柄話[てがらばなし] 공을 세운 이야기.
[1]手本[てほん] ①글씨본. 그림본. ②모범. 본보기. ③기준. 표준. 양식(様式).
手ん棒[てんぼう] (조롱하는 말로) 손 부자유자.
手縫い[てぬい] 손바느질.
手不足[てぶそく] 일손이 부족함.
手付かず[てつかず] 아직 손대지 않음.
手付き[てつき] ①솜씨. 손놀림. ②필적. ③(歌(うた)がるた 놀이에서) 엉뚱한 딱지를 잡음. ④주인이 시녀・하녀 등에 손을 댐. 손을 댄 여자.
手付(け)[てつけ] ①계약금. 착수금. ②주인이 시녀・하녀 등에 손을 댐. 손을 댄 여자.
手付金[てつけきん] 계약금. 착수금.
手斧[ておの/ちょうな] 큰 자귀.
手負い[ておい] (싸우다) 상처를 입음.
手負う[ておう] 〈5他〉 (싸우다) 상처를 입다.
[1]手分け[てわけ] 분담함.
手鼻[てばな] 손으로 코를 풂. 콧물을 손으로 닦음.
手仕舞(い)[てじまい] (청산 거래에서) 거래 관계를 완료함.
手仕事[てしごと] 손으로 하는 일.
手事[てごと] ①(地唄(じうた)나 箏曲(そうきょく) 악곡 중에서) 간주(間奏). ②장단. ③계략. 계책.
手使い[てづかい] ①손놀림. ②준비. 채비. ③(인형극에서) 인형을 조종함.
手飼い[てがい] 집에서 기름・길들임.
手相[てそう] 수상; 손금.
手相見[てそうみ] 손금 보는 사람.
手箱[てばこ] 일용품 상자.
手傷[てきず] 싸움에서 입은 상처.
手生け[ていけ] 손수 꽃을 꽂음.
手書き❶[てかき] 달필(達筆). 글씨를 잘 쓰는 사람. ❷[てがき] 손으로 쓴 글씨.

手序(で)[てついで] …하는 김.
手先[てさき] ①손끝. ②앞잡이. ③정보원. 끄나풀.
手性[てしょう] 솜씨. 손재주. 손재간.
手盛り[てもり] ①손수 음식을 담음. ②자기에게 유리하게 함. ③속아 넘어감.
2手洗い[てあらい] ①손을 씻음. ②손 씻는 그릇・물. ③화장실.
手洗(い)鉢[てあらいばち] 손 씻는 물을 담는 대야.
手細工[てざいく] 수세공; ①손으로 하는 세공. ②아마추어의 취미 세공.
手勢[てぜい] 직속 부하.
2手続(き)[てつづき] 수속; 절차.
手続(き)法[てつづきほう] 수속법; 절차법.
手刷り[てずり] ①목판 인쇄. 목판 인쇄물. ②손으로 조작하여 인쇄함.
手水❶[てみず] ①세숫물. ②손에 묻은 물. ③떡을 칠 때 손에 적셔 떡을 축이는 물. 또는 그 동작. ❷[ちょうず] ①세숫물. ②용변. 대소변.
手水鉢[★ちょうずばち] 손 씻는 물 그릇.
手水舎[てみずや] 神社(じんじゃ) 참배자가 입과 손을 헹구는 물을 받아두는 건물.
手水場[ちょうずば] ①(변소 옆의) 손 씻는 곳. ②변소. 화장실.
2手首[てくび] 손목. 팔목.
手首尾[てしゅび] 일의 사정. 사정.
1手数❶[てかず] (바둑・장기에서) 다 둘 때까지의 수(手)의 수효. ❷[てすう] ①(수단・방법의) 수(手). ②수고. 애씀. 번거로움.
手数料[てすうりょう] 수수료.
手数入り[★でずいり] 최고위 씨름꾼인 横綱(よこづな)가 씨름판에 나와 행하는 의식.
1手順[てじゅん] 수순; 순서. 절차.
手馴(ら)し[てならし] 사전 연습.
手馴れ[てなれ] 손에 익음.
手馴れる[てなれる] 〈下1自〉 ①손에 익숙해지다. ②숙달되다.
手習い[てならい] ①습자(習字). ②(예능 등의) 공부. 연습.
手始め[てはじめ] ①시초. 시작. 첫 단계. ②초보. 첫걸음.
2手拭い[てぬぐい] 수건.
手拭い掛け[てぬぐいかけ] 수건걸이.
手拭き[てふき] (젖은 손을 닦기 위해 갖추어 둔) 수건.
手植え[てうえ] 손수 심음.
手信号[てしんごう] 수신호; 손신호.
手心[てごころ] 손어림. 손대중. 손짐작.
手暗がり[てくらがり] (불 밑에서) 손 그늘이 져서 어두움.
手押し[ておし] 손으로 밂.
手弱女[たおやめ] 우아한 여성.
手弱女振[たおやめぶり] 여성적이고 우아한 노래 솜씨.
手薬煉引く[てぐすねひく] 〈5自〉 만반의 준비를 하고 대기하다.
手厳しい[てきびしい] 〈形〉 매우 엄하다. 혹독하다. 가차 없다. 사정없다.
手業[てわざ] 손일. 손으로 하는 일.
手余す[てあます] 〈5他〉 처치 곤란이다. 다루기 힘들다. 주체하지 못하다.
手余し者[てあましもの] 문제아(問題児).
手輿[たごし] 남여(藍輿). 앞뒤에서 두 사람이 드는 뚜껑이 없는 간편한 가마.
手役[てやく] (화투에서) 나누어 준 패만으로 저절로 된 약. 제물약.
手延べ[てのべ] 손으로 폄・편 것.
手塩[てしお] (옛날) 밥상의 소금.
手塩皿[てしおざら] ①(옛날) 밥상의 소금 접시. ②(김치 등을 갈라 담는) 작은 접시.
手玉[てだま] ①오자미. 공기놀이. ②손목에 차는 장식 구슬.
手緩い[てぬるい] 〈形〉 ①지나치게 관대하다. 뜨뜻미지근하다. ②느리다. 굼뜨다.
手の外[てのほか] 뜻밖. 예상 밖.
手料理[てりょうり] 집에서 만든 요리.
手踊り[ておどり] ①(앉아서) 손짓으로 하는 춤. ②집단 손짓춤. ③(歌舞伎(かぶき)의 所作事(しょさごと)에서) 빈손으로 추는 춤.
手羽[てば] (닭의) 날개 살.
手羽先[てばさき] (닭의) 날개 고기.
1手元[てもと] ①손이 미치는 범위. 주변. 바로 옆. ②손놀림. 솜씨. 기량. ③손잡이. ④살림 형편. 생계. ⑤(미장이・목수의) 조수.
手元金[てもときん] 가지 돈. 용돈.
手違い[てちがい] 차례가 뒤바뀜. 착오.
手慰み[てなぐさみ] ①소일거리. ②도박. 노름.
手遊び❶[てあそび] ①손장난. ②장난감. ③도박. 노름. ❷[てすさび] 소일(消日) 거리.
手柔らか[てやわらか] 〈形動〉 부드럽게 다룸. 너그럽게 다룸.

手応え[てごたえ] ①손에 받는 반응. 느낌. ②(무기로) 맞혔다는 느낌. ③(언행에 대한) 반응. 호응.
[1]**手引き**[てびき] ①안내. 안내인. 길잡이. ②안내서. 입문서. ③연고. 연줄. ④손으로 꺼냄.
手任せ[てまかせ] 닥치는 대로.
手入らず[ていらず] ①돌봐주지 않아도 됨. ②손대지 않음. ③한 번도 사용하지 않음. ④처녀. 숫처녀.
[2]**手入れ**[ていれ] ①손질. ②(경찰의) 단속.
手込(め)[てごめ] ①폭행. ②강간(強姦).
手の者[てのもの] 부하. 심복.
手刺(し)[てさし] (일할 때) 손등을 싸는 천.
手作り[てづくり] 수제품(手製品).
手酌[てじゃく] 자작(自酌). 술을 자기 손으로 따라 마심.
手丈夫[てじょうぶ] 견실함. 단단함.
手長[てなが] ①손이 긺. ②도벽이 있음.
手長猿[てながざる] ≪動≫ 긴팔원숭이.
手張り[てばり] ①손으로 바름. ②외상 노름. ③(증권 회사원이) 자신의 판단으로 남의 소유주를 매매하여 이익 따먹기.
手張る[てばる] 〈5自〉 ①돌출하다. 튀어나와 불거지다. ②출장가다. 일 나가다.
[2]**手帳**[てちょう] 수첩(手帖).
[2]**手伝い**[てつだい] 거듦. 도와줌. 돕는 사람.
[3]**手伝う**[てつだう] 〈5他〉 거들다. 돕다. 〈5自〉 (어떤 상황이) 겹치다. 곁들다.
[2]**手前**[てまえ] ①자기 쪽. 이쪽. ②약간 못 미치는 지점. ③체면. 면목. ④솜씨. 기량. ⑤다도(茶道)의 예법. ⑥저. *겸양어임. ⑦너. 그대. *동년배나 손아랫사람에게.
手前味噌[てまえみそ] 자기 자랑.
手前勝手[てまえがって] 제멋대로.
手銭[てせん] 자기 돈.
手切れ[てぎれ] ①절교. 인연을 끊음. 갈라섬. ②위자료.
手切れ金[てぎれきん] 위자료(慰藉料).
手切れ話[てぎればなし] 갈라서자는 이야기. 인연을 끊자는 이야기.
手折る[たおる] 〈5他〉 ①(손으로) 꺾다. ②아내로 삼다.
手占[てうら] ①손금을 보고 점을 침. ②손가락을 구부렸다 폈다 하며 점을 침.
手摺り[てすり] ①난간(欄干). ②인형극 무대 앞면에 마련한 칸막이.
[1]**手錠**[てじょう] 수갑. 쇠고랑.
手提(げ)[てさげ] 손에 듦. 휴대용.
手提(げ)金庫[てさげきんこ] 휴대용 금고.
手提(げ)籠[てさげかご] 손바구니.
手提灯[てぢょうちん] 손에 드는 등불.
[1]**手際**[てぎわ] ①(사물을 처리하는) 솜씨. 수완. ②만들어진 됨됨이.
手製[てせい] 수제; 손으로 만듦.
手早[てばや] 재빠름. 민첩함. 날렵함.
手早い[てばやい] 〈形〉 재빠르다. 민첩하다. 날렵하다.
手助け[てだすけ] ①도움. ②돕는 사람.
手彫り[てぼり] 손으로 조각함.
手造り[てづくり] 수제품(手製品).
手釣り[てづり] 줄낚시질.
手繰る[たぐる] 〈5他〉 ①(양손으로 번갈아) 끌어당겨 들이다. ②(기억 등을) 더듬다. (사물을 하나하나) 풀어나가다.
手繰り❶[たぐり] ①(양손으로 번갈아) 끌어당겨 들임. ②(줄・끈 등을 당기면서 횟수를 세는 말로) 바람. ❷[てぐり] ①(실 등을) 손으로 켬. 손으로 자음. ②차례로 넘겨줌.
手繰り寄せる[たぐりよせる] 〈下1他〉 ①(양손으로 번갈아) 끌어당겨 들이다. 감아올리다. ②(기억을 더듬어) 되살리다. (사물을 하나하나) 풀어나가다.
手繰り網[てぐりあみ] 후릿그물. 예인망.
手繰り上げる[たぐりあげる] 〈下1他〉 (양손으로 번갈아) 끌어올리다. 감아올리다.
手繰り込む[たぐりこむ] 〈5他〉 (양손으로 번갈아) 끌어당기다. 끌어들이다.
手足❶[てあし] 수족; ①손발. 팔다리. ②수족처럼 부리는 졸개. 부하. ❷[しゅそく] ①몸 전체. ②부하. 졸개.
手足れ[てだれ] 예능에 뛰어남.
手重い[ておもい] 〈形〉 ①(다루는 것이) 조심스럽다. 정중하다. ②중대하다.
手証[てしょう] 확실한 증거.
手持ち[てもち] ①현재 갖고 있음. 수중에 있음. ②잘 보존함. ③심심풀이로 하는 일.
手持ち無沙汰[てもちぶさた] (할 일이 없어서) 무료함. 따분함. 지루함.
手指し[てさし] (일할 때) 손등을 싸는 천.
[4]**手紙**[てがみ] 편지.
[1]**手遅れ**[ておくれ] (사건 처리에서) 때가 늦음. 때를 놓침. 시기를 놓침.
手直し[てなおし] ①(완성된 뒤에) 손질. 수정(修正). ②(바둑・장기에서) 복기(復碁)하면서 해설을 함.

手職[てしょく] 수공업. 손일. 손재주.

手織(り)[ており] 수직; 손으로 짬.

手織(り)縞[ておりじま] 수직기(手織機)로 짠 줄무늬 무명 천.

手振り[てぶり] ①손짓. 손놀림. ②종자(従者). ③빈손. 맨손. ④(경매 시장의) 경매 대리인.

手真似[てまね] 손짓. 손 흉내.

手車[てぐるま] ①손가마. ②손수레.

手札❶[てふだ] ①명찰. 명함. ②(화투·트럼프에서) 손에 가진 패. ❷[しゅさつ] 자필(自筆) 편지.

手札型[てふだがた] (사진의) 명함판.

手擦れ[てずれ] 손이 많이 닿아 닳아짐.

手創[てきず] 싸움에서 입은 상처.

手槍[てやり] 단창(短槍).

手妻[てづま] 마술. 요술.

手妻遣い[てづまづかい] 마술사. 요술쟁이.

手妻使い[てづまづかい] 마술사. 요술쟁이.

手帖[てちょう] 수첩.

手捷い[てばしこい] 〈形〉 날쌔다. 날렵하다. 재빠르다. 민첩하다.

手替(わ)り[てがわり] ①일을 교대함. ②교대자. 교체자.

手締め[てじめ] 축하하여 손뼉을 침.

手初め[てはじめ] ①첫 단계. 시초. 시작. ②초보. 첫걸음.

手招き[てまねき] 손짓으로 부름.

手触り[てざわり] (손의) 감촉. 느낌.

手燭[てしょく] 수촉; 손잡이가 달린 촛대.

手箒[てぼうき] 자루가 짧은 빗자루.

手出し[てだし] ①손을 내밂. ②먼저 손찌검을 함. ③참견. ④직접 손을 댐. 관계함.

手忠実[てまめ] ①부지런함. 성실함. ②솜씨가 있음.

手取❶[てとり] ①손에 듦. 손에 잡음. ②씨름을 잘함. ③사람을 잘 다룸. ❷[てどり] ①(세금 등을 공제한) 실 수령액. 순수입. ②(동물 등을) 맨손으로 잡음. ③실을 손으로 자음.

手取(り)金[てどりきん] 실 수령액.

手っ取(り)早い[てっとりばやい] 〈形〉 ①날쌔다. 날렵하다. 재빠르다. 민첩하다. ②간략하다. 손쉽다.

手取り足取り[てとりあしとり] ①(손발을 꽉 붙들어) 꼼짝 못하게 함. ②(손발을 잡아 주듯) 자상함.

手枕[てまくら/たまくら] 팔베개.

手秤[てばかり] ①손저울. ②손대중. 손짐작. 손어림.

手打ち[てうち] 수타; ①(거래나 화해가 성립된 표시로) 손뼉을 침. ②국수 등을 손으로 쳐서 만듦. ③(무사가 부하나 백성을) 직접 베어 죽임.

手探り[てさぐり] ①손으로 더듬음. ②암중모색.

手探り状態[てさぐりじょうたい] 관망 상태.

手土産[てみやげ] (인사차 들고 가는) 간단한 선물.

手討ち[てうち] (무사가 부하나 백성을) 직접 베어 죽임.

手痛い[ていたい] 〈形〉 호되다. 뼈아프다. 혹심하다.

手桶[ておけ] 손잡이가 달린 들통.

手透き[てすき] 짬이 남. 한가함.

手播き[てまき] 손으로 파종함.

手捌き[てさばき] ①손놀림. 솜씨. ②(씨름에서) 상대방의 공격을 처리하는 손재간.

手偏[てへん] 손수변. ＊漢字 부수의 하나로 '折, 投' 등의 '手' 부분을 말함.

手編み[てあみ] 손뜨기. 손으로 뜬 것.

手の平[てのひら] 손바닥.

手捕り[てどり] (동물 등을) 손으로 잡음.

[2]手品[てじな] ①요술. 마술. ②속임수.

手品師[てじなし] ①요술쟁이. ②사기꾼.

手風[てぶり] 관습. 풍습. 풍속.

手風琴[てふうきん] 손풍금. 아코디언.

手下[てした/てか] 부하. 졸개.

手荷物[てにもつ] 수하물; ①손으로 운반하는 짐. ②승객이 맡긴 짐.

手合(い)[てあい] ①패. 놈들. ②종류. ③요령. 형편에 따라 적절히 조처함. ④(바둑·장기의) 대국(対局). ⑤걸맞은 상대. ⑥(승부에서의) 실력. ⑦매매·계약을 함. ⑧투기에서 적중함.

手合(い)表[てあいひょう] (바둑·장기의) 대국표(対局表).

手合(わ)せ[てあわせ] ①시합. 승부를 겨룸. ②거래. 계약.

手解き[てほどき] ①초보를 가르침. ②입문서(入門書).

手向(か)い[てむかい] 맞섬. 반항. 저항.

手向かう[てむかう] 〈5自〉 맞서다. 반항하다. 저항하다.

手向け[たむけ] ①제물(祭物)을 바침. 바치는 제물. ②송별(送別). 전별(餞別).

手向ける[たむける] 〈下1他〉 ①제물(祭物)을 바치다. ②송별(送別)하다. 전별하다.
手向けの神[たむけのかみ] 행인을 지키는 신.
手向け草[たむけぐさ] 제물(祭物).
手許[てもと] ①손이 미치는 범위. 주변. 바로 옆. ②손놀림. 솜씨. 기량. ③손잡이. ④살림 형편. 생계. ⑤(미장이・목수의) 조수.
手懸(か)り[てがかり] ①손으로 잡을 곳. 손 붙일 곳. ②단서. 실마리.
手懸け[てかけ] ①손잡이. (의자의) 팔걸이. ②첩(妾).
手懸ける[てがける] 〈下1他〉 ①직접 다루다. 직접 하다. ②돌보다.
手狭[てぜま] 협소함. 비좁음.
手挟む[たばさむ] 〈5他〉 ①손으로 집어 들다. 겨드랑이에 끼다. ②허리에 차다.
手形[てがた] ①어음. ②손도장. ③손바닥에 먹을 칠해 찍은 손의 모양.
手形勘定[てがたかんじょう] 어음 계정.
手形法[てがたほう] 어음법.
手形払い[てがたばらい] 어음 지급.
手形割引[てがたわりびき] 어음 할인.
手酷い[てひどい] 〈形〉 매섭다. 혹독하다. 호되다. 혹심하다.
手丸[てまる] '手丸提灯'의 준말.
手丸提灯[てまるぢょうちん] 활처럼 굽은 대막대에 아래위를 건 초롱.
手活け[ていけ] 손수 꽃을 꽂음.
手荒[てあら] 난폭함. 거칠게 굶.
手荒い[てあらい] 〈形〉 취급이 난폭하다. 동작이 거칠다.
1手回し[てまわし] ①손으로 돌림. ②준비. 채비. ③(돈의) 변통. 융통.
手回り[てまわり] ①신변. 주변에 두고 쓰는 일용품. ②(대장의 측근을 지키는) 호위 무사.
手回り品[てまわりひん] 주변에 두고 쓰는 일용품.
手懐ける[てなずける] 〈下1他〉 (동물 등을) 길들이다. 회유(懐柔)하다.
手厚い[てあつい] 〈形〉 정중하다. 극진하다. 융숭하다.
1手後れ[ておくれ] (사건 처리가) 시기를 놓침. 때를 놓침. 때가 늦음.
手詰(ま)り[てづまり] ①속수무책. ②돈줄이 막힘. ③(바둑・장기에서) 수가 막힘.
手詰まる[てづまる] 〈5自〉 ①속수무책이다. 수가 막히다. ②돈줄이 막히다.
手詰め[てづめ] 꼼짝 못하게 추궁함.

音読

手簡[しゅかん] 수간; 편지.
手工業[しゅこうぎょう] 수공업.
手交[しゅこう] 수교; 손으로 건네줌.
手技[しゅぎ] 수기; 손재주.
手記[しゅき] 수기; 체험을 손수 기록함.
2手段[しゅだん] 수단; 방법. 방편.
手動[しゅどう] 수동; (기계 등을) 손으로 움직여 조작함.
手練[しゅれん] 수련; 익숙한 솜씨.
手榴弾[しゅりゅうだん/てりゅうだん] 수류탄.
1手法[しゅほう] 수법; (예술 작품의) 기법(技法).
手写[しゅしゃ] 수사; 손으로 베껴 씀.
手書[しゅしょ] 수서; ①손수 쓴 것. ②자필 편지.
2手術[しゅじゅつ] 《医》 수술.
1手芸[しゅげい] 수예; 손끝을 사용하는 수공예. ＊편물(編物)・자수(刺繡) 등을 말함.
手腕[しゅわん] 수완; 일처리 솜씨.
手跡[しゅせき] 수적; 필적(筆跡).
手中[しゅちゅう] 수중; ①손 안. ②손아귀.
手話[しゅわ] 수화; 주로 청각 장애인끼리 손짓・몸짓으로 하는 대화(対話).

水 물 수

亅 刁 才 水

音 ◉スイ ◉ズイ
訓 ◉みず

訓読

4◉水❶[みず] ①물. ②큰물. 홍수. ③수분. 액상(液状)의 것. 진물. ❷[すい] ☞ [音読]
水おしろい[みずおしろい] 물분. 액체 분.
水しぶき[みずしぶき] 물보라.
水っぽい[みずっぽい] 〈形〉 ①싱겁다. ②축축하다. 습기 차다.
水加減[みずかげん] (음식물에) 물을 넣는 정도. 물대중.
水稼業[みずかぎょう] 물장사. 접객업.
水見舞い[みずみまい] 수해(水害)의 안부를 물음.
水茎[みずくき] 《雅》 ①필적(筆跡). ②붓. ③편지.
水鏡[みずかがみ] 수면에 모습이 비침.
水計り[みずばかり] 수평기(水平器).

水焜炉[みずこんろ] 밑에 수반(水盤)을 부착한 풍로(風炉).
水攻め[みずぜめ] ①수공; 강물을 막아 적의 성에 침수시키는 공격법. ②적의 식수 공급로를 차단하는 공격법.
水菓子[みずがし] 과일.
水掛け[みずかけ] 물을 끼얹음.
水掛(け)論[みずかけろん] 결말이 나지 않는 논쟁.
水口❶[みずぐち] ①물꼬. ②우물과 통하는 부엌 출입구. ❷[みずくち] 물꼬.
水垢[みずあか] ①물 때. ②규조(硅藻).
水筋[みずすじ] 수맥(水脈). 물줄기.
水金[みずきん] ①물 쓰듯 하는 돈. ②도자기에 금빛 내는 물감.
水汲み[みずくみ] 물을 길음. 물을 긷는 사람.
1水気❶[みずけ] 물기. 수분. ❷[すいき] ①물기. 수분. ②수증기. ③《医》 수종(水腫).
水飢饉[みずききん] 물 기근.
水膿[みずうみ] 진물. 묽은 고름.
水当(た)り[みずあたり] 냉수를 마시고 배탈이 남.
水落ち[みずおち] 물이 흘러 떨어지는 곳.
水漉し[みずこし] ①물통. ②물을 거르는 그릇.
水漏り[みずもり] 누수(漏水). 물이 샘.
水溜(ま)り[みずたまり] 물구덩이. 웅덩이.
水離れ[みずばなれ] ①수면에서 떠남. ②(밀착된 것이) 물기로 떨어짐. ③부모 슬하를 떠남. ④(데우기 시작한) 물이 조금씩 따뜻해짐. 찬기가 가심.
水母[★くらげ] ①《動》 해파리. ②줏대가 없는 사람의 비유.
水木[みずき] 《植》 층층나무.
水無月[★みなづき] '음력 6월'의 딴이름.
水物[みずもの] ①음료수. 마실 것. ②불확실한 것. 예측하기 어려운 것.
水髪[みずがみ] (기름 대신에) 물로 손질한 머리.
水杯[みずさかずき] (재회의 기약이 없을 때) 술 대신에 물로 작별의 잔을 나눔.
水白粉[みずおしろい] 물분. 액체 분.
水翻し[みずこぼし] 찻잔을 씻은 물을 버리는 다기(茶器).
水辺[みずべ] 물가.
水柄杓[みずびしゃく] 물 뜨는 국자.
水瓶❶[みずがめ] 물항아리. 물독. ❷[すいびょう] 목이 가늘고 기다란 물병.
水瓶座[みずがめざ] 《天》 물병별자리.
水腹[みずばら] 물배. 물로 배를 채움.
水肥[みずごえ/すいひ] 수비; 물비료.
水仕[みずし] 부엌데기. 식모.
水仕女[みずしめ] 부엌데기. 식모.
水仕事[みずしごと] 물일. ＊빨래·설거지·부엌일 등을 말함.
水撒き[みずまき] 살수. 물을 뿌림.
水霜[みずじも] 이슬이 얼어서 서리처럼 된 것.
水商売[みずしょうばい] 물장사. 접객업.
水色[みずいろ] 물 색깔. 엷은 남색.
水石鹸[みずせっけん] 물비누.
水先[みずさき] ①물이 흘러가는 방향. ②뱃길. ③'水先案内(みずさきあんない)'의 준말.
水先案内[みずさきあんない] 수로(水路) 안내인. 도선사(導船士).
水船[みずぶね] ①급수선(給水船). 식수를 운반하는 배. ②(저수용) 물탱크. ③물고기를 넣어두는 수조(水槽).
水蘚[みずごけ] ①《植》 물이끼. ②물 때.
水屑[★みくず] 물속의 오물.
水性❶[みずしょう] ①수성; 물의 성질. ②(오행의) 수성. ③여자의 바람기. ❷[すいせい] 수성; 물에 풀어 씀.
水盛(り)[みずもり] 수평기(水平器).
水洗い[みずあらい] 물로 씻음.
水搔き[みずかき] 물갈퀴.
水松[★みる] 《植》 청각채.
水の手[みずのて] ①급수로(給水路). ②소화용(消化用)의 물. ③돈줄.
水嵩[みずかさ] (강·하천의) 수량(水量).
水時計[みずどけい] 물시계.
水心[みずごころ] ①수영할 때의 주의 사항. ②가는 정에 오는 정.
水眼鏡[みずめがね] 물안경.
水薬[みずぐすり] 《薬》 물약.
水揚げ[みずあげ] ①양수(揚水). 물을 퍼 올림. ②양륙(揚陸). 뱃짐을 육지로 올림. ③어획고(漁獲高). ④(물장사 등의) 매상금. 수입금. ⑤(꽃꽂이에서) 화초가 물을 잘 빨아들이게 함. ⑥(기생·창녀가) 처음으로 손님을 받음.
水楊[★かわやなぎ] 《植》 갯버들.
水煙❶[みずけむり] ①수연; 물안개. ②물보라. ❷[すいえん] ①물보라. ②불탑(仏塔)의 구륜(九輪) 위쪽에 있는 불꽃 모양의 장식.

水泳ぎ[みずおよぎ] 수영; 헤엄.
水影[みずかげ] ①수면에 비치는 물체의 모습. ②수면에서 반사된 빛이 다른 물체에 비침.
水芸[みずげい] 물을 이용한 곡예.
水玉❶[みずたま] ①물방울. 이슬방울. ②'水玉模様'의 준말. ❷[すいぎょく] '水晶'의 딴이름.
水玉模様[みずたまもよう] 물방울 무늬.
水屋[みずや] ①(神社(じんじゃ)나 절에서) 참배인이 손을 씻는 곳. ②다실(茶室)에 딸린 부엌.
水浴び[みずあび] ①물을 끼얹음. 미역을 감음. ②헤엄.
水雲[★もずく] ≪植≫ 큰실말.
水油[みずあぶら] ①물기름. 액체로 된 머릿기름. ②등유(灯油).
水遊び[みずあそび] ①물놀이. ②물장난.
水音[みずおと] 물소리.
水陰[みずかげ] 물가의 그늘.
水飲み[みずのみ] ①물 그릇. ②물 마시는 곳.
水飲(み)場[みずのみば] 물 마시는 곳.
水飴[みずあめ] 물엿. 조청.
水引[みずひき] ①지노에 풀을 먹여 말린 것. *선물 포장용임. ②≪植≫ 이삭여뀌.
水引幕[みずひきまく] ①극장 무대 전면 위쪽에 치는 폭이 좁고 긴 막. ②씨름판의 네 기둥 위쪽에 둘러치는 좁고 긴 포장.
水入らず[みずいらず] 집안 식구끼리.
水入り[みずいり] ①속에 물이 들어있음. ②(씨름에서) 좀처럼 승부가 나지 않아 잠시 쉬게 함. ③(歌舞伎(かぶき)에서) 배우가 실제로 물에 잠김. ④歌舞伎(かぶき)에서 사용하는 가발(かつら).
水入れ[みずいれ] 연적(硯滴).
水子[みずこ/みずご] ①갓난아이. ②낙태한 아이. 태아.
水煮[みずに] 맹탕에 익힘.
水資源[みずしげん] 수자원.
水張り[みずばり] ①천에 물을 적셔 판자에 붙여 말림. ②(수채화 등에서) 물감이 잘 먹도록 화지를 물에 적셔 화판에 붙임.
水栽培[みずさいばい] 물재배.
水争い[みずあらそい] 물싸움. 논에 물을 대기 위한 싸움.
水底❶[みずそこ/すいてい] 수저; (강·바다 등의) 물 밑바닥. ❷[みなそこ] 물밑.
水田[みずた/すいでん] 수전; 논.
水切り[みずきり] ①물기를 뺌. 물기를 빼는 그릇. ②물수제비뜨기. 돌이 물 위를 튀어 날아가도록 던지는 놀이.
水切れ[みずぎれ] ①물이 빠졌음. ②물이 말라 없어짐. ③물의 공급이 끊어짐.
水際[みずぎわ] 물가.
水際立つ[みずぎわだつ] 〈5自〉 눈에 띄게 빼어나다. 한층 돋보이다.
水際作戦[みずぎわさくせん] ①(군대에서) 상륙하려는 적군을 해안선까지 유인하여 격멸시키는 최근접 유인 작전. ②자칫 잘못하면 파멸당할 수도 있는 아슬아슬한 수단.
水鳥[みずとり/すいちょう] ≪鳥≫ 물새.
水足[みずあし] 물발. 물살.
水柱[みずばしら] 물기둥.
水中り[みずあたり] 냉수를 마셔 배탈이 남.
水櫛[みずぐし] 물에 적시어 머리를 빗는 살이 성긴 빗.
水増し[みずまし] ①물 타기. 물을 타서 양(量)을 늘림. ②실제의 수보다 명목·외형상의 수를 불림.
水漬く[みずづく] 〈5自〉 물에 잠기다.
水蜘蛛[みずぐも] ≪動≫ ①물거미. ②'あめんぼ(소금쟁이)'의 딴이름.
水澄(ま)し[みずすまし] ≪虫≫ 물매암이.
水車[みずぐるま/すいしゃ] 수차; ①물레방아. ②(관개용) 무자위.
水差し[みずさし] 물병. 물주전자.
[2]水着[みずぎ] 물옷. 수영복.
水脹れ[みずぶくれ] ①수포. 물집이 생김. ②물에 불음. ③살이 물렁물렁하게 찐 사람.
水責め[みずぜめ] 물고문(拷問).
水浅葱[みずあさぎ] 연한 푸른빛.
水鉄砲[みずでっぽう] 물총. 물딱총.
水草[みずくさ] 수초; 물풀.
水祝い[みずいわい] (결혼 축하 행사로) 신랑에게 물을 뿌리는 관습.
水臭い[みずくさい] 〈形〉 ①싱겁다. ②(친한 사이인데도) 서먹서먹하다. 쌀쌀하다.
水炊(き)[みずたき] 영계 백숙.
水枕[みずまくら] 물베개.
水浸し[みずびたし] 침수. 물에 잠김.
水秤り[みずばかり] 비중계(比重計).
水呑み[みずのみ] ☞ 水飲み
水太り[みずぶとり] 디룩디룩 살이 찜. 물렁물렁하게 살이 찜.

水吐き[みずはき] ①괸 물을 뺌. ②괸 물이 빠져나가는 곳. 배수(排水).
水桶[みずおけ] 수통; 물통.
水捌け[みずはけ] 배수(排水).
水貝[みずがい] 날 전복 요리.
水の泡[みずのあわ] 수포; 물거품.
水風呂[みずぶろ] 냉탕(冷湯).
水下駄[みずげた] 농사용 나막신.
水涸れ[みずがれ] ①가뭄으로 물이 말라버림. ②화초 등이 말라 죽음.
水割り[みずわり] ①물을 타서 묽게 함. ②양을 늘려 질을 떨어뜨림.
水割(り)株[みずわりかぶ] 과대평가한 기준에 따라 발행된 주식.
水向け[みずむけ] ①신불(神仏) 앞에 물을 올림. ②상대방의 관심이 쏠리도록 유인함. ③상대방이 말을 하도록 유인함.
水回り[みずまわり] ①논의 물을 살피며 돌아다님. ②건물 안에서 물을 사용하는 곳.
水絵[みずえ] 수채화(水彩画).
水絵の具[みずえのぐ] 수채화 물감.

音読

3 **水**[すい] ①'水曜日'의 준말. ②당밀즙(唐蜜汁)만을 탄 물. ③(五行에서 다섯 번째인) 수. ＊계절은 겨울, 방위는 북쪽, 색은 검정임.
水耕[すいこう] 수경; 흙 없이 물로 재배함.
水系[すいけい] 수계; 본류와 그 지류.
水管[すいかん] 수관; ①수도관(水道管). ②(연체동물의) 호흡구.
水球[すいきゅう] 수구.
水軍[すいぐん] 수군; 해군(海軍).
水圏[すいけん] 수권; 지구 표면 가운데 물에 덮인 부분.
水禽[すいきん] 수금; 물새.
水難[すいなん] 수난; ①수해(水害). ②(침몰·좌초·익사 등의) 조난(遭難).
水冷[すいれい] 수냉; 물로 식힘.
水団[すいとん] 수제비.
水都[すいと] 수도; 물의 도시.
2 **水道**[すいどう] 수도; ①상수도. ②상·하수도의 총칭.
水稲[すいとう] 수도; 논벼.
水痘[すいとう] ≪医≫ 수두; 작은 마마.
水量[すいりょう] 수량; 물의 분량.
水力[すいりょく] 수력; 물의 힘.
水力発電[すいりょくはつでん] 수력 발전.
水練[すいれん] ①수영 연습. ②수영을 잘함.
水練場[すいれんば] 수영 연습장.
水路[すいろ] 수로; ①물길. 도랑. ②뱃길. 항로. ③(수영의) 경영(競泳) 코스.
水雷[すいらい] 수뢰; 어뢰(魚雷).
水流[すいりゅう] 수류; 물의 흐름.
水陸[すいりく] 수륙; 물과 뭍.
水利[すいり] 수리; 물사정.
水魔[すいま] 수마; 수해(水害).
水脈❶[すいみゃく] 수맥; ①(땅속의) 물줄기. ②뱃길. 수로. ❷[みお] ①바다나 강에서 수로(水路)를 이루는 띠 모양의 깊은 곳. ②(선박이 지나간) 항적(航跡).
2 **水面**[すいめん] 수면; 물의 표면.
水没[すいぼつ] 수몰; 물에 잠김.
水門[すいもん] 수문; 물문.
水蜜桃[すいみつとう] ≪植≫ 수밀도.
水盤[すいばん] 수반; 꽃꽂이 그릇.
水防[すいぼう] 수방; 수해 방지.
水兵[すいへい] 수병; 해군 병사.
水兵服[すいへいふく] 수병복; (아동·여학생의) 세일러복.
水夫[すいふ] 수부; ①선원의 총칭. 뱃사람. ②잡일을 하는 하급 선원.
2 **水分**[すいぶん] 수분; 물기.
水死[すいし] 수사; 물에 빠져 죽음. 익사.
2 **水産物**[すいさんぶつ] 수산물.
水酸化物[すいさんかぶつ] ≪化≫ 수산화물.
水上❶[すいじょう] 수상; 물 위. 수면. ❷[みなかみ] 강 상류(上流).
水生[すいせい] 수생; 물속에 서식함.
水棲[すいせい] ☞ 水生
水石[すいせき] 수석; ①수석(寿石). 실내에서 감상하는 자연석. ②정원의 물과 돌. ③물속의 돌.
水仙[すいせん] ≪植≫ 수선화.
水声[すいせい] 수성; 물소리.
水成岩[すいせいがん] 수성암.
水性❶[すいせい] 수성; 물에 풀어 씀. ❷[みずしょう] 수성; ①물의 성질. ②(오행의) 수성. ③여자의 바람기.
水性塗料[すいせいとりょう] 수성 도료; 수성 페인트.
水星[すいせい] ≪天≫ 수성.
1 **水洗**[すいせん] 수세; 물로 씻음.
水洗便所[すいせんべんじょ] 수세식 변소.
2 **水素**[すいそ] ≪化≫ 수소.
水素爆弾[すいそばくだん] 수소 폭탄.
水手[すいしゅ] 뱃사공. 뱃사람.

水食[すいしょく] 수식; 물에 의한 침식.
水蝕[すいしょく] ☞ 水食
水神[すいじん] 수신; 물의 신.
水心[すいしん] 수심; 수면의 중심.
水深[すいしん] 수심; 물의 깊이.
水圧[すいあつ] 수압; 물의 압력.
水域[すいいき] 수역; 수면의 일정한 구역.
水煙❶[すいえん] ①물보라. ②불탑(仏塔)의 구륜(九輪) 위쪽에 있는 불꽃 모양의 장식. ❷[みずけむり] ①수연; 물안개. ②물보라.
2水泳[すいえい] 수영; 헤엄.
水温[すいおん] 수온; 물의 온도.
4水曜日[すいようび] 수요일.
水溶性[すいようせい] 수용성; 물에 녹는 성질.
水牛[すいぎゅう] ≪動≫ 수우; 물소.
水運[すいうん] 수운; 수로로 운반함.
1水源[すいげん] 수원; 강물 등이 흘러나오는 근원.
水源地[すいげんち] 수원지; 강물 등이 흘러나오는 근원지.
水月[すいげつ] 수월; ①물과 달. ②(물에 비친) 달그림자.
水位[すいい] 수위; 수면의 높이.
水銀[すいぎん] ≪化≫ 수은.
水葬[すいそう] 수장; 물속에 장사지냄.
水災[すいさい] 수재; 수해(水害).
2水滴[すいてき] ①물방울. ②연적(硯滴).
1水田[すいでん] 수전; 논.
水晶[すいしょう] ≪鉱≫ 수정.
水藻[すいそう] 수조; 수초와 해초.
水槽[すいそう] 수조; 물통.
水族館[すいぞくかん] 수족관.
水腫[すいしゅ] ≪医≫ 수종; 부종(浮腫).
2水準[すいじゅん] 수준; ①(토지·건축물의) 수평 조사. ②가치·등급·품질의 표준이 되는 정도.
水準器[すいじゅんき] 수평기(水平器).
水中[すいちゅう] 수중; 물 속.
2水蒸気[すいじょうき] 수증기; 김.
水質[すいしつ] 수질; 물의 성질.
水彩画[すいさいが] 수채화.
2水筒[すいとう] 수통; 물통.
2水平線[すいへいせん] 수평선.
水疱[すいほう] 수포; 물집.
水爆[すいばく] 수폭; '水素爆弾'의 준말.
水害[すいがい] 수해; 물에 의한 피해.
水行[すいこう] 수행; ①배를 타고 감. ②물이 흐름. 수류(水流).
水火[すいか] 수화; ①물과 불. ②홍수와 화재. ③극심한 고통. 위험한 짓. ④상극(相剋). 앙숙.
水禍[すいか] 수화; ①수해(水害). 수재(水災). ②익사(溺死).
◑洪水[こうずい]

収(收) 거둘 수

丨 丩 収 収

音 ◉シュウ
訓 ◉おさまる ◉おさめる

訓読

1◉収まる[おさまる] 〈5自〉 ①(어떤 범위 안에) 보기 좋게 들어가다. ②(돈·물건이) 수납되다. 걷히다. ③수습되다. ④(어떤 형편에) 정착하다. 들어앉다. ⑤조용해지다. 가라앉다.
収まり[おさまり] ①수습됨. 결말이 남. ②(물건의) 놓임세. 안정감. ③(금품의) 수납. 납입.
収まり返る[おさまりかえる] 〈5自〉 자리 잡고 만족하다. 정착하다.
2◉収める[おさめる] 〈下1他〉 ①(어떤 범위 안에) 보기 좋게 간직하다. 넣다. 담다. ②받다. 받아들이다. ③(돈·물건을) 납부하다. 납품하다. 바치다. ④수습하다. ⑤(이익·성공을) 거두다. 얻다. ⑥(원래의 자리로) 거두어들이다. 모으다. ⑦끝내다. 멈추다.

音読

収監[しゅうかん] 수감; 감옥에 가둠.
収納[しゅうのう] 수납; ①(금품을) 받아들임. 거두어들임. ②(광이나 상자에) 다 쓴 물건을 거두어 넣음.
収得[しゅうとく] 수득; 취하여 자기 것으로 함.
収得税[しゅうとくぜい] 취득세(取得税).
収得罪[しゅうとくざい] 수득죄; 사용할 목적으로 위조지폐를 취득함으로 성립되는 죄.
収攬[しゅうらん] 수람; (많은 사람들의 마음을) 끌어 모아 사로잡음.
収量[しゅうりょう] 수확량.
収斂[しゅうれん] 수렴; ①오그라듦. 오그라들게 함. ②하나로 집약함. ③(조세를) 징수함. ④(농작물을) 거두어들임.

收斂剤[しゅうれんざい] ≪薬≫ 수렴제.
収録[しゅうろく] 수록; ①수집하여 출판물에 실음. ②녹음함. 녹화함.
収税吏[しゅうぜいり] 세무 공무원.
収束[しゅうそく] 수속; ①모아서 묶음. ②결말이 남. 결말을 냄. 수습. ③≪数≫ 수렴(收斂). ④≪物≫ 광속(光束)이 한 점에 모임.
収受[しゅうじゅ] 수수; ①받아서 거두어들임. ②부정하게 금품을 받음.
収拾[しゅうしゅう] 수습; ①거두어들임. ②(사태를) 다스려 바로잡음.
1収用[しゅうよう] 수용; ①거둬들여 사용함. ②공공의 이익을 위하여 징수하여 사용함.
収容所[しゅうようじょ] 수용소.
1収益[しゅうえき] 수익; 수입이 되는 이익.
2収入[しゅうにゅう] 수입; 소득.
収入役[しゅうにゅうやく] 회계 담당 공무원.
収蔵[しゅうぞう] 수장; 거두어서 소중하게 간직함.
収載[しゅうさい] 수재; 작품을 책에 실음.
1収支[しゅうし] 수지; 수입과 지출.
1収集[しゅうしゅう] 수집; ①거두어 모음. ②(연구・취미용으로) 모아 갖춤.
収差[しゅうさ] ≪物≫ 수차.
収縮[しゅうしゅく] 수축; 오그라짐.
収奪[しゅうだつ] 수탈; 억지로 빼앗음.
2収穫[しゅうかく] 수확; ①추수. ②어떤 일을 한 결과로 얻은 것.
収賄罪[しゅうわいざい] 수뢰죄(受賂罪).

囚 가둘/죄수 수

丨 冂 冂 囚 囚

音 ◉シュウ
訓 ⊗とらわれる

訓読

⊗囚われる[とらわれる] 〈下1自〉 ①붙잡히다. 사로잡히다. 포로가 되다. ②구애되다. 구애받다. 매이다.
⊗囚われ[とらわれ] 붙잡힘. 사로잡힘.
囚われの身[とらわれのみ] 포로의 몸.
囚われ人[とらわれびと] 포로(捕虜).
囚われ者 [とらわれもの] 포로(捕虜).

音読

囚徒[しゅうと] 수도; 죄수(罪囚).
囚虜[しゅうりょ] 수로; 포로(捕虜).
囚役[しゅうえき] 수역; 죄수에게 부과하는 노역(労役).
囚獄[しゅうごく] 수옥; 감옥.
囚衣[しゅうい] 수의; 죄수복.
囚人[しゅうじん] 수인; 죄수.

守 지킬/막을 수

' 丷 宀 宀 宁 守

音 ◉シュ ◉ス
訓 ◉まもる ◉もり

訓読

2◉守る[まもる] 〈5他〉 ①지키다. 수비하다. 수호하다. 막다. ②(규칙이나 약속을) 지키다. 준수하다. 어기지 않다. ③(눈을 떼지 않고) 지켜보다.
守り❶[まもり] ①지킴. 수비. 수호. 방비. ②¶お~ 부적. ❷[もり] ①보살핌. 보살피는 사람. ②지키는 사람.
守り刀[まもりがたな] 호신용 칼.
守り本尊[まもりほんぞん] 수호신 부처.
守り立てる[まもりたてる] 〈下1他〉 ①보살펴서 길러내다. 육성하다. 양육하다. ②부흥시키다. 재건하다.
守り神[まもりがみ] 수호신(守護神).
守(り)役[もりやく] 보살피는 역할. 보살피는 사람.
守りっ子[もりっこ] 아이 보는 소녀.
守り札[まもりふだ] 부적(符籍).

音読

守旧[しゅきゅう] 수구; 보수(保守).
守旧派[しゅきゅうは] 수구파; 보수파.
守兵[しゅへい] 수병; 수비병.
1守備[しゅび] 수비; 지키어 방어함.
守成[しゅせい] 수성; 창업자의 뒤를 이어 그 사업을 더욱 견고히 다짐.
守勢[しゅせい] 수세; 적을 맞아 지키는 형세나 군세(軍勢).
1守衛[しゅえい] 수위; 경비하는 사람.
守戦[しゅせん] 수전; ①지키는 일과 싸우는 일. ②적의 공격을 막아 싸움.
守銭奴[しゅせんど] 수전노; 구두쇠.
守株[しゅしゅ] 수주; 헛되이 옛 관습을 고수함.
守則[しゅそく] 수칙; 지켜야 할 규칙.
守護[しゅご] 수호; 지키어 보호함.

守護大名[しゅごだいみょう] (室町(むろまち) 시대에) 지방에서 득세하여 大名(だいみょう)가 된 守護(しゅご).
守護神[しゅごじん] 수호신.
◑**留守**[るす], **留守番**[るすばん]

寿(壽) 목숨/나이 수

一 = 三 丰 手 寿 寿

音 ◉ジュ
訓 ◉ことぶき ⊗ことほぐ

訓読

◉**寿**[ことぶき] ①축복. 축하. 축하 인사. 축사. ②경사. ③장수(長寿).
⊗**寿ぐ**[ことほぐ] 〈5他〉 축하의 인사를 하다. 축하하다. 축복하다.
⊗**寿ぎ**[ことほぎ] ①축하. 축복. 축하 인사. 축사. ②경사(慶事). 축하할 일. ③장수(長寿). *축의금 봉투에 쓰는 말.
⊗**寿詞**[★よごと] ①천황 치세(治世)의 번영을 축원하는 말. ②≪古≫ 기원(祈願)하는 말.

音読

寿老人[じゅろうじん] 수노인; 일곱 복신(福神)의 하나로 장수(長寿)를 내려 준다는 신(神).
寿齢[じゅれい] 수령; 장수한 사람의 나이.
2 **寿命**[じゅみょう] 수명; ①목숨의 길이. ②물건이 지탱하는 기간.
寿司[★すし] ①초밥. 생선 초밥. 김밥. ②≪古≫ 젓갈.
寿司屋[★すしや] 초밥집.
寿像[じゅぞう] 생전에 만든 초상화.
寿賀[じゅが] 수하; 장수를 축하함.

秀 빼어날 수

一 = 千 禾 禾 秀 秀

音 ◉シュウ
訓 ◉ひいでる

訓読

◉**秀でる**[ひいでる] 〈下1自〉 ①뛰어나다. 빼어나다. ②(용모가) 두드러지다. 준수하다. 수려하다.

音読

秀[しゅう] 수; 빼어남. 뛰어남. 최고의 평점.
秀歌[しゅうか] 뛰어난 和歌(わか).
秀麗[しゅうれい] 수려; 빼어나게 아름다움.
秀美[しゅうび] 수미; 뛰어나게 아름다움.
秀抜[しゅうばつ] 수발; 뛰어나게 우수함. 발군(抜群).
秀吟[しゅうぎん] 빼어난 시가(詩歌).
秀逸[しゅういつ] 수일; ①빼어남. 뛰어남. ②(短歌(たんか)・俳句(はいく) 등의) 우수작.
秀作[しゅうさく] 수작; 뛰어난 작품.
秀才[しゅうさい] 수재; ①뛰어난 재주・재주꾼. ②(平安(へいあん) 시대의) 方略式(ほうりゃくしき)에 합격한 사람.
秀絶[しゅうぜつ] 수절; 뛰어남. 빼어남.

垂 드리울 수

一 = 三 仨 弁 乓 垂 垂

音 ◉スイ
訓 ◉たらす ◉たれる

訓読

◉**垂らす**[たらす] 〈5他〉 ①늘어뜨리다. 드리우다. ②뚝뚝 떨어뜨리다.
垂らし[たらし] (물 등의) 방울.
1 ◉**垂れる**[たれる] 〈下1自〉 ①늘어지다. 처지다. 드리워지다. ②(물방울 등이) 떨어지다. 〈下1他〉 ①늘어뜨리다. 드리우다. ②(고개를) 숙이다. ③흘리다. ④(나타내) 보이다. ⑤(오래도록) 남기다. ⑥용변을 보다. (방귀를) 뀌다.
垂れ[たれ] ①늘어뜨림. 드리움. 흘림. ②양념장. ③(갑옷・검도복의) 허리둘레 방구(防具). ④(일본 옷의) 띠의 매듭에서 늘어뜨린 부분. ⑤한자(漢字) 부수의 하나로 '厂, 广, 疒' 등을 말함.
垂(れ)駕籠[たれかご] 좌우의 문에 발을 늘어뜨린 작은 가마.
垂れ絹[たれぎぬ] 방장. 장막.
垂れ籠める[たれこめる] 〈下1自〉 ①(구름・안개 등이) 낮게 끼다. ②발을 치고 방안에 틀어박히다.
垂れ流し[たれながし] ①용변을 가리지 못함. ②폐수를 강이나 바다에 버림.
垂れ流し公害[たれながしこうがい] 폐수 공해.
垂(れ)幕[たれまく] 현수막(懸垂幕).
垂木[★たるき] ≪建≫ 서까래.
垂(れ)目[たれめ] 눈꼬리가 처진 눈.
垂(れ)髪[たれがみ] 묶지 않고 늘어뜨린 머리.

垂り穂[たりほ] 여물어 고개를 숙인 이삭.
垂(れ)飾り[たれかざり] 늘어뜨린 장식물.
垂乳根[たらちね] ①어머니. 모친. ②양친 부모. 어버이. ③부친.
垂(れ)耳[たれみみ] 귓불이 처진 귀.
垂れ込み[たれこみ] 밀고(密告).
垂れ込む[たれこむ] 〈5他〉 밀고(密告)하다. 은밀하게 정보를 제공하다.
垂れ布[たれぬの] (옛날에) 실내의 칸막이로서 드리운 장식.
垂れ下がる[たれさがる] 〈5自〉 아래도 처지다. 드리워지다. 늘어지다.

音読

垂簾[すいれん] 수렴; 발을 드리움.
垂範[すいはん] 수범; 본을 보임.
垂死[すいし] 수사; 거의 죽게 된 상태.
垂線[すいせん] 수선; 수직선(垂直線).
垂示[すいし/すいじ] 가르쳐 보임.
2垂直[すいちょく] 수직; 반듯하게 드리움.
垂下[すいか] 수하; 늘어뜨림. 늘어짐.
垂訓[すいくん] 수훈; 후세에 전하는 교훈.

受(受) 받을 수

音 ◉ジュ
訓 ◉うかる ◉うける

訓読

1◉受かる[うかる] 〈5自〉 (시험에) 붙다. 합격하다.
3◉受ける[うける] 〈下1他〉 ①받다. 받아내다. ②(남의 행동에) 응하다. 받다. ③(상·축복을) 받다. ④이어받다. 뒤를 잇다. 계승하다. ⑤(피해·영향을) 받다. 입다. ⑥(빛·바람을) 받다. 향하다. ⑦인정하다. 믿다. 〈下1自〉 인기가 있다. 호평을 받다.
受け[うけ] ①받음. 접수. ②(물건을) 떠받치는 기구. ③(책임을) 맡음. 승낙. ④(세상의) 평판. 인기. ⑤소극적임. 방어 자세.
1受け継ぐ[うけつぐ] 〈5他〉 상속하다. 계승하다. 이어받다.
受け口[うけぐち] ①(우편함 등의) 투입구(投入口). ②주걱턱입매. ③물건을 끼우는 곳. ④벌목할 나무의 쓰러질 쪽에 표시한 도끼 자국.
受(け)答え[うけこたえ] 응답. 대꾸.
受(け)渡し[うけわたし] ①주고받음. ②돈을 받고 물건을 건네 줌. 상환 인도(相換引渡).
受け流す[うけながす] 〈5他〉 ①(검술에서 상대방의 칼을) 살짝 피하다. ②(비난·질문 등을) 받아넘기다. ③(남이 따라 준 술을) 안마시고 살짝 비우다.
受けて立つ[うけてたつ] (도전을 받아) 당연히 맞서다.
受(け)売り[うけうり] ①위탁 판매. 전매(転売). ②(남의 학설을) 표절함. 인용함. 도용함.
受け皿[うけざら] ①받침 접시. ②주관(主管). ③인수할 곳. 인수할 태세.
受け方[うけかた] ①받아들이는 방법·태도. ②받는 쪽의 사람. ③수동적임. 소극적임. 방어 자세.
3受(け)付(け)[うけつけ] ①접수. ②접수처.
1受け付ける[うけつける] 〈下1他〉 ①(서류 등을) 접수하다. ②(남의 충고 등을) 받아들이다. ③(환자가 약·음식을) 받다.
受け分[うけぶん] 분깃. 받을 몫.
受(け)払い[うけはらい] 수불(受払); 수납과 지불.
受(け)箱[うけばこ] (우편물·우유·신문 등을 받기 위한) 수취함.
受(け)手[うけて] ①받는 사람. 수취인. ②(방송·통신의) 청취자. 시청자.
1受(け)身[うけみ] ①수동(受動). 수동적인 자세. 수세(守勢). 소극적임. ②(유도의) 낙법(落法). ③ ≪語学≫ 수동태(受動態).
受(け)腰[うけごし] ①(물건을 받을 때의) 엉거주춤한 자세. ②소극적인 자세.
1受(け)入れ[うけいれ] ①받아들임. 떠맡음. 인수. ②(회계 장부의) 수입(収入). 수납. ③승낙. 들어줌.
1受け入れる[うけいれる] 〈下1他〉 ①받아들이다. ②수납하다. 인수하다. ③맞아들이다. ④(남의 청을) 들어주다. 승낙하다.
受け込む[うけこむ] 〈5他〉 (책임을 지고) 떠맡다.
受け将棋[うけしょうぎ] ①장기 알로 하는 놀이. ②수세의 장기.
受け伝える[うけつたえる] 〈下1他〉 이어받아 다음 세대로 전하다. 전승시키다.
1受け止める[うけとめる] 〈下1他〉 ①받다. 받아내다. ②(공격을) 막다. 막아내다.

[1]受け持ち[うけもち] 담당. 담당자. 담임.
[2]受け持つ[うけもつ] 〈5他〉 담당하다. 담임하다. 맡다.
[2]受(け)取(り)[うけとり] ①수취; 받음. 수령. ②영수증. 인수증.
[2]受け取る[うけとる] 〈5他〉 ①수취하다. 받다. ②받아들이다. 이해하다.
受取手形[うけとりてがた] 받을 어음.
受取人[うけとりにん] 수취인; 받는 사람.
受(け)太刀[うけだち] ①(검술에서) 공격을 막는 칼. ②수세(守勢).

音読

受講者[じゅこうしゃ] 수강자; 수강생.
受講料[じゅこうりょう] 수강료.
[2]受検[じゅけん] 수검; 검사를 받음.
受戒[じゅかい] 수계; 계율을 받음.
受給[じゅきゅう] 수급; 급여나 배급을 받음.
受難[じゅなん] 수난; 재난을 당함.
受納[じゅのう] 수납; 받아서 넣어 둠.
受動的[じゅどうてき] 수동적.
受諾[じゅだく] 수락; 승낙함.
受領❶[じゅりょう] 수령; 받아들임. ❷[ずりょう] (平安(へいあん) 시대에) 실지로 임지에 부임한 지방 장관.
受領証[じゅりょうしょう] 수령증; 영수증.
受理[じゅり] 수리; 소장(訴状)·원서(願書) 등을 받아서 처리함.
受命[じゅめい] 수명; ①명령을 받음. ②(고대 중국에서) 천명(天命)에 따라 천자가 됨.
受杯[じゅはい] 수배; ①(술자리에서) 잔을 받음. ②(민간의 공로자로서 정부로부터) 기념패를 받음.
受配[じゅはい] 수배; 배당을 받음.
受粉[じゅふん] ≪植≫ 수분; 가루받이.
受賞[じゅしょう] 수상; 상을 받음.
受像機[じゅぞうき] 수상기; TV.
受信[じゅしん] 수신; 신호를 받음.
受容[じゅよう] 수용; 받아들임.
受益[じゅえき] 수익; 이익을 얻거나 받음.
受任[じゅにん] 수임; 임무를 임명받음.
受章[じゅしょう] 수장; 훈장 등을 받음.
受電[じゅでん] 수전; 전기·전보를 받음.
受精卵[じゅせいらん] 수정란.
受注[じゅちゅう] 수주; 주문을 받음.
受診[じゅしん] 수진; 진찰을 받음.
受託[じゅたく] 수탁; ①위탁을 받음. ②기탁(寄託) 받음.
受胎[じゅたい] 수태; 임신. 임신함.
受験[じゅけん] 수험; 시험을 봄.
受験者[じゅけんしゃ] 수험자; 시험 응시자.
受刑者[じゅけいしゃ] 수형자; 형벌을 받는 사람.
[2]受話器[じゅわき] 수화기.

帥 장수 수

音 ◉スイ
訓 —

音読

◑元帥[げんすい], 将帥[しょうすい]

首 머리/우두머리 수

音 ◉シュ
訓 ◉くび

訓読

[3]◉首[くび] ①목. 고개. ②머리 부분. ③(물건 등의) 목. ④목숨. ⑤파면. 해고. 면직(免職).
首枷[くびかせ] ①(죄인의 목에 채우는) 칼. 항쇄(項鎖). ②(자유를 빼앗는) 짐. 애물.
首巻(き)[くびまき] 목도리. 머플러.
首根[くびね] 목. 목덜미. 뒷덜미.
首根っ子[くびねっこ] 목. 목덜미. 뒷덜미.
首筋[くびすじ] 목덜미.
[1]首輪[くびわ] ①목걸이. ②(애완동물의) 목고리.
首狩り[くびがり] (미개인들이 종교 의식을 하기 위해) 다른 부족의 목을 베어 오는 풍습.
[1]首飾り[くびかざり] 목걸이.
首縊り[くびくくり] 목매어 죽임. 목매닮.
首玉[くびたま] ①(옛날의) 구슬 목걸이. ②(애완동물의) 목고리.
首っ玉[くびったま] ≪俗≫ 목. 목덜미.
首引き[くびひき] ①목씨름. 끈을 목에 걸고 서로 잡아당기는 놀이. ②서로 경쟁하기.
首っ引き[くびっぴき] ①(어떤 것을) 늘 참조함. ②(어떤 일과) 씨름함.
首っ丈[くびったけ] 홀딱 반함. 깊이 빠짐.

首切り[くびきり] ①참수(斬首). 목을 벰. ②파면. 해고. 면직(免職).
首切る[くびきる] 〈5他〉 ①참수하다. 목을 베다. ②파면하다. 해고하다.
首吊り[くびつり] ①목매어 자살함. 목매어 죽은 사람. ②기성복.
首の座[くびのざ] 단두대(断頭台).
首塚[くびづか] 전사자나 처형된 자의 머리를 매장한 무덤.
首桶[くびおけ] (옛날) 싸움터에서 자른 목을 담던 나무통.
首投げ[くびなげ] (씨름에서) 헤드록. 한쪽 팔로 상대방의 목을 잡아 넘기는 수.

音読

首魁[しゅかい] 수괴; ①두목. ②선구자(先駆者).
首級[しゅきゅう] 수급; 전쟁터에서 베어 얻은 적군의 머리.
首肯[しゅこう] 수긍; 옳다고 고개를 끄덕임.
[1]首脳[しゅのう] 수뇌; ①지도적 인물. ②주요 부분.
首途[しゅと] ①출발. 길을 떠남. ②새로 일을 시작함.
[2]首都[しゅと] 수도; 서울.
首都高[しゅとこう] '首都高速道路'의 준말.
首領[しゅりょう] 수령; 우두머리. 두목.
首領株[しゅりょうかぶ] 수령급.
首謀[しゅぼう] 수모; 주장이 되어 어떤 일을 모의함.
首謀者[しゅぼうしゃ] 주모자(主謀者).
首尾[しゅび] 수미; ①머리와 꼬리. ②사물의 처음과 끝. ③결과. 전말. ④변통. 형편.
首尾よく[しゅびよく] 순조롭게. 성공적으로.
首尾一貫[しゅびいっかん] 시종일관.
首班[しゅはん] 수반; ①단체의 첫째 지위. ②내각 총리대신.
首府[しゅふ] 수부; 수도(首都). 서울.
首部[しゅぶ] 수부; (사물의) 처음 부분.
[2]首相[しゅしょう] 수상; 국무총리.
首席[しゅせき] 수석; 맨 윗자리.
首位[しゅい] 수위; 첫째가는 지위.
首長[しゅちょう] 수장; ①단체의 우두머리. ②지방 자치 단체장.
首将[しゅしょう] 수장; 수석 대장.
首題[しゅだい] 수제; ①첫머리에 쓰는 제목. ②《仏》 경문의 첫 구절.
首座[しゅざ] 수좌; ①상석(上席). ②수석(首席).
首唱[しゅしょう] 수창; 맨 먼저 주창함.

狩 사냥할 수

丿 犭 犭 犭' 犭' 犭宀 犭宀 狩 狩

音 ◉シュ
訓 ◉かる ◉かり

訓読

◉狩る[かる] 〈5他〉 ①사냥하다. 잡다. ②(찾아내어) 캐다. ③찾아서 즐기다.
[1]◉狩り[かり] ①사냥. ②(명사에 접미어 형태로 접속하여) 관찰. 수집. 놀이. 잡기.
狩(り)犬[かりいぬ] 사냥개.
狩り競[かりくら] 사냥. 수렵(狩猟).
狩衣[かりぎぬ] ①(平安(へいあん) 시대의) 평상복. ②(江戸(えど) 시대의) 예복.
狩人[★かりうど/かりゅうど] 사냥꾼.
狩(り)込み[かりこみ] ①짐승을 몰아 잡음. ②(불량자 등의) 일제 검거. 소탕작전.
狩(り)子[かりこ] (사냥의) 몰이꾼.
狩(り)場[かりば] 사냥터. 수렵장.
狩(り)座[かりくら] 사냥터. 수렵장.
狩(り)倉[かりくら] 사냥터. 수렵장.
狩り出す[かりだす] 〈5他〉 (사냥에서 짐승을) 내몰다. 몰아내다. 몰이하다.

音読

狩猟[しゅりょう] 수렵; 사냥. 사냥 도구를 사용해서 산야(山野)의 새나 짐승을 잡는 일.
狩猟家[しゅりょうか] 수렵가; 사냥꾼.
狩猟場[しゅりょうじょう] 수렵장; 사냥터.

殊 다를 수

一 ア 歹 歹 歹' 歹' 歹' 殊 殊 殊

音 ◉シュ
訓 ◉こと

訓読

[1]◉殊に[ことに] 〈副〉 특히. 특별히. 각별히.
殊更[ことさら] 〈副〉 ①일부러. 고의로. 짐짓. ②특별히. 새삼스럽게.
殊更めく[ことさらめく] 〈5自〉 일부러 그러는 것처럼 생각되다.
殊の外[ことのほか] ①예상외로. 뜻밖에. 의외로. ②대단히. 특별히. 유달리. 유별나게.

音読

殊勝[しゅしょう] ①갸륵함. 기특함. ②《仏》 가장 뛰어남.

殊遇[しゅぐう] 특별한 대우.
殊勲[しゅくん] 수훈; 뛰어난 공훈.
殊勲者[しゅくんしゃ] 수훈자; 뛰어난 공로자.
殊勲打[しゅくんだ] (야구에서) 수훈타.

修 닦을 수

丿 亻 亻 亻 仢 仢 佟 修 修 修

音 ◉シュ ◉シュウ
訓 ◉おさまる ◉おさめる

訓読

◉修まる[おさまる] 〈5自〉 (품행이) 단정해지다. 바르게 되다. 좋아지다.
修まり[おさまり] (품행이) 단정해짐. 좋아짐. 바르게 됨.
◉修める[おさめる] 〈下1他〉 ①(학문을) 닦다. ②(심신을) 수양하다. 닦다.

音読

修する❶[しゅする] 〈サ変他〉 ① ≪仏≫ (불도를) 닦다. 행하다. ②(학문・기예 등을) 배우다. 익히다. ❷[しゅうする] 〈サ変他〉 ①바르게 하다. 바로잡다. 단정히 하다. ②(학문을) 닦다. 수련하다. ③수리하다. 고치다. ④장식하다. 꾸미다. ⑤ ≪仏≫ (법회를) 열다.
修改[しゅうかい] 수개; 수리하여 고침.
修交[しゅうこう] 수교; 나라 간에 교제를 맺음.
修女[しゅうじょ] (가톨릭의) 수녀.
修道[しゅうどう] 수도; 도를 닦음.
修道女[しゅうどうじょ] (가톨릭의) 수녀.
修得[しゅうとく] 수득; 닦아서 터득함.
修羅[★しゅら] ① ≪仏≫ 수라; 인도의 귀신. ②큰 수레. ③전쟁. 싸움.
修羅道[★しゅらどう] 항상 싸움이 끊이지 않는 곳.
修羅場❶[★しゅらじょう] ①아수라왕(阿修羅王)이 제석천(帝釈天)과 싸우는 곳. ②수라장; 전투나 투쟁으로 끔찍스럽게 된 곳. 비참한 광경. ❷[★しゅらば] ①수라장; 전투나 투쟁으로 끔찍스럽게 된 곳. 비참한 광경. ②(연극・야담에서) 처참한 전투 장면.
修羅出立ち[★しゅらでたち] 죽음을 각오함.
修練[しゅうれん] 수련; (정신이나 기술 등을) 연마함. 닦아서 단련함.
1修了[しゅうりょう] 수료; 일정한 학과를 다 배워 마침.
2修理[しゅうり] 수리; 손보아 고침.
修法[★しゅほう] ≪仏≫ 수법.
修復[しゅうふく] 수복; 복원(復元).
修祓[しゅうふつ] (神道(しんとう)에서) 불제(祓除) 행사를 함.
1修士[しゅうし] ①석사(碩士). ②(가톨릭의) 수사. 수도자.
修史[しゅうし] 수사; 역사를 편찬함.
修辞[しゅうじ] 수사; 말이나 문장을 아름답게 꾸밈.
2修繕[しゅうぜん] 수선; 손보아 고침.
修習[しゅうしゅう] 수습; 배워 익힘.
1修飾[しゅうしょく] 수식; ①겉모양을 꾸밈. ② ≪語学≫ 어휘에 종속하여 뜻을 꾸밈.
修身[しゅうしん] 수신; 행실을 바르게 가지려고 노력함.
修養[しゅうよう] 수양; 심신을 닦아 지덕(知徳)을 계발함.
修業[しゅうぎょう/しゅぎょう] 수업; 학업을 닦음.
2修正[しゅうせい] 수정; 바로 잡아 고침.
修訂[しゅうてい] 수정; 출판물의 잘못을 고침.
修整[しゅうせい] 수정; ①단정하게 바로잡음. ②(사진의 원판 등을) 손질하여 바로잡음.
修築[しゅうちく] 수축; 성(城)이나 제방 등을 수리함.
1修学[しゅうがく] 수학; 학업을 닦음.
1修行[★しゅぎょう] 수행; ①(학문・무예 등의) 수업. 수련. ②불도(仏道)를 닦음.
修行者[★しゅぎょうしゃ] 불도(仏道) 수행자.
修験道[★しゅげんどう] 일본 고래의 산악신앙에 불교와 도교(道教) 등을 가미한 종교의 한 파(派).
修験者[★しゅげんじゃ] 修験道(しゅげんどう)를 닦는 사람.
修好[しゅうこう] 수호; 나라와 나라가 친밀한 교제를 함.

捜(搜) 찾을 수

一 十 才 扌 扌 扌 扌 拍 捜 捜

音 ◉ソウ
訓 ◉さがす

訓読

2◉捜す[さがす] 〈5他〉 (있던 것이 없어져) 찾다. 뒤지다.

搜し当てる[さがしあてる] 〈下1他〉 (여기저기 찾아서 목적한 물건을) 잘 찾아내다.
搜し物[さがしもの] (어디에 있을까 하고) 물건을 찾음. 찾는 물건.
搜し出す[さがしだす] 〈5他〉 여기저기 찾아서 발견해 내다.
搜し絵[さがしえ] 그림 찾기.

音読

1 搜査[そうさ] 수사; 찾아다니며 조사함.
搜査機関[そうさきかん] 수사 기관.
搜索[そうさく] 수색; 더듬어서 찾음.

粋(粹) 순수할 수

丶 丷 亠 米 米 米 米 粋 粋 粋

音 ◉スイ
訓 ⊗いき

訓読

1 ⊗粋❶[いき] 〈形動〉 ①세련됨. 멋있음. ②연예계의 사정에 정통함. ③사려 깊음. ❷[すい] ☞ [音読]
粋筋[いきすじ] ①화류계. 화류계 방면. ②(남녀간의) 정사(情事) 관계.
粋事[いきごと] ①남녀 간의 정사(情事). ②세련되게 함. 세련되게 행동함.

音読

1 粋❶[すい] ①순수함. ②정수(精粋). ③인정이 있고 싹싹함. ④풍류를 앎. 세련됨. ❷[いき] ☞ [訓読]
粋狂[すいきょう] 유별남. 괴짜임. 별난 짓.
粋人[すいじん] ①트인 사람. 세상 물정에 밝고 이해심이 많은 사람. ②풍류인. 풍류객. ③연예계의 사정에 밝은 사람.

授(授) 줄 수

一 十 扌 扌 扌 扌 扌 扌 授 授

音 ◉ジュ
訓 ◉さずかる ◉さずける

訓読

◉授かる[さずかる] 〈5自〉 (신(神)이나 윗사람이) 내려주시다. 하사(下賜)해 주시다.
授(か)り物[さずかりもの] ①신(神)이 주신 선물. ②윗사람이 주신 선물. 하사품(下賜品).
1 ◉授ける[さずける] 〈下1他〉 ①(신(神)이나 윗사람이) 수여하다. 하사(下賜)하다. 내리다. ②전수(伝授)하다. 전해 주다.
授け物[さずけもの] ①신(神)이 주신 선물. ②윗사람이 주신 선물. 하사품(下賜品).

音読

授戒[じゅかい] 수계; 신자나 중에게 계율을 줌.
授権[じゅけん] 수권; 일정한 권리를 특정인에게 줌.
授粉[じゅふん] 수분; 가루받이.
授産[じゅさん] 수산; 일자리를 줌.
授産金[じゅさんきん] (대출해 주는) 생활 자립금.
授産所[じゅさんじょ] 부녀자 직업 보도소.
授賞[じゅしょう] 수상; 상을 수여함.
授受[じゅじゅ] 수수; 주고 받음.
4 授業[じゅぎょう] 수업; 학문을 가르침.
授与[じゅよ] 수여; (상장・증서를) 줌.
授乳[じゅにゅう] 수유; 아기에게 젖을 먹임.
授爵[じゅしゃく] 수작; 작위를 수여함.
授章[じゅしょう] 수장; 훈장을 수여함.
授精[じゅせい] 수정; 정자(精子)를 난자(卵子)에 결합시키는 일.

随(隨) 따를 수

⻖ 阝 阝 阝 阝 阝 阝 随 随 随

音 ◉ズイ
訓 ⊗したがう ⊗したがえる ⊗まにまに

訓読

⊗随う[したがう] 〈5自〉 ①뒤따르다. 따라가다. ②따르다. 좇다. 복종하다. ③쏠리다.
⊗随える[したがえる] 〈下1他〉 ①거느리다. 데리고 가다. ②복종시키다. 정복하다.
⊗随に[まにまに] 되어 가는 대로. 되는 대로. …하는 대로.

音読

随感[ずいかん] 수감; 느낀 대로의 감상.
随感録[ずいかんろく] 감상록(感想録).
随気[ずいき] 방자(放恣)함. 제멋대로 함.
随徳寺[ずいとくじ] 뒷일은 아랑곳 않고 종적을 감춤.
随伴[ずいはん] 수반; ①윗사람을 모시고 감. ②어떤 일에 따름.
1 随分[ずいぶん] ① 〈副〉 분수에 맞게 ②꽤. 몹시. 퍽. 상당히. ③〈形動〉 너무함. 지나침. 심함.
随想録[ずいそうろく] 수상록; 그때그때 떠오르는 생각이나 느낌을 기록한 것.
随所[ずいしょ] 도처. 곳곳. 여기저기.

随順[ずいじゅん] 순종함.
随時[ずいじ] 수시; ①때때로. 가끔. 그때그때. ②(필요한 때) 언제라도. 아무 때고.
随身[ずいじん/ずいしん] ①수행(随行)함. 수행원(随行員). ②(옛날의) 호위 무관. ③휴대함.
随身門[ずいじんもん/ずいしんもん] 神社(じんじゃ)의 외곽문(外廓門).
随神[★かんながら] 신의 뜻대로.
随神の道[★かんながらのみち] 신도(神道).
随員[ずいいん] 수행원(随行員).
随意[ずいい] 수의; 마음대로 함.
随意契約[ずいいけいやく] 수의 계약.
随意筋[ずいいきん] ≪生理≫ 수의근.
随一[ずいいち] 제일. 첫째.
随従[ずいじゅう] 수종; ①높은 사람을 따라 모심. ②남의 말에 따라 좇음.
随処[ずいしょ] 도처. 곳곳. 여기저기.
2**随筆**[ずいひつ] 수필; 에세이.
随行[ずいこう] 수행; 따라 감. 따라 행함.
随喜[ずいき] 수희; ①크게 기쁘게 여김. ② ≪仏≫ 기쁘게 귀의(帰依)함.

遂(遂) 이룰/드디어 수

丷 䒑 䒑 㒸 㒸 㒸 豖 遂 遂 遂

音 ◉スイ
訓 ◉とげる ⊗ついに

訓読

1◉**遂げる**[とげる] 〈下1他〉 ①(목적을) 이루다. 달성하다. 성취하다. ②(최후를) 마치다.
2⊗**遂に**[ついに] 〈副〉 ①결국. 드디어. 마침내. ②(부정문에서) 끝내. 끝끝내. 아직까지. 여태까지.

音読

遂行[すいこう] 수행; 계획한 대로 해냄.

愁 근심 수

一 二 千 禾 禾 利 秒 秋 愁 愁

音 ◉シュウ
訓 ◉うれい ◉うれえる

訓読

◉**愁い**[うれい] 근심. 걱정. 우려. 슬픔.
◉**愁える**[うれえる] 〈下1他〉 ①마음 아파하다. 상심하여 슬퍼하다. ②걱정하다. 우려하다.

音読

愁眉[しゅうび] 수미; 근심스러운 기색.
愁思[しゅうし] 수사; 수심에 찬 생각.
愁傷[しゅうしょう] 수상; 매우 애통해 함. 매우 슬픔.
愁色[しゅうしょく] 수색; 근심스러운 얼굴.
愁訴[しゅうそ] 수소; 애처롭게 호소함.
愁然[しゅうぜん] 수연; 수심에 잠김.
愁腸[しゅうちょう] 수심(愁心). 슬픔.
愁嘆[しゅうたん] 수탄; 비탄(悲嘆).
愁嘆場[しゅうたんば] (연극의) 비극적인 장면. 비탄해 하는 장면.

数(數) 헤아릴 수

丷 䒑 米 米 米 娄 娄 娄 数 数

音 ◉スウ ◉ス
訓 ◉かず ◉かぞえる

訓読

2◉**数❶**[かず] ①수효. ②수가 많음. 여럿. ❷[すう] ☞ [音読]
2◉**数える**[かぞえる] 〈下1他〉 ①(수를) 세다. 헤아리다. ②열거하다.
数え[かぞえ] ①셈함. ②'数(かぞ)え年(どし)'의 준말.
数え歌[かぞえうた] 숫자풀이 노래.
数え年[かぞえどし] 세는 나이. 달력 나이. ＊태어난 해를 한 살로 쳐서 세는 나이.
数え立てる[かぞえたてる] 〈下1他〉 열거하다. 일일이 세다.
数え上げる[かぞえあげる] 〈下1他〉 ①열거하다. 하나하나 세다. ②총계를 내다. 다 세어내다.
数え日[かぞえび] (며칠 남지 않은) 바쁜 연말(年末). 분주한 세밑.
数ならぬ[かずならぬ] 하찮은.
数物[かずもの] ①수가 많은 물건. 싸구려. ②수효가 한정된 물건. ③세트로 된 것.
数扇[かずおうぎ] 대량 생산된 값싼 부채.
数数[かずかず] 다수. 수많음. 여러 가지.
数の子[かずのこ] 말린 청어알.
数知れぬ[かずしれぬ] 수많은. 수없이.
数取り[かずとり] ①계수(計数). 검수원(検数員). ②수를 많이 따는 쪽이 이기는 놀이.
数取器[かずとりき] 계수기(計数器).

音読

2**数❶**[すう] ①수; 숫자. ② ≪数≫ 수. ③운수. 운명. ❷[かず] ☞ [訓読]

数刻[すうこく] 수각; 몇 시간. 여러 시간.
数個[すうこ] 수개; 여러 개. 두서너 개.
数奇❶[すうき] 기구함. 불우함. ❷[すき] ①풍류(風流). 풍류를 즐김. ②다도(茶道). 다도를 즐김.
数奇屋[すきや] ☞ 数寄屋
数奇者[すきしゃ/すきもの] ☞ 数寄者
数寄[すき] ①풍류(風流). 풍류를 즐김. ②다도(茶道). 다도를 즐김.
数寄屋[すきや] ①다실(茶室). 다도(茶道)를 위해 지은 집. ②다실풍(茶室風)의 집.
数寄屋造り[すきやづくり] 다실풍(茶室風)으로 지은 건물.
数寄者[すきしゃ/すきもの] 풍류인(風流人).
数年[すうねん] 수년; 몇 년. 여러 해.
数多[すうた/あまた] 많음. 허다함.
数多度[★あまたたび] 여러 차례. 여러 번.
数段[すうだん] ①(계단이) 몇 단임. 서너 단. ②훨씬. 월등히.
数量[すうりょう] 수량; 분량.
数理[すうり] 수리; ①계산. 계산 방법. ②수학의 이론.
数万[すうまん] 수만; 몇 만.
数名[すうめい] 수명; 여러 명.
数倍[すうばい] 수배; 여러 배.
数百[すうひゃく] 수백; 몇 백.
数分間[すうふんかん] 수 분간; 몇 분간.
1 数詞[すうし] ≪語学≫ 수사; 셈씨.
数ヶ所[すうかしょ] 여러 군데.
数式[すうしき] ≪数≫ 수식.
数億[すうおく] 수억; 몇 억.
数列[すうれつ] ≪数≫ 수열; ①수의 계열. ②몇 줄.
数人[すうにん] 여러 명. 대여섯 사람.
数日[すうじつ] 수일; 며칠. 2・3일.
2 数字[すうじ] 숫자.
数的[すうてき] 숫자적.
数珠[★じゅず] ≪仏≫ 염주.
数珠玉[★じゅずだま] 염주. 염주알.
数直線[すうちょくせん] ≪数≫ 수직선.
数次[すうじ] 수차; 몇 번. 여러 번.
数千[すうせん] 수천; 몇 천.
数秒[すうびょう] 수초; 몇 초.
数値[すうち] ≪数≫ 수치; 값.
3 数学[すうがく] ≪数≫ 수학.
数行[すうこう/すうぎょう] 수행; 몇 줄. 여러 줄.
数回[すうかい] 수회; 몇 차례. 여러 차례.

睡 잠잘/졸 수

音 ◉スイ
訓 —

音読
睡蓮[すいれん] ≪植≫ 수련.
睡魔[すいま] 수마; 심한 졸음.
2 睡眠[すいみん] 수면; ①잠. 잠을 잠. ②휴면(休眠).
睡眠薬[すいみんやく] 수면제.

酬 갚을/잔돌릴 수

音 ◉シュウ
訓 ⊗むくいる

訓読
⊗酬いる[むくいる] 〈上1他〉 ①보답하다. 갚다. ②보복하다. 앙갚음하다.
酬い[むくい] 보답. 보수(報酬). 응보.
音読
◑報酬[ほうしゅう], 応酬[おうしゅう]

需 구할/요구할/쓰일/쓸 수

音 ◉ジュ
訓 —

音読
需給[じゅきゅう] 수급; 수요와 공급.
2 需要[じゅよう] 수요; 필요해서 얻고자 함.
需要者[じゅようしゃ] 수요자.
需用[じゅよう] 수용; 구해 씀. 필수품.
需品[じゅひん] 수요품. 생활 필수품.

穂(穗) 이삭 수

音 ◉スイ
訓 ◉ほ

訓読
1 ◉穂[ほ] ① ≪植≫ 이삭. ②이삭처럼 끝이 뾰족한 것.

穗麦[ほむぎ] 이삭이 팬 보리.
穗並(み)[ほなみ] (벼·보리 등의) 이삭이 가지런함.
穗先[ほさき] ①이삭 끝. ②붓·송곳·창·칼 등의 끝.
穗首[ほくび] ①(벼·보리 등의) 이삭 부분. ②창끝이 자루와 접하는 부분.
穗波[ほなみ] 바람에 물결치는 이삭.

音読

穗状[すいじょう] 수상; 이삭 모양.
穗状花序[すいじょうかじょ] 수상 화서; 한 개의 긴 꽃대에 촘촘하게 이삭 모양처럼 피는 꽃차례.

獸(獸) 짐승 수

丷 㞢 㞢 畄 畄 兽 兽 兽 獸 獸

音 ◉ジュウ
訓 ◉けもの

訓読

[1]◉**獸**[けもの] 짐승.
獸道[けものみち] 짐승이 다니는 길. 짐승이 다녀서 생긴 길.

音読

獸類[じゅうるい] 수류; 짐승.
獸毛[じゅうもう] 수모; 짐승의 털.
獸性[じゅうせい] 수성; ①짐승의 성질. ②(사람이 지닌) 짐승 같은 성질.
獸心[じゅうしん] 수심; (사람이 지닌) 짐승처럼 사납고 모진 마음.
獸疫[じゅうえき] 수역; 가축의 전염병.
獸欲[じゅうよく] 수욕; (사람이 지닌) 동물적인 성욕(性慾).
獸肉[じゅうにく] 수육; 짐승의 고기.
獸医[じゅうい] 수의; 수의사(獸医師).
獸医学[じゅういがく] 수의학.
獸的[じゅうてき] 짐승 같음. 야수적임.
獸脂[じゅうし] 수지; 짐승의 기름.
獸皮[じゅうひ] 수피; 짐승의 가죽.
獸行[じゅうこう] 수행; 성욕(性慾)을 채우려는 짐승 같은 행위.

樹 나무 수

木 朩 朩 枓 桔 桔 桔 桔 樹 樹

 ◉ジュ
訓 —

音読

樹間[じゅかん] 수간; 나무와 나무 사이.
樹幹[じゅかん] 수간; 나무줄기.
樹齢[じゅれい] 수령; 나무의 나이.
樹林[じゅりん] 수림; 수풀.
樹林帯[じゅりんたい] 수림 지대(地帯).
[1]**樹立**[じゅりつ] 수립; 공(功)이나 어떤 사업을 세움.
[1]**樹木**[じゅもく] 수목; 살아 있는 나무.
樹氷[じゅひょう] ≪気≫ 수빙; 상고대.
樹上[じゅじょう] 수상; 나무 위.
樹液[じゅえき] 수액; ①나무가 뿌리에서 빨아올린 액체. ②나무껍질 등에서 분비되는 액체.
樹影[じゅえい] 수영; 나무 그림자.
樹陰[じゅいん] 수음; 나무 그늘.
樹枝[じゅし] 수지; 나뭇가지.
樹脂[じゅし] 수지; 나무의 진.
樹皮[じゅひ] 수피; 나무껍질.
樹海[じゅかい] 수해; 밀림. 빽빽한 삼림.

輸(輸) 보낼/실어낼 수

一 百 亘 車 軡 軡 輸 輸 輸 輸

音 ◉ユ
訓 —

音読

輸する[ゆする] 〈サ変他〉 ①보내다. 수송하다. 나르다. ②뒤떨어지다. 뒤지다.
[2]**輸送**[ゆそう] 수송; 사람이나 화물을 대량으로 운반함.
輸送機[ゆそうき] 수송기.
輸送船[ゆそうせん] 수송선.
輸液[ゆえき] 수액; 링거 주사액.
輸銀[ゆぎん] '日本輸出入銀行'의 준말.
[2]**輸入**[ゆにゅう] 수입; 외국에서 사들여 옴.
[2]**輸出**[ゆしゅつ] 수출; 외국으로 팔아 보냄.
輸取法[ゆとりほう] '輸出取引法(ゆしゅつとりひきほう)'의 준말.
輸出取引法[ゆしゅつとりひきほう] 수출 거래법.
[2]**輸血**[ゆけつ] 수혈; 피를 혈관에 주입함.

髄(髓) 골수 수

冂 冎 冎 骨 骨 骨 骬 骬 骬 髄

音 ◉ズイ
訓 —

ㅅ

音読

髓[ずい] ① ≪生理≫ 골수. 뼛골. ② ≪植≫ (나무줄기의) 고갱이. ③사물의 핵심. 요점.
髓脳[ずいのう] 수뇌; ①척수와 뇌. ②뇌수(脳髓). ③(중요한) 골자. 핵심. ④和歌(わか)의 기원(起源)·작법(作法) 등을 해설한 책.
髓膜[ずいまく] ≪生理≫ 수막.
髓膜炎[ずいまくえん] ≪医≫ 수막염.

袖	옷소매 수	音 ⊗シュウ 訓 ⊗そで

訓読

2⊗袖[そで] ①소매. 소맷자락. ②대문 양쪽의 울타리. ③책상의 양쪽 서랍. ④무대의 양옆. ⑤(책 커버의 양끝을 안으로 접은) 책날개.
袖乞い[そでごい] 구걸. 동냥.
袖口[そでぐち] 소맷부리.
袖裏[そでうら] 소매 안감.
袖幕[そでまく] 무대 양끝에 드리워진 막.
袖無し[そでなし] ①소매가 없는 옷. ②소매가 없는 짧은 羽織(はおり).
袖屏風[そでびょうぶ] 소매로 얼굴을 가림.
袖付け[そでつけ] 진동. 소매 둘레.
袖山[そでやま] ①(일본 옷의) 소맷부리에서 어깨에 이르는 선(線). ②(양재에서) 소매 둘레에 해당하는 선(線).
袖書き[そでがき] (옛날) 문서의 끝에 추가한 글.
袖垣[そでがき] 대문 등에 잇대어 낮게 만든 울타리.
袖丈[そでたけ] 소매 길이.
袖章[そでしょう] 수장; 제복(制服)의 소매에 다는 기장(記章).
袖畳み[そでだたみ] 着物(きもの)를 약식으로 개는 법.
袖下[そでした] (소매 아래쪽 솔기가 되는 부분) 배래기.
袖の下[そでのした] 뇌물.
袖型[そでがた] 배래기의 본.

音読

袖手[しゅうしゅ] 수수; 팔짱을 낌.
袖手傍観[しゅうしゅぼうかん] 수수방관.
袖珍[しゅうちん] 수진; 소형. 포켓판.
袖珍文庫[しゅうちんぶんこ] 포켓판 문고.
袖珍本[しゅうちんぼん] 포켓판 책.

隋	수나라 수	音 ⊗ズイ 訓 —

音読

隋[ずい] (중국의) 수. 수나라.
隋王朝[ずいおうちょう] 수왕조.

羞	부끄러워할 수	音 ⊗シュウ 訓 ⊗はじらう ⊗はじる

訓読

⊗羞じらう[はじらう] 〈5自〉 부끄러워하다. 수줍어하다.
羞じらい[はじらい] 부끄러움. 수줍음.
⊗羞じる[はじる] 〈上1自〉 부끄러워하다. 부끄럽게 여기다.

音読

羞悪[しゅうお] 수오; 자신의 악행을 부끄러워하고 남의 불선(不善)을 미워함.
羞恥[しゅうち] 수치; 부끄러움.
羞恥の念[しゅうちのねん] 수치심.
羞恥心[しゅうちしん] 수치심; 부끄러운 마음.

須	모름지기 수	音 ⊗シュ ⊗ス 訓 ⊗すべからく

訓読

⊗須らく[すべからく] 〈副〉 마땅히. 모름지기.

音読

須弥壇[しゅみだん/すみだん] ≪仏≫ 수미단.
須弥山[しゅみせん/すみせん] ≪仏≫ 수미산.
須要[しゅよう/すよう] 수요; 꼭 필요함.
須臾[しゅゆ/すゆ] 잠깐. 잠깐 사이에.

蒐	모을 수	音 ⊗シュウ 訓 —

音読

蒐書[しゅうしょ] 수서; 연구 재료로서 참고 자료를 모음.
蒐集[しゅうしゅう] 수집; ①거두어 모음. ②(취미·연구용으로) 모아 갖춤.
蒐荷[しゅうか] 수하; 집하(集荷). 화물이 모임. 화물을 모음.

痩 ×(瘦)	여윌 수	音 ⊗シュウ ⊗ソウ 訓 ⊗やせる

訓読

3 ⊗瘦せる[やせる] 〈下1自〉 ①여위다. 살이 빠지다. ②(땅이) 메마르다.
瘦せ[やせ] 여윔. 살이 빠짐. 마른 사람.
瘦せぎす[やせぎす] 앙상하게 마름.
瘦せこける[やせこける] 〈下1自〉 몹시 여위다. 앙상해지다. 홀쭉해지다.
瘦せさらばえる[やせさらばえる] 〈下1自〉 여위어서 피골이 상접하다. 앙상해지다.
瘦せっぽち[やせっぽち] 말라깽이.
瘦せ枯れる[やせがれる] 〈下1自〉 (초목이) 바싹 말라 시들어지다.
瘦せ男[やせおとこ] ①여윈 남자. ②(能楽(のうがく)에서) 남자 가면의 한 종류.
瘦せ女[やせおんな] ①여윈 여자. ②(能楽(のうがく)에서) 여자 가면의 한 종류.
瘦せ馬[やせうま] 여윈 말.
瘦せ山[やせやま] 메마른 산.
瘦せ細る[やせほそる] 〈5自〉 ①여위어 홀쭉해지다. ②점점 가난해지다.
瘦せ所帯[やせじょたい] 가난한 살림.
瘦せ衰える[やせおとろえる] 〈下1自〉 수척해지다. 홀쭉해지다.
瘦せ我慢[やせがまん] 오기로 버팀. 억지로 태연한 척함.
瘦せ薬[やせぐすり] 살 빠지는 약.
瘦せ腕[やせうで] ①여윈 팔. ②서투른 솜씨.
瘦せ肉[やせじし] 여윈 몸.
瘦せ地[やせち] 메마른 땅. 척박한 땅.
瘦せ枝[やせえだ] 가는 가지.
瘦せ形[やせがた] 여윈 몸매.

音読

瘦軀[そうく] 수구; 여윈 몸.
瘦身[そうしん] 수신; 여윈 몸.
瘦身法[そうしんほう] 살 빼는 법.

誰 누구 수	音 ⊗スイ 訓 ⊗だれ

訓読

4 ⊗誰[だれ] 누구.
誰か[だれか] 누군가.
誰かさん[だれかさん] (놀리는 말로) 아무개 씨. 누구.
誰がし[だれがし] 아무개.
誰しも[だれしも] 누구든지. 누구라도.
誰某[だれそれ] 아무개.
誰誰[だれだれ] 누구누구. 누구와 누구.
誰人[★たれびと] 어떤 사람. 누구.
誰一人[だれひとり] 누구 한 사람. 아무도. 누구도.
誰知らぬ[だれしらぬ] 아무도 모르는.
誰彼[だれかれ] 이 사람 저 사람.
誰も彼も[だれもかも] 누구나 다. 모두가 다.

音読

誰何[すいか] 수하; '누구냐'고 물어 봄.

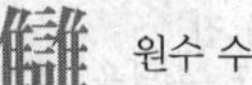 讎 원수 수	音 ⊗シュウ 訓 —

音読

讎視[しゅうし] 수시; 원수처럼 생각함.
讎敵[しゅうてき] 수적; 원수(怨讐).

숙

叔 아재비 숙
丨 卜 上 ナ ォ ホ 叔 叔

音 ◉シュク
訓 —

音読

4 叔母[★おば/しゅくぼ] 숙모; ①작은 어머니. ②고모. ③이모. ④외숙모.
4 叔父[★おじ/しゅくふ] 숙부; ①작은 아버지. ②고모부. ③이모부. ④외삼촌.

宿 ①묵을/본디 숙 ②별자리 수
丶 丷 宀 宀 宀 宀 宀 宿 宿 宿

音 ◉シュク
訓 ◉やど ◉やどす ◉やどる

訓読

2 ◉宿[やど] ①사는 집. ②숙소. 여관. ③고용인의 본집. 보증인의 본집. ④(아내가 남편을 지칭하는 말로서 친근감 있게) 주인.
◉宿す❶[やどす] 〈5他〉 ①《古》 묵게 하다. 숙박시키다. ②품다. 간직하다. ③임신하다. ④머물게 하다. ❷[しゅくす] 〈5他〉 묵다. 숙박하다. 유숙하다.
◉宿る[やどる] 〈5自〉 ①살다. 거주하다. ②묵다. 숙박하다. ③머물다. 자리 잡다. ④임신하다. 잉태하다. ⑤기생(寄生)하다.
宿り[やどり] ①머묾. 머무는 곳. 거처. ②숙소. 숙박함.

宿六[やどろく] (자기 남편을 허물없이 얕잡아 부르는 말로) 영감. 영감쟁이.

宿り木[やどりぎ] ≪植≫ 겨우살이. 기생목(寄生木). 다른 나무에 기생하는 나무.

宿無し[やどなし] 일정하게 사는 집이 없음. 떠돌이.

宿屋[やどや] 여관. 여인숙.

宿元[やどもと] ①거주지. ②숙소. ③고용인의 본집. ④보증인의 집.

宿引き[やどひき] 호객꾼. 손님을 자기 여관으로 끎.

宿賃[やどちん] 숙박료. 숙박비.

宿帳[やどちょう] 숙박부(宿泊簿).

宿銭[やどせん] 숙박료. 숙박비.

宿主❶[やどぬし] 여관 주인. ❷[しゅくしゅ] (기생충 등의) 숙주.

宿借り[やどかり] ① ≪動≫ 소라게. ②세든 사람. ③동거인. 식객.

宿札[やどふだ] ①문패. ②숙박인의 이름을 적어 여관 앞에 걸어두는 표찰.

宿替え[やどがえ] 이사(移徙). 전거(転居).

宿下がり[やどさがり] 고용인이 잠시 휴가를 얻어 본집에 돌아감.

宿割(り)[やどわり/しゅくわり] (많은 인원을 유숙시키기 위해) 숙소를 배당함.

宿許[やどもと] ①거주지. ②숙소. ③고용인의 본집. ④보증인의 집.

音読

宿す❶[しゅくす] 〈5他〉 묵다. 숙박하다. 유숙하다. ❷[やどす] 〈5他〉 ① ≪古≫ 묵게 하다. 숙박시키다. ②품다. 간직하다. ③임신하다. ④머물게 하다.

宿する[しゅくする] 〈サ変他〉 묵다. 숙박하다. 유숙하다.

宿根草[しゅくこんそう] ≪植≫ 숙근초.

宿年[しゅくねん] 숙년; 다년(多年).

宿老[しゅくろう] 숙로; ①노련한 사람. 경험이 많은 사람. ②무가(武家) 시대의 고관(高官).

宿料[しゅくりょう] 숙박료. 하숙비.

宿望[しゅくぼう/しゅくもう] 숙망; ①숙원(宿願). ②이전부터의 명망(名望).

1 宿命[しゅくめい] 숙명; 정해진 운명.

2 宿泊[しゅくはく] 숙박; 유숙함. 묵음.

宿坊[しゅくぼう] ①절방. 참배자가 묵는 절의 숙소. ②신도 자신이 속하는 절. ③중이 사는 승가(僧家).

宿便[しゅくべん] 숙변; 장에 오래 머물러 있는 변.

宿病[しゅくびょう] 숙병; 숙환(宿患).

宿舎[しゅくしゃ] 숙사; ①숙소. ②(관사・사택 등의) 특수 주택.

宿雪[しゅくせつ] 숙설; 잔설(残雪).

宿世[しゅくせ/すくせ/すぐせ] ≪仏≫ 전세(前世). 전생(前生).

宿所[しゅくしょ] 숙소; 숙박할 곳.

宿悪[しゅくあく] 전에 저지른 나쁜 짓.

宿業[しゅくごう] ≪仏≫ 전세의 업.

宿駅[しゅくえき] 역참(駅站).

宿縁[しゅくえん] ≪仏≫ 전생의 인연.

宿営[しゅくえい] 숙영; ①병영(兵営). ②야영(野営). 군대가 야영함.

宿雨[しゅくう] 숙우; ①장마. ②간밤부터 줄곧 내리는 비.

宿怨[しゅくえん] 숙원; 오래 묵은 원한.

宿願[しゅくがん] 숙원; ①오랜 소원. ② ≪仏≫ 전생에서부터의 서원.

宿意[しゅくい] 숙의; ①평소의 생각이나 희망. ②오래 묵은 원한.

宿将[しゅくしょう] 숙장; 노장(老将).

宿場[しゅくば] 역참(駅站).

宿敵[しゅくてき] 숙적; 오랜 원수.

4 宿題[しゅくだい] 숙제; 과제(課題).

宿題帳[しゅくだいちょう] 숙제 공책.

宿罪[しゅくざい] ≪仏≫ 숙죄; 전생의 죄.

宿主❶[しゅくしゅ] (기생충 등의) 숙주. ❷[やどぬし] 여관 주인.

宿志[しゅくし] 숙지; 오랜 소원.

宿直❶[しゅくちょく] 숙직; 직장에서 잠을 자며 지킴. ❷[とのい] ①(옛날) 관청에서의 숙직. ②(옛날) 귀인의 수청 들던 일.

宿酔[しゅくすい] 숙취; 이튿날까지 술이 깨지 않은 상태. 취기(酔気).

宿弊[しゅくへい] 숙폐; 오랜 폐단.

宿学[しゅくがく] 숙학; 석학(碩学).

宿恨[しゅくこん] 숙한; 오래 묵은 원한.

肅(肅) 고요할 숙

ㄱ ㅋ ㅋ 申 肀 肀 肀 肃 肃 肅

音 ◉シュク

訓 —

音読

肅として[しゅくとして] 〈副〉 숙연히. 고요하고 엄숙하게.

粛啓[しゅくけい] 숙계; 근계(謹啓).
粛軍[しゅくぐん] 숙군; 군(軍)의 내부를 숙청함.
粛党[しゅくとう] 숙당; 당(党)의 내부를 숙청함.
粛白[しゅくはく] 숙백; 숙계(粛啓). 삼가 편지를 올립니다.
粛殺[しゅくさつ] 숙살; 가을의 냉기가 초목을 시들게 함.
粛粛[しゅくしゅく] 숙숙; ①숙연함. 조용함. ②엄숙함.
粛然[しゅくぜん] 숙연; 고요하고 엄숙함.
粛正[しゅくせい] 숙정; 엄하게 부정을 제거함.
粛清[しゅくせい] 숙청; 엄중히 다스리어 불순분자를 몰아냄.
粛学[しゅくがく] 숙학; 학교 내부를 숙청함.

淑 맑을 숙

氵 氵 氵 汁 汁 汁 洓 浾 淑 淑

音 ◉シュク
訓 ⊗しとやか

訓読

1⊗淑やか[しとやか] 〈形動〉 정숙함. 얌전함. 온순함. 우아함. ＊여성의 언행이 품위있고 침착한 상태임.

音読

淑女[しゅくじょ] 숙녀; 레이디.
淑徳[しゅくとく] 숙덕; 품위 있고 정숙한 여성의 미덕.

塾 글방 숙

亠 亠 亨 享 享 孰 孰 孰 孰 塾

音 ◉ジュク
訓 —

音読

1塾[じゅく] 사설 학원(学院).
塾頭[じゅくとう] 숙두; 학원장(学院長). 학원의 최고 책임자.
塾舎[じゅくしゃ] 숙사; 기숙사(寄宿舎).
塾生[じゅくせい] 숙생; 학원생(学院生).
塾長[じゅくちょう] 숙장; 학원장(学院長). 학원의 최고 책임자.

熟 익을 숙

亠 亠 亠 亨 享 享 孰 孰 孰 熟

音 ◉ジュク
訓 ◉うれる ⊗うむ ⊗なれる

訓読

◉熟れる❶[うれる] 〈下1自〉 (과일이) 익다.
⊗熟れる❷[なれる] 〈下1自〉 ①(음식에 간이 배어) 맛이 들다. 잘 익다. ②(오래 사용해서) 낡아지다. 후줄근해지다. ③(생선 등이) 썩다.
⊗熟む[うむ] 〈5自〉 (과일이) 익다. 여물다.
熟(れ)鮨[なれずし] ☞ 熟(れ)鮓
熟(れ)鮓[なれずし] 간을 한 생선의 뱃속에 밥을 넣고 누름돌로 눌러 자연히 발효시켜 신맛을 낸 초밥.

音読

熟す[じゅくす] 〈5自〉 ①(과일이) 익다. ②(기회가) 무르익다. ③숙달되다. 숙련되다. 익숙하다.
熟する[じゅくする] 〈サ変自〉 ☞ 熟す
熟考[じゅっこう] 숙고; 깊이 생각함.
熟達[じゅくたつ] 숙달; 익숙해져 잘 함.
熟度[じゅくど] 숙도; 과일의 익은 정도.
熟読[じゅくどく] 숙독; 정독(精読).
熟覧[じゅくらん] 숙람; 자세히 봄.
熟慮[じゅくりょ] 숙려; 숙고. 깊이 생각함.
熟練[じゅくれん] 숙련; 능숙하게 됨.
熟眠[じゅくみん] 숙면; 깊이 잠이 듦.
熟蕃[じゅくばん] 숙번; 개화된 야만족.
熟思[じゅくし] 숙사; 숙고. 깊이 생각함.
熟成[じゅくせい] 숙성; 성숙(成熟). 생물이 충분히 잘 발육됨.
熟睡[じゅくすい] 숙수; 깊이 잠이 듦.
熟視[じゅくし] 숙시; 주시(注視)함.
2熟語[じゅくご] 숙어; ①복합어(複合語). ②≪語学≫ 두 자 이상의 한자(漢字)가 결합하여 된 낱말. ③관용어.
熟字[じゅくじ] ≪語学≫ 숙자; 두 자 이상의 한자(漢字)가 결합하여 된 낱말.
熟字訓[じゅくじくん] 숙자훈; 한자(漢字) 숙어를 훈독하는 낱말.
熟田[じゅくでん] 숙전; 기름진 논.
熟畑[じゅくばた] 숙전; 기름진 밭.
熟知[じゅくち] 숙지; 머릿속에 익힘.

순

旬 열흘 순

ノ 勹 勺 旬 旬 旬

音 ◉ジュン ⊗シュン
訓 —

音読

旬[しゅん] ①(농·수산물이 한창 때로 맛이 가장 좋은) 제철. ②(어떤 일을 하는) 알맞은 시기. 최적기(最適期).

旬刊[じゅんかん] 순간; 열흘마다 발행하는 간행물.

旬間[じゅんかん] 순간; (특별히 정한) 10일간.

旬報[じゅんぽう] 순보; ①열흘마다 내는 보도·보고. ②순간(旬刊) 잡지.

旬余[じゅんよ] 순여; 열흘 남짓.

旬外れ[しゅんはずれ] ①제철이 아님. 제철이 지남. ②한물 감.

旬月[じゅんげつ] 순월; ①열흘과 한 달. ②짧은 동안. ③열 달.

旬日[じゅんじつ] 순일; 열흘 동안.

巡(巡) 돌아다닐 순

く 巛 巛 巛 巛 巡

音 ◉ジュン
訓 ◉めぐらす ◉めぐる

訓読

◉巡らす[めぐらす] 〈5他〉 ①회전시키다. 돌리다. ②에워싸다. 두르다. ③궁리하다. 이리저리 생각하다.

[2]◉巡る[めぐる] 〈5自〉 ①회전하다. 돌다. 순환하다. ②시찰하며 돌다. 여기저기 들르다. 차례로 돌아다니다. ③둘러싸다. 에워싸다. ④(어떤 문제와) 관련되다. 둘러싸다.

巡り[めぐり] ①회전. 순환. 한 바퀴 돎. ②시찰. 차례로 들름. 순회. 순례. ③둘레. 주변. 주위. 근처.

[2]お巡りさん[★おまわりさん] 경찰 아저씨. 경비원 아저씨.

巡り合い[めぐりあい] 해후. 우연히 만남.

巡り合う[めぐりあう] 〈5自〉 해후하다. 우연히 만나다. 상봉하다.

巡り合(わ)せ[めぐりあわせ] 운. 운명.

音読

巡検[じゅんけん] 순검; 돌아다니며 검사함.

巡見[じゅんけん] 순견; 순시. 돌아다니며 봄.

巡警[じゅんけい] 순경; 돌아다니며 경계함.

巡邏[じゅんら] 순라; ①순찰함. ②순라꾼.

巡歴[じゅんれき] 순력; 각처로 돌아다님.

巡礼[じゅんれい] 순례; 종교와 관련된 곳을 차례로 찾아 참배함.

巡拝[じゅんぱい] 순배; 순례(巡礼).

[2]巡査[じゅんさ] ≪法≫ 순사; 경찰관.

巡視[じゅんし] 순시; 돌아다니며 봄.

巡洋艦[じゅんようかん] 순양함.

巡業[じゅんぎょう] 순업; 순회 공연.

巡演[じゅんえん] 순연; 순회 공연.

巡遊[じゅんゆう] 순유; 유람(遊覧).

巡察[じゅんさつ] 순찰; 돌아다니며 경계하고 조사함.

巡航[じゅんこう] 순항; 여기저기 항해함.

巡行[じゅんこう] 순행; 여기저기 돌아다님.

巡幸[じゅんこう] 순행; 임금이 나라 안을 여기저기 돌아다님.

巡回[じゅんかい] 순회; ①돌아다님. ②둘러봄.

盾 방패 순

一 厂 FF 斤 斤 盾 盾 盾 盾

音 ◉ジュン
訓 ◉たて

訓読

[2]◉盾[たて] 방패. ¶~にする 방패로 삼다.

音読

◑矛盾[むじゅん]

殉 따라죽을 순

一 ア 歹 歹 歹 歼 殉 殉 殉 殉

音 ◉ジュン
訓 —

音読

殉じる[じゅんじる] 〈上1自〉 ☞ 殉ずる

殉ずる[じゅんずる] 〈サ変自〉 ①순사(殉死)하다. (죽은 왕이나 남편을) 따라 죽다. ②목숨을 바치다. ③행동을 통일하다. 거취를 같이 하다.

殉教[じゅんきょう] 순교; 자기의 신앙을 위해 목숨을 바침.
殉国[じゅんこく] 순국; 나라를 위해 목숨을 바침.
殉難[じゅんなん] 순난; 국난(国難)이나 종교적・사회적 재난에 한 몸을 희생함.
殉死[じゅんし] 순사; 죽은 왕이나 남편을 따라 자살함.
殉職[じゅんしょく] 순직; 직무를 위해 목숨을 버림.

純 순수할 순

く 乡 幺 糸 糸 糸 紅 紅 純 純

音 ◉ジュン
訓 —

音読

純[じゅん] 순수함. 순진함. 꾸밈이 없고 솔직함.
純減[じゅんげん] 순감; 정량(正量)의 감소.
純絹[じゅんけん] 순견; 명주실로만 짠 명주.
純潔[じゅんけつ] 순결; 마음이나 몸이 더럽혀져 있지 않음.
純系[じゅんけい] 순계; 순수한 계통.
純計[じゅんけい] 순계; 중복된 부분을 뺀 순수한 총계.
純金[じゅんきん] 순금; 순수한 금.
純度[じゅんど] 순도; 품질의 순수한 정도.
純良[じゅんりょう] 순량; ①불순물이 없고 질이 좋음. ②순진하고 양순함.
純量[じゅんりょう] 순량; 정미(正味)의 무게.
純利[じゅんり] 순리; 순이익.
純理[じゅんり] 순리; 순수 이론.
純綿[じゅんめん] 순면; 면사로 짠 직물.
純毛[じゅんもう] 순모; 순수한 털실.
純文学[じゅんぶんがく] 순문학; 순수 문학.
純朴[じゅんぼく] 순박; 순진하고 꾸밈이 없음.
純白[じゅんぱく] 순백; ①새하얌. ②티 없이 맑고 깨끗함.
純分[じゅんぶん] 순분; 금화・은화에 들어 있는 순금(純金)・순은(純銀)의 분량.
純水[じゅんすい] 순수; 순수한 물.
2純粋[じゅんすい] 순수; ①잡것이 조금도 섞이지 않음. ②사념(邪念)・사욕(私慾)이 없음.
純粋詩[じゅんすいし] 순수시.
純愛[じゅんあい] 순애; 순수한 사랑.
純然[じゅんぜん] 순연; 순수함.
純銀[じゅんぎん] 순은; 순수한 은.
純益[じゅんえき] 순익; 순이익.
純一[じゅんいつ] 순일; 순수함. 꾸밈이 없음.
純正[じゅんせい] 순정; ①불순물이 없는 상태. 불순물이 없는 진짜임. ②(응용이나 경험에 관계없이) 이론만을 추구함.
純正食品[じゅんせいしょくひん] 자연 식품.
2純情[じゅんじょう] 순정; 티 없이 맑고 순수한 마음・사랑.
純増[じゅんぞう] 순증; 실질적인 증가. 순전한 증가.
純真[じゅんしん] 순진; 꾸밈이 없고 참됨.
純血[じゅんけつ] 순혈; 순수 혈통.
純化[じゅんか] 순화; 불순한 것을 제거하여 순수하게 함.

脣 입술 순

一 厂 厂 戶 戶 戶 辰 辰 脣 脣

音 ◉シン
訓 ◉くちびる

訓読

2◉脣[くちびる] ≪生理≫ 입술. ¶ ~が薄(うす)い ㉠입술이 얇다. ㉡수다스럽다. ¶ ~をとがらす (입을) 뾰로통하게 하다.

音読

脣音[しんおん] 순음; 입술 소리.
脣歯[しんし] 순치; ①입술과 이. ②서로 밀접한 관계.

順 순할/좇을 순

丿 川 川 川一 川丆 川丆 川頁 順 順 順

音 ◉ジュン
訓 —

音読

2順[じゅん] 순; ①순서. 순번. ②당연함.
順に[じゅんに] 순서대로. 차례대로.
順境[じゅんきょう] 순경; 모든 일이 순조롭게 잘 되어가는 환경.
順当[じゅんとう] 순당; 당연함. 타당함.
順良[じゅんりょう] 순량; 유순하고 선량함.
順礼[じゅんれい] 순례; 순례(巡礼).
順路[じゅんろ] 순로; 평탄한 길.

[2]順番[じゅんばん] 순번; 차례.
[2]順序[じゅんじょ] 순서; ①정해진 차례. ②절차(節次).
順序不同[じゅんじょふどう] 순서부동; 무순(無順). 순서가 정해져 있지 않음.
順送り[じゅんおくり] 차례로 다음으로 보냄.
順手[じゅんて] (철봉에서) 바로잡기.
[2]順順に[じゅんじゅんに] 차례차례. 차례대로.
順養子[じゅんようし] 순양자; 아우가 형의 양자가 되어 대를 이음.
順逆[じゅんぎゃく] 순역; ①순종과 거역. ②잘잘못. 도리에 맞는 일과 어긋나는 일. ③순경(順境)과 역경(逆境).
順延[じゅんえん] 순연; 차례대로 날짜를 연기함.
順列[じゅんれつ] 순열; ①순서. 서열(序列). ②《数》 순열.
順位[じゅんい] 순위; 차례. 순번.
順応[じゅんのう] 순응; 순순히 잘 따름.
順接[じゅんせつ] 순접; 앞의 문장과 뒤의 문장이 의미상 순리적으로 이어지는 접속법.
[2]順調[じゅんちょう] 순조; 탈 없이 일이 잘 진행되어 가는 상태.
順繰りに[じゅんぐりに] 차례대로. 순서대로.
順直[じゅんちょく] 순직; 온후하고 순박함.
順次[じゅんじ] 순차; 차례대로.
順鞘[じゅんざや] 《経》 ①(청산 거래에서) 당한(当限)·중한(中限)·선한(先限)의 순으로 시세가 높음. 또는 그 시세의 차익. ②시중 은행의 할인율이 중앙은행의 할인율을 상회함. 또는 그 차액.
順風[じゅんぷう] 순풍; 배가 가는 쪽으로 부는 바람.
順行[じゅんこう] 순행; ①순서에 따라 가거나 행동함. ②《天》 (태양에서 볼 때) 천체가 지구와 같은 방향으로 나아감. 또는 그 운동.
順化[じゅんか] 순화; (생물이) 기후·풍토에 차차 적응하게 됨.

循 돌순

丿 彳 彳 犭 彳 𢓊 𢓊 循 循 循

音 ◉ジュン
訓 —

音読

[2]循環[じゅんかん] 순환; 쉬지 않고 계속 돎.
循環器[じゅんかんき] 《生理》 순환기.
循環小数[じゅんかんしょうすう] 순환 소수.

瞬(瞬) 눈깜짝일 순

目 旷 旷 旷 瞬 瞬 瞬 瞬 瞬 瞬

音 ◉シュン
訓 ◉またたく ⊗まじろぐ

訓読

◉瞬く[またたく] 〈5自〉 ①눈을 깜빡이다. ②(별빛·등불이) 깜빡이다. 반짝이다.
瞬き[またたき] ①(눈을) 깜빡임. ②(별빛·등불이) 깜빡임. 반짝임.
⊗瞬ぐ[まじろぐ] 〈5自〉 눈을 깜빡이다.
瞬ぎ[まじろぎ] 눈을 깜빡임.

音読

瞬刻[しゅんこく] 순각; 순식간.
[2]瞬間[しゅんかん] 순간; 순식간.
瞬時[しゅんじ] 순시; 순식간.
瞬息[しゅんそく] 순식; 순식간.

淳 순박할 순

音 ⊗ジュン
訓 —

音読

淳良[じゅんりょう] 순량; 순박하고 선량함.
淳朴[じゅんぼく] 순박; 순진하고 꾸밈이 없음.

楯 방패 순

音 —
訓 ⊗たて

訓読

⊗楯[たて] ①방패. ②자신을 방어하기 위한 수단.
楯突く[たてつく] 〈5自〉 대들다. 반항하다. 말대꾸하다.
楯状[たてじょう] 방패 모양.

馴 길들일 순

音 ⊗ジュン
訓 ⊗ならす ⊗なれる

訓読

⊗馴らす[ならす] 〈5他〉 (동물을) 길들이다. 익숙해지게 하다.
馴らし[ならし] 길들임. 익숙해지게 함. 연습.

[2]⊗馴れる[なれる] 〈下1自〉 ①익숙해지다. 친숙해지다. ②(동물이) 길들다. 사람을 따르다.
馴れ[なれ] 익숙해짐. 숙달됨.
[1]馴れ馴れしい[なれなれしい] 〈形〉 ①매우 친하다. 매우 정답다. ②(친해져서) 버릇없다.
馴れ初め[なれそめ] 친해진 계기.
馴れ初める[なれそめる] 〈下1自〉 친해지기 시작하다. 연애 관계가 이루어지기 시작하다.
馴れ合う[なれあう] 〈5自〉 ①서로 친해지다. 친숙해지다. ②한패가 되다. 한통속이 되다. ③(남녀가) 간통하다. 밀회하다.
馴(れ)合い[なれあい] ①서로 친함. ②야합. 담합(談合). 공모. 한통속. 짜고 함. ③남녀 간의 밀회.
馴(れ)合い夫婦[なれあいふうふ] 내연(内縁) 관계의 부부.
馴(れ)合い相場[なれあいそうば] 담합(談合) 시세. 판매자와 매입자가 짜고 매긴 시세.

音読
馴鹿[じゅんろく] ≪動≫ 순록.
馴育[じゅんいく] 순육; 길들여 기름.
馴致[じゅんち] 순치; 길들임.
馴化[じゅんか] 순화; (생물이) 기후・풍토에 차차 적응하게 됨.

醇	순수할/진할 순	音 ⊗ジュン 訓 —

音読
醇美[じゅんび] 순미; 순수한 아름다움.
醇朴[じゅんぼく] 순박; 순진하고 꾸밈이 없음.
醇風[じゅんぷう] 순풍; 인정이 두터운 풍속.
醇化[じゅんか] 순화; ①정성으로 감화(感化)시킴. ②잡다한 것을 정리하고 불순한 요소를 제거함.

諄	타이를 순	音 ⊗ジュン 訓 ⊗くどい

訓読
[2]⊗諄い[くどい] 〈形〉 ①(같은 말을 반복하여) 지겹도록 장황하다. 지겹게 되풀이되다. ②(음식 맛이) 느끼하다. 담백하지 않다. ③(색깔이) 칙칙하다.
⊗諄諄と[くどくどと] 지겹게. 장황하게.
⊗諄諄しい[くどくどしい] 〈形〉 (같은 말을 반복하여) 지겹다. 장황하다.

音読
諄諄[じゅんじゅん] (잘 알도록 타이를 때의) 차근차근.

술

述(述) 말할 술
一 十 才 朮 朮 朮 沭 述

音 ◉ジュツ
訓 ◉のべる

訓読
[2]◉述べる[のべる] 〈下1他〉 ①(공식적인 입장에서) 말하다. ②(글로 써서) 기술하다. 서술하다.

音読
述部[じゅつぶ] ≪語学≫ 술부; 문장 구성에 있어서 주부(主部)를 설명하는 부분.
[2]述語[じゅつご] ≪語学≫ 술어; 주어(主語)에 접속하여 동작・상태・성질 등을 나타내는 말.
述作[じゅっさく] 술작; 책을 저술(著述)함. 저작물(著作物)
述懐[じゅっかい] 술회; 마음속에 품고 있는 생각을 말함.

術(術) 꾀 술
ノ 彳 彳 彳 行 衍 衍 術 術 術

音 ◉ジュツ
訓 ⊗すべ

訓読
⊗術❶[すべ] 수단. 방법. 방도. ❷[じゅつ] ☞ [音読]
⊗術無い❶[すべない] 〈形〉 어쩔 도리가 없다. ❷[じゅつない/じつない] ☞ [音読]

音読
術❶[じゅつ] 술; ①기술. 기예(技芸). ②꾀. 계략. 술수. ③수단. 방법. ④마술. 요술. ❷[すべ] ☞ [訓読]
術計[じゅっけい] 술계; 술책. 술수.
術無い❶[じゅつない/じつない] 〈形〉 ①어쩔 수 없다 어떻게 할 도리가 없다. ②안타깝다. 난처하다. ❷[すべない] ☞ [訓読]

術数[じゅっすう] 술수; 술책. 계략.
術語[じゅつご] 술어; 학술어.
術者[じゅっしゃ] ①수술이나 요법(療法)을 행하는 사람. ②요술하는 사람.
術前[じゅつぜん] 수술하기 전.
術中[じゅっちゅう] 술중; 술책의 함정.
術策[じゅっさく] 술책; 책략.
術後[じゅつご] 수술한 후.

〔숭〕

崇 높일 숭

丨 山 屮 屮 屵 岀 岜 崇 崇 崇

音 ◉スウ
訓 ⊗あがめる

訓読

⊗崇める[あがめる] 〈下1他〉 ①(더할 나위 없는 존재로) 우러르다. 숭상하다. 공경하다. 존경하다. ②소중히 여겨 남달리 귀여워하고 사랑하다.

音読

崇敬[すうけい] 숭경; 숭배하고 경모함.
崇高[すうこう] 숭고; 존엄하고 고상함.
2 崇拝[すうはい] 숭배; 우러러 섬김.
崇仏[すうぶつ] 숭불; 불교를 숭상함.

嵩 높을 숭 | 音 ⊗スウ 訓 ⊗かさ ⊗かさむ

訓読

⊗嵩[かさ] ①부피. 분량. ②(상대를 위압하는) 기세. 위엄.
1 ⊗嵩む[かさむ] 〈5自〉 ①부피가 커지다. 분량이 늘다. ②(비용・빚이) 늘다. 증가하다. 많아지다.
嵩高[かさだか] ①(무게에 비해) 부피가 큼. ②시건방짐. 건방짐. 고압적임.
嵩高い[かさだかい] 〈形〉 ①(무게에 비해) 부피가 크다. 부프다. ②시건방지다. 거만하다.
嵩上げ[かさあげ] ①(제방・둑을) 더 높이 쌓아 올림. 덧쌓음. ②(금액 등을) 늘림.
1 嵩張る[かさばる] 〈5自〉 부피가 커지다. 부피가 늘다.

〔슬〕

膝 무릎 슬 | 音 ⊗シツ 訓 ⊗ひざ

訓読

2 ⊗膝[ひざ] ≪生理≫ 무릎. ¶ ~をつく 무릎을 꿇다. ¶ ~を組(く)む 책상다리를 하고 앉다.
膝撃ち[ひざうち] (사격 자세로) 무릎쏴.
膝骨[ひざぼね] 슬골; 종지뼈.
膝掛(け)[ひざかけ] ①(방한용의) 무릎 덮개. ②(일할 때의) 앞치마.
膝拍子[ひざびょうし] 무릎장단.
膝射ち[ひざうち] ☞ 膝撃ち
膝送り[ひざおくり] (무릎걸음으로) 좁혀 앉음.
膝元[ひざもと] ①슬하. 무릎 곁. ②천황(天皇)・皇居(こうきょ)・幕府(ばくふ)의 소재지.
膝栗毛[ひざくりげ] 도보 여행.
膝組[ひざぐみ] 책상다리.
膝車[ひざぐるま] ①무릎 관절 부분. 무릎. ②(씨름・유도에서) 발바닥을 상대방의 무릎 관절에 대고 자기 몸을 젖히면서 쓰러뜨리는 기술.
膝下[ひざもと] 슬하; ①무릎 곁. ②천황(天皇)・皇居(こうきょ)・幕府(ばくふ)의 소재지.

音読

膝蓋骨[しつがいこつ] ≪生理≫ 슬개골.
膝行[しっこう] 슬행; 무릎걸음.

〔습〕

拾 ①주을 습 ②열 십

一 十 扌 扌 扑 抡 拎 拾 拾

音 ◉シュウ ◉ジュウ
訓 ◉ひろう

訓読

3 ◉拾う[ひろう] 〈5他〉 ①(떨어진 것을) 줍다. 습득하다. ②(많은 것 중에서) 골라내다. 고르다. ③(차를) 잡다. 부르다. ④(손님을) 차에 태우다. ⑤(빛을 못보고 있는 사람을) 발탁하다. ⑥(뜻밖의 것을) 얻다. ⑦(가까스로 목숨을) 건지다.

拾い[ひろい] ①습득. 주움. 줍기. ②(인쇄에서) 문선(文選). ③(귀인이) 도보(徒歩)로 감.
拾い読み[ひろいよみ] ①(문장을 여기저기서) 띄엄띄엄 골라 읽음. ②글자를 한 자 한 자 더듬더듬 읽음.
拾い物[ひろいもの] ①습득물. 주운 물건. ②(뜻밖의) 수확. 횡재. 행운.
拾い歩き[ひろいあるき] ①어슬렁어슬렁 걸음. ②(진창길 등에서) 발 디디기 좋은 곳을 골라 걸어감.
拾い上げる[ひろいあげる] 〈下1他〉 ①(떨어진 것을) 주워 올리다. 줍다. ②(인재를) 발탁하다.
拾い足[ひろいあし] (진창길 등에서) 발 디디기 좋은 곳을 골라 걸어감.
拾い出す[ひろいだす] 〈5他〉 (특정한 것을) 찾아내다. 골라내다.

音読

拾[じゅう] 십; 열. 10.
拾得[しゅうとく] 습득; 주워서 얻음.
拾遺[しゅうい] 습유; ①(글·가사 등에서) 빠진 것을 뒤에 보충함. ②'侍従(じじゅう)'의 딴이름.
拾集[しゅうしゅう] 습집; 주워 모음.

習(習) 배울/익힐 습

习 习 习 习 习 习 习 習 習 習

音 ◉シュウ
訓 ◉ならう ◉ならわす

訓読

4◉習う[ならう] 〈5他〉 (학문·예능 등을) 배우다. 익히다. 연습하다.
習い[ならい] ①관례. 습관. 풍습. ②흔히 있는 일. 세상사. ③배움. 학습.
習い事[ならいごと] 배우는 일.
習い込む[ならいこむ] 〈5自〉 배워 익히다.
習い取る[ならいとる] 〈5他〉 배워 터득하다.
◉習わす[ならわす] 〈5他〉 배우게 하다. 공부시키다.
習わし[ならわし] 관습. 습관. 풍습.

音読

習慣[しゅうかん] 습관; 풍습. 관습.
習得[しゅうとく] 습득; 배워 익힘.
習練[しゅうれん] 습련; 연습.
習性[しゅうせい] 습성; ①습관과 성질. ②버릇된 성질.
習俗[しゅうぞく] 습속; 풍습.
習熟[しゅうじゅく] 습숙; ①익숙해짐. 숙달이 됨. ②익숙해져 습관이 됨.
2習字[しゅうじ] 습자; 글자 쓰기를 익힘.
習作[しゅうさく] 습작; 예술가가 연습으로 작품을 만듦.
習合[しゅうごう] 습합; 서로 다른 종교 교리를 절충·조화시키는 일.

湿(濕) 젖을 습

氵 氵 氵 氵 氵 氵 湿 湿 湿 湿

音 ◉シツ
訓 ◉しめす ◉しめっぽい ◉しめる

訓読

◉湿す[しめす] 〈5他〉 촉촉하게 적시다.
◉湿っぽい[しめっぽい] 〈形〉 ①눅눅하다. 축축하다. ②우울하다. 침울하다.
2◉湿る[しめる] 〈5自〉 ①눅눅해지다. 축축해지다. 습기 차다. ②우울해지다. 침울해지다.
湿り[しめり] ①눅눅함. 축축함. 습기 참. ②¶お~ (가뭄 뒤의) 단비. ③진화(鎮火)됨.
湿り気[しめりけ] 습기; 축축한 기운.
湿り半[しめりばん] 진화(鎮火)됐음을 알리는 종소리.
湿り声[しめりごえ] 울먹이는 소리.
湿り泣き[しめりなき] 조용히 흐느낌.

音読

2湿気[しっき/しっけ] 습기; 축축한 기운.
湿気る[しっける] 〈下1自〉 습기가 차다. 눅눅해지다. 축축해지다.
2湿度[しつど] 습도; 습기의 정도.
湿度計[しつどけい] 습도계.
湿性[しっせい] 습성; 축축한 성질.
湿式[しっしき] 습식; (물질의 합성·분석 등에서) 액체나 용제(溶剤) 등을 사용하는 방법.
湿地❶[しっち] 습지; 축축한 땅. ❷[しめじ] ≪植≫ (야생의) 송이버섯.
湿疹[しっしん] ≪医≫ 습진.
湿布[しっぷ] 습포; 찜질. 찜질하는 헝겊.

襲 엄습할 습

立 音 音 音 龍 龍 龍 襲 襲

音 ◉シュウ
訓 ◉おそう ⊗かさね

訓読

1◉襲う[おそう] 〈5他〉 ①습격하다. 덮치다. ②(남의 집을) 갑자기 방문하다. 들이닥치다. 밀어닥치다. ③계승하다. 이어받다.

襲い掛かる[おそいかかる] 〈5自〉 (와락) 덤벼들다. 덮치려 하다.

⊗襲[かさね] (옛날) 조복(朝服) 속에 껴입었던 웃옷.

音読

1襲撃[しゅうげき] 습격; 갑자기 덮쳐 공격함.

襲来[しゅうらい] 습래; 내습. 습격하여 옴.

襲名[しゅうめい] 습명; 어버이나 스승의 이름을 계승함.

襲業[しゅうぎょう] 습업; 가업(家業)을 이어받음.

襲用[しゅうよう] 습용; 답습(踏襲). 그 전과 같이 그냥 사용함.

襲爵[しゅうしゃく] 습작; 선대의 작위를 이어받음.

襲職[しゅうしょく] 습직; 직무를 이어받음.

〔승〕

升 되 승

一 丆 チ 升

音 ◉ショウ
訓 ◉ます

訓読

◉升[ます] ①(곡물・액체의 양을 되는 그릇) 되. 약 1.8ℓ. ②말로 된 양. ③되 모양의 틀・무늬. 모눈.

升目[ますめ] ①되로 된 양(量). ②모눈. 격자 모양의 네모진 무늬.

升席[ますせき] (흥행장에서) 되 모양으로 칸막이한 관람석. ＊4명이 앉게 되었음.

升掻き[ますかき] 평미레. 평목(平木).

升組(み)[ますぐみ] (障子(しょうじ)나 난간의 살을) 네모꼴로 짬. 네모꼴로 짠 것.

升酒[ますざけ] 됫술. 말술.

升形[ますがた] ①되처럼 네모난 것. ②≪建≫ 동자주(童子柱). ③성문(城門)과 성문 사이의 네모진 빈터.

音読

◑一升升[いっしょうます]

承 이을/받을 승

乛 了 孑 手 手 承 承 承

音 ◉ショウ
訓 ◉うけたまわる

訓読

2◉承る[うけたまわる] 〈5他〉 ①삼가 받다. 삼가 떠맡다. ②삼가 듣다. ③삼가 전해 듣다. ④삼가 승낙하다. 알아 모시다.

音読

承継[しょうけい] 승계; 계승. 이어 받음.

1承諾[しょうだく] 승낙; 받아들임.

承了[しょうりょう] 동의함. 받아들임.

承伏[しょうふく] ☞ 承服

承服[しょうふく] 승복; 납득하여 좇음.

承引[しょういん] 승낙(承諾). 받아들임.

2承認[しょうにん] 승인; ①정당하다고 인정함. ②승낙함.

承認書[しょうにんしょ] 승인서; 승낙서.

承前[しょうぜん] 승전; 앞의 글을 이어받음.

3承知[しょうち] ①(사정・형편 등을) 앎. 알고 있음. ②승낙함. 들어줌.

承知しない[しょうちしない] 〈形〉 ①용서하지 않는다. ②고집하다.

承知の助[しょうちのすけ] 알았다. 알았네.

承合[しょうごう] 조회하여 앎.

昇 오를 승

丨 冂 日 旦 旦 早 昇 昇

音 ◉ショウ
訓 ◉のぼる

訓読

2◉昇る[のぼる] 〈5自〉 ①(해・달이) 떠오르다. 뜨다. ②(높은 지위에) 오르다.

昇り[のぼり] 오름. 올라감. 승천(昇天).

音読

昇降口[しょうこうぐち] 승강구; 오르내리는 곳.

昇降舵[しょうこうだ] (항공기의) 승강타.

昇格[しょうかく] 승격; 자격이 오름.

昇級[しょうきゅう] 승급; 등급이 오름.

昇給[しょうきゅう] 승급; 급료가 오름.

昇段[しょうだん] 승단; (무예・바둑・장기에서) 단수(段数)가 올라감.

昇騰[しょうとう] 승등; ①높이 올라감. ②물가가 올라감. 등귀(騰貴).

昇叙[しょうじょ] 승서; 벼슬을 올림.

昇任[しょうにん] 승임; 승진(昇進).

1 **昇進**[しょうしん] 승진; 직위가 오름.

昇天[しょうてん] 승천; 하늘로 올라감.

昇華[しょうか] 승화; ①고체의 기화(気化). 또는 그 역(逆) 현상. ②성적(性的)인 욕망 등이 미화(美化)·순화(醇化)되어 예술 수준으로 전환되는 일. ③사물이 보다 고상한 것으로 높여짐.

昇汞[しょうこう] ≪化≫ 승홍.

乘(乘) 탈/태울 승

音 ◉ジョウ

訓 ◉のせる ◉のる

訓読

2 ◉**乗せる**[のせる] 〈下1他〉 ①(탈것에) 태우다. 타게 하다. 승차시키다. ②속여 넘기다. 속이다. ③(가락에) 맞추다. ④(전파에) 싣다. ⑤(한몫) 끼워주다.

乗っかる[のっかる] 〈5自〉 (탈것에) 타다. 올라타다. 승차하다.

乗っける[のっける] 〈下1他〉 (탈것에) 태우다. 승차시키다.

4 ◉**乗る**[のる] 〈5自〉 ①(탈것에) 타다. 올라타다. 승차하다. ②(위에) 오르다. 올라가다. ③속다. 넘어가다. ④(가락에) 맞추다. ⑤(전파·물결에) 타다. ⑥응하다. 한몫 끼다. ⑦(잉크·화장품이) 잘 먹다. ⑧(기분이) 내키다.

乗り[のり] ①(탈것에) 탐. 승차함. ②(잉크·분가루 등이) 묻는 정도. ③(謡曲(ようきょく)에서) 창(唱)과 가락을 맞추는 방식. ④(歌舞伎(かぶき)에서) 三味線(しゃみせん)의 가락에 맞추어 대사를 외며 연기함.

乗り降り[のりおり] 승강; 타고 내림.

乗り継ぐ[のりつぐ] 〈5自他〉 (탈것을) 갈아타고 가다.

乗り過ごす[のりすごす] 〈5自〉 타고 가다가 목적지를 지나치다.

乗り掛かる[のりかかる] 〈5自〉 ①(탈것에) 막 올라타다. ②(어떤 일에) 착수하다. 손을 대려고 하다. ③(몸에) 올라타다. 덮치다.

乗(り)掛け[のりかけ] ①말의 등 양쪽에 짐을 걸고 그 위에 한 사람을 태워 운반함. ②'乗り掛け馬'의 준말.

乗り掛ける[のりかける] 〈下1自〉 올라타려고 하다.

乗り気[のりき] 마음이 내킴.

乗(り)逃げ[のりにげ] ①차비를 내지 않고 도망침. ②탈 것을 훔쳐 타고 달아남.

3 **乗(り)物**[のりもの] ①교통수단. 탈것. 교통편. ②가마.

乗(り)物酔い[のりものよい] 차멀미.

乗り味[のりあじ] 승차감(乗車感).

乗り放す[のりはなす] 〈5他〉 탈것에서 내리다. 하마(下馬)하다.

乗り付ける[のりつける] 〈下1自〉 ①(차를) 타고 가다. 차를 갖다 대다. ②늘 타 버릇하다. 탈것에 익숙해지다.

乗り捨てる[のりすてる] 〈下1他〉 ①(목적지까지) 차를 타고 간 다음 차를 버리다. ②타고 온 차에서 내려 거들떠보지도 않다.

乗り上げる[のりあげる] 〈下1自〉 (탈것이 장애물에) 얹히다. 올라앉다. 걸리다. 좌초하다.

乗り損なう[のりそこなう] 〈5自〉 (탈것을) 놓치다.

乗(り)手[のりて] ①승객. ②기수(騎手). ③(바둑에서) 놓아서는 안 되는 수.

乗(り)心地[のりごこち] 승차감.

乗り外す[のりはずす] 〈5自〉 ①타려다 발을 헛디디다. ②탈것을 놓치다.

乗り越える[のりこえる] 〈下1他〉 ①타고 넘다. ②극복하다. 헤쳐 나가다. ③앞지르다. 능가하다.

2 **乗(り)越し**[のりこし] 목적지를 지나쳐서 타고 감. 과승(過乗).

乗り越す[のりこす] 〈5自〉 ①타고 넘다. ②목적지를 지나쳐 타고 가다.

乗り移る[のりうつる] 〈5自〉 ①갈아타다. 바꿔 타다. ①(신이) 들리다.

乗(り)入れ[のりいれ] ①차를 탄 채 들어감. ②노선(路線) 연장.

乗り入れる[のりいれる] 〈下1他〉 ①차를 탄 채 들어가다. ②노선(路線)을 연장 운행하다.

乗(り)込み[のりこみ] ①차에 탑승함. ②차를 탄 채 들어감. ③떼 지어 몰려감. ④(흥행사·배우 등의) 흥행지 도착.

[1]**乗り込む**[のりこむ] 〈5自〉 ①차에 타다. 탑승하다. ②차를 탄 채 들어가다. ③떼 지어 함께 타다. ④떼 지어 몰려가다. 쳐들어가다.

乗(り)場[のりば] 승차장. 승선장.

乗り切る[のりきる] 〈5自他〉 ①(탈것에) 타고 끝까지 가다. ②극복하다. 견디어 내다. 헤쳐 나가다.

乗(り)組(み)[のりくみ] (승무원으로서) 함께 탐. 함께 탄 사람.

乗組員[のりくみいん] 승무원(乗務員).

乗り遅れる[のりおくれる] 〈下1自〉 ①(탈것을) 놓치다. ②(시대에) 뒤떨어지다. 뒤지다.

乗り進める[のりすすめる] 〈下1自〉 탈것을 타고 달려 나가다.

乗(り)初め[のりぞめ] (탈것에) 처음으로 사람이 탐.

乗り出す[のりだす] 〈5自他〉 ①타고 나아가다. 기운차게 떠나다. ②(탈것을) 타기 시작하다. ③(적극적으로) 착수하다. 나서다. ④(몸을 앞으로) 내밀다.

乗っ取り[のっとり] ①경영권 탈취. ②(항공기 등의) 납치. 탈취.

[1]**乗っ取る**[のっとる] 〈5他〉 ①탈취하다. 납치하다. ②(쳐들어가서) 빼앗다. 점령하다.

乗り取る[のりとる] 〈5他〉 ①탈취하다. 납치하다. ②(쳐들어가서) 빼앗다. 점령하다.

乗(り)打ち[のりうち] (절・神社・귀인 등의 앞을) 가마나 말을 탄 채 지나감.

乗り通す[のりとおす] 〈5自〉 (처음부터) 끝까지 타고 가다.

乗(り)合(い)[のりあい] 합승. 여러 사람이 함께 차를 탐.

乗(り)合(い)船[のりあいぶね] 여객선.

乗り合(わ)せる[のりあわせる] 〈下1自〉 ①(우연히) 함께 타다. ②(우연히 탈것에) 타고 있다.

乗(り)懸け[のりかけ] ①말의 등 양쪽에 짐을 걸고 그 위에 한 사람을 태워 운반함. ②'乗り掛け馬'의 준말.

[2]**乗(り)換え**[のりかえ] ①환승. 갈아탐. 바꿔 탐. ②(예비의) 갈아탈 것. ③변심(変心).

[3]**乗り換える**[のりかえる] 〈下1自他〉 ①환승하다. 갈아타다. 바꿔 타다. ②(다른 것과) 바꾸어 가지다. ③(주식 등을) 바꿔 사다.

乗り回す[のりまわす] 〈5自他〉 (탈것을) 타고 돌아다니다.

乗(り)詰め[のりづめ] 줄곧 차를 탐.

音読

乗じる[じょうじる] 〈上1自他〉 ☞ 乗ずる

乗ずる[じょうずる] 〈サ変自〉 ①(탈것에) 타다. 오르다. ②편승하다. 틈타다. 이용하다. 〈サ変他〉 곱셈하다. 곱하다.

乗降[じょうこう] 승강; 타고 내림.

乗降口[じょうこうぐち] 승강구.

[2]**乗客**[じょうきゃく] 승객; 탈것에 탄 손님.

乗機[じょうき] 승기; 탑승 비행기.

乗馬[じょうば] 승마; 말을 탐.

乗務員[じょうむいん] 승무원.

乗法[じょうほう] 승법; ①곱셈. ②승마법. 말을 타는 법.

乗算[じょうざん] 승산; 곱셈.

乗船[じょうせん] 승선; 배에 탐.

乗数[じょうすう] 승수; 곱셈.

乗用車[じょうようしゃ] 승용차.

乗員[じょういん] 승무원.

乗積[じょうせき] 승적; 곱하여 얻은 수.

乗除[じょうじょ] 승제; 곱셈과 나눗셈.

[2]**乗車**[じょうしゃ] 승차; 교통편에 탐.

乗車口[じょうしゃぐち] 승차구.

乗車券[じょうしゃけん] 승차권.

乗車駅[じょうしゃえき] 승차역.

乗艦[じょうかん] 승함; 함정에 탐.

乗号[じょうごう] 곱셈의 부호(×).

勝(勝) 이길/나을 승

丿 刀 月 月' 月' 月′ 胖 朕 勝 勝

音 ◉ショウ

訓 ◉かつ ◉まさる ⊗すぐれる

訓読

[1]**◉勝る**[まさる] 〈5自〉 ①(다른 것과 비교해서) 낫다. 우수하다. 뛰어나다. ②(동사 ます형에 접속하여) 더욱 …해지다.

勝り[まさり] (다른 것과 비교해서) 나음. 우월함.

勝り劣り[まさりおとり] 우열(優劣).

⊗勝れる[すぐれる] 〈下1自〉 뛰어나다. 우수하다. 출중하다.

勝れて[すぐれて] 뛰어나게. 두드러지게. 특히.

[3]**◉勝つ**[かつ] 〈5自〉 ①승리하다. 이기다. ②극복하다. 이겨내다. ③능가하다. 앞서다. ④버겁다. 힘에 겹다. ⑤쟁취하다. 획득하다. 따다.

勝ち[かち] ①승리. 이김. ②(명사나 동사 ます형에 접속하여) …의 경향·비율이 높음. 잘·자주 …함.
勝ち過ぎる[かちすぎる] 〈上1自〉 (어떤 경향·성질 등이) 지나치다. 너무 강하다.
勝ち誇る[かちほこる] 〈5自〉 승리하여 뽐내다. 이겨서 우쭐대다.
勝(ち)軍[かちいくさ] 승전(勝戰). 싸움에 이김. 이긴 싸움.
勝(ち)気[かちき] 억척스러움. 지기 싫어함.
勝(ち)逃げ[かちにげ] 이기자마자 떠남.
勝ち得る[かちえる] 〈下1他〉 (노력 끝에) 쟁취하다. 획득하다. 거두다.
勝(ち)栗[かちぐり] 황률(黃栗). 황밤. *출진(出陣)·승리의 축하·설 등의 경사스런 날에 사용함.
勝(ち)馬[かちうま] 우승한 말. 우승마.
勝(ち)名乗り[かちなのり] ①(씨름에서) 심판이 軍配(ぐんばい)를 들고 승리자의 이름을 부름. ②승리를 선언함.
勝(ち)目[かちめ] ①승산. 이길 가망. ②이길 듯함. 이길 듯한 낌새.
勝(ち)味[かちみ] 승산. 이길 가망.
勝(ち)抜き[かちぬき] (경기에서) 승자 진출
勝(ち)抜き戦[かちぬきせん] 토너먼트.
勝ち抜く[かちぬく] 〈5自〉 ①마지막까지 싸워 이기다. 이겨내다. ②내리 이기다. 연승(連勝)하다.
勝(ち)放し[かちはなし] 연승(連勝).
勝(ち)っ放し[かちっぱなし] '勝(ち)放し'의 강조. 내리 이김.
勝ち放す[かちはなす] 〈5自〉 내리 이기다. 연전연승(連戦連勝)하다.
勝(ち)負け[かちまけ] 승부; 이기고 짐.
勝(ち)色[かちいろ] 이길 기색. 승세(勝勢).
勝(ち)星[かちぼし] (씨름에서) 승리자의 이름 위에 찍는 흰 동그라미표. 승점(勝点).
1**勝手**[かって] ①부엌. 주방. ②생계(生計). 살림살이. ③사정. 형편. ④〈形動〉 제멋대로임. 마음대로임. 시건방짐.
2**勝手に**[かってに] 제멋대로. 마음대로.
勝手口[かってぐち] ①부엌으로 통하는 출입문. ②다실(茶室)에서 주인이 드나드는 문.
勝手方[かってかた] ①부엌에 가까운 쪽. ②주방장. ③(江戸(えど) 시대에) 幕府(ばくふ)나 제후(諸侯)의 영지(領地)에서 재정·행정을 담당하는 사람.
勝手元[かってもと] ①부엌살림. ②생계(生計). 살림살이. ③부엌 쪽.
勝手次第[かってしだい] 〈形動〉 제멋대로 굶.
勝手向き[かってむき] ①부엌살림. 부엌 일. ②부엌용. 주방용. ③살림 형편. 살림살이.
勝手許[かってもと] ☞ 勝手元
勝(ち)越し[かちこし] ①이긴 횟수가 진 횟수보다 많음. ②상대보다 득점을 많이 얻음.
勝ち越す[かちこす] 〈5自〉 ①이긴 횟수가 진 횟수보다 많아지다. ②상대보다 득점을 많이 얻다.
勝ち残る[かちのこる] 〈5他〉 (경기에서) 이겨서 살아남다. 진출하다.
勝(ち)戦[かちいくさ] 승전; 싸움에 이김.
勝ち進む[かちすすむ] 〈5自〉 (경기에) 이겨서 다음 단계로 나아가다. 진출하다. 올라가다.
勝ち取る[かちとる] 〈5他〉 이겨서 차지하다. 쟁취하다.
勝(ち)鬨[かちどき] 승리의 함성. 개가(凱歌).

音読

勝景[しょうけい] 승경; 뛰어난 경치.
勝機[しょうき] 승기; 이길 기회.
勝率[しょうりつ] 승률; 이긴 비율.
1**勝利**[しょうり] 승리; 겨루어 이김.
勝報[しょうほう] 승보; 승리의 소식.
2**勝負**[しょうぶ] 승부; ①이기고 짐. 승패. ②승부를 겨룸.
勝負無し[しょうぶなし] 무승부. 비김.
勝負事[しょうぶごと] ①승부를 겨루는 놀이. ②도박. 내기.
勝負師[しょうぶし] ①도박꾼. 노름꾼. ②프로 기사(棋士). ③투기꾼.
勝算[しょうさん] 승산; 이길 가망.
勝訴[しょうそ] 승소; 소송에 이김.
勝運[しょううん] 승운; 이길 운.
勝義[しょうぎ] ①《仏》 승의. ②언어가 갖는 본질적 의미 용법.
勝因[しょういん] 승인; ①이긴 원인. ②《仏》 선과(善果)를 가져오는 원인.
勝者[しょうしゃ] 승자; 승리자.
勝地[しょうち] 승지; 명승지.
勝着[しょうちゃく] (바둑에서) 승착; 승리를 결정짓는 수.
2**勝敗**[しょうはい] 승패; 이기고 짐. 승부.

僧(僧) 중 승

亻 亻' 亻'' 亻'' 亻'' 亻'' 亻'' 僧 僧 僧

音 ◉ソウ
訓 —

音読

1 僧[そう] 승; 중. 승려.
僧家[そうか/そうけ] ①절. 사찰(寺刹). ②중.
僧尼[そうに] 승니; 중과 여승(女僧).
僧堂[そうどう] 승당.
僧徒[そうと] 승도; 중의 무리.
僧都[そうず] 승관(僧官)의 둘째 계급.
僧侶[そうりょ] 승려; 중.
僧門[そうもん] 승문; 불가(仏家).
僧坊[そうぼう] ☞ 僧房
僧房[そうぼう] 승방; 중이 거처하는 방.
僧兵[そうへい] 승병; 승군(僧軍).
僧服[そうふく] 승복; 중의 옷.
僧俗[そうぞく] 승속; 승려와 속인(俗人).
僧庵[そうあん] 승암; 암자.
僧院[そういん] 승원; ①절. 사원(寺院). ②(기독교의) 수도원.
僧衣[そうい] 승의; 중의 옷.
僧正[そうじょう] 승정; ①승관(僧官)의 최고위직. ②각 종파의 승계(僧階)의 하나.
僧職[そうしょく] 승직; ①승려로서의 직무. ②(기독교의) 교직자로서의 직무.
僧職者[そうしょくしゃ] 승직자; ①승려로서 직무를 행하는 자. ②(기독교의) 교직자(教職者).
僧体[そうたい] 승체; 중의 모습.
僧形[そうぎょう] 승형; 중의 모습.

縄(繩) 새끼줄 승

纟 纟 纟 糸 糸 紀 紀 縄 縄 縄

音 ◉ジョウ
訓 ◉なわ

訓読

2 ◉縄[なわ] ①새끼줄. 줄. ②오랏줄. 포승. 포박 당함. 오랏줄에 묶임. 법망(法網).
縄からげ[なわからげ] 새끼줄로 얽음.
縄暖簾[なわのれん] ①(가게 앞의) 줄로 된 발. 새끼발. ②선술집. 대폿집.
縄跳び[なわとび] 줄넘기.
縄簾[なわすだれ] 새끼줄로 된 발.
縄目[なわめ] ①새끼줄의 매듭. 끈의 매듭. ② 포박 당함. 오랏줄에 묶임. 법망(法網).
縄抜け[なわぬけ] ☞ 縄脱け
縄付(き)[なわつき] 오랏줄에 묶임. 죄인.
縄飛び[なわとび] 줄넘기.
縄手[なわて] 논길. 논두렁길.
縄延び[なわのび] ①늘인 새끼줄의 길이. ②(논밭의) 실제 면적이 토지 대장상의 면적보다 넓음.
縄入れ[なわいれ] 면적을 측량함.
縄張(り)[なわばり] ①줄을 쳐서 경계를 정함. ②경계선. ③세력권. 관할권. ④전문 분야. ⑤(동물의) 점유 지역.
縄帳[なわちょう] 전답 측량 대장(台帳).
縄梯子[なわばしご] 줄사다리.
縄脱け[なわぬけ] 포승풀기. 포승을 풀고 도망감.

音読

縄規[じょうき] 승규; ①먹줄과 컴퍼스. ②규칙. 표준.
縄墨[じょうぼく] 승묵; ①먹줄. ②규칙. 법도.
縄文[じょうもん] 승문; 새끼줄 무늬.
縄文文化[じょうもんぶんか] 승문 문화.
縄文式時代[じょうもんしきじだい] 승문식 시대.
縄文式土器[じょうもんしきどき] 승문식 토기.
縄索[じょうさく] 승삭; 밧줄. 새끼줄.

蠅ˣ(蝿) 파리 승

音 ⊗ヨウ
訓 ⊗はえ

訓読

⊗蠅[はえ] ≪虫≫ 파리.
蠅叩き[はえたたき] 파리채.
蠅帳[はえちょう] 음식에 파리가 접근하지 못하게 만든 방충망.
蠅取り[はえとり] ①파리를 잡음. ②파리를 잡는 도구.
蠅取(り)紙[はえとりがみ] (파리를 잡는) 끈끈이 종이.

〔시〕

市 저자 시

' 亠 亠 巿 市

音 ◉シ
訓 ◉いち

訓読

[1]◉**市❶**[いち] ①장. 시장. 저자. ②시가. 거리. ❷[し] ☞ [音読]

市女[いちめ] (옛날의) 여자 장사치.

市女笠[いちめがさ] 사초(莎草)나 대나무 껍질로 엮은 여자용 삿갓.

市松[いちまつ] ①'市松模様(いちまつもよう)'의 준말. ②'市松人形(いちまつにんぎょう)'의 준말.

市松模様[いちまつもよう] 체크 무늬.

市松人形[いちまつにんぎょう] 흙으로 만들고 뱃속에 피리를 넣은 인형.

市人❶[いちびと] ①시중에 사는 사람. 서민. ②장사꾼. ❷[しじん] 도시인. 상인.

市日[いちび] 장날.

市子[いちこ] 무당. 무녀(巫女).

[2]**市場❶**[いちば] 시장; 장. 저자. ❷[しじょう] ≪経≫ 시장; ①수요와 공급 사이의 교환 관계. ②물건을 팔고 사는 곳. ③상품 매매의 범위.

音読

[3]**市❶**[し] ≪法≫ 시. ＊지방 자치 단체의 하나로서 인구 2만 명 이상의 도시임. ❷[いち] ☞ [訓読]

市価[しか] 시가; 시중 시세.

[1]**市街**[しがい] 시가; 거리.

市街地[しがいち] 시가지.

市区[しく] 시구; ①시가(市街)의 구획. ②시(市)와 구(区).

市内[しない] 시내; 시의 구역 안.

市立[しりつ/いちりつ] 시립; 시에서 설립함.

[3]**市民**[しみん] 시민; ①도시의 주민. ②공민(公民).

市民権[しみんけん] 시민권.

市部[しぶ] 시부; 시(市)에 속한 구역.

市費[しひ] 시비; 시(市)의 경비.

市上[しじょう] 시정(市井). 시중(市中).

市税[しぜい] 시세; 시(市)가 주민에게 부과하는 세금.

市勢[しせい] 시세; 시(市)의 산업・경제・인구 등의 동태.

市役所[しやくしょ] 시청(市庁).

市営[しえい] 시영; 시(市)에서 운영함.

市外[しがい] 시외; 시(市)의 구역 밖.

市有[しゆう] 시유; 시(市)의 소유.

市議[しぎ] '市議会議員'의 준말.

市議会[しぎかい] 시의회.

市人❶[しじん] 도시인. 상인. ❷[いちびと] ①시중에 사는 사람. 서민. ②장사꾼.

市長[しちょう] 시장; 시(市)의 우두머리.

市電[しでん] 시전; ①시영(市営) 전차. ②시가(市街) 전차.

市井[しせい] 시정; ①항간. 거리. ②서민 사회.

市町村[しちょうそん] (행정 구획의) 市(し)・町(ちょう)・村(そん).

市中[しちゅう] 시중; 시내.

市政[しせい] 시정; 시의 행정.

市制[しせい] 시제; 시의 제도.

市債[しさい] 시채; 시가 발행하는 채권.

市庁[しちょう] 시청; '市役所(しやくしょ)'의 딴 이름.

市庁舎[しちょうしゃ] 시청사; 시청 건물.

市販[しはん] 시판; 시중에서 판매함.

市況[しきょう] 시황; 거래 상황.

市会[しかい] '市議会'의 옛 칭호.

矢 화살 시

ノ 𠂉 𠂉 矢 矢

音 ◉シ
訓 ◉や

訓読

[1]◉**矢**[や] ①화살. ②(나무나 돌을 쪼개는) 쐐기. ③화살처럼 빠름.

矢幹[やがら] ☞ 矢柄

矢頃[やごろ] ①활의 사정(射程) 거리. ②적당한 기회.

矢継ぎ[やつぎ] 화살을 연달아 갈아 메김.

矢継ぎ早[やつぎばや] ①화살을 연달아 빨리 갈아 메김. ②잇달음. 연달음.

矢尻[やじり] 화살촉.

矢筈[やはず] ①(화살의) 오늬. ②오늬무늬. ③(족자 등을 거는) 갈고랑막대기. ④어깨의 앞뒤로 나누어 짊어짐.

矢叫び[やさけび] ①(화살이 적중했을 때) 화살을 쏜 사람의 함성. ②(옛날 전투 개시 때) 서로 화살을 쏘며 지르던 함성.

矢の根[やのね] 화살촉.

矢大臣[やだいじん] ☞ 矢大神

矢大神[やだいじん] ①神社(じんじゃ)의 정문 우측에 세워 둔 무관의 상(像). ②대폿집에서 빈 술통에 걸터앉아 술을 마심.

矢筒[やづつ] 전통(箭筒). 화살통.

矢来[やらい] 대나무로 만든 울짱.

矢立て[やたて] ①전통(箭筒). 화살통. ②화살통 속에 넣어 휴대하는 벼루. ③먹통에 붓통이 달린 휴대용 필묵.

矢面[やおもて] ①(싸움터에서) 화살이 날아오는 정면. 진두(陣頭). ②질문・비난받는 입장.
矢文[やぶみ] 화살에 매달아 쏘는 편지.
矢柄[やがら] ①화살대. ②(염색에서) 화살 무늬. ③≪魚≫ 홍대치.
矢比[やごろ] ☞ 矢頃
矢飛白[やがすり] 화살깃 무늬로 짠 飛白(かすり).
矢傷[やきず] 화살에 맞은 상처.
矢先[やさき] ①화살촉. ②화살이 날아오는 정면. 진두(陣頭). ③마침 그때. 막 …하려는 참.
矢鱈に[やたらに] 함부로. 마구. 무턱대고.
矢声[やごえ] 화살이 적중했을 때 지르는 소리.
矢束[やたば] ①화살의 길이. ②화살 다발.
矢数[やかず] ①화살의 수효. ②맞힌 화살의 수효. ③사수(射手)가 힘닿는 데까지 많은 화살을 쏨.
矢玉[やだま] 화살과 총알.
矢羽[やばね] 궁깃.
矢羽根[やばね] 궁깃.
矢印[やじるし] 화살표.
矢場[やば] ①활터. ②실내 활터.
2**矢張り**[やはり] 역시. 마찬가지로.
矢庭に[やにわに] ①당장에. 즉석에서. 그 자리에서. ②갑자기. 느닷없이.
矢種[やだね] 당장 쏠 수 있는 화살의 전부.
矢車[やぐるま] ①화살꽂이. ②화살 모양의 살을 박은 팔랑개비. ③화살 모양의 살을 박은 팔랑개비의 모양을 한 가문(家紋).
矢板[やいた] (붕괴나 침수를 막기 위해 박는) 널막뚝. 시트 파일.
矢表[やおもて] ☞ 矢面
矢風[やかぜ] 화살 바람. 화살이 날아갈 때에 나는 바람.
矢狭間[やざま] (활을 쏘거나 밖을 내다볼 수 있게) 성벽에 뚫어 놓은 구멍.

音読

矢石[しせき] 시석; ①화살과 돌쇠뇌의 돌. ②전쟁(戦争). 전장(戦場).
◑**一矢**[いっし]

示 보일 시

一 二 亍 亍 示

音 ◉ジ ◉シ
訓 ◉しめす

訓読

2◉**示す**[しめす] 〈5他〉 ①(나타내) 보이다. 제시하다. ②(방향을) 가리키다.
示し[しめし] ①가르침. 계시(啓示). ②본보기. 교훈.
示し合わせる[しめしあわせる] 〈下1他〉 ①미리 의논해 두다. 미리 짜다. ②서로 신호하여 알리다.

音読

示教[しきょう] 시교; 교시. 가르쳐 보임.
示達[じたつ/したつ] 시달; 하달(下達).
示談[じだん] ≪法≫ 시담; 화해(和解).
示談屋[じだんや] 해결사. *화해를 하게하고 분쟁을 해결해 주는 사람.
示度[しど] ≪物≫ 시도; 계기(計器)의 눈금에 나타나는 도수.
示唆[しさ/じさ] 시사; ①미리 암시하여 일러줌. ②부추김.
示威[じい/しい] 시위; 위력・기세를 드러내어 보임.
示現[じげん] 시현; 신불(神仏)이 영검(霊験)을 나타냄.

侍 모실 시

ノ 亻 仁 什 仹 侍 侍 侍

音 ◉ジ
訓 ◉さむらい ⊗はべる

訓読

1◉**侍**[さむらい] ①무사(武士). ②(옛날) 귀인이나 영주(領主)의 경호원. ③대단한 인물. 호걸. 기골찬 사람.
侍気質[さむらいかたぎ] 무사(武士) 기질.
侍大将[さむらいだいしょう] (武家 시대에) 일군(一軍)의 지휘자・대장.
侍冥加[さむらいみょうが] 무사(武士)로서의 행운.
侍所[さむらいどころ] ①(平安(へいあん) 시대에 황족 3품 이상의 집에서) 그 집의 사무를 보던 곳. ②鎌倉(かまくら)・室町(むろまち) 幕府(ばくふ)의 기관.
侍烏帽子[さむらいえぼし] 무사(武士)가 素襖(すおう)를 입을 때 쓰던 烏帽子(えぼし).
⊗**侍る**[はべる] 〈5自〉 곁에서 모시다. 시중들다.
⊗**侍り**[はべり] 〈ラ変自〉≪古≫ ①귀인 곁에 대령하고 있다. 모시고 있다. ②…하고 있사옵니다. …이옵니다.

⊗侍らせる[はべらせる] 〈下1他〉 곁에 있게 하다. 모시고 있게 하다.

音読

侍する[じする] 〈サ変自〉 가까이에서 모시다.
侍講[じこう] 시강; 군주나 태자에게 강의함. 또는 강의하는 사람.
侍女[じじょ] 시녀; 여자 몸종.
侍読[じどく] 시독; 시강(侍講).
侍立[じりつ] 시립; 귀인(貴人)을 곁에 모시고 서 있음.
侍史[じし] 시사; ①귀인(貴人)의 비서(秘書). ②공경하는 뜻으로 편지 겉봉의 상대방 이름 아래에 쓰는 말.
侍臣[じしん] 시신; 주군(主君) 곁에서 섬기는 사람.
侍医[じい] 시의; 국왕이나 황족(皇族) 등 신분이 높은 사람들의 주치의(主治医).
侍従[じじゅう] 시종; 군주(君主) 곁에서 받들어 섬기는 궁내청(宮内庁)의 직원.

始 비로소/처음 시

く 女 女 女' 女' 始 始 始

音 ◉シ
訓 ◉はじまる ◉はじめる

訓読

[4]◉始まる[はじまる] 〈5自〉 ①(새로운 일이) 시작되다. ②(평소의 버릇이) 다시 나오다. 재개되다.
[2]始まり[はじまり] 시작. 시초. 발단.
始まらない[はじまらない] 〈形〉 소용없다. 헛일이다.
[4]◉始める[はじめる] 〈下1他〉 ①(새로운 일을) 시작하다. 개시하다. ②(평소의 버릇을) 다시 시작하다. ③(동사 ます형에 접속하여) 다시 …하기 시작하다.
[2]始め[はじめ] ①처음. 시작. 시초. ②근원. 기원. 발단. ③처음 부분. 첫머리. ④위시. 비롯함.
始め値[はじめね] ≪経≫ (거래소에서) 개장 즉시의 값.

音読

始球式[しきゅうしき] 시구식; (야구에서) 시합 시작 전에 내빈 중 한 사람이 제1구를 본루에 던지는 의식.
始期[しき] 시기; ①시작되는 시기. ②법률 행위의 효력이 발생하는 시기.
始動[しどう] 시동; 움직이기 시작함.
[1]始末[しまつ] 시말; ①(나쁜) 결과. 형편. ②(일의) 자초지종. ③(일의) 매듭. 처리. 정리. ④아낌. 절약.
始末書[しまつしょ] 시말서; 일의 나쁜 결과를 자세히 적은 문서.
始末屋[しまつや] 구두쇠. 절약가.
[1]始発[しはつ] 시발; ①그곳을 기점으로 하여 출발함. ②(그 날) 처음 발차함.
始発駅[しはつえき] 시발역; 출발역.
始業[しぎょう] 시업; 일・수업의 시작. (일정 기간의) 수업의 개시.
始業式[しぎょうしき] 시무식(始務式).
始原[しげん] 시원; 처음. 원시(原始).
始祖[しそ] 시조; 원조(元祖).
始祖鳥[しそちょう] ≪鳥≫ 시조새.
[2]始終[しじゅう] 시종; ①처음과 끝. ②자초지종. 전부. ③〈副〉 늘. 항상. 언제나.

施 베풀 시

' ㅗ 方 方 方' 方' 方 旃 施

音 ◉シ ◉セ
訓 ◉ほどこす

訓読

[1]◉施す[ほどこす] 〈5他〉 ①(자선을) 베풀다. 주다. ②(어떤 행동을) 하다. 시행하다. ③(장식・가공을) 하다. ④(체면을) 세우다.
施し[ほどこし] 베풂. 시주(施主).
施し物[ほどこしもの] 시주품(施主品). 의연금(義捐金).

音読

施工[しこう/せこう] 시공; 공사를 행함.
施療[せりょう] 시료; 무료 치료.
施物[せもつ/せぶつ] 의연품(義捐品).
施米[せまい] (빈곤층에게) 쌀을 나눠줌. 나눠주는 쌀.
施肥[せひ/しひ] 시비; 거름을 줌.
[1]施設[しせつ] 시설; ①(어떤 목적을 위해) 만들어 설치함. 설비. ②'児童福祉施設'의 준말.
施術[しじゅつ] 시술; 의술을 베풂.
施餓鬼[せがき] ≪仏≫ 시아귀.
施薬[せやく] 시약; (극빈자들에게) 베푸는 약. 약을 베풀어 줌.
施与[せよ] 시여; (남에게) 물건을 베풀어 줌.
施政[しせい] 시정; 정치를 행함.

施政権[しせいけん] 시정권; 입법・사법・행정의 3권을 행사하는 권한.
施主[せしゅ] ① ≪仏≫ 시주. ②법사(法事)・공양을 하는 당사자. ③건축주. 시공자(施工者).
施策[しさく] 시책; 계획을 짜서 시행함. 또는 그 계책.
[1]**施行**❶[しこう/せこう] 시행; 실제로 행함. ❷[せぎょう] ① ≪仏≫ 보시(布施). ② ≪古≫ 명령 하달.

是 옳을 시

丨 冂 冃 日 旦 早 早 昰 是

音 ◉ゼ
訓 ⊗これ

訓読

⊗**是**❶[これ] 〈感動詞〉 이것이! 이것은! ❷[ぜ] ☞ [音読]
是(れ)式[これしき] 요까짓. 이쯤. 이 정도.
是彼[これかれ] 이것저것.
是限り[これかぎり] 이것뿐. 이번뿐.

音読

是❶[ぜ] 옳음. 바름. ❷[これ] ☞ [訓読]
[2]**是非**[ぜひ] 시비; ①옳고 그름. 잘잘못. ②시비를 가림. 잘잘못을 가림. ③〈副〉 꼭. 제발. 아무쪼록.
是非とも[ぜひとも] 꼭. 무슨 일이 있어도. 반드시.
是非ない[ぜひない] 〈形〉 ①부득이하다. 하는 수 없다. ②옳은 것도 그른 것도 없다.
是非もない[ぜひもない] 〈形〉 부득이하다. 하는 수 없다.
是是非非[ぜぜひひ] 시시비비; 옳은 것은 옳고 그른 것은 그르다고 함.
是認[ぜにん] 시인; 옳다고 승인함.
是正[ぜせい] 시정; 잘못된 것을 바로잡음.

時 때 시

丨 冂 日 日 日一 日十 日土 日𡗗 時 時

音 ◉ジ
訓 ◉とき

訓読

[4]◉**時**❶[とき] ①때. 시간. ②시각. ③시점. ④계절. 시절. 시대. ⑤호기. 좋은 기회. ⑥기한. ❷[じ] ☞ [音読]
時しも[ときしも] 때마침. 마침 그때.
時として[ときとして] 때로는.
時ならず[ときならず] 뜻하지 않을 때에.
時ならぬ[ときならぬ] 뜻하지 않은.
時に[ときに] ①가끔. 때때로. 때로는. ②때마침. ③〈接〉 그런데.
時には[ときには] 때로는.
時の[ときの] (화제를 삼는) 그때. 이때.
時めかす[ときめかす] 〈5他〉 크게 칭찬하다. 총애하다.
時めく[ときめく] 〈5自〉 한창 인기가 있다.
時の間[ときのま] 잠시. 순식간.
[4]**時計**[★とけい] 시계.
時計台[★とけいだい] 시계탑.
時の記念日[ときのきねんび] 시간 기념일. ＊매년 6월 10일로 1920년에 제정했음.
時貸し[ときがし] 잠깐 임시로 빌려줌.
時無し[ときなし] ①무시로. 일정한 때가 없음. ②'時無し大根(ときなしだいこん)'의 준말.
時無し大根[ときなしだいこん] ≪植≫ 사철무.
時世[ときよ/じせい] ①시대. ②그 시대의 풍조・추세.
[4]**時時**[ときどき] ①그때그때. ②때때로. 가끔.
時の氏神[ときのうじがみ] 때마침 나타나서 중재를 해 주는 사람.
時外れ[ときはずれ] 시기・때・철에 맞지 않음.
時偶[ときたま] 가끔. 때때로.
時の運[ときのうん] 시운; 그때의 운수.
時の人[ときのひと] ①그 당시의 사람. ②화제의 인물. ③각광을 받는 사람.
時折[ときおり] 가끔. 때때로.
時鳥[★ほととぎす] ≪鳥≫ 두견(杜鵑).
時津風[ときつかぜ] ①밀물 때에 부는 바람. ②때 마침 알맞게 부는 바람.
時借り[ときがり] 잠깐 임시로 빌림.
時の貝[ときのかい] (옛날) 시각을 알리기 위해 부는 소라고동.

音読

[4]**時**❶[じ] ①(시각을 나타내는 말에 접속하여) …시. ②…때. ❷[とき] ☞ [訓読]
時価[じか] 시가; 시세(時勢).
[2]**時刻**[じこく] 시각; ①시간. ②시기. 기회. 때.
[1]**時刻表**[じこくひょう] (열차 등의) 시간표.
[4]**時間**[じかん] 시간; ①때의 길이. ②때. 시각.
時間潰し[じかんつぶし] ①시간을 낭비함. ②심심풀이.

時間給[じかんきゅう] 시간급.
時間帯[じかんたい] 시간대.
時間外[じかんがい] 시간외.
時間切れ[じかんぎれ] 제한 시간이 다됨. 제한 시간이 지남.
時間表[じかんひょう] 시간표; ①시간 예정표. ②열차 시각표.
[2]時間割(り)[じかんわり] (학교의) 시간표.
時季[じき] 철. 사철.
時局[じきょく] 시국; 현재의 대세의 판국.
時給[じきゅう] 시급; 시간급(時間給).
[2]時期[じき] 시기; 정해진 때.
時機[じき] 시기; 기회.
時短[じたん] '時間短縮'의 준말.
[2]時代[じだい] ①시대. ②시절. 시기. ③그 당시. 당대. ④예스러움. 구식(旧式).
時代掛かる[じだいがかる] 〈5自〉 고풍스럽다. 고색창연하다.
時代劇[じだいげき] 시대극; 사극(史劇).
時代物[じだいもの] ①오래된 것. ②사극(史劇). 시대물.
時代色[じだいしょく] 시대색; 그 시대 특유의 경향·풍조.
時代遅れ[じだいおくれ] 시대에 뒤떨어짐.
時代後れ[じだいおくれ] 시대에 뒤떨어짐.
時論[じろん] 시론; ①시사에 관한 의논(議論). ②당시의 여론.
時流[じりゅう] 시류; 그 시대의 흐름. 그 시대 특유의 경향·유행·풍조.
時報[じほう] 시보; ①시각을 알림. ②(어떤 전문 분야의 동향을 알리는) 신문·잡지류.
時分[じぶん] ①무렵. 당시. 때. ②기회. 적당한 때. 시기.
時分柄[じぶんがら] 때가 때인 만큼.
時分時[じぶんどき] 식사 시간. 끼니때.
時事[じじ] 시사; 그 당시에 생긴 여러 가지 세상 일.
時勢[じせい] 시세; 시대의 추세.
時俗[じぞく] 시속; 그 시대의 풍속.
[2]時速[じそく] 시속; 1시간에 가는 속도.
時時刻刻[じじこっこく] 시시각각.
時雨[★しぐれ] ①(늦가을의) 오락가락하는 비. ②(벌레가) 일제히 울다 말다 함. ③'時雨煮(しぐれに)'의 준말.
時雨(れ)る[★しぐれる] 〈下1自〉 ①(늦가을 비가) 오락가락 내리다. ②《古》 눈물을 흘리다.
時雨煮[★しぐれに] (생선에) 생강 등을 넣고 조린 것.
時運[じうん] 시운; 때의 운수.
時宜[じぎ] 시의; ①시기 적절함. 때에 알맞음. ②시기에 알맞은 인사.
時人[じじん] 그 당시 사람.
時日[じじつ] 시일; 때와 날짜.
時節[じせつ] 시절; ①계절. 철. ②호기. 좋은 기회. ③세상의 형편.
時点[じてん] 시점; 시간의 흐름 위에 어떤 한 점.
時制[じせい] 《語学》 시제; tense.
[2]時差[じさ] 시차; 일정 시간과 시간과의 차이.
時針[じしん] 시침; (시계의) 짧은 바늘.
時弊[じへい] 시폐; 그 시대의 폐단.
時評[じひょう] 시평; 그 때의 비평.
時下[じか] 시하; 요즘. 요사이.
時限[じげん] 시한; ①기한을 정한 시각. ②(수업의) …교시(校時).
時好[じこう] 시호; 그 시대의 유행.
時化[★しけ] ①(폭풍으로) 바다가 거칠어짐. ②흉어(凶漁). 물고기가 잡히지 않음. ③불경기(不景気).
時化る[★しける] 〈下1自〉 ①(폭풍우로) 바다가 거칠어지다. ②(폭풍으로) 고기가 잘 안 잡히다. ③불경기가 되다. 돈 사정이 여의치 않다. 불경기로 우울해지다.
時効[じこう] 시효; 일정 기간이 지남으로써 권리가 발생하거나 소멸됨.
時候[じこう] 시후; (사철의) 절기.
時候外れ[じこうはずれ] 제철이 아님. 제철이 지난 것.

視(視) 볼 시

丶 ㇇ 礻 礻 礻 礻 䙺 䙺 視 視

音 ◉シ
訓 —

音読

視する[しする] 〈サ変自〉 (漢字語에 접속하여) …시하다. …로 보다
視角[しかく] 시각; 보는 각도.
[1]視覚[しかく] 시각; 물체를 볼 때 눈의 망막을 자극시켜 일어나는 감각.
視界[しかい] 시계; 시력이 미치는 범위.
視官[しかん] 시관; 시각 기관(視覚器官).

視力[しりょく] 시력; 물체를 보는 눈의 능력.
視線[しせん] 시선; 눈길. 눈의 방향.
視神経[ししんけい] ≪生理≫ 시신경.
[1]視野[しや] 시야; ①시력이 미치는 범위. ②식견(識見).
視点[してん] 시점; ①(원근법에서) 사람의 눈과 직각을 이루는 지평선상의 가정(仮定)한 한 점. ②관점(観点). ③시선(視線).
視程[してい] 시정; 육안으로 볼 수 있는 최대의 수평 거리.
視座[しざ] 시좌; 관점(観点).
視診[ししん] 시진; 눈으로 진찰함.
視差[しさ] 시차; 두 곳에서 동일한 물체를 보았을 때의 방향의 차.
[1]視察[しさつ] 시찰; 돌아다니며 살핌.
視聴[しちょう] 시청; ①보고 들음. 보기와 듣기. ②주목. 이목. 관심.
視聴覚[しちょうかく] 시청각.
視聴率[しちょうりつ] 시청률.
視聴者[しちょうしゃ] 시청자.

試 시험할 시

音 ◉シ
訓 ◉ためす ◉こころみる

訓読

[2]◉試す[ためす] 〈5他〉 ①(실제로) 시험해 보다. ②(실제로) 조사해 보다. 알아보다.
[2]試し[ためし] 시험. 시도.
試しに[ためしに] 시험 삼아.
試し算[ためしざん] ≪数≫ 검산(検算).
試し切り[ためしぎり] 칼이 잘 드는지 시험 삼아 베어 봄.
[1]◉試みる[こころみる] 〈上1他〉 ①시험 삼아 해 보다. 시도해 보다. ②시식(試食)하다.
[1]試み[こころみ] 시험. 시도.
試みに[こころみに] 시험 삼아.

音読

試供[しきょう] 시공; 샘플을 제공함.
試供品[しきょうひん] 시공품; 샘플.
試掘[しくつ] 시굴; 광물을 발굴하기 위해 시험 삼아 땅을 파 봄.
試金石[しきんせき] 시금석; ①귀금속을 문질러 그 품질을 알아보는 돌. ②가치·능력의 평가 기준.
試練[しれん] 시련; 시험하고 단련함.
試論[しろん] 시론; ①소론(小論). ②시험 삼아 해 보는 논설·평론.
試売[しばい] 시매; 시험 삼아 팔아 봄.
試問[しもん] 시문; 시험하기 위한 질문.
試補[しほ] 시보; 관직에 임명되기 전까지 관청에 실제로 종사해 봄.
試写会[ししゃかい] 시사회; 영화를 개봉하기 전에 특정인에게 상영해 보이는 모임.
試射[ししゃ] 시사; 시험 삼아 사격해 봄.
試乗[しじょう] 시승; 시험 삼아 타 봄.
試食[ししょく] 시식; 시험 삼아 먹어 봄.
試植[ししょく] 시식; 시험 삼아 심어 봄.
試案[しあん] 시안; 시험 삼아 만든 안.
試薬[しやく] 시약; 화학 분석 약품.
試訳[しやく] 시역; 시험 삼아 하는 번역.
試演[しえん] 시연; (연극 등의) 리허설.
試用[しよう] 시용; 시험 삼아 사용해 봄.
試運転[しうんてん] 시운전; 시험 삼아 운전·운항해 봄.
試飲[しいん] 시음; 시험 삼아 마셔 봄.
試作[しさく] 시작; 시험 삼아 만든 작품.
試製品[しせいひん] 시제품; 시험 삼아 만든 물건.
試走車[しそうしゃ] 시주차; 시험 삼아 타 보는 자동차.
試聴[しちょう] 시청; ①시험 삼아 들어 봄. ②음성 테스트.
試筆[しひつ] 시필; 신년 휘호(新年揮毫).
[3]試合[しあい] 시합; 경기(競技). 겨루기.
[1]試行[しこう] 시행; 시험 삼아 해 봄.
[3]試験[しけん] 시험; 테스트하여 봄.

詩 시 시

音 ◉シ ◉シイ
訓 —

音読

[2]詩[し] ≪文学≫ ①시. ②한시(漢詩).
詩家[しか] 시가; 시인.
詩歌[★しいか] 시가; ①시와 노래. ②한시(漢詩)와 和歌(わか). 시와 短歌(たんか).
詩境[しきょう] 시경; 시의 경지.
詩句[しく] 시구; 시의 구절.
詩壇[しだん] 시단; 시인들의 사회.
詩論[しろん] 시론; 시에 관한 평론.

詩文[しぶん] 시문; ①시와 산문. 시와 문장. ②문학 작품.
詩碑[しひ] 시비; 시를 새긴 비석.
詩史[しし] 시사; ①시의 역사. ②시의 형식을 취해서 나타낸 역사.
詩思[しし] 시정(詩情). 시흥(詩興).
詩想[しそう] 시상; 시의 구상. 시에 나타난 사상.
詩仙[しせん] 시선; 천재적인 시인.
詩聖[しせい] 시성; 천재적인 시인.
詩神[ししん] 시신; 시를 관장하는 신.
詩心❶[ししん] 시심; 시흥이 돋는 심경. ❷[しごころ] ①시를 지으려는 마음. ②시를 짓거나 감상하는 능력.
詩語[しご] 시어; 시의 말.
詩業[しぎょう] 시업; 시작상(詩作上)의 업적.
詩友[しゆう] 시우; 시의 동인(同人).
詩吟[しぎん] 시음; 한시(漢詩)에 가락을 붙여 읊음.
詩意[しい] 시의; 시의 뜻과 내용.
2 詩人[しじん] 시인; 시를 쓰는 사람.
詩作[しさく] 시작; 시를 지음.
詩才[しさい] 시재; 시를 짓는 재능.
詩情[しじょう] 시정; 시적인 정취.
詩集[ししゅう] 시집; 시를 모은 책.
詩抄[ししょう] 시초; 시선집(詩選集).
詩趣[ししゅ] 시취; 시의 정취.
詩編[しへん] 시편; ①시집(詩集). ②(성경의) 시편.
詩学[しがく] 시학; 시에 관한 것을 연구하는 학문.
詩形[しけい] 시형; 시의 형식.
詩型[しけい] 시형; 시의 형식.
詩魂[しこん] 시혼; 시정(詩情).
詩話[しわ] 시화; 시에 관한 담화·평론.
詩会[しかい] 시회; 시를 짓는 모임.
詩興[しきょう] 시흥; 시에 대한 흥취.

屍	주검 시	音 ⊗シ 訓 ⊗しかばね

訓読

⊗屍[しかばね/かばね] 시체. 송장. 주검.

音読

屍姦[しかん] 시간; 시체를 간음함.
屍体[したい] 시체; 주검. 송장.
屍骸[しがい] 시해; 시체. 송장. 주검.

柿	감나무 시	音 ⊗シ 訓 ⊗かき ⊗こけら

訓読

⊗柿❶[かき] ① ≪植≫ 감. 감나무. ②감색. 주황색. 암갈색. ❷[こけら] ①지저깨비. 목찰(木札). ②지붕을 일 때 쓰는 얇은 널빤지.
柿落(と)し[こけらおとし] 신축 극장의 개장을 축하하는 첫 공연.
柿渋[かきしぶ] 감물. 감즙.
柿色[かきいろ] ①감색. 주황색. ②암갈색. ③적갈색.
柿葺(き)[こけらぶき] 얇은 널빤지로 지붕을 이음. 또는 그 지붕.

音読

◑熟柿[じゅくし]

偲	살필 시	音 ⊗シ 訓 ⊗しのぶ

訓読

⊗偲ぶ[しのぶ] 〈5他〉 그리워하다. 사모하다. ¶故郷(こきょう)を～ 고향을 그리워하다.

匙	숟가락 시	音 ⊗シ 訓 ⊗さじ

訓読

2 ⊗匙[さじ] 숟가락.
匙加減[さじかげん] ①(약 조제할 때의) 약 분량의 조절. ②(알맞은) 정도. 배려의 정도. 조절.

柴	섶 시	音 ⊗サイ 訓 ⊗しば/ふし

訓読

⊗柴[しば] ①(산야에 자라는) 작은 잡목. ②잡목의 작은 가지.
柴犬[しばいぬ] (일본 특산의) 몸집이 작으며 귀가 서고 꼬리가 말린 개.
柴山[しばやま] 작은 잡목이 우거진 산.
柴刈り[しばかり] ①땔감을 함. ②땔감을 베는 사람.
柴垣[しばがき] 잡목 울타리.
柴栗[しばぐり] ≪植≫ 산밤나무.
柴笛[しばぶえ] 나뭇잎피리.
柴舟[しばぶね] 땔감을 실은 배.

柴葺き[しばぶき] 잡목으로 지붕을 임.

音読

柴扉[さいひ] 시비; ①사립문. ②초라한 집.

弑 죽일 시	音 ⊗シイ 訓 ―

音読

弑する[しいする] 〈サ変他〉 (부모나 주군을) 시해(弑害)하다. 시역(弑逆)하다.

弑逆[しいぎゃく] 시역; 부모나 주군(主君)을 살해함. 시해(弑害).

蒔 모종할 시	音 ⊗ジ ⊗シ 訓 ⊗まく

訓読

2⊗蒔く[まく] 〈5他〉 ①파종하다. 씨를 뿌리다. ②원인을 만들다. ③(금·은 가루로) 칠기(漆器)에 무늬를 놓다.

蒔き肥[まきごえ] 파종할 때 주는 거름. 밑거름.

蒔き直し[まきなおし] ①씨를 다시 뿌림. ②(일을) 다시 시작함.

蒔絵[まきえ] 칠공예의 하나. *(금·은 가루로) 칠기(漆器)에 무늬를 놓는 일본 특유의 공예.

식

式 법/꼴/의식 식
一 二 〒 工 式 式

音 ◉シキ
訓 ―

音読

2式[しき] 식; ①의식(儀式). ②방법. 방식. ③수식(数式). ④공식(公式). ⑤논식(論式). ⑥스타일. 방식.

式台[しきだい] 현관마루.

式目[しきもく] ①(武家 시대의) 조목별 제도. ② ≪文学≫ 連歌(れんが)·俳諧(はいかい) 등의 규칙.

式服[しきふく] 식복; 예복(礼服).

式部[しきぶ] ①'式部省(しきぶしょう)'의 준말. ②궁녀의 호칭. ③(明治(めいじ) 시대의) '여학생'의 딴이름.

式部官[しきぶかん] 궁중 의전관(儀典官).

式部省[しきぶしょう] (옛날) 궁중의 의식·인사 등을 관장한 관청.

式事[しきじ] 의식(儀式)의 행사.

式辞[しきじ] 식사; 식을 거행할 때의 인사말.

式日[しきじつ] 식일; ①의식·모임이 있는 당일. ②제일(祭日). 축일(祝日).

1式場[しきじょう] 식장; 예식장(礼式場).

式典[しきてん] 식전; 식(式). 의식(儀式).

式次[しきじ] 식순(式順). 의식의 순서.

式次第[しきしだい] 식순(式順).

食 먹을/밥 식
𠆢 𠆢 今 今 今 今 食 食 食

音 ◉ショク ◉ジキ
訓 ◉くう ◉くらう ◉たべる ⊗はむ

訓読

2◉食う[くう] 〈5他〉 ①먹다. *'食べる'보다는 난폭한 말씨임. ②(살아가기 위해) 먹다. 생활하다. ③(벌레가) 물다. 쏘다. ④(사람을) 깔보다. 무시하다. ⑤(남의 영역을) 침범하다 잠식하다. 갉아먹다. ⑥(비용·시간을) 소비하다. 잡아먹다. ⑦(남에게) 당하다. ⑧(나이를) 먹다. ⑨(상대방을) 꺾다.

食い[くい] ①(음식을) 먹음. 먹는 일. ②(낚시에서) 물고기의 입질. 고기가 낚임.

食いかじる[くいかじる] 〈5他〉 ①(여기저기) 갉아먹다. ②맛만 보고 그만두다. 조금하다가 그만두다.

食いちぎる[くいちぎる] 〈5他〉 물어뜯다. 물어 찢다.

食いつなぐ[くいつなぐ] 〈5自〉 겨우 목숨만 이어오다. 겨우 연명하다.

食いつぶす[くいつぶす] 〈5他〉 놀고먹어 재산을 탕진하다.

食いで[くいで] (충분히 먹었다고 생각될 만큼) 배부름. 먹은 것 같음.

食いはぐれ[くいはぐれ] ①먹을 기회를 놓침. ②생계 수단을 잃음. 생계가 막힘.

食いはぐれる[くいはぐれる] 〈下1他〉 ①먹을 기회를 놓치다. ②생계 수단을 잃다. 생계가 막히다.

食い兼ねる[くいかねる] 〈下1自他〉 ①먹을 수 없다. 먹기 힘들다. ②먹고 살기가 어렵다. 살림이 어렵다.

食(い)頃[くいごろ] 한창 먹기에 좋은 때. 제철.

食い繋ぐ[くいつなぐ] 〈5自〉 겨우 목숨만 이어오다. 겨우 연명하다.

食(い)過ぎ[くいすぎ] 과식. 지나치게 먹음.

食い過ぎる[くいすぎる] 〈上1他〉 과식하다.

食い掛かる[くいかかる] 〈5自〉 ①먹기 시작하다. ②대들다. 덤벼들다. 반항하다.

食って掛かる[くってかかる] 〈5他〉 대들다. 덤벼들다.

食(い)掛け[くいかけ] 먹다 맒.

食い掛ける[くいかける] 〈下1他〉 ①먹기 시작하다. ②먹다 말다. 먹다 그만두다. ③(일을) 조금 하다가 그만두다. 하다가 말다.

食い潰す[くいつぶす] 〈5他〉 놀고먹어 재산을 탕진하다.

食い気[くいけ] 식욕. 먹성.

食い代[くいしろ] ①식비. 식대. 밥값. ②음식물.

食(い)逃げ[くいにげ] ①음식 값을 떼어먹고 달아남. ②실컷 대접만 받고 인사도 없이 사라짐. ③받기만 하고 남에게 주지 않음.

食い倒す[くいたおす] 〈5他〉 ①(음식 값 등을) 떼어먹다. ②(놀고먹어) 재산을 탕진하다.

食(い)倒れ[くいだおれ] ①호화로운 음식으로 재산을 탕진함. ②놀고먹는 사람.

食(い)道楽[くいどうらく] 식도락; 여러 음식을 맛보며 먹는 일을 즐김.

食い裂く[くいさく] 〈5他〉 물어 찢다.

食い料[くいりょう] ①식대. 밥값. ②식료품.

食(い)溜め[くいだめ] (한동안 안 먹어도 될 만큼) 한꺼번에 많이 먹어 둠.

食い物[くいもの] ①음식물. 먹을 것. ②(이익을 위한) 미끼. 이용물. 희생물.

食い縛る[くいしばる] 〈5他〉 (이를) 악물다.

食(い)放題[くいほうだい] 마음대로 먹음.

食(い)付き[くいつき] ①달려들어 물어뜯음. 덤벼듦. ②실마리. 계기. ③(물고기의) 입질.

食い付く[くいつく] 〈5自〉 ①달려들어 물다. 덤벼들다. ②물고 늘어지다 달라붙다. ③(물고기가) 입질하다. ④(혹해서) 달라붙다.

食(い)扶持[くいぶち] 생활비.

食(い)分[くいぶん] ①식량으로 할 일정한 분량. ②생활비.

食い散らし[くいちらし] 먹다가 흘리거나 엎지름.

食い散らす[くいちらす] 〈5他〉 ①(음식을) 흘리며 먹다. 지저분하게 먹다. ②여러 가지 일에 손을 대어 보다. 이것저것 집적거리다.

食い殺す[くいころす] 〈5他〉 물어 죽이다.

食(い)上げ[くいあげ] 생계 수단을 잃음. 밥줄이 끊어짐.

食い余す[くいあます] 〈5他〉 다 먹지 못하고 남기다. 먹다 만 채로 남기다.

食(い)延し[くいのばし] (식량을) 아껴서 오래 먹음. 늘려 먹음.

食い延ばす[くいのばす] 〈5他〉 ①아껴서 오래 먹다. 늘려 먹다. ②생활비를 아껴서 오래 쓰다.

食い裂く[くいさく] 〈5他〉 물어 찢다.

食(い)違い[くいちがい] 엇갈림. 어긋남.

[1]食い違う[くいちがう] 〈5自〉 엇갈리다. 어긋나다. 일치하지 않다.

食い意地[くいいじ] 게걸스럽게 먹음. 걸신들림.

食(い)逸れ[くいはぐれ] ①먹을 기회를 놓침. ②생계 수단을 잃음. 생계가 막힘.

食い逸れる[くいはぐれる] 〈下1他〉 ①먹을 기회를 놓치다. ②생계 수단을 잃다. 생계가 막히다.

食(い)込み[くいこみ] ①잠식(蚕食). 먹어 들어감. ②결손. 축남.

食い込む[くいこむ] 〈5自他〉 ①깨물어 삼키다. ②잠식(蚕食)하다. 먹어 들어가다. ③깊숙이 파고들다. 죄어들다. ④결손나다. 축나다.

食(い)残し[くいのこし] ①먹다 남김. 먹다 남은 것. ②약간 남은 것.

食(い)切り[くいきり] ①(입으로) 물어 끊음. ②철사를 끊는 도구.

食い切る[くいきる] 〈5他〉 ①(입으로) 물어 끊다. ②다 먹어 버리다.

食い足りない[くいたりない] 〈形〉 ①(먹을 것이 모자라) 양에 차지 않다. ②성에 차지 않다. 불만스럽다.

食(い)止し[くいさし] 먹다가 맒.

食い止す[くいさす] 〈5他〉 ①먹다가 말다. ②(일을) 조금 하다가 그만두다.

食い止める[くいとめる] 〈下1他〉 (미연에) 막다. 방지하다.

食い尽くす[くいつくす] 〈5他〉 다 먹어 치우다. 바닥내다.

食い千切る[くいちぎる] 〈5他〉 물어뜯다.

食い初め[くいぞめ] ①백일잔치. ②그 계절의 첫물을 먹음.

食い初め模様[くいぞめもよう] '食い初め(백일잔치)'용 밥공기의 무늬.

食い初め椀[くいぞめわん] '食い初め(백일잔치)'용 옻칠한 밥공기.

食(い)置き[くいおき] (한동안 안 먹어도 될 만큼) 한꺼번에 많이 먹어 둠.

食い破る[くいやぶる] 〈5他〉 물어뜯다.

食い飽きる[くいあきる] 〈上1自〉 ①실컷 먹다. 포식하다. ②(음식 등에) 질리다. 물리다.

食い下がる[くいさがる] 〈5自〉 ①(끈질기게) 물고 늘어지다. ②끈덕지게 싸우다.

食(い)合い[くいあい] ①서로 잡아먹음. 서로 물어뜯음. ②관계. 상관. ③(증권시장에서) 파는 쪽과 사는 쪽의 짝 이루기.

食い合う[くいあう] 〈5自〉 ①서로 잡아먹다. 서로 물어뜯다. ②(조립한 부분이) 맞물리다. ③맞부딪치다. 〈5他〉 서로 다투어 먹다.

食い合(わ)せ[くいあわせ] ①서로 상극되는 음식. 서로 상극되는 음식에 탈이 남. ②이음매. 접합(接合).

食い合わせる[くいあわせる] 〈下1他〉 ①서로 상극되는 음식을 먹다. ②(재목 등을) 턱끼움으로 접합하다.

食わず嫌い[くわずぎらい] ①(먹어 보지도 않고) 무턱대고 싫어함. ②(어떤 사물을) 무턱대고 싫어함.

食い荒らす[くいあらす] 〈5他〉 ①들쑤셔 먹다. 마구 파헤쳐 먹다. ②(남의 영역을) 침범하다. 짓밟다.

食(い)詰め[くいつめ] 생계가 막힘. 밥줄이 끊어짐.

食い詰める[くいつめる] 〈下1自〉 생계가 막히다. 밥줄이 끊어지다.

食い詰め者[くいつめもの] 생계가 막힌 사람. 밥줄이 끊어진 사람.

◉**食える**[くえる] 〈下1自〉 ①먹을 수 있다. ②먹을 만하다. ③먹고 살아갈 만하다. 생활이 되다.

食えない[くえない] ①먹을 수 없다. ②생활이 안 되다. ③허투루 볼 수 없다. 교활하여 방심할 수 없다.

◉**食らう**[くらう] 〈5他〉 ①처먹다. 퍼먹다. 퍼마시다. ②먹고살다. 생활해 나가다. ③(피해를) 받다. 당하다. 입다.

食らい付く[くらいつく] 〈5自〉 ①달려들어 물다. 덤벼들다. ②물고 늘어지다. 들러붙다.

食らい込む[くらいこむ] 〈5自〉≪俗≫ 감방에 가다. 콩밥을 먹다. 〈5他〉 덤터기쓰다. 뒤집어쓰다. 떠맡다.

◉**食わす**[くわす] 〈5他〉 ①(음식을) 먹이다. 먹게 하다. ②먹여 살리다. 부양하다. ③속이다. 골탕 먹이다. 기만하다. ④(해를) 주다. 가하다.

◉**食わせる**[くわせる] 〈下1他〉 ☞ 食わす

食わせ物[くわせもの] 겉만 번드레함.

食わせ者[くわせもの] 보통내기가 아님.

4◉**食べる**[たべる] 〈下1他〉 ①(음식을) 먹다. ②먹고살다. 살아가다. 생활하다.

食べ頃[たべごろ] 먹기에 알맞은 때. 제철.

食べ過ぎ[たべすぎ] 과식. 지나치게 먹음.

食べ過ぎる[たべすぎる] 〈上1他〉 과식하다. 지나치게 먹다.

食べ掛け[たべかけ] 먹다 그만둠. 먹다 맒.

食べ掛ける[たべかける] 〈下1他〉 먹기 시작하다.

食べ立ち[たべだち] 먹자마자 일어섬.

4**食べ物**[たべもの] 음식. 음식물.

食べ付ける[たべつける] 〈下1他〉 먹어대다. 항상 잘 먹다.

食べ盛り[たべざかり] 한창 먹을 나이.

食べ汚し[たべよごし] 지저분하게 먹음.

食べ汚す[たべよごす] 〈5他〉 지저분하게 먹다.

食べ残し[たべのこし] 먹다 남김.

食べ滓[たべかす] 먹다 남은 찌꺼기.

食べず嫌い[たべずぎらい] ①먹어보지도 않고 무턱대고 싫어함. ②(어떤 사물을) 무턱대고 싫어함.

⊗**食む**[はむ] 〈5他〉 ①(주로 동물이) 먹다. 마시다. ②(봉급을) 받다. ③해치다. 손상하다.

食み跡 [はみあと] 은어가 돌에 붙은 조류(藻類)를 뜯어먹은 잇자국.

食み出す [はみだす] 〈5自〉 불거져 나오다. 초과하다.

食み出る [はみでる] 〈下1自〉 불거져 나오다. 초과하다.

音読

食[しょく] ①식사. 음식물. ②식욕. ③(식사의 횟수) …끼.

食する[しょくする] 〈サ変自他〉 ①먹다. ②생활하다. ③≪天≫ 이지러지게 하다.

食パン[しょくパン/しょっパン] 식빵.

食もたれ[しょくもたれ] 소화불량.
食間[しょっかん] 식간; 식사 때와 식사 때와의 사이.
食客[しょっかく/しょっきゃく] 식객; ①더부살이. ②(옛날) 손님으로서 대우한 부하.
食券[しょっけん] 식권; 식사 티켓.
食器[しょっき] 식기; 음식 그릇.
食器戸棚[しょっきどだな] 찬장.
4食堂❶[しょくどう] 식당; ①식사를 하는 곳. ②간단한 음식을 제공하는 음식점. ❷[じきどう] ≪仏≫ 큰 절의 식당.
食堂車[しょくどうしゃ] (열차의) 식당차.
食台[しょくだい] 밥상. 식탁.
食道[しょくどう] ≪生理≫ 식도.
食道鏡[しょくどうきょう] ≪医≫ 식도경.
食道楽[しょくどうらく] 식도락; 여러 음식을 맛보며 먹는 일을 즐김.
2食糧[しょくりょう] 식량; 먹을 양식.
食禄[しょくろく] 식록; 녹봉.
食料[しょくりょう] ①식품. 주식 이외의 음식. ②식대. 식사값. 식사비.
3食料品[しょくりょうひん] 식료품.
2食物[しょくもつ] 음식. 음식물.
食味[しょくみ] 음식 맛.
食分[しょくぶん] ≪天≫ 식분; 일식(日蝕)・월식(月蝕) 때 해나 달이 이지러지는 정도.
食費[しょくひ] 식비; 식사의 비용. 식대.
3食事[しょくじ] 식사; 음식을 먹음.
食事時[しょくじどき] 식사 때.
食傷[しょくしょう] 식상; ①식중독. ②싫증이 남. 물림.
食生活[しょくせいかつ] 식생활.
食膳[しょくぜん] ①밥상. 식탁. ②(밥상에 차린) 음식.
食性[しょくせい] 식성; 식사 습성.
食細胞[しょくさいぼう] 식세포; 체내에서 세균 등을 잡아먹는 세포.
食言[しょくげん] 식언; 거짓말을 함.
2食塩[しょくえん] 식염; 식용의 소금.
2食欲[しょくよく] 식욕; ①밥맛. ②하고 싶은 마음.
食用[しょくよう] 식용; 먹을 것에 사용함.
食用蛙[しょくようがえる] 식용 개구리.
食用油[しょくようゆ] 식용유.
食油[しょくゆ] 식유; 식용유.
食肉[しょくにく] 식육; ①짐승이 다른 종류의 고기를 먹음. ②식용육(食用肉).
食肉獣[しょくにくじゅう] 육식(肉食) 동물.
食餌[しょくじ] 식이; 요양(療養)을 위해 조리한 음식.
食人種[しょくじんしゅ] 식인종.
食作用[しょくさよう] 식균(食菌) 작용.
食前[しょくぜん] 식전; 식사하기 전.
食中り[しょくあたり] 식중독.
食中毒[しょくちゅうどく] 식중독.
食指[しょくし] 식지; 집게손가락.
食尽[しょくじん] 식심(蝕甚); 일식(日蝕)・월식(月蝕)에서 가장 많이 이지러진 때.
食滞[しょくたい] 식체; 소화불량.
食酢[しょくず] 식초; 식용으로 쓰는 초.
食虫植物[しょくちゅうしょくぶつ] 식충 식물.
2食卓[しょくたく] 식탁; 식사를 하는 탁자.
食通[しょくつう] 식통; 음식 맛에 정통함.
食偏[しょくへん] 밥식변. ＊한자(漢字) 부수의 하나로 '飯・飾' 등의 '食' 부분을 말함.
2食品[しょくひん] 식품; 식료품.
食害[しょくがい] 식해; (쥐・해충 등이) 식물을 먹어 치움. 충해(虫害).
食紅[しょくべに] 빨강색 식용 색소.
食後[しょくご] 식후; 식사한 후.
食休み[しょくやすみ] 식사 후의 휴식.
◑乞食[こじき], 断食[だんじき]

息 숨쉴/자식 식

´ 丆 冂 白 自 自 自 息 息 息

音 ◉ソク
訓 ◉いき

訓読

2◉息[いき] ①숨. 호흡. ②입김. 내쉬는 공기. ③(2인 이상이 일할 때의) 마음. 호흡. 가락. 손발. ④김. 증기. ⑤영향력. 힘.
息む[いきむ] 〈5自〉 (숨을 들이켜) 배에 힘을 주다.
息遣い[いきづかい] 호흡. 숨결.
息継ぎ[いきつぎ] ①(노래하는 도중) 숨을 돌림. ②(일하는 도중) 잠시 쉼. 한숨 돌림.
息苦しい [いきぐるしい] 〈形〉 ①숨쉬기가 힘들다. 숨이 막히다. ②(분위기가) 숨이 막힐 것 같다. 답답하다.
息巻く [いきまく] 〈5自〉 ①(화가 나서) 씩씩거리다. ②딱딱거리다. 기세 높게 으르대다.
息の根[いきのね] 호흡. 숨통. 생명. 목숨.
息急く[いきせく] 〈5自〉 숨을 헐떡거리다.
息急き[いきせき] 숨을 헐떡거림.

息急き切る[いきせききる] 〈5自〉 ①숨을 헐떡이다. ②몹시 서두르다.

息抜き[いきぬき] ①(일하는 도중) 잠시 쉼. 한숨 돌림. ②환기창(換気窓). 숨구멍.

息の緒[いきのお] ①목숨. 생명. ②숨. 호흡.

息音[いきおと] 숨소리. 호흡 소리.

[3]**息子**[★むすこ] 아들.

息杖[いきづえ] (가마채나 짐을 받치는) 작대기.

息張る[いきばる] 〈5自〉 (숨을 들이켜) 배에 힘을 주다.

息切れ[いきぎれ] ①숨이 참. 헐떡임. ②힘에 겨워 그만둠.

息差し[いきざし] ①숨결. 숨 쉬는 모양. ②기세. 패기(覇気). ③기미. 낌새.

息衝く[いきづく] 〈5自〉 ①숨을 헐떡이다. ②탄식하다. 한숨쉬다. ③(역사・전통이) 숨 쉬다.

息吹[★いぶき] ①숨. 숨결. 호흡. ②기척. 조짐. 활기. 생기.

息の下[いきのした] (중병・임종 때의) 괴로운 숨결. 숨이 깔딱거리는 상태.

息休め[いきやすめ] (일하는 도중) 잠깐 쉼. 한숨 돌림.

息詰まる[いきづまる] 〈5自〉 (긴장하여) 숨이 막히다.

息詰む[いきづむ] 〈4自〉≪古≫ ①(숨을 들이켜) 배에 힘을 넣다. ②참다. 인내하다.

音読

息女[そくじょ] ¶御(ご)～ 영애(令愛). 신분이 높은 사람의 딸.

息災[そくさい] ①≪仏≫ 불력(仏力)으로 재난을 없앰. ②건강함. 무사함.

息災延命[そくさいえんめい] 식재연명; 무사하여 장수함.

息災日[そくさいにち] 식재일; 어떤 일을 해도 길한 날.

植 심을 식

一 十 才 木 木 朩 朩 朩 植 植 植

音 ◉ショク
訓 ◉うえる ◉うわる

訓読

[3]**◉植える**[うえる] 〈下1他〉 ①(화초・나무 등을) 심다. ②(작은 물건을) 끼워 넣다. 꽂다. ③이식(移植)하다. 접종하다. 배양하다. ④(사상 등을) 주입하다.

[1]**◉植わる**[うわる] 〈5自〉 심어지다. 심기다.

植女[うえめ] ≪古≫ 모내기하는 여자.

[2]**植木**[うえき] ①정원수(庭園樹). ②분재(盆栽).

植木鉢[うえきばち] 화분(花盆).

植木算[うえきざん] 일정한 간격의 나무나 전봇대의 수와 그 간격의 수와의 관계에서 문제를 푸는 산술.

植木室[うえきむろ] 온실(温室).

植木屋[うえきや] 정원사(庭園師).

植(え)付け[うえつけ] ①(묘목 등의) 옮겨심기. 이식(移植). ②(벼의) 모내기. 모심기. 이앙(移秧).

植え付ける[うえつける] 〈下1他〉 ①이식(移植)하다. 옮겨 심다. 이앙(移秧)하다. 모내기하다. ②(마음에) 심어주다. 불어넣다.

植付機[うえつけき] 이앙기(移秧機).

植(え)込み[うえこみ] ①(정원수 등의) 수풀. 식수림(植樹林). ②(씨감자 등의) 심기. ③(어떤 것을 다른 물건 속에) 끼워 넣기.

植え込む[うえこむ] 〈5他〉 ①(정원수 등을) 뜰에 심다. 한데 모아 심다. ②(어떤 것을 다른 물건 속에) 끼워 넣다.

植(え)疱瘡[うえぼうそう] 종두(種痘).

音読

植林[しょくりん] 식림; 나무를 심어 수풀을 만듦.

[2]**植物**[しょくぶつ] 식물; 동물을 제외한 생물.

植物園[しょくぶつえん] 식물원.

植民[しょくみん] 식민; 본국과 종속 관계에 있는 땅에 자국민을 이주시켜 경제 발전을 꾀하는 일.

植民政策[しょくみんせいさく] 식민 정책.

[1]**植民地**[しょくみんち] 식민지.

植樹[しょくじゅ] 식수; 나무를 심음.

植字[しょくじ/ちょくじ] 식자; 조판(組版).

植皮[しょくひ] ≪医≫ 식피; 피부 이식(移植).

植皮術[しょくひじゅつ] ≪医≫ 식피술; 피부 이식술(移植術).

殖 번식할 식

一 厂 歹 歹 歹 歼 歼 殖 殖 殖

音 ◉ショク
訓 ◉ふえる ◉ふやす

訓読

[2]**◉殖える**[ふえる] 〈下1自〉 ①(재산이) 늘다. 불어나다. ②(생물이) 번식하다.

2◉殖やす[ふやす] 〈5他〉 ①(재산을) 늘리다. 불리다. ②(동식물을) 증식시키다. 번식시키다.

音読

殖民[しょくみん] 식민; 본국과 종속 관계에 있는 땅에 자국민을 이주시켜 경제 발전을 꾀하는 일.

殖産[しょくさん] 식산; 재산을 늘림.

殖財[しょくざい] 식재; 재산 증식.

飾(飾) 꾸밀 식
𠆢 今 今 食 食 食 食 飣 飾 飾

音 ◉ショク

訓 ◉かざる

訓読

3◉飾る[かざる] 〈5他〉 ①장식하다. 꾸미다. 치장하다. ②영광되게 하다. 빛내다. ③진열하다. 꾸며놓다. ④장식으로 걸다·놓다.

2飾り[かざり] ①장식. 장식물. ②겉치레. 허식(虚飾). ③장식품. 허울뿐임. ④¶お~ 설에 장식하는 'しめかざり·まつかざり'의 준말.

飾りボタン[かざりボタン] 장식 단추.

飾(り)臼[かざりうす] (설날의 농가에서) 절구에 금줄을 치고 鏡餅(かがみもち)를 차리는 일.

飾(り)気[かざりけ] 꾸밈. 겉치레.

飾(り)納め[かざりおさめ] 설날의 장식물을 떼어 없애는 일.

飾り立てる[かざりたてる] 〈下1他〉 화려하게 꾸미다. 요란하게 꾸미다.

飾(り)馬[かざりうま] (설날) 말에 장식을 달고 축하함. 장식을 한 말.

飾(り)売り[かざりうり] 설날의 장식물을 파는 사람.

飾り物[かざりもの] ①장식. 장식품. ②설 장식물. ③허울뿐임. 명색뿐임.

飾(り)付け[かざりつけ] 장식. 장식한 것.

飾り付ける[かざりつける] 〈下1他〉 ①장식하다. 아름답게 꾸미다. ②아름답게 진열하다.

飾り棚[かざりだな] ①(응접실 등의) 장식장. 장식 선반. ②상품 등을 장식하는 선반.

飾り師[かざりし] 금속 장식품의 세공업자.

飾り松[かざりまつ] 설날 대문에 장식하는 소나무.

飾(り)屋[かざりや] ☞ 飾り師

飾(り)窓[かざりまど] 진열창. 쇼윈도.

飾り海老[かざりえび] 장식용 왕새우.

音読

飾言[しょくげん] 식언; 말을 꾸며댐. 교묘하게 둘러댐. 교묘하게 얼버무림.

識 ①알 식 ②표할 지
言 言 言 訁 訁 諳 諳 識 識 識

音 ◉シキ

訓 —

音読

識見[しきけん/しっけん] 식견; 학식과 견문.

識別[しきべつ] 식별; 알아서 구별함.

識字[しきじ] 식자; 글을 깨우침.

識字運動[しきじうんどう] 문맹 퇴치 운동.

識者[しきしゃ] 식자; 지식인.

拭 닦을 식	音 ⊗ショク 訓 ⊗ぬぐう ⊗ふく

訓読

⊗拭う[ぬぐう] 〈5他〉 ①닦다. 훔치다. ②지우다. 씻다.

拭い取る[ぬぐいとる] 〈5他〉 닦아내다.

2⊗拭く[ふく] 〈5他〉 (걸레나 종이 등으로) 닦다. 훔치다.

拭き掃除[ふきそうじ] 걸레질.

拭き込む[ふきこむ] 〈5他〉 윤이 나도록 닦다. 반들반들하게 닦다.

拭き取る[ふきとる] 〈5他〉 닦아내다.

蝕×(蝕) 벌레먹을 식	音 ⊗ショク 訓 ⊗むしばむ

訓読

⊗蝕む[むしばむ] 〈5他〉 ①벌레 먹다. 좀 먹다. ②(심신을) 해치다.

音読

蝕分[しょくぶん] ≪天≫ 식분; 일식(日蝕)·월식(月蝕) 때 해나 달이 이지러지는 정도.

蝕甚[しょくじん] 식심; 일식(日蝕)·월식(月蝕)에서 식분(蝕分)이 가장 심한 때.

신

申 펼/말할 신

丨 冂 日 日 申

音 ◉シン
訓 ◉もうす ⊗さる

訓読

[3]◉**申す**[もうす] 〈5他〉 ①말씀드리다. 여쭙다. ②하다. ＊'する(하다)・なす(행하다)'의 겸양어.

申さば [もうさば] 말하자면. 이를테면.

申し[もうし] 여보세요. ＊남에게 말을 건넬 때에 사용하는 겸양어.

申(し)開き[もうしひらき] 해명(解明). 변명.

申し開く[もうしひらく] 〈5他〉 해명하다. 변명하다. 변명 드리다.

申し兼ねる[もうしかねる] 〈下1他〉 말씀드리기 곤란하다. (말하고 싶지만) 말할 수 없다.

申し継ぎ[もうしつぎ] (후임자에게) 인계함. 전달함. 전달 사항.

申し継ぐ[もうしつぐ] 〈5他〉 ①(후임자에게) 말로 전하다. 인계하다. 전달하다. ②(주인에게 손님의) 말씀을 전하다.

申(し)渡し[もうしわたし] 언도(言渡). 선고.

申し渡す[もうしわたす] 〈5他〉 언도(言渡)하다. 선고(宣告)하다. 통고하다. 명령하다.

申(し)立て[もうしたて] ①제기함. 신청함. ②《法》 주장. 신청.

申し立てる[もうしたてる] 〈下1他〉 ①(의견・희망을 공공기관에) 제기하다. 신청하다. 제의하다. ②상신(上申)하다 말씀 올리다.

申し文[もうしぶみ] 상주문(上奏文). 사정을 아뢰는 글.

申し聞かせる[もうしきかせる] 〈下1他〉 알아듣도록 말씀드리다.

申し聞ける[もうしきける] 〈下1他〉 알아듣도록 말씀드리다.

申し付かる[もうしつかる] 〈5他〉 분부를 받다.

申し付ける[もうしつける] 〈下1他〉 분부하다. 명령하다.

[1]**申し分**[もうしぶん] ①할 말. 주장. ②나무랄 데. 흠잡을 데.

[3]**申し上げる**[もうしあげる] 〈下1他〉 ①말씀드리다. 여쭙다. 아뢰다. ②…하여 드리다.

申し送り[もうしおくり] ①(말의) 전달. ②(사무・명령 등의) 인계. 전달.

申し送る[もうしおくる] 〈5他〉 ①(편지・전언으로) 상대에게 전하다. ②(사무・명령 등을 다른 사람에게) 전달하다.

申し受ける[もうしうける] 〈下1他〉 ①신청하여 받다. ②삼가 받다. 주문 받다.

申し述べる[もうしのべる] 〈下1他〉 말씀드리다. 진술하다. 말하다.

[2]**申し訳**[もうしわけ] ①변명. 해명. ②형식적임. 명색뿐임.

[2]**申し訳無い**[もうしわけない] 면목이 없다. 미안하다.

申(し)越し[もうしこし] 말씀을 주심.

申し越す[もうしこす] 〈5他〉 (편지 등을 통해서) 말씀을 주시다. 말씀해 오다.

申(し)入れ[もうしいれ] 신청. 제의.

[1]**申し入れる**[もうしいれる] 〈下1他〉 신청하다. 제의하다. 제기하다.

[2]**申し込む**[もうしこむ] 〈5他〉 ①신청하다. ②제의하다. 제기하다. 말하다.

[1]**申(し)込(み)**[もうしこみ] 신청(申請).

申込書[もうしこみしょ] 신청서(申請書).

申し子[もうしご] ①(神仏이) 점지해 주신 자식. ②부산물(副産物).

申し状[もうしじょう] ①주장(主張). 하고 싶은 말. ②상신하는 문서. ③(중세의) 원고의 소장(訴状).

申し伝える[もうしつたえる] 〈下1他〉 말씀을 전해 드리다. 전갈 드리다.

申し添える[もうしそえる] 〈下1他〉 덧붙여 말씀드리다. 말을 덧붙이다.

[1]**申し出**[もうしで] (의견・희망 등의) 제의. 신청.

申し出で[もうしいで] 제의. 신청. ＊'申し出(もうしで)'보다 다소 부드럽고 예스러움.

申し出る[もうしでる] 〈下1他〉 (의견・희망 등을) 자청해서 말하다. 신청하다. 신고하다.

申(し)合(わ)せ[もうしあわせ] 합의. 약정(約定).

申し合(わ)せる[もうしあわせる] 〈下1他〉 합의하다. 약정(約定)하다.

申し候[もうしそうろう] 아뢰옵니다. 말씀드리옵니다.

⊗**申**[さる] 신; ①십이지(十二支)의 아홉째. 원숭이. ②신시(申時). 오후 3시~5시 사이. ③신방(申方). 서남서쪽.

申楽[さるがく] ①室町(むろまち) 시대까지의 雑芸(ぞつげい)의 총칭. ②'能楽(のうがく)'의 옛 이름.

申楽談義[さるがくだんぎ] 能楽書(のうがくしょ). 能楽(のうがく)의 정신·방식 등을 해설한 책.

音読

1**申告**[しんこく] 신고; 일정한 사실을 진술하거나 보고하는 일.

申達[しんたつ] 하달(下達). 상급 관청에서 하급 관청에 문서로 지령을 내림.

2**申請**[しんせい] 신청; 신고하여 청구함.

申請人[しんせいにん] 신청인.

迅(迅) 빠를 신

ㄱ ㅋ 卂 卂 汛 迅

音 ◉ジン

訓 —

音読

迅雷[じんらい] 신뢰; 맹렬한 천둥.

迅速[じんそく] 신속; 매우 빠름.

迅雨[じんう] 신우; 세차게 내리는 비.

身 몸 신

´ ㇒ 冂 冂 冃 自 身 身

音 ◉シン

訓 ◉み

訓読

2◉**身**[み] ①몸. 신체. ②자기. 자신. ③(짐승·생선의) 살. ④신분. 분수. ⑤성의. 정성. ⑥입장. 처지. ⑦(나무의) 속 부분. ⑧(뚜껑에 대하여) 물건을 넣는 부분.

身ぐるみ [みぐるみ] 몸에 지닌 것 몽땅.

身ごなし[みごなし] 몸놀림. 거동. 태도.

身じろぎ[みじろぎ] 몸을 꼼짝거림.

身じろぐ[みじろぐ] 〈5他〉 몸을 움직이다. 꼼짝거리다.

身すがら[みすがら] ①(딸린 가족이 없는) 홀몸. ②(짐 등을 지니지 않은) 몸뿐임.

身せせり[みせせり] 스스로 몸을 흔듦.

1**身なり**[みなり] ①옷차림. 복장. ②몸집. 덩치.

身開き[みひらき] 자기 해명.

身欠き鰊[みかきにしん] 거두절미해서 발기어 말린 청어.

身軽[みがる] ①(몸이) 가벼움. 가뿐함. ②(몸이) 홀가분함. 간편함. ③(출산하여) 몸이 가벼워짐.

身軽い[みがるい] 〈形〉 (동작이) 날쌔다. 몸이 가볍다. 가뿐하다. 홀가분하다.

身頃[みごろ] (옷의) 길.

身固め[みがため] 몸차림.

身共[みども] 나. 우리. *중세 이후 무사(武士)들이 사용했음.

身空[みそら] 신세. 처지. 몸.

身過ぎ[みすぎ] 살아가기. 지내기. 생계.

身過ぎ世過ぎ[みすぎよすぎ] 세상살이.

身構え[みがまえ] (공격·방어의) 자세. 태도.

身構える[みがまえる] 〈下1自〉 (공격·방어의) 자세를 취하다. 태세를 갖추다.

1**身近**[みぢか] ①신변. 자기 몸 가까운 곳. ②자기와 가까움. 자기와 관계가 깊음.

身近い[みぢかい] 〈形〉 자기와 가깝다. 자기와 관계가 깊다.

身奇麗[みぎれい] (몸차림이) 단정함. 깔끔함.

身寄り[みより] (의지할 수 있는) 친척. 친족. 연고자.

身綺麗[みぎれい] ☞ 身奇麗(みぎれい)

身嗜み[みだしなみ] ①몸가짐. 차림새. ②필수 조건. 소양(素養).

身内❶[みうち] ①온몸. 전신. ②일가. 친척. 집안. ③한패. 패거리. ❷[みぬち] 몸속. 체내(体内).

身の代[みのしろ] ①'身の代金'의 준말. ②재산.

身の代金[みのしろきん] (유괴된 사람의) 몸값. 인질의 몸값.

身代(わ)り[みがわり] (남을) 대신함. 대역함.

身動き[みうごき] ①몸을 움직임. 운신(運身). ②(마음대로) 행동함.

身籠る[みごもる] 〈5自他〉 임신하다.

身売り[みうり] ①(여자가) 몸을 팖. ②(경영난 등으로) 양도함. 넘김.

身の毛[みのけ] 몸의 털.

身悶え[みもだえ] 몸부림.

身悶える[みもだえる] 〈下1自〉 몸부림치다.

身抜け[みぬけ] (주위와의 관계를 끊고) 빠져 나옴. 몸을 뺌.

身柄[みがら] ①(구류·보호 대상으로서의) 신병. 당사자의 몸. ②신분. 지위.

2**身分**[みぶん] ①신분. ②지위. ③신세. 팔자. 처지.

身分法[みぶんほう] ≪法≫ 신분법.
身仕度[みじたく] 몸차림. 몸치장.
身仕舞い[みじまい] (여자의) 몸치장. 몸단장.
[1]身の上[みのうえ] 신상; ①신세. ②운명. 신수(身数).
身繕い[みづくろい] 몸치장. 몸차림.
身性[みじょう] ①천성(天性). 성품. ②신분. 신상. ③품행. 몸가짐.
見受け[みうけ] (기생·창녀의 빚을 갚아주고) 기적(妓籍)에서 몸을 빼냄.
身熟し[みごなし] 몸놀림. 태도. 거동.
身勝手[みがって] 제멋대로임. 방자함.
身元[みもと] 신원; 일신상의 관계.
身元保証[みもとほしょう] 신원 보증.
身一つ[みひとつ] 혼자 몸. 단신(単身).
身の丈[みのたけ] 신장; 키.
身丈[みたけ] 신장; 키.
身状[みじょう] ①천성(天性). 성품. ②신분. 신상. ③품행. 몸가짐.
身の長[みのたけ] 신장; 키.
身銭[みぜに] 자기 돈. 생돈.
身の程[みのほど] 분수.
身の程知らず[みのほどしらず] 자신의 분수를 모름.
身拵え[みごしらえ] 몸치장. 몸차림.
身柱[★ちりけ] ①(목덜미의 아래 양어깨의 중앙에 있는) 뜸자리의 하나. ②어린이의 간기(癇気).
身柱元[★ちりけもと] 목덜미.
身重[みおも] 임신함.
身支度[みじたく] 몸차림. 몸치장.
身知らず[みしらず] ①분수를 모름. ②몸을 돌보지 않음.
身持ち[みもち] ①몸가짐. 품행. ②임신함.
[1]身振り[みぶり] ①몸짓. 몸놀림. ②옷차림. ③얼굴 생김새.
身の振り方[みのふりかた] 처신.
身震い[みぶるい] 몸을 떪. 몸서리 침.
身請け[みうけ] (기생·창녀의 빚을 갚아주고) 기적(妓籍)에서 몸을 빼냄.
身替(わ)り[みがわり] (남을) 대신함. 대역함.
身投げ[みなげ] 투신 자살.
身罷る[みまかる] 〈5自〉 죽다. 돌아가시다.
身八つ[みやつ] '身八つ口'의 준말.
身八つ口[みやつくち] (일본옷의) 겨드랑이에서 옆 솔귀에 튼 아귀.
身偏[みへん] 몸신변. ＊한자(漢字) 부수의 하나로 '射·躬' 등의 '身' 부분을 말함.

身包み[みぐるみ] 몸에 걸친 것 몽땅.
身の皮[みのかわ] 몸에 걸친 옷.
[1]身形[みなり] ①옷차림. 복장. ②몸집. 덩치.
[1]身の回り[みのまわり] ①(곁에 두고 쓰는) 일용품. ②매일의 생활. ③(사업·교제의) 신변의 일.

音読

身代[しんだい] (개인의) 재산.
身代限り[しんだいかぎり] ①파산(破産). ②(江戸(えど) 시대부터 明治(めいじ) 시대에 걸쳐) 빚을 못 갚을 경우 전 재산을 채권자에게 양도하던 제도.
身命[しんめい] 신명; 몸과 목숨.
身辺[しんぺん] 신변; 몸과 몸의 주변.
身上❶[しんしょう] ①재산. ②살림살이. ③장점(長点). ❷[しんじょう] 신상; ①그 사람에 관한 사항. ②장점(長点).
身上持ち[しんしょうもち] ①부자. 재산가. ②살림살이.
身心[しんしん] 신심; 몸과 마음. 심신(心身).
[2]身長[しんちょう] 신장; 키.
身障[しんしょう] '身体障害'의 준말.
身障法[しんしょうほう] '身体障害者福祉法'의 준말.
身障児[しんしょうじ] 신체 장애자.
身障者[しんしょうしゃ] 신체 장애자.
身中[しんちゅう] (동물의) 몸 속.
[2]身体[しんたい] 신체; 몸.
身体髪膚[しんたいはっぷ] 몸 전체.
身体障害者[しんたいしょうがいしゃ] 신체 장애자.

臣 신하 신

丨 𠂆 𠃍 ⼕ 𦣞 𦣞 臣

音 ◉シン ◉ジン
訓 —

音読

臣[しん] 신; 신하.
臣民[しんみん] 신민; 군주국의 국민.
臣服[しんぷく] 신복; 신하로서 복종함.
臣事[しんじ] 신사; 신하로서 섬김.
臣籍[しんせき] 신적; 백성으로서의 신분.
臣節[しんせつ] 신절; 신하로서의 절조.
臣従[しんじゅう] 신종; 신하로서 따름.
臣下[しんか] 신하; 왕을 섬기는 벼슬아치.
◑大臣[だいじん]

辛 매울/괴로울 신

丶 亠 立 辛 辛 辛 辛

音 ◉シン
訓 ◉からい ⊗かろうじて ⊗つらい ⊗かのと

訓読

4◉辛い❶[からい] 〈形〉 ①(맛이) 맵다. 얼큰하다. 얼얼하다. ②(맛이) 짜다. ③(술맛 등이) 쏘는 맛이 있다. ④(평가가) 박하다. 짜다. ⑤고통스럽다.

2⊗辛い❷[つらい] 〈形〉 ①괴롭다. 고통스럽다. ②매정하다. 가혹하다. ③(동사 ます형에 접속하여) …하기 거북하다. …하기 곤란하다.

⊗辛[かのと] 신; 십간(十干)의 여덟 번째. 오행으로는 금(金).

⊗辛うじて[かろうじて] 겨우. 간신히.

辛く[からく] 겨우. 간신히.

辛くも[からくも] 겨우. 간신히.

辛み[からみ] 매운 맛. 짠 맛.

辛め[からめ] ①매콤함. 짭짤함. ②짬.

辛口[からくち] ①맵거나 짠 것을 좋아함. ②(된장·술 등이) 짭짤함. 매콤함. 쌉쌀함. ③애주가(愛酒家).

辛党[からとう] 술꾼. 애주가(愛酒家).

辛味[からみ] 매운 맛. 짠 맛.

辛味噌[からみそ] 짠 된장.

辛子[からし] 겨자. 겨자씨.

辛子泥[からしでい] 물에 갠 겨자.

辛子漬(け)[からしづけ] (야채의) 겨자절임.

辛子菜[からしな] ≪植≫ 갓. 개채(芥菜).

辛子和(え)[からしあえ] 겨자무침.

音読

辛苦[しんく] 신고; 고생.

辛気[しんき] 마음이 울적함.

辛気臭い[しんきくさい] 〈形〉 (마음대로 안 되어) 마음이 답답하다. 애가 타다.

辛辣[しんらつ] 신랄함. 가혹함.

辛労[しんろう] 신로; 심한 고생.

辛酸[しんさん] 신산; 괴롭고 쓰라림. 쓰디쓴 경험.

辛勝[しんしょう] 신승; 간신히 이김.

1辛抱[しんぼう] 참고 견딤. 인내함.

辛抱強い[しんぼうづよい] 〈形〉 참을성이 많다. 인내심이 강하다.

伸 펼 신

丿 亻 亻 仃 伯 伸 伸

音 ◉シン
訓 ◉のばす ◉のびる ⊗のべる ⊗のす

訓読

2◉伸ばす[のばす] 〈5他〉 ①(길게) 늘이다. ②(곧게) 펴다. ③발전시키다. 계발하다. 신장시키다. ④(수염을) 길게 기르다.

2◉伸びる[のびる] 〈上1自〉 ①(길게) 자라다. 성장하다. 늘다. ②(곧게) 펴지다. ③발전되다. 향상되다. ④(영향이) 미치다.

伸び[のび] ①신장. 성장. ②(키 등이) 자람. ③(페인트 등이) 퍼짐. ④기지개.

伸びやか[のびやか] 〈形動〉 ①평온함. 느긋함. ②구김살이 없음. 쭉쭉 뻗음.

伸び悩む[のびなやむ] 〈5自〉 ①제대로 성장·향상·진전하지 않다. 제자리걸음을 하다. ②시세가 답보 상태다.

伸び率[のびりつ] 성장률. 신장률. 증가율.

伸び上がる[のびあがる] 〈5自〉 (키를 높이려고) 까치발하다. 발돋움하다.

伸び盛り[のびざかり] (키가) 한창 자랄 때.

伸び伸び[のびのび] ①자유롭고 느긋함. 활달함. ②구김살 없이. 무럭무럭. 쑥쑥.

伸び支度[のびじたく] 클 준비. 자랄 채비.

伸び縮み[のびちぢみ] 신축; 늘어남과 줆.

⊗伸べる[のべる] 〈下1他〉 (손·다리 등을) 뻗치다.

⊗伸す[のす] 〈5自〉 ①(세력·재산·지위 등이) 뻗어나다. 향상되다. ②(멀리까지) 활동 범위를 넓히다. …한 김에 …까지 가다. 〈5他〉 ①평평하게 하다. 펴다. ②때려눕히다.

伸し[のし] ①펴서 넓힘. ②모제비 헤엄.

伸しいか[のしいか] 오징어포.

伸し掛かる[のしかかる] 〈5自〉 ①(위에서) 덮치다. 덮쳐누르다. ②위압적이 되다.

伸し餅[のしもち] 장방형으로 납작하고 길게 만든 떡.

伸し歩く[のしあるく] 〈5自〉 으스대며 걷다.

伸し上がる[のしあがる] 〈5自〉 ①뻗어 오르다. ②(남을 제치고) 뛰어오르다. ③(버릇없이) 기어오르다.

伸し上げる[のしあげる] 〈下1他〉 ①뻗어 오르게 하다. ②지위를 높이다. 부자가 되게 하다.
伸し烏賊[のしいか] 오징어포.

音読

伸長[しんちょう] 신장; (길이나 힘이) 늘어남.
伸張[しんちょう] 신장; (세력이나 물체 등이) 늘어남.
伸葬[しんそう] ☞ 伸展葬
伸展[しんてん] ☞ 伸張
伸展葬[しんてんそう] 신전장; 시체를 매장할 때 양쪽 다리를 편 상태에서 매장하는 방법.
伸縮[しんしゅく] 신축; 늘고 줄어듦. 늘이고 줄임.

信 믿을 신

丿 亻 仁 仨 信 信 信 信 信

音 ◉シン
訓 —

音読

信[しん] 신; ①신실함. ②신뢰. 신임. ③신앙심. ④(특정한 발신인으로부터 오는 통신의 착순) …신.
2信じる[しんじる] 〈上1他〉 ☞ 信ずる
2信ずる[しんずる] 〈サ変他〉 ①믿다. 신뢰하다. 신용하다. ②믿다. 신앙심을 가지다.
信管[しんかん] 신관; 도화관(導火管).
信教[しんきょう] 신교; 신앙. 종교를 믿음.
信女[しんにょ] 신녀; 보살할미.
1信念[しんねん] 신념; 굳게 믿는 마음.
信徒[しんと] 신도; 신자(信者).
信連[しんれん] '信用農業協同組合連合会'의 준말.
2信頼[しんらい] 신뢰; 믿고 의지함.
信望[しんぼう] 신망; 믿음과 덕망.
信伏[しんぷく] 신복; 믿고 복종함.
信服[しんぷく] 신복; 믿고 복종함.
信奉[しんぽう] 신봉; 믿고 받듦.
信憑性[しんぴょうせい] 신빙성; 신뢰성.
信士❶[しんし] 신의가 두터운 사람. ❷[しんじ] ≪仏≫ 청신사(清信士).
信賞必罰[しんしょうひつばつ] 신상필벌.
信書[しんしょ] 신서; 개인 사이의 편지.
信実[しんじつ] 신실; 진심. 성실.
信心[しんじん] 신심; 믿음. 신앙심.
信心家[しんじんか] 신앙심이 두터운 사람.
2信仰[しんこう] 신앙; 어떤 대상을 절대시하여 믿고 받듦.
信仰深い[しんこうぶかい] 〈形〉 신앙심이 깊다. 신앙심이 두텁다.
信愛[しんあい] 신애; ①신앙과 사랑. ②믿고 사랑함.
2信用[しんよう] 신용; ①믿어 의심치 않음. ②평판이 좋음.
信用貸(し)[しんようがし] 신용 대출(貸出).
信用買(い)[しんようがい] 신용 매입(買入).
信用残[しんようざん] '信用取引残高(しんようとりひきざんだか)'의 준말.
信用状[しんようじょう] 신용장.
信用借り[しんようがり] 신용으로 빌림.
信用取引残高[しんようとりひきざんだか] 신용거래 잔고.
信用協同組合[しんようきょうどうくみあい] 신용협동조합.
信義[しんぎ] 신의; 믿음과 의리.
1信任[しんにん] 신임; 믿고 일을 맡김.
信任状[しんにんじょう] 신임장.
1信者[しんじゃ] 신자; ①신도(信徒). ②신봉자. 팬.
信田巻[★しのだまき] 유부 주머니에 여러 가지 재료를 넣어 만든 요리.
信田鮨[★しのだずし] 유부 초밥.
信条[しんじょう] 신조; ①교의(教義). 종교상의 가르침. ②신념.
信託[しんたく] 신탁; 신용하고 위탁함.
2信号[しんごう] 신호; ①일정한 부호로 의사를 전달함. ②교통 신호.
信号待ち[しんごうまち] 신호 대기.

神(神) 귀신/신통할/정신 신

丶 ㇇ 礻 礻 礻 礿 祁 神 神

音 ◉シン ◉ジン
訓 ◉かみ ◉かん ◉こう

訓読

2◉神[かみ] 신; ①하느님. ②(민속적인) 신. 신령.
神さびる[かみさびる/かんさびる] 〈上1自〉 ①신성해 보이다. ②고풍스러워지다.
神降ろし[かみおろし] ①강신(降神). (축제 때) 신이 내리게 함. ②(무당이 자기 몸에) 신이 내리게 함.

神去る[かみさる] 〈4自〉 (높은 사람이) 돌아가시다. 죽다.

神掛けて[かみかけて] (신에게) 맹세코.

神国[かみぐに] 신국; 신이 다스리는 나라.

神奈備[かみなび/かむなび] 신산(神山). 신령이 있다는 산이나 숲.

神能[かみのう] 남체(男体)나 여체(女体)의 신을 주역으로 하는 能楽(のうがく).

神代[かみよ/じんだい] (일본의) 신화(神話) 시대. ＊천지개벽 때부터 神武天皇(じんむてんのう) 때까지를 말함.

神頼み[かみだのみ] 신의 가호를 구함.

神籬[★ひもろぎ] 신령이 깃드는 신성한 곳. ＊神社(じんじゃ)의 기원이 되었음.

神馬藻[★ほんだわら] ≪植≫ 모자반.

神無月[かんなづき/かみなづき] '음력 10월'의 딴이름.

神宝❶[かむだから] ①신의 보물. 신의 소유물. ②신에게 바치는 보물. ❷[しんぽう] ①神社(じんじゃ)의 보물. ②신성한 보물.

神棚[かみだな] 집안에 신령을 모셔 놓은 감실(龕室).

神憑り[かみがかり] ①신이 내림. 신이 내린 사람. ②미신적임. 광신적임.

神事❶[かみごと] ①신에 관한 제사. ②불가사의한 일. ❷[しんじ] 신에 관한 제사·의식.

神嘗祭[かんなめさい/かんなめまつり] 천황이 10월 17일에 행하는 궁중의 추수 감사절.

神送り[かみおくり] ①(음력 10월) 신들이 出雲(いずも)로 떠나는 것을 보내는 행사. ②재앙의 신을 내쫓음.

神信心[かみしんじん] 신을 믿음.

神神しい[こうごうしい] 〈形〉 성스럽다. 거룩하다. 숭고하다. 엄숙하다.

神楽[★かぐら] ①신에게 제사지낼 때 연주하는 일본 고유의 무악(舞楽). ②(歌舞伎(かぶき)의) 반주 음악의 하나.

神楽歌[★かぐらうた] 神楽(かぐら)의 노래.

神楽太鼓[★かぐらだいこ] 神楽(かぐら) 춤을 출 때 사용하는 방울.

2神様[かみさま] ①하느님. ②(그 분야에) 뛰어난 사람. 도사(道士). 천재.

神業[かみわざ] ①신의 조화. ②신기(神技). 귀신같은 솜씨. 기막힌 재간. ③ ≪古≫ 신에 관한 행사.

神輿[★みこし] 신여; (축제 때) 신위(神位)를 모신 가마.

神輿振り[★みこしふり] (축제 때) 가마를 메고 힘차게 흔드는 일.

神迎え[かみむかえ] 出雲(いずも)에 모인 신(神)들이 음력 10월 그믐날 각 神社(じんじゃ)로 돌아오는 것을 맞이하는 행사.

神詣(で)[かみもうで] 神社(じんじゃ) 참배.

神垣[かみがき] ①神社(じんじゃ)의 울타리. ②神社(じんじゃ).

神隠し[かみかくし] 갑자기 행방불명이 됨.

神隠れ[かみがくれ] ①신의 모습이 안 보임. ②감쪽같이 사라짐. ③귀신의 서거(逝去).

神主[かんぬし] 神社(じんじゃ)의 신관(神官).

神酒[★みき/しんしゅ] ①제주(祭酒). 신전(神前)에 바치는 술. ②¶お~ 술.

神参り[かみまいり] 神社(じんじゃ) 참배.

神祝[★かむほぎ/かむほき] 엄숙하게 축복함.

神風[かみかぜ] 신풍; ①신의 위력으로 일어난다는 바람. ②제2차 대전 중의 일본 해군 특공대. ③난폭. 무모. 결사적임.

神風タクシー[かみかぜタクシー] 총알 택시.

神風運転[かみかぜうんてん] 난폭 운전.

神懸(か)り[かみがかり] ①신이 내림. 신이 내린 사람. ②미신적임. 광신적임.

神懸(か)る[かみがかる] 〈5自〉 신이 내리다. 신들리다.

神懸けて[かみかけて] (신에게) 맹세코.

音読

神歌[しんか/かみうた] 신가; 신을 찬송하는 和歌(わか). 신에 관한 노래.

神剣[しんけん] 신검; ①황위(皇位)의 상징인 세 가지 신기(神器) 중의 하나인 草薙剣(くさなぎのつるぎ). ②신에게 받은 검. 신에게 바친 검.

神格[しんかく] 신격; 신의 격식.

2神経[しんけい] ① ≪生理≫ 신경. ②사물을 느끼거나 생각하는 힘. 감각. 감수성.

神経家[しんけいか] 신경질적인 사람.

神経症[しんけいしょう] 노이로제.

神経質[しんけいしつ] 신경질.

神経痛[しんけいつう] 신경통.

神鏡[しんきょう] ①황위(皇位)의 상징인 세 가지 신기(神器) 중의 하나인 八咫鏡(やたのかがみ). ②신령으로 모신 거울.

神階[しんかい] 신들에게 바쳤던 위계(位階).

神供[じんく] 신공; ①신전(神前)에 바치는 공양물. ② ≪仏≫ 밀교(密教)에서 불신(仏神)들을 공양하는 일.

神官[しんかん] 신관; 神社(じんじゃ)에 종사하는 관직.
神橋[しんきょう] 神社(じんじゃ)의 경내에 놓인 다리.
神宮[じんぐう] ①신전(神殿). ②격이 높은 神社(じんじゃ). ③伊勢神宮(いせじんぐう).
神宮寺[じんぐうじ] ≪仏≫ (옛날) 神社(じんじゃ)에 부속되었던 절.
神権[しんけん] 신권; ①신의 권위. ②신에게서 받은 권력.
神気[しんき] 신기; ①만물의 근원이 되는 기운. ②기력. 정신. ③신령한 기운
神技[しんぎ] 신기; 신묘한 기술.
神祇[じんぎ] 신기; 천신(天神)과 지신(地神).
神祇官[じんぎかん] ①(옛날) 궁중의 제사를 관장하고 지방의 神社(じんじゃ)를 통할한 중앙 관청. ②(明治(めいじ) 초기에) 제정일치(祭政一致)를 목적으로 설치한 관청.
神器[じんぎ] 신기; ①신에게서 받은 보기(宝器). ②'三種(さんしゅ)の神器(じんぎ)'의 준말.
神機[しんき] 신기; 신묘한 기략.
神女[しんにょ/しんじょ] 여신. 천녀(天女).
神代[じんだい/かみよ] 일본의 신화(神話) 시대. *천지개벽 때부터 神武天皇(じんむてんのう) 때까지를 말함.
神代文字[じんだいもじ] 한자(漢字)가 전래되기 이전에 사용했던 문자.
神代杉[じんだいすぎ] 오랜 세월 지하에 묻혀 있던 삼목(杉木).
神徳[しんとく] 신덕; 신의 은덕.
神都[しんと] 신도; 伊勢神宮(いせじんぐう)가 있는 三重県(みえけん)의 '伊勢市(いせし)'의 딴이름.
神道❶[しんとう] 일본 황실의 조상이라는 天照大神(あまてらすおおみかみ)를 숭배하는 일본 민족의 전통적 종교. ❷[しんどう] ①신의 도리. ②신기(神祇).
神童[しんどう] 신동; 재주가 비상한 아이.
神灯[しんとう] 신등; 신에게 바치는 등불.
神来[しんらい] 영감(霊感). 인스피레이션.
神慮[しんりょ] 신려; ①신의 뜻. ②임금의 마음.
神力[しんりょく/しんりき] 신력; ①신의 위력. ②불가사의한 힘.
神領[しんりょう] 神社(じんじゃ)에 딸린 토지.
神霊[しんれい] ①신령. ②신덕(神徳).
神馬[しんめ/じんめ] 神社(じんじゃ)에 바친 말.
神名[しんめい] 신명; ①신의 이름. ②神社의 명칭.
神明[しんめい] 신명; 신(神).
神明造り[しんめいづくり] ≪建≫ 神社(じんじゃ) 건축 양식의 하나.
神謀[しんぼう] 신모; 신통한 책모(策謀).
神木[しんぼく] 신목; ①神社(じんじゃ) 경내의 나무. ②신령이 깃든다는 나무.
神妙[しんみょう] 신묘; ①불가사의함. ②온순함. 얌전함. ③신통함. 기특함.
神武天皇[じんむてんのう] 일본 제1대 천황. *B. C. 660년에 즉위했다고 함.
神文[しんもん] 신문; 신에게 서약하는 글.
神米[しんまい] 공미(供米). 신불(神仏)에게 바치는 쌀.
神方[しんぽう] 신방; 신기한 방술.
神拝[しんぱい] 신배; 신에게 예배를 드림. 神社(じんじゃ)에 참배함.
神罰[しんばつ] 신벌; 천벌(天罰).
神変[しんぺん] 신변; 신비로운 변화.
神別[しんべつ] 신별; 신의 자손이라는 가문. *藤原(ふじはら) 씨 등이 있음.
神宝[しんぽう/かんだから] ①神社(じんじゃ)의 보물. ②신성한 보물.
神父[しんぷ] 신부; 가톨릭교의 사제(司祭).
神符[しんぷ] 神社(じんじゃ)에서 발행한 부적.
神仏[しんぶつ] 신불; ①신과 부처. ②神道(しんとう)와 불교.
[1]**神秘**[しんぴ] 신비; 보통의 이론과 인식을 초월함.
神使[しんし] 신의 사자(使者).
[3]**神社**[じんじゃ] 신사; 일본 황실의 조상·신(神)·국가 유공자 등을 모신 건물.
神祠[しんし] 신사; 신을 모신 사당.
神事[しんじ] 신을 제사지내는 의식.
神璽[しんじ] 신새; ①황위(皇位)의 상징인 세 가지 신기(神器) 중에서 八尺瓊玉(やさかにのまがたま). ②세 가지 신기(神器)의 총칭. ③옥새(玉璽).
神色[しんしょく] 신색; 안색(顔色).
神仙[しんせん] 신선; ①신이나 선인. ②신통력을 터득한 사람.
[1]**神聖**[しんせい] 신성; 신처럼 성스러움.
神速[しんそく] 신속; 신기할 만큼 빠름.
神水[しんすい] 신수; ①신에게 바치는 물. ②영험이 있다는 물.
神授[しんじゅ] 신수; 신이 내려 줌.

神樹[しんじゅ] 신수; ①神社(じんじゃ) 경내의 나무. ②신령이 깃든다는 나무.
神髄[しんずい] 진수(真髄). 그 계통의 깊은 뜻.
神式[しんしき] 神道(しんとう)의 의식.
神域[しんいき] 신역; 神社(じんじゃ)의 경내. 신성한 영역.
神裔[しんえい] 신예; ①신의 자손. ②천황. 황족(皇族). 황실(皇室).
神韻[しんいん] 신운; (예술 작품 등의) 신비하고 고상한 운치.
神苑[しんえん] 신원; 神社(じんじゃ)의 경내. 경내의 정원.
神位[しんい] 신위; ①(옛날) 조정에서 신들에게 바쳤던 위계(位階). ②제사 때 신령을 모시는 장소.
神威[しんい] 신위; 신의 권위.
神儒仏[しんじゅぶつ] 神道(しんとう)·유교(儒教)·불교(仏教).
神意[しんい] 신의; 신의 뜻.
神異[しんい] 신이; 신비하고 영묘함.
神人[しんじん] 신인; ①신과 사람. ②신선(神仙). ③신불(神仏).
神将[しんしょう] 신장; 불법(仏法)을 수호하는 신.
神葬[しんそう] 神道(しんとう)의 의식으로 지내는 장례.
神田[しんでん] 神社(じんじゃ)에 딸린 논.
神前[しんぜん] 신전; 신의 앞. 神社(じんじゃ)의 앞.
神典[しんてん] 신전; ①신의 사적(事蹟)을 기록한 책. ②神道(しんとう)의 성전(聖典). ＊古事記(こじき)·日本書紀(にほんしょき) 등을 말함.
1**神殿**[しんでん] 신전; ①신을 모시는 전당(殿堂). ②神社(じんじゃ)의 본전(本殿).
神占[しんせん] 신점; 신에게 빌어 제비를 뽑아 점을 침.
神政[しんせい] 신정; 신의 대변자라는 사제(司祭)가 지배권을 가진 정치 형태.
神祭[しんさい] 천황이 직접 제사를 지냄.
神助[しんじょ] 신조; 신의 도움.
神座[しんざ] 신좌; 신위(神位)가 있는 곳.
神州[しんしゅう] ①신의 나라. ②신선이 사는 나라.
神駿[しんしゅん] 신준; 준마(駿馬).
神知[しんち] 신지; 영묘한 지혜.
神地[しんち] 신지; 신을 모시고 있는 땅.
神職[しんしょく] 신직; 神社(じんじゃ)에 종사하는 사람.
神饌[しんせん] 신찬; 신에게 바치는 음식.
神彩[しんさい] 신채; 뛰어난 풍채.
神泉[しんせん] 신천; 영묘한 샘.
神体[しんたい] 신체; 신의 상징으로 모신 예배의 대상물.
神出鬼没[しんしゅつきぼつ] 신출귀몰.
神託[しんたく] 신탁; 신의 계시.
神通力[じんずうりき] 신통력; 불가사의한 힘.
神品[しんぴん] 신품; ①신처럼 거룩한 품위. ②가장 뛰어난 예술 작품.
神学[しんがく] 신학; 종교를 연구하는 학문.
神学校[しんがっこう] 신학교.
神婚説話[しんこんせつわ] 신혼 설화; 신과 인간의 결혼을 소재로 다룬 설화.
神化[しんか] 신화; ①신의 덕화(徳化). ②신기한 변화. ③신격화(神格化). 신으로 받듦.
神火[しんか] 신화; ①신성한 불. 神社(じんじゃ)에서 피우는 불. ②도깨비불. 이상한 불.
2**神話**[しんわ] 신화; ①신을 중심으로 한 설화. ②절대적 존재로서 신격화된 것.

娠 아이밸 신

亻 女 女 女 女 女 妒 娠 娠 娠

音 ◉シン
訓 —

音読

◑**妊娠**[にんしん] 임신; 아이를 뱀.

紳 신사 신

〈 幺 幺 糸 糸 糸 紀 紳 紳 紳

音 ◉シン
訓 —

音読

1**紳士**[しんし] 신사; 품위 있고 예의 바른 남자. 부유한 남자.
紳士道[しんしどう] 신사도; 신사로서 지켜야 할 도덕.
紳士録[しんしろく] 신사록; 신사들의 개인 정보를 기록한 명단.
紳士服[しんしふく] 신사복; 남성의 양복.
紳商[しんしょう] 신상; 신사의 품위를 갖춘 일류 상인. 대상(大商).

愼(愼) 삼갈 신

丶 丷 忄 忄 忙 忙 忙 愼 愼 愼

音 ◉シン
訓 ◉つつしむ ⊗つつましい ⊗つつましやか

訓読

1◉愼む[つつしむ] 〈5他〉 ①삼가다. 조심하다. ②재계(斎戒)하다. 금기(禁忌)하다.

愼み[つつしみ] ①조심성. ②재계(斎戒). 금기(禁忌).

愼み深い[つつしみぶかい] 〈形〉 ①신중하다. 조심성이 많다. ②점잖다.

⊗愼ましい[つつましい] 〈形〉 ①수줍고 조심스럽다. ②얌전하다. 점잖다. ③검소하다.

⊗愼ましやか[つつましやか] 〈形動〉 얌전함. 점잖음.

音読

愼思[しんし] 신중하게 생각함.

2愼重[しんちょう] 신중; 매우 조심스러움.

新 새 신

亠 亣 立 立 辛 亲 亲 新 新 新

音 ◉シン
訓 ◉あたらしい ◉あらた ◉にい

訓読

4◉新しい[あたらしい] 〈形〉 ①새롭다. 새것이다. ②싱싱하다. 생생하다. 신선하다.

新しがり屋[あたらしがりや] 유행에 따라 새로운 것을 좇는 사람. 새로운 것을 좋아하는 사람.

2◉新た[あらた] 〈形動〉 새로움. 새로 함.

新墾[にいばり/あらき] 새로 개간함.

新墾田[あらきだ] 새로 개간한 논.

新墾治[あらきはり] 새로 논을 개간함.

新巻(き)[あらまき] ①짚이나 죽순 등으로 포장한 생선. ②얼간 연어 자반.

新島守[にいしまもり] 새로 부임한 섬지기.

新木[あらき] 갓 벤 목재. 원목(原木).

新墓[にいはか] 신묘; 새 무덤.

新盆[にいぼん/あらぼん/しんぼん] 사후(死後) 첫 번째의 우란분재(盂蘭盆斎).

新仏[あらぼとけ/にいぼとけ/しんぼとけ] ≪仏≫ 새로 귀적(鬼籍)에 든 사자(死者).

新嘗祭[にいなめさい/しんじょうさい] 11월 23일에 천황이 신에게 햅쌀을 바치는 궁중 행사. ＊지금은 '근로 감사의 날'로서 공휴일임.

新世帯[あらじょたい] ☞ 新所帯

新所帯[あらじょたい] 새살림. 신혼살림.

新手❶[あらて] ①(아직 싸워 보지 않은) 신병(新兵). 새 병사. 새 선수. ②신참. 신인(新人). 새 얼굴. ③새로운 수법. 신종(新種). ❷[しんて] 새로운 수단·방법·취향.

新身[あらみ] 새로 벼린 칼.

新室[にいむろ] ≪古≫ 새로 지은 집.

新玉[あらたま] 가공하지 않은 옥돌.

新玉の[あらたまの] ≪枕≫ '年(とし), 月(つき), 日(ひ), 春(はる)' 등에 걸림.

新妻[にいづま] 새댁. 새 색시.

新塚[にいつか] 신총; 새 무덤.

新治[にいばり] 새로 개간함.

新枕[にいまくら] 결혼 첫날밤.

新湯[あらゆ/さらゆ] 새로 데운 목욕물.

音読

2新[しん] 신; ①새로움. ②양력(陽暦). ③'新株(しんかぶ)'의 준말.

新マルサス主義[しんマルサスしゅぎ] 신맬서스주의. 인구 조절.

新モス[しんモス] '新(しん)モスリン'의 준말.

新仮名遣い[しんかなづかい] 신かな 용법.

新家[しんや] 신가; ①새집. ②분가한 집.

新嘉坡[シンガポル] 싱가포르.

新刊[しんかん] 신간; 새로 간행함. 새로 간행한 서적.

2新幹線[しんかんせん] 신칸센. 일본 고속철도.

新居[しんきょ] ①새집. ②새 살림. 신혼가정. ③새로 꾸민 집.

新建ち[しんだち] 신축(新築). 새로 지음.

新建材[しんけんざい] 신건재; 석고 보드·프린트 합판 등 새로운 건축 재료의 총칭.

新繭[しんまゆ] 신견; 햇고치.

新古[しんこ] 신고; 새것과 낡은 것.

新高値[しんたかね] 기록적인 최고 시세.

新考[しんこう] 신고; 새로운 생각·의견.

新稿[しんこう] 신고; 새로 쓴 원고.

新曲[しんきょく] 신곡; 새로 만든 곡.

新穀[しんこく] 신곡; 햇곡식. 햅쌀.

新館[しんかん] 신관; 새로 지은 건물.

新鉱[しんこう] 신광; 새 광산·광맥.

新教[しんきょう] 신교; 프로테스탄트.

新旧[しんきゅう] 신구; ①새것과 낡은 것. ②양력과 음력.
新菊[しんぎく] ①새싹이 난 국화. ②'春菊(しゅんぎく/쑥갓)'의 변한 말.
新規[しんき] 신규; ①새로운 규칙. ②새로움. 새로이 시작함.
新劇[しんげき] 신극; 근대극(近代劇).
新奇[しんき] 신기함.
新技術事業団[しんぎじゅつじぎょうだん] 신기술사업단.
新紀元[しんきげん] 신기원; 새로운 기원. 획기적인 일로 인한 새로운 시대.
新記録[しんきろく] 신기록; 새로운 기록.
新機軸[しんきじく] 신기축; 이제까지 없던 새로운 방법이나 체제.
新内[しんない] '新内節(しんないぶし)'의 준말.
新内節[しんないぶし] 浄瑠璃(じょうるり)의 일파(一派).
新年[しんねん] 신년; 새해.
新短プラ[しんたんプラ] '新短期プライムレート'의 준말.
新党[しんとう] 신당; 새로운 당.
新大陸[しんたいりく] 신대륙.
新刀[しんとう] 신도; ①새로 만든 칼. ②慶長(けいちょう/1596~1615년)에 만든 日本刀의 총칭.
新都[しんと] 신도; 새 도읍.
新渡[しんと] 신도; ①새로 외국에서 건너옴. ②새로 개설한 나루터.
新道❶[しんどう] 신도; 새길. ❷[しんみち] ①신작로. 새로 만든 길. ②(東京에서) 가게 등이 늘어선 좁은 거리.
新羅[★しらぎ] ≪歴≫ 신라.
新郎[しんろう] 신랑; 갓 결혼한 남자.
新来[しんらい] 신래; 새로 옴.
新涼[しんりょう] 초가을의 서늘한 기운.
新暦[しんれき] 신력; 태양력.
新令[しんれい] 신령; 새 법령.
新例[しんれい] 신례; 새로운 예.
新路[しんみち] ①신작로. 새로 만든 길. ②(東京에서) 가게 등이 늘어선 좁은 거리.
新緑[しんりょく] 신록; 늦봄이나 초여름의 초목이 띤 푸른 빛.
新論[しんろん] 신론; 새로운 이론.
新柳[しんりゅう] 새싹이 돋은 봄버들.
新面目[しんめんもく/しんめんぼく] 신면목; 새로운 면목. 새로운 모습.
4新聞[しんぶん] 신문.
新聞記事[しんぶんきじ] 신문 기사.
新聞労連[しんぶんろうれん] '日本新聞労働組合連合'의 준말.
3新聞社[しんぶんしゃ] 신문사.
新聞屋[しんぶんや] ①신문쟁이. ②'신문기자'를 깔보는 말.
新聞種[しんぶんだね] 신문 기사 거리.
新聞紙[しんぶんし] 신문지.
新米[しんまい] ①햅쌀. ②신참(新参). 신출내기. 풋내기.
新味[しんみ] 신미; 새로운 맛・취향.
新盤[しんばん] 신반; 새 디스크. 새로 발매된 레코드.
新発意[しんぼち/しぼち] ≪仏≫ 출가(出家)한 지 얼마 안 된 사람.
新法[しんぽう] 신법; ①새 법령. ②새 방법.
新柄[しんがら] 새로 고안된 바탕・모양・무늬.
新甫[しんぽ] (증권 시장에서) 월초(月初)에 새로 나오는 선물(先物).
新報[しんぽう] 신보; ①새 소식. ②신간 잡지・신문.
新譜[しんぷ] 신보; 새 악보. 새 레코드. 새 테이프.
新本[しんぽん] 신본; ①신간본. ②새 책.
新付[しんぷ] (권력자 등에) 새로 따름.
新附[しんぷ] ☞ 新付
新婦[しんぷ] 신부; 새색시.
新婦人[しんふじん] '新日本婦人会'의 준말.
新仏[しんぼとけ/あらぼとけ/にいぼとけ] ≪仏≫ 새로 귀적(鬼籍)에 든 사자(死者).
新史[しんし] 신사; 새로 쓴 역사. 새로운 역사.
新山[しんやま] 새 산림(山林)과 광산. 새로 재목이나 광물을 채취할 산.
新産都市[しんさんとし] '新産業都市'의 준말.
新産別[しんさんべつ] '全国産業別労働組合連合'의 준말.
新色[しんしょく] 신색; ①새로운 색. 새로운 경향. ②신선한 색.
新生[しんせい] 신생; ①새로 태어남. ②(신앙 등에 의한) 새 생활.
新生代[しんせいだい] 신생대.
新生面[しんせいめん] 신생면; 새로운 방면・분야・영역.
新生児[しんせいじ] 신생아; 갓 태어난 아이.
新西蘭[ニュージーランド] 뉴질랜드.
新書[しんしょ] 신서; ①신간 서적. ②신서판(新書判).

新書判[しんしょばん] 신서판; 책의 소형판으로서 B6보다는 약간 작고, 문고본보다 세로로 긺.
新石器時代[しんせっきじだい] 신석기 시대.
新釈[しんしゃく] 신석; 새로운 해석.
新船[しんせん] 신선; 새로 건조한 배.
新線[しんせん] 신선; 새로 부설한 선로.
新選[しんせん] 신선; 새로 뽑음.
[3]**新鮮**[しんせん]〈形動〉신선; 싱싱함. 산뜻함. 청신함.
新雪[しんせつ] 신설; 새로 갓 내린 눈.
新設[しんせつ] 신설; 새로 설립·설치함.
新説[しんせつ] 신설; ①새로운 의견·생각. ②처음 듣는 이야기·의견.
新声[しんせい] 신성; ①새로운 목소리. ②새로운 의견. ③신곡(新曲).
新星[しんせい] 신성; ①희미하던 별이 갑자기 환히 빛났다가 다시 희미해지는 별. ②(연예계의) 새로운 스타. 신인 스타.
新世界[しんせかい] 신세계; ①새로운 세계. ②신대륙(新大陸).
親歳[しんさい] 신세; 새해. 신년.
新手❶[しんて] 새로운 수단·방법·취향. ❷[あらて] ①(아직 싸워 보지 않은) 신병(新兵). 새 병사. 새 선수. ②신참. 신인(新人). 새 얼굴. ③새로운 수법. 신종(新種).
新修[しんしゅう] 신수; (책을) 새로 엮음.
新式[しんしき] 신식; 새로운 스타일.
新芽[しんめ] 신아; 새싹.
新安値[しんやすね] 기록적인 싼 시세.
新案[しんあん] 신안; 새로운 제안.
新顔[しんがお] 신인(新人). 신참(新参).
新秧[しんおう] 새로 싹튼 모.
新薬[しんやく] 신약; 새로 개발한 약.
新約[しんやく] 신약; ①새 약속. 새 계약. ②'新約聖書'의 준말.
新約聖書[しんやくせいしょ] 신약 성서.
新語[しんご] 신어; ①신조어(新造語). ②(교과서의) 신출어(新出語).
新訳[しんやく] 신역; ①새 번역. 새로 번역한 책. ②(고전의) 현대어역.
新葉[しんば] 신엽; 새 잎사귀.
新鋭[しんえい] 신예; 새롭고 기세가 날카로움.
新鋭機[しんえいき] 신예기; 새로 제작된 성능이 향상된 비행기.
新芋[しんいも] 햇고구마. 햇감자.
新円[しんえん] 1946년에 발행된 '新日本銀行券'의 통칭.
新院[しんいん] 신원; 최근에 양위(譲位)하고 새로 상황(上皇)이 된 사람.
新月[しんげつ] 신월; ①방금 떠오른 달. ②초승달. ③음력 초하루.
新陰流[しんかげりゅう] 陰流(かげりゅう)를 바탕으로 한 검술의 한 유파.
新義[しんぎ] 신의; 새로운 뜻.
[1]**新人**[しんじん] 신인; ①새로운 얼굴. 새 사람. ②신입(新入).
新人社員[しんじんしゃいん] 신입 사원.
新人戦[しんじんせん] 신인전.
新印象主義[しんいんしょうしゅぎ] 신인상주의.
新日フィル[しんにちフィル] '新日本フィルハーモニー交響楽団'의 준말.
新任[しんにん] 신임; 새로 임명됨.
新入[しんにゅう] 신입; 새로 들어감.
新入り[しんいり] 신입; ①신참(新参). 새 사람. ②감옥에 새로 들어온 사람.
[1]**新入生**[しんにゅうせい] 신입생.
新字[しんじ] 신자; ①새로 만든 글자. ②(교과서의) 신출 한자(新出漢字).
新字体[しんじたい] 신자체. *1949년 일본 국어 심의회에서 정체(正体)로 정한 한자(漢字).
新作[しんさく] 신작; 새 작품. 새로 만듦.
新作物[しんさくもの] 신작물; ①새로 만든 작품. ②신작의 각본에 의한 연극. ③(室町(むろまち) 시대에) 명작에 버금가는 도검(刀剣).
新粧[しんそう] 신장; 새로 화장함.
新装[しんそう] 신장; ①새 옷. 새 복장. ②새로 단장함.
新著[しんちょ] 신저; 새로 저술함. 새로 저술한 책.
新田[しんでん] 신전; 새로 개간한 논.
新全総[しんぜんそう] '新全国綜合開発計画'의 준말.
新畑[しんばた] 새로 개간한 밭.
新前[しんまえ] 신인(新人). 신참(新参). 신출내기. 풋내기.
新店[しんみせ] 신점; 새 점포. 새 가게.
新定[しんてい] 신정; 새로 정함.
新政[しんせい] 신정; 새로운 정치 체제.
新訂[しんてい] 신정; (책 등을) 새로 정정함.
新帝[しんてい] 신제; 새로 즉위한 제왕.
新制[しんせい] 신제; ①새로운 제도·체제. ②(학교 교육의) 새로운 제도.

新製[しんせい] 신제; 새로 만듦. 새로 만든 제품.

新造❶[しんぞ] ①¶ご~ 새댁. 새색시. ②20세 전후의 처녀. ③(유곽에서) 유녀의 시중을 드는 젊은 여자. ❷[しんぞう] ①신조; 새로 만듦. ②¶ご~ 새댁. 새 색시.

新造船[しんぞうせん] 신조선; 새로 만든 배.

新造語[しんぞうご] 신조어; 새로 만든 말.

新組(み)[しんぐみ] 신조판(新組版).

新調[しんちょう] 신조; ①새로 만듦. ②신곡(新曲). 새로운 가락.

新卒[しんそつ] (그 해의) 새 졸업자.

新宗連[しんしゅうれん] '新日本宗教団体連合会'의 준말.

新種[しんしゅ] 신종; ①새로 발견·개량된 품종. ②새로운 종류.

新注[しんちゅう] 신주; 새로운 주석(注釈).

新酒[しんしゅ] 신주; 새로 양조한 술로서 살균하기 전의 청주(清酒).

新株[しんかぶ] 신주; 새로 발행하는 주.

新株落ち[しんかぶおち] ①신주의 할당 기일이 경과하여 신주 취득권이 상실됨. ②신주 시세 하락.

新註[しんちゅう] ☞ 新注

新知[しんち] ①새로 알게 된 사람. ②새로 받는 녹봉(禄俸).

新知識[しんちしき] 신지식; ①진보된 새로운 지식. ②진보된 새로운 지식을 가진 사람. 인텔리.

新地[しんち] 신지; ①신개척지(新開拓地). ②신개척지에 생긴 유흥가. ③새 영지(領地).

新紙[しんし] 신지; ①새 종이. ②'新聞紙'의 준말.

新漬け[しんづけ] 새로 김치 종류를 담금. 새 김치.

新進[しんしん] 신진; 새로 진출함. 새로 진출하는 사람.

新陳代謝[しんちんたいしゃ] 신진 대사.

新車[しんしゃ] 신차; 새 차.

新茶[しんちゃ] 신차; (그 해에 나온) 새싹을 따서 만든 차.

新着[しんちゃく] 신착; 방금 도착함.

新参[しんざん] 신참; ①새로 주인을 섬기는 사람. ②새로 가담하는 사람.

新参者[しんざんもの] 신참자; ①새로 주인을 섬기는 사람. ②새로 가담하는 사람.

新清酒[しんせいしゅ] 신청주; 합성주.

新体[しんたい] 신체; 새로운 형식·체제.

新体詩[しんたいし] 신체시.

新体制[しんたいせい] 신체제; 새로운 체제.

新秋[しんしゅう] 신추; ①초가을. ②음력 7월.

[1]新築[しんちく] 신축; 새로 건축함.

新春[しんしゅん] 신춘; ①초봄. ②새해.

新出[しんしゅつ] 신출; 새로 나옴.

新出語[しんしゅつご] 신출어.

新値[しんね] (증권 거래에서) 새로 높인 가격.

新宅[しんたく] ①새집. ②분가. 작은 집.

新宅開き[しんたくびらき] ①새집으로 이사함. ②(새집의) 집들이.

新派[しんぱ] 신파; ①새로 생긴 방식·유파. ②'新派劇(しんぱげき)'의 준말.

新派劇[しんぱげき] 신파극; 현대극.

新版[しんぱん] 신판; ①구판(旧版)의 내용·체제를 새로 고친 판. ②신간(新刊).

新編[しんぺん] 신편; 새로운 편집을 한 책.

新平民[しんへいみん] 신평민; 천민(賎民) 취급을 받다가 明治(めいじ) 4년에 평민으로 편입된 사람들.

新品[しんぴん] 신품; 새 물건.

新風[しんぷう] 신풍; 새로운 풍조.

新行革審[しんぎょうかくしん] '臨時行政改革推進審議会'의 준말.

新香[しんこ/しんこう] ¶お~ (일본식) 김치.

新型[しんがた] 신형; 새로운 스타일.

新形[しんがた] ☞ 新型

新護憲[しんごけん] '憲法擁護新国民会議'의 준말.

[1]新婚旅行[しんこんりょこう] 신혼여행.

新華族[しんかぞく] (明治(めいじ) 시대에) 특별한 공훈을 세워 새로 귀족이 된 사람.

新患[しんかん] 신환; 새 환자.

新訓[しんくん] 신훈; ①한자(漢字)를 예전과는 다르게 읽는 훈독(訓読). ②고전의 새로운 훈독법.

[1]新興宗教[しんこうしゅうきょう] 신흥 종교.

新禧[しんき] 신희; 신년 축하.

薪 땔나무 신

音 ◉シン

訓 ◉たきぎ ⊗まき

訓読

◉薪[たきぎ] 장작. 땔나무.

⊗薪ざっぽう[まきざっぽ] 장작 방방이.

薪能[たきぎのう] ①(매년 2월 초순) 奈良(なら) 興福寺(こうふくじ) 남대문 잔디 위에서 행해지는 신사(神事)의 能(のう). ②平安(へいあん)·明治(めいじ) 등의 神宮(じんぐう)에서 밤에 장작불을 피우고 행해지는 야외의 能(のう).
薪割(り)[まきわり] ①장작을 팸. ②장작을 패는 연장. 도끼.

音読
薪水[しんすい] ①장작과 물. ②부엌일.
薪炭[しんたん] 신탄; 장작과 숯. 땔감.

訊 물을 신	音 ⊗ジン 訓 ⊗きく ⊗たずねる

訓読
⊗訊く[きく] 〈5他〉 묻다. 질문하다.
⊗訊ねる[たずねる] 〈下1他〉 묻다. 질문하다.

音読
訊問[じんもん] 신문; 캐물어 조사함.

腎 콩팥 신	音 ⊗ジン 訓 ⊗むらと

訓読
⊗腎[むらと] 신; 신장(腎臓). 콩팥.

音読
腎[じん] 신; 신장(腎臓). 콩팥.
腎不全[じんふぜん] ≪医≫ 신부전.
腎石[じんせき] ≪医≫ 신석; 신장 결석.
腎炎[じんえん] ≪医≫ 신염; 신장염.
腎盂炎[じんうえん] ≪医≫ 신우염.
腎臓[じんぞう] ≪生理≫ 신장; 콩팥.
腎臓炎[じんぞうえん] ≪医≫ 신장염.
腎虚[じんきょ] 신허; (한방에서) 지나친 섹스 행위로 인한 남자의 전신 허약.

〔실〕

失 잃을/잘못할 실
ノ 𠂉 㐅 牛 失

音 ◉シツ
訓 ◉うしなう ⊗うせる

訓読
2◉失う[うしなう] 〈5他〉 ①(가진 것을) 잃다. 잃어버리다. 상실하다. ②놓치다. ③사별(死別)하다. 여의다. ④알 수 없게 되다.
⊗失せる[うせる] 〈下1自〉 ①없어지다. 사라지다. 가시다. ②꺼지다. ＊'死ぬ(죽다)'의 막된 말.
失せ物[うせもの] 분실물. 유실물.

音読
失[しつ] 실; ①손실. ②흠. 결점. ③잘못.
失する[しっする] 〈サ変他〉 ①잃다. 놓치다. ②잊다. 잊어버리다. 〈サ変自〉 지나치게 …하다.
1失脚[しっきゃく] 실각; 실패로 인해 지위를 잃음.
1失格[しっかく] 실격; 자격을 잃음.
失敬[しっけい] ①무례함. 버릇없음. ②작별함. ③(실수나 작별할 때의 인사말로) 미안. 실례. ④거수 경례. ⑤슬쩍함. 훔침.
失権[しっけん] 실권; 권력·권리를 잃음.
失権株[しっけんかぶ] 실권주.
失禁[しっきん] 실금; 대소변을 참지 못하고 쌈·지림.
失念[しつねん] 실념; ①깜박 잊음. ② ≪仏≫ 정념(正念)을 잃음.
失当[しっとう] 부당함. 도리에 어긋남.
3失礼[しつれい] ① 〈感〉 실례. 미안. ②무례함. 예의가 없음.
失路[しつろ] 실로; 진로를 잃음. 실망에 빠짐.
2失望[しつぼう] 실망; ①희망을 잃음. ②낙심. 낙망(落望).
失名氏[しつめいし] 이름을 모르는 사람.
失明[しつめい] 실명; 장님이 됨.
失費[しっぴ] 비용(費用).
失笑[しっしょう] 실소; 터져 나오는 웃음.
失速[しっそく] 실속; 비행기가 비행에 필요한 속력을 잃음.
失神[しっしん] 실신; 정신을 잃음. 기절함.
失心[しっしん] 정신을 잃음. 기절함.
失語[しつご] 실어; ①(뇌의 장애로) 말하는 능력을 잃음. ②잘못 말함.
失語症[しつごしょう] 실어증.
失言[しつげん] 실언; 실수하여 잘못 말함.
2失業者[しつぎょうしゃ] 실업자.
2失恋[しつれん] 실연; 연애에 실패함.
失意[しつい] 실의; 실망(失望)함.
失跡[しっせき] 실종(失踪). 행방불명됨.
失点[しってん] 실점; ①(시합에서) 잃은 점수. ②잘못. 과실.
失政[しっせい] 실정; 잘못된 정치.
1失調[しっちょう] 실조; ①균형·조화를 잃음. ②슬럼프. 순조롭지 못함.

失地[しっち] 실지; ①빼앗긴 땅. ②빼앗긴 지위・입장・지반.
失職[しっしょく] 실직; 직업을 잃음.
失着[しっちゃく] 실착; ①(바둑・장기에서) 결정적인 실수. ②실패.
失錯[しっさく] 실착; 실수. 실패.
失策[しっさく] 실책; 실수. 실패.
失体[しったい] 실수. 추태(醜態).
失墜[しっつい] 실추; (권위・신용 등을) 잃음. 떨어뜨림.
失態[しったい] 실수. 추태(醜態).
失投[しっとう] (야구에서) 공을 잘못 던짐.
[3]**失敗**[しっぱい] 실패; ①일을 잘못하여 그르침. ②실수.
失陥[しっかん] 실함; 함락되어 땅을 잃음.
失火[しっか] 실화; 잘못해 불을 냄.
失火罪[しっかざい] 방화죄(放火罪).
失効[しっこう] 실효; 효력을 잃음.

実(實) 열매/실제 실

' ⺈ 宀 宀 宀 宣 宣 実 実

音 ◉ジツ
訓 ◉み ◉みのる ⊗まことしやか

訓読

[2]◉**実❶**[み] ①열매. ②(과일의) 씨. ③내용. 알맹이. ④국건더기. 국거리. ❷[じつ] ☞ [音読]
実入り[みいり] ①결실(結実). ②수입. 소득.
[2]◉**実る**[みのる] 〈5自〉 ①(식물이) 열매를 맺다. 결실(結実)하다. ②성과를 거두다.
実り[みのり] 결실(結実). 수확. 성과.
⊗**実しやか**[まことしやか] 〈形動〉 그럴 듯함. 아주 그럴싸함.

音読

[1]**実❶**[じつ] ①실리(実利). ②성의. 진심. ③사실. 진실. ④실적(実積). 실질적인 성과. ⑤《数》 실. 피제수(被除数). ❷[み] ☞ [訓読]
[2]**実に**[じつに] 실로. 참으로. 매우. 아주.
実の[じつの] ①실제의. ②혈연관계에 있는. 친(親)….
[2]**実は**[じつは] 실은. 사실은.
実もって[じつもって] 실로. 정말로.
[1]**実家**[じっか] ①생가(生家). 본가(本家). ②친정.
[2]**実感**[じっかん] 실감; 실제의 느낌.
実検[じっけん] 실검; 사실 여부를 실제로 검사함.
実見[じっけん] 실견; 실제로 봄.
実景[じっけい] 실경; 실제의 경치.
実科[じっか] 실과; 실제적・실용적 기능을 가르치는 과목.
実権[じっけん] 실권; 실제의 권력・권한.
実根[じっこん] 《数》 실근.
実技[じつぎ] 실기; 실제의 기술.
実記[じっき] 실록(実録). 실제의 기록.
実大[じつだい] '実物大(じつぶつだい/실물 크기)'의 준말.
実動[じつどう] 실동; (기계・차량 등이) 실제로 움직이고 있음.
実働[じつどう] 실동; 실제로 노동함.
[2]**実力**[じつりょく] 실력; ①실제의 역량・힘. ②완력. 무력(武力).
実歴[じつれき] 실력; ①실제의 경험. ②실제의 경력.
[2]**実例**[じつれい] 실례; 실제의 예.
実録[じつろく] 실록; ①(역사적인) 사실의 기록. ②'実録物(じつろくもの)'의 준말.
実録物[じつろくもの] 실록물; 실록 소설.
実利[じつり] 실리; 실제로 얻은 이익.
実妹[じつまい] 실매; 친누이동생.
実名[じつめい] 실명; 본명(本名).
実母[じつぼ] 실모; 친어머니.
実務[じつむ] 실무; 실제의 업무.
実務家[じつむか] 실무가; 실무에 숙달한 사람.
[2]**実物**[じつぶつ] 실물; 실제로 있는 물건.
実物大[じつぶつだい] 실물 크기.
実方[じつがた] (歌舞伎(かぶき)에서) 선한 사람의 역할을 하는 배우.
実父[じっぷ] 실부; 친아버지.
実否[じっぴ/じっぷ] 진부(真否). 사실 여부.
[1]**実費**[じっぴ] 실비; 실제의 비용.
実写[じっしゃ] 실사; 실물을 그리거나 촬영함.
実写映画[じっしゃえいが] 기록 영화.
実社会[じっしゃかい] 실제의 사회.
実事❶[じつごと] ①(歌舞伎(かぶき)에서) 실생활에 가까운 사건을 구성한 극. ②진지한 일. ❷[じつじ] 사실(事実).
実査[じっさ] 실사; 실제로 검사함.
実射[じっしゃ] 실사; 실탄 사격.
実状[じつじょう] 실상; 실제의 상황.
実相[じっそう] 실상; 실제의 모습.

実像[じつぞう] 실상; ①실제의 모습. ②빛이 렌즈나 거울 등에서 굴절·반사된 다음 한 곳에 모여 만들어내는 상(像).
実生活[じっせいかつ] 실생활; 실제의 일상생활.
実線[じっせん] 실선; (製図에서) 보통의 선.
実説[じっせつ] 실설; 사실 이야기. 실화.
実勢[じっせい] 실세; 실제의 세력.
実損[じっそん] 실손; 실질적인 손해.
実収[じっしゅう] 실수; ①실제 수입. ②실제의 수확량.
実数[じっすう] ≪数≫ 실수; ①유리수·무리수의 총칭. ②실제의 수량.
実需[じつじゅ] 실수요(実需要).
[2]実習[じっしゅう] 실습; 실제로 익혀 배움.
実時間処理[じつじかんしょり] 실시간 처리; (컴퓨터에서) 즉시 응답 처리.
[2]実施[じっし] 실시; 실제로 시행함.
実業[じつぎょう] 실업; 생산적이며 경제적인 사업.
[1]実業家[じつぎょうか] 실업가; 사업가.
実演[じつえん] 실연; ①실제로 해 보임. ②(배우나 가수가) 무대에 섬.
[2]実用[じつよう] 실용; 실제로 소용됨.
実員[じついん] 실원; 실제 인원.
実音[じつおん] 실음; 실제의 소리.
実意[じつい] 실의; ①본심. ②성의. 진심.
実益[じつえき] 실익; 실제적인 이익.
実印[じついん] 실인; 인감 도장.
実子[じっし] 실자; 친자식.
実字[じつじ] ①(漢字에서) 실제적 의미를 나타내는 문자. ②(漢文에서) 실질적 의미를 나타내는 문자. 명사·동사·형용사 등.
実姉[じっし] 친누이. 친 누님.
実作[じっさく] 실작; 실제로 만듦.
実作者[じっさくしゃ] 실제 제작자.
実在[じつざい] 실재; 실제로 존재함.
実積[じっせき] 실적; 실제 면적.
[2]実績[じっせき] 실적; 실제의 업적·공적.
実戦[じっせん] 실전; 실제로 싸움.
実正[じっしょう] ①확실함. 틀림없음. ②참으로. 정말로.
[1]実情[じつじょう] 실정; ①실제의 사정. ②진실. 진정. 진심.
実弟[じってい] 실제; 친 남동생.
[2]実際[じっさい] 실제; ①실지의 경우·형편. ②정말로. 참으로.
実存[じつぞん] 실존; 실제로 존재함.
実株[じつかぶ] 실주; 실물주(実物株).
実証[じっしょう] 실증; ①확실한 증거. ②(확실한 사실로) 증명함.
実地[じっち] 실지; ①현장(現場). ②실제.
実直[じっちょく] 성실하고 정직함.
[1]実質[じっしつ] 실질; 실제의 내용·성질.
実車[じっしゃ] 실차; ①실제의 차. ②손님을 태운 택시.
実着[じっちゃく] 착실함.
[1]実践[じっせん] 실천; 실제로 행동에 옮김.
実体❶[じったい] 실체; 실물. 본체. ❷[じってい] 성실하고 정직함.
実体鏡[じったいきょう] 실체경; 입체 거울(立体鏡).
実測[じっそく] 실측; 실제로 측량함.
実弾[じつだん] 실탄; ①진짜 총알. ②(어떤 목적을 위해 사람을 매수하거나 선거에 사용하는) 현금.
[1]実態[じったい] 실태; 실제의 상황.
実包[じっぽう] (소총의) 실탄.
実学[じつがく] 실학; 이론보다 실용에 치우치는 학문.
実害[じつがい] 실해; 실제의 손해.
[2]実行[じっこう] 실행; 실제로 행함.
実行力[じっこうりょく] 실행력; 실천력.
[2]実験[じっけん] 실험; ①실제로 시험함. ②체험. 실제의 경험.
[2]実現[じつげん] 실현; 실제로 나타남.
実兄[じっけい] 실형; 친형.
実刑[じっけい] 실형; 실제로 받는 체형(体刑).
実話[じつわ] 실화; 사실 이야기.
実況[じっきょう] 실황; 실제의 상황.
実効[じっこう] 실효; 실제의 효과나 효력.

室 집/방/아내 실

音 ◉シツ
訓 ◉むろ

訓読

◉室❶[むろ] ①온실. ②승방(僧房). ③(옛날에) 흙을 칠하여 꾸민 방. ④산허리에 판 암굴(巌窟). ❷[しつ] ☞ [音読]
室咲き[むろざき] 온실에서 꽃을 피움.
室町幕府[むろまちばくふ] 足利尊氏(あしかがたかうじ)가 1338년에 京都(きょうと)의 室町(むろまち)에 개설한 幕府(ばくふ).

室町時代[むろまちじだい] 足利尊氏(あしかがたかうじ)가 室町幕府(むろまちばくふ)를 개설하고 정권을 잡았던 시대. ＊A.D. 1338~1573년.
室鰺[むろあじ] ≪魚≫ 갈고등어.

音読

室❶[しつ] ①방. ②어떤 조직상의 한 구분. ③(신분이 높은 사람의) 아내. 처(妻). ④도검(刀剣)의 칼집. ❷[むろ] ☞ [訓読]
室内[しつない] 실내; 집안. 방안.
室料[しつりょう] 실료; 방값. 방세.
室温[しつおん] 실온; 실내 온도.
室外[しつがい] 실외; 집 바깥. 방 밖.
室員[しついん] 실원; 한 방이나 한 연구실에 소속된 인원.
室長[しつちょう] 실장; 한 방이나 한 연구실의 우두머리.

심

心 마음/염통/중심 심

丿 心 心 心

音 ◉シン
訓 ◉こころ

訓読

[3]◉**心❶**[こころ] ①마음. ②정성. 진심. ③생각. 속셈. ④기분. 감정. 심정. ⑤배려. 사려. ⑥(문장의) 깊은 뜻. ⑦정취. 운치. 취향. ⑧사물의 중심. 심장부. ⑨(수수께끼에서) 해답의 근거. 까닭. ❷[しん] ☞ [音読]
心から [こころから] 진심으로.
心して[こころして] 조심하여. 주의하여.
心しらい[こころしらい] 배려. 마음가짐.
心する[こころする] 〈サ変自〉 조심하다. 주의하다. 마음을 쓰다.
心ならず[こころならず] 본의 아니게. 마지못해. 부득이.
心ならずも[こころならずも] 본의 아니게도. 마지못해서. 부득이하여.
心のどか[こころのどか] 한가로움.
心ばえ[こころばえ] ①배려. 마음가짐. ②마음씨. 심성.
心ばかり[こころばかり] 마음뿐임. 약소함.
心ばせ[こころばせ] 배려. 사려 깊음.
心覚え[こころおぼえ] ①마음속에 기억함. ②잊지 않기 위한 메모.
[1]**心強い**[こころづよい] 〈形〉 ①마음 든든하다. 믿음직스럽다. ②마음이 굳다.
心遣い[こころづかい] 배려. 사려 깊음.
心遣り[こころやり] ①심심풀이. 기분 전환. ②배려. 동정.
心苦しい[こころぐるしい] 〈形〉 ①마음이 괴롭다. ②어쩐지 미안하다.
心掛(か)り[こころがかり] 마음에 걸림.
[1]**心掛け**[こころがけ] 마음가짐. 마음의 준비.
[1]**心掛ける**[こころがける] 〈下1他〉 마음을 쓰다. 유념하다. 유의하다.
心驕り[こころおごり] 우쭐함. 오만함.
心疚しい[こころやましい] 〈形〉 뒤가 켕기다.
心構え[こころがまえ] 마음의 준비. 각오.
心根❶[こころね] ①마음씨. 심성. ②근성. 성질. ❷[しんこん] 마음 속.
心急く[こころせく] 〈5自〉 마음이 초조하다.
心暖まる[こころあたたまる] 〈5自〉 마음이 흐뭇해지다. 마음이 훈훈해지다.
[2]**心当(た)り**[こころあたり] 마음에 짚이는 데. 짐작이 가는 데.
心当て[こころあて] ①짐작. 추측. ②은근히 기대함.
心待ち[こころまち] 은근히 기다림.
[2]**心得**[こころえ] ①마음가짐. ②소양(素養). ③주의 사항. 수칙(守則). ④직무 대행. 대리.
[2]**心得る**[こころえる] 〈下1自〉 ①이해하다. 터득하다. ②떠맡다. 승낙하다. ③소양을 지니다. ④익혀서 알고 있다.
心得難い[こころえがたい] 〈形〉 이해하기 어렵다. 납득이 안 간다.
心得顔[こころえがお] 아는 체하는 얼굴. 알고 있는 듯한 표정.
心得違い[こころえちがい] ①도리에 어긋난 행동. ②착각. 오해.
心劣り[こころおとり] 예상보다 못하게 느껴짐.
心頼み[こころだのみ] 은근히 기대함.
心立つ[こころだつ] 〈5自〉 (뭔가 하려고) 마음먹다. 결심하다.
心立て[こころだて] 성격. 성질. 성품.
心忙しい[こころぜわしい] 〈形〉 심란하다. 마음이 어수선하다.
心無い[こころない] 〈形〉 ①분별이 없다. 철없다. ②매정하다. ③멋을 모르다.

心密かに[こころひそかに] 남몰래. 은근히.

心配り[こころくばり] 배려. 마음 씀씀이.

心変(わ)り[こころがわり] ①변심. 마음이 변함. ②미침. 실성.

心柄[こころがら] 마음씨. 심성.

心付く[こころづく] 〈5自〉 ①깨닫다. 알아채다. ②철나다. 철들다.

心付け[こころづけ] ①주의함. 충고함. ②팁.

心付ける[こころづける] 〈下1他〉 ①주의하다. 충고하다. ②팁을 쥐어주다.

心悲しい[★うらがなしい] 〈形〉 어쩐지 구슬프다. 어쩐지 슬프다.

心床しい[こころゆかしい] 〈形〉 마음을 사로잡다. 마음이 끌리다.

心状[こころじょう] 마음씨. 심성.

心成し[こころなし] 생각 탓인지. 그렇게 생각해서인지.

1心細い[こころぼそい] 〈形〉 마음이 안 놓이다. 불안하다.

心騒ぎ[こころさわぎ] 마음이 설렘.

心騒ぐ[こころさわぐ] 〈5自〉 마음이 설레다. 가슴이 설레다.

心勝り[こころまさり] ①생각보다 훌륭함. ②외모보다 마음씨가 훌륭함.

心安い[こころやすい] 〈形〉 ①마음이 놓이다. 안심이 되다. ②친하다. 허물없다. ③간단하다. 쉽다.

心安らか[こころやすらか] 〈形動〉 마음이 편함.

心弱い[こころよわい] 〈形〉 마음이 약하다. 인정이 많다.

心様[こころざま] 마음씨. 심성.

心延え[こころばえ] ①배려. 마음가짐. ②마음씨. 심성.

心劣り[こころおとり] 예상보다 못하게 느껴짐.

心温まる[こころあたたまる] 〈5自〉 마음이 흐뭇해지다. 마음이 훈훈해지다.

心隈[こころぐま] 마음의 응어리. 마음이 응어리짐.

心用意[こころようい] 마음의 준비. 각오.

心憂い[こころうい] 〈形〉 (희망이 없어서) 우울하다. 불쾌하다.

心有る[こころある] ①분별 있는. 사려 깊음. ②동정심 많은. ③멋을 아는.

心意気[こころいき] (진취적인) 의기. 기상. 기개.

心移り[こころうつり] 변심. 마음이 변함.

心引かれる[こころひかれる] 〈下1自〉 마음이 끌리다.

心逸り[こころはやり] 마음이 조급해짐.

心任せ[こころまかせ] 임의대로 함.

心入れ[こころいれ] 배려. 정성을 들임.

心残り[こころのこり] 미련. 마음에 걸림.

心丈夫[こころじょうぶ] 마음 든든함. 믿음직스러움. 미더움.

心長閑[こころのどか] 한가로움.

心積(も)り[こころづもり] 작정. 심산(心算).

心組(み)[こころぐみ] (적극적인) 마음가짐. 각오.

心憎い[こころにくい] 〈形〉 ①(완벽해서) 얄밉다. ②고상하다. 그윽하고 우아하다.

心地[★ここち] 기분. 느낌. 심정.

心地好い[★ここちよい] 〈形〉 기분 좋다. 상쾌하다.

心持ち[こころもち] ①기분. 심기. ②기분상. 약간.

心尽(く)し[こころづくし] ①정성들임. ②마음을 졸임. 온갖 생각에 잠김.

心添え[こころぞえ] 충고. 주의.

心祝い[こころいわい] 마음뿐인 축하. (정성어린) 약소한 축하.

心恥ずかしい[★うらはずかしい] 〈形〉 쑥스럽다. 어쩐지 부끄럽다.

心置き[こころおき] 염려. 마음 씀.

心置き無く[こころおきなく] ①거리낌 없이. 기탄없이. ②마음 놓고. 걱정 없이.

心馳せ[こころばせ] 배려. 사려 깊음.

心太[★ところてん] 우무.

心太突き[★ところてんつき] 우무를 가늘게 뽑아내는 나무 틀.

心太式[★ところてんしき] (우무가 밀려나오듯) 힘들이지 않고 저절로 앞으로 나아감.

心太草[★ところてんぐさ] ≪植≫ 우뭇가사리.

心寒い[こころざむい] 〈形〉 외롭다. 허전하다. 쓸쓸하다.

心行かし[こころゆかし] 기분 전환. 심심풀이.

心行き[こころゆき] 마음이 내킴. 기분.

心行く[こころゆく] 〈5自〉 만족하다. 흡족하다.

心許り[こころばかり] 마음뿐임. 약소함.

心許無い[こころもとない] 〈形〉 (약간) 불안하다. 미덥지 않다. 염려되다.

心懸(か)り[こころがかり] 마음에 걸림. 염려. 걱정.

心惑い[こころまどい] 심란(心乱)함.
心後れ[こころおくれ] 마음이 켕김.
心休め[こころやすめ] 안심시킴. 위안함.
心嬉しい[こころうれしい] 〈形〉 말할 수 없이 기쁘다.

音読

心❶[しん] (어떤 물건의 중심을 이루는) 심(芯). ❷[こころ] ☞ [訓読]
心肝[しんかん] 심간; ①심장과 간. ②마음. 마음 속. 간담(肝胆).
心境[しんきょう] 심경; 마음. 기분.
心悸[しんき] 심계; 심장의 고동.
心教[しんきょう] '선종(禅宗)'의 딴이름.
心筋梗塞[しんきんこうそく] ≪生理≫ 심근경색.
心機[しんき] 심기; 마음의 작용.
心内[しんない] 심중. 마음 속. 내심.
心胆[しんたん] 간담(肝胆). 마음 속.
心頭[しんとう] 마음. 마음 속.
心慮[しんりょ] 심려; 사려. 생각.
心力[しんりょく] 심력; 정신력.
心霊[しんれい] 심령; 마음속의 영혼.
心労[しんろう] 심로; 심려. 정신적인 피로.
[2]**心理**[しんり] 심리; 마음의 움직임.
心裏[しんり] 심리; 마음 속. 심중.
心木[しんぎ] ①축(軸). 굴대. ②사물의 중심이 되는 것. 활동의 중심.
心房[しんぼう] ≪生理≫ 심방; 염통방.
[3]**心配**[しんぱい] ①근심. 걱정. 염려. ②배려. 돌봄. ③걱정스러움.
心配事[しんぱいごと] 걱정거리. 근심거리.
心配性[しんぱいしょう] 세심한 성격.
心服[しんぷく] 진심으로 기쁘게 복종함.
心腹[しんぷく] 심복; ①가슴과 배. ②마음. ③진심으로 믿고 있는 부하.
心棒[しんぼう] ①축(軸). 굴대. ②활동의 중심이 되는 것. 중심인물.
心不全[しんふぜん] ≪医≫ 심부전.
心事[しんじ] 마음속의 생각.
心算❶[しんさん] 심산; 속셈. ❷[つもり] ①생각. 작정. ②…한 셈.
心象[しんしょう] 심상; 이미지.
心像[しんぞう] 심상; 이미지.
心緒[しんしょ] 심기(心気). 마음.
心性❶[しんせい] 심성; ①마음. 정성. ②천성. ❷[しんしょう] ≪仏≫ 심성; 영구불변한 마음의 자세.
[2]**心身**[しんしん] 심신; 몸과 마음.
心神[しんしん] 심신; 정신과 마음.
心眼[しんがん] 심안; 마음의 눈.
心奥[しんおう] 심오; 심중. 마음 속.
心外[しんがい] 심외; 뜻밖임. 의외임.
心願[しんがん] 심원; ①소망. 소원. ②신불(神仏)에게 올리는 기원.
心音[しんおん] ≪生理≫ 심음; 고동 소리.
心意[しんい] 심의; 마음.
心耳[しんじ] 심이; ①마음으로 들음. ② ≪生理≫ 심방(心房)의 일부가 툭 튀어나온 부분.
心因性[しんいんせい] ≪医≫ 심인성.
心字池[しんじいけ] 초서(草書)의 '心'자 모양으로 만든 일본 정원의 못.
心張り棒[しんばりぼう] 빗장.
[2]**心臓**[しんぞう] ① ≪生理≫ 심장; 염통. ②사물의 중요 부분. ③뻔뻔스러움.
心臓麻痺[しんぞうまひ] 심장 마비.
心材[しんざい] 심재; 나무줄기 내부의 단단한 적갈색 부분.
心底[しんそこ/しんてい] 마음 속. 본심.
心的[しんてき] 심적; 마음에 관함.
心電図[しんでんず] ≪医≫ 심전도.
[1]**心情**[しんじょう] 심정; 마음과 정.
[1]**心中❶**[しんじゅう] ①(사랑하는 남녀의) 정사(情死). 동반 자살. ②집단 자살. ③운명을 함께 함. ④사랑의 약속으로 하는 행위. ❷[しんちゅう] 심중. 마음 속.
心中立て[しんじゅうだて] ①(사랑하는 남녀가) 변심하지 않고 끝까지 약속을 지킴. ②끝까지 의리를 지킴.
心中物[しんじゅうもの] 정사(情死)를 다룬 歌舞伎(かぶき)・浄瑠璃(じょうるり)・狂言(きょうげん).
心証[しんしょう] 심증; ①마음에 받은 인상. ②재판관이 사건의 심리에서 얻은 심중의 확신.
心地[しんじ] 심지; 심. 띠나 옷깃 속에 넣는 빳빳한 천.
心酔[しんすい] 심취; 깊이 빠져 마음이 도취함.
心土[しんど] 심토; 땅속 깊은 곳의 흙.
心痛[しんつう] 심통; 근심함. 걱정함.
心肺[しんぱい] 심폐; 심장과 폐.
心血[しんけつ] 심혈; ①심장의 피. ②온 힘. 있는 대로의 힘.
心魂[しんこん] 심혼; ①온 정신. ②마음 속. 골수(骨髄).
◑**信心**[しんじん], **用心**[ようじん]

甚 심할 심

一 十 卄 甘 甘 其 其 甚 甚

音 ◉ジン
訓 ◉はなはだ ◉はなはだしい ⊗いたく

訓読

1 ◉甚だ[はなはだ] (주로 나쁜 의미로) 심히. 대단히. 매우. 몹시.
2 ◉甚だしい[はなはだしい] 〈形〉 (주로 나쁜 의미로 정도가) 매우 심하다. 대단하다. 이만저만이 아니다.
⊗甚く[いたく] 매우. 몹시. 대단히.

音読

甚大[じんだい] 심대함. 막대함. 지대함.
甚兵衛[じんべえ] (여름의) 남자용 실내 옷.
甚六[じんろく] 얼간이. 멍청이.
甚助[じんすけ] 《俗》 질투심. 음탕하고 질투심이 강한 남자.
甚平[じんべい] ☞甚兵衛(じんべえ)

深 깊을 심

氵 氵 氵 氵 氵 泙 泙 浮 深 深

音 ◉シン
訓 ◉ふかい ◉ふかまる ◉ふかむ ◉ふかめる

訓読

3 ◉深い[ふかい] 〈形〉 ①깊다. ②(정도가) 깊다. 크다. ③(관계가) 깊다. 밀접하다. ④(색깔・농도가) 짙다. ⑤(잡초 등이) 무성하다. ⑥(계절이) 깊다.
3 深さ[ふかさ] 깊이.
◉深む[ふかむ] 〈5自〉 깊어지다.
深み[ふかみ] ①깊은 정도. 깊이. ②깊은 곳. 구렁텅이. ③깊은 관계.
2 ◉深まる[ふかまる] 〈5自〉 깊어지다.
1 ◉深める[ふかめる] 〈下1他〉 깊게 하다.
深間[ふかま] ①깊은 곳. 구렁텅이. ②(남녀의) 깊은 관계.
深見草[ふかみぐさ] '牡丹(ぼたん)'의 딴이름.
深緑[ふかみどり/しんりょく] 진초록.
深傷[ふかで] 깊은 상처. 중상(重傷).
深手[ふかで] 깊은 상처. 중상(重傷).
深深と❶[ふかぶかと] 깊숙이. 푹. ❷[しんしんと] ①(밤이) 이슥하게. ②매우 조용히. ③매섭게. 오싹오싹. ④깊고 깊음.
深入り[ふかいり] 깊이 들어감. 깊이 관여함.
深紫[ふかむらさき] 진보라색.
深田[ふかだ] 진흙이 깊은 논.
深情け[ふかなさけ] 깊은 애정.
深爪[ふかづめ] 손톱을 바싹 깊게 깎음.
深酒[ふかざけ] 과음(過飮).
深追い[ふかおい] 끝까지 끈덕지게 쫓음. 깊이 추구함.
深編(み)笠[ふかあみがさ] (얼굴을 가리는) 운두가 깊은 삿갓.
深陥り[ふかはまり] (나쁜 일에) 깊숙이 빠져듦. 깊이 관여함.
深靴[ふかぐつ] ①부츠. ②짚으로 만든 장화. *목이 무릎까지 오며 눈 위를 걸을 때 사용함.

音読

2 深刻[しんこく] 심각; 아주 깊고 절실함.
深更[しんこう] 심경; 심야(深夜). 한밤중.
深耕[しんこう] 심경; 논밭을 깊게 갊.
深谷[しんこく] 심곡; 깊은 골짜기.
深交[しんこう] 심교; 깊은 교제.
深度[しんど] 심도; 깊이의 정도.
深度計[しんどけい] 심도계.
深慮[しんりょ] 심려; 깊은 생각.
深緑[しんりょく/ふかみどり] 진초록.
深謀[しんぼう] 심모; 심원한 책모.
深思[しんし] 심사; 깊이 생각함.
深謝[しんしゃ] 깊이 감사・사과함.
深山[しんざん/みやま] 심산; 깊은 산.
深雪❶[しんせつ] 심설; 깊이 쌓인 눈. ❷[みゆき] ①'雪(ゆき)'의 미칭(美称). ②깊이 쌓인 눈.
深甚[しんじん] 심심; (마음이) 매우 깊음.
2 深夜[しんや] 심야; 깊은 밤.
深淵[しんえん] 심연; ①깊은 못. ②정신의 깊숙한 곳.
深奥[しんおう] 심오; ①오묘함. 깊고도 멂. ②깊은 속.
深憂[しんゆう] 심우; 큰 걱정. 깊은 근심.
深遠[しんえん] 심원; 깊고도 멂. 오묘함.
深意[しんい] 심의; 깊은 뜻.
深長[しんちょう] 심장; 깊고도 깊.
深窓[しんそう] 심창; 깊숙한 방.
深浅[しんせん] 심천; ①깊음과 얕음. ②(색깔의) 짙음과 엷음. ③(감정 등의) 높음과 낮음.
深層[しんそう] 심층; 속의 깊은 층.
深沈[しんちん] 심침; ①매우 침착함. ②밤이 이슥해짐.

深閑[しんかん] 심한; 매우 고요함.
深海魚[しんかいぎょ] 심해어.
深呼吸[しんこきゅう] 심호흡.
深紅[しんこう/しんく] 심홍; ①진한 다홍빛. ②진홍의 그림물감.
深化[しんか] 심화; 깊어짐. 깊게 함.
深厚[しんこう] 심후; (인정이) 깊고 두터움.

尋(尋) 물을/찾을 심

ㄱ ㅋ ㅋ 큐 큐 尋 尋 尋 尋

音 ◉ジン
訓 ◉たずねる ⊗ひろ

訓読
[3]◉尋ねる[たずねる] 〈下1他〉 ①묻다. 여쭙다. ②찾다. ③탐구하다. 찾아 밝히다.
尋ね当てる[たずねあてる] 〈下1他〉 (여기저기) 물어서 찾아내다. 물어서 확인하다.
尋ね物[たずねもの] (분실로) 찾는 물건.
尋ね人[たずねびと] 찾는 사람. 사람을 찾음. 찾고 있는 사람.
尋ね者[たずねもの] 지명 수배자. 수배된 범죄 용의자.
尋ね合わせる[たずねあわせる] 〈下1他〉 조회하다. 물어서 확인하다.
⊗尋[ひろ] 길. 발. ＊두 팔을 폈을 때의 길이로 약 1.8m임.

音読
尋問[じんもん] 심문; ①질문에 강제적으로 대답하게 함. ②캐물어 조사함.
尋常[じんじょう] 심상; ①보통임. 예사로움. 평범함. ②얌전함. 수수함. ③정정당당함.
尋常小学校[じんじょうしょうがっこう] 보통 초등학교. ＊1947년에 폐지됨.
尋常一様[じんじょういちよう] 보통과 다름없음. 평범함. 예사로움. 보통임.

審 살필/조사할 심

宀 宀 宀 宀 宷 宷 宷 審 審 審

音 ◉シン
訓 ⊗つまびらか

訓読
⊗審らか[つまびらか] 〈形動〉 상세함. 소상함. 자세함. 분명함.

音読
審理[しんり] 심리; 소송 사건에 관한 일체를 법원이 조사를 함.
審問[しんもん] 심문; ①자세하게 캐어물음. ②(법원에서) 서면이나 구두로 관계자에게 진술시킴.
審美[しんび] 심미; 미(美)와 추(醜)를 분명하게 식별함.
審美眼[しんびがん] 심미안; 미(美)와 추(醜)를 식별하는 안목.
[1]審査[しんさ] 심사; 자세히 조사함. 심의해서 합격・등급을 정함.
[1]審議[しんぎ] 심의; 회의를 열어서 자세히 심사하고 논의함.
[2]審判[しんぱん] 심판; ①사건을 심리하여 판결함. ②제3자로서 판단함. ③(경기에서) 우열・승패와 행위의 적부(適否)을 판정함.
審判官[しんぱんかん] 심판관; ①사건을 심판하는 직무・사람. ②(운동 경기의) 심판원.
審判員[しんぱんいん] 심판원; (운동 경기의) 심판을 담당하는 사람.

芯 심지 심

音 ⊗シン
訓 —

音読
[2]芯[しん] 심; ①심지(心地). ②어떤 물건의 중심을 이루는 부분. ③초목의 가지 끝에 돋는 싹. 순.
芯地[しんじ] 심지; 심. 띠나 옷깃 속에 넣는 빳빳한 천.

십

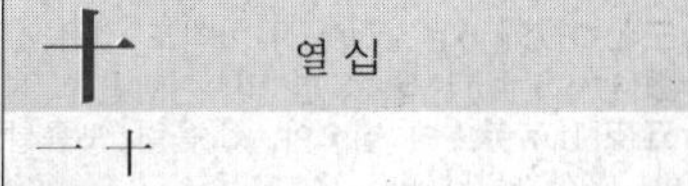

十 열 십

一 十

音 ◉ジュウ ◉ジッ
訓 ◉とお ◉と

訓読
[4]◉十❶[とお] ①열. 열 개. ②열 살. ❷[じゅう] ☞ [音読]
十露盤[★そろばん] ①주판(珠板). 주산(珠算). ②셈. 계산. 손익의 계산.
十六夜[★いざよい] 음력 16일의 밤.

十月❶[とつき] 열 달. 10개월. ❷[じゅうがつ] (달력상의) 10월. 시월.

4 十日[とおか] ①초열흘날. ②열흘. 10일간.

十日の菊[とおかのきく] 지나간 버스 손들기.

十日恵比須[とおかえびす] (주로 関西(かんさい) 지방의 神社(じんじゃ)에서 행하는) 1월 10일의 축제.

十重二十重[とえはたえ] 겹겹이. 여러 겹.

音読

4 十❶[じゅう] 10. 십. ❷[とお] ☞ [訓読]

十干十二支[じっかんじゅうにし] 십간십이지.

十戒[じっかい] 십계; ①(모세가 여호와 하느님으로부터 받은) 십계명. ②≪仏≫ 열 가지 계율.

十年一日[じゅうねんいちじつ] 10년이 하루 같음. 오랫동안 변함이 없음.

十年一昔[じゅうねんひとむかし] 10년이면 강산도 변함.

十能[じゅうのう] 부삽.

十代[じゅうだい] 십대; ①틴에이저. ②열 세대(世代). ③열 번째의 대(代).

十徳[じっとく] (옛날) 의사・학자・화가 등이 입던 헐렁한 옷.

十両[じゅうりょう] 씨름꾼 계급의 하나.

4 十万[じゅうまん] 십만; 100,000.

十枚目[じゅうまいめ] (씨름 계급의 하나로) 제 10위. *'十両(じゅうりょう)'에 해당함.

十目[じゅうもく] (뭇사람의) 눈. 견해.

十文字[じゅうもんじ] 열십자. 십자형.

3 十分❶[じっぷん/じゅっぷん] (시간상의) 10분. 600초. ❷[じゅうぶん] ①충분함. 부족함이 없음. ②〈副〉 충분히.

十三夜[じゅうさんや] 음력 13일 밤.

十三参り[じゅうさんまいり] (음력 3월 13일에) 13세 된 소년・소녀가 수호신에게 참배하여 행복과 지혜 등을 기원하는 행사.

十三七つ[じゅうさんななつ] 아직도 젊음.

十数[じゅうすう] 십수; 열 몇. 여남은.

十五夜[じゅうごや] 십오야. ①음력 보름날 밤. ②한가윗날 밤.

十六武蔵[じゅうろくむさし] 고누의 일종.

4 十月❶[じゅうがつ] (달력상의) 10월. 시월. ❷[とつき] 열 달. 10개월.

十二分[じゅうにぶん] 십이분; 충분함.

十二束三伏[じゅうにそくみつぶせ] 열두 뼘 하고 손가락 3개의 길이. *화살의 길이를 말함.

十二支[じゅうにし] 십이지.

十二指腸[じゅうにしちょう] ≪生理≫ 십이지장.

十人並み[じゅうにんなみ] (용모・재능 등이) 보통임. 평범함. 수수함.

十人十色[じゅうにんといろ] 십인십색; 각양각색.

十字[じゅうじ] 십자; 십자형.

十字架[じゅうじか] ①십자가. ②십자형 표지.

十字街[じゅうじがい] 십자로. 네거리.

十字軍[じゅうじぐん] 십자군.

1 十字路[じゅうじろ] 십자로; 네거리.

十字火[じゅうじか] 십자화; 십자 포화(砲火).

十姉妹[じゅうしまつ] ≪鳥≫ 십자매.

十全[じゅうぜん] 십전; 만전(万全).

十種競技[じっしゅきょうぎ] 10종 경기.

十中八九[じっちゅうはっく] 십중팔구; 거의.

十指[じっし] 십지; 열 손가락. 열 발가락.

十進法[じっしんほう] 십진법.

十哲[じってつ] 십철; 10명의 뛰어난 사람.

十七文字[じゅうしちもじ] (17자로 이루어진) '俳句(はいく)'의 딴이름.

十八般[じゅうはっぱん] ①십팔기(十八技). ②무예 전반(全般).

十八番❶[じゅうはちばん] 십팔번; 장기(長技). 특기. ❷[おはこ] ①장기(長技). 특기. ②입버릇.

十割[じゅうわり] 100퍼센트. 전부. 모두.

十回[じっかい/じゅっかい] 10회. 열 번.

〔쌍〕

双(雙) 두/쌍 쌍

フ ヌ 刃 双

音 ◉ソウ
訓 ◉ふた

訓読

◉双葉[ふたば] ①떡잎. 자엽(子葉). ②어렸을 적. 일의 시초.

双葉葵[ふたばあおい] ≪植≫ 족도리풀의 일종.

2 双子[ふたご/そうし] 쌍둥이. 쌍생아.

音読

双[そう] 쌍; ①짝. 쌍방. ②필적. 견줌. ③(짝으로 된 물건을 세는 말로) …쌍.

双脚[そうきゃく] 쌍각; 두 다리.
双殻類[そうかくるい] 쌍각류; 이패류(二貝類).
双肩[そうけん] 쌍견; 양쪽 어깨.
双曲面[そうきょくめん] 쌍곡면.
双曲線[そうきょくせん] 쌍곡선.
双胴機[そうどうき] 쌍동기; 동체가 2개 있는 비행기.
双胴船[そうどうせん] 쌍동선; 갑판 밑에 선체가 2개 있는 배.
双頭[そうとう] 쌍두; 머리가 2개임.
双涙[そうるい] 쌍루; 흐르는 두 줄기 눈물.
双六[★すごろく] 주사위 놀이.
双六盤[★すごろくばん] 주사위 놀이 판.
双六遊び[★すごろくあそび] 주사위 놀이.
双輪[そうりん] 쌍륜; 2륜. 바퀴가 2개.
双務[そうむ] 쌍무; 계약 당사자 쌍방이 의무를 짐.
双発機[そうはつき] 쌍발기; 엔진이 2대인 비행기.
双方[そうほう] 쌍방; 양쪽.
双璧[そうへき] 쌍벽; 두 개의 구슬. 여럿 가운데서 특히 뛰어난 둘.
双峰駱駝[そうほうらくだ] 쌍봉낙타.
双生児[そうせいじ] 쌍생아; 쌍둥이.
双書[そうしょ] 총서(叢書). 시리즈.
双星[そうせい] 쌍성; 둘이 나란히 보이는 별.
双手[そうしゅ] 쌍수; 양손. 두 손.
双十節[そうじゅうせつ] 쌍십절.
双眼鏡[そうがんきょう] 쌍안경.
双翼[そうよく] 쌍익; ①양쪽 날개. ②좌우 양쪽의 부대.
双紙[そうし] ①철해 놓은 책. ②(江戸(えど) 시대) 삽화가 있는 대중 소설. ③仮名(かな)로 된 책. ④습자지(習字紙).
双幅[そうふく] 쌍폭; 한 쌍으로 된 족자.

〔씨〕

氏 성/성씨 씨

一 𠂆 𠂉 氏

音 ◉シ
訓 ◉うじ

訓読

◉氏❶[うじ] ①성(姓). 성씨. ②집안. 가문. 문벌. ❷[し] ☞ [音読]
氏文[うじぶみ] 족보(族譜).
氏寺[うじでら] 세도가(勢道家)들이 자기들의 일족(一族)을 위해 세운 절.
氏の上[うじのかみ] 고대 씨족의 통솔자.
氏素性[うじすじょう] 집안. 가문. 문벌.
氏神[うじがみ] ①그 고장의 수호신. 서낭신. ②조상신. 씨족 신(氏族神).
氏子[うじこ] ①같은 수호신을 섬기는 고장 사람. ②씨족의 후손.
氏子中[うじこじゅう] 같은 씨족 신을 섬기는 사람들.
氏子総代[うじこそうだい] 같은 씨족 신을 섬기는 氏子(うじこ)들의 대표.

音読

氏❶[し] ①그 사람. 그이. ②(남자 이름 아래에 접속하여) …씨. ③(漢字의 수사에 접속하여) …명. …분. *존경을 나타냄. ❷[うじ] ☞ [訓読]
2 氏名[しめい] 성명(姓名). 성과 이름.
氏姓制度[しせいせいど] 大化(たいか)の改新(かいしん) 이전 시대의 정치 제도.
氏族[しぞく] 씨족; 선조가 같은 혈족의 단체.
氏族社会[しぞくしゃかい] 씨족 사회.
氏族制度[しぞくせいど] 씨족 제도; 씨족 사회의 구조.

〔아〕

亜(亞) 버금 아

一 ㄱ 冖 币 亜 亜 亜

音 ◉ア
訓 ⊗つぐ

訓読

⊗**亜ぐ**[つぐ] 〈5自〉 ①잇따르다. 뒤따르다. ②버금가다. 다음가다.

音読

亜[あ] '亜細亜(アジア)'의 준말.
亜流[ありゅう] 아류; ①같은 유파(流派)에 속한 사람. ②추종자.
亜硫酸[ありゅうさん] 아황산(亜黄酸).
亜麻[あま] ≪植≫ 아마.
亜麻色[あまいろ] 황갈색(黄褐色).
亜麻仁油[あまにゆ] 아마씨 기름.
亜成層圏[あせいそうけん] 아성층권; 지상 8~12㎞의 층.
2**亜細亜**[アジア] 아시아.
亜鉛[あえん] ≪化≫ 아연.
亜熱帯[あねったい] 아열대.
亜炭[あたん] ≪鉱≫ 아탄.
亜寒帯[あかんたい] 아한대.

我 나 아

丿 二 于 手 我 我 我

音 ◉ガ
訓 ◉わが ◉われ

訓読

2◉**我が**[わが] 나의. 우리의.
2**我がまま**[わがまま] 제멋대로 굶. 버릇없음.
我が家[わがや/わがいえ] 우리 집. 내 집.
我が校[わがこう] 우리 학교.
我が国[わがくに] 우리나라.
我が党[わがとう] ①우리 동료. 자기 동료. ②우리 당.
我が物[わがもの] 내 물건. 내 것.
我が物顔[わがものがお] (남의 것을) 제 것인 양하는 태도. 혼자 잘난 체함.
我が方[わがほう] 아군. 우리 편.
我が輩[わがはい] ①우리들. 우리네. ②나. 본인. *예스럽고 거만한 말투임.
我が事[わがこと] 내 일. 자기 일.
我が世の春[わがよのはる] (모든 일이) 자기 뜻대로 되는 시기. 전성기. 제세상.
我が身[わがみ] ①내 몸. 자신. ②자신의 입장.
我が意[わがい] 자기의 뜻.
1◉**我** ❶[われ] ①나. 자신. ②우리. 우리 편. ❷[が] ☞ [音読]
我から[われから] 자진해서. 스스로.
我こそは[われこそは] 나야말로.
我と[われと] ①자신 스스로. ②자연히. 저절로. 제풀로.
我ながら[われながら] 내가 생각해도.
我にもあらず[われにもあらず] 나도 모르게. 본의 아니게. 나답지 않게.
我にもなく[われにもなく] 나답지 않게. 본의 아니게. 나도 모르게.
我等[われら] 우리들.
我先に[われさきに] 앞을 다투어. 너도 나도. 남에게 뒤질세라.
我勝ちに[われがちに] ☞ 我先に
2**我我**[われわれ] ①우리들. ②우리. 나. *겸손한 말씨임.
我御前[わごぜ] ≪古≫ 그대. 당신. *아내를 친근하게 부르는 말.
我語り[われがたり] (묻지도 않는데) 제풀에 신세타령을 함.
我人[われひと] 너도 나도.
我知らず[われしらず] 무의식중에.
我知り顔[われしりがお] 자기만 알고 있다는 듯한 표정.
我褒め[われぼめ] 자화자찬. 공치사.

音読

我 ❶[が] ①자아(自我). 나. ¶～の意識(いしき) 자아의식. ②아집. 자기 본위의 생각. ¶～が強(つよ)い 아집이 세다. ❷[われ] ☞ [訓読]
我流[がりゅう] 아류; 자기 스타일.
我利我欲[がりがよく] 사리사욕(私利私慾).
2**我慢**[がまん] ①참음. 견딤. ②용서함. 눈감아 줌. 봐줌. ③고집을 부림. 억지를 부림. ④≪仏≫ 교만.
我慢強い[がまんづよい] 〈形〉 ①참을성이 많다. ②고집이 세다.
我慢心[がまんしん] 참을성. 인내심.
我欲[がよく] 아욕; 자기 혼자만의 욕심.
我意[がい] 아의; 자기 고집.
我田引水[がでんいんすい] 아전인수.
我執[がしゅう] 아집; ①자기 고집을 내세워 버팀. ②≪仏≫ 아집.

児(兒) 아이 아

丨 川 旧 旧 旧 児 児

音 ◉ジ ◉ニ
訓 —

音読

児女[じじょ] 아녀; ①아녀자. 아이와 여자. ②남자아이와 여자 아이. ③자녀들.
2 児童[じどう] 아동; 어린이.
児童向き[じどうむき] 아동용(児童用).
児孫[じそん] 아손; 자식과 손자. 자손.
児戯[じぎ] 아희; 아이들의 장난.
◑小児[しょうに], 小児科[しょうにか]

芽(芽) 싹 아

一 十 艹 艹 芒 芢 芽 芽

音 ◉ガ
訓 ◉め

訓読

2 ◉芽[め] ①(초목의) 싹. 눈. ②≪鳥≫ 알눈. 배반(胚盤). ③(비유적으로) 싹.
芽ぐむ[めぐむ] 〈5自〉 움트다. 싹이 트다.
芽生え[めばえ] 싹이 틈. 움틈.
芽生える[めばえる] 〈下1自〉 ①(초목이) 싹트다. 움트다. ②(사물이) 시작되다.
芽吹く[めぶく] 〈5自〉 싹트다. 움트다.

音読

芽胞[がほう] 아포; 포자(胞子). 포자식물의 생식을 위해서 생긴 특별한 세포.
◑麦芽[ばくが], 発芽[はつが]

雅 아담할 아

一 ㄏ ㄷ 于 牙 牙 犴 犽 雅 雅

音 ◉ガ
訓 ⊗みやび ⊗みやびる ⊗みやびやか

訓読

⊗雅[みやび] 우아함. 고상함.
⊗雅びる[みやびる] 〈上1自〉 우아하다. 고상하고 품위가 있다.
⊗雅やか[みやびやか] 〈形動〉 우아함. 고상하고 품위가 있음.
雅(び)男[みやびお] 풍류를 아는 남자. 우아하고 고상한 남자.
雅(び)言❶[みやびごと] 고상하고 우아한 말. ❷[がげん] ①아언; 고상하고 우아한 말. ②和歌(わか) 등에서 쓰인 平安(へいあん) 시대의 大和言葉(やまとことば).

音読

雅量[がりょう] 아량; 관대함. 넓은 마음.
雅文[がぶん] 아문; ①우아한 문장. ②平安(へいあん) 시대의 かな로 쓴 문장.
雅俗[がぞく] 아속; ①고상함과 속됨. ②아어(雅語)와 속어(俗語).
雅楽[ががく] 아악; 상고(上古)・중세(中世)에 행해진 궁중 음악.
雅語[がご] 아어; ①아름답고 고상한 말. ②和歌(わか) 등에서 쓰인 平安(へいあん) 시대의 大和言葉(やまとことば).
雅趣[がしゅ] 아취; 운치. 아담한 정취.
雅致[がち] 아치; 아담한 풍치.
雅兄[がけい] 아형. *편지 용어임.
雅号[がごう] 아호; (문인・학자・화가 등이 본명 외에 갖는) 고상하고 멋있는 칭호.

餓(餓) 굶주릴 아

𠆢 今 今 食 食 飠 餁 餓 餓 餓

音 ◉ガ
訓 ⊗うえる ⊗かつえ

訓読

⊗餓える[うえる] 〈下1自〉 ①굶주리다. 주리다. ②갈망(渴望)하다.
餓え[うえ/かつえ] ①굶주림. ②갈망(渴望).
餓(え)死(に)[うえじに/かつえじに] 아사; 굶어 죽음.

音読

餓鬼[がき] ①≪仏≫ 아귀. ②개구쟁이. 꼬마 녀석.
餓鬼大将[がきだいしょう] 골목대장.
餓狼[がろう] 아랑; 굶주린 이리.
餓死[がし] 아사; 굶어 죽음.

牙 어금니 아

音 ⊗ガ ⊗ゲ
訓 ⊗きば

訓読

⊗牙[きば] 엄니. 큰 송곳니. ¶ ~を鳴(な)らす 이를 갈며 분해하다. ¶ ~をかむ 이를 악물다.

音読

牙旗[がき] 아기; 임금이나 대장군 진지에 세우는 큰 깃발.

牙城[がじょう] 아성; ①성(城)의 중심. ②본거지.

牙彫り[げぼり] 상아의 조각. 상아를 재료로 하여 새긴 조각.

◑象牙[ぞうげ]

阿 언덕 아 | 音 ⊗ア ⊗オ | 訓 ⊗おもねる

訓読

⊗阿る[おもねる] 〈5自〉 알랑거리다. 아첨하다. 영합하다.

音読

阿[ア] '阿弗利加(アフリカ)'의 준말.

阿古屋珠[あこやだま] 진주(真珠).

阿古屋貝[あこやがい] 진주조개.

阿亀[おかめ] ①추녀(醜女)의 탈. ②추녀(醜女). ③생선·묵·송이버섯·김·유부 등을 넣은 국수.

阿多福[おたふく] (광대뼈가 나오고 코가 납작한) 추녀의 탈.

阿多福風邪[おたふくかぜ] 유행성 이하선염(耳下腺炎). 항아리손님.

阿呆[あほう] 바보. 멍텅구리. 천치.

阿呆らしい[あほらしい] 〈形〉 바보스럽다.

阿呆面[あほうづら] 얼빠진 얼굴.

阿呆臭い[あほうくさい/あほくさい] 〈形〉 바보스럽다. 어리석다. 바보 같다.

阿弥陀[あみだ] ≪仏≫ 아미타불.

阿弥陀仏[あみだぶつ] ≪仏≫ 아미타불.

阿弥陀被り[あみだかぶり] (모자나 갓을) 뒤로 젖혀 씀.

阿房[あほう] ☞ 阿呆(あほう)

阿付[あふ] 아부; 아첨. 영합.

阿鼻叫喚[あびきょうかん] ≪仏≫ 아비규환.

阿世[あせい] 아세; 세상에 영합함.

阿修羅[あしゅら] ≪仏≫ 아수라.

阿諛[あゆ] 아유; 아첨. 알랑거림.

阿州[あしゅう] '阿波の国(あわのくに)'의 한자(漢字) 호칭.

阿片[あへん] 아편.

俄 갑자기 아 | 音 ⊗ガ | 訓 ⊗にわか

訓読

⊗俄[にわか] ①돌연. 갑작스러움. ②즉각. 당장.

[2]俄に[にわかに] 갑자기. 별안간.

俄狂言[にわかきょうげん] 즉흥극.

俄盲[にわかめくら] (부상으로) 갑자기 눈이 멂. 후천성 장님.

俄勉強[にわかべんきょう] 벼락치기 공부.

俄分限[にわかぶんげん] 벼락부자.

俄仕立て[にわかじたて] 벼락치기로 만듦.

俄仕込み[にわかじこみ] ①(물건을) 급히 사들임. ②벼락치기로 함.

俄雪[にわかゆき] 갑자기 내리다가 그친 눈.

俄雨[にわかあめ] 소나기.

俄作り[にわかづくり] 벼락치기로 만듦.

音読

俄然[がぜん] 아연; 갑자기. 별안간.

啞 ×(唖) ①벙어리 아 ②웃음소리 액 | 音 ⊗ア | 訓 ⊗おし

訓読

⊗啞[おし] 벙어리. 말을 못함.

啞蟬[おしぜみ] 매미의 암컷. ＊울지 않기 때문에 붙여진 이름임.

音読

啞然と[あぜんと] 아연; 너무 놀라서 말이 안 나옴.

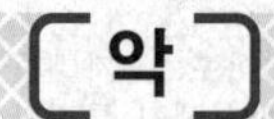

〔악〕

岳 큰산 악

一 𠂆 𠂇 斤 丘 乒 岳 岳

音 ◉ガク
訓 ◉たけ ◉…だけ

訓読

◉岳❶[たけ] 높은 산. 높은 봉우리.

岳❷[だけ] (높은 산 이름에 접속하여) …산. …봉우리. ¶雲仙(うんぜん)~ 운젠 산.

音読

岳父[がくふ] 악부; 장인. 아내의 아버지.

岳人[がくじん] 등산가. 산악인.

◑山岳[さんがく], 富岳[ふがく]

悪(惡) ①나쁠 악 ②미워할 오

一 ㄷ 戸 戸 亜 亜 亜 亜 悪 悪 悪

音 ◉アク ◉オ
訓 ◉わるい ⊗あし

訓読

4 ◉悪い[わるい] 〈形〉 ①(질이) 나쁘다. 좋지 않다. ②(건강이) 좋지 않다 ③(기능·능력이) 뒤떨어지다. ④불쾌하다. 언짢다. ⑤꼴사납다. 흉하다. ⑥서투르다. ⑦해롭다. ⑧미안하다. 실례가 되다. ⑨(사이·기회가) 나쁘다.
悪❶[わる] ①나쁜 짓. ②나쁜 놈. 악당. ③개구쟁이. 장난꾸러기. ❷[あく] ☞ [音読]
悪くすると[わるくすると] 잘못되면.
悪げ[わるげ] 나쁜 듯함. 좋지 않은 듯함.
悪さ[わるさ] ①나쁨. 나쁜 정도. ②나쁜 짓. 못된 짓.
⊗悪し[あし] ≪古≫ 나쁘다. 좋지 않다.
悪しからず[あしからず] 언짢게 생각지 마세요. 양해하세요.
悪びれる[わるびれる] 〈下1自〉 주눅 들다. 기가 죽다.
悪ふざけ[わるふざけ] 못된 장난.
悪怯れる[わるびれる] 〈下1自〉 주눅 들다. 기가 죽다.
悪慣れ[わるなれ] (일에 익숙해져 긴장이 풀림에 따라) 일이 소홀해짐. 일을 소홀히 함.
悪巧み[わるだくみ] 간계. 흉계. 못된 계교.
悪尻[わるじり] 남에게 숨기는 나쁜 짓.
2 悪口❶[わるくち/あっこう] 욕. 욕설. 험담. ❷[あっく] ≪仏≫ 남을 욕함.
悪金[わるがね] ①질이 나쁜 돈. ②부정하게 얻은 돈.
悪気❶[わるぎ] ①악의(悪意). 나쁜 마음. ②나쁘게 추측함. ❷[あっき] ①재앙이 닥쳐올 분위기. ②고약한 냄새가 나는 기체.
悪達者[わるだっしゃ] 솜씨는 좋으나 품위가 없음. 세련되지 않음.
悪度胸[わるどきょう] 못된 일에 대한 배짱.
悪巫山戯[わるふざけ] 못된 장난.
悪洒落[わるじゃれ] ①지나친 농담. ②서툰 익살. ③지나친 몸치장.
悪騒ぎ[わるさわぎ] 마구 떠들어댐.
悪乗り[わるのり] 덩달아서 도를 지나침.
悪し様[あしざま] 사실을 왜곡함. 헐뜯음.
悪遠慮[わるえんりょ] 지나친 사양.
悪遊び[わるあそび] 주색잡기(酒色雑技).
1 悪者[わるもの] 나쁜 놈. 악인(悪人).
悪場[わるば] (등산에서) 통행이 어렵고 위험한 곳.
悪阻[★つわり] ≪医≫ 입덧.
悪足掻き[わるあがき] (초조하여) 발버둥침.
悪止め[わるどめ] 억지로 붙듦.
悪知恵[わるぢえ] 못된 꾀. 간사한 꾀.
悪擦れ[わるずれ] 닳아빠짐. 약아빠짐.
悪推[わるずい] ☞ 悪推量
悪推量[わるずいりょう] 나쁜 쪽으로 추측함.
悪臭い[わるくさい] 〈形〉 악취가 나다. 역겨운 냄새가 나다.
悪酔い[わるよい] ①술 마신 뒤끝이 안 좋음. ②술주정함.
悪賢い[わるがしこい] 〈形〉 교활하다.
悪戯[★いたずら] ①(못된) 장난. 장난질. ②심심풀이. ＊자신의 행동의 겸손한 표현임. ③(남녀간의) 못된 짓. 난잡함.
悪戯娘[★いたずらむすめ] 음탕한 계집.
悪戯小僧[★いたずらこぞう] 장난꾸러기.
悪戯っ子[★いたずらっこ] 장난꾸러기.

音読

1 悪❶[あく] 악; ①나쁨. ②(연극의) 악역(悪役). ③ ≪古≫ 독기(毒気). ❷[わる] ☞ [訓読]
悪たれ[あくたれ] ①짓궂은 짓. ②개구쟁이. ③욕. 험담.
悪たれる[あくたれる] 〈下1自〉 ①(아이가) 떼를 쓰다. 못되게 굴다. ②욕하다. 욕지거리하다.
悪鬼[あっき] 악귀; 악한 귀신.
悪女[あくじょ] 악녀; ①추녀(醜女). 못생긴 여자. ②마음씨 나쁜 여자. 독부(毒婦).
悪党[あくとう] 악당; 나쁜 사람.
悪徳[あくとく] 악덕; 나쁜 짓.
悪道[あくどう] 악도; ①험한 길. ②나쁜 짓.
悪童[あくどう] 악동; 개구쟁이. 장난꾸러기.
悪辣[あくらつ] 악랄; 매섭고 표독함.
悪霊[あくれい/あくりょう] 악령; 못된 귀신.
悪例[あくれい] 악례; 나쁜 선례.
悪路[あくろ] 악로; 험한 길.
2 悪魔[あくま] 악마; ①마귀. 사탄. ②악령(悪霊). ③ ≪仏≫ 악신(悪神).
悪魔払い[あくまばらい] 불제(祓除). 상서롭지 못한 것을 물리쳐 버림.
悪魔主義[あくましゅぎ] 악마주의; 사탄주의. 악(悪)의 세계에서 미(美)를 발견하려는 사상의 한 경향.

悪罵[あくば] 악매; 심한 욕지거리.
悪名❶[あくめい] 악명; 나쁜 평판. ❷[あくみょう] ①악명; 나쁜 평판. ②나쁜 짓을 한 사람.
悪夢[あくむ] 악몽; 불길한 꿈.
悪文[あくぶん] 서투른 글. 난해한 문장.
悪法[あくほう] 악법; ①나쁜 법률. ②나쁜 방법. ③악한 종교.
悪癖[あくへき] 악벽; 나쁜 버릇.
悪報[あくほう] 악보; ①《仏》 악의 응보. ②나쁜 소식.
悪事[あくじ] 악사; ①나쁜 짓. 악행(悪行). ②나쁜 일. 재앙. 재난.
悪相[あくそう] 악상; ①무서운 인상. 험상. ②불길한 조짐.
悪声[あくせい] 악성; ①듣기에 나쁜 목소리. ②나쁜 소문. 악평.
悪性❶[あくせい] 악성; ①나쁜 성질. ②건강을 위태롭게 하는 상태. ❷[あくしょう] ①심성(心性)이 나쁨. ②행실이 나쁨.
悪所[あくしょ] ①위험한 곳. ②유곽. 유흥가.
悪循環[あくじゅんかん] 악순환.
悪習[あくしゅう] 악습; 나쁜 습관.
悪僧[あくそう] 악승; ①나쁜 짓을 일삼는 중. ②무예가 뛰어난 용맹한 중.
悪食❶[あくじき] 악식; ①보통 사람이 안 먹는 것을 먹음. ②《仏》 고기를 먹음. ③변변찮은 음식을 먹음. ❷[あくしょく] 변변찮은 음식을 먹음.
悪心❶[あくしん] 악심; 나쁜 생각. ❷[おしん] 메스꺼움.
悪業[あくごう/あくぎょう] 《仏》 악업; 나쁜 행위에 대한 응보.
悪役[あくやく] 악역; ①(연극의) 악인역. ②남에게 미움을 사는 역할.
悪疫[あくえき] 악역; 악성 유행병.
悪逆[あくぎゃく] 악역; ①도리에 어긋나는 극악한 행위. ②부모·조부모를 죽이는 죄.
悪縁[あくえん] 악연; ①나쁜 인연. ②(남녀의) 끊으려야 끊을 수 없는 인연.
悪玉[あくだま] (연극에서) 악역. 악인역.
悪用[あくよう] 악용; 잘못 사용함.
悪運[あくうん] 악운; ①액운. 불운. ②나쁜 짓을 하고도 결과가 좋은 운.
悪意[あくい] 악의; 나쁜 마음·뜻.
悪人[あくにん] 악인; 나쁜 사람.
悪才[あくさい] 악재; 못된 재주.
悪材料[あくざいりょう] 악재료; 악재(悪材). 시세를 하락시키는 요인.
悪銭[あくせん] 악전; 부당하게 번 돈.
悪戦苦闘[あくせんくとう] 악전고투.
悪政[あくせい] 악정; 민의에 어긋난 정치.
悪条件[あくじょうけん] 악조건; 나쁜 조건.
悪疾[あくしつ] 악질; 고약한 병.
悪質[あくしつ] 악질; ①성질이 모질고 나쁨. ②(물건의) 질이 나쁨. 저질.
悪妻[あくさい] 악처; 마음이 나쁘고 부덕(婦徳)이 없는 아내.
悪臭[あくしゅう] 악취; 나쁜 냄새.
悪趣味[あくしゅみ] 악취미; ①저속함. ②괴팍한 성격. 남을 골탕 먹이길 좋아하는 취미.
悪太郎[あくたろう] 개구쟁이. 난폭자.
悪態[あくたい] 악태; 욕설. 욕지거리.
悪投[あくとう] (야구의) 악투; 받기 어렵게 공을 던짐.
悪平等[あくびょうどう] 잘못된 평등. 불공평.
悪評[あくひょう] 악평; 나쁜 평판.
悪弊[あくへい] 악폐; 나쁜 폐단.
悪風[あくふう] 악풍; ①모진 바람. 폭풍. ②나쁜 풍속. 악습.
悪筆[あくひつ] 악필; 서툰 글씨.
悪寒[★おかん] 오한; 한기(寒気).
悪漢[あっかん] 악한; 나쁜 남자.
悪行[あくぎょう] 악행; 나쁜 짓.
悪形[あくがた] (연극의) 악역(悪役).
[1]悪化[あっか] 악화; 나빠짐.
悪貨[あっか] 악화; 나쁜 화폐.
悪戯[あくぎ] 악희; 심술궂은 장난.

握 쥘 악

一 丅 扌 扌 扩 扩 护 护 握 握

音 ◉アク
訓 ◉にぎる

訓読
[2]◉握る[にぎる] 〈5他〉 ①(손에) 쥐다. 잡다. ②(비밀·약점·마음을) 잡다. ③자기 것으로 만들다. 수중에 넣다.
握り[にぎり] ①(손에) 쥠. 잡음. ②손잡이. 쥐는 곳. ③(활의) 줌통. ④주먹밥. ⑤생선 초밥. ⑥움큼. 줌. 주먹. ⑦(바둑에서) 손에 쥔 돌의 홀수·짝수에 따라 선(先)을 결정함.

握り睾丸[にぎりぎんたま] ☞ 握り金玉

握り金玉[にぎりぎんたま] 두 손을 사타구니에 넣고 아무 일도 하지 않음. 하는 일 없이 빈둥거림.

握り拳[にぎりこぶし] ①주먹을 쥠. ②무일푼. 빈손. 빈주먹.

握り潰す[にぎりつぶす] 〈5他〉 ①(손으로) 꽉 쥐어 망가뜨리다. ②(제안 등을) 묵살하다.

握り飯[にぎりめし] 주먹밥.

握り寿司[にぎりずし] 생선 초밥.

握握[にぎにぎ] ①(어린아이의) 쥐엄쥐엄. ②≪幼≫ 주먹밥. ③≪古≫ 뇌물을 받음.

握り屋[にぎりや] 구두쇠. 인색한 사람.

握り箸[にぎりばし] (어린이 등이) 젓가락 2개를 한데 뭉쳐 쥠.

握り鮨[にぎりずし] 생선 초밥.

握り締める[にぎりしめる] 〈下1他〉 (손으로) 꽉 쥐다. 꽉 쥐고 놓지 않다.

握り槌[にぎりづち] 주먹돌망치.

握り太[にぎりぶと] 쥐어보고 굵다고 느낌. 굵직함.

音読

握力[あくりょく] 악력; 물건을 쥐는 힘.

握力計[あくりょくけい] 악력계.

2 **握手**[あくしゅ] 악수; ①서로 손을 마주 잡음. ②화해(和解).

楽(樂) ①풍류 악 ②즐거울 락

☞ 楽(락) p. 289

愕 놀랄 악

音 ⊗ガク
訓 ⊗おどろく

訓読

⊗**愕く**[おどろく] 〈5自〉 놀라다.

⊗**愕き**[おどろき] ①놀람. ②놀라운 일.

音読

愕然[がくぜん] 악연; 깜짝 놀람.

顎 턱 악

音 ⊗ガク
訓 ⊗あご

訓読

1 ⊗**顎**[あご] ①턱. ②아래턱.

顎紐[あごひも] (모자의) 턱끈.

顎髭[あごひげ] 턱수염.

안

安 편안/값쌀 안

丶 丷 宀 它 安 安

音 ◉アン
訓 ◉やすい

訓読

4 ◉**安い**[やすい] 〈形〉 ①(값이) 싸다. ②(마음이) 평온하다. 편안하다. ③경솔하다. 가볍다. ④(남녀 사이가) 친밀하다. 보통 사이가 아니다.

安[やす] (금액에 접속하여) 값이 그만큼 쌈. ¶千円(せんえん)~ 천 엔 쌈.

安き[やすき] ①손쉬움. 편함. 안이함. ②전혀 걱정이 없는 안정된 상태.

安けく[やすけく] 고이. 편안히.

1 **安っぽい**[やすっぽい] 〈形〉 ①싸구려로 보이다. 값싸다. ②천하다. 품위가 없다. 저속하다. ③시시하다. 하찮다.

安まる[やすまる] 〈5自〉 (심신이) 편안해지다.

安め[やすめ] 약간 싼 듯함.

安らい[やすらい] ①(심신이) 편안함. 평온함. ②≪古≫ 망설임. 주저함.

安らう[やすらう] 〈5自〉 ①휴식하다. 쉬다. ②≪古≫ 망설이다. 주저하다. 머뭇거리다.

安らか[やすらか] 〈形動〉 ①편안함. 평온함. ②용이함. 손쉬움.

安らぎ[やすらぎ] 평안. 평온.

安らぐ[やすらぐ] 〈5自〉 (마음이) 평온해지다. 편안해지다.

安らけく[やすらけく] 고이. 평온하게.

安らけし[やすらけし] 편안하다. 평온하다.

安んじる[やすんじる] 〈上1自他〉 ☞ 安んずる

安んずる[やすんずる] 〈サ変自〉 만족하다. 〈サ変他〉 안심하다. 안심시키다.

安寄り[やすより] (증권 거래소에서) 전장(前場)의 마지막 가격보다 싼 시세로 거래가 시작됨.

安売り[やすうり] ①싸게 팖. 염가 판매. ②무턱대고 베풂. 쉽게 응함.

安物[やすもの] 싸구려 물건.

安泊(ま)り[やすどまり] 싸구려 하숙.

安普請[やすぶしん] 날림 공사. 부실 공사.

安上(が)り[やすあがり] (값이) 싸게 먹힘.

安手[やすで] ①값이 쌈. 싸구려임. ②저속함. 하찮음.

安宿[やすやど] 싸구려 여관. 여인숙.
安安と[やすやすと] 편안하게. 안락하게.
安の川[やすのかわ] 은하(銀河).
安請(け)合[やすうけあい] 경솔하게 떠맡음.
安値[やすね] ①싼값. 헐값. ②(증권 거래에서 그날의) 최저 가격. 하종가(下終価).
安値引け[やすねびけ] (증권 거래에서 그날 중) 가장 싼값으로 거래가 끝남. 하종가(下終価)로 거래가 끝남.

音読

安価[あんか] ①싸구려. ②하찮음.
安寧[あんねい] 안녕; 안전하고 태평함.
安堵[あんど] 안도; ①안심. ②(옛날) 영주(領主)로부터 토지 소유권을 인정받음.
安楽[あんらく] 안락; 편안하고 즐거움.
安眠[あんみん] 안면; 편안하게 잠을 잠.
安保[あんぽ] 안보. '安全保障条約'의 준말.
安保理[あんぽり] 안보리. '(UN의) 安全保障理事会'의 준말.
安否[あんぴ] 안부; 문안(問安).
安産[あんざん] 안산; 순산(順産).
安息[あんそく] 안식; 편안하게 쉼.
安息日[あんそくび] 안식일.
[2]安心[あんしん] 안심; 마음이 편함. 걱정이 없음.
安心立命[あんしんりつめい] ≪仏≫ 안심입명.
安穏[あんのん] 안온; 조용하고 편안함.
[2]安易[あんい] 안이; 손쉬움.
安逸[あんいつ] 안일; 편안하고 한가로움.
[2]安全[あんぜん] 안전; 평안하여 위험이 없음.
[2]安定[あんてい] 안정; 안전하게 자리 잡음.
[1]安静[あんせい] 안정; 마음과 정신이 편안하고 고요함.
安座[あんざ] 안좌; ①편하게 앉음. ②현재에 만족하고 있음.
安住[あんじゅう] 안주; 자리 잡고 편히 삶.
安置[あんち] 안치; 안전하게 둠.
安打[あんだ] (야구에서) 안타.
安泰[あんたい] 안태; 태평 무사.
安閑[あんかん] 안한; 한가로움.

岸 언덕 안

' 凵 山 山 岸 岸 岸 岸

音 ◉ガン
訓 ◉きし

訓読

[2]◉岸[きし] 물가. 해안. 둑.
岸辺[きしべ] 물가. 바닷가. 강변.
岸伝い[きしづたい] ①물가를 따라감. ②물가.

音読

岸壁[がんぺき] 안벽; ①물가의 벼랑. ②부두.
岸壁渡し[がんぺきわたし] 부두(埠頭) 인계. 부두 인도(引渡).

案 생각 안

' 宀 宀 宄 安 安 安 案 案 案

音 ◉アン
訓 —

音読

[2]案[あん] 안; ①생각. 궁리. 의견. 아이디어. ②계획. 구상.
案じ[あんじ] ①생각. 궁리. ②걱정. 염려.
[1]案じる[あんじる] 〈上1他〉 ①이리저리 생각하다. ②걱정하다. 염려하다. ③(확실하지 않은 점을) 조사하다.
[1]案ずる[あんずる] 〈サ変他〉 ☞ 案じる
案ずるに[あんずるに] 생각해 보건대.
案件[あんけん] 안건; ①문제가 되어 있는 사실. ②소송 사건.
[2]案内[あんない] 안내; ①인도(引導). ②(용건 등의) 전달. ③초청. 초대. 통지. 알림. ④잘 알고 있음.
案内係[あんないがかり] 안내 담당자.
案内書[あんないしょ] 안내서; ①안내장. ②입문서(入門書).
案内状[あんないじょう] 안내장; 초대장.
案文[あんぶん/あんもん] ①초안. 초고. ②문장을 생각해 냄.
案分[あんぶん] 안분; 비례 배분.
案山子[★かかし] 허수아비.
[2]案外[あんがい] 예상외. 뜻밖.
案の定[あんのじょう] 예상한 대로. 짐작한 대로. 아니나 다를까.
案出[あんしゅつ] 안출; 생각해 냄. 고안해 냄.

眼 눈 안

丨 冂 月 目 目 目 目 眼 眼 眼

音 ◉ガン ◉ゲン
訓 ◉まなこ ⊗ま ⊗め

訓読

◉眼[まなこ] ①눈. 눈알. ②시계(視界).
眼間[まなかい] 눈 사이. 눈앞.

[4]眼鏡[めがね] ①안경. ②감정. 식별. 판단.
眼鏡橋[めがねばし] 아치형 다리.
眼鏡蛇[めがねへび] ≪動≫ 코브라.
眼鏡猿[めがねざる] ≪動≫ 안경원숭이.
眼鏡越(し)[めがねごし] ①안경 너머로 봄. ②안경을 통해서 봄.
眼鏡違い[めがねちがい] 잘못 판단・감정・식별함.
眼路[めじ] 시야(視野).
眼医者[めいしゃ] 안과(眼科). 안과 의사.
眼差し[まなこざし/まなざし] ①눈빛. 눈의 표정. ②눈길. 시선(視線).

音読

眼界[がんかい] 안계; ①시계(視界). ②안목(眼目). 사물을 보는 식견(識見).
眼孔[がんこう] ≪生理≫ 안공; 눈구멍.
[1]眼科[がんか] ≪医≫ 안과.
眼光[がんこう] 안광; ①눈빛. 눈의 광채. ②관찰력. 통찰력.
[1]眼球[がんきゅう] ≪生理≫ 안구; 눈알.
眼帯[がんたい] 안대; 눈가리개.
眼力[がんりき/がんりょく] 안력; 분별력.
眼目[がんもく] 안목; ①요점. 주안점. ②눈. 눈알.
眼識[がんしき] 안식; 안목과 식견.
眼睛[がんせい] 안정; ①눈동자. 검은자위. ②눈알.
眼中[がんちゅう] 안중; 눈 속.
眼疾[がんしつ] 안질; 눈병.
眼下[がんか] 안하; 눈 아래.
◑開眼[かいがん/かいげん]

顔(顏) 얼굴 안

亠 立 产 彦 彦 彦 顔 顔 顔

音 ◉ガン
訓 ◉かお

訓読

[4]◉顔[かお] ①얼굴. 낯. ②(생긴) 얼굴. 용모. ③(얼굴) 표정. 기색. ④표면. ⑤멤버. 성원(成員). ⑥체면. 면목.
顔ばせ[かおばせ] 얼굴 빛. 표정.
顔見世[かおみせ] ①(대중 앞에) 첫선을 보임. ②(한 극단의) 배우가 총출연함.
顔見知り[かおみしり] 안면이 있음.
顔繋ぎ[かおつなぎ] ①(가끔 나타나) 얼굴을 잊혀지지 않게 함. ②(모르는 사람끼리) 소개시킴.
顔寄せ[かおよせ] ①모임. 회합. ②(연극에서) 관계자 전원이 처음으로 모임.
顔立ち[かおだち] 얼굴 생김새. 용모.
[1]顔付き[かおつき] ①얼굴 생김새. 용모. ②표정. 안색.
顔負け[かおまけ] (상대방의 실력에) 무색해짐. 압도됨.
顔写真[かおじゃしん] 얼굴 사진.
顔色❶[かおいろ] 안색; ①얼굴 빛. ②눈치. 표정. ❷[がんしょく] 안색; 낯빛.
顔馴染(み)[かおなじみ] ①낯익은 얼굴. ②친한 사이.
顔役[かおやく] (어떤 지역・집단의) 실력자. 유지. 보스.
顔汚し[かおよごし] 얼굴에 먹칠함. 체면을 손상함.
顔作り[かおづくり] ①얼굴 생김새. 용모. ②(얼굴의) 화장(化粧).
顔揃い[かおぞろい] ①(모일 사람이) 다 모임. ②쟁쟁한 사람들이 다 모임.
顔触れ[かおぶれ] ①(모임・사업에) 참여하는 사람. 진용. 멤버. ②(歌舞伎(かぶき)에서) 배우가 총출연하는 흥행.
顔出し[かおだし] ①인사차 들름. 얼굴을 내밂. 방문. ②(모임에) 참석함.
顔合(わ)せ[かおあわせ] ①첫 대면. 첫 모임. ②(연극・영화에서) 함께 출연함. 공연(共演)함.
顔向け[かおむけ] (남과) 얼굴을 마주함. 대면(対面)함.
顔形[かおかたち] 얼굴 생김새. 용모.

音読

顔料[がんりょう] 안료; ①광물질의 착색제. ②그림물감.
顔面[がんめん] 안면; 얼굴. 낯.
顔面角[がんめんかく] 안면각; 옆에서 본 턱의 돌출도를 나타내는 각도.

按 어루만질 안

音 ⊗アン
訓 ―

音読

按じる[あんじる] 〈上1他〉 ☞ 按ずる
按ずる[あんずる] 〈サ変他〉 ①궁리하다. 이리저리 생각하다. ②살피다. 조사하다. ③어루만지다. 누르다.
按摩[あんま] ①안마. 안마사. ②맹인. 장님.
按舞[あんぶ] 안무; 음악에 수반되는 무용의 진행을 창안함.

按配[あんばい] 안배; 알맞게 잘 배치함.
按腹[あんぷく] 안복; 복부 안마.
按分[あんぶん] 안분; 비례 배분.
按手[あんしゅ] 안수; 머리 위에 손을 얹음.

雁 기러기 안	音 ⊗ガン 訓 ⊗かり

訓読
⊗雁❶[かり] '雁(がん/기러기)'의 딴이름. ＊시가(詩歌)에서 주로 사용함. ❷[がん] ☞ [音読]
雁金[かりがね] ①기러기 울음소리. ②나는 기러기를 본뜬 가문(家紋).
雁の文[かりのふみ] 편지.
雁の使い[かりのつかい] 편지.
雁の玉章[かりのたまずさ] 편지.
雁が音[かりがね] 기러기 울음소리.
雁の便り[かりのたより] 편지.

音読
雁❶[がん] ≪鳥≫ 기러기. ❷[かり] ☞ [訓読]
雁木[がんぎ] ①(기러기의 행렬처럼) 양쪽이 들쭉날쭉하여 맞물리게 된 것. ②선창(船艙)의 계단. ③갱내용 사닥다리. ④(벌목용) 큰톱.
雁木車[がんぎぐるま] 도르래.
雁書[がんしょ] 편지.
雁首[がんくび] 안수; ①담배통. ②(사람의) 목. 대가리. ③(낙수받이 홈통 끝에 잇는) 담배통 모양의 토관.
雁擬き[がんもどき] 튀김의 일종.
雁字[がんじ] ①일자(一字) 모양으로 날아가는 기러기의 행렬. ②편지.
雁字搦め[がんじがらめ] 칭칭 얽어맴.
雁皮紙[がんぴし] 안피지; 삼자닥나무로 만든 종이.
雁行[がんこう] ①기러기 행렬. ②(기러기 떼처럼) 비스듬히 줄지어 감. ③(엇비슷하게) 앞서거니 뒤서거니 함.

鞍 안장 안	音 ⊗アン 訓 ⊗くら

訓読
⊗鞍[くら] (말에 얹는) 안장.
鞍尻[くらじり] 안장의 뒤쪽.
鞍骨[くらぼね] 안장의 뼈대.
鞍掛(け)[くらかけ] ①안장을 걸어두는 대(台). ②(네 발 달린) 발판. ③안장을 얹은 말.
鞍具[くらぐ] 마구(馬具).
鞍覆い[くらおおい] 말안장을 덮는 담요.
鞍擦れ[くらずれ] 안장에 스쳐 생긴 상처.
鞍替え[くらがえ] ①(창녀나 기생이) 일자리를 바꿈. ②전직(転職). 전업(転業). 소속을 옮김.
鞍置(き)[くらおき] ①말 등에 안장을 얹음. ②등에 안장을 얹은 말.
鞍置(き)馬[くらおきうま] 등에 안장을 얹은 말.
鞍下[くらした] ①(말의) 안장에 닿는 부분. ②등심. 등심고기.
鞍壺[くらつぼ] 안장 허리. ＊안장의 걸터앉는 부분.

音読
鞍馬[あんば] ①(체조의) 안마 경기. ②안장을 얹은 말.
鞍部[あんぶ] 안부; 산등성이의 오목한 곳.
鞍上[あんじょう] 안상; 말안장 위.

〔알〕

謁(謁) 뵐/아뢸 알
言 言 訁 訂 訶 訶 謁 謁 謁

音 ◉エツ
訓 —

音読
謁[えつ] 알현(謁見). 배알(拝謁). 신분이 높은 사람과의 면회.
謁する[えっする] 〈サ変自〉 (신분이 높은 사람에게) 알현(謁見)하다. 뵙다.
謁見[えっけん] 알현; 배알(拝謁). 신분이 높은 사람과의 면회.

軋 삐걱거릴 알	音 ⊗アツ 訓 ⊗きしむ ⊗きしめく ⊗きしる

訓読
1 ⊗軋む[きしむ] 〈5自〉 삐걱거리다.
軋み[きしみ] ①삐걱거리는 소리. ②서로 대립하여 다툼. 불화. 알력.
軋み合う[きしみあう] 〈5自〉 서로 다투다. 서로 불화하다.
⊗軋めく[きしめく] 〈5自〉 삐걱삐걱하다.
⊗軋る[きしる] 〈5自〉 삐걱거리다.

軋り[きしり] 삐걱거림.

音読

軋轢[あつれき] 알력; 서로 대립하여 다툼. 불화(不和).

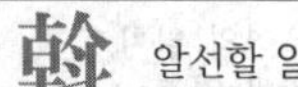

斡 알선할 알	音 ⊗アツ 訓 —

音読

1 斡旋[あっせん] 알선; 주선(周旋). 남의 일을 잘 되도록 마련해 줌.

斡旋収賄罪[あっせんしゅうわいざい] 알선수뢰죄.

閼 막을 알	音 ⊗ア ⊗アツ 訓 —

音読

閼伽[あか] 부처에게 올리는 물.

閼伽棚[あかだな] 부처에게 올리는 물이나 꽃을 꽂는 선반.

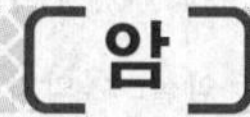

〔암〕

岩 바위 암
1 山 山 岩 岩 岩 岩 岩

音 ◉ガン
訓 ◉いわ

訓読

2 ◉岩[いわ] 바위.

岩角[いわかど] 바위 모서리.

岩間[いわま] 바위 틈.

岩橋[いわばし] ①징검다리. ②돌다리.

岩根[いわね] ①바위 밑동. ②반석. 큰 바위.

岩肌[いわはだ] 바위의 표면.

岩磯[いわいそ] 바위가 많은 바닷가.

岩代[いわしろ] 일본의 옛 지명으로, 지금의 福島県(ふくしまけん)의 서부 지역임.

岩瘤[いわこぶ] 바위 혹. 바위에서 혹처럼 튀어나온 덩어리.

岩木[いわき] ①바위와 나무. ②목석 같은 사람. 매정한 사람.

岩壁[いわかべ/がんぺき] 암벽; 바위 낭떠러지.

岩崩れ[いわくずれ] 바위가 무너져 내림.

岩棚[いわだな] 바위가 선반처럼 돌출한 곳.

岩飛び[いわとび] 높은 바위에서의 다이빙.

岩鼻[いわはな] 바윗등. 바위 끝.

岩山[いわやま] 암산; 바위산.

岩手[いわて] 일본 동북 지방에 있는 県(けん).

岩室[いわむろ] 암실; 바위를 뚫어 만든 주거용 암굴집.

岩屋[いわや] ①암굴집. 바위를 뚫어 주거용으로 만든 곳. ②암굴. 바위굴.

岩垣[いわがき/いわかき] ①울타리처럼 둘러싼 바위. ②돌담.

岩場[いわば] ①암석 지대. 바위가 많은 곳. ②(암벽 등반에서의) 암벽.

岩田帯[いわたおび] 복대(腹帯).

岩組(み)[いわぐみ] ①정원석(庭園石)의 배치. ②(무대용의) 종이로 만든 바위.

岩畳[いわだたみ] 층암. 평평한 바위가 여러 겹으로 겹친 곳.

岩清水[いわしみず] 석간수(石間水). 바위틈에서 나오는 샘물.

岩風呂[いわぶろ] 바위틈의 목욕탕.

岩穴[いわあな] 바위 구멍. 암굴.

岩戸[いわと] ①암굴. 암굴의 입구. ②암굴의 문. ③돌로 쌓은 묘(墓)의 입구.

岩絵の具[いわえのぐ] 가루 물감.

音読

岩窟[がんくつ] 암굴; 바위굴.

岩盤[がんばん] 암반; 다른 바위 속으로 돌입하여 굳어진 대형의 바위.

岩壁[がんぺき/いわかべ] 암벽; 바위 낭떠러지.

岩床[がんしょう] 암상; 마그마가 지층 사이로 들어가서 멍석 모양으로 굳어진 것.

岩石[がんせき] 암석; 바위.

岩塩[がんえん] 암염; 돌소금.

岩漿[がんしょう] 암장; 마그마.

岩礁[がんしょう] 암초; 해면(海面) 가까이에 숨어 있어 보이지 않는 바위.

暗 어둘 암
日 日' 日' 日' 日' 日' 暗 暗 暗

音 ◉アン
訓 ◉くらい

訓読

4 ◉暗い[くらい] 〈形〉 ①어둡다. 캄캄하다. ②(색깔이) 칙칙하다. ③(행실이) 떳떳하지 못하다. ④희망이 없다. 암담하다. ⑤(성격・표정이) 우울하다. 침울하다. ⑥(세상 물정에) 어둡다.

暗がり[くらがり] ①어둠. 어두운 곳. ②으슥한 곳.
暗さ[くらさ] 어둠. 어둠의 정도.
暗み[くらみ] 어둠. 어두운 곳.
暗む[くらむ] 〈5自〉 ①눈앞이 캄캄해지다. ②(욕심으로) 눈이 어두워지다. 현혹되다.
暗闇[くらやみ] ①어둠. 어두운 곳. ②남모르는 곳. ③희망이 없음. 암담함.

音読

暗に [あんに] 은근히. 넌지시.
暗褐色[あんかっしょく] 암갈색.
暗渠[あんきょ] 암거; 지하수로(地下水路).
暗君[あんくん] 암군; 어리석은 임금.
暗鬼[あんき] 암귀; 어둠 속의 귀신.
[2]暗記[あんき] 암기; 욈.
暗澹[あんたん] 암담; ①절망적임. ②어둡고 쓸쓸함.
暗緑色[あんりょくしょく] 암녹색; 진한 초록색.
暗涙[あんるい] 암루; 남몰래 흘리는 눈물.
暗流[あんりゅう] 암류; ①(흐름의) 저류(低流). ②(이면에) 숨은 움직임.
暗幕[あんまく] 암막; 검은 색 커튼.
暗明[あんめい] 암명; 명암(明暗).
暗黙[あんもく] 암묵; 자기의 의사를 나타내지 않음.
[1]暗算[あんざん] 암산; 머리 속으로 계산함.
[1]暗殺[あんさつ] 암살; 몰래 사람을 죽임.
暗箱[あんばこ] (카메라의) 어둠 상자.
[1]暗示[あんじ] 암시; 넌지시 깨우쳐 줌.
暗室[あんしつ] 암실; 밀폐된 방.
暗暗裏[あんあんり] 암암리; 은연중.
暗夜[あんや] 암야; 캄캄한 밤.
暗躍[あんやく] 암약; 남몰래 책동함.
暗然[あんぜん] 암연; ①캄캄함. ②슬퍼서 눈앞이 캄캄함. 암담함.
暗影[あんえい] 암영; 어두운 그림자.
暗愚[あんぐ] 암우; 어리석음.
暗雲[あんうん] 암운; 먹구름. 검은 구름.
暗紫色[あんししょく] 암자색; 검보라색.
暗赤色[あんせきしょく] 암적색.
暗転[あんてん] 암전; ①연극의 무대를 어둡게 하여 장면을 바꿈. ②나쁜 쪽으로 전환됨. 악화됨.
暗中[あんちゅう] 암중; 어둠 속.
暗証[あんしょう] 암증; 비밀 기호.
暗証番号[あんしょうばんごう] 비밀 번호.
暗唱[あんしょう] 암창; 암송(暗誦).
暗礁[あんしょう] 암초; 해면(海面) 가까이에 숨어 있어 보이지 않는 바위.
暗闘[あんとう] 암투; ①암암리의 다툼. ②(연극에서) 배우가 대사 없이 어둠 속에서 더듬는 연출법.
暗合[あんごう] 암합; 우연의 일치.
暗号[あんごう] 암호; 비밀 기호.
暗紅[あんこう] 암홍; 검붉은색.
暗黒[あんこく] 암흑; 어둡고 캄캄함.
暗黒街[あんこくがい] 암흑가.
暗黒面[あんこくめん] 암흑면; 어두운 면.

庵 암자 암
音 ⊗アン
訓 ⊗いおり

訓読

⊗庵[いおり] ①암자(庵子). ②농막(農幕). 초막(草幕).
庵看板[いおりかんばん] (歌舞伎(かぶき)에서) 배우의 이름을 써서 극장 앞에 내거는 지붕 모양의 간판. 또는 거기에 이름이 적힌 배우.

音読

庵室[あんしつ] 암실; ①암자(庵子). ②농막(農幕). 초막(草幕).
庵主❶[あんしゅ] 암주; ①암자(庵子)의 주인. ②(茶道에서 손님에 대한) 주인. ❷[あんじゅ] (비구니로서) 암자의 주인.

癌 암 암
音 ⊗ガン
訓 —

音読

[1]癌[がん] 암; ①악성 종양(腫瘍). ②조직 전체에 해를 끼치는 것.
癌腫[がんしゅ] 암종; 악성 종양. 암.

闇 어둘 암
音 ⊗アン
訓 ⊗やみ

訓読

[1]⊗闇[やみ] ①어둠. 암흑. ②분별력을 잃음. ③앞길이 캄캄함. 암담함. ④암거래(暗去来).
闇の女[やみのおんな] 밤거리의 여인. 매춘부(売春婦). 창녀.
闇路[やみじ] ①어두운 밤길. ②미로(迷路). 분별력을 잃음. ③저승길.
闇流し[やみながし] 암거래(暗去来). 암시장으로 흘려보냄.

闇物資[やみぶっし] 암거래 물자.
闇米[やみごめ] 암거래 쌀.
闇相場[やみそうば] 암시세. 암거래 시세.
闇市[やみいち] 암시장. 암거래 시장.
闇市場[やみいちば] 암시장; 암거래 시장.
闇闇と[やみやみと] 호락호락. 쉽사리.
闇夜[やみよ] 캄캄한 밤.
闇雲に[やみくもに] ①마구. 맹목적으로. ②느닷없이. 갑자기.
闇汁[やみじる] (겨울에 각자가 갖고 온 음식을) 어둠 속에서 한 냄비에 끓여 먹는 회식(会食).
闇取引[やみとりひき] ①(물건의) 암거래. 부정 거래. ②(교섭 등의) 뒷거래. 남몰래 거래함.
闇値[やみね] 암시세. 암거래 시세.
闇討(ち)[やみうち] ①야간 습격 어둠을 틈타 불의에 습격함. ②허를 찔러 남을 당황하게 함.

諳 욀 암	音 ⊗アン 訓 ⊗そらんじる ⊗そらんずる

訓読
⊗**諳じる**[そらんじる] 〈上1自〉 암기하다. 외다.
⊗**諳ずる**[そらんずる] 〈サ変自〉 암기하다. 외다.
音読
諳記[あんき] 암기; 욈.
諳誦[あんしょう] 암송; 외운 것을 읊음.

巌(巖) 바위 암	音 ⊗ガン 訓 ⊗いわお

訓読
⊗**巌**❶[いわ] 바위. ❷[いわお] 반석(磐石). 큰 바위.
音読
巌窟[がんくつ] 암굴; 바위굴.
巌壁[がんぺき/いわかべ] 암벽; 바위 낭떠러지.

〔압〕

圧(壓) 누를 압

一 厂 圧 圧 圧

音 ◉アツ
訓 ⊗おす ⊗へす

訓読
⊗**圧す**[おす/へす] 〈5他〉 ①(위에서 아래로) 누르다. ②(남을) 압도하다.
圧し[おし] ①누름돌. ②억지.
圧し潰す[おしつぶす] 〈5他〉 ①눌러 부수다. 으깨다. ②(권력으로) 탄압하다.
圧し拉ぐ[おしひしぐ] 〈5他〉 ①찌부러뜨리다. 부수다. ②짓누르다. 억누르다.
圧し殺す[おしころす] 〈5他〉 ①압살하다. 눌러서 죽이다. ②억압하다.
圧し込む[へしこむ] 〈5他〉 (힘주어) 쑤셔 넣다. 밀어 넣다.
圧し折る[へしおる] 〈5他〉 휘어 꺾다. 눌러 꺾다.
圧し合い[へしあい] 서로 밀어댐.
圧し合う[へしあう] 〈5自〉 서로 밀어대다.
音読
圧する[あっする] 〈サ変他〉 ①누르다. 짓누르다. ②제압하다. 압도하다. 위압하다. 휩쓸다.
圧巻[あっかん] 압권; ①책 중에서 가장 뛰어난 부분. ②최우수. 제일. 가장 뛰어난 것. 클라이맥스.
[1]**圧倒**[あっとう] 압도; 뛰어나서 남을 능가함.
[1]**圧力**[あつりょく] 압력; ①누르는 힘. ②압박하는 힘.
圧力釜[あつりょくがま] 압력솥.
[1]**圧迫**[あっぱく] 압박; ①짓누름. ②억압함.
圧伏[あっぷく] 압복; 위압적으로 복종시킴.
圧服[あっぷく] ☞ 圧伏
圧死[あっし] 압사; 깔려 죽음.
圧勝[あっしょう] 압승; 압도적으로 이김.
圧抑[あつよく] 압억; 억압; 힘으로 누름.
圧延[あつえん] 압연; 눌러서 폄.
圧点[あってん] ≪生理≫ 압점.
圧制[あっせい] 압제; 억지로 내리 누름.
圧搾[あっさく] 압착; 압력으로 짜냄.
[2]**圧縮**[あっしゅく] 압축; ①눌러서 오그라뜨림. ②줄임. 요약함.

押 수결/누를 압

一 十 扌 扌 扣 扣 扣 押

音 ◉オウ
訓 ◉おさえる ◉おす

訓読
[2]◉**押(さ)える**[おさえる] 〈下1他〉 ①(손이나 손가락으로) 누르다. ②(움직이지 못하도록) 붙잡다. ③파악하다. ④(범인을) 잡다. 덮치다. ⑤압류하다.

押(さ)え[おさえ] ①누름. ②누름돌. ③대열의 후미. 후진(後陣). ④(술을) 연거푸 마시게 함. ⑤(바둑에서) 상대의 세력 확장을 억제하기 위해 놓는 돌. ⑥(야구에서) 상대의 반격을 저지함. 또는 그 투수.

押(さ)え付ける[おさえつける] 〈下1他〉 꽉 누르다. 단단히 누르다.

押(さ)え込み[おさえこみ] (유도에서) 누르기.

押(さ)え込む[おさえこむ] 〈5他〉 ①눌러 꼼짝 못하게 하다. ②(유도에서) 상대방의 몸을 덮쳐 꼼짝 못하게 누르다.

4◉**押す**[おす] 〈5他〉 ①밀다. 밀어붙이다. ②(위에서) 누르다. ③(도장을) 찍다. ④(납작하게 펴서) 붙이다. ⑤압도하다. ⑥확인하다.

押し[おし] ①밀기. 밀어붙임. ②누름. 누름돌. ③억지.

押して[おして] ①무리하게. 억지로. ②부디. 아무쪼록. ③무릅쓰고. 아랑곳하지 않고.

押しボタン[おしボタン] 누름단추.

押し開ける[おしあける] 〈下1他〉 (문 등을) 밀어젖히다.

押し遣る[おしやる] 〈5他〉 ①(저쪽으로) 밀어 보내다. 밀어내다. 밀어붙이다. ②(생각・기분을) 물리치다. 몰아내다. 떨쳐버리다.

押し競[おしくら] (여럿이 모여서) 몸으로 밀어내는 놀이. 밀치기 놀이.

押し競饅頭[おしくらまんじゅう] '押し競(おしくら)'의 어린이 용어.

押し広める[おしひろめる] 〈下1他〉 ①널리 퍼뜨리다. 보급시키다. ②(생각의) 범위를 넓히다.

押(し)掛け[おしかけ] ①밀어닥침. 몰려듦. ②말의 머리・가슴・안장・꼬리를 잇는 끈.

押し掛ける[おしかける] 〈下1自〉 ①(한꺼번에) 밀어닥치다. 우르르 몰려들다. ②(불청객이) 불쑥 찾아오다.

押し掛(け)客[おしかけきゃく] 불청객.

押し掛(け)女房[おしかけにょうぼう] 남자에게 매달려 억지로 결혼한 여자.

押し巻く[おしまく] 〈5他〉 휘감다.

押し捲る[おしまくる] 〈5他〉 마구 밀어 제치다. 시종 압도하다.

押し潰す[おしつぶす] 〈5他〉 ①으깨다. 찌부러뜨리다. ②(권력으로) 탄압하다.

押し及ぼす[おしおよぼす] 〈5他〉 파급시키다. 영향을 주다.

1**押し寄せる**[おしよせる] 〈下1自他〉 ①밀어닥치다. 밀려들다. 몰려들다. 쇄도하다. ②(한쪽으로) 밀어붙이다. 밀어내다. 밀어 보내다.

押し当てる[おしあてる] 〈下1他〉 바짝 대다. 파묻다.

押し戴く[おしいただく] 〈5他〉 ①(물건을 얼굴 위로 올려) 공손히 받다. ②받들어 모시다.

押(し)倒し[おしたおし] ①밀어 넘어뜨림. ②(씨름에서) 밀어 넘어뜨리기.

押し倒す[おしたおす] 〈5他〉 밀어 넘어뜨리다. 밀어 쓰러뜨리다.

押し拉ぐ[おしひしぐ] 〈5他〉 ①짓이기다. 찌부러뜨리다. ②(권력으로) 탄압하다. 억누르다.

押(し)戻し[おしもどし] 되돌려 보냄. 되돌아 옴.

押し戻す[おしもどす] 〈5他〉 되돌려 보내다. 후퇴시키다.

押し流す[おしながす] 〈5他〉 ①떠내려 보내다 ②(어떤 큰 힘이) 떠밀다.

押し立てる[おしたてる] 〈下1他〉 ①(어떤 것을) 내세우다. ②(사람을) 내세우다. 앞세우다. ③강경하게 밀어붙이다.

押(し)売(り)[おしうり] ①강매(強売). 잡상인. ②일방적으로 강요함.

押(し)麦[おしむぎ] 납작보리. 누른 보리.

押し明け[おしあけ] ≪古≫ 날이 샘.

押(し)目[おしめ] ①(오름세에 있던 시세의) 하락세. 급락(急落). ②압도적임.

押(し)目買(い)[おしめがい] 하락세 때에 사들임.

押し黙る[おしだまる] 〈5自〉 입을 다물다. 침묵하다.

押(し)問答[おしもんどう] 입씨름. 승강이.

押し迫る[おしせまる] 〈5自〉 (눈앞에) 다가오다. 박두하다.

押し返す[おしかえす] 〈5他〉 ①되물리치다. 격퇴하다. ②(상대방의) 말을 받아 되묻다. ③원시세로 돌아서다.

押っ放り出す [おっぽりだす] 〈5他〉 ①내던지다. 내팽개치다. ②(집에서) 추방하다. 쫓아내다.

押し並べて[おしならべて] ①모두. 통틀어. 한결같이. ②대체로. 일반적으로. ③≪古≫ 보통.

押し並べる[おしならべる] 〈下1他〉 (일렬로) 늘어놓다.

押し伏せる[おしふせる] 〈下1他〉 ①팔을 비틀어 엎어누르다. ②복종시키다. 굴복시키다.

押(し)付け[おしつけ] ①밀어붙임. 내리누름. ②강요. 강압.

押(し)付けがましい[おしつけがましい] 〈形〉 강요하는 듯하다.

押し付ける[おしつける] 〈下1他〉 ①밀어붙이다. 내리누르다. ②강요하다. 떠맡기다. ③(책임을) 뒤집어씌우다. 덮어씌우다. ④(주장하여) 들이대다.

押し分ける[おしわける] 〈下1他〉 (좌우로) 밀어 헤치다. 밀어 제치다.

押し殺す[おしころす] 〈5他〉 ①압살하다. 눌러서 죽이다. ②(감정을) 억제하다. 억누르다. 참다.

押(し)上げポンプ[おしあげポンプ] 양수기(揚水機).

押し上げる[おしあげる] 〈下1他〉 밀어 올리다. 들어 올리다.

押(し)相撲[おしずもう] ①밀어내기 씨름. ②원(円) 밖으로 밀어내는 어린이 놀이.

押(し)送り[おしおくり] (돛을 달지 않고) 노로만 배를 저어 감.

押(し)送り船[おしおくりぶね] ①노로 저어 가는 배. ②생선을 소비지로 재빨리 운반하는 배.

押すな押すな[おすなおすな] (많은 사람으로) 북새통임. 북적북적함. 발 디딜 틈도 없음.

押せ押せ[おせおせ] ①마구 밀어붙임. ②일이 계속 밀림. ③대만원(大滿員).

押(し)縁[おしぶち] ①(천장・지붕의 널을 고정시키기 위한) 오리목. 둘림대. ②속박. 억압.

押(し)葉[おしば] 석엽(腊葉). 책갈피 등에 끼워 말린 꽃・잎.

押し隠す[おしかくす] 〈5他〉 애써 감추다. 굳이 숨기다.

押(し)入り[おしいり] ①억지로 들어감. 무리하게 집어넣음. ②벽장. ③강도(強盜).

押し入る[おしいる] 〈5自〉 침입하다. 억지로 밀고 들어가다.

[3]押(し)入れ[おしいれ] 벽장.

押(し)込み[おしこみ] ①무리하게 집어넣음. 억지로 들어감. ②벽장. ③강도(強盜).

[1]押し込む[おしこむ] 〈5他〉 무리하게 집어넣다. 밀어 넣다. 쑤셔 넣다. 처넣다. 〈5自〉 ①무단 침입하다. ②억지로 들어가다. 비집고 들어가다.

押(し)込め[おしこめ] ①무리하게 밀어 넣음. 쑤셔 넣음. ②(江戸(えど) 시대의) 연금(軟禁).

押し込める[おしこめる] 〈下1他〉 ①무리하게 집어넣다. 밀어 넣다. 쑤셔 넣다. 처넣다. ② ≪古≫ (마음속에 숨기고) 입 밖에 내지 않다. ③(江戸(えど) 시대에) 연금(軟禁)에 처하다.

[1]押し切る[おしきる] 〈5他〉 ①꼭 눌러서 자르다. ②(반대에도) 강행하다. ③(파도를) 무릅쓰고 항진하다.

押(し)切り[おしきり] ①꼭 눌러서 자름. ②작두. ③'押(し)切(り)判'의 준말.

押(し)切(り)帳[おしきりちょう] (돈을 건네줄 때) 수령인(受領印)을 찍는 장부.

押(し)切(り)判[おしきりばん] 계인(契印).

押し頂く[おしいただく] 〈5他〉 ①(물건을 얼굴 위로 올려) 공손히 받다. ②받들어 모시다.

押し止める[おしとめる/おしとどめる] 〈下1他〉 (남의 행동을) 말리다. 제지하다.

押(し)紙[おしがみ] ①부전지(附箋紙). 포스트지. ②벽보. ③압지(押紙); 흡묵지(吸墨紙).

押(し)鮨[おしずし] (大阪(おおさか) 지방의) 누름 초밥.

押(し)借り[おしがり] 억지로 빌려 씀.

押(し)出し[おしだし] 압출; ①밀어냄. ②(씨름・야구에서) 밀어내기. ③풍채. 외양. ④화산의 산허리에 유출된 용암・진흙.

押し出す[おしだす] 〈5自〉 ①(표면으로) 치솟다. 솟아나오다. ②(여럿이) 몰려가다. ③(적극적으로) 진출하다. 나가다. 〈5他〉 ①(억지로) 밀어내다 ②짜 내다. ③(적극적으로) 내세우다.

押っ取り刀[おっとりがたな] ①(너무 급한 나머지) 칼을 차지 못하고 손에 쥐고 있음. ②몹시 서두름. 몹시 다급함.

押し通す[おしとおす] 〈5他〉 ①억지로 밀고 나가다. ②억지로 통과시키다. ③(끝까지) 관철시키다.

押し退ける[おしのける] 〈下1他〉 ①밀어 제치다. 밀어내다. ②물리치다. 밀어 제치다.

押(し)板[おしいた] ①서원(書院)의 床の間(とこのま). ②물건을 눌러두는 판자. ③(책·벼루 등을 얹기 위한) 이동 받침대.

押し包む[おしつつむ] 〈5他〉 ①(물건을 힘주어) 싸다. 포장하다. ②애써 감추다. 굳이 감추다.

押っ被せる[おっかぶせる] 〈下1他〉 ①덮어씌우다. ②(책임을) 전가하다. 뒤집어씌우다. ③위압적인 태도로 나오다. ④(무슨 일을) 끝내기가 무섭게 다른 행동을 하다.

押(し)割り[おしわり] ①눌러서 쪼갬. ②'押(し)割り麦'의 준말.

押(し)割り麦[おしわりむぎ] 납작보리.

押し合う[おしあう] 〈5自他〉 서로 밀다. 밀고 밀리다.

押(し)合い[おしあい] ①서로 밀기. 밀고 밀리기. ②시세에 변동이 없음. 보합세임. ③입씨름. 말다툼.

押(し)合い圧し合い[おしあいへしあい] 서로 밀치락달치락함.

押し向ける[おしむける] 〈下1他〉 무리하게 향하게 하다.

押(し)花[おしばな] (책이나 종이에 끼워) 눌러 말린 꽃.

押し回す[おしまわす] 〈5他〉 ①돌리다. 회전시키다. ②돌아다니며 활동하다.

押(し)絵[おしえ] (여러 가지 모양을 본뜬) 종이를 여러 가지 색깔의 헝겊으로 싸서 판자 등에 붙인 장식물.

押(し)絵細工[おしえざいく] 押(し)絵 등을 판자에 붙여 세공한 것.

押し詰まる[おしつまる] 〈5自〉 ①임박하다 박두하다. ②(연말이) 다가오다 닥쳐오다.

押し詰める[おしつめる] 〈5他〉 ①밀어 넣다. 쑤셔 넣다. 눌러 담다. ②끝까지 밀어붙이다. ③요약하다. 간추리다.

音読

押捺[おうなつ] 날인(捺印). 도장을 찍음.

押領[おうりょう] ①(옛날에) 병졸을 통솔하던 일. ②(토지 등을) 힘으로 빼앗음.

押送[おうそう] 압송; 죄인을 잡아 보냄.

押収[おうしゅう] 압수; 증거물·몰수해야 할 물건의 점유를 취득하는 강제 처분.

押韻[おういん] 압운; 글을 짓는 데 운을 다는 일.

押印[おういん] 날인(捺印). 도장을 찍음.

押紙[おうし] 압지; ①부전지(附箋紙). 포스트지. ②벽보. ③흡묵지(吸墨紙).

鴨 오리 압
音 ⊗オウ
訓 ⊗かも

訓読

⊗**鴨**[かも] ①≪鳥≫ 오리. ②봉. 이용하기 좋은 사람.

鴨る[かもる] 〈5他〉 (노름 따위에서) 봉으로 삼다.

鴨居[かもい] ≪建≫ 문미(門楣). 상인방(上引枋). 문 위에 가로 댄 나무.

鴨南蛮[かもなんばん] 오리고기국수.

鴨猟[かもりょう] 오리 사냥.

〔앙〕

央 가운데 앙

丨 冂 口 央 央

音 ◉オウ
訓 —

音読

◑**中央**[ちゅうおう], **震央**[しんおう]

仰 우러러볼 앙

ノ 亻 亻 ⺅ 仰 仰

音 ◉ギョウ ◉コウ
訓 ◉あおぐ ◉おおせ ⊗のけ

訓読

[1]◉**仰ぐ**[あおぐ] 〈5他〉 ①(위쪽을) 쳐다보다. ②공경하다. 우러러보다. ③(윗사람으로) 모시다. ④삼가 바라다. 앙망하다. ⑤(독약을) 단숨에 마시다.

仰ぎ見る[あおぎみる] 〈上1他〉 ①올려다보다. ②존경하다. 우러러보다.

仰向き[あおむき] 위로 향함.

仰向く[あおむく] 〈5自〉 (고개를 뒤로 젖히거나 몸을 뉘어) 위로 향하다.

仰向け[あおむけ] 위쪽을 보게 함.

仰向ける[あおむける] 〈下1他〉 위쪽을 보게 하다. (고개를) 뒤로 젖히다.

◉**仰せ**[おおせ] ①(높은 분의) 분부. 명령. ②말씀.

仰せられる[おおせられる] 〈下1他〉 말씀하시다. 분부하시다.
仰せ付かる[おおせつかる] 〈5自〉 분부를 받다. 지시를 받다.
仰せ付ける[おおせつける] 〈下1他〉 분부하시다. 말씀하시다.
仰せ出す[おおせいだす] 〈4他〉≪古≫ 분부하시다. 명령하시다.
⊗**仰け反る**[のけぞる] 〈5自〉 뒤쪽으로 휘다. 뒤로 몸을 젖히다.
⊗**仰け様に**[のけざまに] 벌렁 뒤로. 위를 보고.

音読

仰角[ぎょうかく] ≪数≫ 앙각.
仰望[ぎょうぼう] 앙망; 우러러 바람.
仰山[ぎょうさん] ①매우 많음. 엄청남. ②과장됨. ③≪関西≫ 잔뜩. 엄청나게.
仰視[ぎょうし] 앙시; 우러러봄.
仰仰しい[ぎょうぎょうしい] 〈形〉 과장되다. 호들갑스럽다.
仰臥[ぎょうが] 앙와; 반듯이 누움.
仰天[ぎょうてん] 매우 놀람. 아연 실색함.
◑**信仰**[しんこう], **信仰心**[しんこうしん]

昂 높을 앙	音 ⊗コウ 訓 ⊗たかぶる

訓読

⊗**昂る**[たかぶる] 〈5自〉 ①(감정이) 곤두서다. 흥분하다. 고조되다. ②뻐기다. 뽐내다.
⊗**昂り**[たかぶり] ①흥분함. ②뻐김. 뽐냄. 도도함.

音読

昂騰[こうとう] 앙등; 물가가 뛰어오름.
昂奮[こうふん] 앙분; 흥분.
昂揚[こうよう] 앙양; 높이 쳐들어 드러냄.
昂然[こうぜん] 앙연; 의기양양함.

〔애〕

哀 슬플 애

丶 亠 亣 亩 亩 声 哀 哀 哀

音 ◉アイ
訓 ◉あわれ ◉あわれむ ⊗かなしい

訓読

²◉**哀れ**[あわれ] ①가련함. 불쌍한 생각. 동정심. 연민. ②정취(情趣). 정감(情感). ③비애(悲哀). 슬픔. ④〈形動〉 불쌍함. 애처로움. 가엾음. 초라함. 비참함. ⑤〈感〉 아아. 어쩌면. 이다지도.
哀れっぽい[あわれっぽい] 〈形〉 불쌍하다. 가련하다. 처량하다. 청승맞다.
◉**哀れむ**[あわれむ] 〈5他〉 ①불쌍하게 여기다. 동정하다. 가엾게 여기다. ②귀여워하다. 애틋해하다. ③≪雅≫ 정취를 느끼다. 애달파하다.

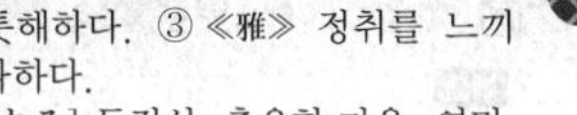

哀れみ[あわれみ] 동정심. 측은한 마음. 연민. 불쌍히 여기는 마음.
⊗**哀しい**[かなしい] 〈形〉 ①슬프다. ②애처롭다. 딱하다. 구슬프다.
⊗**哀しみ**[かなしみ] 슬픔. 비애(悲哀).
⊗**哀しむ**[かなしむ] 〈5他〉 슬퍼하다.

音読

哀歌[あいか] 애가; 슬픈 노래. 엘레지.
哀感[あいかん] 애감; 구슬픔. 비애감.
哀哭[あいこく] 애곡; 슬피 욺.
哀悼[あいとう] 애도; 사람의 죽음을 슬퍼함.
哀憐[あいれん] 애련; 가엾음. 애처로움.
哀慕[あいぼ] 애모; 죽은 사람을 그리워하고 슬퍼함.
哀史[あいし] 애사; 슬픈 이야기.
哀傷[あいしょう] 애상; 슬퍼하고 상심함.
哀惜[あいせき] 애석; (남의 죽음을) 슬프고 아깝게 여김.
哀訴[あいそ] 애소; 슬프게 하소연함.
哀愁[あいしゅう] 애수; 슬픈 근심.
哀願[あいがん] 애원; 애타게 바람.
哀切[あいせつ] 애절; 애처로움.
哀調[あいちょう] 애조; 슬픈 가락.
哀痛[あいつう] 애통; 몹시 슬퍼함.
哀話[あいわ] 애화; 슬픈 이야기.
哀歓[あいかん] 애환; 슬픔과 기쁨.

涯 물가 애

氵 氵 沪 沪 沪 涯 涯 涯 涯

音 ◉ガイ
訓 ⊗はて

訓読

⊗**涯**[はて] (넓은 지역이 끝나는) 끝. 맨 끝. ¶地(ち)の~ 땅 끝.

音読

涯分[がいぶん] ①분수. 신분에 맞음. ②힘껏. 마음껏.

◑**生涯**[しょうがい]

愛(愛) 사랑 애

音 ◉アイ

訓 ⊗いとしい ⊗めでる ⊗まな

訓読

⊗**愛しい**[いとしい] 〈形〉 귀엽다. 사랑스럽다.

愛し子[いとしご] 귀여운 자식. 사랑스런 자식.

⊗**愛でる**[めでる] 〈下1他〉 ①귀여워하다. ②감상하다. 즐기다. 애완하다. ③탄복하다. 칭찬하다.

愛でたし[めでたし] 〈形〉 ①귀엽다. 사랑스럽다. ②정말 훌륭하다. 반할 만큼 아름답다. ③경사롭다.

愛で覆る[めでくつがえる] 〈4他〉≪古≫ 진심으로 사랑하다. 크게 칭찬하다.

愛での盛り[めでのさかり] 전성기(全盛期).

⊗**愛娘**[まなむすめ] 귀여워하는 딸.

愛子[まなご] 귀여운 아이. 사랑하는 자식.

愛弟子[まなでし] 애제자; 사랑하는 제자.

音読

[2]**愛**[あい] 사랑. 애정.

愛くるしい[あいくるしい] 〈形〉 (어린이・젊은 여성이) 매우 귀엽다. 사랑스럽다.

愛す[あいす] 〈5他〉 ☞ 愛する

[2]**愛する**[あいする] 〈サ変他〉 ①사랑하다. ②소중히 여기다. 아끼다. ③친애하다. ④즐기다.

愛らしい[あいらしい] 〈形〉 귀엽다. 사랑스럽다. 예쁘다.

愛犬[あいけん] 애견; ①개를 좋아함. ②사랑하는 개.

愛敬❶[あいきょう] ①애교. 아양. ②붙임성. 귀염성. ③재롱. ④(모임의 여흥에서) 덤. ❷[あいけい] 애경; 경애(敬愛). 진심으로 공경함.

愛顧[あいこ] 애고; 사랑하여 돌봄.

愛校心[あいこうしん] 애교심.

愛嬌[あいきょう] 애교; ①아양. ②붙임성. 귀염성. ③재롱. ④(모임의 여흥에서) 덤.

愛嬌笑い[あいきょうわらい] 애교 웃음.

愛嬌者[あいきょうもの] 재롱둥이.

愛国心[あいこくしん] 애국심.

愛機[あいき] 애기; ①애용하는 비행기. ②애용하는 기계.

愛読者[あいどくしゃ] 애독자.

愛憐[あいれん] 애련; 가엾게 여겨 인정을 베풂.

愛馬[あいば] 애마; ①말을 좋아함. ②늘 타고 아끼는 말.

愛慕[あいぼ] 애모; 사랑하고 사모함.

愛社[あいしゃ] 애사; 회사를 사랑함.

[1]**愛想**[あいそ/あいそう] ①붙임성. 상냥함. ②정나미. 정(情). ③대접. ④(요릿집의) 셈. 계산.

愛想笑い[あいそわらい] 비위 맞추는 웃음.

愛想尽かし[あいそづかし] 정나미가 떨어짐.

愛書[あいしょ] 애서; ①책을 좋아함. ②애독하는 책.

愛石[あいせき] 애석; ①돌을 좋아함. ②좋아하는 돌.

愛惜[あいせき] 애석; ①아껴 소중히 여김. ②아까워함.

愛の巣[あいのす] 사랑의 보금자리.

愛児[あいじ] 애아; 귀여운 자식.

愛煙家[あいえんか] 애연가; 담배를 즐겨 피우는 사람.

愛染[あいぜん] ≪仏≫ 애염; 번뇌.

愛玩[あいがん] 애완; 사랑하여 가까이 두고 다루며 즐김.

愛欲[あいよく] 애욕; 정욕(情慾).

愛用[あいよう] 애용; 즐겨 사용함.

愛育[あいいく] 애육; 귀엽게 기름.

愛飲[あいいん] 애음; 즐겨 마심.

愛人[あいじん] 애인; 정부(情夫). 정부(情婦).

愛蔵[あいぞう] 애장; 소중히 간수함.

[2]**愛情**[あいじょう] 애정; 사랑.

愛憎[あいぞう] 애증; 사랑과 미움.

愛知[あいち] 일본 중부 지방의 한 현(県).

愛執[あいしゅう] 애집; ①애정에 이끌려 단념하지 못함. ②≪仏≫ 집착.

愛車[あいしゃ] 애차; 즐겨 애용하는 차.

愛着❶[あいちゃく] 애착; 사랑하고 아껴서 단념할 수가 없음. ❷[あいじゃく] ≪仏≫ 집착. 애착.

愛唱[あいしょう] 애창; 즐겨 부름. 즐겨 읊.

愛妻[あいさい] 애처; ①아내를 사랑함. ②사랑하는 아내.

愛称[あいしょう] 애칭; 친한 사이에 다정하게 부르는 칭호.
愛他主義[あいたしゅぎ] 애타주의; 다른 사람의 행복 증진을 목표로 삼는 주의.
愛郷心[あいきょうしん] 애향심; 자기 고향을 사랑하는 마음.
愛好[あいこう] 애호; 좋아함. 즐김.
愛護[あいご] 애호; 사랑하고 보호함.

 艾 쑥 애	音 ⊗ガイ 訓 ⊗よもぎ ⊗もぐさ

訓読
⊗**艾**❶[よもぎ] 《植》 쑥. ❷[もぐさ] ①뜸쑥. 뜸질용으로 말려서 솜처럼 만든 쑥. ②'よもぎ(쑥)'의 딴이름.

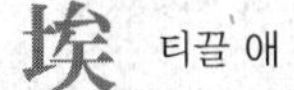 埃 티끌 애	音 ⊗アイ 訓 ⊗ほこり

訓読
[2]⊗**埃**[ほこり] 먼지. ¶～を払(はら)う 먼지를 털다. ¶～が たまる 먼지가 쌓이다.
埃っぽい[ほこりっぽい] 〈形〉 먼지가 많다. 먼지로 뿌옇다.
埃塗れ[ほこりまみれ] 먼지투성이임.
音読
埃及[エジプト] 이집트.

挨 맞댈 애	音 ⊗アイ 訓 —

音読
[3]**挨拶**[あいさつ] ①(만나거나 헤어질 때 하는) 인사. ②(모임에서의) 인사말. ③(사과의) 인사.
挨拶状[あいさつじょう] 인사장.

崖 벼랑 애	音 ⊗ガイ 訓 ⊗がけ

訓読
[1]⊗**崖**[がけ] 낭떠러지. 벼랑. 절벽.
崖道[がけみち] 벼랑길. 험한 산길.
崖崩れ[がけくずれ] 벼랑의 사태. 산비탈의 사태.
音読
◑**断崖**[だんがい]

隘 ×(隘) 좁을 애	音 ⊗アイ 訓 —

音読
隘路[あいろ] 애로; ①좁고 험한 길. ②난관(難関). 장애(障碍). 애로점.

曖 ×(曖) 희미할 애	音 ⊗アイ 訓 —

音読
[1]**曖昧**[あいまい] 애매; ①애매함. 확실하지 않음. ②수상쩍음.
曖昧屋[あいまいや] ☞ 曖昧宿
曖昧宿[あいまいやど] 겉으로는 여관·음식점 등의 간판을 걸고 매춘부를 둔 집.

[액]

厄 재앙 액
一 厂 厅 厄

音 ◉ヤク
訓 —

音読
厄[やく] 액; ①재앙. 재난. ②액년(厄年).
[1]**厄介**[やっかい] ①귀찮음. 성가심. 번거로움. ②폐(弊). 신세. ③돌봄. 보살핌.
厄介払い[やっかいばらい] 성가신 사람을 추방함. 귀찮은 사람을 내쫓음.
厄介者[やっかいもの] ①귀찮은 존재. 말썽꾸러기. ②식객(食客).
厄年[やくどし] 액년; ①(陰陽道에서) 운수가 사납다고 하는 나이. *남자는 25·42·60세, 여자는 19·33·49세라고 함. ②재난이 많은 해.
厄落(と)し[やくおとし] ①액막이. 액때움. ②액년(厄年) 전해의 節分(せつぶん)날에 자기의 기물을 산이나 거리에 버리는 풍습.
厄払い[やくはらい] ①액막이. 액때움. ②귀찮은 존재를 떨쳐 버림. ③선달 그믐날이나 입춘 전날 밤에 액때움하는 주문을 외며 동냥하러 다님.
厄神[やくじん] 액신; 재앙의 신.
厄日[やくび] 액일; ①(陰陽道에서) 손이 있는 날. ②운수가 사나운 날. ③(농가에서) 날씨로 인한 재해가 많다는 날.

厄災[やくさい] 액재; 액운과 재앙.
厄除け[やくよけ] 액막이.

液 진/액체 액

氵 氵 氵 汁 汻 汻 液 液 液

音 ◉エキ
訓 —

音読

1 液[えき] 액; 액체. 즙.
液便[えきべん] 액변; 물찌똥.
液肥[えきひ] 액비; 액체 비료.
液状[えきじょう] 액상; 액체 상태.
液温[えきおん] 액온; 액체의 온도.
液温計[えきおんけい] 액온계; 액체 온도계.
液晶[えきしょう] 액정; 고체와 액체의 중간 상태의 물질.
液剤[えきざい] 액제; 물약.
液汁[えきじゅう] 액즙; 즙.
液体[えきたい] 액체; 유동 물질.
液化[えきか] 액화; 액체화됨.
液化ガス[えきかガス] 액화 가스.

額 이마/현판 액

宀 客 客 客 客 客 額 額 額 額

音 ◉ガク
訓 ◉ひたい ⊗ぬか

訓読

2 ◉額❶[ひたい] 이마. ❷[がく] ☞ [音読]
額髪[ひたいがみ] ①앞머리. ②《古》 이마에서 갈라 양쪽 뺨 언저리로 늘어뜨린 여자의 머리.
額付き[ひたいつき] 이마의 생김새.
額際[ひたいぎわ] 앞머리의 언저리.
⊗額突く[ぬかずく] 〈5自〉 이마를 땅에 대고 공손히 절하다. 부복하다. 조아리다.

音読

2 額❶[がく] ①액수. 금액. ②액자. ❷[ひたい] ☞ [訓読]
額面[がくめん] 액면; ①'額面価格(がくめんかかく)'의 준말. ②(사물의) 표면상의 이유. ③액자.
額面価格[がくめんかかく] 액면 가격.
額面通りに[がくめんどおりに] 액면 그대로.
額面割れ[がくめんわれ] 액면 가격 미달.
額縁[がくぶち] ①액자. ②이불·방석 등의 둘레에 댄 천. ③(장식으로) 창·문짝 등의 둘레에 댄 나무. ④선물 상자 등이 크게 보이도록 붙이는 장식물.

〔앵〕

桜(櫻) 앵두나무 앵

一 十 才 木 木' 木'' 栏 桜 桜 桜

音 ◉オウ
訓 ◉さくら

訓読

2 ◉桜[さくら] ①《植》 벚나무. 벚꽃. ②'桜色(さくらいろ)'의 준말. ③'桜肉(さくらにく)'의 준말.
桜島大根[さくらじまだいこん] (鹿児島県(かごしまけん)의) 桜島(さくらじま) 특산의 대형 무.
桜木[さくらぎ] ①벚나무. ②벚나무의 목재.
桜飯[さくらめし] 간장과 술을 넣어 불그스레하게 지은 밥.
桜ん坊[さくらんぼ/さくらんぼう] ①버찌. ②앵두.
桜餅[さくらもち] 벚나무 잎으로 싼 떡.
桜色[さくらいろ] 연분홍색. 담홍색.
桜狩(り)[さくらがり] 벚꽃놀이.
桜肉[さくらにく] 말고기.
桜月[さくらづき] 음력 3월.
桜鯛[さくらだい] 《魚》 (벚꽃 필 무렵에 많이 잡힌다는) 꽃돔.
桜紙[さくらがみ] 부드러운 휴지.
桜漬(け)[さくらづけ] 소금에 절인 벚꽃.
桜草[さくらそう] 《植》 앵초.
桜湯[さくらゆ] 소금에 절인 벚꽃에다 뜨거운 물을 부은 차.
桜海老[さくらえび] 《魚》 꽃새우.

音読

桜桃[おうとう] 《植》 ①앵두나무. ②앵두. 버찌.
桜雲[おううん] 앵운; 구름처럼 많이 피어 있는 벚꽃.
桜花[おうか/さくらばな] 벚꽃.
桜花賞[おうかしょう] 앵화상; 매년 4월 阪神(はんしん) 경마장에서 행해지는 경마.

鶯 꾀꼬리 앵	音 ⊗オウ 訓 ⊗うぐいす

訓読

⊗**鶯**[うぐいす] ≪鳥≫ 휘파람새.

鶯豆[うぐいすまめ] 푸른 완두콩을 달콤하게 삶은 식품.

鶯餅[うぐいすもち] 푸른 콩고물을 묻힌 일본 떡.

鶯色[うぐいすいろ] 올리브색.

鶯声[うぐいすごえ] (꾀꼬리 같은) 고운 목소리.

鶯芸者[うぐいすげいしゃ] (꾀꼬리처럼) 목청이 고운 기생.

鶯張り[うぐいすばり] 밟으면 휘파람새 소리가 나도록 깐 마루.

鶯茶[うぐいすちゃ] 올리브색.

〔야〕

夜 밤 야
丶 亠 广 疒 夜 夜 夜 夜

音 ◉ヤ
訓 ◉よる ◉よ

訓読

4 ◉**夜❶**[よる] 밤. *'昼(ひる)'의 반대어임.

2 ◉**夜❷**[よ] 밤. *'夜(よる)'에 비하여 독립적인 용법이 한정되어 있음. ¶ ~が明(あ)ける 날이 새다. ¶ ~が更(ふ)ける 밤이 깊어가다. ¶ ~を明(あ)かす 밤을 새우다.

夜さり[よさり] 밤.

夜すがら[よすがら] 밤새도록.

夜っぴて[よっぴて] 밤새도록.

夜なべ[よなべ] 밤일. 야간 작업.

夜ばり[よばり] 야뇨(夜尿).

夜もすがら[よもすがら] 밤새도록.

夜伽[よとぎ] ①(병간호나 초상집에서) 밤샘. 철야. ②여자가 남자를 위해 잠자리를 같이 함.

夜稼ぎ[よかせぎ] ①밤에 돈벌이함. ②밤도둑.

夜見世[よみせ] 밤거리의 노점. 야시(夜市).

1 **夜更(か)し**[よふかし] 밤늦게까지 잠을 안 잠.

1 **夜更け**[よふけ] 심야(深夜). 야밤.

夜頃[よごろ] 여러 날 밤.

夜空[よぞら] 밤하늘.

夜軍[よいくさ] 야간 전투.

夜宮[よみや] 축제일의 전야제(前夜祭).

夜汽車[よぎしゃ] 야간열차.

夜の女[よるのおんな] 밤의 여인. 창녀.

夜逃げ[よにげ] 야반도주.

夜道[よみち] 밤길.

夜働き[よばたらき] ①밤일. 야간작업. ②밤도둑. 밤에 도둑질함.

夜嵐[よあらし] 밤에 부는 강풍(強風).

夜露[よつゆ] 밤이슬.

夜籠(も)り[よごもり] (神社(じんじゃ)나 절에서) 밤을 새워 치성을 드림.

夜立ち[よだち] 밤에 출발함.

夜網[よあみ] 밤에 그물을 침.

夜毎[よごと] 밤마다.

夜明(か)し[よあかし] 밤샘. 철야.

2 **夜明け**[よあけ] 새벽. 새벽녘.

夜鳴き[よなき] ①새 따위가 밤중에 욺. ②'夜鳴き蕎麦(よなきそば)・夜鳴き饂飩(よなきうどん)'의 준말.

夜鳴き蕎麦[よなきそば] 밤중에 팔러 다니는 메밀국수. 또는 그 장사꾼.

夜鳴き饂飩[よなきうどん] 밤중에 팔러 다니는 국수. 또는 그 장사꾼.

夜目[よめ] 밤눈.

夜霧[よぎり] 밤안개.

夜の物[よるのもの] 침구(寝具).

夜泊(ま)り[よどまり] ①외박(外泊)함. ②야간에 배가 정박함.

夜半[よわ/やはん] 야밤. 밤중.

夜番[よばん/やばん] ①야경(夜警). 불침번. ②야간 당직.

夜歩き[よあるき] 밤나들이. 밤에 나다님.

夜船[よふね/よぶね] 밤배.

夜晒し[よざらし] 밤에 밖에 내놓음.

夜時雨[よしぐれ] (초겨울의) 밤에 한차례 지나가는 비.

夜顔[よるがお] ≪植≫ 밤메꽃. 밤나팔꽃.

夜桜[よざくら] 밤 벚꽃. 밤 벚꽃놀이.

夜夜[よよ] 매일 밤. 밤마다.

夜な夜な[よなよな] 밤마다. 매일 밤.

夜夜中[よるよなか] 한밤중. 야밤중.

夜雨[よさめ] 밤비.

夜遊び[よあそび] 밤놀이.

夜泣き[よなき] (젖먹이가) 밤에 욺.

夜鷹[よたか] ① ≪鳥≫ 쏙독새. ②(江戸(えど) 시대) 밤의 길거리에서 손님을 유혹하던 매춘부.

夜鷹蕎麦[よたかそば] 밤거리에서 파는 우동·메밀국수.
夜一夜[よひとよ] 밤새도록. 밤새껏.
夜長[よなが] 긴긴밤. 밤이 긴 계절.
夜這い[よばい] (옛날에) 남자가 밤에 연인의 침실에 숨어 들어감.
夜這い星[よばいぼし] 유성(流星).
夜店[よみせ] 밤거리의 노점. 야시(夜市).
夜祭(り)[よまつり] 밤 축제.
夜爪[よづめ] 밤에 손톱을 깎음.
夜釣り[よづり] 밤낚시.
夜の調べ[よるのしらべ] 야곡(夜曲). 야상곡(夜想曲).
夜昼[よるひる] ①밤과 낮. 주야. ②밤낮으로. 밤이나 낮이나.
2夜中❶[よなか] 밤중. 한밤중.
夜中❷[よじゅう] 밤새도록.
夜着[よぎ] ①이불. ②옷처럼 만든 이불.
夜参り[よまいり] 밤에 神社(じんじゃ)나 절(寺)에 참배함.
夜聡い[よざとい] 〈形〉 잠귀가 밝다.
夜討(ち)[ようち] 야간 습격. 야습(夜襲).
夜通し[よどおし] 밤새도록.
夜風[よかぜ] 밤바람.
夜寒[よさむ] ①밤의 찬 기운. 밤의 한기. ②늦가을 밤의 계절.
夜戸出[よとで] 밤 외출. 야간 외출.
夜回り[よまわり] 야경을 돎. 야경꾼.

音読

2夜間[やかん] 야간; 밤.
夜景[やけい] 야경; 야간 경치.
夜警[やけい] 야경; 야경꾼.
夜曲[やきょく] 야곡; 세레나데.
夜光[やこう] 야광; ①어둔 곳에서 빛남. ②밤하늘의 (별빛 이외의) 희미한 빛.
夜光虫[やこうちゅう] ≪虫≫ 야광충.
1夜具[やぐ] 침구(寝具). 이부자리.
夜勤[やきん] 야근; 야간 근무.
夜気[やき] 야기; ①밤의 찬 공기. 밤기운. ②밤의 고요.
夜尿症[やにょうしょう] ≪医≫ 야뇨증.
夜盗[やとう/よとう] 야도; 밤도둑.
夜郎自大[やろうじだい] 제 분수도 모르고 우쭐댐.
夜来[やらい] ①간밤부터. 어젯밤부터. ②며칠 밤 계속.
夜盲症[やもうしょう] ≪医≫ 야맹증.
夜半[やはん/よわ] 야반; 한밤중.
夜分[やぶん] 밤. *격식을 차린 말임.
夜想曲[やそうきょく] 야상곡; 세레나데.
夜色[やしょく] 야색; 야간 경치.
夜襲[やしゅう] 야습; 야간 습격.
夜食[やしょく] 야식; ①저녁 식사. ②밤참.
夜業[やぎょう/よなべ] 야간 작업.
夜営[やえい] 야영; 밤에 진을 치고 그곳에 숙박함.
夜陰[やいん] 야음; 밤의 어두울 때.
夜戦[やせん] 야전; 야간 전투.
夜直[やちょく] 야직; 숙직. 밤의 당직.
夜叉[やしゃ] 야차; 포악하고 얼굴이 무섭게 생긴 인도의 귀신.
2夜行[やこう] 야행; ①밤에 행동함. ②밤에 감. ③'夜行列車'의 준말.
夜行列車[やこうれっしゃ] 야간열차.
夜話[やわ] 야화; ①밤에 하는 이야기. ②가벼운 이야기. ③(禅宗에서) 밤의 수행을 위한 훈화(訓話).
夜会[やかい] 야회; ①밤의 모임. 밤의 연회. ②밤의 사교 무도회.

野 들 야

丨 冂 日 甲 甲 里 里' 野 野 野

音 ◉ヤ
訓 ◉の

訓読

2◉野[の] ①들. 들판. ②논밭. ③야생.
野ざらし[のざらし] ①들판에 방치함. ②해골.
野掛け[のがけ] 들놀이.
野駆け[のがけ] 들놀이.
野鳩[のばと] ≪鳥≫ 들비둘기.
野菊[のぎく] ≪植≫ ①들국화. ②'嫁菜(よめな/쑥부쟁이)'의 딴이름.
野の宮[ののみや] (옛날) 황녀(皇女)가 斎宮(いつきのみや)나 斎院(いつきのいん)에 가기 전에 1년 간 머물면서 재계(斎戒)하던 임시 궁전.
野鍛冶[のかじ] 한데에서 하는 대장 일.
野道[のみち] 들길.
野良[のら] ①들. ②논밭.
野良帰り[のらがえり] 들일을 마치고 귀가함.
野良犬[のらいぬ] 들개. 주인 없는 개.
野良猫[のらねこ] 도둑고양이.
野良仕事[のらしごと] 들일. 농사일.

野良着[のらぎ] 농부의 작업복.
野路[のじ] 들길.
野立(ち)[のだち] 귀인이 야외에서 잠시 휴식을 취함.
お野立(ち)所[おのだちしょ] (귀인의) 야외 임시 휴게소.
野立(て)[のだて] ①귀인이 야외에서 잠시 휴식을 취함. ②야외에 세워 놓음.
野立(て)看板[のだてかんばん] 야외에 세운 간판.
野立(て)広告[のだてこうこく] 야외에 세운 광고.
野馬[のうま] 방목말. 놓아먹이는 말.
野馬追い[のまおい] 방목한 말을 기마(騎馬)로 쫓아 잡기.
野末[のずえ] 들판 끝. 들가.
野面❶[のづら] ①들판. 들의 표면. ②가공하지 않은 자연석의 표면. ③철면피. 뻔뻔스런 얼굴. ❷[のもせ] 들판. 들의 표면.
野武士[のぶし] 패잔병의 무기를 빼앗아 무장한 무리.
野方[のかた/のがた] ①들일. 농사일. ②(개간한) 고지대(高地帯).
野放し[のばなし] ①방목(放牧). 가축을 놓아기름. ②방임함. 멋대로 하게 버려 둠.
野放図[のほうず] ①한없음. 끝없음. ②방자함. 시건방짐.
野辺[のべ] ①들. 들판. ②매장지.
野辺送り[のべおくり] 장송(葬送). 장렬(葬列).
野伏(し)[のぶし] 노숙하며 수행하는 중.
野伏せり[のぶせり] ①패잔병의 무기를 빼앗아 무장한 무리. ②산적(山賊). ③산에 사는 거지.
野伏間[のぶすま] 'むささび(날다람쥐)'의 딴이름.
野仏[のぼとけ] 길가의 돌부처.
野寺[のでら] 들에 있는 절.
野飼い[のがい] 방사(放飼). 가축을 놓아먹임.
野山[のやま] 산야(山野). 들과 산.
野焼き[のやき] (초봄에) 풀이 잘 자라도록 들판의 마른 풀을 태움.
野守[のもり] (출입이 금지된) 들판을 지키는 사람.
野垂(れ)死(に)[のたれじに] ①길에 쓰러져 죽음. 길가에서 객사함. ②거지꼴로 비참하게 죽음.
野宿[のじゅく] 노숙. 한데서 잠.
野原[のはら] 들. 들판.
野っ原[のっぱら] 들. 들판.
野猿[のざる/やえん] 야생 원숭이.
野遊び[のあそび] ①들놀이. ②(옛날) 귀족들의 사냥놀이.
野育ち[のそだち] 제멋대로 자람. 버릇없이 자람.
野薔薇[のばら] 《植》 들장미.
野積み[のづみ] 야적; 한데에 쌓아 둠.
野田[のだ] 들판에 있는 논.
野点[のだて] 야외에서 차를 끓임. 야외에서의 다회(茶会).
野釣り[のづり] 야외에서의 낚시질.
野中[のなか] 들 가운데.
野川[のがわ] 야천; 들판을 흐르는 시내.
野天[のてん] 노천(露天). 옥외(屋外).
野天風呂[のてんぶろ] 옥외 목욕탕.
野太い[のぶとい] 〈形〉 ①(소리·목소리가) 굵직하다. 굵다. ②뻔뻔스럽다. 대담하고 유들유들하다.
野太鼓[のだいこ] (아마추어로서) 술자리의 흥을 돋우는 광대.
野太刀[のだち] ①(무사가) 야외에 나갈 때 차는 단도. ②궁중 경비병이 차는 칼.
野沢[のざわ] 들판의 습지.
野風[のかぜ] 들바람. 들판에 부는 바람.
野壺[のつぼ] 밭가의 똥통.
野火[のび] 야화; ①들에 난 불. ②(이른 봄에) 들의 마른 풀을 태우는 불.
野荒(ら)し[のあらし] ①농작물을 망치거나 훔침. 또는 그렇게 하는 사람이나 짐승. ②'いのしし(멧돼지)'의 딴이름.

音読

野球[やきゅう] 야구. baseball.
野禽[やきん] 야금; 들새.
野党[やとう] 야당; 정권을 유지하고 있지 않은 쪽의 정당.
野郎[やろう] ①놈. 자식. 녀석. ＊남자를 욕하는 말임. ②젊은이. 젊은 남자. ③저놈. 저 녀석.
野蛮[やばん] 야만; ①문화가 미개한 상태. ②난폭하고 예의가 없음.
野蛮人[やばんじん] 야만인.
野望[やぼう] 야망; 분에 넘치는 희망.
野暮[やぼ] ①우둔함. 답답함. ②촌스러움. ③숙맥. 세상 물정에 어두움.
野暮ったい[やぼったい] 〈形〉 촌스럽다. 멋없다.

野暮天[やぼてん] 촌뜨기. 몹시 촌스러움.
野卑[やひ] 야비; 성질이나 행동이 속되고 천함.
野史[やし] 야사; 민간에서 사사로이 지은 역사.
1野生[やせい] 야생; 동식물이 산이나 들에서 저절로 자람.
野選[やせん] '野手選択'의 준말.
野性[やせい] 야성; 본능 그대로의 성질.
野手[やしゅ] 야수; 내야수와 외야수.
野獣[やじゅう] 야수; 야생의 짐승.
1野心[やしん] 야심; 남몰래 품은 소망. 신분에 맞지 않은 욕망.
野羊[やぎ] ≪動≫ 염소. 산양(山羊).
野営[やえい] 야영; 영외(営外)에서 야외에 천막을 치고 잠.
1野外[やがい] 야외; ①들. 교외(郊外). ②옥외. 문밖.
野遊会[やゆうかい] 야유회; 들놀이.
野戦[やせん] 야전; 들판이나 평지에서의 전투.
野鳥[やちょう] 야조; 들새.
野次[やじ] ①야유. 빈정거리며 놀림. ②'野次馬(やじうま)'의 준말.
野次る[やじる] 〈5他〉 야유하다. 빈정거리며 놀리다.
野次馬[やじうま] 덩달아 떠들어댐. 구경꾼.
2野菜[やさい] 야채; 채소. 푸성귀.
野菜畑[やさいばたけ] 채소밭.
野草[やそう] 야초; 들풀.
野合[やごう] 야합; 남모르게 관계를 맺음.

冶 풀무 야 | 音 ⊗ヤ | 訓 —

音読

冶金[やきん] 야금; 광석에서 쇠붙이를 공업적으로 골라내거나 합금하는 일.
冶金術[やきんじゅつ] 야금술.
冶金学[やきんがく] 야금학.

耶 그런가 야 | 音 ⊗ヤ | 訓 —

音読

耶蘇[やそ] 예수. 예수 그리스도.
耶蘇教[やそきょう] 예수교. 기독교. 천주교.
耶蘇会[やそかい] 예수회.

爺 노인 야 | 音 ⊗ヤ | 訓 ⊗じい ⊗じじ ⊗じじい

訓読

⊗爺[じい/じじ/じじい] 늙은 남자. 할아범. 늙은 하인.
爺さん[じいさん] ①할아버지. ②영감님.
爺むさい[じじむさい] 〈形〉 꾀죄죄하다.
爺や[じいや] 할아범. 영감님.

音読

◑老爺[ろうや]

〔약〕

若 어릴 약

一 ⺿ 艹 艹 芦 若 若 若

音 ◉ジャク ◉ニャク
訓 ◉わかい ⊗もし

訓読

4◉若い[わかい] 〈形〉 ①젊다. ②(나이가) 어리다. 손아래이다. ③미숙하다. 서툴다. ④(차례가) 이르다. 빠르다.
若[わか] ①젊은. ②'若様(わかさま)'의 준말.
若き[わかき] 젊음. 젊은이. 젊은 사람.
若さ[わかさ] ①젊음. ②미숙함.
若やか[わかやか] 〈形動〉 젊고 발랄함.
若やぐ[わかやぐ] 〈5自〉 젊어지다. 젊어 보이다. 젊어진 듯하다.
若気❶[わかげ/わかぎ] 젊은 혈기. 패기(覇気). ❷[にやけ] ①(남색의 대상이 되는) 미동(美童). ②남색(男色). 남창(男娼).
若年寄[わかどしより] ①애늙은이. ②(江戸幕府(えどばくふ)에서) 将軍(しょうぐん)의 직속으로 旗本(はたもと)를 통괄하던 직책.
若旦那[わかだんな] ①큰 도련님. ②도련님.
若党[わかとう] ①젊은 부하. ②젊은 무사.
若禿(げ)[わかはげ] 젊은 대머리.
若鷺[わかさぎ] ≪魚≫ 빙어.
若緑[わかみどり] 새 솔잎. 신록(新緑).
若立ち[わかだち] 싹이 돋음.
若木[わかぎ] 어린 나무.
若苗[わかなえ] ①어린 모. 모종. ②어린 묘목.
若武者[わかむしゃ] 젊은 무사.

若返る[わかがえる] 〈5自〉 ①다시 젊어지다. ②(조직의 담당자・구성원이) 젊은 층으로 바뀌다. 젊어지다.
若白髪[わかしらが] 새치.
若夫婦[わかふうふ] 젊은 부부.
若死に[わかじに] 요절. 젊어서 죽음.
若生え[わかばえ] ①새싹. 새눈. ②대(代)를 이을 어린이.
若書き[わかがき] 어린 시절에 그리거나 쓴 작품.
若先生[わかせんせい] 대(代)를 이을 젊은 선생님.
若盛り[わかざかり] 한창 나이. 한창 때.
若松[わかまつ] ①애송. 어린 소나무. ②설날 장식용으로 사용하는 작은 소나무.
若手[わかて] ①(한창 때의) 젊은이. ②젊은 축. 젊은 층.
若水[わかみず] ①(옛날 입춘 날에) 천황에게 바친 정화수. ②(입춘・설날 아침) 일찍 긷는 정화수.
若芽[わかめ] 새싹. 새눈.
[1]若若しい[わかわかしい] 〈形〉 젊디젊다. 아주 젊다. 활기차다.
若様[わかさま] 도련님. 서방님.
若い燕[わかいつばめ] (여자의 연하의) 젊은 정부(情婦). 제비족.
若葉[わかば] 새잎. 어린 잎.
若奥様[わかおくさま] 젊은 마님.
若隠居[わかいんきょ] ①젊은 나이에 은거함. ②애늙은이.
若人[★わこうど] 젊은이. 청년.
若子[わかご] ① ≪古≫ 갓난애. ②먼 바다에서 잡은 청어알.
[1]若者[わかもの] 젊은이. 청년.
若い者[わかいもの] ①젊은이. ②(상점의) 젊은 고용인. ③(깡패의) 똘마니.
若紫[わかむらさき] 연보랏빛.
若作り[わかづくり] 나이보다 젊게 꾸밈.
若蔵[わかぞう] 애송이. 풋내기.
若殿[わかとの] ①나이 어린 주군(主君). ②주군의 후계자.
若鮎[わかあゆ] ①팔팔한 은어. ②팔팔한 젊은이. 젊고 발랄함.
若造[わかぞう] 애송이. 풋내기.
若潮[わかしお] 음력 11일・26일경부터 간만의 차가 커지는 조수.
若潮迎え[わかしおむかえ] (서부 일본에서) 설날 아침에 길어 온 바닷물을 사당에 바침.
若主人[わかしゅじん] 대를 이을 서방님.
若竹[わかたけ] 햇대나무.
若衆[わかしゅ] ①젊은이. ②(江戸(えど) 시대에) 관례(冠礼) 전의 앞머리를 기른 남자.
若い衆[わかいしゅ] ①젊은이. 청년. ②(상점의) 젊은 고용인. ③(그 고장에서) 축제 때 일을 거드는 젊은이들.
若衆歌舞伎[わかしゅかぶき] (江戸(えど) 시대에) 관례(冠礼) 전의 소년이 출연한 歌舞伎(かぶき).
若枝[わかえだ] 어린 가지.
若菜[わかな] ①봄나물. ②(옛날) 정월의 첫 자일(子日)에 궁중에서 일곱 가지 나물로 국을 끓여 먹던 행사.
若妻[わかづま] 젊은 아내. 신혼의 아내.
若草[わかくさ] 어린 풀.
若湯[わかゆ] 새해 들어 처음 데우는 목욕물.
若太夫[わかたゆう] (歌舞伎(かぶき) 극장에서) 座元(ざもと)의 뒤를 이을 아들.
若向き[わかむき] 젊은이용.
若後家[わかごけ] 젊은 과부. 청상과부.
[2]⊗若し[もし] 만약. 만약에. 만일. 만일에.
⊗若しか[もしか] ①만약에. ②어쩌면.
[2]⊗若しかしたら[もしかしたら] 어쩌면.
[1]⊗若しかして[もしかして] ①혹시. 만일에. ②어쩌면.
[2]⊗若しかすると[もしかすると] 어쩌면.
[1]⊗若しくは[もしくは] 혹은. 또는. 그렇지 않으면.
[2]⊗若しも[もしも] 만약. 만일. 혹시.
⊗若しや[もしや] 혹시나.

音読

[1]若干[じゃっかん] 약간; 다소. 얼마간.
若干名[じゃっかんめい] 약간 명; 몇 명.
若年[じゃくねん] 나이가 젊음.
若輩[じゃくはい] ①젊은이. ②풋내기.
若僧❶[にゃくそう] 젊은 중. ❷[わかぞう] 애송이. 풋내기.

約(約) 대략 약

く 㣺 幺 糸 糸 糸 約 約 約

音 ◉ヤク
訓 ⊗つづまやか ⊗つづまる ⊗つづめる

訓読

⊗約まやか[つづまやか] 〈形動〉 ①간결함. 간략함. ②검소함.

⊗約まる[つづまる] 〈5他〉 줄어들다. 단축되다. 간단해지다.
約まり[つづまり] ①줄어듦. 단축됨. ②결국. 요컨대.
⊗約める[つづめる] 〈下1他〉 ①줄이다. 간단하게 하다. ②절약하다.

音読

[2]約[やく] 약; ①대략. ②약속. ③생략. 줄임. ④약음(約音).
約す[やくす] 〈5他〉 ☞ 約する
約する[やくする] 〈サ変他〉 ①약속하다. 기약하다. ②줄이다. 간추리다. 요약하다. ③절약하다. ④ ≪数≫ 약분(約分)하다.
約款[やっかん] 약관; 법령・조약・계약 등에 관한 조항.
約諾[やくだく] 약속하고 승낙함.
約分[やくぶん] ≪数≫ 약분.
[3]約束[やくそく] 약속; ①서로 언약하여 정함. ②규정. 규약. 규칙. ③숙명. 운명. 인연.
約束事[やくそくごと] ①약속한 일. ②운명. 숙명. 인연.
約束手形[やくそくてがた] 약속 어음.
約手[やくて] '約束手形(やくそくてがた)'의 준말.
約数[やくすう] ≪数≫ 약수.
約言[やくげん] 약언; ①요약해서 말함. ②≪語学≫ 약음(約音).
約音[やくおん] ≪語学≫ 약음.
約定[やくじょう] 약정; 일을 약속하여 정함.
約定書[やくじょうしょ] 약정서.
約定済[やくじょうずみ] 약정필(約定畢).

弱(弱) 약할 약

ㄱ ㅋ 弓 弓 弓 弓ㄱ 弓ㄱ 弱 弱 弱

音 ◉ジャク
訓 ◉よわい ◉よわまる ◉よわめる ◉よわる ⊗なゆ ⊗なよ

訓読

[4]◉弱い[よわい] 〈形〉 ①약하다. ②모자라다. ③(소리가) 가냘프다. ④능숙하지 않다.
弱さ[よわさ] 약함.
弱み[よわみ] ①약한 마음. ②약점.
[2]◉弱まる[よわまる] 〈5自〉 약해지다. 누그러지다. 줄어들다.
[2]◉弱める[よわめる] 〈下1他〉 약하게 하다. 약화시키다.
[2]◉弱る[よわる] 〈5自〉 ①약해지다. 쇠약해지다. ②난처해지다. 곤란해지다.
弱り[よわり] 약해짐. 쇠약해짐.
弱り果てる[よわりはてる] 〈下1自〉 ①몹시 약해지다. ②아주 난처해지다.
弱気[よわき] ①마음이 약함. 무기력함. ②(경기 전망이) 불투명함.
弱り目[よわりめ] 어려울 때. 곤란할 때.
弱味噌[よわみそ] ①질이 안 좋은 된장. ②못난이. 겁쟁이.
弱弱しい[よわよわしい] 〈形〉 아주 약하다. 연약하다.
弱弱と[よわよわと] 힘없이.
弱腰[よわごし] ①옆구리. ②소극적인 태도.
弱音 ❶[よわね] 무기력한 소리. 나약한 말. 우는 소리. ❷[じゃくおん] ≪楽≫ 약음. 약한 소리.
弱材料[よわざいりょう] ≪経≫ 약재(弱材). 시세를 떨어뜨릴 원인이 되는 조건.
弱り切る[よわりきる] 〈5自〉 ①몹시 약해지다. 쇠약해지다. ②아주 난처해지다.
弱竹[なよたけ/なゆたけ] 가녀린 대. 어린 대.
弱虫[よわむし] 못난이. 겁쟁이.
弱含み[よわふくみ] (시세가) 하락세임.
弱火[よわび/とろび] (화력이) 약한 불.

音読

[1]弱[じゃく] 약; ①약함. ②(숫자에 접속하여) 반올림했지만 조금 모자람.
弱冠[じゃっかん] 약관; ①20세. ②젊은 나이.
弱国[じゃっこく] 약국; 약소국(弱小国).
弱年[じゃくねん] 약년; 나이가 젊음.
弱齢[じゃくれい] 약령; 나이가 어림.
弱輩[じゃくはい] 약배; ①젊은이. ②풋내기.
弱酸[じゃくさん] ≪化≫ 약산.
弱小[じゃくしょう] 약소; 약하고 작음.
弱視[じゃくし] 약시; 약한 시력의 눈.
弱肉強食[じゃくにくきょうしょく] 약육강식.
弱音器[じゃくおんき] ≪楽≫ 약음기.
弱者[じゃくしゃ] 약자; 세력이 약한 사람.
弱敵[じゃくてき] 약적; 세력이 약한 적.
弱電[じゃくでん] 약전; 약한 전기.
[2]弱点[じゃくてん] 약점; ①단점(短点). 모자라는 점. ②떳떳하지 못한 점.
弱卒[じゃくそつ] 약졸; 약한 병사.
弱震[じゃくしん] 약진; 약한 지진.
弱体[じゃくたい] 약체; ①약한 몸. 몸이 약함. ②(조직・체제 등이) 허약함.
弱化[じゃっか] 약화; 세력이 약해짐.

薬(藥) 약 약

一 艹 艹 艹 甘 苷 苷 茈 萆 薬

音 ◉ヤク ⊗ヤ
訓 ◉くすり ⊗くす

訓読

4◉**薬**[くすり] ①약; 약제(薬剤). ②방충제. 소독약. ③유약(釉薬). ④화약. ⑤(좋은) 경험.
薬九層倍[くすりくそうばい] ①원가에 비해 약값이 몹시 비쌈. ②폭리를 취함.
薬売り[くすりうり] 약 행상인.
薬師❶[くすし/くすりし] ≪古≫ 의사. ❷[やくし] '薬師如来(やくしにょらい)'의 준말.
薬箱[くすりばこ] 약 상자.
薬狩(り)[くすりがり] (옛날 단오절에) 들판에서 약초를 캐는 행사.
薬食い[くすりぐい] (옛날 寒中에) 몸보신을 위해 멧돼지·사슴 등의 고기를 먹음.
薬玉[くすだま] ①축하용 화환. ②(단옷날 액막이로) 향료를 비단 주머니에 넣고 5색 실을 단 노리개.
薬屋[くすりや] 약방. 약국.
薬酒[くすりざけ/やくしゅ] 약주; 약술. 약용주.
薬指[くすりゆび] 약지; 약손가락. 무명지.
薬湯❶[くすりゆ] 약탕; ①치료 목적으로 약제를 넣은 목욕탕. ②약효가 있는 온천. ❷[やくとう] ①약을 넣은 목욕물. ②탕약.
薬土瓶[くすりどびん] 약탕관.

音読

薬価[やっか] 약가; 약값.
薬科[やっか] ①약학과(薬学科). ②약학부(薬学部). 약학대학(薬学大学).
2**薬缶**[★やかん] 주전자.
薬缶頭[★やかんあたま] 대머리.
2**薬局**[やっきょく] 약국; ①약방. ②병원의 약제실.
薬代[やくだい] 약대; 약값.
薬毒[やくどく] 약독; 약의 독성.
薬量[やくりょう] 약량; 약의 분량.
薬籠[やくろう] 약롱; 약 상자.
薬料[やくりょう] 약료; ①약품의 재료. ②약값.
薬理[やくり] 약리; 약품의 작용에 의해 생기는 생리적·병리적 변화.
薬理作用[やくりさよう] 약리 작용.
薬名[やくめい] 약명; 약 이름.
薬物[やくぶつ] 약물; 약제가 되는 물질.
薬味[やくみ] 약미; ①향신료. 양념. ②약품.
薬博[やくはく] 약학 박사. '薬学博士(やくがくはくし)'의 준말.
薬師如来[やくしにょらい] 약사여래.
薬殺[やくさつ] 약살; 독살(毒殺).
薬石[やくせき] 약석; ①온갖 약과 치료법. ② ≪仏≫ (禅宗에서) 야식으로 먹는 저녁 식사.
薬用[やくよう] 약용; 약으로 사용함.
薬園[やくえん] 약원; 약초 밭.
薬剤[やくざい] 약제; 여러 약재를 섞어서 조제한 약.
薬剤師[やくざいし] 약제사; 약사(薬師).
薬種[やくしゅ] 약종; 한약의 재료.
薬種屋[やくしゅや] 약종상(薬種商).
薬酒[やくしゅ] 약주; 약용주.
薬草[やくそう] 약초; 약풀.
薬湯❶[やくとう] ①약을 넣은 목욕물. ②탕약. ❷[くすりゆ] 약탕; ①치료 목적으로 약제를 넣은 목욕탕. ②약효가 있는 온천.
2**薬品**[やくひん] 약품; 의약품.
薬学[やくがく] 약학; 약재에 관해 연구하는 학문.
薬害[やくがい] 약해; 약의 부작용으로 인해 입는 해.
薬莢[やっきょう] 약협; 탄환이 들어 있는 금속 통.
薬効[やっこう] 약효; 약의 효과.

躍(躍) 뛸 약

口 𧾷 𧾷 𧿹 𨁂 𨁝 𨂃 𨃩 𨄔 躍

音 ◉ヤク
訓 ◉おどらす ◉おどる

訓読

◉**躍らす**[おどらす] 〈5他〉 ①뛰게 하다. ②(마음을) 들뜨게 하다. 설레게 하다.
2◉**躍る**[おどる] 〈5自他〉 ①뛰어오르다. 솟구치다. ②흔들리다. ③(글씨가) 들쭉날쭉하다. 비틀거리다. ④(배후에서) 암약하다. ⑤(가슴·마음이) 설레다. 들뜨다.
躍り掛かる[おどりかかる] 〈5自〉 세차게 달려들다. 덤벼들다.

躍り上がる[おどりあがる] 〈5自〉 ①(힘차게) 뛰어오르다. 날뛰다. ②(놀라거나 기뻐서) 펄쩍뛰다.
躍り食い[おどりぐい] (생선을) 날로 먹음.
躍り込む[おどりこむ] 〈5自〉 (몸을 날려) 뛰어들다.
躍り出る[おどりでる] 〈下1自〉 ①(힘찬 기세로) 뛰어나가다. ②(맹렬한 기세로 남을 앞질러) 뛰어오르다.
躍り懸かる[おどりかかる] 〈5自〉 세차게 달려들다. 덤벼들다.

音読

躍起[やっき] 약기; 애가 타서 안달을 함. 기를 씀. 기를 쓰며 열심히 함.
躍動[やくどう] 약동; 생기 있고 활발하게 움직임.
躍如[やくじょ] 약여; 눈앞에 생생하게 나타남. 또렷함.
躍進[やくしん] 약진; 매우 빠르게 진보함.

〔양〕

羊 양 양

音 ◉ヨウ
訓 ◉ひつじ

訓読

◉羊[ひつじ] ≪動≫ 양.
羊飼い[ひつじかい] 양치기. 목자(牧者).
羊小屋[ひつじごや] 양 우리.
羊雲[ひつじぐも] 양떼구름.
羊偏[ひつじへん] 양양변. ＊漢字 부수의 하나로 '羚' 등의 '羊' 부분을 말함.

音読

羊羹[ようかん] 양갱; 단팥묵.
羊羹色[ようかんいろ] 양갱색.
羊頭狗肉[ようとうくにく] 양두구육.
羊膜[ようまく] ≪生理≫ 양막; 모래집.
[2]**羊毛**[ようもう] 양모; 양털.
羊水[ようすい] ≪生理≫ 양수; 모래집물.
羊肉[ようにく] 양육; 양고기.
羊腸[ようちょう] 양장; 산길 등이 양의 창자처럼 꼬불꼬불함.
羊皮[ようひ] 양피; 양가죽.
羊皮紙[ようひし] 양피지; 양의 가죽을 처리하여 종이 대신 사용한 것.

洋 바다/서양 양

音 ◉ヨウ
訓 —

音読

洋[よう] 양; ①동양과 서양. ②넓은 바다.
洋間[ようま] 양실(洋室). 서양식 방.
洋菓子[ようがし] 양과자; 서양 과자.
洋菓子屋[ようがしや] 양과자점.
洋館[ようかん] 양옥집.
洋弓[ようきゅう] 양궁; 서양 활.
洋髪[ようはつ] 양발; 서양식 머리 모양.
[2]**洋服**[ようふく] 양복; 서양식 옷.
洋上[ようじょう] 양상; 해상(海上).
洋書[ようしょ] 양서; 서양의 서적.
洋式[ようしき] 양식; 서양식.
洋食[ようしょく] 양식; 서양 요리.
洋室[ようしつ] 양실; 서양식 방.
洋楽[ようがく] 양악; 서양 음악.
洋楽器[ようがっき] 양악기; 서양 악기.
洋洋[ようよう] 양양; ①끝없이 넓고 넒음. ②장래가 훤히 트이고 희망에 가득함. ③아름답고 힘참.
洋銀[ようぎん] 양은; ①니켈·구리·아연의 합금. ②서양의 은화(銀貨).
洋装[ようそう] 양장; ①(주로 여성의) 서양식 복장. ②서양식 제본.
洋裁[ようさい] 양재; 양복의 재단법. 양복의 재봉.
洋酒[ようしゅ] 양주; 서양의 술.
洋紙[ようし] 양지; 서양식 제조 방식으로 만든 종이.
洋品[ようひん] 양품; 서양식의 잡화.
[2]**洋品店**[ようひんてん] 양품점.
[1]**洋風**[ようふう] 양풍; 서양 스타일.
洋学[ようがく] 양학; 서양의 학문.
洋行[ようこう] 양행; 서양으로 여행함.
洋画[ようが] 양화; ①서양화. ②서양 영화.

揚 날릴/올릴 양

音 ◉ヨウ
訓 ◉あがる ◉あげる

訓読

◉揚がる[あがる] 〈5自〉 ①(튀김이) 튀겨지다. ②높이 솟아오르다. ③(배에서) 뭍으로 오르다. 양륙되다.

揚(が)り屋[あがりや] 江戸(えど) 시대의 옥사(獄舎)의 하나.

揚(が)り座敷[あがりざしき] 江戸(えど) 시대 옥사(獄舎)의 하나.

2◉揚げる[あげる] 〈下1他〉 ①(튀김을) 튀기다. ②높이 올리다. 게양하다. ③뭍으로 옮기다. ④(기생을) 부르다.

揚げ[あげ] ①튀김. ②유부(油腐).

揚げ降ろし[あげおろし] ①올림과 내림. ②짐을 싣고 부림. ③치켜세웠다 헐뜯었다 함.

揚(げ)蓋[あげぶた] (마루나 부엌 바닥의) 널빤지 뚜껑.

揚(げ)鍋[あげなべ] 튀김 냄비.

揚(げ)句[あげく] ①한 끝에. 한 결과. ②連歌(れんが)・俳諧(はいかい)의 끝 구절인 7・7의 구(句).

揚(げ)巻[あげまき] ①(옛날) 아이들의 머리 모양. *머리를 양쪽으로 갈라 귀 위에서 둥글게 맴. ②'揚(げ)巻'를 한 어린이. ③'揚巻結び(あげまきむすび)'의 준말.

揚巻結び[あげまきむすび] 잠자리 모양의 매듭. *고를 양쪽으로 내고 가운데를 바둑무늬로 맴.

揚(げ)幕[あげまく] 무대로 통하는 출입구에 드리운 막.

揚(げ)物[あげもの] ①튀김. 튀긴 음식. ②장물. 훔친 물건.

揚(げ)卸し[あげおろし] ①올림과 내림. ②짐을 싣고 부림. ③치켜세웠다 헐뜯었다 함.

揚(げ)縁[あげえん] 가게 앞의 이어댄 문짝 겸 툇마루.

揚(げ)玉[あげだま] ①튀김부스러기. ②투구 꼭대기의 장식 방울.

揚(げ)屋[あげや] (옛날) 창녀를 불러다 놀던 집. 유곽. 요정.

揚(げ)雲雀[あげひばり] 하늘 높이 날아오른 종달새.

揚(げ)油[あげあぶら] 튀김용 기름.

揚(げ)底[あげぞこ] ①(상자・통・병 등의) 바닥을 높임. ②겉보기만 좋음.

揚(げ)銭[あげせん] ①매출액. 매상고(売上高). ②수수료. ③거스름돈. ④할부금. ⑤품삯. ⑥화대(花代).

揚繰(り)網[★あぐりあみ] 후릿그물.

揚(げ)足[あげあし] ①발을 듦. 들어올린 발. ②(씨름・유도에서) 허공에 뜬 발. ③말의 꼬투리. 실언한 말꼬리.

揚(げ)超[あげちょう] '引揚超過(ひきあげちょうか)'의 준말. 일정 기간의 재정 자금이 지출을 초과함.

揚(げ)出し[あげだし] 옷을 입히지 않고 살짝 튀긴 것.

揚(げ)板[あげいた] ①(마루나 부엌 바닥의) 널빤지 뚜껑. ②(극장에서) 무대와 花道(はなみち)를 이은 좌우의 널마루. ③목욕탕 바닥의 널판때기.

揚(げ)荷[あげに] 부리는 뱃짐.

揚(げ)戸[あげど] ①위로 들어올려 여는 문. ②아래로 내려 닫는 문.

揚(げ)詰め[あげづめ] (한 손님이) 기생・창녀 등을 매일 같이 데리고 놂.

音読

揚力[ようりょく] 양력; 부양력(浮揚力). 흐름 속에서 지탱해주는 힘.

揚陸[ようりく] 양륙; ①배의 짐을 뭍으로 운반함. ②상륙(上陸).

揚陸艦[ようりくかん] 상륙 함정.

揚水[ようすい] 양수; 물을 위로 퍼 올림.

揚水機[ようすいき] 양수기.

揚揚[ようよう] 양양; 의기양양함.

揚言[ようげん] 양언; ①소리 높여 말함. ②거리낌 없이 떠벌림.

陽 볕 양

阝 阝 阝' 阝ᄆ 阝ᄇ 阝旦 阝早 阝昜 陽 陽

音 ◉ヨウ
訓 ⊗ひ

訓読

⊗陽❶[ひ] ①해. 태양. ②햇볕. 햇살. 햇빛. ❷[よう] ☞ [音読]

陽当(た)り[ひあたり] 양지바름. 양달.

陽射し[ひざし] 햇볕. 햇살.

陽炎[★かげろう] 아지랑이.

音読

陽❶[よう] ①표면. ②(易学에서) 양. ③≪物≫ 양; 플러스. ④≪医≫ 양성(陽性). ❷[ひ] ☞ [訓読]

陽イオン[ようイオン] ≪物≫ 양이온.

陽刻[ようこく] 양각; 돋을새김.

陽光[ようこう] 양광; 햇빛.

陽極[ようきょく] ≪物≫ 양극; ①양전극(陽電極). ②자석의 북극.

[2]**陽気**[ようき] ①명랑함. 쾌활함. ②날씨. 기후. ③양기; 만물이 생동하는 기운.

陽動作戦[ようどうさくせん] 양동 작전.

陽暦[ようれき] 양력; 태양력.

陽明学[ようめいがく] 양명학.

陽性[ようせい] 양성; ①명랑하고 적극적인 성질. ② ≪医≫ 양성 반응. ③ ≪物≫ 원자(原子)가 전자(電子)를 방출하기 쉬운 성질.

陽子[ようし] ≪物≫ 양자; 프로톤.

陽転[ようてん] 양전; 음성이 양성으로 변함.

陽電気[ようでんき] ≪物≫ 양전기.

陽電子[ようでんし] ≪物≫ 양전자.

陽春[ようしゅん] 양춘; ①따뜻한 봄. ②음력 정월의 딴이름. ③날씨. 기후.

様(様) 모양 양

木 杧 栏 栏 样 样 様

音 ◉ヨウ
訓 ◉さま

訓読

[3]◉**様**❶[さま] ①(인명이나 호칭에 접속하여) …님. …씨. ②(인사말에 접속하여) …하셨습니다. ③(어엿한) 모습. 모양. 자태. ④(어떤 사물의) 모습. 모양. 형태. ❷[ざま] (비웃는 말로) 꼴. 꼬락서니. ¶ ~を見(み)ろ 꼴 좋다. 그것 보라지. ❸[よう] ☞ [音読]

様変(わ)り[さまがわり] ①(상태·정도가) 변함. 변모함. ②(거래 시세에서) 추세가 급변함.

[2]**様様**❶[さまざま] 여러 가지. 가지각색. ❷[さまさま] (자기에게 이로운 물건이나 사람에 접속하여 감사·찬탄을 나타내는 말로) …덕. …최고다.

音読

[2]**様**❶[よう] ①(동사 ます형에 접속하여) ㉠…방법. 수단. ㉡…모양. 모습. ②…모양의. …같은. ③(유럽·불상 등의) 스타일. ❷[さま/ざま] ☞ [訓読]

様だ[ようだ] (양태의 조동사로서) …인 모양이다. …인 것 같다.

[1]**様相**[ようそう] 양상; 생김새. 모양. 모습.

[1]**様式**[ようしき] 양식; ①모양. 상태. ②(사회생활의) 방법. 방식. ③(예술품의) 표현 형식. ④(문서 등의) 서식.

[2]**様子**[ようす] ①(사물의) 상태. 상황. 정세. 형편. 모양. ②(사람의) 모습. 옷차림. ③기미. 낌새. 징조. ④눈치. 기색. ⑤흔적. 형적.

様子振る[ようすぶる] 〈5自〉 뽐내다. 거드름 피우다.

様態[ようたい] 양태; (사물의 존재나 행동의) 상황. 상태. 양상.

養 기를 양

丷 䒑 兰 美 关 养 养 养 養 養

音 ◉ヨウ
訓 ◉やしなう

訓読

[1]◉**養う**[やしなう] 〈5他〉 ①(사람을) 기르다. 양육하다. ②(가족을) 부양하다. ③(가축을) 사육하다. 기르다. ④배양하다. 기르다. ⑤요양하다. ⑥양자로 삼다.

養い[やしない] ①(사람을) 기름. 양육함. ②자양분. 거름.

養い子[やしないご] 양자.

養い親[やしないおや] 양부모.

音読

養家[ようか] 양가; 양자로 들어간 집.

養鶏場[ようけいじょう] 양계장; 닭을 사육하는 곳.

養女[ようじょ] 양녀; 수양딸.

養豚[ようとん] 양돈; 돼지를 사육함.

養老[ようろう] 양로; 노인을 봉양함.

養母[ようぼ] 양모; 양어머니.

養蜂[ようほう] 양봉; 꿀벌을 침.

養父[ようふ] 양부; 양아버지.

[2]**養分**[ようぶん] 양분; 자양분.

養嗣子[ようしし] 재산 상속권이 있는 양자.

養生[ようじょう] 양생; ①섭생(摂生). ②보양(保養).

[1]**養成**[ようせい] 양성; ①교육이나 훈련을 통해 인재를 길러냄. ②배양하여 길러냄.

養成所[ようせいしょ] 양성소; 인재를 길러내는 곳.

養殖[ようしょく] 양식; 바다의 생물을 인공적으로 길러서 번식시킴.

養殖物[ようしょくもの] 양식한 것.

養殖真珠[ようしょくしんじゅ] 양식 진주.

養魚場[ようぎょじょう] 양어장.

養育[よういく] 양육; 부양하여 기름.

養子[ようし] 양자; 수양아들.
養子縁組[ようしえんぐみ] 양자 결연(結緣).
養蚕[ようさん] 양잠; 누에치기.
養親[ようしん] 양친; 양부모. 길러준 부모.
1**養護**[ようご] 양호; 양육하고 보호함.

壌(壤) 흙덩이 양

扌 扩 扩 扩 扩 掟 撶 撶 壌 壌

音 ◉ジョウ
訓 —

音読

壌土[じょうど] 양토; ①흙. 토양. ②농사짓기에 적합한 검은 흙.
◑**土壌**[どじょう]

嬢(孃) 아가씨 양

女 女 女 女 女 嬢 嬢 嬢 嬢 嬢

音 ◉ジョウ
訓 —

音読

3**お嬢さん** [おじょうさん] ①아가씨. ②따님. ＊남의 딸에 대한 존경어임.
お嬢さん育ち[おじょうさんそだち] 고이 자란 딸. 고생을 모르고 자란 딸.
お嬢様[おじょうさま] ①따님. 영애(令愛). ＊남의 딸에 대한 존경어임. ②아가씨. ③고생을 모르고 자란 아가씨.

譲(讓) 사양할 양

言 言 言 言 言 譲 譲 譲 譲 譲

音 ◉ジョウ
訓 ◉ゆずる

訓読

2◉**譲る**[ゆずる] 〈5他〉 ①물려주다. 양도(讓渡)하다. ②(희망자에게) 팔다. 팔아넘기다. ③양보하다. ④(다음 기회로) 미루다. 연기하다.
譲り[ゆずり] 양도(讓渡). 물려줌. 물려받음.
譲り渡す[ゆずりわたす] 〈5他〉 양도하다. 물려주다.
譲り状[ゆずりじょう] 양도(讓渡) 증서.
譲り受ける[ゆずりうける] 〈下1他〉 양도(讓渡) 받다. 물려받다.
譲り合い[ゆずりあい] 서로 양보함.
譲り合う[ゆずりあう] 〈5他〉 서로 양보하다.

音読

譲渡[じょうと] 양도; 권리・재산・법률상의 지위 등을 남에게 넘겨줌.
1**譲歩**[じょうほ] 양보; 어떤 것을 사양하여 남에게 미루어 줌.
譲与[じょうよ] 양여; 자기 소유를 넘겨줌.
譲与税[じょうよぜい] 양도세(讓渡稅).
譲位[じょうい] 양위; 임금이 자리를 물려줌.

醸(釀) 술빚을 양

西 酉 酉 酉 酉 醸 醸 醸 醸 醸

音 ◉ジョウ
訓 ◉かもす

訓読

◉**醸す**[かもす] 〈5他〉 ①(간장・술을) 빚다. 담그다. 양조하다. ②(분위기・상태 등을) 조성하다. 자아내다.
醸し出す[かもしだす] 〈5他〉 (어떤 분위기・느낌 등을) 조성하다. 자아내다.

音読

醸成[じょうせい] 양성; ①(간장・술・식초 등을) 빚음. 담금. 양조함. ②(어떤 분위기・느낌 등을) 조성함.
醸造[じょうぞう] 양조; (간장・술・식초 등을) 담가서 만듦.
醸造業[じょうぞうぎょう] 양조업.
醸造酒[じょうぞうしゅ] 양조주; 곡류(穀類)나 과일 등을 발효시켜서 만든 술.

痒 가려울 양

音 ⊗ヨウ
訓 ⊗かゆい

訓読

2⊗**痒い**[かゆい] 〈形〉 가렵다.
痒がる[かゆがる] 〈5自〉 가려워하다.
痒さ[かゆさ] 가려움.
痒み[かゆみ] 가려움.

音読

◑**痛痒**[つうよう]

楊 버들 양	音 ⊗ヨウ 訓 —

音読

楊弓[ようきゅう] (江戸(えど) 시대에 버드나무로 만든) 놀이용 작은 활.

楊弓場[ようきゅうば] (神社(じんじゃ)의 경내나 번화가 등의) 활놀이터.

楊柳[ようりゅう] ①버드나무. ②'楊柳縮緬'의 준말.

楊柳縮緬[ようりゅうちりめん] 세로 방향으로 곱슬 주름이 생기게 짠 크레이프.

楊子[ようじ] 이쑤시개.

楊枝[ようじ] 이쑤시개.

攘 물리칠 양	音 ⊗ジョウ 訓 —

音読

攘夷[じょうい] 양이; 외국인을 물리쳐 국내로 들어오지 못하게 하는 일.

攘夷論[じょういろん] 양이론; 외국과의 통상에 반대하여 외국의 배척을 주장하는 사상.

〔어〕

魚 물고기 어

⺈ 𠂊 ⺈ 各 角 角 魚 魚 魚 魚

音 ◉ギョ
訓 ◉さかな ◉うお

訓読

[4]◉**魚❶**[さかな] ①물고기. ②생선.

[2]**魚❷**[うお] ①물고기. ②생선. *원래는 요리한 것은 'さかな', 날것은 'うお'라고 했음.

魚の目[うおのめ] 티눈.

魚付(き)林[うおつきりん] 물고기들을 유도할 목적으로 물가에 나무를 심어 이룬 숲.

[2]**魚市場**[うおいちば] 어시장; 생선 시장.

魚心[うおごころ] 상대방에 대한 호의.

魚屋[さかなや] 생선 가게. 생선 장수.

魚滓[うおかす] 생선찌꺼기.

魚釣(り)[うおつり/さかなつり] 낚시질.

魚座[うおざ] ≪天≫ 물고기자리.

魚河岸[うおがし] ①어시장. ②어시장이 열리는 강변. ③東京(とうきょう)의 築地(つきち) 어시장.

音読

魚介類[ぎょかいるい] 어패류(魚貝類). 바다에서 나는 물고기와 조개류의 총칭.

魚鼓[ぎょく] ≪仏≫ 어고; 목탁(木鐸).

魚群[ぎょぐん] 어군; 물고기 떼.

魚袋[ぎょたい] 어대; (옛날) 고급관리가 의식 때 차던 지위를 나타내는 물고기 모양의 부신(符信).

魚道[ぎょどう] 어도; 물고기 떼가 다니는 길.

魚雷艇[ぎょらいてい] 어뢰정.

魚類[ぎょるい] 어류; 물고기의 무리.

魚鱗[ぎょりん] 어린; ①물고기의 비늘. ②(옛 戦法에서) 어린진(魚鱗陣).

魚粉[ぎょふん] 어분; 생선가루.

魚巣[ぎょそう] 어소; 물고기의 집.

魚水の契り[ぎょすいのちぎり] (물고기와 물의 관계처럼 친밀한) 굳은 약속.

魚眼[ぎょがん] 어안; 물고기의 눈.

魚肉[ぎょにく] 어육; ①생선살. ②생선과 짐승 고기.

魚田[ぎょでん] 물고기를 꼬챙이에 꿰어 된장을 발라 구운 요리.

魚鳥[ぎょちょう] 어조; 물고기와 새.

魚族[ぎょぞく] 어족; 물고기의 무리.

魚拓[ぎょたく] 어탁; 물고기의 탁본.

魚板[ぎょばん] 어판; 나무로 만든 1m 가량의 잉어 모양의 목탁.

魚貝[ぎょばい] 어패; 어류와 조개류.

魚形[ぎょけい] 어형; 물고기 모양.

漁 고기잡을 어

氵 氵 氵 氵 汋 渔 渔 渔 漁

音 ◉ギョ ◉リョウ
訓 ⊗あさる ⊗すなどる

訓読

⊗**漁る❶**[あさる] 〈5他〉 ①고기잡이하다. 조개잡이 하다. 해산물을 따다. ②먹이를 찾아다니다. ③(손에 넣으려고) 뒤지고 다니다.
❷[すなどる] 〈5他〉 물고기와 조개를 잡다.

漁り❶[あさり/いさり] 고기잡이. 조개잡이. **❷**[すなどり] ①고기잡이. 조개잡이. ②어부.

漁り歩く[あさりあるく] 〈5他〉 ①(새나 짐승이) 먹이를 찾아 돌아다니다. ②(구하려고) 찾아 돌아다니다. 뒤지고 다니다.

音読

漁[りょう] ①고기잡이. 어로(漁撈). ②어획물.
漁する[ぎょする] 〈サ変他〉 ①고기잡이하다. 조개잡이하다. 해산물을 따다. ②(손에 넣으려고) 뒤지고 다니다.
漁家[ぎょか] 어가; 어부의 집.
漁歌[ぎょか] 어가; 어부들의 노래.
漁区[りょうく/ぎょく] 어구; 어업 구역.
漁具[ぎょぐ] 어구; 고기 잡는 도구.
漁期[りょうき/ぎょき] 어기; 물고기를 잡을 수 있는 기간. 어로기(漁撈期).
漁灯[ぎょとう] 어등; 어화(漁火). 고기잡이 불.
漁猟[ぎょりょう] 어렵; ①고기잡이와 사냥. ②어업(漁業).
漁労[ぎょろう] 어로; 고기잡이.
漁網[ぎょもう] 어망; 고기 잡는 그물.
漁民[ぎょみん] 어민; 고기잡이에 종사하는 사람.
漁法[ぎょほう] 어법; 어로 방법.
漁夫[ぎょふ] 어부; 고기잡이하는 사람.
2漁師[りょうし] 어부(漁夫). 고기 잡는 사람.
漁色[ぎょしょく] 어색; 여색(女色)을 탐함.
1漁船[ぎょせん/いさりぶね] 어선; 고기잡이 배.
2漁業[ぎょぎょう] 어업; 수산업(水産業).
漁場[りょうば/ぎょじょう] 어장; 고기잡이를 하는 곳. 고기가 잡히는 곳.
漁舟[ぎょしゅう] 어주; 고기잡이 배.
漁礁[ぎょしょう] 어초; 물고기가 많이 모이는 바다 속의 융기부(隆起部).
1漁村[ぎょそん] 어촌; 어부들의 마을.
漁港[ぎょこう] 어항; 주로 어선이 정박하는 항구.
漁協[ぎょきょう] 어협; '漁業協同組合'의 준말.
漁火[ぎょか/いさりび] 어화; 고기잡이 불.
漁況[ぎょきょう] 어황; 고기잡이 상황.
漁獲高[ぎょかくだか] 어획고; 어획량.

御 모실/제어할 어

彳 彳 彳 彳 彳 彳 彳 彳 徉 御

音 ◉ギョ ◉ゴ
訓 ◉おん ⊗お ⊗み

訓読

4⊗御❶[お/ご] 존경・공손・위안・동정・위로의 뜻을 나타냄. ❷[み] 존경이나 공손한 마음을 나타내는 말.
御伽[おとぎ] ①(신분이 높은 사람의) 말상대. ②(신분이 높은 사람의) 수청을 듦. 수청을 드는 여자.
御伽坊主[おとぎぼうず] (초상집에서) 밤을 새워 독경하는 중.
御伽話[おとぎばなし] ①옛날이야기. 동화. ②너무나 비현실적인 이야기.
御家[おいえ] ①귀댁. 대감댁. 영감댁. ②(봉건 시대의) 주군집. 주인집. ③명문가.
御家流[おいえりゅう] ①江戸(えど) 시대의 공문서의 서체. ②(향나무를 태워 그 냄새를 즐기던) 香道(こうどう)의 한 유파.
御家騒動[おいえそうどう] ①(大名(だいみょう) 집안의) 권력 상속 분쟁. ②내부 파벌 싸움.
御家芸[おいえげい] ①(歌舞伎(かぶき)・能(のう) 등에서) 그 집안에 전해 내려오는 독특한 기예(技芸). ②장기(長技). 단골 노래.
御歌[おうた] ①천황이 지은 和歌(わか). ②황족이 지은 和歌(わか).
御歌所[おうたどころ] 궁내성(宮内省)에 속하여 和歌(わか)에 관한 사무를 보는 곳.
御歌会[おうたかい] 궁중에서 열리는 和歌(わか)를 짓는 모임.
御強[おこわ] 팥을 섞은 찰밥.
御襁褓[おむつ] 기저귀.
御講[おこう] ①궁중에서의 불교 행사. ②불교인들의 모임.
御開き[おひらき] (모임・연회의) 폐회. 끝.
御見逸れ[おみそれ] (당연히 알았어야 할 사람을) 알아 모시지 못함.
御見限り[おみかぎり] 한동안 교제를 중단함. 단골집에 발길을 끊음.
御決(ま)り[おきまり] 상투적임. 늘 그렇게 함. 늘 정해져 있음.
御経[おきょう] ①불경(仏経). ②(일반적으로) 경서(経書).
御古[おふる] (남이 사용한) 낡은 것.
御告げ[おつげ] 신(神)의 계시.
御告げ文[おつげぶみ] 천황이 조상신(祖上神)에게 고하는 글.
御高い[おたかい] 〈形〉 교만하다. 자존심이 강하다. 거만하다.
御供え[おそなえ] ①신불(神仏)에게 바침. ②신불(神仏)에게 바치는 공물(供物).

御供え物[おそなえもの] 신불(神仏)에게 바치는 공물(供物).
御供え餠[おそなえもち] 신불(神仏)에게 바치는 2개의 떡.
御冠[おかんむり] 기분이 언짢음. 저기압임.
御館[みたち] ①(귀인의) 저택. ②(옛날) 国府(こくふ)의 청사. ③영주(領主)의 처소. ④영주(領主).
御交(じ)り[おまじり] 밥알이 섞인 미음.
御絞り[おしぼり] 물수건.
御構い[おかまい] ①대접. 접대. 향응. ②상관. 개의(介意).
御国❶[おくに] ①국가. 나라. ②(상대방·남의) 고향. ③시골. 지방. ④(江戸(えど) 시대에) 大名(だいみょう)의 높임말. ❷[みくに] (일본의 美称으로) 나라. 국가.
御国入り[おくにいり] (신분이 높은 사람이) 고향으로 감. 금의환향.
御国自慢[おくにじまん] 고향 자랑.
御国訛(り)[おくになまり] 시골 사투리.
御軍[みいくさ] 천황의 군대.
御宮[おみや] ①'神社(じんじゃ)'의 높임말. ②사건이 미궁에 빠짐.
御宮入り[おみやいり] 사건이 미궁에 빠짐.
御宮参り[おみやまいり] 神社(じんじゃ) 참배.
御亀[おかめ] ①'お多福(たふく)'의 탈. ②お多福(たふく)처럼 못생긴 여자. 추녀(醜女).
御亀蕎麦[おかめそば] 국물이 있는 메밀국수.
御亀饂飩[おかめうどん] 일본식 가락국수.
御勤め[おつとめ] ①근무. 근무처. 직업. ②의무. 의무적으로 하는 일. ③조석으로 올리는 중의 독경. ④화대(花代). 팁. ⑤손님에 대한 서비스.
御勤め品[おつとめひん] (서비스로 싸게 파는) 특가품. 사은품.
御金[おかね] 돈. 금전.
御気色[みけしき] (신분이 높은 사람의) 안색. 심기.
御納戸[おなんど] ①귀인의 옷가지나 일용품을 넣어 두는 방. ②'御納戸色'와 '御納戸役'의 준말.
御納戸色[おなんどいろ] 쥐색을 띤 남빛.
御納戸役[おなんどやく] (江戸(えど) 시대에) 귀인의 의복·일용품을 관리하던 벼슬.
御内[おんうち] 댁내(宅内). ＊편지 수신인 이름 아래쪽 옆에 기록하여 가족 전체에게 사용하는 말임.
御年玉[おとしだま] 세뱃돈. 새해 선물.
御達し[おたっし] 지시(指示). 명령.
御堂[みどう] ≪仏≫ 불당(仏堂).
御大[おんたい] 두목. 수령. 대장.
御大名[おだいみょう] ①'大名(だいみょう)'의 높임말. ②세상 물정에 어두운 사람. ③사치스러운 사람.
御代❶[おだい] 대금(代金). ＊'代金(だいきん)'의 공손한 말. ❷[みよ] 성대(聖代). ＊'천황의 치세(治世)'의 높임말.
御代(わ)り[おかわり] 추가로 더 먹는 음식.
御台盤所[みだいばんどころ] (옛날) 大臣(だいじん)이나 将軍(しょうぐん)의 부인.
御待ち兼ね[おまちかね] 이제나저제나 하고 기다리심. ＊제3자가 하는 말.
御待ち遠様[おまちどおさま] 오래 기다리게 해서 미안합니다.
御袋[おふくろ] 어머니. ＊성인 남자가 자기 어머니를 친근하게 부르는 말.
御跳ね[おはね] 말괄량이.
御得意[おとくい] ①장기(長技). 특기(特技). ②단골손님. 단골 거래처.
御灯[みあかし] 신불(神仏)에게 올리는 등불.
御歴歴[おれきれき] (신분이) 높은 분들. 명사(名士)들. 유지(有志)들.
御練り[おねり] ①大名(だいみょう)나 축제의 행렬. ②천천히 나아감. ③≪仏≫ 절에서의 행도(行道)의 행렬.
御簾[みす] ①(궁전·神社(じんじゃ)에서 쓰는) 테를 비단으로 두른 고운 발. ②'すだれ(발·문발)'의 공손한 말.
御零れ[おこぼれ] ①(남아서 돌아오는) 덕. 이익. 국물. ②나머지. 여분.
御霊[みたま/ごりょう] 영혼. 혼령. 넋.
御霊代[みたましろ] 신위(神位). 위패(位牌).
御霊屋[みたまや/おたまや] 사당(祠堂).
御礼[おれい] 사례. 사례 인사. 사례 선물.
御礼返し[おれいがえし] 답례. 답례품을 보냄.
御礼奉公[おれいぼうこう] 무보수 봉사.
御礼参り[おれいまいり] ①(소원 성취에 대한) 감사의 뜻으로 신불에 참배함. ②고발자에 대한 앙갚음.
御涙[おなみだ] ①눈물. ＊'涙(なみだ)'의 공손한 말. ②아주 적은 분량. 눈곱만큼.
御涙頂戴[おなみだちょうだい] (연극·영화에서) 관객의 눈물을 유도함. 최루(催涙).
御流れ[おながれ] ①어른한테서 받는 술잔. ②퇴물. ③예정된 일이 중지됨. 유회(流会)됨.

御稜威[みいつ] 천황의 위광(威光).
御里[おさと] ①친정. 생가(生家). ②경력. 이전의 신분. 본바탕.
御裏様[おうらさま] '裏方(うらかた/마님)'의 높임말.
御立ち[おたち] ①떠나심. 출발하심. ②(손님의) 일어나심. 돌아가심.
御摩り[おさすり] ①어루만짐. 쓰다듬음. ②식모를 겸한 첩.
御摩り医者[おさすりいしゃ] 환부를 쓰다듬기만 하는 돌팔이 의사.
御目[おめ] 눈. 보시는 눈. 안목(眼目).
御目覚[おめざ] ①잠에서 깸. ②잠잘 때 어린이에게 주는 과자.
御目見(え)[おめみえ] ①(윗사람을) 처음으로 뵘. 첫 대면함. ②(배우가 그 고장 손님에게) 첫 선을 보임. ③(새로운 것이) 첫 선을 보임. ④(고용인이 며칠 동안) 시험 삼아 일함.
御目見得[おめみえ] ☞ 御目見え
御目文字[おめもじ] 만나 뵘. ＊여자들이 편지에서 쓰는 말.
御目玉[おめだま] 꾸중. 야단.
御目出度い[おめでたい] 〈形〉 ①경사스럽다. ②어수룩하다. 모자라다.
御目出度う[おめでとう] 〈感〉 축하하다.
御墨付(き)[おすみつき] ①(옛날에) 将軍(しょうぐん)이나 大名(だいみょう)가 신하에게 주는 허가나 보증 문서. ②(권위 있는 사람의) 보증. 보증 문서.
御門違い[おかどちがい] ①(집이나 사람을) 잘못 찾아감. 번지수가 틀림. ②잘못 생각함. 잘못 짚음. 잘못 앎.
御民[みたみ] 신민(臣民).
御返し[おかえし] ①답례. 답례품. ②보복. 앙갚음. ③거스름돈.
御鉢[おはち] ①밥통. ＊'めしひつ'의 겸양어. ②분화구. 분화구 둘레.
御鉢巡り[おはちめぐり] 분화구의 둘레를 돎.
御髪[おぐし] 머리털. 머리카락. 머리. ＊'髪(かみ)の毛(け)'와 '頭(あたま)'의 겸양어.
御髪上げ[おぐしあげ] 머리를 땋아 드림.
御方❶[おかた] ①분. ＊'남'의 높임말. ②≪古≫ 부인. ＊'남의 아내'의 높임말. **❷**[おんかた] ①(귀인의) 거처. 처소. ②귀인(貴人).
御坊っちゃん[おぼっちゃん] ①도련님. ②고생을 모르고 자란 사람.
御百度[おひゃくど] ☞ 御百度参(り)
御百度参(り)[おひゃくどまいり] 소원 성취를 위해 백 번을 왕래하며 참배함.
御宝[おたから] ①돈. 금전. ②보물선 그림. ③보물. 보물처럼 귀중한 것. ④남의 아이를 칭찬하여 부르는 말.
御福[おふく] (神이 주신) 복.
御福分け[おふくわけ] 남에게서 받은 선물 일부를 다른 사람에게 나누어 줌.
御付き[おつき] (귀인의) 수행원. 시종.
御部屋[おへや] ①'部屋(へや)'의 높임말. ②(궁중에서) 'つぼね'의 아래에 속하는 궁녀. ③귀인의 첩. ④포주(抱主).
御部屋様[おへやさま] (江戸(えど) 시대에) 大名(だいみょう) 등 귀인의 첩.
御負け[おまけ] ①덤. ②경품(景品). 부록(附録). ③에누리. 할인.
御釜[おかま] ①'釜(かま/솥)'·'かまど(부뚜막)'의 겸양어. ②궁둥이. ③남색. 남창. ④하녀. ⑤화산의 분화구.
御仏名[おぶつみょう] ①불명(仏名); 법회(法会) 때 외는 불호(仏号). ②불명회(仏名会).
御払い[おはらい] ①'払い(지불)'의 높임말. ②대금의 지불. ③무용지물.
御払い物[おはらいもの] 폐품(廃品).
御仕着せ[おしきせ] ①(주인이 고용인에게) 철따라 옷을 해 입힘. ②(조직·단체에서) 위에서 정해짐. 일방적으로 계획됨. ③저녁 반주(飯酒).
御仕置き[おしおき] ①(어린이들에게 주는) 벌. 응징. ②≪古≫처형. 사형.
御寺さん[おてらさん] 스님.
御似まし[おにまし] 부모를 많이 닮음.
御使い[みつかい] 천사(天使).
御師[おし] ①(기도만 전문으로 하는) 신분이 낮은 중이나 신직(神職). ②伊勢神宮(いせじんぐう)의 신분이 낮은 신직(神職).
[2]**御辞儀**[おじぎ] ①머리 숙여 인사함. ②사양. 사퇴.
御山[おやま] 신앙의 대상이 되는 산. 영산(霊山).
御産[おさん] 출산. 분만. 해산(解産).
御薩[おさつ] 고구마. ＊여성어임.
御三[おさん] ☞ 御三どん
御三どん[おさんどん] 식모. 부엌데기.
御三時[おさんじ] 오후의 간식. ＊주로 여성이 어린이에게 쓰는 말.

御上[おかみ] ①천황. 조정(朝廷). ②정부. 관청. ③주군(主君). 주인. ④(상점의) 안주인.

御上さん[おかみさん] ①(상점 등의) 안주인. ②마누라. 여편네.

御上りさん[おのぼりさん] 서울 구경하러 온 시골뜨기.

御生❶[おなま] ①(궁중에서) 날생선. 생선회. ②건방짐. ＊여성어임. ③가공하지 않은 원래의 것. ④ ≪建≫ 흠이 없는 완전한 것. ❷[みあれ] (京都(きょうと)의 上賀茂神社(かみがもじんじゃ)에서) 5월 15일의 葵祭(あおいまつり) 전날 밤에 하는 축제.

御生憎様[おあいにくさま] (비꼬는 말로) 참 안됐군요. 미안하게 됐네요.

御釈迦[おしゃか] 불량품. 못쓰게 된 것.

御釈迦様[おしゃかさま] 부처님.

御先[おさき] ①앞. 먼저. ②장래. ③앞잡이.

御先棒[おさきぼう] ①'先棒(さきぼう)'의 높임말. ②(둘이서 물건을 어깨로 맬 때) 앞쪽의 사람.

御先者[おさきもの] (주제넘게 앞질러 행동하는) 경솔한 사람.

御先走り[おさきばしり] 주제넘은 짓. 주제넘은 짓을 하는 사람.

御先走る[おさきばしる] 〈5自〉 경솔하게 하다.

御先真っ暗[おさきまっくら] 장래가 암담함. 앞길이 캄캄함.

御膳[おぜん] 밥상. 상.

御膳立て[おぜんだて] ①밥상 차리기. ②준비. 채비.

御成り[おなり] (황족이나 将軍(しょうぐん) 등) 신분이 높은 분들의 행차.

御声掛かり[おこえがかり] (영향력 있는 사람의) 추천. 소개. 입김.

御星様[おほしさま] 별님.

御盛ん[おさかん] ①왕성함. 활발함. 대단함. 양호함. ②(비꼬는 말로) 남녀의 통정(通情)이 왕성함.

御世[みよ] 성대(聖代). ＊'천황의 치세(治世)'의 높임말.

御世辞[おせじ] 발림말. 겉치렛말.

御世話[おせわ] ('世話(せわ)'의 높임말로) ①보살핌. 시중듦. ②주선. 알선. 추천. 소개. ③신세. 폐. 번거로움.

御世話様[おせわさま] (자기를 위해) 수고하심.

御洒落❶[おしゃれ] ①멋을 부림. 모양을 냄. ②멋짐. 세련됨. ③멋쟁이. ❷[おしゃらく] ①(예스러운 말로) 멋을 냄. 멋쟁이. ② ≪古≫ 창녀. 매춘부.

御召し[おめし] 청하심. 부르심. 옷 입으심. 탈것에 타심. ＊'招(まね)く こと・呼(よ)ぶ こと・着(き)る こと・乗(の)る こと'의 존경어임.

御召し物[おめしもの] 옷. 의복. ＊남의 옷의 높임말임.

御召し列車[おめしれっしゃ] 천황・황후・황태자가 타는 특별 열차.

御召し替え[おめしかえ] ①(옷을) 갈아입으심. 갈아입으실 옷. ②(차를) 바꿔 타심. 바꿔 타실 차.

御召し縮緬[おめしちりめん] 바탕이 오글쪼글한 和服(わふく)용 견직물.

御焼[おやき] (여성어로) ①두부구이. ②팥소를 넣은 부침개 과자.

御手❶[おて] ①손. ＊'手(て)'의 존경어. ②(개의) 앞발을 들게 하는 재주. ③존필(尊筆). ❷[みて] 신(神)의 손.

御手の筋[おてのすじ] 잘 알아맞힘.

御手の物[おてのもの] ①현재 갖고 있는 것. ②장기(長技). 특기.

御手付き[おてつき] ①(歌(うた)がるた에서) 딱지를 잘못 집음. ②상전과 육체관계를 맺은 여자.

御手付け[おてつけ] ☞ 御手付き

御手上げ[おてあげ] 손을 듦. 끝장임. ＊항복할 때 손을 든다는 뜻에서.

御手洗(い)❶[おてあらい] 화장실. 변소. ❷[みたらし] ①(神社(じんじゃ)・절 입구에 마련한) 참배객들의 손과 입을 씻는 곳. ②손을 씻음.

御手手[おてて] 손. ＊어린이 용어임.

御手塩[おてしょ] 얕고 작은 접시.

御手玉[おてだま] ①(팥 등을 헝겊 주머니 속에 넣은) 공기. ②공기놀이. ③(야구에서) 공을 단번에 받지 못하고 글러브에서 두어 번 튀기다가 받는 공.

御手元[おてもと] ①'手元(てもと)'의 존경어. ②(식당에서) 소독한 젓가락.

御手元金[おてもときん] ('手元金(てもときん)'의 겸양어로) 수중에 있는 돈.

御手柔らかに[おてやわらかに] 살살. 부드럽게. 관대하게. 잘. ＊시합 전에 부탁하는 말임.

御手伝いさん[おてつだいさん] 가정부. 파출부.
御手前[おてまえ] ①기량. 솜씨. ②다도(茶道)의 예법. 솜씨. ③당신. 그대 귀공. *무사가 동배끼리 쓰던 말임.
御手の中[おてのなか] ①수중. 수중에 있는 것. ②솜씨.
御手許[おてもと] ☞ 御手元
御守り❶[おまもり] 부적(符籍). 호부(護符). ❷[おもり] ①(어린 아이를) 돌봄. 시중을 듦. ②돌보는 사람. 시중드는 사람.
御数[おかず] 반찬. 부식물.
御巡りさん[おまわりさん] 경찰 아저씨. 경비원 아저씨.
御膝元[おひざもと] ☞ 御膝下
御膝下[おひざもと] ①신분이 높은 분의 곁. ②수도(首都). 서울. ③권력이 직접 미치는 곳.
御拾い[おひろい] 걸으심. *(궁중에서) '歩(ある)く こと'의 존경어.
御湿り[おしめり] ①촉촉이 내리는 비. ②조금 오는 비.
御飾り[おかざり] ①신불(神仏) 앞에 둔 제물이나 장식물. ②(설날 현관에 다는) 장식용 금줄. ③명색뿐임.
御身[おんみ] ①(편지 등에서) 옥체(玉体). 존체(尊体). ②그대. 당신.
御神渡り[おみわたり] 호수가 얼고 며칠 후에 빙판이 크게 깨짐. *長野県(ながのけん)의 諏訪湖(すわこ)에서 자주 발생하는 현상으로서 제신(祭神)이 호수를 건너간 자국이라고 함.
御神楽[おかぐら] ①'神楽(かぐら)'의 존경어. ②단층집을 2층집으로 개축함. ③재(灰). 연기. 재티.
御神輿[おみこし] ①신을 모시는 가마. ②허리. 엉덩이. 궁둥이.
御神酒[おみき] ①제주(祭酒). 신(神)에게 올리는 술. ②술.
御尋ね者[おたずねもの] 지명 수배자.
御芽出度い[おめでたい] 〈形〉 ①경사스럽다. ②어수룩하다. 모자라다.
御芽出度う[おめでとう] 〈感〉 축하하다.
御岳[おんたけ] 長野県(ながのけん)・岐阜県(ぎふけん) 경계에 있는 화산.
御握り[おにぎり] 주먹밥. *여성어임.
御安い[おやすい] 〈形〉 용이하다. 간단하다. 쉽다.
御安くない[おやすくない] 〈形〉 (남녀가) 보통 사이가 아니다. 특별한 관계에 있다.
御眼鏡[おめがね] 감식(鑑識). 판정. *'鑑識(かんしき)・判定(はんてい)'의 존경어.
御愛想[おあいそ] ①('愛想(あいそ)'의 공손한 말로) 겉치레의 말. 빈말. 알랑거림. ②대접. 접대. 환대. ③(음식점 등의) 계산서.
御愛想笑い[おあいそわらい] 알랑거리는 웃음.
御嬢様[おじょうさま] ①따님. 영애(令愛). *남의 딸에 대한 존경어임. ②아가씨. ③고생을 모르고 자란 아가씨.
御御帯[おみおび] 띠. *'帯(おび)'의 존경어.
御御御付け[おみおつけ] 된장국. *'味噌汁(みそしる)'의 존경어.
御御足[おみあし] 발. *'足(あし)'의 존경어.
御言添え[おことぞえ] 조언(助言).
御役[おやく] ①역할. 임무. 직분. *'役目(やくめ)'의 존경어. ②(궁중에서) 월경(月経).
御役御免[おやくごめん] ①면직. 퇴직. ②사용하지 못하게 됨.
御葉漬け[おはづけ] 채소 잎의 소금절이. *'菜漬(なづけ)'의 미칭(美称).
御迎え[おむかえ] ①마중. 맞이함. ②신을 맞이함. 영신(迎神).
御影[みかげ] 어영; ①귀인의 모습. 귀인의 초상화. ②'御影石(みかげいし)'의 준말.
御影石[みかげいし] 화강암(花崗巖). *神戸市(こうべし) 御影(みかげ) 지방에 화강암이 많다는 데서 나온 말임.
御預け[おあずけ] ①보류. 유보(留保). ②(개 훈련에서) 먹이를 앞에 놓고 허락이 있을 때까지 먹지 못하게 함. ③(江戸(えど) 시대에) 大名(だいみょう) 등이 죄를 지어 다른 大名에게 유치되던 형벌.
御玉[おたま] ①달걀. ②'御玉杓子'의 준말.
御玉杓子[おたまじゃくし] ①《動》 올챙이. ②올챙이 모양의 국자. ③악보의 음표.
御腰[おこし] 속치마.
御運び[おはこび] 오심. 가심. *'来(く)る こと・行(い)く こと'의 존경어.
御園生[おそのう] 어원(御苑). *'園生(そのう)'의 존경어.
御月様[おつきさま] 달님.
御越し[おこし] 왕림. 행차(行次). *'来(く)る こと・行(い)く こと'의 존경어.

御偉方[おえらがた] 높으신 분들. 귀하신 분들. *약간 조롱하는 말임.
御慰み[おなぐさみ] ①(그때뿐인) 가벼운 재미. ②다행한 일.
御隠れ[おかくれ] 운명하심. 돌아가심. *'死(し)ぬ こと'의 존경어.
御陰[おかげ] ①덕분. 덕택. ②(神의) 가호(加護). ③탓. 때문.
御陰参り[おかげまいり] (江戸(えど) 시대에 크게 유행했던) 伊勢神宮(いせじんぐう) 참배를 위한 무전(無銭) 여행.
御人好し[おひとよし] 호인(好人). 어수룩함.
御引き立て[おひきたて] (윗사람이) 돌봐주심. *'引(ひ)き立(た)て'의 존경어.
御引き摺り[おひきずり] ①옷자락이 끌리게 만든 옷. 옷자락을 끄는 행위. ②칠칠치 못한 여자.
御忍び[おしのび] (신분이 높은 사람의) 미행(微行). *'忍(しの)び歩(ある)き'의 존경어.
御日待[おひまち] (정월에 농촌에서) 무엇을 기원하기 위해 부락민들이 모여 연회를 베풂.
御日様[おひさま] 해님.
御子[みこ] 천황의 자녀.
御の字[おんのじ] (예상보다 많아서) 감지덕지함.
御作り[おつくり] ①화장(化粧). ②생선회. *'刺身(さしみ)'의 존경어.
御酌[おしゃく] ①술을 따름. *'酌(しゃく)'의 공손한 말. ②작부(酌婦). ③동기(童妓).
御蚕[おかいこ] ① ≪虫≫ 누에. '蚕(かいこ)'의 미칭(美称). ②비단. 명주. 견직물.
御蚕包み[おかいこぐるみ] 온통 비단으로 휘감음. 사치스런 생활이나 환경.
御粧(し)[おめかし] 멋 부림. 모양냄. 곱게 꾸밈. 치장함.
御蔵[おくら] ①창고. ②발표를 보류함. 사장(死蔵)시킴.
御蔵入り[おくらいり] ①사용하지 않고 사장(死蔵)시킴. ②(공개하지 않고) 사장(死蔵)됨. 햇빛을 못 봄.
御帳[みちょう] 방장. *'帳(とばり)'의 존경어.
御摘み[おつまみ] ①간단한 마른안주. ②식사 전에 먹는 간단한 입매.
御積(も)り[おつもり] (술자리에서) 마지막 술잔. 종배(終杯).
御田[おでん] ①꼬치. ②산초나무 순과 된장을 두부에 발라 구운 요리.

²御前❶[おまえ] ①너. 자네. ②신불(神仏)이나 귀인의 앞. ❷[おんまえ] 어전; 신불(神仏)이나 귀인의 앞. ❸[ごぜん] 어전; 천황·将軍(しょうぐん)·大名(だいみょう)의 앞.
御前様❶[おまえさま] ①선조. 조상. ②자네. ③여보. 당신. *서민층에서 사용했던 말임. ❷[ごぜんさま] ①천황이나 将軍(しょうぐん)을 모시는 고관. ②고관들의 부인의 높임말.
御転婆[おてんば] 말괄량이. 왈가닥.
御煎[おせん] '御煎餅'의 준말.
御煎餅[おせんべい] 납작 과자.
御節[おせち] ☞ 御節料理
御節介[おせっかい] 쓸데없는 참견.
御節料理[おせちりょうり] 조림 요리.
御定まり[おさだまり] 상투적임. 판에 박은 듯함.
御祭り[おまつり] ①제사. 축제. ②낚싯줄이 남의 것과 서로 얽힘.
御祭り騒ぎ[おまつりさわぎ] ①축제 분위기. ②시끌시끌함. 몹시 소란스러움.
御題目[おだいもく] ①(法華経의) 제목. ②그럴듯한 주장.
御早う[おはよう] 잘 잤니. 안녕하세요.
御祖[みおや] 부모나 조상의 높임말.
御祖父さん[おじいさん] 할아버지.
御曹司[おんぞうし] (명문가의) 상속자.
御曹子[おんぞうし] ☞ 御曹司
御粗末[おそまつ] ①시시함. 시원치 않음. *'粗末(そまつ)'의 공손한 말. ②변변치 못함.
御粗末様[おそまつさま] (상대방에게 제공할 때 겸손한 말로) 변변치 못했습니다.
御釣り[おつり] 거스름돈. 잔돈.
御調子者[おちょうしもの] ①덜렁이. 줏대없는 사람. ②아첨꾼. 남의 비위나 맞추는 사람.
御座❶[おざ] ①좌석. 자리. *'座席(ざせき)'의 공손한 말. ②(浄土宗에서) 설교. ❷[ござ] 귀인의 자리.
御座敷[おざしき] ①객실. 손님방. *'座敷(ざしき)'의 공손한 말. ②(연예인의 입장에서) 술자리. 연회석.
御座敷列車[おざしきれっしゃ] (다다미를 깔고 TV 등을 설치한) 특별 열차.
御主[おぬし] 너. 자네. 임자.
御株[おかぶ] ①장기(長技). 특기. ②(그 사람 특유의) 버릇. 습관.

御昼[おひる] ①낮. ②점심. 점심 식사.

御酒❶[おさけ] ①술. ②청주(清酒). 정종. **❷**[みき] 신주(神酒). 제주(祭酒).

4**御中❶**[おなか] 배. 뱃속. 위장.

2**御中❷**[おんちゅう] (편지에서) 귀중(貴中). ＊단체나 회사명 아래에 붙이는 말임.

御重[おじゅう] 찬합. ＊'重箱(じゅうばこ)'의 공손한 말.

御汁[おつゆ] ①맑은 장국. 된장국. ②(국수 등의) 국물. ＊'汁(つゆ)'의 공손한 말.

御直り[おなおり] ①좋은 자리로 옮김. ②예정 기간보다 더 숙박함. ＊손님에게 하는 존경어임.

御次[おつぎ] ①다음. 다음 분. ②귀인의 거실의 곁방. ③'남의 집 하녀'의 높임말.

御茶[おちゃ] ①차. tea. ②잠깐의 휴식.

御茶菓子[おちゃがし] 차에 곁들이는 과자.

御茶挽き[おちゃひき] 손님이 없어 한가함. 한가한 기생.

御茶子[おちゃこ] (関西(かんさい) 지방의 극장이나 씨름판에서) 도시락이나 엽차 등을 나르는 여자 안내원.

御茶の子[おちゃのこ] ①차에 곁들이는 과자. ②아침 식사 전의 간단한 식사. ③식은 죽 먹기임. 아주 손쉬움.

御茶請け[おちゃうけ] 차에 곁들이는 과자 등의 입가심. ＊'茶請(ちゃうけ)'의 공손한 말.

御着き[おつき] 도착하심.

御札❶[おさつ] 종이돈. ＊'札(さつ)·紙幣(しへい)'의 공손한 말. **❷**[おふだ] 부적(符籍).

御参り[おまいり] 참배하러 감.

御倉[おくら] ①창고. ②발표를 보류함. 사장(死蔵)시킴.

御菜[おさい] 반찬. 부식물(副食物).

御天気[おてんき] ①날씨. 일기. ②좋은 날씨. 날씨가 갬.

御天気屋[おてんきや] 변덕쟁이. 기분파.

御天気者[おてんきもの] 변덕쟁이. 기분파.

御天道様[おてんとうさま] 해님. 태양.

御薦[おこも] 거지. ＊여성어임.

御初[おはつ] ①처음임. ②새 옷. ③만물. 첫물.

御初穂[おはつほ] ①그 해에 맨 먼저 익은 벼이삭. ＊'初穂(はつほ)'의 높임말. ②(神仏이나 조정에 바치는) 농산물의 첫 수확.

御草草様[おそうそうさま] 변변치 못했습니다. ＊손님을 접대한 후에 하는 주인 측의 인사말.

御酢文字[おすもじ] (궁중에서) 초밥.

御触れ[おふれ] (관청 등의) 공고(公告).

御触書[おふれがき] (江戸(えど) 시대에) 일반 백성에게 알리는 공고문.

御出来[おでき] 부스럼. 종기.

御出入り[おでいり] (평소에 은혜를 입고 있는 집에) 단골로 출입함.

御出子[おでこ] ①이마가 나옴. ②이마.

御出座し[おでまし] 행차하심.

御側[おそば] ①곁. ＊'側(そば)'의 존경어. ②주군이나 주인의 곁. ③측근의 신하.

御側去らず[おそばさらず] 주군(主君)의 신임이 두터운 신하.

御側付き[おそばづき] 주군(主君)을 가까이 모시는 신하.

御厠[おかわ] (어린이·환자용의) 타원형의 변기.

御七夜[おしちや] ①첫 이레. ＊아기를 낳은 지 7일째 되는 날 밤. 또는 그 축하. ②(真宗에서) 조사(祖師)의 기일(忌日)에 베푸는 법회.

御浸し[おひたし] 나물무침. ＊'浸物(ひたしもの)'의 공손한 말.

御寝る[およる] 〈4自〉 주무시다.

御陀仏[おだぶつ] ①죽음. ②(일이) 허사가 됨. 수포로 돌아감.

御弾き[おはじき] 구슬치기.

御太鼓[おたいこ] ①북의 몸통처럼 불룩하게 허리띠를 매는 법. ②환심을 사기 위해 알찐거림. 아첨하며 비위를 맞춤.

御宅[おたく] ①댁. ＊상대방의 '가정, 집'의 높임말. ②댁의 회사. ③댁의 바깥주인. ＊상대방 남편의 높임말.

御土砂[おどしゃ] (시체를 납관하기 전에 뿌리는) 깨끗한 모래.

御土産[おみやげ] ①여행 기념 선물. ②남의 집을 방문할 때의 선물.

御通し[おとおし] (요릿집에서) 주문한 요리에 앞서 나오는 간단한 안주.

御通り[おとおり] (귀인의) 행차. 지나가심.

御通夜[おつや] 상가(喪家)에서의 밤샘. ＊'通夜(つや)'의 공손한 말.

御八つ[おやつ] 오후의 간식.

御平[おひら] 운두가 낮고 넓적하며 뚜껑이 있는 공기.

御平らに[おたいらに] 편히 앉으십시오.

御包(み)[おくるみ] (아기의) 포대기. 강보.

御布施[おふせ] 시주. 보시(布施). *'布施(ふせ)'의 공손한 말.
御抱え[おかかえ] (전속으로) 고용함.
御披露目[おひろめ] ①피로연. ②(연예인·기생 등이) 그 고장에서 첫 선을 보이는 인사.
御筆先[おふでさき] 신(神)의 계시(啓示)를 받은 말.
御下[おしも] 대소변(大小便).
御下がり[おさがり] ①제사를 지낸 제사상의 음식. ②손님상 등의 남은 음식. ③(윗사람의) 퇴물림. ④설날 3일 동안 내리는 비나 눈. *풍년의 징조로 여겼음.
御下げ[おさげ] ①(소녀의) 땋아 늘어뜨린 머리. ②(일본 옷에서) おび를 매고 양끝을 같은 길이로 늘어뜨려 매는 법.
御下地[おしたじ] '간장'의 미칭.
御河童[おかっぱ] (여자아이의) 단발머리.
御河童頭[おかっぱあたま] 단발머리.
御寒い[おさむい] 〈形〉 ①춥다. *'寒(さむ)い'의 공손한 말. ②빈약하다. 한심스럽다.
御合[おあい] 대작자(対酌者). 마주 대하여 술을 마시는 사람.
御行[おぎょう] ≪植≫ 떡쑥.
御許[おもと] ①(여성의 편지에서 받는 이의 이름 곁에 쓰는 말로서) 곁. ② ≪古≫ 당신. 그대.
御形[おぎょう] ≪植≫ 떡쑥.
御互い[おたがい] 서로. 피차(彼此). '互(たが)い'의 공손한 말.
御互い様[おたがいさま] 피차일반. 피장파장.
御好み[おこのみ] (상대방의) 기호. *'好(この)み'의 공손한 말.
御好み焼(き)[おこのみやき] 부침개.
御好み食堂[おこのみしょくどう] 자기 기호대로 일품(一品) 요리를 주문해서 먹을 수 있게 된 식당.
御呼び立て[およびたて] 사람을 불러냄.
御虎子[おまる] 변기. 요강.
御化け[おばけ] ①도깨비. ②이상할 정도로 큰 것. 굉장히 큰 것.
御花[おはな] ①꽃. *'花(はな)'의 미칭(美称). ②꽃꽂이.
御花畑[おはなばたけ] (高山地帯에서) 고산식물이 많이 자란 곳.
御話[おはなし] ①말씀. 이야기. *'話(はなし)'의 공손한 말. ②꾸며낸 말. 만들어 낸 이야기.
御話中[おはなしちゅう] ①말씀 도중. 이야기 도중. ②(전화에서) 통화중.
御休み[おやすみ] ①잘 자라. 안녕히 주무십시오. *'御休みなさい(おやすみなさい)'의 준말. ②쉼. 잠을 잠. ③결근. 휴가. 휴업.
御姫様[おひめさま] 공주님.

音読

御[ぎょ] 마부(馬夫).
御す[ぎょす] ☞ 御する
御する[ぎょする] 〈サ変自〉 곁에서 섬기다. 모시다. 〈サ変他〉 ①(말·차를) 부리다. ②(사람을) 부리다. 다루다. ③다스리다. 통치하다.
御家人[ごけにん] ①(鎌倉(かまくら)·室町(むろまち) 시대에) 将軍(しょうぐん)과 주종 관계에 있는 무사(武士). ②(江戸(えど) 시대에) 将軍(しょうぐん) 직속의 하급 무사.
御苦労[ごくろう] ①수고. ②(비웃는 말로) 헛수고. 헛일.
御苦労様[ごくろうさま] 수고하십니다. 수고하셨습니다.
御難[ごなん] ①재난. 고난. *'災難(さいなん)·困難(こんなん)'의 높임말. ②비난. 난점. *'非難(ひなん)·難点(なんてん)'의 높임말.
御多分[ごたぶん] ¶ ~にもれず 예외 없이. 역시. 남들처럼.
御大層[ごたいそう] (비꼬는 말로) 거창함. 굉장함. 어마어마함.
御都合主義[ごつごうしゅぎ] 적당주의. 편의주의. 기회주의.
[2]御覧[ごらん] ①보심. *'見(み)る'의 높임말. ②보렴. 보아요.
御来光[ごらいこう] 높은 산에서 보는 장엄한 해돋이의 광경.
御来迎[ごらいごう] ①높은 산에서 보는 장엄한 해돋이의 광경. ② ≪仏≫ 내영. 브로켄 현상.
御領[ごりょう] 영지(領地). *'領地(りょうち)'의 높임말.
御料[ごりょう] ①황실의 재산. ②귀인이 쓰는 기물·식료품·의복.
御料林[ごりょうりん] 황실의 소유림.
御料所[ごりょうしょ] ①황실 소유지. ②(옛날) 幕府(ばくふ)나 大名(だいみょう)의 직할령.
御料地[ごりょうち] 황실 소유지.
御料車[ごりょうしゃ] 황족의 자동차.
御寮[ごりょう] ①새댁. 색시. ②'御寮人'의 준말.

御寮人[ごりょうにん] ≪関西≫ 새댁. 색시. 아씨.

御利益[ごりやく] 신불(神仏)의 은혜・영험・혜택.

2**御免**[ごめん] ①면직(免職). *'免職(めんしょく)・免官(めんかん)'의 높임말. ②용서. ③(거절의 뜻으로) 사양함. 싫음. ④공인(公認). *'免許(めんきょ)'의 높임말.

御面相[ごめんそう] 면상. 얼굴. *차마 볼 수 없는 얼굴 모양이나 표정.

御名御璽[ぎょめいぎょじ] 천황의 서명 날인.

2**御無沙汰**[ごぶさた] 격조(隔阻)함. 무소식임.

御無事[ごぶじ] ①무사하심. 안녕하심. ②우둔함.

御無用[ごむよう] ①필요 없음. *'無用(むよう)'의 높임말. ②구걸 등을 거절할 때 하는 말.

御物[ぎょぶつ] 황실의 소장품.

4**御飯**[ごはん] 진지. 식사. 밥. *'飯(めし)・食事(しょくじ)'의 높임말.

御飯粒[ごはんつぶ] 밥알.

御飯炊き[ごはんたき] ①밥을 지음. ②밥 짓는 사람.

御飯蒸し[ごはんむし] 찜통.

御法度[ごはっと] 금지된 일. *'法度(はっと)'의 높임말.

御不浄[ごふじょう] 화장실. *'便所(べんじょ)'의 완곡한 표현.

御府内[ごふない] (江戸(えど) 시대에) 江戸(えど)의 구역 내.

御膳[ごぜん] ①진짓상. ②진지.

御膳炊き[ごぜんたき] 밥을 지음.

御膳蕎麦[ごぜんそば] 고급 메밀국수.

御膳汁粉[ごぜんじるこ] 단팥죽.

御神灯[ごしんとう] ①신불(神仏)에게 바치는 등명(灯明). ②(匠人 집이나 妓楼에서) 재수 좋으라고 달던 초롱.

御新さん[ごしんさん] '御新造さん(ごしんぞうさん)'의 준말.

御新造さん[ごしんぞうさん] 부인. 마님. 영부인.

御挨拶[ごあいさつ] ①인사. 인사말. *'挨拶(あいさつ)'의 높임말. ②뜻밖의 말. 어처구니없는 말.

御詠[ぎょえい] 황족이 짓는 시가(詩歌).

2**御用**[ごよう] ①볼일. 용건. ②(궁중・관청의) 사무. ③(옛날) 어명(御名). 관명(官命)으로 범인을 체포함. ④어용; 권력자에게 아부하고 자주성이 없음.

御用納め[ごようおさめ] (관공서의) 종무식(終務式). *12월 28일 그 해의 일을 끝내는 일.

御用達し[ごようたし] 관청에 납품. 납품업자.

御用聞き[ごようきき] ①단골집 주문을 받으러 돌아다님. ②(江戸(えど) 시대에) 범인의 수사나 체포를 돕는 사람.

御用商人[ごようしょうにん] (궁중이나 관청에) 납품하는 사람.

御用始め[ごようはじめ] (관공서의) 시무식(始務式). *1월 4일 새해 처음으로 사무를 시작함.

御用邸[ごようてい] 황실의 별장.

御苑[ぎょえん] 어원; 황실 소유의 정원.

御遊[ぎょゆう] ①신분이 높은 사람의 놀이. ②궁중에서 열리는 관현(管絃)의 놀이.

御意[ぎょい] ①존의(尊意). ②분부. 지시. 명령. ③말씀하신 대로.

御衣[ぎょい] 어의; 임금이 입는 옷.

御仁[ごじん] ①분. 양반. ②(깔보거나 농담으로) 양반.

御一新[ごいっしん] 明治(めいじ)의 신정(新政).

御者[ぎょしゃ] 마부(馬夫).

御自身[ごじしん] (신분이 높은) 자신. 당사자.

御前❶[ごぜん] 어전; 천황将軍(しょうぐん)・大名(だいみょう)의 앞. ❷[おまえ] ①너. 자네. ②신불(神仏)이나 귀인의 앞. ❸[おんまえ] 어전; 신불(神仏)이나 귀인의 앞.

御前様❶[ごぜんさま] ①천황이나 将軍(しょうぐん)을 모시는 고관. ②고관들의 부인의 높임말. ❷[おまえさま] ①선조. 조상. ②자네. ③여보. 당신. *서민층에서 사용했던 말임.

御殿[ごてん] ①궁전. 대궐. ②귀인의 저택. ③호화로운 저택.

御題[ぎょだい] 어제; ①왕이 쓴 제자(題字). ②왕이 낸 시가(詩歌)의 제목.

御足労[ごそくろう] 일부러 오시게 함. 일부러 가시게 함.

御存じ[ごぞんじ] 잘 아심. 알고 계심.

御座❶[ござ] 귀인의 자리. ❷[おざ] ①좌석. 자리. *'座席(ざせき)'의 공손한 말. ②(浄土宗에서) 설교.

御座います[ございます] 있사옵니다. *'あります'의 공손한 말.

御座る[ござる] 〈5自〉 ①오시다. 가시다. 계시다. ②있다. *'ある'의 공손한 말. ③부패하다. 상하다. ④배가 고프다. 시장하다. ⑤흠모하다. 연정을 품다.
御座船[ござぶね] ①천황·귀인이 타는 배. ②지붕을 얹은 놀잇배.
御座候う[ござそうろう] ≪古≫ …이옵니다. 있사옵니다.
御真影[ごしんえい] 천황 부부의 사진.
[2]**御馳走**[ごちそう] ①진수성찬. 맛있는 음식. ②(후한) 대접.
[2]**御馳走様**[ごちそうさま] ①맛있게 잘 먹었습니다. ②기분 좋으시겠습니다. 잘 들었습니다. *남녀 간에 사이좋게 지내는 것을 보았거나 정사(情事) 이야기를 들었을 때의 놀림 말임.
御託宣[ごたくせん] ①신탁(神託). 신의 계시. *'託宣(たくせん)'의 높임말. ②(다른 사람이 내린) 명령·판단. *빈정대는 말임.
御破算[ごはさん] ①(주산을 다시 시작할 때의) 떨기. ②일을 백지화(白紙化)함.
御幣[ごへい] (神官이 사용하는) 흰 종이나 천을 꽂은 막대기. 신장(神将)대.
御幣担ぎ[ごへいかつぎ] 미신을 믿음.
御幣餅[ごへいもち] 멥쌀로 만든 떡.

語 말씀 어
言 言 言 訂 訂 訮 語 語 語 語

音 ◉ゴ
訓 ◉かたらう ◉かたる

訓読

◉**語らう**[かたらう] 〈5他〉 ①(여럿이서) 말을 주고받다. 이야기하다. ②설득하여 끌어들이다. 규합하다. ③교제하다. ④사랑을 약속하다. 언약하다.
語らい[かたらい] ①(여럿이서) 대화함. 말을 주고받음. ②(남녀간의) 약속. 맹세.
[2]◉**語る**[かたる] 〈5他〉 ①(들으려고 하는 사람에게 정리된 내용을) 이야기하다. 말하다. ②(어떤 사정을) 스스로 말하다. 잘 설명하다. ③(浄瑠璃(じょうるり)·浪曲(ろうきょく) 등에서) 가락을 붙여 읊다.
語り[かたり] ①대화. 이야기. ②(能(のう)·狂言(きょうげん)에서) 낭송(朗誦). ③(라디오·TV에서) 낭독. 해설.
語り継ぐ[かたりつぐ] 〈5他〉 말로 전해 내려가다. 구전(口伝)하다.
語り口[かたりくち] ①어조. 말투. ②이야기의 실마리.
語り明かす[かたりあかす] 〈5他〉 이야기로 밤을 새우다. 밤새도록 이야기하다.
語り物[かたりもの] 가락을 붙여 악기에 맞추어 들려주는 이야기. *浄瑠璃(じょうるり)·浪花節(なにわぶし) 등을 말함.
語部[かたりべ] (문자가 없던 고대에) 大和(やまと) 조정에 출사하여 고사·전설 등을 이야기하는 것을 업으로 삼던 사람.
語り手[かたりて] ①이야기꾼. ②낭독자. 해설자. 내레이터.
語り伝える[かたりつたえる] 〈下1他〉 이야기하여 전하다. 구전(口伝)하다.
語り種[かたりぐさ] 이야깃거리. 화젯거리.
語り草[かたりぐさ] 이야깃거리. 화젯거리.
語り合う[かたりあう] 〈5他〉 ①서로 이야기를 나누다. 대화를 하다. ②의논하다. 상의하다.

音読

[2]**語**[ご] ①말. 이야기. ②낱말. 단어. ③(하나의 언어 체계를 나타내는) …어.
語幹[ごかん] 어간; 용언에서 활용하지 않는 부분.
語感[ごかん] 어감; ①어떤 말이 지닌 독특한 느낌. ②말에 대한 감각.
[1]**語句**[ごく] 어구; 말의 구절(句節).
語根[ごこん] ≪語学≫ 어근.
語気[ごき] 어기; 말투. 어조(語調).
語頭[ごとう] 어두; 낱말 머리.
語呂[ごろ] 어조(語調).
語呂合(わ)せ[ごろあわせ] 말장난. 재담(才談).
語路[ごろ] 어조(語調).
語録[ごろく] 어록; 뛰어난 인물의 명언집.
語尾[ごび] 어미; ①말끝. ②≪語学≫ 활용어미. ③낱말의 끝음절.
語法[ごほう] 어법; ①말의 법칙. 문법(文法). ②문장이나 언어의 표현 방법.
語釈[ごしゃく] 어석; 어구 해석.
語勢[ごせい] 어세; 어조(語調).
語順[ごじゅん] 어순; ①말이 글귀 가운데서 차지하는 위치나 순서. ②표제어의 배열순서.
[1]**語原**[ごげん] ☞ 語源
[1]**語源**[ごげん] 어원; 단어가 성립된 근원.
語意[ごい] 어의; 말의 뜻.

語義[ごぎ] 어의; 말의 뜻.
語調[ごちょう] 어조; 말투.
語族[ごぞく] 《語学》 어족.
語弊[ごへい] 어폐; 오해를 받기 쉬운 말. 말의 사용이 적절하지 못하여 생기는 폐단.
[2]**語学**[ごがく] 어학; ①언어학. ②외국어 학습.
語形[ごけい] 《語学》 어형; 언어의 형태.
語彙[ごい] 어휘; 어떤 범위에 사용되는 말의 총체.

於 어조사 어	音 ⊗オ 訓 ⊗おいて ⊗おける

訓読
⊗**於いて**[おいて] ①(장소와 시간에 접속하여) …에 있어서. …에서. ②(사물·인물에) …에 관하여. …에 있어서. …으로.
⊗**於ける**[おける] ①(장소와 상태에 접속하여) …에 있어서. …의 경우에. …에서의. …중(中)의. ②…의 …에 대한 관계.

禦 막을 어	音 ⊗ギョ 訓 ⊗ふせぐ

訓読
⊗**禦ぐ**[ふせぐ] 〈5他〉 ①(적·도둑 등을) 막다. 방어하다. ②(재해 등을) 막다. 방지하다.
⊗**禦ぎ**[ふせぎ] 방어(防禦). 방지(防止).
音読
◑**防禦**[[ぼうぎょ], **制禦**[せいぎょ]

〔억〕

抑 누를 억
一 扌 扌 扌 扌 抑 抑

音 ◉ヨク
訓 ◉おさえる

訓読
[2]◉**抑える**[おさえる] 〈下1他〉 ①(더 이상 확대되지 않도록) 억제하다. 진정시키다. ②(감정을) 참다. 억제하다. 죽이다. ③(요점을) 파악하다.
抑え[おさえ] 지배력. 통솔력. 통제력.
抑え付ける[おさえつける] 〈下1他〉 억누르다. 억압하다.
⊗**抑**[そもそも] ①처음. 시작. ②무릇. 대개.
音読
抑留[よくりゅう] 억류; 자유를 구속하여 억지로 붙잡아 둠.
[1]**抑圧**[よくあつ] 억압; 억누름. 억제함.
抑揚[よくよう] 억양; 음조나 말의 고저(高低)와 강약(強弱).
抑揚頓挫[よくようどんざ] 억양의 변화.
[1]**抑制**[よくせい] 억제; 억눌러서 통제함.
抑止[よくし] 억지; 억눌러서 제지함.
抑止力[よくしりょく] 억지력.

億 억 억
亻 亻 亻 亻 倍 倍 偣 億 億

音 ◉オク
訓 —

音読
[2]**億**[おく] (숫자의) 억; 1만의 1만 배.
億カン[おくカン] 골프 회원권의 시세가 1억 엔 이상의 골프 코스.
億ション[おくション] 평당(坪當) 1억 엔 단위 시세의 고급 맨션아파트.
億劫❶[おっくう] 귀찮음. 내키지 않음. ❷[おっこう] 억겁; ①대단히 긴 세월. ②대단히 수효가 많음. ③귀찮음.
億劫がる[おっくうがる] 〈5自〉 귀찮아하다.
億万[おくまん] 억만; 엄청나게 많음.
億万長者[おくまんちょうじゃ] 억만장자.
億兆[おくちょう] 억조; ①무한대로 큰 수. ②온 백성. 만민.

憶 생각할 억
忄 忄 忄 忄 忄 忄 愔 愔 憶 憶

音 ◉オク
訓 —

音読
憶念[おくねん] 억념; 마음에 깊이 새겨 언제까지고 잊지 않음.
憶断[おくだん] 억단; 억측에 의한 판단.
憶想[おくそう] 억상; 제멋대로 상상함.
憶説[おくせつ] 억설; 근거와 이유가 없는 억측의 말.
憶測[おくそく] 억측; 지레짐작.

臆 가슴/뜻 억	音 ⊗オク 訓 —

音読

臆する[おくする] 〈サ変自〉 (주눅이 들어) 겁내다. 주저주저하다. 두려워하다.
臆断[おくだん] 억단; 억측에 의한 판단.
臆面[おくめん] 망설임. 주저함.
1**臆病**[おくびょう] 겁쟁이. 겁이 많음.
臆病神[おくびょうがみ] 겁을 준다는 귀신.
臆説[おくせつ] 억설; 근거와 이유가 없는 억측의 말.
臆測[おくそく] 억측; 지레짐작.

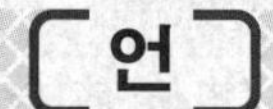

言 말씀 언
一 二 三 亖 言 言 言

音 ◉ゲン ◉ゴン
訓 ◉いう ◉こと

訓読

4◉**言う**[いう] 〈5他〉 ①말하다. 지껄이다. ②…(라고) 하다. 〈5自〉 소리가 나다. 소리가 들리다.
言うならく[いうならく] (사람들이) 말하기로는.
言うなり[いうなり] 하라는 대로.
言うなれば[いうなれば] 말하자면.
言いくるめる[いいくるめる] 〈下1他〉 (감언이설로) 그럴 듯하게 속이다. 구슬리다. 말로 구워삶다.
言いけらく[いいけらく] 가로되. 말하기를.
言いこしらえる[いいこしらえる] 〈下1他〉 꾸며대어 말하다. 그럴 듯하게 꾸며대다.
言いこなす[いいこなす] 〈5他〉 ①쉽게 표현하다. ②헐뜯다. 나쁘게 말하다.
言いさす[いいさす] 〈5他〉 말하다가 그만두다.
言いそそくれる[いいそそくれる] 〈下1他〉 말할 기회를 놓쳐 말을 못하고 말다.
言いそびれる[いいそびれる] 〈下1他〉 말할 기회를 놓쳐 말을 못하고 말다.
言いなり[いいなり] 하라는 대로.
言いはやす[いいはやす] 〈5他〉 ①(이러쿵저러쿵) 떠들어대다. 지껄여대다. ②야유하다.
言いもつれる[いいもつれる] 〈下1自〉 ①말을 더듬다. ②입씨름하다. 언쟁하다.
言(い)甲斐[いいがい] 말한 보람. 말할 가치.
言(い)開き[いいひらき] 변명. 해명.
言い開く[いいひらく] 〈5他〉 변명하다. 해명하다. 이유를 설명하다.
言い遣る[いいやる] 〈5他〉 말을 전하다.
言い兼ねる[いいかねる] 〈下1他〉 (차마) 말을 할 수가 없다. 말하기가 거북하다.
言(い)継ぎ[いいつぎ] ①전갈. 전언(伝言). ②구전(口伝). 전승(伝承). ③ ≪古≫ 주선인.
言い継ぐ[いいつぐ] 〈5他〉 ①말을 잇다. 앞의 말에 이어서 말하다. ②말을 전하다. ③입으로 전해 내려오다.
言い古す[いいふるす] 〈5他〉 많이 들어오다.
言い固める[いいかためる] 〈下1他〉 굳게 언약하다. 확약하다.
言(い)過ぎ[いいすぎ] 말이 지나침. 지나친 말.
言い過ぎる[いいすぎる] 〈上1他〉 말이 지나치다. 지나치게 말하다.
言(い)過(ご)し[いいすごし] 과언(過言). 실언(失言).
言い過ごす[いいすごす] 〈5他〉 과언하다. 실언(失言)하다.
言(い)慣(わ)し[いいならわし] (옛날부터) 전승되어 온 말·관습.
言い慣わす[いいならわす] 〈5他〉 ①(옛날부터 관습적으로) 늘 일컫다. 전해 오다. ②입버릇처럼 말하다. 늘 말하다.
言い広める[いいひろめる] 〈下1他〉 말을 퍼뜨리다. 선전하다.
言(い)掛(か)り[いいがかり] ①트집. 생트집. 시비. ②말을 꺼낸 전후 관계.
言(い)掛(か)り上[いいがかりじょう] 말을 꺼낸 이상.
言(い)掛け[いいかけ] ①말을 걺. 말을 시작함. 말을 하다가 맒. ②트집을 잡음. 시비를 걺. ③ ≪文学≫ (발음이 같음을 이용하여) 한 말을 두 가지 의미로 사용함. 엇건말.
言い掛ける[いいかける] 〈下1他〉 ①말을 걸다. 말을 시작하다. ②말을 꺼내다. ③말을 하다가 말다. ④ ≪文学≫ (발음이 같음을 이용하여) 한 말을 두 가지 의미로 사용하다. 엇건말을 쓰다.
言い交わす[いいかわす] 〈5他〉 ①말을 주고받다. ②(당사자끼리) 결혼을 약속하다.

言い捲る[いいまくる] 〈5他〉 (혼자서만) 마구 지껄여대다. 줄곧 떠들어대다.

言い及ぶ[いいおよぶ] 〈5自〉 언급되다. 다른 화제에까지 미치다.

言い寄る[いいよる] 〈5自〉 ①말을 걸며 접근하다. ②사랑을 호소하다. 구애(求愛)하다.

言い難い❶[いいがたい] 〈形〉 말하기 거북하다. 말할 수 없다. ❷[いいにくい] 〈形〉 ①발음하기가 어렵다. ②말하기 거북하다.

言い当てる[いいあてる] 〈下1他〉 (짐작해서) 알아맞히다.

言い逃れ[いいのがれ] 발뺌. 핑계를 대며 회피함. 둘러댐.

言い逃れる[いいのがれる] 〈下1他〉 발뺌하다. 핑계를 대며 회피하다. 둘러대다.

言(い)渡し[いいわたし] 언도; ①명령. 통고. ②≪法≫ 선고(宣告).

言い渡す[いいわたす] 〈5他〉 ①(구두로) 통고하다. 알리다. ②언도하다. 선고하다.

言い落とす[いいおとす] 〈5他〉 빠뜨리고 말하다. 할 말을 빠뜨리다.

言(い)来(た)り[いいきたり] 구전(口伝).

言い縺れる[いいもつれる] 〈下1自〉 ①말을 더듬다. ②입씨름하다. 언쟁하다.

言い籠める[いいこめる] 〈下1他〉 말로 꼼짝 못하게 하다. 설복하다.

言い漏らす[いいもらす] 〈5他〉 ①빠뜨리고 말하다. 할 말을 빠뜨리다. ②(비밀을) 누설하다.

言(い)立て[いいたて] ①강조. 주장. 내세워 말하기. ②구실. 핑계.

言い立てる[いいたてる] 〈下1他〉 ①강조하다. 주장하다. 내세워 말하다. ②아뢰다. 여쭙다. 말씀드리다.

言い明かす[いいあかす] 〈5他〉 밤새워 이야기하다. 이야기로 밤을 지새우다.

言い募る[いいつのる] 〈5他〉 (점점 더) 말을 심하게 하다. 말을 격하게 하다.

言い暮らす[いいくらす] 〈5他〉 (늘) 같은 말만하며 지내다.

言い聞かす[いいきかす] 〈5他〉 타이르다. 설득하다. 알아듣게 말하다.

言い聞かせる[いいきかせる] 〈下1他〉 타이르다. 설득하다. 알아듣게 말하다.

言い返す[いいかえす] 〈5他〉 되풀이해 말하다. 〈5自〉 말대꾸하다. 말대답하다. 항변하다.

言(い)抜け[いいぬけ] 발뺌. 둘러댐. 핑계를 대며 회피함.

言い抜ける[いいぬける] 〈下1他〉 발뺌하다. 핑계를 대며 회피하다. 둘러대다.

言い方[いいかた] ①말투. 말씨. ②표현.

言いっ放し[いいっぱなし] 행동의 뒷받침이 없이 말만 해 버림.

言い放す[いいはなす] 〈5他〉 (상대를) 말로 해서 물리치다. 떼어놓다.

言い放つ[いいはなつ] 〈5他〉 ①함부로 말하다. 지껄이다. ②딱 잘라 말하다. 단언하다.

言い白ける[いいしらける] 〈下1自〉 ①말이 싱거워지다. 말의 김이 빠지다. ② ≪古≫ 이야기가 끊어지다.

言い伏せる[いいふせる] 〈下1他〉 말로 꼼짝 못하게 하다. 설복시키다.

言い付かる[いいつかる] 〈5他〉 분부 받다. 지시받다. 명령을 받다.

言(い)付け[いいつけ] ①분부. 명령. ②고자질. 일러바침.

2**言い付ける**[いいつける] 〈下1他〉 ①분부하다. 명령하다. 시키다. ②고자질하다. 일러바치다. ③(늘) 입버릇처럼 말하다.

言(い)付(け)口[いいつけぐち] 고자질.

言い負かす[いいまかす] 〈5他〉 말로 꼼짝 못하게 하다. 설복시키다.

言い腐す[いいくさす] 〈5他〉 헐뜯다. 나쁘게 말하다. 말로 깎아내리다.

言い分[いいぶん] ①할말. 주장하고 싶은 말. ②불평. 불만.

言い分け[いいわけ] 변명. 구실. 핑계.

言い分ける[いいわける] 〈下1他〉 (적절하게) 말을 가려서 하다.

言い紛らす[いいまぎらす] 〈5他〉 ①얼버무려 말하다. ②남의 이야기에 끼어들어 혼란하게 만들다.

言(い)捨て[いいすて] ①(대꾸를 기대하지 않고) 해 보는 말. 흘려버리는 말. 내뱉는 말. ②즉흥 俳句(はいく). 종이에 쓰지 않는 즉흥작.

言い捨てる[いいすてる] 〈下1他〉 ①(대꾸를 기대하지 않고) 말을 내뱉다. ②(連歌(れんが) 등에서) 즉흥적으로 읊기만 하고 종이에 기록하지 않다.

言い散らす[いいちらす] 〈5他〉 ①함부로 말하다. 멋대로 지껄이다. ②말을 퍼뜨리다.

言い渋る[いいしぶる] 〈5他〉 말하기를 꺼리다. 말하기를 주저하다.

言い繕う[いいつくろう] 〈5他〉 얼버무려 말하다. 둘러대다. 그럴듯하게 꾸며 말하다.
言(い)成り[いいなり] 하라는 대로.
言い消す[いいけす] 〈5他〉 ①(남의 말을) 부정하다. 부인하다. ②(자신의) 말을 취소하다.
言い損(な)う[いいそこなう] 〈5他〉 ①잘못 말하다. 틀리게 말하다. ②실언하다. ③할 말을 빠뜨리다.
言い送る[いいおくる] 〈5他〉 ①(편지 등으로) 말을 전하다. 말을 써 보내다. ②(차례로) 말을 전하다.
言い習(わ)し[いいならわし] (옛날부터) 전승되어 온 말. 관습.
言い習わす[いいならわす] 〈5他〉 ①(옛날부터 관습적으로) 늘 일컫다. 전해 오다. ②입버릇처럼 말하다.
言い様❶[いいざま] 말투. 말하는 모양. ❷[いいよう] ①말씨. 말투. ②표현 방법.
[1]言い訳[いいわけ] 변명. 구실. 핑계.
言い誤り[いいあやまり] 잘못 말함. 실언.
言い誤る[いいあやまる] 〈5他〉 잘못 말하다. 실언하다. 틀리게 말하다.
言(い)違い[いいちがい] 잘못 말함.
言い違える[いいちがえる] 〈下1他〉 잘못 말하다. 틀리게 말하다.
言い諭す[いいさとす] 〈5他〉 타이르다.
言い逸れる[いいはぐれる] 〈下1自〉 말할 기회를 놓치다.
言い込める[いいこめる] 〈下1他〉 말로 꼼짝 못하게 하다. 설복시키다.
言い残す[いいのこす] 〈5他〉 ①할 말을 남기다. 할 말을 못 다하다. ②(떠나는 사람이) 당부해 두다. 말을 남기다.
言い張る[いいはる] 〈5他〉 주장하다. 우겨대다.
言(い)争い[いいあらそい] 언쟁; 말다툼.
言い争う[いいあらそう] 〈5自他〉 언쟁하다. 말다툼하다. 입씨름하다.
言(い)伝え[いいつたえ] ①구전(口伝). ②전갈. 전언(伝言).
言い伝える[いいつたえる] 〈下1他〉 ①(후세에까지) 입으로 전하다. ②말로 전하다. 전언(伝言)하다.
言い前[いいまえ] ①할 말. 하고 싶은 말. ②구실. 핑계. ③말투. 말씨.
言(い)切り[いいきり] ①잘라 말함. 단언함. ②말을 마침.
言い切る[いいきる] 〈5他〉 ①잘라 말하다. 단언하다. ②말을 마치다. 말을 끝내다.
言い条[いいじょう] ①할 말. 말하고자 하는 조목·조항. ②('…とは~' 문형으로) …라고는 하지만.
言い足す[いいたす] 〈5他〉 덧붙여 말하다. 보충해서 말하다.
言い種[いいぐさ] ①말투. ②화제. 이야깃거리. ③구실. 변명. 핑계. ④입버릇. 말버릇.
言い做す[いいなす] 〈5他〉 ①(그럴 듯하게) 둘러대다. 꾸며 말하다. ②중간에서 중재하다. ③형용하다.
言い止す[いいさす] 〈5他〉 말을 하다가 그만두다.
言い知れぬ[いいしれぬ] 무어라 표현할 수 없는. 말 못할.
言い遅れる[いいおくれる] 〈下1自〉 ①말하는 것이 늦어지다. ②말할 기회를 놓치다.
言(い)直し[いいなおし] ①다시 말함. ②고쳐 말함. 말의 정정(訂正).
言い直す[いいなおす] 〈5他〉 ①다시 말하다. ②말을 정정하다. 고쳐 말하다.
言い尽くす[いいつくす] 〈5他〉 죄다 말하다. 할 말을 다하다.
言い振り[いいぶり] 말투. 말버릇. 말씨.
言い懲らす[いいこらす] 〈5他〉 말로 혼내주다. 말로 몰아세우다. 말로 닦달하다.
言い添える[いいそえる] 〈下1他〉 덧붙여 말하다. 말을 덧붙이다.
言(い)替え[いいかえ] 바꿔 말함.
言い替える[いいかえる] 〈下1他〉 ①바꿔 말하다. 다시 말하다. ②달리 말하다. 딴말을 하다.
言い草[いいぐさ] ①말투. ②화제. 이야깃거리. ③구실. 변명. 핑계. ④입버릇. 말버릇.
言い触らす[いいふらす] 〈5他〉 말을 퍼뜨리다. 소문내다.
言(い)出し[いいだし] ①말을 꺼냄. 말을 시작함. ②말의 첫머리.
言(い)出しっぺ[いいだしっぺ] (무슨 일을 하자고) 먼저 말을 꺼냄.
[2]言い出す[いいだす] 〈5他〉 ①말을 꺼내다. 말을 시작하다. ②입 밖에 내다. ③제안하다.
言(い)値[いいね] (파는 쪽의) 부르는 값.

言(い)置き[いいおき] ①말해 둠. 말해 둔 말. ②유언(遺言).

言い置く[いいおく] 〈5他〉 말해 두다. 말을 남기다.

言い通す[いいとおす] 〈5他〉 끝까지 주장하다. 끝까지 우겨대다.

言い破る[いいやぶる] 〈5他〉 ①말로 꺾다. 논파(論破)하다. ②단언하다. 딱 잘라 말하다.

言い包める[いいくるめる] 〈下1他〉 그럴 듯하게 속이다. 말로 구워삶다. 구슬리다.

言い表(わ)す[いいあらわす] 〈5他〉 말로 표현하다.

言い被せる[いいかぶせる] 〈下1他〉 (죄·책임 등을) 뒤집어 씌워 말하다. 덮어씌우다.

言い含める[いいふくめる] 〈下1他〉 ①알아듣게 말하다. 타이르다. ②미리 알리다. 미리 일러두다.

言(い)合い[いいあい] 말다툼. 언쟁. 시비.

言い合う[いいあう] 〈5自他〉 ①(여러 사람이) 서로 말하다. 말을 주고받다. ②말다툼하다. 언쟁하다. 시비하다.

言い合わせる[いいあわせる] 〈下1他〉 ①서로 의논하다. ②미리 약속해 두다. 미리 짜다.

言い解く[いいほどく] 〈5他〉 변명하다. 해명하다.

言い現(わ)す[いいあらわす] 〈5他〉 말로 표현하다.

言い換え[いいかえ] 바꿔 말함.

言い換える[いいかえる] 〈下1他〉 ①바꿔 말하다. 다시 말하다. ②달리 말하다. 딴말을 하다.

言(い)回し[いいまわし] 말솜씨. 말주변.

言い後れる[いいおくれる] 〈下1自〉 ①말하는 것이 늦어지다. ②말할 기회를 놓치다.

言い詰める[いいつめる] 〈下1他〉 말로 꼼짝 못하게 하다. 말로 몰아붙이다.

◉**言**[こと] ①말. 이야기. ¶ ~を食(は)む 식언하다. 약속을 어기다. ② 〈接尾語〉 말. 마디. ¶ ひと~ 말 한 마디.

言挙げ[ことあげ] ≪古≫ 따로 내세워 말함.

言霊[ことだま] (옛날에) 말 속에 깃든 영력(霊力).

言問う[こととう] 〈4自〉 ①말을 걸다. 말을 하다. ②묻다. 물어보다.

言柄[ことがら] 그 말이 지니는 멋·품위. 말투. 말씨.

言付かる[ことづかる] 〈5他〉 부탁받다. 전갈받다.

言付かり物[ことづかりもの] 부탁받은 물건.

言付け[ことづけ] 전갈. 전언(伝言). 기별.

言付ける[ことづける] 〈下1他〉 전갈·전언을 부탁하다.

言の葉[ことのは] ① ≪雅≫ 말. 언어. ②和歌(わか).

[4]**言葉**[ことば] ①말. 언어. ②낱말. 단어. 문장. ③말씨. 말투. ④(소설·희곡에서) 회화 부분. ⑤(가극·연극에서) 해설. 낭독.

言葉遣い[ことばづかい] 말투. 말씨.

言葉尻[ことばじり] 말끝. 말꼬리.

言葉の綾[ことばのあや] 말의 멋. 뉘앙스.

言葉付き[ことばつき] 말투. 말버릇.

言葉書[ことばがき] ①和歌(わか)의 머리말. ②(그림·그림책의) 설명문.

言葉少な[ことばずくな] 말수가 적음.

言葉数[ことばかず] 말수.

言葉争い[ことばあらそい] 언쟁. 말다툼.

言葉敵[ことばがたき] 이야기 상대. 의논 상대.

言葉典[ことばてん] 어학 사전.

言葉質[ことばじち] 언질.

言伝[ことづて] ①전해 들음. 얻어 들음. 전문(伝聞). ②전갈. 전언(伝言).

言触れ[ことぶれ] 알리고 다님. 알리고 다니는 사람. 전달자.

言祝ぎ[ことほぎ] 축사. 축하의 말.

言祝ぐ[ことほぐ] 〈5他〉 축하의 말을 하다. 축복하다. 축하하다.

音読

言及[げんきゅう] 언급; 어떤 일에 대해 말함.

言動[げんどう] 언동; 말과 행동.

[1]**言論**[げんろん] 언론; 말과 글로 사상을 발표하여 논의함.

言明[げんめい] 언명; 말로써 자신의 의사를 분명히 나타냄.

言文[げんぶん] 언문; 말과 글.

言辞[げんじ] 언사; 말. 말씨.

言上書[ごんじょうしょ] 품의서(稟議書).

言色[げんしょく] 언색; 말씨와 안색.

言説[げんせつ] 언설; 설명하는 말.

[2]**言語**[げんご] 언어; 말.

言語障害[げんごしょうがい] 언어장애.

言語道断[ごんごどうだん] 언어도단; ①어처구니가 없어 말이 막힘. ② ≪仏≫ 깊은 진리.

言外[げんがい] 언외; 말에 나타난 뜻의 밖.
言容[げんよう] 언용; 말씨와 용모.
言質[げんち/げんしつ] 언질; 나중에 증거가 될 약속의 말.
言下に[げんかに/ごんかに] 말이 끝나자마자. 일언지하(一言之下)에.
言行[げんこう] 언행; 말과 행동.

彦(彥) 선비 언	音 ⊗ゲン 訓 ⊗ひこ

訓読
⊗彦[ひこ] 남자의 미칭(美称). ＊오늘날에는 남자의 이름에 많이 사용함.
彦星[ひこぼし] ≪天≫ 견우성(牽牛星).

諺ˣ(諺) 속담 언	音 ⊗ゲン 訓 ⊗ことわざ

訓読
2⊗諺[ことわざ] 속담.
音読
諺語[げんご] 언어; ①속어(俗語). ②속담.
諺語辞典[げんごじてん] 속담 사전.

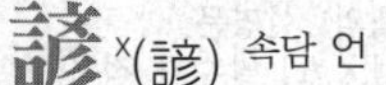

〔엄〕

厳(嚴) 엄할/혹독할 엄
⺍ 𰀁 ⺍厂 ... 厳

音 ◉ゲン ◉ゴン
訓 ◉おごそか ◉きびしい ⊗いかつい ⊗いかめしい

訓読
1◉厳か[おごそか] 〈形動〉 엄숙함.
3◉厳しい[きびしい] 〈形〉 ①엄하다. 엄격하다. 엄중하다. ②(길·산 등이) 험하다. 험준하다. ③(정도가) 심하다. 호되다. 혹독하다. ④냉엄하다.
⊗厳つい[いかつい] 〈形〉 엄격해 보이다. 위엄 있어 보이다. 딱딱해 보이다.
⊗厳めしい[いかめしい] 〈形〉 ①위엄이 있다. 위압적인 느낌이 들다. 엄숙하다. ②삼엄하다.
音読
厳[げん] 엄중함. 엄숙함.
厳として[げんとして] 엄연히.
厳に[げんに] 엄하게. 엄중히.
厳格[げんかく] 엄격; 엄숙하고 딱딱함.
厳戒[げんかい] 엄계; 엄중히 경계함.
厳禁[げんきん] 엄금; 엄중히 금함.
厳冬[げんとう] 엄동; 혹독한 추위의 겨울.
厳命[げんめい] 엄명; 엄한 명령.
厳密[げんみつ] 엄밀; 엄격하고 자세함.
厳罰[げんばつ] 엄벌; 엄한 벌.
厳封[げんぷう] 엄봉; 밀봉(密封).
厳父[げんぷ] 엄부; ①엄격한 아버지. ②춘부장. ＊남의 부친에 대한 높임말.
厳選[げんせん] 엄선; 엄격하게 가려냄.
厳守[げんしゅ] 엄수; 엄격하게 지킴.
厳粛[げんしゅく] 엄숙; ①장엄하고 정숙함. ②엄연함. 당연함.
厳然[げんぜん] 엄연; 엄격하고 근엄함.
厳正[げんせい] 엄정; 엄격하게 공정함.
厳存[げんそん] 엄존; 엄연히 존재함.
2厳重[げんじゅう] 엄중; 엄격하고 신중함.
厳寒[げんかん] 엄한; 혹독한 추위.
厳刑[げんけい] 엄형; 엄한 형벌.
◑荘厳[そうごん], 華厳宗[けごんしゅう]

俺 나 엄/암	音 ⊗エン 訓 ⊗おれ

訓読
1⊗俺[おれ] 나. 내. ＊남자 용어임. ¶～お前(まえ)の間柄(あいだがら) 너나 하는 사이.
俺等[おれら] ①우리. ②우리들.

掩 덮을 엄	音 ⊗エン 訓 ⊗おおう

訓読
⊗掩う[おおう] 〈5他〉 ①덮다. 씌우다. ②가리다. 은폐하다. 숨기다. 싸서 감추다.
音読
掩蓋[えんがい] 엄개; ①덮개. 씌우개. ②진지나 참호 등의 덮개.
掩体[えんたい] 엄체; 엄호 시설.
掩蔽[えんぺい] 엄폐; ①가리어 숨김. ②≪天≫ 성식(星蝕).
掩護[えんご] 엄호; 자기편의 행동이나 어떤 목적을 적의 공격으로부터 보호함.
掩護射撃[えんごしゃげき] 엄호 사격.

〔업〕

業 업 업

业 业 业 丵 丵 丵 丵 丵 業 業

音 ◉ギョウ ◉ゴウ
訓 ◉わざ

訓読

◉業❶[わざ] ①행위. 소행. ②일. 업무. ❷[ぎょう/ごう] ☞ [音読]
業物[わざもの] 예리한 도검(刀剣).
業事[わざごと] (歌舞伎(かぶき)에서) 특별한 연습이 필요한 동작이나 연기.
業師[わざし] ①(씨름・유도에서) 기술이 뛰어난 사람. ②책략가. 모사꾼. 술수에 능한 사람.
業有り[わざあり] (유도에서) 절반. *절반이 2회이면 '한 판'을 땀.

音読

2業❶[ぎょう] ①직업. ②학문. 기예. ③업무. 사업. ❷[ごう] ≪仏≫ 업; ①악업(悪業). ②업보(業報). ③몹시 화가 남. ❸[わざ] ☞ [訓読]
業界[ぎょうかい] 업계; 동업자의 사회.
業苦[ごうく] ≪仏≫ 업고; 전세의 악업 때문에 현세에서 받는다는 고통.
業果[ごうか] ≪仏≫ 업과; 인과응보.
1業務[ぎょうむ] 업무; 직업이나 사업 등에 관해서 계속하여 행하는 일.
業務日誌[ぎょうむにっし] 업무 일지.
業病[ごうびょう] ≪仏≫ 업병; 전생의 악업으로 걸린다는 난치병.
業報[ごうほう] ≪仏≫ 업보; 인과응보.
業腹[ごうはら] 몹시 화가 남.
業因[ごういん] ≪仏≫ 업인 인과응보.
1業者[ぎょうしゃ] 업자; ①기업가. 상공인. ②동업자.
1業績[ぎょうせき] 업적; 실적(実績). 사업이나 학술연구에서 획득한 성과.
業種[ぎょうしゅ] 업종; ①상업・공업 등의 사업의 종류. ②경리・영업 등의 업무의 종류.
業主[ぎょうしゅ] 업주; 사업주.
業火[ごうか] ≪仏≫ 업화; ①지옥불. ②불 같은 노여움.

〔여〕

与(與) 줄/편들 여

一 ト 与 与

音 ◉ヨ
訓 ◉あたえる ⊗あずかる ⊗くみする

訓読

2◉与える[あたえる] 〈下1他〉 ①(자기의 소유물을 손아랫사람에게) 내려 주다. 수여하다. ②상대방의 유익이 되는 것을 제공하다. ③(숙제・책임・역할을) 내주다. 부여하다. ④(영향을) 끼치다. 주다.
与え[あたえ] 줌. 준 것.
⊗与る[あずかる] 〈5自〉 ①관여하다. 참여하다. 관계하다. ②(남의 호의・친절을) 받다. ③한패에 끼이다.
与り知らない[あずかりしらない] 아는 바 없다. 아랑곳하지 않다. 상관없다.
与り知る[あずかりしる] 〈5自〉 관여하다. 상관하다. 관계하다.
⊗与する[くみする] 〈サ変自〉 ①가담하다. 한패가 되다. 한패에 끼이다. ②편들다. 가세하다. 역성들다.
与し易い[くみしやすい] 〈形〉 (다루기가) 만만하다. 상대하기 쉽다.

音読

与件[よけん] 여건; 주어진 조건.
与国[よこく] 여국; 동맹국.
1与党[よとう] ①여당; 행정부의 편을 들어 그 정책을 지지하는 정당. ②패거리. 도당(徒党).
与力[よりき] ①가세(加勢). 조력(助力). ②(室町(むろまち) 시대에) 大名(だいみょう)・武将(ぶしょう)에 소속된 무사. ③(江戸(えど) 시대에) 奉行(ぶぎょう) 등에 소속된 하급 관리.
与野党[よやとう] 여야당; 여당과 야당.
与奪[よだつ] 여탈; 주는 일과 빼앗는 일.
与太[よた] ①미련하고 쓸모 없음. ②무책임함. ③농담. 실없는 말. ④'与太郎(よたろう)・与太者(よたもの)'의 준말.
与太郎[よたろう] 바보. 멍청이. 얼간이.
与太者[よたもの] ①건달. 불량배. ②게으름뱅이. ③바보. 못난이.

如 같을/어찌 여

㇛ 女 女 如 如 如

音 ◉ジョ ◉ニョ
訓 ⊗ごとし ⊗ごとき ⊗ごとく

訓読

⊗如し[ごとし] (흔히 '체언+の~', '체언+が~'의 문형으로) ①…같다. …비슷하다. ②…인 것 같다. ③…와 같다.
⊗如き[ごとき] (조동사 如(ごと)し의 연체형으로) …와 같은. …듯한.
⊗如く❶[ごとく] (조동사 如(ごと)し의 연용형으로) …와 같이. …처럼. …듯이. ❷[しく] 〈5自〉 필적하다. 보다 더 낫다. 보다 더 좋다.
⊗如くなり[ごとくなり] …와 같도다.
⊗如くんば[ごとくんば] …와 같다면.
如月[★きさらぎ] ≪雅≫ 음력 2월.
如何❶[いかが] ①어떻게. ②어떤가. ❷[いかん] ①여하; 어떠함. ②어떻게. 어떤지.
如何なる[いかなる] 어떠한. 여하한.
如何に[いかに] ①어떻게. ②아무리.
如何にも[いかにも] ①매우. 대단히. ②아무리 봐도. ③과연.
如何わしい[いかがわしい] 〈形〉 ①수상쩍다. 의심스럽다. ②음란하다. 추잡하다.
如何物[いかもの] ①가짜. 모조품. ②꺼림칙한 것. 별난 것.
如何物食い[いかものぐい] 색다른 것을 즐겨 먹음.
如何様❶[いかさま] ①가짜. 사기. ②과연. 정말. ❷[いかよう] 어떻게. 어떠한.
如何様物[いかさまもの] 가짜. 위조품.
如何様師[いかさまし] 사기꾼. 야바위꾼.
如何程[いかほど] ①얼마나. 얼마만큼. ②아무리.

音読

如[にょ] ≪仏≫ 여; 우주 일체에 통하는 영원의 진리.
如来[にょらい] ≪仏≫ 여래. ＊부처의 존칭임.
如来掛けて[にょらいかけて] 맹세코.
如露[じょろ] 물뿌리개.
如法[にょほう] ≪仏≫ ①법식대로 행함. ②중의 행상(行状)의 올바름. ③문자 그대로.
如上[じょじょう] 여상; 이상과 같음. 상술(上述). 전술(前述).
如是我聞[にょぜがもん] ≪仏≫ 여시아문; 나는 이와 같이 들었다.
如実[にょじつ] 여실; 사실과 다름이 없음.
如雨露[じょうろ] 조로. 물뿌리개.
如意[にょい] 여의; ①뜻대로 됨. ② ≪仏≫ 독경·설법할 때 중이 갖는 도구.
如意棒[にょいぼう] 여의봉; 모든 것이 뜻대로 된다는 막대기.
如才[じょさい] 빈틈. 소홀함.
如才無い[じょさいない] 〈形〉 싹싹하다. 재치가 있다. 눈치가 빠르다.

余(餘) 남을 여

ノ 𠆢 亼 今 全 余 余

音 ◉ヨ
訓 ◉あます ◉あまる

訓読

◉余す[あます] 〈5他〉 남기다. 남게 하다. 남겨 두다.
2 ◉余る[あまる] 〈5自〉 ①(사용하고도 여분으로) 남다. ②(수량이) 넘다. …이상이다. ③벅차다. 버겁다. 과분하다.
2 余り[あまり] ①나머지. 남은 것. 여분. ②우수리. ③너무함. ④〈接尾語〉 남짓. 더 됨. ⑤(부정문에서) 그다지. 그리.
余りにも[あまりにも] 너무나도. 지나치게.
余り物[あまりもの] 나머지. 남은 것. 여분의 것. 불필요한 것.
余りと言えば[あまりといえば] 너무도. 너무나도.
余り有る[あまりある] ①…하고도 남음이 있다. 여분이 있다. ②이루 …할 수 없다.
余り者[あまりもの] 거추장스러운 사람. 처치곤란한 사람. 불필요한 사람.

音読

余[よ] 여; ①남짓. ②그 밖. 그 외의. ③〈代名詞〉 나.
余の[よの] 다른. 딴.
1 余暇[よか] 여가; 짬. 틈.
余角[よかく] ≪数≫ 여각.
余慶[よけい] 여경; ①조상의 은덕으로 누리는 복. ②덕분. 혜택.
2 余計[よけい] 〈形動〉 ①여분. 여벌. ②(정도가 지나쳐) 쓸데없음. 부질없음. ③ 〈副〉 더욱. 더 한층. 더 많이.

余光[よこう] 여광; ①(해·달이 진 후의) 잔광(残光). ②조상이 남긴 은덕.
余技[よぎ] 여기; 취미로 하는 기예.
余念[よねん] 여념; 딴 생각.
余談[よだん] 여담; 용건 밖의 이야기.
余徳[よとく] 여덕; ①조상이 남긴 은덕. ②은혜. 혜택.
余得[よとく] 여득; 부수입. 음성 수입.
余力[よりょく] 여력; 남은 힘.
余禄[よろく] 여록; 부수입. 가외 수입.
余録[よろく] 여록; 나머지 사실의 기록.
余命[よめい] 여명; 여생.
余聞[よぶん] 여문; 여담. 잡담.
余白[よはく] 여백; 글씨를 쓰고 남은 빈자리.
余病[よびょう] 여병; 병발증(併発症).
[2]**余分**[よぶん] 여분; ①나머지. ②필요 이상임. 덤.
余憤[よふん] 여분; 다 풀리지 않은 노여움.
余事[よじ] 여사; ①다른 일. ②그 밖의 일. 딴일.
余生[よせい] 여생; 남은 목숨. 앞으로의 생애.
余勢[よせい] 여세; 어떤 일이 끝난 뒤의 나머지 세력.
[2]**余所**[よそ] ①딴 곳. 타관. 객지. 먼 곳. ②남. 남의 집. ③¶ ~にする 소홀히 하다.
[1]**余所見**[よそみ] ①곁눈질. 한눈을 팖. ②남이 봄. 남보기. 남의 눈.
余所目[よそめ] ①남의 눈. 남이 봄. 남보기. ②곁눈질. 한눈을 팖. ¶ …を~に …을 아랑곳하지 않고.
余所事[よそごと] 남의 일.
余所余所しい[よそよそしい] 〈形〉 (이제까지와는 달리) 서먹서먹하다. 쌀쌀하다. 남처럼 대하다.
余熱[よねつ] 여열; ①식지 않고 남은 열기. ②잔서(残暑).
余栄[よえい] 여영; 사후에 남는 영예.
余韻[よいん] 여운; ①소리가 난 다음에 남는 음향. ②(詩文에서) 가시지 아니한 운치. ③뒷맛.
[2]**余裕**[よゆう] 여유; 넉넉하고 여유가 있음.
余の儀[よのぎ] 다른 일. 딴 일.
余儀無い[よぎない] 〈形〉 어쩔 수 없다. 하는 수 없다. 부득이하다.
余人[よじん] 남. 타인. 다른 사람.
余日[よじつ] 여일; ①남아 있는 날수. ②훗날. 다른 날. ③한가한 날.
余剰[よじょう] 여잉; 잉여(剰余).
余剰物資[よじょうぶっし] 잉여(剰余) 물자.
余財[よざい] 여재; 쓰고 남은 재산.
余滴[よてき] 여적; ①붓끝에 남은 먹물. ②비 온 뒤의 낙숫물. ③여담(余談).
[1]**余程**[よほど] ①무척. 상당히. 어지간히. ②정말이지. 큰 맘 먹고.
余っ程[よっぽど] '余程(よほど)'의 강조.
余情[よじょう] 여정; ①나중에까지 남는 정취. ②(시나 문장에서) 언외(言外)에 담긴 정취.
余罪[よざい] 여죄; 그 밖의 죄.
[1]**余地**[よち] 여지; ①남은 땅. 여분의 토지. ②여유.
余震[よしん] 여진; 대지진 뒤에 잇달아 발생하는 작은 지진.
余喘[よぜん] 여천; 곧 끊어질 것 같은 가느다란 숨.
余沢[よたく] 여택; ①조상이 남긴 음덕(陰徳). ②은혜. 혜택.
余波[よは] 여파; ①바람이 잔 뒤에도 아직 이는 파도. ②주위나 후세에 미치는 영향.
余弊[よへい] 여폐; ①아직 남아 있는 폐해. ②어떤 일에 뒤따라 발생하는 폐해.
余寒[よかん] 여한; 입춘 뒤의 늦추위.
余割[よかつ] ≪数≫ 여할; 코시컨트.
余香[よこう] 여향; 뒤에 남아 있는 향기.
余響[よきょう] 여향; 여운(余韻).
[1]**余興**[よきょう] 여흥; ①놀이 끝에 남아 있는 흥. ②연회 끝에 흥을 돋우는 연예.

茹	데칠 여	音 ⊗ジョ 訓 ⊗ゆだる ⊗ゆでる

訓読

⊗**茹だる**[ゆだる] 〈5自〉 삶아지다. 데쳐지다.
[2]⊗**茹でる**[ゆでる] 〈下1他〉 ①삶다. 데치다. ②(부은 곳을) 열탕으로 찜질하다.
茹で栗[ゆでぐり] 삶은 밤.
茹で上がる[ゆであがる] 〈5自〉 완전히 삶아지다. 완전히 데쳐지다.
茹で小豆[ゆであずき] 삶은 팥.
茹で溢す[ゆでこぼす] 〈5他〉 삶고 난 물을 버리다.
茹で蛸[ゆでだこ] ①삶아져 빨개진 문어. ②(목욕·음주 등으로) 벌겋게 된 사람.
茹で卵[ゆでたまご] 삶은 계란.

輿	가마 여	音 ⊗ヨ 訓 ⊗こし

訓読

⊗輿[こし] ①가마. ②신체(神体)를 모신 가마.

輿入れ[こしいれ] 시집감. 출가(出嫁).

音読

[1]輿論[よろん] 여론; 세상 사람들의 공통된 의견.

輿望[よぼう] 여망; 많은 사람의 기대.

〔역〕

役	부릴/일 역
ノ ク 彳 彳 彸 役 役	

音 ◉エキ ◉ヤク

訓 —

音読

役❶[えき] ①(옛날 백성에게 부과한) 부역. 강제 노동. ②전역(戦役). 전쟁. 싸움.

[2]役❷[やく] ①직무. 임무. ②(연극 등에서의) 역. 배역(配役). ③역할. 구실. ④(마작·트럼프·화투 등에서) 약속에 따라 정해진 패를 모으는 법. 약(約).

役する[えきする] 〈サ変他〉 ①부역(賦役)을 시키다. 징용하다. ②사역(使役)하다. 부리다.

役得[やくとく] (어떤 직책상 얻어지는) 부수입. 음성 수입. 국물.

役力士[やくりきし] (씨름에서) '横綱(よこづな)·大関(おおぜき)·関脇(せきわけ)·小結(こむすび)'의 총칭.

役料[やくりょう] 직무 수당.

[2]役立つ[やくだつ] 〈5自〉 도움이 되다. 쓸모가 있다. 유용하다.

[1]役に立つ[やくにたつ] 〈5自〉 도움이 되다. 쓸모가 있다. 유용하다.

役立てる[やくだてる] 〈下1他〉 유용하게 쓰다. 쓸모 있게 하다.

役名[やくめい] 직명(職名). 직함.

[2]役目[やくめ] 역할. 임무. 직무. 직책.

役柄[やくがら] ①직무의 성질. ②직책상의 체면. 직책을 맡은 신분. ③(연극에서) 유형별로 분류한 등장인물.

役不足[やくぶそく] ①(직책·배역 등에 대한) 불평. 불만. ②(능력에 비해) 직책·배역이 하찮음.

役付き[やくづき] (단체의) 중역(重役).

役使[えきし] 사역(使役). 남을 부림.

[2]役所❶[やくしょ] 관공서. 관청.

役所❷[やくどころ] ①주어진 역할·임무. ②(그 사람에게) 알맞은 직무·역할·배역.

役僧[やくそう] ①절에서 사무를 보는 중. ②반승(伴僧).

役員[やくいん] ①(회사·단체의) 중역(重役). ②(모임·행사 때의) 임원(任員).

役儀[やくぎ] ①직무. 직책. 소임. ②세금.

[2]役人[やくにん] 관리. 공무원.

役印[やくいん] 관인(官印). 직인(職印).

[2]役者[やくしゃ] ①배우(俳優). ②일꾼. 인물.

役者絵[やくしゃえ] 배우 그림.

[1]役場[やくば] ①(町(ちょう)·村(そん) 등의 지방 자치 단체의) 사무소. ＊한국의 '면(面)·동(洞) 사무소'에 해당함. ②공증인·집달관 등의 사무소.

[1]役職[やくしょく] ①지위와 그 임무. 직무. ②(조직·단체의) 관리직.

役替え[やくがえ] (관리의) 경질(更迭).

役畜[えきちく] 사역용(使役用) 가축.

役宅[やくたく] 관사(官舎). 사택(社宅).

[2]役割[やくわり] 역할; 임무.

役向き[やくむき] 직무상의 일.

役回り[やくまわり] 직무. 임무. 역할.

易	①바꿀 역 ②쉬울 이
丨 口 日 日 月 月 易 易	

音 ◉イ ◉エキ

訓 ◉やさしい ⊗やすい

訓読

[4]◉易しい[やさしい] 〈形〉 쉽다. 용이하다. 간단하다.

⊗易い[やすい] 〈形〉 ①쉽다. 용이하다. 간단하다. ②(동사 ます형에 접속하여) …하기 쉽다.

易き[やすき] 손쉬움. 용이함. 안이함. 편함. 간단함.

易易と[やすやすと] 거뜬히. 손쉽게. 간단히.

音読

易❶[い] 쉬움. 용이함. 간단함. ❷[えき] ①역경(易経). ②점(占).

易経[えききょう] 역경; 주역(周易).
易断[えきだん] 역단; 주역(周易)에 의한 길흉의 판단. 점(占)을 침.
易易たる[いいたる] 쉬운. 용이한.
易者[えきしゃ] 역자; 점쟁이.
易占[えきせん] 역점; 산가지를 이용한 점.
易学[えきがく] 역학; 역(易)에 관한 학문.

逆(逆) 거스를 역

丶 丷 䒑 䒑 屰 屰 䒑 逆 逆

音 ◉ギャク ⊗ゲキ
訓 ◉さか ◉さからう ⊗のぼ

訓読

2◉逆さ[さかさ] 거꾸로 됨. 반대로 됨.
逆しま[さかしま] ①거꾸로 됨. 역으로 됨. ②도리에 어긋남.
逆ねじ[さかねじ] ①(나사 등을) 거꾸로 비틂. ②(비난·항의 등을) 되받아 반박함. 역공세로 나옴.
逆むけ[さかむけ] (손)거스러미.
2◉逆らう[さからう] 〈5自〉 ①역행하다. ②거스르다. 역행하다. 반항하다.
逆巻く[さかまく] 〈5自〉 ①파도가 흐름을 거슬러 치다. ②(불길·연기 등이) 세차게 솟아오르다. 용솟음치다.
逆根蘭[さかねらん] ≪植≫ 홍산무엽란.
逆寄せ[さかよせ] 역습. 반격.
逆落(と)し[さかおとし] ①거꾸로 떨어뜨림. ②(절벽 등을) 단숨에 내려감.
2逆立ち[さかだち] ①물구나무서기. 거꾸로 섬. ②힘껏 함. ③(사물의) 아래위가 거꾸로 되어 있음.
逆立つ[さかだつ] 〈5自〉 ①거꾸로 서다. 물구나무서다. ②곤두서다.
逆立てる[さかだてる] 〈下1他〉 거꾸로 세우다. 곤두세우다.
逆毛[さかげ] ①곤두선 머리카락. ②머리털을 세움.
逆目[さかめ] ①나뭇결이 거꾸로 되어 있음. ②눈초리를 추켜올리기.
逆夢[さかゆめ] 역몽; 현실과 반대되는 악몽.
逆茂木[さかもぎ] (적의 침입을 막기 위한) 가시나무 울타리.
逆撫で[さかなで] ①(수염·머리카락을) 거슬러 쓰다듬음. ②(비위 등을) 일부러 거스름. 자극함.
逆剝け[さかむけ] (손)거스러미.
逆さ屛風[さかさびょうぶ] 죽은 사람 머리맡에 거꾸로 세우는 병풍.
逆さ富士[さかさふじ] 물에 거꾸로 비친 富士山(ふじさん)의 모습.
逆飛び[さかとび] (물 속으로) 거꾸로 뛰어듦. 곤두박질함.
逆上せ[のぼせ] (흥분·열기로) 머리가 멍함. 상기(上気)됨.
逆上せる[のぼせる] 〈下1自〉 ①현기증이 나다. 머리로 피가 오르다. ②몹시 흥분하다. 울컥하다. ③열중하다. …에 빠지다. ④으스대다. 우쭐해하다.
逆上せ上がる[のぼせあがる] 〈5自〉 ①상기(上気)하다. 몹시 흥분하다. ②몹시 열중하다. 몹시 …에 빠지다.
逆手❶[さかて] ①(칼의) 날이 자기 쪽으로 오게 쥠. 돌려 쥠. ②(철봉에서) 손을 밑으로 돌려 손바닥이 자기 쪽으로 오게 쥠. ❷[ぎゃくて] ①(유도에서) 관절꺾기. ②(씨름에서) 반칙. ③역이용. 역습. ④(물건을 잡을 때) 거꾸로 잡기.
逆手切り[さかてきり] (칼을) 거꾸로 쥐고 베기.
逆児[さかご] 거꾸로 태어난 아이.
2逆様[さかさま] 거꾸로 됨. 반대로 됨.
逆子[さかご] 거꾸로 태어난 아이.
逆蜻蛉[さかとんぼ] ☞ 逆蜻蛉返り
逆蜻蛉返り[さかとんぼがえり] 뒤로 넘는 공중제비. 뒤로 재주 넘기.
逆剃り[さかぞり] (수염이나 털을) 거꾸로 밀어 올려 면도함.
逆討ち[さかうち] (원수나 적을) 치려다가 거꾸로 당함.
逆波[さかなみ] 역랑(逆浪). 거슬러 치는 파도.
逆恨み[さかうらみ] ①(원한이 있는 사람한테서) 거꾸로 원한을 삼. ②(남의) 호의(好意)를 곡해하여 원한을 품음.

音読

2逆[ぎゃく] 역; ①거꾸로임. 반대임. ②≪論≫ 역정리(逆定理)
逆コース[ぎゃくコース] 역코스; ①거꾸로의 진행 방향. ②역사의 발전에 역행하는 움직임. ③정치의 반동화. ④사회의 복고풍조.
逆ざや[ぎゃくざや] ①중앙은행의 공정 할인율이 시중은행의 할인율을 웃돎. 또는 그 차액. ②생산자 쌀값이 소비자 쌀값을 웃돎.

逆シングル[ぎゃくシングル] (야구의) 역 싱글.
逆に[ぎゃくに] 역으로. 거꾸로. 반대로.
逆境[ぎゃっきょう] 역경; 뜻대로 되지 않는 경우. 고통이 많이 따르는 경우.
逆光[ぎゃっこう] 역광; 물체의 배후에서 비치는 광선.
逆光線[ぎゃっこうせん] 역광선.
逆徒[ぎゃくと] 역도; 반역자.
逆乱[げきらん] 역란; 반란. 반역.
逆浪❶[ぎゃくろう] 역랑; 거슬러 치는 파도. 역풍으로 이는 파도. ❷[げきろう] 세상이 어지러움.
逆戻り[ぎゃくもどり] 제자리로 돌아감. 환원(還元).
逆旅[ぎゃくりょ/げきりょ] 여관(旅館). 여인숙.
逆流[ぎゃくりゅう] 역류; 물이 거슬러 흐름.
逆鱗[げきりん] ①임금의 노여움. ②손윗사람의 노여움.
逆比[ぎゃくひ] 역비; 반비(反比).
逆比例[ぎゃくひれい] 역비례; 반비례.
逆産[ぎゃくざん] 역산; 아이가 거꾸로 태어남.
逆算[ぎゃくさん] 역산; 거꾸로 하는 계산.
逆上[ぎゃくじょう] 몹시 흥분함. 발끈함.
逆宣伝[ぎゃくせんでん] 역선전; 반대의 입장에서 상대에게 불리하도록 선전함.
逆説[ぎゃくせつ] 역설; 패러독스.
逆送[ぎゃくそう] 역송; ①되돌려 보냄. 반송(返送). ②≪法≫ 반송.
逆数[ぎゃくすう] ≪数≫ 역수.
逆輸入[ぎゃくゆにゅう] 역수입.
逆輸出[ぎゃくゆしゅつ] 역수출.
逆順[ぎゃくじゅん] 역순; ①순(順)과 역(逆). ②반대 순서.
逆襲[ぎゃくしゅう] 역습; 방어의 입장에서 반대로 공격에 나섬.
逆臣[ぎゃくしん] 역신; 반역한 신하.
逆心[ぎゃくしん] 역심; 반역하려는 마음.
逆縁[ぎゃくえん] ≪仏≫ ①악행(悪行)이 오히려 불도에 들어가려는 계기가 됨. ②손아랫사람이 먼저 죽는 일. ③연고가 없는 자의 명복을 빎.
逆用[ぎゃくよう] 역용; 역이용.
逆賊[ぎゃくぞく] 역적; 반역하는 무리.
1逆転[ぎゃくてん] 역전; ①반대로의 회전. U턴. ②(순위・형세 등이) 뒤집힘.
逆転勝ち[ぎゃくてんかち] 역전승.
逆潮[ぎゃくちょう] 역조; 바람이나 배의 진행 방향과 반대로 흐르는 조류.
逆調[ぎゃくちょう] 역조; 일의 진척이 나쁜 방향으로 향하는 배.
逆風[ぎゃくふう] 역풍; 맞바람.
逆行[ぎゃっこう] 역행; 거슬러 나아감.
逆効果[ぎゃくこうか/ぎゃっこうか] 역효과; 정반대의 효과.

疫 병들 역

丶 亠 广 广 疒 疒 疒 疫 疫

音 ◉エキ ◉ヤク
訓 ─

音読

疫痢[えきり] 역리; 급성 전염성 설사병의 총칭.
疫病[えきびょう] 역병; 악성 유행병. 돌림병. 전염병.
疫病神[やくびょうがみ] ①역귀(疫鬼). ②(그 사람이 오면 좋지 않은 일이 일어난다는) 돌림쟁이.
疫病除け[やくびょうよけ] 역병을 쫓음. 또는 그 주문.
疫神[えきじん] 역신; 역귀(疫鬼).
疫学[えきがく] ≪医≫ 역학.

域 지경/구역 역

扌 圹 圻 坷 垣 垣 域 域 域

音 ◉イキ
訓 ─

音読

域[いき] ①지역. ②범위. 단계. 경지.
域内[いきない] 역내; 구역 안.
域外[いきがい] 역외; 구역 밖.

訳(譯) 통역할 역

言 言 言 言 言 訂 訂 訳 訳

音 ◉ヤク
訓 ◉わけ

訓読

2◉訳❶[わけ] ①사리. 도리. 이치. ②까닭. 이유. 사정. ③깊은 속사정. 꿍꿍이. 남녀간의 사정. ④뜻. 의미. ❷[やく] ☞ [音読]

訳ない[わけない] 〈形〉 손쉽다. 간단하다. 수월하다. 문제없다.
訳なし[わけなし] ①손쉬움. 간단함. 수월함. 문제없음. ②도리・이치를 이해하지 않음.
訳無い[わけない] 〈形〉 손쉽다. 간단하다. 수월하다. 문제없다.
訳無し[わけなし] ①손쉬움. 간단함. 수월함. 문제없음. ②도리・이치를 이해하지 않음.
訳柄[わけがら] 까닭. 사정. 이유.
訳知り[わけしり] ①(남녀간의) 정사(情事)에 밝음. 한량(閑良). ②세상 물정에 밝음.
訳合(い)[わけあい] 까닭. 사정. 이유. *'訳(わけ)'의 강조.

音読

[2]訳❶[やく] ①번역. ②알기 쉽게 옮김. ❷[わけ] ☞ [訓読]
[2]訳す[やくす] 〈5他〉 ☞ 訳する
[2]訳する[やくする] 〈サ変他〉 ①번역하다. ②(알기 쉽게 현대문으로) 옮기다.
訳読[やくどく] 역독; 외국어나 고전을 번역・해석하며 읽음.
訳名[やくめい] 역명; 번역하여 붙인 이름.
訳文[やくぶん] 역문; 번역문.
訳本[やくほん] 역본; 번역한 책.
訳詞[やくし] 역사; 외국 가사(歌詞)를 번역함. 번역한 가사(歌詞).
訳書[やくしょ] 역서; 번역한 책.
訳述[やくじゅつ] 역술; ①번역하여 내용을 말함. ②번역하여 저술함.
訳詩[やくし] 역시; 번역한 시.
訳語[やくご] 역어; 번역어.
訳者[やくしゃ] 역자; 번역자. 번역한 사람.
訳載[やくさい] 역재; 번역하여 신문이나 잡지에 게재함.
訳注[やくちゅう] 역주; ①번역과 그 주석. ②번역자가 다는 주석.
訳註[やくちゅう] ☞ 訳注
訳出[やくしゅつ] 역출; 번역함.
訳解[やっかい/やくかい] 역해; ①번역과 해석. ②번역하여 해설함.

駅(驛) 역마/정거장 역

𠃌 𠃌 𠃌 馬 馬 馬 馬 駅 駅

音 ◉エキ
訓 —

音読

[4]駅[えき] ①역; 정거장. ②역참(駅站). 역관(駅館).
駅頭[えきとう] ①플랫폼. ②역전(駅前).
駅馬車[えきばしゃ] 역마차.
駅売り[えきうり] 역 구내에서 물건을 팖.
駅売弁当[えきうりべんとう] 역에서 파는 도시락.
駅弁[えきべん] 역에서 파는 도시락.
駅舎[えきしゃ] 역사; 정거장 건물.
駅手[えきしゅ] 역의 잡역부.
駅員[えきいん] 역원; 역의 직원.
駅長[えきちょう] 역장; 역의 우두머리.
駅伝[えきでん] 역전; ①역마 제도. ②역에서 역으로 사람・짐을 운송함.
駅伝競争[えきでんきょうそう] 역전 경주.
駅亭[えきてい] ①역참(駅站). ②역참의 주막집.
駅逓[えきてい] ①(옛날) 역참에서 역참으로 사람・짐을 운송함. ②'우편'의 옛 칭호.

연

延(延) 끌/늘일 연

一 丅 千 𠂇 正 㢟 㢟 延

音 ◉エン
訓 ◉のばす ◉のびる ◉のべる

訓読

[2]◉延ばす[のばす] 〈5他〉 ①(날짜 등을) 늦추다. 연기하다. 연장시키다. 끌다. 지연시키다. ②(액체를) 묽게 하다. 희석시키다. ③때려눕히다.
[2]◉延びる[のびる] 〈上1自〉 ①(날짜 등이) 연기되다. 연장되다. 늦어지다. 미루어지다. ②(길이・굵기 등이) 늘어나다. 붇다. ③(액체가) 잘 퍼지다. ④(피로・타격으로) 녹초가 되다. 뻗다.
延び[のび] 길게 늘어짐. 길게 퍼짐.
延び延び[のびのび] (날짜가) 자꾸 지연됨. 늦어짐.
◉延べる[のべる] 〈下1他〉 ①(접어서 포개 놓은 것을) 펴다. ②(손・다리를) 뻗치다. ③(길게) 늘이다. ④(날짜 등을) 늦추다. 연기하다.
[1]延べ[のべ] ①(금・은 등을) 두드려서 늘임. ②총계. 연. ③연장(延長). ④일종의 선물거래(先物去来).

延(べ)竿[のべざお] (잇지 않은) 통대의 낚싯대.
延(べ)金[のべがね] ①금박. 은박. ②도검(刀剣). 칼.
延(べ)棹[のべざお] 잇지 않은 三味線(しゃみせん)의 자루.
延(べ)面積[のべめんせき] 연면적; 총 면적.
延(べ)棒[のべぼう] ①금괴 막대기. ②밀대. 밀방망이.
延(べ)払い[のべばらい] 연불; 대금 지불 날짜를 연기함.
延(べ)煙管[のべギセル] 전체가 금속으로 된 담뱃대.
延(べ)人数[のべにんずう] 연인원. 총 인원.
延(べ)人員[のべじんいん] 연인원; 총 인원.
延(べ)日数[のべにっすう] 연일수; 총 일수.
延(べ)板[のべいた] 판금(板金). 금속을 두드려 늘여서 판자 모양으로 만든 것.
延(べ)坪[のべつぼ] ①연건평(延建坪). ②연평수(延坪数). 총 평수.

音読

[2]延期[えんき] 연기; 기한을 물려서 늘림.
延納[えんのう] 연납; 기한이 지나서 납부함.
延命[えんめい] 연명; 목숨을 이어감.
延発[えんぱつ] 연발; 정한 시각보다 늦추어 출발함.
延焼[えんしょう] 연소; 불길이 번짐.
延髄[えんずい] ≪生理≫ 연수; 숨골.
延延と[えんえんと] 장장(長長). 연달아.
延引[えんいん] (예정보다) 늦어짐.
[2]延長[えんちょう] 연장; ①(시간・날짜를) 길게 늘임. ②합한 길이. 뻗친 길이. ③(같은 범위에 드는) 연장.
延長戦[えんちょうせん] 연장전; 시간을 연장하여 계속하는 경기.
延着[えんちゃく] 연착; 예정 시각보다 늦게 도착함.
延滞[えんたい] 연체; 늦추어 지체함.
延会[えんかい] 연회; ①회의・모임 날짜의 연기. ②(국회에서) 다음 회기로 넘김.

沿(沿) 물 따라갈/따를 연

丶 冫 氵 氵 氵 沿 沿 沿

音 ◉エン
訓 ◉そう

訓読

[2]◉沿う[そう] 〈5自〉 ①…을 따라서 가다. ¶川(かわ)に～道(みち) 강을 따라가는 길. ②(어떤 방침을) 따르다. 좇다. ¶方針(ほうしん)に～ 방침에 따르다.
沿い[ぞい] 〈接尾語〉 …따라. …가. ¶川(かわ)～の道(みち) 강을 따라가는 길. ¶線路(せんろ)～に行(い)く 철길을 따라 가다.

音読

沿道[えんどう] 연도; 도로를 따라 있는 길.
沿路[えんろ] 연로; 연도(沿道).
[1]沿線[えんせん] 연선; 철로를 따라 있는 땅.
[1]沿岸[えんがん] 연안; 바다・호수・강 등을 따라 있는 육지 부분.
沿岸漁業[えんがんぎょぎょう] 연안 어업.
沿海[えんかい] 연해; ①해안 일대의 육지. ②육지와 가까운 바다. 근해(近海).
沿革[えんかく] 연혁; 변천하여 온 내력.

研(硏) 갈/연구할 연

一 ア 不 石 石 石 石 矸 研

音 ◉ケン
訓 ◉とぐ ⊗みがく

訓読

[1]◉研ぐ[とぐ] 〈5他〉 ①(날붙이 등을) 갈다. ②(거울 등을) 문질러 윤을 내다.
研ぎ[とぎ] ①(날붙이의) 날을 갊. ②(칼날을) 가는 사람.
研ぎ立て[とぎたて] (날붙이의) 날을 방금 갈았음.
研ぎ物[とぎもの] 칼을 갊. 갈아야 할 날붙이.
研ぎ物師[とぎものし] 칼을 가는 사람.
研(ぎ)師[とぎし] 날붙이・거울 등을 갈거나 닦는 사람.
研ぎ上げる[とぎあげる] 〈下1他〉 ①(날붙이를 갈아) 날을 세우다. ②(윤이 나게) 갈고 닦다. ③연마하다.
研ぎ水[とぎみず] ①(물건을) 갈기 위한 물. ②쌀뜨물.
研ぎ汁[とぎじる] 쌀뜨물.
研ぎ澄(ま)す[とぎすます] 〈5他〉 ①(칼날이 서게) 잘 갈다. ②(거울을) 반들반들하게 닦다. ③(마음・신경을) 날카롭게 하다. 예민하게 하다.

研(ぎ)出し[とぎだし] ①(돌・인조석의) 표면을 갈아서 광택이나 모양을 냄. ②'研(ぎ)出(し)蒔絵'의 준말.

研(ぎ)出(し)蒔絵[とぎだしまきえ] 금・은가루를 뿌린 후 옻칠을 하고 나서 갈고 닦아 밑의 그림이 은은하게 보이게 한 칠기의 그림.

研(ぎ)革[とぎかわ] 면도날을 가는 데 사용하는 가죽.

⊗研く[みがく] 〈5他〉 ①(문질러서) 광을 내다. 연마하다. 갈다. 닦다. ②(손질하여) 아름답게 가꾸다. ③(학문・기예를) 갈고 닦다. 연마하다. 수고하다.

研き[みがき] ①닦음. (닦아서 낸) 윤. ②수련함. 세련됨.

音読

3研究[けんきゅう] 연구; 사물을 상세히 조사하고 깊이 생각하여 사실이나 진리 등을 밝히는 일. 또는 그 내용.

3研究室[けんきゅうしつ] 연구실.

研摩[けんま] 연마; 갈고 닦음.

研磨[けんま] 연마; 갈고 닦음.

2研修[けんしゅう] 연수; 직무상 필요로 하는 지식이나 기능을 높이기 위해 일정 기간 특별히 공부나 실습을 하는 일. 또는 그 때 행해지는 강습.

研鑽[けんさん] 연찬; 깊이 연구함.

研学[けんがく] 연학; 학문을 연구함.

宴 잔치 연

宀 宀 宁 宁 宫 宫 宴 宴 宴 宴

音 ◉エン

訓 ⊗うたげ

訓読

⊗宴❶[うたげ] 《雅》 연회(宴会). 주연(酒宴). ❷[エン] ☞ [音読]

音読

宴❶[エン] 연회. 잔치. 향연(饗宴). ❷[うたげ] ☞ [訓読]

宴曲[えんきょく] (鎌倉(かまくら)・室町(むろまち) 시대에 주로 연회석에서) 중・무사・귀족들이 불렀던 가요.

宴席[えんせき] 연석; 연회석.

宴遊[えんゆう] 연유; 잔치를 하며 놂.

2宴会[えんかい] 연회; 잔치. 향연.

軟 연할 연

一 亓 亘 亘 亘 車 軋 軟 軟 軟

音 ◉ナン

訓 ◉やわらか ◉やわらかい

訓読

◉軟らか[やわらか] 〈形動〉 ①부드러움. 폭신함. ②유연함. ③원만함. 온화함.

2◉軟らかい[やわらかい] 〈形〉 ①부드럽다. 보드랍다. ②폭신폭신하다. ③말랑말랑하다. ④나긋나긋하다. 유연하다. ⑤온화하다. 원만하다. ⑥(가파르지 않고) 완만하다. ⑦격식을 차리지 않는다. 부드럽다.

軟らか物[やわらかもの] (촉감이 부드러운) 비단옷.

音読

軟鋼[なんこう] 《工》 연강.

軟膏[なんこう] 《医》 연고.

軟骨[なんこつ] 연골; 물렁뼈.

軟球[なんきゅう] 연구; ①연식 정구・탁구에 사용하는 무른 공. ②연식 야구에 사용하는 공.

軟禁[なんきん] 《法》 연금; 신체의 자유는 속박하지 않고, 다만 외부와의 연락을 금하거나 제한함.

軟便[なんべん] 연변; 무른 대변.

軟性[なんせい] 연성; 부드러운 성질.

軟水[なんすい] 연수; 단물.

軟式[なんしき] 연식; ①부드러운 재료를 쓰는 방식. ②(야구・정구・탁구에서) 연구(軟球)를 쓰는 방식.

軟弱[なんじゃく] 연약; ①부드럽고 약함. ②(태도나 의지가) 나약함. ③(증권 거래소에서) 약세(弱勢)임. 시세가 내린 상태임.

軟弱外交[なんじゃくがいこう] 저자세 외교.

軟調[なんちょう] 연조; ①부드러운 상태・느낌. ②(사진에서) 흑백의 대비가 약함. ③시세가 내림세임. 하락세(下落勢)임.

軟質[なんしつ] 연질; 부드러운 성질.

軟着陸[なんちゃくりく] 연착륙; 사뿐히 착륙함.

軟鉄[なんてつ] 《工》 연철.

軟体動物[なんたいどうぶつ] 연체 동물.

軟打[なんだ] (야구에서) 연타; 번트.

軟投[なんとう] (야구에서) 연투; 느린 변화구 등을 주로 한 투구법.

軟派[なんぱ] 연파; ①(주의・주장이 약한) 온건파. ②(신문・잡지의) 문화부・사회부 기자.

軟派議員[なんぱぎいん] 온건파 의원.

軟化[なんか] 연화; ①(물건의 성질이) 부드러워짐. 부드럽게 함. ②(주장태도가) 누그러짐. 누그러뜨림. ③시세가 내림세임. 하락세(下落勢)임. ④센물을 단물로 바꿈.

然 그럴 연

夕 夕 夕 夕 夕 夕 夕 然 然 然

音 ◉ゼン ◉ネン
訓 ⊗そう ⊗しかし

訓読

⊗然う[そう] ①〈副〉 그렇게. 그런. 그리. ②〈感〉 그래. 정말.

⊗然し[しかし] 그러나. 그렇지만. 하지만.

然して[しかして] 그리하여. 이리하여.

然しながら[しかしながら] ①그렇지만. 그렇기는 하지만. 그러나. 하지만. ②≪古≫ 모조리. 한결같이. 통틀어.

然も[しかも] ①게다가. 그 위에. 더구나. ②그런데도. 그럼에도 불구하고.

然らしめる[しからしめる] 〈下1他〉 그렇게 만들다. 그렇게 되게 하다.

然らずんば[しからずんば] 그렇지 않으면.

然らば[しからば] ①그러면. 그렇다면. ②(헤어질 때 인사말로) 그럼.

然り[しかり] ①〈ラ変自〉 그렇다. 맞다. ②〈感〉 옳거니. 바로.

然りしこうして[しかりしこうして] 그리하여.

然りといえども[しかりといえども] 그렇기는 하지만. 그렇다 하더라도.

然るに[しかるに] 그런데. 그런데도.

然るべき[しかるべき] ①그래야 할. (그래야) 마땅함. ②알맞은. 응분의. 적당한.

然るべく[しかるべく] 적절하게. 좋도록.

然る間[しかるあいだ] ①그러는 동안에. 그 사이에. ②그런 까닭에. 그렇기 때문에.

然れども[しかれども] 그렇지만. 그러나.

然れば[しかれば] ①그러므로. 그러니까. ②그래서. 그런데.

然然[しかじか] (긴 말을 생략하는 말로) 여차여차. 이러이러한. 운운(云云).

音読

然諾[ぜんだく] 연낙; 승낙.

◑自然[しぜん], 天然[てんねん]

煙(烟) 연기 연

火 火 火 炉 炉 烟 烟 煙 煙 煙

音 ◉エン
訓 ◉けむり ◉けむい ◉けむる

訓読

[2]◉煙[けむり] 연기.

[2]◉煙い[けむい] 〈形〉 (연기가 나서) 냅다.

[1]煙たい[けむたい] 〈形〉 ①(연기가 나서) 냅다. ②거북하다. 어렵다.

煙たがる[けむたがる] 〈5自〉 ①(연기로) 내워하다. ②거북하게 여기다. 어려워하다.

[1]◉煙る[けむる] 〈5自〉 ①(몹시) 연기가 나다. 연기가 사욱하다. ②흐려 보이다. 부예지다.

煙水晶[けむりずいしょう] 연수정.

煙出し[けむだし/けむりだし] ①연기 배출구. ②굴뚝. ③연기를 냄.

音読

煙管❶[えんかん] 연기통. 굴뚝. ❷[キセル] ①담뱃대. 곰방대. ②(발차・도착역에 가까운 차표만 갖고 타는) 부정 승차(乗車).

煙毒[えんどく] 연독; 연기 속의 독기.

[2]煙突[えんとつ] ①굴뚝. ②택시가 미터기를 작동하지 않고 달려 요금을 속임.

煙幕[えんまく] 연막; 자기편의 행동을 숨기기 위한 인공 연기.

煙霧[えんむ] 연무; ①연기와 안개. ②매연. 스모그.

煙雨[えんう] 연우; 이슬비.

[4]煙草[★たばこ] 담배.

煙草盆[★たばこぼん] 담배함.

煙草銭[★たばこせん] ①담뱃갑. ②약간의 돈. ③약간의 사례금.

煙硝[えんしょう] 연초; ①질산칼륨. ②화약.

煙霞[えんか] 연하; ①연기와 안개. ②안개가 낀 듯한 산수의 아름다운 경치.

煙火[えんか] 연화; ①밥 짓는 연기. ②봉홧불. ③꽃불.

鉛(鉛) 납 연

𠆢 亼 午 𨥁 金 金ㄦ 鉛 鉛 鉛 鉛

音 ◉エン
訓 ◉なまり

訓読

1◉鉛[なまり] ≪化≫ 납.
鉛ガラス[なまりガラス] 납유리.
鉛色[なまりいろ] 납빛. 회색. 잿빛.
鉛中毒[なまりちゅうどく] 연중독; 납중독.

音読

鉛管[えんかん] 연관; 납으로 된 관.
鉛毒[えんどく] 연독; ①납의 독. ②연중독증(鉛中毒症). 납중독증.
鉛分[えんぶん] 연분; 납의 성분.
鉛直[えんちょく] 연직; ①직각인 방향. ②≪物≫ 중력(重力)의 방향.
鉛版[えんばん] ≪印≫ 연판.
4鉛筆[えんぴつ] 연필.
鉛筆入れ[えんぴついれ] 연필통.
鉛筆画[えんぴつが] 연필화.

演 넓힐/연습할 연

氵 氵宀 氵宀 洦 渖 湢 湢 演 演

音 ◉エン
訓 —

音読

1演じる[えんじる] 〈上1他〉 ☞ 演ずる
1演ずる[えんずる] 〈サ変他〉 ①(연극・영화에서) 배역을 맡다. ②(실수・잘못을) 저지르다. ③진술하다.
演歌[えんか] 연가; 일본의 대중가요의 한 분야. 애조를 띤 가요곡.
演歌師[えんかし] 거리에서 演歌(えんか)를 부르며 노래책을 팔던 사람.
2演劇[えんげき] 연극; 드라마.
2演技[えんぎ] 연기; ①관객에게 예능의 재주를 보임. ②겉으로 꾸민 짓.
演壇[えんだん] 연단; 강연・연설 등을 하는 사람이 올라서는 단.
演目[えんもく] 상연(上演) 종목.
演武[えんぶ] 연무; ①무예를 연습함. ②무술을 행함.
演舞[えんぶ] 연무; ①춤을 연습함. ②춤을 추어 관중에게 보임.
演物[★だしもの] 상연물(上演物). 공연물(公演物).
演算[えんざん] 연산; 계산.
2演説[えんぜつ] 연설; 많은 사람 앞에서 자신의 주장・의견을 말함.
2演習[えんしゅう] ①연습(練習). ②세미나.
演繹[えんえき] 연역; ①어떤 전제(前提)에서 논리적으로 올바른 추론을 거듭하여 결론을 이끌어냄. ②차차 넓혀가며 의의(意義)를 부연해 진술함.
演芸[えんげい] 연예; 대중 앞에서 예능을 연출하여 보임.
演芸家[えんげいか] 연예인.
演義[えんぎ] 연의; ①어떤 사실을 재미있고 이해하기 쉽게 설명함. ②역사적 사실을 재미있게 수식하여 쓴 중국의 통속소설.
演題[えんだい] 연제; 연설・강연의 제목.
2演奏[えんそう] 연주; 대중 앞에서 악기로 음악을 들려줌.
演奏会[えんそうかい] 연주회.
1演出[えんしゅつ] 연출; 각본이나 시나리오를 기초로 하여 연기・장치・조명・음악 등 각종 표현 요소를 종합하여 지도하는 일.
演戯[えんぎ] 연희; ①연극. ②연기(演技).

縁(緣) 인연 연

糸 糸ㄱ 糸ㄱ 紀 紀 紓 紓 縁 縁 縁

音 ◉エン ◉ネン
訓 ◉ふち ⊗へり ⊗ゆかり ⊗よる

訓読

2◉縁❶[ふち] 가장자리. 테두리. 둘레. 테. ¶眼鏡(めがね)の~ 안경 테.
1⊗縁❷[へり] ①(바다・강・호수・굴 등의) 가장자리. 언저리. 가. ②(물건의) 가장자리. ③가에 두르는 천. 가선 ❸[ゆかり] 연고. 관계. ❹[えにし] (남녀간의) 연분. 인연. ❺[よすが] ①연고. ②방편. 실마리. ③의지할 친척. ❻[えん] ☞ [音読]
縁取り[ふちどり] 가장자리를 장식함. 테를 두름.
縁取る[ふちどる] 〈5他〉 가장자리를 장식하다. 테를 두르다. 선을 두르다.

⊗緣る[よる]〈5自〉말미암다. 연유하다. 기인하다. 달려 있다.

音読

[1]緣❶[えん] 연; ①(운명적인) 인연. 연분. ②(사물과의) 관계. 인연. 계기. ③(부부・친족간의) 인연. 연분. ④툇마루. ❷[ふち/へり/ゆかり/えにし/よすが] ☞ [訓読]

緣家[えんか] 연가; ①친척집. ②사돈집. ③연고가 있는 집.

緣結び[えんむすび] ①부부의 인연을 맺음. 부부가 됨. ②사모하는 사람의 이름을 쓴 쪽지를 神社(じんじゃ)나 절의 문살 또는 나무에 매어 소원이 이루어지도록 비는 일.

緣故[えんこ] 연고; ①관계. ②인척 관계. 혈연. 연고자. ③까닭. 이유.

緣起[えんぎ] ①(길흉의) 운수. 재수. ②(사물의) 기원. 유래. ③《仏》 일의 기원. 유래.

緣起物[えんぎもの] ①재수를 비는 물건. ＊부적・복조리・오뚝이・손짓하는 인형. ②神社(じんじゃ)나 절(寺).

[1]緣談[えんだん] 혼담(婚談).

緣台[えんだい] 길쭉한 걸상. 평상.

緣類[えんるい] 친척. 친척 관계. ＊결혼이나 결연 관계로 이루어진 친척을 말함.

緣付く[えんづく]〈5自〉①시집가다. 출가하다. ②장가들다.

緣付ける[えんづける]〈下1他〉①시집보내다. 출가시키다. ②장가들이다.

緣先[えんさき] ①마루 끝. 툇마루 끝. ②마루 앞. 툇마루 앞. ③시가(媤家). 사돈집.

緣続き[えんつづき] ①친척. 인척. 친척뻘. ②툇마루로 연결됨.

緣語[えんご] 和歌(わか)에서 서로 연관되는 단어를 사용하여 표현 효과를 올리는 기법.

緣遠い[えんどおい]〈形〉①인연이 멀다. 관계가 멀다. ②결혼 인연이 없다. 시집을 못가다.

緣由[えんゆ] 연유; ①인연. 유래. 관계. ②《法》 연유; 동기. 이유.

緣日[えんにち] 神社(じんじゃ)나 절(寺)의 축제일.

緣者[えんじゃ] 친척. 일가(一家).

緣者の続き[えんじゃのつづき] 혈연 관계. 혈족.

緣切り[えんきり] 절연. 의절(義絶)함.

緣切り状[えんきりじょう] 이혼장.

緣組(み)[えんぐみ] ①(부부・양자 등의) 인연을 맺음. 결연. 정혼(定婚). ②《法》 양자(養子) 결연.

緣座敷[えんざしき] (일본 집에서) 중앙의 거실과 툇마루 사이의 좁은 방.

[1]緣側[えんがわ] ①툇마루. ②물고기 지느러미 기부(基部)에 있는 뼈나 살.

緣の下[えんのした] 마루 밑.

緣の下力持ち[えんのしたちからもち] 숨은 공로자.

◑因緣[いんねん]

燃 불탈 연

丶 丷 火 炒 炒 炒 炒 炒 燃 燃

音 ◉ネン

訓 ◉もえる ◉もす ◉もやす

訓読

[2]◉燃える[もえる]〈下1自〉①(불이) 타다. ②피어오르다. ③(희망・열정이) 불타다. 솟다. ④새빨갛게 빛나다.

燃え[もえ] 불타는 상태・정도.

燃え杭[もえぐい] 타다 남은 나무・말뚝.

燃え殼[もえがら] 다 타고 남은 재.

燃え立つ[もえたつ]〈5自〉①활활 타오르다. 불타오르다. ②(감정이) 치밀어 오르다.

燃え付く[もえつく]〈5自〉불이 붙다. 불이 번지다.

燃え上がる[もえあがる]〈5自〉①불타오르다. ②(감정이) 치밀어 오르다.

燃え盛る[もえさかる]〈5自〉맹렬하게 불타다. 활활 타오르다.

燃え残り[もえのこり] 타다 남은 것.

燃え種[もえくさ] 불쏘시개.

燃え止し[もえさし] 불타다 남음.

燃え差し[もえさし] 불타다 남음.

◉燃す[もす]〈5他〉불태우다. 타게 하다.

燃し木[もしき] 땔감. 장작.

[2]◉燃やす[もやす]〈5他〉①불태우다. 타게 하다. ②(감정을) 고조시키다. 불태우다.

音読

[1]燃料[ねんりょう] 연료; 땔감.

燃費[ねんぴ] 연비; 연료 소비율. 자동차 등이 연료 1리터로 주행할 수 있는 거리.

[1]燃焼[ねんしょう] 연소; ①불탐. ②자신의 역량을 최대한 발휘함.

燃油[ねんゆ] 연유; 연료로 쓰는 기름.

衍 퍼질 연	音 ⊗エン 訓 —

音読

衍文[えんぶん] ☞ 衍字

衍字[えんじ] 연자; 문장 속에 잘못 끼어 있는 쓸데없는 글자.

淵 연못 연	音 ⊗エン 訓 ⊗ふち

訓読

⊗淵[ふち] ①깊은 연못. ②(헤어나기 어려운 처지의) 구렁.

淵瀬[ふちせ] ①(강물의) 깊은 곳과 얕은 곳. ②(사물의) 판단력. ③덧없음.

音読

淵源[えんげん] 연원; 근원. 근본.

淵叢[えんそう] 연총; ①사물이 많이 모이는 곳. ②학예(学芸) 활동의 중심지.

硯 벼루 연	音 ⊗ケン 訓 ⊗すずり

訓読

⊗硯[すずり] 벼루.

硯蓋[すずりぶた] ①벼루 뚜껑. ②(잔치 때에 사용하는) 뚜껑 모양의 쟁반. 또는 거기에 담긴 술안주.

硯箱[すずりばこ] 연상; 벼룻집.

音読

硯北[けんぽく] 좌하(座下). *편지에서 수신인의 이름 밑에 써서 경의를 표하는 말임.

硯池[けんち] 연지; 벼루의 먹물이 괴는 곳.

硯海[けんかい] ☞ 硯池

燕 제비 연	音 ⊗エン 訓 ⊗つばめ

訓読

⊗燕[つばめ] ①《鳥》 제비. ②제비족. 연하(年下)의 정부(情夫).

音読

燕麦[えんばく] 《植》 연맥; 귀리.

燕尾服[えんびふく] 연미복.

燕雀[えんじゃく] 연작; ①제비나 참새. ②소인(小人). 보통 사람.

燕脂[えんじ] 연지; ①홍색(紅色)의 안료(顔料). ②검붉은 빛깔의 그림물감.

燕脂色[えんじいろ] 연지색.

열

悦(悅) 기쁠 열
丶 丷 忄 忄' 忄'' 忄'' 悄 悄 悅 悦

音 ◉エツ
訓 ⊗よろこぶ ⊗よろこばしい

訓読

⊗悦ぶ[よろこぶ] 〈5自〉 기뻐하다. 즐거워하다. 좋아하다.

⊗悦ばしい[よろこばしい] 〈形〉 기쁘다. 즐겁다. 경사스럽다.

⊗悦ばす[よろこばす] 〈5他〉 기쁘게 하다.

⊗悦ばせる[よろこばせる] 〈下1他〉 기쁘게 하다. 즐겁게 하다.

⊗悦び[よろこび] ①기쁨. 기뻐함. ②경사. 경사스러움. ③축사. 축하의 말.

⊗悦んで[よろこんで] 기쁘게. 기꺼이.

音読

悦[えつ] 기쁨. 즐거움.

悦楽[えつらく] 열락; 기뻐하며 즐김.

閲(閱) 볼/살필 열
丨 𠃍 ㇐ 門 門 門 門 閂 閱 閲

音 ◉エツ
訓 ⊗けみする

訓読

⊗閲する❶[けみする] 〈サ変他〉 ①조사하다. ②세월을 보내다. 경과하다. ❷[えっする] ☞ [音読]

音読

閲する❶[えっする] 〈サ変他〉 ①검열하다. 조사하다. ②읽어보다. 훑어보다. ③(시일을) 경과하다. 보내다. ❷[けみする] ☞ [訓読]

閲読[えつどく] 열독; 내용을 검토하며 읽음.

[1]閲覧[えつらん] 열람; 죽 내리 훑어 봄.

閲兵式[えっぺいしき] 열병식; 군대를 정렬시켜 검열하는 의식.

熱 뜨거울 열

土 圭 圭 坴 坴 坴 刲 執 執 熱

音 ◉ネツ
訓 ◉あつい

訓読

4◉熱い[あつい] 〈形〉 ①(열・온도가 높아서) 뜨겁다. ②(감정이 격하여) 뜨겁다. ③열렬하다. 반해 있다.
熱燗[あつかん] 술을 따끈하게 데움.
熱苦しい[あつくるしい] 〈形〉 몹시 무덥다. 후텁지근하다.
熱湿る[あつしめる] 〈5自〉 무덥고 습해지다. 후텁지근해지다.
熱熱[あつあつ] ①매우 뜨거움. 따끈따끈함. ②(애정이) 열렬함. 뜨거움.
熱湯❶[あつゆ] 뜨거운 목욕물. ❷[ねっとう] 열탕; 펄펄 끓어오르는 물.
熱湯好き[あつゆずき] 뜨거운 목욕물을 좋아하는 사람.
熱灰[あつばい] (불기가 남아 있는) 뜨거운 재.

音読

2熱[ねつ] 열; ①《物》 물질의 온도를 변화시키는 에너지. ②높은 체온. 신열(身熱). ③열기(熱気). ④열성. 열의. 열중. 흥분된 마음.
2熱する[ねっする] 〈サ変他〉 (물체에) 열을 가하다. 뜨겁게 하다. 가열하다. 〈サ変自〉 ①뜨거워지다. 달구어지다. ②열중하다. 열을 내다.
熱っぽい[ねつっぽい] ①(몸에) 열이 있는 듯하다. ②정열적이다. 뜨겁다. 열렬하다.
熱間圧延[ねっかんあつえん] 열간 압연.
熱狂[ねっきょう] 열광; 미칠 정도로 열심임.
熱狂相場[ねっきょうそうば] 매기(買気)가 강하여 폭등한 주식 시세.
熱気[ねっき] 열기; ①뜨거운 공기. ②높은 체온. ③열띤 기분. 솟구치는 힘.
熱気消毒[ねっきしょうどく] 열기 소독.
熱器具[ねっきぐ] 열기구; 열을 이용하는 기구.
熱機関[ねっきかん] 열기관; 증기 기관. 내열 기관.
2熱帯[ねったい] 열대; 적도를 중심으로 하여 남북의 위도 23°27′ 이내의 지대.
熱帯林[ねったいりん] 열대림.
熱帯魚[ねったいぎょ] 열대어.
熱帯低気圧[ねったいていきあつ] 열대 저기압.
熱度[ねつど] 열도; ①열의 도수. ②열심의 정도.
熱冷(ま)し[ねつさまし] 해열제.
1熱量[ねつりょう] 열량; 칼로리.
熱烈[ねつれつ] 열렬; 언행이 매우 맹렬함.
熱涙[ねつるい] 열루; 뜨거운 눈물.
熱望[ねつぼう] 열망; 열심히 바람.
熱弁[ねつべん] 열변; 열렬한 변론.
熱病[ねつびょう] 《医》 열병.
熱砂[ねっさ/ねっしゃ] 열사; ①뜨거운 모래. ②뜨거운 사막.
熱射病[ねっしゃびょう] 《医》 열사병.
熱線[ねっせん] 열선; 적외선(赤外線).
熱誠[ねっせい] 열성; 열렬한 정성.
2熱心[ねっしん] 열심; 어떤 일에 골똘함.
熱愛[ねつあい] 열애; 열렬히 사랑함.
熱演[ねつえん] 열연; 열렬하게 연기함.
熱源[ねつげん] 《物》 열원.
1熱意[ねつい] 열의; 열성스런 마음.
熱低[ねってい] '熱帯低気圧'의 준말.
熱戦[ねっせん] 열전; ①열렬한 시합. ②무력에 의한 본래의 전쟁.
熱情[ねつじょう] 열정; 열중하는 마음.
2熱中[ねっちゅう] 열중; 한 가지 일에 정신을 쏟음.
熱唱[ねっしょう] 열창; 노래를 열심히 부름.
熱処理[ねっしょり] 열처리.
1熱湯❶[ねっとう] 열탕; 펄펄 끓어오르는 물. ❷[あつゆ] 뜨거운 목욕물.
熱湯消毒[ねっとうしょうどく] 열탕 소독.
熱風[ねっぷう] 열풍; 열기를 품은 바람.
熱核反応[ねつかくはんのう] 열핵 반응.
熱血[ねっけつ] 열혈; 열정으로 끓는 피.
熱血漢[ねっけつかん] 열혈한; 열혈남아.

〔염〕

炎 불꽃 염

丶 丷 ⺌ 火 火 炏 炏 炎

音 ◉エン
訓 ◉ほのお

訓読

²◉炎[ほのお] ①불길. 불꽃. ②(격한 감정의) 불길. ¶恋(こい)の~ 사랑의 불길.

音読

炎上[えんじょう] (큰 건물·비행기·선박 등이) 불탐. 불타오름.

炎暑[えんしょ] 염서; 무더위. 혹서(酷暑).

炎熱[えんねつ] 무더위. 혹서(酷暑).

炎炎[えんえん] (불이) 활활 타오름.

炎症[えんしょう] ≪医≫ 염증.

炎天[えんてん] 염천; 여름날의 무더운 날씨.

染 물들일 염

丶 氵 氵 汈 氿 氿 氿 垫 染 染

音 ◉セン

訓 ◉しみる ◉そまる ◉そむ ◉そめる

訓読

¹◉染まる[そまる] 〈5自〉 ①물들다. 염색되다. ②(나쁜 영향을 받아 악에) 물들다.

◉染みる❶[しみる] 〈上1自〉 ①배다. 스며들다. 번지다. ②(나쁜 영향을 받아) 물들다. ③(자극을 받아) 아리다. ④절실하게 느끼다. 사무치다. ❷[じみる] 〈上1自〉 (명사에 접속하여) ①…배다. …끼다. ②…같아 보이다.

染み[しみ] ①얼룩. ②(피부에 생기는) 검버섯. ③불쾌한 추억.

染み渡る[しみわたる] 〈5自〉 ①완전히 스며들다. ②(어떤 생각이) 편만하다.

染み抜き[しみぬき] ①얼룩을 뺌. ②얼룩을 빼는 약.

染み付く[しみつく] 〈5自〉 ①얼룩지다. 찌들다. 배다. ②(나쁜 습관이) 몸에 배다. ③절실하게 느껴지다.

染み入る[しみいる] 〈5自〉 (깊이) 스며들다.

染み込む[しみこむ] 〈5自〉 ①(액체가) 스며들다. 배어들다. ②(마음속에) 사무치다.

染み出る[しみでる] 〈下1自〉 (겉으로) 스며 나오다. 배어 나오다.

染み透る[しみとおる] 〈5自〉 ①(깊이) 배어들다. 스며들다. ②사무치다.

◉染む[そむ] 〈5自〉 ①(빛깔이) 물들다. ②배어들다. 스며들다. ③('心(こころ)に 染(そ)まない' 문형으로) 마음에 들지 않다. ④'染(そ)める·染(し)みる'의 문어(文語).

¹◉染める[そめる] 〈下1他〉 ①(빛깔을) 물들이다. 염색하다. ②깊이 인상에 남다. ③(붓에 물감이나 먹을) 묻히다. ④일을 시작하다.

染め[そめ] 물들임. 염색. 물들인 빛깔.

染(め)模様[そめもよう] 염색된 무늬.

染(め)木[そめき] 물감 식물. 염료 식물.

染(め)紋[そめもん] 발염(拔染)한 문장(紋章). 무늬를 바탕 빛깔로 해서 나타낸 문장(紋章).

染(め)物[そめもの] 염색. 염색물.

染(め)返し[そめかえし] ①(퇴색한 것을) 다시 염색함. 재염색. ②다른 빛깔로 바꿔 염색함.

染め返す[そめかえす] 〈5他〉 ①(퇴색한 것을) 다시 염색하다. 재염색하다. ②다른 빛깔로 바꿔 염색하다.

染(め)抜き[そめぬき] 발염. 무늬 부분만 바탕색으로 남기고 나머지 부분을 물들임.

染め抜く[そめぬく] 〈5他〉 발염하다. 무늬 부분만 바탕색으로 남기고 물들이다.

染(め)抜(き)紋[そめぬきもん] 발염한 문장(紋章).

染(め)変え[そめかえ] 다른 빛깔로 바꿔 염색함.

染め変える[そめかえる] 〈下1他〉 다른 무늬나 빛깔로 바꿔 염색하다.

染(め)付け[そめつけ] ①물들임. 염색함. ②남빛 무늬를 물들인 천. ③남빛 무늬를 넣어 구운 도자기.

染め付ける[そめつける] 〈下1他〉 (천이나 도자기 등에) 물들여 빛깔이나 무늬를 내다.

染(め)分け[そめわけ] ①색색으로 물들임. ②꽃잎의 색이 각기 다른 꽃.

染め分ける[そめわける] 〈下1他〉 여러 색깔로 염색하다. 색색으로 염색하다.

染(め)粉[そめこ] 가루 물감. 분말 염료.

染(め)飛白[そめがすり] 붓으로 스친 듯한 무늬를 물들여 나타낸 천.

染(め)糸[そめいと] 색실. 염색한 실.

染(め)上(が)り[そめあがり] 염색이 다 됨. 염색된 상태.

染め上げる[そめあげる] 〈下1他〉 염색해 내다. 염색을 마치다.

染(め)色[そめいろ] 염색한 빛깔.

染め成す[そめなす] 〈5他〉 제 빛깔로 물들이다. 물들여 그 색깔로 하다.

染井吉野[そめいよしの] ≪植≫ 왕벚꽃나무.

染(め)紙[そめがみ] ①색종이. ②(색종이에 쓴) 불교의 경문.

染め直す[そめなおす] 〈5他〉 다른 무늬나 빛깔로 바꿔 염색하다.
染(め)替え[そめかえ] 다른 무늬나 빛깔로 바꿔 염색함.
染め替える[そめかえる] 〈下1他〉 다른 무늬나 빛깔로 바꿔 염색하다.
染(め)草[そめくさ] 염료용 식물.
染め出す[そめだす] 〈5他〉 빛깔을 물들여 나타내다.
染(め)革[そめかわ] 염혁; 염색하여 빛깔이나 무늬를 낸 가죽.
染(め)型[そめがた] ①염색할 무늬. ②염색할 무늬의 본.

音読

染料[せんりょう] 염료; 색소가 되는 물질.
染髪[せんぱつ] 염발; 머리를 염색함.
洗髪剤[せんぱつざい] 머리 염색약.
染色[せんしょく] 염색; 염료로 물들임.
染色体[せんしょくたい] 염색체.
染織[せんしょく] 염직; 염색과 직조(織造).
染筆[せんぴつ] 염필; 붓에 물감이나 먹을 묻힘.
染筆料[せんぴつりょう] 휘호료(揮毫料). 서화를 그리거나 쓴 수고료.

塩(鹽) 소금 염

⺊ ⺊ ⺊ 圵 圻 坧 垆 埆 塩 塩

音 ◉エン
訓 ◉しお

訓読

4◉塩❶[しお] ①소금. ②간. 소금기. ❷[えん] ☞ [音読]
塩っぱい[しょっぱい] 〈形〉 ①(맛이) 짜다. ②인색하다.
塩加減[しおかげん] 소금 간. 간.
塩干し[しおぼし] 건어물.
塩乾し[しおぼし] 건어물.
塩尻[しおじり] (염전에서) 무덤처럼 쌓아 올린 모래.
塩鮭[しおざけ] 소금에 절인 연어.
塩気[しおけ] 간. 소금기. 짠맛.
塩断ち[しおだち] (神仏에게 기도하거나 건강상의 이유로) 한동안 소금기 있는 음식을 먹지 않음.
塩豆[しおまめ] 소금으로 간하여 볶은 완두콩.
塩瀬[しおぜ] 호박단의 한 종류.
塩物[しおもの] 소금에 절인 생선.
塩味[しおあじ/しおみ] 간. 짠맛. 소금기.
塩剝き[しおむき] 살아있는 바지락 등을 깐 조갯살.
塩釜[しおがま] ①소금가마. ②찹쌀 미숫가루로 만든 과자.
塩浜[しおはま] 염전(塩田).
塩焼(き)[しおやき] ①소금구이. ②소금으로 간을 맞춰 삶음.
塩水[しおみず] 소금물.
塩辛[しおから] 젓. 젓갈.
2塩辛い[しおからい] 〈形〉 (맛이) 짜다.
塩辛声[しおからごえ] 쉰 굵은 목소리.
塩辛蜻蛉[しおからとんぼ] ≪虫≫ 밀잠자리.
塩圧し[しおおし] 소금에 절여 돌로 눌러 둠.
塩押し[しおおし] ☞ 塩圧し(しおおし)
塩魚[しおざかな] 소금에 절인 생선.
塩煙[しおけむり] 소금가마에서 나는 김.
塩揉み[しおもみ] 소금에 버무림.
塩引き[しおびき] 소금에 절인 생선.
塩煮[しおに] 소금으로 간을 맞춰 요리한 음식.
塩煎餅[しおせんべい] 간장으로 맛을 내어 구운 煎餅(せんべい).
塩蒸し[しおむし] 소금으로 간을 하여 찐 음식.
塩漬(け)[しおづけ] ①소금에 절인 식품. ②주식의 시세가 오를 때까지 가지고 있음.
塩茶[しおちゃ] 소금을 탄 엽차.
塩出し[しおだし] (소금에 절인 것을) 물에 담가 소금기를 우려냄.
塩湯[しおゆ] 염탕; ①데운 바닷물 목욕. ②염분을 함유한 광천. ③끓인 소금물.
塩風呂[しおぶろ] 데운 소금물 목욕. 데운 바닷물 목욕.

音読

塩❶[えん] ≪化≫ 염; 황산나트륨. ❷[しお] ☞ [訓読]
塩ビ[えんビ] '塩化ビニール'의 준말.
塩基性[えんきせい] 염기성; 알카리성.
塩類[えんるい] ≪化≫ 염류.
塩梅[★あんばい] ①(양념으로서의) 소금과 매실. ②(음식의) 간. 맛. ③(일의) 형편. 상태. ④('いい~に'의 문형으로) 알맞게.
塩分[えんぶん] 염분; 소금기.
塩酸[えんさん] ≪化≫ 염산.
塩素[えんそ] ≪化≫ 염소.
塩蔵[えんぞう] 염장; 소금으로 간하여 저장함.
塩田[えんでん] 염전; 바닷물에서 소금을 채취하기 위해 시설한 모래밭.

塩害[えんがい] 염해; 해수(海水)나 해풍(海風)에 의한 피해.
塩化[えんか] ≪化≫ 염화.

厭 싫어할 염	音 ⊗エン 訓 ⊗いや ⊗いとう ⊗あきる

訓読
⊗**厭**[いや] ①싫음. ②불쾌함.
⊗**厭う**[いとう] 〈5他〉 ①싫어하다. 꺼리다. ②돌보다. 소중히 하다. ③속세를 떠나다.
厭わしい[いとわしい] 〈形〉 지겹다. 불유쾌하다. 꺼림칙하다. 귀찮다.
⊗**厭きる**[あきる] 〈上1自〉 ①싫증나다. 물리다. 질리다. ②진력나다.
厭き[あき] 싫증. 물림. 진력남.
厭き性[あきしょう] 싫증을 잘 내는 성질.
厭き厭き[あきあき] 몹시 질력이 남. 넌덜머리남. 진절머리 남. 신물 남.
厭味[いやみ] ①불쾌감・혐오감을 줌. ②비아냥거림. 남이 싫어하는 말이나 행동을 함.
厭地[いやち] 연작(連作)으로 수확이 감소됨.
厭持て[いやもて] 진심이 아닌 형식적인 대접을 받음.

音読
厭忌[えんき] 염기; 싫어하고 꺼림.
厭離穢土[えんりえど] ≪仏≫ 염리예토.
厭世[えんせい] 염세; 세상을 싫어함.
厭世主義[えんせしゅぎ] 염세주의.
厭悪[えんお] 혐오. 싫어하고 꺼림.
厭人[えんじん] 염인; 사람을 꺼림.
厭戦[えんせん] 염전; 전쟁을 싫어함.

艶(豔) 예쁠 염	音 ⊗エン 訓 ⊗あで ⊗つや ⊗なまめかしい

訓読
2 ⊗**艶**❶[つや] ①윤. 윤기. 광택. ②(목소리가) 애교스럽고 밝음. ③멋. 재미. ④섹스. ❷[あで] 요염함. ❸[えん] ☞ [音読]
⊗**艶っぽい**[つやっぽい] 〈形〉 요염하다.
⊗**艶めかしい**[なまめかしい] 〈形〉 ①요염하다. ②매력적이다. 아리땁다. ③≪古≫ 우아하다.
⊗**艶めく**❶[つやめく] 〈5自〉 ①윤이 나다. 반들거리다. ②요염해지다. 섹시해지다. ❷[なまめく] ①요염해지다. ②매력적이다. 아리따워지다. ③≪古≫ 우아해지다.
⊗**艶やか**❶[あでやか] 〈形〉 아리따움. 요염함. 우아함. ❷[つややか] 〈形〉 윤기가 돎. 광택이 있음.
艶気[つやけ] ①윤기. 광택의 정도. ②요염함. 섹시함.
艶物[つやもの] (浄瑠璃(じょうるり)에서) 남녀간의 정사(情事)를 소재로 한 작품.
艶事[つやごと] (남녀간의) 정사(情事).
艶消し[つやけし] ①무광택. 광택을 없앰. ②흥을 깸. 재미를 없앰.
艶艶しい[つやつやしい] 〈形〉 반질반질하다. 반들반들하다. 윤이 나다.
艶艶する[つやつやする] 〈サ変自〉 반들반들하다. 반지르르하다. 윤이 나다.
艶姿[あですがた] 요염한 자태.
艶種[つやだね] (남녀간의) 스캔들.
艶出し[つやだし] 광택을 냄.
艶布巾[つやぶきん] 광택을 내는 걸레.

音読
艶❶[えん] 요염한 아름다움. ❷[あで/つや] ☞ [訓読]
艶歌[えんか] 連歌(れんが). 애조를 띤 일본 가요곡.
艶麗[えんれい] ①요염하고 아름다움. ②표현이 화려하고 아름다움.
艶文[えんぶん] 염문; 연애 편지.
艶聞[えんぶん] 염문; 스캔들.
艶味[えんみ] 요염한 분위기.
艶美[えんび] 요염하고 아름다움.
艶福[えんぷく] 염복; 여자가 잘 따르는 복.
艶福家[えんぷくか] 여자가 잘 따르는 사람.
艶色[えんしょく] 요염한 자색.
艶書[えんしょ] 연애 편지.
艶笑[えんしょう] ①요염하게 웃음. ②익살스런 성풍속(性風俗) 묘사.
艶情[えんじょう] 요염한 분위기.

〔엽〕

葉 잎사귀 엽

艹 艹 芉 苹 苹 萓 萓 葉 葉 葉

音 ◉ヨウ
訓 ◉は

訓読
1 ◉**葉**[は] ≪植≫ 잎. 잎사귀.

葉っぱ[はっぱ] 잎. 이파리. 잎사귀.
葉鶏頭[はげいとう] ≪植≫ 색비름.
葉巻[はまき] 엽궐련. 시거.
葉蘭[はらん] ≪植≫ 엽란.
葉裏[はうら] 잎의 뒤쪽.
葉末[はずえ] ①잎의 끝. ②자손.
葉牡丹[はぼたん] ≪植≫ 모란채.
葉物[はもの] ①푸성귀. ②주로 잎을 관상하는 식물.
葉分け[はわけ] ≪雅≫ 잎과 잎 사이를 띄어 놓음. 잎과 잎 사이.
葉生姜[はしょうが] ≪植≫ 잎이 피고 줄기가 굵어진 생강.
4葉書[はがき] 엽서.
葉桜[はざくら] 꽃이 지고 새 잎이 날 무렵의 벚나무.
葉煙草[はたばこ] 엽연초; 잎담배.
葉影[はかげ] 나뭇잎 그림자.
葉月[はづき] ≪雅≫ 음력 8월. ＊지금은 '양력 8월'에도 사용함.
葉越し[はごし] 나뭇잎 사이로 통함.
葉隠る[はがくる] 〈下2自〉≪雅≫ 초목의 잎 사이에 숨다.
葉隠れ[はがくれ] ①나뭇잎 사이에 숨음. ②'葉隠聞書'의 준말.
葉隠れる[はがくれる] 〈下1自〉 나뭇잎 사이로 숨다.
葉隠聞書[はがくれききがき] 江戸(えど) 시대 전기(前期)의 무사도(武士道) 논서(論書).
葉音[はおと] 나뭇잎 소리.
葉陰[はかげ] 나뭇잎 그늘. 나뭇잎 뒤.
葉竹[はだけ] 잎이 달린 채 벤 대나무.
葉茶[はちゃ/はぢゃ] 엽차.
葉擦れ[はずれ] (바람에) 나뭇잎이 서로 스침.
葉叢[はむら] 무성한 한 무더기의 잎.
葉虫[はむし] 엽충; 잎벌레.
葉風[はかぜ] 초목을 나부끼게 하는 바람.

音読

葉緑素[ようりょくそ] ≪植≫ 엽록소.
葉緑体[ようりょくたい] ≪植≫ 엽록체.
葉脈[ようみゃく] ≪植≫ 엽맥; 잎맥.
葉状[ようじょう] 엽상; 나뭇잎 모양.
葉身[ようしん] ≪植≫ 엽신; 잎의 넓은 부분.
葉菜類[ようさいるい] ≪農≫ 엽채류; 잎과 줄기를 식용하는 채소류.

영

永 길/오랠 영

丶 亅 刁 刅 永

音 ◉エイ
訓 ◉ながい

訓読

2◉永い[ながい] 〈形〉 (시간적으로) 오래다. 길다.
永の[ながの] 긴. 오랜. 영원한. 영구한.
永らえる[ながらえる] 〈下1自〉 오래도록 살다. 언제까지고 생존하다.
永らく[ながらく] 오래. 오랫동안. 오래도록.

音読

永劫[えいごう] 영겁; 아주 오랜 세월. 매우 긴 세월.
永訣[えいけつ] 영결; 영원한 이별. 사별(死別).
2永久[えいきゅう] 영구; 영원함.
永久磁石[えいきゅうじしゃく] 영구 자석.
永久歯[えいきゅうし] 영구치.
永年[えいねん/ながねん] 오랜 세월. 여러 해. 다년간.
永代[えいたい] 영대; 오랜 세월.
永眠[えいみん] 영면; 죽음.
永別[えいべつ] 영별; 영원한 이별.
永逝[えいせい] 영서; 죽음. 영면(永眠).
永世[えいせい] 영세; 영구(永久). 영원.
永続[えいぞく] 영속; 오래 계속됨.
2永遠[えいえん] 영원; 영구(永久).
永字八法[えいじはっぽう] 영자팔법.
永住権[えいじゅうけん] ≪法≫ 영주권.

迎(迎) 맞이할 영

′ ľ 卬 卬 卬 迎 迎

音 ◉ゲイ
訓 ◉むかえる

訓読

2◉迎える[むかえる] 〈下1他〉 ①(사람을) 맞다. 맞이하다. ②(때를) 맞다. 맞이하다. ③(가족이나 회원으로) 맞아들이다. ④부르다. 초청하다. ⑤(어떤 상황에) 직면하다. 맞다. ⑥(적을) 맞서다. 맞아 싸우다.

2迎え[むかえ] ①마중함. 맞이함. 마중할 사람. ②불러 옴.
迎え角[むかえかく] (비행기의) 영각.
迎え撃つ[むかえうつ] 〈5他〉 요격(邀擊)하다. 쳐들어오는 적을 맞아 공격하다.
迎え水[むかえみず] (펌프의) 마중물.
迎え入れる[むかえいれる] 〈下1他〉 맞아들이다. 받아들이다. 영입하다.
迎え鐘[むかえがね] (盂蘭盆会(うらぼんえ) 때) 초혼(招魂)하기 위해 치는 종.
迎え酒[むかえざけ] 해장술.
迎え取る[むかえとる] 〈5自〉 ①(책임 등을) 자기 몸에 받아들이다. ②집으로 맞아들이다.
迎え湯[むかえゆ] 갓난아이의 첫 목욕.
迎え火[むかえび] (盂蘭盆会(うらぼんえ) 때) 조상의 혼백을 맞기 위해 문 앞에 피우는 불.

音読

迎擊[げいげき] 요격(邀擊). 적을 맞아 침.
迎賓[げいひん] 영빈; 손님을 기쁘게 맞이함.
迎賓館[げいひんかん] 영빈관.
迎接[げいせつ] 영접; 맞이하여 접대함.
迎春[げいしゅん] 영춘. ＊연하장에서의 새해 인사말.
迎春花[げいしゅんか] ≪植≫ 영춘화.
迎合[げいごう] 영합; 아첨하러 좇음.

泳 헤엄칠 영

丶 冫 氵 氵 汀 汸 汾 泳

音 ◉エイ
訓 ◉およぐ

訓読

4◉泳ぐ[およぐ] 〈5自〉 ①(물에서) 헤엄치다. 수영하다. ②(사람의 무리를) 헤쳐 나가다. ③(씨름에서) 앞쪽으로 허우적거리다. 비틀거리다. ④(능란하게) 처신하다. 처세하다.
泳ぎ[およぎ] ①헤엄. 수영. ②세상살이. 처신. 처세.
泳がせる[およがせる] 〈下1他〉 ①헤엄치게 하다. ②(경찰이 증거를 확보하기 위해) 돌아다니게 내버려두다. 자유롭게 놓아두다.

音読

泳法[えいほう] 영법; 수영하는 법. 헤엄치는 법. 수영하는 스타일.
泳者[えいしゃ] 수영하는 사람.

英 꽃부리/빼어날 영

一 十 艹 艹 芇 苩 英 英

音 ◉エイ
訓 —

音読

英[えい] 영국(英国). 잉글랜드.
英傑[えいけつ] 영걸; 대인물.
英国[えいこく] 영국; 잉글랜드.
英気[えいき] 영기; 뛰어난 재기(才気).
英断[えいだん] 영단; 과감한 결단.
英領[えいりょう] 영령; 영국 영토.
英霊[えいれい] 영령; 죽은 사람의 혼.
英邁[えいまい] 영매; 영특함.
英名[えいめい] 영명; 훌륭하다는 평판.
英明[えいめい] 영명; 뛰어나게 사리에 밝음.
2英文[えいぶん] 영문; ①영어 문장. ②'英文学・英文学科'의 준말.
英文法[えいぶんぽう] 영문법.
英文学[えいぶんがく] 영문학.
英文学科[えいぶんがっか] 영문학과.
英米[えいべい] 영미; 영국과 미국.
英書[えいしょ] 영서; ①영어로 된 책. ②영국 서적.
英詩[えいし] 영시; ①영어로 쓴 시. ②영국의 시.
4英語[えいご] 영어; 영국의 국어.
英訳[えいやく] 영역; 영어로 번역함.
英連邦[えいれんぽう] 영연방.
1英雄[えいゆう] 영웅; 재능・담력・무용(武勇)을 겸비한 뛰어난 인물.
英人[えいじん] 영국 사람.
1英字[えいじ] 영자; 영어 글자.
英姿[えいし] 당당한 모습.
英資[えいし] 영자; ①뛰어난 자질. ②영국 자본.
英作文[えいさくぶん] 영작문; 영어 작문.
英才[えいさい] 영재; 뛰어난 재능의 소유자.
英俊[えいしゅん] 영준; 남보다 재능이 뛰어난 사람.
英知[えいち] 영지; 뛰어난 깊은 지혜.
2英和辞典[えいわじてん] 영일 사전(英日辞典). 영어・일본어 사전.

映 비칠 영

丨 Ⅱ 日 日 㫖 旿 昍 映 映

音 ◉エイ
訓 ◉はえる ◉うつす ◉うつる

訓読

[1]◉**映える**[はえる]〈下1自〉①(빛을 받아) 빛나다. 비치다. ②훌륭하다. 돋보이다. ③잘 어울리다. 조화되다.
映え[はえ] 빛남. 돋보임.
映え映えしい[はえばえしい]〈形〉①화려하고 보기에 좋다. 휘황하다. ②영광스럽다. 명예롭다.
[2]◉**映す**[うつす]〈5他〉①(모습・그림자를) 비추다. ②(영상을) 비추다. 상영하다. 방영(放映)하다.
映し絵[うつしえ] ①그림자놀이. ②사진. 환등(幻灯).
映し出す[うつしだす]〈5他〉①(영상을) 비추기 시작하다. 방영하기 시작하다. ②(광선으로 사물의 모습을) 투영(投映)하다.
[2]◉**映る**[うつる]〈5自〉①(모양・색깔이) 비치다. ②(스크린에) 영상이 나타나다. ③(눈에) 비치다. 보이다. ④(빛깔 등이) 잘 어울리다. 조화되다.
映り[うつり] ①비침. 영상(映像). ②(색깔의) 조화. 배색(配色).
映ろう[うつろう]〈5自〉(빛이나 그림자가) 비치다.

音読

映じる[えいじる]〈上1自〉☞ 映ずる
映ずる[えいずる]〈サ変自〉①(거울・수면 등에) 비치다. ②(빛을 받아) 빛나다. ③(눈에) 비치다.
[1]**映写機**[えいしゃき] 영사기; 영화를 상영하는 기계.
映射[えいしゃ] 영사; 빛을 받아 빛남.
[1]**映像**[えいぞう] 영상; ①물체에 비추어진 모습. ②이미지. ③(영화・TV의) 화상(画像).
[4]**映画**[えいが] 영화; 활동사진.
[4]**映画館**[えいがかん] 영화관; 영화 극장.

栄(榮) 영화 영

丶 丷 ⺌ 𫩏 𫩏 㓁 ⺍ 栄 栄

音 ◉エイ
訓 ◉さかえる ◉はえる

訓読

[1]◉**栄える❶**[さかえる]〈下1自〉번창하다. 번영하다.
◉**栄える❷**[はえる]〈下1自〉훌륭하다. 돋보이다.
栄え❶[さかえ] 번창. 번영. ❷[はえ] 영광. 영예.

音読

栄[えい] 영광. 영예. 명예.
栄枯[えいこ] 영고; 성(盛)함과 쇠(衰)함.
栄枯盛衰[えいこせいすい] 영고성쇠.
栄冠[えいかん] 영관; 영예의 관.
栄光[えいこう] 영광; ①빛나는 영예. ②서광(瑞光).
栄達[えいたつ] 영달; 입신출세.
[2]**栄養**[えいよう] 영양; 자양분(滋養分).
栄誉[えいよ] 영예; 영광스러운 명예.
栄誉礼[えいよれい] (군대의) 의장대 사열.
栄耀[えいよう] 영요; 크게 번창함.
栄辱[えいじょく] 영욕; 영예와 치욕.
栄位[えいい] 영위; 명예로운 직위.
栄爵[えいしゃく] 영작; 영광스러운 작위.
栄典[えいてん] 영전; ①경사스러운 의식. ②훈장. 작위. ③명예로운 대우. 파격적인 대우.
栄転[えいてん] 영전; 먼저 있던 자리보다 더 좋은 자리나 지위로 옮김.
栄職[えいしょく] 영직; 영예로운 직위.
栄進[えいしん] 영진; 상위의 직급으로 승진함.
栄華[えいが] 영화; 사회적인 지위와 많은 재물로 호화롭게 번창함.

営(營) 경영할 영

丶 丷 ⺌ 𫩏 𫩏 㓁 㓁 㓁 営 営

音 ◉エイ
訓 ◉いとなむ

訓読

[1]◉**営む**[いとなむ]〈5他〉①(생활을 위해서) 일하다. 영위하다. ②(사업을) 하다. 경영하다. ③마련하다. 장만하다. ④≪仏≫(仏事를) 거행하다.
営み[いとなみ] ①일. 생업. ②경영. ③(어떤) 행위. ④준비. 채비. ⑤불사(仏事).

音読

営[えい] 병영(兵営).
営内[えいない] 영내; 병영내(兵営内).
営農[えいのう] 영농; 농사를 지음.

営団地下鉄[えいだんちかてつ] '帝都高速度交通営団地下鉄'의 준말.
営利[えいり] 영리; 이익을 도모함.
営林署[えいりんしょ] 영림서; 삼림(森林)을 경영하는 일을 맡은 관공서.
営繕[えいぜん] 영선; 건축물의 신축과 수선.
営所[えいしょ] 영소; 병영(兵営).
営巣[えいそう] 영소; (동물이) 집을 지음. 보금자리를 마련함.
2営養[えいよう] 영양; 자양분(滋養分).
2営業[えいぎょう] 영업; 영리를 목적으로 하는 사업.
営業特金[えいぎょうとっきん] (증권 회사의) 특정 금전 신탁.
営営[えいえい] 열심히 함. 꾸준히 함.
営外[えいがい] 영외; 병영 밖.
営為[えいい] 영위; 일을 경영함.
営庭[えいてい] 영정; 병영 안에 있는 광장.
営造[えいぞう] 영조; 큰 건물 등을 지음.
営造物[えいぞうぶつ] 영조물; ①건축물. ②공공시설.
営倉[えいそう] 영창; 병영 안의 유치장.

詠 읊을 영

詠

音 ◉エイ
訓 ◉よむ ⊗うたう

訓読

◉詠む[よむ] 〈5他〉 (시가를) 읊다. 짓다.
詠み込む[よみこむ] 〈5他〉 시가(詩歌) 등에 사물의 이름을 넣어서 짓다.
⊗詠う[うたう] 〈5他〉 시(詩)로 짓다. 시로 읊다.

音読

詠じる[えいじる] 〈上1他〉 ☞ 詠ずる
詠ずる[えいずる] 〈サ変他〉 ①시가(詩歌)를 짓다. 읊다. ②소리 내어 외다.
詠歌[えいか] ①和歌(わか)를 지음. 또는 지은 和歌(わか). ②찬불가(讃仏歌).
詠吟[えいぎん] 영음; 시가를 소리 내어 읊음.
詠進[えいしん] 영진; 시가(詩歌)를 지어 궁중이나 神社(じんじゃ)에 바침.
詠唱[えいしょう] 영창; ①곡조를 붙여 노래를 부름. ②(오페라의) 아리아.
詠草[えいそう] 和歌(わか)의 초고(草稿).
詠嘆[えいたん] 영탄; 감탄(感歎).

影 그림자 영

影

音 ◉エイ
訓 ◉かげ

訓読

2◉影[かげ] ①그림자. ②(해・달 등의) 빛. ③모습. 형체. ④(어두운) 그림자. 환영(幻影).
影武者[かげむしゃ] ①(적을 속이기 위해) 대장으로 가장한 무사. ②배후 조종자. 막후 인물.
影法師[かげぼうし] (사람의) 그림자.
影身[かげみ] ①그림자처럼 잠시도 떨어지지 않음. ②대보름날 밤에 비치는 자신의 그림자로 점을 침.
影人形[かげにんぎょう] 인형으로 하는 그림자놀이.
影絵[かげえ] ①그림자놀이. 그림자놀이의 그림자. ②실루엣. 그림자 모양을 그린 그림.

音読

影供[えいぐ] 신불(神仏)이나 고인(故人)의 초상에 공물을 바침.
影像[えいぞう] 영상; ①초상(肖像). 영정(影幀). ②물체의 그림자.
影印本[えいいんぼん] 영인본; 원본을 사진으로 복제한 인쇄물.
影向[えいこう/ようごう] 영향; 신불(神仏)이 일시 현신(現身)함.
2影響[えいきょう] 영향; 한 가지 사실로 인해 다른 사물에 미치는 결과.

盈 가득찰 영

音 ⊗エイ
訓 —

音読

盈虚[えいきょ] 영허; ①달(月)의 참과 이지러짐. ②영고성쇠(栄枯盛衰).

穎 ×(頴) 빼어날 영

音 ⊗エイ
訓 —

音読

穎[えい] ① ≪植≫ 영. *벼과 식물의 꽃의 기부에 있는 2개의 잎. ②벼의 이삭. ③붓・송곳의 끝. ④날카로운 재기(才気).

穎敏[えいびん] 영민; 영특하고 민첩함. 깨달음이 빠름.
穎悟[えいご] 영오; 깨달음이 빠름. 뛰어난 총명.
穎脱[えいだつ] 영탈; 재능이 뛰어남.

嬰 어릴 영	音 ⊗エイ 訓 ―

音読
嬰[えい] ≪楽≫ 샤프(#). 올림표.
嬰記号[えいきごう] ≪楽≫ 영기호; 샤프(#). 올림표.
嬰児[えいじ/みどりご] 영아; 젖먹이. 갓난 아이.

〔예〕

予(豫) 미리 예
㇇ ㇇ 𠃌 予

音 ◉ヨ
訓 ⊗あらかじめ ⊗かねて

訓読
1⊗**予め**[あらかじめ] 미리. 사전(事前)에.
1⊗**予て**[かねて] 미리. 전부터. 진작부터.
予予[かねがね] 전부터. 진작부터.

音読
予価[よか] 예가; 예정 가격.
1**予感**[よかん] 예감; 사전에 암시적이나 육감으로 미리 느낌.
予見[よけん] 예견; 미리 앎.
予告[よこく] 예고; 미리 알림.
予科[よか] 예과; 예비 과정.
2**予期**[よき] 예기; 예상. 기대.
予納[よのう] 예납; 미리 납부함.
予断[よだん] 예단; 미리 판단함.
予鈴[よれい] 예비 종(鐘).
2**予防**[よぼう] 예방; 미리 막음.
2**予報**[よほう] 예보; 미리 알려 줌.
2**予備**[よび] 예비; 미리 준비함.
予備校[よびこう] 입시 학원.
2**予算**[よさん] 예산; 필요한 경비를 미리 계산함.
予算返上[よさんへんじょう] 예산 반려.
1**予想**[よそう] 예상; 미리 상상함.
予選[よせん] 예선; 본선에 앞서 미리 뽑음.
4**予習**[よしゅう] 예습; 미리 공부하여 둠.
予審廷[よしんてい] 예심 법정(法廷).
3**予約**[よやく] 예약; 미리 약속해 둠.
予約済(み)[よやくずみ] 예약이 끝남.
1**予言**[よげん] 예언; 앞날의 일을 미리 알림.
3**予定**[よてい] 예정; 미리 정함.
予定日[よていび] 예정일.
予餞会[よせんかい] 송별회(送別会).
予知[よち] 예지; 미리 앎.
予察[よさつ] 예찰; 미리 살펴 헤아림.
予祝[よしゅく] 예축; 미리 축하함.
2**予測**[よそく] 예측; 미리 헤아림.
予行演習[よこうえんしゅう] 예행연습.
予後[よご] ≪医≫ 예후; ①병세(病勢)의 전망. ②병후(病後)의 결과.

刈 풀벨 예
ノ メ 乄 刈

音 ―
訓 ◉かる

訓読
2◉**刈る**[かる] 〈5他〉 (풀・벼・머리를) 베다. 깎다.
刈り干す[かりほす] 〈5他〉 (풀 등을) 베어 햇볕에 말리다.
刈り乾す[かりほす] 〈5他〉 (풀 등을) 베어 햇볕에 말리다.
刈(り)分(け)小作[かりわけこさく] 수확물을 일정한 비율로 분배하는 소작 제도.
刈(り)上げ[かりあげ] ①(머리를) 깎아 올림. 쳐 올림. ②(농작물을) 다 베어냄.
刈り上げる[かりあげる] 〈下1他〉 ①(머리를) 깎아 올리다. 쳐 올리다. ②(농작물을) 다 베어내다. 다 깎다.
刈(り)上げ髪[かりあげかみ] 깎아 올린 머리.
刈(り)穂[かりほ] 베어낸 벼이삭.
刈(り)入れ[かりいれ] 추수. 수확.
刈り入れる[かりいれる] 〈下1他〉 추수하다. 수확하다. 거둬들이다.
刈り込む[かりこむ] 〈5他〉 ①(풀・머리 등을) 깎아 다듬다. 깎아 손질하다. ②베어 들이여 저장하다.
刈(り)跡[かりあと] (풀을) 벤 자국.
刈(り)田[かりた] 벼를 베어낸 논.
刈(り)株[かりかぶ] (벼・보리의) 그루터기.

刈(り)草地[かりくさち] 꼴을 베는 초지.
刈り取る[かりとる] 〈5他〉 ①베어들이다. 수확하다. 추수하다. ②제거하다.

芸(藝) 재주 예

一 十 廾 艹 芸 芸 芸

音 ◉ゲイ
訓 —

音読

[1]**芸**[げい] ①예능. 기예(技芸). ②재주. ③배우의 연기.
芸妓[げいぎ] 예기; 기생.
[2]**芸能**[げいのう] 예능; 연예.
芸能番組[げいのうばんぐみ] 연예 프로그램.
芸能人[げいのうじん] 연예인.
芸談[げいだん] 예담; 예능의 비결이나 고충에 관한 이야기.
芸当[げいとう] ①곡예. 묘기. 재주. ②(상식 밖의) 위험한 짓. 아슬아슬한 짓.
芸大[げいだい] 예대; '芸術大学'의 준말.
芸道[げいどう] 예도; 예능·기예의 길.
芸林[げいりん] 예림; 문예계(文芸界).
芸名[げいめい] 예명; 예술인들이 본명 외에 따로 갖는 이름.
芸文[げいぶん] ①예술과 문학. ②학문과 예술.
芸事[げいごと] 예능에 관한 일.
[2]**芸術**[げいじゅつ] 예술; 감상의 대상이 되는 것을 인위적으로 창조하는 기술 및 그 작품.
芸術品[げいじゅつひん] 예술품.
芸域[げいいき] 예역; 예술의 영역.
芸人[げいにん] ①연예인. ②재주꾼.
芸子[げいこ] ≪関西≫ 기생.
芸者[げいしゃ] ①기생(妓生). ②재주꾼.
芸者上がり[げいしゃあがり] 기생 출신.
芸者屋[げいしゃや] 기생집.
芸才[げいさい] 예능에 관한 재주.
芸風[げいふう] 예풍; (그 사람만이 갖고 있는) 예술·예도(芸道)의 풍취.

誉(譽) 기릴 예

⺌ 䒑 䒑 兴 兴 兴 誉 誉 誉

音 ◉ヨ
訓 ◉ほまれ ⊗ほめる

訓読

◉誉れ[ほまれ] 명예. 명성. 좋은 평판.
⊗誉める[ほめる] 〈下1他〉 ①칭찬하다. ②축하하다. 축복하다.
誉め者[ほめもの] 칭찬이 자자한 사람. 많은 사람에게 칭찬받는 사람.

音読

◑名誉[めいよ], **栄誉**[えいよ]

預 참여할/맡길 예

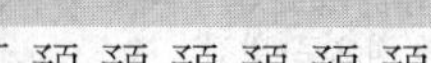

音 ◉ヨ
訓 ◉あずかる ◉あずける

訓読

[2]**◉預かる**[あずかる] 〈5他〉 ①(남의 것을) 맡다. 보관하다. ②(책임을) 맡다. 맡아 돌보다. ③(처리를) 떠맡다. ④(공개·결정을) 보류하다.
預(か)り[あずかり] ①(남의 것을) 맡음. 보관. 수탁(受託). ②(책임을) 맡는 사람. ③집 보는 사람. ④보관증. ⑤(씨름 등에서) 승부의 판정을 보류함. 무승부로 함.
預(か)り金[あずかりきん] ①예탁금(預託金). 맡아 보관하는 돈. ②빌린 돈. 빚.
預(か)り物[あずかりもの] 보관물. 수탁물.
預(か)り所❶[あずかりしょ] 물품 보관소.
預所❷[あずかりどころ] ①(옛날) 장원(荘園)을 관리하던 관청. ②(江戸(えど) 시대에) 藩(はん)·사원(寺院)이 관리하던 幕府(ばくふ) 영지(領地).
預(か)り主[あずかりぬし] ①보관자. ②감시인.
[2]**◉預ける**[あずける] 〈下1他〉 ①(남에게) 맡기다. 보관시키다. ②(책임을) 맡기다. ③(결정을) 맡기다.
預け[あずけ] ①(남에게) 맡김. 위임함. 위탁함. ②('お～'의 문형으로) (약속·계획 등의) 보류. ③(江戸(えど) 시대에) 죄인을 일정기간 다른 곳에 맡기고 근신시키는 형벌.
預け金[あずけがね] 남에게 맡긴 돈.
預け物[あずけもの] 맡긴 물건. 맡은 물건.
預け人[あずけにん] 위탁자. 예탁자.
預け入れる[あずけいれる] 〈下1他〉 예금하다. 예입하다.

預(け)入れ金[あずけいれがね] 예입금; 예금액.

音読

1 **預金**[よきん] 예금; 돈을 금융기관에 맡김.
預金口座[よきんこうざ] 예금 구좌.
預金小切手[よきんこぎって] 가계 수표.
預手[よて] '預金小切手(よきんこぎって)'의 준말.
預言[よげん] 예언; 하느님에게서 영감 받은 말씀을 말함.
預言者[よげんしゃ] (성경의) 예언자.
預託[よたく] 예탁; 금전이나 물건을 일시적으로 맡김.

鋭(鋭) 날카로울 예

金 金' 金'' 金'' 金'' 金'' 金'' 鋭

音 ◉エイ
訓 ◉するどい

訓読

2 ◉**鋭い**[するどい] 〈形〉 ①(칼날・끝이) 날카롭다. 예리하다. ②(기세가) 예리하다. ③예민하다. 섬세하다.

音読

鋭角[えいかく] ① ≪数≫ 예각; 직각보다 작은 각. ②날카롭게 느껴지는 각도.
鋭感[えいかん] 예감; 날카로운 감각.
鋭気[えいき] 예기; 날카로운 기상.
鋭利[えいり] 예리; 날카로움.
鋭敏[えいびん] 예민; 사물의 이해력이나 감각이 날카로움.
鋭鋒[えいほう] 예봉; ①날카로운 창이나 칼 끝. ②날카로운 공격.
鋭意[えいい] 예의; 온 마음을 집중함.

曳 끌어당길 예	音 ⊗エイ 訓 ⊗ひく

訓読

⊗**曳く**[ひく] 〈5他〉 끌다. 끌어당기다. 잡아당기다.
曳き網[ひきあみ] 끌어당겨 고기를 잡는 그물. *후릿그물을 말함.
曳き船[ひきふね] ①배를 끌고 감. 앞에서 끄는 배. 예인선(曳引船). ②(옛날 극장에서) 무대 정면의 2층 관람석.

音読

曳光弾[えいこうだん] 예광탄.
曳船[えいせん] 예선; 예인선(曳引船).
曳行[えいこう] 예행; 끌고 감.
曳航[えいこう] 예항; 어떤 배가 다른 배를 끌고 항해함.

睨 흘겨볼 예	音 ⊗ゲイ 訓 ⊗にらまえる ⊗にらむ

訓読

⊗**睨まえる**[にらまえる] 〈下1他〉 (꼼짝하지 않고) 노려보다. 쏘아보다.
2 ⊗**睨む**[にらむ] 〈5他〉 ①(눈을 부라려) 노려보다. 매섭게 쏘아보다. ②감시하다. 주시하다. ③(수상쩍다고) 점찍다.
睨めっこ[にらめっこ] ①눈싸움. 눈겨룸. ②(적대 관계의 두 사람이) 서로 으르렁거림.
睨み[にらみ] ①노려봄. ②위엄. 위세. ③짐작. 예상.
睨み据える[にらみすえる] 〈下1他〉 매섭게 쏘아보다. 매섭게 노려보다.
睨み競[にらみくら] 눈싸움. 눈겨룸.
睨み付ける[にらみつける] 〈下1他〉 눈을 부릅뜨고 노려보다. 매섭게 쏘아보다. 째려보다.
睨み鯛[にらみだい] (설날이나 결혼식 등의 음식상에) 장식용으로 올려놓는 도미.
睨み合う[にらみあう] 〈5自〉 ①서로 노려보다. 서로 쏘아보다. ②서로 적대시하다.
睨み合(わ)せる[にらみあわせる] 〈下1他〉 (이것저것) 비교해서 생각하다. 감안(勘案)하다.

詣 나아갈/이를 예	音 ⊗ケイ 訓 ⊗もうでる

訓読

⊗**詣でる** [もうでる] 〈下1自〉 ①(神社(じんじゃ)나 절에) 참배하다. 참예(参詣)하다. ② ≪古≫ 뵈러 가다. 찾아뵙다.

音読

◑**造詣**[ぞうけい], **参詣**[さんけい]

 밝을/임금 예	音 ⊗エイ 訓 —

音読

叡感[えいかん] 예감; 임금의 감탄・칭찬.
叡覧[えいらん] 어람(御覧). 임금이 보심.

叡慮[えいりょ] 성려(聖慮). 임금이 걱정함.
叡聞[えいぶん] 예문. 임금이 들으심.
叡山[えいざん] '比叡山(ひえいざん)'의 준말. ＊京都市(きょうとし) 북동부와 滋賀県(しがけん)의 경계에 있는 산임.
叡知[えいち] 예지; 뛰어난 깊은 지혜.

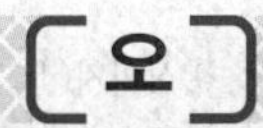

五 다섯 오

一 丆 五 五

音 ◉ゴ
訓 ◉いつつ

訓読

4◉**五つ**[いつつ] ①다섯. 다섯 개. ②다섯 살. ③(옛날 시각에서) 지금의 오전 및 오후의 8시.
五つ紋[いつつもん] 공식 예복. ＊좌우 가슴과 소매, 등에 각각 하나씩 모두 5개의 가문(家紋)이 있는 はおり로서 으뜸가는 공식 예복임.
五加[★うこぎ] ≪植≫ 오갈피나무.
五十路[いそじ] ①쉰. ②쉰 살. 50세.
五月❶[いつつき] 다섯 달. 5개월. ❷[さつき] 음력 5월. ❸[ごがつ] 5월. 1년 중 다섯째 달.
五月闇[さつきやみ] 장마철의 어두움.
五月雨❶[さつきあめ] 음력 5월에 내리는 비. ❷[さみだれ] ≪雅≫ ①음력 5월경의 장맛비. ②장맛비처럼 되풀이함. 파상적(波状的)임.
五月雨式[さみだれしき] 파상적(波状的)임.
五月雨雲[さみだれぐも] 장마 구름.
五月晴れ[さつきばれ] ①장마철의 갠 날씨. ②5월의 맑은 날씨.
五月蠅い[★うるさい] 〈形〉 ①귀찮다. 번거롭다. 성가시다. ②시끄럽다. ③잔소리가 많다.
4**五日**[いつか] ①(그 달의) 초닷새. 5일. ②닷새. 5일간. 다섯 날.

音読

4**五**[ご] 오; 5. 다섯.
五角形[ごかくけい/ごかっけい] 5각형.
五感[ごかん] 오감; 다섯 가지 촉감.
五更[ごこう] 오경; ①(옛날) 하룻밤을 다섯으로 나누던 시각의 총칭. ②인시(寅時). 새벽 3시부터 5시 사이.
五経[ごきょう] 오경. ＊'易経(えききょう)·詩経(しきょう)·書経(しょきょう)·礼記(らいき)·春秋(しゅんじゅう)'의 총칭.
五戒[ごかい] ≪仏≫ 오계.
五穀[ごこく] 오곡; 다섯 가지 곡식.
五官[ごかん] 오관; 눈·귀·코·혀·피부.
五根[ごこん] ≪仏≫ 오근.
五段活用[ごだんかつよう] ≪語学≫ 5단 활용.
五大陸[ごたいりく] 5대륙.
五大州[ごだいしゅう] 5대주.
五輪[ごりん] ①오륜; 올림픽의 마크. ②≪仏≫ 오륜.
五輪塔[ごりんとう] ≪仏≫ 오륜탑.
五里霧中[ごりむちゅう] 오리무중; ①짙은 안개 속에서 방향을 알 수가 없음. ②사정을 전혀 알 수가 없음.
五目[ごもく] 오목; ①여러 가지가 섞여 있음. ②'五目飯(ごもくめし)·五目並(ごもくなら)べ·五目鮨(ごもくずし)'의 준말.
五目飯[ごもくめし] 생선·야채 등 여러 가지 재료를 섞어서 지은 밥.
五目並べ[ごもくならべ] (바둑의) 오목.
五目寿司[ごもくずし] 생선·야채 등 여러 가지 재료를 잘게 썰어 섞은 초밥.
五目鮨[ごもくずし] ☞ 五目寿司(ごもくずし)
五分❶[ごふん] (시간상의) 5분. ❷[ごぶ] ①5푼. 100분의 5. ②(미터법에서) 5푼. 약 1.5㎝. ③우열이 없음. 비슷함. ❸[ごぶん] 다섯 등분.
五分刈り[ごぶがり] 머리를 5푼(약 1.5㎝) 길이로 깎음.
五分五分[ごぶごぶ] 비슷함. 반반임.
五山[ごさん] ≪仏≫ 선종(禅宗)의 최고위의 다섯 절.
五色[ごしき/ごしょく] 오색; ①파랑·노랑·빨강·하양·검정의 다섯 가지 색깔. ②여러 가지 색깔.
五色豆[ごしきまめ] 오색으로 물들인 콩.
五色揚げ[ごしきあげ] 여러 가지 야채 튀김.
五線譜[ごせんふ] 오선보; 악보(楽譜).
五線紙[ごせんし] ≪楽≫ 오선지.
五十肩[ごじゅうかた] ≪医≫ 오십견.
五十歩百歩[ごじっぽひゃっぽ] 오십보백보. 비슷함. 우열이 없음.

五十三次[ごじゅうさんつぎ] '東海道(とうかいどう) 五十三次(ごじゅうさんつぎ)'의 준말.
[2]五十音[ごじゅうおん] かな로 적은 50개의 음.
[2]五十音図[ごじゅうおんず] 오십음도.
[2]五十音順[ごじゅうおんじゅん] 오십음 순서. 오십음도(五十音図)의 차례.
五言[ごごん] 오언; 하나의 구(句)가 다섯 글자로 된 한시(漢詩).
五言絶句[ごごんぜっく] 오언 절구.
五言律[ごごんりつ] 오언율.
[4]五月❶[ごがつ] 5월. 1년 중 다섯째 달. ❷[いつつき] 다섯 달. 5개월. ❸[さつき] 음력 5월.
五人囃子[ごにんばやし] ①(能楽(のうがく)에서) 謡(うたい)·피리·북·대고(大鼓)·소고(小鼓)의 다섯 명의 합주. ②五人囃子(ごにんばやし)를 본뜬 작은 인형.
五臓六腑[ごぞうろっぷ] ①오장육부. ②마음 속. 뱃속.
五節句[ごせっく] 1년 중의 다섯 명절. ＊'人日(じんじつ/1월7일)·上巳(じょうし/삼짇날)·端午(たんご/단오)·七夕(たなばた/칠석)·重陽(ちょうよう/중양절)'의 총칭.
五種競技[ごしゅきょうぎ] 5종 경기.
五重奏[ごじゅうそう] 5중주.
五重(の)塔[ごじゅうのとう] ≪仏≫ 5층탑.
五指[ごし] 오지; 다섯 손가락.
五彩[ごさい] 오채; ①다섯 가지 색깔. ②5색 그림의 중국산 도자기.
五菜[ごさい] 오채; ①다섯 가지 반찬. ②다섯 가지 채소. ＊'부추·고추냉이·파·염교·콩'의 총칭.
五体[ごたい] 오체; ①몸의 다섯 부분. 온몸. ②(서예에서) '전서(篆書)·예서(隷書)·해서(楷書)·행서(行書)·초서(草書)'의 총칭.
五体満足[ごたいまんぞく] 오체 만족; 결함이 없는 완전한 몸.
五七調[ごしちちょう] ≪文学≫ (和歌(わか)나 시에서) 어구를 5음절 다음에 7음절의 순서로 배열한 것.
五行[ごぎょう] 오행; ①만물을 구성하는 다섯 원소. ＊'목(木)·화(火)·토(土)·금(金)·수(水)'의 총칭. ②≪仏≫ 보살의 다섯 가지 수행(修行).
五弦[ごげん] 오현; ①현악기의 다섯 가닥의 줄. ②비파의 한 종류.

午 낮 오

丿 𠂉 二 午

音 ◉ゴ
訓 ⊗うま

訓読

⊗午[うま] 오; ①십이지(十二支)의 일곱째. ②(방위로는) 남쪽. 오방(午方). ③낮 12시. 지금의 오전 11시부터 오후 1시 사이. ④≪俗≫ 말(馬).

音読

午睡[ごすい] 오수; 낮잠.
[4]午前[ごぜん] 오전; 0시부터 낮 12시 사이.
午前様[ごぜんさま] (연회 등으로) 한밤중이나 첫새벽에 귀가하는 사람. ＊御前様(ごぜんさま)에 빗대어 하는 말임.
午餐[ごさん] 오찬; 점심 식사.
[4]午後[ごご] 오후; 낮 12시부터 밤 12시 사이.

汚 더러울 오

丶 冫 氵 汀 汚 汚

音 ◉オ
訓 ◉きたない ◉けがす ◉けがれる ◉よごす ◉よごれる

訓読

[4]◉汚い[きたない] 〈形〉 ①(환경이) 더럽다. 불결하다. 지저분하다. ②(외모가) 꾀죄죄하다. ③(언행이) 상스럽다. 추잡하다. 천하다. ④비열하다. 비겁하다. ⑤인색하다. ⑥속이 검다. 못되다. 나쁘다.
汚らしい [きたならしい] 〈形〉 ①더러워 보이다. 꾀죄죄하다. ②(생각이) 추접스럽다.
[2]◉汚す❶[よごす] 〈5他〉 ①(물질적인 것을) 더럽히다. ②좋지 않은 짓을 하다. ③(음식을) 먹다. ④(나물을) 무치다. 버무리다.
◉汚す❷[けがす] 〈5他〉 ①(정신적·종교적인 것을) 더럽히다. 모독하다. ②(명예를) 훼손시키다. ③(폭력으로) 성폭행하다. ④외람되이 앉다.
汚らわしい[けがらわしい] 〈形〉 ①더럽다. 불결하다. 치사하다. 역겹다. 추잡하다. ②야비하다. 음탕하다. ③역겹다. 불쾌하다.

2◉汚れる❶[よごれる] 〈下1自〉 (물질적으로) 때 묻다. 더러워지다.

◉汚れる❷[けがれる] 〈下1自〉 ①(정신적·종교적으로) 더러워지다. 때가 묻다. 더럽혀지다. ②악에 물들다. 불결해지다. ③정조를 짓밟히다. ④(월경·출산으로) 몸이 부정(不浄)해지다.

2汚れ❶[よごれ] (물질적인) 때. 더러움.

汚れ❷[けがれ] ①(정신적인) 더러움. 불결함. 추악함. ②(월경·출산·상중(喪中)으로) 부정(不浄)함. 부정(不浄)탐.

汚れ物[よごれもの] 때 묻은 물건. 더러워진 물건. 씻어야 할 물건.

汚れ役[よごれやく] (연극·영화에서) 궂은 역. 천한 역.

音読

汚泥[おでい] 오니; 진흙. 진흙탕.

汚吏[おり] 오리; 청렴하지 않은 관리.

汚名[おめい] 오명; 더러워진 이름.

汚物[おぶつ] 오물; 더러운 배설물.

汚損[おそん] 오손; 더럽히고 손상함.

汚水[おすい] 오수; 더러운 물.

2汚染[おせん] 오염; 더러움에 물듦.

汚穢[おわい] 오예; ①더러운 물건. ②대소변.

汚辱[おじょく] 오욕; 욕됨. 수치. 남의 명예를 더럽힘.

汚点[おてん] 오점; ①얼룩. 더러운 점. ②결점. 흠. 불명예.

汚職[おしょく] 오직; 독직(瀆職). 공무원이 뇌물을 받거나 부정을 저지름.

汚臭[おしゅう] 오취; 고약한 냄새.

汚濁❶[おだく] 오탁; 더럽고 흐림. ❷[おじょく] ≪仏≫ 오탁; 더럽고 흐림. 혼탁함.

呉(吳) 나라이름 오

丨 ㅁ ㅁ 㖤 呉 呉 呉

音 ◉ゴ
訓 ⊗くれる

訓読

3⊗呉れる[くれる] 〈下1他〉 ①(남이 나에게) 주다. ②(멸시하는 뜻으로, 내가 남에게) 주다.

呉れ手[くれて] ①주는 사람. ②…해 줄 사람.

呉楽[くれがく] 백제의 미마지(味摩之)가 오(呉)나라에서 배워 일본에 전했다는 무악(舞楽).

呉(れ)呉(れ)も[くれぐれも] 아무쪼록. 거듭거듭. 부디.

呉竹[くれたけ] ≪植≫ 솜대. 담죽(淡竹).

音読

呉服[ごふく] ①포목. 옷감. ②비단.

呉服屋[ごふくや] 포목점.

呉越同舟[ごえつどうしゅう] 오월동주.

呉音[ごおん] ≪語学≫ 오음; 한자(漢字)를 음독할 때 오(呉) 나라의 음으로 읽음.

娯(娛) 즐거워할 오

𡿨 女 女 女' 女ㅁ 如 娯 娯 娯 娯

音 ◉ゴ
訓 —

音読

2娯楽[ごらく] 오락; 노동·일·공부 등의 여가 시간에 즐기는 놀이나 게임.

娯楽費[ごらくひ] 오락비.

娯楽室[ごらくしつ] 오락실.

娯楽設備[ごらくせつび] 오락 설비.

悟 깨달을 오

丶 丷 忄 忄 忏 忏 悟 悟 悟 悟

音 ◉ゴ
訓 ◉さとる

訓読

1◉悟る[さとる] 〈5自他〉 ①깨닫다. 똑똑히 알다. ② ≪仏≫ 득도(得道)하다. 깨닫다.

悟り[さとり] ①깨달음. 득도(得道). ②이해(理解). 이해력.

悟り澄ます[さとりすます] 〈5自〉 완전히 깨닫다. 완전히 깨달은 상태가 되다.

音読

悟道[ごどう] 오도; 진리를 깨달음.

悟得[ごとく] 오득; 진리를 터득함.

悟性[ごせい] 오성; 이해력.

悟入[ごにゅう] 오입; ①진리를 깨달은 경지에 이름. ②도(道)를 깨달아 실상(実相)의 세계에 들어감.

奧(奥) 속/안/깊을 오

音 ◉オウ
訓 ◉おく

訓読

[2]◉**奧**[おく] ①깊숙한 안쪽. 깊숙한 곳. ②(겉으로 드러나지 않는) 속. ③집안. 안방. ④끝. 끝머리. ⑤(추상적인) 깊이. 오의(奧義). ⑥(발육이) 늦됨.
[4]**奧さん**[おくさん] 부인. 아주머님. 아주머니.
奧まる[おくまる] 〈5自〉 후미지다. 쑥 들어가다. 깊숙하다.
奧女中[おくじょちゅう] (江戸(えど) 시대에) 将軍(しょうぐん)이나 大名(だいみょう)의 집에서 시중들던 시녀.
奧目[おくめ] 오목눈. 움푹 팬 눈.
奧方[おくがた] 마님. 귀인의 아내.
奧付[おくづけ] 판권장(版権張). 책 끝에 저자명・발행자명・발행 연월일・정가 등을 명시한 페이지.
奧山[おくやま] 심산. 깊은 산중.
奧床しい[おくゆかしい] 〈形〉 깊이와 품위가 있다. 그윽하고 고상하다.
奧書[おくがき] ①(책의) 판권(版権) 페이지. ②(관공서에서) 기재 사실이 틀림없음을 증명하기 위해 서류 끝에 기록하는 글. ③서화류(書画類)의 감정서.
奧手[おくて] ①(농작물이) 늦됨. 만생종(晩生種). 늦깎이. ②(성숙이) 늦됨.
奧深い[おくふかい/おくぶかい] 〈形〉 ①깊숙하다. 깊숙이 들어가 있다. ②심오하다. 뜻이 깊다. 오묘하다.
[3]**奧様**[おくさま] ①부인. 영부인. '奧(おく)さん'의 존경어. ②주인마님. ＊고용인의 입장에서. ③가정주부. 기혼 여성.
奧義[おくぎ/おうぎ] 오의; (학문・예술・무예 등의) 깊은 뜻・비결.
奧印[おくいん] 기재된 사실이 틀림없음을 증명하는 도장.
奧底[おくそこ] ①(가장) 깊은 곳. ②본심. 속마음. ③(사물의) 깊은 곳. 진리.
奧伝[おくでん] 비법을 전수 받음.
奧庭[おくにわ] (큰 저택의) 안뜰.
奧座敷[おくざしき] (큰 저택의) 안방.
奧地[おくち] 오지; 도시나 바다에서 멀리 떨어진 곳.
奧津城[おくつき] ①《雅》 묘. 무덤. ②(神道(しんとう)에서) 신령을 모신 곳.
奧処[おくか] 깊은 곳.
奧歯[おくば] 《生理》 어금니.
奧行き[おくゆき] ①(건물・대지의) 안쪽까지의 길이. ②(지식・생각・경험의) 깊이.
奧向き[おくむき] ①(집의) 안쪽. ②집안 일. 가정사.
奧許し[おくゆるし] 비법을 전수 받음.

音読

奧妙[おうみょう] 오묘; 심오하고 미묘함.
奧羽[おうう] (일본의 옛 지명으로서) 현재의 青森(あおもり)・岩手(いわて)・山形(やまがた)・秋田(あきた)・宮城(みやぎ)・福島(ふくしま)의 6현(県).
奧州[おうしゅう] (일본의 옛 지명으로서) 현재의 青森(あおもり)・岩手(いわて)・宮城(みやぎ)・福島(ふくしま)의 4현(県).
奧州街道[おうしゅうかいどう] 江戸(えど)에서 陸奥(むつ), 지금의 青森(あおもり)의 みややま에 이르는 가도.
奧旨[おうし] 오지; 매우 깊은 뜻.

誤(誤) 그르칠/잘못할 오

音 ◉ゴ
訓 ◉あやまる

訓読

[1]◉**誤る**[あやまる] 〈5自〉 ①잘못되다. 실수하다. 실패하다. ②(남녀간에 섹스에 관한) 잘못을 일으키다. ③도리에 어긋나다. 〈5他〉 ①잘못하다. 실수하다. 그르치다. ②(남을) 망치다. 실패시키다. 잘못 인도하다.
[2]**誤り**[あやまり] ①잘못. 실수. 실패. ②틀린 곳. 잘못된 점. 잘못.

音読

誤記[ごき] 오기; 잘못 기록함.
誤答[ごとう] 오답; 잘못된 대답.
誤読[ごどく] 오독; 잘못 읽음.
誤謬[ごびゅう] 오류; 잘못. 틀림.
誤魔化す[ごまかす] 〈5他〉 ①속이다. ②얼버무리다. 어물어물 넘기다.
誤聞[ごぶん] 오문; ①잘못 들음. ②사실과 다른 보도를 함.
誤報[ごほう] 오보; 잘못된 보도.

誤植[ごしょく] 오식; (인쇄에서) 활판에 활자를 잘못 꽂음.
誤審[ごしん] 오심; 잘못 심판함.
誤訳[ごやく] 오역; 잘못 번역함.
誤用[ごよう] 오용; 잘못 사용함.
誤認[ごにん] 오인; 잘못 인식함.
誤字[ごじ] 오자; 틀린 글자.
誤伝[ごでん] 오전; 사실과 다르게 전함.
誤診[ごしん] 오진; 잘못 진단함.
1 誤差[ごさ] 오차; ①계산상의 차이. ②차질. 착오.
誤脱[ごだつ] 오탈; 문자의 틀린 데와 빠진 데.
誤判[ごはん] 오판; 잘못된 판단・판결.
誤爆[ごばく] 오폭; 잘못 폭격함.
2 誤解[ごかい] 오해; 잘못 해석함.

伍	대오 오	音 ⊗ゴ 訓 —

音読

伍[ご] ①한 무리. ②대오(隊伍).
伍する[ごする] 〈サ変自〉 함께 늘어서다. 축에 끼다. 동아리에 들다.
伍長[ごちょう] (옛날) 일본 육군 하사관의 최하위 계급. ＊한국 군대의 하사(下士) 계급에 해당함.

吾	나 오	音 ⊗ゴ ⊗ア 訓 ⊗われ ⊗わが

訓読

⊗吾[われ] ①나. 자신. 자기. ②우리. 우리 쪽.
吾等[われら] 우리. 우리들.
⊗吾が[わが] 나의. 우리의. ¶ ~校(こう) 우리 학교. ¶ ~輩(はい) 우리들. 우리네.

音読

吾児[あこ] ≪古≫ 내 아기.
吾人[ごじん] 우리. 우리들.
吾子[あこ] ≪古≫ 내 아기.

梧	오동나무 오	音 ⊗ゴ 訓 ⊗あおぎり

音読

梧桐[ごとう/あおぎり] ≪植≫ 벽오동.
梧下[ごか] 오하; 궤하(机下). ＊편지 겉봉의 상대편 이름 아래에 쓰는 경칭임.

烏	까마귀 오	音 ⊗ウ ⊗エ ⊗オ 訓 ⊗からす

訓読

⊗烏[からす] ≪鳥≫ 까마귀.
烏勘左衛門[からすかんざえもん] 까마귀 아저씨. ＊까마귀를 의인화(擬人化)한 말임.
烏瓜[からすうり] ≪植≫ 쥐참외. 하눌타리.
烏口[からすぐち] 오구; 가막부리. ＊선을 그을 때의 제도 용구임.
烏金[からすがね] (다음 날 갚아야 하는) 날변의 고리채.
烏麦[からすむぎ] ≪植≫ 메귀리.
烏鳴き[からすなき] 까마귀 울음소리. 불길한 조짐.
烏猫[からすねこ] 검은 고양이.
烏柄杓[からすびしゃく] 반하. 끼무릇.
烏蛇[からすへび] ≪動≫ 몸빛이 검은 산무애뱀.
烏山椒[からすざんしょう] ≪植≫ 머귀나무.
烏扇[からすおうぎ] ≪植≫ 범부채.
烏揚(げ)羽[からすあげは] ≪虫≫ 제비나비.
烏羽[からすば] ①까마귀의 검은 날개. ②'烏羽色(からすばいろ)'의 준말.
烏羽色[からすばいろ] (까마귀 날개처럼) 윤기 있는 검은 색. 칠흑빛.
烏天狗[からすてんぐ] 까마귀 부리와 같은 입을 한 상상의 괴물.
烏貝[からすがい] ≪貝≫ 마합(馬蛤). 말조개.

音読

烏竜茶[ウーロンちゃ] 우롱차.
烏帽子[えぼし] (옛날에) 公家(くげ)나 무사가 쓰던 두건. ＊지금도 神主(かんぬし)가 씀.
烏帽子名[えぼしな] (옛날 성인식 때) 대부(代父)가 새로 지어 주던 이름. 관명(冠名).
烏帽子子[えぼしご] (옛날 성인식 때) 대부(代父)한테서 관명(冠名)을 지어 받은 젊은이.
烏帽子着[えぼしぎ] 성인식(成人式).
烏帽子親[えぼしおや] (옛날 성인식 때) 부모 대신 烏帽子(えぼし)를 씌워주고 관명(冠名)을 지어주던 대부(代父).
烏帽子貝[えぼしがい] ≪貝≫ 조개삿갓.
烏羽玉[うばたま] ① ≪植≫ 범부채의 열매. ②求肥(きゅうひ)로 팥소를 싸서 백설탕에 버무린 과자.
烏有[うゆう] 아무것도 없음. 알거지.

烏賊[★いか] ≪動≫ 오징어.
烏兎[うと] ①해와 달. 금오(金烏)와 옥토(玉兎). ②세월.
烏合[うごう] 오합; 무질서한 집단.
烏滸[おこ] 바보스러움. 어리석음.
烏滸がましい[おこがましい] 〈形〉 ①바보스럽다. 어리석다. 우스꽝스럽다. ②주제넘다. 건방지다.

傲 거만할 오	音 ⊗ゴウ 訓 ⊗おごる

訓読
⊗傲る[おごる] 〈5自〉 ①교만을 떨다. 거만하게 굴다. ②방자하다. 제멋대로 굴다.
傲り[おごり] 방자함. 교만함.
傲り高ぶる[おごりたかぶる] 〈5自〉 교만하게 뻐기다. 교만하게 으스대다.

音読
傲慢[ごうまん] 오만; 교만함. 거만함.
傲慢無礼[ごうまんぶれい] 오만 무례.
傲岸[ごうがん] 오만함. 교만함. 무례하고 건방짐.
傲岸不遜[ごうがんふそん] 오만불손.
傲然[ごうぜん] 오만함. 교만함. 방자하고 건방짐.

 墺 물가/오스트리아 오	音 ⊗オウ 訓 —

音読
墺国[おうこく] 오스트리아.
墺太利[オーストリア] 오스트리아.
奥匈国[おうきょうこく] 오스트리아와 헝가리.

옥

玉 구슬 옥
一 丅 干 王 玉

音 ◉ギョク
訓 ◉たま

訓読
2◉玉❶[たま] ①구슬. 진주. 주옥. ②아름다운 것. 귀중한 것. ③당구(撞球). ④총알. 탄환. ⑤(안경・카메라의) 렌즈. ⑥(주산) 알. ⑦전구(電球). ⑧(국수) 사리. ⑨(물) 방울. ⑩동전(銅銭). ⑪ ≪俗≫ 불알. ⑫기생. 미인. ⑬쓸만한 녀석. 괜찮은 녀석. ⑭(사람을 속이는) 미끼. ❷[ぎょく] ☞ [音読]
玉葛[たまかずら] ①덩굴풀. ② ≪植≫ 칡.
玉繭[たままゆ] ①'繭(まゆ/고치)'의 딴이름. ②쌍고치.
玉桂[たまかつら] ①(달에 있다는) 계수나무. ②달.
玉串[たまぐし] ①비쭈기 나뭇가지에 종이 오리를 매단 것. *신전(神前)에 바침. ② ≪植≫ 비쭈기나무. *'さかき'의 미칭임.
玉菊灯籠[たまぎくどうろう] (옛날 江戸(えど)의 吉原(よしわら)에 있던 찻집에서) 백중날에 처마에 매단 등롱.
玉の台[たまのうてな] 옥대; 옥으로 장식한 것처럼 아름답고 훌륭한 궁전.
玉突(き)[たまつき] ①당구(撞球). ②(자동차의) 연속 추돌
玉突(き)事故[たまつきじこ] 연속 추돌 사고.
玉突(き)追突[たまつきついとつ] 연쇄 충돌.
玉簾[たますだれ] 구슬로 장식한 발.
玉籠[たまかつま] 발이 가는 대바구니.
玉目[たまもく] 섬세한 소용돌이 모양의 고운 나뭇결.
玉無し[たまなし] 몽땅 없앰. 엉망이 됨. 소용없게 됨.
玉房[たまぶさ] 끝을 둥글게 만든 방울 술.
玉敷き[たましき] 옥을 깔아놓은 듯함.
玉糸[たまいと] 옥사; 굵고 마디가 많은 명주실.
玉糸織[たまいとおり] 씨실과 날실 모두 옥사(玉糸)로 짠 평직(平織)의 견직물.
玉砂利[たまじゃり] 굵은 자갈.
玉砂糖[たまざとう] 결정이 굵은 설탕.
玉散る[たまちる] ①구슬처럼 날라 흩어짐. ②(칼날이) 번쩍 빛남. 서슬 푸른 칼날.
玉算[たまざん] 주산. 주판셈.
玉霰[たまあられ] ①구슬 같은 싸라기눈. ②떡을 빻아서 만든 과자.
玉の緒[たまのお] ①옥을 꿴 구슬. ② ≪雅≫ 목숨. 명줄.
玉石❶[たまいし] 알돌. 정원석이나 돌담에 사용하는 둥근 돌. ❷[ぎょくせき] ①옥석; 옥과 돌. ②질이 좋은 것과 나쁜 것.
玉笹[たまざさ] 조릿대.

玉水[たまみず] 낙숫물.
玉手[たまで] 옥수; 옥처럼 아름다운 손.
玉手箱[たまてばこ] 보물 상자.
玉乗り[たまのり] (공위에 올라가) 공을 굴리는 곡예·곡예사.
玉勝間[たまかつま] 발이 가는 대바구니.
玉押金亀子[たまおしこがね] ≪虫≫ 쇠똥구리.
玉羊歯[たましだ] ≪植≫ 단발고사리.
玉の輿[たまのこし] 옥여; ①옥으로 꾸민 가마. ②신분이 높은 사람.
玉縁[たまぶち] 천을 자른 가장자리를 다른 천으로 가늘게 말아 올림.
玉垣[たまがき] 神社(じんじゃ)의 울타리.
玉子[たまご] ①(새·물고기·벌레의) 알. ②계란. ③햇병아리. 풋내기. 올챙이.
玉子豆腐[たまごどうふ] ①순두부에 달걀을 넣어 찐 요리. ②맛을 낸 국물에 달걀을 풀어 낸 요리.
玉子色[たまごいろ] 연한 노란색.
玉子焼(き)[たまごやき] 계란부침.
玉子丼[たまごどんぶり] 계란덮밥.
玉子酒[たまござけ] 계란술.
玉子綴じ[たまごとじ] 국건더기에 계란을 풀어 엉기게 한 요리.
玉章❶[たまずさ] 옥장; 편지. ＊'手紙(てがみ)'의 미칭임. ❷[ぎょくしょう] ①훌륭한 시문(詩文). ②남의 편지에 대한 높임말.
玉除け[たまよけ] 방탄(防弾). 탄환을 막음.
玉造り[たまつくり] ①구슬 세공. 옥을 갈아 세공함. ②장색(匠色).
玉篠[たまざさ] 조릿대.
玉藻[たまも] '藻(も/바닷말)'의 딴이름.
玉指[たまざし] 구면계(球面計).
玉菜[たまな] ①'キャベツ'의 딴이름. ②'葉牡丹(はぼたん)'의 딴이름.
玉尺[たまざし] 구면계(球面計).
玉蜀黍[★とうもろこし] ≪植≫ 옥수수. 강냉이.
玉葱[たまねぎ] ≪植≫ 양파.
玉総[たまぶさ] 끝을 둥글게 만든 방울 술.
玉椿[たまつばき] ≪植≫ ①동백나무. ②'ねずみもち(쥐똥나무)'의 딴이름.
玉虫[たまむし] ① ≪虫≫ 비단벌레. ②'玉虫色'의 딴이름.
玉虫色[たまむしいろ] ①(빛의 반사에 따라 변하는) 무지개 빛깔. ②애매모호함.
玉虫織[たまむしおり] ①날실과 씨실을 다른 색으로 짜는 직조 방식. ②광선에 따라 달라져 보이는 직물.
玉取り[たまとり] 여러 개의 공을 공중에 던졌다가 받는 곡예.
玉偏[たまへん] 구슬옥변. ＊한자(漢字) 부수의 하나로 '球·珍·理' 등의 '王'부분을 말함.
玉の汗[たまのあせ] 구슬땀.
玉響[たまゆら] ①어렴풋이. 희미하게. ②잠시. 순간.

音読

玉❶[ぎょく] 옥; ①구슬. 보석. ②매매가 성립된 주식·상품. ③(화류계에서) 창기. 기생. 유녀. ④화대(花代). ⑤(장기에서) 궁. ⑥(식당에서) 달걀. ❷[たま]☞[訓読]
玉高[ぎょくだか] ①화대(花代)의 금액. ②(거래소에서) 매매 약정이 성립된 수량.
玉稿[ぎょっこう] 옥고. ＊상대방 원고에 대한 높임말.
玉露[ぎょくろ] 옥로; ①구슬같이 고운 이슬. ②향기 좋은 전차(煎茶).
玉楼[ぎょくろう] 옥루; 옥으로 장식한 웅장한 건물. 아름다운 어전(御殿).
玉杯[ぎょくはい] 옥배; ①옥으로 만든 잔. ②'杯(さかずき)'의 미칭.
玉璽[ぎょくじ] 옥새; 임금의 도장.
玉石❶[ぎょくせき] ①옥석; 옥과 돌. ②질이 좋은 것과 나쁜 것. ❷[たまいし] 알돌. 정원석이나 돌담에 사용하는 둥근 돌.
玉砕[ぎょくさい] 옥쇄; 명예·충성 등을 지켜 부끄럼 없이 죽음.
玉案[ぎょくあん] 책상의 미칭(美称)임.
玉顔[ぎょくがん] 옥안; ①아름다운 얼굴. ②용안(竜顔).
玉音❶[ぎょくいん] 옥음; ①옥같이 고운 목소리. ②상대방 편지의 높임말. ❷[ぎょくおん] 천황의 목소리.
玉将[ぎょくしょう] (일본 장기에서) 궁(宮).
玉帳[ぎょくちょう] 옥장; ①아름다운 휘장. ②임금·장수(将帥)의 진영·휘장. ③화대(花代) 기입장.
玉条[ぎょくじょう] 옥조; ①아름다운 나뭇가지. ②소중히 지켜야 할 법률·규칙.
玉座[ぎょくざ] 옥좌; 보좌(宝座).
玉体[ぎょくたい] 옥체; 천황의 몸.
玉筆[ぎょくひつ] 옥필. ＊남의 필적·시문에 대한 높임말.

屋 집 옥

ㄱ ㅋ 尸 尸 尸 居 层 屖 屋

音 ◉オク
訓 ◉や

訓読

4◉屋[や] ①집. ②지붕. ③(물건 이름에 접속하여 그 물건을 파는) 가게. 점포. ④(약간 경멸의 뜻으로) …쟁이. …꾼.
屋固め[やがため] ①(집을 지을 때) 첫 기둥을 세울 때의 의식. ②집들이.
2屋根[やね] ①지붕. ②덮개. ③(집에서) 가장 높은 곳.
屋根裏[やねうら] ①지붕과 천장 사이. ②다락방.
屋根船[やねぶね] 지붕이 있는 작은 배.
屋根屋[やねや] 지붕을 이는 장인(匠人).
屋根伝い[やねづたい] 지붕에서 지붕으로 옮겨감. 지붕을 타고 감.
屋根替え[やねがえ] 지붕 갈이.
屋根板[やねいた] 지붕을 이는 널빤지.
屋台[やたい] ①포장마차 가게. ②(축제 때) 춤추는 무대. ③오두막집. ④(연극에서) 집을 본떠서 만든 도구. ⑤'屋台骨(やたいぼね)'의 준말.
屋台骨[やたいぼね] ①가옥의 뼈대. ②재산. 가산(家産).
屋台囃子[やたいばやし] 축제 때 춤추는 무대에서 연주하는 반주.
屋台店[やたいみせ] 노점상(露店商).
屋並み[やなみ] ①즐비하게 늘어선 집들. ②집집마다.
屋敷[やしき] ①집의 부지(敷地). 대지(垈地). ②고급 주택. 대저택.
屋敷奉公[やしきぼうこう] 무가(武家)의 저택에서 일함.
屋敷町[やしきまち] ①무가(武家)의 저택이 늘어선 거리. ②고급 주택가.
屋数[やかず] 집 수효. 호수(戸数).
屋形[やかた] ①(귀족들의) 저택. ②¶お~様(さま) 나리님. 주인 어르신. ③배·수레의 지붕. ④'屋形船'의 준말.
屋形船[やかたぶね] 지붕이 있는 놀잇배.
屋号[やごう] 옥호; ①상점의 명칭. ②歌舞伎(かぶき) 배우의 집의 호칭.

音読

屋内[おくない] 옥내; 실내. 건물 안.
3屋上[おくじょう] 옥상; 지붕 위.
2屋外[おくがい] 옥외; 건물 밖.
屋後[おくご] 집의 뒤쪽. 집의 뒤.

獄 감옥 옥

ノ 亻 犭 犭 狺 狺 獄 獄 獄

音 ◉ゴク
訓 ⊗ひとや

訓読

⊗獄❶[ひとや] 옥; 감옥. ❷[ごく] ☞ [音読]

音読

獄❶[ごく] 옥; ①감옥. ②판결. ❷[ひとや] ☞ [訓読]
獄内[ごくない] 옥내; 감옥 안.
獄道者[ごくどうもの] 방탕아. 후레자식.
獄吏[ごくり] 옥리; 옥졸(獄卒).
獄裏[ごくり] 옥리; 옥중(獄中).
獄門[ごくもん] 옥문; ①감옥 문. ②효수(梟首).
獄死[ごくし] 옥사; 감옥 안에서 죽음.
獄舎[ごくしゃ] 옥사; 감옥. 교도소.
獄屋[ごくや] 옥사(獄舎). 감옥.
獄衣[ごくい] 옥의. 수의(囚衣). 죄수복.
獄卒[ごくそつ] 옥졸; ①옥지기. 옥사장이. 간수. ②《仏》 죽은 자를 괴롭힌다는 마귀.
獄中[ごくちゅう] 옥중; 감옥 안.
獄窓[ごくそう] 옥창; 옥중(獄中).

沃 기름진 옥

音 ⊗ヨク ⊗ヨウ
訓 —

音読

沃度[ヨード] 《化》 요오드.
沃度丁幾[ヨードチンキ] 요오드팅크.
沃素[ようそ] 《化》 옥소; 요오드.
沃野[よくや] 옥야; ①비옥한 들판. ②넉넉한 환경.
沃饒[よくじょう] 옥요; 땅이 비옥하여 농사가 잘 됨.
沃田[よくでん] 옥전; 기름진 논.
沃地[よくち] 옥지; 기름진 땅.
沃土[よくど] 옥토; 기름진 땅.

온

温(溫) 따스할 온

氵 氵 氵冂 氵日 氵日 氵旦 温 温 温 温

音 ◉オン ⊗ウン

訓 ◉あたたか ◉あたたかい ◉あたたまる ◉あためる ⊗ぬくい ⊗ぬるむ ⊗ぬくもる

訓読

2◉**温か**[あたたか] 〈形動〉 ①(마음이) 따뜻함. 훈훈함. 다정함. ②(음식·감촉이) 따뜻함. ③경제적으로 여유가 있음.

2◉**温かい**[あたたかい] 〈形〉 ①(마음이) 따뜻하다. 훈훈하다. 다정하다. ②(음식·감촉이) 따뜻하다. ③경제적으로 여유가 있다.

2◉**温まる❶**[あたたまる] 〈5自〉 ①(마음이) 훈훈해지다. ②경제적으로 여유가 생기다.

⊗**温まる❷**[ぬくまる] 〈5自〉 (어떤 물건에 의해) 따뜻해지다.

2◉**温める❶**[あたためる] 〈下1他〉 ①(음식을) 데우다. 따뜻하게 하다. ②(새가 알을) 품다. ③(마음속에) 간직하다. ④대기하다. ⑤되살리다. 새로이 하다.

⊗**温める❷**[ぬくめる] 〈下1他〉 (어떤 것을) 따뜻하게 하다. 데우다.

⊗**温める❸**[ぬるめる] 〈下1他〉 (물을) 미지근하게 하다.

2⊗**温い**[ぬるい] 〈形〉 ①미지근하다. 미적지근하다. ②엄하지 않다. 미온적이다. ③굼뜨다. 느리다.

⊗**温み**[ぬくみ] 온기(温気). 따뜻한 기운.

⊗**温む**[ぬるむ] 〈5自〉 ①뜨뜻해지다. ②미지근해지다.

⊗**温もり**[ぬくもり] 따스함. 온기(温気).

⊗**温もる**[ぬくもる] 〈5自〉 따스해지다. 훈훈해지다.

⊗**温温した**[ぬくぬくした] ①쾌적하고 뜨뜻함. 훈훈함. ②(음식이) 뜨끈뜨끈함. 따끈따끈함.

⊗**温灰**[ぬくばい] 따뜻한 재.

音読

温[おん] 온; 온화함. 따뜻함.

温故知新[おんこちしん] 온고지신; 옛 것을 연구해 새것을 앎.

温灸[おんきゅう] 온구; 약쑥으로 하는 뜸질.

2**温暖**[おんだん] 온난; 기후가 따뜻함.

2**温暖化**[おんだんか] 온난화; 기후가 점차로 따뜻해지는 현상.

2**温帯**[おんたい] 온대; 열대(熱帯)와 한대(寒帯) 사이의 지대(地帯).

2**温度**[おんど] 온도; 덥고 찬 온도.

温度計[おんどけい] 온도계.

温突[オンドル] 온돌.

温良[おんりょう] 온량; 온화하고 양순함.

温床[おんしょう] 온상; ①인공적으로 온도를 높인 묘상(苗床). ②어떤 일이 일어나기 쉬운 환경.

温色[おんしょく] 온색; ①따뜻한 느낌의 빛깔. ②온화한 얼굴 빛.

温水[おんすい] 온수; 더운 물.

温順[おんじゅん] 온순; ①온화하고 양순함. ②(날씨 등이) 따뜻함. 온화함.

温習[おんしゅう] 온습; 복습. 배운 것을 다시 익힘.

温習会[おんしゅうかい] 온습회; 예능 발표회.

温湿布[おんしっぷ] 더운찜질.

2**温室**[おんしつ] 온실; 내부의 온도를 일정하게 유지할 수 있도록 난방 장치가 된 건물.

温室育ち[おんしつそだち] 귀하게 자람.

温雅[おんが] 온아; 온화하고 우아함.

温顔[おんがん] 온안; 부드러운 얼굴빛.

温言[おんげん] 온언; 상냥한 말.

温浴[おんよく] 온욕; 뜨거운 목욕탕이나 온천에 들어감.

温容[おんよう] 온용; 온화한 얼굴.

温柔[おんじゅう] 온유; ①온화하고 유순함. ②(촉감 등이) 따스하고 부드러움.

温情[おんじょう] 온정; 따뜻한 마음씨.

温存[おんぞん] 온존; ①소중히 간직함. ②(고치지 않고) 그대로 둠.

2**温泉**[おんせん] ①온천. ②온천장. 온천탕.

温泉療法[おんせんりょうほう] 온천 요법.

温湯[おんとう] 온탕; 적당한 온도의 목욕물.

温風[おんぷう] 온풍; ①봄의 따뜻한 바람. ②(온풍기에서 나오는) 더운 바람.

温血動物[おんけつどうぶつ] 온혈 동물.

1**温和**[おんわ] 온화; ①(성질·태도가) 온유함. 온순하고 유화함. ②(기후가) 따뜻하고 화창함.

温厚[おんこう] 온후; 온화하고 차분함.

穩(穩) 평온할 온

⺈ 千 禾 利 秆 稃 稃 稃 穩

音 ◉オン ◉ノン
訓 ◉おだやか

訓読

2 ◉穏やか[おだやか] 〈形動〉 ①(상태가) 조용하고 평온함. 온화함. ②(인품이) 온후함. 차분함. ③행동이나 사고방식이 온당함. ¶ ~でない 온당치 못하다.

音読

穏健[おんけん] 온건; 성격·사상 등이 온당하고 건전함.
穏当[おんとう] 온당; ①사리에 맞고 타당함. ②(성격이) 유순함. 온화함.
穏便[おんびん] 원만함. 모나지 않음.
穏和[おんわ] 온화; 원만하고 부드러움.
◑安穏[あんのん/あんおん]

〔옹〕

翁(翁) 늙은이 옹

ノ 八 公 公 㒰 翁 翁 翁 翁

音 ◉オウ
訓 ⊗おきな

訓読

⊗翁❶[おきな] ①영감님. *'老人(ろうじん)'의 높임말. ②(能楽(のうがく)에서) 노인의 탈. 또는 能楽(のうがく)의 곡명. ❷[おう] ☞ [音読]
翁草[おきなぐさ] ≪植≫ 할미꽃.

音読

翁❶[おう] 옹; 남자 노인에 대한 존칭. ❷[おきな] ☞ [訓読]
◑老翁[ろうおう]

擁 안을 옹

扌 扩 扩 搒 搒 擁 擁 擁 擁 擁

音 ◉ヨウ
訓 ⊗いだく

訓読

⊗擁く[いだく] 〈5他〉 ①둘러싸다. 에워싸다. ②(어떤 생각이나 기분을 마음 속에) 품다.

音読

擁する[ようする] 〈サ変他〉 ①끌어안다. 포옹하다. ②소유하다. 가지다. 지니다. ③거느리다. ④추대하다. 옹립하다.
擁立[ようりつ] 옹립; 옹호하여 어떤 지위에 즉위시킴.
擁壁[ようへき] 옹벽; 흙이 무너지지 않도록 만든 튼튼한 벽.
擁護[ようご] 옹호; 편을 들어 지킴. 부축하여 보호함.

〔와〕

渦 소용돌이 와

氵 氵 氵冂 氵冂 氵冂 氵冂 渦 渦 渦 渦

音 ◉カ
訓 ◉うず

訓読

1 ◉渦[うず] ①소용돌이. ②소용돌이무늬. ③혼란한 상태. 와중(渦中).
渦巻(き)[うずまき] ①소용돌이. ②소용돌이 모양.
渦巻く[うずまく] 〈5自〉 소용돌이치다.
渦輪[うずわ] ①소용돌이 모양의 원형(円形). ② ≪魚≫ 'そだかつお(물다랑어)'의 딴이름.
渦潮[うずしお] 소용돌이쳐 흐르는 바닷물.

音読

渦動[かどう] 와동; 소용돌이 모양의 운동 상태.
渦紋[かもん] 와문; 소용돌이무늬.
渦状[かじょう] 와상; 소용돌이와 같은 상태.
渦状紋[かじょうもん] 와상문; 소용돌이무늬.
渦中[かちゅう] 와중; 혼란한 상태.

瓦 기와 와

音 ⊗ガ
訓 ⊗かわら

訓読

2 ⊗瓦[かわら] ①기와. ②무가치한 것.
瓦塀[かわらべい] 평기와를 입힌 담.
瓦焼(き)[かわらやき] 기와를 구움. 기와를 굽는 사람.
瓦焼場[かわらやきば] 기와를 굽는 곳.
瓦屋[かわらや] 기와집.
瓦屋根[かわらやね] 기와지붕.
瓦葺(き)[かわらぶき] 기와지붕.

瓦煎餅[かわらせんべい] 기와 모양으로 구운 煎餅(せんべい).
瓦版[かわらばん] 와판. *(江戸(えど) 시대에) 찰흙에 글씨나 그림을 새겨서 기와처럼 구워 인쇄한 것.

音読

瓦落多[がらくた] 잡동사니. 쓰레기 물건.
瓦落落ち[がらおち] 시세의 폭락.
瓦礫[がれき] 와륵; ①기와와 자갈. ②쓸모없는 것. 쓰레기.
瓦斯[ガス] 가스. gas.
瓦石[がせき] 와석; ①기와와 돌. ②무가치한 것. 쓸모없는 것.
瓦全[がぜん] 와전; 보람 없이 삶을 이어감.
瓦解[がかい] 와해; 조직의 일부가 무너짐으로 인해 전체가 무너짐.

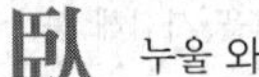

臥 누울 와	音 ⊗ガ 訓 ⊗ふす ⊗ふせる

訓読

⊗臥す[ふす] 〈5自〉 옆으로 눕다. 모로 눕다.
臥(し)待ち[ふしまち] ☞ 臥(し)待ち月
臥(し)待ち月[ふしまちづき] 음력 19일 밤의 달. *달이 늦게 뜨므로 누워서 기다린다는 뜻임.
臥(し)所[ふしど] 침실. 잠자리.
⊗臥せる[ふせる] 〈5自〉 ①옆으로 눕다. 모로 눕다. ②(병으로) 앓아눕다.

音読

臥竜[がりょう] 와룡; ①엎드려 있는 용. ②알려지지 않은 큰 인물.
臥龍[がりょう] ☞ 臥竜
臥竜梅[がりょうばい] ≪植≫ 와룡매.
臥床[がしょう] 와상; ①잠자리. 침상(寝床). ②자리에 누움. 몸져누움.
臥薪嘗胆[がしんしょうたん] 와신상담.

訛 거짓말 와	音 ⊗カ 訓 ⊗なまる

訓読

⊗訛る[なまる] 〈5自〉 사투리 발음을 하다.
⊗訛り[なまり] 사투리 발음.
⊗訛声[だみごえ] ①사투리가 섞인 목소리. ②(귀에 거슬리는) 탁한 목소리.

音読

訛語[かご] 와어; 사투리.
訛言[かげん] 와언; ①그릇된 소문. ②사투리.
訛音[かおん] 와음; 사투리 발음.
訛伝[かでん] 와전; 잘못 전함.

蛙 개구리 와	音 ⊗ア 訓 ⊗かえる

訓読

⊗蛙[かえる] ≪動≫ 개구리.
蛙泳ぎ[かえるおよぎ] 개구리헤엄.

音読

蛙声[あせい] 개구리 울음소리.

蝸 달팽이 와	音 ⊗カ 訓 ⊗かたつむり

訓/音読

⊗蝸牛[かたつむり/かぎゅう] ≪動≫ 달팽이.

窪 웅덩이 와	音 ⊗ア ⊗ワ 訓 ⊗くぼまる ⊗くぼむ ⊗くぼめる

訓読

⊗窪[くぼ] 구덩이. 움푹 팬 곳.
⊗窪い[くぼい] 〈形〉 (일부분이) 움푹 패어 있다. 우묵하다. 쑥 들어가 있다.
⊗窪まる[くぼまる] 〈5自〉 움푹 패다.
⊗窪む[くぼむ] 〈5自〉 ①움푹 패다. ②불우한 처지에 있다. 몰락하다.
窪み[くぼみ] 구덩이. 움푹 팬 곳.
⊗窪める[くぼめる] 〈下1他〉 움푹 패게 하다.
窪溜(ま)り[くぼたまり] 움푹한 곳. 웅덩이.
窪坏[くぼつき] (떡갈나무 잎을 여러 장 맞춘 접시 모양의 그릇으로) 공물(供物)을 담는 그릇의 일종.
窪手[くぼて] ☞ 窪坏
窪田[くぼた] 우묵한 저지대의 논.
窪地[くぼち] 움푹 팬 땅.

〔완〕

完 완전할 완
丶 宀 宀 宀 宀 宇 完

音 ◉カン
訓 —

音読

完[かん] 완; 끝남.
完結[かんけつ] 완결; 완전하게 끝맺음.
完工[かんこう] 완공; 공사가 완전히 끝남.
完納[かんのう] 완납; 모두 납부함.
2完了[かんりょう] 완료; 완전히 끝남.
1完璧[かんぺき] 완벽; 완전무결함.
完本[かんぽん] 완본; 전질(全帙). 한 질(帙)로 된 책 전부.
完封[かんぷう] 완봉; ①상대방의 활동을 완전히 봉쇄함. ②(야구에서) 셧아웃.
完備[かんび] 완비; 완전히 갖춤.
2完成[かんせい] 완성; 완전히 이룸.
完遂[かんすい] 완수; 목적을 완전히 이룸.
完熟[かんじゅく] 완숙; 과일 등이 완전히 익음.
完勝[かんしょう] 완승; 완전한 승리.
完訳[かんやく] 완역; 전문(全文)을 번역함.
完泳[かんえい] 완영; 목표로 하는 거리 끝까지 완전히 헤엄침.
完載[かんさい] 완재; (신문・잡지 등에) 작품 전체를 마지막까지 완전히 실음.
2完全[かんぜん] 완전; 부족함이 없음. 결점이 없음.
完走[かんそう] 완주; 목표 지점까지 다 달림.
完治[かんち/かんじ] 완치; 병을 완전히 고침.
完投[かんとう] (야구에서) 완투; 한 투수가 교대하지 않고 한 경기를 끝까지 던짐.
完敗[かんぱい] 완패; 완전한 패배.

腕 팔뚝 완

月 月 月' 月' 肜 肜 肪 胯 腕 腕

音 ◉ワン
訓 ◉うで

訓読

3◉腕[うで] ①팔. ②솜씨. 기량. 실력. ③완력. ④(의자의) 가로대. 팔걸이.
腕こき[うでこき] 솜씨가 뛰어난 사람.
腕ずく[うでずく] 완력(腕力). 우격다짐.
腕競べ[うでくらべ] ①힘겨루기. ②솜씨 겨루기.
腕貫き[うでぬき] ①팔찌. ②(사무용) 소매 커버. 토시. ③칼자루・채찍의 손잡이 끝에 다는 가죽 끈.
腕捲り[うでまくり] 팔을 걷어붙임.
腕扱き[うでこき] 솜씨가 뛰어난 사람.
腕っ扱き[うでっこき] '腕扱き'의 강조.
腕達者[うでだっしゃ] ①완력이 셈. 완력이 센 사람. ②솜씨가 뛰어남. 솜씨가 뛰어난 사람.
腕袋[うでぶくろ] (털실로 짠) 토시.
腕輪[うでわ] 팔찌.
腕利き[うできき] 능력이 뛰어남.
腕立て[うでだて] 실력 행사.
腕立て伏せ[うでたてふせ] (체조에서) 엎드려 팔굽혀펴기.
腕木[うでぎ] 완목; 가로대.
腕比べ[うでくらべ] ①힘겨루기. ②솜씨 겨루기.
腕相撲[うでずもう] 팔씨름.
腕首[うでくび] 팔목. 손목.
腕時計[うでどけい] 손목시계.
腕試し[うでだめし] 실력을 시험해 봄.
腕押し[うでおし] 팔씨름.
1腕前[うでまえ] 솜씨. 기량. 수완.
腕揃い[うでぞろい] 실력가만 모임.
腕節[うでぶし] ①팔의 관절. ②팔. ③완력.
腕っ節[うでっぷし] '腕節'의 강조.
腕組[うでぐみ] 팔짱.
腕尽く[うでずく] 완력(腕力). 우격다짐.
腕枕[うでまくら] 팔베개.

音読

腕骨[わんこつ] 완골; 손목뼈.
腕力[わんりょく] 완력; ①뚝심. ②폭력.
腕力家[わんりょくか] 완력가; 힘이 센 사람.
腕白[わんぱく] 장난꾸러기. 개구쟁이.
腕章[わんしょう] 완장; 옷의 팔 부분에 두르는 표장(標章).

頑 완고할 완

一 二 亍 元 元 元' 页 頑 頑 頑

音 ◉ガン
訓 ⊗かたくな ⊗かたくなし

訓読

⊗頑[かたくな] 〈形動〉 완고함. 고집스러움. ¶~な態度(たいど) 완고한 태도.
⊗頑し[かたくなし] 〈形〉≪文≫ 완고하다. 고집스럽다.

音読

頑として[がんとして] 완강하게. 막무가내로.

頑強[がんきょう] 완강; ①태도가 완고하고 의지가 굳셈. ②몸이 튼튼함.
頑健[がんけん] 완건; 튼튼하고 건강함.
[1]**頑固**[がんこ] 완고; ①고집스러움. ②끈질김.
頑冥[がんめい] 완명; 고집스럽고 이치에 어두움.
頑迷[がんめい] 완미; 고집스럽고 이치에 어두움.
頑是無い[がんぜない] 〈形〉 철없다.
頑愚[がんぐ] 완우; 고집스럽고 어리석음.
[1]**頑丈**[がんじょう] 튼튼함. 단단함.
頑丈作り[がんじょうづくり] 튼튼한 만듦새.
[4]**頑張る**[がんばる] 〈5自〉 ①(끝까지) 버티다. 힘내다. 분발하다. 노력하다. ②(끝까지) 고집하다. 우기다. 뻗대다. ③(한 곳에) 버티고 서다. 버티다.

緩(緩) 느릴 완

音 ◉カン
訓 ◉ゆるい ◉ゆるまる ◉ゆるむ ◉ゆるめる ◉ゆるやか ◉ゆるりと

訓読

[2]◉**緩い**[ゆるい] 〈形〉 ①느슨하다. 헐렁하다. 헐겁다. ②엄하지 않다. 허술하다. ③가파르지 않다. 완만하다. ④느리다. ⑤묽다. 되지 않다.
◉**緩か**[ゆるか] 완만함. 느릿함. 느긋함. 느슨함.
◉**緩まる**[ゆるまる] 〈5自〉 느슨해지다.
[1]◉**緩む**[ゆるむ] 〈5自〉 ①느슨해지다. 헐거워지다. 헐렁해지다. ②허술해지다. ③(추위가) 누그러지다. 풀리다. ④해이(解弛)해지다. ⑤묽어지다. ⑥시세가 내려가다.
[1]◉**緩める**[ゆるめる] 〈下1他〉 ①느슨하게 하다. 헐겁게 하다. 헐렁하게 하다. ②완화하다. 늦추다. ③(긴장을) 풀다. ④(상태를) 늦추다. ⑤완만하게 하다. ⑥묽게 하다.
[1]◉**緩やか**[ゆるやか] 〈形動〉 ①가파르지 않음. 완만함. ②느릿함. ③느긋함. ④엄하지 않음. 허술함. ⑤느슨함. 헐거움. 헐렁함.
◉**緩りと**[ゆるりと] 유유히. 천천히. 편히.

音読

緩に[かんに] 느리게. 완만하게.
緩球[かんきゅう] (야구에서) 완구; 느린 공.
緩急[かんきゅう] 완급; ①느림과 빠름. ②느슨함과 엄함. ③위급한 상태.
緩慢[かんまん] 완만; ①(동작・속도가) 느림. 활발하지 않음. ②엄하지 않음. 허술함.
緩衝[かんしょう] 완충; 둘 사이의 불화나 충격을 완화시킴.
緩衝地帯[かんしょうちたい] 완충 지대.
緩下剤[かんげざい] 완하제; 설사시키는 약.
緩行[かんこう] 완행; 느리게 감.
[1]**緩和**[かんわ] 완화; 느슨하게 함.

玩 장난할 완

音 ⊗ガン
訓 ⊗もてあそぶ

訓読

⊗**玩ぶ**[もてあそぶ] 〈5他〉 ①가지고 놀다. 만지작거리다. ②심심풀이로 즐기다. ③희롱하다. 농락하다.
⊗**玩び**[もてあそび] 가지고 놂. 노리개. 장난감.
玩び物[もてあそびもの] 노리개.
玩び種[もてあそびぐさ] ①노리갯감. ②위안물. 심심풀이.

音読

[2]**玩具**[がんぐ/おもちゃ] 완구; 장난감.
玩具店[がんぐてん] 완구점.
玩具商[がんぐしょう] 완구상.
玩弄[がんろう] 완롱; 우롱.
玩弄物[がんろうぶつ] ①장난감. ②노리갯감. 놀림감.
玩物[がんぶつ] 완물; ①물건을 가지고 놂. ②장난감.
玩味[がんみ] 완미; ①음식을 잘 씹어서 충분히 맛봄. ②음미함.

宛 굽을 완

音 ⊗エン
訓 ⊗あて ⊗あてる

訓読

[1]⊗**宛て**[あて] ①(편지가 배달되는 사람・단체에 접속하여) …앞. ②(숫자에 접속하여) …당. …에 대해.
[2]⊗**宛てる**[あてる] 〈下1他〉 (짐・우편물을) …앞으로 보내다. …앞으로 부치다.

[2]宛て名[あてな] (우편물 등의) 수신인 주소 성명. 수신인명(受信人名).
宛て先[あてさき] (우편물 등의) 수신인. 수신처.
宛て所[あてどころ] ①(우편물 등의) 수신인. 수신처. ②목표. 목적.
宛て字[あてじ] 차자(借字). 취음자(取音字).
宛て行う[あてがう] 〈5他〉 ①(상대방의 의견을 묻지 않고) 배당하다. 할당하다. ②(딱 맞게) 대다. 붙이다.
宛て行(い)[あてがい] ①할당. 배당. ②급여. 수당.
宛行(い)扶持[あてがいぶち] 일방적으로 정해서 주는 급료.

音読

宛然[えんぜん] 완연; ①뚜렷하게 나타남. ②마치. 꼭.

婉 순할 완	音 ⊗エン 訓 —

音読

[1]婉曲[えんきょく] 완곡; ①(말이나 행동을) 드러내지 않고 빙 둘러서 나타냄. ②말씨가 곱고 차근차근함.
婉麗[えんれい] 정숙하고 아름다움.
婉然[えんぜん] 얌전하고 아름다움.

椀 주발 완	音 ⊗ワン ⊗オウ 訓 —

音読

[2]椀[わん] ①(나무로 만든 밥·국 등을 담는) 공기. ¶一(ひと)～の汁(しる) 한 공기의 국. ②(공기에 담긴 음식물의 수효를 세는 말로) …공기.
椀飯[おうばん] ①밥공기에 담은 밥. ②성대한 잔치.
椀飯振舞[おうばんぶるまい] 진수성찬. 성대한 잔치.

碗 주발 완	音 ⊗ワン 訓 —

音読

[2]碗[わん] ①(도자기로 만든 밥·국 등을 담는) 공기. ¶一(ひと)～の汁(しる) 한 공기의 국. ②(공기에 담긴 음식물의 수효를 세는 말로) …공기.

〔왕〕

王 임금 왕
一 丅 干 王

音 ◉オウ ◉ノウ
訓 —

音読

[2]王[おう] 왕; ①임금. 군주(君主). ②으뜸. ③親王(しんのう)가 아닌 황족(皇族)의 남자. ④(장기에서) 궁(宮).
王家[おうけ] 왕가; 왕의 집안.
王公[おうこう] 왕공; 왕과 제공(諸公).
王冠[おうかん] 왕관; ①왕이 쓰는 관. ②영예의 관. ③금속제 병마개.
王国[おうこく] 왕국; ①왕이 다스리는 나라. ②거대한 조직체.
王宮[おうきゅう] 왕궁; 궁궐.
王権[おうけん] 왕권; 왕의 권력.
[2]王女[おうじょ] 왕녀; ①공주. ②왕족의 여자.
王都[おうと] 왕도; 왕궁이 있는 도시.
王道[おうどう] 왕도; ①임금이 마땅히 지켜야 할 정도(正道). ②인덕(仁徳)으로 나라를 다스리는 정도(政道). ③지름길. 안이한 방법.
王立[おうりつ] 왕립; 왕이나 왕족이 설립한 시설.
王命[おうめい] 왕명; 왕의 명령.
王妃[おうひ] 왕비; 국왕의 배우자.
王城[おうじょう] 왕성; ①왕이 거처하는 성. ②왕도(王都).
王手[おうて] ①(일본 장기에서) 상대의 王将(おうしょう)을 직접 공경하는 수. ②결정타(決定打).
王室[おうしつ] 왕실; 왕가(王家). 황실.
[2]王様[おうさま] 임금님. 왕.
王位[おうい] 왕위; ①제위(帝位). ②(바둑·장기에서) 최고위의 칭호.
[2]王子[おうじ] 왕자; ①왕의 아들. ②황족(皇族)의 남자.
王者[おうじゃ] 왕자; ①임금. ②왕도(王道)로 나라를 다스리는 사람. ③으뜸가는 존재.
王将[おうしょう] (일본 장기에서) 궁(宮).
王政[おうせい] 왕정; ①임금이 다스리는 정치. ②군주제(君主制).

王朝[おうちょう] 왕조; ①왕이 직접 통치하는 조정(朝廷). ②같은 왕가에 속하는 통치자의 계열.
王朝時代[おうちょうじだい] 왕조 시대; 천황의 친정(親政) 시대.
王族[おうぞく] 왕족; 왕의 일가(一家).
王座[おうざ] 왕좌; 임금의 자리.
王統[おうとう] 왕통; 제왕(帝王)의 혈통.
王侯[おうこう] 왕후; 왕과 제후(諸侯).
◑**勤王**[きんのう], **尊王**[そんのう], **親王**[しんのう], **天王星**[てんのうせい]

往 갈 왕

丿 彡 彳 彳 彳 往 往 往

音 ◉オウ
訓 ⊗ゆく ⊗いぬ

訓読
⊗**往く**[ゆく] 〈5自〉 ①가다. 떠나다. ②(목적지로) 가다. 향하다. ③(세월이) 가다. ④(연락이) 전달되다. ⑤(구름·강물 등이) 흘러가다.
往き交い[ゆきかい] ①왕래. 오고감. ②교제.
往き交う[ゆきかう] 〈5自〉 오가다. 왕래하다.
往き帰り[ゆきかえり] ①오고감. 왕복. ②갔다가 되돌아 옴.
往き帰る[ゆきかえる] 〈5自〉 ①왕복하다. ②갔다가 되돌아오다.
往き来[ゆきき] 왕래; ①오고감. ②교제.
⊗**往ぬ**[いぬ] 〈ナ変自〉≪古≫ ①가다. 가버리다. ②(세월이) 지나가다. 경과하다.

音読
往古[おうこ] 왕고; 오랜 옛날.
往年[おうねん] 왕년; 지난 날.
往来[おうらい] 왕래; ①오고감. ②길. 도로. ③교제. ④(생각이) 떠올랐다 사라졌다 함. (만감이) 교차함.
往来止め[おうらいどめ] 통행금지.
往路[おうろ] 왕로; 가는 길.
[2]**往復**[おうふく] 왕복; ①가고 옴. 갔다가 옴. ②왕래. 교제. ③(편지 등을) 주고받음.
[2]**往復切符**[おうふくきっぷ] 왕복 티켓.
往生[おうじょう] ① ≪仏≫ 극락왕생. 극락에 태어남. ②죽음. ③단념. 체념. ④곤란함. 난처함. 손듦.
往生際[おうじょうぎわ] ①임종. ②단념. 체념.
往昔[おうせき] 왕석; 옛날. 옛적.
往時[おうじ] 왕시; 지난 날. 옛날.
往信[おうしん] 왕신; 답장을 바라고 보내는 편지.
往往に[おうおうに] 왕왕; 이따금. 때때로.
往日[おうじつ] 왕일; 지난 날. 옛날.
[1]**往診**[おうしん] 왕진; 의사가 환자의 집에 가서 진찰함.
往航[おうこう] 왕항; (배·비행기가) 목적지로 가는 운항.

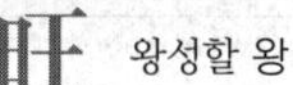

旺 왕성할 왕

音 ⊗オウ
訓 —

音読
旺盛[おうせい] 왕성; 한창 성(盛)함.
旺然[おうぜん] 왕연; 매우 왕성함.

〔왜〕

歪 비뚤 왜

音 ⊗ワイ
訓 ⊗いびつ ⊗ひずむ ⊗ゆがむ

訓読
⊗**歪**[いびつ] ①찌그러짐. 일그러짐. ②(상태가) 비정상임. 비뚤어짐.
[1]⊗**歪む❶**[ひずむ] 〈5自〉 (모양이) 뒤틀리다. 일그러지다.
[1]⊗**歪む❷**[ゆがむ] 〈5自〉 ①(모양이) 비뚤어지다. 일그러지다. 뒤틀리다. ②(성질·상태가) 바르지 못하다. 비뚤어지다.
⊗**歪み❶**[ひずみ] ①(모양이) 뒤틀림. 일그러짐. ②변형(変形). 일그러진 상태. ③(일이 잘 안 되는 데서 생기는) 나쁜 여파. 주름살. ❷[ゆがみ] ①(모양이) 비뚤어짐. 일그러짐. 뒤틀림. ②(성질·상태가) 바르지 못함. 비뚤어짐.
歪みなり[ゆがみなり] ①뒤틀린 모양. 비뚤어진 모양. ②불충분함.
⊗**歪める**[ゆがめる] 〈下1他〉 ①(형태를) 비뚤어지게 하다. 뒤틀리게 하다. 일그러뜨리다. ②왜곡하다. 왜곡시키다.

音読
歪曲[わいきょく] 왜곡; 사실 등을 거짓으로 바르지 못하게 함.
歪力[わいりょく] ≪物≫ 응력(応力).

倭 왜국 왜	音 ⊗ワ 訓 —

音読

倭寇[わこう] 왜구; 일본 해적(海賊). ＊13~16세기의 일본 해적을 말함.

倭国[わこく] 왜국; 일본.

倭人[わじん] 왜인; 일본인. 일본 사람.

矮 난장이 왜	音 ⊗ワイ 訓 —

音読

矮軀[わいく] 왜구; 키가 작은 체구(體軀).

矮林[わいりん] 왜림; 키가 작은 나무의 숲.

矮性[わいせい] 왜성; (식물이) 크게 자라지 않는 성질.

矮星[わいせい] ≪天≫ 왜성; 난쟁이별.

矮小[わいしょう] 왜소; ①키가 낮고 작음. ②조그맣고 아담함.

矮樹[わいじゅ] 왜수; 키가 작은 나무.

矮人[わいじん] 왜인; 난쟁이.

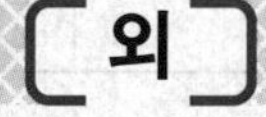

〔외〕

外 바깥 외
ノ ク タ 夕 外

音 ◉ガイ ◉ゲ
訓 ◉そと ◉ほか ◉はずす ◉はずれる ⊗と

訓読

4◉**外❶**[そと] ①바깥. ②집 밖. 옥외(屋外). ③(자신이 속한 사회의) 외부. ④겉. 표면. ⑤(테두리) 밖. ❷[ほか] ①(어떤 범위) 바깥. 외부. ②딴 곳. 딴 것. ③그 밖. 이외. …을 빼놓고.

2◉**外す**[はずす] 〈5他〉 ①떼어내다. 떼다. ②끄르다. 풀다. 벗기다. ③누락시키다. 제외시키다. 빼다. ④(자리를) 비우다. 뜨다. ⑤빗나가게 하다. ⑥잃다. 놓치다. ⑦(관절 등이) 빠지게 하다.

2◉**外れる**[はずれる] 〈下1自〉 ①빠지다. 벗겨지다. 끌러지다. ②(범위를) 벗어나다. ③(규칙에) 어긋나다. ④빗나가다. ⑤제외되다. 탈락되다.

外れ[はずれ] ①빗나감. 어긋남. 맞지 않음. ②흉작. ③가장자리. 변두리.

外開き[そとびらき] (문이) 안에서 밖으로 열림.

外蓋[そとぶた] (2중 뚜껑으로 된 그릇의) 바깥쪽 뚜껑.

外見[そとみ/がいけん] 외관; 겉보기.

外股[そとまた] 팔자걸음.

外郭[そとぐるわ/がいかく] 외곽; 바깥 테두리.

外掛け[そとがけ] (씨름에서) 발걸이.

外構え[そとがまえ] ①(건물의) 외부 구조. 바깥 꾸밈새. ＊대문・담・울타리를 말함. ②외관. 겉보기.

外堀[そとぼり] ①외호(外濠). 성의 바깥 둘레의 해자(垓字). ②2중으로 된 해자(垓字) 중 바깥쪽의 것.

外巻き[そとまき] 머리털 끝이 바깥쪽을 향한 헤어스타일.

外輪❶[そとわ] 팔자걸음. ❷[がいりん] 외륜; ①바깥쪽 바퀴. ②바깥 둘레. ③수레바퀴의 바깥쪽에 덧댄 쇠덮개.

外面❶[そとづら] ①(물건의) 겉모양. 겉보기. ②남을 대하는 태도. ❷[がいめん] 외면; ①표면. 겉면. ②외관. 외모.

外耗(り)[そとべり] ①(곡식을 찧었을 때의) 감량(減量)의 남은 양에 대한 비율. ②(歩合算에서) 감액(減額)의 현재액에 대한 비율.

外目[そとめ] ①남의 이목(耳目). ②(야구에서) 아웃코너.

1**外方**[そっぽ/そっぽう] 다른 쪽. 딴 데.

外法[そとのり] (그릇의) 바깥치수.

外歩き[そとあるき] ①외출. ②외근(外勤).

外釜[そとがま] 보일러가 따로 분리되어 있는 욕조.

外山[★とやま] ≪雅≫ 동산. 마을에 가까운 산. 동네의 산기슭.

外孫[そとまご/がいそん] 외손; 외손자.

外鰐[そとわに] 팔자걸음. 밭장다리걸음.

外様[★とざま] ①(武家시대의) 大名(だいみょう)나 무사. ②(江戸(えど) 시대에) 徳川(とくがわ) 집안을 따르던 大名(だいみょう). ③방계(傍系). 직계에서 갈라져 나온 계통.

外囲い[そとがこい] 바깥 울타리.

外枠[そとわく] ①(경마에서) 바깥쪽 테두리. 외측선(外側線). ②(할당된 수량의) 범위 밖.

外側[そとがわ] 외측; 바깥쪽. 겉면.

外湯[そとゆ] (온천장 여관 밖에 설치된) 대중목욕탕.

外表[そとおもて] (천의) 거죽이 겉으로 드러나게 접음.

外風呂[そとぶろ] 건물 밖에 따로 마련한 목욕탕. 공중목욕탕.

外海❶[そとうみ] 외해; 육지로 둘러싸여 있지 않은 넓은 바다. ❷[がいかい] 육지에서 멀리 떨어진 바다. 원양(遠洋).

外嫌い[そとぎらい] 외출을 싫어함.

外濠[そとぼり] ①외호(外濠). 성의 바깥 둘레의 해자(垓字). ②2중으로 된 해자(垓字) 중 바깥쪽의 것.

外回り[そとまわり] ①바깥 둘레. 주위. ②외근(外勤). ③(전차의 순환선에서) 바깥쪽 노선(路線). ④대외적(対外的)임.

外懐[そとぶところ] 일본 옷의 겉섶과 안자락 사이의 품.

音読

外タレ[がいタレ] TV나 라디오에 등장하는 인기 있는 외국인 배우나 가수.

外角[がいかく] ① ≪数≫ 외각. ②(야구에서) 아웃코너. ③(물체의) 돌출부.

外見[がいけん/そとみ] 외관; 겉보기.

外径[がいけい] 외경; 둥근 물건의 바깥쪽으로 잰 치수.

外界[がいかい] 외계; 바깥 세계.

2外科[げか] ≪医≫ 외과.

外科医[げかい] ≪医≫ 외과 의사.

外科手術[げかしゅじゅつ] 외과 수술.

外郭[がいかく/そとぐるわ] 외곽; 바깥 테두리.

1外観[がいかん] 외관; 겉보기.

2外交[がいこう] ①(국가간의) 외교. ②(남과의) 외교. 섭외. 외무(外務).

外交家[がいこうか] 외교가; ①외교관. ②사교적인 사람.

外交官[がいこうかん] 외교관.

外交辞令[がいこうじれい] ①외교사령. ②사교적인 말. 듣기 좋은 말. 발림말. 빈말.

外交員[がいこういん] 외무 사원(外務社員).

外寇[がいこう] 외구; 외적(外敵).

外局[がいきょく] (중앙 관서의) 외청(外庁).

4外国[がいこく] 외국; 다른 나라.

4外国語[がいこくご] 외국어.

4外国人[がいこくじん] 외국인.

外国為替[がいこくかわせ] 외환(外換). 외국환(外国換).

外気[がいき] 외기; 바깥 공기.

外灯[がいとう] 외등; 옥외등(屋外灯).

1外来[がいらい] 외래; ①외국에서 옴. ②외부에서 옴. ③'外来患者'의 준말.

1外来語[がいらいご] 외래어.

外来患者[がいらいかんじゃ] 외래 환자.

外力[がいりょく] 외력; 외부로부터 작용하는 힘.

外輪山[がいりんざん] 외륜산; 복식화산(複式火山)에서 중앙의 분화구를 둘러싸고 있는 산(山).

外面❶[がいめん] 외면; ①표면. 겉면. ②외관. 외모. ❷[そとづら] ①(물건의) 겉모양. 겉보기. ②남을 대하는 태도.

外貌[がいぼう] 외모; 겉모습. 겉모양.

外務[がいむ] 외무; ①외국에 관한 사무 ②외근(外勤).

外務大臣[がいむだいじん] 외무대신; 외무부 장관.

外務省[がいむしょう] 외무성; 외무부(外務部).

外聞[がいぶん] 외문; ①세상. 평판 소문. ②체면.

外米[がいまい] 외미; 외국 쌀.

外泊[がいはく] 외박; 일정한 숙소 이외의 장소에서 잠을 잠.

外壁[がいへき] 외벽; 바깥벽.

外報[がいほう] 외보; 외신(外信). 외국으로부터의 통신 보고.

外報部[がいほうぶ] 외신부(外信部).

2外部[がいぶ] 외부; ①물건의 바깥쪽. ②어떤 집단의 바깥.

外賓[がいひん] 외빈; 외국 손님.

外史[がいし] 외사; ①야사(野史). 민간인이 쓴 역사. ②민간 역사가.

外事[がいじ] 외사; ①외국·외국인에 관한 일. ②외부에 관한 일.

1外相[がいしょう] 외상; 외무부 장관.

外商[がいしょう] 외상; ①외국 상인·상사. ②출장 판매. 외판(外販).

外商部[がいしょうぶ] 외판부(外販部).

外傷[がいしょう] 외상; 몸 외부의 상처.

外書[がいしょ] 외서; ①외국 서적. ② ≪仏≫ 불교 이외의 서적.

外線[がいせん] 외선; ①바깥쪽 선. ②옥외선(屋外線). ③외부로 통하는 전화선.

外線工事[がいせんこうじ] 옥외선 공사.

外食[がいしょく] 외식; 집 밖에서의 식사.

外信[がいしん] 외신; 외국으로부터의 통신 보고.
外圧[がいあつ] 외압; 외부의 압력.
外野[がいや] 외야; ①(야구에서) 아웃필드. ②그 사건과 관계가 없는 사람. 제삼자.
外野席[がいやせき] (야구의) 외야석.
外野手[がいやしゅ] (야구의) 외야수.
外洋[がいよう] 외양; 원양(遠洋). 먼 바다.
外語[がいご] 외어; ①외국어. ②'外国語学校'의 준말.
外用薬[がいようやく] 《医》 외용약.
外苑[がいえん] 외원; 궁성(宮城)·신궁(神宮) 등의 바깥 정원.
外遊[がいゆう] 외유; 외국 여행.
外柔内剛[がいじゅうないごう] 외유내강.
外為[がいため] '外国為替'의 준말.
外銀[がいぎん] 외국 은행.
外衣[がいい] 외의; 겉옷.
外耳道[がいじどう] 《生理》 외이도.
外人[がいじん] 외인; 외국인.
外因[がいいん] 외인; 외부 원인.
外字[がいじ] ①상용한자(常用漢字)가 아닌 한자. ②외국 문자.
外字新聞[がいじしんぶん] (국내에서 발행하는) 외국어 신문.
外字紙[がいじし] ①외국어 신문. ②외국의 신문. 외지(外紙).
外資[がいし] 외자; 외국 자본.
外装[がいそう] 외장; ①겉포장. ②건물 등의 바깥쪽 설비·장식.
外在[がいざい] 외재; 외면적으로 존재함.
外敵[がいてき] 외적; 외부에서 쳐들어오는 적.
外電[がいでん] 외전; 외국 전보.
外接円[がいせつえん] 《数》 외접원.
外祖母[がいそぼ] 외조모.
外祖父[がいそふ] 외조부.
外地[がいち] 외지; ①외국. 해외. ②(2차대전 당시) 일본 식민지.
外地勤務[がいちきんむ] 해외 근무.
外紙[がいし] 외지; 외국 신문.
外債[がいさい] 외채; 외국에 대한 채무.
[2]**外出**[がいしゅつ] 외출; 나들이.
外出着[がいしゅつぎ] 외출복. 나들이옷.
外出血[がいしゅっけつ] 《医》 외출혈.
外套[がいとう] 외투; 오버코트.
外販[がいはん] 외판; 방문 판매.
外編[がいへん] 외편; 책의 본편(本編)에 첨가되는 부분.
外皮[がいひ] 외피; ①겉껍질. ②동물의 몸의 표면.
外航[がいこう] 외항; 외국 항로.
外航船[がいこうせん] 외항선.
外港[がいこう] 외항; 어떤 도시의 문호(門戸) 역할을 하는 항구.
外海❶[がいかい] 육지에서 멀리 떨어진 바다. 원양(遠洋). ❷[そとうみ] 외해; 육지로 둘러싸여 있지 않은 넓은 바다.
外向[がいこう] 외향; 바깥 세계로 향하는 성질.
外形[がいけい] 외형; 겉모양.
外画[がいが] 외화; 외국 영화.
[1]**外貨**[がいか] 외화; ①외국 화폐. ②(수입 대상국의) 외국 상품·화물.
外患[がいかん] 외환; 외부로부터 받는 근심·걱정.

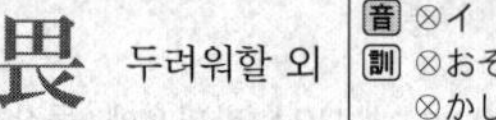

畏 두려워할 외 | 音 ⊗イ | 訓 ⊗おそれる ⊗かしこ

訓読

⊗**畏れる**[おそれる] 〈下1自〉 경외(敬畏)하다. 두려워하다.
畏れ[おそれ] 경외(敬畏). 외경(畏敬).
畏れ多い[おそれおおい] 〈形〉 ①황공하다. 송구스럽다. ②대단히 고맙다.
畏れ入る[おそれいる] 〈5自〉 ①죄송해하다. 황송해하다. ②어이없다. 기막히다. 어처구니없다. ③탄복하다. 놀라다.
⊗**畏**[かしこ] 삼가 이만 실례합니다. *여성이 편지 끝에 쓰는 말.
畏い[かしこい] 〈形〉 ①황공하다. 황송하다. ②감사하다. 고맙다.
畏くも[かしこくも] 황공하옵게도.
畏き辺り[かしこきあたり] 황공한 곳. *궁중이나 황실의 높임말.
[2]**畏まる**[かしこまる] 〈5自〉 ①황공해하다. 황송해하다. ②긴장해서 꿇어앉다. 정좌(正坐)하다. ③받들어 모시다. ④《古》 사과하다. 변명하다.

音読

畏敬[いけい] 외경; 공경하고 두려워함.
畏伏[いふく] 외복; 두려워 엎드림.
畏服[いふく] 외복; 두려워 복종함.
畏友[いゆう] 외우; 존경하는 친구.
畏縮[いしゅく] 외축; 두려워 움츠림.
畏怖[いふ] 외포; 두려워함.

猥 함부로 외	音 ⊗ワイ 訓 ⊗みだら ⊗みだり

訓読

⊗猥ら[みだら] 〈形動〉 음란함. 난잡함. 외설적임.

⊗猥りがましい[みだりがましい] 〈形〉 (남녀 관계가) 음란스럽다. 난잡하다.

⊗猥りに[みだりに] ①함부로. 멋대로. 무분별하게. ②난잡하게. 무질서하게.

音読

猥談[わいだん] 외담; 음담패설.

猥本[わいほん] 외설(猥褻) 서적.

猥書[わいしょ] 외서; 외설(猥褻) 서적.

猥褻[わいせつ] 외설; 음란함.

猥瑣[わいさ] 외쇄; 잡다하고 하찮음.

猥雑[わいざつ] 외잡; ①음란함. ②추잡함. ③난잡함.

猥画[わいが] 외설적인 그림·영화.

〔요〕

凹 오목할 요

音 ◉オウ

訓 ⊗へこむ ⊗くぼむ

訓読

⊗凹ます[へこます] 〈5他〉 ①우그러뜨리다. 움푹 들어가게 하다. ②굴복시키다. 납작하게 만들다.

⊗凹ませる[へこませる] 〈下1他〉 ☞ 凹ます

⊗凹まる[くぼまる] 〈5自〉 움푹 패다. 푹 꺼지다.

2⊗凹む❶[へこむ] 〈5自〉 ①(외부의 힘에 의해서 단시간에) 푹 꺼지다. 움푹 들어가다. ②굴복하다. 물러나다. 꺾이다. ③밑지다. 손해보다.

⊗凹む❷[くぼむ] 〈5自〉 ①(오랜 기간에 걸쳐서 저절로) 움푹 패다 움푹 들어가다. ②몰락하다. 불우한 처지에 있다.

凹み❶[へこみ] 움푹 들어감. 움푹 들어간 곳. ❷[くぼみ] 우묵한 곳. 움푹 들어간 곳.

⊗凹める[くぼめる] 〈下1他〉 움푹 들어가게 하다.

凹溜り[くぼたまり] 움푹한 곳. 웅덩이.

凹目[くぼめ] 옴팍눈. 옴팍 눈의 사람.

凹地[くぼち/おうち] 움푹하게 팬 땅.

音読

凹レンズ[おうレンズ] 오목 렌즈.

凹面[おうめん] 요면; 오목면. 가운데가 오목한 면.

凹面鏡[おうめんきょう] 요면경; 오목 거울.

凹状[おうじょう] 요상; 오목한 모양.

凹凸[おうとつ] 요철; 울퉁불퉁함.

凹版[おうはん] ≪印≫ 요판.

凹形[おうけい] 요형; 가운데가 주위보다 오목한 모양.

凹型[おうがた] 요형; 오목꼴.

 필요할 요

音 ◉ヨウ

訓 ◉いる ⊗かなめ

訓読

4◉要る[いる] 〈5自〉 필요하다.

要らぬ[いらぬ] 필요없는. 쓸데없는.

要り用[いりよう] ①(금품 등이) 필요함. ②필요한 경비. 비용.

⊗要❶[かなめ] ①(쥘부채의) 사북. 부채의 뼈대를 한 곳에 모으는 곳. ②(사물의) 주축. 축. ③가장 중요한 대목·요점. ❷[よう] ☞ [音読]

要石[かなめいし] ①茨城県(いばらきけん) 鹿島(かしま) 神宮 근처의 유서 깊은 바위. *강신(降神)의 전설이 있음. ②가장 중요한 거점.

要垣[かなめがき] 붉은순나무를 심어 만든 생울타리.

要黐[かなめもち] ≪植≫ 붉은순나무.

音読

要❶[よう] ①요점. 요령. ②필요. 필요성. ❷[かなめ] ☞ [訓読]

1要する[ようする] 〈サ変他〉 ①요하다. 필요로 하다. ②잠복하다. 숨어 기다리다. ③요약하다.

2要するに[ようするに] 요컨대. 결국.

要すれば[ようすれば] 필요하다면.

要は[ようは] 요는. 결국은.

要綱[ようこう] 요강; 중요한 강령(綱領).

要件[ようけん] 요건; ①중요한 용건. ②필요한 조건.

要訣[ようけつ] 요결; 비결. 요령.
[2]**要求**[ようきゅう] 요구; 강력히 청하여 구함.
要談[ようだん] 요담; 필요한 말. 중요한 이야기.
要覧[ようらん] 요람; 중요한 것만 골라서 만든 책자(冊子).
要略[ようりゃく] 요략; 요약(要約).
[2]**要領**[ようりょう] 요령; 요점(要点).
要路[ようろ] 요로; ①가장 긴요한 길. ②요직. 중요한 자리.
[1]**要望**[ようぼう] 요망; 구하여 바람.
要目[ようもく] 요목; 중요한 항목.
要務[ようむ] 요무; 중요한 임무.
要事[ようじ] 요사; 중요한 일.
要塞[ようさい] 요새; 성채(城砦).
要所[ようしょ] 요소; 중요한 장소.
[2]**要素**[ようそ] 요소; 꼭 필요한 근본 조건.
要式[ようしき] 요식; 일정한 방식대로 해야 하는 일.
要約[ようやく] 요약; ①요점을 간추림. ②약속함. 언약을 맺음.
要用[ようよう] ①필요함. 중요함. ②중요한 용무.
要員[よういん] 요원; 필요한 인원.
要人[ようじん] 요인; 중요한 직위에 있는 사람.
[1]**要因**[よういん] 요인; 주요한 원인.
[2]**要点**[ようてん] 요점; 가장 중요한 점.
要注意[ようちゅうい] 요주의; 주의하시오. 주의할 필요가 있음.
[2]**要旨**[ようし] 요지; 대체의 내용.
要地[ようち] 요지; 아주 중요한 핵심이 되는 지역.
要職[ようしょく] 요직; 중요한 직위.
[1]**要請**[ようせい] 요청; 요긴하게 청함.
要諦[ようてい/ようたい] 요체; 중요한 점.
要衝[ようしょう] 요충; 요지(要地).
要項[ようこう] 요항; 필요한 사항.
要害[ようがい] 요해; ①적의 공격을 방어하기에 알맞은 곳. ②요새(要塞).

揺(搖) 흔들 요

音 ◉ヨウ
訓 ◉ゆさぶる ◉ゆすぶる ◉ゆする ◉ゆらぐ ◉ゆらす ◉ゆらめく ◉ゆる ◉ゆるがす ◉ゆるぐ ◉ゆれる

訓読

[1]◉**揺さぶる**[ゆさぶる] 〈5他〉 ①(크게 움직이도록) 흔들다. 뒤흔들다. ②동요시키다.
揺さぶり[ゆさぶり] ①(크게) 뒤흔듦. 흔들어 움직임. ②동요시킴.
揺さぶれる[ゆさぶれる] 〈下1自〉 흔들리다.
◉**揺すぶる**[ゆすぶる] 〈5他〉 ①흔들다. 뒤흔들다. ②동요시키다.
◉**揺する**[ゆする] 〈5他〉 ①흔들다. 흔들어 움직이다. ②공갈 협박하여 금품을 빼앗다. 등치다.
揺すり[ゆすり] ①흔듦. ②공갈 협박함.
揺すり掛ける[ゆすりかける] 〈下1他〉 협박하다.
揺蚊[ゆすりか] ≪虫≫ 모기붙이. 모기과의 곤충.
揺すり上げる[ゆすりあげる] 〈下1他〉 (몸을) 치켜 흔들다.
[1]◉**揺らぐ**[ゆらぐ] 〈5自〉 ①흔들리다. 요동하다. ②(상태가) 흔들리다 불안정해지다.
◉**揺らす**[ゆらす] 〈5他〉 흔들다.
◉**揺らめかす**[ゆらめかす] 〈5他〉 흔들다. 흔들리게 하다.
◉**揺らめく**[ゆらめく] 〈5自〉 흔들거리다.
◉**揺る**[ゆる] 〈5他〉 ①흔들다. 흔들리게 하다. ②(쌀 등을) 일다. 〈5自〉 떨다. 흔들리다.
揺り[ゆり] 〈接尾語〉 흔들림. 추스름.
揺り起こす[ゆりおこす] 〈5他〉 흔들어 깨우다. 흔들어 일으키다.
揺り動かす[ゆりうごかす] 〈5他〉 ①뒤흔들다. 흔들어 움직이게 하다. ②동요시키다. 불안정하게 만들다.
揺り戻し[ゆりもどし] (씨름에서) 상대편을 끌어당기고 흔들어 몸이 떴을 때 잡은 손을 비틀면서 세게 내밀어 넘어뜨리는 수.
揺り籠[ゆりかご] 요람(揺籃).
揺り返し[ゆりかえし] ①다시 흔들림. ②여진(余震).
揺り返す[ゆりかえす] 〈5自〉 다시 흔들리다.
揺り上げる[ゆりあげる] 〈下1他〉 흔들어 올리다. 추켜올리다.
◉**揺るがす**[ゆるがす] 〈5他〉 뒤흔들다. 요동시키다.
◉**揺るぐ**[ゆるぐ] 〈5自〉 흔들리다.
揺るぎ[ゆるぎ] 흔들림. 동요. 요동.
揺るぎない[ゆるぎない] 흔들리지 않는다.

揺るぎ出る[ゆるぎでる] 〈下1自〉 ①거들먹거리며 나오다. 몸을 흔들며 뽐내고 나오다. ②(겁먹은 듯이) 떨며 나오다.

2◉**揺れる**[ゆれる] 〈下1自〉 ①(상하・좌우로) 흔들리다. ②(마음・기반이) 흔들리다. 동요하다.

揺れ[ゆれ] 흔들림. 동요. 요동.

揺れ動く[ゆれうごく] 〈5自〉 (상하・좌우로) 마구 흔들리다. 마구 동요하다.

音読

揺動[ようどう] 요동; 흔들림.

揺籃[ようらん] 요람; ①젖먹이의 흔들 채롱. ②(사물의) 발전의 초기 단계.

揺揺とする[ようようとする] 〈サ変自〉 (배 등의 흔들리는 상태의) 흔들흔들하다.

腰 허리 요

月 肝 肝 肝 肝 肝 肝 腰 腰 腰

音 ◉ヨウ
訓 ◉こし

訓読

2◉**腰**[こし] ①(몸의) 허리. ②(옷의) 허리. ③(사물의) 허리. ④和歌(わか)의 셋째 구(句). ⑤찰기. 끈기. ⑥(무엇을 하려는) 자세. 태도. 기세.

腰巾着[こしぎんちゃく] ①허리에 차는 주머니. ②추종자. 항상 졸졸 따라다니는 사람.

腰高[こしだか] ①(허리가 높아) 엉거주춤함. ②건방짐. 거만함.

腰高障子[こしだかしょうじ] 아래쪽에 넓게 판자를 댄 미닫이.

腰骨[こしぼね] 요골; ①허리뼈. ②참을성. 인내심. 끈기.

腰っ骨[こしっぽね] '腰骨(こしぼね)'의 강조.

2**腰掛け**[こしかけ] ①걸상. 의자. ②임시로 다니는 직장.

2**腰掛ける**[こしかける] 〈下1自〉 걸터앉다.

腰掛け仕事[こしかけしごと] 임시 일자리.

腰巻(き)[こしまき] ①(일본 옷의) 속치마. ②(옛날에 일본 여성이 통소매 옷 위에) 허리에 두르던 옷. ③띠지(帯紙). ④ ≪建≫ 반화방(半火防). 흙광의 바깥 둘레의 아래쪽에 두껍게 흙을 바른 부분.

腰気[こしけ] ≪医≫ 대하(帯下).

腰紐[こしひも] (일본 여자 옷의) 허리끈.

腰当て[こしあて] ①허리받침. ②(옛날 칼을 찰 때) 갑옷 허리 부분에 대었던 가죽 용구. ③(일본 옷의) 허리 부분에 대는 천.

腰帯[こしおび] ①허리띠. ②(일본 옷의) 띠 안에 매는 가는 끈.

腰刀[こしがたな] 요도; 허리에 차는 짧은 칼. 단도(短刀).

腰の物[こしのもの] ①허리에 차는 칼. ②날밑이 없는 단도(短刀). ③허리에 차는 것의 총칭.

腰抜け[こしぬけ] ①앉은뱅이. ②무기력하고 겁이 많음. 겁쟁이.

腰弁[こしべん] ①허리에 찬 도시락. ②가난한 월급쟁이.

腰屏風[こしびょうぶ] 허리 높이의 낮은 병풍. 머릿병풍.

腰付き[こしつき] (뭔가를 하려고 할 때의) 허리 모양. 허리 자세.

腰小旗[こしこばた] (옛날) 싸움터에서 표지로 허리에 찼던 작은 깃발.

腰砕け[こしくだけ] ①(씨름에서) 허릿심이 빠져 주저앉음. ②(어떤 일이) 중단됨. 좌절됨.

腰縄[こしなわ] ①허리에 차고 다니는 밧줄. ②오랏줄.

腰弱[こしよわ] ①허릿심이 약함. ②끈기나 배짱이 없음. 무기력함. ③(떡 등에) 찰기가 없음.

腰揚げ[こしあげ] (어린이옷의 기장을 줄이기 위한) 허리 부분의 징금.

腰羽目[こしばめ] 허리 높이로 벽에 둘러친 널판장. 징두리널.

腰元[こしもと] ①시녀(侍女). ②허리께. 허리 부분.

腰垣[こしがき] 허리 높이의 낮은 울타리.

腰張り[こしばり] 굽도리. (벽이나 장지문의) 아래쪽을 종이나 판자로 댐.

腰障子[こししょうじ] 아래쪽에 판자를 댄 장지문・미닫이.

腰折れ[こしおれ] ①늙어서 허리가 꼬부라짐. ②서투른 시가(詩歌)나 문장.

腰折れ歌[こしおれうた] ①셋째 구(句)와 넷째 구가 이어지지 않는 和歌(わか). ②서투른 시가(詩歌). ③'자작(自作)한 시가(詩歌)'의 겸양어.

腰折れ文[こしおれぶみ] ①졸문(拙文). 변변치 못한 문장. ②자기 문장의 겸양어.

腰湯[こしゆ] 좌욕(坐浴). 허리 아래만 탕에 담그는 목욕. 반신욕(半身浴).

腰桶[こしおけ] (能(のう)・狂言(きょうげん)의 무대에서 사용하는) 원통형의 의자.
腰板[こしいた] (벽이나 장지문의) 아래쪽에 대는 판자.
腰布団[こしぶとん] (노인・환자의 보온용을) 허리에 두르는 끈이 달린 작은 포대기.
腰回り[こしまわり] 허리둘레.

音読

腰間[ようかん] 허리께. 허리 부분.
腰部[ようぶ] 요부; 허리 부분.
腰椎[ようつい] ≪生理≫ 요추.
腰痛[ようつう] 요통. 허리가 아픈 병.

窯 그릇굽는 가마 요

宀 宂 空 空 空 窒 窑 窯 窯 窯

音 ◉ヨウ
訓 ◉かま

訓読

◉窯[かま] (도자기・숯을 굽는) 가마.
窯元[かまもと] ①도자기를 굽는 곳. ②도자기 제조소 주인.
窯入れ[かまいれ] (도자기 종류를 구우려고) 가마에 넣음.
窯場[かまば] 도자기를 굽는 곳.
窯跡[かまあと] 가마터. 요지(窯址).

音読

窯業[ようぎょう] 요업; 도자기・벽돌・기와 등을 제조하는 공업.
窯業美術[ようぎょうびじゅつ] 요업 미술.

謡(謠) 노래 요

言 言 言 訁 訁 訁 評 謡 謡 謡

音 ◉ヨウ
訓 ◉うたい ◉うたう

訓読

◉謡[うたい] 能(のう)의 가사. 또는 能(のう)의 가사에 가락을 붙여 노래를 부름.
◉謡う[うたう] 〈5他〉 (노래를) 부르다.
謡物[うたいもの] 서정적인 가사에 가락을 붙여 노래 부르는 것의 총칭.

音読

謡曲[ようきょく] 能楽(のうがく)의 가사. 또는 그 가사에 가락을 붙여 노래함.
謡言[ようげん] 요언; 뜬소문. 풍설.

曜(曜) 요일 요

目 日 日 日 𣅀 𣆍 𣈅 曜 曜 曜

音 ◉ヨウ
訓 —

音読

曜[よう] ①빛남. ②일월(日月)과 오성(五星). ③요일.
2曜日[ようび] 요일; 1주일의 날

夭 일찍죽을 요

音 ⊗ヨウ
訓 —

音読

夭死[ようし] 요사; 젊어서 죽음. 요절.
夭逝[ようせい] 요서; 젊어서 죽음. 요절.
夭折[ようせつ] 요절; 젊어서 죽음.

妖 요사스러울 요

音 ⊗ヨウ
訓 ⊗あやしい

訓読

⊗妖しい[あやしい] 〈形〉 ①불가사의하다. 신비스럽다. ②괴상하다. 괴이하다. 이상하다.

音読

妖[よう] ①요사스러움. 요괴. ②요염함.
妖光[ようこう] 요광; 불길한 예감이 드는 요사스러운 빛.
妖怪[ようかい] 요괴; 도깨비.
妖怪変化[ようかいへんげ] 도깨비.
妖気[ようき] 요기; 요사스러운 기운.
妖女[ようじょ] 요녀; 요부(妖婦).
妖霊[ようれい] ①요괴(妖怪). ②불가사의한 정령(精霊).
妖麗[ようれい] 요염하게 아리따움.
妖魔[ようま] 요마; 요괴(妖怪).
妖美[ようび] 요미; 요염한 아름다움.
妖婦[ようふ] 요부; 요염하여 남자를 호리는 여자.
妖星[ようせい] 요성; (옛날에) 불길한 징조로 생각되었던 별.
妖術[ようじゅつ] 요술; 마법. 마술.
妖艶[ようえん] 요염; 사람을 홀릴 만큼 아름다움.
妖雲[ようun] 요운; 불길한 징조의 구름.
妖異[ようい] 요이; 요사스럽고 괴이함.

妖精[ようせい] 요정; 괴이한 정령(精靈).
妖婆[ようば] 요파; 마술쟁이 노파.
妖惑[ようわく] 요혹; 요사한 말로 미혹함.
妖花[ようか] 요화; 요부(妖婦).
妖姫[ようき] 요희; 요녀(妖女).

拗 꺾을/비뚤 요	音 ⊗ヨウ 訓 ⊗ねじける ⊗すねる ⊗こじれる

訓読
⊗拗ける[ねじける] 〈下1自〉 ①(물건 등이) 비틀어지다. 꼬부라지다. ②(심성이) 비뚤어지다.
⊗拗ねる[すねる] 〈下1自〉 ①토라지다. ②떼를 쓰다.
⊗拗ね者[すねもの] ①세상을 등진 사람. ②토라진 사람. 비뚤어진 사람.
1⊗拗れる[こじれる] 〈下1自〉 ①(병이) 덧나다. 악화되다. ②뒤틀리다. ③비뚤어지다.
⊗拗れ[こじれ] ①(병이) 덧남. 악화됨. ②뒤틀림. 비꼬임.
音読
拗音[ようおん] ≪語学≫ 요음; 일본어의 음절 중 'あ·や·わ'행(行) 이외의 かな에 'ゃ·ゅ·ょ'를 덧붙여 표기하여 두 글자를 한 음절로 발음하는 것을 말함. *예로 'きゃ·きゅ·きょ'와 같은 형태의 발음임.

遥(遙) 멀 요	音 ⊗ヨウ 訓 ⊗はるか

訓読
1⊗遥か[はるか] 〈形動〉 ①(거리가) 아득함. ②(시간이) 아득함. ③¶ ~に 훨씬.
遥遥[はるばる] 멀리.
遥遥と[はるばると] 멀리서.
音読
遥拝[ようはい] 요배; 먼 곳에서 배례(拝礼)함.
遥曳[ようえい] ①흔들흔들 나부낌. 길게 뻗침. ②(울림 등이) 꼬리를 길게 끎. 오래 남음.
遥遠[ようえん] 요원; 아득하게 동떨어져 있음.

瑶(瑤) 아름다운 옥 요	音 ⊗ヨウ 訓 —

音読
瑶台[ようだい] 요대; ①아름다운 누대(楼台). ②신선이 산다는 곳. ③달(月)의 딴 이름.

擾 어지러울 요	音 ⊗ジョウ 訓 —

音読
擾乱[じょうらん] 요란; 소란(騷乱)함. 소요(騷擾). 시끄럽고 어지러움.

耀(燿) 빛날 요	音 ⊗ヨウ 訓 ⊗かがよう ⊗かがやかしい

訓読
⊗耀う[かがよう] 〈5自〉≪雅≫ ①반짝이다. ②번득이다. 어른거리다.
⊗耀かしい[かがやかしい] 〈形〉 빛나다. 훌륭하다.
⊗耀かす[かがやかす] 〈5他〉 빛내다.
⊗耀く[かがやく] 〈5自〉 빛나다. 반짝이다.
音読
◑栄耀[えいよう]

饒 배부를 요	音 ⊗ジョウ 訓 —

音読
饒舌[じょうぜつ] 수다. 수다스러움.
饒舌家[じょうぜつか] 수다쟁이.

[욕]

辱 더럽힐 욕
一 厂 戸 戸 戶 辰 辰 辰 辱 辱

音 ◉ジョク ⊗ニク
訓 ◉はずかしめる ⊗かたじけない

訓読
◉辱める[はずかしめる] 〈下1他〉 ①모욕하다. ②(명예·지위를) 더럽히다.
辱め[はずかしめ] ①모욕. 창피. 수치. 치욕. ②성폭행. 강간.
⊗辱い[かたじけない] 〈形〉 ①(호의가) 고맙다. 감사하다. ②≪古≫ 과분하다. 황송하

다. 송구스럽다. ③ ≪古≫ 면목 없다. 부끄럽다.

辱くする[かたじけなくする] 황공하게도 …하여 주시다. 영광스럽게도 …을 받잡다.

⊗**辱む**[かたじけなむ] 〈4他〉≪古≫ 송구스럽게 여기다.

音読

辱知[じょくち] 욕지; (그 사람과) 잘 앎. ＊자기와의 교제가 오히려 그 사람에게 욕이 된다는 뜻으로 자신을 낮추어 하는 말임. ¶ ~の間柄(あいだがら)です 그와는 잘 아는 사이입니다.

◑**忍辱**[にんにく]

목욕할 욕

丶 氵 氵 氵 氵 氵 汃 浴 浴 浴

音 ◉ヨク

訓 ◉あびせる ◉あびる

訓読

◉**浴びせる**[あびせる] 〈下1他〉 ①(물・공격을) 퍼붓다. 끼얹다. ②(질문・비난을) 퍼붓다. ③(씨름에서) 덮치다.

浴びせ掛ける[あびせかける] 〈下1他〉 (물・공격을) 마구 퍼붓다. 마구 끼얹다. 들어붓다.

浴びせ倒し[あびせたおし] (씨름에서) 위에서 덮쳐 넘어뜨리기.

4◉**浴びる**[あびる] 〈上1他〉 ①(물을) 뒤집어쓰다. ②(햇볕을) 쬐다. 받다. ③(먼지・연기를) 뒤집어쓰다. ④(공격・비난을) 받다.

音読

浴する[よくする] 〈サ変自〉 ①목욕하다. ②(햇볕을) 쬐다. 받다. ③(혜택을) 받다.

浴客[よっきゃく/よっかく] 욕객; 목욕 손님.

1**浴室**[よくしつ] 욕실; 목욕실.

2**浴衣**[★ゆかた] (목욕 후나 여름철에 입는) 일본의 무명 홑옷.

浴衣掛け[★ゆかたがけ] ゆかた 차림.

浴場[よくじょう] 욕장; ①목욕실. ②대중 목욕탕.

浴槽[よくそう] 욕조; 목욕통.

바랄 욕

ノ ハ ハ 谷 谷 谷 谷 欲 欲 欲

音 ◉ヨク

訓 ◉ほしい ◉ほっする

訓読

4◉**欲しい**[ほしい] 〈形〉 ①탐나다. 필요하다. 갖고 싶다. 먹고 싶다. 사고 싶다. ②…하여 주기 바란다.

欲しがる[ほしがる] 〈5他〉 탐내다. 갖고 싶어 하다. 먹고 싶어하다. 사고 싶어하다.

◉**欲する**[ほっする] 〈サ変他〉 원하다. 바라다.

音読

欲[よく] 욕심. 욕망.

欲求[よっきゅう] 욕구; 바라서 구함.

欲念[よくねん] 욕념; 욕심.

欲得[よくとく] 이해타산. 이득을 얻고자 함.

欲得ずく[よくとくずく] 타산적임. 잇속만을 따져서 행동함.

1**欲望**[よくぼう] 욕망; 부족을 느껴 이를 채우려고 바라는 마음.

欲目[よくめ] 편견. 자기에게 편한 대로 생각함.

欲心[よくしん] 욕심; 탐내는 마음.

欲深[よくふか] 욕심이 많음. 욕심쟁이.

1**欲深い**[よくふかい/よくぶかい] 〈形〉 욕심이 많다. 욕심이 강하다.

2**欲張り**[よくばり] 욕심을 부림. 욕심쟁이.

欲張る[よくばる] 〈5自〉 욕심을 부리다.

欲情[よくじょう] 욕정; ①욕심. ②정욕(情欲). 색정(色情).

欲火[よっか] 욕화; 불타는 욕정. 욕정의 불꽃.

慾 

욕심 욕

音 ⊗ヨク

訓 —

音読

◑**貪慾**[どんよく]

〔용〕

冗 쓸데없을 용

丶 冖 冗 冗

音 ◉ジョウ

訓 —

音読

冗官[じょうかん] 있으나마나 한 관직(官職). 또는 그 관리(官吏).

冗句[じょうく] 용구; ①쓸데없는 구절. 군더더기 문구. ②농담. ＊영어 'joke'에서 유래되었음.

冗多[じょうた] 용다; (말・문장이) 장황하고 많음.
[2]冗談[じょうだん] ①농담. ②희롱하는 말.
冗談口[じょうだんぐち] 농담으로 하는 말.
冗談事[じょうだんごと] 장난.
冗漫[じょうまん] 지루함. 장황함.
冗文[じょうぶん] 지루한 문장.
冗費[じょうひ] 헛된 비용. 낭비.
冗語[じょうご] 군말. 쓸데없는 말.
冗員[じょういん] 용원; 쓸데없는 인원.
冗長[じょうちょう] (말이나 글이) 쓸데없이 길어짐. 장황함.
冗筆[じょうひつ] 쓸데없는 글귀. 쓸데없는 붓놀림.

用 쓸 용

丿 冂 月 月 用

音 ◉ヨウ
訓 ◉もちいる

訓読

[2]◉用いる[もちいる] 〈上1他〉 ①이용하다. 사용하다. 쓰다. ②채용하다. 임용하다. ③채택하다. 받아들이다. ④배려하다.
用いず[もちいず] 필요로 하지 않다.
用い方[もちいかた] 사용 방법. 사용법.

音読

[3]用[よう] ①용무. 용건. 볼일. ②쓸모. 소용. ③비용. ④대소변. 용변.
[1]用件[ようけん] 용건; 볼일. 용무.
用具[ようぐ] 용구; 도구(道具).
用金[ようきん] ①공금(公金). ②¶ご~ (武家 시대에) 영주(領主)가 백성한테서 임시로 징수하던 부과금.
用簞笥[ようだんす] 서랍장. 문갑.
用達[ようたつ/ようたし] ¶ご~ 납품업자.
用談[ようだん] 상담(商談).
用度[ようど] 용도; ①필요한 비용. ②(회사・관청의) 물품의 공급.
[2]用途[ようと] 용도; 사용할 곳. 사용처.
用量[ようりょう] 용량; (약품 등의) 복용량.
用例[ようれい] 용례; 쓰이는 본보기.
用立つ[ようだつ] 〈5自〉 도움이 되다.
用立てる[ようだてる] 〈下1他〉 ①도움이 되게 하다. ②돈을 꾸어주다. 입체해 주다.
用命[ようめい] ①하명. 분부. ②주문.
用無し[ようなし] ①볼일이 없음. 한가함. ②쓸모없음. 무용(無用).
用聞き[ようきき] 주문 받으러 돌아다님.
[1]用法[ようほう] 용법; 사용법. 사용 방법.
用便[ようべん] 용변; 대소변을 봄.
[2]用事[ようじ] ①볼일. 용무. 용건. ②대소변. 용변.
用船[ようせん] 용선; ①(어떤 목적을 위해) 부리는 배. ②배를 세냄. 세낸 배.
用水[ようすい] 용수; ①(어떤 목적을 위해) 비축해 둔 물. ②물을 사용함.
用水便所[ようすいべんじょ] 수세식 변소.
用水池[ようすいいけ] 용수지; 저수지.
用水桶[ようすいおけ] 방화용 물통.
[2]用心[ようじん] 조심함. 주의함. 경계함.
用心深い[ようじんぶかい] 〈形〉 신중하다. 조심성이 많다. 주의 깊다.
[2]用語[ようご] 용어; ①말. 말씨. ②술어(述語).
用言[ようげん] 《語学》 용언.
用役[ようえき] 용역; 서비스.
[3]用意[ようい] ①준비. 채비. ②조심. 주의. 대비.
用益[ようえき] 용익; 사용과 수익(収益).
用人[ようにん] ①(江戸(えど) 시대에 군주 밑에서 출납・서무 등을 맡아보던) 서기. ②고용인.
用字[ようじ] 용자; 사용하는 문자. 문자의 사용 방법.
用字法[ようじほう] 한자(漢字)의 사용법.
用材[ようざい] 용재; 사용하는 목재.
用箋[ようせん] 원고 용지. 편지 용지.
用済(み)[ようずみ] 볼일이 끝남.
用足し[ようたし] ①볼일을 봄. ②용변을 봄. ③납품업자.
用地[ようち] 용지; (어떤 목적에 사용하기 위한) 토지.
[2]用紙[ようし] 용지; (어떤 목적에 사용하기 위한) 종이.
用尺[ようじゃく] 마름질에 필요한 옷감의 길이.
用布[ようふ] 용포; 옷감.
[1]用品[ようひん] 용품; (어떤 목적에 사용하는) 물품.
用向き[ようむき] ①볼일. 용건. ②(상대에게 전할) 용건의 내용.

勇(勇) 날랠 용

フ マ ア 丙 両 甬 甬 甬 勇

音 ◉ユウ
訓 ◉いさましい ◉いさむ

訓読

[2]◉**勇ましい**[いさましい] 〈形〉 ①용감하다. 용맹스럽다. ②씩씩하다. 활기차다. ③무모하다. 대담하다.

◉**勇む**[いさむ] 〈5自〉 힘차다. 힘이 용솟음치다.

勇み[いさみ] ①용기. 용맹. ②용감한 공적. ③씩씩하고 시원시원함.

勇み肌[いさみはだ] ①의협심. 협기(俠気). ②협객(俠客). 의협심이 많은 사람.

勇み立つ[いさみたつ] 〈5自〉 용기가 불끈 솟다. 분발하다.

勇み足[いさみあし] ①[씨름에서] 상대를 떠밀다가 제 힘에 씨름판 밖으로 발을 먼저 내디뎌 지게 됨. ②(우쭐해서) 덤비다가 실수함.

音読

勇[ゆう] 용기. 용감함.

[1]**勇敢**[ゆうかん] 용감; 용기가 있어 과감함.

勇健[ゆうけん] ①용감하고 튼튼함. ②건강함. 무사함. *주로 편지에서 사용함.

[2]**勇気**[ゆうき] 용기; 담대함. 씩씩한 의기. 사물을 겁내지 않는 기개.

勇気付ける[ゆうきづける] 〈下1他〉 용기를 북돋우다. 용기를 내도록 힘주다.

勇断[ゆうだん] 용단; 용기를 가지고 결단함.

勇猛[ゆうもう] 용맹; 용감하고 사나움.

勇猛心[ゆうもうしん] 용맹심; 용감하고 사나운 기질.

勇名[ゆうめい] 용명; 용감한 사람으로서의 명성.

勇武[ゆうぶ] 용무; 용맹. 용감하고 사나움.

勇士[ゆうし] 용사; 용맹스런 사람.

勇躍[ゆうやく] 용약; 용감하게 뛰쳐나가는 모습.

勇往邁進[ゆうおうまいしん] 용왕매진; 거리낌 없이 용감하게 전진함.

勇者[ゆうしゃ] 용자; 용사. 용맹스런 사람.

勇姿[ゆうし] 용자; 용감한 모습.

勇壮[ゆうそう] 용장; 용감하고 씩씩함.

勇将[ゆうしょう] 용장; 용맹스런 장수.

勇戦[ゆうせん] 용전; 용감하게 싸움.

勇退[ゆうたい] 용퇴; 후배에게 길을 열어 주기 위해 스스로 관직에서 물러남.

容 얼굴/담을 용

' 丶 宀 穴 穴 穴 穴 容 容 容

音 ◉ヨウ
訓 ⊗いれる

訓読

⊗**容れる**[いれる] 〈下1他〉 ①개입하다. 참견하다. ②(마음에) 가지다. 품다. ③받아들이다. 포용하다.

[1]⊗**容易い**[たやすい] 〈形〉 용이하다. 손쉽다. 문제없다. 어렵지 않다.

音読

容[よう] 모습. 모양. 자태. 자세.

[2]**容器**[ようき] 용기; (특정한 물건을 담기 위해) 특정한 재료로 만든 그릇.

容量[ようりょう] 용량; 용기 안에 들어갈 수 있는 분량.

容貌[ようぼう] 용모; 얼굴 모습.

容赦[ようしゃ] 용서; ①관용을 베풀어 벌하지 않음. ②사정을 봐줌. 형편을 참작함.

容色[ようしょく] 용색; 여성의 예쁜 용모.

容疑者[ようぎしゃ] 용의자; 범죄 혐의자.

[2]**容易**[ようい] 용이; 손쉬움. 어렵지 않음.

容認[ようにん] 용인; 관용하여 인정함.

容姿[ようし] 얼굴 모습과 몸매. 자태(姿態).

[2]**容積**[ようせき] 용적; ①용량. 용기(容器) 안에 들어갈 수 있는 양. ②《数》 부피. 체적(体積).

容体[ようだい] ①(외면상의) 모습. 모양. 차림새. ②병세(病勢). 병의 상태.

容体振る[ようだいぶる] 〈5自〉 점잔 빼다. 짐짓 잘난 체하다. 거드름 피우다.

容態[ようだい] ☞ 容体

容喙[ようかい] 용훼; 말참견을 함.

庸 떳떳할 용

亠 广 广 庐 庐 庐 肩 肩 肩 庸

音 ◉ヨウ
訓 —

音読

庸君[ようくん] 용군; 어리석은 군주(君主). 용렬한 주군(主君).

庸愚[ようぐ] 용우; 용렬하고 어리석음.

庸才[ようさい] 용재; 평범한 재주. 평범한 사람.

溶 녹을 용

氵 氵' 氵宀 泬 泬 泬 泬 溶 溶

音 ◉ヨウ
訓 ◉とかす ◉とく ◉とける

訓読

2 **◉溶かす**[とかす] 〈5他〉 녹이다.

2 **◉溶く**[とく] 〈5他〉 ①(액체에) 풀다. 개다. ②녹이다. 용해시키다.

溶きほぐす[ときほぐす] 〈5他〉 (달걀 등을) 풀어서 젓다.

溶き卵[ときたまご] 물에 푼 달걀.

2 **◉溶ける**[とける] 〈下1自〉 녹다. 용해되다.

2 **溶け込む**[とけこむ] 〈5自〉 ①(어떤 물질이) 액체가 되어 용해되다. ②융화되다. 동화되다.

溶け合う[とけあう] 〈5自〉 녹아서 하나가 되다.

音読

溶鉱炉[ようこうろ] 용광로.

溶媒[ようばい] 용매; 딴 물질을 녹여내는 액체.

溶明[ようめい] 용명; 페이드인. 어두운 화면을 점차 밝게 하는 기법.

2 **溶岩**[ようがん] 용암; 마그마가 화산의 분화구에서 분출한 것.

1 **溶液**[ようえき] 용액; 가용성 물질이 녹은 액체.

溶溶[ようよう] (마음이) 느긋하고 편안함. 여유 있고 안정됨.

溶融[ようゆう] 용융; 고체가 열에 녹아 액체가 됨.

溶接[ようせつ] 용접; 두 금속에 높은 전기열이나 가스열을 가해서 접합시킴.

溶接棒[ようせつぼう] 용접봉.

溶剤[ようざい] 용제; 고체를 액체로 만드는 데에 사용하는 액체.

溶質[ようしつ] 용질; 용액 속에 용해되어 있는 물질.

溶解[ようかい] 용해; 고체(固体)가 녹음. 고체를 녹임.

溶解炉[ようかいろ] 용해로; 금속을 높은 열로 녹이는 노(炉).

踊 춤출 용

口 ⻊ ⻊ 足 ⻊ 䟫 䟫 踊 踊 踊

音 ◉ヨウ
訓 ◉おどらす ◉おどる ◉おどり

訓読

◉踊らす[おどらす] 〈5他〉 ①춤추게 하다. ②(뒤에서 조종하여) 놀아나게 하다. 앞잡이로 만들다.

3 **◉踊る**[おどる] 〈5自〉 ①춤추다. ②앞잡이노릇을 하다. 놀아나다. 조종되다.

2 **◉踊り**[おどり] ①춤. 무용. ②(초밥집에서) 살아 있는 새우. ③'踊り歩(おどりぶ)·踊り字(おどりじ)'의 준말.

踊り狂う[おどりくるう] 〈5自〉 미친 듯이 춤추다. 신나게 춤추다. 미쳐 날뛰다.

踊り念仏[おどりねんぶつ] ≪仏≫ 가락에 맞춰 염불을 하며 징이나 호리병을 두드리며 추는 춤.

踊り歩[おどりぶ] (차용 증서를 고쳐 쓸 때) 그 날의 이자를 이중으로 지불함.

踊り食い[おどりぐい] (새우나 작은 물고기를) 날것으로 먹음.

踊り屋台[おどりやたい] 지붕이 달린 이동무대. ＊축제 때 끌어내어 춤을 춤.

踊り子[おどりこ] ①무용수. 댄서. 무희(舞姫). ②춤추는 소녀. ③춤꾼. ④ ≪俗≫ (갓난아이 정수리의) 숨구멍.

踊子草[おどりこそう] ≪植≫ 광대수염.

踊り字[おどりじ] (같은 글자가 반복되는) 반복 부호. ＊'堂々·中々' 등의 '々' 부분을 말함.

踊り場[おどりば] ①무도장. 춤추는 곳. ②(계단 중간의 약간 넓은 곳인) 층계참. 계단참.

音読

踊躍[ようやく] 용약; 좋아서 뜀.

湧(湧) 물솟을 용

音 ⊗ユウ ⊗ヨウ
訓 ⊗わく

訓読

2 **⊗湧く**[わく] 〈5自〉 솟다. 솟아나다. 분출(噴出)하다.

湧き起こる[わきおこる] 〈5自〉 (구름 등이) 피어오르다. 솟아오르다.

湧き水[わきみず] 솟아나는 물.
湧き出る[わきでる] 〈下1自〉 솟아나다. 분출(噴出)하다.

音読
湧出[ゆうしゅつ/ようしゅつ] 용출; 솟아 나옴. 분출(噴出)함.
湧出量[ゆうしゅつりょう/ようしゅつりょう] 용출량; 솟아 나오는 분량.

傭	품팔이 용	音 ⊗ヨウ 訓 ⊗やとう

訓読
2⊗**傭う**[やとう] 〈5他〉 ①고용하다. ②세내다. 사용료를 주고 빌리다.
⊗**傭い**[やとい] ①고용. ②임시 직원.

音読
傭兵[ようへい] 용병; 지원자에게 월급을 주고 병무(兵務)에 복무케 함.
傭船[ようせん] 용선; 배를 세냄. 세낸 배.
傭役[ようえき] 용역; 사람을 고용하여 부림. 고용됨.
傭人[ようにん] 용인; 고용인.

熔	녹일 용	音 ⊗ヨウ 訓 ⊗とかす ⊗とける

訓読
2⊗**熔かす**[とかす] 〈5他〉 (금속을 불에) 녹이다. 용해시키다.
2⊗**熔ける**[とける] 〈下1自〉 (금속이 불에) 녹다. 용해되다.

音読
熔鉱炉[ようこうろ] 용광로.
熔銑[ようせん] 용선; 선철(銑鉄)을 녹임.
熔銑炉[ようせんろ] 용선로; 선철(銑鉄)을 녹여내는 노(炉).
2**熔岩**[ようがん] 용암; 마그마가 화산의 분화구에서 분출한 것.
熔岩流[ようがんりゅう] 용암류; 화산의 분화구에서 흘러나온 용암.
熔接[ようせつ] 용접; 두 금속에 높은 전기열이나 가스열을 가해서 접합시킴.
熔接棒[ようせつぼう] 용접봉.
熔解[ようかい] 용해; 고체(固体)가 녹음. 고체를 녹임.
熔解炉[ようかいろ] 용해로; 금속을 높은 열로 녹이는 노(炉).
熔化[ようか] 용화; 열에 녹아서 모양이 변함. 열에 녹여서 모양을 변형시킴.

鎔	쇠녹일 용	音 ⊗ヨウ 訓 ⊗とかす ⊗とける

訓読
2⊗**鎔かす**[とかす] 〈5他〉 (금속을 불에) 녹이다. 용해시키다.
2⊗**鎔ける**[とける] 〈下1自〉 (금속이 불에) 녹다. 용해되다.

音読
鎔鉱炉[ようこうろ] 용광로.
鎔銑[ようせん] 용선; 선철(銑鉄)을 녹임.
鎔銑炉[ようせんろ] 용선로; 선철(銑鉄)을 녹여내는 노(炉).
鎔接[ようせつ] 용접; 두 금속에 높은 전기열이나 가스열을 가해서 접합시킴.
鎔接棒[ようせつぼう] 용접봉.
鎔解炉[ようかいろ] 용해로; 금속을 높은 열로 녹이는 노(炉).
鎔化[ようか] 용화; 열에 녹아서 모양이 변함. 열에 녹여서 모양을 변형시킴.

聳	솟을 용	音 ⊗ショウ 訓 ⊗そびえる ⊗そびやかす

訓読
1⊗**聳える**[そびえる] 〈下1自〉 높이 솟다. 우뚝 솟다. 치솟다.
⊗**聳やかす**[そびやかす] 〈5他〉 ①우뚝 서게 하다. 곧추 세우다. ②추켜올리다. 우뚝 세우다.
⊗**聳やぐ**[そびやぐ] 〈4自〉≪古≫ 키가 커 보이다. 우뚝 솟은 것처럼 보이다.

〔우〕

又	또 우
フ 又	

音 —
訓 ◉また

訓読
4◉**又**[また] 〈副〉 ①또. 또다시. 재차. ②또 다른. ③…도 역시. …도 또한. 〈接〉 ①동시에. ②또한. 또는.

又しても[またしても] 또. 또다시.

又と[またと] (부정의 말을 수반하여) 또다시. 두 번 다시.

又とない[またとない] 다시없다. 둘도 없다. 두 번 다시없다.

[2]又は[または] 또는. 혹은.

又もや[またもや] 다시금. 또다시.

又家来[またげらい] 신하의 신하. 부하의 부하. 배신(陪臣).

又貸し[まただがし] 전대(転貸). 빌린 것을 또다시 남에게 빌려 줌.

又頼み[まただのみ] 간접적으로 부탁함. 사람을 내세워 부탁함.

又の名[またのな] 별명. 다른 이름.

又聞き[またぎき] 간접적으로 전해 들음. 한 다리 건너 들음.

又又[またまた] 또다시. 거듭. 재차.

又弟子[またでし] 제자의 제자.

又従姉妹[またいとこ] 6촌 자매.

又従兄弟[またいとこ] 6촌 형제.

又借り[またがり] 전차(転借). (남이) 빌린 것을 또다시 빌림.

又請(け)[またうけ] ①하청(下請). ②보증인의 보증인이 됨.

友 벗 우

一ナ方友

音 ◉ユウ

訓 ◉とも

訓読

[2]◉友[とも] ①벗. 동무. 친구. ②동료. 동지. 한패.

[4]友達[ともだち] ①벗. 친구. 동무. ②벗들. 친구들. 동무들.

友船[ともぶね] ①(고기잡이에) 함께 떠나는 배. ②한 배를 탐. 함께 타는 배.

友垣[ともがき] 벗. 친구. 동무들.

友引[ともびき] (陰陽道에서) 손이 있는 날.

友鳥[ともどり] 친구새. 같은 종류의 새.

友釣(り)[ともづり] 후림낚시질. 산 은어를 실에 매어 물 속에 풀어놓고 다른 은어를 꾀어 들여 낚는 낚시질.

友千鳥[ともちどり] 떼를 지은 물떼새.

音読

友軍[ゆうぐん] 우군; 자기편의 군대.

友党[ゆうとう] 우당; 우호 관계에 있는 정당.

友邦[ゆうほう] 우방; 서로 친교가 있는 나라.

友禅[ゆうぜん] ①'友禅染め(ゆうぜんぞめ)'의 준말. ②'友禅縮緬(ゆうぜんちりめん)'의 준말.

友禅模様[ゆうぜんもよう] 友禅(ゆうぜん) 무늬.

友愛[ゆうあい] 우애; 형제나 친구 사이의 정(情).

友誼[ゆうぎ] 우의; 우정(友情).

[2]友人[ゆうじん] 우인; 벗. 친구. 동료.

[2]友情[ゆうじょう] 우정; 친구 사이의 정(情).

[2]友好[ゆうこう] 우호; 개인끼리 또는 나라끼리 서로 사이가 좋음.

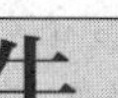 소 우

丿 𠂉 𠂉 牛

音 ◉ギュウ ⊗ゴ

訓 ◉うし

訓読

[3]◉牛[うし] ≪動≫ 소.

牛の角文字[うしのつのもじ] 히라가나의 'い'. *글자 모양이 쇠뿔과 비슷한 데서 생긴 말임.

牛方[うしかた] 소몰이 짐꾼. 소에 짐을 싣고 운반하는 사람.

牛飼(い)[うしかい] 소치는 사람.

牛殺し[うしころし] ①소의 도살(屠殺). ② ≪植≫ 윤노리나무. *이 나무로 쇠코뚜레를 만들었음.

牛小屋[うしごや] 소 외양간.

牛額[うしびたい] '黒皮(くろかわ)'의 딴이름.

牛屋❶[うしや] ①외양간. ②소장사. 소장수. ❷[ぎゅうや] ①푸줏간. 쇠고기 정육점. ②쇠고기 전골 식당.

牛店[うしみせ] (明治(めいじ) 시대의) 쇠고기 전골 음식점.

牛車❶[うしぐるま/ぎゅうしゃ] 우차; 소달구지. ❷[ぎっしゃ] (옛날) 귀인이 타고 다니던 수레.

牛追い[うしおい] 소몰이 짐꾼. 소에 짐을 싣고 운반하는 사람.

音読

牛鍋[ぎゅうなべ] ①쇠고기 전골. ②쇠고기 전골냄비.

牛酪[ぎゅうらく] 우락; 버터.

牛馬[ぎゅうば] 우마; 소와 말.

牛飯[ぎゅうめし] 쇠고기덮밥.
牛蒡[ごぼう] ≪植≫ 우엉.
牛蒡抜き[ごぼうぬき] ①(우엉을 뽑듯이) 굵고 긴 뿌리를 단숨에 뽑아냄. ②선발함. ③(한 사람씩) 잡아냄. ④(경주에서) 여러 사람을 한꺼번에 앞지름.
牛歩[ぎゅうほ] 우보; 소걸음.
牛舎[ぎゅうしゃ] 우사; 외양간.
牛屋❶[ぎゅうや] ①푸줏간. 쇠고기 정육점. ②쇠고기 전골 식당. ❷[うしや] ①외양간. ②소 장사. 소장수.
4**牛乳**[ぎゅうにゅう] 우유.
4**牛肉**[ぎゅうにく] 쇠고기.
4**牛肉屋**[ぎゅうにくや] 푸줏간. 정육점.
牛飲馬食[ぎゅういんばしょく] 우음 마식; 폭음 폭식(暴飲暴食)함
牛耳る[ぎゅうじる] 〈5他〉 (어떤 단체를) 자기 마음대로 움직이다. 좌지우지하다. 주름잡다.
牛丼[ぎゅうどん] 쇠고기덮밥.
牛脂[ぎゅうし] 우지; 쇠기름.
牛皮[ぎゅうひ] 우피; 쇠가죽.
牛後[ぎゅうご] 우후; ①쇠꼬리. ②(큰 조직의) 아랫사람.

右 오른쪽 우

ノ ナ 𠂇 右 右

音 ◉ウ ◉ユウ
訓 ◉みぎ

訓読

4◉**右**[みぎ] 우; ①오른쪽. ②우익(右翼). 보수적임. ③(세로로 쓴 문장에서) 앞에 기록한 바. 이상(以上). ④(비교하여) 더 나은 쪽.
右する[みぎする] 〈サ変自〉 오른쪽으로 가다.
右利き[みぎきき] 오른손잡이.
右四つ[みぎよつ] (씨름에서) 서로 오른손을 상대편의 왼편 겨드랑이에 질러 넣고 붙잡음.
右手[みぎて] ①오른손. ②오른쪽.
右腕[みぎうで] ①오른팔. ②심복. 심복부하.
右左[みぎひだり] ①좌우(左右). 오른쪽과 왼쪽. ②좌우가 뒤바뀜. 반대가 됨. ③(받은 금품 등을) 즉석에서 넘겨줌.
右側[みぎがわ] 우측; 오른쪽.
右向き[みぎむき] 오른쪽으로 향함. 오른쪽으로 향한 것.
右回り[みぎまわり] 우회전. 시계 방향으로 돎.

音読

右傾[うけい] 우경; ①오른쪽으로 기욺. ②우익(右翼)으로 기욺.
右顧左眄[うこさべん] 우고 좌면; 결단을 못 내림. 이쪽저쪽을 봄.
右端[うたん] 우단; 오른쪽 끝.
右党[うとう] 우당; ①우익 정당. 보수당. ②술은 못 마시고 단 것을 좋아하는 사람.
右文[ゆうぶん] 우문; 학문이나 문학을 숭상함.
右辺[うへん] ① ≪数≫ 우변. ②바둑판의 오른쪽 부분.
右岸[うがん] 우안; 오른쪽 강변.
右往左往[うおうさおう] 우왕좌왕.
右翼[うよく] 우익; ①오른쪽 날개. ②보수적·국수적인 사상·경향. ③(야구에서) 우측 외야수. ④(군대나 함대의) 우측 대열. ⑤(군대에서) 석차가 상위임.
右翼団体[うよくだんたい] 우익 단체.
右折[うせつ] (자동차의) 우회전.
右折禁止[うせつきんし] 우회전 금지.
右側通行[うそくつうこう] 우측통행.
右派[うは] 우파; 보수파(保守派).
右表[うひょう] 우표; 오른쪽의 표.
右筆[ゆうひつ] ①(옛날에 귀인 집안의) 서기. ②문서와 기록을 맡았던 무가(武家)의 직위. ③문필에 뛰어난 재능을 가진 사람.
右舷[うげん] 우현; 오른쪽의 뱃전.
◑**左右**[さゆう], **座右の銘**[ざゆうのめい]

宇 집/하늘 우

丶 丷 宀 宀 宇 宇

音 ◉ウ
訓 —

音読

宇都宮[うつのみや] 栃木県(とちぎけん)의 현청(県庁) 소재지.
2**宇宙**[うちゅう] 우주; 모든 천체를 포함한 전공간(全空間).
宇宙服[うちゅうふく] 우주복.
宇宙船[うちゅうせん] 우주선.
宇宙人[うちゅうじん] 우주인.

芋 토란 우

一 十 艹 芏 芌 芋

音 —
訓 ◉いも

訓読

◉芋[いも] ①감자・고구마・토란・마 등의 총칭. ②촌스러움.
芋幹[いもがら] 토란 줄기.
芋茎[★ずいき] 토란 줄기.
芋掘り[いもほり] 감자나 고구마 캐기.
芋頭[いもがしら] 《雅》 ①토란의 어미 뿌리. ②(茶道에서) 토란의 어미 뿌리처럼 생긴 물주전자.
芋蔓[いもづる] 참마・고구마의 덩굴.
芋蔓式に[いもづるしきに] 연달아. 줄줄이.
芋名月[いもめいげつ] 음력 8월 보름달. 추석달. *햇토란으로 제사지낸다는 뜻임.
芋辞書[いもじしょ] (내용이 빈약한) 엉터리 사전.
芋焼酎[いもじょうちゅう] 고구마 소주.
芋侍[いもざむらい] 촌뜨기 무사.
芋の子[いものこ] ①새끼토란. ②토란.
芋刺し[いもざし] (토란을 대꼬챙이로 꿰듯이) 창으로 사람을 찔러 죽임.
芋粥[いもがゆ] ①고구마 죽. ②참마에 돌외의 즙을 넣어 달게 쑨 죽.
芋虫[いもむし] ①(털이 없는) 나방・나비의 유충. ②꼴 보기 싫은 놈.
芋版[いもばん] 고구마 도장. 감자나 고구마의 단면에 글자나 도안을 새긴 도장.

羽(羽) 날개/깃 우

丁 丁 习 羽 羽 羽

音 ◉ウ
訓 ◉はね ◉は ◉わ

訓読

2 ◉羽❶[はね] ①새털. 깃. ②(새・곤충의) 날개. ③(기계・기구 등에 붙인) 날개. 프로펠러. ④궁깃. 화살에 단 깃. ❷[は/わ] …마리. *접미어로 새・토끼를 세는 말임.
羽撃き[はばたき] 날개치기. 홰치기.
羽撃く[はばたく] 〈5自〉 ①날개를 치다. 홰를 치다. ②넓은 사회로 나가 활약하다. 웅비(雄飛)하다.
羽交(い)[はがい] ①(새・곤충의) 두 날개가 교차하는 곳. ②날개.
羽交(い)締め[はがいじめ] 뒤에서 겨드랑이 밑으로 양팔을 넣어 상대방의 목덜미를 죄는 공격 방법.
2 羽根[はね] ①새털. 깃. ②(새・곤충의) 날개. ③(기계・기구 등에 붙인) 날개. 프로펠러.
羽根突き[はねつき] 羽子(はご)를 羽子板(はごいた)로 치는 놀이. *설날에 여자들이 하는 배드민턴 비슷한 놀이.
羽根車[はねぐるま] (터빈・물레방아 등의) 날개바퀴.
羽団扇[はうちわ] 깃털부채.
羽突き[はねつき] ☞ 羽根突き
羽裏[はうら] 날개의 뒷면.
羽目[はめ] ①판자벽. 판벽(板壁). ②궁지. 곤란한 처지. 곤경.
羽目板[はめいた] 벽에 붙인 널빤지.
羽抜け[はぬけ] (새의) 털갈이.
羽釜[はがま] 부뚜막에 걸도록 전이 달린 솥.
羽数[はすう] 새의 마릿수.
羽楊枝[はねようじ] (약을 바르는) 깃 달린 이쑤시개.
羽音[はおと] ①(새나 곤충의) 날개 치는 소리. ②화살이 날아가는 소리.
羽衣[はごろも] 우의; 깃옷. *선녀가 입고 하늘을 난다는 옷.
羽二重[はぶたえ] 곱고 부드러우며 윤이 나는 순백색 비단.
羽二重肌[はぶたえはだ] 희고 고운 살결.
羽二重餅[はぶたえもち] 예쁘고 부드럽게 만들어진 흰 찰떡.
羽子[はご] 모감주에 물들인 새털을 끼운 배드민턴 공 비슷한 것.
羽子板[はごいた] 羽子(はご)를 치는 나무 채.
羽織[はおり] 일본 옷 위에 입는 짧은 겉옷.
羽織る[はおる] 〈5他〉 (옷 위에) 걸쳐 입다. 걸치다.
羽織袴[はおりはかま] ①羽織(はおり)와 袴(はかま) 차림의 일본 남자의 정장. ②격식을 차린 복장・태도.
羽織芸者[はおりげいしゃ] (옛날) 江戸(えど)의 深川(ふかがわ) 지역에 있던 芸者(げいしゃ).
羽織下[はおりした] 羽織(はおり) 밑에 입는 방한용의 옷.

羽振り[はぶり] ①새의 날개 모양. ②사회적인 영향력・세력・세도・권세.
羽替え[はがえ] (새의) 털갈이.
羽箒[はねぼうき/はぼうき] 새털로 만든 빗자루. 새털비.
羽布団[はねぶとん] 새털로 만든 이불. 오리털 이불.
羽蒲団[はねぶとん] ☞ 羽布団
羽風[はかぜ] (새・곤충의) 날개바람.

音読

羽毛[うもう] 우모; 깃털.
羽扇[うせん] 우선; 깃털 부채.
羽翼[うよく] 우익; ①새의 날개. ②보좌. 보좌역. 한편이 되어 도와줌.
羽化[うか] 우화; 번데기가 성충(成虫)이 됨.

雨 비 우.

一 丅 丆 帀 币 帀 雨 雨

音 ◉ウ
訓 ◉あめ ◉あま ⊗さめ

訓読

4 ◉雨[あめ] ①비. ②비가 옴. 우천(雨天). ③비처럼 계속 이어져 내리는 것.
雨コート[あまコート] 비옷.
雨脚[あまあし] ①빗발. 빗줄기. ②빗발이 지나감.
雨の脚[あめのあし] ①빗발. 빗줄기. ②빗발이 지나감.
雨間[あまあい/あまま] 비가 잠시 그친 사이.
雨降[あめふらし] ≪動≫ 군소.
雨降り[あめふり] ①비가 옴. ②비 오는 날.
雨乞い[あまごい] 비가 오기를 빎. 기우(祈雨).
雨乞い踊り[あまごいおどり] 기우제(祈雨祭).
雨空[あまぞら] ①비가 올 듯한 날씨. 찌푸린 날씨. ②비 오는 날씨.
雨冠[あめかんむり] 비우머리. ＊漢字 부수의 하나로 '雪・霜・雲' 등의 '雨' 부분을 말함.
1 雨具[あまぐ/うぐ] 우비. 우장(雨装).
雨気[あまけ] 비가 올 기미.
雨男[あめおとこ] 비를 몰고 다니는 남자.
雨女[あめおんな] 비를 몰고 다니는 여자.
雨曇り[あまぐもり] 잔뜩 흐린 날씨.
雨台風[あめたいふう] 큰비를 동반한 태풍.
雨落ち[あまおち] ①낙수받이. 빗물받이. ②무대에 가장 가까운 객석.
雨露❶[あめつゆ] 비와 이슬. ❷[うろ] ①우로; 비와 이슬. ②큰 은혜.
雨籠り[あまごもり] 비를 피해 들어앉아 있음.
雨竜[あまりょう] 우룡; 비를 다스린다는 상상의 동물인 용(龍).
雨漏り[あまもり] 비가 샘. 빗물이 샘.
雨粒[あまつぶ] 빗방울.
雨笠[あまがさ] 삿갓.
雨模様[あめもよう/あまもよう] 비가 올 날씨. 당장 비가 올 듯한 날씨.
雨覆い[あまおおい] ①비를 막는 덮개. ②칼집의 등 쪽을 덮는 쇠장식.
雨の糸[あめのいと] 실비. 가랑비.
雨傘[あまがさ] 우산.
雨傘番組[あまがさばんぐみ] 옥외 방송 계획이 날씨 관계로 취소되었을 때 대신 내보내는 방송 프로그램.
雨霰[あめあられ] ①비와 싸라기눈. ②(총알 등이) 빗발치듯 날아옴.
雨上(が)り[あめあがり] 막 비가 갬. 막 비가 갠 뒤.
雨水❶[あまみず] 빗물. 비가 와서 괸 물. ❷[うすい] 우수. ＊24절기의 하나로 양력 2월 18일 경임.
雨垂れ[あまだれ] 낙숫물.
雨宿り[あまやどり] 비를 피함.
雨勝ち[あめがち] 비가 자주 옴.
雨夜[あまよ] 비 오는 밤.
雨蛙[あまがえる] ≪動≫ 청개구리.
雨外套[あまがいとう] 비옷. 레인코트.
雨雲[あまぐも] 비구름.
雨隠り[あまごもり] 비를 피해 들어앉아 있음.
雨音[あまおと] 빗소리.
雨除け[あまよけ] ①비를 막음. 비를 막는 덮개. ②비를 피함.
雨の足[あめのあし] ①빗발. 빗줄기. ②빗발이 지나감.
雨足[あまあし] ①빗발. 빗줄기. ②빗발이 지나감.
雨止み[あまやみ] ①비가 그침. ②비를 피함.
雨支度[あまじたく] 비에 대비한 준비. 비에 젖지 않도록 우비를 갖춤.
雨着[あまぎ] 비옷. 우의(雨衣).
雨催い[あまもよい/あめもよい] 비가 올 듯한 날씨. 비가 올 듯함.
雨台風[あめたいふう] 큰비를 동반한 태풍.
雨樋[あまどい] (빗물의) 홈통. 물받이.

雨風[あめかぜ] ①비바람. ②고달픔. ③술과 과자를 다 즐김.
雨皮[あまかわ] 비 가리개. 비 덮개.
雨避け[あまよけ] ①비를 막음. 비를 막는 덮개. ②비를 피함.
2 **雨戸**[あまど] (비바람을 막기 위한) 덧문. 빈지문.
雨虎[あめふらし] 《動》 군소.
雨靴[あまぐつ] 우화; 장화(長靴).

音読

雨季[うき] 우계; 비 오는 계절.
雨期[うき] 우기; 1년 중에서 비가 가장 많이 오는 시기.
雨量[うりょう] 우량; 강우량(降雨量).
雨露❶[うろ] 우로; ①비와 이슬. ②큰 은혜. ❷[あめつゆ] 비와 이슬.
雨水❶[うすい] 우수. ＊24절기의 하나로 양력 2월 18일 경임. ❷[あまみず] 빗물. 비가 와서 괸 물.
雨滴[うてき] 우적; 빗방울.
1 **雨天**[うてん] 우천; 비 오는 날.
雨天順延[うてんじゅんえん] 우천순연.
雨後[うご] 우후; 비가 온 뒤.

偶 짝/우연 우

亻 亻 伊 們 們 偶 偶 偶 偶 偶

音 ◉グウ
訓 ⊗たま

訓読

⊗**偶さか**[たまさか] ①드물게. 어쩌다. 가끔. ②우연히. 뜻밖에.
2 ⊗**偶に**[たまに] 간혹. 가끔. 드물게. 모처럼.
2 ⊗**偶偶**[たまたま] ①드물게. 어쩌다. 가끔. ②우연히. 뜻밖에.

音読

偶[ぐう] ①짝수. 우수(偶数). ¶~の数(すう) 짝수. ②배우자.
偶感[ぐうかん] 우감; 갑자기 떠오르는 느낌이나 감상.
偶発[ぐうはつ] 우발; 우연히 발생함.
偶像[ぐうぞう] 우상; ①목석이나 금속 등으로 만든 형상(形像). ②숭배의 대상이 되는 물건이나 사람.
2 **偶数**[ぐうすう] 우수; 짝수.
偶語[ぐうご] 우어; 둘이 마주 대하여 이야기함.
2 **偶然**[ぐうぜん] 우연; 뜻밖. 뜻하지 않음.
偶然変異[ぐうぜんへんい] 돌연 변이.
偶列[ぐうれつ] 우열; 짝수 열(列).
偶人[ぐうじん] 우인; 목각 인형.
偶因[ぐういん] 우인; 우연적인 원인.
偶座[ぐうざ] 우좌; 대좌. 마주 앉음.

郵 우편 우

二 三 壬 千 垂 垂 垂 垂' 垂阝 郵

音 ◉ユウ
訓 —

音読

郵券[ゆうけん] 우표.
郵券封入[ゆうけんふうにゅう] 우표 동봉.
郵袋[ゆうたい] 우편 행낭(行嚢).
郵船[ゆうせん] 우선; 우편선.
郵税[ゆうぜい] 우세; 우편 요금.
2 **郵送**[ゆうそう] 우송; 우편으로 보냄.
郵政[ゆうせい] 우정; 우편에 관한 행정.
4 **郵便**[ゆうびん] 우편; 우편 제도.
4 **郵便局**[ゆうびんきょく] 우체국.
郵便物[ゆうびんぶつ] 우편물.
郵便相[ゆうびんしょう] 체신부 장관.
郵便為替[ゆうびんがわせ] 우편환.
郵便切手[ゆうびんきって] 우표.

隅 모퉁이 우

⁷ 阝 阝 阝口 阝日 阝日 阝旦 隅 隅 隅

音 ◉グウ
訓 ◉すみ

訓読

3 ◉**隅**[すみ] ①구석. ②모퉁이. 귀퉁이.
隅っこ[すみっこ] 구석. ＊'隅(すみ)'의 구어체.
隅角❶[すみかく] '隅切り角(すみきりかく)'의 준말로 8각형. ❷[ぐうかく] ☞ [音読]
隅石[すみいし] 모퉁잇돌. 주춧돌.
隅隅[すみずみ] ①구석구석. ②모든 방면.
隅田川[すみだがわ] 東京(とうきょう)의 동부를 남쪽으로 흐르는 강.
隅切り[すみきり] '隅切り角(すみきりかく)'의 준말.
隅切り角[すみきりかく] 8각형.

音読

隅角❶[ぐうかく] ①우각; 모퉁이. 구석. ②다면각(多面角). 입체각. ❷[すみかく] ☞ [訓読]

遇(遇) 만날 우

冂 冃 冃 冃 冃 禺 禺 湡 遇 遇

音 ◉グウ
訓 ⊗あう

訓読

⊗遇う[あう] 〈5自〉 ①우연히 만나다. 마주치다. ②(좋지 않은 일을) 겪다.

音読

遇する[ぐうする] 〈サ変他〉 대접하다. 대우(待遇)하다.

愚 어리석을 우

冂 日 日 月 禺 禺 禺 禺 愚 愚

音 ◉グ
訓 ◉おろか

訓読

1◉愚か[おろか] 〈形動〉 어리석음. 미련함.
愚かしい[おろかしい] 〈形〉 어리석다. 미련하다. 바보스럽다. 생각이 모자라다.
愚か者[おろかもの] 어리석은 놈. 바보 같은 놈.

音読

愚見[ぐけん] 우견. *자기 소견의 낮춤말.
愚計[ぐけい] 우계; ①어리석은 계교. ②자기 계획의 낮춤말.
愚考[ぐこう] 우고; ①어리석은 생각. ②자기 생각의 낮춤말.
愚鈍[ぐどん] 우둔; 어리석고 둔함.
愚論[ぐろん] 우론; ①부질없는 토론. 쓸데없는 의견. ②자기 의견의 낮춤말.
愚弄[ぐろう] 우롱; 사람을 바보로 만들어 놀림.
愚妹[ぐまい] 우매; ①어리석은 여동생. ②자기 여동생의 낮춤말.
愚昧[ぐまい] 우매; 어리석음.
愚問[ぐもん] 우문; 어리석은 질문.
愚物[ぐぶつ] 바보. 멍청이.
愚民[ぐみん] 우민; 어리석은 백성.
愚生[ぐせい] 우생; 소생(小生). *자기를 낮추는 말임.
愚説[ぐせつ] 우설; ①보잘 것 없는 설. ②자기 소견의 낮춤말.
愚僧[ぐそう] 우승; 소승(小僧). 빈도(貧道). *중이 자기를 낮추는 말임.
愚息[ぐそく] 우식. *자기 아들의 낮춤말.
愚案[ぐあん] 우안; ①어리석은 생각. ②자신의 생각·의견에 대한 낮춤말.
愚劣[ぐれつ] 우열; 어리석고 못남.
愚人[ぐじん] 우인; 어리석은 사람.
愚者[ぐしゃ] 우자; 어리석은 사람.
愚作[ぐさく] 우작; ①보잘 것 없는 작품. ②자기 작품의 낮춤말.
愚弟[ぐてい] 우제; ①어리석은 동생. ②자기 아우의 낮춤말.
愚直[ぐちょく] 우직; 어리석고 고지식함.
愚妻[ぐさい] 우처. ①어리석은 아내. ②자기 아내의 낮춤말.
愚痴[ぐち] ①푸념. ②어리석고 못남.
愚痴話[ぐちばなし] 푸념을 늘어놓음.

虞(虞) 염려할 우

⺊ 广 卢 卢 虍 虍 虍 虜 虞 虞

音 ⊗グ
訓 ◉おそれ

訓読

1◉虞[おそれ] (어떤 일이 발생할 것 같은) 염려. 우려.

音読

虞美人草[ぐびじんそう] 우미인초; 양귀비.
虞犯[ぐはん] 우범; 성격이나 환경으로 인해 죄를 범할 우려가 있음.
虞芮[ぐぜい] 우예; 우(虞)나라와 예(芮)나라.

憂 근심 우

一 百 百 直 直 直 憂 憂 憂 憂

音 ◉ユウ
訓 ◉うい ◉うれい ◉うれえる ◉うれわしい

訓読

◉憂い❶[うい] 〈形〉 ①번거롭다. 귀찮다. ②괴롭다. 고통스럽다. ③무정하다. 박정하다. ❷[うれい] 〈名〉 ①근심. 걱정. 불안. 우려. ②수심(愁心). 슬픔. 우수(憂愁).
◉憂える[うれえる] 〈下1他〉 ①한탄하다. 마음 아파하다. 상심하여 슬퍼하다. ②걱정하다. 염려하다. 우려하다.
憂え[うれえ] ①근심. 걱정. 불안. 우려. ②수심(愁心). 슬픔. 우수(憂愁).

憂さ[うさ] 근심. 괴로움. 답답함. 시름.
◉憂わしい[うれわしい] 〈形〉 걱정스럽다. 근심스럽다. 한탄스럽다. 우려되다.
憂(き)苦労[うきくろう] 근심. 걱정. 고생.
憂(き)目[うきめ] 괴로움. 쓰라림.
憂(き)身[うきみ] 고달픈 신세.
憂さ晴(ら)し[うさばらし] 기분 전환. 시름을 달램.

音読

憂苦[ゆうく] 우고; 근심과 괴로움.
憂国[ゆうこく] 우국; 나라 일을 염려함.
憂慮[ゆうりょ] 우려; 근심 걱정함.
憂悶[ゆうもん] 우민; 근심하고 고민함.
憂色[ゆうしょく] 우색; 근심스런 기색.
憂愁[ゆうしゅう] 우수; 근심과 걱정.
[1]憂鬱[ゆううつ] 우울; (근심 걱정으로 마음이) 답답하고 밝지 못함.
憂患[ゆうかん] 우환; 근심. 걱정.

優 뛰어날/부드러울 우

亻 亻 亻 亻 亻 亻 亻 亻 亻 優

音 ◉ユウ ⊗ウ
訓 ◉すぐれる ◉やさしい ⊗まさる

訓読

[2]◉優れる[すぐれる] 〈下1自〉 뛰어나다. 우수하다. 훌륭하다.
優れて[すぐれて] 두드러지게. 뛰어나게.
優れない[すぐれない] (건강·기분·날씨 등이) 좋지 않다.
[3]◉優しい[やさしい] 〈形〉 ①상냥하다. 친절하고 다정하다. ②온화하다. 부드럽다. ③우아하다. 아름답다.
優しげ[やさしげ] 다정한 듯. 상냥한 듯.
優男[やさおとこ] 훤칠하고 잘 생긴 남자. 품위 있고 우아한 남자.
優女[やさおんな] 날씬하고 잘 생긴 여자. 품위 있고 우아한 여자.
優文[やさぶみ] 연애편지.
優人[やさびと] 상냥한 사람. 우아한 사람.
優姿[やさすがた] 우아한 모습. 아름다운 몸매.
優形[やさがた] ①훤칠하고 품위 있는 모습. ②우아하고 품위 있음.
⊗優る[まさる] 〈5自〉 (다른 것과 비교해서) 낫다. 우수하다. 뛰어나다.
⊗優り[まさり] 우월함. 뛰어남.
⊗優り劣り[まさりおとり] 우열; 나음과 못함.

音読

[1]優[ゆう] 우; ①남보다 뛰어남. ②(성적 평가에서) 우. ③우아함. 고상함.
優に[ゆうに] 넉넉히. 충분히. 족히.
優待[ゆうたい] 우대; 특별히 잘 대우함.
優等[ゆうとう] 우등; 훌륭하게 뛰어난 등급.
優良[ゆうりょう] 우량; 뛰어나게 좋음.
[1]優美[ゆうび] 우미; 우아하고 아름다움.
優賞[ゆうしょう] 우상; 후하게 칭찬함. 후하게 주는 상.
[1]優先[ゆうせん] 우선; 다른 것에 앞섬.
優先株[ゆうせんかぶ] ≪経≫ 우선주.
優性[ゆうせい] 우성; 대립(対立) 상태의 두 품종을 교배했을 때 잡종 1대에 나타나는 형질.
[1]優勢[ゆうせい] 우세; 남보다 나은 세력·형세.
[2]優秀[ゆうしゅう] 우수; 뛰어남.
[2]優勝[ゆうしょう] 우승; ①첫째로 이김. ②가장 뛰어남.
優勝劣敗[ゆうしょうれっぱい] 우승열패; 적자생존(適者生存).
優雅[ゆうが] 우아; 점잖고 아담함. 고상하고 기품이 있음.
優渥[ゆうあく] 우악; (임금의) 은혜가 넓고 두터움.
優劣[ゆうれつ] 우열; 우수함과 열등함.
優艶[ゆうえん] (여성이) 고상하고 아름다움. 상냥하고 부드러움.
優遇[ゆうぐう] 우우; 특별히 잘 우대함.
[1]優越[ゆうえつ] 우월; 뛰어나게 나음.
[1]優位[ゆうい] 우위; 남보다 유리한 위치.
優柔[ゆうじゅう] 우유; 결단력이 모자람.
優柔不断[ゆうじゅうふだん] 우유부단.
優退[ゆうたい] 우퇴; (토너먼트 방식의 경기에서) 몇 시합을 계속 이긴 사람이 규약에 따라 물러남.

尤 더욱 우

音 ⊗ユウ
訓 ⊗もっとも

訓読

[2]⊗尤も[もっとも] 〈形動〉 당연함. 지당함. 사리에 맞음. 〈接〉 (그렇다고는) 하지만.
尤もらしい[もっともらしい] 〈形〉 ①그럴싸하다. 그럴듯하다. ②점잔빼다.
尤も千万[もっともせんばん] 지극히 당연함.

音読

尤なる[ゆうなる] 가장 뛰어난.

尤物[ゆうぶつ] ①(많은 것 중에서) 뛰어난 것. ②미인(美人).

迂ˣ(迂) 멀리돌 우	音 ⊗ウ 訓 —

音読

迂曲[うきょく] 우곡; ①꾸불꾸불함. ②우회(迂回). 에두름.

迂路[うろ] 우로; 우회로(迂廻路). 도는 길.

迂愚[うぐ] 어리석고 멍청함.

迂遠[うえん] 우원; ①직접적이 아니고 간접적임. 완곡함. 우회적임. ②실제적인 쓸모가 없음.

迂闊[うかつ] 우활; ①사정에 어두움. ②멍청함. 얼뜸.

迂回[うかい] 우회; 멀리 돌아서 감.

盂 밥그릇 우	音 ⊗ウ 訓 —

音読

盂蘭盆[うらぼん/うらんぼん] 백중맞이. *음력 7월 13일부터 16일에 걸쳐 조상의 명복을 비는 행사.

盂蘭盆会[うらぼんえ] ☞ 盂蘭盆

寓 부쳐살/머무를 우	音 ⊗グウ 訓 —

音読

寓[ぐう] 주거(住居). 임시 주거.

寓する[ぐうする] 〈サ変自〉 임시로 거처하다. 우거(寓居)하다. 〈サ変他〉 빗대어 말하다. 넌지시 시사하다.

寓居[ぐうきょ] 우거; ①임시 거처. ②자기 집의 낮춤말.

寓目[ぐうもく] 우목; 주목함. 눈여겨 봄.

寓舎[ぐうしゃ] 우사; ①임시로 거처하는 집. ②숙소. 여인숙.

寓言[ぐうげん] 우언; 우화(寓話).

寓意[ぐうい] 우의; 어떤 일을 예로 들어 어떤 의미를 암시함.

寓話[ぐうわ] 우화; 어떤 일을 빗대어서 교훈적인 의미가 내포된 이야기.

〔욱〕

旭 빛날 욱	音 ⊗キョク 訓 ⊗あさひ

訓読

⊗旭[あさひ] 아침 해. 아침의 햇살. 아침의 태양.

旭影[あさひかげ] 아침 햇빛. 아침 햇살.

旭子[あさひこ] 아침 해.

旭川[あさひがわ] 일본 北海道(ほっかいどう) 중앙부(中央部)에 위치한 시(市).

音読

旭光[きょっこう] 욱광; 아침 햇빛.

旭旗[きょっき] 욱기; 아침 해를 본뜬 깃발.

旭日[きょくじつ] 욱일; 아침 해.

旭日旗[きょくじつき] 욱일기; 아침 해와 햇살을 본뜬 깃발.

旭日昇天[きょくじつしょうてん] 욱일승천.

旭暉[きょっき] 아침 햇빛. 아침 햇살.

〔운〕

運(運) 옮길/운전할/운 운
冖 冖 冃 冃 冒 旨 軍 軍 渾 運

音 ◉ウン
訓 ◉はこぶ

訓読

3◉運ぶ[はこぶ] 〈5他〉 ①(물건을) 나르다. 옮기다. 운송하다. ②(발길을) 옮기다. ③(일하는 손을) 움직이다. ④(일을) 진행시키다. 〈5自〉 진척되다.

運び[はこび] ①운반. 운송. ②걸음. 걸음걸이. 왕림. ③(일의) 진행. 진척. 진도. ④(일의) 진행 방법. 꾸려나가는 솜씨. ⑤(일의) 단계. ⑥(음식점 등의) 음식을 나르는 사람. 배달원.

運び入れる[はこびいれる] 〈下1他〉 (짐을) 날라 들이다. 운반해 들여놓다.

運び込む[はこびこむ] 〈5他〉 (짐을) 날라 들이다. 운반해 들여놓다.

運び出す[はこびだす] 〈5他〉 (짐을) 날라 내다. 운반해 내다. 반출하다.

音読

[2]運[うん] 운; ①운명. 운수. 재수. ②행운.
運ちゃん[うんちゃん] 운전수 아저씨. ＊ 친밀감 있게, 또는 멸시적으로 부르는 말임.
[3]運動[うんどう] 운동; ①돌아다니며 움직임. ②건강을 위해 신체를 움직임. ③목적을 이루기 위해 분주히 돌아다님.
運動場[うんどうじょう] 운동장.
運動会[うんどうかい] 운동회.
[1]運命[うんめい] 운명; 운수와 명수(命数).
[1]運搬[うんぱん] 운반; 사람이나 짐을 옮겨 나름.
運上[うんじょう] ①(鎌倉(かまくら) 시대에) 공공 화물을 상납하기 위해 京都(きょうと)로 운송함. ②(江戸(えど) 시대에) 각종 업자에게 부과하던 세금.
[1]運送[うんそう] 운송; 화물이나 여객을 일정한 장소에서 다른 장소로 나르는 일.
運送屋[うんそうや] 운송업자.
運送状[うんそうじょう] 운송장.
[1]運輸[うんゆ] 운수; 여객이나 화물을 대규모로 다른 장소로 나르는 일.
運輸大臣[うんゆだいじん] 교통부 장관.
運輸相[うんゆしょう] 교통부 장관.
運輸省[うんゆしょう] 운수성; 교통부.
[1]運営[うんえい] 운영; 조직・기구 등을 운용(運用)하여 경영함.
[1]運用[うんよう] 운용; 움직여 사용함. 부리어 사용함.
運任せ[うんまかせ] 운명에 맡김.
[1]運賃[うんちん] 운임; 운송(運送)에 대한 삯.
[3]運転[うんてん] 운전; ①(기계・탈것 등의) 운전. ②(자금 등의) 운용.
運転士[うんてんし] 운전사.
[3]運転手[うんてんしゅ] 운전수.
運漕[うんそう] 운조; 배로 물건을 나름.
運針[うんしん] 운침; 바느질하는 법.
運筆[うんぴつ] 운필; 붓을 놀리는 법.
[2]運河[うんが] 운하; 육지를 파서 만든 인공수로(水路).
運航[うんこう] 운항; 배나 항공기가 항로(航路)를 운행함.
運行[うんこう] 운행; 운전하며 진행함.
運休[うんきゅう] 운휴; 교통 기관이 운전・운항을 중지함.

雲 구름 운

一 𠃍 ⼌ 㔾 ... 雲 (필순)

音 ◉ウン
訓 ◉くも

訓読

[3]◉雲[くも] ①구름. ②(멀리서) 구름처럼 보이는 것. ③막연함.
雲脚[くもあし] ①구름이 움직이는 속도. ②(낮게 뜬) 비구름. ③(책상・탁자의) 구름 모양의 다리.
雲間❶[くもま] 운간; ①구름 사이. ②잠시 갠 동안. ❷[うんかん] 운간; 구름 사이.
雲居[くもい] ①구름이 걸려 있는 곳. 하늘. ②아득히 먼 곳. ③궁중. 대궐. ④수도(首都).
雲居路[くもいじ] ①구름길. 구름이 움직여 가는 곳. ②새가 날아가는 공중의 길.
雲路[くもじ] ☞ 雲居路
雲の峰[くものみね] 뭉게구름. 적운(積雲).
雲の上[くものうえ] ①구름 위. 대중과 인연이 없는 곳. ②궁중. 대궐.
雲の上人[くものうえびと] 천황이나 황족(皇族).
雲隠れ[くもがくれ] ①(달이) 구름 속에 숨음. ②종적을 감춤. 도망침.
雲雀[★ひばり] ≪鳥≫ 종다리. 종달새.
雲雀笛[★ひばりぶえ] 종달새를 잡으려고 부는 피리 소리.
雲の帳[くものとばり] 궁중에 있는 장막.
雲切れ[くもぎれ] 구름 사이.
雲井[くもい] ①구름이 걸려 있는 곳. 하늘. ②아득히 먼 곳. ③궁중. 대궐. ④수도(首都).
雲の梯[くものかけはし] ①골짜기의 절벽에 걸린 다리. ②궁중의 계단. ③높은 사닥다리.
雲助[くもすけ] ①(江戸(えど) 시대의) 떠돌이 일꾼. 뜨내기 인부. ②불량배.
雲助根性[くもすけこんじょう] 남의 약점을 이용하는 못된 근성.
雲助運転手[くもすけうんてんしゅ] 악덕 운전수.
雲鳥[くもとり] ①구름 속을 나는 새. ②구름과 새. ③구름과 새의 무늬가 있는 비단.

雲に汁[くもにしる] 일이 잘 되어 감.
雲紙[くもがみ] 구름무늬가 있는 일본 종이.
雲脂[★ふけ] (머리의) 비듬.
雲脂性[★ふけしょう] 비듬이 많음.
雲の通い路[くものかよいじ] 구름이 왕래하는 길. 하늘.
雲合い[くもあい] (날씨를 좌우하는) 구름의 상태. 날씨.
雲行き[くもゆき] ①구름의 움직임. 구름의 형세. ②(사물이 되어 가는) 형세. 추이.
雲形❶[くもがた] 운형; 구름 모양. ❷[うんけい] (기상학에서 말하는) 운형; 구름의 형태.
雲形定規[くもがたじょうぎ] 구름 모양의 자. 곡선자.

音読

雲泥[うんでい] 운니; 구름과 진흙. 엄청난 차이.
雲丹[★うに] 섬게젓. 섬게의 알젓.
雲量[うんりょう] 운량; 구름이 하늘을 얼마나 덮고 있는가를 나타내는 양.
雲母[うんも/うんぼ] ≪鉱≫ 운모; 돌비늘.
雲霧[うんむ] 운무; 구름과 안개.
雲散[うんさん] 운산; 구름처럼 흩어져 사라짐.
雲散霧消[うんさんむしょう] 운산무소; 흔적도 없이 사라짐.
雲上[うんじょう] 운상; ①구름 위. ②궁중. 대궐.
雲上人[うんじょうびと] 궁중에 출사(出仕)하는 귀족.
雲水[うんすい] 운수; ①흘러가는 구름과 물. ②탁발승(托鉢僧).
雲壌[うんじょう] 운양; ①구름과 땅. 하늘과 땅. ②엄청난 차이.
雲煙[うんえん] 운연; ①구름과 연기. ②(서화의) 선명한 먹물 빛. ③산수의 명화.
雲集[うんしゅう] 운집; 구름처럼 많이 모임.
雲霞[うんか] 운하; ①구름과 놀. ②사람들이 구름처럼 떼 지어 모임.
雲海[うんかい] 운해; 구름바다.

韻	운/운치 운
亠 立 音 音 音 音 音 韵 韻 韻	

音 ◉イン
訓 —

音読

韻[いん] 운; ①문장 안에 비슷한 음의 글자를 규칙적으로 늘어놓는 것. ②한자(漢字)를 그 소리의 닮음에 따라 나눈 구별. ③말머리나 글줄의 끝에 비슷한 음운을 되풀이하는 일.
韻脚[いんきゃく] 운각; ①(漢詩에서) 글귀의 끝에 다는 운. ②서양시의 운율의 단위. ＊강음절에 약음절을 결합시킨 것.
韻文[いんぶん] 운문; ①시의 형식을 갖춘 글. ②언어 문자의 배열에 일정한 규율이 있는 글.
韻事[いんじ] 운사; (詩歌・문장을 짓는 등의) 풍류적인 놀이.
韻語[いんご] 운어; (漢詩文에서) 운자를 사용한 문장・말.
韻律[いんりつ] 운율; 시문(詩文)의 음성적 형식. 리듬.
韻字[いんじ] 운자; ①(漢詩에서) 압운(押韻)을 위해 구(句)의 끝에 쓰이는 글자. ②(連歌(れんが)・俳諧(はいかい)에서) 구(句)의 끝 글자.
韻致[いんち] 운치; 아취. 풍류. 고상한 품위가 있는 기상.

云 말할/이를 운	音 ◉ウン 訓 ⊗いう

訓読

⊗**云う**[いう] 〈5他〉 말하다. 지껄이다.

音読

云云❶[うんぬん] 운운; ①얼버무리거나 생략할 때 쓰는 말. ②이러쿵저러쿵 비판함. 왈가왈부함. 운운함. ❷[しかじか] (긴 말이나 문장을 생략하여) 여차여차. 이러이러. 운운. ¶～という訳(わけ)で 이러이러한 이유로.
云為[うんい] 운위; 언행(言行). 말과 행동.

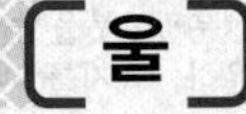

〔울〕

鬱 답답할 울	音 ⊗ウツ 訓 ⊗ふさぐ

訓読

⊗**鬱ぐ**[ふさぐ] 〈5自〉 우울해지다.

鬱ぎ[ふさぎ] 우울함. 울적함.
鬱ぎ込む[ふさぎこむ] 〈5自〉 매우 우울해지다. 울적해지다.

音読

鬱[うつ] 우울함. 울적함.
鬱する[うっする] 〈サ変自〉 울적해지다. 답답해지다.
鬱結[うっけつ] 울결; 가슴이 답답하게 막힘.
鬱屈[うっくつ] 울굴; 가슴이 답답함. 기분이 울적함.
鬱金香[うっきんこう] ≪植≫ 울금향.
鬱気[うっき] 울기; 답답한 기분.
鬱陶[うっとう] 울도; 울적함. 답답함.
鬱陶しい[うっとうしい] 〈形〉 ①(기분이) 울적하고 답답하다. 찌무룩하다. ②(날씨가) 후텁지근하다. ③거추장스럽다. 귀찮다.
鬱悶[うつもん] 울민; 답답하여 괴로움.
鬱勃[うつぼつ] 울발; (원기) 왕성함.
鬱病[うつびょう] 울병; 우울증.
鬱憤[うっぷん] 울분; 분한 마음이 가슴 속에 가득 쌓임.
鬱散[うっさん] 운산; 기분 전환.
鬱抑[うつよく] 울억; 마음이 답답함.
鬱然[うつぜん] 울연; ①(초목이) 울창함. ②(깊이를 알 수 없을 만큼) 훌륭함. 성대함. ③울적함.
鬱鬱[うつうつ] ①우울함. 울적함. ②(초목이) 울창함.
鬱積[うっせき] 울적; (불평·불만 등이 발산되지 않고) 겹쳐 쌓임.
鬱蒼[うっそう] 울창; 초목이 빽빽이 우거짐.
鬱血[うっけつ] ≪医≫ 울혈.

[웅]

雄 수컷 웅

一 ナ 𠂇 𠂇 𠂇 𠂇 𠂇 𠂇 𠂇 雄

音 ◉ユウ
訓 ◉おす ◉お ◉おん

訓読

1 **◉雄**[おす] 수컷. 수놈.
雄犬[おすいぬ] 수캐. 개의 수컷.
雄叫び[おさけび] 씩씩한 외침. 용맹스런 외침.
雄螺旋[おねじ] 수나사.
雄驢馬[おろば] 수탕나귀. 당나귀의 수컷.
雄滝[おだき] (한 쌍의 폭포 중에서) 세차고 큰 쪽의 폭포.
雄馬[おうま] 숫말. 말의 수컷.
雄猫[おすねこ] 수코양이. 고양이의 수컷.
雄松[おまつ] ≪植≫ '黒松(くろまつ)'의 딴이름.
雄羊[おひつじ] 숫양. 양의 수컷.
雄蘂[おしべ/ゆうずい] ≪植≫ 수술. 수꽃술.
雄牛[おうし] 수소. 황소.
雄雄しい[おおしい] 〈形〉 씩씩하다. 용감하다. 사내답다.
雄蝶[おちょう] ①수나비. ②종이로 접은 수나비.
雄蝶雌蝶[おちょうめちょう] ①수나비와 암나비. ②종이로 접은 한 쌍의 나비.
雄鳥[おんどり] ①새의 수컷. ②수탉.
雄花[おばな] ≪植≫ 수꽃.

音読

雄傑[ゆうけつ] 웅걸; 영걸. 영웅호걸.
雄大[ゆうだい] 웅대; 웅장하고 규모가 큼.
雄図[ゆうと] 웅도; 웅대한 계획.
雄途[ゆうと] 웅도; 힘찬 출발.
雄略[ゆうりゃく] 웅략; 웅대한 계략.
雄藩[ゆうはん] 웅번; 세력이 강한 藩(はん).
雄弁[ゆうべん] 웅변; ①힘차고 거침이 없는 변설. ②설득력이 있음. 확실함.
雄峰[ゆうほう] 웅봉; 웅대한 산.
雄飛[ゆうひ] 웅비; 기세 좋고 힘차게 활동함.
雄姿[ゆうし] 웅자; 용감하고 씩씩한 모습.
雄志[ゆうし] 웅지; 큰 뜻.
雄壮[ゆうそう] 웅장; 으리으리함.
雄志[ゆうし] 웅지; 큰 뜻.
雄編[ゆうへん] 웅편; 뛰어난 글이나 작품.
雄渾[ゆうこん] 웅혼; 웅대하고 거침이 없음.
雄魂[ゆうこん] 웅혼; 용감한 정신.

熊 곰 웅

音 ⊗ユウ
訓 ⊗くま

訓読

⊗熊[くま] ①≪動≫ 곰. ②극장 안의 입석 관람객.
熊谷草[くまがいそう] ≪植≫ 광능요강꽃.
熊公八公[くまこうはちこう] 장삼이사(張三李四). 어중이떠중이.
熊の胆[くまのい] 웅담; 곰의 쓸개.
熊柳[くまやなぎ] ≪植≫ 청사조.
熊苺[くまいちご] ≪植≫ 산딸기.

熊本[くまもと] ①九州(きゅうしゅう) 지방 중앙 서부에 위치한 현(県). ②熊本県(くまもとけん)의 현청(県庁) 소재지.
熊蜂[くまばち] ≪虫≫ 웅봉; 어리호박벌.
熊ん蜂[くまんばち] ≪虫≫ 말벌.
熊鼠[くまねずみ] ≪動≫ 왕쥐.
熊蟬[くまぜみ] ≪虫≫ 말매미.
熊手[くまで] ①갈퀴. ②갈고랑이. ③복(福) 갈퀴.
熊狩[くまがり] 곰 사냥.
熊襲[くまそ] (옛날) 九州(きゅうしゅう) 남부 지방에 살았던 종족.
熊野菊[くまのぎく] ≪植≫ 긴갯금불초.
熊野水木[くまのみずき] ≪植≫ 곰의 말채.
熊野参り[くまのまいり] 熊野三山(くまのさんざん)에 참배함.
熊鷹[くまたか] ① ≪鳥≫ 뿔매. ②성질이 거칠고 욕심이 많은 사람.
熊祭(り)[くままつり] 아이누족(族)이 곰을 죽여서 신에게 바치는 의식.

音読

熊胆[ゆうたん] 웅담; 곰의 쓸개.
熊掌[ゆうしょう] 웅장; 곰의 발바닥.

〔원〕

元 으뜸 원

一 二 テ 元

音 ◉ガン ◉ゲン
訓 ◉もと

訓読

2◉元❶[もと] ①원래. ②전(前). 전직(前職). ¶ ~代議士(だいぎし) 전직 국회의원. ③기원. 시작. 처음. ④원인. ⑤밑천. 원금. 자본. ⑥원료. 재료. ⑦원가(原価). ⑧(상품을 제조하거나 판매하는) 회사. ❷[げん] ☞ [音読]
元い[もとい] 〈感〉 '元(もと)へ'의 변한 말.
元へ[もとへ] ①(체조・군대에서의 구령) 다시. ②다시 말해서.
元より[もとより] ①처음부터. 원래. ②물론.
元歌[もとうた] (가사가 바뀌기 전의) 원래의 노래.
元結(い)[もとゆい] ①상투. ②상투끈.
元高[もとだか] ①원금(元金). ②원가(原価).
元金[もときん/がんきん] 원금; ①본전. ②밑천. 자본금.
元売(り)[もとうり] 제조 회사에서의 제품의 판매.
元の木阿弥[もとのもくあみ] 도로아미타불. 본래의 나쁜 상태로 되돌아감.
元方[もとかた] ①도매상. ②제조원(製造元). 제조 회사. ③출자자. 물주(物主). ④근원. 본류. ⑤神楽(かぐら)를 연주할 때 첫 번째로 노래 부르는 쪽.
元払い[もとばらい] (운임・요금 등의) 발송자 부담.
元肥[もとごえ] ≪農≫ 원비; 밑거름.
元手[もとで] 밑천. 자본.
2元元[もともと] ①본전치기. 본전. ②원래. 본디.
元込(め)[もとごめ] 실탄을 총신(銃身)・포신(砲身)의 뒤쪽에서 장전함.
元子[もとこ] 원금과 이자. 원리금(元利金).
元帳[もとちょう] 원장; 근본이 되는 장부.
元栓[もとせん] (가스관・수도관의) 개폐(開閉) 장치.
元種[もとだね] 원료. 원재료.
元請(け)[もとうけ] '元請負'의 준말.
元請負[もとうけおい] 주문 당사자와 직접 계약하여 일을 맡음.
元締(め)[もとじめ] ①(회계의) 책임자. 지배인. ②두목. 보스.
元通り[もとどおり] 원상태. 이전. 본래.
本詰め[もとづめ] 제조 회사에서 병에 넣은 것임.

音読

元❶[げん] ①(중국의) 원나라. ② ≪数≫원; 대수 방정식의 미지수를 나타내는 말. ❷[もと] ☞ [訓読]
元価[げんか] ①원가(原価). 생산비. ②매입가(買入価).
元金[がんきん] 원금; ①밑천. 자본금. ②본전.
4元気[げんき] ①건강함. 활발함. ②원기; 힘. ③기력. 기운참. 힘참.
元気づく[げんきづく] 〈5自〉 기운이 나다. 기운 차리다.
元気づける[げんきづける] 〈下1他〉 기운을 북돋우다.
1元年[がんねん] 원년; ①제왕(帝王)의 즉위 첫해. ②새 연호의 첫해. ③획기적인 출발점이 되는 첫해.

[2]元旦[がんたん] 원단; 설날 아침.
[1]元来[がんらい] 원래; 본디. 처음부터.
元老[げんろう] 원로; 오래 그 분야에 종사하여 공로가 있는 공로자.
元禄[げんろく] ①1688년~1704년까지의 일본 연호. ②(정치·경제·문화의) 번영 시대. ③'元禄模様(げんろくもよう)'의 준말. ④'元禄袖(げんろくそで)'의 준말.
元利[がんり] 원리; 원금과 이자.
元服[げんぷく/げんぶく] ①관례(冠礼). 성인식(成人式). ②(江戸(えど) 시대에) 여자가 결혼하여 눈썹을 깎고, 이를 물들이고, 머리를 얹어 쪽찌던 일.
元本[がんぽん] ①원금. 밑천. 자금. ②수익의 밑천이 되는 재산이나 권리.
[1]元素[げんそ] ≪化≫ 원소.
[1]元首[げんしゅ] 원수; 국가의 최고 통치자.
元帥[げんすい] 원수; 군인의 최고 계급.
[2]元日[がんじつ] 원일; 설날.
元祖[がんそ] 원조; ①(한 집안의) 맨 처음 조상. 시조(始祖). ②창시자(創始者). ③원형(原形).
元朝[がんちょう] 원조; 설날 아침.
元号[げんごう] 원호; 연호(年号).
元勲[げんくん] 원훈; 나라를 위해 세운 큰 공훈. 큰 공훈을 세운 원로(元老).
元凶[げんきょう] 원흉; 악당의 두목.

円(圓) 둥글 원

丨 冂 冂 円

音 ◉エン
訓 ◉まるい ⊗まどか ⊗つぶら

訓読

[4]◉円い[まるい] 〈形〉 둥글다.
円み[まるみ] 둥그스름함.
円鏡[まるかがみ] 둥근 거울.
円顔[まるがお] 둥근 얼굴.
円屋根[まるやね] 반구형(半球形)의 지붕. 둥그스름한 지붕.
円窓[まるまど] 원창; 둥근 창문.
円天井[まるてんじょう] ①반구형(半球形)의 천장. 둥그스름한 천장. ②하늘. 창공(蒼空).
円形[まるがた] 원형; 둥근 모양.
⊗円か[まどか] 〈形動〉 ①아주 둥긂. ②원만함. ③평온함.
⊗円やか ❶[まどやか] 〈形動〉 ①아주 둥긂. ②원만함. ③평온함. ❷[まろやか] 〈形動〉 ①둥긂. ②(맛 등이) 순함.
⊗円ら[つぶら] 〈形動〉 동그랗고 귀여움.
⊗円らか[つぶらか] 〈形動〉 ①둥긂. ②(맛 등이) 순함.

音読

[4]円[えん] 원; ①동그라미. ② ≪数≫ 원. ③일본의 화폐 단위.
円シフト[えんシフト] 물품을 수입할 때 외화를 빌리지 않고 円(えん) 자금의 빚으로 돌림.
円価[えんか] 엔화(円貨)의 국제 시세.
円建て[えんだて] (외환 시세를 표시할 때) 외국 통화 일정액에 대한 엔화(円貨) 표시 방법.
円高[えんだか] 엔고. 엔화(円貨) 강세. 엔(円) 시세가 외국 통화에 비해 높음.
[1]円満[えんまん] 원만; 모나지 않고 너그러움. 서로 의가 좋음.
円満具足[えんまんぐそく] 완전무결함.
円満退社[えんまんたいしゃ] 원만 퇴사; 문제나 사고를 내지 않고 회사를 그만둠.
円舞[えんぶ] 원무; ①여러 사람이 함께 추는 윤무(輪舞). ②(남녀 한 쌍이 추는) 왈츠.
円舞曲[えんぶきょく] 원무곡; 왈츠.
円盤[えんばん] 원반; ①둥글넓적한 판. ②(육상 경기에서) 원반던지기용 나무판. ③'円盤投げ(えんばんなげ)'의 준말. ④레코드판.
円盤投げ[えんばんなげ] (육상 경기에서) 원반던지기. 투원반.
円熟[えんじゅく] 원숙; 인격·지식·기능 등이 매우 숙련된 경지에 이름.
円心[えんしん] 원심; 원의 중심.
円安[えんやす] 엔화(円貨) 약세. 엔(円) 시세가 외국 통화에 비해 쌈.
円為替[えんかわせ] 엔환(円換). 엔(円)의 환시세.
円転[えんてん] 원전; 둥글게 돎. 원활하게 진전됨.
円転滑脱[えんてんかつだつ] 원전활탈; 유연하고 거침이 없음.
円助[えんすけ] (화류계에서) 1엔.
円座[えんざ] 원좌; ①둘러앉음. ②둥근 짚방석.
[1]円周[えんしゅう] ≪数≫ 원주; 원둘레.
円周率[えんしゅうりつ] ≪数≫ 원주율.

円柱[えんちゅう] 원주; ①둥근 기둥. ②《数》 원기둥.
円陣[えんじん] 원진; 원형의 진.
円借款[えんしゃっかん] 엔 차관.
円錐[えんすい] 《数》 원추; 원뿔.
円卓[えんたく] 원탁; 둥근 테이블.
円筒[えんとう] 원통; ①둥근 통. ②원기둥.
円筒形[えんとうけい] 원통형.
円板[えんばん] 원판; 둥근 널빤지.
円形[えんけい] 원형; 둥근 형상.
円弧[えんこ] 《数》 원호; 원주(円周)의 일부분.
円貨[えんか] 일본의 화폐(貨幣). 엔화.
[1]円滑[えんかつ] 원활; ①매끄럽고 모나지 않음. 원만함. ②일이 거침없이 잘 되어 감. 막힘없이 잘 진행됨.

垣 낮은담 원

一 十 ⼟ 圹 圬 垣 垣 垣 垣

音 —
訓 ◉かき

訓読

◉垣[かき] 울타리. 담.
垣間見る[★かいまみる] 〈上1他〉 틈 사이로 보다. 슬쩍 훔쳐보다. 슬쩍 엿보다.
[2]垣根[かきね] 울타리.
垣隣[かきどなり] 담 하나를 사이에 둔 옆집. 이웃.
垣網[かきあみ] 유도 어망(漁網).
垣覗き[かきのぞき] 울타리 틈으로 안을 엿봄. 들여다 봄.
垣越し[かきごし] 울타리 너머. 담 너머.
◑石垣[いしがき], 袖垣[そでがき], 姫垣[ひめがき]

原 근원/벌판 원

一 厂 厂 厂 历 戸 盾 戶 原 原

音 ◉ゲン
訓 ◉はら

訓読

[2]◉原[はら] 들. 들판. *평평하고 넓은 토지로서 경작하지 않는 곳.
[2]原っぱ[はらっぱ] 잡초가 난 빈터. 들. 들판.
原茸[はらたけ] 송이버섯의 일종.
原中[はらなか] 들판 가운데.

音読

原価[げんか] 원가; ①생산비. ②매입가(買入価).
原告[げんこく] 《法》 원고.
[2]原稿[げんこう] 원고; 인쇄하기 위해 쓴 초벌의 글·그림.
原稿料[げんこうりょう] 원고료.
原器[げんき] 원기; 표준이 되는 기구.
原動機[げんどうき] 《工》 원동기.
原動力[げんどうりょく] 원동력; 사물의 활동을 일으키는 근원이 되는 힘.
原論[げんろん] 원론; 근본이 되는 이론.
[2]原料[げんりょう] 원료; 기본 소재(素材).
[2]原理[げんり] 원리; 근본 법칙. 원칙.
原麦[げんばく] 원맥; 원료가 되는 밀.
原綿[げんめん] 원면; 원료가 되는 면화.
原毛[げんもう] 원모; 원료가 되는 양모.
原木[げんぼく] 원목; 가공하지 않은 나무.
[1]原文[げんぶん] 원문; 본디의 문장.
原盤[げんばん] 원반; 본디의 레코드.
原本[げんぽん] 원본; ①본디의 서책. ②근본. 근원.
原簿[げんぼ] 원부; ①본디 장부. ②(부기에서) 원장(元帳).
原糸[げんし] 원사; 원료가 되는 실.
[2]原産地[げんさんち] 원산지; ①물건의 생산지. ②동식물의 본래의 산지.
原状[げんじょう] 원상; 본디의 상태.
原像[げんぞう] 원상; 본디의 모습.
原色[げんしょく] 원색; ①삼원색(三原色)에 속하는 색. ②본디의 색깔.
原生[げんせい] 원생; 원시(原始).
原生代[げんせいだい] 원생대.
[1]原書[げんしょ] 원서; ①원본. 원전(原典). ②양서(洋書).
原石[げんせき] 원석; ①원광(原鉱). ②가공하기 전의 보석.
原水[げんすい] 원수; 천연수.
原水爆[げんすいばく] 원수폭; 원자 폭탄과 수소 폭탄.
[2]原始[げんし] 원시; ①처음. 원초(原初). ②자연 그대로임.
原始林[げんしりん] 원시림.
原始人[げんしじん] 원시인.
原審[げんしん] 《法》 원심.
原案[げんあん] 원안; 최초의 의안(議案).

原液[げんえき] 원액; 가공하기 전의 본래의 액체.
原野[げんや] 원야; 미개척 벌판.
原語[げんご] 원어; 번역하기 전의 언어.
[1]**原油**[げんゆ] 원유; 땅속에서 채굴한 석유.
原意[げんい] 원의; 원래의 뜻.
原義[げんぎ] 원의; 본디의 의미.
原人[げんじん] 원인; 원시인(原始人).
[3]**原因**[げんいん] 원인; 어떤 상태를 일으키는 근본 현상.
[1]**原子**[げんし] ≪物≫ 원자.
原子雲[げんしぐも] 원자운; 원폭운(原爆雲). 버섯구름.
原資[げんし] 원자; 기본이 되는 자금.
[1]**原作**[げんさく] 원작; 본디의 제작・저작.
原潜[げんせん] '原子力潜水艦'의 준말.
原材料[げんざいりょう] 원재료; 원자재.
原裁判[げんさいばん] 원재판; 원심(原審).
原著[げんちょ] 원저; 원작(原作).
原籍[げんせき] 원적; 본적(本籍).
[1]**原典**[げんてん] 원전; 원서(原書).
原電[げんでん] '日本原子力発展株式会社'의 준말.
[1]**原点**[げんてん] 원점; ①출발점. ②기준점. ③≪数≫ (좌표에서) 좌표축의 기준점.
原種[げんしゅ] 원종; ①종자를 받기 위한 씨앗. ②원형의 야생 동식물.
原罪[げんざい] 원죄; 인간이 본디부터 지니고 태어나게 되었다는 죄.
原住民[げんじゅうみん] 원주민.
原紙[げんし] 원지; ①닥나무 껍질로 만든 두꺼운 종이. ②등사 원지.
原泉[げんせん] 원천; ①수원(水源). 샘솟는 근원. ②사물의 근원. 생겨나는 근원.
原寸[げんすん] 원촌; ①실물 크기의 치수. ②(축소・확대하기 전의) 본디의 치수.
原寸大[げんすんだい] 실물 크기.
原寸図[げんすんず] 실물 크기의 그림.
[1]**原則**[げんそく] 원칙; ①근본이 되는 법칙. ②두루 적용되는 법칙.
原板[げんばん/げんぱん] (사진의) 원판. 음화(陰畵). 네가.
原版[げんぱん] ① ≪印≫ 원판; 원래의 조판. ②(사진 인쇄판의) 바탕이 되는 판. ③(출판의) 초판(初版). ④(복제판・번각판에 대하여) 원래의 판.
[1]**原爆**[げんばく] 원폭; '原子爆弾(げんしばくだん)'의 준말.

原票[げんぴょう] 원표; 근본이 되는 전표.
原皮[げんぴ] 원피; 원료가 되는 가공하지 않은 가죽.
[1]**原形**[げんけい] 원형; 본디의 모습.
[1]**原型**[げんけい] 원형; ①본래의 형태. ②제작물의 본보기. 거푸집.
原画[げんが] 원화; 본디의 그림.

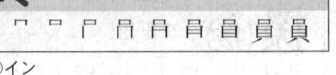

員 인원 원

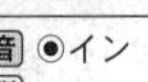

丨 冂 冃 ⺆ 吕 冐 員 員 員 員

音 ◉イン
訓 —

音読

員[いん] 인원수(人員数).
員数[いんずう] 정원(定員). 정수(定数).
員数外[いんずうがい] ①정원외(定員外). 정수외(定数外). ②불필요한 사람. 불필요한 것.
員外[いんがい] 원외; ①정원외(定員外). ② '員外官'의 준말.
員外官[いんがいかん] (옛날) 정원외(定員外)의 관리.

院 집/담/절 원

⺈ ⻖ 阝 阝' 阝' 阝⺍ 阝宀 院 院 院

音 ◉イン
訓 —

音読

院[いん] ①주위를 울타리로 둘러싼 큰 건물. ②절. 사원(寺院). ③학교명 등의 원. ④上皇(じょうこう)・法皇(ほうおう)・女院(じょいん)의 높임말. ⑤'衆議院(しゅうぎいん)・参議院(さんぎいん)'의 준말.
院内[いんない] 원내; ①국회의 내부. ②원(院)자가 붙는 기관의 내부.
院内交渉団体[いんないこうしょうだんたい] (국회의) 원내 교섭 단체.
院生[いんせい] '大学院生'의 준말.
院宣[いんぜん] 내리는 선지(宣旨).
院外[いんがい] 원외; ①국회의 외부. ②원(院)자가 붙는 기관의 외부.
院外団[いんがいだん] 원외단; 원외 단체. 국회의원이 아닌 정당원의 집단.
院議[いんぎ] 원의; 국회의 의결.

院長[いんちょう] 원장; 원(院)자가 붙는 기관의 우두머리.
院展[いんてん] '日本美術院展覧会'의 준말.
院政[いんせい] (옛날) 천황 대신에 法皇(ほうおう)이나 上皇(じょうこう)이 그 거처인 '院'에서 정치를 하던 일.
院号[いんごう] ①上皇(じょうこう)이나 皇太后(こうたいごう) 등의 '院'이 붙는 존호(尊号). ②'院'자가 붙는 계명(戒名).

援(援) 도울 원

一 † 扌 扌 扌 扌 扌 护 挷 援

音 ◉エン
訓 ―

音読
援軍[えんぐん] 원군; 구원의 군대.
援兵[えんぺい] 원병; 구원의 병정.
援用[えんよう] 원용; ①자기주장을 뒷받침하기 위해 다른 문헌·사실·관례 등을 인용함. ②(법률에서) 어떤 사실을 들어 주장함.
援引[えんいん] 원인; 자기주장을 뒷받침하기 위해 다른 문헌·사실 등을 인용함.
2**援助**[えんじょ] 원조; 곤란한 상황에 처해 있는 사람을 도와줌.
援護[えんご] 원호; ①곤란한 상태에 처해 있는 사람을 도와줌. ②아군의 행동이나 시설물을 적의 공격으로부터 보호함.
援護射撃[えんごしゃげき] 원호 사격; 엄호(掩護) 사격.

園 동산 원

冂 冂 冂 冂 周 周 周 周 園 園

音 ◉エン
訓 ◉その

訓読
◉**園**[その] ≪雅≫ ①정원. 뜰. ②(뭔가 행해지는) 장소. ¶学(まな)びの～ 배움의 터.
園生[そのう/そのふ] ≪雅≫ 식물원. 원예밭. ＊'園(その)'의 미칭임.

音読
園内[えんない] 원내; 보육원·유치원·동물원·식물원 등의 안.
園舎[えんしゃ] 원사; 보육원·유치원·동물원·식물원 등의 건물.
園児[えんじ] 보육원·유치원 등에 다니는 아이.
園芸[えんげい] 원예; 채소·과수·정원수·화훼 등을 집약적으로 재배함.
園外[えんがい] 보육원·유치원·동물원·식물원 등의 외부.
園遊会[えんゆうかい] 원유회; 가든 파티.
園長[えんちょう] 원장; 보육원·유치원·동물원·식물원 등의 우두머리.
園丁[えんてい] 정원사(庭園師).
園主[えんしゅ] 원주; 보육원·유치원·식물원 등 원(園)자가 붙는 장소의 소유주.
園池[えんち] 정원과 연못.
園地[えんち] 공원. 정원.

源 근원 원

氵 氵 汇 汇 汇 沥 洉 源 源 源

音 ◉ゲン
訓 ◉みなもと

訓読
1◉**源**[みなもと] ①수원(水源). 물의 근원. ②기원(起源). 근원(根源).

音読
源流[げんりゅう] 원류; ①수원(水源). 물이 흐르는 원천. ②사물의 근원.
源氏[げんじ] ①源(みなもと)의 씨족(氏族). ＊(平安(へいあん) 시대) 황족에서 신하가 된 源(みなもと) 성씨의 일족. ②'源氏物語(げんじものがたり)'의 준말. 또는 그 주인공 '光源氏(ひかるげんじ)'의 준말.
源氏名[げんじな] ①'源氏物語(げんじものがたり)' 54첩의 제목 이름을 본뜬 궁녀 이름. ②기명(妓名).
源氏物語[げんじものがたり] (平安(へいあん) 시대) 여류 작가 紫式部(むらさきしきぶ)가 지은 장편 소설.
源泉[げんせん] 원천; ①수원(水源). 샘솟는 근원. ②사물의 근원. 생겨나는 근원.
源泉課税[げんせんかぜい] 원천 과세.
源泉徴収[げんせんちょうしゅう] 원천 징수.
源平[げんぺい] ①源氏(げんじ)와 平氏(へいし). ②적(敵)과 아군(我軍). ＊源氏와 平氏가 서로 패권을 다툰 데서 생겨난 말임. ③홍백(紅白). ＊源氏가 흰 깃발을 平氏가 붉은 깃발을 사용한 데서 생겨난 말임.

猿 원숭이 원

丿 犭 犭 犭 狜 狜 猿 猿 猿 猿

音 ◉エン
訓 ◉さる

訓読

2◉猿[さる] ① ≪動≫ 원숭이. ②교활한 사람. ③촌사람. ④(덧문 등의) 비녀장.
猿ぐつわ[さるぐつわ] 수건 재갈. ＊소리를 못 내게 입을 틀어막는 수건.
猿遣い[さるづかい] 원숭이에게 재주를 부리게 하고 돈을 버는 사람.
猿股[さるまた] (남자용) 팬티.
猿利口[さるりこう] 얕은 꾀. 잔꾀.
猿面[さるめん] ①원숭이를 닮은 얼굴. ②원숭이 탈.
猿面冠者[さるめんかんじゃ] ①원숭이를 닮은 젊은이. ②'豊臣秀吉(とよとみひでよし)'의 별명.
猿轡[さるぐつわ] ☞ 猿ぐつわ
猿楽❶[さるがく] ①室町(むろまち) 시대까지의 잡예(雜芸)의 총칭. ②'能楽(のうがく)'의 옛 이름. ❷[さるごう] 익살스러운 것.
猿若[さるわか] ①歌舞伎(かぶき)의 익살꾼역. ②江戸(えど) 시대의 익살스러운 歌舞伎(かぶき). ③(猿若狂言(さるわかきょうげん)을 흉내내는) 거지. 유랑 연예인.
猿の腰掛[さるのこしかけ] ≪植≫ 말굽버섯.
猿引き[さるひき] 원숭이에게 재주를 부리게 하고 돈을 버는 사람.
猿芝居[さるしばい] ①원숭이 놀음. ②서투른 연극. ③얄팍한 잔꾀.
猿知恵[さるぢえ] 얕은꾀. 잔재주. 잔꾀.
猿真似[さるまね] ①원숭이 흉내. ②무턱대고 흉내냄.
猿蟹合戦[さるかにがっせん] (일본 동화) 원숭이와 게의 싸움.
猿戸[さるど] ①(정원 입구의) 간단한 나무문. ②비녀장문.
猿回し[さるまわし] 원숭이에게 재주를 부리게 하고 돈을 버는 사람.

音読

猿臂[えんぴ] 원비; 원숭이처럼 긴 팔.
猿人[えんじん] 원인; 가장 원시적인 화석(化石) 인류의 총칭.
猿猴[えんこう] 원후; ①원숭이의 총칭. ②'河童(かっぱ)'의 딴이름.

遠(遠) 멀 원

土 吉 吉 声 声 袁 遠 遠 遠

音 ◉エン ◉オン
訓 ◉とおい

訓読

4◉遠い[とおい] 〈形〉 ①(공간적인) 거리가 멀다. ②(시간적으로) 간격이 멀다. ③(인간관계가) 멀다. ④(내용·성질·정도가) 멀다. ⑤(소리가) 잘 들리지 않다. ⑥(의식이) 아찔해지다.
遠からず[とおからず] 머지않아서. 곧.
3遠く[とおく] ①먼 곳. ②멀리.
遠ざかる[とおざかる] 〈5自〉 ①멀어지다. 멀리 물러나다. ②(사이가) 소원해지다. 멀어지다.
遠ざける[とおざける] 〈下1他〉 ①멀리하다. 멀리 떨어지게 하다. ②가까이 하지 않다. 멀리하다.
遠のく[とおのく] 〈5自〉 ①멀어지다. 멀리 떠나다. 물러나다. ②(인간관계가) 소원해지다.
遠のける[とおのける] 〈下1他〉 멀리하다. 멀리 떨어지게 하다.
遠め[とおめ] 약간 멂. 멀찍함.
遠江[とおとうみ] (일본의 옛 지명으로) 현재의 静岡県(しずおかけん) 서부.
遠見[とおみ] ①먼 곳을 바라봄. 전망함. ②멀리서 봄. 먼빛. ③(歌舞伎(かぶき)에서) 원경(遠景)을 그린 배경. 원경(遠景) 연출법.
遠駆け[とおがけ] 멀리까지 (전속력으로 말을 몰아) 달림.
遠巻き[とおまき] 멀찍이 둘러쌈.
遠寄せ[とおよせ] ①멀리서 포위함. ②(歌舞伎(かぶき)에서) 멀리서 포위하는 군세(軍勢)를 표현하기 위해 치는 북·징 등의 반주 음악.
遠道[とおみち] ①멀리 도는 길. ②먼 길. ③먼 걸음. 먼 길을 걸음.
遠里[とおざと] 멀리 보이는 마을.
遠鳴り[とおなり] 멀리서 들려오는 소리.
遠目[とおめ] ①멀리서 봄. 먼눈. ②먼 곳이 잘 보임. ③원시안(遠視眼). ④약간 멂. 멀찍함.
遠歩き[とおあるき] 멀리 나다님.
遠山[とおやま/えんざん] 원산; 먼 산.

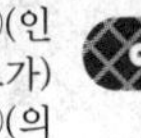

遠山里[とおやまざと] 두메산골. 산촌.
遠乗り[とおのり] (탈 것을 타고) 멀리까지 놀러감.
遠矢[とおや] 원시; 화살을 멀리까지 쏨. 멀리 쏜 화살.
遠眼鏡❶[とおめがね] 망원경. ❷[えんがんきょう] 원시경(遠視鏡).
遠縁[とおえん] 먼 친척.
遠遠しい[とおどおしい] 〈形〉 ①멀고도 멀다. 매우 멀다. ②몹시 소원(疏遠)하다.
遠音[とおね] ①멀리서 들리는 소리. ②멀리서 희미하게 울림.
遠耳[とおみみ] 멀리서 들을 수 있음. 멀리서도 잘 들리는 귀.
遠っ走り[とおっぱしり] 멀리까지 나감.
遠浅[とおあさ] (강·바다가) 물가에서 멀리까지 물이 얕음.
遠出[とおで] ①멀리까지 나감. 멀리 여행함. ②(기생이) 자기의 담당 구역 이외의 손님 자리에 나감.
遠退く[とおのく] 〈5自〉 ①멀어지다. 멀리 떠나다. 물러나다. ②(인간관계가) 소원해지다.
遠退ける[とおのける] 〈下1他〉 멀리하다. 멀리 떨어지게 하다.
遠吠え[とおぼえ] ①(짐승이) 멀리서 짖음. 멀리서 짖는 소리. ②멀리서 으르렁거림. 뒤에서 욕함.
遠火[とおび] ①멀리서 피우는 불. ②불기를 멀리함.
遠回し[とおまわし] 빙 두름. 완곡함.
遠回り[とおまわり] ①멀리 돌아서 감. 우회(迂回). ②(일부러) 복잡하게 함. 번거롭게 함. 우회적(迂廻的)임.

音読

遠距離[えんきょり] 원거리; 장거리(長距離).
遠景[えんけい] 원경; 멀리 보이는 경치.
遠国❶[えんごく] 원국; 먼 나라. ❷[おんごく] 서울에서 멀리 떨어진 고장. 먼 고장.
遠近法[えんきんほう] ≪美≫ 원근법.
遠忌[おんき] ≪仏≫ 원기.
遠大[えんだい] 원대; 규모·뜻이 큼.
遠島[えんとう] 원도; ①낙도(落島). 육지에서 먼 섬. ②(江戸(えど) 시대의) 유배형(流配刑). 먼 섬으로의 귀양.
遠来[えんらい] 원래; 멀리서 옴.
[2]**遠慮**[えんりょ] ①조심스러움. ②삼감. 사양함. ③물러남. ④장래를 헤아리는 깊은 생각. ⑤(江戸(えど) 시대의) 근신. ＊문을 걸어 잠그고 바깥출입을 금했던 형벌.
遠慮深い[えんりょぶかい] 〈形〉 신중하다. 조심성이 많다.
遠路[えんろ] 원로; 먼 길. 원정(遠程).
遠流[おんる] 멀리 귀양을 보냄.
遠望[えんぼう] 원망; 멀리 바라봄.
遠謀[えんぼう] 원모; 먼 장래까지 생각하는 계책.
[1]**遠方**[えんぽう] 원방; 먼 곳.
遠視[えんし] 원시; 원시안(遠視眼).
遠視眼[えんしがん] 원시안.
遠心力[えんしんりょく] ≪物≫ 원심력.
遠洋[えんよう] 원양; 육지에서 멀리 떨어진 넓은 바다.
遠泳[えんえい] 원영; 장거리 수영.
遠因[えんいん] 원인; 간접적인 원인.
遠征[えんせい] 원정; 멀리 정벌·경기·조사·탐험하러 떠남.
[2]**遠足**[えんそく] 소풍.
遠投[えんとう] 원투; 멀리 던짐.
遠海[えんかい] 원해; 먼 바다.
遠海魚[えんかいぎょ] 원해어; 육지에서 멀리 떨어진 바다.

願 원할 원

一 厂 𠂆 戶 原 原 原 願 願

音 ◉ガン
訓 ◉ねがう ◉ねがわくは ◉ねがわしい

訓読

[2]**◉願う**[ねがう] 〈5他〉 ①원하다. 바라다. ②(소원을) 빌다. 기원하다. ③(관공서 등에) 청원(請願)하다. ④(상점에서) 손님에게 사게 하다. ⑤돌봐주기를 부탁하다.
[2]**願い**[ねがい] ①소원. 바람. 부탁. ②기원(祈願). ③원서(願書).
願い事[ねがいごと] 소원. 기원(祈願).
願い上げる[ねがいあげる] 〈下1他〉 삼가 바라다. ＊주로 편지에서 사용함.
願い主[ねがいぬし] 출원인(出願人).
願い出[ねがいで] 출원(出願). 신청.
願い出る[ねがいでる] 〈下1他〉 출원(出願)하다. 신청하다.
願い下げ[ねがいさげ] ①(희망한 일을) 철회함. 취소함. ②(부탁 받은 것을) 거절함.

願い下げる[ねがいさげる] 〈下1他〉 ①(희망한 일을) 철회하다. 취소하다. ②(부탁 받은 것을) 거절하다.
◉願わくは[ねがわくは] 원컨대. 아무쪼록.
◉願わしい[ねがわしい] 〈形〉 바람직하다.

音読

願[がん] (神仏에 대한) 소원. 기원(祈願)
願掛け[がんかけ] 소원을 빎.
願力[がんりき] 원력; ①소원을 빌어 목적을 달성하려는 신념의 힘. ②≪仏≫ 부처의 본원력(本願力).
願立て[がんだて] 발원(発願). 소원을 빎.
願望[がんぼう/がんもう] 원망; 원하고 바람. 소원. 소망. 희망.
願文[がんもん] ≪仏≫ 원문; 소원을 빌 때 그 취지를 기록한 글.
1願書[がんしょ] 원서; ①입학 원서. 입사 원서. ②소원 성취를 비는 기원문(祈願文).
願人[がんにん] ①출원자. 청원자. ②소원을 비는 사람.

苑	나라동산 원	音 ⊗エン ⊗オン 訓 ⊗その

訓読

⊗苑[その] ①정원. 뜰. ②(뭔가 행해지는) 장소. ¶学(まな)びの～ 배움의 터.

音読

苑池[えんち] 정원과 연못.
苑地[えんち] 공원. 정원.

怨	원망할 원	音 ⊗エン ⊗オン 訓 ⊗うらむ ⊗うらめしい

訓読

⊗怨む[うらむ] 〈5他〉 원망하다. 원한을 품다. 앙심을 품다.
怨むらくは[うらむらくは] ①원망스럽게도. ②애석하게도. 아깝게도.
怨み[うらみ] 원망. 원한. 앙심.
怨みがましい[うらみがましい] 〈形〉 원한이 있는 듯하다.
怨みっこ[うらみっこ] 서로 원망함.
怨み辛み[うらみからみ] 쌓이고 쌓인 원한. 갖가지 원한.
怨み死に[うらみじに] 원한이 맺혀 죽음.
怨み顔[うらみがお] 원망스런 얼굴.
怨み言[うらみごと] 원한의 말. 원망의 말.
⊗怨めしい[うらめしい] 〈形〉 원망스럽다. 한스럽다. 유감스럽다.

音読

怨念[おんねん] 원념; 원한을 품은 집념.
怨霊[おんりょう] ≪仏≫ 원령.
怨府[えんぷ] 원부; (대중의) 원한이 쏠리는 곳. 원한이 몰리는 곳.
怨色[えんしょく] 원색; 원망하는 기색.
怨声[えんせい] 원성; 원망하는 소리.
怨言[えんげん] 원언; 원망의 말.
怨敵[おんてき] 원적; 원수(怨讐). 원한의 적.
怨嗟[えんさ] 원차; 원한과 한탄.
怨恨[えんこん] 원한; 원통하고 한이 되는 생각.

〔월〕

月	달 월
丿 冂 月 月	

音 ◉ガツ ◉ゲツ
訓 ◉つき

訓読

4◉月❶[つき] ① ≪天≫ 달. ②달빛. ③(달력상의) 달. 월. ④1개월. 한 달. ⑤(사람의 임신 기간) 달. ⑥월경. ❷[げつ] ☞ [音読]
月ロケット[つきロケット] 달로켓.
月見[つきみ] ①달맞이. 달구경. ②(국수 위에) 날계란을 얹음.
月見草[つきみそう] ≪植≫ 달맞이꽃.
月頃[つきごろ] 최근 몇 달 동안.
月の鏡[つきのかがみ] ①보름달. ②(거울처럼) 맑은 달.
月の桂[つきのかつら] (달 속의) 계수나무.
月雇い[つきやとい] ①1개월 간 고용함. ②월급제 고용.
月掛(け)[つきがけ] 월부. 월부금.
月極め[つきぎめ] 월정(月定). 한 달을 단위로 한 계약.
月代❶[つきしろ] 달. ❷[さかやき] ①(平安(へいあん) 시대에) 남자가 관(冠)이 닿는 부분의 머리털을 반달형으로 밀었던 스타일. ②(江戸(えど) 시대에) 남자가 이마에서 머리 한가운데에 걸쳐 머리털을 밀었던 스타일.
月代(わ)り[つきがわり] ①달이 바뀜. 다음 달이 됨. ②한 달마다 교대·교체함.

月待ち[つきまち] ≪仏≫ 매월 13일·17일·23일 밤에 공양을 바친 후 달이 뜨기를 기다리는 동안 음식을 먹으면서 이야기를 나누거나 염불을 외던 행사.

月の都[つきのみやこ] ①달 속의 궁전. ②'수도(首都)'의 미칭.

月頭[つきがしら] 월초(月初).

月の輪[つきのわ] ①달. ②둥근 달 모양. ③(반달가슴곰의 목에 있는) 반달 모양의 털.

月の輪熊[つきのわぐま] ≪動≫ (일본 특산의) 반달가슴곰.

月末[つきずえ/げつまつ] 월말; 그믐날.

月毎[つきごと] 매달. 매월. 달마다.

月明(か)り[つきあかり] ①달빛. ②달빛으로 밝음.

月毛[つきげ] 홍갈색의 말.

月の物[つきのもの] 월경. *완곡한 표현임.

月半ば[つきなかば] 월중. 중순.

月白[つきしろ] 월백; 달이 뜰 무렵에 하늘이 훤해 보이는 것.

月番[つきばん] 월번; 한 달씩 교대하는 당번.

月別[つきべつ] 월별; 달에 따라 나눈 구별.

月並(み)[つきなみ] ①평범함. 진부함. ②매월. ③'月並俳句(つきなみはいく)'의 준말.

月並俳句[つきなみはいく] 신선미가 없는 저속한 俳句(はいく).

月並(み)の祭[つきなみのまつり] (옛날) 6월과 섣달에 국운의 발전을 비는 神道(しんとう)의 행사.

月並調[つきなみちょう] ①상투적임. 틀에 박힌 스타일. ②(江戸(えど) 시대 말기의) 통속적인 俳諧(はいかい).

月払(い)[つきばらい] 월부(月賦).

月送り[つきおくり] ①다음달로 미룸. ②매월 발송함.

月夜[つきよ] 월야; 달밤.

月夜見[つきよみ] ≪古≫ '月(つき)'의 딴이름.

月夜烏[つきよがらす] ①달밤에 들떠서 우는 까마귀. ②밤에 놀러 다니는 사람.

月役[つきやく] 월경. *완곡한 표현임.

月影❶[つきかげ] ① ≪雅≫ 월영; 달빛. ② ≪古≫ 달빛에 비친 모습. ❷[げつえい] 달빛. 달그림자.

月月[つきづき] 매달. 달마다. 다달이.

月越し[つきごし] 달을 넘김. 다음 달로 넘어감.

月の入り[つきのいり] 달이 짐.

[2]月日[つきひ] 세월. 시일.

月の障り[つきのさわり] 월경. *완곡한 표현.

月足らず[つきたらず] ①조산아(早産児). ②칠삭둥이. 칠뜨기. 팔삭둥이.

月遅れ[つきおくれ] ①행사를 한 달 늦추어 함. ②(정기 간행물에서) 지난달 호. 과월호(過月号).

月着陸船[つきちゃくりくせん] 달착륙선.

月参り[つきまいり] 월례(月例) 참배.

月初め[つきはじめ] 월초; 초순.

月草[つきくさ] ≪植≫ 닭의장풀. *'つゆくさ'의 옛 이름.

月の出[つきので] 월출; 달이 뜸.

月割り[つきわり] ①매월의 할당. 월평균. ②월부(月賦).

月行事[つきぎょうじ] ①월중 행사. ②한 달씩 교대로 사무를 봄.

月形[つきがた] 월형; 초승달 모양. 반달 모양. 반월형(半月形).

月回り[つきまわり] ①다달이 돌아가며 맡는 당번. ②그 달의 운수.

月後れ[つきおくれ] ①행사를 한 달 늦추어 함. ②(정기 간행물에서) 지난달 호. 과월호(過月号).

音読

[4]月❶[げつ] 월요일. *'月曜日'의 준말임. ❷[つき] ☞ [訓読]

月刊[げっかん] 월간; 매월 발행하는 간행물.

月間[げっかん] 월간; 한 달 동안.

月経[げっけい] 월경; 경도. 달거리.

月界[げっかい] 월계; 달세계.

月計[げっけい] 월계; 월의 합계.

月桂[げっけい] 월계; 달의 계수나무.

月桂冠[げっけいかん] 월계관.

月桂樹[げっけいじゅ] 월계수.

月光[げっこう] 월광; 달빛.

月琴[げっきん] 월금; 중국에서 전래된 4현 악기.

[2]月給[げっきゅう] 월급; 매월의 급료.

月給日[げっきゅうび] 월급날.

月給取り[げっきゅうとり] 월급쟁이.

月内[げつない] 월내; 그 달 안.

月旦[げったん] 월단; ①매월 초하룻날. ②'月旦評(げったんひょう)'의 준말.

月旦評[げったんひょう] 월단평; 인물평.

月齢[げつれい] ≪天≫ 월령.

月例[げつれい] 월례; 매월 정기적으로 행함.

月輪[げつりん] 달. *'月(つき)'의 딴이름.

月利[げつり] 월리; 한 달 이자.

[2]月末[げつまつ/つきずえ] 월말; 그믐날.

月面[げつめん] 월면; 달 표면.

月明[げつめい] 달이 밝음. 밝은 달.

月報[げっぽう] 월보; 매달 내는 보고나 보도. 또는 그 간행물.

月俸[げっぽう] 월봉; 월급.

[1]月賦[げっぷ] 월부; ①매월의 할당. ②매달 할당하여 지불함.

月賦払い[げっぷばらい] 월부불.

月賦販売[げっぷはんばい] 월부 판매.

[1]月謝[げっしゃ] 월사; 수업료.

月産[げっさん] 월산; 월 생산량.

月世界[げっせかい] 월세계; 달나라.

月収[げっしゅう] 월수; 월 수입.

月食[げっしょく] ≪天≫ 월식(月蝕).

月額[げつがく] 월액; 월정액(月定額).

月余[げつよ] 월여; 한 달 남짓.

[4]月曜[げつよう] '月曜日'의 준말임.

[4]月曜日[げつようび] 월요일.

月次[げつじ] 월차; ①매달의. ② ≪天≫ 천공에서의 달의 위치.

月評[げっぴょう] 월평; 매달의 비평.

月表[げっぴょう] 월표; 매달 정리하는 표.

月下老人[げっかろうじん] 중매인.

月下美人[げっかびじん] ≪植≫ 월하미인.

月下氷人[げっかひょうじん] 중매인.

越 넘을 월

土 キ キ 卡 走 走 走 赵 越 越

音 ◉エツ ⊗エチ

訓 ◉こえる ◉こす

訓読

[2]◉越える[こえる] 〈下1自〉 ①넘다. 넘어가다. ②(강을) 건너다. ③(어떤 시기가) 지나다. 넘기다. ④(기준·정도를) 초과하다. 넘다. ⑤능가하다. 뛰어나다. ⑥(순서를) 건너뛰다. 앞지르다.

越え[ごえ] (국경이나 고개 이름 등에 접속하여) …을 넘음. 넘어가는 길. …재. …영(嶺).

[2]◉越す[こす] 〈5他〉 ①넘다. 넘기다. ②(강을) 건너다. ③(어떤 시기를) 넘기다. ④(기준·정도를) 초과하다. 넘기다. ⑤더 좋다. 낫다. ⑥(순서를) 건너뛰다. 앞지르다. 추월하다. ⑦이사하다. ⑧오다. 가다.

越し[ごし] ①(명사에 접속하여) …너머. ②(시간을 나타내는 말에 접속하여) …에 걸친. …걸린.

音読

越境[えっきょう] 월경; 경계선을 넘음.

越権[えっけん] 월권; 권한 밖의 일을 함. 남의 직권을 침범함.

越権行為[えっけんこうい] 월권행위.

越南[ベトナム] 베트남.

越年[えつねん] 월년; 해를 넘김.

越冬[えっとう] 월동; 겨울을 남.

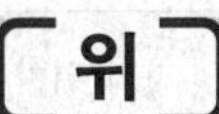

危 위태로울 위

ノ ク 厃 产 斥 危

音 ◉キ

訓 ◉あやうい ◉あぶない ◉あやぶむ ⊗あやめる

訓読

[2]◉危うい[あやうい] 〈形〉 ①아슬아슬하다. 위태롭다. 조마조마하다. ② ≪雅≫ 위험하다.

危うく[あやうく] ①가까스로. 간신히. 아슬아슬하게. ②하마터면. 까딱하면. 자칫하면.

[4]◉危ない[あぶない] 〈形〉 ①위험하다. 위태롭다. ②아슬아슬하다. ③불안하다. ④미심쩍다.

危なく[あぶなく] ①가까스로. 간신히. 아슬아슬하게. ②하마터면. 까딱하면. 자칫하면.

危なっかしい[あぶなっかしい] 〈形〉 위태위태하다. 보기에 조마조마하다.

危な気[あぶなげ] 위태위태함. 불안스러움.

危な絵[あぶなえ] (江戸(えど) 시대 후기의 그림으로서 여자가 몸을 드러낸) 선정적(煽情的)인 浮世絵(うきよえ).

[1]◉危ぶむ[あやぶむ] 〈5他〉 ①불안해하다. 걱정하다. ②의심하다.

⊗危める[あやめる] 〈下1他〉 (사람을) 해치다. 죽이다. 살해하다.

音読

危惧[きぐ] 위구; 걱정하며 두려워함.

危局[ききょく] 위국; 위급한 시국.

危急[ききゅう] 위급; 위태롭고 급함.

危急存亡[ききゅうそんぼう] 위급 존망.
[1]危機[きき] 위기; 위험한 순간.
危機一髪[ききいっぱつ] 위기일발.
危難[きなん] 재난(災難).
危篤[きとく] 위독; 병세가 중하여 생명이 위태로움.
危地[きち] 위지; 위험한 곳・상태.
危殆[きたい] 위태; 위험.
[1]危害[きがい] 위해; 위험한 재해(災害).
[2]危険[きけん] 위험; ①(목숨이) 위태로움. ②우려. 염려.

位 자리/위치/벼슬 위

丿 亻 亻' 亻亠 亻立 位位 位

音 ◉イ ⊗ミ
訓 ◉くらい

訓読

[2]◉位❶[くらい] ①국왕의 자리. ②계급. 지위. ③품격. 기품. 품위. ④《数》 자릿수. ❷[い] ☞ [音読]
位する[くらいする] 〈サ変自〉 위치하다. 자리하다. 차지하다.
位倒れ[くらいだおれ] 지위만 높고 실제 수입은 그에 미치지 못함.
位負け[くらいまけ] ①지위가 분수에 맞지 않게 높음. ②(상대방의 지위나 품위 등에) 주눅이 듦.
位取り[くらいどり] ①《数》 숫자의 자릿수. 수치(数値)의 자릿수를 정함. ②계급・품계・우열 등을 정함.

音読

[2]位❶[い] ①(등급・정도의) …위. ②(순번・위계의) …위. …품. ③《数》 자릿수. ④(죽은 사람을 세는 높임말로) …위. ❷[くらい] ☞ [訓読]
位階[いかい] 위계; 벼슬의 품계.
位相[いそう] 위상; ①《物》 위상; (주기적 운동에서의) 어떤 순간의 상태・위치. ②《天》 때의 차에 따라 변하는 천체의 모습. ③《語学》 남녀・직업・계급에 따른 언어의 차이. ④《数》 (일반적으로 공간에서) 유한이나 연속의 개념을 정의함에 있어 기초가 되는 수학적 구조.
位次[いじ] 위차; 석차(席次).
[2]位置[いち] 위치; ①장소. 곳. ②지위. 입장.
位置付け[いちづけ] 주어진 평가.
位置付ける[いちづける] 〈下1他〉 …으로 평가하다. 위치를 부여하다.
位牌[いはい] 위패; 위판(位版).
位牌堂[いはいどう] 위패당; 위폐를 모셔 둔 곳.
◑三位一体[さんみいったい]

囲(圍) 둘레 위

丨 冂 冂 冃 用 囲 囲

音 ◉イ
訓 ◉かこう ◉かこむ

訓読

◉囲う[かこう] 〈5他〉 ①에워싸다. 둘러싸다. 둘러치다. ②숨겨두다. 감춰두다. ③(첩을) 두다. ④저장하다. 비축하다.
囲い[かこい] ①에워쌈. 둘러쌈. 둘러침. ②담. 울타리. ③(집안에 마련한) 다실(茶室). ④(채소 등의) 저장. 비축. ⑤(장기에서) 金将(きんしょう)・銀将(ぎんしょう) 등으로 将(しょう)의 주위를 굳힘.
囲い女[かこいめ] 딴 살림을 차려 준 첩.
囲い女郎[かこいじょろう] (江戸(えど) 시대에) 太夫(たゆ)・天神(てんじん) 다음의 계급에 속한 창녀.
囲い物[かこいもの] ①(신문・잡지 등의) 박스(box) 기사. ②저장품. 비축해 둔 채소.
囲い米[かこいごめ/かこいまい] 비축미(備蓄米). 저장한 쌀.
囲い船[かこいぶね] 운행하지 않는 배. 놀리는 배.
囲い者[かこいもの] 딴 살림을 차려 준 첩.
[2]◉囲む[かこむ] 〈5他〉 ①(사람이나 물건을 중앙에 두고) 포위하다. 에워싸다. 둘러싸다. ②바둑을 두다.
囲み[かこみ] ①에워쌈. 울타리. ②포위. 포위망. ③(신문・잡지 등의) 박스(box) 기사.
囲み記事[かこみきじ] 박스(box) 기사. 칼럼 기사.

音読

囲碁[いご] 바둑.
囲碁大会[いごたいかい] 바둑 대회.
囲炉裏[いろり] 방바닥을 4각형으로 잘라내고 취사용・난방용으로 불을 피우는 장치.
囲炉裏端[いろりばた] 노변(炉邊).

委 맡길 위

一 二 千 禾 禾 秂 委 委

音 ◉イ
訓 ⊗くわしい ⊗まかせる ⊗ゆだねる

訓読

⊗委しい[くわしい] 〈形〉 ①상세하다. 자세하다. 자상하다. ②(어떤 분야에) 정통하다. 잘 알고 있다. 밝다.
⊗委せる[まかせる] 〈下1他〉 ①맡기다. 일임하다. ②(…있는) 대로 …하다.
⊗委ねる[ゆだねる] 〈下1他〉 ①완전히 맡기다. 내맡기다. ②(몸을) 바치다.

音読

委[い] '委員(いいん)' 또는 '委員会(いいんかい)'의 준말.
委する[いする] 〈サ変他〉 ①맡기다. 위임하다. ②방임하다. 내버려 두다.
委曲[いきょく] 위곡; 세부점(細部点).
委棄[いき] 위기; ①방임함. 내버려 둠. ② ≪法≫ (권리의) 포기.
委付[いふ] ①위탁(委託). ② ≪法≫ 위부.
委細[いさい] ①자세한 내용·사정. 세부점. ②모두. 다. 전부.
委細構わず[いさいかまわず] 거리낌 없이.
委譲[いじょう] 위양; 권한이나 권리를 남에게 양보함.
2委員[いいん] 위원; 특정한 사항의 처리를 위임 맡은 사람.
委員会[いいんかい] 위원회.
委任[いにん] 위임; 사무의 처리를 타인 또는 다른 기관에게 위탁함.
委任状[いにんじょう] 위임장.
委嘱[いしょく] 위촉; 맡기어 부탁함.
1委託[いたく] 위탁; 어떤 행위나 사무를 타인 또는 다른 기관에게 맡기어 부탁함.

威 위엄 위

丿 厂 厂 厈 厈 威 威 威 威

音 ◉イ
訓 ⊗おどかす ⊗おどす

訓読

⊗威かす[おどかす] 〈5他〉 ①깜짝 놀라게 하다. ②위협하다. 협박하다. 으르다.
威かし[おどかし] 위협. 협박. 공갈.
⊗威す[おどす] 〈5他〉 ①위협하다. 협박하다. 으르다. ②깜짝 놀라게 하다.
威し[おどし] ①위협. 협박. 공갈. ②허수아비.
威し付ける[おどしつける] 〈下1他〉 몹시 위협하다. 공갈치다. 심하게 협박하다.

音読

威[い] 위; 위력. 위엄.
威光[いこう] 위광; 위세. 위력.
威権[いけん] 위권; 위력과 권력.
威徳[いとく] 위덕; 위엄과 덕망.
1威力[いりょく] 위력; 위풍 있는 강대한 힘.
威令[いれい] 위령; ①위엄 있는 명령. ②위력과 명령.
威勢[いせい] 위세; ①위력으로 복종시키는 힘. ②기운참. 활기참.
威信[いしん] 위신; 위엄과 신망.
威圧[いあつ] 위압; 위력으로 내리누름.
威厳[いげん] 위엄; 위세가 있어 엄숙함.
威容[いよう] 위용; 위엄 있는 모습·형상.
威儀[いぎ] 위의; 예법에 맞는 몸가짐.
威丈高[いたけだか] 위압적인 태도. 고자세.
2威張る[いばる] 〈5自〉 뽐내다. 으스대다. 뻐기다. 잘난 체하다.
威張り屋[いばりや] 잘난 체하는 사람. 으스대는 사람.
威風[いふう] 위풍; 엄숙하여 범하기 어려운 모습.
威風堂堂と[いふうどうどうと] 위풍당당하게.
威嚇[いかく] 위하; 위협.

胃 밥통 위

丨 冂 冂 田 田 甲 胃 胃 胃

音 ◉イ
訓 一

音読

2胃[い] ① ≪生理≫ 위; 밥통. ②28수(宿)의 하나. 서쪽에 위치함.
胃痙攣[いけいれん] ≪医≫ 위경련.
胃鏡[いきょう] 위 내시경(内視鏡).
胃潰瘍[いかいよう] ≪医≫ 위궤양.
胃袋[いぶくろ] 밥통. 위. 배.
胃壁[いへき] 위벽; 위를 형성하는 벽.
胃病[いびょう] 위병; 위장병.
胃散[いさん] 위산; 가루 위장약.

胃酸[いさん] 위산; 위액에 함유된 염산.
胃癌[いがん] 위암; 위에 발생한 암.
胃液[いえき] 위액; 소화액(消化液).
胃弱[いじゃく] 위약; 위가 약함.
胃炎[いえん] ≪医≫ 위염.
胃腸[いちょう] 위장; 위와 장. 소화기관.
胃下垂[いかすい] ≪医≫ 위하수.
胃拡張[いかくちょう] ≪医≫ 위확장.

為(爲) 할/위할 위

丶 ソ 为 为 為 為 為 為 為

音 ◉イ
訓 ⊗ため ⊗なさる ⊗なす ⊗なる ⊗する

訓読

3⊗為[ため] ①(어떤 점에서) 위함. 이익이 됨. 이득이 됨. ②(어떤 목적을 나타내는) 위함. ③때문.
為に[ために] 때문에. 그러므로. 그래서.
為券[ためけん] '外国為替資金証券(외환 자금증권)'의 준말.
為筋[ためすじ] ①후원자. ②단골손님.
為書き[ためがき] 낙관(落款) 옆에 집필의 경위 등을 기록한 짧은 글.
為手[ためて] 외국환(外国換) 수표.
為銀[ためぎん] '外国為替銀行(외환 은행)'의 준말.
⊗為さる [なさる] 〈5他〉 (무엇을) 하시다.
⊗為す [なす] 〈5他〉 (무엇을) 하다. 행하다.
⊗為る❶[なる] 〈5自〉 …이 되다. ❷[する] 〈サ変他〉 ①(어떤 행위를) 하다. ②(어떤 노릇을) 하다. 맡다.
為果せる[しおおせる] 〈下1他〉 완수하다. 성취하다. 해내다. 이루다.
為果てる[しはてる] 〈下1他〉 완전히 끝마치다. 다 해내다.
為慣れる[しなれる] 〈下1自〉 숙달되다. 익숙해지다. 손에 익다.
為難い[しにくい] 〈形〉 하기가 어렵다. 하기가 힘들다.
為落とす[しおとす] 〈5他〉 (할 일을) 무심코 빠뜨리다.
為抜く[しぬく] 〈5他〉 끝까지 해내다. 관철시키다. 다 하다.
為所[しどころ] ①해야 할 경우. ②한 보람이 있는 곳. ③할 만한 곳.
為損じる[しそんじる] 〈上1他〉 (일을) 잘못하다. 그르치다. 실패하다.
為損ずる[しそんずる] 〈サ変他〉 (일을) 잘못하다. 그르치다. 실패하다.
為損ない[しそこない] 실수. 실패.
為損なう[しそこなう] 〈5他〉 (일을) 잘못하다. 그르치다. 실패하다.
為遂げる[しとげる] 〈下1他〉 완수하다.
為ん術[せんすべ] 어찌할 방법・수단.
為人[★ひととなり] 사람의 됨됨이. 천성.
為残す[しのこす] 〈5他〉 (어떤 일을) 하다가 말다. 하다가 남기다.
為済ます[しすます] 〈5他〉 ①완수하다. ②잘 해내다. 감쪽같이 해내다.
為終える [しおえる] 〈下1他〉 완수하다. 완료하다. 해내다.
為直し[しなおし] 다시 함. 고쳐 함.
為直す[しなおす] 〈5他〉 다시 하다. 고쳐 하다.
為尽くす [しつくす] 〈5他〉 모두 해 버리다. 다 해 치우다.
為体[★ていたらく] 모양새. 꼴불견. 볼품.
2為替[★かわせ] ≪経≫ ①외환(外換). ②환어음. ③환시세.
為替相場[★かわせそうば] 외환 시세. 환율.
為替手形[★かわせてがた] 환어음.
為替銀行[★かわせぎんこう] 외환 은행.
為出かす[しでかす] 〈5他〉 (잘못・실수를) 저지르다. 해 버리다.

音読

為楽[いらく] 위락; 진실한 즐거움.
為政[いせい] 위정; 정치를 행함.
為政者[いせいしゃ] 위정자.

偽(僞) 거짓 위

亻 亻 伊 伊 伪 偽 偽 偽 偽

音 ◉ギ
訓 ◉にせ ◉いつわる

訓読

◉偽[にせ] 가짜. 위조. 모조.
◉偽る[いつわる] 〈5他〉 ①거짓말하다. 사칭(詐称)하다. ②속이다. 기만(欺瞞)하다.
偽り[いつわり] 거짓. 허위.
偽り言[いつわりごと] 거짓말. 헛소리.
偽金[にせがね] 가짜 돈.
偽金作り[にせがねづくり] 위폐범. 가짜 돈을 만든 사람.
1偽物[にせもの/ぎぶつ] ①가짜 물건. 위조품. ②(겉만 번지르르하고 실속이 없는) 엉터리.

偽手形[にせてがた] 가짜 어음.
偽首[にせくび] 그 사람 목이라고 위장한 타인의 목.
偽者[にせもの] 가짜 인물. 엉터리.
偽紙幣[にせしへい] 위조지폐. 가짜 돈.
偽札[にせさつ] 위조 지폐.

音読

偽名[ぎめい] 위명; 가짜 이름.
偽書[ぎしょ] 위서; 가짜 문서.
偽善[ぎぜん] 위선; 겉으로만 착한 체함.
偽悪[ぎあく] 위악; 일부러 악한 체함.
偽印[ぎいん] 위인; 가짜 도장.
偽作[ぎさく] 위작; 표절(剽窃).
偽装[ぎそう] 위장; 남의 눈을 속이려고 어떤 태도나 행동을 일부러 꾸며서 하는 일.
偽装心中[ぎそうしんじゅう] 위장 자살(自殺).
1**偽造**[ぎぞう] 위조; 진짜와 비슷하게 만듦.
1**偽造紙幣**[ぎぞうしへい] 위조 지폐. 가짜 돈.
偽証[ぎしょう] 위증; 거짓 증언.
偽称[ぎしょう] 위칭; 거짓 일컬음. 사칭.
偽筆[ぎひつ] 위필; 가짜 문서.

尉 벼슬 위

ㄱ ㅋ 尸 尸 尸 尸 尸 尉 尉 尉

音 ◉イ ⊗ジョウ
訓 —

音読

尉[じょう] ①(能楽(のうがく)에서) 늙은이 역. 늙은이 탈. ②숯이 다 타고 남은 재. ③(옛날) '衛門府(えもんふ)・兵衛府(ひょうえふ)・検非違使(けびいし)'의 제3등관.
尉官[いかん] 위관; (군인) 장교.

偉 위대할 위

亻 亻 亻 亻 亻 亻 亻 偉 偉 偉

音 ◉イ
訓 ◉えらい

訓読

2◉**偉い**[えらい] 〈形〉 ①위대하다. 훌륭하다. ②(신분・지위가) 높다. ③갸륵하다. 장하다. ④엄청나다. 큰일이다. ⑤심하다. 지독하다. 대단하다. ⑥괴롭다. 고되다. ⑦엉뚱하다. 뜻밖이다. 황당하다. 난처하다.
偉がる[えらがる] 〈5自〉 뽐내다. 잘난 체하다.
偉さ[えらさ] 위대함. 훌륭함.
偉ぶる[えらぶる] 〈5自〉 뽐내다. 잘난 체하다.
偉物[えらぶつ/えらもの] ☞ 偉者(えらもの)
お偉方[おえらがた] 높으신 분들. 귀하신 분들. *약간 조롱・멸시・질투하는 말임.
偉者[えらもの] 뛰어난 사람. 수완가. *약간 조롱하는 말임.

音読

偉功[いこう] 위공; 훌륭한 공훈.
偉観[いかん] 장관(壮観). 훌륭한 구경거리.
2**偉大**[いだい] 위대; 뛰어남. 웅장함.
偉力[いりょく] 위력; 위대한 힘.
偉業[いぎょう] 위업; 위대한 업적.
偉烈[いれつ] 위열; 위대한 공적.
偉容[いよう] 위용; 훌륭한 모습.
偉人[いじん] 위인; 위대한 사람.
偉丈夫[いじょうふ] 대장부(大丈夫).
偉才[いさい] 위재; 재능이 뛰어난 사람.
偉材[いざい] 위재; 뛰어난 인물.
偉効[いこう] 위효; 큰 효험.
偉勲[いくん] 위훈; 큰 공훈・공적.

違(違) 어길/다를 위

' 卄 卋 卋 卋 卋 卋 韋 違 違

音 ◉イ
訓 ◉ちがう ◉ちがえる

訓読

4◉**違う**[ちがう] 〈5自〉 ①다르다. 틀리다. ②(앞과) 달라지다. 다르다. ③잘못되다. 틀리다. ④(뼈・근육이) 어긋나다. 삐다.
2**違い**[ちがい] 차이. 다름.
2**違いない**[ちがいない] 〈形〉 틀림없다. 정말 그렇다.
違い目[ちがいめ] ①차이점. 다른 점. 틀린 점. ②어긋난 곳.
違い棚[ちがいだな] (2개의 판자를 상하 좌우로) 어긋나게 매어단 장식용 선반.
1◉**違える❶**[ちがえる] 〈下1他〉 ①다르게 하다. 변경하다. 달리하다. ②(이해・판단・행동을) 잘못하다. 틀리다. ③(사람을) 이간시키다. ④(뼈・근육 등을) 삐다.
⊗**違える❷**[たがえる] 〈下1他〉 ①(약속・시간 등을) 어기다. 지키지 않다. ②(방법・색깔 등을) 다르게 하다. 틀리게 하다.
違え[ちがえ] 다름. 틀림.

音読

違例[いれい] 위례; ①평소와 다름. ②건강이 안 좋음. 병이 남.

2違反[いはん] 위반; 법령・계약・협정 등을 어김.

違背[いはい] 위배; 약속・규칙・명령 등을 어김.

違犯[いはん] 위범; 죄를 범함.

違法[いほう] 위법; 법률을 어김.

違約[いやく] 위약; 약속・계약을 어김.

違勅[いちょく] 위칙; 칙령(勅令)을 어김.

違憲[いけん] 위헌; 헌법 규정에 위반됨.

違和[いわ] 위화; ①신체의 이상. ②부조화(不調和).

違和感[いわかん] 위화감.

慰 위로할 위

ㄱ ㅋ 尸 尸 尽 尉 尉 尉 慰 慰

音 ◉イ
訓 ◉なぐさむ ◉なぐさめる

訓読

◉慰む[なぐさむ] 〈5自〉 (마음이) 풀리다. 가벼워지다. 〈5他〉 ①(여자를) 농락하다. 노리개로 삼다. ②희롱하다. 놀리다. ③기분 전환하다.

慰み[なぐさみ] ①위안. 즐거움. ②위안거리. 심심풀이. 기분 전환. ③여자를 농락함. 희롱함. ④노름. 도박.

慰み物[なぐさみもの] 위안거리. 노리개.

慰み事[なぐさみごと] ①위안거리. 심심풀이로 하는 것. ②노름. 도박.

慰み者[なぐさみもの] 일시적인 성적(性的) 노리갯감.

2◉慰める[なぐさめる] 〈下1他〉 ①위로하다. 위안하다. ②즐겁게 하다. 후련하게 하다.

慰め[なぐさめ] 위로. 위안.

慰め顔[なぐさめがお] 위로하는 듯한 얼굴.

慰め種[なぐさめぐさ] 위안거리.

音読

慰霊[いれい] 위령; 죽은 자의 영혼을 위로함.

慰霊祭[いれいさい] 위령제.

慰霊塔[いれいとう] 위령탑.

慰留[いりゅう] 붙들고 말림. 만류(挽留).

慰撫[いぶ] 위무; 위로하고 어루만져 달램.

慰問[いもん] 위문; 위로하기 위해 문안함.

慰問品[いもんひん] 위문품.

慰謝料[いしゃりょう] 위자료(慰藉料).

慰安[いあん] 위안; 위로하여 마음을 편하게 함.

慰安旅行[いあんりょこう] 위로(慰労) 여행.

慰藉料[いしゃりょう] ☞ 慰謝料

衛(衞) 지킬/호위할 위

彳 彳 彳 彳 徫 徫 徫 徫 衛 衛

音 ◉エイ ⊗エ
訓 —

音読

衛兵[えいへい] 위병; 경비・감시 등의 임무를 맡은 병사.

衛兵所[えいへいじょ] 위병소.

衛士[えじ] 위사; (옛날) 궁중 경비병.

2衛生[えいせい] 위생; 청결을 유지하여 질병에 안 걸리도록 힘쓰는 일.

1衛星[えいせい] 위성; ①《天》 행성(行星)의 주위를 운행하는 천체(天体). ②중심이 되는 것과 종속적 관계에 있는 것.

衛星中継[えいせいちゅうけい] 위성 중계.

衛星船[えいせいせん] 우주선(宇宙船).

衛戍[えいじゅ] 위수; (과거 육군에서) 군대가 한 장소에 배치・주둔하는 일.

衛視[えいし] 국회의 경호원.

衛試[えいし] '国立衛生試験所'의 준말.

緯 씨줄 위

糸 糸 紀 紀 緯 緯 緯 緯 緯

音 ◉イ
訓 ⊗ぬき

訓読

⊗緯[ぬき] 씨실.

⊗緯糸[ぬきいと/よこいと] (직물에서) 씨실.

音読

緯[い] 위; ①가로. ②위도(緯度).

2緯度[いど] 위도; 지구의 어떤 지점이 적도에서 떨어져 있는 정도. 적도에서 남북으로 잰 각거리.

緯線[いせん] 위선; 위도선(緯度線). 위도를 나타내는 선. 씨줄.

萎 시들 위	音 ⊗イ 訓 ⊗なえる ⊗しなびる ⊗しぼむ ⊗しおれる

訓読

⊗**萎える**[なえる] 〈下1自〉 ①(풀 등이) 시들다. ②맥이 빠지다. 쇠잔해지다. ③(오래 입은 옷이) 후줄근해지다.

⊗**萎え萎え**[なえなえ] ①낡아서 후줄근함. 풀기가 없어서 구깃구깃함. ②나른하게 지쳐 있음.

1⊗**萎びる**[しなびる] 〈上1自〉 ①시들다. ②쭈글쭈글해지다. 쭈그러지다.

2⊗**萎む**[しぼむ] 〈5自〉 ①시들다. 시들시들해지다. ②위축되다. 오그라들다.

⊗**萎れる**[しおれる] 〈下1自〉 ①시들다. 시들시들해지다. ②의기소침해지다. 풀이 죽다.

音読

萎靡[いび] 위미; 시들고 쇠해짐.

萎縮[いしゅく] 위축; 마르고 시들어서 쪼그라듦. 어떤 힘에 눌려 기력이 없어짐.

萎縮病[いしゅくびょう] ≪植≫ 위축병.

萎縮腎[いしゅくじん] ≪医≫ 위축신.

萎黄病[いおうびょう] ① ≪医≫ 위황병; 젊은 여성에게 많은 빈혈병. ② ≪植≫ 위황병; 황화(黄化).

葦 갈대 위	音 ⊗イ 訓 ⊗あし ⊗よし

訓読

⊗**葦**[あし/よし] ≪植≫ 갈대. ＊'あし'는 '悪(あ)し'와 발음이 같아서 피하여 '良(よ)し'처럼 발음하나 'よし'는 별칭(別称)임.

葦間[あしま] ≪雅≫ 우거진 갈대 사이.

葦簾[よしすだれ] 갈대로 만든 발. 갈대발.

葦毛[あしげ] 청부루. ＊흰 바탕에 검정 또는 밤색 털이 섞인 말.

葦辺[あしべ] 갈대가 우거진 물가.

葦船[あしぶね] ①갈대를 실은 배. ②갈대로 만든 배. ③물에 뜬 갈댓잎.

葦手[あしで] '葦手書き(あしでがき)'의 준말.

葦手書き[あしでがき] 글씨를 흘려 씀. 흘려 쓴 글씨.

葦穂[あしほ] 갈대 이삭.

葦屋[よしや] 갈대로 지붕을 인 집.

葦垣[あしがき] 갈대 울타리.

葦原[あしはら/あしわら] 갈대밭.

葦笛[あしぶえ] 갈대 피리.

葦舟[あしぶね] ①갈대를 실은 배. ②갈대로 만든 배. ③물에 뜬 갈댓잎.

葦簀[よしず] 갈대로 만든 발. 갈대발.

葦簀張り[よしずばり] 갈대발로 둘러침.

葦戸[よしど] 갈대발을 친 문.

魏 위나라/높을 위	音 ⊗ギ 訓 —

音読

魏[ぎ] (중국의) 위나라.

魏魏[ぎぎ] (산・건물 등이) 높고 큼.

魏魏する[ぎぎする] 〈サ変自〉 높고 크다. 우람하다.

〔유〕

由 말미암을 유
丨 ㄇ 巾 由 由

音 ◉ユ ◉ユイ ◉ユウ
訓 ◉よし ⊗よる

訓読

◉**由**[よし] ①까닭. 원인. 이유. ②사정. 곡절. 연유. ③(이제까지 말한) 내용. 취지. ④수단. 방법. 수. ⑤…라는 말씀. …라고 하다니.

由無い[よしない] 〈形〉 ①(이렇다 할) 이유・근거가 없다. ②어쩔 수 없다. 부득이하다. ③할 방법이 없다. ④부질없다. 쓸데없다.

由無し言[よしなしごと] 부질없는 말. 쓸데없는 말.

由有り気[よしありげ] 사정이 있는 듯함.

⊗**由る**[よる] 〈5自〉 말미암다. 기인하다. 관계되다. 연유하다.

音読

由来[ゆらい] 유래; ①연유. 까닭. ②본디. 원래.

由来書(き)[ゆらいがき] 유래서; (사적지 등의) 내력을 적은 기록.

由緒[ゆいしょ] 유서; ①전해 오는 까닭과 내력. ②유래. 내력.

由緖書(き)[ゆいしょがき] 유래서(由来書). 내력을 적은 기록.
由緖深い[ゆいしょぶかい] 〈形〉 유서 깊다.
由縁[ゆえん] ①내력. 사물의 유래. ②연유. 관계.
由由しい[ゆゆしい] 〈形〉 ①중대하다. 예삿일이 아니다. ②황송하다. ③불길하다. 꺼림칙하다.
◑**理由**[りゆう], **事由**[じゆう], **自由**[じゆう]

幼 어릴 유

ㄑ 幺 幺 幻 幼

音 ◉ヨウ
訓 ◉おさない ⊗いとけない ⊗いたい…

訓読

[2]◉**幼い**[おさない] 〈形〉 ①어리다. ②유치(幼稚)하다. 미숙(未熟)하다.
幼びる[おさなびる] 〈上1自〉 어리게 보이다. 어린아이 같아 보이다.
幼馴染(み)[おさななじみ] 소꿉친구. ＊보통 이성(異性)에 대해서.
幼心[おさなごころ] 동심(童心). 어린 마음.
幼顔[おさながお] 어릴 적 모습.
幼友達[おさなともだち] 죽마고우(竹馬故友). 어릴 때의 친구.
幼遊び[おさなあそび] 어린아이의 놀이.
幼子[おさなご] 유아(幼児). 어린아이.
幼姿[おさなすがた] 어릴 적의 모습.
⊗**幼けない**[いとけない] 〈形〉 유치(幼稚)하다. 미숙(未熟)하다.
⊗**幼気**[いたいけ] ①어리고 귀여움. ②가엾음. 애처로움.
⊗**幼気ない**[いたいけない] 〈形〉 티없이 귀엽다.

音読

幼[よう] 유; 어림. 어린아이.
幼君[ようくん] 유군; 나이 어린 군주(君主).
幼女[ようじょ] 유녀; 어린 소녀.
幼年[ようねん] 유년; 나이가 어림.
幼童[ようどう] 유동; 아동. 어린아이.
幼名[ようめい] 유명; 아명(児名).
幼生期[ようせいき] ≪動≫ 유생기.
幼少[ようしょう] 유소; 나이 어림.
幼時[ようじ] 유시; 어린 시절.
幼児[ようじ] 유아; 어린아이.
幼児期[ようじき] 유아기; 만 1세부터 유치원생까지의 기간을 말함.
幼弱[ようじゃく] 유약; 어리고 약함.
幼魚[ようぎょ] 유어; 어린 물고기.
幼虫[ようちゅう] 유충; 애벌레.
[2]**幼稚**[ようち] 유치; ①나이가 어림. ②미숙(未熟)함. 유치함.
[2]**幼稚園**[ようちえん] 유치원.

有 있을 유

ノ ナ 𠂇 有 有 有

音 ◉ユウ ◉ウ
訓 ◉ある

訓読

[4]◉**有る**[ある] 〈5自〉 (…을 가지고) 있다. 존재하다. 소유되다. 갖추고 있다.
有り[あり] 〈ラ変自〉 있다. 존재하다.
有りげ[ありげ] …이 있는 듯함.
有りとあらゆる[ありとあらゆる] 온갖. 모든. 갖은.
有りのまま[ありのまま] 있는 그대로임. 사실 그대로임.
有りふれる[ありふれる] 〈下1自〉 흔히 있다. 흔해 빠지다. 어디에나 있다.
有り甲斐[ありがい] 사는 보람.
有り金[ありがね] 현재 가진 돈. 소지금.
有り気[ありげ] ☞ 有りげ
[2]**有り難い**[ありがたい] 〈形〉 ①고맙다. 감사하다. ②반갑다. 달갑다. ③고맙다. 거룩하다. 과분하다. ④기특하다. 갸륵하다.
[2]**有り難う**[ありがとう] 〈感〉 고맙소. 고마워.
有り難がる[ありがたがる] 〈5他〉 ①고마워하다. ②존중하다.
有り難み[ありがたみ] 고마움.
有り難涙[ありがたなみだ] 감사의 눈물.
有り難迷惑[ありがためいわく] (친절・호의 등이) 짐스러움. 달갑잖은 친절.
有り内[ありうち] (세상에) 흔히 있음.
有り得ない[ありえない] 있을 수 없다.
有り得べからざる[ありえべからざる] 있을 수 없는. 일어날 가능성이 없는.
有り得べき[ありえべき] 있을 수 있는. 있을 법한.
有り得る[ありうる] 〈下2自〉 있을 법하다. 있을 수 있다.
有(り)明(け)[ありあけ] ①새벽달. 달이 떠 있는 새벽. ②새벽. 동틀 녘.

有り無し[ありなし] 유무; 있고 없음.

有るか無きか[あるかなきか] 있는 둥 마는 둥한. 하찮은.

有るか無し[あるかなし] 있는 둥 마는 둥.

有り物[ありもの] 마침 있는 물건.

有り付く[ありつく] 〈5自〉 ①(일자리 등을) 겨우 얻게 되다. ②(음식물 등을) 겨우 먹게 되다.

有り勝ち[ありがち] 흔히 있음. 있을 법함.

有る時払い[あるときばらい] (돈이 있을 때마다) 수시로 지불함.

有りの実[ありのみ] 배(梨). ＊'梨(なし)'가 '無(な)し'와 발음이 같은 것을 피하여 하는 말임.

[1]**有(り)様**❶[ありさま] 모양. 상태. 꼴. ❷[ありよう] ①(사물의) 현실. 실정. 진상. ②이상적인 자세. 바람직한 상태. ③있을 까닭. 있을 턱. 있을 리.

有り余る[ありあまる] 〈5自〉 남아돌다.

有り丈[ありたけ] 전부. 죄다. 몽땅. 모두.

有りっ丈[ありったけ] '有り丈(ありたけ)'의 강조.

有田焼[ありたやき] 有田(ありた) 도자기. ＊佐賀県(さがけん) 有田(ありた)에서 생산되는 도자기.

有り切れ[ありぎれ] ①팔다 남은 자투리. ②(마침) 있는 헝겊.

有り中[ありうち] (세상에) 흔히 있음.

有り体[ありてい] ①있는 그대로. 사실 그대로. ②평범함. 형식적임.

[1]**有り触れる**[ありふれる] 〈下1自〉 흔하게 있다. 흔해 빠지다. 어디에나 있다.

有平糖[アルベイとう] 설탕과 엿으로 만든 막대기 모양의 과자.

有り布[ありぎれ] ①팔다 남은 자투리. ②(마침) 있는 헝겊.

有らん限り[あらんかぎり] 있는 한. 몽땅. 힘껏.

有る限り[あるかぎり] 있는 한. 모조리. 죄다.

有り合う[ありあう] 〈5自〉 ①마침 거기에 있다. ②우연히 거기에 함께 있다.

有り合(わ)せ[ありあわせ] 마침 그 자리에 있는 물건.

有り合わせる[ありあわせる] 〈下1自〉 (물건이) 마침 그 자리에 있다.

有り形[ありがた] ①(그 물건의) 현재의 모양이나 모습. ②본래의 모양·모습.

音読

有[ゆう] 유; ①있음. 존재함. ②소유. 소유물. ③또. 그 위에. ④〈接頭語〉 …이 있음.

[1]**有する**[ゆうする] 〈サ変自〉 가지다. 소유하다. 가지고 있다.

有価[ゆうか] 유가; 금전상 가치가 있음.

有価物[ゆうかぶつ] 유가물.

有価証券[ゆうかしょうけん] 유가 증권.

有功[ゆうこう] 유공; 공로가 있음.

有権者[ゆうけんしゃ] 유권자; ①권리를 가진 자. ②선거권을 가진 자.

有給[ゆうきゅう] 유급; 급료가 있음.

有期[ゆうき] 유기; (일정한) 기한이 있음.

[1]**有機**[ゆうき] 유기; ①생활 기능을 갖추고 생활력을 갖고 있음. ＊동식물을 말함. ②≪化≫ 탄소를 주성분으로 한 물질.

有機体[ゆうきたい] 유기체.

[2]**有能**[ゆうのう] 유능; 능력이 뛰어남.

有段者[ゆうだんしゃ] 유단자; (바둑·장기·무예에서) 초단(初段) 이상의 사람.

有徳[ゆうとく/うとく] 유덕; ①덕이 있음. ②부유함. 부자.

有毒[ゆうどく] 유독; 독성이 있음.

[1]**有力**[ゆうりょく] 유력; 힘이 있음. 세력이 있음. 영향력이 있음.

有力視[ゆうりょくし] 유력시.

有力者[ゆうりょくしゃ] 유력자.

[2]**有料**[ゆうりょう] 유료; 요금이 필요함.

[2]**有利**[ゆうり] 유리; 이로움. 이익이 있음.

有理[ゆうり] 유리; 이치적임. 사리에 맞음.

[1]**有望**[ゆうぼう] 유망; 앞으로 잘 될 듯함. 희망이 있음.

[4]**有名**[ゆうめい] 유명; 세상에 이름이 알려져 있음.

有名無実[ゆうめいむじつ] 유명무실.

有名税[ゆうめいぜい] 유명세.

[2]**有無**[うむ] 유무; ①(사물의) 있음과 없음. ②가부(可否). 좋고 싫음. 승낙과 거부.

有髪[うはつ] 유발; (주로 중이) 머리를 깎지 않음.

有配[ゆうはい] 유배; 주식에 배당이 있음.

有配株[ゆうはいかぶ] 유배주.

有史[ゆうし] 유사; 역사가 시작됨.

有史以来[ゆうしいらい] 유사 이래.

有史以前[ゆうしいぜん] 유사 이전.

有事[ゆうじ] 유사; 일이 있음. 사변(事変)이 있음.

有産[ゆうさん] 유산; 재산이 있음.

有象無象[うぞうむぞう] 유상무상; ①만물. 삼라만상. ②어중이떠중이.
有償[ゆうしょう] 유상; 어떤 행위의 결과에 대해 보상이 있음.
有色[ゆうしょく] 유색; 빛깔이 있음.
有線[ゆうせん] 유선; 전선에 의한 통신 방식.
有性[ゆうせい] 유성; 동일종(同一種)의 개체에 암컷과 수컷의 구별이 있음.
有税品[ゆうぜいひん] 유세품; 세금이 부과된 물품.
有数[ゆうすう] 유수; ①셀 수 있을 정도로 수효가 적음. ②굴지. 손꼽힘.
有視界飛行[ゆうしかいひこう] 유시계 비행.
有識[ゆうしき] 유식; ①학문이 있고 견식이 높음. ②고사(故事)에 밝음.
有神論[ゆうしんろん] 유신론; 신의 존재를 인정하는 입장.
有心[うしん] ①사려·분별이 있음. ②운치가 있음. ③중세의 가도(歌道)에서 깊은 서정성이 담긴 아름다움. ④'和歌(わか)'의 딴이름.
有耶無耶[うやむや] 유야무야; 흐지부지함.
有業人口[ゆうぎょうじんこう] 취업 인구.
有余[ゆうよ] (숫자에 접속하여) …남짓.
有為❶[ゆうい] 유위; 유망함. 유능함. ❷[うい] ≪仏≫ 인연으로 말미암아 생기는 이 세상의 모든 현상.
有意[ゆうい] 유의; ①뜻이 있음. ②생각이 있음. ③의지(意志)나 의사(意思)가 있음.
有意味[ゆういみ] 유의미; 의미가 있음.
有意犯[ゆういはん] ≪法≫ 유의범; 고의범.
有意義[ゆういぎ] 유의의; 의의가 있음.
有意差[ゆういさ] 유의차; 통계상 우연히 생겼다고 인정할 수 없는 차이.
[1]**有益**[ゆうえき] 유익; 이로움. 이익이 있음.
有人飛行[ゆうじんひこう] 유인 비행.
友情❶[ゆうじょう] 유정; ①정이 있음. ②생물이 감각·감정을 지니고 있음. ❷[うじょう] ≪仏≫ 중생(衆生).
有頂天[うちょうてん] ①≪仏≫ 유정천; 구천(九天) 중에서 가장 높은 하늘. ②기뻐서 어찌할 바를 모름.
有終の美[ゆうしゅうのび] 유종의 미; 끝까지 잘하여 훌륭한 성과를 거둠.
有罪[ゆうざい] 유죄; 죄가 있음.
有志[ゆうし] 유지; 어떤 일에 참여하여 성취하려는 뜻이 있음.

有職❶[ゆうしょく] 유직; 직업을 가짐. ❷[ゆうそく] ①조정이나 무가(武家)의 예식·고사(故事)에 밝은 사람. ②한 분야에 박식한 사람.
有職故実[ゆうそくこじつ] 조정이나 무가(武家)의 법령·의식·풍습 등을 연구하는 학문.
有限[ゆうげん] 유한; 한계가 있음.
有閑[ゆうかん] 유한; 생활에 여유가 있고 여가가 많음.
有害[ゆうがい] 유해; 해로움.
有形[ゆうけい] 유형; 형체가 있음.
[2]**有効**[ゆうこう] 유효; 효능·효과가 있음.
有効期間[ゆうこうきかん] 유효 기간.

乳(乳) 젖 유

一 ㇀ ᅲ ᅲ ᅲ 乎 乎 乳

音 ◉ニュウ
訓 ◉ちち ◉ち

訓読

[1]◉**乳**❶[ちち] ①젖. 유즙(乳汁). ②젖통이. 유방(乳房). ❷[ち] ①(깃발·장막 등에 달린) 끈을 꿰는 작은 고리. ②범종(梵鐘) 표면의 오돌토돌한 돌기.
乳絞り[ちちしぼり] 젖을 짜는 일.
乳離れ[ちばなれ/ちちばなれ] ①젖떼기. 이유. 이유기. ②(부모 곁을 떠나) 자립함.
乳房[ちぶさ] 유방; 젖통이.
乳鋲[ちびょう] 대갈못. 대문짝 등에 장식용으로 박는 볼록한 징.
乳首[ちくび/ちちくび] 젖꼭지.
乳牛[ちちうし/にゅうぎゅう] 젖소.
乳飲(み)子[ちのみご] 젖먹이.
乳切(り)木[ちぎりき] 목도. 양끝은 굵고 가운데는 약간 가늘게 깎은 막대기.
乳繰る[ちちくる] 〈5自〉 ☞ 乳繰り合う
乳繰り合う[ちちくりあう] 〈5自〉 (남녀가 남몰래) 정을 통하다. 밀통하다.
乳臭い[ちちくさい] 〈形〉 ①젖비린내 나다. ②유치하다. 젖내나다.
乳下がり[ちさがり] ①어깨 부분에서 젖꼭지까지의 치수. ②(羽織(はおり)의 앞을 여미는 끈을 꿰기 위해) 깃 가의 가슴 부분에 고리를 다는 위치.
乳兄弟[ちきょうだい] 젖동생. 형제간이 아닌데도 같은 젖을 먹고 자란 사이.

乳型[ちちがた] 패드. 여자의 가슴을 예쁘게 보이기 위한 유방 모양의 심.

音読

乳価[にゅうか] 유가; 우유값.
乳果[にゅうか] 유과; 우유로 만든 과자.
乳糖[にゅうとう] 유당; 락토오스.
乳頭[にゅうとう] 유두; 젖꼭지.
乳酪[にゅうらく] 유락; 우유 제품.
乳量[にゅうりょう] 유량; 젖의 분량.
乳母[★うば] 유모; 젖어머니.
乳母車[★うばぐるま] 유모차.
乳鉢[にゅうばち] ≪医≫ 유발.
乳房炎[にゅうぼうえん] ≪医≫ 유방염.
乳白色[にゅうはくしょく] 유백색; 젖빛.
乳棒[にゅうぼう] 유봉; 유발(乳鉢)에 약을 넣고 갈 때 쓰는 막대.
乳酸菌[にゅうさんきん] ≪化≫ 유산균.
乳状[にゅうじょう] 유상; 우유 형태의 모양.
乳腺[にゅうせん] ≪生理≫ 유선; 젖샘.
乳児[にゅうじ] ≪医≫ 유아; 젖먹이.
乳児院[にゅうじいん] 유아원.
乳癌[にゅうがん] 유암; 유선(乳腺)의 암.
乳液[にゅうえき] 유액; ①(식물에 포함된) 젖빛 액체. ②유상(乳状)의 화장 크림.
乳業[にゅうぎょう] 유업; 우유·우유 제품을 만드는 사업.
乳幼児[にゅうようじ] 유유아; 젖먹이와 어린이.
乳飲料[にゅういんりょう] 유음료; 우유에 과일즙 등을 혼합한 음료.
乳剤[にゅうざい] ≪化≫ 유제.
乳製品[にゅうせいひん] 유제품; 우유 제품.
乳汁[にゅうじゅう] 유즙; 젖.
乳歯[にゅうし] ≪生理≫ 유치; 젖니.

油 기름 유

丶 丷 氵 氵 汩 汩 油 油

音 ◉ユ ⊗ユウ
訓 ◉あぶら

訓読

2◉油[あぶら] ①기름. ②활력소. 활동의 원동력.
油角鮫[あぶらつのざめ] ≪魚≫ 곱상어.
油光り[あぶらびかり] 기름·땀·때가 묻어 번들거림.
油菊[あぶらぎく] ≪植≫ 산국.
油気[あぶらけ] 기름기.
油桐[あぶらぎり] ≪植≫ 유동; 기름오동.
油売り[あぶらうり] ①기름장사. ②게으름뱅이.
油皿[あぶらざら] 등잔. 불을 켜는 접시.
油墨[あぶらずみ] 기름에 그을음을 갠 먹. ＊옛날 화장품의 일종.
油粕[あぶらかす] 유박; 깻묵.
油薄[あぶらすすき] ≪植≫ 기름새.
油坊主[あぶらぼうず] ①불상(仏像) 앞의 등(灯)에 기름을 치는 중. ②번철(燔鉄)에 기름을 두르기 위해 천을 뭉쳐 막대 끝에 묶은 것.
油色[あぶらいろ] 기름 빛깔. 불그레하고 투명한 황색.
油石[あぶらいし] ①흑갈색에 광택이 나는 돌. ②쌀 속의 노란 잔돌. ③석탄.
油蟬[あぶらぜみ] ≪虫≫ 기름매미.
油手[あぶらで] 기름 묻은 손.
油揚(げ)[あぶらあげ/あぶらげ] 유부.
油染みる[あぶらじみる] 〈上1自〉 기름때가 묻다. 기름에 찌들다.
油屋[あぶらや] ①기름집. 기름 가게. 기름장수. ②석유회사. 석유 전문가. ③소매없는 아이들의 앞치마.
油障子[あぶらしょうじ] 유지(油紙) 미닫이. 기름종이를 바른 미닫이.
油粘土[あぶらねんど] 기름 섞인 찰흙.
油照り[あぶらでり] 푹푹 찌는 무더운 날씨.
油紙[あぶらがみ] 유지; 기름종이.
油差し[あぶらさし] 주유기(注油器). 기계에 기름을 치는 도구.
油搾め木[あぶらしめぎ] 기름틀.
油菜[あぶらな] ≪植≫ 유채; 평지.
油虫[あぶらむし] ① ≪虫≫ 진딧물. ② ≪虫≫ 바퀴벌레. ③(남한테 빌붙어 생활하는) 빈대. ④건달.
油布[あぶらぬの] ①기름걸레. 기름을 묻힌 천. ②윤기가 나는 천.
油絵[あぶらえ] 유화(油画). 서양화.
油絵の具[あぶらえのぐ] 유화의 그림물감.
油絵師[あぶらえし] 서양화가.

音読

2油断[ゆだん] 방심(放心). 부주의.
油断なく[ゆだんなく] 빈틈없이.
油断ならない[ゆだんならない] 방심할 수 없다.
油量計[ゆりょうけい] 유량계.
油類[ゆるい] 유류; 기름 종류.

油状[ゆじょう] 유상; 기름과 같은 상태.
油性[ゆせい] 유성; 기름의 성질.
油送[ゆそう] 유송; 송유(送油).
油送船[ゆそうせん] 유조선(油槽船).
油圧[ゆあつ] 유압; 기름에 가해지는 압력.
油煙[ゆえん] 유연; (기름의) 그을음.
油然[★ゆうぜん] 유연; (구름이 피어오르듯이) 세차게 일어남.
油田[ゆでん] 유전; 석유를 채굴하는 지역.
油井[ゆせい] 유정; 석유를 채굴하기 위해 땅 속으로 판 우물.
油剤[ゆざい] 유제; 기름 약.
油槽船[ゆそうせん] 유조선; 기름을 실어 나르는 배.
油脂[ゆし] 유지; 동식물에서 채취한 기름.
油彩画[ゆさいが] 유채화; 서양화.
油層[ゆそう] 유층; 석유를 함유한 지층.
油土[ゆど] 유토; 기름을 섞은 진흙.

柔 부드러울 유

音 ◉ジュウ ◉ニュウ
訓 ◉やわらか ◉やわらかい

訓読

◉柔❶[やわ] ①약함. 연약함. ②어설픔. 망가지기 쉬움. ③부드러움. ❷[じゅう] ☞ [音読]
柔い[やわい] 〈形〉 ①부드럽다. ②약하다. 연하다.
◉柔らか[やわらか] 〈形動〉 ①부드러움. 폭신함. ②유연함. 나긋나긋함. ③원만함. 온화함. ④딱딱하지 않음.
柔ら[やわら] '柔道(じゅうどう)·柔術(じゅうじゅつ)'의 딴이름.
[3]◉柔らかい[やわらかい] 〈形〉 ①부드럽다. 보드랍다. ②폭신하다. ③말랑말랑하다. ④포근하다. 온화하다. ⑤유연하다. 나긋나긋하다. ⑥완만하다. ⑦격식을 차리지 않다. 딱딱하지 않다. 융통성이 있다.
柔らか物[やわらかもの] 비단옷.
柔肌[やわはだ] (여성의) 부드러운 살결.
柔膚[やわはだ] ☞ 柔肌(やわはだ)

音読

柔❶[じゅう] 유; 부드러움. ¶~よく剛(ごう)を制(せい)す 유능제강. 부드러운 것이 능히 굳센 것을 이김. ❷[やわ] ☞ [訓読]
柔道[じゅうどう] 유도.
柔道着[じゅうどうぎ] 유도복.
柔順[じゅうじゅん] 유순; 성질이 부드럽고 온순함.
柔術[じゅうじゅつ] '柔道(じゅうどう)'의 딴이름.
柔弱[にゅうじゃく] 유약; 연약함.
[1]柔軟[じゅうなん] 유연; ①(몸·동작이) 부드럽고 나긋함. ②융통성이 있음.
柔和[にゅうわ] 유화; 온유함. 부드럽고 온화함.

唯 오직 유

音 ◉ユイ ◉イ
訓 ⊗ただ

訓読

[2]⊗唯[ただ] ①오직. 오로지. 그저. ②겨우. 단지. ③〈接〉 단(但). 다만.
唯今[ただいま] ①지금. 현재. ②지금. 곧. ③방금. 막. ④〈感〉 다녀왔습니다. ＊외출했다가 돌아온 후의 인사.

音読

唯名論[ゆいめいろん] ≪哲≫ 유명론.
唯物[ゆいぶつ] ≪哲≫ 유물; 오로지 물질만이 존재한다는 것.
唯美主義[ゆいびしゅぎ] 유미주의; 탐미주의(耽美主義).
唯心論[ゆいしんろん] ≪哲≫ 유심론.
唯我独尊[ゆいがどくそん] 유아독존; 독선적(独善的)임.
唯唯として[いいとして] 고분고분.
唯唯諾諾[いいだくだく] 유유낙낙; 명령대로 순종하여 응낙함.
[2]唯一[ゆいいつ] 유일; 오직 그것 하나뿐임.
唯一無二[ゆいいつむに] 유일무이.

幽 그윽할 유

音 ◉ユウ
訓 ⊗かすか

訓読

⊗幽か[かすか] 〈形動〉 ①희미함. 흐릿함. 아련함. 어렴풋함. ②초라함. 미미함. ③쓸쓸함. 조용함.

音読

幽[ゆう] 유; ①피하여 숨음. ②심원(深遠)함. ③어두움.
幽す[ゆうす] ☞ 幽する
幽する[ゆうする] 〈サ変他〉 가두어 넣다. 유폐(幽閉)시키다.
幽界[ゆうかい] 유계; 저승. 황천.
幽谷[ゆうこく] 유곡; 깊은 산 계곡.
幽霊[ゆうれい] 유령; ①눈에 보이지 않는 영자(霊者). ②이름뿐이고 실제로는 없는 것.
幽明[ゆうめい] 유명; 저승과 이승.
幽冥[ゆうめい] 유명; ①희미하고 어두움. ②저승.
幽門[ゆうもん] 《生理》 유문.
幽囚[ゆうしゅう] 유수; 잡혀서 옥에 갇힘.
幽愁[ゆうしゅう] 유수; 깊은 근심. 수심.
幽暗[ゆうあん] 유암; 그윽하고 침울함.
幽寂[ゆうじゃく] 유적; 그윽하고 고요함.
幽閉[ゆうへい] 유폐; 감옥에 가둠.
幽香[ゆうこう] 유향; 그윽한 향기.
幽玄[ゆうげん] 유현; ①정취가 깊고 그윽함. ②깊은 여운이 남는 것.
幽魂[ゆうこん] 유혼; 영혼.

悠 멀/한가할 유

亻 亻 亻 仆 攸 攸 攸 悠 悠 悠

音 ◉ユウ
訓 —

音読

悠久[ゆうきゅう] 유구; 세월이 길고 오램.
悠揚[ゆうよう] 유양; 태연하고 침착함.
悠然[ゆうぜん] 유연; 침착하고 여유가 있음.
悠遠[ゆうえん] 유원; 아득히 멂.
2**悠悠**[ゆうゆう] 유유; ①느긋함. 대범하고 침착함. ②끝없이 이어짐. ③끝없음. 아득히 멂.
悠悠自適[ゆうゆうじてき] 유유자적; 속세를 떠나 아무것에도 얽매이지 않고 자유롭게 마음 편하게 삶.
悠長[ゆうちょう] 유장; 성미가 느긋함.

愉(愉) 즐거울 유

丶 忄 忄 恰 恰 恰 愉 愉 愉

音 ◉ユ
訓 —

音読

愉楽[ゆらく] 유락; 기쁘고 즐거움.
愉悦[ゆえつ] 유열; 즐거워하고 기뻐함.
2**愉快**[ゆかい] 유쾌; 즐거움. 재미있음.

遊(遊) 놀 유

亠 方 方 扩 扩 扩 斿 斿 游 遊

音 ◉ユウ ⊗ユ
訓 ◉あそばす ◉あそぶ

訓読

◉**遊ばす**[あそばす] 〈5他〉 ①놀게 하다. 놀리다. ②(돈·기구·기계 등을) 활용하지 않고 놀리다. ③하시다. ＊'行(おこ)なう'의 존경어.
遊ばせる[あそばせる] 〈下1他〉 ①놀게 하다. 놀리다. ②즐겁게 하다.
遊ばせ言葉[あそばせことば] '…あそばせ(…하십시오)'를 사용한 여성들의 공손한 말씨.
4◉**遊ぶ**[あそぶ] 〈5自〉 ①놀다. 놀이를 하다. ②(주색잡기에) 놀아나다. 방탕한 생활을 하다. ③(아무 일도 안 하고) 놀다. ④(돈·기구·기계 등이) 활용되지 않고 놀다. ⑤유람하다. ⑥…에 유학하다. …에서 배우다. ⑦(야구에서) 일부러 볼을 던지다.
2**遊び**[あそび] ①놀이. 오락. 장난. ②유흥. 주색잡기. 방탕. ③심심풀이. ④쉼. 일이 없음. ⑤여유. ⑥ 《古》 사냥·오락으로 도락을 즐김. ⑦ 《古》 관현(管絃)의 연주. ⑧ 《古》 창녀.
遊びほうける[あそびほうける] 〈下1自〉 노는데 정신이 팔리다. 정신없이 놀다.
遊び金[あそびがね] 유휴(遊休) 자금.
遊び女[あそびめ] 《古》 창녀(娼女).
遊び道具[あそびどうぐ] 놀이 도구. 장난감.
遊び暮らす[あそびくらす] 〈5他〉 놀고 지내다. 놀며 살아가다.
遊び物[あそびもの] ①노리개. 장난감. ②악기. ③유녀.
遊び半分[あそびはんぶん] 반 장난. 놀이 삼음. 중요한 일을 적당히 해치움.
遊び事[あそびごと] ①놀이. 오락. ②심심풀이. 놀이삼아 함. ③노름. 내기. 도박.
遊び相手[あそびあいて] 놀이 상대.
遊び友達[あそびともだち] 놀이 친구.

遊び人[あそびにん] ①백수. 무직자. 건달. ②노름꾼. 난봉꾼.
遊び場[あそびば] 놀이터. 유흥장.
遊び場所[あそびばしょ] 놀이터. 노는 곳.
遊び敵[あそびがたき] 놀이 상대.
遊び種[あそびぐさ] 장난감. 놀이 기구.
遊び紙[あそびがみ] 면지(面紙). 책 앞뒤 표지의 안쪽의 지면.

音読

遊客[ゆうかく] 유객; ①놀고먹는 사람. 백수. ②유람객. ③유곽에 온 손님.
遊撃[ゆうげき] 유격; 임기응변으로 우군(友軍)을 도와 적을 공격함.
遊郭[ゆうかく] 유곽; 창녀들이 손님을 맞이하는 집들이 모여 있는 곳.
遊軍[ゆうぐん] 유군; ①유격대(遊撃隊) 군인. ②(일정한 부서에 속해 있지 않은) 대기자(待機者).
遊金[ゆうきん] 유금; 노는 돈.
遊技[ゆうぎ] 유기; 오락으로 하는 운동.
遊女[ゆうじょ] 유녀; ①중세(中世)의 기생. ②(江戸(えど) 시대) 창녀(娼女).
遊女屋[ゆうじょや] 유곽(遊廓).
遊動木[ゆうどうぼく] ☞ 遊動円木
遊動円木[ゆうどうえんぼく] 유동원목. *운동 기구의 하나임.
遊覧[ゆうらん] 유람; 구경하고 다님.
遊覧船[ゆうらんせん] 유람선.
遊離[ゆうり] 유리; ①따로 떨어짐. 동떨어짐. ②《化》 다른 것과 화합하지 않고 존재함.
1**遊牧**[ゆうぼく] 유목; 일정한 거처 없이 풀과 물을 따라 옮겨 가며 가축을 기름.
遊牧民族[ゆうぼくみんぞく] 유목 민족.
遊民[ゆうみん] 유민; 백수. 건달.
遊歩[ゆうほ] 유보; 산책(散策).
遊山[★ゆさん] 유산; ①산이나 들로 놀러 다님. ②유람. 멀리 구경 다님.
遊星[ゆうせい] 유성; 행성(行星).
遊説[ゆうぜい] 유세; 자기의 의견 또는 소속 정당의 주장을 설파하며 돌아다님.
遊冶郎[ゆうやろう] 방탕(放蕩)한 사람.
遊泳[ゆうえい] 유영; ①수영. 헤엄. ②처세(処世).
遊泳禁止[ゆうえいきんし] 수영(水泳) 금지.
遊泳場[ゆうえいば] 수영장(水泳場).
遊泳術[ゆうえいじゅつ] 처세술(処世術).
遊芸[ゆうげい] 유예; 취미로 배우는 예능. *무용・꽃꽂이・다도(茶道)・三味線(しゃみせん) 등을 말함.
2**遊園地**[ゆうえんち] 유원지; 놀이터 공원.
遊吟[ゆうぎん] 유음; 여기저기 거닐면서 시가(詩歌)를 읊음.
遊子[ゆうし] 유자; 나그네. 여행객.
遊資[ゆうし] 유자; 유휴(遊休) 자금.
遊惰[ゆうだ] 유타; 빈들거리며 게으름을 피움.
遊学[ゆうがく] 유학; 타향에 가서 공부함.
遊行❶[ゆうこう] 유행; ①놀러 다님. ②정처 없이 다님. 방황함. ❷[ゆぎょう] 중이 여러 지방을 돌아다니며 수행(修行)함.
遊侠[ゆうきょう] 유협; 협객(侠客).
遊休[ゆうきゅう] 유휴; (돈・기계・토지 등을) 활용하지 않고 놀림.
遊興[ゆうきょう] 유흥; 흥취 있게 놂.
遊戯❶[ゆうぎ] 유희; ①장난삼아 놂. ②(유치원・초등학교 등에서) 아동들이 즐기면서 하는 운동. ❷[ゆげ] 《仏》 마음대로 자유롭게 행동함.

猶(猶) 오히려/머뭇거릴 유

音 ◉ユウ
訓 ⊗なお

訓読

2⊗**猶**[なお] ①역시. 여전히. 아직도. ②더욱. 오히려. 한층. ③〈接〉 또한. 덧붙여 말하면. *격식을 갖추어서 하는 말임.
猶のこと[なおのこと] 더더욱. 더 한층.
猶も[なおも] 더욱더. 여전히. 아직도.
猶猶[なおなお] ①아직도. 역시. ②더욱더. 더 한층. ③덧붙여서.
猶猶書き[なおなおがき] (서간문의) 추신(追伸).

音読

猶予[ゆうよ] 유예; ①(어떤 일을) 꾸물거림. ②(정해진 시일을) 늦춤.
猶子[ゆうし] 유자; ①조카. 조카딸. ②양자(養子).
猶太[ユダヤ] ①유대 나라. ②유대인.
猶太教[ユダヤきょう] 유대교
猶太人[ユダヤじん] 유대인.

裕　넉넉할 유

ㇷ 衤 衤 衤 衤 衤 衤 裕 裕

音 ◉ユウ
訓 —

音読

裕福[ゆうふく] 유복; 살림이 넉넉함. ¶~な家庭(かてい) 유복한 가정.
◑富裕[ふゆう], 余裕[よゆう]

維　맬/끈 유

糸 糸 糹 糹 紒 紒 絆 維 維

音 ◉イ ⊗ユイ
訓 —

音読

維管束[いかんそく] ≪植≫ 유관속; 관다발. *양치식물·종자식물 등에 있는 중요한 조직의 하나.
維摩経[ゆいまぎょう] ≪仏≫ 유마경.
維新[いしん] 유신; 정치상의 혁신. *특히 '明治維新(めいじいしん)'을 말함.
2 維持[いじ] 유지; 지탱하여 나감.

誘　꾈/유혹할 유

言 言 言 訁 訁 訁 訁 訁 誘 誘

音 ◉ユウ
訓 ◉さそう ⊗いざなう ⊗おびく

訓読

2 ◉誘う❶[さそう] 〈5他〉 ①권하다. 권유하다. ②(…하자고) 불러내다. ③꾀다. 유혹하다. ④자아내다. 불러일으키다.
⊗誘う❷[いざなう] 〈5他〉 ≪文≫ 권하다. 권유하다. 꾀다. 꾀어내다.
誘い[さそい] 권유. 꾐. 유혹.
誘い掛ける[さそいかける] 〈下1他〉 권유하다. 권고하다.
誘い球[さそいだま] (야구에서) 타자(打者)가 치고 싶어 하도록 유혹하는 투구(投球).
誘い水[さそいみず] ①(펌프의) 마중물. ②유인(誘因). ③계기.
誘い入れる[さそいいれる] 〈下1他〉 권유해서 끌어들이다. 꾀어 들이다.
誘い込む[さそいこむ] 〈5他〉 ①꾀어 들이다. ②끌어들이다.
誘い出す[さそいだす] 〈5他〉 ①불러내다. 꾀어내다. ②유인하다. 유도하다.
誘い合う[さそいあう] 〈5自〉 서로 권유하다. 서로 유혹하다.
誘い合わせる[さそいあわせる] 〈下1自他〉 ①권유해서 함께 행동하다. ②미리 약속하고 행동을 함께 하다.
⊗誘く[おびく] 〈5他〉 꾀다. 유혹하다.
誘き寄せる[おびきよせる] 〈下1他〉 꾀어 들이다. 유인하다.
誘き出す[おびきだす] 〈5他〉 꾀어내다. 유인하다.

音読

誘拐[ゆうかい] 유괴; 교묘하게 사람을 속여서 꾀어냄.
誘起[ゆうき] 유기; 유발(誘発)함.
誘導[ゆうどう] 유도; ①꾀어서 이끎. ②≪物≫ 유도.
誘導体[ゆうどうたい] ≪物≫ 유도체.
誘導弾[ゆうどうだん] 유도탄.
誘発[ゆうはつ] 유발; 어떤 일이 원인이 되어 다른 일을 발생시킴.
誘蛾灯[ゆうがとう] 유아등; 나방 등의 해충을 꾀어 죽이는 장치.
誘引[ゆういん] 유인; 꾀어 끌어들임.
誘因[ゆういん] 유인; 어떤 작용을 일으키는 원인.
誘致[ゆうち] 유치; 꾀어서 데려옴.
1 誘惑[ゆうわく] 유혹; 남을 꾀어서 정신을 어지럽게 함. 나쁜 길로 꾐.

遺(遺)　남길/잃을 유

口 中 虫 冑 冑 貴 遺 遺 遺

音 ◉イ ◉ユイ
訓 ⊗のこす ⊗のこる

訓読

⊗遺す[のこす] 〈5他〉 ①(전체에서 일부를) 남기다. 남겨 두다. 남게 하다. ②(후세에) 전하다. 남기다. ③(재산을) 모으다. ④(씨름에서) 버티어내다.
⊗遺る[のこる] 〈5自〉 ①(일부가) 남다. ②(없어지지 않고) 남다. ③(후세에) 전해지다. 남다. ④(나중까지) 이어지다. ⑤(씨름에서) 버티다.

音読

遺家族[いかぞく] 유가족; 주인이나 가족의 주요한 사람이 죽고 뒤에 남은 가족. *특히 전몰자(戦没者) 가족을 말함.
遺憾[いかん] 유감; 섭섭한 마음.
遺戒[いかい] 유계; 죽은 사람이 남긴 훈계.
遺稿[いこう] 유고; 죽은 사람이 남긴 원고.
遺骨[いこつ] 유골; 죽은 사람이 남긴 뼈.
遺功[いこう] 유공; 죽은 뒤까지 남는 공적.
遺棄[いき] 유기; 내어 버림.
遺徳[いとく] 유덕; 후세에 남는 은덕.
遺漏[いろう] 유루; 비거나 빠짐.
遺留[いりゅう] 유류; ①잊고 놓아 둠. ②죽은 뒤에 남김.
遺命[いめい] 유명; 임종시의 분부.
遺物[いぶつ] 유물; ①선인(先人)의 제작물. ②유품(遺品). ③분실물.
遺髪[いはつ] 유발; 고인(故人)의 머리털.
遺産[いさん] 유산; 고인이 남긴 재산.
遺書[いしょ] 유서; ①유언을 남긴 글. ②유저(遺著). 고인이 남긴 저작물(著作物).
遺臣[いしん] 유신; 왕실이 망한 뒤에도 남아 있는 신하.
遺失物[いしつぶつ] 유실물; 분실물.
遺児[いじ] 유아; ①부모가 죽고 남은 아이. ②버려진 아이.
遺愛[いあい] 유애; 고인이 애용하던 물건.
遺言[いごん/ゆいごん] 유언; 임종시 남긴 말. *법률 용어로는 'いごん'이라고 함.
遺言書[ゆいごんしょ] 유언서.
遺言状[ゆいごんじょう] 유언장.
遺業[いぎょう] 유업; 고인이 남긴 사업.
遺詠[いえい] 유영; ①고인이 남긴 시가(詩歌). ②사세(辞世)의 시가.
遺影[いえい] 유영; 고인의 진영(真影).
遺作[いさく] 유작; 고인이 남긴 작품.
1遺跡[いせき] 유적; ①고적(古跡). 옛날에 건축물이나 사건이 있었던 곳. ②고고학적 유물이 남아 있는 곳. ③고인이 남긴 영지(領地)·관직(官職).
遺伝[いでん] 유전; 자손에게 몸의 형태나 성질이 전해지는 현상.
遺伝子[いでんし] 유전자.
遺族[いぞく] 유족; 유가족(遺家族). 사망한 사람의 가족이나 친족.
遺贈[いぞう] 유증; 유언으로 재산을 무상으로 양도함.
遺志[いし] 유지; 고인의 생전의 뜻.
遺体[いたい] 유체; 시체. 유해(遺骸).
遺脱[いだつ] 유탈; 비거나 빠짐.
遺品[いひん] 유품; 고인이 남긴 물건.
遺風[いふう] 유풍; ①전해 내려오는 풍습·습관. ②선인의 교훈.
遺恨[いこん] 유한; 원한(怨恨).
遺骸[いがい] 유해; 죽은 사람의 몸.
遺賢[いけん] 유현; (초야의) 유능한 인재.
遺訓[いくん] 유훈; 고인이 남긴 훈계.

儒 선비/유교 유

亻 仁 仨 仨 俨 俨 俨 儒 儒 儒

音 ◉ジュ
訓 —

音読

儒[じゅ] ①유학자(儒学者). ②유학(儒学). 유교(儒教).
儒家[じゅか] 유가; 유학자의 집안.
儒教[じゅきょう] 유교; 유학(儒学).
儒仏[じゅぶつ] 유불; 유교와 불교.
儒者[じゅしゃ] 유자; ①유학자(儒学者). ②江戸幕府(えどばくふ)의 직책명. *将軍(しょうぐん)에게 경서를 강의하고 문학을 주관하던 직책.
儒学[じゅがく] 유학; 공자(孔子)를 시조로 하는 가르침.
儒学者[じゅがくしゃ] 유학자.

諭(諭) 깨우칠 유

言 言 訃 訡 諭 諭 諭 諭

音 ◉ユ
訓 ◉さとす

訓読

◉諭す[さとす] 〈5他〉 타이르다. 깨우치다. 가르쳐 인도하다.
諭し[さとし] ①타이름. ②신불(神仏)의 계시(啓示). 신탁(神託). ¶お~ 신(神)의 계시.

音読

諭告[ゆこく] 유고; 잘 알아듣도록 타이름.
諭示[ゆし] 유시; (관공서 등에서) 구두로 또는 서면으로 타이름.
諭旨[ゆし] 유지; (윗사람이 아랫사람에게) 타일러 알림.
諭旨免職[ゆしめんしょく] 권고 사직시킴.

癒(瘉) 병나을 유

亠 广 疒 疒 疒 疒 疖 疖 瘉 癒

音 ◉ユ
訓 ⊗いえる ⊗いやす

訓読

⊗**癒える**[いえる] 〈下1自〉 (병이) 낫다. 치료되다. (상처가) 아물다.

⊗**癒す**[いやす] 〈5他〉 ①(병을) 치료하다. 고치다. ②(번민을) 달래다. 없애다.

音読

癒着[ゆちゃく] 유착; ①《医》 분리되어 있어야 할 피부 등이 재차 달라붙음. ②바람직하지 않은 상태로 결합됨.

癒合[ゆごう] 《医》 유합; 상처가 아묾.

酉 술단지/닭 유	音 ⊗ユウ 訓 ⊗とり

訓読

⊗**酉**[とり] 유; ①십이지(十二支)의 열째. ②유시(酉時). 지금의 오후 5시부터 7시 사이. ③유방(酉方). 서쪽.

酉の市[とりのいち] 매년 11월 유일(酉日)에 행하는 鷲神社(おおとりじんじゃ)의 축제. ＊이 날 복(福)과 부(富)를 긁어모은다는 갈퀴 등을 팖.

酉の町[とりのまち] ☞ 酉の市(とりのいち)

宥 용서할 유	音 ⊗ユウ 訓 ⊗なだめる

訓読

⊗**宥める**[なだめる] 〈下1他〉 달래다. 구슬리다. 진정시키다.

宥めすかす[なだめすかす] 〈5他〉 달래고 어르다.

音読

宥免[ゆうめん] 유면; 허물을 용서함.

宥恕[ゆうじょ] 유서; 너그럽게 용서함.

宥和[ゆうわ] 유화; 너그럽게 대하여 화평하게 지냄.

宥和政策[ゆうわせいさく] 유화 정책.

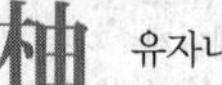

柚 유자나무 유	音 ⊗ユウ ⊗ユ 訓 ⊗ゆず

訓読

⊗**柚**[ゆず] ☞ 柚子

柚子[ゆず] 《植》 유자. 유자나무.

柚子茶[ゆずちゃ] 유자차.

音読

柚餅子[ゆべし] 쌀가루에 된장・설탕・유자 껍질 등을 넣어서 찐 과자.

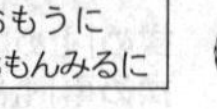

惟 생각할 유	音 ⊗イ 訓 ⊗おもうに ⊗おもんみるに

訓読

⊗**惟うに**[おもうに] 생각건대. 짐작컨대.

⊗**惟るに**[おもんみるに] 생각해 보건대.

⊗**惟神**[★かんながら] ①신의 뜻하신 대로. ②태고적(太古的) 그대로.

音読

◑**思惟**[しい]

揉 비빌/주무를 유	音 ⊗ジュウ 訓 ⊗もまれる ⊗もむ ⊗もめる

訓読

⊗**揉まれる**[もまれる] 〈下1他〉 시달리다. 시련을 겪다.

2⊗**揉む**[もむ] 〈5他〉 ①비비다. ②주무르다. 안마하다. ③(마음을) 졸이다. 애태우다. ④격론하다. 토의하다. ⑤(유도・씨름에서) 한 수 가르쳐 주다. ⑥몹시 흔들다.

揉みくちゃ[もみくちゃ] ①비비대어 몹시 구겨짐. ②(많은 사람이) 붐비어 몹시 시달림.

揉み立てる[もみたてる] 〈下1他〉 ①세차게 문지르다. ②재촉하다.

揉み消し[もみけし] ①(불을) 비벼서 끔. ②(좋지 않은 사건을) 얼버무림. 무마함.

揉み消す[もみけす] 〈5他〉 ①(불을) 비벼서 끄다. ②뭉개 버리다. 지워 없애다. ③(좋지 않은 사건을) 얼버무리다. 무마하다.

揉み手[もみで] (사과할 때) 두 손을 비빔.

揉み烏帽子[もみえぼし] (옛날) 투구 밑에 쓰던 烏帽子(えぼし).

揉み療治[もみりょうじ] 안마. 마사지.

揉み板[もみいた] 빨래판.

揉み皮[もみかわ] 무두질하여 부드럽게 한 가죽.

揉み合い[もみあい] ①서로 비비댐. 서로 옥신각신함. 몸싸움을 함. ②거래 시세가 계속 소폭으로 변동함.

揉み合う[もみあう] 〈5自〉 ①서로 비비대다. 서로 옥신각신하다. 몸싸움을 하다. ②거래 시세가 계속 소폭으로 변동하다.
揉み解す[もみほぐす] 〈5他〉 ①뻐근한 곳을 주물러 풀다. ②(통증·긴장을) 완화하다.
揉み革[もみかわ] ☞ 揉み皮
1 ⊗**揉める**[もめる] 〈下1自〉 ①분규가 일어나다. 옥신각신하다. ②조바심이 나다. 안절부절못하다.
揉め[もめ] 분규. 다툼. 옥신각신함.
揉め事[もめごと] ☞ 揉め

音読

揉捻[じゅうねん] 찻잎을 비빔. 찻잎을 주무름.

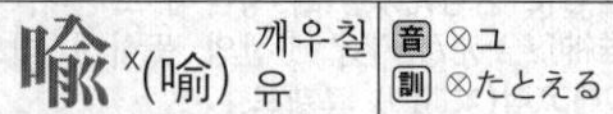

喩 ×(喻) 깨우칠 유	音 ⊗ユ 訓 ⊗たとえる

訓読

⊗**喩える**[たとえる] 〈下1他〉 예를 들다. 빗대어 말하다. 비유(比喩)하다.
喩え[たとえ] ①비유(比喩). 빗대어 말함. ②비슷한 예. 거의 같은 예(例).

音読

◑**比喩**[ひゆ], **隠喩**[いんゆ], **直喩**[ちょくゆ]

濡 적실 유	音 ⊗ジュ 訓 ⊗そぼつ ⊗ぬらす ⊗ぬれる

訓読

⊗**濡つ**[そぼつ] 〈4自〉 ①(안개·비·눈물 등으로) 젖다. ②(비가) 촉촉이 내리다.
2 ⊗**濡らす**[ぬらす] 〈5他〉 적시다.
3 ⊗**濡れる**[ぬれる] 〈下1自〉 ①젖다. ②(남녀가) 정사(情事)를 하다. 정(情)을 나누다.
濡れ[ぬれ] ①젖음. ②(남녀간의) 정사(情事).
濡れしぼれる[ぬれしぼれる] 〈下1自〉 흠뻑 젖다.
濡れそぼつ[ぬれそぼつ] 〈5自〉 흠뻑 젖다.
濡れ幕[ぬれまく] (연극에서) 남녀간의 정사(情事) 장면.
濡れ文[ぬれぶみ] 연애 편지.
濡れ物[ぬれもの] ①화재(火災) 진화(鎮火) 작업 때 물에 젖은 물건. ②덜 마른 빨래.
濡れ髪[ぬれがみ] 방금 감은 머리.
濡れ仏[ぬれぼとけ] 옥외에 안치된 불상.
濡れ事[ぬれごと] ①(남녀간의) 정사(情事). ②(연극에서) 남녀간의 정사(情事) 장면.
濡れ事師[ぬれごとし] ①호색가(好色家). 오입쟁이 ②정사(情事) 연기에 능한 배우.
濡れ色[ぬれいろ] 물에 젖은 빛깔.
濡れ鼠[ぬれねずみ] 물에 빠진 생쥐.
濡れ手[ぬれて] 물에 젖은 손.
濡れ縁[ぬれえん] 툇마루.
濡れ燕[ぬれつばめ] ①비에 젖은 제비. ②빗속을 나는 제비 모양의 무늬.
濡れ羽色[ぬればいろ] (물에 젖은 까마귀 깃털처럼) 까맣고 윤이 나는 빛깔.
濡れ衣[ぬれぎぬ] ①젖은 옷. ②억울한 죄. 무고한 죄. 누명.
濡れ者[ぬれもの] ①호색가(好色家). 오입쟁이. ②남자의 비위를 잘 맞추는 여자.
濡れ場[ぬれば] ①(남녀간의) 정사(情事) 장면. ②(연극에서) 남녀간의 정사(情事) 장면.
濡れ紙[ぬれがみ] 물에 젖은 종이.
濡れ通る[ぬれとおる] 〈5自〉 흠뻑 젖다.
濡れ透る[ぬれとおる] 〈5自〉 흠뻑 젖다.
濡れ話[ぬればなし] (남녀간의) 정사(情事)에 관한 이야기. 음탕한 이야기.

鮪 다랑어 유	音 ⊗イ ⊗ユウ 訓 ⊗まぐろ

訓読

⊗**鮪**[まぐろ] ≪魚≫ 참치. 다랑어.

〔육〕

肉 고기 육
ㅣ 冂 内 内 肉 肉

音 ◉ニク
訓 —

音読

4 **肉**[にく] 육; ①살. 근육. ②고기. ③(식물의) 과육(果肉). 살. ④굵기. 두께. ⑤(첨가하는) 세부 사항. ⑥몸뚱이. 육체. ⑦핏줄. 혈통. ⑧인주(印朱).
肉エキス[にくエキス] 살코기 엑기스.
肉じばん[にくじばん] 살색 속옷.
肉じゅばん[にくじゅばん] 살색 속옷.
肉感[にくかん/にっかん] 육감; ①몸에서 풍기는 느낌. ②성적(性的)인 느낌.
肉桂[にっけい] ≪植≫ 육계; 계수나무.
肉鍋[にくなべ] 전골; 고기를 삶은 냄비

肉類[にくるい] 육류; 식육 고기 종류.
肉饅[にくまん] (중국식) 고기만두.
肉饅頭[にくまんじゅう] ☞ 肉饅
肉薄❶[にくうす] 살이 얄팍함. ❷[にくはく] 육박; ①바싹 다가섬. 몸으로 돌진함. ②힐문. 몹시 다그쳐 물음.
肉付き[にくづき] 살집. 살이 찐 정도.
肉付く[にくづく] 〈5自〉 살이 오르다. 살이 찌다. 뚱뚱해지다.
肉付け[にくづけ] ①(어떤 내용에) 살을 붙임. 내용을 충실하게 보충함. ②(조각에서) 양감 표현(量感表現).
肉色[にくいろ] ①살색. ②고기 빛깔.
肉声[にくせい] 육성; 확성기를 통하지 않고 입에서 직접 나오는 소리.
肉細[にくぼそ] 글씨 획이 가늚.
肉食[にくしょく/にくじき] 육식; 동물의 고기를 먹음.
肉食妻帯[にくじきさいたい] 중이 고기를 먹거나 아내를 갖는 것을 말함.
肉芽[にくが] ① ≪植≫ 육아; 살눈. ②'肉芽組織'의 준말.
肉眼❶[にくがん] 육안; 사람의 눈. ❷[にくげん] ≪仏≫ 표면적인 안식(眼識).
4**肉屋**[にくや] 정육점. 고깃간. 푸줏간.
肉欲[にくよく] 육욕; 성욕(性慾). 정욕.
肉用種[にくようしゅ] 육용종; 고기로만 사용하기 위해 사육하는 종류.
肉牛[にくぎゅう] 육우; 고기를 먹기 위해 기르는 소.
肉月[にくづき] 육달월. ＊한자(漢字) 부수의 하나로 '豚·脈·腸' 등의 '月' 부분을 말함.
肉入れ[にくいれ] 인주갑(印朱匣).
肉的[にくてき] 육적; 육체적.
肉切り[にくきり] ①고기 썰기. ②고기 써는 칼. ＊'肉切包丁(にくきりぼうちょう)'의 준말임.
肉切り包丁[にくきりぼうちょう] 고기 써는 칼.
肉腫[にくしゅ] ≪医≫ 육종; 악성 종양.
肉汁[にくじゅう] 육즙; ①고기 국물. 육수. ②날고기 즙. ③고기를 구울 때 나오는 즙.
肉池[にくち] 인주갑(印朱匣).
肉質[にくしつ] 육질; ①살이 많은 성질. ②고기의 품질. ③(생물의) 살로 된 조직.
1**肉体**[にくたい] 육체; 몸. 몸뚱이.
肉体美[にくたいび] 육체미.
1**肉親**[にくしん] 육친; 친척.
肉弾[にくだん] 육탄; 적진에 몸으로 돌진함.
肉太[にくぶと] 글씨 획이 굵음.
肉片[にくへん] 육편; 고기 조각. 고깃점.

育 기를 육

丶 亠 亡 云 㐬 育 育 育

音 ◉イク
訓 ◉そだつ ◉そだてる ⊗はぐくむ

訓読

2**◉育つ**[そだつ] 〈5自〉 자라다. 성장하다.
育ち[そだち] ①성장. 발육. ②성장과정. 가정환경. ③〈接尾語〉 …에서 자람. …에서 자란 사람.
2**◉育てる**[そだてる] 〈下1他〉 ①기르다. 양육하다. 키우다. ②양성하다. 가르치다. 길들이다. ③성장시키다.
育て[そだて] 양육(養育). 기름. 키움.
育て上げる[そだてあげる] 〈下1他〉 양육하다. 길러내다. 육성하다.
⊗育む[はぐくむ] 〈5他〉 ①(어미 새가 새끼 새를) 품어 기르다. ②소중히 기르다. 귀하게 양육하다. ③(도덕·재능·사랑 등을) 보호 육성하다. 키우다.

音読

育苗[いくびょう] 육묘; 모종을 가꿈.
1**育成**[いくせい] 육성; 길러냄.
2**育児**[いくじ] 육아; 어린 아이를 키움.
育児箱[いくじばこ] 인큐베이터.
育児休業法[いくじきゅうぎょうほう] 육아 휴업법.
育英[いくえい] 육영; 인재를 양성함.
育種[いくしゅ] 육종; 품종 개량. 동식물의 개량종을 키움.
育種所[いくしゅじょ] 육종소.
育雛[いくすう] 육추; 병아리를 키움.
育休[いくきゅう] '育児休業制度'의 준말.

〔윤〕

潤 젖을/윤택할 윤

氵 氵 汈 沪 沪 淍 潤 潤 潤 潤

音 ◉ジュン
訓 ◉うるおう ◉うるおす ◉うるむ ⊗ほとびる ⊗ほとばす ⊗ほとぼす

訓読

1◉潤う[うるおう] 〈5自〉 ①물기를 머금다. 눅눅해지다. 축축해지다. ②(금전적으로) 윤택해지다. 넉넉해지다. 두둑해지다. ③(정신적으로) 여유가 생기다. 느긋해지다. 훈훈해지다.
潤い[うるおい] ①(알맞은) 습기. 눅눅함. ②(정신적인) 여유. ③이익. 보탬. 혜택.
◉潤す[うるおす] 〈5他〉 ①눅눅하게 하다. 축축하게 하다. 축이다. ②혜택을 주다. 윤택하게 하다. 넉넉하게 하다.
◉潤む[うるむ] 〈5自〉 ①(습기로) 축축해지다. 눅눅해지다. 물기가 어리어 부예지다. ②울먹이다. ③맞거나 꼬집혀 (피부에) 멍이 들다.
潤み[うるみ] ①습기. 물기. ②(술이 익을 때) 거품이 흐림. 탁한 청주.
潤み色[うるみいろ] ①흐릿한 색. ②고동색.
潤み声[うるみごえ] 울먹이는 목소리.
⊗潤す[ほとばす/ほとぼす] 〈5他〉 (물에 담가) 불리다.
⊗潤びる[ほとびる] 〈上1自〉 (물에) 붇다. 불어서 물렁해지다.

音読

潤色[じゅんしょく] 윤색; ①(윤이 나도록) 겉모양을 꾸밈. ②재미있게 각색함.
潤沢[じゅんたく] 윤택; ①넉넉함. 풍부함. ②윤. 윤기. ③혜택. 은혜.
潤筆[じゅんぴつ] 윤필; 글씨를 쓰고 그림을 그림.
潤筆料[じゅんぴつりょう] 윤필료; 휘호료.
潤滑[じゅんかつ] 윤활; 매끄러움.
潤滑油[じゅんかつゆ] 윤활유.
潤滑剤[じゅんかつざい] 윤활제.

胤 자손 윤	音 ⊗イン 訓 ⊗たね

訓読

⊗胤[たね] 자식. 아이. 혈통.
胤変(わ)り[たねがわり] ☞ 胤違い
胤違い[たねちがい] 이부(異父) 형제. 아버지가 다른 형제 자매.

音読

◑落胤[らくいん], 後胤[こういん]

閏 윤달 윤	音 ⊗ジュン 訓 ⊗うるう

訓読

⊗閏[うるう] (달력 등에서) 윤. 윤으로 든.
閏年[うるうどし/じゅんねん] 윤년.
閏月[うるうづき/じゅんげつ] 윤월; 윤달.
閏日[うるうび] 윤일; 양력 2월 29일.
閏秒[うるうびょう] 윤초.

音読

◑正閏[せいじゅん]

〔융〕

融 녹을/통할 융
鬲 鬲 鬲 鬲 鬲 鬲 鬲 融 融 融

音 ◉ユウ
訓 ⊗とかす ⊗とく ⊗とける ⊗とおる

訓読

⊗融かす[とかす] 〈5他〉 녹이다.
⊗融く[とく] 〈5他〉 (액체에) 풀다. 용해시키다. 녹이다.
⊗融ける[とける] 〈下1自〉 녹다.
融け込む[とけこむ] 〈5自〉 ①용해되다. ②융화되다. 동화되다.
融け合う[とけあう] 〈5自〉 융합하다. 화합하다. 융화되다.
⊗融る[とおる] 〈5自〉 (자금이) 융통되다.

音読

融手[ゆうて] '融通手形(ゆうずうてがた)'의 준말.
融然[ゆうぜん] 융연; 마음이 부드럽고 여유가 있음.
1融資[ゆうし] 융자; 자금을 융통함.
融点[ゆうてん] 융점; 녹는 온도.
1融通[ゆうずう] 융통; ①물품·금전 등을 서로 돌려 씀. ②임기응변으로 일을 처리함.
融通手形[ゆうずうてがた] 융통 어음.
融合[ゆうごう] 융합; 녹아서 하나로 합침.
融解[ゆうかい] 융해; 녹음.
融解点[ゆうかいてん] 융해점; 녹는 온도.
融化[ゆうか] 융화; 녹아서 형태가 변함.
融和[ゆうわ] 융화; ①서로 어울려 친숙해짐. ②다른 물질이 서로 녹아서 하나로 됨.

絨 융 융	音 ⊗ジュウ 訓 —

音読

絨緞[じゅうたん] 융단; 양탄자.
絨緞爆撃[じゅうたんばくげき] 융단 폭격; 집중적으로 폭탄을 퍼부음.
絨毛[じゅうもう] ≪生理≫ 융모; 소장(小腸)의 융털 돌기.

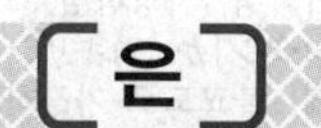

은

恩 은혜 은

丨 冂 冃 冄 因 因 因 恩 恩 恩

音 ◉オン
訓 —

音読

2恩[おん] 은; 은혜.
恩顧[おんこ] 은고; 은혜로 보살펴 줌.
恩給[おんきゅう] 은급; 연금(年金).
恩命[おんめい] 은명; 고마우신 분부.
恩返し[おんがえし] 보은(報恩). 은혜를 갚음. 사례함.
恩赦[おんしゃ] 은사; 특사. 특별 사면.
恩師[おんし] 은사; 스승.
恩賜[おんし] 은사; 하사(下賜).
恩賜賞[おんししょう] 은사상. ＊황실(皇室)의 하사금에 의해서 学士院(がくしいん)・芸術院(げいじゅついん)이 수여하는 상.
恩賞[おんしょう] 은상; 공을 기리어 주군(主君)이 상을 줌.
恩愛[おんあい] 은애; 은혜와 사랑.
恩威[おんい] 은위; 은혜와 위엄.
恩義[おんぎ] 은의; 은혜와 덕의.
恩人[おんじん] 은인; 신세진 사람.
恩典[おんてん] 은전; 국가에서 내리는 혜택에 관한 특전.
恩情[おんじょう] 은정; 자애로운 마음.
恩沢[おんたく] 은택; 은혜.
2恩恵[おんけい] 은혜; 베풀어주는 혜택.

銀 은 은

𠆢 亼 亽 金 金 釕 釕 鉬 鉬 銀

音 ◉ギン
訓 ⊗しろがね

訓読

⊗銀❶[しろがね] ①≪文≫ 은. ②은화(銀貨). ③은색. 은빛. ❷[ぎん] ☞ [音読]

音読

2銀❶[ぎん] ①≪化≫ 은. ②은화(銀貨). ③은빛. ④은메달. ❷[しろがね] ☞ [訓読]
銀ぶら[ぎんぶら] 東京(とうきょう)의 銀座(ぎんざ) 거리를 어슬렁거림.
銀モール[ぎんモール] 은몰; ①은을 입힌 가느다란 줄. ②날실은 명주실로 씨실은 은실로 짠 직물.

銀甲[ぎんこう] 은갑; ①은제(銀製) 갑옷. ②(악기 연주용) 은으로 만든 가조각(仮爪角).
銀坑[ぎんこう] 은갱; 은을 캐는 갱.
銀鉱[ぎんこう] 은광; ①은이 들어 있는 광석. ②은을 캐는 광산.
銀塊[ぎんかい] 은괴; 은 덩어리.
銀器[ぎんき] 은기; 은 그릇. 은 기구.
銀鍍金[ぎんめっき] 은도금.
銀嶺[ぎんれい] 은령; 눈 덮인 산.
銀輪[ぎんりん] 은륜; ①은빛 바퀴. 은으로 만든 바퀴. ②자전거.
銀鱗[ぎんりん] 은린; 은빛 비늘의 물고기.
銀幕[ぎんまく] 은막; ①스크린. 영사막. ②영화계(映画界).
銀箔[ぎんぱく] 은박.
銀盤[ぎんばん] 은반; ①은 쟁반. ②스케이트 링크.
銀髪[ぎんぱつ] 은발; 백발(白髪).
銀杯[ぎんぱい] 은배; 은잔.
銀瓶[ぎんびん] 은빛 주전자.
銀粉[ぎんぷん] 은분; 은가루.
銀糸[ぎんし] 은사; 은색 실.
銀山[ぎんざん] 은산; 은광(銀鉱).
銀色[ぎんいろ] 은색; 은빛.
銀世界[ぎんせかい] 은세계; 온통 눈으로 뒤덮여 있는 경치.
銀時計[ぎんどけい] 은시계.
銀縁[ぎんぶち] ①은테. 은으로 만든 테. ②은테 안경.
銀玉[ぎんだま] 은구슬.
銀子[ぎんす] ①돈. 금전. ②(옛날) 선물용으로 종이에 싼 은.
銀将[ぎんしょう] 일본 장기짝의 하나.
銀笛[ぎんてき] 은적; 은피리.
銀製[ぎんせい] 은제; 은제품.
銀紙[ぎんがみ] 은지; ①은종이. 은박지. ②은색을 칠한 종이.

銀側時計[ぎんがわどけい] 은시계.
銀波[ぎんぱ] 은파; 은빛 물결.
銀牌[ぎんぱい] 은패; 은메달.
銀河[ぎんが] 은하; 은하수.
銀河系[ぎんがけい] 은하계.
4銀行[ぎんこう] 은행.
2銀行員[ぎんこういん] 은행원.
銀杏❶[いちょう] ≪植≫ 은행나무. ❷[ぎんなん] 은행나무 열매. 은행.
銀狐[ぎんぎつね] 은호; (검은 털에 회백색 털이 섞여) 은빛으로 보이는 여우.
銀婚式[ぎんこんしき] 은혼식; 결혼 25주년 기념 잔치.
銀貨[ぎんか] 은화; 은으로 만든 동전.

隱(隱) 숨길 은

⁷ 阝 阝 阝 阝 阝 隱 隱 隱 隱

音 ◉イン ⊗オン
訓 ◉かくす ◉かくれる

訓読

2◉隠す[かくす] 〈5他〉 감추다. 몰래 숨기다.
隠し[かくし] ①몰래 숨김. ②호주머니.
隠し構え[かくしがまえ] 감출혜몸. ＊한자(漢字) 부수의 하나로 '区·匹' 등의 '匸' 부분을 말함.
隠し男[かくしおとこ] 샛서방. 정부(情夫).
隠し女[かくしおんな] 숨겨놓은 여자. 애인(愛人). 정부(情婦).
隠し立て[かくしだて] (알지 못하게) 숨김.
隠し味[かくしあじ] 맛이 날 듯 말듯하게 하는 조미료.
隠し縫い[かくしぬい] (바느질에서) 공그르기.
隠し事[かくしごと] 비밀. 숨기고 있는 일.
隠し所[かくしどころ] ①감추는 곳. ②음부(陰部).
隠し言葉[かくしことば] 은어(隠語).
隠し芸[かくしげい] 숨은 재주. 장기(長技).
隠し子[かくしご] 숨겨놓은 아이. 사생아.
隠し田[かくしだ] (탈세할 목적으로) 몰래 경작하는 밭.
隠し釘[かくしくぎ] 겉으로는 보이지 않게 박은 못.
隠し持つ[かくしもつ] 〈5他〉 남몰래 가지다. 남몰래 소지하다.
隠し撮り[かくしどり] 비밀 촬영.
隠し絵[かくしえ] (그림 속의) 숨은 그림.
2◉隠れる[かくれる] 〈下1自〉 ①숨다. 모습을 감추다. ②숨어살다. ③(가려져) 보이지 않게 되다. ④(귀인이) 돌아가시다. 사망하시다.
隠れ[かくれ] ①숨음. 모습을 감춤. ②¶お~ 돌아가심. 사망하심.
隠れキリシタン[かくれキリシタン] (江戸(えど) 시대에) 불교도로 가장하여 몰래 신앙생활을 한 기독교도.
隠れもない[かくれもない] 〈形〉 널리 알려져 있다. 명백하다.
隠れ家[かくれが] 은신처(隠身処).
隠れ道[かくれみち] ①샛길. ②보이지 않는 비밀 통로.
隠れ里[かくれざと] ①(세상을 등지고) 숨어사는 마을. ②사창굴. 홍등가.
隠れん坊[かくれんぼう] 숨바꼭질.
隠れ蓑[かくれみの] ①입으면 모습이 보이지 않게 된다는 상상의 도롱이. ②핑계. 빙자함.
隠れ遊び[かくれあそび] ①숨바꼭질. ②몰래 유흥(遊興)함.
隠れ場[かくれば] 은신처. 숨은 곳.
隠れ処[かくれが] 은신처. 숨어사는 곳.

音読

1隠居[いんきょ] 은거; ①세상을 등지고 숨어서 생활함. ②은퇴한 노인.
隠見[いんけん] 보였다 안 보였다 함.
隠匿[いんとく] 은닉; 비밀로 함. 숨겨 둠.
隠遁[いんとん] 은둔; 세상을 등지고 숨어서 생활함.
隠滅[いんめつ] 은멸; 숨어서 보이지 않게 됨.
隠微[いんび] 은미; 은밀함.
隠密[★おんみつ] ①은밀; 몰래 함. ②(江戸(えど) 시대의) 밀정(密偵). 첩보 활동을 하는 무사(武士).
隠士[いんし] 은사; 숨어사는 사람.
隠棲[いんせい] 은서; 은거 생활.
隠語[いんご] 은어; 일부 사람들만 사용하는 특정한 뜻이 숨겨져 있는 말.
隠然[いんぜん] 은연; 은근하고 진중함.
隠喩[いんゆ] 은유; 숨겨서 비유하는 수사법(修辞法).
隠忍[いんにん] 은인; 꾹 참음.
隠忍自重[いんにんじちょう] 은인자중; 꾹 참으며 몸가짐을 조심함.

隠逸花[いんいつか] '국화(菊花)'의 딴이름.
隠者[いんじゃ] 은자; 세상을 등지고 숨어 사는 사람.
隠退[いんたい] 은퇴; 사회적인 활동에서 물러나 조용히 생활함.
隠退蔵[いんたいぞう] 은퇴장; (물품을) 사용하지 않고 숨겨 둠.
隠現[いんけん] ☞ 隠見
隠顕[いんけん] ☞ 隠見
隠花植物[いんかしょくぶつ] ≪植≫ 은화 식물; 민꽃식물.

殷 은나라 은	音 ⊗イン 訓 —

音読

殷[いん] 은; 중국의 은나라.
殷盛[いんせい] 은성; 번성. 번창.
殷殷[いんいん] ①소리가 크고 우렁참. ②몹시 걱정함.
殷賑[いんしん] 은진; 경기가 좋음. 번화하고 흥청댐.

〔을〕

乙 둘째 을

乙

音 ◉オツ ⊗イツ
訓 ⊗おと ⊗きのと ⊗めり

訓読

⊗**乙**❶[きのと] 십간(十干)의 둘째. 오행(五行)으로는 목(木). ❷[おつ] ☞ [音読]
乙丑[きのとうし] 을축; 60갑자의 둘째.
乙甲[めりかり] (피리 등에서) 음의 고저(高低). 억양(抑揚).
乙女[おとめ] ≪雅≫ 소녀. 처녀.
乙女心[おとめごころ] ≪雅≫ 소녀의 마음.
乙女子[おとめご] ≪雅≫ 소녀. 처녀.
乙女座[おとめざ] ≪天≫ 처녀자리.
乙娘[おとむすめ] ①막내딸. 또는 차녀(次女) 이하의 딸. ②귀염둥이 딸.
乙矢[おとや] 두 번째 화살.
乙息子[おとむすこ] 막내아들. 또는 차남(次男) 이하의 아들.
乙子[おとご] 막내. 막내둥이.
乙張り[めりはり] ①목소리의 고저(高低). 억양(抑揚). ②(일의) 신축성.
乙姫[おとひめ] ①용녀(竜女). 용궁에 산다는 선녀(仙女). ②누이동생인 공주.

音読

[1]**乙**❶[おつ] 을; ①(등급에서) 두 번째. ②(주로 법률관계에서 이름 대신에) 을. ③(일본 음악에서) 甲(かん)보다 한 옥타브 낮음. ④〈形動〉 멋짐. 근사함. 재치 있음. ❷[きのと] ☞ [訓読]

乙う[おつう] 묘하게. 별나게.
乙に[おつに] 묘하게. 이상야릇하게.
乙りき[おつりき] 〈形動〉 좀 색다른 취향이 있음. 좀 색달라서 좋음.
乙類[おつるい] 을류; 둘째 등급의 종류.
乙夜[いつや] 을야; 이경(二更). 밤 9시부터 11시 사이.
乙種[おつしゅ] 을종; 둘째 등급의 종류.

〔음〕

吟 읊을 음

丨 ㄇ ㄇ ㄇ' 叭 吟 吟

音 ◉ギン
訓 —

音読

吟じる[ぎんじる] 〈上1他〉 ①소리 내어 읊다. ②시가(詩歌)를 짓다.
吟ずる[ぎんずる] 〈サ変他〉 ☞ 吟じる
[1]**吟味**[ぎんみ] 음미; ①시가(詩歌)를 읊조려 그 뜻을 맛봄. ②(사물을) 잘 살핌. 잘 검토함. ③(용의자를) 조사함. 문초함.
吟社[ぎんしゃ] 음사; 시가(詩歌)를 짓는 사람들의 조직.
吟声[ぎんせい] 음성; 시가(詩歌)를 읊는 소리.
吟誦[ぎんしょう] 음송; 시가(詩歌)에 가락을 붙여 노래함.
吟醸[ぎんじょう] 음양; 고급 원료로 정성 들여 양조함.
吟詠[ぎんえい] 음영; ①시가(詩歌)에 가락을 붙여 노래함. ②시가를 지음.
吟唱[ぎんしょう] 음창; 시가(詩歌)에 가락을 붙여 노래함.
吟行[ぎんこう] 음행; ①시가(詩歌)를 읊으며 걸음. ②시를 짓기 위해 명승지로 나감.

音 소리 음

丶 亠 亠 立 立 产 音 音 音

音 ◉オン ◉イン
訓 ◉おと ◉ね

訓読

3◉**音❶**[おと] ①《物》 소리. ②소문. 평판. 풍문.

2◉**音❷**[ね] (새・곤충・종・피리・거문고・방울 등의 비교적 작고 아름다운 느낌의) 소리. ❸[おん] ☞ [音読]

音沙汰[おとさた] 소식. 편지. 연락. 기별.

1**音色**[ねいろ/おんしょく] 음색; 다른 소리와는 다른 특유한 음조.

音締め[ねじめ] 거문고 등의 줄을 죄어 음을 고름. 또는 줄을 죄어 고른 맑은 음색.

音合(わ)せ[おとあわせ] ①조율(調律). 악기의 음을 표준음에 맞추어 고름. ②(방송・연극에 앞서) 음악이나 효과음을 미리 테스트해 봄.

音読

2**音❶**[おん] ①(언어의) 음. 발음. ②(일본어에서) 중국식 발음. ③음색(音色). ❷[おと/ね] ☞ [訓読]

音感[おんかん] 음감; 음에 대한 감각.

音階[おんかい] 음계; 일정한 음의 간격으로 높이 순으로 배열한 음의 계단.

音曲[おんぎょく] 음곡; ①근세 일본 악기에 의한 음악・가곡의 총칭. ②(三味線(しゃみせん)에 맞추어 부르는) 속곡(俗曲).

音読[おんどく] 음독; ①한자(漢字)를 (뜻으로 읽지 않고) 음으로 읽음. ②글을 소리 내어 읽음.

音読み[おんよみ] 음독; 한자(漢字)를 (뜻으로 읽지 않고) 음으로 읽음.

音頭[おんど] ①(합창할 때) 선창(先唱)함. ②(여럿이) 노래에 맞춰 춤을 춤. ③(어떤 일을 할 때) 선도함. 앞장섬. ④(雅楽에서) 관악기를 부는 사람.

音頭取り[おんどとり] ①(합창할 때의) 선창자(先唱者). ②(어떤 일을 할 때의) 선도자(先導者). 앞장서는 사람.

音量[おんりょう] 음량; ①소리의 크기. ②스피커의 볼륨.

音律[おんりつ] 음률; ①음의 높이를 음향학적으로 정리한 체계. ②소리・음악의 가락.

音盤[おんばん] 음반; 레코드.

音譜[おんぷ] 음보; 악보(楽譜).

音部記号[おんぶきごう] 음부 기호; 음자리표.

音符[おんぷ] ①《語学》 음부; 탁음부(濁音符). ②한자(漢字)의 형성(形声)문자에서 음을 나타내는 부분. ③음표(音標).

音声[おんせい] 음성; ①목소리. 말소리. ②라디오・TV의 소리.

音速[おんそく] 음속; 소리의 속도.

音数[おんすう] 음수; 음의 수. 음절수.

音信❶[おんしん] 소식. ❷[いんしん] 편지.

音信不通[いんしんふつう] 편지 왕래가 없음.

4**音楽**[おんがく] 음악; 뮤직.

音楽祭[おんがくさい] 음악제; 음악 축제.

音域[おんいき] 음역; 최고음과 최저의 범위.

音韻[おんいん] 《語学》 음운; ①한자(漢字)의 음(音)과 운(韻). ②어운(語韻). ③음소(音素).

音引き[おんびき] ①(사전에서) 단어를 발음으로 찾음. ②(교정 용어로서) 장음부호(長音符号).

音節[おんせつ] 음절; 음성의 한 단위.

音程[おんてい] 음정; 높이가 다른 두 음의 간격.

音調[おんちょう] 음조; ①음의 높낮이. ②악곡의 가락・곡조. ③시가(詩歌)의 리듬. ④말의 억양. 악센트. 인토네이션.

音質[おんしつ] 음질; (스피커에서 나오는) 음의 좋고 나쁨.

音叉[おんさ] 《物》 음차; 소리굽쇠.

音痴[おんち] 음치; ①(생리적으로) 음의 감상・인식・기억이 안 됨. ②(어떤 방면에) 감각이 둔한 사람.

音波[おんぱ] 《物》 음파.

音便[おんびん] 《文法》 음편.

音響[おんきょう] 음향; 소리의 울림.

音協[おんきょう] '音楽文化協会'의 준말.

音訓[おんくん] 음훈; 한자(漢字)의 음(音)과 훈(訓).

◑**観音**[かんのん], **母音**[ぼいん], **無音**[ぶいん], **福音**[ふくいん], **子音**[しいん]

陰 어둠/그늘/생식기 음

ʼ ʒ 阝 阝 阝 阾 阾 险 陰 陰

音 ◉イン ⊗オン
訓 ◉かげ ◉かげる

訓読

2 ◉陰❶[かげ] ①그늘. 응달. ②(보이지 않는) 뒤. 뒤쪽. ③뒷전. 뒷구멍. ④배후(背後). ⑤어두운 면. 어두운 분위기. ⑥무덤 속. ❷[いん] ☞ [音読]

◉陰る[かげる] 〈5自〉 ①그늘지다. ②(해·달이) 기울다. ③(표정 등이) 어두워지다.

陰り[かげり] ①그늘짐. ②어두운 면.

陰干し[かげぼし] 그늘에서 말림.

陰間[かげま] 남창(男娼).

陰間茶屋[かげまぢゃや] (江戸(えど) 시대에) 남창(男娼)을 두고 영업하던 찻집.

陰口[かげぐち] (뒤에서 하는) 험담.

陰紋[かげもん] 음문; 윤곽만을 음선(陰線)으로 그린 무늬.

陰弁慶[かげべんけい] 집안에서만 큰소리치는 사람.

陰膳[かげぜん] (집을 떠난 사람의 무사함을 빌기 위해) 아침저녁으로 차려놓은 밥상.

陰の声[かげのこえ] (라디오·TV 프로에서) 시청자에게만 정답을 알려주는 목소리.

陰言[かげごと] (뒤에서 하는) 험담.

陰日向[かげひなた] ①음지와 양지. ②음(陰)으로 양(陽)으로. ③(언행의) 표리(表裏).

陰祭り[かげまつり] (神社(じんじゃ)에서) 本祭(ほんまつ)り가 없는 해에 행해지는 간소한 祭(まつ)り.

陰地[かげち] 음지; 응달. 그늘진 땅.

音読

陰❶[いん] ①(易学에서) 음. ②뒤쪽. 배후. ③음침함. ❷[かげ] ☞ [訓読]

陰イオン[いんイオン] ≪化≫ 음이온.

陰に[いんに] 음으로. 남몰래. 비밀히.

陰刻[いんこく] 음각; 움푹 패게 새긴 조각.

陰茎[いんけい] ≪生理≫ 음경; 남근(男根).

陰極[いんきょく] ≪物≫ 음극.

1 陰気[いんき] ①음침함. 침울함. ②(易学에서) 음기.

陰徳[いんとく] 음덕; 남모르는 선행.

陰暦[いんれき] 음력; 달의 운행을 기초로 하여 만든 달력.

陰毛[いんもう] ≪生理≫ 음모; 치모.

陰謀[いんぼう] 음모; 일을 몰래 꾸밈.

陰部[いんぶ] ≪生理≫ 음부; 국부(局部).

陰性[いんせい] 음성; ①소극적이며 음침한 성질. ②(병원균 등에 대한) 반응이 없음.

陰湿[いんしつ] 음습; 그늘지고 습함.

陰暗[いんあん] 음암; 어둡고 침침함.

陰陽[いんよう] 음양; ①(易学에서) 음양; 음과 양. ②역학(易学). ③(자석·전기의) 음극과 양극.

陰陽道[おんようどう/おんみょうどう] 음양도.

陰陽師[おんようじ/おんみょうじ] 음양사; 점·풍수지리를 맡아보던 관원(官員).

陰影[いんえい] 음영; ①그늘. 그림자. ②함축성. 뉘앙스.

陰雲[いんうん] 음운; 먹구름. 비구름.

陰陰[いんいん] ①어슴푸레하고 적막함. ②음산함. 음침함.

陰電気[いんでんき] ≪物≫ 음전기.

陰惨[いんさん] 음참; 참담함.

陰険[いんけん] 음험; 외부로는 좋게 보여도 내심으로는 심성이 비뚤어져 있음.

陰画[いんが] (사진의) 음화; 네거티브.

飲(飮) 마실 음

ノ 𠆢 今 今 旨 自 食 飠 飲 飲

音 ◉イン ⊗オン

訓 ◉のます ◉のまれる ◉のむ

訓読

◉飲ます[のます] 〈5他〉 ①마시게 하다. ②술 대접하다.

◉飲まれる[のまれる] 〈下1自〉 ①(누군가가) 마셔 버리다. ②(파도에) 삼켜지다. 휩쓸리다. ③압도당하다.

4 ◉飲む[のむ] 〈5他〉 ①마시다. ②(약을) 복용하다. ③(담배를) 피우다. 들이마시다. ④(눈물을) 삼키다. 꾹 참다. ⑤깔보다. 업신여기다. ⑥받아들이다. 수용하다. ⑦(몸에) 지니다. 감추다.

飲みさし[のみさし] 마시다 맒.

飲みさす[のみさす] 〈5他〉 마시다 말다.

飲みで[のみで] 마시기에 충분한 분량.

飲み干す[のみほす] 〈5他〉 죽 들이키다. 다 마셔버리다.

飲み乾す[のみほす] 〈5他〉 죽 들이키다. 다 마셔버리다.

飲み過ぎ[のみすぎ] 과음. 지나치게 마심.

飲み過ぎる[のみすぎる] 〈上1他〉 과음하다.

飲み掛け[のみかけ] 마시다 맒. 마시다 남김.

飲み口[のみくち] ①(음료수를) 입에 갖다 댔을 때의 감각. ②술을 즐겨 마시는 사람. ③(술잔의) 입을 대는 부분.

飲み潰す[のみつぶす] 〈5他〉 ①술로 망하다. 술로 가산을 탕진하다. ②(일은 안 하고) 술만 마시며 지내다.
飲み潰れる[のみつぶれる] 〈下1自〉 술에 취해 쓰러지다. 고주망태가 되다.
飲み代[のみしろ] 술값.
飲み倒す[のみたおす] 〈5他〉 ①술값을 떼어 먹다. ②술로 망하다.
飲み料[のみりょう] ①술값. ②음료수. ③(술·담배 등) 자기가 마실 몫.
飲み明かす[のみあかす] 〈5自他〉 밤새도록 술을 마시다.
4 **飲み物**[のみもの] 음료수. 마실 것.
飲み抜け[のみぬけ] 술을 끝없이 마심.
飲ん兵衛[のんべえ] 술고래.
飲み歩く[のみあるく] 〈5自〉 이집 저집 옮겨 다니며 술을 마시다.
飲み捨て[のみすて] ①(음료수를) 마시다 버림. ②담배꽁초를 아무데나 버림.
飲み水[のみみず] 식수. 마실 물.
飲み食い[のみくい] 먹고 마심.
飲み薬[のみぐすり] 먹는 약. 내복약.
飲み屋[のみや] 술집. 선술집. 대폿집.
飲み込み[のみこみ] ①마셔버림. ②납득. 이해.
飲み込み顔[のみこみがお] 알았다는 표정.
1 **飲み込む**[のみこむ] 〈5他〉 ①꿀꺽 삼키다. ②납득하다. 이해하다.
飲(み)助(け)[のみすけ] 술고래.
飲み振り[のみぶり] 술 마시는 태도.
飲み出[のみで] 마시기에 충분한 분량.
飲み下す[のみくだす] 〈5他〉 ①삼키다. ②(말하려 했던 것을) 보류하다.
飲み回し[のみまわし] 한 그릇의 것을 돌려가며 마심.
飲み回す[のみまわす] 〈5他〉 한 그릇의 것을 돌려가며 마시다.

音読

飲料[いんりょう] 음료; 마실 것.
飲料水[いんりょうすい] 음료수. 마실 것.
飲食[いんしょく] 음식; ①먹고 마심. ②음식물.
飲食店[いんしょくてん] 음식점; 식당.
飲用[いんよう] 음용; 마심.
飲用水[いんようすい] 음용수; 마시는 물.
飲酒[いんしゅ] 음주; 술을 마심.
飲酒検知器[いんしゅけんちき] 음주 측정기.
飲酒戒[おんじゅかい] ≪佛≫ 음주계; 오계(五戒)의 하나인 음주계. 불음주계(不飮酒戒).
飲酒運転[いんしゅうんてん] 음주 운전.

淫ˣ(淫) 음란할 음	音 ⊗イン 訓 ⊗みだら

訓読

⊗淫ら[みだら] 〈形動〉 음란함. 외설적임. 난잡함. ¶～な話(はなし) 음란한 이야기.

音読

淫[いん] ①색욕(色慾). 성욕(性慾). 정욕(情慾). ②음탕함. 음란함. ③정액(精液).
淫する[いんする] 〈サ変自〉 ①몰두하다. 빠지다. 탐닉하다. ②음란한 짓을 하다.
淫女[いんじょ] 음녀; ①음란한 여자. ②창녀. 매춘부.
淫楽[いんらく] 음락; 음란한 쾌락.
淫乱[いんらん] 음란; 음탕하고 난잡함.
淫売[いんばい] 음매; 매음(売淫). 여자가 돈을 받고 몸을 팖.
淫売屋[いんばいや] 창녀집. 매춘부의 집.
淫靡[いんび] 음미; 음탕하고 사치스러움.
淫婦[いんぷ] 음부; ①음탕한 여자. ②창녀. 매춘부.
淫奔[いんぽん] 음분; (여자가) 음란함.
淫祀[いんし] 음사; 사신(邪神)을 모시는 신앙.
淫祠[いんし] 음사; 사신(邪神)을 모신 사당.
淫事[いんじ] 음사; 음탕한 짓.
淫辞[いんじ] 음사; ①음란한 말. ②그릇된 말. 부정한 말.
淫書[いんしょ] 음서; 음탕한 책.
淫猥[いんわい] 음외; 성욕을 자극하는 음란한 행위.
淫欲[いんよく] 음욕; 음탕한 욕심.
淫雨[いんう] 음우; 농작물을 해치는 장마. 궂은비.
淫逸[いんいつ] 음일; ①음란함. 음탕함. ②유흥에 빠짐.
淫蕩[いんとう] 음탕; 주색(酒色)에 빠져 방탕함.
淫風[いんぷう] 음풍; 음란한 풍조.
淫虐[いんぎゃく] 음학; 음란하고 잔학함.
淫行[いんこう] 음행; 음란한 행위.

蔭 그늘 음	音 ⊗イン 訓 ⊗かげ

訓読

2 **⊗蔭**[かげ] ①그늘. 응달. ②(보이지 않는) 뒤. 뒤쪽. ③뒷전. 뒷구멍. ④배후(背後). ⑤어두운 면. 어두운 분위기. ⑥무덤 속.

蔭り[かげり] ①그늘짐. ②어두운 면.
蔭る[かげる] 〈5自〉 ①그늘지다. ②(해・달이) 기울다. ③(표정 등이) 어두워지다.
蔭地[かげち] 음지; 응달. 그늘진 땅.
音読
◑緑蔭[りょくいん], 樹蔭[じゅいん]

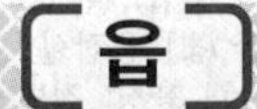

泣 울 읍

丶 丷 氵 氵' 氵亠 氵立 泣 泣

音 ◉キュウ
訓 ◉なく ◉なける

訓読
3 ◉泣く[なく] 〈5自〉 ①울다. ②후회하다. 혼나다. ③(시합에) 지다. ④(밑지는 값으로) 깎아주다. ⑤사정을 봐주다. 참다.
◉泣ける[なける] 〈下1自〉 (기쁘거나 감동하여) 눈물이 나오다. 눈물나다.
泣かす[なかす] 〈5他〉 ☞ 泣かせる
泣かせ[なかせ] 몹시 애먹임. 속을 썩임.
泣かせる[なかせる] 〈下1他〉 ①울게 하다. 울리다. ②애먹이다. 한탄하게 하다. ③감동시키다. 눈물겹다.
泣き[なき] ①울음. 한탄함. ②울만큼 괴로움. 눈물남.
泣きじゃくり[なきじゃくり] 흐느껴 욺.
泣きじゃくる[なきじゃくる] 〈5自〉 흐느껴 울다.
泣きすがる[なきすがる] 〈5自〉 울며 부탁하다. 울며 매달리다.
泣きべそ[なきべそ] ①울상. ②툭하면 욺.
泣きわめく[なきわめく] 〈5自〉 울부짖다.
泣き交わす[なきかわす] 〈51自〉 (여러 사람이) 교대로 울다. 번갈아 울다.
泣き叫ぶ[なきさけぶ] 〈5自〉 울부짖다.
泣き寄り[なきより] (불행을 당했을 때) 돌봐줌.
泣き男[なきおとこ] (장례식 때 고용되어) 대신 울어주는 남자.
泣き女[なきおんな] (장례식 때 고용되어) 대신 울어주는 여자.
泣き落とし[なきおとし] 읍소(泣訴). 울며 애원하여 승낙을 얻음.
泣き落とす[なきおとす] 〈5他〉 읍소(泣訴)하다. 울며 애원하여 승낙을 얻다.
泣き竜[なきりゅう] 다중 반향 현상(多重反響現象).
泣き龍[なきりゅう] ☞ 泣き竜
泣きの涙[なきのなみだ] 눈물을 흘리며 욺. 몹시 슬퍼함.
泣き立てる[なきたてる] 〈下1自〉 소리 내어 울다. 시끄럽게 울다.
泣き面[なきつら] 울상. 우는 얼굴.
泣きっ面[なきっつら] '泣き面(なきつら)'의 강조.
泣き明かす[なきあかす] 〈5自他〉 밤새워 울다.
泣き暮らす[なきくらす] 〈5自〉 눈물로 지내다. 울며 지내다.
泣き暮れる[なきくれる] 〈下1自〉 계속 울다. 줄곧 울어대다.
泣き味噌[なきみそ] 울보.
泣き弁慶[なきべんけい] (남에게 지는 것이 싫어서) 울어서 상대를 마음 약하게 하여 이기는 사람.
泣き別れ[なきわかれ] 눈물의 이별.
泣き伏す[なきふす] 〈5自〉 엎드려 울다.
泣き付く[なきつく] 〈5自〉 ①울며 매달리다. ②울며 애원하다.
泣き崩れる[なきくずれる] 〈下1自〉 정신없이 울다. 마냥 울다.
泣き上戸[なきじょうご] 술만 취하면 우는 사람.
泣き声[なきごえ] ①우는 소리. 울음소리. ②울먹이는 소리. 울음 섞인 소리.
泣き所[なきどころ] 약점. 급소.
泣き笑い[なきわらい] ①울다가 웃음. ②울고 웃음. 슬픔과 기쁨.
泣き顔[なきがお] 울상. 우는 얼굴.
泣き言[なきごと] 우는 소리. 넋두리. 푸념.
泣き濡れる[なきぬれる] 〈下1自〉 (몹시 울어) 눈물에 젖다.
泣き泣き[なきなき] 울며불며. 울면서.
泣きの一手[なきのいって] 눈물 작전.
泣き入る[なきいる] 〈5自〉 마냥 울다.
泣き込む[なきこむ] 〈5自〉 ①울며 달려 들어오다. ②울며 애원하다.
泣き腫らす[なきはらす] 〈5他〉 몹시 울어 눈이 붓다.
泣き尽くす[なきつくす] 〈5自〉 기진맥진할 때까지 울다.
泣き真似[なきまね] 우는 흉내. 거짓울음.
泣き縋る[なきすがる] 〈5自〉 울며 부탁하다. 울며 매달리다.
泣き虫[なきむし] 울보.

泣き沈む[なきしずむ] 〈5自〉 슬픔에 잠겨 울다. 쓰러져 울다.
泣き寝[なきね] 울다가 잠.
泣き寝入り[なきねいり] ①울다가 잠이 듦. ②억울하나 참고 넘어감.
泣き喚く[なきわめく] 〈5自〉 울부짖다.
泣き黒子[なきぼくろ] 눈 밑이나 눈초리에 있는 사마귀.

音読

泣訴[きゅうそ] 읍소; 울며 호소함.
泣涕[きゅうてい] 읍체; 눈물을 흘리며 욺.

〔응〕

応(應) 응할 응

音 ◉オウ ◉ノウ
訓 ⊗こたえる

訓読

⊗**応える**[こたえる] 〈下1自〉 ①(기대에) 보답하다. 응하다. ②사무치다. 절실하게 느끼다. ③(소리가) 울리다.
応え[こたえ] 반응. 반향. 효과.

音読

応[おう] ①승낙. ②예. 좋다.
[2]**応じる**[おうじる] 〈上1自〉 ☞ 応ずる
[2]**応ずる**[おうずる] 〈サ変自〉 ①(외부 작용에) 응하다. ②(초대・요구에) 응하다. ③상응하다. 어울리다.
[1]**応急**[おうきゅう] 응급; 급한 대로 우선 처리함
応急手当て[おうきゅうてあて] 응급 치료.
応諾[おうだく] 응낙; (요구에) 승낙함.
応答[おうとう] 응답; 물음에 대답함.
[2]**応対**[おうたい] 응대; (손님을) 접대함.
[1]**応募**[おうぼ] 응모; 모집에 응함.
応変[おうへん] 응변; 변화에 따라 조치를 취함.
応報[おうほう] ≪仏≫ 응보; 행위에 대하여 받는 갚음.
応分[おうぶん] 응분; 분수에 맞음.
応召[おうしょう] 응소; ①천황의 부름에 응함. ②소집에 응함.
応需[おうじゅ] 응수; 수요(需要)에 응함.
応酬[おうしゅう] 응수; ①(의견 등을) 주고받음. 상대방의 말에 반박함. ②(술자리에서) 잔을 주고받음. ③(편지 등에) 응답함.
[2]**応用**[おうよう] 응용; ①사물에 따라 적용시켜 사용함. ②임기응변의 조처를 취함.
[2]**応援**[おうえん] 응원; ①지원. 원조. ②성원(声援).
応援団[おうえんだん] 응원단.
応戦[おうせん] 응전; 싸움에 응함.
[2]**応接**[おうせつ] 응접; (손님) 접대.
[2]**応接間**[おうせつま] 응접실.
応徴[おうちょう] 응징; 징병・징용에 응함.
応札[おうさつ] 응찰; 입찰에 응함.
◑**感応**[かんのう], **反応**[はんのう]

凝 엉길 응

音 ◉ギョウ
訓 ◉こらす ◉こる

訓読

[1]◉**凝らす**[こらす] 〈5他〉 ①엉기게 하다. 응고(凝固)시키다. ②(눈・귀・정신・마음을) 집중시키다.
[1]◉**凝る**[こる] 〈5自〉 ①엉기다. 응고(凝固)되다. ②열중하다. 미치다. ③정교하게 만들다. ④(근육이) 뻐근하다.
凝り[こり] 근육이 뻐근함. 결림.
凝り固(ま)り[こりかたまり] (어떤 사상에) 외곬으로 빠져버림. 몰두함. 집착함.
凝り固まる[こりかたまる] 〈5自〉 ①엉겨서 굳어지다. 응고(凝固)되다. ②(어떤 사상에) 외곬으로 빠져버리다. 몰두하다. 집착하다.
凝り性[こりしょう] ①(한 가지 일에) 빠져버리는 성질. 몰두하는 기질. 집념이 강한 사람. ②(어깨 등이) 결리기 쉬운 성질.
凝り屋[こりや] (한 가지 일에) 열중하는 사람. 빠져버리는 사람. 몰두하는 사람. 집념이 강한 사람. 철저히 해야만 직성이 풀리는 사람.

音読

凝結[ぎょうけつ] 응결; ①엉김. 응고됨. ②응축(凝縮). 엉기어 줄어듦.
凝固[ぎょうこ] 응고; ①엉겨서 굳어짐. ②액체나 기체가 고체로 됨.
凝念[ぎょうねん] 응념; 골똘히 생각함.
凝立[ぎょうりつ] 응립; 꼼짝 않고 서 있음.
凝視[ぎょうし] 응시; 뚫어지게 자세히 봄.
凝然として[ぎょうぜんとして] 꼼짝 않고.

凝脂[ぎょうし] 응지; ①엉기어 굳은 지방. ②희고 윤기 있는 여자의 피부.
凝集[ぎょうしゅう] 응집; 엉기어 모임.
凝縮[ぎょうしゅく] 응축; 엉기어 줄어듦.
凝聚[ぎょうしゅう] 응취; 엉기어 모임.
凝血[ぎょうけつ] 응혈; 피가 엉김. 엉긴 피.
凝灰岩[ぎょうかいがん] ≪鉱≫ 응회암.

鷹 매 응	音 ⊗オウ ⊗ヨウ 訓 ⊗たか

訓読
⊗**鷹**[たか] ≪鳥≫ 매.
鷹狩り[たかがり] 매사냥. 길들여진 매로 새를 사냥함.
鷹の羽[たかのは] 매의 깃.
鷹匠[たかじょう] (江戸(えど) 시대에) 주군(主君)의 매를 기르고 매사냥에 종사하던 매부리.
鷹派[たかは] 매파. 강경파(強硬派).
音読
鷹揚[おうよう] 응양; 느긋함. 유연하고 기품이 있음.

〔의〕

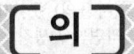

衣 옷 의
丶 亠 ナ 𧘇 衤 衣

音 ◉イ ⊗エ
訓 ◉ころも ⊗きぬ

訓読
◉**衣❶**[ころも] ①옷. 의복. ¶ ~の首(くび) 옷깃. 동정. ②승복(僧服). 법의(法衣). ③(튀김·과자 등의 표면을 싸는) 튀김옷. 당의(糖衣). ❷[い] ☞ [音読]
⊗**衣❸**[きぬ] 옷. 의복.
衣笠[きぬがさ] 자루가 긴 비단 우산. *옛날 귀인의 뒤에서 받쳤음.
衣手[ころもで] ≪雅≫ 옷소매.
衣屋[ころもや] 승복점(僧服店).
衣擦れ[ころもずれ] (입고 있는) 옷자락이 스침. 또는 그 소리.
衣替え[ころもがえ] ①(철 따라 옷을) 갈아입음. 철따라 갈아입음. ②(가게 등을) 새로 단장함.
衣包み[ころもづつみ] 보자기.
衣被❶[きぬかずき] ①(平安(へいあん) 시대 이후 신분이 높은 여성이 외출할 때) 얼굴을 가리기 위해 뒤집어 쓴 통소매의 옷. 또는 그것을 뒤집어 쓴 여인. ②포경(包茎). ③정어리. *여성어임. ❷[きぬかつぎ] 껍질째 삶은 새끼 토란.
音読
衣❶[い] 의; 옷. 의복. ¶ ~食住(いしょくじゅう) 의식주. ❷[ころも] ☞ [訓読]
衣架[いか] 의가; 옷걸이.
衣冠[いかん] 의관; ①의복과 관. ②(옛날의) 약식 관복(官服).
[1]**衣料**[いりょう] 의료; 옷감. 의복의 재료.
[1]**衣類**[いるい] 의류; 옷가지.
衣紋[えもん] ①의관(衣冠)을 갖춤. ②(일본 옷에서) 옷깃을 가슴에 여민 곳. 또는 그 옷깃. ③(그림·조각에서) 인물의 의복 선.
衣紋竿[えもんざお] 옷을 거는 장대.
衣紋掛け[えもんかけ] 옷걸이.
衣紋竹[えもんだけ] 대로 만든 옷걸이.
衣鉢[いはつ/えはつ] ①의발; 가사(袈裟)와 바리때. ②불교의 오의(奥義). ③(스승이 전해 주는) 학문·기예 등의 오의(奥義).
[2]**衣服**[いふく] 의복; 옷.
衣裳[いしょう] 의상; 의복. 복장(服装).
[2]**衣食住**[いしょくじゅう] 의식주.
[1]**衣装**[いしょう] 의상(衣裳). 복장(服装).
衣桁[いこう] 의항; 옷걸이.
◑浴衣[ゆかた]

医(醫) 의원/병고칠 의
一 ㄏ 𠂆 𠂆 医 医 医

音 ◉イ
訓 ⊗いやす

訓読
⊗**医す**[いやす] 〈5他〉 ①(병을) 고치다. 치료하다. ②(허기를) 가시게 하다. 때우다. ③(번민·고통을) 달래다. 없애다.
音読
医[い] 의; ①의술(医術). ②의사.
医科[いか] 의과; ①의학에 관한 학과. ②'医科大学'의 속칭. ③'大学医学部'의 속칭.
医科研[いかけん] '東京大学医科学研究所'의 준말.

医局[いきょく] 의국; 병원 의무과(医務課).
医大[いだい] 의대; '医科大学'의 준말.
2医療[いりょう] 의료; 의술(医術)로 병을 치료함.
医博[いはく] '医学博士'의 준말.
1医師[いし] 의사.
医書[いしょ] 의서; 의학 서적.
医術[いじゅつ] 의술; 병을 고치는 기술.
医薬[いやく] 의약; ①의술과 약제. ②의약품.
医薬品[いやくひん] 의약품.
1医院[いいん] 의원; ①개인 병원. ②진료소.
4医者[いしゃ] 의사(医師).
医長[いちょう] (종합 병원에서 각과의) 수석 의사.
4医学[いがく] 의학; 의술에 관한 학문.
医学界[いがくかい] 의학계.
医学博士[いがくはくし] 의학 박사.

依 의지할 의

ノ イ 亻 亻 仁 仕 依 依

音 ◉イ ◉エ
訓 ⊗よる

訓読

⊗依る[よる] 〈5自〉 ①의하다. 의존하다. 근거로 삼다. ②의거하다. 따르다. 준하다.

音読

依拠[いきょ] 의거; 근거로 함.
依怙地[えこじ] 외고집. 옹고집.
依怙贔屓[えこひいき] 편파적임. 편애함. 한쪽만 편듦. 불공평함.
2依頼[いらい] 의뢰; ①부탁. ②의지. 의탁.
依頼心[いらいしん] 의타심(依他心). 남에게 의지하는 심리.
1依然として[いぜんとして] 여전히.
依願[いがん] 의원; 희망에 의함.
1依存[いそん/いぞん] 의존; 의지하고 삶.
依託[いたく] 의탁; ①남에게 의뢰함. ②어떤 물체에 기댐.

宜 마땅할 의

' '' 宀 宀 宀 宜 宜 宜

音 ◉ギ
訓 ⊗うべ ⊗むべ ⊗よろしい

訓読

⊗宜[うべ/むべ] ≪古≫ 과연. 참으로.
宜な宜な[うべなうべな] 마땅함. 당연함.
2⊗宜しい[よろしい] 〈形〉 ①좋다. 괜찮다. ②알맞다. 적절하다. 적당하다. ③ ≪古≫ 보기 좋다. 볼품이 좋다.
宜しき[よろしき] 적절함.
2宜しく[よろしく] ①적절히. 적당히. ②잘. ③안부 전해 주세요. ④꼭 (…해야 한다). ⑤…처럼.

音読

宜野湾[ぎのわん] 일본 沖縄(おきなわ) 섬 남부에 있는 시(市).
◑時宜[じぎ], 便宜[べんぎ]

意 뜻 의

亠 立 产 音 音 音 音 意 意

音 ◉イ
訓 —

音読

1意[い] 의; ①마음. 생각. ②의사(意思). 의지(意志). ③(사물의) 뜻. 내용. 의미.
3意見[いけん] 의견; ①생각. ②훈계. 충고. 타이름.
意固地[いこじ] 옹고집. 외고집.
意気[いき] 의기; 기세. 기개.
意気消沈[いきしょうちん] 의기소침.
意気揚揚[いきようよう] 의기 양양.
意気込み[いきごみ] (어떤 일을 꼭 해내려는) 마음가짐. 각오. 오기. 패기.
1意気込む[いきごむ] 〈5自〉 (어떤 일을 꼭 해내려고) 단단히 마음먹다. 각오를 굳히다. 분발하다.
意気張り[いきはり] 끝까지 고집을 부림.
意気地[いくじ] 패기(覇気). 의기(意気).
意気投合[いきとうごう] 의기투합.
1意図[いと] 의도; ①생각. ②계획.
4意味[いみ] 의미; ①뜻. 말뜻. ②(어떤·표현이나 행동의) 의도. 까닭. 의미. ③보람. 가치. ④취지.
意味付ける[いみづける] 〈下1他〉 가치나 의미를 부여하다. 가치 있게 하다.
意味深[いみしん] '意味深長'의 준말.
意味深長[いみしんちょう] 의미 심장; 말이나 글의 뜻이 매우 깊음.

意味合い[いみあい] (특별한) 의미·이유·까닭.

[2]意思[いし] 의사; 마음먹은 생각.

意思表示[いしひょうじ] 의사 표시.

意想外[いそうがい] 의외(意外). 뜻밖.

[2]意識[いしき] 의식; ①(자신이 하고 있는 일이나 주변의 일을 느끼고 있는) 마음의 상태. ②(어떤 대상을 상대로 한) 마음. ③(사회적으로 규정되는) 사상·감정·이론·견해.

意識的に[いしきてきに] 의식적으로. 고의적으로.

意訳[いやく] 의역; 단어·구절에 구애되지 않고 전체의 뜻을 살리는 번역.

[2]意外[いがい] 의외; 뜻밖. 생각 밖.

[1]意欲[いよく] 의욕; 하고 싶어 하는 마음.

[2]意義[いぎ] 의의; ①뜻. 의미. ②값. 값어치. 가치.

意匠[いしょう] 의장; ①생각. 고안. 궁리. ②디자인.

意匠登録[いしょうとうろく] 의장 등록.

意中[いちゅう] 의중; 마음 속.

[2]意志[いし] 의지; 의사(意思). 생각. 뜻.

[1]意地[いじ] 의지; 고집. 오기.

[2]意地悪[いじわる] 심술궂음. 심술쟁이.

意地悪い[いじわるい] 〈形〉 심술궂다. 짓궂다. 심술이 고약하다.

意地汚い[いじきたない] 〈形〉 탐욕스럽다. 게걸스럽다.

意地張る[いじばる] 〈5自〉 고집을 부리다.

意地っ張り[いじっぱり] 고집을 부림.

意趣[いしゅ] ①생각. 마음. ②원한. 앙심. ③고집. 억지.

意趣返し[いしゅがえし] 앙갚음. 복수. 보복.

意表[いひょう] 의표; 예상 밖. 뜻밖.

[1]意向[いこう] 의향; 생각. 뜻. 마음.

義 옳을/뜻 의

丷 䒑 羊 羊 差 差 羊 羊 義 義 義

音 ◉ギ

訓 —

音読

義[ぎ] 의; ①의리. 의로움. 옳은 길. ②의미. ③(친척 이외의 사람과 결연 관계의) 의.

義なる[ぎなる] 의로운.

義挙[ぎきょ] 의거; 정의를 위해서 일을 일으킴.

義軍[ぎぐん] 의군; 의병(義兵).

義金[ぎきん] 의금; 의연금(義捐金).

[1]義理[ぎり] 의리; ①(올바른) 도리. ②(조직 생활·교제에 필요한) 체면. 의리. ③(혈연관계는 없으나) 친족과 같은 관계에 있음. ④의미. 뜻. 까닭.

義理立て[ぎりだて] 의리를 지킴.

義理一遍[ぎりいっぺん] 체면치레로 함.

義理尽く[ぎりずく] 의리 하나로 밀고 나감.

義理責め[ぎりぜめ] 도리·체면을 내세워 상대를 몰아세움.

義理合い[ぎりあい] 체면치레.

義妹[ぎまい] 의매; ①의리로 맺은 여동생. ②의붓누이동생. ＊처제·손아래시누이·손아래올케·계수·이복 여동생을 말함.

義母[ぎぼ] 의모; ①의붓어머니. ②장모. 시어머니.

[2]義務[ぎむ] 의무; 법률상 또는 도덕상 마땅히 해야 할 일.

義民[ぎみん] 의민; 의로운 백성.

義兵[ぎへい] 의병; 정의를 위하여 일으킨 군사.

義父[ぎふ] 의부; ①의붓아버지. ②시아버지. 장인. ③수양아버지.

義憤[ぎふん] 의분; 도리에 벗어난 일에 대하여 분개함.

義士[ぎし] 의사; ①의(義)를 지켜 행하는 사람. ②'赤穂義士(あこうぎし)'의 준말.

義手[ぎしゅ] 의수; 절단된 손을 보충하기 위해 만든 인공적인 손.

義塾[ぎじゅく] 의숙; ①공익을 위해 의연금으로 세운 학교. ②'慶応義塾(けいおうぎじゅく)'의 준말.

義心[ぎしん] 의심; 정의심(正義心).

義眼[ぎがん] 의안; 인공 안구(眼球).

義捐金[ぎえんきん] 의연금.

義烈[ぎれつ] 의열; 정의심이 매우 강함.

義勇[ぎゆう] 의용; 정의에 바탕을 둔 용기.

義勇軍[ぎゆうぐん] 의용군.

義勇兵[ぎゆうへい] 의용병.

義援金[ぎえんきん] 의연금(義捐金).

義人[ぎじん] 의인; 의로운 사람.

義姉[ぎし] 의자; 의로 맺은 누님. ＊처형·형수·손위시누이·손위올케·이복 누나를 말함.

義賊[ぎぞく] 의적; 부자의 재물을 훔쳐다 가 가난한 사람에게 나누어 주는 도둑.
義絶[ぎぜつ] 의절; 혈연관계나 군신(君臣)의 인연을 끊음.
義弟[ぎてい] 의제; ①의동생. ②시동생. 처남. 손아래 매제.
義足[ぎそく] 의족; 절단된 다리를 보충하기 위해 만든 인공적인 발.
義肢[ぎし] 의지; 의수(義手)와 의족(義足).
義歯[ぎし] 의치; 틀니.
義解[ぎかい] 의해; 뜻풀이.
義俠[ぎきょう] 의협; 정의를 지키며 약한 자를 돕는 일.
義兄[ぎけい] ①의형. ②손위처남. 손위동서. 자형(姉兄). 형부.
義兄弟[ぎきょうだい] 의형제; ①의로써 맺은 형제. ②배우자의 형제. ③자매의 남편.

疑 의심할 의

𠤎 𠤎 𠤕 𠤕 𠤕 𠤕 𠤕 𠤕 𠤕 疑

音 ◉ギ
訓 ◉うたがう ◉うたがわしい ⊗うたぐる

訓読

2◉疑う[うたがう] 〈5他〉 의심하다.
疑うらくは[うたがうらくは] 의심컨대. 혹시.
疑い[うたがい] ①의심. 의문. ②혐의.
疑い深い[うたがいぶかい] 〈形〉 의심이 많다.
◉疑わしい[うたがわしい] 〈形〉 ①수상하다. 수상쩍다. ②의심스럽다.
⊗疑る[うたぐる] 〈5他〉 의심하다.

音読

疑念[ぎねん] 의심.
疑問[ぎもん] 의문; 의심스러운 문제. 의심해 물음.
疑問文[ぎもんぶん] 의문문.
疑問符[ぎもんふ] 의문부; 물음표(?).
疑似[ぎじ] 의사; (병의) 겉모양・증세 등이 아주 닮았음.
疑似脳炎[ぎじのうえん] 의사 뇌염.
疑心[ぎしん] 의심; 믿지 못해 이상히 여김.
疑心暗鬼[ぎしんあんき] 한번 의심하게 되면 자꾸 의심하게 됨.
疑獄[ぎごく] ☞ 疑獄事件
疑獄事件[ぎごくじけん] 정치 문제화된 대규모 뇌물 사건.
疑義[ぎぎ] 의미・내용이 의심스러움.
疑点[ぎてん] 의문점.
疑惑[ぎわく] 의혹; 정말인지 아닌지 의심이 감.

儀 거동/본보기/예의 의

亻 亻 亻 亻 亻 亻 亻 亻 儀 儀

音 ◉ギ
訓 —

音読

儀[ぎ] ①의식(儀式). 예식(礼式). ②일. 건(件). ③모형.
儀礼[ぎれい] 의례; 예의(礼意).
儀礼的[ぎれいてき] 의례적; 형식적임.
2儀式[ぎしき] 의식; 의전(儀典).
儀式張る[ぎしきばる] 〈5自〉 격식을 차리다. 형식에 치우치다.
儀容[ぎよう] 의용; 예의범절에 맞는 태도.
儀仗[ぎじょう] 의장; 의식 때 사용하는 장식적인 무기.
儀仗兵[ぎじょうへい] 의장대(儀仗隊).
儀典[ぎてん] 의전; 의식(儀式)의 규범.

擬 비길/흉내낼 의

扌 扌 扌 扌 扌 扌 扌 扌 扌 擬

音 ◉ギ
訓 ⊗なぞらえる ⊗まがい

訓読

⊗擬える[なぞらえる] 〈下1他〉 ①비교하다. 견주다. 비하다. ②모방하다. 본뜨다. 흉내 내다.
⊗擬(い)[まがい] ①모조. 모조품. ②(뒤섞여) 구별하기 어려움. 착각하기 쉬움.
擬(い)物[まがいもの] ①모조품. ②착각하기 쉬움. 뒤섞여 구별이 안 됨.

音読

擬す[ぎす] 〈5他〉 ☞ 擬する
擬する[ぎする] 〈サ変他〉 ①흉내 내다. 모방하다. ②견주다. 비기다. ③가상(仮想)하다. ④(무기 등을) 들이대다. 겨누다.
擬古[ぎこ] 의고; 옛것을 모방함.
擬似[ぎじ] 의사; (병의) 겉모양・증세 등이 아주 닮았음.
擬似脳炎[ぎじのうえん] 의사 뇌염.
擬死[ぎし] 의사; 동물이 죽은 체함.

擬声語[ぎせいご] 의성어; 사물의 소리를 나타내는 말.
擬勢[ぎせい] 의세; ①허세(虛勢). ②동물이 적을 위협하기 위해 취하는 태도.
擬音[ぎおん] 의음; (방송·연극에서의) 효과음.
擬音語[ぎおんご] 의음어; 의성어(擬声語).
擬餌[ぎじ] 제물낚시. 인조 미끼를 단 낚시.
擬人[ぎじん] 의인; ①사람이 아닌 것을 사람처럼 다룸. ② ≪法≫ 법인(法人).
擬人化[ぎじんか] 의인화.
擬人法[ぎじんほう] 의인법; 무생물이나 추상적 개념을 마치 살아 있는 것처럼 표현하는 수사법(修辞法). *'바람이 속삭이다/꽃이 웃는다' 등이 여기에 속함.
擬装[ぎそう] 위장(偽装). 다른 것처럼 꾸며 적의 눈을 속임.
擬制[ぎせい] ≪法≫ 의제; 법률상의 가설.
擬製[ぎせい] 의제; 흉내 내어 만듦.
擬態[ぎたい] 의태; ①흉내 냄. ②동물이 자신을 보호하기 위해 모양·빛깔을 다른 물건과 흡사하게 하는 일.
擬態語[ぎたいご] 의태어; 사물의 모양이나 태도 등을 흉내 내어 나타내는 말.

議 의논할 의

言 言 訁 訁 詳 詳 詳 議 議 議

音 ◉ギ
訓 ⊗はかる

訓読

⊗**議る**[はかる] 〈5他〉 상의하다. 자문하다. 논의하다.

音読

議[ぎ] 의논(議論). 상의(相議).
議する[ぎする] 〈サ変他〉 심의하다. 논의하다. 의논하다.
1**議決**[ぎけつ] 의결; 합의에 의해서 결정됨. 합의 결정된 사항.
議決権[ぎけつけん] 의결권.
議決機関[ぎけつきかん] 의결 기관.
2**議論**[ぎろん] 의논; 토론. 논쟁. 격론.
議了[ぎりょう] 의료; 의사(議事) 종료. 심의(審議) 종료.
議事[ぎじ] 의사; 모여서 심의(審議)함. 심의해야 할 사항.
1**議事堂**[ぎじどう] 의사당; 국회 의사당.
議席[ぎせき] 의석; ①회의하는 자리. ②의회 안의 의원의 자리.
1**議案**[ぎあん] 의안; 심의할 안건.
議運委[ぎうんい] '議院運営委員会'의 준말.
2**議員**[ぎいん] 의원; 의회의 의결권을 가진 사람.
議院[ぎいん] 의원; 국회(国会).
議院運営委員会[ぎいんうんえいいいんかい] 국회 운영 위원회.
2**議長**[ぎちょう] 의장; 회의를 주재하는 사람.
議場[ぎじょう] 의장; 회의장.
議定書[ぎていしょ] 의정서.
1**議題**[ぎだい] 의제; 의안(議案)의 제목. 심의할 문제.
2**議会**[ぎかい] 의회; ①선출된 의원에 의해 결정하는 합의제의 기관. ②국회(国会).
議会政治[ぎかいせいじ] 의회 정치; 특히 의원내각제(議院内閣制)를 말함.

椅 의자 의

音 ⊗イ
訓 —

音読

4**椅子**[いす] 의자; ①걸상. ②(관직 등의) 지위. 자리. ¶大臣(だいじん)の~ 장관(長官) 자리.

毅 굳셀 의

音 ⊗キ
訓 —

音読

毅然とする[きぜんとする] 〈サ変自〉 의연하다. 단호하다. 의지가 굳고 마음이 흔들리지 않다.

誼 도타울 의

音 ⊗ギ
訓 ⊗よしみ

訓読

⊗**誼**[よしみ] 우의(友誼). 친교(親交).

音読

◑**交誼**[こうぎ], **友誼**[ゆうぎ], **情誼**[じょうぎ]

蟻 개미 의

音 ⊗ギ
訓 ⊗あり

訓読

⊗**蟻**[あり] ≪虫≫ 개미.

蟻巻[ありまき] ≪虫≫ 진디.
蟻の門渡(り)[ありのとわたり] ①개미의 행렬. ②회음(会陰). ③(양쪽이 골짜기인) 좁은 산길. ④수도승이 수행하는 험난한 곳.
蟻食[ありくい] ≪動≫ 개미핥기.
蟻地獄[ありじごく] ① ≪虫≫ 개미귀신. ＊명주잠자리의 유충을 말함. ②개미지옥. 개미귀신이 파놓은 구덩이.

蟻塚[ありづか] 의총; 개밋둑.
蟻の塔[ありのとう] 의총(蟻塚). 개밋둑.

音読

蟻封[ぎほう] 의봉; 개밋둑.
蟻酸[ぎさん] 의산; 개미산. 포름산.
蟻蚕[ぎさん] ≪虫≫ 의잠; 개미누에.
蟻集[ぎしゅう] 의집; 개미떼처럼 모여듦.

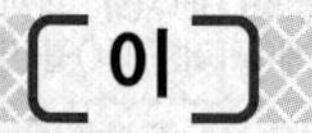

이

二 두 이

一 二

音 ◉二
訓 ◉ふた ◉ふたつ

訓読

4**◉二つ**[ふたつ] ①둘. ②두 개. 두 가지. ③(나이) 두 살. ④양쪽. ⑤둘째.
二つとない[ふたつとない] 〈形〉 둘도 없다. 다시없다. 더없이 중요하다.
二つながら[ふたつながら] 둘 다. 양쪽 모두.
二股[ふたまた] ①두 갈래로 갈라짐. ②양다리를 걸침.
二股膏薬[ふたまたごうやく] 기회주의자. 줏대 없이 이쪽저쪽에 붙음.
二股道[ふたまたみち] 두 갈래 길.
二筋[ふたすじ] 두 갈래. 두 줄기.
二筋道[ふたすじみち] ①두 길. 두 방향. ②기로(岐路). 갈림길.
二道[ふたみち] ①기로(岐路). 두 길. 갈림길. ②양다리를 걸침.
二面[ふたおもて] (마음의) 표리(表裏). 양면.
二目[ふため] 두 번 봄. 다시 봄.
二つ目[ふたつめ] ①두 번째. 두 개째. ②(歌舞伎(かぶき)에서) 제2막. ③(만담 등에서) 真打(しんうち) 아래, 前座(ぜんざ)의 위의 격(格)에 속하는 연예인.
二文字[ふたもじ] 'にら(부추)'의 옛 이름.
二つ返事[ふたつへんじ] ('예, 예'하고) 두말 없이 승낙함. 흔쾌히 승낙함.
二手[ふたて] 양쪽. 양편.
二心 ❶[ふたごころ] 이심; ①두 마음. 딴마음. ②변덕. 바람기. ❷[にしん] ①(자기 주인에 대한) 모반(謀叛). 불충(不忠). ②의심.
4**二十歳**[★はたち] 스무 살. 20세.
4**二十日**[★はつか] 스무 날. 20일.
二言 ❶[ふたこと] 두 마디의 말. ❷[にごん] ①두 번 말함. ②두 말.
二言目には[ふたことめには] 입버릇처럼. 말을 꺼냈다하면 으레.
二役[ふたやく] 두 가지 역할.
二葉[ふたば] ①떡잎. ②일의 시초. ③(사람의) 유년(幼年) 시절.
二腰[ふたこし] ①크고 작은 두 요도(腰刀). ②무사(武士).
二月 ❶[ふたつき] 두 달. 2개월. ❷[にがつ] (1년 중의) 2월. February.
4**二人**[ふたり] 두 사람. 두 명.
二人口[ふたりぐち] 두 식구. 두 사람의 식생활.
二人連れ[ふたりづれ] 두 사람 일행.
4**二日**[★ふつか] 초이틀. 이틀. 2일.
二子 ❶[ふたご] 쌍둥이. 쌍생아. ❷[ふたこ] ①'二子糸'의 준말. ②'二子織'의 준말.
二子糸[ふたこいと] 이합사(二合糸). 쌍올실.
二子織[ふたこおり] 쌍올실로 짠 면직물.
二子縞[ふたこじま] 쌍올실로 짠 줄무늬 천.
二従姉妹[ふたいとこ] 육촌 자매.
二従兄弟[ふたいとこ] 육촌 형제.
二重 ❶[ふたえ] 두 겹. ❷[にじゅう] ☞ [音読]
二重腰[ふたえごし] (노인의) 굽은 허리.
二重瞼[ふたえまぶた] 쌍꺼풀.
二親[ふたおや] 양친(両親). 어버이.
二七日[ふたなのか/ふたなぬか] ≪仏≫ 두이레.
二通り[ふたとおり] 두 종류. 두 가지.
二布[ふたの] ☞ 二幅(ふたの)
二幅 ❶[ふたの] ①두 폭. ②(허리에 두르는) 여자용 腰巻(こしまき). ③돛 줄을 감아올리는 선구(船具). ❷[ふたはば] 두 폭.
二皮[ふたかわ] 쌍꺼풀.
二皮目[ふたかわめ] 쌍꺼풀.
二皮眼[ふたかわめ] 쌍꺼풀.
二つ割り[ふたつわり] ①반씩 나눔. 둘로 쪼갬. ②반씩 나눠 가짐. ③두 말들이 술통.

二合半[★こなから] 2홉 5작. ＊주로 청주(清酒)의 분량을 말할 때 사용함.

二桁[ふたけた] (숫자의) 두 자릿수.

二形[ふたなり] ①(하나의 사물이) 동시에 두 가지 형태를 가진 것. ②반음양(半陰陽). 남녀추니. 남녀 양성을 지닌 사람.

音読

4 **二**[に] ①2. 둘. ②둘째 번. 두 번째. ③같지 않음. ④三味線(しゃみせん)의 가운데 줄.

二更[にこう] 2경; 해시(亥時). 오후 9시부터 11시 사이.

二季[にき] ①두 계절. 두 철. ②백중과 세밑.

二季払い[にきばらい] 백중과 세밑에 모아서 지불함.

4 **二階**[にかい] (집의) 2층. 2층 건물.

二階家[にかいや] 2층집.

二階建て[にかいだて] 2층집.

二階回し[にかいまわし] 유곽의 2층 안살림을 도맡은 직책.

二交替制[にこうたいせい] 2교대 근무제.

二の句[にのく] 다음 말. 다음 구.

二国間[にこくかん] 두 나라 사이.

二君[にくん] 이군; 두 군주(君主).

二軍[にぐん] ①(프로 야구에서) 예비 선수팀. ②제2선에 머물러 있는 전문가.

二宮[にぐう] ①궁중(宮中)과 동궁(東宮). ②(神宮(じんぐう)에서) 내궁(内宮)과 외궁(外宮).

二極[にきょく] 2극; 양극(両極). 전극이 둘 있음.

二極管[にきょくかん] 2극 진공관.

二級[にきゅう] 2급; ①두 개의 등급. ②두 번째의 등급.

二期[にき] 2기; ①(어떤 연도 중의) 두 기간. ②연속된 두 임기. 두 차례 임기.

二期作[にきさく] (벼의) 2모작.

二期制[にきせい] 2기제; (상반기와 하반기, 전기와 후기 등처럼) 1년을 2기로 나누는 제도.

二年[にねん] 2년; 두 해.

3 **二年生**[にねんせい] ①2년생; 식물의 생존기간이 2년에 걸쳐 성장하는 식물. ②(학교의) 2학년 학생.

二年子[にねんご] (동식물의) 태어난 지 2년짜리.

二年草[にねんそう] 2년초; 2년생 식물.

二念[にねん] ①두 마음. 딴마음. ②다른 생각.

二段[にだん] 2단; 두 번째 단계.

二段見出し[にだんみだし] (신문에서) 두 단에 걸친 표제어(表題語).

二段構え[にだんがまえ] 두 가지 방안.

二段目[にだんめ] ①두 번째 단. ②(浄瑠璃(じょうるり) 등의) 두 번째 장(章). ③(씨름에서) 대전표(対戦表)의 제2단에 이름이 오르는 씨름꾼.

二段抜き[にだんぬき] (신문에서) 두 단에 걸친 기사. 2단 기사.

二大[にだい] 2대; 두 개의 큰.

二大政党[にだいせいとう] 양대 정당.

二刀流[にとうりゅう] ①쌍칼로 싸우는 검술의 유파(流波). ②술과 단 것을 모두 즐김.

4 **二度**[にど] 두 번. 재차.

二度と[にどと] 두 번 다시

二度とない[にどとない] 〈形〉 두 번 다시 없다.

二度の勤め[にどのつとめ] ①복직(復職). 그만 둔 직업에 다시 종사함. ②안 쓰던 물건을 다시 사용함.

二度三度[にどさんど] 두 번 세 번. 자주.

二度咲き[にどざき] 꽃이 1년에 두 번 핌.

二度手間[にどでま] (한 번에 되는 일을) 두 번씩 손질함.

二度刈り[にどがり] 한 해에 두 번 벰.

二度と再び[にどとふたたび] 두 번 다시.

二途[にと] 두 갈래 길. 두 가지 방법.

二頭立て[にとうだて] 쌍두마차.

3 **二等**[にとう] 2등; 두 번째 등급.

二等辺三角形[にとうへんさんかくけい] 2등변 3각형.

二等分[にとうぶん] 2등분; 둘로 똑같이 나눔.

二等親[にとうしん] 2등친; 2촌간. ＊조부모・형제간・손자 등을 말함.

二卵性双生児[にらんせいそうせいじ] 2란성 쌍생아.

二連[にれん] 2연; (같은 것이) 2개가 나란히 함. 또는 2회 반복됨.

二列[にれつ] 2열; 두 줄.

二塁[にるい] (야구에서) 2루; 세컨드 베이스.

二塁手[にるいしゅ] 2루수.

二塁打[にるいだ] 2루타.

二流[にりゅう] 2류; ①두 유파(流派). ②일류보다 낮은 등급.

二硫化炭素[にりゅうかたんそ] 이황화탄소.

二六時中[にろくじちゅう] 하루 종일. 밤낮.

二輪車[にりんしゃ] 2륜차.

[4]**二枚**[にまい] 2매; ①두 장. ②두 개. 두 쪽.

二枚観察[にまいかんさつ] ①한 사람이 두 가지 업무를 보거나 자격을 가짐. ②혼자서 기생과 창녀를 겸함.

二枚開きの戸[にまいびらきのと] 쌍바라지문.

二枚落ち[にまいおち] (일본 장기에서) 한편이 飛車(ひしゃ)와 角(かく)를 떼고 둠. ＊한국 장기에 '차・포'를 떼고 두기와 같음.

二枚目[にまいめ] ①미남 배우. 남자 주인공. ②미남. 미남자. ③(씨름꾼의 순위표에서 前頭(まえがしら)・十両(じゅうりょう)・幕下(まくした) 등의 각각 위에서) 두 번째 지위 씨름꾼.

二枚半[にまいはん] 붙임성 있는 미남.

二枚屛風[にまいびょうぶ] 두 폭 병풍.

二枚舌[にまいじた] 모순된 말을 함.

二枚腰[にまいごし] (씨름에서) 끈기 있게 버팀. 승부 근성이 강함.

二枚折(り)[にまいおり] 2절지(切紙).

二枚蹴(り)[にまいげり] (씨름에서) 서로 맞잡은 채 발바닥으로 상대방의 복사뼈 부근을 차서 넘어뜨리는 수.

二枚戸[にまいど] 쌍바리지 문.

二毛作[にもうさく] ≪農≫ 2모작.

二無し[になし] 둘도 없다. 다시없다.

二の舞[にのまい] ①(舞楽에서) 安摩(あま)의 춤에 뒤이어 그것을 흉내 내어 추는 우스꽝스러운 춤. ②남의 실패와 똑같은 실패를 되풀이함. 전철(前轍)을 밟음.

二拍子[にびょうし] ≪楽≫ 2박자.

二半[にはん] 엉거주춤함. 이도 저도 아님.

二杯[にはい] 2배; 두 잔. 두 그릇.

二杯酢[にはいず] 초간장.

[4]**二倍**[にばい] 2배; 두 배. 두 곱.

二百十日[にひゃくとおか] 입춘(立春)부터 210일째 되는 9월 1일경. ＊이 무렵에 태풍이 많이 옴.

二百二十日[にひゃくはつか] 입춘(立春)부터 220일째 되는 9월 10일경. ＊이 무렵에 태풍이 많이 옴.

[4]**二番**[にばん] 2번; ①둘째. 두 번째. ②'二番抵当(にばんていとう)'의 준말.

二番鶏[にばんどり] 새벽에 두 번째로 우는 닭의 울음소리나 시각.

二番館[にばんかん] 재개봉 영화관.

二番目[にばんめ] 두 번째. 둘째 번.

二番目物[にばんめもの] (能楽(のうがく)에서) 두 번째로 상연하는 能(のう).

二番刈り[にばんかり] 두 번째 수확.

二番作[にばんさく] 두 번째 수확.

二番抵当[にばんていとう] 이중 저당.

二番煎じ[にばんせんじ] ①(차・약의) 재탕. ②새로운 맛이 없음.

[4]**二本**[にほん] 두 자루. ＊가늘고 긴 물건.

二本立て[にほんだて] ①(두 가지 영화를) 동시에 상영함. ②(두 가지 일을) 동시에 진행함.

二本棒[にほんぼう] ①(비웃는 말로) 무사(武士). ＊대소(大小) 두 자루의 칼을 찬 데서. ②(두 줄기의 콧물이 흐르는) 코흘리개. ③공처가(恐妻家). 엄처시하(厳妻侍下).

二本差(し)[にほんざし] ①(비웃는 말로) 무사(武士). ＊대소(大小) 두 자루의 칼을 찬 데서. ②구운두부. ＊2개의 꼬챙이에 끼우는 데서 나온 말임. ③(씨름에서) 두 손을 상대방 겨드랑이 밑에 넣는 수.

二部[にぶ] 2부; ①두 부분. ②제2의 부분. ③(대학의) 야간부. ④(책・서류 등의) 2통. 두 권.

二部作[にぶさく] 2부작; 두 부분으로 구성된 작품.

[2]**二分**❶[にぶ] ①20%. ②1할(割)의 10분의 2. 2%. ❷[にふん] (시간상의) 2분; 120초. ❸[にぶん] 2분; 둘로 나눔. 양분(両分)함.

二の糸[にのいと] 三味線(しゃみせん)의 가운데 줄.

二死[にし] (야구에서) 2사; 투 아웃.

二捨三入[にしゃさんにゅう] ≪数≫ 이사삼입.

二酸化[にさんか] ≪化≫ 이산화.

二酸化硫黄[にさんかいおう] 이산화가스.

二酸化炭素[にさんかたんそ] 이산화탄소.

二三[にさん] 두셋. 두세 가지. 약간.

二上(が)り[にあがり] ≪楽≫ 三味線(しゃみせん)의 두 번째 줄을 한 음(音) 높게 올림.

二上(が)り新内[にあがりしんない] ≪楽≫ 新内節(しんないぶし) 조(調)로 부르는 二上(が)り의 小唄(こうた). ＊구슬픈 에도 후기의 유행가를 말함.

二色[にしょく/ふたいろ] 2색; 두 가지 색.

二色刷[にしょくずり] 2색 인쇄.

二選[にせん] 2선; 두 번 선출됨.

二の膳[にのぜん] (일본 정식 요리에서) 本膳(ほんぜん) 다음에 내는 요리상. 두 번째 상.
二世❶[にせい] 2세; ①2대째. ②(같은 이름으로 두 번째 왕위에 오른) 국왕·황제·교황 등의 일컬음. ③그 사람의 아들. ④이주지에서 태어난 이민자의 아들. ❷[にせ] ≪仏≫ 현세와 내세(来世).
二世の契り[にせいのちぎり] 부부의 약속.
二世の固め[にせいのかため] 부부의 약속.
二世の約束[にせいのやくそく] 부부의 약속.
二世紀[にせいき] 2세기.
二束三文[にそくさんもん] 헐값. 싸구려. ＊두 묶음에 서푼이라는 뜻임.
二乗[にじょう] ①2승; 자승(自乗). 제곱. ②성문승(声聞乗)과 연각승(縁覚乗). ③대승(大乗)과 소승(小乗).
二乗根[にじょうこん] 2승근; 제곱근. 평방근.
二の矢[にのや] ①두 번째 쏘는 화살. ②(잇달아) 두 번째의 시도.
二食[にしょく] 2식; ①두 끼분의 식사. ②하루에 두 끼만 식사를 함.
二伸[にしん] 추신(追伸).
二新[にしん] 이신; 제2 신주(新株).
二心❶[にしん] ①(자기 주인에 대한) 모반(謀叛). 불충(不忠). ②의심. ❷[ふたごころ] 이심; ①두 마음. 딴마음. ②변덕. 바람기.
二審[にしん] ≪法≫ 2심; 제2심(審).
4二十[にじゅう] 20. 스물.
二十の扉[にじゅうのとびら] (방송 퀴즈 프로 이름으로서) 스무 고개.
二十四気[にじゅうしき] 24절기(節気).
4二十四時間[にじゅうよじかん] 24시간.
二十四節気[にじゅうしせっき] 24절기.
二十三夜[にじゅうさんや] 음력 23일의 밤.
二十三夜待ち[にじゅうさんやまち] 음력 23일의 밤의 달이 뜨기를 기다려 공물(供物)을 바치고 술을 마시며 축하하는 행사.
二十世紀[にじっせいき] 20세기.
二十五時[にじゅうごじ] 이십오시. ＊소설 이름에서 유래된 말로 '절망, 허무'의 뜻으로 쓰임.
二十八宿[にじゅうはっしゅく] ≪天≫ 28수.
二眼レフ[にがんレフ] 이안 리프. 이안 리플렉스 카메라. 초점 렌즈와 촬영 렌즈의 양용 카메라.
二様[にょう] 두 가지. 두 종류.
二言❶[にごん] ①두 번 말함. ②두 말. ❷[ふたこと] 두 마디의 말.
二業[にぎょう] 요릿집과 기생집의 두 가지.
二業地[にぎょうち] 요릿집과 기생집의 두 가지 영업이 허가된 특정 지역.
二列[にれつ] 2열; 두 줄.
二の腕[にのうで] 상박(上膊). 어깨와 팔꿈치 사이.
二元[にげん] 이원; ①사물의 2개의 다른 근본 원리. ② ≪数≫ 2개의 미지수. ③2개의 다른 장소.
二元論[にげんろん] 이원론.
二元制[にげんせい] 양원제(両院制).
4二月❶[にがつ] (1년 중의) 2월. February. ❷[ふたつき] 두 달. 2개월.
二位[にい] 2위; 2등. 두 번째.
二の酉[にのとり] 11월의 둘째 유일(酉日). 또는 그날에 서는 장.
二硫化炭素[にりゅうかたんそ] 이황화탄소(二黄化炭素). 황화탄소.
二律背反[にりつはいはん] 이율배반; 서로 모순·대립되는 두 명제가 같은 권리로써 주장됨.
二義的[にぎてき] 이의적; 2차적. 부차적.
二の人[にのひと] 궁중에서 제2인자.
二人三脚[ににんさんきゃく] ①2인 3각 경기. 둘이 서서 안쪽의 발목을 묶고 뛰는 경기. ②둘이서 협력함.
二人乗り[ににんのり] 2인승; 둘이서 탐.
二人前[ににんまえ/ふたりまえ] ①(음식의) 2인분. ②(일의) 두 사람 몫.
二人組[ににんぐみ] 2인조; 두 명이 한 조가 됨.
二人称[ににんしょう] ≪語学≫ 2인칭.
二一天作の五[にいちてんさくのご] ①이일첨작오(二一添作五). ＊주산에서 구귀가(九帰歌)의 하나. ②계산. 주판셈. ③(물건을) 반씩 나눔. 반분(半分)함.
二字[にじ] ①2자; 두 글자. ②(대개 두 글자로 이루어진 데서) 이름자. 실명(実名).
二字口[にじぐち] (씨름에서) 씨름판에 오르내리는 동서(東西)의 길목.
二者[にしゃ] 이자; 양자(両者).
二者択一[にしゃたくいつ] 양자(両者) 택일.
二障[にしょう] ≪仏≫ 이장; 해탈을 방해하는 번뇌장과 지장(智障).
二の町[にのまち] 제2위. 제2류.

二の足[にのあし] (걷기 시작할 때) 두 번째 내딛는 발.
二足[にそく] ①(신발의) 두 켤레. ②'조류(鳥類)'의 딴이름.
二種[にしゅ] ①2종. 두 종류. ②두 번째.
二朱金[にしゅきん] 에도 시대에 통용됐던 금화(金貨).
二朱銀[にしゅぎん] 에도 시대에 통용됐던 은화(銀貨).
[2]二重❶[にじゅう] 2중; ①겹. ②(똑 같은 일이) 겹침. 중복됨. ❷[ふたえ] ☞ [訓読]
二重蓋[にじゅうぶた] 겹뚜껑.
二重写し[にじゅううつし] ①이중 촬영. ②(영화・TV에서) 한 장면 위에 다른 장면을 비침.
二重奏[にじゅうそう] 2중주; 듀엣.
二重窓[にじゅうまど] 2중창; 이중 창문.
二重唱[にじゅうしょう] 2중창; 듀엣.
二重撮り[にじゅうどり] 2중 촬영.
二重衝突[にじゅうしょうとつ] 2중 충돌.
二重取り[にじゅうどり] 2중으로 받음.
二重回し[にじゅうまわし] 和服(わふく) 위에 입는 남자용 코트.
二直角[にちょっかく] 2직각; 두 직각.
二進[にしん] (야구에서 도루・번트 등으로) 1루에서 2루로 진출함.
二進法[にしんほう] ≪数≫ 2진법.
二の次[にのつぎ] 뒤로 미룸. 나중 문제.
二次[にじ] 2차; ①두 번째. ②≪数≫ 제곱.
二次元[にじげん] 2차원.
二次会[にじかい] 2차회; ①주된 목적의 회의가 끝난 다음 다시 개최하는 회의. ②2차 술자리.
二着[にちゃく] 2착; ①(양복의) 두 벌. ②두 번째 도착.
二天門[にてんもん] ≪仏≫ 이천문.
二の替(わ)り[にのかわり] ①음력 11월의 신인 배우 소개 공연 다음에 하는 이듬해 정월의 狂言(きょうげん). ②(흥행 기간 중의) 두 번째 흥행.
二親等[にしんとう] ≪法≫ 2등친; 2촌간. *조부모・형제간・손자 등을 말함.
二兎[にと] 2토; 두 마리의 토끼.
二通[につう] (편지・서류 등의) 두 통.
二八❶[にっぱち] (장사가 잘 안 되는) 2월과 8월. ❷[にはち] 처녀의 16세.
二軒建て[にけんだて] 두 가구를 수용하는 연립 주택.
二弦琴[にげんきん] 2현금; 두 줄로 된 현악기.
二号[にごう] 2호; ①두 번째. ②첩(妾).
二号宅[にごうたく] 첩(妾)의 집.
二号車[にごうしゃ] (열차의) 2호차.
二化螟蛾[にかめいが] ≪虫≫ 이화명아; 이화명충 나방.
二化螟虫[にかめいちゅう] ≪虫≫ 이화명충; 이화명아(二化螟蛾)의 애벌레.
二の丸[にのまる] 성(城)의 외곽(外廓). 본성(本城)을 싸고 있는 성곽.

써 이

丨 𠄌 𠄌 以 以

音 ◉イ
訓 ⊗もって

訓読
⊗以て[もって] ①〈接〉 따라서. 그러므로. ②㉠¶…を～ …으로. …로써. ㉡… 때문에. …를 이유로. …이므로. ③…로서. …로 하여금. ④(동사 ます형에 접속하여) …하면서.
以ての外[もってのほか] ①뜻밖임. 의외임. ②당치도 않음.

音読
[2]以降[いこう] 이후(以後). 그로부터.
以南[いなん] 이남; …로부터 남쪽.
[2]以内[いない] 이내; …로부터 안.
以東[いとう] 이동; …로부터 동쪽.
[2]以来[いらい] 이래; ①이후. ②금후. 앞으로.
以北[いほく] 이북; …로부터 북쪽.
[2]以上[いじょう] 이상; ①그보다 위. ②이제까지 말한 것. ③(문서의 마지막에 기록하여) 끝. ④합계. 전부. ⑤…한 이상에는. …한 이상.
以西[いせい] 이서; …로부터 서쪽.
以心伝心[いしんでんしん] 이심전심; 마음에서 마음으로 전달됨.
以往[いおう] 이왕; 그 후.
[2]以外[いがい] 이외; 그 밖.
以遠[いえん] 이원; 그곳보다 멂. 그 저쪽.
以遠権[いえんけん] 이원권; (항공 협정에서) 협정 대상국내의 지점에서 다시 제3국 지점으로 운항을 연장할 수 있는 권리.
[2]以前[いぜん] 이전; ①그 전. …보다 전. ②옛날. 과거. 왕년. ③(어떤 정도 범위에) 이르지 않은 단계・상태.

[2]以下[いか] 이하; ①(숫자나 정도를 포함하여) 그 보다 아래임. ②그 다음.

[2]以後[いご] 이후; ①지금부터. 앞으로. ②그 후.

耳 귀 이

一 丅 F F E 耳

音 ◉ジ
訓 ◉みみ

訓読

[4]◉耳[みみ] ①귀. ②청력(聽力). ③귀 모양의 물건. ④네모난 물건의 가장자리.

耳たぶ[みみたぶ] 귓불.

耳だらい[みみだらい] 좌우에 손잡이가 달린 사기로 만든 대야.

耳苦しい[みみぐるしい] 〈形〉 듣기 거북하다. 듣기 괴롭다.

耳慣れる[みみなれる] 〈下1自〉 귀에 익다.

耳垢[みみあか] 귀지.

耳金[みみがね] (그릇의 좌우에 달린) 쇠붙이로 된 손잡이.

耳寄り[みみより] 들을 만함. 귀가 솔깃해짐.

耳年増[みみどしま] (젊고 경험도 없으면서) 귀동냥으로 들은 지식으로 제법 어른스런 말을 하는 여자.

耳当て[みみあて] (방한용) 귀걸이. 귀집.

耳輪[みみわ] 귀고리.

耳立つ[みみだつ] 〈5自〉 ①뚜렷이 들리다. ②귀에 거슬리다.

耳鳴り[みみなり] 이명; 귀 울음.

耳相談[みみそうだん] 귀엣말을 나눔. 소곤소곤 상의함.

耳掻き[みみかき] 귀이개.

耳垂れ[みみだれ] 귀에서 고름이 나오는 병.

耳順う年[みみしたがうとし] 이순. 60세.

耳馴れる[みみなれる] 〈下1自〉 귀에 익다.

耳飾り[みみかざり] (장식용) 귀고리.

耳新しい[みみあたらしい] 〈形〉 금시초문이다. 처음 듣는다.

耳元[みみもと] 귓전.

耳遠い[みみどおい] 〈形〉 ①귀가 어둡다. ②들어보지 못하다.

耳隠し[みみかくし] 귀를 가리도록 내리 빗은 헤어스타일.

耳の日[みみのひ] 귀의 날. *3월 3일임.

耳障り[みみざわり] ①귀에 거슬림. ②귀로 들었을 때의 느낌.

耳擦り[みみこすり] ①귀엣말. 귓속말. ②넌지시 빗대어서 하는 말.

耳っ擦り[みみっこすり] '耳擦り(みみこすり)'의 강조.

耳菜草[みみなぐさ] ≪植≫ 점나도나물.

耳聡い[みみざとい] 〈形〉 ①귀가 밝다. ②이해력이 빠르다. ③소식이 빠르다.

耳打ち[みみうち] 귀엣말. 귓속말.

耳学問[みみがくもん] 귀동냥. 얻어들은 풍월.

耳許[みみもと] 귓전.

耳賢い[みみかしこい] 〈形〉 귀가 예민하다. (음악 등에 대한) 이해력이 있다.

耳環[みみわ] 귀고리.

音読

耳殻[じかく] ≪生理≫ 이각; 귓바퀴.

耳介[じかい] ☞ 耳殻

耳目[じもく] 이목; ①귀와 눈. ②주의. 관심. 주목. ③견문. ④(남의 수족이 되어) 보좌함.

耳鼻咽喉科[じびいんこうか] 이비인후과.

耳順[じじゅん] 이순; '60세'의 딴이름.

耳下腺炎[じかせんえん] ≪医≫이하선염.

弍(貳) 두 이

一 二 三 弌 弍 弍

音 ◉ニ
訓 —

音読

[2]弍[に] '二'와 같은 글자임. *영수증이나 수표 등의 변조를 막기 위해 '二' 대신 사용하는 글자임.

弍十[にじゅう] 이십; 스물. 20.

弍百[にひゃく] 이백; 200.

弍千[にせん] 이천; 2,000.

弍万[にまん] 이만; 20,000.

異 다를 이

丨 冂 冊 田 甲 巴 𢆉 異 異 異

音 ◉イ
訓 ◉こと ◉ことなる

訓読

[2]◉異なる[ことなる] 〈5自〉 (2개의 사물이 서로) 다르다. 같지 않다. 차이가 나다.

異にする[ことにする] 달리하다. 구별하다.

音読

1異[い] ①다름. 특별함. ②다른 의견. 이의(異義).

異な[いな] 이상한. 야릇한. 희한한.

1異見[いけん] 이견; ①다른 의견. 다른 견해. ②충고. 훈계.

異境[いきょう] 이경; 외국. 이국(異国).

異教徒[いきょうと] 이교도; 다른 종교 신자.

異口同音[いくどうおん] 이구동성(異口同声).

異国❶[いこく] 이국; 외국. ❷[ことくに] 《雅》 ①타향. ②외국.

異端[いたん] 이단; 그 시대의 다수의 사람들이 정통이라고 인정하는 것과는 다른 사상·신앙·학설.

異端児[いたんじ] 이단아.

異端者[いたんしゃ] 이단자.

1異動[いどう] 이동; 지위나 근무처가 바뀜.

異例[いれい] 이례; 이례적임. 전례(前例)가 없음.

1異論[いろん] 이론; 다른 의논.

異名[いみょう] 이명; ①별명. ②딴이름.

異母妹[いぼまい] 배다른 여동생.

異母兄[いぼけい] 이복형(異腹兄). 배다른 형.

異文[いぶん] 이문; ①보통과 다른 문서. ②다른 책과 차이가 있는 본문(本文).

異聞[いぶん] 이문; 색다른 소문.

異物[いぶつ] ①이물질(異物質). 체내로 들어가는 음식물 이외의 것. ②특이한 것. 보통이 아닌 것.

異邦[いほう] 이방; 외국. 타국.

異邦人[いほうじん] 이방인; 외국인.

異変[いへん] 이변; ①보통과 다른 사건·사정. ②변화. 이상(異状).

異本[いほん] 이본; ①같은 책으로 글자나 내용이 다름. ②색다른 책.

異父[いふ] 이부; 아버지가 다름.

異分子[いぶんし] 이분자; 이단자(異端者).

異状[いじょう] 이상; 보통과는 다른 상태.

2異常[いじょう] 이상; 정상적이 아님.

異常性格[いじょうせいかく] 이상 성격.

異常体質[いじょうたいしつ] 이상 체질.

異象[いじょう] 이상; 이상한 현상.

異色[いしょく] 이색; ①다른 빛깔. ②(상태·성질이) 색다름. 이색적임.

異説[いせつ] 이설; 색다른 이론.

1異性[いせい] 이성; 남자가 여자를·여자가 남자를 지칭하는 말.

異俗[いぞく] 이속; 색다른 풍속.

異数[いすう] 이수; 아주 드묾. 이례적임.

異心[いしん] 이심; 딴 마음. 두 마음.

異様[いよう] 이상함. 야릇함. 괴상함.

異域[いいき] 이역; 외국. 타국.

異義[いぎ] 이의; 다른 뜻.

1異議[いぎ] 이의; 다른 의견. 반대 의견.

異人[いじん] 이인; ①다른 사람. ②외국인. ③기인(奇人).

異材[いざい] 이재; 뛰어난 인물.

異朝[いちょう] 이조; 외국의 조정.

異存[いぞん] 이의(異議). 반대 의견.

異種[いしゅ] 이종; 다른 종류.

異質[いしつ] 이질; 성질이 다름.

異彩[いさい] 이채; 한층 뛰어남.

異体[いたい] 이체; ①모습·모양이 다름. ②별개의 몸.

異体字[いたいじ] 이체자; 표준 글자체와 다른 자체(字体).

異臭[いしゅう] 이취; 고약한 냄새.

異風[いふう] 이풍; ①색다른 풍속·풍습. ②색다른 모습.

異郷[いきょう] 이향; 타향(他郷).

異形[いぎょう] 이형; 괴상한 모습.

異花受粉[いかじゅふん] 《植》 이화수분.

移 옮길 이

丿 二 千 禾 禾 秒 秒 秒 移 移 移

音 ◉イ

訓 ◉うつす ◉うつる ◉うつろう

訓読

2◉移す[うつす] 〈5他〉 ①(다른 장소로) 옮기다. ②(직장·근무처·관할권 등을) 옮기다. ③(관심의 대상을 딴 데로) 옮기다. 돌리다. ④(병을) 옮기다. 전염시키다. ⑤(빛깔·냄새를) 배게 하다. ⑥(일을 다음 단계로) 옮기다. 진행시키다. 착수하다.

移し[うつし] ①옮김. ②향을 피워서 옷에 배게 함.

移(し)替え[うつしかえ] 이체; 서로 바꿈. 전용(転用)함.

移し絵[うつしえ] 판박이 그림. *장난감임.

3◉移る[うつる] 〈5自〉 ①(위치·장소·소속·지위 등이) 옮기다. 이동하다. ②(관심의 대상이 딴 데로) 옮아가다. 변하다. ③(상태·동작이) 바뀌다. ④(세월이) 흐

르다. 경과하다. ⑤(병이) 옮다. 전염되다. ⑥(빛깔·냄새가) 배다.

移り[うつり] ①이동. 옮김. 변천. ②¶お~ 답례품. *선물을 보내온 그릇·보자기 등에 넣어 보내는 선물을 말함.

移り気[うつりぎ] 변덕. 변덕스러움.

移り変(わ)り[うつりかわり] 바뀜. 변천.

移り変(わ)る[うつりかわる] 〈5自〉 변천하다. (차례로) 바뀌다.

移り身[うつりみ] (다음 행동으로 옮겨가는) 몸의 움직임. 변신.

移り箸[うつりばし] (일본 식사에서 밥은 먹지 않고) 반찬만 이것저것 집어먹음. *식사 예법에 어긋남.

移り行き[うつりゆき] 이행; 변천.

移り香[うつりが] 옮은 향기.

◉**移ろう**[うつろう] 〈5自〉 ①옮기다. ②(사물이) 변해가다. 변하다. ③(마음이) 바뀌다. 변하다. ④(색이) 변하다. 바래다. ⑤(빛깔·냄새가) 배다.

移ろい[うつろい] ①옮김. 이동. 변천. ②이사(移徙). 전거(転居). ③(꽃의 색깔 등이) 변하고 시듦. 한창 때가 지남.

音読

移管[いかん] 이관; 관할을 옮김.

[2]**移動**[いどう] 이동; 옮겨 움직임. 움직여서 자리를 바꿈.

移動大使[いどうたいし] 순회(巡廻) 대사.

[1]**移民**[いみん] 이민; 자기 나라를 떠나 다른 나라의 영토로 옮겨감.

移封[いほう] 이봉; 영주(領主)를 다른 영지(領地)로 옮김.

移送[いそう] 이송; 옮겨 보냄.

移植[いしょく] 이식; ①(농작물·화초·수목을) 옮겨 심음. ②《医》 몸의 조직 일부를 떼어 다른 개체에 옮김.

移譲[いじょう] 이양; 남에게 옮겨 넘겨 줌.

移入[いにゅう] 이입; ①옮기어 들임. ②국내의 다른 지방에서 화물을 들여옴.

移籍[いせき] 이적; ①(결혼·양자 등으로) 호적을 다른 곳으로 옮김. ②운동선수가 소속팀에서 다른 팀으로 적을 옮김.

[2]**移転**[いてん] 이전; ①(사무실 등의) 이사. ②권리 이양. ③변이(変移). 옮김. 옮음.

移転登記[いてんとうき] 이전 등기.

移調[いちょう] 《楽》 이조; 조옮김.

[1]**移住**[いじゅう] 이주; 국내의 다른 지방이나 국외의 다른 나라로 옮겨 삶.

移駐[いちゅう] 이주; 군대 등이 다른 지역으로 옮겨가 주둔함.

移出[いしゅつ] 이출; 국내의 다른 지방으로 생산물을 옮겨냄. 반출함.

移出入[いしゅつにゅう] 이출입.

[1]**移行**[いこう] 이행; 옮아감. 변해 감.

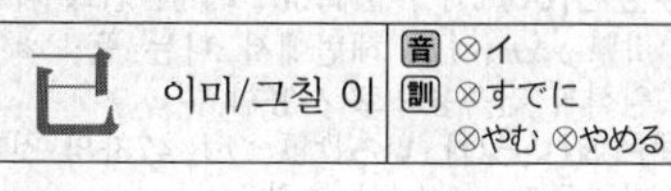

已
이미/그칠 이
音 ⊗イ
訓 ⊗すでに ⊗やむ ⊗やめる

訓読

⊗**已に**[すでに] ①이미. 벌써. ②(때를 놓치고) 이젠. 이미 이제는. ③하마터면.

已にして[すでにして] 그러는 동안에.

⊗**已む**[やむ] 〈5自〉 멎다. 그치다.

已むに已まれず[やむにやまれず] 부득이하게. 어쩔 수 없이.

已むを得ず[やむをえず] 부득이하게. 어쩔 수 없이.

已むを得ない[やむをえない] 〈形〉 부득이하다. 어쩔 수 없다.

⊗**已める**[やめる] 〈下1他〉 (어떤 일을) 그만두다. 중지하다. 끊다.

已め[やめ] 그만둠. 중지.

音読

已然形[いぜんけい] 《語学》 이연형; 문어(文語)의 활용형의 하나로써, 접속조사 'ば·ど·ども'가 접속하여 '동작이 이미 그렇게 되어 있다'는 확정조건을 나타냄. 구어(口語)에서는 가정형에 해당함.

伊	저/저사람 이	音 ⊗イ 訓 —

音読

伊[い] '伊多利(イタリア)'의 준말.

伊多利[イタリア] 《地》 이탈리아.

伊達[だて] ①(짐짓) 호기를 부림. ②멋 부림. 겉치레. 허세를 부림.

伊達巻き[だてまき] ①(일본 옷에서) 부인용 큰 띠 밑에 매는 좁은 띠. ②생선살과 계란을 섞어 부쳐서 만든 음식.

伊達男[だておとこ] ①멋쟁이 남자. 화려한 것을 좋아하는 남자. ②의협심이 강한 남자.

伊達女[だておんな] 멋쟁이 여자. 화려한 것을 좋아하는 여자.

伊達眼鏡[だてめがね] 멋으로 쓰는 안경. 도수 없는 안경.

伊達者[だてしゃ] 멋쟁이. 화려한 옷차림을 좋아하는 사람.
伊達姿[だてすがた] 멋있게 차려 입은 세련된 자태.
伊豆[いず] (옛 지명으로) 현재의 静岡県(しずおかけん) 대부분과 伊豆(いず) 7도(島).
伊豆石[いずいし] 静岡県(しずおかけん)과 神奈川県(かながわけん) 해변에서 나는 돌. ＊정원석과 건축용으로 사용함.
伊呂波[いろは] 'いろは歌(うた)' 47자의 첫머리 3글자. 'かな'의 총칭.
伊勢[いせ] ①옛 지명. ＊현재의 三重県(みえけん) 대부분. ②'伊勢神宮(いせじんぐう)'의 준말.
伊勢神宮[いせじんぐう] 三重県(みえけん) 伊勢市(いせし)에 소재한 일본 황실의 신궁(神宮).
伊勢参り[いせまいり] 伊勢神宮 참배.
伊勢参宮[いせさんぐう] 伊勢神宮 참배.
伊勢蝦[いせえび] ≪動≫ 왕새우.
伊勢海老[いせえび] ≪動≫ 왕새우.
伊語[いご] 이탈리아어.
伊予[いよ] 옛 지명. ＊현재의 愛媛県(えひめけん)을 말함.
伊予簾[いよすだれ] 伊予(いよ) 지방산의 기장대 풀로 엮은 발.
伊予絣[いよがすり] 伊予(いよ) 지방산의 비백(飛白) 무늬 천.
伊州[いしゅう] '伊賀(いが)'의 딴이름.
伊太利[イタリア] ≪地≫ 이탈리아.
伊賀[いが] 옛 지명. ＊현재의 三重県(みえけん) 북서부 지방.
伊賀袴[いがはかま] 가랑이를 무릎께에서 묶어 각반처럼 만든 바지. ＊목수 등이 입음.
伊賀州[いがしゅう] 江戸幕府(えどばくふ)에 고용되어 낮은 직책에 종사하던 伊賀(いが) 출신의 향사(郷士)들.
伊艦[いかん] 이함; 이탈리아 군함.

夷 오랑캐 이	音 ⊗イ 訓 ⊗えびす

訓読
⊗夷❶[えびす] ①고대에 奥羽(おうう) 지방에서 北海道(ほっかいどう) 지방에 걸쳐 살던 인종. ②미개인. 야만인. ③성질이 거친 사람. ❷[い] ☞ [音読]
夷心[えびすごころ] 야만인의 거친 마음.
夷草[えびすぐさ] ≪植≫ 결명차.

音読
夷❶[い] 동쪽 오랑캐. ❷[えびす] ☞ [訓読]
夷国[いこく] 이국; 오랑캐 나라. 야만국.
夷人[いじん] 이인; ①오랑캐. 야만인. 미개인. ②외국인.
夷狄[いてき] 이적; ①오랑캐. 야만인. 미개인. ②외국인.

弛 느슨할/늦출 이	音 ⊗シ ⊗チ 訓 ⊗ゆるまる ⊗ゆるむ ⊗ゆるめる

訓読
⊗弛まる[ゆるまる] 〈5自〉 느슨해지다.
[1]⊗弛む❶[ゆるむ] 〈5自〉 ①헐렁해지다. 헐거워지다. ②(날씨가) 누그러지다. ③(마음이) 해이해지다. ④묽어지다. ⑤(시세가) 떨어지다. ❷[たるむ] 〈5自〉 ①느슨해지다. ②(마음이) 해이해지다.
[1]弛み[ゆるみ/たるみ] 느슨해짐. 해이해짐.
⊗弛める❶[ゆるめる] 〈下1他〉 ①(긴장・단속을) 완화하다. ②느슨하게 하다. 헐겁게 하다. ③(속력・상태 등을) 늦추다. ④묽게 하다. ❷[たるめる] 〈下1他〉 느슨하게 하다.

音読
弛緩[しかん/ちかん] 이완; 느슨해짐. ＊'ちかん'은 관용음(慣用音)임.
弛張[しちょう/ちちょう] 이장; ①늦춤과 죔. ②관대함과 엄격함. ＊'ちちょう'는 관용음(慣用音)임.

 爾 너 이	音 ⊗ジ 訓 ⊗なんじ ⊗しか

訓読
⊗爾❶[なんじ] 너. 그대. ❷[しか] 그렇게. 그와 같이.

音読
爾今[じこん] 이제부터. 금후(今後).
爾来[じらい] 이래; 그 후. 이후.
爾汝[じじょ] 이여; 친밀함.
爾余の[じよの] 이 밖의. 이외(以外)의.
爾後[じご] 이후; 그 후.

飴 ˣ(飴) 엿 이	音 ⊗イ 訓 ⊗あめ

訓読

[3]⊗飴[あめ] ①사탕. ②엿. 조청.
飴坊[あめんぼ] ≪虫≫ 소금쟁이.
飴ん棒[あめんぼう] ①가래엿. 엿가래. ②≪虫≫ 소금쟁이.
飴色[あめいろ] 조청색. 투명한 황갈색.
飴細工[あめざいく] ①엿으로 여러 가지 모양을 만듦. ②빛 좋은 개살구. 허울만 좋고 실속이 없는 것.
飴玉[あめだま] 눈깔사탕.
飴屋[あめや] 엿장수. 엿가게.
飴牛[あめうし] 누른 소. 황우(黄牛).
飴煮[あめに] (민물고기·조개 등의) 물엿 조림. 설탕 조림.
飴湯[あめゆ] 조청을 더운 물에 녹여서 계피를 탄 음료.

餌 ×(餌) 먹이 이

音 ⊗ジ
訓 ⊗えさ ⊗え

訓読

[2]⊗餌[えさ/え] ①모이. 먹이. 사료. ②미끼. ③음식. 식사. *천한 말씨임.
餌ば[えば] ①사료. 먹이. ②미끼.
餌付く[えづく] 〈5自〉 (야생 동물이) 사람이 주는 먹이를 먹게 되다.
餌付け[えづけ] (야생 동물에게 먹이를 주어) 길들임.
餌食[えじき] ①(살아 있는) 먹이. ②희생물. 제물(祭物). 봉.
餌壺[えつぼ] 모이통. 모이 그릇.

〔익〕

益(益) 더할/이로울 익

音 ◉エキ ◉ヤク
訓 ⊗ます

訓読

⊗益す[ます] 〈5自〉 많아지다. 불어나다. 늘다. 〈5他〉 많아지게 하다. 불리다. 늘리다.
[2]⊗益益[ますます] 더욱더. 점점 더.
益荒男[ますらお] ① ≪雅≫ 대장부. 굳세고 당당한 남자. ② ≪古≫ 조정의 벼슬아치.
益荒男振(り)[ますらおぶり] 남성적이고 대범한 가풍(歌風).
益荒猛男[ますらたけお] ≪雅≫ 대장부. 굳세고 당당한 남자.

音読

益❶[えき] ①유익. ②이득. 이익. ③효과. 효험. ❷[やく] 효과. 효용.
益する[えきする] 〈サ変他〉 이익을 주다.
益金[えききん] 이익금. 수익금.
益友[えきゆう] 익우; 유익한 벗.
益鳥[えきちょう] 익조; 사람에게 이로운 새.
益体もない[やくたいもない] 〈形〉 시시하다. 쓸모없다.
益虫[えきちゅう] 익충; 사람에게 이로운 벌레.

翌(翌) 다음날 익

音 ◉ヨク
訓 —

音読

[2]翌[よく] (특정한 연(年)·월(月)·일(日) 등의 앞에 접속하여) 오는. 이듬. 다음.
[2]翌年[よくとし/よくねん] 익년; 그 이듬해. 그 다음해.
翌晩[よくばん] 그 다음날 밤.
翌夕[よくせき] 그 다음날 저녁.
翌夜[よくや] 그 다음날 밤.
翌月[よくげつ] 익월; 그 다음달.
[1]翌日[よくじつ] 익일; 그 다음날.
[2]翌朝[よくあさ/よくちょう] 그 다음날 아침.
翌週[よくしゅう] 익주; 그 다음주.
翌秋[よくしゅう] 익추; 그 다음해 가을.
翌春[よくしゅん] 익춘; 그 다음해 봄.

翼(翼) 날개 익

音 ◉ヨク
訓 ◉つばさ

訓読

[2]◉翼❶[つばさ] ①(새의) 날개. ②(비행기의) 날개. ❷[よく] ☞ [音読]

音読

翼❶[よく] 중심부에서 좌우 양쪽으로 뻗어 나온 것. ❷[つばさ] ☞ [訓読]
翼端[よくたん] 익단; 날개 끝.
翼状[よくじょう] 익상; 날개를 펼친 모양.

翼翼[よくよく] 신중하고 소심함.
翼長[よくちょう] 익장; 날개 길이.
翼賛[よくさん] 익찬; 힘을 다해 보좌함. 특히 천황의 정치를 보좌함.
翼下[よっか] 익하; ①(비행기의) 날개 밑. ②산하(傘下). 지배하(支配下).

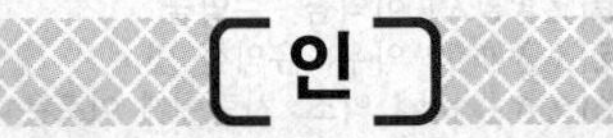

사람 인

ノ人

音 ◉ジン ◉ニン
訓 ◉ひと

訓読

[4]◉**人**❶[ひと] ①사람. 인간. 인류. ②세상사람. ③남. 타인. ④남편. 아내. ¶うちの~ 우리 집 양반·마누라. ⑤훌륭한 사람. 인물. ⑥인품. ❷[じん/にん] ☞ [音読]
人あしらい[ひとあしらい] 접대. 대접.
人いきれ[ひといきれ] 사람의 훈기.
人がましい[ひとがましい] 〈形〉 ①어엿하다. 사람답다. ②명실상부하다. 상당한 인물답다.
人さらい[ひとさらい] 유괴. 유괴범.
人となり[ひととなり] 사람됨. 천성. 인품.
人間❶[ひとま] ≪雅≫ 사람이 없는 곳. 사람이 안 보이는 사이. ❷[にんげん] ☞ [音読]
人減らし[ひとべらし] 감원(減員). 직원 수를 줄임.
人見知り[ひとみしり] (어린아이의) 낯가림.
人交ぜ[ひとまぜ] 다른 사람을 섞음.
人交わり[ひとまじわり] 교제. 사귐.
人橋[ひとはし] ①(급할 때) 잇달아 심부름꾼을 보냄. ②중매를 부탁함. 중매인.
人群れ[ひとむれ] 군중(群衆). 사람의 무리.
[1]**人気**❶[ひとけ] ①인기척. ②인간다움. ❷[にんき/じんき] ☞ [音読]
人肌[ひとはだ] ①사람의 피부. ②체온.
人寄せ[ひとよせ] (흥행을 하기 위해) 사람을 불러 모음.
人当(た)り[ひとあたり] 남에게 주는 인상. 대인 관계.
人待ち[ひとまち] 사람을 기다림.
人待ち顔[ひとまちがお] 사람을 기다리는 듯한 표정.
人頼み[ひとだのみ] 남에게 의지함. 남에게 맡김.
人里[ひとざと] 마을.
人立ち[ひとだち] 많은 사람들의 모임.
人買い[ひとかい] 인신 매매. 인신 매매자.
人買い船[ひとかいぶね] 인신매매선.
[1]**人目**[ひとめ] 남의 눈.
人で無し[ひとでなし] (인정이나 은혜를 모르는) 사람답지 않은 사람.
人も無げ[ひともなげ] (남의 앞에서) 거리낌 없이 행동함. 방약무인(傍若無人).
人文字[ひともじ] 사람이 늘어서서 만든 글자.
人聞き[ひとぎき] 세상의 평판. 남이 들음.
人並み[ひとなみ] 남들과 같은 정도.
[1]**人柄**[ひとがら] ①인품. 성품. 사람됨. ②인품이 좋음. 점잖음.
人付き[ひとづき] ①교제. 사귐. ②대인 관계. 붙임성.
人付(き)合い[ひとづきあい] 교제. 붙임성. 사귐성. 사교성.
人膚[ひとはだ] ①사람의 피부. ②체온.
人払い[ひとばらい] ①(밀담을 위해) 좌우를 물림. 사람을 물림. ②벽제(辟除).
人死(に)[ひとじに] 뜻밖의 일로 사람이 죽음. 뜻밖의 희생자.
人使い[ひとづかい] 사람을 부림.
人事❶[ひとごと] 남의 일. ❷[じんじ] 인사; ①인력(人力)으로 할 수 있는 일. ②인간사. 세상사. ③개인의 능력이나 신분에 관한 사항. ④(俳句(はいく)의 분류에서) 인간 사회·생활 등에 관한 사항.
人山[ひとやま] 군중(群衆). 인산인해(人山人海). 많은 사람이 모임.
人殺し[ひとごろし] 살인. 살인자.
人雪崩[ひとなだれ] 사람사태. 사람이 떠밀려 겹쳐 넘어지는 사태.
人声[ひとごえ] 사람의 목소리.
人の世[ひとのよ] 인간 세계. 속세. 세상.
人少な[ひとずくな] 인원수가 적음. 일손이 모자람. 단출함.
人笑わせ[ひとわらわせ] 웃음거리. 남을 웃기는 어리석은 짓.
人笑われ[ひとわらわれ] 놀림감. 남의 비웃음을 사는 일.
人騒がせ[ひとさわがせ] 남을 놀라게 함. 세상을 떠들썩하게 함.
人手[ひとで] ①≪動≫ 불가사리. ②남의 손. 남의 힘. 남의 도움. ③일손.

人手不足[ひとでぶそく] 일손 부족.
人受け[ひとうけ] 남에게 주는 인상·느낌. 남의 평판.
人数❶[ひとかず] ①인원수. ②사람 축. ❷[にんずう] 인원수.
人馴れ[ひとなれ] ①남과 친숙해짐. ②(동물이) 사람을 따름.
人馴れる[ひとなれる] 〈下1自〉 ①남과 친숙해지다. ②(동물이) 사람을 따르다.
人食い[ひとくい] ①사람을 묾. ②사람을 먹음.
人食い人種[ひとくいじんしゅ] 식인종.
人身御供[ひとみごくう] ①사람을 희생 제물로 신(神)에게 바침. ②(남을 위해) 희생이 되는 사람.
人心❶[ひとごころ] ①인정. 인심. ②안도감. ❷[じんしん] 사람의 마음. 민심(民心).
人心地[ひとごこち] (불안·공포에서 벗어난) 안도감. 제 정신.
人悪[ひとわる] 심술궂음. 성질이 나쁨.
人様[ひとさま] (높임말로) 다른 분.
人言[ひとごと] ①남이 하는 말. ②평판. 소문.
人熱れ[ひといきれ] 사람의 훈기.
1 人影❶[ひとかげ] ①(물이나 거울에 비친) 사람의 그림자. ②사람의 모습. ❷[じんえい] 인적(人跡). 사람의 모습.
人垣[ひとがき] 많은 사람이 울타리처럼 늘어선 상태. 인산인해(人山人海).
人違い[ひとちがい] ①사람을 잘못 봄. 사람을 착각함. ②딴사람처럼 달라짐.
人音[ひとおと] 인기척.
人泣かせ[ひとなかせ] 남을 괴롭힘. 남에게 폐를 끼침.
4 人人❶[ひとびと] ①(많은) 사람들. ②각자. ❷[にんにん] 각자. 각인(各人).
人一倍[ひといちばい] 남보다 갑절. 남보다 더한층. 남달리.
人任せ[ひとまかせ] (자기가 할 일을) 남에게 맡김.
人入れ[ひといれ] (江戸(えど) 시대에) 인부 등을 알선함. 고용인 알선.
人入れ稼業[ひといれかぎょう] (江戸(えど) 시대에) 고용인 알선업.
2 人込み[ひとごみ] 사람으로 붐빔. 혼잡함.
人っ子一人[ひとっこひとり] (부정문에서) 아무도. 누구 하나.
人雑ぜ[ひとまぜ] 다른 사람을 섞음.
人丈[ひとたけ] 사람 키와 같은 키.
人跡[ひとあと/じんせき] 인적; 사람의 발자취.
人敵[ひとがたき] 원수.
人伝[ひとづて] ①인편(人便)에 전함. ②소문. 입으로 전해짐.
人前[ひとまえ] ①남의 앞. 남들이 보는 앞. ②체면.
人切り[ひときり] ①사람을 벰. ②망나니.
人切り包丁[ひときりぼうちょう] (사람을 베는) 칼. 검(劍).
人助け[ひとだすけ] 남을 도움.
人足❶[ひとあし] 사람의 왕래. 인적(人跡). ❷[にんそく] (막일하는) 노무자. 인부.
人足寄せ場[にんそくよせば] (江戸(えど) 시대에) 갈 곳 없는 사람들을 수용하여 노역에 종사시키던 곳.
人柱[ひとばしら] ①(옛날) 다리·성(城) 등의 난공사에 사람을 희생 제물로 생매장하던 일. ②(어떤 목적을 위해) 희생됨.
人中[ひとなか] ①남들이 보는 앞. ②세상.
人知れず[ひとしれず] 남몰래. 남모르게.
人知れぬ[ひとしれぬ] 남모르는.
2 人指(し)指[ひとさしゆび] 집게손가락.
人真似[ひとまね] ①남의 흉내. 흉내 내기. ②(동물·새가) 사람 흉내를 냄. 사람 흉내.
1 人質[ひとじち] 인질; 볼모.
人集り[ひとだかり] 군중(群衆). 많은 사람들이 모임.
2 人差(し)指[ひとさしゆび] 집게손가락.
人擦れ[ひとずれ] (많은 사람을 접하여) 닳고 닳음. 순수성이 없음.
人斬り[ひときり] ①사람을 벰. ②망나니.
人斬り包丁[ひときりぼうちょう] (사람을 베는) 칼. 검(劍).
人妻[ひとづま] 남의 아내. 유부녀(有夫女).
人触り[ひとざわり] (사람을 대할 때) 상대방에게 주는 느낌·인상.
人出[ひとで] 나들이 인파.
人臭い[ひとくさい] 〈形〉 ①사람 냄새가 나다. 인기척이 있다. ②인간답다. 사람답다.
2 人通り[ひとどおり] 사람의 왕래.
人波[ひとなみ] 인파; 사람의 물결.
人怖じ[ひとおじ] 낯가림.
人穴[ひとあな] (화산 기슭 등에 있는) 용암 동굴. *옛날에 사람이 살았다고 함.
人嫌い[ひとぎらい] ①사람 만나기를 싫어함. ②(체질적으로) 사람을 꺼림.

人形❶[ひとがた] 사람 모양. 사람 모양을 한 것. ❷[にんぎょう] (장난감) 인형.
人好き[ひとずき] 남에게 호감을 줌.
人魂[ひとだま] 도깨비불.
人懐かしい[ひとなつかしい] 〈形〉 ①사람이 그립다. ②온화해서 친밀감을 느끼다.
人懐こい[ひとなつこい] 〈形〉 붙임성이 있다. 사람을 잘 따르다.

音読

4人❶[じん] ①(国名에 접속하여) 그 나라 사람. ¶インド~ 인도 사람. ②(3단계로 나누는 평점(評点)에서 등에서) 3번째. ¶天(てん)·地(ち)·~ 천·지·인. ❷[にん] (숫자에 접속하여 사람 수효를 나타내는)…명(名). ❸[ひと] ☞ [訓読]
人キロ[にんキロ] 인킬로; (철도에서) 여객 1명을 1㎞ 운송하는 수송량을 나타내는 단위.
人家[じんか] 인가; 사람이 사는 집.
2人間❶[にんげん] ①인간; 사람. 인류. ②인품. 인물. ③《古》 인간 세상. ❷[ひとま] 《雅》 사람이 없는 곳. 사람이 안 보이는 사이. ☞ [訓読]
人間ドック[にんげんドック] 단기 종합 정밀 진단. 단기간 입원하여 정밀 검사를 받음.
人間国宝[にんげんこくほう] 인간문화재.
人間味[にんげんみ] 인간미; 인정미(人情味).
人間並[にんげんなみ] 보통 사람 수준.
人間性[にんげんせい] 인간성; 인간의 본성.
人間業[にんげんわざ] 사람의 짓.
人間的[にんげんてき] 인간적; 인간다움.
人件[じんけん] 인건; 인사(人事)에 관한 사항.
人件費[じんけんひ] 인건비.
人傑[じんけつ] 인걸; 뛰어난 인물.
1人格[じんかく] 인격; 사람의 품격.
人格権[じんかくけん] 인격권.
人格者[じんかくしゃ] 인격자.
人格化[じんかくか] 인격화; 의인화(擬人化).
人絹[じんけん] 인견; '人造絹糸(じんぞうけんし)'의 준말.
人境[じんきょう] 인경; 사람이 살고 있는 곳.
人界❶[じんかい] 인간 세계. ❷[にんがい] 《仏》 인간 세계.
人骨[じんこつ] 인골; 사람의 뼈.
2人工❶[じんこう] 인공; 사람이 자연물에 가공함. ❷[にんく] (하나의 공사에 필요한) 총 인원수. 연인원수.
人工雪[じんこうゆき] 인공설; 인공적으로 만들어진 눈.
人工池[じんこういけ] 인공 연못.
3人口[じんこう] 인구; ①뭇사람들의 입. 세상 사람들의 소문. ②일정한 지역에 사는 사람의 수효.
人口密度[じんこうみつど] 인구 밀도.
人国記[じんこくき/じんこっき] ①지방별 출신의 인물 소개. ②지방별 주민의 특질을 기록한 책.
人君[じんくん] 인군; 군주(君主).
人権[じんけん] 인권; 인간의 기본 권리.
2人気❶[にんき] 인기; 세상의 평판. ❷[じんき] 그 지방 일대의 기풍·기질. ❸[ひとけ] ☞ [訓読]
人気稼業[にんきかぎょう] 인기 직업.
人気番組[にんきばんぐみ] (라디오·TV 등의) 인기 프로그램.
人気商売[にんきしょうばい] 인기 직업.
人気者[にんきもの] 인기를 독차지하는 자. 귀염둥이.
人気取り[にんきとり] 인기를 얻으려 함.
人尿[じんにょう] 인뇨; 사람의 오줌.
人代名詞[じんだいめいし] 인칭 대명사.
人台[じんだい] (양복의 진열·제작에 사용하는) 인체의 모형.
人徳[じんとく] 인덕; 사람이 본디 지니고 있는 덕.
人道[じんどう] 인도; ①사람이 지켜야 할 도리. ②보도(歩道).
人頭[じんとう] 인두; ①사람의 머리. ②인구. 인원수.
人頭税[じんとうぜい/にんとうぜい] 인두세; 사람 수에 의해서 부과하는 세금.
人力❶[じんりき] 인력; ①사람의 힘·능력. ②'人力車(じんりきしゃ)'의 준말. ❷[じんりょく] 사람의 힘·능력.
人力車[じんりきしゃ] 인력거.
2人類[じんるい] 인류; 인간. 사람.
人倫[じんりん] 인륜; ①사람과 사람 사이의 질서. ②사람이 지켜야 할 도리.
人馬[じんば] 인마; 사람과 말.
人望[じんぼう] 인망; 세상 사람이 존경하며 따르는 덕망.
人脈[じんみゃく] 인맥; 같은 계통에 속하는 사람들의 연줄.
人面[じんめん] 인면; 사람의 얼굴.
人面瘡[じんめんそう] 《医》 인면창.

人面獣心[じんめんじゅうしん/にんめんじゅうしん] 인면수심; 사람의 마음·행동이 몹시 흉악함.

人名[じんめい] 인명; 사람의 이름.

人名勘定[じんめいかんじょう] 인명 계정(計定).

人名簿[じんめいぼ] 인명부.

[2]**人命**[じんめい] 인명; 사람의 목숨.

人文[じんぶん] 인문; ①인류 사회의 문화. ②인간과 문화.

[2]**人文科学**[じんぶんかがく] 인문 과학.

[2]**人物**[じんぶつ] 인물; ①사람. 인간. ②인품. 성격. ③인재. 유능한 사람.

人物像[じんぶつぞう] 인물상.

[1]**人民**[じんみん] 인민; 국민. 백성.

人別[にんべつ] ①개인별. 개인 단위로 할당함. ②(옛날) 인구. 인구 조사.

人別改[にんべつあらため] (江戸(えど) 시대의) 인구 조사.

人別割当[にんべつわりあて] 개인별 할당.

人別帳[にんべつちょう] (江戸(えど) 시대의) 호적부(戸籍簿).

人本主義[じんぽんしゅぎ] 인본주의; ①인도주의(人道主義). ②인문주의(人文主義). ③(지식·진리 등 추상적 가치보다도) 인간 자체나 그 삶이 가장 중요하다고 보는 실용주의적 사상.

人夫[にんぷ] 인부; 일꾼.

人糞[じんぷん] 인분; 사람의 똥.

人非人[にんぴにん] 인비인; 비인간(非人間).

人士[じんし] 인사; 사회적인 지위가 있는 사람.

[2]**人事❶**[じんじ] 인사; ①인력(人力)으로 할 수 있는 일. ②인간사. 세상사. ③개인의 능력이나 신분에 관한 사항. ④(俳句(はいく)의 분류에서) 인간 사회·생활 등에 관한 사항. ❷[ひとごと] 남의 일.

人事不省[じんじふせい] 인사불성; 혼수상태에 빠져 의식을 잃음.

人事院[じんじいん] 인사원; 국가 공무원의 인사와 급여에 관한 사무 처리 등을 하는 내각 직속 기관.

人事委[じんじい] '人事委員会'의 준말.

人三化七[にんさんばけしち] 용모가 몹시 추한 사람. 특히 못생긴 여자. ＊30%는 사람이고 70%는 괴물이라는 뜻임.

人参[にんじん] ≪植≫ ①당근. ②'朝鮮人参(ちょうせんにんじん)'의 준말.

人相[にんそう] 인상; ①얼굴 모습. ②관상(観相).

人相見[にんそうみ] 관상가(観相家).

人相書(き)[にんそうがき] 인상서; 가출자·미아·범죄자의 등을 찾기 위해 그 특징을 그려서 배부하는 쪽지.

[2]**人生**[じんせい] 인생; ①인간의 생존·생활 방법. ②인간이 살고 있는 기간. 일생(一生).

人生模様[じんせいもよう] 복잡한 인생의 여러 모양을 옷감의 무늬에 비유한 말.

人選[じんせん] 인선; 적당한 사람을 가려 뽑음.

人繊[じんせん] '人造繊維'의 준말.

人性[じんせい] 인성; 인간 본연의 성질.

人世[じんせい] 인세; 인간 세상. 속세.

人税[じんぜい] 인세; 사람이나 법인의 거주 또는 근로 소득에 부과하는 세금.

人寿[じんじゅ] 인수; 인간의 수명.

人数❶[にんずう] 인원수. ❷[ひとかず] ①인원수. ②사람 축.

人臣[じんしん] 신하(臣下).

人身❶[じんしん] 인신; ①인체. 사람의 몸. ②개인의 신상. ❷[にんじん] ≪仏≫ 인간으로서의 몸.

人心❶[じんしん] 사람의 마음. 민심(民心). ❷[ひとごころ] ①인정. 인심. ②안도감.

人我[じんが] 인아; 남과 나.

人魚[にんぎょ] ①인어. ② ≪動≫ '儒艮(じゅごん/듀공)'의 딴이름.

人語[じんご] 인어; ①인간의 말. ②사람의 말소리.

人煙[じんえん] 인연; ①밥 짓는 연기. ②인가(人家).

人外❶[じんがい] ①세상 밖. ②인도(人道)에서 벗어난 행위. ③비인간적 취급을 받음. ❷[にんがい] ①인도(人道)에서 벗어난 행위. ②비인간적 취급을 받음.

人外境[じんがいきょう] 속세를 떠난 곳. 사람이 살지 않는 곳.

人員[じんいん] 인원; 사람의 수효.

人位[じんい] 인위; 신하로서의 지위.

人為[じんい] 인위; 사람의 힘으로 된 일.

人乳[じんにゅう] 인유; 사람의 젖. 모유.

人肉[じんにく] 인육; ①사람의 고기. ②사람의 육체.

人意[じんい] 인의; 사람의 뜻.

人人❶[にんにん] 각자. 각인(各人). ❷[ひとびと] ①(많은) 사람들. ②각자.

人日[じんじつ] 인일; (음력 정월 7일로) 五節句(ごせっく)의 한 가지.

人爵[じんしゃく] 인작; 작위나 관직.

人才[じんさい] 인재; 재주가 뛰어난 사람.

1 人材[じんざい] 인재; 뛰어난 인물.

人災[じんさい] 인재; 사람의 부주의로 발생한 재해(災害).

人的[じんてき] 인적; 사람에 관한.

人跡[じんせき/ひとあと] 인적; 사람의 발자취.

人定[じんてい] 인정; ① ≪法≫ 본인 여부를 확인함. ②사람에 따라 정해짐.

人定法[じんていほう] 인정법; 인간이 제정한 법.

1 人情[にんじょう] 인정; ①남을 동정하는 마음씨. ②남녀간의 애정.

人情味[にんじょうみ] 인정미; 인정이 깃들인 맛.

人情本[にんじょうぼん] (江戸(えど) 시대 말기에 유행한) 서민의 애환을 그린 풍속 소설.

人情話[にんじょうばなし] 서민들의 삶을 소재로 한 落語(らくご)의 한 가지.

2 人造[じんぞう] 인조; 사람이 만듦.

人造湖[じんぞうこ] 인공 호수.

人足❶[にんそく] (막일하는) 노무자. 인부. ❷[ひとあし] 사람의 왕래. 인적(人跡).

2 人種[じんしゅ] 인종; ①신체적 특징으로 분류한 인류의 종별. ②(경멸하는 뜻으로) 족속. 족.

人種差別[じんしゅさべつ] 인종 차별.

人主[じんしゅ] 천자(天子). 임금. 군주(君主).

人中[にんちゅう] 인중; ①많은 사람 속. 인간 세계 속. ②코밑의 우묵한 곳.

人証[じんしょう] 인증; 재판에서 증인의 증언을 증거로 삼음.

人知[じんち] 인지; 인간의 지혜.

人智[じんち] 인지; 인간의 지혜.

1 人体❶[じんたい] 인체; 사람의 몸. ❷[にんてい] ①(사람의) 풍채. 외양. 모습. ②인품. 품격.

人畜[じんちく/にんちく] 인축; ①사람과 가축. ②(경멸하는 말로) 짐승 같은 놈. 몰인정한 놈.

人畜生[にんちくしょう] (은혜를 모르는) 짐승 같은 놈. 몰인정한 놈.

人称[にんしょう] ≪語学≫ 인칭.

人偏[にんべん] 사람인변. ＊한자(漢字) 부수의 하나로 '体·代' 등의 '亻' 부분을 말함.

人品[じんぴん] 인품; 인격.

人血[じんけつ] 인혈; 사람의 피.

3 人形❶[にんぎょう] (장난감) 인형. ❷[ひとがた] 사람 모양. 사람 모양을 한 것.

人形遣い[にんぎょうつかい] (인형극에서) 인형을 조작하는 사람.

人形浄瑠璃[にんぎょうじょうるり] 浄瑠璃(じょうるり)·三味線(しゃみせん)에 맞추어 연기하는 일본 고유의 인형극.

人形振り[にんぎょうぶり] (歌舞伎(かぶき)에서) 배우가 인형의 동작을 흉내 내는 연기.

人皇[にんのう] 神武天皇(じんむてんのう) 이후의 역대 천황. ＊神代(かみよ)와 구별하기 위해서임.

人後[じんご] 인후; 남의 뒤. 남의 아래.

刃(刅) 칼날 인

丁 刀 刃

音 ◉ジン ⊗ニン

訓 ◉は ⊗やいば

訓読

1 ◉刃❶[は] (칼 따위의) 날. ❷[じん] ☞ [音読]

⊗刃❸[やいば] 칼. 검(劍).

刃渡り[はわたり] ①칼날의 길이. ②칼날 위를 맨발로 걷는 곡예.

1 刃物[はもの] 날붙이. 날이 있는 도구.

刃物三昧[はものざんまい] (하찮은 일에) 함부로 칼을 휘두름. 칼부림.

刃先[はさき] 칼 끝. 칼날 끝.

刃引[はびき] 날을 망가뜨려 못 쓰게 만든 도검(刀劍).

刃針[はばり] ①양쪽에 날이 선 납작한 수술용 바늘. 바소. ②란셋.

刃向かう[はむかう] 〈5自〉 맞서다. 덤벼들다. 대항하다. 적대하다. 거역하다.

刃向(か)い[はむかい] 맞섬. 덤벼듦. 대항. 거역. 적대.

刃毀れ[はこぼれ] 칼날의 이가 빠짐.

音読

刃❶[じん] 날이 달린 무기. ❷[は/やいば] ☞ [訓読]

刃傷[にんじょう] 인상; 칼부림.

刃傷沙汰[にんじょうざた] 유혈(流血) 사태.

仁 어질 인

ノ 亻 仁 仁

音 ◉ジン ◉ニ ⊗ニン
訓 —

音読

仁[じん] 인; ①동정심. ②(유교에서) 최고의 미덕. ③씨의 눈과 씨젓의 총칭. ④세포핵 내에 있는 하나 또는 여러 개의 소체(小体). ⑤분. ＊'人(ひと)'의 존칭어.
仁君[じんくん] 인군; 어진 군주.
仁徳[じんとく] 인덕; 어진 덕.
仁道[じんどう] 인도; 어진 길.
仁輪加狂言[にわかきょうげん] 좌흥(座興)을 돋우기 위해 하는 즉흥적 狂言(きょうげん).
仁恕[じんじょ] 인서; ①인정이 많음. 인자함. ②불쌍히 여겨 용서함.
仁寿[じんじゅ] 인수; 인덕이 있어 수명이 긺.
仁術[じんじゅつ] 인술; ①(봉사적인 치료를 한다는) 의술(医術). ②(유교의 도덕인) 인(仁)을 행하는 방법.
仁心[じんしん] 인심; 어진 마음.
仁愛[じんあい] 인애; 어진 마음으로 사랑함.
仁王[におう] ≪仏≫ 인왕; 금강신(金剛神).
仁義[じんぎ] 인의; ①인(仁)과 의(義). ②의리. ③(폭력배끼리의) 첫 대면의 인사. ④(폭력배들 특유의) 예의. 예절.
仁人[じんじん] 인인; 마음이 어진 사람.
仁者[じんしゃ] 인자; 마음이 어진 사람. 도덕적으로 완전한 사람.
仁慈[じんじ] 인자; 자애로움.
仁政[じんせい] 인정; 어진 정치.
仁恵[じんけい] 인혜; 은혜. 온정.

引 끌 인

ㄱ ㄱ 弓 引

音 ◉イン
訓 ◉ひく ◉ひける ◉ひっ

訓読

4◉引く[ひく] 〈5他〉 ①끌다. 끌어당기다. 잡아당기다. ②(주의・주목을) 끌다. ③(땅에) 질질 끌다. ④(감기에) 걸리다. ⑤뽑다. 뽑아내다. ⑥인용하다. ⑦(전화선 등을) 끌어들이다. 가설하다. ⑧빼다. 감하다. ⑨(사전에서) 조사하다. 찾다. ⑩(줄을) 긋다. 〈5自〉 ①물러나다. 후퇴하다. ②퇴직하다. 은퇴하다. ③(열이) 내리다. 가시다. ④(물이) 빠지다. ⑤뜸해지다.
引き[ひき] ①끎. 끄는 힘. ②애호. 팬. ③연줄. 연고. ④(사진 촬영할 때) 카메라가 뒤로 물러날 수 있는 여지.
1引きずる[ひきずる] 〈5他〉 ①질질 끌다. ②연행하다. 억지로 끌고 가다. ③(시간・날짜를) 끌다. 지연시키다. 연기하다.
引きずり[ひきずり] ①(여자가) 일본 옷자락을 질질 끌리게 입음. ②유한마담. ③(자동차가) 브레이크를 풀지 않은 채 발진함.
引きずりおとす[ひきずりおとす] 〈5他〉 ①잡아당겨 떨어뜨리다. ②(윗사람의 지위를) 실각시키다. 끌어내리다.
引きずりこむ[ひきずりこむ] 〈5他〉 ①(억지로) 안으로 끌어들이다. ②(억지로) 한패에 끌어들이다.
引きずりだす[ひきずりだす] 〈5他〉 억지로 끌어내다. 억지로 꺼내다.
引きずりげた[ひきずりげた] ①나막신을 끌며 걷는 걸음걸이. ②앞이 쏠리게 깎아내고 뒤축을 높게 한 나막신.
引(き)歌[ひきうた] 옛 和歌(わか) 등을 인용함. 인용한 옛 和歌(わか).
引(き)歌い[ひきうたい] 가수가 三味線(しゃみせん)을 연주하면서 노래함.
引(き)綱[ひきづな] (물건에 매어) 끄는 밧줄. 배를 예인하는 줄.
引き去る[ひきさる] 〈5他〉 ①끌고 가다. 연행해 가다. ②빼다. 공제하다. 제(除)하다. 〈5自〉 물러가다. 떠나가다.
引き据える[ひきすえる] 〈下1他〉 (난폭하게) 끓어 앉히다. 잡아 앉히다.
引き結う[ひきゆう] 〈5他〉 잡아당겨 매다. 힘껏 매다. 매 달다.
引き継ぎ[ひきつぎ] 인계; 이어받음. 인계를 위한 협의.
引き継ぐ[ひきつぐ] 〈5他〉 인계 받다. 이어받다. 물려받다. 계승하다. 넘겨받다.
引(き)菓子[ひきがし] 답례품 과자.
引き掛ける[ひきかける] 〈下1他〉 ①(물건을) 걸다. 걸어서 늘어뜨리다. ②당겨서 뒤집어쓰다. 걸치다. ③연관시키다.
引き絞る[ひきしぼる] 〈5他〉 ①힘껏 당기다. ②쥐어짜다.

引き句[ひきく] ①인용구. ②(平家琵琶(へいけびわ)에서) 가락을 붙여 부르는 부분.

引き具する[ひきぐする] 〈サ変他〉 데리고 가다. 거느리다. 더불다.

引(き)金[ひきがね] ①방아쇠. ②계기. 빌미. 원인.

[1]引き起こす[ひきおこす] 〈5他〉 ①(쓰러진 것을) 일으켜 세우다. 다시 일으키다. 잡아 일으키다. ②발생시키다. 야기하다.

引き寄せる[ひきよせる] 〈下1他〉 ①끌어당기다. ②저절로 모이게 하다.

引(き)当て[ひきあて] ①저당(抵当). 담보. ②'引当金(ひきあてきん)'의 준말.

引き当てる[ひきあてる] 〈下1自〉 ①(제비뽑아) 맞추다. ②(본의 아니게) 떠맡다. ③견주다. 비교하다.

引(き)当(て)金[ひきあてきん] (장래의 지출에 대비한) 준비금. 충당금.

引(き)当(て)物[ひきあてもの] 저당물. 담보물.

引(き)台[ひきだい] ①(연극에서) 배우를 태워 무대에 출입시키는 바퀴 달린 받침대. ②(축제 때) 인형이나 사람을 태워 끌고 다니는 받침대.

引(き)倒し[ひきだおし] 잡아 쓰러뜨림.

引き倒す[ひきたおす] 〈5他〉 잡아 쓰러뜨리다. 끌어당겨 넘어뜨리다.

引(き)渡し[ひきわたし] 인도; 넘겨줌.

引き渡す[ひきわたす] 〈5他〉 ①인도하다. 넘겨주다. ②(줄・막 등을) 길게 치다. 둘러치다.

引(き)落(と)し[ひきおとし] (씨름에서) 상대방의 팔을 잡아 자기 몸을 한쪽으로 비키면서 앞으로 넘어뜨리는 수.

引き落とす[ひきおとす] 〈5他〉 ①잡아당겨 쓰러뜨리다. ②(상대방의 예금 계좌에서) 자동 대체하다.

引き戻す[ひきもどす] 〈5他〉 ①다시 끌어들이다. ②데리고 돌아오다. 〈5自〉 되돌아가다. 되돌아오다.

引き連れる[ひきつれる] 〈下1他〉 거느리다. 인솔하다. 데리다.

引き攣り[ひきつり] ①(화상・수술 등의) 흉터. ②경련(痙攣). 쥐가 남.

引き裂く[ひきさく] 〈5他〉 ①잡아 찢다. 확 찢다. ②(억지로) 사이를 떼어놓다. 갈라놓다.

引(き)裂き紙[ひきさきがみ] 찢어서 머리를 묶는 데 사용하는 종이.

引き籠る[ひきこもる] 〈5自〉 틀어박히다. 죽치다. 들어앉다.

引き留める[ひきとめる] 〈下1他〉 만류하다. 말리다. 붙들다.

引き離す[ひきはなす] 〈5他〉 ①(억지로) 사이를 떼어놓다. 갈라놓다. ②(달리기 등에서) 뒷사람과의 거리・간격을 떼어놓다.

引き立つ[ひきたつ] 〈5自〉 ①두드러지다. 한층 돋보이다. ②활기를 띠다. 활발해지다.

引(き)立て[ひきたて] 특별히 돌봐줌. 아껴줌.

引き立てる[ひきたてる] 〈下1他〉 ①특별히 돌봐주다. 아껴주다. ②격려하다. 북돋우다. 부추기다. ③돋보이게 하다. 두드러지게 하다. ④강제로 연행하다. 억지로 끌고 가다. ⑤(문을 옆으로) 밀어 닫다.

引(き)立(て)役[ひきたてやく] 남을 한결 돋보이게 하는 역할. 들러리. 곁다리.

引(き)馬[ひきうま] ①(경마장에서) 경주용 말의 상태를 관객에게 보이기 위해 끌고 걸음. ②수레를 끄는 말.

引(き)幕[ひきまく] (무대에서) 옆으로 당겨 여닫는 막. 가로막.

引(き)網[ひきあみ] (끌어당겨 물고기를 잡는) 후릿그물. 트롤망.

引(き)綿[ひきわた] 솜 위에 얇게 씌우는 풀솜.

引(き)明け[ひきあけ] 새벽녘. 동틀녘.

引(き)墨[ひきずみ] ①(편지를 봉한 자리에) '×'을 표시함. ②눈썹을 그리는 먹. 먹으로 그린 눈썹.

引(き)物[ひきもの] ①(축하연에서) 손님에게 주는 선물. 답례품. ②(잔치에서) 상에 곁들여 차려 내는 요리・과자 등의 선물. ③(천으로 된) 칸막이. 휘장. 장막.

引(き)眉[ひきまゆ] 먹으로 그린 눈썹.

引(き)眉毛[ひきまゆげ] 먹으로 그린 눈썹.

引き剝がす[ひきはがす] 〈5他〉 (붙어 있는 것을) 잡아떼다. 잡아 뜯다.

引(き)返し[ひきかえし] ①되돌아감. 되돌아옴. ②(일본 여자 옷에서) 옷단・소맷부리를 겉감과 같은 천으로 댐. ③하락한 시세의 소폭 반등(反騰). ④'引返幕(ひきかえしまく)'의 준말.

[2]引き返す[ひきかえす] 〈5自〉 되돌아가다. 되돌아오다.

引き返し幕[ひきかえしまく] (연극에서) 연기 도중에 잠깐 막을 내리고 장치를 바꾼 다음 다시 연극을 계속함.

引(き)抜き[ひきぬき] ①(배우 등의) 스카우트. ②(연극에서) 배우가 겉옷을 재빨리 벗고 속에 입은 옷을 드러냄.

引き抜く[ひきぬく] 〈5他〉 ①뽑아내다. 뽑다. ②스카우트하다.

引き放つ[ひきはなつ] 〈5他〉 ①(화살 등을) 마구 쏘아대다. ②(사이를) 억지로 떼어놓다. 갈라놓다. ③세게 열다. 마구 열다.

引(き)付け[ひきつけ] ①끌어당김. ②(어린이의) 경풍(驚風). 경기(驚気). 경련(痙攣). ③(씨름에서) 상대방을 바싹 끌어당기는 기술. ④(武家 시대에) 후일의 증거로 삼기 위해 기록한 서류. ⑤(유곽에서) 유녀를 손님에게 소개시킴.

引き付ける[ひきつける] 〈下1自〉 (어린이가) 경련을 일으키다. 〈下1他〉 ①(가까이) 끌어당기다. ②(씨름에서) 상대방을 바싹 끌어당기다. ③(마음을) 끌다. 사로잡다. ④핑계를 대다. 구실로 삼다.

引(き)付(け)座敷[ひきつけざしき] (유곽에서) 유녀가 손님에게 선을 보이고 화대를 정하거나 음식을 먹는 방.

引付衆[ひきつけしゅう] (옛날) 토지 관계의 소송을 처리하던 곳.

引(き)負(い)[ひきおい] ①다른 사람 대신 거래하다가 생긴 손해를 떠맡음. ②(지배인이) 주인 대신 거래하여 생긴 손실을 자기가 부담함. ③주인집 돈을 축냄.

2引(き)分け[ひきわけ] ①비김. 무승부. ②(사이를) 떼어놓음. 갈라놓음.

引き分ける[ひきわける] 〈下1他〉 ①비기다. 무승부가 되다. ②(사이를) 떼어놓다. 갈라놓다.

引き払う[ひきはらう] 〈5自〉 (걷어치우고・비우고) 떠나다. 퇴거하다.

引き比べる[ひきくらべる]〈下1他〉 비교하다. 견주다.

引(き)写し[ひきうつし] ①(원문을) 고스란히 베낌. 그대로 복사함. ②(그림 등을) 위에 대고 베낌.

引き写す[ひきうつす] 〈5他〉 ①(원문을) 고스란히 베끼다. 그대로 복사하다. ②(그림 등을) 위에 대고 베끼다.

2引(き)算[ひきざん] 뺄셈. 감산(減算).

引(き)上げ[ひきあげ] 인상; ①끌어올림. ②철수(撤収).

1引き上げる[ひきあげる] 〈下1他〉 ①위로 끌어올리다. ②(값을) 인상하다. 올리다. ③승진시키다. ④철수시키다. ⑤몰수하다. 〈下1自〉 (외지에서) 돌아오다. 귀환하다. 철수하다. 귀국하다.

引(き)船[ひきふね] ①배를 끌고 감. 끌고 가는 배. 끌려가는 배. ②무대 정면의 2층 관람석.

引(き)受け[ひきうけ] 인수; ①떠맡음. ②환어음의 인수. 지불 의무 부담. ③공사채(公社債) 모집의 수탁(受託). ④(증권업자가) 신주(新株)를 인수하여 일반에게 판매함.

2引き受ける[ひきうける] 〈下1他〉 ①(책임지고) 떠맡다. 부담하다. ②보증하다. ③뒤를 잇다. 계승하다. ④(주식・어음 등을) 인수하다. 떠맡다.

引(き)縄[ひきなわ] ①(물건에 매고) 끄는 줄. ②(배에서) 미끼 달린 줄을 끌고 다니면서 고기를 잡음.

引き時[ひきどき] 물러설 적당한 때. 은퇴할 시기.

引(き)伸(ば)し[ひきのばし] ①연장(延長). 연기(延期). 지연(遅延). ②사진의 확대. 확대한 사진.

引き伸す[ひきのばす] 〈5他〉 ①잡아 늘이다. 길게 하다. ②(시간・기일 등을) 지연시키다. ③물을 타다. 묽게 하다. ④(사진을) 확대하다.

引き揚げ[ひきあげ] 인양; ①끌어올림. ②철수(撤収).

引き揚げる[ひきあげる] 〈下1他〉 ①인양하다. 끌어올리다. ②승진시키다. 〈下1自〉 되돌아오다. 귀환하다. 귀국하다. 철수하다.

引き揚げ者[ひきあげしゃ] (제2차 대전이 끝난 후 외국에서) 일본 본토로 돌아온 사람. 귀환자. 귀국자.

引(き)延(ば)し[ひきのばし] ①연장(延長). 연기(延期). 지연(遅延). ②사진의 확대. 확대한 사진.

引き延ばす[ひきのばす] 〈5他〉 ①잡아 늘이다. 길게 하다. ②(시간・기일 등을) 지연시키다. ③물을 타다. 묽게 하다. ④(사진을) 확대하다.

引き裂く[ひきさく]〈5他〉 ①확 찢다. 잡아 찢다. ②(억지로) 사이를 떼어놓다. 갈라놓다.

引(き)裂き紙[ひきさきがみ] 찢어서 머리를 묶는 데 사용하는 종이.

引き外す[ひきはずす] 〈5他〉 ①잡아당겨 벗기다. 억지로 떼어놓다. ②몸을 빼어 피하다.

引き緩む[ひきゆるむ] 〈5自〉 시세가 내림세를 보이다.
引き越す[ひきこす] 〈5自〉 이사하다.
引(き)違い[ひきちがい] 2개의 홈에 두 짝 이상의 문짝을 끼운 미닫이.
引(き)違え[ひきちがえ] (출입・통행이) 엇갈림.
引き入れる[ひきいれる] 〈下1他〉 ①끌어넣다. 인도해 들이다. ②(한패로) 끌어들이다. ③들이마시다.
引(き)込み[ひきこみ] 끌어들임.
引(き)込(み)線[ひきこみせん] 인입선; ①간선(幹線)에서 갈라져 들어간 철도. ②(전신주에서) 옥내로 끌어들인 배전선(配電線).
引き込む[ひきこむ] 〈5自〉 ①틀어박히다. ②움푹 꺼지다. 쑥 들어가다. ③은퇴하다. 물러나다. 〈5他〉 ①끌어들이다. 끌어넣다. ②감기에 걸리다. ③강하게 잡아끌다.
引(き)切(り)[ひききり] ①(茶道에서) 가마솥 뚜껑을 얹은 대나무통. ②작은 톱. ③칼을 당기어 썲.
引きも切らず[ひきもきらず] 쉴 새 없이. 줄곧.
引き摺る[ひきずる] 〈5他〉 ①질질 끌다. ②연행하다. 억지로 끌고 가다. ③(시간・날짜를) 끌다. 지연시키다. 연기하다.
引き摺り[ひきずり] ①(여자가) 일본 옷자락을 질질 끌리게 입음. ②유한마담. ③(자동차가) 브레이크를 풀지 않은 채 발진함.
引き摺り落とす[ひきずりおとす] 〈5他〉 ①잡아당겨 떨어뜨리다. ②(윗사람의 지위를) 실각시키다. 끌어내리다.
引き摺り込む[ひきずりこむ] 〈5他〉 ①(억지로) 안으로 끌어들이다. ②(억지로) 한패에 끌어들이다.
引き摺り出す[ひきずりだす] 〈5他〉 억지로 끌어내다. 억지로 꺼내다.
引き摺り下駄[ひきずりげた] ①나막신을 끌며 걷는 걸음걸이. ②앞이 쏠리게 깎아내고 뒤축을 높게 한 나막신.
引き際[ひきぎわ] (직장을) 은퇴할 시기. 물러날 때.
引き潮[ひきしお] 썰물. 간조(干潮).
引(き)足[ひきあし] ①발을 뒤로 뺌. 뒷걸음질. 꽁무니를 뺌. ②발을 끌며 걸음.
[2]引き止める[ひきとめる] 〈下1他〉 만류하다. 말리다. 붙들다. 잡다.
引き直す[ひきなおす] 〈5他〉 ①(감기에) 다시 걸리다. ②고치다. 되돌리다.
引き札[ひきふだ] ①광고 전단지. 작은 광고지. ②추첨권. 제비.
引き窓[ひきまど] (끈으로 잡아 당겨서 여닫는) 지붕창. 천창(天窓).
引き千切る[ひきちぎる] 〈5他〉 (억지로) 잡아 찢다. 마구 찢다.
引き鉄[ひきてつ] 방아쇠.
引き添う[ひきそう] 〈5自〉 (곁에) 바싹 다가붙다. 달라붙다.
引(き)替(え)[ひきかえ] 바꿈. 교환.
引き替える[ひきかえる] 〈下1他〉 바꾸다. 교환하다.
引替券[ひきかえけん] 교환권.
引き締まる[ひきしまる] 〈5自〉 ①꽉 죄어지다. 굳게 닫히다. ②(마음이) 긴장하다. ③(거래소에서) 오름세로 바뀌다. (값이) 안정세를 보이다.
引(き)締め[ひきしめ] ①단단히 죔. ②긴장시킴. ③절약. 지출 억제. ④(여자 옷에서) 매듭을 帯(おび)와 나란히 매는 띠 매는 법.
引き締める[ひきしめる] 〈下1他〉 ①(잡아당겨) 단단히 죄다. 죄어 매다. ②긴장시키다. 다잡다. ③긴축하다. 지출을 억제하다. 절약하다.
引き祝(い)[ひきいわい] (기생이나 창녀의) 기적(妓籍)을 떠나는 축하.
[2]引き出す[ひきだす] 〈5他〉 ①꺼내다. 끌어내다. ②(재능・결론 등을) 끌어내다. 이끌어내다. ③(돈을) 우려내다. ④(은행에서 돈을) 인출하다. 찾다.
[3]引(き)出し[ひきだし] ①(책상의) 서랍. ②(예금의) 인출.
引(き)出物[ひきでもの] (축하연에서) 손님에게 주는 선물. 답례품.
[1]引き取る[ひきとる] 〈5自〉 (장소에서) 물러나다. 물러가다. 떠나다. 〈5他〉 ①떠맡다. 인수하다. ②(말끝을) 이어받아 말하다. ③(숨을) 거두다. 죽다.
引(き)取り[ひきとり] ①인수함. 떠맡음. ②인수증. 영수증. ③(장소에서) 물러남. 떠남.
引き取り手[ひきとりて] 인수인. 인수자.
引き取り人[ひきとりにん] 인수인. 인수자.
引き退く[ひきのく] 〈5自〉 물러나다.
引き退ける[ひきのける] 〈下1他〉 ①잡아 제치다. ②떼어 놓다.

引き破く[ひきやぶく] 〈5他〉 잡아 찢다.

引き破る[ひきやぶる] 〈5他〉 잡아 찢다.

引き下がる[ひきさがる] 〈5自〉 ①(장소에서) 물러나다. ②(일에서) 손을 떼다.

[1]**引き下げる**[ひきさげる] 〈下1他〉 ①(값을) 인하하다. 내리다. ②(아래로) 내리다. ③(지위·수준을) 낮추다. ④철회하다. 취하하다. ⑤(뒤로) 물러나게 하다.

引き下ろす[ひきおろす] 〈5他〉 끌어내리다.

引(き)割(り)[ひきわり] (극장 무대를) 다음 장면으로 전환시킴.

引(き)合い[ひきあい] ①서로 당김. 마주 당기기. ②예(例)로 듦. 예로 인용함. ③증인. 참고인. ④연좌. 연루(連累). ⑤거래하기 전의 조회·문의.

引き合う[ひきあう] 〈5他〉 ①서로 당기다. 마주 당기다. ②거래하다. 〈5自〉 ①수지가 맞다. 이익이 남다. ②보람이 있다.

引き合わす[ひきあわす] 〈5他〉 ☞ 引き合わせる

引(き)合(わ)せ[ひきあわせ] ①소개함. 대면시킴. ②대조(対照)함. ③(갑옷의) 동의(胴衣)를 여며서 졸라매는 부분. ④두껍고 겉이 매끈하며 회색인 檀紙(だんし). ＊옛날의 '연애 편지지'임.

引き合わせる[ひきあわせる] 〈下1他〉 ①끌어당겨 맞추다. 여미다. ②대조하다. 조회하다. ③소개하다. 대면시키다.

引(き)解き[ひきとき] 솜을 빼고 만든 겹옷이나 홑옷.

引(き)戸[ひきど] 미닫이. 가로닫이.

引(き)換(え)[ひきかえ] 인환; 교환. 바꿈.

引き換える[ひきかえる] 〈下1他〉 교환하다. 바꾸다.

引換券[ひきかえけん] 교환권.

引(き)回し[ひきまわし] ①데리고 다님. 끌고 다님. ②지도하여 돌봄. 보살핌. ③(江戸(えど) 시대에) 사형수를 말에 태워 조리돌리던 일. ④(소매가 없는) 비옷. 망토.

引き回す[ひきまわす] 〈5他〉 ①(막·커튼 등을) 둘러치다. ②데리고 다니다. 끌고 다니다. ③지도하다. 보살펴 주다. ④(중죄인을) 조리돌리다.

引き詰める[ひきつめる] 〈下1他〉 ①(머리를 뒤로) 잡아당겨서 매다. 바싹 죄다. ②쉴 새 없이 활을 쏘다.

◉**引ける**[ひける] 〈下1自〉 ①(일과나 근무가) 끝나다. ②(마음이) 내키지 않다. 주눅 들다. 기가 죽다.

引け[ひけ] ①(학교나 직장의) 파함. 퇴근. 하교(下校). ②(남에게) 뒤짐. 뒤떨어짐. 열등감. ③(거래소에서) 마지막 장. 막장. 막장의 시세.

引け過ぎ[ひけすぎ] ①(창녀가) 집 앞에 늘어앉아 손님을 기다리기에는 너무 늦은 시간. ＊밤 12시부터 새벽 2시경. ②퇴근 시간 뒤.

引け目[ひけめ] 열등감. 주눅.

引け相場[ひけそうば] (거래소에서) 그 날의 파장 때의 시세.

引け時[ひけどき] (일과를 끝낸) 퇴근 시간. 하교(下校) 시간. 파할 시각.

引け際[ひけぎわ] ①일이 끝날 무렵. 퇴근 무렵. 파할 무렵. 파장. ②(거래소에서) 마지막 매매가 끝날 무렵. ③퇴직할 무렵.

引け値[ひけね] (거래소에서) 그 날의 파장 때 시세.

◉**引っ**[ひっ] (동사 앞에 접속하여) 의미·어조를 강하게 하는 말임.

引ったくり[ひったくり] ①낚아챔. 잡아챔. 강탈. ②날치기. 날치기꾼.

引ったくる[ひったくる] 〈5他〉 ①낚아채다. 잡아채다. 강탈하다. ②날치기하다.

引っ括める[ひっくるめる] 〈下1他〉 일괄하다. 총괄하다. 통틀다.

引っ括る[ひっくくる] 〈5他〉 단단히 묶다. 세게 동여매다. 뭉뚱그리다.

引っ掛(か)り[ひっかかり] ①손잡이. ②관계. 관련. ③마음에 걸림. 거리낌.

引っ掛かる[ひっかかる] 〈5自〉 ①걸리다. ②들르다.

引っ摑む[ひっつかむ] 〈5他〉 힘차게 쥐다. 거머잡다. 틀어쥐다. 틀어잡다.

引っ担ぐ[ひっかつぐ] 〈5他〉 (난폭하게) 둘러메다.

引っ攣り[ひっつり] ①(화상·수술 등의) 흉터. ②경련(痙攣). 쥐가 남.

引っ攣れる[ひっつれる] 〈下1自〉 ①경련이 일어나다. 쥐가 나다. ②(화상 등으로) 피부가 죄고 당겨지다.

引っ籠る[ひっこもる] 〈5自〉 틀어박히다. 죽치다. 들어앉다.

引っ立つ[ひったつ] 〈5自〉 ①두드러지다. 한층 돋보이다. ②(기력이) 왕성해지다. 활발해지다. 활기를 띠다.

引っ立てる[ひったてる] 〈下1自〉 ①강제로 연행하다. 억지로 끌고 가다. ②당겨서 들어올리다. 세우다. ③(기운을) 북돋우다. 격려하다.
引っ剝がす[ひっぱがす] 〈5他〉 (붙어 있는 것을) 확 잡아떼다. 활딱 벗기다. 사정없이 벗기다.
引っ剝ぐ[ひっぱぐ] 〈5他〉 ☞ 引っ剝がす(ひっぱがす)
引っ返す[ひっかえす] 〈5自〉 되돌아가다. 되돌아오다.
引っ付く[ひっつく] 〈5自〉 ①찰싹 달라붙다. 들러붙다. ②남녀가 친해져서 부부가 되다.
引っ付ける[ひっつける] 〈下1他〉 ①찰싹 붙이다. 밀착시키다. ②(여러 가지 방법으로) 어떤 남녀를 짝 지우다.
引っ散らかす[ひっちらかす] 〈5他〉 마구 흩뜨리다. 함부로 어지르다.
引っ掻く[ひっかく] 〈5他〉 할퀴다. 세게 긁다.
引っ掻き回す[ひっかきまわす] 〈5他〉 ①마구 뒤적거리다. 마구 뒤섞다. ②마구 행동하여 혼란에 빠뜨리다. 휘저어 놓다.
[2]**引っ越し**[ひっこし] 이사(移徙).
[3]**引っ越す**[ひっこす] 〈5他〉 이사하다.
引っ込ます[ひっこます] 〈5他〉 ①당겨 들이다. ②움츠리다. ③철회하다. 취하하다.
[2]**引っ込む**[ひっこむ] 〈5自〉 ①틀어박히다. ②움푹 꺼지다. 쑥 들어가다. ③은퇴하다. 물러나다.
引っ込める[ひっこめる] 〈下1他〉 ①당겨 들이다. 끌어당기다. ②움츠리다. ③철회하다. 취소하다. 취하하다.
[2]**引っ張る**[ひっぱる] 〈5他〉 ①잡아당기다. 팽팽히 당기다. ②끌어당기다. ③억지로 끌고 가다. 연행하다. ④권유하다. 끌어들이다. ⑤미루다. 연기하다. ⑥예로 들다. 인용하다.
引っ張り[ひっぱり] ①잡아당김. ②연행함. 억지로 데리고 감. ③노상에서 손님을 잡아끄는 매춘부.
引っ張り強さ[ひっぱりつよさ] 항장력(抗張力).
引っ張り凧[ひっぱりだこ] 인기가 있음.
引っ張り出す[ひっぱりだす] 〈5他〉 ①(안의 것을) 억지로 끌어내다. 꺼내다. ②추대하다.
引っ張り回す[ひっぱりまわす] 〈5他〉 ①끌고 돌아다니다. 데리고 돌아다니다. ②(남을) 자기 생각대로 조종하다.
引っ切り無し[ひっきりなし] 끊임없음.
引っ提げる[ひっさげる] 〈下1他〉 ①(손에) 들다. ②거느리다. 이끌다. ③내세우다. 내걸다.
引っ繰り返す[ひっくりかえす] 〈5他〉 ①(상하·안팎·순서를) 뒤집다. 뒤엎다. 역전시키다. ②넘어뜨리다. 쓰러뜨리다.
引っ繰り返る[ひっくりかえる] 〈5自〉 ①(상하·안팎·순서가) 뒤집히다. 뒤바뀌다. 역전되다. ②넘어지다. 쓰러지다.
引っ捕らえる[ひっとらえる] 〈下1他〉 체포하다. 붙잡다.
引っ被る[ひっかぶる] 〈5他〉 ①뒤집어쓰다. ②떠맡다.
引っ換え[ひっかえ] 인환; 교환. 바꿈.
引っ詰める[ひっつめる] 〈下1他〉 ①(머리를 뒤로) 잡아당겨서 매다. ②쉴 새 없이 활을 쏘다.

音読

引[いん] 머리말. 서문(序文).
引拠[いんきょ] 인거; 인용한 근거.
引見[いんけん] 인견; 접견(接見).
引決[いんけつ] 인책 자결(引責自決). 어떤 일에 책임을 지고 자살함.
引導[いんどう] 인도; 이끎.
[2]**引力**[いんりょく] 인력; 공간적으로 떨어진 물체끼리 서로 끌어당기는 힘.
引例[いんれい] 예를 듦. 인용한 예.
引率[いんそつ] 인솔; 거느림.
引率者[いんそつしゃ] 인솔자.
引水[いんすい] 인수; 논에 물을 댐.
[2]**引用**[いんよう] 인용; 남의 문장이나 사례(事例)들을 끌어다가 사용함.
引用文[いんようぶん] 인용문.
引用符[いんようふ] 인용 부호.
引喩[いんゆ] 인유; 예를 끌어다 댐.
引接[いんせつ] 인접; ①들어오게 하여 면접함. ②소개시킴. 대면시킴.
引照[いんしょう] 인조; 비교 대조함.
引証[いんしょう] 인증; 인용하여 증거로 삼음.
引責[いんせき] 인책; 책임을 짐.
引湯[いんとう] 인탕; 온천 등의 물을 끌어옴. 끌어온 온천 물.

[2]引退[いんたい] 은퇴(隠退). 지금까지 하던 일을 그만두고 물러남.
引航[いんこう] 인항; 다른 선박이나 물건을 끌면서 항해함.
引火[いんか] 인화; 불이 옮아 붙음.
引火点[いんかてん] 인화점.

印 도장 인

一 Ｆ Ｆ Ｅ 印 印

音 ◉イン
訓 ◉しるし ⊗しるす

訓読

[2]◉印❶[しるし] ①표. 표시. ②심벌. 상징. ③증거. 증표. ④가문(家紋). 기장(記章). ⑤신호. 통보. ❷[いん] ☞ [音読]
⊗印す[しるす] 〈5他〉 표하다. 표시하다.
印半纏[しるしばんてん] 옷깃이나 등에 옥호(屋号)나 가문(家紋) 등을 염색한 半纏(はんてん). *기술자 등이 입는 간단한 윗도리.
印計り[しるしばかり] 조금뿐. 약간.

音読

印❶[いん] 인; ①도장. 인장. ②자취. 흔적. ③ ≪仏≫ 인계(印契). ❷[しるし] ☞ [訓読]
印する[いんする] 〈サ変他〉 표시를 하다.
印可[いんか] 인가; (武道・芸道에서) 스승이 뛰어난 제자에게 주는 면허.
印刻[いんこく] 인각; ①글자나 도형을 새김. ②마음에 새김.
[1]印鑑[いんかん] 인감; ①실인(実印). ②인장. 도장.
印鑑証明[いんかんしょうめい] 인감 증명.
印度[インド] 인도. 인도 공화국.
印度教[インドきょう] 인도교; 힌두교.
印度象[インドぞう] 인도코끼리.
印度洋[インドよう] 인도양.
印籠[いんろう] 인롱; 허리에 차는 세 겹 또는 다섯 겹의 작은 통.
印本[いんぽん] 인본; 인쇄한 책.
印相[いんそう] 인상; ①자체(字体)나 인각(印刻) 방법에서 도장의 모양. ② ≪仏≫ 인계(印契). ③부처의 표정.
[2]印象[いんしょう] 인상; 깊이 느껴 잊혀지지 않은 일.
印象づける[いんしょうづける] 〈下1他〉 인상을 남기다. 강한 인상을 주다.
印象派[いんしょうは] 인상파.
印税[いんぜい] 인세; 출판사가 저자에게 지불하는 로열티.
[2]印刷[いんさつ] 인쇄.
印刷物[いんさつぶつ] 인쇄물.
印刷所[いんさつじょ] 인쇄소.
印綬[いんじゅ] 인수; ①도장 꼭지에 꿰는 끈. ②임명된 직위・관직. 중요한 관직.
印影[いんえい] 인영; 도장 찍은 자국.
印肉[いんにく] 인육; 인주(印朱).
印字機[いんじき] 인자기; 글자를 찍는 기계.
印章[いんしょう] 인장; 도장.
印材[いんざい] 인재; 도장 재료.
印紙[いんし] 인지; ①수입 인지. ②우표.
印判[いんばん] 인판; 도장. 인장.
印判師[いんばんし] 도장을 새기는 사람.
印形[いんぎょう] 도장의 총칭.
印画紙[いんがし] 인화지; 사진을 만드는 감광지(減光紙).

因 인할/까닭 인

丨 冂 冃 円 囚 因

音 ◉イン
訓 ◉よる ⊗ちなむ

訓読

[2]◉因る[よる] 〈5自〉 말미암다. 연유하다. 기인하다. 달려 있다.
因って[よって] 그러므로. 그 때문에.
因りて[よりて] 그러한 까닭으로. 그러므로. 그리하여. 따라서.
⊗因む[ちなむ] 〈5自〉 (어떤 인연으로) 말미암다. 연유하다. 관련되다.
因み[ちなみ] 인연. 연고. 관계.
因みに[ちなみに] 덧붙여서. 그와 관련해서.

音読

因[いん] 인; 원인.
因果[いんが] 인과; ①원인과 결과. ② ≪仏≫ 악의 응보. 업보. ③운명. 팔자. 숙명. ④〈形動〉 불우함. 불행함. 숙명적임.
因数分解[いんすうぶんかい] 인수 분해.
因循[いんじゅん] 인순; ①구습에 얽매임. ②머뭇거림. 주저함.

因習[いんしゅう] 인습; 옛날부터 계속되어 현재는 폐단이 생기는 풍습.

因襲[いんしゅう] ☞ 因習

因業[いんごう] ① ≪仏≫ 과보(果報)의 원인이 되는 악업(悪業). ②매정함. 몰인정함.

因縁[いんねん] ≪仏≫ 인연; ①인(因)과 연(縁). ②운명. ③(운명적인) 연분. 관계. ④내력. 유래. 까닭. ⑤트집.

因子[いんし] 인자; ①근본 요소. 요인. ②인수(因数). ③유전자(遺伝子).

忍(忍) 참을 인

フ 刀 刃 刃 忍 忍 忍

音 ◉ニン

訓 ◉しのばせる ◉しのぶ

訓読

◉忍ばせる[しのばせる] 〈下1他〉 ①(목소리·소리를) 죽이다. 낮추다. ②(모습을) 감추다. 숨기다. ③몰래 지니다.

◉忍ぶ[しのぶ] 〈5自〉 숨다. 〈5他〉 ①참다. 견디다. 인내하다. ②(남의 눈을) 피하다. 몰래하다.

忍び[しのび] ①몰래함. ②적중(敵中)에 잠입(潜入)함. ③둔갑. ④스파이. ⑤미행(尾行). ⑥도둑질.

忍びない[しのびない] 〈形〉 차마 …할 수 없다.

忍びに[しのびに] 남몰래. 은밀히.

忍びやか[しのびやか] 〈形動〉 은밀함.

忍び駒[しのびごま] 三味線(しゃみせん)의 소리를 작게 하기 위한 기러기발.

忍び寄る[しのびよる] 〈5自〉 슬며시 다가오다. 살짝 다가서다.

忍び返し[しのびがえし] (도둑을 방지하기 위해) 담 위에 못·유리조각 등을 박은 설비.

忍び歩き[しのびあるき] ①살금살금 걸음. ②미복잠행(微服潜行).

忍び逢い[しのびあい] (남녀의) 밀회(密会).

忍び逢う[しのびあう] 〈5自〉 (남녀가) 밀회하다. 몰래 만나다.

忍び事[しのびごと] 비밀 사항.

忍び声[しのびごえ] (남에게 알려질까 봐) 숨을 죽인 목소리.

忍び笑い[しのびわらい] 소리를 죽여 웃는 웃음. 소리를 죽이고 웃음.

忍び音[しのびね] ①속삭이는 목소리. ②소리를 죽인 울음소리. ③음력 4월경에 두견이 우는 소리.

忍び泣き[しのびなき] 남몰래 흐느낌. 소리를 죽여 욺.

忍び泣く[しのびなく] 〈5自〉 남몰래 흐느끼다. 소리를 죽여 울다.

忍び入る[しのびいる] 〈5自〉 몰래 들어가다.

忍び込む[しのびこむ] 〈5自〉 숨어들다. 몰래 들어가다.

忍びの者[しのびのもの] ①간첩. 스파이. 첩자. ②둔갑술을 쓰는 사람.

忍ぶ摺[しのぶずり] 넉줄고사리의 줄기와 잎을 천에 문질러 뒤틀린 무늬를 낸 것.

忍び足[しのびあし] 살금살금 걸음.

忍ぶ草[しのぶぐさ] ≪植≫ 넉줄고사리.

忍び出る[しのびでる] 〈下1自〉 몰래 빠져 나오다.

忍び会い[しのびあい] (남녀의) 밀회(密会).

忍び会う[しのびあう] 〈5自〉 (남녀가) 밀회하다. 몰래 만나다.

音読

忍苦[にんく] 인고; 괴로움을 참음.

忍耐[にんたい] 인내; 참고 견딤.

忍耐力[にんたいりょく] 인내력.

忍術[にんじゅつ] 둔갑술.

忍辱[にんにく] ≪仏≫ 인욕; 욕됨을 참고 마음이 동요하지 않음.

忍者[にんじゃ] 둔갑술을 부리는 스파이. 밀정(密偵).

忍従[にんじゅう] 인종; 참고 복종함.

姻 혼인할 인

ㄑ 女 女 如 如 妍 姻 姻 姻

音 ◉イン

訓 —

音読

姻家[いんか] 인가; 친척 집.

姻族[いんぞく] 인족; 결혼으로 인해 생긴 친족.

姻戚[いんせき] 인척; 결혼으로 인해 생긴 친척.

姻戚関係[いんせきかんけい] 인척 관계; 결혼에 의해서 형성된 친척 관계.

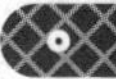

認(認) 인정할 인

言 言 訒 認 認 認 認 認 認

音 ◉ニン
訓 ◉みとめる ⊗したためる

訓読

2◉**認める❶**[みとめる] 〈下1他〉 ①인정하다. 시인하다. 승인하다. 허가하다. ②알아보다. 알아차리다. 인지하다. ③간주하다. ④높이 평가하다. 좋게 보다.
⊗**認める❷**[したためる] 〈下1他〉 ①(글씨를) 쓰다. ②식사하다. ③《古》 처리하다. 정리하다. ④《古》 준비하다.
認め[みとめ] ①인정. ②'認め印'의 준말.
認め印[みとめいん] (인감 이외에 사용하는) 소형의 막도장. 약식 도장.

音読

認可[にんか] 인가; 인정하여 허락함.
認否[にんぴ] 인부; 인정(認定)과 부정(否定). 인정의 여부(与否).
1**認識**[にんしき] 인식; 사물을 분명히 알고 그 의의(意義)를 바르게 이해·판별함.
認容[にんよう] 인용; 인정하여 용납함.
認定[にんてい] 인정; 어떤 사실이나 자격의 유무·당부(当否) 등을 심사·판단하여 결정하는 일.
認定講習[にんていこうしゅう] 인정 강습; 교직원의 자격 획득을 위한 강습.
認証[にんしょう] ①《法》 인증. ②내각 또는 총리대신의 직권상 행위를 천황이 공적으로 증명함.
認証官[にんしょうかん] 《法》 인증관; 천황의 인증을 필요로 하는 관직. ＊국무총리·최고재판소 판사·특명 전권 대사 등을 말함.
認知[にんち] 인지; ①어떤 사항을 분명히 앎. ②《心》 사물의 뜻을 알아차리는 지적(知的)인 작용.
認許[にんきょ] 인허; 허가(許可).

咽 목구멍 인

音 ⊗イン ⊗エツ
訓 ⊗のど ⊗むせぶ

訓読

2⊗**咽**[のど] ①목. 목구멍. ②목청. 목소리. ③급소. ④(제본에서) 책을 철하는 여백 부분.
⊗**咽ぶ**[むせぶ] 〈5自〉 ①(연기·눈물·먼지·음식 등으로) 목메다. 숨이 막히다. ②흐느끼다. 목메어 울다. ③(물·바람 소리가) 우는 것처럼 들리다.
咽び上げる[むせびあげる] 〈下1自〉 흐느껴 울다.
咽び泣き[むせびなき] 흐느껴 욺.
咽び泣く[むせびなく] 〈5自〉 흐느껴 울다. 목메어 울다.

音読

咽頭[いんとう] 《生理》 인두.
咽頭音[いんとうおん] 인두음.
咽頭炎[いんとうえん] 《医》 인두염.
咽喉[いんこう] 인후; ① 《生理》 인두(咽頭)와 후두(喉頭). 목. 목구멍. ②중요한 통로. 요로(要路). 요소(要所).

寅 셋째지지 인

音 ⊗イン
訓 ⊗とら

訓読

⊗**寅**[とら] 인; ①십이지(十二支)의 셋째. ②인시(寅時). 새벽 3시부터 5시 사이. ③인방(寅方). 동북동(東北東).
寅年[とらどし] 인년; 범(虎)의 해.

音読

寅月[いんげつ] 인월; 음력 정월의 딴이름.

湮 잠길 인

音 ⊗イン
訓 —

音読

湮滅[いんめつ] 인멸; 흔적도 없이 없앰.
湮没[いんぼつ] 인몰; 흔적도 없이 가라앉아 사라짐.

靭 질길 인

音 ⊗ジン
訓 ⊗うつぼ

訓読

⊗**靭**[うつぼ] 허리에 차는 화살통.

音読

靭帯[じんたい] ① 《生理》 인대; 척추동물의 뼈와 뼈를 잇는 끈 모양의 결합 조직. ②조개의 두 껍데기를 잇는 탄력성의 섬유 조직.

〔일〕

一 　한 일

一

音 ◉イチ ◉イツ
訓 ◉ひと ◉ひとつ

訓読

4◉一つ[ひとつ] ①하나. 한 개. ②(나이) 한 살. ③한가지. 동일함. ④한편. ⑤〈副〉 시험 삼아. 한번. 좀. ⑥〈副〉 부디. 아무쪼록.

一つ家[ひとつや] ①외딴집. ②같은 집. 한집.

一角❶[ひとかど] ①하나의 사항·분야. ②한 몫. 제구실. ③뛰어남. 상당함. ❷[いっかく] 일각; ①한 각. 한 모서리. ②한 구석. 한 모퉁이. ③한 개의 뿔. ④《動》 일각고래. ❸[いっかど] 한층 뛰어남. 두드러짐.

一つ覚え[ひとつおぼえ] 하나밖에 모름. 외고집. 융통성이 없음.

一間❶[ひとま] 방 한 칸. ❷[いっけん] ①한 간. 기둥과 기둥 사이. ②(길이의 단위로) 약 1.81m.

一肩[ひとかた] ①가마 등의 한쪽을 멤. ②부담 일부를 떠맡음. 일부를 부담함. 도와줌.

一欠片[ひとかけら] 한 조각. 일말(一抹).

1一頃[ひところ] 한때. 어느 한 시기.

一苦労[ひとくろう] 약간의 수고.

一骨[ひとほね] (남을 위한) 약간의 수고.

一工夫[ひとくふう] 조금 더 연구함. 좀 더 지혜를 짜냄.

一括み[ひとくるみ] 일괄; 한데 묶음.

一括め[ひとくるめ] 일괄; 한데 묶음.

一括り[ひとくくり] 한데 묶음. 한데 뭉침.

一塊[ひとかたまり/いっかい] 한 덩어리.

一つ橋[ひとつばし] 외나무다리.

一口[ひとくち] ①한 입. 한 모금. ②한마디 말. ③(주식·기부 등의) 한 구좌. ④(여럿이 하는 일의) 몫. 배당.

一口交ぜ[ひとくちまぜ] 말끝마다. 한 마디 말할 때마다.

一口話[ひとくちばなし] 짤막한 이야기.

一構え[ひとかまえ] (여러 개의 건물을 거느린) 하나의 집.

一齣[ひとこま] ①(극·영화의) 한 장면. ②(사건·광경의) 한 단면. ③(필름의) 한 컷.

一齣り[ひとくさり] (노래·이야기 등의) 한 토막. 한 단락. 한바탕.

一群れ[ひとむれ] (짐승·새·벌레의) 한 떼. 한 무리.

一巻❶[ひとまき] ①(철사·실 등의) 한 번 감음. ②하나의 두루마리. 한 권의 책. ③일족(一族). 동족. ❷[いちまき] ①(서적·그림 등의) 두루마리. 1권 전부. ②책 한 권의 내용 전부. ③사건·이야기 등의 자초지종. ④일가(一家). 친척. ❸[いっかん] ①(책·두루마리 등의) 제 1권. ②한 권.

一掴み[ひとつかみ] 한줌. 한 움큼.

1一筋[ひとすじ] ①한 줄기. 외줄기. ②외곬. 일편단심.

一筋道[ひとすじみち] 외길.

一筋縄[ひとすじなわ] 보통의 방법.

一肌[ひとはだ] 웃통을 벗어젖히고 도와줌. 힘껏 도와줌.

一旗[ひとはた] 하나의 깃발.

一年❶[ひととせ] ①1년 간. 한 해. ②(이전의) 어느 해. ❷[いちねん] 1년. 한 해.

一捻り[ひとひねり] ①한 번 비틂. 약간 비틂. ②(상대를) 간단히 해치움. ③조금 더 생각을 함.

一当て[ひとあて] ①한 번 대어 봄. ②(상대방에게) 한 번 시도함. ③(내기·도박에서) 한 번 당첨됨.

一刀❶[ひとかたな] 단칼. 일격(一撃)에 눕힘. ❷[いっとう] 일도; ①한 자루의 칼. ②한칼. 단칼.

一度❶[ひとたび] ①한 번. 1회. ②〈副〉 일단(一旦). ❷[いちど] 한 번. 1회.

一渡り[ひとわたり] 대충. 대강. 대략.

一棟[ひとむね] ①한 채의 집. ②같은 건물.

一働き[ひとはたらき] 한차례 분발해서 일함.

一拉ぎ[ひとひしぎ] 일격(一撃)에 쳐부숨.

一連❶[ひとつら] 일련; 한 줄. 할 줄로 섬. ❷[いちれん] 일련; ①관계있는 일의 한 연속. ②같이 있는 한 무리. 일행(一行). ③(종이의) 한 연. 전지 500매. ④(말린 생선 등을 줄로 묶은) 한 두름. ⑤(律詩에서의) 한 쌍의 구(句).

一列❶[ひとつら] 일렬; 한 줄. 한 줄로 섬. ❷[いちれつ] 일렬; ①한 줄. ②첫째 줄. ③같은 무리. 같은 동아리. 같은 패.

一廉[ひとかど] ①하나의 사항·분야. ②한 몫. 제구실. ③뛰어남. 버젓함. 상당함.

一流れ[ひとながれ] ①한 줄기의 흐름. ②같은 유파(流派). ③하나의 깃발.

一溜(ま)り[ひとたまり] 잠시 버팀.

一粒[ひとつぶ] (곡식 등의) 한 알.

一粒選り[ひとつぶえり/ひとつぶより] ①한 알씩 고름. ②정선(精選)함.

一粒種[ひとつぶだね] 외아들. 외동딸.

一幕[ひとまく] 일막; ①연극의 한 토막. ②(사건의) 일단락. 한 장면.

一幕見[ひとまくみ] (연극의) 1막만을 봄. 또는 그런 좌석.

一幕物[ひとまくもの] 단막극.

一晩[ひとばん] ①하룻밤. ②어느 날 밤.

一晩中[ひとばんじゅう] 밤새도록.

一眠り[ひとねむり] 잠깐 잠. 한숨 잠. 한 잠 잠.

一皿[ひとさら] 한 접시.

一目❶[ひとめ] ①첫눈. 한 번 봄. ②한눈에 다 봄. ❷[いちもく] ☞ [音読]

一つ目小僧[ひとつめこぞう] (눈이 이마에 달린) 외눈박이 괴물.

一目惚れ[ひとめぼれ] 첫눈에 반함.

一文字❶[ひともじ] ①하나의 글자. 한 글자. 한 자. ②'ねぎ(파)'의 딴이름. ❷[いちもんじ] ☞ [音読]

一つ紋[ひとつもん] 옷기장에 문장(紋章)을 하나만 넣음. 또는 그런 옷.

一方❶[ひとかた] ①한쪽. 한편. ②(부정문에서) 여간. 보통 정도. 어지간함. ③한 분. ＊'한 사람'의 높임말. ❷[いっぽう/いちかた] ☞ [音読]

一方ならず[ひとかたならず] 매우. 대단히.

一方ならぬ[ひとかたならぬ] 대단한. 굉장한.

一番❶[ひとつがい] (암수) 한 쌍. ❷[いちばん] ☞ [音読]

一癖[ひとくせ] ①한 가지 버릇. ②(보통이 아닌) 성깔.

一つ釜[ひとつかま] 한 솥. 같은 솥.

一飛び[ひととび] 한 번 뜀. 훌쩍 날음.

一飛びに[ひととびに] 단번에. 한 번에.

一頻り[ひとしきり] 한바탕. 한동안.

一仕事[ひとしごと] ①한 가지 일. ②(어떤) 사업. ③꽤 힘든 일. 대단한 일.

一つ事[ひとつこと] 한 가지 일. 같은 일.

一思いに[ひとおもいに] 단김에. 단숨에.

一山❶[ひとやま] ①하나의 산. 산 하나. ②온산. 산 전체. ③한 무더기. 한 더미. ❷[いっさん] (넓은 경내와 여러 채의 건물을 포함한) 큰 절 전체. 큰 절의 모든 승려.

一箱[ひとはこ] ①한 상자. 한 갑. ②(江戸(えど) 시대의) 금 천 냥. 또는 은 10관의 일컬음.

一色❶[ひといろ] ①한 색깔. 단색. ②한 종류. ❷[いっしょく] 일색; 한 가지 색. ❸[いっしき] ①일색; 한 빛깔. ②1품(品). 한 가지 물건. 한 종류. ③한결같음. 외곬.

一つ書き[ひとつがき] (각 조항을 '一, …'처럼) 조목조목 씀. 조목조목 쓴 문서.

一昔[ひとむかし] 한 옛날. ＊보통 10년쯤 전의 과거를 말함.

一先ず[ひとまず] 우선. 일단.

一声❶[ひとこえ] 일성; 한 마디 소리. ❷[いっせい] ①일성; 하나의 소리. ②(歌舞伎(かぶき)에서) 배우의 입장·퇴장 때 하는 반주. ③(能楽(のうがく)에서 배우가 무대에 등장했을 때) 그 정경이나 자기 심중을 읊는 짧은 謡(うたい). 또는 그에 앞선 반주 음악.

一つ星[ひとつぼし] 금성. 샛별.

一盛り[ひとさかり] ①한창때. 전성기. 절정기. ②〈副〉 한바탕.

一所❶[ひとところ] 한 곳. 한 장소. ❷[いっしょ] ①한 곳. 한 장소. ②같은 장소.

一つ所[ひとつところ] 한 곳. 한 장소.

一続き[ひとつづき] 일정 기간 쉬지 않고 계속됨. 한동안 쭉 이어짐.

一つ松[ひとつまつ] 외소나무. 고송(孤松).

一手❶[ひとて] ①한 손. 한쪽 손. ②독점. 도맡아 함. ③(바둑·장기에서) 한 수. ④한 조(組). 한 무리. ⑤한 종류. ❷[いって] ①독점. 도맡아 함. ②(바둑·장기에서) 한 수. ③가장 유리한 방법. 한 가지 수.

一巡り[ひとめぐり] 일순; ①한 바퀴 돎. ②일주기(一週忌).

一膝[ひとひざ] ①무릎 하나 정도. ②약간. 조금.

一勝負[ひとしょうぶ] 한 판 승부.

一時❶[ひととき] ①잠시. 잠깐. 한동안. ②(과거의) 한때. 어느 때. ❷[いちじ/いちどき/いっとき] ☞ [音読]

[1]一息[ひといき] ①한 번의 숨. ②한숨 돌림. 잠깐 쉼. ③단숨. ④한 고비.

一つ身[ひとつみ] 등솔기 없이 한 폭으로 지은 유아복.
一握り[ひとにぎり] ①한줌. ②약간. 극소수.
一安心[ひとあんしん] 한시름 놓음.
一夜❶[ひとよ] ①하룻밤. ②어느 날 밤. ❷[いちや] ☞ [音読]
一夜さ[ひとよさ] 하룻밤.
一夜妻[ひとよづま/いちやづま] ①하룻밤을 함께 지낸 여자. ②매춘부. 창녀.
一様❶[ひとよう] 동일함. 같음. 비슷함. ❷[いちよう] ①똑같음. 한결같음. ②보통임. 평범함.
2 **一言**[ひとこと/いちごん/いちげん] 한 마디 말.
一役[ひとやく] 한 역할. 한몫.
一塩[ひとしお] 살짝 절임.
一葉❶[ひとは] ①(나무의) 한 잎. ②한 척의 배. ❷[いちよう] 일엽; ①(나무의) 한 잎. ②(종이) 한 장. ③쪽배 한 척.
一腰[ひとこし] (허리에 찬) 한 자루의 칼.
一浴び[ひとあび] 간단하게 목욕함.
一雨[ひとあめ] ①한차례 비가 옴. ②한바탕 쏟아지는 비.
一月❶[ひとつき] 한 달. 1개월. ❷[いちがつ] 정월. 1월. January.
一揉み[ひともみ] ①잠깐 주무름. ②(채소 등을) 살짝 비빔. ③(가볍게) 다툼.
一飲み[ひとのみ] ①한 입에 삼킴. ②(상대를) 단숨에 압도함.
4 **一人❶**[ひとり] ①한 사람. 1명. ②혼자. ③독신. 홀몸. ❷[いちじん] (천하에 단 한 사람이란 뜻의) 천자(天子). 임금. ❸[いちにん] 한 사람. 1인.
一人ぼっち[ひとりぼっち] 외톨이.
一人口[ひとりぐち] 혼자 살림.
一人当(た)り[ひとりあたり] 1인당.
一人娘[ひとりむすめ] 외동딸.
一人旅[ひとりたび] 혼자 여행함.
一人立ち[ひとりだち] ①(유아가) 혼자의 힘으로 섬. 걸음마를 함. ②독립. 자립. 자수성가함.
一人暮(ら)し[ひとりぐらし] 독신 생활.
一人舞台[ひとりぶたい] ①독무대. ②혼자서 연기함. ③연기가 뛰어남.
一人相撲[ひとりずもう] ①혼자서 설침. ②독무대. ③혼자서 씨름하는 흉내를 냄.
一人息子[ひとりむすこ] 외동아들.
2 **一人一人**[ひとりひとり] 한 사람 한 사람. 각자.
一人っ子[ひとりっこ] 외아들. 독자.
一人前❶[ひとりまえ] ①1인분. 한 사람 몫. ②어른과 같은 능력·자격을 가짐. 자립할 만함. 성인임. ❷[いちにんまえ] ①1인분. 한 사람 몫. ②(능력·솜씨 등이) 제 몫을 할 만함. 어엿함. ③어른과 같은 능력·자격을 가짐. 자립할 만함. 성인임.
一人占め[ひとりじめ] 독점. 독차지.
一人静[ひとりしずか] ≪植≫ 홀아비꽃대.
一人芝居[ひとりしばい] ①(상대가 없는데도) 혼자 흥분하여 설침. ②1인극.
一人天下[ひとりてんか] 독무대.
一つ引(き)両[ひとつひきりょう] (家紋의 한 가지로) 원 안에 옆으로 굵은 한일(一)자가 들어 있는 것.
4 **一日❶**[ついたち] (매달) 초하루. ❷[ひとひ] ①하루. ②종일. ③어느 날. ④ ≪雅≫ 초하루. ❸[いちにち/いちじつ] ☞ [音読]
一入[ひとしお] ①(염색할 때) 물감을 탄 물에 천을 한 번 담그기. ② 〈副〉 더욱. 한층 더. 한결.
一儲け[ひともうけ] 한밑천 잡음.
一滴[ひとしずく/いってき] 한 방울.
一戦[ひといくさ/いっせん] 일전; ①한바탕의 싸움. ②한 차례의 싸움.
一切り[ひときり] ①일단락. ②한때. 한동안.
一切れ[ひときれ] ①한 조각. ②약간. 조금.
一節❶[ひとふし] ①(대나무 등의) 한 마디. 또는 두 마디의 사이. ②한 가지 독특한 점. ③(음악이나 시의) 한 절. ❷[いっせつ] ①(문장의) 한 구절. ②(악곡의) 한 악절.
一節切り[ひとよぎり] ≪楽≫ 단소.
一際[ひときわ] 한층 더. 유달리.
一組[ひとくみ/いちくみ] 한 조. 한 반(班).
一足❶[ひとあし] ①한 걸음. 한 발짝. ②아주 가까움. ❷[いっそく] (신·양말 등의) 한 켤레.
一走り[ひとはしり] 잠깐 뜀.
一っ走[ひとっぱしり] 잠깐 뜀.
一重[ひとえ] ①한 겹. 외겹. 홑겹. ②홑꽃잎. ③(옷의) 홑것. 홑옷.
一指(し)[ひとさし] (장기·춤 등의) 한 판.
一差(し)[ひとさし] (장기·춤 등의) 한 판.
一叢[ひとむら] ①(초목의) 한 무더기. 한 덤불. ②한 덩어리.
一撮み[ひとつまみ] ①(손끝으로) 한 번 집음. ②약간. ③(상대를) 손쉽게 이김. 간단히 해치움.

一七日❶[ひとなぬか] ≪仏≫ 7일재(斎). 죽은 지 7일째 되는 기일. ❷[いちしちにち] ≪仏≫ ①7일재(斎). 죽은 지 7일째 되는 날. ②7일간.
一つ寝[ひとつね] 함께 잠. 동침(同寝).
一寝入り[ひとねいり] 잠깐 잠. 한잠 잠.
一打ち[ひとうち] ①일격(一撃). 한 번 침. ②단번에 무찌름.
一太刀[ひとたち] 단칼. 한칼.
2**一通り**[ひととおり] ①(처음부터 끝까지) 대충. 대강. 한 차례. ②대충 필요한 만큼. ③보통. 웬만함.
一片❶[ひとひら] 한 장. 한 조각. ❷[いっぺん] ①한 장. ②한 조각. ③약간. 조금.
一片食[ひとかたけ] 한 끼의 식사.
一泡吹かせる[ひとあわふかせる] 〈下1他〉 허를 찔러 당황케 하다. 남을 깜짝 놀라게 하다.
一抱え[ひとかかえ] 한 아름.
一皮[ひとかわ] ①한 꺼풀. 한 껍질. ②가면.
一皮目[ひとかわめ] 한 꺼풀 눈.
一筆❶[ひとふで] ①(먹을 다시 안 묻히고) 단번에 씀. ②한 줄의 글. 간단히 씀. ❷[いっぴつ] ①같은 필적. ②(먹을 다시 안 묻히고) 단번에 씀. ③짧은 글. 간단히 씀. ④(토지 대장상의) 한 필지.
一筆書(き)[ひとふでがき] (먹을 다시 안 묻히고) 단번에 쓰거나 그림. 일필휘지(一筆揮之).
一筆湿す[ひとふでしめす] 〈5他〉 (편지 서두에 쓰는 인사말로) 계상(啓上).
一汗[ひとあせ] 한 바탕 땀을 흘림. 한 차례의 수고.
一行❶[ひとくだり] ①(문장의) 한 줄. 1행. ②(문장의) 한 부분. ③사물의 일부분. 한 건. ❷[いちぎょう] (문장의) 한 줄. 1행. ❸[いっこう] ①일행; 동행자들. ②한 가지 행동.
一向きに[ひとむきに] 외곬으로. 일편단심으로. 전력을 다하여.
一つ穴の狢[ひとつあなのむじな] ①같은 굴속의 오소리. ②한패 한동아리.
一花[ひとはな] ①한 송이 꽃. ②한때의 번영. 한때의 영화(栄華).
一つ話[ひとつばなし] ①자랑삼아 하는 판에 박은 이야기. ②(두고두고 하는) 이야깃거리. ③화제.
一荒れ[ひとあれ] ①한바탕 폭우가 몰아침. ②(시합·회의 등에서) 한바탕 파란이 일어남. ③(기분이 안 좋아) 남에게 한바탕 신경질을 부림.
一回り[ひとまわり] ①한 바퀴 돎. 일주(一周). ②(十二支에서) 12년. 12살. ③(능력·인품·크기·굵기 등에서 단계를 나타내는 말로) 한 단계. 한 수.
2**一休み**[ひとやすみ] 잠깐 쉼.

音読

4**一**[いち] ①하나. 1. ②첫째. 처음. 시초. ③최고. 으뜸. 최상.
一に[いつに] ①오로지. 오직. 전적으로. ②다른 말로는.
一価[いっか] ≪数/物≫ 1가.
一価関数[いっかかんすう] 1가 함수.
一価元素[いっかげんそ] 1가 원소.
2**一家❶**[いっか] 일가; ①한 집. 한 가정. 한 가족. 가족 전체. ②(폭력배 등의) 특수한 조직. 일당. ③(학문·예술 등에서) 독자적인 한 유파. ❷[いっけ] ①일가; 한 집안. 친척. 동족. ②한 채의 집.
一家言[いっかげん] 일가견(一家見); ①자기 나름대로의 독특한 의견. ②상당한 견식을 가진 의견.
一角❶[いっかく] 일각; ①한 각. 한 모서리. ②한 구석. 한 모퉁이. ③한 개의 뿔. ④≪動≫ 일각고래. ❷[いっかど] 한층 뛰어남. 두드러짐. ❸[ひとかど] ①하나의 사항·분야. ②한몫. 제구실. ③뛰어남. 상당함.
一角獣座[いっかくじゅうざ] ≪天≫ 일각수자리.
一刻[いっこく] 일각; ①짧은 시간. ②고집스러움. 완고함. ③성급하여 화를 잘 냄.
一刻者[いっこくもの] 옹고집쟁이.
一脚[いっきゃく] 일각; ①한 다리. ②(책상·걸상 등의) 하나.
一竿[いっかん] 하나의 낚싯대.
一間❶[いっけん] ①한 간. 기둥과 기둥 사이. ②(길이의 단위로) 약 1.81m. ❷[ひとま] 방 한 칸.
一喝[いっかつ] 일갈; 큰소리로 꾸짖음.
一介[いっかい] 일개; (보잘 것 없는) 한낱.
一個[いっこ] ①한 개. 1개. ②한 사람.
一個年[いっかねん] 1개년; 1년.
一個所[いっかしょ] 1개소; 한 군데.
一個月[いっかげつ] 1개월; 한 달.
一個人[いっこじん] 1개인; 한 사람.

[1]一概に[いちがいに] 무조건. 덮어놓고. 일괄적으로. 통틀어.
一挙[いっきょ] 일거; 한 번의 행동.
[1]一挙に[いっきょに] 일거에. 단 한 번에.
一件[いっけん] 일건; ①한 사람. 한 사항. ②그 건.
一剣[いっけん] 일검; 칼 한 자루.
一撃[いちげき] 일격; 온 힘을 다하여 주먹으로 한 방 때림.

一犬[いっけん] 일견; 한 마리의 개.
一見❶[いちげん] 초면; 첫 대면.
[1]一見❷[いっけん] 일견; ①한 번 봄. ②언뜻 봄. 대충 봄.
一見客[いちげんきゃく] (요릿집 등에) 처음 온 손님.
一見識[いちけんしき/いっけんしき] 일견식; 일가견(一家見).
一決[いっけつ] 일결; 하나로 결정됨.
一更[いっこう] 일경; 초경(初更). ＊밤 8시부터 10시까지의 사이.
一驚[いっきょう] 일경; 깜짝 놀람.
一系[いっけい] 일계; 한 혈통.
一季[いっき] 일계; ①한 계절. ②(江戸(えど) 시대의 고용 계약서에서) 1년 기한.
一計[いっけい] 일계; 한 가지 계략.
一揆[いっき] 일계; ①일치단결함. 합심함. ②(중세·근세에 발생했던 농민·신도 등의) 폭동. 무장 봉기(武装蜂起).
一階[いっかい] ①(건물의) 1층. 단층. ②(관직의) 1계급.
一考[いっこう] 일고; 한 번 생각해 봄.
一高一低[いっこういってい] 일고 일저; 높아졌다 낮아졌다 함. 오르내림.
一顧[いっこ] 일고; 한 번 돌아봄. 한 번 돌이켜 봄.
一曲[いっきょく] 1곡; 한 곡. 한 곡목.
一過[いっか] 일과; 한 번 통과함.
一過性[いっかせい] 일과성; ①후딱 지나가는 성질. ②《医》 (증상 등이) 일시적임.
一過性熱[いっかせいねつ] 《医》 일과성 열.
一郭[いっかく] 일곽; ①한 울 안의 지역. ②그 일대.
一廓[いっかく] ☞ 一郭
一貫[いっかん] 일관; 처음부터 끝까지 하나의 방법으로 관철하는 것.
一貫メーカー[いっかんメーカー] 일관 메이커; 일관 작업으로 생산하는 기업.
一貫作業[いっかんさぎょう] 일관 작업.

一管[いっかん] ①(붓·피리·대롱 등의) 한 자루. ②(能楽(のうがく)에서) 피리의 연주자가 혼자서 연주함.
[1]一括[いっかつ] 일괄; 하나로 묶음.
一塊[いっかい/ひとかたまり] 한 덩어리.
一校[いっこう] 1교; ①한 학교. ②1회의 교정(校正). ③최초의 교정.
一区[いっく] 1구; 한 구획.
一句[いっく] 1구; ①한 마디. ②(詩의) 한 수. ③(詩의) 한 구절.
一国[いっこく] 1국; ①한 나라. ②전국. 온 나라.
一局[いっきょく] 1국; ①(바둑·장기의) 한 판. 한 국. ②(바둑판·장기판의) 하나.
一掬[いっきく] 일국; ①두 손으로 한 번 움킴. 한 움큼. ②조금. 약간.
一軍[いちぐん] 1군; ①한 군대. ②전군(全軍). ③(프로야구에서) 공식 경기에 나갈 수 있는 선수. ＊한 팀에 28명임.
一群[いちぐん] 일군; 한 떼. 한 무리.
一の宮[いちのみや] ①황태자. 왕세자. ②(옛날) 그 지방에서 으뜸가는 神社(じんじゃ).
一巻❶[いちまき] ①(서적·그림 등의) 두루마리. 1권 전부. ②책 한 권의 내용 전부. ③사건·이야기 등의 자초지종. ④일가(一家). 친척. ❷[いっかん] ①(책·두루마리 등의) 제 1권. ②한 권. ❸[ひとまき] ①(철사·실 등의) 한 번 감음. ②하나의 두루마리. 한 권의 책. ③일족(一族). 동족.
一級[いっきゅう] 1급; ①1등급. ②한 계급.
一己[いっこ] 일개인. 자기 혼자.
一気[いっき] 단 숨. 한 번의 호흡.
[1]一気に[いっきに] 단숨에.
一基[いっき] 1기; (묘비 등의 서 있는 물건의) 하나.
一期❶[いちご] 일기; ①일생. 생애. ②최후. 임종. ❷[いっき] (한정된) 한 시기.
一期一会[いちごいちえ] 일생에 한 번뿐임. 일생에 한 번 만남.
一騎[いっき] 1기; 한 사람의 기마 병사.
一騎当千[いっきとうせん] 일기당천.
一騎打ち[いっきうち] (기마병의) 1대1 싸움.
一騎討ち[いっきうち] ☞ 一騎打ち
一諾[いちだく] 일낙; 한 번 승낙.
一難[いちなん] 일난; 한 재난.
一男[いちなん] 1남; ①아들 하나. ②장남. 맏아들.

一女[いちじょ] 1녀; ①딸 하나. ②장녀. 맏딸.

一年❶[いちねん] 1년. 한 해. **❷**[ひととせ] ①1년 간. 한 해. ②(이전의) 어느 해.

一年生[いちねんせい] ①(학교의) 1학년 학생. ②1년생 식물.

一年草[いちねんそう] ≪植≫ 1년초.

一念[いちねん] 일념; ①한결같은 생각. ②≪仏≫ 전심으로 염불함.

一念万年[いちねんまんねん] 만년 불변의 신념.

一念発起[いちねんほっき] ①생각을 바꾸고 열중함. ②≪仏≫ 일념발기.

一能[いちのう] 일능; 한 가지 재능・기능.

[2]**一旦**[いったん] 일단; ①한 번. ②당장. 우선. 잠시.

一団[いちだん] 일단; 한 떼. 한 무리.

一段[いちだん] 일단; ①(계단의) 한 계단. ②(문장의) 한 토막. ③'五十音図'의 가로 한 줄.

[2]**一段と**[いちだんと] 더욱. 한층. 훨씬.

一段落[いちだんらく] 일단락; 일의 한 계단이 끝남.

一端❶[いったん] 일단; ①한쪽 끝. ②일부분. **❷**[いっぱし] ①제 구실을 함. 어엿함. ②어엿하게. 남 못지않게. 남처럼. 남과 같이. ③제법.

一箪[いったん] 대나무 도시락 통 하나.

一党[いっとう] 일당; ①한 패거리. 한 무리. ②한 정당. 한 당파.

一堂[いちどう] 일당; ①하나의 건물. ②같은 건물. 같은 장소.

一大[いちだい] 일대; 하나의 커다란.

一大事[いちだいじ] 일대사; ①큰 사건. 대사건. ② ≪仏≫ 인연을 맺고 부처가 이 세상에 나옴.

一代[いちだい] 1대; ①국왕의 재위 기간. ②일생. 한평생. ③그 시대. 어떤 한 시대. 당대. ④제1대. 초대(初代).

一代記[いちだいき] 일대기; 전기(伝記).

一対[いっつい] 한 쌍. 한 벌.

一対一[いちたいいち] 1대1. 일대일.

[1]**一帯**[いったい] 일대; ①어느 지역 전부. ②한 줄기.

一隊[いったい] 일대; 하나의 부대.

一徳[いっとく] 일덕; 한 가지 이익.

一刀❶[いっとう] 일도; ①한 자루의 칼. ②한칼. 단칼. **❷**[ひとかたな] 단칼. 일격(一撃)에 눕힘.

一刀彫り[いっとうぼり] 한 자루의 칼로 간단하고 소박하게 조각함.

[3]**一度❶**[いちど] 한 번. 1회. **❷**[ひとたび] ①한 번. 1회. ②〈副〉 일단(一旦).

[2]**一度に**[いちどに] 한꺼번에. 한 번에.

一途❶[いちず] 외곬. 고지식함. 하나밖에 모름. **❷**[いっと] ①하나의 수단・방법. ②오직 한 방향. 일로(一路).

一道[いちどう] 일도; ①한 길. 한 도로. ②한 가지 기예(技芸). ③(빛・연기 등의) 한 줄기.

一読[いちどく] 일독; 한 번 읽음.

[1]**一同**[いちどう] 일동; 모두. 전원(全員).

一斗[いっと] 1두; 한 말.

一頭[いっとう] 1두; ①(짐승의) 한 마리. ②머리 하나.

一得[いっとく] 일득; 한 가지 이득.

一灯[いっとう] ①하나의 전등. ②약간의 기부. 작은 정성.

一等[いっとう] ①가장. 제일. ②1등. 최상. 최고. ③한 등급.

一等兵[いっとうへい] 일등병; 일병.

一等星[いっとうせい] ≪天≫ 일등성.

一楽[いちらく] 일락; ①한 가지 즐거움. ②'一楽織(いちらくおり)'의 준말.

一楽織[いちらくおり] 돋을무늬로 정교하게 짠 견직물.

一落[いちらく] 일락; ①일단락(一段落). 한 가지가 결말이 남. ②하나의 사건. ③한 번 쇠락(衰落)함.

一卵性双生児[いちらんせいそうせいじ] 일란성 쌍생아.

一覧[いちらん] 일람; 한 번 쭉 훑어 봄.

一覧払い[いちらんばらい] 일람불; 어음이나 수표 소지인의 요구가 있을 때 즉시 지불함.

一覧後定期払い[いちらんごていきばらい] 일람후 정기 출급(出給).

一浪[いちろう] (대학 입시의) 1년 재수생(再修生).

一両[いちりょう] 1량; ①한 량. ②(큰 차량의) 한 대. ③한둘.

一両年[いちりょうねん] 한두 해.

一両度[いちりょうど] 한두 번.

一両人[いちりょうにん] 한두 사람.

一両日[いちりょうじつ] ①하루 이틀. ②금명간. 오늘과 내일.

1 一連❶[いちれん] 일련; ①관계있는 일의 한 연속. ②같이 있는 한 무리. 일행(一行). ③(종이의) 한 연. 전지 500매. ④(말린 생선 등을 줄로 묶은) 한 두름. ⑤(律詩에서의) 한 쌍의 구(句). ❷[ひとつら] 일련; 한 줄. 할 줄로 섬.

一蓮托生[いちれんたくしょう] 일련탁생; 잘 잘못에도 불구하고 행동·운명을 함께 함.

一聯[いちれん] 일련; 관계있는 일의 한 연속.

一列❶[いちれつ] 일렬; ①한 줄. ②첫째 줄. ③같은 무리. 같은 동아리. 같은 패. ❷[ひとつら] 일렬; 한 줄. 한 줄로 섬.

一領[いちりょう] (갑옷·의복 등의) 한 벌.

一礼[いちれい] 한 번 절함. 가볍게 절함.

一例[いちれい] 일례; 하나의 예.

一路[いちろ] 일로; ①(쭉 뻗은) 한 줄기의 길. ②(바둑에서) 어떤 돌의 하나 옆. ③〈副〉 곧장. 곧바로.

一塁[いちるい] 1루; ①하나의 보루. ②(야구에서) 1루; 퍼스트 베이스.

一塁手[いちるいしゅ] (야구의) 1루수.

一縷[いちる] 일루; 한 가닥.

2 一流[いちりゅう] 1류; ①어떤 분야에서 첫째 감. ②(기예·학문 등의) 한 유파(流派). ③한 혈통. ④독특함. 특유함.

一類[いちるい] ①같은 종류. 한 패. 일당. ②일족(一族).

一六[いちろく] ①주사위의 눈이 1 또는 6이 나오는 것을 걸고 도박함. 한 끗과 여섯 끗. ②매월 6일 붙는 날. ③1과 6을 합한 수. ④운에 맡기고 하는 모험적 승부.

一六勝負[いちろくしょうぶ] ①주사위 승부. 도박. ②운에 맡기고 하는 모험적 승부.

一六銀行[いちろくぎんこう] 전당포. ＊1+6=7의 7(しち)이 '質(しち/담보물·저당물)'과 발음이 같은 데서 나온 말임.

一輪[いちりん] 1륜; ①바퀴 하나. ②보름달. ③(꽃) 한 송이.

一輪挿し[いちりんざし] (한두 송이의 꽃을 꽂는) 작은 꽃병.

1 一律[いちりつ] 일률; 균등함.

一里[いちり] 1리; ①약 4㎞. ②하나의 촌락.

一里塚[いちりづか] 이정표(里程標). ＊전국의 가도(街道)에 약 4㎞마다 흙을 쌓아 팽나무 등을 심었음.

一利[いちり] 일리; 한 가지 이득.

一厘[いちりん] 1리; 1의 100분의 1.

一理[いちり] 일리; 하나의 이치.

一粒万倍[いちりゅうまんばい] 일립만배; ①한 알의 씨앗에서 만 배의 수확이 나옴. ②'稲(いね)'의 딴이름.

一笠一杖[いちりゅういちじょう] (삿갓 한 닢, 지팡이 하나의 뜻에서) 승려(僧侶). 중.

一抹[いちまつ] 일말; 아주 조금. 약간.

一望❶[いちぼう] 일망; 한 번 쳐다봄. 한 눈으로 훑어봄. ❷[いちもう] 유일한 희망. 하나뿐인 희망.

一網打尽[いちもうだじん] 일망타진; 한꺼번에 모조리 잡음.

4 一枚[いちまい] 1매; ①(종이·손수건 등의) 한 장. ②(논밭의) 한 구획. 한 뙈기. 한 배미. ③한몫. ④한 단계.

一枚目[いちまいめ] ①(歌舞伎(かぶき)에서) 배우 순위표의 첫 번째. ②(씨름꾼 순위 표에서) 前頭(まえがしら)·十両(じゅうりょう)·幕下(まくした) 등의 첫 번째 지위의 씨름꾼.

一枚看板[いちまいかんばん] ①(한 극단의) 중심 배우. (한 단체의) 중심인물. ②(내세울 만한) 유일한 표방(標榜). ③단벌 옷.

一枚刷(り)[いちまいずり] 한 장의 종이에 인쇄함. 또는 그 인쇄물.

一枚岩[いちまいいわ] ①(결 없이) 하나로 돼 있는 반석. ②(조직 등이) 튼튼함.

一枚岩的団結[いちまいいわてきだんけつ] 반석 같은 단결.

一脈[いちみゃく] 일맥; ①한 줄기. 한 가닥. ②조금. 약간.

1 一面[いちめん] 일면; ①한 면. 한 쪽. ②(사물의) 어떤 관점. ③(신문의) 첫 페이지. ④주변 일대. 어떤 장소 전체. 온통.

一面観[いちめんかん] 일면관; 한 쪽에 치우친 관찰. 편견.

一面識[いちめんしき] 일면식; 한 번 만난 적이 있어 조금은 알고 있음.

一面的[いちめんてき] 일면적; 일방적. 편파적.

一眠[いちみん] 일면; 누에의 첫잠.

一名[いちめい] 일명; ①한 사람. ②별명. 다른 이름.

一命[いちめい] 일명; ①생명. 목숨. ②한 명령.

一毛作[いちもうさく] ≪農≫ 일모작.

一木[いちぼく] 일목; 한 그루의 나무.

一木作り[いちぼくづくり] 일목조; 하나의 나무로 하나의 조상(彫像)을 만드는 목조(木彫) 기법.

1**一目❶**[いちもく] ①한쪽 눈. 외눈. ②슬쩍 봄. ③(바둑에서) 한 집. 돌 하나. ❷[ひとめ] ①첫눈. 한 번 봄. ②한눈에 다 봄.

一目散に[いちもくさんに] 곧장. 쏜살같이.

一目勝ち[いちもくかち] (바둑의) 1집승.

一目瞭然[いちもくりょうぜん] 일목 요연; 한 번 보고 환하게 알 수 있음.

一目置く[いちもくおく] 〈5他〉 (바둑에서) 자기보다 한 수 위로 보다. 경의를 표하다.

一文❶[いちぶん] 한 문장. 간단한 글. ❷[いちもん] ①엽전 한 닢. ②한 푼. 아주 적은 돈. ③글자 한 자.

一文菓子[いちもんがし] 싸구려 과자.

一文無し[いちもんなし] 무일푼. 빈털터리.

一文半銭[いちもんきなか] 푼돈.

一文惜しみ[いちもんおしみ] 푼돈을 아낌. 쩨쩨함. 구두쇠. 노랑이.

一文字❶[いちもんじ] ①하나의 글자. 한 글자. 한 자. ②한일(一)자. ③똑바로 돌진함. ④(무대 위쪽에) 가로로 길게 매단 막. ⑤(족자의) 아래위에 붙이는 좁다란 헝겊. ⑥(투구 뒤의) 목을 가리는 부분. ❷[ひともじ] ①하나의 글자. 한 글자. 한 자. ②'ねぎ(파)'의 딴이름.

一文字笠[いちもんじがさ] ①위가 한일(一)자 모양으로 평평한 삿갓. ＊주로 무사나 상인 등이 여행할 때 썼음. ②접은 자리가 한일(一)자로 되는 삿갓. ＊여자들이 춤출 때 씀.

一文不知[いちもんふち] 일자무식.

一文不通[いちもんふつう] 일자무식.

一文字蝶[いちもんじちょう] ≪虫≫ 줄나비.

一文銭[いちもんせん] ①1문전. ＊一文(いちもん) 1개의 엽전. ②푼돈. ③1문전을 본뜬 문장(紋章).

一門[いちもん] 일문; ①일족(一族). 일가(一家). 한 집안. ②한 스승 밑의 제자들. 동학(同学). 동문(同門). ③대포 1문. ④≪仏≫ 같은 종파 사람.

一問[いちもん] 일문; 하나의 문제·질문.

一問一答[いちもんいっとう] 일문일답.

一物❶[いちぶつ] 한 물건. 한 사물. 같은 것. ❷[いちもつ] ①한 물건. 하나의 물품. ②나쁜 생각. 흉계. 꿍꿍이속. ③그것. 물건. ＊남자의 '음경(陰茎)'과 '돈'의 은어임.

一味[いちみ] 일미; ①한 가지 맛. ②반찬 한 가지. ③(한약방의) 한 가지 약제. 1품. ④(같은 목적을 가진) 패거리. 동아리. 일당.

一味徒党[いちみととう] 일미 도당; 일당. 한 동아리.

一拍[いっぱく] 일박; ①한 번 손뼉을 침. ②≪楽≫ 한 박자. ③≪語学≫ 한 음절.

一拍子[いちびょうし] ≪楽≫ 한 박자.

2**一泊**[いっぱく] 일박; 하룻밤 묵음.

一反[いったん] ①(옷감의 길이) 1필. 길이 약 10.6㎝ 폭 약 34㎝. ＊보통 일본 옷 한 벌 감이 됨. ②(토지 면적 단위로) 1정(町)의 10분의 1. 약 300평. ③≪古≫ (거리의 단위) 약 10.9㎝.

一半[いっぱん] 반쪽. 절반. 일부분.

一班[いっぱん] ①제1반. 첫째 반. ②한 반. ③반 전체.

一斑[いっぱん] ①(표범의) 얼룩무늬의 하나. ②사물의 한 부분.

2**一般**[いっぱん] 일반; ①전반(全般). 보편(普遍). ②보통. ③비슷함. 마찬가지. 매일반.

一般論[いっぱんろん] 일반론; 전체에 통용되는 논리(論理).

一般人[いっぱんじん] 일반인; 보통 사람.

一飯[いっぱん] ①한 끼의 식사. ②한 그릇의 밥.

一発[いっぱつ] 일발; ①총알·포탄의 1개. ②(총포 등을) 한 번 쏨. ③(주먹으로) 한 방 먹임. 한 대 침. ④한 번. 한 바탕. ⑤(야구에서) 안타. 홈런.

一発屋[いっぱつや] ①한 번의 승부에 모든 것을 거는 사람. ②(별 볼일 없는 존재가) 간혹 홈런을 치는 사람.

一発回答[いっぱつかいとう] (단체 협상에서) 처음이자 마지막인 단 한 번의 회답.

一髪[いっぱつ] 일발; ①한 오리의 머리카락. ②아주 작음. ③(먼 산이나 섬이) 머리카락처럼 희미하게 보임.

一方❶[いちかた] ①(鉱山의 교대 작업에서) 첫 번째로 갱내에서 일하는 사람. ②입갱(入坑) 횟수.

2**一方❷**[いっぽう] ①한 방향. ②한쪽. ③(사물의) 한 면. 다른 관점. ④오로지 …뿐임. 오로지 …만 함. ⑤…하는 한편. ⑥〈接〉 한편. 다른 한편에서는. ❸[ひとかた] ☞ [訓読]

一方的[いっぽうてき] 일방적; ①한쪽으로 치우침. ②편파적임.

一倍[いちばい] ① ≪数≫ 1배. ②배. 곱절. ③〈副〉 갑절. 한층. 훨씬.

[4]一杯[いっぱい] 일 배; ①한 잔. 한 그릇. ②(가볍게) 술을 한잔함. ③(오징어·문어·게 등의) 한 마리. ④(배) 한 척. ⑤(그릇·장소 등에) 가득 참. 가득 많음. ⑥빠듯함. ⑦…껏.

一杯機嫌[いっぱいきげん] (한잔 적당히 마셔) 거나한 기분. 한잔한 기분.

一杯食う[いっぱいくう] 〈5自〉 (감쪽같이) 한 방 먹다. 속다.

一杯食わす[いっぱいくわす] 〈5他〉 (감쪽같이) 한 방 먹이다. 속이다.

一杯一杯[いっぱいいっぱい] 본전치기. 손익(損益)이 없음.

一番❶[いちばん] 1번; ①첫째. 으뜸. 맨 처음. ②일등. 으뜸. 제일. ③최상. 상책. ④(바둑·장기·씨름에서) 한 판. 단판. ⑤한 쌍. 한 조(組). ⑥(歌舞伎(かぶき)·謡曲(ようきょく) 등을 세는 말로) 한 곡. ⑦가장. 맨. ⑧〈副〉 우선. 시험 삼아. ❷[ひとつがい] (암수) 한 쌍.

一番鶏[いちばんどり] 첫닭이 우는 소리.

一番館[いちばんかん] (영화) 개봉관.

一番駆け[いちばんがけ] ①(전쟁에서) 맨 먼저 적진에 뛰어들어 싸움. ②맨 먼저.

一番目[いちばんめ] 첫 번째.

一番方[いちばんかた] (鉱山에서) 그 날 첫 번째로 갱내에 들어가는 갱부.

一番星[いちばんぼし] (저녁에 뜨는) 첫 별.

一番手[いちばんて] ①선봉. 선두 주자. ②최우위(最優位)에 있는 사람.

一番乗り[いちばんのり] ①맨 먼저 적진에 쳐들어감. ②(어떤 곳에) 맨 먼저 도착함. 또는 그런 사람.

一番子[いちばんこ] ①첫아이. ②(동물의) 첫배 새끼. 맏배 새끼.

一番煎じ[いちばんせんじ] 처음 달인 약·차.

一番槍[いちばんやり] ①(옛날 싸움에서) 맨 먼저 창을 들고 적진에 돌입함. ②맨 먼저 공을 세움.

一法[いっぽう] 한 방법. 한 가지 수단.

一碧[いっぺき] 일벽; 한결같이 푸름.

一辺[いっぺん] 일변; ①하나의 변. ②한편. 한쪽.

一辺倒[いっぺんとう] 일변도; 한쪽으로만 치우침.

[1]一変[いっぺん] 일변; 완전히 바뀜.

[1]一別以来[いちべついらい] 작별한 이후.

一兵[いっぺい] 일병; 병사 한 명.

一病息災[いちびょうそくさい] 병이 한 가지쯤 있는 사람이 몸조심을 하기 때문에 오히려 장수함.

一歩[いっぽ] 일보; ①한 걸음. ②한 단계. 한 과정.

一歩前進[いっぽぜんしん] 일보 전진.

一報[いっぽう] 일보; 간단히 알림.

一服[いっぷく] ①(1회분의) 가루약 한 봉지. ②(차·약의) 한 모금. ③(담배의) 한 모금. ④잠깐의 휴식. ⑤(시세가) 보합세임.

一服盛る[いっぷくもる] 〈句〉 독약을 제조하다. 독약을 먹이다.

一服薬[いっぷくやく] 1회 복용으로 낫는다는 매약(売薬).

一腹[いっぷく/ひとはら] 동복(同腹). 같은 배. 한 부모.

[4]一本[いっぽん] ①(가늘고 긴 물건의) 한 자루. 한 가락. 한 그루. ②(검도나 유도에서) 한 판 이김. ③어떤 책. ④술 한 병. ⑤일정한 수준에 달한 기생. ⑥(전화·편지 등의) 한 통. ⑦(도박·축의금에서) 1만 엔 한 장. ⑧한결같음.

一本菅[いっぽんすげ] ≪植≫ 별사초.

一本橋[いっぽんばし] 외나무다리.

一本気[いっぽんぎ] 외곬임. 기질이 곧음.

一本独鈷[いっぽんどっこ] 독고(独鈷) 무늬가 들어 있는 博多(はかた)산(産) 견직물. *남자용 허리띠로 사용함.

一本立ち[いっぽんだち] ①(나무 등이) 외따로 서 있음. ②독립. 자립.

一本釣り[いっぽんづり] 낚싯줄 하나에 바늘 하나를 달아 낚는 방법.

一本調子[いっぽんぢょうし] 단조로움. 한결같음.

一本槍[いっぽんやり] ①창을 한 번 찔러 승부를 결정함. ②시종 일관 한 가지만 밀고 나감. 일변도(一辺倒).

一本化[いっぽんか] 일원화(一元化).

一封[いっぷう] 일봉; ①편지 한 통. ②봉한 물건의 하나.

一夫[いっぷ] 일부; ①한 명의 남편. ②한 명의 남자.

一夫多妻[いっぷたさい] 일부다처.

[2]一部[いちぶ] 일부; ①(책의) 한 권. ②한 질. 한 벌. ③일부분. ④(대학에서) 주간부(昼間部).

[1]一部分[いちぶぶん] 일부분; 일부.

一部始終[いちぶしじゅう] 자초지종(自初至終). 처음부터 끝까지.

一部形式[いちぶけいしき] 《楽》 한 도막 형식. 일부분 형식.

一分❶[いちぶ] ①1할. 10분의 1. 10%. ②1푼. 1할의 10분의 1. 1%. ③(길이·무게 등의 단위로) 한 치의 10분의 1. ④아주 적음. ❷[いちぶん] 체면. 체통. 면목. ❸[いっぷん] (시간상의) 1분. 60초.

一分金[いちぶきん] (江戸(えど) 시대의) 1냥의 4분의 1에 해당되는 금화(金貨).

一分試し[いちぶだめし] 칼이 잘 드는지 보기 위해 칼로 난도질함.

一分一厘[いちぶいちりん] 아주 조금. 약간.

一分銀[いちぶぎん] (江戸(えど) 시대의) 1냥의 4분의 1에 해당되는 은화(銀貨).

一死[いっし] ①'죽음'의 강조. ②(야구에서) 원 아웃.

一糸[いっし] 일사; 한 오리의 실.

一事[いちじ] 일사; 한 가지 일.

一山❶[いっさん] (넓은 경내와 여러 채의 건물을 포함한) 큰 절 전체. 큰 절의 모든 중. ❷[ひとやま] ①하나의 산. 산 하나. ②온 산. 산 전체. ③한 무더기. 한 더미.

一算[いっさん] ①한 번 계산함. ②한 번 점침.

一散に[いっさんに] 한눈팔지 않고. 곧장. 곧바로. 쏜살같이.

一酸化炭素[いっさんかたんそ] 일산화탄소.

一殺多生[いっさつたしょう/いっせつたしょう] 《仏》 일살 다생; 한 사람을 죽여 많은 사람을 구함.

一双[いっそう] 한 쌍. 한 벌. *장갑·병풍 등을 세는 말임.

一色❶[いっしょく] 일색; 한 가지 색. ❷[いっしき] ①일색; 한 빛깔. ②1품(品). 한 가지 물건. 한 종류. ③한결같음. 외곬. ❸[ひといろ] ①한 색깔. 단색. ②한 종류.

[2]一生[いっしょう] 일생; ①평생. 한 평생. ②겨우 살아남.

一生面[いちせいめん] 새로운 분야. 새로운 방법.

一生不犯[いっしょうふぼん] 《仏》 일생불범.

一生涯[いっしょうがい] 일생. 한 평생.

[3]一生懸命[いっしょうけんめい] (목숨을 걸고) 아주 열심임.

一書[いっしょ] 일서; ①한 통의 편지. ②어떤 한 책.

[4]一緒[いっしょ] ①(행동을) 함께 함. 같이 함. ②(함께) 합침. ③같음. 마찬가지임. ④동행함.

一緒くた[いっしょくた] ①잡동사니. 뒤죽박죽. ②동일시함.

[4]一緒に[いっしょに] 함께. 같이.

一夕[いっせき] 일석; ①하룻밤. ②어느 날 밤.

一石❶[いっせき] 일석; ①(작은) 하나의 돌. ②(바둑에서) 한 판. ❷[いっこく] ①(곡식의) 한 섬. 10말. 약 180리터. ②(배·목재·석재 크기를 나타내는 단위로) 10입방척. 약 0.28㎥.

一席[いっせき] ①한 모임. 한 자리. ②(연설·만담 등의) 1회. 한 차례. 한 바탕. ③(석차에서) 1등. 수석. 첫째.

一線[いっせん] 일선; ①한 선. 한 줄. ②분명한 구별. 뚜렷한 구분. 한계. ③제1선. 최전선.

一膳飯[いちぜんめし] ①한 그릇 밥. 한 공기 밥. ②(죽은 사람에게 올리는) 제삿밥.

一膳飯屋[いちぜんめしや] 간이식당.

一説[いっせつ] 일설; ①한 가지 주장. ②다른 주장.

一閃[いっせん] 일섬; (빛이) 한 번 번쩍임. 번쩍이는 섬광.

一声❶[いっせい] ①일성; 하나의 소리. ②(歌舞伎(かぶき)에서) 배우의 입장·퇴장 때 하는 반주. ③(能楽(のうがく)에서 배우가 무대에 등장했을 때) 그 정경이나 자기 심중을 읊는 짧은 謡(うたい). 또는 그에 앞선 반주 음악. ❷[ひとこえ] 일성; 한 마디 소리.

一世❶[いっせい] 일세; ①일생. 한 평생. ②일대(一代). 한 통치 기간. ③한 시대. 당대(当代). ④제1대. 초대. ⑤(이민의) 첫대 사람. ❷[いっせ] 《仏》 ①현세. ②과거·현재·미래의 3세 중의 하나. ③일생. 한 평생.

一世紀[いっせいき] 1세기.
一所❶[いっしょ] ①한 곳. 한 장소. ②같은 장소. ❷[ひとところ] 한 곳. 한 장소.
一所懸命[いっしょけんめい] (목숨을 걸고) 아주 열심임.
一掃[いっそう] 일소; 말끔히 쓸어버림.
一笑[いっしょう] 일소; ①한 번 웃음. ②하나의 웃음거리.
一束[いっそく/ひとたば] 한 다발. 한 묶음.
一手❶[いって] ①독점. 도맡아 함. ②(바둑·장기에서) 한 수. ③가장 유리한 방법. 한 가지 수. ❷[ひとて] ①한 손. 한쪽 손. ②독점. 도맡아 함. ③(바둑·장기에서) 한 수. ④한 조(組). 한 무리. ⑤한 종류.
一首[いっしゅ] (詩歌의) 한 수.
一睡[いっすい] 일수; 한잠. 한잠 잠.
一樹[いちじゅ] 한 그루의 나무.
一穂[いっすい] 일수; ①한 이삭. ②한 불꽃.
一宿一飯[いっしゅくいっぱん] 일숙일반; 약간의 신세.
一旬[いちじゅん] 일순; 10일간.
一巡[いちじゅん] 일순; 한 바퀴 돎.
2 一瞬[いっしゅん] 일순; ①한 순간. ②금세. 금방. 순식간에.
一瞬間[いっしゅんかん] 일순간; 삽시간. 한 순간.
一升[いっしょう] 1승; 한 되.
一升買い[いっしょうがい] 됫박질. *가난한 살림을 말함.
一乗[いちじょう] ≪仏≫ 일승; 대승(大乗).
一乗経[いちじょうきょう] ≪仏≫ 일승경; 법화경(法華経).
一勝[いっしょう] 1승; 한 번 이김.
一矢[いっし] 일시; 한 개의 화살.
4 一時❶[いちじ] ①(시계의) 1시. ②한때. 그 당시. ③임시 그때만. ④잠깐. 잠시. ⑤동시. 한꺼번에. ❷[いちどき] 일시; 동시. 한꺼번에. ❸[いっとき] ①옛날 시각으로 지금의 2시간. ②잠시. ③(과거의) 한때. ④동시. 한꺼번에. ❹[ひととき] ①잠시. 잠깐. 한동안. ②(과거의) 한때. 어느 때.

一時硬水[いちじこうすい] 일시적 경수.
一時金[いちじきん] 일시금; 한꺼번에 주는 돈.
一時逃れ[いちじのがれ] 임시 모면.
一時凌ぎ[いちじしのぎ] 임시 모면.
一時払い[いちじばらい] 일시불.
一時預け[いちじあずけ] 임시 보관.
一時的[いちじてき] 일시적; 한때뿐임.
一視同仁[いっしどうじん] 일시 동인; 모든 사람을 차별하지 않고 평등하게 사랑함.
一式[いっしき] 일식; 한 벌.
一食[いっしょく] 일식; 한 끼의 식사.
一身[いっしん] 일신; 한 몸. 자기 자신.
一身田[いっしんでん] (平安(へいあん) 시대에) 농사짓는 본인 1대만 사유(私有)가 인정되는 논.
一神教[いっしんきょう] 일신교.
一新[いっしん] 일신; 새롭게 함.
一新紀元[いっしんきげん/いちしんきげん] 새로운 한 기원.
一失[いっしつ] 일실; 하나의 실수·실패.
一室[いっしつ] 일실; ①방 하나. 하나의 방. ②어떤 방.
1 一心[いっしん] 일심; ①일치된 마음. 한마음. ②오직 열심임.
一心同体[いっしんどうたい] 일심동체.
一心不乱[いっしんふらん] 한마음으로 골몰함.
一心一向[いっしんいっこう] 오직 한마음.
一審[いっしん] ≪法≫ 일심; 제1심.
一握[いちあく] 일악; 한 줌. 한 움큼.
一案[いちあん] 일안; 그럴싸한 안.
一眼[いちがん] 일안; ①한쪽 눈. ②외눈. 애꾸. ③(리플렉스 카메라에서) 렌즈가 하나임.
一眼レフ[いちがんレフ] 일안 리플렉스 카메라.
一夜[いちや/ひとよ] 일야; ①하룻밤. ②어느 날 밤.
一夜作り[いちやづくり] ①하룻밤 사이에 만듦. ②벼락치기로 만듦.
一夜造り[いちやづくり] ☞ 一夜作り
一夜酒[いちやざけ/ひとよざけ] 하룻밤 만에 익힌 단술·술
一夜漬(け)[いちやづけ] ①담근 지 하루 만에 먹는 김치. ②벼락치기.
一夜妻[いちやづま/ひとよづま] ①하룻밤을 같이 지낸 여자 ②매춘부. 창녀.
一薬草[いちやくそう] ≪植≫ 노루발풀.
一躍[いちやく] 일약; ①한 번 뜀. ②단숨에 오름.
一陽来復[いちようらいふく] 일양내복; ①겨울이 가고 봄이 옴. ②동짓날. ③역경이 지나가고 행운이 돌아옴.

1一様❶[いちよう] ①똑같음. 한결같음. ②보통임. 평범함. ❷[ひとよう] 동일함. 같음. 비슷함.

一語[いちご] 일어; 한 마디 말.

一言[いちごん/いちげん/ひとこと] 한 마디 말.

一言居士[いちげんこじ] 일언거사; 말참견을 안 하고는 못 배기는 사람. *약간 경멸의 뜻이 포함됨.

一言半句[いちごんはんく] 일언반구; 극히 짧은 말.

一言一句[いちごんいっく] 일언일구; 한마디 말.

一言一行[いちげんいっこう] 일언일행; 낱낱의 언행. 사소한 말과 행동.

一葉❶[いちよう] 일엽; ①(나무의) 한 잎. ②(종이) 한 장. ③쪽배 한 척. ❷[ひとは] ①(나무의) 한 잎. ②한 척의 배.

一閲[いちえつ] 일열; (문장을) 대충 훑어봄.

一栄一落[いちえいいちらく] 일영일락; 일성일쇠(一盛一衰).

一芸[いちげい] 일예; 한 가지 기예.

一往[いちおう] ①일단; 우선은. 어쨌거나. ②한 번. 한 차례.

一宇[いちう] 일우; (건물의) 한 채.

一羽[いちわ] (날짐승과 토끼의) 한 마리.

一隅[いちぐう] 일우; 한구석. 한 모퉁이.

一遇[いちぐう] 일우; 한 번 만남.

一円[いちえん] ①(화폐 단위의) 1엔. ②(어떤) 지역의 전체 일대. ③ ≪古≫ (부정문에서) 조금도. 전혀. 도무지.

一元[いちげん] 일원; ①근본이 하나임. ②(방정식에서) 하나의 미지수.

一院[いちいん] 일원; ①단원(単院). 한 의원(議院). ② ≪仏≫ 한 사원(寺院). ③'院' 자가 붙는 관청이나 기관. ④ ≪古≫ 2명 이상의 상황(上皇)이 있을 때 첫째 상황.

一院制[いちいんせい] 일원제; 단원제.

一員[いちいん] 일원; 구성원의 한 사람.

4一月❶[いちがつ] 정월. 1월. January. ❷[ひとつき] 한 달. 1개월.

一月三舟[いちげつさんしゅう] ≪仏≫ 일월삼주.

一位[いちい] 1위; ①1등. 수위(首位). ②첫째. 위계. ③한 자리의 수.

2一応[いちおう] ①일단. 우선은. 어쨌거나. ②한 번. 한 차례.

一衣帯水[いちいたいすい] 일의대수; 띠처럼 좁은 강.

一意[いちい] 일의; ①하나의 뜻. ②한마음. ③오로지. 한결같이.

一義[いちぎ] 일의; ①하나의 도리. ②한 가지 뜻. ③가장 근본적인 의미.

一義的[いちぎてき] 한 의미뿐임.

一議[いちぎ] 일의; ①한 번의 회의. ②한 마디 이의(異議). 한 마디 이론(異論).

一二[いちに] 일이; ①한둘. 약간. 한두 사람. ②첫째 둘째. 제1 제2.

一翼[いちよく] 일익; ①한쪽 날개. ②한 역할. 한 임무.

一人❶[いちじん] (천하에 단 한 사람이란 뜻의) 천자(天子). 임금. ❷[いちにん] 한 사람. 1인. ❸[ひとり] ①한 사람. 1명. ②혼자. ③독신. 홀몸.

一人物[いちじんぶつ] ①한 사람. ②어엿한 인물. 일가견을 이룬 인물.

一人前❶[いちにんまえ] ①1인분. 한 사람 몫. ②(능력・솜씨 등이) 제몫을 할 만함. 어엿함. ③어른과 같은 능력・자격을 가짐. 자립할 만함. 성인임. ❷[ひとりまえ] ①1인분. 한 사람 몫. ②어른과 같은 능력・자격을 가짐. 자립할 만함. 성인임.

一人称[いちにんしょう] ≪語学≫ 일인칭.

一因[いちいん] 일인; 한 가지 원인.

一一[いちいち] 일일이. 하나하나. 낱낱이. 모두. 빠짐없이.

4一日❶[いちにち] ①(24시간의) 하루. ②종일. ③단시일. 아주 짧은 시일. ❷[いちじつ] ①하루. ②(그 달의) 초하루. ③어느 날. ❸[ついたち/ひとひ] ☞ [訓読]

一日の長[いちじつのちょう/いちにちのちょう] 남보다 나이를 더 먹음. 남보다 기술이나 경험이 조금 더 뛰어남.

一日増しに[いちにちましに] 날이 갈수록. 나날이. 하루하루.

一日千秋[いちじつせんしゅう/いちにちせんしゅう] 일일 여삼추; 하루가 천년 같음.

一任[いちにん] 일임; 전적으로 맡김.

一子[いっし] 일자; ①한 명의 자식. 외아들. ②적자(嫡子). ③(바둑에서) 돌 하나.

一子相伝[いっしそうでん] (비결을 보존하기 위해) 한 자식에게만 전함.

一字[いちじ] 한 글자.

一字書き[いちじがき] ①(먹을 다시 안 묻히고) 단번에 쓰거나 그림. 일필휘지(一筆揮之). ②(습자에서) 종이 한 장에 한 자씩 쓰기.

一勺[いっしゃく] 일작; ①(분량의 단위로) 1홉의 10분의 1. ②(땅 넓이의 단위로) 1평의 100분의 1. 약 0.033㎡.
一作[いっさく] ①하나의 작품. ②1모작.
2一昨年[いっさくねん/おととし] 재작년.
一昨夜[いっさくや] 그저께 밤.
2一昨日[いっさくじつ/おととい] 그저께.
一昨昨年[いっさくさくねん/さきおととし] 재재작년.
一昨昨日[いっさくさくじつ/さきおととい] 그끄저께.
一長一短[いっちょういったん] 일장 일단.
一将[いっしょう] 한 장군.
一場[いちじょう] ①한 장면. 한 바탕. 한 차례. ②한 자리. ③단 한 번. 그때뿐.
一場の夢[いちじょうのゆめ] 일장춘몽.
一張[いっちょう] ①(거문고·활·모기장 등의) 하나. ②현(弦) 등을 한 번 얹음·메움.
一張羅[いっちょうら] 단벌 옷. 단 한 벌의 나들이 옷.
一帳羅[いっちょうら] ☞ 一張羅(いっちょうら)
一才[いっさい] ①(나이) 한 살. ②목재의 체적 단위. ③직물의 1평방척.
一再[いっさい] 한두 번.
一再ならず[いっさいならず] 종종.
一著[いっちょ] 일저; 하나의 저작물.
一滴[いってき/ひとしずく] 한 방울.
一転[いってん] 일전; ①1회전(一回転). ②일변(一変)함. 완전히 바뀜.
一転機[いちてんき/いってんき] 일전기; 중요한 전환기.
一転語[いってんご] ≪仏≫ 일전어.
一戦[いっせん/ひといくさ] 일전; ①한바탕의 싸움. ②한 차례의 싸움.
一銭[いっせん] 일전; ①1전. ②푼돈. 한 푼.
1一切[いっさい] ①일절; 모두. 전부. ②(부정문에서) 전혀. 전연.
一切合切[いっさいがっさい] 전부. 남김없이. 모조리. 죄다.
一切合財[いっさいがっさい] ☞ 一切合切
一節❶[いっせつ] ①(문장의) 한 구절. ②(악곡의) 한 악절. ❷[ひとふし] ①(대나무 등의) 한 마디. 또는 두 마디의 사이. ②한 가지 독특한 점. ③(음악이나 시의) 한 절.
一点[いってん] 일점; ①하나의 점. ②(시합에서) 한 점. 점수 하나. ③한 곳. 한 군데. ④조금. 약간.
一点張り[いってんばり] 외곬. 일변도(一辺倒). 한 가지만으로 일관함.
一丁[いっちょう] ①(날붙이·총·괭이 등의) 한 자루. ②(음식점에서) 1인분. ③(두부 등의) 한 모. ④(시합에서) 한 판. 한 번. ⑤(거리의 단위로) 약 109m. 1정(町).
一丁目[いっちょうめ] 1가(街). *시가지 구분의 하나임.
一丁字[いっていじ] 하나의 글자.
一丁前[いっちょうまえ] (음식) 1인분.
一町[いっちょう] (거리의 단위로) 약 109m. 1정(町).
2一定❶[いってい] 일정; 정해져 있음. ❷[いちじょう] ≪古≫ ①꼭. 틀림없이. 반드시. ②확실함. 정해진 것.
一挺[いっちょう] (날붙이·총·괭이 등의) 한 자루.
2一斉に[いっせいに] 일제히. 한꺼번에.
一条[いちじょう] 한 가닥. 한 줄기.
一助[いちじょ] 일조; 약간의 도움.
一朝[いっちょう] 일조; ①하루아침. ②한때. 잠시.
一朝一夕[いっちょういっせき] 일조일석; 짧은 기간. 단기간(短期間).
一組[いちくみ/ひとくみ] 한 조. 한 반(班).
一調[いっちょう] (謡曲(ようきょく)에서) 곡의 특정한 부분을, 謡(うたい)를 맡은 한 사람과 북을 치는 한 사람만으로 하는 연주.
一足❶[いっそく] (신·양말 등의) 한 켤레. ❷[ひとあし] ①한 걸음. 한 발짝. ②아주 가까움.
一足飛び[いっそくとび] ①두 발을 모아 뛰기. ②일약(一躍). ③단숨에.
一族[いちぞく] 일족; 동족(同族).
一存[いちぞん] 혼자만의 생각·판단.
2一種[いっしゅ] 일종; ①한 종류. ②…에 가까운. ③〈副〉 어딘지. 어쩐지. 뭔가.
一種住専[いっしゅじゅうせん] '第一種住居専用地域'의 준말.
一座[いちざ] ①좌중(座中). ②동석(同席). ③연예인의 일단. ④한 자리. 일장(一場). ⑤≪仏≫ (불상 등의) 1기(基). ⑥≪古≫상좌. 제일 윗자리.
一朱金[いっしゅきん] (江戸(えど) 시대의) '一両(いちりょう)'의 16분의 1에 해당하는 금화.
一朱銀[いっしゅぎん] (江戸(えど) 시대의) '一両(いちりょう)'의 16분의 1에 해당하는 은화.

一周[いっしゅう] 일주; 한 바퀴 돎.
一周忌[いっしゅうき] ≪仏≫ 1주기.
一周年[いっしゅうねん] 1주년; 한 돌.
一昼夜[いっちゅうや] 1주야; 24시간.
一週[いっしゅう] 1주; 1주일. 7일간.
4 一週間[いっしゅうかん] 1주간; 7일간.
一中[いっちゅう] ①한 방 맞음. ② ≪仏≫ (禅宗에서) 한 자리에 모인 사람에게 다과를 대접함. ③'一中節(いっちゅうぶし)'의 준말.
一中節[いっちゅうぶし] 浄瑠璃(じょうるり)의 한 유파.
一汁一菜[いちじゅういっさい] 일즙일채; ①국 한 그릇에 나물 한 가지. ②아주 간소한 식사.
一知半解[いっちはんかい] 일지반해; 수박 겉핥기의 지식. 피상적으로 앎.
一指[いっし] 일지; 손가락 하나.
一紙[いっし] 일지; ①종이 한 장. 종이 한 겹. ②어느 신문. 한 신문.
一紙半銭[いっしはんせん] 약소함. 아주 적음.
一直[いっちょく] 일직; ①1회만 숙직함. ②(공장의 교대 작업에서) 1교대.
一直線[いっちょくせん] 일직선; ①한 직선. ②똑바름.
一振[いっしん] 일진; ①떨쳐버림. ②한 번 휘두름.
一進一退[いっしんいったい] 일진일퇴.
一次[いちじ] 1차; 최초의. 첫 번째의.
一着[いっちゃく] 1착; ①(달리기에서) 1등. ②(옷) 한 벌. ③옷을 입음. ④(바둑에서) 한 수.
一札[いっさつ] 한 통의 문서.
一刹那[いっせつな] 한 찰나. 한 순간.
一唱三嘆[いっしょうさんたん] 일창 삼탄; 시문을 한 번 읽고 세 번 감탄함.
一菜[いっさい] 일채; 한 가지 반찬.
一冊[いっさつ] 책 한 권. 한 권의 책.
一策[いっさく] 일책; 하나의 계책.
一妻多夫[いっさいたふ] 일처다부.
一隻[いっせき] ①(배) 한 척. ②(세트로 된 것의 하나인) 한 쪽.
一隻眼[いっせきがん] ①한쪽 눈. 한 눈. ②독특한 식견.
一天[いってん] ①온 하늘. ②천하. 온 세계. 온 누리.
一天万乗[いってんばんじょう] 임금의 지위.
一徹[いってつ] 외고집. 옹고집. 완고함.

2 一体[いったい] ①일체; 한 몸. ②(불상·조각품을 세는 단위로) 일좌(一座). ③하나의 스타일·체제. ④〈副〉 도대체. 대관절. ⑤〈副〉 본래. 원래. 애당초.
一体に[いったいに] 대체로. 전반적으로.
一体全体[いったいぜんたい] 도대체. 대관절.
一草一木[いっそういちぼく] 일초일목; 나무 하나 풀 한 포기.
一触即発[いっしょくそくはつ] 일촉즉발.
一寸 ❶[いっすん] 일촌; ①(길이의 단위) 한 치. ②(거리·시간이) 매우 짧음. ❷[ちょっと] 잠깐. 잠시.
一寸刻み[いっすんきざみ] 사물이 같은 간격으로 조금씩 나아감.
一寸逃れ[いっすんのがれ] 임시 모면.
一寸反り[いっすんぞり] (씨름에서) 상대방의 다리를 낚아 넘어뜨리는 수.
一寸法師[いっすんぼうし] ①엄지손가락만 한 인물. ②난쟁이.
一寸試し[いっすんだめし] 칼이 잘 드나 보려고 사람을 토막토막 벰.
一蹴[いっしゅう] 일축; ①(발로) 차버림. ②냉정하게 거절함.
一炊[いっすい] 일취; 한 번 밥을 지음.
一炊の夢[いっすいのゆめ] 인생의 영고성쇠(栄枯盛衰)가 덧없음.
2 一層[いっそう] ①더욱. 한층 더. 더욱 더. ②단층. 한 층. ③첫 층. 제1층.
一層楼[いっそうろう] 단층 누각.
2 一致[いっち] 일치; 하나가 됨.
一親等[いっしんとう] ≪法≫ 일등친. 본인과 부모·본인과 자식 간의 촌수.
一称[いっしょう] 일칭; 딴이름. 별칭.
一打[いちだ] (야구에서) 일타; 한 번의 타격.
一統[いっとう] ①총체. 일동(一同). 전체. ②통일.
一通[いっつう] (편지·문서의) 한 통.
一投[いっとう] (야구·볼링에서) 일투; 한 번 공을 던짐.
一波[いっぱ] 일파; ①하나의 파도. ②한바탕 소동.
一波万波[いっぱばんぱ] 일파만파.
一派[いっぱ] 일파; ①하나의 유파(流派). 한 파. ②한패. 일당.
一八[いちはつ] ≪植≫ 연미붓꽃.
一敗[いっぱい] 일패; 한 번 짐.
一片 ❶[いっぺん] ①한 장. ②한 조각. ③약간. 조금. ❷[ひとひら] 한 장. 한 조각.

一遍[いっぺん] ①한 번. 1회. ②대강. 대충. 얼추. ③일변도(一邊倒). 한결같음.
一遍に[いっぺんに] 한꺼번에. 한번에.
一編[いっぺん] (詩歌의) 한 편.
一幅[いっぷく] (서화·족자 등의) 한 폭.
一票[いっぴょう] 일표; 한 표.
一品❶[いっぴん] 일품; ①하나의 물건. ②최고급품. 천하일품. ❷[いっぽん] ①《古》친왕(親王)의 위계(位階)의 첫째. ②《仏》경문(経文)의 1장(章).
一品経[いっぽんぎょう] 《仏》 일품경.
一品料理[いっぴんりょうり] 일품요리; ①(음식점에서) 한 가지 씩 주문에 따라 내는 요리. ②(한 가지 만의) 간단한 요리.
一風[いっぷう] ①하나의 특색. 색다른 격식. ②좀. 약간.
一匹[いっぴき] ①(짐승·벌레·물고기 등의) 한 마리. ②(비단) 두 필. 약 21.2m. ③(한 사람의 강조로) 한 몸.
一匹狼[いっぴきおおかみ] ①외톨박이 이리. ②(조직·집단에서 떨어져) 독자적으로 활동하는 사람.
一筆❶[いっぴつ] ①같은 필적. ②(먹을 다시 안 묻히고) 단번에 씀. ③짧은 글. 간단히 씀. ④(토지 대장상의) 한 필지. ❷[ひとふで] ①(먹을 다시 안 묻히고) 단번에 씀. ②한 줄의 글. 간단히 씀.
一下[いっか] 명령·호령이 한 번 내림.
一河[いちが] 일하; ①하나의 강. 어떤 강. ②같은 강.
一閑張(り)[いっかんばり] 종이를 여러 겹 바르고 옻칠을 한 칠기.
一割(り)[いちわり] 1할; 10분의 1. 10%.
一割(り)引き[いちわりびき] 10% 할인.
一合[いちごう] ①1홉. 한 홉. 한 되의 10분의 1. ②한 평의 10분의 1.
一項[いっこう] 일항; 한 항목.
一行❶[いちぎょう] (문장의) 한 줄. 1행. ❷[いっこう] ①일행; 동행자들. ②한 가지 행동. ❸[ひとくだり] ①(문장의) 한 줄. 1행. ②(문장의) 한 부분. ③사물의 일부분. 한 건.
一向[いっこう] ①오로지. 외곬으로. ②매우. 아주. 완전히. ③(부정문에서) 전혀. 조금도.
一軒[いっけん] (집) 한 채. 한 집.
一軒屋[いっけんや] ①외딴집. ②단독 주택.
一献[いっこん] 일헌; ①한 잔의 술. ②(간단한) 술대접. 술자리.
一弦琴[いちげんきん] 《楽》 일현금.
一穴[いっけつ] 일혈; ①하나의 구멍. ②(뜸을 놓는 경락의 하나로) 한 혈. ③대소변의 구별이 없는 변소. ④자기 아내 이외의 여자는 모르는 남자.
一戸[いっこ] 1호; 한 집. 한 가호.
一戸建て[いっこだて] 단독 주택.
一華[いちげ] 일화; 한 송이의 꽃.
一攫千金[いっかくせんきん] 일확천금.
一丸[いちがん] 일환; ①하나의 탄환. ②한 덩어리.
一環[いっかん] 일환; ①쇠사슬의 한 고리. ②전체에 관계되는 일부분.
一回[いっかい] 1회; ①한 번. ②한 바퀴 돎. ③한 회.
一回忌[いっかいき] 일주기(一周忌).
一回転[いっかいてん] 1회전; 한 번 돎.
一会[いちえ] 일회; ①하나의 모임. ②한 번 만남.
一会一期[いちえいちご] 일생에 한 번 만남.
一画[いっかく] 1획; ①(漢字의) 한 획. ②(땅·구역의) 한 구획.
一興[いっきょう] 일흥; 한 가지 재미.
一姫二太郎[いちひめにたろう] ①처음에는 딸, 다음에는 아들을 낳는 것이 좋다는 말. ②딸 하나에 아들 둘을 낳는 것이 좋다는 말.
一喜一憂[いっきいちゆう] 일희일우; 일희일비(一喜一悲).

日 날/해 일

丨 冂 冃 日

音 ◉ニチ ◉ジツ
訓 ◉ひ ◉か

訓読

4◉**日**❶[ひ] ①해. 태양. ②햇볕. 햇살. 햇빛. ③낮. ④하루. 날. ⑤날수. 날짜. ⑥기한. 기일. ⑦날씨. ⑧시절. ⑨그 날의 운수. ❷[にち] ☞ [音読]
日ならずして[ひならずして] 머지않아. 가까운 장래에. 오래지 않아.
日稼ぎ[ひかせぎ] 날품팔이.
日脚[ひあし] ①태양이 움직이는 속도. ②낮 시간.

日干し[ひぼし] 햇볕에 말림. 햇볕에 말린 것.
日乾し[ひぼし] ☞ 日干し(ひぼし)
1日頃[ひごろ] ①평소. 평상시. ②요즘.
日雇(い)[ひやとい] 일용; 날품팔이.
日掛(け)[ひがけ] 일부(日賦). 일수.
日捲り[ひめくり] (하루 한 장씩 떼어내는) 일력(日曆).
2日帰り[ひがえり] 당일치기 왕복. 당일로 다녀옴.
日金[ひがね] ①일수 돈. ②매일 수입으로 들어오는 돈.
2日当(た)り[ひあたり] ①볕이 듦. 볕이 드는 정도. ②양달. 양지바른 곳.
日待ち[ひまち] ①(음력 정월·5월·9월의 길일을 택하여 사람들이 모여 목욕재계하고) 해돋이를 경배하는 행사. ②(농촌에서) 모심기나 가을걷이 뒤에 회식하며 노는 행사.
日読み[ひよみ] 달력.
日読みの酉[ひよみのとり] 한자(漢字) 부수의 하나로 '酒·酔' 등의 '酉' 부분을 말함.
日溜(ま)り[ひだまり] 양지 바른 곳.
日毎[ひごと] 매일. 날마다.
日面[ひおもて] 양지. 양달.
日暮(ら)し[ひぐらし] 온종일.
日の暮れ[ひのくれ] 해질 녘. 저녁때.
日暮れ[ひぐれ] 황혼. 해질 녘.
日暮れ方[ひぐれがた] 해질 무렵. 저녁때.
日の目[ひのめ] 햇빛.
日髪[ひがみ] 날마다 고쳐 빗는 머리.
日変(わ)り[ひがわり] 매일 바뀜.
日並み[ひなみ] 그 날의 운수. 일진(日辰).
日柄[ひがら] 일진(日辰). 그 날의 운수.
日歩[ひぶ] 일변. 하루의 이자.
日歩貸し[ひぶがし] 일수놀이.
日保ち[ひもち] 여러 날 보존함.
日覆い[ひおおい] 차양(遮陽). 챙.
日の本[ひのもと] 일본(日本)의 미칭(美称). ＊해가 뜨는 곳이라는 뜻임.
2日付[ひづけ] 일부; 날짜.
日付変更線[ひづけへんこうせん] 날짜 변경선.
日賦[ひぶ] 일부; 일수 돈으로 빚을 갚음.
日嗣[ひつぎ] '황위(皇位)'의 높임말.
日傘[ひがさ] 양산.
日盛り[ひざかり] 햇볕이 가장 세게 내려쬐는 시각. 한낮. 대낮.
1日焼け[ひやけ] ①햇볕에 탐. ②가뭄으로 물이 마름.

日送り[ひおくり] ①세월을 보냄. ②기일을 연기함. 날짜를 연장함.
日数[ひかず/にっすう] 일수; 날수.
日時計[ひどけい] 해시계.
日延べ[ひのべ] ①연기(延期). ②연장(延長).
日永[ひなが] (봄의) 낮이 긺. 긴 낮 동안.
日影[ひかげ] ①햇빛. 햇살. ②(해가 있는) 낮.
日傭い[ひやとい] 일용; 날품팔이.
1日陰[ひかげ] 응달. 그늘.
日蔭の葛[ひかげのかずら] ≪植≫ 석송(石松).
日陰者[ひかげもの] ①떳떳하게 살지 못하는 사람. ＊전과자·범죄자·첩 등을 말함. ②숨어사는 사람.
日蔭[ひかげ] 응달. 그늘.
日一日[ひいちにち] ①하루하루. 날로. 나날이. ②하루 종일. 온 종일.
日がな一日[ひがないちにち] 하루 종일. 온 종일. 아침부터 밤까지.
2日日❶[ひにち] ①날 수. 일수. ②날. 날짜. 기일(期日). ❷[ひび/にちにち] 나날. 매일. 하루하루.
2日の入り[ひのいり] 일몰(日没). 해가 짐.
日雀[ひがら] ≪鳥≫ 진박새.
日長[ひなが] (봄의) 낮이 긺. 긴 낮.
日銭[ひぜに] ①하루 수입. ②일수(日収). 하루 수입.
日切り[ひぎり] 정해진 기한.
日除け[ひよけ] ①해가리개. 차양(遮陽). 챙. ②양산.
日済し[ひなし] 빚을 일부(日賦)로 갚음.
日済し金[ひなしがね] 일수 돈.
日照り[ひでり] ①햇볕이 쬠. ②가뭄. ③필요한 것이 부족함.
日照り雨[ひでりあめ] 여우비.
日照り雲[ひでりぐも] 저녁놀 구름. ＊가뭄의 징조로 알려진 구름임.
日足[ひあし] ①태양이 움직이는 속도. ②낮 시간.
日中❶[ひなか] ①낮. 낮 동안. ②한 나절. ❷[にっちゅう] ①주간. 대낮. ②한낮. 정오(正午). ③일본과 중국.
日に増し[ひにまし] 날로. 나날이. 하루하루.
日増しに[ひましに] 날이 갈수록.
日増し物[ひましもの] 날짜가 지난 식품.
日持ち[ひもち] 여러 날 보존함.
日車[ひぐるま] 'ひまわり(해바라기)'의 딴 이름.
日差し[ひざし] 햇살. 햇볕이 쬠.

[2]日の出[ひので] 일출; 해돋이.
日出ずる国[ひいずるくに] '日本'의 미칭. *해가 뜨는 나라라는 뜻임.
[1]日取り[ひどり] 택일(択日). 날짜를 정함. 정한 날짜.
日表❶[ひおもて] 양지(陽地). 양달. ❷[にっぴょう] 일표; 하루를 단위로 사건 등을 기록한 표.
日風呂[ひぶろ] 매일 하는 목욕.
日の下開山[ひのしたかいさん] (무예·씨름에서) 천하무적.
日割(り)[ひわり] ①(급료·수당의) 일당(日当). ②일정(日程). 스케줄.
日割れ[ひわれ] (햇볕에) 말라서 갈라짐.
[1]日向❶[ひなた] ①양지(陽地). 양달. ②풍족한 환경. ❷[ひゅうが] (옛 지명으로) 지금의 宮城県(みやぎけん).
日向ぼっこ[ひなたぼっこ] (양지에서) 햇볕 쬐기.
日向水[ひなたみず] ①햇볕에 데워진 물. ②미지근한 물.
日向臭い[ひなたくさい] 〈形〉 ①햇볕에 쬔 냄새가 나다. ②촌스럽다.
日和[ひより] ①날씨. ②갠 날씨. 좋은 날씨. ③형편. 추세.
日和る[ひよる] 〈5自〉 애매모호한 태도를 취하다. 기회를 엿보다.
日和見[ひよりみ] ①날씨의 예측. ②기회를 엿봄. 형세를 관망함.
日和見主義[ひよりみしゅぎ] 기회주의.
日和下駄[ひよりげた] 굽 낮은 왜나막신.
[1]日の丸[ひのまる] ①태양을 상징한 붉은 원. ②일본 국기. 일장기(日章旗).
日の丸弁当[ひのまるべんとう] (일본 국기 모양으로) 흰밥 한가운데에 붉은 매실장아찌를 박은 도시락.

音読

[2]◉日❶[にち] ①'日本'의 준말. ②'日曜日'의 준말. ❷[ひ] ☞ [訓読]
日ソ[にっソ] 일소; 일본과 소련.
日ポ[にっポ] 일포; 일본과 포르투갈.
日刊[にっかん] 일간; ①날마다 간행함. ②일간 신문.
日経連[にっけいれん] '日本経営者団体連盟'의 준말.
日系[にっけい] 일계; 일본인 혈통.
日計[にっけい] 일계; 매일의 계산.
日計表[にっけいひょう] 일계표.
日共[にっきょう] '日本共産党'의 준말.
[2]日課[にっか] 일과; 매일 규칙적으로 하는 일정한 일.
[2]日光[にっこう] ①일광; 햇빛. ②栃木県(とちぎけん)의 관광 명소.
日光浴[にっこうよく] 일광욕.
日教組[にっきょうそ] '日本教職員組合'의 준말. *주로 초등학교·중학교 교직원 조합으로 노동조합임.
日僑[にっきょう] 일교; 외국에 거주하는 일본인.
日勤[にっきん] 일근; ①매일 출근함. ②주간(昼間) 근무.
日給[にっきゅう] 일급; 하루의 급료.
[3]日記[にっき] 일기; 그 날에 있었던 일이나 느낌을 매일 적어 두는 것.
日記帳[にっきちょう] 일기장; ①매일의 기록을 적는 책. ②(簿記에서) 그날의 거래 내용을 순차적으로 적는 장부.
日当[にっとう] 일당; 하루의 수당.
日独伊[にちどくい] 일본과 독일과 이탈리아.
日東[にっとう] 일본의 미칭(美称). *해가 뜨는 동쪽 나라라는 뜻임.
日蓮宗[にちれんしゅう] (鎌倉(かまくら)시대의 日蓮(にちれん)을 개조(開祖)로 하는) 일본 불교의 13종파의 하나.
日露[にちろ] 일로; 일본과 러시아.
日録[にちろく] 일록; 일지(日誌).
日輪[にちりん] 일륜; 태양. 해.
日輪草[にちりんそう] 'ひまわり(해바라기)'의 딴이름.
日没[にちぼつ] 일몰; 해가 짐. 해넘이.
日舞[にちぶ] '日本舞踊'의 준말.
日文[にちぶん] 일문; ①'日本文学'의 준말. ②'日本語文'의 준말.
日米[にちべい] 일미; 일본과 미국.
日報[にっぽう] 일보; ①매일 작성하는 업무상의 보고. ②매일 보도되는 신문 등의 인쇄물.
[2]日本[にほん/にっぽん] 일본.
日本一[にっぽんいち] 일본에서 제일 감.
日射[にっしゃ] 일사; ①내리쬐는 햇볕. ②(태양에서 지상에 도달한) 방사 에너지.
日射病[にっしゃびょう] 《医》 일사병.
日産[にっさん] 일산; 하루 생산량.
[2]日常[にちじょう] 일상; 평소.
日常茶飯事[にちじょうさはんじ] 일상다반사.
日商[にっしょう] '日本商工会議所'의 준말.

日夕[にっせき] 일석; ①낮과 밤. 주야. ②주야로. 밤낮으로.
日収[にっしゅう] 일수; 하루 수입.
日数[にっすう] 일수; 날수. 날짜 수.
日乗[にちじょう] 일기(日記).
[2]**日時**[にちじ] 일시; ①날짜와 시각. ②날수와 시간. 시일. 세월.
日食[にっしょく] ≪天≫ 일식(日蝕).
日新[にっしん] 일신; 날로 새로워짐.
日案[にちあん] 일안; 날마다의 계획.
日額[にちがく] 일액; 하루 수당. 일당(日当).
[1]**日夜**[にちや] ①낮과 밤. 밤낮. ②밤낮. 늘. 언제나.
日英[にちえい] 일영; 일본과 영국.
[4]**日曜**[にちよう] '日曜日(にちようび)'의 준말.
[4]**日曜日**[にちようび] 일요일.
日曜版[にちようばん] (신문의) 일요판.
[2]**日用品**[にちようひん] 일용품.
日月❶[じつげつ] 일월; ①해와 달. ②세월. ❷[にちげつ] 세월.
日銀[にちぎん] '日本銀行'의 준말.
日銀券[にちぎんけん] '日本銀行券'의 준말.
日日❶[にちにち/ひび] 나날. 매일. 하루하루. ❷[ひにち] ①날 수. 일수. ②날. 날짜. 기일(期日).
日子[にっし] 날수. 날짜 수.
日章旗[にっしょうき] 일장기; 일본 국기.
日赤[にっせき] '日本赤十字社'의 준말.
日展[にってん] '日本美術展覧会'의 준말.
[2]**日程**[にってい] 일정; 매일의 스케줄.
日程表[にっていひょう] 일정표; 스케줄표.
日州[じっしゅう] (옛 지명으로) 현재의 宮城県(みやぎけん).
日周変化[にっしゅうへんか] 일주 변화; 생물의 성장·행동이 하루를 주기로 되풀이되는 현상.
日周運動[にっしゅううんどう] ≪天≫ 일주운동.
[2]**日中**❶[にっちゅう] ①주간. 대낮. ②한낮. 정오(正午). ③일본과 중국. ❷[ひなか] ①낮. 낮 동안. ②한 나절.
日支[にっし] 일본과 중국.
日誌[にっし] 일지; 직무상의 기록.
日直[にっちょく] 일직; ①그날그날의 당직. ②주간 당직.
日進月歩[にっしんげっぽ] 일진월보; 일취월장(日就月将). 날로 달로 끊임없이 진보·발전함.
日参[にっさん] 일참; ①매일 참배함. ②(부탁하러) 매일 찾아감.
日天[にってん] ①태양. 해. ②≪仏≫ 태양신.
日清戦争[にっしんせんそう] 청일 전쟁.
日体[にったい] '日本体育会'의 준말.
日出[にっしゅつ] 일출; 해돋이.
日葡[にっぽ] 일포; 일본과 포르투갈.
日表❶[にっぴょう] 일표; 하루를 단위로 사건 등을 기록한 표. ❷[ひおもて] 양지(陽地). 양달.
日限[にちげん] 기일(期日). 기한(期限). 마감 날.

壱(壹) 한 일

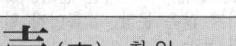

一 十 士 声 声 声 壱

音 ◉イチ
訓 —

音読

[2]**壱**[いち] 1. 셈할 때의 첫째 수.
壱岐[★いき] (옛 지명으로) 현재의 長崎県(ながさきけん)의 일부인 섬.
壱越[いちこつ] 일본 음(音) 이름의 하나. ＊12율(律)의 첫째 음.
壱越調[いちこつちょう] '壱越(いちこつ)'음을 주음(主音)으로 한 가락.

逸(逸) 숨을/달아날 일

⺈ ⺈ 仵 缶 缶 备 免 免 浼 逸

音 ◉イツ ⊗イチ
訓 ⊗そらす ⊗はやる ⊗それる ⊗はぐれる

訓読

⊗**逸らす**[そらす] 〈5他〉 ①놓치다. ②(딴 데로) 돌리다. 빗나가게 하다. ③(기분을) 상하게 하다.
⊗**逸る**[はやる] 〈5自〉 ①날뛰다. ②조급해지다. 초조해지다.
逸り気[はやりぎ] 의욕적인 마음. (혈기에) 끓어오르는 기개.
逸り立つ[はやりたつ] 〈5自〉 (마음이) 끓어오르다. 분기하다.
逸り雄[はやりお] 의욕적이고 혈기 왕성한 젊은이.
[2]⊗**逸れる**❶[それる] 〈下1自〉 ①빗나가다. 벗어나다. ②가락이 안 맞다.

⊗逸れる❷[はぐれる] 〈下1自〉 (일행을) 놓치다.
逸れ矢[それや] 빗나간 화살.
逸れ玉[それだま] 유탄(流弾). 빗나간 총알.
逸れ弾[それだま] ☞ 逸れ玉
音読
逸する[いっする] 〈サ変他〉 ①놓치다. 잃다. ②일탈(逸脱)하다. 벗어나다. ③분실하다. 빠뜨리다.
逸楽[いつらく] 일락; (마음 내키는 대로) 놀며 즐김.
逸文[いつぶん] 일문; ①뛰어난 문장. ②세상에 알려지지 않은 문장. ③흩어져 일부분만 전해진 문장.
逸聞[いつぶん] 일문; (세상에) 알려지지 않은 진기한 이야기.
逸事[いつじ] 일사; (세상에) 알려지지 않은 숨은 일.
逸散に[いっさんに] 쏜살같이. 곧장.
逸書[いっしょ] 일서; 이름뿐이고 실물이 전해지지 않은 책.
逸速く[いちはやく] 재빠르게. 잽싸게.
逸速し[いちはやし] ①재빠르다. 잽싸다. ②날카롭다. 엄하다. ③과격하다. 지기 싫어하다.
逸遊[いつゆう] 일유; 마음 내키는 대로 놂.
逸材[いつざい] 일재; 뛰어난 재능.
逸早く[いちはやく] 재빠르게. 잽싸게.
逸早し[いちはやし] ①재빠르다. 잽싸다. ②날카롭다. 엄하다. ③과격하다. 지기 싫어하다.
逸脱[いつだつ] 일탈; ①빗나감. 벗어남. ②빠뜨림. 빠짐. 누락됨.
逸品[いっぴん] 일품; 걸작품.
逸話[いつわ] 일화; 에피소드.

溢 ×(溢) 넘칠 일	音 ⊗イツ 訓 ⊗あふれる

訓読
2⊗溢れる[あふれる] 〈下1自〉 ①(가득 차서) 넘치다. 흘러넘치다. ②(넘칠 만큼) 가득 차다.
溢れ者[あぶれもの] ①무법자. 건달. 망나니. ②실업자. ③세상에서 소외된 사람.
溢れ出る[あふれでる] 〈下1自〉 (가득 차서) 넘쳐나다. 흘러넘치다.

音読
溢美[いつび] 일미; 과찬. 지나친 칭찬.
溢水[いっすい] 일수; 물이 넘침.
溢乳[いつにゅう] 일유; 유아가 젖을 너무 많이 먹어서 토하는 일.

[임]

任 맡길 임

ノ イ 仁 仟 任 任

音 ◉ニン
訓 ◉まかす ◉まかせる

訓読
1◉任す[まかす] 〈5他〉 맡기다. 위임하다.
2◉任せる[まかせる] 〈下1他〉 ①맡기다. 위임하다. ②힘껏 …하다. 있는 대로 …하다.
音読
任[にん] ①책임. 임무. ②임기(任期).
任じる[にんじる] 〈上1自他〉 ☞ 任ずる
任ずる[にんずる] 〈サ変自〉 ①책임지다. 떠맡다. 임하다. ②…인 체하다. 〈サ変他〉 ①임명하다. ②맡기다. 맡게 하다.
任官[にんかん] 임관; 관직에 임명됨.
任国[にんごく] 임국; (대사・공사・영사로서) 임명을 받고 부임하는 나라.
任期[にんき] 임기; 임무를 맡아 보고 있는 일정한 기한.
任期中[にんきちゅう] 임기 중.
任那[★みまな] 임나. ＊기원 4세기 후반에大和(やまと) 조정(朝廷)이 이곳에 日本府를 세웠다고 일본 사람들이 주장하는 곳임.
任免[にんめん] 임면; 임명과 면직.
1任命[にんめい] 임명; 직무를 맡김.
任命状[にんめいじょう] 임명장.
1任務[にんむ] 임무; 맡은 직무.
任用[にんよう] 임용; 직무를 맡겨 등용시킴.
任意[にんい] 임의; 생각에 맡김.
任意抽出法[にんいちゅうしゅつほう] 임의추출법; 무작위 추출법.
任地[にんち] 임지; 부임하는 지방.
任侠[にんきょう] 임협; 남자답고 용감함.

妊 임신할 임

㇛ 女 女 女 女 妊 妊

音 ◉ニン
訓 ⊗みごもる

訓読

⊗妊る[みごもる] 〈5自他〉 임신하다. 아이를 배다.

音読

1妊婦[にんぷ] 임부; 임신한 부인.
妊婦服[にんぷふく] 임신복(姙娠服).
妊産婦[にんさんぷ] 임산부; 임신(姙娠)한 부인과 해산(解産)한 부인.
1妊娠[にんしん] 임신; 아이를 뱀.
妊娠中絶[にんしんちゅうぜつ] 임신 중절; 임신 중에 인위적으로 유산(遺産)을 시킴.

賃 품삯 임

亻 仁 仼 任 任 伻 侟 侟 賃 賃

音 ◉チン
訓 —

音読

賃[ちん] 삯. 품삯. 요금.
賃稼ぎ[ちんかせぎ] 품삯을 받고 일함.
賃金❶[ちんきん] 사용료. 임대료.
1賃金❷[ちんぎん] 임금; 품삯. 노임.
賃機[ちんばた] 품삯을 받고 베를 짬.
賃労働[ちんろうどう] 임금 노동. 품팔이.
賃貸[ちんたい] 임대; 세를 받고 빌려줌.
賃貸し[ちんがし] 임대; 세를 받고 빌려줌.
賃貸契約[ちんたいけいやく] 임대 계약.
賃貸人[ちんたいにん] 임대인.
賃貸借[ちんたいしゃく] 임대차; 한쪽이 빌려주고, 상대편이 그 대가로 임대료를 지불하는 것을 내용으로 하는 계약.
賃餅[ちんもち] 삯을 주고 만든 떡. 삯을 받고 떡을 만들어 줌.
賃仕事[ちんしごと] (가정에서 하는) 삯일.
賃上げ[ちんあげ] 임금 인상.
賃率[ちんりつ] 임금율(賃金率).
賃銀[ちんぎん] 임금; 품삯. 노임.
賃銭[ちんせん] 임금. 품삯. 노임.
賃借[ちんしゃく] 임차; 사용료를 주고 빌림.
賃借り[ちんがり] 임차; 세냄. 사용료를 주고 빌림.
賃借料[ちんしゃくりょう] 임차료.

壬 아홉째천간 임

音 ⊗ジン
訓 ⊗みずのえ ⊗み

訓読

⊗壬[みずのえ] 십간(十干)의 아홉째. 오행(五行)으로는 수(水).
壬生狂言[みぶきょうげん] 京都(きょうと)의 壬生寺(みぶでら)에서 매년 4월 하순부터 7일간~10일간 개최하는 가면(仮面) 무언극.
壬生艾[みぶよもぎ] ≪植≫ 세멘시나. ＊회충약 산토닌의 원료임.

音読

壬申[じんしん] 임신; 육십갑자(六十甲子)의 아홉째.

입

入 들 입

ノ 入

音 ◉ニュウ ⊗ジュ
訓 ◉はいる ◉いる ◉いれる

訓読

4◉入る[はいる] 〈5自〉 ①(어떤 공간 속으로) 들어가다. 들어오다. ②(조직에) 들어가다. 한패가 되다. ③(자기의 소유・관리로) 들어오다. ④(어떤 시즌・시기에) 접어들다. ⑤(다른 물질이) 들어가다. ⑥(손질이) 가해지다. ⑦(어떤 시설이) 가설되다. 통하다.
2◉入る[いる] 〈5自〉 ①(어떤 공간 속으로) 들어가다. 들어오다. ②(어떤 상태・경지에) 이르다. ③(조직에) 몸담다. ④숨다.
入り[いり] ①용적(容積). 들이. ②입장객수. 참석자 수. ③수입. ④비용. ⑤(해・달이) 짐. ⑥(어떤 시즌의) 첫날. ⑦(어떤 곳으로) 들어감. 들기. ⑧포함되어 있음. 들어 있음.
入(り)江[いりえ] (호수나 바다가 육지 깊숙이 파고 든 곳으로) 후미. 작은 만.
入り交じる[いりまじる] 〈5自〉 뒤섞이다. 한데 섞이다.

⁴入(り)口[いりぐち] ①입구; 들어가는 곳. ②시작. 처음.
入り代(わ)り[いりかわり] 교대. 교체.
入り代(わ)る[いりかわる] 〈5自〉 교대하다. 교체하다. 바뀌다.
入り乱れる[いりみだれる] 〈下1自〉 헝클어지다. 뒤엉키다. 뒤범벅되다.
入り目[いりめ] 비용. 경비. 지출.
入母屋[いりもや] ≪建≫ 팔작집 지붕.
入相[いりあい] ≪雅≫ 저녁 무렵. 해질 녘.
入(り)婿[いりむこ] 데릴사위.
入(り)船[いりふね] 입항선. 입항하는 배.
入(り)小作[いりこさく] 다른 마을에서 들어와서 소작함.
入(り)訳[いりわけ] 속사정. 복잡한 내막.
入(り)用[いりよう] ①(금품 등이) 필요함. ②(필요한) 경비. 비용.
入り違う[いりちがう] 〈5自〉 엇갈리다.
入(り)日[いりひ] 지는 해. 석양.
入り込む❶[はいりこむ] 〈5自〉 (깊숙이) 파고들다. (안으로) 들어오다. 들어가다. ❷[いりこむ] 〈5自〉 ①(몰래) 숨어들다. 잠입하다. ②밀치고 들어가다. 파고들다. ③뒤섞이다. 복잡하게 얽히다. 붐비다.
入り雑じる[いりまじる] 〈5自〉 뒤섞이다. 복잡하게 얽히다.
入り前[いりまえ] ①수입. ②비용. 경비.
入(り)組み[いりくみ] (사물이) 뒤얽힘. 복잡해짐. 말썽.
入り組む[いりくむ] 〈5自〉 (사물이) 뒤얽히다. 복잡해지다. 헝클어지다. 말썽이 나다.
入(り)潮[いりしお] ①썰물. 간조(干潮). ②밀물. 만조(満潮).
入り鉄砲[いりでっぽう] (江戸(えど) 시대에) 江戸(えど) 시내로 반입되던 총포.
入り替(わ)り[いりかわり] 교대. 교체.
入り替(わ)る[いりかわる] 〈5自〉 교대하다. 교체하다. 바뀌다.
入(り)側[いりかわ] 툇마루와 객실·사랑방 사이의 통로.
入(り)浸り[いりびたり] ①물 속에 내쳐 잠겨 있음. ②(남의 집에) 틀어박힘. 죽침.
入り浸る[いりびたる] 〈5自〉 ①물 속에 내쳐 잠겨 있다. ②(남의 집에) 틀어박히다. 눌어붙어 있다. 죽치고 있다.
入り荷[いりに] ①(생산지 등에서) 들어온 짐. ②창고 등에 쌓아 둔 짐.
入(り)合(わ)せ[いりあわせ] 섞음. 혼합.
入り合(わ)せる[いりあわせる] 〈下1他〉 혼합하다. 뒤섞다. 고르게 하다.
入(り)海[いりうみ] 만(湾). 내해(内海).
入り混じる[いりまじる] 〈5自〉 뒤섞이다.
入り換(わ)り[いりかわり] 교대. 교체.
入り換(わ)る[いりかわる] 〈5自〉 교대하다. 교체하다. 바뀌다.
入会❶[いりあい] (일정 지역의 주민들이) 공동 작업으로 수익을 올림. ❷[にゅうかい] 입회; (어떤) 회에 가입하여 회원이 됨.
入会権[いりあいけん] 입회권; 공동 작업으로 수익을 올리는 권리.
入会地[いりあいち] 입회지; 공동 작업으로 수익을 올리는 일정한 장소.
⁴◉入れる[いれる] 〈下1他〉 ①(어떤 공간 안으로) 넣다. 들어가게 하다. 들이다. 집어넣다. ②넣다. 수용하다. ③(단체에) 넣다. ④투표하다. ⑤(정성·힘을) 쏟다. ⑥(차를) 끓이다. 달이다. ⑦포함하다. ⑧박다. 끼우다. 넣다. ⑨손질하다. ⑩지불하다. ⑪(요구를) 받아들이다. ⑫(전화를) 걸다. ⑬(스위치를) 넣다.
入れ[いれ] 물건을 담는 그릇. 용기(容器). 상자.
入(れ)掛け[いれかけ] (연극·씨름 등에서) 비나 사고로 인행 그날의 흥행을 중지하고 손님을 돌려보냄.
入れ代(わ)り[いれかわり] 교대. 교체.
入れ代(わ)る[いれかわる] 〈5自〉 교대하다. 교체하다.
入れ代(わ)り立ち代(わ)り[いれかわりたちかわり] 쉴 새 없이 나가고 들어옴.
入れ毛[いれげ] ☞ 入れ髪
入れ目[いれめ] 의안(義眼). 해 넣은 눈.
入れ墨[いれずみ] 문신(文身). 먹물뜨기.
入れ墨者[いれずみもの] 전과자(前科者). ＊江戸(えど) 시대에 전과자에게 문신을 하던 일에서 생긴 말임.
⁴入れ物[いれもの] 그릇. 용기(容器).
入れ髪[いれがみ] (여자들이 머리를 틀어 올릴 때) 그 속에 넣는 머리털. 다리.
入れ食い[いれぐい] 낚시를 넣자마자 고기가 묾. 입질이 좋음.
入れ揚げる[いれあげる] 〈下1他〉 (좋아하는 일·취미·사람에게) 돈을 많이 쏟아 붓다. 돈을 털어 바치다. 돈을 처넣다.
入れ違い[いれちがい] (드나드는 데) 엇갈림.

入れ違う[いれちがう] 〈5他〉 잘못 넣다. 잘못해서 다른 곳에 넣다. 〈5自〉 ①(순서 등이) 어긋나다. ②(드나드는 데) 엇갈리다.

入れ違える[いれちがえる] 〈下1他〉 잘못 넣다. 엉뚱한 것을 집어넣다.

入れ込み[いれこみ/いれごみ] ①남녀 구별 없이 한 곳에 몰아넣음. ②(음식점에서) 남남끼리 한 좌석에 앉힘.

入れ込む[いれこむ] 〈5自〉 ①서두르다. ②열중하다. 몰두하다.

入(れ)子[いれこ] ①(같은 모양의 물건을) 크기 순서대로 겹쳐 넣게 만든 한 세트의 그릇이나 상자. ②(자식이 죽은 뒤에 맞아들인) 양자(養子). ③(배의 노를 끼우는) 놋좆 구멍. ④≪古≫ 숨은 사연. 속사정.

入(れ)知恵[いれぢえ] ①(남이) 일러준 꾀. ②(남에게) 꾀를 일러줌.

入(れ)札[いれふだ] ①입찰. ②투표.

入(れ)替え[いれかえ] ①교체함. 바꿔 넣음. ②교대. 교체. 대체. ③교차(交叉). ④(열차 등의) 입환(入換).

入れ替える[いれかえる] 〈下1他〉 ①교체하다. 바꿔 넣다. ②옮겨 넣다. ③바꾸다.

入(れ)替(え)模様[いれかえもよう] 교차 무늬.

入(れ)替(え)線[いれかえせん] (열차 등의) 입환선.

入(れ)替(え)作業[いれかえさぎょう] (열차 등의) 입환 작업.

入れ歯[いれば] ①의치(義歯). 틀니. ②왜나막신의 굽을 갊.

入れ筆[いれふで] 가필(加筆). 나중에 추가로 써 넣음.

入れ合(わ)せる[いれあわせる] 〈下1他〉 ①섞어 넣다. 혼합해 넣다. ②보충하다. 벌충하다.

入(れ)換え[いれかえ] ①교체함. 바꿔 넣음. ②교대. 교체. 대체. ③교차(交叉). ④(열차 등의) 입환(入換).

入(れ)換(え)模様[いれかえもよう] 교차 무늬.

入(れ)換(え)線[いれかえせん] (열차 등의) 입환선.

入(れ)換(え)作業[いれかえさぎょう] (열차 등의) 입환 작업.

入れ黒子[いれぼくろ] ①(화장에서) 먹으로 그려 넣는 사마귀. ②문신(文身). 입묵(入墨).

音読

入閣[にゅうかく] 입각; 내각의 한 사람이 됨.

入坑[にゅうこう] 입갱; 갱도 속에 들어감.

入居[にゅうきょ] 입거; 입주(入住).

入居者[にゅうきょしゃ] 입주자(入住者).

入渠[にゅうきょ] 입거; 배가 도크에 들어감.

入庫[にゅうこ] 입고; (물건을) 창고에 넣음. (자동차 등을) 차고에 넣음.

入貢[にゅうこう] 입공; 외국이 조공(朝貢)을 바침.

入棺[にゅうかん] 입관; 시체를 관 속에 넣음.

入管[にゅうかん] '法務省入国管理局'의 준말.

入館[にゅうかん] 입관; 도서관·미술관·박물관 등에 들어감.

入校[にゅうこう] 입교; 학교에 입학함.

入寇[にゅうこう] 입구; 외적이 쳐들어옴.

入構[にゅうこう] 입구; ①(어떤 시설의) 구내에 들어감. ②(열차가 역의) 플랫폼으로 들어옴.

入構禁止[にゅうこうきんし] 구내 출입 금지.

入局[にゅうきょく] 입국; ①방송국 직원으로 들어감. ②(병원 등의) 의국(医局)에 의사로 들어감.

入国[にゅうこく] 입국; ①다른 나라에 들어감. 자기 나라로 들어옴. ②(옛날) 영주(領主)가 처음으로 자기 영토에 들어감.

入金[にゅうきん] 입금; ①돈이 들어옴. ②돈을 은행에 입금시킴. ③내입금(内入金)을 치름.

入内[じゅだい] 입궁(入宮). 왕자나 왕자비(王子妃)가 될 사람이 정식으로 입궐함.

入内雀[にゅうないすずめ] ≪鳥≫ 섬참새.

入念[にゅうねん] 공을 들임. 정성들임.

入念に[にゅうねんに] 꼼꼼히. 정성들여.

入団[にゅうだん] 입단; 어떤 단체에 가입함.

入団式[にゅうだんしき] 입단식.

入唐[にっとう] ≪古≫ 입당; 당나라에 들어감.

入党[にゅうとう] 입당; 어떤 정당에 가입함.

入隊[にゅうたい] 입대; 군대에 들어감.

入道[にゅうどう] 입도; ①불문(仏門)에 들어감. ②중머리. 머리를 빡빡 깎은 사람. ③중머리의 괴물·도깨비.

入道親王[にゅうどうしんのう] 친왕이 된 후에 중이 된 황족의 남자.

入道雲[にゅうどうぐも] 소나기구름.

入洛[じゅらく] 입락; (신분이 높은 사람이) 京都(きょうと)에 감. 입경(入京)함.

入来[にゅうらい] (방문 목적으로) 들어옴. 내방(来訪).

入力[にゅうりょく] 입력; ①(컴퓨터에서) 처리할 정보를 넣음. ②기계·기구 등에 주어지는 힘. ③(일을 진행시키기 위해) 조직체 안에 투입하는 인력.
入力装置[にゅうりょくそうち] 입력 장치.
入猟[にゅうりょう] 입렵; 사냥터에 들어감.
入牢[にゅうろう/じゅろう] 입뢰; 감옥에 갇힘.
入寮[にゅうりょう] 입료; 기숙사에 들어감.
入幕[にゅうまく] (씨름에서) 十両(じゅうりょう)의 씨름꾼이 승진하여 幕内(まくうち)에 오름.
入梅[にゅうばい] ①장마철에 접어듦. ②장마철.
入麵[にゅうめん] 실국수를 삶아서 간장이나 된장국에 살짝 대친 요리.
入滅[にゅうめつ] ≪仏≫ 입멸; ①열반에 이름. ②입적(入寂)함. 사망함.
入門[にゅうもん] 입문; ①문 안으로 들어감. ②스승을 찾아 제자가 됨. ③배우기 시작함.
入門者[にゅうもんしゃ] 입문자; 초보자.
入夫[にゅうふ] ≪法≫ 데릴사위.
入府[にゅうふ] ①입경(入京). ②그 고장의 영주(領主)가 된 사람이 처음으로 자기 영지(領地)에 들어감.
入部[にゅうぶ] 입부; (문예부·야구부 등의) 부원이 됨.
入費[にゅうひ] 입비; 비용.
2**入社**[にゅうしゃ] 입사; 회사에 취직함.
入舎[にゅうしゃ] 입사; 기숙사 등에 들어감.
入射[にゅうしゃ] 입사; 투사(投射).
入射角[にゅうしゃかく] 투사각(投射角).
入射光線[にゅうしゃこうせん] 투사(投射) 광선.
入山[にゅうざん] 입산; ①산에 들어감. ②(주지가 되어) 절에 들어감.
入山禁止[にゅうざんきんし] 입산 금지.
1**入賞**[にゅうしょう] 입상; 상을 타게 됨.
入船[にゅうせん] 입선; 배가 항구로 들어옴. 항구로 들어오는 배.
入選[にゅうせん] 입선; 당선됨. 선출됨.
入線[にゅうせん] 입선; 열차·전차 등이 지정된 선로에 들어감.
入声[にっしょう/にっせい] ≪語学≫ 입성; 한자(漢字)에서 사성(四声)의 하나.
入城[にゅうじょう] 입성; 전쟁에 이겨 성 안으로 들어감.
入所[にゅうしょ] 입소; ①연구소·재판소 등에 직원으로 들어감. ②교도소에 들어가 복역함.
入水❶[じゅすい] (물 속으로) 투신자살함. ❷[にゅうすい] 입수; ①들어오는 물. ②(수영에서) 다이빙. ③(물 속으로) 투신자살함.
入水自殺[にゅうすいじさつ] 투신자살함.
1**入手**[にゅうしゅ] 입수; 손에 넣음.
入塾[にゅうじゅく] 입숙; 사숙(私塾)에 들어감.
入試[にゅうし] '入学試験'의 준말.
入植[にゅうしょく] 입식; (식민지·개척지 등에) 이주함. 정착함.
入植者[にゅうしょくしゃ] 이주자. 정착민.
入信[にゅうしん] 입신; 종교 생활을 함.
入神[にゅうしん] 입신; 기술이 뛰어나 신묘한 경지에 이름.
入室[にゅうしつ] 입실; ①방에 들어감. ②(기숙사·연구실 등의) 일원이 됨.
入室禁止[にゅうしつきんし] (기숙사·연구실 등의) 출입 금지.
入御[にゅうぎょ] 입어; 천황(天皇)·황후(皇后)가 궁 안에 들어감.
入漁[にゅうぎょ/にゅうりょう] 입어; 특정한 어장이나 수역(水域)에 들어가 물고기를 잡음.
入域[にゅういき] 입역; 특정한 지역이나 수역(水域)에 들어감.
入営[にゅうえい] 입영; 군대에 들어감.
入玉[にゅうぎょく] (장기에서) 王将(おうしょう)이 적진에 들어감.
入獄[にゅうごく] 입옥; 감옥에 갇힘.
1**入浴**[にゅうよく] 입욕; 목욕탕에 들어감. 목욕을 함.
入用[にゅうよう] ①소용됨. 필요함. ②(필요한) 비용. 경비.
3**入院**[にゅういん] 입원; ①병원에 환자로서 들어감. ②중이 절에 들어가 주지(住持)가 됨.
入園[にゅうえん] 입원; ①유치원 등에 원아(園児)로 들어감. ②동물원·식물원·공원 등에 들어감.
入園料[にゅうえんりょう] (동물원·식물원·공원 등의) 입장료.
2**入場**[にゅうじょう] 입장; 어떤 장소로 들어감.
入場券[にゅうじょうけん] 입장권.

入場料[にゅうじょうりょう] 입장료.
入寂[にゅうじゃく] ≪仏≫ 입적; 중이 죽음.
入籍[にゅうせき] 입적; 호적에 올림.
入電[にゅうでん] 입전; 도착한 전보.
入廷[にゅうてい] 입정; 법정에 들어감.
入定[にゅうじょう] ≪仏≫ 입정; ①정신 통일을 위해 잠시 외부와의 교섭을 끊음. ②입적(入寂). 중이 죽음.
入朝[にゅうちょう] 입조; 외국 사신이 조정(朝廷)에 입궐(入闕)함.
入座[にゅうざ] 입좌; 배우로서 극단에 들어감.
入朱[にゅうしゅ] 입주; (첨삭이나 정정하기 위해) 붉은 글씨로 써 넣음. 수정을 가함.
入津[にゅうしん] 입진; 배가 나루에 들어옴.
入質[にゅうしち] 입질; 전당 잡힘.
入札[にゅうさつ] 입찰; 일의 도급이나 물건의 매매 계약을 위해 희망자에게 예정 가격을 써 내게 하는 일.
入札公告[にゅうさつこうこく] 입찰 공고.
入札払い[にゅうさつばらい] 입찰로 매각함.
入札制[にゅうさつせい] 입찰제.
入超[にゅうちょう] '輸入超過'의 준말.
入湯[にゅうとう] 입탕; 목욕탕에 들어감. 온천에 들어감.
入荷[にゅうか] 입하; 물건이 들어옴.
入荷量[にゅうかりょう] 입하량.
[3]**入学**[にゅうがく] 입학; 학교에 들어감.
入学生[にゅうがくせい] 입학생; 신입생.
入学式[にゅうがくしき] 입학식.
入港[にゅうこう] 입항; 배가 항구로 들어옴.
入魂❶[にゅうこん] ①심혈을 기울임. 온 정성을 쏟음. ②(어떤 종교적 작품이 완성되었을 때 거기에) 혼(魂)을 불어넣음. ❷[じっこん] 친밀함. 절친한 사이. 막역함.
入会❶[にゅうかい] 입회; (어떤) 회에 가입하여 회원이 됨. ❷[いりあい] (일정 지역의 주민들이) 공동 작업으로 수익을 올림.

込(込) 담을 입

ノ 入 `入 込 込

音 —
訓 ◉こむ ◉こめる

訓読

[2]◉**込む**[こむ] 〈5自〉 ①(사람・물건이) 꽉 들어차다. 복작거리다. 붐비다. 혼잡하다. ②복잡하고 정밀하다. 정교하다.
込み[こみ] ①(한 곳으로) 몰아침. 도거리. ②…을 포함하여. ③(감량을 예상하여) 가마니에 추가로 넣는 쌀. ④(바둑에서) 덤. 공제. ⑤(꽃꽂이에서) 받침대.
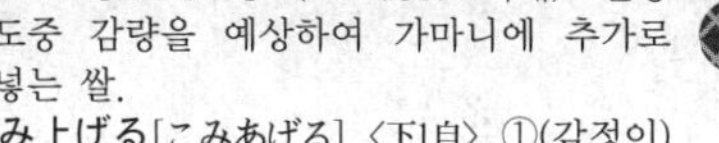
込(み)米[こみまい] (江戸(えど) 시대) 운송 도중 감량을 예상하여 가마니에 추가로 넣는 쌀.

込み上げる[こみあげる] 〈下1自〉 ①(감정이) 치밀어 오르다. 북받치다. ②(감정이) 솟다. 솟아오르다. ③울컥거리다.
込み入る[こみいる] 〈5自〉 ①(많은 사람이) 억지로 들어가다. 난입(乱入)하다. ②(사건 등이) 복잡하게 얽히다. 뒤얽히다. 얽히고설키다. ③복잡하고 정밀하다. 정교하다.
込み合う[こみあう] 〈5自〉 (사람이) 꽉 들어차다. 복작거리다. 붐비다. 혼잡하다.
[2]◉**込める**[こめる] 〈下1他〉 ①(총알을) 재다. 속에 넣다. ②집중시키다. ③합치다. 포함시키다.
込め物[こめもの] ①(빈 곳을) 채우는 물건. 사이에 끼우는 물건. ② ≪印≫ (활판에서) 공목(空木). 자간(字間)・행간(行間)에 끼우는 나무나 납.

〔잉〕

剰(剩) 남을 잉

一 二 三 手 乖 乗 乗 乗 乗 剰

音 ◉ジョウ
訓 ⊗あまつさえ

訓読

⊗**剰え**[あまつさえ] 〈副〉 게다가. 더군다나. 그리고 또. 그뿐만 아니라.

音読

剰費[じょうひ] 잉비; 헛된 비용. 쓸데없는 비용.
剰語[じょうご] 잉어; 군말. 쓸데없는 말.
剰余[じょうよ] 잉여; 여분. 나머지.
剰余金[じょうよきん] 잉여금.

剩余物資[じょうよぶっし] 잉여 물자.
剩員[じょういん] 잉원; 과잉 인원. 남아도는 인원. 나머지 인원.

孕 잉태할 잉	音 ⊗ヨウ 訓 ⊗はらむ

訓読

⊗**孕む**[はらむ] 〈5他〉 ①잉태하다. 임신하다. 새끼를 배다. ②(식물이) 알배다. 이삭이 패려고 통통해지다. ③포함하다. 내포하다. 품다. 싸안다.
孕み女[はらみおんな] 임신부. 아이 밴 여자.
孕み子[はらみご] 태아(胎児).

자

아들 자

㇇ 了 子

音 ◉シ ◉ス
訓 ◉こ

訓読

4◉子[こ] ①자식. ②아이. ③소녀. 젊은 여자. ④(동물의) 새끼. ⑤(식물의) 순. 새순. ⑥기생. ⑦(물고기의) 알. ⑧이자(利子).

子犬[こいぬ] ①작은 개. ②강아지.

子見出(し)[こみだし] (사전에서) 표제어 밑에 딸리는 작은 표제어. 소표제어(小標題語).

4子供[こども] ①어린이. 아이. ②자식. 자녀. 아이. ③(언어·행동이) 유치함.

子供っぽい[こどもっぽい] 〈形〉 유치하다. 어린애 같다.

子供らしい[こどもらしい] 〈形〉 티없이 귀엽다. 어린애답다.

子供扱い[こどもあつかい] ①아이의 뒷바라지. 아이 다루기. ②(어른을) 어린애 취급함.

子供連れ[こどもづれ] 자녀를 데리고 다님.

子供心[こどもごころ] 어린 마음.

子供染みる[こどもじみる] 〈上1自〉 (언어·행동이) 아이티가 나다. 어린애 같다.

子供衆[こどもしゅう] ①어린이들. *존경어임. ②고용하고 있는 기생.

子供好き[こどもずき] ①아이를 좋아함. 아이를 좋아하는 사람. ②어린애가 좋아하는 것.

子豚[こぶた] 새끼 돼지. 돼지 새끼.

子鹿[こじか] 새끼 사슴. 사슴 새끼.

子馬[こうま] ①망아지. ②조랑말.

子猫[こねこ] ①작은 고양이. ②고양이 새끼. 새끼 고양이.

子方[こかた] ①부하. 수하. ②(能楽(のうがく)에서) 어린이가 하는 역(役). 아역(児役)의 어린이.

子煩悩[こぼんのう] 자식을 끔찍하게 사랑함.

子別れ[こわかれ] 자식과의 생이별.

子柄[こがら] 어린이로서의 의젓함.

子宝[こだから] 애지중지하는 자식. 보배로운 자식.

子福[こぶく] 자식복. (좋은) 자녀를 많이 두어 행복함.

子福者[こぶくしゃ] 자식 부자. (좋은) 자녀를 많이 두어 행복한 사람.

子分[こぶん] ①(불량배 사회에서의) 부하. ②양자. 수양아들.

子飼(い)[こがい] ①새끼 때부터 기름. ②어릴 때부터 보살펴 기름.

子飼(い)者[こがいもの] 어릴 때부터 기른 제자나 고용인.

子山羊[こやぎ] 새끼 염소. 염소 새끼.

子殺し[こごろし] 자기의 자식을 죽임.

子守[こもり] 아이를 봄. 아이 보는 사람.

子守歌[こもりうた] 자장가.

子安[こやす] 순산(順産). 안산(安産).

子羊[こひつじ] ①어린 양. ②새끼양.

子役[こやく] ①(연극·영화에서의) 아역(児役). 어린이 역(役). ②어린이 역을 하는 아이.

子牛[こうし] 송아지.

子胤[こだね] ①정자(精子). 어린애가 될 씨. ②대를 이을 자식.

子種[こだね] ☞ 子胤(こだね)

子株[こかぶ] ① ≪植≫ 새끼 그루. ②(증권 거래에서) 신주(新株).

子中[こなか] ☞ 子仲(こなか)

子仲[こなか] 자식이 있는 부부 사이. 자녀가 있는 부부.

子持(ち)[こもち] ①아이가 딸림. 아이가 딸린 여자. ②(생선의) 알배기. ③대(大)·소(小) 한 세트.

子持(ち)筋 [こもちすじ] 굵은 줄과 가는 줄 무늬가 평행으로 되어 있는 무늬.

子取り[ことり] 한 아이는 어버이, 한 아이는 술래, 나머지는 모두 아이가 되어 술래가 아이를 잡는 놀이.

子沢山[こだくさん] 자식이 많음. 자식이 많은 사람.

子会社[こがいしゃ] 자회사; 방계 회사.

音読

子宮[しきゅう] ≪生理≫ 자궁; 아기집.

子宮癌[しきゅうがん] 자궁암.

子女[しじょ] 자녀; ①아들과 딸. ②여자. 여식(女息).

子細[しさい] ①(자세한) 사정. 자초지종. 경위. ②(부정문에서) 할 말. 지장(支障).

子細に[しさいに] 〈副〉 자세히. 소상히.

子細らしい[しさいらしい] 〈形〉 ①까닭이 있는 듯하다. ②분별력이 있는 듯하다.

2子孫[しそん] 자손; 후손.

[1]子息[しそく] 자식; 자제(子弟). ＊남의 자식에 대해 하는 말임.
子午線[しごせん] ≪天≫ 자오선.
子音[しいん] ≪語学≫ 자음; 닿소리.
子子孫孫[ししそんそん] 자자손손; 자손대대.
子爵[ししゃく] 자작; 오등작(五等爵)의 넷째. ＊백작(伯爵)의 아래, 남작(男爵)의 위임.
子弟[してい] 자제; ①자식이나 동생. ②연소자. 젊은이.
◑金子[きんす], 扇子[せんす], 様子[ようす], 椅子[いす]

字 글자 자

丶 丷 宀 宁 字 字

音 ◉ジ
訓 ◉あざ ⊗あざな

訓読
◉字❶[あざ] '町(ちょう)'나 '村(そん)'보다 작은 행적 구획. ＊한국의 '리(里)'에 해당하며 '大字(おおあざ)'와 '小字(こあざ)'의 구별이 있음.
⊗字❷[あざな] 자(字); 본명 외에 따로 부르는 이름.

音読
[3]字[じ] ①글자. 문자. ②글씨. 필적.
字句[じく] 자구; 글자와 어구(語句).
字幕[じまく] (영화의) 자막; (영화의) 표제・설명・배역을 글자로 나타낸 것.
字面[じめん/じづら] 자면; ①글자의 시각적인 느낌. ＊한자(漢字)와 かな의 배합 상태를 말함. ②문장의 표면적 의미.
字母[じぼ] ① ≪語学≫ 자모; 하나하나의 글자. ② ≪印≫ 활자의 모형(母型).
字配り[じくばり] 배자. 글자의 배치.
字書[じしょ] 자서; ①자전(字典). ②어학사전.
字消し[じけし] 지우개.
字余り[じあまり] 俳句(はいく)나 和歌(わか)에서 음절수가 규정보다 많은 시(詩).
字源[じげん] 자원; 한자(漢字)의 기원.
字義[じぎ] 자의; 한자(漢字)의 뜻.
字音[じおん] 자음; 일본화한 한자음(漢字音).
[4]字引[じびき] ①옥편(玉篇). 자전(字典). ②사전(辞典). 사서(辞書).
字典[じてん] 자전; 한자(漢字) 사전.
[1]字体[じたい] 자체; 글자 모양.
字解[じかい] 자해; 한자(漢字)의 해석.
字形[じけい] 자형; 글자 모양.
字画[じかく] 자획; 한자(漢字)의 획수.
字訓[じくん] 자훈; 한자(漢字)의 훈독.
字詰(め)[じづめ] (원고지・인쇄물 등의) 글자 수.

自 스스로 자

丿 亻 冂 白 自 自

音 ◉ジ ◉シ
訓 ◉みずから ⊗おのずから ⊗おのずと

訓読
[2]◉自ら[みずから] ①자기 자신. 스스로. ②〈副〉 몸소. 스스로. 손수.
[1]⊗自ずから[おのずから] 〈副〉 ①저절로. 자연히. ② ≪古≫ 몸소. 스스로.
⊗自ずと[おのずと] 〈副〉 저절로. 자연히.

音読
自[じ] (시간이나 장소를 나타내는 말에 접속하여) …로부터.
自家[じか] 자가; ①자기 집. ②자기. 자기 자신.
自家用車[じかようしゃ] 자가용차.
自家製[じかせい] 집에서 만든 것.
[1]自覚[じかく] 자각; ①스스로 깨달음. ②스스로 느낌.
自決[じけつ] 자결; ①스스로 결정하고 처리함. ②자살함.
自警[じけい] 자경; ①주변을 스스로 경계함. ②스스로 경계하고 삼감.
自戒[じかい] 자계; 스스로 경계함.
自供[じきょう] 스스로 자백(自白)함.
自壊[じかい] 자괴; 스스로 붕괴됨.
自国[じこく] 자국; 자기 나라.
自国語[じこくご] 자국어; 자기 나라 말.
自今以後[じこんいご] 자금이후; 지금부터.
自給じきゅう] 자급; 필요한 것을 자기 힘으로 마련해서 씀.
[1]自己紹介[じこしょうかい] 자기 소개.
自記[じき] 자기; ①본인 스스로 기록함. ②기계가 자동으로 기록함.
自棄[じき/やけ] 자기; 자신을 돌보지 않음.
自棄酒[★やけざけ] 홧김에 마시는 술.
[1]自動[じどう] 자동; 스스로 움직임.
[1]自動詞[じどうし] 자동사.
[4]自動車[じどうしゃ] 자동차.

自得[じとく] 자득; ①스스로 터득함. ②스스로 우쭐댐. ③스스로 갚음을 받음.
自力[じりき] 자력; ①자기 혼자만의 힘. ②《仏》 자기의 힘으로 수행하여 성불함.
[1]自立[じりつ] 자립; 스스로 일어섬.
自立劇団[じりつげきだん] 아마추어 극단.
自立演劇[じりつえんげき] 아마추어 연극.
自立語[じりつご] 자립어; (일본어에서) 조사와 조동사를 제외한 모든 품사.
[2]自慢[じまん] 자랑.
自慢顔[じまんがお] 잘난 체하는 얼굴.
自慢話[じまんばなし] 자랑으로 하는 이야기.
自滅[じめつ] 자멸; 스스로 멸망함.
自明[じめい] 자명; 명백함.
自門[じもん] 자문; ①자기의 일문(一門). ②자기가 속해 있는 절이나 종파.
自問自答[じもんじとう] 자문자답; 스스로 마음 속에 묻고 대답함.
自縛[じばく] 자박; ①스스로 자신을 옭아 묶음. ②자기가 주장에 구속되어 자유를 잃음.
自発[じはつ] 자발; ①스스로 자진해서 함. 자원(自願)해서 함. ②자연히 그렇게 됨.
自白[じはく] 자백; ①(비밀·죄 등을) 고백함. ②《法》 (불리한 점의) 자인(自認).
自弁[じべん] 자기 부담. 각자 부담.
自腹[じばら] ①자기 배. ②각자 부담.
自負[じふ] 자부; 자신의 재능이나 능력이 뛰어나다고 믿고 있음.
自負心[じふしん] 자부심.
[4]自分[じぶん] ①자기 자신. 스스로. ②나. 저.
自分勝手[じぶんかって] 제멋대로임.
自分自身[じぶんじしん] 자기 자신. *'自分(じぶん)'의 강조임.
自分持ち[じぶんもち] 자기 부담. 각자 부담.
自費[じひ] 자비; 자신이 부담하는 비용.
自社[じしゃ] 자사; 자기 회사.
[2]自殺[じさつ] 자살; 스스로 자기 목숨을 끊음.
自生[じせい] 자생; 생물이 어떤 지역에서 사람의 보호를 받지 않고 스스로 번식하며 생육함.
自序[じじょ] 자서; 자신의 저서(著書)의 권두(巻頭)에 쓴 머리말.
自叙伝[じじょでん] 자서전; 자신이 기록한 자신의 전기(伝記).
自説[じせつ] 자설; 자기의 의견.
自省[じせい] 자성; 자기 반성.

[1]自首[じしゅ] 자수; 죄를 범한 사람이 자진해서 수사 기관에 범죄 사실을 신고함.
自修[じしゅう] 자수; 독학(独学).
自粛[じしゅく] 자숙; 자진해서 행동이나 태도를 삼감.
[2]自習[じしゅう] 자습; (학교에서) 교사의 지도를 받지 않고 스스로 공부함.
自乗[じじょう] 《数》 자승; 제곱.
自乗根[じじょうこん] 《数》 제곱근.
自縄自縛[じじょうじばく] 자승자박; 자신의 언행으로 자신이 꼼짝 못하게 괴로움을 당하게 됨을 이름.
[2]自身[じしん] 자신; ①자기. ②그 자신. 그 자체.

[2]自信[じしん] 자신; 자신의 능력·가치·생각 등을 확신함.
自失[じしつ] 자실; 얼이 빠짐.
[1]自我[じが] ①《哲》 자아; 자기 자신. ②《心》 자기 자신에 대한 의식 관념.
自愛[じあい] 자애; ①몸을 아낌. 몸조심함. ②(남보다) 자기 이익을 생각함. ③품행을 삼감. ④《哲》 자연스런 자기 보호의 감정.
自若[じじゃく] 자약; 큰일을 당하여도 아무렇지 않고 침착함.
自業自得[じごうじとく] 《仏》 자업자득.
自余[じよ] 이것 이외. 이 밖. 그 밖.
[2]自然[★しぜん] 자연; ①사람의 힘이 가해지지 않은 천연 그대로의 상태. ②자연스러움. 꾸밈이 없음.
自然と[★しぜんと] 자연히. 저절로.
[2]自然に[★しぜんに] 자연히. 저절로.
自然界[★しぜんかい] 자연계; 천지 만물이 존재하는 범위.
[2]自然科学[★しぜんかがく] 자연과학.
自然木[★しぜんぼく] 자연목; 천연목.
自然数[★しぜんすう] 《数》 자연수.
自然人[★しぜんじん] 자연인; 태어난 그대로의 사람.
自営[じえい] 자영; 스스로 사업을 경영함.
自営業者[じえいぎょうしゃ] 자영업자.
自用[じよう] 자용; ①자기의 필요에 사용함. ②자신의 볼일. ③제멋대로 함.
自用車[じようしゃ] 자가용 차.
[2]自衛[じえい] 자위; 자기를 방위함.
自衛官[じえいかん] (일본) 자위대 대원.
自衛権[じえいけん] 자위권.
[2]自衛隊[じえいたい] (일본의) 자위대; 일본 국방군.

自慰[じい] 자위; ①스스로 위로함. ②수음(手淫). 오나니.
[2]自由[じゆう] 자유; ①남에게 구속을 받지 않고 마음대로 행동함. ②법률의 범위 내에서 할 수 있는 수의(随意)의 행위.
自由形[じゆうがた] ☞ 自由型
自由型[じゆうがた] 자유형; ①프리 스타일. ②크롤 수영법(水泳法). ③레슬링의 경기 방법.
自律[じりつ] 자율; 스스로 방종을 억제함.
自律神経[じりつしんけい] 자율 신경.
自意識[じいしき] ≪心≫ 자아 의식.
自刃[じじん] 자인; 도검(刀剣)으로 자결함.
自認[じにん] 자인; 스스로 인정함.
自任[じにん] 자임; ①스스로 자기의 임무로 여김. ②자부(自負).
自作[じさく] 자작; ①자기가 만듦. ②자작농(自作農).
自作農[じさくのう] 자작농.
[1]自在[じざい] 자재; 속박이나 장애가 없이 마음대로임.
自在に[じざいに] 자유로이. 마음대로.
自在継(ぎ)手[じざいつぎて] 자재 이음쇠. 유니버설 조인트.
自在鉤[じざいかぎ] 자재 고리. *화로나 부뚜막 위에 매달아 놓고 자유로이 올리고 내릴 수 있게 한 갈고리.
自裁[じさい] 자결(自決). 자살(自殺).
自著[じちょ] 자저; 자기의 저서.
自適[じてき] 자적; 여유 있게 즐기면서 지냄.
自伝[じでん] 자전; 자서전(自叙伝).
自前[じまえ] ①자기 부담. 자기 소유. ②(기생이) 독립하여 영업함. 자립함.
[2]自転[じてん] 자전; ①스스로 돎. ②(천체가) 자전축을 중심으로 회전함.
[4]自転車[じてんしゃ] 자전거.
自浄[じじょう] 자정; 바다나 하천이 자체의 작용으로 오염을 소멸시킴.
自浄作用[じじょうさよう] 자정작용.
自制[じせい] 자제; 스스로 억제함.
自嘲[じちょう] 자조; 스스로 자기 자신을 비웃음.
自足[じそく] 자족; ①자기 만족. ②자기 충당.
自足感[じそくかん] 자족감; 자기 만족감.
自尊[じそん] 자존; ①스스로 자신을 높임. ②자기의 품위를 지킴.
[1]自尊心[じそんしん] 자존심; 제 몸이나 품위를 스스로 높이 가지는 마음. 자중심(自重心).
[1]自主[じしゅ] 자주; 독립적으로 행함.
自主独立[じしゅどくりつ] 자주독립.
自重❶[じじゅう] 자중; 자체의 중량. ❷[じちょう] 자중; ①자기 자신을 삼가하여 신중함. ②(건강을 생각해서) 자신의 몸을 소중히 여김.
自賛[じさん] 자찬; 자신이 행한 일에 자신이 칭찬함.
自責[じせき] 자책; 자신을 스스로 책망함.
自責点[じせきてん] 자책점; (야구에서) 투수의 책임으로 돌려지는 상대 팀의 득점.
自薦[じせん] 자천; 자기가 자기를 추천함.
自体[じたい] 자체; ①자기의 몸. 그 자신. ②〈副〉 도대체. 대관절. ③〈副〉 원래.
自炊[じすい] 자취; 스스로 밥을 지어 먹음.
自炊生活[じすいせいかつ] 자취생활.
[2]自治[じち] 자치; ①자기 일을 스스로 다스려 감. ②공공 단체가 행정・사무를 투표로 선출된 사람들이 자치 행정.
自治相[じちしょう] '自治大臣(じちだいじん)'의 준말.
自治省[じちしょう] 자치성.
自治制[じちせい] 자치제.
自称[じしょう] 자칭; ①스스로 …라고 칭함. ②≪語学≫ 1인칭.
自他[じた] 자타; ①자기와 타인. ②≪語学≫ 자동사와 타동사. 자칭(自称)과 타칭(他称).
自堕落[じだらく] (생활이) 무절제함. 방종함. 타락함.
[2]自宅[じたく] 자택; 자기 집.
自販[じはん] 자판; ①'自動販売'의 준말. ②'自動車販売'의 준말.
自販機[じはんき] 자판기; '自動販売機'의 준말.
自閉症[じへいしょう] ≪医≫ 자폐증.
自暴自棄[じぼうじき] 자포자기; 실망・불만 등으로 스스로 자기의 형편・장래를 돌보지 않음.
自爆[じばく] 자폭; ①스스로 폭파함. ②스스로 파멸시킴. 자멸(自滅).
自筆[じひつ] 자필; 자기가 직접 씀.
自学自習[じがくじしゅう] 자학자습; 독학.
自虐[じぎゃく] 자학; 스스로 자신을 학대함.
自害[じがい] 자해; 자살(自殺).

1自惚れ[★うぬぼれ] 자부. 자부심. 자만. 자만심.
自惚れる[★うぬぼれる] 〈下1自〉 자부하다. 자만하다. 스스로 잘난 체하다.
自火[じか] 자화; ①자기 집에서 난 화재. ②자기 망상으로 인한 고민.
自画像[じがぞう] 자화상.
自画自賛[じがじさん] 자화자찬.
自活[じかつ] 자활; 자신의 힘으로 생활함.

刺 ①찌를 자 ②칼로찌를 척

一 𠂉 冂 市 朿 朿 朿 刺

音 ◉シ
訓 ◉ささる ◉さす ⊗とげ ⊗いら

訓読
◉刺さる[ささる] 〈5自〉 찔리다. 박히다. 꽂히다.
2◉刺す[さす] 〈5他〉 ①찌르다. ②꿰다. ③(곤충·벌레가) 쏘다. 물다. ④꿰매다. ⑤(야구에서) 터치아웃시키다. ⑥끈끈이를 바른 장대로 잡다.
刺し[さし] ①색대. 가마니 속의 곡식을 찔러서 빼내어 보는 연장. ②'さしみ(생선회)'의 준말.
刺(し)継ぎ[さしつぎ] 짜깁기.
刺股[さすまた] 긴 막대 끝에 U자 모양의 쇠붙이를 단 무기.
刺し貫く[さしつらぬく] 〈5他〉 (찔러서) 꿰뚫다.
刺(し)網[さしあみ] 자망; 물고기가 그물코에 걸리도록 하여 잡는 어망.
刺(し)縫い[さしぬい] ①누비질. 누비옷. ②땀을 맞추어 둘레를 남김없이 메우는 자수.
刺し殺す[さしころす] 〈5他〉 찔러 죽이다.
刺(し)傷[さしきず] 자상; 찔린 상처.
2刺(し)身[さしみ] 생선회.
刺し違える[さしちがえる] 〈下1他〉 서로 상대를 찌르다. 서로 맞찌르다.
刺(し)子[さしこ] 누비질. 누비옷.
刺し通す[さしとおす] 〈5他〉 찔러 꿰뚫다.
1⊗刺❶[とげ] 가시. ¶ 魚(さかな)の~ 생선 가시. ❷[し] ☞ [音読]
刺立つ[とげだつ] 〈5自〉 가시가 돋치다. 모가 나다.
刺抜き[とげぬき] (살에 박힌) 가시를 뽑음. 가시를 뽑는 도구.
刺魚[とげうお] ≪魚≫ 큰가시고기.
刺刺[とげとげ] 가시 돋친 모양.
刺刺しい[とげとげしい] 〈形〉 가시 돋치다 험상궂다. 험악하다.
刺青[★いれずみ] 문신(文身). 먹물뜨기.

音読
刺❶[し] ①가시. ②가시 돋친 말. ③명함. ❷[とげ] ☞ [訓読]
刺客[しかく/しきゃく] 자객; 암살자.
2刺激[しげき] ① ≪生理≫ 자극. 외부에서 감각 기관에 미치는 작용. ② ≪心≫ 마음을 흥분시킴.
刺戟[しげき] ☞ 刺激
刺殺[しさつ] 척살; ①찔러 죽임. ②(야구에서) 주자에게 터치아웃시킴.
刺繍[ししゅう] 자수; 수를 놓음.

姉 누이 자

𡿨 女 女 女' 女' 女' 姉 姉

音 ◉シ
訓 ◉あね

訓読
4◉姉[あね] ①누나. 언니. ②형수. 처형. 손윗시누이.
4姉さん[★ねえさん] ①누님. 언니. *'姉(あね)'의 높임말. ②(여자를 부를 때) 아주머니. 아가씨. ③(여관·요릿집의) 아가씨.
姉家督[あねかとく] 장녀 상속(長女相続). * 사위를 양자로 들여 맏딸에게 상속하던 제도.
姉貴[あねき] 누님. *'姉(あね)'의 높임말.
姉女房[あねにょうぼう] (남편보다 나이가 많은) 연상의 아내.
姉分[あねぶん] 누님으로 모시는 사람. 누님처럼 친한 사람. 누님뻘.
姉婿[あねむこ] 형부. 자형(姉兄).
姉様[あねさま/ねえさま] 누님. 언니.
姉様人形[あねさまにんぎょう] 각시 인형. 종이로 만든 여자 인형.
姉御[あねご] ①누님. 언니. ②(조직 폭력배에서) 여자 두목. 두목의 아내.

音読
2姉妹[しまい] 자매; ①여자 형제. 언니와 여동생. ②같은 계통의 2개의 것.
姉妹都市[しまいとし] 자매도시.
姉妹品[しまいひん] 자매품.
姉妹会社[しまいがいしゃ] 자매회사.

者(者) 사람/놈 자

一 十 土 耂 耂 者 者 者

音 ◉シャ ◉ジャ ⊗サ
訓 ◉もの

訓読

[2]◉者[もの] 자; 사람. ＊상대방을 깔보거나 격식을 갖추어서 말할 때 사용함.
者共[ものども] 너희들. 애들아. ＊많은 부하들을 부를 때 사용하는 말임.

音読

◑記者[きしゃ], 読者[どくしゃ], 学者[がくしゃ]
◑信者[しんじゃ], 忍者[にんじゃ], 患者[かんじゃ]

姿 모습 자

丶 冫 丬 汁 次 次 咨 姿 姿

音 ◉シ
訓 ◉すがた

訓読

[2]◉姿[すがた] ①모습. 모양. 형체. ②옷차림. 풍채. ③몸매. ④모양. 상태. ⑤취향.
姿見[すがたみ] 체경(体鏡). 전신을 볼 수 있는 거울.
姿焼き[すがたやき] 물고기를 통째로 구움. 통째로 구운 요리.
姿鮨[すがたずし] 등을 갈라 뼈를 발라내고 생선을 원형 그대로 얹은 생선 초밥.
姿絵[すがたえ] 초상화.

音読

[2]姿勢[しせい] 자세; ①몸의 모양. ②사물에 대한 태도.
姿態[したい] 자태; 모습. 몸매. 맵시.

紫 자줏빛 자

丨 卜 止 此 此 些 紫 紫 紫 紫

音 ◉シ
訓 ◉むらさき

訓読

[2]◉紫[むらさき] ①자색(紫色). 보라색. 가지색. ②≪植≫ 지치. 지치의 뿌리.
紫立つ[むらさきだつ] 〈5自〉 보랏빛을 띠다.
[2]紫色[むらさきいろ] 자색; 보라색. 가지색.
紫水晶[むらさきずいしょう] 자수정.
紫式部[むらさきしきぶ] 平安(へいあん) 시대 중기의 여류 작가. ＊작품으로는 源氏物語(げんじものがたり) 등이 있음.

音読

紫紺[しこん] 자감; 보랏빛을 띤 남색. 남보랏빛.
紫蘇[しそ] ≪植≫ 자소; 차조기.
紫煙[しえん] 자연; ①보라색 안개. 보라색 연기. ②담배 연기.
紫外線[しがいせん] ≪物≫ 자외선.
紫雲[しうん] 자운; 보랏빛 구름. 상서로운 구름.
紫電[しでん] 자전; ①보랏빛 전광(電光). ②(칼의) 날카로운 빛. ③(사물을 보는) 예리한 안광(眼光).

煮(煮) 삶을 자

一 十 土 耂 耂 者 者 者 煮

音 ◉シャ
訓 ◉にえる ◉にやす ◉にる

訓読

[2]◉煮える[にえる] 〈下1自〉 ①(물이) 끓다. ②(음식이) 삶아지다. 익다. ③(화가) 치밀다. 끓어오르다. ④타협이 이루어지다. 결론을 얻다.
煮え[にえ] (음식이) 삶아짐. 익음.
煮えたぎる[にえたぎる] 〈5自〉 부글부글 끓어오르다. 펄펄 끓어오르다.
煮え零れる[にえこぼれる] 〈下1自〉 끓어 넘치다.
煮え立つ[にえたつ] 〈5自〉 끓어오르다. 펄펄 끓다.
煮え返る[にえかえる] 〈5自〉 ①부글부글 끓어오르다. 펄펄 끓어오르다. ②(화가) 치밀다. ③법석을 떨며 발칵 뒤집히다.
煮え上がる[にえあがる] 〈5自〉 (물이) 끓다. 끓어오르다. 푹 삶아지다.
煮え溢れる[にえこぼれる] 〈下1自〉 끓어 넘치다.
煮え切らない[にえきらない] (태도나 생각 등이) 애매하다. 분명하지 않다. 우유부단하다. 미적지근하다.

煮え繰り返る[にえくりかえる] 〈5自〉 '煮え返る(にえかえる)'의 강조.
煮え湯[にえゆ] 끓는 물. 열탕.
◉**煮やす**[にやす] 〈5他〉 ①(음식을) 익히다. 끓이다. ②부글부글 화가 치밀게 하다.
2◉**煮る**[にる] 〈上1他〉 (음식을) 삶다. 익히다. 조리다. 끓이다.
煮干し[にぼし] 쪄서 말림. 쪄서 말린 식품.
煮頃[にごろ] (먹기에) 알맞게 익혀진 정도.
煮凍り[にこごり] ①조린 국물이 엉켜 굳어진 것. ②(넙치・가자미 등) 아교질이 풍부한 생선을 조려서 굳힌 식품.
煮豆[にまめ] 콩자반.
煮冷(ま)し[にざまし] 끓여서 식힌 것.
煮零れ[にこぼれ] 끓어 넘쳐흐른 국물.
煮零れる[にこぼれる] 〈下1自〉 (국물 등이) 끓어 넘쳐흐르다.
煮立つ[にたつ] 〈5自〉 펄펄 끓다.
煮立てる[にたてる] 〈下1自〉 펄펄 끓이다.
煮売り[にうり] 식료품을 삶아서 팖.
煮売り屋[にうりや] 삶은 반찬거리 가게.
煮麺[★にゅうめん] 삶은 국수를 간장이나 된장국에 살짝 데친 요리.
煮物[にもの] 음식물을 익힘.
煮返す[にかえす] 〈5自〉 다시 익히다. 다시 끓이다. 다시 삶다.
煮抜き[にぬき] ①(끓어오르는 밥에서 떠낸) 진한 밥물. ②삶은 달걀.
煮抜き卵[にぬきたまご] 삶은 달걀.
煮方[にかた] ①삶는 법. 익히는 법. 끓이는 법. ②익힌 정도. ③(음식점 등에서) 끓이는 역할. 삶는 역할.
煮付け[につけ] 조림.
煮付ける[につける] 〈下1他〉 조리다. 푹 끓이다.
煮上がる[にあがる] 〈5自〉 충분히 익다. 푹 끓다. 다 익다.
煮焼き[にやき] (음식을) 삶거나 구움.
煮魚[にざかな] 생선 조림. 조린 생선.
煮染め❶[にしめ] (간장에) 조림. ❷[にぞめ] 삶아서 염색함.
煮染める[にしめる] 〈下1自〉 ①(간장에) 바짝 조리다. ②(땀이나 때가 지저분하게) 찌들다.
煮溶かす[にとかす] 〈5他〉 끓여 녹이다.
煮凝り[にこごり] ①조린 국물이 엉켜 굳어진 것. ②(넙치・가자미 등) 아교질이 풍부한 생선을 조려서 굳힌 식품.
煮込み[にこみ] ①푹 끓임. 푹 익힘. ②(여러 가지 재료를 넣고) 푹 익힌 요리.
煮込む[にこむ] 〈5他〉 ①푹 끓이다. 푹 익히다. ②(여러 가지 재료를 넣고) 푹 익히다. 푹 삶다.
煮溢れる[にこぼれる] 〈下1自〉 (국물 등이) 끓어 넘쳐흐르다.
煮転がし[にころがし] 바짝 조린 음식.
煮転ばし[にころばし] 바짝 조린 음식.
煮汁[にじる] 끓인 국물. 삶은 국물.
煮出す[にだす] 〈5他〉 끓여서 맛을 우려내다. 우려서 맛국물을 만들다.
煮出し[にだし] ①끓여서 맛을 냄. ②(다시마・가다랭이포 등의) 장국.
煮出し汁[にだしじる] (다시마・가다랭이포 등을 오래 끓여서 우려낸) 장국.
煮炊き[にたき] 취사. 밥 짓는 일.
煮浸し[にびたし] (건어물・구운 민물고기 등을) 초간장에 무르게 조린 요리.
煮含める[にふくめる] 〈下1他〉 (양념이 속속 배어들도록) 바짝 조리다.
煮花[にばな] 갓 끓인 향긋한 차.
煮詰まる[につまる] 〈5自〉 ①(음식이) 바짝 졸아들다. ②(검토 끝에) 결론에 가까워지다.
煮詰める[につめる] 〈下1他〉 ①(음식을) 바짝 조리다. ②(검토 끝에) 결론을 내리다.

音読

煮沸[しゃふつ] 자비; 펄펄 끓임.
煮沸消毒[しゃふつしょうどく] 자비소독; 열탕 소독. 끓여서 살균하는 소독.

滋(滋) 불을/맛 자

氵 氵' 氵' 氵' 汷 汷 滋 滋 滋

音 ◉ジ ⊗シ
訓 —

音読

滋強[じきょう] 자양강장(滋養強壮).
滋味[じみ] ①맛있는 음식. ②자양물(滋養物). ③(예술 작품 등의) 깊은 맛.
滋養[じよう] 자양; 몸의 영양이 됨.
滋養分[じようぶん] 자양분; 몸의 영양이 되는 식품.
滋雨[じう] 자우; 단비.
滋賀県[しがけん] 일본 近畿(きんき) 지방에 있는 행정 구역의 하나.

慈(慈) 사랑 자

丷 䒑 玄 茲 茲 兹 慈 慈 慈 慈

音 ◉ジ
訓 ◉いつくしむ

訓読

◉慈しむ[いつくしむ] 〈5他〉 귀여워하다. 애지중지하다. 사랑하다. 자비를 베풀다.
慈しみ[いつくしみ] 자애(慈愛). 자비(慈悲). 사랑.
慈姑[★くわい] ≪植≫ 자고; 쇠귀나물.
慈姑頭[★くわいあたま] 머리를 전부 뒤로 묶어 짧게 드리우는 헤어 스타일.

音読

慈母[じぼ] 자모; 인자한 어머니.
慈父[じふ] 자부; 인자한 아버지.
慈悲[じひ] 자비; 동정. 동정심.
慈悲深い[じひぶかい] 〈形〉 자비롭다.
慈善[じぜん] 자선; 동정을 베풂.
慈善家[じぜんか] 자선가; 독지가(篤志家).
慈善鍋[じぜんなべ] 자선 냄비.
慈善市[じぜんいち] 자선시; 바자.
慈眼[じげん] ≪仏≫ 자안; 자비로운 눈.
慈愛[じあい] 자애; 아랫사람에 대한 도타운 사랑.
慈雨[じう] 자우; 단비.

資 재물/바탕 자

冫 丫 次 次 次 次 咨 咨 資 資

音 ◉シ
訓 —

音読

資[し] ①자본. 자금. ②자료. 재료. ③자질. 천성. ④도움. 원조.
資する[しする] 〈サ変自〉 ①이바지하다. 도움이 되다. ②자본을 대다. 투자하다.
[1]資格[しかく] 자격; 어떤 일을 할 만한 합당한 조건.
資格試験[しかくしけん] 자격시험.
[1]資金[しきん] 자금; 사업에 필요한 돈.
資金難[しきんなん] 자금난.
資金繰り[しきんぐり] 자금 조달.
資力[しりょく] 자력; 재력(財力).
[2]資料[しりょう] 자료; 바탕이 되는 재료.
[2]資本[しほん] 자본; ①밑천. ②(회사의) 운영 자금.
資本金[しほんきん] 자본금.
[1]資産[しさん] 자산; 재산.
資産株[しさんかぶ] 자산주.
資性[しせい] 자성; 천성. 자질.
[2]資源[しげん] 자원; 생산에 이용되는 것.
資材[しざい] 자재; 재료가 되는 물건.
資財[しざい] 자재; 자산(資産).
資質[ししつ] 자질; 타고난 성품과 바탕.

磁(磁) 자석 자

一 𠂆 石 石 石' 石' 石' 磁 磁 磁

音 ◉ジ
訓 —

音読

磁界[じかい] 자계; 자석의 작용이 미치는 범위.
磁極[じきょく] 자극; ①(자석의) 남극. 북극. ②(지구의) 남자극. 북자극.
[1]磁気[じき] 자기; 자석의 자력(磁力)의 작용으로 서로 당기고 배척하는 현상.
[1]磁器[じき] 자기; 사기 그릇.
磁力[じりょく] 자력; 자기력(磁気力).
[2]磁石[じしゃく] 자석; ①지남철. 마그넷. ②나침반. 컴퍼스. ③ ≪鉱≫ 자철광(磁鉄鉱).
磁性[じせい] 자성; 자기(磁気)를 띤 물체가 나타내는 성질.
磁場[じば/じじょう] 자장; 자계(磁界). 자석의 작용이 미치는 범위.
磁針[じしん] 자침; 나침반의 바늘.
磁土[じど] 자토; 도자기를 만드는 질흙.
磁化[じか] 자화; 자성화(磁性化). 물질이 자석의 성질을 띰.

雌 암컷 자

卜 ⺊ 此 此 此 此 此 此 雌 雌

音 ◉シ
訓 ◉め ◉めす ◉めん

訓読

[1]◉雌[めす] (동물의) 암컷. 암놈.
雌犬[めすいぬ] 암캐. 개의 암컷.
雌豚[めぶた] 암돼지. 돼지의 암컷.

雌鹿[めじか] 암사슴. 사슴의 암컷.
雌馬[めうま] 암말. 말의 암컷.
雌猫[めすねこ] 암코양이.
雌獅子[めじし] 암사자. 사자의 암컷.
雌山羊[めやぎ] 암염소. 염소의 암컷.
雌象[めぞう] 암코끼리. 코끼리의 암컷.
雌牛[めうし] 암소. 소의 암컷.
雌熊[めぐま] 암콤. 곰의 암컷.
雌鳥[めんどり] ①암새. 새의 암컷. ②암탉. 닭의 암컷.
雌花[めばな] ≪植≫ 자화; 암꽃. 암꽃술만 이 있는 꽃.

音読

雌蕊[しずい/めしべ] ≪植≫ 자예; 암꽃술.
雌雄[しゆう] 자웅; ①암컷과 수컷. ②승부(勝負). 우열(優劣).

諮 물을 자

訁 訁 訁 訁 訁 諮 諮 諮 諮 諮

音 ◉シ
訓 ◉はかる

訓読

1◉諮る[はかる] 〈5他〉 자문하다. 의견을 묻다. 상의하다.

音読

諮問[しもん] 자문; 개인 또는 특정 단체에게 의견을 물음.
諮問機関[しもんきかん] 자문기관.
諮議[しぎ] 자의; 자문하여 의논함.

仔 자세할/새끼 자

音 ⊗シ
訓 ⊗こ

訓読

⊗仔犬[こいぬ] ①작은 개. ②강아지.
仔豚[こぶた] 새끼 돼지. 돼지 새끼.
仔鹿[こじか] 새끼 사슴. 사슴 새끼.
仔馬[こうま] ①망아지. ②조랑말.
仔猫[こねこ] ①작은 고양이. ②고양이 새끼. 새끼 고양이.
仔羊[こひつじ] ①어린양. ②새끼 양.
仔役[こやく] ①(연극・영화에서의) 아역(児役). 어린이 역(役). ②어린이 역을 하는 아이.
仔牛[こうし] 송아지.

音読

仔細[しさい] ①(자세한) 사정. 자초지종. 경위. ②(부정문에서) 할 말. 지장(支障).
仔細に[しさいに] 〈副〉 자세히. 소상히.
仔細らしい[しさいらしい] 〈形〉 ①까닭이 있는 듯하다. ②분별력이 있는 듯하다.
仔細顔[しさいがお] 무엇인가 사정이 있는 듯한 얼굴.

茨 가시나무 자

音 ⊗シ
訓 ⊗いばら

訓読

⊗茨[いばら] ① ≪植≫ 가시나무. ②식물의 가시. ③고통. 고난.
茨城県[いばらきけん] 일본 관동(関東) 지방에 있는 행정 구역의 하나.
茨垣[いばらがき] 가시나무 울타리.
茨蟹[いばらかに] ≪動≫ 가시왕게.

炙 고기구울 자

音 ⊗シャ
訓 ⊗あぶる

訓読

2⊗炙る[あぶる] 〈5他〉 ①불에 살짝 쬐어 굽다. ②불에 쬐어 말리다. 불에 쬐어 데우다.
炙(り)物[あぶりもの] ①불에 살짝 구운 음식. ②생선구이.
炙(り)肉[あぶりにく] 불고기.
炙(り)出し[あぶりだし] 종이에 백반 수용액 또는 소금물 등으로 글씨나 그림을 그려 불에 쬐면 나타나게 만든 것.

작

勺(勺) 구기 작

ノ 勹 勺

音 ◉ シャク
訓 ―

音読

勺[しゃく] ①(용적・용량의 단위로) 1홉(合)의 10분의 1. ②(토지 면적의 단위로) 1평(坪)의 100분의 1. ③(등산의 路程에서) 1홉(合)의 10분의 1.

作 지을/만들 작

ノ イ 化 作 作 作 作

音 ◉サク ◉サ
訓 ◉つくる

訓読

4◉作る[つくる] 〈5他〉 ①만들다. 제조하다. ②건조하다. 짓다. ③(줄을) 서다. ④술을 빚다. 양조하다. ⑤(글을) 짓다. ⑥(서류를) 작성하다. ⑦(책을) 출판하다. ⑧농사를 짓다. 경작하다. 재배하다. ⑨조직하다. ⑩(신기록을) 수립하다. ⑪(사람을) 육성하다. 키우다. ⑫(아이를) 가지다. ⑬화장하다. 꾸미다. ⑭(거짓으로) 일부러 …짓다. ⑮요리하다. 조리하다. ⑯(친구・애인・적을) 만들다. 생기다. ⑰(재산을) 장만하다. ⑱마련하다. 준비하다. ⑲(어떤) 짓을 하다.

3作り❶[つくり] ①만듦새. 구조. 꾸밈새. ②몸집. ③몸단장. 화장. ④농작물. ⑤일부러 꾸밈. ⑥≪関西≫ 생선회.

作り❷[づくり] (명사에 접속하여) 만듦. 만들기. ¶菊(きく)~ 국화 재배. ¶粘土(ねんど)~ 진흙으로 만듦.

作り立てる[つくりたてる] 〈下1他〉 ①만들어내다. ②(화려하게) 꾸미다.

作り物[つくりもの] ①모조품. ②농작물. ③가공품. ④(能楽(のうがく)에서) 무대 장치.

作り物語[つくりものがたり] 꾸며낸 이야기.

作り眉[つくりまゆ] (눈썹을 밀고 먹으로 그린) 가짜 눈썹.

作り方[つくりかた] ①만드는 방법. 재배방법. ②만듦새. 구조. 꾸밈새.

作り付け[つくりつけ] 붙박이.

作り付ける[つくりつける] 〈下1他〉 ①(가구 등을) 붙박이로 만들다. ②(식물을) 심다.

作り事[つくりごと] 꾸며낸 일. 거짓말.

作り上げる[つくりあげる] 〈下1他〉 ①만들어내다. 완성하다. ②꾸며내다. 날조하다. 조작하다.

作り声[つくりごえ] 가성(仮声). 꾸민 목소리. 짐짓 지어낸 목소리.

作り成す[つくりなす] 〈5他〉 모방하여 만들다. 비슷하게 만들다.

作り笑い[つくりわらい] 억지웃음. 헛웃음.

作り身[つくりみ] ①생선 토막. ② ≪関西≫ 생선회.

作り顔[つくりがお] (본래의 얼굴이 아닌) 꾸민 얼굴. 꾸민 표정.

作り人[つくりびと] ①작자(作者). ②농부.

作り字[つくりじ] ①일본에서 새로 만들어낸 한자(漢字). ②멋대로 만든 한자.

作り直す[つくりなおす] 〈5他〉 다시 만들다. 고쳐 만들다.

作り替える[つくりかえる] 〈下1他〉 ①(낡은 것 대신) 새로 만들다. ②(헌 것을) 고쳐 만들다. 개작(改作)하다.

作り出す[つくりだす] 〈5他〉 ①만들기 시작하다. 짓기 시작하다. 재배하기 시작하다. ②만들어내다. 제조하다. 생산하다. ③창조하다. 발명하다. 창작하다.

作り親[つくりおや] 수양 부모.

作り革[つくりかわ] 가공한 가죽.

作り花[つくりばな] 조화(造花).

作り話[つくりばなし] 꾸며낸 이야기.

音読

1作[さく] 작; ①제작. 작품. ②작황(作況).

2作家[さっか] 작가; 시가(詩歌)・소설・그림・만화 등의 예술 작품의 제작자.

作歌[さっか] 작가; ①노래를 지음. 지은 노래. ②和歌(わか)를 지음. 지은 和歌(わか).

2作曲[さっきょく] 작곡; 악곡을 창작함.

作曲家[さっきょくか] 작곡가.

作句[さっく] 俳句(はいく)를 지음.

作図[さくず] 작도; ①그림을 만듦. 제도(製図). ② ≪数≫ 도형을 그림.

作陶[さくとう] 작도; 도자기를 만듦.

作動[★さどう] 작동; 기계가 움직임.

作例[さくれい] 작례; ①시문(詩文) 등을 짓는 법의 본보기. ②(사전에서의) 예문(例文). 용례(用例).

作料[さくりょう] 제작비(製作費).

4作文❶[さくぶん] 작문; ①글짓기. ②허울 좋음. 표현은 좋으나 실속이 없음. ❷[さくもん] 한시(漢詩) 짓기. 시작(詩作).

2作物❶[さくもつ] 농작물. ❷[さくぶつ] (문장・그림・조각 등의) 작품.

2作法❶[★さほう] ①예의범절. 예절. ②관례. 규정. ③제작법. 만드는 법. ❷[さくほう] 작법; 만드는 법. 짓는 법.

作柄[さくがら] ①(농작물의) 작황(作況). ②예술 작품의 됨됨이.

作付(け)[さくづけ] ①파종(播種). 씨를 뿌림. ②농작물을 심음.

作事[さくじ] (건축 등의) 공사.

作事場[さくじば] 건축 공사장.

作詞[さくし] 작사; 가사(歌詞)를 지음.
2作成[さくせい] 작성; 만들어 완성함.
作詩[さくし] 작시; 시를 지음.
2作業[★さぎょう] 작업; 일을 함. 노동을 함.
作業場[★さぎょうば] 작업장.
作業着[★さぎょうぎ] 작업복.
1作用[★さよう] 작용; 다른 것에 영향을 미치는 움직임.
作用点[★さようてん] 《物》 작용점.
作為[さくい] 작위; ①꾸밈. 자연의 상태에 손질을 함. ②조작함. ③《法》 적극적인 행위.
作意[さくい] 작의; ①책략. 계략. ②(예술 작품의) 창작 의도. 제작 의도.
作字[さくじ] 《印》 작자; (字母에 없는 글자 때문에) 쪽자를 붙이거나 새로 글자를 깎아서 만듦.
2作者[さくしゃ] 작자; ①작가(作家). ②狂言(きょうげん) 작가.
1作戦[さくせん] 작전; ①적에 대한 전투 행동. ②(게임・판매 등의) 계획. 싸우는 방법.
2作製[さくせい] 제작. 만듦.
作調[さくちょう] (예술) 작품의 격조.
作土[さくど] 농작물에 적당한 토양.
2作品[さくひん] 작품; 제작한 물건.
作品集[さくひんしゅう] 작품집.
作風[さくふう] 작풍; 작품에 나타난 경향과 특징.
作画[さくが] 작화; 그림을 그림. 사진을 만듦.
作興[さっこう] 작흥; 분발하게 함. 분발함.

昨 어제 작

丨 ⺆ 日 日 日' 旷 昨 昨 昨

音 ◉サク
訓 —

音読

2昨[さく] ①어제. 전날. ②지난.
昨今[さっこん] 작금; 요즈음.
2昨年[さくねん] 작년; 지난해.
昨冬[さくとう] 작동; 작년 겨울.
2昨晩[さくばん] 어젯밤.
2昨夜[さくや/ゆうべ] 어젯밤. ＊'さくや'는 'ゆうべ'보다 격식을 차린 말임.
2昨日[さくじつ/きのう] 어제. ＊'さくじつ'는 'きのう'보다 격식을 차린 말임.
昨秋[さくしゅう] 작추; 작년 가을.
昨夏[さくか] 작하; 작년 여름.

酌(酌) 술따를/참작할 작

一 丨 冂 冂 丙 丙 酉 酉' 酌 酌

音 ◉シャク ◉ジャク
訓 ◉くむ

訓読

2◉酌む[くむ] 〈5他〉 (술을 그릇에) 따르다.
酌み交わす[くみかわす] 〈5他〉 대작(対酌)하다. 술잔을 주고받다.

音読

酌[しゃく] ①(술을) 따름. ②작부(酌婦). 접대부(接待婦).
酌量[しゃくりょう] (사정을) 참작함.
酌婦[しゃくふ] 작부; 접대부(接待婦).
酌取り[しゃくとり] (술자리에서) 술잔의 시중을 드는 사람.
◑手酌[てじゃく]

爵(爵) 벼슬 작

爫 爫 爫 爫 爫 爫 爵 爵 爵 爵

音 ◉シャク
訓 —

音読

爵禄[しゃくろく] 작록; 작위와 봉록.
爵位[しゃくい] 작위; 벼슬이나 지위.
爵号[しゃくごう] 작호; 작위의 칭호.

雀 참새 작

音 ⊗ジャク
訓 ⊗すずめ

訓読

⊗雀[すずめ] 《鳥》 참새.
雀の担[すずめのたご] 노랑쐐기나방의 고치.
雀斑[そばかす] 주근깨.
雀蜂[すずめばち] 《虫》 말벌.
雀色[すずめいろ] 다갈색(茶褐色).
雀色時[すずめいろどき] 《古》 저녁때.
雀焼き[すずめやき] ①참새구이. ②등을 갈라서 양념장을 바른 붕어구이.
雀の豌豆[すずめのえんどう] 《植》 새완두.
雀踊り[すずめおどり] 민속 무용의 하나. ＊참새의 동작을 흉내내면서 하인의 복장으로 추는 춤.
雀隠れ[すずめがくれ] 초여름의 짙은 신록. ＊참새가 숨을 만큼 자랐다는 데서.

雀枝[すずめえだ] 작은 나뭇가지.
雀鮨[すずめずし] 붕어 또는 작은 도미의 배를 가르고 밥을 넣어 만든 초밥. *모양이 참새 배처럼 불룩한 데서 생겨난 말로 大阪(おおさか)의 명물임.
雀の槍[すずめのやり] ≪植≫ 꿩의 밥.
雀形[すずめがた] 참새가 날개를 펼친 모양.

音読

雀羅[じゃくら] 새 잡는 그물.
雀躍[じゃくやく] 좋아서 날뛰며 기뻐함.

잔

桟(棧) 사다리 잔

一 十 才 木 木= 栈 栈 桟

音 ◉サン ⊗サ ⊗ザン
訓 —

音読

桟[さん] ①(판자가 휘어지지 않도록 대는) 띳장. ②(문·창문 등의) 살. ③(사다리·망루·토대 등의) 가로장. ④문의 비녀장.
1**桟橋**[さんばし] 잔교; ①부두. 선창(船艙). ②(공사장의) 비계. 높은 곳에 오르내리게 경사지게 놓은 판자.
桟唐戸[さんからど] 문틀·문살을 짜고 그 사이에 얇은 널빤지를 끼워 만든 문짝.
桟道[さんどう] 잔도; ①벼랑길. ②절벽 사이에 가설한 다리로 된 길.
桟留[サントメ] (인도의 상토메 지방에서 온) 줄무늬 면직물.
桟敷[★さじき] 높게 만든 관람석.
桟俵[さんだわら] (쌀가마니의 아래위를 막는) 짚마구리.

残(殘) 남을/해칠 잔

一 厂 万 歹 歹 歹 歹= 残 残 残

音 ◉ザン
訓 ◉のこす ◉のこる

訓読

2◉**残す**[のこす] 〈5他〉 ①남기다. 남겨 두다. ②(후세에) 남기다. ③(씨름에서 상대방의 공격을) 씨름판 가장자리에서 버티어 내다.
残し[のこし] (동사 ます형에 접속하여) …하다가 나머지. 남긴 것. ¶食(た)べ~ 먹다가 남긴 것.
3◉**残る**[のこる] 〈5自〉 ①(일부분이) 남다. ②(없어지지 않고) 나중까지 남다. ③(후세에) 남다. ④(씨름에서) 씨름판 가장자리까지 아직 여유가 있다.
残った[のこった] (씨름 심판관이 씨름꾼에게 자장자리까지 아직 여유가 있다는 말로) 아직 남았다. 아직 결판이 나지 않았다.
2**残らず**[のこらず] 남김없이. 전부. 모두.
2**残り**[のこり] 남음. 남은 것. 나머지.
残んの[のこんの] ≪雅≫ 아직 남아 있는.
残りかす[のこりかす] 찌꺼기. 무용지물.
残り高[のこりだか] 잔고; 잔액(残額).
残り多い[のこりおおい] 〈形〉 ①(뜻대로 안 되어) 섭섭하다. 유감스럽다. ②헤어지기 섭섭하다. 못내 아쉽다.
残り無く[のこりなく] 남김없이. 모두. 죄다.
残り物[のこりもの] 남은 물건.
残り惜しい[のこりおしい] 〈形〉 헤어지기 섭섭하다. 못내 아쉽다.
残んの雪[のこんのゆき] 잔설; 봄이 되어도 녹지 않은 눈.
残り少な[のこりずくな] 얼마 남지 않음.
残り少ない[のこりすくない] 〈形〉 얼마 남지 않았다. 남은 것이 적다.
残りの月[のこりのつき] 잔월; 새벽달.
残んの月[のこんのつき] 잔월; 새벽달.
残り滓[のこりかす] 찌꺼기. 무용지물.
残り香[のこりが] 잔향; (그 사람이 떠난 뒤에도) 남아 있는 체취.
残り火[のこりび] 잔화; 타다 남은 불.
残り灰[のこりばい] 불타고 남은 재.

音読

残[ざん] 잔; 나머지 잔액.
1**残高**[ざんだか] 잔고; 잔액. 잔금.
残菊[ざんぎく] 잔국; 늦가을에서 초겨울까지 남아 있는 국화.
1**残金**[ざんきん] 잔금; 쓰고 남은 돈.
3**残念**[ざんねん] ①유감스러움. 섭섭함. 애석함. ②억울함. 분함.
残党[ざんとう] 잔당; 남은 무리.
残塁[ざんるい] 잔루; ①점령되지 않고 남아 있는 보루. ②(야구에서) 공수(攻守) 양팀이 교체할 때 주자(走者)가 베이스에 남아 있음.
残留[ざんりゅう] 잔류; 뒤에 남음.

残留物[ざんりゅうぶつ] 잔류물.
残夢[ざんむ] 잔몽; 잠이 깬 뒤에도 잊히지 않은 꿈.
残務[ざんむ] 잔무; 다 처리되지 않은 남은 업무.
残飯[ざんぱん] 잔반; 먹고 남은 밥.
残本[ざんぽん] 잔본; 팔고 남은 책.
残部[ざんぶ] 잔부; ①남은 부분. ②(출판물의) 팔고 남은 부수.
残暑[ざんしょ] 잔서; 늦더위.
残雪[ざんせつ] 잔설; 녹다 남은 눈.
残額[ざんがく] 잔액; 나머지 액수.
残夜[ざんや] 잔야; 새벽녘.
残業[ざんぎょう] 잔업; 근무 시간이 끝난 뒤에도 하는 작업.
残業手当[ざんぎょうてあて] 잔업수당.
残余[ざんよ] 잔여; 나머지.
残月[ざんげつ] 잔월; 새벽달.
残忍[ざんにん] 잔인; 인정이 없고 모짊.
残照[ざんしょう] 잔조; 낙조(落照).
残存[ざんそん/ざんぞん] 잔존; ①(없어지지 않고) 남아 있음. ②생존. 살아 남음.
残虐[ざんぎゃく] 잔학; 잔인하고 포학함.
残骸[ざんがい] 잔해; ①(비행기·탱크·배·자동차 등의) 산산이 부서지고 남은 조각. ②버려진 시체. 송장.
¹残酷[ざんこく] 잔혹; 잔인하고 혹독함.

【잠】

蚕(蠶) 누에 잠

一 二 于 天 天 吞 吞 吞 蚕 蚕

音 ◉サン
訓 ◉かいこ

訓読
◉蚕[かいこ] ≪虫≫ 누에.
蚕豆[★そらまめ] ≪植≫ 잠두; 누에콩.

音読
蚕卵[さんらん] 잠란; 누에씨.
蚕卵紙[さんらんし] 잠란지; 누에나방에게 알을 슬게 하는 종이.
蚕糸[さんし] 잠사; ①생사(生糸). 견사(絹紗). 누에실. ②양잠(養蚕)과 제사(製糸).
蚕糸業[さんしぎょう] 잠사업.
蚕食[さんしょく] 잠식; 누에처럼 조금씩 먹어 들어감.
蚕室[さんしつ] 잠실; 누에를 치는 방.
蚕紙[さんし/かいこがみ] 잠지; 누에나방에게 알을 슬게 하는 종이.

潜(潛) 잠길 잠

氵 氵 氵 氵 汫 洪 洪 淁 潜 潜 潜

音 ◉セン
訓 ◉ひそまる ◉ひそむ ◉ひそめる ◉もぐる ⊗かずく ⊗くぐる

訓読
⊗潜く[かずく] 〈5自〉 자맥질하다. 잠수하다.
◉潜まる[ひそまる] 〈5自〉 ①잠잠해지다. 조용해지다. ②숨다.
潜まり返る[ひそまりかえる] 〈5自〉 아주 조용해지다.
◉潜む[ひそむ] 〈5自〉 ①숨다. ②잠재하다.
◉潜める[ひそめる] 〈下1他〉 ①숨기다. 감추다. ②(소리를) 낮추다. 죽이다.
²◉潜る❶[もぐる] 〈5自〉 ①(물 속에) 자맥질하다. 잠수하다. ②숨어들다. 기어들다. ③숨다.
¹⊗潜る❷[くぐる] 〈5自〉 ①(몸을 구부리고) 빠져나가다. ②(곤란한 환경을) 뚫고 나가다. 빠져나가다.
潜り❶[もぐり] ①자맥질. 잠수. ②무허가. 무면허. ③엉터리. 가짜. ❷[くぐり] ①(몸을 구부리고) 빠져나감·들어감. ②자맥질. 잠수. ③쪽문.
潜り代言[もぐりだいげん] 가짜 변호사.
潜り門[くぐりもん] 협문(夾門). 정문(正門) 옆에 있는 작은 문.
潜り抜ける[くぐりぬける] 〈下1自〉 ①(물건 밑이나 틈새를) 빠져나가다. ②(곤란한 환경을) 헤쳐 나가다. 겨우 통과하다. 용하게 피해 나가다.
潜り屋[もぐりや] 거래소의 가짜 회원.
潜り込む❶[もぐりこむ] 〈5自〉 ①밑으로 들어가다. 잠수해 들어가다. ②숨어들다. 기어들다. ❷[くぐりこむ] 〈5自〉 (몸을 구부리고) 밑으로 들어가다.
潜り戸[くぐりど] 쪽문.

音読
潜望鏡[せんぼうきょう] 잠망경.
潜伏[せんぷく] 잠복; ①몰래 숨어 엎드림. ② ≪医≫ 감염은 되었으나 증상이 나타나지 않음.

潜伏期[せんぷくき] ≪医≫ 잠복기.
潜勢力[せんせいりょく] 잠재 세력.
[1]**潜水**[せんすい] 잠수; 자맥질.
潜水服[せんすいふく] 잠수복.
潜水夫[せんすいふ] 잠수부.
[1]**潜水艦**[せんすいかん] 잠수함.
潜心[せんしん] 잠심; (마음을 가라앉혀) 깊이 생각함. 몰두함.
潜熱[せんねつ] 잠열; ①겉으로 나타나지 않고 숨어 있는 열. ② ≪物≫ 물질이 변화할 때 흡수하거나 방출하는 열.
[1]**潜入**[せんにゅう] 잠입; ①물 속에 잠기어 들어감. ②남몰래 들어옴.
潜在[せんざい] 잠재; 속에 잠겨 숨어 있음.
潜在能力[せんざいのうりょく] 잠재능력.
潜行[せんこう] 잠행; ①숨어서 감. 남몰래 다님. ②몰래 행동함.

暫 잠깐 잠

亘 亘 車 車 暫 暫 斬 斬 暫 暫

音 ◉ザン
訓 ⊗しばらく ⊗しばし

訓読

[2]⊗**暫く**[しばらく] 〈副〉 ①잠깐. 잠시. ②당분간. 한참. 한동안. ③오랜만. 오래간만.
⊗**暫くも**[しばらくも] 〈副〉 (부정문에서) 잠시도. 조금도.
⊗**暫く振り**[しばらくぶり] 〈副〉 오래간만임.
⊗**暫し**[しばし] 잠시. 잠깐.

音読

暫時[ざんじ] 잠시; 잠깐.
暫定[ざんてい] 잠정; 잠깐 임시로 정함.
暫定内閣[ざんていないかく] 임시 내각.
暫定措置[ざんていそち] 잠정조치; 잠깐 임시로 정한 조치.
暫定的[ざんていてき] 잠정적; 임시임.

〔잡〕

雑 (雜) 섞일/어수선할 잡

丿 九 卆 卆 杂 杂 杂 斜 雑 雑

音 ◉ザ ◉ザツ ◉ゾウ
訓 ⊗まざる ⊗まじる ⊗まぜる

訓読

⊗**雑ざる**[まざる] 〈5自〉 (서로 다른 것이) 섞이다.
⊗**雑じる**[まじる] 〈5自〉 ①(서로 다른 것이) 섞이다. ②(남들 사이에) 섞이다. 끼이다.
雑じり[まじり] ①(서로 다른 것이) 섞임. 섞인 것. ②미음. 멀건 죽.
雑じり気[まじりけ] 불순물. 섞인 물건.
雑じり物[まじりもの] ①혼합물. 섞인 물건. ②불순물.
⊗**雑ぜる**[まぜる] 〈下1他〉 (서로 다른 것을) 섞다. 혼합하다.
雑ぜ返す[まぜかえす] 〈5他〉 ①잘 뒤섞다. 몇 번이고 뒤섞다. ②(남의 말을) 훼방놓다. 혼란시키다.

音読

[1]**雑❶**[ざつ] ①엉성함. 조잡함. 막됨. ②뒤섞여 있음. 기타(其他). ＊(和歌(わか)・俳句(はいく) 등에서) '사계절・사랑・만가(輓歌)' 등의 부류에 들지 않은 것. **❷**[ぞう] ①(和歌(わか)・俳句(はいく) 등에서) '사계절・사랑・만가(挽歌)' 등의 부류에 들지 않은 것. ②'雑の歌(ぞうのうた)'의 준말.
雑感[ざっかん] 잡감; 잡다한 생각.
雑居[ざっきょ] 잡거; ①여러 사람이 한 곳에 섞여 삶. ②한 건물에 여러 세대가 거주함. ③서로 다른 종류가 섞여 존재함.
[2]**雑巾**[ぞうきん] 걸레.
雑巾掛け[ぞうきんがけ] 걸레질.
雑件[ざっけん] 잡건; 잡다한 용건・사건.
雑犬[ざっけん] 잡견; 잡종 개.
雑穀[ざっこく] 잡곡; 쌀을 제외한 곡식.
雑菌[ざっきん] 잡균; (미생물 배양 때) 외부에서 섞여 들어와 발육하는 여러 가지 균.
雑記帳[ざっきちょう] 잡기장; 메모 노트.
雑嚢[ざつのう] 잡낭; 어깨에 메는 자루 모양의 가방.
雑念[ざつねん] 잡념; 건전하지 않은 여러 가지 생각.
雑多[ざった] 잡다; 여러 가지가 뒤섞여 많음.
[1]**雑談**[ざつだん] 잡담; 쓸데없는 이야기.
雑踏[ざっとう] 잡답; 붐빔. 혼잡함.
雑録[ざつろく] 잡록; 잡다한 기록.
[1]**雑木**[ぞうき] 잡목; ①잡목. 여러 가지 나무. ②중요하게 사용되지 못하는 나무.
雑木林[ぞうきばやし] 잡목림; 잡목 숲.
雑務[ざつむ] 잡무; 자질구레한 일.
雑文[ざつぶん] 잡문; 닥치는 대로 쓰는 글.

雜問[ざつもん] 잡문; 잡다한 질문・문제.
雜物[ざつぶつ] 잡물; 잡동사니.
雜兵[ぞうひょう] ①졸병(卒兵). ②졸개.
雜報[ざっぽう] 잡보; 잡다한 보도.
雜費[ざっぴ] 잡비; 잡다한 비용.
雜事[ざつじ] 잡사; 잡다한 일.
雜損勘定[ざっそんかんじょう] 잡손 계정.
雜食[ざっしょく] 잡식; ①(동물이) 아무거나 먹음. ②혼식(混食).
雜魚[★ざこ] 잡어; ①여러 가지 자질구레한 물고기. 송사리. ②지위가 낮은 하찮은 인물.
雜魚場[★ざこば] 어시장(魚市場).
雜魚寢[★ざこね] (남녀의 구별 없이 한 방에서) 혼숙(混宿)함.
雜言[ぞうごん] (온갖) 욕설. 잡소리.
雜役[ざつえき] 잡역; 허드렛일.
雜然[ざつぜん] 잡연; 어수선함.
雜詠[ざつえい] 잡영; 제목을 정하지 않고 和歌(わか)・俳句(はいく) 등을 읊음, 또는 그 작품.
雜用❶[ざつよう] 잡용; 잡다한 용무. 하찮은 볼일. ❷[ぞうよう] ①잡비(雜費). 잡다한 비용. ②잡다한 용무. 잡무(雜務).
2雜音[ざつおん] 잡음; ①소음(騷音). 불쾌한 잡소리. ②무책임한 언론.
雜煮[ぞうに] (일본식) 떡국.
雜煮箸[ぞうにばし] (일본식) 떡국을 먹을 때 사용하는 젓가락.
雜作[ぞうさ] ①수고. 번거로움. 귀찮음. 폐. ②융숭한 대접.
雜作無い[ぞうさない] 〈形〉 어려움이 없다. 손쉽다.
雜種[ざっしゅ] 잡종; ①여러 가지가 섞인 종류. ②(유전학에서) 교잡(交雜)에 의해 생긴 튀기.
雜株[ざつかぶ] 잡주; 주요한 주식(株式) 이외의 주식.
4雜誌[ざっし] 잡지; ①정기적으로 간행하는 서책. ②잡다한 사항을 기록한 책.
雜草[ざっそう] 잡초; 잡다한 풀.
雜炊[ぞうすい] 야채죽.
雜学[ざつがく] 잡학; 체계화되지 않은 잡다한 지식・학문.
雜婚[ざっこん] 잡혼; 난혼(乱婚). 한 무리의 남녀가 특정 상대를 정하지 않고 서로 마구 얼리는 결혼.
1雜貨[ざっか] 잡화; 잡다한 상품.

囃 장단 잡	音 ⊗ソウ 訓 ⊗はやす ⊗はやし

訓読

⊗囃す[はやす] 〈5他〉 ①囃子(はやし)를 연주하다. ②장단을 맞추다. ③(사람을) 놀려대다. ④소리를 질러 칭찬하다. ⑤(자기에 유리한 점을) 요란하게 선전하다.
⊗囃し立てる[はやしたてる] 〈下1他〉 요란하게 囃子(はやし)를 연주하다. 요란하게 반주하다. 요란하게 소리를 지르다.
囃子[はやし] (歌舞伎(かぶき)・能楽(のうがく) 등에서의) 반주 음악.
囃子物[はやしもの] 囃子(はやし)에 쓰이는 악기.
囃子方[はやしかた] (能楽(のうがく) 등에서) 囃子(はやし)를 담당하는 사람.
囃子詞[はやしことば] 장단을 맞추기 위해 넣는 의미 없는 말. *'ヨイヨイ・ヨイサット' 등이 있음.

〔장〕

丈(丈) 어른/길이 장

一ナ丈

音 ◉ジョウ
訓 ◉たけ

訓読

1◉丈[たけ] ①키. 신장(身長). ②(옷의) 길이. ③모두. 전부. 몽땅.
丈比べ[たけくらべ] 키 대보기. 키재기.
丈長[たけなが] ①(길이 48㎝, 폭 70㎝의) 일본 종이. ②이런 종이로 만든 머리에 매는 띠.

音読

丈六[じょうろく] ①《仏》 장륙불. 입상(立像)의 키가 16척(尺)이나 되는 불상(仏像). ②《俗》 책상다리를 하고 앉음.
4丈夫❶[じょうぶ] ①건강함. ②튼튼함. 단단함. 견고함. ❷[じょうふ] 장부; 대장부. ❸[ますらお] ①대장부. 굳세고 당당한 남자. ②조정의 벼슬아치.
丈余[じょうよ] 장여; 한 길 남짓.

匠 장인/만들 장

一 𠂆 𠂆 戶 斤 匠

音 ◉ショウ
訓 ⊗たくみ

訓読

⊗**匠**[たくみ] ①(나무로 물건을 만드는) 장인(匠人). 목수. 조각사. ②(공작물의) 기교(技巧). 의장(意匠).

音読

匠気[しょうき] 장기; (예술가 등이) 대중적 인기를 얻고자 하는 마음.
匠人[しょうじん] 장인; ①목수. ②조각사.

壮(壯) 씩씩할/웅장할 장

丨 丬 丬 壮 壮 壮

音 ◉ソウ
訓 —

音読

壮[そう] ①장함. 용감함. 혈기 왕성함. ②장년. 한창 젊은 때.
壮挙[そうきょ] 장거; 웅대한 계획의 실행.
壮健[そうけん] 장건; 튼튼하고 건강함.
壮観[そうかん] 장관; 훌륭한 광경.
壮気[そうき] 장기; 씩씩한 기개.
壮年[そうねん] 장년; 한창때.
壮年期[そうねんき] 장년기. *30대 후반에서 50대의 사람을 말함.
[2]**壮大**[そうだい] 장대; 웅대함.
壮図[そうと] 장도; 웅대한 계획.
壮途[そうと] 장도; 희망에 찬 출발.
壮麗[そうれい] 장려; 웅장하고 아름다움.
壮烈[そうれつ] 장렬; 용감하고 열렬함.
壮齢[そうれい] 장령; 한창때. 장년(壮年).
壮美[そうび] 장미; ①웅장하고 아름다움. ②숭고한 아름다움.
壮士[そうし] 장사; ①혈기 왕성한 사나이. ②무뢰한. 깡패. ③(明治(めいじ) 시대) 자유 민권 운동가의 경호원.
壮語[そうご] 장어; 장담(壮談). 호언.
壮言[そうげん] 장언; 의기양양한 말.
壮者[そうしゃ] 장자; 장년(壮年)의 사람.
壮絶[そうぜつ] 장절; 장렬(壮烈)함.
壮丁[そうてい] 장정; ①성년이 된 남자. ②병역·부역의 소집에 해당하는 청년.
壮快[そうかい] 장쾌; 씩씩하고 상쾌함.
壮漢[そうかん] 장한; 씩씩한 남자.
壮行[そうこう] 장행; 출발하는 사람의 장도(壮途)를 축하하고 격려하는 일.

長 길/어른 장

丨 𠂆 𠂆 𠂉 𠂉 長 長 長

音 ◉チョウ
訓 ◉ながい ⊗たける ⊗おさ

訓読

[4]◉**長い**[ながい] 〈形〉 ①(길이가) 길다. ②(시간적으로) 길다. 오래다. ③(길이) 멀다. ④(성질이) 느긋하다.
⊗**長**❶[おさ] ①우두머리. ¶村(むら)の~ 마을의 우두머리. ②가장 뛰어난 것. ¶鯛(たい)は魚(うお)の~ 도미는 생선의 왕. ❷[ちょう] ☞[音読]
⊗**長ける**[たける] 〈下1自〉 (어떤 분야에) 뛰어나다. 밝다. 정통하다.
[3]**長さ**[ながさ] 길이. 거리.
長たらしい[ながたらしい] 〈形〉 (지겹도록) 장황하다. 지루하다. 기다랗다.
長どす[ながどす] (노름꾼 등의) 긴 칼.
長の[ながの] 긴. 오랜. 영원한.
長まる[ながまる] 〈5自〉 ①길어지다. ②몸을 쭉 펴고 눕다.
長め[ながめ] 약간 긴 듯함.
長める[ながめる] 〈下1他〉 길게 하다. 늘이다.
長やか[ながやか] 〈形動〉 길쭉함.
長らえる[ながらえる] 〈下1自〉 오래 살다.
長らく[ながらく] 오래. 오랫동안. 오래도록.
長居[ながい] 오래 머무름. 오래 앉아 있음.
長口上[ながこうじょう] 장황한 말.
長尻[ながじり] 오래 앉아 있음.
長櫃[ながびつ] 장궤; 옷궤.
長崎[ながさき] ①일본 九州(きゅうしゅう) 서북부 지방의 현(県). ②長崎県(ながさきけん)의 현청(県庁) 소재지.
長年[ながねん] 오랜 세월. 긴 세월.
長談義[ながだんぎ] (지겹도록) 긴 이야기. 장황한 이야기.
長談議[ながだんぎ] ☞ 長談義
長道[ながみち] ①먼 길. ②긴 여행.
長道中[ながどうちゅう] 긴 여행.
長逗留[ながとうりゅう] 장기(長期) 체류.
長羅宇[ながらう] 설대가 긴 담뱃대.
長廊下[ながろうか] 긴 복도.

長旅[ながたび] 긴 여행.
長鳴き[ながなき] (짐승·새 등이) 목청을 길게 뽑으며 욺.
長門[ながと] (옛 지명으로) 지금의 山口県(やまぐちけん)의 서북부 지방.
長物語[ながものがたり] 긴 이야기.
長柄[ながえ] 자루가 긴 도구.
長柄の傘[ながえのかさ] (말을 탄 귀인에게 뒤에서 받쳐 주는) 자루가 긴 양산.
長柄の銚子[ながえのちょうし] 긴 귀때가 달린 술병.
長柄持ち[ながえもち] 자루가 긴 양산이나 창 등을 들고 주인을 따르는 종자.
長柄の槍[ながえのやり] 자루가 긴 창.
長病み[ながやみ] 숙환(宿患). 오래 병을 앓음.
長棒[ながぼう] ①긴 막대기. 몽둥이. ②'長棒駕籠(ながぼうかご)'의 준말.
長棒駕籠[ながぼうかご] 신분이 높은 사람이 타는 채가 긴 가마.
長浜縮緬[ながはまちりめん] 滋賀県(しがけん)의 長浜市(ながはまし)에서 나는 縮緬(ちりめん).
長生き[ながいき] 오래 삶. 장수(長寿)함.
長続き[ながつづき] 오래 계속됨.
長手[ながて] ①약간 긴 듯함. 좀 긺. ②《古》 먼 길.
長袖[ながそで] ①긴 소매. 소매가 긴 옷. ②《古》 공경(公卿)·신관(神官)·의사·학자 등의 총칭. *항상 긴 소매의 옷을 입는다는 데서.
長野[ながの] ①일본 중부 지방에 있는 현(県). ②長野県(ながのけん)의 현청(県庁) 소재지.
長言[ながごと] 긴 말. 장황한 이야기.
長旅[ながたび] 긴 여행.
長屋[ながや] ①용마루가 긴 집. ②단층 연립 주택.
長雨[ながあめ/ながめ] 장마.
長月[ながつき] '음력 9월'의 딴이름.
長泣き[ながなき] 오래도록 욺.
長椅子[ながいす] 긴 의자.
2長引く[ながびく] 〈5自〉 오래 끌다. 지연되다. 길어지다.
長長しい[ながながしい] 〈形〉 매우 길다. 길고 길다 장황하다.
1長長と[ながながと] 기다랗게. 길게. 오래도록. 장황하게.
長丁場[ながちょうば] ①(여행 등에서) 먼 구간. ②오래 걸리는 일. ③(歌舞伎(かぶき)에서) 긴 장면.
長町場[ながちょうば] ☞ 長丁場
長精進[ながしょうじん] 오랜 정진.
長潮[ながしお] 조금. 간만(干満)의 차가 가장 적어질 때의 조수(潮水).
長座[ながざ] 오래 머무름.
長持ち[ながもち] ①오래 사용함. 오래 감. ②(일상 용품을 넣는) 뚜껑이 달린 직사각형의 큰 궤.
長陣[ながじん] (전쟁이 오래 끌어) 한 곳에 오래 진을 침.
長着[ながぎ] 긴 일본 옷.
長追い[ながおい] 멀리까지 추격함.
長湯[ながゆ] 목욕을 오래 함.
長板[ながいた] ①긴 판자. ②(茶道에서) 찻주전자나 풍로 등을 얹어 놓는 긴 판자.
長唄[ながうた] (歌舞伎(かぶき) 반주로서의) 三味線(しゃみせん) 음악의 예술적 가곡.
長閑[★のどか] ①한가로움. ②날씨가 화창함.
長閑けさ[★のどけさ] 화창함. 한가로움.
長閑けし[★のどけし] 화창하다. 한가롭다.
長閑やか[★のどやか] 〈形動〉 ①마음이 평온하고 한가로움. ②날씨가 화창함.
長脇差[ながわきざし] ①허리에 차는 긴 칼. ②(江戸(えど) 시대) 긴 칼을 차고 다니는 노름꾼.
長火鉢[ながひばち] 직사각형의 화로.
長靴[ながぐつ] 장화.
長話[ながばなし] (지겹도록) 긴 이야기. 장황한 이야기.
長患い[ながわずらい] 숙환(宿患). 오랜 병.

音読

長❶[ちょう] 장; ①우두머리. ②연장자. 연상자. ③장점. ❷[おさ] ☞ [訓読]
長じる[ちょうじる] 〈上1自〉 ☞ 長ずる
長ずる[ちょうずる] 〈サ変自〉 ①자라다. 성장하다. ②뛰어나다. ③연상(年上)이다. 나이가 위이다.
長プラ[ちょうプラ] '長期プライムレート'의 준말.
長歌[ちょうか/ながうた] 장가; ①장편의 시가(詩歌). ②和歌(わか)의 한 형식. *5·7음의 구(句)를 3회 이상 반복하고 끝을 7음으로 끝맺음.
長講[ちょうこう] 장강; ①장시간의 강의·강연. ②《仏》 (일정한 경전을) 장기간에 걸쳐 강독함.
長距離[ちょうきょり] 장거리.

長径[ちょうけい] ≪数≫ (타원형의) 긴지름.
長考[ちょうこう] 장고; 오랜 시간 생각함.
[1]長官[ちょうかん] 장관; 행정 기관 '庁(ちょう)'의 우두머리.
長広舌[ちょうこうぜつ] 장광설; 핵심도 없이 오래 지껄이는 말.
長久[ちょうきゅう] 장구; 오래 계속됨.
長駆[ちょうく] 장구; ①멀리까지 말을 달림. ②멀리까지 적을 쫓음. ③단숨에 장거리를 달림.
[2]長期[ちょうき] 장기; 장기간. 오랜 기간.
[2]長男[ちょうなん] 장남; 맏아들.
[2]長女[ちょうじょ] 장녀; 맏딸.
[2]長短[ちょうたん] 장단; ①긴 것과 짧은 것. ②길이. ③장점과 단점. ④남는 것과 부족한 것.
長大[ちょうだい] 장대; ①길이가 길고 큼. 키가 크고 몸집이 큼. ②(성장하여) 어른이 됨. 나이가 듦.
長大息[ちょうたいそく] 장탄식(長歎息). 긴 한숨을 쉼.
長途[ちょうと] 장도; 먼 길.
長老[ちょうろう] 장로; 경험이 풍부하고 지덕(知徳)이 뛰어난 지도적(指導的) 입장에 있는 사람.
長流[ちょうりゅう] 장류; 긴 강.
長命[ちょうめい] 장명; 장수(長寿). 오래 삶.
長文[ちょうぶん] 장문; 긴 문장.
長物[ちょうぶつ] 장물; ①긴 물건. ②길기만 하고 오히려 방해가 되는 것. 쓸모 없는 것.
長髪[ちょうはつ] 장발; 긴 머리.
[2]長方形[ちょうほうけい] 장방형; 직사각형.
長蛇[ちょうだ/ちょうじゃ] 장사; ①큰 뱀. ②길고 큰 것.
長上[ちょうじょう] 장상; 윗사람. 연장자.
長生[ちょうせい] 장생; 장수(長寿).
長石[ちょうせき] ≪鉱≫ 장석.
長城[ちょうじょう] 장성; 길게 이어진 성.
[2]長所[ちょうしょ] 장점(長点).
長寿[ちょうじゅ] 장수; 명(命)이 길.
長時間[ちょうじかん] 장시간; 긴 시간.
長身[ちょうしん] 장신; 키가 큰 사람.
長夜[ちょうや] 장야; ①(겨울의) 긴 밤. ②철야. 밤샘.
長幼[ちょうよう] 장유; 어른과 어린이.
長円[ちょうえん] 장원; 타원(楕圓).
長音階[ちょうおんかい] ≪楽≫ 장음계.
長日[ちょうじつ] 장일; ①오랜 시일. ②여름날. 해가 긴 날.
長子[ちょうし] 장자; 맏아들.
長者[ちょうじゃ] 장자; ①(덕·지위가 높은) 연장자. ②부자. 부호(富豪).
長征[ちょうせい] 장정; 긴긴 정벌(征伐).
長調[ちょうちょう] ≪楽≫ 장조.
長足[ちょうそく] 장족; ①긴 다리. ②보폭(歩幅)이 큼. ③진보가 빠름.
長針[ちょうしん] 장침; (시계의) 분침.
長打[ちょうだ] 장타; (야구의) 롱 히트.
長嘆息[ちょうたんそく] 장탄식; 긴 한숨.
長波[ちょうは] 장파; 파장이 3,000m 이상의 전자파.
[1]長編[ちょうへん] 장편; (소설·시·영화 등에서) 편장(編章)이 긴 작품.
長恨[ちょうこん] 장한; 평생 잊지 못할 원한.
長兄[ちょうけい] 장형; 맏형.

荘(莊) 별장/엄할 장

一 十 艹 疒 芹 茾 荘 荘 荘

音 ◉ソウ ⊗ショウ
訓 —

音読

荘[そう] 장. ＊별장·여관·아파트 등의 이름에 접속하는 말.
荘厳❶[そうごん] 장엄; 존귀하고 엄숙함. ❷[しょうごん] ≪仏≫ 불상·불당을 장엄하게 장식함.
荘園[しょうえん] 장원; (奈良(なら) 시대부터 室町(むろまち) 시대에 걸쳐 있었던) 귀족·神社(じんじゃ)·절(寺)의 사유지(私有地).
荘重[そうちょう] 〈形動〉 장중; 장엄하고 무게가 있음. ¶ ~な音楽(おんがく) 장중한 음악. ¶ ~な儀式(ぎしき) 장중한 의식.

将(將) 장수/장군 장

丶 冫 丬 丬 丬 丬 丬 丬 将 将

音 ◉ショウ
訓 —

音読

将[しょう] 장; 장수. 대장.
将官[しょうかん] 장관; 장성(将星). 군대의 장성급(将星級)의 총칭.

将校[しょうこう] 장교; (군대의) 소위 이상의 무관의 총칭(総称).

将軍[しょうぐん] 장군; ①군대를 지휘·통솔함. ②'征夷大将軍(せいいだいしょうぐん)'의 준말.

将軍家[しょうぐんけ] '征夷大将軍(せいいだいしょうぐん)'의 가문. 대대로 将軍에 임명되는 집안.

2**将棋**[しょうぎ] 장기.

将棋倒し[しょうぎだおし] 도미노 현상.

将棋指(し)[しょうぎさし] (직업적인) 장기 기사(棋士).

2**将来**[しょうらい] 장래; ①미래. 앞날. ②(외국으로부터) 가져옴. 초래함.

将来性[しょうらいせい] 장래성; 미래에 성공할 가능성.

将兵[しょうへい] 장병; 장교와 병사.

将士[しょうし] 장사; 장교와 병사.

将星[しょうせい] 장성; 장군(将軍).

将帥[しょうすい] 장수; 군대를 지휘·통솔하는 사람.

将卒[しょうそつ] 장졸; 장교와 병졸.

帳 휘장/장부 장

丨 冂 巾 巾' 帄 帊 帐 帳 帳 帳

音 ◉チョウ

訓 ⊗とばり

訓読

⊗**帳**[とばり] 방장(房帳). 장막. ¶夜(よる)の~に包(つつ)まれる 밤의 장막에 싸이다. 어두워지다.

音読

帳尻[ちょうじり] 기재된 장부의 맨 끝. 마지막 수지 결산. 정산(精算)의 결과.

帳面❶[ちょうづら] 장부에 기재된 숫자. ❷[ちょうめん] 장부. 노트. 공책.

帳面面[ちょうめんづら] 장부에 기재된 숫자. 장부의 기재 상태.

帳面方[ちょうめんかた] ①장부를 기재하고 정리하는 담당자. ②(江戸(えど) 막부에서) 관청과 영지(領地)의 장부를 검사하던 직책.

帳付(け)[ちょうつけ] ①기장(記帳). 장부에 기입함. ②외상 거래.

帳簿[ちょうぼ] 장부; 금품의 수입과 지출을 기록하는 책.

帳消(し)[ちょうけし] ①대차(貸借) 관계의 소멸. 장부에 기입한 금액을 말소함. ②서로 상쇄됨. 서로 손득(損得)이 없음. 남음이 없음.

帳元[ちょうもと] ①금전 출입 책임자. 회계 담당자. ②극장 지배인.

帳場[ちょうば] (상점·여관 등의) 카운터.

帳締(め)[ちょうじめ] 결산(決算).

帳合[ちょうあい] ①장부를 대조하여 확인함. ②장부 기입. 손익 계산.

張 베풀/당길/펼 장

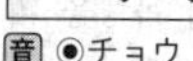

音 ◉チョウ

訓 ◉はる

訓読

2◉**張る**[はる] 〈5自〉 ①(온 면을) 덮다. 덮이다. 깔리다. ②뻗다. 뻗어나다. ③(터질 듯이) 부풀다. ④불거지다. 튀어나오다. ⑤(줄이) 팽팽해지다. ⑥(어깨가) 빠근해지다. ⑦긴장하다. ⑧(정도가) 지나치다. 벅차다. 〈5他〉 ①(줄·천막을) 팽팽하게 당기다. 치다. ②(온 면을) 덮다. 가득하게 하다. ③뻗다. 뻗치다. ④(가슴을) 펴다. ⑤붙이다. ⑥차리다. 마련하다. ⑦감시하다. 지키다. ⑧크게 벌이다. ⑨큰소리로 외치다. ⑩(의지를) 관철하다. (고집을) 부리다. ⑪(손바닥으로) 때리다. 갈기다. ⑫(돈을) 걸다. 내기하다. ⑬대항하다. 맞서다. 다투다. ⑭(창녀가) 손님을 끌다.

張り❶[はり] ①당김. 땅김. 땅기는 힘. ②활기. 생기. 야무지고 힘참. ③보람. 의욕. ❷[ばり] (명사에 접속하여) ①(… 사람이) 시위를 맴. ¶三人(さんにん)~の弓(ゆみ) 3명이 시위를 매는 활. ②(…을) 모방함. 닮음. 흉내냄. ¶ピカソ~の絵(え) 피카소를 모방한 그림. ¶ガラス~の部屋(へや) 유리벽을 두른 방. ¶板(いた)~の廊下(ろうか) 널빤지를 깐 복도.

張りぐるみ[はりぐるみ] (가구 따위에서) 천 따위를 붙여 감아 싸듯이 만든 것.

張りぼて[はりぼて] (대바구니 같은 것에) 종이를 발라 만든 물건.

張(り)見せ[はりみせ] (유흥가에서) 창녀들이 집 앞에 늘어서서 손님을 기다림.

張り曲げる[はりまげる] 〈下1他〉 (구부러지거나 찌그러질 만큼) 손바닥으로 세게 때리다.
張(り)交ぜ[はりまぜ] 여러 가지 서화(書画)를 붙임. 또는 그렇게 만든 것.
張り倒す[はりたおす] 〈5他〉 (손바닥으로) 때려누이다.
張り裂ける[はりさける] 〈下1自〉 ①(풍선 등이) 부풀어 터지다. 부풀어 찢어지다. ②(슬픔 등으로 가슴이) 메어 터지다.
張(り)物[はりもの] ①(뜯은 옷을 빨아서) 풀을 먹여 판자에 붙여 말림. ②(연극에서) 나무에 종이 등을 바르고 색칠하여 나무・바위 등의 모양을 만든 대도구.
張(り)抜き[はりぬき] 목형(木型)에 종이를 여러 겹 바르고 굳어진 다음에 목형을 빼내어 만드는 종이 세공.
張(り)番[はりばん] 파수꾼. 망을 봄.
張り付く[はりつく] 〈5自〉 달라붙다.
張(り)付け[はりつけ] ①풀로 붙임. 찰싹 붙임. ②(사람을) 일정한 장소에 대기시켜 둠.
張り付ける[はりつける] 〈下1他〉 ①풀로 붙이다. 찰싹 붙이다. ②(사람을) 일정한 장소에 대기시켜 두다. ③(손바닥으로) 후려갈기다.
張り飛ばす[はりとばす] 〈5他〉 (손바닥으로) 후려갈기다. 세차게 때리다.
張り殺す[はりころす] 〈5他〉 때려죽이다.
張り上げる[はりあげる] 〈下1他〉 외치다. 소리를 지르다.
張(り)扇[はりおうぎ] 접어서 겉을 종이로 싸 바른 쥘부채. ＊만담가 등이 책상을 두들기며 가락을 맞출 때 사용함.
張(り)手[はりて] (씨름에서) 손바닥으로 상대의 얼굴이나 목을 치는 수.
張り巡らす[はりめぐらす] 〈5他〉 ①(새끼줄・휘장을) 빙 둘러치다. ②(정보망을) 펼치다. 펴다.
張(り)込み[はりこみ] ①잠복함. 망을 봄. ②대지(台紙)에 사진이나 종잇조각 등을 붙임.
張り込む[はりこむ] 〈5他〉 ①(台地에) 붙이다. 바르다. 종이 끝을 안쪽으로 접어 넣어 바르다. ②(물 등을) 가득 채우다. ③힘을 기울이다. ④선뜻 큰돈을 쓰다. ⑤잠복하다. 망을 보다.
張(り)子[はりこ] 목형(木型)에 종이를 여러 겹 바르고 굳어진 다음에 목형을 빼내어 만드는 종이 세공.
²**張り切る**[はりきる] 〈5自〉 ①팽팽하게 당기다. 팽팽해지다. ②아주 긴장하다. ③기운이 넘치다. 힘이 넘치다.
張(り)店[はりみせ] (유흥가에서) 창녀들이 집 앞에 늘어서서 손님을 기다림.
¹**張(り)紙**[はりがみ] ①라벨. 레테르. ②벽보. ③부전지(附箋紙).
張(り)札[はりふだ] 벽보. 게시문(掲示文).
張(り)替え[はりかえ] ①(헌 것을 뜯어내고) 새로 바름. ②옷을 뜯어서 빨아 말림.
張り替える[はりかえる] 〈下1他〉 ①(헌 것을 뜯어내고) 새로 바르다. 갈아붙이다. ②새로 갈다.
張(り)出し[はりだし] ①(건물에서) 벽면보다 튀어나온 부분. 달아낸 부분. ②벽보. 게시문(掲示文). ③(씨름에서) 대진표의 난 외에 기입함.
張り出す[はりだす] 〈5自他〉 ①(밖으로) 튀어나오다. 돌출하다. ②(밖으로) 달아내다. ③게시하다. 내붙이다. 내어 걸다.
張(り)出(し)窓[はりだしまど] 밖으로 내물린 창. 퇴창(退窓).
張(り)板[はりいた] 재양판. 세탁한 천이나 뜬 종이 등을 주름이 안 지게 붙여서 말리는 널빤지.
張り合う[はりあう] 〈5自他〉 ①경쟁하다. 겨루다. 대립하다. ②차지하려고 서로 다투다.
張(り)合(い)[はりあい] ①경쟁. 대립. ②보람. 의욕.
張(り)合(い)抜け[はりあいぬけ] 맥이 빠짐. 맥이 풀림.
張(り)形[はりかた] 남자의 음경(陰茎) 모양으로 만든 여성용 음구(淫具).
張り回す[はりまわす] 〈5他〉 (새끼줄・휘장을) 빙 둘러치다.
張り詰める[はりつめる] 〈下1自〉 ①빈틈없이 덮이다. (얼음이) 얼다. ②긴장되다.

音読

張力[ちょうりょく] 장력; 어떤 물체 안에서 서로 잡아당기는 힘.
張本[ちょうほん] 장본; ①뒷일에 대비하여 미리 바탕을 마련함. ②사건의 발단・원인. ③주모자. 장본인.
張本人[ちょうほんにん] 장본인; (사건의) 주모자.
張三李四[ちょうさんりし] 장삼이사; 평범한 사람들. 평민들.

章 글장

亠 亣 产 音 音 音 音 音 章 章

音 ◉ショウ
訓 —

音読

[2]章[しょう] 장; ①(문장·악곡의) 한 단락(段落). ②기념장(記念章).
章句[しょうく] 장구; ①글의 장(章)과 구(句). ②문장의 단락.
章数[しょうすう] 장수; 문장의 장(章)의 수효.
章節[しょうせつ] 장절; 글의 장(章)과 절.

粧 단장할 장

丷 䒑 半 米 米' 粁 粧 粧 粧 粧

音 ◉ショウ
訓 ⊗めかす

訓読

⊗粧す[めかす] 〈5自〉 멋을 부리다. 치장하다. 모양을 내다.
粧し込む[めかしこむ] 〈5自〉 한껏 모양을 내다. 있는 대로 멋을 부리다.

音読

粧飾[しょうしょく] 장식; ①예쁘게 꾸밈. ②장식물.
◑化粧[けしょう], 化粧品[けしょうひん]

場 마당 장

一 十 𡈽 圵 坦 垾 垾 場 場 場

音 ◉ジョウ
訓 ◉ば

訓読

[2]◉場❶[ば] ①곳. 자리. 장소. ②때. 경우. ③공간. 차지할 곳. 위치. 자리. ④(연극·영화의) 장면. 장. ⑤(거래소의) 입회장. ⑥(카드·화투의) 장. 판. ❷[じょう] ☞ [音読]
場慣れ[ばなれ] (여러 번 경험해서) 그 일에 익숙해짐.
場当(た)り[ばあたり] ①(모임·연극 등에서) 즉흥적인 재치로 인기를 얻음. ②즉흥적임.
場代[ばだい] 자릿값. 자릿세. 장소값.
場立ち[ばたち/ばだち] (증권 회사의) 대리인으로 거래소에 나와 거래를 하는 사원.
場末[ばすえ] 변두리.
[2]場面[ばめん] 장면; ①(연극·영화 등의) 한 정경(情景). ②처지. 경우.
場席[ばせき] (빈) 좌석. 자리.
[2]場所[ばしょ] 장소; ①곳. ②(어떤) 좌석. 자리. ③(씨름의) 흥행. ④경험. ⑤경우.
場所柄[ばしょがら] ①(어떤 상황·성질의) 장소. ②장소 조건상. 장소 관계.
場所塞ぎ[ばしょふさぎ] 장소를 차지하여 방해가 되는 물건.
場所違い[ばしょちがい] 장소에 어울리지 않음. 장소에 걸맞지 않음.
場所入り[ばしょいり] (씨름꾼이) 흥행장으로 들어감.
場所割(り)[ばしょわり] 장소 할당.
場数[ばかず] ①장면·장소의 수효. ②경험한 횟수.
場馴れ[ばなれ] ☞ 場慣(ばな)れ
場違い[ばちがい] ①(그 자리에) 어울리지 않음. 부적당함. ②본고장산이 아님.
場打て[ばうて] 주눅이 듦. 기가 죽음.
[2]場合[ばあい] ①경우. 때. ②(특별한) 형편. 사정. 상태.

音読

場❶[じょう] 곳. 장소. ¶寒(さむ)き風(かぜ)~に満(み)つ 찬바람이 장내에 가득하다. ❷[ば] ☞ [訓読]
場内[じょうない] 장내; (어떤) 장소의 내부.
場内禁煙[じょうないきんえん] 장내 금연.
場裏[じょうり] ①장내(場内). ②(어떤 일이 행해지는) 범위. 무대.
場裡[じょうり] ☞ 場裏(じょうり)
場外[じょうがい] 장외; 어떤 장소의 밖.
場外株[じょうがいかぶ] 장외주.

掌 손바닥 장

丨 𠃌 业 兴 尚 尚 尚 堂 堂 掌

音 ◉ショウ
訓 ⊗たなごころ ⊗てのひら ⊗つかさどる

訓読

⊗掌[たなごころ/てのひら] 손바닥.
⊗掌る[つかさどる] 〈5他〉 ①(직무를) 담당하다. ②관리하다. 감독하다. 지배하다.

音読

掌上[しょうじょう] 장상; 손바닥 위.

掌状[しょうじょう] 장상; 손바닥 같은 모양.

掌握[しょうあく] 장악; 자기 뜻대로 지배할 수 있도록 하여 둠.

掌中[しょうちゅう] 장중; ①손바닥 안. 수중(手中). ②손아귀.

掌編[しょうへん] 장편; 콩트. 아주 짧은 작품.

掌編小説[しょうへんしょうせつ] 콩트.

葬 장사지낼 장

艹 艹 芦 芦 莽 莽 莽 葬 葬 葬

音 ◉ソウ

訓 ◉ほうむる

訓読

1◉葬る[ほうむる] 〈5他〉 ①장사지내다. 매장하다. 묻다. ②(폭로하여 사회적으로) 매장시키다.

葬り[ほうむり] 매장함. 장례식. 장송(葬送).

葬り去る[ほうむりさる] 〈5他〉 ①드러나지 않게 하다. 매장해 버리다. 덮어 버리다. 없애 버리다. ②(폭로하여 사회적으로) 매장시키다.

音読

葬具[そうぐ] 장구; 장례식 기물.

葬列[そうれつ] 장렬; 장례 행렬.

葬礼[そうれい] 장례; 장례식.

葬送[そうそう] 장송; 시체를 장지로 보냄.

2葬式[そうしき] 장례식. 장례.

葬儀[そうぎ] 장례식. 장례. *'葬式(そうしき)'보다 격식을 차린 말씨임.

葬祭[そうさい] 상제(喪祭). 장례와 제사.

装(裝) 꾸밀 장

丬 丬 丬 壮 壮 壮 奘 奘 装 装

音 ◉ソウ ◉ショウ

訓 ◉よそおう ⊗よそう

訓読

◉装う❶[よそおう] 〈5他〉 ①(몸을) 치장하다. 꾸미다. (옷을) 차려 입다. ②준비하다. 채비하다. ③…한 체하다. 가장하다.

⊗装う❷[よそう] 〈5他〉 (음식을) 그릇에 담다.

装い[よそおい] ①(옷)차림. 복장. 치장. ②단장. 장식. ③준비. 채비.

音読

装[そう] ①단장. 치장. ②외관(外観). ③(책의) 장정(装幀).

装甲車[そうこうしゃ] 장갑차; 강철판으로 싸서 무장한 차량. 탱크.

装甲艦[そうこうかん] 장갑함; 강철판으로 싸서 무장한 군함.

装具[そうぐ] 장구; ①화장 도구. ②(등산 기타 등등의) 몸에 지니는 도구. 장비(装備). ③실내 장식에 사용하는 도구.

装本[そうほん] ☞ 装幀

1装備[そうび] 장비; 비품・부속품 등을 갖춤.

装束[しょうぞく/そうぞく] (어떤 일을 하기 위한) 옷차림. 옷.

1装飾[そうしょく] 장식; 치장하여 꾸밈.

装身具[そうしんぐ] 장신구; 액세서리.

装入[そうにゅう] 장입; 속에 넣어 장치함.

装塡[そうてん] 장전; 집어넣어서 메움.

装丁[そうてい] 장정; ①책을 메어 꾸밈. ②책의 형식이나 면의 조화를 꾸미는 기술.

装幀[そうてい] ☞ 装丁

装釘[そうてい] ☞ 装丁

2装置[そうち] 장치; ①(기계・도구 등을) 차리어서 꾸밈. ②'舞台装置'의 준말.

装画[そうが] 책 장정(装幀)의 그림.

奨(奬) 권면할 장

丨 丬 丬 丬 将 将 奖 奨 奨

音 ◉ショウ

訓 ⊗すすめる

訓読

⊗奨める[すすめる] 〈下1他〉 ①권하다. 권고하다. ②권장하다. ③장려하다.

音読

奨金[しょうきん] 장려금.

1奨励[しょうれい] 장려; 권하여 북돋아 줌.

奨励金[しょうれいきん] 장려금.

奨学[しょうがく] 장학; 학문을 장려함.

2奨学金[しょうがくきん] 장학금; 장학제도로 지급되는 학자금(学資金).

奨学制度[しょうがくせいど] 장학제도.

腸 창자 장

⺝ ⺝' ⺝ㄱ ⺝ㄱ 腸 腸 腸 腸 腸

音 ◉チョウ
訓 ⊗わた ⊗はらわた

訓読

⊗腸❶[わた] (생선의) 내장. ❷[はらわた] ①창자. 대장과 소장. ②(동물의) 내장. ③(오이·호박 등의 씨를 싼) 속. ④마음. 정신. ⑤물건의 내부에 채워져 있는 것. ❸[ちょう] ☞ [音読]

音読

[1]腸❶[ちょう] ≪生理≫ 장; 창자. ❷[わた/はらわた] ☞ [訓読]
腸チフス[ちょうチフス] 장티푸스.
腸炎[ちょうえん] 장염; 창자의 염증.
腸捻転症[ちょうねんてんしょう] ≪医≫ 장염전증; 창자의 일부가 뒤틀리는 증세.
腸詰め[ちょうづめ] 순대. 소시지.

障 막힐/장애 장

⺈ ㄋ 阝 阝ˊ 阝ᐟ 阝立 阝音 阝音 障 障

音 ◉ショウ
訓 ◉さわる

訓読

[1]◉障る[さわる] 〈5自〉 ①지장이 있다. 방해가 되다. ②해롭다. ③(비위에) 거슬리다.
障り[さわり] ①지장. ②방해. 장애. ③(신체상의) 탈. 병(病). ④월경(月経).

音読

障泥[★あおり] 장니; 말다래. *말의 배 양쪽에 늘어뜨린 가죽 흙받기.
障壁[しょうへき] 장벽; ①칸막이벽. ②방해. 장애.
障壁画[しょうへきが] 장벽화; 벽화와 장병화(障屏画)의 총칭.
障屏[しょうへい] 장병; ①칸막이. ②미닫이와 병풍.
障屏画[しょうへいが] 장병화; 미닫이·병풍에 그린 그림.
[2]障子[しょうじ] 미닫이. 장지.
障子紙[しょうじがみ] 창호지. 문종이.
[2]障害[しょうがい] 장해; ①장애. 방해. ②(신체상의) 고장. 탈.
障害物競争[しょうがいぶつきょうそう] 장애물 경주.

蔵(藏) 감출/곳집 장

一 艹 产 芦 芦 芦 莀 蔵 蔵 蔵

音 ◉ゾウ
訓 ◉くら

訓読

[1]◉蔵❶[くら] 곳간. 창고. ❷[ぞう] ☞ [音読]
蔵開き[くらびらき] (새해 들어) 처음으로 창고 문을 엶.
蔵渡し[くらわたし] 창고 인도(引渡). 매매한 물건을 창고에 의탁한 채로 주고받음.
蔵米[くらまい] ①저장미. ②(江戸(えど) 시대에) 幕府(ばくふ)의 쌀 창고에 저장했던 쌀.
蔵番[くらばん] 창고지기. 창고 경비원.
蔵払い[くらばらい] 창고떨이. 재고 정리.
蔵屋敷[くらやしき] (江戸(えど) 시대에) 大名(だいみょう)·旗本(はたもと) 등이 江戸(えど)·大阪(おおさか) 등지에 두었던 창고가 딸린 저택.
蔵元[くらもと] ①창고 관리인. 창고지기. ②간장·술 등의 양조장. ③(江戸(えど) 시대) 蔵屋敷(くらやしき)에 출입하며 장사하던 상인. ④室町(むろまち) 시대의 전당포.
蔵人[★くろうど] 궁중의 잡무를 처리하던 부서의 직원.
蔵人所[★くろうどどころ] 蔵人(くろうど)가 집무하던 관청.
蔵人の頭[★くろうどのとう] 蔵人所(くろうどどころ)의 우두머리.
蔵入り[くらいり] ①창고에 보관함. 창고에 넣어 둠. ②(흥행의) 순수입.
蔵入り地[くらいりち] (옛날) 영주(領主)의 직할지(直轄地).
蔵入れ[くらいれ] 입고(入庫). 창고에 넣음.
蔵店[くらみせ] 사면의 벽을 흙으로 바른 가게.
蔵造り[くらづくり] ①창고를 지음. 창고를 지은 사람. ②(흙벽으로 만든) 광처럼 지은 집.
蔵出し[くらだし] 출고. 갓 창고에서 꺼냄.
蔵出し税[くらだしぜい] 출고세.

蔵置き[くらおき] 창고에 보관함. 창고에 보관하는 물건.

音読

蔵❶[ぞう] 소유(所有). 소장(所蔵). ¶国立博物館(こくりつはくぶつかん)~ 국립 박물관 소장. ❷[くら] ☞ [訓読]

蔵する[ぞうする] 〈サ変他〉 ①소유(所有)하다. 소장(所蔵)하다. ②내포하다. 품다.

蔵匿[ぞうとく] 장닉; 은닉. 숨겨 둠.

蔵本[ぞうほん] 장본; 장서(蔵書).

[1]蔵相[ぞうしょう] '大蔵大臣(おおくらだいじん)'의 준말. 재무부 장관.

蔵書[ぞうしょ] 장서; 소유하고 있는 책.

蔵書家[ぞうしょか] 장서가.

蔵版[ぞうはん] 장판; 소장하고 있는 판목 (版木)이나 지형(紙型). 또는 그 인본(印本).

臓(臟) 오장 장

月 肝 肝 肝 肝 肝 膨 臓 臓 臓

音 ◉ゾウ
訓 —

音読

臓器[ぞうき] ≪生理≫ 장기; (신체 내의 여러) 내장 기관.

臓物[ぞうもつ] (식용으로 하는 소·돼지·닭·생선·새 등의) 내장.

臓腑[ぞうふ] 장부; 오장과 육부. 내장.

庄 농막 장

音 ⊗ショウ
訓 —

音読

庄屋[しょうや] (江戸(えど) 시대) 마을의 사무를 보던 사람. *지금의 '村長(そんちょう)'에 해당함.

庄園[しょうえん] 장원; (奈良(なら) 시대부터 室町(むろまち) 시대에 걸쳐 있었던) 귀족·神社(じんじゃ)·절(寺)의 사유지(私有地).

杖 지팡이 장

音 ⊗ジョウ
訓 ⊗つえ

訓読

⊗杖[つえ] ①지팡이. ②믿고 의지하는 것. ③곤장(棍杖).

杖柱[つえはしら] 크게 믿고 의지하는 사람. 정신적인 지주(支柱). (집안의) 기둥.

音読

杖刑[じょうけい] 장형; 곤장으로 볼기를 치는 형벌.

薔 장미꽃 장

音 ⊗ソウ ⊗ショウ
訓 —

音読

薔薇[★ばら/しょうび] ≪植≫ 장미. ¶~に刺(とげ)あり 장미에 가시가 있다.

薔薇色[★ばらいろ] 장밋빛.

錆 ×(錆) 자세할 창

音 ⊗セイ ⊗ショウ
訓 ⊗さび ⊗さびる

訓読

[2]⊗錆[さび] ①(공기나 습기 등의 작용으로 금속 표면에 생기는) 녹. ②(우리 몸에 생기는) 나쁜 결과.

[2]⊗錆る[さびる] 〈上1自〉 ①(금속 표면에) 녹슬다. 녹나다. ②(능력·활동·기술 등이) 무뎌지다. 둔해지다. ③목소리가 구수해지다.

錆び付く[さびつく] 〈5自〉 ①녹슬어 다른 물건에 엉겨 붙다. ②심하게 녹슬다. ③(녹이 슬어) 움직이지 않게 되다. 작동하지 않다. ④기능이 약해져 잘 듣지 않다.

錆色[さびいろ] 녹 빛깔. 적갈색.

錆声[さびごえ] (謡(うたい) 등을 수련해서) 노숙하여 구수한 목소리.

錆鮎[さびあゆ] 가을 산란기의 적갈색 은어.

錆朱[さびしゅ] 칙칙한 적갈색.

錆竹[さびだけ] 말라죽어 겉껍질에 얼룩이 생긴 대나무.

錆止め[さびどめ] 녹슬지 않게 칠하거나 도금(鍍金)함.

醤 ×(醬) 젓갈 장

音 ⊗ショウ
訓 —

音読

[4]醤油[しょうゆ] 간장.

醤蝦[★あみ] ≪動≫ 보리새우. 젓새우.

◑酢醤油[すじょうゆ], 溜醤油[たまりじょうゆ]

재

才 재주 재

一 十 才

音 ◉サイ
訓 ⊗ざえ

訓読

⊗才[ざえ] ≪古≫ ①(주로 漢学에 관해서) 학문. 교양. ②예능. 특기.

才の男[ざえのおとこ] 内侍所(ないしどころ)의 神楽(かぐら) 등에서 익살스런 춤이나 연기를 하는 사람.

音読

才[さい] ①재능. 재주. ②(나이를 말할 때) …살. …세.

才覚[さいかく] ①재치. 기지(機智). ②궁리. 생각. ③돈 마련.

才幹[さいかん] 재간; 재능. 재주.

才気[さいき] 재기; 재능. 재주.

才女[さいじょ] 재녀; 재원(才媛). 문재(文才)에 뛰어난 여자.

2 才能[さいのう] 재능; 재주. 재간(才幹).

才徳[さいとく] 재덕; 재주와 덕행.

才略[さいりゃく] 재략; ①재주와 계략. ②재치 있는 책략.

才色[さいしょく] 재색; 여성의 재주와 미모.

才腕[さいわん] 재완; 재능 있는 수완.

才人[さいじん] 재인; 재주꾼.

才子[さいし] 재주꾼. 빈틈없는 사람.

才走る[さいばしる] 〈5自〉 재주가 넘치다. 너무 약아빠지다.

才知[さいち] 재지; 재주와 지혜.

才智[さいち] ☞ 才知

才弾け[さいはじけ] 약삭빠름.

才弾ける[さいはじける] 〈下1自〉 약삭빠르다. 약삭빠르게 굴다.

才弾け者[さいはじけもの] 약삭빠른 사람.

才学[さいがく] 재학; 재주와 학식.

再 두번/다시 재

一 冂 冂 币 再 再

音 ◉サ ◉サイ
訓 ◉ふたたび

訓読

2 ◉再び[ふたたび] 두 번. 재차. 다시.

音読

再嫁[さいか] 재가; 재혼(再婚).

再刊[さいかん] 재간; ①(중지했던 정기 간행물의) 재간행. 복간(復刊). ②책의 재판(再版)을 간행함.

再開[さいかい] 재개; 다시 시작함.

再開発[さいかいはつ] 재개발; 새로운 계획 아래 다시 개발함.

再挙[さいきょ] 재거; 재기(再起).

1 再建❶[さいけん] 재건; ①불타거나 무너진 건축물을 다시 세움. ②몰락한 것을 다시 일으킴. ❷[さいこん] 神社(じんじゃ)나 절 등을 다시 건축함. 중건(重建).

再検[さいけん] 재검; 재검사. 재검토.

再検討[さいけんとう] 재검토; 다시 검토함.

再考[さいこう] 재고; 다시 생각해 봄.

再校[さいこう] 재교; 두 번째의 교정(校正).

再軍備[さいぐんび] 재군비; 일단 군비를 없앤 나라가 다시 군비를 시작함.

再帰[さいき] 재귀; 다시 돌아옴.

再起[さいき] 재기; 다시 일어나 활동함.

再度[さいど] 재도; 두 번. 재차.

再来[さいらい] 재래; ①다시 옴. ②다시 이 세상에 태어남.

2 再来年[さらいねん] 내후년. 다음다음 해.

2 再来月[さらいげつ] 다음다음 달.

2 再来週[さらいしゅう] 다음다음 주.

再録[さいろく] 재록; ①(전에 수록한 것을) 다시 수록함. ②다시 녹음함.

再論[さいろん] 재론; 다시 논의함.

再臨[さいりん] 재림; 다시 옴.

1 再発[さいはつ] 재발; ①(병이) 다시 발병함. ②(같은 일이) 다시 발생함.

再発見[さいはっけん] 재발견; 다시 발견함.

再発行[さいはっこう] 재발행; 다시 발행함.

再拝[さいはい] 재배; 두 번 절함.

再犯[さいはん] 재범; 두 번째 죄를 범함.

再保険[さいほけん] 재보험.

再思[さいし] 재사; 다시 생각해 봄.

2 再三[さいさん] 재삼; 두세 번. 여러 번

1 再生[さいせい] 재생; 버리게 된 것을 다시 살려서 사용함.

再生産[さいせいさん] 재생산; 다시 생산함.

再選[さいせん] 재선; ①동일인을 다시 선출함. ②재당선. 두 번째 당선됨.

再選挙[さいせんきょ] 재선거; 다시 선거함.

再審[さいしん] 재심; ①다시 심사함. ②다시 심리(審理)함.

再演[さいえん] 재연; ①(연극의) 재공연. ②(같은 연극에) 다시 출연함. 재출연.

再縁[さいえん] 재연; 재혼(再婚).

再燃[さいねん] 재연; ①(꺼진 불이) 다시 타오름. ②(쇠한 것이) 다시 왕성해짐. ③다시 문제가 됨.

再認識[さいにんしき] 재인식; 다시 인식함.

再任[さいにん] 재임; 다시 임명됨.

再再[さいさい] 자주. 여러 번.

再転[さいてん] 재전; 한 번 더 바뀜.

再訂版[さいていばん] 재정판; 재개정판(再改訂版).

再製[さいせい] 재제; 어떤 물건을 가공하여 다시 다른 물건으로 옮김.

再製酒[さいせいしゅ] 재제주.

再処理工場[さいしょりこうじょう] '使用済核燃料再処理工場'의 준말.

再出発[さいしゅっぱつ] 재출발.

再割引[さいわりびき] 재할인; 한 은행이 한 번 할인하여 취득한 어음을 다시 다른 은행의 할인에 부침.

[1]**再現**[さいげん] 재현; 다시 나타냄.

再婚[さいこん] 재혼; 다시 결혼함.

再話[さいわ] 재화; 옛날 이야기나 전설을 현대 용어로 문학적으로 표현함.

再確認[さいかくにん] 재확인; 다시 확인함.

[1]**再会**[さいかい] 재회; 다시 만남.

再興[さいこう] 재흥; 부흥(復興). 다시 일어남. 다시 일으킴.

在 있을 재

一 ナ 𠂇 𡉀 存 在

音 ◉ザイ
訓 ◉ある

訓読

[4]◉**在る**[ある] 〈5自〉 ①(어떤 장소에) 있다. 존재하다. ②(살고) 있다.

在りし[ありし] 지나간. 이전(以前)의.

在り甲斐[ありがい] 사는 보람. 존재 의의.

在り高[ありだか] ①재고량(在庫量). ②현재의 총액(総額).

在り来(た)り[ありきたり] 흔히 있음. 평범함.

在り米[ありまい] 재고미(在庫米).

在り方[ありかた] ①현실. 현상(現状). ②바람직한 상태. 본연의 자세.

在り付く[ありつく] 〈5自〉 ①(일자리 등을) 얻게 되다. 얻어 걸리다. ②(음식을) 들게 되다. 얻어 걸리다.

在り処[ありか] 있는 곳. 소재(所在).

音読

在[ざい] ①도시의 변두리. 시골. ②그 곳에 있음.

在家❶[ざいか] 시골집. ❷[ざいけ] ①《仏》속인(俗人). ②시골집.

在家僧[ざいけそう] 재가승; 속세에 있으면서 불도를 닦는 중.

在京[ざいきょう] 재경; 서울에 있음.

[1]**在庫**[ざいこ] 재고; 창고에 있음.

在庫品[ざいこひん] 재고품; 창고의 물건.

在官[ざいかん] 재관; 관직에 있음. 관직에 있는 기간.

在勤[ざいきん] 재근; 근무.

在勤手当[ざいきんてあて] 근무 수당.

在勤中[ざいきんちゅう] 근무 중.

在級生[ざいきゅうせい] 재급생; 그 학급에 적(籍)이 있는 학생.

在隊[ざいたい] 재대; 군에 복무 중임.

在来[ざいらい] 재래; 전부터 있어 내려옴.

在来線[ざいらいせん] 재래 철도 노선.

在留[ざいりゅう] 재류; (외국에) 머물러 있음.

在留邦人[ざいりゅうほうじん] 해외 교포.

在米❶[ざいべい] 재미; 미국에 체류 중임. ❷[ざいまい] 재고미(在庫米). 현재 창고에 저장된 쌀.

在社[ざいしゃ] 재사; ①회사에 있음. ②회사에 재직함.

在社年数[ざいしゃねんすう] 재직 연수.

在世❶[ざいせい] 재세; 이 세상에 살아 있음. ❷[ざいせ] 《仏》 생존. 살아 있음.

在所[ざいしょ] 재소; ①거처하는 곳. 소재(所在). ②고향. ③시골.

在俗[ざいぞく] 재속; 출가(出家)하지 않고 속인으로 있음.

在宿[ざいしゅく] 재숙; 집에 있음.

在室[ざいしつ] 재실; 방안에 있음.

在野[ざいや] 재야; ①공직에 있지 않고 민간인으로 있음. ②야당의 입장에 있음.

在外[ざいがい] 재외; 외국에 거주함.

在外邦人[ざいがいほうじん] 해외 교포.

在外正貨[ざいがいせいか] 국제 무역의 결재를 위해 해외에 적립해 둔 자금.

在位[ざいい] 재위; 통치자가 다스리는 기간.
在任[ざいにん] 재임; 근무 중임.
在日[ざいにち] 재일; 일본에 거주함.
在籍[ざいせき] 재적; 학적·호적·단체에 등록되어 적(籍)이 있음.
在籍専従[ざいせきせんじゅう] 소속 단체에 적(籍)을 둔 채로 노동조합 일에만 종사함. 노조 사무 전임자.
在住[ざいじゅう] 재주; 거주하고 있음.
在住者[ざいじゅうしゃ] 거주자(居住者).
在中[ざいちゅう] 재중; 속에 들어 있음.
在職[ざいしょく] 재직; 직장에 근무하고 있음.
在職期間[ざいしょくきかん] 재직기간.
在宅[ざいたく] 재택; 자기 집에 있음.
[2]**在学**[ざいがく] 재학; 학교에 학적을 둠.
[2]**在学証明書**[ざいがくしょうめいしょ] 재학증명서.
在韓[ざいかん] 재한; 한국에 거주함.
在郷[ざいきょう/ざいごう] 재향; ①고향에 있음. ②시골.

材 재목 재

一 十 才 木 木 村 材

音 ◉ザイ
訓 —

音読

材[ざい] ①재목. 목재. ②인재. ③재료.
[2]**材料**[ざいりょう] 재료; ①(어떤 물건을 만드는) 원료. ②자료. 데이터. ③(시세를 등락시키는) 요인.
[2]**材木**[ざいもく] 재목; 목재(木材).
材積[ざいせき] 재적; 목재·석재의 부피.
材種[ざいしゅ] 재종; 목재·재료의 종류.
材質[ざいしつ] 재질; ①목재의 질. ②목질부(木質部). ③재료의 성질.

災 재앙 재

く 巛 巛 巛 巛 災 災

音 ◉サイ
訓 ◉わざわい

訓読

◉**災い**[わざわい] 재난. 재앙. 화(禍). 화근(禍根). 불행.
災いする[わざわいする] 〈サ変自〉 (그것이 원인이 되어) 화근이 되다. 재난이 되다.

音読

[2]**災難**[さいなん] 재난; 뜻밖의 불행한 일.
災民[さいみん] 이재민(罹災民). 뜻밖의 재해(災害)를 입은 백성.
災厄[さいやく] 재액; 재난(災難). 재앙과 액운(厄運).
[1]**災害**[さいがい] 재해; 재난으로 인해 받은 피해.
災害対策[さいがいたいさく] 재해대책.
災害地[さいがいち] 재해지; 재해 지역.
災禍[さいか] 재화; 재앙. 재해. 재난.

宰 우두머리/재상 재

丶 丶 宀 宀 宀 宀 宀 宰 宰 宰

音 ◉サイ
訓 —

音読

宰領[さいりょう] ①주관(主管)함. 감독함. ②화물 운송 및 인부들을 지휘·감독함. ③(단체 여행 등의) 인솔·감독함. 인솔자.
宰相[さいしょう] 재상; 국무총리. 수상(首相).

栽 심을 재

一 十 土 土 丰 丰 耒 栽 栽 栽

音 ◉サイ
訓 —

音読

[2]**栽培**[さいばい] 재배; 씨를 뿌리거나 모종을 심어서 키움.
栽培所[さいばいじょ] 재배소; 재배하는 곳.
栽培漁業[さいばいぎょぎょう] 양식 어업(養殖漁業).
栽培種[さいばいしゅ] 재배종.
◑**前栽**[せんざい]

財 재물 재

丨 冂 冃 月 目 貝 貝 貝 財 財

音 ◉ザイ ◉サイ
訓 —

音読

[1]**財**[ざい] 재; ①재산. 재물(財物). 부(富). ②가치가 있는 것. ③재화(財貨).

財テク[ざいテク] 재테크.
財界[ざいかい] 재계; 경제계.
財界人[ざいかいじん] 재계 인사.
財団[ざいだん] 재단; ①일정한 목적을 위해 결합된 재산의 집단. ②'財団法人'의 준말.
財団法人[ざいだんほうじん] 재단법인.
財力[ざいりょく] 재력; ①돈의 힘. ②비용 부담 능력.
財務[ざいむ] 재무; 재정에 관한 사무.
財務管理[ざいむかんり] 재무관리.
財物[ざいぶつ] 재물; 돈이나 그 밖에 온갖 값나가는 물건.
財閥[ざいばつ] 재벌; ①재계(財界)에 영향력이 있는 대자본가. ②부자.
財宝[ざいほう] 재보; 재산과 보물.
2 財産[ざいさん] 재산; ①금전적인 가치가 있는 것의 총칭. ②아주 가치가 있는 보물.
1 財源[ざいげん] 재원; 재화(財貨)를 발생시키는 근원. 지출하는 돈의 출처.
1 財政[ざいせい] 재정; ①나라 살림을 꾸려 나가는 활동. ②(개인의) 경제 상태.
財政難[ざいせいなん] 재정난.
4 財布[★さいふ] 돈지갑. 돈주머니.
財貨[ざいか] 재화; ①돈. ②값나가는 물건.

斎(齋) 글방/재계할 재

亠 文 文 产 斉 斉 斎 斎

音 ◉サイ
訓 ⊗とき ⊗いつき ⊗いみ ⊗いわい

訓読

⊗斎[とき] ≪仏≫ ①오전 중의 식사. ②법회(法会) 후에 신도에게 제공하는 식사. ③채식 요리.
斎宮[いつきのみや] ①大嘗祭(だいじょうさい)를 지내는 신전(神殿). ②伊勢神宮(いせじんぐう)・賀茂神社(かもじんじゃ)에 있는 '斎の皇女(いつきのみこ)'의 거처.
斎米[ときまい] ≪仏≫ 재미; 시주 쌀.
斎瓮[いわいべ] 제사 때 제주(祭酒)를 담는 애벌구이 항아리.
斎王[いつきのみこ] ☞ 斎皇女
斎垣[いみがき/いがき] 神社(じんじゃ) 같은 신성한 곳의 둘레에 친 울타리.
斎日[いみび] 제삿날. 기일(忌日).
斎蔵[いみくら] (大和(やまと)・奈良(なら) 시대에) 조정에서 사용하는 제기(祭器) 창고.
斎殿[いみどの] 神社(じんじゃ)의 신관(神官) 등이 목욕재계를 하는 곳.
斎火[いみび] (신에게 바치는 제물을 익히는데에 사용하는) 나무를 비벼서 일으킨 불.
斎皇女[いつきのみこ] 천황 즉위 때 伊勢神宮(いせじんぐう)・賀茂神社(かもじんじゃ)에 천황 대리로 보내는 미혼(未婚)의 황녀(皇女).

音読

斎戒[さいかい] 재계; 몸과 마음을 깨끗이 하고 부정(不浄)한 일을 멀리함.
斎戒沐浴[さいかいもくよく] 목욕재계.
斎宮[さいぐう] 재궁; 伊勢神宮(いせじんぐう)에 봉사한 미혼의 황녀(皇女).
斎場[さいじょう] 재장; 장례식장.
斎主[さいしゅ] 재주; 제주(祭主). 신관(神官)을 불러 제사를 지내는 주최자.

裁 재단할 재

十 土 圭 丰 耒 耒 衣 衣 裁 裁

音 ◉サイ
訓 ◉さばく ◉たつ

訓読

1 ◉裁く[さばく] 〈5他〉 재판하다. 심판하다. 판가름하다. (시비를) 가리다.
裁き[さばき] 재판. 심판. 심리(審理).
裁き人[さばきびと] (성경에서) 재판관. 심판관. 사사(士師).
◉裁つ[たつ] 〈5他〉 (옷감을) 재단하다. 마름질하다.
裁(ち)台[たちだい] 재단대. 마름질판.
裁(ち)売り[たちうり] (옷감을) 잘라서 팖.
裁(ち)物[たちもの] ①재단. 마름질. ②재단한 천. 마름질한 천.
裁(ち)物板[たちものいた] 재단대. 마름질판.
裁ち方[たちかた] 재단하는 법.
裁(ち)縫い[たちぬい] 재봉; 바느질.
裁(ち)上がり[たちあがり] 재단을 끝냄. 마름질. 마름질 솜씨.
裁ち屑[たちくず] 가윗밥.
裁ち切れ[たちぎれ] 재단한 천.
裁着け[たっつけ] 여행용 (일본식) 바지.
裁ち板[たちいた] 재단대. 마름질판.
裁ち布[たちぎれ] 재단한 천. 옷감.
裁ち鋏[たちばさみ] 재단용 가위.

音読

裁する[さいする] 〈サ変他〉 ①재단하다. 마름질하다. ②판가름하다. 시비를 가리다. ③편지를 쓰다. 문장을 쓰다.

裁可[さいか] 재가; 안건(案件)을 결재하여 허가함.

裁決[さいけつ] 재결; ①재량하여 결재함. ②재결 신청·이의·소원(訴願) 등에 대한 행정 기관의 판정.

裁断[さいだん] 재단; ①마름질. ②(옳고 그름의) 판정. 판가름. 재결(裁決).

裁量[さいりょう] 재량; 자신의 생각에 의해 임의로 판정하여 해결함.

2裁縫[さいほう] 재봉; 바느질.

裁定[さいてい] 재정; 옳고 그름을 판단하여 결정함.

2裁判[さいばん] 재판; 법률상의 쟁점에 대해 재판소가 판정을 내리는 일.

2裁判官[さいばんかん] 재판관; 법관.

2裁判所[さいばんしょ] 재판소; 법원(法院).

裁許[さいきょ] 재허; (상급자의) 재가(裁可).

載 실을 재

一 十 亠 亠 亩 亩 車 載 載 載

音 ◉サイ
訓 ◉のせる ◉のる

訓読

2◉載せる[のせる] 〈下1他〉 ①(짐을) 싣다. ②(물건 위에) 얹다. 위에 놓다. ③(책·신문·잡지에) 게재하다. 싣다.

2◉載る[のる] 〈5自〉 ①(물건 위에) 놓이다. ②(물건을 선반에) 얹을 수 있다. (차에) 실을 수 있다. ③(책·신문·잡지에) 게재되다. 실리다.

音読

載録[さいろく] 재록; (책·신문·잡지에) 실어 올림. 게재함.

載積[さいせき] 적재(積載). (짐을 차에 실어서) 쌓음.

載貨[さいか] 재화; 짐을 차에 실음. 차에 실은 짐.

梓 가래나무 재

音 ⊗シ
訓 ⊗あずさ

訓読

⊗梓[あずさ] ① ≪植≫ 가래나무. ②판목(版木).

梓弓[あずさゆみ] 가래나무 활.

梓巫女[あずさみこ] 가래나무 활의 시위를 퉁기면서 죽은 사람의 영혼을 불러내어 그 말을 전한다는 무당.

音読

◑上梓[じょうし]

쟁

争(爭) 다툴 쟁

ノ ク 仌 仐 刍 争

音 ◉ソウ
訓 ◉あらそう

訓読

2◉争う[あらそう] 〈5他〉 ①경쟁하다. 우열을 겨루다. 다투다. ②대항하다. 적대하다. 맞서다. ③(옥신각신) 싸우다. 말다툼하다. ④싸우다. 전쟁하다. ⑤약간의 시간을 벌려고 바쁘게 하다. (시간을) 다투다.

1争い[あらそい] 경쟁. 다툼. 싸움. 분쟁.

争えない[あらそえない] 〈句〉 (증거가 있어서) 속일 수 없다. 숨길 수가 없다. 부정할 수 없다.

争われない[あらそわれない] (증거가 있어서) 속일 수 없다. 숨길 수가 없다. 부정할 수 없다.

音読

争乱[そうらん] 쟁란; 난리가 일어나 세상이 어지러움.

争論[そうろん] 쟁론; 논쟁. 말다툼.

争訟[そうしょう] 쟁송; 소송을 일으킴.

争議[そうぎ] 쟁의; ①서로 의견을 주장하여 다툼. ②노동 쟁의. ③(행정 기관 사이에서 발생하는) 권한상의 다툼.

争点[そうてん] 쟁점; 논쟁의 주안점이 되는 중요한 점.

争奪[そうだつ] 쟁탈; 자기 것으로 만들려고 서로 다투어 빼앗음.

争奪戦[そうだつせん] 쟁탈전.

争闘[そうとう] 쟁투; 투쟁. 싸움.

争覇[そうは] 쟁패; 지배권을 다툼.

〔저〕

低 낮을 저

丿 亻 亻 仁 任 低 低

音 ◉テイ
訓 ◉ひくい ◉ひくまる ◉ひくめる

訓読

4◉低い[ひくい] 〈形〉 ①(높이가) 낮다. ②(신분・지위가) 낮다. 높지 않다. ③(수준・정도가) 낮다. 얕다. ④(목소리가) 낮다. 저음이다.
低み[ひくみ] 낮은 곳.
◉低まる[ひくまる] 〈5自〉 낮아지다.
◉低める[ひくめる] 〈下1他〉 낮추다.
低め[ひくめ] 나지막함. 약간 낮음. 낮은 듯함.

音読

低価[ていか] 저가; 싼값. 헐값.
低減[ていげん] 저감; ①줆. 줄임. 감소함. ②값이 내림. 값을 내림.
低開発国[ていかいはつこく] 저개발국.
低空[ていくう] 저공; 낮은 하늘.
低空飛行[ていくうひこう] 저공비행.
低級[ていきゅう] 저급; ①등급이 낮음. ②저속함. 수준이 낮음.
低気圧[ていきあつ] 저기압; ① ≪気≫ 기압이 낮음. ②기분이 좋지 않은 상태.
低頭[ていとう] 저두; 머리를 조아림. 머리를 숙임.
低落[ていらく] 저락; 내려감. 떨어짐.
低廉[ていれん] 저렴; 값이 쌈.
低利[ていり] 저리; 싼 이자.
低木[ていぼく] 저목; 키가 작은 나무. 관목(灌木).
低木林[ていぼくりん] 관목림(灌木林).
低迷[ていめい] 저미; ①구름이 낮게 떠돎. ②나쁜 상태에서 헤어나지 못함.
低俗[ていぞく] 저속; 품격이 낮고 속됨.
低湿[ていしつ] 저습; 땅이 낮고 습기가 참.
低額[ていがく] 저액; 적은 금액.
低劣[ていれつ] 저열; 저속(低俗)함.
低温[ていおん] 저온; 낮은 온도.
低位[ていい] 저위; 낮은 위치・지위.
低率[ていりつ] 저율; 낮은 비율.
低音[ていおん] 저음; 낮은 목소리.
低姿勢[ていしせい] 저자세; 상대방에게 눌려서 자신을 낮추는 자세.
低障害競走[ていしょうがいきょうそう] 저장해경주; 낮은 허들을 뛰어넘는 경주.
低調[ていちょう] 저조; ①수준이 낮고 저속함. ②활기가 없고 일이 진척되지 않음.
低周波[ていしゅうは] 저주파; 주파수가 낮은 전파나 전류.
低地[ていち] 저지; 낮은 땅.
2低下[ていか] 저하; ①정도가 낮아짐. ②(질・능력 등이) 나빠짐.
低学年[ていがくねん] 저학년; 초등학교의 1・2학년.
低血圧[ていけつあつ] 저혈압; 혈압이 낮음.
低回[ていかい] 저회; 사색에 잠겨 천천히 걸음.
低徊[ていかい] ☞ 低回

底 밑바닥 저

丶 亠 广 广 庀 庀 底 底

音 ◉テイ
訓 ◉そこ

訓読

2◉底[そこ] ①밑바닥. 바닥. ②끝. 한계. ③(깊은) 속. ④바닥시세. 최저 가격.
底堅い[そこがたい] 〈形〉 (주식 시세가) 내려갈 듯하면서도 의외로 강세이다.
底固め[そこがため] (주식 시세가) 회복세.
底光り[そこびかり] (겉으로 드러나지 않은) 그윽한 빛.
底気味悪い[そこきみわるい] 〈形〉 어쩐지 기분이 나쁘다.
底豆[そこまめ] 발바닥에 생기는 물집.
底冷え[そこびえ] 추위가 뼛속까지 스며듦.
底力[そこぢから] 저력; 속에 간직한 숨은 힘.
底無し[そこなし] ①바닥이 없음. 밑이 없음. ②깊이를 알 수 없음. ③끝이 없음.
底物[そこもの] 바다 밑에 사는 물고기.
底反り[そこがえり] (漢文 훈독에서) 한 글자를 두 번 읽음. *'未'를 'いまだ…(せ)ず'로 읽는 것을 말함.
底抜け[そこぬけ] ①바닥이 없음. 밑이 빠짐. ②술고래. ③걷잡을 수 없는 시세 폭락. ④끝이 없음. ⑤얼간이.
底方[そこい] ≪雅≫ 맨 끝. 맨 밑바닥. 밑창.
底上げ[そこあげ] 향상(向上). 인상(引上). 낮은 수준을 끌어올림.

底雪崩[そこなだれ] 적설층(積雪層)의 눈이 모두 미끄러져 내리는 사태. ＊이른 봄에 발생함.
底魚[そこうお] 저어; 주로 바다 밑바닥 근처에 사는 물고기.
底意[そこい] 저의; 속마음.
底意地[そこいじ] 마음보. 심보.
底引(き)網[そこびきあみ] 저인망; 트롤망.
底入れ[そこいれ] 바닥시세.
底積み[そこづみ] ①바닥짐. ②(짐을 쌓을 때) 맨 밑에 실음; 또 그 짐.
底知らず[そこしらず] ①끝이 없음. 한이 없음. 밑바닥을 모름. ②술고래.
底知れぬ[そこしれぬ] 깊이를 알 수 없는. 끝이 없는. 무한한.
底値[そこね] 바닥시세. 최저 가격.
底土[そこつち] 저토; 밑바닥의 흙.
底荷[そこに] 저하; (짐을 쌓을 때) 맨 밑에 쌓는 짐.
◑**糸底**[いとぞこ], **船底**[ふなぞこ]

音読

底流[ていりゅう] 저류; ①(강・바다의) 밑바닥의 흐름. ②(겉으로 드러나지 않는) 내부의 움직임・감정・사상.
底面[ていめん] 저면; ①바닥 면. ②《数》(입체의) 밑면.
底辺[ていへん] 저변; ①《数》 밑변. ②사회의 밑바닥.
底本[ていほん/そこほん] ①대본(台本). 텍스트. ②부본(副本). 사본(写本). ③초고(草稿).
底止[ていし] 저지; (막다른 데까지 가서) 멈춤.

抵 막을/거스를 저

一 丅 扌 扌 扌 扺 抵 抵

音 ◉テイ
訓 —

音読

抵当[ていとう] 저당; 담보. 담보물.
抵当権[ていとうけん] 저당권.
抵当物[ていとうぶつ] 저당물.
抵触[ていしょく] 저촉; 법률이나 규칙 등에 맞닥뜨려 걸려듦.
[2]**抵抗**[ていこう] 저항; 힘의 작용에 대해 그 반대 방향으로 작용하는 힘.
抵抗感[ていこうかん] 저항감.
抵抗器[ていこうき] 저항기; 전기 저항기.

邸 큰집 저

一 𠂆 F 氏 氐 氐 氐 邸

音 ◉テイ
訓 ⊗やしき

訓読

⊗**邸**[やしき] 저택(邸宅). 규모가 큰 집.
邸町[やしきまち] 저택가(邸宅街).

音読

邸内[ていない] 저내; 저택 안.
[1]**邸宅**[ていたく] 저택; 규모가 큰 집.

著(著) ①드러날/책지을 저 ②입을/붙을/다다를 착

一 艹 艹 艹 芏 芓 荖 著 著 著

音 ◉チョ
訓 ◉いちじるしい ◉あらわす

訓読

[1]◉**著しい**[いちじるしい] 〈形〉 현저하다. 눈에 띄다. 두드러지다.
[2]◉**著(わ)す**[あらわす] 〈5他〉 (책을) 쓰다. 저술하다.

音読

[1]**著**[ちょ] 저; 저술(著述). 저서(著書).
著大[ちょだい] 저대; 현저하게 큼.
[1]**著名**[ちょめい] 저명; 이름이 세상에 알려짐.
著聞[ちょぶん] 저문; 세상에 널리 알려짐.
[1]**著書**[ちょしょ] 저서; 지은 책.
著述[ちょじゅつ] 저술; 글을 써서 책을 만듦.
[2]**著者**[ちょしゃ] 저자; 저작자(著作者).
著作権[ちょさくけん] 저작권.

貯 쌓을/저장할 저

冂 冃 目 目 貝 貝' 貝' 貯 貯 貯

音 ◉チョ
訓 ⊗たくわえる ⊗ためる

訓読

⊗**貯える**[たくわえる] 〈下1他〉 (만일을 위해) 비축하다. 모아 두다. 저축하다.
貯え[たくわえ] 비축. 모아 둔 것. 저축.
⊗**貯める**[ためる] 〈下1他〉 (돈을) 저축하다. 저금하다.

音読

[2]貯金[ちょきん] 저금; 돈을 저축함. 저축한 돈.
貯金箱[ちょきんばこ] 저금통.
貯木[ちょぼく] 저목; 목재를 저장함. 저장한 목재.
貯木池[ちょぼくち] 저목지.
貯水[ちょすい] 저수; 물을 저장함. 물을 비축해 둠.
貯水量[ちょすいりょう] 저수량.
貯水池[ちょすいち] 저수지.
[2]貯蔵[ちょぞう] 저장; 비축해 둠.
貯蔵室[ちょぞうしつ] 저장실.
[1]貯蓄[ちょちく] 저축; 저금함. 비축함.
貯蓄預金[ちょちくよきん] 저축예금.
貯蓄銀行[ちょちくぎんこう] 저축은행.
貯炭[ちょたん] 저탄; 숯이나 석탄을 비축함. 비축한 숯·석탄.

狙 노릴 저	音 ⊗ソ 訓 ⊗ねらう

訓読

[2]⊗狙う[ねらう] 〈5他〉 ①노리다. 엿보다. ②겨냥하다. 겨누다.
[2]狙い[ねらい] ①노리는 바. 목표. 목적. ②겨냥. 겨눔.
狙い撃ち[ねらいうち] ①저격; 겨누어 쏨. ②(목표를 정확하게 파악하고) 집중 공격함. 중점을 둠.
狙い所[ねらいどころ] 노리는 바. 착안점.
狙い澄ます[ねらいすます] 〈5他〉 충분히 겨냥하다. 어김없도록 겨누다.
狙い打ち[ねらいうち] (야구에서) 잘 겨냥해서 침. 잘 노려서 침.

音読

狙撃[そげき] 저격; 겨냥해서 쏨.
狙撃犯[そげきはん] 저격범.
狙撃兵[そげきへい] 저격병.
狙撃手[そげきしゅ] 저격수.

沮 막을 저	音 ⊗ソ 訓 ⊗はばむ

訓読

[1]⊗沮む[はばむ] 〈5他〉 가로막다. 방해하다. 저지하다. 〈5自〉 (용기가) 꺾이다. 주눅이 들다.

音読

沮喪[そそう] 기가 꺾여 의기소침해짐.
沮止[そし] 저지; 가로막아 방해함.
沮害[そがい] 저해; 방해함. 못하게 함.

渚(渚) 물가 저	音 ⊗ショ 訓 ⊗なぎさ

訓読

⊗渚[なぎさ] 물결이 밀려오는 물가.
渚遊び[なぎさあそび] 물가에서 놂.

猪(猪) 멧돼지 저	音 ⊗チョ 訓 ⊗いのしし

訓読

⊗猪[いのしし] ≪動≫ 멧돼지.
猪武者[いのししむしゃ] 무턱대고 돌진만 하는 무사. 저돌형(猪突形) 무사.
猪飼い[いのししかい] 멧돼지를 사육함.
猪狩り[いのししがり] 멧돼지 사냥.
猪首[いくび] ①(멧돼지 목처럼) 굵고 짧은 목. ②≪古≫ 투구를 뒤로 젖혀 씀.
猪肉[ししにく] 멧돼지고기.

音読

猪口❶[ちょく] ①작은 사기그릇 잔. ②(생선회 등을 담는) 작고 바닥이 깊은 사기그릇 접시. ❷[ちょこ] 작은 사기그릇 잔.
猪口才[ちょこざい] 약아빠지고 시건방짐. 주제넘음.
猪突[ちょとつ] 저돌; 멧돼지처럼 무턱대고 앞만 보고 돌진함.
猪突猛進[ちょとつもうしん] 저돌맹진.
猪牙掛(か)り[ちょきがかり] (주저함 없이) 과감하게 착수함.
猪牙船[ちょきぶね] (江戸(えど) 시대의) 기다랗고 뱃머리가 뾰족한 배.
猪勇[ちょゆう] 저용; 무모한 용기.

這×(這) 이것 저	音 ⊗シャ 訓 ⊗はう

訓読

[2]⊗這う[はう] 〈5自〉 ①기다. 기어가다. ②(덩굴이) 뻗다. 뻗어 나가다.
這いずる[はいずる] 〈5自〉 기어 다니다.
這い上がる[はいあがる] 〈5自〉 ①기어오르다. ②난관을 극복하고 일어서다.

這い上る[はいのぼる] 〈5自〉 ①기어오르다. ②난관을 극복하고 (어떤 지위에) 오르다.
這松[はいまつ] ≪植≫ 눈잣나무.
這い這い[はいはい] 기엄기엄. ＊유아어(幼児語)임.
這い纏わる[はいまつわる] 〈5自〉 달라붙다. 휘감다. 휘감기다.
這い蹲う[はいつくばう] 〈5自〉 납작 엎드리다.
這い蹲る[はいつくばる] 〈5自〉 납작 엎드리다.
這い出す[はいだす] 〈5自〉 ①기어 나오다. 기어 나가다. ②기기 시작하다.
這い出る[はいでる] 〈下1自〉 기어 나오다. 기어 나가다.
這い回る[はいまわる] 〈5自〉 기어 돌아다니다.

音読

這般[しゃはん] 이러한. 이런.

箸ˣ(箸) 젓가락 저	音 ⊗チョ 訓 ⊗はし

訓読

4⊗箸[はし] 저; 젓가락.
箸箱[はしばこ] 젓가락 통. 수저통.
箸置(き)[はしおき] (밥상의) 젓가락 받침. 젓가락 끝을 올려놓는 받침대.
箸休め[はしやすめ] (식사 도중에) 입맛을 산뜻하게 하기 위하여 먹는 별미의 반찬.

儲ˣ(儲) 쌓을/돈벌 저	音 ⊗チョ 訓 ⊗もうかる ⊗もうける

訓読

2⊗儲かる [もうかる] 〈5自〉 ①돈벌이가 되다. 수지가 맞다. ②덕보다. 득이 되다.
2⊗儲ける [もうける] 〈下1他〉 ①(돈을) 벌다. 이익을 보다. ②(하지 않아도 되어) 덕을 보다. ③(자식을) 두다. 얻다.
儲け[もうけ] 돈벌이. 이득. 이익.
儲け口[もうけぐち] 돈벌이가 되는 일.
儲けの君[もうけのきみ] 황태자(皇太子).
儲け物[もうけもの] 횡재(横財). 뜻밖에 생긴 이득. 싸게 잘 산 물건.
儲け仕事[もうけしごと] 돈벌이가 되는 일. 이익이 많은 일.
儲け役[もうけやく] ①(연극·영화에서) 관객의 인기를 끄는 역. ②보람 있는 역할.
儲け主義[もうけしゅぎ] 돈벌이 위주.

〔적〕

赤 붉을 적
一 十 土 ナ 方 赤 赤

音 ◉セキ ◉シャク
訓 ◉あか ◉あかい

訓読

3◉赤[あか] ①빨강. 적색. ②공산주의. 빨갱이. ③구리. 동(銅). ④적자(赤子). ⑤빨간 신호. ⑥(校正에서) 고친 글.
4◉赤い[あかい] 〈形〉 ①붉다. 빨갛다. ②사상이 붉다. 좌익적이다.
赤ゲット[あかゲット] ①빨간 담요. ②시골뜨기. ③얼뜨기. 익숙지 못한 해외 여행자.
赤コーナー[あかコーナー] (권투의) 홍코너.
2赤ちゃん[あかちゃん] 갓난아이. 젖먹이.
赤チン[あかチン] 머큐로크롬.
赤テロ[あかテロ] 좌익 테러. 폭력주의.
赤ばむ[あかばむ] 〈5自〉 붉어지다. 불그스름해지다. 붉은색을 띠다.
赤み[あかみ] 붉은 기. 불그스름함.
赤む[あかむ] 〈5自〉 붉게 되다. 불그스름해지다. 〈下2他〉 '赤(あか)らめる'의 문어(文語).
赤める[あかめる] 〈下1他〉 (얼굴 등을) 붉히다. 홍조를 띠다.
1赤らむ[あからむ] 〈5自〉 불그레해지다. 불그스름해지다.
赤らめる[あからめる] 〈下1他〉 (얼굴을 약간) 붉히다.
赤茄子[あかなす] 'トマト'의 딴이름.
赤家蚊[あかいえか] ≪虫≫ 일본뇌염모기.
赤間[あかま] ①山口県(やまぐちけん) 下関(しものせき) 부근의 지명. ②'赤間石(あかまいし)'의 준말.
赤間石[あかまいし] (山口県(やまぐちけん)에서 나는 벼룻돌·정원석으로 애용되는) 적갈색 응회암.
赤の広場[あかのひろば] (모스크바 크렘린 궁전 앞의) 붉은 광장.
赤金[あかがね] 구리. 동(銅).
赤い気炎[あかいきえん] (여성의) 불타는 듯한 왕성한 기세·의기.
赤肌[あかはだ] ①(피부가 벗겨진) 빨간 살갗. ②알몸뚱이. 벌거숭이. ③(산의) 벌거숭이. 민둥민둥함.

赤旗[あかはた] 적기; ①붉은 깃발. ②위험 신호기. ③(공산당·노조의) 붉은 기. ④(옛날에) 平(たいら)씨(氏) 집안의 깃발.

赤大根[あかだいこん] ① ≪植≫ 홍당무. 껍질은 붉고 속은 흰 무. ②겉으로만 좌익인 체하는 사람.

赤禿[あかはげ] ①머리가 완전히 벗어진 사람. 심한 대머리. ②민둥산.

赤裸[あかはだか] ①알몸뚱이. 벌거숭이. ②쌀보리. ③빈털터리.

赤面❶[あかつら] ①붉은 얼굴. 불그레한 얼굴. ②악인역(悪人役). ＊(歌舞伎(かぶき)의) 얼굴을 붉게 칠한 데서. ❷[せきめん] 부끄러워 얼굴을 붉힘.

赤毛[あかげ] ①빨강 머리. 붉은 머리털. ②붉은 털.

赤毛猿[あかげざる] ≪動≫ 벵골원숭이.

赤帽[あかぼう] ①빨간 모자. ②(역의) 짐꾼. 포터.

赤木[あかぎ] ①(껍질만 벗긴 둥근 목재의) 통나무. ②붉은 빛깔의 목재.

赤目[あかめ] ①충혈된 눈. 핏발선 눈. ②(조롱할 때) 아래 눈꺼풀을 끌어내려 빨간 속을 보이는 짓.

赤門[あかもん] ①붉은 대문. ②'東京大学'의 딴이름. ＊붉은 대문이 있는 데서 나온 말.

赤門出[あかもんで] 東京大学 출신.

赤門派[あかもんは] 東京大学파.

赤味[あかみ] 붉은 기. 불그스름함.

赤味噌[あかみそ] 붉은 된장.

赤剝け[あかむけ] 살갗이 벌겋게 벗겨짐. 벌겋게 벗겨진 살갗.

赤の飯[あかのまんま] ①(붉은) 팥밥. ②≪植≫ 'いぬたで(개여뀌)'의 딴이름.

[3]赤ん坊[あかんぼう] ①젖먹이. 갓난애. ②(세상 물정을 모르는) 철부지.

赤房[あかぶさ] (씨름판 동남쪽의) 지붕에서 늘어뜨린 붉은 술.

赤百舌[あかもず] ≪鳥≫ 츠대까치.

赤腹[あかはら] ① ≪鳥≫ 붉은배지빠귀. ② ≪魚≫ 황어(黄魚). ③이질. ＊'赤痢(せきり)'의 딴이름.

赤本[あかほん] ①(江戸(えど)시대의) 빨간 표지의 어린이용 그림 이야기책. ②저속한 싸구려 책.

赤浮草[あかうきくさ] ≪植≫ 물개구리밥.

赤膚[あかはだ] ①(피부가 벗겨진) 빨간 살갗. ②알몸뚱이. 벌거숭이. ③(산의) 벌거숭이. 민둥민둥함.

赤鼻[あかばな] 딸기코. 주부코. 붉은 코.

赤四手[あかしで] ≪植≫ 서어나무.

赤砂糖[あかざとう] 노랑설탕.

赤色❶[あかいろ] 적색; 빨강. 붉은빛. ❷[せきしょく] ①공산주의. ②붉은빛.

赤線[あかせん] 적선; 붉은 선.

赤線区域[あかせんくいき] 적선구역; 홍등가(紅灯街).

赤松[あかまつ] ≪植≫ 적송.

赤松笠[あかまつかさ] ≪魚≫ 적투어. 납지리.

赤狩り[あかがり] 빨갱이 일제(一斉) 검거.

赤矢柄[あかやがら] ≪魚≫ 홍대치.

赤身❶[あかみ] ①빨간 살코기. ②(생선의) 붉은 살. ③심재(心材). ❷[せきしん] 적신; ①알몸. 벌거숭이. ②맨몸. 아무것도 지니지 않은 몸.

赤い信女[あかいしんにょ] 미망인. 과부. ＊남편이 죽으면 아내의 이름도 묘석에 새겨 붉은 칠을 해 놓은 데서 생긴 말.

[2]赤信号[あかしんごう] 적신호; 빨간 신호.

赤新聞[あかしんぶん] 옐로페이퍼. 사회의 이면 폭로 기사 위주의 저속한 신문.

赤芽[あかめ] ①(식물의) 붉은 싹. ②'かなめもち'의 딴이름. 붉은순나무.

赤芽柳[あかめやなぎ] ≪植≫ 왕버들.

赤芽柏[あかめがしわ] ≪植≫ 예덕나무.

赤ら顔[あからがお] 불그레한 얼굴.

赤御飯[あかごはん] (붉은) 팥밥.

赤蛙[あかがえる] ≪動≫무당개구리.

赤豌豆[あかえんどう] ≪植≫ 붉은완두.

赤芋[あかいも] ① ≪植≫ (붉은 잎줄기의) 토란. ②겉이 붉은 고구마. ③'감자'의 딴이름.

赤い羽根[あかいはね] (공동 모금에 응한 사람에게 달아 주는) 붉은 깃.

赤郵袋[あかゆうたい] (붉은) 우편 행낭.

赤ら乙女[あからおとめ] 볼이 발그레한 소녀.

赤子❶[あかご] 갓난아기. 젖먹이. ❷[せきし] ①갓난아기. ②국민. 백성.

[1]赤字[あかじ] 적자; ①결손(欠損). ② ≪印≫ 교정에서 바로잡은 빨간 글자.

赤紫蘇[あかじそ] ≪植≫ 붉은차조기. ＊잎으로 매실장아찌의 염색용임.

赤赤と[あかあかと] 빨갛게. 새빨갛게
赤電車[あかでんしゃ] (그 날의) 마지막 전차. ＊표지로 빨간 전등을 켠 데서 생긴 말임.
赤電話[あかでんわ] 공중전화.
赤提灯[あかちょうちん] 붉은 초롱을 내건 음식점. 대폿집.
赤潮[あかしお] 적조; 미생물이 번식해서 바닷물이 붉게 보이는 현상.
赤佐[あかざ] 《魚》 동자가사리.
赤酒[あかざけ] (熊本(くまもと) 특산의) 붉은 술.
赤地[あかじ] ①붉은 바탕. ②(바탕이) 붉은 천.
赤紙[あかがみ] ①빨간 종이. ②빨간 딱지. ＊소집 영장이나 압류 때 붙이는 종이의 속칭임.
赤茶ける[あかちゃける] 〈下1自〉 ①적갈색으로 퇴색하다. ②햇볕에 검붉게 타다.
赤い着物[あかいきもの] 수의(囚衣). 죄수복.
赤札[あかふだ] ①빨간 딱지. ②특가품. 팔린 상품에 붙이는 붉은 표, 또는 그 물건.
赤錆[あかさび] 붉은 녹.
赤蜻蛉[あかとんぼ] 《虫》 고추잠자리.
赤出し[あかだし] ①(大阪(おおさか) 스타일의) 생선국. ②붉은 된장국.
赤出汁[あかだし] ☞ 赤出し
赤虫[あかむし] ①붉은장구벌레. ②'つつがむし(털진드기의 유충)'의 딴이름.
赤恥[あかはじ] 큰 창피. 심한 창피.
赤の他人[あかのたにん] 생판 모르는 사람.
赤啄木鳥[あかげら] 《鳥》 오색딱따구리.
赤太刀[あかたち] 《魚》 먹줄홍갈치.
赤貝[あかがい] ①《貝》 피조개. ②《俗》 (성인 여성의) 음부(陰部).
赤葡萄[あかぶどう] 적포도; 붉은 포도.
赤花[あかばな] 《植》 바늘꽃.
赤絵[あかえ] (도자기에 그린) 붉은 그림. 붉은 그림이 그려진 도자기.
赤黒い[あかぐろい] 〈形〉 검붉다.
赤詰草[あかつめくさ] 《植》 붉은토끼풀.

音読

赤褐色[せっかっしょく/せきかっしょく] 적갈색.
赤光[しゃっこう] 적광; 눈부시게 빛나는 붉은 빛. 낙조(落照).
赤軍[せきぐん] 적군; 소련의 정규군.
赤軍派[せきぐんは] 적군파; '共産主義者同盟赤軍派'의 준말.
[2]赤道[せきどう] 《地》 적도.
赤銅色[しゃくどういろ] 적동색; 구리 빛깔.
赤裸裸[せきらら] 적나라; ①알몸. 벌거숭이. ②사실 그대로임. 있는 그대로임.
赤痢[せきり] 《医》 적리.
赤飯[せきはん] 찹쌀 팥밥. ＊경사스런 날에 먹음.
赤貧[せきひん] 적빈; 몹시 가난함.
赤誠[せきせい] 적성; 참된 정성. 진심.
赤手[せきしゅ] 적수; 맨손.
赤手空拳[せきしゅくうけん] 적수공권; 빈털터리. 아무것도 가진 것이 없음.
赤十字[せきじゅうじ] 적십자.
赤十字社[せきじゅうじしゃ] 적십자사.
赤外線[せきがいせん] 《物》 적외선.
赤鉄鋼[せきてっこう] 《鉱》 적철강.
赤血球[せっけっきゅう] 적혈구; 붉은피톨.
赤化[せっか] 적화; 공산주의가 됨.

的(的) 과녁 적

′ ｲ 白 白 白 白′ 的 的

音 ◉テキ
訓 ◉まと

訓読

[1]◉的❶[まと] ①과녁. 표적. ②목표. 초점. ❷[てき] ☞ [音読]
的外れ[まとはずれ] ①과녁을 빗나감. ②요점에서 벗어남.
的場[まとば] ①활터. 활을 쏘는 곳. ②과녁이 세워져 있는 곳.
的皮[まとかわ] (활터에서) 과녁 뒤쪽에 친 장막.

音読

[2]的❶[てき] (명사에 접속하면 형용동사가 되어) ①…에 관한. …에 대한. ②…같은. …의 성질을 띤. ③…상태에 있는. ④(인명이나 직업명에 접속하여 친근감·경멸의 뜻을 나타냄.) ¶泥(どろ)~ 도씨. 도둑놈. ¶貧(ひん)~ 가난뱅이. ¶取(とり)~ 졸때기 씨름꾼. ❷[まと] ☞ [訓読]
的屋[てきや] (축제일이나 번잡한 거리에서) 싸구려 물건을 파는 장사치. 야바위꾼.
的中[てきちゅう] 적중; ①과녁에 명중함. ②(예상이) 들어맞음.
[2]的確[てきかく/てっかく] 정확(正確)함.

寂 고요할 적

宀 宀 宀 宇 宇 宋 宋 寂 寂

音 ◉ジャク ◉セキ

訓 ◉さび ◉さびしい ◉さびる ◉さびれる

訓読

◉寂[さび] ①예스럽고 차분한 아취. ②차분하고 낮은 목소리. ③노숙하고 구성진 목소리. 성대를 떨면서 발음하는 저음. ④(일본 문학의 이념으로서) 한적하고 인정미 넘치는 정취미(情趣味).

3 ◉寂しい[さびしい] 〈形〉 ①(인적이 없어) 쓸쓸하다. 한적하다. 호젓하다. ②(외로워서) 적적하다. 쓸쓸하다. ③허전하다. 서운하다. ④울적하다. ⑤내용이 빈약하다. 초라하다.

寂しがる[さびしがる] 〈5自〉 쓸쓸해하다. 울적해하다. 적적해하다.

寂しがり屋[さびしがりや] 외로움을 잘 타는 사람. 남보다 쓸쓸하거나 외로워하는 사람.

◉寂る[さびる] 〈上1自〉 ①조용하고 운치가 있다. ②노숙해지다. 목소리가 낮고 굵어 구수해지다. ③(오래 되어) 황폐해지다.

◉寂れる[さびれる] 〈下1自〉 ①(번창하던 곳이) 쇠퇴하다. 쓸쓸해지다. 한적해지다. ②(오래 되어) 황폐해지다.

寂声[さびごえ] (謡(うたい) 등을 수련해서 생긴) 노숙하고 구수한 낮은 목소리.

寂寂と[さびさびと] 매우 쓸쓸히.

音読

寂として[せきとして] 쥐죽은 듯이.

寂寞[じゃくまく/せきばく] 적막; 쓸쓸하고 고요함.

寂滅[じゃくめつ/せきめつ] 적멸; ①번뇌의 경지를 떠남. ②죽음. 사망.

寂然[じゃくねん/せきぜん] 적연; 고요하고 쓸쓸함.

寂寂❶[じゃくじゃく] 적적; ①고요함. 호젓함. ②무념무상(無念無想)함. ❷[せきせき] 적적; 고요함. 호젓함.

笛 피리 적

丿 𠂉 𥫗 竺 笁 笛 笛 笛 笛

音 ◉テキ

訓 ◉ふえ

訓読

2 ◉笛[ふえ] ①피리. ②호각. 호루라기.

笛竹[ふえたけ] ①대나무로 만든 피리. ②음악. *예스러운 말임.

笛吹(き)[ふえふき] ①피리꾼. 피리 부는 사람. ②선동자. 선동하는 사람.

音読

◑警笛[けいてき], 鼓笛[こてき], 汽笛[きてき]

跡 자취 적

口 卩 卩 𧾷 𧾷 𧾷 趴 跡 跡 跡

音 ◉セキ

訓 ◉あと ⊗と…

訓読

2 ◉跡[あと] ①(남겨진) 자국. 흔적. ②자취. 흔적. 행적. 유적(遺跡). ③뒤. 행방. 행적. ④(집안의) 대(代). 후계자. ⑤《古》선례(先例).

1 跡継ぎ[あとつぎ] ①상속. 상속자. (집안의) 대를 이음. ②(예능・학문의) 후계자.

跡目[あとめ] ①상속. 상속자. ②후계자. 후임자.

跡目争い[あとめあらそい] 상속 싸움.

跡白波[あとしらなみ] ①배가 지나간 뒤에 이는 흰 물결. ②행방불명. 행방을 모름.

跡付ける[あとづける] 〈下1他〉 추적하다.

跡始末[あとしまつ] 뒤치다꺼리. 뒷정리. 뒤처리. 뒷마무리.

跡式[あとしき] ①(상속 대상이 되는) 재산. 유산. ②호주(戸主) 상속인.

跡切れ[とぎれ] 중도에서 끊어짐.

跡切れる[とぎれる] 〈下1自〉 중도에서 끊어지다.

跡切れ跡切れ[とぎれとぎれ] 간간이. 띄엄띄엄.

跡絶える[とだえる] 〈下1自〉 ①(왕래・통신이) 두절되다. ②중도에서 끊어지다.

跡地[あとち] ①(건물 등을) 헌 터. ②농작물의 수확이 끝난 땅.

跡職[あとしき] ☞ 跡式

跡取り[あととり] 상속. 상속인.

跡片付け[あとかたづけ] 뒤치다꺼리. 뒷정리. 뒤처리. 뒷마무리.

跡形[あとかた] 흔적. 자취.

音読

◑古跡[こせき], 旧跡[きゅうせき], 史跡[しせき], 城跡[じょうせき], 足跡[そくせき], 追跡[ついせき], 筆跡[ひっせき], 形跡[けいせき]

賊 도적 적

丨 冂 目 貝 貝 貝 貝 賊 賊 賊

音 ◉ゾク
訓 —

音読

賊[ぞく] ①도둑. 도적. ②역적. 반역자.
賊軍[ぞくぐん] 적군; 반란군.
賊徒[ぞくと] 적도; ①도적의 무리. ②반란군. 역적의 무리.
賊名[ぞくめい] 적명; 도적・역적이라는 누명.
賊臣[ぞくしん] 적신; 반역한 신하. 역적.
賊将[ぞくしょう] 적장; 반란군의 대장.
賊害[ぞくがい] 적해; ①도적에게서 입은 피해. ②살해(殺害)함.

滴 물방울 적

氵 氵 氵 氵 氵 滴 滴 滴 滴 滴

音 ◉テキ
訓 ◉しずく ◉したたらす ◉したたる

訓読

1 ◉滴[しずく] 물방울.
◉滴らす[したたらす] 〈5他〉 (물방울 등을) 떨어뜨리다.
◉滴る[したたる] 〈5自〉 ①(물방울 등이) 방울져 떨어지다. ②(싱싱함이) 넘칠 듯이 충만하다.
滴り[したたり] (물방울 등이) 방울져 떨어짐. 물방울.
滴り落ちる[したたりおちる] 〈上1自〉 (물방울 등이) 방울져 떨어지다.

音読

滴滴と[てきてきと] 뚝뚝. 방울방울.
滴下[てきか] 적하; 방울져 떨어짐.

適(適) 알맞을 적

亠 亠 产 产 产 产 商 商 滴 適

音 ◉テキ
訓 ⊗かなう ⊗かなえる ⊗かなわぬ

訓読

1 ⊗適う[かなう] 〈5自〉 ①꼭 맞다. 들어맞다. 합당하다. ②성취되다. 이루어지다. 뜻대로 되다. ③할 수 있다. ④대항할 수 있다. 필적하다.
1 ⊗適える[かなえる] 〈下1他〉 ①일치시키다. 들어맞히다. ②충족시키다. ③성취시키다. 이루어 주다.
⊗適わない[かなわない] ☞ 適わぬ
⊗適わぬ[かなわぬ] 〈形〉 피할 수 없다. 견딜 수 없다.

音読

適す[てきす] 〈5自〉 ☞ 適する
2 適する[てきする] 〈サ変自〉 알맞다. 적합하다. 합당하다.
適格[てきかく/てっかく] 적격; 어떤 자격에 합당함.
適期[てっき] 적기; 적당한 시기.
2 適当[てきとう] 적당; ①적합함. 적절함. 꼭 들어맞음. ②(정도・분량이) 알맞음. ③적당히 해 버림. 대충해 버림. 엉터리로 함.
2 適度[てきど] 적도; 알맞은 정도.
適量[てきりょう] 적량; 적당량. 알맞은 양.
適齢[てきれい] 적령; 어떤 표준이나 규정에 알맞은 나이.
適齢期[てきれいき] 적령기.
適例[てきれい] 적례; 적절한 예.
適法[てきほう] 적법; 합법적임.
適法性[てきほうせい] 적법성; 합법성.
適不適[てきふてき] 적부적; 적합함과 부적합함. 맞고 안 맞음.
適否[てきひ] 적부; 적합함과 부적합함.
1 適性[てきせい] 적성; 적합한 성질.
適性検査[てきせいけんさ] 적성검사.
適所[てきしょ] 적소; ①적당한 지위. ②알맞은 자리.
適時[てきじ] 적시; 적당한 때.
適役[てきやく] 적역; 알맞은 배역(配役).
適温[てきおん] 적온; 적합한 온도.
2 適用[てきよう] 적용; 어떤 특정한 사항・사건 등에 맞추어 사용함.
1 適応[てきおう] 적응; 환경에 적합하도록 형태・습성을 변화시킴.
1 適宜[てきぎ] 적의; ①적절함. 적당함. ②요령껏. 각자가 알아서.
適意[てきい] 적의; ①마음에 듦. ②뜻대로 함. 마음대로 함.
適任[てきにん] 적임; 임무에 적합함.
適者[てきしゃ] 적자; 어떤 환경에 적합한 자.
適者生存[てきしゃせいぞん] 적자생존.

適作[てきさく] 적작; 농사짓는 그 땅에 알맞은 농작물.
適才[てきさい] 적재; 적합한 재능.
適材[てきざい] 적재; 적합한 인물.
適材適所[てきざいてきしょ] 적재적소.
2適切[てきせつ] 적절; 딱 들어맞음.
適正[てきせい] 적정; 알맞고 바름.
適地[てきち] 적지; 용도에 적합한 땅.
適職[てきしょく] 적직; 알맞은 직업.
適評[てきひょう] 적평; 적절한 비평.
適合[てきごう] 적합; 꼭 들어맞음.
2適確[てきかく/てっかく] 정확(正確)함.

摘 집어낼/딸 적

扌 扩 扩 护 掮 掮 摘 摘 摘

音 ◉テキ
訓 ◉つむ ⊗つまむ

訓読
1◉摘む[つむ] 〈5他〉 ①(손끝으로 나뭇잎・꽃 등을) 따다. 뜯다. ②(가위 등으로) 가지런히 깎다.
1⊗摘まむ[つまむ] 〈5他〉 ①(손가락으로) 집다. ②(음식을) 집어먹다. ③발췌하다. 요약하다.
◉摘み❶[つみ] (손끝으로 나뭇잎・꽃 등의) 따기. 뜯기.
⊗摘まみ❷[つまみ] ①손잡이. ②손가락으로 집은 분량. ¶お~ 마른안주.
摘まみ物[つまみもの] 마른안주.
摘まみ食い[つまみぐい] ①손가락으로 집어먹음. ②몰래 먹음. 훔쳐 먹음. ③공금을 야금야금 횡령함. ④일시적인 희롱으로 여자를 유혹함.
摘み入れ[つみいれ/つみれ] 동그랑땡.
摘み菜[つみな/つまみな] 솎아 낸 채소.
摘み草[つみくさ] 나물캐기.

音読
摘果[てきか/てっか] 적과; 과일을 솎아 땀.
摘記[てっき] 적기; 요점만 골라 기록함.
摘発[てきはつ] 적발; 숨겨진 사실을 들추어냄.
摘要[てきよう] 적요; 요점만 골라 기록함.
摘要欄[てきようらん] 적요란.
摘出[てきしゅつ] 적출; ①끄집어 냄. 빼냄. ②≪医≫ 수술로 제거함. 도려냄. ③골라냄. 가려냄. 뽑아냄. ④폭로함. 들추어냄. 밝혀냄. ⑤(나쁜) 원인을 제거함. 문제점을 도려냄.

嫡 본처/정실 적

女 女' 女' 女' 妒 妒 娇 嫡 嫡 嫡

音 ◉チャク
訓 —

音読
嫡男[ちゃくなん] 적남; 본처의 장남으로 대(代)를 이어갈 아들.
嫡女[ちゃくじょ] 적녀; 본처가 낳은 장녀.
嫡流[ちゃくりゅう] 적류; ①정통의 혈통. 종가(宗家)의 혈통. ②정통파.
嫡母[ちゃくぼ] 적모; (서자측에서 하는 말로) 아버지의 정실(正室).
嫡孫[ちゃくそん] 적손; 가문(家門)을 상속할 손자. 적자(嫡子)의 적자(嫡子).
嫡室[ちゃくしつ] 적실; 본처. 정실(正室).
嫡子[ちゃくし] 적자; ①본처가 낳은 아들. ②가문(家門)을 상속할 아들.
嫡嫡[ちゃくちゃく] 적적; 정통의 혈통.
嫡妻[ちゃくさい] 적처; 본처. 정실(正室).
嫡出[ちゃくしゅつ] 적출; 본처의 소생.
嫡出子[ちゃくしゅつし] 적출자; 본처의 장남으로 대(代)를 이어나갈 아들.

敵 원수 적

亠 亣 产 产 产 商 商 商' 商' 敵

音 ◉テキ
訓 ◉かたき

訓読
◉敵❶[かたき] ①원수(怨讐). ②경쟁 상대. 라이벌. ❷[てき] ☞ [音読]
敵役[かたきやく] ①(연극에서) 악역(悪役). ②미움을 사는 처지.
敵討ち[かたきうち] 원수를 갚음. 복수함.
◑女敵[めがたき], 恋敵[こいがたき]

音読
2敵❶[てき] 적; ①적군(敵軍). 적수(敵手). ②해를 끼치는 것. ③(교섭・절충의) 상대. 저쪽. ❷[かたき] ☞ [訓読]
敵する[てきする] 〈サ変自〉 ①적대(敵対)하다. 대항하다. 맞서다. ②필적하다. 어깨를 나란히 하다.
敵愾心[てきがいしん] 적개심; 적에 대한 의분(義憤)과 성낸 마음.

敵国[てきこく/てっこく] 적국; 적대 관계에 있는 나라.
敵軍[てきぐん] 적군; 적의 군대.
敵旗[てっき] 적기; 적군의 기.
敵機[てっき] 적기; 적군의 비행기.
敵対[てきたい] 적대; 적으로서 맞섬.
敵対関係[てきたいかんけい] 적대관계.
敵塁[てきるい] 적루; 적군의 보루.
敵方[てきがた] 적군의 편. 적측(敵側).
敵兵[てきへい] 적병; 적군의 군대.
敵勢❶[てきせい] 적군의 공격력. ❷[てきぜい] 적군의 병력. 적군(敵軍).
敵手[てきしゅ] 적수; ①적군의 수중(手中). ②경쟁 상대. 라이벌.
敵襲[てきしゅう] 적습; 적군의 습격.
敵視[てきし] 적시; 적대시(敵対視)함. 적군으로 생각함.
敵失[てきしつ] 적실; (야구에서) 상대팀의 실수·에러.
敵影[てきえい] 적영; 적병의 그림자. 적의 모습.
敵意[てきい] 적의; 적대심(敵対心). 적으로서 생각함.
敵将[てきしょう] 적장; 적군의 장수(将帥).
敵前[てきぜん] 적전; 적진(敵陣)의 정면.
敵情[てきじょう] 적정; 적군의 상황.
敵地[てきち] 적지; 적군의 점령지.
敵陣[てきじん] 적진; 적군의 진영.
敵弾[てきだん] 적탄; 적군이 쏜 탄환.
敵艦[てきかん/てっかん] 적함; 적군의 군함.

積 쌓을 적

千 禾 禾 秆 秆 秨 秸 積 積 積

音 ◉セキ
訓 ◉つむ ◉つもる

訓読

2◉積む[つむ] 〈5他〉 ①(물건을) 쌓다. ②(짐을) 싣다. ③(재산을) 모으다. 저축하다. 쌓다. ④(경험을) 거듭하다. 쌓다.
積(み)降(ろ)し[つみおろし] (화물을) 싣고 내림.
積(み)金[つみきん] 적금; 적립금.
積(み)立て[つみたて] 적립; 모아서 쌓아 둠.
積み立てる[つみたてる] 〈下1他〉 적립하다. 모아서 쌓아 두다.
積立金[つみたてきん] 적립금; ①적금. 적립해 두는 돈. ②준비금(準備金).
積(み)木[つみき] ①나무를 쌓아올림. 쌓아 올린 나무. ②쌓기놀이. 집짓기놀이.
積(み)物[つみもの] 쌓아올린 물건.
積(み)肥[つみごえ] 퇴비(堆肥). 두엄.
積(み)卸(し)[つみおろし] (화물을) 싣고 내림.
積み上げる[つみあげる] 〈下1他〉 ①(물건을) 쌓아올리다. ②다 쌓다. ③단계적으로 이룩하다.
積(み)石[つみいし] 쌓아올린 돌.
積(み)送り[つみおくり] 짐을 실어 보냄.
積(み)夜具[つみやぐ] 쌓아올린 침구.
積(み)雲[つみぐも] '積雲(せきうん)'의 딴이름.
積(み)込み[つみこみ] 짐을 실음.
積み込む[つみこむ] 〈5他〉 짐을 싣다.
積(み)残し[つみのこし] (차에) 싣다가 남은 짐. 태우다 남은 사람.
積み重なる[つみかさなる] 〈5自〉 겹겹이 쌓이다. 포개어 쌓이다.
積み重ねる[つみかさねる] 〈下1他〉 ①겹겹이 쌓다. 포개어 쌓다. ②차츰 늘려 나가다. 거듭하다. 쌓다.
積(み)替え[つみかえ] ①(짐을) 옮겨 쌓음. ②다시 쌓음.
積み替える[つみかえる] 〈下1他〉 ①(짐을) 옮겨 쌓다. ②다시 쌓다. 다시 고쳐 쌓다.
積(み)出し[つみだし] (짐을) 출하(出荷)함.
積み出す[つみだす] 〈5他〉 (짐을) 실어 내다. 실어 보내다. 출하(出荷)하다.
積(み)荷[つみに] 짐싣기.
積(み)換え[つみかえ] ①(짐을) 옮겨 실음. ②다시 쌓음.
積み換える[つみかえる] 〈下1他〉 ①(짐을) 옮겨 쌓다. ②다시 쌓다. 다시 고쳐 쌓다.
2◉積もる[つもる] 〈5自〉 ①쌓이다. 모이다. ②쌓이고 쌓이다. 〈5他〉 ①어림잡다. 셈치다. ②추측하다. 헤아리다.
1積(も)り[つもり] ①생각. 작정. ②예상. 속셈. ③…한 셈 침. ④(술자리에서) 마지막 잔.
積(も)り書き[つもりがき] 견적서(見積書).
積(も)り積もる[つもりつもる] 〈5自〉 쌓이고 쌓이다. 겹쳐 쌓이다.

音読

積[せき] ① ≪数≫ 적; 곱. ②면적.
積極[せっきょく] 적극; 바싹 다잡아서 활동함.
2積極的[せっきょくてき] 적극적.

積年[せきねん] 적년; 다년간.
積徳[せきとく] 적덕; 덕을 쌓음.
積分[せきぶん] ≪数≫ 적분.
積算[せきさん] 적산; ①모아서 계산함. 누계(累計). ②(예산 등의) 산출. 견적.
積善[せきぜん] 적선; 선행을 쌓음.
積雪[せきせつ] 적설; 쌓인 눈.
積雪量[せきせつりょう] 적설량.
積悪[せきあく] 적악; 거듭된 악행.
積載[せきさい] 적재; (차에) 물건·짐을 쌓아 실음.
積載量[せきさいりょう] 적재량.
積弊[せきへい] 적폐; 오래 쌓인 폐단.

績 길쌈/공(功) 적

糸 糸 紆 紆 絆 絆 結 績 績

音 ◉セキ
訓 ⊗うむ

訓読
⊗**績む**[うむ] 〈5他〉 (실을) 잣다. ¶苧(お)を~ 모시를 잣다.

音読
◑**功績**[こうせき], **紡績**[ぼうせき], **成績**[せいせき], **実績**[じっせき], **業績**[ぎょうせき]

籍 문서 적

⺮ 竺 竺 竿 筆 筆 箝 箝 籍 籍

音 ◉セキ
訓 —

音読
籍[せき] 적; ①호적(戸籍). ¶~を入(い)れる 입적하다. 호적에 올리다. ②신분. 적.
◑**国籍**[こくせき], **本籍**[ほんせき], **書籍**[しょせき], **入籍**[にゅうせき], **除籍**[じょせき], **学籍**[がくせき]

謫 귀양갈 적

音 ⊗タク
訓 —

音読
謫する[たくする] 〈サ変他〉 ①귀양 보내다. 유배시키다. ②좌천(左遷)시키다.
謫居[たっきょ] 적거; 귀양살이를 함.
謫所[たくしょ] 적소; 귀양지. 유배지.

〔전〕

田 밭 전

丨 冂 冂 田 田

音 ◉デン
訓 ◉た

訓読
2 ◉**田**❶[た] 논. ❷[でん] ☞ [音読]
田螺[たにし] ① ≪動≫ 우렁이. ②우렁이 껍질 모양의 여자 헤어 스타일.
田の面[たのも] 논바닥. 논의 표면.
3 **田舎**[★いなか] ①촌. 시골. 지방. ②(시골의) 고향.
田舎びる[★いなかびる] 〈上1自〉 시골티가 나다. 촌스러워 보이다.
田舎家[★いなかや] ①시골집. 시골에 있는 집. ②시골풍의 허름한 집.
田舎間[★いなかま] (일본식 건축에서) 방의 넓이 등을 재는 척도의 하나. *한 간을 6척(약 1.8m)으로 하여 그 길이를 재는 단위임.
田舎大尽[★いなかだいじん] 시골 부자.
田舎道[★いなかみち] 시골길.
田舎味噌[★いなかみそ] 보리된장.
田舎紳士[★いなかしんし] 시골 신사.
田舎言葉[★いなかことば] 시골말. 사투리.
田舎染みる[★いなかじみる] 〈上1自〉 시골티가 나다. 촌스러워지다.
田舎育ち[★いなかそだち] 시골내기. 시골에서 자란 사람.
田舎者[★いなかもの] ①촌사람. 시골 사람. ②촌놈. 시골뜨기. 버릇없는 놈.
田舎芝居[★いなかしばい] 시골에서 공연되는 수준이 낮은 연극.
田舎汁粉[★いなかじるこ] 단팥죽.
田舎臭い[★いなかくさい] 〈形〉 촌스럽다. 촌티가 나다. 시골티가 나다.
田舎風[★いなかふう] 시골풍. 촌스러움.
田舎回り[★いなかまわり] 지방 순회.
2 **田植(え)**[たうえ] 모내기. 모심기.
田植(え)歌[たうえうた] 모내기 노래.
田植(え)機[たうえき] 이앙기(移秧期). 모심는 기계.
田吾作[たごさく] 시골뜨기. 촌놈. 농사꾼. *경멸의 뜻으로 쓰임.

田子[たご] ≪古≫ ①농사꾼. ②모내기하는 여자.
田作(り)[たづくり] ①논갈이. ②농부.
田畑[たはた/でんばた] 논밭. 전답(田畓).
田舟[たぶね] ①(모・거둔 벼・비료 등을 운반하는) 논에서 사용하는 거룻배. ②(일상적인 교통이나 농작물 운반용의) 간단한 배.
田虫[たむし] ≪医≫ 백선(白癬). 쇠버짐.
田打ち[たうち] 봄갈이. 춘경(春耕).
2田圃[たんぼ] 논.
田圃道[たんぼみち] 논길.
田鶴[たず] 두루미. *'鶴(つる)'의 딴이름.

音読

田❶[でん] (생활 필수품을) 생산하는 곳. 생산지. ¶衣食(いしょく)の～ 의복과 식품의 생산지. ❷[た] ☞ [訓読]
田楽[でんがく] ①모내기 축제 무악(舞楽). ②'田楽豆腐(でんがくとうふ)・田楽焼き(でんがくやき)'의 준말.
田楽豆腐[でんがくとうふ] 두부 산적.
田楽焼き[でんがくやき] 채소・생선 등의 꼬치에 된장을 발라 구운 음식.
田楽刺し[でんがくざし] (칼・꼬챙이 등으로) 꿰뚫음.
1田園[でんえん] 전원; ①논과 밭. ②시골.
田園風景[でんえんふうけい] 전원풍경.
田租[でんそ] 전조; (律令制에서) 논의 면적에 따라 부과된 세금. 전세(田税).
田地[でんち] 전지; 논으로 이용하는 땅.

伝(傳) 전할 전

ノ イ 仁 仁 伝 伝

音 ◉デン ⊗テン
訓 ◉つたう ◉つたえる ◉つたわる ⊗つて

訓読

⊗伝❶[つて] ①연줄. 연고. ②전갈. 인편(人便). ❷[でん] ☞ [音読]
◉伝う[つたう] 〈5自〉 (어떤 것을 매개체로 하여) 옮겨가다. 이동하다.
伝い[づたい] (명사에 접속하여) …을 따라서. …을 매개체로 하여. …을 타고.
伝い歩き[つたいあるき] (걸음마를 시작한 아이가) 벽 등을 잡고 걸음.
3◉伝える[つたえる] 〈下1他〉 ①(소식을) 전하다. 알려 주다. ②(비법을) 전수하다. ③(재산을) 물려주다. ④전파하다. 널리 알리다. ⑤전달하다. 작용이 미치다.
伝え[つたえ] ①전갈. 전언(伝言). ②구전(口伝). 전설(伝説).
伝え聞く[つたえきく] 〈5他〉 전해 듣다. 소문으로 듣다.
伝え受ける[つたえうける] 〈下1他〉 전수받다. 물려받다. 계승하다.
2◉伝わる[つたわる] 〈5自〉 ①전해지다. 전해 내려오다. ②알려지다. 전해 퍼지다. 전파(伝播)되다. ③전래(伝来)되다. ④(매개체를 통해) 통하다. 전해지다. 옮겨가다. 이동하다.

音読

伝❶[でん] ①전기(伝記). 주석(註釈). ②구전(口伝). 전해 오는 이야기. ③≪俗≫ 수단. 방법. 방식. ❷[つて] ☞ [訓読]
伝する[でんする] 〈サ変他〉 ①전하다. 전해주다. ②전기(伝記)를 쓰다.
伝家[でんか] 전가; 그 집에 대대로 전해 내려옴.
伝家の宝刀[でんかのほうとう] 전가의 보도; 함부로 사용하지 않는 비법.
伝奇[でんき] 전기; 괴이한 이야기.
2伝記[でんき] 전기; 개인의 일생 동안 있었던 사적(私的)인 기록.
1伝達[でんたつ] 전달; (명령이나 연락사항 등을 남에게) 전하여 이르게 함.
伝道[でんどう] 전도; 종교를 전파함.
伝道者[でんどうしゃ] 전도자; 전도인.
伝導[でんどう] 전도; 전기가 물체를 통해 옮겨가는 현상.
伝導率[でんどうりつ] 전도율.
伝導体[でんどうたい] 전도체.
伝動[でんどう] 전동; 기계 장치를 통해 동력을 다른 부분으로 전함.
伝灯[でんとう] ≪仏≫ 전등; (스승이 제자에게) 불법(仏法)을 전수함.
伝燈[でんとう] ☞ 伝灯
1伝来[でんらい] 전래; 전해 내려옴.
伝令[でんれい] 전령; 명령을 전달함. 명령을 전달하는 사람.
伝馬[★てんま] 전마; ①역마(駅馬). 파발마(擺撥馬). ②'伝馬船(てんません)'의 준말.
伝馬船[★てんません] 전마선; 거룻배.
伝馬送り[★てんまおくり] 역전(駅伝). 역참에서 공문을 차례로 전하여 보냄.
伝聞[でんぶん] 전문; 전해 들음.

伝法肌[でんぽうはだ] (여자가) 우락부락함.
伝書鳩[でんしょばと] 전서구; 통신 수단으로 이용하는 비둘기.
伝線[でんせん] 전선; (스타킹 등의) 줄이 나감. 올이 줄줄이 풀림.
伝線病[でんせんびょう] ☞ 伝線
1伝説[でんせつ] 전설; 전해 내려오는 이야기.
伝送[でんそう] 전송; ①차례로 전하여 보냄. ②(옛날) 역참에서 보낸 통신 제도. ③(전기·신호 등을) 보내어 전함.
伝送線[でんそうせん] 전송선.
伝受[でんじゅ] 전수; (학문·기예·무예 등을) 전해 받음.
伝授[でんじゅ] 전수; 전해 줌.
伝習[でんしゅう] 전문적인 학문·기술을 이어받아 배움. 교습(教習).
伝習所[でんしゅうじょ] 교습소(教習所).
伝承[でんしょう] 전승; 계통을 전하여 계승함.
2伝言[でんごん] 전언; 말을 전함. 메시지를 전함.
伝言板[でんごんばん] 전언판; 메모판.
2伝染[でんせん] 전염; ① ≪医≫ 병원체가 옮음. ②(습관·상태 등이) 옮아 물듦.
2伝染病[でんせんびょう] 전염병.
伝助賭博[でんすけとばく] 뻥뻥이 노름.
伝唱[でんしょう] 전창; 전하여 부름.
2伝統[でんとう] 전통; 오랜 세월에 걸쳐 전해 내려온 유형·무형의 관습·경향·계통.
伝播[でんぱ] 전파; ①전하여 널리 퍼짐. ② ≪物≫ 파동(波動)이 널리 퍼져 나감.
伝票[でんぴょう] 전표; 거래 내용을 적어 책임을 분명히 하는 표.

全(仝) 온전/모두 전

ノ 𠆢 亼 仐 仝 全

音 ◉ゼン
訓 ◉まったい ◉まったく ⊗まっとうする ⊗すべて

訓読

◉全い[まったい] 〈形〉 완전하다. 온전하다.
全き[まったき] 완전한. 온전한. 완벽한.
2◉全く[まったく] ①완전히. 전적으로. ②정말로. 참으로. 실로. ③(부정문에서) 전혀.
⊗全うする[まっとうする] 〈サ変他〉 완수하다. 다하다.
⊗全て[すべて] ① 〈副〉 모두. 모든. 모조리. 통틀어. ②대체적으로. 일반적으로. ③〈名〉 모든 것. 전체. 전부.

音読

2全[ぜん] 전; ①전체. ②모두. 모든.
全景[ぜんけい] 전경; 전체의 경치.
全曲[ぜんきょく] 전곡; 그 곡 전체.
全科[ぜんか] 전과; 전 학과. 전 교과.
全課[ぜんか] 전과; ①모든 과목. ②모든 과(課). ③어떤 한 과 전체.
全館[ぜんかん] 전관; 건물 전체.
全壊[ぜんかい] 전괴; 완전히 파괴됨.
全校[ぜんこう] 전교; ①한 학교 전체. ②모든 학교.
全校生[ぜんこうせい] 전교생.
全軀[ぜんく] 전구; 온몸. 전신(全身).
全局[ぜんきょく] 전국; ①국면 전체. ②(바둑·장기에서) 대국(対局) 전체.
2全国[ぜんこく] 전국; 나라 전체. 온 나라.
全軍[ぜんぐん] 전군; 전체의 군대.
全権[ぜんけん] 전권; (위임된 일을 처리하는) 모든 권한과 권리.
全能[ぜんのう] 전능; 어떤 것이든지 못하는 것이 없음. 불가능이 없음.
全能者[ぜんのうしゃ] 전능자; 불가능한 일이 없는 절대자.
全段[ぜんだん] 전단; 신문 한 페이지 전부.
全段抜き[ぜんだんぬき] (신문의) 전단 기사·광고. 전단 취급.
全党[ぜんとう] 전당; ①당 전체. ②모든 정당.
全図[ぜんず] 전도; 지도 전체.
全都[ぜんと] 전도; ①도시 전체. ②東京都(とうきょうと) 전체.
全島[ぜんとう] 전도; ①섬 전체. ②모든 섬.
全道[ぜんどう] 전도; ①도로 전체. 모든 도로. ②北海道(ほっかいどう) 전체.
全裸[ぜんら] 전라; 알몸. 벌거숭이.
全量[ぜんりょう] 전량; 전체의 분량.
2全力[ぜんりょく] 전력; 온힘.
全力投球[ぜんりょくとうきゅう] 전력투구.
全輪駆動[ぜんりんくどう] 전륜구동; (자동차의) 앞뒤 바퀴 모두 굴음.
全面[ぜんめん] 전면; 모든 면.
全面的[ぜんめんてき] 전면적; 모든 면에 걸친 상태.
1全滅[ぜんめつ] 전멸; 모두 멸망함.
全貌[ぜんぼう] 전모; 전체의 모양.

全文[ぜんぶん] 전문; 문장 전체.
全米[ぜんべい] 전미; 전 미국. 미국 전체.
[2]全般[ぜんぱん] 전반; 통틀어 모두.
全般的[ぜんぱんてき] 전반적.
全盤[ぜんばん] 전반; (바둑·장기에서) 승부의 모든 경과.
全本[ぜんぽん] 전본; 완본(完本).
[4]全部[ぜんぶ] 전부; 모두. 전체.
全払い[ぜんばらい] 전불; 완불(完払).
全書[ぜんしょ] 전서; 전집(全集).
全線[ぜんせん] 전선; ①(철도·통신 등의) 노선 전부. ②전전선(全戦線).
[1]全盛[ぜんせい] 전성; 한창 왕성함.
全世界[ぜんせかい] 전세계; 온 세계.
全焼[ぜんしょう] 전소; 몽땅 타 버림.
全速力[ぜんそくりょく] 전속력; 최대한의 속력.
全勝[ぜんしょう] 전승; 모두 이김.
[2]全身[ぜんしん] 전신; 온몸.
全身大[ぜんしんだい] 전신 크기.
全身麻酔[ぜんしんますい] 전신마취.
全身全霊[ぜんしんぜんれい] 전신전령; 몸과 마음 전부.
全額[ぜんがく] 전액; 액수의 전부.
全額払(い)戻し[ぜんがくはらいもどし] 전액 환불.
全訳[ぜんやく] 전역; 완역(完訳).
全域[ぜんいき] 전역; ①온 지역. 지역 전체. ②모든 분야. 모든 방면.
[2]全然[ぜんぜん] 전연; ①(부정문에서) 전연. 전혀. 조금도. ②완전히. 전적으로. ③《俗》 아주. 대단히. 굉장히. 썩.
全容[ぜんよう] 전용; 전체의 모습.
[2]全員[ぜんいん] 전원; 모든 인원.
全音[ぜんおん] 《楽》 전음; 온음.
全人[ぜんじん] 전인; 지식·감정·의지 등이 원만하게 발달한 사람.
全人教育[ぜんじんきょういく] 전인 교육.
全一[ぜんいつ] 전일; 통일된 완전한 것. 완전무결한 것.
全日[ぜんじつ/ぜんにち] 전일; 온종일.
全日制[ぜんじつせい/ぜんにちせい] 전일제; 매일 수업을 하는 통상적 학교 교육 과정.
全長[ぜんちょう] 전장; 전체의 길이.
全的[ぜんてき] 전적; 전체에 걸친 모양.
全製品[ぜんせいひん] 전제품; 모든 제품.
全住民[ぜんじゅうみん] 전주민; 주민 전체.
全知[ぜんち] 전지; 완전한 지혜.
全智[ぜんち] ☞ 全知
全紙[ぜんし] 전지; ①온 장의 종이. 지면 전체. ②모든 신문. ③(한 신문의) 지면 전체.
[2]全集[ぜんしゅう] 전집; 한 사람의 또는 같은 종류의 저작물을 모은 출판물.
全天候[ぜんてんこう] 전천후; 어떤 기상 조건에도 견딜 수 있음.
全天候機[ぜんてんこうき] 전천후 비행기.
[2]全体[ぜんたい] 전체; ①온몸. 전신(全身). ②모두. 전부. ③본디. 애당초. 원래. ④(의문문에서) 도대체. 대체. ⑤대체로.
全体主義[ぜんたいしゅぎ] 전체주의.
全治[ぜんち/ぜんじ] 전치; 병을 완전히 고침.
[1]全快[ぜんかい] 전쾌; 완쾌(完快).
全土[ぜんど] 전토; 전국(全国).
全通[ぜんつう] 전통; (철도·통신 등의) 모든 노선(路線) 개통.
全敗[ぜんぱい] 전패; 완패(完敗).
全編[ぜんぺん] 전편; 시문(詩文)이나 책의 전체.
全篇[ぜんぺん] ☞ 全編
全廃[ぜんぱい] 전폐; 모두 폐함.
全幅[ぜんぷく] 전폭; ①한 폭 전부. ②일정한 범위 전체.
全会[ぜんかい] 전회; ①그 모임에 참석한 사람 모두. ②모든 회원. 회원 모두.
全会衆[ぜんかいしゅう] 전회중; ①그 회중 전체. ②모든 회중.
全休[ぜんきゅう] 전휴; ①그 날 하루 또는 일정 기간 내내 쉼. ②전 차량이 쉼. 전 노선이 쉼.

典 법/책 전

丨 冂 巾 曲 曲 曲 典 典

音 ◉テン
訓 —

音読

典[てん] 의식(儀式).
典拠[てんきょ] 전거; 문헌상의 근거.
典故[てんこ] 전고; 문헌상의 근거가 있는 고사(故事).
典麗[てんれい] 전려; 아담하고 아름다움.
典礼[てんれい] 전례; ①정해진 의식·의례. ②의식을 관장하는 직책.

典例[てんれい] 전례; 문헌상의 근거가 있는 선례(先例).
典範[てんぱん] 전범; 행동의 기준이 되는 규칙이나 법률.
典雅[てんが] 전아; 아담하고 우아함.
典獄[てんごく] '刑務所長'의 옛 칭호.
典儀[てんぎ] 전의; ①의전(儀典). 의식(儀式). ②즉위·조하(朝賀) 등의 의식을 주재하던 직책의 사람.
典籍[てんせき] 전적; 서적. 책.
2 典型[てんけい] 전형; 모범이 될 만한 본보기.
2 典型的[てんけいてき] 전형적.

ㅈ

前(前) 앞 전

丶 丷 䒑 䒤 前 前 前 前 前

音 ◉ゼン
訓 ◉まえ

訓読

4 ◉前❶[まえ] ①(방향의) 앞. 앞쪽. 정면. ②(어느 시점의) 전. 이전. ③(순서에서) 앞. 앞서. 먼저. ④ 《俗》 전과(前科). ⑤(몇 사람) 몫. 분. ❷[ぜん] ☞ [音読]
前のめり[まえのめり] 앞으로 거꾸러짐. 앞으로 기울어짐.
1 前もって[まえもって] 미리. 사전에.
前脚[まえあし] (짐승의) 앞발.
前勘定[まえかんじょう] (대금의) 선불(先払).
前景気[まえげいき] (일을 시작하기 전의) 기세. 전망.
前掛(け)[まえかけ] ①앞치마. ②(인력거의) 손님 무릎에 덮는 모포.
前橋[まえばし] 群馬県(ぐんまけん)의 현청(県庁) 소재지.
前口[まえくち] (신청·접수) 순서가 빠름.
前口上[まえこうじょう] ①서론(序論). ②(연극을 시작하기 전의) 인사말. 설명.
前句[まえく] (連歌(れんが)·俳諧(はいかい)에서 詩句 짝짓기 놀이에서) 다른 사람이 뒷구를 이어받을 것을 전제로 하여 짓는 앞의 구(句).
前句付(け)[まえくづけ] (江戸(えど) 시대에 유행한) 언어 유희의 일종.
前屈み[まえかがみ] (상반신을) 앞으로 구부림. 앞으로 구부정한 자세.
前金[まえきん/ぜんきん] 선금(先金).
前帯[まえおび] ①(여자가) 띠를 앞으로 맴. 앞으로 맨 띠. ②(江戸(えど) 시대 京都(きょうと) 근처에서) 눈썹을 밀고 이를 물들인 나이 든 여자.
前貸(し)[まえがし] 선불(先払). 가불(仮払).
前渡し[まえわたし] 전도; ①기일 전에 미리 줌. ②예약금. 계약금.
前桐[まえぎり] (장롱 등의) 앞면만을 오동나무로 만든 것.
前頭[まえがしら] (씨름에서) 幕内(まくうち) 중 小結(こむすび)의 다음 계급.
前輪❶[まえわ] ①수레의 앞바퀴. ②(말안장의) 앞 둔덕. ❷[ぜんりん] (수레의) 앞바퀴.
前立(て)[まえだて] ①명목상의 우두머리. ②'前立物(まえだてもの)'의 준말.
前立物[まえだてもの] 투구 앞면에 꽂는 장식물. *반달·괭이 등 여러 모양이 있음.
1 前売(り)[まえうり] 예매(豫売).
前売(り)券[まえうりけん] 예매권(豫売券).
前っ面[まえっつら] 앞면. 앞쪽.
前髪[まえがみ] ①앞머리. ②(옛날) 관례(冠礼) 전의 소년들이 이마 위에 땋아 얹었던 머리. ③관례(冠礼) 전의 소년.
前方❶[まえかた] ①이전(以前). ②미리. 앞서. 사전에. ③앞쪽. 전방. ❷[ぜんぽう] 전방; 앞쪽.
前付(け)[まえづけ] (책의 본문 앞에 붙이는) 서문(序文). 목차(目次).
前払い[まえばらい] 선불(先払).
前仕手[まえじて] (能(のう)에서) 중간 휴식 이전에 등장하는 주역 배우.
前相撲[まえずもう] 순위표에 오르지 못한 하급 씨름·씨름꾼.
前書き[まえがき] 서문(序文). 머리말.
前の世[まえのよ] 《仏》 전세; 전생(前生).
前小口[まえこぐち] (책의) 등과 반대쪽의 절단면. (책) 마구리.
前掻き[まえがき] (짐승이) 앞발로 땅을 긁음.
前垂れ[まえだれ] (상인·짐꾼들이 두르는) 앞치마.
前身❶[まえみ] '前身頃(まえみごろ)'의 준말. ❷[ぜんしん] ① 《仏》 전세(前世)의 몸. ②지금까지의 경력. 지금까지의 프로필. ③(조직의) 이전의 형태.
前身頃[まえみごろ] 옷의 앞길.
前厄[まえやく] 액년(厄年). 액년의 전 해. (남자의 42세, 여자의 33세 따위의) 전해. *액년 다음으로 조심해야 하는 해.
前芸[まえげい] 맛보기 연기.

[1]前以て[まえもって] 미리. 사전에.
前前[まえまえ] 이전. 오래 전.
前足[まえあし] 짐승의 앞발.
前借り[まえがり] (급료 등의) 가불(仮払).
前触れ[まえぶれ] ①예고(豫告). 미리 알림. ②전조(前兆). 조짐.
前祝い[まえいわい] 미리 축하함.
前歯[まえば] ①앞니. ②나막신의 앞굽.
[1]前置(き)[まえおき] 머리말. 서론(序論).
前通り[まえどおり] ①앞길. 큰길. ②전(前)과 같음. 앞과 동일함.
前幅[まえはば] 일본옷의 앞길 너비.
前下がり[まえさがり] 앞이 처짐.
前向き[まえむき] ①앞쪽을 향함. ②적극적임. 진취적임. 전향적임.
前壺[まえつぼ] 왜나막신의 앞끈을 꿰는 구멍. 또는 그 끈.
前後ろ[まえうしろ] 전후; ①앞과 뒤. ②앞뒤가 뒤바뀜.

音読

前❶[ぜん] 전; ①바로 앞. ¶ ~首相(しゅしょう) 바로 전 수상. ②기원전(紀元前). ③전. 이전(以前). ④(…보다) 이전. ⑤둘 중의 앞쪽. ¶ ~半期(はんき) 전반기. ❷[まえ] ☞ [訓読]
前掲[ぜんけい] 전게; 앞서 말함.
前景[ぜんけい] 전경; ①눈앞의 경치. ②무대 앞쪽의 무대 장치.
前科[ぜんか] 전과; ①형벌의 전력(前歷). ②이전의 좋지 못한 행실.
前駆[ぜんく] 전구; 말을 타고 행렬을 선도함.
前駆症状[ぜんくしょうじょう] ≪医≫ 전구증상.
前記[ぜんき] 전기; 앞에 기록되어 있음.
前期[ぜんき] 전기; 어떤 기간을 둘로 나눈 첫 기간.
前納[ぜんのう] 전납; 선납(先納). 미리 바침.
前年[ぜんねん] 전년; ①작년. 지난해. ②왕년(往年). ③(어느 해의) 전년.
前段[ぜんだん] 전단; (어떤 문장의) 앞의 단락.
前代[ぜんだい] 전대; 지나간 시대.
[1]前途[ぜんと] 전도; 장래. 앞으로 나갈 길.
前頭部[ぜんとうぶ] 전두부; 앞머리 부분.
前頭葉[ぜんとうよう] ≪生理≫ 전두엽.
前略[ぜんりゃく] 전략; ①(인용문 등의) 앞부분을 생략함. ②편지 첫머리에 쓰는 글. *계절 인사나 형식적인 것을 생략한다는 뜻이며, '草々(そうそう)·不一(ふいつ)' 등으로 끝맺음.
前歴[ぜんれき] 전력; 경력(経歴).
[1]前例[ぜんれい] 전례; 선례(先例).
前輪❶[ぜんりん] (수레의) 앞바퀴. ❷[まえわ] ①수레의 앞바퀴. ②(말 안장의) 앞둔덕.
前立腺[ぜんりつせん] ≪生理≫ 전립선.
前面[ぜんめん] 전면; 앞쪽 면.
前文[ぜんぶん] 전문; 앞의 문장.
前半期[ぜんはんき] 전반기; (전체를 둘로 나눈) 앞의 기간.
前方❶[ぜんぽう] 전방; 앞쪽. ❷[まえかた] ①이전(以前). ②미리. 앞서. 사전에. ③앞쪽. 전방.
前方後円墳[ぜんぽうこうえんふん] ≪考古≫ 전방후원분.
前非[ぜんぴ] 전비; 이전의 잘못.
前史[ぜんし] 전사; ①(어떤 한 시대) 그 이전의 역사. ②한 시대의 전반(前半)의 역사. ③선사(先史).
前線[ぜんせん] 전선; ①(戦場의) 제일선. ②≪気≫ 성질이 다른 두 기단(気団)이 땅과 접촉하는 선.
前説[ぜんせつ] 전설; ①이전에 말한 설. ②선인(先人)의 설. ③서설(序説).
前世❶[ぜんせ] ①전세; 전생(前生). ②(부정문에서) 한 번도. 전혀. ❷[ぜんせい] 옛날. 지난 날.
前世紀[ぜんせいき] 전세기; 지나간 세기. 옛 시대.
前述[ぜんじゅつ] 전술; 앞서 이미 진술·논술함.
前身❶[ぜんしん] ①≪仏≫ 전세(前世)의 몸. ②지금까지의 경력. 지금까지의 프로필. ③(조직의) 이전의 형태. ❷[まえみ] '前身頃(まえみごろ)'의 준말.
前夜[ぜんや] 전야; ①어젯밤. ②전날 밤.
前夜祭[ぜんやさい] 전야제.
前約[ぜんやく] 전약; 이전에 한 약속.
前言[ぜんげん] 전언; ①앞서 한 말. ②선인(先人)의 말.
前列[ぜんれつ] 전열; 앞줄.
前月[ぜんげつ] 전월; ①지난 달. 전달. ②(이전 어느 달의) 전달.
前衛[ぜんえい] 전위; ①전방의 호위. ②(사회운동·예술 운동에서) 가장 선구적인 집단.
前衛美術[ぜんえいびじゅつ] 전위미술.

前人[ぜんじん] 전인; 이전 사람. 옛 사람.

前日[ぜんじつ] 전일; 어느 날의 전날

前任[ぜんにん] 전임; ①먼저 취임함. ②이전에 근무함.

前任者[ぜんにんしゃ] 전임자.

[2]前者[ぜんしゃ] 전자; (두 가지 예를 들어서 말할 때) 그 앞의 것.

前作[ぜんさく] 전작; ①이전의 작품. ②≪農≫ (그루갈이에서) 앞갈이.

前場[ぜんば] (증권거래소의) 전장.

前著[ぜんちょ] 전저; 이전의 저작물.

前前[ぜんぜん] 전전; 이전의 이전.

前庭[ぜんてい] 전정; ①앞뜰. 앞마당. ②≪生理≫ 내이(内耳)의 일부.

[1]前提[ぜんてい] 전제; (어떤 사물을 논할 때) 먼저 내세우는 기본이 되는 것.

前提条件[ぜんていじょうけん] 전제조건.

前兆[ぜんちょう] 전조; 징조. 조짐.

前座[ぜんざ] ①(講談(こうだん)・落語(らくご)・浪花節(なにわぶし) 등에서) 정규 프로에 앞서 출연함. 보조 출연. ②前座(ぜんざ)에 출연하는 최하위의 연예인.

前奏曲[ぜんそうきょく] 전주곡; 반주의 첫머리에 연주되는 부분.

前週[ぜんしゅう] 전주; 지난 주.

前肢[ぜんし] 전지; (동물의) 앞다리.

[2]前進[ぜんしん] 전진; 앞으로 나아감.

前車[ぜんしゃ] 전차; 앞차.

前借[ぜんしゃく] 전차; 가불(仮払).

前借金[ぜんしゃくきん] 가불금(仮払金).

前菜[ぜんさい] 전채; 오르되브르.

前轍[ぜんてつ] 전철; 앞서 가는 수레의 바퀴자국.

前哨戦[ぜんしょうせん] 전초전; 전투가 벌어지기 직전의 작은 충돌.

前置詞[ぜんちし] ≪語学≫ 전치사.

前編[ぜんぺん] 전편; 두 편으로 나뉜 책의 앞의 편.

前項[ぜんこう] 전항; ①앞의 항목. ②≪数≫ 전항.

前賢[ぜんけん] 전현; 선현(先賢).

前回[ぜんかい] 전회; 전번. 지난번.

[2]前後[ぜんご] 전후; ①(위치상의) 앞뒤. ②(시간상의) 앞뒤. ③앞뒤 사정. ④(숫자에 접속하여) 쯤. 안팎. ⑤거의 동시임. ⑥순서가 뒤바뀜.

前後不覚[ぜんごふかく] 제정신을 잃음. 전후 사정을 분간하지 못함.

専(專) 오로지 전

一 厂 冂 冃 冒 由 亩 専 専

音 ◉セン

訓 ◉もっぱら

訓読

[1]◉専ら[もっぱら] ①오로지. 전적으로. 한결같이. ②독차지. ¶権力(けんりょく)を～にする 권력을 독차지하다.

音読

専決[せんけつ] 전결; 자신만의 의견으로 결정함.

[2]専攻[せんこう] 전공; 어떤 학문・학과를 전문으로 연구함.

[2]専攻科目[せんこうかもく] 전공과목.

専科[せんか] 전과; 전문학과 과정.

専管[せんかん] 전관; 전적으로 관리함.

専管水域[せんかんすいいき] 전관수역.

専権[せんけん] 전권; 마음대로 권력을 휘두름.

専念[せんねん] 전념; ①몰두(没頭)함. ②≪仏≫ 오로지 염불만 함.

専断[せんだん] 전단; 독단(独断). 제 마음대로 단행(断行)함.

専売[せんばい] 전매; 독점하여 판매함.

専売特許[せんばいとっきょ] 전매특허.

専務[せんむ] 전무; 전문적으로 일을 맡아보는 사람.

専務取締役[せんむとりしまりやく] (주식회사의) 전무이사(専務理事).

[2]専門[せんもん] 전문; ①오로지 한 가지 일에만 종사하거나 연구함. ②유일한 관심사.

専門家[せんもんか] 전문가.

専門店[せんもんてん] 전문점.

専属[せんぞく] 전속; 오로지 한 곳에만 속함.

専属契約[せんぞくけいやく] 전속계약.

[1]専修[せんしゅう] 전수; 오로지 그 일만 습득함.

[1]専修科目[せんしゅうかもく] 전수과목.

専心[せんしん] 전심; ①전념(専念)함. 오로지 한 가지 일에만 몰두함. ②경건한 정성.

専業[せんぎょう] 전업; ①전문 사업・직업. ②(법률로 정한) 독점 사업.

専業主婦[せんぎょうしゅふ] 전업주부.

[1]専用[せんよう] 전용; 오로지 한 가지 일에만 사용함.

専有[せんゆう] 전유; 독점. 독차지함.

専一[せんいつ] 전일; ①전념(専念). 전심(専心). ②첫째임. 으뜸임.
専任[せんにん] 전임; 오로지 그 일에만 종사함.
[2]**専制**[せんせい] 전제; 독단적으로 처리함.
[2]**専制政治**[せんせいせいじ] 전제정치.
専従[せんじゅう] 전종; ①오로지 그 일에만 종사함. ②'組合専従者(くみあいせんじゅうしゃ)'의 준말.
専従者[せんじゅうしゃ] 전종자; 오로지 그 일에만 종사하는 사람.
専行[せんこう] 전행; 제 마음대로 처리함.
専横[せんおう] 전횡; 남의 의향을 무시하고 자기 마음대로 행동함.

畑 밭 전

丶 丷 火 火 灯 炉 畑 畑 畑

音 ―
訓 ◉はたけ ◉はた

訓読

[2]◉**畑**[はたけ] ①밭. ②전문 분야. ¶~が違(ちが)う 전문 분야가 다르다. ③모태(母胎). 배(腹). ¶~の違(ちが)う兄弟(きょうだい) 배다른 형제.
畑灌漑[はたけかんがい] 밭의 관개. *밭에 물을 대서 수확을 높이는 농사법.
畑水練[はたけすいれん] 실제로는 도움이 안 되는 훈련·의논.
畑違い[はたけちがい] 전문 분야가 다름.
畑作[はたさく] 밭농사. 밭작물.
畑地[はたち] 밭으로 사용하는 땅.
◑**麦畑**[むぎばたけ], **苺畑**[いちごばたけ], **桑畑**[くわばたけ], **花畑**[はなばたけ]

展 펼 전

㇕ コ 尸 尸 尸 屏 屏 屏 展 展

音 ◉テン
訓 ―

音読

[2]**展開**[てんかい] 전개; ①(눈앞에) 펼침. 펼쳐짐. ②늘여서 폄. ③(영화·소설 등에서) 주제를 발전시킴. ④(군대에서) 각 부대 또는 군인을 따로따로 배치시킴.
展観[てんかん] 전관; 널리 보임. 전람(展覧).
展覧[てんらん] 전람; ①펴 봄. ②여럿을 진열해 놓고 보임.
[2]**展覧会**[てんらんかい] 전람회.
[1]**展望**[てんぼう] 전망; ①멀리까지 바라봄. ②넓은 범위에 걸쳐 사회의 사건이나 인생 등을 예측함.
[1]**展望台**[てんぼうだい] 전망대.
[1]**展示**[てんじ] 전시; 작품이나 물품을 진열해 놓고 일반에게 보임.
展示会[てんじかい] 전시회.
展翅[てんし] 전시; 표본으로 사용할 곤충의 날개를 펴고 고정시킴.
展転反則[てんてんはんそく] 전전반측; 잠을 못 이루고 뒤척임.

栓(栓) 나무못/말뚝 전

一 十 木 木 朩 朩 枀 栓 栓 栓

音 ◉セン
訓 ―

音読

[2]**栓**[せん] ①마개. ②병마개. ③(수도 등의) 꼭지.
栓抜(き)[せんぬき] 병따개. 마개뽑이.
栓塞[せんそく] 전색; 혈관이나 림프관(임판관)이 막힘.

転(轉) 구를/옮길 전

一 ㄇ 戸 百 亘 車 車 転 転 転

音 ◉テン
訓 ◉ころがす ◉ころがる ◉ころげる ◉ころばす ◉ころぶ ⊗うたた ⊗くるめかす ⊗くるめく

訓読

[2]◉**転がす**[ころがす] 〈5他〉 ①굴리다. ②넘어뜨리다. 쓰러뜨리다. ③운전하다. ④(여러 번) 전매(転売)하다.
転がし[ころがし] ①굴림. ②(계곡·여울에서) 낚싯줄이 흘러 내려가게 하여 하는 흘림낚시.
[2]◉**転がる**[ころがる] 〈5自〉 ①구르다. 굴러가다. ②넘어지다. 쓰러지다.
転がり込む[ころがりこむ] 〈5自〉 ①굴러 들어가다. 굴러 들어오다. ②(황급히) 뛰어들다.

◉転げる[ころげる] 〈下1自〉 ①구르다. 굴러가다. ②넘어지다. 쓰러지다.
転げ落ちる[ころげおちる] 〈上1自〉 굴러 떨어지다.
転げ込む[ころげこむ] 〈5自〉 굴러 들어오다. 굴러 들어가다.
転げ回る[ころげまわる] 〈5自〉 뒹굴다.
◉転ばす[ころばす] 〈5他〉 ①굴리다. ②넘어뜨리다. 쓰러뜨리다. ③(기생 등에게) 몸을 팔게 하다.
転ばし[ころばし] ①굴림. ②굴림대.
2◉転ぶ[ころぶ] 〈5自〉 ①구르다. 굴러가다. ②넘어지다. 쓰러지다. ③(기생 등이) 몸을 팔다. ④정절을 굽히다. 굴복하다. 타협하다. ⑤사태가 바뀌다. 추세가 변하다.
転び[ころび] ①넘어짐. 쓰러짐. 나뒹굶. ②(江戸(えど) 시대에) 종교 탄압에 굴복하여 불교로 개종한 기독교 신자. ③(기생 등의) 매춘(売春).
転び寝[ころびね] ①등걸잠. ②선잠. 옅은 잠. ③밀통(密通). 야합(野合).
⊗転かす[くるめかす] 〈5他〉 ①뱅뱅 돌리다. ②현기증을 일으키게 하다.
⊗転く[くるめく] 〈5自〉 ①뱅뱅 돌다. ②현기증이 나다. 어지러워지다.
⊗転た[うたた] ①(몹시 감동하여) 사뭇. 매우. ②(평소와는 달리) 몹시. 자못.
1転た寝[うたたね] (잠자리에 들지 않고 앉아서 조는) 선잠.

音読

転[てん] ①어형(語形)이나 음운 등의 변화. ②한시(漢詩) 절구(絶句)의 제3구(句).
1転じる[てんじる] 〈上1自他〉 변하다. 바뀌다. 옮다. 옮기다. 돌다. 돌리다.
1転ずる[てんずる] 〈サ変自他〉 변하다. 바뀌다. 옮다. 옮기다. 돌다. 돌리다.
転嫁[てんか] 전가; 잘못·죄과·책임 등을 남에게 덮어씌움.
1転居[てんきょ] 전거; 이사(移徙).
転科[てんか] 전과; 학과(学科)를 옮김.
1転校[てんこう] 전교; 전학(転学). 학교를 옮김.
転校生[てんこうせい] 전학생(転学生).
1転勤[てんきん] 전근; 근무처를 옮김.
転記[てんき] 전기; 옮겨 기록함.
転機[てんき] 전기; 전환기(転換期).
転貸[てんたい] 전대; 빌린 것을 남에게 다시 빌려 줌.
転貸借[てんたいしゃく] 전대차.
転倒[てんとう] 전도; ①넘어져 쓰러짐. 쓰러뜨림. 넘어뜨림. ②(순서가) 거꾸로 됨. 뒤집힘. 뒤집음. ③당황함. 기겁함.
1転落[てんらく] 전락; (나쁜 상태로) 굴러 떨어짐. 타락(堕落)함.
転路器[てんろき] ☞ 転轍機
転売[てんばい] 전매; 산 물건을 다시 팖.
転覆[てんぷく] 전복; 뒤집혀 엎어짐.
転部[てんぶ] 전부; 부서(部署)·학부(学部)·서클 등을 바꿈.
転写[てんしゃ] 전사; 옮기어 베낌.
転成[てんせい] 전성; ①성질이 다른 것으로 변함. ②≪語学≫ 다른 품사로 변화됨.
転属[てんぞく] 전속; 소속을 바꿈.
転送[てんそう] 전송; 보내온 물건을 다시 다른 곳으로 보냄.
転乗[てんじょう] 전승; 차를 갈아탐.
転身[てんしん] 전신; ①몸을 돌려 비킴. ②전환(転換). 주의·주장·생활 방식 등을 완전히 바꿈.
転業[てんぎょう] 전업; 직업을 바꿈.
転訛[てんか] 전와; 말의 원래의 발음이 편의상 변화됨.
転用[てんよう] 전용; 본래의 목적과는 다른 목적에 사용함.
転位[てんい] 전위; 위치를 바꿈. 위치가 바뀜.
転移[てんい] 전이; ①자리가 바뀜. 자리를 바꿈. ②≪医≫ 암(癌) 등의 환부가 자리를 옮김. ③≪物≫ 물질이 서로 다른 상태로 변함.
1転任[てんにん] 전임; 다른 임무나 임지(任地)로 자리를 옮김.
転入[てんにゅう] 전입; ①딴 곳에서 들어와 거주함. ②'転入学'의 준말.
転入届[てんにゅうとどけ] 전입 신고.
転入生[てんにゅうせい] 전입생.
転入学[てんにゅうがく] 전입학.
転載[てんさい] 전재; 이미 발행된 인쇄물의 내용을 다른 간행물에 옮겨 실음.
転籍[てんせき] 전적; 본적·학적 등을 다른 곳으로 옮김.
2転転と[てんてんと] 여기저기 옮겨 다님. (각처를) 전전함.
転戦[てんせん] 전전; 장소를 옮겨가며 싸움.
転調[てんちょう] ≪楽≫ 전조; 조바꿈.
転住[てんじゅう] 전주; 딴 곳으로 이사함.

転注[てんちゅう] 전주; 어떤 글자의 뜻을 전용(転用)함에 따라 뜻이나 음(音)이 바뀜.
転地[てんち] 전지; 현재 거주하는 장소를 옮김.
転地療法[てんちりょうほう] 전지 요법.
転職[てんしょく] 전직; 다른 직업으로 바꿈.
転進[てんしん] 전진; ①진로를 바꿔 나아감. ②군대가 다른 목적으로 이동함. ＊'후퇴·퇴각'의 완곡한 표현임.
転車台[てんしゃだい] 턴테이블.
転遷[てんせん] 전천; 변천. 변화.
転轍機[てんてつき] 전철기; 철도 선로의 분기점에 붙여 차량을 딴 선로로 옮겨가게 하는 장치.
転轍手[てんてつしゅ] 전철수; 포인트맨.
転出[てんしゅつ] 전출; ①거주지를 옮김. ②다른 직장으로 옮겨감.
転出届[てんしゅつとどけ] 전출 신고.
転学[てんがく] 전학; ①학교를 옮김. ②전과(転科). 대학의 학부(学部)를 옮김.
転向[てんこう] 전향; (이제까지의) 방향·사상·태도 등을 바꿈.
転化[てんか] 전화; 변화. 변환. 다른 상태로 변함.
[1]転換[てんかん] 전환; (이제까지의) 방침·경향 등을 다른 방향으로 바꿈.
[1]転回[てんかい] 전회; ①회전(回転). ②방향을 바꿈. ③《楽》 (화음 등에서) 음의 상하 관계를 바꿈.

戦(戰) 싸울 전

ソ ㅏ 屵 肖 苴 単 単 戦 戦 戦

音 ◉セン
訓 ◉いくさ ◉たたかう ◉たたかわす ⊗おののく ⊗そよがす ⊗そよぐ

訓読
◉戦❶[いくさ] 전쟁. 싸움. 전투. ❷[せん] ☞ [音読]
[2]◉戦う[たたかう] 〈5自〉 ①(무력으로) 전쟁하다. 싸우다. 전투하다. ②(승부를) 겨루다. 경쟁하다. 시합하다. ③투쟁하다. 다투다.
[2]戦い[たたかい] ①전쟁. 싸움. 전투. ②경쟁. 시합. ③투쟁.
◉戦わす[たたかわす] 〈5他〉 (논쟁 등을) 벌이다. 서로 다투다.
⊗戦く[おののく] 〈5自〉 부들부들 떨다.
⊗戦がす[そよがす] 〈5他〉 ①(바람이) 산들산들 흔들다. ②설레게 하다.
⊗戦ぐ[そよぐ] 〈5自〉 (바람에) 산들산들 흔들리다. 산들거리다. 살랑거리다.
⊗戦ぎ[そよぎ] (바람에) 산들거림. 살랑거림.
⊗戦慄かす[わななかす] 〈5他〉 부들부들 떨다.
⊗戦慄く[わななく] 〈5自〉 와들와들 떨리다.

音読
[2]戦❶[せん] (명사에 접속하여 접미어로) 전; ①전쟁. ¶空中(くうちゅう)～ 공중전. ②시합. ¶リーグ～ 리그전. ③경쟁. ¶宣伝(せんでん)～ 선전전. ❷[いくさ] ☞ [訓読]

戦功[せんこう] 전공; 전쟁에서의 공로.
戦果[せんか] 전과; 전쟁의 성과.
戦局[せんきょく] 전국; 전쟁·시합·승부 등이 되어 가는 판국.
戦国時代[せんごくじだい] 전국시대; ①(일본의) '応仁(おうにん)の乱(らん)(1467년)'부터 豊臣秀吉(とよとみひでよし)의 천하 통일 때까지의 전란(戦乱) 시대. ②(중국의) 춘추 시대부터 진시황의 통일까지의 전란 시대. ③서로 경쟁하는 시대.
戦記[せんき] 전기; 전쟁의 기록.
戦記物語[せんきものがたり] 전쟁 기록 이야기.
戦旗[せんき] 전기; 군기(軍旗).
戦機[せんき] 전기; ①전쟁이 발생할 조짐. ②싸우기에 좋은 기회. ③군사상의 기밀.
戦端[せんたん] 전단; 싸움의 실마리.
戦隊[せんたい] 전대; 함대(艦隊)와 구분한 구축대·잠수대에 의해 편성된 부대.
戦乱[せんらん] 전란; 전쟁.
戦略[せんりゃく] 전략; 전쟁에 승리하기 위한 대국적인 전술.
戦略物資[せんりゃくぶっし] 전략물자.
[1]戦力[せんりょく] 전력; ①전쟁을 할 수 있는 힘. ②어떤 일을 할 수 있는 능력.
戦歴[せんれき] 전력; 전쟁·경기에 참가한 경력.
戦利品[せんりひん] 전리품; 적군에게서 노획한 물품.
戦没[せんぼつ] 전몰; 전쟁터에서 죽음.
戦没者[せんぼつしゃ] 전몰자.
戦犯[せんぱん] 전범; 전쟁 범죄자.
戦法[せんぽう] 전법; 전쟁의 방법.
戦病死[せんびょうし] 전병사; 전쟁에 나가서 병으로 죽음.

戦備[せんび] 전비; 전쟁 준비.
戦費[せんぴ] 전비; 전쟁 비용.
戦士[せんし] 전사; ①전쟁터에서 싸우는 병사. ②제일선에서 활약하는 사람.
戦史[せんし] 전사; 전쟁의 역사·기록.
戦死[せんし] 전사; 전쟁터에서 죽음.
戦傷[せんしょう] 전상; 전쟁터에서 부상을 입음.
戦傷者[せんしょうしゃ] 전상자.
戦線[せんせん] 전선; 전투의 최전선.
[1]戦術[せんじゅつ] 전술; 전쟁의 방법.
戦勝[せんしょう] 전승; 전쟁에 이김.
戦時[せんじ] 전시; 전쟁이 행해지는 때.
戦時体制[せんじたいせい] 전시체제.
戦役[せんえき] 전역; 전쟁.
戦域[せんいき] 전역; 전투 지역.
戦列[せんれつ] 전열; 전쟁에 참여한 부대의 대열.
戦渦[せんか] 전와; 전쟁의 소용돌이.
戦友[せんゆう] 전우; 전투를 함께 하는 동료.
戦雲[せんうん] 전운; 전쟁이 발생할 것 같은 긴박한 상황.
戦慄[せんりつ] 전율; 두려워 몸이 부들부들 떨림.
戦意[せんい] 전의; 싸우려는 의지.
戦場[せんじょう] 전장; 전쟁터. 싸움터.
[1]戦災[せんさい] 전재; 전쟁에 의한 피해.
[4]戦争[せんそう] 전쟁; 전투. 싸움.
戦跡[せんせき] 전적; 전쟁의 흔적.
戦績[せんせき] 전적; 전쟁의 실적.
戦前[せんぜん] 전전; ①(특히) 2차 대전전. ②시합 시작 전.
戦戦恐恐[せんせんきょうきょう] 전전긍긍; 몹시 두려워 조심함.
戦中[せんちゅう] 전중; ①(특히) 2차 대전중. ②전쟁 중.
戦地[せんち] 전지; 전쟁터.
戦地勤務[せんちきんむ] 전지근무.
戦塵[せんじん] 전진; ①전쟁터에서 발생한 먼지. ②전쟁의 소란.
戦車[せんしゃ] 전차; 탱크.
戦車兵[せんしゃへい] 전차병; 탱크 운전병.
戦捷[せんしょう] 전첩; 전승(戦勝).
[1]戦闘[せんとう] 전투; 전쟁에서 이기기 위해 온갖 무기를 써서 직접 맞붙어 싸움.
戦闘機[せんとうき] 전투기.
戦敗国[せんぱいこく] 패전국(敗戦国).
戦評[せんぴょう] 전평; 경기·승부의 평.
戦艦[せんかん] 전함; 군함(軍艦).
戦火[せんか] 전화; ①전쟁에 의한 화재. ②전쟁.
戦禍[せんか] 전화; 전쟁에 의한 피해.
戦況[せんきょう] 전황; 전쟁의 상황.
戦後[せんご] 전후; ①전쟁이 끝난 후. ②(특히) 2차 대전이 끝난 후.

電 번개/전기 전

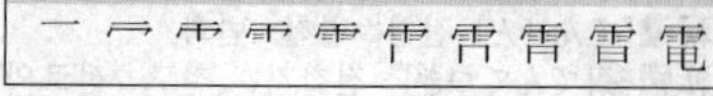

音 ◉デン
訓 —

音読
電リク[でんリク] 전화 리퀘스트. 방송국에서 시청자의 요청을 전화로 접수함.
電撃[でんげき] 전격; ①전기 감전에 의한 충격. ②갑작스런 공격.
電工[でんこう] 전공; ①'電気工業'의 준말. ②전기 공사에 종사하는 사람.
電光[でんこう] 전광; ①번개. ②전등빛.
電光石火[でんこうせっか] 전광석화.
[2]電球[でんきゅう] 전구; 전등알.
電極[でんきょく] 전극; 전기가 드나드는 곳.
[4]電気[でんき] ①《物》 전기. ②전등(電灯).
電気炉[でんきろ] 전기로.
電気釜[でんきがま] 전기밥솥.
電気魚[でんきうお] 《魚》 전기어.
電機[でんき] 전기; 전기 기계.
電動機[でんどうき] 전동기; 모터.
電動式[でんどうしき] 전동식.
[3]電灯[でんとう] 전등; 전등불.
電力[でんりょく] 《物》 전력.
電力計[でんりょくけい] 전력계.
電鈴[でんれい] 전령; 벨.
電炉[でんろ] 전로; 전기로(電気炉).
電路[でんろ] 전로; 전기 회로(回路).
[2]電流[でんりゅう] 《物》 전류; 전기의 흐름.
電流計[でんりゅうけい] 전류계.
電離[でんり] 《物》 전리; 전기 해리.
電離層[でんりそう] 《物》 전리층.
電命[でんめい] 전명; 전보 명령.
電文[でんぶん] 전문; 전보문.
電髪[でんぱつ] (전열기를 사용한) 퍼머넌트 웨이브. 파마 머리.
[3]電報[でんぽう] 전보; 전신으로 글을 보내는 통보.

電算機[でんさんき] '電子計算機'의 준말.
2電線[でんせん] 전선; 전깃줄.
電送[でんそう] 전송; 사진을 전류 또는 전파를 통해 멀리 보냄.
電飾[でんしょく] 전식; 네온·전구 등을 이용한 장식.
電信[でんしん] 전신; 전류를 이용한 통신.
電信柱[でんしんばしら] 전신주.
電圧[でんあつ] 《物》 전압.
電圧計[でんあつけい] 전압계.
電熱[でんねつ] 《物》 전열; ①전기에 의한 열. ②'電熱器'의 준말.
電熱器[でんねつき] 전열기.
電熱線[でんねつせん] 전열선.
1電源[でんげん] 전원; 전력을 공급하는 원천.
電位[でんい] 《物》 전위.
2電子[でんし] 《物》 전자.
電磁[でんじ] 《物》 전자.
電磁場[でんじば] 《物》 전자장.
電磁波[でんじは] 《物》 전자파.
2電柱[でんちゅう] 전주; 전신주.
2電池[でんち] 《化》 전지.
4電車[でんしゃ] 전차; 전기로 가는 열차.
電車道[でんしゃみち] 전찻길.
電車賃[でんしゃちん] 전차 요금.
電鉄[でんてつ] 전철; 전기 철도.
電蓄[でんちく] '電気蓄音機'의 준말.
2電卓[でんたく] 전자 계산기.
電探[でんたん] '電波探知機'의 준말.
2電波[でんぱ] 《物》 전파.
電荷[でんか] 《物》 전하.
電解[でんかい] '電気分解'의 준말.
電解液[でんかいえき] 전해액.
電解質[でんかいしつ] 전해질.
電化[でんか] 전화; 전력화(電力化).
4電話[でんわ] 전화.

殿 큰집/전각 전

尸 戶 屏 屏 屁 屈 展 展 殿 殿

音 ◉デン ◉テン
訓 ◉との ◉どの ⊗しんがり

訓読

◉殿❶[との] 《古》 ①(여자가 남자를 지칭하는 높임말로) 남자 분. 나리. ②(主君·귀인을 지칭하는 높임말로) 나리. 님. ③귀인의 저택.
2◉殿❷[どの] (인명이나 신분을 나타내는 말에 접속하여) …님. …귀하. ＊주로 편지·문서에서 사용하는 공식적인 용어로 '様(さま)'보다는 딱딱한 말씨임. ❸[でん] ☞ [音読]
⊗殿[しんがり] ①(퇴각하는 군대의 맨 뒤에서) 적의 추격을 막음. 후미(後尾)를 지킴. ②꼴찌. 맨 뒤.
殿方[とのがた] (여자가 남자를 지칭하는 높임말로) 남자 분. 나리님.
殿方用[とのがたよう] 남자용. 신사용.
1殿様[とのさま] ①(主君·귀인을 지칭하는 높임말로) 나리님. 영주(領主)님. ②(세상 물정을 모르는) 도련님.
殿様暮らし[とのさまぐらし] 팔자 좋은 생활. 호화로운 생활.
殿様仕事[とのさましごと] (귀인·부자들이) 심심풀이로 하는 일.
殿様商売[とのさましょうばい] 배부른 장사. 여유 있는 장사.
殿様芸[とのさまげい] (귀인·부자들이) 심심풀이로 하는 도락(道楽).
殿様蛙[とのさまがえる] 《動》 참개구리.
殿様育ち[とのさまそだち] 귀족 출신.
殿御[とのご] (여자가 특별한 관계의 남자를 지칭하는 말로) 그이. 그분.
殿原[とのばら] 《古》 신분이 높은 분들. 여러 남자 양반들.

音読

殿❶[でん] 전; ①(옛날의) 궁궐·사찰 등의 일부. ②큰 건물에 붙이는 말. ③법명(法名)에 붙이는 높임말. ❷[との/どの] ☞ [訓読]
殿堂[でんどう] 전당; ①큰 건물. ②신불(神仏)을 모신 건물.
殿舎[でんしゃ] 전사; 전당(殿堂). 크고 넓은 건물.
殿上[てんじょう] ①궁전·전당의 안. ②'殿上の間'의 준말. ③殿上の間에 오르는 것이 허락됨. ④'殿上人'의 준말.
殿上人[てんじょうびと] 殿上(てんじょう)에 오르는 것이 허락된 당상관.
殿中[でんちゅう] ①(江戸(えど) 시대) 将軍(しょうぐん)의 거처. ②궁전·저택의 안.
殿下[でんか] 전하; ①황족·왕족의 존칭어. ＊'陛下(へいか)' 이외의 황족에게 사용하는 말임. ②궁전이나 전각의 섬돌 아래.

銭(錢) 돈 전

ノ ト 𠆢 ... 銭 (획순: 𠆢 仒 今 全 金 金 金 金 銭 銭)

音 ◉セン
訓 ◉ぜに

訓読

◉銭❶[ぜに] ①엽전. 동전. ②돈. ❷[せん] ☞ [音読]
銭こ[ぜにこ] ≪俗≫ 돈.
銭勘定[ぜにかんじょう] 돈 계산.
銭遣い[ぜにづかい] 돈 씀씀이.
銭金[ぜにがね] ①돈. 금전. ②금전상의 이해 득실.
銭箱[ぜにばこ] 돈궤.
銭失い[ぜにうしない] 금전상 손해를 봄.
銭入れ[ぜにいれ] 동전 지갑. 돈지갑.
銭叺[ぜにかます] (옛날의) 돈 가마니. 돈자루.
銭儲け[ぜにもうけ] 돈벌이.
銭占[ぜにうら] 동전을 던져 점치는 일. 돈점.
銭差[ぜにさし] 엽전. 꿰미.
銭形[ぜにがた] ①동전 모양. ②(神에게 바칠 목적으로) 엽전 모양으로 오린 종이.

音読

銭❶[せん] 전; (돈의 단위로) 1円의 100분의 1. ❷[ぜに] ☞ [訓読]
銭湯[せんとう] 대중 목욕탕.

佃 밭갈 전

音 ⊗デン
訓 ⊗つくだ

訓読

⊗佃[つくだ] ①개간하여 밭을 만듦. ②(荘園 제도하에서) 영주(領主)가 직접 경영하는 논. ③'佃節(つくだぶし)'의 준말.
佃煮[つくだに] (물고기・조개・해조류 등을) 달짝지근하게 조린 반찬.
佃節[つくだぶし] (江戸(えど) 시대에) 墨田(すみだ) 강가에서 유행했던 속요(俗謠).

剪 가위/벨 전

音 ⊗セン
訓 ⊗はさむ

訓読

⊗剪む[はさむ] 〈5他〉 가위로 자르다.
剪刀[はさみ] 가위.

音読

剪断[せんだん] 전단; 잘라 끊음.
剪裁[せんさい] 전재; ①(종이・꽃・천 등을) 자름. ②문장을 다듬음.
剪定[せんてい] 전정; 나뭇가지를 자름.
剪除[せんじょ] 전제; (나뭇가지 등을) 쳐서 없앰. 쳐냄.

揃 자를/뽑을 전

音 ⊗セン
訓 ⊗そろう ⊗そろえる

訓読

2⊗揃う[そろう] 〈5自〉 ①갖추어지다. 구비되다. ②일치하다. 맞다. 고르다. ③(사람이) 모두 모이다.
1揃い❶[そろい] ①(의복의 무늬・색깔・천 모양새가) 같음. 동일함. ②세트. 한 벌. ③함께 모임.
揃い❷[ぞろい] (명사에 접속하여) 모두 …임. …가 갖추어짐. …가 모임.
揃い踏み[そろいぶみ] ①(씨름에서 중간 휴식 후에) 大関(おおぜき) 이하 幕内(まくうち)의 씨름꾼 전원이 씨름판에 나와서 한 발씩 높이 들어 힘차게 땅을 구르는 일. *고귀한 관객이 있거나 특별한 경우에 함. ②(씨름 대회 마지막 날에) 양편의 '大関(おおぜき)・関脇(せきわけ)・小結(こむすび)'가 씨름판에 나와서 한 발씩 높이 쳐들어 힘차게 땅을 구르는 일. ③어떤 행동을 하기 위해 모임. 모두 모여 일을 시작함.
2⊗揃える[そろえる] 〈下1他〉 ①모두 갖추다. 고루 구비하다. ②일치시키다. 가지런히 하다. 맞추다. ③한데 모으다. ④(예정된 수를) 채우다.

煎 달일/지질 전

音 ⊗セン
訓 ⊗いる ⊗いれる

訓読

2⊗煎る[いる] 〈5他〉 ①(양념한 달걀・두부 등을) 지지다. 부치다. ②볶다. ③안달하다. 애태우다.
⊗煎れる[いれる] 〈下1自〉 ①볶이다. 볶아지다. 지져지다. ②초조해지다. 애태우다.
煎(り)鍋[いりなべ] 프라이팬.
煎(り)豆[いりまめ] 볶은 콩.
煎(り)豆腐[いりどうふ] 두부볶음. 두부지짐이.

煎(り)卵[いりたまご] 달걀지짐이.
煎(り)飯[いりめし] 볶음밥.

音読

煎じる[せんじる] 〈上1他〉 (차・약초를) 달이다.
煎ずる[せんずる] 〈サ変他〉 ☞ 煎じる
煎餅[せんべい] 얇게 구운 과자. 센베이.
煎餅布団[せんべいぶとん] (せんべい처럼) 얇고 허술한 이불.
煎薬[せんやく] 탕약(湯薬). 탕제(湯剤).
煎じ薬[せんじぐすり] 탕약(湯薬). 탕제(湯剤).
煎剤[せんざい] 탕약(湯薬). 탕제(湯剤).
煎じ滓[せんじかす] 달이고 난 찌꺼기.
煎汁 ❶[せんじ] (가다랭이포를 만들 때) 가라앉는 국물로 곤 진액. ❷[せんじゅう] 달여 낸 한약.
煎茶[せんちゃ] 전차; ①찻잎을 뜨거운 물에 우려낸 녹차. 달인 엽차. ②중급 품질의 녹차.
煎じ茶[せんじちゃ] 전차; 찻잎을 뜨거운 물에 우려낸 녹차.
煎じ出す[せんじだす] 〈5他〉 (차・약초 등을) 달이다. 끓이다.
煎じ詰める[せんじつめる] 〈下1他〉 ①(성분이 나오게) 바짝 달이다. 졸이다. ②끝까지 따져 보다. ③요약하다.

塡 ×(填) 메울 전	音 ⊗テン 訓 ⊗はまる ⊗はめる

訓読

1⊗塡まる[はまる] 〈5自〉 ①(구멍・틀 등에) 꼭 들어맞다. 꼭 끼이다. ②(조건 등에) 들어맞다. 꼭 맞다. ③(깊은 곳에) 빠지다. ④(나쁜 상태에) 빠져들다. 빠지다.
2⊗塡める[はめる] 〈下1他〉 ①(구멍・틀 등에) 채우다. 꼭 끼우다. ②맞춰 넣다. 박다. ③(나쁜 상태에) 빠뜨리다. 속이다.
塡め込む[はめこむ] 〈5他〉 ①끼워 넣다. 박아 넣다. ②(나쁜 상태에) 빠뜨리다. 속이다.

音読

塡補[てんぽ] 전보; 부족・결손을 메움.
塡充[てんじゅう] 충전(充塡). 가득 채움.

詮 갖출/평론할 전	音 ⊗セン 訓 —

音読

詮[せん] ①방법. 방도. ②효과. 보람. ③결국.
詮ずるに[せんずるに] 결국. 요컨대. 생각건대. 따져 보건대.
詮無い[せんない] 〈形〉 부질없다. 별도리 없다. 별수 없다.
詮方[せんかた] 수단. 방법. 하는 수.
詮方無い[せんかたない] 〈形〉 어찌할 방법이 없다. 하는 수 없다.
詮方尽きる[せんかたつきる] 〈上1自〉 어찌할 방법이 없어지다.
詮索[せんさく] 전색; 파헤쳐 조사함.
詮議[せんぎ] 전의; ①심의(審議). ②(죄인을) 문초함. 따져 캐물음.
詮議立て[せんぎだて] (원인・죄상 등을) 문제 삼아 따짐. 자꾸 캐고 따짐.

篆 전서 전	音 ⊗テン 訓 —

音読

篆刻[てんこく] 전각; 인각(印刻). 도장을 새김.
篆刻家[てんこくか] 도장을 파는 사람.
篆書[てんしょ] 전서; ＊한자(漢字) 서체의 하나임.
篆字[てんじ] 전자; 전서체(篆書体)의 글자.

顚 ×(顛) 꼭대기 전	音 ⊗テン 訓 —

音読

顚倒[てんとう] 전도; ①넘어져 쓰러짐. 쓰러뜨림. 넘어뜨림. ②(순서가) 거꾸로 됨. 뒤집힘. 뒤집음. ③당황함. 기겁함.
顚落[てんらく] 전락; (나쁜 상태로) 굴러 떨어짐. 타락(堕落)함.
顚末[てんまつ] 전말; 처음부터 끝까지.
顚覆[てんぷく] 전복; 뒤집혀 엎어짐.
顚沛[てんぱい] 전패; 잠깐 사이. 순간.

纏 얽을/얽힐 전	音 ⊗テン 訓 ⊗まとまる ⊗まとめる

訓読

⊗纏う[まとう] 〈5他〉 (옷・머플러 등을) 몸에 두르다. 몸에 걸치다.
纏い[まとい] ①(옛날 전쟁터에서) 장수의 소재를 알리는 표지(標識). ②소방대의 조(組) 표지.

2⊗纏まる[まとまる] 〈5自〉 ①한데 모이다. 합쳐지다. 통합되다. ②정리되다. 정돈되다. ③해결되다. 결말이 나다.
1纏まり[まとまり] ①통합. 합침. 정리. ②해결. 결말.
2⊗纏める[まとめる] 〈下1他〉 ①한데 모으다. 합치다. ②정리하다. 정돈하다. ③해결하다. 매듭짓다.
1纏め[まとめ] 통합. 통괄. 총괄.
⊗纏る[まつる] 〈5他〉 (천의 끝이 풀리지 않도록 실로) 감치다. 공그르다.
纏り[まつり] (옷단을 마무를 때의) 공그르기.
⊗纏わる[まつわる] 〈5自〉 ①휘감기다. 엉겨 붙다. ②달라붙다. 매달리다. ③관계되다. 얽히다.
纏(わ)り付く[まつわりつく] 〈5自〉 ①휘감기다. 엉겨 붙다. ②관계되다. 얽히다.

音読

纏頭[てんとう] 팁. tip.
纏綿[てんめん] 전면; ①얽힘. 엉김. ②(여러 가지 사정이) 얽힘. ③마음에서 떠나지 않음. ④자상하고 아기자기함. 정이 깊어 떨어지기 어려움.
纏足[てんそく] 전족; (옛날) 중국에서 여자 아이의 발을 어릴 때부터 헝겊으로 옥죄어 자라지 못하게 한 발.

〔절〕

切 ①끊을 절 ②모두 체

一 七 切 切

音 ◉セツ ◉サイ
訓 ◉きらす ◉きる ◉きれる

訓読

◉切らす[きらす] 〈5他〉 ①(현재 갖고 있는 것을) 다 없애다. 바닥내다. 품절시키다. ②(숨을) 헐떡이다.
4◉切る[きる] 〈5他〉 ①(칼로) 베다. 자르다. 가르다. ②(인연을) 끊다. 단절하다. ③(잠시) 멈추다. 중단하다. 끊다. ④마감하다. ⑤(스타트를) 시작하다. 개시하다. ⑥(수표·전표 등을) 끊다. ⑦(스위치를) 끄다. ⑧(기준) 이하가 되다. 밑돌다. ⑨가로지르다. ⑩(핸들을) 꺾다. ⑪(물기 등을) 빼다. ⑫(탁구·테니스에서) 깎아 치다. ⑬(카드놀이에서) 섞다. 치다. ⑭(셔터를) 누르다.
切っての[きっての] 가장 뛰어난.
切らずに[きらずに] 자르지 않고.
1切り[きり] ①(칼로) 벰. 끊음. 벤 조각. ②끝맺기. 단락. ③끝. 종말. ④(연극에서) 마지막 장면. ⑤(트럼프의) 으뜸 패.
切り苛む[きりさいなむ] 〈5他〉 무참하게 베어 죽이다.
切り刻む[きりきざむ] 〈5他〉 잘게 썰다. 난도질하다.
切(り)干し[きりぼし] (무 등의) 말랭이.
切り開く[きりひらく] 〈5他〉 ①절개하다. 째다. ②(황무지를) 개간하다. ③(적의 포위 등을) 뚫다. ④(난관을) 타개하다. 개척하다.
切(り)欠き[きりかき] ①(목재를 짜 맞추기 위해 파낸) 개탕홈. 은촉홈. ②(水量을 측정하기 위해) 물막이 판자의 윗부분을 깎아 낸 오목한 부분.
切り結ぶ[きりむすぶ] 〈5他〉 ①칼을 맞부딪치며 싸우다. ②몹시 다투다.
切(り)継ぎ[きりつぎ] 잘라서 이어 맞춤.
切り広げる[きりひろげる] 〈下1他〉 잘라 펼치다. 갈라서 벌리다.
切り狂言[きりきょうげん] (歌舞伎(かぶき)에서) 마지막 狂言(きょうげん).
切り掛かる[きりかかる] 〈5他〉 자르기 시작하다. 〈5自〉 (칼로) 베려고 덤벼들다.
切(り)掛け[きりかけ] ①베기 시작함. 베다가 만 것. ②칸막이.
切り掛ける[きりかける] 〈下1他〉 베기 시작하다. 베려고 하다. 〈下1自〉 (물건을) 베어서 걸어 놓다. 목을 베어 옥문에 내걸다.
切(り)口[きりくち] ①벤 자리. 절단면. 단면(斷面). ②베인 자리. 상처. ③베는 솜씨.
切(り)口上[きりこうじょう] 깍듯한 말투. 격식을 차린 딱딱한 말투.
切り捲る[きりまくる] 〈5他〉 ①닥치는 대로 마구 베다. ②호되게 논박하다.
切(り)金[きりがね] 금박을 잘게 썬 것.
切り起こす[きりおこす] 〈5他〉 ①(황무지를) 개간하다. ②(흙덩이·눈덩이를) 베듯이 떼어 내다.
切能[きりのう] (일본 가면 음악극에서) 그 날 마지막으로 공연하는 能(のう).
切(り)端❶[きりは] (광산·터널 공사의) 막장. 채굴 현장. ❷[きりはし] 자투리. 토막. 쪼가리.

切り倒す[きりたおす] 〈5他〉 ①베어 쓰러뜨리다. ②베어 죽이다.

切り灯台[きりとうだい] ①잘라서 높이를 낮춘 등잔걸이. ②등잔 받침대의 네 귀를 돌려 죽인 등잔걸이.

切り落とす[きりおとす] 〈5他〉 ①베어 버리다. 잘라 내다. 절단하다. ②(둑을) 무너뜨려 물을 흘려보내다.

切り裂く[きりさく] 〈5他〉 째다. 가르다.

切(り)籠[きりこ] 모서리를 잘라 내어 다각형으로 세공한 것.

切(り)籠ガラス[きりこガラス] 커트글라스.

切(り)籠灯籠[きりこどうろう] 다각형의 테에 조화·장식 끈을 단 등롱.

切(り)籠細工[きりこざいく] 장식용 조각을 한 유리 제품.

切り離す[きりはなす] 〈5他〉 떼어놓다. 분리하다.

切(り)離れ[きりはなれ] ①잘리어 따로따로 분리됨. ②단념. 체념. ③돈의 씀씀이.

切っ立つ[きったつ] 〈5自〉 (벼랑·산이) 깎아지른 듯하다.

切っ立て[きったて] 수직으로 서 있음.

切(り)馬道[きりめどう] (복도의 마루를 잘라 내어) 말 등을 안마당에 끌어들일 수 있게 만든 통로.

切(り)幕[きりまく] (歌舞伎(かぶき)에서) ①배우의 출입구의 막. ②마지막 공연물.

切(り)売り[きりうり] ①조금씩 잘라서 팖. 분할 판매. ②(학문·지식·경험 등을) 조금씩 팔아먹기.

切(り)目[きりめ] ①벤 자리. 자른 자리. 칼자국. ②매듭. 단락.

切(り)米[きりまい] (江戸(えど) 시대에) 무사가 받던 봉록미(俸禄米). 녹미(禄米).

切(り)箔[きりはく] ①잘게 자른 금박·은박. ②금박이나 은박을 안피지(雁皮紙)에 바른 것.

切(り)返し[きりかえし] ①반격(反擊). ②(씨름에서) 바깥낚시걸이. ③(검도에서) 상대방의 정면 좌우를 번갈아 치는 기본 연습법. ④(영화에서) 컷백.

切り返す[きりかえす] 〈5他〉 ①반격(反擊)하다. 되받아치다. ②(씨름에서) 받아넘기다. 바깥낚시걸이를 하다.

切(り)斑[きりふ] (화살 깃으로 사용하는) 검정과 흰색이 얼룩진 매의 꼬리 깃털.

切り抜く[きりぬく] 〈5他〉 오려 내다. 잘라 내다.

切(り)抜き[きりぬき] 오려 냄. 잘라 냄.

切(り)抜(き)帳[きりぬきちょう] 스크랩북.

切(り)抜(き)絵[きりぬきえ] 오려 내는 그림.

切(り)抜け[きりぬけ] (난관을) 헤쳐나감.

切り抜ける[きりぬける] 〈下1他〉 ①(적의 포위를) 뚫고 나가다. ②(난관을) 극복하다. 헤쳐 나가다.

切(り)髪[きりかみ] ①자른 머리털. ②(옛날에 무사의 미망인이) 머리를 짧게 잘라 뒤로 묶은 것.

切(り)方[きりかた] 자르는 법. 베는 방법.

切り放す[きりはなす] 〈5他〉 (묶여 있던 것을) 풀어 주다. 잘라서 놓아주다.

切(り)餅[きりもち] ①네모나게 자른 떡. ②(江戸(えど) 시대에) 一分銀(いちぶぎん) 100닢(25냥)을 네모지게 종이에 싸서 봉인(封印)한 것.

切り伏せる[きりふせる] 〈下1他〉 베어 쓰러뜨리다.

切り付ける[きりつける] 〈下1他〉 ①(칼로) 베려고 덤벼들다. ②베어서 상처를 내다. ③새기다.

[4]**切符**[きっぷ] 표. 티켓.

切り払う[きりはらう] 〈5他〉 ①베어 버리다. 잘라 버리다. ②칼을 휘둘러 쫓아 버리다.

切(り)崩し[きりくずし] 깎아 무너뜨림.

切り崩す[きりくずす] 〈5他〉 ①깎아 허물어뜨리다. 잘라 무너뜨리다. ②(방비를) 무너뜨리다. ③(반대파의 결속을) 와해시키다. 허물어뜨리다.

切(り)死に[きりじに] 칼 맞아 죽음. 칼싸움하다가 죽음.

切(り)捨て[きりすて] ①《数》 끝수를 잘라 버림. ②잘라서 내버림.

切り捨てる[きりすてる] 〈下1他〉 ①베어서 버리다. 잘라서 버리다. ②버리고 돌보지 않다. ③《数》 (어떤 단위 이하의) 끝수를 버리다. ④(무사가 평민을) 벤 채 내버려두다.

切(り)捨(て)御免[きりすてごめん] ①(江戸(えど)시대에) 무례한 짓을 한 평민을 베어 죽여도 면책되던 무사의 특권. ②특권을 이용한 횡포.

切り散らす[きりちらす] 〈5他〉 ①마구 베다. ②적진으로 쳐들어가 적을 쫓다.

切り殺ぐ[きりそぐ] 〈5他〉 끝을 뾰족하게 깎다.

切り殺す[きりころす] 〈5他〉 베어 죽이다. 참살(斬殺)하다.

切(り)上げ[きりあげ] ①일단락지음. 일단 끝냄. ② ≪数≫ 끝올림. ③(값어치의) 절상.

切り上げる[きりあげる] 〈下1他〉 ①일단락을 짓다. 일단 끝내다. ②밑에서 위쪽으로 베다. ③ ≪数≫ 끝올림하다. ④(값어치를) 절상하다.

切(り)傷[きりきず] 칼자국. 베인 상처.

切(り)生[きりふ] (화살 깃으로 사용하는) 검정과 흰색이 얼룩진 매의 꼬리깃털.

切(り)石[きりいし] ①(용도에 맞추어) 다듬어 놓은 돌. ②깨져 모가 난 돌. ③까는 돌. 포석(鋪石).

切っ先[きっさき] 칼끝. 뾰족한 끝.

切(り)屑[きりくず] 잘라 낸 부스러기.

切(り)盛り[きりもり] ①음식을 알맞게 잘라서 담아 나눔. ②(일을) 적절히 처리함. 꾸려 나감.

切り細裂く[きりこまざく] 〈5他〉 잘게 썰다.

切(り)水[きりみず] ①자른 꽃가지를 즉시 물에 담금. ②(현관·뜰 등에) 물을 뿌림.

4**切手**[きって] ①우표. ②어음. 수표. ③'商品切手(しょうひんきって)'의 준말.

切(り)首[きりくび] ①참수(斬首). 목을 벰. ②참수형(斬首刑). 벤 머리.

切(り)身[きりみ] (생선) 토막. 살점.

切(り)岸[きりぎし] 깎아지른 벼랑.

切り羽[きりは] (광산·터널 공사의) 막장. 채굴 현장.

切(り)賃[きりちん] ①(江戸(えど) 시대의) 환전(換銭) 수수료. ②물건을 자르는 삯.

切り入る[きりいる] 〈5自〉 칼을 휘두르며 쳐들어가다.

切り込む[きりこむ] 〈5他〉 썰어서 안에 넣다. 〈5自〉 ①(적진으로) 칼을 빼들고 쳐들어가다. ②깊숙이 베다. ③추궁하다. 날카롭게 따지다. 따져 묻다.

切(り)込み[きりこみ] ①깊숙이 벰. ②칼자국. ③칼을 빼 들고 쳐들어감. ④남의 약점을 파고 들어감. ⑤생선을 토막 내어 절인 것.

切(り)込(み)隊[きりこみたい] 칼을 빼 들고 적진에 쳐들어가는 부대.

切(り)込(み)砂利[きりこみじゃり] 갓 캐낸 자갈. 흙·모래가 섞인 자갈.

切(り)込(み)炭[きりこみたん] 갓 캐낸 석탄.

切(り)子[きりこ] 모서리를 잘라 세공한 것.

切(り)子灯籠[きりこどうろう] 다각형의 테에 조화·장식 끈을 단 등롱.

切(り)子細工[きりこざいく] 장식용 조각을 한 유리 제품.

切(り)場[きりば] ①(광산·터널 공사의) 막장. 채굴 현장. ②(人形浄瑠璃(にんぎょうじょうるり)에서) 한 단(段)의 중심 부분.

切った張った[きったはった] 칼로 베고 주먹으로 때림.

切(り)張り[きりばり] ①(찢어진 곳을) 도려내고 때우기. ②(종이나 헝겊을) 오려 바르기.

切(り)畑[きりはた] ①(산허리 등을) 개간한 밭. ②땅을 경작지와 방목지로 나누어 번갈아 농사를 지음.

切り揃える[きりそろえる] 〈下1他〉 잘라서 가지런히 하다.

切(り)接ぎ[きりつぎ] ≪農≫ 절접.

切(り)組み[きりくみ] ①목재를 잘라 맞춤. ②(能楽(のうがく)에서) 칼부림 장면.

切り組む[きりくむ] 〈5他〉 (목재 등을) 잘라서 짜 맞추다.

切(り)株[きりかぶ] 그루터기.

切支丹[キリシタン] (일본으로 전파된) 천주교. 천주교 신자.

切(り)紙[きりかみ/きりがみ] ①종잇조각. ②종이 공작. ③(무예 등의) 면허장.

切(り)札[きりふだ] ①(카드놀이에서) 으뜸패. ②비방(秘方). 비장의 수단. 결정적인 수.

切(り)窓[きりまど] 봉창. 들창. 채광창(採光窓).

切妻[きりづま] ≪建≫ 맞배지붕. 책을 펴서 엎어놓은 모양의 지붕.

切妻屋根[きりづまやね] ≪建≫ 맞배지붕. 책을 펴서 엎어놓은 모양의 지붕.

切妻造り[きりづまづくり] ≪建≫ 맞배집. 책을 펴서 엎어놓은 모양의 집.

切(り)貼り[きりばり] ①(찢어진 곳을) 도려내고 때우기. ②(종이나 헝겊을) 오려 바르기.

切(り)替(え)[きりかえ] ①갈아치움. 변경. 바꿈. 전환(転換). ②산림을 개발하여 농사를 짓다가 수확이 줄면 다시 나무를 심음.

1**切り替える**[きりかえる] 〈下1他〉 ①(딴 것·새것으로) 갈아치우다. 변경하다. 바꾸다. 전환하다. 갱신하다. ②(돈을) 바꾸다. 환전(換銭)하다.

切(り)替(え)畑[きりかえばた] ①새로 개간한 밭. ②경작(耕作)과 조림(造林)을 번갈아 하는 밭. ③화전(火田).

切り替わる[きりかわる] 〈5自〉 바뀌다. 싹 달라지다. 일변하다.

切(り)出し[きりだし] ①베어 냄. 베어 낸 것. 잘라 냄. 잘라 낸 것. ②(날이 비스듬하게 생긴) 공작용 칼. ③말을 꺼냄. 말문.

切り出す[きりだす] 〈5他〉 ①자르기 시작하다. ②베어 반출하다. ③말을 꺼내다. 말문을 열다.

切り取る[きりとる] 〈5他〉 ①잘라 내다. 도려내다. ②(무력으로) 점령하다. 빼앗다.

切(り)取(り)[きりとり] 절취; ①잘라 냄. 베어 냄. ②사람을 베어 죽이고 재물을 빼앗음.

切(り)取(り)強盜[きりとりごうとう] 살인강도.

切(り)取(り)線[きりとりせん] 절취선.

切(り)炭[きりずみ] (사용하기에) 알맞게 자른 숯. 토막숯.

切(り)通し[きりどおし] (산·언덕 등을) 깎아 내어 만든 길·수로(水路).

切(り)下げ[きりさげ] ①(값어치를) 절하; 떨어뜨림. ②'切(り)下(げ)髪'의 준말.

切り下げる[きりさげる] 〈下1他〉 ①(칼로) 내리치다. 내리베다. ②잘라서 늘어뜨리다. ③(값어치를) 절하하다. 떨어뜨리다.

切(り)下(げ)髪[きりさげがみ] 머리카락을 짧게 잘라서 늘어뜨린 머리 모양.

切り下ろす[きりおろす] 〈5他〉 내리 베다. 내리치다.

切(り)割(り)[きりわり] ①둘로 쪼갬. 둘로 쪼갠 것. ②(산·언덕 등을) 깎아 내어 만든 길.

切り合う[きりあう] 〈5自〉 서로 칼부림하다.

切(り)合(わ)せ[きりあわせ] ①(목재 등을) 잘라 맞추기. ②차솥의 일종.

切(り)杭[きりくい] 그루터기.

切(り)穴[きりあな] (歌舞伎(かぶき)극장의) 무대 바닥에 뚫은 네모난 구멍.

切(り)戸[きりど] 쪽문. 샛문.

切(り)火[きりび] ①부싯돌로 일으킨 불. ②나무를 마찰시켜 일으킨 불.

切(り)火燵[きりごたつ] 방바닥을 파서 만든 일본식 화로.

切(り)花[きりばな] 가지 째 자른 꽃. 자른 꽃가지. 자른 꽃송이.

切(り)換(え)[きりかえ] ①갈아치움. 변경. 바꿈. 전환(転換). ②산림을 개발하여 농사를 짓다가 수확이 줄면 다시 나무를 심음.

1 切り換える[きりかえる] 〈下1他〉 ①(딴 것·새것으로) 갈아치우다. 변경하다. 바꾸다. 전환하다. 갱신하다. ②(돈을) 바꾸다. 환전(換銭)하다.

切(り)換(え)畑[きりかえばた] ①새로 개간한 밭. ②경작(耕作)과 조림(造林)을 번갈아 하는 밭. ③화전(火田).

切り換わる[きりかわる] 〈5自〉 바뀌다. 싹 달라지다. 일변하다.

切(り)回し[きりまわし] ①닥치는 대로 자름. 마구 벰. 함부로 자름. ②(까다로운 일을) 탈없이 처리함. 중심이 되어 꾸려 나감.

切り回す[きりまわす] 〈5他〉 ①닥치는 대로 자르다. 마구 베다. 함부로 자르다. ②(까다로운 일을) 탈 없이 척척 처리하다. 중심이 되어 꾸려 나가다.

切り絵[きりえ] 종이를 오려 내어 색칠한 그림. 오리기 그림.

切(り)詰め[きりつめ] 작게 줄임. 감축함.

切り詰める[きりつめる] 〈下1他〉 ①(불필요한 부분을) 잘라 줄이다. 축소하다. ②(예산·비용을) 감축하다. 긴축하다. 절약하다.

2 ◉切れる[きれる] 〈下1自〉 ①베어지다. 째지다. 상처가 나다. ②절단되다. 끊어지다. ③(상품이) 품절되다. 떨어지다. ④(기한 등이) 마감되다. 끝나다. ⑤모자라다. 부족하다. ⑥닳아서 헤어지다. ⑦(둑·제방이) 무너지다. ⑧(칼 등이) 잘 들다. ⑨빗나가다. ⑩(두뇌가) 잘 돌다. 예민하다. ⑪저려 오다. ⑫(카드놀이에서) 카드가 잘 섞이다.

2 切れ[きれ] ①조각. 토막. ②헝겊. 자투리. ③옷감. 직물. 천. ④(물이) 빠지는 정도. ⑤(칼날의) 드는 정도. ⑥(두뇌가) 예민함. ⑦(솜씨 등의) 날카로움. ⑧(눈의 생김새에서 눈초리 쪽으로) 째짐.

切れ間[きれま] (끊어진) 사이. 틈.

切れ口[きれくち] 벤 자리. 절단면. 단면.

切れ端[きれはし] 조각. 자투리. 토막.

切れっ端[きれっぱし] 조각. 자투리. 토막.

切れ離れ[きれはなれ] ①잘리어 따로따로 분리됨. ②단념. 체념. ③돈의 씀씀이.

[1]**切れ目**[きれめ] ①끊어진 곳. 틈. 틈새기. 금. ②끊어진 짬. 단락. ③끊어질 때. 떨어질 때.

切れ物[きれもの] ①(잘 드는) 날붙이. 칼. ②품절된 물건. 매절품(売切品).

切れ味[きれあじ] ①(날붙이가) 잘 드는 정도. ②(재주·솜씨가) 뛰어남. 날카로움.

切れ上がる[きれあがる] 〈5自〉 위쪽으로 째지다.

切れ込み[きれこみ] ①(옷깃 등이) 깊게 패어짐. ②(식물 잎의) 톱니.

切れ込む[きれこむ] 〈5自〉 ①베어진 자국이 깊게 들어가다. ②(어떤 방향으로) 들어가다.

切れ字[きれじ] (俳句(はいく)·連歌(れんが)등에서) 한 구(句)를 단락짓는 조사·조동사. *'や·けり·かな' 등이 있음.

切れ者[きれもの] ①수완가. ②(君主의 신임이 두터운) 실력가. 세력가.

切れ長[きれなが] 눈초리가 길게 째짐.

切れ切れ[きれぎれ] ①조각조각이 남. 토막토막이 남. ②(끊일락 말락) 띄엄띄엄 이어짐.

切れ地[きれじ] ①옷감. 피륙. ②헝겊. 자투리. 천 조각.

切れっ処[きれっと] 산등성이가 V자형으로 깊이 꺼진 곳.

切(れ)痔[きれじ] ≪医≫ 치질.

切れっ戸[きれっと] 산등성이가 V자형으로 깊이 꺼진 곳.

音読

切[せつ] 〈形動〉 간절함.

[1]**切ない**[せつない] 〈形〉 ①(숨이 막힐 듯이) 힘들다. 괴롭다. ②애달프다. 애절하다. 안타깝다.

切なる[せつなる] 간절한. 안타까운. 절실한.

切に[せつに] 간절히. 부디. 진심으로.

切諫[せっかん] 절간; 간절히 간함.

[1]**切開**[せっかい] 절개; (치료 목적으로) 환부를 메스로 째어 놓음.

切断[せつだん] 절단; 자름.

切論[せつろん] 절론; 열심히 논함.

切望[せつぼう] 절망; 간절히 바람.

切迫[せっぱく] 절박; ①임박(臨迫). ②긴박(緊迫). ③조금씩 빨라짐.

切腹[せっぷく] 할복자살(割腹自殺).

切削[せっさく] 절삭; 자르고 깎음.

切削加工[せっさくかこう] 절삭 가공.

切線[せっせん] ≪数≫ 절선; 꺾은 선.

切所[せっしょ] 절소; 산길 등의 험한 곳.

[1]**切実**[せつじつ] 절실; 아주 긴요함.

切言[せつげん] 절언; ①간곡한 충고. 간절히 설득함. ②가차 없이 말함.

切要[せつよう] 절요; 아주 긴요함.

切羽[せっぱ] ①손잡이와 칼집에 접하는 부분에 대는 얇은 덧쇠. ② ≪古≫ 최후의 순간.

切羽詰まる[せっぱつまる] 〈5自〉 막다른 지경에 이르다. 막다르다. 궁지에 몰리다. 다급해지다.

切切[せつせつ] 간절함. 절실함.

切除[せつじょ] 절제; 잘라 냄.

切磋[せっさ] 절차; 학문과 덕행을 닦음.

切瑳[せっさ] 절차; 학문과 덕행을 닦음.

切瑳琢磨[せっさたくま] 절차탁마.

切片[せっぺん] 절편; ①조각. ②(현미경 검사를 위해) 신체 조직의 일부를 얇게 떼어낸 것.

◑**一切**[いっさい], **合切**[がっさい]

折 꺾을/꺾일 절

一 ‡ ‡ 扌 扩 扸 折

音 ◉セツ ⊗シャク
訓 ◉おる ◉おり ◉おれる

訓読

[3]◉**折る**[おる] 〈5他〉 ①접다. ②구부리다. 굽히다. ③꺾다. 부러뜨리다. ④(붓·주장 등을) 꺾다.

[1]**折(り)**[おり] ①접음. 접은 것. 주름. ②(나무·종이로 된) 상자. ③기회. 시기.

折から[おりから] 마침 그때. 때마침.

折しも[おりしも] 마침 그때. 때마침.

折もあろうに[おりもあろうに] 하필이면 이런 때에. 하필 그때.

折り曲げる[おりまげる] 〈下1他〉 (꺾어) 구부리다.

折(り)菓子[おりがし] 얇은 나무상자에 담은 과자.

折(り)句[おりく] (和歌(わか)나 俳句(はいく)에서) 각 구(句)의 첫머리에 사물의 이름을 1자씩 배열하여 지은 시가(詩歌).

折(り)櫃[おりびつ] 노송나무의 얇은 판자로 만든 상자.

折(り)襟[おりえり] (양복·와이셔츠 등의) 밖으로 젖히게 만든 옷깃.
折り木戸[おりきど] 경첩으로 접게 된 나무문.
折(り)目[おりめ] ①접친 금. 주름. ②일의 매듭. 절도(節度).
折(り)目正しい[おりめただしい] 〈形〉 예의 바르다. (예의범절이) 깍듯하다.
折(り)返し[おりかえし] ①접어서 꺾음. 접어서 꺾은 부분. 젖힌 부분. ②(갔던 길을) 되돌아옴. ③시가(詩歌)의 후렴. ④〈副〉 즉시. 즉각. 곧 바로. 금방.
1折り返す[おりかえす] 〈5他〉 ①(두 겹으로) 접다. 접어 꺾다. 젖히다. ②반복하다. 다시 하다. 되풀이하다. 〈5自〉 ①되돌아오다. 되돌아가다. ②즉시 답장을 보내다.
折(り)本[おりほん] 접책. 옆으로 길게 이은 종이를 접어서 만든 책. *글씨본이나 불경(仏経)에 많음.
折敷[★おしき] 네모난 쟁반.
折(り)敷(き)[おりしき] (군대에서) 무릎쏴 자세. 오른쪽 무릎은 꿇고 왼쪽 무릎을 세우고 앉는 자세.
折り敷く[おりしく] 〈5自〉 무릎쏴 자세로 앉다.
折(り)山[おりやま] (접었을 때 생기는) 바깥쪽의 자국.
折(り)箱[おりばこ] 나무 도시락. 나무 상자. 마분지 상자.
折(り)手本[おりてほん] 접책으로 된 책.
折悪しく[おりあしく] 하필이면.
折(り)烏帽子[おりえぼし] 위를 꺾어 구부린 えぼし. *(옛날) 귀족이나 무사가 쓰던 건(巾)임.
折り入って[おりいって] 특별히. 각별히. 긴히.
折(り)込(み)[おりこみ] (신문·잡지 등에) 접어서 끼워 넣음. 접어서 끼워 넣는 부록·광고물.
折り込む[おりこむ] 〈5他〉 ①(안쪽으로) 접어 넣다. ②(신문·잡지 등에) 접어서 끼워 넣다.
折折[おりおり] ①그때그때. ②때때로. 이따금.
折も折[おりもおり] 마침 그때.
折節[おりふし] ①그때그때. ②계절. ③때마침. 마침 그때. ④간혹. 때때로. 가끔.
折り丁[おりちょう] (제본하기 위해) 접지해 둔 것.
折助[おりすけ] 무사(武士)의 하인.
折り重なる[おりかさなる] 〈5自〉 겹치다. 겹쳐 쌓이다. 포개어지다.
折り重ねる[おりかさねる] 〈下1他〉 접어서 쌓다. 포개다.
折知り顔[おりしりがお] 마침 좋은 때를 알고 있는 듯한 표정.
折(り)紙[おりがみ] ①색종이 접기. 색종이. ②(예술품의) 감정서. ③보증. 정평(定評). ④(선물 목록·공식 문서 등에 사용하는) 접지. 둘로 접은 종이.
折(り)紙付(き)[おりがみつき] ①감정서가 있는 물건. ②정평(定評)이 남.
折り尺[おりじゃく] (휴대용) 접자.
折り帖[おりじょう] 접책. 옆으로 길게 이은 종이를 접어서 만든 책. *글씨본이나 불경(仏経)에 많음.
折(り)畳み[おりたたみ] (펴진 것을) 접어서 갬. 접음.
折り畳む[おりたたむ] 〈5他〉 (펴진 것을) 접어서 개다. 접다. 개키다.
折(り)に触れ[おりにふれ] 기회 있을 때마다.
折り鞄[おりかばん] (소형으로 서류 등을 넣는) 둘로 접게 된 손가방.
折(り)鶴[おりづる] 종이로 접은 학.
折(り)合い[おりあい] ①(원만한) 인간관계. 사이. ②타협. 절충.
折り合う[おりあう] 〈5自〉 타협하다. 절충하다. 서로 양보하여 매듭지어지다.
折(り)戸[おりど] 경첩을 달아 접게 만든 문짝.
折好く[おりよく] 때마침. 마침 그때.
折(り)詰め [おりづめ] (음식물을) 나무 도시락에 담음. 나무 도시락에 담은 것.
3◉折れる[おれる] 〈下1自〉 ①접히다. ②꺾이다. 부러지다. ③구부러지다. ④굽히다. 양보하다.
折れ[おれ] 접힘. 꺾임. 부러짐. 꺾어짐. 꺾어진 것.
折れ曲がる[おれまがる] 〈5自〉 구부러지다. 꺾이다.
折れ口[おれくち] ①접힌 곳. 꺾인 곳. ②상(喪)을 당함. 초상(初喪).
折れ目[おれめ] 접힌 곳. 꺾인 곳.
折れ線[おれせん] 절선; 꺾은 선.
折れ込む[おれこむ] 〈5自〉 꺾여서 안으로 들어가다. 접혀 들어가다.
折れ釘[おれくぎ] ①굽은 못. 못쓰게 된 못. ②(물건을 걸기 위해) 구부린 못.

折れ合う[おれあう] 〈5自〉 서로 양보하다. 절충하다. 타협하다.

音読

[2]**折角**[せっかく] ①모처럼임. 애써 함. ②〈副〉 모처럼. 일부러. ③힘껏. 열심히. ④부디. 아무쪼록.

折半[せっぱん] 절반; 반씩 나눔. 2등분함.

折線[せっせん] 절선; 꺾은 선.

折中[せっちゅう] ☞ 折衷

折衷[せっちゅう] 절충; 양쪽의 좋은 점을 취하여 알맞게 조화시킴.

窃(竊) 훔칠 절

丶 丷 宀 穴 穴 空 空 窃 窃

音 ◉セツ

訓 ⊗ひそか ⊗ぬすむ

訓読

⊗**窃か**[ひそか] 〈形動〉 몰래 함. 살짝 함. 은근함. 은밀함.

⊗**窃む**[ぬすむ] 〈5他〉 ①훔치다. 도둑질하다. ②속이다. ③표절(剽窃)하다.

窃み[ぬすみ] 도둑질.

音読

窃盗[せっとう] 절도; 도둑질.

窃盗罪[せっとうざい] 절도죄.

窃笑[せっしょう] 절소; 몰래 킥킥거리며 웃음.

窃取[せっしゅ] 절취; 남의 것을 훔쳐 가짐.

絶(絕) 끊을 절

幺 糸 糸 糸 糹 紒 紒 絈 絶 絶

音 ◉ゼツ

訓 ◉たえる ◉たつ ◉たやす

訓読

[1]◉**絶える**[たえる] 〈下1自〉 ①(계속되던 것이) 끊어지다. 끊기다. 중단되다. ②(계속되던 동작·상태가) 멎다. 그치다.

絶えざる[たえざる] 끊임없는. 부단한.

[2]**絶えず**[たえず] 끊임없이. 늘. 언제나. 항상.

絶えて[たえて] (부정문에서) 도무지. 전혀.

絶え間[たえま] (끊어진·멈춘) 사이. 틈새.

絶え果てる[たえはてる] 〈下1自〉 ①완전히 끊어지다. 모두 없어지다. ②(숨이) 아주 끊어지다. 죽다.

絶え入る[たえいる] 〈5自〉 숨이 끊어지다. 숨이 넘어가다.

絶え絶え[たえだえ] ①(숨이) 곧 끊어질 듯함. 헐떡거림. 헐레벌떡함. ②간간이 끊김. 드문드문함. 띄엄띄엄함.

[1]◉**絶つ**[たつ] 〈5他〉 ①(이어진 것을) 끊다. 절단하다. ②(일시적으로) 중단하다. 그만두다. ③(퇴로·보급로를) 끊다. 차단하다.

◉**絶やす**[たやす] 〈5他〉 ①진멸시키다. 끊어지게 하다. 없애다. ②없는 상태로 두다. ③('…絶(た)やさない' 문형으로) 늘… 하고 있다.

音読

絶[ぜつ] 절; ＊漢詩에서 '絶句'의 준말.

絶する[ぜっする] 〈サ変自〉 ①끊어지다. 두절되다. ②초월하다. 다 할 수 없다. ③뛰어나다. 유례가 없다. 〈サ変他〉 끊다. 중단하다.

絶佳[ぜっか] 절가; 경치가 뛰어나게 아름다움.

絶家[ぜっけ/ぜっか] 절가; 혈통이 끊어짐. 혈통이 끊긴 집안.

絶景[ぜっけい] 절경; 매우 아름다운 경치.

絶境[ぜっきょう] 절경; 동네에서 멀리 떨어진 곳.

絶交[ぜっこう] 절교; 교제를 끊음.

絶句[ぜっく] ①(漢詩에서) 절구. ②(도중에서) 말이 막힘. ③(배우가) 대사를 잊어버려 말이 막힘.

絶叫[ぜっきょう] 절규; 온 힘을 다해 부르짖음.

絶技[ぜつぎ] 절기; 매우 뛰어난 기술·연기.

絶大[ぜつだい] 절대; 아주 많음. 아주 큼.

[2]**絶対**[ぜったい] 절대; ①어떤 것에도 제한이나 구속을 받지 않고 그 자체로서 존재하는 것. 상대하여 비교할 만한 것이 없음. ②틀림없음. ③〈副〉 절대로. 무조건. 반드시. ④(부정문에서) 결코.

絶対量[ぜったいりょう] 절대량; 어떤 일이 있어도 꼭 필요한 양.

絶対値[ぜったいち] ≪数≫ 절댓값.

絶倒[ぜっとう] 절도; 몸을 제대로 가누지 못할 정도로 웃음.

絶倫[ぜつりん] 절륜; 남과 비교해서 월등히 뛰어남.

[1]**絶望**[ぜつぼう] 절망; 희망이 완전히 끊어짐.

絶望感[ぜつぼうかん] 절망감.

2 絶滅[ぜつめつ] 절멸; ①멸절(滅絶). 전멸. 멸종. ②근절(根絶).

絶命[ぜつめい] 절명; 죽음.

絶妙[ぜつみょう] 절묘; 더없이 교묘함.

絶無[ぜつむ] 절무; 전혀 없음.

絶壁[ぜっぺき] 절벽; 아주 험한 낭떠러지.

絶世[ぜっせい] 절세; 세상에서 비교할 만한 것이 없음.

絶勝[ぜっしょう] 절승; 매우 아름다운 경치.

絶食[ぜっしょく] 절식; 단식(断食).

絶息[ぜっそく] 절식; ①숨이 끊어짐. 죽음. ②끝남. 끊어짐.

絶域[ぜついき] 절역; 멀리 떨어진 고장.

絶縁[ぜつえん] 절연; ①인연·관계를 끊음. ②전기·열의 전도(伝導)를 차단함.

絶縁状[ぜつえんじょう] 절연장.

絶縁体[ぜつえんたい] 절연체.

絶頂[ぜっちょう] 절정; ①정상(頂上). ②사물의 최고도에 위치함.

絶賛[ぜっさん] 절찬; 극찬(極讃). 더할 나위 없는 칭찬.

絶唱[ぜっしょう] 절창; ①아주 훌륭한 시가(詩歌). ②감정이 풍부하여 노래함. 열창(熱唱)함.

絶体絶命[ぜったいぜつめい] 절체절명; 절망적임. 도저히 피할 길이 없음.

1 絶版[ぜっぱん] 절판; 한 번 출판한 책을 계속 발행하지 않음.

絶品[ぜっぴん] 절품; 아주 뛰어난 물건·작품.

絶筆[ぜっぴつ] 절필; ①생전의 마지막 필적. ②(작가가) 글쓰기를 그만 둠.

絶海[ぜっかい] 절해; 육지에서 멀리 떨어진 바다.

絶好[ぜっこう] 절호; 더할 나위 없이 좋음.

節(節) 마디 절

⺈ ⺮ 竹 笁 笞 筲 箵 節 節 節

音 ◉セツ ◉セチ
訓 ◉ふし

訓読

2 ◉節❶[ふし] ①(대나무·갈대 등의) 마디. ②(나무의) 옹이. ③관절. 뼈마디. ④실의 매듭. ⑤매듭. 고비. 단락. ⑥곳. 군데. ⑦선율. 가락. ⑧때. ⑨가다랑이포. ⑩(생선을 토막을 낸 것 중의) 한 토막. ⑪≪物≫ (定常波에서) 진폭이 영으로 되는 점. ⑫(노래의) 한 절. ❷[せつ/せち] ☞ [音読]

節目[ふしめ] ①(대나무나 나무의) 마디·옹이가 있는 부분. ②고비. 단락. 매듭.

節博士[ふしはかせ] (語物(かたりもの)의 글귀 옆에 적어) 가락의 고저(高低)·장단(長短)을 나타내는 부호.

節榑[ふしくれ] 옹이가 많은 목재.

節榑立つ[ふしくれだつ] 〈5自〉 ①(나무 등이) 옹이가 많아 울퉁불퉁하다. ②(육체노동으로 손 따위가) 뼈마디가 굵고 거칠다.

節旁[ふしづくり] 명부절 부. ＊한자(漢字) 부수의 하나로 '印·危' 등의 '卩·㔾' 부분을 말함.

節付け[ふしづけ] 작곡함. 가사(歌詞)에 가락을 붙임.

節糸[ふしいと] (쌍고치에서 뽑은) 마디가 많은 명주실.

節糸織(り)[ふしいとおり] 마디가 많은 명주실로 짠 견직물.

節節[ふしぶし] ①(뼈의) 마디마디. ②군데군데. 여러 군데. 여러 가지 점.

節織(り)[ふしおり] 마디가 많은 명주실로 짠 견직물.

節穴[ふしあな] ①(널빤지 등의) 옹이구멍. ②눈앞에 두고도 보지 못하는 눈. 있으나 마나 한 눈.

節回し[ふしまわし] (가곡이나 謡物(うたいもの)의) 가락. 억양. 곡조.

音読

節❶[せつ] 절; ①이은 자리. 마디. ②절도. 알맞은 정도. ③신념. 절개. 지조. 강한 의지. ④때. 무렵. ⑤(긴 문장이나 문법의) 절. 단락. ❷[せち] ≪古≫ ①명절. 설날의 향응. ¶お～料理(りょうり) 명절 때 먹는 조림 요리. ②계절이 바뀔 때의 축일(祝日). ③계절. ❸[ふし] ☞ [訓読]

節する[せっする] 〈サ変他〉 ①줄이다. 절제하다. 제한하다. ②절약하다. 아끼다.

節減[せつげん] 절감; 절약하고 줄임.

節介[せっかい] ¶お～. 쓸데없는 참견. 참견하기를 좋아함.

節倹[せっけん] 절검; 절약(節約).

節季[せっき] ①연말(年末). 세밑. ②(상점이 결산을 하는) 음력 7월 15일과 연말 대목.

節季仕舞い[せっきじまい] 연말 총결산.
節季払い[せっきばらい] 7월과 연말에 정산하여 지불함.
節供[せっく] ☞ 節句
節句[せっく] 다섯 명절. 다섯 명절 중의 하루. *1월7일(人日(じんじつ))·3월3일(上巳(じょうし))·5월5일(端午(たんご))·7월7일(七夕(たなばた))·9월9일(重陽(じゅうよう))을 말함.
節句働き[せっくばたらき] (모두 쉬는 명절에) 일부러 바쁜 듯이 일함.
節気[せっき] 절기; 음력으로 따지는 계절의 구분.
節刀[せっとう] (옛날에) 천황이 견당사(遣唐使) 또는 출정(出征)하는 장군에게 전권을 위임하는 징표로 주던 칼.
節度[せつど] 절도; 알맞은 정도.
節略[せつりゃく] 절략; 적절히 생략함.
節料理[せちりょうり] ¶お~ 명절 때 먹는 조림 요리.
節理[せつり] 절리; ①조리(条理). 사리(事理). ② ≪鉱≫ (화성암에서 볼 수 있는) 규칙적인 틈새.
節米[せつまい] 절미; 쌀을 절약함.
節婦[せっぷ] 절부; 절개가 굳은 여자.
節分[せつぶん] ①입춘(立春) 전날. *볶은 콩을 뿌려 악귀를 쫓는다고 함. ②입춘·입하·입추·입동 전날.
節水[せっすい] 절수; 물을 절약함.
節食[せっしょく] 절식; 식사량을 적당하게 줄이거나 제한함.
²節約[せつやく] 절약; 아껴 사용함.
節約家[せつやくか] 절약가.
節煙[せつえん] 절연; 담배 피우는 양을 적당하게 줄임.
節用[せつよう] 절용; ①비용을 줄임. ②'節用集'의 준말.
節義[せつぎ] 절의; 절개와 의리.
節電[せつでん] 절전; 전기를 절약함.
節制[せっせい] 절제; 알맞게 조절함.
節操[せっそう] 절조; 절개와 지조.
節酒[せっしゅ] 절주; 마시는 술의 양을 적당하게 줄임.
節奏[せっそう] ≪楽≫ 절주; 리듬.
節会[せちえ] (옛날에) 명절이나 기타 공적(公的)인 행사가 있을 때 조정에서 베푼 연회(宴会).

截 끊을 절	音 ⊗セツ 訓 ⊗きる

訓読
⊗截る[きる] 〈5他〉 (종이나 옷감을) 자르다. 절단하다.

音読
截断[せつだん] 절단; 자름.
截然[せつぜん] 절연; ①(구별이) 뚜렷함. ②(암벽이) 깎아지른 듯함.
截取[せっしゅ] 절취; 잘라 냄.

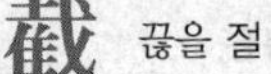

〔점〕

占 차지할/점칠 점
⼁ ⺊ ⺊ 占 占

音 ◉セン
訓 ◉うらなう ◉しめる

訓読
²◉占う[うらなう] 〈5他〉 점치다. 예측하다.
占い[うらない] ①점. 점을 침. ②점쟁이.
占い師[うらないし] 점쟁이.
²◉占める[しめる] 〈下1他〉 ①(자기 소유로) 차지하다. ②(지위·장소를) 차지하다. ③재미를 붙이다.
占め飲み[しめのみ] ①(술을) 단숨에 마심. 쭉 들이켬. ②(술을) 독차지하여 마심.
占め子の兎[しめこのうさぎ] 일이 마음먹은 대로 잘 됨. 일이 잘 됐음.

音読
占居[せんきょ] 점거; 어떤 곳을 자기 것으로 차지하고 있음.
占拠[せんきょ] 점거; ①일정한 장소를 차지하여 자리 잡고 남이 들어오는 것을 거부함. ②다른 나라를 무력으로 차지함. 점령(占領).
¹占領[せんりょう] 점령; ①다른 나라를 무력으로 차지함. ②일정한 장소를 자리 잡고 차지함.
占星師[せんせいし] 점성사; 점성술사.
占星術[せんせいじゅつ] 점성술.
占用[せんよう] 점용; 일정한 곳을 자기 소유로 하여 사용함.
占有[せんゆう] 점유; 자기 소유로 함.

店 가게 점

丶 亠 广 广 庀 庐 店 店

音 ◉テン
訓 ◉みせ ⊗たな

訓読

4◉**店**[みせ] ①가게. 상점. 점포. ②영업소. 직매소. 직판장. ③(江戸(えど)시대에 유곽에서) 창녀들이 늘어앉아 손님을 기다리는 좌석.
店開き[みせびらき] ①개점. 개업. 가게 영업을 시작함. ②새로이 영업·업무를 시작함.
店口[みせぐち] 가게 앞면의 넓이.
店構え[みせがまえ] 점포의 구조.
店台[みせだい] 가게의 판매대.
店貸し[たながし] 집세.
店立て[たなだて] (집주인이) 세든 사람을 쫓아냄.
店番[みせばん] 가게를 봄. 점원.
店棚[みせだな] 가게의 상품 진열 선반.
店仕舞い[みせじまい] ①(하루의 장사를 끝내고) 가게 문을 닫음. ②폐업함.
店卸し[たなおろし] ①재고 조사. ②(남의) 흉을 봄. 헐뜯음.
店先[みせさき] 가게 앞.
店晒し[たなざらし] ①재고품. ②(어떤 문제가) 미해결인 채로 방치되어 있음.
店飾り[みせかざり] 점포 장식. 가게를 꾸밈.
店屋❶[みせや] 가게. 점포. 상점. ❷[てんや] 음식점. ¶～物(もの) 주문한 요리. 음식점에 시킨 요리.
店賃[たなちん] 집세.
店子[たなこ] (집을) 세든 사람.
店者[たなもの] 점원(店員).
店蔵[みせぐら] 창고를 개조하여 만든 가게.
店借り[たながり] 집을 세들어 삶. 세든 사람.
店請け[たなうけ] 세든 사람의 보증.
店請(け)人[たなうけにん] 임차(賃借) 보증인.
店請(け)状[たなうけじょう] 임차(賃借) 보증서.
店下[たなじた] 가게 처마 밑. 가게 앞.

音読

店頭[てんとう] 점두; ①가게 앞. ②(증권거래소에서) 장외(場外).
店頭株[てんとうかぶ] 장외주(場外株).
店頭取引[てんとうとりひき] 장외(場外) 거래.
店屋❶[てんや] 음식점. ❷[みせや] 가게. 점포. 상점.
店屋物[てんやもの] 주문한 요리. 음식점에 시킨 요리.
3**店員**[てんいん] 점원; 가게 종업원.
店長[てんちょう] 점장; 가게 종업원의 우두머리.
店主[てんしゅ] 점주; 가게 주인.
店則[てんそく] 점칙; 가게의 규칙.
店舗[てんぽ] 점포; 가게.

点(點) 점찍을 점

丨 ⺊ ⺊ 占 占 占 点 点 点

音 ◉テン
訓 ⊗たてる ⊗つける ⊗とぼす ⊗ともす ⊗とぼる ⊗ともる

訓読

⊗**点てる**[たてる] 〈下1他〉 (茶道의 방식대로) 抹茶(まっちゃ)를 타서 휘젓다. 차를 달여 내다.
⊗**点前**[たてまえ] (茶道에서) 抹茶(まっちゃ)를 달여 내는 방법.
⊗**点く**[つく] 〈5自〉 (불이) 켜지다. 점화하다. 붙다.
⊗**点ける**[つける] 〈下1他〉 (불을) 켜다. 붙이다. 점화하다.
⊗**点す**[とぼす/ともす] 〈5他〉 (등불을) 켜다.
⊗**点る**[とぼる/ともる] 〈5自〉 (등불이) 켜지다.

音読

2**点**[てん] 점; ①작은 표시. ②(답안지의) 점수. ③(운동 시합의) 득점. ④비판. 비평. ⑤부분. 측면. ⑥위치. 장소. 지점.
点じる[てんじる] 〈上1他〉 ①불을 켜다. 불을 붙이다. ②(차를) 끓이다. 달이다. ③(물방울을) 떨어뜨리다. ④점을 찍다.
点ずる[てんずる] 〈サ変他〉 ☞ 点じる
1**点検**[てんけん] 점검; 하나하나 검사함.
点景[てんけい] 점경; (풍경화나 사진에서) 정취를 더하기 위해 풍경 속에 넣는 인물이나 동물.
点景人物[てんけいじんぶつ] 점경 인물.
点灯[てんとう] 점등; 등불을 켬.
点滅[てんめつ] 점멸; (불이) 꺼졌다 켜졌다 함.
点滅器[てんめつき] 점멸기; 스위치.

点描[てんびょう] 점묘; ①채색점(彩色点)으로 그림을 그리는 화법. ②스케치함. 사물의 일부분을 간단히 그림.
点描画[てんびょうが] 점묘화.
1**点線**[てんせん] 점선; 많은 점으로 이어져 있는 선.
2**点数**[てんすう] 점수; ①평점·득점의 수. ②(물건의) 가짓수.
点心[てんしん/てんじん] 점심; ①(중국요리에서) 마지막에 나오는 과자. ②차에 곁들이는 과자 종류. ③간식. ④≪仏≫ 점심.
点眼[てんがん] 점안; 안약을 눈에 넣음.
点眼水[てんがんすい] 점안수; 안약.
点字[てんじ] 점자; 맹인용의 글자나 부호.
点在[てんざい] 점재; 띄엄띄엄 흩어져 있음.
点滴[てんてき] 점적; 물방울. 낙숫물.
2**点点と**[てんてんと] ①점점이. 띄엄띄엄. ②방울방울. 뚝뚝.
点睛[てんせい] 점정; 눈동자를 그려 넣음.
点茶[てんちゃ] 점차; 가루차에 끓는 물을 부어 우려냄.
点綴[てんてい/てんてつ] 점철; ①하나하나 엮어서 이음. ②여기 저기 흐트러진 것이 조화를 이룸.
点取り[てんとり] ①점수를 땀. ②점수 따기. 득점을 다툼.
点取(り)虫[てんとりむし] 점수 벌레. 좋은 점수를 따기 위해 악착스런 학생. ＊비웃는 말임.
点呼[てんこ] 점호; 한 사람 한 사람 이름을 불러서 확인함.
点火[てんか] 점화; 불을 붙임.
点画[てんかく] 점획; (漢字를 구성하는) 점과 획.

粘 끈끈할 점

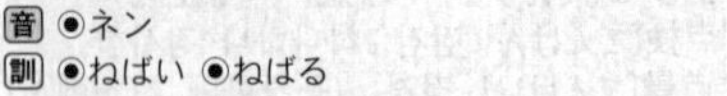

音 ◉ネン
訓 ◉ねばい ◉ねばる

訓読

◉**粘い**[ねばい] 〈形〉 ①끈끈하다. 끈적끈적하다. 차지다. ②(성격이) 진득하다. 끈덕지다. 끈질기다.
お粘[おねば] ①밥물. ②(솥에서 넘친) 밥물.
粘つく[ねばつく] 〈5自〉 끈적거리다. 끈적끈적 달라붙다.
粘っこい[ねばっこい] 〈形〉 ①끈적끈적하다. 찰기가 있다. ②(성격이) 진득하다. 끈덕지다. 끈질기다.
1◉**粘る**[ねばる] 〈5自〉 ①끈적거리다. 끈적끈적 달라붙다. ②끈덕지게 버티다.
2**粘り**[ねばり] ①찰기. ②끈기. 끈기가 있음.
粘り強い[ねばりづよい] 〈形〉 ①매우 끈적거리다. 매우 찰기가 있다. ②매우 끈질기다. 매우 끈덕지다.
粘り気[ねばりけ] 찰기. 끈기.
粘り抜く[ねばりぬく] 〈5自〉 (어려움을 없애고) 끝까지 해내다. 버티어 내다.
粘り付く[ねばりつく] 〈5自〉 끈적끈적 달라붙다.
粘粘[ねばねば] ①끈적끈적한 것. ②끈적끈적.
粘り着く[ねばりつく] 〈5自〉 끈적거리다. 끈적끈적 달라붙다.

音読

粘度[ねんど] 점도; (기름 등의) 차진 정도.
粘力[ねんりょく] 점력; 차진 힘.
粘膜[ねんまく] ≪生理≫ 점막.
粘性[ねんせい] 점성; 끈적거리는 성질.
粘液[ねんえき] 점액; 끈적끈적한 액체.
粘稠[ねんちゅう] 점조; 차지고 진함.
粘稠剤[ねんちゅうざい] 점조제; 액체에 끈기가 있게 섞는 물질.
粘着[ねんちゃく] 점착; 접착(接着). 끈적끈적하게 달라붙음.
粘体[ねんたい] 점체; 물엿이나 접착제처럼 끈끈한 성질의 물체.
粘土[ねんど/ねばつち] 점토; 찰흙.

漸 차츰 점

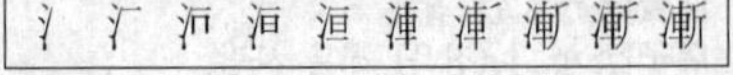

音 ◉ゼン
訓 ⊗ようやく ⊗ようよう

訓読

2⊗**漸く**[ようやく] 〈副〉 ①차츰. 차차. 점차. ②겨우. 가까스로. 간신히.
⊗**漸う**[ようよう] 〈副〉 '漸く(ようやく)'의 예스런 말.

音読

漸減[ぜんげん] 점감; 조금씩 줄어듦.
漸騰[ぜんとう] 점등; 값이 조금씩 오름.
漸増[ぜんぞう] 점증; 조금씩 증가함.
漸進[ぜんしん] 점진; 조금씩 앞으로 나아감.
漸次[ぜんじ] 점차; 차차. 차츰. 점점.

鮎 메기 점	音 ⊗デン 訓 ⊗あゆ ⊗あい

訓読

⊗**鮎**[あゆ] 은어(銀魚). ＊중국에서는 '메기'를 뜻하나 일본에서는 '은어'로 쓰이고 있음.
鮎魚女[あいなめ] ≪魚≫ 쥐노래미.
鮎釣(り)[あゆつり] 은어 낚시.
鮎鮨[あゆずし] 은어 초밥.

〔접〕

接 사귈/이을 접
一 十 扌 扩 扩 扩 拧 接 接 接

音 ◉セツ
訓 ◉つぐ ⊗はぐ

訓読

[1]◉**接ぐ❶**[つぐ] 〈5他〉 ①(뼈를) 접골하다. 이어 붙이다. ②(나무를) 접붙이다.
⊗**接ぐ❷**[はぐ] 〈5他〉 (천·종이 등을) 잇대다. 이어 맞추다. 깁다.
接ぎ[つぎ] ①천 조각을 대고 기움. 또는 그 천 조각. ②후계자. 대를 이을 사람.
接ぎ木[つぎき] 접목; 접붙이기.
接ぎ目[つぎめ] 이은 곳. 이음매.
接ぎ手[つぎて] ①접합 부분. 이음매. ②(바둑에서) 이음수.
接ぎ穂[つぎほ] ①접지(接枝). 접이삭. ②(이야기를) 계속할 기회.
接ぎ接ぎ[はぎはぎ] 조각조각 꿰맨 것. 누더기.
接ぎ合わせる[はぎあわせる] 〈下1他〉 (옷감·판자 등을) 잇대다. 잇다.

音読

[2]**接する**[せっする] 〈サ変他〉 ①잇대다. 잇다. ②맞대다. 〈サ変自〉 ①이웃하다. 인접하다. ②맞닿다. 접하다. ③향하다. ④(소식을) 받다. 접하다. ⑤만나다. 접대하다. ⑥경험하다. 알다. ⑦≪数≫ (한 점에서) 만나다.
接客[せっきゃく] 접객; 손님을 접대함.
接客業[せっきゃくぎょう] 접객업.
接見[せっけん] 접견; 신분이 높은 사람이 공식적으로 손님을 만남.
接見室[せっけんしつ] 접견실.
接骨[せっこつ] 접골; 뼈를 이어 맞춤.
接骨医[せっこつい] 접골의.
接骨院[せっこついん] 접골원.
[2]**接近**[せっきん] 접근; ①가까이 함. 바싹 다붙음. ②서로 대등해짐. ③가까이 대함.
接待[せったい] 접대; 대접.
接待費[せったいひ] 접대비.
接頭語[せっとうご] ≪語学≫ 접두어.
接吻[せっぷん] 접문; 입맞춤. 키스.
接尾語[せつびご] ≪語学≫ 접미어.
接伴[せっぱん] 접반; 접대. 대접.
接写[せっしゃ] 접사; (사진 촬영에서) 렌즈를 가까이 대고 찍음.
接線[せっせん] 접선; 곡선의 한 점에 닿은 선.
[2]**接続**[せつぞく] 접속; 이어짐.
[1]**接続詞**[せつぞくし] 접속사.
接収[せっしゅう] 접수; 국가 등이 강제적으로 국민의 소유물을 수용(収用)함.
接受[せつじゅ] 접수; ①공문 서류 등을 받아들임. ②외교 사절을 받아들임.
接岸[せつがん] 접안; 배가 해안에 접근하거나 닿음.
接眼レンズ[せつがんレンズ] 접안 렌즈.
接戦[せっせん] 접전; 좀처럼 승부가 나지 않는 싸움.
接点[せってん] 접점; ①≪数≫ 접선이 곡선이나 곡면(曲面)과 공유하는 점. ②접촉점. 합의점. ③≪物≫ 전류를 흐르게 하거나 차단하는 접촉 부분.
接種[せっしゅ] ≪医≫ 접종.
接着[せっちゃく] 접착; 착 달라붙음.
接着剤[せっちゃくざい] 접착제.
[1]**接触**[せっしょく] 접촉; ①접근하여 맞닿음. ②다른 사람이나 세계·영역과 교섭을 가짐.
接合[せつごう] 접합; 한데 이어 붙임.

摺 ×(摺) 접을 접	音 ⊗ショウ 訓 ⊗する

訓読

⊗**摺る**[する] 〈5他〉 ①인쇄하다. 박다. ②문지르다. 비비다. 갈다.
摺り本[すりほん] ①판각본(板刻本). 판목(版木)으로 박은 책. ②인쇄만 마치고 아직 제본하지 않은 책.

摺り餌[すりえ] (풀·생선 등의) 으깬 새의 모이.
摺り切り[すりきり] ①평미레로 밂. ②문질러서 끊음. ③재산을 바닥냄.
摺り切る[すりきる] 〈5他〉 ①문질러서 끊다. ②돈을 다 써 버리다. 재산을 바닥내다.
摺り足[すりあし] 발을 끄는 듯이 살금살금 걸음.

蝶 나비 접	音 ⊗チョウ 訓 ―

音読

[1]**蝶**[ちょう] ≪虫≫ 나비.
[1]**蝶ネクタイ**[ちょうネクタイ] 나비넥타이.
蝶結び[ちょうむすび] 나비매듭.
蝶鮫[ちょうざめ] ≪魚≫ 철갑상어.
蝶類[ちょうるい] 접류; 나비 종류.
蝶番[ちょうつがい] ①(문의) 경첩. ②(몸의) 관절. 마디. *목수들은 '경첩'을 말할 때 'ちょうばん'이라고 함.
蝶外[ちょうがい] ≪貝≫ 진주조개.
蝶蝶[ちょうちょう] ①나비. 나비들. ②'蝶蝶髷(ちょうちょうまげ)'의 준말.
蝶蝶髷[ちょうちょうまげ] (소녀의 머리를 좌우로 갈라 두 고리를 만들어) 나비가 날개를 펼친 모양으로 땋은 머리.
蝶足[ちょうあし] 나비의 날개를 편 것 같은 모양의 상(床) 다리.
蝶形[ちょうがた] 나비 모양.

〔정〕

丁 장정/넷째천간 정
一丁

音 ◉チョウ ◉テイ
訓 ⊗ひのと

訓読

⊗**丁**❶[ひのと] 정; 십간(十干)의 넷째. ❷[ちょう/てい] ☞ [音読]

音読

丁❶[ちょう] ①(주사위의) 짝수. ②(재래식 장정으로 된 책의 장수를 세는 말로) 장. ③(두부를 세는 말로) 모. ④(음식점에서 1인분 요리를 세는 말로) 그릇. 접시. ⑤(거리의 단위로) 정(町). ❷[てい] 정; ①십간(十干)의 넷째. ②(등급의) 네 번째. 4위. ③장정(壮丁). ④'丁抹(テンマーク)'의 준말. ❸[ひのと] ☞ [訓読]
丁髷[ちょんまげ] (일본식의) 상투.
丁年[ていねん] ①만 20세. 성년(成年). ②성년이 된 남자.
[3]**丁寧**[ていねい] 〈形動〉 ①공손함. 정중함. 예의 바름. ②신중함. 정성스러움.
丁寧語[ていねいご] 공손한 말.
丁度[ちょうど] ①(숫자 앞에서) 꼭. 정확히. ②마침. 알맞게. ③(꼭 닮은 모양으로) 마치. 흡사. 꼭. ④방금. 바로. 막.
[2]**丁目**[ちょうめ] (행정구역의 하나인 町(ちょう)를 다시 구분한 소단위로) 가(街).
丁半[ちょうはん] ①(주사위의) 홀수와 짝수. ②홀짝놀이. 홀짝노름.
丁付(け)[ちょうづけ] (책의) 페이지 수의 차례를 매김.
丁数[ちょうすう] ①(주로 재래식 서적의) 매수. 장수. ② ≪古≫ 짝수. 우수(偶数).
丁子[ちょうじ] ① ≪植≫ 정향나무. ②정향. 정향나무의 꽃봉오리를 말린 것.
丁字[ていじ] 정자; 정자형(丁字形).
丁字帯[ていじたい] 'T'자형으로 매게 되어 있는 붕대.
丁字路[ていじろ] 삼거리.
丁字定規[ていじじょうぎ] 'T'자 모양의 잣대.
丁字形[ていじけい] 'T'자형.
丁場[ちょうば] ①정거장 사이의 거리. 어떤 구간의 거리. ②(운송·도로 공사의) 담당 구역. ③(마부·인력거·가마꾼 등의) 대기소.
丁丁発止[ちょうちょうはっし] ①(칼 등이 맞부딪치는 소리) 쨍그랑쨍그랑. ②(논쟁 등의) 격렬하게.
丁重[ていちょう] 정중; ①공손함. 정성스러움. 극진함. ②신중함.
丁稚[★でっち] 견습생.
丁合い[ちょうあい] (제본 과정에서) 인쇄가 끝난 인쇄물을 페이지 순으로 정리하는 작업.

井 우물 정
一 二 ナ 井

音 ◉セイ ◉ショウ
訓 ◉い

訓読

◉井[い] 우물.

井流れ[いながれ] 냇물에서 물을 긷는 곳.

井守[いもり] ≪動≫ 영원.

井走り[いはしり] ☞ 井流れ

井筒[いづつ] ①우물의 울. 우물의 땅 위에 나무나 돌로 만든 울. ②가문(家紋)의 명칭. *우물의 울을 본뜬 것임.

井桁[いげた] ①나무로 짠 '井'자 모양의 우물 난간. ②'井'자 모양의 물건·글자·무늬.

[2]井戸[いど] 우물.

井戸端[いどばた] 우물가.

井戸端会議[いどばたかいぎ] 우물가의 쑥덕공론.

井戸塀[いどべい] 정치 활동으로 재산을 탕진하고 우물과 담만 남은 상태.

井戸水[いどみず] 우물물.

井戸縄[いどなわ] 두레박줄.

井戸車[いどぐるま] 우물 두레박의 도르래.

井戸替え[いどがえ] 우물청소. 우물치기.

井戸側[いどがわ] 우물 벽.

音読

井目[せいもく] 정목; (바둑에서) 바둑판에 표시된 9개의 흑점.

井然[せいぜん] 정연; 질서가 있고 가지런함.

井蛙[せいあ] 정와; 우물 안의 개구리.

井底[せいてい] 정저; ①우물 밑바닥. ②좁은 곳.

井井[せいせい] 정정; ①질서 정연함. ②깨끗하고 조용함. 조용하고 변함 없음.

◑天井[てんじょう]

正 바를 정

一 丅 下 正 正

音 ◉セイ ◉ショウ

訓 ◉ただしい ◉ただす ◉まさ

訓読

[2]◉正しい[ただしい] 〈形〉 ①(모양이) 옳다. 바르다. 곧다. ②(언행·판단이) 옳다. 바르다. ③(법률상·위치·해답이) 맞다. 옳다. 바르다.

正しく❶[ただしく] 바르게. 옳게. 곧게. ❷[まさしく] 확실히. 틀림없이.

◉正す[ただす] 〈5他〉 ①(틀린 것을) 고치다. 바로 잡다. ②(흐트러짐·뒤틀림을) 바로 하다. 가다듬다. 고치다. ③(옳고 그름을) 밝히다. 가리다.

[2]◉正に[まさに] 〈副〉 ①바로. 틀림없이. 정말로. 확실히. ②당연히. 마땅히. ③이제 막. 바야흐로.

正目❶[まさめ] 똑바른 나뭇결. ❷[しょうめ] 정미(正味). (용기·포장 등의 무게를 뺀) 알맹이만의 무게.

正目紙[まさめがみ] ①닥나무로 만든 두껍고 흰 종이. ②오동나무나 삼목 등의 목재를 종이처럼 엷게 깎은 것.

正夢[まさゆめ] 정몽; 사실과 일치하는 꿈.

正宗[まさむね] ①鎌倉(かまくら) 시대의 도공(刀工) 岡崎五郎正宗(おかざきごろうまさむね)가 벼린 칼. *일본의 대표적인 명검임. ②兵庫県(ひょうごけん) 灘(なだ)의 청주(清酒) 이름. *'清酒(せいしゅ)'의 발음이 '正宗(せいしゅう)'와 비슷한 데서 생겨난 말임.

音読

[2]正[せい] 정; ①정도(正道). 바른 길. 올바름. ②정통. 본디의 것. ③주(主)가 되는 것. ④≪数≫ 양(陽). 플러스. ⑤정식. 우두머리. ⑥같은 계급 중에서 상위임.

正価[せいか] 정가; 정찰(正札).

正看護婦[せいかんごふ] 정간호사.

正格[せいかく] 정격; ①바른 격식. 바른 규칙. ②'正格活用'의 준말.

正鵠[せいこく] 정곡; 핵심(核心).

正攻法[せいこうほう] 정공법; 정정당당하게 싸움.

正課[せいか] 정과; 정규 학과·과목.

正課外[せいかがい] 정과외; 정규 과외.

正教[せいきょう] 정교; ①바른 가르침·종교. ②'ギリシア正教(せいきょう)'의 준말.

正教会[せいきょうかい] 그리스 정교회.

[1]正規[せいき] 정규; 정식. 규칙적임.

正規軍[せいきぐん] 정규군.

正規兵[せいきへい] 정규병.

正規従業員[せいきじゅうぎょういん] 정식 종업원.

正金払い[しょうきんばらい] 현금 지불.

正金取引[しょうきんとりひき] 현금 거래.

正気❶[しょうき] 제정신. 본정신. ❷[せいき] 정기; 생명의 원기.

正気付く[しょうきづく] 〈5自〉 정신을 차리다. 제정신이 들다.

正答[せいとう] 정답; 올바른 답.

[1]正当[せいとう] 정당; 합법적임. 바르고 옳음.

正当防衛[せいとうぼうえい] 정당방위.
正大[せいだい] 정대; ①바르고 떳떳함. ②중정(中正)하고 웅대함.
正道[せいどう] 정도; 바른 길.
正路[せいろ] 정로; ①바른 길. 정도(正道). ②공도(公道).
正論[せいろん] 정론; 정당한 주장.
2正面❶[しょうめん] 정면; ①바로 마주보는 쪽. ②맞대면. 직접. ❷[まとも] ①정면; 맞대면. 직접. ②성실함. 착실함. 진실함.
正面切って[しょうめんきって] ①정면으로. 서슴없이. 맞대 놓고. ②정색하고.
正銘[しょうめい] 틀림없는 진짜.
正帽[せいぼう] 정모; 정복에 갖추어 쓰는 모자.
正文[せいぶん] 정문; ①문서의 본문. ②원래의 문장·서류.
2正門[せいもん] 정문; 정면에 있는 문.
正米[しょうまい] 정미; 실제로 거래되는 쌀.
正米市場[しょうまいいちば] 쌀 시장.
正米取引[しょうまいとりひき] 쌀의 실물거래.
正味[しょうみ] 정미; ①알맹이. ②(포장 등의 무게를 뺀) 정량. ③실제 수량. ④에누리 없는 가격. ⑤도맷값.
正味値段[しょうみねだん] 실제 가격.
正反対[せいはんたい] 정반대; 아주 반대임.
2正方形[せいほうけい] 정방형; 정사각형.
正犯[せいはん] 정범; 주범(主犯).
正服[せいふく] 정복; 정식 복장.
正本❶[しょうほん] 정본; ①원본(原本). ②(연극의) 대본. 각본. ③(浄瑠璃(じょうるり)등의) 생략이 없는 완전한 책. ❷[せいほん] ①《法》 정본; 원본과 똑같은 효력을 지닌 등본. ②원본(原本).
正否[せいひ] 정부; 옳고 그름.
正副[せいふく] 정부; 주장되는 으뜸과 그의 버금.
正比例[せいひれい] 정비례.
正妃[せいひ] 정비; 천자(天子)의 정실(正室).
正史[せいし] 정사; ①정확한 사실을 기록한 역사. ②국가에서 편찬한 역사책.
正四面体[せいしめんたい] 정사면체.
正邪[せいじゃ] 정사; 옳고 그름.
正使[せいし] 정사; 수석 사신(使臣).
正社員[せいしゃいん] 정사원; 정식 사원.
正三角形[せいさんかくけい] 정삼각형.
1正常[せいじょう] 정상; 바르고 떳떳함. 올바른 상태임. 보통 상태임.
正常化[せいじょうか] 정상화.
正書[せいしょ] 정서; 글씨를 또박또박 씀.
正数[せいすう] 정수; 양수(陽数).
正時[しょうじ] 정시; 정각(正刻).
正時発[しょうじはつ] 정시 출발.
正視[せいし] 정시; 바로 봄. 직시(直視)함.
2正式[せいしき] 정식; 바른 격식.
正室[せいしつ] 정실; ①본처(本妻). ②앞마당을 향한 큰 방. 객실. ③(신분이 높은 집안의) 후사(後嗣).
正眼[せいがん] 정안; ①직시(直視)함. ②(검도에서) 칼끝이 상대방의 눈을 향한 자세.
正業[せいぎょう] 정업; 떳떳한 직업.
2正午[しょうご] 정오; 낮 12시.
正誤[せいご] 정오; 잘못을 바로잡음.
正誤表[せいごひょう] 정오표.
正員[せいいん] 정원; 정식 회원. 정회원.
3正月[しょうがつ] 정월; ①1월. ②설날.
正位[せいい] 정위; 올바른 위치.
1正義[せいぎ] 정의; 올바른 도리.
正義感[せいぎかん] 정의감.
正字[せいじ] 정자; ①바른 글자. ②한자(漢字) 본래의 바른 글씨.
正字法[せいじほう] 정자법; 정서법(正書法).
正装[せいそう] 정장; 정식의 복장.
正嫡[せいちゃく/せいてき] 정적; ①본처(本妻). ②적자(嫡子).
正電気[せいでんき] 정전기; 양전기(陽電気).
正殿[せいでん] 정전; ①궁전의 중심이 되는 어전(御前). ②神社(じんじゃ)의 본전(本殿).
正正堂堂[せいせいどうどう] 정정당당; ①(군사 등의) 사기가 왕성함. ②(태도 등이) 바르고 떳떳함.
正調[せいちょう] 정조; ①본래의 정상적인 상태. ②《楽》 바른 곡조.
正座❶[せいざ] 정좌; 무릎을 꿇고 자세를 바로 하여 앉음. ❷[しょうざ] (주빈이 앉는) 정면 좌석.
正中[せいちゅう] 정중; ①한가운데. ②천체의 자오선 통과. ③적중(的中).
正中線[せいちゅうせん] 한가운데 선.
2正直[しょうじき] 정직; ①성실함. ②〈副〉 사실은. 솔직히 말하자면.
正直者[しょうじきもの] 정직한 사람.
正真[しょうしん] 정진; 진실. 거짓이 아님.
正札[しょうふだ] 정찰; 정가(定価).
正札付き[しょうふだつき] ①정찰이 붙어 있음. ②세상에 정평이 나 있음.

正札販売[しょうふだはんばい] 정찰 판매.
正妻[せいさい] 정처; 본처(本妻).
1正体❶[しょうたい] 정체; ①본래의 모습. ②제정신. 본정신. ❷[せいたい] ①올바른 자세. ②올바른 서체(書体).
正出[せいしゅつ] 정출; 적출(摘出). 본처(本妻)의 소생.
正則[せいそく] 정칙; 바른 규칙.
正統[せいとう] 정통; 계통·혈통이 바름.
1正解[せいかい] 정해; ①바르게 이해하고 해석함. ②올바른 대답.
正号[せいごう] ≪数≫ 정호; 플러스 기호.
正貨[せいか] 정화; 본위 화폐(本位貨幣).
正貨準備金[せいかじゅんびきん] 정화 준비금.
2正確[せいかく] 정확; 바르고 확실함.
正会員[せいかいいん] 정회원; 정식 회원.

呈(呈) 드릴 정

丨 冂 口 口 무 呈 呈

音 ◉テイ
訓 —

音読

呈[てい] 드림. 바침. ＊인명이나 증정하는 품명 위에 붙여 쓰는 말임.
呈する[ていする] 〈サ変他〉 ①드리다. 증정하다. ②나타내다. 드러내다.
呈上[ていじょう] 정상; 드림. 바침. 증정.
呈色反応[ていしょくはんのう] ≪化≫ 정색 반응.
呈示[ていじ] 정시; 제시(提示). 앞으로 내밀어 상대방에게 보여 줌.
呈示期間[ていじきかん] 제시(提示) 기간.
呈示払い[ていじばらい] 제시불(提示払). 일람불(一覧払).
呈出[ていしゅつ] 정출; ①제출(提出). 문제·의견·증거·자료 등을 상대방에게 보여 줌. ②드러냄.

廷 조정 정

一 二 千 壬 ⺄壬 廷 廷

音 ◉テイ
訓 —

音読

廷内[ていない] 정내; 법정 내.
廷吏[ていり] 정리; 법원 직원.
廷臣[ていしん] 정신; 조정의 신하.
廷丁[ていてい] '廷吏(ていり)'의 옛 칭호.
◑開廷[かいてい], 法廷[[ほうてい]

町 밭두둑 정

丨 冂 冂 田 田 田一 町

音 ◉チョウ
訓 ◉まち

訓読

4◉町❶[まち] ①시가지. 읍내(邑内). 시내(市内). ②지방 자치 단체의 하나인 町(ちょう). ③시(市)나 구(区)를 구성하는 한 구획. ④번화가. ❷[ちょう] ☞ [音読]
町家❶[まちや] ①(시중의) 상가(商家). 상인의 집. ②상업 지구. ❷[ちょうか] ①(시중의) 상가(商家). 상인의 집. ②시가지에 있는 집.
町角[まちかど] ①길모퉁이. 길목. ②길거리. 가두(街頭).
町工場[まちこうば] 시내에 있는 소규모의 조그마한 공장.
町筋[まちすじ] 길거리. 한길.
町道場[まちどうじょう] ①시중에 있는 무술의 도장. ②≪仏≫ 시중에 있는 불당(仏堂).
町方[まちかた] ①(시골에서 도시를 가리켜) 도시 사람. 도시 쪽. ②(江戸(えど) 시대의) 장사꾼이나 장인들 같은 서민들.
町並(み)[まちなみ] 시가지(市街地).
町役場[まちやくば] 町(ちょう) 사무소.
町外れ[まちはずれ] 변두리.
町医者[まちいしゃ] 개업의(開業医).
町場❶[まちば] 상가(商街). 번화가. ❷[ちょうば] ①할당 구역. 담당 구역. ②(마부·가마꾼·인력거꾼 등의) 대기소.
町中[まちなか] 시내. 번화가.
町着[まちぎ] 외출복. 나들이옷.
町版[まちはん] (서점·출판사가) 영리를 목적으로 하는 출판물.

音読

2町❶[ちょう] ①지방 자치 단체의 하나. ＊한국의 읍(邑)에 해당함. ②시(市)나 구(区)를 구성하는 한 구획. ＊한국의 동(洞)에 해당함. ③거리의 단위. ＊60간으로 약 109m임. ④면적의 단위. ＊10단으로 3,000평임. ❷[まち] ☞ [訓読]

町内[ちょうない] (지방 공공 단체로서의) 町(ちょう)의 안. 동네.
町内会[ちょうないかい] 町(ちょう) 주민의 자치 모임.
町立[ちょうりつ] 町(ちょう)에서 설립하여 유지함.
町名[ちょうめい] 町(ちょう)의 이름.
町民[ちょうみん] 町(ちょう)의 주민.
町民税[ちょうみんぜい] 주민세(住民税).
町歩[ちょうぶ] 정보; 면적의 단위. *1정보 3,000평을 말함.
町税[ちょうぜい] 町(ちょう)가 징수하는 세금.
町有[ちょうゆう] 町(ちょう)의 소유.
町議会[ちょうぎかい] 町(ちょう) 의회.
町長[ちょうちょう] 町(ちょう)의 우두머리.
町場❶[ちょうば] ①할당 구역. 담당 구역. ②(마부・가마꾼・인력거꾼 등의) 대기소. ❷[まちば] 상가(商街). 번화가.
町政[ちょうせい] 町(ちょう)의 자치 행정.
町制[ちょうせい] 町(ちょう)의 기구나 권한을 정한 제도.
町村[ちょうそん] ①도시와 시골. ②(지방 자치 단체로서의) 町(ちょう)와 村(そん).
町村議会[ちょうそんぎかい] 町村(ちょうそん) 의회.
町会[ちょうかい] ①町(ちょう) 주민의 자치 모임. ②'町議会'의 옛 칭호.

定 정할 정

' '' 宀 宀 宁 宇 宇 定

音 ◉テイ ◉ジョウ
訓 ◉さだか ◉さだまる ◉さだめる

訓読

◉定か[さだか] 〈形動〉 분명함. 확실함. 명확함.
2◉定まる[さだまる] 〈5自〉 ①정해지다. 결정되다. ②안정되다. 진정되다. ③분명해지다.
定まり[さだまり] ①결말. 결정. ②(형식・경과 등이) 정해져 있음. ③결심. 각오.
2◉定める[さだめる] 〈下1他〉 ①정하다. 결정하다. 확정하다. ②(난리를) 안정시키다. 수습하다. 가라앉히다. 진정시키다. ③고정시키다. 안정시키다. ④품평(品評)하다.
定め[さだめ] ①결정. 판정. 정함. ②규정. 규칙. 법규. ③운명. 팔자. 숙명.
定めし[さだめし] (추측의 말을 수반하여) 아마도. 틀림없이. 반드시.
定めて[さだめて] (추측의 말을 수반하여) 아마도. 틀림없이. 반드시. *약간 예스러운 말씨임.
定めない[さだめない] 〈形〉 ①일정하지 않다. 불안정하다. ②무상하다. 덧없다.
定め米[さだめまい] 추가로 지주(地主)에게 바치는 소작미(小作米).
定め事[さだめごと] 정해진 일. 정해진 운명. 숙명(宿命).

音読

定[じょう] ①반드시 그렇게 됨. ②정말. 진실. ③《仏》 선정(禅定).
2定価[ていか] 정가; 정해진 가격.
定価表[ていかひょう] 정가표.
定刻[ていこく] 정각; 정해진 시각. 일정한 시각.
定見[ていけん] 정견; 일정한 견식.
定冠詞[ていかんし] 《語学》 정관사.
定款[ていかん] 정관; 어떤 단체 등의 설립에 즈음하여 목적・내부 조직・활동 등을 정한 근본 법칙.
定規❶[じょうぎ] ①자. 잣대. ②표준. 모범. 본보기. ❷[ていき] 정규; 정해진 규정・격식.
2定期[ていき] 정기; ①정해진 일정 기간. ②정기 교통편. ③'定期預金・定期乗車券・定期便'의 준말.
2定期券[ていきけん] 정기권; 정기 승차권.
定期船[ていきせん] 정기선; 일정한 항로를 정기적으로 항해하는 선박.
定期預金[ていきよきん] 정기 예금.
定期入れ[ていきいれ] 정기 승차권 케이스.
定期乗車券[ていきじょうしゃけん] 정기 승차권.
定期便[ていきびん] 정기편.
1定年[ていねん] 정년; 퇴직하게끔 정해져 있는 나이.
定年退職[ていねんたいしょく] 정년퇴직.
定量[ていりょう] 정량; 일정량.
定量分析[ていりょうぶんせき] 정량 분석.
定連[じょうれん] ①(늘 어울려 다니는) 패거리. ②단골. 단골손님. 단골 팬.
定例[ていれい] 정례; ①관례. 일정한 규례. ②정기적으로 행해짐.
定例会[ていれいかい] 정례회.
定率[ていりつ] 정률; 일정 비율.

[1]**定理**[ていり] ≪数≫ 정리.
定本[ていほん] 정본; ①고전 등의 이본(異本)을 비교·교정하여 가장 원본에 가깝게 복원한 표준이 되는 책. ②저자가 손질한 결정판.
定常[ていじょう] 정상; 일정하여 변하지 않음.
定常状態[ていじょうじょうたい] 정상 상태.
定石[じょうせき] 정석; ①(바둑에서) 정해진 수. ②(최선으로 여겨지는) 일정한 방식.
定説[ていせつ] 정설; 정론(定論).
定性[ていせい] ≪化≫ 정성; 물질의 성분을 정하는 일.
定性分析[ていせいぶんせき] ≪化≫ 정성 분석.
定収[ていしゅう] 정수; 고정 수입.
定収入[ていしゅうにゅう] 고정 수입. 정기적으로 들어오는 수입.
定数[ていすう] 정수; ①정해진 인원수. ② ≪数≫ 상수(常数).
定宿[じょうやど] 단골 여관·숙소.
定昇[ていしょう] '定期昇給'의 준말.
定時[ていじ] 정시; ①정해진 시각. ②정기(定期). 일정한 시기.
定時刊行[ていじかんこう] 정기(定期) 간행.
定時制[ていじせい] 정시제.
定時総会[ていじそうかい] 정기(定期) 총회.
定式[じょうしき/ていしき] 정식; 정해진 의식·방식.
[1]**定食**[ていしょく] 정식; ①일정한 메뉴에 의해 차려진 식사. ②풀코스의 양식(洋食).
定植[ていしょく] 정식; 모종으로 키운 식물을 논밭에 내어다 심음.
定額[ていがく] 정액; 일정한 금액.
定額小為替[ていがくこがわせ] 정액 소액환.
定温[ていおん] 정온; 일정한 온도.
[2]**定員**[ていいん] 정원; 수용 인원.
[1]**定義**[ていぎ] 정의; 개념의 내용이나 용어의 의미를 정확하게 한정함.
定日[ていじつ] 정일; 정해진 날짜.
定日払い手形[ていじつばらいてがた] 정일 출급 어음.
定跡[じょうせき] 정적; (장기의) 정해진 수.
定点[ていてん] 정점; ① ≪数≫ 주어진 점. ②기상 관측을 위해 바다 위에 정해진 지점.
定足数[ていそくすう] 정족수; (회의에서) 의사 진행과 의결에 필요한 최소한의 출석 인원.
定住[ていじゅう] 정주; 일정한 장소에 주거(住居)를 정함.
定職[ていしょく] 정직; 일정한 직업.
定着[ていちゃく] 정착; ①어떤 정해진 곳에 자리 잡음. ②(사진에서) 필름·인화지 등의 감광성(感光性)을 제거하는 일.
定着物[ていちゃくぶつ] 정착물; 토지에 정착한 건물이나 나무.
定着液[ていちゃくえき] (사진의) 정착액.
定礎[ていそ] 정초; 머릿돌.
定礎式[ていそしき] 정초식; 건물의 건축 공사를 시작하는 의식.
定置[ていち] 정치; 정해진 곳에 둠.
定置網漁業[ていちあみぎょぎょう] 정치망 어업.
定評[ていひょう] 정평; 일반에게 널리 알려진 좋은 평판.
定形[ていけい] 정형; 일정한 모양.
定型[ていけい] 정형; 일정한 틀.
定型詩[ていけいし] 정형시; 시구(詩句)의 숫자나 배열의 순서 등에 일정한 규칙을 갖고 있는 시.
定休[ていきゅう] 정휴; 정기(定期) 휴일.
[2]**定休日**[ていきゅうび] 정기(定期) 휴일.

征 칠/갈 정

丿 彳 彳 彳 彳 彳 征 征

音 ◉セイ
訓 —

音読

征する[せいする] 〈サ変他〉 정벌(征伐)하다. 정복(征服)하다.
征途[せいと] 정도; 원정(遠征) 길.
征伐[せいばつ] 정벌; 토벌(討伐).
[1]**征服**[せいふく] 정복; 정벌하여 복종시킴.
征衣[せいい] 정의; ①군복(軍服). ②여행복. 여장(旅装).
征夷大将軍[せいいたいしょうぐん] 정이대장군; ①(奈良(なら)시대에) 북방의 아이누족 정벌을 위해 파견된 장군. ②병마와 정치의 실권을 가진 幕府(ばくふ)의 주권자의 직책명.
征戦[せいせん] 정전; 출정하여 싸움.
征討[せいとう] 정토; 정벌(征伐). 토벌.

亭 정자 정

丶 亠 亡 古 亭 亭 亭 亭 亭

音 ◉テイ
訓 —

音読

亭[てい] ①(여관・요릿집 등의 옥호에 붙이는) 정. ②(뜰 안의) 정자. ③문인・연예인 등의 호에 붙이는 말. ④풍류인의 거실 이름에 붙이는 말.
亭亭[ていてい] (큰 나무 등이) 우뚝 솟아 있음.
亭主[ていしゅ] ①집주인. ②남편. ③(茶道에서) 손님을 접대하는 주인.
亭主関白[ていしゅかんぱく] 폭군 같은 남편. 집안의 폭군.
亭主持ち[ていしゅもち] 유부녀(有夫女).

貞 곧을 정

丨 ⺊ ⺊ 片 占 貞 貞 貞 貞

音 ◉テイ ⊗ジョウ
訓 —

音読

貞潔[ていけつ] 정결; 정숙 결백함.
貞女[ていじょ] 정녀; 정절이 있는 여자.
貞烈[ていれつ] 정렬; 정조가 굳음.
貞婦[ていふ] 정부; 정절이 있는 부인.
貞淑[ていしゅく] 정숙; 절개가 굳고 얌전함.
貞節[ていせつ] 정절; 여자의 곧은 절개.
貞操[ていそう] 정조; 여자가 성적(性的)인 순결을 지킴.
貞操帯[ていそうたい] 정조대.

政 정사 정

一 丅 下 正 正 正 正 政 政

音 ◉セイ ◉ショウ
訓 ◉まつりごと

訓読

◉政[まつりごと] 정사(政事). 정치.
政所[★まんどころ] ①(平安(へいあん) 시대 이후) 황족이나 귀족의 가정(家政) 사무를 보던 곳. ②鎌倉(かまくら)・室町(むろまち) 幕府(ばくふ)의 중앙 정치 기관. ③摂政(せっしょう)・関白(かんぱく)의 아내의 높임말.

音読

政綱[せいこう] 정강; 정부나 정당이 공약한 정책의 대강.
政客[せいかく/せいきゃく] 정객; 정치가.
政見[せいけん] 정견; 정치상의 의견.
政経[せいけい] 정경; 정치와 경제.
政界[せいかい] 정계; 정치가의 사회.
政教[せいきょう] 정교; 정치와 종교.
政局[せいきょく] 정국; 정치계의 형편.
1政権[せいけん] 정권; 정치상의 권리.
政談[せいだん] 정담; ①정치에 관한 담론(談論). ②당시의 정치 사건을 소재로 한 야담(野談).
2政党[せいとう] 정당; 정치를 실현하기 위해 모인 단체.
政道[せいどう] 정도; 정치의 방법.
政略[せいりゃく] 정략; ①정치상의 책략. ②이익을 얻기 위한 흥정.
政令[せいれい] 정령; ①정치상의 명령이나 법령. ②≪政≫ 각령(閣令).
政論[せいろん] 정론; 정치상의 이론.
政務[せいむ] 정무; 정치상의 사무.
政変[せいへん] 정변; 쿠데타. 내각의 경질.
2政府[せいふ] 정부; 국가의 통치권을 행사하는 기관.
政府当局[せいふとうきょく] 정부 당국.
政府筋[せいふすじ] 정부 소식통.
政府米[せいふまい] 정부미; 정부가 보유하고 있는 쌀.
政事[せいじ] 정사; 정치.
政友[せいゆう] 정우; 정치상 의견을 같이 하는 동료.
政争[せいそう] 정쟁; 정치상의 싸움.
政敵[せいてき] 정적; 정치상의 적.
政情[せいじょう] 정정; 정치 정세(情勢).
政調会[せいちょうかい] '政務調査会'의 준말.
2政策[せいさく] 정책; 정치의 방침.
政庁[せいちょう] 정청; 정무를 보는 관청.
政体[せいたい] 정체; 통치권의 운용 형식.
3政治[せいじ] 정치; 나라를 다스림.
政治家[せいじか] ①정치가. ②책략가. 모사(謀士)꾼.
政治屋[せいじや] 정치꾼.
政派[せいは] 정파; 정치상의 파벌.
政況[せいきょう] 정황; 정계의 상황.
◑摂政[せっしょう]

訂 바로잡을 정

一 = 言 言 言 言 言 言 訂

音 ◉テイ
訓 —

音読

訂する[ていする] 〈サ変他〉 ①바로잡다. 정정하다. 고치다. ②(친교를) 맺다.
訂補[ていほ] 정보; 저작물 등의 잘못을 정정(訂正)하거나 부족한 부분을 보충함.
[1]訂正[ていせい] 정정; 말이나 문장의 잘못을 고쳐 바로잡음.
訂正版[ていせいばん] 정정판.
訂正表[ていせいひょう] 정정표.

浄(淨) 깨끗할 정

丶 冫 氵 氵 氵 氵 氵 浄 浄

音 ◉ジョウ
訓 ⊗きよい ⊗きよめる

訓読

⊗浄い[きよい] 〈形〉 ①맑다. 깨끗하다. ②(마음・태도가) 깨끗하다. 순수하다.
⊗浄める[きよめる] 〈下1他〉 맑게 하다. 깨끗하게 하다. 부정(不浄)을 씻다.
浄め[きよめ] 맑게 함. 깨끗하게 함. 부정(不浄)을 씻음.

音読

浄界[じょうかい] 정계; ①정결한 지역. ②≪仏≫ 정토(浄土).
浄瑠璃[じょうるり] ①三味線(しゃみせん) 반주에 맞춰 가락을 붙여 엮어 나가는 이야기. ＊특히 '義太夫節(ぎだゆうぶし)'의 딴이름. ②≪仏≫ 청정한 유리.
浄写[じょうしゃ] 정사; 보기 좋게 깨끗이 글씨를 다시 씀.
浄書[じょうしょ] 정서; 보기 좋게 깨끗이 글씨를 다시 씀.
浄水[じょうすい] 정수; ①깨끗한 물. ②손 씻는 물. ③물의 정화. 정화된 물.
浄水器[じょうすいき] 정수기.
浄水場[じょうすいじょう] 정수장.
浄域[じょういき] 정역; ①神社(じんじゃ)・절(寺)의 경내. ②≪仏≫ 극락정토.
浄財[じょうざい] 정재; 깨끗한 재물. ＊종교 사업・사회사업 등에 기부되는 금품.
浄罪[じょうざい] 정죄; 죄를 깨끗이 씻음.
浄土[じょうど] ≪仏≫ 정토; ①극락정토. ②'浄土宗'의 준말.
浄土宗[じょうどしゅう] ≪仏≫ 정토종.
浄土真宗[じょうどしんしゅう] ≪仏≫ 정토진종.
浄玻璃[じょうはり] 정파리; ①맑은 유리. ②≪仏≫ 정파리경(浄玻璃鏡).
浄血[じょうけつ] 정혈; 피를 깨끗이 함. 병독이 없는 깨끗한 피.
浄化[じょうか] 정화; ①깨끗이 함. ②악폐・폐습 등을 없앰.
浄化槽[じょうかそう] 정화조.
浄火[じょうか] 정화; 신성한 불.

庭 뜰 정

丶 亠 广 广 庀 庄 庄 庭 庭 庭

音 ◉テイ
訓 ◉にわ

訓読

[4]◉庭[にわ] ①뜰. 정원. 마당. ②(특정한 일을 하는) 곳. 장소. 터.
庭口[にわぐち] 정원의 출입구.
庭木[にわき] 정원수(庭園樹).
庭木戸[にわきど] 정원 출입문.
庭番[にわばん] ①정원사 겸 집 관리인. ②¶御(お)～ (江戸(えど)시대에) 将軍(しょうぐん) 직속의 밀정(密偵). ＊大名(だいみょう) 등을 감시하였음.
庭師[にわし] 정원사.
庭石[にわいし] 정원석. 정원 장식을 위해 놓는 돌. 마당의 징검돌.
庭先[にわさき] 마당 가. 뜰.
庭先渡(し)[にわさきわたし] (농산물의) 현지 거래. 생산지 거래.
庭先相場[にわさきそうば] (농산물의) 현지 시세. 생산지 시세.
庭続き[にわつづき] (논밭 등이) 집 뜰에서 바로 이어짐.
庭作り[にわつくり] ①정원을 꾸밈. 정원 조경. ②정원사.
庭蔵[にわぐら] (몸채에서 떨어져서) 마당 끝에 따로 지은 창고.
庭伝い[にわづたい] 뜰에서 뜰로 통함. 마당에서 마당으로 통함.
庭造り[にわつくり] ①정원을 꾸밈. 정원 조경. ②정원사.

庭草[にわくさ] 뜰에 난 풀.
庭下駄[にわげた] 뜰에서 신는 나막신.
庭火[にわび] (祭礼 때 궁중 등에서의) 화톳불.

音読

庭球[ていきゅう] 정구; 테니스.
庭内[ていない] 정내; 뜰 안.
庭上[ていじょう] 정상; 뜰. 뜰 위.
庭樹[ていじゅ] 정원수(庭園樹).
庭園[ていえん] 정원; 뜰.
庭園灯[ていえんとう] 정원등.
庭前[ていぜん] 정전; 뜰 앞.
庭訓[ていきん] 정훈; 가정교육.
庭訓往来[ていきんおうらい] (일본 중세 이후의) 초등 교육을 위해 편집된 서간문체의 가정교육 교과서.

偵 정탐할 정

亻 亻' 亻' 亻' 侦 侦 偵 偵 偵 偵

音 ◉テイ
訓 —

音読

偵知[ていち] 정지; 탐지(探知). 적군의 상태를 정찰하여 앎.
偵察[ていさつ] 정찰; 몰래 적이나 상대방의 정세를 살핌.
偵察機[ていさつき] 정찰기.
偵察飛行[ていさつひこう] 정찰 비행.
偵察衛星[ていさつえいせい] 정찰 위생.

停 머무를 정

亻 亻' 亻' 亻' 亻' 亻' 亻' 停 停 停

音 ◉テイ
訓 ⊗とまる ⊗とめる

訓読

⊗停まる[とまる] 〈5自〉 ①(움직이는 차·기계 등이) 멎다. 멈추다. ②(계속 통하던 것이) 끊어지다. 두절되다.
⊗停める[とめる] 〈下1他〉 ①(움직이는 차·기계 등을) 멎게 하다. 멈추다. 정지시키다. ②(계속 통하던 것을) 중단하다. 끊어지게 하다. 멎게 하다. 잠그다.

音読

停[てい] 정류장. ¶バス~ 버스 정류장.
停刊[ていかん] 정간; 정기 간행물의 간행을 정지함.
停年[ていねん] 정년; 관청이나 회사에서 퇴직하게끔 정해진 나이.
停頓[ていとん] 정돈; 한때 중단됨. 침체되어 진전되지 않음.
停留[ていりゅう] 정류; 멈춤. 정지함.
停留所[ていりゅうじょ] 정류소; 정류장.
停留衛星[ていりゅうえいせい] 정지 위성.
停泊[ていはく] 정박; 배가 닻을 내리고 머무름.
停泊船[ていはくせん] 정박선.
停船[ていせん] 정선; 배를 멈춤.
[2]停電[ていでん] 정전; 전기의 송전이 한때 중단됨.
停戦[ていせん] 정전; 전쟁 중 잠시 적대행위를 중단함.
[2]停止[ていし] 정지; 중도에서 멈춤.
停止信号[ていししんごう] 정지 신호.
停職[ていしょく] 정직; 일정 기간 직무 집행을 중지함.
[2]停車[ていしゃ] 정차; 정거. 열차·전차·자동차 등이 역이나 정류소에 멈춤.
停車場[ていしゃば/ていしゃじょう] 정거장.
[1]停滞[ていたい] 정체; 일이 지체되어 순조롭게 진행되지 않음.
停学[ていがく] 정학; 학생의 등교를 일정 기간 정지함.
停学処分[ていがくしょぶん] 정학 처분.
停会[ていかい] 정회; 회의를 잠시 중단함.

情(情) 뜻/정성 정

忄 忄 忄 忄 忄 忄 情 情 情 情

音 ◉ジョウ ◉ゼイ
訓 ◉なさけ

訓読

[1]◉情け[なさけ] 정; ①인정. 동정심. 자비. ②(남녀간의) 사랑. 애정. ③풍류를 아는 마음. 정취(情趣). 멋.
[1]情けない[なさけない] 〈形〉 ①한심하다. 비참하다. 처량하다. 딱하다. ②몰인정하다. 무정하다.
情け無用[なさけむよう] 동정은 필요 없음.
情けの文[なさけのふみ] 연애편지.
情けの糸[なさけのいと] 인정의 굴레. 인정에 끌림.

情(け)所[なさけどころ] ≪隠≫ ①여성의 음부. ②(男色에서) 항문.
情け宿[なさけやど] 러브호텔.
情け心[なさけごころ] 동정심. 자비심.
[1]**情け深い**[なさけぶかい] 〈形〉 인정이 많다. 동정심이 많다. 자비하다.
情け容赦[なさけようしゃ] 동정하여 용서함. 인정 사정.
情けの種[なさけのたね] ①동정심의 근원. ②(뱃속에 있는) 사랑하는 사람의 씨앗.
情け知らず[なさけしらず] 몰인정함.

音読

[1]**情**[じょう] 정; ①감정. ②동정심. 인정. ③(남녀간의) 사랑. 애정. ④정성. 진심. 성심. 성의. ⑤진상. 사정. ⑥고집. ⑦운치. 정취.
情感[じょうかん] 정감; 감정. 느낌.
情景[じょうけい] 정경; 광경.
情交[じょうこう] 정교; ①친밀한 교제. ②(남녀간의) 육체관계.
情念[じょうねん] 정념; 감정에서 생기는 사념.
情理[じょうり] 정리; ①인정과 도리. ②사리(事理).
情無し[じょうなし] 무정함. 무정한 사람.
[2]**情報**[じょうほう] 정보; ①사정·상황의 보고. ②(판단·결정하는 데 도움이 되는) 지식. 자료.
情報網[じょうほうもう] 정보망.
情報処理[じょうほうしょり] 정보 처리.
情夫[じょうふ] 정부; 내연(内縁)의 남편.
情婦[じょうふ] 정부; 내연(内縁)의 아내.
情死[じょうし] 정사; 서로 사랑하는 남녀가 함께 자살함.
情事[じょうじ] 정사; 부부가 아닌 남녀 간의 성적(性的)인 사랑.
情状酌量[じょうじょうしゃくりょう] ≪法≫ 정상 참작.
[1]**情緒**[じょうちょ/じょうしょ] 정서; ①정취(情趣). ②(喜·怒·哀·楽의) 감정.
[1]**情勢**[じょうせい] 정세; 사정과 형편.
情実[じょうじつ] 정실; ①사사로운 인정에 얽힌 사실. ②실제 사정. ③진심.
情愛[じょうあい] 정애; 애정(愛情).
[1]**情熱**[じょうねつ] 정열; 열띤 감정.
情炎[じょうえん] 정염; 불처럼 타오르는 욕정. 격렬한 욕정.
情欲[じょうよく] 정욕; ①이성(異性)의 육체에 대한 욕망. ②욕망. 마음의 욕구. ③≪仏≫ 물건을 탐내어 집착하는 마음.
情宜[じょうぎ] 정의; 친분(親分).
情義[じょうぎ] 정의; 인정과 의리.
情意[じょうい] 정의; 감정과 의지. 기분.
情誼[じょうぎ] ☞ 情宜
情人[じょうじん/じょうにん] 정인; ①애인(愛人). 사랑하는 사람. ②정이 많은 사람.
情操[じょうそう] 정조; 정서(情緒).
情操教育[じょうそうきょういく] 정서 교육.
情調[じょうちょう] 정조; ①기분. 정취. ②(감각에 따라 생기는) 감정.
情趣[じょうしゅ] 정취; 풍미(風味).
情痴[じょうち] 치정(痴情). 색정(色情)에 빠져 이성을 잃어버림.
情態[じょうたい] 정태; 상태(状態).
情話[じょうわ] 정화; ①인정이 넘치는 이야기. ②남녀 간의 사랑 이야기. ③정담(情談).
情況[じょうきょう] 정황; 상황(状況).
◑**風情**[ふぜい]

頂 꼭대기 정

音 ◉チョウ
訓 ◉いただき ◉いただく ◉いただけない ◉いただける

訓読

[1]◉**頂**[いただき] (산의) 꼭대기. 정상(頂上).
[3]◉**頂く**[いただく] 〈5他〉 ①(머리에) 얹다. 이다. ②높이 쳐들다. 치켜들다. ③모시다. 우러러 섬기다. 받들다. ④받다. 얻다. *'もらう'의 겸양어. ⑤먹다. 마시다. *'食(た)べる·飲(の)む'의 겸양어.
頂き[いただき] (쉽게) 이김. 승리함.
頂き立ち[いただきだち] 식사를 마치자마자 일어섬.
頂き物[いただきもの] 받은 것. 얻은 것. 선물. *'もらいもの'의 겸양어.
◉**頂けない**[いただけない] 〈形〉 마땅치 않다. 좋지 않다. 맛이 없다.
◉**頂ける**[いただける] 〈下1自〉 ①얻을 수 있다. 받을 수 있다. ②(음식을) 먹을 수 있다. ③쓸 만하다. 좋다.

音読

頂角[ちょうかく] ≪数≫ 정각; 꼭지각.
[2]**頂戴**[ちょうだい] ①받음. *'もらう'의 겸양어. ②먹음. *'食(た)べる·飲(の)む'의 겸양어.
頂戴物[ちょうだいもの] 선물 받은 것.

2頂上[ちょうじょう] 정상; ①꼭대기. ②최고 수뇌. 톱. ③절정(絶頂).
頂上会談[ちょうじょうかいだん] 정상 회담.
2頂点[ちょうてん] 정점; ①정상. 꼭대기. ②절정. 피크. ③≪数≫ 꼭짓점.

晶 수정 정

丨 冂 日 日 旦 晶

音 ◉ショウ
訓 —

音読
晶晶[しょうしょう] 반짝반짝 빛남.
◑結晶[けっしょう], 水晶[すいしょう]

程(程) 과정/한도 정

禾 禾 和 和 租 程 程 程

音 ◉テイ
訓 ◉ほど

訓読
3◉程[ほど] ①(사물의) 정도. ②(지나칠) 정도. 한도. 한계. ③분수. ④무렵. 쯤. 시간. ⑤간격. 거리. ⑥(모양·상태의) 여하.
程よい[ほどよい] 〈形〉 알맞다. 꼭 적당하다.
程経て[ほどへて] 얼마 후.
程近い[ほどちかい] 〈形〉 (거리·시간이) 가깝다. 그리 멀지 않다.
程無く[ほどなく] 곧. 이윽고. 머지않아.
程遠い[ほどとおい] 〈形〉 (거리·시간이) 좀 멀다. 아직 멀었다.
程程に[ほどほどに] 적당히. 정도껏.
程合(い)[ほどあい] 알맞음. 적당함.

音読
2程度[ていど] 정도; ①성질이나 값어치의 한도. ②수준. ③가량. 쯤.

艇 거룻배 정

′ 𠂉 ⺆ 舟 舟 舟 舡 舡 舡 艇 艇

音 ◉テイ
訓 —

音読
艇[てい] ①거룻배. 작은 배. ②(명사에 접속하여) 작은 배를 나타냄.
艇庫[ていこ] 정고; 보트 창고.
艇首[ていしゅ] 정수; 작은 배의 뱃머리.
艇身[ていしん] 정신; 보트의 길이.
艇長[ていちょう] 정장; 작은 배의 선장.
艇差[ていさ] 정차. ＊조정경기(漕艇競技)에서 결승점에 들어갔을 때 보트와 보트 사이의 거리.
艇差艇身[ていさていしん] 보트 하나 길이의 거리.

精(精) 자세할/깨끗할 정

丷 丷 半 米 米 米 粁 粁 精 精 精

音 ◉セイ ◉ショウ
訓 ⊗しらげる ⊗くわしい

訓読
⊗精げる[しらげる] 〈下1他〉 ①정미(精米)하다. ②(세공품을) 끝손질하다. 마무리하다.
精げ米[しらげごめ] 정미; 백미(白米).
精げ鉋[しらげかんな] 마무리용으로 날이 가는 대패.
⊗精しい[くわしい] 〈形〉 ①상세하다. 자세하다. 소상하다. ②잘 알고 있다. 정통하다. 밝다.

音読
精[せい] ①자상함. ②정력. 원기. ③정성. ④정수(精髄). ⑤(동화나 민요에서) 요정(妖精).
精強[せいきょう] 정강; ①뛰어나고 강함. ②정예(精鋭).
1精巧[せいこう] 정교; 정밀하고 교묘함.
精根[せいこん] 정근; 정력과 끈기. 기력.
精勤[せいきん] 정근; 일이나 학업에 힘씀.
精勤賞[せいきんしょう] 정근상.
精金[せいきん] 정금; 정련(精錬)한 금. 금을 정련함.
精気[せいき] 정기; ①만물의 원기. ②정력(精力). ③(사물의) 순수한 기운.
精農[せいのう] 정농; 독농가(篤農家).
精糖[せいとう] 정당; 정제한 설탕.
精度[せいど] 정도; 정밀도. 정확도.
精読[せいどく] 정독; 자세히 살피며 정밀하게 읽음.
精良[せいりょう] 정량; 뛰어나게 우수함.
精励[せいれい] 정려; 부지런히 함.
精力[せいりょく] 정력; ①심신의 활동력. ②성적(性的)인 능력.

精練[せいれん] 정련; ①(동식물의) 섬유에서 불순물을 제거하여 순도(純度)를 높임. ②군대를 잘 훈련시킴.
精錬[せいれん] 정련; (광석이나 기타 원료에서) 함유된 금속을 추출하여 정제함.
精霊❶[せいれい] 정령; 신령(神霊). ❷[しょうりょう] ≪仏≫ 정령; 죽은 이의 영혼.
精霊送り[しょうりょうおくり] ≪仏≫ 盂蘭盆(うらぼん)의 마지막 날의 행사.
精霊迎え[しょうりょうむかえ] ≪仏≫ 盂蘭盆会(うらぼんえ)의 첫날의 행사.
精麦[せいばく] 정맥; 보리를 쓿어 희게 한 보리쌀.
精妙[せいみょう] 정묘; 정밀하고 묘함.
精米[せいまい] 정미; 현미를 쓿어서 흰쌀로 만듦.
[1]**精密**[せいみつ] 정밀; 가늘고 촘촘함.
精白[せいはく] 정백; 곡식을 쓿어 희게 함.
精兵❶[せいびょう] 활을 쏘는 힘이 강함. ❷[せいへい] 정병; 우수하고 강한 병사.
精舎[しょうじゃ] ≪仏≫ 정사; 사원(寺院).
精査[せいさ] 정사; 자세히 조사함.
[1]**精算**[せいさん] 정산; 정밀한 계산.
精算所[せいさんじょ] 정산소.
精算額[せいさんがく] 정산액.
精選[せいせん] 정선; 정성스럽게 뛰어난 것을 골라냄.
精細[せいさい] 정세; 정밀함. 상세함.
精粋[せいすい] 정수; 순수하고 깨끗함.
精髄[せいずい] 정수; 사물의 본질. 사물의 중심이 되는 요점.
[2]**精神**[せいしん] 정신; ①마음가짐. ②사물의 근본 의의 및 목적.
精神力[せいしんりょく] 정신력.
精神薄弱[せいしんはくじゃく] 정신박약.
精液[せいえき] ≪生理≫ 정액.
精鋭[せいえい] 정예; 매우 날래고 용맹스러움.
精鋭部隊[せいえいぶたい] 정예 부대.
精油[せいゆ] 정유; ①방향유(芳香油). ②석유를 정제함. 정제한 석유.
精肉[せいにく] 정육; 살코기.
精義[せいぎ] 정의; 자세한 의의(意義). 정해(精解).
精一杯[せいいっぱい] ①힘껏. 최대한. ②고작. 겨우.
精子[せいし] ≪生理≫ 정자.
[2]**精精**[せいぜい] ①힘껏. 최대한. 가능한 한. ②겨우. 기껏해야. 고작.

精製[せいせい] 정제; ①정성 들여 잘 만듦. ②다시 가공하여 한결 더 좋게 만듦.
精製品[せいせいひん] 정제품; 정성 들여 잘 만든 물건.
精粗[せいそ] 정조; 정밀함과 거칢. 치밀함과 조잡함. 고움과 거칢.
精進[しょうじん] 정진; ① ≪仏≫ 오로지 불도 수행에 전념함. ②재계(斎戒). 일정 기간 행동을 삼가고 부정(不浄)을 피함. ③채식주의(菜食主義). ④열심히 노력함.
精進潔斎[しょうじんけっさい] 정진결재; 목욕재계(沐浴斎戒).
精進落ち[しょうじんおち] 채식(菜食) 기간이 끝나고 평상시의 식사로 돌아감.
精進物[しょうじんもの] 생선과 육류를 사용하지 않은 음식.
精進揚げ[しょうじんあげ] 야채 튀김.
精進料理[しょうじんりょうり] 야채 요리.
精察[せいさつ] 정찰; 자세히 관찰함.
精彩[せいさい] 정채; ①광채(光彩). 아름답고 빛나는 색채. ②활발한 기상.
精出す[せいだす] 〈5自〉 열심히 하다. 노력하다. 힘쓰다.
精虫[せいちゅう] ≪生理≫ 정충; 정자.
精緻[せいち] 정치; 정밀(精密)함.
精通[せいつう] 정통; 자세히 잘 앎.
精悍[せいかん] 정한; 날쌔고 사나움.
精解[せいかい] 정해; 상세한 해설.
精魂[せいこん] 정혼; ①심혈(心血). ②신령(神霊). 정령(精霊).
精華[せいか] 정화; 정수(精髄). 진가(真価).
精確[せいかく] 정확; 정밀하고 확실함.

静(靜) 고요할 정

一 十 丰 青 青 靘 静 静 静

音 ◉セイ ◉ジョウ
訓 ◉しずか ◉しずけさ ◉しずまる ◉しずめる

訓読

[4]◉**静か**[しずか] 〈形動〉 ①조용함. 고요함. ②잠잠함. ③평온함. ④(태도가) 차분함. 침착함.
◉**静けさ**[しずけさ] 조용함. 고요함. 정적(静寂). 잠잠함.
[2]◉**静まる**[しずまる] 〈5自〉 ①조용해지다. 잠잠해지다. ②(난리・폭동이) 진정되다. 가라앉다. 평온해지다. ③(감정 등이) 가라앉다. ④(神霊이) 머물다. 진좌(鎮座)하다.

静まり返る[しずまりかえる] 〈5自〉 아주 조용해지다. 쥐 죽은 듯이 조용해지다.
◉静める[しずめる] 〈下1他〉 ①조용하게 하다. 잠잠하게 하다. ②진정시키다. 가라앉히다. ③(난리・폭동을) 진압하다. 평정하다. ④(神霊을) 머물게 하다. 진좌(鎮座)시키다.
静岡[しずおか] ①일본 중부 지방의 한 현(県). ②静岡県(しずおかけん)의 현청(県庁) 소재지.
静心[しずごころ] 조용한 마음. 차분한 마음. 고요한 마음.
静静と[しずしずと] ①조용조용히. ②얌전히.

音読

静[せい] 정; 조용함.
静観[せいかん] 정관; 조용히 사태의 추이를 지켜 봄.
静脈[じょうみゃく] ≪生理≫ 정맥.
静物[せいぶつ] 정물; 정지하여 안 움직이는 물건.
静物画[せいぶつが] 정물화.
静思[せいし] 정사; 조용히 생각함.
静粛[せいしゅく] 정숙; 고요하고 엄숙함.
静養[せいよう] 정양; 요양(療養)함.
静穏[せいおん] 정온; ①고요하고 평온함. ②≪気≫ 무풍(無風) 상태.
1静的[せいてき] 정적; 정지한 모양. 조용한 상태.
静寂[せいじゃく] 정적; 고요함.
静電気[せいでんき] 정전기; 마찰 전기.
静座[せいざ] 정좌; 마음을 진정시키고 차분하게 앉음.
1静止[せいし] 정지; 한 곳에 머물러 움직이지 않음.
静聴[せいちょう] 정청; 조용히 들음.
静閑[せいかん] 정한; 고요함. 조용함.

整 가지런할 정

卪 市 束 束 軟 敕 敕 整 整 整

音 ◉セイ
訓 ◉ととのう ◉ととのえる

訓読

2◉整う[ととのう] 〈5自〉 ①정돈되다. 정비되다. 가지런히 되다. 고르게 되다. ②잘 다듬어지다. ③일치하다. 잘 맞다. ④갖추어지다. 구비되다. ⑤성립되다. 이루어지다.
1◉整える[ととのえる] 〈下1他〉 ①정돈하다. 정비하다. 가지런히 하다. 단정히 하다. ②조절하다. 맞추다. ③갖추다. 구비하다. 준비하다. 마련하다. ④성립시키다. 이루어지게 하다.

音読

整骨[せいこつ] ≪医≫ 정골.
整頓[せいとん] 정돈; 가지런히 하여 바로잡음.
1整列[せいれつ] 정렬; 가지런히 줄을 지어 늘어섬.
整流[せいりゅう] 정류; ①≪物≫ 전류의 교류를 직류로 바꿈. ②혼란한 흐름을 바르게 함.
2整理[せいり] 정리; 가지런히 바로잡음.
整理箪笥[せいりだんす] (옷 등의) 정리장.
整髪[せいはつ] 정발; 이발.
整髪料[せいはつりょう] 이발료.
2整備[せいび] 정비; 기계 등의 이상 유무를 보살피고 수리함.
2整数[せいすう] ≪数≫ 정수; 자연수.
1整然[せいぜん] 정연; 질서 있고 가지런함.
整斉[せいせい] 정제; 정돈되어 가지런함. 정돈하여 가지런하게 함.
整調[せいちょう] 정조; ①가락을 맞춤. ②(보트에서) 정조수(整調手).
整地[せいち] 정지; 땅바닥을 고름.
整地作業[せいちさぎょう] 정지 작업.
整体[せいたい] 정체; 지압이나 마사지로 등뼈를 바르게 하거나 몸의 컨디션을 좋게 함.
整合[せいごう] 정합; ①꼭 들어맞음. 이론에 모순이 없음. ②≪地≫ 둘 이상의 지층이 나란히 퇴적된 현상.
整形[せいけい] 정형; 모양을 가지런히 함.
整形手術[せいけいしゅじゅつ] 정형 수술.
整形外科[せいけいげか] ≪医≫ 정형외과.

錠 알약/자물쇠 정

𠂉 亼 伞 金 金 鉈 鋅 鋅 錠 錠

音 ◉ジョウ
訓 —

音読

錠[じょう] ①자물쇠. 빗장. ②알약.
錠前[じょうまえ] 자물쇠.
錠前屋[じょうまえや] 자물쇠 장수.
錠剤[じょうざい] 정제; 알약.
◑手錠[てじょう]

丼 우물두레박 정	音 ⊗トン 訓 ⊗どんぶり

訓読

2⊗丼[どんぶり] ①(깊고 두꺼운) 사발. 밥그릇. ②덮밥. ③장색(匠色)들이 앞에 두르는 앞가리개에 달린 주머니.
丼勘定[どんぶりかんじょう] (장부에 기입하지 않고 돈을 취급하는) 주먹구구식 계산.
丼物[どんぶりもの] 덮밥.
丼飯[どんぶりめし] 덮밥.
丼鉢[どんぶりばち] (깊고 두꺼운) 사발. 밥그릇.

釘 못 정	音 ⊗テイ 訓 ⊗くぎ

訓読

2⊗釘[くぎ] 못.
釘裂き[くぎざき] (의복 등이) 못에 걸려 찢김. 또는 찢긴 자리.
釘目[くぎめ] 못 박은 자리.
釘抜き[くぎぬき] 못뽑개.
釘付け[くぎづけ] ①(움직이지 못하게) 못 박음. 고정시킴. ②(그 자리에서) 꼼짝 못하게 함.
釘隠し[くぎかくし] 못대가리를 감추기 위해 씌우는 쇠장식.
釘応え[くぎごたえ] ①못이 단단히 잘 박힘. ②(의견 등에) 반응이 있음. ③튼튼하여 오래 감.

挺 빼어날 정	音 ⊗テイ ⊗チョウ 訓 —

音読

挺[ちょう] 정; ①자루. *총・괭이・가래・노・톱・대패・식칼・숫돌・먹・양초・바이올린・三味線(しゃみせん) 등을 세는 말임. ②(가마・인력거 등 탈 것을 세는 말로서) 채.
挺する[ていする] 〈サ変他〉 앞장서다. 앞장서서 나아가다. 자원(自願)하다.
挺身[ていしん] 정신; 솔선함. 자원(自願)함. 앞장서서 몸을 바쳐 일함.
挺身隊[ていしんたい] 정신대.
挺進[ていしん] 정진; 많은 사람 중에서 앞장서서 나아감.
挺進隊[ていしんたい] 정진대.

梃 막대기 정	音 ⊗チョウ/テイ 訓 ⊗てこ

訓読

⊗梃[てこ] 지레. 지렛대.
梃台[てこだい] 지렛목.
梃入れ[てこいれ] ①시세의 변동을 인위적으로 막음. ②(취약점・난국 타개를 위한) 보강(補強). 부양책(浮揚策).
梃子[てこ] 지레. 지렛대.
梃作用[てこさよう] 지레 작용.

掟 둘러칠 정	音 ⊗テイ 訓 ⊗おきて

訓読

⊗掟[おきて] ①법도. 규정. 규칙. ②(공적인) 규정. 법제. ③≪古≫ 마음가짐. 재능.
掟米[おきてまい] (年貢・잡역 등을 지주가 대신하여 준 것에 대한 대가로) 추가로 지주(地主)에게 바치는 소작미(小作米).

逞 ×(逞) 왕성할 정	音 ⊗テイ 訓 ⊗たくましい

訓読

1⊗逞しい[たくましい] 〈形〉 ①늠름하다. 다부지다. 우람하다. 건장하다. ②강인하다. 왕성하다. 억척스럽다. 힘차다.
逞しゅうする[たくましゅうする] 〈サ変他〉 ①마음대로 하다. 제멋대로 하다. ②(기세를) 떨치다.

碇 닻돌 정	音 ⊗テイ 訓 ⊗いかり

訓読

⊗碇[いかり] ①닻. ②닻 모양의 갈고리.
碇綱[いかりづな] 닻줄.
碇縄[いかりなわ] 닻줄.
碇草[いかりそう] ≪植≫ 삼지구엽초(三枝九葉草). 음양곽(淫羊藿).

音読

碇泊[ていはく] 정박; 배가 닻을 내리고 머무름.

靖(靖)	편안할/ 다스릴 정	音 ⊗セイ 訓 ⊗やす

訓読

⊗**靖国神社**[やすくにじんじゃ] 야스쿠니 신사(神社). ＊한국의 '국립묘지'에 해당함.

靖国通り[やすくにどおり] 야스쿠니 거리. ＊東京都(とうきょうと) 中央区(ちゅうおうく) 両国(りょうごく)에서부터 新宿区(しんじゅくく) 歌舞伎町(かぶきちょう)에 이르는 거리.

鼎	솥 정	音 ⊗テイ 訓 ⊗かなえ

訓読

⊗**鼎**[かなえ] ①(고대 중국의) 세 발 달린 솥. ②왕위・권위의 상징.

音読

鼎談[ていだん] 정담; 세 사람이 마주 앉아 이야기함. 삼자(三者) 회담.

鼎立[ていりつ] 정립; 셋이 서로 맞섬. 삼자(三者) 대립.

鼎座[ていざ] 정좌; 세 사람이 마주 앉음.

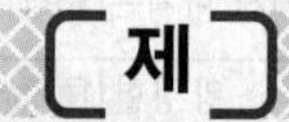

제

弟	아우/제자 제
丶 丷 䒑 当 弚 弟 弟	

音 ◉テイ ◉デ ◉ダイ
訓 ◉おとうと ⊗おと

訓読

4◉**弟**[おとうと] ①남동생. 아우. ②처남. 시동생. 매제(妹弟).

弟嫁[おとうとよめ] 제수(弟嫂). 계수(季嫂).

弟分[おとうとぶん] 동생뻘 되는 사람.

弟弟子[おとうとでし] (동문의) 후배.

弟切草[おとぎりそう] ≪植≫ 고추나물.

音読

弟妹[ていまい] 제매; 남동생과 여동생.

2**弟子**[でし] 제자; 스승에게 학문이나 기예(技芸)의 가르침을 받는 사람.

弟子入り[でしいり] 제자가 됨.

弟子取り[でしどり] 제자로 받아들임.

◑**兄弟**[きょうだい]

制	억제할/정할 제
ノ 𠂉 𠂉 午 肀 朱 制 制	

音 ◉セイ
訓 —

音読

1**制**[せい] 제도. 규제.

1**制する**[せいする] 〈サ変他〉 ①억제하다. 제지하다. ②지배하다. 제압하다. ③획득하다. 얻다. 차지하다. ④정하다. 제정하다.

制空権[せいくうけん] 제공권; 공군력으로 공중을 지배하는 권력.

制球[せいきゅう] 제구; (야구의) 볼 컨트롤.

制球力[せいきゅうりょく] 제구력.

2**制度**[せいど] 제도; 제정된 규정・법규.

制動[せいどう] 제동; 브레이크.

制動機[せいどうき] 제동기; 브레이크.

制令[せいれい] 제령; 제도와 법령.

制帽[せいぼう] 제모; 학교와 관청 등에서 제정된 모자.

1**制服**[せいふく] 제복; 유니폼.

制圧[せいあつ] 제압; 상대를 제어하여 누름.

1**制約**[せいやく] 제약; 조건을 붙여서 활동의 자유를 제한함.

制御[せいぎょ] 제어; ①억제함. ②컨트롤.

制御装置[せいぎょそうち] 제어 장치.

制欲[せいよく] 제욕; 욕심을 억제함.

2**制作**[せいさく] 제작; ①예술 작품을 만듦. ②(연극・영화에서) 작품을 만들어 공연・상영함.

1**制裁**[せいさい] 제재; 규칙 위반자에게 내리는 벌・형벌.

1**制定**[せいてい] 제정; 규칙이나 법률 등을 정함.

制止[せいし] 제지; 하려고 하는 일을 말려 못하게 함.

制覇[せいは] 제패; ①상대를 제압하여 권력을 휘두름. ②(경기 등에서) 우승함.

2**制限**[せいげん] 제한; 한계를 정함. 정해진 한계.

制海権[せいかいけん] 제해권; 해군력으로 바다를 지배하는 권력.

斉(齊)	가지런할 제
丶 亠 ナ 文 产 斉 斉 斉	

音 ◉セイ
訓 ⊗ひとしい

訓読

⊗斉しい[ひとしい]〈形〉①같다. 동일하다. 똑같다. ②다름없다. 마찬가지다. 흡사하다. ③한결같다.

音読

斉家[せいか] 제가; 집안을 잘 다스림.
斉射[せいしゃ] 제사; 일제 사격.
斉一[せいいつ] 제일; 모두 똑같음.
斉整[せいせい] 제정; 정돈되어 가지런함. 정돈하여 가지런하게 함.
斉唱[せいしょう] 제창; 여럿이 같은 목소리로 함께 주창(主唱)·노래함.

帝 임금 제

丶 亠 亣 产 产 产 产 帝 帝

音 ◉テイ ⊗タイ
訓 ⊗みかど

訓読

⊗帝[みかど] 《雅》 ①천황(天皇). ②황실(皇室). ③궁중. 조정(朝廷).

音読

帝[てい] 황제. 천황. ¶光武(こうぶ)~ 광무제. ¶人徳(にんとく)~ 仁德 천황.
帝国[ていこく] 제국; ①황제가 통치하는 국가. ②'大日本帝国'의 준말.
帝都[ていと] 제도; 제국(帝国)의 수도.
帝廟[ていびょう] 제묘; 천자(天子)의 사당.
帝室[ていしつ] 제실; 황실(皇室).
帝王[ていおう] 제왕; 황제(皇帝).
帝位[ていい] 제위; 황제의 자리.
帝政[ていせい] 제정; 황제의 정치. 또는 황제의 정치 형태.

剤(劑) 약지을 제

丶 亠 文 文 产 产 斉 斉 斉 剤

音 ◉ザイ
訓 —

音読

剤[ざい] (명사에 접속하여 접미어로서) …제; 어떤 약을 나타냄.
◑覚醒剤[かくせいざい], 利尿剤[りにょうざい], 殺虫剤[さっちゅうざい], 消化剤[しょうかざい]

除 덜/나눌/제할 제

⺈ ⻖ 阝 阝 阝 阝 阝 阝 除 除

音 ◉ジョ ◉ジ
訓 ◉のぞく ⊗のける ⊗よける

訓読

2◉除く[のぞく]〈5他〉①없애다. 제거하다. 치우다. ②빼다. 제외하다. ③없애다. 죽이다.
⊗除ける❶[のける]〈下1他〉①(그 장소에서) 치우다. 옮기다. ②따돌리다. ③따로 떼어 놓다. 남겨 놓다. ❷[よける]〈下1他〉①비키다. 피하다. ②면하다. 벗어나다. ③(피해를) 방지하다. 막다.
除け[よけ] (명사에 접속하여) …을 막음. …을 막는 것. …막이. ¶どろぼう~ 도둑 방지. ¶泥(どろ)~ 흙받이.
除け物[のけもの] (불량품으로서) 제외된 물건. 제쳐놓은 물건.
除け者[のけもの] 따돌림받는 사람. 외톨이.

音読

除[じょ] 《数》 제; 나눗셈.
除す[じょす]〈5他〉☞ 除する
除する[じょする]〈サ変他〉① 《数》 나눗셈을 하다. 나누다. ②없애다. 제거하다. 치우다. ③관직에 임명하다. *새로운 직책을 맡기고 전(前)의 직책을 제거한다는 뜻임.
除去[じょきょ] 제거; 덜어 없앰.
除隊[じょたい] 제대; 군대 복무를 마침.
除隊兵[じょたいへい] 제대병.
除幕[じょまく] 제막; 동상이나 기념비 등을 완공한 것을 축하하기 위에 덮어두었던 막을 걷어 냄.
除幕式[じょまくしき] 제막식.
除名[じょめい] 제명; 명부에서 이름을 빼거나 지워 버림.
除名処分[じょめいしょぶん] 제명 처분.
除法[じょほう] 《数》 제법; 나눗셈.
除算[じょさん] 《数》 제산; 나눗셈.
除雪[じょせつ] 제설; 쌓인 눈을 치움.
除雪作業[じょせつさぎょう] 제설 작업.
除雪車[じょせつしゃ] 제설차.
除数[じょすう] 《数》 제수; 나눗수.
除湿[じょしつ] 제습; (실내 공기 중의) 습기를 제거함.
除湿器[じょしつき] 제습기.

除夜[じょや] 제야; 섣달 그믐날 밤.
[1]除外[じょがい] 제외; 어떤 범위 밖에 둠.
除外例[じょがいれい] 예외(例外).
除籍[じょせき] 제적; 호적·당적·학적 등의 명부에서 빼 버림.
除塵装置[じょじんそうち] 제진 장치.
除草[じょそう] 제초; 잡초를 없앰.
除虫剤[じょちゅうざい] 제충제; 살충제.
◑掃除[そうじ]

済(濟) 물건널/구제할 제

丶 冫 氵 氵 氵 汁 汶 浐 済 済 済

音 ◉サイ ◉ザイ ⊗セイ
訓 ◉すます ◉すませる ◉すまない ◉すむ ⊗なす

訓読

[1]◉済ます[すます] 〈5他〉 ①(어떤 일을) 끝마치다. 완료하다. ②(대신에) 때우다. 넘기다. ③수습하다. 해결하다. ④(돈을) 갚다.
[2]◉済ませる[すませる] 〈下1他〉 (어떤 일을) 끝마치다. 완료하다.
[2]◉済まない[すまない] 〈形〉 (감사·사과·부탁의 뜻으로) 미안하다.
[2]◉済む[すむ] 〈5自〉 ①(어떤 일이) 끝나다. 완료되다. ②수습되다. 해결되다. ③(돈을) 다 갚다. ④(기분이) 풀리다. ⑤(그럭저럭) 족하다. ⑥(부정문·반어법에서) 체면이 서다. 도리를 다하다.
[2]済(み)❶[すみ] ①끝남. ②지불이 끝남. ❷[ずみ] (명사에 접속하여 접미어로) 끝남. 필(畢). ¶検査(けんさ)～ 검사필. ¶予約(よやく)～ 예약이 끝남. ¶使用(しよう)～ 사용필.
⊗済す[なす] 〈5他〉 (빌린 것을) 갚다. 반환하다.
済し崩し[なしくずし] ①(빚을) 조금씩 갚아 나감. ②(일을) 조금씩 처리해 나감.

音読

済度[さいど] ①≪仏≫ 제도. ②(어려움이나 곤경에서) 남을 구제함.
済民[さいみん] 제민; 백성을 고통에서 구제함.
済生[さいせい] 제생; 생명을 구제함.
済世[さいせい] 제세; 세상 사람을 구제함.
済済[せいせい] 제제; 수효가 많고 성함.
◑経済[けいざい]

祭 제사 제

ク タ タ タ' タヌ タタ 夕又 祭 祭 祭

音 ◉サイ
訓 ◉まつる ◉まつり

訓読

[2]◉祭る[まつる] 〈5他〉 ①제사지내다. ②(신으로) 모시다.
[2]◉祭(り)[まつり] ①제사(祭祀). ②축제(祝祭). 잔치. ③(상점에서 특별 기간에 하는) 특별 세일.
祭り上げる[まつりあげる] 〈下1他〉 ①숭상하다. 우러러 받들다. ②떠받들다. 추대하다. ③치켜세우다. 추켜올리다.
お祭り騒ぎ[おまつりさわぎ] (축제일처럼) 모두가 들떠서 야단법석임.
祭り込む[まつりこむ] 〈5他〉 ①(어떤 곳에) 모셔 두다. ＊조롱하는 말임. ②(실권 없는) 허울 좋은 지위로 보내 버리다.

音読

祭具[さいぐ] 제구; 제사용 도구.
祭器[さいき] 제기; 제사용 그릇.
祭壇[さいだん] 제단; 제사지내는 단.
祭礼[さいれい] 제례; 제사의 의식(儀式).
祭文[さいぶん/さいもん] 제문.
祭司[さいし] ①(성경에서) 제사장. ②(천주교의) 사제(司祭).
祭祀[さいし] 제사; 제전(祭典).
祭事[さいじ] 제사; 신에게 올리는 제사.
祭式[さいしき] 제식; 제사 방식.
祭神[さいじん] 제신; 그 신사(神社)에 모신 신.
祭儀[さいぎ] 제의; 제사. 제례.
[2]祭日[さいじつ] 제일; ①제삿날. ②국경일.
祭典[さいてん] 제전; ①제사 의식. ②성대한 예술 발표회·체육 대회.
祭政[さいせい] 제정; 제사와 정치.
祭政一致[さいせいいっち] 제정일치.
祭主[さいしゅ] 제주; ①제사의 주재자(主宰者). ②伊勢神宮(いせじんぐう)의 신관(神官)의 우두머리.

第 차례 제

ノ ㅅ ㅆ 竹 竺 竺 笃 笃 第 第

音 ◉ダイ
訓 —

音読

[2]第[だい] 제; 차례.
第四[だいし/だいよん] 제4; 네 번째. 넷째.
第三[だいさん] 제3; 세 번째. 셋째.
第三国人[だいさんごくじん] 제3국인; 당사국 이외의 외국인.
第三紀[だいさんき] 《地》 제3기.
第三人称[だいさんにんしょう] 제3인칭.
第三者[だいさんしゃ] 제삼자; 당사자 이외의 사람.
第二[だいに] 제2; 두 번째. 둘째.
第二義[だいにぎ] 제2의; 그리 중요하지 않은 사항. 2차적인 것.
第二次[だいにじ] 제2차; 두 번째.
[2]第一[だいいち] 제일; ①첫째. 첫 번째. ②〈形動〉 으뜸. 제일 중요함. 첫째임. ③최고임. 가장 뛰어남. ④〈副〉 우선. 먼저. 무엇보다도.
第一歩[だいいっぽ] 제일보; 첫걸음.
第一線[だいいっせん] 제일선; 최전선(最前線).
第一審[だいいっしん] 제일심; 1심.
第一義[だいいちぎ] 제1의; ①근본이 되는 첫째 사항. ②《仏》 가장 깊은 묘리(妙理).
第一人者[だいいちにんしゃ] 제1인자.

堤 제방/둑 제

扌 扌 扣 抇 垾 埕 堤 堤 堤

音 ◉テイ
訓 ◉つつみ

訓読

◉堤[つつみ] ①둑. 제방. ¶ ~が切(き)れる 둑이 무너지다. ②저수지.

音読

[1]堤防[ていぼう] 제방; 둑. ¶ 海岸(かいがん)に~を築(きず)く 해안에 제방을 쌓다.
◑防波堤[ぼうはてい]

提 들/끌 제

扌 扌 扣 抇 抇 担 捍 捍 提 提

音 ◉テイ ⊗チョウ
訓 ◉さげる

訓読

◉提げる[さげる] 〈下1他〉 ①(손에) 들다. ②(가슴・허리에) 차다. 달다.
提げ刀[さげがたな] 칼을 손에 듦. 손에 든 칼.
提げ重[さげじゅう] 들고 다니는 찬합.

音読

[1]提供[ていきょう] 제공; 상대방에게 사용하라고 줌.
提供者[ていきょうしゃ] 제공자.
提琴[ていきん] 《楽》 제금; ①바이올린. ②(4현 악기로서) 호궁(胡弓)의 일종.
提起[ていき] 제기; 소송이나 문제 등을 내세움.
提督[ていとく] 제독; 해군의 장성(将星). 함대 사령관.
提灯[ちょうちん] 제등; 초롱.
提燈[ちょうちん] ☞ 提灯
提灯持ち[ちょうちんもち] ①초롱을 들고 앞장 섬. ②(다른 사람의) 앞잡이 노릇. 선전하는 사람.
提灯行列[ちょうちんぎょうれつ] 제등 행렬.
提訴[ていそ] 제소; 소송을 제기함.
[1]提示[ていじ] 제시; 꺼내어 보여 줌.
[2]提案[ていあん] 제안; 안건(案件)을 제출함.
提言[ていげん] 제언; 의견・생각을 회의에 제안함.
提要[ていよう] 제요; 요점・요령을 추려서 저술함. 또는 그렇게 저술한 책.
提議[ていぎ] 제의; 의논・의안을 제출함.
提唱[ていしょう] 제창; ①어떤 의견을 주장함. ②《仏》 (禅宗에서) 종지(宗旨)의 대강(大綱)을 제시하여 설법(説法)함.
[2]提出[ていしゅつ] 제출; 문제・의견・증거 자료 등을 내어놓아 보여줌.
[1]提携[ていけい] 제휴; 서로 협조함.

製 지을/만들 제

𠂉 𠂒 朱 制 制 製 製 製 製 製

音 ◉セイ
訓 —

音読

[2]製[せい] 제; ①그 물건이 제조된 장소. ¶ スイス~ 스위스제. ②만든 재료나 소재(素材). ¶ 金属(きんぞく)~ 금속제.
製する[せいする] 〈サ変他〉 (물건을) 만들다. 제작하다. 제조하다.
製鋼[せいこう] 제강; 강철을 만듦.
製菓[せいか] 제과; 과자를 만듦.
製糖[せいとう] 제당; 설탕을 만듦.

製図[せいず] 제도; 도면을 그려 만듦.
製錬[せいれん] 제련; 광석을 용광로에 녹여서 함유된 금속을 뽑아내어 정제함.
1製法[せいほう] 제법; 제조 방법.
製本[せいほん] 제본; 제책(製冊). 인쇄물을 책으로 만듦.
製本屋[せいほんや] 제본소.
製粉[せいふん] 제분; 곡식을 가루로 만듦.
製氷[せいひょう] 제빙; 얼음을 만듦.
製糸[せいし] 제사; 실을 만듦.
製薬[せいやく] 제약; 약을 제조함.
製塩[せいえん] 제염; 소금을 제조함.
製油[せいゆ] 제유; 기름을 제조함.
2製作[せいさく] 제작; (어떤 도구나 기계 등을 사용하여) 물건을 만듦.
製材[せいざい] 제재; 나무를 용도에 맞게 각목·널빤지로 켬.
2製造[せいぞう] 제조; 원료를 가공해서 만듦.
製造元[せいぞうもと] 제조원; 제조 회사.
製造業[せいぞうぎょう] 제조업.
製紙[せいし] 제지; 종이를 만듦.
製茶[せいちゃ] 제차; 찻잎을 가공함. 또는 가공한 찻잎.
1製鉄[せいてつ] 제철; 철광석으로 선철을 만듦.
製鉄所[せいてつじょ] 제철소.
製版[せいはん] 제판; 인쇄용 판을 만듦.
2製品[せいひん] 제품; 원료로 물건을 만듦.
製革[せいかく] 제혁; 가죽을 가공함.
製靴[せいか] 제화; 구두를 만듦.

際 즈음 제

⁷ 阝 阝 阝 阝 阝 阝 際 際 際

音 ◉サイ
訓 ◉きわ ◉きわやか

訓読

◉際❶[きわ] ①가장자리. 가. 곁. 옆. ②때. 경우. ③≪古≫ 신분. 분수. 지체. ④≪古≫ 재능. ❷[ぎわ] (명사에 접속하여) ①…가. …곁. …옆. ②(동사 ます형에 접속하여) …할 무렵. …하기 시작할 때. …할 즈음. ❸[さい] ☞ [音読]
◉際やか[きわやか] 〈形動〉 두드러짐. 뚜렷함. 현저하게 눈에 띔.
際立つ[きわだつ] 〈5自〉 두드러지다. 눈에 띄다. 뛰어나다. 특출하다.
際物[きわもの] ①계절상품. ②(소설·영화 등이) 일시적인 유행을 노림.
際物師[きわものし] 뜨내기 장사꾼.
際物屋[きわものや] 뜨내기 장사꾼.
際疾い[きわどい] 〈形〉 ①아슬아슬하다. 위태위태하다. ②절박하다. ③음란하다. 외설스럽다.

音読

2際❶[さい] 때. 즈음. 기회. ❷[きわ/ぎわ] ☞ [訓読]
際して[さいして] (…에) 즈음하여. (…에) 임하여.
際する[さいする] 〈サ変自〉 (어떤 기회에) 즈음하다. 임하다.
際涯[さいがい] (大地의) 끝. 경계.
際限[さいげん] 제한; 끝. 한계. 한도.
際会[さいかい] 제회; (사건·기회 등을) 만남. 직면함. 봉착함.
◑金輪際[こんりんざい], 分際[ぶんざい]

諸(諸) 모두 제

言 言 言 計 詳 諸 諸 諸 諸

音 ◉ショ
訓 ⊗もろ

訓読

⊗諸❶[もろ] ①양쪽. ¶ ~の腕(うで) 양팔. ②많음. 다수. ③함께 함. ❷[しょ] ☞ [音読]
諸共[もろとも] 다 함께. 다 같이.
諸肌[もろはだ] 상반신(上半身) 전체.
諸味[もろみ] 거르지 않은 술·간장.
諸味酒[もろみざけ] 거르지 않은 술.
諸白[もろはく] 고급 청주.
諸膚[もろはだ] 상반신(上半身) 전체.
諸声[もろごえ] 서로 함께 내는 소리.
諸手❶[もろて] 양손. 쌍수(双手). ❷[しょて] 여러 부대(部隊).
諸手突き[もろてつき] ①(씨름에서) 상대방의 가슴 위를 두 손바닥으로 세게 치기. ②(검도에서) 양손으로 죽도를 잡고 상대방의 목 찌르기.
諸膝[もろひざ] 양 무릎.
諸矢[もろや] ①한 쌍의 화살. ②과녁에 활을 모두 쏘아 맞힘.
諸撚り[もろより] 두 가닥 이상의 연사(撚糸)를 드림.

諸撚り糸[もろよりいと] 드린 연사(撚糸).
諸人❶[もろびと] 많은 사람. ❷[しょじん/しょにん] 모든 사람.
諸刃[もろは] 쌍날. 양날.
諸子❶[もろこ] ≪魚≫ 잉어과의 담수어(淡水魚). ＊琵琶湖(びわこ)에서 많이 잡힘. ❷[しょし] 제군(諸君). 여러분.
諸諸[もろもろ] ①온갖. 여러 가지 많은. ②많은 사람. 여러 사람.
諸差し[もろざし] (씨름에서) 양팔을 상대방의 겨드랑이 밑에 질러 넣은 유리한 자세.
諸寝[もろね] 동침(同寝). 함께 잠.

音読

2諸❶[しょ] 제; 모든. 많은. ¶~問題(もんだい) 제문제; 모든 문제. ¶~経費(けいひ) 제경비; 모든 경비. ❷[もろ]☞ [訓読]
諸家[しょか] 제가; ①여러 전문가. ②많은 사람. ③'諸子百家'의 준말.
諸公[しょこう] 제공; (신분이 높은 사람을 가리켜) 여러분.
諸掛(か)り[しょがかり] 여러 가지 비용.
諸国[しょこく] ①여러 나라. ②여러 지방.
諸国民[しょこくみん] 여러 나라 사람들.
1諸君[しょくん] 제군; ①여러 사람들. ②여러분.
諸島[しょとう] 제도; 여러 섬들.
諸流[しょりゅう] 제류; ①여러 흐름. ②여러 유파(流派).
諸般[しょはん] 제반; 여러 가지.
諸方[しょほう] 제방; 여러 방면. 사방.
諸病[しょびょう] 제병; 여러 가지 질병.
諸費[しょひ] 제비; 여러 가지 비용.
諸事[しょじ] 제사; 여러 가지 일.
諸相[しょそう] 제상; 여러 가지 모습.
諸説[しょせつ] 제설; 여러 가지 의견.
諸式[しょしき] ①여러 가지 물건. ②물가(物価).
諸氏[しょし] 제씨; ①이미 말한 여러 사람들. ②(많은 사람들에 대한 높임말로) 여러분.
諸芸[しょげい] 여러 가지 예도(芸道).
諸元表[しょげんひょう] 제원표; 차량의 번호·크기·무게·정원 등을 각기 소속된 회사별로 기입한 일람표.
諸人❶[しょじん/しょにん] 모든 사람. ❷[もろびと] 많은 사람.
諸点[しょてん] 제점; 여러 사항. 여러 곳.
諸政[しょせい] 제정; 여러 방면의 정치.
諸種[しょしゅ] 제종; 여러 종류.
諸車[しょしゃ] 제차; 모든 차량.
諸処[しょしょ] 제처; 여러 곳. 곳곳.
諸表[しょひょう] 제표; 여러 가지 표.
諸行[しょぎょう] ≪仏≫ 제행; 우주 만물.
諸行無常[しょぎょうむじょう] ≪仏≫ 제행무상.
諸賢[しょけん] 제현; ①여러 현인. ②〈代〉현명하신 여러분.
諸兄[しょけい] 〈代〉 제형; 여러분.
諸侯[しょこう] 제후; 여러 大名(だいみょう)들.

題 제목 제

日 旦 早 旱 是 是 𧻓 題 題 題

音 ◉ダイ
訓 —

音読

2題[だい] ①표제. 제목. ②문제.
1題する[だいする] 〈サ変他〉 ①제목을 붙이다. 제목을 달다. ②표제(標題)·제자(題字)·제사(題辞) 등을 쓰다.
2題名[だいめい] 제명; 제목. 타이틀.
題目[だいもく] 제목; ①표제. 타이틀. ②(연구의) 주제. ③(말뿐인) 주장.
題詞[だいし] ☞ 題辞
題辞[だいじ] 제사; ①책의 머리말. ②그림·비석 등에 적는 말.
題詩[だいし] 제시; ①어떤 제목으로 지은 시. ②권두시(巻頭詩).
題言[だいげん] 제언; ①책의 머리말. ②그림·비석 등의 위쪽에 적는 말.
題詠[だいえい] 제영; 정해진 제목에 따라 시가(詩歌)를 읊음.
題意[だいい] 제의; 문제·제목의 뜻.
題字[だいじ] 제자; 제목을 쓴 글자.
題材[だいざい] 제재; (작품·학문 연구의) 내용이 될 소재.
題号[だいごう] 제호; 표제. 제목.

梯 사닥다리 제

音 ⊗テイ
訓 ⊗はしご

訓読

2⊗梯[はしご] ☞ 梯子
2梯子[はしご] ①사닥다리. ②계단. ③'梯子酒'의 준말.

梯子段[はしごだん] 사다리 모양의 계단.
梯子乗り[はしごのり] 사닥다리타기 곡예. 또는 그 곡예사.
梯子飲み[はしごのみ] ☞ 梯子酒
梯子酒[はしござけ] 2차・3차 마시는 술. 술집돌기. 술집을 옮겨가며 2차・3차로 술을 마심.
梯子車[はしごしゃ] 고가(高架) 사다리차.

音読

梯団[ていだん] 제단; (대군단이 수송・행군할 때) 편의상 몇 개의 부대로 나뉘었을 때의 각 부대.
梯陣[ていじん] 제진; 사다리꼴의 진형(陣形). ＊항공기의 편대・함대의 대형(隊形)의 모양을 말함.
梯形[ていけい] ≪数≫ 제형; 사다리꼴.

蹄 말발굽 제	音 ⊗テイ 訓 ⊗ひづめ

訓読

⊗**蹄**[ひづめ] (마소 등의) 발굽. ¶馬(うま)の～の音(おと) 말 발굽 소리. ¶牛(うし)の～は二(ふた)つに分(わ)かれている 소 발굽은 둘로 갈라져 있다.

音読

蹄鉄[ていてつ] 제철; 편자.
蹄鉄工[ていてつこう] 편자공.
蹄形[ていけい] 제형; 말발굽 모양.

醍 맑은술 제	音 ⊗ダイ 訓 —

音読

醍醐[だいご] 제호; 우유나 양젖으로 정제한 진하고 달콤한 액즙.
醍醐味[だいごみ] 제호미; ① ≪仏≫ 부처의 최상의 설법(説法). ②참다운 즐거움. 묘미.

臍 배꼽 제	音 ⊗セイ ⊗サイ 訓 ⊗へそ ⊗ほぞ

訓読

[1]⊗**臍**❶[へそ] ①배꼽. ②(물건의 배꼽 모양의) 꼭지. ❷[ほぞ] (과일의) 꼭지.
臍曲(が)り[へそまがり] 비뚤어진 심사. 심술쟁이.
臍の緒[へそのお] 탯줄.
臍繰り[へそくり] 남편 몰래 모은 돈.
臍茶[へそちゃ] 너무 우스워서 참을 수 없음. 배꼽을 잡음.

音読

臍帯[さいたい/せいたい] ≪生理≫ 제대; 탯줄.
臍下[せいか] 제하; 배꼽 밑.
臍下丹田[せいかたんでん] 제하단전; 배꼽 밑 단전.

〔조〕

弔 위문할 조
ㄱ ㅋ 弓 弔

音 ◉チョウ
訓 ◉とむらう

訓読

◉**弔う**[とむらう] 〈5他〉 ①(죽음을) 애도하다. 문상(問喪)하다. ②명복을 빌다. ＊'とぶらう'라고도 읽음.
弔い[とむらい] ①조위(弔慰). 문상(問喪). 애도. ②장례식.
弔(い)合戦[とむらいがっせん] 복수전(復讐戦). 복수하기 위한 싸움.

音読

弔歌[ちょうか] 조가; 죽은 사람을 애도하는 노래. 만가(輓歌).
弔客[ちょうかく/ちょうきゃく] 조객; 문상객. 조문객.
弔旗[ちょうき] 조기; 조의를 표하는 깃발.
弔文[ちょうぶん] 조문; 조사(弔詞).
弔問[ちょうもん] 조문; 문상(問喪).
弔問客[ちょうもんきゃく] 조문객.
弔辞[ちょうじ] 조사; 죽은 사람을 애도하는 뜻을 나타낸 글.
弔慰[ちょうい] 조위; 조문과 위문.
弔意[ちょうい] 조의; 애도하는 마음.
弔電[ちょうでん] 조전; 조문(弔問) 전보.

兆 징조/억조 조
丿 ﾉ 丬 兆 兆 兆

音 ◉チョウ
訓 ◉きざす

訓読

◉兆す[きざす] 〈5自〉 ①(싹이) 트다. 움트다. ②(징조가) 보이다. 싹트다. 꿈틀거리다. ③(생각이) 일다. (마음이) 생기다.
1兆し[きざし] 조짐. 징조. 징후.

音読

2兆[ちょう] 조; ①1억의 1만 배. ②조짐. 징조.
兆民[ちょうみん] 조민; 많은 백성.
兆候[ちょうこう] 징후(徵候). 조짐. 징조.

早 일찍/이를 조

丨 冂 日 日 旦 早

音 ◉ソウ ◉サッ ◉サ
訓 ◉はや ◉はやい ◉はやまる ◉はやめる

訓読

◉早[はや] ①빨리. ②벌써. 이미.
4◉早い[はやい] 〈形〉 ①(시기・시각이) 이르다. 빠르다. ②(동작・과정이) 빠르다. ③손쉽다. 빠른 방법이다. ④훨씬 이전이다. ⑤('…するが～か'의 문형으로) …하자마자. …하기가 바쁘게.
4早く[はやく] ①일찍이. 오래 전에. ②일찍.
早くとも[はやくとも] 아무리 빨라도.
早くも[はやくも] ①이미. 벌써. ②빨라도. 빨라야. 빨라 봤자.
早とちり[はやとちり] 조급히 굶. 지레짐작하여 실수함.
◉早まる[はやまる] 〈5自〉 ①(시간・기일이) 빨라지다. 앞당겨지다. ②서두르다. 성급히 굴다. ③(속도가) 빨라지다.
1◉早める[はやめる] 〈下1他〉 ①(시간・기일을) 앞당기다. ②서두르다. 빨리 하다.
早めに[はやめに] ①일찌감치. ②조금 빨리.
早駕籠[はやかご] ①(파발꾼이 타는) 급행가마. ②빨리 가는 가마.
早撃ち[はやうち] (총을) 재빨리 쏨. 속사(速射).
早見[はやみ] 조견; 데이터를 간단히 알 수 있게 만든 것.
早見表[はやみひょう] 조견표.
2早口[はやくち] ①말을 빨리 함. ②(발음하기 힘든 말을) 빨리 말하는 놀이.
早掘り[はやぼり] (감자 등을) 수확기보다 일찍 캠.
早帰り[はやがえり] ①(정한 시각보다) 일찍 돌아옴. ②(외박하고) 아침 일찍 돌아옴.
早起き[はやおき] 조기; 아침 일찍 일어남.
早道[はやみち] ①지름길. 빠른 길. ②종종걸음. ③보발. 파발꾼.
早稲[★わせ] 조도; 올벼.
早稲田[★わせだ] 올벼를 심은 논.
早瀬[はやせ] 여울. 급류(急流).
早立ち[はやだち] 아침 일찍 길을 떠남.
早馬[はやうま] ①파발마. ②준마(駿馬).
早飯[はやめし] ①(평소보다) 이른 식사. ②(밥을) 빨리 먹음.
早番[はやばん] 일찍 근무하는 당번.
早分(か)り[はやわかり] ①빨리 이해함. 이해가 빠름. ②빨리 이해할 수 있게 만든 해설서・도표.
早飛脚[はやびきゃく] 보발. 파발꾼.
早仕舞い[はやじまい] (작업・가게 영업을) 일찍 파함. 일찍 끝냄.
早死(に)[はやじに] 요절(夭折). 젊어서 죽음.
早糸[はやいと] 물렛줄.
早い事[はやいこと] 재빨리. 서둘러. 일치감치. 빨리.
早生[★わせ] (채소・과일의) 조생종.
早生(ま)れ[はやうまれ] 1월1일부터 4월1일 사이에 태어난 사람. 오진나이.
早緒[はやお] ①배의 놋줄. ②썰매・수레를 끄는 줄.
早船[はやふね/はやぶね] ①속력이 빠른 배. ②(平安(へいあん)・鎌倉(かまくら) 시대의) 경쾌한 전투용 배.
早い所[はやいところ] 재빨리. 일치감치.
早咲き[はやざき] (꽃이 예년보다) 일찍 핌. 일찍 피는 꽃.
早手[はやて] 질풍(疾風).
早手回し[はやてまわし] 미리 손을 씀.
早縄[はやなわ] 오라. 포승.
早矢[はや] (2개의 화살 중에서) 먼저 쏘는 화살.
早蒔[はやまき] ①씨를 일찍 파종함. ②일을 제때에 앞서 시작함.
早言葉[はやことば] ①말을 빨리 함. ②(발음하기 힘든 말을) 빨리 말하는 놀이.
早業[はやわざ] 날랜 솜씨. 빠른 솜씨.
早牛[はやうし] 걸음이 빠른 소.
早耳[はやみみ] 소식통. 소식에 밝음.
早引き[はやびき] 조퇴(早退).
早引け[はやびけ] 조퇴(早退).
早い者勝ち[はやいものがち] 먼저 한 사람이 유리함. 선착순.

早場[はやば] (농산물이) 일찍 수확되는 고장.

早場米[はやばまい] ①추수가 빠른 지방의 쌀. ②조생종 쌀.

早早❶[はやばや] ¶~と 부랴부랴. ❷[そうそう] ①¶~に 일찌감치. 서둘러. ②…하자마자. …하자 곧.

早足[はやあし] ①빠른 걸음. 종종걸음. ②(행진할 때의) 기준 걸음걸이.

早鐘[はやがね] ①(화재 등 비상시 치는) 경종(警鐘). ②(가슴이) 몹시 두근거림.

早舟[はやふね/はやぶね] ①속력이 빠른 배. ②(平安(へいあん)・鎌倉(かまくら) 시대의) 경쾌한 전투용 배.

早昼[はやひる] (평소보다) 이른 점심.

早撮り[はやどり] 촬영을 짧은 시간에 끝냄.

早出[はやで] ①(평소보다) 일찍 출근함. ②아침 일찍 근무하는 차례.

早取り[はやどり] 일찍 채취함.

早寝[はやね] 일찍 잠을 잠.

早打ち[はやうち] ①(옛날) 말을 달려서 급히 알림. 파발꾼. ②(총의) 속사(速射). ③(바둑 등을) 빨리 둠. ④(불꽃 등을) 연속으로 쏴 올림.

早呑み込み[はやのみこみ] ①이해가 빠름. 빨리 알아들음. ②지레짐작. 속단(速断).

早桶[はやおけ] 조잡한 관(棺).

早退き[はやびき] 조퇴.

早退け[はやびけ] 조퇴.

早便[はやびん] ①(비행기・우편 등의) 그날의 빠른 편. ②보발. 파발꾼.

早合点[はやがてん] 지레짐작. 속단(速断).

早い話が[はやいはなしが] 요약하면. 간단히 말하자면. 요컨대.

音読

早計[そうけい] 경솔한 판단. 성급한 생각.

[1]**早急**[さっきゅう/そうきゅう] 조급; 매우 급함.

早期[そうき] 조기; 이른 시기.

早晩[そうばん] 조만간. 언젠가는. 결국은.

早苗[さなえ] 볏모. 모내기에 적합한 벼.

早苗歌[さなえうた] 모내기 노래.

早苗月[さなえづき] '음력 5월'의 딴이름.

早産[そうざん] 조산; 태아를 예정일보다 일찍 출산함.

早生児[そうせいじ] 조생아; 조산아(早産児).

早生種[そうせいしゅ] 조생종.

早世[そうせい] 조세; 일찍 죽음.

[2]**早速**[さっそく] ①곧. 즉시. 당장. 재빨리. ②서두름. 곧바로 함.

早熟[そうじゅく] 조숙; ①(신체・정신이) 올됨. 숙성함. ②(농산물이) 일찍 익음.

早乙女[さおとめ] ≪雅≫ ①모내기하는 처녀. ②소녀. 처녀.

早早❶[そうそう] ①¶~に 일찌감치. 서둘러. ②…하자마자. …하자 곧. ❷[はやばや] ¶~と 부랴부랴.

早朝[そうちょう] 조조; 이른 아침.

早秋[そうしゅう] 조추; 초가을. 이른 가을.

早春[そうしゅん] 조춘; 초봄. 이른 봄.

早退[そうたい] 조퇴; 정해진 시각보다 일찍 퇴근함.

早婚[そうこん] 조혼; 결혼 적령기가 되기 전에 일찍 결혼함.

早暁[そうぎょう] 조효; 꼭두새벽. 동틀 녘.

条(條) 조목/조리 조

ノ ク 夂 冬 夂 条 条

音 ◉ジョウ

訓 —

音読

[1]**条**[じょう] 조; ①조목. 대목. ②줄. 줄기.

[2]**条件**[じょうけん] 조건; ①성립 요건. ②전제(前提). 제약(制約) 사항.

条規[じょうき] 조규; 법령 규정.

条令[じょうれい] 조령; 조항별로 된 법령.

条例[じょうれい] 조례; ①조항별로 된 법령. ②지방 자치 단체가 제정한 법규.

条理[じょうり] 조리; 합당한 이치.

条目[じょうもく] 조목; 조항(条項).

条文[じょうぶん] 조문; (법률・규약 등을) 조목으로 쓴 글.

[1]**条約**[じょうやく] 조약; ①명문화된 국가 간의 합의문서. ②낱낱의 조목으로 쓴 약속.

条条[じょうじょう] 조조; 조목조목.

条項[じょうこう] 조항; 조목.

助 도울 조

丨 冂 月 月 且 盯 助

音 ◉ジョ

訓 ◉たすかる ◉たすける ◉すけ

訓読

[2]◉**助かる**[たすかる] 〈5自〉 ①(위기에서) 살아나다. 목숨을 건지다. 구출되다. ②(도

난・화재 등에서) 무사하다. ③(노력・비용 등이 덜어져) 수월해지다. 편해지다. 도움이 되다. 살 것 같다.

2◉助ける[たすける] 〈下1他〉 ①(목숨을) 구하다. 살리다. 구조하다. ②(쓰러지려는 것을) 부축하다. 받치다. ③돕다. 거들다. 원조하다.

助け[たすけ] 도움. 구조. 구출. 구원.

助け船[たすけぶね] ①구조선. ②도움.

助け合う[たすけあう] 〈5自〉 서로 돕다. 서로 힘을 합치다.

◉助[すけ] ①도움. 거듦. 원조. ②(아이를 업는) 띠. ③(寄席(よせ)에서) '真打(しんうち)'의 보조. ④애인. 정부(情婦). ⑤(명사에 접속하여 사물을 의인화하는 말로서) 놈. 꾼. 치. ¶飲(の)み~ 술꾼. ¶三(さん)~ 때밀이. ¶雲(くも)~ (떠돌이) 가마꾼.

助番[すけばん] ①(당번이 사고가 났을 때의) 대리 당번. ②(불량 청소년 그룹의) 여자 두목.

助兵衛[すけべえ] 색골. 호색꾼. 음탕함.

助兵衛根性[すけべえこんじょう] ①색골 근성. 음탕한 마음. ②(여러 가지 일에 손대기를 좋아하는) 욕심쟁이 심보.

助人[すけびと] 도와주는 사람. 조력자.

助っ人[すけっと] 가세(加勢)하는 사람.

助宗鱈[すけそうだら] ≪魚≫ 명태.

助太刀[すけだち] ①(결투・복수 등을) 거듦. 가세(加勢)하는 사람. ②도움. 도와주는 사람.

助平[すけべい] 색골. 호색꾼. 음탕함.

助平根性[すけべいこんじょう] ①색골 근성. 음탕한 마음. ②(여러 가지 일에 손대기를 좋아하는) 욕심쟁이 심보.

音読

助監督[じょかんとく] (영화의) 조감독.

助教[じょきょう] 조교; ①정규 교원(教員)을 보좌하는 무자격 교원. ②(平安(へいあん)시대에) 대학료(大学寮)에서 박사(博士)와 학생들을 돌보던 관원(官員).

助教諭[じょきょうゆ] 준교사(準教師).

2助教授[じょきょうじゅ] 조교수.

1助動詞[じょどうし] ≪語学≫ 조동사.

助力[じょりょく] 조력; 도움.

助命[じょめい] 조명; 목숨을 구해 줌.

1助詞[じょし] ≪語学≫ 조사.

助辞[じょじ] ≪語学≫ 조사(助詞)와 조동사(助動詞)의 총칭.

助産婦[じょさんぷ] 조산원(助産員).

助成[じょせい] 조성; 연구나 사업의 완성을 도움.

助勢[じょせい] 조세; 도와 줌. 조력(助力).

2助手[じょしゅ] 조수; ①일의 보조 역할을 하는 사람. ②(대학교의) 조교(助教).

1助言[じょげん/じょごん] 조언; 곁에서 말을 덧붙여 도와줌.

助言者[じょげんしゃ/じょごんしゃ] 조언자.

助役[じょやく] 조역; ①주임자(主任者)를 보좌하는 사람. ②부시장(副市長). ③역장(駅長)을 보좌하는 사람.

助演[じょえん] 조연; 주연 배우의 연기를 보조하는 배우.

助長[じょちょう] 조장; 도와서 성장시킴.

助走[じょそう] 조주; (멀리뛰기 등에서) 도움닫기.

助奏[じょそう] ≪楽≫ 조주; (반주 이외의 장식적인) 보조 연주.

阻 막을/막힐 조

⁷ 了 阝 阝 阝 阳 阻 阻

音 ◉ソ

訓 ◉はばむ

訓読

1◉阻む[はばむ] 〈5他〉 가로막다. 방해하다. 저지하다. 〈5自〉 (용기가) 꺾이다. 주눅 들다.

音読

阻却[そきゃく] 물리침.

阻隔[そかく] 가로막혀서 서로 통하지 못함. 사이를 떼어놓음.

阻喪[そそう] (기가 꺾여) 의기소침해짐.

阻礙[そがい] 저해(沮害). 방해함.

2阻止[そし] 저지(沮止). 방해함.

阻害[そがい] 저해(沮害). 방해함.

祖(祖) 조상/할아버지 조

' ㇇ 礻 礻 礻 衵 衵 祖 祖

音 ◉ソ

訓 —

音読

祖[そ] ①선조. 조상. ②시조(始祖). 원조(元祖). ③조부(祖父). ④(사물의) 근본・근원・시작.

祖国[そこく] 조국; 선조부터 줄곧 살아온 나라. 자기가 태어난 나라.
祖霊[それい] 조령; 선조의 영혼.
2祖母[そぼ] 조모; 할머니. 외할머니.
4お祖母さん[★おばあさん] 할머님. 외할머님. ＊'祖母(そぼ)'의 높임말임.
祖廟[そびょう] 조묘; 선조의 묘(廟).
2祖父[そふ] 조부; 할아버지. 외할아버지.
4お祖父さん[★おじいさん] 할아버님. 외할아버님. ＊'祖父(そふ)'의 높임말임.
祖師[そし] ≪仏≫ 조사; 한 종파(宗派)의 개조(開祖).
2祖先[そせん] 조선; 조상. 선조(先祖).
祖先崇拝[そせんすうはい] 조상 숭배.
祖神[そしん] 조신; 신으로 받드는 조상.
祖業[そぎょう] 조업; 조상 대대로 이어져 내려오는 가업(家業).
祖宗[そそう] 조종; 선조 대대의 군주(君主).

造(造) 지을 조

丿 𠂉 𠂇 牛 牛 告 告 告 浩 造

音 ◉ゾウ
訓 ◉つくる

訓読

2◉造る[つくる] 〈5他〉 (주로 공업 제품·약품·술 등을) 제조하다. 제작하다. 만들다.
2造り[つくり] (건물 등의) 만듦새. 꾸밈새. 구조.
造り立てる[つくりたてる] 〈下1他〉 만들어 내다. 제작해 내다. 생산해 내다.
造り方[つくりかた] ①제작 방법. 제조 방법. 만드는 법. ②만듦새. 양식(様式). 구조.
造り付け[つくりつけ] 붙박이.
造り付ける[つくりつける] 〈下1他〉 (가구 등을) 붙박이로 만들다.
造り上げる[つくりあげる] 〈下1他〉 생산해 내다. 제작해 내다. 만들어 내다.
造り庭[つくりにわ] 인공(人工) 정원.
造り酒屋[つくりざかや] 술도가. 술을 빚어서 판매하는 가게.
造り替える[つくりかえる] 〈下1他〉 ①(낡은 것 대신) 새로 만들다. ②(낡은 것을) 개작(改作)하다. 고쳐 만들다.
造り出す[つくりだす] 〈5他〉 ①제작하기 시작하다. 제조하기 시작하다. 만들기 시작하다. ②생산하다. 제작하다. 제조하다. 만들어 내다.
造り花[つくりばな] 조화; 인공으로 만든 꽃.

音読

造機[ぞうき] 조기; 기계의 설계나 제작.
造林[ぞうりん] 조림; 나무를 많이 심어 숲을 만듦.
造物[ぞうぶつ] 조물; (조물주가 창조한) 천지 만물.
造物主[ぞうぶつしゅ] 조물주; 창조주.
造反[ぞうはん] 조반; 반체제(反体制). 반역. 모반. 체제에 거역함.
造本[ぞうほん] 조본; 책으로 만듦.
2造船[ぞうせん] 조선; 선박을 건조함.
造船所[ぞうせんじょ] 조선소.
造成[ぞうせい] 조성; 만들어 냄.
造語[ぞうご] 조어; 새로운 말을 만들어 냄.
造言[ぞうげん] 조언; 거짓말. 꾸민 말.
造営[ぞうえい] 조영; 궁전·신궁 등을 건축함.
造詣[ぞうけい] 조예; 깊은 지식.
造園[ぞうえん] 조원; 공원·정원 등을 만듦.
造作❶[ぞうさ] ①폐(弊). 귀찮음. 번거로움. 수고로움. ②융숭한 대접. ❷[ぞうさく] ①집의 세간. 가구(家具). ② ≪俗≫ 용모(容貌). 생김새. 이목구비. ③집을 지음.
造作無い[ぞうさない] 〈形〉 손쉽다. 간단하다. 어려움이 없다.
造幣[ぞうへい] 조폐; 화폐를 제조함.
造幣局[ぞうへいきょく] 조폐국; 조폐공사.
造血作用[ぞうけつさよう] 조혈 작용.
造形[ぞうけい] 조형; 어떤 관념에서 형태가 있는 것을 물질적 재료를 사용하여 시각적으로 표현하는 예술.
造型[ぞうけい] ☞ 造形
造化[ぞうか] 조화; ①조물주. 창조주. ②우주. 천지 만물. 자연.
造花[ぞうか] 조화; 인공으로 꽃을 만듦.

租 세금 조

一 二 千 禾 禾 利 和 和 租 租

音 ◉ソ
訓 —

音読

租[そ] 세금. 조세(租税).
租界[そかい] 조계; 어떤 나라가 다른 나라로부터 빌린 거류지.

租税[そぜい] 조세; ①세금. ②연공(年貢).
租借[そしゃく] 조차; 어떤 나라가 다른 나라 영토 안의 일정 기간 그곳을 다스림.
租借地[そしゃくち] 조차지.

眺 바라볼/멀리 볼 조

丨 冂 冃 目 盯 盯 盯 眺 眺 眺

音 ◉チョウ
訓 ◉ながめる

訓読

[2]◉眺める[ながめる] 〈下1他〉 ①바라보다. 눈여겨보다. 지그시 응시하다. 쳐다보다. ②(멀리서) 바라보다.
[2]眺め[ながめ] 바라보는 경치. 전망(展望).
眺め遣る[ながめやる] 〈5他〉 (생각에 잠겨) 먼 곳을 바라보다. 멀리 시선을 보내다.
眺め暮らす[ながめくらす] 〈5自他〉 (온종일) 바라보며 지내다.
眺め入る[ながめいる] 〈5自〉 유심히 바라보다. 골똘히 바라보다.

音読

眺望[ちょうぼう] 조망; 전망(展望).
眺望権[ちょうぼうけん] 조망권; 이제까지 누려 왔던 전망(展望)을 다른 건물 등에 의해서 방해받지 않을 권리.

粗 거칠 조

丶 丷 丬 半 米 米 籵 粗 粗 粗

音 ◉ソ
訓 ◉あら ◉あらい ⊗ざら

訓読

◉粗❶[あら] ①(물고기의 좋은 부분을 요리하고 남은) 서덜. ②(쌀 속의) 뉘. ③(남의) 결점. 단점. 흠. ❷[そ] ☞ [音読]
[2]◉粗い[あらい] 〈形〉 ①거칠다. 성기다. 엉성하다. 조잡하다. ②(촉감이) 까끌까끌하다. 꺼칠꺼칠하다. ③(알이) 굵다. ④(무늬가) 크다.
粗ごなし[あらごなし] ①(가루로 빻기 전에) 대충 빻음. ②(식사 전의) 대충의 준비.
粗っぽい[あらっぽい] 〈形〉 ①거칠다. 난폭하다. 몹시 사납다. ②거칠다. 조잡하다. ③(모양・모습이) 우락부락하다. 투박하다.
粗糠[あらぬか] 왕겨. 겉겨.
粗菰[あらごも] 거친 거적.
粗栲[あらたえ] ①발이 성긴 조잡한 천. ②삼베.
[2]粗筋[あらすじ] 개요. 대강의 줄거리.
粗金[あらがね] ①원광석(原鉱石). ②무쇠.
粗塗り[あらぬり] 애벌칠. 바닥칠.
粗利[あらり] (원가를 뺀) 순이익.
粗木[あらき] 원목. 통나무.
粗目糖[ざらめとう] 굵은 설탕.
粗目雪[ざらめゆき] 녹다가 다시 얼어 굵어진 눈.
粗方[あらかた] 대강. 거의. 대부분.
粗壁[あらかべ] 애벌로 흙만 바른 벽.
粗仕事[あらしごと] ①(힘이 드는) 중노동. 막일. ②(강도・살인 등의) 막된 짓. 못된 범죄 행위.

粗削り[あらけずり] ①(나무 등을) 거칠게 깎음. ②거칢. 다듬어지지 않음. 세련되지 않음. 야성적임.
粗捜し[あらさがし] (남의) 트집 잡기. 헐뜯음. 흠을 잡음. 흠집 내기.
粗筵[あらむしろ] 거칠게 짠 거적・멍석.
粗塩[あらじお] 굵은 소금.
粗玉[あらたま] 가공하지 않은 옥.
粗垣[あらがき] 성긴 울타리.
粗利益[あらりえき] (원가를 뺀) 순이익.
粗煮[あらに] 서덜국. (물고기의 좋은 부분을 요리하고 남은) 찌꺼기로 끓인 탕.
粗積(も)り[あらづもり] 대강의 견적.
粗造り[あらづくり] 날림. 아무렇게나 함.
粗粗[あらあら] 대강대강. 대략. 대충.
粗粗かしこ[あらあらかしこ] (여자들이 편지 끝에 쓰는 말로서) 이만 총총.
粗砥[あらと] 거친 숫돌.
粗織(り)[あらおり] ①거칠게 짬. ②거칠게 짠 천.
粗探し[あらさがし] (남의) 트집 잡기. 헐뜯음. 흠을 잡음. 흠집 내기.
粗板[あらいた] (마무리 대패질을 안 한) 꺼칠꺼칠한 판자.
粗布[あらぬの] 투박한 천.
粗皮[あらかわ] ①(과일・나무 등의) 겉껍질. ②(동물의) 생가죽.

音読

粗❶[そ] ①거칢. 조잡함. ¶ 調(しら)べ方(かた)が～に過(す)ぎる 조사 방법이 너무 조잡하다. ②허름함. ¶ ～なる衣服(いふく) 허름한 의복. ❷[あら] ☞ [訓読]

粗景[そけい] 조경; 변변치 못한 경품. ＊겸양어임.
粗略[そりゃく] 조략; 소홀함.
粗慢[そまん] 조만; 소홀함. 엉성함.
2粗末[そまつ] ①변변치 못함. 조잡함. 허술함. ②소홀히 함.
粗密[そみつ] 조밀; 성김과 빽빽함.
粗放[そほう] 조방; (방법・생각 등이) 꼼꼼하지 않음. 치밀하지 못함. 주먹구구식임.
粗相[そそう] ①실수. ②(실수하여) 대소변을 지림.
粗食[そしょく] 조식; 변변치 못한 식사.
粗悪[そあく] 조악; 조잡함.
粗野[そや] 조야; 거칠고 촌스러움. 거칠고 버릇이 없음. 거칠고 세련되지 않음.
粗衣[そい] 조의; 허술한 옷.
粗雑[そざつ] 조잡; 거칠고 엉성함.
粗製[そせい] 조제; 만듦새가 조잡함.
粗製品[そせいひん] 조제품.
粗酒[そしゅ] 조주; 변변치 못한 술. ＊겸양어임.
粗餐[そさん] 조찬; 변변치 못한 식사. ＊겸양어임.
粗暴[そぼう] 조포; 난폭함.
粗品[そしな/そひん] 조품; 변변치 못한 물건. ＊겸양어임.

組 짤 조

纟 纟 糸 糸 糸 糹 組 組 組 組

音 ◉ソ
訓 ◉くむ ◉くみ

訓読

2◉組[くみ] ①(학교의) 학급. 반. 클래스. ②조. 쌍. ③세트. 벌. 쌍. ④동아리. 패의 한 사람. ⑤(인쇄소의) 조판(組版).
2◉組む[くむ] 〈5他〉 ①꼬다. 엇걸다. ②얽다. 짜다. ③조직하다. 구성하다. 편성하다. 〈5自〉 ①짝이 되다. 한 패가 되다. ②맞붙다. 맞잡다.
組み[くみ] ①짜 맞춤. 짜 맞춘 것. ②(인쇄소의) 조판(組版).
組歌[くみうた] 짧은 노래를 몇 곡 묶어 한 곡으로 만든 三味線(しゃみせん)이나 琴(こと)의 노래.
組(み)見本[くみみほん] (인쇄소의) 견본 조판(組版). 조판 견본.
組曲[くみきょく] 조곡; 몇 개의 곡을 하나로 엮어 편곡한 기악곡(器楽曲).
組紐[くみひも] 끈목. 매듭.
組帯[くみおび] 여러 가지 실로 짠 띠.
組頭[くみがしら] ①조장(組長). ②(江戸(えど)시대에) 名主(なぬし)를 보좌하여 동네일을 맡아보던 사무장.
組(み)立て[くみたて] 조립; ①짜 맞춤. ②구조. 조직.
2組み立てる[くみたてる] 〈下1他〉 조립하다. 짜 맞추다.
組(み)物[くみもの] ①세트로 된 것. ②(문살 등을) 정자(井字) 모양으로 짜 맞춤. ③(실・철사 등으로 만든) 끈목. 매듭.
組(み)杯[くみさかずき] (찬합처럼) 포개어서 한 벌이 되게 만든 술잔.
組み伏せる[くみふせる] 〈下1他〉 넘어뜨려 타고 누르다. 내리누르다.
組夫[くみふ] (건축업・광산업에서) 하청기업 노무자.
組み付く[くみつく] 〈5自〉 달라붙다. 달려들다. 덤벼들다. 맞붙다.
組み敷く[くみしく] 〈5自〉 깔고 누르다. 깔아 눕히다. 넘어뜨려 누르다.
組分け[くみわけ] (사람・물건을) 조로 나눔.
組糸[くみいと] 합사(合糸). 여러 가닥으로 꼰 실.
組(み)写真[くみしゃしん] 합성 사진. 여러 장의 사진을 한 장으로 짜 맞춰 인화한 것.
組(み)上がり[くみあがり] (인쇄에서) 조판이 완료됨. 완료된 조판.
組(み)上げ[くみあげ] 다 짬. 다 짠 것.
組み上げる[くみあげる] 〈下1他〉 ①(인쇄에서) 조판을 끝내다. ②짜 올리다. 짜서 쌓아올리다. ③구성하다. 다 짜다. 짜기를 끝내다.
組緒[くみお] 끈목. 매듭.
組(み)手[くみて] ①서로 맞붙어 싸우는 사람. 맞붙는 상대. ②(배구에서) 양손의 손가락을 앞에서 깍지 낀 상태. ③(건축에서) 목재와 목재가 짜 맞춰진 부분. ④(空手(からて)에서) 상대를 설정하여 공방(攻防)을 실연함.
組(み)夜具[くみやぐ] (요・이불・잠옷 등이) 세트로 된 침구.
組屋敷[くみやしき] (江戸(えど)시대) 与力(よりき)・同心(どうしん) 등 하급 무사가 한 조가 되어 살던 주택.

組踊り[くみおどり] ①(여러 사람이) 짝지어 춤을 춤. ②여러 가지 무용으로 편성된 무용. ③대사(台詞)·무용·노래로 구성된 琉球(りゅうきゅう)의 고전극.

組み違える[くみちがえる] 〈下1他〉 ①엇갈리게 짜 맞추다. ②잘못 짜다. ③조립 방법을 바꾸다.

組員[くみいん] 폭력단의 일원(一員).

組(み)入れ[くみいれ] ①짜 넣음. 편입시킴. ②(찬합처럼) 겹겹이 포개넣는 그릇.

組み入れる[くみいれる] 〈下1他〉 ①(기존 조직에) 편입시키다. 일부로 끼워 넣다. ②짜 넣다. 끼워 넣다.

1**組み込む**[くみこむ] 〈5他〉 ①짜 넣다. 편성하다. ②(조직에) 집어넣다. 끼워 넣다.

組子[くみこ] ①문살. 창살. ②(옛날 일본의 弓組(ゆみぐみ)·鉄砲組(てっぽうぐみ) 등의) 우두머리에 딸린 부하들.

組長[くみちょう] 조장; 반장(班長).

組(み)重[くみじゅう] (여러 층으로) 포개는 찬합.

組(み)天井[くみてんじょう] 격자 모양으로 짠 반자. 우물반자.

組み替える[くみかえる] 〈下1他〉 다시 짜다. 재편성하다. 고쳐 짜다.

組(み)打ち[くみうち] 맞붙어 싸움. 격투.

組(み)討ち[くみうち] 맞붙어 싸움. 격투.

組(み)版[くみはん] (인쇄소의) 조판을 함.

組唄[くみうた] 짧은 노래를 몇 곡 묶어서 한 곡으로 만든 三味線(しゃみせん)이나 琴(こと)의 노래.

組下[くみした] 조장·반장 밑에 딸린 부하.

2**組合**[くみあい] 조합; ①2명 이상이 출자하여 공동 사업을 하는 단체. ②노동조합.

組合員[くみあいいん] 조합원.

組合専従者[くみあいせんじゅうしゃ] 회사 일은 하지 않고 노조 활동만 하는 사람.

組(み)合い[くみあい] 맞붙어 싸움. 격투.

組み合う[くみあう] 〈5自〉 ①맞붙어 싸우다. 격투하다. ②서로 편을 짜다. 한패가 되다.

組み合わす[くみあわす] 〈5他〉 ①짜 맞추다. 조화시키다. ②짝을 맞추다. 세트로 하다. ③시합하게 만들다. 대전(対戦)시키다.

2**組(み)合(わ)せ**[くみあわせ] ①짜 맞추기. 짜 맞춘 것. ②≪数≫ 조합. ③(시합에서) 경기의 대전(対戦)·편성.

1**組み合わせる**[くみあわせる] 〈下1他〉 ①짜 맞추다. 조화시키다. ②짝을 맞추다. 세트로 하다. ③시합하게 만들다. 대전(対戦)시키다.

音読

組閣[そかく] 조각; 내각(内閣)을 조직함.

組成[そせい] 조성; 구성. 몇 개의 요소·성분으로 짜 맞춤.

2**組織**[そしき] 조직; ①유기적인 집합체를 이룸. 시스템. ②(세포의) 조직.

組織培養[そしきばいよう] 조직 배양.

組織的[そしきてき] 조직적.

曹 무리/마을 조

一 ㄧ 冂 曲 曲 曲 曹 曹 曹 曹

音 ◉ソウ ⊗ゾウ

訓 —

音読

曹達[ソーダ] 탄산소다.

曹達水[ソーダすい] 소다수.

曹達石灰[ソーダせっかい] 소다 석회.

曹達硝子[ソーダガラス] 소다 석회 유리.

曹洞宗[そうとうしゅう] ≪仏≫ 조동종; 선종(禅宗)의 한 파로서 鎌倉(かまくら)시대에 道元(どうげん)이 송(宋)나라에서 전해 옴.

曹司[ぞうし] ①(옛날 궁중이나 관아에 설치된) 궁녀나 벼슬아치의 방. ②가독(家督) 상속 이전의 귀족의 도련님. ③(平安(へいあん) 시대) 大学寮(だいがくりょう)의 교실.

曹長[そうちょう] (옛 일본의) 육군 하사관의 최상급. *한국 육군의 '상사'에 해당.

釣(釣) 낚시 조

ノ 人 亼 今 亼 金 金 金 釣 釣

音 ◉チョウ

訓 ◉つる

訓読

3◉**釣る**[つる] 〈5他〉 ①(물고기를) 낚다. 잡다. ②꾀다. 유혹하다. ③매달다. 달다. ④(씨름에서) 상대방의 샅바를 잡고 들어 올리다.

2**釣り**[つり] ①낚시. 낚시질. ②거스름돈. 우수리.

釣りランプ[つりランプ] (천장 같은 높은 곳에) 매단 등.
釣(り)竿[つりざお] 낚싯대.
釣(り)格子[つりごうし] 밖으로 내밀게 된 창살.
釣(り)橋[つりばし] 현수교(懸垂橋).
釣(り)具[つりぐ] 낚시 도구.
釣り球[つりだま] (야구에서) 타자의 타격을 유인하는 느리고 높은 공.
釣(り)堀[つりぼり] 유료 낚시터.
釣(り)台[つりだい] 둘이서 어깨에 메고 나르는 도구.
釣(り)道具[つりどうぐ] 낚시 도구.
釣(り)灯籠[つりどうろう] 처마 끝 같은 곳에 매다는 등롱.
釣り落とす[つりおとす] 〈5他〉 (물고기 등을) 낚아 올리다가 놓치다.
釣(り)籠[つりかご] ①매다는 광주리. ②낚시 바구니. ③(열기구・비행선 등의 밑에) 사람이 탈 수 있는 광주리.
釣(り)木[つりぎ] ①(천장의) 달목. ②선반을 매다는 나무.
釣(り)目[つりめ] 눈초리가 치켜 올라간 눈.
釣(り)釜[つりがま] (茶道에서) 매달아 놓고 사용하는 솥.
釣(り)棚[つりだな] ①천장에 매단 선반. ②床(とこ)の間(ま) 옆에 매단 선반.
釣(り)糸[つりいと] 낚싯줄.
釣(り)師[つりし] 조사; 낚시꾼.
釣り上がる[つりあがる] 〈5自〉 ①(물고기가) 낚이어 오르다. ②매달려 올라가다. ③치켜 올라가다.
釣り上げる[つりあげる] 〈下1他〉 ①(물고기 등을) 낚아 올리다. ②매달아 올리다. ③추켜올리다. ④(물가・시세 등을) 끌어올리다. 인상(引上)하다.
釣(り)床[つりどこ] ①달아맨 그물침대. ②다다미 위에 직접 만든 약식 床(とこ)の間(ま).
釣(り)船[つりぶね] ①낚싯배. ②(매달아서 사용하는) 배 모양의 꽃꽂이 그릇.
釣(り)手[つりて] ①낚시꾼. ②매다는 끈. ③매달아 올릴 때 밧줄을 매는 부분. ④(차량의) 손잡이.
釣(り)餌[つりえさ/つりえ] 낚싯밥. 미끼.
釣(り)人[つりびと] 낚시꾼.
釣(り)忍[つりしのぶ] 넉줄고사리를 엮어서 여름에 시원하게 느껴지도록 처마 끝에 매단 것.
釣り込む[つりこむ] 〈5他〉 (자기편으로) 끌어들이다. 꾀어 들이다.
釣(り)殿[つりどの] (옛날의 寝殿造(しんでんづくり)에서) 연못가에 지은 건물.
釣(り)銭[つりせん] 거스름돈. 우수리.
釣(り)梯子[つりばしご] 줄사닥다리.
釣(り)鐘[つりがね] 조종; 범종(梵鐘).
釣(り)鐘マント[つりがねマント] (군인・학생 등이 입었던) 기장이 긴 망토.
釣(り)鐘草[つりがねそう] ≪植≫ 초롱꽃.
釣(り)天狗[つりてんぐ] 낚시 자랑.
釣(り)天井[つりてんじょう] 매달아 놓은 천장. *떨어뜨려서 사람을 깔아 죽이는 장치.
釣(り)出し[つりだし] ①밖으로 꾀어냄. ②(씨름에서) 상대방의 샅바를 잡고 몸을 들어 올려 씨름판 밖으로 들어내는 수.
釣り出す[つりだす] 〈5他〉 ①밖으로 꾀어내다. ②(씨름에서) 상대방의 샅바를 잡고 몸을 들어 올려 씨름판 밖으로 들어내다.
釣(り)針[つりばり] 낚싯바늘.
釣り下がる[つりさがる] 〈5自〉 ①매달리다. ②붙들고 늘어지다.
釣り下げる[つりさげる] 〈下1他〉 매달다. 늘어뜨리다.
釣(り)合(い)[つりあい] 균형. 걸맞음. 조화.
釣り合う[つりあう] 〈5自〉 ①균형이 잡히다. 평형을 이루다. ②걸맞다. 어울리다. 조화를 이루다.
釣香炉[つりこうろ] (床(とこ)の間(ま) 옆에) 장식된 긴 끈으로 매다는 향로.
釣(り)戸棚[つりとだな] 매달아 놓은 찬장.
釣(り)花[つりばな] 꽃꽂이 그릇을 床(とこ)の間(ま)의 천장에 매달아 놓고 하는 꽃꽂이.

音読

釣果[ちょうか] 낚시질로 잡은 물고기.
釣魚[ちょうぎょ] 조어; 낚시질.
釣魚技術[ちょうぎょぎじゅつ] 낚시 기술.
釣魚師[ちょうぎょし] 낚시꾼.
釣舟[ちょうしゅう] 조주; 낚싯배.

彫(彫) 조각할 조

冂 月 円 用 用 周 周 周' 彫 彫

音 ◉チョウ
訓 ◉ほる

訓読

2◉彫る[ほる] 〈5他〉 ①조각하다. 새기다. ②(문신 등을) 새기다. 넣다.

彫り[ほり] ①조각함. 조각한 모양. ②(얼굴 등의) 윤곽.

彫(り)目[ほりめ] (조각에서) 새긴 부분.

彫(り)物[ほりもの] ①조각. ②문신.

彫(り)物師[ほりものし] 조각가. 문신가.

彫り付ける[ほりつける] 〈下1他〉 (글씨나 무늬 등을) 새겨 넣다.

彫(り)師[ほりし] 조각가. 문신가.

彫(り)上げ[ほりあげ] ①양각(陽刻). 부조(浮彫). ②(얼굴의) 윤곽.

彫(り)込み[ほりこみ] ①음각(陰刻). 음각한 부분. ②(얼굴의) 윤곽.

音読

2彫刻[ちょうこく] 조각; 어떤 재료에 서화를 새기거나 물상(物像)을 입체적으로 새기는 일.

彫刻家[ちょうこくか] 조각가.

彫工[ちょうこう] 조공; 조각사(彫刻師).

彫金[ちょうきん] 조금; 금속에다 조각함.

彫像[ちょうぞう] 조상; 조각상.

彫塑[ちょうそ] 조소; ①조각과 소상(塑像). ②조각의 원형인 소상(塑像). 또는 그 소상을 만듦.

彫心鏤骨[ちょうしんるこつ] 조심누골; 매우 고심하여 시문(詩文) 등을 만듦.

措 놓을/둘 조

扌 扌 扌 扌 拱 拱 措 措 措

音 ◉ソ
訓 ⊗おく

訓読

⊗措く[おく] 〈5他〉 ①제쳐놓다. 제외하다. 별도로 하다. ②보류하다. 그만두다.

音読

措大[そだい] 조대; ①수재(秀才). 재주가 뛰어난 사람. ②가난한 서생(書生). *조롱하는 말임.

措辞[そじ] ≪語学≫ 조사. ①말의 용법. ②문자의 용법과 사구(辞句)의 배치.

1措置[そち] 조치; 조처(措処). 일을 잘 정돈하여 처치함.

鳥 새 조

丿 白 白 白 鳥 鳥 鳥 鳥 鳥 鳥

音 ◉チョウ
訓 ◉とり

訓読

4◉鳥[とり] ①≪動≫ 새. ②닭. 닭고기.

鳥もち[とりもち] (장대 끝에 붙여 새·곤충 등을 잡는) 끈끈이.

1鳥居[とりい] 神社(じんじゃ) 입구에 세운 문.

鳥撃ち[とりうち] ①총으로 새를 잡음. 또는 총으로 새를 잡는 사람. ②'鳥撃帽(とりうちぼう)'의 준말.

鳥撃帽[とりうちぼう] 사냥 모자.

鳥衾[とりぶすま] (기와 지붕의) 용마루 끝에 쑥 내민 둥글고 긴 기와.

鳥肌[とりはだ] ①소름. ②닭살. 가슴가슬한 피부. 거친 피부.

鳥寄せ[とりよせ] (먹이·휘파람·후림새 등으로) 새를 꾀어 들임.

鳥籠[とりかご] 조롱; 새장.

鳥網[とりあみ] 조망; 새그물. 덮치기.

鳥毛[とりげ] ①새털. ②'指物(さしもの)'의 장대 끝이나 긴 창의 집 등을 새털로 장식한 것.

鳥目❶[とりめ] 밤소경. 야맹증(夜盲症). ❷[ちょうもく] ①(구멍 뚫린) 엽전. ②≪俗≫ 돈.

鳥小屋[とりごや] ①새장. ②닭장.

鳥影[とりかげ] ①새의 나는 그림자. ②새의 모습.

鳥屋❶[★とや] ①새장. 닭장. ②(새의) 털갈이. ③(매춘부가) 매독에 걸림. ④(흥행부진으로) 여관에 틀어박힘. ⑤(歌舞伎(かぶき) 극장에서) 배우가 무대로 나오기 전에 쉬는 방. ❷[とりや] ①새를 파는 가게. 또는 그 사람. ②주로 닭고기를 파는 가게. ③닭장. 새장.

鳥羽絵[★とばえ] (江戸(えど)시대에) 먹으로 그린 만화 스타일의 묵화(墨画).

鳥威し[とりおどし] (논밭의) 새를 쫓는 장치.

鳥肉[とりにく] ①새고기. ②닭고기.

鳥の子[とりのこ] ①새알. 달걀. ②병아리. ③담황색(淡黄色). 달걀색.

鳥の子餅[とりのこもち] (축하용의) 달걀 모양의 홍백색(紅白色) 떡.

鳥の子色[とりのこいろ] 담황색(淡黄色). 달걀색.

鳥の子紙[とりのこがみ] (닥나무나 안피나무 껍질로 만든) 질 좋은 담황색 종이.
鳥刺(し)[とりさし] ①끈끈이를 바른 장대로 새를 잡음. 또는 그런 사람. ②새고기 회.
鳥刺(し)竿[とりさしざお] (새를 잡기 위해 끝에) 끈끈이를 바른 대나무 장대.
鳥追い[とりおい] ①(논밭의) 새를 쫓는 장치. ②(농가에서) 정월 보름날 이른 아침에 논밭을 해치는 새·벌레 등을 쫓는 행사. ③(江戸(えど) 시대에) 정월에 남의 집 문전에서 三味線(しゃみせん)에 맞춰 새를 쫓는 노래를 부르며 동냥하던 여자.
鳥打ち[とりうち] ①총으로 새를 잡음. 또는 총으로 새를 잡는 사람. ②'鳥打帽(とりうちぼう)'의 준말.
鳥打帽[とりうちぼう] 사냥 모자.
鳥取[とっとり] 鳥取県(とっとりけん)의 현청(県庁) 소재지.
鳥取り[とりとり] 새를 잡는 사람.
鳥取県[とっとりけん] 일본 서해안에 있는 한 현(県).

音読

鳥瞰[ちょうかん] 조감; 높은 곳에서 비스듬히 내려다 봄.
鳥瞰図[ちょうかんず] 조감도.
鳥類[ちょうるい] 조류; 새의 종류.
鳥獣[ちょうじゅう] 조수; 새와 짐승.
鳥人[ちょうじん] 조인; 비행사나 스키의 도약 경기 선수를 말함.
鳥葬[ちょうそう] 조장; 시체를 들에 내놓아 새가 먹게 하는 장례(葬礼).

朝 아침 조

一 十 𠂇 古 直 直 卓 𠦝 朝 朝

音 ◉チョウ
訓 ◉あさ

訓読

4 ◉**朝**❶[あさ] ①아침. ②아침 식사. ③오전. 오전중. ❷[ちょう] ☞ [音読]
朝シャン[あさシャン] 아침에 샴푸로 머리를 감음.
朝ぼらけ[あさぼらけ] 새벽녘. 동틀 녘.
朝まだき[あさまだき] 날이 새기 전. 날이 밝기 전. 미명(未明).
朝もや[あさもや] 아침 안개.
朝間[あさま] 아침나절. 오전중.
朝開き[あさびらき] (배의) 아침 출항.
朝稽古[あさげいこ] (예능의) 아침 연습.
朝駆け[あさがけ] ①아침 일찍 말달리기. ②아침 나들이. ③새벽의 기습. 새벽의 습격. ④(신문 기자의) 새벽 취재 방문.
朝帰り[あさがえり] 외박하고 아침에 귀가(帰家)함.
朝起き[あさおき] ①아침 일찍 일어남. ②(일어날 때의) 아침 기분.
朝曇り[あさぐもり] 흐린 아침 날씨.
朝嵐[あさあらし] 아침에 부는 세찬 바람.
朝涼[あさすず] (여름날) 아침의 선선함.
朝露[あさつゆ] 아침 이슬.
朝立ち[あさだち] 아침 일찍 출발함.
朝晩[あさばん] ①아침저녁. 조석(朝夕). ②밤낮으로. 매일.
朝明[あさけ] '朝明け(あさあけ)'의 준말.
朝明け[あさあけ] 새벽. 새벽녘. 동틀 녘.
朝霧[あさぎり] 아침 안개.
朝飯❶[あさはん] 아침밥. 아침 식사. ❷[あさめし] 아침밥. ＊남자들의 거친 말씨임.
朝飯前[あさめしまえ] ①조반 전. 아침 식사 전. ②식은 죽 먹기. 누워서 떡 먹기.
朝方[あさがた] 아침결. 아침 무렵.
朝腹[あさはら] ①아침 식사 전의 공복(空腹). ②조조(早朝). 이른 아침. ③식은 죽 먹기. 누워서 떡 먹기.
朝っ腹[あさっぱら] 이른 아침. 아침 일찍. 아침 식사 전.
朝霜[あさしも] 아침 서리.
朝夕❶[あさゆう] 조석; ①아침저녁. ②조석으로. 밤낮으로. 매일. ❷[ちょうせき] 조석; ①아침저녁. ②아침저녁의 식사.
朝な夕な[あさなゆうな] 조석으로. 밤낮으로. 늘.
朝焼け[あさやけ] 아침놀.
朝湿り[あさじめり] 아침 이슬에 눅눅하게 젖어 있음.
朝市[あさいち] 아침 장. 저자.
朝顔[あさがお] ① ≪植≫ 나팔꽃. ②깔때기 모양의 남자용 소변 변기.
朝靄[あさもや] 아침 안개.
4 **朝御飯**[あさごはん] 아침 식사.
朝影[あさかげ] 아침 햇살.
朝雨[あさあめ] 아침 비.
朝雲[あさぐも] 아침 구름.
朝日[あさひ] 아침 해. 아침 햇빛.

朝日影[あさひかげ] 아침 햇빛.
朝日子[あさひこ] 아침 해.
朝畑[あさばたけ] 아침 밭일.
朝朝[あさあさ] 매일 아침. 아침마다.
朝な朝な[あさなあさな] 아침마다.
朝潮[あさしお] 아침 밀물.
朝酒[あさざけ] 아침 술.
朝凪ぎ[あさなぎ] 아침 뜸. (연안 바다의) 아침에 잔잔함.
朝蜘蛛[あさぐも] (길조로 여기는) 아침에 나타나는 거미.
朝茶[あさちゃ] ①아침에 마시는 차. ②아침 일찍 갖는 다도회(茶道会). ③차 달인 물로 끓인 아침 죽.
朝参り[あさまいり] 새벽 참배.
朝草[あさくさ] 아침에 베는 꼴.
朝寝[あさね] 늦잠.
朝寝坊[あさねぼう] 늦잠꾸러기. 늦잠을 잠.
朝湯[あさゆ] 아침 목욕. 아침에 데운 목욕물.
朝風[あさかぜ] 아침 바람.
朝風呂[あさぶろ] 아침 목욕.
朝霞[あさがすみ] 아침놀.
朝寒[あささむ] (늦가을의) 새벽 추위. 아침 한기. 아침 추위.
朝餉[あさげ] ≪古≫ 아침 식사.
朝戸出[あさとで] ≪雅≫ 아침 나들이.

音読

朝❶[ちょう] ①조정(朝廷). ②천자(天子)가 다스리는 나라. 왕조(王朝). ❷[あさ] ☞ [訓読]
2朝刊[ちょうかん] 조간; 아침 신문.
朝見[ちょうけん] 조현; 배알(拝謁). 알현(謁見).
朝貢[ちょうこう] 조공; 속국이 종주국에게 때맞추어 예물로 물건을 바침.
朝来[ちょうらい] 조래; 아침부터 줄곧.
朝令暮改[ちょうれいぼかい] 조령모개.
朝礼[ちょうれい] 조례; 조회(朝会).
朝命[ちょうめい] 조명; 조정의 명령.
朝暮[ちょうぼ] 조모; ①아침저녁. ②온종일.
朝夕 ❶[ちょうせき] 조석; ①아침저녁. ②아침저녁의 식사. ❷[あさゆう] 조석; ①아침저녁. ②조석으로. 밤낮으로. 매일.
朝鮮[ちょうせん] 조선; 한국.
朝鮮半島[ちょうせんはんとう] 조선 반도; 한반도(韓半島).
朝鮮人参[ちょうせんにんじん] 고려 인삼.
2朝食[ちょうしょく] 조식; 아침 식사.
朝臣❶[ちょうしん] 조신; 조정의 신하. ❷[あそん] (7세기경 天武天皇(てんむてんのう)의 시대에 제정된) 8계급의 姓(かばね) 가운데 2품. *나중에는 5품 이상의 사람의 성, 또는 이름 밑에 붙이는 경칭이 되었음.
朝野[ちょうや] 조야; 조정(朝廷)과 민간.
朝威[ちょうい] 조위; 조정의 세력.
朝恩[ちょうおん] 조은; 성은(聖恩).
朝儀[ちょうぎ] 조의; 조정의 의식.
朝議[ちょうぎ] 조의; 조정의 평의(評議).
朝敵[ちょうてき] 조적; 역적.
朝廷[ちょうてい] 조정; ①천자(天子)가 다스리는 정부(政府). ②천황.
朝政[ちょうせい] 조정; 조정(朝廷)의 정치.
朝餐[ちょうさん] 조찬; 아침 식사.
朝賀[ちょうが] 조하; (옛날) 궁중에서 거행된 신년 하례.
朝憲[ちょうけん] 조헌; 조정에서 정한 법률. 국헌(国憲). 헌법.
朝会[ちょうかい] 조회; 조례(朝礼).

詔 조서 조

音 ◉ショウ
訓 ◉みことのり

訓読

◉詔[みことのり] 천황(天皇)의 명령. 조칙(詔勅). 조서(詔書). ¶~を賜(たまわ)る 조서를 내리시다.

音読

詔書[しょうしょ] 조서; 천황(天皇)의 뜻을 명기한 공문서. *국회의 소집·중의원의 해산·국회의원의 총선거 때에 발표됨.
詔勅[しょうちょく] 조칙; 천황(天皇)이 발표하는 공식 문서의 총칭.

照 비칠 조

音 ◉ショウ
訓 ◉てらす ◉てる ◉てれる

訓読

2◉照らす[てらす] 〈5他〉 ①(빛을) 비추다. 비추어서 밝히다. ②(어떤 사실에) 비추어 보다. 참조하다. 대조하다.

照らし合わす[てらしあわす] 〈5他〉 대조하다. 비교해 보다. 참조하다.

照らし合わせる[てらしあわせる] 〈下1他〉 ①대조하다. 비교해 보다. 참조하다. ②양쪽에서 (빛을) 비추다.

[2]◉**照る**[てる] 〈5自〉 ①(빛이) 비치다. 밝게 빛나다. ②아름답게 빛나다. ③(날씨가) 개다.

照り[てり] ①(햇볕이) 쬠. 햇볕. ②맑은 날씨. ③광택. 윤. ④양념장.

照り降り[てりふり] ①갠 날과 비 오는 날. ②평온함과 불온함.

照り降り雨[てりふりあめ] 비가 오락가락하는 날씨. 비가 오다 말다 하는 날씨.

照り渡る[てりわたる] 〈5自〉 (빛이) 구석구석까지 비치다. 온통 비치다.

照り梅雨[てりつゆ] 비가 오지 않는 장마철.

照り返し[てりかえし] ①반사(反射). 되비침. ②반사경(反射鏡).

[1]**照り返す**[てりかえす] 〈5自〉 반사(反射)하다. 되비치다.

照り付ける[てりつける] 〈下1自〉 (햇볕이) 강하게 내리쬐다.

照り鱓[てりごまめ] 멸치조림.

照(り)焼(き)[てりやき] 생선구이.

照り葉[てりは] ①(햇빛에) 윤기 나는 나뭇잎. ②'照り葉狂言'의 준말.

照り葉狂言[てりはきょうげん] 能狂言(のうきょうげん)에 歌舞伎(かぶき)나 俄(にわか)의 요소를 혼합한 연극. *江戸(えど) 말기에 大阪(おおさか)에서 생겨나 明治(めいじ) 말기까지 행해졌음.

照(り)葉野薔薇[てりはのいばら] ≪植≫ 돌가시나무.

照り映える[てりはえる] 〈下1自〉 (빛을 받아) 아름답게 빛나다.

照り雨[てりあめ] 여우비.

照(り)込み[てりこみ] ①햇볕이 들이 쬠. ②더위 먹음. 더위.

照り込む[てりこむ] 〈5自〉 ①햇볕이 세게 들이 쬐다. ②가뭄이 오래 계속되다. 오래 가물다.

照る照る坊主[てるてるぼうず] 날씨가 개기를 기원하여 추녀 밑이나 나뭇가지에 매다는 종이 인형. *날씨가 개면 먹으로 눈동자를 그려 넣기도 함.

照り合う[てりあう] 〈5自〉 ①서로 비치다. ②대응(対応)하다.

照り輝く[てりかがやく] 〈5自〉 밝게 빛나다. 찬란하게 빛나다.

◉**照れる**[てれる] 〈下1自〉 수줍어하다. 쑥스러워하다. 겸연쩍어하다. 멋쩍어하다. 부끄러워하다.

照れ性[てれしょう] 수줍어하는 성격. 수줍음을 잘 타는 성질.

照れ屋[てれや] 수줍음쟁이. 수줍음을 잘 타는 사람.

照れ隠し[てれかくし] 멋쩍음·쑥스러움·어색함을 얼버무림.

照れ臭い[てれくさい] 〈形〉 멋쩍다. 겸연쩍다. 쑥스럽다.

音読

照校[しょうこう] 조교; (문자·문장 등을) 대조·비교하여 바로잡음.

照度[しょうど] 조도; 조명도(照明度).

照度計[しょうどけい] 조도계; 조명계.

照覧[しょうらん] 조람; ①똑똑히 봄. ②(神仏이) 굽어 살핌.

照魔鏡[しょうまきょう] 조마경; ①악마의 본성을 비추어 낸다는 거울. ②(사회·인물의) 이면(裏面)을 들춰내는 것.

[1]**照明**[しょうめい] 조명; ①빛을 비추어 밝게 함. ②(무대나 촬영) 효과를 높이기 위해 사용하는 광선.

照明係[しょうめいがかり] 조명 담당자.

照明器具[しょうめいきぐ] 조명 기구.

照明灯[しょうめいとう] 조명등.

照射[しょうしゃ] 조사; ①(햇볕 등이) 내리쬠. (광선·방사선 등을) 비춤. ②(사물의 본질을) 비추어 냄.

照影[しょうえい] 조영; ①빛이 비추는 그림자. ②초상화(肖像画).

照応[しょうおう] 조응; 둘이 서로 관련하여 대응·상응함.

照準[しょうじゅん] 조준; 가늠. 겨냥.

[1]**照合**[しょうごう] 조합; 대조하여 확인함.

照会[しょうかい] 조회; 서면으로 물어 봄.

遭(遭) 만날 조

一 冂 冃 冉 曲 冊 曹 曹 遭 遭

音 ◉ソウ

訓 ◉あう

訓読

[2]◉**遭う**[あう] 〈5自〉 ①(좋지 않은 일을) 경험하다. 당하다. 만나다. 겪다. ②우연히 만나다. 마주치다.

音読

[1]遭難[そうなん] 조난; 재난을 당함.
遭難者[そうなんしゃ] 조난자.
遭逢[そうほう] 조봉; 우연히 마주침.
遭遇[そうぐう] 조우; 뜻밖에 만남.

槽 구유 조

木 朩 杧 杮 梙 梙 槽 槽 槽 槽

音 ◉ソウ
訓 —

音読

槽櫪[そうれき] 조력; ①말구유. ②마구간. 외양간.
◑水槽[すいそう], 浴槽[よくそう]

潮 조수/밀물/썰물 조

氵 氵 汁 汸 淖 淖 湞 潮 潮 潮

音 ◉チョウ
訓 ◉しお ⊗うしお

訓読

[1]◉潮❶[しお] ①바닷물. ②조수. 밀물. 썰물. ③(좋은) 기회. 계기. 찬스. ④애교.
⊗潮❷[うしお] ① ≪雅≫ 조수. 바닷물. ② '潮煮(うしおに)'·'潮汁(うしおじる)'의 준말.
潮干[しおひ] 간조(干潮). 썰물. 바닷물이 썲.
潮干潟[しおひがた] 간석지. 개펄.
潮干狩り[しおひがり] 개펄에서의 조개잡이.
潮間[しおま] 조수가 나간 동안.
潮境[しおざかい] ①성질이 다른 두 해류의 경계. ②(사물의) 갈림길. 고비.
潮汲み[しおくみ] 소금용으로 바닷물을 길음. 또는 그 사람.
潮気[しおけ] 소금기를 머금은 습기.
潮曇り[しおぐもり] (조수의 습기로) 해상(海上)이 흐려 보임.
潮曇る[しおぐもる] 〈5自〉 (조수의 습기로) 해상(海上)이 흐려 보이다.
潮待ち[しおまち] ①(배가 출항하기 위해) 밀물을 기다림. ②좋은 때를 기다림.
潮頭[しおがしら] (밀물의) 물마루.
潮路[しおじ] 조로; ①조수가 드나드는 곳. ②항로. 뱃길. 해로(海路).
潮瀬[しおせ] 조수(潮水). 조류(潮流).
潮溜(ま)り[しおだまり] (해안에) 갇힌 바닷물.
潮沫[しおなわ] ≪古≫ 바다 거품.
潮鳴り[しおなり] 조수가 밀려왔다가 밀려가는 소리.
潮目[しおめ] 서로 다른 두 조류의 경계에 생기는 띠 모양의 잔물결 부분.
潮上[しおがみ] 조수가 들어오는 쪽.
潮焼け[しおやけ] ①바닷바람과 햇볕에 피부가 탐. ②해상의 수증기가 햇빛에 비쳐 붉게 보임.
潮騒[しおさい] 해조음(海潮音). 밀물 때의 파도 소리.
潮水[しおみず] 조수; 바닷물. 해수(海水).
潮垂れる[しおたれる] 〈下1自〉 ①(바닷물에 젖어) 흠뻑 젖다. 물방울이 떨어지다. ②(슬퍼서) 눈물을 흘리다. ③초라해지다. 풀이 죽다. ④축 늘어지다.
潮垂れ衣[しおたれごろも] ≪古≫ 바닷물에 젖은 옷.
潮時[しおどき] ①물 때. 만조와 간조 때. ②(좋은) 기회. 찬스. 호기(好機).
潮煙[しおけむり] (바닷물의) 물보라.
潮染む[しおじむ] 〈4自〉≪古≫ ①바닷물에 젖다. 바다의 습기에 젖다. ②세상일에 익숙해지다. 몸에 배다.
潮影[しおかげ] (잔물결로 인해) 바다 표면에 생기는 아롱무늬.
潮入り[しおいり] ①(호수나 강에) 바닷물이 들어옴. ②(뱃짐에) 바닷물이 들어와 손해를 봄.
潮煮[うしおに] 생선을 뼈째 넣어 만든 국.
潮調子[しおちょうし] (바다낚시에서) 물살의 세기와 물때의 형편.
潮足[しおあし] 조수의 간만(干満)의 속도.
潮汁[うしおじる] 소금만으로 간을 맞춘 맑은 생선국·조갯국.
潮招き[しおまねき] ≪動≫ 꽃발게.
潮吹き[しおふき] ①(고래가) 바닷물을 뿜어 냄. ② ≪貝≫ 동죽조개. 바지락개량조개.
潮吹(き)面[しおふきめん] 한쪽 눈이 작고 입이 뾰족하게 나온 익살스러운 추남의 탈.
潮通し[しおどおし] 바닷물이 세차게 흐름.
潮貝[しおがい] 바닷조개.
潮泡[しおなわ] ≪古≫ 바다 거품.
潮風[しおかぜ] 바닷바람. 갯바람.
潮風呂[しおぶろ] 데운 해수(海水) 목욕.
潮合い[しおあい] ①물 때. 만조와 간조 때. ②좋은 기회. 호기(好機).
潮海[しおうみ] 바다.

潮型[しおがた] 조수의 간만의 형태. ＊大潮(おおしお)와 小潮(こしお)로 구별함.
潮況[しおきょう] (바다낚시에서) 물살의 세기와 물때의 형편.
潮回り[しおまわり] (음력으로) 조수의 흐름과 간만의 정도를 나누는 구분.

音読

潮力[ちょうりょく] 조력; 조류(潮流)의 힘.
潮力発電[ちょうりょくはつでん] 조력 발전.
潮流[ちょうりゅう] 조류; ①바닷물의 흐름. 해류(海流). ②사물이 나아가는 방향. ③시대의 흐름.
潮汐[ちょうせき] 조석; 썰물과 밀물.
潮音[ちょうおん] 조음; ①바다 물결 소리. 파도 소리. ②≪仏≫ 해조음(海潮音).

調(調) 고를 조

言 言 訂 訂 訶 訶 訶 調 調

音 ◉チョウ
訓 ◉ととのう ◉ととのえる ◉しらべる

訓読

2◉調う[ととのう] 〈5自〉 ①정돈되다. 정비되다. 조화를 이루다. 고르게 되다. ②잘 다듬어지다. ③일치하다. ④구비되다. 갖춰지다. ⑤성립되다. 이루어지다.
1◉調える[ととのえる] 〈下1他〉 ①정돈하다. 정비하다. 단정히 하다. 가지런히 하다. ②조절하다. 맞추다. ③마련하다. 갖추다. 준비하다. ④성립시키다.
3◉調べる[しらべる] 〈下1他〉 ①조사하다. 점검하다. ②대조하다. 참조하다. ③찾다. 수색하다. 뒤지다. ④수사하다. 심문하다. ⑤(악기의 음을) 고르게 하다. ⑥≪雅≫ 연주하다.
調べ[しらべ] ①조사. 점검. ②신문(訊問). 수색. ③(음악의) 가락. 음률(音律). ④(악기의) 조율(調律).
調べ帯[しらべおび] (원동기의 힘을 전달하는) 피대(皮帯). 벨트.
調べ物[しらべもの] (사물의) 조사. 조사 활동.
調べの緒[しらべのお] ≪楽≫ 장구의 음색을 조절하는 매듭 줄. 축승(縮縄).
調べ室[しらべしつ] 연구실. 조사실.
調べ車[しらべぐるま] 도르래.
調べ革[しらべがわ] 가죽 벨트.

音読

調[ちょう] ①≪楽≫ (음계의) 조. ②(詩歌의) 가락. 리듬. ③(특징적인) 경향. 스타일.
調教[ちょうきょう] 조교; 동물을 훈련시킴.
調教師[ちょうきょうし] 조교사; 동물을 훈련시키는 사람.
調達[ちょうたつ] 조달; 주문 받은 대로 자금·물품 등을 대어 줌.
調度[ちょうど] ①(일상 생활의) 살림살이. 세간. 집기(什器). ②활과 화살.
調度付き[ちょうどつき] 집기가 딸려 있음.
調度品[ちょうどひん] 생활 용품. 살림살이.
調練[ちょうれん] 조련; 훈련을 쌓음.
1調理[ちょうり] 조리; ①일을 처리함. ②(음식을) 요리함.
調理台[ちょうりだい] 조리대; 요리대.
調理師[ちょうりし] 조리사; 요리사.
調理人[ちょうりにん] 조리인; 요리인.
調理場[ちょうりば] 조리장; 주방(厨房).
調馬[ちょうば] 조마; 말을 타고 길들임.
2調味料[ちょうみりょう] 조미료.
調髪[ちょうはつ] 조발; 이발(理髪).
調髪師[ちょうはつし] 이발사.
調法[ちょうほう] ①편리함. 유용함. ②(편리해서) 아낌. 애용함. ③≪仏≫ 남을 저주하기 위한 주법(呪法).
調伏[ちょうぶく] ①자제하여 악행을 제어함. ②남을 저주하여 죽임.
2調査[ちょうさ] 조사; 명확하게 살펴 봄.
調書[ちょうしょ] 조서; ①조사한 내용을 기록한 문서. ②소송 절차의 결과·내용을 기록한 공문서.
調薬[ちょうやく] 조약; 약의 조제.
調律[ちょうりつ] ≪楽≫ 조율; 악기의 음을 표준음에 맞추어 고르게 함.
1調印[ちょういん] 조인; 쌍방의 대표자가 조약·계약 등의 문서에 서명함.
2調子[ちょうし] ①≪楽≫ 박자. 리듬. 가락. 음정. ②어조. 말투. ③(문장 표현의) 논조. 격조. ④(신체·기계 등의) 컨디션. 상태. ⑤(사물의) 형편. ⑥맞장구. 장단. ⑦본궤도. 신바람. ⑧방법. 방식. 요령.
調子付く[ちょうしづく] 〈5自〉 ①본궤도에 오르다. 신바람이 나다. ②상태가 좋아지다. 일이 순조로워지다.
調子外れ[ちょうしはずれ] ①≪楽≫ 박자·리듬·음정이 맞지 않음. ②(언행이) 비정상적임. 엉뚱함. 변덕스러움.

[2]**調節**[ちょうせつ] 조절; 사물의 정도에 맞추어 잘 고르게 함.

[1]**調停**[ちょうてい] 조정; 분쟁을 중간에 서서 화해시킴. 중재(仲裁)함.

[2]**調整**[ちょうせい] 조정; 상태를 고르게 함.

調剤[ちょうざい] 조제; 여러 가지 약을 조합하여 한 가지 약을 만듦.

調剤師[ちょうざいし] 조제사; 약사.

調製[ちょうせい] 조제; ①규칙에 맞추어 가지런히 만듦. ②주문에 응하여 만듦.

調合[ちょうごう] 조합; 약품 등을 정해진 분량에 따라 혼합함.

[1]**調和**[ちょうわ] 조화; 모순되거나 충돌 없이 서로 잘 어울리게 함.

操 잡을/부릴 조

音 ◉ソウ
訓 ◉みさお ◉あやつる

訓読

◉**操**[みさお] ①지조(志操). 절개(節概). ②정조(貞操).

[1]◉**操る**[あやつる] 〈5他〉 ①(인형 등을) 놀리다. 조종하다. ②조종하다. 다루다. 조작하다. 취급하다. ③(언어를) 구사하다.

操り[あやつり] ①조종. 조작(操作). 손으로 놀림. ②'操り人形'의 준말.

操り人形[あやつりにんぎょう] ①인형극. 꼭두각시놀음. ②꼭두각시. 괴뢰.

音読

操觚[そうこ] 조고; 문필업(文筆業)에 종사함. 시문(詩文)을 지음.

操守[そうしゅ] 조수; 절개(節概)를 지킴.

操業[そうぎょう] 조업; 공장의 가동.

操業短縮[そうぎょうたんしゅく] 조업 단축.

[2]**操作**[そうさ] 조작; ①(기계 등을) 다룸. ②(일・자금・물자 등을) 운용함. 변통하여 처리함.

操典[そうてん] 조전; 가르치는 법식.

[1]**操縦**[そうじゅう] 조종; ①기계를 부림. ②남을 자유로이 다룸.

操縦桿[そうじゅうかん] 조종간.

操縦席[そうじゅうせき] 조종석.

[1]**操縦士**[そうじゅうし] 조종사.

操車[そうしゃ] 조차; 열차의 편성이나 운행 순서 등을 결정하는 작업.

操車係[そうしゃがかり] 조차계; 조차 담당.

操車場[そうしゃじょう] 조차장.

操舵[そうだ] 조타; 배를 조종함.

操舵手[そうだしゅ] 조타수; 키잡이.

操行[そうこう] 품행(品行). 소행(所行).

燥 마를 조

音 ◉ソウ
訓 ⊗はしゃぐ

訓読

⊗**燥ぐ**[はしゃぐ] 〈5自〉 ①(기뻐서) 떠들어대다. 까불거리다. ②큰소리치다. ③건조해지다. 마르다.

音読

◑**乾燥**[かんそう], **焦燥**[しょうそう]

繰 감을/고치결 조

音 ⊗ソウ
訓 ◉くる

訓読

◉**繰る**[くる] 〈5他〉 ①(실 등을) 감다. 끌어당기다. ②(문짝 등을) 차례로 밀어 옮기다. ③(책장을 한 장씩) 넘기다. ④(차례로) 세다. ⑤(씨아로) 목화씨를 빼다.

繰り[くり] ①실을 감음. ②억측함. ③(謡曲(ようきょく)에서) 한 음계나 두 음계 높여서 부르는 부분.

繰り開く[くりひらく] 〈5他〉 (책・서류 등을) 펼쳐 보다.

繰り広げる[くりひろげる] 〈下1他〉 ①(책・서류 등을) 펼치다. ②(어떤 일을) 벌이다. 전개하다.

繰り寄せる[くりよせる] 〈下1他〉 ①(밧줄 등을) 끌어당기다. ②점점 다가붙다. 죄어들다. 밀려들다.

繰り戻す[くりもどす] 〈5他〉 차례차례 제자리로 돌리다.

繰(り)綿[くりわた] 씨만 빼낸 면화.

繰(り)返し[くりかえし] 되풀이함. 반복함.

[2]**繰り返す**[くりかえす] 〈5他〉 (같은 일을) 되풀이하다. 반복하다.

繰(り)糸[くりいと] 실을 자음. 자은 실.

繰(り)上(が)り[くりあがり] 차례대로 위로 올라감. 앞당겨짐.

繰り上がる[くりあがる] 〈5自〉 차례대로 위로 올라가다. 앞당겨지다.

繰(り)上げ[くりあげ] 차례대로 위로 끌어올림. 앞당김.

繰り上げる[くりあげる] 〈下1他〉 ①차례대로 위로 끌어올리다. 앞당기다. ②(날짜 등을) 앞당기다.

繰(り)言[くりごと] 넋두리. 푸념.

繰(り)延べ[くりのべ] 차례대로 늦춤. 연장(延長). 순연(順延).

繰り延べる[くりのべる] 〈下1他〉 ①연장(延長)하다. ②(차례로) 미루다. 연기(延期)하다. 순연(順延)하다.

繰(り)越(し)[くりこし] ①이월(移越). 남은 것을 차례로 넘김. ②'繰超金(くりこしきん)'의 준말.

繰り越す[くりこす] 〈5他〉 이월(移越)하다. 차례로 다음으로 넘기다.

繰越金[くりこしきん] 이월금(移越金).

繰り入れる[くりいれる] 〈下1他〉 ①끌어당기다. ②(차례로) 끌어들이다. 끌어넣다. ③(예산·이자 등을) 이월(移越)하다. 편입하다. 계산해 넣다.

繰り込む[くりこむ] 〈5自〉 (많은 사람이) 계속 들어오다. 몰려 들어오다. 몰려들다. 〈5他〉 ①끌어당기다. ②(다른 것에) 집어넣다. 짜 넣다. ③(많은 것을) 들여보내다. 투입하다. ④우수리를 올려 계산해 넣다.

繰(り)替え[くりかえ] ①교환함. 바꿔치기함. ②대체함. 전용(転用)함.

繰り替える[くりかえる] 〈下1他〉 ①바꿔치다. 교환하다. ②대체하다. 전용(転用)하다.

繰(り)替(え)金[くりかえきん] 대체금(代替金). 잠시 다른 용도로 사용하는 돈.

繰(り)出し[くりだし] ①(차례로) 투입함. ②몰려 나감. 떼 지어 나감.

繰り出す[くりだす] 〈5他〉 ①(실 등을) 자아내다. 풀어내다. ②(차례로) 잇달아 내보내다. 투입하다. ③(창 등을) 세게 찌르다. 〈5自〉 떼 지어 나가다. 몰려 나가다.

繰(り)下げ[くりさげ] (차례로) 다음으로 물림. 뒤로 물림.

繰り下げる[くりさげる] 〈下1他〉 ①(차례로) 다음으로 물리다. 뒤로 물리다. 아래로 끌어내리다. ②(날짜를) 연기하다. 늦추다.

繰り下ろす[くりおろす] 〈5他〉 차례로 끌어내리다. 차례로 뒤로 미루다.

繰(り)合(わ)せ[くりあわせ] 짬을 냄. 기회를 만듦. 시간을 냄.

繰り合わせる[くりあわせる] 〈下1他〉 짬을 내다. 기회를 만들다. 시간을 내다.

繰(り)戸[くりど] 빈지문. 덧문.

繰(り)回し[くりまわし] (금전·일 등의) 변통. 꾸려 나감.

繰り回す[くりまわす] 〈5他〉 (이리저리) 변통하다. 꾸려 나가다. 둘러대다.

藻 마름/말 조

艹 艹 芦 芦 芦 芦 蕩 藻 藻 藻

音 ◉ソウ
訓 ◉も

訓読

◉**藻**[も] ≪植≫ 말. 해조(海藻) 및 수초(水草)의 총칭.

藻屑[もくず] 바다의 쓰레기. 수중(水中)의 쓰레기.

藻塩[もしお] ①해초를 불에 태워 물에서 풀어서 그 윗물을 조려서 만든 소금. ②'藻塩(もしお)'를 만들기 위해 긷는 바닷물.

藻塩木[もしおぎ] '藻塩(もしお)'를 만들기 위해 사용하는 장작.

藻塩草[もしおぐさ] ①'藻塩(もしお)'를 만들기 위한 해초. ②글을 모은 것. ＊가집(歌集) 및 수필 등을 말함.

音読

藻類[そうるい] ≪植≫ 조류; 말 종류.

◑**海藻**[かいそう]

爪 손톱 조

音 ⊗ソウ
訓 ⊗つめ ⊗つま

訓読

[2]⊗**爪**[つめ] ①손톱. 발톱. ②(거문고의) 가조각(仮爪角). ③(물건을 매다는) 갈고랑이. ④(기계 끝에 붙은) 발톱 모양의 부품.

爪冠[つめかんむり] 손톱조머리. ＊한자(漢字) 부수의 하나로 '受·愛·爵' 등의 '爪' 부분을 말함.

爪掛け[つめがけ] 발가락싸개. ＊발가락의 동상(凍傷)을 방지하기 위한 덮개.

爪籠[つまご] (눈길에 신는) 위쪽이 덮인 짚신.
爪立ち[つまだち] 발돋움함.
爪立つ[つまだつ] 〈5自〉 발돋움하다.
爪立てる[つまだてる] 〈下1自〉 발돋움하다.
爪磨き[つめみがき] 손톱발톱을 깨끗이 손질함. 손질하는 도구.
爪木[つまぎ] (땔감용) 나뭇가지.
爪先[つまさき] 발끝. 발가락 끝.
爪先立つ[つまさきだつ] 〈5自〉 발돋움하다.
爪先上(が)り[つまさきあがり] ①완만한 비탈길. ②발끝을 위로 올림.
爪先下(が)り[つまさきさがり] ①완만한 내리막길. ②발끝을 아래로 내림.
爪楊枝[つまようじ] 이쑤시개.
爪音[つまおと] ①가조각(仮爪角)으로 타는 거문고. ②말발굽 소리.
爪印[つめいん] 손도장. 지장(指章).
爪切(り)[つめきり] 손톱깎이.
爪折る[つまおる] 〈5自〉 끝을 접다.
爪折(り)[つまおり] 끝을 접음. 끝을 접은 것.
爪折(り)笠[つまおりがさ] (위를 평평하게 하고) 끝을 아래쪽으로 구부린 삿갓.
爪折(り)傘[つまおりがさ] 우산살의 끝을 안쪽으로 구부린 자루가 달린 긴 양산.
爪繰る[つまぐる] 〈5他〉 (염주 등을) 손끝으로 굴리다.
爪櫛[つまぐし] 참빗.
爪草[つめくさ] ≪植≫ 개미자리.
爪弾き❶[つまはじき] ①손끝으로 튀김. ②따돌림. 배척함. ❷[つまびき] (현악기를) 손끝으로 탐.
爪弾く[つまびく] 〈5他〉 (현악기의 줄을) 손끝으로 타다.
爪皮[つまかわ] 나막신의 앞가림.
爪革[つまかわ] 나막신의 앞가림.
爪形[つめがた] ①손톱자국. ②손톱 모양. ③손도장. 지장(指章).
爪紅[つまべに] ①손톱에 칠한 분홍색. 손톱에 분홍색을 칠함. ②(부채나 두루마리 등의) 끝을 분홍색으로 물들임.

音読

爪牙[そうが] 조아; ①(짐승의 무기인) 발톱과 어금니. ②(남을 해치는) 마수(魔手). ③심복. 가장 믿는 부하.
爪痕[そうこん/つめあと] 조흔; ①손톱자국. ②(자연의 재해나 전쟁이) 남긴 피해. 할퀸 자국.

吊 매어달 조	音 ⊗チョウ 訓 ⊗つるす ⊗つる

訓読

2⊗吊(る)す[つるす] 〈5他〉 달아매다. 매달다.
吊(る)し[つるし] ①달아매기. 매닮. ②매달아 고통을 주는 고문. ③기성복(既成服). ④곶감.
吊(る)しん坊[つるしんぼう] 기성복. ＊가게 앞에 매달아 놓고 파는 기성복을 사람에 비유한 말임.
吊(る)し上げ[つるしあげ] ①묶어서 매닮. ②규탄.
吊(る)し上げる[つるしあげる] 〈下1他〉 ①묶어서 매달다. ②규탄하다.
吊(る)し柿[つるしがき] 곶감.
2⊗吊る[つる] 〈5自〉 ①치켜 올라가다. ②경련이 일다. 쥐가 나다. 근육이 땅기다. 〈5他〉 ①매달다. 매다. ②(높은 곳에) 건너지르다. ③(씨름에서) 상대방의 샅바를 잡고 들어 올리다. ④(허리에) 차다.
吊り[つり] ①매닮. 매다는 줄. ②(씨름에서) 상대방의 샅바를 잡고 들어올리기.
吊(り)橋[つりばし] 현수교(懸垂橋).
吊(り)紐[つりひも] 물건을 달아매는 끈.
吊(り)台[つりだい] 물건을 얹고 채를 질러서 둘이 메고 나르는 대(台).
吊(り)灯籠[つりどうろう] (처마 끝 등에) 매다는 등롱.
吊(り)落とし[つりおとし] (씨름에서) 상대방을 들어 올렸다 놓으면서 쓰러뜨리는 수.
吊(り)籠[つりかご] ①(꽃바구니 등) 매다는 바구니. ②조롱(吊籠).
吊(り)輪[つりわ] (체조에서) 플라잉 링.
吊(り)目[つりめ] 눈초리가 치켜 올라간 눈.
吊(り)釜[つりがま] (茶道에서) 매달아 놓고 사용하는 솥.
吊(り)棚[つりだな] ①천장에 달아맨 선반. ②床(とこ)の間(ま) 옆에 매단 선반
吊り上がる[つりあがる] 〈5自〉 ①매달려 올라가다. ②치켜 올라가다.
吊り上げる[つりあげる] 〈下1他〉 ①매달아 올리다. ②치켜 올리다. ③끌어올리다. 인상(引上)하다.
吊(り)床[つりどこ] ①달아맨 그물침대. ②(다다미 위에 직접 만든) 약식 床(とこ)の間(ま).

吊(り)手[つりて] ①모기장을 매다는 끈. ②매달아 올릴 때 밧줄을 매는 부분. ③(차의) 손잡이.
吊(り)忍[つりしのぶ] 넉줄고사리를 엮어서 여름이 시원하게 느껴지게끔 처마 끝에 매단 것.
吊(り)梯子[つりばしご] 줄사다리.
吊(り)出し[つりだし] ①꾀어냄. ②(씨름에서) 상대방의 샅바를 잡고 씨름판 밖으로 들어내는 수.
吊り出す[つりだす] 〈5他〉 ①꾀어내다. ②(씨름에서) 상대방의 샅바를 잡고 씨름판 밖으로 들어내다.
吊り下がる[つりさがる] 〈5自〉 ①매달리다. ②붙들고 늘어지다. 매달리다.
吊(り)香炉[つりこうろ] (床(とこ)の間(ま) 옆 등에 장식된 긴 끈으로) 매다는 향로.
1 吊(り)革[つりかわ] (차량의) 손잡이.
吊(り)戸棚[つりとだな] 매달아 놓은 찬장.
吊(り)環[つりわ] (체조에서) 플라잉 링.

笊 소쿠리 조	音 ⊗ソウ 訓 ⊗ざる

訓読
⊗笊[ざる] ①소쿠리. ②엉성함. 허점투성이.
笊蕎麦[ざるそば] (대발을 깐 네모난 상자에 담은) 메밀국수.
笊碁[ざるご] 줄바둑. 서투른 바둑.
笊法[ざるほう] 유명무실한 법. 허술한 법.
笊耳[ざるみみ] 들어도 금방 잊어버림. 한 귀로 듣고 한 귀로 흘림.

棗 대추나무 조	音 ⊗ソウ 訓 ⊗なつめ

訓読
⊗棗[なつめ] ① ≪植≫ 대추. 대추나무. ②(茶道에서) 대추 모양으로 된 차를 담는 그릇.
棗椰子[なつめやし] ≪植≫ 대추야자.

漕 노저을 조	音 ⊗ソウ 訓 ⊗こぐ

訓読
2 ⊗漕ぐ[こぐ] 〈5他〉 ①(배를) 젓다. ②(자전거의) 페달을 밟다. ③(그네를) 타다. ④꾸벅꾸벅 졸다. ⑤헤치고 나아가다.
漕ぎ寄せる[こぎよせる] 〈下1他〉 (배를) 저어서 가까이 대다.
漕ぎ抜く[こぎぬく] 〈5他〉 ①(앞선 배를) 노를 저어 앞지르다. ②끝까지 노를 젓다.
漕ぎ別れる[こぎわかれる] 〈下1自〉 (어떤 지점에서) 배를 저어 헤어지다.
漕ぎ手[こぎて] 조타수(操舵手). 노를 잘 젓는 사람.
漕ぎ着ける[こぎつける] 〈下1他〉 ①(배를 저어) 목적지에 닿게 하다. 저어서 대다. ②가까스로 달성하다. 겨우 성취하다.
漕ぎ出す[こぎだす] 〈5他〉 ①(배를) 저어 나가다. ②(배를) 젓기 시작하다.
音読
漕法[そうほう] 조법; 조정법(漕艇法). 배를 젓는 법.
漕艇[そうてい] 조정; (경기용) 보트를 젓는 일.
漕艇競技[そうていきょうぎ] 조정 경기.

誂 꾈 조	音 ⊗チョウ 訓 ⊗あつらえる

訓読
1 ⊗誂える[あつらえる] 〈下1他〉 맞추다. 주문하다.
誂え[あつらえ] 맞춤. 주문.
誂え物[あつらえもの] 맞춤. 주문한 것.
誂え向き[あつらえむき] 안성맞춤.

嘲 조롱할 조	音 ⊗チョウ 訓 ⊗あざける

訓読
⊗嘲る[あざける] 〈5他〉 비웃다. 조소하다.
嘲り[あざけり] 비웃음. 조소(嘲笑). 조롱(嘲弄).
1 嘲笑う[あざわらう] 〈5他〉 조소하다. 비웃다.
音読
嘲弄[ちょうろう] 조롱; 비웃거나 깔보고 놀림.
嘲罵[ちょうば] 조매; 비웃고 욕함.
嘲笑[ちょうしょう] 조소; 비웃음
嘲戯[ちょうぎ] 조희; 조롱. 희롱.

糟 술지게미 조	音 ⊗ソウ 訓 ⊗かす

訓読
⊗糟[かす] ①술지게미. 술찌끼. ¶酒(さけ)の~ 술지게미. 술찌끼. ②찌끼. 찌꺼기. ¶豆(まめ)の~ 콩깻묵.

糟漬け[かすづけ] (야채 등을) 술찌끼에 절인 채소 식품.

音読

糟糠[そうこう] 조강; 지게미와 겨.
糟粕[そうはく] 조박; ①술지게미. ②무용지물.

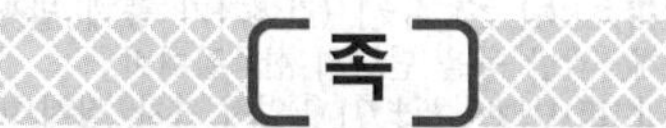

訓読

⊗**鯛**[たい] ≪魚≫ 도미.
鯛網[たいあみ] ☞ 鯛縛り網
鯛縛り網[たいしばりあみ] (도미 떼를 둘러싸서 잡는) 선망(旋網)의 일종.

〔족〕

足 발 족

丨 口 口 ㄗ 早 足 足

音 ◉ソク
訓 ◉たす ◉たりる ◉たる ◉あし

訓読

3◉**足す**[たす] 〈5他〉 ①더하다. 보태다. ②(부족분을) 채우다. 보충하다. 더 넣다. ③(볼일・대소변을) 보다.
足し[たし] 더함. 보탬. 도움.
足しない[たしない] 〈形〉 적다. 많지 않다. 모자라다.
1**足し算**[たしざん] 덧셈.
足し前[たしまえ] (부족분의) 보충. 벌충.
3◉**足りる**[たりる] 〈上1自〉 ①족하다. 충분하다. ②…할 만하다. …할 값어치가 있다.
足りない[たりない] 〈形〉 모자라다. 부족하다. 결점이 있다.
◉**足る**[たる] 〈5自〉 ①족하다. 충분하다. ②만족하다.
足らず[たらず] (수량의 숫자에 접속하여) 채 못 됨. 미치지 못함.
4◉**足**❶[あし] ①발. ②다리. ③발걸음. 걸음걸이. 발길. ④내친걸음에. 그 길로. ⑤(손님의) 발길. 방문. ⑥(물건의) 아래. 밑 부분. ⑦교통 기관. ⑧(범인 등의) 도주로. 발자취. ⑨(떡국 등의) 찰기. ⑩¶ お~ 돈. 금전. ❷[そく] ☞ [音読]
足ついで[あしついで] 내친걸음. 가는 길.
足まとい[あしまとい] (발에 휘감겨) 거치적거림. 부담됨.
足まめ[あしまめ] 바지런함.
足枷[あしかせ] ①족쇄. 차꼬. ②부담. 짐.
足の甲[あしのこう] 발등.
足堅め[あしがため] ☞ 足固め
足軽[あしがる] 평상시에는 막일에 종사하고 전시에는 병졸이 되는 무사. *江戸(えど) 시대의 최하급 무사.
足継ぎ[あしつぎ] ①(높이를 높이기 위해) 다리 부분을 덧댐. ②발판.
足固め[あしがため] ①(다리를 튼튼하게 하기 위한) 보행 연습. 다리 훈련. ②기초를 다짐. 기초를 튼튼히 함. ③(레슬링・유도에서) 다리잡고 굳히기. 상대를 꼼짝 못하게 하는 굳히기 수. ④(건축의) 마루 밑기둥과 기둥 사이에 대는 튼튼한 가로대.
足慣らし[あしならし] ①보행 연습. 걷는 연습. ②예행연습. 준비 운동. 시험 삼아 해봄.
足慣らし運転[あしならしうんてん] 시험 운전.
足掛(か)り[あしがかり] ①(높은 곳에 올라갈 때의) 발판. 발 디딜 곳. ②연줄. 연고. 발판. ③실마리. 단서.
足掛け[あしかけ] ①(차지 않은 연・월・일을 하나로 쳐서 계산하는 방법으로서) 햇수로. 달수로. ②(유도・씨름 등에서) 다리걸기.
足技[あしわざ] ①(유도・씨름 등에서) 다리 기술. ②발로 하는 곡예.
足搦み[あしがらみ] (유도・씨름 등에서) 다리걸기. 낚시걸기.
足踏み[あしぶみ] ①제자리걸음. ②답보. 정체(停滞). ③(어떤 곳에) 드나듦. 발을 들여놓음.
足代[あしだい] 거마비. 교통비. 차비.
足袋[★たび] (일본식) 버선.
足留(ま)り[あしどまり] ☞ 足溜(ま)り
足留め[あしどめ] ①외출 금지. 발이 묶임. ②접근 금지. ③(염색에서) 얼룩을 방지함. ④(건축에서) 비탈의 미끄럼을 방지하는 가로대.
足溜(ま)り[あしだまり] ①임시 거처. 잠시 머무는 곳. ②본거지. 근거지. ③발판. 발붙일 곳.
足利幕府[あしかがばくふ] 室町幕府(むろまちばくふ). *기원 1338~1573년까지의 기간.

足利時代[あしかがじだい] 室町(むろまち)시대. *기원 1338~1573년까지의 기간.

足利義満[あしかがよしみつ] 足利(あしかが) 3대 将軍(しょうぐん).

足利義政[あしかがよしまさ] 足利(あしかが) 8대 将軍(しょうぐん).

足利尊氏[あしかがたかうじ] 足利幕府(あしかがばくふ)의 초대 将軍(しょうぐん).

足裏[あしうら] 발바닥.

足の裏[あしのうら] 발바닥.

足摩り[あしずり] 발을 동동 구름. 발버둥침.

足拍子[あしびょうし] 발장단. 발 박자.

足繁く[あししげく] 자주. 뻔질나게.

足癖[あしくせ] ①걸음새. ②앉음새. ③(씨름에서) 발재간. 다리재간.

足並み[あしなみ] (여럿이 함께 걷는) 발걸음. 보조(歩調). 호흡.

足付き[あしつき] 걸음걸이. 발놀림. 걸음새.

足払い[あしばらい] (유도에서) 다리후리기.

足序で[あしついで] 내친걸음. 가는 길.

足掻く[★あがく] 〈5自〉 ①발버둥치다. 버둥거리다. 몸부림치다. ②안달하다. 애태우다. ③(마・소 등이) 발을 구르다. 앞발로 땅을 긁다.

足速[あしばや] 빠른 걸음. 잰걸음.

足手纏い[あしでまとい/あしてまとい] (발에 휘감겨) 거치적거림. 부담됨.

足首[あしくび] 발목.

足馴(ら)し[あしならし] ①보행 연습. 걷는 연습. ②예행연습. 준비 운동. 시험 삼아 해봄.

足弱[あしよわ] ①다리가 약함. ②노약자.

足業[あしわざ] ①(유도・씨름에서) 다리기술. ②발로 하는 곡예.

足芸[あしげい] 발로 하는 곡예.

足腰[あしこし] 다리와 허리. 아랫도리. 하반신.

[2]**足元**[あしもと] ①발 밑. 발치. ②걸음걸이. 발걸음. ③바로 곁. 주변. 신변. 눈앞. ④(음식점에서 손님의) 신발. ⑤기초. 기반.

足萎え[あしなえ] 다리병신.

足音[あしおと] 발소리.

足任せ[あしまかせ] ①정처 없음. ②걸을 수 있는 한 걸음.

足入れ[あしいれ] (약혼하고) 정식 결혼 전에 신부가 시집에 가서 사는 일.

足長[あしなが] 다리가 긺. 긴 다리.

足長蜂[あしながばち] ≪虫≫ 쇠바더리.

足場[あしば] ①발 디딜 곳. 발 디딜 자리. 발붙일 곳. ②(높은 곳의 작업을 위한) 발판. 비계. ③(어떤 일을 하기 위한) 터전. 토대. 기반. 발판. ④교통편. 교통 사정.

足場釘[あしばくぎ] (전신주 등의) 발디딤못.

足場板[あしばいた] (공사장에서 높은 곳의 작업을 위한) 발판. 비계.

[2]**足跡❶**[あしあと] ①발자국. 발자취. ②행방. 종적(蹤迹). ❷[そくせき] 족적; ①발자취. ②업적.

足切(り)[あしきり] 예비 선발. *예비 시험에서 일정 수준 미달자를 탈락시킴.

足摺り[あしずり] 발버둥침. 발을 동동 구름.

足鼎[あしがなえ] 세 발 달린 솥.

足早[あしばや] 빠른 걸음.

足拵え[あしごしらえ] (걸어가기 좋게 발싸개・각반 등을 단단히 한) 길채비.

足止(ま)り[あしどまり] ①임시 거처. 잠시 머무는 곳. ②근거지. 본거지. ③발붙일 곳.

足止め[あしどめ] ①외출 금지. 발이 묶임. ②접근 금지. ③(염색에서) 얼룩을 방지함. ④(건축에서) 비탈의 미끄럼을 방지하는 가로대.

足指[あしゆび] 발가락.

足蹴[あしげ] ①발길질. 발로 차기. ②몹쓸 짓을 함.

足忠実[あしまめ] 바지런함.

足取り❶[あしとり] ①(일본 씨름에서) 발을 잡아 넘어뜨리는 수. ②발을 잡음. ❷[あしどり] ①걸음걸이. 발걸음. ②발자취. 종적. (범인의) 행적. ③주식 시세의 변동.

足取(り)表[あしどりひょう] 주식시세 변동표.

足打ち[あしうち] (어떤 물건에) 다리를 부착함. 다리가 달린 물건.

足探り[あしさぐり] 발끝으로 더듬음.

足湯[あしゆ] 족탕; 무릎 아래의 발을 따끈한 물에 담금.

足駄[あしだ] 굽 높은 나막신.

足駄掛け[あしだがけ] 굽 높은 나막신을 꿰매신고 감.

[2]**足下❶**[あしもと] ①발 밑. 발치. ②걸음걸이. 발걸음. ③바로 곁. 주변. 신변. 눈앞. ④(음식점에서 손님의) 신발. ⑤기초. 기반. ❷[そっか] ①발아래. 발 밑. ②(편지를 받는 사람의 이름 밑에 쓰는 높임말로) 귀하. ③당신. 귀하. *주로 남자가 동등한 사람에 대한 경칭임.

足許[あしもと] ☞ 足下(あしもと)
足懸(か)り[あしがかり] ①(높은 곳에 올라갈 때의) 발판. 발 디딜 곳. ②연줄. 연고. 발판. ③실마리. 단서.
足形[あしがた] ①발의 생김새. 발의 모양. ②발자국. 발자취.
足型[あしがた] (버선・신발을 만들 때의) 골. 발 본. 발 모양.
足休め[あしやすめ] 발을 쉼. 잠시 쉼. 휴식.

音読

[2]**足** ❶[そく] (숫자에 접속하여 신발・양말을 세는 접미어로) 켤레. ❷[あし] ☞ [訓読]
足労[そくろう] 왕림. 일부러 오시는 수고.
足熱[そくねつ] 족열; 발을 따뜻하게 함.
足温[そくおん] 족온; 발을 따뜻하게 함.
足痛[そくつう] 족통; 발의 아픔.

族 무리/겨레 족

亠 方 方 方 方 方 方 方 族 族

音 ◉ゾク
訓 ⊗やから

訓読

⊗**族**[やから] ①일족(一族). 혈족(血族). ②패거리. 무리.

音読

族[ぞく] 족; ①같은 혈통을 지닌 것. ¶アイヌ~ 아이누족. ②같은 종류의 행동을 하는 무리. ¶マイカー~ 마이카족.
族党[ぞくとう] 족당; 동족(同族).
族類[ぞくるい] 족류; 친족. 동족.
族閥主義[ぞくばつしゅぎ] 족벌주의.
族生[ぞくせい] 족생; 더부룩하게 자람.
族長[ぞくちょう] 족장; 부족의 우두머리.
族制[ぞくせい] 족제; 가족제도. 씨족제도.

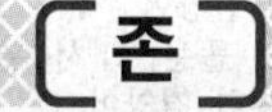

存 있을/보존할 존

一 ナ 𠂇 存 存 存

音 ◉ソン ◉ゾン
訓 ー

音読

存じ[ぞんじ] 알고 있음.
[2]**存じる**[ぞんじる] 〈上1自〉 ①알고 있다. ＊'知(し)る・承知(しょうち)する'의 겸양어. ②생각하다. ＊'思(おも)う・考(かんが)える'의 겸양어.
存する[そんする] 〈サ変自〉 ①있다. 존재하다. ②남아 있다. ③…에 있다. …에 달려 있다. 〈サ変他〉 간직하다. 보존하다.
[2]**存ずる**[ぞんずる] 〈サ変他〉 ☞ 存じる
存念[ぞんねん] (항상 마음속에 간직한) 생각.
存立[そんりつ] 존립; 생존하여 자립함.
存亡[そんぼう] 존망; 존속과 멸망.
存命[ぞんめい] 존명; 생존해 있음.
存否[そんぴ] 존부; ①존폐(存廃). ②생존 여부. ③안부.
存分[ぞんぶん] 마음껏. 실컷. 충분히.
存じ上げる[ぞんじあげる] 〈下1他〉 ①알다. ＊'知(し)る'의 겸양어. ②생각하다. ＊'思(おも)う'의 겸양어.
存生[ぞんじょう] 생존. 살아 있음.
[1]**存続**[そんぞく] 존속; 계속 존재함.
存外[ぞんがい] 의외임. 뜻밖임.
存の外[ぞんのほか] 의외. 예상 밖.
存意[ぞんい] (자기) 의견. 생각.
[2]**存在**[そんざい] 존재; 현재 사람이나 사물이 어떤 가치나 능력을 갖고 있음.
存知[ぞんち] 존지; 알고 있음.
存置[そんち] 존치; (제도・시설 등의) 존속.
存廃[そんぱい] 존폐; 존속과 폐지.

尊(尊) 높을/공경할 존

丷 䒑 产 并 芮 酋 酋 酋 尊 尊

音 ◉ソン
訓 ◉たっとい/とうとい ◉たっとぶ/とうとぶ

訓読

[1]◉**尊い**[とうとい/たっとい] 〈形〉 ①고귀하다. 존귀하다. 존엄하다. ②소중하다. 귀중하다.
[1]◉**尊ぶ**[とうとぶ/たっとぶ] 〈5他〉 ①숭상하다. 우러러 받들다. ②공경하다. 존경하다. 존중하다. 중요시하다.

音読

尊家[そんか] 존가; 귀댁(貴宅).
[2]**尊敬**[そんけい] 존경; 높여 공경함.
尊堂[そんどう] 존당; ①귀댁(貴宅). ②귀하(貴下).
尊大[そんだい] 존대; 거만함. 거드름을 피움.

尊慮[そんりょ] 존려; 존견(尊見).
尊名[そんめい] 존명; 존함(尊銜). 성함.
尊命[そんめい] 존명; 분부(分付).
尊母[そんぼ] 존모; 자당(慈堂).
尊父[そんぷ] 존부; 춘부장(春府丈).
尊卑[そんぴ] 존비; 신분의 높낮이.
尊像[そんぞう] 존상; 존귀한 초상화.
尊属[そんぞく] 존속; 부모와 같은 항렬 이상의 혈족(血族).
尊崇[そんすう] 존숭; 우러러 공경함.
尊顔[そんがん] 존안; 남의 얼굴의 존칭.
尊厳[そんげん] 존엄; 존귀하고 엄숙함.
尊影[そんえい] 존영; 남의 사진·초상화에 대한 존칭.
尊王[そんのう] 존왕; 천황을 받들고 천황 중심으로 생각함.
[2]**尊重**[そんちょう] 존중; 높이고 소중히 여김.
尊称[そんしょう] 존칭; 경칭. 높임말.
尊号[そんごう] 존호; 天皇(てんのう)·皇后(こうごう) 등에 대한 칭호.
尊皇[そんのう] 존황; 천황을 받들고 천황 중심으로 생각함.
尊皇攘夷[そんのうじょうい] 존황양이; (江戸(えど) 시대의) 쇄국 정책.

拵 지을 존	音 ⊗ソン 訓 ⊗こしらえる

訓読

[2]⊗**拵える**[こしらえる] 〈下1他〉 ①(손으로) 만들다. 제작하다. ②(아이를) 낳다. ③준비하다. 마련하다. ④꾸미다. 분장하다. 치장하다. ⑤속이다. 꾸미다. ⑥(애인 등을) 만들다. 두다.
拵え[こしらえ] ①만듦. 만듦새. ②준비. 채비. ③화장. 분장. ④세공 장식(細工装飾).
拵え物[こしらえもの] 모조품. 짝퉁.
拵え事[こしらえごと] 허구(虚構). 날조.

〔졸〕

卒 마칠/군사 졸

丶 亠 亣 亦 夾 夾 來 卒

音 ◉ソツ
訓 —

音読

卒[そつ] 졸; ①졸업. ②'卒去(そっきょ)'의 준말. ③병졸(兵卒).
卒する[そっする] 〈サ変自〉 죽다. 사망하다.
卒去[そっきょ] 졸거; ①(옛날에 4품·5품의 벼슬아치의) 죽음. ②죽음.
卒倒[そっとう] 졸도; 갑자기 의식을 잃고 쓰러짐.
[3]**卒業**[そつぎょう] 졸업; ①학교에서 소정의 학업 과정을 마침. ②어떤 단계를 넘음.
卒業生[そつぎょうせい] 졸업생.
卒業式[そつぎょうしき] 졸업식.
卒業証書[そつぎょうしょうしょ] 졸업 증서.
卒然と[そつぜんと] ①갑자기. 별안간. ②경솔하게.
卒中[そっちゅう] ≪医≫ 뇌졸중. 뇌출혈.

拙 서투를 졸

一 十 才 扌 扎 抖 抻 拙 拙

音 ◉セツ
訓 ⊗まずい ⊗つたない

訓読

[2]⊗**拙い❶**[まずい] 〈形〉 서투르다.
⊗**拙い❷**[つたない] 〈形〉 ①서투르다. ②어리석다. 변변치 못하다. ③불운하다. 운이 없다. 운이 나쁘다.

音読

拙稿[せっこう] 졸고; ①서투른 원고. ②자신의 원고에 대한 겸양어.
拙技[せつぎ] 졸기 ①서투른 재주. ②자신의 재주에 대한 겸양어.
拙劣[せつれつ] 졸렬; ①서투르고 보잘 것 없음. ②정도가 낮고 나쁨.
拙論[せつろん] 졸론; ①서투른 논리. ②자신의 논리의 겸양어.
拙文[せつぶん] 졸문; ①서투른 글. ②자신의 문장에 대한 겸양어.
拙速[せっそく] 졸속; 서투르지만 빠름.
拙守[せっしゅ] 졸수; (야구 등에서) 서투른 수비를 함.
拙僧[せっそう] (중이 자신을 낮추어 일컫는 말로) 빈도(貧道). 소승.
拙者[せっしゃ] 나. *자신을 낮추는 말임.
拙著[せっちょ] 졸저; 자신의 저서(著書)에 대한 겸양어.
拙戦[せっせん] 졸전; 서투른 경기·싸움.

拙策[せっさく] 졸책; ①서투른 계획. ②자신의 계책에 대한 겸양어.
拙宅[せったく] 졸택; 누추한 집. ＊자신의 집에 대한 겸양어임.

枠(椊) 도끼자루/테두리 졸

一 十 才 木 朴 杪 枠

音 ―
訓 ◉わく

訓読

¹◉枠[わく] ①틀. 테두리. ②범위.
枠内[わくない] ①테두리 안. ②범위 안. 한도 내.
枠外[わくがい] ①테두리 밖. ②범위 밖. 한도 외.
枠井[わくい] 나무·돌로 네모나게 테를 짜서 두른 우물.
枠組(み)[わくぐみ] ①틀을 짬. 또는 그 틀. 패널. ②사물의 대체적인 짜임새·구조. 대강(大綱). 아우트라인.
枠取り[わくどり] 선을 그어 테두리를 만듦. 선으로 테두리를 두름.
枠形[わくがた] 틀의 형태.
枠型アンテナ[わくがたアンテナ] (TV 등의) 루프 안테나.
枠型[わくがた] ☞ 枠形

종

宗 마루/으뜸 종

丶 丷 宀 宀 宇 宇 宗 宗

音 ◉シュウ ◉ソウ
訓 ⊗むね

訓読

⊗宗❶[むね] 주된 목적. 가장 으뜸으로 함. ¶安全(あんぜん)を～とする 안전을 으뜸으로 친다. ❷[しゅう/そう] ☞ [音読]

音読

¹宗❶[しゅう] ①종파(宗派). 종문(宗門). ②동아리. 한패. ③(불교의) 종파. 종(宗). ¶天台(てんだい)～ 천태종. ❷[そう] ①조상. ¶一族(いちぞく)の～ 일족의 조상. ②예도(芸道)의 종가·본가. ❸[むね] ☞ [訓読]
宗家[そうけ/そうか] 종가; ①본가(本家). 큰집. ②원조(元祖).
²宗教[しゅうきょう] 종교.
宗徒[しゅうと] 종도; (종파의) 신도. 신자.
宗論[しゅうろん] 종론; ①종의(宗義)에 관한 논쟁. ②종파간의 싸움.
宗廟[そうびょう] 종묘; ①조상의 영령을 모시는 곳. ②황실의 선조를 모시는 伊勢神宮(いせじんぐう).
宗門[しゅうもん] 종문; ①종파(宗派). ②승려.
宗室[そうしつ] 종실; ①종가(宗家). 본가(本家). ②왕족. ③(왕·귀인의) 사당.
宗匠[そうしょう] 종장; 和歌(わか)·俳句(はいく)·다도(茶道)의 선생.
宗祖[しゅうそ] 종조; 종파의 개조(開祖).
宗主[そうしゅ] 종주; ①숭앙하는 주장(主長). ②맹주(盟主).
宗旨[しゅうし] 종지; ①교리(教理). ②종파. 종문(宗門). ③(좋아하는) 주의·주장·기호.
宗派[しゅうは] 종파; ①(같은 종교 안에서의) 분파. ②技芸의 유파(流派).

従(從) 따를/좇을 종

ノ 彡 彳 彳 彳 彳 従 従 従 従

音 ◉ジュ ◉ジュウ ◉ショウ
訓 ◉したがう ◉したがえる ◉したがって

訓読

²◉従う[したがう] 〈5自〉 ①뒤따르다. 따라가다. ②따르다. 복종하다. ③(강한 힘에) 휩쓸리다. 내맡겨지다.
◉従える[したがえる] 〈下1他〉 ①데리고 가다. 거느리다. ②정복하다. 복종시키다.
²◉従って[したがって] 따라서. 그러므로.

音読

従❶[じゅう] ①종; 하인. ¶主(しゅ)と～ 주종; 주인과 하인. ②부수적인 것. 딸린 것. ❷[じゅ] 종; 같은 계급자 중에서 정(正)의 다음.
従軍記者[じゅうぐんきしゃ] 종군 기자; 군대를 따라 전쟁터로 나간 기자.
¹従来[じゅうらい] 종래; 지금까지 내려온.
従妹[じゅうまい] 종매; 사촌·외종·고종·이종 간이 되는 누이동생.
従犯[じゅうはん] 종범; 주범을 도운 자.
従兵[じゅうへい] 종병; 종졸(従卒).
従僕[じゅうぼく] 종복; 하인(下人).

[1]従事[じゅうじ] 종사; 어떤 일에 마음과 힘을 다해서 함.
従属[じゅうぞく] 종속; 주(主)되는 것에 딸려 붙음.
従順[じゅうじゅん] 순종(順従). 고분고분함.
従業[じゅうぎょう] 종업; 업무에 종사함.
[1]従業員[じゅうぎょういん] 종업원; 직원.
従容[★しょうよう] 종용; 태연하고 침착함.
従姉[じゅうし] 종자; 사촌・외종・고종・이종 간이 되는 누이・언니.
従姉妹[じゅうしまい/いとこ] 종자매; 사촌・외종・고종・이종 간이 되는 자매.
従者[じゅうしゃ/ずさ] 종자; 시중드는 사람.
従前[じゅうぜん] 종전; 지금까지 내려온.
従弟[じゅうてい] 종제; 사촌・외종・고종・이종 간이 되는 남동생.
従卒[じゅうそつ] 종졸; 장교 당번병.
[2]従兄弟[じゅうけいてい/いとこ] 종형제; 사촌・외종・고종・이종 간이 되는 형제.

終(終) 끝날 종

糸 糸 糸 糸 糸 糸 紁 終 終 終

音 ◉シュウ
訓 ◉おえる ◉おわる ⊗しまう

訓読

[2]◉終える[おえる] 〈下1他〉 (하던 일을) 끝내다. 끝마치다. 파하다.
[4]◉終わる[おわる] 〈5自〉 ①(하던 일이) 끝나다. 파하다. 종료되다. ②(생애가) 끝나다. 죽다. ③(더욱 발전하지 못하고) 끝나다. …의 결과로 되다. 〈5他〉 (하던 일을) 끝내다. 끝마치다. 파하다.
[2]終(わ)り[おわり] ①끝. 마지막. 종말. ②(일생의) 최후. 임종(臨終).
終(わ)り初物[おわりはつもの] (제 철의 끝 무렵에 수확되어) 만물처럼 귀한 끝물.
終(わ)り値[おわりね] (증권 거래소에서) 종가(終価). 최종 시세.
[2]⊗終う[しまう] 〈5自〉 끝나다. 파하다. 종료되다. 〈5他〉 ①(하던 일을) 끝내다. 끝마치다. 파하다. ②(가게 문을) 닫다. ③치우다. ④간수하다.
終い[しまい] ①끝. 마지막. ②끝장. ③품절. 매진(売尽).
終い店[しまいみせ] ①고물상. ②투매품(投売品). 창고떨이.
終い風呂[しまいぶろ] ☞ 終い湯
終い湯[しまいゆ] (다른 사람이 하고 난 뒤) 마지막에 하는 목욕.

音読

終バス[しゅうバス] (그날의) 마지막 버스.
終刊[しゅうかん] 종간; 최후로 간행함.
終決[しゅうけつ] 종결; 결정이 내려짐.
終結[しゅうけつ] 종결; ①일이 끝남. 끝장남. ②≪論≫ 귀결(帰結).
終局[しゅうきょく] 종국; ①(바둑・장기가) 끝판이 남. ②일의 종말. 사건의 낙착.
終極[しゅうきょく] 종극; 맨끝. 마지막.
終期[しゅうき] 종기; ①계속되던 일이 끝나는 시기. ②법률 행위의 효력이 없어지는 기한.
[2]終了[しゅうりょう] 종료; 끝남. 끝냄.
終幕[しゅうまく] 종막; ①(연극에서) 마지막 막・장면. ②(어떤 사건・일이) 끝남. 종말.
終末[しゅうまつ] 종말; 끝.
終盤[しゅうばん] 종반; ①(시합에서) 승부가 끝날 무렵. ②끝판에 가까운 단계.
終盤戦[しゅうばんせん] 종반전.
終発[しゅうはつ] 종발; (그날) 마지막으로 발차함. 막차.
終生[しゅうせい] 종생; 평생. 일생.
[1]終始[しゅうし] 종시; ①시종(始終). 시종일관. ②항상. 처음부터 끝까지.
終始一貫[しゅうしいっかん] 시종 일관.
終息[しゅうそく] 종식; 끝남. 그침.
終身保険[しゅうしんほけん] 종신 보험.
終審[しゅうしん] 종심; ①마지막 심리. ②≪法≫ 최종 심리.
終夜[しゅうや] 종야; 밤새껏. 철야.
終焉[しゅうえん] 종언; ①임종(臨終). ②은거하여 만년을 보냄.
終業[しゅうぎょう] 종업; ①업무를 끝마침. ②(학교에서) 한 학기 또는 한 학년의 수업이 끝남.
終演[しゅうえん] 종연; 연극이 끝남. 끝냄.
終列車[しゅうれっしゃ] 종열차; 막차.
終映[しゅうえい] 종영; 영화가 끝남.
終油礼[しゅうゆれい] (천주교의) 종유례.
[1]終日[しゅうじつ] 종일; 하루 종일. 온종일.
終戦[しゅうせん] 종전; ①전쟁이 끝남. ②2차 세계 대전이 끝남.
終電[しゅうでん] '終電車(しゅうでんしゃ)'의 준말.

終電車[しゅうでんしゃ] (그날의) 마지막 전차. 막차.
[2]終点[しゅうてん] 종점; 맨 끝의 지점.
終助詞[しゅうじょし] 《語学》 종조사.
終止符[しゅうしふ] 종지부; 마침표.
終車[しゅうしゃ] 종차; 마지막 차. 막차.
終着[しゅうちゃく] 종착; ①종점에 도착함. ②마지막으로 도착함.
終着駅[しゅうちゃくえき] 종착역.
終着列車[しゅうちゃくれっしゃ] 마지막으로 도착하는 열차.
終回[しゅうかい] 종회; 마지막 회. 최종회.

種 씨앗 종

禾 禾 禾 秆 秆 稍 稙 種 種 種

音 ◉シュ
訓 ◉たね ⊗くさ

訓読

[2]◉種❶[たね] ①씨앗. 씨. 종자. ②(동물의) 씨. 정자(精子). ③자식. 아이. ④(부계의) 혈통. ⑤원인. 발단. 불씨. ⑥(요리의) 재료. 거리. ⑦(신문・소설・이야기의) 소재거리. ⑧(요술의) 술책. 트릭. ❷[しゅ] ☞ [音読]
種馬[たねうま] 종마; ①종마. 씨말. ②남자.
種明(か)し[たねあかし] ①(요술의) 술책 공개. ②(감춰진) 내막을 공개함.
種物[たねもの] ①(초목의) 씨앗. 종자. ②계란・고기 튀김 등을 넣은 국수. ③팥빙수.
種物商[たねものしょう] 종묘상. 씨앗장수.
種変わり[たねがわり] ①(동식물의) 변종. ②이부(異父) 형제. 아버지가 다른 형제.
種本[たねほん] 대본(台本). 그것을 참고로 해서 자기의 저작이나 강의 재료로 하는 남의 저서.
種付け[たねつけ] (씨받이) 교배. 교미.
種付馬[たねつけうま] 종마; 씨말.
種蒔[たねまき] ①파종. 씨뿌리기. ②(5월 1・2일의) 볍씨 뿌리기.
種蒔機[たねまきき] 파종기. 씨뿌리는 기계.
種牛[たねうし] 종우; 씨소.
種芋[たねいも] 씨감자.
種違い[たねちがい] ①이부(異父) 형제. 아버지가 다른 형제. (동식물의) 변종. ②(식물의) 변종.
種油[たねあぶら] 유채 기름.
種籾[たねもみ] 볍씨.
種子島[たねがしま] ①九州(きゅうしゅう) 남단의 섬. ②화승총(火縄銃). ＊1543년 포르투갈 인이 種子島로 화승총을 가져온 데서 생긴 말임.
種切れ[たねぎれ] (준비한) 재료가 떨어짐.
種紙[たねがみ] ①잠란지(蚕卵紙). ②(사진의) 인화지.
種取り[たねとり] ①채종(採種). 씨받기. ②종축(種畜). 새끼를 받기 위해 기르는 가축. ③(신문・잡지의) 취재. 취재 기자.
種板[たねいた] 사진 원판.
種俵[たねだわら] 볍씨 가마니.
種下(ろ)し[たねおろし] 파종. 씨뿌리기.
種火[たねび] 불씨.

音読

[1]種❶[しゅ] 종; ①종류. ②(명사에 접속하여) 종자. ¶英国(えいこく)～の犬(いぬ) 영국 종자의 개. ③생물 분류상의 단위. ¶～の起源(きげん) 종의 기원. ❷[たね] ☞ [訓読]
種痘[しゅとう] 《医》 종두; 우두.
[2]種類[しゅるい] 종류; 같은 형태나 성질을 가진 것끼리 분류한 것.
種目[しゅもく] 종목; ①종류의 명목. ②(제품의) 품목.
種苗[しゅびょう] 종묘; 씨앗과 모종.
種別[しゅべつ] 종별; 종류에 따른 구별.
種子[しゅし] 종자; 씨앗.
種族[しゅぞく] 종족; ①같은 종류의 생물. ②(인종・민족의 분류 단위로서의) 사회 집단. 부족.
[1]種種[しゅじゅ] 가지가지. 여러 가지.
種種雑多[しゅじゅざった] (여러 가지가 뒤섞여) 갖가지. 온갖. 여러 가지 잡다함.
種畜[しゅちく] 종축; 씨짐승.

縦(縱) 세로 종

幺 糸 糸 糸 糸' 糸⺊ 紵 紺 縦 縦

音 ◉ジュウ
訓 ◉たて

訓読

[2]◉縦[たて] ①(수직 방향의) 세로. ②(입체 평면 등의) 긴 부분. 긴 방향. ③남북 방향. 종단(縦断). ④(인간관계・조직의) 상하. 위아래.

縦坑[たてこう] 수직(垂直) 갱도(坑道).
縦結び[たてむすび] (옭매듭에서) 양끝이 위아래로 되게 하는 매듭. 잘못 매어 세로로 된 매듭.
縦糸[たていと] 종사; 날실. 경사(経糸).
縦書(き)[たてがき] 종서; 세로쓰기.
縦揺れ[たてゆれ] ①피칭(pitching). (비행기·선박의) 앞뒤가 위아래로 흔들림. ②(지진으로) 위아래로 흔들림.
縦笛[たてぶえ] 세로로 부는 피리·퉁소. 세로로 부는 목관(木管) 악기의 총칭.
縦組[たてぐみ] 종조; 활자 조판의 세로짜기.
縦軸[たてじく] 종축; 세로의 축.
縦波[たてなみ] 종파; 배의 진행 방향으로 이는 파도.
縦割(り)[たてわり] ①세로로 쪼갬. ②종적 조직. 상하 관계로만 움직이는 조직.
縦穴[たてあな] ①수혈(竪穴). 지표에 세로로 판 구멍. ②≪考古≫ 고대인의 주거(住居).
縦穴住居[たてあなじゅうきょ] 수혈(竪穴) 주거.
縦縞[たてじま] 세로의 줄무늬. 세로줄 무늬.

音読

縦貫[じゅうかん] 종관; 세로로 꿰뚫음.
縦断[じゅうだん] 종단; ①세로로 끊음. ②남북의 방향으로 오고감.
縦隊[じゅうたい] 종대; 세로로 줄을 지어 나란히 선 대형(隊形).
縦覧[じゅうらん] 종람; (어떤 시설·전시품을) 마음대로 구경함.
縦列[じゅうれつ] 종렬; 세로로 줄지음.
縦線[じゅうせん] 종선; 세로줄. 세로금.
縦走[じゅうそう] 종주; ①남북으로 길게 이어짐. ②(등산에서) 능선으로 이어진 많은 산봉우리들을 따라 등정(登頂)함.
縦横[じゅうおう] 종횡; ①가로세로. ②자유자재. 행동에 거침이 없음.
縦横無尽[じゅうおうむじん] 종횡무진; 행동이 마음 내키는 대로 자유자재임.

鐘 쇠북 종

音 ◉ショウ
訓 ◉かね

訓読

[2]◉鐘[かね] ①종. ②종소리.
鐘突(き)[かねつき] ①종을 침. ②종치기.
鐘突(き)堂[かねつきどう] 종루(鐘楼).
鐘の音[かねのね] 종소리.

音読

鐘鼓[しょうこ] 종고; 종과 북.
鐘堂[しょうどう] 종당; 종루(鐘楼).
鐘楼[しょうろう] 종루; 종각(鐘閣).
鐘声[しょうせい] 종성; 종소리.

腫 부스럼 종

音 ⊗シュ
訓 ⊗はらす
⊗はれる

訓読

⊗腫らす[はらす] 〈5他〉 (몸을) 부은 상태가 되게 하다. 붓게 하다.
[1]⊗腫れる[はれる] 〈下1自〉 (몸이) 붓다.
腫れ[はれ] ①부기. ②≪医≫ 수종(水腫).
腫れぼったい[はれぼったい] 〈形〉 (얼굴 등이) 부석부석하다.
腫れ物[はれもの] ①부스럼. 종기(腫気). ②까다로운 사람.
腫れ上がる[はれあがる] 〈5自〉 부어오르다.

音読

腫物[しゅもつ] 종기. 부스럼.
腫瘍[しゅよう] ≪医≫ 종양.
腫脹[しゅちょう] ≪医≫ 종창.

綜 모을 종

音 ⊗ソウ
訓 —

音読

綜合[そうごう] 종합; 여기저기 흩어져 있는 것을 하나로 모음. ＊현재는'総合(そうごう)'로 표기함.

鍾 술잔/술단지 종

音 ⊗ショウ
訓 —

音読

鍾馗[しょうき] 종규; 역귀(疫鬼)를 쫓는다는 신(神). ＊액막이로 5월 단오절에 인형으로 장식함.
鍾愛[しょうあい] 종애; 종애(寵愛). 몹시 사랑함. 애지중지함.
鍾乳洞[しょうにゅうどう] ≪地≫ 종유동.
鍾乳石[しょうにゅうせき] ≪鉱≫ 종유석.
鍾寵[しょうちょう] 종총; 총애. 몹시 사랑함.

좌

左 왼/왼쪽 좌

一ナ左左左

音 ◉サ
訓 ◉ひだり

訓読

4 ◉左❶[ひだり] ①왼쪽. 왼편. 좌측. ②(정치·사상의) 좌경(左傾). 좌익. 좌파. ❷[さ] ☞ [音読]
左ぎっちょ[ひだりぎっちょ] 왼손잡이.
左する[ひだりする] 〈サ変自〉 왼쪽으로 가다.
左巻き[ひだりまき] ①왼쪽으로 감음. ②괴짜. 머리가 정상이 아님.
左寄り[ひだりより] 좌경(左傾).
左器用[ひだりきよう] 왼손잡이.
左団扇[ひだりうちわ] 안락한 생활. 편안히 지냄. *왼손으로 부채를 부친다는 뜻에서.
左党❶[ひだりとう] 술꾼. 주당(酒党). ❷[さとう] ①좌당; 좌익 정당. ②술꾼.
左の大臣[ひだりのおとど] 《古》 좌대신.
1 左利き[ひだりきき] 왼손잡이.
左封じ[ひだりふうじ] 편지 봉투의 왼쪽을 봉함. *결투 신청이나 유언 등의 흉사에 이용함.
左四つ[ひだりよつ] (씨름에서) 왼손을 서로 상대편 오른팔 밑에 넣어 잡는 수.
左手❶[ひだりて] ①왼손. ②왼쪽. 왼편. ❷[ゆんで] ①(활을 잡는) 왼손. ② 《雅》 왼쪽. 좌측.
左前[ひだりまえ] ①(보통과는 반대로) 왼쪽 섶을 안으로 여며 옷을 입음. ②(경제적으로) 곤란함.
左褄[ひだりづま] ①(옷의) 왼쪽 자락. ②기생. *기생은 걸을 때 왼쪽 옷자락을 잡고 걷는다는 데서.
左側[ひだりがわ] 좌측; 왼쪽.
左向き[ひだりむき] ①좌향; 왼쪽으로 향함. ②(경제적으로) 곤란함.
左回り[ひだりまわり] ①왼쪽으로 돎. ②일이 뜻대로 안 됨. ③(장사가 잘 안 되어) 경제적으로 어려움.

音読

左❶[さ] (세로쓰기 문장에서) 좌; 다음. 이하. ¶~の通(とお)り 다음과 같이. ¶~に記(しる)す 다음에 적는다. ❷[ひだり] ☞ [訓読]
左傾[さけい] 좌경; ①(물체가) 왼쪽으로 기욺. ②공산주의 사상을 가짐.
左傾思想[さけいしそう] 좌경 사상.
左官[さかん] 미장이. 미장공.
左官屋[さかんや] 미장공. 미장이.
左記[さき] 좌기; (세로쓰기에서) 다음에 기록함.
左袒[さたん] 좌단; 편듦. 거듦.
左端[さたん] 좌단; 왼쪽 끝.
左党❶[さとう] ①좌당; 좌익 정당. ②술꾼. ❷[ひだりとう] 술꾼. 주당(酒党).
左大臣[さだいじん] (옛날) 太政官(だじょうかん)의 장관.
左図[さず] 좌도; 왼쪽 그림.
左方[さほう] 좌방; ①왼쪽. 왼편. ②아악(雅楽)의 하나.
左辺[さへん] 좌변; 왼쪽 변.
左眼[さがん] 좌안; 왼쪽 눈.
左様[さよう] ①(상대방의 이야기 내용을 받아) 그렇게. 그와 같이. 그러한. 그처럼. ②〈感〉 그렇다. 그렇소.
2 左様なら[さようなら] ①〈感〉 안녕히 가세요. 안녕히 계세요. ②〈接〉 그렇다면.
左様ならホーマー[さようならホーマー] 굿바이 홈런.
左様なら勝ち[さようならかち] 굿바이 승리.
左様然らば[さようしからば] 그럼. 그렇다면. *무사들이 쓰던 격식을 차린 말임.
左腕[さわん] 좌완; 왼팔.
左腕投手[さわんとうしゅ] (야구의) 좌완투수.
2 左右[さゆう] 좌우; ①왼쪽과 오른쪽. ②이랬다저랬다 함. 애매함. ③(자기의) 바로 옆. ④측근자. ⑤좌지우지함. 지배함.
左翼[さよく] 좌익; ①왼쪽 날개. ②(대열·좌석 등의) 좌측 부분. 왼쪽. ③급진적·혁신적인 경향.
左折[させつ] 좌절; 좌회전.
左折禁止[させつきんし] 좌회전 금지.
左遷[させん] 좌천; 그때까지보다 더 낮은 직급·지위로 낮춤.
左側通行[さそくつうこう] 좌측통행.
左派[さは] 좌파; 급진파.
左舷[さげん] 좌현; 왼쪽 뱃전.

佐 도울 좌

ノ イ 仁 仕 佐 佐 佐

音 ◉サ
訓 —

音読

佐官[さかん] ①(옛날의 군인 계급으로) 大佐(だいさ)・中佐(ちゅうさ)・少佐(しょうさ)의 총칭. ②(현재의 자위대의) 一佐(いっさ)・二佐(にさ)・三佐(さんさ)의 총칭. ＊한국의 영관(領官)에 해당함.

佐幕[さばく] 좌막; (江戸(えど) 시대 말기에) 幕府(ばくふ)를 지지하고 도움.

佐幕派[さばくは] 막부(幕府) 지지파.

佐保姫[さおひめ] 봄의 여신(女神). ＊佐保(さお)山이 奈良(なら) 동쪽에 있으므로 동쪽이 봄에 해당한다는 데서.

座 사리/앉을 좌

' 一 广 广 广 应 应 座 座 座

音 ◉ザ
訓 ◉すわる

訓読

4◉座る[すわる] 〈5自〉 ①앉다. ②침착해지다. ③튼튼해지다. 안정되다. ④(어떤 지위에) 앉다. ⑤물끄러미 바라보다. 눈이 풀어져 있다. ⑥(도장이) 찍히다. ⑦(배가) 좌초하다.

座り[すわり] ①앉음. ②안정감.

座り机[すわりづくえ] 앉은뱅이 책상.

座り胼胝[すわりだこ] (항상 앉아 있어서 생긴) 복사뼈의 굳은 살.

座り相撲[すわりずもう] 앉은 씨름. ＊무릎을 바닥에서 떼면 짐.

座り心地[すわりごこち] (의자・소파 등에) 앉았을 때의 느끼는 기분.

座り込み[すわりこみ] 연좌 데모.

座り込む[すわりこむ] 〈5自〉 ①들어가 앉다. ②연좌 데모를 하다. 눌러앉다.

音読

座[ざ] ①좌석. 자리. ②(사람들이 모인) 장소. 자리. ③(지위・신분의) 자리. ④극단(劇団). ⑤(鎌倉(かまくら)・室町(むろまち) 시대에 상인이 조직한) 동업자 조합. ⑥(江戸(えど)시대의) 화폐 주조소.

座高[ざこう] 좌고; 앉은키.

座骨[ざこつ] ≪生理≫ 좌골.

座金[ざがね] 좌금; ①기구에 붙이는 쇠붙이의 머리 부분에 대는 장식용 철물. ②(볼트를 죌 때) 잘 풀리지 않도록 너트 밑에 대는 얇은 금속판.

座談[ざだん] 좌담; 자리에 앉아서 형식에 구애되지 않고 하는 담화.

1座談会[ざだんかい] 좌담회.

座頭❶[ざがしら] ①좌상(座上). 한 자리의 우두머리. ②(극단의) 우두머리 배우. ❷[ざとう] ≪古≫ ①맹인의 관직 琵琶法師(びわほうし)의 관명(官名) 넷 중에서 맨 아래. ②(머리를 깎은 맹인으로) 비파를 타거나 안마・침술 등을 직업으로 하던 사람. ③맹인. 장님.

座付(き)[ざつき] ①전속 배우・작가. ②좌석에서의 처음 인사말. ③연회석에서 예기(芸妓)가 처음 연주하는 축하곡.

2座敷[ざしき] ①다다미 방. 응접실. ②연회석. ③연회 시간. ④연회에서의 접대. ⑤(연예인이) 객석으로 부름을 받음.

座上[ざじょう] ①좌상; 윗자리. ②석상(席上).

座像[ざぞう] 좌상; 앉아 있는 형상.

2座席[ざせき] 좌석; 앉는 자리.

座禅[ざぜん] 좌선; 조용히 앉아 참선함.

座乗[ざじょう] 좌승; (해군에서) 지휘관이 함선이나 항공기에 타고 지휘함.

座視[ざし] 좌시; 앉아서 봄.

座食[ざしょく] 좌식; 놀고 먹음.

座薬[ざやく] 좌약; 요도・질・항문 등에 끼워 넣는 약.

座臥[ざが] 좌와; ①앉음과 누움. 일상생활. ②늘. 평소.

座浴[ざよく] 좌욕; 허리 아래만 물에 잠기는 목욕.

座右[ざゆう] 좌우; ①신분. 곁. ②좌하(座下). ＊편지 겉봉에 쓰는 말임.

座右の銘[ざゆうのめい] 좌우명.

座元[ざもと] 흥행주(興行主).

座員[ざいん] (극단의) 단원.

座長[ざちょう] ①(연예 극단의) 우두머리. 단장. ②(좌담회 등의) 진행자. 사회자.

座主[ざす] ≪仏≫ ①(큰 절의) 주지. ②천태종(天台宗)의 수장(首長).

座洲[ざす] 배가 얕은 여울에 얹힘.

座中[ざちゅう] 좌중; ①참석자 중. ②연예인단의 한 무리.

座持ち[ざもち] 좌흥(座興)을 돋움. 또는 그런 사람.
座職[ざしょく] 좌직; 앉아서 하는 직업.
座礁[ざしょう] 좌초; 배가 암초에 얹힘.
2 **座布団**[ざぶとん] 방석.
座蒲団[ざぶとん] 방석.
1 **座標**[ざひょう] ≪数≫ 좌표.
座下[ざか] 좌하; ①좌석 바로 곁. ②좌하. ＊편지 겉봉에 쓰는 경칭.
座興[ざきょう] 좌흥; ①그 자리의 흥을 돋우기 위한 놀이. ②그 자리의 일시적인 장난.

坐 자리/앉을 좌	音 ⊗ザ 訓 ⊗すわる

訓読
⊗**坐る**[すわる] 〈5自〉 ①앉다. ②침착해지다. ③튼튼해지다. 안정되다. ④(어떤 지위에) 앉다. ⑤물끄러미 바라보다. 눈이 풀어져 있다. ⑥(도장이) 찍히다. ⑦(배가) 좌초하다.
坐り[すわり] ①앉음. ②안정감.
坐り机[すわりづくえ] 앉은뱅이 책상.
坐り胼胝[すわりだこ] (항상 앉아 있어서 생긴) 복사뼈의 굳은 살.
坐り相撲[すわりずもう] 앉은 씨름. ＊무릎을 바닥에서 떼면 짐.
坐り心地[すわりごこち] (의자・소파 등에) 앉았을 때의 느끼는 기분.
坐り込み[すわりこみ] 연좌 데모.
坐り込む[すわりこむ] 〈5自〉 ①들어가 앉다. ②연좌데모를 하다. 눌러앉다.

音読
坐[ざ] ①좌석. 자리. ②(사람들이 모인) 장소. 자리. ③(지위・신분의) 자리. ④극단(劇団). ⑤(鎌倉(かまくら)・室町(むろまち) 시대에 상인이 조직한) 동업자 조합. ⑥(江戸(えど) 시대의) 화폐 주조소.
坐する[ざする] 〈サ変自〉 ①앉다. ②연좌(連坐)하다. 연루되다. 관련되다.
坐高[ざこう] 좌고; 앉은키.
坐骨[ざこつ] ≪生理≫ 좌골.
坐上[ざじょう] ①좌상; 윗자리. ②석상(席上).
坐像[ざぞう] 좌상; 앉아 있는 형상.
坐視[ざし] 좌시; 앉아서 봄.
坐薬[ざやく] 좌약; 요도・질・항문 등에 끼워 넣는 약.
坐臥[ざが] 좌와; ①앉음과 누움. 일상생활. ②늘. 평소.
坐作[ざさ] 행동거지.
坐作進退[ざさしんたい] 일거일동(一挙一動).
坐洲[ざす] 배가 얕은 여울에 얹힘.
坐礁[ざしょう] 좌초; 배가 암초에 얹힘.
坐布団[ざぶとん] 방석.
坐蒲団[ざぶとん] 방석.

挫 꺾을 좌	音 ⊗ザ 訓 ⊗くじく ⊗くじける

訓読
⊗**挫く**[くじく] 〈5他〉 ①(뼈를) 삐다. ②(기세를) 꺾다. 누르다. 약화시키다.
⊗**挫ける**[くじける] 〈下1自〉 ①접질리다. ②(기가) 꺾이다. 좌절되다. 약화되다.

音読
挫骨[ざこつ] 좌골; 뼈를 삠. 삔 뼈.
挫傷[ざしょう] 좌상; ①접질려 부상함. ② ≪医≫ 타박상(打撲傷).
挫折[ざせつ] 좌절; 마음과 기운이 꺾임. 계획이 수포로 돌아감.
挫折感[ざせつかん] 좌절감.

〔죄〕

罪 허물 죄

罒 罒 罒 罒 罒 罒 罪 罪 罪

音 ◉ザイ
訓 ◉つみ

訓読
2 ◉**罪**[つみ] 죄; ①죄악. ②형벌. ③책임. ④못된 짓. 지독함. 무자비함.
罪する[つみする] 〈サ変他〉 벌하다. 벌을 주다. 처벌하다.
罪科❶[つみとが] 잘못. 허물. ❷[ざいか] 죄과; ①죄악. ②처벌. 형벌.
罪代[つみしろ] 속죄(贖罪). 죄갚음.
罪滅ぼし[つみほろぼし] 죄갚음. 속죄.
罪深い[つみぶかい] 〈形〉 죄가 많다. 죄가 무겁다.
罪作り[つみつくり] ①벌 받을 짓을 함. ②무자비한 짓을 함.

音読

罪科❶[ざいか] 죄과; ①죄악. ②처벌. 형벌. ❷[つみとが] 잘못. 허물.
罪過[ざいか] 죄과; 죄나 허물.
罪名[ざいめい] 죄명; ①범죄의 이름. ②죄가 있다는 세상의 소문.
罪状[ざいじょう] 죄상; 범죄의 실상.
罪囚[ざいしゅう] 죄수; 옥에 갇힌 죄인.
罪悪[ざいあく] 죄악; 중죄가 될 만한 악행.
罪業[ざいごう] ≪仏≫ 죄업; 죄가 되는 행위.
罪人[ざいにん/つみびと] 죄인; 죄를 범한 사람.
罪障[ざいしょう] ≪仏≫ 죄장; 극락왕생을 가로막는다는 죄.

주

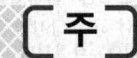

主 주인 주

丶 亠 十 キ 主

音 ◉シュ ◉ズ ⊗シュウ
訓 ◉ぬし ◉おもな ◉おもに

訓読

1 ◉主❶[ぬし] ①주인. 가장(家長). ②임자. 소유자. ③터줏대감. ❷[しゅ] ☞ [音読]
2 ◉主な[おもな] 주된. 중요한. 소중한.
3 ◉主に[おもに] 주로. 대개.
主立つ[おもだつ] 〈5自〉 중심이 되다.

音読

1 主❶[しゅ] 주; ①주인. ②주군(主君). ③중심. ④(성경에서) 주님. ❷[ぬし] ☞ [訓読]
主たる[しゅたる] 주된. 주가 되는.
主として[しゅとして] 〈副〉 주로.
主家[しゅか] 주가; 주인이나 주군의 집.
主幹[しゅかん] 주간; 단체의 일을 하는 데 중심이 되는 사람.
主客[しゅかく/しゅきゃく] 주객; ①주인과 손님. ②주요한 것과 부수적인 것. ③(문법에서) 주어와 목적어.
主客転倒[しゅかくてんとう] 주객전도.
主格[しゅかく] ≪語学≫ 주격.
主計[しゅけい] 회계 담당자.
主計官[しゅけいかん] 회계(会計) 담당관.
主計局[しゅけいきょく] 회계국.
主管[しゅかん] 주관; 중심이 되어 관리함.
1 主観[しゅかん] 주관; 자기 혼자만의 생각.
主君[しゅくん] 주군; 자신이 섬기는 주(主)나 영주(領主).
1 主権[しゅけん] 주권; 국가 국성 요소로서 최고・독립・절대의 권력.
主権者[しゅけんしゃ] 주권자.
主脳[しゅのう] ①수뇌(首脳). 지도적인 인물. ②주요 부분.
主脳部[しゅのうぶ] 수뇌부(首脳部).
主脳会談[しゅのうかいだん] 수뇌(首脳) 회담.
1 主導[しゅどう] 주도; 중심이 되어 인도함.
主力[しゅりょく] 주력; 주된 힘이나 세력.
主力株[しゅりょくかぶ] 주력주.
主力艦[しゅりょくかん] 주력함.
主流[しゅりゅう] 주류; ①강의 본류(本流). ②중심이 되는 유파(流派). ③주된 경향.
主謀[しゅぼう] 주모; 나쁜 일을 꾀하는 중심 인물.
主務[しゅむ] 주무; 중심이 되어 사물을 취급함.
主文[しゅぶん] 주문; ①문장의 핵심 부분. ② ≪法≫ 판결 주문.
主犯[しゅはん] 주범; 범죄의 중심 인물.
主部[しゅぶ] 주부; ①주요한 부분. ② ≪語学≫ 주어와 그 수식어로 된 부분.
2 主婦[しゅふ] 주부; 아내로서 한 가정의 살림을 맡아 하는 여성.
主賓[しゅひん] 주빈; ①주된 손님. ②주객(主客). 주인과 손님.
主事[しゅじ] 주사; ①사무를 주관하는 사람. ②공무원 직명의 하나.
主査[しゅさ] 주사; ①중심이 되어 조사함. ②조사 주임. 심사 주임.
主産地[しゅさんち] 주산지.
主上[しゅじょう] 주상; 천황의 높임말.
主席[しゅせき] 주석; ①주인의 자리. ②최고 책임자.
主成分[しゅせいぶん] 주성분; 주된 성분.
主税局[しゅぜいきょく] 주세국. ＊大蔵省(おおくらしょう)의 소속임.
1 主食[しゅしょく] 주식; 식사의 주된 음식물.
主審[しゅしん] 주심; 주가 되어 심판함.
主尋問[しゅじんもん] 주심문; 직접 심문.
主我[しゅが] 주아; ①생각과 느낌의 주체로서의 자기. 자아(自我). ②이기(利己).
主眼[しゅがん] 주안; 요점. 핵심.

[2]主語[しゅご] 주어; ①문장의 주어. ②주사(主辞). 주개념.
[2]主役[しゅやく] 주역; 주인공의 역할.
[1]主演[しゅえん] 주연; 연극의 주인공.
[2]主要[しゅよう] 주요; 중요함.
主要点[しゅようてん] 주요점; 중요한 점.
主位[しゅい] 주위; 중요한 자리.
主意[しゅい] 주의; ①주된 생각. ②주인이나 주군의 뜻. ③이지나 감정보다는 의지를 중히 여김.
[2]主義[しゅぎ] 주의; 사상.
[2]主人[しゅじん] 주인; ①손님을 맞아들이는 사람. ②가장(家長). ③(아내가 남편을 말할 때) 자기 남편. 바깥양반. ④자기가 섬기고 있는 사람.
[1]主人公[しゅじんこう] 주인공; ①중심 인물. ②주인(主人)의 높임말.
主因[しゅいん] 주인; 주된 원인.
[1]主任[しゅにん] 주임; 주로 그 사무를 관장하는 사람.
[2]主張[しゅちょう] 주장; 자신의 생각을 강하게 말함.
主宰[しゅさい] 주재; 중심이 되어 전체의 일을 처리함.
主将[しゅしょう] 주장; ①전군(全軍)의 총대장. ②(스포츠에서) 팀의 통솔자.
主著[しゅちょ] 주저; 주된 저서.
[1]主題[しゅだい] 주제; ①중심 제목. 중심이 되는 내용. ②(예술 작품에서) 중심 사상. ③ ≪楽≫ 중심이 되는 선율(旋律).
主題歌[しゅだいか] 주제가.
主潮[しゅちょう] 주조; 중심이 되는 사조(思潮).
主調[しゅちょう] 주조; ①주된 격조·색조·어조. ② ≪楽≫ (한 악곡의) 기본 가락.
主従[しゅじゅう] 주종; ①주된 것과 부수적인 것. ②주군과 신하. 주인과 종자(従者).
主旨[しゅし] 주지; 주가 되는 의미·내용.
主唱[しゅしょう] 주창; 주가 되어 주장함.
[1]主体[しゅたい] 주체; ①자신의 의지로 행동하는 것. ②조직 등에서 중심이 되는 것.
主体性[しゅたいせい] 주체성.
[1]主催[しゅさい] 주최; 중심이 되어 개최함.
主治医[しゅじい] 주치의; ①중심이 되어 치료를 담당하는 의사. ②단골 의사.
主筆[しゅひつ] 주필; 신문사나 잡지사의 수석 기자.
◑坊主[ぼうず]

州 고을/섬 주

丶 丿 少 州 州 州

音 ◉シュウ
訓 ◉す

訓読

◉州❶[す] 흙이나 모래가 물속에 퇴적하여 수면에 나타난 땅. ¶三角(さんかく)~ 삼각주. ❷[しゅう] ☞ [音読]
州崎[すさき] 갑(岬). 곶. 주(州)가 길게 바다나 호수·강 가운데로 튀어나온 곳.

音読

[2]州❶[しゅう] 주; ①연방 국가의 행정 구획의 하나. ¶~政府(せいふ) 주정부. ②지구상의 대륙. ¶アジア~ 아시아 주. ❷[す] ☞ [訓読]
州立[しゅうりつ] 주립; 주(州)에서 설립함.
州俗[しゅうぞく] 주속; 지방 풍속.

朱 붉을 주

丿 𠂉 𠂊 牛 朱 朱

音 ◉シュ
訓 ⊗あけ

訓読

⊗朱[あけ] ≪雅≫ 주홍색. 붉은 빛.

音読

朱[しゅ] 주; ①주홍색. 빨간 색. ②(교정지에 써 넣는) 붉은 글자.
朱塗り[しゅぬり] 주홍색을 칠함.
朱墨[しゅずみ] 주묵; 붉은 색의 먹.
朱門[しゅもん] 주문; ①붉은 칠을 한 대문. ②부귀한 사람의 집.
朱色[しゅいろ/しゅしょく] 주색; 주홍색.
朱書き[しゅがき] 주서; 붉은 글씨로 씀.
朱肉[しゅにく] 주육; 인주(印朱).
朱印[しゅいん] 주인; ①붉은 인주로 찍은 도장. ②(室町(むろまち)·江戸(えど)시대에) 大名(だいみょう)·将軍(しょうぐん)의 명령이나 공인의 표시로 찍은 도장.
朱印船[しゅいんせん] 주인선; (근세 초기에) 将軍(しょうぐん)의 주인(朱印)이 찍힌 허가장을 얻어 동남아시아 각지와 통상을 하던 무역선.
朱子学[しゅしがく] 주자학.

朱鞘[しゅざや] 주초; 주홍색 칠을 한 칼집.
朱筆[しゅひつ] 주필; ①붉은 색의 먹을 칠한 붓. ②붉은 글씨로 써 넣음.

舟 배 주

′ 丿 ⺆ 冃 舟 舟

音 ◉シュウ
訓 ◉ふね ◉ふな…

訓読

[2]◉**舟**[ふね] (작은) 배.
舟歌[ふなうた] ①뱃노래. ②《楽》 성악곡·기악곡의 하나. 바르카롤.
舟路[ふなじ] ①뱃길. ②선편(船便) 여행.
舟方[ふなかた] 뱃사공.
舟守[ふなもり] 배를 지킴.
舟宿[ふなやど] ①배 객줏집. 선박 운송업자. ②놀잇배나 낚싯배를 주선하는 집.
舟遊び[ふなあそび] 뱃놀이.
舟人[ふなびと] ①뱃사람. 선원. ②배의 승객.
舟子[ふなこ] 뱃사람. 선원(船員).

音読

舟運[しゅううん] 주운; 배를 이용한 교통·운송.
舟遊[しゅうゆう] 주유; 뱃놀이.
舟艇[しゅうてい] 주정; 소형의 배.
舟航[しゅうこう] 주항; 항해(航海).
舟行[しゅうこう] 주행; ①배를 타고 감. ②배가 나아감. ③뱃놀이.

住 살 주

ノ 亻 亻 仁 什 住 住

音 ◉ジュウ
訓 ◉すまう ◉すむ

訓読

◉**住まう**[すまう] 〈5自〉 거주하다. 살다.
[2]**住(ま)い**[すまい] ①생활. 살이. ②집. 주택. 주소.
[4]◉**住む**[すむ] 〈5自〉 ①거주하다. 살다. ②서식(棲息)하다. 깃들이다.
住み古す[すみふるす] 〈5他〉 그 곳에 오래 살다.
住み慣らす[すみならす] 〈5他〉 (집에) 오래 살아 살기 좋게 하다.
住み慣れる[すみなれる] 〈下1自〉 오래 살아 정들다.
住吉造(り)[すみよしづくり] 神社(じんじゃ) 건축의 한 양식. *맞배지붕 모양을 닮았음.
住み成す[すみなす] 〈5自〉 ①살다. 거처로 하다. ②…하게 살다.
住み込み[すみこみ] 더부살이.
住み込む[すみこむ] 〈5自〉 더부살이하다. 주인집에 입주하다.
住み着く[すみつく] 〈5自〉 정착(定着)하다.
住み処[すみか] ①거처. 주거. ②소굴. 굴.
住み替える[すみかえる] 〈下1他〉 ①이사하다. 옮겨 살다. ②주인을 바꿔 더부살이하다. 기생이 주인을 바꾸다.
住み替(わ)る[すみかわる] 〈5自〉 ①(그 집에) 사는 사람이 바뀌다. ②이사하다.
住み荒らす[すみあらす] 〈5他〉 오래 살아서 (집·방 등을) 낡게 하다.

音読

住[じゅう] ①거주함. ②주거. 집.
住する[じゅうする] 〈サ変自〉 ①살다. 거처하다. ②머무르다.
住家[じゅうか] 주가; 주택.
[2]**住居**[じゅうきょ] 주거; 거주함. 생활함.
住居址[じゅうきょし] 《考古》 주거지.
住民[じゅうみん] 주민; 그 지방 사람.
住民税[じゅうみんぜい] 주민세.
住民登録[じゅうみんとうろく] 주민 등록.
[2]**住所**[じゅうしょ] 주소; 생활의 본거지가 되는 장소.
住所氏名[じゅうしょしめい] 주소 성명.
住人[じゅうにん] 주민. 거주인. 거주자.
住持[じゅうじ] 주지; 한 절을 주관하는 중.
住宅[じゅうたく] 주택; 사람의 집.
住宅街[じゅうたくがい] 주택가.
住宅難[じゅうたくなん] 주택난.

走 달릴 주

一 十 土 丰 丰 走 走

音 ◉ソウ
訓 ◉はしらす ◉はしらせる ◉はしる

訓読

◉**走らす**[はしらす] 〈5他〉 ①달리게 하다. 달려가게 하다. 몰다. ②달아나게 하다. ③막힘없이 빨리 움직이다.
◉**走らせる**[はしらせる] 〈下1他〉 ①달리게 하다. 달려가게 하다. 몰다. ②달아나게 하다. ③막힘없이 빨리 움직이다.

4◉走る[はしる] 〈5自〉 ①달리다. 뛰다. 빨리 움직이다. ②달아나다. 도망가다. ③세차게 흐르다. 용솟음치다. ④(강・길 등이) 뻗다. 통하다. ⑤(순간적으로) 스쳐 지나가다. ⑥(나쁜 방향으로) 치우치다. 흐르다. 빠지다.

走り[はしり] ①달리기. 달음박질. ②햇것. 첫물. 맏물. ③일의 시작. 시초. 시작. ④설거지대.

走(り)競べ[はしりくらべ] 경주; 달리기.

走(り)高跳び[はしりたかとび] 높이뛰기.

走(り)高飛び[はしりたかとび] 높이뛰기.

走り寄る[はしりよる] 〈5自〉 뛰어서 다가가다. 뛰어서 다가오다.

走(り)読み[はしりよみ] 대충 읽음. 죽 훑어봄.

走(り)梅雨[はしりづゆ] 장마철에 앞서 내리는 궂은비.

走り抜ける[はしりぬける] 〈下1自〉 ①달려서 빠져나가다. ②추월하다. 앞질러 달리다. ③주파(走破)하다. 끝까지 달리다.

走(り)使い[はしりづかい] 잔심부름.

走(り)書き[はしりがき] 휘갈겨 씀.

走(り)井[はしりい] 힘차게 솟아 나오는 샘.

走(り)痔[はしりじ] 피가 나오는 치질.

走(り)幅跳び[はしりはばとび] 멀리뛰기.

走り回る[はしりまわる] 〈5自〉 ①뛰어 돌아다니다. ②바삐 돌아다니다.

音読

走狗[そうく] 주구; ①사냥개. ②앞잡이.

走力[そうりょく] 주력; 달릴 수 있는 힘.

走路[そうろ] 주로; ①경주로. ②탈주로. 도망가는 길.

走馬灯[そうまとう] 주마등.

走法[そうほう] 주법; 달리는 방법.

走査線[そうさせん] ≪物≫ 주사선.

走者[そうしゃ] 주자; ①(야구에서) 러너. ②(육상 경기의) 러너.

走卒[そうそつ] 주졸; 심부름하는 하인.

走破[そうは] 주파; 최후까지 달림.

1走行[そうこう] 주행 ; 달려 감.

走行距離[そうこうきょり] 주행 거리.

周(周) 두루 주

丿 冂 月 円 円 周 周 周

音 ◉シュウ

訓 ◉まわり ⊗あわてる

訓読

2◉周り[まわり] ①둘레. 주위. 근처. ②가. 가장자리. 주변.

⊗周章てる[あわてる] 〈下1自〉 ①당황하다. 허둥거리다. ②몹시 서두르다.

音読

周忌[しゅうき] ≪仏≫ 주기; 매년 돌아오는 죽은 날.

1周期[しゅうき] ≪物≫ 주기; 거의 일정한 간격을 두고 같은 일이 되풀이됨.

周年[しゅうねん] 주년; ①만 1년. ②1년 내내. 1년 동안.

周到[しゅうとう] 주도; 주의가 빈틈없이 두루 미침.

周壁[しゅうへき] 주벽; 둘레의 벽.

2周辺[しゅうへん] 주변; 둘레. 근처. 부근.

周旋[しゅうせん] 주선; 알선. 중개.

周旋屋[しゅうせんや] 중개업자. 알선업자.

周縁[しゅうえん] 주연; 둘레. 주변.

2周囲[しゅうい] 주위; 주변. 근처. 부근.

周遊[しゅうゆう] 주유; 각처를 여행함.

周遊券[しゅうゆうけん] 주유권; (일본 철도 회사가 철도 관광 여행자를 위해 발행하는) 할인 승차권.

周章[しゅうしょう] 주장; 당황함. 허둥댐.

周知[しゅうち] 주지; 여러 사람이 앎.

周波数[しゅうはすう] ≪物≫ 주파수.

周航[しゅうこう] 주항; 배로 일주함.

宙 집/하늘 주

丶 丷 宀 宀 宀 宙 宙 宙

音 ◉チュウ

訓 —

音読

宙[ちゅう] 공중. 공간. 허공.

宙ぶらり[ちゅうぶらり] ☞ 宙ぶらりん

宙ぶらりん[ちゅうぶらりん] ①공중에 매달려 있음. ②엉거주춤함.

1宙返り[ちゅうがえり] ①공중제비. ②(비행기의) 공중회전.

宙乗り[ちゅうのり] (연극・곡예에서) 몸을 매달아 공중에 뜨게 하는 장치・연기.

宙釣り[ちゅうづり] ①허공에 매달림. ②(연극・곡예에서) 몸을 매달아 공중에 뜨게 하는 장치・연기.

注 물댈 주

丶 冫 氵 氵 氵 汁 汴 注

音 ◉チュウ

訓 ◉そそぐ ⊗つぐ ⊗さす

訓読

[2]◉注ぐ❶[そそぐ] 〈5自〉 ①흘러 들어가다. 흘러들다. ②(비·눈 따위가) 쏟아지다. 〈5他〉 ①(물을) 대다. 주다. ②따르다. 붓다. ③(물을) 뿌리다. 주다. ④(눈물을) 흘리다. ⑤(정신을) 쏟다. 집중하다.

⊗注ぐ❷[つぐ] 〈5他〉 따르다. 쏟다. 붓다.

⊗注す[さす] 〈5他〉 ①(물을) 붓다. 따르다. ②첨가하다. ③(기름을) 치다. 넣다. ④(술잔을) 권하다. ⑤칠하다. 바르다.

音読

[2]注[ちゅう] 주; 주석(註釈). 주해(註解).

注する[ちゅうする] 〈サ変自他〉 ①주석을 달다. 주해하다. 실명하다. ②기록하다.

注記[ちゅうき] 주기; 주를 닮. 주를 단 것.

注連[★しめ] ①(말뚝 또는 새끼줄로 나타낸) 푯말. ②(출입을 금지하는) 금줄. ③출입을 금함.

注連縄[★しめなわ] (출입을 금지하는) 금줄.

注連飾り[★しめかざり] (정초에 대문 또는 神棚(かみだな) 등에 치는) 금줄 장식.

[2]注目[ちゅうもく] 주목; ①관심을 갖고 지켜봄. 주시함. ②(옛날 군대에서) 지휘관에게 주목하여 경의를 표함. 또는 그 구령(口令).

[2]注文[ちゅうもん] 주문; ①맞춤. ②요구. 희망.

注文流れ[ちゅうもんながれ] 주문해 놓고 찾아가지 않음.

注文先[ちゅうもんさき] 주문처.

注文書[ちゅうもんしょ] 주문서.

注文取り[ちゅうもんとり] 고객에게 주문을 받으러 다님.

[3]注射[ちゅうしゃ] ① ≪医≫ 주사. ②(물을) 끼얹음.

注射液[ちゅうしゃえき] 주사액.

注釈[ちゅうしゃく] 주석; ①주해(註解). ②말을 덧붙임.

注水[ちゅうすい] 주수; 물을 주입함. 물을 댐.

注視[ちゅうし] 주시; 관심을 갖고 지켜봄.

注油[ちゅうゆ] 주유; 기름을 침.

注油器[ちゅうゆき] 주유기.

[3]注意[ちゅうい] 주의; ①마음을 집중함. ②경계함. 조심함.

注入[ちゅうにゅう] 주입; ①액체를 흘려 넣음. ②한 곳에 집중해서 넣음. ③(기억력만 믿고 단편적으로) 지식을 가득 채워 넣음.

注進[ちゅうしん] 급보(急報). 급히 알림.

注解[ちゅうかい] 주해; 본문의 뜻을 풀이함.

昼(晝) 낮 주

㇇ ⺕ 尸 尺 尽 昼 昼 昼 昼

音 ◉チュウ

訓 ◉ひる

訓読

[4]◉昼[ひる] ①낮. ②정오. ③점심.

[3]昼間[ひるま/ちゅうかん] 주간; 낮. 낮 동안.

昼頃[ひるごろ] 정오경. 정오쯤.

昼過ぎ[ひるすぎ] 정오가 조금 지났을 무렵.

昼飯[ひるめし] 점심. ＊남성 용어임.

昼時[ひるどき] ①정오경. ②점심때.

昼顔[ひるがお] ≪植≫ 메. 메꽃.

[4]昼御飯[ひるごはん] 점심. 점심 식사.

昼鳶[ひるとんび] 낮도둑.

昼日中[ひるひなか] 대낮. 한낮.

昼前[ひるまえ] ①정오 조금 전. ②오전.

昼酒[ひるざけ] 낮술.

昼中[ひるなか] ①낮. 낮 동안. ②대낮. 한낮.

[2]昼寝[ひるね] 낮잠. 오수(午睡).

昼下がり[ひるさがり] ①정오가 조금 지난 무렵. ②오후 2시경. ③하오(下午).

昼餉[ひるげ] 점심.

昼行灯[ひるあんどん] ①대낮에도 불이 켜져 있는 등. ②(있어도) 아무 쓸모없는 사람. ③멍청이.

[3]昼休み[ひるやすみ] ①점심 휴식 시간. ②낮잠. 점심 후의 휴식.

音読

昼間[ちゅうかん/ひるま] 주간; 낮. 낮 동안.

昼光[ちゅうこう] 주광; 햇볕. 자연광.

[2]昼食[ちゅうしょく] 점심. 점심 식사.

昼夜[ちゅうや] 주야; ①낮과 밤. ② 〈副〉 밤낮으로. 늘. 밤낮없이.

昼夜兼行[ちゅうやけんこう] 주야겸행; 밤낮을 가리지 않고 행함.

昼餐[ちゅうさん] 주찬; 오찬(午餐). 점심.

柱 기둥 주

一 十 才 木 木' 朩 朾 柱 柱

音 ◉チュウ
訓 ◉はしら

訓読

[2]◉柱[はしら] ①기둥. ②중심 인물. ③책의 꼭대기 난. ④패주(貝柱). 조개관자. ⑤신체(神体)·유골(遺骨)을 세는 말. 위(位).
柱掛(け)[はしらかけ] 기둥에 거는 장식품.
柱暦[はしらごよみ] 기둥에 거는 작은 달력. 한 장씩 떼는 달력.
柱時計[はしらどけい] 괘종시계. 벽시계.
◑帆柱[ほばしら], 水柱[みずばしら], 火柱[ひばしら]

音読

柱頭[ちゅうとう] ①《建》 주두; 기둥머리. ②《植》 암술머리.
柱廊[ちゅうろう] 주랑; 기둥만 있고 벽이 없는 복도.
柱状[ちゅうじょう] 주상; 기둥 모양.
柱石[ちゅうせき] 주석; ①기둥과 주춧돌. ②중요한 인물.

奏(奏) 연주할 주

一 二 三 夫 夫 夫 叁 奏 奏

音 ◉ソウ
訓 ◉かなでる

訓読

◉奏でる[かなでる] 〈下1他〉 ①(악기를) 연주하다. 켜다. 타다. ②《古》 춤을 추다.

音読

奏する[そうする] 〈サ変他〉 ①상주(上奏)하다. 임금께 아뢰다. ②연주(演奏)하다. ③(목적 등을) 이루다.
奏功[そうこう] 주공; ①공을 이룸. 목적한 대로 성취함. ②공적을 나타냄.
奏鳴曲[そうめいきょく] 《楽》 주명곡; 소나타.
奏聞[そうもん] 주문; 임금께 아룀.
奏上[そうじょう] 주상; 군주께 아룀.
奏楽[そうがく] 주악; ①음악을 연주함. ②(歌舞伎(かぶき)의 下座(げざ) 음악에서) 아악(雅楽)을 모방한 곡.
奏請[そうせい] 주청; 군주께 상주(上奏)하여 재가(裁可)를 청함.
奏効[そうこう] 주효; 효과가 나타남.

酒 술 주

丶 冫 氵 汀 沂 沂 洒 洒 酒 酒

音 ◉シュ
訓 ◉さけ ◉さか

訓読

[2]◉酒[さけ] ①술. ②(일본) 청주(清酒).
酒気[さかけ/しゅき] 주기; 술기운.
酒断ち[さかだち] 금주(禁酒). 술을 끊음.
酒代[さかだい] ①술값. ②팁. 술값.
酒杜氏[さかとうじ] 술 만드는 일꾼.
酒粕[さけかす] 주박; 술지게미.
酒癖[さけくせ/さけぐせ] 주벽; 술버릇.
酒瓶[さかがめ] 술독.
酒肥り[さけぶとり/さかぶとり] 술살이 찜.
酒盛り[さかもり] 주연(酒宴). 술잔치.
酒焼け[さかやけ/さけやけ] 주독(酒毒)으로 얼굴이 붉어짐.
酒手[さかて] ①술값. ②팁. 술값.
酒食らい[さけくらい] 술고래. 모주꾼.
酒塩[さかしお] (요리할 때) 맛을 내기 위해 술을 침. 또는 그 술.
[2]酒屋[さかや] 술파는 가게. 술 전문점.
酒甕[さかがめ] 술독.
酒飲み[さけのみ] 술을 즐겨 마심.
[2]酒場[さかば] (술을 마시는) 술집. 바.
酒蔵[さかぐら] 술 창고. 술 저장고.
酒槽[さかぶね] ①(저장용의 큰 나무) 술통. ②술주자. 술을 거르거나 짜내는 나무틀.
酒糟[さけかす] 술지게미.
酒樽[さかだる] 술통.
酒倉[さかぐら] 술 창고. 술 저장고.
酒薦[さかごも] 술통을 싸는 거적.
酒祝い[さかほがい] 주연을 베풀어 축하함. 술을 마시며 축하함.
酒酔い[さけよい] ①술에 취한 상태. ②술 취한 사람.
酒浸り[さけびたり/さかびたり] 줄곧 술만 마시고 있음.
酒太り[さけぶとり/さかぶとり] 술살이 찜.
酒好き[さけずき] 애주가(愛酒家).
酒壺[さかつぼ] 술단지.

音読

酒家[しゅか] 주가; ①술집. ②술꾼.

酒客[しゅかく] 주객; 술꾼.
酒器[しゅき] 주기; 술잔이나 술병.
酒乱[しゅらん] 주란; 술에 취해 몹시 주정함. 또는 그런 성질.
酒量[しゅりょう] 주량; 한 사람이 마실 수 있는 술의 양.
酒楼[しゅろう] 주루; 요릿집.
酒類[しゅるい] 주류; ①술의 종류. ②모든 술의 총칭.
酒杯[しゅはい] 주배; 술잔.
酒保[しゅほ] 병영(兵営) 내의 매점.
酒色[しゅしょく] 주색; 술과 여자.
酒席[しゅせき] 주석; 술자리.
酒仙[しゅせん] 주선; 술꾼.
酒食[しゅしょく] 주식; 술과 식사.
酒宴[しゅえん] 주연; 술잔치.
酒精[しゅせい] 주정; 알코올.
酒造[しゅぞう] 주조; 술을 빚어 만듦.
酒池肉林[しゅちにくりん] 주지육림; 술과 고기가 풍부한 사치스런 술잔치.
酒豪[しゅごう] 주호; 술꾼.
酒肴[しゅこう] 주효; 술과 안주.
酒興[しゅきょう] 주흥; 술을 마시고 흥겨움. 술을 마신 뒤의 흥취.

株 그루터기 주

一 十 オ 木 朩 朩 杵 杵 株 株

音 ⊗シュ
訓 ◉かぶ

訓読

[2]◉株[かぶ] ①그루터기. ②그루. 포기. ③주; 주식(株式). 주권(株券). ④주가(株価). ⑤¶お～ 특기. 장기(長技). ⑥(江戸(えど) 시대에 제한되던 영업의) 권리. ⑦(옛날 특수 사회에서) 특별한 지위나 신분.
株価[かぶか] 주가; 주식 시세.
株間[かぶま] (농작물의) 그루와 그루 사이.
株券[かぶけん] 주권; 주주(株主)임을 표시한 유가(有価) 증권.
株金[かぶきん] 주금; 주식 투자금.
株立(ち)[かぶだち] 《農》 한 그루・포기에서 갈라져 나와 자란 초목.
株分け[かぶわけ] 《農》 분주(分株). 포기나누기.
[1]株式[かぶしき] 주식.
株式市場[かぶしきしじょう] 주식 시장.
株式投信[かぶしきとうしん] '株式投資信託'의 준말.
[1]株式会社[かぶしきがいしゃ] 주식회사.
株屋[かぶや] 주식 브로커.
株主[かぶぬし] 주주; 주식회사의 주식 소유자.
株主権[かぶぬしけん] 주주권.
株主総会[かぶぬしそうかい] 주주 총회.

珠 구슬 주

一 丅 干 王 玗 玝 珄 珠 珠 珠

音 ◉シュ ⊗ズ
訓 ⊗たま

訓読

⊗珠[たま] ①구슬. 보석. 진주. 옥. ②소중한 것. 아름다운 것.
珠算[たまざん/しゅざん] 주산; 주판.

音読

珠簾[しゅれん] 주렴; 구슬로 장식한 발.
珠玉[しゅぎょく] 주옥; 구슬. 보석. 옥.
◑数珠[じゅず]

週(週) 두를/주간 주

冂 月 円 月 用 周 周 凋 调 週

音 ◉シュウ
訓 —

音読

[2]週[しゅう] 주; 1주간(週間). 1주일(週日).
週刊[しゅうかん] 주간; 1주 1회 발간・발행하는 출판물.
[4]週間[しゅうかん] 주간; ①1주일 동안. ②특별한 행사를 위해 정한 7일간.
週給[しゅうきゅう] 주급; 1주일 단위로 지급하는 급료.
週末[しゅうまつ] 주말; ①한 주일의 끝. 토요일. ②토요일과 일요일.
週番[しゅうばん] 주번; 1주일 동안 당번이 된 사람. 1주일마다 교체되는 근무.
週報[しゅうほう] 주보; ①매주 올리는 보고. ②매주 발행하는 출판물.
週日[しゅうじつ] 주일; 평일.
週初[しゅうしょ] 주초; 한 주일의 첫머리.
週休[しゅうきゅう] 주휴; 한 주일에 휴가가 있는 날.

鋳(鑄) 주조할 주

𠆢 亼 全 金 金 金 鋳 鋳 鋳 鋳

音 ◉チュウ
訓 ◉いる

訓読

◉**鋳る**[いる] 〈下1他〉 (거푸집에) 부어 만들다. 주조(鋳造)하다.
鋳掛(け)[いかけ] (냄비·솥 등의) 땜질.
鋳掛(け)屋[いかけや] 땜장이. 땜장이 집.
鋳潰す[いつぶす] 〈5他〉 금속 제품을 녹이다. 금속 제품을 녹여서 딴 물건으로 만들다.
鋳物[いもの] 주물; 쇠붙이를 녹여 주조(鋳造)한 물건.
鋳込む[いこむ] 〈5他〉 (거푸집에) 쇳물을 붓다.
鋳型[いがた] 주형; 거푸집. 틀.

音読

鋳金[ちゅうきん] 주금; 주조(鋳造).
鋳造[ちゅうぞう] 주조; 쇠붙이를 녹여 거푸집에 부어 넣어 소요의 모양을 만듦.
鋳鉄[ちゅうてつ] 주철; 1.7% 이상의 탄소를 포함한 철합금.
鋳貨[ちゅうか] 주화; 주조 화폐. 동전.

駐 머무를 주

丨 𠃊 𠃊 耳 馬 馬 馬 馬 馿 駐

音 ◉チュウ
訓 —

音読

駐屯[ちゅうとん] 주둔; 군대가 어떤 지역에 머무름.
駐留[ちゅうりゅう] 주류; 군대가 어떤 지역에 장기간 머무름.
駐輪[ちゅうりん] 자전거를 세워 둠.
駐輪場[ちゅうりんじょう] 자전거 주차장.
駐米[ちゅうべい] 주미; 미국에 머무름.
駐兵[ちゅうへい] 주병; 군대를 주둔시킴. 주둔시키는 군대.
駐仏[ちゅうふつ] 주불; 프랑스에 머무름.
駐英[ちゅうえい] 주영; 영국에 머무름.
駐日[ちゅうにち] 주일; 일본에 머무름.
駐在[ちゅうざい] 주재; ①일정한 장소에 머물러 있음. ②파견된 임지(任地)에 장기간 머무름. ③'駐在所'의 준말.
駐在さん[ちゅうざいさん] 파출소 순경님.
駐在所[ちゅうざいしょ] 주재소; 파출소.
駐中[ちゅうちゅう] 주중; 중국에 머무름.
[2]**駐車**[ちゅうしゃ] 주차; 자동차를 세워 둠.
駐車禁止[ちゅうしゃきんし] 주차 금지.
[3]**駐車場**[ちゅうしゃじょう] 주차장.

肘 팔꿈치 주

音 ⊗チュウ
訓 ⊗ひじ

訓読

[2]⊗**肘**[ひじ] ①팔꿈치. ②팔꿈치 모양의 것.
肘掛け[ひじかけ] 팔걸이.
肘金[ひじがね] (문짝에 다는) ㄱ자 모양의 수톨쩌귀.
肘突き[ひじつき] 팔꿈치 방석.
肘笠[ひじかさ] ①팔을 들어 소매로 비를 막음. ②'肘笠雨'의 준말.
肘笠雨[ひじかさあめ] 소나기. ＊팔꿈치로 막을 수 없다는 데서.
肘木[ひじき] ①(神社(じんじゃ)나 절(寺) 건축에서) 처마를 받치는 가로대. 가로 받침대. ②맷돌의 손잡이. 맷손.
肘鉄[ひじてつ] ☞ 肘鉄砲
肘鉄砲[ひじでっぽう] ①(상대방을) 팔꿈치로 떼밂. ②딱 잘라 거절함. 퇴짜 놓음.
肘枕[ひじまくら] 팔베개.
肘壺[ひじつぼ] (문짝에 다는) 암톨쩌귀.

呪 저주할 주

音 ⊗ジュ
訓 ⊗まじなう
⊗のろう
⊗のろわしい

訓読

⊗**呪う** ❶[まじなう] 〈5他〉 주문(呪文)을 외다. 주술(呪術)을 부리다. ❷[のろう] 〈5他〉 ①저주하다. ②몹시 원망하다.
呪い ❶[まじない] 주문(呪文)을 욈. 주술(呪術). ❷[のろい] 저주(詛呪).
⊗**呪わしい**[のろわしい] 〈形〉 저주스럽다. 원망스럽다.

音読

呪文[じゅもん] 주문; 주술(呪術)을 행할 때 외는 글귀.
呪縛[じゅばく] 주박; 주술(呪術)의 힘으로 움직이지 못하게 함.
呪法[じゅほう] 주법; ①≪仏≫ 밀교(密教)에서 행하는 가지(加持) 기도법. ②주술(呪術).

呪術[じゅじゅつ] 주술; 주법(呪法).
呪詛[じゅそ] 주저; 저주(詛呪).

洲 섬 주 | 音 ⊗シュウ 訓 ⊗す

訓読
⊗洲[す] 흙이나 모래가 물속에 퇴적하여 수면에 나타난 땅. ¶三角(さんかく)～ 삼각주.
洲崎[すさき] 갑(岬). 곶. 주(州)가 길게 바다나 호수·강 가운데로 튀어나온 곳.

厨 부엌 주 | 音 ⊗ズ ⊗チュウ 訓 ⊗くりや

訓読
⊗厨[くりや] ①부엌. 주방. ②요리사.
音読
厨芥[ちゅうかい] 주개; 주방의 쓰레기.
厨房[ちゅうぼう] 주방; 부엌.
厨房用品[ちゅうぼうようひん] 주방 용품.
厨夫[ちゅうふ] 주부; 요리인.
厨子[ずし] ①책 등을 넣어 두는 2개의 문이 달린 궤. ②여닫이문이 달린 감실(龕室) 모양의 궤.

酎 진한 술 주 | 音 ⊗チュウ 訓 —

音読
酎ハイ[ちゅうハイ] 소주(焼酎)를 탄산수에 섞은 음료수. ＊'焼酎(しょうちゅう)ハイボール'의 약어(略語)임.

紬 명주 주 | 音 ⊗チュウ 訓 ⊗つむぎ

訓読
⊗紬[つむぎ] 명주.
紬糸[つむぎいと] 명주실.

註 주낼 주 | 音 ⊗チュウ 訓 —

音読
註[ちゅう] 주; 주석(註釋). 주해(註解).
註する[ちゅうする] 〈サ変自他〉 ①주석을 달다. 주해하다. 설명하다. ②기록하다.
註記[ちゅうき] 주기; 주를 닮. 주를 단 것.
註釈[ちゅうしゃく] 주석; ①주해(註解). ②말을 덧붙임.
註釈者[ちゅうしゃくしゃ] 주석자; 주해자.
註疏[ちゅうそ] 주소; 자세히 설명함.
註解[ちゅうかい] 주해; 본문의 뜻을 풀이함.
註解書[ちゅうかいしょ] 주해서.
註解者[ちゅうかいしゃ] 주해자.

誅 벌할 주 | 音 ⊗チュウ 訓 —

音読
誅[ちゅう] 주; 죄인을 벌함. 죄인을 죽임.
誅する[ちゅうする] 〈サ変他〉 주살(誅殺)하다. 적을 쳐부수다.
誅求[ちゅうきゅう] 주구; (관청에서 백성의 재물을) 무리하게 빼앗음.
誅滅[ちゅうめつ] 주멸; 죄인을 죽임.
誅伐[ちゅうばつ] 주벌; 죄인을 토벌함.
誅罰[ちゅうばつ] 주벌; 죄를 물어 처벌함.
誅殺[ちゅうさつ] 주살; 죄를 이유로 죽임.

躊 머뭇거릴 주 | 音 ⊗チュウ 訓 ⊗ためらう

訓読
2⊗躊躇う[ためらう] 〈5自〉 ①주저하다. 망설이다. ②방황하다. 서성거리다.
躊躇い[ためらい] 주저함. 망설임.
音読
躊躇[ちゅうちょ] 주저; 망설임. 머뭇거림.

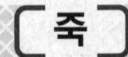

〔죽〕

竹 대나무 죽

丿 𠂉 𥫗 ⺮ 竹 竹

音 ◉チク
訓 ◉たけ

訓読
2◉竹[たけ] ①《植》 대. 대나무. ②(대나무로 만든) 관악기.
竹竿[たけざお] 대나무 장대.
竹鋸[たけのこぎり] 대나무로 만든 톱.
竹格子[たけごうし] 대나무 격자창.
竹冠[たけかんむり] 대죽머리. ＊한자(漢字) 부수의 하나로 '答·算' 등의 '竹' 부분을 말함.

竹光[たけみつ] 대나무 칼. 죽도(竹刀).
竹刀[★しない] 죽도; 대나무를 쪼개어 만든 연습용 검.
竹島[たけしま] 죽도. *한국의 '독도(独島)'를 일본에서 일컫는 말임.
竹簾[たけすだれ] 대나무 발.
竹流し[たけながし] '竹流し金'의 준말.
竹流し金[たけながしきん] 대나무 통에 금을 녹여 부어 필요할 때 잘라 쓰는 금.
竹馬[たけうま/ちくば] 죽마; 대나무 말. ¶ ～の友(とも) 죽마고우; 소꿉동무.
竹柏[★なぎ] ≪植≫ 죽백나무.
竹似草[たけにぐさ] ≪植≫ 양귀비과의 대형 다년생 식물.
竹細工[たけざいく] 죽세공; 대나무를 재료로 하는 세공.
竹藪[たけやぶ] 대나무 숲. 대밭.
竹矢来[たけやらい] 대나무 울타리.
竹縁[たけえん] 대나무로 깐 툇마루.
竹屋[たけや] ①대나무 가게. 대나무 장수. ②대나무 집.
竹垣[たけがき] 대나무 울타리.
竹の園生[たけのそのう] 대나무 밭.
竹に雀[たけにすずめ] ①대구(対句)로 어울리는 말의 비유. ②가문(家紋)을 상징하는 무늬의 이름.
竹切れ[たけぎれ] 댓조각. 대나무 조각.
竹釘[たけくぎ] 죽정; 대나무 못.
竹槍[たけやり] 죽창; 대나무 창.
竹簀[たけす] 대나무로 엮은 깔판.
竹蜻蛉[たけとんぼ] 도르래. *대나무 쪽으로 프로펠러처럼 만들어 손으로 중심 막대를 비비다가 날려 보내는 장난감.
竹草履[たけぞうり] ①대오리로 짠 일본 짚신. ②대나무를 쪼개서 짚신 밑에 대어 썰매처럼 눈 위를 미끄러져 가게 한 것.
竹叢[たけむら] 대나무 숲.
竹筒[たけづつ] 죽통; 굵은 대나무로 만들어 술·간장·기름 등을 담는 긴 통.
竹の皮[たけのかわ] 죽피; ①죽순 껍질. ②대나무 껍질.
竹の丸[たけのまる] 가문(家紋)을 상징하는 무늬의 하나.

音読

竹工[ちっこう/ちくこう] 죽공; ①죽세공(竹細工). ②죽세공을 직업으로 하는 사람.
竹輪[ちくわ] 생선살을 대나무 꼬챙이에 발라 굽거나 찐 생선묵.
竹林[ちくりん] 죽림; 대나무 숲.
竹馬[ちくば/たけうま] 죽마; 대나무 말.
竹馬の友[ちくばのとも] 죽마고우. 소꿉동무.
竹帛[ちくはく] 죽백; (옛날 중국에서의) 책. 역사책. 역사.

粥 죽 죽	音 ⊗シュク 訓 ⊗かゆ

訓読

⊗粥[かゆ] 죽.
粥腹[かゆばら] (죽만 먹어서) 힘을 못 쓰는 배. 기운을 못 쓰는 배.

준

俊 준수할 준

ノ 亻 亻' 亻厶 亻允 亻夋 俊 俊 俊

音 ◉シュン
訓 —

音読

俊傑[しゅんけつ] 준걸; 뛰어난 인물.
俊敏[しゅんびん] 준민; 머리가 영리하고 행동이 날렵함.
俊秀[しゅんしゅう] 준수; 재주가 뛰어난 사람. 영재(英才). 준재(俊才).
俊英[しゅうえい] 준영; 준재(俊才).
俊逸[しゅんいつ] 준일; 재능이 뛰어남.
俊才[しゅんさい] 준재; 재주가 뛰어난 사람. 영재(英才).
俊足[しゅんそく] 준족; ①재능이 뛰어난 사람. 준재(俊才). ②걸음이 빠름.
俊豪[しゅんごう] 준호; 뛰어난 인물.

准 승인할 준

丶 冫 冫' 冫亻 冫亻' 冫亻' 冫亻 冫隹 准 准

音 ◉ジュン
訓 ⊗なぞらえる

訓読

⊗准える[なぞらえる] 〈下1他〉 ①비유하다. 비교하다. 비하다. 견주다. ②모방하다. 본뜨다.

音読
准看[じゅんかん] '准看護婦'의 준말.
准看護婦[じゅんかんごふ] 보조 간호사.
准尉[じゅんい] 준위; ①(옛날) 일본 육군의 준위. ②현 일본 자위대 계급의 하나 ＊'准陸尉(じゅんりくい)·准海尉(じゅんかいい)·准空尉(じゅんくうい)'의 통칭.
准将[じゅんしょう] 준장; (미국 등의 군인 계급의 하나로) 대령(大領)의 위 계급. 소장(少将)의 아래 계급.

準	법도/비길 준
氵 氵 氵 氵 氵 汁 淮 準 準	

音 ◉ジュン
訓 ⊗なぞらえる

訓読
⊗**準える**[なぞらえる] 〈下1他〉 ①비유하다. 비교하다. 견주다. 비하다. ②모방하다. 본뜨다.

音読
1**準じる**[じゅんじる] 〈上1自〉 ☞ 準ずる
1**準ずる**[じゅんずる] 〈サ変自〉 ①준하다. 기준으로 삼다. 본뜨다. ②비교하다. 비례하다.
準拠[じゅんきょ] 준거; 표준으로 삼음.
準決勝[じゅんけっしょう] 준결승.
準禁治産者[じゅんきんちさんしゃ] 준금치산자; 한정 치산.
1**準急**[じゅんきゅう] '準急行列車'의 준말.
準急行列車[じゅんきゅうこうれっしゃ] 준급행열차.
3**準備**[じゅんび] 준비; 미리 마련하여 갖춤.
準備金[じゅんびきん] 준비금.
準用[じゅんよう] 준용; 표준으로 적용함.
準準決勝[じゅんじゅんけっしょう] 준준결승.
準則[じゅんそく] 준칙; 표준으로 적용함.
準会員[じゅんかいいん] 준회원.

遵(遵)	따를 준
丷 䒑 艹 艹 酋 酋 尊 尊 遵	

音 ◉ジュン
訓 —

音読
遵法[じゅんぽう] 준법; 법령을 지킴.
遵法精神[じゅんぽうせいしん] 준법정신.
遵奉[じゅんぽう] 준봉; 관례나 규칙을 좇아서 받듦.
遵守[じゅんしゅ] 준수; 규칙·명령 등을 그대로 좇아서 지킴.
遵用[じゅんよう] 준용; 답습(踏襲).

浚	깊을 준	音 ⊗シュン 訓 ⊗さらう ⊗さらえる

訓読
⊗**浚う**[さらう] 〈5他〉 (도랑·연못·샘 등을) 긁어내다. 치다. 준설하다.
⊗**浚える**[さらえる] 〈下1他〉 ☞ 浚(さら)う

音読
浚渫[しゅんせつ] 준설; 물속의 바닥을 긁어내어 치움.
浚渫機[しゅんせつき] 준설기.
浚渫船[しゅんせつせん] 준설선.
浚渫作業[しゅんせつさぎょう] 준설 작업.

峻	높을 준	音 ⊗シュン 訓 —

音読
峻拒[しゅんきょ] 준거; 준엄하게 거절함.
峻嶺[しゅんれい] 준령; 높고 험한 고개.
峻路[しゅんろ] 준로; 가파른 언덕길.
峻別[しゅんべつ] 준별; 엄중한 구별.
峻峰[しゅんぽう] 준봉; 험준한 봉우리.
峻厳[しゅんげん] 준엄; ①매우 엄격함. ②(산이나 봉우리가) 험준함.
峻烈[しゅんれつ] 준열; 준엄하고 격렬함.
峻坂[しゅんぱん] 준판; 매우 가파른 언덕.
峻険[しゅんけん] 준험 ①(산이) 높고 험함. ②엄격함. 냉엄함.

竣	일 마칠 준	音 ⊗シュン 訓 —

音読
竣工[しゅんこう] 준공; 건축물의 공사(工事)를 마침. 낙성(落成).
竣工式[しゅんこうしき] 준공식.
竣功[しゅんこう] ☞ 竣工
竣成[しゅんせい] 준성; 준공(竣工).

噂 ×(噂)	수군거릴 준	音 ⊗ソン 訓 ⊗うわさ

訓読

2⊗**噂**[うわさ] ①소문. 풍문. ②남의 말. 남의 이야기.

噂話[うわさばなし] 소문 이야기. 세상 돌아가는 이야기.

樽ˣ(樽) 술통 준	音 ⊗ソン 訓 ⊗たる

訓読

⊗**樽**[たる] (술·간장 등을 담는) 나무통.

樽抜き[たるぬき] ①통의 뚜껑을 뜯음. ②감을 빈 술통에 넣어 우려냄.

樽拾い[たるひろい] 단골집의 빈 술통을 거두어들이는 술도가의 심부름꾼.

樽柿[たるがき] 빈 술통에 넣어 우려낸 감.

樽御輿[たるみこし] (주로 어린이들이 메는) 빈 술통으로 만든 (神을 모시는) 가마.

樽入り[たるいり] 통에 듦. 통들이.

樽酒[たるざけ] 통술. 통에 든 술.

音読

樽俎[そんそ] 준조; 잔치. 술자리.

樽俎折衝[そんそせっしょう] 준조절충; 연회석에서 평화적으로 외교 교섭을 하는 일. 외교 담판.

駿 준마/빠를 준	音 ⊗シュン 訓 —

音読

駿馬[しゅんめ/しゅんば] 준마; 잘 달리는 말.

駿才[しゅんさい] 준재; 재주가 뛰어난 사람. 영재(英才). 수재(秀才).

駿足[しゅんそく] 준족; ①걸음이 빠름. ②재능이 뛰어난 사람. 준재(俊才).

蹲 웅크릴 준	音 ⊗ソン 訓 ⊗つくばう ⊗うずくまる

訓読

⊗**蹲う**[つくばう] 〈5自〉 ①웅크리다. 쭈그리다. ②(네 손발로) 납죽 엎드리다.

蹲い[つくばい] ①웅크림. ②다실(茶室) 입구에 나지막하게 만들어 놓은 손 씻는 물그릇.

⊗**蹲る**[うずくまる] 〈5自〉 ①웅크리다. 쭈그리고 앉다. ②(짐승이) 앞발을 꺾고 엎드리다. 웅크리다.

音読

蹲居[そんきょ] ☞ 蹲踞

蹲踞[そんきょ] ①웅크림. 쭈그리고 앉음. ②(씨름에서) 맞붙기 전에 발뒤꿈치를 세우고 상체를 편 채 마주보고 앉는 자세.

蠢 꿈틀거릴 준	音 ⊗シュン 訓 ⊗うごめかす ⊗うごめく

訓読

⊗**蠢かす**[うごめかす] 〈5他〉 꿈틀거리다. 벌름거리다.

⊗**蠢く**[うごめく] 〈5自〉 꿈틀거리다. 굼실거리다.

音読

蠢動[しゅんどう] 준동; ①(작은 벌레 등이) 꿈틀거림. 굼실거림. ②(하찮은 무리가) 소란을 피움.

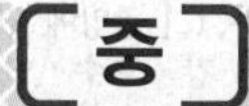

中 가운데 중
丨 ⼝ 口 中

音 ◉チュウ ⊗ジュウ
訓 ◉なか ⊗あたる

訓読

4◉**中**❶[なか] ①안. 속. 내부. ②복판. 중앙. 한가운데. ③중간. ④(한정된 범위) 내. 중. ⑤(어떤 상태의) 속. ¶雨(あめ)の～を歩(ある)く 빗속을 걷다. ❷[ちゅう/じゅう] ☞ [音読]

中でも[なかでも] 그 중에서도. 특히.

中には[なかには] 그 중에는. 개중에는.

中にも[なかにも] 그 중에도. 특히.

⊗**中てる**[あてる] 〈下1他〉 명중시키다. (과녁에) 맞히다. 적중시키다.

⊗**中る**[あたる] 〈5自〉 중독되다. 체하다. 탈나다.

中り[あたり] 중독. 체함. 탈이 남.

中の間[なかのま] ①가운데 방. ②(일본의) 재래식 목선(木船)의 중앙 부분.

中蓋[なかぶた] (2중 뚜껑의 그릇에서) 안쪽 뚜껑.

中頃[なかごろ] ①중간쯤 되는 때. ②한창 때. ③중간.

中継(ぎ)[なかつぎ] 중계; ①인계. ②중간에서 이어 맞춤. ③(뚜껑을 씌우면 이음매가 생겨 보이는) 말차(抹茶) 그릇. ④알선. 소개. ⑤근친자가 한때 상속함.

中高❶[なかだか] ①가운데가 높음. ②콧날이 오뚝 섬. ③중한(中限) 시세가 당한(当限)·선한(先限)보다 높음. ❷[ちゅうこう] 중고; ①중학교와 고등학교. ②중간 정도와 높은 정도.

中高い[なかだかい] 〈形〉 ①(가장자리보다) 가운데가 높다. ②(얼굴에서) 콧날이 오뚝하다.

中空❶[なかぞら] ①중천(中天). ②(마음이) 들떠 있음. 건성임. ❷[ちゅうくう] 중공; ①중천(中天). ②속이 텅 비어 있음.

中口[なかぐち] ①중앙의 입구. ②이간질하는 사람. 중상자(中傷者).

中の口[なかのくち] 현관과 부엌문 사이의 출입문.

中つ国[なかつくに] 중앙에 있는 나라. 일본.

中島[なかじま] 강·호수·연못 안의 섬.

中道❶[なかみち] ①(먼 길을 가는) 도중. ②(밭 등의) 가운데 길. ③(등산자가) 산 중턱을 옆으로 빙 돌아감. ❷[ちゅうどう] 중도; ①중용(中庸). ②도중. 중도.

中塗り[なかぬり] (바닥칠과 마무리칠의 중간에 하는) 중간칠.

中稲[なかて] ①중도; 중올벼. 올벼와 늦벼의 중간에 수확하는 벼. ②중물. 만물 다음의 채소.

中働き[なかばたらき] 내실과 부엌 사이의 잡일을 하는 하녀.

中落ち[なかおち] 생선의 양쪽 살을 발라낸 다음의 가운데 등뼈 부분.

中幕[なかまく] (歌舞伎(かぶき)에서) 첫 번째와 두 번째의 狂言(きょうげん) 사이에 관객의 기분 전환을 위해 하는 단막의 狂言.

中売り[なかうり] (흥행장에서 막간에) 음식물을 팔러 다님. 또는 그 판매원.

中綿[なかわた] (옷·이불 등의) 안솜.

中務省[なかつかさしょう] (옛날) 천황 곁에서 궁중의 정무를 맡아 보던 관청.

2**中味**[なかみ] 내용물. 알맹이.

中敷(き)[なかじき] ①속에 깖. 안에 깖. 안에 까는 물건. ②가운데 쯤 까는 물건.

中仕切り[なかじきり] (상자 등의) 칸막이.

中使い[なかづかい] 중간에서 양쪽 일을 처리해 주는 사람.

中山道[なかせんどう] 京都(きょうと)에서 중부 지방의 산악 지대를 거쳐 江戸(えど)에 이르는 길.

中上下[なかがみしも] 江戸(えど)의 무사 예복의 일종.

中席[なかせき] (극장에서) 그 달의 11일부터 20일까지의 흥행.

中昔[なかむかし] 중세(中世). ＊특히 平安(へいあん)시대를 말함.

中仙道[なかせんどう] 京都(きょうと)에서 중부 지방의 산악 지대를 거쳐 江戸(えど)에 이르는 길.

中つ世[なかつよ] ≪古≫ 중세(中世).

中手[なかて] ①(바둑에서) 가운데에 둠. 치중(置中). ②중올벼. 올벼와 늦벼의 중간에 수확하는 벼. ③중물. 만물 다음의 채소.

2**中身**[なかみ] ①내용물. 알맹이. ②칼의 몸. 칼날 부분. 도신(刀身).

中神[なかがみ] (陰陽道에서) 8방을 운행하고 길흉화복을 지배한다는 신.

中屋敷[なかやしき] 江戸(えど) 시대에 大名(だいみょう)들이 上屋敷(かみやしき)의 예비 주택으로 사용했던 집.

中凹[なかくぼ] 가운데가 우묵함.

中垣[なかがき] ①옆집과의 경계 울타리. ②(양자의) 사이를 갈라놓는 것.

中弛み[なかだるみ] ①중도에서 시들해짐. 도중에 긴장이 풀림. ②중간이 느슨해짐. 가운데가 처짐. ③(오름세에 있던 시세가) 중도에 주춤해짐.

中日❶[なかび] 흥행 기간의 중간 날. ❷[ちゅうにち] ①중국과 일본. ② ≪仏≫ 7일간의 피안(彼岸) 중간일. ＊춘분(春分)이나 추분(秋分)에 해당함. ③일정한 기간의 중간 날.

中入り[なかいり] (씨름·연극의) 중간 휴식.

中子[なかご] ①중심. 내부. 심(芯). ②(과일 등의) 속살. 과육(果肉). ③칼의 슴베. ④(찬합 등의) 안으로 포개어 들어가게 된 그릇.

中潜り[なかくぐり] 다실(茶室) 뜰의 중간에 세운 중문(中門). ＊허리를 구부리고 드나들었음.

中低[なかびく] ①가운데가 낮음. ②당한(当限)·선한(先限)보다 중한(中限) 시세가 낮음.

中積み[なかづみ] 짐을 가운데에 쌓음. 가운데에 쌓은 짐.

中折(れ)[なかおれ] ①가운데가 우묵하거나 꺾임. ②중절모자.

中折(れ)帽子[なかおれぼうし] 중절 모자.

中庭[なかにわ] 중정; 안뜰.

1**中程**[なかほど] ①(공간의) 한가운데쯤. ②(시간·거리·상태의) 중간. 절반. 도중.

中潮[なかしお] 간만(干満)의 차가 중간쯤일 때의 조수(潮水).

中座❶[なかざ] ①중앙의 좌석. ②(회의·집회) 도중에 자리를 뜸. ❷[ちゅうざ] (회의·집회) 도중에 자리를 뜸.

中州❶[なかす] 강 가운데 생긴 모래톱. ❷[ちゅうしゅう] ①세계의 중앙에 위치한 나라. ②일본의 중앙에 위치한 땅.

中洲[なかす] 강 가운데 생긴 모래톱.

2**中中**[なかなか] ①꽤. 상당히. 제법. ②(부정문에서) 좀처럼. 쉽사리. ③〈感〉 그렇소. 그렇고 말고.

中中の事[なかなかのこと] 지당하신 말씀. 당연한 일.

2**中指**[なかゆび] 중지; 가운뎃손가락.

中直り[なかなおり] (환자가) 죽기 전에 잠시 좋아져 기운을 차림.

中次ぎ[なかつぎ] ①알선. 소개. ②(뚜껑을 씌우면 이음매가 생겨 보이는) 말차(抹茶) 그릇.

中着[なかぎ] 속옷과 겉옷 사이에 입는 옷.

中剃り[なかぞり/なかずり] 머리의 한가운데를 깎음.

中値[なかね] 중간 시세. 평균 시세.

中打ち[なかうち] 생선의 양쪽 살을 발라낸 다음의 가운데 등뼈 부분.

中通り❶[なかどおり] 가운데 길. ❷[ちゅうどおり] 중간 정도의 품질.

中表[なかおもて] (종이·옷감 등을) 거죽이 안쪽으로 들어가게 접거나 개킴.

中限[なかぎり/ちゅうぎり] 중한; 매매 계약을 한 다음 달 말일에 현품을 주고받는 거래.

中許し[なかゆるし] (芸道에서) 스승에게서 받는 중간급 면허.

中休み[なかやすみ] ①중간 휴식. ②(흥행장의) 막간 휴식.

中黒[なかぐろ] ①화살 깃의 상하가 희고 중앙이 검은 것. ②(인쇄 활자에서) 가운뎃점. '·'. 중점(中点). ③원 안에 한일(一)자가 들어 있는 가문(家紋).

音読

4**中**❶[ちゅう] ①중간. 한가운데. ②중간 정도. ③중용(中庸). 치우치지 않음. ④중국. ⑤중학교. ⑥범위 안. ⑦…도중. ⑧…속.

2**中**❷[じゅう] (시간이나 장소에 접속하여) ①내내. 동안. ②온통. 전체. ❸[なか] ☞ [訓読]

中とろ[ちゅうとろ] (요리용으로) 참치 살의 지방분이 적당한 부분.

2**中間**❶[ちゅうかん] 중간; ①두 개 사이. ②양 극단의 사이. ③진행 중인 시점. ❷[ちゅうげん] (옛날) 무가(武家)의 사무라이와 小者(こもの) 중간의 하인. ❸[ちゅうま] 一間(いっけん)을 약 1.9m로 한 척도.

中間色[ちゅうかんしょく] 중간색.

中距離[ちゅうきょり] 중거리; (육상 경기에서) 400m~2,000m까지의 거리.

中堅[ちゅうけん] 중견; ①대장 직속 부대. ②중심이 되는 위치에 있는 사람. ③(야구에서) 센터.

中堅手[ちゅうけんしゅ] (야구의) 중견수; 센터.

中耕[ちゅうこう] ≪農≫ 중경; 사이갈이.

1**中継**[ちゅうけい] 중계; ①인계(引継). ②'中継放送'의 준말.

中継貿易[ちゅうけいぼうえき] 중계 무역.

中継放送[ちゅうけいほうそう] 중계 방송.

2**中古**❶[ちゅうこ] 중고; ①어느 정도 사용하여 낡은 물품. ②(일본 역사 시대 구분의 하나로) 상고(上古) 시대와 근고(近古) 시대 사이. *흔히 平安(へいあん)시대를 말함. ❷[ちゅうぶる] 중고; 어느 정도 사용하여 낡은 물품.

中高❶[ちゅうこう] 중고; ①중학교와 고등학교. ②중간 정도와 높은 정도. ❷[なかだか] ①가운데가 높음. ②콧날이 오뚝섬. ③중한(中限) 시세가 당한(当限)·선한(先限)보다 높음.

中高年[ちゅうこうねん] 중년과 노년.

中高年層[ちゅうこうねんそう] 중년층과 노년층.

中空❶[ちゅうくう] 중공; ①중천(中天). ②속이 텅 비어 있음. ❷[なかぞら] ①중천(中天). ②(마음이) 들떠 있음. 건성임.

中国[ちゅうごく] ①중국; 중화민국. ②일본의 山陽(さんよう)·山陰(さんいん) 지방.

中国地方[ちゅうごくちほう] 山口(やまぐち)・鳥取(とっとり)・島根(しまね)・広島(ひろしま)・岡山(おかやま)의 5개 현(県)의 지방.

中宮[ちゅうぐう] 중궁; ①(平安(へいあん)시대에) 皇后(こうごう)의 딴이름. ②황후(皇后)와 동격인 후(后).

中近東[ちゅうきんとう] 중근동; 중동과 근동을 합친 지역.

中級[ちゅうきゅう] 중급; 중간 급수.

中気[ちゅうき] 중기; ① ≪医≫ 중풍(中風). ②24절기 가운데 매달 중순 이후에 드는 절기.

中期[ちゅうき] 중기; ①중간의 시기. ② ≪経≫ 중한(中限).

中南米[ちゅうなんべい] 중남미.

[2]**中年**[ちゅうねん] 중년; 40대 나이.

中段[ちゅうだん] 중단; ①중간 정도의 단계. ②(검도에서) 칼・창끝이 상대방의 눈을 향한 자세.

[1]**中断**[ちゅうだん] 중단; ①중간에서 잘림・자름. ②중도에서 끊김・끊음.

中隊[ちゅうたい] (군대의) 중대.

中隊長[ちゅうたいちょう] 중대장.

[2]**中途**[ちゅうと] 중도; ①(먼 길을) 가는 도중. ②하던 일의 중간.

中途半端[ちゅうとはんぱ] ①엉거주춤함. ②흐지부지함.

中途退学[ちゅうとたいがく] 중도 퇴학.

中道❶[ちゅうどう] 중도; ①중용(中庸). ②도중. 중도. **❷**[なかみち] ①(먼 길을 가는) 도중. ②(밭 등의) 가운데 길. ③(등산자가) 산중턱을 옆으로 빙 돌아감.

[1]**中毒**[ちゅうどく] 중독; ①물질의 독성에 의해서 기능장애를 일으킴. ＊식중독・약물중독・세균중독 등이 있음. ②주변의 상황에 익숙해져 감각 등이 마비되어 버림.

中東[ちゅうとう] 중동; 극동과 근동의 중간 지역. 중앙아시아.

中等[ちゅうとう] 중등; 상등(上等)과 하등(下等)의 사이.

中浪[ちゅうろう] 고입(高入) 재수생. 고등학교 입시에 실패한 재수생.

中略[ちゅうりゃく] 중략; 중간 부분을 생략함.

中老[ちゅうろう] ①중늙은이. ②(室町(むろまち) 시대) 무가(武家)의 중신(重臣)으로 家老(かろう)의 다음 자리. ③무가의 시녀로서 老女(ろうじょ)의 다음 자리.

中流[ちゅうりゅう] 중류; ①(강의) 흐름의 중간쯤. ②생활 정도가 중간쯤 되는 사회 계층.

[1]**中立**[ちゅうりつ] 중립; 중간 입장에 섬.

中皿[ちゅうざら] 중간 크기의 접시.

中米[ちゅうべい] 중미; 중앙 아메리카.

中盤[ちゅうばん] 중반; (바둑・장기에서) 승부 도중의 가장 격렬한 국면.

中背[ちゅうぜい] 중키. 보통의 키.

[1]**中腹**[ちゅうふく] (산의) 중턱.

中っ腹[ちゅうっぱら] 속에서 화가 치밂. 분노를 풀지 못해 불만이 쌓임.

中部[ちゅうぶ] 중부; 중앙 부분.

中産階級[ちゅうさんかいきゅう] 중산 계급.

[1]**中傷**[ちゅうしょう] 중상; 있지도 않은 일을 말하여 남의 명예를 손상시킴.

中生代[ちゅうせいだい] 중생대.

[2]**中性**[ちゅうせい] 중성; ①(서로 대립되는 양자의) 중간적인 성질. ②산성도 알칼리성도 아닌 성질. ③전하(電荷)를 띠지 않은 상태. ④남자답지도 여자답지도 않은 성질. ⑤ ≪語学≫ 중성.

中性子[ちゅうせいし] ≪物≫ 중성자.

[2]**中世**[ちゅうせい] 중세; 고대와 근대 사이. ＊일본에서는 鎌倉(かまくら)・室町(むろまち) 시대를 말함.

中細[ちゅうぼそ] 중간 정도의 굵기.

中小企業[ちゅうしょうきぎょう] 중소기업.

[2]**中旬**[ちゅうじゅん] 중순; 한 달의 11일부터 20일까지의 10일간.

中食[ちゅうしょく] 중식; 점심. 점심 식사.

中食会[ちゅうしょくかい] 점심 회식.

[2]**中心**[ちゅうしん] 중심; ①중앙. 한가운데. ②(사물의) 가장 중요한 부분・요소・위치・장소. ③마음속. ④ ≪数≫ 중심점. ⑤중심(重心).

中心街[ちゅうしんがい] 중심가.

中押し[ちゅうおし] (바둑에서) 불계승.

[2]**中央**[ちゅうおう] 중앙; ①중심. 한가운데. ②수도(首都). 정부.

中央政府[ちゅうおうせいふ] 중앙 정부.

中葉[ちゅうよう] 중엽; (어느 시기 가운데) 그 중간쯤 되는 시대.

中外[ちゅうがい] 중외; 안팎. 내외.

中腰[ちゅうごし] 엉거주춤한 자세. 반쯤 일어난 자세.

中庸[ちゅうよう] 중용; 중도(中道)임. 어느 쪽으로도 치우침이 없음.

中元[ちゅうげん] 중원; ①백중. 음력 7월 15일. ②백중날의 선물.

中尉[ちゅうい] (육·해군의) 중위.

中肉中背[ちゅうにくちゅうぜい] 보통 몸집에 보통 키.

中二階[ちゅうにかい] 다락방.

中耳[ちゅうじ] ≪生理≫ 중이.

中人❶[ちゅうにん] (목욕탕 등의 요금 구분에서) 중학생 정도의 연령층. ❷[ちゅうじん] ①보통 사람. 평범한 사람. ②중류층. ③중매인. 중재인.

中日❶[ちゅうにち] ①중국과 일본. ②≪仏≫ 7일간의 피안(彼岸) 중간일. *춘분(春分)이나 추분(秋分)에 해당함. ③일정한 기간의 중간 날. ❷[なかび] 흥행 기간의 중간 날.

中将[ちゅうじょう] ①(군대의) 중장. ②近衛府(このえふ)의 차관 상위.

中絶[ちゅうぜつ] 중절; ①중단(中断). ②'妊娠中絶'의 준말.

中正[ちゅうせい] 중정; 공정(公正)함.

中佐[ちゅうさ] 중좌; (옛날) 일본군 육해군 장교로 한국의 중령(中領)에 해당함.

中座❶[ちゅうざ] (회의·집회) 도중에 자리를 뜸. ❷[なかざ] ①중앙의 좌석. ②(회의·집회) 도중에 자리를 뜸.

中卒[ちゅうそつ] '中学卒業'의 준말.

3 **中止**[ちゅうし] 중지; 그만 둠.

中天[ちゅうてん] 중천; 공중. 하늘 한복판.

中秋[ちゅうしゅう] 중추; 음력 8월 15일.

1 **中枢**[ちゅうすう] 중추; 중심이 되는 중요한 곳. 중요한 부분.

中軸[ちゅうじく] 중축; ①물체의 중앙을 꿰뚫는 축. ②사물의 중심. 조직의 중심 인물.

中退[ちゅうたい] '中途退学'의 준말.

中波[ちゅうは] ≪物≫ 중파.

中編[ちゅうへん] 중편; ①(서적 등에서) 3편으로 된 것의 중간의 것. ②(소설·영화에서) 장편과 단편의 중간 분량 길이의 작품.

中風[ちゅうふう/ちゅうぶ/ちゅうぶう] ≪医≫ 중풍; 반신불수.

2 **中学**[ちゅうがく] 중학; 중학교.

3 **中学校**[ちゅうがっこう] 중학교.

中学年[ちゅうがくねん] 중학년; 초등학교의 중간 학년인 3·4학년생.

中学生[ちゅうがくせい] 중학생.

中核[ちゅうかく] 중핵; 사물의 중심이 되는 중요한 부분.

中形[ちゅうがた] 중형; ①중간 정도의 크기. ②중간형 염색 무늬.

中型[ちゅうがた] ☞ 中形

中火[ちゅうび] 중불. 중간 정도의 화력(火力).

1 **中和**[ちゅうわ] 중화; ①성격이 온화함. 원만함. ②(다른 성질의 것이) 서로 융합하여 그 특성을 잃음. ③≪化≫ (적당량의) 산(酸)과 염기(塩基)가 반응하여 물과 소금을 만듦.

中華[ちゅうか] 중화; '中国'의 딴이름

中華料理[ちゅうかりょうり] 중화요리; 중국 요리.

中華鍋[ちゅうかなべ] (주로 중국 요리를 할 때 사용하는) 철제의 큰 냄비.

中興[ちゅうこう] 중흥; 쇠해졌다가 다시 번영함.

◑**家中**[いえじゅう], **年中**[ねんじゅう], **心中**[しんじゅう]

仲 버금갈 중

丿 亻 亻 仃 仲 仲

音 ◉チュウ

訓 ◉なか

訓読

2 ◉**仲**[なか] (사람과 사람의) 사이. 관계.

2 **仲間**❶[なかま] ①동료. 한패. ②같은 종류. 동류(同類). ❷[ちゅうげん] (옛날) 무가(武家)의 사무라이와 小者(こもの) 중간의 하인.

仲間内[なかまうち] 동료들. 동료 사이.

仲間同士[なかまどうし] 동료끼리. 친구끼리.

仲間受け[なかまうけ] 동료들 사이에서의 평판.

仲間外れ[なかまはずれ] 따돌림. 외톨이.

仲間入り[なかまいり] 한패가 됨.

仲間値段[なかまねだん] 동업자 가격.

仲間割れ[なかまわれ] 내부 분열.

仲間喧嘩[なかまげんか] 동료끼리 싸움.

仲居[なかい] ①(요릿집 등에서) 손님을 접대하거나 잔심부름을 하는 하녀. ②将軍(しょうぐん)·大名(だいみょう)의 저택에서 시중드는 여자들이 대기하던 방.

仲見世[なかみせ] 神社(じんじゃ)나 절(寺) 경내에 있는 상점(商店).

仲働き[なかばたらき] 내실과 부업 사이의 잡일을 하는 하녀.

[2]仲良し[なかよし] (주로 어린이들의) 사이가 좋음. 사이좋은 친구.
仲立ち[なかだち] 중개. 중매. 주선. 소개.
仲買[なかがい] 중매; 중개. 중개인.
仲買業[なかがいぎょう] 중개업.
仲買人[なかがいにん] 중개업자. 중개인.
仲仕[なかし] 하역부(荷役夫).
仲違い[なかたがい] 사이가 틀어짐.
仲人[★なこうど] (결혼) 중매인.
仲店[なかみせ] 神社(じんじゃ)나 절(寺) 경내에 있는 상점(商店).
[2]仲直り[なかなおり] 화해(和解)함.

仲合[なからい] 정분(情分). 교분(交分).
仲好し[なかよし] (주로 어린이들의) 사이가 좋음. 사이좋은 친구.

音読

仲介[ちゅうかい] 중개; 주선. 알선.
仲介者[ちゅうかいしゃ] 중개자.
仲冬[ちゅうとう] 한겨울. 음력 11월.
仲裁[ちゅうさい] 중재; (싸움・분쟁을) 중재하여 화해시킴.
仲裁国[ちゅうさいこく] 중재국.
仲裁人[ちゅうさいにん] 중재인.
仲秋[ちゅうしゅう] 중추; 음력 8월.
仲秋の候[ちゅうしゅうのこう] 중추지절(仲秋之節).
仲春[ちゅうしゅん] 중춘; 음력 2월.
仲夏[ちゅうか] 중하; 한여름. 음력 5월.

重 무거울/거듭 중

一 亍 亍 亓 肓 盲 亘 重 重

音 ◉ジュウ ◉チョウ
訓 ◉え ◉おもい ◉かさなる ◉かさねる

訓読

◉重[え] (숫자에 접속하여 접미어로) …겹.
[4]◉重い[おもい] 〈形〉 ①(무게가) 무겁다. ②(부담・책임이) 무겁다. 중대하다. ③(정도가) 심하다. ④(기분이) 무겁다. ⑤(지위가) 높다. 중요하다. ⑥침착하다. 진중하다.
重き[おもき] 무게. 중점. 중요시.
重げ[おもげ] 〈形動〉 무거운 듯함.
[2]重さ[おもさ] 무게.
重し[おもし] ①누름돌. 눌러 놓는 돌. ②(남을 위압하는) 관록. ③저울추.
[2]重たい[おもたい] 〈形〉 ①(무게가) 묵직하다. 무겁다. ②(마음이) 답답하다. 우울하다. ③(동작이) 둔하다. 굼뜨다.
重たげ[おもたげ] 〈形動〉 무거운 듯함.
重な[おもな] 주된. 중심이 되는.
重み[おもみ] ①(기준 이상의) 중량. 무거움. ②중요도. 중요한 정도. ③관록. 중후함.
重り[おもり] ①저울추. 분동(分銅). ②무게를 더하는 물건. 추. ③낚싯봉.
重る[おもる] 〈5自〉 ①(무게가) 무거워지다. ②병이 악화되다.
[1]重んじる[おもんじる] 〈上1他〉 ☞ 重んずる
[1]重んずる[おもんずる] 〈サ変他〉 중요시하다. 소중히 여기다. 중히 여기다. 존중하다.
重苦しい[おもくるしい] 〈形〉 숨 막힐 듯하다. 답답하다. 짓눌리는 듯하다.
重立つ[おもだつ] 〈5自〉 (관계자들 가운데서) 중심이 되다. 주가 되다.
重馬場[おもばば] (눈・비가 내려) 말이 달리기에 힘들게 된 경마장.
重石❶[おもし] ①누름돌. 눌러 놓는 돌. ②(남을 위압하는) 관록. ③저울추. ❷[じゅうせき] 중석; 텅스텐 광석.
重手[おもで] (칼・화살 등으로 인한) 중상. 심한 상처.
重手代[おもてだい] 고참 종업원.
重重しい[おもおもしい] 〈形〉 ①위엄이 있다. 무게가 있다. ②정중하다. 육중하다. 엄중하다.
重湯[おもゆ] 미음. 암죽.
重荷[おもに] ①무거운 짐. ②부담.
[2]◉重なる[かさなる] 〈5自〉 ①겹치다. 포개어지다. ②거듭되다.
重なり[かさなり] 겹침. 중복됨.
重なり合う[かさなりあう] 〈5自〉 서로 겹치다.
[2]◉重ねる[かさねる] 〈下1他〉 ①겹치다. 포개다. 쌓다. ②되풀이하다. 계속하다. 반복하다.
重ね[かさね] ①겹침. 겹친 것. ②옷을 껴입음. ③겉옷과 속옷을 갖춘 옷. ④(포갠 것을 세는 말로) …벌.
重ねて[かさねて] 거듭. 재차. 되풀이하여.
重ね箪笥[かさねだんす] 둘 이상이 겹쳐 한 짝이 되게 만든 장롱.
重ね杯[かさねさかずき] ①대(大)・중(中)・소(小)의 3개로 한 세트가 되는 술잔. ②연거푸 여러 잔의 술을 마심.

重ね餅[かさねもち] ①대소(大小) 2개를 포개어 신불(神仏)에게 바치는 떡. ②(씨름에서) 서로 맞붙은 채로 포개어져서 쓰러짐.
重ね詞[かさねことば] 강조하기 위해 같은 말을 반복하는 말.
重ね重ね[かさねがさね] ①자주. 여러 번. 잇달아. ②거듭거듭.
重ね着[かさねぎ] 옷을 껴입음. 껴입은 옷.
音読
重工業[じゅうこうぎょう] 중공업.
重金属[じゅうきんぞく] 중금속.
重機[じゅうき] 중기; ①중공업용 기계. ②'重機関銃'의 준말.
重機関銃[じゅうきかんじゅう] 중기관총.
重農主義[じゅうのうしゅぎ] 중농주의.
2**重大**[じゅうだい] 중대; ①(일이) 보통이 아님. 대단함. ②중요함.
重代[じゅうだい] 중대; 조상 대대(代代).
2**重量**[じゅうりょう] 중량; ①무게. 무거운 정도. ②무게가 무거움.
重量トン[じゅうりょうトン] 중량톤; 선박이 부담할 수 있는 최대의 용량.
重量挙げ[じゅうりょうあげ] 역도(力道).
2**重力**[じゅうりょく] ≪物≫ 중력.
重文[じゅうぶん] 중문; ①≪語学≫ 둘 이상의 대등절로 된 글월. ②'重要文化財'의 준말.
重犯[じゅうはん] 중범; ①중한 범죄. ②재차 죄를 범함. 누범(累犯).
重病[じゅうびょう] 중병; 심한 병.
重宝❶[じゅうほう] 귀중한 보물. ❷[ちょうほう] ①편리함. 유용함. ②편리해서 아낌. 애용함. ③보물. 보배.
重宝がる[ちょうほうがる] 〈5他〉 편리하다고 여기다. 유용한 것으로 취급하다.
1**重複**[じゅうふく/ちょうふく] 중복; 거듭됨.
重商主義[じゅうしょうしゅぎ] 중상주의.
重箱[じゅうばこ] 찬합.
重箱読み[じゅうばこよみ] 두 글자로 된 한자(漢字) 숙어의 첫 글자는 음(音)으로 읽고 다음 글자는 훈(訓)으로 읽는 법.
重箱詰め[じゅうばこづめ] 찬합에 담음.
重賞[じゅうしょう] 중상; 후한 상. 많은 상금.
重傷[じゅうしょう] 중상; 심하게 다침.
重税[じゅうぜい] 중세; 무거운 세금.
重水[じゅうすい] 중수. 중수소가 포함된 물.
重水素[じゅうすいそ] 중수소.
2**重視**[じゅうし] 중시; 중요시함.
重臣[じゅうしん] 중신; 중요한 직책의 신하.
重心[じゅうしん] 중심; ①몸의 균형. ②무게 중심. 중력의 중심점. ③사물의 중심점.
重圧[じゅうあつ] 중압; 강한 압박.
重言[じゅうげん/じゅうごん] 중언; ①같은 말을 되풀이함. ②같은 뜻의 말을 거듭 사용하는 방식.
2**重役**[じゅうやく] 중역; ①회사의 간부. ②중책.
重訳[じゅうやく] 중역; 이중 번역.
2**重要**[じゅうよう] 중요; 귀중함. 소중함.
重要性[じゅうようせい] 중요성.
重用[じゅうよう] 중용; 중요한 지위에 임용함.
重油[じゅうゆ] ≪化≫ 중유.
重任[じゅうにん] 중임; ①중책(重責). ②재임(再任). 연임(連任).
重電機[じゅうでんき] 중전기; 발전기나 전동기.
2**重点**[じゅうてん] 중점; ①(사물의) 중요한 점. ②(지레의) 작용점.
重祚[じゅうそ/ちょうそ] 중조; 다시 즉위함.
重曹[じゅうそう] '重炭酸ソーダ'의 준말.
重罪[じゅうざい] 중죄; 무거운 죄.
重奏[じゅうそう] 중주; 여러 악기의 합주.
重重[じゅうじゅう/ちょうちょう] ①거듭거듭. ②잘. 충분히.
重症[じゅうしょう] 중증; 심한 병.
重職[じゅうしょく] 중직; 중요한 직책.
重鎮[じゅうちん] 중진; 중요한 인물.
重唱[じゅうしょう] 중창; 합창(合唱).
重責[じゅうせき] 중책; 중요한 직책.
重畳[ちょうじょう] 중첩; ①여러 겹으로 겹침. ②(좋은 일이 겹쳐) 반갑기 짝이 없음. 그지없이 좋음.
2**重体**[じゅうたい] 중태(重態). 병이 위급함.
重出[じゅうしゅつ/ちょうしゅつ] 중출; 중복되어 나옴.
重層[じゅうそう] 중층; 여러 층으로 겹침.
重炭酸ソーダ[じゅうたんさんソーダ] 중탄산 소다.
重態[じゅうたい] 중태; 병이 위급함.
重版[じゅうはん] 중판; 서적을 거듭 인쇄함.
重砲[じゅうほう] 중포; 구경(口径)이 8인치 이상의 대포.

ㅈ

重婚[じゅうこん] 중혼; 이중 결혼.
重化学[じゅうかがく] 중화학.
重火器[じゅうかき] 중화기.
重患[じゅうかん] 중환; 중병 환자.
重厚[じゅうこう/ちょうこう] 중후; 태도가 정중하고 견실함.
重詰(め)[じゅうづめ] 요리를 찬합에 담음. 찬합에 담은 요리.

衆 무리 중

音 ◉シュウ ◉シュ
訓 ―

音読

衆[しゅう] ①많은 사람들. ②집단의 사람들. ③(친근감・공손함을 나타내는 말로) 분. ¶年寄(としより)~ 나이 드신 분.
衆寡[しゅうか] 중과; 수효의 많음과 적음.
衆口[しゅうこう] 중구; 뭇사람의 말.
衆徒[しゅうと/しゅと] ≪仏≫ ①많은 중. ②승병(僧兵).
衆論[しゅうろん] 중론; 뭇사람의 의견.
衆望[しゅうぼう] 중망; 뭇사람의 기대.
衆目[しゅうもく] 중목; 뭇사람의 시선.
衆生[しゅじょう] ≪仏≫ 중생; 모든 생물.
衆生済度[しゅじょうさいど] ≪仏≫ 중생제도.
衆愚[しゅうぐ] 많은 어리석은 사람들.
衆院[しゅういん] '衆議院'의 준말.
[1]衆議院[しゅうぎいん] 중의원; 일본 국회의 하원(下院).
衆知[しゅうち] 중지; ①많은 사람이 알고 있음. ②많은 사람들의 지혜.
衆参両院[しゅうさんりょういん] 중의원(衆議院)과 참의원(参議院).
衆評[しゅうひょう] 중평; 뭇사람의 비평.

〔즉〕

即(卽) 곧 즉

音 ◉ソク
訓 ⊗つく ⊗すなわち

訓読

⊗即く[つく] 〈5自〉 즉위(即位)하다. 지위(地位)에 오르다.
[2]⊗即ち[すなわち] 〈接〉 ①즉. 곧. 다시 말하면. ②('すれば~'의 문형으로) …하면 곧. …하면 즉시.

音読

即[そく] 즉; 곧. 바로. ¶生(せい)~死(し)だ 생 즉 죽음이다. *앞에 말한 것과 뒤에 말한 것이 같음을 나타내는 말임.
[1]即する[そくする] 〈サ変自〉 딱 들어맞다. 근거하다. 입각하다.
即刻[そっこく] 즉각; 곧. 즉시.
即決[そっけつ] 즉결; 즉석의 결정.
即決裁判[そっけつさいばん] 즉결 재판.
即今[そっこん] 즉금; 지금. 현재.
即金[そっきん] 맞돈. 즉석에서 지불하는 돈.
即諾[そくだく] 즉낙; 즉석에서 승낙함.
即納[そくのう] 즉납; ①돈을 즉시 납부함. ②물건을 즉시 납품함.
即断[そくだん] 즉단; 즉석에서 결단을 내림.
即答[そくとう] 즉답; 즉석에서 대답함.
即売[そくばい] 직매(直売). 현장에서 판매함.
即妙[そくみょう] 즉석에서의 재치. 기지(機智). 임기응변(臨機応変).
即物的[そくぶつてき] ≪心≫ 즉물적.
即発[そくはつ] 즉발; 즉석에서 폭발함.
即死[そくし] 즉사; 사고 등을 당해서 그 자리에서 곧 죽음.
即事[そくじ] 즉사; 당장 눈앞의 일.
即席[そくせき] 즉석; ①인스턴트. ②그 자리에서 만듦.
即席料理[そくせきりょうり] 즉석 요리.
即成[そくせい] 즉성; 즉석에서 완성됨.
即時[そくじ] 즉시; ①곧. 바로. 즉각. ②아주 짧은 시간.
即身成仏[そくしんじょうぶつ] ≪仏≫ 즉신성불; 자신불(自身仏).
即詠[そくえい] 즉영; 즉석에서 시를 읊음.
即位[そくい] 즉위; 임금 자리에 오름.
即吟[そくぎん] 즉음; 즉석에서 읊음.
即応[そくおう] 즉응; 즉각 응함.
即日[そくじつ] 즉일; 당일(当日).
即日開票[そくじつかいひょう] 당일(当日) 개표. 투표한 그날에 개표함.
即製[そくせい] 즉제; 즉석에서 만듦.

[1]即座に[そくざに] 즉석에서. 당장에. 그 자리에서.
即効[そっこう] 즉효; 당장에 나타나는 효험.
即効薬[そっこうやく] 즉효약.
即興[そっきょう] 즉흥; 즉석에서 일어나는 흥미.

〔즐〕

櫛×(櫛) 빗 즐	音 ⊗シツ 訓 ⊗くし

訓読
[2]⊗櫛[くし] 빗.
櫛笥[くしげ] 빗을 넣어 두는 상자.
音読
櫛比[しっぴ] 즐비; (건물 등이) 빗살처럼 촘촘히 들어섬.

〔즙〕

汁 진액 즙
丶 丶 氵 氵 汁

音 ◉ジュウ
訓 ◉しる ⊗つゆ
訓読
[2]◉汁❶[しる] 즙; ①진액. ¶レモンの~ 레몬 즙. ②국. 국물. ③(남의 힘으로) 얻는 이익. ¶うまい~を吸(す)う (남의 힘으로) 이득을 보다.
⊗汁❷[つゆ] ①양념 장국. ¶そばの~ 메밀국수의 양념 장국. ②¶お~ (맑은) 장국.
汁掛(け)飯[しるかけめし] 국물을 부은 밥.
汁気[しるけ] 물기. 수분.
汁物[しるもの] 국. 고기, 생선, 채소 따위에 물을 많이 붓고 간을 맞추어 끓인 음식.
汁粉[しるこ] 단팥죽.
汁の実[しるのみ] 국건더기.
汁椀[しるわん] 국그릇.
音読
汁液[じゅうえき] 즙액; 즙.
◑果汁[かじゅう], 胆汁[たんじゅう], 液汁[えきじゅう]

〔증〕

症 증세 증
丶 亠 广 广 广 疒 疔 疔 症 症

音 ◉ショウ
訓 ―
音読
症例[しょうれい] 증례; 병 증세의 예.
[2]症状[しょうじょう] 증상; 병(病)이나 질환(疾患)의 상태.
症候[しょうこう] 증후; 병의 증세. 증상.
症候群[しょうこうぐん] 증후군; 몇 가지 증세가 함께 인정되나 그 원인이 분명하지 않음.

証(證) 증거 증
言 言 言 言 訂 訂 証 証

音 ◉ショウ
訓 ⊗あかす
訓読
⊗証す[あかす] 〈5他〉 (의심스런 점을) 밝히다. 증명하다. 입증하다.
[1]証(し)[あかし] ①증거. 증명. 증표. ②결백의 증명. 입증.
証(し)文[あかしぶみ] ①신불(神仏) 앞에 맹세하는 서약서. ②증명서.
音読
[1]証[しょう] ①증거. 증명. ②증명서.
証する[しょうする] 〈サ変他〉 ①(사실을) 증명하다. 증거를 대다. ②보증하다.
[1]証拠[しょうこ] 증거; 증명할 수 있는 증거.
証拠固め[しょうこがため] 증거 확보.
証拠立てる[しょうこだてる] 〈下1他〉 증거를 내놓다. 증명하다. 입증하다.
証拠物[しょうこぶつ] 증거물.
証拠物件[しょうこぶっけん] 증거 물건.
証拠保全[しょうこほぜん] 증거 보전.
証券[しょうけん] 증권; ①《法》 재산에 관한 권리・의무를 나타내는 문서. ②유가증권(有価証券).
証券取引所[しょうけんとりひきじょ] 증권거래소.

ㅈ

[2]**証明**[しょうめい] 증명; ①진실임을 밝힘. ②《数》(어떤 명제·판단을) 근본 원리에서 이끌어 냄. ③(재판의 기초가 되는 일을) 증거에 의해 확인함.
証文[しょうもん] 증문; ①증명 문서. 증서. ②《古》전거(典拠)가 되는 문서.
証憑[しょうひょう] 증빙; 증거.
証書[しょうしょ] 증서; 증거 서류.
[1]**証言**[しょうげん] 증언; 사실을 증명하는 말.
[1]**証人**[しょうにん] 증인; ①사실을 증명하는 사람. ②《法》사실을 공술하는 제3자. ③보증인.
証印[しょういん] 증인; 증거로 찍은 도장.
証跡[しょうせき] 증적; 증거가 될 흔적.
証左[しょうさ] 증좌; 증거.
証紙[しょうし] 증지; 돈을 지불했거나 품질을 증명하기 위해 붙이는 종잇조각.
証票[しょうひょう] 증표; 증거가 될 표. 증서(證書).

蒸 찔 증

一 艹 艹 芓 芛 芽 荥 菸 蒸

音 ◉ジョウ ⊗セイ
訓 ◉むす ◉むらす ◉むれる ⊗ふかす ⊗ふける

訓読

[2]◉**蒸す**[むす] 〈5他〉(김으로) 찌다. 익히다. 〈5自〉찌는 듯이 무덥다.
蒸し[むし] ①찜. 찐 것. ②찐 요리. ③《古》된장.
蒸しタオル[むしタオル] (식당에서 손님에게 제공하는) 찐 타월.
蒸し菓子[むしがし] 쪄서 만든 과자.
蒸し鍋[むしなべ] (음식을 찌는) 찜 냄비.
蒸し器[むしき] (음식을 찌는) 찜통.
蒸し物[むしもの] ①찜. ②쪄서 만든 과자.
蒸し返し[むしかえし] ①다시 찜. ②(결말이 난 일을) 다시 문제 삼음.
蒸し返す[むしかえす] 〈5他〉①다시 찌다. ②(결말이 난 일을) 다시 문제 삼다.
蒸し飯❶[むしいい] 지에밥. ❷[むしめし] ①찬밥을 찐 것. ②지에밥.
蒸(し)釜[むしがま] 찌는 가마솥.
[2]**蒸し暑い**[むしあつい]〈形〉찌는 듯이 무덥다.
蒸(し)焼(き)[むしやき] 찜구이.
蒸し鰈[むしがれい] 쪄서 말린 가자미.
蒸し蒸しと[むしむしと] 푹푹 (찌다).
蒸し直す[むしなおす] 〈5他〉다시 찌다.
蒸し鮑[むしあわび] 전복을 찐 것.
蒸し風呂[むしぶろ] 한증막. 한증탕.
◉**蒸らす**[むらす] 〈5他〉뜸들이다.
◉**蒸れる**[むれる] 〈下1自〉①뜸 들다. ②(열기·습기가) 차다. 물쿠다. 화끈거리다.
⊗**蒸かす**[ふかす] 〈5他〉(김으로) 찌다.
⊗**蒸ける**[ふける] 〈下1自〉①(쌀 등이) 열기나 습기로 변질되다. ②뜸이 들어 퍼지다. 푹 쪄지다.

音読

[2]**蒸気**[じょうき] 증기; 수증기.
蒸気船[じょうきせん] 증기선.
[1]**蒸留**[じょうりゅう] 증류; 액체를 가열하여 생긴 수증기를 냉각시켜 다시 액화하여 성분을 분리·정제함.
蒸留水[じょうりゅうすい] 증류수.
蒸溜[じょうりゅう] ☞ 蒸留
[2]**蒸発**[じょうはつ] 증발; ①액체가 표면에서 기화(気化)함. ②사람이 행방불명됨.
蒸発皿[じょうはつざら] 증발 접시.

増(增) 더할 증

扌 圹 圹 圹 坳 坳 埆 増 増

音 ◉ゾウ
訓 ◉ふえる ◉ふやす ◉ます ◉まさる

訓読

[3]◉**増える**[ふえる] 〈下1自〉(수효나 양이) 늘다. 늘어나다. 불어나다. 증가하다.
[2]◉**増やす**[ふやす] 〈5他〉(수효나 양을) 늘리다. 많아지게 하다. 불리다. 불어나게 하다. 증가시키다.
◉**増さる**[まさる] 〈5自〉(수량이나 정도가) 붇다. 많아지다. 더해지다.
[2]◉**増す**[ます] 〈5自〉(수량이) 늘다. 많아지다. 불어나다. 〈5他〉(수량을) 늘리다. 불리다. 더하다. 많아지게 하다.
[1]**増し**[まし] ①많아짐. 증가. ②할증(割増). 프리미엄. ③〈形動〉더 좋음. 더 나음.
増し金[ましきん] 할증금. 프리미엄.
増し水[ましみず] 증수; ①물이 불어남. 불어난 물. ②더 부어서 많게 한 물.

音読

増[ぞう] 증; 증가.
[2]**増加**[ぞうか] 증가; 수량이 더 많아짐. 분량을 더 늘림.

増加額[ぞうかがく] 증가액.
増加率[ぞうかりつ] 증가율.
増価[ぞうか] 증가; ①값이 오름. 값을 더 올림. ②재산의 시세가 오름.
増刊[ぞうかん] 증간; 임시로 늘려서 발행하는 정기 간행물.
[2]増減[ぞうげん] 증감; 늘림과 줄임. 분량이 늘어나거나 줄어듦.
[1]増強[ぞうきょう] 증강; 더하여 굳세게 함.
増結[ぞうけつ] 증결; 정해진 편성의 열차에 임시로 차량을 더 연결함.
[2]増大[ぞうだい] 증대; 늘려서 많게 함. 더하여 크게 함.
増発[ぞうはつ] 증발; ①(교통편의) 운행 횟수를 늘림. ②화폐의 발행고를 늘림.
増配[ぞうはい] 증배; 주식 등의 배당량이나 배급량을 더 증가시킴.
増兵[ぞうへい] 증병; 병력을 증가함.
増補[ぞうほ] 증보; 보충하여 더 늘림.
増補版[ぞうほばん] 증보판; 내용을 증보 개정하여 낸 책.
増産[ぞうさん] 증산; 생산량이 늘어남. 생산량을 증가시킴.
増設[ぞうせつ] 증설; 설비 등을 더 늘려서 설치함.
増税[ぞうぜい] 증세; 조세액을 늘리거나 세율을 더 높임.
増刷[ぞうさつ] 증쇄; 추가 인쇄.
増水[ぞうすい] 증수; 물이 불어남.
増収[ぞうしゅう] 증수; 수입·수확이 늚.
増殖炉[ぞうしょくろ] (원자력의) 증식로.
増額[ぞうがく] 증액; 액수를 늘림. 늘린 액수. 늘린 금액.
増員[ぞういん] 증원; 사람 수를 늘림.
増援[ぞうえん] 증원; 사람 수를 늘려서 가세(加勢)함.
増益[ぞうえき] 증익; ①증가. 더하여 늘게 함. 더하여 늘어남. ②이익이 불어남.
増資[ぞうし] 증자; 자본을 더 늘림.
増長[ぞうちょう] 증장; ①우쭐하여 거만해짐. ②점점 심해짐.
[1]増進[ぞうしん] 증진; 더하여 나아감.
増築[ぞうちく] 증축; 건물을 더 늘려 건축함.
増派[ぞうは] 증파; 인원을 늘려서 파견함.
増便[ぞうびん] 증편; 교통편의 운행(運行) 횟수를 늘림.
増幅[ぞうふく] 증폭; ①(전파의) 진폭(振幅)을 크게 함. ②(범위·정도를) 넓힘.

憎(憎) 미워할 증

音 ◉ゾウ
訓 ◉にくい ◉にくむ ◉にくまれる ◉にくらしい

訓読

[2]◉憎い[にくい] 〈形〉 ①밉다. 얄밉다. 밉살스럽다. ②기특하다. 깜찍하다. ＊반어적(反語的)인 표현임.
憎からず[にくからず] 밉지 않게. 귀엽게.
憎がる[にくがる] 〈5他〉 미워하다.
憎げ[にくげ] 밉살스러움. 미움을 삼.
憎さ[にくさ] 미움. 미운 정도.
憎さげ[にくさげ] 밉살스러움.
[1]憎しみ[にくしみ] 미움. 증오.
憎たらしい[にくたらしい] 〈形〉 밉살스럽다.
[2]◉憎む[にくむ] 〈5他〉 미워하다. 증오하다.
憎み[にくみ] 미움. 증오.
憎めない[にくめない] 무던하다. 귀엽다.
◉憎まれる[にくまれる] 〈下1自〉 미움 받다.
憎まれ口[にくまれぐち] 밉살스런 말투. 미움을 살 말투.
憎まれ役[にくまれやく] 미움 받는 역할.
憎まれっ子[にくまれっこ] 미움 받는 아이.
憎まれ者[にくまれもの] 미움 받는 사람.
[2]◉憎らしい[にくらしい] 〈形〉 얄밉다.
憎憎しい[にくにくしい] 〈形〉 아주 밉살스럽다. 몹시 얄밉다.
憎体[にくてい] 아주 밉살스러움. 몹시 얄미움.

音読

憎悪[ぞうお] 증오; 몹시 미워함.
憎悪の念[ぞうおのねん] 증오심.

贈(贈) 선물/줄 증

音 ◉ゾウ ◉ソウ
訓 ◉おくる

訓読

[2]◉贈る[おくる] 〈5他〉 ①선물하다. ②(관위·칭호를) 추서(追叙)하다. ③(상·칭호를) 수여하다. ④(감사·격려·축복의 뜻을) 보내다.
贈(り)名[おくりな] 시호(諡号). 사후(死後)에 그 사람의 덕을 기리기 위해 수여하는 칭호.
[3]贈(り)物[おくりもの] 선물.

ㅈ

音読

贈[ぞう] (관직 앞에 접속하여) 사후(死後)에 내린 벼슬을 나타냄.

贈答[ぞうとう] 증답; 주고받음.

贈答品[ぞうとうひん] 증답품; 선물.

贈収賄[ぞうしゅうわい] 증수회; 뇌물을 주고받음.

贈与[ぞうよ] 증여; 남에게 무상으로 재산이나 금품을 줌.

贈位[ぞうい] 증위; 추증(追贈). 사후(死後)에 내리는 벼슬.

贈呈[ぞうてい] 증정; 남에게 물건을 드림.

贈呈本[ぞうていほん] 증정본.

贈賄[ぞうわい] 증회; 뇌물을 줌.

贈賄罪[ぞうわいざい] ≪法≫ 증회죄; 뇌물을 준 죄.

◑**寄贈**[きぞう]

曾 ˣ(曽) 일찍 증	音 ⊗ソ ⊗ソウ 訓 ⊗かつて ⊗ひい

訓読

1 ⊗**曾て**[かつて] ①일찍이. 이전에. 옛날에. ②(부정문에서) 아직껏.

⊗**曾孫**[ひいまご/ひまご/そうそん] 증손; 손자의 아들.

曾祖母[ひいばば/ひばば/そうそぼ] 증조모; 아버지의 할머니

曾祖父[ひいじじ/ひじじ/そうそふ] 증조부; 아버지의 할아버지.

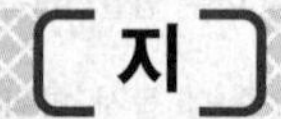

〔지〕

支 지탱할 지

一 十 ㄘ 支

音 ◉シ

訓 ◉ささえる ⊗つかえる ⊗かう

訓読

2 ◉**支える❶**[ささえる] 〈下1他〉 ①받치다. 떠받치다. ②지탱하다. 유지하다. ③저지하다. 막아내다.

⊗**支える❷**[つかえる] 〈下1自〉 ①막히다. 메다. ②걸리다. ③받히다. ④밀리다. 정체되다. ⑤(다른 사람이) 사용 중이다. ⑥(몸이) 결리다. 빼근하다.

◉**支え❶**[ささえ] 떠받침. 지주(支柱).

⊗**支え❷**[つかえ] ①지장(支障). ②막힘. 응어리. 가슴이 멤.

支え柱[ささえばしら] 지주; 버팀기둥.

⊗**支う**[かう] 〈5他〉 ①버티다. 괴다. 떠받치다. ②(열리지 않도록 자물쇠를) 채우다.

音読

支幹[しかん] 지간; 곁줄기.

支管[しかん] (가스・수도 등의) 지관.

支局[しきょく] 지국; 본사 또는 본국(本局)의 관리 하에 있는 일정 구역의 업무를 취급하는 곳.

2 **支給**[しきゅう] 지급; 급여・금품 등을 지출해 내어 줌.

支隊[したい] 지대; 본대에서 갈라져 독립적인 행동을 하는 부대.

3 **支度**[したく] ①준비. 채비. ②몸치장.

支度金[したくきん] (결혼・취직 등을 하기 위한) 준비금.

支流[しりゅう] 지류; ①본류(本流)에서 갈라져 나온 강. ②분파. 분가(分家).

支離滅裂[しりめつれつ] 지리멸렬; (갈가리 흩어지고 찢기어) 갈피를 잡을 수 없음.

支脈[しみゃく] 지맥; 본맥(本脈)에서 갈라져 나온 줄기. *산맥・광맥・엽맥(葉脈) 등을 말함.

2 **支配**[しはい] 지배; ①다스림. 통치함. ②(사람의 생각・행동 등을) 규제・속박함.

支配人[しはいにん] 지배인; 영업의 모든 업무를 관장하는 최고 책임자.

支弁[しべん] 지변; 지불(支払).

支部[しぶ] 지부; 본부(本部)의 관리 하에 일정 구역의 업무를 취급하는 곳.

2 **支払う**[しはらう] 〈5他〉 지불하다. 돈을 치르다. 지급(支給)하다.

2 **支払い**[しはらい] 지불; 지급(支給).

支払手形[しはらいてがた] 지급 어음.

支社[ししゃ] 지사; 본사의 관리 하에 일정 구역의 업무를 취급하는 곳.

支署[ししょ] 지서; (경찰서・세무서 등이) 본서(本署)에서 갈라져 나간 관서.

支線[しせん] 지선; (전선・도로・철도 등이) 본선(本線)에서 갈라져 나간 선.

支所[ししょ] 지소; 본사(本社)・본청(本庁)에서 갈라져 나간 출장소.

支援[しえん] 지원; 지지해 도와 줌.

支障[ししょう] 지장; 일의 진행에 방해가 되는 장애(障碍).

[2]支店[してん] 지점; 본점에서 갈라져 나온 다른 장소에 개설된 점포.
支店長[してんちょう] 지점장.
支点[してん] 지점; 지렛목. 받침점.
支柱[しちゅう] 지주; 받침 기둥.
[1]支持[しじ] 지지; ①버팀. 지탱함. ②찬동하여 도와줌.
支庁[しちょう] 지청; 都(と)・道(どう)・府(ふ)・県(けん)의 출장소.
[2]支出[ししゅつ] 지출; 어떤 목적을 위해 돈을 지불하는 일.

止 그칠/막을 지

丨 ⺊ 𣥂 止

音 ◉シ
訓 ◉とまる ◉とめる ⊗やむ ⊗やめる ⊗よす

訓読

[4]◉止まる[とまる] 〈5自〉 ①(활동・기계 등이) 멎다. 멈추다. 그치다. 서다. ②(통하던 것이) 끊어지다. 끊기다. ③고정되다. 죄어지다. ④(새・벌레 등이) 내려앉다. ⑤(귀・눈・마음에) 들리다. 띄다. 남다. ⑥빼기다. 잘난 체하다.
止(ま)り[とまり] ①멈춤. 그침. ②막힘. 막힌 곳. ③끝. 마지막. 종말. ④종점(終点).
止(ま)り木[とまりぎ] ①(닭 장・새 장의) 홰. ②(술 집 등의) 카운터 앞의 작고 높은 의자.
[3]◉止める❶[とめる] 〈下1他〉 ①(활동・기계 등을) 멎게 하다. 멈추다. 정지하다. 세우다. ②(통하던 것을) 끊다. 차단하다. ③금하다. 막다. ④고정시키다. 죄다. ⑤꽂다. 끼우다. ⑥붙잡아 두다. ⑦주목하다.
[2]⊗止める❷[やめる] 〈下1他〉 (활동을) 그만두다. 중지하다.
止め❶[とめ] ①중지. 금지. 제지. ②끝. 마지막. ❷[やめ] 중지. 그만둠.
止めど[とめど] 한(限). 끝.
止(め)句[とめく] (和歌(わか) 등에서) 금구(禁句).
止(め)具[とめぐ] 잠금쇠.
止(め)金[とめがね] 걸쇠. 호크.
止(め)山[とめやま] 입산(入山) 금지.
止め処[とめど] 한(限). 끝.
止(め)偏[とめへん] 그칠지변. ＊漢字 부수의 하나로 '此' 등의 '止' 부분을 말함.
[2]⊗止む[やむ] 〈5自〉 멎다. 그치다.
[2]⊗止す[よす] 〈5他〉 그만두다. 중지하다.
止し[よし] 그만둠. 중지함. 그만함.

音読

止観[しかん] 지관; ①'天台宗(てんだいしゅう)'의 딴이름. ②정신 집중으로 모든 현상을 달관(達観)하기.
止水[しすい] 지수; ①흐르지 않는 물. ②물이 새는 것을 막음.
止宿[ししゅく] 지숙; 숙박함. 묵음.
止宿先[ししゅくさき] 숙박지.
止宿人[ししゅくにん] 숙박인.
止揚[しよう] ≪哲≫ 지양.
止血[しけつ] 지혈; 출혈을 멈추게 함.
止血剤[しけつざい] 지혈제.

旨 맛/맛있을 지

一 匕 匕 旨 旨 旨

音 ◉シ
訓 ◉むね ⊗うまい

訓読

◉旨[むね] 뜻. 취지(趣旨).
[2]⊗旨い[うまい] 〈形〉 (남성 용어로서) ①맛있다. ②잘하다. 솜씨가 좋다. ③(자기에게) 유리하다.
旨味[うまみ] ①(음식의) 맛. ②솜씨. 묘미. ③(장사 등에서) 이익. 재미.
旨煮[うまに] 달짝지근하고 진한 맛이 나도록 조린 요리.
旨酒[うまさけ/うまざけ] 맛있는 술.

音読

旨趣[ししゅ] 지취; ①취지(趣旨). 근본이 되는 뜻. ②마음속에 품은 생각.
旨肴[しこう] 지효; 맛있는 안주.

至 이를/지극할 지

一 ㄗ 云 즈 苓 至

音 ◉シ
訓 ◉いたる

訓読

[2]◉至る[いたる] 〈5自〉 ①(어떤 시간・장소에) 다다르다. 도달하다. ②(어떤 상태에) 이르다. ③(기회가) 찾아오다. 닥치다.

1 至って[いたって] ①대단히. 매우. 몹시. ②…에 이르러.
至っては[いたっては] …에 이르러서는. …에 관해서는. …와 같은 것은.
至らない[いたらない] 〈形〉 미흡하다. 부족하다.
至らぬ[いたらぬ] 〈句〉 미흡하다. 부족하다.
至り[いたり] ①다시없음. 그지없음. ②(…의) 탓. 결과.
至る所[いたるところ] 도처에. 가는 곳마다. 곳곳에.
至れり尽くせり[いたれりつくせり] 극진함. 빈틈없음. 더할 나위 없음.

音読

至[し] …까지. …에 이름.
至高[しこう] 지고; 지극히 높음.
至極[しごく] 지극; ①지극히. 더없이. ②당연함. 타당함. ③…하기 짝이 없음.
至近[しきん] 지근; 아주 가까움.
2 至急[しきゅう] 지급; 매우 급함.
至難[しなん] 지난; 지극히 어려움.
至当[しとう] 지당; 지극히 당연함.
至大[しだい] 지대; 막대함. 더없이 큼.
至徳[しとく] 지덕; 최고의 덕.
至妙[しみょう] 지묘; 지극히 묘함.
至宝[しほう] 지보; ①매우 귀한 보배. ②보배 같은 존재.
至福[しふく] 지복; 최고의 행복.
至上[しじょう] 지상; 최상. 가장 높은.
至上命令[しじょうめいれい] 지상 명령; 절대로 복종해야 할 명령.
至善[しぜん] 지선; 최고의 선.
至誠[しせい] 지성; 지극한 정성.
至聖所[しせいじょ] 지성소; (성경에 나오는 성막·성전의) 가장 거룩한 곳.
至純[しじゅん] 지순; 지극히 순결함.
至言[しげん] 지언; 지당한 말.
至芸[しげい] 지예; 최고의 기예(技芸).
至要[しよう] 지요; 대단히 중요함.
至人[しじん] 지인; 지극히 높은 덕(徳)을 갖춘 사람.
至情[しじょう] 지정; ①지극한 정성. ②인지상정(人之常情). 지극히 자연스러운 인정.
至尊[しそん] 지존; ①더없이 존귀함. ②'천황(天皇)'의 딴이름.
至便[しべん] 지편; 아주 편리함.
至孝[しこう] 지효; 지극한 효성.

地 땅 지

一 十 土 圢 圵 地

音 ◉チ ◉ジ
訓 —

音読

2 地❶[ち] ①땅. 대지. ②(특정한) 지역. 고장. ③소유지. 영토. ④입장. 지위.
地❷[じ] ①땅바닥. 지면(地面). ②그 지방. 그 고장. ③본성. 천성. 본바탕. ④기반. 기초. ⑤옷감. 천. ⑥피부. 살결. ⑦(문장에서) 설명문. 지문(地文). ⑧(바둑에서) 집. ⑨풋내기.
地べた[じべた] 땅바닥. 지면(地面).
地価[ちか] 지가; 토지의 매매 가격.
地殻[ちかく] 지각; 지구의 외각(外殻).
地殻変動[ちかくへんどう] 지각 변동.
地検[ちけん] 지검; ①토지를 조사함. ②'地方検察庁'의 준말.
地階[ちかい] (고층 건물의) 지하층.
地境[じざかい] 지계(地界). 땅의 경계.
地固め[じがため] ①(집짓기 전의) 터다짐. 달구질. ②기초 작업. 준비 작업.
2 地区[ちく] 지구; 일정한 지역.
2 地球[ちきゅう] 지구; 인류가 살고 있는 천체.
地球儀[ちきゅうぎ] 지구의; 지구본.
地券[ちけん] 지권; 땅 문서.
地均し[じならし] ①땅고르기. 정지(整地). ②(땅을 고르는) 롤러. 굴림대. ③밭을 고르는 농기구의 총칭. ④사전 준비. 사전 공작.
地金[じがね] 지금; ①도금한 바탕의 금속. 바탕쇠. ②타고난 나쁜 성질. 본성. 본바탕.
地肌[じはだ] ①(화장하지 않은) 맨살. ②지면(地面). 지표(地表).
地団太[じだんだ] 발을 동동 구름.
地団駄[じだんだ] 발을 동동 구름.
地代[じだい/ちだい] 지대; ①땅값. 토지의 매매가. ②차지료(借地料).
2 地帯[ちたい] 지대; 일정한 지역.
地袋[じぶくろ] 床(とこ)の間(ま) 옆의 선반 밑의 작은 벽장.
地徳[ちとく] 지덕; 대지(大地)의 축복.
4 地図[ちず] ①지도. ②지도 모양의 도해(図解).

地図帳[ちずちょう] 지도책.
地動説[ちどうせつ] 《天》 지동설.
地力❶[ちりょく] 지력; 토지의 생산력. ❷[じりき] 저력(底力). 본래의 실력.
地雷[じらい] 지뢰.
地雷原[じらいげん] 지뢰 밭.
[3]地理[ちり] 지리; '地理学'의 준말.
地理学[ちりがく] 지리학.
[2]地面[じめん] 지면; ①땅바닥. ②토지. 땅.
地面師[じめんし] 토지 사기꾼.
[2]地名[ちめい] 지명; 고장 이름.
地鳴り[じなり] (지진화산 폭발로 인한) 땅울림 소리.
地目[ちもく] 지목; 토지의 이용 목적에 따른 종류를 나타내는 이름.
[2]地味❶[じみ] 〈形動〉 수수함. 검소함. 수더분함.
地味❷[ちみ] 토지의 생산력.
[2]地盤[じばん] 지반; ①지면(地面). 지표(地表). ②(건축물의) 기초. 토대. ③발판. 기반(基盤).
地髪[じがみ] (가발이 아닌) 제머리털.
[2]地方❶[ちほう] 지방; ①(국토를) 몇 개로 구분한 지역. ②(막연한 말로) 지방의 토지. ③시골.
地方❷[じかた] ①(江戸(えど) 시대에) 시골. 지방. ②(일본 무용에서) 음악 연주자. ③(해상에서 육지를 가리키는 말로) 뭍. ④(室町(むろまち) 시대에) 京都(きょうと)의 가옥·집터·도로·수송 등의 일을 관장하던 벼슬.
地番[ちばん] 지번; 토지의 번호.
地変[ちへん] 지변; 땅의 변동. 지각 운동.
地歩[ちほ] 지보; (자기의) 위치. 입장. 지반(地盤). 토대.
地糸[じいと] 피륙을 짜는 바탕실.
地上[ちじょう] 지상; ①땅 위. 지면 위. ②이 세상.
地相[ちそう] 지상; ①지형(地形). ②토지의 형태로 길흉을 판단함.
地色[じいろ] (옷감 등의) 바탕색.
地声[じごえ] 타고난 음성.
地勢[ちせい] 지세; 지형(地形).
地勢図[ちせいず] 지형도(地形図).
地所[じしょ] (집을 짓기 위한) 땅. 토지.
地続き[じつづき] (바다나 강으로 끊기지 않고) 땅이 이어져 있음.
[2]地域[ちいき] 지역; 토지의 구역.
地縁[ちえん] 지연; 살고 있는 땅에 따른 연고 관계.
地熱[ちねつ/じねつ] 지열; 지구 내부의 열.
地の塩[ちのしお] (성경에서) 세상의 소금.
[1]地獄[じごく] ① 《仏》 지옥. ②아주 괴로운 지경. ③화산의 분화구. ④온천의 열탕(熱湯)이 샘솟는 곳. ⑤매춘부(売春婦).
地獄絵[じごくえ] 《仏》 지옥 그림.
地温[ちおん] 지온; 지표·지중 온도.
地謡[じうたい] (謡曲(ようきょく)에서) 여럿이 노래를 부름. 여럿이 부르는 노래.
[1]地元[じもと] ①(그 일에 직접 관련 있는) 그 지방. 그 고장. ②자기 고장. 본거지.
地元民[じもとみん] 그 고장 사람들.
[2]地位[ちい] 지위; 역할상의 위치. 신분.
地引き[じびき] ①후릿그물. ②후리질. ③땅의 부정(不浄)을 가시기 위한 의식.
地引(き)網[じびきあみ] 후릿그물.
地蔵[じぞう] 《仏》 지장.
地底[ちてい] 지저; 땅의 밑바닥.
地積[ちせき] 지적; 토지의 면적.
地籍[ちせき] 지적; 토지에 관한 여러 가지 사항을 기재한 기록.
[2]地点[ちてん] 지점; 땅 위의 일정한 지점.
地租[ちそ] 지조; 지세(地税).
地鳥[じとり/じどり] 토종닭.
[1]地主[じぬし] 지주; 땅 주인.
地酒[じざけ] 토속주(土俗酒).
地中海[ちちゅうかい] 《地》 지중해.
地誌[ちし]지지; 그 지방의 지리에 관한 것을 기록한 책.
地鎮祭[じちんさい] 《建》 지진제; 공사의 안전을 비는 제사.
[2]地震[じしん] 《地》 지진.
[2]地質❶[ちしつ] 지질; 지각을 구성하는 암석·지층의 성질·상태.
地質❷[じしつ] 옷감의 질.
地軸[ちじく] 지축; ①지구의 자전축(自転軸). ②대지(大地)를 지탱하고 있다고 생각되는 중심축.
地取り[じどり] ①(건축할 때) 지면을 구획함. ②(바둑에서) 넓게 집을 지음. ③(소속된 도장에서의) 씨름 연습.
地層[ちそう] 《地》 지층.
[2]地平線[ちへいせん] 지평선.
地坪[じつぼ] 지평; 땅의 평수.
地表[ちひょう] 지표; 지구의 표면.

[2]地下❶[ちか] 지하; ①지면의 밑. 땅 속. ②비합법·비밀의 세계. ❷[じげ] ①당하관(堂下官). ②(궁중에서 일하는 사람이) 외부 사람을 부르던 말. ③서민. 평민.

地下街[ちかがい] 지하 상가(商街).

地下茎[ちかけい] 지하경; 땅속줄기

地下道[ちかどう] 지하도.

[2]地下水[ちかすい] 지하수.

地下室[ちかしつ] 지하실.

地下足袋[じかたび] 노동자용 작업화.

[4]地下鉄[ちかてつ] 지하철.

地学[ちがく] 지학; ①지구와 지구 물질을 연구하는 학문. ②(학교 교육 과정의) 지구 과학.

地割り[じわり] 토지 분할.

地割れ[じわれ] 땅이 갈라짐.

地合(い)[じあい] ①옷감의 질. ②(거래소에서) 시세의 상태. ③(바둑에서) 서로 차지한 집의 비교. ④(浄瑠璃(じょうるり)에서) 음악의 반주에 맞추어 사물이나 정경(情景)을 설명하는 부분.

地響き[じひびき] ①지축을 흔드는 소리. ②땅울림.

地峡[ちきょう] 지협; 두 육지를 연결하는 잘록하고 가늘게 된 육지 부분.

[1]地形❶[ちけい] 지형; 땅의 형태.

地形❷[じぎょう] ≪建≫ ①터다지기. 달구질. ②기초 공사.

地形図[ちけいず] 지형도.

地滑り[じすべり] ① ≪地≫ 사태(沙汰). ②급격한 변동. 커다란 변화.

芝 버섯 지

一 十 艹 艹 芝 芝

音 ⊗シ

訓 ◉しば

訓読

[1]◉芝[しば] ≪植≫ 잔디.

[2]芝居[しばい] ①연극. ＊일본 고유의 연극인 歌舞伎(かぶき)·文楽(ぶんらく) 등을 가리키는 말임. ②속임수. ③(배우의) 연기.

芝居掛(か)り[しばいがかり] (말과 행동이) 연극 스타일임.

芝居掛かる[しばいがかる] 〈5自〉 (말과 행동이) 연극 스타일로 되다. 연극 스타일의 꾸민 티가 나다.

芝居気[しばいぎ] ①연극 스타일로 남을 놀라게 함. ②자신을 돋보이게 하려는 마음. 남의 관심을 끌려는 마음.

芝居小屋[しばいごや] 소규모 연극 극장.

芝居染みる[しばいじみる] 〈上1自〉 (말과 행동이) 연극 스타일로 되다. 연극 스타일의 꾸민 티가 나다.

芝居者[しばいもの] ①극장 관계자. ②배우.

芝居茶屋[しばいぢゃや] 극장 휴게소.

芝居好き[しばいずき] 연극 애호가.

芝居絵[しばいえ] 歌舞伎(かぶき)를 소재로 하여 그린 浮世絵(うきよえ)나 錦絵(にしきえ).

芝山[しばやま] 잔디를 입혀 조그마하게 아름답게 만든 동산.

[2]芝生[しばふ] 잔디밭.

芝刈(り)[しばかり] 잔디 깎기.

芝刈(り)機[しばかりき] 잔디 깎는 기계.

芝屋[しばや] ①연극. ②가설(仮設) 극장.

芝原[しばはら] 잔디가 깔린 들판.

芝地[しばち] 잔디밭.

池 못 지

丶 冫 氵 氵 汁 池

音 ◉チ

訓 ◉いけ

訓読

[4]◉池[いけ] ①연못. ②연지(硯池).

池辺[いけべ] 연못가.

音読

池塘[ちとう] 지당; 연못의 둑.

池畔[ちはん] 지반; 연못가.

池沼[ちしょう] 지소; 연못과 늪.

池魚[ちぎょ] 지어; 연못에 사는 물고기.

志 뜻 지

一 十 士 士 志 志 志

音 ◉シ

訓 ◉こころざし ◉こころざす

訓読

[1]◉志[こころざし] ①(하고자 하는) 뜻. ②호의. 친절. ③촌지(寸志). 성의.

[1]◉志す[こころざす] 〈5自〉 뜻을 세우다. 뜻을 두다. 지망하다. 지향하다.

音読

志気[しき] 지기; 의기(意気). 어떤 일을 하고자 하는 의지와 기개.

[1]**志望**[しぼう] 지망; 뜻하여 바람.

志士[しし] 지사; 국가와 사회를 위해 일신(一身)을 바치려는 사람.

志願[しがん]지원; 뜻하여 바람.

志願者[しがんしゃ] 지원자.

志操[しそう] 지조; 굳은 지기(志気).

[1]**志向**[しこう] 지향; 뜻이 향하는 방향. 뜻이 쏠림.

枝 가지 지

一 十 才 木 朩 朩 枝 枝

音 ◉シ

訓 ◉えだ

訓読

[2]◉**枝**[えだ] ①≪植≫ (초목의) 가지. ②근원에서 갈라진 것. 갈래.

枝道[えだみち] ①샛길. 옆길. ②본줄기에서 벗어남. 본론에서 벗어남.

枝豆[えだまめ] 가지째 자른 풋콩. 꼬투리째 삶은 콩.

枝葉[えだは/しよう] 지엽; ①가지와 잎. ②사소한 일. 하찮은 일.

枝肉[えだにく] 지육; (가축의) 다리 부분의 고기.

枝切り[えだきり] 가지치기.

枝振り[えだぶり] 나뭇가지 모양.

枝差し[えだざし] 나뭇가지 모양.

枝川[えだがわ] 지천; 본류(本流)로 흘러 들어가는 물.

枝打ち[えだうち] 가지치기.

枝炭[えだずみ] 지탄; (茶道에서 차를 달일 때 사용하는 진달래나 상수리나무의) 가지로 만든 숯.

枝下(ろ)し[えだおろし] 가지치기.

枝話[えだばなし] 주제에서 벗어난 이야기. 여담(余談).

音読

枝頭[しとう] 지두; 가지의 끝.

枝垂れる[しだれる] 〈下1自〉 (나뭇가지 등이) 축 늘어지다.

枝垂れ柳[しだれやなぎ] ≪植≫ 수양버들.

枝垂れ桜[しだれざくら] ≪植≫ 실벚나무. 수양벚나무.

枝葉[しよう/えだは] 지엽; ①가지와 잎. ②중요하지 않은 부분.

枝折り[しおり] ①서표(書標). ②길잡이. 안내서. ③(등산・광야에서) 나뭇가지를 꺾어 통과한 길을 표하는 일. ④'枝折垣(しおりがき)'와 '枝折戸(しおりど)'의 준말.

枝折(り)門[しおりもん] 사립문.

枝折(り)垣[しおりがき] 나뭇가지 울타리.

枝折(り)戸[しおりど] 사립짝. 시문(柴門).

枝族[しぞく] 지족; 분가(分家).

知 알 지

ノ 𠂉 ᄃ 午 矢 矢 知 知

音 ◉チ

訓 ◉しらす ◉しらせる ◉しる ◉しれる ⊗しろす

訓読

◉**知らす**[しらす] 〈5他〉 알리다.

[3]◉**知らせる**[しらせる] 〈下1他〉 ①알리다. 통지하다. ②보복하다 앙갚음하다.

[2]**知らせ**[しらせ] ①알림. 통보. 통지. ②조짐.

知らせ文[しらせぶみ] 통지서.

[4]◉**知る**[しる] 〈5他〉 ①(보고 듣고 배워서 이미) 알다. ②이해하다. 깨닫다. ③(경험하여) 알다. ④안면이 있다. ⑤관계하다.

知らず[しらず] ①제쳐놓고. 모르지만. ②(접미어로서) 경험한 적이 없음. …을 모름.

知らんぷり[しらんぷり] 시치미를 뗌.

知り抜く[しりぬく] 〈5他〉 속속들이 알다. 환하게 알다.

知らず顔[しらずがお] 모르는 체함.

知らぬ顔[しらぬかお] 모르는 체함.

知らん顔[しらんかお] 모르는 체함.

知り顔[しりがお] 아는 체하는 표정.

知り人[しりびと] 아는 사람.

[2]**知(り)合い**[しりあい] 친지(親知). (서로) 아는 사이.

知り合う[しりあう] 〈5自〉 (서로) 알게 되다. 아는 사이가 되다. 사귀게 되다.

◉**知れる**[しれる] 〈下1自〉 ①알려지다. ②발각되다. 알게 되다. ③뻔하다. 대단찮다.

知れ渡る[しれわたる] 〈5自〉 (널리) 두루 알려지다.

⊗**知ろす**[しろす] 〈4他〉≪古≫ 다스리시다.

知ろしめす[しろしめす] 〈4他〉≪古≫ ①아시다. ②다스리시다. 통치하시다.

音読

知覚[ちかく] 지각; ①감각 기관을 통해 외부의 사물을 인식하는 작용. ②감지(感知).

知見[ちけん] 지견; ①보고 듣고 하여 얻은 지식. ②식견. 견식.

知己[ちき] 지기; ①자기 마음을 잘 알아주는 사람. ②지인(知人). 친지(親知).

2知能[ちのう] 지능; 두뇌의 작용. 지혜와 재능.

知徳[ちとく] 지덕; 지식과 덕성.

知略[ちりゃく] 지략; 슬기로운 계략.

知慮[ちりょ] 지려; 헤아려 판단하는 슬기.

知力[ちりょく] 지력; 지식의 능력.

知名[ちめい] 지명; 이름이 널리 알려짐.

知名度[ちめいど] 지명도.

知謀[ちぼう] 지모; 지혜로운 계략.

2知事[ちじ] 지사; ①지방 장관. ＊都道府県(とどうふけん)의 우두머리. ②(禅宗에서) 주지(住持). 주승(主僧).

1知性[ちせい] 지성; 인식 및 이해의 능력.

2知識[ちしき] 지식; ①(뚜렷이) 알고 이해함. ②(어떤 사물에 대해) 알려진 사실. 알고 있는 내용. ③지혜와 견식. ④《仏》 덕이 높은 중. 이름 있는 중. ⑤《仏》 (인연을 맺기 위해) 사찰에 바치는 재물과 토지. 또는 그것을 바치는 사람.

知勇[ちゆう] 지용; ①지혜와 용기. ②지자(知者)와 용자(勇者).

知友[ちゆう] 지우; 친한 벗.

知遇[ちぐう] 지우; 특별 대우함.

知育[ちいく] 지육; 지능 개발과 향상을 목표로 하는 교육.

2知人[ちじん] 지인; 친지. 아는 사이.

知者[ちしゃ] 지자; ①지식이 넓은 사람. ②《仏》 지식이 깊은 중.

知将[ちしょう] 지장; 지혜가 있는 장수.

1知的[ちてき] 지적; ①지성과 지식이 풍부함. ②지식과 관계있음.

知行❶[ちこう] 지행; 지식과 행위. ❷[ちぎょう] ①《古》 국가를 다스림. ②(봉건시대에) 토지를 영유(領有)하고 지배함. ③(근세에서) 무사에게 수여된 봉록.

2知恵[ちえ] 지혜; ①슬기. 꾀. ②《仏》 진리를 이해하고 도통하는 정신력.

知恵比べ[ちえくらべ] 지혜 겨루기.

知恵袋[ちえぶくろ] ①지혜 주머니. 가장 지혜로운 사람. ②가지고 있는 모든 지혜.

知恵歯[ちえば] 사랑니.

知恵の板[ちえのいた] 블록 쌓기. ＊어린이 장난감의 하나임.

肢 팔다리 지

丿 刀 月 月 肝 肚 肪 肢

音 ◉シ
訓 ―

音読

肢骨[しこつ] 《生理》 지골; 사지의 뼈.

肢体[したい] 지체; 팔다리와 몸.

肢体不自由[したいふじゆう] 지체 부자유; 신체 장애.

肢体障害[したいしょうがい] 지체 장애.

祉(祉) 복 지

' ラ ネ ネ ネ1 ネト ネ止 祉

音 ◉シ
訓 ―

音読

◑福祉[ふくし], 福祉国家[ふくしこっか]

指 손가락 지

一 十 扌 扌 扌 扌 指 指 指

音 ◉シ ⊗チ
訓 ◉ゆび ◉さす

訓読

3◉指[ゆび] 손가락. 발가락.

指貫❶[ゆびぬき] 골무. ❷[さしぬき] 《古》 발목을 졸라매게 된 (일본 옷의) 바지.

指金[ゆびがね] ①손가락에 끼는 가느다란 가락지. ②반지. ③금속제 골무.

3指輪[ゆびわ] 반지.

指使い[ゆびづかい] 《楽》 (악기를 연주하는) 운지법(運指法).

指相撲[ゆびずもう] 손가락 씨름.

指先[ゆびさき] 손가락 끝.

指人形[ゆびにんぎょう] 손가락 인형. ＊인형의 몸통에 손가락을 넣어 놀리는 인형.

指引き[ゆびひき] (2명이) 한 손가락씩을 걸고 자기 쪽으로 끌어당기며 힘을 겨루는 놀이.

指切り[ゆびきり] ①새끼손가락을 걸고 약속함. ②(맹세의 표시로) 새끼손가락을 자름. 단지(断指).

指折り[ゆびおり] ①손꼽음. ②손꼽힘. 굴지(屈指).

指差し[ゆびさし] ①손가락으로 가리킴. ②골무.

1 **指差す**[ゆびさす] 〈5他〉 ①(손가락으로) 가리키다. ②뒤에서 흉보다. 손가락질하다.

指尺[ゆびしゃく] 뼘으로 길이를 잼.

3 **指環**[ゆびわ] 반지.

2 ◉**指す**[さす] 〈5他〉 ①(손가락으로) 가리키다. ②(그 방향으로) 향해서 가다. ③지적하다. 지명하다. ④(장기를) 두다. ⑤(치수를) 재다. ⑥(상자·책상 등을) 만들다.

指し[さし] 지명. '名指(なざ)し'의 준말

指(し)継ぎ[さしつぎ] (장기에서) 봉수(封手)했던 판의 승부를 계속함.

指貫❶[さしぬき] 《古》 발목을 졸라매게 된 (일본 옷의) 바지. ❷[ゆびぬき] 골무.

指し掛け[さしかけ] (장기에서) 봉수(封手). 두다가 일단 중지함.

指し寄り[さしより] ①처음. 시작. 최초. ②우선. 당장.

1 **指図**[さしず] ①지시. 지휘. 명령. ②지명. 지정.

指図人[さしずにん] 지정인(指定人).

指物[さしもの] ①(무사가 싸움터에서) 표지가 되도록 갑옷의 등에 꽂거나 종자(従者)에게 들리던 작은 깃발이나 장식물. ②널빤지를 짜 맞추어 만드는 가구·기구.

指物師[さしものし] 소목장이. 널빤지로 가구를 만드는 사람.

指分け[さしわけ] (장기에서 승패의 횟수가 같아) 비김. 무승부가 됨.

指小旗[さしこばた] (표지로) 갑옷에 꽂는 작은 깃발.

指し手[さして] ①(장기) 두는 법. ②장기를 잘 두는 사람.

指し勝つ[さしかつ] 〈5自〉 ①(장기에서) 자기의 작전대로 말을 써서 이기다. ②(씨름·레슬링에서) 상대의 겨드랑이 밑에 손을 넣어 자기에게 유리한 자세를 취하다.

指し示す[さししめす] 〈5他〉 ①(손가락으로) 가리키다. ②지적하다.

指し切り[さしきり] (일본 장기에서) 궁을 공격하는 말을 다 써 버리고 더 둘 수 없게 됨.

指し切る[さしきる] 〈5自〉 (일본 장기에서) 궁을 공격하는 말을 다 써 버리고 더 둘 수 없게 되다.

指(し)値[さしね] (주식 등의 거래에서) 지정가(指定価).

音読

指顧[しこ] 지고; ①손가락으로 가리키며 돌아봄. 지시함. ②(손가락으로 가리키며 볼 수 있는) 아주 가까운 거리.

指南[しなん] 지남; 무예 등을 지도함.

2 **指導**[しどう] 지도; 가르쳐 인도함.

指導者[しどうしゃ] 지도자.

指導要録[しどうようろく] 학생 관찰 기록부.

1 **指令**[しれい] 지령; 지휘. 명령.

指名[しめい] 지명; 특정인을 지정함.

指命[しめい] 지명; 지정해서 명령함.

指紋[しもん] 《生理》 지문.

指事文字[しじもじ] 《語学》 지사 문자.

指数[しすう] 지수; ①정도나 변동을 나타내는 문자·숫자. ②《数》 승멱을 나타내는 숫자·문자.

2 **指示**[しじ] 지시; ①손가락으로 가리켜 보임. ②타인에게 명령함.

指圧[しあつ] 지압; 치료의 목적으로 손가락이나 손바닥으로 사람의 몸을 누름.

1 **指摘**[してき] 지적; 손가락질해 가리킴.

2 **指定**[してい] 지정; ①가리켜 정함. ②《語学》 단정(断定)함.

指定席[していせき] 지정석.

指針[ししん] 지침; ①(나침반·시계 등) 계기(計器)의 바늘. ②나아갈 방침.

指弾[しだん] 지탄; 손가락질.

指標[しひょう] 지표; ①어떤 사물을 가리키는 표지. ②지수(指数).

指向[しこう] 지향; ①어떤 목적에 대하여 향함. ②정해진 방향으로 향함.

指呼[しこ] 지호; 손짓해 부름.

1 **指揮**[しき] 지휘; 지시해 일을 하도록 시킴.

指揮者[しきしゃ] 지휘자.

持 가질 지

一 十 扌 扌 扌 拦 持 持 持

音 ◉ジ ⊗チ

訓 ◉もたす ◉もたせる ◉もてる ◉もつ

訓読

◉**持たす**[もたす] 〈5他〉 ①가지게 하다. 갖고 있게 하다. 들리다. ②마음을 졸이게 하다. 애태우게 하다.

ㅈ

◉持たせる[もたせる] 〈下1他〉 ①가지게 하다. 갖고 있게 하다. 들리다. ②기대를 갖게 하다. ③들려 보내다. 주다. ④지탱시키다. 유지시키다. 오래 가게 하다. ⑤부담시키다.
持たせ[もたせ] ①가지고 온 것. 선물. ②기대어 세움.
持たせ振り[もたせぶり] (은근히 내색하여) 상대방이 기대를 갖도록 하는 언동.
◉持てる[もてる] 〈下1他〉 ①가질 수 있다. ②유지할 수 있다. ③인기가 있다.
持て扱う[もてあつかう] 〈5他〉 ①보살피다. 다루다. 처리하다. ②다루기가 힘들다. 주체 못하다.
持て成し[もてなし] ①후한 대접. ②음식 대접.
1持て成す[もてなす] 〈5他〉 ①후하게 대접하다. 후대하다. ②(음식을) 대접하다. 향응하다. 환대하다. 접대하다. ③…하는 체하다. 꾸미다.
持て余し[もてあまし] 다루기 어려움.
持て余す[もてあます] 〈5他〉 (어떻게 해야 좋을지) 난처해하다. 처치 곤란해하다.
持て映やす[もてはやす] 〈5他〉 ①극구 칭찬하다. 추겨 세우다. ②(수동형 '持て映やされる'로) 인기가 있다.
持て囃す[もてはやす] 〈5他〉 ☞ 持て映やす
持て持て[もてもて] 아주 인기가 높음.
4◉持つ[もつ] 〈5自〉 견디다. 지탱하다. 지속되다. 〈5他〉 ①(손에) 가지다. 쥐다. 들다. ②(몸에) 지니다. 휴대하다. ③소유하다. 가지다. ④떠맡다. 담당하다. 담임하다. ⑤(마음에) 품다. ⑥(관계·모임을) 가지다.
2持ち[もち] ①소유함. 지님. ②(바둑·장기에서) 제한 시간. ③담당. 부담. ④오래 지탱함. 오래 보존함. ⑤(바둑·장기에서) 무승부. 비김. ⑥(몸에 지니기에 적합한) …용(用).
持ちあぐむ[もちあぐむ] 〈5自〉 쩔쩔매다.
持ち家[もちいえ] 자기 집. 소유 가옥.
持ち堪える[もちこたえる] 〈下1他〉 애써 버티다. 지탱하다. 유지하다. 견디다.
持ち去る[もちさる] 〈5他〉 갖고 가 버리다.
持ち掛ける[もちかける] 〈下1他〉 (말을) 꺼내다. (말을) 걸다.
持ち駒[もちごま] ①(일본 장기에서) 이편에서 잡아 소유하고 있는 상대방의 말. ＊필요할 때는 자기 말로서 사용할 수 있음. ②예비 선수. 예비 물건.
持ち帰り[もちかえり] 가지고 돌아감. 산 물건을 직접 들고 감. takeout.
持ち帰る[もちかえる] 〈5他〉 ①(물건을) 가지고 돌아가다. ②(안건을 검토하기 위해) 다시 가지고 가다.
持(ち)金[もちがね] 가진 돈.
持ち扱う[もちあつかう] 〈5他〉 ①(손으로 물건을) 다루다. ②힘겨워하다. ③대처하다.
持(ち)寄り[もちより] (필요한 물건·음식 등을) 각자가 갖고 모임.
持ち寄る[もちよる] 〈5自〉 (필요한 물건·음식 등을) 각자가 갖고 모이다.
持(ち)逃げ[もちにげ] (남의 금품을) 갖고 달아남. 들치기.
持ち来す[もちきたす] 〈5他〉 가져오다. 초래하다.
持って来い[もってこい] 안성맞춤. 적격임.
持って来て[もってきて] 게다가. 거기에 또.
持(ち)物[もちもの] ①소지품. 휴대품. ②소유물.
持(ち)味[もちあじ] ①(음식물의) 제 맛. 본래의 맛. ②(사람의) 개성. 취향. ③(예술 작품의) 독특한 맛.
持(ち)番[もちばん] 당번(当番).
持(ち)腐れ[もちぐされ] 가지고도 썩힘. 가지고 있을 뿐 활용하지 못함.
持(ち)分[もちぶん] 지분; ①(비용·주식 등에서) 각자에게 배당된 몫. ②(공유하는 재산·권리 등에서) 각자가 행사·소유하는 비율.
持ち崩す[もちくずす] 〈5他〉 ①(소중한 것을) 함부로 사용해서 망가뜨리다. ②신세를 망치다. ③(재산을) 탕진하다.
持ち上がる[もちあがる] 〈5自〉 ①솟아오르다. 돌아 오르다. ②들려 올라가다. ③(사건이) 발생하다. 일어나다.
2持ち上げる[もちあげる] 〈下1他〉 ①들어 올리다. ②(몸의 일부를) 쳐들다. 들다. ③치켜세우다. 추어주다.
持って生まれた[もってうまれた] 타고난.
持(ち)時間[もちじかん] (바둑·장기에서) 제한 시간.
持(ち)屋[もちや] 자기 집. 소유 가옥.
持(ち)運び[もちはこび] 운반. 들어 나름.
持ち運ぶ[もちはこぶ] 〈5他〉 운반하다. 들어 나르다.

持(ち)越し[もちこし] (다음 단계·기회로) 이월(移越)함. 넘김. 미룸.
持ち越す[もちこす] 〈5他〉 (끝맺지 못하고) 이월(移越)하다. 넘기다. 미루다.
持(ち)込み[もちこみ] 지참. 반입. 가져옴.
持ち込む[もちこむ] 〈5他〉 ①지참하다. 반입하다. 가져오다. ②(사건·용건 등을) 가져오다. 제기하다. ③(끝맺지 못하고) 다음 단계로 끌고 가다.
持(ち)場[もちば] 담당 부서. 담당 임무. 담당 구역.
持(ち)前[もちまえ] ①천성. 타고난 성질. ②지분(持分). 배당된 자기 몫.
[1]**持ち切り**[もちきり] ①(같은 상태를) 유지함. ②(소문이) 자자함.
持ち切る[もちきる] 〈5自〉 ①(같은 상태를) 끝까지 유지하다. ②(어떤 물건을) 몽땅 들다. ③(소문이) 자자하다.
持(ち)主[もちぬし] 임자. 소유주.
持(ち)株[もちかぶ] 소유주(所有株).
持ち重り[もちおもり] 들고 있으니 차츰 무겁다고 느낌.
持(ち)地[もちじ] 소유지(所有地).
持ちつ持たれつ[もちつもたれつ] 서로 도움.
持ち直す[もちなおす] 〈5他〉 (다른 손으로) 바꾸어 들다. 고쳐 쥐다. 〈5自〉 (날씨·경기·병세 등이) 회복되다.
持ち替える[もちかえる] 〈下1他〉 (다른 손으로) 바꾸어 들다. 고쳐 쥐다.
持(ち)出し[もちだし] ①반출. 가지고 나감. ②(남의 것을) 부당하게 사용함. ③자기 부담. ④(양복 앞섶의 안단 등에) 겹쳐지도록 여유를 둔 부분. ⑤(가옥 구조에서) 기준면보다 밖으로 튀어나오게 한 부분.
持ち出す[もちだす] 〈5他〉 ①반출하다. 갖고 나가다. 꺼내다. 끌어내다. ②(남의 것을) 부당하게 인출하다. ③(말을) 꺼내다. 제안하다. ④갖기 시작하다. ⑤(비용을) 부담하다.
持(ち)合い[もちあい] ①맞듦. 협조함. ②세력의 균형이 잡힘. 백중지세. ③보합 상태.
持ち合う[もちあう] 〈5他〉 맞들다. 나누어 맡다. 분담하다. 〈5自〉 ①(세력의) 균형이 잡히다. ②시세가 보합 상태다. 시세에 변동이 없다.
持ち合わす[もちあわす] 〈5他〉 마침 그때 갖고 있다.
持(ち)合(わ)せ[もちあわせ] ①마침 가진 것. ②현재 가진 돈.
持ち合わせる[もちあわせる] 〈下1他〉 마침 그때 갖고 있다.
持(ち)回り[もちまわり] ①여기저기 갖고 돌아다님. ②(의안 등을) 관계자 사이를 돌아다니며 결정함. ③(관계자들이) 차례로 일을 맡음.
持(ち)回り閣議[もちまわりかくぎ] (정례 각료 회의를 열지 않고) 수상이 의제를 각 대신(大臣)에게 돌려서 그 의견을 물어서 결정하는 약식 각료 회의.
持ち回る[もちまわる] 〈5他〉 여기 저기 갖고 돌아다니다.
持って回る[もってまわる] 〈5他〉 ①가지고 돌아다니다. ②완곡(婉曲)하다. 에두르다. 우회(迂回)하다.

音読

持[じ] (바둑·장기에서) 무승부. 비김.
持する[じする] 〈サ変自〉 ①유지하다. 지탱하다. ②(계율을) 지키다. ③삼가다. 조심하다.
持戒[じかい] ≪仏≫ 지계; (불교도로서) 불교의 계율을 지킴.
持久[じきゅう] 지구; 오래 견딤.
持久力[じきゅうりょく] 지구력.
持久戦[じきゅうせん] 지구전.
持碁[じご] 비긴 바둑.
持論[じろん] 지론; 늘 주장하는 의견.
持病[じびょう] 지병; ①고질(痼疾). ②(몸에 밴) 나쁜 버릇.
持説[じせつ] 지설; 늘 주장하는 의견.
[1]**持続**[じぞく] 지속; 어떤 상태가 중단되지 않고 계속됨.
持続性[じぞくせい] 지속성.
持薬[じやく] 지약; 상용약(常用薬).
[2]**持参**[じさん] 지참; 가지고 감. 가지고 옴.
持参金[じさんきん] (결혼) 지참금.
持統[じとう] 일본의 제 41대 천황. ＊B.C. 697~690년까지 재위하였음.
◑**扶持**[ふち]

紙 종이 지

〈 ㄠ ㄠ 糸 糸 糸 紅 紅 紙 紙

音 ◉シ
訓 ◉かみ

訓読

[4]◉**紙**[かみ] ①종이. ②(가위바위보의) 보.

ㅈ

紙巻き[かみまき] ①종이로 감음. 종이로 감은 것. ②'紙巻煙草(かみまきたばこ)'의 준말.
紙巻煙草[かみまきたばこ] 궐련.
紙衾[かみぶすま] (속에 짚을 넣어서 만든) 종이 이불.
紙袋[かみぶくろ] 종이 봉지. 봉투.
紙の木[かみのき] ≪植≫ 닥나무.
紙白粉[かみおしろい] 종이 분. *종이에 분을 먹여 말린 휴대용 화장품.
2紙屑[かみくず] 휴지. 종이 부스러기.
紙細工[かみざいく] 종이 세공·세공품.
紙鳶[★たこ] 연.
紙衣[かみこ] ①종이 옷. *두꺼운 종이에 감물을 먹인 옷. ②초라한 옷차림.
紙一重[かみひとえ] 종이 한 장. 근소한 차이. 약간의 차이.
紙入れ[かみいれ] ①지갑. ②종이 쌈지.
紙子[かみこ] ①종이 옷. *두꺼운 종이에 감물을 먹인 옷. ②초라한 옷차림.
紙張り[かみばり] 종이를 바름·바른 것.
紙銭[かみぜに] 지전; ①지폐. 종이 돈. ②종이를 돈 모양으로 오린 것. *제사 때에 사용함.
紙切り[かみきり] ①종이칼. 종이를 자르는 칼. ②종이를 오려서 인형이나 동물을 만드는 놀이.
紙切れ[かみきれ] 종잇조각.
紙粘土[かみねんど] 지점토; 종이 찰흙.
紙製[かみせい] 지제; 종이로 만듦.
紙芝居[かみしばい] ①그림 연극. 극화(劇畫). ②애들 속임수. 어린애 장난.
紙縒り[★こより] 종이 노끈.
紙鉄砲[かみでっぽう] 종이 딱총.
紙吹雪[かみふぶき] (환영·축하의 뜻으로 뿌리는) 오색 색종이. 잘게 썬 색종이.
紙幟[かみのぼり] 종이로 만든 こいのぼり.
紙包み[かみづつみ] ①종이 포장. 종이로 포장한 것. ②금일봉(金一封).
紙表具[かみひょうぐ] 종이 표구.
紙表紙[かみびょうし] 종이 표지.
紙合羽[かみがっぱ] (桐油紙로 만든) 종이 비옷.
紙挟み[かみばさみ] ①서류 끼우개. 페이퍼 홀더. ②종이 집게. 클립.
紙花[かみばな] (장례식용) 종이 조화(造花).

音読

紙価[しか] 지가; 종잇값.
紙器[しき] 지기; 종이로 만든 용기.
紙灯[しとう] 지등; 사방등(四方灯).
紙面[しめん] 지면; ①종이의 표면. ②서면(書面). ③(잡지나 신문의) 지상(紙上). 기사면(記事面).
紙背[しはい] 지배; ①종이의 뒷면. ②(문장 속의) 숨은 뜻.
紙上[しじょう] (특히 신문의) 지상.
紙数[しすう] 지수; ①종이 매수. 쪽수. 페이지 수. ②(신문·잡지 기사의) 지면 수.
紙帳[しちょう] 지장; 종이로 만든 모기장.
紙質[ししつ] 지질; 종이의 품질.
紙燭[しそく] 지촉; ①(옛날) 궁중에서 사용하던 조명 기구. *소나무 막대 끝에 기름을 발라 불을 켬. ②(종이 노끈에 기름을 적셔 켠) 종이 등잔불.
紙片[しへん] 지편; 종잇조각.
2紙幣[しへい] 지폐; 종이 돈.
紙型[しけい] 지형; 인쇄용 연판을 만들기 위해 활자의 조판을 눌러서 뜬 종이 거푸집.

脂 비계/기름바를 지

丿 刀 月 月 月' 月ᄂ 肝 脂 脂 脂

音 ◉シ
訓 ◉あぶら

訓読

2◉脂[あぶら] (동물의) 지방. 기름. 굳기름.
脂ぎる[あぶらぎる] 〈5自〉 ①기름기가 돌다. 번질거리다. ②비곗살이 오르다.
脂っこい[あぶらっこい] 〈形〉 ①(생선·육류·음식 등이) 기름지다. 기름기가 많다. 느끼하다. ②(성질이) 추근추근하다. 끈끈하다.
脂尻[あぶらじり] (새의) 기름기 많은 엉덩이 고기.
脂気[あぶらけ] 기름기.
脂っ濃い[あぶらっこい] 〈形〉 ①(생선·육류·음식 등이) 기름지다. 기름기가 많다. 느끼하다. ②(성질이) 추근추근하다. 끈끈하다.
脂肥り[あぶらぶとり] 몸이 뚱뚱함.
脂性[あぶらしょう] 지방 체질. 살갗에 항상 기름기가 도는 체질.
脂手[あぶらで] (땀·개기름이 많이 나서) 늘 축축한 손.
脂っ手[あぶらって] ☞ 脂手
脂身[あぶらみ] (생선·고기의) 기름살. 비계. 비곗살.

脂足[あぶらあし] 땀이 많이 나는 발.
脂着く[あぶらづく] 〈5自〉 (몸에 기름기가 올라) 윤기가 돌다.
脂取り[あぶらとり] (얼굴의 기름기를 닦는) 얼굴 화장지.
脂汗[あぶらあせ] 진땀. 비지땀.

音読

[1]脂肪[しぼう] 지방; 굳기름. 비계.
脂肪分[しぼうぶん] 지방분.
脂肪質[しぼうしつ] 지방질.
脂肪太り[しぼうぶとり] 몸이 뚱뚱함.
脂粉[しふん] 지분; ①연지와 분. ②여자의 요사스런 화장.
脂油[しゆ] 지유; 지방유(脂肪油).

遅(遲) 늦을 지

ㄱ ㅋ 尸 尸 尸 层 屖 犀 遅 遲

音 ◉チ
訓 ◉おそい ◉おくらす ◉おくらせる ◉おくれる

訓読

[4]◉遅い[おそい] 〈形〉 ①(동작・속도가) 느리다. 더디다. ②(시기・시간이) 늦다. ③(계절이) 늦다.
[4]遅く[おそく] 늦게.
[1]遅くとも[おそくとも] 늦어도. 늦는다 해도.
遅さ[おそさ] 늦음. 늦은 정도.
遅なわる[おそなわる] 〈5自〉 늦어지다.
[1]◉遅らす[おくらす] 〈5他〉 늦추다. 늦게 하다.
◉遅らせる[おくらせる] 〈下1他〉 늦추다. 늦게 하다. 지연시키다.
[3]◉遅れる[おくれる] 〈下1自〉 ①(정해진 날・시각에) 늦어지다. 지각하다. 늦다. ②(진도가) 뒤지다. 뒤떨어지다. ③(유행・시세에) 뒤지다. 뒤떨어지다.
[1]遅れ[おくれ] 늦음. 뒤늦음. 뒤짐. 뒤떨어짐.
遅れ馳せ[おくればせ] 뒤늦음. 때늦음.
遅番[おそばん] (교대제 직장에서) 늦게 출근하는 차례.
遅生(ま)れ[おそうまれ] 생일이 늦음. *4월 2일부터 12월말까지 사이에 태어나 학령(学齢) 미달을 말함.
遅咲き[おそざき] (꽃이) 늦게 핌. 철늦게 핌.
遅蒔き[おそまき] ①늦심기. 늦파종. ②때늦음.
遅きに失する[おそきにしっする] 너무 늦어 시기를 놓치다.
遅桜[おそざくら] 철늦게 피는 벚꽃.
遅場[おそば] 벼가 늦되는 고장.
遅かれ早かれ[おそかれはやかれ] 조만간. 머지않아. 언젠가는.
遅知恵[おそぢえ] ①지능 발달이 늦됨. ②(일이 끝난 후에) 뒤늦게 생각난 꾀.
遅出[おそで] ①늦게 출근함. ②(교대제 직장에서) 늦게 출근하는 차례.
遅寝[おそね] 밤늦게 잠.

音読

[2]遅刻[ちこく] 지각; 정해진 시각에 늦음.
遅刻者[ちこくしゃ] 지각자.
遅鈍[ちどん] 굼뜨고 둔함.
遅配[ちはい] 지배; 늦게 배달됨. (급료 등의) 체불(滞払).
遅払い[ちはらい] 지불이 늦어짐.
遅速[ちそく] 지속; 완급(緩急) 느림과 빠름.
遅延[ちえん] 지연; 예정보다 늦음.
遅緩[ちかん] 지완; 느림. 더딤.
遅遅[ちち] 지지; ①지지부진함. 느리고 더딤. ②(하루가) 길고 한가로움.
遅参[ちさん] 지참; 예정 시간에 늦게 옴.
遅滞[ちたい] 지체; 정해진 기일에 늦어짐.
遅筆[ちひつ] 지필; (편지나 문장 등을) 쓰는 것이 느림.
遅効[ちこう] 지효; 효험이 늦게 나타남.

漬 담글 지

氵 氵 氵 氵 氵 浐 清 清 清 漬

音 ⊗シ
訓 ◉つかる ◉つける ◉つく

訓読

◉漬かる[つかる] 〈5自〉 ①(물에) 잠기다. ②(김치 등이) 익다. 맛이 들다.
◉漬く[つく] 〈5自〉 ①(물이) 차다. (물에) 잠기다. ②(김치・채소 등이) 익다. 맛이 들다.
[3]◉漬ける[つける] 〈下1他〉 ①(액체 속에) 담그다. 잠그다. 적시다. ②(김치・채소 등을) 담그다. 절이다.
漬(け)瓜[つけうり] ≪植≫ ①월과(越瓜)의 변종. ②절임용 오이. ③절인 월과(越瓜).
漬(け)梅[つけうめ] ①소금에 절인 매실. ②매실 장아찌.
漬物[つけもの] (일본식) 김치. 채소를 절인 식품.

漬(け)物樽[つけものだる] (일본식) 김치를 담그는 통.
漬け込む[つけこむ] 〈5他〉 (김치·채소 등을) 담그다. 절이다.
漬(け)菜[つけな] 김칫거리. 절임용 채소.
◑奈良漬(ならづ)け, 大根漬(だいこんづ)け, 味噌漬(みそづ)け, 白菜漬(はくさいづ)け, 塩漬(しおづ)け, 一夜漬(いちやづ)け

誌	기록할 지
言 言 言 計 計 誌 誌 誌 誌	

音 ◉シ
訓 ⊗しるす

訓読
⊗誌す[しるす] 〈5他〉 (문장을) 기록하다.

音読
誌[し] 지; ①잡지. ②기록한 문서.
誌代[しだい] 지대; 잡지 구독료.
誌面[しめん] 지면; 잡지의 지상(誌上).
誌上[しじょう] 지상; 잡지의 지면(誌面).
誌上対談[しじょうたいだん] 지상 대담.

只	다만 지	音 ⊗シ 訓 ⊗ただ/ひた

訓読
2 ⊗只[ただ] 공짜. 무료. 거저임. 무보수임.
只管[ひたすら] 오직. 오로지. 단지.
2 只今[ただいま] ①지금. 현재. ②방금. 곧. 막. ③〈感〉 다녀왔습니다. 다녀왔소.
只働き[ただばたらき] 무보수로 일함.
只戻り[ただもどり] 헛걸음.
只奉公[ただぼうこう] 무료 봉사.
只事[ただごと] 예삿일. 보통 일.
只乗り[ただのり] 무임 승차(乗車).
只者[ただもの] 보통 사람. 평범한 사람.
只儲け[ただもうけ] 거저먹기. 가만히 앉아서 생기는 돈벌이.
只中[ただなか] ①(공간의) 한복판. 한가운데. ②(진행되는 일의) 한창. 한창 때.

舐	핥을 지	音 ⊗シ 訓 ⊗なめずる ⊗なめる ⊗ねぶる

訓読
⊗舐めずる[なめずる] 〈5他〉 (혀로) 입술을 핥다.
1 ⊗舐める[なめる] 〈下1他〉 ①(혀로) 핥다. ②맛보다. ③(불길이 혀로 핥듯이) 불태우다. ④(괴로움을) 겪다. ⑤깔보다. 얕보다.
舐め尽くす[なめづくす] 〈5他〉 ①몽땅 핥다. ②(불길이) 몽땅 태워 버리다.
舐め回す[なめまわす] 〈5他〉 구석구석 핥다. 돌려 가며 핥다.
⊗舐る[ねぶる] 〈5他〉 ①핥다. ②협박하여 단물을 빨아 먹다.

智	슬기 지	音 ⊗チ 訓 —

音読
智見[ちけん] 지견; ①보고 듣고 하여 얻은 지식. ②식견. 견식.
智能[ちのう] 지능; 두뇌의 작용. 지혜와 재능.
智徳[ちとく] 지덕; 지식과 덕성.
智略[ちりゃく] 지략; 슬기로운 계략.
智慮[ちりょ] 지려; 헤아려 판단하는 슬기.
智力[ちりょく] 지력; 지식의 능력.
智謀[ちぼう] 지모; 지혜로운 계략.
智識[ちしき] 지식; ①(뚜렷이) 알고 이해함. ②(어떤 사물에 대해) 알려진 사실. 알고 있는 내용. ③지혜와 견식. ④《仏》덕이 높은 중. 이름 있는 중. ⑤《仏》인연을 맺기 위해) 사찰에 바치는 재물과 토지. 또는 그것을 바치는 사람.
智勇[ちゆう] 지용; ①지혜와 용기. ②지자(知者)와 용자(勇者).
智者[ちしゃ] 지자; ①지식이 넓은 사람. ②《仏》 지식이 깊은 중.
智将[ちしょう] 지장; 지혜가 있는 장수.
智歯[ちし] 《生理》 지치; 사랑니.
智恵[ちえ] 지혜; ①슬기. 꾀. ②《仏》 진리를 이해하고 도통하는 정신력.
智恵比べ[ちえくらべ] 지혜 겨루기.
智恵袋[ちえぶくろ] ①지혜 주머니. 가장 지혜로운 사람. ②가지고 있는 모든 지혜.
智恵歯[ちえば] 사랑니.
智恵の板[ちえのいた] 블록 쌓기. *어린이 장난감의 하나임.

痣 사마귀 지	音 ⊗シ 訓 ⊗あざ

訓読

⊗痣[あざ] ①(피부에 생기는) 반점. ¶ ~がある 반점이 있다. ②멍. ¶ ~になる 멍이 들다.

蜘 거미 지	音 ⊗チ 訓 ⊗くも

訓読

⊗蜘蛛[★くも] ≪虫≫ 거미.

蜘蛛手[★くもで] ①길이 (거미 다리처럼) 사면팔방으로 갈라짐. ②나무나 대(竹)를 십자형이나 'V'자 모양으로 엮어 짠 모양. ③사방으로 뛰어다님. ④칼을 사방으로 휘두름. ⑤마음이 어지럽게 흐트러짐.

蜘蛛膜[★くもまく] ≪生理≫ 지주막.

蜘蛛膜下出血[★くもまくかしゅっけつ] ≪医≫ 지주막하 출혈.

鮨 젓갈 지	音 ⊗キ ⊗シ 訓 ⊗すし

訓読

⊗鮨[すし] 초밥. 생선 초밥. 김밥.

鮨飯[すしめし] 초밥용 밥.

鮨屋[すしや] 초밥집.

鮨詰め[すしづめ] (도시락에 담은 초밥처럼) 꽉 들어참. 콩나물시루 같음.

贄 폐백 지	音 ⊗シ 訓 ⊗にえ

訓読

⊗贄[にえ] ①제물(祭物). ②조정에 바치는 진상물(進上物). ③선물. ④희생(犧牲).

躓 넘어질 지	音 ⊗チ 訓 ⊗つまずく

訓読

2 ⊗躓く[つまずく] 〈5自〉 ①(발이) 걸려 넘어질 뻔하다. 채여서 비틀거리다. ②(중도에서) 실패하다. 차질이 생기다.

躓き[つまずき] ①(발이) 걸려 넘어질 뻔하다. 채여서 비틀거림. ②(중도에서) 실패. 차질. 실수. 잘못. 과실.

직

直 곧을 직
一 𠂇 𠂇 冇 冇 有 直 直

音 ◉ジキ ◉チョク

訓 ◉ただちに ◉なおす ◉なおる ⊗すぐ ⊗ひた…

訓読

2 ◉直ちに[ただちに] ①즉시. 곧. 당장. ②바로. 직접. ③즉. 그대로.

直中[ただなか] ①(공간의) 한복판. 한가운데. ②(진행되는 일의) 한창. 한창때.

3 ◉直す[なおす] 〈5他〉 ①(잘못 된 것을) 고치다. 바로잡다. ②정정하다. ③수리하다. ④(계획・기분을) 바꾸다. ⑤(딴 형식으로) 바꾸다. 번역하다. 변조(変調)하다. ⑥환산(換算)하다. ⑦(어떤 관계를) 회복하다. 회복시키다. ⑧(동사 ます형에 접속하여) 다시 …하다. 고쳐 …하다.

直し[なおし] ①(잘못 된 것을) 고침. 바로잡음. ②정정함. ③수리공. 수선공. ④(결혼식에서) 신부가 옷을 갈아입음. ⑤(동사 ます형에 접속하여) 다시 …함. 고쳐 …함.

直し物[なおしもの] 수리할 물건.

直し味醂[なおしみりん] 味醂(みりん)에 소주를 타서 만든 소주.

直し酒[なおしざけ] (변한 술・질이 나쁜 술 등을) 재가공(再加工)한 술.

直会[なおらい] 음복(飮服) 잔치. 제사를 지낸 술과 음식으로 하는 잔치.

3 ◉直る[なおる] 〈5自〉 ①(잘못 된 것이) 고쳐지다. 바로잡히다. ②정정되다. ③수리되다. 수선되다. ④(어떤 관계가) 회복되다. ⑤(좋은 자리로) 옮겨 앉다. 옮겨지다. ⑥(병이) 낫다. 치료되다.

直り[なおり] (병・상처 등이) 나음. 치유됨.

2 ⊗直ぐ[すぐ] 〈副〉 ①곧. 즉시. 당장. 냉큼. ②머지않아. 곧. ③곧잘. 쉽게. ④(거리상으로) 바로 곁. 아주 가까이. 〈形動〉 ①곧음. 똑바름. ②순진함. 정직함.

⊗直と[ひたと] ①(간격을 두지 않고) 착. 바싹. ②갑자기. 별안간. 느닷없이.

直謝る[ひたあやまる] 〈5自〉 그저 사과하다.

直垂[ひたたれ] 무사 예복의 한 종류. ＊가문(家紋)이 없고 넓은 소맷부리에는 묶는 끈이 달려 있음.

直垂衾[ひたたれぶすま] 깃과 소매가 달린 直垂(ひたたれ) 모양의 침구.
直濡れ[ひたぬれ] 흠뻑 젖음.
直心[ひたごころ] 한결같은 마음.
直押し[ひたおし] (목표를 향해) 마구 돌진함. 오직 밀어붙임.
直隠し[ひたかくし] 기를 쓰고 숨김. 숨기기만 함.
直走り[ひたばしり] 쉬지 않고 달림.
直走る[ひたはしる] 〈5自〉 쉬지 않고 달리다. 기운차게 계속 달리다.

音読

2直 ❶[じき] ①직접. ②(거리·시간이) 아주 가까움. ❷[ちょく] ①곧음. 옳음. ②당직. ③솔직함. ④손쉽고 간편함.
直な[ちょくな] ①곧은. 정직한. ②싹싹한. 소탈한. 솔직한. ③값싼.
2直に ❶[じきに] 곧. 금방. 머지않아. ❷[じかに] 직접. 바로.
2直角[ちょっかく] 직각; 직각임.
直覚[ちょっかく] 직각; 직관(直観).
直覚力[ちょっかくりょく] 직관력(直観力).
直諫[ちょっかん] 직간; 윗사람에게 서슴없이 간함.
1直感[ちょっかん] 직감; 마음으로 느껴서 앎.
直撃[ちょくげき] 직격; 직접적인 공격.
直撃弾[ちょくげきだん] 직격탄.
直結[ちょっけつ] 직결; 직접적인 연결.
2直径[ちょっけい] ≪数≫ 직경; 지름.
直系[ちょっけい] 직계; 직접적으로 계통을 이어받음.
直観[ちょっかん] 직관; 언어나 기호에 의한 논리적 사고에 의하지 않고 직접적으로 파악하는 작용.
直球[ちょっきゅう] 직구; (야구의) 스트레이트(볼).
直談[じきだん/じかだん] 직접 담판.
直読[ちょくどく] 직독; 한문(漢文) 등을 (토를 달지 않고) 그대로 음독(音読)함.
直列[ちょくれつ] 직렬; ①직선으로 늘어섬. 직선으로 늘어선 줄. ②'直列連結'의 준말.
2直流[ちょくりゅう] 직류; ①곧게 흐름. 곧은 흐름. ②항상 일정한 방향으로 흐르는 전류.
直立[ちょくりつ] 직립; ①똑바로 섬. 꼿꼿이 섬. ②높이 솟음.
直売[ちょくばい] 직매; 생산자가 직접 상품을 소비자에게 팖.
直売店[ちょくばいてん] 직매점.
1直面 ❶[ちょくめん] 직면; 어떤 사물에 직접 대면함. ❷[ひたおもて] ①직접 얼굴을 맞댐. 맞대면함. ②거리낌 없음. ③(能楽(のうがく)에서) 탈을 쓰지 않음. ❸[ひためん] (能楽(のうがく)에서) 탈을 쓰지 않음. 가면을 쓰지 않은 얼굴.
直明け[ちょくあけ] 숙직을 마침.
直門[じきもん] 스승에게서 직접 지도를 받음. 또는 그런 사람.
直物[じきもの] (상거래에서) 현물(現物).
直物相場[じきものそうば] 현물 시세.
直配[ちょくはい] 직배; 직접 배급·배달함.
直写[ちょくしゃ] 직사; 있는 그대로 베낌. 꾸밈없이 묘사함.
直上[ちょくじょう] 직상; ①바로 위. ②똑바로 위로 올라감. 쭉쭉 올라감.
直叙[ちょくじょ] 직서; 있는 사실 그대로 서술함.
2直線[ちょくせん] 직선; ①곧은 줄. ②≪数≫ 두 점을 연결하는 최단거리의 선.
直訴[じきそ] 직소; 절차를 밟지 않고 윗사람이나 상급 관청에 호소함.
直属[ちょくぞく] 직속; 직접 예속됨.
直送[ちょくそう] 직송; 상대방에게 직접 보냄.
直輸入[ちょくゆにゅう] 직수입; 직접 수입함.
直輸出[ちょくゆしゅつ] 직수출; 직접 수출함.
直視[ちょくし] 직시; ①똑바로 지켜봄. ②(사물을) 있는 그대로 봄.
直言[ちょくげん] 직언; 생각한 바를 상대방에게 기탄없이 말함.
直訳[ちょくやく] 직역; 원문의 자구(字句)·어법(語法)에 따라 한 마디 한 마디 충실하게 번역함.
直営[ちょくえい] 직영; 직접 경영함.
直喩法[ちょくゆほう] ≪語学≫ 직유법.
直音[ちょくおん] ≪語学≫ 직음.
直腸[ちょくちょう] ≪生理≫ 직장.
直裁[ちょくさい] 직재; ①즉시 결재함. ②본인이 직접 결재함.
直伝[じきでん] 직전; 직접 가르쳐 전함.
2直前[ちょくぜん] 직전; ①바로 앞. 눈 앞. ②(어떤 일이 발생하기) 바로 전.
直截[ちょくせつ] 직절; ①주저함 없이 결재함. ②솔직함.
2直接[ちょくせつ] 직접; 중간에 매개나 거리·간격이 없이 바로 접함.

直接税[ちょくせつぜい] 직접세.
直情[ちょくじょう] 있는 그대로의 감정.
直情径行[ちょくじょうけいこう] (생각한 바를) 거리낌 없이 말하거나 행동함.
直弟子[じきでし] 직제자; (스승에게) 직접 가르침을 받은 제자.
直直に[じきじきに] 직접. 바로.
直進[ちょくしん] 직진; ①똑바로 나아감. ②서슴없이 나아감.
直参[じきさん] ①江戸幕府(えどばくふ)에 직속했던 1만 석(石) 이하의 무사. ②주군(主君)을 직접 섬기는 신하.
直取引[じきとりひき] ①직거래. 직접 거래함. ②현금 거래.
2**直通**[ちょくつう] 직통; ①두 지점 간에 중계 없이 바로 통함. ②교통편을 갈아타지 않고 목적지에 곧바로 감.
直販[ちょくはん] 직판; 직접 판매함.
直筆❶[ちょくひつ] 직필; ①사실대로 기록함. 사실대로 쓴 문장. ②(서예에서) 붓을 똑바로 세우고 글씨를 씀. ❷[じきひつ] (유명 인사의) 자필(自筆). 친필(親筆).
直下[ちょっか] 직하; ①바로 아래. ②똑바로 떨어져 내려감.
直下に[じきげに] 즉석에. 즉시. 당장.
直轄[ちょっかつ] 직할; 직접 관할함.
直航便[ちょっこうびん] 직항편; (배행기·선박이) 목적지로 곧바로 가는 교통편.
直行[ちょっこう] 직행; ①올바른 행위. ②(생각한 바를) 서슴없이 실행함. ③곧장 목적지로 감.
直話[じきわ] 직화; 직접 말함. 직접 말한 이야기.
直滑降[ちょっかっこう] 직활강; (스키에서) 산악의 경사면을 곧장 바로 미끄러져 내림.
2**直後**[ちょくご] 직후; (어떤 일이 발생한) 바로 뒤. 그 후.

織 베짤 직

糸 紆 紵 紵 紵 綷 綷 織 織 織

音 ◉ショク ◉シキ
訓 ◉おる

訓読

1◉**織る**[おる] 〈5他〉 ①(옷감 등을) 짜다. ②엮다. 엮어내다. 섞어서 만들다.
織り[おり] ①(옷감 등을) 짬. 짠 것. 짠 모양새. ②'織物(おりもの)'의 준말.
織り交ぜる[おりまぜる] 〈下1他〉 ①(여러 가지 무늬·실을) 교대로 짜 넣다. 섞어서 짜다. ②(한 사물에) 다른 것을 끼워 넣다. 섞어서 곁들이다.
織り女[おりめ] 직녀; ①베 짜는 아가씨. ②직녀성(織女星).
織り模様[おりもよう] 본 바탕과 다른 실로 짠 무늬.
織り目[おりめ] (직물의) 발. 올과 올 사이. 짜임새.
織り紋[おりもん] 문직(紋織). 천에 짜 넣는 가문(家紋).
1**織物**[おりもの] 직물; 섬유로 짠 물건.
織部の司[おりべのつかさ] (옛날에) 大蔵省(おおくらしょう)에 소속되어 직물과 염색을 관장하던 관청.
織部焼[おりべやき] (桃山(ももやま) 시대에) 瀬戸(せと)에서 구워낸 다기(茶器)용 도자기.
織(り)飛白[おりがすり] 비백(飛白) 무늬를 짜낸 천.
織り上がり[おりあがり] (옷감 등을) 다 짬. 다 짠 솜씨. 다 짠 모양새.
織り上がる[おりあがる] 〈5自〉 (옷감 등이) 다 짜지다. 짜는 일이 끝나다.
織り成す[おりなす] 〈5他〉 ①(옷감이나 무늬 등을) 짜내다. ②엮어서 펼치다. 다양하게 엮어내다.
織元[おりもと] 직물의 제조원. 직조 공장.
織り込む[おりこむ] 〈5他〉 ①(다른 실이나 무늬 등을) 짜 넣다. 섞어 짜다. ②(다른 일에) 포함시키다.
織り子[おりこ] 옷감을 짜는 여직공.
織(り)地[おりじ] 옷감의 바탕.
織り出す[おりだす] 〈5他〉 (무늬 등을) 짜내다. 엮어 내다.
織り姫[おりひめ] ①직녀; 베 짜는 아가씨. ②방직 공장 여직공의 애칭. ③직녀성(織女星).

音読

織工[しょっこう] 직공; 베 짜는 직원.
織機[しょっき] 직기; 베 짜는 기계.
織女[しょくじょ] 직녀; ①베 짜는 아가씨. ②'織女星'의 준말.
織女星[しょくじょせい] 직녀성.
織婦[しょくふ] 직부; 베 짜는 여자.
織布[しょくふ] 직포; 기계로 짠 피륙.
◑**組織**[そしき], **組織的**[そしきてき]

職 직분/벼슬 직

「 Ｆ 耳 耳' 耶 耻 聕 暗 職 職

音 ◉ショク
訓 —

音読

[2]職[しょく] 직; ①직업. ②기능. 기술. ③직무.
職階[しょっかい] 직계; 직무상의 계급.
職権[しょっけん] 직권; 그 지위나 자격에 근거하여 권한을 행사함.
職能[しょくのう] 직능; ①직무상의 능력. ②직업 고유의 기능. ③기능(技能).
職歴[しょくれき] 직력; 직업상의 경력.
職名[しょくめい] 직명; 직무·직업의 명칭.
[1]職務[しょくむ] 직무; 담당해 맡은 일.
職務質問[しょくむしつもん] 불심검문(不審検問).
職分[しょくぶん] 직분; ①직무상의 본분. ②마땅히 해야 할 본분. ③能楽(のうがく)의 전문가.
職安[しょくあん] '公共職業安定所'의 준말.
[2]職業[しょくぎょう] 직업; 일상 종사하는 업무.
職業病[しょくぎょうびょう] 직업병.
職業婦人[しょくぎょうふじん] 직업 여성.
職域[しょくいき] 직역; ①직무나 직업의 범위. ②직장.
[1]職員[しょくいん] 직원; 직무를 담당하는 사람.
職員室[しょくいんしつ] 직원실; 교무실.
[2]職人[しょくにん] 직인; 기술자. 장인(匠人). *목수·미장이·이발사 등의 기술자를 말함.
職人気質[しょくにんかたぎ] 장인(匠人) 기질. 기술자 특유의 고집.
職印[しょくいん] 직인; 직위(職位)를 나타내는 도장.
職長[しょくちょう] 직장의 우두머리.
[2]職場[しょくば] 직장; 근무처. 일터.
職掌[しょくしょう] 직무(職務).
職制[しょくせい] 직제; ①직무 분담에 관한 제도. ②관리직(管理職).
職種[しょくしゅ] 직종; 직무·직업의 종류.
職住近接[しょくじゅうきんせつ] 직주 근접; 직장 근처에 주거가 있음.
職責[しょくせき] 직책; 직무상의 책임.
職探し[しょくさがし] 직업을 구함.

稷 기장 직

音 ⊗ショク
訓 ⊗きび

訓読

⊗稷[きび] ≪植≫ 기장. 수수.
稷団子[きびだんご] 수수 경단.

〔진〕

尽(盡) 다할 진

ㄱ ㅋ 尸 尺 尽 尽

音 ◉ジン
訓 ◉つかす ◉つきる ◉つくす

訓読

◉尽かす[つかす] 〈5他〉 다하다. 바닥내다. 소진(消尽)하다.
[1]◉尽きる[つきる] 〈上1自〉 ①다하다. 바닥나다. ②끝나다. ③('…に~'의 문형으로) …밖에는 없다. 더할 나위 없다. 제일이다.
尽き[つき] 다됨. 끝남. 마지막. 종말. 끝장.
尽きせぬ[つきせぬ] 한없는. 끝없는.
尽き目[つきめ] 끝장이 날 때. 종말. 마지막.
[1]◉尽くす[つくす] 〈5他〉 ①다하다. 바닥내다. 소진(消尽)하다. ②봉사하다. 진력하다. ③(동사 ます형에 접속하여) 다 …해 버리다. 모두 …해 버리다.

音読

尽力[じんりょく] 진력; ①(어떤 목적을 위해) 힘을 다함. 노력함. ②도움. 협력.
尽日[じんじつ] 진일; ①온종일. 하루종일. ②그믐날. ③섣달 그믐날.
尽忠[じんちゅう] 진충; 충성을 다함.
尽忠報国[じんちゅうほうこく] 진충보국; 충성을 다 하여 나라에 보답함.
尽瘁[じんすい] 진췌; 힘을 다해 노력함.

津 나루터 진

丶 冫 氵 氵 氵 汁 浐 津 津

音 ◉シン
訓 ◉つ

訓読

◉津[つ] 나루터. 선착장.

津浪[つなみ] ☞ 津波

津津浦浦[つつうらうら] 전국 도처. 방방곡곡.

[1]**津波**[つなみ] 해일(海溢). (지진・화산의 폭발・해상의 폭풍 등으로) 바다에 큰 물결이 갑자기 일어나 육지로 바닷물이 넘쳐 들어옴.

音読

津津と[しんしんと] 진진; 자꾸 솟아 나옴. ¶ ~湧(わ)く 계속 솟아 나오다.

珍 보배 진

音 ◉チン

訓 ◉めずらしい

訓読

[3]◉**珍しい**[めずらしい] 〈形〉 ①드물다. 진귀하다. 희귀하다. 색다르다. 희한하다. ②새롭다. 참신하다. ③오랜만이다.

珍しがる[めずらしがる] 〈5自〉 신기해하다. 희한하게 생각하다.

珍か[めずらか] 진기함. 희한함.

音読

珍[ちん] ①진기함. ②진귀함.

珍客[ちんきゃく] 진객; 진귀한 손님.

珍貴[ちんき] 진귀; 보배롭고 귀중함.

珍奇[ちんき] 진기; 보배롭고 기이함.

珍談[ちんだん] 진담; 진귀한 이야기.

珍答[ちんとう] 진답; 진귀한 대답.

珍妙[ちんみょう] 진묘; 유별나게 기묘함.

珍無類[ちんむるい] 별남. 괴상함. 우스꽝스러움.

珍聞[ちんぶん] 진문; 진기한 이야기.

珍物[ちんぶつ] 진물; 진기한 물건.

珍味[ちんみ] 진미; 진귀한 맛의 음식.

珍宝[ちんぽう] 진보; 진귀한 보배.

珍事[ちんじ] 진사; 진기한 사건.

珍石奇木[ちんせききぼく] 진석 기목; 진귀한 돌과 기묘한 나무.

珍説[ちんせつ] 진설; ①진기한 이야기. ②엉뚱한 의견. 색다른 설.

珍芸[ちんげい] 진예; 진귀한 연기.

珍優[ちんゆう] 진우; 익살스런 별난 연기를 보여 주는 배우.

珍蔵[ちんぞう] 진장; 진귀한 것으로 여겨 소중히 간직함.

珍鳥[ちんちょう] 진조; 진귀한 새.

珍重[ちんちょう] 진중; ①진귀하게 여겨 소중히 다룸. ②경사스러움. 축하할 만함. ③자애(慈愛)함.

珍品[ちんぴん] 진품; 진귀한 물품.

振 떨칠/움직일 진

音 ◉シン

訓 ◉ふる ◉ふるう ◉ふれる

訓読

◉**振(る)う**[ふるう] 〈5他〉 ①(마음껏) 휘두르다. ②흔들다. 떨다. 털다. ③(솜씨를) 발휘하다. 〈5自〉 ①번창해지다. 성하다. 떨치다. ②자원하다. 자진하다. 분발하다. ③색다르다. 기발하다.

◉**振れる**[ふれる] 〈下1自〉 ①흔들리다. ②치우치다. 쏠리다. 기울다. ③(야구에서 휘두른 방망이가) 공을 잘 맞히다.

[2]◉**振る**[ふる] 〈5他〉 ①(몸의 일부를) 흔들다. 휘두르다. ②흩뿌리다. ③흔들어서 던지다. ④잃다. 날리다. 버리다. ⑤뿌리치다. 거절하다. 퇴짜놓다. ⑥할당하다. 매기다. ⑦토를 달다. ⑧(어음・수표를) 발행하다. ⑨(방향을) 돌리다. 틀다. ⑩(落語(らくご)에서) 허두를 꺼내다.

[1]**振り❶**[ふり] ①(몸의 일부를) 흔듦. 휘두름. 휘두르는 솜씨. ②(겉으로 나타난) 모습. 꼴. 행동. ③…체. …척. ④(무용연극에서) 동작. 연기. 몸짓. ⑤뜨내기. ⑥임시. 변통. ⑦(일본 여자 옷의) 소매의 겨드랑이 밑에서부터 배래기까지 터놓은 부분. ⑧(칼을 세는 말로) …자루.

[2]**振り❷**[ぶり] ①(명사나 동사 ます형에 접속하여) 모습. 풍채. 태도. 품. 모양. ②(시간을 나타내는 말에 접속하여) …만에. ③…스타일. …양식(様式). …풍(風).

振りかざす[ふりかざす] 〈5他〉 ①머리 위로 번쩍 쳐들다. ②(주의・주장을) 내세우다.

振りかぶる[ふりかぶる] 〈5他〉 머리 위로 높이 쳐들다. 휘둘러 올리다.

振りさけみる[ふりさけみる] 〈上1他〉《雅》 우러러 멀리 보다.

振りほどく[ふりほどく] 〈5他〉 (몸을 묶은 것을) 흔들어 풀다. 뿌리치다.

振りもぎる[ふりもぎる] 〈5他〉 ①떨쳐 떼다. ②뿌리치다. 거절하다.

ㅈ

[2]振(り)仮名[ふりがな] 한자(漢字)의 읽는 음(音)을 かな로 표기한 토.
振鼓[ふりつづみ] ① ≪楽≫ 노도. ②(노도를 본떠 만든 노리개로) 땡땡이.
振り掛け[ふりかけ] 밥 위에 뿌려 먹는 가루 식품. *김·깨·어육(魚肉) 등을 가루로 만든 것.
振り掛ける[ふりかける] 〈下1他〉 (가루 등을) 끼얹다. 뿌리다.
振り絞る[ふりしぼる] 〈5他〉 (힘·소리·지혜 등을) 쥐어짜다. 힘을 내다. 안간힘을 쓰다.
振り起こす[ふりおこす] 〈5他〉 분발시키다. 불러일으키다.
振(り)当て[ふりあて] 할당. 배정.
振り当てる[ふりあてる] 〈下1他〉 할당하다. 배정하다.
振り落とす[ふりおとす] 〈5他〉 흔들어 떨어뜨리다. 떨쳐 버리다. 털어 버리다.
振り乱す[ふりみだす] 〈5他〉 흐트러뜨리다. 흩뜨리다.
振り離す[ふりはなす] 〈5他〉 ①(손 따위를) 뿌리치다. 떨어 버리다. ②(뒤쫓아오는 사람을) 떼치다. 떼어 놓다.
振り立てる[ふりたてる] 〈下1他〉 ①곤두세우다. 치켜세우다. ②소리를 지르다. 크게 소리를 내다. ③흔들어 소리를 내다.
振(り)売り[ふりうり] 행상인(行商人).
[2]振(る)舞う[ふるまう] 〈5自〉 행동하다. 처신하다. 〈5他〉 (음식을) 접대하다. 대접하다.
振(る)舞(い)[ふるまい] ①행동. 거동. 처신. ②접대. 대접.
振(る)舞(い)水[ふるまいみず] (여름에 통행인은 누구든지 마시라고 집 밖에) 접대용으로 내놓은 물.
振(る)舞(い)酒[ふるまいざけ] 접대 술.
[1]振り返る[ふりかえる] 〈5他〉 ①뒤돌아보다. ②(과거를) 돌이켜 보다. 회고하다.
振り方[ふりかた] ①휘두르는 법. ②처신. 대처하는 방법.
振り放す[ふりはなす] 〈5他〉 ①(손 따위를) 뿌리치다. 떨어 버리다. ②(뒤쫓아오는 사람을) 떼치다. 떼어 놓다.
振り放つ[ふりはなつ] 〈5他〉 ☞ 振り放す
振(り)付(け)[ふりつけ] (춤의) 안무(按舞).
振り付ける[ふりつける] 〈下1他〉 ①(싫어서) 뿌리치다. 퇴박하다. ②안무(按舞)하다.

振(り)分け[ふりわけ] ①둘로 나눔. 배분(配分). ②짐을 둘로 나눠 끈으로 매어 어깨의 앞뒤로 걸침.
振り分ける[ふりわける] 〈下1他〉 ①양분(両分)하다. 둘로 나누다. 반씩 가르다. ②분배하다. 할당하다. ③짐을 둘로 나눠 어깨의 앞뒤로 걸치다.
振(り)分(け)髪[ふりわけがみ] 양쪽으로 갈라 늘어뜨린 옛날 여자아이들의 머리 모양.
振(り)分(け)荷物[ふりわけにもつ] (옛날에 길을 떠날 때) 짐을 둘로 나눠 끈으로 매어 어깨의 앞뒤로 걸치던 짐.
振り飛ばす[ふりとばす] 〈5他〉 팽개치다.
振り事[ふりごと] (歌舞伎(かぶき)에서) 長唄(ながうた)를 반주로 하는 무용.
振り捨てる[ふりすてる] 〈下1他〉 (서슴없이) 내동댕이치다. 버리다.
振り撒く[ふりまく] 〈5他〉 ①흩뿌리다. ②(많은 사람에게) 퍼뜨리다 보이다.
振り上げる[ふりあげる] 〈下1他〉 번쩍 들다. 치켜 올리다.
振(り)袖[ふりそで] 겨드랑이 밑을 터놓은 긴 소매. *미혼 여성의 사교용 일본 옷임.
振(り)縄[ふりなわ/ぶりなわ] 물고기를 그물 속에 몰아넣어 잡는 데 사용하는 밧줄.
振(り)時計[ふりどけい] 벽시계. 추시계.
振り仰ぐ[ふりあおぐ] 〈5他〉 (갑자기 얼굴을 돌려) 멀리 보다. 우러러보다.
振り込む[ふりこむ] 〈5他〉 ①흔들어서 넣다. ②(은행 구좌 등에) 불입(払入)하다. 입금하다. ③(麻雀에서) 상대방이 이기게 되는 패를 던지다.
振(り)子[ふりこ] ≪物≫ 진자; 흔들이.
振(り)子時計[ふりこどけい] 흔들이 벽시계.
振り切る[ふりきる] 〈5他〉 ①떨쳐버리다. 떼치다. ②딱 잘라 거절하다. 뿌리치다. ③마음껏 휘두르다.
振(り)替(え)[ふりかえ] ①대체(対替). 임시로 바꿈. ②(簿記에서) 대체 계정.
振り替える[ふりかえる] 〈下1他〉 ①(임시로) 대체(対替)하다. ②(簿記에서) 대체 계정으로 하다.
振替口座[ふりかえこうざ] 대체 구좌.
振替輸送[ふりかえゆそう] 대체 수송.
振替伝票[ふりかえでんぴょう] 대체 전표.
[1]振(り)出し[ふりだし] ①흔들어서 내용물이 작은 구멍으로 나오게 만든 기구. *후추 가루 통. ②주사위의 출발점. ③(사물의)

시작점. 출발점. ④(어음·수표의) 발행. ⑤탕약(湯薬).
振り出す[ふりだす] 〈5他〉 ①흔들어서 내용물이 나오게 하다. ②(어음·수표를) 발행하다. ③흔들리기 시작하다. ④(탕제약을) 우려내다.
振出人[ふりだしにん] (어음·수표의) 발행인.
振(り)出(し)薬[ふりだしぐすり] 탕제 약.
振り下ろす[ふりおろす] 〈5他〉 (들어 올린 것을) 내려치다.
振(り)合い[ふりあい] (다른 것과 비교한) 균형. 형편.
振り合う[ふりあう] 〈5自〉 서로 스치다. 맞닿다.
振り解く[ふりほどく] 〈5自〉 (몸을 묶은 것을) 흔들어 풀다. 뿌리치다.
2**振り向く**[ふりむく] 〈5自〉 ①뒤돌아보다. 돌아다보다. ②거들떠보다.
振り向ける[ふりむける] 〈下1他〉 ①(고개를) 돌리다. 뒤돌아보게 하다. ②충당하다. 전용(転用)하다.
振(り)回し[ふりまわし] ①휘두름. ②(자금·상품의) 융통. 운용(運用).
振り回す[ふりまわす] 〈5他〉 ①휘두르다. ②남용하다. ③과시하다. 뽐내다. 자랑하다. ④(남을) 멋대로 다루다.

音読

振起[しんき] 진기; 떨쳐 일으킴. 왕성하게 함. 왕성하게 일어남.
1**振動**[しんどう] 진동; 흔들리어 움직임.
振動数[しんどうすう] 진동수.
振動子[しんどうし] ≪物≫ 진동자; 흔들이.
振鈴[しんれい] 진령; (신호로서) 손으로 흔드는 작은 종.
振子[しんし/ふりこ] ≪物≫ 진자; 흔들이.
振作[しんさく] 진작; 떨쳐 일으킴. 왕성하게 함. 왕성하게 일어남.
振幅[しんぷく] 진폭; 진동하는 폭.
1**振興**[しんこう] 진흥; 정신을 가다듬어서 일어남. 왕성하게 일어나게 함.

真(眞) 참 진

一 十 亠 古 古 吉 直 直 真 真

音 ◉シン
訓 ◉ま

訓読

◉**真っ**[まっ] 아주. 완전히. 딱.
真に[まに/しんに] 진실로. 정말로. 참으로.
真結び[まむすび] 옭맴. 옭매듭.
真弓[まゆみ] 빼어난 활.
真金[まがね] 쇠. 철(鉄).
真っ当[まっとう] 〈形動〉 성실함. 정직함. 진지함.
真冬[まふゆ] 한겨울. 엄동(厳冬).
真冬日[まふゆび] ①한겨울 날. 낮 최고 기온이 섭씨 영도 미만인 날. ②한겨울의 낮. 한겨울의 낮의 태양.
真裸[まはだか] ☞ 真っ裸
真っ裸[まっぱだか] ('真裸(まはだか)'의 강조어로서) ①알몸. 발가벗음. ②조금도 꾸밈이 없음. 있는 그대로 드러냄.
真裏[まうら] 바로 뒤쪽.
真面[まおもて] 바로 맞은편. 바로 정면.
2**真面目**❶[まじめ] 〈形動〉 ①진지함. 진실함. 진심임. ②착실함. 성실함. ❷[しんめんぼく/しんめんもく] 진면목; ①본래의 모습. 진가(真価). ②성실함. 진지함.
真面目腐る[まじめくさる] 〈5自〉 심각한 표정을 짓다 진지한 체하다.
真名[まな] ①한자(漢字). ＊かなに 대하여 정식 글자라는 뜻임. ②한자(漢字)의 해서(楷書).
真名書き[まながき] 한자(漢字)로 씀. 또는 한자로 쓴 것.
真白い[ましろい] 〈形〉 새하얗다.
2**真っ白**[まっしろ] 새하얌.
2**真っ白い**[まっしろい] 〈形〉 새하얗다.
真帆[まほ] ①순풍에 단 돛. ②그 배의 중심 돛.
真四角[ましかく] 정사각형.
2**真似**[まね] ①흉내. 모방. 시늉. ②(달갑지 않은) 행동. 짓.
2**真似る**[まねる] 〈下1他〉 흉내내다. 모방하다.
真似事[まねごと] ①흉내. 모방. ②(자신의 행동의 겸양어로서) 시늉. 흉내짓거리.
真似形[まねがた] 모형. 본뜬 형태.
真砂[まさご] ① ≪雅≫ 잔모래. ②검은 빛을 띤 사철(砂鉄).
真上[まうえ] 바로 위.
真桑瓜[まくわうり] ≪植≫ 참외.
2**真っ先**[まっさき] 맨 앞. 제일 먼저.
真っ盛り[まっさかり] 한창. 한창 때.
真受け[まうけ] 곧이들음.
真に受ける[まにうける] 〈句〉 곧이듣다. 그대로 믿다. 진실로 받아들이다.

真柴[ましば] 섶나무.
真柴垣[ましばがき] 섶나무 울타리.
真新しい[まあたらしい] 〈形〉 아주 새것이다.
真心[まごころ] 진심; 정성. 성심.
真っ芯[まっしん] (물건의) 맨 한가운데.
[2]**真っ暗**[まっくら] ①(어두워서) 아주 캄캄함. ②(절망으로) 캄캄함.
真っ暗がり[まっくらがり] 몹시 캄캄한 곳.
真っ暗闇[まっくらやみ] 칠흑 같은 어둠.
真夜中[まよなか] 한밤중. 심야(深夜).
真魚[まな] 식용 생선.
真魚始[まなはじめ] 아이에게 처음으로 생선을 먹이는 의식.
真っ逆様[まっさかさま] 곤두박질. 거꾸로 박힘.
真玉[まだま] 아름다운 구슬.
[1]**真ん円い**[まんまるい] 〈形〉 아주 둥글다. 동그랗다.
真二つ[まふたつ] 두 동강. 딱 절반.
[1]**真っ二つ**[まっぷたつ] 두 동강. 딱 절반.
真一文字[まいちもじ] 일직선(一直線).
真日[まひ] (短歌에서) 태양.
[2]**真っ赤**[まっか] 〈形動〉 ①새빨감. 진홍(真紅). ②영락없음. 틀림없음.
真田紐[さなだひも] 굵은 무명실로 납작하게 엮은 끈.
[1]**真ん前**[まんまえ] 정면. 바로 앞.
真正面[ましょうめん] 바로 앞. 바로 정면.
真正直[ましょうじき] 아주 정직함.
真昼[まひる] 한낮. 대낮. 백주(白昼).
真っ昼間[まっぴるま] 대낮. 한낮. 백주(白昼).
真中[まなか] 한가운데. 한복판.
[2]**真ん中**[まんなか] 한가운데. 한복판.
真っ只中[まっただなか] ①한가운데. 한복판. 중앙. ②한창때. 고비.
[2]**真っ直ぐ**[まっすぐ] ①똑바름. ②정직함.
真っ直中[まっただなか] ①한가운데. 한복판. 중앙. ②한창때. 고비.
真澄(み)[ますみ] 맑디맑음. 아주 맑음.
[2]**真っ青**[まっさお] 몹시 새파람. 창백함.
真鯖[まさば] ≪魚≫ 고등어.
真っ最中[まっさいちゅう] (어떤 일이) 한창 진행중임. 한창임.
真土[まつち] 농사짓기에 가장 적합한 흙.
真っ平[まっぴら] ①오로지. 제발. 참으로. ②딱 질색임. 정말 싫음.
真っ平御免[まっぴらごめん] ①딱 질색임. 정말 싫음. ②참으로 죄송함.
真下[ました] 바로 아래. 바로 밑.
真夏[まなつ] 한여름.
真夏日[まなつび] ①한여름 날씨. 낮 최고 기온이 섭씨 30도 이상인 날. ②한여름의 대낮. 한여름의 태양.
真っ向[まっこう] 바로 정면.
真向(か)い[まむかい] 바로 마주봄. 정면.
真向き[まむき] 정면을 향함.
真ん丸[まんまる] 아주 둥긂.
[1]**真ん丸い**[まんまるい] 〈形〉 아주 둥글다. 동그랗다.
真横[まよこ] 바로 옆.
真後ろ[まうしろ] 바로 뒤.
[2]**真っ黒**[まっくろ] 〈形動〉 새까맘.
[2]**真っ黒い**[まっくろい] 〈形〉 아주 새까맣다.
真っ黒け[まっくろけ] 아주 새까맘.

音読

真に[しんに/まに] 진실로. 정말로. 참으로.
真の[しんの] 참. 참된. 참다운. 진정한.
真価[しんか] 진가; 진정한 값어치.
真個[しんこ] 정말. 진짜. 진정.
[2]**真剣**[しんけん] ①진검; 진짜 칼. ②진지함. 진정임.
真剣勝負[しんけんしょうぶ] 진검승부; ①진짜 칼로 하는 검도. ②목숨을 건 진지한 승부.
[2]**真空**[しんくう] 진공; ① ≪物≫ 공기 등의 물질이 전혀 없는 상태. ②작용활동이 정지된 공백 상태. ③ ≪仏≫ 모든 실상(実相)을 공허임.
真空管[しんくうかん] ≪物≫ 진공관.
[1]**真理**[しんり] 진리; ①참된 도리(道理). ② ≪哲≫ 어떤 경우에도 통용되는 타당한 지식이나 판단.
真否[しんぴ] 진부; 참과 거짓. 진위(真偽).
真分数[しんぶんすう] ≪数≫ 진분수.
[1]**真相**[しんそう] 진상; 사물의 참된 모습.
真書[しんしょ] 진서; ①해서(楷書). ②진실을 기록한 서적.
真善美[しんぜんび] 진선미; 인식상(認識上)의 진(真)과 윤리상(倫理上)의 선(善)과 심미상(審美上)의 미(美).
真性[しんせい] 진성; ①천성(天性). ② ≪医≫ 틀림없는 그 증세의 병. ③ ≪哲≫ 만유(万有)의 실상(実相).

真率[しんそつ] 진솔; 꾸밈이 없음.
真髄[しんずい] 진수; 사물의 본질.
[1]**真実**[しんじつ] 진실; ①거짓이 없음. ②≪仏≫ 절대의 진리. ③〈副〉 정말로.
真言[しんごん] ≪仏≫ 진언; ①부처의 말씀. ②기도할 때 외는 주문(呪文).
真言宗[しんごんしゅう] ≪仏≫ 진언종.
真如[しんにょ] ≪仏≫ 진여; 우주 만물의 본체로서 절대 불변의 진리.
真影[しんえい] 진영; 초상 사진.
真偽[しんぎ] 진위; 참과 거짓. 옳고 그름.
真意[しんい] 진의; 참뜻.
真因[しんいん] 진인; 참된 원인.
真姿[しんし] 진자; 참모습.
真跡[しんせき] 진적; 진필(真筆).
真正[しんせい] 진정; 진실하고 바름.
真情[しんじょう] 진정; ①진심. 성심. ②실정(実情).
真宗[しんしゅう] ≪仏≫ (鎌倉(かまくら) 시대에 생긴) 정토종(浄土宗)의 분파.
[1]**真珠**[しんじゅ] 진주.
真珠貝[しんじゅがい] 진주조개.
真珠湾[しんじゅわん] ≪地≫ 진주만.
真打[しんうち] (落語(らくご) 등의 흥행에서) 마지막에 출연하는 인기 있는 출연자. 최고 연기자.
真皮[しんぴ] 진피; 피부의 내층(内層).
真筆[しんぴつ] 진필; 본인의 필적.
真紅[しんく] 진홍; 새빨강.

陣 진칠/줄 진

⁷ 了 阝 阝⁻ 阝⁻ 阝ᅮ 陌 陌 陣 陣

音 ◉ジン
訓 —

音読

[1]**陣**[じん] 진; ①병사를 배치함. ②진지(陣地). 진영(陣営). ③전투. 전쟁. ④집단. 무리.
陣する[じんする] 〈サ変自〉 진을 치다.
陣頭[じんとう] 진두; ①최전선(最前線). 진의 맨 앞. ②(업무・활동의) 제일선(第一線).
陣立て[じんだて] ①군세(軍勢)의 배치・편제. ②(난국에 대처한) 진용(陣容).
陣笠[じんがさ] ①(옛날에) 병사들이 투구 대신 쓰던 벙거지. ②(벙거리를 쓴) 졸병. ③졸개. 평당원.
陣没[じんぼつ] 진몰; 전사(戦死).
陣門[じんもん] 진문; 군문(軍門).
陣払い[じんばらい] 퇴진(退陣).
陣所[じんしょ] 진소; (군대가 주둔하는) 진지(陣地). 진영(陣営).
陣列[じんれつ] 진열; 군대의 배열・배치.
陣営[じんえい] 진영; ①군대가 진을 치는 곳. ②대립하는 세력 집단.
陣屋[じんや] ①병영(兵営). ②위병(衛兵) 대기소. ③(옛날) 장원(荘園)의 토지를 관리하던 관청. ④(江戸(えど)시대에) 성(城)을 갖지 못한 大名(だいみょう)의 처소. ⑤郡代(ぐんだい)・代官(だいかん) 등의 집무소.
陣容[じんよう] 진용; ①군대의 배치. ②(조직의) 구성 인원.
陣羽織[じんばおり] (옛날 전쟁터에서) 갑옷 위에 걸쳐 입던 소매가 없는 겉옷.
陣中[じんちゅう] 진중; ①진지(陣地)의 안. ②전쟁터.
陣中見舞(い)[じんちゅうみまい] ①전방 부대 위문. ②(선거전 등의) 격려 위문.
陣地[じんち] 진지; 전쟁에 대비해 군대・장비를 배치해 둔 곳.
陣取り[じんとり] (아이들의) 땅뺏기놀이.
陣取る[じんどる] 〈5自〉 ①진을 치다. 포진(布陣)하다. ②(어떤 장소를) 점거하다. 자리를 차지하다.
陣太鼓[じんだいこ] 군고(軍鼓). 군대의 신호로 치던 북.
陣形[じんけい] 진형; ①전투 태세. ②(바둑・장기에서) 돌이나 말의 배치.

陳 늘어놓을/말할 진

⁷ 了 阝 阝⁻ 阝⁻ 阝ᅮ 陌 陌 陣 陳

音 ◉チン
訓 ⊗のべる ⊗ひねる

訓読

⊗**陳べる**[のべる] 〈下1他〉 ①말하다. 진술하다. ②기술하다. 서술하다.
⊗**陳(ね)る**[ひねる] 〈下1他〉 ①오래되다. 낡아지다. ②어른스러워지다.
陳こびる[ひねこびる] 〈上1自〉 ①노숙해지다. 오래되다. ②어른스러워지다.
陳物[ひねもの] 묵은 것. 오래된 것.
陳米[ひねまい] 묵은 쌀. 오래된 쌀.
陳者[ひねもの] 노련한・노숙한 사람.

音読

陳[ちん] 진; 중국 왕조(王朝)의 이름.

陳じる[ちんじる] 〈上1他〉 ①진술하다. 말하다. ②주장하다. ③변명하다. 해명하다.

陳ずる[ちんずる] 〈サ変他〉 ☞ 陳じる

陳弁[ちんべん] 진변; 변명함. 해명함.

陳腐[ちんぷ] 진부; 케케묵음. 오래 되어서 썩음. 오래되어 낡고 헒.

陳謝[ちんしゃ] 진사; 용서를 빎. 사죄함.

陳述[ちんじゅつ] 진술; ①자세히 말함. ②《法》 공술(供述).

[1]陳列[ちんれつ] 진열; 남에게 보이기 위해 물품을 늘어놓음.

陳列棚[ちんれつだな] 진열장.

陳列窓[ちんれつまど] 진열창.

陳情[ちんじょう] 진정; ①심정을 말하여 호소함. ②(정부나 어떤 조직에) 실정을 호소하여 일정한 시책을 요청함.

進(進) 나아갈 진

亻 亻' 亻' 什 仵 隹 隹 隹 淮 進

音 ◉シン

訓 ◉すすむ ◉すすめる

訓読

[3]◉進む[すすむ] 〈5自〉 ①(앞으로) 전진하다. 나아가다. ②(시계가) 빨리 가다. 빠르다. ③발달하다. 진보하다. ④(일이) 진행되다. 진척되다. ⑤(지위가) 올라가다. 승진하다. ⑥진학하다. 진출하다. ⑦(식욕이) 왕성해지다. ⑧(병세가) 악화되다. 더해지다.

[1]進み[すすみ] ①전진. 나아감. 진행. ②(마음의) 내킴. ③진도. 진보함. 숙달함. ④진행됨. 진척됨.

進み出る[すすみでる] 〈下1自〉 (앞으로) 전진하다. 나아가다.

進んで[すすんで] 기꺼이. 자진해서.

[2]◉進める[すすめる] 〈下1他〉 ①(앞으로) 전진시키다. 나아가게 하다. ②(시계를) 앞으로 돌리다. 빨리 가게 하다. ③발전시키다. 발달시키다. ④(일을) 진행하다. 진척시키다. ⑤(정도를) 높이다. 승진시키다. ⑥진학시키다. 진출시키다. ⑦(식욕을) 왕성하게 하다. 돋구다.

音読

進じる[しんじる] 〈上1他〉 드리다. 진상하다.

進ずる[しんずる] 〈サ変他〉 ☞ 進じる

進講[しんこう] 진강; (임금이나 고귀한 사람 앞에 나아가) 강론함.

進撃[しんげき] 진격; 공격하여 나아감.

進境[しんきょう] 진경; 진보된 정도.

進攻[しんこう] 진공; 나아가 공격함.

進貢[しんこう] 진공; 조공을 바침.

進軍[しんぐん] 진군; 군대가 전진함.

進級[しんきゅう] 진급; 등급이 오름.

[1]進度[しんど] 진도; 진행 정도.

[1]進路[しんろ] 진로; 나아가는 길.

進塁[しんるい] 진루; (야구에서) 주자가 다음 베이스로 나아감.

進物[しんもつ] 선물. 증정물.

進物用[しんもつよう] 선물용.

進発[しんぱつ] 진발; (부대가) 출발함.

[2]進歩[しんぽ] 진보; 점차 좋은 방향으로 발달함. 사물이 차차 나아짐.

進士[しんし] 진사; ①(平安(へいあん)시대에) 관리의 등용 시험에 합격한 사람. ②(옛날 중국에서) 과거 시험에 합격한 사람.

進上[しんじょう] 진상; ①바침. 드림. ②(윗사람에게 보내는) 편지의 겉에 쓰는 존칭.

進水[しんすい] 진수; 새로 건조한 배를 물 위에 띄움.

進水台[しんすいだい] 진수대.

進水式[しんすいしき] 진수식.

進言[しんげん] 진언; 윗사람에게 의견을 말함.

進運[しんうん] 진운; 진보 발전하는 경향.

進入[しんにゅう] 진입; 나아가 들어감.

進入路[しんにゅうろ] 진입로.

[1]進展[しんてん] 진전; ①사태가 진행함. ②어떤 사물이 진보 발전함.

進転[しんてん] 진전; 앞으로 옮겨 나아감.

[1]進呈[しんてい] 진정; 드림. 증정(贈呈).

進駐[しんちゅう] 진주; 군대가 타국의 영토내로 진군하여 그곳에 머무름.

進捗[しんちょく] 진척; 일이 진행되어 감.

[1]進出[しんしゅつ] 진출; 세력의 확장 또는 새로운 분야의 개척을 위해 앞으로 나아감.

進取[しんしゅ] 진취; 고난을 무릅쓰고 힘껏 앞으로 나아감.

進退[しんたい] 진퇴; 나아감과 물러섬. 움직임. 동작.

進退伺い[しんたいうかがい] (직무상 과실로) 책임을 지고 사직해야 하는지 어떤지에 관한 문의서.

[2]進学[しんがく] 진학; 상급 학교에 들어감.
進航[しんこう] 진항; 배가 앞으로 나아감.
[1]進行[しんこう] 진행; ①앞으로 나아감. ②진전(進展). ③진척(進陟).
[1]進化[しんか] 진화; ①생물의 형태・기능이 향상되어감. ②사물이 보다 나은 상태로 발전함.
進化論[しんかろん] 진화론.

診 진찰할 진

音 ◉シン
訓 ◉みる

訓読
[2]◉診る[みる] 〈上1他〉 (환자를) 진찰하다. (맥을) 짚어 보다.

音読
[2]診断[しんだん] 진단; ①의사가 환자를 진찰하여 병의 상태를 판단함. ②사물의 결함을 조사하여 전망에 대해 판단을 내림.
診断書[しんだんしょ] 진단서.
[1]診療[しんりょう] 진료; (의사에 의한) 진찰과 치료.
診療所[しんりょうじょ] 진료소.
診療室[しんりょうしつ] 진료실.
[2]診察[しんさつ] 진찰; 의사가 환자의 병의 상태를 조사하여 판단함.
診察券[しんさつけん] 진찰권.
診察台[しんさつだい] 진찰대.
診察室[しんさつしつ] 진찰실.
診察日[しんさつび] 진찰일.

震 흔들릴/진동할 진

音 ◉シン
訓 ◉ふるう ◉ふるえる ◉ふるわす ◉ふるわせる

訓読
◉震う[ふるう] 〈5自〉 흔들리다. 떨리다.
震い[ふるい] ①(작은) 떨림. 흔들림. 진동(震動). ②(오한・공포로) 떨림.
震い付く[ふるいつく] 〈5自〉 ①확 껴안다. ②(분하여) 달려들다. 맹렬하게 달라붙다.
震い戦く[ふるいおののく] 〈5自〉 (공포로) 부들부들 떨다.
[2]◉震える[ふるえる] 〈下1自〉 ①흔들리다. 떨리다. 진동(震動)하다. ②(두려움・공포로) 떨리다.
震え[ふるえ] 떨림.
震え上がる[ふるえあがる] 〈5自〉 (추위・공포로) 부들부들 떨다.
震え声[ふるえごえ] 떨리는 목소리.
◉震わす[ふるわす] 〈5他〉 떨다. 떨게 하다.
[1]◉震わせる[ふるわせる] 〈下1他〉 떨다. 떨게 하다.

音読
震撼[しんかん] 진감; 진동. 울려서 흔듦.
震度[しんど] 진도; 지진의 강도.
震動[しんどう] 진동; 흔들림. 떨림.
震央[しんおう] 진앙; 지진의 진원(震源) 바로 위가 되는 지점.
震源[しんげん] 진원; ①지진의 발생 지점. ②(사건 등의) 원인. 근원.
震災[しんさい] 진재; 지진으로 인한 재해(災害).
震災地[しんさいち] 지진 재해(災害) 지역.
震災記念日[しんさいきねんび] 지진 재해 기념일. ＊1923년 9월 1일의 関東(かんとう) 대지진을 기념하는 날임.
震幅[しんぷく] 진폭; (지진계에 나타난) 지진의 흔들림의 폭.
震害[しんがい] 진해; 지진으로 인한 피해.

鎮(鎭) 진압할/누를 진

音 ◉チン
訓 ◉しずまる ◉しずめる

訓読
◉鎮まる[しずまる] 〈5自〉 ①(난리・폭동 등이) 진압되다. 가라앉다. 평온해지다. ②(神이) 머물다. 진좌(鎮座)하다.
◉鎮める[しずめる] 〈下1他〉 ①(난리・폭동 등을) 진압되다. 가라앉히다. 평정하다. ②(마음・통증 등을) 가라앉히다. 진정시키다. ③(神을) 머물게 하다. 진좌(鎮座)시키다.
鎮め[しずめ] 가라앉힘. 진호(鎮護). 진정(鎮定).

音読
鎮台[ちんだい] ①(옛날) 지방 주둔군. 또는 그 병영. ②(明治(めいじ) 초기 각지에 설치된) 육군 사단. 또는 그 병사.

鎮撫[ちんぶ] 진무; 난리를 평정하고 민심을 수습함.

鎮守[ちんじゅ] 진수; ①군인을 주둔시켜 그 고장을 지킴. ②서낭신. 수호신. 또는 그 사당(祠堂).

鎮圧[ちんあつ] 진압; ①(난리를) 진정시켜 억누름. ②땅을 일구어 흙을 고르게 함.

鎮定[ちんてい] 진정; (난리를) 진압하여 평정함.

鎮静[ちんせい] 진정; 조용히 가라앉힘. 조용히 가라앉음.

鎮静剤[ちんせいざい] ≪薬≫ 진정제.

鎮座[ちんざ] 진좌; ①신(神)이 그곳에 임함. ②의젓하게 자리잡음.

鎮痛[ちんつう] 진통; 환부의 통증을 진정시킴・가라앉힘.

鎮痛剤[ちんつうざい] ≪薬≫ 진통제.

鎮護[ちんご] 진호; 난리를 평정하여 나라를 지킴.

鎮魂[ちんこん] ≪宗≫ 진혼.

鎮火[ちんか] 진화; 화재(火災)가 난 불을 끔. 화재가 난 불이 꺼짐.

辰 별/조개 진	音 ⊗シン 訓 ⊗たつ

訓読

⊗**辰**[たつ] 진; ①십이지(十二支)의 다섯째. ②진시(辰時). 오전 7시부터 9시 사이. ③진방(辰方). 동남동(東南東).

音読

辰砂[しんさ] 진사; 수은(水銀)의 원광(原鉱).

辰宿[しんしゅく] 진수; 별자리.

賑 풍부할/줄 진	音 ⊗シン 訓 ⊗にぎやか ⊗にぎわう

訓読

4 ⊗**賑やか**[にぎやか] 〈形動〉 ①번화함. 흥청거림. ②(명랑하게) 떠들썩함. 왁자지껄함.

1 ⊗**賑わう**[にぎわう] 〈5自〉 ①흥청거리다. 북적거리다. ②번창하다. 번성하다. ③풍성해지다.

賑わい[にぎわい] ①인파(人波). 사람의 물결. ②흥청거림. 번창. 번영.

⊗**賑わしい**[にぎわしい] 〈形〉 붐비다. 떠들썩하다. 번화하다.

⊗**賑わす**[にぎわす] 〈5他〉 ①풍성하게 하다. 푸짐하게 하다. 풍부하게 하다. ②활기차게 하다. 번잡하게 하다. 떠들썩하게 하다. ③흥청거리게 하다. 번창하게 하다. ④(금품・은혜를) 베풀다.

賑賑しい[にぎにぎしい] 〈形〉 떠들썩하다. 요란하다. 매우 번화하다.

賑賑と[にぎにぎと] 떠들썩하게. 요란하게. 북적북적. 화려하게.

音読

賑恤[しんじゅつ] 진휼; 흉년에 궁핍한 백성을 구원하여 도와 줌.

賑恤金[しんじゅつきん] 진휼금.

塵 티끌 진	音 ⊗ジン 訓 ⊗ちり

訓読

1 ⊗**塵**[ちり] ①먼지. ②티끌. ③(속세의) 번거로움. 더러움.

塵芥❶[ちりあくた] 진개; ①쓰레기. ②무가치한 것. ❷[じんかい] 진개; 쓰레기.

塵っ端[ちりっぱ] 먼지. 티끌.

塵払い[ちりはらい] ①총채. 먼지떨이. ②먼지를 텲.

塵の世[ちりのよ] 속세. 티끌 같은 세상.

塵埃❶[ちりほこり] 진애; 티끌과 먼지. ❷[じんあい] ①먼지와 티끌. ②속세. 티끌 같은 세상.

塵っ葉[ちりっぱ] 먼지. 티끌.

塵除け[ちりよけ] 먼지막이.

2 **塵紙**[ちりがみ] 휴지.

塵塚[ちりづか] ①쓰레기장. ②쓰레기 더미.

1 **塵取り**[ちりとり] 쓰레받기.

音読

塵境[じんきょう] 진경; 속세. 티끌 같은 세상.

塵界[じんかい] 진계; 속세. 티끌 같은 세상.

塵務[じんむ] 진무; 속세의 번잡한 사무.

塵外[じんがい] 진외; 속세를 벗어난 곳.

塵土[じんど] 진토; ①먼지와 흙. ②하찮은 것. 값어치가 없는 것. ③속세. 티끌 같은 세상.

塵灰[じんかい] 진회; ①티끌과 재. ②(화재가 난 곳의) 티끌과 재.

질

迭(迭) 바꿀 질

丿 𠂉 ⺧ 丨 失 失 迭 迭

音 ◉テツ
訓 —

音読

◑更迭[こうてつ] 경질; 교체. 바꿈.

疾 앓을/병 질

丶 亠 广 疒 疒 疒 疒 疟 疾 疾

音 ◉シツ
訓 ⊗はやい ⊗とうに ⊗とく ⊗やましい

訓読

⊗疾い[はやい] 〈形〉 (동작이) 빠르다.
⊗疾うに[とうに] 〈副〉 이미. 벌써. 진작부터.
⊗疾く[とく] 급히. 빨리.
⊗疾しい[やましい] 〈形〉 양심의 가책을 받다. 꺼림칙하다. 뒤가 켕기다.

音読

疾苦[しっく] 질고; 병으로 인한 고통.
疾駆[しっく] 질구; 차나 말을 빨리 달리게 함. 차나 말이 빨리 달림.
疾病[しっぺい] 질병; 병(病).
疾視[しっし] 질시; 밉게 봄.
疾走[しっそう] 질주; 빨리 달림.
疾風[しっぷう/はやて] 질풍; 세차고 빨리 부는 바람.
疾風迅雷[しっぷうじんらい] 질풍신뢰; 심한 바람처럼 번개처럼 빠름.
疾呼[しっこ] 질호; 황급히 부름.
疾患[しっかん] 질환; 병(病).

秩 차례/질서 질

二 千 千 禾 禾 秆 秆 秩 秩

音 ◉チツ
訓 —

音読

秩禄[ちつろく] 질록; 직급에 따른 녹봉.
1秩序[ちつじょ] 질서; 사물의 순서.
秩然[ちつぜん] 질서 정연함.

窒 막힐/막을 질

丶 宀 穴 穴 空 空 室 窒 窒 窒

音 ◉チツ
訓 —

音読

窒死[ちっし] 질사; 숨이 막혀 죽음.
窒素[ちっそ] ≪化≫ 질소.
窒素肥料[ちっそひりょう] 질소 비료.
1窒息[ちっそく] 질식; 숨이 막힘. 호흡을 할 수 없게 됨.
窒化物[ちっかぶつ] ≪化≫ 질화물. 질소와 다른 원소와의 화합물.

質 모양/바탕 질

⺁ 厂 斤 斤 所 所 所 質 質 質

音 ◉シチ ◉シツ ◉チ
訓 ⊗ただす ⊗たち

訓読

⊗質す[ただす] 〈5他〉 (모르는 점을 알기 위해) 묻다. 질문하다.
⊗質[たち] ①(사람의 타고난) 성질. 천성(天性). ②(물건의) 성질. 품질. ③(사물의) 질.

音読

質❶[しち] ①담보물. 볼모. 저당(抵当). ②전당(典当). 전당물(典当物).
2質❷[しつ] 질; ①품질. ②자질(資質).
質権[しちけん] 질권; 담보 물권의 하나.
質量[しつりょう] 질량; ①질과 양. ② ≪物≫ 물체가 가지고 있는 물질의 양.
4質問[しつもん] 질문; 의문점을 캐어물음.
質物[しちもつ/しちもの] 전당물(典当物).
質朴[しつぼく] 〈形動〉 소박함. 순박함.
1質素[しっそ] 〈形動〉 검소함.
質実[しつじつ] 질실; 꾸밈이 없고 성실함.
質屋[しちや] 전당포(典当鋪).
1質疑[しつぎ] 질의; 의문점을 물어 밝힘.
質疑応答[しつぎおうとう] 질의 응답.
質入(れ)[しちいれ] 전당(典当)잡힘.
質的[しつてき] 질적; 질에 관한 상태.
◑言質[げんち]

叱 꾸짖을 질	音 ⊗シツ 訓 ⊗しかる

訓読

3⊗叱る[しかる] 〈5他〉 꾸짖다. 꾸중하다. 꾸지람하다. 나무라다. 야단치다.

叱り[しかり] 꾸짖음. 꾸중. 꾸지람.

叱り付ける[しかりつける] 〈下1他〉 호통치다. 몹시 야단치다.

叱り飛ばす[しかりとばす] 〈5他〉 몹시 꾸짖다. 호되게 야단치다. 혼꾸멍내다. 혼쭐내다.

音読

叱する[しっする] 〈サ変他〉 꾸짖다. 나무라다.

叱声[しっせい] 질성; 꾸짖는 소리. 꾸짖음.

叱正[しっせい] 질정; 꾸짖어 바로잡음.

叱責[しっせき] 질책; 꾸짖음.

叱咤[しった] 질타; 큰소리로 꾸짖음.

叱咤激励[しったげきれい] 질타 격려; 큰소리로 꾸짖어 격려함.

姪 조카딸 질	音 ⊗テツ 訓 ⊗めい

訓読

2⊗姪[めい] 질녀(姪女). 조카딸.

姪御さん[めいごさん] (다른 사람의) 조카따님. ＊존경어임.

姪っ子[めいっこ] 조카딸. 또는 조카딸이 되는 어린애.

嫉 미워할 질	音 ⊗シツ 訓 ⊗そねむ ⊗ねたむ

訓読

1⊗嫉む[そねむ/ねたむ] 〈5他〉 질투하다. 시기하다.

嫉み[そねみ/ねたみ] 질투. 시기.

音読

嫉視[しっし] 질시; 시기하여 봄.

1嫉妬[しっと] 질투; 시샘.

膣 새살돋을 질	音 ⊗チツ 訓 —

音読

膣[ちつ] 질; 포유류 암컷 생식기의 일부.

膣痙攣[ちつけいれん] ≪医≫ 질경련.

膣炎[ちつえん] ≪医≫ 질염.

膣前庭[ちつぜんてい] ≪生理≫ 질전정.

〔짐〕

朕(朕) 나 짐

丿 刀 月 月 月' 月' 月' 月' 朕 朕

音 ◉チン

訓 —

音読

朕[ちん] 짐. ＊천황(天皇)·제왕(帝王)이 자신을 지칭하는 말로서 중국의 진시황(秦始皇) 때부터 사용되고 있음.

〔집〕

執 잡을 집

一 + 土 去 去 圭 幸 刹 執 執

音 ◉シツ ◉シュウ ⊗シュ

訓 ◉とる

訓読

◉執る[とる] 〈5他〉 ①(사무를) 보다. 집무하다. ②(손에) 들다. 집다. 잡다.

執り成す[とりなす] 〈5他〉 ①수습하다. ②소개하다. 중개하다. 알선하다. ③중재하다. 화해시키다. 무마하다.

執(り)成し[とりなし] 소개. 중개. 알선. 중재.

執(り)成(し)顔[とりなしがお] (그 자리를 잘 수습하려는 듯한) 원만한 태도.

執り行(な)う[とりおこなう] 〈5他〉 집행하다. 행하다. 거행하다.

音読

執権[しっけん] 집권; ①정권을 잡음. ②(鎌倉(かまくら) 시대의) 将軍(しょうぐん)의 보좌역.

執念[しゅうねん] 집념; 마음에 새겨 동요되지 않는 생각.

執達吏[しったつり] '執行吏'의 옛말.

執刀[しっとう] 집도; 수술을 위해 메스를 잡음.

執刀医[しっとうい] 집도의; 외과(外科医). 외과 의사(外科医師).

執務[しつむ] 집무; 사무를 봄.

執務中[しつむちゅう] 집무중.

執事[しつじ] 집사; 신분이 높은 집이나 절・神社(じんじゃ) 등에서 사무를 감독하고 집행하는 사람.

執心[しゅうしん] 집심; ①집착(執着). ②이성에게 홀딱 반함.

執拗[しつよう] 집요; 고집이 셈. 끈질김.

執政[しっせい] 집정; ①정무(政務)를 담당함. ②(江戸(えど) 시대의) 老中(ろうちゅう) 또는 家老(かろう).

[1]**執着**[しゅうちゃく/しゅうじゃく] 집착; 마음에 새겨두고 잊지 않음.

[2]**執筆**[しっぴつ] 집필; 붓으로 글씨를 씀.

執筆者[しっぴつしゃ] 집필자.

執行❶[しっこう] 집행; 어떤 일을 실제로 행함. ❷[しゅぎょう] 절의 사무를 보는 승직(僧職).

執行官[しっこうかん] 집행관; 집행리(執行吏).

執行吏[しっこうり] 집행리. ＊집달리(執達吏)의 현대 용어임.

執行猶予[しっこうゆうよ] 집행 유예.

集 모을/모일 집

亻 亻' 仁 什 隹 隹 隼 集 集

音 ◉シュウ

訓 ◉つどう ◉あつまる ◉あつめる ⊗すだく ⊗たかる

訓読

◉**集う**[つどう] 〈5自〉 모이다. 모여들다.

集い[つどい] 모임. 회합. 집회(集会).

[3]◉**集まる**[あつまる] 〈5自〉 모이다. 모여들다. 집합(集合)하다.

[2]**集(ま)り**[あつまり] 모임. 집회(集会).

集(ま)り勢[あつまりぜい] 오합지졸(烏合之卒). 어중이떠중이의 모임.

[3]◉**集める**[あつめる] 〈下1他〉 모으다. 집합시키다. 집중시키다. 수집하다.

⊗**集く**[すだく] 〈5自〉 ①떼지어 모이다. ②(벌레 등이) 떼지어 울다. ③모여서 소동을 벌이다.

⊗**集る**[たかる] 〈5自〉 ①모여들다. ②협박하거나 떼를 써서 금품을 빼앗다. 등치다. ③바가지 씌우다.

集り[たかり] ①많이 모임. 무리. ②등치기. 협박하여 금품을 빼앗는 사람.

音読

[2]**集**[しゅう] 집; 문장이나 시가(詩歌)를 모은 책.

集結[しゅうけつ] 집결; 한 군데로 모음.

[1]**集計**[しゅうけい] 집계; 수를 모아서 합계함.

集計表[しゅうけいひょう] 집계표.

集光[しゅうこう] 집광; 렌즈나 반사경을 이용해서 광선을 한 방향으로 모음.

集塊[しゅうかい] 집괴; 많은 것이 모여서 된 덩어리.

集権[しゅうけん] 집권; 정권을 잡음. 권력을 한곳에 모음.

[2]**集金**[しゅうきん] 집금; 수금(収金). 수금한 돈.

集金人[しゅうきんにん] 수금원(収金員).

集団[しゅうだん] 집단; 모여서 생긴 단체.

集団主義[しゅうだんしゅぎ] 집단주의.

集大成[しゅうだいせい] 집대성; 여러 가지 것을 모아서 하나로 완성함.

集落[しゅうらく] 집락; 취락(聚落). 인가(人家)가 모여 있는 곳.

集録[しゅうろく] 집록; 한데 모아서 기록함.

集配[しゅうはい] 집배; 우편물 또는 화물을 모으거나 주소지로 배달함.

集配人[しゅうはいにん] 집배원(集配員).

集産主義[しゅうさんしゅぎ] 집산주의.

集散[しゅうさん] 집산; 모음과 흩음.

集散地[しゅうさんち] 집산지.

集書[しゅうしょ] 집서; 참고 문헌을 모음.

集成[しゅうせい] 집성; 집대성(集大成).

集約[しゅうやく] 집약; 한데 모아 요약함.

集積[しゅうせき] 집적; 모아 쌓음. 모여 쌓임.

集積回路[しゅうせきかいろ] 집적 회로.

[2]**集中**[しゅうちゅう] 집중; 한 군데로 모음.

集中力[しゅうちゅうりょく] 집중력.

集票[しゅうひょう] 집표; ①투표용지나 조사표를 한 군데로 모음. ②(선거전에서) 표를 획득함.

集票袋[しゅうひょうぶくろ] 집표낭.

集荷[しゅうか] 집하; 하물을 모음.

集荷場[しゅうかじょう] 집하장.

[2]**集合**[しゅうごう] 집합; ①(사람을) 한 군데로 모음. ②≪数≫ 집합.

[2]**集会**[しゅうかい] 집회; (특정한 공동 목적을 위한) 모임. 회합(会合).

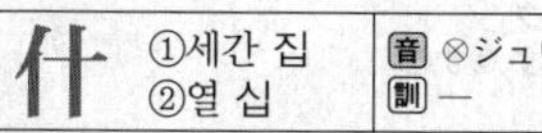

什 ①세간 집 ②열 십

音 ⊗ジュウ

訓 —

音読

什器[じゅうき] 집기; 일상생활에 사용하는 가구.

什物[じゅうもつ] 집물; ①집기. 일상생활에 사용하는 가구. ②비장(秘蔵)의 보물.
什宝[じゅうほう] 집보; 귀중한 물건. 보물로서 비장(秘蔵)하는 도구류.
什一[じゅういち] ≪宗≫ 십일조. 공물(貢物)로서 특히 종교적인 목적을 위해 바치는 농산물의 십분의 일.

[징]

徵(徵) 부를/조짐 징

彳 彳' 彳" 彳" 彳" 徨 徨 徨 徵 徵

音 ◉チョウ
訓 ⊗しるし

訓読
⊗徵[しるし] 조짐. 징조(徵兆).

音読
徵[ちょう] ①조짐. 징후. ②징집. ③징수함. 강제로 거둠.
徵する[ちょうする] 〈サ変他〉 ①소집하다. 징집하다. ②징수하다. 거두다. ③요구하다. 구하다. ④비추어보다.
徵募[ちょうぼ] 징모; 불러 모집함.
徵発[ちょうはつ] 징발; (전쟁시에) 정부가 군수 물자 등을 강제적으로 거둠.
徵兵[ちょうへい] 징병; 국가가 국민에게 강제적으로 병역에 복무시키는 일.
1徵収[ちょうしゅう] 징수; (법에 근거하여) 강제적으로 거두어 들임.
徵用[ちょうよう] 징용; 징발하여 사용함.
徵証[ちょうしょう] 징증; 증거.
徵集[ちょうしゅう] 징집; (국가에서) 사람이나 물건을 강제적으로 모음.
徵候[ちょうこう] 징후; 징조. 조짐.

澄 맑을 징

氵 氵 氵 氵 氵 氵 氵 澄 澄 澄

音 ◉チョウ
訓 ◉すます ◉すむ

訓読
1◉澄ます[すます] 〈5他〉 ①(탁한 것을 가라앉혀) 맑게 하다. ②주의를 기울이다. 〈5自〉 얌전한 체하다. 새침을 떼다.
澄(ま)し[すまし] ①(탁한 것을 가라앉혀) 맑게 함. ②술잔을 씻는 물. ③새치름함.
澄(ま)し顔[すましがお] 새침한 얼굴.
澄(ま)し屋[すましや] 새침데기.
澄(ま)し汁[すましじる] 맑은 장국.
2◉澄む[すむ] 〈5自〉 ①(탁한 것이 없어지고) 맑아지다. 깨끗해지다. ②(하늘이) 맑아지다. 청명해지다. ③(소리가) 맑아지다. ④(마음이) 깨끗해지다. 맑아지다. ⑤(눈이) 맑아지다.
澄み渡る[すみわたる] 〈5自〉 ①(구름 한 점 없이) 맑게 개다. ②(물이) 온통 맑다.
澄み切る[すみきる] 〈5自〉 티없이 맑다. 아주 맑게 개다.

音読
澄明[ちょうめい] 징명; 맑고 투명함.

懲(懲) 징계할 징

彳 彳" 彳" 彳" 徨 徨 徵 徵 懲 懲

音 ◉チョウ
訓 ◉こらす ◉こらしめる ◉こりる

訓読
◉懲らす[こらす] 〈5他〉 징계하다. 벌주다. (벌로서) 따끔한 맛을 뵈다. 응징하다.
◉懲らしめる[こらしめる] 〈下1他〉 징계하다. 벌주다. (벌로서) 따끔한 맛을 뵈다. 응징하다.
懲らしめ[こらしめ] 벌. 징계. 징벌. 응징.
1◉懲りる[こりる] 〈上1自〉 넌더리나다. 질리다.
懲り性[こりしょう] 금세 싫증을 내는 성질.
懲り懲り[こりこり/こりごり] 지긋지긋함. 지겨움. 신물이 남.

音読
懲戒[ちょうかい] 징계; 부당한 행위에 대하여 제재(制裁)를 가함.
懲罰[ちょうばつ] 징벌; ①장래를 경계(警戒)하기 위해 벌을 가함. ②부당한 행위에 대해 징계할 목적으로 가하는 벌.
懲悪[ちょうあく] 징악; 못된 사람을 징계함.
懲役[ちょうえき] 징역; 죄인을 교도소 안에서 일정 기간 복무시키는 형벌.

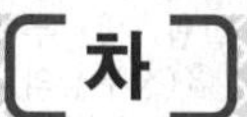

且 또 차

丨 冂 月 目 且

音 ⊗シャ ⊗ショ ⊗ソ
訓 ◉かつ

訓読

1◉且つ[かつ] ①또한. 동시에. ②한편으로는. ③또. 게다가. 그 위에.
且つは[かつは] 또한. 한편으로는.
且つ又[かつまた] 그 위에. 게다가. 또한.
且つ且つ[かつがつ] 겨우. 간신히.

次 다음/차례 차

冫 冫 冫 㳄 次

音 ◉ジ ◉シ
訓 ◉つぐ ◉つぎ

訓読

2◉次ぐ[つぐ] 〈5自〉 ①뒤따르다. 뒤를 잇다. 잇따르다. ②버금가다. 다음가다.
次いで[ついで] 이어. 뒤이어. 계속하여.
4◉次[つぎ] ①(차례의) 다음. ②(지위의) 다음. 버금. ③ ≪古≫ 역참.
4次に[つぎに] 다음에. 뒤이어.
次の間[つぎのま] 곁방. 옆방. 큰방 옆에 붙은 작은방.
2次次と[つぎつぎと] 잇달아. 차례차례.
2次次に[つぎつぎに] 잇달아. 차례차례.

音読

次官[じかん] 차관; 대신(大臣) 또는 장관(長官)을 보좌하는 다음 자리의 사람.
次期[じき] 차기; 다음 기간.
2次男[じなん] 차남; 둘째아들.
2次女[じじょ] 차녀; 둘째딸.
次代[じだい] 차대; 다음 시대. 다음 세대.
次序[じじょ] 차서; 순서. 차례.
次席[じせき] 차석; 석차가 두 번째임.
次善の策[じぜんのさく] 차선책; 최선에 다음가는 방법·수단.
次元[じげん] 차원; ① ≪数≫ 일반적인 공간의 넓이의 정도를 나타내는 수. ②사고방식이나 행위 등의 수준.
次位[じい] 차위; 둘째 지위. 다음 지위.
次長[じちょう] 차장; (직장에서) 장(長) 다음 자리에서 보좌하는 직책명.
次点[じてん] 차점; 최고 점수에서 다음가는 점수.
2次第[しだい] ①순서. ②사정. 경과(経過). 유래(由来). ③(명사에 접속하여) …나름임. …에 따라 결정됨. ④(동사 ます형에 접속하여) …하는 즉시. …하는 대로.
2次第に[しだいに] 서서히. 점점. 차츰.
次第書(き)[しだいがき] 유래를 기록한 문서. 순서를 적은 문서.
次第送り[しだいおくり] 차례로 보냄.
次第弱り[しだいよわり] (질병 등으로) 몸이 점점 쇠약해짐.
次第次第に[しだいしだいに] 점차로. 차차.
次号[じごう] 차호; 다음 호.
次回[じかい] 차회; 다음 번. 다음 회.

車 ①수레 차 ②수레 거

一 冖 冂 戸 亘 亘 車

音 ◉シャ
訓 ◉くるま

訓読

4◉車[くるま] 차; 자동차.
車寄せ[くるまよせ] (현관 앞의) 차를 대는 곳. 차를 주차할 수 있도록 현관 앞에 잇대어 지은 곳.
車代[くるまだい] ①차비. 찻삯. ②(수고비로 주는) 약간의 사례금.
車返し[くるまがえし] (길이 험해서 차가 더 갈 수 없는) 험준한 산길.
車百合[くるまゆり] ≪植≫ 말나리.
車宿[くるまやど] (수레꾼을 고용해서) 수송을 업으로 하는 집. 운수업자.
車宿り[くるまやどり] ≪古≫ ①(옛날 저택 中門 밖의) 차고 건물. ②(외출했을 때의) 휴식 장소.
車屋[くるまや] ①수레를 만드는 직업의 사람. ②수레꾼. ③수송업자.
車椅子[くるまいす] 휠체어.
車引き[くるまひき] 수레를 끄는 사람. 수레꾼.
車賃[くるまちん] 차비. 찻삯.
車井戸[くるまいど] 도르래를 이용한 두레우물.
車座[くるまざ] 빙 둘러앉음.

車止め[くるまどめ] ①차량 통행 금지. ②(차량의) 궤도 이탈 방지 장치. ③(경사진 곳에서 차가 주차할 때) 차바퀴가 움직이지 않게 하는 장치.
車酔い[くるまよい] 차멀미.
車偏[くるまへん] 수레거변. ＊한자(漢字) 부수의 하나로 '軽·輪' 등의 '車' 부분을 말함.
車蝦[くるまえび] ≪魚≫ 보리새우.
車海老[くるまえび] ≪魚≫ 보리새우.

音読

2 車庫[しゃこ] 차고; 자동차를 넣어 두는 곳간.
車内[しゃない] 차내; 자동차 안.
車台[しゃだい] 차대; ①새시. ②차량수(車輛数).
2 車道[しゃどう] 차도; 자동차만이 통행하도록 규정된 도로 구획.
車両[しゃりょう] 차량; 기차·전차·자동차의 일반적인 호칭.
車輛[しゃりょう] ☞ 車両
車力[しゃりき] 짐수레꾼. 짐수레.
2 車輪[しゃりん] 차륜; ①바퀴. ②열심히 일함.
車馬[しゃば] 거마; 수레와 말. 교통 수단.
車馬代[しゃばだい] 거마비(車馬費). 교통비.
車馬賃[しゃばちん] 교통비. 거마비(車馬費).
車夫[しゃふ] 인력거꾼.
車上[しゃじょう] 차상; 차에 타고 있음.
車線[しゃせん] 차선; ①(자동차의) 주행로(走行路). ②주행 노폭(路幅).
2 車掌[しゃしょう] (기차·전차의) 차장.
車種[しゃしゅ] 차종; 자동차의 종류.
車中[しゃちゅう] 차중; 자동차 안.
車窓[しゃそう] 차창; 차량의 창문.
車体[しゃたい] 차체; 차량의 외형 전체.
車軸[しゃじく] 차축; 차량의 굴대.

茶 ①차 차 ②차 다

☞ 茶(다) p. 214

借 빌릴 차

ノ イ 仁 仕 借 借 借 借 借 借

音 ◉シャク ⊗シャ
訓 ◉かりる

訓読

4 ◉借りる[かりる] 〈上1他〉 ①(금품을) 빌리다. 꾸다. ②(도움을) 받다. ③대용(代用)하다.
1 借り[かり] ①빌림. 빚. 부채(負債). ②갚아야 할 은혜. ③(장부상의) 차변(借辺).
借り家[かりいえ/かりや] 셋집.
借り家住まい[かりいえずまい/かりやずまい] 셋방살이. 셋집살림.
借り金[かりきん] 차금; 빌린 돈. 빚.
借り貸し[かりかし] 대차(貸借). ①빌려 줌과 빌려 옴. ②(장부상의) 대변(貸辺)과 차변(借辺).
借り倒す[かりたおす] 〈5他〉 (빚을) 떼어먹다.
借り物[かりもの] 차용물(借用物). 빌린 물건.
借(り)方[かりかた] ①채무자(債務者). ②돈을 빌리는 방식. ③(부기에서) 차변(借辺).
借りっ放し[かりっぱなし] 빌린 채 갚지 않음.
借り上げ[かりあげ] ①(정부나 윗사람이 민간이나 아랫사람에게) 빌림. 임차(賃借)함. ②(江戸(えど) 시대에) 제후(諸侯)가 재정 궁핍을 이유로 신하들에게 빌리는 형식으로 행한 감봉(減俸).
借り上げる[かりあげる] 〈下1他〉 (정부나 윗사람이 민간이나 아랫사람에게) 빌리다. 임차(賃借)하다.
借り手[かりて] 차용인(借用人). 빌려 쓰는 사람.
借り受ける[かりうける] 〈下1他〉 빌리다. 임차(賃借)하다. 꾸다.
借(り)越し[かりこし] 차월; ①일정 한도를 넘어서 빌림. ②빌려 준 것보다 더 많이 빌려 옴.
借り越す[かりこす] 〈5他〉 차월하다. 빌려 준 것보다 더 많이 빌려 오다.
借越金[かりこしきん] 차월금.
借り賃[かりちん] 차임; 세(貰).
借り入れ[かりいれ] 차입; 빌려 옴.
借り入れる[かりいれる] 〈下1他〉 차입하다. 빌려 오다.
借入金[かりいれきん] 차입금; 빌려 온 돈. 빌린 돈.
借(り)字[かりじ] 차자; 취음자(取音字). ＊한자(漢字)의 뜻과는 관계 없이 음(音)이나 훈(訓)이 같은 것을 빌려다 쓴 글자.
借(り)切り[かりきり] 전세 냄. 몽땅 빌림.
借り切る[かりきる] 〈5他〉 ①전세 내다. 대절하다. ②몽땅 빌리다. 남김없이 빌리다.
借(り)主[かりぬし] 차용인(借用人).
借(り)地[かりち] 차지; 빌려 쓰는 땅.

借(り)着[かりぎ] ①빌려 입은 옷. ②허울만 좋음. 빛 좋음.
借り出す[かりだす] 〈5他〉 ①빌리기 시작하다. ②빌려 내오다.
借り換える[かりかえる] 〈下1他〉 차환하다. 일단 갚은 것으로 하고 다시 빌리다.
借換公債[かりかえこうさい] 차환 공채.

音読

借家[しゃくや/しゃっか] 셋집.
借家人[しゃくやにん] 세든 사람.
借家住まい[しゃっかずまい] 셋방살이.
借間[しゃくま] 셋방. 빌려 쓰는 방.
借款[しゃっかん] 차관; 국가 간의 자금의 대차(貸借).
[2]**借金**[しゃっきん] 빚. 부채(負債).
借金取(り)[しゃっきんとり] ①빚쟁이. ②빚을 거둬들임.
借覧[しゃくらん] 차람; (책을) 빌려서 봄.
借料[しゃくりょう] 차료; 세(貰). 임차료(賃借料).
借問[しゃくもん/しゃもん] 차문; 잠깐 물어 봄. 시험삼아 물어 봄.
借用[しゃくよう] 차용; 빌려 사용함.
借用証書[しゃくようしょうしょ] 차용증서.
借字[しゃくじ] 차자; 취음자(取音字). ＊한자(漢字)의 뜻과는 관계 없이 음(音)이나 훈(訓)이 같은 것을 빌려다 쓴 글자.
借財[しゃくざい] 차재; 빚. 부채(負債).
借銭[しゃくせん] 차전; 빚. 부채(負債).
借地[しゃくち] 차지; 빌려 사용하는 땅.

差 어긋날 차

丶 丷 䒑 䒑 𦍌 羊 差 差 差 差

音 ◉サ
訓 ◉さす

訓読

[2]◉**差す**[さす] 〈5自〉 ①(빛・그림자가) 비치다. ②(밀물이) 밀려오다. 들다. ③(어떤 현상이) 나타나다. ④(마음에) 꺼리다. 켕기다. ⑤(귀신이) 들리다. 씌다. ⑥스며들다. ⑦(가지가) 뻗다. 〈5他〉 ①위로 올리다. 추켜올리다. 들어올리다. ②(춤에서) 손을 앞으로 뻗치다. ③(우산을) 쓰다. 받치다. ④꽂다. ⑤(술잔을) 내밀다. ⑥(씨름에서) 손을 상대편 겨드랑이 밑에 찔러 넣다. ⑦(배가 나아가게) 삿대를 젓다. 삿대질을 하다.

差し[さし] ①마주 앉음. ②(짐을) 둘이서 멤. ③돈꿰미. ④(물건을 꽂아 두는) 꽂이. ⑤(춤의) 곡. ⑥(씨름에서) 양손을 상대편 겨드랑이에 찔러 넣는 수. ⑦(能(のう)에서) 오른손을 앞으로 내민 자세. ⑧(謡曲(ようきょく)에서) 반주 없이 가락을 붙여 부르는 부분.
差しうつむく[さしうつむく] 〈5自〉 고개를 푹 숙이다. ＊'うつむく'의 강조.
差しかざす[さしかざす] 〈5他〉 ①(손・양산・부채 등으로) (햇빛 등을) 가리다. ②번쩍 높이 쳐들다.
差しぐむ[さしぐむ] 〈5自〉 눈물을 머금다.
差しずめ[さしずめ] ①결국. 요컨대. ②우선. 당장. ③막바지. 막판. 마지막.
差し加える[さしくわえる] 〈下1他〉 부가(附加)하다. 첨가하다. 덧붙이다.
差(し)糠[さしぬか] 겨된장에 넣는 (쌀)겨.
差し遣る[さしやる] 〈5他〉 ①밀어붙이다. ②밀어서 주다.
差し遣わす[さしつかわす] 〈5他〉 (사람을) 파견하다. 보내다.
差し固める[さしかためる] 〈下1他〉 ①(문을) 굳게 잠그다. 꼭 잠그다. ②엄중히 경계하다.
差袴[さしこ] 指貫(さしぬき)보다 약식의 袴(はかま).
差し控える[さしひかえる] 〈下1自〉 (옆에서) 대기하다. 〈下1他〉 ①삼가다. 조심하다. ②사양하다. 보류하다.
[1]**差し掛かる**[さしかかる] 〈5自〉 ①(시기・장소에) 접어들다. 다다르다. ②뒤덮다. 내리덮다.
差(し)掛け[さしかけ] ①(우산 등을) 받쳐 듦. ②(본채에서 달아 낸) 달개지붕.
差し掛ける[さしかける] 〈下1他〉 ①(우산 등을) 받치다. 받다. ②뒤덮다. 내리덮다. ③술을 따라 권하다.
差(し)掛(け)傘[さしかけがさ] 뒤에서 받쳐 주는 자루가 긴 우산.
差(し)掛(け)小屋[さしかけごや] 본채에서 지붕을 달아내어 만든 오두막집.
差し交わす[さしかわす] 〈5他〉 교차시키다. 엇갈리게 하다.
差し金❶[さしがね] ①(금속제) 곱자. ②(무대에 나오는 새나 나비를) 뒤에서 조종하는 가는 철사. ③막후 조종. 배후 조종. 사주(使嗾). ❷[さしきん] ①계약금. ②부족액을 채우는 돈.

大

差(し)担[さしにない] (짐을 앞뒤에서) 두 사람이 멤.
差(し)当(た)って[さしあたって] 우선. 지금 당장.
差(し)当(た)り[さしあたり] 우선. 당장.
差し当たる[さしあたる] 〈5自〉 ①당장 직면하다. 당면하다. ②(햇볕이) 직접 쬐다.
差し当てる[さしあてる] 〈下1他〉 직접 갖다 대다. 직접 접촉하다.
差し渡し[さしわたし] 지름.
差し渡る[さしわたる] 〈5自〉 ①(배를) 저어 건너다. ②(빛 등이) 부근 일대에 비치다.
差(し)戻す[さしもどす] 〈5他〉 ①(서류 등을) 반려하다. 되돌려 보내다. ②환송(還送)하다.
差(し)戻(し)[さしもどし] ①(서류 등을) 반려함. 되돌려 보냄. ②환송(還送).
差(し)戻(し)判決[さしもどしはんけつ] 환송판결.
差(し)料[さしりょう] 허리에 차는 칼. 대검(帯剣).
差(し)立て[さしたて] ①(사람을) 파견함. 보냄. 이송(移送)함. ②(우편물의) 발송.
差し立てる[さしたてる] 〈下1他〉 ①꽂아 세우다. ②(사람을) 파견하다. 보내다. ③(우편물을) 발송하다. 부치다.
差(し)毛[さしげ] (동물의 몸털 속에) 다른 빛깔의 털이 섞임. 얼룩빼기임.
差し迫る[さしせまる] 〈5自〉 눈앞에 다가오다. 박두하다. 임박하다. 절박하다.
差し付ける[さしつける] 〈下1他〉 ①갖다 대다. ②(눈앞에) 들이대다. 내밀다.
差し俯く[さしうつむく] 〈5自〉 고개를 푹 숙이다. ＊'うつむく'의 강조.
差し覗く[さしのぞく] 〈5他〉 (구멍·틈새로) 들여다보다. 엿보다.
差し傘[さしがさ] 자루 달린 우산·양산.
2差し上げる[さしあげる] 〈下1他〉 ①(눈보다) 높이 쳐들다. 들어 높이 올리다. ②(손윗사람에게) 드리다. 바치다.
差し上る[さしのぼる] 〈5自〉 (태양·달이) 떠오르다. 솟아오르다.
差扇[さしおうぎ] ①(能楽(のうがく)에서) 부채 끝을 눈앞의 물건을 가리키듯 수평으로 내미는 춤. ②(儀式 때) 여관(女官)들이 부채로 얼굴을 가림. 또는 그 부채.
差し送る[さしおくる] 〈5他〉 보내다. 보내주다.

差(し)水[さしみず] ①(꽃병 등에) 물을 더 부음. 더 붓는 물. ②우물에 나쁜 물이 들어감.
差(し)手[さして] (씨름에서) 상대방 겨드랑이 밑에 양손을 찔러 넣는 수.
差す手[さすて] (춤에서) 춤출 때 앞으로 내미는 손.
差し昇る[さしのぼる] 〈5自〉 (태양·달이) 떠오르다. 솟아오르다.
差(し)身[さしみ] (씨름에서) 자기가 잘 사용하는 팔을 상대방 겨드랑이 밑에 빨리 찔러 넣음.
差し伸べる[さしのべる] 〈下1他〉 (손을) 쭉 내밀다. 쭉 뻗치다.
差押え[さしおさえ] ≪法≫ 차압; 압류.
差し押さえる[さしおさえる] 〈下1他〉 ①붙잡아 두다. ②차압하다. 압류하다.
差し薬[さしぐすり] ①안약(眼薬). 점안약(点眼薬). ②피하(皮下) 주사약. ③좌약(座薬).
差し延べる[さしのべる] 〈下1他〉 (손을) 쭉 내밀다. 쭉 뻗치다.
差羽[さしば] ≪鳥≫ 왕새매.
差し越える[さしこえる] 〈下1自〉 ①(차례를 무시하고) 새치기하다. 앞질러 하다. ②주제넘게 나서다.
差し越す[さしこす] 〈5自〉 ①주제넘게 나서다. ②(차례를 무시하고) 새치기하다. 앞질러 하다. 앞서가다. 〈5他〉 보내 오다. 보내주다.
差し違える[さしちがえる] 〈下1他〉 ①뒤바꾸어 넣다. ②실수하여 딴 곳에 넣다·끼우다. ③(씨름에서 심판이) 판정을 잘못 내리다. 잘못 판정하다.
差(し)油[さしあぶら] ①(기계에 치는) 기름. 윤활유. ②기름을 침. 주유(注油)함.
差(し)乳[さしぢち] ①유모(乳母). ②모양이 좋은 유방. 젖이 많이 나오는 유방.
2差し引く[さしひく] 〈5他〉 ①공제(控除)하다. 차감(差減)하다. 빼다. ②(낮잡아) 깎다. ③수지 계산을 하다. 〈5自〉 ①(조수가) 밀려왔다 나갔다 하다. ②(체온이) 오르내리다.
1差(し)引(き)❶[さしひき] ①공제(控除)함. 차(差減). 정산(精算) 결과. ②(조수의) 간만(干満). 만조(満潮)와 간조(干潮). ❷[さしびき] 인력거를 끄는 사람 외에 또 한 사람이 끌어당김. 또는 그 사람.

差引勘定[さしひきかんじょう] 차감 계정(差減計定).
差し入る[さしいる] 〈5自〉 ①안으로 들어가다. ②(빛이) 비쳐들다.
差(し)入れ[さしいれ] ①(수감자에 대한) 차입; 음식·옷 등을 들여보냄. ②격려·위로의 선물·음식물.
差し入れる[さしいれる] 〈下1他〉 ①(속에) 집어넣다. 끼우다. 꽂다. ②(수감자에게) 음식·옷 등을 들여보내다. ③격려·위로의 선물·음식물을 주다.
差(し)込み[さしこみ] ①찔러 넣음. 찔러 꽂음. ②콘센트. ③위경련(胃痙攣).
差し込む[さしこむ] 〈5他〉 찔러 넣다. 끼워 넣다. 꽂다. 〈5自〉 ①(가슴·배 등이) 쿡쿡 찌르듯이 아프다. ②(빛이) 들어오다.
差し障る[さしさわる] 〈5自〉 지장이 있다. 장애가 있다. 방해가 되다.
差(し)障り[さしさわり] 지장. 장애. 방해.
差(し)前[さしまえ] (허리에) 차고 있는 칼. 대검(帯剣). 패도(佩刀).
差し切る[さしきる] 〈5他〉 (경마에서 다른 말을) 앞지르고 이기다.
差し潮[さししお] 밀물. 만조(満潮).
差し繰る[さしくる] 〈5自〉 (그럭저럭) 변통하다. 둘러맞추다.
差し足[さしあし] ①살금살금 걸음. ②(경마에서) 앞지르려는 말의 주법(走法).
差(し)肘木[さしひじき] 기둥에 옆으로 지른 첨차(檐遮). ＊사찰(寺刹) 등의 건축에 많음.
[2]差(し)支え[さしつかえ] 지장. 장애.
[1]差し支える[さしつかえる] 〈下1自〉 지장이 있다. 지장이 생기다. 지장을 주다.
差(し)止め[さしとめ] 금지. 정지.
差し止める[さしとめる] 〈下1他〉 ①금지하다. 못하게 하다. ②정지하다.
差(し)紙[さしがみ] (江戸(えど) 시대) 관청에서 보내는 호출장.
差(し)次[さしつぎ] 다음. 다음의 위치.
差しつ差されつ[さしつさされつ] (술잔을) 주거니받거니 함.
差(し)添え[さしぞえ] ①시중을 듦. ②(무사가 큰 칼에 곁들여 차는) 작은 칼.
差(し)添え人[さしぞえにん] 시중드는 사람. 도우미.
差(し)替え[さしかえ] ①교체(交替). 바꿈. ②(바꿔 차기 위한) 예비용 칼.
差し替える[さしかえる] 〈下1他〉 ①교체(交替)하다. 바꾸다. 바꿔 넣다. ②갈아 꽂다. 바꿔 꽂다.
差し招く[さしまねく] 〈5他〉 ①손짓하여 부르다. ②지시하다. 지휘하다.
差し出がましい[さしでがましい] 〈形〉 주제넘다.
[1]差し出す[さしだす] 〈5他〉 ①(손을) 내밀다. ②(서류 등을) 제출하다. ③(사람을) 파견하다. 보내다. ④(우편물을) 발송하다. 부치다. 보내다.
差(し)出し[さしだし] ①내밂. 제출. ②본채에서 달아낸 가게. ③(歌舞伎(かぶき)에서) 배우 얼굴이 잘 보이게 긴 자루 끝에 촛불을 밝혀 내미는 행위.
差(し)出口[さしでぐち] 말참견.
差出人[さしだしにん] (우편물 등의) 발송인(発送人). 발신인(発信人).
差(し)出者[さしでもの] 주제넘은 사람.
差(し)歯[さしば] ①의치(義歯). ②나막신에 굽을 끼움. 나막신에 끼우는 굽.
差し置く[さしおく] 〈5他〉 ①그냥 두다. 그만두다. ②내버려두다. ③무시하다. 제쳐놓다.
差(し)湯[さしゆ] ①더운물을 더 부어 식지 않게 함. ②(차가 진하여) 더운물을 추가로 더 탐.
差し土[さしつち] 배토(培土). (화단 등에) 흙을 북돋워 줌.
差(し)合い[さしあい] ①지장. 장애. 고장. ②조심성. ③(둘이서) 함께 함.
差し合う[さしあう] 〈5自〉 ①(다른 일과 겹쳐) 지장이 있다. 지장이 생기다. ②(술을) 서로 권하다. 권커니잣거니 하다. ③마주치다.
差(し)合(わ)せ[さしあわせ] ①(짐을 앞뒤에서) 두 사람이 멤. ②급할 때 사용함.
差(し)向(か)い[さしむかい] (두 사람이) 마주 앉음. 마주 봄.
差(し)向き[さしむき] 당장. 우선.
差し向ける[さしむける] 〈下1他〉 ①그쪽으로 향하게 하다·돌리다. ②(사람을) 파견하다. 보내다.
差し響き[さしひびき] 영향. 영향이 미침.
差し響く[さしひびく] 〈5自〉 ①(소리·진동이) 전해지다. ②(나쁜) 영향을 주다. 영향이 미치다.
差し許す[さしゆるす] 〈5他〉 (손아랫사람에게) 허락하다. 허가하다. 용서하다.

差(し)換え[さしかえ] ①교체(交替). 바꿈. ②(바꿔 차기 위한) 예비용 칼.
差し換える[さしかえる] 〈下1他〉 ①교체(交替)하다. 바꾸다. 바꿔 넣다. ②갈아 꽂다. 바꿔 꽂다.
差(し)回し[さしまわし] (필요한 것을 지정한 장소로) 보냄.
差し回す[さしまわす] 〈5他〉 (필요한 사람·차량을 지정한 장소로) 보내다.
差し詰め[さしづめ/さしずめ] ①결국. 요컨대. ②우선. 당장. ③마지막. 막판. 막바지.
差し詰め引き詰め[さしつめひきつめ] 화살을 연거푸 쏘아 공격함.

音読

2 差[さ] 차; ①차이. 차등. 간격. ②(뺄셈에서) 나머지. 차이. 차.
差遣[さけん] 차견; 사람을 파견함.
差金[さきん] 차금; 차액(差額).
差金取引[さきんとりひき] 차액(差額) 거래.
差等[さとう] 차등; 차이가 나는 등급.
差配[さはい] ①(세놓은 집·땅의) 대리 관리. 대리 관리인. ②일을 분담함. ③참견.
2 差別[さべつ] 차별; 차등이 있게 구별함.
差額[さがく] 차액; (어떤 액수를 뺀) 나머지 액수.
差違[さい] 차위; 차이(差異).
差異[さい] 차이; 서로 차가 있게 다름.
差益[さえき] 차익; (가격의 개정이나 매매 결산에서) 차액으로서의 이익.

遮(遮) 가릴/막을 차

亠 广 户 庐 庐 庶 庶 遮 遮

音 ◉シャ
訓 ◉さえぎる

訓読

1 ◉遮る[さえぎる] 〈5他〉 ①(보이지 않게) 차단하다. 가리다. ②(방해할 목적으로) 가로막다. 방해하다. 못하게 하다.

音読

遮光[しゃこう] 차광; 빛을 막아서 가림.
遮断[しゃだん] 차단; 가로막아서 멈추게 함. 가로막아 사이를 끊음.
遮断器[しゃだんき] (전기 회로의) 차단기.
遮音[しゃおん] 차음; 소리가 들리지 않도록 방음(防音) 장치를 함.
遮二無二[しゃにむに] (앞뒤를 가리지 않고) 마구. 무턱대고.
遮蔽[しゃへい] 차폐; 가리고 덮음.

此 이것 차

音 ⊗シ
訓 ⊗この ⊗これ

訓読

4 ⊗此の[この] ①이. ②최근의.
2 此のまま[このまま] 이대로. 이냥.
3 此の間❶[このあいだ] 요전. 지난번. 접때. ❷[このかん] ①그 동안. 그 사이. ②저간(這間).
3 此の頃[このごろ] 근래. 요즈음 최근.
此の故に[このゆえに] 이러하므로. 이런 까닭에.
此の期[このご] 최후의 단계. 막판.
此の段[このだん] (편지·式辞에서 앞서 말한 내용을 가리켜) 이상 말씀드린 점.
此の度[このたび] 이번. 금번(今番).
此の方❶[このかた] ①이분. 이 양반. ②이래(以来). 이후(以後). ❷[このほう] 이쪽. 이편.
4 此の辺[このへん] ①이 근처. 이 근방. ②이쯤. 이 정도.
此の分[このぶん] 이러한 형편·모양·상태.
此の上[このうえ] ①이 이상. ②이렇게 된 바에는. 앞으로도.
此の先[このさき] ①이 앞. 앞쪽. ②앞으로. 장차.
此の世[このよ] 이 세상.
此の所[このところ] 요새. 요즈음. 최근.
此の手[このて] ①이 방법. 이 수단. ②이 종류.
此の様[このよう] 이러함. 이와 같음.
此の節[このせつ] 요즈음. 요사이. 최근.
此の際[このさい] 차제; 이 기회. 이 때.
此の中[このじゅう] 요사이 계속해서. 최근 들어 계속.
此の後[こののち] (막연하게) 훗날. 이후.
4 ⊗此れ[これ] ①이것. ②(자기 가족이나 손아랫사람을 가리켜서) 이 사람. 이 애. 이 아이.
此れから[これから] ①이제부터. 앞으로. 장차. ②여기서부터. 여기로부터.
此れっぱかし[これっぱかし] ①겨우 이 정도. 겨우 이것뿐. ②이것만.
此れっぽっち[これっぽっち] 겨우 이 정도.

此れ見よがし[これみよがし] 여봐란 듯.
此れ式[これしき] 요까짓. 이쯤. 이 정도.
此れと言って[これといって] (부정문에서) 이렇다 할. 특별한.
此れ位[これぐらい] 이 정도. 이만큼.
此れ丈[これだけ] ①이것뿐. 이것만은. ②이 정도. 이만큼.
此れ切り[これきり] 이것뿐. 이번뿐. 이것이 마지막.
此れ程[これほど] ①이 정도. 이만큼. ②이토록. 이처럼. 이렇게까지.
此れ此れ[これこれ] 이러이러한. 여차여차.
此れ許り[こればかり] ①이 정도. ②이것만. 이것뿐. ③(부정문에서) 조금도. 전혀.
此れ迄[これまで] ①지금까지. 이제까지. ②여기까지. 이만. ③이렇게까지. ④끝장.
此奴[こいつ] ①이 녀석. 이놈. ②이것. 요것.
此方[こちら/こっち] ①이쪽. 이 곳. 여기. ②나. 우리들.
此処[ここ] ①여기. 이 곳. ②여기. 이 점. ③이 상태. ④이 때. 이 경우. ⑤요즈음. 최근. 요새.
此処いら[ここいら] 이 근처. 이쯤.
此処の所[ここのところ] 지금 상태로는.
此処ら[ここら] 이 근방. 이 근처. 이쯤.
此処彼処[ここかしこ] 여기저기. 이곳저곳.

音読

此岸[しがん] ≪仏≫ 차안; 이승. 이 세상. 현세(現世).

侘 실망할 차	音 ⊗タ ⊗ダ 訓 ⊗わびしい ⊗わびる

訓読

⊗**侘しい**[わびしい] 〈形〉 ①쓸쓸하다. 외롭다. 적적하다. 울적하다. ②초라하다.
⊗**侘びる**[わびる] 〈上1自〉 ①비관하여 한탄하다. 슬퍼하다. ②쓸쓸하게 생각하다. ③초라하게 보이다. ④속세를 멀리하여 한적한 정취에 잠기다.
侘び[わび] ①여러 가지 걱정. 수심(愁心). ②한적한 정취.
侘び人[わびびと] 쓸쓸하게 사는 사람.
侘び者[わびもの] 쓸쓸하게 사는 사람.
侘び住まい[わびずまい] ①한적한 아취가 있는 생활. ②은둔 생활. ③초라한 생활.
侘助[わびすけ] ≪植≫ 동백나무의 일종.
侘(び)寝[わびね] 혼자 쓸쓸히 잠.

착

着 입을/손댈/붙을 착
⺷ 𦍌 ⺶ 关 羊 羊 着 着 着 着 着

音 ◉チャク ◉ジャク
訓 ◉つく ◉つける ◉きせる ◉きる

訓読

4◉**着く**[つく] 〈5自〉 ①도착하다. ②닿다. 접촉하다. ③(자리에) 앉다. ④달라붙다. 밀착하다. ⑤(얼룩이) 묻다. 생기다.
2◉**着ける**[つける] 〈下1他〉 ①(옷을) 입다. 걸치다. ②(탈것을) 대다. ③접촉하다. 닿게 하다. ④(자리에) 앉히다.
2◉**着せる**[きせる] 〈下1他〉 ①(옷을) 입히다. ②(겉에) 씌우다. 입히다. ③(죄・책임 등을) 뒤집어 씌우다. 전가(転嫁)하다.
着せ掛ける[きせかける] 〈下1他〉 (의복 등을) 입혀 주다.
着せ綿[きせわた] ≪植≫ 송장풀. 개방아.
4◉**着る**[きる] 〈上1他〉 ①(옷을) 입다. ②(누명 등을) 뒤집어쓰다. ③(혜택을) 입다. 받다.
着こなし[きこなし] (옷을) 맵시 있게 입음. 몸에 어울리게 입음.
着こなす[きこなす] 〈5他〉 (옷을) 맵시 있게 입다. 몸에 어울리게 입다.
着やせ[きやせ] 옷을 입으면 날씬해 보임.
着古し[きふるし] 헌 옷.
着古す[きふるす] 〈5他〉 오래 입어서 낡다.
着逃げ[きにげ] (남의) 옷을 입고 달아남.
着倒れ[きだおれ] 옷사치로 망함.
着道楽[きどうらく] 옷사치를 즐기는 사람.
着料[きりょう] ①의복의 재료. ②피복비.
着流し[きながし] ①(能楽(のうがく)의 옷차림에서) 袴(はかま)를 입지 않음. ②(袴(はかま)를 입지 않은) 평소의 간단한 복장.
着流す[きながす] 〈5他〉 (일본 옷을 입을 때) 아무렇게나 걸쳐 입다. 간단한 복장을 하다.
着類[きるい] 의류(衣類).
3**着物**[きもの] ①옷. 의복. ②(서양 옷에 대하여) 일본 옷.
着背長[きせなが] '鎧(よろい/장수의 갑옷)'에 대한 미칭.
着付(け)[きつけ] ①옷맵시. 옷매무새. ②옷단장을 해 줌. ③(늘 입어서) 몸에 익숙함.

着付ける[きつける] 〈下1他〉 늘 입어서 몸에 배다. 늘 입어버릇하다.
着崩れ[きくずれ] (입고 있는 동안에) 옷매무새가 흐트러짐.
着崩れる[きくずれる] 〈下1自〉 (입고 있는 동안에) 옷매무새가 흐트러지다.
着捨て[きすて] (똑같은 옷을) 입을 만큼 입고 버림.
着捨てる[きすてる] 〈下1他〉 ①(똑같은 옷을) 입을 만큼 입고 버리다. ②옷을 벗어 놓은 채로 버리다.
着散らす[きちらす] 〈5他〉 ①(옷을) 이것저것 꺼내 입다. ②(좋은 옷을) 아끼지 않고 평상복으로 입다.
着痩せ[きやせ] 옷을 입으면 날씬해 보임.
着熟なし[きこなし] (옷을) 맵시 있게 입음. 몸에 어울리게 입음.
着熟す[きこなす] 〈5他〉 (옷을) 맵시 있게 입다. 몸에 어울리게 입다.
着飾る[きかざる] 〈5自他〉 정장(正装)하다. (화려하게) 옷을 차려입다.
着の身着の儘[きのみきのまま] 몸에 걸친 옷뿐임. 단벌 신사.
着心地[きごこち] (옷을) 입었을 때의 기분. 옷을 입은 느낌.
着映え[きばえ] 옷맵시. 옷맵시가 남.
着栄え[きばえ] 옷맵시. 옷맵시가 남.
着込み[きこみ] 호신용 속옷.
着込む[きこむ] 〈5他〉 ①(웃옷 밑에) 받쳐 입다. ②(여러 벌) 껴입다. ③입다. 차려입다. ＊'着(き)る'의 강조임.
着丈[きたけ] (몸에 맞는) 옷기장.
着た切り[きたきり] 입은 옷뿐임.
着た切り雀[きたきりすずめ] 단벌 신사.
着重ねる[きかさねる] 〈下1他〉 껴입다.
着直す[きなおす] 〈5他〉 갈아입다.
着振り[きぶり] 옷맵시.
着尺[きじゃく] (일본 옷의) 성인용 한 벌 감의 길이와 폭.
着尺物[きじゃくもの] 성인용 옷 한 벌 감의 길이와 폭. ＊보통 길이 11m, 너비 36㎝임.
着尺地[きじゃくじ] 한 벌의 옷감.
[2]着替え[きがえ] ①(옷을) 갈아입음. ②갈아입을 옷.
[2]着替える[きかえる/きがえる] 〈下1他〉 옷을 갈아입다.
着初め[きぞめ] 새 옷을 처음으로 입음.
着太り[きぶとり] ①많이 껴입어서 뚱뚱해 보임. ②옷을 입으면 실제보다 뚱뚱해 보임.
着通す[きとおす] 〈5他〉 늘 똑같은 옷을 입다. 계속 입다.
着膨れ[きぶくれ] 옷을 껴입어 뚱뚱해짐.
着膨れる[きぶくれる] 〈下1自〉 옷을 많이 껴입어 뚱뚱해지다.
着下す[きくだす] 〈5他〉 (옷 등을) 입다.
着換え[きがえ] ①(옷을) 갈아입음. ②갈아입을 옷.
着換える[きかえる/きがえる] 〈下1他〉 옷을 갈아입다.

音読

[2]着[ちゃく] 착; ①도착. 도착함. ②(시합에서) 입상(入賞). ③(옷을 세는 말로서) …벌.
着する[ちゃくする] 〈サ変自〉 ①도착하다. 닿다. ②달라붙다. ③집착하다. 열심이다. 〈サ変他〉 ①옷을 입다. 착용하다. ②휴대하다. 몸에 지니다.
着剣[ちゃっけん] 착검; 총 끝에 대검(帯剣)을 꽂음.
[1]着工[ちゃっこう] 착공; 공사에 착수함.
[1]着陸[ちゃくりく] 착륙; 비행기가 육지에 내림.
着帽[ちゃくぼう] 착모; 모자를 머리에 씀.
[1]着目[ちゃくもく] 착목; 주의(注意)하여 봄. 주목(注目)함.
着発[ちゃくはつ] 착발; ①도착과 출발. ②(탄환 등이) 닿는 순간에 폭발함. 착탄과 폭발.
着服[ちゃくふく] 착복; ①옷을 입음. ②몰래 훔쳐 자기 것으로 만듦.
着払い[ちゃくばらい] 착불; (배달 물품의 운송료를) 수취인이 지불함.
着床[ちゃくしょう] ≪生理≫ 착상.
着想[ちゃくそう] 착상; 아이디어. 구상.
[1]着色[ちゃくしょく] 착색; 물들임. 염색을 함.
着生[ちゃくせい] 착생; 다른 것에 부착하여 자라거나 생활함. 더부살이함.
[1]着席[ちゃくせき] 착석; 자리에 앉음.
着水[ちゃくすい] 착수; 물 위에 내림.
[1]着手❶[ちゃくしゅ] 착수; ①일을 시작함. 손을 댐. ②범행의 개시. ③(바둑·장기에서) 한 수 한 수. ❷[きて] (그) 옷을 입은 사람.
着順[ちゃくじゅん] 착순; ①도착순. 선착순. ②(경마 등에서) 골인 순서.
着信[ちゃくしん] 착신; 통신이 도착함.

着実[ちゃくじつ] 착실; 성실함. 진실함.
着岸[ちゃくがん] 착안; 배가 해안에 닿음.
着駅[ちゃくえき] 착역; (철도에서) 도착역.
着駅払い[ちゃくえきばらい] 화물 운임을 도착역에서 지불함.
着用[ちゃくよう] 착용; ①옷을 입음. ②(물건을) 몸에 지녀 활용함. 휴대함.
着衣[ちゃくい/ちゃくえ] 착의; 옷을 입음. 또는 입고 있는 옷.
着意[ちゃくい] 착의; ①주의함. ②궁리를 함. 착상(着想).
着任[ちゃくにん] 착임; 새로운 임지에 도착함. 또는 새 임무를 맡음.
着装[ちゃくそう] 착장; ①(옷을) 몸에 걸침. ②(기계 부품을) 본체(本体)에 부착함.
着座[ちゃくざ] 착좌; 자리에 앉음.
着地[ちゃくち] 착지; ①착륙 장소. ②도착지. ③(스키・체조・허들 경기에서) 운동을 마치고 땅으로 내려서는 것.
着地払い[ちゃくちばらい] 운임 도착지 지불.
2**着着と**[ちゃくちゃくと] 〈副〉 착착; 척척.
着弾[ちゃくだん] 착탄; 쏜 탄환이 목표에 가서 명중함.
◑**愛着**[あいじゃく], **執着**[しゅうじゃく]

搾 쥐어짤 착

- 十 扌 扌 扌' 扌宀 扌空 搾 搾 搾

音 ◉サク
訓 ◉しぼる

訓読

2◉**搾る**[しぼる] 〈5他〉 ①(물기가 빠지게) 짜다. 쥐어짜다. ②(액즙을) 짓눌러 짜다. ③(금품을) 착취하다. 억지로 우려내다. ④호되게 야단치다. 혼내다.
搾り上げる[しぼりあげる] 〈下1他〉 ①다 짜내다. ②(금품을) 우려내다. 뜯어내다. ③호되게 꾸짖다. 닦달하다.
搾り滓[しぼりかす] (액체를 짜낸) 찌꺼기.
搾り出し[しぼりだし] (치약・접착제・약 등의 내용물을 짜내게 만든) 튜브.
搾り出す[しぼりだす] 〈5他〉 (액체 등을) 짜내다. 쥐어짜다.
搾り取る[しぼりとる] 〈5他〉 ①(액체 등을) 다 짜내다. 쥐어짜내다. ②(금품을) 착취하다. 쥐어짜다.

音読

搾油[さくゆ] 착유; 기름을 짬.
搾乳[さくにゅう] 착유; (가축의) 젖을 짜냄.
搾取[さくしゅ] 착취; 누르거나 비틀어서 (액체 등을) 쥐어짜냄.

錯 뒤섞일 착

스 牟 牟 金 金一 金艹 錯 錯 錯 錯

音 ◉サク ⊗シャク
訓 —

音読

錯角[さっかく] ≪数≫ 착각; 엇각.
1**錯覚**[さっかく] 착각; ① ≪心≫ 객관적 사실과 다르게 자각함. ②사실처럼 잘못 생각함.
錯乱[さくらん] 착란; 뒤섞여 어수선함. 머리가 혼란함.
1**錯誤**[さくご] 착오; ①착각에 의한 잘못. ②인식(認識)과 사실의 불일치.
錯雑[さくざつ] 착잡; 뒤섞여 복잡함.
錯綜[さくそう] 착종; 뒤섞여 얽힘.
◑**介錯**[かいしゃく]

捉 잡을 착

音 ⊗ソク
訓 ⊗とらえる ⊗つかまえる

訓読

⊗**捉える**[とらえる] 〈下1他〉 ①붙들다. 붙잡다. ②포착하다. ③파악하다. ④사로잡다.
⊗**捉(ま)える**[つかまえる] 〈下1他〉 ①꽉 잡다. 붙잡다. 잡다. ②파악하다.
捉(ま)え所[つかまえどころ] 종잡을 곳. 요점.
⊗**捉まる**[つかまる] 〈5自〉 ①(범인 등이) 붙잡히다. 잡히다. ②(가지 못하게) 붙잡히다. ③(꽉 붙잡고) 매달리다.

音読

◑**把捉**[はそく], **捕捉**[ほそく]

窄 좁을 착

音 ⊗サク
訓 ⊗すぼまる ⊗すぼむ

訓読

⊗**窄まる**[すぼまる/つぼまる] 〈5自〉 오므라들다. 작아지다. 움츠러들다.

⊗窄む[すぼむ/つぼむ] 〈5自〉 ①오므라들다. 점점 작아지다. ②끝이 가늘어지다. ③쇠퇴하다.
⊗窄める[すぼめる/つぼめる] 〈下1他〉 오므리다. 오므라뜨리다. 움츠리다.

縒 어지러울 착	音 ⊗シ 訓 ⊗よる ⊗よれる

訓読
⊗縒る[よる] 〈5他〉 (실을) 꼬다. 꼬아서 엉키게 하다.
縒り[より] (실을) 꼼. 꼰 것.
縒り金[よりきん] 견사・면사의 심에 가늘게 자른 금박을 감은 실.
縒り合わせる[よりあわせる] 〈下1他〉 (실 등을) 꼬아서 한 가닥이 되게 하다. 합쳐서 꼬다.
⊗縒れる[よれる] 〈下1自〉 (실이) 꼬이다. 비틀리다. 엉키다.

찬

賛(贊) 기릴/찬성할 찬
一 二 キ 夫 夫夫 扶 㚘 替 賛

音 ◉サン
訓 —

音読
賛[さん] ①(사물을 찬미하는) 한문의 한 문체. ②(그림 속에 써 넣은) 글. ③부처의 공덕을 기리는 말. ④비평.
賛する[さんする] 〈サ変他〉 ①찬성하다. 동의하다. ②돕다. 조력하다. ③칭찬하다. 기리다. ④(그림에) 찬(賛)을 쓰다.
賛歌[さんか] 찬가; 찬미의 노래.
賛同[さんどう] 찬동; 찬성하여 동의함.
[1]賛美[さんび] 찬미; 기리어 칭송함.
賛美の歌[さんびのうた] 찬송가(讃頌歌).
賛否[さんぴ] 찬부; 찬성과 불찬성. 찬성 여부.
賛辞[さんじ] 찬사; 찬미의 글이나 말.
[2]賛成[さんせい] 찬성; 동의함.
賛仰[さんぎょう/さんごう] 찬앙; 우러러 칭송함.
賛意[さんい] 찬의; 찬성의 뜻.
賛助[さんじょ] 찬조; 찬성하여 도움.
賛嘆[さんたん] 찬탄; 칭찬하고 감탄함.

撰×(撰) 편찬할 찬	音 ⊗セン 訓 ⊗えらぶ

訓読
⊗撰ぶ[えらぶ] 〈5他〉 편찬하다. 편집하다. ¶詩歌(しいか)を～ 시가를 편찬하다.

音読
撰する[せんする] 〈サ変他〉 편찬하다. 저술(著述)하다.
撰文[せんぶん] 찬문; 글을 지음.
撰修[せんしゅう] 찬수; 편집.
撰述[せんじゅつ] 찬술; 저술(著述).
撰者[せんじゃ] 찬자; ①저자(著者). 작자(作者). ②편찬자.
撰定[せんてい] 찬정; 책・문서 등을 지어서 정함.
撰進[せんしん] 찬진; 군주에게 찬(撰)하여 바침.
撰集[せんしゅう/せんじゅう] 찬집; 편집.

燦 빛날 찬	音 ⊗サン 訓 —

音読
燦[さん] 찬란함. 휘황하게 빛남. 눈부심.
燦爛[さんらん] 찬란함. 눈부심.
燦然と[さんぜんと] 찬연히. 번쩍거리며 빛남.
燦燦と[さんさんと] 눈부시게 빛남.

讃(讚) 기릴/도울 찬	音 ⊗サン 訓 —

音読
讃[さん] ①(사물을 찬미하는) 한문의 한 문체. ②(그림 속에 써 넣은) 글. ③부처의 공덕을 기리는 말. ④비평.
讃する[さんする] 〈サ変他〉 ①찬성하다. 동의하다. ②돕다. 조력하다. ③칭찬하다. 기리다. ④(그림에) 찬(賛)을 쓰다.
讃歌[さんか] 찬가; 찬미의 노래.
讃美[さんび] 찬미; 기리어 칭송함.
讃美の歌[さんびのうた] 찬송가(讃頌歌).
讃仰[さんぎょう/さんごう] 찬앙; 우러러 칭송함.
讃嘆[さんたん] 찬탄; 칭찬하고 감탄함.

찰

札 패/편지 찰

一 十 才 木 札

音 ◉サツ
訓 ◉ふだ

訓読

1◉札❶[ふだ] ①표찰(標札). 표(標). ②¶お~ 부적(符籍). ③팻말. ④표. 입장권. ⑤(화투·트럼프의) 패. ❷[さつ] ☞ [音読]

札付(き)[ふだつき] ①표(標)가 붙어 있음. ②(상품에) 가격표가 붙어 있음. ③(악평으로) 유명함. 소문이 나 있음.

札箱[ふだばこ] 표(標)를 넣는 상자. 부적을 넣는 상자.

札所[ふだしょ] (절에서) 참배인이 부적을 받는 곳.

札止め[ふだどめ] ①표가 매진됨. ②출입금지의 푯말을 세움.

札差[ふださし] ①역참에서 화물의 무게를 검사하던 사람. ②(江戸(えど) 시대에) 旗本(はたもと)·御家人(ごけにん)의 대리로 녹미(禄米)를 수납·처분하며 돈놀이를 하던 사람.

音読

2札❶[さつ] ①종이돈. 지폐. ②(증서·어음 등을 세는 말로서) 통. ❷[ふだ] ☞ [訓読]

札束[さつたば] 돈뭉치. 지폐 다발.

札入れ[さついれ] 돈지갑.

札片[さつびら] (여러 장의) 지폐.

察 살필 찰

丶 宀 宀 穸 穸 宓 宓 宓 寥 察

音 ◉サツ
訓 —

音読

1察する[さっする] 〈サ変他〉 ①헤아리다. 추측하다. 짐작하다. 살피다. ②동정하다. 생각해 주다. ③자세히 관찰하다. 상세히 조사하다.

察し[さっし] 추측. 미루어 짐작함. 이해함. 살펴 헤아림.

察知[さっち] 찰지; 살펴서 앎. 미루어 앎.

擦 문지를/비빌 찰

扌 扩 扩 护 护 挖 挖 擦 擦 擦

音 ◉サツ
訓 ◉する ◉すれる

訓読

1◉擦る[する] 〈5他〉 ①문지르다. 비비다. ②(먹을) 갈다. (줄로) 쓸다. ③으깨다. 짓이기다. ④(돈을) 탕진하다. 다 써 버리다.

擦り寄せる[すりよせる] 〈下1他〉 (몸이 닿을 정도로) 살며시 몸을 갖다 대다.

擦り寄る[すりよる] 〈5自〉 ①(몸이 닿을 정도로) 살며시 다가서다·기대다. ②앉은 걸음으로 다가오다.

擦り剝く[すりむく] 〈5他〉 (스쳐서) 찰과상을 입다.

擦り剝ける[すりむける] 〈下1自〉 (스쳐서) 껍질이 벗겨지다. 까지다.

擦り半[すりばん] ☞ 擦り半鐘

擦り半鐘[すりばんしょう] ①불 종소리. 근처의 화재를 알리기 위해 계속 치는 종. ②근처에 불이 났음.

擦り抜ける[すりぬける] 〈下1自〉 ①(좁은 틈새를) 빠져나가다. ②적당히 넘기다. 어물쩍 넘어가다.

擦り付ける[すりつける] 〈下1他〉 ①문지르다. 비비다. ②(성냥을) 문질러 불을 켜다.

擦り傷[すりきず] ①찰과상. ②긁힌 자국.

擦り膝[すりひざ] 무릎걸음. 앉은걸음.

擦り込む[すりこむ] 〈5他〉 (약·크림 등을) 문질러 바르다.

擦り切り[すりきり] ①평미레질. 평미레로 밀기. ②(노끈 등을) 문질러서 끊음.

擦り切る[すりきる] 〈5他〉 ①(노끈 등을) 문질러서 끊다. 비벼서 끊다. ②(돈을) 탕진하다. 다 써 버리다.

擦り切れる[すりきれる] 〈下1自〉 닳아서 끊어지다. 닳아서 해어지다.

擦り鉦[すりがね] (歌舞伎(かぶき)에서 사용하는) 작은 징.

1◉擦れる[すれる] 〈下1自〉 ①(나뭇잎 등이) 마주 스치다. 맞닿다. ②스쳐서 닳다. 무지러지다. ③(세상사에) 닳고 닳다. 닳아빠지다. 약아빠지다.

擦れ枯らし[すれからし] (세상사에) 닳아빠짐. 뻔뻔스러움. 교활함.

擦れ違い[すれちがい] ①마주 스쳐 지나감. ②엇갈림.

[2]擦れ違う[すれちがう] 〈5自〉 ①마주 스쳐 지나가다. ②(길이) 엇갈리다. ③(의견이) 엇갈리다. 빗나가다.

擦れ擦れ[すれすれ] ①닿을락말락함. ②아슬아슬함. 빠듯함.

擦れ合う[すれあう] 〈5自〉 ①서로 스치다. 마찰이 생기다. 마찰하다. ②(사이가 안 좋아) 서로 으르렁대다.

音読

擦過[さっか] 찰과; 표면을 스침.

擦過傷[さっかしょう] 찰과상; 스치거나 문질려서 살갗이 벗어진 상처.

[참]

参(參) ①참여할 참 ②석 삼

音 ◉サン ⊗シン

訓 ◉まいる

訓読

[3]◉参る[まいる] 〈5自〉 ①가다. *'行(い)く'의 겸양어. ②오다. *'来(く)る'의 겸양어. ③참배(参拝)하다. 성묘(省墓)하다. ④(시합에) 지다. 항복하다. ⑤질리다. 손들다. ⑥≪俗≫ 맥 못 추다. ⑦≪俗≫ 죽다. 뒈지다. 뻗다. ⑧홀딱 반하다.

参り[まいり] ①(윗사람을) 찾아뵘. 뵈러 감. ②참배(参拝).

音読

[2]参[さん] ①참가함. 참여함. ②삼. 3.

参じる[さんじる] 〈上1自〉 ☞ 参ずる

参する[さんする] 〈サ変自〉 참여하다. 관계하다.

参ずる[さんずる] 〈サ変自〉 ①(윗사람을) 찾아뵙다. 뵈러 가다. ②참석하다. 참여하다. ③참선(参禅)하다.

[2]参加[さんか] 참가; 참여함.

[2]参考[さんこう] 참고; 살펴서 생각함. 참조하여 고증(考証)함.

参考書[さんこうしょ] 참고서.

参考人[さんこうにん] 참고인.

参観[さんかん] 참관; 그 장소에 가서 직접 봄.

参宮[さんぐう] 神社(じんじゃ) 참배.

参勤交代[さんきんこうたい] (江戸(えど) 시대) 大名(だいみょう)가 교대로 江戸(えど)로 나가 幕府(ばくふ)에서 근무하던 제도.

参内[さんだい] 참내; 입궐(入闕).

参道[さんどう] (神社(じんじゃ)나 절(寺)에 참배하기 위해 만든) 참배길. 참배로(参拝路).

参列[さんれつ] 참렬; 참석.

参籠[さんろう] 참롱; (神社(じんじゃ)나 절(寺)에) 일정 기간 머물며 기도함.

参謀[さんぼう] 참모; ①지휘관의 보좌관. ②(일반적으로) 계획에 참여하여 지도를 하는 사람.

参拝[さんぱい] 참배; 신불(神仏)에게 엎드려 절함.

参事[さんじ] 참사; 어떤 사무에 참여하는 직책. 또는 그 사람.

参事官[さんじかん] 참사관.

[1]参上[さんじょう] 뵈러 감. 찾아뵘.

参禅[さんぜん] ≪仏≫ 참선; 좌선(坐禅)하여 선도(禅道)를 수행함.

参与[さんよ] 참여; ①어떤 일에 관계하여 그 일에 협력함. ②학식(学識)이나 경험이 있는 사람을 행정 사무에 관여하게 하는 직책. 고문.

参詣[さんけい] 참예; 神社(じんじゃ)나 절(寺)에 참배(参拝)함.

参詣客[さんけいきゃく] 참배객(参拝客).

参院[さんいん] '参議院'의 준말.

参議[さんぎ] 참의; ①정치에 관한 의사(議事)에 참여함. ②(옛날) 太政官(だじょうかん)의 관직.

参議院[さんぎいん] 참의원.

参酌[さんしゃく] 참작; 다른 것과 비교하여 알맞게 고려함.

参戦[さんせん] 참전; 전쟁에 참여함.

参政権[さんせいけん] 참정권; 국민이 직접 또는 간접적으로 국가의 정치에 참여하는 권리.

[1]参照[さんしょう] 참조; 다른 것과 비교하여 참고로 함.

参集[さんしゅう] 참집; 모여듦.

参賀[さんが] 참하; 입궐(入闕)하여 축하의 말이나 글을 올림.

参会[さんかい] 참회; ①모임에 참석함. ②모임. 집회(集会).

参画[さんかく] 참획; 계획에 참여함.

◑人参[にんじん]

慘(慘) 참혹할 참

丶 忄 忄 忄 忄 忄 忄 慘 慘 慘

音 ◉サン ◉ザン
訓 ◉みじめ ⊗むごい ⊗むごたらしい

訓読

[2]◉**慘め**[みじめ] 〈形動〉 비참함. 참담함. 참혹함. 처참함.
⊗**慘い**[むごい] 〈形〉 ①비참하다. 애처롭다. ②무자비하다. 잔인하다. 매정하다.
⊗**慘たらしい**[むごたらしい] 〈形〉 비참하다. 참혹하다. 잔인스럽다.

音読

慘苦[さんく] 참고; 비참한 고통.
慘劇[さんげき] 참극; 비참한 사건.
慘憺[さんたん] 참담; ①비참함. 처참함. ②노심초사함. ③암담함.
慘死[ざんし] 참사; 참혹하게 죽음.
慘事[さんじ] 참사; 비참한 사건.
慘殺[ざんさつ] 참살; 참혹하게 죽음.
慘状[さんじょう] 참상; 참혹한 상태.
慘敗[さんぱい/ざんぱい] 참패; 형편없이 패배함.
慘害[さんがい] 참해; 참혹하게 입은 손해.
慘酷[ざんこく] 참혹; 비참하고 끔찍함. 잔인하고 무자비함.
慘禍[さんか] 참화; 참혹한 재화(災禍).

斬 벨 참 | 音 ⊗ザン 訓 ⊗きる

訓読

⊗**斬る**[きる] 〈5他〉 (사람을) 베다. 자르다.
斬り苛む[きりさいなむ] 〈5他〉 난도질하다. 조금씩 베어 괴롭히다.
斬り結ぶ[きりむすぶ] 〈5自〉 ①칼을 맞부딪치며 싸우다. ②몹시 다투다. 몹시 싸우다.
斬り掛かる[きりかかる] 〈5自他〉 베기 시작하다. 베려고 덤벼들다.
斬り掛ける[きりかける] 〈下1他〉 ①베기 시작하다. 막 베려고 하다. ②목을 베어 옥문에 내걸다.
斬り捲る[きりまくる] 〈5他〉 ①닥치는 대로 마구 베다. ②격렬하게 논박하다.
斬り付ける[きりつける] 〈下1自〉 칼부림하다. 베려고 덤벼들다. 〈下1他〉 칼자국을 내다. 칼로 새기다.
斬り伏せる[きりふせる] 〈下1他〉 베어 쓰러뜨리다.
斬り死に[きりじに] 칼 맞아 죽음. 칼싸움하다 죽음.
斬り捨て[きりすて] (무사가 평민을)칼로베고 버려둠.
斬り捨てる[きりすてる] 〈下1他〉 (무사가 평민을) 베고 버려두다. 숨통을 끊지 않고 버려두다.
斬り殺す[きりころす] 〈5他〉 참살하다. 베어 죽이다.
斬り首[きりくび] 참수; ①목베기. 벤 머리. ②(歌舞伎(かぶき)의) 소도구(小道具)의 하나.
斬り入る[きりいる] 〈5自〉 칼을 휘두르며 쳐들어가다.
斬り込む[きりこむ] 〈5他〉 ①깊숙이 베다. ②칼을 빼들고 쳐들어가다. ③추궁하다. 다그쳐 묻다.
斬り組む[きりくむ] 〈5自〉 서로 칼부림하다. 서로 칼로 싸우다.

音読

斬[ざん] 참형(斬刑). 목을 벰.
斬奸[ざんかん] 참간; 악인을 칼로 벰.
斬奸状[ざんかんじょう] 참간장; 악인을 칼로 베는 취지의 문서.
斬髪[ざんぱつ] ①(상투를 자른) 단발머리. ②이발(理髪). 조발(調髪).
斬殺[ざんさつ] 참살; 칼로 베어 죽임.
斬首[ざんしゅ] 참수; 목베기. 벤 머리.
斬新[ざんしん] 참신; 취향 등이 매우 새로움.
斬罪[ざんざい] 참죄; 목을 베는 형벌.

僭 참람할/거짓 참 | 音 ⊗セン 訓 —

音読

僭上[せんじょう] 참상; 참람. 주제넘음.
僭王[せんおう] 참왕; 스스로 멋대로 참칭하는 왕.
僭越[せんえつ] 참월; 주제넘음.
僭主[せんしゅ] 참주; 스스로 멋대로 참칭하는 군주.
僭称[せんしょう] 참칭; 멋대로 분에 넘치는 칭호를 자칭함.

창

倉 창고 창

丿 人 亼 今 今 刍 刍 倉 倉 倉

音 ◉ソウ
訓 ◉くら

訓読

◉倉[くら] 창고. 곳간.
倉渡し[くらわたし] 창고 인도. 매매한 상품을 창고에 둔 채로 거래함.
倉米[くらまい] ①저장미. ②(江戸(えど) 시대에) 幕府(ばくふ)의 쌀 창고에 저장하던 쌀. ③(江戸(えど) 시대에) 大名(だいみょう)가 大阪(おおさか)의 蔵屋敷(くらやしき)에 보내 저장해 두고 매매하던 쌀.
倉番[くらばん] 창고지기. 창고 관리인.
倉敷料[くらしきりょう] 창고 사용료. 창고 보관료.
倉敷地[くらしきち] 荘園(しょうえん)에서 보내온 연공(年貢) 등의 임시 보관소.
倉役[くらやく] (室町(むろまち) 시대에) 전당포・술집에 부과했던 세금.
倉入れ[くらいれ] 입고(入庫). 창고에 넣음.
倉出し[くらだし] 출고. 창고에서 꺼냄.
倉荷[くらに] 창고에 보관 중인 짐.

音読

2倉庫[そうこ] 창고; 물건을 저장・보관하는 곳.
倉庫番[そうこばん] 창고지기. 창고 관리인.
倉庫業[そうこぎょう] 창고업.

唱 노래할 창

丨 ㄇ ㅁ ㅁ' ㅁㄇ ㅁ日 ㅁ旦 唱

音 ◉ショウ
訓 ◉となえる

訓読

1◉唱える[となえる] 〈下1他〉 ①(소리내어) 외다. 읊다. ②(소리 높여) 외치다. ③주창(主唱)하다. 주장하다.

音読

唱道[しょうどう] 창도; ①소리 높여 말함. ②앞장서서 외침. 주창(主唱)함.
唱導[しょうどう] 창도; ①앞장서서 부르짖으며 인도함. ②설법(説法)하여 불도(仏道)로 인도함.
唱名[しょうみょう] 창명; 부처의 명호(名号)를 욈. 염불함.
唱和[しょうわ] 창화; 제창(斉唱). 한 사람이 선창하고 여러 사람이 따라 부름.

窓 창문 창

宀 宀 穴 空 空 窂 窓 窓 窓 窓

音 ◉ソウ
訓 ◉まど

訓読

4◉窓[まど] 창; ①창문. ②(비유적인) 창문. ③학창(学窓).
窓ガラス[まどガラス] 창문 유리. 유리창.
窓掛け[まどかけ] 창을 가리는 천. 커튼.
2窓口[まどぐち] 창구; ①(관공서・은행 등에서) 창을 통해 금품의 출납 사무를 보는 곳. ②외부와 연락을 취하는 곳.
窓明(か)り[まどあかり] 창문을 통해 안으로 비쳐드는 빛.
窓辺[まどべ] 창변; 창가.
窓越し[まどごし] 창 너머. 창문 너머.
窓際[まどぎわ] 창가.
窓際族[まどぎわぞく] 한직(閑職)으로 물러난 나이 많은 사원들.
窓枠[まどわく] 창틀. 창문틀.

音読

窓外[そうがい] 창외; 창 밖.
窓前[そうぜん] 창전; 창문 앞. 창가.
窓下[そうか] 창하; 창문 아래. 창가.

創 비롯할/다칠 창

亽 今 今 刍 刍 刍 倉 倉 創 創

音 ◉ソウ
訓 ⊗きず ⊗はじめる ⊗つくる

訓読

⊗創[きず] 상처. 다친 데. 흉터.
⊗創める[はじめる] 〈下1他〉 (사업을) 시작하다. 개시하다.
⊗創る[つくる] 〈5他〉 ①창조하다. ②창작하다. ③창립하다. 창설하다.

音読

創価学会[そうかがっかい] 창가학회.

[1]**創刊**[そうかん] 창간; 잡지나 신문 등을 새로 발간함.

創刊号[そうかんごう] 창간호.

創建[そうけん] 창건; 처음으로 세움.

創見[そうけん] 창견; 독창적인 의견.

[1]**創立**[そうりつ] 창립; 학교·회사 등을 처음으로 설립함.

創傷[そうしょう] 창상; 칼에 베인 상처.

創設[そうせつ] 창설; 새로 설립함.

創世記[そうせいき] (성경의) 창세기.

創始[そうし] 창시; 처음으로 시작함.

創案[そうあん] 창안; 처음으로 생각해 냄.

創業[そうぎょう] 창업; 사업을 시작함.

創業者[そうぎょうしゃ] 창업자.

創意[そうい] 창의; 새로 의견을 생각해 냄. 새로 생각해 낸 의견.

創痍[そうい] 창이; ①날붙이에 의한 상처. ②(정신적인) 타격. 가혹하게 당한 손해.

[2]**創作**[そうさく] 창작; ①새로운 것을 처음으로 만들어 냄. ②예술 작품을 만들어 냄. 또는 그 작품. ③날조. 그럴듯하게 꾸며냄.

創製[そうせい] 창제; 물건을 최초로 만들어 냄.

[1]**創造**[そうぞう] 창조; ①조물주가 우주 만물을 처음으로 만들어 냄. ②새로운 것을 처음으로 만들어 냄.

創造物[そうぞうぶつ] 창조물.

創造性[そうぞうせい] 창조성.

創造者[そうぞうしゃ] 창조자.

創唱[そうしょう] 창창; ①처음으로 주창(主唱)함. ②처음으로 노래함.

創出[そうしゅつ] 창출; 새로 만들어 냄.

脹 팽창할 창

丿 刀 月 月 月 月 月 脹 脹 脹

音 ◉チョウ

訓 ⊗ふくよか ⊗ふくらす ⊗ふくらます ⊗ふくらむ ⊗ふくれる

訓読

⊗**脹よか**[ふくよか] 〈形動〉 ①(부드럽게 부푼) 포동포동함. 풍만함. 폭신함. 폭신함. ②향기가 풍부함. ③성격이 온화하고 개성이 풍부함.

⊗**脹らす**[ふくらす] 〈5他〉 부풀리다. 볼록하게 하다.

⊗**脹らます**[ふくらます] 〈5他〉 ①부풀리다. 부풀리게 하다. ②(가슴을) 부풀리다.

⊗**脹らむ**[ふくらむ] 〈5自〉 부풀다. 불룩해지다. 부풀어오르다.

脹らみ[ふくらみ] 부푼 정도. 부푼 부분. 탄력성.

脹ら脛[ふくらはぎ] ≪生理≫ 장딴지.

脹ら雀[ふくらすずめ] ①살찐 참새 새끼. ②살찐 참새 새끼를 도안화한 무늬나 가문(家紋). ③참새 모양과 비슷한 소녀의 헤어 스타일. 또는 허리띠 매는 법.

⊗**脹れる**[ふくれる] 〈下1自〉 ①부풀다. 불룩해지다. ②뾰로통해지다. ③많아지다. 증가하다. 늘어나다.

脹れっ面[ふくれっつら] 뾰로통한 얼굴. 화난 얼굴.

脹れ上がる[ふくれあがる] 〈5自〉 ①부풀어 오르다. 크게 부풀다. ②(수량 등이 기준보다) 급증하다. 불어나다. 훨씬 많아지다.

音読

脹満[ちょうまん] ≪医≫ 창만; 병으로 복부(腹部)가 부풀어오르는 증세.

◑**膨脹**[ぼうちょう]

彰 밝을/밝힐 창

亠 立 立 产 音 音 音 章 彰

音 ◉ショウ

訓 ⊗あきらか ⊗あらわす

訓読

⊗**彰らか**[あきらか] 〈形動〉 명백함. 분명함. 뚜렷함.

⊗**彰(わ)す**[あらわす] 〈5他〉 드러내어 알리다. 표창(表彰)하다.

音読

彰徳[しょうとく] 창덕; 남의 덕행을 밝혀 드러냄. 밝혀 드러내는 덕.

◑**表彰**[ひょうしょう], **表彰状**[ひょうしょうじょう]

娼 창녀 창

音 ⊗ショウ

訓 ⊗よね

音読

娼家[しょうか] 창가; 유곽(遊廓).

娼妓[しょうぎ] 창기; 창녀. 매춘부(売春婦).

娼楼[しょうろう] 창루; 유곽(遊廓).

娼婦[しょうふ] 창부; 창녀. 매춘부.

菖	창포 창	音 ⊗ショウ 訓 ⊗あやめ

訓読

⊗菖蒲❶[あやめ] 《植》 ①붓꽃. ②'菖蒲(しょうぶ)'의 옛 이름.

音読

菖蒲❷[しょうぶ] 《植》 ①창포. ②'はなしょうぶ(꽃창포)'의 속칭.

菖蒲湯[しょうぶゆ] 창포물.

蒼	푸를 창	音 ⊗ソウ 訓 ⊗あおい

訓読

⊗蒼い[あおい] 〈形〉 ①파랗다. 푸르다. 청색이다. ②초록색이다. 푸르다.

蒼ずむ[あおずむ] 〈5自〉 푸르스름해지다. 푸르러지다. 푸른빛을 띠다.

蒼み渡る[あおみわたる] 〈5自〉 온통 파래지다. 푸른빛이 퍼지다.

蒼白い[あおじろい] 〈形〉 ①창백하다. 파리하다. ②푸르스름하다.

蒼褪める[あおざめる] 〈下1自〉 ①(공포・병 등으로) 새파래지다. 창백해지다. 해쓱해지다. ②푸르스름해지다.

音読

蒼古[そうこ] 창고; 고색창연함.

蒼枯[そうこ] ☞ 蒼古

蒼空[そうくう] 창공; 푸른 하늘.

蒼穹[そうきゅう] 창궁; 푸른 하늘.

蒼茫[そうぼう] 창망; 넓고 푸름.

蒼氓[そうぼう] 창맹; 백성. 국민.

蒼白[そうはく] 창백; 해쓱함.

蒼生[そうせい] 창생; 백성. 국민.

蒼蠅[そうよう] ① 《虫》 창승; 쉬파리. ②간신(奸臣).

蒼顔[そうがん] 창안; 나이가 많아 창백해진 얼굴.

蒼鉛[そうえん] 창연; 비스무트.

蒼然[そうぜん] 창연; ①(색이) 푸릇푸릇함. ②오래 되어 퇴색한 빛을 띰. ③어슴푸레함.

蒼蒼[そうそう] 창창; ①푸름. ②울창함. ③(머리털이) 희끗희끗함.

蒼天[そうてん] 창천; ①푸른 하늘. ②봄하늘. ③조물주. 창조주.

蒼海[そうかい] 창해; 푸른 바다.

滄	파도칠 창	音 ⊗ソウ 訓 —

音読

滄浪[そうろう] 창랑; 푸른 파도.

滄溟[そうめい] 창명; 넓은 바다.

滄海[そうかい] 창해; 푸른 바다.

滄海桑田[そうかいそうでん] 창해상전; 상전벽해(桑田碧海). 세상이 변화무쌍함.

漲	불어날 창	音 ⊗チョウ 訓 ⊗みなぎる

訓読

⊗漲る[みなぎる] 〈5自〉 ①(물이) 넘치다. 넘쳐흐르다. ②넘칠 만큼 차다.

音読

漲溢[ちょういつ] 창일; ①물이 불어서 넘침. ②(의기나 의욕이) 왕성하게 일어남.

槍	창 창	音 ⊗ソウ 訓 ⊗やり

訓読

⊗槍[やり] ①창. ②창술(槍術). ③(일본 장기에서) '香車(こうしゃ)'의 딴이름.

槍衾[やりぶすま] 여럿이서 빈틈없이 늘어서서 창을 겨눔.

槍先[やりさき] 창끝.

槍烏賊[やりいか] 《動》 화살꼴뚜기.

槍玉[やりだま] ①창을 자유자재로 다룸. ②사람을 창끝으로 찌름.

槍持(ち)[やりもち] (옛날에) 창을 들고 주인을 따라다니는 종자(従者).

槍投げ[やりなげ] (육상 경기에서) 투창. 창던지기.

音読

槍騎兵[そうきへい] 창기병; 창을 가진 기병.

槍法[そうほう] 창법; 창을 쓰는 법.

槍兵[そうへい] 창병; 창을 든 병사.

槍術[そうじゅつ] 창술; 창을 쓰는 무사.

暢	화창할/펼 창	音 ⊗チョウ 訓 —

音読

暢気[★のんき] 〈形動〉 (성격이) 낙천적임. 무사태평함. 팔자 좋음.

暢気者[★のんきもの] 낙천가. 만사태평인 사람.
暢達[ちょうたつ] 창달; 활달함. 거침없음. 구김살 없음. 막힘없이 숙달함.

瘡 부스럼 창	音 ⊗ソウ 訓 ⊗かさ

訓読
⊗瘡[かさ] ①종기. 부스럼. ②≪俗≫ 창병(瘡病). 매독(梅毒).
瘡蓋[かさぶた] 부스럼 딱지.
瘡気[かさけ] 창기; 매독(梅毒) 기운.
音読
瘡毒[そうどく] 창독; 매독(梅毒).
瘡痕[そうこん] 창흔; 상처. 흉터.

廠ˣ(廠) 헛간 창	音 ⊗ショウ 訓 —

音読
廠舎[しょうしゃ] 창사; ①울타리가 없는 임시 건물. ②군대가 훈련장 등에서 숙박하는 임시 건물.

蹌 춤출 창	音 ⊗ソウ 訓 ⊗よろめく

訓読
⊗蹌踉めく[よろめく] 〈5自〉 ①비틀거리다. ②(유혹에) 빠지다. 바람을 피우다.
音読
蹌踉[そうろう] 창랑; 비틀거림. 비틀거리는 모양.

〔채〕

菜(菜) 나물 채
十 艹 艹 芇 芇 芇 苎 苹 菜 菜

音 ◉サイ
訓 ◉な

訓読
◉菜❶[な] ①나물. 푸성귀. ②유채. ❷[さい] ☞ [音読]
菜っ葉[なっぱ] 푸성귀의 잎. 푸성귀.
菜っ葉服[なっぱふく] ①(아래위가 붙은) 청색 작업복. ②(공장) 노동자.
菜畑[なばたけ] ①유채밭. ②푸성귀밭.
菜切(り)[なきり] '菜切(り)包丁'의 준말.
菜切(り)包丁[なきりぼうちょう] (채소를 써는) 날이 얇고 넓은 식칼.
菜種[なたね] 유채의 씨.
菜種梅雨[なたねつゆ/なたねづゆ] 봄장마.
菜種油[なたねあぶら] 유채 기름.
菜漬け[なづけ] 채소잎 절임.
菜の花[なのはな] 유채꽃.
音読
菜❶[さい] 반찬. 부식물. ❷[な] ☞ [訓読]
菜果[さいか] 채과; 채소와 과일.
菜館[さいかん] (중국) 요릿집. 음식점.
菜食[さいしょく] 채식; 주로 채소를 먹음.
菜園[さいえん] 채원; 채소밭.
菜箸[さいばし] (요리를 하거나 반찬을 접시에 옮기는) 긴 젓가락.

採(採) 캘/가려낼 채
扌 扌 扌 扌 扌 扌 扌 抨 採 採

音 ◉サイ
訓 ◉とる

訓読
[2]◉採る[とる] 〈5他〉 ①(사람을) 채용하다. 고용하다. ②채취하다. ③채집하다. 채취하여 모으다.
音読
[1]採決[さいけつ] 채결; (의장이) 의안의 채택 여부를 회의 구성원들에게 물어 결정함.
採光[さいこう] 채광; 외부의 빛을 실내로 받아들임.
採鉱[さいこう] 채광; 광석을 채굴함.
[1]採掘[さいくつ] 채굴; 광물 등을 캐냄.
採録[さいろく] 채록; ①(요점만을) 간추려서 기록함. ②녹음함.
採譜[さいふ] 채보; (민요 등의) 곡조나 선율을 악보에 기록함.
採否[さいひ] 채부; 채택·채용 여부.
[1]採算[さいさん] 채산; 수지를 계산함.
採算割れ[さいさんわれ] 채산이 맞지 않음. 이익이 없음.
[1]採用[さいよう] 채용; ①의견·방법 등을 채택하여 사용함. ②사람을 고용인으로 받아들임.
採油[さいゆ] 채유; ①석유를 파냄. ②기름을 짬.

[2]採点[さいてん] 채점; 점수를 매김.
採種[さいしゅ] 채종; 종자를 채취함.
[1]採集[さいしゅう] 채집; 채취하여 모음.
採草[さいそう] 채초; ①사료나 비료로 하려고 풀을 벰. ②해초(海草)를 채취함.
採寸[さいすん] (옷의) 치수를 잼.
採取[さいしゅ] 채취; 필요한 것을 일부분 베거나 캐거나 뽑아냄.
採炭[さいたん] 채탄; 석탄을 캐냄.
[1]採択[さいたく] 채택; 가려서 뽑음.
採捕[さいほ] 채포; (동식물을) 채집하거나 포획함.
採血[さいけつ] 채혈; 피를 뽑음.

彩(彩) 무늬/채색 채

一 爫 爫 平 采 采 彩 彩 彩

音 ◉サイ
訓 ◉いろどる

訓読
◉彩る[いろどる] 〈5他〉 ①색칠하다. 채색하다. ②(예쁘게) 화장하다. ③(여러 가지 색을 배합해서) 장식하다. 꾸미다. 단장하다.
彩り[いろどり] ①색칠. 채색. ②배색(配色). ③장식. 꾸밈. 단장. ④(사물의) 구색. 배합.

音読
彩管[さいかん] 채관; 화필(画筆).
彩光[さいこう] 채광; 광채.
彩球[さいきゅう] 채구; 채층(彩層).
彩度[さいど] 채도; 색상(色相) 가운데서 흑백(黒白) 등이 섞인 비율.
彩色[さいしき/さいしょく] 채색; ①그림에 색을 칠함. ②여러 가지 고운 색깔.
彩雲[さいうん] 채운; (아침저녁에) 햇살에 곱게 물든 구름.

債 빚 채

丿 亻 仁 仹 倩 佳 倩 債 債

音 ◉サイ
訓 —

音読
債[さい] ①빚. 빌린 돈. ②채권.
債券[さいけん] 채권; 유가 증권.
債権[さいけん] 채권; 채권자가 채무자에게 청구할 수 있는 권리.
債権者[さいけんしゃ] 채권자.
債鬼[さいき] (독촉이 심한) 빚쟁이.
債務[さいむ] 채무; 빚을 갚아야 하는 의무.
債務者[さいむしゃ] 채무자.
債主[さいしゅ] 채주; 채권자. 빚쟁이.

采(采) 캘/풍채 채

音 ⊗サイ
訓 —

音読
采[さい] ①주사위. ②(옛날 전쟁터에서 사용한) 지휘채. ③채색(彩色). 배색(配色).
采女[★うねめ] (옛날 궁전에서) 천황과 황후의 식사 시중 등을 맡았던 궁녀.
采の目[さいのめ] ①주사위의 눈. ②주사위의 크기・모양.
采配[さいはい] (옛날 전쟁터에서 장군이 사용한) 지휘채.
采邑[さいゆう] 영지(領地).

砦 울타리 채

音 ⊗サイ
訓 ⊗とりで

訓読
⊗砦[とりで] ①성채(城砦). 본성(本城)에서 떨어진 요충지에 쌓은 소규모의 성. ②요새(要塞).

〔책〕

冊(册) 책 책

丨 冂 冂 冊 冊

音 ◉サク ◉サツ
訓 —

音読
[4]冊[さつ] (책을 세는 말로서) …권. …부.
冊する[さくする] 〈サ変他〉 칙명(勅命)에 따라 (황태자・황후・제후 등을) 봉하다. 책봉(冊封)하다.
冊立[さくりつ] 책립; 칙명에 따라 봉함.
冊封[さくほう] 책봉; 칙명에 따라 봉함.
冊数[さっすう] 책수; 권수. 책의 수효.
冊子[さっし] 책자; 책. 서적.
◑短冊[たんざく]

責 꾸짖을 책

一 十 丰 丰 丰 青 青 青 青 責

音 ◉セキ ⊗シャク
訓 ◉せめる

訓読

[2]◉**責める**[せめる] 〈下1他〉 ①(잘못・태만・실수 등을) 책하다. 꾸짖다. 나무라다. ②몹시 재촉하다. 조르다. ③괴롭히다. 고통을 주다. ④엄하게 추궁하다. 문초하다. ⑤일심(一心)으로 노력하다. 진지하게 추구하다. ⑥ ≪古≫ (사나운 말을) 길들이다.

責め[せめ] ①고문. 고통. ②비난. 책망. ③책임. 임무.

責め苛む[せめさいなむ] 〈5他〉 가책하다. 몹시 괴롭히다.

責め苦[せめく] 고통. 시달림.

責め具[せめぐ] 형틀. 고문용 기구.

責め念仏[せめねんぶつ] (염불의 끝 무렵에) 징을 치며 큰 소리로 빠른 가락으로 되풀이해서 외는 염불.

責め道具[せめどうぐ] 형틀. 고문용 기구.

責め落とす[せめおとす] 〈5他〉 ①(다그쳐) 자백시키다. ②끈덕지게 졸라대다. ③꾸짖어 추방하다.

責め立てる[せめたてる] 〈下1他〉 ①몹시 나무라다. 몰아세우다. ②몹시 재촉하다. 조르다.

責め馬[せめうま] 말을 타서 길들임. 또는 길들인 말.

責め抜く[せめぬく] 〈5他〉 끝까지 괴롭히다. 철저히 괴롭히다.

責め付ける[せめつける] 〈下1他〉 엄히 꾸짖다. 호되게 책망하다.

責め場[せめば] (歌舞伎(かぶき) 등에서) 학대・고문하는 장면.

責め折檻[せめせっかん] 엄한 문책・책망. 엄하게 꾸짖어 괴롭힘.

責め合う[せめあう] 〈5自〉 서로 비난하다.

音読

[1]**責務**[せきむ] 책무; 책임과 의무. 마땅히 해야 할 일.

責問[せきもん] 책문; ①책망하며 따져서 물음. ②고문(拷問).

[2]**責任**[せきにん] 책임; ①마땅히 해야 할 임무. ②초래된 결과. ③ ≪法≫ 법률적인 제재(制裁).

策 꾀 책

ノ 𠂉 ⺮ 竺 竺 竺 笁 笧 第 策

音 ◉サク
訓 —

音読

[1]**策**[さく] 책; ①책략. 계책. ②목간(木簡). ③매. 회초리.

策する[さくする] 〈サ変他〉 획책하다. 꾀하다. 계략을 세우다.

策動[さくどう] 책동; ①은밀히 계획을 세워 활동함. ②움직이도록 선동함.

策略[さくりゃく] 책략; 계략.

策謀[さくぼう] 책모; 몰래 책략을 꾸밈.

策士[さくし] 책사; 책략을 잘 쓰는 사람.

策源地[さくげんち] 책원지; ①근거지. 작전 계획을 세우는 곳. ②(군대의) 보급을 맡은 후방 기지.

策定[さくてい] 책정; 획책하여 결정함.

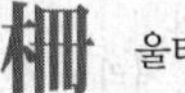

柵 울타리 책

音 ⊗サク
訓 ⊗しがらみ

訓読

⊗**柵❶**[しがらみ] ①수책(水柵). 물살을 막기 위해 말뚝을 박고 대나무・섶 등을 얽어 놓은 것. ②(비유적으로) 가로막는 것.

音読

[1]**柵❷**[さく] ①울짱. 목책(木柵). ②(나무・대나무 등을 두른) 성채(城砦).

簀 살평상 책

音 ⊗サク
訓 ⊗す

訓読

⊗**簀**[す] (대나무로 만든) 발.

簀の子[すのこ] ①대나 갈대로 발처럼 엮은 것. ②대나 좁은 판자를 조금씩 사이를 띄워서 깐 툇마루.

簀巻(き)[すまき] ①대발로 감음. ②(江戸(えど) 시대에) 사람을 바자로 둘둘 말아서 물속에 처넣던 사형(死刑).

大

〔처〕

処(處) 곳/살 처

ノ ク 夂 夂 処

音 ◉ショ
訓 ⊗ところ

訓読

⊗処[ところ] ①곳. 장소. ②주소. 근무처. ③부분. 데. ④형편. 처지. 때. ⑤…하는 참. ⑥정도. 쯤. ⑦…한 바.

音読

処する[しょする] 〈サ変自〉 ①(문제에) 대처(対処)하다. ②살아가다. 〈サ変他〉 ①처신하다. 대처하다. ②처리하다. ③(형벌에) 처하다. 벌주다.

処決[しょけつ] 처결; ①결정하여 조치함. ②결심함. 각오함.

処女[しょじょ] 처녀; ①숫처녀. 동정녀(童貞女). ②사람이 들어간 적이 없음. ③최초의. 처음의.

処断[しょだん] 처단; 결정하여 조치함.

2処理[しょり] 처리; (사건・사무를) 잘 마무리하여 끝냄.

処務[しょむ] 처무; 사무 처리.

処務規定[しょむきてい] 사무 처리 규정.

処方[しょほう] 처방; 병의 증세에 따라 약재를 배합하는 방법.

処方箋[しょほうせん] 처방전; 약방문.

1処罰[しょばつ] 처벌; 형벌에 처함.

処弁[しょべん] 처변; 처리(処理).

1処分[しょぶん] 처분; ①(불필요한 물건을 버리거나 팔거나 하여) 처리(處理)함. 처치(處置)함. ②(규칙 위반자를) 처벌(處罰)함. ③(어떤 일을) 처리함.

処士[しょし] 처사; 거사(居士). 벼슬을 하지 않은 선비.

処暑[しょしょ] 처서. *24절기의 하나로 양력 8월 23일경.

処世[しょせい] 처세; 세상살이.

処遇[しょぐう] 처우; 대우(待遇).

処処[しょしょ] 처처; 곳곳. 여기저기. 사방.

処体[しょてい] 처체; 차림새. 외양.

1処置[しょち] 처치; ①조처. 조치. 처리. ②(병・상처 등을) 치료함.

処刑[しょけい] 처형; ①형벌을 줌. ②사형에 처함.

妻 아내 처

一 ㇖ ㇗ 亖 丰 妻 妻 妻

音 ◉サイ
訓 ◉つま ⊗め

訓読

3◉妻[つま] 처; ①아내. ②생선회 등에 곁들이는 약간의 해초나 야채.

妻格子[つまごうし] 가로・세로로 짠 격자.

妻琴[つまごと] '琴(こと)'의 딴이름.

妻恋[つまごい] 떨어져 있는 부부, 동물의 암수가 서로를 그리워함.

妻子[つまこ/さいし/めこ] 처자; 아내와 자식.

妻板[つまいた] 건물 측면의 널. 박공널.

妻合(わ)せる[めあわせる] 〈下1他〉 짝지어 주다. 결혼시키다.

妻戸[つまど] ①집 끝쪽에 붙은 미닫이문. ②(寝殿造(しんでんづくり)에서) 네 모퉁이에 있는 양 여닫이문.

音読

妻君[さいくん] ①(친한 사람에게 자기 아내를 말할 때) 집사람. 마누라. ②(같은 동년배 아래의) 남의 아내.

妻女[さいじょ] ①아내. 처. ②아내와 딸.

妻帯[さいたい] 처대; 아내를 거느림.

妻子[さいし] 처자; 아내와 자식.

妻妾[さいしょう] 처첩; 아내와 첩.

凄 싸늘할/쓸쓸할 처

音 ⊗セイ
訓 ⊗すごい ⊗すさまじい

訓読

3⊗凄い[すごい] 〈形〉 ①무시무시하다. 으스스하다. 아주 무섭다. ②굉장하다. 대단하다. ③(정도가) 지독하다. 심하다.

⊗凄む[すごむ] 〈5自〉 으름장을 놓다.

凄み[すごみ] ①(오싹할 정도로) 무시무시함. ②으름장. 협박.

⊗凄まじい[すさまじい] 〈形〉 ①어마어마하다. 엄청나다. 굉장하다. ②무시무시하다. 섬뜩하다. ③어처구니없다. 기가 막히다. 기가 차다.

凄文句[すごもんく] 으름장. 협박.

凄味[すごみ] ☞ 凄み

凄腕[すごうで] ①뛰어난 솜씨. 굉장한 솜씨. ②뛰어난 솜씨의 소유자.

大

音読

凄涼[せいりょう] 처량; 초라하고 구슬픔.
凄然[せいぜん] 처연; ①매우 애처로움. ②처참함. 참혹함.
凄烈[せいれつ] 처열; 매우 애처로움.
凄艶[せいえん] 처염; 기막히게 아름다움.
凄絶[せいぜつ] 처절; 매우 애처로움.
凄惨[せいさん] 처참; 매우 참혹함.
凄愴[せいそう] 처창; 처참함.

悽 슬퍼할 처	音 ⊗セイ 訓 —

音読

悽絶[せいぜつ] 처절; 매우 애처로움.
悽惨[せいさん] 처참; 매우 참혹함.
悽愴[せいそう] 처창; 처참함.

褄 옷자락 처	音 — 訓 ⊗つま

訓読

⊗褄[つま] 일본옷의 앞자락 좌우 끝.
褄高[つまだか] 일본옷의 앞자락 좌우 끝을 높게 올림.
褄模様[つまもよう] 여성복 아랫자락의 무늬. 또는 그런 옷.
褄先[つまさき] 일본옷의 앞자락 좌우 끝.
褄取る[つまどる] 〈5他〉 옷의 앞자락을 들어올리다.
褄黄蝶[つまきちょう] ≪虫≫ 갈고리나비.
褄黒横這[つまぐろよこばい] ≪虫≫ 풀멸구.

〔척〕

尺 자/짧을 척

ㄱ ㅋ 尸 尺

音 ◉シャク ⊗セキ
訓 —

音読

尺[しゃく] ①길이. 키. ②자. 치수.
尺じめ[しゃくじめ] (목재 부피의 단위로) 약 0.33입방미터.
尺骨[しゃっこつ] ≪生理≫ 척골; 자뼈.
尺貫法[しゃっかんほう] 척관법. *일본에서는 1959년부터 미터법으로 바뀌었음.
尺度[しゃくど] 척도; ①자. 잣대. ②길이. 치수.
尺牘[せきとく] 척독; 편지. 서한(書翰).
尺地[しゃくち/せきち] 척지; 매우 좁은 땅.
尺寸[せきすん] 약간. 근소함.
尺土[せきど] 척토; 매우 좁은 땅.
尺八[しゃくはち] ≪楽≫ 통소. *표준 길이가 한 자 여덟 치인 데서 생긴 말임.

斥 물리칠 척

一 厂 𠂆 斤 斥

音 ◉セキ
訓 ⊗しりぞく ⊗しりぞける

訓読

⊗斥く[しりぞく] 〈5自〉 ①물러나다. 물러가다. 뒤쪽으로 가다. ②(어른 앞에서) 물러나다. ③사양하다. 양보하다. ④은퇴하다.
⊗斥ける[しりぞける] 〈下1他〉 ①물리치다. 격퇴하다. ②멀리하다. ③거절하다. 받아들이지 않다. ④물러나게 하다. 면직시키다. 그만두게 하다.

音読

斥力[せきりょく] ≪物≫ 척력; 두 사물이 서로 배척하려는 힘.
斥候[せっこう] 척후; 적의 동태 및 지형(地形)을 정찰하는 일.
斥候隊[せっこうたい] 척후대.
斥候兵[せっこうへい] 척후병.

拓 ①넓힐 척 ②박을 탁

一 𠄌 扌 扌 扩 扩 拓 拓

音 ◉タク
訓 ⊗ひらく

訓読

⊗拓く[ひらく] 〈5他〉 개간하다. 개척하다.

音読

拓本[たくほん] 탁본; 비석이나 기물(器物) 등에 새겨진 것을 종이에 그대로 베껴 냄.
拓殖[たくしょく] 척식; (황무지를) 개척하여 정착함.
拓地[たくち] 척지; 개간지. 논밭으로 일굼.

隻 외짝 척

ノ イ イ' 作 什 隹 隹 隻 隻 隻

音 ◉セキ
訓 —

音読

[2]隻[せき] ①척. ＊선박(船舶)의 수효를 세는 말임. ②폭. ＊병풍 등을 세는 말임.
隻脚[せっきゃく] 척각; 외다리.
隻句[せっく/せきく] 척구; 짤막한 문구(文句). 간단한 말.
隻騎[せきき/せっき] 척기; 말을 타고 있는 한 명의 병사.
隻手[せきしゅ] 척수; ①한쪽 손. ②외팔이.
隻眼[せきがん] 척안; ①애꾸눈. ②뛰어난 식견.
隻語[せきご] 척어; 한 마디 말.
隻影[せきえい] 척영; 단 하나의 그림자.
隻腕[せきわん] 척완; 외팔이.

脊 등뼈 척

音 ⊗セキ
訓 —

音読

脊梁[せきりょう] 척량; ①척추. 등골뼈. ②산등성이.
脊梁骨[せきりょうこつ] ≪生理≫ 척량골.
脊梁山脈[せきりょうさんみゃく] 척량산맥.
脊索[せきさく] ≪生理≫ 척색.
脊髄[せきずい] ≪生理≫ 척수; 등골.
脊髄炎[せきずいえん] ≪医≫ 척수염.
脊柱[せきちゅう] ≪生理≫ 척주; 등뼈.
脊椎[せきつい] ≪生理≫ 척추; 추골(椎骨).

瘠 파리할 척

音 ⊗セキ
訓 —

音読

瘠地[せきち] 척지; 몹시 메마른 땅.
瘠土[せきど] 척토; 몹시 메마른 땅.

擲 던질 척

音 ⊗チャク ⊗テキ
訓 ⊗なげうつ

訓読

⊗擲つ[なげうつ] 〈5自〉 ①내던지다. 내팽개치다. ②아낌없이 내놓다. 미련 없이 버리다.

音読

擲弾[てきだん] 수류탄. 손으로 던지는 소형 폭탄.
擲弾筒[てきだんとう] (신호탄・조명탄 등을 발사하는) 척탄통.

齣 단락 척/착

音 ⊗セキ
訓 ⊗こま

訓読

⊗齣[こま] 영화나 필름의 한 장면. 또는 그것을 세는 말.
齣落し[こまおとし] (영화에서) 느린 속도의 촬영. 또는 그 필름.

〔천〕

千 일천 천

一 二 千

音 ◉セン
訓 ◉ち

訓読

◉千❶[ち] ≪雅≫ 천. 1000. 백의 십 배. ❷[せん] ☞ [音読]
千筋❶[ちすじ] 천 갈래 만 갈래. 수없이 많음. ＊실처럼 가는 것이 많은 상태. ❷[せんすじ] 가는 세로줄 무늬.
千代[ちよ] 천세(千歳). 영원. 영구(永久). 아주 오랜 세월.
千代紙[ちよがみ] 무늬 색종이.
千代田区[ちよだく] 東京都(とうきょうと)의 한 행정 구역의 이름.
千度❶[ちたび] 천 번. 여러 번. 몇 번이고. 자꾸자꾸. ❷[せんど] 천 번.
千島[ちしま] ≪地≫ 쿠릴.
千島列島[ちしまれっとう] ≪地≫ 쿠릴 열도.
千万❶[ちよろず] ≪雅≫ 무수함. 수없이 많음. ❷[せんまん] ①천만. 천의 만 배. ②수많음. 수없이 많음. ❸[せんばん] ①두루. 여러 모로. ②(형용동사 어간에 접속하여) 아주 심함. 더할 수 없음. …하기 짝이 없음.
千木[ちぎ] (건축 양식의 하나로) 지붕 위의 양쪽 끝에 X자형으로 짜서 돌출시킨 목재.

大

千歳❶[ちとせ] ≪雅≫ ①천 년. ②영원. 길고긴 세월. ❷[せんざい] ①긴 세월. ②(能楽(のうがく)에서) 노인 가면을 쓴 사람 다음으로 춤추며 노래하는 배역.
千歳飴[ちとせあめ] 홍백으로 염색한 자루엿.
千尋[ちひろ/せんじん] ①천심; 천 길. ②헤아릴 수 없는 깊이.
千葉[ちば] ≪地≫ 도쿄만(東京湾)에 면한 현(県). 또는 그 현청(県庁) 소재지.
千五百[ちいお/ちいほ] ≪雅≫ 수효가 많음. 끝없음.
千引き[ちびき] 엄청나게 큼・무거움.
千切❶[ちぎり] '千切木'의 준말. ❷[せんぎり] (채소의) 채친 것. 채. ¶ ~大根(だいこん) 무채.
千切木[ちぎりき] (물건을 어깨에 멜 때 사용하는) 목도.
千切る[ちぎる] 〈5他〉 ①(손끝으로) 잘게 찢다. 찢어발기다. ②비틀어 따다. 잡아뜯다.
千切れる[ちぎれる] 〈下1自〉 ①조각이 나다. 발기발기 찢어지다. ②끊어지다. 끊기어 떨어지다.
千切(れ)雲[ちぎれぐも] 조각구름.
千切れ千切れ[ちぎれちぎれ] 조각조각. 갈기갈기.
千早振る[ちはやぶる] ≪枕≫ 기가 센.
千鳥[ちどり] ①≪鳥≫ 물떼새. ②수많은 새.
千鳥格子[ちどりごうし] (옷감 무늬의 하나로) 물떼새가 날아가는 모습의 격자무늬.
千鳥掛け[ちどりがけ] ①좌우 지그재그로 교차시킴. ②지그재그형으로 사뜨기함.
千鳥足[ちどりあし] (술 취한 사람의) 갈지(之)자 걸음.
千種[ちぐさ] 갖가지. 온갖.
千重[ちえ] 무수히 겹침.
千千[ちぢ] 갖가지. 온갖. 오만가지.
千千に[ちぢに] 천 갈래 만 갈래. 이것저것 수없이 많게.
千千分くに[ちちわくに] ≪古≫ 이러쿵저러쿵.
千千石湾[ちぢわわん] ≪地≫ 長崎県(ながさきけん)의 島原(しまばら) 반도와 長崎(ながさき) 반도 사이의 해역.
千草[ちぐさ] ①온갖 풀. ②'千草色'의 준말.
千草木綿[ちぐさもめん] 연두색의 무명.
千草色[ちぐさいろ] 연두색.

音読

4 **千❶**[せん] ①천. 백의 십 배. 1000. ②많음. ❷[ち] ☞ [訓読]

千客万来[せんきゃくばんらい] 천객만래; 많은 손님이 계속 찾아옴.
千古[せんこ] 천고; 영원.
千古不易[せんこふえき] 천고불역; 영원불변.
千軍[せんぐん] 천군; 수많은 군사.
千軍万馬[せんぐんばんば] 천군만마; ①수많은 군병(軍兵)과 군마(軍馬). ②경험이 풍부함.
千鈞[せんきん] 천균; 아주 무거움.
千金[せんきん] 천금; 많은 돈.
千年[せんねん] ①천 년. ②오랜 세월.
千年間[せんねんかん] 천 년간. 천 년 동안.
千両役者[せんりょうやくしゃ] 천냥짜리 배우. 뛰어난 배우.
千慮[せんりょ] 천려; 여러 가지 생각.
千里❶[せんり] ①천 리. ＊한국의 리(里)로는 10,000리에 해당함. ②아주 먼 거리. ❷[ちさと] ①많은 촌락(村落). ②먼 거리.
千万❶[せんまん] ①천만; 천의 만 배. ②수많음. 수없이 많음. ❷[せんばん] ①두루. 여러 모로. ②(형용 동사 어간에 접속하여) 아주 심함. 더할 수 없음. …하기 짝이 없음. ❸[ちよろず] ≪雅≫ 무수함. 수없이 많음.
千枚漬(け)[せんまいづけ] 순무김치. ＊京都(きょうと) 지방의 특산물임.
千枚通し[せんまいどおし] (여러 장의) 종이를 뚫는 송곳.
千百[せんひゃく] 천백. 수많음.
千変万化[せんぺんばんか] 천변만화; 변화무쌍함. 온갖 변화.
千状万態[せんじょうばんたい] 천상만태; 천태만상(千態万象).
千石船[せんごくぶね] (江戸(えど) 시대에) 쌀 천 석을 실던 대형 선박.
千成り[せんなり] (한 식물에) 주렁주렁 열매가 열림.
千歳❶[せんざい] ①긴 세월. ②(能楽(のうがく)에서) 노인 가면을 쓴 사람 다음으로 춤추며 노래하는 배역. ❷[ちとせ] ≪雅≫ ①천년. ②영원. 길고긴 세월.
千手観音[せんじゅかんのん] ≪仏≫ 천수관음.
千辛万苦[せんしんばんく] 천신만고; 온갖 고생.
千尋[せんじん] 천심; 측량할 수 없이 대단히 깊은 곳.

千言万語[せんげんばんご] 수많은 말.
千人[せんにん] ①천 명. ②많은 사람.
千人力[せんにんりき] ①굉장히 힘이 셈. ＊천 명과 맞먹을 힘. ②마음 든든함. ＊천 명의 도움을 얻었다는 데서.
千人切り[せんにんぎり] ①천 명을 베어죽임. ②(어떤 남자가) 천 명의 여자와 육체 관계를 가짐.
千一夜[せんいちや] 천일야; 오래 질질 끌고 가는 이야기나 방송 프로그램.
千字文[せんじもん] 천자문.
千載[せんざい] 천재; 천 년. 긴 세월.
千切❶[せんぎり] (채소의) 채친 것. 채. ❷[ちぎり] '千切木'의 준말.
千差万別[せんさばんべつ] 천차만별; 모든 것이 차이가 있고 구별이 있음.
千差万様[せんさばんよう] 천차 만양; 각양각색.
千秋[せんしゅう] 천추; 천 년. 오랜 세월.
千秋楽[せんしゅうらく] ①(연극・씨름에서) 흥행의 마지막 날. ②≪仏≫ 법회의 마지막 날에 연주하는 아악의 곡명.
千態万状[せんたいばんじょう] 천태만상; 각가지 형태.
千態万様[せんたいばんよう] 천태만양; 갖가지 형태.
千編一律[せんぺんいちりつ] 천편일률; 다비슷해서 변화가 없음.

川 내 천

丿 川 川

音 ◉セン
訓 ◉かわ

訓読

4◉川[かわ] 강. 하천. 시내. 내.
川開き[かわびらき] (그 해의 강물놀이 개시를 축하하는) 초여름의 불꽃놀이.
川尻[かわじり] ①하류. ②강어귀.
川股[かわまた] 강물이 갈라져 흐르는 곳.
川口[かわぐち] 강어귀.
川筋[かわすじ] ①강줄기. 물줄기. ②강가.
川崎船[かわさきぶね] 북양 어업을 하는 재래식 일본 목선(木船).
川端[かわばた] 냇가. 강가.
川渡し[かわわたし] (옛날에) 가마나 목말을 태워 강을 건네 줌.
川猟[かわりょう] 강에서 물고기를 잡음.
川瀬[かわせ] 강의 여울・얕은 곳.
川流れ[かわながれ] ①강물에 떠내려감. ②강에서 익사함.
川立ち[かわだち] ①강가에서 태어나 자란 사람. ②헤엄을 잘 치는 사람.
川面[かわづら/かわも] 강의 수면.
川明(か)り[かわあかり] (어둠 속에서) 강의 수면이 희미하게 밝음.
川霧[かわぎり] 냇가에 낀 안개.
川辺[かわべ] 물가. 강변.
川上[かわかみ] (강의) 상류(上流).
川床[かわどこ] 강바닥. 하상(河床).
川船[かわぶね] 물윗배. 강을 오르내리는 데 사용하는 배.
川水[かわみず] 강물.
川狩(り)[かわがり] 강에서 물고기를 잡음.
川岸[かわぎし] 강변. 강기슭. 냇가.
川魚[かわうお/かわざかな] 민물고기.
川漁[かわりょう] 강에서 물고기를 잡음.
川沿い[かわぞい] 강가. 강변. 냇가.
川縁[かわぶち] 냇가. 강가. 물가.
川っ縁[かわっぷち] 냇가. 강가. 물가.
川原[かわら] 강가의 모래밭. 모래톱.
川原者[かわらもの] ①중세(中世)의 천민. ＊특히 京都(きょうと)의 賀茂川(かもがわ) 강가 모래밭에서 살던 거지 등을 말함. ②川原乞食(かわらこじき).
川越し[かわごし] ①(걸어서) 강을 건넘. ②강 건너. ③'川越し人足'의 준말.
川遊び[かわあそび] (강에서의) 뱃놀이.
川音[かわおと] 냇물・강물 소리.
川場[かわば] 강변. ＊나루터나 제방 공사장 등을 말함.
川底[かわぞこ] 강바닥. 냇바닥.
川伝い[かわづたい] 강을 끼고 감.
川淀[かわよど] 강물이 잘 흐르지 않고 괸 웅덩이.
川釣り[かわづり] 강 낚시.
川竹[かわたけ] ①강가의 대나무. ②≪植≫ 참대. ③창녀의 신세.
川浚え[かわざらえ] (강바닥의) 준설.
川中[かわなか] 강심(江心). 강 복판.
川蒸気[かわじょうき] (강의) 증기선(蒸気船).
川千鳥[かわちどり] 강가에 사는 물떼새.
川太郎[かわたろう] ①'河童(かっぱ)'의 딴이름. ②뚜껑 위가 움푹하고 빨갛게 옻칠한) 얄팍한 찻그릇.

川波[かわなみ] 강에 이는 물결.
川幅[かわはば] 강폭(江幅). 강의 너비.
川風[かわかぜ] 강바람. 냇바람.
川下[かわしも] 강의 하류(下流).
川向(か)い[かわむかい] 강 건너편.
川向(こ)う[かわむこう] ①강 건너편. ②(東京(とうきょう)의 중심부에서 본) 隅田(すみだ)・江東(こうとう)의 두 구(区).

音読

川柳❶[せんりゅう] (江戸(えど) 시대에) 서민층 사이에 유행했던 5・7・5의 3구(句) 17음으로 된 풍자・익살을 주제로 한 짧은 시. ❷[かわやなぎ] ① ≪植≫ 냇버들. 냇가의 버들. ②番茶(ばんちゃ) 중의 상품(上品).

天 하늘 천

一 二 チ 天

音 ◉テン
訓 ◉あめ ◉あま…

訓読

◉天❶[あめ] ≪雅≫ ①하늘. ②신(神)이 사는 곳. ❷[てん] ☞ [音読]
天つ[あまつ] 하늘의. 천상(天上)의.
天降る[あまくだる] 〈5自〉 ①(하늘에서) 내려오다. 강림(降臨)하다. 하강(下降)하다. ②(관직에서 퇴직하고 민간 기업으로) 낙하산식 취임을 하다.
天降り[あまくだり] ①(神의) 강림(降臨). 하강(下降)함. ②(상급 관청・상관의) 일방적인 지시. ③(관직에서 퇴직하고 민간 기업의) 높은 자리로 옴. 낙하산식 취임.
天降り人事[あまくだりじんじ] 낙하산식 인사.
天つ国[あまつくに] ≪古≫ 하늘나라.
天つ社[あまつやしろ] 하늘의 신(神)을 모신 神社(じんじゃ).
天の邪鬼[あまのじゃく] ①심술꾸러기. 욕심쟁이. ②인왕(仁王)의 상(像)을 밟고 있는 악귀.
天翔る[あまかける/あまがける] 〈5自〉 하늘을 날다.
天つ神[あまつかみ] ①하늘의 신. ②(하늘에서) 일본 땅에 강림한 신.
天の岩戸[あまのいわと/あめのいわと] (일본 신화에서) 하늘에 있다는 암굴의 문.
天の羽衣[あまのはごろも] ①(선녀가 입었다는) 날개옷. ②(옛날에) 천황(天皇)이 대제(大祭)에 목욕할 때 입던 홑옷.
天の原[あまのはら] ①하늘. 창공(蒼空). ②(일본 신화에서) 하늘의 신이 있는 곳.
天つ乙女[あまつおとめ] ①선녀(仙女). ②五節(ごせち)의 무희(舞姫).
天つ日[あまつひ] 태양(太陽).
天つ日嗣[あまつひつぎ] ①천황의 지위. ②천황의 후계자.
天照らす[あまてらす] ≪古≫ ①하늘에서 빛나고 계시다. ②천하를 다스리시다.
天照大御神[あまてらすおおみかみ] (일본 신화의) 태양의 여신(女神). ＊일본 황실의 조상이라 하여 伊勢神宮(いせじんぐう)에 모셔 두었음.
天の柱[あまのはしら] 하늘을 떠받치는 기둥.
天地❶[あめつち] ①온 세계. ②천신(天神)과 지신(地神). ❷[てんち] ☞ [音読]
天津空[あまつそら] ①하늘. ②궁중.
天津神[あまつかみ] ①하늘의 신. ②(하늘에서) 일본 땅에 강림한 신.
天津乙女[あまつおとめ] ①선녀(仙女). ②五節(ごせち)의 무희(舞姫).
天津日[あまつひ] 태양(太陽).
天津日嗣[あまつひつぎ] ①천황의 지위. ②천황의 후계자.
天津風[あまつかぜ] 하늘에서 부는 바람.
天の川[あまのがわ] 은하(銀河). 은하수.
天晴[あっぱれ] ①훌륭함. 멋짐. 근사함. ②〈感〉 (칭찬하는 말로) 장하다. 잘했다. 훌륭하다. 좋아. 됐어.
天草羊歯[あまくさしだ] ≪植≫ 반쪽고사리.
天叢雲剣[あめのむらくものつるぎ] 일본 황실의 세 가지 신기(神器)의 하나인 칼의 이름.
天つ風[あまつかぜ] 하늘에서 부는 바람.
天が下[あまがした] 하늘 아래. 천하.
天の下[あまのした] 하늘 아래. 천하.
天下る[あまくだる] 〈5自〉 ①(하늘에서) 내려오다. 강림(降臨)하다. 하강(下降)하다. ②(관직에서 퇴직하고 민간 기업으로) 낙하산식 취임을 하다.
天下り[あまくだり] ①(神의) 강림(降臨). 하강(下降)함. ②(상급 관청・상관의) 일방적인 지시. ③(관직에서 퇴직하고 민간 기업의) 높은 자리로 옴. 낙하산식 취임.
天下り人事[あまくだりじんじ] 낙하산식 인사.

天の河[あまのがわ] 은하(銀河). 은하수.

天の戸[あまのと] ①(일본 신화에서) 하늘에 있다는 암굴의 문. ②하늘에서 땅으로 내려오는 문.

音読

1 **天❶**[てん] ①하늘. ¶～と地(ち) 하늘과 땅. ②조물주. 하느님. ¶～の助(たす)け 하늘의 도움. ③자연의 이치. ¶運(うん)を～に任(まか)せる 운을 하늘에 맡기다. ④하늘나라. ⑤(물건의) 위쪽. ⑥선두. 처음. 최초. ❷[あめ] ≪雅≫ ①하늘. ②신(神)이 사는 곳.

天から[てんから] ①처음부터. 덮어놓고. ②(부정문에서) 전혀. 도통. 아예.

天ざる[てんざる] 튀김이 같이 나오는 'ざるそば'나 'ざるうどん'.

天パン[てんパン] 오븐용 네모난 철판 용기.

天蓋[てんがい] ≪仏≫ 천개; ①닫집. ②보화종(普化宗)의 유발승(有髪僧)이 쓰는 삿갓.

天啓[てんけい] 천계; 하늘의 계시.

天空[てんくう] 천공; 창공. 하늘.

天狗[てんぐ] 천구; ①얼굴이 붉고 코가 높고 산 속에 살며 하늘을 자유로이 난다는 상상의 괴물. ②우쭐댐. 뽐냄.

天狗礫[てんぐつぶて] 어디서 오는지 모르게 날아오는 돌팔매.

天球儀[てんきゅうぎ] ≪天≫ 천구의.

1 **天国**[てんごく] 천국; ①하늘나라. ②이상향(理想郷). 낙원.

4 **天気**[てんき] 천기; ①날씨. 일기(日気). ②좋은 날씨. ③천자(天子)의 심기.

天気図[てんきず] 일기도(日気図).

3 **天気予報**[てんきよほう] 일기(日気) 예보.

天気屋[てんきや] 기분파. 변덕쟁이.

天女[てんにょ] 천녀; ① ≪仏≫ 선녀(仙女). ②아름답고 상냥한 여성.

天袋[てんぶくろ] 천장 바로 아래의 작은 벽장.

天道❶[てんとう] ①하늘의 신(神). ②태양. 해. ❷[てんどう] ①천리(天理). 우주 자연의 법칙. ②천체의 운행. ③ ≪仏≫ 천상계(天上界).

天道虫[てんとうむし] ≪虫≫ 무당벌레.

天動説[てんどうせつ] 천동설.

天覧[てんらん] 천람; 천황이 관람함.

天領[てんりょう] 천령; ①(옛날) 천황·조정(朝廷)의 직할지. ②(江戸(えど) 시대) 幕府(ばくふ)의 직할지.

天理[てんり] 천리; 자연의 도리.

天理教[てんりきょう] ≪宗≫ 천리교; 神道(しんとう)의 한 종파. ＊본부는 奈良県(ならけん) 天理市(てんりし)에 있음.

天馬[てんば] 천마; ①하늘에 있다는 말. ②뛰어난 명마(名馬). 준마(駿馬). ③(그리스 신화에서) 하늘을 나는 말. 페가수스.

天幕[てんまく] 천막; ①텐트. ②천장에서 드리우는 장식막.

天網[てんもう] 천망; 하늘의 법망.

天命[てんめい] 천명; ①하늘의 명령. ②운명. 천운. ③천수. 수명.

天文[てんもん] 천문; 천체(天体)에 관한 여러 가지 현상.

天文学[てんもんがく] 천문학.

天罰[てんばつ] 천벌; 하늘이 내리는 벌.

天変[てんぺん] 천변; 하늘의 이상 현상.

天変地異[てんぺんちい] 천재지변(天災地変).

天賦[てんぷ] 천부; 타고남.

天婦羅[てんぷら] 튀김. ①튀김음식. ②겉만 번지르르한 것. 가짜.

天麩羅[てんぷら] 튀김. ①튀김음식. ②겉만 번지르르한 것. 가짜.

天分[てんぶん] 천부; 타고난 천성(天性).

天使[てんし] 천사; ①하느님의 사자(使者). ②사랑이 많은 여성.

天上[てんじょう] 천상; 하늘.

天成[てんせい] 천성; ①자연히 이루어짐. ②타고남. 천성(天性).

天性[てんせい] 천성; 타고난 성질.

天水[てんすい] 천수; ①하늘과 물. ②빗물.

天守閣[てんしゅかく] 천수각; 성(城)의 중심 건물에 축조한 가장 높은 망대.

天寿[てんじゅ] 천수; 천명(天命).

天授[てんじゅ] 천수; 천부(天賦).

天神[てんじん] ① ≪宗≫ 천신; 하늘을 다스리는 신. ②문신(文神)으로 추앙되는 菅原道真(すがわらみちざね)를 모신 神社(じんじゃ).

天心[てんしん] 천심; ①중천(中天). 하늘 한가운데. ②하느님·하늘·천자의 마음.

天顔[てんがん] 천안; 용안(龍顔).

天涯[てんがい] 천애; 하늘 끝. 머나먼 타향.

天壌[てんじょう] 천양; 하늘과 땅.

天の与え[てんのあたえ] 천여; 타고난 것.

天与[てんよ] 천여; 타고난 것. 천부(天賦).

2 **天然**[てんねん] 천연; ①자연 그대로임. ②천성. 본성.

天然記念物[てんねんきねんぶつ] 천연기념물.

天然痘[てんねんとう] 천연두; 마마.
天然林[てんねんりん] 천연림; 자연림.
天然色[てんねんしょく] 천연색; 컬러.
天玉[てんたま] 튀김과 달걀을 넣은 국수.
天王山[てんのうざん] ①京都(きょうと)와 大阪(おおさか)의 경계에 있는 산. ②승패·운명의 갈림길. ＊豊臣秀吉(とよとみひでよし)와 明智光秀(あけちみつひで)가 山崎(やまざき)에서 싸울 때 이 산의 점유가 승패를 좌우한 데서.
天王星[てんのうせい] ≪天≫ 천왕성.
天外[てんがい] 천외; 하늘 밖. 먼 타향.
天祐[てんゆう] 천우; 하늘의 도움.
天運[てんうん] 천운; ①천명(天命). 천수(天寿). ②천체(天体)의 운행.
天恩[てんおん] 천은; ①천혜(天恵). 자연의 혜택. ②천자의 은혜.
天衣無縫[てんいむほう] 천의무봉; ①시가(詩歌)나 문장이 자연스럽고 완전함. ②천진난만함.
天人❶[てんじん] 천인; 하늘과 사람. 자연과 인간. ❷[てんにん] ≪仏≫ 천상계(天上界)의 영자(靈者)들.
天引(き)[てんびき] 공제(控除)함. 제(除)함.
天日❶[てんじつ] 태양. ❷[てんぴ] 햇볕. 햇빛.
天日製塩[てんぴせいえん] 천일제염.
天子[てんし] 천자; 임금. 황제.
天資[てんし] 천자; 천성(天性).
天長節[てんちょうせつ] '天皇誕生日'의 옛 칭호.
天長地久[てんちょうちきゅう] 천장지구; 천지가 영원하듯 사물이 영원히 계속됨.
1天才[てんさい] 천재; 태어날 때부터 갖춘 뛰어난 재능, 또는 그런 사람.
天才児[てんさいじ] 천재아.
1天災[てんさい] 천재; 자연 재해(災害).
天敵[てんてき] 천적; 잡히어 먹는 생물에 대해서 잡아먹는 생물.
2天井[てんじょう] 천정; ①천장. ②최대값.
天丼[てんどん] 튀김 덮밥. 'てんぷらどんぶり'의 준말.
天井値[てんじょうね] 천정치; 최고 가격.
天頂[てんちょう] 천정; ①꼭대기. ②관측자의 곧바로 위의 천구상의 점.
天帝[てんてい] 천제; 하느님. 조물주. 창조주.
天朝[てんちょう] 천조; 조정(朝廷)의 높임말.
天主教堂[てんしゅきょうどう] 천주교당; 성당.
1天地[てんち] 천지; ①하늘과 땅. ②세계. 세상. ③(물건의) 위아래.
天地無用[てんちむよう] (화물·짐의) 위아래를 거꾸로 하지 말 것. ＊화물 표면에 적는 말임.
天職[てんしょく] 천직; ①하늘이 내린 책무. 타고난 직무. ②적성에 맞는 직업.
天真爛漫[てんしんらんまん] 천진난만; 조금도 꾸밈이 없고 아주 순진하고 참됨.
天窓[てんまど] 천창; 천장에 낸 창문.
1天体[てんたい] 천체; 우주의 총칭.
天体望遠鏡[てんたいぼうえんきょう] 천체 망원경.
天測[てんそく] 천측; 경위도(経緯度)를 알기 위해 천체를 관측함.
天秤[てんびん] 천칭; ①저울의 일종. ②'天秤棒'의 준말.
1天下[てんか] 천하; ①온 세상. 전세계. ②전국. 온 나라. ③국가 권력. ④천하 제일임. 비길 데 없음.
天下分け目[てんかわけめ] 승패의 갈림길.
天下人[てんかにん/てんかびと] 천하의 권력을 쥔 사람.
天下一[てんかいち] 천하 제일.
天下取り[てんかとり] ①정권을 잡음. ②전쟁놀이.
天険[てんけん] 천험; 천연의 요새(要塞).
天恵[てんけい] 천혜; 자연의 혜택.
天火❶[てんか] 천화; 벼락에 의한 화재. ❷[てんぴ] (요리용의) 오븐.
2天皇[てんのう] 천황; 일본 국왕(国王).
天皇陛下[てんのうへいか] 천황 폐하.
2天候[てんこう] 천후; 날씨. 기후.

泉 샘 천

' 亻 亢 白 自 阜 牟 泉 泉 泉

音 ◉セン
訓 ◉いずみ

訓読

2◉泉[いずみ] ①샘. 샘물. ②원천. 근원.
泉の水[いずみのみず] 샘물.
泉熱[いずみねつ] ≪医≫ 이형 성홍열(異形猩紅熱). ＊발견자인 泉専助(いずみせんすけ)의 성(姓)을 따서 명명한 것으로 성홍열 비슷한 급성 전염병.

泉殿[いずみどの] ①(平安(へいあん)・鎌倉(かまくら) 시대에) 뜰에 샘이 있는 별장 스타일의 저택. ②저택 안의 샘가에 세운 건물.

泉の下[いずみのした] 저승. 황천(黄泉).

音読

泉水[せんすい] 천수; ①샘. 샘물. ②정원 안에 만든 연못.

泉下[せんか] 저승. 황천(黄泉).

浅(淺) 얕을 천

丶 丷 氵 氵 汇 浐 浅 浅 浅

音 ◉セン
訓 ◉あさい

訓読

3 **◉浅い**[あさい] 〈形〉 ①(깊이・바닥이) 얕다. 깊지 않다. ②(분량이나 정도가) 낮다. 덜하다. ③(그렇게 된 상태가 시일이) 오래지 않다. 짧다. ④(색깔이) 연하다. 엷다. ⑤(향이) 연하다. ⑥지위나 가문(家門)이 낮다.

浅はか[あさはか] 〈形動〉 생각이 얕음. 천박함. 어리석음. 경박함.

1 **浅ましい**[あさましい] 〈形〉 ①한심스럽다. 비참하다. 볼꼴사납다. ②비열하다. 치사하다.

浅み[あさみ] ①(강 등의) 얕은 곳. 얕은 정도. 얕은 물. ②(연극에서) 중의 역할을 하는 배우의 가발(仮髪).

浅む[あさむ] 〈5他〉 경멸하다. 멸시하다. 〈4自〉 ≪古≫ 흥이 깨지다. 놀라다.

浅沓[あさぐつ] 오동나무로 만든 나막신.

浅緑[あさみどり] 연두색.

浅瀬[あさせ] 얕은 물. 여울.

浅蜊[あさり] ≪貝≫ 모시조개.

浅茅[あさじ] ≪植≫ 키가 작은 띠.

浅茅生[あさじう] ≪雅≫ ①띠가 난 곳. ②황폐한 들판.

浅茅が宿[あさじがやど] ≪雅≫ 띠가 난 황폐한 집.

浅茅が原[あさじがはら] 띠가 난 들판.

浅手[あさで] 경상(軽傷). 가벼운 상처.

浅場[あさば] ①얕은 곳. ② ≪魚≫ 술봉가자미.

浅知恵[あさぢえ] 얕은 꾀. 잔꾀.

浅漬(け)[あさづけ] 얼갈이 야채.

浅浅と[あさあさと] 희미하게. 아련하게.

浅草[あさくさ] ≪地≫ 東京(とうきょう)의 台東区(たいとうく)에 있는 지명. ＊대중적인 환락가임.

浅草紙[あさくさがみ] 질이 낮은 재생지. ＊옛날에 주로 浅草(あさくさ)에서 생산됨.

浅草海苔[あさくさのり] ≪植≫ 일본 연해에서 나는 홍조류의 바닷말. 또는 그 바닷말로 만든 김.

浅葱[あさぎ] ①엷은 남빛. 옥색. 하늘색. ②'浅葱裏'의 준말.

浅葱裏[あさぎうら] ①(옷의) 엷은 남빛 안감. ②촌뜨기 무사.

浅葱幕[あさぎまく] (歌舞伎(かぶき)에서 사용하는) 엷은 남빛의 막.

浅葱色[あさぎいろ] 엷은 남빛.

浅黄[あさぎ] ①엷은 노랑. ②엷은 남빛.

浅黄斑蝶[あさぎまだら] ≪虫≫ 제주왕나비.

浅黒い[あさぐろい] 〈形〉 (피부가) 거무스름하다.

音読

浅見[せんけん] 천견; 얕은 견문.

浅近[せんきん] 천근; 속되고 멀리 앞을 내다보지 못함.

浅慮[せんりょ] 천려; 얕은 생각.

浅聞[せんぶん] 천문; 얕은 견문.

浅薄[せんぱく] 천박; 학문이나 사고력 등이 얕음.

浅劣[せんれつ] 천열; 학식・지식・사려가 낮고 뒤떨어짐.

浅酌[せんしゃく] 천작; 가볍게 한 잔 함.

浅才[せんさい] 천재; 얕은 재능.

浅春[せんしゅん] 천춘; 초봄. 이른 봄.

浅学[せんがく] 천학; ①학식이 얕음. ②'자기 학문'의 겸양어.

践(踐) 밟을 천

口 ㅁ 早 早 𧾷 𧾷 跆 践 践 践

音 ◉セン
訓 ―

音読

践歴[せんれき] 천력; 두로 돌아다님.

践言[せんげん] 천언; 말한 대로 실천함.

践祚[せんそ] 천조; 즉위(即位)함.

践行[せんこう] 천행; 말한 대로 실행함.

◑**實践**[じっせん]

遷(遷) 옮길 천

一 冂 襾 覀 覀 覀 粟 粟 䙴 遷

音 ◉セン
訓 ⊗うつす ⊗うつる

訓読

⊗**遷す**[うつす] 〈5他〉 (다른 장소로) 옮기다.
⊗**遷る**[うつる] 〈5自〉 ①(위치·장소 등이) 바뀌다. 옮기다. ②변천하다.
遷り変(わ)り[うつりかわり] 변천. 바뀜.
遷り変(わ)る[うつりかわる] 〈5自〉 (세월에 따라) 변천하다. 차례로 바뀌다.

音読

遷宮[せんぐう] 천궁; 神社(じんじゃ)를 고쳐 지을 때 신령을 옮기는 의식.
遷都[せんと] 천도; 도읍(都邑)을 옮김.
遷御[せんぎょ] 천어; 천황의 거처나 신령 등이 다른 곳으로 옮겨짐.
遷延[せんえん] 천연; 날짜를 질질 끎.
遷座[せんざ] 천좌; 천황의 거처나 신령 등을 다른 곳으로 옮김.
遷幸[せんこう] 천행; 천황이 도읍(都邑)이나 거처를 다른 곳으로 옮김.
遷化[せんげ] 천화; 고승(高僧)이 죽음.

薦 추천할 천

艹 艹 艹 芦 芦 芦 芦 芦 薦 薦

音 ◉セン
訓 ◉すすめる ⊗こも

訓読

◉**薦める**[すすめる] 〈下1他〉 추천하다.
⊗**薦**[こも] ①거칠게 짠 거적. ②거지. 비렁뱅이.
薦垂れ[こもだれ] ①거적문. 문 대신에 거적이 쳐 있음. ②누옥(陋屋).
薦僧[こもそう] 머리를 기른 중.
薦張り[こもばり] ①거적을 둘러침. 거적을 둘러친 움막. ②'薦張り芝居'의 준말.
薦張り芝居[こもばりしばい] 거적을 둘러친 가건물에서 흥행을 하는 싸구려 연극.
薦包み[こもづつみ] 거적으로 쌈.
薦被り[こもかぶり] ①거적으로 싼 술통. ②거지.

音読

薦挙[せんきょ] 천거; 사람을 어떤 자리나 직책에 추천함.
薦骨[せんこつ] ≪生理≫ 천골; 엉덩이뼈.

辿ˣ(辿) 천천히 걸을 천

音 ⊗テン
訓 ⊗たどる

訓読

[1]⊗**辿る**[たどる] 〈5他〉 ①길을 따라가다. (모르는 길을) 헤매며 가다. ②(기억을) 더듬어가다. 더듬다. ③여기저기 찾아가다. ④(어떤 과정을) 지나오다. (어떤 방향으로) 가다.
[1]**辿り着く**[たどりつく] 〈5自〉 ①가까스로 도착하다. 고생하여 겨우 당도하다. ②간신히 그 곳에 이르다.

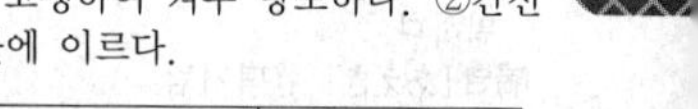

穿 뚫을 천

音 ⊗セン
訓 ⊗はく

訓読

[4]⊗**穿く**[はく] 〈5他〉 (바지·치마 등을) 입다.
穿き違える[はきちがえる] 〈下1他〉 ①(하의를) 잘못 입다. ②잘못 알다. 잘못 인식하다.
⊗**穿つ**[うがつ] 〈5他〉 ①(구멍을) 뚫다. 꿰뚫다. ②핵심을 찌르다. ③탐구하다. ④신다. 입다.
穿ち[うがち] ①(구멍을) 뚫음. 꿰뚫음. ②핵심을 찌름.
穿ち過ぎ[うがちすぎ] 지나치게 파고들어 오히려 진상에서 멀어짐.
⊗**穿る**[ほじくる] 〈5他〉 ①후비다. 쑤시다. ②(내막을) 집요하게 캐내다.
穿り返す[ほじくりかえす] 〈5他〉 ①후벼서 뒤집다. 다시 후비다. ②(잘못·결점을) 들추어내다. 폭로하다.
穿り出す[ほじくりだす] 〈5他〉 ①후벼 내다. 쑤셔 내다. ②(잘못·결점을) 들추어내다. 폭로하다.

音読

穿孔[せんこう] 천공; ①구멍을 뚫음. ②구멍.
穿鑿[せんさく] 천착; ①(바위 등 굳은 것에) 구멍을 뚫음. ②꼬치꼬치 캐물음. ③(제3자가) 참견함.

茜 꼭두서니 천	音 ⊗セン 訓 ⊗あかね

訓読

⊗茜[あかね] ① ≪植≫ 꼭두서니. ②꼭두서니 뿌리에서 얻은 염료. ③검붉은 빛. 자줏빛.
茜菫[あかねすみれ] ≪植≫ 털제비꽃.
茜色[あかねいろ] 검붉은 빛. 자줏빛.

喘 헐떡거릴 천	音 ⊗ゼン 訓 ⊗あえぐ

訓読

⊗喘ぐ[あえぐ] 〈5自〉 ①(숨을) 헐떡이다. 숨차 하다. ②허덕이다. 시달리다. 괴로워하다.
喘ぎ[あえぎ] 헐떡거림.
喘ぎ喘ぎ[あえぎあえぎ] 헐떡헐떡. 헐떡이며. 헐떡거리며.

音読

喘息[ぜんそく] ≪医≫ 천식; 발작적으로 호흡이 곤란한 병.
喘息持ち[ぜんそくもち] 천식 환자.

賤 ×(賎) 천할 천	音 ⊗セン 訓 ⊗いやしい ⊗しず

訓読

1⊗賤しい[いやしい] 〈形〉 ①천하다. 비천하다. ②비열하다. 상스럽다. ③초라하다. 너절하다. ④탐욕스럽다. 게걸스럽다.
⊗賤しむ[いやしむ] 〈5他〉 경멸하다. 깔보다. 멸시하다. 무시하다. 얕보다.
⊗賤しめる[いやしめる] 〈下1他〉 경멸하다. 깔보다. 멸시하다. 무시하다. 얕보다.
⊗賤が家[しずがや] 초라한 집.
賤の男[しずのお] 미천한 남자.
賤の女[しずのめ] 미천한 여자.
賤が伏家[しずがふせや] 초라한 오두막집.

音読

賤民[せんみん] 천민; 천한 일에 종사하는 백성.
賤業[せんぎょう] 천업; 천한 직업.
賤業婦[せんぎょうふ] 천업부; 창녀. 매춘부.
賤役[せんえき] 천역; 천한 노역(勞役).
賤劣[せんれつ] 천열; 천하고 용렬함.

〔철〕

凸 볼록할 철
凸 필순

音 ◉トツ
訓 ⊗でこ

訓読

⊗凸[でこ] ①튀어나옴. 튀어나온 것. ②이마가 튀어나옴. ¶お~ 짱구머리.
凸坊[でこぼう] ①짱구. 머리통이 큰 아이. ②개구쟁이. 장난꾸러기.
凸助[でこすけ] 짱구.
2凸凹[でこぼこ/とつおう] ①들쭉날쭉. 울룩불룩. 울퉁불퉁. ②불균형. 고르지 않음.
凸凹道[でこぼこみち] 울퉁불퉁한 길.

音読

凸レンズ[とつレンズ] 볼록렌즈.
凸面[とつめん] 철면; 볼록면.
凸面鏡[とつめんきょう] 철면경; 볼록거울.
凸円形[とつえんけい] 철원형; 볼록면체.
凸版[とっぱん] ≪印≫ 철판; 잉크가 묻는 부분이 볼록하게 튀어나온 인쇄판. 또는 그것에 의한 인쇄 방법.
凸型[とつがた] 철형; 볼록형.

哲 밝을 철
一 寸 扌 扌 扩 扩 折 折 哲 哲

音 ◉テツ
訓 —

音読

哲理[てつり] 철리; ①철학상의 이론. ②인생이나 세계의 본질에 관한 심오한 이치(理致).
哲夫[てっぷ] 철부; 어질고 현명한 남자.
哲婦[てっぷ] 철부; 어질고 현명한 여자.
哲人[てつじん] 철인; 철학자.
2哲学[てつがく] 철학; ①세계나 인생의 궁극적인 근본 원리를 이론적으로 추구하는 학문. ②자기 자신의 경험 등으로부터 정립한 인생관・세계관.
哲学者[てつがくしゃ] 철학자.

鉄(鐵) 쇠 철

音 ◉テツ
訓 ⊗くろがね ⊗かな

訓読

⊗鉄❶[くろがね] 철; 쇠. ❷[てつ] ☞ [音読]
鉄沓[かなぐつ] (말의) 편자.
鉄聾[かなつんぼ] 찰귀머거리. 절벽.
鉄輪❶[かなわ] ①쇠고리. 쇠바퀴. ②삼발이. ❷[てつりん] ①쇠바퀴. ②기차바퀴.
鉄棒❶[かなぼう] ①쇠몽둥이. 쇠방망이. ②쇠고리를 단 쇠지팡이. ❷[てつぼう] (체조용의) 철봉.
鉄棒引き[かなぼうひき] ①쇠몽둥이를 두들기며 야경을 도는 사람. ②소문을 퍼뜨리고 다니는 사람.
鉄渋[かなしぶ] 쇳물. 쇳녹물.
鉄床[かなとこ] 모루.
鉄床雲[かなとこぐも] ≪気≫ 적란운(積乱雲). 위쪽이 모루 모양으로 된 구름.
鉄槌[かなづち] ①쇠망치. ②헤엄을 못 침.
鉄火箸[かなひばし] ①부젓가락. ②부젓가락처럼 야윈 몸.

音読

[2]鉄❶[てつ] 철; ①쇠. ②굳고 단단한 것. ❷[くろがね] ☞ [訓読]
[1]鉄鋼[てっこう] 철강; 강철.
鉄格子[てつごうし] 철격자; 쇠로 된 격자.
鉄骨[てっこつ] 철골; 건축물의 쇠로 된 구조물의 뼈대.
鉄骨構造[てっこつこうぞう] 철골구조.
鉄工所[てっこうじょ] 철공소.
鉄鍋[てつなべ] 쇠냄비.
鉄管[てっかん] 철관; 쇠 파이프.
鉄鉱石[てっこうせき] 철광석.
[2]鉄橋[てっきょう] 철교; 쇠로 된 다리.
鉄拳[てっけん] 철권; 쇠같이 단단한 주먹.
鉄筋[てっきん] 철근; 콘크리트 속에 박는 가늘고 긴 철봉.
鉄器[てっき] 철기; 철제 기구・기계.
鉄器時代[てっきじだい] 철기시대.
[2]鉄道[てつどう] 철도; 기찻길.
鉄道網[てつどうもう] 철도망.
鉄道便[てつどうびん] 철도편.
鉄兜[てつかぶと] 쇠로 된 투구.
鉄路[てつろ] 철로; 철도. 선로(線路).
鉄面皮[てつめんぴ] 철면피; 뻔뻔스러움.
鉄壁[てっぺき] 철벽; ①철판을 붙인 벽. ②매우 튼튼한 방비.
鉄瓶[てつびん] 쇠주전자.
[1]鉄棒❶[てつぼう] (체조용의) 철봉. ❷[かなぼう] ①쇠몽둥이. 쇠방망이. ②쇠고리를 단 쇠지팡이.
鉄分[てつぶん] 철분; 어떤 물질 속에 포함되어 있는 쇠의 성분.
鉄粉[てっぷん] 철분; 쇳가루.
鉄索[てっさく] 철삭; 철사를 꼬아 만든 줄.
鉄山[てつざん] 철산; 철광산(鉄鉱山).
鉄色[てついろ] 철색; 검푸르죽죽한 색깔.
鉄石[てっせき] 철석; ①쇠와 돌. ②매우 단단함.
鉄線[てっせん] 철선; ①철사. ② ≪植≫ 위령선.
鉄鎖[てっさ] 철쇄; ①쇠사슬. ②엄중한 속박.
鉄心[てっしん] 철심; ①쇠로 박은 심(芯). ②코일 속에 넣은 연철(軟鉄). ③쇠처럼 굳은 마음.
鉄腕[てつわん] 철완; 무쇠 같은 팔.
鉄人[てつじん] 철인; 무쇠 같은 사람.
鉄材[てつざい] 철재; 공업・건축・토목 공사 등에 사용하는 쇠로 된 재료.
鉄製[てっせい] 철제; 쇠로 만든 제품.
鉄条網[てつじょうもう] 철조망.
鉄柱[てっちゅう] 철주; 쇠기둥.
鉄柵[てっさく] 철책; 쇠울짱.
鉄則[てっそく] 철칙; 변경하거나 어길 수 없는 엄중한 규칙.
鉄塔[てっとう] 철탑; ①쇠로 된 탑. ②고압 송전선의 기둥.
鉄板[てっぱん/てついた] 철판; 쇠로 된 판.
鉄板焼(き)[てっぱんやき] 철판구이.
鉄片[てっぺん] 철편; 쇳조각.
[2]鉄砲[てっぽう] ①총. 소총. ②철제 목욕탕. ③(씨름에서) 팔로 상대방을 밀어내는 기술. ④(가위바위보에서) 바위. ⑤ ≪俗≫ 복어. ⑥허풍. 거짓말.
鉄砲巻(き)[てっぽうまき] 가늘게 만 김밥.
鉄砲焼(き)[てっぽうやき] 물고기에 고추장을 발라 구운 음식.
鉄砲玉[てっぽうだま] ①총알. 탄환. ②심부름 간 사람이 돌아오지 않음. ③(검고) 둥근 눈깔사탕.

鉄筆[てっぴつ] 철필; ①원지(原紙)를 긁는 필기구. ②도장칼. ③도장을 새김.
鉄筆家[てっぴつか] 도장을 새기는 사람.
鉄血[てっけつ] 철혈; 군비. 병기와 군대.
鉄火[てっか] 철화; ①빨갛게 단 쇠. ②성격이 불 같음. 괄괄함. ③도박꾼. 노름꾼. ④총칼.
鉄火巻(き)[てっかまき] 참치 김초밥.

撤	제거할 철
扌 扩 扩 抒 拤 拮 揹 揹 揹 撤	

音 ◉テツ
訓 —

音読
撤する[てっする] 〈サ変他〉 제거하다. 철거하다. 철수하다. 걷어치우다.
撤去[てっきょ] 철거; 건물·시설 등을 걷어치워 버림.
撤兵[てっぺい] 철병; 철군(撤軍).
撤収[てっしゅう] 철수; ①시설물을 걷어치움. ②군대가 물러남.
撤退[てったい] 철퇴; (군대 등이) 철수함.
撤退命令[てったいめいれい] 철수 명령.
撤廃[てっぱい] 철폐; 제도·법규 등을 없애 버림.
撤回[てっかい] 철회; ①일단 제출했던 것을 취하함. ②한번 말한 것을 취소함.

徹	뚫을 철
彳 彳 彳 彳 彳 徇 徇 徉 徉 徹	

音 ◉テツ
訓 ⊗とおす ⊗とおる

訓読
⊗徹す[とおす] 〈5他〉 ①(대충) 훑어보다. ②(앞뒤를) 맞게 하다.
⊗徹る[とおる] 〈5自〉 ①뚫리다. (속까지) 스며들다. ②(구석구석까지) 들리다.

音読
[1]**徹する**[てっする] 〈サ変自〉 ①(속까지) 스며들다. 사무치다. ②꿰뚫다. ③철저하다. 투철하다. ④처음부터 끝까지 일관하다.
徹頭徹尾[てっとうてつび] 철두철미; 철저히. 끝까지. 어디까지고.
徹宵[てっしょう] 밤을 새움. 철야(徹夜).
[2]**徹夜**[てつや] 철야; 밤을 새움. 밤샘.
[2]**徹底**[てってい] 철저; (속속들이 밑바닥까지) 투철함·관철(貫徹)함.
[2]**徹底的**[てっていてき] 철저함.

綴	철할 철	音 ⊗テイ ⊗テツ 訓 ⊗とじる ⊗つづる

訓読
[1]**⊗綴じる**[とじる] 〈上1他〉 ①(끈으로) 철하다. 매다. ②(천 등을) 합쳐서 꿰매다. 시치다. ③(달걀 등을) 풀어서 덮다.
綴じ[とじ] 철함. 철한 것. 철하는 방법.
綴じ蓋[とじぶた] (부서진 것을) 수리한 뚜껑.
綴じ金[とじがね] 서류 등을 철하는 데 사용하는 쇠붙이.
綴じ紐[とじひも] (종이 등을 철하는) 철끈.
綴じ代[とじしろ] 철하기 위해 남겨 놓은 종이의 가장자리 부분.
綴じ暦[とじごよみ] 책력(冊曆). 역서(曆書).
綴じ目[とじめ] (책 등의) 철한 곳.
綴じ本[とじほん] 철하여 만든 책자.
綴じ付ける[とじつける] 〈下1他〉 철하여 붙이다.
綴じ糸[とじいと] (종이 등을) 철하는 실.
綴じ込み[とじこみ] 철. 철함. 철한 것.
綴じ込む[とじこむ] 〈5他〉 철하다. 철해 넣다.
綴じ針[とじばり] (이불 등을 시치는) 돗바늘. 큰 바늘.
⊗綴る[つづる] 〈5他〉 ①(책·서류 등을) 철하다. 매다. ②(잇대어) 깁다. 꿰매다. ③(글을) 엮어 짓다. ④철자하다.
綴り[つづり] ①철함. 철한 것. 묶음. ②엮은 글·문장. ③철자.
綴れ[つづれ] ①누더기옷. ②가늘게 찢은 낡은 천을 씨실로 짠 것.
綴れ錦[つづれにしき] 무늬를 큼직하게 짜낸 비단.
綴り方[つづりかた] ①작문. 글짓기. ②철자법. 스펠링.
綴り込み[つづりこみ] ①철. 철함. 철한 것. ②(신문·잡지 등을) 철하여 정리해 두는 용구.
綴れ織り[つづれおり] 여러 가지 색실로 무늬를 엮어 짠 피륙.
綴り合わせる[つづりあわせる] 〈下1他〉 철하여 묶어서 하나로 만들다. 얽어매어 하나로 묶다.

音読

綴字[ていじ] 철자; 언어의 음성을 표음 문자로 써서 나타내는 문자.

綴字法[ていじほう] 철자법; 맞춤법.

轍 수레바퀴 철	音 ⊗テツ 訓 ⊗わだち

訓読

⊗轍[わだち] 수레바퀴 자국.

音読

轍[てつ] 선례(先例). 전철(前轍).

轍鮒[てっぷ] (마른 땅의 수레바퀴 자국에 괸 물에 있는 붕어라는 뜻으로) 몹시 어려운 처지에 있는 사람.

轍鮒の急[てっぷのきゅう] 철부지급(轍鮒之急). 아주 절박한 처지에 있음.

첨

添 더할/덧붙일 첨
氵 氵 𠂉 汀 沃 沃 添 添 添 添

音 ◉テン

訓 ◉そう ◉そえる ⊗そわせる

訓読

[2]◉添う[そう] 〈5自〉 ①더해지다. 늘다. ②(그대로) 따르다. ③부부가 되다. ④(기대에) 부응하다. 부합되다.

添水[そうず] 첨수; (흐르는) 물을 물받이 대나무 홈통에 받아서 한쪽이 기울어져 쏟아지면 반동으로 다른 쪽이 튕겨 올라가 돌을 때려 큰 소리를 내게 만든 장치. *농사를 해치는 짐승을 쫓는 데에 사용함.

添い遂げる[そいとげる] 〈下1自〉 ①해로(偕老)하다. 부부로서 한평생을 같이 살다. ②(반대를 무릅쓰고) 결혼하다. 부부가 되다.

添い寝[そいね] (잠자는 사람) 곁에서 함께 잠을 잠.

[1]◉添える[そえる] 〈下1他〉 ①곁들이다. 덧붙이다. 첨부하다. ②(사람을) 딸리게 하다. ③(곁에서) 거들다. ④더하다. 돋우다.

添え[そえ] ①(꽃꽂이에서) 중심이 되는 큰 가지 옆의 작은 가지. ②덤. 곁들임. ③보조. 보좌(補佐).

添(え)文[そえぶみ] (심부름・선물을 보낼 때) 간단하게 쓴 쪽지.

添(え)木[そえぎ] ①(화초의) 받침대. 버팀목. ②(접골할 때의) 부목(副木).

添(え)物[そえもの] ①덤. 곁들인 물건. ②경품(景品). ③있으나마나한 존재. 곁다리. ④부식. 반찬.

添(え)髪[そえがみ] (여자의 머리숱을 많아 보이게 하기 위한) 가발.

添(え)番[そえばん] ①예비 당번. 임시 당번. ②(江戸(えど) 시대의) 파수꾼의 보좌역. 예비 파수꾼.

添(え)書き[そえがき] ①(문장・서화 등에) 그 유래・증명 등을 곁들여 쓴 글. ②추신(追伸).

添(え)手紙[そえてがみ] (심부름・선물을 보낼 때) 간단하게 쓴 쪽지.

添(え)言葉[そえことば] ①곁들이는 말. ②조언(助言). 거드는 말.

添(え)乳[そえぢ] (유아 곁에) 누워서 젖을 먹임.

添(え)状[そえじょう] (심부름・선물을 보낼 때) 간단하게 쓴 쪽지.

添(え)柱[そえばしら] 기둥 곁에 덧대어 세우는 기둥.

添(え)地[そえち] 일정한 소유지에 다른 땅을 덧붙임, 또는 그런 땅.

添(え)筆[そえふで] ①(문장・서화 등에) 그 유래・증명 등을 곁들여 쓴 글. ②추신(追伸).

⊗添わせる[そわせる] 〈下1他〉 ①(사람을) 곁에 있게 하다. 붙여 주다. ②결혼시키다. 짝지어 주다.

音読

添加[てんか] 첨가; 더 넣음. 덧붙임.

添付[てんぷ] 첨부; 더하여 붙임.

添削[てんさく] 첨삭; 타인의 시문・문장・답안 등을 부가하거나 삭제하여 고침.

添書[てんしょ] 첨서; ①(심부름・선물을 보낼 때) 첨부해 보내는 인사 편지. ②추가하여 써 넣음. ③소개장.

添乗[てんじょう] 첨승; (여행사 직원이) 여행객에 편승함.

添乗員[てんじょういん] (여행사의) 여행 안내원. 수행 안내원.

尖 뾰족할 첨	音 ⊗セン 訓 ⊗とがらす ⊗とがる

訓読

⊗**尖らす**[とがらす] 〈5他〉 ①뾰족하게 하다. 날카롭게 하다. ②뿌루퉁하게 하다.

1 ⊗**尖る**[とがる/とんがる] 〈5自〉 ①뾰족해지다. ②날카로워지다. ③거칠어지다. ④토라지다. 화내다.

尖り[とがり] 뾰족함. 뾰족한 부분.

尖り声[とがりごえ] 화난 목소리.

尖り顔[とがりがお] 뿌루퉁한 얼굴.

⊗**尖んがらかす**[とんがらかす] 〈5他〉≪俗≫ 뾰족하게 하다. 날카롭게 하다.

⊗**尖んがらかる**[とんがらかる] 〈5自〉≪俗≫ 뾰족해지다. 날카로워지다.

音読

尖端[せんたん] 첨단; ①물건의 뾰족한 끝. ②시대나 유행에 앞섬.

尖兵[せんぺい] 첨병; ①본대(本隊)의 전방을 경계하면서 전진하는 소부대. ②남보다 앞서 새로운 분야에 진출함.

尖鋭[せんえい] 첨예; ①뾰족하고 날카로움. ②사상이나 행동이 급진적이고 과격적임.

尖塔[せんとう] 첨탑; 지붕의 끝이 뾰족하고 높게 나온 건물.

籤 제비/꼬챙이 첨	音 ⊗セン 訓 ⊗くじ

訓読

1 ⊗**籤**[くじ] 제비. 추첨.

籤当り[くじあたり] 당첨됨. 좋은 제비를 뽑음.

籤逃れ[くじのがれ] 제비를 뽑아 차례나 당번 등을 모면함.

籤配り[くじくばり] 제비를 들고 다니며 남에게 뽑게 하는 일·사람.

籤運[くじうん] 당첨운.

籤引(き)[くじびき] 추첨. 제비뽑기.

籤中り[くじあたり] 당첨됨. 좋은 제비를 뽑음.

音読

◑**当籤**[とうせん]

〔첩〕

畳(疊) 겹쳐질/포갤 첩

冂 冃 冃' 田 畐 畐 畕 畳 畳 畳

音 ◉ジョウ
訓 ◉たたみ ◉たたまる ◉たたむ ⊗たたなわる

訓読

3 ◉**畳❶**[たたみ] ①다다미. 일본 돗자리. ②(나막신의) 깔개. ③≪古≫ 거적. ❷[じょう] ☞[音読]

⊗**畳なわる**[たたなわる] 〈5自〉 ①(산 등이) 첩첩이 이어지다. 겹쳐 이어지다. ②겹겹이 쌓이다.

◉**畳まる**[たたまる] 〈5自〉 겹치다.

2 ◉**畳む**[たたむ] 〈5他〉 ①개다. 개키다. ②(여러 겹으로) 접다. ③(펼쳐진 것을) 접다. ④(겹겹이) 쌓다. 쌓아올리다. ⑤(사업을) 정리하다. 걷어치우다. ⑥(마음에) 간직하다. ⑦≪古≫ 제거하다. 없애다.

畳み掛ける[たたみかける] 〈下1自他〉 (상대에게 여유를 주지 않고) 연거푸 말을 하다. 다그치다.

畳付(き)[たたみつき] ①다다미의 겉돗자리가 붙어 있는 것. ②겉 깔개가 붙은 나막신. ③(밥공기 등을 다다미 위에 놓았을 때) 직접 다다미에 닿는 부분.

畳水練[たたみすいれん] 탁상공론. 방법만 알 뿐, 실제의 연습을 하지 않음. *다다미 위에서 수영 연습을 한다는 뜻에서.

畳縁[たたみべり] 다다미의 테두리.

畳屋[たたみや] 다다미 가게.

畳み込む[たたみこむ] 〈5他〉 ①접어 넣다. 개어 넣다. ②(마음에) 간직하다. 새겨두다.

畳紙[★たとうがみ] ①옷을 간수하여 두는 두꺼운 접지(摺紙). ②≪古≫ 휴지로 쓰던 종이.

畳替え[たたみがえ] 다다미의 겉돗자리를 교체함.

畳針[たたみばり] (다다미를 만들 때 사용하는 크고 굵은) 돗바늘. 다다미바늘.

畳表[たたみおもて] (다다미의 표면에 대는 골풀로 만든) 겉돗자리.

畳み皺[たたみじわ] 접힌 자국. 갠 자국.

音読

2 ◉畳❶[じょう] (다다미 수효를 세는 말로) …장. ❷[たたみ] ☞ [訓読]

畳語[じょうご] 첩어; 같은 단어·어근(語根)이 중복된 복합어.

畳韻[じょういん] 첩운; 한자(漢字) 숙어에서 같은 운이 겹친 것.

畳字[じょうじ] 첩자; 같은 글자를 중복해서 쓸 때 아래 글자를 생략함을 나타내는 부호.

畳畳たる[じょうじょうたる] 첩첩의. 겹겹의.

妾 첩 첩	音 ⊗ショウ 訓 ⊗めかけ ⊗わらわ

訓読

⊗妾❶[めかけ/しょう] 첩. ❷[わらわ] 소첩(小妾). 저. ＊무가(武家) 집 여성이 자기를 낮추어서 하는 말임.

妾狂い[めかけぐるい] 첩에 빠짐·미침.

妾腹[めかけばら] 첩의 소생. 서출(庶出).

音読

妾出[しょうしゅつ] 서출(庶出). 서자(庶子).

妾宅[しょうたく] 첩택; 첩의 집. 첩살림.

帖 휘장 첩	音 ⊗チョウ ⊗ジョウ 訓 —

音読

帖[じょう] 첩; ①(병풍 등을 세는 말로) 폭. ②(종이·김 등을 세는 말로) 톳. ③(접책을 세는 말로) 첩. ④(중의 가사를 세는 말로) 벌.

◑画帖[がじょう/がちょう]

捷 이길 첩	音 ⊗ショウ 訓 ⊗はしこい

訓読

⊗捷い[はしこい] 〈形〉 ①(동작이) 민첩하다. 재빠르다. 잽싸다. 날렵하다. ②약삭빠르다.

音読

捷径[しょうけい] 첩경; ①지름길. ②손쉬운 빠른 방법.

捷勁[しょうけい] 민첩하고 강함.

捷報[しょうほう] 첩보; 승리의 소식. 승보(勝報).

喋 재잘거릴 첩	音 ⊗チョウ 訓 ⊗しゃべくる ⊗しゃべる

訓読

⊗喋くる[しゃべくる] 〈5自〉 계속 지껄이다.

2 ⊗喋る[しゃべる] 〈5自他〉 ①재잘거리다. 수다떨다. ②말하다. 입 밖에 내다.

お喋り[おしゃべり] 수다. 수다쟁이.

音読

喋喋と[ちょうちょうと] 수다스럽게.

喋喋しい[ちょうちょうしい] 〈形〉 ①수다스럽다. ②과장되다. 풍을 떨다.

喋喋喃喃[ちょうちょうなんなん] 첩첩남남; 남녀가 다정하게 자꾸 소곤거림.

貼 붙일/붙을 첩	音 ⊗チョウ ⊗テン 訓 ⊗はる

訓読

4 ⊗貼る[はる] 〈5他〉 (풀로) 붙이다. 바르다.

貼り付く[はりつく] 〈5自〉 달라붙다. 들러붙다.

貼(り)付け[はりつけ] ①(풀로) 붙임. 찰싹 붙임. ②(사람을 일정한 장소에) 대기시킴.

貼り付ける[はりつける] 〈下1他〉 ①(풀로) 붙이다. 바르다. ②(사람을 일정한 장소에) 대기시키다. 붙잡아 두다. ③후려갈기다.

貼(り)雑ぜ[はりまぜ] 여러 종류의 서화(書画)를 섞어 붙임.

貼(り)札[はりふだ] 벽보. 벽보를 붙임.

貼(り)札無用[はりふだむよう] 벽보 금지. 벽보를 붙이지 말 것.

貼(り)出し[はりだし] ①게시문. ②(학교에서) 우수 작품의 게시. 게시한 작품.

貼り出す[はりだす] 〈5他〉 게시하다. 내걸다. 내붙이다.

音読

貼付[ちょうふ/てんぷ] 첨부(添附). (사진 등을) 서류에 붙임.

貼用[ちょうよう] 첩용; (약 종류를) 피부에 붙여 사용함.

睫 속눈썹 첩	音 ⊗ショウ 訓 ⊗まつげ

訓読

⊗睫[まつげ] 속눈썹.

⊗睫毛[まつげ] 속눈썹.

音読

睫眉[しょうび] 첩미; 속눈썹과 눈썹.

諜 염탐할 첩	音 ⊗チョウ 訓 —

音読

諜報[ちょうほう] 첩보; 적군의 정세 등을 탐지하여 보고함.

諜報網[ちょうほうもう] 첩보망.

諜報員[ちょうほういん] 첩보원; 스파이.

諜者[ちょうしゃ] 첩자; 스파이.

鰈 가자미 첩	音 ⊗チョウ 訓 ⊗かれい

大

訓読

⊗鰈[かれい] ≪魚≫ 가자미.

청

庁(廳) 관청/집 청

丶 亠 广 庁 庁

音 ◉チョウ

訓 —

音読

2 庁[ちょう] 청; 관청. 행정 조직법에 의한 외국(外局)의 하나. ¶文化(ぶんか)～ 문화청. ¶防衛(ぼうえい)～ 방위청.

庁内[ちょうない] 청내; 관청 내.

庁務[ちょうむ] 청무; 관청의 사무.

庁舎[ちょうしゃ] 청사; 관청의 건물.

庁始め[ちょうはじめ] (연초의) 관청 시무식.

青(靑) 푸를 청

一 十 丰 丰 丰 青 青 青

音 ◉セイ ◉ショウ

訓 ◉あお ◉あおい

訓読

3 ◉青[あお] ①파랑. 청색. 푸른색. ②'青信号'의 준말. ③말(馬).

4 ◉青い[あおい] 〈形〉 ①파랗다. 푸르다. 청색이다. ②초록색이다. 푸르다.

青ざめる[あおざめる] 〈下1自〉 ①(공포・병으로) 새파래지다. 창백해지다. 해쓱해지다. ②파르스름해지다.

青ずむ[あおずむ] 〈5自〉 푸르스름해지다. 푸르러지다. 푸른빛을 띠다.

青っぽい[あおっぽい] 〈形〉 ①푸르스름해지다. ②미숙하다. 유치하다.

青ばむ[あおばむ] 〈5自〉 푸르스름해지다. 푸른빛을 띠다. 파래지다.

青み[あおみ] ①푸름. 푸른빛. ②(요리에서) 곁들이는 푸른 채소.

青む[あおむ] 〈5自〉 창백해지다. 파래지다. 청색을 띠다.

青やか[あおやか] 〈形動〉 파릇파릇함. 푸릇푸릇함. 산뜻하게 푸름.

青ゆで[あおゆで] (푸성귀를) 파랗게 대침.

青葛[あおつづら] ≪植≫ 칡.

青葛藤[あおつづら] ≪植≫ 댕댕이덩굴.

青樫[あおがし] ≪植≫ 센달나무.

青鶏頭[あおげいとう] ≪植≫ 털비름.

青枯らぶ[あおからぶ] 〈上2自〉≪古≫ (초목이) 푸른 채 말라죽다.

青枯れ病[あおがれびょう] ≪農≫ (가지・토마토 등의) 청고병; 시들병.

青空[あおぞら] ①푸른 하늘. ②옥외. 야외. 노천.

青空コンサート[あおぞらコンサート] 야외 콘서트. 야외 음악회.

青空駐車[あおぞらちゅうしゃ] 야외 주차.

青菅[あおすげ] ≪植≫ 청사초(青莎草).

青光り[あおびかり] 청록색으로 빛남.

青鳩[あおばと] ≪鳥≫ 황록색 비둘기.

青筋[あおすじ] ①푸른 줄기. ②푸른 핏줄.

青金[あおきん] ≪鉱≫ ①(불순물이 함유된) 푸른빛의 금. ②금박(金箔). ③(金箔用・金粉의) 지금(地金).

青金泥[あおきんでい] '青金(あおきん)'을 아교에 녹인 재료.

青内障[あおそこひ] ≪医≫ 녹내장(緑内障).

青女房[あおにょうぼう] ①새파랗게 젊은 아내. ②≪古≫ 하급 무사의 아내.

青丹[あおたん] (화투에서) 청단.

青短[あおたん] (화투에서) 청단.

青大将[あおだいしょう] ≪動≫ 구렁이.

青み渡る[あおみわたる] 〈5自〉 온통 파래지다. 푸른빛이 퍼지다.

青道心[あおどうしん] ≪仏≫ ①풋내기 중. ②확신도 없이 불도에 든 사람. ③본심이 아닌 자비심.
青桐[あおぎり] ≪植≫ 벽오동(碧梧桐).
青豆[あおまめ] ①푸른대콩. ②푸른 완두콩.
青鈍[あおにび] 푸르스름한 남빛.
青嵐[あおあらし] 훈풍(薫風). 신록의 계절에 부는 상쾌한 바람.
青簾[あおすだれ] 청죽(青竹)으로 엮은 발.
青鷺[あおさぎ] ≪鳥≫ 왜가리.
青緑[あおみどり] ①짙은 녹색. 청록색. ②'青味泥(あおみどろ)'의 딴이름.
青柳[あおやぎ] ①(잎이 무성한) 푸른 버드나무. ②짙은 파랑의 옷 빛깔. ③개랑조개의 살. ＊초밥에 사용함.
青立ち[あおだち] (일기 불순으로) 벼가 익지 못하고 푸릇푸릇하게 서 있음.
青馬[あおうま] 청마; 흑마(黒馬).
青梅[あおうめ] 청매; 덜 익은 푸른 매실.
青梅綿[★おうめわた] 얇게 편 솜.
青毛[あおげ] (말의) 검푸른 털빛.
青木[あおき] ① ≪植≫ 식나무. ②상록수. ③생나무. 마르지 않은 나무.
青目[あおめ] 푸른 눈.
青物[あおもの] ①야채. 채소. 푸성귀. ②등 푸른 생선.
青物屋[あおものや] 청과물상.
青味[あおみ] ①푸름. 푸른빛. ②(요리에서) 곁들이는 푸른 채소.
青味泥[あおみどろ] ≪植≫ 수면(水綿).
青反吐[あおへど] 갓 토한 구토물.
青房[あおぶさ] ①청색 술. ②(씨름판의 북동쪽에) 지붕에서 늘어뜨린 파란 술. ＊청룡(青龍)을 상징함.
[2]青白い[あおじろい] 〈形〉 ①푸르스름하다. 파르스름하다. ②창백하다. 파리하다.
青服[あおふく] ①청색 작업복. ②노동자.
青本[あおほん] 草双紙(くさぞうし)의 일종.
青浮草[あおうきくさ] ≪植≫ 좀개구리밥.
青膚[あおはだ] ≪植≫ 대팻집나무.
青粉[あおこ] ①파래가루. ②갓가루.
青写真[あおじゃしん] ①(복사용) 청사진. ②(미래의) 구상. 설계도.
青山❶[あおやま] 청산; 푸른 산. ❷[せいざん] ①푸른 산. ②묘지.
青森[あおもり] ①일본 동북 지방 끝에 있는 현(県). ②青森(あおもり) 현청(県庁) 소재지.
青色[あおいろ] 청색; ①푸른색. ②녹색.
青色申告[あおいろしんこく] 녹색 신고.
青書生[あおしょせい] 백면서생(白面書生).
青石[あおいし] 청석; ①푸른빛을 띤 응회암(凝灰岩). ②녹니편암(緑泥片岩).
青線[あおせん] 청선; ①푸른 선. ②'青線地帯'의 준말.
青線地帯[あおせんちたい] ≪俗≫ 무허가 매춘(売春) 음식가(飲食街).
青松葉[あおまつば] 푸른 솔잎.
青蠅[あおばえ] ① ≪虫≫ 쉬파리. ②(귀찮은 사람을 가리켜) 똥파리. 진드기.
青侍[あおざむらい] ①풋내기 무사. ②6품(品)의 무사. ＊6품의 사람은 푸른 옷을 입은 데서 생긴 말임.
青息[あおいき] 한숨. 탄식.
青信号[あおしんごう] 청신호; 푸른 신호.
青身[あおみ] (고등어 등의) 푸른 살.
青魚[あおざかな] 등 푸른 물고기.
青葉[あおば] ①푸른 나뭇잎. ②(초여름의) 새 잎. 신록의 잎.
青刈り[あおがり] (사료・거름용으로 사용하려고) 덜 자란 푸른 작물을 벰.
青刈り作物[あおがりさくもつ] 사료・거름용으로 사용하는 농작물.
青玉❶[あおだま] 청옥. ❷[せいぎょく] ① ≪俗≫사파이어. ②'竹(たけ)'의 딴이름.
青蛙[あおがえる] ≪動≫ 청개구리.
青豌豆[あおえんどう] ≪植≫ 그린피스.
青垣山[あおかきやま] 울타리처럼 둘러 있는 푸른 산들.
青二才[あおにさい] 풋내기.
青人草[あおひとくさ] 백성. 국민.
青紫[あおむらさき] 청자색. 푸르스름한 보라색.
青紫蘇[あおじそ] ≪植≫ 푸른 차조기.
青煮[あおに] (채소의) 푸른빛을 살려 살짝 익힘.
青田[あおた] ①벼가 자라고 있는 논. ②벼가 아직 여물지 않은 논.
青田売り[あおたうり] ①입도선매(立稲先売). ②제품이 완성되기 전에 팖.
青田買い[あおたがい] ①입도선매(立稲先売). ②졸업 전의 학생과 입사 계약을 맺음.
青田搔き[あおたがき] 논의 김매기.
青田刈り[あおたがり] ①입도선매(立稲先売). ②졸업 전의 학생과 입사 계약을 맺음.
青電車[あおでんしゃ] (그 날의) 마지막 전차 하나 앞의 청색 조명을 단 전차.

青電話[あおでんわ] 보통 공중전화. ＊국제 전화용과 구별짓기 위함.
青っ切り[あおっきり] ①찻잔 바깥쪽 윗부분의 파란 선. ＊이 선까지 술을 따름. ②찻잔의 술을 단숨에 마시는 음주법.
青み走る[あおみばしる] 〈5自〉 푸른빛을 띠다.
青竹[あおだけ] 청죽; ①푸른 대나무. ②선명한 녹색의 염기성(塩基性) 물감. ③《古》 피리.
青地[あおじ] (옷감의) 청색 바탕.
青砥[あおと] 청회색의 고운 숫돌.
青札[あおふだ] ①청색 딱지. ②(증권거래소에서) 매물(買物)이 적을 때 매기(買気)를 유도하기 위해 내거는 표지.
青脹れ[あおぶくれ] (얼굴이) 푸르퉁퉁하게 부음.
青菜[あおな] ①푸른 채소. 푸성귀. ②《植》 유채(油菜)의 한 품종.
青千鳥[あおちどり] 《植》 개제비난.
青天井[あおてんじょう] ①푸른 하늘. ②천정부지(天井不知). 하늘 높은 줄 모름.
青畳[あおだたみ] 새 다다미.
青青と[あおあおと] 파랗게. 푸르게.
青草[あおくさ] 청초; 푸른 풀.
青虫[あおむし] 《虫》 ①(나비・나방 등의) 애벌레. ②배추벌레.
青臭い[あおくさい] 〈形〉 ①풋내가 나다. ②젖비린내 나다. 미숙하다. 유치하다.
青苔[あおごけ] 청태; 푸른 이끼.
青褪める[あおざめる] 〈下1自〉 ①(공포・병으로) 새파래지다. 창백해지다. 파리해지다. 해쓱해지다. ②파르스름해지다.
青貝[あおがい] ①《貝》 진주조개. ②자개용 조가비. ③조가비의 진주층(真珠層).
青貝細工[あおがいざいく] 자기 세공.
青膨れ[あおぶくれ] (얼굴이) 푸르퉁퉁하게 부음.
青表紙[あおびょうし] ①청색 표지. ②(푸른 표지를 사용한) 경서(経書). ③浄瑠璃(じょうるり) 또는 長唄(ながうた)의 연습용 대본.
青標紙[あおびょうし] (江戸(えど) 시대에) 무가(武家)의 법제서(法制書).
青瓢箪[あおびょうたん] ①덜 익은 호리병박. ②창백한 말라깽이. 핼쑥함.
青海[あおうみ] 벽해(碧海). 푸른 바다.
青海亀[あおうみがめ] 《動》 푸른바다거북.
青海原[あおうなばら] 넓고 푸른 바다.
青海苔[あおのり] 《植》 청태(青苔). 갈파래.
青縞[あおじま] 감색의 무늬 없는 무명.
青黄(な)粉[あおぎなこ] 연둣빛 콩가루.
青絵[あおえ] (도자기에 그린) 청색 그림.
青朽(ち)葉[あおくちば] (옷 빛깔 배합의 하나로서) 겉은 연두색이나 파랑이고 안쪽은 노랑임.
青黒い[あおぐろい] 〈形〉 검푸르다.

音読

青果物[せいかぶつ] 청과물; 채소와 과일.
[2]青年[せいねん] 청년; 청년기의 사람. ＊10대 후반부터 30대 초반까지를 말함.
青年団[せいねんだん] 청년단.
青銅[せいどう] 청동; 동합금(銅合金)의 일종.
青銅仏[せいどうぶつ] 청동불.
青銅器時代[せいどうきじだい] 청동기시대.
青竜刀[せいりゅうとう/せいりょうとう] 청룡도.
青楼[せいろう] 청루; 유곽(遊廓).
青史[せいし] 청사; 역사. 기록.
青山❶[せいざん] ①푸른 산. ②묘지. ❷[あおやま] 청산; 푸른 산.
青酸[せいさん] 《化》 청산; 시안화수소.
[2]青少年[せいしょうねん] 청소년; 청년과 소년.
青松[せいしょう] 청송; 푸른 소나무.
青眼[せいがん] 청안; ①환영하는 마음을 나타내는 눈매. ②(검도에서) 상대방의 눈높이에 칼끝이 가도록 겨눔.
青雲[せいうん] 청운; ①푸른 하늘. ②높은 벼슬.
青雲の志[せいうんのこころざし] 청운의 뜻. 공명심.
青磁[せいじ] 청자; 청록색 자기(磁器).
青壮年[せいそうねん] 청장년; 청년과 장년.
青天[せいてん] 청천; 푸른 하늘.
[1]青春[せいしゅん] 청춘; 인생의 봄으로 비유된 젊고 활기찬 시절.
青春時代[せいしゅんじだい] 청춘시대.
◑緑青[ろくしょう], 紺青[こんじょう], 群青[ぐんじょう]

清(淸) 맑을/깨끗할 청

氵 氵 汁 汼 汼 清 清 清 清

音 ◉セイ ◉ショウ ⊗シン
訓 ◉きよい ◉きよまる ◉きよめる ◉きよらか ⊗すむ ⊗すがやか

訓読

[2]◉清い[きよい] 〈形〉 ①맑다. 깨끗하다. 정갈하다. ②(태도・마음이) 정결하다. 순수하다. 깨끗하다.

◉清まる[きよまる] 〈5自〉 맑아지다. 깨끗해지다. 청정해지다.

◉清める[きよめる] 〈下1他〉 맑게 하다. 깨끗이 하다. 부정(不浄)을 씻다.

清め[きよめ] 맑게 함. 깨끗이 함. 정(浄)하게 함. 부정(不浄)을 씻음.

清め書き[きよめがき] 정서; 글씨를 깨끗이 씀. 다시 바르게 씀.

清め紙[きよめがみ] 휴지.

[1]◉清らか[きよらか] 〈形動〉 맑음. 깨끗함. 정결함. 청순함. 청아함.

清ら[きよら] 맑음. 청아함.

清刷(り)[きよずり] ≪印≫ 전사(転写). 교정이 끝난 활판을 사진 정판 등을 위해 깨끗이 찍어 내는 일.

清水❶[★しみず] 맑은 샘물. ❷[きよみず] 京都市(きょうとし) 東山区(ひがしやまく)에 있는 지역.

清水焼(き)[きよみずやき] 京都(きょうと)의 清水(きよみず)에서 만든 도자기.

清拭き[きよぶき] 마른걸레질.

清御酒[きよみき] ≪雅≫ 맑은 술. 청주(清酒).

清元[きよもと] '清元節'의 준말.

清元節[きよもとぶし] 江戸(えど) 浄瑠璃(じょうるり)의 한 파에 속하는 三味線(しゃみせん) 가곡.

⊗清む[すむ] 〈5自〉 맑아지다.

⊗清やか[すがやか] 〈形動〉 ①상쾌함. 시원시원함. ②막힘이 없이 진행됨.

清掻き[すがかき] ①거문고를 노래 없이 연주함. ②三味線(しゃみせん)을 노래 없이 연주함. ③三味線(しゃみせん)의 첫째 줄과 셋째 줄을 한꺼번에 연주함.

清清❶[すがすが] 후련함. ❷[せいせい] ①(날씨가) 청명함. ②속 시원함. 후련함.

清清しい[すがすがしい] 〈形〉 상쾌하다. 후련하다. 속 시원하다. 시원하고 개운하다.

音読

[2]清潔[せいけつ] 청결; 맑고 깨끗함.

清光[せいこう] 청광; 청명한 빛・달빛.

清教徒[せいきょうと] 청교도.

清談[せいだん] 청담; ①노장(老荘) 사상에 근거한 담론(談論). ②속되지 않은 청아한 이야기.

清覧[せいらん] 청람; 고람(高覧). 보심.

清朗[せいろう] 청랑; (기분이) 맑고 명랑함.

清涼[せいりょう] 청량; 맑고 시원함.

清涼飲料[せいりょういんりょう] 청량음료.

清麗[せいれい] 청려; 맑고 아름다움.

清廉[せいれん] 청렴; 성품이 고결하고 탐욕이 없음.

清廉潔白[せいれんけっぱく] 청렴결백.

清流[せいりゅう] 청류; 맑게 흐르는 물.

清明[せいめい] 청명; ①맑고 밝음. ②24절기의 하나로 양력 4월 5일경임.

清美[せいび] 청미; 청순하고 아름다움.

清白[せいはく] 청백; 청렴결백.

清福[せいふく] 청복; 정신적인 행복.

清貧[せいひん] 청빈; 청렴하게 가난함.

清算[せいさん] 청산; ①상호간의 채권・채무 관계를 계산하여 깨끗이 정리함. ②과거의 관계・일 등을 깨끗이 씻어 버림.

清祥[せいしょう] 건승(健勝). ＊편지 용어임.

清色[せいしょく] ≪美≫ 청색.

[2]清書[せいしょ] 정서(浄書). 글씨를 깨끗이 씀. 다시 바르게 씀.

[2]清掃[せいそう] 청소; 주거(住居) 환경을 깨끗이 소제(掃除)함.

清掃人[せいそうにん] 청소부.

[1]清純[せいじゅん] 청순; 맑고 순수함.

清僧[せいそう] 청승; 품행이 바른 중.

清勝[せいしょう] 건승(健勝). ＊편지 용어임.

清新[せいしん] 청신; 새롭고 산뜻함.

清雅[せいが] 청아; 맑고 아담함.

清夜[せいや] 청야; 맑고 시원한 밤.

清宴[せいえん] 청연; 조촐한 연회.

清艶[せいえん] 청염; 숙부드럽고 요염함.

清栄[せいえい] 청영; 번영. ＊편지 용어임.

清婉[せいえん] 청완; 맑고 아리따움.

清遊[せいゆう] 청유; ①풍류놀이. ②상대방의 '놀이・여행'의 높임말.

清音[せいおん] 청음. ①맑은 음색. ② ≪語学≫ 청음.

清適[せいてき] 건승(健勝). ＊편지 용어임.

清絶[せいぜつ] 청절; 더할 나위 없이 깨끗함.

清浄❶[せいじょう] 청정; 맑고 깨끗함. ❷[しょうじょう] ≪仏≫ 번뇌나 악행이 없이 심신이 깨끗함.

清浄野菜[せいじょうやさい] 청정야채.

清浄栽培[せいじょうさいばい] 청정재배.

清酒[せいしゅ] 청주; ①맑은 술. ②일본 술.

清澄[せいちょう] 청징; 맑고 깨끗함.

清清と[せいせいと] ①청명하게. ②후련하게. 속 시원하게.
清聴[せいちょう] 청청. '자신의 이야기 등을 상대방이 들어 줌'의 높임말.
清楚[せいそ] 청초; 깨끗하고 고움.
1清濁[せいだく] 청탁; ①맑음과 흐림. ②청음(清音)과 탁음(濁音). ③군자(君子)와 소인(小人). 선인과 악인.
清風[せいふう] 청풍; 부드럽고 맑은 바람.
清閑[せいかん] 청한; 속세를 떠나 청아하고 한가함.
清香[せいこう] 청향; 깨끗한 향기.
清華[せいが] 청화; ①신분이 높은 집안. ②'清華家'의 준말.
清華家[せいがけ] 公卿(くぎょう) 가문 지체의 하나. ＊摂家(せっけ) 다음으로 가장 높은 가문(家門).

晴(晴) 갤 청

丨 ‖ 日 日一 日十 日丰 日圭 晴 晴 晴

音 ◉セイ
訓 ◉はらす ◉はれる

訓読

◉晴らす[はらす] 〈5他〉 ①(불만이나 의심을 없애고 기분을) 풀다. 만족시키다. ②(내리는 눈・비가) 멋기를 기다리다.
4◉晴れる[はれる] 〈5自〉 ①(날씨가) 개다. (구름이나 안개가) 걷히다. ②(마음이) 상쾌해지다. ③(혐의가) 없어지다.
4晴れ[はれ] ①(날씨가) 맑음. 갬. ②공식적임. 자랑스러움. 영광스러움. 명예롭고 화려함.
晴れがましい[はれがましい] 〈形〉 ①매우 화려하다. ②(너무 드러나서) 겸연쩍다. 쑥스럽다.
晴れて[はれて] 거리낌없이. 떳떳하게. 정식으로.
晴れやか[はれやか] 〈形動〉 ①(표정이) 밝음. 환함. (마음이) 명랑함. ②(구름 한 점 없이) 맑게 갬. ③화려함. 화사함.
晴れ間[はれま] (눈・비 등이) 잠깐 갠 사이.
晴れ渡る[はれわたる] 〈5自〉 (날씨가) 활짝 개다.
晴れ上がる[はれあがる] 〈5自〉 (날씨가) 맑게 개다.
晴れ衣装[はれいしょう] 나들이옷. 빔.
晴れ姿[はれすがた] ①화려하게 차려 입은 모습. ②(화려한 장소에 나온) 장한 모습.
晴れ着[はれぎ] 나들이옷. 빔.
晴れ晴(れ)[はればれ] ①(날씨가) 말게 갬. ②명랑함. 상쾌함.
晴れ晴れしい[はればれしい] 〈形〉 ①(마음이) 밝다. 상쾌하다. ②영광스럽고 화려하다.

音読

晴耕雨読[せいこううどく] 청경우독; 갠 날은 일하고 비 오는 날은 독서함.
晴嵐[せいらん] 청람; ①맑게 갠 날의 아지랑이. ②맑게 갠 날의 산바람.
晴朗[せいろう] 청랑; 날씨가 청명함.
晴夜[せいや] 청야; 맑게 갠 밤.
晴雨[せいう] 청우; 맑게 갬과 비내림.
晴雨計[せいうけい] 청우계; 기상을 관측하는 기압계.
1晴天[せいてん] 청천; 맑은 하늘.

請(請) 청할/물을 청

言 言 言 訁 請 請 請 請 請 請

音 ◉セイ ◉シン ⊗ショウ
訓 ◉こう ◉うける

訓読

◉請う[こう] 〈5他〉 (누군가에게) 청하다. 바라다. 원하다.
請い[こい] 청; 부탁.
請い祈む[こいのむ] 〈4自〉 (神仏에게) 기원(祈願)하다.
請い受ける[こいうける] 〈下1他〉 간청하여 얻다. 청하여 받다.
◉請ける[うける] 〈下1他〉 ①(빚을 갚고) 돌려받다. 되찾다. ②청부맡다. 떠맡다.
請け[うけ] 보증. 보증인.
請(け)戻し[うけもどし] ①(빚을 갚고) 저당물을 되찾음. ②어음・수표를 결제하고 되찾음.
請け戻す[うけもどす] 〈5他〉 ①(빚을 갚고) 저당물을 되찾다. ②어음・수표를 결제하고 되찾다.
請(け)売り[うけうり] ①위탁 판매. ②(남의 주장을) 자기 주장인 것처럼 말함.
請(け)文[うけぶみ] 승낙서.

請け負う[うけおう] 〈5他〉 ①청부맡다. 도급(都給)맡다. ②떠맡다. 책임지다.
請負[うけおい] 청부; 도급(都給)으로 일을 맡음.
請(け)書(き)[うけがき] 승낙서. 승인서.
請(け)書[うけしょ] 승낙서. 승인서.
請(け)人[うけにん] 보증인.
請け出す[うけだす] 〈5他〉 ①(빚을 갚고) 저당물을 되찾다. ②(기생의) 몸값을 치르고 빼내다.
請(け)判[うけはん] 보증하는 도장.
請(け)合い[うけあい] ①(책임지고) 떠맡음. 약속함. ②보증함. 틀림없음.
請け合う[うけあう] 〈5他〉 ①(책임지고) 떠맡다. ②보증하다.

音読

請じる[しょうじる] 〈上1他〉 ☞ 請ずる
請ずる[しょうずる] 〈サ変他〉 초청하다. 초대하다. 맞아들이다.
請暇[せいか] 청가; ①휴가 신청. ②휴가원을 내어 얻은 휴가.
2請求[せいきゅう] 청구; 상대에게 요구함.
2請求書[せいきゅうしょ] 청구서.
請願[せいがん] 청원; 청하고 원함.
請じ入れる[しょうじいれる] 〈下1他〉 초청해 들이다. 불러들이다. 맞아들이다.
請託[せいたく] 청탁; 청하고 부탁함.
◑普請[ふしん]

聴(聽) 들을 청

丅 ﾃ 耳 耳ﾞ 耳ﾆ 耳ﾆ 聴 聴 聴 聴

音 ◉チョウ
訓 ◉きく

訓読

2◉聴く[きく] 〈5他〉 (귀를 기울여서) 열심히 듣다. 잘 듣다.
聴き方[ききかた] ①듣는 방법. 듣는 태도. ②듣는 입장. 듣는 쪽.
聴き手[ききて] ①듣는 사람. 듣는 쪽. ②(남의 말을) 잘 듣는 사람.
聴き取る[ききとる] 〈5他〉 ①청취하다. 들어서 알다. 알아듣다. ②사정을 이해할 수 있도록 듣다.
聴(き)取り[ききとり] ①청취(聴取). 듣기. 듣고 이해하기. ②사정을 이해할 수 있도록 들음.
聴(き)取り書[ききとりしょ] 청취서(聴取書). 조서(調書).
聴(き)取り学問[ききとりがくもん] 들은풍월. 귀동냥으로 얻은 학문.

音読

1聴覚[ちょうかく] ≪生理≫ 청각; 소리를 듣고 이해하는 기관.
1聴講[ちょうこう] 청강; 강의를 들음.
聴講届[ちょうこうとどけ] 청강 신청.
聴聞[ちょうもん] 청문; ①귀를 기울여 들음. ②(행정 기관이) 널리 이해 당사자의 의견을 들음.
聴聞会[ちょうもんかい] 청문회.
聴視[ちょうし] 시청(視聴). 보고 들음.
聴視覚[ちょうしかく] 시청각(視聴覚).
聴視料[ちょうしりょう] 시청료(視聴料).
聴視率[ちょうしりつ] 시청률(視聴率).
聴音[ちょうおん] 청음; 소리를 듣고 분별함.
聴従[ちょうじゅう] 청종; 잘 듣고 따름.
聴衆[ちょうしゅう] 청중; 연설·연주·강연을 듣기 위해 모인 사람들.
1聴診器[ちょうしんき] 청진기.
聴取[ちょうしゅ] 청취; ①사정·상황 등을 들음. ②라디오나 무선을 들음.

蜻 ×(蜻) 귀뚜라미/잠자리 청

音 ⊗セイ
訓 ⊗とんぼ

蜻蛉[★とんぼ] ≪虫≫ 잠자리.
蜻蛉返り[★とんぼがえり] ①공중제비. 재주넘기. ②(목적지에 도착하자마자) 곧바로 되돌아감.
蜻蜓[★やんま] ≪虫≫ 왕잠자리.

鯖 ×(鯖) 청어 청

音 ⊗セイ
訓 ⊗さば

訓読

⊗鯖[さば] ≪魚≫ 고등어.
鯖読み[さばよみ] 숫자를 속임.
鯖雲[さばぐも] 권적운. 조개구름.
鯖折り[さばおり] (씨름에서) 두 손으로 상대방의 샅바를 잡아당기면서 턱으로 어깨를 눌러 무릎을 꿇어 넘어지게 하는 기술.
鯖節[さばぶし] かつおぶし처럼 가공한 고등어.

체

体(體) 몸 체

丿 亻 仁 什 休 休 体

音 ◉タイ ◉テイ
訓 ◉からだ

訓読

[4]◉**体**❶[からだ] 몸. 몸뚱이. 신체. 체격. ❷[たい/てい] ☞ [音読]

体倒し[からだたおし] 덩치만 크고 실력이 없는 사람.

[1]**体付き**[からだつき] 몸매. 몸집. 체격.

音読

体❶[たい] ①모양. 틀. 형태. ¶～を成(な)す 형태를 갖추다. ②본질. 실체. ¶名(な)は～を表(あらわ)す 이름은 그 실체를 말해준다. ❷[てい] ①모습. 태도. 차림. ¶芸人(げいにん)～の男(おとこ) 연예인 차림의 남자. ②겉치레. 허울. ¶～のいい言葉(ことば) 허울 좋은 말. ❸[からだ] ☞ [訓読]

体する[たいする] 〈サ変他〉 마음에 새겨 지키다. 몸소 실천하다.

体たらく[ていたらく] 꼬락서니. 꼴불견. 몰골. ＊멸시하거나 비난하는 말임.

体よく[ていよく] 완곡하게. 정중하게.

体感[たいかん] 체감; ①몸으로 느끼는 감각. ②내장에 가해지는 자극으로 일어나는 감각. ＊기갈·구토 등을 말함.

体腔[たいこう/たいくう] 체강; 동물의 장기가 들어 있는 가슴이나 배의 내부. ＊의학계에서는 'たいくう'라고 함.

[1]**体格**[たいかく] 체격; 몸의 외관상 상태.

[2]**体系**[たいけい] 체계; ①구성하는 각 부분을 계통적으로 통일시킨 전체. ②일정한 원리에 따라 통일적으로 조직된 지식의 전체.

体軀[たいく] 체구; 몸집. 체격.

体内[たいない] 체내; 몸의 안.

体当(た)り[たいあたり] ①(자기) 몸으로 부딪쳐 (상대에게) 타격을 줌. ②전력을 다함. 혼신을 다함.

体得[たいとく] 체득; ①몸소 체험하여 알게 됨. ②완전히 이해하여 자기 것으로 함.

[1]**体力**[たいりょく] 체력; 몸의 힘.

体面[たいめん] 체면; 남을 대하는 면목.

体罰[たいばつ] 체벌; 몸에 고통을 주는 벌.

体細胞[たいさいぼう] 체세포; 생식 세포 이외의 모든 세포.

体勢[たいせい] 체세; 몸의 자세.

体液[たいえき] ≪生理≫ 체액. ＊혈액·임파액 등을 말함.

体言[たいげん] ≪語学≫ 체언; 활용하지 않을 경우의 명사(문장의 주어를 이룸).

[2]**体温**[たいおん] 체온; 몸의 온도.

体温計[たいおんけい] 체온계.

体外[たいがい] 체외; 몸 밖.

体外受精[たいがいじゅせい] 체외수정.

体用[たいよう] 체용; ①본체(本体)와 작용. 실체와 응용. ② ≪語学≫ 체언(体言)과 용언(用言).

[2]**体育**[たいいく] 체육; 체위 향상을 위한 교육.

体育館[たいいくかん] 체육관.

[1]**体裁**[ていさい] 체재; ①외관. 겉모양. ②체면. 남의 이목. ③갖추어야 할 형식. ④빈말. 겉치레.

お体裁屋[おていさいや] 빈말만 하는 사람.

体裁ぶる[ていさいぶる] 〈5自〉 뽐내다. 우쭐거리다. 으쓱해하다. 거드름피우다.

[2]**体積**[たいせき] ≪数≫ 체적; 부피.

[2]**体制**[たいせい] 체제; ①생물체의 각 부분이 전체로서 통일을 유지하는 그 관계. ②사회 조직의 형태. ③정치 지배의 형태.

[2]**体操**[たいそう] 체조; 일정한 규칙에 따른 운동.

体操場[たいそうじょう] 체조장.

[2]**体重**[たいじゅう] 체중; 몸무게.

体質[たいしつ] 체질; ①몸의 성질. ②조직이 갖고 있는 성질.

体質改善[たいしつかいぜん] 체질개선.

体臭[たいしゅう] 체취; 몸에서 나는 냄새.

[1]**体験**[たいけん] 체험; 실제의 경험.

体現[たいげん] 체현; 구현(具現). 추상적인 것을 구체적으로 나타냄.

体刑[たいけい] 체형; ①몸에 고통을 주는 형벌. ②신체의 자유를 속박하는 형벌.

体形[たいけい] 체형; ①몸매. 몸의 모양. ②모양. 형태.

体型[たいけい] 체형; 체격의 모양. ＊비만형·근육형 등을 말함.

逓(遞) 차례로 바꿀 체

〡 厂 𠂆 𠃛 𠂉 后 乕 虒 遆 逓

音 ◉テイ
訓 —

音読

逓加[ていか] 체가; 점차적으로 증가함.
逓減[ていげん] 체감; 차례로 줄여 감.
逓送[ていそう] 체송; ①차례로 여러 사람을 거쳐서 보냄. ②(우편물·짐을) 차례차례 전하여 보냄. ③우송(郵送).
逓信[ていしん] 체신; (우편물·짐을) 차례차례 전하여 보냄.
逓伝[ていでん] 체전; ①차례로 전하여 보냄. ②역참(駅站) 편에 보냄. ③역참의 인부·거마(車馬).
逓増[ていぞう] 체증; 점차적으로 증가함.

逮(逮) 붙잡을/미칠 체

〢 ⺕ ⺕ 聿 聿 隶 隶 隶 逮 逮

音 ◉タイ
訓 —

音読

逮夜[たいや] ≪仏≫ ①장례식의 전야(前夜). ②기일(忌日)의 전야(前夜).
2 逮捕[たいほ] ≪法≫ 체포; 수사 기관이 피의자를 구속(拘束)함.
逮捕状[たいほじょう] 체포장; 구속 영장.

替 바꿀 체

一 二 扌 夫 夫夫 㚘 替 替 替

音 ◉タイ
訓 ◉かえる ◉かわる

訓読

2 ◉替える[かえる] 〈下1他〉 ①(서로) 바꾸다. 교환하다. ②(새것으로) 교체하다. 바꾸다. 갈다.
替え[かえ] ①바꿈. 교환. 바뀜. ②대치품. 여벌.
替えズボン[かえズボン] ①여벌 바지. ②콤비 바지.
替え歌[かえうた] 곡조는 그대로 두고 가사만 바꾼 노래.
替え名[かえな] ①별명. ②(歌舞伎(かぶき)에서) 배우가 맡은 역할의 이름.
替え紋[かえもん] 정식 가문(家紋) 대신에 사용하는 문장(紋章).
替手[かえで] ①교체하는 사람. ②(일본 고유 음악에서 합주할 때) 주선율(主旋律)을 변화시켜 그것과 합주할 수 있도록 만든 선율.
替え玉[かえだま] ①가짜. ②대리. 대역(代役).
替え刃[かえば] (면도기의) 갈아 끼우는 날.
替え字[かえじ] 음이 같은 다른 글자로 바꿔 쓰는 글자.
替え地[かえち] 환지(換地). 대토(代土).
替え着[かえぎ] 갈아입을 옷. 여벌옷.
2 ◉替わる[かわる] 〈5自〉 교체되다. 바뀌다. 교대하다.
替(わ)り[かわり] ①교체. 대체. 대용. ②한 그릇 더 먹음.
替(わ)り狂言[かわりきょうげん] (歌舞伎(かぶき)에서) 바뀌서 새로 공연하는 狂言(きょうげん).

音読

◑交替[こうたい], 代替[だいたい]

滞(滯) 막힐/머무를 체

氵 氵 氵卄 泄 泄 泄 泄 滞 滞

音 ◉タイ
訓 ◉とどこおる

訓読

1 ◉滞る[とどこおる] 〈5自〉 ①(일·지불할 돈이) 밀리다. ②(일·교통이) 막히다. 정체되다.
滞り[とどこおり] 밀림. 막힘. 지체. 정체.

音読

滞京[たいきょう] 체경; 서울에 머묾.
滞空[たいくう] 체공; 비행기 등이 공중을 계속해서 낢.
滞欧[たいおう] 체구; 유럽에 머묾.
1 滞納[たいのう] 체납; 납부해야 할 돈·물건을 기한이 지나도 납부하지 않음.
滞留[たいりゅう] 체류; ①체재(滞在). 여행지에 얼마 동안 머묾. ②정체(停滞). 진행되지 않고 머묾.

滞日[たいにち] 체일; 일본에 머묾.
2滞在[たいざい] 체재; 여행지에 얼마 동안 머묾.
滞積[たいせき] 체적; 입체(立体)가 공간에서 차지하는 양.
滞貨[たいか] 체화; 팔고 남은 재고품이나 발송되지 않은 화물·상품이 정체됨.

締 맺을 체

糸 糸 糸 糸' 紵 紵 締 締 締 締

音 ◉テイ
訓 ◉しまる ◉しめる

訓読

◉締まる[しまる] 〈5自〉 ①(단단히) 조여지다. 팽팽해지다. ②(마음·표정이) 긴장되다. 굳어지다. ③(품행이) 단정해지다. 착실해지다. ④절약하다. 아끼다. ⑤(문이) 닫히다. ⑥시세가 오르다. 오름세다.
締まり[しまり] ①단단히 조여 있음. 팽팽함. ②긴장미. 야무짐. ③결말. 매듭. ④문단속. ⑤감독. 다스림. ⑥절약함. 알뜰함.
締まり屋[しまりや] 절약가. 구두쇠.
4◉締める[しめる] 〈下1他〉 ①(바싹) 죄다. 졸라매다. ②(단단히) 죄다. 잠그다. ③단속하다. 엄히 다스리다. ④(문을) 닫다. ⑤결산하다. 합계하다. ⑥(축하하여) 손뼉을 치다.
締め[しめ] ①합계. 총계. ②(숫자에 접속하여) 다발. 묶음. ③(편지 봉투의) 봉함표.
締めて[しめて] 합계해서. 모두 합쳐.
締(め)高[しめだか] 합계. 총계.
締(め)括り[しめくくり] (일의) 결말. 매듭.
締め括る[しめくくる] 〈下1他〉 ①단단히 묶다. 동여매다. ②단속하다. 감독하다. ③끝맺다. 매듭짓다.
締め具[しめぐ] (스키 등을) 단단히 죄기 위한 도구.
締め金[しめがね] (끈이나 혁대 등을 죄기 위한) 걸쇠. 고리. 버클.
締め木[しめぎ] 기름틀.
締(め)付け[しめつけ] ①단단히 죔. ②엄하게 다룸. 압박함. 억압함.
締め付ける[しめつける] 〈下1他〉 ①단단히 죄다. ②다그치다. 짓누르다.
締め殺す[しめころす] 〈5他〉 교살하다. 목 졸라 죽이다.
締め上げる[しめあげる] 〈下1他〉 ①단단히 묶다. 단단히 조르다. ②추궁하다. 엄하게 문초하다.
締(め)緒[しめお] (물건을 죄는) 노끈.
締(め)込み[しめこみ] (씨름에서) 샅바.
2締(め)切り[しめきり] ①(기한의) 마감. 마감일. 마감 날짜. ②(창·문 등이) 폐쇄됨. 닫혀 있음.
2締め切る[しめきる] 〈5他〉 ①마감하다. ②(문을) 단단히 잠그다. 완전히 닫다. 모두 닫다. ③(문을) 오랫동안 닫은 채로 두다. 폐쇄하다.
締め鯖[しめさば] (세 토막 내어) 소금과 식초로 맛들인 고등어.
締(め)出し[しめだし] ①(문을 닫고) 내쫓음. 축출. ②배척. 따돌림. ③(파업에 대항한 경영자측의) 공장 폐쇄.
締め出す[しめだす] 〈5他〉 ①(문을 닫고) 내쫓다. 쫓아내다. 몰아내다. ②배척하다. 따돌리다.
締(め)太鼓[しめだいこ] 일본 북의 하나.

音読

締する[ていする] 〈サ変他〉 (친교를) 맺다.
締結[ていけつ] 체결; ①단단히 묶음. ②다른 나라와 조약이나 계약을 맺음.
締盟[ていめい] 체맹; 다른 나라와 동맹이나 조약을 맺음.
締約[ていやく] 체약; 조약·계약을 맺음.

剃 털 깎을 체

音 ⊗テイ
訓 ⊗そる

訓読

2⊗剃る[そる] 〈5他〉 (수염·머리 등을 면도로) 밀다. 깎다.
剃り[そり] ①(수염·머리 등을 면도로) 깎음. 깎인 정도. ②머리칼.
剃刀[★かみそり] 면도칼. 면도기.
剃り味[そりあじ] (면도할 때) 면도날이 피부에 닿는 감촉.
剃り込む[そりこむ] 〈5他〉 바싹 면도하다.
剃り跡[そりあと] 면도 자국.

音読

剃髪[ていはつ] 체발; (仏門에 들어가) 삭발함. 출가(出家)함. 중이 됨.

諦 살필/체념할 체	音 ⊗テイ ⊗タイ 訓 ⊗あきらめる

訓読

[2]⊗諦める[あきらめる] 〈下1他〉 체념하다. 단념하다. 포기하다.

[1]諦め[あきらめ] 체념. 단념. 포기.

音読

諦観[ていかん] 체관; ①명확히 본질을 밝혀서 봄. ②체념. 단념.

諦念[ていねん] 체념; 단념. 포기함.

諦視[ていし] 체시; 주시함. 계속 응시함.

〔초〕

肖(肖) 닮을 초

丨 𠃌 ⺌ 𫩏 肖 肖 肖

音 ◉ショウ

訓 ⊗あやかる

訓読

⊗肖る[あやかる] 〈5自〉 ①감화되어 닮다. ②(행복한 사람의) 영향을 받아 행복해지다.

肖り[あやかり] ①닮은 사람. ②(남의 부러움을 사는) 행복한 사람. 행운아.

音読

肖像[しょうぞう] 초상; 사람의 얼굴이나 모습을 나타낸 그림·사진·조각.

肖像権[しょうぞうけん] 초상권; (어떤 사람의) 초상화나 사진이 본인의 동의 없이 촬영되고 반포되는 것을 거부할 수 있는 권리.

肖像画[しょうぞうが] 초상화.

抄 베낄 초

一 亅 扌 扌 扌 抄 抄

音 ◉ショウ

訓 ⊗すく

訓読

⊗抄く[すく] 〈5他〉 (종이·김 등을) 뜨다.

音読

抄[しょう] ①(접미어적으로) 초록(抄録). 발초(抜抄). ②(고전의) 주석서(註釈書). ③(부피의 단위로서) 작(勺)의 10분의 1.

抄する[しょうする] 〈サ変他〉 ①초하다. 베끼다. 옮겨 쓰다. ②발췌하다. 발췌하여 주석(註釈)하다.

抄録[しょうろく] 초록; 발췌. 발췌한 기록.

抄物❶[しょうもの] 주석본(註釈本). 본문을 주석한 것. ❷[しょうもつ] ①발췌한 것. ②가작(歌作)·시작(詩作)을 위한 참고서.

抄本[しょうほん] 초본; ①발췌하여 쓴 책. ②원본의 일부를 분리하여 발췌한 것.

抄写[しょうしゃ] 초사; 본문의 일부를 발췌하여 베낌.

抄訳[しょうやく] 초역; 본문의 일부분만을 발췌하여 번역함.

抄紙[しょうし] 초지; 종이를 뜸.

抄出[しょうしゅつ] 초출; 발췌. 골라서 뽑아냄.

初 처음 초

丶 ㇇ 礻 礻 礻 衤 初

音 ◉ショ

訓 ◉はつ ◉はじめ ◉そめる ◉うい ⊗うぶ

訓読

◉初[はつ] 첫. 처음. 최초. ¶～の出勤(しゅっきん) 첫 출근.

⊗初[うぶ] 〈形動〉 ①순진함. ¶～なところがない 순진한 데가 없다. ②남녀 관계에 경험이 없음. ¶～な娘(むすめ) 숫처녀.

[4]◉初め❶[はじめ] ①처음. 시작. 최초. ②기원. 근원. 당초. 발달. ❷[ぞめ] (동사 ます형에 접속하여) ①새해 들어 첫 번째임. ¶書(か)き～ 새해 처음으로 글씨를 씀. ②처음으로 함. ¶橋(はし)の渡(わた)り～ 다리를 첫 번째로 건넘. 다리의 개통식.

[4]初めて[はじめて] ①처음으로. 최초로. ②비로소.

[4]初めに[はじめに] 처음에. 시초에.

初めまして[はじめまして] (처음 만났을 때의 인사말로) 처음 뵙겠습니다.

◉初める[そめる] 〈下1自〉 (동사 ます형에 접속하여) …하기 시작하다. 처음 …하다. ¶夜(よ)が明(あ)け～ 날이 밝기 시작하다.

初繭[はつまゆ] 그 해에 처음 거둔 누에고치.

初鰹[はつがつお] (초여름에) 그 해에 처음 잡히는 가다랭이.

初鏡[はつかがみ] (여성이) 새해 들어 처음으로 거울을 보고 화장함.

初鶏[はつとり] ①설날 아침 맨 처음 우는 첫닭. ②새벽에 맨 처음 우는 첫닭.
初空[はつぞら] 설날 아침의 하늘.
初公判[はつこうはん] 첫 공판.
初冬[はつふゆ/しょとう] 초동; ①초겨울. ②음력 10월의 딴이름.
初嵐[はつあらし] (立秋後) 첫 강풍(強風).
初旅[はつたび] 첫 여행.
初雷[はつがみなり] 새해 들어 최초의 천둥.
初売り[はつうり] 새해 들어 처음 물건을 팖.
初買い[はつがい] 새해 들어 처음 물건을 삼.
初夢[はつゆめ] ①새해의 첫꿈. 설날에 꾸는 꿈. ②(옛날) 입춘 전날 밤에 꾼 꿈.
初舞台[はつぶたい] 첫 출연하는 무대.
初物[はつもの] ①맏물. 햇것. ②(그 철 들어) 처음으로 먹는 햇것. ③새것. ④숫처녀. 숫총각.
初物食い[はつものぐい] ①햇것을 즐겨 먹음. ②새것을 좋아함. ③(숫처녀 등을 즐겨 노리는) 엽색가.
初釜[はつがま] ①새해 들어 처음 차(茶)를 끓임. ②새해 들어 첫 다도회(茶道会).
初盆[はつぼん] 그 사람이 죽고 처음 맞이하는 盂蘭盆(うらぼん).
初氷[はつごおり] 첫얼음.
初仕事[はつしごと] 첫 일. 첫 직장.
初産[ういざん/はつざん/しょざん] 초산; 첫 아이를 낳음.
初上り[はつのぼり] ①첫 상경(上京). ②새해 들어 처음 강 등을 거슬러 올라감. ③새해 들어 첫 등산.
初商い[はつあきない] 새해 들어 처음 물건을 팖.
初生り[はつなり] (과실의) 맏물. 첫물.
初席[はつせき] 새해 들어 처음 열리는 寄席(よせ)의 흥행.
初蟬[はつぜみ] 그 해 처음 듣는 매미 소리.
初雪[はつゆき] 첫눈.
初声[はつこえ] (꾀꼬리·두견새 등의) 그 해 처음 우는 소리.
初星[はつぼし] (씨름에서) 첫 승리의 표시.
初咲き[はつざき] 그 해 처음 핀 꽃.
初孫[ういまご/はつまご] 첫 손자.
初刷り[はつずり] 초쇄; 첫 인쇄. 초판.
初穂[はつほ] ①그 해 처음 익은 벼이삭. ②그 해 처음 거둔 농작물. ③(神仏에게) 바치는 첫 농작물·음식물·돈.
初穂料[はつほりょう] (神仏에게) 바치는 돈.
初乗り[はつのり] ①(새해 들어) 교통편을 처음 탐. ②(교통편의) 기본 요금 구간.
初乗り料金[はつのりりょうきん] (교통편의) 기본 요금.
初市[はついち] ①그 해의 첫 장. *흔히 정월 2일에 섬. ②봄에 처음 서는 장.
初時雨[はつしぐれ] (그 해의) 첫 초겨울비.
初雁[はつかり] 가을에 처음 날아오는 기러기. 또는 그 기러기 소리.
初顔合わせ[はつかおあわせ] ①(스포츠에서) 첫 대전(対戦). ②(연극·영화에서) 다른 배우와의 첫 공연(共演). ③(관계자의) 첫 모임. 첫 대면.
初鶯[はつうぐいす] (그 해의) 봄에 처음 듣는 꾀꼬리 소리.
初漁[はつりょう] 초어; ①새해 들어 첫 출어(出漁). ②새해 들어 처음 잡은 물고기. ③제철의 첫 출어·어획고.
初漁祝(い)[はつりょういわい] 초어 축하.
初旅[はつたび] 첫 여행.
初役[はつやく] 초역; 처음 맡는 배역.
初恋[はつこい] 초연; 첫사랑.
初詣(で)[はつもうで] 새해 들어 처음 신불(神仏)에게 참배함.
初午[はつうま] 초오; ①2월의 첫 오일(午日). ②'初午祭'의 준말.
初午祭[はつうままつり] 初午(はつうま)에 행하는 稲荷神社(いなりじんじゃ)의 제사.
初茸[はつたけ] ≪植≫ 나팔버섯.
初酉[はつとり] 초유; 11월의 첫 유일(酉日).
初音[はつね] (꾀꼬리·두견새 등의) 그 해 처음 우는 소리.
[1]**初耳**[はつみみ] 금시초문. 처음 듣는 이야기.
初日❶[はつひ] 설날 아침의 해. ❷[しょにち] ①(흥행의) 첫날. 개막일. ②(씨름에서 지기만 하다가) 첫 승리. 처음 이김.
初日影[はつひかげ] 설날 아침의 햇빛.
初日の出[はつひので] 설날의 해돋이.
初子❶[はつご/ういご] 첫아이. ❷[はつね] ①정월의 첫 자일(子日). ②11월의 첫 자일(子日).
初姿[はつすがた] 설빔 차림.
初場所[はつばしょ] 정월에 東京(とうきょう)에서 열리는 씨름 대회.
初節句[はつぜっく] (태어나) 처음 맞는 명절.
初店[はつみせ] (遊女가) 처음 가게에 나와 손님을 받음.
初陣[ういじん] (경기·시합의) 첫 출전.

初着[はつぎ] ①처음 입는 새 옷. ②새해 들어 처음 입는 나들이옷.
初参り[はつまいり] ①새해 들어 처음 신불(神仏)을 참배함. ②(태어나) 처음으로 신불을 참배함.
初妻[ういづま] 새댁. 갓 결혼한 아내.
初体験[はつたいけん] 첫 경험. ＊이성(異性)과의 육체 관계를 말함.
初初しい[ういういしい] 〈形〉 ①(모습이) 앳되다. ②싱싱하다.
初秋[はつあき/しょしゅう] 초추; 초가을.
初春[はつはる] 초춘; ①초봄. ②새해. 신년.
初値[はつね] (증권 거래소에서) 그 해 처음 형성된 시세.
初幟[はつのぼり] 사내아이의 첫 단오절에 올리는 のぼり 축하.
初枕[はつまくら] 결혼 첫날밤. 신방(新房).
初湯[はつゆ] ①갓난아이의 첫 목욕물·첫 목욕. ②그 해 처음 하는 목욕. ＊정월 초이튿날의 목욕. ③(데운 물에) 맨 처음 들어가는 목욕.
初風[はつかぜ] 그 계절 초에 부는 바람.
初荷[はつに] 초하; 그 해 처음 상품을 실어 보내는 짐.
初夏[はつなつ/しょか] 초하; 초여름.
初学び[ういまなび] 초학; ①처음으로 배움. ②초보(初歩).
初許し[はつゆるし] (芸道에서 스승에게 전수받는) 첫 단계 면허.
初花[はつはな] ①(그 해·그 철에) 처음 피는 꽃. ②(그 초목에) 처음 피는 꽃. ③(그 해에) 처음 핀 벚꽃. ④첫 월경.

音読

初見[しょけん] 처음 만남. 초면(初面).
初更[しょこう] 초경; 오후 7시~9시 사이.
初校[しょこう] 초교; 인쇄물의 첫 교정.
[2]初級[しょきゅう] 초급; 맨 첫 등급.
初期[しょき] 초기; 맨 처음 시작되는 시기.
初年[しょねん] 초년; ①첫 해. ②처음의 몇 해. 초기(初期).
初年度[しょねんど] 초년도. 첫 해.
初年兵[しょねんへい] 초년병; 갓 입대한 사병.
初念[しょねん] 초념; 처음에 품은 뜻.
初段[しょだん] 초단; ①첫 단계. ②(바둑·장기·검도·유도 등의) 첫째 단.
初代[しょだい] 초대; 제1대.
初対面[しょたいめん] 초대면; 첫 대면.
初度[しょど] 초도; 첫 번째. 첫 회.
初冬[しょとう/はつふゆ] 초동; ①초겨울. ②음력 10월의 딴이름.
初頭[しょとう] 초두; 첫머리.
初等[しょとう] 초등; 맨 처음의 등급.
初老[しょろう] 초로; 50세 전후.
初犯[しょはん] 초범; 첫 범죄.
[2]初歩[しょほ] 초보; 첫걸음. 초심(初心).
初手[しょて] 초수; ①(바둑·장기의) 첫수. ②최초. 첫머리.
[2]初旬[しょじゅん] 초순; 상순(上旬).
初心[しょしん] 초심; ①처음에 품은 뜻·마음. ②처음으로 배움. ③순진함.
初心者❶[しょしんしゃ] 초심자; 초보자(初歩者). ❷[しょしんもの] 순진한 사람.
初審[しょしん] 초심; 제1심.
初夜[しょや] 초야; ①(결혼) 첫날밤. ②초경(初更). 오후 7시부터 9시 사이. ③≪仏≫ 초야의 독경(読経).
初演[しょえん] 초연; 첫 연주·공연.
初一念[しょいちねん] 초일념; 초지(初志).
初日❶[しょにち] ①(흥행의) 첫날. 개막일. ②(씨름에서 지기만 하다가) 첫 승리. 처음 이김. ❷[はつひ] 설날 아침의 해.
初任給[しょにんきゅう] 첫 월급.
初潮[しょちょう] 초조; 첫 월경.
初志[しょし] 초지; 처음에 품은 뜻.
初診[しょしん] 초진; 최초의 진찰.
初秋[しょしゅう/はつあき] 초추; 초가을.
初春[しょしゅん/はつはる] 초춘; 초봄.
初七日[しょなのか/しょなぬか] ≪仏≫ 7일재(斎). 죽은 후 7일째 되는 날.
初太刀[しょだち] 첫 칼질.
[1]初版[しょはん] 초판; 제1판.
初便[しょびん] 초편; ①(교통편의) 첫편. ②처음 보낸·도착한 소식.
初筆[しょひつ/しょふで] 초필; 최초로 글씨를 씀.
初夏[しょか/はつなつ] 초하; 초여름.
初学者[しょがくしゃ] 초학자; 초보자.
初号[しょごう] 초호; ①(정기 간행물의) 제1호. 창간호. ②'初号活字'의 준말.
初号活字[しょごうかつじ] 초호활자; 호수(号数) 활자 중에서 제일 큰 것.
初婚[しょこん] 초혼; 첫 결혼.
初会[しょかい] 초회; ①첫 대면. ②첫 모임. ③(창녀가) 처음 오는 손님을 맞이함.
初回[しょかい] 초회; 제1회. 첫 번째.
初回金[しょかいきん] 제1회 불입금.

招 부를 초

一 寸 扌 扫 扣 扨 招 招

音 ◉ショウ
訓 ◉まねく

訓読

2◉招く[まねく] 〈5他〉 ①손짓하여 부르다. ②초대하다. 초빙하다. 초청하다. ③(사람을) 불러오다. ④(문제를) 일으키다. 초래하다. 야기하다.

1招き[まねき] ①초대. 초빙. 초청. ②(손님을 끌기 위한) 간판. 상점의 장식물. ③(옛날 흥행장의 출입구에서) 손님을 끌던 사람.

招き寄せる[まねきよせる] 〈下1他〉 불러들이다. 끌어들이다.

招き猫[まねきねこ] 오른쪽 앞발로 사람을 부르는 시늉을 하는 고양이 장식물.

音読

招じる[しょうじる] 〈上1他〉 초대하다. 초빙하다. 초청하다. 맞아들이다.

招ずる[しょうずる] 〈サ変他〉 ☞ 招じる

招客[しょうきゃく] 초객; ①손님을 초청함. ②초청한 손님.

2招待[しょうたい] 초대; 손님을 불러들임.

招待客[しょうたいきゃく] 초대 손님.

招待状[しょうたいじょう] 초대장; 초청장.

招来[しょうらい] 초래; ①(사람을) 초빙함. 불러옴. ②(문제를) 일으킴. 야기함.

招聘[しょうへい] 초빙; 정중히 초청함.

招宴[しょうえん] 초연; ①잔치에 초대함. ②초대하여 베푼 잔치.

招集[しょうしゅう] 소집(召集). ＊공손한 말임.

招請[しょうせい] 초청; 청하여 부름.

招致[しょうち] 초치; 청하여 오게 함.

招魂[しょうこん] 초혼; 혼을 부름.

草 풀 초

一 十 艹 芇 苩 苩 苩 莒 草

音 ◉ソウ ◉ゾウ
訓 ◉くさ

訓読

3◉草[くさ] ①풀. 잡초. ②꼴. 꼴풀.

草いきれ[くさいきれ] (여름철 풀숲에서 풍기는) 풀의 훈김. 후끈한 열기.

草スキー[くさスキー] (잔디 등) 풀 위에서 타는 스키.

草むしり[くさむしり] 풀을 뜯음.

草むす[くさむす] 〈5自〉 풀이 자라다.

草家[くさや] 초가; 초가집.

草結び[くさむすび] ①(길의 표시로서) 풀을 잡아 맴. ②초막을 짓고 삶. ③결연(結縁).

草競馬[くさけいば] 시골 경마.

草枯れ[くさがれ] 풀이 시드는 계절.

草冠[くさかんむり] 초두변. ＊한자(漢字) 부수의 하나로 '花・草' 등의 '艹' 부분을 말함.

草亀[くさがめ] ≪動≫ 남생이.

草団子[くさだんご] 쑥경단.

草代[くさだい] ①남의 땅에서 나무나 꼴을 베는 대금으로 지불하는 돈. ②(江戸(えど) 시대) 들에 난 잡초를 베는 데 부과한 세금.

草藤[くさふじ] ≪植≫ 등갈퀴나물.

草木[くさき/そうもく] 초목; 풀과 나무.

草木瓜[くさぼけ] ≪植≫ 풀명자.

草木染め[くさきぞめ] 초목을 삶은 즙액으로 한 염색법.

草牡丹[くさぼたん] ≪植≫ 종덩굴.

草物[くさもの] (꽃꽂이에서) 초목. 화초.

草餅[くさもち] 쑥떡.

草餅の節句[くさもちのせっく] 3월 3일의 딴이름.

草分け[くさわけ] ①(황무지를) 개척함. 개척자. ②창시자. ③선구자.

草肥[くさごえ] 초비; 녹비(緑肥).

草の扉[くさのとびら] 사립문.

草山[くさやま] 풀이 난 낮은 산.

草産す[くさむす] 〈5自〉 잡초가 자라다.

草相撲[くさずもう] 아마추어 씨름.

草双紙[くさぞうし] 江戸(えど) 시대의 그림이 들어 있는 대중 소설.

草色[くさいろ] 풀빛. 초록색.

草生[くさふ] 초원. 풀이 난 곳.

草生す[くさむす] 〈5自〉 잡초가 자라다.

草蘇鉄[くさそてつ] ≪植≫ 청나래고사리.

草市[くさいち] 우란분재(盂蘭盆斎)에 사용할 화초・불구(仏具)를 파는 시장.

草鞋[★わらじ] 일본 짚신.

草深い[くさぶかい] 〈形〉 ①풀이 무성하다. ②두메 같다. 벽촌 같다.

草野球[くさやきゅう] (빈터에서 하는) 풋내기 야구. 동네 야구.

草魚[くさうお] ≪魚≫ 꼼치.
草葉[くさば] 초엽; 풀잎.
草熱れ[くさいきれ] (여름철 풀숲에서 풍기는) 풀의 훈김. 후끈한 열기.
草刈り[くさかり] 풀베기. 풀 베는 사람.
草屋[くさや] 초옥; ①초가집. ②건초를 저장해 두는 헛간.
草屋根[くさやね] 초가지붕.
草臥し[くさぶし] 풀 위에서 잠.
[2]草臥れる[くたびれる] 〈下1自〉 ①지치다. 피로하다. ② ≪俗≫ 낡아지다. 허름해지다. ③무기력해지다. 기력이 쇠퇴하다.
草の王[くさのおう] ≪植≫ 애기똥풀.
草雲雀[くさひばり] ≪虫≫ 풀종다리.
草垣[くさがき] 바자울타리.
草原[くさはら/くさわら/そうげん] 초원; 풀이 많이 나 있는 들판.
草葦[くさよし] ≪植≫ 갈풀.
草の陰[くさのかげ] 풀이 높게 자란 그늘.
草隠れ[くさがくれ] ①풀 속에 숨음. ②(풀이 우거진 시골의) 은신처.
草入(り)水晶[くさいりずいしょう] ≪鉱≫ 풀잎이 들어 있는 것처럼 보이는 수정.
草丈[くさたけ] 농작물이 자란 키.
草笛[くさぶえ] 풀피리.
草摺り[くさずり] ①옷소매 등을 풀에 문질러 염색한 옷. ②(일본 갑옷에서) 허리 아래를 가리는 것.
草地[くさち] 초지; 풀밭.
草蜉蝣[くさかげろう] ≪虫≫ 풀잠자리.
草叢[くさむら] 풀숲. 풀밭.
草取(り)[くさとり] ①제초(除草). 김매기. ②김매는 사람. ③제초 도구.
草取(り)爪[くさとりづめ] 제초(除草) 도구.
草枕[くさまくら] ①풀베개. 나그네의 잠. ②객지잠. 여행.
草合歓[くさねむ] ≪植≫ 자귀풀.
草紅葉[くさもみじ] (가을에) 붉게 물든 풀. 단풍이 든 풀.
草火[くさび] 초화; 풀을 태우는 불.
草花[くさばな] 화초; 풀 종류의 꽃.

音読

草稿[そうこう] 초고; 원고(原稿).
草根木皮[そうこんもくひ] 초근목피; 풀뿌리와 나무껍질.
草堂[そうどう] 초당; ①초가집. ②자기 집을 낮춘 말.
草露[そうろ] 초로; ①풀에 맺힌 이슬. ②덧없는 사물.
[2]草履[★ぞうり] (일본) 짚신.
草本[そうほん] 초본; ① ≪植≫ 풀. ②초고(草稿). 초안(草案).
草書[そうしょ] 초서; 흘림체.
草食動物[そうしょくどうぶつ] 초식동물.
草案[そうあん] 초안; 규약(規約) 등의 초고. 원안(原案).
草庵[そうあん] 초암; 초가집.
草原気候[そうげんきこう] ≪気≫ 초원기후.
草紙[そうし] ①철해 놓은 책. ②(江戸(えど) 시대의) 삽화가 들어 있는 대중 소설. ③かな로만 쓰인 책. ④붓글씨 연습장.
草創[そうそう] ①(사업 등의) 시작. 시초. ②절・神社(じんじゃ) 등의 창건(創建).
草体[そうたい] 초체; 초서체(草書体).
草草[そうそう] ①(편지 끝에서 바쁘게 썼다는 뜻으로서의 인사말) 이만 총총. ②〈形動〉 간단함. 간략함. 대강임. ③변변치 못했음. ④매우 바쁨.

 까끄라기/초 초

一 二 千 禾 禾 利 利 秒 秒

音 ◉ビョウ
訓 —

音読

[2]秒[びょう] 초; ①시간의 단위. ②각도・경도・위도의 단위.
秒記時計[びょうきどけい] 초시계. stopwatch.
秒読み[びょうよみ] 초읽기. 시간을 초 단위로 셈함.
秒速[びょうそく] 초속; 1초 동안에 나아가는 속도.
秒時計[びょうどけい] 초시계. 초 단위를 표시하는 시계.
秒針[びょうしん] 초침; 시계의 초(秒)를 가리키는 바늘.

硝(硝) 초석 초

一 ア 石 石 石 石' 石'' 硝 硝 硝

音 ◉ショウ
訓 —

音読

硝酸[しょうさん] ≪化≫ 초산; 질산(窒酸).
硝石[しょうせき] 초석; (천연산의) 질산칼륨.

硝安[しょうあん] 초안; 질산암모늄. '硝酸アンモニウム'의 준말.
硝薬[しょうやく] 초약; 화약(火薬).
硝煙[しょうえん] 초연; 화약의 연기.
硝煙弾雨[しょうえんだんう] 초연탄우; 초연이 자욱하고 총알이 비오듯 함.
3**硝子**[★ガラス] 글라스. 유리.
3**硝子瓶**[★ガラスびん] 유리병.
硝子繊維[★ガラスせんい] 유리 섬유.
硝子障子[★ガラスしょうじ] 유리 장지.
硝子張り[★ガラスばり] ①유리를 끼움. ②숨김없음. 공명정대함.
硝子切り[★ガラスきり] 유리칼.
硝子紙[★ガラスがみ] ①유리 가루 사포(砂布). ②투명 종이.
硝子窓[★ガラスまど] 유리창.
硝子体[★ガラスたい] ≪生理≫ 유리체. 초자체.
硝子板[★ガラスいた] 판유리.
硝化[しょうか] 질화(窒化). 질소와 다른 원소.
硝化綿[しょうかめん] 질화면(窒化綿).

超 넘을 초

一 + 土 丰 丰 走 起 超 超 超

音 ◉チョウ
訓 ◉こえる ◉こす

訓読
2◉**超える**[こえる] 〈下1自〉 ①(어떤 기준을) 초과하다. 넘다. 넘어서다. ②초월하다. ③능가하다. 뛰어나다.
2◉**超す**[こす] 〈5他〉 (어떤 기준을) 초과하다. 넘다. 넘어서다.

音読
超[ちょう] 초; 초과(超過).
超高速[ちょうこうそく] 초고속; 고속보다 더 빠른 속도.
2**超過**[ちょうか] 초과; 어떤 기준을 넘어섬.
超克[ちょうこく] 초극; 난관을 극복함.
超弩級[ちょうどきゅう] 초노급; 초대형(超大型).
超能力[ちょうのうりょく] 초능력; 정상적인 능력을 초월함.
超短波[ちょうたんぱ] 초단파; TV 전파.
超大型[ちょうおおがた] 초대형; 일반적인 대형을 초월한 것.
超満員[ちょうまんいん] 초만원; 더할 수 없이 꽉 찬 만원.
超俗[ちょうぞく] 초속; 세속에 구애되지 않고 초연(超然)함.
超然[ちょうぜん] 초연; ①어떤 사건과 멀리 떨어져 있음. ②어떤 일에 구애되지 않음.
超越[ちょうえつ] 초월; ①(보통보다) 뛰어남. ②(범위·한계를) 벗어남. ③≪哲≫ (인식·경험 등의) 영역을 넘어서 존재함.
超音速[ちょうおんそく] 초음속; 소리보다 빠른 속도.
超音波[ちょうおんぱ] 초음파; 진동수가 매초 2만 이상인 음파.
超人[ちょうじん] 초인; ①슈퍼맨. 위대한 능력의 소유자. ②≪哲≫ 인간의 가능성을 극한까지 실현한 이상적인 인간상.
超自然[ちょうしぜん] 초자연; 자연의 이치를 넘어서 신비적임.
超絶[ちょうぜつ] 초절; ①초월(超越). ②출중하게 뛰어남. ③≪哲≫ (인식·경험 등의) 영역을 넘어서 존재함.
超脱[ちょうだつ] 초탈; 세속에서 벗어남.
超特急[ちょうとっきゅう] 초특급; 특급보다 더 빠름.

酢 초산 초

一 丆 丌 丙 西 酉 酉 酌 酢 酢

音 ◉サク
訓 ◉す

訓読
2◉**酢**[す] 초; 식초.
酢豚[すぶた] 탕수육.
酢牡蠣[すがき] 초에 절인 굴.
酢の物[すのもの] 식초에 무친 요리.
酢味噌[すみそ] 초된장.
酢油ソース[すあぶらソース] 프렌치 소스.
酢漿草[★かたばみ] ≪植≫ 괭이밥.
酢漬(け)[すづけ] 식초에 절임.
酢貝[すがい] ①초에 절인 조갯살. ②눈알고둥.
酢和え[すあえ] 초무침.

音読
酢酸[さくさん] ≪化≫ 초산.
酢酸菌[さくさんきん] 초산균.
酢酸繊維素[さくさんせんいそ] 초산섬유소.

焦 그을릴 초

丿 亻 亻' 什 隹 隹 焦 焦 焦

音 ◉ショウ

訓 ◉こがす ◉こがれる ◉こげる ◉あせる ⊗じらす ⊗じれる

訓読

2◉焦がす[こがす] 〈5他〉 ①(불에) 그슬리다. 태우다. 눌리다. ②애태우다.

焦(が)し[こがし] ①(불에) 그슬림. 태움. ②미숫가루.

◉焦がれる[こがれる] 〈下1自〉 ①갈망하다. 몹시 동경하다. 간절히 소망하다. ②애타게 그리다. 깊이 사모하다.

焦がれ死に[こがれじに] 상사병으로 죽음.

2◉焦げる[こげる] 〈下1自〉 (불에) 눋다. 불에 타서 검정이나 갈색이 되다.

焦げ[こげ] (새까맣게) 누름. 누른 것.

お焦げ[おこげ] 누룽지. 눌은밥.

焦げ目[こげめ] 눌은 자국.

焦げ付き[こげつき] ①(냄비 바닥 등에) 눌어붙음. 눌어붙은 것. ②(빌려준 돈의) 회수 불능. ③보합세. 시세 변동이 없음.

焦げ付く[こげつく] 〈5自〉 ①(냄비 바닥 등에) 눌어붙다. ②(빌려준 돈이) 회수 불능이 되다. ③보합세를 보이다. 시세 변동이 없다.

1焦げ茶[こげちゃ] 짙은 밤색.

焦げ臭い[こげくさい] 〈形〉 눋는 냄새가 나다. 타는 냄새가 나다.

1◉焦る[あせる] 〈5自〉 조바심하다. 안달하다. 초조하게 굴다. 조급하게 굴다.

焦り[あせり] 조바심. 안달. 초조함.

⊗焦らす[じらす] 〈5他〉 애태우다. 약올리다. 안달이 나게 하다.

⊗焦れる[じれる] 〈下1自〉 안달이 나다. 초조해지다. 조바심나다.

焦れったい[じれったい] 〈形〉 애타다. 애달다. 안타깝다. 감질나다.

焦れ込む[じれこむ] 〈5自〉《俗》 애태우다. 애가 타다. 조바심하다.

音読

焦慮[しょうりょ] 초려; 조바심이 남.

焦眉[しょうび] 초미; 아주 위급함.

焦心[しょうしん] 초심; 조바심이 남. 노심초사.

焦熱[しょうねつ] 초열; 타는 듯한 뜨거움.

焦熱地獄[しょうねつじごく] 《仏》 초열지옥; 불타는 지옥.

2焦点[しょうてん] 초점; ①거울・렌즈에 들어온 빛이 모이는 지점. ②(관심・주의 등의) 집중점. ③《数》 타원・쌍곡선・포물선을 이루는 기본점.

焦燥[しょうそう] 초조; 마음을 졸임. 조바심이 남. 애태움.

焦躁[しょうそう] ☞ 焦燥

焦土[しょうど] 초토; ①검게 탄 흙. ②많은 건축물이 불에 타서 흔적도 없이 사라져 버린 땅.

礁 암초 초

一 丆 石 石' 矿 矿' 矿' 碓 碓 礁

音 ◉ショウ

訓 —

音読

◑珊瑚礁[さんごしょう], 岩礁[がんしょう], 暗礁[あんしょう], 座礁[ざしょう], 環礁[かんしょう]

礎 주춧돌 초

石 石一 石十 石木 石林 礎 礎 礎 礎 礎

音 ◉ソ

訓 ◉いしずえ

訓読

◉礎[いしずえ] ①초석(礎石). 주춧돌. ②(사물의) 기초. 바탕. 토대(土台).

音読

礎石[そせき] 초석; ①주춧돌. ②(사물의) 기초. 바탕. 토대.

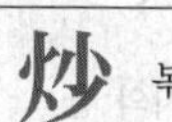

炒 볶을 초

音 ⊗ショウ ⊗ソウ

訓 ⊗いためる ⊗いる

訓読

1⊗炒める[いためる] 〈下1他〉 ①(기름에) 볶다. ②(양념한 것을) 지지다.

2⊗炒る[いる] 〈5他〉 ①(기름에) 볶다. ②(양념한 것을) 지지다.

炒り干し[いりぼし] (쪄서) 말린 잔멸치.

炒り豆[いりまめ] 볶은 콩.
炒り粉[いりこ] 미숫가루.
炒り子[いりこ] (쪄서) 말린 잔멸치.

音読

炒飯[チャーハン] (중국 요리의) 볶은 밥.

哨 ˣ(哨) 보초설 초	音 ⊗ショウ 訓 —

音読

哨戒[しょうかい] 초계; 적의 습격을 경계함.
哨戒機[しょうかいき] 초계기.
哨戒艦[しょうかいかん] 초계함.
哨兵[しょうへい] 초병; 보초병.
哨舎[しょうしゃ] 초사; ①초소(哨所). 파수막. ②(비가 올 때 등에) 초병(哨兵)이 들어가는 막사.
哨所[しょうしょ] 초소; 경계하며 파수를 보는 사람이 서 있는 곳.
哨海艇[しょうかいてい] 초해정; 바다를 경계하며 파수를 보는 함정.

悄 근심할 초	音 ⊗ショ ⊗ショウ 訓 —

音読

悄気る[しょげる] 〈下1自〉 풀이 죽다. 기가 죽다.
悄気返る[しょげかえる] 〈5自〉 몹시 풀이 죽다. 몹시 기가 죽다.
悄気込む[しょげこむ] 〈5自〉 몹시 풀이 죽다. 몹시 기가 죽다.
悄然[しょうぜん] 초연; 의기를 잃어 기운이 없는 모양.
悄悄[しょうしょう] 맥없이.

梢(梢) 나무끝 초	音 ⊗ショウ 訓 ⊗こずえ

訓読

⊗梢[こずえ] 나무 끝. 나뭇가지의 끝.

椒 산초나무 초	音 ⊗ショウ 訓 —

音読

椒房[しょうぼう] 초방; ①황후(皇后)의 거처. ②'皇后(こうごう)'의 딴이름.

鞘 ˣ(鞘) 칼집 초	音 ⊗ショウ 訓 ⊗さや

訓読

⊗鞘[さや] ①칼집. ②연필·붓 등의 뚜껑. ③마진. 차액(差額). 차액금. ④곳간·당(堂)·감옥 등의 담.
鞘巻[さやまき] (긴 칼에 곁들여 차는) 날밑 없는 단도(短刀).
鞘寄せ[さやよせ] (증권 거래소에서) 시세 변동으로 차액(差額)이 작아짐.
鞘当て[さやあて] ①체면이나 고집에 관한 싸움. ②≪俗≫ (한 여자를 두고 하는) 애인 쟁탈전. 삼각 관계.
鞘堂[さやどう] 건축물을 보호하기 위해 겉을 덮어싸듯이 지은 건물.
鞘走る[さやばしる] 〈5自〉 칼이 칼집에서 저절로 빠져나오다.
鞘取り[さやとり] 값의 차액을 취하기 위한 거래. 또는 그런 사람.

鍬 가래 초	音 ⊗シュウ 訓 ⊗くわ

訓読

⊗鍬[くわ] 괭이.
鍬入れ[くわいれ] ①(옛날 농가에서) 길일을 택하여 첫 괭이질을 하며 축원하는 농가의 행사. ②(식목할 때의) 첫 괭이질. ③(공사장의) 기공식. 첫 괭이질.
鍬始め[くわはじめ] ☞ 鍬入れ
鍬下[くわした] 황무지를 개간하여 논밭으로 만들 때까지의 기간.
鍬形[くわがた] ①투구의 앞면 양쪽에 뿔처럼 세운 장식물. ②'鍬形虫'의 준말.
鍬形虫[くわがたむし] ≪虫≫ 사슴벌레의 총칭.

〔촉〕

促 재촉할 촉
ノ 亻 亻 伫 伫 伻 伻 伻 促

音 ◉ソク
訓 ◉うながす

訓読

1◉促す[うながす] 〈5他〉 ①재촉하다. 독촉하다. 촉구하다. ②(사물의 진행을) 촉진시키다.

音読

促成[そくせい] 속성(速成). 성장을 촉진시킴.

促成栽培[そくせいさいばい] 속성(速成) 재배.

促音[そくおん] 촉음; (일본어의 발음에서) 막히는 듯한 느낌을 주는 음.

促音便[そくおんびん] ≪語學≫ 촉음편.

1促進[そくしん] 촉진; ①재촉하여 빨리 나아가게 함. ②어떤 상태나 일이 빠르게 진척됨.

触(觸) 닿을 촉

丿 ⺈ 𠂊 ⺈ 角 角 角 觓 觓 触

音 ◉ショク

訓 ◉さわる ◉ふれる

訓読

3◉触る[さわる] 〈5自〉 ①(살짝) 닿다. 건드리다. 손을 대다. 접촉하다. ②관계하다. 접근하다. ③(비위에) 거슬리다.

触り[さわり] ①닿는 느낌. 촉감. 감촉. 감각. ②(연극에서) 가장 감동적인 장면・대목.

触り三百[さわりさんびゃく] 조금 관계한 탓으로 뜻밖의 골탕을 먹음. *조금 건드린 탓으로 3백문(文)을 손해 본다는 뜻임.

2◉触れる[ふれる] 〈下1自〉 ①(살짝) 닿다. 스치다. 접촉하다. 만지다. ②느끼다. ③언급하다. ④(규정・규칙에) 저촉되다. ⑤부딪치다. 타격을 입다. 〈下1他〉 ①(살짝) 스치다. 접촉하다. 건드리다. 만지다. ②(말을) 퍼뜨리다.

触れ[ふれ] ①(일반에게 널리 알리는) 고시(告示). 포고(布告). ②(씨름에서) 사회자가 선수를 호명(呼名)함.

触れ告げる[ふれつげる] 〈下1他〉 널리 알리다. 선포하다. 포고(布告)하다.

触(れ)文[ふれぶみ] 포고문(布告文).

触れ歩く[ふれあるく] 〈5他〉 말을 퍼뜨리며 다니다. 말을 전하며 다니다.

触れ散らかす[ふれちらかす] 〈5他〉 여기저기 마구 퍼뜨리고 다니다.

触れ散らす[ふれちらす] 〈5他〉 여기저기 마구 퍼뜨리고 다니다.

触(れ)書き[ふれがき] (관청의) 포고문. 공고문. 통지문.

触(れ)込み[ふれこみ] (실제 이상으로 과장된) 사전 광고.

触れ込む[ふれこむ] 〈5他〉 (실제 이상으로 과장되게) 그럴싸하게 미리 광고하다. 미리 퍼뜨리다.

触(れ)状[ふれじょう] 방(榜). 포고문. 공고문.

触(れ)出し[ふれだし] (실제 이상으로 과장된) 사전 광고.

触(れ)太鼓[ふれだいこ] ①널리 광고하기 위해 치는 북. ②(씨름에서) 시합 전날에 북을 치며 하는 광고.

触れ合う[ふれあう] 〈5自〉 ①(서로) 맞닿다. 스치다. 접촉하다. ②(마음이) 서로 통하다.

触れ回る[ふれまわる] 〈5他〉 ①(공지 사항을) 알리며 다니다. ②여기저기 말을 퍼뜨리며 다니다.

音読

触角[しょっかく] ≪動≫ 촉각; 더듬이.

触覚[しょっかく] 촉각; 피부 감각.

触感[しょっかん] 촉감; 물건에 닿았을 때의 느낌.

触媒[しょくばい] ≪化≫ 촉매.

触媒作用[しょくばいさよう] ≪化≫ 촉매작용.

触発[しょくはつ] 촉발; ①뭔가에 닿거나 하면 폭발하거나 발사됨. ②충동을 가해 행동을 유발함.

触手[しょくしゅ] ≪動≫ 촉수.

嘱(囑) 부탁할 촉

口 口⁼ 叧 叧 呎 呢 嘱 嘱 嘱 嘱

音 ◉ショク

訓 —

音読

嘱する[しょくする] 〈サ変他〉 ①의탁하다. 맡기다. 기대하다. ②전갈・전언(伝言)을 부탁하다.

嘱望[しょくぼう] 촉망; 기대됨.

嘱目[しょくもく] 촉목; ①눈여겨봄. 주목(注目)함. ②눈에 띔.

嘱託[しょくたく] 촉탁; ①어떤 조건하에 일을 맡김. ②(비정규직 직원에게) 업무를 위촉함.

燭 촛불 촉	音 ⊗ショク 訓 —

音読

燭[しょく] 촉; ① 《物》 광도(光度)의 단위. ②등불.

燭光[しょっこう] 촉광; ①등불의 빛. ② 《物》 광도(光度)의 단위.

燭台[しょくだい] 촉대; 촛대.

燭涙[しょくるい] 촉루; 촛농.

〔촌〕

寸 마디 촌
一 寸 寸

音 ◉スン ⊗ズン
訓 —

音読

寸[すん] 촌; ①(척관법에서) 치. 약 3㎝. 한 자(尺)의 10분의 1. ②치수. 길이.

寸暇[すんか] 촌가; 짧은 여가. 틈.

寸隙[すんげき] 촌극; ①아주 짧은 여가 ②좁은 간격.

寸劇[すんげき] 촌극; 토막극. 짤막한 연극.

寸断[すんだん] 촌단; 토막토막 끊음.

寸胴[ずんどう/ずんど] ①'寸切り'의 준말. ②(위아래의 굵기가 똑같은) 절구통 모양.

寸胴切り[ずんどぎり] ①대나무를 잘라 만든 꽃꽂이 통. ②토막을 냄. ③고목(古木)의 밑둥으로 만든 테이블.

寸描[すんびょう] 촌묘; 스케치.

2**寸法**[すんぽう] ①치수. 길이. 사이즈. ②계획. 작정. 예정.

寸分[すんぶん] ①조금. 약간. ②(부정문에서) 조금도. 전혀.

寸書[すんしょ] 촌서; ①짧은 편지. ②자기 편지를 낮춘 말.

寸善尺魔[すんぜんしゃくま] 촌선척마; 세상에 좋은 일은 조금이고 언짢은 일은 많음.

寸時[すんじ] 촌시; 아주 짧은 여가.

寸心[すんしん] 촌심; 자기 마음·기분을 낮춘 말.

寸言[すんげん] 촌언; 경구(警句). 뜻이 깊은 짤막한 말.

寸陰[すんいん] 촌음; 아주 짧은 시간.

寸前[すんぜん] 촌전; 바로 앞. 직전.

寸切り[ずんぎり] ①토막을 냄. 통째썰기. ②사기그릇의 아가리의 푸른 띠를 두른 부분.

寸足らず[すんたらず] ①치수가 모자람. 길이가 약간 짧음. ②남보다 뒤짐. 시원치 않음.

寸志[すんし] 촌지; ①조그만 정성. ②하찮은 선물. 변변치 않은 선물.

寸借[すんしゃく] 촌차; 약간의 돈을 빌림.

寸尺[すんしゃく] 촌척; ①약간의 길이. ②길이. 치수.

寸鉄[すんてつ] 촌철; ①작은 칼. 무기. ②경구(警句). 뜻이 깊은 짤막한 말.

寸秒[すんびょう] 촌초; 촌각(寸刻). 아주 짧은 시간.

寸土[すんど] 촌토; 약간의 땅.

寸評[すんぴょう] 촌평; 간단한 비평.

寸毫[すんごう] 촌호; 추호(秋毫). 아주 적음. 아주 극소량.

寸詰(ま)り[すんづまり] (규정보다) 치수가 모자람. 약간 짧음.

村 마을 촌
一 十 才 木 木 村 村

音 ◉ソン
訓 ◉むら

訓読

4◉**村**❶[むら] ①마을. 시골. ②지방 자치 단체로서의 최소의 단위. ❷[そん] ☞ [音読]

村路[むらじ] 촌로; 마을길. 시골길.

村里[むらざと] 시골. 촌락.

村方[むらかた] 마을 쪽.

村方三役[むらかたさんやく] (江戸(えど) 시대의) 민정(民政) 담당 관리.

村払い[むらばらい] 동네 추방. ＊江戸(えど) 시대에 그 마을에서 내쫓던 형벌.

村時雨[むらしぐれ] 가을 소나기.

村役人[むらやくにん] (江戸(えど) 시대의) 민정(民政) 담당 관리.

村役場[むらやくば] 리(里) 사무소. ＊村(むら)의 행정 사무를 맡아 보는 곳.

村外れ[むらはずれ] 동구(洞口) 밖.

村雨[むらさめ] 소나기.

村人[むらびと] 마을 사람.

村田銃[むらたじゅう] (明治(めいじ) 초기에) 일본에서 개발한 총.
村芝居[むらしばい] ①마을 사람들의 연극. ②(지방 순회 극단의) 지방 공연.
村八分[むらはちぶ] ①동네에서 따돌림. 동네 왕따. ②따돌림. 왕따.

音読

村❶[そん] 촌. *지방 자치단체로서의 최소의 단위임. ❷[むら] ☞ [訓読]
村道[そんどう] 촌도; ①마을길. ②村(そん)의 경비로 만들고 보수·유지하는 도로.
村童[そんどう] 촌동; 시골 아이.
村落[そんらく] 촌락; 마을. 부락.
村吏[そんり] 촌리; 村(そん)의 공무원.
村民[そんみん] 촌민; 마을 사람들.
村夫子[そんぷうし] 시골 선비.
村費[そんぴ] 村(そん)의 경비.
村社[そんしゃ] ①마을의 수호신을 모신 당(堂). ②神社(じんじゃ)의 등급에서 무격사(無格社) 중의 상(上).
村塾[そんじゅく] 촌숙; 마을의 서당(書堂).
村営[そんえい] 村(そん)에서 경영함.
村有[そんゆう] 村(そん)의 소유.
村有地[そんゆうち] 村(そん)의 소유지.
村議[そんぎ] '村議会'의 준말.
村議会[そんぎかい] 村(そん) 의회(議会).
村荘[そんそう] 촌장; 시골 별장.
村長❶[そんちょう] 촌장; 村(そん)의 우두머리. *한국의 면장(面長)에 해당함. ❷[むらおさ] '村長(そんちょう)'의 예스런 말.
村政[そんせい] 村(そん)의 행정(行政).
村会[そんかい] '村議会(そんぎかい)'의 준말.

〔총〕

塚(塚) 무덤 총

一 十 ｷ ｷ' ｷ'' 圹 埞 塚 塚 塚

音 ⊗チョウ
訓 ◉つか

訓読

◉塚[つか] 총; ①성토한 무덤. ②둔덕. 흙무더기. 흙을 쌓아올린 곳.
塚穴[つかあな] 총혈; 묘혈(墓穴). 시체를 매장하는 구덩이.
◑一里塚[いちりづか], 貝塚[かいづか]

総(總) 모두/거느릴 총

ㄑ 幺 糸 糸 糸' 糸'' 糸公 総 総 総

音 ◉ソウ
訓 ⊗ふさ ⊗すべて ⊗すべる

訓読

⊗総[ふさ] ①(여러 가닥의 실로 만든) 술. ②(포도) 송이.
総楊枝[ふさようじ] 끝을 바수어 술처럼 만든 이쑤시개.
総総[ふさふさ] ①주렁주렁. 치렁치렁. ②(수염이) 터부룩함.
⊗総て[すべて] ①전체. 전부. 모든 것. ②〈副〉 모두. 전부. 모조리.
⊗統べる[すべる] 〈下1他〉 ①통합하다. ②다스리다. 지배하다.

音読

総ぐるみ[そうぐるみ] 전원이 똘똘 뭉침.
総じて[そうじて] 대체로. 대개. 일반적으로.
総すかん[そうすかん] 따돌림. 왕따시킴.
総勘定[そうかんじょう] 총계정(総計定).
総監[そうかん] 총감; (경찰·군대 등의) 큰 조직 전체를 감독하는 직명.
総見[そうけん] 단체 관람.
総決算[そうけっさん] 총결산; 총체적인 결산.
総計[そうけい] 총계; 총합계.
総高[そうだか] 총액(総額). 총계(総計).
総攻め[そうぜめ] 총공격. 전원이 공격함.
総攻撃[そうこうげき] 총공격; 전원이 공격함.
総括[そうかつ] 총괄; 여러 가지를 한데로 모아서 뭉침. 총정리.
総括り[そうぐくり] 총괄; 여러 가지를 한데로 모아서 뭉침. 총정리.
総掛(か)り[そうがかり] ①총동원. ②총공격. ③(지출된) 총경비.
総軍[そうぐん] 총군; 전군(全軍).
総当(た)り[そうあたり] ①(경기에서) 리그전 참가자 전원과 경기함. ②(제비뽑기에서) 꽝이 없음. 전원이 당첨됨.
総当(た)り戦[そうあたりせん] (경기에서) 리그전
総大将[そうだいしょう] 총대장; 총지휘자.
総代[そうだい] 총대; 총 대표. 대표.

総督[そうとく] 총독; ①관할 구역의 모든 정무(政務)·군무(軍務)를 통괄함. ②식민지의 장관.
総動員[そうどういん] 총동원; 전원이 동원됨.
総覧[そうらん] 총람; ①남김없이 모조리 봄. ②총람서(総覧書). 관계된 사항을 총정리한 서적.
総攬[そうらん] 총람; 한 손에 휘어잡음. 통합하여 장악함.
総量[そうりょう] 총량; 총중량. 총분량.
総力[そうりょく] 총력; 전체의 모든 힘.
総力戦[そうりょくせん] 총력전.
総領[そうりょう] 총령; ①가독(家督) 상속인. ②맏아들. 맏자식. ③통할(統轄). 모두 거느려서 관할함.
総領事[そうりょうじ] 총영사.
総論[そうろん] 총론; 전체를 총괄한 이론.
総理[そうり] 총리; ①사무를 모두 관할함. ②수상(首相). '総理大臣'의 준말.
2総理大臣[そうりだいじん] 총리대신; 수상(首相).
総理府[そうりふ] 총리부; 총리대신이 관할하는 행정 기관.
総裏[そううら] 양복 겉저고리 안쪽 전체에 대는 안찝.
総立ち[そうだち] (흥분하거나 호기심 등으로) 모두 일어섬. 총기립.
総毛立つ[そうけだつ] 〈5自〉 소름끼치다.
総務[そうむ] 총무; 조직 전체의 사무를 관장하여 처리함. 또는 그 사람.
総務庁[そうむちょう] 총무청. ＊한국의 '총무처'에 해당함.
総門[そうもん] 총문; ①저택의 제일 바깥쪽 정문. 대문. ②(禅宗의 사찰에서) 정문(正門).
総譜[そうふ] 총보; ①《楽》 지휘자용 악보. ②(바둑에서) 승부의 처음부터 끝까지를 나타낸 기보(棋譜).
総本山[そうほんざん] 총본산; ①《仏》 총본사(総本寺). ②사물의 중심이 되는 곳. 전체를 통괄하는 곳.
総崩れ[そうくずれ] ①궤멸. 완전 붕괴. ②완패(完敗). 전패(全敗).
総仕舞(い)[そうじまい] ①일을 모두 끝냄. 마감. ②몽땅 팔아 버림. 몽땅 사 버림. ③(유곽에서) 그 집 기생을 몽땅 부름.
総司令官[そうしれいかん] 총사령관.
総辞職[そうじしょく] 총사직; 총사퇴.
総状[そうじょう] 총상; 술이 드리워진 모양·상태.
総索引[そうさくいん] 총색인.
総選挙[そうせんきょ] 총선거. ＊일본에서는 '衆議院議員選挙'를 말함.
総説[そうせつ] 총설; 전체의 설명.
総勢[そうぜい] ①총인원. 전체 인원수. ②전군(全軍). 전 병력(全兵力).
総帥[そうすい] 총수; 총지휘관.
総数[そうすう] 총수; 전체의 수.
総身[そうみ] 온몸. 전신(全身).
総額[そうがく] 총액; 전체의 금액.
総揚げ[そうあげ] (그 유곽의) 기생을 몽땅 불러 놓고 놂.
総予算[そうよさん] 총예산.
総元締(め)[そうもとじめ] 총괄. 총괄자.
総員[そういん] 총원; 전원(全員).
総員集合[そういんしゅうごう] (구령으로) 전원(全員) 집합.
総有[そうゆう] 《法》 총유.
総意[そうい] 총의; 전체의 의사(意思).
総長[そうちょう] 총장; ①조직 전체를 관리하는 우두머리. ②(대학교의) 총장.
総裁[そうさい] 총재; 공사(公社)나 정당(政党)의 우두머리.
総占め[そうじめ] 몽땅 차지함. 모두 점령함.
総支配人[そうしはいにん] 총지배인.
総指揮[そうしき] 총지휘; 전체를 지휘함.
総菜[そうざい] 반찬. 부식(副食).
総体[そうたい] 총체; ①전체. ②대체로. 전반적으로. ③《俗》 원래.
総締め[そうじめ] ①총계. 합계. ②총괄함.
総出[そうで] 총출동.
総則[そうそく] 총칙; 전체 사항에 공통되는 법칙.
総称[そうしょう] 총칭; 전부를 총괄하여 일컫는 명칭.
総湯[そうゆ] (온천장의) 공동 목욕탕.
総統[そうとう] 총통; 국가·정당을 총괄하여 다스리는 직무.
総罷業[そうひぎょう] 총파업.
総評[そうひょう] 총평; ①전체적인 평가. ②'日本労働組合総評議会'의 준말.
1総合[そうごう] 종합(綜合). 전부를 합함.
総合商社[そうごうしょうしゃ] 종합상사.
総花[そうばな] 종업원 모두에게 주는 팁.
総花式[そうばなしき] 나누어 먹기식.

総花的[そうばなてき] 나누어 먹기식.
総和[そうわ] 총화; ①모든 것을 합한 것. ②총계. 총합계.
1総会[そうかい] 총회; 단체 구성원 전원에 의한 모임에서 그 단체의 의사를 결정하는 의결 기관.
総会屋[そうかいや] 총회꾼.
総画[そうかく] 총획; 한 한자(漢字) 획수의 합계.
総画索引[そうかくさくいん] 총획색인.
総画順[そうかくじゅん] 총획순.

銃 총 총

ㅅ 스 仐 亼 金 釒 釒 鈁 鈁 銃

音 ◉ジュウ
訓 —

音読

2銃[じゅう] 총.
銃架[じゅうか] 총가; 평상시에 총을 걸쳐 두는 받침대.
銃剣[じゅうけん] 총검; ①총과 칼. ②소총 끝에 부착하는 검.
銃撃[じゅうげき] 총격; 총으로 사격함.
銃撃戦[じゅうげきせん] 총격전.
銃口[じゅうこう] 총구; 총부리.
銃器[じゅうき] 총기; 혼자서 운반할 수 있는 총의 총칭.
銃殺[じゅうさつ] 총살; 총으로 쏴 죽임.
銃殺刑[じゅうさつけい] 총살형.
銃床[じゅうしょう] 총대. 소총의 몸.
銃傷[じゅうしょう] 총상; 총탄에 의한 상처.
銃声[じゅうせい] 총성; 총을 쏜 소리.
銃身[じゅうしん] 총신; 총의 몸.
銃眼[じゅうがん] 총안; 적을 사격하기 위해 방어벽(防禦壁) 등에 뚫어놓은 구멍.
銃座[じゅうざ] 총좌; 사격하기 위해 기관총을 설치하는 곳.
銃創[じゅうそう] 총상(銃傷). 총탄에 의한 상처.
銃槍[じゅうそう] 총창; ①총과 창. ②총검.
銃弾[じゅうだん] 총탄; 총알.
銃把[じゅうは] 총파; 개머리판의 일부분.
銃砲[じゅうほう] 총포; 소총과 공기총.
銃刑[じゅうけい] 총형; 총살형(銃殺刑).
銃火[じゅうか] 총화; 총기에 의한 사격.
銃丸[じゅうがん] 총탄. 총알.
銃後[じゅうご] ①전쟁터의 후방. ②후방 국민. 직접적으로 전투에 참여하지 않는 국민.

葱 파 총 | 音 ⊗ソウ | 訓 ⊗ねぎ

訓読

⊗葱[ねぎ] ≪植≫ 파.
葱坊主[ねぎぼうず] 파의 꽃.
葱鮪[ねぎま] 파와 다랑어를 냄비에 넣고 끓인 요리.

聡(聰) 귀밝을 총 | 音 ⊗ソウ | 訓 ⊗さとい

訓読

⊗聡い[さとい] 〈形〉 ①머리가 영리하다. 총명하다. 명석하다. ②(감각이) 예민하다. 민감하다. 재빠르다.

音読

聡明[そうめい] 〈形動〉 총명; 사물에 대한 이해가 빠르고 영리함.
聡慧[そうけい] 〈形動〉 총혜; 총명하고 슬기로움.

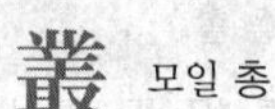

叢 모일 총 | 音 ⊗ソウ | 訓 ⊗くさむら ⊗むら ⊗むらがる

訓読

⊗叢❶[くさむら] 풀숲. ❷[むら] 무리. 떼.
⊗叢る[むらがる] 〈5自〉 떼지어 모이다.
叢り[むらがり] 떼를 지음. 무리. 떼.
叢濃[むらご] 총농; (염색법의 하나로) 같은 색깔로 드문드문 진하고 엷음.
叢立ち[むらだち] ①떼를 지어 서 있음. ②떼지어 나 있음.
叢立つ[むらだつ] 〈5自〉 ①떼를 지어 서다. ②떼를 지어 나다.
叢時雨[むらしぐれ] 가을 소나기.
叢雨[むらさめ] 소나기.
叢雲[むらくも] (和歌(わか) 등에서) 떼구름. 한 떼의 구름.
叢竹[むらたけ] 죽림(竹林). 대나무숲.

音読

叢談[そうだん] 총담; 여러 가지 이야기를 모은 책.

叢譚[そうだん] ☞ 叢談
叢生[そうせい] 총생; 무성한 초목 무더기.
叢書[そうしょ] 총서; ①여러 종류의 책을 모아 하나의 큰 책으로 만든 것. ②시리즈.
叢説[そうせつ] 총설; 한데 모아 놓은 여러 학설.
叢話[そうわ] 총화; 여러 가지 많은 이야기를 모아 놓은 책.

寵 총애할 총	音 ⊗チョウ 訓 —

音読
寵臣[ちょうしん] 총신; 총애하는 신하.
寵児[ちょうじ] 총아; ①특별히 사랑받는 아이. ②행운아.
寵愛[ちょうあい] 총애; 특별히 소중하게 사랑함.
寵遇[ちょうぐう] 총우; 특별 대접. 후대.
寵妾[ちょうしょう] 총첩; 애첩(愛妾).
寵姫[ちょうき] 총희; 특별한 사랑을 받는 여자. 애첩(愛妾).

〔촬〕

撮 사진찍을 촬

音 ◉サツ
訓 ◉とる ⊗つまむ

訓読
[2]◉撮る[とる] 〈5他〉 (사진을) 찍다. 촬영하다.
撮り落とす[とりおとす] 〈5他〉 (촬영할 부분을) 빠뜨리고 찍다.
撮り直す[とりなおす] 〈5他〉 재촬영하다. (사진을) 다시 찍다. 다시 복사하다.
[2]⊗撮む[つまむ] 〈5他〉 ①(손가락으로) 집다. 잡다. ②집어서 먹다. ③(요점을) 간추리다. 발췌하다. ④(수동형 'つままれる'로) 홀리다.
撮み[つまみ] ①손잡이. ②손가락으로 집은 부분.
お撮み[おつまみ] 마른안주.
撮(み)物[つまみもの] 마른안주.
撮(み)洗い[つまみあらい] (옷 등에) 오물이 묻었을 때 그 부분만을 걷어잡고 빪.
撮み食い[つまみぐい] ①손가락으로 집어먹음. ②몰래 훔쳐먹음. ③공금(公金)을 야금야금 횡령함. ④일시적인 희롱으로 여자를 꾐.
撮み菜[つまみな] 솎아 낸 채소. 솎음.
撮み出す[つまみだす] 〈5他〉 ①집어내다. ②끌어내다. 내쫓다.

音読
[2]撮影[さつえい] 촬영; 영화・사진을 찍음.
撮影機[さつえいき] 촬영기.
撮影所[さつえいじょ] 촬영소.
撮要[さつよう] 개요(概要). 요점만 간추려 간단히 기록한 것.

〔최〕

最 가장 최

音 ◉サイ
訓 ◉もっとも ⊗も

訓読
[2]◉最も[もっとも] (…중에서) 가장. 제일.
⊗最寄り[もより] (그 곳에서) 가장 가까움.
⊗最寄り品[もよりひん] (가장 가까운 소매점에서) 조금씩 자주 사는 물건.
⊗最早[もはや] 이미. 벌써. 이제는.

音読
最たる[さいたる] 가장. 제일가는. 으뜸가는.
最強[さいきょう] 최강; 가장 강함.
最敬礼[さいけいれい] (허리를 굽혀서 하는) 가장 정중한 인사.
最古[さいこ] 최고; 가장 오래됨.
[2]最高[さいこう] 최고; ①높이가 가장 높음. ②(정도・지위가) 제일 위임. ③(어떤 상태가) 가장 좋음.
最高峰[さいこうほう] 최고봉; 가장 높은 봉우리.
最高裁[さいこうさい] '最高裁判所'의 준말.
最高潮[さいこうちょう] 최고조; 클라이맥스. 절정(絶頂).
[3]最近[さいきん] 최근; ①요즈음. 근래. 최근에. ②(여럿 중에서) 가장 가까움.
最期[さいご] (일생의) 최후. 임종(臨終).
最多[さいた] 최다; 가장 많음.
最多得点[さいたとくてん] 최다 득점.

最多数[さいたすう] 최다수; 수효가 가장 많음.
最短[さいたん] 최단; 가장 짧음.
最大[さいだい] 최대; 가장 큼.
最大級[さいだいきゅう] 최대급; 아주 대대적임.
最大限[さいだいげん] 최대한.
最良[さいりょう] 최량; 가장 좋음.
最上[さいじょう] 최상; 맨 위.
最先端[さいせんたん] 최첨단(最尖端).
1最善[さいぜん] 최선; ①가장 좋음. ②할 수 있는 방법·노력.
最盛期[さいせいき] 전성기(全盛期). 한창 때.
最小[さいしょう] 최소; 가장 작음.
最小限[さいしょうげん] 최소한; 최소 한도.
最少[さいしょう] 최소; ①가장 적음. ②최연소(最年少). 가장 젊음.
最新[さいしん] 최신; 가장 새로움.
最新版[さいしんばん] 최신판.
最新型[さいしんがた] 최신형.
最深[さいしん] 가장 깊음.
最深部[さいしんぶ] 가장 깊은 부분.
最悪[さいあく] 최악; 가장 나쁨.
最愛[さいあい] 최애; 가장 사랑함.
最長[さいちょう] 최장; ①가장 긺. ②가장 우수함. ③가장 나이가 많음.
2最低[さいてい] 최저; ①가장 낮음. 최하(最下). ②(성질·품질·행동 등이) 가장 나쁨. 가장 저질(低質)임.
最低限[さいていげん] 최저 한도(限度).
最適[さいてき] 최적; 가장 적합함.
最前[さいぜん] 최전; ①맨 앞. ②아까. 조금 전.
最前線[さいぜんせん] 최전선; 최전방.
2最終[さいしゅう] 최종; ①맨 마지막. ②막차. 마지막 교통편.
2最中❶[さいちゅう] 한창 …중임. 한창임.
最中❷[もなか] ①한가운데. 중앙. 한복판. ②한창임. ③찹쌀가루로 만든 일본 과자.
3最初[さいしょ] 최초; 맨 처음.
最下[さいか] 최하; 가장 아래.
最恵国[さいけいこく] 최혜국; 가장 혜택을 많이 받는 나라.
3最後[さいご] 최후; ①맨 뒤. 맨 끝. 마지막. ②('…したら~'·'…たが~'의 문형으로) 하기만 하면 끝장.

催 재촉할 최

亻 仛 伫 伫 倠 倠 倠 催 催 催

音 ◉サイ
訓 ◉もよおす

訓読

1◉催す[もよおす] 〈5他〉 ①(어떤 기분을) 불러일으키다. 자아내다. ②(기획하여) 개최하다. 열다. 〈5自〉 (어떤 상태가) 발생하려고 하다. 낌새가 있다.
2催し[もよおし] ①모임. 회합. 행사. ②기미. 낌새. 징조.
催(し)物[もよおしもの] 모임. 행사. 전시회.
⊗催合う[もやう] 〈5他〉 공동으로 일하다.
⊗催合い[もやい] 공동으로 일함. 공유함.

音読

催告[さいこく] 최고; ①재촉하는 통지. ②채무 이행을 촉구함.
催涙[さいるい] 최루; 눈물이 나오게 함.
催涙弾[さいるいだん] 최루탄.
催馬楽[さいばら] 奈良(なら) 시대 민요를 平安(へいあん)시대에 아악 형식으로 가곡화한 가요.
催眠[さいみん] 최면; 잠이 오게 함.
催眠術[さいみんじゅつ] 최면술.
催眠剤[さいみんざい] 최면제.
2催促[さいそく] 재촉(再促). 독촉함.

〔추〕

抽 뽑을 추

一 十 扌 扌 扣 抽 抽 抽

音 ◉チュウ
訓 ⊗ぬきんでる

訓読

⊗抽んでる[ぬきんでる] 〈下1他〉 ①골라내다. ②남보다 열심히 하다. 〈下1自〉 ①뛰어나다. 빼어나다. 출중하다. ②눈에 띄다. 돌출하다.
抽き出し[★ひきだし] 책상 서랍.

音読

2抽象[ちゅうしょう] 추상; 여러 가지 사물이나 개념에서 특정한 속성이나 요소를 뽑아낸 것을 사고의 대상으로 삼는 정신 작용.

抽象的[ちゅうしょうてき] 추상적; ①(분석) 통합적. ②개념적. 관념적.
抽象画[ちゅうしょうが] 추상화.
1 抽選[ちゅうせん] 추첨(抽籤). 제비뽑기.
抽選券[ちゅうせんけん] 추첨권(抽籤券).
抽籤[ちゅうせん] 추첨; 제비뽑기.
抽出[ちゅうしゅつ] 추출; ①특정 물질을 뽑아 분리시킴. ②(특정의 생각·요소를) 뽑아냄. 빼냄.

枢(樞) 지도리 추

一 十 木 木 杧 杈 枢 枢

音 ◉スウ
訓 ⊗とぼそ ⊗くるる

訓読

⊗枢❶[とぼそ] ①문둔테 구멍. 문동개. ②문짝. ❷[くるる] ①문지도리. 돌쩌귀를 문둔테 구멍에 끼워 여닫게 만든 장치. ②(문 얼굴의 아래위 테에 찔러서) 문이 열리지 않게 하는 빗장.
⊗枢戸[くるるど] 문지도리가 붙은 문.

音読

枢機[すうき] 추기; ①사물의 중추가 되는 곳. ②중요한 정무(政務).
枢機卿[すうききょう] (천주교의) 추기경.
枢密[すうみつ] 추밀; (비밀을 요하는) 정치상의 중요 사항.
枢相[すうしょう] '枢密院議長'의 준말.
枢要[すうよう] 추요; 가장 중요함. 가장 요긴한 곳.
枢軸[すうじく] 추축; ①(기계의) 중심 축. ②중추(中枢). 가장 중요한 부분.
枢軸国[すうじくこく] 추축국. ＊제2차 세계 대전 당시 일본·독일·이탈리아의 3국 동맹에 속했던 나라.

追(追) 쫓을/따를 추

丶 丨 冂 户 白 自 㠯 追 追

音 ◉ツイ
訓 ◉おう

訓読

2 ◉追う[おう] 〈5他〉 ①내쫓다. 추방하다. ②뒤쫓아 가다. 따르다. ③추구하다. 쫓다. ④(동물을) 몰다. ⑤(순서에) 따르다. ⑥그리워하다. 그리다.
追い[おい] ①(동물 등을) 좇음. ②'追(い)銭'의 준말.
追いコン[おいコン] (대학교에서) 상급생의 졸업을 축하하는 간담회.
追って[おって] ①나중에. 뒤에. 추후에. ②(편지·게시문에서) 추가하여. 추이(追而).
追(い)撃ち[おいうち] ①추격. ②치명타.
追い遣る[おいやる] 〈5他〉 ①쫓아 보내다. ②(궁지로) 몰아넣다.
2 追い掛ける[おいかける] 〈下1他〉 ①추적하다. 뒤쫓아 가다. ②잇따르다. 잇달아 일어나다.
追っ掛け[おっかけ] ①뒤쫓음. ②뒤이어. 곧. 바로.
追っ掛ける[おっかける] 〈下1他〉≪俗≫ ①추적하다. 뒤쫓아 가다. ②잇따르다. 잇달아 일어나다.
追い求める[おいもとめる] 〈下1他〉 추구하다.
追い捲る[おいまくる] 〈5他〉 (사정없이) 내쫓다. 내몰아치다. 쫓아 버리다.
追(い)金[おいがね] 추가금. 추가로 지불하는 돈.
追(い)落(と)し[おいおとし] ①쫓아가서 떨어뜨림. ②노상 강도. ③(바둑에서) 계속 단수가 되어 결국 한 무리의 돌을 들어내게 되고 마는 상태.
追い落とす[おいおとす] 〈5他〉 ①쫓아가서 떨어뜨리다. ②(성을) 함락시키다. ③(승진해서 남의 지위를) 빼앗다. 내쫓다. 몰아내다.
追(い)立て[おいたて] 내쫓음.
追い立てる[おいたてる] 〈下1他〉 (딴 곳으로) 추방하다. 내쫓다. 내몰다.
追っ立てる[おったてる] 〈下1他〉≪俗≫ (딴 곳으로) 추방하다. 내쫓다. 내몰다.
追(い)剝ぎ[おいはぎ] 노상강도.
追い返す[おいかえす] 〈5他〉 ①(만나지 않고) 되돌려 보내다. ②물리치다.
追い抜く[おいぬく] 〈5他〉 ①추월하다. 앞지르다. 앞서다. ②(힘·능력에서) 능가하다. 앞서다.
追(い)腹[おいばら] 신하가 주군(主君)을 따라 할복자살함.
2 追い付く[おいつく] 〈5自〉 ①(뒤쫓아 가서) 따라잡다. 따라붙다. ②(같은 수준에) 도달하다. 미치다. 따라잡다. ③(불이익이) 해소되다. 메워지다.

追っ付く[おっつく] 〈5自〉≪俗≫ (뒤쫓아 가서) 따라잡다. 따라붙다.

追っ付け[おっつけ] 머지않아. 곧바로.

追(い)分け[おいわけ] ①분기점. 갈림길. ②'追分節'의 준말.

追分節[おいわけぶし] ≪楽≫ (일본 민요의 하나로) 애조를 띤 마부(馬夫)의 노래.

追(い)払い[おいばらい] 추가 지불.

追い払う[おいはらう] 〈5他〉 추방하다. 쫓아 버리다. 내쫓다.

追っ払う[おっぱらう] 〈5他〉≪俗≫ 추방하다. 쫓아 버리다. 내쫓다.

追(い)肥[おいごえ] ≪農≫ 추비; 웃거름.

追い使う[おいつかう] 〈5他〉 (사람을) 마구 부리다. 혹사(酷使)시키다.

追い散らす[おいちらす] 〈5他〉 (군중을) 해산시키다. 내몰아 흩어지게 하다.

追い上げる[おいあげる] 〈下1他〉 ①바싹 뒤쫓다. 육박하다. ②위쪽으로 몰다.

追って書き[おってがき] (편지 끝에서) 추신(追伸). 추가하는 글.

追(い)手[おいて] ①추격자. ②(바둑의 오목에서) 막지 못하면 지는 수.

追っ手[おって] 추격자.

追(い)羽根[おいばね] 羽子(はご)치기 놀이. *배드민턴과 비슷한 여자아이들의 설날 놀이.

追い羽子[おいはご] ☞ 追(い)羽根

[2]**追い越す**[おいこす] 〈5他〉 ①추월하다. 앞지르다. ②(능력·힘에서) 앞서다. 추월하다.

追而[おって] 추이; (편지·게시문에서) 추가하여.

[1]**追い込む**[おいこむ] 〈5他〉 ①(동물을) 몰아넣다. ②(궁지에) 빠뜨리다. 몰아넣다. ③(최종 단계에서) 전력을 다하다. 막판의 힘을 쏟다. ④(병균이) 안으로 스며들게 하다. ⑤≪印≫ (행이나 면을 바꾸지 않고) 잇대어 판을 짜다.

追(い)込み[おいこみ] ①(동물을) 몰아넣음. ②최종 단계. 초읽기. ③(최종 단계에서) 전력을 다함. 막판의 힘을 쏟음. ④≪印≫ (행이나 면을 바꾸지 않고) 잇대어 판을 짬. ⑤투매(投売)로 시세를 하락시킴. ⑥(극장·음식점에서 좌석에 상관없이) 사람을 마구 입장시킴.

追込場[おいこみば] (극장·음식점에서 좌석에 상관없이) 사람을 마구 입장시킴.

追込畜舎[おいこみちくしゃ] 가축을 무더기로 관리하는 축사.

追(い)銭[おいせん] 추가금. 추가로 지불하는 돈.

追(い)酒[おいざけ] (충분히 마신 후에 또다시 마시는) 2차술.

追(い)証[おいしょう] '追加証拠金'의 준말.

追い着く[おいつく] 〈5自〉 ①(뒤쫓아 가서) 따라잡다. 따라붙다. ②(같은 수준에) 도달하다. 미치다. 따라잡다. ③(불이익이) 해소되다. 메워지다.

追川[おいかわ] ≪魚≫ 피라미.

追(い)追(い)[おいおい] ①차차. 차츰차츰. 점차로. ②머지않아. 불원간.

追い縋る[おいすがる] 〈5自〉 ①뒤쫓아 가서 매달리다. 바싹 뒤쫓다. ②매달리며 졸라대다.

[1]**追い出す**[おいだす] 〈5他〉 추방하다. 쫓아내다.

追(い)出し[おいだし] ①추방. 쫓아냄. ②(흥행의) 끝났음을 알리는 북소리.

追(い)出しコンパ[おいだしコンパ] (대학교에서) 상급생의 졸업을 축하하는 간담회.

追(い)出し薬[おいだしぐすり] 병독(病毒)을 몸 밖으로 발산시키는 약.

追い炊き[おいだき] 밥이 모자라서 다시 더 지음. 추가로 짓는 밥.

追(い)討ち[おいうち] ①추격. ②치명타.

追(い)風[おいかぜ] ①순풍. 뒤에서 불어오는 바람. ②옷의 향기를 전하는 바람.

追河[おいかわ] ≪魚≫ 피라미.

追い回す[おいまわす] 〈5他〉 ①(도망자를) 추격하다. 악착같이 뒤쫓다. 짓궂게 따라다니다. ②(사람을) 혹사시키다. 눈코 뜰 새 없이 부리다.

追(い)回し[おいまわし] ①(도망자를) 추격함. 뒤쫓음. ②(사방에 그물을 치고) 고기를 몰아넣어 잡는 장치. ③여기저기 뛰어다니며 심부름하는 사람.

追い詰める[おいつめる] 〈下1他〉 (막다른 지경에) 몰아넣다. 바삭 추적·추격하다.

音読

[2]**追加**[ついか] 추가; 나중에 더하여 보탬.

追撃[ついげき] 추격; 뒤쫓아 가며 공격함.

追求[ついきゅう] 추구; 목적을 달성할 때까지 뒤쫓아 구함.

追究[ついきゅう] 추구; 근본을 깊이 캐어 들어가 연구함.

[1]追及[ついきゅう] 추급; ①추적(追跡). 뒤좇아 따라붙음. ②추궁함.
追記[ついき] 추기; 본문에 추가하여 기입함.
追起訴[ついきそ] 《法》 추가 기소.
追悼[ついとう] 추도; 죽은 사람을 생각하여 슬퍼함.
追突[ついとつ] 추돌; (자동차 등이) 뒤에서 충돌함.
追突事故[ついとつじこ] 추돌 사고.
追録[ついろく] 추록; 추가하여 기록함.
追慕[ついぼ] 추모; 과거의 사건이나 죽은 사람을 그리워함.
追尾[ついび] 추미; ①뒤좇음. ②전보의 수신인이 부재시에 그 소재지를 뒤좇아 전하도록 지정함.
[1]追放[ついほう] 추방; ①(해로운 것을) 몰아냄. ②(직장에서) 쫓아냄. ③(옛날) 죄인을 다른 지역으로 쫓아 버림.
追肥[ついひ] 《農》 추비; 추가로 주는 비료.
追想[ついそう] 추상; 거의 사건이나 죽은 사람을 그리워함.
追善[ついぜん] 《仏》 추선; 추복(追福).
追訴[ついそ] 《法》 추가 기소.
追随[ついずい] 추종(追従). 뒤따름.
追随者[ついずいしゃ] 추종자(追従者). 따르는 사람. 제자.
追試[ついし] 추시; ①전에 타인이 한 실험을 그대로 다시 해서 확인함. ②'追試験'의 준말.
追試験[ついしけん] 추가 시험.
追申[ついしん] ☞ 追伸
追伸[ついしん] 추신; (편지 등에서) 글을 본문에 추가할 때 그 글머리에 쓰는 말.
追憶[ついおく] 추억; 지나간 과거의 일들을 돌이켜 생각함.
追認[ついにん] 추인; ①과거로 소급해서 그 사실을 인정함. ②《法》 법률 행위의 불완전함을 나중에 보충하여 완전한 것이 되게 함.
[1]追跡[ついせき] 추적; ①뒤좇음. ②사건이 발생했던 경과·줄거리를 더듬음.
追弔[ついちょう] 추조; 추도(追悼).
追従❶[ついじゅう] 추종; 뒤를 따라 좇음. ❷[ついしょう] 아부함. 아첨함. 알랑거림.
追贈[ついぞう] 추증; 국가에 공로가 있는 관리가 죽은 뒤 그 벼슬을 높여 줌.
追徴[ついちょう] 추징; 추가하여 징수함.
追討[ついとう] 추토; 도적 등을 뒤쫓아가서 침.
追捕[ついぶ/ついほ] 추포; ①악인을 뒤쫓아가 사로잡음. ②몰수. 빼앗음.
追号[ついごう] 추호; 죽은 후에 생전의 공적을 기리어 주는 칭호.
追懐[ついかい] 추회; 과거의 사건이나 사람을 생각하며 그리워함.

秋 가을 추

一 二 千 千 禾 禾 禾 秒 秋

音 ◉シュウ ◉ジュウ
訓 ◉あき

訓読

[4]◉秋[あき] ①가을. ②가을걷이. 추수.
秋めく[あきめく] 〈5自〉 가을다워지다. 가을이 깊어지다.
秋茄子[あきなすび] 《植》 가을 가지.
秋渇き[あきがわき] ①가을에 입맛이 남. ②가을에 욕정이 발동함.
秋高[あきだか] '秋高相場'의 준말.
秋高相場[あきだかそうば] (추수가 예상보다 적어) 가을에 쌀값이 오름.
秋の空[あきのそら] 가을 하늘. 가을 날씨.
秋空[あきぞら] 가을 하늘. 가을 날씨.
秋口[あきぐち] 초가을.
秋の麒麟草[あきのきりんそう] 《植》 미역취.
秋唐松[あきからまつ] 《植》 좀꿩의 다리. 미나리아재빗과의 여러해살이 풀.
秋刀魚[★さんま] 《魚》 꽁치.
秋落ち[あきおち] ①(예상보다) 추수가 적음. ②'秋落ち相場'의 준말.
秋落ち相場[あきおちそうば] 풍작으로 가을 쌀값이 떨어짐.
秋末[あきずえ] 늦가을. 만추(晩秋).
秋の母子草[あきのははこぐさ] 《植》 금떡쑥.
秋味[あきあじ] 《魚》 ①'鮭(さけ)'의 딴이름. ②자반연어.
秋山[あきやま] 가을 산.
秋の扇[あきのおうぎ] ①(철이 지나 불필요한) 가을 부채. ②남자에게 버림받은 여자.
秋収め[あきおさめ] 추수; 가을걷이.
秋蒔き[あきまき] 《農》 가을 파종.
秋植え[あきうえ] 가을심기.
秋の野芥子[あきののげし] 《植》 왕고들빼기.
秋雨[あきさめ/しゅうう] 가을비.

秋雨前線[あきさめぜんせん] 9월 중순부터 10월 중순까지 일본 남해안을 따라 형성되는 장마 전선.
秋日和[あきびより] 맑게 갠 가을 날씨.
秋雌日芝[あきめひしば] 《植》 민바랭이.
秋作[あきさく] 가을 농작물.
秋蚕[あきご/しゅうさん] 추잠; 가을누에.
秋場所[あきばしょ] 매년 9월에 東京(とうきょう)에서 열리는 씨름 대회.
秋醬蝦[あきあみ] 《動》 보리새우. 참새우.
秋田[あきた] ①일본 동북 지방 서부에 있는 현(県). ②秋田県(あきたけん)의 현청(県庁) 소재지.
秋の田村草[あきのたむらそう] 《植》 등근뱀차조기.
秋祭り[あきまつり] (추수를 감사하는) 神社(じんじゃ)의 가을 축제.
秋茱萸[あきぐみ] 《植》 보리수나무.
秋晴れ[あきばれ] 맑게 갠 가을 날씨.
秋草[あきくさ] 가을 화초.
秋虫[あきむし] 가을 벌레.
秋の七草[あきのななくさ] 가을을 대표하는 일곱 가지 화초. *싸리・억새・칡・패랭이꽃・마타리・등골나물・도라지를 말함.
秋播き[あきまき] 《農》 가을 파종.
秋風[あきかぜ] 추풍; 가을 바람.
秋胡頹子[あきぐみ] 《植》 보리수나무.

音読

秋季[しゅうき] 추계; 가을철.
秋期[しゅうき] 추기; 가을 동안.
秋冷[しゅうれい] 추랭; 가을의 싸늘함.
秋涼[しゅうりょう] 추량; ①가을의 서늘함. ②음력 8월의 딴이름.
秋分[しゅうぶん] 추분; 24절기의 하나로 매년 9월 23일 경.
秋思[しゅうし] 추사; 가을철에 느끼는 쓸쓸한 생각.
秋霜[しゅうそう] 추상; ①가을의 서리. ②날카롭게 번득이는 칼. ③엄격함.
秋色[しゅうしょく] 추색; ①가을빛. 가을경치. ②가을 기운. 가을다운 느낌.
秋水[しゅうすい] 추수; ①가을철의 맑은 물. ②날이 시퍼렇게 선 칼.
秋月[しゅうげつ] 추월; 가을 달.
秋蚕[しゅうさん/あきご] 추잠; 가을누에.
秋波[しゅうは] 추파; 미인의 맑은 눈매. 요염한 눈길.
秋海棠[しゅうかいどう] 《農》 추해당.
秋毫[しゅうごう] 추호; 조금도. 털끝만큼도.
◑**春秋**[しゅんじゅう]

推 ①밀 추 ②밀 퇴

音 ◉スイ
訓 ◉おす

訓読

◉**推す**[おす] 〈5他〉 ①(일을 하도록) 밀다. 추진시키다. ②(사람을) 추천하다. ③추측하다. 헤아리다. 미루어 생각하다.
推して[おして] 미루어. 헤아려서. 짐작으로.
推し及ぼす[おしおよぼす] 〈5他〉 (다른 일에까지 영향을) 파급시키다. 미치게 하다.
推し当て[おしあて] 추측. 짐작.
推し当てる[おしあてる] 〈下1他〉 짐작하여 맞히다. 추측하여 맞히다.
推し量る[おしはかる] 〈5他〉 추측하다. 짐작하다. 헤아리다.
推し移る[おしうつる] 〈5自〉 (시세나 세월이) 변천하다. 변동하다. 달라지다.
推し進める[おしすすめる] 〈下1他〉 (계획 등을) 추진하다. 밀고 나아가다.
推し薦める[おしすすめる] 〈下1他〉 (사람・물건을) 추천하다.
推し測る[おしはかる] 〈5他〉 추측하다. 짐작하다. 헤아리다.

音読

推する[すいする] 〈サ変他〉 추측하다. 짐작하다. 미루어 헤아리다.
推挙[すいきょ] 추거; 추천. 천거.
推計[すいけい] 추계; 추정하여 계산함.
推考[すいこう] 추고; 미루어 생각함.
推敲[すいこう] 퇴고; 문장의 자구(字句)를 여러 번 생각하여 고침.
推戴[すいたい] 추대; 윗사람으로 떠받듦.
推量[すいりょう] 추량; 추측. 짐작.
推力[すいりょく] 추력; 추진력(推進力).
推論[すいろん] 추론; 사물을 추측하여 논함.
1**推理**[すいり] 추리; 사물을 추측하여 생각함.
推理小説[すいりしょうせつ] 추리 소설.
推輓[すいばん] 추만; 추천. 천거.
推賞[すいしょう] 추상; 좋다고 칭찬함.
推移[すいい] 추이; 변화. 변천(変遷).

推奨[すいしょう] 추장; 추천하여 장려함.
[2]推定[すいてい] 추정; 추측하여 단정함.
推知[すいち] 추지; 헤아려 앎. 미루어 앎.
[1]推進[すいしん] 추진; 밀고 나아감.
推進力[すいしんりょく] 추진력.
推察[すいさつ] 추찰; 추측함.
推参[すいさん] ①(무턱대고) 찾아뵘. ②무례함. 당돌함. 건방짐.
[2]推薦[すいせん] 추천; 적합하거나 좋다고 생각되는 사람이나 사물을 남에게 권함.
[1]推測[すいそく] 추측; 미루어 헤아림.

墜(墜) 떨어질 추

阝 阝' 阝'' 阝⺷ 阝⺷ 隊 隊 隊 隊 墜

音 ◉ツイ
訓 ⊗おちる ⊗おとす

訓読

⊗墜ちる[おちる] 〈上1自〉 ①(비행기 등이) 추락하다. 떨어지다. ②(도덕이나 사회 질서가) 타락하다.
⊗墜とす[おとす] 〈5他〉 (비행기 등을) 추락시키다. 떨어뜨리다.

音読

[1]墜落[ついらく] 추락; 높은 곳에서 떨어짐.
墜死[ついし] 추사; 추락사(墜落死). 높은 곳에서 떨어져 죽음.
墜下[ついか] 추하; 추락(墜落).

錘 저울추 추

𠆢 亼 牟 金 釒 鈩 鈩 錘 錘 錘

音 ◉スイ
訓 ◉つむ ⊗おもり

訓読

◉錘❶[つむ] 방추(紡錘). 물렛가락.
⊗錘❷[おもり] ①저울추. 분동(分銅). ②무게를 더하는 추. ③낚싯봉. ❸[すい] ☞ [音読]

音読

錘❶[すい] 추; ①저울추. 분동(分銅). ②방추(紡錘)를 세는 말. ❷[つむ/おもり] ☞ [訓読]
錘状[すいじょう] 추상; 저울추 모양.
錘重[すいじゅう] (수직 방향을 알기 위해 사용하는 도구로서의) 다림추.

醜 못생길/추할 추

冂 丙 西 酉 酉' 酌 酧 醜 醜 醜

音 ◉シュウ
訓 ◉みにくい ⊗しこ

訓読

[2]◉醜い[みにくい] 〈形〉 ①(행동이) 추하다. 추잡하다. ②보기 흉하다. 못 생기다.
醜男[★ぶおとこ/しこお] 추남; 못생긴 남자.
醜女[★ぶおんな/しこめ] 추녀; 못생긴 여자.
醜名[★しこな] ①별명. ②(씨름에서) 씨름꾼의 호칭. ③'자기 이름'의 겸양어.

音読

醜怪[しゅうかい] 추괴; 얼굴이 흉칙함.
醜聞[しゅうぶん] 추문; 스캔들.
醜婦[しゅうふ] 추부; 추녀. 못생긴 여자.
醜状[しゅうじょう] 추상; 추악상. 추태.
醜悪[しゅうあく] 추악; 더럽고 좋지 않음.
醜業婦[しゅうぎょうふ] 매춘부. 창녀.
醜態[しゅうたい] 추태; 추한 태도. 수치스런 모습.
醜行[しゅうこう] 추행; 음란한 짓.

酋 ×(酋) 두목 추

音 ⊗シュウ
訓 —

音読

酋長[しゅうちょう] 추장; 두목. 특히 미개인 부족의 우두머리.

槌 ×(槌) ①칠 추 ②몽둥이 퇴

音 ⊗ツイ
訓 ⊗つち

訓読

⊗槌[つち] 망치.
◑金槌[かなづち], 木槌[きづち]

萩 쑥 추

音 ⊗シュウ
訓 ⊗はぎ

訓読

⊗萩[はぎ] ≪植≫ 싸리.
萩の餅[はぎのもち] (찹쌀과 멥쌀을 섞어서 만든) 경단.
萩焼[はぎやき] 山口県(やまぐちけん) 萩(はぎ) 지방에서 생산되는 토기.
萩原[はぎはら/はぎわら] 싸리나무가 있는 들판.

椎 몽치 추 音 ⊗ツイ 訓 ⊗しい

訓読

⊗椎[しい] ≪植≫ 메밀잣밤나무.

椎茸[しいたけ] ≪植≫ 표고버섯.

音読

椎間板[ついかんばん] ≪生理≫ 추간판; 추간 연골(椎間軟骨).

椎骨[ついこつ] ≪生理≫ 추골; 척추골.

縋 매달릴 추 音 ⊗ツイ 訓 ⊗すがる

訓読

⊗縋る[すがる] 〈5自〉 ①매달리다. 달라붙다. ②의지하다. 기대다.

縋り付く[すがりつく] 〈5自〉 ①달라붙다. 붙들고 늘어지다. ②의지하다. 기대다. 매달리다.

錐 송곳 추 音 ⊗スイ 訓 ⊗きり

訓読

⊗錐[きり] ①송곳. ②먼저 맞힌 과녁의 구멍에 다음 번 화살을 맞힘.

錐揉み[きりもみ] 송곳을 양손으로 비비어 구멍을 뚫음.

錐揉み降下[きりもみこうか] (비행기의) 회전 강하. 나선형으로 뱅글뱅글 돌며 강하함.

錐揉み状態[きりもみじょうたい] (비행기의) 회전 강하 상태. 나선형으로 뱅글뱅글 돌며 강하하는 상태.

錐穴[きりあな] ①송곳 구멍. ②작은 활(楊弓(ようきゅう))로 과녁 한복판에 낸 구멍.

音読

錐体[すいたい] ≪数≫ 추체; 뿔꼴. ＊원뿔·각뿔 등을 말함.

趨 달릴 추 音 ⊗スウ 訓 ⊗おもむく

訓読

⊗趨く[おもむく] 〈5自〉 ①(향하여) 가다. ②(어떤 상태로) 향하다. 가다.

音読

趨光性[すうこうせい] 추광성; 주광성(走光性). 생물이 빛의 자극에 쏠리는 현상.

趨性[すうせい] 추성; 주성(走性). 생물이 단순한 자극에 대해 쏠리는 현상.

趨勢[すうせい] 추세; 세상 일이 되어 가는 형편·경향.

趨僧[すうそう] 동승(童僧). 동자중.

趨走[すうそう] 추주; 급히 감.

趨向[すうこう] 추향; 추세. 경향.

趨化性[すうかせい] 추화성; 주화성(走化性). 생물이 화학 물질의 자극에 대하여 쏠리어 향하는 성질.

雛 병아리 추 音 ⊗スウ 訓 ⊗ひな

訓読

1 ⊗雛[ひな] ①병아리. 새끼 새. ②옷을 입힌 작은 인형.

雛芥子[ひなげし] ≪植≫ 개양귀비. 우미인초.

雛菓子[ひながし] ひなまつり용 과자.

雛菊[ひなぎく] ≪植≫ 데이지.

雛壇[ひなだん] ①ひなまつり의 인형 진열대. ②(회의장 등에서) 한 단계 높은 좌석. ③(歌舞伎(かぶき)에서) 2단으로 된 음악 반주자의 좌석.

雛霰[ひなあられ] ひなまつり 때 雛人形(ひなにんぎょう)에게 바치는 주사위 모양의 떡.

雛僧[ひなそう] 귀여운 사미승.

雛遊び[ひなあそび] ①3월 삼짇날의 축제. ②雛人形(ひなにんぎょう)를 장식하고 놂.

雛人形[ひなにんぎょう] ひなまつり용 인형.

雛の節句[ひなのせっく] 3월 삼짇날.

1 雛祭り[ひなまつり] 3월 3일에 작은 인형을 제단에 장식하고 지내는 축제.

雛鳥[ひなどり] ①병아리. 새끼 새. ②영계(雌鶏). 영계의 고기.

雛形[ひながた] ①모형(模型). ②(서류 등의) 양식(様式). 서식(書式).

皺 주름 추 音 ⊗スウ ⊗シュウ 訓 ⊗しわ

訓読

2 ⊗皺[しわ] 주름. 구김살.

皺くちゃ[しわくちゃ] 쪼글쪼글함. 고깃고깃함. 꼬깃꼬깃함.

皺ばむ[しわばむ] 〈5自〉 주름이 지다.
皺む[しわむ] 〈5自〉 주름지다. 구겨지다.
皺める[しわめる] 〈下1他〉 주름지게 하다. 찌푸리다.
皺寄せ[しわよせ] 나쁜 영향. 여파.
皺腹[しわばら] 주름진 배. 늙은 배.
皺首[しわくび] 주름진 목.
皺伸ばし[しわのばし] ①주름살을 폄. ②(노인의) 기분 전환.
皺延ばし[しわのばし] ①주름살을 폄. ②(노인의) 기분 전환.

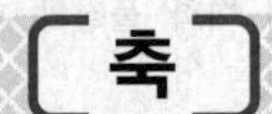

祝(祝) 빌/축하할 축

' ㇇ ネ ネ 祀 祀 祝 祝

音 ◉シュク ◉シュウ
訓 ◉いわう ⊗ほぐ

訓読

[2]◉祝う[いわう] 〈5他〉 ①축하하다. ②축복하다. 행운을 빌다. ③축하 선물을 보내다.
[2]祝(い)[いわい] ①축하. ②축하 선물. 축의금. ③축하 인사. 축하의 말. 축사. ④축하 행사.
祝(い)歌[いわいうた] 축가; 축하의 노래.
祝(い)物[いわいもの] 축하 선물.
祝(い)返し[いわいがえし] 축하 답례품.
祝(い)事[いわいごと] 축하할 일. 경사(慶事)스런 일.
祝いの膳[いわいのぜん] 축하연의 잔칫상.
祝い日[いわいび] 축일. 경축일.
祝い箸[いわいばし] 축하연 때 사용하는 둥글고 긴 젓가락.
祝い酒[いわいざけ] 축하주(祝賀酒).
⊗祝ぐ[ほぐ] 〈4他〉≪古≫ 축복하다. 찬양하고 축하하다.

音読

祝[しゅく] 축; 축하.
祝す[しゅくす] 〈5他〉 경축하다. 축하하다.
祝する[しゅくする] 〈サ変他〉 경축하다. 축하하다.
祝歌[しゅくか] 축가; 축하의 노래.
祝杯[しゅくはい] 축배; 축하의 술잔.
祝福[しゅくふく] 축복; 앞으로의 행복을 빎.
祝辞[しゅくじ] 축사; 축하하는 뜻의 글.
祝詞❶[しゅくし] 축사. 축하의 말. ❷[のりと] 축문(祝文). 신관(神官)이 신(神)에게 고하는 독특한 고문체(古文体).
祝勝[しゅくしょう] 축승; 승리를 축하함.
祝儀[★しゅうぎ] 축의; ①축하식. ②결혼식. ③축의금. 축하 선물. ④팁.
[2]祝日[しゅくじつ] 축일; 국경일. 경축일.
祝典[しゅくてん] 축전; 축하식.
祝電[しゅくでん] 축전; 축하의 전보.
祝祭日[しゅくさいじつ] 축제일; 경축일.
祝砲[しゅくほう] 축포; 축하의 뜻을 표하는 뜻으로 쏘는 공포(空砲).
[1]祝賀[しゅくが] 축하; 경축하여 기뻐함.
祝賀会[しゅくがかい] 축하회.

畜 가축 축

' 亠 亡 玄 玄 斉 畜 畜 畜 畜

音 ◉チク
訓 —

音読

畜類[ちくるい] 축류; ①가축. ②짐승.
畜舎[ちくしゃ] 축사; 가축의 우리.
[1]畜産[ちくさん] 축산; 가축을 사육하는 일.
畜産物[ちくさんぶつ] 축산물.
畜殺[ちくさつ] 축살; 도살(屠殺).
畜殺場[ちくさつじょう] 도살장(屠殺場).
[1]畜生[ちくしょう] ①≪仏≫ 짐승. 동물. ②(남을 욕하는 말로) 개새끼. 소 새끼. ③〈感〉(화가 났을 때) 젠장. 제기랄. 빌어먹을.

逐(逐) 쫓을 축

一 ㇀ 豕 豕 豕 豕 豕 豕 豕 逐

音 ◉チク
訓 ⊗おう

訓読

⊗逐う[おう] 〈5他〉 ①내쫓다. 추방하다. ②뒤쫓아 가다. 따르다. ③(순서나 차례에) 따르다.

音読

逐年[ちくねん] 해마다. 해가 갈수록.
逐鹿[ちくろく] 축록; ①정권 다툼. 지휘권 다툼. ②(선거전에서) 당선 싸움.
逐鹿戦[ちくろくせん] (선거에서 후보자끼리의) 각축전(角逐戦).

逐語[ちくご] 축어; 원문의 단어 하나하나를 충실히 맞춰 감.
逐語訳[ちくごやく] 축어역; 원문의 단어 하나하나에 충실한 번역.
逐一[ちくいち] 축일; ①하나하나. 차례로. 하나씩. ②낱낱이 상세하게.
逐日[ちくじつ] 축일; 날이 갈수록. 하루하루.
逐字[ちくじ] 축자; 원문의 단어를 하나하나 충실히 맞춰 감.
逐電[ちくてん/ちくでん] (번개를 쫓아가듯이) 도망쳐 행방을 감춤.
逐電者[ちくてんしゃ/ちくでんしゃ] 도망자.
逐条[ちくじょう] 축조; 한 조목씩 차례대로 함.

軸 굴대 축

一 厂 冂 百 亘 車 車 軒 軸 軸

音 ◉ジク
訓 —

音読

[1]**軸**[じく] 축; ①(회전하는 것의) 굴대. ②두루마리. 족자. ③(가늘고 긴 물건) 자루. 개비. 대. ④(식물의) 줄기. 꼭지. ⑤(활동・사물의) 중심. ⑥(족자 끝의 축 가까운 곳에 기록하는) 선자(選者)의 구(句). ⑦≪数≫ 기준이 되는 선.
軸木[じくぎ] 축목; ①족자의 심대. ②(성냥의) 나뭇개비 부분.
軸物[じくもの] ①족자. ②두루마리.
軸受(け)[じくうけ] ≪工≫ ①(기계의) 축받이. 베어링. ②(문짝 등의) 암톨쩌귀.
軸承(け)[じくうけ] ☞ 軸受(け)
軸心[じくしん] 축심; 중심축.

蓄 쌓을/모을 축

一 艹 苎 芏 荖 荖 茎 蓄 蓄 蓄

音 ◉チク
訓 ◉たくわえる

訓読

[2]◉**蓄える**[たくわえる] 〈下1他〉 ①(만일을 위해) 비축하다. 저축하다. 모아 두다. ②(지식・체력을) 쌓다. 기르다. ③(머리칼・수염을) 기르다. ④첩을 두다.
蓄え[たくわえ] 비축. 저축. 모아 둔 것.

音読

蓄膿症[ちくのうしょう] ≪医≫ 축농증.
蓄音機[ちくおんき] 축음기.
蓄蔵[ちくぞう] 축장; (금품을) 모아서 보관해 둠.
蓄財[ちくざい] 축재; 재산을 모음.
[1]**蓄積**[ちくせき] 축적; 많이 쌓아 둠. 많이 쌓임.
蓄電[ちくでん] 축전; 전기를 모아 둠.
蓄電池[ちくでんち] 축전지.

築 지을/쌓을 축

⺮ 笁 笁 筑 筑 筑 筑 筑 築 築

音 ◉チク
訓 ◉きずく ⊗つく

訓読

[1]◉**築く**[きずく] 〈5他〉 ①(제방을) 축조(築造)하다. 돌과 흙을 다져 쌓아 올리다. ②성(城)・요새를 만들다.
⊗**築く**[つく] 〈5他〉 축조(築造)하다. 돌과 흙을 단단히 다져 쌓아 올리다.
築き上げる[きずきあげる] 〈下1他〉 쌓아올리다. 구축하다.
築山[つきやま] 가산(仮山). 정원에 돌과 흙으로 산처럼 만든 곳.
築地❶[つきじ] ①매립지(埋立地). ②東京都(とうきょうと) 中央区(ちゅうおうく)에 있는 지명. ❷[★ついじ] 토담.
築地塀[★ついじべい] 토담.

音読

築城[ちくじょう] 축성; 성을 쌓음.
築堤[ちくてい] 축제; 둑을 쌓음.
築造[ちくぞう] 축조; 다지고 쌓아서 만듦.
築港[ちっこう/ちくこう] 축항; 항만에 배가 정박할 수 있는 설비를 함.

縮 줄어들 축

幺 糸 糸 紵 紵 紵 紵 縮 縮 縮

音 ◉シュク
訓 ◉ちぢまる ◉ちぢむ ◉ちぢめる ◉ちぢれる ◉ちぢらす ⊗ちり

訓読

◉**縮かまる**[ちぢかまる] 〈5自〉≪俗≫ 움츠러지다.

◉縮かむ[ちぢかむ] 〈5自〉 ①(긴장・공포・추위 등으로) 움츠러지다. 오므라들다. ②(추위로 손이) 곱다.

◉縮くれる[ちぢくれる] 〈下1自〉≪俗≫ 오그라들다. 쪼글쪼글해지다. 곱슬곱슬해지다.

◉縮こまる[ちぢこまる] 〈5自〉 움츠러들다.

1 ◉縮まる[ちぢまる] 〈5自〉 오그라들다. 움츠러들다. 줄어들다.

2 ◉縮む[ちぢむ] 〈5自〉 ①줄다. 쭈그러들다. ②쭈글쭈글해지다. ③위축되다.

縮み[ちぢみ] ①줄어듦. 오그라듦. 수축. ②'縮(み)織(り)'의 준말.

縮み上がる[ちぢみあがる] 〈5自〉 ①(옷감 등이) 오그라들다. 줄어들다. ②위축되다. 움츠러들다.

縮(み)織(り)[ちぢみおり] 바탕이 오글오글한 직물. 크레이프.

2 ◉縮める[ちぢめる] 〈下1他〉 ①(길이를) 줄이다. 줄어들게 하다. ②(시간・기간을) 단축시키다. ③움츠리다. ④(얼굴을) 찌푸리다.

◉縮らす[ちぢらす] 〈5他〉 ①오글오글하게 하다. ②곱슬곱슬하게 지지다.

◉縮らせる[ちぢらせる] 〈下1他〉 ☞ 縮らす

2 ◉縮れる[ちぢれる] 〈下1自〉 ①(옷감 등이) 오글오글해지다. 주름져서 오그라들다. ②(머리털이) 곱슬곱슬해지다.

縮れ[ちぢれ] 오그라듦. 오글오글함. 곱슬곱슬함. 또는 그런 물건.

縮れ毛[ちぢれげ] 곱슬털. 고수머리.

縮れ髪[ちぢれがみ] 고수머리. 곱슬머리.

縮緬[ちりめん] 오글오글한 비단.

縮緬雑魚[ちりめんざこ] ≪魚≫ (멸치・뱅어・정어리 등의) 말린 치어(稚魚).

縮緬紙[ちりめんがみ] 크레이프 종이. 잔주름을 넣은 일본 종이.

縮緬皺[ちりめんじわ] 오글오글한 잔주름.

音読

縮減[しゅくげん] 축감; 감축. 축소시킴.

縮図[しゅくず] 축도; 원형보다 작게 줄여서 그린 그림.

縮写[しゅくしゃ] 축사; 사진을 줄여서 다시 찍음.

2 縮小[しゅくしょう] 축소; 줄여서 작게 함.

縮刷[しゅくさつ] 축쇄; 책・그림의 원형을 그 크기만 줄여서 한 인쇄.

縮絨[しゅくじゅう] 축융; 모직물을 수축시킴으로써 조직을 조밀하게 하는 가공법.

縮尺[しゅくしゃく] 축척; ①(지도・제도에서) 실물보다 작게 그림. ②축척 비율.

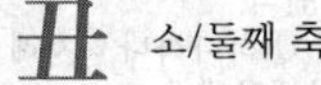

丑 소/둘째 축	音 ⊗チュウ 訓 ⊗うし

訓読

⊗丑[うし] 축; ①십이지(十二支)의 둘째. ②(방위로는) 북북동(北北東). ③(시각으로는) 오전 1시~3시. ④≪俗≫ 소.

丑三つ[うしみつ] ①축시(丑時)를 4등분으로 나눈 셋째 시각. *오전 2시부터 2시 반 사이. ②오밤중. 한밤중.

丑の時[うしのとき] 축시; 오전 1시~3시.

丑寅[うしとら] 축인; 북동(北東).

丑の日[うしのひ] 여름 토왕(土旺)과 겨울 토왕의 축일. *이날 여름에는 장어구이를 먹고 겨울에는 여자들이 입술연지를 발랐음.

丑紅[うしべに] 대한(大寒)과 소한(小寒) 사이의 축일(丑日)에 파는 연지.

筑 비파 축	音 ⊗チク ⊗ツク 訓 —

音読

筑前[ちくぜん] (옛 지명의 하나로) 지금의 福岡県(ふくおかけん) 지방.

筑州[ちくしゅう] (옛 지명) '筑前(ちくぜん)の国(くに)'・'筑後(ちくご)の国(くに)'의 딴이름.

筑波[つくば] ①茨城県(いばらきけん)의 남부에 있는 지명. ②'筑波山(つくばやま)'의 준말.

筑波の道[つくばのみち] '連歌(れんが)'의 딴이름.

筑波山[つくばやま] 茨城県(いばらきけん)의 중부에 있는 산. *예로부터 신앙의 대상이 되는 산으로서 유명함.

筑後[ちくご] (옛 지명의 하나로) 지금의 福岡県(ふくおかけん) 남부 지방.

蹴 발로 찰 축	音 ⊗シュウ 訓 ⊗ける

訓読

2 ⊗蹴る[ける] 〈5他〉 ①(발로) 차다. 발길질하다. ②거절하다. 물리치다.

蹴鞠[けまり/しゅうきく] 축국. (옛날) 귀족들의 공차기 놀이. 또는 그 놀이에 사용한 가죽공.

蹴倒す[けたおす] 〈5他〉 ①(발로) 차서 넘어뜨리다. ②(빚을) 떼어먹다.

蹴落とす[けおとす] 〈5他〉 ①(발로) 차서 떨어뜨리다. ②(경쟁 상대를) 밀어내다. 몰아내다. 실각시키다.

蹴立てる[けたてる] 〈下1他〉 ①(발로) 차서 (먼지·물결을) 일으키다. ②(자리를) 박차다.

蹴返し[けかえし] ①(씨름에서) 안다리후리기. ②(걸을 때) 옷 앞자락이 벌어짐.

蹴返す[けかえす] 〈5他〉 ①(발로) 차서 되돌려 보내다. ②차서 뒤집다. 차 엎다.

1**蹴飛ばす**[けとばす] 〈5他〉 ①(발로) 걷어차다. 힘껏 차다. ②(발로) 차 내던지다.

蹴散らかす[けちらかす] 〈5他〉 ①(발로) 차서 흩뜨리다. ②쫓아 버리다. 몰아내다.

蹴散らす[けちらす] 〈5他〉 ☞ 蹴散らかす

蹴上(が)り[けあがり] (철봉에서) 차오르기.

蹴上げ[けあげ] ①(발로) 차서 올리기. 위로 차올림. ②튀긴 진흙. ③층계 한 단(段)의 높이.

蹴上げる[けあげる] 〈下1他〉 (발로) 차서 올리다. 위로 차다.

蹴手繰り[けたぐり] (씨름에서) 상대의 다리를 발로 차면서 앞으로 당겨 쓰러뜨리는 기술.

蹴違える[けちがえる] 〈下1他〉 ①(발로) 잘못 차다. 방향이 틀리게 차다. ②차서 심줄이 접질리다.

蹴込み[けこみ] ①현관 바닥과 마루 사이의 수직면. ②계단의 디딤판 사이의 수직면. ③(인력거의 손님이) 발을 얹는 곳.

蹴込む[けこむ] 〈5他〉 (발로) 차 넣다. 〈5自〉 원금까지 까먹다.

蹴転ばす[けころばす] 〈5他〉 (발로) 차서 넘어뜨리다.

蹴爪[けづめ] ≪動≫ ①(새·닭의) 며느리발톱. ②(소·말의) 며느리발톱.

蹴出し[けだし] ①(밖으로) 차냄. 차기 시작함. ②腰巻(こしまき) 위에 입는 옷.

蹴出す[けだす] 〈5他〉 ①(발로) 차내다. ②(지출을 절약하여) 예산에서 남기다.

蹴破る[けやぶる] 〈5他〉 ①(발로) 차서 부수다. 걷어차다. ②격파하다. 쳐부수다.

蹴合い[けあい] ①서로 발로 차기. 맞차기. ②투계(闘鶏). 닭싸움.

音読

蹴球[しゅうきゅう] 축구. ＊지금은 'サッカー'라고 함.

◑**一蹴**[いっしゅう]

〔춘〕

春 봄춘

一 二 三 夫 夫 夫 春 春 春

音 ◉シュン

訓 ◉はる

訓読

4◉**春**[はる] ①봄. ②새해. 신년. ③전성기. 한창때. ④사춘기. ⑤색정(色情).

春めく[はるめく] 〈5自〉 봄다워지다. 봄기운이 돌다.

春告げ魚[はるつげうお] ①봄을 알리는 물고기. ②'にしん(청어)'의 딴이름.

春告げ鳥[はるつげどり] 'うぐいす(휘파람새)'의 딴이름.

春駒[はるごま] ①봄의 들판에 있는 말. ②정월의 걸립꾼.

春巻き[はるまき] (중국요리의 하나로) 고기·조개 등을 얇은 밀전병 피로 싸서 튀긴 요리.

春曇り[はるぐもり] 봄날의 흐린 날씨.

春爛漫[はるらんまん] 봄기운이 물씬함. 봄이 무르익음.

春嵐[はるあらし] 2·3월에 부는 봄바람.

春立つ[はるたつ] 〈5自〉≪雅≫ 봄이 되다.

春の目覚め[はるのめざめ] (청소년이) 성(性)에 눈뜸.

春薄[はるすすき] 'やなぎ'의 딴이름.

春肥[はるごえ] ≪農≫ 봄거름.

春先[はるさき] 초봄. 이른 봄. 초춘(初春).

春蟬[はるぜみ] ≪虫≫ 이른 매미. 산 매미.

春蒔き[はるまき] ≪農≫ 봄에 씨를 뿌림.

春の心[はるのこころ] ①봄철에 포근한 사람의 마음. ②사랑하는 마음.

春の夜[はるのよ] 봄밤. 봄의 짧은 밤.

春永[はるなが] 낮이 긴 봄날.

春永に[はるながに] 다음 기회에. 언젠가 한가할 때에

春雨[はるさめ] ①봄비. ②잡채. 녹두가루 국수. 당면.

春一番[はるいちばん] 초봄의 강한 바람.

春子[はるこ] ①봄에 태어난 아이. ② ≪植≫ 봄에 나는 표고버섯.

春蚕[はるご/しゅんさん] ≪農≫ 춘잠; 봄누에.

春場所[はるばしょ] 춘계 씨름 대회. ＊매년 3월에 大阪(おおさか)에서 열림.

春田打ち[はるたうち] (농촌에서 매년 정초에 하는) 풍년 기원 놀이.
春祭り[はるまつり] (풍년을 비는) 봄 제사.
春着[はるぎ] ①봄옷. ②설빔. 설옷.
春秋❶[はるあき] ①봄가을. 봄과 가을. ②세월. 나이. ❷[しゅんじゅう] ①봄과 가을. ②세월. 1년. ③춘추; 연세. 나이.
春の七草[はるのななくさ] 봄의 일곱 가지 나물. ＊미나리・냉이・떡쑥・별꽃・광대나무・순무・무 등을 말함.
春風[はるかぜ/しゅんぷう] 춘풍; 봄바람.
春霞[はるがすみ] 봄안개.
春型[はるがた] (날씨에서) 봄 스타일.
3春休み[はるやすみ] 봄방학.

音読

春景[しゅんけい] 춘경; 봄 경치.
春季[しゅんき] 춘계; 봄철. 봄의 계절.
春季闘争[しゅんきとうそう] 춘계 투쟁; 춘계 임금 인상 투쟁.
春光[しゅんこう] 춘광; ①봄볕. ②봄 경치.
春菊[しゅんぎく] ≪植≫ 쑥갓.
春宮[★とうぐう] ①동궁. 세자궁. ②황태자.
春期[しゅんき] 춘기; 봄의 기간.
春機[しゅんき] 춘기; 색정(色情).
春蘭[しゅんらん] ≪植≫ 춘란.
春雷[しゅんらい] 춘뢰; 봄 천둥.
春眠[しゅんみん] 춘면; 봄날의 잠.
春夢[しゅんむ] 춘몽; ①봄밤의 꿈. ②덧없는 인생. 일장춘몽(一場春夢).
春分[しゅんぶん] 춘분. ＊24절기의 하나로 매년 3월 21일경임.
春色[しゅんしょく] 춘색; ①봄 경치. ②봄 기운. 봄다운 느낌.
春陽[しゅんよう] 춘양; 봄볕. 봄철.
春日❶[しゅんじつ] 춘일; 봄날. ❷[かすが] ＊일본 지명에 많이 사용됨.
春情[しゅんじょう] 춘정; ①색정(色情). ②봄기운.
春秋時代[しゅんじゅうじだい] 춘추 시대.
春秋戦国[しゅんじゅうせんごく] 춘추 전국; 춘추 시대와 전국 시대.
春闘[しゅんとう] '春季闘争'의 준말.
春夏秋冬[しゅんかしゅうとう] 춘하추동; 1년 내내. 사시사철.
春寒[しゅんかん] 춘한; 꽃샘추위.
春暁[しゅんぎょう] 춘효; (상쾌한) 봄날의 새벽.

椿 참죽나무 춘	音 ⊗チン 訓 ⊗つばき

訓読

⊗椿[つばき] ≪植≫ 동백나무.
椿餅[つばきもち] 동백 잎 두 장으로 싼 떡.
椿油[つばきあぶら] 동백기름.
椿姫[つばきひめ] 춘희. ＊1848년에 발표한 뒤마의 소설・희곡.
椿象[★かめむし] ≪虫≫ 방귀벌레. 노린재.

音読

椿事[ちんじ] 춘사; 뜻밖의 큰 사건.

〔출〕

出 날 출

丨 凵 中 出 出

音 ◉シュツ ◉スイ
訓 ◉だす ◉でる ⊗いでる

訓読

4◉出す[だす] 〈5他〉 ①(밖으로) 꺼내다. 내놓다. ②(앞으로) 내밀다. ③(액체를) 나오게 하다. 흘리다. ④(교통편을) 출발시키다. ⑤(작품 등을) 제출하다. 발표하다. ⑥(우편물 등을) 부치다. 띄우다. ⑦(책을) 발행하다. 출판하다. ⑧(돈을) 지불하다. ⑨(어떤 일을) 발생시키다. 나게 하다. ⑩(남에게) 내보이다. ⑪(맛을) 우려내다. ⑫(가게를) 개업하다. ⑬(문제를) 내다.
出し[だし] ①냄. 내놓음. 꺼냄. ②(가다랭이・다시마・멸치 등을 삶아서) 우려낸 국물. ③(자기 이익을 위해 이용하는) 미끼. 구실.
出し殻[だしがら] ①국물을 우려낸 찌꺼기. ②차를 달여 낸 찌꺼기.
出し昆布[だしこぶ] 국물을 우려내는 데 사용하는 다시마.
出し物[だしもの] 공연물(公演物).
出し抜く[だしぬく] 〈5他〉 (남의 약점을 노려서) 앞지르다. 기선을 제압하다.
出し抜け[だしぬけ] 갑작스러움. 느닷없음.
出しっ放し[だしっぱなし] 방치해 둠.
出しっ放す[だしっぱなす] 〈5他〉 방치해 두다. 내팽개쳐 두다.

出し渋る[だししぶる] 〈5他〉 (지불하거나 내놓아야 할 것을) 내놓기를 꺼려하다.
出し惜しみ[だしおしみ] (손해 보기 싫어서) 내놓기를 아까워함.
出し惜しむ[だしおしむ] 〈5他〉 (손해 보기 싫어서) 내놓기를 아까워하다.
出し手[だして] 돈을 내는 사람.
出し入れ[だしいれ] (금품의) 출납.
出し雑魚[だしじゃこ] (국물을 우려내는) 쪄서 말린 잔물고기.
出し前[だしまえ] 내야 할 몫. 내놓은 몫.
出し切る[だしきる] 〈5他〉 남김없이 모두 내놓다. 완전히 발휘하다.
出し汁[だしじる] (가다랭이·다시마·멸치 등을 삶아서) 우려낸 국물.
出し遅れ[だしおくれ] 때를 놓침. 뒤늦음.
出し遅れる[だしおくれる] 〈下1他〉 내놓아야 할 기회를 놓치다. 제출할 기회를 놓치다.
出し置き[だしおき] 꺼낸 지 오래된 물건.
出し投げ[だしなげ] (씨름에서) 상대방 샅바를 잡아 앞으로 넘어뜨리는 기술.
出し合う[だしあう] 〈5他〉 (금품 등을) 함께 내다. 나누어 내다. 서로 내다.
4◉出る[でる] 〈下1自〉 ①(밖으로) 나오다. 나가다. ②(교통편이) 출발하다. 떠나다. ③(학교를) 졸업하다. ④출석·출근하다. ⑤(시합에) 나가다. ⑥(얼굴에) 나타나다. ⑦(선거에) 진출하다. 출마하다. ⑧(책이) 출판되다. ⑨(신문 등에) 게재되다. 실리다. ⑩(물건이) 팔리다. ⑪(어떤 일이) 발생하다. ⑫(물건이) 생산되다. ⑬(목적지에) 다다르다. 이르다. ⑭(결과가) 나오다. ⑮(기준을) 초과하다. 넘다. ⑯(허가가) 나다. 나오다. ⑰(맛이) 우러나다.
出[で] ①나옴. 나감. ②나온 정도. 나온 상태. ③출근. 출석. ④출연. 출연 시간. ⑤출신. ⑥출처. 산지(産地). ⑦사물의 시작. ⑧(건물의) 돌출 부분. ⑨분량. 부피.
1出くわす[でくわす] 〈5自〉 우연히 만나다. 맞닥뜨리다.
出しな[でしな] 막 나가려는 참.
出しゃばり[でしゃばり] 출랑이. 주제넘게 나서기를 잘함.
出しゃばる[でしゃばる] 〈5自〉 ①주제넘게 굴다. ②주제넘게 참견하다.
出稼ぎ[でかせぎ] (타향에서) 돈벌이함.
出稼ぎ人[でかせぎびと] 돈 벌러 나간 사람.
出開帳[でがいちょう] ≪仏≫ 출개장; 본존(本尊)의 불체(仏体)를 다른 곳으로 옮겨 감실(龕室)을 열고 일반인에게 공개함.
出居[でい] 사랑방. 객실(客室).
出居の間[でいのま] 사랑방. 객실(客室).
出格子[でごうし] 돌출 격자창.
出遣い[でづかい] ①돈의 낭비. ②(인형극에서) 인형을 조종하는 사람이 관중 앞에 모습을 드러내 놓고 인형을 조종함.
出涸(ら)し[でがらし] 여러 번 우려내 맛이 없음.
出稽古[でげいこ] ①출장 지도. ②(씨름에서) 다른 도장에 나가 지도를 받음.
出庫物[でこもの] 싸게 파는 재고품.
出庫物市[でこものいち] 재고품 시장.
出庫物屋[でこものや] 싸구려 가게.
出過ぎ[ですぎ] 주제넘게 나섬. 함부로 나섬. 함부로 참견함.
出過ぎる[ですぎる] 〈上1自〉 ①너무 나오다. ②주제넘게 나서다.
出過ぎ者[ですぎもの] 주제넘은 사람.
出掛かる[でかかる] 〈5自〉 막 나오려고 하다. 반쯤 나오다.
出掛け[でがけ] ①나가려는 참. ②나가는 길. 나가는 도중.
4出掛ける[でかける] 〈下1自〉 ①(목적지로) 떠나다. 나가다. 나서다. ②나가려고 하다.
出交す[でくわす] 〈5自〉 우연히 만나다. 맞닥뜨리다. 딱 마주치다.
出教授[できょうじゅ] 출장지도.
4出口[でぐち] 출구; 나가는 곳. 나오는 곳.
出帰り[でかえり] ①(직장을 그만 둔 사람이) 다시 나와서 근무함. ②소박맞고 친정으로 돌아옴.
出端❶[では] ①나갈 기회. ②나가려는 참. 나가려고 할 때. ③나가는 편. ④(연극에서) 배우가 등장할 때의 반주나 노래. ❷[でばな/ではな] ①나가는 순간. 나가자마자. ②(일을) 시작하자마자. 시작하려는 찰나.
出代(わ)り[でがわり] (사람의) 교대. 교체.
出突っ張り[でづっぱり] ≪俗≫ (연극에서) 한 배우가 모든 공연물에 출연함.
出来❶[でき] ①만듦. 완성. 제품. 완성품. ②만듦새. 솜씨. ③성적. 결과. ④수확. 결실. ⑤성장 과정. 자란 내력. ⑥거래. 매매(売買). ❷[しゅったい] ①(사건 등의) 발생. ②완성됨.

出来す[でかす] 〈5他〉≪俗≫ ①(일을) 저지르다. ②(훌륭히) 해 내다. 성공시키다.

[4]出来る[できる] 〈上1自〉 ①만들어지다. 생산되다. ②완성되다. 다 되다. ③(자식이) 생기다. 태어나다. ④가능하다. 할 수 있다. ⑤잘하다. 할 줄 안다. ⑥(어떤 일이) 발생하다. 생기다. ⑦(능력이) 뛰어나다. 유능하다. ⑧거래가 성립되다. ⑨ ≪俗≫ (남녀가) 밀통하다. 눈이 맞다.

出来るだけ[できるだけ] 가능한 한. 최대한.

出来高[できだか] ①생산량. ②(농산물의) 수확량. ③거래 총액.

出来高払い[できだかばらい] 성과급(成果給). 도급제(都給制).

出来立て[できたて] 만듦새. 완성된 모양. 완성품. 제품.

出来物❶[できぶつ] 난사람. 재능이 뛰어난 사람. ❷[できもの] 부스럼. 종기.

出来分限[できぶげん] 졸부. 벼락부자.

[2]出来事[できごと] 사건. 사고. 일어난 일.

[2]出来上(が)り[できあがり] ①완성. 완성품. ②만듦새. 완성된 결과.

[2]出来上がる[できあがる] 〈5自〉 ①완성되다. 다 만들어지다. ②…하게 태어나다. ③(술에) 흠뻑 취하다.

出来星[できぼし] 벼락출세. 갑자기 출세함. 갑자기 유명해짐.

出来申さず[できもうさず] 거래가 성립되지 않음.

出来損ない[できそこない] ①실패작. ②못난이. 병신. 팔푼이.

出来損なう[できそこなう] 〈5自〉 ①(물건이 질적으로) 잘못 만들어지다. ②미완성으로 끝나다.

出来心[できごころ] 우발적인 충동. 불쑥 일어난 나쁜 생각.

出来栄え[できばえ] ①(잘 만들어진) 모양새. 만듦새. 됨됨이. ②솜씨. 기량.

出来映え[できばえ] ☞ 出来栄え

出来次第[できしだい] 완성하는 즉시.

出来秋[できあき] 수확기. 결실의 가을.

出来値[できね] 매매가 성립된 가격.

出来合い[できあい] ①기성품(既成品). ②(남녀가) 눈이 맞음.

出来合う[できあう] 〈5自〉 ①때맞추어 완성되다. 제때에 만들어지다. ②(남녀가) 밀통하다. 눈이 맞다.

出戻り[でもどり] ①(떠난 사람이) 도중에 되돌아옴. ②(떠났던 직장에) 복직함. ③이혼하고 친정에 돌아온 여자. 소박데기.

出戻り娘[でもどりむすめ] 이혼하고 친정에 돌아온 딸. 소박데기 딸.

出立ち[でたち] ①≪古≫ 길을 떠남. 출발함. ② ≪古≫ 길 떠날 때의 식사. ③ ≪古≫ 시작. 발단. ④복장. 옷차림. 차림새. ⑤(장례식의) 출관(出棺).

出面❶[でづら] ①얼굴을 내놓음. ②하루 품삯. 일당(日当). ③날품팔이꾼. ❷[でめん] ①하루 품삯. 일당(日当). ②날품팔이꾼. 일용직(日傭職).

出面勘定[でづらかんじょう] 날삯 제도. *(목수·미장이 등이) 현장에 얼굴만 내밀어도 품삯을 주는 제도임.

出面取(り)[でめんとり] 날품팔이꾼.

出目[でめ] 퉁방울이. 툭 튀어나온 눈.

出目金[でめきん] ≪魚≫ 눈이 튀어나온 금붕어.

出無精[でぶしょう] 외출을 싫어함.

出物[でもの] ①매물(売物). 팔려고 내놓은 물건. ②부스럼. 종기. ③ ≪俗≫ 방귀.

出抜ける[でぬける] 〈下1自〉 통과하다. 빠져나가다.

出方[でかた] ①(나오는) 태도. ②(흥행장의) 안내인.

出放題[でほうだい] ①나오는 대로 내버려 둠. ②함부로 지껄임.

出番[でばん] ①(일·무대에) 나갈 차례. ②나설 차례. ③나서서 활약할 차례. ④(근무에서) 쉴 차례.

出癖[でくせ/でぐせ] 나다니는 습관.

出歩く[であるく] 〈5自〉 나다니다. 나돌아다니다. 싸다니다.

出無精[でぶしょう] 외출을 싫어함.

出払い[ではらい] 모두 외출하고 없음.

出払う[ではらう] 〈5自〉 (사람이나 물건이) 모두 나가다.

出鼻[でばな] (山이나 岬의) 돌출부. 부리.

出っ鼻[でっぱな] ≪俗≫ ☞ 出鼻

出渋る[でしぶる] 〈5自〉 나가기를 꺼려하다. 외출을 주저하다.

出先[でさき] ①행선지. 가는 곳. 출장지. ②'出先機関'의 준말. ③기생이 불려 가는 요정. ④막 나가려는 참.

出先機関[でさききかん] 지방·해외 출장소.

出船[でふね/しゅっせん] 출선; 배가 떠남. 떠나는 배. 출항(出港).

[2]**出鱈目**[でたらめ] ①엉터리. 터무니없음. ②허튼 소리. 터무니없는 짓.

出城[でじろ] 외성(外城). 나성(羅城).

出盛り[でさかり] ①(농산물・상품 등의) 제철. 한창 나올 때. ②(많은 사람으로) 북적거림. 북적댐.

出盛る[でさかる] 〈5自〉 ①(농산물・상품 등의) 한창 나오다. 한창 나돌다. ②(많은 사람으로) 북적거리다. 북적대다.

出小作[でこさく] 딴 동네로 가서 소작함.

出所❶[でどころ/でどこ] ①출처(出処). ②출구. 나가는 곳. ③활약할 때. 나설 때. 나설 시기. ❷[しゅっしょ] 출소; ①출옥(出獄). 감옥에서 나옴. ②연구소・사무소・재판소 등에 출근함. ③출처(出処). 나온 곳. ④출생지.

出る所[でるところ] (시비곡직을 가리는) 법. 법정. 경찰서.

出た所勝負[でたとこしょうぶ] ①운명에 맡김. ②임기응변.

出水[でみず/しゅっすい] 출수; 홍수(洪水).

出穂[でほ/しゅっすい] (농작물의) 이삭이 팸. 이삭이 나옴.

出始め[ではじめ] (농산물의) 만물. 제철의 것이 갓 나옴.

出始める[ではじめる] 〈下1自〉 나오기 시작하다. 나가기 시작하다.

出額[でびたい] 튀어나온 이마.

出様[でよう] ①나오는 모양. ②(어떤 교섭 등에) 나오는 태도.

出養生[でようじょう] (온천 등으로) 피접(避接). 전지요양(転地療養).

出語り[でがたり] (歌舞伎(かぶき)에서) 浄瑠璃(じょうるり)를 하는 사람이 직접 무대에 나와서 浄瑠璃(じょうるり)를 읊음.

出迎い[でむかい] ☞ 出迎え

[2]**出迎え**[でむかえ] 출영; 마중.

[2]**出迎える**[でむかえる] 〈下1他〉 출영하다. 마중 나가다. 나가 맞이하다.

出外れ[ではずれ] 변두리. 교외(郊外).

出外れる[ではずれる] 〈下1自〉 (어떤 장소를) 빠져나가다. 변두리로 나가다. 교외(郊外)로 벗어나다.

出羽[でわ] (옛 지명으로) 지금의 秋田(あきた)・山形県(やまがたけん) 지방.

出刃[でば] '出刃包丁'의 준말.

出刃包丁[でばぼうちょう] 식칼. 부엌칼.

出任せ[でまかせ] ①나가는 대로 그냥 둠. ②함부로 말을 함.

出ず入らず[でずいらず] (과부족・損得・증감이 없어) 무난함. 알맞음. 수수함.

[2]**出入り**❶[でいり] ①드나듦. 출입. ②(금품의) 수입과 지출. 출납. ③단골. ④사고팔고 함. ⑤(분량이) 들쑥날쑥임. ⑥(어떤 모양이) 둘쭉날쭉함. 울퉁불퉁함. ⑦다툼. 시비. ⑧소송(訴訟). ❷[ではいり] ①드나듦. 출입. ②(금품의) 수입과 지출. 출납. ③단골. ④(어떤 모양이) 둘쭉날쭉함. 울퉁불퉁함.

[2]**出入り口**[でいりぐち/ではいりぐち] 출입구.

出入(り)筋[でいりすじ] ①단골집. 거래처. ②(江戸(えど)시대) 대질 심문하여 판결을 내림.

出入り場[でいりば] ①단골집. 거래처. ②(연극에서 깡패들의) 싸움 장면.

出作り[でづくり] 농막 농사.

出張る[でばる] 〈5自〉 ①돌출하다. 툭 튀어나오다. 불거지다. ②일을 하러 나가다. 출장가다.

出っ張り[でっぱり] 돌출함. 툭 튀어나옴. 불거진 것. 쑥 내밂.

出っ張る[でっぱる] 〈5自〉 돌출하다. 툭 튀어나오다. 쑥 내밀다.

出場❶[でば] '出場所(でばしょ)'의 준말. ❷[しゅつじょう] 출장; ①(경기・연기하러) 그 장소에 나감. ②(운동 경기에) 참가함. 출전(出戦)함.

出場所[でばしょ] ①나설 장면・곳. 나설 자리. ②나오는 곳. 산지(産地).

出前[でまえ] ①요리 배달. ②배달 요리.

出前箱[でまえばこ] 요리 배달 상자.

出前持(ち)[でまえもち] 요리 배달원.

出揃う[でそろう] 〈5自〉 (빠짐없이) 모두 다 나오다. 모두 모이다. 모두 갖추어지다.

出銭[でせん] 지출. 지출되는 돈.

出切る[できる] 〈5自〉 다 나가다. 다 나오다. 바닥나다.

出切れ[でぎれ] (재단하고 남은) 자투리.

出店[でみせ] ①지점(支店). 분점(分店). ②노점상(露店商).

出際[でぎわ] 외출하려는 참.

出臍[でべそ] 튀어나온 배꼽.

出潮[でしお] 달이 뜰 때의 밀물.

出足[であし] ①(교통편의) 출발. 스타트. ②(손님의) 드나드는 상태・정도. ③(씨름・유도에서) 공격하여 내딛는 발.

出遅れ[でおくれ] (일의) 출발이나 시작이 늦음. 늦게 일을 시작함.

出遅れる[でおくれる] 〈下1自〉 ①(일의) 출발·시작이 늦다. ②늦게 나서다.

出遅(れ)株[でおくれかぶ] 시세가 오르지 않는 주식. 보합세의 주식

[1]**出直し**[でなおし] ①(돌아갔다가) 다시 옴. 다시 나옴. ②다시 시작함. 재출발함.

出直す[でなおす] 〈5自〉 ①(돌아갔다가) 다시 오다. 다시 나오다. ②다시 시작하다. 재출발하다.

出直り[でなおり] (하락했던 시세가) 다시 회복됨.

出直り相場[でなおりそうば] (하락했던 시세의) 회복세.

出職[でしょく] (미장이·정원사·기와장이처럼) 밖에서 일하는 직업.

出尽くす[でつくす] 〈5自〉 (남김없이) 모두 다 나오다. 모두 다 나가다.

出窓[でまど] 돌출창. 건물 바람벽 밖으로 튀어나온 창.

出処❶[でどころ/でどこ] ①출처(出処). ②출구. 나가는 곳. ③활약할 때. 나설 때. 나설 시기. ❷[しゅっしょ] 출소; ①출옥(出獄). 감옥에서 나옴. ②연구소·사무소·재판소 등에 출근함. ③출처(出処). 나온 곳. ④출생지.

出替(わ)り[でがわり] (사람의) 교대. 교체.

出初め[でぞめ] ①(새해의) 첫나들이. ②(소방서에서) 신년에 하는 소방 의식.

出初め式[でぞめしき] 신년 소방 의식.

出出し[でだし] 맨 처음. 시작. 첫출발.

出歯[でば] 뻐드렁니.

出っ歯[でっぱ] ≪俗≫ 뻐드렁니.

出歯亀[でばがめ] ≪俗≫ 여탕(女湯)을 들여다보는 변태적인 남자. ＊여탕을 상습적으로 들여다보다가 살인 사건을 일으킨 뻐드렁니의 정원사 池田亀太郎(いけだかめたろう)의 별명에서 생긴 말임.

出涸(ら)し[でがらし] 여러 번 우려서 맛이 없음.

出合(い)[であい] ☞ 出会(い)

出合(い)女[であいおんな] ☞ 出会(い)女

出合(い)頭[であいがしら] ☞ 出会(い)頭

出合う[であう] 〈5自〉 ☞ 出会う

出向く[でむく] 〈5自〉 (목적지로) 떠나다. 출장가다.

出懸かる[でかかる] 〈5自〉 막 나오려고 하다. 반쯤 나가다.

出嫌い[でぎらい] 외출을 싫어함. 모임에 참석하는 것을 싫어하는 사람.

出好き[でずき] 외출·나들이를 좋아함.

出花[でばな] ①갓 달인 차. ②꽃다운 나이.

出丸[でまる] 외성(外城). 나성(羅城).

出回る[でまわる] 〈5自〉 (물건이 생산지로부터 시장에) 나돌다. 출회하다.

[2]**出会う**[であう] 〈5自〉 ①우연히 만나다. 마주치다. ②(재난 등을) 당하다. ③(나와서) 맞상대하다. ④데이트하다. 몰래 만나다. ⑤(맛·색깔이) 잘 맞다. 어울리다. ⑥(물줄기가) 합류하다. 만나다.

[2]**出会(い)**[であい] ①만남. 마주침. ②첫 만남. ③(남녀가) 몰래 만남. 데이트. ④(강 등의) 합류점. ⑤공동 작업. ⑥색깔의 배합. ⑦거래가 성립됨.

出会(い)女[であいおんな] 창녀. 매춘부.

出会(い)頭[であいがしら] 나서자마자. 나선 순간. 만나자마자. 마주치는 순간.

出会(い)茶屋[であいぢゃや] (남녀가 몰래) 데이트하는 찻집.

⊗**出でる**[いでる] 〈下1自〉≪文≫ 나오다. 나가다. 나타나다.

出で立ち[いでたち] ①여행·길을 떠남. ②복장. 옷차림. ③≪古≫ 입신출세.

出で立つ[いでたつ] 〈4自〉≪古≫ ①여행·길을 떠나다. ②몸치장하다. ③출세하다.

出で潮[いでしお] ≪雅≫ 밀물.

出で座す[いでます] 〈4自〉≪古≫ ①(신분이 높은 사람이) 외출하다. 행차하다. ②오시다. ③계시다.

出で湯[いでゆ] ≪雅≫ 온천.

出で湯巡り[いでゆめぐり] ≪雅≫ 온천장 순례.

音読

出[しゅつ] 출신.

出家[しゅっけ] ≪仏≫ 출가; 집을 떠나 불문(仏門)에 들어가 중이 됨.

出撃[しゅつげき] 출격; 나가서 공격함.

出欠[しゅっけつ] 출결; 출석과 결석. 출근과 결근.

出庫[しゅっこ] 출고; ①창고에서 물건을 꺼냄. ②(차가) 차고에서 나옴.

出棺[しゅっかん] 출관; 출구(出柩). (장례식 때) 관이 집 밖으로 나감.

出校[しゅっこう] 출교; ①등교(登校). ②(인쇄에서) 교정쇄를 냄.

出校日[しゅっこうび] 등교일(登校日).

出国[しゅっこく] 출국; 그 나라를 떠나 다른 나라로 감.

出国手続[しゅっこくてつづき] 출국 수속.

[2]出勤[しゅっきん] 출근; 근무하러 감.

出勤簿[しゅっきんぼ] 출근부.

出勤日[しゅっきんび] 출근일.

出金[しゅっきん] 출금; ①돈을 냄. ②지출한 돈.

出納[★すいとう] 출납; 금품을 내어 줌과 받아들임.

出納係[★すいとうがかり] 출납 담당.

出納簿[★すいとうぼ] 출납부.

[1]出動[しゅつどう] 출동; 활동하러 떠남.

出頭[しゅっとう] 출두; ①관청에 본인이 나감. ②남보다 뛰어남.

出藍[しゅつらん] 출람; (제자가) 스승보다 나음.

出藍の誉れ[しゅつらんのほまれ] 출람지예; 스승보다 나은 제자의 평판이나 명예.

出力[しゅつりょく] 출력; ①(입력된 자료가) 정보화되어 나옴. ②(기계・전기・발전기 등이) 외부로 내는 힘.

出塁[しゅつるい] 출루; (야구에서) 1루로 진출함.

出立[しゅったつ] 출발. 길을 떠남.

出馬[しゅつば] 출마; ①(신분이 높은 사람이) 말을 타고 외출함. ②(장수가) 말을 타고 출전함. ③(간부가) 직접 현장에 나감. ④(선거에) 입후보함.

出没[しゅつぼつ] 출몰; 나타났다 숨었다 함.

[3]出発[しゅっぱつ] 출발; ①목적지를 향해 떠남. ②일을 시작함.

出発点[しゅっぱつてん] 출발점; ①출발 지점. ②(일을 시작하는) 맨 처음 단계.

出帆[しゅっぱん] 출범; 배가 출항함.

出兵[しゅっぺい] 출병; 군대를 보냄.

出奔[しゅっぽん] 출분; 도망쳐 행방을 감춤.

[1]出費[しゅっぴ] 출비; 지출.

出仕[しゅっし] 출사; ①(민간인이) 관직으로 나아감. ②출근함.

[1]出社[しゅっしゃ] 출사; 회사에 출근함.

出師[★すいし] 출사; 군대를 출동시킴. 출병(出兵).

出師の表[★すいしのひょう] 출사표.

[1]出産[しゅっさん] 출산; ①해산(解産). 아기를 분만함. ②산출(産出).

出産額[しゅっさんがく] 생산액(生産額).

出産地[しゅっさんち] 생산지(生産地).

出色[しゅっしょく] 출색; 뛰어남. 훌륭함.

[1]出生[しゅっせい/しゅっしょう] 출생; 세상에 태어남.

[1]出生届(け)[しゅっせいとどけ/しゅっしょうとどけ] 출생 신고.

[1]出生年月日[しゅっせいねんがっぴ/しゅっしょうねんがっぴ] 출생 연월일.

[3]出席[しゅっせき] 출석; 참석.

出席簿[しゅっせきぼ] 출석부.

出席者[しゅっせきしゃ] 출석자; 참석자.

[1]出世[しゅっせ] 출세; ①세상에 유명해지는 신분이 됨. ②출가(出家)함. 중이 됨. ③《仏》 부처가 세상에 나타남.

出世力士[しゅっせりきし] (씨름에서) 첫 공식 시합을 하는 씨름꾼.

出世払い[しゅっせばらい] (돈 등을) 성공했을 때 갚기로 약속함.

出水[しゅっすい/でみず] 출수; 홍수(洪水).

[2]出身[しゅっしん] 출신; 어떤 계층에서 나온 신분.

出芽[しゅつが] 출아; ①발아(発芽). 싹이 틈. ②(무성 생식의 한 가지로서) 하등 생물의 몸의 일부가 부풀어 돌기(突起)가 생김.

出御[しゅつぎょ] 출어; 천황이나 황후가 행차함.

出漁[しゅつりょう] 출어; 고기 잡으러 나감.

[1]出演[しゅつえん] 출연; (연극・영화・연설・방송 등의) 공식 활동에 나감.

出獄[しゅつごく] 출옥; 감옥에서 나옴.

出願[しゅつがん] 출원; 신청함.

出願人[しゅつがんにん] 출원인; 신청자.

出入[しゅつにゅう] 출입; 드나듦.

出入国[しゅつにゅうこく] 출입국; 출국과 입국.

出自[しゅつじ] 출신. 태생. 출신 문벌.

出資[しゅっし] 출자; 자금을 투자함.

[2]出張[しゅっちょう] 출장; 공무로 인해 어떤 곳에 잠깐 파견됨.

出張先[しゅっちょうさき] 출장지.

出張所[しゅっちょうじょ] 출장소.

[2]出場❶[しゅつじょう] 출장; ①(경기・연기하러) 그 장소에 나감. ②(운동 경기에) 참가함. 출전(出戦)함. ❷[でば] '出場所(でばしょ)'의 준말.

出典[しゅってん] 출전; 출처가 되는 책.

出廷[しゅってい] 출정; 법정에 나감.

出廷日[しゅっていび] 법정에 나가는 날.

出征[しゅっせい] 출정; 군대에 참가하여 전쟁터로 나감.

出征軍[しゅっせいぐん] 출정군.
[1]出題[しゅつだい] 출제; ①문제를 냄. ②시제(詩題)・가제(歌題) 등을 냄.
出走[しゅっそう] 출주; ①도망쳐 행방을 감춤. ②(경마 등에서) 경주(競走)에 참가함.
出陣[しゅつじん] 출진; 싸움터로 나감.
出陳[しゅっちん] 출진; (전람회 등에) 출품하여 진열함.
出札[しゅっさつ] 출찰; (입장권・승차권 등의) 표를 판매함.
出札係[しゅっさつがかり] 티켓 판매 담당.
出札口[しゅっさつぐち] 티켓 판매 창구.
出炭[しゅったん] 출탄; ①석탄을 캐냄. ②숯을 생산함.
出土[しゅつど] 출토; (고대의 유물이나 유적이) 땅속에서 나옴.
出土品[しゅつどひん] 출토품.
出投資[しゅっとうし] 출투자; 출자와 투자.
[2]出版[しゅっぱん] 출판; 서적을 인쇄하여 판매 또는 반포함.
[2]出版物[しゅっぱんぶつ] 출판물.
[2]出版社[しゅっぱんしゃ] 출판사.
出版屋[しゅっぱんや] 출판업자.
[1]出品[しゅっぴん] 출품; (전람회장 등에) 물건이나 작품을 전시함.
出荷[しゅっか] 출하; (판매하기 위해) 시장에 상품을 내놓음.
出航[しゅっこう] 출항; 배나 항공기가 출발함.
出向[しゅっこう] 출향; ①(어느 곳으로) 떠나감. ②(명령에 의해) 파견됨.
出向社員[しゅっこうしゃいん] 파견 사원.
出郷[しゅっきょう] 출향; ①고향을 떠남. ②≪仏≫ 중이 절을 나와 설법함.
[1]出現[しゅつげん] 출현; 새로 나타남.
[1]出血[しゅっけつ] 출혈; ①피가 혈관 밖으로 흘러나옴. ②손해. 희생.
出火[しゅっか] 출화; 불을 냄. 화재가 남.
出火地点[しゅっかちてん] 발화(発火) 지점.

[충]

充 가득할 충

' 亠 亡 云 产 充

音 ◉ジュウ
訓 ◉あてる ⊗みたす ⊗みちる ⊗みつ

訓読

◉充てる[あてる] 〈下1他〉 (어떤 용도로) 돌리다. 충당하다. 할당하다.
⊗充たす[みたす] 〈5他〉 ①(가득) 채우다. ②충족시키다. 만족시키다.
⊗充ちる[みちる] 〈上1自〉 ①(가득) 차다. ②충족되다. 충만하다.
⊗充つ[みつ] 〈5自〉 (가득) 차다.

音読

充当[じゅうとう] 충당; 모자란 것을 채움.
充満[じゅうまん] 충만; 가득 참.
充分[じゅうぶん] ① 〈副〉 충분히. ② 〈形動〉 충분함. 부족함이 없음.
[1]充実[じゅうじつ] 충실; 내용이 알참.
充用[じゅうよう] 충용; 충당하여 사용함.
充員[じゅういん] 충원; 인원을 보충함.
充溢[じゅういつ] 충일; 가득 차고 넘침.
充電[じゅうでん] 충전; ①(축전기에) 전기를 축적함. ②(사람이) 활력을 축적함.
充電器[じゅうでんき] 충전기.
充塡[じゅうてん] 충전; 가득 채움.
充足[じゅうそく] 충족; 부족함이 없음.
充血[じゅうけつ] 충혈; 신체 일부분에 이상이 생겨 피가 다량으로 흐름.

虫(蟲) 벌레 충

' 口 口 中 虫 虫

音 ◉チュウ
訓 ◉むし

訓読

[3]◉虫[むし] ①벌레. 곤충. ②해충(害虫). ③(어린이의) 짜증. ④기분. 생각. 예감. ⑤(한 가지 일에) 몰두하는 사람. ⑥걸핏하면 …하는 사람.
虫ピン[むしピン] (표본의) 곤충을 꽂아 두는 사람.
虫干し[むしぼし] 거풍(挙風). (여름에 옷이나 책 등을) 햇볕이나 바람에 쐼.
虫拳[むしけん] 가위바위보의 한 종류.
虫気[むしけ] ①(허약한 어린이의) 신경질. 짜증. ②산기(産気).
虫籠[むしかご] 벌레를 기르는 바구니.
虫螻[むしけら] ① ≪俗≫ 버러지. *'벌레'의 낮춤말. ②버러지 같은 인간.
虫売り[むしうり] 옛날에 곤충을 파는 상인.

虫腹[むしばら] 거위배. 횟배. 회충으로 말미암은 배앓이.
虫封じ[むしふうじ] (아기에게 경풍(驚風) 증세가 발생하지 않도록 하는) 액막이 부적.
虫酸[むしず] (위에서 올라오는) 신물.
虫送り[むしおくり] 횃불을 켜고 농작물의 해충을 쫓는 행사.
虫の垂れ衣[むしのたれぎぬ] (옛날) 여자가 외출할 때 갓 둘레에 드리우던 얇은 천.
虫狩り[むしがり] 《植》 분단나무.
虫の息[むしのいき] 실낱같은 숨. 숨이 다 끊어져 감.
虫食い[むしくい] ①벌레가 먹음. ②(유약이 잘 묻지 않아) 벌레 먹은 것 같이 된 찻잔. *진귀하게 여김.
虫食う[むしくう] 〈5自他〉 벌레 먹다. 좀먹다.
虫食む[むしばむ] 〈5他〉 ①벌레 먹다. 좀 먹다. ②(심신을) 해치다.
虫眼鏡[むしめがね] ①확대경. 돋보기. ②《俗》 최하위 씨름꾼. *(씨름 대전표에서) 확대경으로 보아야 할 정도로 제일 하단에 조그맣게 쓰인 이름에서 생긴 말임.
虫押(さ)え[むしおさえ] ①(어린이의) 신경질・경기(驚気)에 먹이는 약. ②(시장할 때) 우선 요기하는 음식.
虫薬[むしぐすり] (허약한 어린이의) 신경질・짜증을 치료하는 약. 경풍약.
虫鰈[むしがれい] 《魚》 물가자미.
虫除け[むしよけ] ①제충(除虫). 방충(防虫). 방충 장치. 방충제. ②독충의 해를 막아 준다는 부적.
虫の知らせ[むしのしらせ] 불길한 예감.
虫持ち[むしもち] ①기생충이 있는 사람. ②복통의 발작이 일어나는 사람. ③신경질을 부리는 아이.
虫取(り)[むしとり] 벌레를 잡음. 벌레 잡는 도구.
虫取(り)菫[むしとりすみれ] 《植》 벌레잡이제비꽃.
虫取(り)撫子[むしとりなでしこ] 《植》 끈끈이대나물.
[2]虫歯[むしば] 충치; 벌레 먹은 치아.
虫唾[むしず] ☞ 虫酸
虫偏[むしへん] 벌레충변. *한자(漢字) 부수의 하나로서 '蚊・蛇' 등의 '虫' 부분을 말함.
虫下し[むしくだし] 회충약. 구충제(駆虫剤).

音読

虫類[ちゅうるい] 충류; 벌레 종류.
虫媒花[ちゅうばいか] 《植》 충매화.
虫垂[ちゅうすい] 충수; 맹장 하부의 돌기.
虫垂炎[ちゅうすいえん] 《医》 충수염; 맹장염.
虫様突起[ちゅうようとっき] 《生理》 충양돌기(막창자꼬리); 맹장 하부에 있는 돌기(突起).
虫魚[ちゅうぎょ] 충어; 벌레와 물고기.
虫害[ちゅうがい] 충해; 벌레에 의한 피해.

沖 깊을 충

丶 冫 氵 氵 沪 沪 沖

音 ◉チュウ
訓 ◉おき

訓読

[2]◉沖[おき] 앞 바다.
沖つ[おきつ] 《雅》 앞바다의. 먼 바다의.
沖掛(か)り[おきがかり] (배가) 앞바다에 정박함.
沖渡し[おきわたし] (해상 운송 화물의 인수 방법의 하나로서) 매입자가 본선(本船)에서 화물을 인수함.
沖売り[おきうり] ①(어부가) 어획물을 앞바다에서 판매함. ②(商船이) 상품을 직접 앞바다에서 매매함. ③《俗》 배에서 매춘(売春)하는 사창(私娼).
沖縄県[おきなわけん] 《地》 오키나와현. 일본 최남단의 현.
沖魚[おきうお] 앞바다에서 잡히는 물고기.
沖醤蝦[おきあみ] 《動》 크릴새우.
沖釣(り)[おきづり] 앞바다낚시.
沖仲仕[おきなかし] 항만 노동자.
沖津[おきつ] 《雅》 앞바다의. 먼 바다의.
沖津島根[おきつしまね] 《雅》 앞바다의 섬.
沖荷役[おきにやく] 해상 하역(海上荷役).
沖合(い)[おきあい] 앞바다 쪽.

音読

沖する[ちゅうする] 〈サ変自〉 높이 솟아오르다. ¶天(てん)に~ 하늘 높이 솟아오르다.
沖積[ちゅうせき] 충적; 흐르는 물에 의해서 쌓임.
沖積地[ちゅうせきち] 충적지; 충적 평야.
沖積層[ちゅうせきそう] 충적층.
沖積土[ちゅうせきど] 충적토.
沖天[ちゅうてん] 충천; 하늘 높이 솟아오름.

忠 충성 충

丨 ㅁ 中 中 忠 忠 忠 忠

音 ◉チュウ
訓 —

音読

忠[ちゅう] 충; ①충실함. ②충성.
忠諫[ちゅうかん] 충간; 충심으로 간청함.
忠犬[ちゅうけん] 충견; 자기 주인에게 충실한 개.
[1]忠告[ちゅうこく] 충고; 결점이나 잘못을 고치도록 충심으로 권함. 또는 그 말.
忠君[ちゅうくん] 충군; 임금에게 충성함.
忠良[ちゅうりょう] 충량; 충직하고 선량함.
忠烈[ちゅうれつ] 충렬; 충의심(忠義心)이 지극히 강함.
忠霊塔[ちゅうれいとう] 충령탑.
忠僕[ちゅうぼく] 충복; 충성스러운 종.
忠誠[ちゅうせい] 충성; 진정에서 우러나온 정성.
忠臣[ちゅうしん] 충신; 충성스런 신하.
[1]忠実❶[ちゅうじつ] 충실; ①성실함. ②정확함.
忠実❷[まめ] ①성실함. ②(몸을 아끼지 않고) 바지런함. ③착실하고 꼼꼼함. ④건강함. *'まめ'는 상용한자(常用漢字) 음훈표(音訓表)에 없음.
忠勇[ちゅうゆう] 충용; ①충의와 용기. ②충성스럽고 용맹함.
忠義[ちゅうぎ] 충의; 충성.
忠義立て[ちゅうぎだて] 충성을 다함.
忠義顔[ちゅうぎがお] 자못 충성스러운 모습·태도.
忠節[ちゅうせつ] 충절; 변하지 않는 마음으로 충성을 다함.
忠魂碑[ちゅうこんひ] 충혼비.
忠孝[ちゅうこう] 충효; 충성과 효도.

衷 속마음/정성 충

一 亠 亡 吉 声 吏 吏 吏 衷

音 ◉チュウ
訓 —

音読

衷心[ちゅうしん] 충심; 진심.
衷情[ちゅうじょう] 충정; 진심. 진정. 거짓이나 위선이 없는 마음.

衝 부딪칠 충

彳 彳 彳 彳 衎 衎 衝 衝 衝 衝

音 ◉ショウ
訓 ⊗つく

訓読

⊗衝く[つく] 〈5他〉 ①찌르다. ②(대단한 기세로) 꿰뚫다. ③무찌르다. 불의의 공격을 하다. ④무릅쓰다.
⊗衝立[ついたて] '衝立障子'의 준말.
⊗衝立障子[ついたてしょうじ] (방안·현관 등에 세워서 사용하는) 칸막이.

音読

[1]衝撃[しょうげき] 충격; ①충돌에 의한 심한 타격. ②마음의 격동. ③물체에 급격히 가해지는 힘.
[2]衝突[しょうとつ] 충돌; ①서로 부딪침. ②대립하여 싸움.
衝動[しょうどう] 충동; ①급격한 마음의 동요. ②(깊이 생각하지 않은) 급격한 마음의 작용.
衝動買い[しょうどうがい] 충동 구매(購買).
衝心[しょうしん] 《医》 '脚気衝心(かっけしょうしん)'의 준말. 각기(脚気)가 심하여 갑자기 심장 장애를 일으킴.
衝天[しょうてん] 충천; 하늘 높이 솟아올라 하늘을 찌를 듯함.

〔췌〕

膵 췌장 췌

音 ⊗スイ
訓 —

音読

膵液[すいえき] 췌액; 췌장에서 분비되는 소화액.
膵臓[すいぞう] 《生理》 췌장; 이자.

贅 혹 붙을 췌

音 ⊗ゼイ
訓 —

音読

贅[ぜい] ①낭비. ②사치.

贅言[ぜいげん] 췌언; 군말. 필요 없는 말.
贅肉[ぜいにく] 췌육; 군살.
[2]**贅沢**[ぜいたく] 사치스러움. 분에 넘침.
贅沢三昧[ぜいたくざんまい] 분에 넘치게 호화로움.
贅沢屋[ぜいたくや] 사치를 좋아하는 사람.
贅沢品[ぜいたくひん] 사치품.

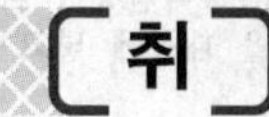

吹 입으로 불 취

丨 ㅁ ㅁ ㅁ' ㅁ⺈ 吵 吹

音 ◉スイ
訓 ◉ふかす ◉ふく

訓読
◉**吹かす**[ふかす] 〈5他〉 ①(밖으로) 뿜어내다. (담배 연기를) 내뿜다. ②(정지된 상태에서 자동차) 엔진을 고속으로 회전시키다. ③거드름을 피우다. 티를 내다. ④말을 퍼뜨리다. 선전하다.
[4]◉**吹く**[ふく] 〈5自〉 ①(바람이) 불다. ②(기체·액체 등이) 뿜어 나오다. ③(가루·곰팡이·소금 등이) 표면으로 나오다. 피다. ④(싹이) 돋다. 싹트다. 〈5他〉 ①(바람이 물건을) 날리다. ②(입으로) 불다. ③내뿜다. ④(악기·휘파람을) 불다. ⑤싹을 내다. 싹트다. ⑥(가루·곰팡이·소금 등을) 표면으로 내다. ⑦(광석을 녹여) 분리하다. ⑧주조(鋳造)하다. ⑨(값을) 비싸게 부르다. ⑩허풍을 떨다.
吹(き)降り[ふきぶり] 심한 비바람. 심한 눈보라. 폭풍우.
吹き結ぶ[ふきむすぶ] 〈5他〉 ①(바람이) 세차게 불어 초목을 뒤얽히게 하다. ②찬바람이 불어 이슬을 맺히게 하다.
吹き掛ける[ふきかける] 〈下1他〉 ①(바람이) 세게 불어 대다. ②(숨을) 세게 내뿜다. ③(액체 등을) 뿌리다. ④(싸움을) 걸다. ⑤(값을) 턱없이 비싸게 부르다. 바가지를 씌우다.
吹っ掛ける[ふっかける] 〈下1他〉 ①세게 내뿜다. ②(싸움을) 걸다. ③(값을) 턱없이 비싸게 부르다. 바가지를 씌우다.
吹(き)口[ふきぐち] 취구; (피리 등의) 입을 대고 부는 구멍.
吹き捲る[ふきまくる] 〈5自〉 (바람이) 세게 휘몰아치다. 세게 불어 닥치다. 〈5他〉 허풍을 떨다. 호언장담하다.
吹(き)寄せ[ふきよせ] ①(여러가지 것을 한데 모은) 모둠요리. 모둠과자. ②메들리. ③ ≪建≫ (일본 건축에서) 서까래문살 등을 두서너 개씩 배열하는 건축 양식.
吹き寄せる[ふきよせる] 〈下1自〉 (바람이) 불어오다. 불어 닥치다. 〈下1他〉 (바람이) 한곳으로 밀어 보내다. 한곳으로 그러모으다.
吹き倒す[ふきたおす] 〈5他〉 ①(바람이 불어) 쓰러뜨리다. 넘어뜨리다. ②(호언장담으로) 상대를 압도하다.
吹き渡る[ふきわたる] 〈5自〉 (바람이) 스쳐 지나가다.
吹き落とす[ふきおとす] 〈5他〉 (바람이) 불어서 떨어뜨리다.
吹き冷ます[ふきさます] 〈5他〉 (뜨거운 물건을) 입으로 불어서 식히다.
吹き零れる[ふきこぼれる] 〈下1自〉 (물 등이) 끓어 넘치다.
吹き流し[ふきながし] ①기드림. 군진(軍陣)의 표지. ＊좁고 긴 헝겊 여러 개를 반월형 고리에 매어 깃대에 매단 기. ②'鯉(こい)のぼり' ③(관상대·비행장 등에서) 풍향을 알기 위해 사용하는 원통형의 깃발.
吹(き)溜(ま)り[ふきだまり] ①(낙엽·눈 등이) 바람에 날려 쌓임. ②(사회의) 낙오자의 소굴.
吹き募る[ふきつのる] 〈5自〉 (바람이) 점점 세게 불다. 차차 사나워지다.
吹き返す[ふきかえす] 〈5自〉 (바람이) 이전과 반대 방향으로 불다. 〈5他〉 ①(바람이 불어서 물건을) 뒤엎다. 뒤집다. ②(멈추었던) 숨을 되돌리다. ③(금속 기구·화폐 등을) 다시 부어 주조하다.
吹(き)抜き[ふきぬき] ①통풍이 잘 됨. 통풍이 잘 되는 곳. ②(속옷은 입지 않고) 겉옷 한 가지만 걸친 차림. ③기둥 사이에 벽이 없는 건축 구조. ＊베란다 등을 말함. ④ ≪建≫ (천장과 마루를 꾸미지 않고) 우물 모양으로 꿰뚫어 짓는 구조. ⑤기드림. 군진(軍陣)의 표지. ＊좁고 긴 헝겊 여러 개를 반월형 고리에 매어 깃대에 매단 기.
吹(き)抜(き)屋台[ふきぬきやたい] ≪建≫ (지붕과 천장을 생략하고) 방의 내부를 비스듬히 위에서 본 형식으로 묘사하는 그림 수법.

吹(き)抜け[ふきぬけ] ①통풍이 잘 됨. 통풍이 잘 되는 곳. ②기둥 사이에 벽이 없는 건축 구조. *베란다 등을 말함. ③≪建≫ 천장과 마루를 꾸미지 않고) 우물 모양으로 꿰뚫어 짓는 구조.

吹き抜ける[ふきぬける] 〈下1自〉 ①(바람이) 스쳐 지나가다. ②(불길이) 치솟아 위로 빠지다.

吹(き)付け[ふきつけ] (페인트 등을) 뿜어서 칠함. 분무식으로 칠함.

吹き付ける[ふきつける] 〈下1自〉 (바람 등이) 불어 닥치다. 휘몰아치다. 세차게 불다. 〈下1他〉 ①(입김・액체・연기 등을) 세게 내뿜다. ②(페인트 등을) 뿜어서 칠하다. 분무식으로 칠하다.

吹(き)付(け)物[ふきつけもの] 페인트 등으로 착색한 꽃꽂이의 재료.

吹き分ける[ふきわける] 〈下1他〉 ①까부르다. 까불러 가려내다. ②(광물을 녹여서) 추출하다. 함유물을 분리시키다.

吹き払う[ふきはらう] 〈5他〉 (바람이 불어서) 날려 버리다. 털어 버리다.

吹き飛ばす[ふきとばす] 〈5他〉 ①(바람이 불어) 날리다. 날려 버리다. ②물리치다. 쫓아 버리다. 떨쳐 버리다. ③허풍을 떨다. 호언장담하다. 큰소리치다.

吹っ飛ばす[ふっとばす] 〈5他〉 ①(바람이 불어) 세차게 날려 버리다. ②쫓아 버리다. 싹 가시게 하다. 싹 털어 버리다.

吹き飛ぶ[ふきとぶ] 〈5自〉 ①(바람에) 날리다. 날아가다. ②단번에 없어지다.

吹っ飛ぶ[ふっとぶ] 〈5自〉 ①(바람에) 휙 날아가다. 갑자기 날아가다. ②단번에 없어지다. 싹 가시다.

吹き散らす[ふきちらす] 〈5他〉 ①(바람이) 불어 흩뜨리다. ②말을 퍼뜨리다. ③허풍을 떨다. 호언장담하다.

吹き上がる[ふきあがる] 〈5自〉 ①(밑에서 위로) 바람이 치켜 불다. ②(기체・액체가) 솟아오르다. 뿜어 오르다.

吹(き)上げ[ふきあげ] ①(밑에서 위로) 바람이 불어 오름. ②분수(噴水).

吹き上げる[ふきあげる] 〈下1他〉 ①(바람이 불어) 날려 올리다. 날아오르게 하다. ②(기체・액체를) 솟아오르게 하다. 뿜어 오르게 하다. 〈下1自〉 ①(바람이) 밑에서 위로 치불다. 불어 오르다. ②(감정이) 복받치다. 솟구치다.

²吹雪[ふぶき] 눈보라.

吹雪く[ふぶく] 〈5自〉 눈보라치다.

吹き消す[ふきけす] 〈5他〉 ①(촛불 등을) 입으로 불어서 끄다. ②(어떤 큰 소리가) 다른 소리를 지워 버리다.

吹き送る[ふきおくる] 〈5他〉 (입으로) 불어 보내다. (바람에) 날려 보내다.

吹(き)矢[ふきや] 바람총. 바람총 화살. *짧은 화살을 대통에 넣고 입으로 불어 쏘는 것.

吹き屋[ふきや] 대장간. 대장장이.

吹き遊ぶ[ふきあそぶ] 〈5自〉 (피리 등을) 심심풀이로 불다.

吹き入れる[ふきいれる] 〈下1他〉 (바람이 무엇인가를 안으로) 불어 넣다.

吹(き)込(み)[ふきこみ] ①(비・바람 등이) 집안으로 들이침. ②취입; 녹음.

吹き込む[ふきこむ] 〈5自〉 (비・바람 등이) 집안으로 들이치다. 〈5他〉 ①(뭔가를) 입으로 불어넣다. ②(사상을) 불어넣다. 고취하다. 교사하다. 꼬드기다. ③취입하다. 녹음하다.

吹っ込む[ふっこむ] 〈5自他〉 '吹き込む'의 강조.

吹っ切る[ふっきる] 〈5他〉 ①(종기에서) 고름을 싹 빼내다. ②(좋지 않은 생각을) 떨쳐 버리다.

吹っ切れる[ふっきれる] 〈下1自〉 ①(종기가) 곪아터지다. ②(좋지 않은 생각이) 싹 가시다. 개운해지다.

吹(き)井[ふきい] ☞ 吹(き)井戸

吹(き)井戸[ふきいど] 물이 솟아오르는 우물. 물이 넘쳐흐르는 우물.

吹(き)竹[ふきだけ] 입으로 불어서 불을 피우는 죽통(竹筒).

吹(き)替え[ふきかえ] ①(연극에서) 관객 모르게 대역(代役)을 함. ②(금속 기구・화폐 등을) 다시 부어 주조함. ③(외국 영화 등에서) 더빙. 재녹음.

吹き替える[ふきかえる] 〈下1他〉 ①(연극에서) 관객 모르게 대역(代役)을 세우다. ②(금속 기구・화폐 등을) 다시 부어 주조하다. ③(외국 영화 등에서) 더빙하다. 재녹음하다.

吹聴[★ふいちょう] 말을 퍼뜨림. 선전함.

吹き出す[ふきだす] 〈5自〉 ①(바람 등이) 불기 시작하다. ②(기체・액체가) 솟다. 솟구치다. ③(감정・웃음이) 터져 나오다.

④(시세가) 급등하다. 〈5他〉 ①(밖으로) 불어서 내다. ②(악기를) 불기 시작하다. ③싹트기 시작하다.

吹き出る[ふきでる] 〈下1自〉 솟아 나오다. 뿜어 나오다.

吹(き)出物[ふきでもの] 좁쌀 같은 부스럼.

吹(き)値[ふきね] ①급등한 가격. ②(상인이 손님에게 부르는) 바가지 가격.

吹き通う[ふきかよう] 〈5自〉 (바람이) 불어 지나가다. 불어오다.

吹き通し❶[ふきとおし] 통풍이 됨. 바람이 통하는 곳. ❷[ふきどおし] ①바람이 계속 붊. ②허풍을 침. 호언장담함.

吹き通す[ふきとおす] 〈5自〉 ①(바람이) 불고 지나가다. ②(바람이) 계속 불다.

吹(き)曝し[ふきさらし] 바람받이. 비바람이 휘몰아침. 노천(露天)에 방치됨.

吹き曝す[ふきさらす] 〈5他〉 한데에 버려두다. 한데에서 마냥 비바람을 맞히다.

吹き下ろす[ふきおろす] 〈5自〉 (바람이) 내리 불다.

吹き荒ぶ[ふきすさぶ] 〈5自〉 (바람이) 휘몰아치다. 〈5他〉 (피리 등을) 심심풀이로 불다.

吹き荒む[ふきすさむ] 〈5自〉 ☞ 吹き荒ぶ

吹き荒れる[ふきあれる] 〈下1自〉 ①(바람이) 세차게 불다. 사납게 불어 대다. ②(뜻밖의 사건이) 잇달아 발생하다.

吹(き)回し[ふきまわし] ①바람이 부는 정도. 바람의 상태. ②심경의 변화. 그때의 변화.

音読

吹管[すいかん] 취관; 놋쇠로 만든 L자형 기구. ＊광물학 실험 기구의 하나.

吹鳴[すいめい] 취명; (입 등으로) 세게 불어서 소리나게 울림.

[1]**吹奏**[すいそう] 취주; 관악기로 연주함.

[1]**吹奏楽**[すいそうがく] 취주악.

[1]**吹奏楽団**[すいそうがくだん] 취주악단.

吹弾[すいだん] 취탄; 관악기를 불고 현악기를 연주함. 음악의 연주.

取 취할 취

一 𠄌 F F E 耳 耶 取

音 ◉シュ

訓 ◉とれる ◉とる ◉とっ

訓読

[2]◉**取れる**[とれる] 〈下1自〉 ①('取る'의 가능동사로서) 잡을·받을·딸·채취할 수 있다. ②떨어지다. 빠지다. ③없어지다. 사라지다. 가시다. ④(농산물·광물이) 생산되다. ⑤(물고기·동물이) 잡히다. ⑥해석되다. ⑦(균형이) 잡히다. 유지되다.

取れ高[とれだか] (농산물의) 수확량. (수산물의) 어획고.

取れ立て[とれたて] (농산물의) 갓 수확한 것. (수산물의) 갓 잡은 것.

[4]◉**取る**[とる] 〈5他〉 ①(손에) 들다. 잡다. 집다. 쥐다. ②빼앗다. 탈취하다. ③떠맡다. 수취하다. ④(동식물을) 포획하다. 잡다. 따다. 뽑다. 없애다. ⑤벗다. 풀다. ⑥예약하다. ⑦(뭔가를) 하다. ⑧취하다. 받다. ⑨먹다. ⑩이해하다. 받아들이다. ⑪(자격을) 얻다. 따다. ⑫공제하다. 빼다. ⑬정권을 잡다. ⑭징수하다. ⑮나누어 담다.

取って[とって] 금년 들어.

取り[とり] ①(명사에 접속하여) 얻음. 취득함. ②(寄席(よせ)에서) 마지막 출연자. ③마지막 인기 프로.

取(り)敢えず[とりあえず] ①(다른 일은 제쳐놓고) 곧바로. 지체 없이. 부랴부랴. ②우선. 먼저.

取り去る[とりさる] 〈5他〉 제거하다. 없애다.

取(り)遣り[とりやり] 주고받음.

取り結ぶ[とりむすぶ] 〈5他〉 ①(계약·약속을) 체결하다. 맺다. ②중매하다. 주선하다. ③(비위를) 맞추다.

取(り)決め[とりきめ] 마련. 결정 사항.

取り決める[とりきめる] 〈下1他〉 ①마련하다. 결정하다. ②계약하다. 약정하다. 체결하다.

取(り)計(ら)い[とりはからい] 조처. 처리. 배려.

取り計らう[とりはからう] 〈5他〉 조처하다. 처리하다. 배려하다.

取(り)高[とりだか] ①수확량. ②수입액. 소득액. ③몫. 배당액.

取れ高[とれだか] (농산물의) 수확량.

取り広げる[とりひろげる] 〈下1他〉 ①(장소 등을) 넓히다. ②벌여 놓다. 늘어놓다.

取り掛かる[とりかかる] 〈5自〉 ①시작하다. 착수하다. ②매달리다. ③덤벼들다.

取(り)壊し[とりこわし] 부숨. 파괴.

取り壊す[とりこわす] 〈5他〉 (건물 등을) 부수다. 파괴하다. 헐다.
取り交わし[とりかわし] 교환. 주고받음.
取り交わす[とりかわす] 〈5他〉 교환하다. 주고받다.
取(り)口[とりくち] ①(씨름의) 솜씨. ②수입(収入).
取(り)巻き[とりまき] ①포위함. 에워쌈. 둘러쌈. ②추종자들.
[1]**取り巻く**[とりまく] 〈5他〉 ①포위하다. 에워싸다. 둘러싸다. ②추종하다. 빌붙다.
取(り)潰し[とりつぶし] ①조직을 없앰. ②재산을 몰수함.
取り潰す[とりつぶす] 〈5他〉 ①조직 등을 없애다. ②재산 등을 없애다.
取(り)極め[とりきめ] 마련. 결정 사항.
取り極める[とりきめる] 〈下1他〉 ①마련하다. 결정하다. ②계약하다. 약정하다. 체결하다.
[1]**取り扱う**[とりあつかう] 〈5他〉 ①취급하다. 처리하다. 다루다. ②(물건을) 다루다. ③대접하다. 대우하다. 다루다.
[2]**取(り)扱(い)**[とりあつかい] 취급; ①처리. 다룸. ②접대. 대우.
取扱所[とりあつかいじょ] 취급소.
取扱人[とりあつかいにん] 취급인.
取扱店[とりあつかいてん] 취급점.
取(り)急ぎ[とりいそぎ] (편지에서 인사말로) 우선. 급한 대로.
取り急ぐ[とりいそぐ] 〈5自〉 서두르다.
[1]**取り寄せる**[とりよせる] 〈下1他〉 ①배달시키다. ②가까이 끌어당기다. 가까이 다가놓다.
取り納める[とりおさめる] 〈下1他〉 ①(물건을) 거두어 넣다. 간수하다. ②정리·정돈하다. ③매장(埋葬)하다.
取って代わる[とってかわる] 〈5自〉 대신하다.
取り逃がす[とりにがす] 〈5他〉 (잡을 듯하다가) 놓치다.
取り得❶[とりどく] (얻으면 얻은 만큼) 이득이 됨. ❷[とりえ] 취할 점. 장점.
取り落とす[とりおとす] 〈5他〉 ①(물건을) 떨어뜨리다. ②(깜박 잊고) 빠뜨리다. ③잃다.
取り乱す[とりみだす] 〈5他〉 흩뜨리다. 어지르다. 〈5自〉 ①이성을 잃다. 침착성을 잃다. ②(모습이) 흐트러지다.
取り拉ぐ[とりひしぐ] 〈5他〉 쥐어 터뜨리다. 찌부러뜨리다.
[1]**取り戻す**[とりもどす] 〈5他〉 되찾다. 회복하다. 탈환하다.
取(り)零し[とりこぼし] (시합에서) 뜻밖에 짐. 실수해서 짐.
取り零す[とりこぼす] 〈5他〉 (시합에서) 뜻밖에 지다. 실수해서 지다.
取り籠める[とりこめる] 〈下1他〉 ①감금하다. 연금하다. 가두다. ②포위하다. 둘러싸다. 에워싸다.
取(り)留(ま)り[とりとまり] ①멈춤. ②끝매듭. 결착(決着).
取り留まる[とりとまる] 〈5自〉 ①멈추다. ②결정나다. 결판나다. 매듭지어지다.
取(り)留め[とりとめ] ①(붙잡아) 말림. 붙듦. 멈춤. ②요점. 간추려짐.
取り留める[とりとめる] 〈下1他〉 ①(붙잡아) 말리다. 붙들다. 멈추다. ②목숨을 건지다. ③확정짓다. 결정짓다.
取り離す[とりはなす] 〈5他〉 ①떼어내다. ②(손에 쥐고 있던 것을) 놓치다.
取(り)立て[とりたて] ①(독촉하여) 거두어들임. 징수함. 회수함. ②후원함. 애호함. ③발탁. 천거. 등용. ④(동식물을) 갓 따옴. 갓 잡음. ⑤(금융 기관의) 추심.
[1]**取り立てる**[とりたてる] 〈下1他〉 ①(독촉하여) 거두어들이다. 징수하다. 회수하다. 받아내다. ②특별히 내세우다. ③후원하다. 애호하다. ④발탁하다. 천거하다. 등용시키다.
取(り)立(て)金[とりたてきん] 징수금. 회수금.
取立裏書[とりたてうらがき] 추심. 배서(背書).
取立手形[とりたててがた] 추심 어음.
取り皿[とりざら] 요리를 덜어 먹는 접시.
取り木[とりき] ≪農≫ 취목; 휘묻이.
取り縛る[とりしばる] 〈5他〉 꼭 붙잡다.
取って返す[とってかえす] 〈5自〉 되돌아가다. 되돌아오다.
取り返し[とりかえし] 돌이킴. 되찾음. 만회. 회복.
取り返す[とりかえす] 〈5他〉 ①(주거나 잃어버린 것을) 되찾다. ②(원상을) 회복하다. 만회하다. 돌이키다.
取り放題[とりほうだい] 마음대로 가져도 됨. 얼마든지 따도 됨.
取り柄[とりえ] 취할 점. 장점. 쓸모.

取っ付き[とっつき] ①(사물의) 시작. 시초. 최초. ②(어떤 장소·구역의) 맨 앞. 맨 첫째. ③첫인상.

取り付き[とりつき] ☞ 取っ付き

取り付く[とりつく] 〈5自〉 ①매달리다. 의지하다. ②착수하다. 시작하다. ③(귀신이) 쓰다. 홀리다. ④도전하다. 맞붙다. ⑤단서를 잡다. ⑥(어떤 생각이) 머리에 박히다. 머리에서 떠나지 않다.

取(り)付け[とりつけ] ①(기계 등의) 설치. 장치. ②단골. ③(신용을 잃은 은행에서) 예금을 인출함.

[1]**取り付ける**[とりつける] 〈下1他〉 ①(기계 등을) 설치하다. 장치하다. ②단골로 사다. ③얻어내다. 성립시키다. 획득하다.

取り分[とりぶん] (자기) 몫.

取(り)分け[とりわけ] ①(많은 것 중에서) 따로 떼어놓은 몫. ②(씨름에서) 무승부. ③〈副〉 특히. 유독. 유달리. 그 중에서도.

取(り)分けて[とりわけて] 〈副〉 특히. 유독. 유달리. 그 중에서도.

取り分ける[とりわける] 〈下1他〉 ①(많은 것 중에서) 골라내다. 가려내다. 선별하다. ②(음식을) 나누어 담다.

取り粉[とりこ] 떡고물. 고물.

取り紛れる[とりまぎれる] 〈下1自〉 ①뒤섞이다. ②(바빠서) 정신을 빼앗기다. 헷갈리다. 쫓기다.

取(り)払い[とりはらい] (어떤 물건의) 제거. 철거.

取り払う[とりはらう] 〈5他〉 (어떤 물건을) 제거하다. 철거하다. 걷어치우다.

取り崩し[とりくずし] 무너뜨림. 헐어버림.

取り崩す[とりくずす] 〈5他〉 ①무너뜨리다. 헐어버리다. ②야금야금 없애다.

取り仕切る[とりしきる] 〈5他〉 도맡아 관리하다. 도맡아 처리하다.

取り沙汰[とりざた] ①평판. 소문. ②취급. 처리.

取り捨てる[とりすてる] 〈下1他〉 집어서 버리다. 치우다. 내버리다.

取り散らかす[とりちらかす] 〈5他〉 어지러뜨리다. 어지르다.

取り散らす[とりちらす] 〈5他〉 어지러뜨리다. 어지르다.

取り殺す[とりころす] 〈5他〉 (악령의) 앙화(殃禍)를 입어서 죽게 하다.

[2]**取り上げる**[とりあげる] 〈下1他〉 ①집어 들다. ②채택하다. 받아들이다. ③몰수하다. 징수하다. 빼앗다. ④해산을 돕다. (아이를) 받다. ⑤문제 삼다.

取(り)上げ婆[とりあげばば] ≪俗≫ 조산원(助産員).

取り上せる[とりのぼせる] 〈下1自〉 몹시 흥분하다. 감정이 울컥 치밀어 오르다.

取り繕う[とりつくろう] 〈5他〉 ①수선하다. 고치다. ②(잘못·허물 등을) 얼버무려 넘기다. ③체면치레하다.

取り成す[とりなす] 〈5他〉 ①수습하다. ②소개하다. 중개하다. 알선하다. ③중재하다. 화해시키다. 달래다. 무마하다.

取(り)成し[とりなし] 주선. 중재. 무마. 조정.

取(り)成(し)顔[とりなしがお] (잘 수습하려는 듯한) 원만한 태도.

取り所[とりどころ] ①장점. 쓸모. ②손잡이.

取(り)消(し)[とりけし] 취소; 기재하거나 진술한 것을 말살함.

[2]**取り消す**[とりけす] 〈5他〉 취소하다.

取り続く[とりつづく] 〈5自〉 ①잇따르다. 계속되다. ②생계를 꾸려가다.

取り損なう[とりそこなう] 〈5他〉 ①잘못해서 못 잡다. 잘못 잡다. ②잘못 이해하다. 잘못 알다.

取っ手[とって] (기구의) 손잡이.

取り手[とりて] ①받을 사람. 갖는 사람. ②(씨름·유도에서) 기술이 뛰어난 사람. ③(무술에서) 맨손으로 상대를 잡는 기술. ④(かるた에서) 딱지를 집는 편의 사람.

取り収める[とりおさめる] 〈下1他〉 ①(물건을) 거두어 넣다. 간수하다. ②정리·정돈하다. ③매장(埋葬)하다.

取り熟す[とりこなす] 〈5他〉 잘 처리하다. 적당히 다루다.

取(り)食み[とりばみ] ≪古≫ ①(옛날의) 잔치 끝의 음식 찌꺼기. ②잔치 음식 찌꺼기를 마당에 던져 주워 먹는 음식.

取り押(さ)える[とりおさえる] 〈下1他〉 ①옴짝달싹 못하게 하다. ②체포하다. 포박하다.

取り抑える[とりおさえる] 〈下1他〉 ☞ 取り押(さ)える

取り誤る[とりあやまる] 〈5他〉 ①잘못 잡다. 잘못하여 다른 것을 잡다. ②오해하다.

取(り)外し[とりはずし] 떼어냄. 맞췄다 뗐다 함.

取り外す[とりはずす] 〈5他〉 ①떼어내다. ②(잡다가) 놓치다. 놓치어 떨어뜨리다. ③무심코 방귀를 뀌다.
取り葺き屋根[とりぶきやね] 허술한 지붕.
取り運ぶ[とりはこぶ] 〈5他〉 (일을) 진행시키다. 진척시키다.
取り越す[とりこす] 〈5他〉 (예정보다) 앞당기다. 앞당겨 하다.
取(り)越し[とりこし] ①기일(忌日)을 앞당겨 재를 올림. ②예정보다 일찍 일을 끝냄.
取(り)越(し)苦労[とりこしぐろう] 괜한 걱정. 기우(杞憂).
取り違え[とりちがえ] ①잘못해서 바꿔 가짐. 딴 것을 가짐. ②잘못 이해함. 오해.
取り違える[とりちがえる] 〈下1他〉 ①잘못해서 바꿔 가지다. 딴 것을 가지다. ②잘못 이해하다. 오해하다.
取り囲む[とりかこむ] 〈5他〉 포위하다. 에워싸다. 둘러싸다.
[1]**取引**[とりひき] ①거래. 흥정. ②상행위(商行為). 거래.
取引先[とりひきさき] 거래처. 거래선.
取引所[とりひきじょ] 거래소.
取り入る[とりいる] 〈5自〉 환심을 사다. 빌붙다. 아첨하다.
取り入れ[とりいれ] ①(농산물의) 수확. ②받아들임. 들여옴. 도입(導入).
[2]**取り入れる**[とりいれる] 〈下1他〉 ①(농산물을) 수확하다. 거두어들이다. ②(세탁물 등을) 거두어들이다. ③받아들이다. 도입하다.
取り込む[とりこむ] 〈5自〉 혼잡해지다. 어수선해지다. 뒤숭숭해지다. 〈5他〉 ①거두어들이다. ②자기 것으로 하다. 수중에 넣다. 착복하다. ③(사람을) 구슬리다. 구워삶다. 농락하다.
取(り)込み[とりこみ] ①(농산물의) 수확. 거두어들임. ②혼잡. 북새통. 어수선함.
取(り)込(み)詐欺[とりこみさぎ] 신용 사기. *신용으로 산 물품을 공짜로 차지하거나 그것을 다시 팔아서 착복하는 사기.
取(り)込(み)詐欺師[とりこみさぎし] 신용 사기꾼.
取(り)残し[とりのこし] (일부를) 남겨 둠.
取り残す[とりのこす] 〈5他〉 ①(일부를) 남겨 두다. ②(흔히 수동형 'とりのこされる' 문형으로) 혼자 남겨지다. 따로 뒤쳐지다.
取り箸[とりばし] 음식을 덜어 담는 젓가락.
取的[とりてき] ≪俗≫ 최하급 씨름꾼.
取り前[とりまえ] (자기) 몫.
取り纏める[とりまとめる] 〈下1他〉 ①종합하다. 총괄하다. 뭉뚱그리다. 한데 모으다. ②(원만히) 매듭짓다 성사시키다. 해결짓다.
取り静める[とりしずめる] 〈下1他〉 (소동을) 진압하다. 진정시키다. 가라앉히다.
[1]**取り除く**[とりのぞく] 〈5他〉 제거하다. 치우다.
取(り)除け[とりのけ] ①제외. 제거. 배제. 제쳐놓음. ②예외.
取り除ける[とりのける] 〈下1他〉 ①없애다. 치우다. ②제쳐놓다. 따로 떼어놓다.
取(り)組(み)[とりくみ] ①맞붙음. ②(씨름에서) 대전(対戦). 대전표. ③≪経≫ 매매의 약정.
取っ組む[とっくむ] 〈5自〉 ☞ 取り組む
[1]**取り組む**[とりくむ] 〈5自〉 ①맞붙다. 맞붙어 싸우다. ②(어려운 문제와) 맞닥뜨리다. 씨름하다.
取(り)調べ[とりしらべ] 취조; 조사. 문초.
[1]**取り調べる**[とりしらべる] 〈下1他〉 ①(자세히) 조사하다. 알아보다. ②(용의자를) 취조하다. 문초하다. 신문하다.
取り止(ま)り[とりとまり] ①멈춤. ②끝매듭.
取り止まる[とりとまる] 〈5自〉 ①멈추다. ②결판나다. 결정나다.
取り止め❶[とりとめ] ①(붙잡아) 멈춤. 말림. 붙듦. ②요점. ❷[とりやめ] 그만둠. 중지.
取り止める❶[とりとめる] 〈下1他〉 ①(붙잡아) 멈추다. 말리다. 붙들다. ②목숨을 건지다. ③분명히 매듭짓다. 확정하다. ❷[とりやめる] 〈下1他〉 (예정된 일을) 취소하다. 그만두다.
取り持つ[とりもつ] 〈5他〉 ①(손에) 쥐다. 들다. ②주선하다. 알선하다. 소개하다. ③접대하다. ④맡아 처리하다. 주재(主宰)하다.
取(り)持ち[とりもち] ①주선. 알선. 소개. 중매. ②접대. 대우.
取(り)持(ち)役[とりもちやく] ①주선·알선·소개·중매하는 역할. ②접대역.
取り直し[とりなおし] (씨름에서) 재시합.
取り直す[とりなおす] 〈5他〉 ①고쳐 쥐다. 바꾸어 쥐다. ②(씨름에서) 재시합하다. ③(기분을) 전환하다. 마음을 고쳐먹다.
取りも直さず[とりもなおさず] 즉. 곧. 바꿔 말하자면. 단적으로 말해서.

取り鎮める[とりしずめる] 〈下1他〉 (소동을) 진압하다. 진정시키다. 가라앉히다.
取り集める[とりあつめる] 〈下1他〉 그러모으다. 주워 모으다. 수집하다.
取り澄ます[とりすます] 〈5自〉 점잔빼다.
取(り)次(ぎ)[とりつぎ] ①중개. 중개인. ②접대.
[1]取り次ぐ[とりつぐ] 〈5他〉 ①(중간에서) 전하다. ②(전화를) 바꿔 주다. ③(상품을) 중개하다. 배포해 주다. ④(물건을) 인계하다.
取次商[とりつぎしょう] 중개상.
取次所[とりつぎじょ] 중개소.
取次店[とりつぎてん] 대리점. 취급소.
取(り)札[とりふだ] (かるた에서) 집는 쪽의 딱지.
[1]取(り)替え[とりかえ] 대체. 교환.
[3]取り替える[とりかえる] 〈下1他〉 ①(쓰던 것을) 교체하다. 갈다. 교환하다. ②(서로) 교환하다. 바꾸다.
[1]取り締まる[とりしまる] 〈5他〉 ①관리하다. 감독하다. ②단속하다.
[1]取(り)締(ま)り[とりしまり] ①관리. 감독. ②단속. ③'取締役'의 준말
取締役[とりしまりやく] (주식회사의) 이사(理事). 임원. 중역.
取締役会[とりしまりやくかい] (주식회사의) 이사회(理事会). 중역 회의.
取り縋る[とりすがる] 〈5自〉 매달리다. 매달려 조르다.
[2]取り出す[とりだす] 〈5他〉 ①꺼내다. 끄집어내다. ②골라내다. 추려내다.
取り取り[とりどり] ①저마다. 제각기. ②여러 가지. 가지각색. 형형색색.
取って置き[とっておき] 소중히 간직함. 비장(秘蔵).
取り置く[とりおく] 〈5他〉 (따로) 간직해 두다. 챙겨 두다. 남겨 두다.
取り親[とりおや] ①양부모(養父母). ②수양부모.
取(り)舵[とりかじ] ①(배의) 키를 좌현(左舷)으로 잡음. ②왼쪽 뱃전. 좌현(左舷)
取(り)退(き)無尽[とりのきむじん] 무진계(無尽契)의 일종. ＊계를 탄 사람은 그 후 부금을 납입하지 않음.
取り捌く[とりさばく] 〈5他〉 처리하다. 적절히 다루다. 판가름하다.
取(り)片付け[とりかたづけ] 정리. 정돈.
取り片付ける[とりかたづける] 〈下1他〉 깨끗이 정리・정돈하다.
取っ捕まえる[とっつかまえる] 〈下1他〉≪俗≫ 붙들다. 붙잡다.
取っ捕まる[とっつかまる] 〈5自〉≪俗≫ 붙들리다. 붙잡히다.
取(り)下げ[とりさげ] 취하; (일단 제기한 소송・안건을) 철회함. 취소함.
取り下げる[とりさげる] 〈下1他〉 취하하다; (일단 제기한 소송・안건을) 철회하다. 취소하다.
取(り)合い[とりあい] 쟁탈전. 다투어 빼앗음.
取り合う[とりあう] 〈5他〉 ①(손을) 서로 맞잡다. 서로 붙잡다. ②쟁탈하다. 서로 다투어 빼앗다.
取(り)合(わ)せ[とりあわせ] 구색을 맞춤. 배합.
取り合わせる[とりあわせる] 〈下1他〉 ①구색을 맞추다. 조화시키다. ②그러모으다.
[1]取り混ぜる[とりまぜる] 〈下1他〉 (여러 가지를) 한데 섞다. 한데 합치다.
[1]取(り)換え[とりかえ] 대체. 교환.
[3]取り換える[とりかえる] 〈下1他〉 ①(쓰던 것을) 교체하다. 교환하다. 갈다. 바꾸다. ②(서로) 교환하다. 바꾸다.
取(り)回し[とりまわし] ①처리. 조처. ②자기 몫을 집고 다음으로 돌림. ③몸가짐. 행동거지. ④(씨름에서) 샅바.
取り回す[とりまわす] 〈5他〉 ①잘 다루다. 솜씨 있게 처리하다. ②(요리의) 자기 몫을 집고 다음으로 돌리다. ③손에 잡고 돌리다. ④ ≪古≫ 둘러싸다. 에워싸다.
取(り)灰[とりばい] ①아궁이에서 긁어낸 재. ②짚을 태워 만든 재.
取り賄う[とりまかなう] 〈5他〉 (잘) 처리하다. 조처하다.
取(り)肴[とりざかな] ①한 그릇에 담아 놓고 각자가 덜어 먹는 음식. ②(정식 일본 요리에서) 술과 함께 나오는 마지막 요리. ＊진품을 담은 술안주임.
取り詰める[とりつめる] 〈下1自〉 ①흥분하여 울컥하다. 상기(上気)되다. ②한 가지 일만 골똘히 생각하다.

音読

取得[しゅとく] 취득; 자기 것으로 만듦.

取捨[しゅしゃ] 취사; 좋은 것은 취하고 나쁜 것은 버림.
取捨選択[しゅしゃせんたく] 취사선택.
取水[しゅすい] 취수; (강이나 호수 등에서) 물을 끌어들임.
取水管[しゅすいかん] 취수관.
取水口[しゅすいこう] 취수구.
1**取材**[しゅざい] 취재; (신문·잡지 등의) 기사나 작품 등의 재료가 되는 것을 수집함.
1**取材記者**[しゅざいきしゃ] 취재 기자.

炊 밥지을/불땔 취

丶 丷 少 火 灬 炒 炊 炊

音 ◉スイ
訓 ◉たく ◉たける ⊗かしぐ

訓読

2◉**炊く**[たく] 〈5他〉 ①(밥을) 짓다. ②≪方≫ 삶다. 익히다.
◉**炊ける**[たける] 〈下1自〉 (밥이) 다 지어지다. 다 되다.
炊き立て[たきたて] 갓 지은 밥.
炊き上がる[たきあがる] 〈5自〉 (밥 등이) 다 지어지다. 다 되다.
炊き殖え[たきぶえ] (밥 등이) 다 되어 퍼짐.
炊き込む[たきこむ] 〈5他〉 (고기·생선·채소 등을) 넣어서 밥을 짓다.
炊(き)込(み)御飯[たきこみごはん] (고기·생선·채소 등을) 넣어서 지은 밥.
炊き出し[たきだし] (이재민에게) 밥을 지어 제공함. 식사 제공.
炊き合わせ[たきあわせ] (생선·채소 등을) 따로 익혔다가 한 그릇에 담은 것.
炊き合わせる[たきあわせる] 〈下1他〉 (채소 등을 함께 넣어) 밥을 짓다.
⊗**炊ぐ**[かしぐ] 〈5他〉 밥하다. (밥을) 짓다.
炊ぎ[かしぎ] (밥 등을) 지음.

音読

炊飯[すいはん] 취반; 취사. 밥을 지음.
炊飯器[すいはんき] 자동 밥솥.
炊夫[すいふ] 취부; 밥 짓는 남자.
炊婦[すいふ] 취부; 밥 짓는 여자.
2**炊事**[すいじ] 취사; 밥 짓고 음식을 만듦.
炊事当番[すいじとうばん] 취사 당번.
炊事場[すいじば] 취사장; 주방.
炊煙[すいえん] 취연; 밥 짓는 연기.

臭(臭) 냄새 취

丿 𠂆 白 白 自 自 自 臭 臭

音 ◉シュウ
訓 ◉くさい ⊗におう ⊗におい

訓読

2◉**臭い**[くさい] 〈形〉 ①구리다. 고약한 냄새가 나다. ②수상쩍다. 미심쩍다. 수상하다. 의심스럽다. ③(명사에 접속하여) ㉠…냄새가 나다. ㉡…티가 나다. …처럼 느껴지다. …같다.
3⊗**臭い**[におい] 〈形〉 ①나쁜 냄새. 고약한 냄새. ②(수상한) 낌새. 기미.
2⊗**臭う**[におう] 〈5自〉 ①(악취가) 나다. ②수상한 낌새가 보이다. …처럼 느껴지다.
臭み[くさみ] ①(특유한) 냄새. ②역겨움. 불쾌함.

音読

臭[しゅう] …티. …인 체하는 좋지 않은 느낌. ¶貴族(きぞく)～ 귀족 티. 귀족 냄새.
臭覚[しゅうかく] 취각; 후각(嗅覚). 냄새를 맡는 감각.
臭気[しゅうき] 취기; 악취. 나쁜 냄새.
臭名[しゅうめい] 취명; 오명(汚名).
臭味[しゅうみ] 취미; ①역겨운 냄새. 구린내. ②(몸에 밴 나쁜) 버릇. 느낌. 티.
臭素[しゅうそ] ≪化≫ 취소. 기호는 Br.

酔(醉) 술취할 취

一 丅 万 丙 西 西 酉 酊 酔 酔

音 ◉スイ
訓 ◉よう

訓読

2◉**酔う**[よう] 〈5自〉 ①(술에) 취하다. ②멀미하다. ③도취하다. 황홀해지다. ④(나쁜 길에) 빠지다. 미혹(迷惑)되다. ⑤(생선 등에) 중독되다. 체하다.
酔い[よい] ①(술에) 취함. 취기. ②멀미.
酔いたんぼ[よいたんぼ] 주정꾼. 주정뱅이.
酔いどれ[よいどれ] 주정꾼. 주정뱅이.
酔い覚まし[よいざまし] 술이 빨리 깨도록 함.
酔い覚め[よいざめ] 술이 깸.
酔い狂い[よいぐるい] 술주정. 주정부림.

酔い潰れる[よいつぶれる] 〈下1自〉 술에 곯아떨어지다. 곤드레만드레가 되다.

酔い倒れる[よいたおれる] 〈下1自〉 술에 취해 쓰러지다·드러눕다.

[2]**酔っ払い**[よっぱらい] 술주정꾼. 몹시 술에 취한 사람.

酔っ払う[よっぱらう] 〈5自〉 ①곤드레만드레 취하다. 몹시 취하다. ②심하게 멀미하다.

酔い醒まし[よいざまし] ☞ 酔い覚まし

酔い醒め[よいざめ] ☞ 酔い覚め

酔い心地[よいごこち] ①(술에 취해) 얼근한 기분. 거나한 기분. ②도취된 기분.

酔い痴れる[よいしれる] 〈下1自〉 ①(술에) 취해 정신을 잃다. 고주망태가 되다. ②(어떤 일에) 도취되다. 황홀해지다.

音読

酔客[すいかく/すいきゃく] 취객; 술 취한 사람.

酔狂[すいきょう] 취광; ①술에 취해 미친 짓을 함. ②호기심이 많음. 색다른 것을 좋아함.

酔生夢死[すいせいむし] 취생몽사; 흐리멍덩하게 살아 감.

酔眼[すいがん] 취안; 술 취한 눈.

酔顔[すいがん] 취안; 술 취한 얼굴.

酔余[すいよ] 술 취한 끝. 술 취한 나머지.

酔態[すいたい] 취태; 술 취한 상태.

酔漢[すいかん] 취한; 술 취한 사람.

就 나아갈 취

亠 亣 市 亨 亨 京 京 京 就 就 就

音 ◉シュウ ◉ジュ
訓 ◉つく ◉つける

訓読

[2]◉**就く**[つく] 〈5自〉 ①취임하다. 취업하다. ②즉위(即位)하다. 지위에 오르다. ③(잠자리에) 들다. ④(여행길에) 오르다. ⑤따르다. ⑥사사(師事)하다.

[2]**就いて**[ついて] ①…에 관해서. ②…마다. ③…에 따라서.

◉**就ける**[つける] 〈下1他〉 ①(지위·자리 등에) 앉히다. 임명하다. ②(임무를) 맡기다. 종사시키다. ③(제자로) 삼다. ④…밑에서. ¶先生(せんせい)に就(つ)けて習(なら)わせる 선생님 밑에서 배우게 하다.

音読

就労[しゅうろう] 취로; 노동에 종사함.

就眠[しゅうみん] 취면; 잠자리에 듦.

就縛[しゅうばく] (범인이) 체포·검거됨.

就床[しゅうしょう] 취상; 잠자리에 듦.

[1]**就業**[しゅうぎょう] 취업; ①직업을 가짐. ②업무에 종사함.

就任[しゅうにん] 취임; 맡은 임무를 봄.

[2]**就職**[しゅうしょく] 취직; 직업을 가짐.

就寝[しゅうしん] 취침; 잠자리에 듦.

就学[しゅうがく] 취학; 학교에 입학함.

就航[しゅうこう] 취항; (배·비행기가) 그 항로에 운항을 시작함.

◑**成就**[じょうじゅ]

趣 취미/달릴 취

土 丰 丰 走 走 赶 赶 趄 趣 趣

音 ◉シュ
訓 ◉おもむき ⊗おもむく

訓読

[1]◉**趣**[おもむき] ①멋. 풍취. 정취. ②모습. 분위기. 느낌. ③뜻. 내용. 취지. ④(편지에서) …이라는 말씀.

⊗**趣く**[おもむく] 〈5自〉 ①(목적지로) 가다. 향하다. 떠나다. ②(어떤 상태로) 들어서다. 돌아가다. 향하다.

音読

[3]**趣味**[しゅみ] 취미; ①멋. 정취. ②(본업 이외로) 즐기는 일. ③(멋을 알고 느끼는 능력의) 취향.

趣意[しゅい] 취의; 일의 근본이 되는 중요한 뜻. 취지(趣旨).

趣旨[しゅし] 취지; 일의 근본이 되는 중요한 뜻.

趣致[しゅち] 취치; 풍치. 운치.

趣向[しゅこう] 취향; 개인의 취미가 쏠리는 경향.

脆 무를 취

音 ⊗ゼイ
訓 ⊗もろい

訓読

[1]⊗**脆い**[もろい] 〈形〉 ①무르다. 부서지기 쉽다. 깨지기 쉽다. ②(마음이) 약하다. 여리다.

脆くも[もろくも] 허무하게도. 맥없이.

音読

脆弱[ぜいじゃく] 취약; 물러서 약함.

娶 장가들 취	音 ⊗シュ 訓 ⊗めとる

訓読

⊗娶る[めとる] 〈5他〉 장가들다. 아내로 맞다. ¶妻(つま)を~ 아내를 맞다. 장가들다.

翠 비취 취	音 ⊗スイ 訓 ⊗みどり

訓読

⊗翠[みどり] ①녹색. 초록. ②푸른 빛.
翠石[みどりいし] ≪鑛≫ 비취석.

音読

翠蓋[すいがい] 취개; 푸른 양산(洋傘).
翠黛[すいたい] 취대; ①눈썹 그리는 푸른 먹. ②아련하게 보이는 푸른 산.
翠巒[すいらん] 취란; 푸른 산.
翠緑[すいりょく] 취록; 녹색.
翠緑玉[すいりょくぎょく] 에메랄드.
翠柳[すいりゅう] 취류; 수양버들.
翠蔓[すいまん] 푸른 덩굴.
翠眉[すいび] 취미; ①그린 눈썹. ②푸르고 흐린 먼 산.
翠色[すいしょく] 취색; 녹색.
翠玉[すいぎょく] 취옥; 에메랄드.
翠帳紅閨[すいちょうこうけい] 취장 홍규; (신분이 높은) 귀부인의 침실.

聚 모을 취	音 ⊗シュウ ⊗ジュ 訓 —

音読

聚落[しゅうらく] 취락; ①인가가 모여 있는 곳. ②≪植≫ 배양기(培養基).
聚落遺跡[しゅうらくいせき] 취락 유적.
聚斂[しゅうれん] 취렴; 백성의 재물을 탐해 마구 거두어들임.
◑類聚[るいじゅ]

鷲 수리 취	音 ⊗ジュ ⊗シュウ 訓 ⊗わし

訓読

⊗鷲[わし] ≪鳥≫ 수리. 독수리.
鷲の峰[わしのみね] '霊鷲山(りょうじゅせん)'의 딴이름.
鷲鼻[わしばな] 매부리코.
鷲の山[わしのやま] '霊鷲山(りょうじゅせん)'의 딴이름.
鷲座[わしざ] ≪天≫ 독수리자리.

〔측〕

側 곁/옆 측
亻 亻 伯 伯 伯 伹 俱 俱 側 側

音 ◉ソク
訓 ◉かわ ◉がわ ⊗そば ⊗そばめる

訓読

4 ◉側❶[かわ/がわ] ①곁. 옆. ②(둘러싸는) 케이스. 딱지. 둘레. ③(대립하는) 쪽. 편. 측. 방면. ＊능력시험에서는 'がわ'로 읽음.
2 ⊗側❷[そば] 곁. 옆. 가까이.
⊗側める[そばめる] 〈下1他〉 ①옆으로 밀어 붙이다. 움츠리다. ②외면하다.
側道[そばみち] 주요 간선도로의 곁을 지나가는 샛길.
側目[そばめ] ①곁에서 봄. ②제삼자의 눈.
側仕え[そばづかえ] (여성이) 가까이에서 시중듦·모심.
側役[そばやく] 시중드는 직책.
側用人[そばようにん] (江戸(えど) 시대에) 将軍(しょうぐん)의 곁에서 将軍과 老中(ろうじゅう) 사이를 중재하던 직책.
側杖[そばづえ] (자기와) 상관없는 일에 봉변을 당함.
側妻[そばめ] (신분이 높은 사람의) 첩. 소실(小室).

音読

側近[そっきん] 측근; 곁의 가까운 사람.
側近筋[そっきんすじ] 측근 소식통.
1 側面[そくめん] 측면; ①사물의 옆 표면. ②성질·상태의 여럿 중에서 한 면.
側面図[そくめんず] 측면도.
側壁[そくへき] 측벽; 측면의 벽.
側線[そくせん] 측선; ①열차의 본선 이외의 선로. ②≪魚≫ 옆줄. ③사이드라인.
側室[そくしつ] 측실; ①(귀인의) 첩. 소실. ②서자(庶子).
側臥[そくが] 측와; ①곁에 누움. ②옆으로 누움. 모로 누움.

測 측량할 측

氵 氻 汌 泪 浿 浿 浿 湏 測 測

音 ◉ソク
訓 ◉はかる

訓読

2◉測る[はかる] 〈5他〉 ①(길이·넓이·높이·깊이 등을) 측량하다. 재다. 측정하다. ②예측하다. 짐작하다. 헤아리다.
測り知る[はかりしる] 〈5他〉 추측하다. 헤아리다.
測り知れない[はかりしれない] 〈形〉 헤아릴 수 없다. 측량할 길이 없다.

音読

測距儀[そっきょぎ] 측거의; 마이크로미터.
2測量[そくりょう] 측량; 여러 기기를 사용하여 길이·넓이·높이·깊이 등을 재는 일.
測量術[そくりょうじゅつ] 측량술.
測算[そくさん] 측산; 실지로 측량하여 계산함.
測深[そくしん] 측심; 깊이를 잼.
2測定[そくてい] 측정; 계기를 사용하여 무게·길이·속도 등을 정확히 계산해 냄.
測地[そくち] 측지; 토지 측량.
測候所[そっこうじょ] 측후소; 기상관측 및 예보를 하는 중앙 기상청의 지방 기관.

〔층〕

層(層) 층층

乛 尸 屄 屄 屄 屄 届 層 層 層

音 ◉ソウ
訓 —

音読

層[そう] 층; ①겹. ②계급. 계층. ③위아래 두께를 지닌 물체. ④지층(地層). ⑤(겹친 물체는 세는 말로서) 층.
層楼[そうろう] 층루; 여러 층으로 높게 지은 누각(樓閣).
層状[そうじょう] 누상; 층을 이룬 모양.
層雲[そううん] 층운; ①낮게 층을 이룬 구름. ②(땅에 가장 가깝게 끼는) 안개구름.
層一層[そういっそう] 더욱더. 한층 더.
層層[そうそう] 층층; 겹겹이.

〔치〕

治 다스릴/병고칠 치

丶 丷 氵 氵 汋 治 治 治

音 ◉チ ◉ジ
訓 ◉おさまる ◉おさめる ◉なおす ◉なおる

訓読

1◉治まる[おさまる] 〈5自〉 ①(세상 상태가) 안정되다. 평온해지다. 조용해지다. 수습되다. ②(어수선함이) 가라앉다. ③(고통·아픔이) 가라앉다. ④(마음이) 안정을 찾다.
治まり[おさまり] ①수습. ②평온해짐. 가라앉음.
2◉治める[おさめる] 〈下1他〉 ①(감정·소란 등을) 진정시키다. 가라앉히다. 수습하다. ②(보살펴) 다스리다. ③치료하다.
2◉治す[なおす] 〈5他〉 (병을) 치료하다.
3◉治る[なおる] 〈5自〉 (병이) 낫다. 치유되다. 치료되다.

音読

治[ち] ①치세(治世). ②정치.
治する[じする/ちする] 〈サ変自〉 (병이) 낫다. 치료되다. 〈サ変他〉 ①(병을) 고치다. 치료하다. ②다스리다. 통치하다.
治国[ちこく] 치국; 나라를 다스림.
治乱[ちらん] 치란; 혼란한 세상을 다스림.
1治療[ちりょう] 치료; 병이나 상처를 다스려서 낫게 함.
治療代[ちりょうだい] 치료비.
治山治水[ちさんちすい] 치산치수.
治産[ちさん] 치산; ①생계를 잘 꾸려나감. ②《法》 자기 재산의 관리 처분.
治世[ちせい] 치세; ①태평한 세상. ②(통치자로서) 세상을 다스림.
治水[ちすい] 치수; 물을 잘 다스려 홍수를 막고 관개용 물의 편이를 꾀하는 일.
1治安[ちあん] 치안; 나라를 편안하게 다스림. 나라가 편안하게 다스려짐.
治外法権[ちがいほうけん] ①《法》 치외법권. ②규정 범위 밖.
治癒[ちゆ] 치유; 병이나 상처가 나음.
治者[ちしゃ] 치자; 통치자. 주권자.
治積[ちせき] 치적; 정치상의 공적.
治下[ちか] 치하; 통치하(統治下).
◑政治[せいじ], 退治[たいじ]

値 값 치

ノ 亻 亻 仁 什 佰 侑 値 値 値

音 ◉チ
訓 ◉ね ◉あたい

訓読

2◉値❶[ね] ①값. 가격. ②가치. 값어치.
1◉値❷[あたい] ①가격. 대가(代価). ②물건의 가치. ③ ≪数≫ 수치(数値). 값.
1値する[あたいする] 〈サ変自〉 ('…に~'의 문형으로) …할 가치가 있다. …할 만하다.
値ざや[ねざや] 두 시세의 차액(差額). 마진.
値巾[ねはば] ①가격 차. 두 값의 차이. ②(거래에서) 시세의 폭.
値頃[ねごろ] (사기에) 적당한 값. 값이 적당함. 알맞은 값.
3値段[ねだん] (물건을 사고팔고 할 때의) 값. 가격. 시세.
値段書(き)[ねだんがき] 가격표.
値段表[ねだんひょう] 가격표.
値踏み[ねぶみ] (어림쳐서) 값을 매김.
値動き[ねうごき] 시세 변동.
値付き[ねつき] 가격이 형성되어 거래가 이루어짐.
値崩れ[ねくずれ] (공급 과잉으로) 값이 떨어짐. 시세 하락.
値上(が)り[ねあがり] 값이 오름. 가격 인상.
値上げ[ねあげ] 가격 인상. 값을 올림.
値嵩[ねがさ] 값이 비쌈. 고가(高価)임.
値嵩株[ねがさかぶ] 고가주(高価株).
1値引き[ねびき] 할인. 에누리.
値切る[ねぎる] 〈5他〉 값을 깎다.
値札[ねふだ] 가격표.
値鞘[ねざや] 두 시세의 차액(差額). 마진.
値鞘稼ぎ[ねざやかせぎ] 차액(差額)·마진을 노린 투기적인 매매.
1値打ち[ねうち] ①값. 가격. ②가치. 값어치. ③값을 매김.
値幅[ねはば] ①가격 차. 두 값의 차이. ②(거래에서) 시세의 폭.
値下(が)り[ねさがり] 값이 내림. 하락세.
値下げ[ねさげ] 가격 인하. 요금 인하.
値惚れ[ねぼれ] 싼 맛에 마음이 끌림.

音読

◑価値[かち], 絶対値[ぜったいち]

恥 부끄러울 치

一 丅 F F 目 耳 耳 耶 恥 恥

音 ◉チ
訓 ◉はじ ◉はじらう ◉はじる ◉はずかしい

訓読

1◉恥[はじ] 부끄러움. 수치. 치욕. 창피.
恥知らず[はじしらず] 철면피. 파렴치함. 부끄러움을 모름. 수치를 모름.
恥曝し[はじさらし] 〈形動〉 망신스러움. 창피함.
1◉恥じらう[はじらう] 〈5自〉 부끄러워하다.
恥じらい[はじらい] 부끄러움. 수줍음.
1◉恥じる[はじる] 〈上1自〉 부끄럽다. 부끄러워하다. 부끄럽게 생각하다.
恥じ入る[はじいる] 〈5自〉 몹시 부끄러워하다. 창피하게 생각하다.
3◉恥ずかしい[はずかしい] 〈形〉 ①부끄럽다. 창피하다. ②수줍다. 겸연쩍다.
恥ずかしがる[はずかしがる] 〈5自〉 부끄러워하다. 수줍어하다.
恥ずかしがり屋[はずかしがりや] 부끄러움을 잘 타는 사람.
恥ずべき[はずべき] 수치스러운.

音読

恥毛[ちもう] 치모; 음모(陰毛).
恥部[ちぶ] 치부; ①음부(陰部). ②남에게 보이고 싶지 않은 부분.
恥辱[ちじょく] 치욕; 수치와 모욕.

致 이를/초래할 치

一 工 工 즈 至 至 至' 致 致

音 ◉チ
訓 ◉いたす

訓読

3◉致す[いたす] 〈5他〉 ①하다. ＊'する'의 겸양어. ②드리다. ③다하다. 바치다. ④(좋지 않은 결과를) 초래하다. 가져오다.
致し方[いたしかた] 하는 수. 해결 방법.
致し様[いたしよう] 하는 수. 해결 방법.

音読

致命[ちめい] 치명; ①목숨을 바침. ②죽음.

致命傷[ちめいしょう] 치명상; ①죽음의 원인이 되는 상처. ②재기할 가망성이 없을 만큼의 심한 타격.

致命的[ちめいてき] 치명적; 죽음에 이를 만큼의 심한 상처.

致死[ちし] 치사; 어떤 것이 원인이 되어 뜻하지 않게 죽음에 이르게 됨.

致死量[ちしりょう] 치사량; 섭취하면 죽음에 이르는 양.

歯(齒) 이 치

丨 卜 止 止 步 歨 歩 歯 歯 歯

音 ◉シ
訓 ◉は ⊗よわいする

訓読

[4]◉**歯**[は] ①이. 치아(歯牙). ②(기계·도구의) 톱니. 살. ③(나막신의) 굽.

⊗**歯する**[よわいする] 〈サ変自〉 한패로 사귀다. 한패에 끼이다.

歯ブラシ[はブラシ] 칫솔.

歯茎[はぐき] ≪生理≫ 치경; 잇몸.

歯固め[はがため] (옛날 정월 3일에) 이를 튼튼히 하여 건강과 장수를 빌던 풍속.

[2]**歯磨き**[はみがき] ①양치질. ②치약.

歯磨(き)粉[はみがきこ] 가루 치약.

歯抜け[はぬけ] ①이가 빠짐. ②이가 빠진 사람. 합죽이.

歯並び[はならび] 치열(歯列).

歯並み[はなみ] 치열(歯列).

歯応え[はごたえ] ①(음식을) 씹는 맛. 씹는 감촉. ②보람. 반응.

[3]**歯医者**[はいしゃ] 치과 의사. 치과의.

歯入れ[はいれ] 나막신의 굽을 끼움.

歯切り[はぎり] ①이를 갊. ②(톱니바퀴·톱에) 이를 새김.

歯切れ[はぎれ] ①(음식의) 씹히는 맛. ②(말씨·발음의) 명확성. 또렷함.

歯止め[はどめ] ①브레이크. ②(수레바퀴·톱니바퀴 등이) 저절로 움직이지 않도록 괴는 것. 쐐기. ③제동(制動).

歯車[はぐるま] ①기어. 톱니바퀴. ②리듬. ③(조직의) 한 사람.

歯痛[はいた/しつう] 치통; 이앓이.

歯向(か)い[はむかい] 거역. 대항.

歯向(か)う[はむかう] 〈5自〉 거역하다. 대항하다. 덤벼들다. 맞서다. *'치아'를 드러내고 대든다는 데서.

歯形[はがた] ①잇자국. ②이 모양.

歯型[はがた] (치과에서) 치형; 이틀.

歯黒め[はぐろめ] 흑치. 검게 물들인 이. *옛날 상류 사회에 유행했음.

音読

歯科[しか] ≪医≫ 치과.

歯根[しこん] 치근; 이촉.

歯石[しせき] 치석; 이똥.

歯牙[しが] 치아; ①이. ②말. 언사.

歯列[しれつ] 치열; 잇바디.

歯槽[しそう] ≪生理≫ 치조; 이틀.

歯槽膿漏[しそうのうろう] ≪医≫ 치조농루.

歯朶[しだ] ≪植≫치타; 양치류. 풀고사리.

歯痛[しつう] 치통; 이앓이.

痴(癡) 어리석을 치

亠 广 广 疒 疒 疒 疾 痴 痴 痴

音 ◉チ
訓 ⊗しれる

訓読

⊗**痴れる**[しれる] 〈下1自〉 정신을 잃다. 넋을 빼앗다.

痴れ事[しれごと] 어리석은 짓.

痴れ言[しれごと] 허튼 소리.

痴れ者[しれもの] ①바보. 천치. ②난폭한 사람. ③(어떤 일에 골몰하여) 심취한 사람. 광(狂).

音読

痴鈍[ちどん] 치둔; 어리석고 둔함.

痴呆[ちほう] ≪医≫ 치매.

痴呆症[ちほうしょう] ≪医≫ 치매증.

痴愚[ちぐ] 치우; ①바보. 천치. ② ≪心≫ 중간 정도의 정신박약.

痴人[ちじん] 치인; 바보. 천치.

痴情[ちじょう] 치정; 색정(色情)에 빠져 이성(理性)을 잃음.

痴態[ちたい] 치태; 바보 같은 행동. 추태.

痴漢[ちかん] 치한; ①어리석은 사람. ②여자에게 음탕한 짓을 하는 사람.

痴話[ちわ] 치화; ①남녀 간의 정담(情談). ②남녀 간의 정사(情事).

痴話喧嘩[ちわげんか] (치정에 얽힌) 철없는 사랑싸움.

稚 어릴 치

二 千 禾 利 利 秆 秆 秆 稚 稚

音 ◉チ
訓 ⊗いとけない ⊗いわけない

訓読

⊗**稚い**[いとけない/いわけない] 〈形〉 유치하다. 철없다. 어리다. 앳되다.

音読

稚気[ちき] 치기; 어린애 같은 기질.
稚児[ちご] 치아; ①젖먹이. 유아(幼児). ②(神社(じんじゃ)나 절의 축제 행렬에 나오는) 단장한 어린이. ③남색(男色)의 상대가 되는 소년. ④ ≪古≫ (귀족집·절 등에서 일하던) 사동(使童).

稚児行道[ちごぎょうどう] ☞ 稚児行列
稚児行列[ちごぎょうれつ] (神社(じんじゃ)나 절의 축제 때) 어린이 행렬.
稚魚[ちぎょ] 치어; 알에서 갓 깨어난 어린 물고기.
稚拙[ちせつ] 치졸; 미숙하고 서투름. 유치하고 졸렬함.

置 둘/놓을 치

冖 罒 罒 罒 罒 罒 罟 罟 置 置

音 ◉チ
訓 ◉おく

訓読

4◉**置く**[おく] 〈5他〉 ①(어떤 장소에) 두다. 놓다. ②(사무소를) 설치하다. ③남겨 두다. ④(사람을) 고용하다. ⑤(어떤 상황하에) 두다. ⑥맡기다. ⑦(거리·시간 등의) 간격을 두다. ⑧(금·은박을) 입히다. 〈5自〉 (서리·이슬 등이) 내리다.

置いてきぼり[おいてきぼり] (뒤에) 남겨두고 떠나버림. 따돌림.
置いてけぼり[おいてけぼり] ☞ 置いてきぼり
置きに[おきに] (숫자에 접속하여) …걸러. …건너. …마다. …간격으로.
置(き)去り[おきざり] 남겨 둔 채 가 버림.
置(き)炬燵[おきごたつ] 이동식 각로(脚炉).
置き据える[おきすえる] 〈下1他〉 고정시키다. 고정시켜 놓다.
置(き)碁[おきご] (바둑에서) 접바둑.
置(き)忘れ[おきわすれ] ①(물건을) 둔 곳을 잊음. ②잊어버리고 두고 옴.
置き忘れる[おきわすれる] 〈下1他〉 ①(물건을) 둔 곳을 잊어버리다. ②잊어버리고 두고 오다.
置(き)忘(れ)物[おきわすれもの] 잊어버리고 두고 온 물건. 잊어버리고 두고 간 물건.
置(き)舞台[おきぶたい] (歌舞伎(かぶき)에서) 발소리가 아름답게 울리도록 노송나무판을 덧댄 무대.
置(き)文[おきぶみ] ☞ 置(き)手紙
置物[おきもの] ①(놓아두는) 실내 장식품. ②꼭두각시. 허수아비. ③제물(祭物).
置(き)傘[おきがさ] 예비 우산.
置(き)床[おきどこ] 이동식 床(とこ)の間(ま). 床(とこ)の間(ま)처럼 만든 이동식 선반.
置(き)石[おきいし] ①정원석(庭園石). 풍치석. ②(처마 밑의) 댓돌. ③(접바둑에서) 하수가 미리 화점에 놓는 돌. ④(철로 등에) 고의로 돌을 얹음.
置き所[おきどころ] ①(물건을) 놓아 둘 곳. 놓아 둔 곳. ②안주(安住)할 곳. 몸 둘 곳.
置(き)手紙[おきてがみ] (외출 시나 사람을 못 만났을 때) 용건을 써 놓고 가는 편지. 쪽지. 메모.
置(き)時計[おきどけい] 탁상시계.
置(き)薬[おきぐすり] 가정 상비약.
置屋[おきや] ①(창녀를 데리고 있는) 포줏집. ②(사기 치려고) 물건을 전당잡히는 상습자.
置屋詐欺[おきやさぎ] (흠이 있는 물건을) 그럴듯하게 꾸며 전당포에 전당잡힘.
置屋町[おきやまち] 홍등가. 환락가.
置(き)引き[おきびき] 들치기.
置(き)字[おきじ] ①(漢文의) 어조사(語助辭). ②(편지에 쓰이는) 부사·접속사로 쓰이는 글자.
置(き)場[おきば] (물건을) 두는 곳. 하치장.
置き注ぎ[おきつぎ] 술잔을 놓아 둔 채로 따름.
置き初める[おきそめる] 〈下1自〉 (이슬·서리 등이) 내리기 시작하다.
置(き)土[おきつち] ①(낮은 땅에) 흙을 더 넣음. 더 넣은 흙. ② ≪農≫ 객토(客土). 흙갈이.
置(き)土産[おきみやげ] ①(떠날 때 두고 가는) 고별 선물. 남겨 놓는 선물. ②유물(遺物). 유품(遺品).

置(き)花[おきばな] (床(とこ)の間(ま) 등에 있는) 꽃병·화기(花器) 등에 꽃을 꽂아 둠.

置(き)換え[おきかえ] ①옮겨 놓음. ②《化》치환.

置き換える[おきかえる] 〈下1他〉 ①옮겨 놓다. ②(물건을) 바꾸어 놓다. 대치(代置)하다.

置き換わる[おきかわる] 〈5自〉 바뀌 놓이다. 옮겨지다.

音読

置酒[ちしゅ] 치주; 술잔치를 벌임.

置換[ちかん] 치환; ①바꾸어 놓음. ②《数》순열(順列)을 바꾸어 놓음. ③《化》어떤 화합물의 원자나 원자단을 다른 것으로 바꿈.

峙 우뚝솟을 치	音 ⊗ジ 訓 ⊗そばだつ

訓読

⊗峙つ[そばだつ] 〈5自〉 (바위·산 등이) 우뚝 솟다. 드높이 솟다.

痔 치질 치	音 ⊗ジ 訓 —

音読

痔[じ] 《医》 치질.

痔瘻[じろう] 《医》 치루.

痔持ち[じもち] 치질을 앓고 있음.

痔疾[じしつ] 《医》 치질; 항문 주변에 생기는 병의 총칭.

痔核[じかく] 《医》 치핵; 수치질.

雉 꿩 치	音 ⊗チ 訓 ⊗きじ

訓読

⊗雉[きじ] 《鳥》 꿩.

雉鳩[きじばと] 《鳥》 산비둘기.

雉隠[きじかくし] 《植》 닭의 비짜루.

雉子[きじ] 《鳥》 꿩.

雉笛[きじぶえ] 우레. (꿩 사냥 때) 꿩을 유인하기 위해 부는 피리.

馳 말달릴 치	音 ⊗チ 訓 ⊗はせる

訓読

⊗馳せる[はせる] 〈下1自〉 (말이) 달리다. 달려가다. 〈下1他〉 ①(말·자동차를) 달리게 하다. 달리다. 몰다. ②(먼 곳에 있는 것을) 생각하다. ③(명성을) 떨치다.

馳せ戻る[はせもどる] 〈5自〉 ①달려 돌아오다·돌아가다. ②급히 돌아오다·돌아가다.

馳せ違う[はせちがう] 〈5自〉 ①(많은 사람이) 여기저기로 달려서 뒤섞이다. ②(여러 가지) 일이 헷갈리다.

馳せ集まる[はせあつまる] 〈5自〉 ①달려와서 모이다. ②급히 모이다.

馳せ着ける[はせつける] 〈下1自〉 ①달려서 도착하다. ②급히 달려오다.

馳せ参じる[はせさんじる] 〈上1自〉 (윗사람에게) 급히 달려가다.

馳せ参ずる[はせさんずる] 〈サ変自〉 (윗사람에게) 급히 달려가다.

馳せ向かう[はせむかう] 〈5自〉 급히 가다. 급히 달려가다.

馳せ回る[はせまわる] 〈5自〉 ①사방으로 뛰어다니다. 동분서주하다. ②(말을 타고) 사방으로 돌아다니다.

音読

馳駆[ちく] 치구; ①말을 타고 달림. ②바쁘게 돌아다님. ③(남을 위해) 동분서주하며 노력함.

[3]馳走[ちそう] ①(음식) 대접. ¶ご~さま 잘 먹었습니다. ②훌륭한 식사. 맛있는 식사.

馳走振り[ちそうぶり] ①(음식) 접대에 바쁨. ②급히 서둘러 마련한 음식.

幟 깃발 치	音 ⊗シ 訓 ⊗のぼり

訓読

⊗幟[のぼり] ①기드림. 좁고 긴 천의 한쪽 면을 장대에 매달아 세우는 깃발. ②종이 또는 천으로 잉어처럼 만들어 단오절에 장대에 매다는 것.

幟竿[のぼりざお] 幟(のぼり)를 매다는 장대.

幟旗[のぼりばた] 기드림. 좁고 긴 천의 한쪽 면을 장대에 매달아 세우는 깃발.

音読

◑旗幟[きし]

緻 빽빽할 치	音 ⊗チ 訓 —

音読

緻密[ちみつ] 〈形動〉 치밀; ①(종이·천 등의) 결이 촘촘함. ②자상하고 꼼꼼함.

熾 성할 치	音 ⊗シ 訓 ⊗おきる ⊗おこす ⊗おこる

訓読

⊗熾[おき] ①빨갛게 잘 핀 숯불. ②(장작이) 타다 남아 뜬숯 같이 된 것.

⊗熾火[おきび] 빨갛게 잘 핀 숯불.

⊗熾きる[おきる] 〈上1自〉 (숯불이) 벌겋게 피다.

⊗熾す[おこす] 〈5他〉 (숯불을) 피우다.

⊗熾る[おこる] 〈5自〉 (숯불이) 활활 피어오르다. 활활 타오르다.

音読

熾烈[しれつ] 치열; 세력이 불처럼 맹렬함.

鯔 숭어 치	音 ⊗シ 訓 ⊗いな ⊗ぼら

訓読

⊗鯔❶[いな] ≪魚≫ 모쟁이. 숭어의 새끼. ❷[ぼら] ≪魚≫ 숭어.

鯔背[いなせ] (젊은이가) 멋있고 씩씩함.

〔칙〕

勅(敕) 칙서 칙
一 ㄷ ㅁ ㅁ 申 束 束 束 勅 勅

音 ◉チョク

訓 ⊗みことのり

音読

勅[ちょく/みことのり] 천황의 명령. 조칙(詔勅).

勅答[ちょくとう] 칙답; ①천황의 대답. ②천황의 질문에 대답함.

勅命[ちょくめい] 칙명; 천황의 명령.

勅使[ちょくし] 칙사; 칙명으로 가는 사신.

勅書[ちょくしょ] 칙서; 조서(詔書).

勅選[ちょくせん] 칙선; 천황이 직접 사람을 뽑음.

勅額[ちょくがく] 칙액; 천황의 친필 액자.

勅語[ちょくご] 칙어; 천황의 말.

勅願[ちょくがん] 칙원; 칙명에 의한 기원.

勅題[ちょくだい] 칙제; ①천황이 직접 쓴 친필 액자. ②천황이 출제하는 시가(詩歌)의 제목.

勅旨[ちょくし] 칙지; 천황의 의사(意思).

勅撰[ちょくせん] 칙찬; ①칙명으로 시가(詩歌)나 문장을 골라서 책을 만듦. ②천황이 직접 시가나 문장을 골라 편집함.

勅号[ちょくごう] 칙호; (조정에서) 고승(高僧)에게 내리는 칭호.

則 ①법칙 칙 ②곧 즉
ㅣ ㄇ 月 目 目 貝 貝 則 則

音 ◉ソク

訓 ⊗のり ⊗のっとる

訓読

⊗則❶[のり] ①법규. 규정. 규칙. 규범. ②모범. 본. ③(토목 공사 등에서) 경사면의 기울기. ❷[そく] ☞ [音読]

⊗則る[のっとる] 〈5自〉 (법칙·규범에) 따르다. 준하다. 본뜨다.

則面[のりめん] 경사면. 각도.

音読

則❶[そく] (항목·조목 등의 수를 세는 말로서) 조목. ❷[のり] ☞ [訓読]

則する[そくする] 〈サ変自〉 (법칙·규범에) 따르다. 준하다. 본뜨다.

則天去私[そくてんきょし] 칙천거사; 사심(私心)을 버리고 천심(天心)으로 돌아감. ＊소설가 夏目漱石(なつめそうせき)가 만년에 터득한 인생관·예술관임.

〔친〕

親 친할/어버이 친
亠 立 立 立 辛 亲 亲 新 親 親

音 ◉シン

訓 ◉おや ◉したしい ◉したしむ

訓読

2◉親[おや] ①부모. 어버이. ②조상. 선조. ③원조(元祖). 창안자. ④(식물의) 어미줄기. 구경(球茎). ⑤(노름에서) 리더. 선(先). ⑥계주(契主).

2◉親しい[したしい] 〈形〉 ①친하다. 사이가 좋다. ②(혈연 관계가) 가깝다. ③낯익다. 친숙하다.

親しく[したしく] ①친히. 몸소. 손수. ②직접. 실지로.

親しげ[したしげ] 〈形動〉 친밀한 듯함.

1◉親しむ[したしむ] 〈5自〉 ①친하게 지내다. 의좋게 지내다. ②(항상 접하여) 즐기다. 가까이하다.

親しみ[したしみ] 친밀감. 친근감.

親見出し[おやみだし] (사전에서) 굵은 글자로 표시된 표제어(標題語).

親骨[おやぼね] 쥘부채 양끝의 굵은 살.

親掛(か)り[おやがかり] (자식이 독립하지 않고) 부모에게 의지함.

親局[おやきょく] 중앙 방송국.

親亀[おやがめ] 어미 거북.

親代(わ)り[おやがわり] 부모를 대신함.

親代代[おやだいだい] 조상 대대로.

親里[おやざと] 친정. 생가. 본가.

親馬鹿[おやばか] 자식 사랑에 눈이 먼 부모·어리석음·행동.

親木[おやぎ] (접목할 때의) 대목(台木).

親無し子[おやなしご] 고아(孤児).

親文字[おやもじ] ①(로마자의) 대문자. ②(漢字 사전에서) 표제 한자. ③(활자의) 자모(字母).

親方[おやかた] ①(스포츠·연예계에서 은퇴하여 후배를 양성하는) 우두머리 지도자. 선배님. ②(기능공·인부 등의) 우두머리. 십장(什長). ③(창녀의) 포주. ④(공장 등의) 주인.

親方日の丸[おやかたひのまる] 《俗》 ①국영 기업체. ②(공무원 특유의) 무사 안일함. 무책임함. 복지부동(伏地不動). ③큰 조직에 의존하는 단체.

1親父❶[おやじ] 《俗》 ①아버지. 부친. ②영감쟁이. ③(친근한 말로) 가게 주인. 직장 책임자. *주로 남성들이 사용함. ❷[しんぷ] 친부; 친아버지.

親分[おやぶん] ①친부모처럼 의지하는 사람. 양부모. ②(폭력배의) 두목.

親不孝[おやふこう] ①불효. 불효자식. ②신주(新株) 시세가 구주(旧株) 시세보다 비쌈. 배꼽주(株) 시세.

親不孝相場[おやふこうそうば] 신주(新株) 시세가 구주(旧株) 시세보다 비쌈. 배꼽주(株) 시세.

親不孝者[おやふこうもの] 불효자식.

親思い[おやおもい] 효성이 지극함. 효자.

親殺し[おやごろし] 자식이 부모를 죽임. 부모를 죽인 자식.

親船[おやぶね] 모선(母船). 본선(本船).

親勝り[おやまさり] (자식이) 부모보다 인물이나 재능 등에서 더 나음.

親時計[おやどけい] 전기 시계의 기본이 되는 시계.

親心[おやごころ] ①(자식을 사랑하는) 부모의 마음. ②(아랫사람에 대한) 부모 같은 마음. 노파심.

親譲り[おやゆずり] 부모한테서 물려받음. 대물림.

親御さん[おやごさん] 부모님. *남의 부모님에 대한 높임말.

親玉[おやだま] ① 《俗》 중심 인물. 두목. 우두머리. ②(염주알 중에서) 제일 큰 알.

親芋[おやいも] (토란의) 어미줄기.

親元[おやもと] ①부모 슬하. 부모 곁. ② 《俗》 경찰서. *범죄자들의 은어임.

親仁方[おやじがた] (歌舞伎(かぶき)에서) 노인역.

親仁形[おやじがた] ☞ 親仁方(おやじがた)

親子❶[おやこ] ①부모와 자식. 부자(父子). 모자(母子). ②기본이 되는 것과 갈라져 나온 것. ❷[しんし] ①어버이와 자식. ② 《法》 일등친(一等親)의 직계 혈족 관계의 사람. ③ 《法》 양친자(養親子). 법적 혈족 관계의 사람.

親子鑑別[おやこかんべつ] 《医》 친자확인.

親子連れ[おやこづれ] 부모와 자식의 일행.

親子電話[おやこでんわ] 한 선으로 함께 쓰는 두 대의 전화.

親子丼[おやこどんぶり] 닭고기 계란덮밥.

親字[おやじ] (漢字 사전에서) 표제 한자.

親鳥[おやどり] ①어미 새. ②성장한 새.

親潮[おやしお] 《地》 千島(ちしま) 해류.

親柱[おやばしら] ①(계단·난간 끝의) 큰 기둥. ②(한 집안의) 기둥이 되는 사람. 대들보. 가장(家長).

親株[おやかぶ] ① ≪植≫ 어미포기. 원 그루. ②구주(舊株). *증자하기 전에 발행한 주권.
親知らず[おやしらず] ①부모의 얼굴을 모르는 자식. ②사랑니. ③파도가 거센 해안. 벼랑을 이룬 위험한 해안.
[2]**親指**[おやゆび] ①엄지. 엄지손가락. 엄지발가락. ② ≪俗≫ (집안의) 어른.
親出し[おやだし] ①(漢字 사전에서) 표제 한자. ②(같은 뜻의 낱말 중에서) 설명이 붙은 쪽의 표제어.
親項目[おやこうもく] (같은 뜻의 낱말 중에서) 설명이 붙은 쪽의 표제어.
親許[おやもと] ①부모 슬하. 부모 곁. ② ≪俗≫ 경찰서. *범죄자들의 은어임.

親会社[おやがいしゃ] 모회사(母会社).
親孝行[おやこうこう] ①효도. 효성. 효행. ②효자. 효녀.

音読

親告[しんこく] 친고; ①윗사람이 직접 알림. ② ≪法≫ 피해자가 고소함.
親交[しんこう] 친교; 친밀한 교제.
親権[しんけん] 친권; 부모가 미성년 자녀에 대해 갖는 권리·의무의 총칭.
親近[しんきん] 친근; ①친밀함. ②아주 가까운 친척. ③측근자.
親等[しんとう] ≪法≫ 친등; 촌수(寸数).
[2]**親類**[しんるい] ①친척. 집안. ②동류(同類). 사촌뻘.
親臨[しんりん] 친림; 천황이나 황족이 그 자리에 직접 나감.
親睦[しんぼく] 친목; 서로 친해 화목함.
親米[しんべい] 친미; 미국과 친함.
親密[しんみつ] 친밀; 대단히 친함.
親藩[しんぱん] (江戸(えど) 시대에) 将軍(しょうぐん)의 자녀로서 大名(だいみょう)가 된 사람의 번(藩).
親書[しんしょ] 친서; ①본인이 직접 쓴 편지. ②국가 원수의 편지·문서.
親署[しんしょ] 친서; 천황이나 신분이 높은 사람이 직접 서명함.
[1]**親善**[しんぜん] 친선; 친하여 사이좋게 지냄.
親疎[しんそ] 친소; 친함과 소원(疏遠)함.
親身[しんみ] ①근친(近親). 친족. ②친족처럼 아주 친절함.
親愛[しんあい] 친애; 친밀히 사랑함.
親王[しんのう] 친왕; 적출(嫡出)의 황자(皇子)·황손(皇孫).
[2]**親友**[しんゆう] 친우; 친구. 벗.
親衛隊[しんえいたい] 친위대; 국가 원수 등의 신변을 보호하는 부대.
親日[しんにち] 친일; 일본과 친함.
新任[しんにん] 친임; 천황이 직접 고관(高官)을 임명함.
親炙[しんしゃ] 친자; 친분을 맺어 그 감화를 받음.
親裁[しんさい] 친재; 국가 원수 등이 직접 재결(裁決)함.
親展[しんてん] 친전; 봉함 편지의 수신인이 직접 개봉함.
[3]**親切**[しんせつ] 친절; ①매우 정답고 상냥하며 호감이 감. ②빈틈없고 정성스러움. 꼼꼼히 공들임. ③마음씀씀이가 깊음.
親政[しんせい] 친정; 임금이 직접 정사(政事)를 맡아 봄.
親族[しんぞく] 친족; ①친척. ② ≪法≫ 육친등(六親等) 내의 혈족 및 배우자와 삼친등(三親等) 내의 인족(姻族).
[2]**親戚**[しんせき] 친척; 친족과 외척.
親筆[しんぴつ] 친필; 신분이 높은 사람이 직접 쓴 필적.
親好[しんこう] 친호; 친하고 사이가 좋음.
親和[しんわ] 친화; ①서로 사이좋게 지냄. ② ≪化≫ 물질의 화합.

〔칠〕

七 일곱 칠

一七

音 ◉シチ
訓 ◉なな ◉ななつ ◉なの

訓読

[4]**◉七❶**[なな] 일곱. **❷**[しち] ☞ [音読]
[4]**◉七つ**[ななつ] ①일곱. ②일곱 개. ③일곱 살. ④ ≪俗≫ 전당포. ⑤(옛날 시각의 이름으로서) 오전·오후 4시경.
七曲(が)り[ななまがり] 꼬불꼬불한 길.
七光[ななひかり] (主君이나 부모의) 여덕(餘德). 여광(餘光).
七つ道具[ななつどうぐ] ①(옛날) 무사가 출전할 때 지니고 다니던 일곱 가지 무구(武具). ②(일할 때의) 여러 가지 도구. ③ ≪俗≫ 저당물.

七つ立ち[ななつだち] 새벽 4시경에 출발함.

七不思議[ななふしぎ] 일곱 가지 불가사의.

七色[なないろ/しちしょく] 칠색; ①일곱 가지 빛깔. 빨강·주황·노랑·초록·파랑·남·보라의 일곱 가지 빛깔. ②일곱 가지. 일곱 종류.

七色唐辛子[なないろとうがらし] 일곱 가지 향신료를 빻아서 섞은 것. ＊고추·깨·산초·양귀비·평지씨·삼씨·진피 등을 말함.

七夕[★たなばた] 칠석; 칠석제(七夕祭).

七夕つ女[★たなばたつめ] ≪雅≫ 직녀성.

七夕祭[★たなばたまつり] 칠석제.

七つ星[ななつぼし] ①'北斗七星(ほくとしちせい)'의 딴이름. ②'まいわし(정어리)'의 딴이름. ＊몸에 7개의 반점이 있다는 데서.

七星瓢虫[ななほしてんとう] ≪虫≫ 일곱점박이무당벌레.

七所借り[ななところがり] 여기저기서 금품을 빌림.

七つ時[ななつどき] (옛날 시각의 이름으로서) 오전·오후의 4시경.

七十[ななじゅう/しちじゅう] 일흔. 칠십. 70.

七十路[ななそじ] ①칠십. ②일흔 살. 70세.

七五三縄[★しめなわ] 금줄. 인줄. ＊신성한 장소의 경계를 나타내기 위해 치는 줄. 또는 재앙의 신이 들어오지 못하도록 정초에 문에 치는 줄.

七つ屋[ななつや] ≪俗≫ 전당포.

七月❶[なながつ] 7개월. 일곱 달. ❷[しちがつ] 7월. July. 1년 중 7번째의 달.

4 **七日**[なのか/なぬか] ①초이렛날. ②7일간. 7일.

七転び八起[ななころびやおき] 칠전팔기; ①여러 번 실패해도 굴하지 않고 일어섬. ②인생에 파란이 많음.

七種[ななくさ/ななしゅ] 칠종; 일곱 종류.

七坐星[ななますほし] 칠좌성; '北斗七星(ほくとしちせい)'의 딴이름.

七重[ななえ] ①7중; 일곱 겹. ②여러 겹.

七草[ななくさ] ①일곱 종류. ②(봄의 대표적인) 일곱 가지 나물. ③(가을의 대표적인) 일곱 가지 화초.

七草の節句[ななくさのせっく] (정월 7일에) 七草粥(ななくさがゆ)를 쑤어 먹고 그 해의 건강을 기원하는 명절.

七草粥[ななくさがゆ] (정월 7일에) 봄의 일곱 가지 나물을 넣어 쑨 죽.

七七日[なななぬか/なななのか] ≪仏≫ 칠칠일; 49일 재(斎).

七つ下(が)り[ななつさがり] ①오후 4시가 지난 무렵. 해질 무렵. ②항상 때가 지남. ＊배가 고파지거나 물건이 모자라게 되거나 물건이 낡아지게 되는 경우.

七つ下(が)りの雨[ななつさがりのあめ] 비가 그치지 않고 계속됨. ＊오후 4시가 지나서 내리기 시작한 비는 좀처럼 멎지 않는다는 데서.

七つの海[ななつのうみ] 7대양(大洋). 온 세계.

七桁[ななけた] ≪俗≫ 일곱 자리 수. 백만 엔(円).

七桁農業[ななけたのうぎょう] 백만 엔(円) 이상의 수입이 되는 농업.

音読

4 **七**❶[しち] 칠. 7. ❷[なな] ☞ [訓読]

七難[しちなん] ≪仏≫ 칠난; ①일곱 가지 재난. ②여러 가지 재난. ③많은 결점.

七年忌[しちねんき] 칠년기; 칠주기.

七堂伽藍[しちどうがらん] ≪仏≫ 칠당 가람; 절의 중요한 일곱 가지 당탑(堂塔).

七輪[しちりん] (흙으로 만든) 풍로.

七厘[しちりん] (흙으로 만든) 풍로.

七面倒[しちめんどう] 몹시 귀찮음.

七面倒臭い[しちめんどうくさい] 〈形〉 몹시 귀찮다. 매우 번거롭다.

七面鳥[しちめんちょう] ① ≪鳥≫ 칠면조. ②변덕쟁이.

七変化[しちへんげ] ①'あじさい(수국)'의 딴이름. ② ≪植≫ 란타나. ③(歌舞伎(かぶき)에서) 같은 배우가 잇달아 딴 인물로 분장하여 일곱 가지 춤을 춤. ④(사태·환경의) 어지러운 변화.

七宝[しっぽう] 칠보; ① ≪仏≫ (불경에 나오는) 일곱 가지 보물. ②'七宝焼(しっぽうやき)'의 준말.

七宝焼(き)[しっぽうやき] 칠보 공예. 법랑(琺瑯)을 입혀서 여러 가지 무늬를 나타낸 것.

七福神[しちふくじん] 칠복신; 복덕(福徳)의 일곱 신.

七分❶[しちふん/ななふん] (시간상의) 7분. 420초. ❷[しちぶ] 7할. 70%.

七分搗(き)[しちぶづき] 칠분도; 칠분도쌀.

七分三分[しちぶさんぶ] 7대3의 비율.

七分袖[しちぶそで] 칠분 기장 소매.

七分身[しちぶしん] (사진에서) 얼굴에서 무릎언저리까지의 범위.

七三[しちさん] ①7대3의 비율. ②(歌舞伎(かぶき) 극장에서) 花道(はなみち)의 중간.
七生[しちしょう] 칠생; ①《仏》 일곱 번 바뀌어 태어남. ②살아 있는 한. ③칠대(七代).
七夜[しちや] ①7일 동안의 밤. 7일째의 밤. ②(출생한 후) 7일째의 밤. *이 날 아이에게 이름을 지어주고 축하함.
七言[しちごん] 칠언; 한 구(句)가 7자로 된 한시(漢詩)의 한 형식.
七言絶句[しちごんぜっく] 칠언 절구.
七五三[しちごさん] ①어린아이의 장수를 비는 잔치. *사내아이는 3세·5세, 여자아이는 3세·7세 되는 해 11월 15일에 氏神様(うじがみさま) 등에 참배함. ②(요리상에서) 큰 상에 일곱 가지, 그 오른 쪽 상에 다섯 가지, 그 왼쪽 상에 세 가지 요리를 내놓는 초호화판 축하 잔치. ③경사(慶事)에 쓰는 길(吉)한 숫자. ④'七五三縄(しめなわ)'의 딴이름.
七五調[しちごちょう] 칠오조; (韻文에서) 7음·5음의 음조(音調)나 형식을 반복하는 것.
七曜[しちよう] 칠요; ①일주일의 요일(曜日). ②(옛날 중국의 천문학에서) '해·달·화성·수성·목성·금성·토성'의 총칭.
七曜表[しちようひょう] 칠요표; 요일표.
4 **七月**❶[しちがつ] 7월. July. 1년 중 7번째의 달. ❷[なながつ] 7개월. 일곱 달.
七転八起[しちてんはっき] 칠전팔기; 여러 번 실패해도 굴하지 않고 일어섬.
七顚八起[しちてんはっき] ☞ 七転八起
七転八倒[しちてんはっとう] 칠전팔도; 괴로운 나머지 이리 뒹굴고 저리 뒹굶.
七顚八倒[しちてんはっとう] ☞ 七転八倒
七珍[しっちん] 《仏》 칠진; 칠보(七宝).
七彩[しちさい] 칠채; ①일곱 가지 빛깔. ②아름다운 색채.
七弦琴[しちげんきん] 《楽》 칠현금.
七絃琴[しちげんきん] 《楽》 칠현금.
七回忌[しちかいき] 칠회기; 칠주기.

漆 옻칠할 칠

氵 汀 汁 汼 泮 泆 浃 漆 漆 漆

音 ◉シツ
訓 ◉うるし

訓読

◉漆[うるし] ①《植》 옻나무. ②옻칠.
漆塗(り)[うるしぬり] ①옻칠을 함. 옻칠한 것. 칠기(漆器). ②칠장이. 칠하는 사람.
漆の木[うるしのき] 《植》 옻나무.
漆負け[うるしまけ] 옻오름. 옻을 탐.
漆細工[うるしざいく] 칠공예. 칠 공예품.
漆掻き[うるしかき] 옻나무에서 옻 수액(樹液)을 채취함.
漆瘡[うるしかぶれ] 옻오름. 옻을 탐.
漆絵[うるしえ] 《美》 ①옻칠 그림. ②먹에 아교를 섞어 옻칠의 감을 내는 채색 기법의 浮世絵(うきよえ).

音読

漆工[しっこう] 칠공; 칠장이.
漆器[しっき] 칠기; 옻그릇.
漆喰[しっくい] 회반죽. 석회를 풀가사리·찰흙 등과 함께 반죽한 것. *벽이나 천장에 바름.
漆喰壁[しっくいかべ] 회반죽을 칠한 벽.
漆黒[しっこく] 칠흑; 칠처럼 검고 윤택이 있는 빛깔.

[침]

沈 ①잠길/빠질 침 ②성씨 심

丶 冫 氵 氵 氵 沙 沈

音 ◉チン ⊗ジン
訓 ◉しずむ ◉しずめる

訓読

2 **◉沈む**[しずむ] 〈5自〉 ①(물속에) 가라앉다. 잠기다. ②(해·달이) 지다. ③(지반이) 낮아지다. 내려앉다. ④(마음이) 침울해지다. ⑤(고난에) 시달리다. ⑥(불행에) 빠지다. ⑦(맥박이) 약해지다. ⑧(들뜨지 않고) 차분하다. ⑨(도박에서) 잃다. 지다. ⑩(권투에서) KO로 쓰러지다.
沈み[しずみ] ①(물속에) 가라앉음. 잠김. ②어망의 추. 낚싯봉.
沈み魚[しずみうお] 바다 밑바닥에 사는 어류. *가자미·넙치 등을 말함.
沈み込む[しずみこむ] 〈5自〉 ①아래쪽으로 깊이 들어가다. ②우울한 기분이 되다. 침울해지다.

[1]◉沈める[しずめる] 〈下1他〉 ①(물속에) 가라앉히다. 잠그다. ②(불행한 상태에) 빠뜨리다. ③(몸의) 자세를 낮추다. ④(권투에서) KO로 쓰러뜨리다.

音読

沈降[ちんこう] 침강; ①침하(沈下). 내려앉음. ②침전(沈澱).

沈淪[ちんりん] 침륜; ①침몰. 물속에 깊이 잠김. ②몰락(没落).

[1]沈没[ちんぼつ] 침몰; ①물속에 깊이 잠김. ②《俗》 (술에 취해) 고주망태가 됨. ③《俗》 농땡이 부림.

[1]沈黙[ちんもく] 침묵; 말이 없음.

沈思[ちんし] 침사; 깊이 생각함.

沈水[ちんすい] 침수; ①물에 잠김. ②'沈香(じんこう)'의 딴이름.

沈勇[ちんゆう] 침용; 침착하고 용감함.

沈鬱[ちんうつ] 침울; 기분이 가라앉아 우울함.

沈吟[ちんぎん] 침음; ①생각에 잠김. ②조용히 읊조림.

沈積[ちんせき] 침적; 물밑에 가라앉아 쌓임.

[1]沈殿[ちんでん] 침전; 액체 속의 앙금·잡물이 가라앉음.

[1]沈殿物[ちんでんぶつ] 침전물.

沈澱[ちんでん] ☞ 沈殿

沈静[ちんせい] 침정; ①침착하고 조용함. 잠잠함. ②침체(沈滞).

沈着[ちんちゃく] 침착; 행동이 들뜨지 않고 정체됨.

沈滞[ちんたい] 침체; 사물이 진척되지 않고 정체됨.

沈痛[ちんつう] 침통; 슬픔으로 가슴이 아픔.

沈下[ちんか] 침하; 내려앉음.

侵(侵) 침범할 침

音 ◉シン
訓 ◉おかす

訓読

[1]◉侵す[おかす] 〈5他〉 ①(타국·남의 땅을) 침범하다. ②(남의 권리·권한을) 침해하다.

音読

侵攻[しんこう] 침공; 적지로 쳐들어감.

[1]侵略[しんりゃく] 침략; 다른 나라의 주권·영토·정치적 독립을 침범하기 위해 무력을 행사하는 일.

侵犯[しんぱん] 침범; 남의 영토·권리 등을 범(犯)함.

侵食[しんしょく] 침식; (남의 영토·권리 등을) 침해함.

侵蝕[しんしょく] ☞ 侵食

[2]侵入[しんにゅう] 침입; (남의 영토에) 침범해 들어감.

侵入者[しんにゅうしゃ] 침입자.

侵害[しんがい] 침해; (남의 영토·권리 등을) 침범하여 손해를 끼침.

浸(浸) 젖을/잠길 침

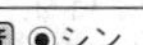

音 ◉シン
訓 ◉ひたす ◉ひたる ⊗つく ⊗つける

訓読

[1]◉浸す[ひたす] 〈5他〉 ①(물·액체에) 담그다. 잠그다. ②(액체에) 흠뻑 적시다.

お浸し[おひたし] 나물무침. ＊'浸し物(ひたしもの)'의 겸양어임.

浸し物[ひたしもの] 나물무침.

◉浸る[ひたる] 〈5自〉 ①(물·액체에) 잠기다. ②(어떤 일에) 빠지다. 잠기다.

⊗浸く[つく] 〈5自〉 (물에) 잠기다. 침수(浸水)되다.

⊗浸ける[つける] 〈下1他〉 (물에) 담그다. 적시다.

音読

浸礼[しんれい] 침례; (그리스도교에서) 온몸을 물속에 잠기게 하는 의식.

浸礼教会[しんれいきょうかい] 침례 교회.

浸水[しんすい] 침수; 물에 잠김.

浸食[しんしょく] 침식; ①물이 스며들어 물건을 상하게 함. ②(비바람으로) 육지·암석 등이 조금씩 깎여짐.

浸蝕[しんしょく] ☞ 浸食

浸染[しんせん/しんぜん] 침염; ①염색함. 물들임. ②액체가 스며서 물듦. ③차츰 침투함. 조금씩 널리 퍼짐.

浸潤[しんじゅん] 침윤; ①(물이) 스며들어 젖음. ②(사상·세력 등이) 차츰 스며들어 번짐.

浸入[しんにゅう] 침입; (건물이나 땅에) 물이 들어감. 침수함.

浸出[しんしゅつ] 침출; 우려냄. 우러남.

浸出液[しんしゅつえき] 침출액; 우려낸 액.
浸透[しんとう] 침투; ①(물이) 스며듦. 젖어 듦. ②(사상·세력 등이) 차츰 스며들어 번짐.
浸透圧[しんとうあつ] ≪物≫ 침투압.

針 바늘 침

ノ 𠆢 亼 亼 仐 𠔉 𠓜 金 金 針

音 ◉シン
訓 ◉はり

訓読

2◉針[はり] ①바늘. ②바느질. 재봉. ③(식물의) 가시. ④(벌의) 침. ⑤(시계·계기 등의) 바늘.
針もぐら[はりもぐら] ≪動≫ 가시두더지.
針供養[はりくよう] (2월 8일 또는 12월 8일에) 여자들이 부러진 바늘을 모아서 제사지내는 행사.
針孔[★めど/みぞ] 바늘귀.
2針金[はりがね] 철사.
針金虫[はりがねむし] ≪動≫ 선충류(線虫類).
針納め[はりおさめ] ☞ 針供養
針女[はりめ] 바느질을 직업으로 하는 여자.
針立て[はりたて] 바늘겨레. 바늘을 꽂아 두는 작은 물건.
針仕事[はりしごと] 바느질. 재봉.
針山[はりやま] 바늘겨레. 바늘을 꽂아 두는 작은 물건.
針箱[はりばこ] 반짇고리. 바느질그릇.
針鼠[はりねずみ] ≪動≫ 고슴도치.
針の筵[はりのむしろ] 바늘방석.
針烏賊[はりいか] ≪魚≫ 갑(甲)오징어.
針医[はりい] 침술의. 침쟁이.
針子[はりこ] (양복점이나 양장점 등에서 일하는) 봉제공.
針刺(し)[はりさし] 바늘겨레. 바늘을 꽂아 두는 작은 물건.
針千本[はりせんぼん] ≪魚≫ 가시복.

音読

針灸[しんきゅう] 침구; 침과 뜸.
針路[しんろ] 침로; 방향. 진로.
針小棒大[しんしょうぼうだい] 침소봉대; 조그마한 일을 과장하여 말함.
針術[しんじゅつ] ≪医≫ 침술.
針葉樹[しんようじゅ] ≪植≫ 침엽수; 잎이 바늘 모양을 이루고 있는 식물.

寝(寢) 잠잘/누울 침

宀 宀 疒 疒 疒 寑 寑 寑 寝 寝

音 ◉シン
訓 ◉ねかす ◉ねかせる ◉ねる

訓読

◉寝かす[ねかす] 〈5他〉 ①잠자게 하다. 재우다. ②쓰러뜨리다. 누이다. ③(활용하지 않고) 사장시키다. 묵히다. ④(누룩 등을) 발효시키다. 띄우다.
1◉寝かせる[ねかせる] 〈下1他〉 ☞ 寝かす
4◉寝る[ねる] 〈下1自〉 ①잠자다. 자다. ②드러눕다. 눕다. ③몸져눕다. 앓아눕다. ④숙박하다. 묵다. ⑤(남녀가) 동침하다. 잠자리를 같이 하다. ⑥(상품·자본이) 놀다. 사장되다. 잠기다. ⑦(유도에서) 누워서 메치는 기술을 걸다.
寝[ね] 잠. 수면(睡眠).
寝しな[ねしな] 막 자려고 할 때. 잠자리에 들었을 때.
寝ずの[ねずの] 잠을 안자는.
寝せる[ねせる] 〈下1他〉 잠재우다. 자게 하다.
寝そびれる[ねそびれる] 〈下1自〉 잠을 설치다. 잠들지 못하고 깨다.
寝そべる[ねそべる] 〈5自〉 엎드려 눕다. 배를 깔고 눕다.
寝たばこ[ねたばこ] 잠자리에서 담배를 피움. 잠자리에서 피우는 담배.
寝覚め[ねざめ] 잠에서 깸.
寝ても覚めても[ねてもさめても] 자나 깨나. 항상.
寝間[ねま] ①침실. ②침상(寝床). 잠자리.
2寝間着[ねまき] 잠옷.
寝撃ち[ねうち] 엎드려서 쏨.
寝苦しい[ねぐるしい] 〈形〉 (더위·고통 등으로) 잠들기 어렵다. 잠을 이룰 수 없다.
寝過ぎる[ねすぎる] 〈上1自〉 ①너무 오래 자다. ②늦잠 자다.
寝過ごす[ねすごす] 〈5自〉 ☞ 寝過ぎる
寝棺[ねかん] 시체를 누인 채로 넣는 관.
2寝巻き[ねまき] 잠옷.
寝掘じ[ねこじ] 나무를 뿌리째 뽑음.
寝技[ねわざ] ①(레슬링·유도에서) 누워서 메치는 기술. ②뒷거래. 막후 공작.
寝技師[ねわざし] 모사(謀士)꾼.
寝起き[ねおき] ①기거(起居). 생활. ②깨어났을 때의 기분.

寝台[ねだい/しんだい] 침대.
寝待ちの月[ねまちのつき] ①음력 19일 밤의 달. ②음력 20일 이후의 달.
寝待(ち)月[ねまちづき] ☞ 寝待ちの月
寝袋[ねぶくろ] 침낭. 슬리핑백.
寝道具[ねどうぐ] 침구(寢具).
寝乱れ[ねみだれ] 잠을 자고 나서 흐트러진 머리.
寝乱れる[ねみだれる] 〈下1自〉 옷을 입은 채로 자서 복장이 흐트러지다.
寝冷え[ねびえ] 차게 자서 감기가 듦. 차게 자서 배탈이 남.
寝溜め[ねだめ] 미리 잠을 푹 자 둠.
寝忘れる[ねわすれる] 〈下1自〉 때가 지난 줄 모르고 자다.
寝物語[ねものがたり] 잠자리에서 하는 이야기.
寝泊(ま)り[ねとまり] 숙박. 기숙(寄宿).
寝返る[ねがえる] 〈5自〉 ①자다가 몸을 뒤척이다. ②배신하다. 배반하다.
寝返り打つ[ねがえりうつ] 〈5自〉 ①자다가 몸을 뒤척이다. ②배신하다. 배반하다.
[3]寝坊[ねぼう] 늦잠을 잠.
[3]お寝坊さん[おねぼうさん] 늦잠꾸러기.
寝坊助[ねぼうすけ] 늦잠꾸러기. 잠꾸러기.
寝ずの番[ねずのばん] 불침번(不寢番).
寝癖[ねぐせ] ①잠버릇. ②(잠자면서) 머리카락이 헝클어짐. ③잠만 자는 나쁜 버릇. ④(어린이들의) 잠투정.
寝不足[ねぶそく] 수면 부족. 잠이 부족함.
寝付き[ねつき] 잠이 듦.
寝付く[ねつく] 〈5自〉 ①잠들다. ②(병으로) 눕다. 몸져눕다.
寝かし付ける[ねかしつける] 〈下1他〉 (잘 달래서) 잠들게 하다. 잠재우다.
寝部屋[ねべや] 침실. 침소(寢所).
寝腐る[ねくさる] 〈5自〉≪俗≫ (욕하는 말로) 자빠져 자다.
寝粉[ねこ] (오래 되어) 먹을 수 없는 가루.
寝仕度[ねじたく] 잠잘 준비.
寝射ち[ねうち] 엎드려서 쏨.
寝床[ねどこ] 침상; ①잠자리. ②침실.
寝相[ねぞう] 잠자는 모습.
寝釈迦[ねしゃか] ≪仏≫ 누워 있는 부처.
寝小便[ねしょうべん] 야뇨증(夜尿症). 잠자리에서 오줌을 쌈.
寝所[ねどこ/ねどころ/しんじょ] 침소; 침실.
寝水[ねみず] 하룻밤을 묵은 물.
寝首[ねくび] 잠자는 사람의 목.
寝息[ねいき] 잠자는 숨소리.
寝心地[ねごこち] 잠자리의 기분.
寝顔[ねがお] 잠자는 얼굴.
寝押し[ねおし] (바지 등을 요 밑에) 깔고 자서 주름을 잡음.
寝様[ねざま] 잠자는 모습.
寝言[ねごと] ①잠꼬대. ②헛소리. ③뜻을 알 수 없는 말.
寝業[ねわざ] ①(레슬링・유도에서) 누워서 메치는 기술. ②뒷거래. 막후 공작.
寝業師[ねわざし] 모사(謀士)꾼.
寝煙草[ねたばこ] 잠자리에서 담배를 피움. 잠자리에서 피우는 담배.
寝穢い[ねぎたない] 〈形〉 잠귀가 어둡다. 잠이 많다.
寝茣蓙[ねござ] 깔고 자는 돗자리.
寝違える[ねちがえる] 〈下1自〉 잠을 잘못 자서 목이나 어깨가 결리다.
寝椅子[ねいす] 안락의자.
寝耳[ねみみ] 잠귀.
寝刃[ねたば] 무디어진 칼날.
寝入る[ねいる] 〈5自〉 ①잠자리에 들다. 잠들다.②숙면하다. 깊이 잠들다. ③활기가 없어지다. 시들해지다.
寝入り端[ねいりばな] 잠들자마자.
寝込み[ねこみ] 한창 자고 있을 때.
寝込む[ねこむ] 〈5自〉 ①깊이 잠들다. ②(병으로) 자리에 눕다. 몸져눕다.
寝姿[ねすがた] 잠자는 모습.
寝装束[ねそうぞく/ねしょうぞく] 잠잘 때의 옷차림.
寝転がる[ねころがる] 〈5自〉 누워 뒹굴다.
寝転ぶ[ねころぶ] 〈5自〉 누워 뒹굴다.
寝正月[ねしょうがつ] ①신정 연휴를 집에서 빈둥거림. ②정초부터 앓아누움.
寝静まる[ねしずまる] 〈5自〉 (모두) 잠들어 조용해지다. 푹 잠들다.
寝際[ねぎわ] ①잠자기 직전. 막 자려고 할 때. ②잠들자마자.
寝鳥[ねとり] ①(둥지에서) 잠자고 있는 새. ②(연극에서) 귀신이 나타나는 분위기를 연출하는 피리・북 등의 악기
寝腫れ[ねばれ] (잠자고 나서) 얼굴이 부석부석함.
寝酒[ねざけ] (잠을 청하기 위해) 자기 전에 마시는 술.
寝支度[ねじたく] 잠 잘 준비.

寝取る[ねとる] 〈5他〉 (남의 배우자나 애인을) 정을 통해 가로채다.
寝汗[ねあせ] 침한; (잠자면서 흘리는) 식은 땀.
寝惚け[ねぼけ] 잠이 덜 깨어 흐리멍덩함.
寝惚ける[ねぼける] 〈下1自〉 ①잠이 덜 깨어 흐리멍덩하다. ②잠결에 일어나 어리둥절하다. ③(모양・빛깔이) 흐릿하다.
寝惚け声[ねぼけごえ] 잠에서 덜 깬 목소리.
寝惚け眼[ねぼけまなこ] 잠이 덜 깬 눈.
寝惚け顔[ねぼけがお] 잠에서 덜 깬 얼굴.
寝化粧[ねげしょう] (여자가 잠자기 전에 하는) 연한 밤 화장.

音読

寝具[しんぐ] 침구; 잠잘 때 필요한 물건.
2寝台[しんだい/ねだい] 침대.
寝食[しんしょく] 침식; 일상생활.
寝室[しんしつ] 침실; 잠자는 방.
寝装店[しんそうてん] 침구점(寝具店).
寝装品[しんそうひん] 침구(寝具)와 그 부속품.
寝殿[しんでん] 침전; ①(옛날) 천황이 기거하던 궁전. ②寝殿造(しんでんづくり)의 중앙에 있는 건물.
寝殿造(り)[しんでんづくり] 寝殿(しんでん)을 중심으로 디귿자(ㄷ) 모양으로 에워싼 平安(へいあん) 시대의 귀족 주택.

枕	베개 침	音 ⊗チン 訓 ⊗まくら

訓読

2⊗枕[まくら] ①베개. ②(잠잘 때) 머리를 두는 방향. 베갯머리. ③(지탱하기 위해) 밑에 받치는 물건. ④(落語(らくご) 등에서) 짧은 서두의 이야기.
枕する[まくらする] 〈サ変自〉 (어떤 물건을) 베개 삼아 자다.
枕経[まくらぎょう] ≪仏≫ 침경; (입관하기 전에) 죽은 사람의 머리맡에서 하는 독경(読経).
枕刀[まくらがたな] 머리맡의 호신용 칼. 호신용으로 머리맡에 두는 칼.
枕木[まくらぎ] (철도의) 침목.
枕辺[まくらべ] 머리맡; 베갯머리.
枕屏風[まくらびょうぶ] 머릿병풍.
枕詞[まくらことば] (和歌(わか)에서) 어떤 특정한 말 앞에 붙이는 수식어.
枕上[まくらがみ/ちんじょう] 베갯머리. 머리맡.
枕捜し[まくらさがし] 잠자는 나그네의 머리맡의 물건을 훔침.
枕時計[まくらどけい] 자명종(自鳴鐘).
枕元[まくらもと] 베갯머리. 머리맡.
枕引き[まくらひき] 목침을 손가락 끝으로 서로 끌어당기는 놀이.
枕紙[まくらがみ] ①(더러워지지 않도록) 목침 위의 작은 베개를 덮는 종이. ②머리맡에 두는 종이.
枕直し[まくらなおし] 출산 후 이부자리를 걷어치우는 축하 행사. ＊옛날에는 출산 후 11일째에, 지금은 21일째에 함.
枕草紙[まくらぞうし] ①(신변에 두는) 메모지. ②춘화본(春画本).
枕探し[まくらさがし] 잠자는 나그네의 머리맡의 물건을 훔침.
枕皮[まくらがわ] 베개 커버. 베갯잇.
枕許[まくらもと] 베갯머리. 머리맡.
枕絵[まくらえ] 춘화도(春画図). 누드 그림.

音読

枕頭[ちんとう] 침두; 베갯머리. 머리맡.
枕席[ちんせき] 침석; ①잠자리. ②(남녀가) 동침(同寝)함.
枕腕[ちんわん] 침완; (서예에서) 왼손을 오른팔에 괴고 글씨를 쓰는 필법.
枕籍[ちんせき] 침적; ①(남녀가) 동침(同寝)함. ②수청 듦.

〔칭〕

称(稱) 일컬을/부를 칭

一 二 千 禾 禾 秆 秆 称 称 称

音 ◉ショウ
訓 ⊗たたえる ⊗となえる

訓読

⊗称える❶[たたえる] 〈下1他〉 ①기리다. 칭송하다. 치하하다. ②칭하다. 호칭하다. 일컫다. …라고 부르다. ❷[となえる] 〈下1他〉 ①소리내어 읽다. ②큰소리로 부르다. ③주장(主張)하다. ④호칭하다.
称え[となえ] 호칭. 일컬음. 명칭.
称え言[たたえごと] 칭송・칭찬하는 말.
称え辞[たたえごと] 칭송・칭찬하는 말.

音読

1 称する[しょうする] 〈サ変他〉 ①칭하다. 일컫다. 부르다. ②(거짓으로) 속여 말하다. 사칭하다. ③칭송하다. 칭찬하다. 기리다.

称名[しょうみょう] ≪仏≫ 칭명; 부처의 명호(名号)를 욈.

称美[しょうび] 칭미; 훌륭하다고 칭찬하면서 감상하며 즐김.

称揚[しょうよう] 칭양; 찬양. 찬미. 칭찬.

称賛[しょうさん] 칭찬; 좋은 점이나 잘한 점을 일컬어 기림.

称讃[しょうさん] ☞ 称賛

称号[しょうごう] 칭호; (자격을 나타내는) 명칭.

称呼[しょうこ] 칭호; 호칭(呼称).

秤×(枰) 저울 칭	音 ⊗ショウ ⊗ヒョウ 訓 ⊗はかり

訓読

2 ⊗秤[はかり] 저울.

秤竿[はかりざお] 저울대.

秤皿[はかりざら] 저울판.

秤目[はかりめ] ①저울눈. 대저울의 눈금. ②무게. 근량(斤量).

音読

秤量[ひょうりょう/しょうりょう] 칭량; ①(저울로) 무게를 닮. ②사물을 저울질함. ③그 저울로 달 수 있는 최대한의 무게. * 'ひょうりょう'는 관용음임.

〔쾌〕

ㅋ

快 유쾌할/빠를 쾌

丶 忄 忄 忄 忄 快 快

音 ◉カイ
訓 ◉こころよい

訓読

[1]◉**快い**[こころよい] 〈形〉 ①상쾌하다. 기분이 좋다. ②유쾌하다. 즐겁다. ③(병세가) 좋아지다.

音読

快[かい] 쾌; ①유쾌. 상쾌. ②쾌락.
快感[かいかん] 쾌감; 상쾌하고 유쾌한 느낌.
快挙[かいきょ] 쾌거; 속 시원한 일.
快気[かいき] 쾌기; ①(병이) 쾌차함. 쾌유함. ②상쾌함. 기분이 좋음.
快技[かいぎ] 쾌기; 묘기(妙技).
快男児[かいだんじ] 쾌남아; 쾌활한 남자.
快男子[かいだんし] 쾌남자; 쾌활한 남자.
快談[かいだん] 쾌담; ①유쾌하게 이야기함. ②유쾌한 이야기.
快刀[かいとう] 쾌도; 썩 잘 드는 칼.
快楽[かいらく] 쾌락; 즐거움.
快諾[かいだく] 쾌락; 기분 좋게 승낙함.
快眠[かいみん] 쾌면; 잠을 푹 잠.
快夢[かいむ] 쾌몽; 유쾌한 꿈.
快味[かいみ] 쾌미; 상쾌한 맛.
快方[かいほう] 병이 나아짐. 차도(差度).
快弁[かいべん] 쾌변; 거침없이 잘하는 말.
快便[かいべん] 쾌변; 시원스럽게 용변을 봄. 시원스러운 용변.
快報[かいほう] 쾌보; 시원스러운 소식.
快復[かいふく] (병의) 회복. 쾌차.
快復期[かいふくき] (병의) 회복기.
快事[かいじ] 쾌사; 통쾌한 일.
快速[かいそく] 쾌속; 속도가 매우 빠름.
快速船[かいそくせん] 쾌속선.
快速艇[かいそくてい] 쾌속정.
快勝[かいしょう] 쾌승; 압승(圧勝).
快食[かいしょく] 쾌식; ①좋은 음식. ②유쾌하고 만족하게 먹음.
快心[かいしん] 쾌심; 좋은 기분.
快然[かいぜん] 쾌연; ①유쾌함. 상쾌함. ②(병이) 완쾌됨.
快癒[かいゆ] 쾌유; 병이 나음. 회복.
快音[かいおん] 쾌음; ①(엔진 등의) 경쾌한 소리. ②(야구에서 히트를 쳤을 때 등의) 상쾌한 소리.
快作[かいさく] 쾌작; 쾌심작(快心作). 가슴이 후련해지는 뛰어난 작품.
快哉[かいさい] 쾌재; 매우 흡족하게 여김.
[2]**快適**[かいてき] 쾌적; 심신(心身)에 적합하여 기분이 매우 좋음.
快戦[かいせん] 쾌전; 통쾌한 싸움.
快絶[かいぜつ] 쾌절; 기분이 매우 상쾌함.
快調[かいちょう] 쾌조; 아주 컨디션이 좋음.
快足[かいそく] 준족(駿足). 발걸음이 빠름.
快走[かいそう] 쾌주; 기분 좋게 빨리 달림.
快走艇[かいそうてい] 쾌주정; 요트.
[2]**快晴**[かいせい] 쾌청; (하늘이) 상쾌하도록 맑게 갬.
快打[かいだ] 쾌타; (야구에서) 통쾌한 안타.
快投[かいとう] 쾌투; (야구에서) 멋지게 공을 던짐.
快漢[かいかん] 쾌한; 쾌활한 남자.
快活[かいかつ] 쾌활; 성격이 밝고 씩씩함. 마음씨 좋고 활발함.
快豁[かいかつ] 쾌활; ①앞이 탁 트이어 전망이 좋음. ②도량이 넓음. 활달함.

타

他 다를/남 타

丿 亻 仁 仲 他

音 ◉タ
訓 ⊗ほか

訓読

⊗他❶[ほか] ①(어떤 범위) 바깥. 외부. ②딴 곳. 딴 것. ③그 밖. 이외. …을 빼놓고. ❷[た] ☞ [音読]
⊗他ならない[ほかならない] 〈連語〉 (다른 것이 아닌) 바로 그것이다.
⊗他ならぬ[ほかならぬ] 〈連語〉 (다른 것이 아닌) 바로 그것이다.

音読

2他❶[た] 타; ①다른 것. ②남. 다른 사람. ③다른 일. ④다른 곳. 딴 곳. ⑤딴마음. ❷[ほか] ☞ [訓読]
他家[たけ] 타가; 남의 집. 남의 가정.
他覚[たかく] 타각; 병의 증세를 다른 사람도 알 수 있음.
他見[たけん] 타견; 남이 봄. 남에게 보임.
他見無用[たけんむよう] 남에게 보이지 말 것. 남이 보지 못하도록 할 것.
他界[たかい] 타계; ①다른 세계. ②죽음. 사망함. ③≪仏≫ 인간계 이외의 세계.
他校[たこう] 타교; 다른 학교.
他国[たこく] 타국; ①외국. 다른 나라. ②타향.
他年[たねん] 타년; 다른 해. 후년.
他念[たねん] 타념; 딴 생각.
1他動詞[たどうし] ≪語学≫ 타동사.
他力[たりき] 타력; 남의 조력(助力).
他力本願[たりきほんがん] ≪仏≫ 타력본원.
他領[たりょう] 타령; 남의 영지(領地).
他流[たりゅう] 타류; 다른 유파(流派).
他面[ためん] 타면; ①다른 방면. ② 〈副〉 한편으로는.
他聞[たぶん] 타문; 남이 들음.
1他方[たほう] 타방; ①다른 방면. 다른 한쪽. ②〈副〉 한편으로는.
他社[たしゃ] 타사; ①다른 회사. 다른 신문사. ②딴 神社(じんじゃ).
他事[たじ] 타사; 딴 일. 남의 일.
他山の石[たざんのいし] 타산지석.
他殺[たさつ] 타살; 다른 사람이 죽임.
他生[たしょう] ≪仏≫ 전생과 내생.
他室[たしつ] 타실; 다른 방.
他心[たしん] 타심; ①다른 마음. 딴 생각. ②두 가지 마음.
他言[たごん/たげん] 남에게 누설함.
他律[たりつ] 타율; ①다른 규정・규율. ②다른 사람의 지배나 법・권위 등에 복종함.
他意[たい] 타의; ①다른 뜻. ②딴 생각. 딴 마음.
2他人[たにん] 타인; ①남. 다른 사람. ②혈연관계가 없는 사람. ③제삼자.
他人扱い[たにんあつかい] (친척을) 남처럼 쌀쌀하게 대함.
他人行儀[たにんぎょうぎ] (친한 사이인데도) 남남처럼 서먹서먹하게 대함.
他日[たじつ] 타일; 다른 날. 훗날.
他者[たしゃ] 타자; 다른 사람.
他店[たてん] 타점; 다른 가게.
他紙[たし] 타지; 다른 신문.
他誌[たし] 타지; 다른 잡지.
他薦[たせん] 타천; 남이 추천함.
他出[たしゅつ] 타출; 외출. 출타.
他称[たしょう] ≪語学≫ 타칭; 3인칭.
他郷[たきょう] 타향; 객지(客地).

打 칠 타

一 丁 扌 扌 打

音 ◉ダ ⊗チョウ
訓 ◉うつ

訓読

3◉打つ[うつ] 〈5他〉 ①치다. 때리다. 두드리다. ②(바둑을) 두다. ③(어떤 행동을) 하다. ④(심금을) 울리다. 감동을 주다.
打ちのめす[うちのめす] 〈5他〉 ①때려눕히다. 두들겨 패다. ②(재기하지 못하게) 큰 타격을 입히다. ③큰 차이로 이기다.
打ちひそむ[うちひそむ] 〈4自〉 ①얼굴이 일그러지다. ②울상이 되다.
打ちまくる[うちまくる] 〈5他〉 ①(공・총 등을) 마구 쳐 대다. 마구 쏘아 대다. ②(야구에서) 계속해서 안타를 치다.
打っちゃらかす[うっちゃらかす] 〈5他〉≪俗≫ 내팽개치다. 내버려두다. 방치하다.

打っちゃり[うっちゃり] ①(씨름에서) 씨름판 가장자리까지 밀리다가 몸을 틀어 상대방을 선 밖으로 내동댕이치는 기술. ②막판에 형세가 역전됨. ③(쓰레기 등을) 바다에 버리는 곳.

打っちゃる[うっちゃる] 〈5他〉 ①버리다. 내버리다. ②팽개치다. 방치하다. ③(씨름에서) 씨름판 가장자리까지 밀리다가 상대방을 선 밖으로 내동댕이치다. ④(막판에) 역전시키다.

打ち開く[うちひらく] 〈5他〉 힘차게 열다. 〈5自〉 널찍하다. 트여있다.

打ち開ける[うちひらける] 〈下1自〉 활짝 열리다.

打ち据える[うちすえる] 〈下1他〉 ①단단히 고정시켜 두다. ②늘씬하게 때리다.

打ち建てる[うちたてる] 〈下1他〉 (굳건히) 세우다. 확립하다.

打ち見[うちみ] 언뜻 봄. 힐끗 봄.

打ち見る[うちみる] 〈上1自〉 힐끗 보다.

打ち頃[うちごろ] (야구에서) 타자가 치기 좋은 공.

打ち果たす[うちはたす] 〈5他〉 ①때려 죽이다. 베어 죽이다. ②(적군을) 완전히 무찌르다.

打ち過ぎる[うちすぎる] 〈上1自〉 ①너무 심하게 때리다. ②(시기・시일이) 경과하다. 지나다.

打ち寛ぐ[うちくつろぐ] 〈5自〉 긴장을 풀고 편히 쉬다. 편안한 마음을 갖다.

打(ち)掛(け)[うちかけ] ①(바둑에서) 봉수(封手). ②(平安(へいあん) 시대의) 무관의 예복. ③(江湖(えど) 시대의) 무관 부인의 예복. ＊지금은 결혼식 때 입음.

打ち掛ける[うちかける] 〈下1他〉 ①가볍게 걸치다. ②가볍게 걸터앉다・기대다. ③(상대방을 향해) 발사하기 시작하다. ④(못 등을) 박기 시작하다.

打(ち)壊し[うちこわし] ①때려 부숨. ②(江戸(えど) 시대) 흉년에 빈민들이 부잣집・관청을 습격하여 부수고 약탈하던 소동.

打ち壊す[うちこわす] 〈5他〉 ①때려 부수다. 파괴하다. ②(계획 등을) 망치다. 망가뜨리다.

打ち克つ[うちかつ] 〈5自〉 ①이기다. 무찌르다. 승리하다. ②극복하다. 이겨내다. ③(야구・테니스 시합에서 상대를) 제압하다.

打(ち)気[うちき] (야구에서) 공을 치려는 타자의 적극적인 마음.

打ち寄せる[うちよせる] 〈下1自〉 ①(파도・수많은 사람이) 밀려오다. 밀어닥치다. ②(말을 타고) 다가오다.

打(ち)紐[うちひも] 끈목. 여러 가닥을 꼬아 만든 끈.

打ち当てる[うちあてる] 〈下1他〉 ①'当(あ)てる'의 강조. ②부딪치다.

打ち倒す[うちたおす] 〈5他〉 ①쓰러뜨리다. ②쳐서 넘어뜨리다. ③(적군을) 무찌르다. 쳐부수다.

打ち倒れる[うちたおれる] 〈下1自〉 쓰러지다. 넘어지다.

打(ち)豆[うちまめ] 물에 불려 찧은 콩.

打ち落とす[うちおとす] 〈5他〉 ①쳐서 떨어뜨리다. ②베어 쓰러뜨리다. ③(총으로) 쏘아 떨어뜨리다.

打ち拉ぐ[うちひしぐ] 〈5他〉 짓이기다. 세게 짜부라뜨리다. 기세를 꺾다.

打ち連れる[うちつれる] 〈下1自他〉 동행하다. 동반하다. 함께 가다.

打ち籠める[うちこめる] 〈下1他〉 (정성을) 담다. 들이다.

打(ち)留め[うちどめ] ①마지막. 끝. 끝마침. 끝냄. ②흥행을 마침. ③(파친코에서) 대(台)의 사용 금지.

打ち留める[うちとめる] 〈下1他〉 ①못 박아 고정시키다. ②(흥행을) 끝내다.

打ち立てる[うちたてる] 〈下1他〉 (굳건히) 세우다. 확립하다.

打ち忘れる[うちわすれる] 〈下1他〉 완전히 잊다. 까맣게 잊다.

打(ち)綿[うちわた] ①무명활로 탄 솜. ②(헌 솜을) 새로 탄 솜.

[1]**打ち明ける**[うちあける] 〈下1他〉 (고민・비밀을) 털어놓다. 고백하다.

打(ち)明け話[うちあけばなし] 속말. 속이야기. 숨김없이 털어놓는 이야기.

打ち鳴らす[うちならす] 〈5他〉 (종 등을) 쳐서 울리다.

打ち聞く[うちきく] 〈5他〉 언뜻 듣다.

打(ち)物[うちもの] ①(칼・창 등의) 두드려 만든 날붙이. ②두드려 만든 금속 기구. ③타악기(打楽器). ④틀에 넣어 굳힌 마른 과자. ⑤다듬이질한 비단.

打(ち)物師[うちものし] 대장장이.

打(ち)物業[うちものわざ] 칼이나 창 등으로 싸움. 무기로 싸우는 기술.
打(ち)返し[うちかえし] ①되받아 치기. ②(연극에서) 무대의 배경을 다른 배경으로 바꾸기. ③헌 솜 타기.
打ち返す[うちかえす] 〈5他〉 ①'返(かえ)す'의 강조. ②되받아 치다. 반격하다. ③(논밭을) 갈아 뒤집다. ④헌 솜을 타다.
打(ち)抜き[うちぬき] ①꿰뚫기. 꿰뚫음. ②(판지·판금의) 펀칭. ③땅을 파서 만든 우물. ④(파업을) 예정 일시까지 끝까지 강행함.
打ち抜く[うちぬく] 〈5他〉 ①구멍을 뚫다. ②(판지·판금 등을) 펀칭하다. ③땅을 파서 우물을 만들다. ④(파업을) 예정 일시까지 끝까지 관철시키다.
打(ち)方[うちかた] ①(타악기의) 치는 방법. ②(바둑·장기의) 두는 법.
打って変わる[うってかわる] 〈5自〉 (갑자기) 돌변하다. 표변하다.
打(ち)歩[うちぶ] ①할증금(割増金). 프리미엄. ②동일 액면의 두 통화(通貨) 사이의 실질적인 가치의 차이.
打ち伏す[うちふす] 〈5自〉 엎드리다.
打ち付け[うちつけ] 〈形動〉 ①별안간. 갑자기. ②노골적임. 거리낌 없음.
打ち付ける[うちつける] 〈下1他〉 ①(못 등을) 쳐서 박다. 박아서 고정시키다. ②부딪치다.
打って付け[うってつけ] 〈形動〉 안성맞춤. 최적(最適)임. 걸맞음.
打ち負かす[うちまかす] 〈5他〉 격파하다. 완전히 패배시키다.
打(ち)粉[うちこ] ①(도검 손질에 사용하는) 숫돌 가루. ②땀띠약. ③(국수·떡을 반죽할 때 뿌리는) 번가루.
打(ち)払い[うちはらい] ①(헝겊으로 만든) 먼지떨이. ②(총 등으로) 쏘아 쫓아버림.
打ち払う[うちはらう] 〈5他〉 ①털어 버리다. 털어 내다. ②(적을) 공격하여 쫓다. ③(총 등으로) 쏘아 쫓아버리다.
打ち崩す[うちくずす] 〈5自〉 ①(적을) 쳐부수다. 무찌르다. ②(의견을) 무너뜨리다. ③(야구에서) 안타를 쳐서 투수를 강판시키다.
打ち捨てる[うちすてる] 〈下1他〉 내팽개치다. 방치하다. 내버려두다.
打ち殺す[うちころす] 〈5他〉 ①때려죽이다. 쳐 죽이다. ②(총 등으로) 쏘아 죽이다. ③잡아 죽이다.
打ち撒き[うちまき] ①액막이로 뿌리는 쌀. ②신(神)에게 바치는 쌀. ③쌀. *가정주부의 용어임.
打(ち)上げ[うちあげ] ①발사(発射). 쏘아 올림. 쳐 올림. ②종료. 끝마침. ③(바둑에서) 종국(終局). 승부를 냄. ④'打(ち)上(げ)花火'의 준말.
打ち上げる[うちあげる] 〈下1他〉 ①발사(発射)하다. 쏘아 올리다. 쳐 올리다. ②(흥행을) 마치다. ③(바둑에서) 승부를 내다. 상대방의 죽은 돌을 들어내다. ④(파도가 물건을) 해안으로 밀어 올리다.
打(ち)上(げ)花火[うちあげはなび] 쏘아 올리는 불꽃놀이.
打(ち)傷[うちきず] 타박상(打撲傷).
打(ち)緒[うちお] 끈목. 여러 가닥을 꼬아서 만든 끈.
打(ち)所[うちどころ] ①(몸 등의) 부딪힌 곳. 때린 곳. ②나무랄 데. 탓할 데.
[1]打(ち)消し[うちけし] 부정(否定).
[2]打ち消す[うちけす] 〈5他〉 ①부정(否定)하다. ②지우다. 없애다.
打(ち)続く[うちつづく] 〈5自〉 죽 계속되다. 줄지어 이어지다.
打ち砕く[うちくだく] 〈5他〉 ①때려 부수다. 박살내다. 쳐부수다. ②(용기를) 꺾어버리다. ③알기 쉽게 말하다.
打(ち)水[うちみず] (더위를 식히거나 먼지를 막기 위해) 물을 뿌림.
打(ち)手[うちて] ①토벌대(討伐隊). ②총을 쏘는 사람. ③바둑꾼. ④노름꾼.
打つ手[うつて] (어떤 사태에 대해) 취해야 할 수단. 손쓸 방법.
打ち守る[うちまもる] 〈5他〉 지켜보다.
打(ち)首[うちくび] 참수형(斬首刑).
打ち勝つ[うちかつ] 〈5自〉 ①이기다. 무찌르다. 승리하다. ②극복하다. 이겨내다. ③(야구·테니스 시합에서 상대를) 제압하다.
打(ち)身[うちみ] ①타박상. ②≪古≫ 생선회.
打(ち)違い[うちちがい] ①(키보드를) 잘못 침. 오타(誤打). ②교차됨. 십자형으로 엇갈림.
打ち違う[うちちがう] 〈5自〉 ①(키보드를) 잘못 치다. ②교차되다. 십자형으로 엇갈리다.
打ち萎れる[うちしおれる] 〈下1自〉 (좌절감으로) 풀이 죽다. 기가 푹 죽다.

打(ち)衣[うちぎぬ] ①(옛날) 풀 먹여 다듬이질한 옷. ②(옛날) 귀부인이 정장할 때 다섯 가지 의복의 겉에 입던 옷.

打(ち)込み[うちこみ] ①두드려 박기. ②열중하기. 몰두하기. ③(날실 사이에) 씨실을 바디로 세게 쳐서 넣기. ④(시합에서) 상대방에게 공격하기.

[1]打ち込む[うちこむ] 〈5他〉 ①두드려 박다. 박아 넣다. ②열중하다. 몰두하다. ③명중시키다. ④(시합에서) 상대방을 공격하다. ⑤(공사장에서) 콘크리트를 다져 넣다.

打ち揃う[うちそろう] 〈5自〉 (인원이) 다 모이다. 다 차다.

打ち絶えて[うちたえて] (부정문에서) 전혀.

打ち絶える[うちたえる] 〈下1自〉 ①'絶(た)える'의 강조. ②아주 끊어지다.

打ち切り[うちきり] 중단. 중지.

[1]打ち切る[うちきる] 〈5他〉 ①(힘주어) 절단하다. 자르다. ②중단하다. 중지하다. ③(바둑에서) 끝까지 두다.

打ち折る[うちおる] 〈5他〉 (나뭇가지 등을) 쳐서 꺾다. 쳐서 부러뜨리다.

打ち眺める[うちながめる] 〈下1他〉 '眺(なが)める'의 강조. 바라보다.

打ち重なる[うちかさなる] 〈5自〉 ①'重(かさ)なる'의 강조. 거듭되다. ②(어떤 물건 위에) 포개어지다. 겹치다.

打(ち)止め[うちどめ] ①마지막. 끝. 끝마침. 끝냄. ②흥행을 마침. ③(パチンコ에서) 대(台)의 사용 금지.

打ち止める[うちとめる] 〈下1他〉 ①못 박아 고정시키다. ②(흥행을) 끝내다. 끝마치다.

打ち振る[うちふる] 〈5他〉 세게 흔들다. 마구 휘두르다. 힘차게 흔들다.

打ち集う[うちつどう] 〈5自〉 '集(つど)う'의 강조. (많은 사람이) 모여들다. 집합하다. 모이다.

打ち出す[うちだす] 〈5他〉 ①(무늬 모양을) 도드라지게 하다. ②치기・때리기 시작하다. ③(총 등을) 쏘기 시작하다. ④(흥행이) 끝났음을 알리는 북을 치다. ⑤(주의・주장을) 내세우다. 제창하다.

打(ち)出し[うちだし] ①돋을무늬. ②흥행이 끝남.

打って出る[うってでる] 〈下1自〉 ①(후보자 등으로) 자진해서 나서다. 데뷔하다. 진출하다. ②치고 나가다. 공격으로 나가다.

打ち出の小槌[うちでのこづち] 요술 방망이.

打(ち)出(し)太鼓[うちだしだいこ] 흥행이 끝날 때 치는 북.

打ち取る[うちとる] 〈5他〉 ①(무기로) 쳐 죽이다. ②(시합에서) 격파하다. 승리하다.

打ち沈む[うちしずむ] 〈5自〉 몹시 침울해지다. 몹시 풀이 죽다.

打ち破る[うちやぶる] 〈5他〉 ①깨뜨리다. 쳐부수다. ②(습관 등을) 타파하다. ③(적을) 격파하다. 쳐부수다. 무찌르다.

打ち下ろす[うちおろす] 〈5他〉 (칼・망치 등을) 위에서 내리치다.

打ち荷[うちに] 제하(除荷). (배가 조난당했을 때) 바다에 버리는 짐.

打ち割る[うちわる] 〈5他〉 ①두드려 깨뜨리다. ②(마음속을) 털어놓다.

打(ち)合い[うちあい] (검 등으로) 서로 침. 서로 싸움.

打ち合う[うちあう] 〈5自〉 ①(검 등으로) 서로 치다. 서로 싸우다. ②(야구에서) 서로 홈런을 날리다. 〈5他〉 서로 총을 쏘다.

打ち合わす[うちあわす] 〈5他〉 ①맞부딪치다. ②(하나로) 모으다. 붙이다. ③협의하다. 상의하다.

[2]打(ち)合(わ)せ[うちあわせ] 미리 상의함. 사전에 협의함.

[2]打ち合わせる[うちあわせる] 〈下1他〉 ①맞부딪치다. ②(하나로) 모으다. 붙이다. ③협의하다. 상의하다.

打ち解ける[うちとける] 〈下1自〉 마음을 터놓다. 허물없이 지내다.

打ち懸ける[うちかける] 〈下1他〉 ①가볍게 걸치다. ②가볍게 걸터앉다・기대다. ③(상대방을 향해) 발사하기 시작하다. ④(못 등을) 박기 시작하다.

打ち興ずる[うちきょうずる] 〈サ変自〉 매우 흥겨워하다. 재미있게 놀다.

音読

打[だ] (야구에서) 타격.

[1]打開[だかい] 타개; 얽히고설킨 일을 잘 처리하여 나아갈 길을 엶.

[1]打撃[だげき] 타격; ①세게 침. ②(정신적인) 충격. ③(격심한) 피해. 손해. ④(야구에서) 투수가 던진 공을 타자가 침.

打球[だきゅう] 타구; (야구에서) 타자가 친 공.

打倒[だとう] 타도; 쳐서 쓰러뜨림.

打力[だりょく] 타력; ①치는 힘. 때리는 힘. ②(야구에서) 타격의 힘.

打撲傷[だぼくしょう] 타박상; 때려서 난 상처. 부딪쳐서 난 상처.

打棒[だぼう] 타봉; ①야구의 배트. ②타격. 배트로 공을 침.
打算[ださん] 타산; 이해 득실을 계산함.
打席[だせき] 타석; (야구에서) 배터복스.
打席数[だせきすう] (야구에서) 타석수.
打線[だせん] 타선; (야구에서) 타자의 진용.
打数[だすう] 타수; (야구에서) 타자가 타석에 선 횟수.
打順[だじゅん] 타순; (야구에서) 타자가 칠 차례.
打楽器[だがっき] ≪楽≫ 타악기.
打率[だりつ] 타율; (야구에서) 타수(打数)에 대한 안타(安打)의 비율.
打者[だしゃ] 타자; (야구에서) 배터.
打電[だでん] 타전; 전보를 침.
打点[だてん] 타점; (야구에서) 안타(安打) 등으로 득점한 점수.
打破[だは] 타파; ①무찌름. 쳐부숨. ②(나쁜 습관·장애물 등을) 깨뜨려 버림.

妥(妥) 타당할 타

一 ｢ ｢｢ ｢｢｢ 妥 妥 妥

音 ◉ダ
訓 —

音読

1妥結[だけつ] 타결; 서로 절충하여 좋게끔 이야기를 마무름.
2妥当[だとう] 〈形動〉 타당; 사리에 맞고 타당함.
妥当性[だとうせい] 타당성.
1妥協[だきょう] 타협; 서로 양보하거나 상의하여 협력함.
妥協案[だきょうあん] 타협안.

堕(墮) 떨어질 타

阝 阝 阝 阝 阝 陏 陏 陏 堕 堕

音 ◉ダ
訓 ⊗おちる

訓読

⊗堕ちる[おちる] 〈上1自〉 타락하다. ¶ ~ところまで~ 타락할 때까지 타락하다.

音読

堕落[だらく] 타락; 품행이 나쁜 길로 빠짐.
堕胎[だたい] 타태; 낙태(落胎).

惰 게으를 타

忄 忄 忄 忄 忄 怍 怍 惰 惰 惰

音 ◉ダ
訓 —

音読

惰気[だき] 타기; 게으른 생각.
惰農[だのう] 타농; 게으른 농부.
惰力[だりょく] 타력; ①관성(慣性)의 힘. ②종래의 습관.
惰眠[だみん] 타면; ①게으름을 피워 잠만 잠. ②하는 일 없이 세월만 보냄.
惰性[だせい] 타성; ①이제까지의 습관. ②관성(慣性).
惰弱[だじゃく] 타약; 나약함. 의지가 약함.

唾 침 타

音 ⊗ダ
訓 ⊗つば ⊗つばき

訓読

1⊗唾[つば/つばき] 침. 타액(唾液).
唾する[つばきする] 〈サ変自〉 침을 뱉다.

音読

唾棄[だき] 타기; 침을 뱉을 정도로 미워서 피해 버림·기피함.
唾腺[だせん] ≪生理≫ 타선; 침샘.
唾液[だえき] ≪生理≫ 타액; 침.
唾液腺[だえきせん] ≪生理≫ 타액선; 침샘.

陀 비탈질 타

音 ⊗ダ
訓 —

音読

陀羅尼[だらに]] ≪仏≫ 다라니; 범어(梵語) 그대로의 발음으로 외는 긴 구절. 경문 중의 그 주문(呪文).

舵 배의 키 타

音 ⊗ダ
訓 ⊗かじ

訓読

⊗舵[かじ] ①(배의) 키. ②(비행기의) 조종간. 방향타(方向舵).
舵柄[かじづか] 키의 손잡이.
舵取り[かじとり] ①키잡이 조타수(操舵手). ②지도. 지휘. ③지도자. 지휘자.

音読

舵機[だき] 타기; 배의 키.
舵機室[だきしつ] 조종실.
舵手[だしゅ] 타수; 키잡이. 조타수.

詑 자랑할 타	音 ⊗タ 訓 ⊗わびる

訓読

2⊗詑びる[わびる] 〈上1自〉 사죄(謝罪)하다. 사과(謝過)하다.
1詑び[わび] 사죄(謝罪). 사과(謝過).
詑び事[わびごと] 사죄(謝罪). 사과(謝過).
詑び言[わびごと] ①사죄의 말. 사과의 말. ②사양의 말. 거절의 말.
詑び入る[わびいる] 〈5自〉 정중하게 사죄·사과하다. 깍듯이 빌다.
詑び状[わびじょう] 사죄 편지. 사과 편지.

楕 길쭉할 타	音 ⊗ダ 訓 —

音読

2楕円[だえん] ≪数≫ 타원.
楕円運動[だえんうんどう] 타원 운동.
楕円体[だえんたい] ≪数≫ 타원체.
楕円形[だえんけい] ≪数≫ 타원형.

駝 낙타 타	音 ⊗ダ 訓 —

音読

駝鳥[だちょう] ≪鳥≫ 타조.
◑駱駝[らくだ]

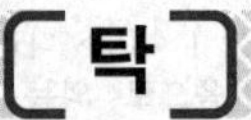

卓 책상/높을/뛰어날 탁

音 ◉タク
訓 —

音読

卓[たく] 탁자.
卓見[たっけん] 탁견; 뛰어난 식견·의견.
卓球[たっきゅう] 탁구; 핑퐁.
卓論[たくろん] 탁론; 뛰어난 의견.
卓立[たくりつ] 탁립; 뛰어남. 우뚝 솟아 있음. 돋보임.
卓抜[たくばつ] 탁발; 특출함. 다른 것보다 훨씬 뛰어남.
卓上[たくじょう] 탁상; 탁자 위.
卓説[たくせつ] 탁설; 뛰어난 의견·논설.
卓識[たくしき] 탁식; 뛰어난 식견.
卓然[たくぜん] 탁연; 탁월함. 뛰어남.
卓越[たくえつ] 탁월; 비길 데 없이 뛰어남.
卓絶[たくぜつ] 탁절; 비길 데 없이 뛰어남.
卓出[たくしゅつ] 탁출; 특출함. 뛰어남. 훌륭함.

託 부탁할 탁

音 ◉タク
訓 ⊗かこつける ⊗かこつ

訓読

⊗託ける[かこつける] 〈下1自〉 빙자하다. 구실로 삼다. 핑계 삼다.
託け[かこつけ] 빙자. 구실. 핑계.
⊗託つ[かこつ] 〈5他〉 ①빙자하다. 구실로 삼다. 핑계 삼다. ②원망하다. 한탄하다. 푸념하다.
託ち[かこち] ①원망함. 한탄함. ②원망의 말. 한탄의 말.
託ち顔[かこちがお] 원망스러워하는 얼굴.
託ち泣き[かこちなき] 원망하고 탄식하면서 소리 내어 욺.

音読

託する[たくする] 〈サ変他〉 ①부탁하다. 의지하다 맡기다. ②빙자하다. 구실로 삼다. 핑계 삼다. ③(어떤 형식을) 빌려 표현하다.
託宣[たくせん] 탁선; ①신(神)의 말씀. ②의견이나 충고.
託送[たくそう] 탁송; 운송 회사 등에 부탁하여 물건을 부침.
託児[たくじ] 탁아; 유아(幼児)를 보육 시설에 맡김.
託児所[たくじしょ] 탁아소; 나이어린 유아들을 맡아 그 보육·지도를 하는 시설.
託言[たくげん] 탁언; ①빙자. 구실. 핑계. ②전갈. 전언(伝言).

濁 흐릴 탁

氵 氵 氵 氵 氵 泻 渴 濁 濁 濁

音 ◉ダク
訓 ◉にごす ◉にごらす ◉にごる

訓読

◉濁す[にごす] 〈5他〉 ①흐리게 하다. 탁하게 하다. ②(말을) 얼버무리다. 애매하게 하다. 말끝을 흐리다.
◉濁らす[にごらす] 〈5他〉 ☞ 濁す
[2]◉濁る[にごる] 〈5自〉 ①(맑은 물·공기 등이) 흐려지다. 탁해지다. ②(정신·마음이) 흐려지다. 탁해지다. ③(빛깔·소리가) 흐려지다. ④ ≪語学≫ 탁음이 되다. 탁음 부호를 찍다.
濁り[にごり] ①흐림. 탁함. ②부정(不浄). 불결. 더러움. ③ ≪仏≫ 번뇌. 속세의 더러움. ④탁한 목소리. 사투리 발음. ⑤ ≪語学≫ 탁음 부호. ⑥'濁り酒'의 준말.
濁り江[にごりえ] 물이 흐린 강·후미.
濁り声[にごりごえ] 탁성; 탁한 목소리.
濁り水[にごりみず] 탁수; 흐린 물. 구정물.
濁り酒[にごりざけ] 탁주; 막걸리.

音読

濁浪[だくろう] 탁랑; 흐린 물결.
濁流[だくりゅう] 탁류; 흐린 물줄기.
濁色[だくしょく] 탁색; 탁한 색.
濁声[だくせい/だみごえ] 탁성; ①탁한 목소리. 걸걸한 목소리. ②사투리가 섞인 목소리.
濁世[だくせ/じょくせ] ≪仏≫ 탁세.
濁水[だくすい] 탁수; 흐린 물. 구정물.
濁音[だくおん] ≪語学≫ 탁음.
濁音符[だくおんぷ] ≪語学≫ 탁음 부호.
濁点[だくてん] ≪語学≫ 탁점.
濁酒[どぶろく/だくしゅ] 탁주; 막걸리.

濯(濯) 씻을 탁

氵 氵 氵 氵 氵 氵 氵 氵 氵 濯

音 ◉タク
訓 ⊗すすぐ ⊗ゆすぐ

訓読

[1]⊗濯ぐ❶[すすぐ] 〈5他〉 ①(물로) 씻다. 헹구다. ②(누명·오명 등을) 씻다. 설욕하다.
⊗濯ぐ❷[ゆすぐ] 〈5他〉 ①(물로) 씻다. 헹구다. ②(입을) 가시다. 헹구다. 양치질하다.
濯ぎ[すすぎ] ①(물로) 헹굼. ②발 씻음.
濯ぎ物[すすぎもの] 세탁. 빨래. 빨랫감.
濯ぎ洗濯[すすぎせんたく] 물로 씻어내는 작업. 헹굼질 빨래.

音読

◑洗濯[せんたく], 洗濯機[せんたくき]

托 의지할 탁

音 ⊗タク
訓 —

音読

托する[たくする] 〈サ変他〉 ①부탁하다. 의지하다. 맡기다. ②빙자하다. 구실로 삼다. 핑계 삼다. ③(어떤 형식을) 빌려 표현하다.
托鉢[たくはつ] ≪仏≫ 탁발; 경문을 외며 집집마다 다니면서 동냥함.
托鉢僧[たくはつそう] ≪仏≫ 탁발승; 경문을 외며 집집마다 다니면서 동냥하는 중.
托生[たくしょう] 탁생; 삶을 의탁함.
托葉[たくよう] ≪植≫ 탁엽; 턱잎.
托子[たくし] 쟁반.

啄(啄) 쪼을 탁

音 ⊗タク
訓 ⊗ついばむ

訓読

⊗啄む[ついばむ] 〈5他〉 (새가 입으로) 쪼다. 쪼아 먹다.

音読

啄木[たくぼく] 'きつつき(딱따구리)'의 딴이름.
啄木鳥[★きつつき] ≪鳥≫ 딱따구리.

 琢(琢) 옥다듬을 탁

音 ⊗タク
訓 —

音読

琢磨[たくま] 탁마; ①(보석을) 갈고 다듬음. ②(학문이나 기예를) 갈고 닦음.

擢 x(擢) 뽑을 탁

音 ⊗テキ
訓 ⊗ぬきんでる

訓読

⊗擢んでる[ぬきんでる] 〈下1自〉 ①눈에 띄다. 돌출하다. 솟아오르다. ②빼어나다. 뛰어나다. 훌륭하다. 〈下1他〉 ①골라내다. ②(어떤 일을) 남보다 더 열심히 하다.

〔탄〕

炭(炭) 숯 탄

' 山 屵 屵 屵 屵 炭 炭 炭

音 ◉タン
訓 ◉すみ

訓読

2◉炭[すみ] 숯. 목탄(木炭).
炭櫃[★すびつ] ≪古≫ 방바닥을 사각형으로 파서 만든 화로.
炭籠[すみかご] 숯바구니.
炭焼(き)[すみやき] ①숯을 구움. 숯쟁이. ②숯불구이 요리.
炭焼(き)窯[すみやきがま] 숯을 굽는 가마.
炭搔(き)[すみかき] 숯을 긁어모으는 쇠로 된 갈고랑이.
炭手前[すみてまえ] (茶道에서) 화로의 숯불을 알맞게 다루는 예법.
炭窯[すみがま] 숯가마. 숯을 굽는 가마.
炭取(り)[すみとり] 숯바구니. 숯을 조금씩 나누어 담아 두는 그릇.
炭俵[すみだわら] 숯가마니.
炭壺[すみつぼ] 숯불을 담아서 끄는 단지.
炭火[すみび] 숯불.
炭火焼(き)[すみびやき] 숯불구이. 숯불구이 요리.

音読

炭カル[たんカル] '炭化カルシウム'의 준말.
炭価[たんか] 탄가; 석탄 값.
炭坑[たんこう] 탄갱; 석탄 캐는 구덩이.
炭鉱[たんこう] 탄광; 석탄 캐는 광산.
炭山[たんざん] 탄산; 탄광.
炭酸[たんさん] 탄산; 이산화탄소가 물과 결합하여 만들어 내는 약한 산.
炭素[たんそ] 탄소; 비금속 원소의 하나.
炭水化物[たんすいかぶつ] 탄수화물.
炭疽病[たんそびょう] ≪医/農≫ 탄저병.
炭田[たんでん] 탄전; 석탄이 묻힌 땅.
炭塵[たんじん] 탄진; 탄광의 갱내에 떠다니는 석탄 가루.
炭質[たんしつ] 탄질; 석탄・숯의 품질.
炭車[たんしゃ] 탄차; 석탄 운반차.
炭化[たんか] ≪化≫ 탄화; 유기물이 분해되어 탄소만 남음.

弾(彈) 탄알/튕길 탄

ㄱ ㄱ 弓 弓' 弓'' 弜 弾 弾 弾

音 ◉ダン
訓 ◉たま ◉ひく ◉はずむ ⊗はじく ⊗はじける

訓読

2◉弾[たま] 총알. 탄환.
弾込め[たまごめ] (총포에) 탄환을 장전함.
弾除け[たまよけ] 방탄(防弾). 탄환을 막음.
1◉弾む[はずむ] 〈5自〉 ①(어떤 물체가 반동으로) 튀다. ②(마음이) 들뜨다. 신바람이 나다. 활기를 띠다. ③숨이 가빠지다. 〈5他〉 (호기 있게) 돈을 쓰다.
弾み[はずみ] ①탄력. ②여세. 기세. 힘. ③형세. 상황. 추세. ④(그) 순간. 찰나.
弾み車[はずみぐるま] 속도 조절 바퀴. 관성 바퀴.
4◉弾く❶[ひく] 〈5他〉 (악기를) 연주하다.
1⊗弾く❷[はじく] 〈5他〉 ①(손끝으로) 튀기다. ②(주판알을) 튀기다. 계산하다. ③(三味線(しゃみせん) 악기를) 타다. 연주하다. ④겉돌게 하다.
弾き[はじき] ①퉁김. 탄력. ②용수철. 퉁김 장치.
弾(き)歌[ひきうた] (自作의 문장・詩歌에) 옛사람의 명작 또는 일부를 인용함.
弾(き)歌い[ひきうたい] 가수가 三味線(しゃみせん)을 연주하면서 노래함.
弾(き)物[ひきもの] 현악기.
弾(き)手[ひきて] (악기의) 연주자.
弾(き)語り[ひきがたり] ①三味線(しゃみせん)을 연주하면서 浄瑠璃(じょうるり)를 읊어 나감. ②직접 악기를 연주하면서 노래를 부름.
弾き初め[ひきぞめ] ①새해에 처음으로 악기를 연주함. ②새 악기를 처음 연주함.
弾き出す❶[ひきだす] 〈5他〉 (악기를) 연주하기 시작하다. ❷[はじきだす] 〈5他〉 ①튀겨내다. ②따돌리다. 배척하다. ③산출(算出)하다. 염출하다.
⊗弾ける[はじける] 〈下1自〉 ①(농작물이 여물어) 터지다. 벌어지다. ②(사방으로) 터지다. 튀다.
弾(け)豆[はじけまめ] 볶아서 터진 콩.

音読

弾じる[だんじる] 〈上1他〉 (현악기를) 연주하다. 타다. 켜다.

弾ずる[だんずる] 〈サ変他〉 ☞ 弾じる
弾琴[だんきん] 탄금; 거문고를 탐.
弾道[だんどう] 탄도; 발사된 탄환이 포물선을 그리면서 목표물에 이르는 길.
弾道弾[だんどうだん] 탄도탄.
弾頭[だんとう] 탄두; 탄환의 머리 부분.
1 弾力[だんりょく] 탄력; ①퉁기는 힘. ②융통성이 많음.
弾力性[だんりょくせい] 탄력성.
弾性[だんせい] 탄성; 퉁기는 성질.
弾圧[だんあつ] 탄압; 지배 계급이 권력이나 무력으로 피지배 계급을 억누름.
弾薬[だんやく] 탄약; 탄환과 화약.
弾雨[だんう] 탄우; 비 오듯 퍼붓는 탄환.
弾奏[だんそう] 탄주; 현악기를 연주함.
弾劾[だんがい] ≪法≫ 탄핵.
弾丸[だんがん] 탄환; ①총알. ②(옛날 중국에서) 활로 튀겨서 새를 잡던 탄알.
弾丸道路[だんがんどうろ] 고속 도로.
弾痕[だんこん] 탄흔; 탄환에 맞은 자국.

嘆(嘆) 탄식할 탄

丨 𠃍 口 口一 口艹 口廿 口㞢 口堇 嘆 嘆

音 ◉タン
訓 ◉なげかわしい ◉なげく

訓読

◉嘆かわしい[なげかわしい] 〈形〉 한탄스럽다. 한심스럽다.
1 ◉嘆く[なげく] 〈5他〉 ①탄식하다. 신음하다. ②한탄하다. 비탄하다. 슬퍼하다. ③개탄하다. 분개하다.
嘆き[なげき] ①탄식. 신음. 통곡. ②한탄. 비탄. ③개탄. 분개. ④탄원. 애원.
嘆き明かす[なげきあかす] 〈5他〉 비탄으로 밤을 지새우다.
嘆き暮らす[なげきくらす] 〈5自他〉 온종일 탄식하며 지내다.
嘆き悲しむ[なげきかなしむ] 〈5他〉 한탄하여 슬퍼하다.
嘆き死に[なげきじに] 비탄으로 죽음. 한탄하다가 죽음.
嘆き侘びる[なげきわびる] 〈上1自〉 ①비탄으로 인해 견딜 수 없다. ②쓸쓸하게 느껴져 한탄하다.

音読

嘆[たん] ①감탄. ②한탄.
嘆じる[たんじる] 〈上1自他〉 ☞ 嘆ずる
嘆ずる[たんずる] 〈サ変自他〉 ①한탄하다. 비탄하다. ②개탄하다. 분개하다. ③감탄하다. 탄복하다.
嘆美[たんび] 탄미; 감탄하여 칭찬함.
嘆傷[たんしょう] 탄상; 한탄하고 슬퍼함.
嘆賞[たんしょう] 탄상; 감탄하여 칭찬함.
嘆声[たんせい] 탄성; ①한숨. ②감탄하여 내는 소리.
嘆息[たんそく] 탄식; 한숨쉬며 한탄함.
嘆願[たんがん] 탄원; 사정을 자세히 말하고 도와주기를 몹시 바람.
嘆願書[たんがんしょ] 탄원서.
嘆称[たんしょう] 탄칭; 감탄하여 칭찬함.

誕 태어날 탄

言 言 言 訂 訂 証 証 証 誕 誕

音 ◉タン
訓 —

音読

2 誕生[たんじょう] 탄생; ①출생. 사람이 태어남. ②첫돌. ③새로운 일이 시작됨.
誕生石[たんじょうせき] 탄생석; 출생한 달과 관련지어 정한 보석.
4 誕生日[たんじょうび] 생일. 출생일.
誕生祝い[たんじょういわい] 생일 축하.
誕辰[たんしん] 탄신; 출생일. 생일.

呑 삼킬 탄

音 ⊗ドン
訓 ⊗のむ ⊗のん

訓読

⊗呑む[のむ] 〈5他〉 삼키다. 들이마시다.
呑(み)口[のみぐち] ①통 속의 액체를 따르는 주둥이. ②담뱃대의 물부리.
呑み潰す[のみつぶす] 〈5他〉 ①술로 가산을 탕진하다. ②(일은 안 하고) 술만 마시며 지내다.
呑み潰れる[のみつぶれる] 〈下1自〉 (술에) 취해 쓰러지다. 고주망태가 되다.
2 呑気[のんき] ①낙천적임. 무사태평함. 팔자 좋음. ②느긋함.
呑気者[のんきもの] 낙천가. 만사태평인 사람. 느긋한 사람.
呑(み)抜け[のみぬけ] ≪俗≫ 술을 끝없이 마심. 밑 빠진 독. 술고래.

呑(ん)兵衛[のんべえ] 모주꾼. 술꾼.
呑(み)屋[のみや] ①술집. 선술집. ②(주식 거래에서) 불법 장외 거래자. ③(경마에서) 불법으로 마권을 발행하는 업자.
[1]呑み込む[のみこむ] 〈5他〉 ①꿀꺽 삼키다. ②이해하다. 납득하다.
呑(み)込み[のみこみ] ①마셔 버림. 삼켜 버림. ②납득. 이해.
呑(み)込(み)顔[のみこみがお] 알았다는 표정. 이해했다는 표정.
呑助[のみすけ] ≪俗≫ 술꾼. 모주꾼.
呑ん太郎[のんたろう] ①술고래. ②(연극 등의) 공짜 구경꾼.
呑み行為[のみこうい] ①(주식 거래에서) 불법 장외 거래. ②(경마에서) 사설 마권을 발행하는 위법 행위.

音読

呑舟の魚[どんしゅうのうお] 큰 인물. 거물(巨物).
呑吐[どんと] 탄토; 삼킴과 내뱉음.

坦 평평할 탄	音 ⊗タン 訓 —

音読

坦途[たんと] 탄도; 평탄한 길.
坦坦[たんたん] 〈形動〉 ①평탄함. 평평하게 이어짐. ②탄탄함. 순탄함.
坦懐[たんかい] 탄회; 맺힌 감정이 없음. 마음이 평온함.

綻 옷터질 탄	音 ⊗タン 訓 ⊗ほころぶ ⊗ほころびる

訓読

⊗綻ぶ[ほころぶ] 〈5自〉 ☞ 綻びる
⊗綻ばせる[ほころばせる] 〈下1他〉 ①(실밥 등을) 풀리게 하다. 타지게 하다. ②(꽃봉오리 등을) 조금 벌어지게 하다. ③미소를 띠다.
[1]⊗綻びる[ほころびる] 〈上1自〉 ①(실밥 등이) 풀리다. 타지다. ②(꽃봉오리 등이) 조금 벌어지다. ③방긋이 웃다. 방긋거리다.
綻び[ほころび] (실밥・솔기 등이) 풀림. 타짐.

音読

◑破綻[はたん]

憚 꺼릴 탄	音 ⊗タン 訓 ⊗はばかる

訓読

⊗憚る[はばかる] 〈5他〉 꺼리다. 사양하다. 주저하다. 〈5自〉 위세를 부리다. 판치다. 으스대다.
憚り[はばかり] ①거리낌. 삼감. ②변소. 뒷간.
憚りながら[はばかりながら] ①죄송합니다만. ②주제넘은 것 같습니다만.
憚り様[はばかりさま] ①(남의 신세를 졌을 때의 인사말로) 죄송합니다. 신세가 많았습니다. ②(빈정대는 말로) 안됐군요. 천만에요.

歎 ×(歎) 탄식할 탄	音 ⊗タン 訓 ⊗なげく

訓読

⊗歎く[なげく] 〈5他〉 ①탄식하다. 신음하다. ②한탄하다. 비탄하다. 슬퍼하다. ③개탄하다. 분개하다.

音読

歎じる[たんじる] 〈上1自他〉 ☞ 歎ずる
歎ずる[たんずる] 〈サ変自他〉 ①한탄하다. 비탄하다. ②개탄하다. 분개하다. ③감탄하다. 탄복하다.
歎美[たんび] 탄미; 감탄하여 칭찬함.
歎傷[たんしょう] 탄상; 한탄하고 슬퍼함.
歎賞[たんしょう] 탄상; 감탄하여 칭찬함.
歎声[たんせい] 탄성; ①한숨. ②감탄하여 내는 소리.
歎息[たんそく] 탄식; 한숨쉬며 한탄함.
歎願[たんがん] 탄원; 사정을 자세히 말하고 도와주기를 몹시 바람.
歎願書[たんがんしょ] 탄원서.
歎称[たんしょう] 탄칭; 감탄하여 칭찬함.

灘 ×(灘) 여울 탄	音 ⊗ダン 訓 ⊗なだ

訓読

⊗灘[なだ] ①여울. 파도가 센 먼 바다. ②'灘酒(なだざけ)'의 준말. ③神戸市(こうべし)의 灘区(なだく)에서 西宮市(にしのみやし)에 이르는 해안 지대의 총칭.
灘酒[なだざけ] 神戸市(こうべし)의 灘(なだ) 지방에서 생산되는 고급 청주(清酒).
◑玄海灘[げんかいなだ]

탈

脱(脫) 벗을/벗어날 탈

丿 刀 月 月 月' 月'' 胪 胪 脫 脱

音 ◉ダツ

訓 ◉ぬがす ◉ぬぐ ◉ぬげる ⊗ぬける

訓読

◉**脱がす**[ぬがす] 〈5他〉 (다른 사람의 옷을) 벗기다. 벗게 하다.

4 ◉**脱ぐ**[ぬぐ] 〈5他〉 (옷・신발 등을) 벗다.

脱ぎ掛ける[ぬぎかける] 〈下1他〉 ①벗다가 그만두다. ②벗어서 걸어두다. ③옷을 벗어 (선물로) 남에게 주다.

脱ぎ捨て[ぬぎすて] ①옷을 벗어 던짐. 벗어 던진 옷. ②옷을 벗어서 버림.

脱ぎ捨てる[ぬぎすてる] 〈下1他〉 ①벗어 던지다. 벗어 그대로 두다. ②(낡은 옷 등을) 벗어서 아주 버리다. ③(낡은 습관・생각 등을) 벗어버리다. 탈피하다.

脱ぎ散らす[ぬぎちらす] 〈5他〉 벗어 던지다. 벗어서 아무렇게나 두다.

◉**脱げる**[ぬげる] 〈下1自〉 ①(옷・신발 등이) 벗어지다. 벗겨지다. ②(가능의 뜻으로) 벗을 수 있다.

⊗**脱ける**[ぬける] 〈下1自〉 ①(박힌 물건이) 빠지다. ②누락되다. 탈락되다. 빠지다. ③없어지다. 사라지다. ④(조직에서) 이탈하다. 빠져나오다. 떠나다.

脱け殻[ぬけがら] ①(곤충류・파충류의) 허물. 벗을 껍질. ②얼빠진 사람. ③빈 껍질. 껍데기.

脱け毛[ぬけげ] 탈모; 빠진 (머리)털.

脱け字[ぬけじ] 탈자; 빠진 글자.

脱け出す[ぬけだす] 〈5自〉 ①살짝 도망치다. 빠져나가다. ②(머리털 등이) 빠지기 시작하다.

脱け出る[ぬけでる] 〈下1自〉 ①살짝 빠져나가다. 탈출하다. ②빼어나다. 뛰어나다. 돋보이다. ③우뚝 솟아나다.

音読

脱[だつ] 탈; 그것으로부터 빠져나감.

脱サラ[だつサラ] 탈 샐러리맨.

1 **脱する**[だっする] 〈サ変自〉 ①(위험한 상태・장소에서) 벗어나다. 헤어나다. ②(조직에서) 탈퇴하다. ③(영역・경지에서) 벗어나다. 〈サ変他〉 ①제거하다. 없애다. ②빠뜨리다. ③(원고를) 다 쓰다. 마치다.

脱却[だっきゃく] 탈각; (나쁜 상태에서) 벗어남.

脱稿[だっこう] 탈고; 원고 쓰기를 마침.

脱穀[だっこく] 탈곡; 곡식의 낟알을 이삭에서 떨어냄.

脱臼[だっきゅう] 탈구; 뼈의 관절을 삠.

脱党[だっとう] 탈당; 소속된 정당에서 탈퇴함.

脱落[だつらく] 탈락; ①(필요한 것이) 빠져 버림. 누락됨. ②(한패에서) 낙오됨.

脱漏[だつろう] 탈루; 빠져서 새어나감.

脱毛[だつもう] 탈모; (머리)털이 빠짐.

脱毛剤[だつもうざい] ≪薬≫ 탈모제.

脱毛症[だつもうしょう] ≪医≫ 탈모증.

脱帽[だつぼう] 탈모; ①모자를 벗음. ②(모자를 벗고) 경의를 표함. ③항복함.

脱文[だつぶん] 탈문; 누락된 글귀.

脱藩[だっぱん] (江戸(えど) 시대에) 무사가 소속된 藩(はん)을 나와 낭인(浪人)이 됨.

脱糞[だっぷん] 탈분; 대변을 봄.

脱色[だっしょく] 탈색; 물색을 뺌.

2 **脱線**[だっせん] 탈선; ①(열차의) 바퀴가 선로에서 벗어남. ②언행이 상규(常規)를 벗어남.

脱税[だつぜい] 탈세; 세금을 포탈함.

脱俗[だつぞく] 탈속; 세속을 떠남.

脱水[だっすい] 탈수; ①물질 속의 수분을 제거함. ②≪化≫ 탈수.

脱水症[だっすいしょう] ≪医≫ 탈수증.

脱営[だつえい] 탈영; 군인이 병영(兵営)을 빠져 나와 도망침.

脱営兵[だつえいへい] 탈영병.

脱獄[だつごく] 탈옥; 감옥을 빠져 도망침.

脱獄囚[だつごくしゅう] 탈옥수.

脱衣[だつい] 탈의; 옷을 벗음.

脱衣籠[だついかご] 옷을 벗어놓는 바구니.

脱衣所[だついじょ] 탈의장. (목욕탕이나 풀장 등의) 옷을 벗는 곳.

脱字[だつじ] 탈자; 누락된 글자.

脱腸[だっちょう] ≪医≫ 탈장.

脱疽[だっそ] ≪医≫ 탈저; 괴저(壊疽).

脱走[だっそう] 탈주; 소속된 곳에서 빠져나와 도망침.

脱走兵[だっそうへい] 탈주병; 탈영병.

脱脂[だっし] 탈지; 지방분을 빼냄.

脱脂粉乳[だっしふんにゅう] 탈지분유.

脱脂綿[だっしめん] 탈지면; 약솜.

1 **脱出**[だっしゅつ] 탈출; 몸을 빼쳐 나옴.

脱臭[だっしゅう] 탈취; 냄새를 없앰.

[1]脱退[だったい] 탈퇴; 조직에서 물러남.
脱皮[だっぴ] 탈피; ①(동물이) 허물을 벗음. ②(낡은 생각에서) 벗어나 진보함.
脱肛[だっこう] ≪医≫ 탈항.
脱化[だっか] 탈화; ①허물을 벗고 탈바꿈함. ②(어떤 것을) 본떠서 모양만을 바꿈.
脱会[だっかい] 탈회; (어떤 모임에서) 관계를 끊고 빠져 나옴. 탈퇴함.
脱会届[だっかいとどけ] 탈퇴(脱退) 신고.

奪 빼앗을 탈

一 大 夲 夲 夲 夲 奞 奞 奪 奪

音 ◉ダツ
訓 ◉うばう

訓読

[2]◉奪う[うばう] 〈5他〉 ①약탈하다. 탈취하다. 빼앗다. ②훔치다. ③제거하다. 없애다. ④(시선을) 사로잡다.
奪い返す[うばいかえす] 〈5他〉 탈환하다. 다시 빼앗다.
奪い取る[うばいとる] 〈5他〉 탈취하다. 억지로 빼앗다.
奪い合う[うばいあう] 〈5他〉 쟁탈전을 벌이다. 서로 빼앗다.

音読

奪[だつ] 탈; 빼앗음.
奪略[だつりゃく] 탈략; 약탈. 빼앗음.
奪掠[だつりゃく] ☞ 奪略
奪取[だっしゅ] 탈취; 억지로 빼앗음.
奪胎[だったい] 탈태; 남의 문장의 내용을 조금 바꾸어 새것으로 만듦.
奪還[だっかん] 탈환; 다시 빼앗음.
奪回[だっかい] 탈회; 탈환. 다시 빼앗음.

〔탐〕

探 찾을/더듬을 탐

一 丅 扌 扌 扌 扌 扌 扌 揨 探 探

音 ◉タン
訓 ◉さがす ◉さぐる

訓読

[3]◉探す[さがす] 〈5他〉 찾다. 구하다.
探し当てる[さがしあてる] 〈下1他〉 찾아내다.
探し物[さがしもの] (어디 있을까 하고) 물건을 찾음. 찾고 있는 물건.
[2]◉探る[さぐる] 〈5他〉 ①더듬어 찾다. 뒤지다. ②(원인을) 찾다. ③탐색하다. 살피다. ④(아름다운 경치를) 즐기다. 찾아가다.
探り[さぐり] ①탐색함. 속을 떠봄. ②간첩. 스파이. ③도장 허리에 집게손가락으로 집기 위한 홈. ④≪医≫ 소식자(消息子).
探り当てる[さぐりあてる] 〈下1他〉 ①더듬어 찾다. ②조사하거나 찾아서 발견해 내다.
探り杖[さぐりづえ] 맹인이 지팡이로 길을 더듬으며 감.
探り箸[さぐりばし] 그릇 속에 무엇이 들어 있는지 젓가락으로 뒤적임.
探り足[さぐりあし] 발로 더듬어 찾음. 발로 물건을 더듬음.
探り出す[さぐりだす] 〈5他〉 (비밀을) 알아내다. 찾아내다.
探り合い[さぐりあい] ①서로 상대방의 눈치를 떠봄. ②서로 눈치를 보며 매매를 하지 않아 시세에 변동이 없음. ③(歌舞伎(かぶき)에서) 무언(無言)으로 상대를 찾아 더듬어 헤맴.

音読

[1]探検[たんけん] 탐험. 위험을 무릅쓰고 현지를 살피고 조사함.
探検家[たんけんか] 탐험가.
探検隊[たんけんたい] 탐험대.
探鉱[たんこう] 탐광; 광맥(鉱脈)이나 광상(鉱床)을 찾는 일.
探求[たんきゅう] 탐구; 탐색. 더듬어 찾음.
探究[たんきゅう] 탐구; 더듬어 연구함.
探訪[たんぼう] 탐방; (기자 등이) 진상을 알아보려고 찾아옴.
探査[たんさ] 탐사; 더듬어 조사함.
探索[たんさく] 탐색; 죄인의 실종한 행방을 더듬어 찾음. 수색(捜索).
探勝[たんしょう] 탐승; 명승지를 찾아다님.
探偵[たんてい] 탐정; 몰래 살핌.
探題[たんだい] 탐제; ①(옛날) 시가(詩歌)의 모임에서 시제(詩題)를 제비로 뽑던 일. ②논제를 골라 그 토론을 비판하는 직책. ③(鎌倉(かまくら)・室町(むろまち) 시대에) 주요 지방을 통괄하던 지방 장관.
探照灯[たんしょうとう] 탐조등; 서치라이트.
探知[たんち] 탐지; 더듬어 살핌.
探険[たんけん] 탐험; 위험을 무릅쓰고 현지를 살피고 조사함.

耽 즐길 탐	音 ⊗タン 訓 ⊗ふける

訓読

1⊗耽る[ふける] 〈5自〉 (어떤 일에 지나치게) 열중하다. 빠지다.

音読

耽溺[たんでき] 탐닉; (좋지 않은 일에) 지나치게 열중함. 빠짐.

耽読[たんどく] 탐독; (책을) 특별히 즐겨 읽음.

耽美[たんび] 탐미; 아름다움을 최고의 것으로 하여 추구함.

貪 탐할 탐	音 ⊗ドン 訓 ⊗むさぼる

訓読

⊗貪る[むさぼる] 〈5他〉 한없이 욕심을 부리다. 탐하다.

貪り[むさぼり] 욕심 부림. 탐함.

貪り読む[むさぼりよむ] 〈5他〉 탐독하다. (어떤 책을) 지나치게 즐겨 읽다.

貪り食う[むさぼりくう] 〈5他〉 탐식하다. 게걸스럽게 먹다.

音読

貪婪[どんらん] 탐람; 탐욕적임.

貪吏[どんり] 탐리; 탐관오리(貪官汚吏).

貪吝[どんりん] 탐린; 욕심이 많고 인색함.

貪欲[どんよく] 〈形動〉 탐욕; 욕심이 많음.

〔탑〕

塔 탑 탑

一 十 土 圡 圵 圻 埣 垯 塔 塔

音 ◉トウ
訓 —

音読

2塔[とう] ① ≪仏≫ 탑. ②높고 뾰족하게 세운 건물.

塔頭[★たっちゅう] ≪仏≫ ①탑두; (禅宗에서) 조사(祖師) 등의 탑이 있는 곳. ②본사(本寺)의 경내에 있는 작은 절.

塔屋[とうや/とうおく] ≪建≫ 탑옥; 옥탑. 빌딩 옥상의 시설물.

塔尖[とうせん] 탑첨; 탑의 뾰족한 곳.

塔婆[とうば] ≪仏≫ ①탑파; 공양・보은(報恩) 등을 위하여 건립하는 탑. ②공양을 위해 묘에 세우는 탑 모양의 나무 판자.

塔形クレーン[とうがたクレーン] 타워 크레인(tower crane).

搭 탈/짐실을 탑

一 亅 扌 扌 扌 抃 抃 搭 搭 搭

音 ◉トウ
訓 —

音読

搭乗[とうじょう] 탑승; 비행기나 배에 탐.

搭乗券[とうじょうけん] 탑승권; 티켓.

搭乗員[とうじょういん] 탑승원; 승무원.

搭載[とうさい] 탑재; (배・비행기・차량 등의) 교통편에 짐을 실음.

〔탕〕

湯 끓일 탕

氵 氵 氵 氵 泹 浧 淠 湯 湯 湯

音 ◉トウ
訓 ◉ゆ

訓読

3◉湯[ゆ] ①더운 물. 끓인 물. 뜨거운 물. ②목욕물. 목욕탕. ③온천. ④(금속을 녹인) 쇳물. ⑤(배의 밑바닥에) 괸 물. ⑥탕약(湯薬).

湯灌[ゆかん] 탕관; (불교 장례식에서) 입관하기 전에 더운 물로 시체를 깨끗이 씻는 일.

湯具[ゆぐ] (옛날) 목욕할 때 입던 옷.

湯垢[ゆあか] (목욕탕 등에 끼는) 물때.

湯巻(き)[ゆまき] ①(옛날) 목욕할 때 입던 홑옷. ②여자가 속치마처럼 허리에 두르는 천.

湯帰り[ゆがえり] (목욕탕에서) 목욕을 마치고 돌아옴.

[2]湯気[ゆげ] 김. 수증기.
湯起請[ゆぎしょう] (상고 시대에) 죄가 있는지 어떤지를 확인하기 위해 끓는 물에 손을 넣게 하던 일.
湯女[ゆな] ①(옛날) 온천 여관의 하녀. ②(江戸(えど) 시대) 대중 목욕탕의 창녀.
湯豆腐[ゆどうふ] 물두부.
湯冷(ま)し[ゆざまし] ①끓여 식힌 물. ②끓인 물을 식히는 그릇.
湯冷め[ゆざめ] 목욕 후의 한기(寒気).
湯量[ゆりょう] (온천장의) 분출량(噴出量).
湯文字[ゆもじ] ①(옛날) 목욕할 때 입던 몸에 두르던 옷. ②여자가 속치마처럼 허리에 두르는 천.
湯腹[ゆばら] 뜨거운 물을 마셔 배가 부름.
湯本[ゆもと] 온천 근거지.
湯沸(か)し[ゆわかし] 물 끓이는 주전자.
湯上(が)り[ゆあがり] ①목욕을 마치고 나옴. ②목욕 후 입는 홑옷. ③'湯上(が)りタオル'의 준말. ④탕치(湯治)를 끝냄.
湯上(が)りタオル[ゆあがりタオル] 목욕 후 몸을 닦는 큰 타월.
湯上げ[ゆあげ] ①갓난아기의 목욕용 타월. ②목욕 후 몸을 닦는 큰 타월.
湯船[ゆぶね] ①목욕통. 욕조(浴槽). ②(옛날) 목욕탕을 만들어 요금을 받고 목욕시키던 배.
湯掻く[ゆがく] 〈5他〉 (야채 등을) 데치다.
湯水[ゆみず] ①더운물과 찬물. ②매우 흔함. 아주 많음.
湯痩せ[ゆやせ] 지나치게 목욕을 하여 몸이 여윔.
湯煙[ゆけむり] (온천장의) 김. 수증기.
湯葉[ゆば] 두유(豆乳)를 끓여 그 표면에 생긴 것을 걷어서 말린 식품.
湯玉[ゆだま] ①끓는 물의 거품. ②방울져서 흩어지는 끓는 물.
湯屋[ゆや] ①대중 목욕탕. ②욕실(浴室).
湯浴み[ゆあみ] 목욕(沐浴).
湯元[ゆもと] 온천 근거지.
[2]湯飲み[ゆのみ] 찻잔.
湯引き[ゆびき] ①(요리에서) 끓는 물에 살짝 데침. ②(어육을) 끓는 물에 살짝 담갔다가 찬물로 식힌 요리.
湯引く[ゆびく] 〈5他〉 (끓는 물에) 살짝 데치다. 살짝 삶다.
湯煮[ゆに] 더운물에 데친 요리.
湯場[ゆば] 온천장.
湯殿[ゆどの] 목욕탕. 욕실(浴室).
湯煎[ゆせん] 중탕(重湯). 음식을 담은 그릇을 끓는 물속에 넣어 익히거나 데움.
湯銭[ゆせん] 목욕료.
湯中り[ゆあたり] 지나친 목욕으로 몸에 탈이 남.
湯漬(け)[ゆづけ] 뜨거운 물에 만 밥.
湯茶[ゆちゃ] 뜨거운 물과 차.
湯炊き[ゆだき] ①끓는 물로 밥을 지음. ②끓는 물에 삶음.
湯湯婆[ゆたんぽ] 자라통; 끓는 물을 넣어서 몸을 따뜻하게 하는 기구.
湯桶[ゆとう] 식사 후에 마실 뜨거운 물을 넣어두는 옻칠한 통.
湯桶読(み)[ゆとうよみ] 한자(漢字) 숙어를 첫 글자는 훈(訓)으로 그 다음 글자는 음(音)으로 읽는 방식. *'手本(てほん)·身分(みぶん)' 등이 있음.
湯通し[ゆどおし] ①직물을 뜨거운 물에 담가 줄어들지 않게 하는 일. ②(요리에서 냄새·기름기 등을 제거하기 위해) 뜨거운 물에 슬쩍 데침.
湯疲れ[ゆづかれ] 장시간의 목욕으로 피로함.
湯花[ゆばな] 탕화; 광천(鉱泉)에 생기는 침전물.
湯の花[ゆのはな] 탕화; ①광천(鉱泉)에 생기는 침전물. ②물 때.
湯の華[ゆのはな] ☞ 湯の花

音読

湯治[とうじ] 탕치; 온천에서 요양함.
湯治客[とうじきゃく] 탕치객; 온천에 요양하러 온 손님.
湯治場[とうじば] 탕치장; 요양을 목적으로 찾아가는 온천장.
湯婆[たんぽ/とうば] 끓는 물을 넣어 몸을 따뜻하게 하는 도구.

蕩	방탕할 탕	音 ⊗トウ 訓 ⊗とろかす ⊗とろける

訓読

⊗蕩かす[とろかす] 〈5他〉 ①(물질을) 녹이다. ②(마음을) 녹이다. 넋을 빼앗다. 황홀하게 하다.
[1]⊗蕩ける[とろける] 〈下1自〉 ①(물질이) 녹다. ②(마음이) 녹다. 황홀해지다.

音読

蕩心[とうしん] 탕심; 방탕한 마음.

蕩児[とうじ] 탕아; 방탕자.

蕩尽[とうじん] 탕진; 재산 등을 모두 없애 버림.

蕩蕩[とうとう] ①온화함. ②물의 흐름이 거셈. ③넓고 큼.

태

太 클 태

一 ナ 大 太

音 ◉タイ ◉タ ⊗ダ
訓 ◉ふとい ◉ふとめ ◉ふとやか ◉ふとる

訓読

4 ◉太い[ふとい] 〈形〉 ①굵다. ②대담하다. ③ ≪俗≫ 뻔뻔스럽다. 유들유들하다. 발칙하다. ④ ≪方≫ 크다.

太っちょ[ふとっちょ] ≪俗≫ 뚱뚱보.

◉太め[ふとめ] ①〈形動〉 굵직함. 굵은 듯함. ②(편물에서) 굵게 짠 코.

◉太やか[ふとやか] 〈形動〉 굵직함.

3 ◉太る[ふとる] 〈5自〉 ①살찌다. 굵어지다. ②(식물이 자라서) 커지다. 통통해지다. ③(재산 등이) 많아지다. 불어나다. 풍부해지다.

太絹[ふとぎぬ] 굵은 견사(絹紗)를 써서 평직으로 짠 직물.

太股[ふともも] 넓적다리.

太巻(き)[ふとまき] 굵게 말거나 만 것.

太目[ふとめ] ①〈形動〉 굵직함. 굵은 듯함. ②(편물에서) 굵게 짠 코.

太物[ふともの] ①굵은 실로 짠 직물. *면직물・마직물 등을 말함. ②(일본 옷을 만드는) 옷감.

太物店[ふとものだな] 굵은 실로 짠 직물(면직물・마직물)을 파는 포목전.

太腹[ふとばら] ①(동물의) 배의 살찐 부분. ②도량이 큼. 배짱이 큼.

太っ腹[ふとっぱら] 도량이 큼. 배짱이 큼.

太糸[ふといと] ①굵은 실. ②20번수보다 굵은 면사(綿糸). ③굵고 마디가 많은 명주실.

太息[ふといき] 큰 한숨. 큰 숨.

太り肉[ふとりじし] 비만형(肥満型).

太字[ふとじ] ①굵은 글씨. ②고딕체.

太箸[ふとばし] (설날) 떡국을 먹을 때 사용하는 굵은 젓가락.

太織(り)[ふとおり] 굵은 견사(絹紗)로 평직으로 짠 직물.

太太[ふとぶと] 굵직함. 굵직굵직함.

太腿[ふともも] 넓적다리.

音読

太古[たいこ] 태고; 아주 먼 옛날.

2 太鼓[たいこ] ①북. ②'太鼓持ち'의 준말.

太鼓橋[たいこばし] 홍예다리. 가운데가 반원형으로 불룩한 다리.

太鼓腹[たいこばら] 올챙이배. 똥배.

太鼓医者[たいこいしゃ] 실력은 없고 말만 번지르르한 의사.

太鼓判[たいこばん] ①큰 도장. ②확실한 보증.

太公望[たいこうぼう] 강태공. 낚시꾼.

太刀[たち] 칼. 도검(刀剣).

太刀魚[たちうお] ≪魚≫ 갈치.

太刀持[たちもち] ①(옛날) 주군 곁에서 칼을 받들고 있는 소년. ②(씨름에서) 横綱(よこづな)가 씨름판에 들어가는 의식 때 칼을 들고 뒤따르는 씨름꾼.

太刀取(り)[たちとり] ①(옛날) 할복 자살 시 뒤에서 목을 치는 사람. ②망나니. ③(씨름에서) 横綱(よこづな)가 씨름판에 들어가는 의식 때 칼을 들고 뒤따라가는 씨름꾼.

太刀打ち[たちうち] ①칼싸움. ②맞겨룸. 대항. 실력 대결.

太刀風[たちかぜ] ①칼을 휘두를 때 이는 바람. ②칼을 휘두르며 쳐들어가는 기세.

太郎[たろう] ①장남(長男)에게 지어주는 이름. ②(동류 중에서) 가장 뛰어난 것. 첫째가는 것.

太郎冠者[たろうかじゃ] (狂言(きょうげん)에서) 大名(だいみょう)의 가장 선임 종자 역(役).

太夫[たゆう] ①'大夫(たいふ)'의 딴이름으로 '五位(ごい) 5품 벼슬'의 통칭. ②(能(のう)・歌舞伎(かぶき)・浄瑠璃(じょうるり) 등의) 상위의 연예인.

2 太陽[たいよう] 태양; 해.

太陽族[たいようぞく] 태양족; 기성 도덕을 무시하는 자유분방한 청소년들.

太陰年[たいいんねん] 태음년; 음력의 1년.

太陰暦[たいいんれき] 태음력; 음력.

太子[たいし] 태자; ①황태자(皇太子). ②'聖徳太子(しょうとくたいし)'의 약칭.

太宰府[だざいふ] 옛 율령제(律令制)에서 九州(きゅうしゅう)에 두었던 관청.

太政官[だじょうかん] ①옛 율령제(律令制)의 행정의 최고 기관. ②明治(めいじ) 전기(前期)의 최고 관청. ＊1885년에 폐지되어 현재의 내각 제도로 바뀌었음.

太祖[たいそ] 태조; (중국에서) 왕조(王朝)의 첫 임금.

太宗[たいそう] 태종; (중국에서) 태조에 버금가게 업적이나 덕행이 있었던 황제.

太初[たいしょ] 태초; 천지개벽 때.

太平[たいへい] 태평; 세상이 조용하고 평화로움.

太平楽[たいへいらく] ①태평천하를 축하하는 아악(雅楽)의 곡명. ②≪俗≫ 태평스럽게 제멋대로 행동함.

太平洋[たいへいよう] 태평양.

太閤[たいこう] ①섭정(摂政)이나 太政大臣(だじょうだいじん)의 높임말. ②白(かんぱく)를 아들에게 물려준 前関白(さきのかんぱく)의 높임말. ③'豊臣秀吉(とよとみひでよし)'의 딴이름.

太虚[たいきょ] 태허; ①하늘. 허공. ②우주의 본체.

太后[たいこう] 태후; 황태후. 태황태후.

怠 게으를 태

亠 厶 六 台 台 户 启 怠 怠

音 ◉タイ

訓 ◉なまける ◉おこたる ⊗だるい

訓読

2◉**怠ける**[なまける] 〈下1自〉 게으름을 피우다. 게을리 하다.

怠け者[なまけもの] 게으름뱅이.

1◉**怠る**[おこたる] 〈5自〉 ①(일을) 게을리 하다. 태만히 하다. ②방심하다. 소홀히 하다. 부주의하다.

怠り[おこたり] ①태만함. 게으름. ②방심. 부주의.

⊗**怠い**[だるい] 〈形〉 나른하다. 노곤하다.

音読

怠納[たいのう] 태납; 체납(滞納).

1**怠慢**[たいまん] 태만; 게으름피움.

怠業[たいぎょう] 태업; 파업할 때 고의로 노동 능률을 저하시킴.

怠惰[たいだ] 태타; 나태. 게으름. 태만함.

胎 아이밸 태

丿 刀 月 月 肸 肸 胎 胎 胎

音 ◉タイ

訓 —

音読

胎[たい] 태; ①자궁(子宮). ②태아(胎児). ③사물의 시작. 시초. ④'胎蔵界(たいぞうかい)'의 준말.

胎教[たいきょう] 태교; 임신부가 태아에게 좋은 영향을 끼치는 행위.

胎内[たいない] 태내; 어머니 뱃속.

胎内潜り[たいないくぐり] ①사람이 겨우 빠져나갈 만한 굴. ②(눈이 많이 오는 지방에서) 교통을 위해 만든 눈 속의 통로.

胎毒[たいどく] ≪医≫ 태독.

胎動[いどう] 태동; ①≪生理≫ 태아의 움직임. ②내부의 움직임이 외부에서 느껴짐.

胎盤[たいばん] ≪生理≫ 태반.

胎便[たいべん] ≪生理≫ 태변; 배내똥.

胎生[たいせい] 태생; (포유류의) 새끼가 모체에서 태어남.

胎児[たいじ] ≪生理≫ (포유류의) 태아.

泰 클/편안할 태

一 二 三 丰 夫 夫 耒 泰 泰 泰

音 ◉タイ

訓 —

音読

泰[たい] 태국. Thai.

泰国[たいこく] 태국; Thai.

泰斗[たいと] 태두; 권위자.

泰山[たいざん] 태산; 높고 큰 산.

泰西[たいせい] 태서; 서양(西洋).

泰然[たいぜん] 태연; 아무렇지도 않음.

泰然自若[たいぜんじじゃく] 태연자약.

泰平[たいへい] 태평; 세상이 조용하고 평화스러움.

態 태도/모양 태

厶 介 台 育 育 育 能 能 態 態

音 ◉タイ

訓 ⊗わざと

訓読

2⊗態と[わざと] 일부러. 고의로. 짐짓.
態とがましい[わざとがましい] 〈形〉 부자연스럽다.
態とめく[わざとめく] 〈5自〉 일부러 하는 것 같다.
態とらしい[わざとらしい] 〈形〉 부자연스럽다.
2態態[わざわざ] ①일부러. 고의로. 짐짓. ②특별히. 각별하게.

音読

態[たい] ①상태. 모양. ②…의 상태.
2態度[たいど] 태도; 몸가짐. 행동.
1態勢[たいせい] 태세; 어떤 사물에 대한 몸가짐이나 상태.
態様[たいよう] 모양. 상태. 양태(様態).

駄	①짐실을 태 ②쓸모없을 타
𠂉 𠃌 𠃓 𠃓 馬 馬 馬 馸 駄 駄	

音 ◉ダ ⊗タ
訓 —

音読

駄[だ] 바리. 말 1필이 싣는 짐의 양. *(江戸(えど)시대) 1태(駄)는 36관(135kg)임.
駄犬[だけん] 똥개. 잡종개.
駄菓子[だがし] 막과자. 싸구려 과자.
駄菓子屋[だがしや] 구멍가게.
駄句[だく] 서투른 俳句(はいく).
駄馬[だば/だうま] ①짐 싣는 말. ②시시한 말. 혈통이 좋지 않은 말.
3駄目[だめ] ①(바둑에서) 공배(空排). ②(연극에서 감독이 연기자에게 주는) 연기상의 주의. 지적. ③허사임. 소용없음. ④안됨. 못씀. 좋지 않음. ⑤못쓰게 됨. 쓸모없음. ⑥불가능함. 가망이 없음.
駄目押し[だめおし] ①다짐을 해 둠. 다시 확인함. ②(승부가 거의 결정 났는데도) 추가로 점수를 보탬.
駄物[だもの] ≪俗≫ 시시한 물건. 값싼 물건. 싸구려 물건.
駄弁[だべん] 수다. 잡담.
駄弁る[だべる] 〈5自〉≪俗≫ 수다 떨다. 쓸데없이 지껄이다.
駄本[だほん] 시시한 책.
駄洒落[だじゃれ] 시시한 농담.
駄賃[だちん] ①(짐은 운반하는) 짐값. ②품삯. ③심부름 값. 과자값. 용돈.
1駄作[ださく] 졸작(拙作). 시시한 작품.
駄駄[だだ] 응석. 떼. 억지.
駄駄っ子[だだっこ] 응석받이. 떼쟁이.
◑雪駄[せった], 下駄[げた]

苔	이끼 태	音 ⊗タイ 訓 ⊗こけ

訓読

⊗苔[こけ] ≪植≫ 이끼.
苔むす[こけむす] 〈5自〉 ①(오래 되어) 이끼가 끼다. ②오랜 세월이 경과하다.
苔桃[こけもも] ≪植≫ 월귤. 월귤나무.
苔竜胆[こけりんどう] ≪植≫ 구슬붕이.
苔水[こけみず] ≪植≫ 물통이
苔筵[こけむしろ] ①돗자리처럼 자란 이끼. ②나그네가 쉬는 변변치 못한 깔개.
苔忍[こけしのぶ] ≪植≫ 처녀이끼.
苔弟切[こけおとぎり] ≪植≫ 좀고추나물.
苔清水[こけしみず] 석간수(石間水). 이끼 낀 바위 사이를 흐르는 맑은 물.

音読

◑蘚苔[せんたい]

殆	위태로울 태	音 ⊗タイ 訓 ⊗ほとんど

訓読

3⊗殆ど[ほとんど] ①거의. 대부분. ②하마터면. ¶ ~死(し)ぬところだった 하마터면 죽을 뻔했다.

音読

◑危殆[きたい]

笞	볼기칠 태	音 ⊗チ 訓 ⊗むち/しもと

訓読

⊗笞❶[むち] ①채찍. 회초리. 매. ②지휘봉.
⊗笞❷[しもと] ①매. 곤장(棍杖). ②심한 훈계.

音読

笞刑[ちけい] 태형; 매로 볼기를 치는 형벌.

颱	태풍 태	音 ⊗タイ 訓 —

音読

颱風[たいふう] 태풍; 타이푼. 최대 풍속 17m이상 되는 폭풍우. *지금은 台風(たいふう)로 표기함.

택

宅 ①집 택 ②댁 댁

丶 丷 宀 宀 宅 宅

音 ◉タク
訓 —

音読

[2]宅[たく] ①댁; 집. 가족. ②(남에게 자기 남편을 말할 때의) 주인. 남편.
宅建業法[たくけんぎょうほう] '宅地建物業法'의 준말.
宅扱い[たくあつかい] 발송인 집에서 수신인 집까지 배달해 주는 철도 화물 운송 방법.
宅配[たくはい] 택배; 각 가정으로 배달함.
宅配制[たくはいせい] 가정배달 제도.
宅配便[たくはいびん] (운송 회사가 맡아서 해 주는) 화물의 가정배달.
宅調[たくちょう] 자택 연구. *('自宅調査'의 준말로) 대학 교수 등이 평일에 출근하지 않고 자택에서 연구·조사하는 일.
宅地[たくち] 택지; 집터.
宅地造成[たくちぞうせい] 택지 조성.
宅診[たくしん] 택진; 의사가 자택에서 진찰함.

択(擇) 가릴/고를 택

一 十 扌 扌 扌 択 択

音 ◉タク
訓 ⊗えらぶ ⊗えらむ

訓読

⊗**択ぶ**[えらぶ] 〈5他〉 선택하다. 고르다.
⊗**択む**[えらむ] 〈5他〉 선택하다. 고르다.

音読

択一[たくいつ] 택일; 2개 이상의 것 중에서 하나를 고름.
◑**選択**[せんたく], **採択**[さいたく]

沢(澤) 못 택

丶 氵 氵 沪 沪 沢 沢

音 ◉タク
訓 ◉さわ

訓読

◉**沢**[さわ] ①늪. 얕은 못. 물이 얕게 괴고 풀이 난 저습지. ②계곡.
沢蓋木[さわふたぎ] ≪植≫ 노린재나무.
沢登り[さわのぼり] 계곡을 따라 올라감.
沢辺[さわべ] 못가. 늪가.

音読

[4]**沢山**[たくさん] ① 〈副〉 많이. 충분히. ② 〈形動〉 ㉠많음. ㉡(달갑지 않을 만큼) 충분함. 더 필요 없음. 질색임.
沢庵[たくあん] '沢庵漬(け)'의 준말.
沢庵漬(け)[たくあんづけ] 단무지. 왜무지.

토

土 흙/땅 토

一 十 土

音 ◉ド ◉ト
訓 ◉つち

訓読

[2]◉**土**❶[つち] ①땅. ②흙. ③지면(地面). ❷[ど/と] ☞ [音読]
土塊[つちくれ/どかい] 토괴; 흙덩이.
土気❶[つちけ] ①흙내. ②시골티. ❷[どき] 토기; ①땅 기운. ②그 고장의 기후.
土気色[つちけいろ] 흙빛. 사색(死色).
土忌み[つちいみ] (陰陽道에서) 매사에 꺼리는 방향인 동북방(東北方). 귀방(鬼方).
土寄せ[つちよせ] ≪農≫ 북돋우기.
土踏まず[つちふまず] ①발바닥의 장심(掌心). ② ≪俗≫ (교통편만 이용하고) 조금도 걷지 않음.
土弄り[つちいじり] ①(아이들의) 흙장난. ②(취미로 하는) 원예. 밭일.
土牢[つちろう] 토뢰; 땅굴 감옥.
土竜[★もぐら] ≪動≫ 두더지.
土付かず[つちつかず] (씨름에서) 전승(全勝)함.
[2]**土産**[★みやげ] ①토산품. 여행 기념 선물. ②(남의 집을 방문할 때의) 선물.
土産物[★みやげもの] 토산물; 선물.
土産話[★みやげばなし] 여행담(旅行談).
土色[つちいろ] 토색; 흙빛. 사색(死色).
土船[つちぶね] (일본 동화에 나오는) 토선; 흙으로 만든 배.

土焼き[つちやき/どやき] 질그릇. 애벌구이 토기.
土埃[つちぼこり] 흙먼지.
土煙[つちけむり] 흙먼지.
土蛙[つちがえる] 《動》 옴개구리.
土遊び[つちあそび] (아이들의) 흙장난.
土人形[つちにんぎょう] 흙으로 만든 인형.
土一揆[つちいっき/どいっき] (室町(むろまち) 시대에 발생한) 농민 폭동.
土入れ[つちいれ] 《農》 북돋우기.
土蜘蛛[つちぐも] ① 《動》 땅거미. ②(옛날) 일본에 살았던 팔다리가 긴 민족.
土臭い[つちくさい] 〈形〉 ①흙내 나다. ②촌스럽다. 시골티 나다.
土筆[★つくし] 《植》 뱀밥.

音読

[4]**土❶**[ど] '土曜日(どようび)'의 준말.
土❷[と] ① 《地》 '土佐(とさ)'의 준말로, 지금의 高知県(こうちけん). ② 《地》 터키.
❸[つち] ☞ [訓読]
土間[どま] ①봉당. 토방. ②(옛날 극장에서) 무대 정면의 1층 관람석.
土建[どけん] 토건; '土木建築'의 준말.
土工[どこう] 토공; ①토목 공사. ②토목 공사를 하는 인부.
土鍋[どなべ] 질그릇냄비.
土管[どかん] 토관; 흙으로 된 원통형의 관.
土塊[どかい/つちくれ] 토괴; 흙덩이.
土橋[どばし/つちばし/つちはし] 토교; 흙다리.
土器[どき] 토기; 흙으로 만든 그릇.
土嚢[どのう] 토낭; 흙부대. 흙을 담은 자루.
土壇場[どたんば] ①(옛날의) 참형장(斬刑場). ②막판. 결정적인 순간.
[1]**土台**[どだい] 토대; ①기초. ②본시. 근본적으로. 원래. 애당초.
土台石[どだいいし] 토대석; 기초석.
土饅頭[どまんじゅう] 봉분을 한 무덤. 뫼.
[1]**土木**[どぼく] 《建》 토목.
土木建築[どぼくけんちく] 토목건축.
[1]**土木工事**[どぼくこうじ] 토목 공사.
土民[どみん] 토민; 토착민.
土方[どかた] (토목 공사장의) 막일꾼.
土塀[どべい] 토담. 흙담.
土瓶[どびん] 토병; 질그릇주전자.
土瓶蒸し[どびんむし] 찜 요리.
土墳[どふん] 토분; 봉분을 한 무덤.
土砂[どしゃ] 토사; 흙과 모래.
土砂降り[どしゃぶり] 비가 억수같이 쏟아짐. 비가 엄청나게 내림.
土砂崩れ[どしゃくずれ] 산사태.
土星[どせい] 《天》 토성.
土盛り[どもり] 흙을 가져다 돋음.
土性骨[どしょうぼね] 《俗》 근성(根性). 타고난 성질. ＊'性根(しょうこん)・根性(こんじょう)'의 막된 말씨임.
土俗[どぞく] 토속; 그 고장의 풍속・습관.
[1]**土手**[どて] ①둑. 제방. ②토담. ③(가다랭이 등의 큰 생선의) 살덩이. ④(노인의) 이 빠진 잇몸.
土壌[どじょう] 토양; 농작물이 자라는 토지.
土語[どご] 토어; 토착민의 말.
[4]**土曜**[どよう] 토요; 토요일.
[4]**土曜日**[どようび] 토요일.
土用[どよう] ①토왕(土旺). 입춘・입하・입추・입동 전의 18일간. ②한여름.
土用干し[どようぼし] 한여름에 옷・책 등을 햇볕에 쬐고 통풍시킴.
土用波[どようなみ] 한여름에 일본의 태평양 연안에 이는 높은 파도.
土偶[どぐう] 토우; ①흙으로 만든 인형. ② 《考古》 (일본의) 縄文(じょうもん) 시대의 유적에서 발굴된 초벌구이 흙인형.
土人[どじん] 토인; ①토착민. ②미개인. 흑인.
土葬[どそう] 토장; 매장(埋葬).
土蔵[どぞう] 흙벽으로 만든 곳간.
土提[どて] 둑. 제방.
土足[どそく] 토족; ①신을 신은 채로의 발. ②흙 묻은 발.
[2]**土地**[★とち] ①토지; 땅. 대지(垈地). ②그 지방. 그 고장. ③영토. 영지(領地).
土地っ子[★とちっこ] 토박이.
土質[どしつ] 토질; 흙의 성질.
土着[どちゃく] 토착; 그 지방에 태어나 정착함.
土俵[どひょう] ①흙을 담은 섬. ②씨름판. ③대결 장소. 타협할 곳.
土俵入り[どひょういり] (프로 씨름꾼이) 씨름판에 등장하는 의식(儀式).
土俵場[どひょうば] 씨름판.
土俵際[どひょうぎわ] ①씨름판의 경계선. ②막판. 마지막 순간.
土下座[どげざ] ①(옛날 귀인의 행차 때) 무릎을 꿇고 땅에 엎드려 절함. ②무릎을 꿇고 이마가 땅에 닿도록 정중히 인사함.
土豪[どごう] 토호; 그 지방의 호족(豪族).
土侯国[どこうこく] 토후국.

吐 토할 토

丨 口 口 口一 叶 吐

音 ◉ト
訓 ◉はく ⊗ぬかす ⊗つく

訓読

2◉吐く❶[はく] 〈5他〉 ①토하다. 뱉다. 게우다. 내쉬다. ②(밖으로) 내뿜다. ③말하다. 토로하다.
⊗吐く❷[つく] 〈5他〉 ①숨쉬다. 호흡하다. ②함부로 말하다. 욕하다.
吐き口[はきぐち] 수챗구멍.
2**吐き気**[はきけ] 구역질.
吐き捨てる[はきすてる] 〈下1他〉 토해 버리다. 뱉어 버리다.
吐き散らす[はきちらす] 〈5他〉 ①함부로 내뱉다. 토하여 더럽히다. ②함부로 욕하다. 함부로 말하다.
吐き出す[はきだす] 〈5他〉 ①토해내다. 구토하다. 게우다. 내뱉다. 내쉬다. ②(밖으로) 내뿜다. 내보내다. ③모두 말하다. 토로하다. ④(숨겨 놓은 것을) 게워내다. 토해내다.
吐き下し[はきくだし] 토사; 구토와 설사.
⊗**吐かす**[ぬかす] 〈5他〉《俗》 입을 놀리다. 지껄이다.

音読

吐露[とろ] 토로; 마음속의 말을 죄다 말해버림.
吐瀉[としゃ] 토사; 구토와 설사.
吐瀉物[としゃぶつ] 토사물.
吐息[といき] 한숨.
吐血[とけつ] 토혈; 피를 토함.

討 칠/공격할 토

一 二 三 言 言 言 言 言一 討 討

音 ◉トウ
訓 ◉うつ

訓読

2◉**討つ**[うつ] 〈5他〉 ①(무기 등으로) 공격하다. 치다. 쓰러뜨리다. 토벌하다. ②(칼로) 죽이다. 베다. 치다.
討ち果たす[うちはたす] 〈5他〉 ①베어 죽이다. 때려죽이다. ②(적을) 소탕하다. 완전히 무찌르다.
討ち滅ぼす[うちほろぼす] 〈5他〉 (적을) 소탕하다. 쳐서 멸망시키다.
討ち死に[うちじに] 전사(戦死)함.
討ち手[うちて] ①토벌대(討伐隊). ②노름꾼.
討(ち)入(り)[うちいり] 습격함. 쳐들어감.
討ち入る[うちいる] 〈5自〉 습격해 들어가다. 쳐들어가다.
討ち止める[うちとめる] 〈下1他〉 (무기 등으로) 베어 죽이다. 찔러 죽이다.
討ち取る[うちとる] 〈5他〉 ①(무기 등으로) 쳐 죽이다. 쏘아 죽이다. ②(시합에서 상대방을) 격파하다.
討ち平らげる[うちたいらげる] 〈下1他〉 (적을) 쳐서 물리치다.

音読

討究[とうきゅう] 토구; ①거듭 검토하여 연구함. ②토의하여 충분히 연구함.
1**討論**[とうろん] 토론; 서로 각자의 의견을 말하며 의논함.
討幕[とうばく] 徳川幕府(とくがわばくふ)를 쳐서 무너뜨림.
討滅[とうめつ] 토멸; 쳐서 멸망시킴.
討伐[とうばつ] 토벌; 군대를 동원하여 반항자・도둑의 무리를 침.
1**討議**[とうぎ] 토의; (어떤 사물에 대해) 각자의 의견을 내걸어 검토하고 협의함.

兎 ×(兔) 토끼 토

音 ⊗ト
訓 ⊗うさぎ ⊗う

訓読

2⊗**兎**[うさぎ] 《動》 토끼.
兎馬[うさぎうま] '당나귀'의 딴이름.
兎網[うさぎあみ] 토끼 잡는 그물.
兎の毛[うのけ] ①토끼털. ②아주 작음.
兎狩り[うさぎがり] 토끼몰이. 토끼 사냥.

音読

1**兎角**[とかく] ①이럭저럭. 이러쿵저러쿵. ②툭하면. 걸핏하면. ③아무튼. 하여튼.
2**兎に角**[とにかく] 어쨌든. 하여튼.
兎にも角にも[とにもかくにも] 어쨌든 간에.
1**兎も角**[ともかく] 여하튼. 어쨌든.
兎も角も[ともかくも] 여하튼. 어쨌든.
兎や角[とやかく] 이러쿵저러쿵. 이러니저러니.
兎唇[としん/みつくち] 《医》 언청이.
兎肉[とにく] 토끼 고기.

〔통〕

通(通) 통할 통

フ マ 了 丙 丙 甬 甬 甬 诵 通

音 ◉ツウ ◉ツ

訓 ◉かよう ◉かよわす ◉かよわせる ◉とおす ◉とおる

訓読

[3]◉通う[かよう] 〈5自〉 ①왕래하다. 다니다. 오가다. ②통근하다. 통학하다. ③(마음이) 통하다. ④유통하다. 통하다. ⑤닮다. 비슷하다.

通い[かよい] ①왕래. 다님. 오고감. ②통근. 통학. ③외상 장부. 통장.

通い慣れる[かよいなれる] 〈下1自〉 늘 다녀서 익숙해지다.

通い道[かよいみち] 오가는 길.

通い路[かよいじ] 통로; 지나는 길. 오가는 길.

通い商い[かよいあきない] 행상(行商).

通い箱[かよいばこ] 상품 배달용 상자.

通い帳[かよいちょう] ①외상 장부. ②(은행) 통장.

◉通わす[かよわす] 〈5他〉 ①다니게 하다. ②통하게 하다.

◉通わせる[かよわせる] 〈下1他〉 ①다니게 하다. ②통하게 하다.

[2]◉通す[とおす] 〈5他〉 ①(교통・통신・연락 수단을) 통하게 하다. 마련하다. ②(손님을) 안쪽으로 모시다. 안내하다. ③통과시키다. 지나가게 하다. ④침투시키다. ⑤(채소를 더운 물에) 데치다. ⑥가결시키다. 통과시키다. ⑦(뜻을) 관철시키다. ⑧끝까지 계속하다. ⑨(서류 등을) 훑어보다. ⑩(음식점에서) 주문을 주방에 전달하다.

通し[とおし] ①통과. 지나가게 함. ②(손님을) 안쪽으로 모심. ③처음부터 끝까지 계속함. ④직행(直行). ⑤(음식점에서 주문한 요리가 나오기 전의) 맨 처음 나오는 간단한 음식.

通し狂言[とおしきょうげん] 한 狂言(きょうげん)을 처음부터 끝까지 계속해서 공연함.

通し馬[とおしうま] (옛날) 목적지까지 말을 갈아타지 않고 같은 말로 감.

通し番号[とおしばんごう] 일련 번호.

通し矢[とおしや] ①(활쏘기에서) 원거리의 과녁을 쏘아 맞힘. ②활 겨루기.

通し切符[とおしきっぷ] ①출발지에서 목적지까지 한 장으로 통용되는 차표. ②(극장 등에서) 언제나 사용할 수 있는 입장권・패스권.

[3]◉通る[とおる] 〈5自〉 ①통과하다. 지나가다. 통하다. ②개통되다. ③투과하다. 비쳐 보이다. ④뚫리다. ⑤일관되다. 쭉 곧다. ⑥(안쪽으로) 안내되다. ⑦합격되다. 통과되다. ⑧통용되다. 인정되다. ⑨(구석구석까지) 잘 들리다. ⑩(음식점에서) 주문이 주방에 전달되다.

[3]通り❶[とおり] ①도로. 한길. 거리. ②왕래. 통행. ③(기체・액체 등의) 유통. 잘 통함. ④(소리 등이) 잘 들림. ⑤통용됨. 통함. ⑥평판. 신용. ⑦이해. ⑧(숫자에 접속하여) 종류. 가지. ⑨…대로.

[3]通り❷[どおり] ①(거리 이름에 접속하여) …거리. ②(숫자에 접속하여) …가량. 정도. 쯤. ③…대로.

通りすがり[とおりすがり] ①지나감. ②지나는 길.

通りすがる[とおりすがる] 〈5自〉 마침 그곳을 지나가다.

[2]通り過ぎる[とおりすぎる] 〈上1自〉 (어떤 장소를) 통과해 가다. 지나가다. 지나치다.

通り掛(か)り[とおりがかり] ①마침 그곳을 지나감. ②지나는 길.

[2]通り掛かる[とおりかかる] 〈5自〉 마침 그곳을 지나가다.

通り掛け[とおりがけ] 지나는 길.

通り道[とおりみち] ①통로. 다니는 길. ②지나는 길. 코스.

通り魔[とおりま] ①바람처럼 순식간에 지나치며 사람을 해친다는 요물(妖物). ②괴한(怪漢).

通り名[とおりな] ①통칭(通称). ②(그 집안 대대로) 물려받는 이름.

通り抜け[とおりぬけ] 골목길을 빠져나감. 빠져나갈 수 있는 골목길.

通り抜ける[とおりぬける] 〈下1自〉 (어떤 장소를) 빠져 나가다.

通り相場[とおりそうば] ①시세(時勢). 시가(市価). ②세상의 평판.

通り手形[とおりてがた] (江戸(えど) 시대의) 関所(せきしょ) 통행증.

E

通り言葉[とおりことば] ①통용어(通用語). 두루 쓰이는 말. ②은어(隠語).
通り雨[とおりあめ] 지나가는 소나기.
通り越す[とおりこす] 〈5自〉 ①(어떤 장소를) 통과해 가다. 지나쳐 가다. 지나치다. ②(어떤 상황을) 넘기다.
通り一片[とおりいっぺん] ☞ 通り一遍
通り一遍[とおりいっぺん] ①지나는 길에 들름. ②형식적임. 피상적임.
通り者[とおりもの] ①(그 분야의) 유명한 사람. 평판이 나 있는 사람. ②인간관계나 세상 물정에 환한 사람. ③노름꾼. 도박꾼.
通り切手[とおりきって] (江戸(えど) 시대의) 関所(せきしょ) 통행증.
通り値[とおりね] 보통 시세.
通り合わせる[とおりあわせる] 〈下1自〉 때마침 그곳을 지나가다.

音読

2**通**[つう] 통; ①(그 방면에) 정통함. 훤함. ②〈形動〉 이해심이 있음. ③신통력. ④(편지·문서를 세는 말로) 통.
通がる[つうがる] 〈5自〉 아는 체하다.
通じ[つうじ] ①통함. 뚫림. ②납득. 이해. ③대소변의 배설. 통변(通便).
通じて[つうじて] 대체로. 일반적으로.
2**通じる**[つうじる] 〈上1自他〉 ☞ 通ずる
2**通ずる**[つうずる] 〈サ変自〉 ①통하다. 개통되다. 트이다. 연결되다. ②(상대방이) 이해하다. ③정통하다. 잘 알다. ④내통하다. ⑤간통하다. ⑥통용되다. 공통되다. 상통하다. 〈サ変他〉 ①통하게 하다. 연결하다. ②알리다. 고(告)하다.
通計[つうけい] 통계; 총계. 합산. 합계.
通告[つうこく] 통고; 통지. 알림.
2**通過**[つうか] 통과; 지나감.
通関[つうかん] 통관; 세관을 통과함.
通観[つうかん] 통관; 전체를 널리 내다봄.
通交[つうこう] 수교(修交). 친밀한 교제를 가짐.
通巻[つうかん] 통권; 정기 간행물의 제1호부터 일련 번호.
2**通勤**[つうきん] 통근; 근무처에 다님.
通気[つうき] 통기; 통풍. 공기가 통함.
通気孔[つうきこう] 통기공; 환기통.
通念[つうねん] 통념; 일반적으로 공통된 생각.
通達[つうたつ] 통달; ①능숙함. 능통함. ②(관청에서 보내는) 통지문. 통고.
通読[つうどく] 통독; 책을 처음부터 끝까지 내리 읽음.
通覧[つうらん] 통람; 전부 죽 훑어봄.
通例[つうれい] 통례; ①관례(慣例). ②보통. 대개. 일반적으로.
2**通路**[つうろ] 통로; 통행하는 길.
通論[つうろん] 통론; ①일반적으로 통용되는 논리. ②(어떤 분야의) 전반에 걸쳐서 논한 책.
通弁[つうべん] (江戸(えど) 시대의) 통역.
通宝[つうほう] 통보; ①옛날 엽전에 새긴 글. ②통화(通貨).
通報[つうほう] 통보; 긴급을 요하는 정보를 알려줌.
通分[つうぶん] ≪数≫ 통분.
通史[つうし] 통사; 종합적인 역사.
通事[つうじ] (江戸(えど)시대의) 통역관.
通産相[つうさんしょう] 통산상; '通商産業大臣'의 준말.
通産省[つうさんしょう] 통산성; '通商産業省'의 준말.
通算[つうさん] 통산; 총계. 총합계.
1**通常**[つうじょう] 통상; 보통.
通常国会[つうじょうこっかい] 정기 국회.
通常選挙[つうじょうせんきょ] 통상 선거; 참의원 의원 임기 만료와 함께 3년마다 정원의 절반을 교체하기 위한 선거.
通商[つうしょう] 통상; 무역(貿易).
通商産業省[つうしょうさんぎょうしょう] 통상 산업성.
通釈[つうしゃく] 통석; 문장 전체의 뜻을 해석함.
通説[つうせつ] 통설; ①일반적으로 인정되는 설. ②전반에 걸쳐 해설함.
通性[つうせい] 통성; 일반성. 공통성.
通俗[つうぞく] 통속; ①누구든지 이해할 수 있음. ②일반 세상에 널리 통하는 풍속.
2**通信**[つうしん] 통신; ①소식을 알림. ②통신 기관을 이용하여 연락함.
通信員[つうしんいん] 통신원.
通信販売[つうしんはんばい] 통신판매.
通夜[つや/つうや] ①밤샘. 철야(徹夜). ②≪仏≫ 상가(喪家) 집에서의 밤샘.
通言[つうげん] 통언; ①전문 용어. ②멋부리는 말.
2**通訳**[つうやく] 통역; 언어가 통하지 않는 사람 사이에서 양쪽의 언어를 번역하여 그 뜻을 전하여 줌.

[2]**通用**[つうよう] 통용; ①세상에서 널리 활용됨. ②공용(共用). 겸용. ③가치 있는 것으로 인정됨.

通運[つううん] 통운; 운송. 화물을 운송함.

通人[つうじん] 통인; ①그 방면에 통달한 사람. 도사(道士). ②세상 물정에 밝은 사람. ③화류계 사정에 밝은 사람.

[2]**通帳**[つうちょう] 통장; 장부.

[2]**通知**[つうち] 통지; 통고. 알림.

通知簿[つうちぼ] 생활 통지표.

通知表[つうちひょう] 생활 통지표.

通牒[つうちょう] 통첩; ①문서로 통지함. ②(관청에서) 통지문. 통고.

通則[つうそく] 통칙; ①일반적으로 통용되는 규칙. ②(법령 등에서) 개별 조문에 앞서 내놓는 전체에 통하는 규칙.

通称[つうしょう] 통칭; 일반적인 명칭.

通販[つうはん] '通信販売'의 준말.

通弊[つうへい] 통폐; 일반적인 폐단.

通風[つうふう] 통풍; 환기(換気).

通風孔[つうふうこう] 환기 구멍.

通風器[つうふうき] 환풍기.

通風筒[つうふうとう] 환기통.

[2]**通学**[つうがく] 통학; 학교에 다님.

通航[つうこう] 통항; 선박이 통행함.

[2]**通行**[つうこう] 통행; ①왕래. 오고감. ②통용됨. 세상에 널리 쓰임.

通行権[つうこうけん] 통행권; 통행할 권리

通行人[つうこうにん] 통행인.

通好[つうこう] 통호; 수교(修交).

通好条約[つうこうじょうやく] 수교(修交) 조약.

[2]**通貨**[つうか] 통화; 화폐. 돈.

通話[つうわ] 통화; ①전화로 이야기함. ②통화 시간의 단위.

通話料[つうわりょう] 통화료.

通暁[つうぎょう] 통효; ①철야. 밤을 샘. ②깊이 통달함. 훤히 앎.

痛 아플/심할 통

广 疒 疒 疒 疒 疔 疔 病 痌 痛

音 ◉ツウ

訓 ◉いたい ◉いたましい ◉いたむ ◉いためる

訓読

[4]◉**痛い**[いたい] 〈形〉 ①(몸이) 아프다. ②(마음이) 쓰라리다. 뼈아프다. 가슴 아프다. ③(약점 등을 찔려) 뜨끔하다.

痛がる[いたがる] 〈5自〉 아파해하다.

痛く[いたく] 대단히. 몹시. 매우.

痛事[いたごと] (비용이 많이 드는 등) 괴로운 일. 어려운 일. 타격.

痛手[いたで] ①중상. 큰 상처. ②큰 타격. 손해.

痛し痒し[いたしかゆし] 신경이 쓰임. 난처함. ＊긁으면 아프고 그냥 두면 가렵다는 뜻임.

◉**痛ましい**[いたましい] 〈形〉 ①가엾다. 딱하다. 측은하다. 애처롭다. ②참혹하다. 처참하다. 비참하다.

[2]◉**痛む**[いたむ] 〈5自〉 ①(상처가) 아프다. ②괴롭다. 고통스럽다. 슬프다.

[2]**痛み**[いたみ] ①(상처 등의) 아픔. 통증. ②괴로움. 고민. 슬픔.

痛み分け[いたみわけ] (씨름·유도 등에서) 부상으로 인한 경기 중단.

痛み入る[いたみいる] 〈5自〉 황송해하다. 송구스러워하다.

痛み止め[いたみどめ] 진통제.

[1]◉**痛める**[いためる] 〈下1他〉 ①(몸을) 상하게 하다. 다치다. 병나다. ②(골치를) 썩이다.

痛め付ける[いためつける] 〈下1他〉 심하게 꾸짖다. 닦달하다. 혼내 주다. 호되게 닦아세우다.

音読

痛覚[つうかく] ≪生理≫ 통각.

[1]**痛感**[つうかん] 통감; 절실히 느낌.

痛撃[つうげき] 통격; 심한 공격.

痛苦[つうく] 통고; 고통.

痛哭[つうこく] 통곡; 소리 높여 울.

痛烈[つうれつ] 통렬; 매우 격렬함.

痛論[つうろん] 통론; 신랄한 논의.

痛罵[つうば] 통매; 심하게 비난함.

痛棒[つうぼう] ① ≪仏≫ 통봉. ②호되게 꾸짖음. 심한 꾸지람.

痛憤[つうふん] 통분; 원통하고 분함.

痛惜[つうせき] 통석; 매우 애석해 함.

痛痒[つうよう] 통양; ①아픔과 가려움. ②고통. 고민. ③(자기에게 미치는) 영향.

痛飲[つういん] 통음; 마음껏 술을 마심.

[1]**痛切**[つうせつ] 통절; 절실함. 간절함.

痛快[つうかい] 통쾌; 아주 유쾌하고 속 시원함.

痛打[つうだ] 통타; ①(야구에서) 강타(強打). ②치명적인 타격.

痛嘆[つうたん] 통탄; 몹시 한탄함.
痛風[つうふう] ≪医≫ 통풍; 요산성 관절염(尿酸性関節炎).
痛恨[つうこん] 통한; 몹시 한스러움.

筒	대롱 통
ノ 𠂉 𥫗 竹 竹 𥫗 筒 筒 筒 筒 筒	

音 ◉トウ ⊗ドウ
訓 ◉つつ

訓読

[1]◉筒[つつ] 통; ①관(管). 대롱. ②(소총·대포 등의) 총신(銃身). 포신(砲身). ③소총. 대포. ④우물벽. 토관(土管).
筒っぽ[つつっぽ] 통소매. 통소매옷.
筒口[つつぐち] (총포·호스 등의) 둥근 통의 끝 부분.
筒抜け[つつぬけ] ①(비밀이) 곧바로 누설됨. ②(말소리가) 그대로 들림. 환히 들림. ③(충고하여도) 한쪽 귀로 듣고 한쪽 귀로 흘림.
筒状[つつじょう] 원통 모양.
筒先[つつさき] ①둥근 통의 끝 부분. ②총구. 총부리. ③소방 호스의 끝. 호스 끝을 잡는 소방수.
筒咲き[つつざき] 꽃잎이 나팔 모양으로 핌.
筒袖[つつそで] 통소매. 통소매옷.
筒音[つつおと] 총소리. 포성(砲声).
筒切り[つつぎり] (긴 물건을) 동강냄.
筒井[つつい] 둥그렇게 판 우물.
筒井筒[つついづつ] 관정(管井)의 안쪽 벽.
筒鳥[つつどり] ≪鳥≫ 벙어리뻐꾸기.
筒形[つつがた] 원통 모양. 둥근 통 모양.

音読

筒元[どうもと] ①노름방의 주인. 노름판을 빌려주고 일정한 판돈을 떼는 사람. ②일의 전체를 총괄하며 감독하는 사람.
筒取[どうとり] ☞ 筒元
筒親[どうおや] ☞ 筒元
◑封筒[ふうとう], 水筒[すいとう]

統	거느릴/합칠 통
幺 糸 糸 糸 糸' 糸亠 紶 紽 絖 統	

音 ◉トウ
訓 ◉すべる

訓読

◉統べる[すべる] 〈下1他〉 ①통합하다. ②지배하다. 다스리다. 통치하다.
統べ括る[すべくくる] 〈5他〉 ①통괄하다. 총괄하다. ②단속하다.

音読

[2]統計[とうけい] 통계; 어떤 수치(数値)의 분포 및 그 특징을 나타내는 수치의 총체(総体).
統括[とうかつ] 통괄; ①낱낱의 일을 한데 몰아서 총괄함. ②통할(統轄).
統領[とうりょう] 통령; 우두머리.
[1]統率[とうそつ] 통솔; 총괄하여 거느림.
統帥[とうすい] 통수; 군대를 지휘함.
統御[とうぎょ] 통어; 전체를 거느리고 통제함.
[2]統一[とういつ] 통일; 2개 이상의 것을 몰아서 하나로 만듦.
[1]統制[とうせい] 통제; ①많은 사물을 하나로 제약함. ②일정한 방침에 다라 제한·규제함.
[1]統治[とうち] 통치; 주권자가 나라를 다스림.
統轄[とうかつ] 통할; 모두 거느려 관할함.
[1]統合[とうごう] 통합; 2개 이상의 것을 하나로 모음.

桶	통 통	音 ⊗トウ 訓 ⊗おけ

訓読

⊗桶[おけ] 통. 나무통.
桶屋[おけや] 나무통을 만들어 파는 가게. 또는 그 사람.
◑飼い葉桶[かいばおけ], 水桶[みずおけ], 手桶[ておけ]

音読

◑湯桶[ゆとう]

樋 ˣ(樋)	나무이름 통	音 ⊗トウ 訓 ⊗ひ ⊗とい

訓読

⊗樋❶[ひ] ①(물을 흘려보내기 위해 나무나 대로 만든) 홈통. ②수문(水門). ③칼날에 새겨진 가늘고 긴 홈. ❷[とい] ①물받이. ②홈통.

퇴

退(退) 물러날/물리칠 퇴

ㄱ ㅋ ㅋ 艮 艮 艮 艮 退 退

音 ◉タイ
訓 ◉しりぞく ◉しりぞける ⊗どける ⊗のく ⊗のける ⊗ひく ⊗ひける

訓読

◉**退く**[しりぞく] 〈5自〉 ①(뒤로) 물러나다. 물러서다. ②(윗사람 앞에서) 물러나다. ③양보하다. 사양하다. ④은퇴하다. 사퇴하다.

⊗**退く**[のく/どく] 〈5自〉 물러나다. 비키다.

⊗**退く**[ひく] 〈5自〉 ①(물 등이) 빠지다. ②(열・부기 등이) 빠지다. ③뜸해지다. ④(뒤로) 물러나다. ⑤그만두다. 사퇴하다.

退き際[ひきぎわ] (현재의 처지・지위에서) 물러나는 시기.

◉**退ける**[しりぞける] 〈下1他〉 ①(뒤로) 물러서게 하다. 후퇴시키다. ②멀리하다. 물리다. ③(무력으로) 물리치다. 격퇴하다. ④거절하다. ⑤(직장을) 물러나게 하다. 그만두게 하다.

⊗**退ける**❶[のける] 〈下1他〉 ①(그 장소에서) 치우다. 옮기다. ②제외하다. 빼놓다. ③따로 떼어놓다. 제거하다. ❷[どける]〈下1他〉 치우다. 제거하다. ❸[ひける] 〈下1自〉 (그 날의 일과가) 끝나다. 파하다.

⊗**退け際**[ひけぎわ] ①(그 날의) 일이 끝날 무렵. 퇴근 무렵. ②(현재의 처지・지위에서) 물러나는 시기.

⊗**退け時**[ひけどき] (그 날의) 일과가 끝나는 시간. 퇴근 시간. 하교(下校) 시간.

音読

退却[たいきゃく] 퇴각; ①후퇴. ②물러감.

退去[たいきょ] 퇴거; 물러감. 물러남.

退官[たいかん] 퇴관; 관직을 떠남.

退校[たいこう] 퇴교; ①퇴학. ②하교(下校). 학교 공부가 끝나 집으로 돌아감.

[2]**退屈**[たいくつ] 따분함. 지루함. 무료함.

退勤[たいきん] 퇴근; 직장에서 일을 마치고 물러남.

退団[たいだん] 퇴단; 소속된 단체에서 물러남.

退路[たいろ] 퇴로; 도망갈 길.

退歩[たいほ] 퇴보; 후퇴함.

退社[たいしゃ] 퇴사; ①회사를 그만둠. ②회사에서 퇴근함.

退散[たいさん] 퇴산; ①달아남. 도망침. ②뿔뿔이 돌아감.

退色[たいしょく] 퇴색; 빛이 바램.

退勢[たいせい] 퇴세; 쇠퇴하는 형세.

退嬰[たいえい] 퇴영; 보수(保守).

[3]**退院**[たいいん] 퇴원; ①(환자가) 병원에서 나감. ②국회의원(議員)이 국회에서 퇴청함. ③ ≪仏≫ 절의 주지가 물러나 은거함.

退位[たいい] 퇴위; 왕위에서 물러남.

退任[たいにん] 퇴임; 임무에서 물러남.

退場[たいじょう] 퇴장; 그 장소를 물러남.

退蔵[たいぞう] 퇴장; 물자 등을 활용하지 않고 처박아 둠. 사장(死蔵)시킴.

[1]**退職**[たいしょく] 퇴직; 직장을 그만 둠.

退陣[たいじん] 퇴진; ①진지를 뒤로 물림. 퇴각함. ②진영을 떠남. ③지위를 물러남.

退出[たいしゅつ] 퇴출; 어떤 자리에서 물러남.

[1]**退治**[たいじ] 퇴치; 어떤 것을 물리쳐 아주 없애버림.

退治る[たいじる] 〈上1他〉 퇴치하다. 물리쳐 아주 없애버리다.

退廃[たいはい] 퇴폐; ①쇠퇴하여 몰락함. ②도덕・풍속이 쇠퇴하여 문란해짐.

退避[たいひ] 퇴피; (위험한 장소에서) 물러나와 피함.

[1]**退学**[たいがく] 퇴학; 학업을 그만둠.

退紅色[たいこうしょく] 퇴홍색; 연분홍. 담홍색.

[1]**退化**[たいか] 퇴화; ①발달한 것이 본래의 상태로 되돌아감. ②생물체의 기관・조직이 축소 쇠퇴함.

堆 흙무더기 퇴

音 ⊗タイ ⊗ツイ
訓 ⊗うずたかい

訓読

⊗**堆い**[うずたかい] 〈形〉 수북하다. 수북하게 쌓였다. 산더미 같다.

音読

堆肥[たいひ] ≪農≫ 퇴비; 거름.

堆石[たいせき] 퇴석; ①높게 쌓인 돌. ②《地》 빙하에 의해 운반되어 쌓인 암석·토사(土砂).
堆積[たいせき] 퇴적; ①겹겹이 높게 쌓임. ②수북이 쌓임. ③(퇴적 작용으로) 지층이 형성됨.
堆積岩[たいせきがん] 《鉱》 퇴적암.
堆朱[ついしゅ] ☞ 堆朱彫り
堆朱彫り[ついしゅぼり] 퇴주; (칠공예에서) 주칠(朱漆)을 두껍게 칠한 다음에 무늬를 조각함.
堆土[たいど] 퇴토; 퇴적한 흙.

腿 ×(腿)	넓적다리 퇴	音 ⊗タイ 訓 ⊗もも

訓読

⊗**腿**[もも] 넓적다리. ¶ ～を割(さ)いて腹(はら)を充(み)たす 자기의 이익을 꾀하려다가 도리어 자멸함.

音読

◑**大腿**[だいたい], **上腿**[じょうたい]

褪	빛바랠 퇴	音 ⊗タイ 訓 ⊗あせる ⊗さめる

訓読

1 ⊗**褪せる**[あせる] 〈下1自〉 ①(자연적인 빛깔이) 바래다. 퇴색하다. ②(용모·열의 등이) 시들다. 쇠퇴하다.
⊗**褪める**[さめる] 〈下1自〉 (인공적인 빛깔이) 바래다. 퇴색하다.

音読

褪色[たいしょく] 퇴색; 빛깔이 바램.
褪紅色[たいこうしょく] 퇴홍색; 연분홍. 담홍색.

頽	무너질 퇴	音 ⊗タイ 訓 ⊗くずおれる

訓読

⊗**頽れる**[くずおれる] 〈下1自〉 ①털썩 주저앉다. 맥없이 쓰러지다. ②(실망하여) 풀이 죽다. 기가 꺾이다. 기력을 잃다.

音読

頽唐[たいとう] 퇴당; 퇴폐.
頽勢[たいせい] 퇴세; 쇠퇴하는 형세.
頽廃[たいはい] 퇴폐; ①쇠퇴하여 몰락함. ②도덕·풍속이 쇠퇴하여 문란해짐.

〔투〕

投	던질/버릴 투
一 † 扌 扌 扌 抄 投	

音 ◉トウ
訓 ◉なげる

訓読

3 ◉**投げる**[なげる] 〈下1他〉 ①던지다. 내던지다. ②(씨름·유도에서) 메어치다. ③(그 속에) 뛰어들다. 투신하다. 몸을 던지다. ④단념하다. 포기하다. ⑤(빛·시선을) 보내다. ⑥(문제 등을) 제시하다. 제기하다. ⑦성의 없이 하다. ⑧싸게 팔다. 덤핑 판매하다.
投げ[なげ] ①던짐. 던지기. ②(씨름·유도에서) 메어치기. ③(바둑·장기에서) 돌을 던짐. 장기를 놓음. 승부를 포기함. 패배를 인정함.
投げキッス[なげキッス] (입술을 자기 손에 대었다가) 상대방에게 던지는 시늉의 키스를 보냄.
投げ遣り[なげやり] ①(하던 일을) 그만둠. 중도에서 팽개침. ②(일을) 아무렇게나 함. 무책임함.
投げ遣る[なげやる] 〈5他〉 ①던져 주다. ②(일을) 아무렇게나 하다. 무책임하게 하다.
投げ掛ける[なげかける] 〈下1他〉 ①(아무렇게나) 걸치다. ②기대다. ③던지다. 보내다. ④(문제 등을) 제시하다. 제기하다.
投げ技[なげわざ] (씨름·유도에서) 상대방을 메어치는 기술.
投(げ)島田[なげしまだ] (일본 여자 헤어스타일로) 틀어 올린 머리채를 약간 처지게 쪽진 島田(しまだ)まげ.
投(げ)売り[なげうり] 투매; 덤핑.
投(げ)売り品[なげうりひん] 덤핑 물건.
投(げ)文[なげぶみ] ①(밖에서) 집안으로 던져 넣는 편지. ②투서(投書).
投(げ)物[なげもの] 떨이. 덤핑 물건.
投げ付ける[なげつける] 〈下1他〉 ①(겨냥하여) 세게 던지다. 내던지다. ②메어치다. ③(말·욕설을) 내뱉다. 쏘아붙이다. 퍼붓다.
投げ飛ばす[なげとばす] 〈5他〉 세게 내던지다. 냅다 던지다. 멀리 내던지다.

投げ捨てる[なげすてる] 〈下1他〉 ①내버리다. 내던지다. ②(하던 일을) 팽개치다.
投げ首[なげくび] 고개를 숙이고 생각에 잠김.
投げ勝つ[なげかつ] 〈5自〉 ①(야구에서) 투수력에서 이기다. ②(투수가) 상대 타자를 삼진(三振)아웃시키다.
投(げ)縄[なげなわ] (들짐승을 잡는) 올가미.
投(げ)業[なげわざ] (씨름・유도에서) 상대방을 메어치는 기술.
投入[なげいれ] '投入花'의 준말.
投げ入れる[なげいれる] 〈下1他〉 투입하다. 던져 넣다.
投入花[なげいればな] 아무렇게나 꽂은 것 같이 자연미를 살린 꽃꽂이.
投げ込む[なげこむ] 〈5他〉 (아무렇게나) 던져 넣다. 쳐 넣다. 집어넣다.
投(げ)込み[なげこみ] ①(아무렇게나) 던져 넣음. ②아무렇게나 꽂은 것 같이 자연미를 살린 꽃꽂이. ③'投込寺(なげこみでら)'의 준말. ④시체를 投込寺(なげこみでら)에 매장함.
投(げ)込(み)寺[なげこみでら] 무연고자의 시체를 매장하던 절.
投(げ)銭[なげせん] (거지에게) 던져주는 돈.
投節[なげぶし] 江戸(えど) 시대 초기의 유행가. *三味線(しゃみせん)에 맞춰 노래의 끝을 내뱉듯이 불렀음.
投(げ)釣り[なげづり] 던질낚시.
投げ槍[なげやり] ①투창; 창던지기. 창을 던짐. ②(적에게) 던지는 짧은 창.
[1]**投げ出す**[なげだす] 〈5他〉 ①내팽개치다. 내던지다. ②(하던 일을) 포기하다. 중도에 그만두다. ③(목숨・권리・재산 등을) 바치다. 아낌없이 내놓다.

音読

投じる[とうじる] 〈上1自他〉 ☞ 投ずる
投ずる[とうずる] 〈サ変自〉 ①(그 속에) 뛰어들다. 투신하다. 몸을 던지다. ②틈타다. 편승하다. ③투항하다. 항복하다. ④영합하다. 일치시키다. ⑤묵다. 숙박하다. 〈サ変他〉 ①던지다. 내던지다. ②(몸을) 던지다. 투신하다. ③(그 속에) 던져 넣다. ④투입하다. 부어 넣다. ⑤투표하다.
投稿[とうこう] 투고; (문학 작품의) 원고를 신문사나 잡지사에 보냄.
投球[とうきゅう] 투구; (야구에서) 피칭.
投棄[とうき] 투기; 폐기(廃棄) 처분함. 내던져 버림.
投棄処分[とうきしょぶん] 폐기(廃棄) 처분.
投機[とうき] 투기; ①우연한 이익을 노리는 행위. ②(시세 변동의) 차익을 노리는 상거래.
投了[とうりょう] 투료; (바둑・장기에서) 패배를 인정하고 그만 둠.
投網[★とあみ] 투망; 원추형의 그물을 펼쳐 던졌다가 끌어당겨 물고기를 잡음.
投錨[とうびょう] 투묘; 닻을 내림.
投法[とうほう] (야구에서) 투구법(投球法).
投射[とうしゃ] 투사; (빛을) 내던져 비춤.
[2]**投書**[とうしょ] 투서; ①의견・불평・희망 등을 글로 써서 보냄. ②투고(投稿).
投石[とうせき] 투석; 돌을 던짐.
投手[とうしゅ] 투수; (야구에서) 피처.
投宿[とうしゅく] 투숙; (여관 등에) 숙박함. 묵음.
投身[とうしん] 투신; (자살 목적으로) 몸을 던짐.
投薬[とうやく] 투약; (환자에게) 약을 처방하여 줌.
投影[とうえい] 투영; ①그림자가 비침. 그림자를 비춤. ②물체의 모양을 어떤 점에서 본 형상의 평면도. ③(어떤 일이) 다른 것에 반영됨.
投獄[とうごく] 투옥; 감옥에 가둠.
投融資[とうゆうし] 투융자; 투자와 융자.
[1]**投入**[とうにゅう] 투입; ①던져 넣음. ②(자본 등을) 들여 넣음.
[1]**投資**[とうし] 투자; 사업에 자금을 투입함.
投資信託[とうししんたく] 투자 신탁.
投擲[とうてき] 투척; ①던짐. ②'投擲競技(とうてききょうぎ)'의 준말.
投擲競技[とうてききょうぎ] 투척 경기.
投捕手[とうほしゅ] 투포수; (야구에서) 투수와 포수. 피처와 캐처.
[2]**投票**[とうひょう] 투표; 선거하거나 사물을 결정할 때 자신의 의사 표시를 한 종이를 제출하는 일.
投下[とうか] 투하; ①내리던짐. 떨어뜨림. ②자본을 들임. 투입(投入).
投函[とうかん] 투함; 우편물을 우체통에 넣음.
投合[とうごう] 투합; 2개의 것이 딱 맞아떨어짐.
投降[とうこう] 투항; 항복함.
投降兵[とうこうへい] 투항병; 항복한 병사.

透(透) 통할/환할 투

一 二 千 禾 禾 秀 秀 诱 诱 透

音 ◉トウ

訓 ◉すかす ◉すく ◉すける ⊗とおる

訓読

◉透かす[すかす] 〈5他〉 ①틈새를 만들다. 사이를 벌리다. 조금 열다. ②성기게 하다. 솎다. ③틈 사이를 통해서 보다. ④(손을 이마에 얹고) 멀리 보다. ⑤≪俗≫ 소리 없이 방귀를 뀌다. ⑥≪俗≫ 허탕 치게 하다. 바람맞히다. ⑦투각(透刻)해 넣다. 꿰뚫어 파거나 조각하다.

透かさず[すかさず] 곧. 지체 없이. 즉각.

透(か)し[すかし] ①틈새를 만듦. 성기게 함. ②(지폐 등의) 비침무늬. 투명한 무늬・글자.

透かし伐り[すかしぎり] 간벌(間伐). 솎아 베기. 쓸모없는 나무를 베는 일.

透かし屁[すかしべ] 소리 나지 않는 방귀.

透(か)し彫(り)[すかしぼり] 투조; 투각(透刻). 꿰뚫어 파거나 조각함.

透(か)し織(り)[すかしおり] 속이 비치게 엷게 짠 깁.

透(か)し絵[すかしえ] (지폐 등의) 비침무늬. 투명한 무늬・글자.

◉透く[すく] 〈5自〉 ①틈이 생기다. 사이가 벌어지다. ②성기게 되다. ③(사물을 통해서) 들여다보이다. ④(바람 등이) 빠져 나가다.

2透き[すき] ①틈. 빈틈. 틈새기. ②겨를. 짬. ③빈틈. 허점. 끼어들 기회.

2透き間[すきま] ①틈. 빈틈. 틈새기. ②겨를. 짬.

透き間風[すきまかぜ] ①틈새기 바람. 외풍. ②(친한 사람끼리의) 감정의 거리. 찬바람. 냉랭함.

透き見[すきみ] 엿봄. 틈으로 들여다봄.

透綾[すきや] 아주 얇은 견직물.

透き写し[すきうつし] (서화 위에) 종이를 데고 베낌. 투사(透写).

透き色[すきいろ] (물건을 햇빛 등에) 비쳐 보았을 때의 색조(色調).

透き影[すきかげ] ①틈새로 보이는 모습. ②(어둔 곳에서 밝은 쪽을 봤을 때의) 비쳐 보이는 모습.

透垣[★すいがい/すいがき] (판자와 판자 사이, 대나무와 대나무 사이를 띄워서 둘러친) 성긴 널판지울. 대바자울타리.

透(き)織(り)[すきおり] 비치는 천.

透き徹す[すきとおす] 〈5他〉 (안의 것을) 비쳐 보이다.

透き徹る[すきとおる] 〈5自〉 ①비쳐 보이다. 비치다. 투명하다. ②(소리 등이) 맑다. 깨끗하다.

透き通す[すきとおす] 〈5他〉 (안의 것을) 비쳐 보이다.

2透き通る[すきとおる] 〈5自〉 ①비쳐 보이다. 비치다. 투명하다. ②(소리 등이) 맑다.

◉透ける[すける] 〈下1自〉 (어떤 것을 통해) 비쳐 보이다. 들여다보이다. 투명하다.

⊗透る[とおる] 〈5自〉 ①투과(透過)하다. (속까지) 비쳐 보이다. ②(속까지) 스며들다. 배어들다.

音読

透過[とうか] 투과; 뚫고 지나감.

透過率[とうかりつ] 투과율.

透過性[とうかせい] 투과성.

2透明[とうめい] 투명; ①조금도 흐린 데가 없이 속까지 환히 트여 보임. ②빛이 잘 통하여 속까지 환히 비쳐 보임.

透写[とうしゃ] 투사; (서화 위에) 종이를 데고 베낌.

透水[とうすい] 투수; 물이 스며듦.

透水層[とうすいそう] 투수층.

透視[とうし] 투시; 환히 꿰뚫어 봄.

透視図[とうしず] 투시도.

透察[とうさつ] 투찰; 꿰뚫어 봄.

透徹[とうてつ] 투철; 사리가 밝고 확실함.

鬪(鬪) 싸울 투

丨 ｢ ｢ ｢' 門 門 門 鬪 鬪 鬪

音 ◉トウ

訓 ◉たたかう

訓読

2◉鬪う[たたかう] 〈自〉 ①(이해 당사자끼리) 다투다. 투쟁하다. ②(어려운 일과) 맞서다. 싸우다.

2鬪い[たたかい] 투쟁. 싸움. 다툼.

音読

鬪犬[とうけん] 투견; ①개싸움. ②싸움개.

鬪鶏[とうけい] 투계; ①닭싸움. ②싸움닭.

鬪技[とうぎ] 투기; 곡예・운동 등의 재주를 서로 겨룸.

鬪病[とうびょう] 투병; 질병의 치료를 위해 요양 생활을 함.

鬪士[とうし] 투사; ①전사(戦士). ②투쟁하는 사람. ③투지에 넘친 사람.
鬪魚[とうぎょ] ≪魚≫ 버들붕어.
鬪牛[とうぎゅう] 투우; ①소싸움. ②싸움소. ③사람과 황소와의 투기(鬪技).
鬪牛士[とうぎゅうし] 투우사.
鬪争[とうそう] 투쟁; 상대를 쓰러뜨리려고 싸움.
鬪志[とうし] 투지; 투쟁 정신.
鬪魂[とうこん] 투혼; 투쟁 정신.

妬 시샘할 투	音 ⊗ト 訓 ⊗やく ⊗やける ⊗ねたむ

訓読
⊗妬く[やく] 〈5他〉 질투하다. 시기하다. 시샘하다.
⊗妬ける[やける] 〈下1自〉 질투가 나다. 매우 시기하다. 샘이 나다.
⊗妬ましい[ねたましい] 〈形〉 샘이 나다. 질투가 나다. 매우 부럽다.
[1]⊗妬む[ねたむ] 〈5他〉 질투하다. 시기하다. 시샘하다.
妬み[ねたみ] 질투. 시기. 시샘.
妬み心[ねたみごころ] 시기심. 질투심.
音読
妬心[としん] 투심; 질투심. 시기심.

〔특〕

特 다를/홀로 특
ノ 𠂉 牜 牛 牛 牪 牪 牫 特 特

音 ◉トク
訓 —

音読
[3]特に[とくに] 특히. 특별히.
特価[とっか] 특가; 특별히 책정한 싼 가격.
特講[とっこう] 특강; 특별 강의.
特開[とっかい] '特別開拓者'의 준말.
特高[とっこう] '特別高等警察'의 준말.
特攻[とっこう] 특공; ①특별 공격. ②'特攻隊'의 준말.
特攻隊[とっこうたい] 특공대.
[1]特権[とっけん] 특권; 특별한 권리.
[3]特急[とっきゅう] 특급; ①'特別急行列車'의 준말. ②매우 급함. 화급(火急).
特級[とっきゅう] 특급; 특별 등급.
特級品[とっきゅうひん] 특급품.
[1]特技[とくぎ] 특기; 특별히 잘하는 기술.
特記[とっき] 특기; 특별히 기록함.
特記事項[とっきじこう] 특기 사항.
特段[とくだん] 특단; 특별.
特大[とくだい] 특대; 특별히 큼.
特待[とくたい] 특대; 특별 대우.
特待券[とくたいけん] 특별 우대권.
特待生[とくたいせい] 특대생.
特等[とくとう] 특등; 특별한 등급.
特例[とくれい] 특례; 특별한 예.
特例法[とくれいほう] 특례법.
[2]特売[とくばい] 특매; ①특별히 싸게 판매함. ②특정인에게 수의(随意) 계약으로 매도함.
特売場[とくばいじょう] 특매장.
特売品[とくばいひん] 특매품.
特命[とくめい] 특명; 특별 명령. 특별 임명.
特務[とくむ] 특무; 특별한 임무.
特配[とくはい] 특배; ①특별 배급. ②(주식의) 특별 배당.
[3]特別[とくべつ] 특별; ①보통과 다름. ②(부정문에서) 그다지. 그리. 그렇게.
特別開拓者[とくべつかいたくしゃ] 특별 개척자. 파이오니어.
特別高等警察[とくべつこうとうけいさつ] 특별 고등 경찰.
特別急行列車[とくべつきゅうこうれっしゃ] 특별 급행 열차.
特別捜査班[とくべつそうさはん] 특별수사반.
特別快速電車[とくべつかいそくでんしゃ] 특별 쾌속 전차.
特別訓練[とくべつくんれん] 특별 훈련.
特報[とくほう] 특보; 특별 보도·보고.
特写[とくしゃ] 특사; 특별히 복사함. 특별히 사진을 촬영함.
特使[とくし] 특사; 특별한 임무를 띤 사자(使者).
特赦[とくしゃ] 특사; 특별 사면(赦免).
[1]特産[とくさん] 특산; 특히 그 지방에서 생산됨.
特賞[とくしょう] 특상; 최고의 상.
[2]特色[とくしょく] 특색; 다른 것과 특별히 다른 점. 다른 것보다 뛰어난 점.

特選[とくせん] 특선; ①특별히 정성들여 만듦. ②특별히 추천함. ③(심사 결과) 특별히 우수하다고 인정된 것.
特設[とくせつ] 특설; 특별히 설치함.
特性[とくせい] 특성; 그것에만 있는 특유한 성질. 특질(特質).
[2]特殊[とくしゅ] 특수; 보통과 다름.
特殊撮影[とくしゅさつえい] 특수 촬영.
特捜[とくそう] '特別捜査'의 준말.
特捜班[とくそうはん] 특별 수사반.
特需[とくじゅ] 특수; ①특별한 사태에 의한 물자·인력 등의 수요. ②(관청 등의) 특별한 주문. ③특별 수요.
特需品[とくじゅひん] 특수품; 특별 주문품.
特約[とくやく] 특약; 특별한 약속·계약.
特約店[とくやくてん] 특약점.
[1]特有[とくゆう] 특유; 그것에만 특별히 갖추어져 있는 것.
特飲街[とくいんがい] 특음가; 접대부를 둔 특수 음식점이 있는 환락가.
特異[とくい] 특이; 특별히 다른 것과 다름.
特異体質[とくいたいしつ] 특이 체질; 알레르기 체질.
特認[とくにん] '特別承認'의 준말.
[2]特長[とくちょう] 특장; ①특별한 장점. ②(다른 것에 비해) 눈에 띄는 특징.
特装車[とくそうしゃ] 특장차; 특별한 장비를 갖춘 자동차. *소방차·레미콘차 등을 말함.
特典[とくてん] 특전; 특별한 대우.
特電[とくでん] '特別電報'의 준말.
[2]特定[とくてい] 특정; 특별히 지정함.
特製[とくせい] 특제; 특별히 공들여 만듦.
特種❶[とくしゅ] 특종; 특별한 종류. ❷[とくだね] (신문 기사의) 특종. 특별한 정보.
特旨[とくし] 특지; (천황의) 특별 배려.
特進[とくしん] 특진; 특별 승진.
特質[とくしつ] 특질; 특성. 특별한 성질.
[1]特集[とくしゅう] 특집; 특정한 화제·문제를 중심으로 보도하거나 편집함.
特集号[とくしゅうごう] 특집호.
[2]特徴[とくちょう] 특징; 특색. 특별히 뛰어난 점.
特出[とくしゅつ] 특출; 특별히 뛰어남.
特快[とっかい] '特別快速電車'의 준말.
[1]特派[とくは] 특파; 특별히 파견함.
[1]特派員[とくはいん] 특파원.
特筆[とくひつ] 특필; 특별히 크게 기록함.
[1]特許[とっきょ] 특허; ①특정인을 위하여 능력·자격·권리·법률 관계를 새로이 설정하는 행정 처분. ②'特許権'의 준말.
特効[とっこう] 특효; 특별한 효과.

파

把 잡을 파

一 † 扌 扌 扌 扌 把

音 ◉ハ
訓 ⊗たば

訓読

⊗把[たば] 다발. 묶음.
⊗把手[とって] (가구·기계류의) 손잡이. ¶ドアの～を回(まわ)す 문의 손잡이를 돌리다.

音読

1 把握[はあく] 파악; ①내용이나 사정을 확실히 이해함. ②장악함. 꽉 잡아 쥠.
把住[はじゅう] 파주; ①마음속에 간직하여둠. ②《仏》(스승이 제자를 교훈할 때) 제자의 기존 사상을 부정한 다음, 새로운 향상·진보의 계기를 마련해 주는 일.
把持[はじ] 파지; ①견지(堅持)함. 꽉 잡아 쥠. ②《心》 기억한 것이 남아 있음.
把捉[はそく] 파착; ①포착(捕捉)함. ②(뜻이나 내용을) 확실히 파악함.

波 물결 파

丶 丶 氵 氵 氵 沙 波 波

音 ◉ハ
訓 ◉なみ

訓読

2 ◉波❶[なみ] ①(바다의) 파도. 물결. ②파도처럼 요동하는 것. 흐름. ③기복(起伏). 고저(高低). ④주름. ⑤파동(波動). ❷[は] ☞ [音読]
波間[なみま] ①물결 사이. 파도와 파도 사이. ②파도가 밀려오지 않는 사이.
波頭❶[なみがしら] ①물마루. 파도의 제일 높은 곳. ②부서지는 파도 모양을 도안화한 무늬. ❷[はとう] ①물마루. ②해상(海上). 파도 위.
波路[なみじ] 물길. 뱃길. 항로(航路).
波立つ[なみだつ] 〈5自〉 ①파도가 일다. 물결치다. ②(가슴이) 두근거리다. 설레다. ③분란이 일어나다. 술렁이다.
波幕[なみまく] (연극에서) 무대에 친 물빛 횡막(横幕). ＊양끝에서 물결치듯 흔들어 바다나 강의 장면을 연출함.
波の穂[なみのほ] 《雅》 물마루. 파도의 제일 높은 곳.
波乗り[なみのり] ①파도를 탐. ②파도타기. 서핑.
波乗り舟[なみのりぶね] 파도를 타는 배.
波乗り板[なみのりいた] 파도타기 널빤지.
波音[なみおと] ①파도 소리. 물결치는 소리. ②(연극에서) 파도치는 소리를 흉내낸 효과음.
波除け[なみよけ] ①파도를 막음. ②방파제.
波枕[なみまくら] ①파도소리가 베갯머리에 들려옴. ② 《雅》 배 여행. ＊파도를 베개 삼아 배에서 잔다는 뜻임.
波打つ[なみうつ] 〈5自〉 ①파도치다. 물결치다. ②(물결치듯 가슴이) 울렁거리다.
波打(ち)際[なみうちぎわ] (파도·물결이 밀려오는) 바닷가. 물가.
波板[なみいた] ①골함석. 골진 플라스틱 판자. ②(연극에서) 물결치는 모양을 그려놓은 무대 장치.
波風[なみかぜ] ①(거센) 풍파. 바람과 파도. ②분란. 분쟁. 불화. ③고난. 고생. 고초. 괴로움.
波形[なみがた] 파도 모양. 파도처럼 기복이 있는 모양.
波の花[なみのはな] 《雅》 ①물보라. (부딪쳐 하얗게 부서지는) 하얀 파도. ②'しお(소금)'의 딴이름.

音読

波❶[は] ①'波斯(ペルシア)'의 준말. ②'波蘭(ポーランド)'의 준말. ③(계속 일어나는 공세의 수를 세는 말로) 파. ¶第三(だいさん)～の攻撃(こうげき) 제3파의 공격. ❷[なみ] ☞ [訓読]
波高[はこう] 파고; 파도의 높이.
波及[はきゅう] 파급; 점점 영향이 미치는 범위가 확대되어 감.
波及効果[はきゅうこうか] 파급 효과.
波濤[はとう] 파도; 물결.
波動[はどう] 파동; ①공간적으로 전해져 퍼져 가는 진동. ②(사회 현상의) 주기적인 동요·변동.
波頭❶[はとう] ①물마루. ②해상(海上). 파도 위. ❷[なみがしら] ①물마루. 파도의 제일 높은 곳. ②부서지는 파도 모양을 도안화한 무늬.

波乱[はらん] 파란; 분쟁. 소동. 풍파.
波乱万丈[はらんばんじょう] 파란 만장.
波瀾[はらん] 파란; 분쟁. 소동. 풍파.
波浪[はろう] 파랑; 파도. 물결.
波浪注意報[はろうちゅういほう] 파랑 주의보; 파도 주의보.
波面[はめん] 파면; ①물결의 표면. 수면(水面). ②파동이 일면서 생기는 면.
波紋[はもん] 파문; ①수면에 이는 잔물결. ②(어떤 일의) 영향.
波状[はじょう] 파상; ①물결 모양. ②연거푸 반복하는 모양.
波状スト[はじょうスト] 파상적인 파업. 연거푸 반복하여 하는 파업.
波長[はちょう] 파장; 파동에서 같은 위상(位相)을 가진 서로 이웃한 두 점 사이의 거리.
波止[はと] 방파제. 부두. 선창.
波止場[はとば] 부두. 선창.
波止場釣(り)[はとばづり] 부두 낚시.
波止釣(り)[はとづり] 부두 낚시.
波戸[はと] 방파제. 부두. 선창.
波戸場[はとば] 부두. 선창.

派 갈래 파

丶 丷 氵 氵 汀 汀 沂 派 派

音 ◉ハ
訓 —

音読

派[は] 파; 분파. 한패. 동아리.
派する[はする] 〈サ変他〉 파견하다.
[1]派遣[はけん] 파견; 담당자를 어떤 장소로 출장시킴.
派閥[はばつ] 파벌; 지연·학연·이해관계 등에 의해서 결속되어 배타적인 경향을 가진 사람들의 집단.
派兵[はへい] 파병; 군대를 파견함.
派生[はせい] 파생; 하나의 본체에서 다른 사물이 갈라져 나와 생김.
[2]派手[はで] ①화려함. 화사함. 야함. ②(행동이) 야단스러움.
派出[はしゅつ] 파출; 사람을 출장시킴.
派出婦[はしゅつふ] 파출부.
派出所[はしゅつじょ] 파출소; ①출장 사무소. ②경찰관 파출소. ＊지금은 '交番(こうばん)'이라고 함.

破 깨뜨릴 파

一 ア 不 石 石 矿 矿 砂 破

音 ◉ハ
訓 ◉やぶる ◉やぶれる ⊗やぶく ⊗やぶける

訓読

[2]⊗破く[やぶく] 〈5他〉≪俗≫ (종이나 천 등의 얇은 것을) 찢다. 째다.
⊗破ける[やぶける] 〈下1自〉≪俗≫ (종이나 천 등의 얇은 것이) 찢어지다
[2]◉破る[やぶる] 〈5他〉 ①찢다. 째다. ②깨다. 부수다. ③(어떤 상태를) 깨뜨리다. 해치다. ④(약속 등을) 어기다. 깨다. ⑤(기록을) 갱신하다. ⑥(경기에서 상대를) 물리치다. 무찌르다. 격파하다.
[2]◉破れる[やぶれる] 〈下1自〉 ①찢어지다. 해지다. ②깨지다. 부서지다. 터지다. ③(어떤 상태가) 깨지다. ④실패하다. ⑤(경기에서 상대에게) 지다. 패배하다.
破れ[やぶれ] 찢어짐. 찢어진 곳. 갈라진 틈.
破れかぶれ[やぶれかぶれ] ≪俗≫ 자포자기.
破れ目[やぶれめ] 찢어진 곳. 갈라진 곳.
破れ傘[やぶれがさ] ①찢어진 우산. ②≪植≫ 우산나물.

音読

破格[はかく] 파격; 격식을 깨뜨림.
破鏡[はきょう] 파경; ①깨진 거울. ②이혼.
破戒[はかい] 파계; 계율을 어김.
破瓜[はか] 파과; ①여자의 16세. 여자의 사춘기. ②(성교로) 처녀막이 파열됨.
[1]破壊[はかい] 파괴; 무너뜨림. 깨뜨림.
破局[はきょく] 파국; 비극적인 결말.
[1]破棄[はき] 파기; ①깨뜨리거나 찢어서 버림. ②계약·약속 등을 취소함. ③≪法≫ 파기.
破談[はだん] 파담; ①이야기의 취소. ②파혼(破婚). 혼담이 깨짐.
破廉恥[はれんち] 파렴치; 수치를 수치로 여기지 않음.
破魔[はま] ①(옛날) 설날에 어린이들이 활놀이에 사용하던 새끼줄 과녁. ②악마를 쳐부숨. ③≪仏≫ 번뇌를 씻어냄.
破滅[はめつ] 파멸; 파괴하고 멸망함.
破門[はもん] 파문; ①스승이 사제(師弟)의 관계를 끊고 배척하여 물리침. ②신도를 종문(宗門)에서 제명시킴.

[2]破産[はさん] 파산; ①재산을 모두 잃음. ②≪法≫ 파산.
破傷風[はしょうふう] ≪医≫ 파상풍.
破船[はせん] 파선; 배가 풍파나 암초로 부서짐. 난파선(難破船).
[1]破損[はそん] 파손; 깨어져 못쓰게 됨. 깨뜨려 못쓰게 함.
破砕[はさい] 파쇄; 깨뜨려 부스러뜨림.
破顔[はがん] 파안; 얼굴에 미소를 띰.
破約[はやく] 파약; 약속을 이행하지 않음. 계약을 취소함.
[1]破裂[はれつ] 파열; ①안쪽으로부터 압력을 받아 깨어져서 갈라짐. ②(양쪽 의견이 맞지 않아) 결렬(決裂)됨.
破獄[はごく] 파옥; 탈옥(脱獄).
破調[はちょう] 파조; ①가락이 정상이 아님. ②정해진 리듬을 깨뜨림.
破竹[はちく] 파죽; ①대나무를 쪼갬. ②기운이 세참.
破竹の勢い[はちくのいきおい] 파죽지세.
破天荒[はてんこう] 파천황; 유례가 없음.
破綻[はたん] 파탄; 일이 돌이킬 수 없는 지경에 이름. 일이 그릇됨.
[2]破片[はへん] 파편; 깨어진 조각.
破風[はふ] ≪建≫ (일본 건축에서) 박공(牔栱). 지붕 끝에 붙인 산 모양의 널.

婆 할머니 파

氵 氵 氵 氵 波 波 婆 婆 婆

音 ◉バ
訓 ⊗ばば ⊗ばあ

訓読

⊗婆[ばば] ①노파. 늙은 여자. 할머니. 할망구. ②(트럼프에서) 조커. 시시한 것. 언짢은 것.
お婆さん[★おばあさん] (나이 많은 여인의 높임말로) 할머니, 할머니.
婆抜き[ばばぬき] (트럼프에서) 조커를 가진 사람이 지는 놀이.

音読

婆羅門教[バラモンきょう] ≪宗≫ 바라문교.
婆娑羅髪[ばさらがみ] 헝클어진 머리.
婆心[ばしん] 파심; 노파심.

罷 파할/그칠 파

罒 罒 罒 罒 罒 罒 罷 罷 罷

音 ◉ヒ
訓 ⊗やめる ⊗まかる

訓読

⊗罷める[やめる] 〈下1他〉 (직장・임무를) 사직(辞職)하다. 사임하다. 그만두다.
⊗罷る[まかる] 〈5自〉 ①(귀인 앞에서) 물러나다. ②먼 곳으로 떠나가다. ③죽다.
罷り間違う[まかりまちがう] 〈5自〉 자칫 잘못하다. 어쩌다 실수하다.
罷り成らぬ[まかりならぬ] 절대로 안 됨.
罷り越す[まかりこす] 〈5自〉 ('行(い)く'의 겸양어로) 갑니다. 가나이다.
罷り在り[まかりあり] 있사옵니다.
罷り出る[まかりでる] 〈下1自〉 ①(귀인 앞에서) 물러나다. ②(자진하여) 나서다.
罷り通る[まかりとおる] 〈5自〉 ①(주위 사정에 아랑곳하지 않고) 태연하게 지나가다. ②버젓이 행세하다. 활개 치다.

音読

罷工[ひこう] 파공; ①파업. ②동맹 파업.
罷免[ひめん] 파면; 맡은 일을 그만두게 함.
罷免権[ひめんけん] 파면권.
罷業[ひぎょう] 파업; 일부러 업무를 중단함. 고의로 일을 하지 않음.
罷業破り[ひぎょうやぶり] 동맹 파업의 배신행위.

巴 소용돌이/꼬리 파

音 ⊗ハ
訓 ⊗ともえ

訓読

⊗巴[ともえ] ①소용돌이 모양・무늬. ②소용돌이 모양의 문장(紋章). ③세 사람이 뒤섞임.
巴瓦[ともえがわら] 둥근 모양의 타일.
巴投げ[ともえなげ] (유도에서) 배대되치기.

音読

巴旦杏[はたんきょう] ≪植≫ 편도(扁桃). 편도 복숭아. 감복숭아.

芭 파초 파

音 ⊗ハ ⊗バ
訓 ―

音読

芭蕉[ばしょう] 《植》 파초.

芭蕉布[ばしょうふ] 파초 섬유로 짠 천. ＊沖縄(おきなわ) 특산으로 여름용 옷감임.

播 씨뿌릴 파	音 ⊗ハ ⊗バン 訓 ⊗まく

訓読

[2]⊗播く[まく] 〈5他〉 파종하다. 씨를 뿌리다.

播き肥[まきごえ] 《農》 밑거름.

音読

播磨[はりま] (옛 지명으로) 지금의 兵庫県(ひょうごけん) 남부 지방.

播種[はしゅ] 파종; 씨를 뿌림.

播種期[はしゅき] 파종기; 씨뿌리는 시기.

播州[ばんしゅう] '播磨(はりま)の国(くに)'의 딴 이름.

爬 긁을 파	音 ⊗ハ 訓 —

音読

爬羅剔抉[はらてっけつ] 파라척결; ①남의 결점을 들춰냄. ②숨은 인재를 발굴하여 활용함.

爬虫類[はちゅうるい] 《動》 파충류. ¶~みたいな奴(やつ) 파충류 같은 놈. 엉큼한 놈.

玻 유리 파	音 ⊗ハ 訓 —

音読

玻璃[はり] ①《仏》 수정(水晶). ②유리.

玻璃鏡[はりきょう] 유리 거울.

玻璃器[はりき] 유리 그릇.

跛 절름발이 파	音 ⊗ハ 訓 ⊗びっこ ⊗あしなえ

訓読

⊗跛[びっこ/あしなえ] 절름발이. 절뚝발이.

音読

跛行[はこう] 파행; ①다리를 젊. 다리를 절뚝거림. ②순조롭지 않음.

跛行者[はこうしゃ] 절름발이.

頗 자못/치우칠 파	音 ⊗ハ 訓 ⊗すこぶる

訓読

⊗頗る[すこぶる] 〈副〉 ①매우. 대단히. 몹시. ②《古》 조금. 약간.

頗る付き[すこぶるつき] 《俗》 매우 뛰어남.

〔판〕

判(判) 판가름할 판

丶 丷 䒑 丷 半 判 判

音 ◉ハン ◉バン
訓 ⊗わかる

訓読

⊗判る[わかる] 〈5自〉 ①이해하다. 판단하다. ②판명되다. 밝혀지다.

判り[わかり] 납득. 이해. 깨달음.

音読

[1]判❶[はん] ①도장. 인장(印章). ②판결. 판단. ③수결(手決). ❷[ばん] 판; 종이·책·필름 등의 크기. ¶四六(しろく)~ 사륙판. ¶菊(きく)~ 국판.

判じ[はんじ] 판단. 판정.

判じる[はんじる] 〈上1他〉 ☞ 判ずる

判ずる[はんずる] 〈サ変他〉 ①추측하다. 미루어 생각하다. ②판단하다. 판정하다. ③해석하다.

[1]判決[はんけつ] 《法》 판결; 구두 변론에 근거하여 행하는 판단.

判官❶[はんがん] 재판관. ❷[ほうがん] ①(옛날) 사등관(四等官)의 셋째. ②(옛날) 検非違使(けびいし)의 3등관.

[2]判断[はんだん] 판단; ①(좋고 나쁨을) 생각하여 결정함. ②길흉의 판단.

判断力[はんだんりょく] 판단력.

判読[はんどく] 판독; 읽기 힘든 글자나 문장을 판단하면서 읽음.

判例[はんれい] 《法》 판례; 판결례.

判明[はんめい] 판명; 명백히 드러남.

判じ物[はんじもの] 수수께끼. 퀴즈.

判別[はんべつ] 판별; 명확히 구별함.

[2]判事[はんじ] 《法》 판사. ＊재판관의 명칭.

判然[はんぜん] 판연; 분명함. 명백함. 명확함.

[2]判子[はんこ] 도장. 인장(印章).

判者[はんじゃ] ①심사원. 심판자. 판정인. ②(歌合(うたあわせ) 등에서의) 심사원.
1 判定[はんてい] 판정; 판별하여 결정함.
判型[はんがた] 판형; 책의 크기.
判じ絵[はんじえ] 숨은 그림 찾기.
◑菊判[きくばん], 裁判[さいばん], 談判[だんぱん], 審判[しんぱん]

坂 비탈길 판

一 十 土 圹 圻 坜 坂

音 ◉ハン
訓 ◉さか

訓読

3 ◉坂[さか] ①고개. 고갯길. 비탈길. ②(인생의) 한 고비.
坂道[さかみち] 고갯길. 비탈길. 언덕길.
坂上[さかうえ] 고개 위. 고갯마루.
坂下[さかした] 비탈길 맨 아래. 고개 초입.

音読

坂路[はんろ] 고갯길. 비탈길. 언덕길.

板 널빤지 판

一 十 才 木 朩 朷 板 板

音 ◉ハン ◉バン
訓 ◉いた

訓読

2 ◉板[いた] ①판자. 널빤지. ②무대.
板ガラス[いたガラス] 판유리.
板チョコ[いたチョコ] 납작한 초콜릿.
板わさ[いたわさ] '板わさび'의 준말.
板わさび[いたわさび] 어묵을 썬 것에 간 고추냉이·간장을 곁들인 음식.
板家[いたや] 판잣집.
板家貝[いたやがい] ≪貝≫ 국자가리비.
板間[いたま] ①마루방. ②(판자 지붕의) 판자 사이의 틈새기.
板の間[いたのま] ①마루방. ②(목욕탕의) 탈의장.
板の間稼ぎ[いたのまかせぎ] 목욕탕의 탈의장에서 금품을 훔치는 사람.
板橋[いたばし] 판교; 널다리.
板金❶[いたがね] 판금; 금속판. ❷[ばんきん] ①금속판. ②금속판의 가공.
板唐戸[いたからど] 판자문. 널문.
板目[いため] ①판자와 판자의 이음매. ②(판자의) 엇결.
板目紙[いためがみ] 여러 겹 배접한 종이. ＊책 표지로 사용함.
板の物[いたのもの] 나무판자에 감은 옷감.
板壁[いたかべ] 판벽; 판자벽.
板塀[いたべい] 판자울. 판자울타리.
板付(き)[いたつき] ①널빤지가 붙은 것. 널빤지에 붙인 것. ②마루방. ③연극이 시작되기 전부터 배우가 무대에 나와 있음. ④널생선묵.
板蔀[いたじとみ] (집 안이 안 보이게 판자로 만든) 널빈지.
板敷(き)[いたじき] ①널빤지를 깖. 마루. ②마루방.
板庇[いたびさし] 판자로 된 차양.
板山葵[いたわさ/いたわさび] 어묵을 썬 것에 간 고추냉이·간장을 곁들인 음식.
板床[いたどこ] ①판자를 깐 床(とこ)の間(ま). ②板畳(いただたみ)의 심으로 넣는 판자.
板石[いたいし] 판석; 납작돌.
板縁[いたえん] 판자 툇마루.
板屋❶[いたや] 판잣집. ❷[はんや] 판목(板木)장이. 판목장이 가게.
板屋貝[いたやがい] ≪貝≫ 국자가리비.
板屋楓[いたやかえで] ≪植≫ 고로쇠나무.
板葺き[いたぶき] ①지붕을 판자로 임. ②판자 지붕.
板羽目[いたばめ] (판자 울타리의) 판자. 조각널.
板囲い[いたがこい] (공사장 등에 임시로 친) 판자 울타리.
板子[いたご] ①(뱃바닥에 까는) 뚜껑널. ②(두께 약 15㎝ 길이 약 1.8m의) 판재(板材). 널빤지로 된 재목.
板場[いたば] ①(음식점의) 주방. 주방장. ②요리사. 조리사.
板張り[いたばり] ①판자를 댐·붙인 곳. ②판자에 재양(載陽)치기.
板蔵[いたぐら] (기둥이 없이) 판자로 벽을 친 곳간.
板材[いたざい] 판재; 널로 켠 재목.
板前[いたまえ] ①주방. 주방장. ②(일본 음식의) 요리사. ③요리 솜씨. 요리 방법.
板摺り[いたずり] (소금을 뿌린 채소를) 도마 위에 굴려 간이 배게 하는 조리법.
板紙[いたがみ] ①(생선을 요리할 때) 도마 위에 까는 종이. ②판지.

板倉[いたぐら] (기둥이 없이) 판자로 벽을 친 곳간.

板畳[いただたみ] ①심으로 판자를 넣은 畳(たたみ). ②마루. 마룻방.

板締め[いたじめ] 무늬를 새긴 두 판자 사이에 옷감·원사를 끼워 넣고 죄어 물들이는 염색법.

板草履[いたぞうり] 나무 바닥 짚신.

板挟み[いたばさみ] (양 틈바구니에 끼여) 이러지도 저러지도 못함. 딜레마.

板戸[いたど] 널문. 판자문.

音読

板刻[はんこく] 판각; 서화를 판목(版木)에 새김. 서화를 서적으로 출판함.

板木❶[はんぎ] 판목; 인쇄하기 위해 글씨·그림을 새긴 목판(木版). ❷[ばんぎ] (江戸(えど) 시대에 사용한) 딱따기. 두들겨 신호하는 나무판자.

板木師[はんぎし] 판목장이.

板本[はんぽん] 판본; 판각본(板刻本). 서화를 판목(版木)에 새겨 출판한 책.

板状[ばんじょう] 판상; 널빤지 모양.

板書[ばんしょ] 판서; 칠판에 글씨를 씀.

板元[はんもと] 발행처. 출판사.

版 인쇄 판

丿 𠂆 𠂇 片 片 版 版 版

音 ◉ハン ◉バン
訓 —

音読

版❶[はん] 판; ①판목(版木). 판화(版画). ②인쇄판. ③한 서적의 발행 횟수. ❷[ばん] 〈接尾語〉 ①출판. 출판물. ¶改訂(かいてい)~ 개정판. ¶縮刷(しゅくさつ)~ 축쇄판. ②…에 있어서의. …스타일로 개작한. ¶現代(げんだい)~ 현대판. 日本(にほん)~ 일본 스타일. ③(신문에서) 지방판. ¶大阪(おおさか)~ 오사카 지방판.

版権[はんけん] 판권; 출판권.

版図[はんと] 판도; ①(국가의) 호적과 지도. ②영역. 영토. ③(개인의) 세력 범위.

版木[はんぎ] 판목; 인쇄하기 위해 글씨·그림을 새긴 목판.

版木師[はんぎし] 판목장이.

版木屋[はんぎや] 판목장이. 판목장이 가게.

版本[はんぽん] 판본; 판각본(板刻本). 서화를 판목(版木)에 새겨 출판한 책.

版屋[はんや] 판목장이. 판목장이 가게.

版元[はんもと] 판원; 출판물의 발행소.

版籍[はんせき] 판적; 지도와 호적. 영토와 그 주민.

版下[はんした] 판목(版木) 인쇄판을 새기기 위한 밑글씨·밑그림.

版行[はんこう] ①출판물의 발행. 출판. ②판목(版木). ③도장. 인장(印章).

版行屋[はんこうや] 인장 업자(印章業者).

版画[はんが] 판화; 목판화(木版画).

◑**銅版**[どうばん], **原版**[げんぱん]

販 물건팔 판

冂 冂 目 目 貝 貝 貝 貝 販 販

音 ◉ハン
訓 ⊗ひさぐ

訓読

⊗**販ぐ**[ひさぐ] 〈5他〉 (물건을) 팔다. ¶色(いろ)を~ 몸을 팔다. 매춘하다.

販女[ひさぎめ/ひさめ] 행상하는 여자.

音読

販価[はんか] 판가; 판매 가격.

販路[はんろ] 판로; 상품이 팔리는 방면.

2**販売**[はんばい] 판매; 상품을 파는 일.

販売係[はんばいがかり] 판매 담당.

販売機[はんばいき] 판매기.

販売網[はんばいもう] 판매망.

販売元[はんばいもと] 판매원; 판매 회사.

販売人[はんばいにん] 판매인.

販社[はんしゃ] '販売会社(はんばいがいしゃ)'의 준말.

販促[はんそく] 판촉; 판매 촉진.

阪 비탈길 판

音 ⊗ハン
訓 ⊗さか

訓読

⊗**阪**[さか] ①고개. 고갯길. 비탈길. ②(인생의) 한 고비.

◑**大阪**[おおさか]

音読

阪急電鉄[はんきゅうでんてつ] 京都(きょうと)·大阪(おおさか)·神戸(こうべ)를 중심으로 운영하는 철도망.

阪路[はんろ] 고갯길. 비탈길.
阪神[はんしん] 大阪(おおさか)와 神戸(こうべ)를 중심으로 한 지방.

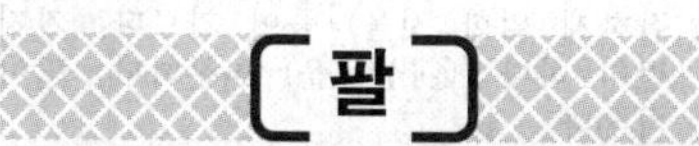

팔

八 여덟 팔

ノ 八

音 ◉ハチ
訓 ◉や ◉やつ ◉やっつ ◉よう

訓読

[4]**◉八つ**❶[やっつ] ①여덟. ②여덟 개. ③여덟 살. ④여덟 번째. ❷[やつ] ①여덟. ②여덟 살. ③(옛날의 시각으로) 오전·오후의 2시.
[2]**お八つ**[おやつ] 오후의 간식(間食).
八(つ)橋[やつはし] ①(냇가 등에) 여러 장의 판자를 나란히 이어서 놓은 다리. ②(京都(きょうと)의 과자 이름으로) 밀가루로 구운 せんべい.
八つ口[やつくち] (여자나 아이들의 일본옷에서) 옷소매의 겨드랑이를 꿰매지 않은 부분.
八岐大蛇[やまたのおろち] (일본 건국 신화의) 머리와 꼬리가 각각 8개씩 달렸다는 큰 뱀.
八つ当(た)り[やつあたり] 아무에게나 무턱대고 화풀이를 함.
八頭[やつがしら] ≪植≫ 토란의 한 품종.
八つ裂き[やつざき] 갈기갈기 찢음.
八つ目[やつめ] 여덟 눈. 눈이 많음.
八目鰻[やつめうなぎ] ≪魚≫ 칠성장어.
八房[やつぶさ] ①송아리. ② ≪植≫ 고추의 한 품종.
八百万❶[やおよろず] 수효가 많음. 수많은. ❷[はっぴゃくまん] 팔백만.
[4]**八百屋**[やおや] ①야채 가게. 야채장수. ②(깊이는 없지만 이것저것 많이 알고 있는) 만물박사.
八百長[やおちょう] ①(미리 짜고 하는) 엉터리 시합. ②짜고 일을 진행함.
八百合い[やおあい] 많은 것이 한데 모여 만남.
八色鳥[やいろちょう] ≪鳥≫ 팔색조.
八声の鳥[やこえのとり] 새벽녘에 가끔 우는 닭.
八小女[やおとめ] ≪宗≫ 神社(じんじゃ)에서 신(神)을 섬기며 神楽(かぐら) 등을 추는 (8명의) 소녀.
八手[やつで] ≪植≫ 팔손이나무.
八十島[やそしま] ≪雅≫ 많은 섬.
八十路[やそじ] ≪古≫ ①여든. 80. ②여든 살. 80세.
八十万❶[やそよろず] ≪古≫ 아주 수가 많음. ❷[はちじゅうまん] 팔십만.
八塩折り[やしおおり] 몇 번이고 정성들여 만듦.
八雲[やくも] ①여러 겹의 구름. ②和歌(わか).
八月❶[やつき] 여덟 달. 8개월. ❷[はちがつ] 8월. 1년 중 여덟 번째 달.
八乙女[やおとめ] ☞ 八小女(やおとめ)
[4]**八日**[ようか] ①초여드렛날. ②8일. 8일간.
八入[やしお] (옷감을) 여러 번 염색함. 여러 번 염색한 것.
八つ切り[やつぎり] ①8등분. ②(사진에서) 8절판. 22×16.5㎝ 크기의 인화지·건판.
八潮路[やしおじ] 먼 항로.
八重[やえ] ①여덟 겹. ②많이 겹침.
八重葎[やえむぐら] ≪植≫ 갈퀴덩굴.
八重生り[やえなり] ①열매가 주렁주렁 열림. ②'緑豆(りょくとう)'의 딴이름.
八重咲き[やえざき] 겹꽃. 꽃잎이 여러 겹으로 겹쳐서 피는 꽃.
八重十文字[やえじゅうもんじ] 끈으로 가로와 세로로 여러 겹 묶기.
八重歯[やえば] 덧니.
八洲[やしま] '일본(日本)'의 딴이름.
八咫(の)鏡[やたのかがみ] 일본 황실에 전해 내려오는 세 가지 신기(神器) 중의 하나인 거울.
八千代[やちよ] ≪古≫ 오랜 세월.
八千種[やちぐさ] 수많은 종류.
八千草[やちぐさ] 수많은 잡초.
八つ割り[やつわり] ①8등분함. 8등분한 것 중의 하나. ②다섯 되들이 통.

音読

[4]**八**[はち] 8. 팔. 여덟. 여덟 째.
八角形[はっかくけい] 8각형. 팔각형.
八景[はっけい] 팔경; 여덟 군데의 아름다운 경치.
八卦[はっけ] 팔괘; 점.
八掛け[はちがけ] 80%. 8할(割). *어떤 가격에 대하여 다른 가격의 비율을 나타내는 말임.

八紘[はっこう] 팔굉; 팔방. 온 세상.
八道[はちどう] (옛날 일본의) 8도.
八頭身[はっとうしん] 팔등신(八等身).
八面[はちめん] ①8면. 여덟 평면. 8면체. ②(한 사람의) 여덟 가지 얼굴. ③팔방(八方). ④모든 방면.
八文字[はちもんじ] ①여덟팔자. '팔(八)'자 모양. ②안짱걸음. 팔자걸음.
八方[はっぽう] 팔방; ①여덟 방향. ②모든 방향. 모든 방면.
八方美人[はっぽうびじん] 팔방미인.
八方塞(が)り[はっぽうふさがり] ①(陰陽道에서) 팔방이 모두 불길함. ②사방팔방이 꽉 막힘.
八幡[はちまん] ①'八幡宮(はちまんぐう)'의 준말. ②'八幡神(はちまんじん)'의 준말.
八幡宮[はちまんぐう] ≪宗≫ 応神天皇(おうじんてんのう)을 주신(主神)으로 모신 神社(じんじゃ).
八分❶[はちぶ] ①10분의 8. 80%. 8할(割). ②100분의 8. ③'村八分(むらはちぶ)'의 준말. ❷[はちふん/はっぷん] (시간상의) 8분; 480초(秒).
八分目[はちぶんめ] ①10분의 8. 80%. 8할(割). ②약간 부족한 듯한 데서 그만 둠.
八分音符[はちぶおんぷ] ≪楽≫ 8분 음표.
八分通り[はちぶどおり] 80% 정도. 8할 쯤.
八朔[はっさく] 팔삭; ①음력 8월 1일. ②≪植≫ 귤의 한 품종.
八十八夜[はちじゅうはちや] 입춘(立春)부터 88일째의 날. *5월 2일로 파종에 적기임.
4 八月❶[はちがつ] 8월. 1년 중 여덟 번째 달. August. ❷[やつき] 여덟 달. 8개월.
八人芸[はちにんげい] 재주꾼; 혼자서 여러 사람의 목소리를 흉내 내거나 여러 가지 악기를 다룰 줄 아는 사람.
八の字[はちのじ] '팔(八)'자형. *찌푸린 인상의 눈썹 모양을 말함.
八丁[はっちょう] 잘함. 능숙함. *약간 멸시하는 말임.

捌	깨뜨릴/나눌 팔	音 ハツ 訓 ⊗さばく ⊗はける

訓読

⊗捌かす[はかす] 〈5他〉 ①물이 잘 빠지게 하다. 물이 잘 흐르게 하다. ②(상품을) 몽땅 처분하다. 다 팔아치우다.
⊗捌く[さばく] 〈5他〉 ①(흐트러지기 쉬운 일을) 잘 처리하다. 능숙하게 다루다. ②(복잡한 일을) 잘 처리해내다. ③(복잡하게 얽힌 것을) 풀어 가르다. 가지런히 하다. ④(상품을) 처분하다. 팔아치우다.
捌き[さばき] ①다루는 솜씨. 처리. ②매각(売却).
⊗捌ける❶[さばける] 〈下1自〉 ①(상품이) 잘 팔리다. 다 팔리다. ②(사람이) 이해성이 있다. 서글서글하다. 속이 트이다. ③엉킨 것이 풀리다. ❷[はける] 〈下1自〉 ①(물이) 잘 빠지다. ②(물건이) 잘 팔리다. 다 팔리다.
捌け口❶[さばけぐち] 판로(販路). 팔 곳. ❷[はけぐち] ①배수구(排水口). ②판로(販路). 팔 곳. ③(스트레스를) 발산시킬 곳・기회・방법.
捌け道[はけみち] ①배수구(排水口). ②판로(販路). 팔 곳.

貝	조개 패

丨 冂 冃 目 目 貝 貝

音 ⊗バイ
訓 ◉かい

訓読

2 ◉貝[かい] ①≪貝≫ 조개. ②조가비.
1 貝殻[かいがら] 패각; 조가비. 조개껍데기.
貝殻骨[かいがらぼね] '肩胛骨(けんこうこつ)'의 딴이름.
貝殻虫[かいがらむし] ≪虫≫ 패각충; 개각충(介殼虫). 깍지진디.
貝類[かいるい] 패류; 조개 종류.
貝細工[かいざいく] 조가비 세공. 조가비로 세공한 물건.
貝焼き[かいやき] ①조개를 통째로 굽기. ②조가비에 구운 음식.
貝拾い[かいひろい] 조가비 줍기.
貝爪[かいづめ] 짧고 납작한 손톱・발톱.
貝柱[かいばしら] ①≪動≫ 패주. 조개관자. ②가라비 등의 조개관자를 삶아 말린 포.
貝尽くし[かいづくし] ①조가비만으로 된 무늬・그림. ②조가비 모으기 놀이.

貝塚[かいづか] ≪考古≫ 패총; 조개무지.

貝合(わ)せ[かいあわせ] ①희귀한 조가비에 연유한 和歌(わか)를 지으며 놀던 놀이. ②조가비 짝짓기 놀이.

貝割(り)[かいわり] ①활짝 벌어진 조개의 모양. ②활짝 벌어진 조개 모양의 매듭.

貝割(り)大根[かいわりだいこん] 떡잎 무.

貝割(り)葉[かいわりば] 떡잎.

貝割(り)菜[かいわりな] 떡잎 나물.

音読

貝独楽[ばいごま/べいごま] 조가비를 본떠서 만든 작은 팽이.

敗 패할 패

冂 月 目 目 貝 貝 貝' 貝𠂉 敗 敗

音 ◉ハイ

訓 ◉やぶれる ⊗まける

訓読

◉**敗れる**[やぶれる] 〈下1自〉 (승부에서) 지다. 패배하다.

⊗**敗ける**[まける] 〈下1自〉 (경쟁이나 싸움에) 지다. 패배하다.

敗(け)犬[まけいぬ] 싸움에 진 개.

敗(け)軍[まけいくさ] 진 싸움.

音読

[1]**敗**[はい] 패; 패배. 짐.

敗局[はいきょく] 패국; (바둑·장기에서) 시합에 진 대국(対局).

敗軍[はいぐん] 패군; 싸움에 진 군대.

敗亡[はいぼう] 패망; 싸움에 져 망함.

[1]**敗北**[はいぼく] 패배; (경쟁·싸움에) 짐.

敗色[はいしょく] 패색; 패할 기색.

敗訴[はいそ] ≪法≫ 패소; 소송에 짐.

敗因[はいいん] 패인; 패한 원인.

敗者[はいしゃ] 패자; 싸움에 진 사람.

敗残[はいざん] 패잔; ①전쟁에 지고 살아남음. ②(인생에 대한) 패배. ③병자나 불구자가 됨.

敗将[はいしょう] 패장; 전쟁에 진 장군.

[1]**敗戦**[はいせん] 패전; 전쟁·시합에 짐.

敗走[はいそう] 패주; 싸움에 져 도망침.

敗着[はいちゃく] 패착; (바둑에서) 패인(敗因)이 되는 악수(悪手).

敗退[はいたい] 패퇴; 싸움에 지고 물러남.

敗血症[はいけつしょう] ≪医≫ 패혈증.

覇(霸) 으뜸/두목 패

一 冖 襾 覀 覀 覀 覀 覀 覇 覇

音 ◉ハ

訓 ―

音読

覇[は] 패; ①패권; 무력·권력으로 나라와 백성 위에 군림함. ②(경기에서의) 우승.

覇権[はけん] 패권; ①패자(覇者)로서의 얻은 권력. ②(경기에서의) 우승자로서의 입장이나 영예.

覇気[はき] 패기; ①패자(覇者)가 되려는 마음. ②야심.

覇道[はどう] 패도; 무력과 권모술수로 통치하는 방법.

覇府[はふ] ①패자(覇者)가 정사(政事)를 보는 곳. ②'幕府(ばくふ)'의 딴이름.

覇業[はぎょう] 패업; 패자(覇者)로서의 사업. 위대한 업적.

覇王[はおう] 패왕; ①무력으로 자리에 오른 왕. ②패도(覇道)와 왕도(王道).

覇者[はしゃ] 패자; ①(무력이나 권력으로) 천하를 정복한 자. ②(경기에서의) 우승자.

佩 허리에 찰 패

音 ⊗ハイ

訓 ⊗はく ⊗おびる

訓読

⊗**佩かす**[はかす] 〈5他〉 칼을 허리에 차시다.

⊗**佩く**[はく] 〈5他〉 (허리에) 차다.

⊗**佩びる**[おびる] 〈上1他〉 (몸에) 차다. 달다.

佩び物[おびもの] 허리에 차는 물건.

音読

佩する[はいする] 〈サ変他〉 허리에 차다.

佩剣[はいけん] 패검; 칼을 참.

佩刀[はいとう] 패도; ①허리에 찬 칼. ②칼을 허리에 참.

佩用[はいよう] 패용; 몸에 닮. 몸에 참.

唄 염불소리 패

音 ⊗バイ

訓 ⊗うた ⊗うたう

訓読

⊗**唄**[うた] 노래. ¶ ~をうたう 노래를 부르다.

⊗**唄う**[うたう] 〈5他〉 (노래를) 부르다. 노래하다. ¶ 鼻唄(はなうた)を~ 콧노래를 부르다.

悖 어그러질 패	音 ⊗ハイ ⊗ボツ 訓 ⊗もとる

訓読

⊗悖る[もとる] 〈5自〉 (원칙·도리 등에) 어긋나다. 위배되다. ¶理(り)に～ 도리에 어긋나다.

音読

悖徳[はいとく] 패덕; 도덕과 의리에 어긋남.

悖戻❶[はいれい] 패려; 도리에 어긋남. ❷[ぼつれい] 반역. 저항. 반항.

悖礼[はいれい] 패례; 예의에 어긋남.

悖理[はいり] 패리; 도리에 어긋남.

悖反[はいはん] ①거역. 위반. ②모순.

悖逆[はいぎゃく] 패역; 인륜(人倫)을 어김.

牌 ×(牌) 패 패	音 ⊗ハイ ⊗パイ 訓 —

音読

牌❶[はい] ①팻말. ②메달. ❷[パイ] (마작의) 패.

◑骨牌[こっぱい], 金牌[きんぱい], 位牌[いはい]

稗 ×(稗) 피 패	音 ⊗ハイ 訓 ⊗ひえ

訓読

⊗稗[ひえ] 《植》 피.

音読

稗史[はいし] 패사; ①소설 스타일로 쓴 역사. ②소설.

〔팽〕

膨 불룩할 팽
丿 刀 月 月' 月' 肚 脏 膨 膨 膨

音 ◉ボウ

訓 ◉ふくよか ◉ふくらかす ◉ふくらす ◉ふくらます ◉ふくらむ ◉ふくれる

訓読

◉膨よか[ふくよか] 〈形動〉 ①(부드럽게 부푼 모양으로) 포동포동함. 몽실몽실함. ②향기가 풍부함.

◉膨らかす[ふくらかす] 〈5他〉 볼록하게 하다. 부풀리다.

◉膨らす[ふくらす] 〈5他〉 볼록하게 하다. 부풀리다.

膨らし粉[ふくらしこ] 베이킹파우더.

[2]◉膨らます[ふくらます] 〈5他〉 볼록하게 하다. 부풀리다.

[2]◉膨らむ[ふくらむ] 〈5自〉 ①(부드럽고 둥글게) 볼록해지다. 부풀다. ②팽창하다.

膨らみ[ふくらみ] 부푼 모양. 탄력성.

[1]◉膨れる[ふくれる] 〈下1自〉 ①볼록해지다. 부풀다. ②뿌루퉁해지다.

膨れっ面[ふくれっつら] 뿌루퉁한 얼굴. 볼멘 얼굴. 화난 얼굴.

膨れ上がる[ふくれあがる] 〈5自〉 ①부풀어 오르다. 크게 부풀다. ②(수량 등이) 기준치보다 훨씬 많아지다. 급증하다.

◑水膨れ[みずぶくれ], 青膨れ[あおぶくれ]

音読

[2]膨大[ぼうだい] ①팽대; 부풀어 커짐. ②방대함. 양(量)이나 규모가 매우 큼.

[1]膨張[ぼうちょう] ☞ 膨脹

[1]膨張率[ぼうちょうりつ] ☞ 膨脹率

[1]膨脹[ぼうちょう] 팽창; ①부풀어 커짐. ②규모가 커짐.

[1]膨脹率[ぼうちょうりつ] 팽창률.

〔편〕

片 조각/한쪽 편
丿 𠂆 片 片

音 ◉ヘン

訓 ◉かた ⊗ひら

訓読

[1]◉片❶[かた] (세트 중의) 한쪽. 한편. ❷[へん] ☞ [音読]

片え[かたえ] ①한쪽. 한편. ②일부분. 반쪽. ③곁에 있는 사람.

片えくぼ[かたえくぼ] 한쪽 보조개.

片す[かたす] 〈5他〉 ①정리하다. 치우다. 처리하다. ②한쪽으로 치우다. 옮기다. ＊関東(かんとう)·東北(とうほく) 지방 방언.

片ちんば[かたちんば] ①절름발이. 절뚝발이. ②짝짝이임.

片びっこ[かたびっこ] 절름발이. 절뚝발이.

[4]片仮名[かたかな] ≪語学≫ カタカナ.
片歌[かたうた] ≪文学≫ 和歌(わか)의 한 스타일. ＊5・7・7의 3구(句) 형식.
片岡[かたおか] ①한쪽이 경사진 언덕. ②작은 언덕.
片降り[かたぶり] 비가 계속 내리는 날씨.
片開き[かたびらき] (문짝이) 한쪽만 열림.
片結び[かたむすび] (띠나 끈의) 한쪽 끝은 그대로 두고 다른 한쪽 끝을 거기에 감아 매는 매듭.
片鎌槍[かたかまやり] 날 한쪽에만 가지가 진 미늘창.
片口[かたくち] ①(냄비・술병・주발 등의) 외귀때. 귀때가 한 개뿐임. ②한 쪽 사람의 말. 한쪽 말.
片口鰯[かたくちいわし] ≪魚≫ 멸치.
片丘[かたおか] ①한쪽이 경사진 언덕. ②작은 언덕.
片肌[かたはだ] (웃통을 벗었을 때의) 한쪽 어깨.
片肌脱ぎ[かたはだぬぎ] (여름철에) 한쪽 어깨를 드러냄.
片寄せる[かたよせる] 〈下1他〉 한쪽으로 치우치다.
片寄り[かたより] (한쪽으로) 치우침.
[2]片寄る[かたよる] 〈5自〉 ①(한쪽으로) 치우치다. 기울다. 쏠리다. ②불공평해지다. ③불공평하게 취급하다. ④(어떤 것에) 다가가다.
片男波[かたおなみ] 높낮이가 있는 파도 중에서 높은 쪽 파도.
片端❶[かたはし] ①한쪽 끝. ②일부분. ❷[かたわ] ①병신. 불구자. ②불균형.
片端から[かたはしから] 죄다. 모조리.
片っ端[かたっぱし] ①한쪽 끝. ②일부분.
片っ端から[かたっぱしから] 죄다. 모조리.
[2]片道[かたみち] 편도; ①왕복의 한쪽 길. ②일방적임.
片道切符[かたみちきっぷ] 편도 차표.
片道通行[かたみちつうこう] 일방통행.
片恋[かたこい] 짝사랑.
片流れ[かたながれ] ≪建≫ ①외쪽지붕. ②한쪽으로만 경사지게 된 지붕. ③용마루에서 처마까지.
片流(れ)造(り)[かたながれづくり] 지붕을 한쪽으로만 경사지게 만든 건축 양식.
片輪[かたわ] ①병신. 불구자. ②불균형.
片栗[かたくり] ≪植≫ 얼레지.
片栗粉[かたくりこ] 녹말가루.
片里[かたざと] 벽촌. 두메. 시골구석.
片面[かたおもて/かためん] 한쪽 면.
片明かり[かたあかり] ①(빛이) 한쪽만 비춤. 한쪽만 비추는 빛. ②희미한 빛.
片目[かため] ①한쪽 눈. ②애꾸눈.
片貿易[かたぼうえき] 편무역; 수출입 중 한쪽으로만 치우친 무역.
片返し[かたがえし] (옷의 맞접는 곳을) 한쪽으로만 접음.
片方❶[かたえ] ①한쪽. 한편. ②일부분. 반쪽. ③곁에 있는 사람. ❷[かたほう] (세트로 된 것의) 한쪽. 한 짝. ❸[かたかた] 한쪽. 한편.
片っ方[かたっぽう] (세트로 된 것의) 한쪽. 한 짝.
片白[かたはく] 흰쌀과 검은 누룩으로 빚은 탁주・막걸리.
片帆[かたほ] ①(2개 있는 돛 중의) 한쪽 돛. ②(바람을 잘 받도록) 돛을 한쪽으로 기울여 올림.
片腹[かたはら] 한쪽 배. 옆구리.
片腹痛い[かたはらいたい] 〈形〉 가소롭다.
片棒[かたぼう] 교자꾼의 한 사람. 목도의 맞잡이.
[2]片付く[かたづく] 〈5自〉 ①정리되다. 정돈되다. ②해결되다. 결말이 나다. 매듭지어지다. 끝나다. ③시집가다. 출가하다. ＊윗사람이 사용하는 말임. ④방해자가 제거되다. 눈엣가시가 없어지다.
[1]片付け[かたづけ] 정리. 정돈.
[2]片付ける[かたづける] 〈下1他〉 ①정리하다. 정돈하다. 치우다. ②해결하다. 결말을 내다. 매듭짓다. 끝내다. ③시집보내다. 출가시키다. ＊윗사람이 사용하는 말임.
片付(け)物[かたづけもの] 사용한 물건을 제자리에 정리함.
片敷く[かたしく] 〈5他〉≪古≫ 혼자서 잠을 자다.
片庇[かたびさし] ① ≪建≫ 한쪽으로만 난 차양. ②허술한 집・지붕.
片糸[かたいと] 외올실.
[1]片思い[かたおもい] 짝사랑.
片削ぎ[かたそぎ] ①한쪽을 깎아냄. 한쪽을 깎아낸 것. ②神社(じんじゃ)의 지붕에 있는 千木(ちぎ)의 한쪽을 깎아낸 것.
片山里[かたやまざと] 두메산골.
片山貝[かたやまがい] ≪貝≫ 고둥의 종류.

片船[かたふね] ①한쪽의 배. ②(긴 물건을) 길게 쪼갠 반쪽.
片手[かたて] ①한쪽 손. ②(장갑의) 한짝. 한쪽. ③손이 하나뿐인 사람. ④한쪽. 일방. ⑤ ≪俗≫ (한쪽 손의 손가락 수대로) 5, 50, 500 등이 붙는 금액.
片手間[かたてま] (본업의) 여가. 짬. 틈. 부업.
片手落ち[かたておち] 한쪽으로 치우침. 편파적임. 불공평함.
片手仕事[かたてしごと] ①부업(副業). ②틈틈이 하는 일.
片手業[かたてわざ] ①한 손으로 하는 재주. ②부업(副業). 틈틈이 하는 일.
片手桶[かたておけ] 손잡이가 한쪽에만 달린 통.
片袖[かたそで] ①한쪽 소매. ②쪽소매책상.
片袖机[かたそでづくえ] 쪽소매책상.
片膝[かたひざ] 한쪽 무릎.
片時[かたとき] 잠시. 잠깐 동안.
片時片時[かたときへんじ] 잠시. 잠깐 동안.
片食[かたけ] (아침저녁 두 번의 식사 중) 한 끼의 식사. *옛날에는 하루에 두 번 식사했음.
片息[かたいき] 어깻숨. 할딱거리는 숨.
片身[かたみ] ①몸의 반쪽. 반으로 가른 생선의 한쪽. ②(옷의 몸통의) 반쪽.
[1]片言❶[かたこと] ①더듬거리는 말씨. ②한 마디의 말. ❷[へんげん] 간단한 말.
片言交じり[かたことまじり] 떠듬떠듬 말함.
片屋[かたや] ①(옛날 씨름이나 경마 등에서) 선수가 좌우로 또는 동서로 나뉘어 모여 대기하는 곳. ②씨름판.
片腕[かたうで] ①한쪽 팔. ②외팔. 팔이 하나뿐임. ③가장 신임하는 사람·부하.
片外し[かたはずし] (江戸(えど) 시대에) 御殿女中(ごでんじょちゅう)들의 헤어스타일의 하나.
片隅[かたすみ] 한구석. 한쪽 구석.
片陰[かたかげ] ①(눈에 띄지 않는) 한쪽 구석. ②그늘.
片意地[かたいじ] 외고집. 옹고집. 황소고집.
片意地張り[かたいじばり] 황소고집. 옹고집쟁이.
片耳[かたみみ] ①한쪽 귀. ②얼핏 들음.
片刃[かたは] 외날. 외날의 날붙이.
片一方[かたいっぽう] (세트로 된 것의) 한쪽. 한 짝.
片日向[かたひなた] 한쪽만 양달임.
片田舎[かたいなか] 벽촌. 외딴 시골.
片前[かたまえ] (양복의) 싱글. 외줄 단추의 양복저고리.
片岨[かたそ/かたそば] 한쪽이 깎아지른 벼랑으로 되어 있는 산.
片照り[かたでり] 갠 날만 계속되는 날씨.
片足[かたあし] ①한쪽 발. ②외다리. 다리가 하나뿐임. ③(신발의) 한짝.
片肘[かたひじ] 한쪽 팔꿈치.
片側[かたがわ] 한쪽. 한쪽 편.
片側町[かたがわまち] 길 한쪽에만 집이 늘어선 거리.
片親[かたおや] ①한쪽 부모. ②홀어버이.
片片❶[かたかた] 한쪽. 한편. ❷[へんぺん] ①조각조각임. ②얄팍함. 하잘 것 없음.
片便り[かただより] ①보낸 편지에 답장이 없음. ②다른 한편에선 소식을 전할 방법이 없음.
片肺[かたはい] ①한쪽 폐. ②(쌍발 비행기의) 한쪽 엔진. ③한쪽이 없음.
片跛[かたちんば/かたびっこ] 절름발이.
片荷[かたに] 한쪽의 짐. 절반의 짐.
片恨み[かたうらみ] 일방적인 원망.
片割れ[かたわれ] ①파편. 깨어진 한 조각. ②(세트의) 한짝. 한쪽. ③(한패 중의) 한 사람. ④분신(分身).
片割れ月[かたわれづき] 반달. 조각달.
片脇[かたわき] 한쪽 옆. 한 구석.

音読

片❶[へん] 조각. *(숫자에 접속하여) 물건의 조각·토막·꽃잎 등을 세는 말임. ❷[かた] ☞ [訓読]
片鱗[へんりん] 편린; ①하나의 비늘. ②몹시 작은 부분.
片麻岩[へんまがん] ≪鉱≫ 편마암.
片務[へんむ] ≪法≫ 편무; 계약 당사자의 한쪽만이 의무를 짐.
片影[へんえい] 편영; ①간신히 알아볼 수 있는 모습. ②행동·성격의 일면.
片雲[へんうん] 편운; 조각구름.

便 ①편할/소식 편 ②똥오줌 변

丿 亻 仁 仃 佰 何 便 便 便

音 ◉ベン ◉ビン
訓 ◉たより

訓読

[2]◉便り[たより] ①소식. 편지. ②편리. 편의.

音読

[2]便❶[びん] ①(우편・운송 수단의) 편. 운송 수단. ¶次(つぎ)の～を待(ま)つ 다음 차・배를 기다리다. ②좋은 기회.

[2]便❷[べん] 편; ①편리함. 형편이 좋음. ¶交通(こうつう)の～がよい 교통편이 좋다. ②변. 대변. 배설물.

便じる[べんじる] 〈上1自他〉 ☞ 便ずる

便する[べんする] 〈サ変自〉 편하게 하다. 도움이 되게 하다.

便ずる[べんずる] 〈サ変自他〉 (볼일을) 보다. 충족되다. 충족시키다.

便器[べんき] 변기; 대소변을 보는 그릇.

便覧[べんらん/びんらん] 편람; 보기에 편리하게 만든 소책자.

[4]便利[べんり] 편리; 편하고 유용함.

便利屋[べんりや] 심부름센터.

便法[べんぽう] 편법; ①편리한 방법. ②그 때만 모면하려는 편의상의 수단.

便秘[べんぴ] ≪医≫ 변비.

便船[びんせん] 마침 떠나는 배.

[2]便所[べんじょ] 변소; 화장실.

便乗[びんじょう] 편승; ①남의 차에 같이 탐. ②기회를 틈타서 잘 이용함.

[1]便宜[べんぎ] 편의; ①편리하고 마땅함. ②그 때 그 때에 적응한 처치(処置).

便宜主義[べんぎしゅぎ] 편의주의.

便意[べんい] 변의; 대변을 보고 싶은 느낌.

便益[べんえき] 편익; 편리함.

便箋[びんせん] 편지지.

便通[べんつう] 변통; 대변이 나옴.

偏(偏) 치우칠 편

亻 亻 亻 亻 伊 伊 俏 偏 偏 偏

音 ◉ヘン

訓 ◉かたよる ⊗ひとえに

訓読

◉偏る[かたよる] 〈5自〉 한쪽으로 치우치다. 한쪽으로 쏠리다.

偏り[かたより] 한쪽으로 치우침.

⊗偏に[ひとえに] 오로지. 오직. 전적으로.

音読

偏[へん] ≪語学≫ 변. 좌우로 구성되는 한자(漢字)의 왼쪽 부분.

偏する[へんする] 〈サ変自〉 한쪽으로 치우치다. 한쪽으로 쏠리다. 기울다.

偏角[へんかく] 편각; ①자침(磁針)이 가리키는 방향과 지리학적 자오선(子午線) 사이에 생기는 각. ② ≪数≫ 경각(傾角). ③ ≪物≫ 편각.

[1]偏見[へんけん] 편견; 한쪽으로 치우친 견해・사고방식.

偏光[へんこう] ≪物≫ 편광.

偏屈[へんくつ] 편굴; 편벽되고 비뚤어져 있음.

偏頭痛[へんずつう] ≪医≫ 편두통.

偏旁[へんぼう] 편방; 한자(漢字)의 변과 방.

偏西風[へんせいふう] ≪気≫ 편서풍.

偏食[へんしょく] 편식; 음식을 골고루 먹지 않고 어느 것 한쪽에 치우쳐 먹음.

偏愛[へんあい] 편애; 어느 한쪽에 치우쳐 사랑함.

偏在[へんざい] 편재; 한곳에만 치우쳐 몰려 있음.

偏重[へんちょう] 편중; 어떤 특정한 것만 중요시함.

偏執[へんしゅう/へんしつ] 편집; 편견을 고집하고 남의 의견을 받아들이지 않음.

偏執狂[へんしゅうきょう/へんしつきょう] 편집광; 어떤 일에 집착하여 상식 밖의 행동을 태연히 하는 정신병자.

偏差[へんさ] ≪数≫ 편차; 수치・위치・방향 등이 표준에서 벗어남.

偏頗[へんぱ] 편파; 불공평함.

偏向[へんこう] 편향; 한쪽으로 치우침.

偏狭[へんきょう] 편협; ①땅・토지가 좁음. ②도량(度量)이 좁음.

遍(遍) 두루 편

一 ㄱ ㅋ 戶 戶 肙 扁 扁 遍 遍

音 ◉ヘン

訓 ⊗あまねく ⊗あまねし

訓読

⊗遍く[あまねく] 널리. 두루. 일반적으로.

⊗遍し[あまねし] 〈形〉 널리 미치다. 두루 미치다. 널리 퍼져 있다.

音読

[2]遍[へん] (횟수를 세는 말로) 번. 회(回).

遍歴[へんれき] 편력; ①널리 돌아다님. ②여러 가지 경험을 함.

遍路[へんろ] ≪仏≫ 편로; 순례(巡礼).

遍満[へんまん] 편만; 널리 가득 참.

遍身[へんしん] 편신; 온몸. 전신.

遍在[へんざい] 편재; 널리 퍼져 있음.

編(編) 엮을 편

纟 纟 糸 紀 紀 綿 綿 編 編 編

音 ◉ヘン
訓 ◉あむ

訓読

[2]◉**編む**[あむ] 〈5他〉 ①엮다. 땋다. 뜨다. ②편집하다. 편찬하다. ③(계획 등을) 짜다. 세우다.
編み機[あみき] 편물기(編物機). 편물 기계.
編み笠[あみがさ] 골풀 등으로 엮은 삿갓.
編み目[あみめ] ①(물건을 엮은) 틈새기. ②(뜨개질의) 코.
[2]**編(み)物**[あみもの] 편물; 뜨개질.
編み棒[あみぼう] 뜨개바늘. 대바늘.
編み糸[あみいと] 뜨개질실.
編(み)上(げ)[あみあげ] ①엮어서 짜 올라감. ②'編上靴'의 준말.
編み上げる[あみあげる] 〈下1他〉 ①엮어서 짜 올라가다. ②끝까지 다 엮다. 끝까지 다 짜다.
編上靴[あみあげぐつ] 편상화; 목이 단화보다는 길고 장화보다는 짧은 구두.
編み出す[あみだす] 〈5他〉 ①엮어 짜기 시작하다. ②(무늬를) 짜 내다. ③고안해 내다. 생각해 내다.
編(み)針[あみばり] 뜨개바늘.
編(み)戸[あみど] (대・나무 등으로) 엮은 문. 사립문.

音読

編[へん] 편; ①문장(文章). 시문(詩文). ②책 내용을 여러 부분별로 나누었을 때의 일부분. ③'編集'의 준말.
編曲[へんきょく] 편곡; 어떤 악곡을 악기나 연주 형식을 바꾸거나 하여 사용하기 위해 고쳐 쓴 곡.
編年史[へんねんし] 편년사; 편년체(編年体)로 엮은 역사.
編年体[へんねんたい] 편년체; 연월(年月)의 순서대로 역사를 기술하는 방법.
編隊[へんたい] 편대; 두 대 이상의 비행기 대오를 편성함.
編木[★びんざさら] ≪楽≫ 박판(拍板).
編成[へんせい] 편성; 각각의 것을 모아서 조직적으로 엮어서 만듦.
編成替え[へんせいがえ] 개편(改編). 재편성.
編修[へんしゅう] 편수; 어떤 자료를 근거로 책을 편집하고 수정(修正)함.
編入[へんにゅう] 편입; 단체・조직 등에 끼게 함.
編者[へんしゃ] 편자; 편집자. 편찬자.
編著[へんちょ] 편저; 저작하고 편집한 책.
編制[へんせい] 편제; 전체를 분할하여 계통적인 단위로서 조직함.
[2]**編集**[へんしゅう] 편집; ①일정한 기획 아래 수집하고 정리하여 서적・신문・잡지 형태로 만듦. ②필름・테이프 등을 정리하여 재편성함.
編輯[へんしゅう] ☞ 編集
編纂[へんさん] 편찬; 여러 종류의 재료를 모아서 책의 내용을 꾸며냄.

扁 ˣ(扁) 납작할 편

音 ⊗ヘン
訓 —

音読

扁桃[へんとう] 편도; ①'アーモンド(아몬드)'의 딴이름. ②편도선(扁桃腺).
扁桃腺[へんとうせん] ≪生理≫ 편도선.
扁額[へんがく] 편액; 가로로 긴 액자.
扁円形[へんえんけい] 편원형; 납작한 원형.
扁舟[へんしゅう] 편주; 쪽배.
扁平[へんぺい] 편평; 평평함.
扁平足[へんぺいそく] ≪医≫ 편평족; 평발.
扁形[へんけい] 편형; 평평한 모양.

篇 ˣ(篇) 책/문장 편

音 ⊗ヘン
訓 —

音読

篇[へん] ①시문(詩文). 문장(文章). ②책의 내용을 여러 부분별로 나누었을 때의 일부분.
篇什[へんじゅう] ①한시(漢詩)를 모은 것. 시편(詩篇). ②시(詩).
篇章[へんしょう] 편장; ①시(詩)나 문장의 편(篇)과 장(章). ②시문(詩文). 문장. 책.
篇帙[へんちつ] 편질; ①책을 덮어 싸는 표지. ②책. 서적.

蝙 ˣ(蝙) 박쥐 편

音 ⊗ヘン
訓 ⊗こうもり

訓読

蝙蝠[こうもり] ①≪動≫ 박쥐. ②이리 붙었다 저리 붙었다 하는 사람.
蝙蝠傘[こうもりがさ] 박쥐우산. 양산(洋傘).

鞭 채찍 편	音 ⊗ベン 訓 ⊗むち

訓読

⊗**鞭**[むち] ①회초리. 채찍. 매. ②지휘봉.

鞭打つ[むちうつ] 〈5自他〉 ①채찍질하다. 채찍을 가하다. ②격려하다.

鞭打ち[むちうち] ①채찍으로 때림. ②(말의 몸에서) 기수의 채찍이 닿는 곳. ③'鞭打ち症'의 준말.

鞭打ち症[むちうちしょう] ≪医≫ 편타성 상해(鞭打性傷害).

音読

鞭撻[べんたつ] 편달; 격려함.

鞭毛[べんもう] ≪生理≫ 편모.

鞭毛虫[べんもうちゅう] ≪動≫ 편모충.

鞭虫[べんちゅう] ≪動≫ 편충.

騙ˣ(騙) 속일 편	音 ⊗ヘン 訓 ⊗かたる ⊗だます

訓読

⊗**騙る**[かたる] 〈5他〉 ①사취(詐取)하다. 속여서 빼앗다. ②사칭(詐称)하다. 속이다.

騙り[かたり] 사기. 속임수.

⊗**騙かす**[だまかす] 〈5他〉≪俗≫ 속이다.

⊗**騙くらかす**[だまくらかす] 〈5他〉≪俗≫ 속이다.

2⊗**騙す**[だます] 〈5他〉 ①속이다. ②달래다. ③호리다.

騙し[だまし] 속임수. 사기꾼.

騙し込む[だましこむ] 〈5他〉 감쪽같이 속이다.

騙し打ち[だましうち] ①적군을 속여서 방심하게 하고 공격함. ②남을 속여서 골탕 먹임.

騙し絵[だましえ] 보는 사람의 착각에 의해 여러 가지로 보이는 그림.

音読

騙詐[へんさ] 거짓말로 속임.

騙取[へんしゅ] 편취; 속여서 빼앗음.

〔폄〕

貶 떨어뜨릴 폄	音 ⊗ヘン 訓 ⊗けなす

訓読

1⊗**貶す**[けなす] 〈5他〉 헐뜯다. 혹평하다. 비방하다.

⊗**貶める**[おとしめる] 〈下1他〉 깔보다. 얕보다. 멸시하다.

⊗**貶む**[さげすむ] 〈5他〉 깔보다. 얕보다. 멸시하다. 업신여기다.

貶み[さげすみ] 깔봄. 얕봄. 멸시함. 업신여김.

音読

貶する[へんする] 〈サ變他〉 ❶비방하다. 헐뜯다. ❷강등시키다. 좌천시키다.

〔평〕

平(平) 평평할/화평할 평
一 丆 冖 豆 平

音 ◉ヘイ ◉ビョウ
訓 ◉たいら ◉ひら

訓読

2◉**平ら**[たいら] 〈形動〉 ①평평함. 납작함. 평탄함. ②편한 자세를 취함. ③평온함. 안정됨. ④(地名에 접속하여) 산간(山間)의 평지를 나타냄.

◉**平らか**[たいらか] 〈形動〉 ①평평함. 납작함. 평탄함. ②(세상이) 평온함. 안정됨. ③(마음이) 편안함.

◉**平らぐ**[たいらぐ] 〈5自〉 ①평평해지다. 평탄해지다. ②(병이 나아) 평온해지다.

◉**平らげる**[たいらげる] 〈下1他〉 ①(소란을) 진압하다. 평정하다. (적군을) 퇴치하다. ②다 먹어치우다. ③평평하게 하다. 평탄하게 만들다.

◉**平**[ひら] ①평평함. 평평한 곳. ②보통. ③≪建≫ 건물의 대들보에 평행한 측면. ④'平椀(ひらわん)'의 준말.

1**平たい**[ひらたい] 〈形〉 ①납작하다. 널찍하다. ②평평하다. 판판하다. ③(성격이) 모나지 않다. 사근사근하다. ④이해하기 쉽다.

平に[ひらに] ①부디. 아무쪼록. 제발. ②쉽게. 용이하게. ③오로지. 간절히.

平べったい[ひらべったい] 〈形〉 넓적하다. 펑퍼짐하다.

4**平仮名**[ひらがな] 히라가나.

平家❶[ひらや] 단층집. ❷[へいけ] ☞ [音読]
平屋建て[ひらやだて] 단층집 구조.
平絹[ひらぎぬ] 평견; 평직 비단.
平骨[ひらぼね] ①'胸骨(きょうこつ)'의 딴이름. ②(쥘부채에서) 살의 나비가 접었을 때의 대지의 넓이와 같은 것.
平鍋[ひらなべ] 납작한 냄비.
平句[ひらく] (連歌(れんが)・連句(れんく)에서) 기구(起句)・제2구・제3구・마지막 7・7의 구(句) 이외의 모든 구.
平紐[ひらひも] 꼰 실을 여러 가닥 나란히 하여 풀로 굳힌 끈.
平党員[ひらとういん] 평당원; 보통 당원.
平大名[ひらだいみょう] 보직(補職)이 없는 영주(領主).
平台ピアノ[ひらだいピアノ] 대형 피아노.
平炉[ひらろ/へいろ] 평로; 제강(製鋼)용으로 직사각형인 반사로의 하나.
平幕[ひらまく] (씨름에서) 横綱(よこづな)나 三役(さんやく)・大関(おおぜき)・関脇(せきわけ)・小結(こむすび))가 아닌 幕内(まくうち)의 씨름꾼.
平麦[ひらむぎ] 납작보리.
平皿[ひらざら] 넓적한 접시.
平目[ひらめ] ①《魚》 넙치. 광어. ②납작한 듯함. ③평범함.
平目筋[ひらめきん] 《生理》 평목근.
平文[ひらもん/ひょうもん] (옻칠의 한 종류로) 금・은・옥・자개 등을 무늬로 박고 옻칠한 것.
平門[ひらもん] 2개의 기둥 위에 평지붕을 얹은 문.
平物[ひらもの] 《植》 꽃이 납작하게 홑잎으로 피는 국화꽃.
平伏す[★ひれふす] 〈5自〉 꿇어 엎드리다. 엎드려 절하다.
平社員[ひらしゃいん] 평사원; 보통 사원.
平謝り[ひらあやまり] 싹싹 빎.
平緒[ひらお] 띠를 맬 때 허리에서 袴(はかま)의 앞으로 드리우는 폭이 넓고 납작한 끈.
平石[ひらいし] ①평평한 돌. 납작한 돌. ②'鉄平石(てっぺいせき)'의 딴이름.
平城[ひらじろ/ひらじょう] 평지(平地)에 축조(築造)한 성.
平手[ひらて] ①편 손바닥. ②(장기에서) 맞장기.
平手打ち[ひらてうち] 손바닥으로 때리기.
平首[ひらくび] 말(馬) 목의 측면.
平袖[ひらそで] 넓은 소매.
平侍[ひらざむらい] 신분이 낮은 무사.
平蒔絵[ひらまきえ] (칠공예에서) 높낮이가 없이 평평한 기법의 蒔絵(まきえ).
平信徒[ひらしんと/へいしんと] 평신도.
平顔[ひらがお] 넓적한 얼굴.
平押(し)[ひらおし] 단숨에 밀고 나아감. 강력하게 밀어붙임.
平泳ぎ[ひらおよぎ] 평영; 개구리헤엄.
平屋[ひらや] 단층집.
平屋建て[ひらやだて] 단층집 구조.
平屋根[ひらやね] 평평한 지붕.
平瓦[ひらがわら] 《建》 암키와.
平椀[ひらわん] 운두가 낮은 공기.
平茸[ひらたけ] 《植》 느타리버섯.
平場[ひらば] ①평지. ②(옛날 극장에서) 무대 정면 바닥의 일반 관람석. ③(기생이) 손님과 잠자리에 들지 않고 술좌석에서만 접대하는 일.
平底[ひらぞこ] 평저; ①바닥이 평평한 그릇. ②배의 바닥이 평평함.
平地[ひらち/へいち] 평지; 평평한 땅.
平蜘蛛[ひらぐも] 《虫》 납거미.
平織(り)[ひらおり] 평직; 평직물.
平針[ひらばり] ①납작 바늘. ②양날의 끝이 뾰족한 침.
平打ち[ひらうち] ①납작하게 꼰 끈. ②(금속을) 납작하게 두드려 편 것. ③납작한 비녀.
平土間[ひらどま] (옛날 극장에서) 무대 정면 바닥의 일반 관람석.
平貝[たいらがい] 《貝/俗》 키조개.
平編み[ひらあみ] 평뜨기. 메리야스뜨기.
平絎帯[ひらぐけおび] 심을 넣지 않고 판판하게 공그른 좁은 띠.
平戸[ひらと] '平戸百合'의 준말.
平戸百合[ひらとゆり] 《植》 재배종 나리.

音読

平ちゃら[へいちゃら] 《俗》 태연함. 겁내지 않음. 아무렇지도 않음.
平価[へいか] 평가; ①두 나라 간의 화폐 가치의 비율. ②유가 증권 거래 가격이 액면 가격과 같음.
平価切り下げ[へいかきりさげ] 평가절하.
平家❶[へいけ] ①平(たいら) 성씨(姓氏) 집안. ②'平家物語(へいけものがたり)'의 준말. ③'平家琵琶(へいけびわ)'의 준말. ❷[ひらや] 단층집.

[2]平均[へいきん] 평균; ①균일함. ②수량의 중간치. ③균형.
[2]平気[へいき] ①태연함. 아무렇지도 않음. ②예사로움. ③끄떡없음.
平年[へいねん] 평년; ①윤년(閏年)이 아닌 해. ②농사가 보통인 해.
平淡[へいたん] 평담; 산뜻함. 평온하고 담백함.
平等[びょうどう] 평등; 차별이 없음. 동등함.
平等観[びょうどうかん] 평등관.
平面[へいめん] 평면; 평평한 표면.
平面図[へいめんず] 평면도.
平明[へいめい] 평명; ①이해하기 쉽고 명료함. ②새벽녘.
平民[へいみん] 평민; 일반인. 서민.
[1]平方[へいほう] 《数》 평방; 자승. 제곱.
平方根[へいほうこん] 《数》 평방근; 제곱근.
[2]平凡[へいぼん] 평범; 보통임.
平伏[へいふく] 엎드림. 엎드려 절함.
平服[へいふく] 평복; 평상복.
平復[へいふく] 평복; 병이 나음.
[1]平常[へいじょう] 평상; 일상. 보통. 평소.
平生[へいぜい] 평소. 보통 때.
平生着[へいぜいぎ] 평상복. 평복.
平素[へいそ] 평소; 평상시. 보통 때.
平時[へいじ] 평시; 평상시. 보통 때.
平氏[へいし] 平(たいら) 성씨를 가진 씨족의 총칭(総称).
平身低頭[へいしんていとう] 평신저두; 엎드리어 고개를 숙이고 황송해 함.
平信徒[へいしんと/ひらしんと] 평신도.
平安[へいあん] 평안; ①무사하고 평온함. ②겉봉의 수신인 이름 옆에 쓰는 말. *특별한 용무가 아님을 밝히는 말임. ③'平安時代'의 준말.
平安京[へいあんきょう] 京都(きょうと)의 옛 이름.
平安時代[へいあんじだい] (귀족 정치 시대로) 桓武天皇(かんむてんのう)이 794년에 平安京(へいあんきょう)에 도읍을 정한 후 약 400년간의 시기.
[2]平野[へいや] 평야; 넓은 들판.
平然[へいぜん] 평연; 태연함.
平熱[へいねつ] 《生理》 평열.
平穏[へいおん] 평온; 고요하고 평화로움.
平原[へいげん] 평원; 평평한 들판.
平癒[へいゆ] 평유; 병이 나음.
平易[へいい] 평이; 까다롭지 않고 쉬움.
[2]平日[へいじつ] 평일; ①평상시. 보통 때. ②일요일·공휴일이 아닌 날.
平作[へいさく] 평작; 평년작.
平定[へいてい] 평정; 평온하게 진정시킴.
平静[へいせい] 평정; 평안하고 고요함.
平準[へいじゅん] 평준; ①수평으로 함. ②균일하게 함.
平地[へいち/ひらち] 평지; 평평한 땅.
平浅[へいせん] 평천; 평평하고 얕음.
平凸レンズ[へいとつレンズ] 평철렌즈.
平坦[へいたん] 평탄; ①지면이 넓고 평평함. ②덤덤함. 순탄함.
平版[へいはん] 《印》 평판; 표면이 평평한 인쇄판.
平版印刷[へいはんいんさつ] 평판 인쇄.
平平凡凡[へいへいぼんぼん] 평범하기 짝이 없음. 아주 평범함.
[2]平行[へいこう] 평행; ① 《数》 서로 만나지 않는 선. ②병행(並行).
平行棒[へいこうぼう] 평행봉; 기계 체조 용구의 하나.
平行線[へいこうせん] 평행선.
平衡[へいこう] 평형; 균형. 밸런스.
[2]平和[へいわ] 평화; 화목함. 평온함.
平和部隊[へいわぶたい] 평화 봉사단.
平画面[へいがめん] 평화면; 평평한 화면.

坪(坪) 땅평평할 평

一 十 土 圠 圢 圱 坘 坪

音 ⊗ヘイ
訓 ◉つぼ

訓読

◉坪[つぼ] ①평; (地積의 단위로) 가로 세로 여섯 자(尺) 평방. 약 3.306㎡. ②(立体의 단위로) 여섯 자(尺) 입방(立方). ③(製版·비단 등의) 한 치 평방. ④(가죽·타일 등의) 한 자(尺) 평방.
坪掘り[つぼほり] 《農》 일정한 면적의 감자를 캐내어 수확량을 산출함.
坪菫[つぼすみれ] 《植》 콩제비꽃.
坪当(た)り[つぼあたり] 평당.
坪数[つぼすう] 평수.
坪刈り[つぼがり] 《農》 평균작의 한 평만 베어 전체의 수확량을 산출함.
坪庭[つぼにわ] 내정(内庭). 저택 안의 뜰.

評(評) 평론할 평

音 ◉ヒョウ
訓 —

音読

評[ひょう] 평; 비평. 평판.
評する[ひょうする] 〈サ変他〉 평하다; 비평하다. 평가하다.
[2]評価[ひょうか] 평가; ①가치나 가격을 정함. ②긍정적으로 그 가치를 높이 인정함. ③교육 효과에 관해 판정함.
評決[ひょうけつ] 평결; 의결(議決).
評壇[ひょうだん] 평단; 비평가의 사회.
[2]評論[ひょうろん] 평론; 비평하여 논함.
評釈[ひょうしゃく] 평석; 해석하고 비평을 가함.
評言[ひょうげん] 평언; 비평의 말.
評議[ひょうぎ] 평의; 여러 사람이 모여서 의견을 발표하고 의논함.
評伝[ひょうでん] 평전; 비평을 겸한 전기(伝記).
評点[ひょうてん] 평점; 평가하여 매기는 점수.
評定❶[ひょうじょう] 평정; 여럿이 평의하여 결정함. ❷[ひょうてい] (가격・등급을) 평가하여 정함.
評注[ひょうちゅう] 평주; 비평을 하고 주석(注釈)을 가함.
[2]評判[ひょうばん] 평판; ①세상 사람들의 비평. ②소문남. 유명해짐. 인기가 있음. 잘 알려짐.

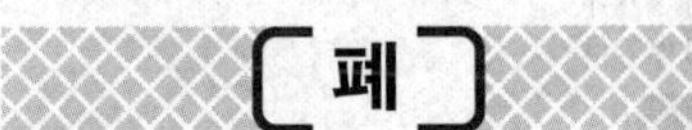

[폐]

肺 허파 폐

音 ◉ハイ
訓 —

音読

[1]肺[はい] 《生理》 폐; 허파.
肺結核[はいけっかく] 《医》 폐결핵.
肺動脈[はいどうみゃく] 《生理》 폐동맥.
肺炎[はいえん] 《医》 폐렴.
肺門[はいもん] 《生理》 폐문.
肺病[はいびょう] 《医》 폐병; 폐결핵.
肺腑[はいふ] 폐부; ①허파. 폐. ②마음 속. ③급소. 요긴한 곳.
肺癌[はいがん] 《医》 폐암.
肺葉[はいよう] 《生理》 폐엽.
肺臓[はいぞう] 《生理》 폐장; 허파. 폐.
肺疾[はいしつ] 폐질; 폐병.
肺活量[はいかつりょう] 폐활량.

陛 임금/섬돌 폐

音 ◉ヘイ
訓 ⊗きざはし

訓読

⊗階[きざはし] 《雅》 계단. 층층대.

音読

陛下[へいか] 폐하; 天皇(てんのう)・皇后(こうごう)・皇太后(こうたいごう)・太皇太后(たいこうたいごう)의 경칭(敬称). ＊단독으로 사용할 때는 천황(天皇)을 가리킬 때가 많음.

閉 문닫을 폐

音 ◉ヘイ
訓 ◉とざす ◉とじる ◉しまる ◉しめる

訓読

◉閉ざす[とざす] 〈5他〉 ①(문을) 잠그다. 닫다. ②(길・통행을) 막다. 방해하다. ③(출입구를) 봉쇄하다. 폐쇄하다.
[2]◉閉じる[とじる] 〈上1自〉 ①(열린 것이) 닫히다. ②끝나다. 파하다. 〈上1他〉 ①(열린 것・편 것을) 닫다. 덮다. 접다. ②(하던 일을) 마치다. 끝내다.
閉じ籠もる[とじこもる] 〈5自〉 틀어박히다.
閉じ込める[とじこめる] 〈下1他〉 가두다.
[4]◉閉まる[しまる] 〈5自〉 ①(문 등이) 닫히다. ②(영업이) 끝나다.
[4]◉閉める[しめる] 〈下1他〉 ①(열린 것・편 것을) 닫다. 덮다. 접다. ②영업을 끝내다. ③폐업하다.

音読

閉刊[へいかん] 폐간; 신문・잡지 등의 정기간행물의 간행을 폐지함.
閉居[へいきょ] 폐거; 틀어박힘. 칩거.

閉館[へいかん] 폐관; 도서관·미술관·박물관 등이 폐업함. 또는 그 날의 업무를 마침.

閉校[へいこう] 폐교; ①학교를 폐쇄함. ②그 날의 수업을 마침.

[1]閉口[へいこう] ①입을 굳게 다물고 아무 말을 하지 않음. ②질림. 손듦.

閉幕[へいまく] 폐막; ①연극을 마치고 막을 내림. ②어떤 행사가 끝남.

閉門[へいもん] 폐문; ①문을 닫음. ②(근신하는 뜻으로) 집안에 틀어박힘.

閉山[へいざん] 폐산; ①그 해의 등산 기간을 마감함. ②광산을 폐쇄함.

閉塞[へいそく] 폐색; (문을) 닫아서 막음. 닫히어 막힘.

[1]閉鎖[へいさ] 폐쇄; ①문을 닫아 출입을 못하게 함. ②문을 닫아 출입하는 기능을 정지시킴.

閉業[へいぎょう] 폐업; ①그 날의 영업을 끝냄. ②영업을 중단함.

閉場[へいじょう] 폐장; 행사를 마치고 그 장소를 폐쇄함.

閉店[へいてん] 폐점; ①장사를 그만두고 가게를 폐쇄함. ②가게가 그 날의 영업을 마침.

閉廷[へいてい] ≪法≫ 폐정; ①법정을 닫음. ②법정에서의 심리를 중단함.

閉止[へいし] 폐지; 기능이 멈춤.

[2]閉会[へいかい] 폐회; ①회의·모임을 끝마침. ②(국회의) 회기가 끝남.

廃(廢) 폐지할 폐

广 广 广 广 疒 庐 庐 庐 庠 廃

音 ◉ハイ

訓 ◉すたる ◉すたれる

訓読

◉廃る[すたる] 〈5自〉 ①쓸모없게 되다. 쓰이지 않게 되다. ②유행이 지나가다. 한물가다. ③(체면이나 명예가) 실추되다. 손상되다. 깎이다.

廃り[すたり] ①폐품(廃品). ②한물 감.

廃り物[すたりもの] ①폐품(廃品). ②한물 간 것. 지금은 유행하지 않는 것.

廃り者[すたりもの] 쓸모없는 사람.

[1]◉廃れる[すたれる] 〈下1自〉 ①쓸모없게 되다. 쓰이지 않게 되다. ②유행이 지나가다. 한물가다. ③(체면이나 명예가) 실추되다. 손상되다. 깎이다.

廃れ物[すたれもの] ①폐품(廃品). ②한물 간 것. 지금은 유행하지 않는 것.

廃れ者[すたれもの] 쓸모없는 사람.

音読

廃ガス[はいガス] 폐가스.

廃する[はいする] 〈サ変他〉 ①폐하다. 폐지하다. 그만두다. ②지위에서 물러나게 하다. 폐위(廃位)하다.

廃家[はいか/はいけ] 폐가; ①폐옥(廃屋). ②상속인이 끊어진 집안.

廃刊[はいかん] 폐간; 신문·잡지 등의 정기 간행물의 간행을 폐지함.

廃坑[はいこう] 폐갱; 폐기된 광산·탄광.

廃鉱[はいこう] 폐광; 폐기된 광산.

廃校[はいこう] 폐교; 폐쇄된 학교.

[1]廃棄[はいき] 폐기; ①못쓰게 된 것을 버림. ②그만두어 무효화함.

廃立❶[はいりつ] 폐립; 임금을 폐하고 새 임금을 세움. ❷[はいりゅう] ≪仏≫ 둘을 비교하여 하나를 버리고 하나를 존속시킴.

廃物[はいぶつ] 폐물; 필요 없는 물건.

廃藩置県[はいはんちけん] 1871년에 藩(はん)을 폐지하고 지방 행정을 府県(ふけん)으로 통일한 개혁.

廃寺[はいじ] 폐사; 황폐된 절.

廃案[はいあん] 폐안; 폐기된 의안·고안.

廃液[はいえき] 폐액; 못쓰게 되어 버려진 액체.

廃語[はいご] 폐어; 사어(死語).

廃業[はいぎょう] 폐업; 그때까지의 직업이나 장사를 그만둠.

廃熱[はいねつ] 폐열; 필요 없어 버리는 열.

廃屋[はいおく] 폐옥; 폐가(廃家).

廃園[はいえん] 폐원; ①황폐된 정원. ②유치원·공원·식물원·동물원 등의 경영을 그만둠.

廃油[はいゆ] 폐유; 못쓰게 된 기름.

廃人[はいじん] 폐인; 사고·질병 등으로 일상적인 사회생활을 할 수 없는 사람.

廃残[はいざん] 패잔; 생존 경쟁에 져서 몰락함. 병자나 불구자가 됨.

廃嫡[はいちゃく] 폐적; (옛날 민법에서) 적자(嫡子)의 신분 상속권을 폐함.

廃絶[はいぜつ] 폐절; 대(代)가 끊김.

廃帝[はいてい] 폐제; 폐위된 황제.

廃除[はいじょ] 폐제; ①버려 없앰. ②추정 상속인으로서의 지위를 상실시킴.

[1]廃止[はいし] 폐지; 이제까지의 제도·법규 등을 불필요한 것으로 하여 그만둠.

廃疾[はいしつ] 폐질; 회복 불능의 병.
廃車[はいしゃ] 폐차; 폐기한 자동차.
廃品[はいひん] 폐품; 못쓰게 된 물건.
廃合[はいごう] 폐합; 폐지와 합병.
廃墟[はいきょ] 폐허; 건물이나 시가지·성터 등의 황폐된 터.

幣(幣) 예물 폐

丷 冖 尚 㡀 㡀 㡀 㡀 敝 幣 幣

音 ◉ヘイ
訓 ⊗ぬさ

訓読

⊗**幣❶**[ぬさ] ≪宗≫ (神道(しんとう)에서) 신에게 빌 때 바치는 삼·종이 등을 가늘게 오려 만든 것. ＊신전(神前)의 나뭇가지나 울타리에 묶어 드리움. ❷[へい] ☞ [音読]

音読

幣❶[へい] ①신에게 빌 때 바치는 삼·종이 등을 가늘게 오려 만든 것. ②공물(貢物). 진상물(進上物). ❷[ぬさ] ☞ [訓読]
幣物[へいぶつ/へいもつ] 폐물; ①신(神)에게 바치는 물건의 총칭. ②예물. 선물.
幣帛[へいはく] 폐백; ①신전(神前)에 바치는 공물(供物). ②예물. 선물.
幣束[へいそく] (신에게 바치는 공물의 하나로) 삼·종이 등을 잘라 가늘고 긴 나무에 드리운 것.
幣制[へいせい] 화폐(貨幣) 제도.
幣制改革[へいせいかいかく] 화폐 제도 개혁.

弊(弊) 폐단/나쁠 폐

丷 冖 尚 㡀 㡀 㡀 㡀 敝 敝 弊

音 ◉ヘイ
訓 —

音読

弊[へい] 폐; ①폐습. ②폐해. 폐단. ③(자기 것임을 나타내는 겸손한 말로) 폐. ¶ ~社(しゃ) 폐사; 저희 회사.
弊履[へいり] 폐리; 헌 신짝.
弊社[へいしゃ] 폐사; '저희 회사'의 낮춤말.
弊習[へいしゅう] 폐습; 나쁜 풍습.
弊屋[へいおく] 폐옥; ①황폐된 집. ②자기 집의 낮춤말.
弊衣[へいい] 폐의; 해어진 옷. 누더기 옷.
弊店[へいてん] 폐점; 자기 가게의 낮춤말.
弊政[へいせい] 폐정; 악정(悪政).
弊紙[へいし] 폐지; 자사(自社) 발행 신문에 대한 낮춤말.
弊誌[へいし] 폐지; 자사(自社) 발행 잡지에 대한 낮춤말.
弊村[へいそん] 폐촌; ①피폐(疲弊)한 마을. ②자기 마을의 낮춤말.
弊宅[へいたく] 폐택; ①피폐된 집. ②자기 집의 낮춤말.
弊舗[へいほ] 폐포; 자기 가게의 낮춤말.
弊風[へいふう] 폐풍; 나쁜 풍습.
弊害[へいがい] 폐해; 폐단(弊端)과 손해.

吠 짖을 폐

音 ⊗ベイ
訓 ⊗ほえる

訓読

[2]⊗**吠える**[ほえる] 〈下1自〉 ①(개·맹수 등이) 짖다. 으르렁거리다. ② ≪俗≫ 앙앙거리다. 큰소리로 울다. ③≪俗≫ 소리 지르다. 악쓰다.
吠え面[ほえづら] ≪俗≫ 울상. 우는 얼굴.

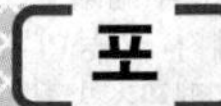

포

包(包) 포장할/쌀 포

ノ 勹 勺 匀 包

音 ◉ホウ
訓 ◉つつむ ⊗くるむ ⊗くるめる

訓読

[3]◉**包む❶**[つつむ] 〈5他〉 ①포장하다. 싸다. ②둘러싸다. 에워싸다. ③(감정 등을) 감추다. 숨기다. 품다. ④(돈을) 종이에 싸서 주다.
[2]⊗**包む❷**[くるむ] 〈5他〉 휘감아 싸다. 감싸다.
[2]◉**包み❶**[つつみ] ①포장함. 쌈. 포장한 물건. 보따리. 꾸러미. ②(포장한 물건을 세는 말로) 봉지. 꾸러미.
⊗**包み❷**[くるみ] ①휘감아 쌈. 폭 감쌈. 또는 그런 물건. ②¶お~ (아기의) 포대기.
包みボタン[つつみボタン] 헝겊 등으로 싼 단추.

包(み)構え[つつみがまえ] ≪語学≫ 쌀포몸. ＊한자(漢字) 부수의 하나로 '包·勺' 등의 '勹' 부분을 말함.
包み金[つつみきん/つつみがね] 금일봉(金一封). (축하나 사례의 표시로) 종이에 싸서 주는 돈.
包み物[つつみもの] 포장한 물건. 보따리.
包み飾る[つつみかざる] 〈5他〉 포장하여 꾸미다.
包み隠す[つつみかくす] 〈5他〉 ①포장하여 안 보이게 하다. ②비밀로 하다. 은폐하다.
包み紙[つつみがみ] 포장지.
⊗**包める**[くるめる] 〈下1他〉 ①(여러 개를) 하나로 뭉뚱그리다. 한데 합치다. ②둘러치다. 휘감싸다. ③교묘하게 속이다. 구슬리다.

音読

包括[ほうかつ] 포괄; 있는 대로 모두 하나로 휩싸서 묶음.
2**包帯**[ほうたい] 붕대(繃帯).
包摂[ほうせつ] 포섭; ①한 가지 사항을 큰 범위 속에 싸 넣음. ②어떤 개념이 일반적인 개념에 포함됨.
包容[ほうよう] 포용; 휩싸서 받아들임.
包容力[ほうようりょく] 포용력.
包囲[ほうい] 포위; 둘러쌈.
2**包装**[ほうそう] 포장; 물건을 싸서 꾸림.
2**包丁**[ほうちょう] ①부엌칼. 식칼. ②요리사. ③요리.
包含[ほうがん] 포함; 내포함. 싸서 간수함.

布 베/펼/베풀 포

ノ ナ 𠂇 右 布

音 ◉フ ⊗ホ
訓 ◉ぬの ⊗しく

訓読

2◉**布**[ぬの] 천. 옷감. 직물.
⊗**布く**[しく] 〈5他〉 (법·정치 등을) 널리 펴다. 베풀다.
布目[ぬのめ] ①(천의) 올. 발. ②(기와·도자기에 찍힌) 천의 올 무늬.
布目塗り[ぬのめぬり] 천의 올 무늬가 나타나게 한 옻칠.
布目紙[ぬのめがみ] 천의 올 무늬를 넣은 종이.
布引(き)[ぬのびき] ①(햇볕에 말리기 위해) 천을 팽팽하게 당김. ②(고무 제품 등에) 천을 입힌 것.
布子[ぬのこ] 솜을 넣은 무명옷.
布装[ぬのそう] 천으로 책 표지를 싼 장정(装幀). 클로스 장정. 천 장정.
布切れ[ぬのぎれ] 천조각. 헝겊.
布地[ぬのじ] 천. 옷감. 직물.
布靴[ぬのぐつ] 천으로 만든 신발.

音読

1**布巾**[ふきん] 행주.
1**布告**[ふこく] 포고; 널리 알림.
布教[ふきょう] 포교; 전도(伝道).
布局[ふきょく] 포국; 바둑의 포석(布石).
3**布団**[ふとん] ①이부자리. 이불. 요. ②부들방석. ＊좌선(座禅) 등에 사용함.
布袋[ほてい] (七福神의 하나로) 큰 자루를 어깨에 메고 배가 불룩 나온 모습의 신.
布令[ふれい] 포령; 포고(布告). 고시(告示).
布帛[ふはく] 포백; ①천. 직물. 옷감. ②무명과 비단.
布石[ふせき] 포석; ①(바둑에서) 대국 초에 바둑알을 벌려 놓음. ②장래에 대비한 사전 준비.
布施[ふせ] ≪仏≫ ①보시. 가난한 사람에게 동정을 베풂. ②시주(施主). 중에게 시주하는 금품.
布陣[ふじん] 포진; (전쟁에서) 진을 침.
布置[ふち] 포치; 배치. 사물을 각각의 위치에 늘어놓음.

怖 두려워할 포

丶 丷 忄 忙 忙 怀 怖 怖

音 ◉フ
訓 ◉こわい ⊗おじける ⊗おじる ⊗おめる ⊗おそれる

訓読

3◉**怖い**[こわい] 〈形〉 무섭다. 두렵다. 겁나다.
怖がらせ[こわがらせ] 무서워하게 함. 겁나게 함. 겁을 줌.
怖がらせる[こわがらせる] 〈下1他〉 무서워하게 하다. 겁나게 하다. 겁을 주다.
怖がる[こわがる] 〈5自〉 무서워하다.
怖らしい[こわらしい] 〈形〉 무서운 것 같다. 두려운 듯하다.
怖怖[こわごわ] 조심조심. 주뼛주뼛.

⊗怖じける[おじける] 〈下1自〉 무서워하다. 겁내다. 두려워하다. 겁먹다.
⊗怖じる[おじる] 〈上1自〉 무서워하다. 겁내다. 두려워하다. 겁먹다.
⊗怖める[おめる] 〈下1自〉 겁내다. 주눅 들다. 겁먹다. 무서워하다.
怖めず臆せず[おめずおくせず] 당당히. 조금도 두려워하지 않고.
⊗怖れる[おそれる] 〈下1自〉 ①무서워하다. 겁내다. 겁먹다. ②두려워하다. 경외(敬畏)하다. ③우려하다. 염려하다.

音読
◑恐怖[きょうふ], 恐怖心[きょうふしん]

抱(抱) 안을/품을 포

一 † 扌 扌 扚 扚 扚 抱

音 ◉ホウ
訓 ◉かかえる ◉いだく ◉だく

訓読
²◉抱える[かかえる] 〈下1他〉 ①안다. 껴안다. 끼다. 감싸 쥐다. ②(부담스러운 것을) 떠맡다. 안다. 거느리다. ③고용하다. 채용하다.
抱え[かかえ] ①고용함. 전속(専属). 어용(御用). ②기한부로 고용한 기생・창녀. ③'抱え帯'의 준말.
抱え帯[かかえおび] ①(일본 여자 옷에서) 앞으로 맨 帯(おび). ②(여자가 키보다 긴 옷을) 키에 맞추어 입기 위해 남은 부분을 추켜올려 매는 띠.
抱え手[かかえて] 포주(抱主).
抱え込む[かかえこむ] 〈5他〉 ①(양팔로) 껴안다. 부둥켜안다. ②(겨드랑이에) 끼다. ③안아 들이다. ④(부담스러운 일을) 떠맡다. 안다. 거느리다.
抱え主[かかえぬし] 포주; 기생・창녀 등을 거느리고 영업을 하는 사람.
²◉抱く❶[いだく] 〈5他〉 (마음에) 품다.
²◉抱く❷[だく] 〈5他〉 (팔로) 안다. (앞가슴에) 품다.
抱き起こす[だきおこす] 〈5他〉 끌어 안아 일으키다.
抱(き)籠[だきかご] 죽부인(竹夫人).
抱き留める[だきとめる] 〈下1他〉 (양팔로) 껴안아 꼼짝 못하게 하다.
抱(き)癖[だきぐせ] 잠투정. 안아 주지 않으면 보채는 아기의 버릇.
抱き付く[だきつく] 〈5自〉 달려들어 안다. 엉겨 붙다. 붙잡고 늘어지다.
抱き上げる[だきあげる] 〈下1他〉 끌어 안아 올리다.
抱き竦める[だきすくめる] 〈下1他〉 (꼼짝 못하게) 꽉 껴안다. 부둥켜안다.
抱(き)込み[だきこみ] ①(양팔로) 꼭 껴안음. 부둥켜안음. ②(나쁜 일에) 끌어들임. 포섭함. ③(수사기관에서) 엉뚱한 사람을 공범이라고 진술함.
抱き込む[だきこむ] 〈5他〉 ①(양팔로) 꼭 껴안다. 부둥켜안다. 끌어안다. ②(나쁜 일에) 끌어들이다. 포섭하다. ③(수사기관에서) 엉뚱한 사람을 공범이라고 말하다.
抱き着く[だきつく] 〈5自〉 달려들어 안다. 엉겨 붙다. 붙잡고 늘어지다.
抱き締める[だきしめる] 〈下1他〉 꼭 껴안다. 부둥켜안다.
抱き取る[だきとる] 〈5他〉 ①(아기를) 받아서 안다. ②(양팔로) 껴안아 꼼짝 못하게 하다.
抱(き)寝[だきね] 껴안고 잠.
抱き抱える[だきかかえる] 〈下1他〉 끌어안다. 껴안다. 부축하다.
抱き合う[だきあう] 〈5自〉 서로 끌어안다. 서로 얼싸안다.
抱(き)合(わ)せ[だきあわせ] ①(두 가지를) 하나로 묶음. ②(인기 상품에) 끼워 팔기. (두 가지를) 묶어서 팖.
抱き合わせる[だきあわせる] 〈下1他〉 ①(두 가지를) 하나로 묶다. 짝 짓다. 연계시키다. ②(다른 물건에) 끼워서 팔다.

音読
抱腹[ほうふく] 포복; 몹시 웃음.
抱腹絶倒[ほうふくぜっとう] 포복절도.
抱負[ほうふ] 포부; 마음속에 품고 있는 생각이나 계획.
抱擁[ほうよう] 포옹; 얼싸안음.
抱懐[ほうかい] 포회; 생각을 품음.

泡(泡) 물거품 포

丶 冫 氵 氵 氵 汋 泃 泃 泡

音 ◉ホウ
訓 ◉あわ ⊗あぶく

訓読
²◉泡[あわ] ①거품. ②(입가의) 게거품.

⊗泡[あぶく] ≪俗≫ 거품. ¶シャボンの~ 비누 거품.
泡ぶく[あわぶく] 거품. 기포(氣泡).
泡立つ[あわだつ] 〈5自〉 거품이 일다.
泡立てる[あわだてる] 〈下1他〉 거품을 일으키다. 거품이 일게 하다.
泡立(て)器[あわだてき] (계란·생크림 등을 휘저어) 거품을 내는 기구.
泡雪[あわゆき] ①가랑눈. ②'泡雪羹(あわゆきかん)·泡雪豆腐(あわゆきどうふ)'의 준말
泡雪羹[あわゆきかん] 계란 흰자를 거품 내어 우무와 설탕을 넣어 만든 양갱(羊羹).
泡盛[あわもり] 沖縄(おきなわ) 특산의 소주.
泡銭[あぶくぜに] 부정하게 번 돈.
泡吹[あわぶき] ≪植≫ 너도밤나무.
泡吹虫[あわぶきむし] ≪虫≫ 거품벌레. 좀매미.
泡苔[あわごけ] ≪植≫ 별이끼.

音読

泡沫[ほうまつ] 포말; ①물거품. ②(물거품처럼) 덧없음. 허무함.
泡沫景気[ほうまつけいき] 포말 경기; 일시적인 호황.
泡沫候補[ほうまつこうほ] 포말 후보; 당선이 절대 불가능한데도 이름을 내거나 다른 후보를 방해하기 위해 입후보한 사람.

胞(胞) 태보 포

丿 刀 月 月 肜 肑 肑 胸 胞

音 ◉ホウ ◉ボウ
訓 —

音読

胞子[ほうし] ≪植≫ 포자; 민꽃식물의 생식을 위해 생긴 특별한 세포.
胞子葉[ほうしよう] ≪植≫ 포자엽.
胞子体[ほうしたい] ≪植≫ 포자체.
◑細胞[さいぼう], 同胞[どうほう]

捕 붙잡을 포

一 十 扌 扌 扌 扚 捅 捅 捕 捕

音 ◉ホ
訓 ◉つかまえる ◉つかまる ◉とる ◉とらえる ◉とらわれる

訓読

[3]◉捕まえる[つかまえる] 〈下1他〉 ①(달아나지 못하도록) 붙잡다. 붙들다. ②(안 놓치려고) 꽉 잡다.
[2]◉捕まる[つかまる] 〈5自〉 ①(범인 등이) 붙잡히다. ②(가지 못하게) 붙잡히다. ③꼭 붙잡고 매달리다.
[2]◉捕る[とる] 〈5他〉 (생물을) 포획하다. 잡다. 따다.
捕(り)物[とりもの] (죄인의) 체포.
捕(り)物帳[とりものちょう] ①(江戸(えど) 시대에) 체포할 죄인의 신상명세서. ②범인 체포를 소재로 한 역사물의 추리 소설.
捕(り)方[とりかた] ①죄인을 체포하는 방법. ②포리(捕吏).
捕(り)手[とりて] ①포리(捕吏). 죄인을 잡는 직책. ②체포 방법.
捕(り)縄[とりなわ] 포승; 오라. 오랏줄.
[2]◉捕(ら)える[とらえる] 〈下1他〉 ①(안 놓치려고) 붙잡다. 붙들다. ②포착하다. ③파악하다. ④(마음을) 사로잡다.
捕(ら)え所[とらえどころ] 요령. 종잡을 곳.
◉捕(ら)われる[とらわれる] 〈下1自〉 ①붙잡히다. 사로잡히다. ②구애되다. 구애받다. 얽매이다.
捕(ら)われ[とらわれ] 붙잡힘. 사로잡힘.
捕(ら)われ人[とらわれにん] 포로(捕虜).
捕(ら)われ者[とらわれもの] 포로(捕虜).

音読

[1]捕鯨[ほげい] 포경; 고래잡이.
[1]捕鯨船[ほげいせん] 포경선.
捕鯨砲[ほげいほう] 포경포.
捕球[ほきゅう] 포구; (야구에서) 공을 잡음.
[1]捕虜[ほりょ] 포로; (전쟁에서) 적군에게 사로잡힌 사람.
[1]捕虜収容所[ほりょしゅうようしょ] 포로수용소.
捕吏[ほり] 포리; 죄인을 잡아들이는 사람.
捕縛[ほばく] 포박; (죄인을) 붙잡아 묶음.
捕殺[ほさつ] 포살; (동물을) 잡아 죽임.
捕手[ほしゅ] 포수; (야구에서) 캐처.
捕縄[ほじょう] 포승; 오랏줄.
捕食[ほしょく] 포식; 잡아먹음.
捕捉[ほそく] 포착; ①붙잡음. ②파악함.
[1]捕獲[ほかく] 포획; ①(짐승 등을) 잡음. 사로잡음. ②노획함. 나포함.
捕獲高[ほかくだか] 포획량.
捕獲品[ほかくひん] 노획품.

浦 물가 포

丶 氵 氵 汀 汀 洉 浉 浉 浦 浦

音 ◉ホ
訓 ◉うら

訓読

◉浦[うら] ①포구(浦口). 후미. 만(湾). ②해변. 바닷가.
浦島太郎[うらしまたろう] 일본 동화에 나오는 한 주인공.
浦里[うらざと] ≪雅≫ 어촌. 갯마을.
浦辺[うらべ] 해변. 갯가.
浦西[うらにし] (가을・겨울의) 북서풍.
浦人[うらびと] 갯마을 사람. 어민. 어부.
浦伝い[うらづたい] 해변을 따라서 걸음.
浦凪[うらなぎ] 파도가 잔잔한 해변.
浦波[うらなみ] ≪雅≫ 물가로 밀려오는 파도. 해변의 파도.
浦風[うらかぜ] 갯바람. 해변 바람.

音読

◑曲浦[きょくほ]

砲(砲) 대포 포

一 丆 不 石 石 矽 矽 矽 砲 砲

音 ◉ホウ
訓 —

音読

砲[ほう] 포; 대포. 화포(火砲).
砲架[ほうか] 포가; 포신을 얹는 받침.
砲撃[ほうげき] 포격; 대포 사격.
砲口[ほうこう] 포구; 포문(砲門).
砲台[ほうだい] 포대; 대포를 설치한 진지.
砲門[ほうもん] 포문; ①포구(砲口). ②포안(砲眼).
砲兵[ほうへい] 포병; 대포로 적을 공격하는 임무를 띤 병사.
砲声[ほうせい] 포성; 대포를 쏘는 소리.
砲手[ほうしゅ] 포수; 대포 사수(射手).
砲術[ほうじゅつ] 포술; 대포를 다루는 기술.
砲身[ほうしん] 포신; 대포의 몸통.
砲煙[ほうえん] 포연; 대포를 쏠 때 나오는 연기.
砲列[ほうれつ] 포열; 대포를 가로로 늘어 놓고 사격하는 형태.
砲座[ほうざ] 포좌; 대포를 고정시키는 밑받침대.
砲車[ほうしゃ] 포차; 대포를 이동하기 쉽게 바퀴를 단 포가(砲架).
砲弾[ほうだん] 포탄; 대포의 탄환.
砲塔[ほうとう] 포탑; 대포・전투원을 방호하기 위해 두른 두꺼운 강철 장치.
砲艦[ほうかん] 포함; 해안의 경비 임무를 맡은 소형 군함.
砲火[ほうか] 포화; 포격(砲撃).
砲丸[ほうがん] 포환; ①포탄. ②투포환에 사용하는 금속제의 공.
砲丸投げ[ほうがんなげ] 투포환(投砲丸).

飽(飽) 배부를 포

𠆢 亼 亽 今 食 食 飣 飽 飽 飽

音 ◉ホウ
訓 ◉あかす ◉あきる ◉あく

訓読

◉飽かす[あかす] 〈5他〉 ①싫증나게 하다. 물리게 하다. ②('…に飽(あ)かして'의 문형으로) …을 십분 활용하다. …을 아낌없이 쓰다. …을 듬뿍 들이다.
飽かず[あかず] ①싫증내지 않고. 언제까지나. ② ≪古≫ 아쉽게.
²◉飽きる[あきる] 〈上1自〉 ①싫증나다. 물리다. 질리다. ②만족하다.
飽き[あき] 싫증. 물림. 질림. 진력남.
飽きっぽい[あきっぽい] 〈形〉 금방 싫증을 내다. 이내 질리다.
飽き性[あきしょう] 싫증을 잘 내는 성질.
飽き足らない[あきたらない] 성에 차지 않다. 불만스럽다. 시원찮게 여기다.
飽き足りない[あきたりない] 성에 차지 않다. 불만스럽다. 시원찮게 여기다.
飽き足りる[あきたりる] 〈上1自〉 흡족하다. 만족하다. 충분하다.
飽き足る[あきたる] 〈5自〉 ☞ 飽き足りる
飽き飽き[あきあき] 몹시 싫증이 남. 넌덜머리남. 진절머리 남.
◉飽く[あく] 〈5自〉 싫증나다. 질리다. 물리다.
飽くなき[あくなき] 끝없이 탐하는. 만족할 줄 모르는.
²飽くまで[あくまで] 끝까지. 철저히. 철두철미.

音読

飽満[ほうまん] 포만; 배불리 먹음. 실컷 먹음. 마음껏 먹음.
飽食[ほうしょく] 포식; ①배불리 먹음. ②먹을 것이 풍부함.
1 飽和[ほうわ] 포화; ①더 이상 넣을 수 없을 정도로 가득함. ②≪物≫ 포화.
飽和量[ほうわりょう] 포화량.

舗(舖) 가게/펼 포

𠆢 亼 亽 今 舍 舍 舒 舗 舗 舗

音 ◉ホ
訓 ⊗しく

訓読

⊗舗く[しく] 〈5他〉 (모래·자갈·타일 등을) 깔다.

音読

舗道[ほどう] 포도; 포장 도로.
舗石[ほせき] 포석; 도로에 포장되어 있는 돌. 포장석.
1 舗装[ほそう] 포장; 노면에 콘크리트·아스팔트·벽돌 등을 깖.
1 舗装工事[ほそうこうじ] 포장 공사.
1 舗装道路[ほそうどうろ] 포장 도로.
◑老舗[しにせ]

褒 기릴/칭찬할 포

亠 亠 疒 疒 疒 疒 疒 衰 褎 褒

音 ◉ホウ
訓 ◉ほめる

訓読

3 ◉褒める[ほめる] 〈下1他〉 ①칭찬하다. ②축복하다. 축하하다.
褒めそやす[ほめそやす] 〈5他〉 (이구동성으로) 극구 칭찬하다. 격찬하다.
褒めちぎる[ほめちぎる] 〈5他〉 (본인이 무안할 정도로) 극구 칭찬하다. 격찬하다.
褒め立てる[ほめたてる] 〈下1他〉 치켜세우다. 극구 칭찬하다. 격찬하다.
褒め言葉[ほめことば] 칭찬의 말.
褒め者[ほめもの] 칭찬이 자자한 사람.
褒め称える[ほめたたえる] 〈下1他〉 몹시 칭찬하다. 기리다. 칭송하다.

音読

1 褒美[ほうび] 포상(褒賞). 칭찬하며 격려하는 뜻으로 주는 금품.
褒辞[ほうじ] 포사; 칭찬의 말.
褒詞[ほうし] 포사; 칭찬의 말.
褒賞[ほうしょう] 포상; 칭찬하며 격려하는 뜻으로 주는 금품.
褒状[ほうじょう] 포장; 상장(賞状).
褒章[ほうしょう] 포장; 훌륭한 업적이 있는 사람에게 국가가 주는 기장(記章).
褒貶[ほうへん] 포폄; 칭찬과 헐뜯음.

抛 내던질 포 | 音 ⊗ホウ | 訓 ⊗なげうつ

訓読

⊗抛つ[なげうつ] 〈5他〉 ①내던지다. 내팽개치다. ②아낌없이 내놓다. 유감없이 버리다.

音読

抛却[ほうきゃく] 포각; 방치함. 내버려 둠.
抛棄[ほうき] 포기; 아주 내버림.
抛棄試合[ほうきしあい] (야구에서) 몰수 경기.
抛物線[ほうぶつせん] ≪数≫ 포물선.
抛擲[ほうてき] 포척; 내던짐. 내버림.

庖ˣ(庖) 부엌 포 | 音 ⊗ホウ | 訓 —

音読

2 庖丁[ほうちょう] ①부엌칼. 식칼. ②요리사. ③요리.

苞 덤불/쌀 포 | 音 ⊗ホウ | 訓 ⊗つと

訓読

⊗苞[つと] ①짚으로 싼 꾸러미. ②(선물용) 토산품(土産品).

音読

苞[ほう] ≪植≫ 포; 화포(花苞). 싹이나 꽃부리 밑에 붙은 바늘 모양의 잎.

哺 먹을 포 | 音 ⊗ホ | 訓 —

音読

哺乳[ほにゅう] 포유; 어미가 제 젖으로 새끼를 먹여 기름.

哺乳動物[ほにゅうどうぶつ] 포유동물.
哺乳類[ほにゅうるい] 포유류.
哺育[ほいく] 포육; 젖을 먹여 새끼를 기름.

葡 포도 포	音 ⊗ブ ⊗ホ 訓 —

音読
葡萄[ぶどう] ≪植≫ 포도.
葡萄糖[ぶどうとう] ≪化≫ 포도당.
葡萄蔓[えびづる] ≪植≫ 까마귀머루.
葡萄酸[ぶどうさん] ≪化≫ 포도산.
葡萄状球菌[ぶどうじょうきゅうきん] 포도상구균.
葡萄色[ぶどういろ] 포도색; 붉은 자줏빛.
葡萄牙[ポルトガル] ≪地≫ 포르투갈.
葡萄液[ぶどうえき] 포도액; 포도 주스.
葡萄園[ぶどうえん] 포도원; 포도 농장.
葡萄畑[ぶどうばたけ] 포도밭.
葡萄酒[ぶどうしゅ] 포도주.

鉋 대패 포	音 ⊗ホウ 訓 ⊗かんな

訓読
⊗鉋[かんな] 대패.
鉋掛[かんなかけ] 대패질.
鉋屑[かんなくず] 대팻밥.

蒲 부들 포	音 ⊗ホ ⊗ブ ⊗フ 訓 ⊗がま ⊗かば

訓読
⊗蒲[がま] ≪植≫ 부들.
蒲鉾[がまぼこ] ①어묵. 생선묵. ②(보석을 박지 않은) 가운데가 볼록한 반지.
蒲鉾小屋[がまぼこごや] 반원형 오두막.
蒲鉾箍[がまぼこたが] 가운데가 볼록한 테.
蒲鉾板[がまぼこいた] 어묵을 붙이는 나무판.
蒲鉾形[がまぼこがた] 어묵처럼 가운데가 볼록한 반원기둥형.
蒲焼[かばやき] 뱀장어 등을 토막 내어 양념을 발라서 꼬챙이에 꿰어 구운 요리
蒲公英[★たんぽぽ] ≪植≫ 민들레.

音読
蒲柳[ほりゅう] ① ≪植≫ 포류; 갯버들. ②체질이 약함. 허약함.

鞄 ×(鞄) 혁공 포	音 ⊗ホウ 訓 ⊗かばん

訓読
4 ⊗鞄[かばん] 가방.
鞄持ち[かばんもち] ①상사의 가방을 든 사람. 비서. ②상사에게 아첨하며 좇아다니는 사람.

鮑 절인어물 포	音 ⊗ホウ 訓 ⊗あわび

訓読
⊗鮑[あわび] ≪貝≫ 전복.
鮑の片思い[あわびのかたおもい] 짝사랑. ＊전복은 껍데기가 한 짝뿐이라는 뜻에서 생긴 말임.

〔폭〕

幅 너비/폭 폭
丨 冂 巾 巾' 巾' 巾' 帀 幅 幅 幅

音 ◉フク
訓 ◉はば

訓読
2 ◉幅❶[はば] 폭; ①너비. 나비. ②(천의 폭을 재는 단위로) 폭. ＊한 폭은 30～36㎝임. ③(두 값의) 폭. 차이. ④융통성. 여유. 여지. ⑤위세. 세력. ❷[ふく] ☞ [音読]
幅広[はばびろ] ①폭이 넓음·넓은 것. ②(보통보다) 폭이 넓은 띠.
幅広い[はばひろい] 〈形〉 ①폭이 넓다. ②광범위하다. 폭넓다.
幅寄せ[はばよせ] ①(주차할 때에) 차를 되도록 도로변에 붙여서 주차함. ②(주행 중에) 차량을 길가에 붙여서 운행함.
幅跳び[はばとび] 멀리뛰기.
幅利き[はばきき] (그 방면에) 영향력이 있는 사람. 유지(有志). 유력자(有力者).
幅出し[はばだし] (폭이 줄어든 천을 틀에 걸어) 일정한 너비로 펴서 늘림.
幅偏[はばへん] 수건건변. ＊한자(漢字) 부수의 하나로 '幅·帳' 등의 '巾' 부분을 말함.

音読

幅❶[ふく] 폭; 족자. ¶七福神(しちふくじん)の~ 칠복신의 족자. ❷[はば] ☞ [訓読]

幅員[ふくいん] (도로·선박·차량 등의) 폭. 너비.

暴 ①사나울 포/폭 ②나타낼 폭

冂 日 旦 昇 昱 異 暴 暴 暴 暴

音 ◉ボウ ◉バク

訓 ◉あばく ◉あばれる

訓読

◉暴く[あばく] 〈5他〉 ①파헤치다. ②(비밀을) 폭로하다. 들추어내다. 까발리다.

暴き立てる[あばきたてる] 〈下1他〉 마구 폭로하다. 마구 들추어내다. 마구 까발리다.

暴き出す[あばきだす] 〈5他〉 마구 폭로하다. 마구 들추어내다. 까발리다.

2◉暴れる[あばれる] 〈下1自〉 ①난폭하게 굴다. 난동을 부리다. 날뛰다. ②대담하게 행동하다. 설치다. 크게 활약하다.

暴れ蚊[あばれか] ≪虫≫ 늪모기.

暴れん坊[あばれんぼう] ①난폭한 사람. ②활약가. 설치는 사람.

暴れ者[あばれもの] 난폭자. 무법자.

暴れ川[あばれがわ] 자주 범람하는 강.

音読

暴挙[ぼうきょ] 폭거; ①난폭한 행위. 불법행위. ②폭동을 일으킴.

暴君[ぼうくん] 폭군; ①포악한 군주(君主). ②제멋대로 행동하는 난폭한 사람.

暴徒[ぼうと] 폭도; 폭동을 일으킨 무리.

1暴動[ぼうどう] 폭동; 무리를 지어 소동을 일으켜 치안을 어지럽힘.

暴騰[ぼうとう] 폭등; 물가(物價)나 주가(株価)가 큰 폭으로 갑자기 뛰어오름.

暴落[ぼうらく] 폭락; 물가(物價)나 주가(株価)가 큰 폭으로 갑자기 내림.

1暴力[ぼうりょく] 폭력; 물리적 힘을 사용한 난폭한 행위.

暴力団[ぼうりょくだん] 폭력단; 조직 폭력배. 폭력이나 협박으로 자기들의 목적을 달성하려는 반사회적인 집단.

1暴露[★ばくろ] 폭로; ①비밀·악행 등을 들춰냄. ②비바람을 맞음·맞힘.

暴論[ぼうろん] 폭론; 난폭한 의논.

暴利[ぼうり] 폭리; 부당하게 많은 이익.

暴慢[ぼうまん] 포만; 사납고 오만함.

暴民[ぼうみん] 폭민; 폭동을 일으킨 민중.

暴発[ぼうはつ] 폭발; ①갑자기 일을 저지름. 갑자기 과격한 행동을 함. ②총기 오발(誤発). ③돌발(突発).

暴発事故[ぼうはつじこ] (총기) 오발 사고.

暴死[ぼうし] 폭사; 갑자기 죽음. 급사함.

暴食[ぼうしょく] 폭식; 함부로 먹음.

暴悪[ぼうあく] 포악; 난폭하고 도리에 어긋남.

暴圧[ぼうあつ] 폭압; 난폭하게 억누름.

暴言[ぼうげん] 폭언; 난폭하고 상대방을 무시하는 무례한 말.

暴雨[ぼうう] 폭우; ①갑자기 많이 쏟아지는 비. ②소나기.

暴威[ぼうい] 폭위; 난폭한 세력.

暴飲[ぼういん] 폭음; 과도하게 술을 마심.

暴政[ぼうせい] 폭정; 포악한 정치.

暴走[ぼうそう] 폭주; ①난폭(亂暴)하게 달림. ②사물을 마구 밀어붙임. 억지로 추진함.

暴走族[ぼうそうぞく] 폭주족; 엔진 소리 요란하게 맹렬한 속도로 오토바이를 모는 젊은이들.

暴投[ぼうとう] 폭투; (야구의) 와일드 피치.

1暴風[ぼうふう] 폭풍; 극심하게 부는 바람.

暴風圏[ぼうふうけん] 폭풍권.

暴風警報[ぼうふうけいほう] 폭풍 경보.

暴風雨[ぼうふうう] 폭풍우; 폭풍을 동반한 비. 폭풍과 폭우. 사나운 비바람.

暴虐[ぼうぎゃく] 포학; 난폭하고 잔인한 방법으로 사람을 괴롭힘.

暴漢[ぼうかん] 폭한; 난폭한 사람.

暴行[ぼうこう] 폭행; ①난폭한 행동. ②남에게 폭력을 가함. ③성폭행. 강간(強姦).

爆 터질 폭

火 灯 炉 焊 焊 焊 煤 爆 爆 爆

音 ◉バク

訓 ⊗はぜる

訓読

⊗爆ぜる[はぜる] 〈下1自〉 (열매 등이 익어서) 터져 벌어지다. 튀다.

爆ぜ口[はぜぐち] 터져서 벌어진 자리.

音読

爆撃[ばくげき] 폭격; 비행기에서 폭탄을 투하하여 적을 공격함.

爆裂[ばくれつ] 폭렬; 폭발하여 파열됨.

爆雷[ばくらい] 폭뢰; *잠수함 공격용임.

2爆発[ばくはつ] 폭발; ①급격한 화학 반응에 의해 순간적으로 열·폭음·강한 압력 등이 발생함. ②울적함이 한꺼번에 분출함.

爆死[ばくし] 폭사; 폭탄의 파열이나 폭약의 폭발 등에 의해서 죽음.

爆笑[ばくしょう] 폭소; 여러 사람이 한꺼번에 큰 소리로 웃음.

爆砕[ばくさい] 폭쇄; 폭발물을 사용해서 장애물이나 물건을 분쇄함.

爆心[ばくしん] 폭심; 폭발의 중심지.

爆薬[ばくやく] 폭약; 물건을 파괴하기 위한 화약 종류.

爆音[ばくおん] 폭음; ①화산·화약 등이 폭발하는 소리. ②엔진의 가솔린이 연소할 때의 소리.

爆竹[ばくちく] 폭죽; ①대나무 통이나 종이 통에 화약을 채워서 파열시킴. ②(정월 보름날에) 설날에 사용한 門松(かどまつ) 등의 장식 기물을 태우는 불.

爆沈[ばくちん] 폭침; 함선이 폭발하여 침몰함.

1爆弾[ばくだん] 폭탄; ①폭약을 폭발시켜서 사람을 살상하거나 시설물을 파괴하기 위한 병기(兵器). ②《俗》 남이 놀랄 만큼 갑자기 발표함. ③《俗》 싸구려 소주. ④강냉이튀김.

1爆破[ばくは] 폭파; 폭약을 폭발시켜서 시설물을 파괴시킴.

爆風[ばくふう] 폭풍; 폭발에 의해서 일어나는 바람.

瀑 폭포 폭	音 ⊗バク 訓 —

音読

瀑流[ばくりゅう] 폭류; 폭포의 흐름.

瀑声[ばくせい] 폭성; 폭포 소리.

瀑布[ばくふ] 폭포; 낭떠러지에서 곧장 쏟아져 내리는 물.

瀑布線[ばくふせん] 폭포선.

瀑布線都市[ばくふせんとし] 폭포선 도시.

표

表 겉/나타낼 표
一 十 † 主 声 声 表 表

音 ◉ヒョウ

訓 ◉おもて ◉あらわす ◉あらわれる

訓読

3◉表❶[おもて] ①(물건의) 표면. 거죽. 겉. ②(가옥 등의) 바깥쪽. ③외관. 겉모양. 겉보기. 겉치레. ④집 앞. ⑤(다른 것보다) 앞섬. ⑥정면 입구. 정면(正面). ⑦(야구에서) 매회의 선공(先攻). 초(初). ❷[ひょう] ☞ [音読]

2◉表(わ)す[あらわす] 〈5他〉 ①(모양·모습을) 드러내다. 나타내다. ②(감정·생각을) 드러내다. 나타내다. ③(기호로서 내용을) 표시하다. 상징하다. ④널리 알리다.

2◉表れる[あらわれる] 〈下1自〉 ①(모양·모습이) 출현하다. 나타나다. ②(감정·생각이) 드러나다. 나타나다. 표현되다. ③(저절로) 노출되다. 드러나다. ④널리 알려지다.

表街道[おもてかいどう] ①중요한 큰 길. 대로(大路). ②(인생의) 올바른·화려한 길.

表看板[おもてかんばん] ①(극장의) 정면에 내거는 상연물 간판. ②(대외적인) 표면상의 명목.

表高[おもてだか] (江戸(えど) 시대의) 무사의 공식적인 녹봉(禄俸).

表罫[おもてけい] 《印》 표괘; 가느다란 괘선(罫線). 세괘(細罫).

表口[おもてぐち] ①정면 출입구. 앞문. ②(건물·토지의) 정면 쪽의 가로 길이. ③(등산로에서) 정식 산행 길.

表構え[おもてがまえ] 집 정면의 구조.

表襟[おもてえり] (옷깃·동정의) 겉쪽.

表立つ[おもてだつ] 〈5自〉 ①표면화되다. 겉으로 드러나다. 공개되다. 공공연히 드러나다. ②(소송 등이) 문제화되다.

表目[おもてめ] 겉에서 본 편물의 코.

表門[おもてもん] 정문(正門). 앞문.

表紋[おもてもん] 정식의 문장(紋章).

表方[おもてかた] (극장이나 흥행장 등의) 매표원. 안내원. 사무원.

表付き[おもてつき] 下駄(げた)에 돗자리 조각이 붙어 있음.

表沙汰[おもてざた] ①표면화됨. 공공연하게 알려짐. ②관청에서 취급되는 사건. 소송.
表書き[おもてがき] ①편지 겉봉 쓰기. ②겉봉의 주소 성명.
表御殿[おもてごてん] 천황이 공식 행사로 참석하거나 집무하는 궁전.
表芸[おもてげい] ①교양으로 갖추어야 할 기예(技芸). ②(그 사람의) 본업.
表日本[おもてにほん] (일본 열도 本州(ほんしゅう)의) 태평양 쪽의 지방.
表作[おもてさく] 앞갈이. 그루갈이한 땅에 처음으로 경작하는 주된 농작물.
表座敷[おもてざしき] (큰 집 입구 가까이에 있는) 객실. 사랑방.
表地[おもてじ] ①옷의 겉감. ②겹으로 된 주머니의 겉감.
表替え[おもてがえ] 다다미의 거죽을 새것으로 바꿈·교체함.
表側[おもてがわ] ①겉쪽. ②앞쪽. 정면쪽.
表通り[おもてどおり] (시가지의) 주된 큰 길. 주요 간선 도로.
表編み[おもてあみ] (편물의 기초) 겉뜨기.
表表紙[おもてひょうし] (책의) 겉표지.
表向き[おもてむき] ①표면화됨. 공공연히 드러남. ②(실제로는 어떻든) 표면상. ③정부 관청. ④소송. 송사(訟事).
表玄関[おもてげんかん] ①(집의) 정문 현관. ②(나라·대도시 등으로 출입하는) 역·공항·항구.
表換え[おもてがえ] 다다미의 거죽을 새것으로 바꿈·교체함.

音読

[2]表❶[ひょう] 표; ①도표. 일람표. ②상주(上奏)하는 문서. ❷[おもて] ☞ [訓読]
表す[ひょうす] 〈5他〉 ☞ 表する
表する[ひょうする] 〈サ変他〉 표하다. 표시하다. 나타내다. 표현하다.
表決[ひょうけつ] 표결; 투표로 결정함.
表敬[ひょうけい] 표경; 경의를 표함.
表具[ひょうぐ] 표구; 병풍·족자·미닫이 등을 꾸미는 작업.
表具師[ひょうぐし] 표구사.
表記[ひょうき] 표기; ①(문서 등의) 표면에 기록함. ②문자나 기호로써 나타냄.
表記法[ひょうきほう] 표기법.
表六[ひょうろく] ≪俗≫ 얼간이. 숙맥.
表六玉[ひょうろくだま] ≪俗≫ 얼간이. 숙맥. 바보. 멍텅구리.
表裏[ひょうり] 표리; ①겉과 속. 안팎. ②(말과 행동이) 걸 다르고 속다름.
[2]表面[ひょうめん] 표면; 겉. 앞면.
表面立って[ひょうめんだって] 일부러. 나서서. 두드러지게. 표나게.
表面張力[ひょうめんちょうりょく] ≪物≫ 표면 장력.
表面積[ひょうめんせき] 표면적; 어떤 물체 표면의 면적.
表面波[ひょうめんは] ≪物≫ 표면파.
表明[ひょうめい] 표명; 의사를 나타냄.
表白[ひょうはく] 표백; 의사를 나타냄.
表象[ひょうしょう] 표상; 상징.
表示[ひょうじ] 표시; ①분명하게 나타내 보임. ②표(表)로 나타냄.
表示灯[ひょうじとう] 표시등.
表外[ひょうがい] 표외; ①일람표 등에 포함되지 않음. ②상용한자(常用漢字) 표에 포함되지 않음.
表音[ひょうおん] 표음; 소리를 나타냄.
表音文字[ひょうおんもじ] 표음 문자.
表意[ひょうい] 표의; 뜻을 나타냄.
表意文字[ひょういもじ] 표의문자; 뜻글자.
表装[ひょうそう] 표장; 표구(表具).
[2]表情[ひょうじょう] 표정; ①(감정·정서가 겉으로 나타나는) 얼굴 모양. ②(사회의 어떤 면의) 외부적인 동태·상황.
表題[ひょうだい] 표제; ①책 이름. ②(연극·연설·예술 작품의) 제목.
[2]表紙[ひょうし] 표지; 책의 겉장.
表徴[ひょうちょう] 표징; ①상징. 표상(表象). ②외부로 나타난 표시.
表札[ひょうさつ] 표찰; 문패(門牌).
表彰[ひょうしょう] 표창; 선행·공로를 극구 칭찬하여 널리 알림.
表彰状[ひょうしょうじょう] 표창장.
表出[ひょうしゅつ] 표출; (마음속의 생각을) 밖으로 나타냄.
表層[ひょうそう] 표층; 표면의 층.
表土[ひょうど] ≪農≫ 표토; 농사짓는 땅의 맨 윗부분. 경토(耕土).
表皮[ひょうひ] 표피; 고등 동식물의 몸의 표면을 덮는 조직.
[2]表現[ひょうげん] 표현; 나타내 보임.
表顕[ひょうけん] 표현; ①구체적인 모양으로 드러남. ②표현(表現).

俵 나누어줄/흩을 표

丿 亻 仁 仹 佳 佳 佬 俵 俵 俵

音 ◉ヒョウ
訓 ◉たわら

訓読

◉俵❶[たわら] (쌀·숯 등을 넣는) 가마니. 섬. 멱서리. ❷[ひょう] ☞ [音読]
俵物[たわらもの] 가마니에 넣는 쌀이나 수산물.
俵腰[たわらごし] 굵은 허리.
◑米俵[こめだわら], 炭俵[すみだわら]

音読

俵❶[ひょう] (숫자에 접속하여 가마니나 섬을 세는 단위로) 가마니. ❷[たわら] ☞ [訓読]
俵数[ひょうすう] 표수; 가마니 수효.

票 쪽지 표

一 冖 币 覀 覀 覀 覀 票 票 票

音 ◉ヒョウ
訓 —

音読

1 票[ひょう] 표; ①딱지. 전표. 카드. ②투표지. ③(숫자에 접속하여 표를 세는 말로) 표.
票決[ひょうけつ] 표결; 의안(議案)에 대한 가부(可否)를 투표로 결정함.
票読み[ひょうよみ] ①(선거에서) 지지표의 예상. ②(개표 때) 표를 셈.
票数[ひょうすう] 표수; 표의 수효.
票田[ひょうでん] (선거에서) 표밭. 어떤 후보자나 정당에 대한 대량의 득표가 예상되는 지역이나 계층.
票割れ[ひょうわれ] (선거에서) 표가 분산됨.
◑一票[いっぴょう], 三票[さんびょう], 六票[ろっぴょう], 八票[はっぴょう], 十票[じっぴょう], 伝票[でんぴょう], 原票[げんぴょう], 投票[とうひょう]

漂 떠다닐/빨래할 표

氵 汀 汀 沂 洒 洒 洒 漂 漂 漂

音 ◉ヒョウ
訓 ◉ただよう ◉ただよわす

訓読

1 ◉漂う[ただよう] 〈5自〉 ①(물에) 떠다니다. 떠돌다. ②방황하다. 헤매다. ③(분위기가) 감돌다. ④(안개가) 자욱이 끼다.
◉漂わす[ただよわす] 〈5他〉 ①(물에) 떠다니게 하다. 떠돌게 하다. ②(분위기·냄새 등을) 감돌게 하다.

音読

漂流[ひょうりゅう] 표류; 바람과 파도에 밀려 해상을 떠돎.
漂泊[ひょうはく] 표박; ①표류. ②방랑. 유랑.
漂白[ひょうはく] 표백; 물에 씻거나 약품을 사용해서 하얗게 만듦.
漂白作用[ひょうはくさよう] 표백 작용.
漂白剤[ひょうはくざい] 표백제.
漂失[ひょうしつ] 표실; 물에 떠돌아다니다가 없어져 버림.
漂鳥[ひょうちょう] ≪鳥≫ 표조; 철새.
漂着[ひょうちゃく] 표착; 해류를 따라 떠돌아다니다가 해안에 닿음.

標 표시 표

朩 木 朾 杧 栖 栖 標 標 標 標

音 ◉ヒョウ
訓 ⊗しめ ⊗しるし ⊗しるす ⊗しるべ

訓読

⊗標❶[しめ] ①금(禁)줄. 말뚝을 세우거나 새끼줄을 쳐서 장소를 한정한 표시. ②'標縄(しめなわ)'의 준말. ❷[しるし] 표. 기호. 표시. ❸[しるべ] 길잡이 안내. ❹[ひょう] ☞ [音読]
⊗標す[しるす] 〈5他〉 표하다. 표시하다.
⊗標縄[しめなわ] 금(禁)줄. 말뚝을 세우거나 새끼줄을 쳐서 장소를 한정한 표시.

音読

標❶[ひょう] 표; ①표지(標識). ②(궁중 의식 때) 관원의 석차(席次)를 표시한 백골목(白骨木). ❷[しめ/しるし/しるべ] ☞ [訓読]
標高[ひょうこう] 표고; 해발(海抜).
標記[ひょうき] 표기; ①표시를 함. 표시하는 부호. ②(서류 등의) 표제를 씀. 기록한 표제.
標旗[ひょうき] 표기; 표시로 세우는 깃발
標目[ひょうもく] 표목; ①표지(標識). ②목록(目録). 목차(目次).

標榜[ひょうぼう] 표방; 주의·주장이나 자기의 입장을 공개적으로 나타냄.
[2]標本[ひょうほん] 표본; ①견본. 대표적인 것. ②(동식물·광물의) 샘플.
標本室[ひょうほんしつ] 표본실.
標示[ひょうじ] 표시; 표를 하여 보임.
[1]標語[ひょうご] 표어; 슬로건.
標的[ひょうてき] 표적; ①과녁. ②목표.
標題[ひょうだい] 표제; ①책 이름. ②(연극·연설·예술 작품의) 제목.
標注[ひょうちゅう] 표주; 서적의 난외(欄外)에 기록한 각주(脚注).
[2]標準[ひょうじゅん] 표준; ①기준(基準). ②목표. ③평균적인 것.
標準時[ひょうじゅんじ] 표준시.
標準語[ひょうじゅんご] 표준어.
[2]標識[ひょうしき] 표지; ①표시. ②《哲》 진위(真偽) 결정의 기준이 되는 것.
標札[ひょうさつ] 표찰; 문패(門牌).

杓	①국자자루 표 ②국자자루 작	音 ⊗シャク ⊗シャ 訓 —

音読

杓[しゃく] 국자.
杓う[しゃくう] 〈5他〉《俗》 (액체를 국자 등으로) 뜨다.
杓文字[しゃもじ] 주걱. 국자.
杓子[しゃくし] 주걱. 국자.
杓子定規[しゃくしじょうぎ] 획일적임. 융통성이 없음.
杓子菜[しゃくしな] 《植》 배추의 일종. 청경채

	표범 표	音 ⊗ヒョウ 訓 —

音読

豹[ひょう] 《動》 표범.
豹変[ひょうへん] 표변; 태도나 의견 등이 갑자기 돌변함.

	훔칠 표	音 ⊗ヒョウ 訓 —

音読

剽軽[ひょうきん] 익살스러움.
剽軽者[ひょうきんもの] 익살꾼.
剽盗[ひょうとう] 표도; 노상 강도.
剽窃[ひょうせつ] 표절; 남의 문장이나 논문·논설 등을 훔쳐서 자기 것으로 하여 발표하는 것.
剽悍[ひょうかん] 표한; 날래고 사나움.

	바가지/박 표	音 ⊗ヒョウ 訓 ⊗ひさご ⊗ふくべ

訓読

⊗瓢❶[ひさご] ①《植》 박·조롱박·호리병박의 총칭. ②말린 호리병박. ❷[ふくべ] ①《植》 박. ②바가지.

音読

瓢箪[ひょうたん] ①《植》 호리병박. ②조롱박. 표주박.
瓢箪鯰[ひょうたんなまず] (바가지로 메기를 잡을 수 없듯이) ①잘 잡히지 않음. ②도무지 종잡을 수 없음.

飄	회오리바람 표	音 ⊗ヒョウ 訓 —

音読

飄然[ひょうぜん] 표연; ①(쉽게 오가는 모양으로) 훌쩍. ②유유자적함.
飄逸[ひょういつ] 표일; 유유자적함.
飄蕩[ひょうとう] 표탕; 방랑. 유랑.
飄飄[ひょうひょう] ①(바람이 부는 모양으로) 펄펄. ②유유자적함. ③정처 없이 유랑함.

〔품〕

品	물건/품격 품

音 ◉ヒン
訓 ◉しな

訓読

[2]◉品❶[しな] ①(상품으로서의) 물건. 물품. 상품. ②품질. ③신분. 품격. 품위. ❷[ひん] ☞ [音読]
品枯れ[しながれ] 품귀; 물건이 귀함.
品掠れ[しながすれ] (증권 거래소에서) 수요에 비해 유통주가 부족함.

品文字[しなもじ] '品'자 모양으로 물건이 3개 진열되어 있음.

2品物[しなもの] (사람이 사용하거나 먹기 위한 상품으로서의) 물건.

品薄[しなうす] 품귀. 상품이 달림.

品薄株[しなうすかぶ] 품귀주(品貴株).

品別け[しなわけ] 물건을 종류별로 구별함.

品柄[しながら] 품질. 물건의 질.

品分け[しなわけ] 물건을 종류별로 구별함.

品箱[しなばこ] 낚시 도구를 넣는 상자.

品書き[しながき] ①물품 목록. ②메뉴.

品数[しなかず] 물품의 종류.

品玉[しなだま] ①(여러 개의) 공 던지기 곡예. ②요술. 마술.

品切れ[しなぎれ] 품절; 재고 상품이 없음.

品定め[しなさだめ] (물건・인물의) 품평.

品持ち[しなもち] (생선・채소 등의) 신선도. 신선한 상태를 유지함.

品触れ[しなぶれ] (분실물・도난품을 찾기 위해 고물상이나 전당포에) 경찰이 전단지를 돌림.

品品[しなじな] ①여러 가지 물건. ②여러 종류.

品形[しなかたち] ①(사람의) 외모. ②(물건의) 모양새.

音読

2品❶[ひん] 품위. 품격. 기품. ❷[しな] ☞ [訓読]

品格[ひんかく] 품격; 기품. 품위.

品等[ひんとう] 품등; 품질과 등급.

品名[ひんめい] 품명; 물품의 이름.

品目[ひんもく/しなめ] 품목; 물품의 목록.

品詞[ひんし] 《語学》 품사.

品性[ひんせい] 품성; 인품(人品).

品位[ひんい] 품위; ①품격. ②(금화・은화에 포함된) 금・은의 비율. ③(광석에 함유된) 금속의 비율.

1品種[ひんしゅ] 품종; ①물품의 종류. ②(농산물의) 분류의 최소 단위.

1品質[ひんしつ] 품질; 물품의 성질.

品評[ひんぴょう] 품평; 그 물건의 가치・등급을 논하여 정함.

品評会[ひんぴょうかい] 품평회.

品行[ひんこう] 품행; (도덕적인 판단에서 본) 행위. 몸가짐.

品行方正[ひんこうほうせい] 품행방정; (도덕적인) 행위나 몸가짐이 올바름.

〔풍〕

風 바람 풍

丿 几 凡 凡 凧 凬 凬 風 風

音 ◉フウ ◉フ

訓 ◉かぜ ◉かざ

訓読

4◉風❶[かぜ] ①《気》 바람. ②낌새. 눈치. ③(명사에 접속하여 접미어적으로) 태도. 티. ❷[ふう] ☞ [音読]

風脚[かざあし] 풍속(風速). 바람의 속도.

風見[かざみ] 풍향계(風向計). 바람개비.

風見鶏[かざみどり] ①수탉 모양의 풍향계. ②해바라기족. 항상 유리한 쪽에만 붙으려는 사람.

風口[かざくち] (난로・아궁이의) 바람구멍. 통풍구(通風口).

風気[かざけ] 감기 기운.

風当(た)り[かぜあたり] ①바람이 불어 닥침. ②비난. 비판. 비평.

風台風[かぜたいふう] (비를 동반하지 않고) 바람만 세게 부는 태풍.

風待ち[かざまち/かぜまち] (범선이 출항하려고) 순풍을 기다림.

風待ち月[かぜまちづき] '음력 6월'의 딴이름.

風立つ[かぜだつ] 〈5自〉 바람이 일다. 바람이 불기 시작하다.

風面[かざおもて] 바람이 불어오는 쪽.

4風邪[かぜ] 감기.

風邪気味[かぜぎみ] 감기 기운.

風邪声[かぜごえ/かざごえ] 감기든 목소리.

風邪薬[かぜぐすり] 감기약.

風邪引き[かぜひき] 감기에 걸림.

風上[かざかみ] 바람이 불어오는 쪽.

風声❶[かざごえ] 감기든 목소리. 코멘소리. ❷[ふうせい] 풍성; ①바람 소리. ②풍문(風聞). 소문.

風の神[かぜのかみ] 풍신; ①바람의 신. ②감기를 퍼뜨리는 신.

風薬[かざぐすり] 감기약.

風音[かざおと] 바람 소리.

風引き[かぜひき] 감기에 걸림.

風の子[かぜのこ] 바람의 아들. 어린이. *아이들은 찬바람 속에서도 씩씩하게 뛰논다는 뜻에서.

風切り[かざきり] ①(선박의) 풍향기(風向旗). ②(새의) 칼깃. ③'風切り羽(かざきりばね)'의 준말.
風切り羽[かざきりばね] (새의) 칼깃.
風折れ[かざおれ] 나무가 바람에 꺾임.
風折烏帽子[かざおりえぼし] 꼭대기가 접힌 折烏帽子(おりえぼし). ＊약식 의식용(儀式用)으로 狩衣(かりぎぬ)를 입을 때 머리에 썼음.
風除け[かざよけ/かぜよけ] 바람막이.
風足[かざあし] 풍속(風速). 바람의 속도.
風津波[かぜつなみ] 해일(海溢).
風車❶[かざぐるま] ①풍차. ②팔랑개비. 바람개비. ③≪植≫ 큰꽃으아리. ❷[ふうしゃ] 풍차. ¶ ~小屋(ごや) 풍차가 도는 집.
風窓[かざまど] ①통풍창. ②(마루 밑의) 바람구멍. 통풍구.
風颱風[かぜたいふう] (비를 동반하지 않고) 바람만 세게 부는 태풍.
風通し[かぜとおし] ①통풍. ②(조직 안에서의) 의사소통.
風通り[かぜとおり] ☞ 風通し
風の便り[かぜのたより] 풍문(風聞). 소문.
風下[かざしも] 바람이 불어가는 쪽.
風向き[かざむき/かぜむき] 풍향; ①바람이 부는 방향. ②(되어 가는) 형세. 추세. ③기분. 심기.
風穴❶[かざあな] ①바람구멍. ②통풍 구멍. ③풍혈. ❷[ふうけつ] 풍혈; ①산중턱에 있는 서늘한 굴. ②(식품 저장용으로) 산중턱에 판 굴.
風花[かざはな/かざばな] ①(눈이 쌓인 쪽에서) 바람에 날려 오는 눈. ②(갠 날에) 바람에 나부끼는 가랑눈. ③ ≪医≫ 감기로 인한 발진(発疹).

音読

[2]風❶[ふう] ①풍습. 관습. ②경향. ③기풍. ④…체. ¶知(し)らない~をする 모르는 체하다. ⑤방법. 스타일. 양식(様式). ¶日本(にほん)~ 일본 스타일. ❷[かぜ] ☞ [訓読]
風格[ふうかく] 풍격; ①풍채와 품격. 인품. ②풍취. 독특한 멋.
[2]風景[ふうけい] 풍경; 경치(景致).
風景画[ふうけいが] 풍경화; 자연의 경치를 그린 그림.
風光[ふうこう] 풍광; 아름다운 경치.
風光明媚[ふうこうめいび] 풍광명미; 경치가 맑고 아름다움.
風狂[ふうきょう] 풍광; ①미친 사람. 미치광이. ②풍류에 철저함.
風教[ふうきょう] 풍교; ①(그 지방의) 풍속으로서 가르침. ②덕으로서 교화함.
風琴[ふうきん] ≪楽≫ 풍금; 오르간.
風紀[ふうき] 풍기; 남녀 교제에 관한 규율.
風袋[ふうたい] 풍대; ①(저울에 달 때의) 포장용 주머니. 겉포장. ②외관. 겉모양.
風洞[ふうどう] 풍동; ①산중턱에 있는 서늘한 굴. ②인공적으로 기류를 일으키는 터널 스타일의 장치.
風道[ふうどう] 풍도; (탄광의) 통풍용 갱도.
風浪[ふうろう] 풍랑; ①바람과 물결. ②바람결에 일어나는 파도.
風来坊[ふうらいぼう] ①바람처럼 훌쩍 나타난 사람. 떠돌이. 뜨내기. ②변덕쟁이.
風来者[ふうらいもの] ☞ 風来坊
[4]風呂[★ふろ] ①목욕. 목욕물. 목욕통. ②욕실.
風呂釜[★ふろがま] (목욕물을 데우는) 보일러.
[2]風呂敷[★ふろしき] ①보자기. ②허풍.
風呂焚き[★ふろたき] 목욕물을 데움.
風呂屋[★ふろや] 대중 목욕탕.
風呂屋三助[★ふろやさんすけ] 때밀이 남자.
風呂場[★ふろば] 욕실(浴室). 목욕탕.
風呂銭[★ふろせん] 목욕 요금.
風力[ふうりょく] 풍력; 바람의 힘.
風鈴[ふうりん] 풍령; 풍경(風磬). 처마 끝에 다는 경쇠.
風炉❶[ふろ] (茶道에서) 물을 끓이는 화로. ❷[ふうろ] 풍로; ①시금용(試金用)의 노(炉). ②(茶道에서) 물을 끓이는 화로.
風炉釜[ふろがま] (茶道에서) 화로에 얹는 솥.
風流❶[ふうりゅう] 풍류; ①우아하고 정취가 있음. ②운치가 있음. 멋을 부림. ③속세를 떠나 취미에 몰두함. ④별남. 색다름. ⑤단순한 축하 연기. ⑥세련된 장식품. ❷[ふりゅう] 중세(中世)에 유행한 가무(歌舞). ＊지금도 盆踊(ぼんおど)り 등에 남아 있음.
風媒花[ふうばいか] ≪植≫ 풍매화.
風貌[ふうぼう] 풍모; 용모. 외모.
風聞[ふうぶん] 풍문; 뜬소문.
風物[ふうぶつ] 풍물; ①경치. 풍경(風景). ②(그 고장의) 계절의 생활과 깊은 관계가 있는 사물. 계절물.
風物詩[ふうぶつし] 풍물시; ①풍물을 읊은 시. ②계절의 정취를 잘 나타낸 것.

風味[ふうみ] 풍미; 음식의 고상한 맛.
風変(わ)り[ふうがわり] 색다름. 별남. 특이함.
[2]風船[ふうせん] ①풍선. ②벌룬.
風船玉[ふうせんだま] 종이·고무풍선.
風雪[ふうせつ] 풍설; ①바람과 눈. ②눈보라. ③세월.
風雪注意報[ふうせつちゅういほう] 풍설 주의보; 눈보라 주의보.
風説[ふうせつ] 풍설; 뜬소문.
[1]風俗[ふうぞく] 풍속; ①풍습. 습관. ②풍기(風紀). 남녀 교제에 관한 규율.
風俗営業[ふうぞくえいぎょう] 유흥 접객업.
風俗画[ふうぞくが] 풍속화; 풍속도(風俗図).
風速[ふうそく] 풍속; 바람의 속도.
風速計[ふうそくけい] 풍속계.
風水害[ふうすいがい] 풍수해; 폭풍우와 홍수에 의한 재해.
[1]風習[ふうしゅう] 풍습; 풍속과 습관.
[2]風雅[ふうが] 풍아; 풍류. 멋. 고상함.
風圧[ふうあつ] 풍압; 바람의 압력.
風雨[ふうう] 풍우; ①바람과 비. ②폭풍우.
風雲[ふううん] 풍운; ①바람과 구름. 자연. ②대사건이 일어날 듯한 형세.
風雲児[ふううんじ] 풍운아; 세상에 두각을 나타낸 사람.
風韻[ふういん] 풍운; 풍취. 아취.
風月[ふうげつ] 풍월; 청풍명월.
風刺[ふうし] 풍자; 비꼼. 비아냥거림.
風刺画[ふうしが] 풍자화; 풍자하는 그림.
風姿[ふうし] 풍자; 용모. 풍채(風采).
風前の灯火[ふうぜんのともしび] 풍전등화.
風情[★ふぜい] 풍정; ①운치. 정취. ②표정. 기색. ③대접. 접대. ④(사람을 나타내는 말에 접속하여) …따위. …같은 것. …같은 부류.
風潮[ふうちょう] 풍조; 일반적인 경향.
風疹[ふうしん] ≪医≫ 풍진.
風塵[ふうじん] 풍진; ①바람에 날리는 먼지. ②속세. 속세의 번잡함.
[1]風車❶[ふうしゃ] 풍차. ❷[かざぐるま] ①풍차. ②팔랑개비. 바람개비.
風車小屋[ふうしゃごや] 풍차가 도는 집.
風采[ふうさい] 풍채; 외모. 외관. 용모.
風体[ふうてい] 차림새. 옷차림. 꼴. 모습. ＊나쁜 뜻으로 쓰이는 말임.
風趣[ふうしゅ] 풍취; 멋. 아취.
風致[ふうち] 풍치; 멋. 아취.

[1]風土[ふうど] 풍토; (그 지방의) 기후와 토지의 상태.
風土記[★ふどき] 풍토기; (그 지방의) 토지의 상태·전설·풍속 등을 기록한 것.
風土病[ふうどびょう] ≪医≫ 풍토병.
風波[ふうは] 풍파; ①바람과 파도. 바람에 의한 거친 파도. ②(친한 사이의) 분쟁. 다툼.
風評[ふうひょう] 풍평; 풍문. 뜬소문.
風合(い)[ふうあい] (피륙의) 느낌. 촉감.
風害[ふうがい] 풍해; 바람에 의한 재해.
風向[ふうこう] 풍향; 바람의 방향.
風穴❶[ふうけつ] 풍혈; ①산중턱에 있는 서늘한 굴. ②(식품 저장용으로) 산중턱에 판 굴. ❷[かざあな] ①바람구멍. ②통풍 구멍. ③풍혈.
風化[ふうか] 풍화; ①지표의 암석이 점차로 부서져 흙으로 변하는 과정. ②(기억·사상 등이) 차차 약화됨. ③윗사람의 덕망에 감화됨.
風化作用[ふうかさよう] 풍화 작용.
風懐[ふうかい] 풍회; 마음속의 생각.

豊(豐) 풍성할 풍

口 曲 曲 曲 曲 曲 豊 豊 豊

音 ◉ホウ
訓 ◉ゆたか ⊗とよ

訓読

[2]◉豊か[ゆたか] 〈形動〉 ①풍성함. 풍부함. ②부유함. 유복함. ③느긋함. ④넉넉함. 충분함. 족히 됨직함.
⊗豊の明(か)り[とよのあかり] ≪古≫ ①술에 취해 얼굴이 빨개짐. ②궁중 연회.
豊明の節会[とよのあかりのせちえ] (옛날 궁중에서 新嘗祭(にいなめさい) 다음날의 행사로) 천황이 햇곡식을 먹고 신하들에게 녹(禄)과 품계가 주어지고 연회가 벌어졌음.
豊栄登る[とよさかのぼる] 〈4自〉≪古≫ 아침 해가 아름답게 빛나며 뜨다. ＊사람의 영화에 비유한 말임.
豊葦原[とよあしはら] ≪雅≫ '일본국'의 미칭(美称). ＊갈대가 풍성하게 자란 들판이라는 뜻임.
豊秋津洲[とよあきつしま] ≪雅≫ '일본국'의 미칭(美称).

音読

豊年[ほうねん] 풍년; 곡식이 풍성하게 여물어 수확이 많은 해.

豊麗[ほうれい] 풍려; 풍만하고 아름다움.

豊満[ほうまん] 풍만; ①풍족하여 넘침. ②몸이 뚱뚱함.

[2]豊富[ほうふ] 풍부; 넉넉하고 많음.

豊熟[ほうじゅく] 풍숙; 곡물이 잘 여물음.

豊穣[ほうじょう] 풍양; 곡물이 잘 여물음.

豊漁[ほうりょう] 풍어; 물고기 등이 많이 잡힘.

豊艶[ほうえん] 풍염; 풍만하고 아리따움.

豊饒[ほうじょう] 풍요; 넉넉하고 많음.

豊潤[ほうじゅん] 풍윤; 풍족하고 윤택함.

[1]豊作[ほうさく] 풍작; 농작물이 풍성하게 여물어 수확이 많음.

豊凶[ほうきょう] 풍흉; 풍작과 흉작. 풍년과 흉년.

 楓 단풍나무 풍	音 ⊗フウ 訓 ⊗かえで

訓読

⊗楓[かえで] ≪植≫ 단풍나무. ¶ ~の紅葉(こうよう)が美(うつく)しい 단풍나무의 단풍이 아름답다. ¶ ~の盆栽(ぼんさい) 단풍나무 분재.

音読

楓林[ふうりん] 풍림; 단풍나무 숲.

楓樹[ふうじゅ] 풍수; 단풍나무.

楓葉[ふうよう] 풍엽; 단풍나무 잎.

諷 풍자할 풍	音 ⊗フウ 訓 —

音読

諷する[ふうする] 〈サ変他〉 풍자하다. 에둘러 비판하다.

諷諫[ふうかん] 풍간; 넌지시 빗대어 간함.

諷誦[ふうじゅ] 풍송; (경문을) 소리 내어 읽음.

諷詠[ふうえい] 풍영; 시가(詩歌)를 읊조림.

諷諭[ふうゆ] 풍유; ①에둘러서 넌지시 타이름. ②비유를 사용해서 깨닫게 함.

諷諭法[ふうゆほう] 풍유법; 비유만을 사용하고 본뜻은 결과에서 짐작케 하는 수사법.

諷意[ふうい] 풍의; 암시하는 뜻.

諷刺[ふうし] 풍자; 비꼼. 비아냥거림.

諷刺画[ふうしが] 풍자화; 풍자하는 그림.

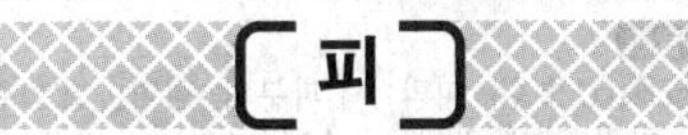

피

皮 가죽/껍질 피
丿 厂 广 皮 皮

音 ◉ヒ
訓 ◉かわ

訓読

[2]◉皮[かわ] ①가죽. 껍질. ②모피(毛皮). 털가죽. ③(이불 등의) 껍데기. ④표면. 겉면.

皮工場[かわこうば] 가죽 가공 공장.

皮具[かわぐ] 가죽으로 만든 도구.

皮紐[かわひも] 가죽 끈. 가죽으로 된 끈.

皮帯[かわおび] 피대; 가죽 띠.

皮袋[かわぶくろ] (액체를 담는) 가죽 부대.

皮籠[かわご] 피롱; ①가죽을 바른 궤. ②종이를 바른 옷고리짝. ③대로 엮은 옷고리짝.

皮剝き[かわむき] ①(짐승의) 가죽을 벗김. 가죽을 벗기는 사람. ②(농산물의) 껍질을 벗김. 껍질을 벗기는 도구. ③(연극의) 난투 장면의 일종.

皮剝(ぎ)[かわはぎ] ①무두장이. (동물의) 가죽을 벗김·벗기는 사람. ②≪魚≫ 쥐치.

皮付き[かわつき] 껍질이 붙어 있음.

皮算用[かわざんよう] 독장수 셈. 실속 없는 셈. 헛수고만 함.

皮細工[かわざいく] 가죽 세공.

皮か身か[かわかみか] (가죽과 살의 경계를 구별할 수 없듯이) 구별하기 어려움.

皮屋[かわや] 가죽으로 물건을 만들거나 가공하는 집·사람. 피혁 가공업자.

皮鞣(し)[かわなめし] 무두장이. 무두질.

皮衣[かわごろも] 모피 옷. 털옷.

皮一重[かわひとえ] 꺼풀 한 겹의 두께. 아주 근소한 두께.

皮作り[かわづくり] (생선의) 껍질을 벗기지 않고 회를 침.

皮張り[かわばり] (어떤 물건에) 가죽을 씌움. 가죽을 씌운 물건.

皮製[かわせい] 가죽 제품. 피혁 제품.

皮綴じ[かわとじ] ①가죽 제본. 책 표지에 가죽을 대어 제본한 것. ②(물건을) 가죽 끈으로 맴.

皮被り[かわかぶり] ①가죽을 뒤집어 씀. ②≪俗≫ 포경(包茎).

皮靴[かわぐつ] 가죽으로 된 신발.

音読

皮膜[ひまく] 피막; ①피부와 점막. ②껍질처럼 얇은 막. ③근소한 차이.

[2]**皮膚**[ひふ] ≪生理≫ 피부; 살갗.

皮膚病[ひふびょう] ≪医≫ 피부병.

皮相[ひそう] 피상; ①겉. 표면. ②겉만 보고 판단함.

[2]**皮肉**[ひにく] 피육; ①가죽과 살. ②비아냥거림. 빈정거림. 비꼼. ③얄궂음. 짓궂음. ④피상적(皮相的)임.

皮肉る[ひにくる] 〈5他〉 비아냥거리다. 빈정대다. 야유하다. 비꼬다.

皮肉屋[ひにくや] 잘 비아냥거리는 사람.

皮脂腺[ひしせん] ≪生理≫ 피지선.

皮質[ひしつ] ≪生理≫ 피질.

皮下組織[ひかそしき] ≪生理≫ 피하 조직.

皮下脂肪[ひかしぼう] ≪生理≫ 피하 지방.

皮革[ひかく] 피혁; 가죽.

皮革製品[ひかくせいひん] 피혁 제품.

彼 저쪽 피

´ ㄔ 彳 彳 彳 彳 彼 彼

音 ◉ヒ

訓 ◉かれ ◉かの

訓読

[3]◉**彼**[かれ] ①그이. 그 사람. 그 남자. ②(애인이나 남편을 가리켜서) 그이. 저이. 남자 친구.

彼これ[かれこれ] ①이것저것. 이러쿵저러쿵. ②이럭저럭. 그럭저럭. 거의. 대충.

[3]**彼ら**[かれら] 그들. 그 사람들. 저들.

[3]**彼女**[かのじょ] ①그녀. 그 여자. 저 여자. ②여자 친구.

彼奴[★あいつ] ①저 녀석. 저놈. 그놈. ②저것. 그것.

[3]**彼等**[かれら] 그들. 그 사람들. 저들.

彼方 ❶[★かなた] 저쪽. 저편. 저기. ❷[★あちら] 저쪽. 저기.

彼是[かれこれ] ①이것저것. 이러쿵저러쿵. ②이럭저럭. 그럭저럭. 거의. 대충.

[2]**彼氏**[かれし] ①그분. 그 사람. ②(애인이나 남편을 가리켜) 그이. 저이. 남자 친구.

彼此 ❶[かれこれ] ①이것저것. 이러쿵저러쿵. ②이럭저럭. 그럭저럭. 거의. 대충. ❷[ひし] 피차; 저것과 이것. 이것저것.

彼処[★かしこ/あそこ] 저기.

音読

彼我[ひが] 피아; 그 사람과 나.

彼岸[ひがん] 피안; ① ≪仏≫ 열반(涅槃)에 도달함. ②건너편. 저쪽 기슭. 강변.

彼岸桜[ひがんざくら] ≪植≫ 춘분(春分) 무렵에 홑꽃이 피는 벚나무. 외겹 벚꽃.

彼岸会[ひがんえ] ≪仏≫ 춘분(春分)·추분(秋分)을 전후하여 7일간에 행하는 법회.

披 펼/열 피

一 亅 扌 扌 扩 扩 扩 披 披

音 ◉ヒ

訓 ⊗ひらく

訓読

⊗**披く**[ひらく] 〈5他〉 열다. 벌리다. 펴다.
¶ 手紙(てがみ)を～ 편지를 뜯다.

音読

披講[ひこう] 피강; (詩歌会에서) 시가(詩歌)를 낭독하여 자기 생각을 털어놓음.

披見[ひけん] 피견; 펼쳐 봄.

披読[ひどく] 피독; 책을 펼쳐서 읽음.

披瀝[ひれき] 피력; 마음속의 생각을 털어놓음.

[1]**披露**[ひろう] 피로; ①공개함. 광고함. 선전함. ②(문서 등을) 펼쳐 보임.

[1]**披露宴**[ひろうえん] 피로연; 결혼이나 출생 등을 널리 알린다는 뜻의 연회.

疲 피곤할 피

丶 亠 广 广 疒 疒 疒 疒 疲 疲

音 ◉ヒ

訓 ◉つからす ◉つからせる ◉つかれる

訓読

◉**疲らす**[つからす] 〈5他〉 지치게 하다.

◉**疲らせる**[つからせる] 〈下1他〉 피곤하게 하다. 지치게 하다.

[4]◉**疲れる**[つかれる] 〈下1自〉 ①피곤하다. 피로하다. 지치다. ②(오래 사용해서) 낡아지다. 약해지다.

[2]**疲れ**[つかれ] ①피곤. 피로. ②몸살.

疲れ果てる[つかれはてる] 〈下1自〉 몹시 지치다. 지칠 대로 지치다.

疲れ目[つかれめ] 피곤한 눈.

疲れ試験[つかれしけん] ≪物≫ 피로 시험.

疲れ切る[つかれきる] 〈5自〉 몹시 피곤하다. 몹시 지치다.

音読

疲労[ひろう] 피로; 지침. 피곤.
疲労感[ひろうかん] 피로감; 피곤한 느낌.
疲弊[ひへい] 피폐; ①심신이 지치고 쇠약해짐. ②비용이 많이 들어 궁핍함.

被　이불/덮을/입을 피

丶 ㇇ 礻 衤 衤 衤 衤 衪 被 被

音 ◉ヒ
訓 ◉こうむる ⊗かぶる ⊗おおう ⊗かずく ⊗かずける ⊗かぶさる ⊗かぶせる

訓読

◉**被る❶**[こうむる] 〈5他〉 ①(손해・은혜 등을) 입다. ②(신불(神仏)이나 손윗사람으로부터 무언가를) 받다.
2 ⊗**被る❷**[かぶる] 〈5他〉 ①(머리에) 쓰다. 덮어쓰다. ②(누명이나 책임 등을) 뒤집어쓰다. 짊어지다. 〈5自〉 ①(연극 등이) 끝나다. 파하다. ②(사진에서 노출 과다로) 흐려지다.
被り[かぶり] ①(머리에) 쓴 것. ②(사진에서) 필름・인화지가 흐림.
被り物[かぶりもの] 머리에 쓰는 것.
⊗**被う**[おおう] 〈5他〉 ①(표면을) 덮다. 싸다. 씌우다. ②가리다. 막다. ③은폐하다. 숨기다. ④충만하다. 뒤덮다. ⑤일괄(一括)하다. 망라하다.
被い[おおい] 덮개. 씌우개. 커버.
⊗**被く**[かずく] 〈5他〉 (머리에) 쓰다. 덮다.
⊗**被ける**[かずける] 〈下1他〉 ①(머리에) 씌우다. ②핑계 삼다. 구실삼다. ③(책임・누명을) 뒤집어씌우다. 전가(転嫁)하다.
⊗**被さる**[かぶさる] 〈5自〉 ①덮이다. 씌워지다. ②겹치다. 포개지다. ③(책임이) 돌아오다.
2 ⊗**被せる**[かぶせる] 〈下1他〉 ①(표면에) 덮다. 입히다. 씌우다. ②(가루・액체를) 끼얹다. ③(책임・누명을) 뒤집어씌우다. ④(어떤 소리에 다른 소리를) 겹치게 하다. ⑤짬을 주지 않고 계속 말하다.
被せ[かぶせ] 덮음. 덮어씌움.
被せ蓋[かぶせぶた] (내용물이 완전히 가려지도록) 상자 모양으로 된 뚜껑.
被せ網[かぶせあみ] 투망(投網). 물 위에 던져서 물고기를 잡는 그물.

音読

被検者[ひけんしゃ] 피검자; 검사(検査)를 받는 사람.
被告人[ひこくにん] 피고인; (재판에서) 소송을 당한 사람.
被膜[ひまく] 피막; 감싸고 있는 막.
被服[ひふく] 피복; 옷. 의복. 의류.
被覆[ひふく] 피복; 덮어 쌈・씌움.
被写体[ひしゃたい] (사진에서) 피사체.
被選挙権[ひせんきょけん] 피선거권.
被疑者[ひぎしゃ] 피의자; 용의자(容疑者).
被子植物[ひししょくぶつ] ≪植≫ 피자식물.
被災[ひさい] 피재; 재해를 입음.
被災者[ひさいしゃ] 이재민(罹災民).
被災地[ひさいち] 재해(災害) 지역.
被曝[ひばく] 피폭; 방사능이나 화학물질에 노출됨.
被曝者[ひばくしゃ] 피폭자; 방사능이나 화학물질에 노출된 사람.
被爆[ひばく] 피폭; ①폭격을 받음. ②(원자탄・수소탄 등의) 방사능 피해를 입음. ③방사능을 쐼.
被爆者[ひばくしゃ] 피폭자; (원자탄・수소탄 등의) 방사능 피해를 입은 사람.
被虐[ひぎゃく] 피학; 학대를 받음.
2 **被害**[ひがい] 피해; 신체・재산・정신상의 손해를 입는 일. 손해.
被害妄想[ひがいもうそう] 피해망상.
被験者[ひけんしゃ] 피험자; 검사(検査)나 실험(実験)을 받는 사람.

避(避)　피할 피

㇕ ㇕ 尸 尼 𡰪 𡰪 辟 辟 辟 避

音 ◉ヒ
訓 ◉さける ⊗よける

訓読

2 ◉**避ける❶**[さける] 〈下1他〉 ①(적극적으로) 멀리하다. 피하다. 꺼리다. ②(방해되는 것을) 피하다. ③삼가다.
1 ⊗**避ける❷**[よける] 〈下1他〉 ①(소극적으로) 비키다. 피하다. ②(피해를) 면하다. 벗어나다. ③(피해를) 방지하다. 막다.
避け道[よけみち] 피할 방법.

音読

1 **避難**[ひなん] 피난; 재난을 피하여 다른 곳으로 달아남.

避雷針[ひらいしん] 피뢰침.
避暑[ひしょ] 피서; 더위를 피해서 시원한 지역으로 옮겨 감.
避暑地[ひしょち] 피서지.
避妊[ひにん] 피임; 인위적으로 임신을 피하는 방법을 취함.
避寒[ひかん] 피한; 추위를 피해서 따뜻한 지역으로 옮겨 감.
避寒地[ひかんち] 피한지.

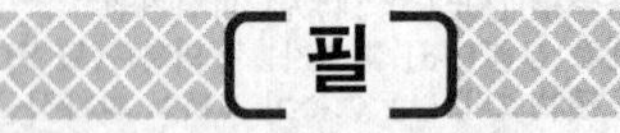

필

匹 짝/필 필

一 ア 兀 匹

音 ◉ヒツ
訓 ◉ひき

訓読

4◉**匹**[ひき] ①(물고기·벌레·동물 등을 세는 말로) 마리. ¶二(に)~の鮒(ふな) 두 마리의 붕어. ②(옷감 등을 세는 말로) 필. ¶反物(たんもの) 二(に)~ 포목 두 필.
◑**一匹**[いっぴき], **二匹**[にひき], **三匹**[さんびき], **四匹**[よんひき], **五匹**[ごひき], **六匹**[ろっぴき], **七匹**[ななひき], **八匹**[はっぴき], **九匹**[きゅうひき], **十匹**[じっぴき], **何匹**[なんびき]

音読

匹夫[ひっぷ] 필부; 신분이 낮은 남자. 사리를 분별하지 못하는 남자.
匹夫匹婦[ひっぷひっぷ] 태생이 천한 남녀.
匹婦[ひっぷ] 신분이 낮은 여자. 사리를 분별하지 못하는 여자.
1**匹敵**[ひってき] 필적; ①맞먹음. ②대등한 상대.

必 반드시 필

丶 ソ 义 必 必

音 ◉ヒツ
訓 ◉かならず

訓読

3◉**必ず**[かならず] 필히. 반드시. 꼭.
2**必ずしも**[かならずしも] (부정문에서) 반드시. 꼭.
必ずや[かならずや] (추측을 나타내는 문장에서) 반드시. 꼭.

音読

必する[ひっする] 〈サ変自〉 (꼭 그렇게) 되게 마련이다. 되리라고 확신한다.
必見[ひっけん] 필견; 꼭 보아야 함.
必読[ひつどく] 필독; 꼭 읽어야 함.
必読書[ひつどくしょ] 필독서; 누구나 반드시 읽어야 할 책.
必滅[ひつめつ] 필멸; 반드시 멸망함.
必罰[ひつばつ] 필벌; 반드시 벌함.
2**必死**[ひっし] 필사; ①반드시 죽음. ②필사적임. ③(장기에서) 외통수.
必殺[ひっさつ] 필살; 반드시 죽임.
必衰[ひっすい] 필쇠; 반드시 쇠퇴함.
1**必修**[ひっしゅう] 필수; 어떤 과정을 반드시 배워야 함. 반드시 이수(履修)해야 함.
必修科目[ひっしゅうかもく] 필수 과목.
必須[ひっす] 필수; 반드시 필요함.
必須条件[ひっすじょうけん] 필수 조건.
2**必需品**[ひつじゅひん] 필수품; 반드시 필요한 물건. 없어서는 안 되는 물건.
必勝[ひっしょう] 필승; 반드시 이김.
1**必然**[ひつぜん] 필연; 반드시 그렇게 될 수밖에 없음.
必然性[ひつぜんせい] 필연성.
2**必要**[ひつよう] 필요; 꼭 소용이 됨.
必用品[ひつようひん] 필용품; 반드시 사용해야 하는 물건.
必定[ひつじょう] 필정; ①필연적임. 불가피함. ②꼭. 반드시.
必中[ひっちゅう] 필중; 반드시 명중함.
必至[ひっし] 필지; ①필연적임. 불가피함. ②(장기에서) 외통수.
必至の手[ひっしのて] (장기에서) 외통수.
必着[ひっちゃく] 필착; 반드시 도착함.
必携[ひっけい] 필휴; 반드시 휴대해야 함.

筆 붓/글 필

ノ ㇏ ⺮ 竺 笁 笁 笁 筜 筜 筆

音 ◉ヒツ
訓 ◉ふで

訓読

2◉**筆**❶[ふで] ①붓. ②붓으로 그린 그림. 붓으로 쓴 글씨. ③집필함. 글씨를 씀.
❷[ひつ] ☞ [音読]

筆まめ[ふでまめ] 글・편지 쓰기를 좋아함.
筆遣い[ふでづかい] 붓놀림.
筆頭[ふでがしら/ひっとう] 필두; ①붓끝. ②(여러 사람의 이름을 거론할 때) 첫째. 첫 번째.
筆立て[ふでたて] (필기구를 세워두는) 필통. 필기도구 꽂이.
筆無精[ふでぶしょう] 글・편지 쓰기를 싫어함.
筆癖[ふでくせ/ふでぐせ] (그 사람의) 독특한 글씨체・문장・그림.
筆不精[ふでぶしょう] 글・편지 쓰기를 싫어함.
筆付き[ふでつき] 필치(筆致). 필법(筆法). 그린 그림의 모양. 쓴 글씨의 모양.
筆使い[ふでづかい] 붓놀림.
筆箱[ふでばこ] 필통. 필갑(筆匣).
筆石[ふでいし] ≪鉱≫ 필석.
筆先[ふでさき] ①붓끝. ②붓놀림. ②문필. 붓으로 쓴 문장・글씨.
筆洗い[ふであらい] 붓끝을 씻는 그릇.
筆入れ[ふでいれ] 필통. 필갑(筆匣).
筆の跡[ふでのあと] 필적; 붓자국.
筆塚[ふでづか] 붓무덤. 못쓰게 된 붓을 모아서 땅에 묻고 공양하는 무덤.
筆忠実[ふでまめ] 글・편지 쓰기를 좋아함.
筆太[ふでぶと] (붓글씨가) 굵직함. 굵직한 글씨.
筆筒[ふでづつ] 필통; 붓꽂이.
筆荒び[ふですさび] 붓 가는 대로 씀. 심심풀이로 씀.

音読

筆❶[ひつ] 필; ①(문장이 나 서화의 작가 이름 밑에 써서) 그 사람이 썼음을 타나냄. ②토지의 한 구획. ❷[ふで] ☞ [訓読]
筆耕[ひっこう] 필경; 원지에 철필(鉄筆)로 글씨를 씀.
[2]筆記[ひっき] 필기; 글씨를 씀.
筆談[ひつだん] 필담; 입으로 말하는 대신 글씨를 써서 의사소통을 함.
筆答[ひっとう] 필답; 질문에 글로 써서 대답함.
筆力[ひつりょく] 필력; ①필세(筆勢). ②훌륭한 문장을 쓰는 능력.
筆名[ひつめい] 필명; 펜네임.
筆墨[ひつぼく] 필묵; 붓과 먹.
筆法[ひっぽう] 필법; ①붓 놀리는 법. 붓으로 쓰는 법. ②(문장의) 표현 방법. ③일을 처리하는 방법.
筆鋒[ひっぽう] 필봉; 붓의 위세.
筆写体[ひっしゃたい] 필사체; 베껴 쓴 글씨체.
筆算[ひっさん] 필산; ①종이에 써서 계산함. ②쓰기와 셈하기.
筆舌[ひつぜつ] 필설; 글과 말.
筆勢[ひっせい] 필세; 글씨체에 드러난 기세. 필법(筆法).
筆順[ひつじゅん] 필순; 글씨를 쓸 때 붓을 움직이는 순서.
筆硯[ひっけん] 필연; ①붓과 벼루. ②(편지 용어로) 문필 생활.
[2]筆者[ひっしゃ] 필자; 문장이나 서화(書画)를 쓰거나 그리는 사람.
筆跡[ひっせき] 필적; 글씨의 형적.
筆誅[ひっちゅう] 필주; 글로 써서 책망함.
筆陣[ひつじん] 필진; 집필 진용(陣容).
筆致[ひっち] 필치; 그린 그림의 모양. 쓴 글씨의 모양.
筆禍[ひっか] 필화; 발표한 글이 말썽이 되어 입는 화.

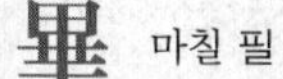 畢 마칠 필	音 ⊗ヒツ 訓 —

音読

畢竟[ひっきょう] 필경; 결국에는.
畢生[ひっせい] 필생; 평생(平生). 한평생 동안. 일생을 마칠 때까지의 기간.

〔핍〕

乏 모자랄/가난할 필

一 亻 乏 乏

音 ◉ボウ
訓 ◉とぼしい

訓読

[1]◉乏しい[とぼしい] 〈形〉 ①부족하다. 모자라다. ②가난하다. 궁색하다.

音読

◑欠乏[けつぼう], 窮乏[きゅうぼう], 耐乏[たいぼう], 貧乏[びんぼう]

逼 ×(逼)	핍박할/ 다가올 핍	音 ⊗ヒツ 訓 ⊗せまる

訓読

⊗**逼る**[せまる] 〈5自〉 ①(거리가) 좁혀지다. ②(어떤 시각이) 닥쳐오다. 다가오다. ③(어느 방향으로) 다가서다. 육박하다. ④(어떤 상태에) 직면하다. ⑤(숨이) 막히다. 답답해지다. 〈5他〉 강요하다. 재촉하다. 채근하다. 핍박하다.

音読

逼迫[ひっぱく] 핍박; ①절박해짐. 여유가 없는 상태가 됨. ②고통에 직면함.

逼塞[ひっそく] 핍색; ①궁핍해짐. 궁색해짐. ②몰락하여 숨어 삶. ③(江戸(えど) 시대에) 문을 걸어 잠그고 출입을 금하던 무사・승려에 대한 형벌.

하

下 아래 하

一 丅 下

音 ◉カ ◉ゲ
訓 ◉した ◉しも ◉もと ◉さがる ◉さげる ◉くださる ◉くだす ◉くだる ◉おりる ◉おろす

訓読

4◉下❶[した] ①(위치・신분・지위・나이가) 아래. 밑. ②(옷의) 안쪽. 속. ③(기술・솜씨가) 아래. 밑. ④아랫자리. 말석(末席). ⑤바로 뒤. 직후. ❷[しも] ①(어떤 장소의) 아래. 아래쪽. ②(강의) 하류. 아래쪽. ③(몸의) 아랫도리. ④대소변. ⑤(신분・지위가) 낮은 사람. ⑥(무대에서) '下手(しもて)'의 준말. ⑦(문장의) 뒷부분. ❸[もと] ①밑동. 뿌리. ②(어떤 범위의) 곁. 슬하. ③(조건・영향이 미치는) …아래. …하(下). ❹[げ] ☞[音読]

3◉下がる[さがる] 〈5自〉 ①(위에서 아래로) 내려가다. ②(지위・값・정도 등이) 내려가다. 떨어지다. ③(기온・열 등이) 내려가다. 내리다. ④(머리가) 수그러지다. ⑤매달리다. 드리워지다. ⑥(직장・학교・윗사람한테서) 물러나다. ⑦(뒤로) 물러서다. ⑧(허가 등이) 나오다. 발급되다. ⑨(시대가) 지나다. ⑩(윗사람한테서) 명령이나 은급이) 내려지다.

下がり[さがり] ①(위에서 아래로) 내려감. ②(지위・값・정도 등이) 내림. 떨어짐. ③(접미어적으로) (시각이) 약간 지남. 기욺. ④¶お~ 물려받은 것. ⑤(씨름꾼의) 샅바 앞에 드리우는 장식.

下がり口[さがりくち] ①(사물의) 내리막. 쇠퇴하기 시작할 무렵. ②(물가가) 내리기 시작할 무렵.

下がり目[さがりめ] ①눈초리가 처진 눈. ②(사물의) 내리막. 쇠퇴하기 시작할 무렵. ③(물가의) 내림세. 하락세.

3◉下げる[さげる] 〈下1他〉 ①(위에서 아래로) 내리다. ②(지위・값・정도・수치 등을) 낮추다. 내리다. ③(기온・열 등을) 내리다. ④(머리를) 숙이다. ⑤매달다. 드리우다. 늘어뜨리다. 달다. ⑥(손에) 들다. ⑦(뒤로) 물리다. 옮기다. ⑧(윗사람한테서) 물리다. ⑨(아랫사람에게) 물려주다. ⑩(맡긴 것을) 찾다. ⑪헐뜯다.

下げ[さげ] ①내림. 낮춤. ②(시세의) 내림세. 하락. 인하. ③(落語(らくご)에서) 사람을 웃겨놓고 매듭짓는 부분. ④'下げ緒(さげお)'의 준말.

下げびら[さげびら] (상품명・가격 등을 적어서) 상점에 달아놓는 기다란 종이.

下げ刀[さげがたな] 손에 든 칼.

下げ渡し[さげわたし] (윗사람이 아랫사람에게・관청이 민간에게) 내려줌. 하사함. 불하함.

下げ渡す[さげわたす] 〈5他〉 (윗사람이 아랫사람에게・관청이 민간에게) 내려주다. 하사하다. 불하하다.

下げ戻し[さげもどし] (관청에 제출한 서류를 본인에게) 되돌려줌. 반려(返戻)함.

下げ髪[さげがみ] ①(소녀의) 땋은 머리. ②(江戸(えど) 시대에 귀부인이나 궁녀 등이) 머리를 뒤로 묶어 늘어뜨린 것.

下げ棚[さげだな] (줄로) 매어 단 선반.

下げ渋る[さげしぶる] 〈5自〉 값이 내려갈 듯 하면서도 안 내려가다.

下げ緒[さげお] 칼집에 달린 끈.

下げ前髪[さげまえがみ] (소녀 등의) 앞머리를 늘어뜨린 헤어스타일.

下げ潮[さげしお] ①썰물. ②퇴조(退潮).

下げ足[さげあし] (시세가) 하락세임.

下げ振り[さげふり/さげぶり] ①다림추. ②흔들이. 시계불알. 진자(振子).

下げ舵[さげかじ] (잠수함・비행기를) 아래로 향하게 하는 키의 조종 방법.

3◉下さる[くださる] 〈5他〉 (윗사람이 아랫사람에게) 하사하다. 주시다.

下される[くだされる] 〈下1他〉 주옵시다. 내리시다. ＊'下(くだ)さる'보다 존경의 뜻이 강함.

下され物[くだされもの] 하사품. 주신 것.

◉下す[くだす] 〈5他〉 ①(지위 등을) 낮추다. 내리다. 강등하다. ②(윗사람이 아랫사람에게) 하사하시다. 주시다. 내리시다. ③(명령이나 판결을) 내리다. 하달하다. ④(물에) 떠내려 보내다. ⑤함락시키다. 항복시키다. ⑥(몸밖으로) 내보내다. ⑦직접 하다. ⑧파견하다. ⑨(동사 ます형에 접속하여) 줄줄 …해 내려가다.

下し[くだし] ①내림. ②설사약.

下し薬[くだしぐすり] 설사약.

[2]◉下る[くだる] 〈5自〉 ①(낮은 곳으로) 내려가다. ②(명령・판결・결론이) 내리다. 나다. ③항복하다. ④(시골로) 내려가다. 하행(下行)하다. ⑤(강의) 하류로 내려가다. ⑥물러나다. ⑦하사(下賜)되다. ⑧(시대가) 바뀌다. ⑨복역(服役)하다.

下って[くだって] 각설하옵고. ＊편지에서 겸양의 뜻으로 사용함.

[2]下らない[くだらない] 〈形〉 ①시시하다. 쓸모없다. 쓸데없다. ②그 이하가 아니다. 밑돌지 않다.

[2]下り[くだり] ①내려감. ②하행(下行). (서울에서) 지방으로 내려감. ③'下(くだ)り腹(ばら)'・'下(くだ)り列車(れっしゃ)'・'下(くだ)り坂(ざか)'의 준말.

[3]◉下りる[おりる] 〈上1自〉 ①(위에서 아래로) 내려가다. 내려오다. ②(탈것에서) 내리다. ③(중도에) 그만두다. ④(몸 밖으로) 나오다. ⑤(지위・직책에서) 물러나다. 그만두다. ⑥(서리・이슬 등이) 내리다. ⑦(가스・안개 등이) 내리 깔리다. ⑧(허가 등이) 나오다. ⑨(자물쇠가) 잠기다. ⑩(책임에서) 벗어나다. 해방되다. ⑪(권리를) 포기하다.

下り口[おりぐち] ①(계단 등의) 내려가는 통로. ②(산・고개 등의) 내려가는 어귀.

下り立つ[おりたつ] 〈5自〉 (낮은 곳에) 내려서다.

下り物[おりもの] ①대하(帯下). 냉(冷). ②월경(月経). ③후산(後産).

下り腹[くだりばら] 설사. 배탈.

下り闇[くだりやみ] (음력으로) 하순의 깜깜한 밤.

下り薬[くだりぐすり] 설사약.

下り様[くだりざま] ①내려갈 때. ②내려가는 모양. ③쇠퇴해 가는 모양.

下り列車[くだりれっしゃ] 하행 열차.

下り月[くだりづき] (음력으로) 하순의 달.

下り鮎[くだりあゆ] (산란기에) 강을 내려가는 은어.

下り坂[くだりざか] ①내리막길. ②쇠퇴기. 사양길. 내리막.

[2]◉下ろす[おろす] 〈5他〉 ①(높은 데서 낮은 데로) 내리다. ②(탈것에서) 내리게 하다. ③(뿌리를) 뻗다. ④(붙였던 것을) 떼다. 내리다. ⑤(윗사람에게 바쳤던 것을) 물리다. ⑥(지위・직책에서) 해임시키다. 물러나게 하다. ⑦베어내다. 잘라내다. ⑧강판에 갈다. ⑨(머리를) 깎다. ⑩(神을) 부르다. 내리게 하다. ⑪(자물쇠를) 채우다. 잠그다. ⑫(은행에서 돈을) 찾다. 인출하다. ⑬(몸 밖으로) 내다. 떼어내다. ⑭(생선을) 발라내다. ⑮(새 옷을) 입다.

下ろし[おろし] ①내림. 부림. ②강판에 갊. 즙. ③새 물건을 사용하기 시작함. ④(물려준) 퇴물. ⑤산에서 부는 바람. 산바람.

下ろし金[おろしがね] 강판.

下ろし大根[おろしだいこん] 무즙.

下ろし立て[おろしたて] 갓 사용하기 시작한 새 물건.

下ろし矢[おろしや] 낮은 쪽을 향해서 쏘는 화살.

下ろし和え[おろしあえ] 강판에 간 무즙에 무친 (생선이나 채소) 요리.

下家[したや] 본채에 딸려 있는 집. 아래채.

下検分[したけんぶん] 사전 조사. 사전 점검. 예비 검사.

下見[したみ] ①사전 답사. 예비 검사. ②예습. 미리 읽어 둠. ③(일본 목조 건물의) 바깥벽에 가로 댄 미늘판자벽.

下見板[したみいた] 미늘 판자벽용 판자.

下稽古[したげいこ] 예행(豫行) 연습.

下掛かり[しもがかり] ①(이야기가) 상스럽게 음란함. ②(能楽(のうがく)에서) 金春(こんぱる)・金剛(こんごう)・喜多(きた) 등의 세 유파(流派).

下掛かる[しもがかる] 〈5自〉 (이야기가) 상스럽게 음란해지다.

下掛け[したがけ] こたつ 바로 위에 덮는 얇은 천.

下の句[しものく] 短歌(たんか)의 넷째 구(句)와 다섯째 구(句). ＊5・7・5 다음의 7・7의 두 구.

下期[しもき] '下半期(しもはんき)'의 준말.

下期決算[しもきけっさん] 하반기 결산.

下男[しもおとこ/げなん] 남자 하인.

下女[しもおんな/げじょ] 하녀(下女). 여자 종.

下っ端[したっぱ] 지위가 낮음. 신분이 낮음. 말단(末端).

下帯[したおび] ①(남자의) ふんどし. ②(일본 여자의) 속치마. ③(옛날) 예복 안에 입는 통소매 옷 위에 매는 띠. ＊①②는 약간 고상한 말씨임.

下図[したず] 밑그림. 초벌 그림.

下道[したみち] (산·나무 밑의) 그늘 길.

下塗り[したぬり] ①초벌 칠. 애벌 칠. ②초벌·애벌 칠한 것.

下読み[したよみ] 예습. 미리 읽어 둠.

下働き[したばたらき] ①남 밑에서 일하는 사람. ②허드렛일을 하는 사람.

下冷え[したびえ] 몸속까지 스며드는 추위.

下涼み[したすずみ] (나무 그늘 등의) 그늘에서 바람을 쐼.

下露[したつゆ] 나무에서 방울져 떨어지는 이슬. 나무 밑의 이슬.

下履き[したばき] 밖에서 신는 신.

下萌え[したもえ] (봄이 되자 땅 속에서) 싹이 틈. 새싹.

下毛[したげ] 잔털. 솜털.

下目[しため] ①눈을 내리뜸. 내리뜬 눈. ②깔봄. 멸시함.

下目遣い[しためづかい] (얼굴은 움직이지 않고) 눈만을 내리뜸.

下聞き[したぎき] 미리 들어 둠.

下物[したもの] 하품(下品). 하치.

下味[したあじ] (요리하기 전에 양념으로 미리 간하여 맛들인) 밑간.

下半期[しもはんき] 하반기; 1년을 둘로 나눈 것의 뒷 부분의 기간.

下方[したかた] ①일반 서민. ②(연극에서) 박자를 맞추며 반주하는 사람.

下つ方[しもつかた] ①아래쪽. ②아랫것들. 신분이 낮은 사람들.

下腹[したはら/したばら] ①아랫배. 하복부. ②(말의) 살찐 배.

下っ腹[したっぱら] 아랫배. 하복부.

下縫い[したぬい] 가봉. 시침질.

下部❶[しもべ] 하인. 종. ❷[かぶ] 하부; 아래쪽 부분.

下敷(き)[したじき] ①깔개. 밑받침. 책받침. ②바탕. 본보기. ③(밑에) 깔림.

下肥え[しもごえ] ≪農≫ 뒷거름. 밑거름.

下仕え[しもづかえ] ①(옛날 귀족 집안의) 하녀. ②식모.

下仕事[したしごと] ①사전 준비. 준비 작업. ②하청(下請) 작업.

下思い[したおもい] ①아랫사람을 아끼는 마음. ②속마음.

下相談[したそうだん] 예비 상담. 사전 의논.

下色[したいろ] ①바탕색. ②차츰 퇴색·쇠퇴해 가는 모양.

下生え[したばえ] (나무 아래의) 잡초.

[2]**下書き**[したがき] ①초안(草案). 초고(草稿). ②(서예에서) 연습으로 써봄. ③윤곽을 그림.

下席[しもせき] (寄席(よせ)에서) 그 달의 하순에 하는 흥행.

下洗い[したあらい] 애벌빨래.

下水❶[したみず] ①(쌓인 눈, 또는 어떤 물체의) 밑을 흐르는 물. ②아래물 수. *한자(漢字) 부수의 하나로 '泰' 등의 '氺' 부분을 말함. ❷[げすい] ☞ [音読] 下水(げすい)

[4]**下手❶**[へた] 〈形動〉 ①서투름. ②어설픔. 섣부름.

下手❷[したて] ①아래쪽. ②(강의) 하류. ③(지위나 능력이) 뒤짐. ④(씨름에서) 상대방 겨드랑이 아래쪽에 넣는 손.

下手❸[したで] (지위나 능력이) 뒤짐.

下手❹[しもて] ①(강의) 하류. 아래쪽. ②무대 왼쪽.

下手投げ[したてなげ] ①(씨름에서) 샅바를 아래쪽에서 치올려 낚아채 쓰러뜨림. ②(야구에서) 언더스로.

下手回し[したてまわし] (씨름에서) 상대방 팔 밑으로 손을 넣고 쓰러뜨리는 손.

下唇[したくちびる] 아랫입술.

下襲[したがさね] ①(옛날 관리가 정장할 때) 속옷 밑에 받쳐 입는 옷. ②속옷.

下身[したみ] 요리하려고 뉘어 놓은 생선의 도마 쪽의 살.

[1]**下心**[したごころ] ①본심. 속마음. ②(계획된) 음모. 계략. ③(격언 등의) 참뜻. 숨은 뜻. ④마음심. *한자(漢字) 부수의 하나로 '恭·慕' 등의 '⺗' 부분을 말함.

下押し[したおし] ①(위에서 아래로) 밀어 내림. ②(시세가) 하락하는 경향.

下役[したやく] ①부하 직원. ②하급 관리.

下訳[したやく] ①초벌 번역. ②번역 일을 하청 받음.

下染め[したぞめ] ①(2종류 이상의 염료를 사용할 때) 바탕이 되는 물감으로 미리 염색함. ②사전 준비. 준비 작업. ③(소설에서) 나중에 나오는 중요한 대목을 살리기 위해 그 대목의 발생이나 내력을 예시(豫示)해 두는 기법.

下葉[したば] (가지나 줄기의) 아래쪽에 붙은 나뭇잎.

下刈り[したがり] (나무를 보호하기 위해) 나무 밑의 풀을 벰.

ㅎ

下屋❶[したや] 본채에 딸려 있는 집. 아래채. ❷[げや] 본채에 붙여 단 작은 지붕. 또는 그 아래의 공간.

下屋敷[しもやしき] (江戸(えど) 시대) 大名(だいみょう)나 상급 무사들이 교외에 두었던 별장.

下臥し[したぶし] 물건 밑에 엎드림.

下陰[したかげ] 그늘.

下一段活用動詞[しもいちだんかつようどうし] 《語学》 하1단 활용 동사.

下煮[したに] (단단해서 잘 익지 않는 것을) 미리 익혀 둠.

下作❶[したさく] 소작(小作). ❷[げさく] ①졸작(拙作). 조잡한 물건. ②품위가 없음. 천함.

下張り[したばり] 초배. 초배지.

下積み[したづみ] ①(다른 물건의) 밑에 쌓음. 밑에 쌓은 물건. ②언제까지나 출세를 못함. 말단(末端).

下前[したまえ] (일본옷의) 안자락.

下折れ[したおれ] 꺾인 나뭇가지. 늘어진 나뭇가지.

[2]**下町**[したまち] (바다나 강에 가까운 저지대의) 달동네. 서민 동네.

下町育ち[したまちそだち] 달동네에서 자람.

下町風[したまちふう] 江戸(えど) 시대의 세련되고 활달한 풍속이 남아 있는 東京(とうきょう)의 서민층 구역.

[1]**下調べ**[したしらべ] ①예비 조사. 사전 조사. 사전 답사. ②예습.

下拵え[したごしらえ] ①사전 준비. 미리 준비함. ②(요리에서) 대충 미리 만들어둠.

下座❶[しもざ] ①하좌; 말석(末席). ②(무대의) 객석에서 본 왼쪽. *관객의 눈에 잘 띄지 않는 반주자의 자리. ❷[げざ] ①하좌; 말석(末席). ②(무대의) 객석에서 본 왼쪽. *관객의 눈에 잘 띄지 않는 반주자의 자리. ③바닥에 납작 엎드려 절함. 부복함.

下座敷[したざしき] 아래층에 있는 방.

下準備[したじゅんび] ①사전 준비. 준비작업. ②기초적인 준비.

下支え[したささえ] (값이 더 내려가지 않도록 막는) 하한선(下限線).

[1]**下地**[したじ] ①준비. 기초. ②본래의 성질. 소양(素養). ③본심. ④(양념) 간장. ⑤밑바탕.

下地っ子[したじっこ] (장차 기생으로 키우기 위해) 기예(技芸) 등을 가르치며 기르는 소녀.

下地窓[したじまど] 벽의 욋가지를 일부 창문 모양으로 남겨 놓고 벽을 바른 창틀.

下枝[したえだ] 밑가지.

下職[したしょく] 하청업. 하청업자.

[3]**下着**[したぎ] 속옷. 내의. 내복.

下穿(き)[したばき] 속바지. 아래 내의.

下請(け)[したうけ] 하청; 남이 청부 맡은 일의 전부나 일부를 다시 딴 사람이 청부 맡음.

下請(け)人[したうけにん] 하청업자.

下締(め)[したじめ] (일본 여자 옷의) 허리띠 밑에 매는 끈.

下草[したくさ/したぐさ] ①(나무그늘에 나는) 잡초. ②숨어 사는 사람.

下総[しもうさ] (일본의 옛 지명으로) 현재의 千葉県(ちばけん)의 북부와 茨城県(いばらきけん)의 남서부 지방.

[1]**下取(り)**[したどり] (신품 판매 시 중고품의 값을 쳐주고) 중고품을 인수함.

下値[したね] (지금까지의 시세보다) 싼값. 염가(廉価).

下歯[したば] 아랫니.

下打(ち)合(わ)せ[したうちあわせ] 사전 협의. 예비 상담.

下湯[しもゆ] 목욕탕에 들어가기 전에 아랫도리를 씻음.

下投げ[したなげ] 다기(茶器)에 차를 먼저 넣고 끓는 물을 부음.

下風❶[したかぜ] 지면 가까이서 부는 바람. ❷[かふう] ①바람이 불어가는 쪽. ②남의 밑자리.

下下❶[しもじも] 신분이 낮은 사람들. 서민. 아랫것들. ❷[げげ] ①가장 신분이 낮은 사람들. ②최하위. 하치.

下向き[したむき] ①하향; 아래쪽을 향함. 아래로 숙임. ②쇠퇴해짐. 하강(下降). ③내림세. 하락세.

下懸(か)り[しもがかり] ①(이야기가) 상스럽게 음란함. ②(能楽(のうがく)에서) 金春(こんぱる)·金剛(こんごう)·喜多(きた) 등의 세 유파(流派).

下火[したび] ①불기운이 약해짐. ②시들해짐. 기세가 약해짐. ③(오븐 등의) 아래서 쬐는 불. 밑불.

下話[したばなし] 사전 의논. 예비 상담.

下回り[したまわり] ①(남의 밑에서 하는) 허드렛일. 잡일. ②(연극에서) 최하급의 단역 배우.

下回る[したまわる] 〈5自〉 (어떤 기준이나 목표보다) 하회하다. 밑돌다.

下絵[したえ] ①밑그림. 초벌 그림. ②(자수나 조각에서) 재료 위에 윤곽을 그린 그림. ③(종이에) 장식으로 엷게 그린 그림.

音読

[2]下❶[げ] 하; ①낮음. 열등. 못함. ¶上(じょう)・中(ちゅう)・~ 상・중・하. ②(책의) 하권. ❷[した/しも/もと] ☞ [訓読]

下降[かこう] 하강; 떨어짐. 내려감.

下界[げかい] 하계; ①인간 세계. 세상. ②(높은 곳에서 본) 지상(地上).

下校[げこう] 하교; 하학(下学).

下巻[げかん] 하권; 2권 또는 3권으로 된 책의 맨 마지막 권.

下克上[げこくじょう] 하극상; 계급이 낮은 사람이 윗사람을 꺾고 오름.

下剋上[げこくじょう] ☞ 下克上

下級[かきゅう] 하급; (어떤 기준보다) 등급이나 단계가 낮음.

下記[かき] 하기; 어떤 기사의 아래쪽이나 다음에 기록함.

下段[げだん] 하단; ①아랫단. ②(무술에서) 칼끝・창끝을 낮춘 자세.

下等[かとう] 하등; ①하급(下級). 품질이 떨어짐. 저질. ②저속함. ③(어떤 등급의) 하류.

下落[げらく] 하락; ①등급・품격 등이 떨어짐. ②(물건 값이) 떨어짐.

下流[かりゅう] 하류; ①(강의) 아래쪽. ②(사회적・경제적으로) 하층.

[1]下痢[げり] ≪医≫ 설사.

下痢止め[げりどめ] 지사제(止瀉剤). 설사를 멎게 하는 약.

下馬[げば] 하마; ①(경의를 표하기 위해) 말에서 내림. ②하치의 말. 나쁜 말.

下馬評[げばひょう] 하마평; 세상의 평판.

下命[かめい] 하명; ①명령. ②주문.

下問[かもん] 하문; 아랫사람에게 물음.

下半身[かはんしん] 하반신; 아랫도리.

下腹部[かふくぶ] 하복부; 특히 음부.

下部[かぶ] 하부; 아래쪽. 아래 부분.

下士[かし] 하사; ①(江戸(えど)시대의) 하급 무사. ②'下士官(かしかん)'의 준말.

下士官[かしかん] ≪軍≫ 하사관.

下司[げす] ①하급 관리. 말단 관리. ②천한 사람. 상놈. ③상스러움. 비열함.

下賜[かし] 하사; 신분이 높은 사람이 주심. 특히 천황이 주심.

下山[げざん] 하산; ①산을 내려감. ②절을 떠나 귀가함.

下船[げせん] 하선; 배에서 내림.

下世話[げせわ] 속된 말. 흔한 말.

[2]下水❶[げすい] 하수; 수챗물.

下水❷[したみず] ①(쌓인 눈, 또는 어떤 물체의) 밑을 흐르는 물. ②아래물 수. *한자(漢字) 부수의 하나로 '泰・暴' 등의 '氺' 부분을 말함.

[2]下水管[げすいかん] 하수관.

[2]下水道[げすいどう] 하수도.

下手物[げてもの] ①조잡한 물건. 허술한 물건. 싸구려 물건. ②색다른 물건.

下手物食い[げてものぐい] ①색다른 것을 좋아하는 사람. ②꺼림칙한 것(뱀・개구리 등)을 즐겨 먹는 사람.

下手人[げしゅにん] ①(흉악한) 살인범. ②나쁜 일의 장본인.

[2]下宿[げしゅく] 하숙; ①(싸구려) 여인숙. ②하숙집.

下宿屋[げしゅくや] 하숙집.

下宿人[げしゅくにん] 하숙인.

[2]下旬[げじゅん] 하순; 그 달 21일부터 그믐날까지의 10일 동안.

下野❶[げや] 하야; ①관직을 그만두고 민간인으로 돌아감. ②여당에서 야당이 됨. ❷[しもつけ] ①(바람・강의) 아래쪽. ②(일본의 옛 지명으로) 지금의 栃木県(とちぎけん).

下獄[げごく] 하옥; 감옥에 들어가 복역함.

下院[かいん] 하원; 양원(両院) 제도에서 공선(公選)된 의원으로 조직된 의원(議院).

下位[かい] 하위; 낮은 지위나 순위.

下人[げにん] 하인; ①머슴. ②비천한 사람. 아랫것.

下情[かじょう] (관리자 쪽에서 본) 서민들의 사정. 아랫사람의 실정.

下剤[げざい] 설사약.

下足[げそく] (모임에 참석한 사람들의) 벗어 놓은 신발.

下種[げす] ①천한 사람. 상놈. ②〈形動〉 상스러움. 비열함.

下座❶[げざ] 하좌; ①말석(末席). ②(무대의) 객석에서 본 왼쪽. *관객의 눈에 띄지 않는 반주자의 자리. ③납작 엎드려 절함. ❷[しもざ] ①말석(末席). ②(무대의) 객석에서 본 왼쪽.

下衆[げす] ①천한 사람. 상놈. ② 〈形動〉 상스러움. 비열함.

下知[げじ/げち] ①명령. 지시. 분부. ②(鎌倉(かまくら)・室町(むろまち) 시대의) 幕府(ばくふ)의 명령이나 판결.

下肢[かし] 하지; ①다리. ②동물의 뒷다리.

2**下車**[げしゃ] 하차; 차에서 내림.

下層[かそう] 하층; ①겹친 것의 아래 부분. ②사회적 계층의 아래쪽.

2**下駄**[げた] ①왜나막신. ② ≪印≫ '=' 모양의 복자(伏字). ③ ≪俗≫ 수상 비행기의 플로트.

下駄履(き)[げたばき] ①왜나막신을 신고 있음. ② ≪俗≫ 下駄履(き)住宅

下駄履(き)住宅[げたばきじゅうたく] 주상복합건물(住商復合建物).

下駄箱[げたばこ] 신발장.

下篇[げへん] ☞ 下編

下編[げへん] 하편; 여러 편으로 된 책의 맨 마지막 편.

2**下品❶**[げひん] 〈形動〉 상스러움. 천스러움. 품위가 없음.

下品❷[げぼん] ① ≪仏≫ 극락정토를 상・중・하로 나눈 하위의 정토. ②하급(下級). 하치.

下風❶[かふう] ①바람이 불어 가는 쪽. ②남의 밑자리. ❷[したかぜ] 지면 가까이에서 부는 바람.

下向[げこう] 하향; ①높은 데서 낮은 데로 내려감. ②하향(下郷). 시골로 내려감. ③신불(神仏)에게 참배하고 귀가함.

下戸[げこ] 술을 못하는 사람.

何 어찌 하

ノ イ 仁 仃 何 何 何

音 ◉カ

訓 ◉なに ◉なん ⊗いずれ

訓読

4◉**何❶**[なに] ①무엇. ②〈感〉 뭐! 뭐라고! ③(갑자기 생각이 안나 얼버무릴 때) 그것. 거시기. ¶ ~を~してくれ 그것 좀 어떻게 해줘! ④(한 예를 들어서) 무엇이고 모두. ¶ かばんも~も盗(ぬす)まれた 가방이고 뭐고 죄다 도둑맞았다. ⑤(대수롭지 않다는 뜻으로) 무얼. 아니야. 아니. ⑥(부정문에서) 무엇 하나. 조금도. 전혀. ⑦(비난하는 뜻으로) 뭐라고! 무슨! 뭐야! ❷[なん] 'なに'의 변화형으로 'さ・だ・な행'에 이어질 때 'なん'으로 발음이 변화됨.

2**何か**[なにか] ①뭔가. 무엇인가. ②(부사용법으로) 어쩐지. 웬일인지.

何が[なにが] (부사용법으로) 무엇이. 어째서.

何かかにか[なにかかにか] 여러 가지로. 이것저것. 이모저모로.

何がさて[なにがさて] (부사용법으로) 여하튼. 어쨌든. 좌우지간.

何がし[なにがし] ①아무개. 모(某). ②(적은 돈을 말할 때) 약간. 얼마간.

何かしら[なにかしら] ①무엇인가. 무엇인지. ＊'何(なに)か'의 강조임. ②어쩐지. 웬일인지. 어딘지 모르게.

何かと[なにかと] 이것저것. 여러 모로.

何がな[なにがな] 무엇인가. 무엇이든.

何かにつけ[なにかにつけ] (부사용법으로) 여러 모로. 여러 가지 점에서. 무슨 일이 있을 때마다.

何かは[なにかは] ≪古≫ 어찌 …하겠는가. 무엇이 …하겠는가. 왜 …하겠는가.

何くそ[なにくそ] ≪俗≫ 까짓것. 이것쯤이야.

何くれと[なにくれと] ①이것저것. 여러 가지. 여러 모로. ②아무개. 누구누구.

何しに[なにしに] ①무엇 하러. 무슨 목적으로. ② ≪古≫ 왜. ③ ≪古≫ 어찌하여 …인가.

何しろ[なにしろ] 아무튼. 여하튼. 어쨌든.

何せ[なにせ] 여하튼. 어쨌든. 워낙.

1**何だか**[なんだか] ①무엇인지. 무언지. ②어쩐지. 웬일인지.

1**何だかんだ**[なんだかんだ] ①이것저것. 여러 가지. 여러 모로. ②이러쿵저러쿵. 이러니저러니.

何たって[なんたって] ≪俗≫ 뭐니 뭐니 해도. 무어라고 해도.

何だって[なんだって] ①어째서. 왜. ②무엇이든. 어떤 것이라도. ③무어라고. ④〈感〉 뭐라고! 뭣!

何だな[なんだな] (말문이 막혔을 때) 저 뭐야. 뭐라고 할까. 뭐랄까.

何たら[なんたら] ①(놀람・분노・한탄을 나타낼 때) 이 무슨. 어찌된. ②(뭔가 불분명할 때) 뭐라든가. 뭐라고.

何たる[なんたる] ①무엇인가. 어떤 것인가. ②(놀람・분노・한탄을 나타낼 때) 이 무슨. 어찌된.

何て[なんて] ①(감탄・의문의 뜻으로) 무어라고. 어쩌면 그렇게. ②('なんという'의 준말로) 이렇다 할. 무어라고 할.

[2]何で❶[なにで] 무엇으로. ❷[なんで] 어째서. 왜. 무엇 때문에.

[2]何でも[なんでも] ①무엇이든지. 뭐든지. 모두. ②기어이. 어떻든지. ③이 얼마나. 어쩌면 그렇게. ④자! 봐요!

[2]何でもない[なんでもない] ①아무것도 아니다. ②대수롭지 않다.

[2]何と[なんと] ①뭐라고. ②어떻게. 어찌. ③〈感〉 어쩌면 그렇게. 이 얼마나. ④〈感〉 (사람을 부를 때) 여보세요. ⑤(말을 걸거나 의향을 물을 때) 어때. 자. 봐요.

[2]何とか[なんとか] ①뭔가. 뭐라든가. ②어떻게든. 어떻게 좀. ③그럭저럭. 어떻게. ④여러 가지. 이러니저러니.

何として[なんとして] ①무엇 때문에. 왜. 어째서. ②(반어법으로) 어찌 …(할 수 있으랴).

[2]何となく[なんとなく] 무난히. 수월하게. 쉽사리. 어렵지 않게.

何となしに[なんとなしに] 왠지 모르게. 어쩐지. 이렇다 할 까닭 없이.

何となれば[なんとなれば] 왜냐하면.

何とはなしに[なんとはなしに] 왠지 모르게. 어쩐지.

[2]何とも[なんとも] ①(부정문에서) 아무렇지도. ②(불확실한 기분을 나타낼 때) 뭐라고도. 어떻다고. ③〈感〉 참으로. 정말로.

何ともかんとも[なんともかんとも] 이렇게도 저렇게도. 무엇이라고도.

何とやら[なんとやら] ①뭐라든가. 뭐라 하더라. ②어쩐지. 왠지.

何なら[なんなら] 무엇하면. 원한다면. 형편에 따라서는.

[1]何なりと[なんなりと] 무엇이든지.

何にしても[なににしても] 무엇이 어떻든.

何にも[なんにも] (부정문에서) 아무것도. 전혀.

何の[なんの] ①무슨. 어떤. ②(부정문에서) 아무런. 아무.

何のかのと[なんのかのと] 이러쿵저러쿵. 이러니저러니. 이것저것. 이래저래.

何のその[なんのその] 아무것도 아님. 개의치 않음. 그까짓 것.

何はさておき[なにはさておき] 만사를 제쳐놓고. 딴 일은 어쨌든. 우선.

何はともあれ[なにはともあれ] 하여튼. 어떻든 간에. 좌우지간.

何はなくとも[なにはなくとも] ①아무것도 없지만. 특별한 것은 없으나. ②만사를 제쳐놓고. 딴 일은 어쨌든. 우선.

[3]何も[なにも] ①(부정문에서) 아무것도. 전혀. 무엇이고. ②특히. 유독.

何もかも[なにもかも] (부사용법으로) 이것도 저것도. 무엇이든. 모조리. 죄다.

何やかや[なにやかや] (부사용법으로) 이것저것. 여러 가지로.

何やつ[なにやつ] 어떤 놈. 어떤 녀석.

何やら[なにやら] 무엇인가. 무엇인지. 어쩐지.

何より[なにより] ①무엇보다도 좋음. 가장 좋음. 최고임. 최상임. ②무엇보다도. 가장. 더없이.

⊗何れ[いずれ] ①어느 것. 어느 곳. 어느 쪽. ②어차피. 아무래도. 결국. ③머지않아. 근간.

何れにしても[いずれにしても] 어차피. 결국. 아무래도.

何れにせよ[いずれにせよ] 어차피. 결국. 아무래도.

何れも[いずれも] ①누구나. 모두. 죄다. ②어느 것이나. 모두. 죄다.

何を[なにを] (분노・결의를 나타낼 때) 뭐! 뭐야!

何をか[なにをか] 무엇을 …하리오.

何個[なんこ] ①몇 개. ②(바둑알・구슬 등을 손에 쥐고서) 몇 개인가를 맞히는 놀이.

何箇月[なんかげつ] 몇 개월.

何故❶[なにゆえ] 왜. 어째서. 무엇 때문에. 어찌하여.

[3]何故❷[★なぜ] 왜. 어째서.

何故か[★なぜか] 어쩐지. 웬일인지. 왜 그런지.

何故ならば[★なぜならば] 왜냐하면.

何故に[★なぜに] 어째서. 무슨 까닭으로.

[1]何気無い[なにげない] 〈形〉 ①무심하다. ②아무렇지도 않다. 별 생각도 없다.

何の気無しに[なんのきなしに] 무심코. 아무 생각 없이. 이렇다 할 생각 없이.

何年[なんねん] 몇 년. 몇 해.

何年生[なんねんせい] 몇 학년.

何奴[なにやつ] 어떤 놈. 어떤 녀석.

何代目[なんだいめ] 몇 대째.

何度[なんど] ①몇 번. 몇 회. ②(온도를 나타낼 때) 몇 도.

何度も[なんども] 몇 번이고. 여러 번.

何の道[どのみち] 어차피. 결국. 아무래도.
何等[なんら] (부정문에서) 하등; 아무런. 조금도.
何等か[なんらか] 무엇인가. 얼마간. 어느 정도. 조금은.
何枚[なんまい] (얇고 납작한 물건을 말할 때) 몇 장.
何の面下げて[どのつらさげて] 무슨 낯짝으로. *염치없음을 욕하는 말임.
何某[なにぼう] 모씨(某氏). 어떤 사람.
何が無し[なにがなし] 어쩐지. 왠지 모르게.
何くれと無く[なにくれとなく] 여러 모로. 여러 가지로. 이것저것.
何と無く[なんとなく] ①무난히. 쉽사리. 수월하게. ②왠지. 왠지 모르게.
何と無しに[なんとなしに] 왠지 모르게. 어쩐지. 이렇다 할 까닭 없이.
何物[なにもの] ①무엇. 어떤 것. ②그 어떤 것. 무엇인가.
何方[★どなた] ①어느 분. ②《古》 어디. 어느 쪽. 어느 곳.
何杯[なんばい] ①(음료수) 몇 잔. ②(음식) 몇 그릇.
4何倍[なんばい] 몇 배.
4何番[なんばん] 몇 번.
4何番目[なんばんめ] 몇 번째.
3何番線[なんばんせん] 몇 번선.
3何番地[なんばんち] 몇 번지.
4何本[なんぼん] (가늘고 긴 물건) 몇 자루. 몇 병. 몇 개.
4何の本[なんのほん] 무슨 책.
何かに付け[なにかにつけ] (부사용법으로) 여러 모로. 여러 가지 점에서.
2何分❶[なにぶん] ①모종의. 이러저러한. ②얼마간. ③아무튼. ④여러 모로. ⑤제발. 아무쪼록. ❷[なんぷん] 《数》 몇 분. ❸[なんぷん] (시간 단위의) 몇 분.
何糞[なにくそ] 《俗》 요까짓 것.
何事[なにごと] ①무슨 일. ②(흔히 '…とは~だ' 문형으로) …하다니 무슨 꼴이냐!
何事も[なにごとも] 모든 일. 아무 일.
何歳[なんさい] (나이) 몇 살. 몇 세.
何時❶[なんじ] (시간상의) 몇 시. ❷[なんどき] ①몇 시. *막연하게 시간을 묻는 말임. ②언제. 어느 때. ❸[いつ] ①언제. 어느 때. ②평소.
何時何時❶[いつなんどき] 언제 어느 때. ❷[いついつ] ①모월(某月) 모일(某日). 어느 달 어느 날. ②평소.
何時何時までも[いついつまでも] 언제까지나. 영원토록.
何心無い[なにごころない] 〈形〉 ①무심하다. ②특히 이렇다 할 생각도 없다. 별다른 뜻이 없다. 아무런 생각이 없다.
何様[なにさま] ①어떤 분. 어느 양반. ②(빈정대는 말투로) 고귀한 양반. 위대한 분. ③하여튼. 여하튼. 아무래도.
何呉れ[なにくれ] ①이것저것. 여러 가지. ②아무개. 누구누구.
何呉れとなく[なにくれとなく] 여러 모로. 이것저것. 여러 가지.
4何曜日[なにようび/なんようび] 무슨 요일.
何用で[なにようで] 무슨 용무로.
何羽[なんば] (날짐승) 몇 마리.
何月[なんがつ] (1년 중의) 몇 월. 무슨 달.
何ヶ月[なんかげつ] 몇 개월.
何為れぞ[なにすれぞ/なんすれぞ] 《古》 왜. 어째서.
何人❶[なんにん] 몇 사람. 몇 명. ❷[なにじん] 어느 나라 사람. ❸[なにびと/なんびと/なんぴと] 누구. 어떤 사람.
何一つ[なにひとつ] (부정문에서) ①무엇 하나. 하나도. 아무것도. 조금도. ②하나라도. 어떤 것이라도.
何日[なんにち] 며칠.
何日間[なんにちかん] 며칠 간.
何者[なにもの] 어떤 사람. 무엇 하는 사람.
何程[なにほど] ①〈名〉 얼마만큼. 어느 정도. ②〈副〉 아무리.
何足[なんぞく] (신발・양말의) 몇 켤레.
1何卒[なにとぞ] ①부디. 아무쪼록. 제발. 청컨대. ②어떻게든.
4何週間[なんしゅうかん] 몇 주간.
4何冊[なんさつ] (책・노트의) 몇 권.
何処[どこ] 어디. 어느 곳.
何処となく[どことなく] ①어딘지 모르게. 어쩐지. ②어디론가.
何処吹く風[どこふくかぜ] (남의 말에) 아랑곳하지 않음.
何秒[なんびょう] (시간상의) 몇 초.
何遍[なんべん] ①몇 번. ②여러 번.
2何何[なになに] (모르는 것을 늘어놓고) 무엇. 어떠어떠한 것.

何が何でも[なにがなんでも] ①무슨 일이 있어도. 절대로. 세상없어도. ②사정이야 어떻던. 아무리 그렇다 해도.
何から何まで[なにからなにまで] 모두. 죄다. 하나에서 열까지. 샅샅이.
3 何軒[なんげん] (집을 셀 때) 몇 채.
3 何回[なんかい] 몇 회. 몇 번.
何回も[なんかいも] 몇 번이고. 여러 번.

音読

◑幾何級数[きかきゅうすう]. 幾何学[きかがく]

河 물/강 하

丶 丶 氵 氵 汀 沪 河 河

音 ◉カ
訓 ◉かわ

訓読

4 ◉河[かわ] 강. 하천. 시내. 내.
河口[かわぐち/かこう] 강어귀.
河内[かわち] (일본의 옛 지명으로) 지금의 大阪府(おおさかふ)의 일부.
河水[かわみず] 강물.
河岸❶[かわぎし] 강변. 강기슭. 냇가. ❷[かし] ☞[音読]
河原[かわら] 강가의 모래밭. 모래톱.
河原乞食[かわらこじき] (江戸(えど) 시대) 歌舞伎(かぶき) 배우를 경멸하여 하던 말.
河原鳩[かわらばと] ≪鳥≫ 양비둘기.
河原者[かわらもの] ①중세(中世)의 천민. ＊특히 京都(きょうと)의 賀茂川(かもがわ) 강가 모래밭에서 살던 거지 등을 말함. ②川原乞食(かわらこじき).
河津掛け[かわづがけ] (씨름에서) 한 손을 상대방의 목에 걸고 같은 쪽 발로는 안다리를 걸어서 몸을 뒤로 젖히면서 넘어뜨리는 수.
河太郎[かわたろう] ①'河童(かっぱ)'의 딴이름. ②(뚜껑 위가 움푹하고 빨갛게 옻칠한) 얄팍한 찻그릇.
河風[かわかぜ] 강바람. 냇바람.

音読

河口[かこう/かわぐち] 강어귀.
河口堰[かこうぜき] 하구언.
河口港[かこうこう] 하구항.
河豚[★ふぐ] ≪魚≫ 복. 복어.
河童[★かっぱ] ①(일본인의) 상상의 동물. ＊강·늪 등에서 살면서 헤엄을 잘 치며 어린애 모습을 하고 있음. ②헤엄을 잘 치는 사람. ③여자아이의 단발머리.
河童の屁[★かっぱのへ] 누워 떡먹기.
河童の流れ[★かっぱのながれ] 원숭이도 나무에서 떨어진다.
河鹿[かじか] ≪動≫ 기생개구리. '河鹿蛙(かじかがえる)'의 준말.
河流[かりゅう] 하류; 강의 흐름.
河馬[かば] ≪動≫ 하마.
河畔[かはん] 하반; 강가. 강변.
河床[かしょう] 하상; 강바닥.
河岸❶[かし] ①나루터. ②(강변의) 어시장(魚市場). ③(먹거나 노는) 장소. ❷[かわぎし] 강변. 강기슭. 냇가.
河岸端[かしばた] 강변. 강기슭.
河岸揚(げ)[かしあげ] 양륙(揚陸). 뱃짐을 뭍으로 운반함.
河岸通り[かしどおり] 강변 길.
河川[かせん] 하천; 크고 작은 강이나 내의 총칭.
河川敷[かせんしき] 하천 부지.
河港[かこう] 하항; 강어귀나 강기슭에 있는 항구.

夏 여름 하

一 丆 丆 丙 丙 百 百 頁 夏 夏

音 ◉カ ◉ゲ
訓 ◉なつ

訓読

4 ◉夏[なつ] 여름.
夏ばて[なつばて] ≪俗≫ 여름을 탐.
夏めく[なつめく] 〈5自〉 여름다워지다.
夏干し[なつぼし] 거풍. (겨울옷 등을) 여름에 말림·말린 것.
夏柑[なつかん] 여름 밀감.
夏枯れ[なつがれ] 여름철 불경기.
夏空[なつぞら] 여름 하늘.
夏掛け[なつがけ] (여름용의) 얇은 이불.
夏菊[なつぎく] ≪植≫ 하국; 여름철에 피는 국화.
夏大根[なつだいこん] ≪植≫ 여름 무.
夏道[なつみち] (등산에서) 적설기(積雪期) 이외의 등산길.
夏隣[なつどなり] 만춘(晩春). 여름이 가까워진 계절.

夏毛[なつげ] (짐승의) 여름철에 나는 털.
夏帽子[なつぼうし] 여름 모자.
夏木立[なつこだち] 여름철의 무성한 숲.
夏物[なつもの] 여름 용품. 여름옷.
夏蜜柑[なつみかん] ≪植≫ 여름 밀감.
夏服[なつふく] 하복; 여름옷.
夏負け[なつまけ] 여름을 탐.
夏山[なつやま] ①(여름철의) 무성한 산. ②(등산 대상으로서의) 여름 산. 여름 등산.
夏蟬[なつぜみ] 여름 매미.
夏小麦[なつこむぎ] ≪植≫ 호밀.
夏水仙[なつすいせん] ≪植≫ 상사화.
夏瘦せ[なつやせ] 여름을 탐. 더위로 몸이 약해짐.
夏時[なつどき] 여름철.
夏時刻[なつじこく] 서머 타임.
夏時間[なつじかん] 서머 타임.
夏野[なつの] (무성한) 여름 들판.
夏羽織[なつばおり] 여름용 羽織(はおり).
夏雲[なつぐも] 여름 하늘의 구름.
夏越(し)[なつごし] 여름을 잘 넘김.
夏衣[なつごろも] 여름옷.
夏日❶[なつび] (기온이 25도 이상인) 무더운 여름날. ❷[かじつ] 여름날.
夏仔[なつご] (동물의) 여름에 난 새끼.
夏姿[なつすがた] ①(여름에 어울리는) 시원한 옷차림. ②여름다운 풍물. ③(여름에 어울리는) 시원한 주위 환경.
夏作[なつさく] ≪農≫ 여름 농작물.
夏蚕[なつご] ≪農≫ 여름누에.
夏場[なつば] 여름철. 여름 동안.
夏場所[なつばしょ] 매년 5월에 열리는 정규적인 큰 프로 씨름대회.
夏前[なつまえ] 여름이 오기 전.
夏祭(り)[なつまつり] 여름철에 거행하는 神社(じんじゃ)의 제사.
夏鳥[なつどり] ≪鳥≫ 여름새.
夏座敷[なつざしき] (여름철에) 시원하게 열어 놓은 방·응접실.
夏の陣[なつのじん] 여름철에 발생하는 사회적인 혼란.
夏着[なつぎ] 여름옷.
夏草[なつくさ] 여름철의 무성한 풀.
夏椿[なつつばき] ≪植≫ 노각나무의 한 종류. *'しゃらのき'라고도 함.
夏虫[なつむし] 여름 벌레.
夏風[なつかぜ] 여름 바람.
夏風邪[なつかぜ] 여름 감기.
夏霞[なつがすみ] 여름 안개.
夏涸れ[なつがれ] 여름철 불경기.
夏向き[なつむき] 여름용. 여름철에 적합함.
4夏休み[なつやすみ] 여름 방학·휴가.

音読

夏季[かき] 하계; 여름철.
夏期[かき] 하기; 여름 기간.
夏期休暇[かききゅうか] 하기휴가.
夏炉冬扇[かろとうせん] 하로동선; 계절에 맞지 않아 쓸모없는 것.
夏至[げし] 하지; 24절기의 하나로 낮이 가장 길고 밤이 가장 짧은 날.

荷 짐 하

一 艹 艹 芢 芢 芢 茌 荷 荷 荷

音 ◉カ
訓 ◉に ⊗の

訓読

1◉荷[に] ①짐. 하물. 화물(貨物). ②부담. 임무. 책임.
荷(な)う[になう] 〈5他〉 ①짊어지다. 어깨에 메다. ②(책임 등을) 떠맡다. 지다.
荷(な)い[にない] ①짊어짐. 어깨에 멤. ②'荷(に)ない桶(おけ)'의 준말.
荷扱い[にあつかい] ①화물 취급. ②화물의 운송·하역.
荷担ぎ[にかつぎ] ①짐을 어깨에 멤. ②짐꾼.
荷台[にだい] 짐받이. 적재함.
荷動き[にうごき] (상거래에 따른) 상품의 이동. 화물의 이동.
荷留[にどめ] 출하 정지(出荷停止).
荷馬[にうま] 짐말. 짐을 나르는 말.
荷馬車[にばしゃ] 짐마차.
4荷物[にもつ] ①하물; 짐. 화물(貨物). ②부담. 짐이 되는 것.
荷(な)い商い[にないあきない] 등짐장수.
荷船[にぶね] 짐배. 화물선.
荷送り[におくり] 화물 발송.
荷送(り)人[におくりにん] 화물 발송인.
荷(な)い手[にないて] ①짐을 메는 사람. ②(일이나 책임 등을 떠맡은) 일꾼. 담당자.
荷受け[にうけ] 보내온 짐을 받음.
荷受問屋[にうけどいや] 중간 도매업자.
荷受人[にうけにん] 화물 수령인.
荷嵩[にがさ] 짐의 부피가 커짐.
荷縄[になわ] 짐을 꾸리는 새끼줄.

荷鞍[にぐら] 길마. 짐을 싣는 소나 말의 안장.
荷厄介[にやっかい] ①짐스러움. ②부담이 됨. 성가심. 귀찮음.
荷揚げ[にあげ] 양륙(揚陸). 뱃짐을 부림.
荷役[にやく] 하역; 짐을 싣고 부림.
荷為替[にがわせ] 화환(貨換) 어음. 운송 중의 화물을 담보로 발행하는 어음.
荷引(き)[にびき] (상품으로서의 하물을) 생산지에서 들여옴.
荷印[にじるし] 하물 표지. 꼬리표.
荷作(り)[にづくり] 포장. 짐을 꾸림.
荷積(み)[にづみ] 짐을 쌓음·실음.
荷前[★のさき] (平安(へいあん) 시대의 궁중 의식으로) 전국에서 모인 공물을 연말에 여러 神社(じんじゃ)나 능묘(陵墓)에 봉납함.
1**荷造(り)**[にづくり] 포장. 짐을 꾸림.
荷足❶[にあし] ①(배의 안정을 유지하기 위한) 바닥짐. ②짐을 실었을 때의 선박의 흘수(吃水). ❷[にたり] '荷足船(にたりぶね)'의 준말.
荷足(り)船[にたりぶね] 작은 짐배. 거룻배.
荷拵え[にごしらえ] 짐을 꾸림.
荷主[にぬし] 하주; 하물의 주인.
荷重❶[におも] ①짐이 무거움. ②힘겨움. ❷[かじゅう] ☞ [音読]
荷止め[にどめ] 출하 정지(出荷停止).
荷車[にぐるま] 짐수레.
荷札[にふだ] (짐의) 꼬리표.
荷出し[にだし] 출하(出荷).
荷駄[にだ] 마바리. 말로 나르는 짐.
荷(な)い桶[にないおけ] (멜대로 메어 나르는) 큰 통. 질통.

音読

荷担[かたん] 가담(加担). 한 편이 되어 일을 함께 함.
荷電[かでん] 하전; 전하(電荷). 물체가 띠고 있는 정전기의 양.
荷重❶[かじゅう] ① ≪物≫ 구조물의 일부나 전체에 미치는 무게. ②(화물 자동차의) 짐의 무게. ❷[におも] ☞ [訓読]

賀 축하할 하
フ カ か 加 加 ㄉ 贺 賀 賀

音 ◉ガ
訓 —

音読

賀[が] 축하. 축하함.
賀す[がす] 〈5他〉 축하하다.
賀する[がする] 〈サ変他〉 축하하다.
賀詞[がし] 축사(祝詞). 축하의 말.
賀宴[がえん] 축하 잔치. 축하연.
賀状[がじょう] ①축하의 편지. ②연하장(年賀状).
賀正[がしょう] 새해를 축하함.
賀春[がしゅん] 새해를 축하함.
賀表[がひょう] 축하의 뜻을 적어 황실에 바치는 서장(書状).

瑕 옥티/허물 하	音 ⊗カ 訓 ⊗きず

訓読

⊗**瑕**[きず] ①흠. 흠집. 티. ②(정신적인) 상처. 피해. 타격.

音読

瑕瑾[かきん] ①하자(瑕疵). 흠. 흠집. ②결점. 잘못. ③수치. 치욕.
瑕疵[かし] 하자; ①결점. 흠. 흠집. ②법적으로 무엇인가의 결점·결함.

蝦 새우 하	音 ⊗カ ⊗ガ 訓 ⊗えび

訓読

⊗**蝦**[えび] ≪動≫ 새우.
蝦固め[えびがため] (레슬링에서) 상대편의 목과 다리를 양팔로 감고 찍어누르는 기술.
蝦上がり[えびあがり] 철봉에 매달려 새우처럼 구부렸다가 허공을 차고 철봉 위로 오르는 운동.
蝦腰[えびごし] 새우등. 구부정한 허리.
蝦夷[えぞ] ①(옛날에) 奥羽(おうう)지방에서 北海道(ほっかいどう) 지방에 걸쳐 살던 인종. ②'北海道(ほっかいどう)'의 옛 이름.
蝦錠[えびじょう] ①새우 모양의 반달형 자물쇠. ②맹꽁이자물쇠.
蝦鯛[えびだい] ≪俗≫ '蝦(えび)で鯛(たい)を釣(つ)る/새우로 도미를 낚는다'의 준말.
蝦責め[えびぜめ] (江戸(えど) 시대 고문의 하나로) 죄인을 책상다리로 앉게 하고 양팔을 뒤로 묶고 몸을 앞으로 구부리게 하여 턱이 발에 닿게 하는 고문.

蝦蟹[えびがに] ≪動≫ 가재.

音読

蝦蟆の油[がまのあぶら] 두꺼비 기름. *두꺼비의 피부의 분비액으로 만든 민간약을 말함.

霞 노을 하	音 ⊗カ 訓 ⊗かすみ ⊗かすむ

訓読

⊗霞[かすみ] ①안개. 특히 봄안개. ②≪古≫ (아침・저녁의) 놀.

[1]⊗霞む[かすむ] 〈5自〉 ①(특히 봄에) 안개가 끼다. ②부옇다. 흐릿하게 보이다.

霞が関[かすみがせき] ①(일본 외무성이 있는) 東京都(とうきょうと) 千代田区(ちよだく) 남부 일대의 지명(地名). ②'일본 외무성(外務省)'의 딴이름.

霞み渡る[かすみわたる] 〈5自〉 안개가 자욱하다. 온통 안개가 뿌옇게 끼다.

霞網[かすみあみ] 새 잡는 그물.

霞桜[かすみざくら] ≪植≫ 분홍벚나무.

霞草[かすみそう] ≪植≫ 안개꽃.

霞の海[かすみのうみ] ①안개 낀 바다. ②안개가 바다처럼 넓게 깔려 있음.

〔학〕

学(學) 배울 학
丶 ⺍ ⺍ ⺍ 𭕄 𭕄 学 学

音 ◉ガク

訓 ◉まなぶ

訓読

[2]◉学ぶ[まなぶ] 〈5他〉 ①배우다. 배워 익히다. ②공부하다. ③체득하다. 경험하여 얻다.

学び[まなび] 배움. 학문.

学び舎[まなびや] ≪雅≫ 배움의 집.

学びの園[まなびのその] ≪雅≫ 배움의 동산. 학원(学園). 학교.

学びの庭[まなびのにわ] ≪雅≫ 배움터.

学びの窓[まなびのまど] ≪雅≫ 학창(学窓). 학교.

音読

[2]学[がく] ①학문. ②학식. ③배움.

[2]学科[がっか] 학과; 학문의 과목. 교과(教科)의 과목.

学課[がっか] 학과; 학문의 과정. 학교의 교과(教科) 과정.

[4]学校[がっこう] 학교.

学区[がっく] 학구; 교육위원회가 설정한 취학・통학하기 위한 구역.

学究[がっきゅう] 학구; 학자(学者).

[2]学級[がっきゅう] 학급; 반(班). 클래스.

[2]学期[がっき] 학기; 한 학년을 구분한 일정한 기간.

学期末[がっきまつ] 학기말.

学内[がくない] 학내; ①학교 내부. ②대학 내부.

[2]学年[がくねん] 학년; ①1년간의 학습 과정의 단위. ②입학연도에 따라 구분하는 학생들의 집단.

学徳[がくとく] 학덕; 학문과 덕행.

学徒[がくと] 학도; ①학생. ②학자(学者).

学童[がくどう] 학동; 초등학교 아동.

学侶[がくりょ] 학려; ①학우(学友). ②≪仏≫ 학승(学僧).

学力❶[がくりき] 학력; 학문의 힘.

[2]学力❷[がくりょく] 학습하여 얻을 수 있는 학문상의 지식・능력・실력.

学力テスト[がくりょくテスト] 학력 테스트.

[1]学歴[がくれき] 학력; 학업에 관한 경력.

学齢[がくれい] 학령; ①의무교육을 받아야 하는 나이. ②초등학교에 입학할 나이.

学名[がくめい] 학명; ①(분류학상) 동식물에 붙이는 명칭. ②학문상의 명성.

学帽[がくぼう] 학모; 학교 모자.

学務課[がくむか] 학무과; 학교・교육에 관한 사무를 보는 부서.

[2]学問[がくもん] 학문; ①모르는 것을 배움. ②체계적으로 조직화된 지식이나 방법.

学閥[がくばつ] 학벌; 같은 학교 출신자.

[3]学部[がくぶ] 학부; 단과 대학.

学費[がくひ] 학비; 학교에서 공부하는 데 필요한 비용.

[1]学士[がくし] 학사; 대학 졸업생에게 수여하는 칭호.

学事[がくじ] 학사; 학문・학교에 관한 사항.

[4]学生[がくせい] 학생; (특히) 대학생.

学生服[がくせいふく] 학생복.

[1]学説[がくせつ] 학설; 학문상의 설(説).

[2]学術[がくじゅつ] 학술; 학문과 예술.

[2]学術会議[がくじゅつかいぎ] 학술회의.
[2]学習[がくしゅう] 학습; 배워 익힘. 공부함.
学習塾[がくしゅうじゅく] (주로 입시 준비를 위한) 사설 학원. 입시 학원.
学僧[がくそう] 학승; ①학문이 깊은 중. ②수학(修学) 중인 중.
学殖[がくしょく] (깊은) 학식(学識). 학문의 소양.
学識[がくしき] 학식; 학문과 식견.
学業[がくぎょう] 학업; ①학문을 습득함. ②학교의 공부・수업.
[1]学芸[がくげい] 학예; 학문과 예술.
[1]学芸会[がくげいかい] 학예회.
学芸大学[がくげいだいがく] 교육 대학. ＊초・중등학교 교원 양성을 목적으로 한 대학.
学用品[がくようひん] 학용품.
学友[がくゆう] 학우; 학교 친구.
学院[がくいん] 학원. ＊사립학교의 교명(校名)으로 사용함.
学園[がくえん] 학원; ①'학교'의 딴이름. ②사립학교의 조직.
学位[がくい] 학위; 일정한 학문에 관해 독창적인 연구를 한 사람에 대하여 심사 결과 수여되는 칭호.
[2]学者[がくしゃ] 학자; ①학문 연구를 업으로 하는 사람. ②《俗》 어떤 일에 조예가 깊은 사람.
学資[がくし] 학자금. 학비.
学長[がくちょう] 학장; 대학의 장(長). 대학 총장.
学才[がくさい] 학재; 학문상의 재능.
学籍[がくせき] 학적; 그 학교에 재학하고 있음을 나타내는 적(籍).
学制[がくせい] 학제; 학교 제도(制度)에 관한 규정.
学際[がくさい] 학제; 각기 서로 다른 여러 학문 분야 간의 상호 관계.
学窓[がくそう] 학창; 배움의 집. 학교.
学則[がくそく] 학칙; 학교의 규칙.
学派[がくは] 학파; 학문상의 유파(流派).
学風[がくふう] 학풍; ①학문상의 경향. ②학교의 기풍(気風).
学割[がくわり] 학생 할인. '学生割引(がくせいわりびき)'의 준말.
[2]学会[がっかい] 학회; 학술 연구의 추진・학자 상호간의 연락 등을 위해 조직된 단체・모임.

虐(虐) 사나울/학대할 학

丨 ト 广 卢 卢 虍 虐 虐 虐

音 ◉ギャク
訓 ◉しいたげる ⊗いじめる

訓読

◉虐げる[しいたげる] 〈下1他〉 학대하다. 못살게 굴다.
[2]⊗虐める[いじめる] 〈下1他〉 (약한 사람을) 괴롭히다. 곯리다. 들볶다. 못살게 굴다.
虐めっ子[いじめっこ] 개구쟁이.

音読

虐待[ぎゃくたい] 학대; 못살게 굶.
虐使[ぎゃくし] 학사; 혹사(酷使).
虐殺[ぎゃくさつ] 학살; 참혹하게 죽임.
虐政[ぎゃくせい] 학정; 백성을 학대하는 정치. 백성을 못살게 구는 정치.
虐刑[ぎゃくけい] 학형; 잔혹한 형벌.

涸 마를 학

音 ⊗コ ⊗カク
訓 ⊗からす ⊗かれる

訓読

⊗涸らす[からす] 〈5他〉 ①(물・자원을) 고갈시키다. 말리다. ②건조시키다. 물기를 없애다. ③(생각 등을) 다 짜내다.
[1]⊗涸れる[かれる] 〈下1自〉 ①(물・자원이) 고갈되다. 마르다. ②(생각・감정 등이) 메마르다. 다하다.
涸れ涸れ[かれがれ] (샘・냇물이) 말라 가는 상태.

音読

涸渇[こかつ] 학갈; ①고갈(枯渇). 물 등이 말라버림. ②다 없어짐. 다함.

鶴 두루미 학

音 ⊗カク
訓 ⊗つる

訓読

⊗鶴[つる] ①《鳥》 학; 두루미. ②뛰어난 것. ¶はきだめに～ 쓰레기터에 학. 개천에 용이 나다.
鶴の一声[つるのひとこえ] 학의 일성; 권위자・유력자의 한 마디 말.

音読

鶴唳[かくれい] 학의 울음소리.

鶴林[かくりん] ≪仏≫ ①'沙羅双樹林(さらそうじゅりん)'의 준말. ②석가(釈迦)의 입멸(入滅).
鶴首[かくしゅ] 학수; 학의 목처럼 목을 길게 빼고 기다림.
鶴寿[かくじゅ] 학수; 장수(長寿).

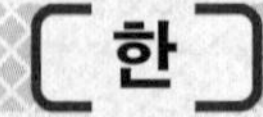

한

汗 땀 한

丶 冫 氵 氵 汀 汗

音 ◉カン
訓 ◉あせ

訓読

[2]◉汗[あせ] ①땀. 땀방울. ②(표면에 서리는) 물방울.
汗する[あせする] 〈サ変自〉 ①땀 흘리다. ②열심히 일하다.
汗だく[あせだく] ≪俗≫ 땀투성이. 땀이 줄줄 흐를 만큼 열심히 일함.
汗ばむ[あせばむ] 〈5自〉 (조금) 땀이 나다. 땀이 배다.
汗まみれ[あせまみれ] 땀투성이.
汗みずく[あせみずく] 땀에 흠뻑 젖음.
汗みどろ[あせみどろ] 땀에 흠뻑 젖음.
汗の結晶[あせのけっしょう] 땀의 결정.
汗掻き[あせかき] 땀을 많이 흘리는 체질.
汗水[あせみず] 흘러내리는 땀.
汗水漬(く)[あせみずく] 땀에 흠뻑 젖음.
汗襦袢[あせじゅばん] 땀받이 속옷.
汗染みる[あせじみる] 〈上1自〉 땀이 배다. 땀에 젖다. 땀으로 더러워지다.
汗知らず[あせしらず] 땀띠약. ＊상표명임.
汗疹[あせも/かんしん] ≪医≫ 땀띠.
汗取り[あせとり] ①땀받이. ②땀을 닦는 종이나 천.
汗臭い[あせくさい] 〈形〉 땀냄새 나다.
汗雫[あせしずく] 땀방울.

音読

汗馬[かんば] 한마; ①말을 몰아서 땀이 나게 함. 땀이 난 말. ②준마(駿馬).
汗馬の労[かんばのろう] ①전공(戦功). 싸움터에서의 공로. ②뛰어다니는 노고.
汗腺[かんせん] ≪生理≫ 한선; 땀샘.
汗顔[かんがん] 한안; (얼굴에 땀이 나도록) 몹시 부끄러워함.
汗顔の至り[かんがんのいたり] 부끄럽기 짝이 없음. 몹시 부끄러움.
汗牛充棟[かんぎゅうじゅうとう] 한우충동; 장서(蔵書)가 매우 많음.

限 한정 한

⁷ 阝 阝 阝 阝 阝 阳 阴 限

音 ◉ゲン
訓 ◉かぎる

訓読

[2]◉限る[かぎる] 〈5他〉 ①경계 짓다. 구분하다. ②제한하다. 한정하다. 〈5自〉 ①('…に~'의 문형으로) (…하는 것이) 최고다. 제일이다. ②('…に限(かぎ)って'의 문형으로) …에 한해서. …만은. …하는 한.
限らない[かぎらない] 〈形〉 (부정문에서) 꼭 …하다고만 할 수는 없다. 반드시 …한 것은 아니다.
[2]限り[かぎり] ①한. 한계. 끝. ②끝. 최후. 마지막. ③온갖. 한껏. ④…동안. …하는 한. 범위. ⑤〈接尾語〉 …까지. …까지만. ⑥('~ではない'의 문형으로) …바 아니다. …에 해당되지 않는다.
限り無い[かぎりない] 〈形〉 한없다. 끝없다. 무한하다.

音読

[2]限界[げんかい] 한계; 사물의 정하여 놓은 범위.
限局[げんきょく] 국한(局限). 내용・의미 등의 범위를 한정함.
[2]限度[げんど] 한도; 한계. 이 이상 초과할 수 없다고 하는 정도나 범위.
限時法[げんじほう] ≪法≫ 한시법.
限外[げんがい] 한외; 한계 밖. 한도 이상.
[1]限定[げんてい] 한정; 범위・수량・권한 등을 일정한 범위 안에 한정시킴.
限定版[げんていばん] 한정판.

恨 원망할 한

丶 丶 忄 忄 忄 忄 恨 恨 恨

音 ◉コン
訓 ◉うらむ ◉うらめしい

訓読

[2]◉恨む[うらむ] 〈5他〉 원망하다. 원한을 품다.

恨むらくは[うらむらくは] ①원망스럽게도. 한스럽게도. ②유감스럽게도. 아깝게도. 애석하게도.

[2]恨み[うらみ] 원망. 원한.

恨みがましい[うらみがましい] 〈形〉 ①원망스럽다. ②유감스럽다. 한스럽다.

恨みっこ[うらみっこ] ≪俗≫ 서로 원망함.

恨み死に[うらみじに] 원한이 맺혀 죽음.

恨み辛み[うらみつらみ] 쌓이고 쌓인 원한. 갖가지 원망·원한.

恨み顔[うらみがお] 원망스런 얼굴.

恨み言[うらみごと] 원망하는 말.

◉恨めしい[うらめしい] 〈形〉 ①원망스럽다. ②유감스럽다. 한스럽다.

音読

恨事[こんじ] 한사; 한. 한스러운 일.

◑悔恨[かいこん]

寒(寒) 찰/가난할 한

音 ◉カン

訓 ◉さむい

訓読

[4]◉寒い[さむい] 〈形〉 ①(날씨가) 춥다. 차다. ②(무서움 등으로) 써늘하다. 오싹하다. ③부족하다. 빈약하다. ④한심하다. 보잘것없다.

寒がる[さむがる] 〈5自〉 추위를 타다.

寒がり[さむがり] 추위를 탐.

寒がりや[さむがりや] 유난히 추위를 많이 타는 사람.

[3]寒さ[さむさ] 추위.

寒空[さむぞら] ①차가운 겨울 하늘. ②추운 겨울 날씨.

[2]寒気❶[さむけ] 한기; (불유쾌하게 느껴지는) 추위. 오한. ❷[かんき] (겨울 날씨의) 추위.

寒気立つ[さむけだつ] 〈5自〉 ①한기가 들다. ②소름이 끼치다. 오싹해지다.

寒がり屋[さむがりや] 유난히 추위를 많이 타는 사람.

寒風[さむかぜ/かんぷう] 한풍; 찬바람.

寒寒とした[さむざむとした] ①몹시 추운. ②썰렁한. 황량한.

寒寒しい[さむざむしい] 〈形〉 ①몹시 추워 보이다. 썰렁하다. ②황량하다.

音読

寒[かん] ①겨울 추위. ②(24절기의) 대한(大寒)과 소한(小寒).

寒稽古[かんげいこ] 동계(冬季) 훈련.

寒菊[かんぎく] ≪植≫ 한국. *늦가을부터 겨울에 걸쳐서 피는 국화.

寒気❶[かんき] (겨울 날씨의) 추위. ❷[さむけ] 한기; (불유쾌하게 느껴지는) 추위. 오한.

[2]寒帯[かんたい] 한대; 남위·북위 각각 66.5도부터 양극까지의 한랭한 지대.

寒暖[かんだん] 한란; 추위와 따뜻함.

寒暖計[かんだんけい] 한란계; 온도계.

寒冷[かんれい] 한랭; 춥고 차가움.

寒冷前線[かんれいぜんせん] 한랭전선.

寒雷[かんらい] 한뢰; 겨울철에 한랭전선이 통과함에 따라 발생하는 천둥.

寒流[かんりゅう] 한류; ①차가운 물의 흐름. ②지구의 양극 지방에서 적도 지방으로 흐르는 한랭한 해류(海流).

寒梅[かんばい] 한매; 겨울에 피는 매화.

寒明け[かんあけ] 대한(大寒)이 지남.

寒肥[かんごえ] 한비; 겨울에 주는 비료.

寒山[かんざん] 한산; 겨울의 황량한 산.

寒色[かんしょく] 한색; 추운 느낌을 주는 파랑 계통의 빛깔.

寒暑[かんしょ] 한서; 추위와 더위.

寒心[かんしん] 한심; (추위나 무서움 등으로) 오싹함. 무섭게 여김.

寒夜[かんや] 한야; 추운 겨울 밤.

寒月[かんげつ] 한월; 겨울의 달.

寒雀[かんすずめ] 한작; 겨울 참새.

寒剤[かんざい] ≪化≫ 한제; 혼합에 의해서 저온을 얻기 위한 재료.

寒中[かんちゅう] 한중; ①소한(小寒)부터 대한(大寒) 사이. ②한겨울.

寒地[かんち] 한지; ①추운 지방. ②빈한한 고장. 벽지(僻地).

寒天[かんてん] 한천; ①겨울 하늘. ②우무.

寒村[かんそん] 한촌; 빈한한 마을.

寒椿[かんつばき] ≪植≫ 겨울 동백꽃.

寒波[かんぱ] ≪気≫ 한파; 한랭한 기단(気団)이 이동해 와서 기온이 현저하게 내려가는 현상.

寒風[かんぷう/さむかぜ] 한풍; 찬바람.

寒害[かんがい] 한해; 냉해(冷害).

寒行[かんぎょう] ≪仏≫ 한행; 겨울철의 추위를 견디며 하는 수행(修行).

閑 한가할 한

丨 𠃌 門 閂 閑 (stroke order)

音 ◉カン
訓 —

音読

閑[かん] 한가함. 짬. 여가.
閑暇[かんか] 한가; 여가.
閑却[かんきゃく] 등한히 함. 소홀히 함.
閑居[かんきょ] 한거; ①조용한 곳. ②한가로이 지냄.
閑古鳥[かんこどり] 'かっこう(뻐꾸기)'의 딴 이름. ¶ ~が鳴(な)く ㉠쓸쓸하다. ㉡장사가 잘 안 된다.
閑談[かんだん] 한담; ①심심풀이로 하는 이야기. ②조용히 하는 이야기.
閑散[かんさん] 한산; ①한가로움. ②시장의 거래가 활발하지 못함.
閑雅[かんが] 한아; ①고상하고 우아함. 풍류스럽고 우아함. ②(경치가) 조용하고 풍취가 있음.
閑人[かんじん/ひまじん] 한인; 한가로운 사람. 한가한 사람.
閑地[かんち] 한지; ①환경이 조용한 곳. ②공지(空地). 놀고 있는 땅. ③한직(閑職). 직무를 떠난 신분.
閑職[かんしょく] 한직; 직무를 떠난 신분. 한가한 직무. 중요하지 않은 직책.
閑話[かんわ] 한화; 한담(閑談).

漢(漢) 한나라/사나이 한

氵 氵 汁 汼 洪 淠 漟 漢 漢 漢 (stroke order)

音 ◉カン
訓 —

音読

漢[かん] 한; ①(중국 고대 왕조의 하나인) 한 나라. ②중국 본토.
漢奸[かんかん] (중국에서) 매국노.
漢名[かんめい] (중국에서의) 명칭.
漢文[かんぶん] 한문; 한자(漢字)만으로 표기된 고대 중국의 문자나 문장.
漢文学[かんぶんがく] 한문학.
漢方[かんぽう] ≪医≫ 한방; 한방 의학.
漢方薬[かんぽうやく] 한방약.
漢方医[かんぽうい] 한방의; 한의사.
漢数字[かんすうじ] 한 숫자; 중국 한자(漢字)로 표기한 숫자. ＊一·二·三·四·五 등을 말함.
漢詩[かんし] 한시; 한문시(漢文詩).
[1]**漢語**[かんご] ≪語学≫ 한어; ①일본어 중에서 한자(漢字)의 자음(字音)으로 읽는 언어. ②중국어.
漢音[かんおん] ≪語学≫ 한음; 중국 당(唐) 시대의 중국 발음이 그대로 일본에 전해졌다는 한자음(漢字音).
[4]**漢字**[かんじ] 한자; 중국어를 표기하는 문자.
漢籍[かんせき] 한적; 중국 서적.
漢族[かんぞく] 한족; 한민족(漢民族).
漢学者[かんがくしゃ] 한학자; 한문학자.
[2]**漢和**[かんわ] (옛날의) 중국과 일본.
[2]**漢和辞典**[かんわじてん] 한화사전; 중국의 한자와 숙어를 일본어로 설명한 사전.

旱 가뭄 한

音 ⊗カン
訓 ⊗ひでり

訓読

⊗**旱**[ひでり] ①가뭄. 한발(旱魃). ②부족함. 기근(饑饉).
旱続き[ひでりつづき] 가뭄이 계속됨.
旱雨[ひでりあめ] 여우비.
旱雲[ひでりぐも] (가뭄의 징조로 알려진) 저녁놀 구름.

音読

旱天[かんてん] 한천; 가문 날씨.
旱害[かんがい] 한해; 가뭄의 재해.

翰ˣ(翰) 문서 한

音 ⊗カン
訓 —

音読

翰林[かんりん] 한림; ①문서를 모아 둔 곳. ②학자나 문인의 사회. ③(옛날 중국에서) 학자가 천자(天子)의 부름을 받고 가서 기다리던 대기소.
翰林院[かんりんいん] 한림원; (중국 당나라 이래) 학자나 문인들을 모아 조칙(詔勅)을 취급하고 때로는 국사·도서의 찬술(撰述)을 취급했던 관청.
翰墨[かんぼく] 한묵; ①필묵(筆墨). ②시문을 짓거나 그림을 그림.
翰長[かんちょう] 한림원(翰林院)의 장관.

韓 나라이름 한	音 ⊗カン 訓 ⊗から

音読

韓[かん] 한; ①한국(韓国). ②대한제국(大韓帝国). ③삼한(三韓). ④(중국 전국시대의) 칠웅(七雄)의 하나.

韓国[かんこく] 한국; ①대한민국(大韓民国). ②대한제국(大韓帝国).

韓国語[かんこくご] 한국어.

韓国人[かんこくじん] 한국인.

韓語[かんご] 한어; 한국어.

韓人[かんじん] 한인; 한국인.

韓日[かんにち] 한일; 한국과 일본.

韓日辞典[かんにちじてん] 한일사전; 한국어를 일본어로 설명한 사전.

〔할〕

割(割) 나눌 할

宀 宀 中 宝 宝 害 害 割 割

音 ◉カツ

訓 ◉さく ◉われる ◉わる ◉わり

訓読

◉**割く**[さく] 〈5他〉 ①가르다. 째다. ②할애하다. ③이간질하다. 떼어 놓다.

[3]◉**割れる**[われる] 〈下1自〉 ①부서지다. 깨지다. 망가지다. ②터지다. 쪼개지다. 빠개지다. ③갈라지다. 금이 가다. ④분열되다. 분산되다. ⑤ ≪数≫ (나눗셈에서 끝수 없이) 나누어지다. 나누어떨어지다. ⑥ ≪俗≫ 탄로 나다. 드러나다.

割れ[われ] ①(사이가) 벌어짐. 깨어짐. ②파편. 깨진 것. 조각. ③결렬(決裂). ④(시세가) 어떤 값 이하로 떨어짐.

割れ鍋[われなべ] 깨진 냄비.

割れ目[われめ] 균열. 갈라진 틈. 터진 데. 갈라진 금.

割れ物[われもの] ①깨진 물건. ②깨지기 쉬운 물건.

割(れ)物注意[われものちゅうい] 파손 주의.

割れ返る[われかえる] 〈5自〉 ①산산조각이 나다. ②떠나갈 듯 소란해지다. 발칵 뒤집히다.

割れ銭[われぜに] (옛날 돈에서) 깨어진 돈. 조각난 돈.

割れ鐘[われがね] ①깨진 종. 금이 간 종. ②굵고 탁한 큰 소리.

[2]◉**割る**[わる] 〈5他〉 ①쪼개다. 빠개다. ②깨뜨리다. 깨다. ③분배하다. ④ ≪数≫ 나눗셈을 하다. 나누다. ⑤(좌우로) 벌리다. 열다. ⑥헤치고 들어가다. 비집다. ⑦(사이를) 갈라놓다. ⑧(숨김없이) 털어놓다. 고백하다. ⑨(물을 타서) 묽게 하다. ⑩(어떤 수량・시세에) 못 미치다. 밑돌다. ⑪할인하다. ⑫(범위 밖으로) 밀려나다. 벗어나다.

[1]◉**割**[わり] ①(10분의 1을 표시하는 단위의) 할. 10% 단위. ②비율. 꼴. ③비교함. 비함. ④수지. 채산. ⑤(씨름에서) 대전표(対戦表). 대전(対戦). ⑥(묽게 하려고) 물을 탐.

割りかし[わりかし] ≪俗≫ 제법. 비교적.

[2]**割と**[わりと] ≪俗≫ 비교적. 상당히.

[2]**割に**[わりに] ①비교적. 상당히. ②예상외로. 뜻밖에. 생각 외로.

割(り)ピン[わりピン] 너트가 빠지지 않도록 꽂는 핀.

割(り)勘[わりかん] (비용을 균등하게) 각자 부담함. 각자 지불.

割高[わりだか] (품질・분량에 비해) 돈이 많이 듦. 비싸게 먹힘.

割(り)句[わりく] 낱말을 둘로 나누어서 5・7・5 형식의 윗구의 첫머리와 아랫구의 끝에 붙여 읊는 川柳(せんりゅう) 비슷한 놀이.

割(り)金[わりきん] 할당금.

[1]**割(り)当て**[わりあて] ①할당. ②배당. 분담. 분배.

割り当てる[わりあてる] 〈下1他〉 ①할당하다. 배당하다. ②분배하다. 부담시키다.

割当制[わりあてせい] 할당제.

割(り)台詞[わりぜりふ] (歌舞伎(かぶき)에서) 하나의 긴 대사를 두 배우가 서로 나누어서 말하는 대사.

割り戻す[わりもどす] 〈5他〉 (받은 금액 중) 일부를 환불하다.

割(り)戻し[わりもどし] (받은 금액 중) 일부를 환불함. 리베이트.

割(り)戻(し)金[わりもどしきん] (받은 금액 중) 일부를 환불하는 돈.

割(り)栗[わりぐり] '割(り)栗石'의 준말.

割(り)栗石[わりぐりいし] (건축・토목 공사에 사용하는) 밤자갈.

割(り)麦[わりむぎ] 굵게 빻은 보리.
割(り)木[わりき] 잘게 팬 장작.
割(り)目[わりめ] 깨진 금. 쪼갠 자리.
割(り)方[わりかた] ≪俗≫ 비교적. 상당히.
割普請[わりぶしん] 분할 공사. 한 공사를 여러 부분으로 나누어서 일함.
割(り)付(け)[わりつけ] ①할당. 배당. ②(인쇄물 등의) 레이아웃. 편집.
割り付ける[わりつける] 〈下1他〉 ①할당하다. 배당하다. ②(인쇄물을) 레이아웃하다. 편집하다.
割(り)符[わりふ] (입장권 등의) 반쪽 표.
[2]割(り)算[わりざん] 나눗셈.
割(り)床[わりどこ] 한 방을 병풍 등으로 칸을 막고 여러 사람이 함께 잠을 잠.
割(り)書き[わりがき] 본문 도중에 두 줄로 단 문장이나 주(注).
割(り)石[わりいし] (모양・크기가 균일하지 않은) 잡석. 막돌. *기초 공사용임.
割(り)声[わりごえ] (주산으로 나눗셈을 할 때) 구를 외는 소리.
割(り)膝[わりひざ] 두 무릎을 벌리고 앉는 앉음새. *남자의 예의바른 앉음새.
割信[わりしん] '割引信用債券(わりびきしんようさいけん)'의 준말.
割安[わりやす] (품질・분량에 비해) 값이 쌈. 돈이 적게 듦. 싸게 먹힘.
割(り)羽織[わりばおり] 등의 아래쪽을 꿰매지 않은 羽織(はおり).
割り引く[わりびく] 〈5他〉 ①할인하다. 값을 깎다. ②어음을 할인하다. ③에누리하다. 줄잡다. 줄여 평가하다.
[2]割引[わりびき] 할인; 값을 깎음.
割引券[わりびきけん] 할인권.
割引信用債券[わりびきしんようさいけん] 할인 신용 채권.
割引手形[わりびきてがた] 할인 어음.
割引長期信用債券[わりびきちょうきしんようさいけん] 할인 장기 신용채권.
割引債[わりびきさい] 할인채.
割(り)印[わりいん] 할인; 계인(契印).
割(り)込み[わりこみ] ①새치기. 끼어들기. ②(극장에서) 지정석 이외의 자리에서 관람함.
[1]割り込む[わりこむ] 〈5自他〉 ①새치기하다. 끼어들다. 비집고 들어가다. ②(일반적으로) 억지로 들어가다. ③말참견하다. ④(시세가 일정한 값) 이하로 떨어지다.
割長[わりちょう] '割引長期信用債券(わりびきちょうきしんようさいけん)'의 준말.
割(り)箸[わりばし] 나무젓가락.
割(り)前[わりまえ] 몫. 배당량. 배당액. 할당량. 분담.
割(り)前勘定[わりまえかんじょう] (비용을 균등하게) 각자 부담함. 각자 지불.
割(り)切る[わりきる] 〈5他〉 ①(우수리 없이) 정확히 나누다. ②딱 잘라 구별하다. 명쾌하게 결론짓다.
割(り)切れる[わりきれる] 〈下1自〉 ① ≪数≫ 나머지 없이 나누어지다. 정확히 나누어지다. ②분명해지다. 충분히 납득되다.
割(り)接ぎ[わりつぎ] (접목에서) 할접.
割(り)注[わりちゅう] 할주; 본문 도중에 두 줄로 단 문장이나 주(註).
割(り)註[わりちゅう] ☞ 割(り)注
割(り)竹[わりだけ] ①여러 조각으로 쪼갠 대. ②끝을 잘게 쪼갠 대. *옛날 죄인의 고문용임.
割(り)増(し)[わりまし] 할증; 일정한 액수에 얼마를 더 얹음.
割増金[わりましきん] 할증금; 할증료. 프리미엄.
割(り)振り[わりふり] 배당. 분담. 할당.
割り振る[わりふる] 〈5他〉 배당하다. 배정하다. 분담하다. 할당하다.
割札[わりふだ] ①(입장권 등의) 반쪽 표. ②할인권.
割(り)出し[わりだし] ①계산해 냄. ②알아냄. 추단(推断)함.
割り出す[わりだす] 〈5他〉 ①계산해 결과를 내다. 산출하다. ②(이미 판명된 사실을 근거로) 알아내다. 추단(推断)하다.
割(り)判[わりはん/わりばん] 계인(契印).
割(り)下[わりした] ('割(わ)り下地(したじ)'의 준말로) 出(だ)し 국물에 간장・설탕・미림・멸치 등을 넣고 끓인 국물.
割(り)下水[わりげすい] 땅을 파서 만든 도랑으로 된 하수도.
[3]割合[わりあい] 비율. 꼴.
[3]割合に[わりあいに] ①비교적. 제법. 상당히. ②뜻밖에. 생각보다.
割興[わりこう] '割引興業債券(わりびきこうぎょうさいけん)'의 준말. *일본 興業(こうぎょう)은행이 발행한 채권임.

音読

割拠[かっきょ] 할거; 권리자들이 각자의 지역을 근거로 세력을 떨침.

割礼[かつれい] 할례; (유대교에서) 남자 생식기의 표피(表皮)를 잘라내는 의식.
割腹[かっぷく] 할복; 배를 가르고 죽음.
割腹自殺[かっぷくじさつ] 할복자살.
割賦[かっぷ/わっぷ] 할부; 분할 지불.
割賦販売[かっぷはんばい] 할부 판매.
割線[かっせん] ≪数≫ 할선; 곡선을 둘 이상의 점에서 자르는 선.
割愛[かつあい] 할애; 아깝지만 선뜻 내어 줌. 아까운 것을 흔쾌히 내어 줌.
割譲[かつじょう] 할양; 땅의 일부를 쪼개어 남에게 나누어 줌.
割与[かつよ] 할여; 나누어 줌.
割烹[かっぽう] (일본 음식의) 조리(調理). 요리.
割烹料理[かっぽうりょうり] (일본 요정 등에서) 술과 함께 내는 계절 요리.
割烹店[かっぽうてん] 일본 음식점.
割烹着[かっぽうぎ] 소매가 달린 앞치마. ＊일본식 에이프런.

轄(轄) 다스릴 할

亘 車 軡 軡 轄 轄 轄 轄 轄

音 ◉カツ
訓 —

音読

◑管轄[かんかつ], 所轄[しょかつ], 直轄[ちょっかつ], 総轄[そうかつ], 統轄[とうかつ]

함

含 머금을 함

ノ 𠆢 亼 今 今 含 含

音 ◉ガン
訓 ◉ふくまれる ◉ふくむ ◉ふくめる

訓読

◉含まれる[ふくまれる] 〈下1自〉 포함되다. 속에 들어 있다.
[2]◉含む[ふくむ] 〈5他〉 ①(입에) 물다. 머금다. ②포함하다. 함유하다. ③함축하다. 내포하다. 지니다. ④(마음속에) 품다. 간직하다. ⑤(어떤 상태를) 띠다.
含み[ふくみ] ①포함함. 포함된 것. ②함축성. 내포됨. ③숨은 뜻. ④재갈.
含み綿[ふくみわた] ①(배우가) 볼이 불룩하게 어금니에 무는 솜. ②(일본옷의) 소맷부리나 단에 얇게 두는 솜.
含み声[ふくみごえ] 입 안의 소리. 입안에서 우물거리는 소리.
含み笑い[ふくみわらい] (입을 다문 채로) 소리 없이 웃는 웃음.
含み資産[ふくみしさん] 기업의 자산의 가치 증가에 따라 장부상에는 나타나지 않는 자산. 음성 자산.
[2]◉含める[ふくめる] 〈下1他〉 ①입 속에 넣다. 입 속에 물리다. ②포함시키다. 포함하다. ③납득시키다. 타이르다.
含め煮[ふくめに] 찜. (채소・밤 등에) 국물을 많이 넣어 맛이 배어들도록 푹 조림.

音読

含量[がんりょう] 함량; 함유량.
含味[がんみ] 함미; ①음식을 입에 넣고 충분히 맛봄. ②음미함.
含水炭素[がんすいたんそ] '炭水化物(たんすいかぶつ)'의 옛 칭호.
含羞[がんしゅう] 함수; 부끄러워함.
含羞草[★おじぎそう] ≪植≫ 함수초.
含有量[がんゆうりょう] 함유량; 내포・포함하고 있는 양.
含有率[がんゆうりつ] 함유율; 내포・포함하고 있는 비율.
含油層[がんゆそう] 함유층; 기름을 포함하고 있는 층.
含意[がんい] 함의; 말 속에 어떤 뜻을 포함시킴.
含蓄[がんちく] 함축; 표현의 의미가 깊이 포함되어 있음.

陥(陷) 빠질 함

㇇ 阝 阝 阝 阝 阝 陥 陥 陥

音 ◉カン
訓 ◉おちいる ◉おとしいれる

訓読

◉陥る[おちいる] 〈5自〉 ①(낮은 곳에) 빠지다. 빠져들다. ②(계략에) 빠지다. 걸려들다. ③(근거지가) 함락되다. ④(나쁜 상태에) 빠지다 ⑤목숨이 끊어지다. 죽다.

◉陥れる[おとしいれる] 〈下1他〉 ①(나쁜 상태로) 빠뜨리다. 몰아넣다. ②(적을) 함락시키다. 점령하다. 공략하다. ③(낮은 곳에) 빠뜨리다.

音読

陥落[かんらく] 함락; ①(땅이) 꺼짐. ②(근거지가) 함락됨. ③(지위 등이) 떨어짐. ④《俗》 설득 당함.
陥没[かんぼつ] 함몰; (낮은 데로) 빠져 들어감. 푹 팸.
陥没湖[かんぼつこ] 《地》 함몰호.
陥入[かんにゅう] 함입; (낮은 데로) 빠져 들어감. 푹 팸.
陥穽[かんせい] 함정; 파놓은 구덩이.

艦	군함 함
丿 ⺆ 舟 舟 舟 舟 舟 舟 舟 艦	

音 ◉カン
訓 —

音読

艦橋[かんきょう] 함교; (군함 앞 갑판에 높이 만들어진) 브리지.
艦隊[かんたい] 함대; 군함 2척 이상으로 편성된 해상 부대.
艦齢[かんれい] 함령; ①군함이 건조된 햇수. ②군함의 수명.
艦船[かんせん] 함선; 군함과 선박.
艦首[かんしゅ] 함수; 군함의 뱃머리.
艦長[かんちょう] 함장; 군함의 우두머리.
艦載機[かんさいき] 함재기; 군함의 갑판에 실은 비행기.
艦艇[かんてい] 함정; 전함・잠수함・어뢰정・소해정(掃海艇) 등의 총칭.
艦砲射撃[かんぽうしゃげき] 함포 사격.

函	상자 함	音 ⊗カン 訓 ⊗はこ

訓読

⊗函[はこ] 함; 상자. 궤짝.
函館[はこだて] 北海道(ほっかいどう) 남서부에 위치한 시(市).

音読

函嶺[かんれい] '箱根山(はこねやま)'의 딴이름.
函数[かんすう] 《数》 함수. ＊지금은 '関数(かんすう)'로 표기함.
函丈[かんじょう] 함장; 스승의 자리.

緘	봉할 함	音 ⊗カン 訓 —

音読

緘[かん] 함; (편지의) 봉함.
緘する[かんする] 〈サ変他〉 ①봉(封)하다. ②(입을) 꽉 다물다. 말을 못하게 하다.
緘口[かんこう] 함구; 입을 꽉 다묾. 말을 못하게 함.
緘黙[かんもく] 함묵; 침묵(沈黙).

檻	우리 함	音 ⊗カン 訓 ⊗おり

訓読

⊗檻[おり] (짐승의) 우리. ¶～に入(い)れる 우리에 가두다. ¶～入(い)れられたライオン 우리에 갇힌 사자.

音読

檻穽[かんせい] 함정; 우리와 허방다리.

頷	턱 함	音 ⊗ガン 訓 ⊗うなずく ⊗うなずける

訓読

2 ⊗頷く[うなずく] 〈5自〉 수긍하다. 고개를 끄덕이다.
⊗頷ける[うなずける] 〈下1自〉 수긍이 가다. 납득이 가다. 이해할 수 있다.

〔합〕

合	①합할 합 ②홉 홉
ノ 𠆢 今 仒 合 合	

音 ◉カッ ◉ガッ ◉ゴウ
訓 ◉あう ◉あわさる ◉あわす ◉あわせる

訓読

3 ◉合う[あう] 〈5自〉 ①일치하다. 맞다. ②알맞다. 어울리다. ③수지가 맞다. ④합쳐지다. ⑤(동사 ます형에 접속하여) 서로 …하다.
1 合間[あいま] (시간적인) 틈. 짬. 사이.
合(い)鍵[あいかぎ] 여벌 열쇠.

合口[あいくち] ①비수(匕首). 단도(短刀). ②말이 통함. 뜻이 통함. ③겨루기 편한 상대. ④이음매.

合気道[あいきどう] 합기도.

[2]合図[あいず] 신호. 사인.

合(い)挽(き)[あいびき] 쇠고기와 돼지고기를 섞어서 썰어 다진 고기.

合物[あいもの] 자반・건어물의 총칭.

合方[あいかた] ①(歌舞伎(かぶき)에서) 대사에 맞추어 연주하는 三味線(しゃみせん). ②(能(のう)에서) 謡(うたい)의 반주자. ③(長唄(ながうた)에서) 三味線(しゃみせん)만의 긴 간주(間奏).

合服[あいふく] 춘추복(春秋服).

合符[あいふ] (역에서 수하물을 맡긴) 짐표. 물표.

合(い)席[あいせき] 합석; 동석(同席).

合(い)性[あいしょう] 합성; 궁합(宮合).

合(い)の手[あいのて] ①(일본음악에서) 간주(間奏). ②노래나 춤의 가락에 맞춰 하는 말이나 소리. ③말참견.

合(い)の宿[あいのしゅく] ①(옛날 역참과 역참 사이에 있었던) 사이참. ②일시 모면. 임시 방편.

合鴨[あいがも] ① ≪鳥≫ 물오리과 집오리의 트기. ② ≪俗≫ 오리 고기.

合(い)言葉[あいことば] ①암호말. ②표어. 모토. 슬로건.

合(い)縁奇縁[あいえんきえん] (남녀간의) 인연. *부부 사이의 금실이 좋고 안 좋고는 모두 인연에 달렸다는 말임.

合(い)印❶[あいいん] ①대조인(対照印). ②계인(契印). 할인(割印). ❷[あいじるし] ①한편임을 나타내는 표지. ②(바느질에서) 헝겊을 똑바로 맞추기 위한 표시. ③계인(契印). 할인(割印).

合(い)の子[あいのこ] ①혼혈아. 트기. 잡종. ②중간치. 어중간한 것.

合(い)釘[あいくぎ] 은혈못. 양쪽 끝이 뾰족한 못.

[2]合憎[あいにく] 공교롭게도. 운수 사납게도. 재수 없게도.

合着[あいぎ] ①춘추복(春秋服). ②겉옷과 속옷 사이에 입는 옷.

合(い)札[あいふだ] ①물표. 보관증. ②(입장권 등의) 반쪽 표.

合取り[あいどり] ①일을 함께 함. ②(떡을 칠 때 고루 쳐지도록) 욱여넣음. 욱여넣는 사람.

合(い)判❶[あいはん] ①대조인(対照印). ②계인(契印). 할인(割印). ③연판(連判). ❷[あいばん] ①(종이 치수의 하나로) A5판(判). *보통 노트 크기인 15×21㎝를 말함. ②(사진 건판의 하나로) 소판과 중판의 중간판 13×10㎝. ③浮世絵(うきよえ) 판화의 크기의 하나. *가로 7치 5푼×세로 1자 1치.

◉合わさる[あわさる] 〈5自〉≪俗≫ ①(물건이) 합쳐지다. ②(소리가) 합쳐지다. 조화되다.

[1]◉合わす[あわす] 〈5他〉 ☞ 合わせる

[2]◉合わせる[あわせる] 〈下1他〉 ①합치다. 합하다. 모으다. ②일치시키다. 맞추다. ③대조하다. 맞춰보다. ④배합하다. 섞다. ⑤조화시키다. 어울리게 하다. ⑥합주(合奏)하다. ⑦결혼시키다. 짝지어주다. ⑧싸우다.

合(わ)せ[あわせ] ①맞춤. 합침. 맞댐. ②두 가지를 견주어 우열을 가림.

合(わ)せて[あわせて] ①합계. 모두. 합해서. ②아울러. 덧붙여.

合(わ)せ鏡[あわせかがみ] 뒷거울질. 맞거울질. *뒷모습을 보기 위해 앞뒤에서 거울을 비춰 봄.

合(わ)せ物[あわせもの] ①(2개 이상의 것을) 합친 것. 맞춘 것. ② ≪楽≫ 합주(合奏). ③한 접시에 두 가지 이상의 요리를 곁들여 담은 것. ④ ≪古≫ 반찬. 부식물.

合(わ)せ糸[あわせいと] 합사; 겹실.

合(わ)せ砥[あわせど] ①마무리용의 고운 숫돌. ②면도칼용 숫돌을 가는 점판암 돌.

合(わ)せ持つ[あわせもつ] 〈5他〉 겸비하다. 아울러 가지다. 함께 갖추다.

合(わ)せ酢[あわせず] (설탕・술・소금 등) 조미료를 넣어 맛을 낸 식초.

音読

合[ごう] 합; ①(변증법에서) 종합(綜合). ②(용량 단위의) 홉. ③(토지 면적 단위의) 홉. ④(등산 거리의) 10분의 1. ⑤(경기 횟수를 세는 말로) 번. 차례. ⑥(뚜껑이 있는 그릇을 셀 때) 개(個).

合する[がっする] 〈サ変自〉 합쳐지다. 일치하다. 하나가 되다. 〈サ変他〉 합하다. 합치다.

[2]合格[ごうかく] 합격; 시험 등에 급제함.

合格者[ごうかくしゃ] 합격자.

[2]合計[ごうけい] 합계; 총계. 총액.

合金[ごうきん] ≪物/化≫ 합금; 섞음쇠.

²合同[ごうどう] 합동; 2개 이상의 것이 하나로 합쳐짐.
合同軍[ごうどうぐん] 합동군; 연합군.
合力❶[ごうりき] 합력; ①힘을 보태어 도와줌. ②금품을 베풀어 줌. 금품을 받는 거지. ❷[ごうりょく] ≪物≫ 합성력(合成力). 동시에 작용하는 둘 이상의 힘과 같은 효력이 있는 하나의 힘.
²合流[ごうりゅう] 합류; ①두 개의 강이 하나로 합쳐서 흐름. ②(약속 장소에서) 하나로 합쳐짐.
²合理[ごうり] 합리; 이치에 맞음.
合理性[ごうりせい] 합리성.
合理化[ごうりか] 합리화.
合法[ごうほう] 합법; 법률·규칙에 적합함.
合壁[がっぺき] 벽 하나 사이의 이웃.
合弁[ごうべん] 합판(合辦); 합작(合作). 외국 자본과의 공동 경영.
合弁会社[ごうべんがいしゃ] 합작회사.
¹合併[がっぺい] 합병; 병합(併合).
合併症[がっぺいしょう] 합병증.
合祀[ごうし] 합사; ①둘 이상의 신위(神位)를 함께 모심. ②어느 神社(じんじゃ)의 신위(神位)를 다른 神社(じんじゃ)에서 함께 모심.
合算[がっさん] 합산; 합계(合計).
合繊[ごうせん] 합섬; '合成繊維'의 준말.
¹合成[ごうせい] 합성; ①(둘 이상의 것을) 합쳐서 하나로 만듦. ②유기 화합물을 인공적으로 만들어냄.
合成繊維[ごうせいせんい] 합성섬유.
合宿[がっしゅく] 합숙; 연수·연습 등의 목적으로 여러 사람이 같은 숙소에 묵음.
合羽[★かっぱ] ①소매 없는 비옷. ②(비를 막기 위해) 물건 위에 씌우는 기름먹인 종이나 천. *포르투갈어 capa에서 유래됨.
¹合意[ごうい] 합의; 서로 뜻이 맞음.
合意心中[ごういしんじゅう] 동반 자살.
¹合議[ごうぎ] 합의; 모여서 의논함.
合一[ごういつ] 합일; 하나가 됨.
合資[ごうし] 합자; 두 사람 이상이 서로 자본을 댐.
合作[がっさく] 합작; 공동 제작.
合掌[がっしょう] 합장; ①양손의 손바닥을 얼굴이나 가슴 앞에서 합쳐 예배함. ②목재를 합각으로 어긋매낌.
合掌造(り)[がっしょうづくり] 재목을 합각으로 어긋매낀 지붕 건축 양식.
合戦[★かっせん] 합전; 전투. 싸움. 접전.
合点[がってん/がてん] 수긍. 납득. 동의.
合奏[がっそう] ≪楽≫ 합주; 두 개 이상의 악기로 동시에 연주함.
合衆国[がっしゅうこく] 합중국. 두 개 이상의 나라나 주(州)가 동일 주권 아래 연합하여 생긴 단일 국가.
¹合唱[がっしょう] 합창; ①여러 사람이 목소리를 맞추어 같은 문구를 부름. ② ≪楽≫ 코러스.
¹合致[がっち] 합치; 일치함.
合板[ごうはん/ごうばん] 합판; 베니어판.
合評[がっぴょう] 합평; 합동 비평.
合憲[ごうけん] 합헌; 헌법 정신에 위배되지 않음.
合歓[ごうかん] 합환; ①함께 즐김. ②남녀가 잠자리를 함께 함.

항

抗 대항할 항

一 扌 扌 扩 扩 抗

音 ◉コウ
訓 ⊗あらがう

訓読

⊗抗う[あらがう] 〈5自〉 거역하다. 저항하다. 항거하다. 맞서다.

音読

抗する[こうする] 〈サ変自〉 저항하다. 항거하다. 맞서다.
抗拒[こうきょ] 항거; 저항하여 상대방의 행위를 방해함.
抗告[こうこく] ≪法≫ 항고; 항소(抗訴).
抗菌性[こうきんせい] ≪医≫ 항균성.
抗力[こうりょく] ≪物≫ 항력.
抗論[こうろん] 항론; 항변(抗弁).
抗命[こうめい] 항명; 명령에 따르지 않고 반항함.
抗弁[こうべん] 항변; ①상대방에 대하여 변론함. ② ≪法≫ 상대방의 주장을 물리치기 위해 다른 것을 주장함.
抗病力[こうびょうりょく] ≪医≫ 항병력.
抗生物質[こうせいぶっしつ] 항생물질.
抗生剤[こうせいざい] ≪医≫ 항생제.
抗原[こうげん] 항원; 면역원(免疫原).

1抗議[こうぎ] 항의; 상대방의 언동에 대해 부당하다는 반대 의견을 주장함.
抗張力[こうちょうりょく] ≪物≫ 항장력.
1抗争[こうそう] 항쟁; 대항하여 다툼.
抗戦[こうせん] 항전; 대항하여 싸움.
抗体[こうたい] ≪生理≫ 항체; 면역체.

恒(恆) 항상 항

丶 丷 忄 忄 忄 恒 恒 恒 恒

音 ◉コウ ⊗ゴウ
訓 —

音読

恒久[こうきゅう] 항구; 변함없이 오래 감.
恒久的[こうきゅうてき] 항구적.
恒等式[こうとうしき] ≪数≫ 항등식.
恒例[こうれい] 항례; 흔히 있는 예.
恒産[こうさん] 항산; 일정한 재산·직업.
恒常[こうじょう] 항상; 변함없이 언제나 일정함.
恒星[こうせい] ≪天≫ 항성; 붙박이별.
恒心[こうしん] 항심; 한결같은 바른 마음.

航 배로건널/비행할 항

丿 丿 力 舟 舟 舟 舟' 舟 舟 航

音 ◉コウ
訓 —

音読

航する[こうする] 〈サ変自〉 항해(航海)하다. 도항(渡航)하다.
航空[こうくう] 항공; 비행기 등으로 공중을 비행함.
2航空機[こうくうき] 항공기; 비행기.
航空母艦[こうくうぼかん] 항공모함.
2航空便[こうくうびん] 항공편; 비행기 편.
航技研[こうぎけん] '航空宇宙技術研究所(こうくううちゅうぎじゅつけんきゅうしょ)'의 준말.
航路標識[こうろひょうしき] 항로 표지.
航程[こうてい] 항정; 항행의 도정(道程).
航走[こうそう] 항주; 항행하여 달림.
1航海[こうかい] 항해; 배로 바다 위를 항행함.
航行[こうこう] 항행; 선박이나 비행기로 그 정해진 항로를 다님.

港(港) 항구 항

氵 氵 汁 汁 洪 洪 洪 洪 港 港

音 ◉コウ
訓 ◉みなと

訓読

3◉港❶[みなと] 항구. 포구(浦口). ❷[こう] ☞ [音読]
港町[みなとまち] 항구 도시. 항도(港都).

音読

2◉港❶[こう] (지명에 접속하여) …항; 항구. ❷[みなと] ☞ [訓読]
港口[こうこう] 항구; 항구의 출입구.
港内[こうない] 항내; 항구의 안.
港都[こうと] 항도; 항구 도시.
港湾[こうわん] 항만; 선박의 입출항·정박·승객의 승하선·화물을 등을 싣고 내리는 설비가 있는 수역(水域).
港外[こうがい] 항외; 항구의 밖.

項 목덜미/조목 항

工 工 工 工 项 项 項 項 項 項

音 ◉コウ
訓 ⊗うなじ

訓読

⊗項[うなじ] 목덜미. ¶髪(かみ)の毛(け)が~にほつれる 머리털이 목덜미로 흐트러지다.
⊗項垂れる[うなだれる] 〈下1自〉 (실망·수치·슬픔 등으로) 고개를 떨어뜨리다. 고개를 숙이다.

音読

項[こう] 항; ①항목. 조항을 세분화한 하나하나. ② ≪数≫ 수식(数式)을 이루는 요소가 되는 수.
2項目[こうもく] 항목; ①문장 등의 조항을 세분화한 조목. ②사전의 표제어.

肛 똥구멍 항

音 ⊗コウ
訓 —

音読

肛門[こうもん] 항문; 고등 포유동물의 똥구멍으로서 체내의 똥을 배설하는 곳.
◑脱肛[だっこう]

杭 건널 항	音 ⊗コウ 訓 ⊗くい

訓読

⊗杭[くい] 말뚝.

杭打ち[くいうち] (건축・토목공사에서) 지반을 다지기 위해 파일을 박음. 파일박기. 말뚝 박기.

杭打(ち)機[くいうちき] 파일 박는 기계.

杭打(ち)地形[くいうちじぎょう] 지반이 약한 지질의 터다지기. 기초 공사.

巷 ˣ(巷) 거리/골목 항	音 ⊗コウ 訓 ⊗ちまた

訓読

⊗巷[ちまた] ①기로(岐路). 갈림길. ②번화한 거리. ③(많은 사람에 의해 어떤 일이 진행되고 있는) 장소. 거리.

音読

巷間[こうかん] 항간; 세상.

巷談[こうだん] 항담; 거리의 소문.

巷説[こうせつ] 항설; 소문. 풍문.

桁 ①차꼬/횃대 항 ②시렁/마개 형	音 ⊗コウ 訓 ⊗けた

訓読

2 ⊗桁[けた] ①《建》 도리. 기둥과 기둥 위에 건너 얹어 그 위에 서까래를 놓는 나무. ②(주판의) 뀀대. ③(숫자의) 자릿수. 자릿수잡기. ④(비교했을 때의) 규모. 정도. 격차. 틀.

桁外れ[けたはずれ] (표준・규격과) 엄청난 차이. 차이가 엄청남.

桁違い[けたちがい] ①(숫자의) 자릿수가 다름. 자릿수를 틀리게 함. 자릿수의 착오. ②엄청난 차이. 차이가 엄청남.

〔해〕

海(海) 바다 해

丶 冫 氵 氵 氵 汇 海 海 海

音 ◉カイ

訓 ◉うみ

訓読

4 ◉海[うみ] ①바다. ②호수. ③(바다처럼) …가 많음. ④월면(月面)의 평원. ⑤(벼루의) 연지(硯池).

海開き[うみびらき] 해수욕장의 개장(開場). 개장일(開場日).

海亀[うみがめ] 《動》 바다거북.

海女[★あま] 해녀.

海泥鰌[うみどじょう] 《鳥》 동갈매기.

海端[うみばた] 해변. 바닷가.

海胆[★うに] 《動》 섬게.

海豚[★いるか] 《動》 돌고래.

3 **海老**[★えび] 《動》 새우.

海鹿[うみしか] 《動》 'あめふらし(군소)'의 딴이름.

海栗[★うに] 《動》 섬게.

海面[うみづら/かいめん] 해면; 해상(海上).

海鳴り[うみなり] 폭풍우의 전조로서 해상에서 일어나는 소리.

海猫[うみねこ] 《動》 괭이갈매기.

海坊主[うみぼうず] ①'あおうみがめ(푸른바다거북)'의 딴이름. ②바다 도깨비.

海辺[うみべ] 해변; 바닷가.

海蛇[うみへび] ①《動》 바다뱀. ②《魚》 'うつぼ(곰치)'의 딴이름.

海蛇座[うみへびざ] 《天》 바다뱀자리.

海山[うみやま] ①바다와 산. ②바다처럼 깊고 산처럼 깊음. ③(부사용법으로) 대단히. 매우. 많이.

海酸漿[うみほおずき] ①(바다 고둥류의) 알주머니. ②(바다 고둥류의) 알주머니로 만든 꽈리.

海参[★いりこ] 건해삼. 말린 해삼.

海象[★せいうち] 《動》 바다코끼리.

海鼠[★なまこ] 《動》 (살아있는) 해삼.

海鼠壁[★なまこかべ] 《建》 (흙벽돌로 지은 창고 등의 바깥에) 평평한 기와를 대고 기와 이음매에 석회로 불룩하게 바른 벽.

海鼠餅[★なまこもち] 해삼 모양의 떡.

海鼠瓦[★なまこがわら] 반원형 기와.

海鼠腸[★このわた] 해삼창자젓.

海鼠板[★なまこいた] 《工》 골진 유리・골진 양철・골진 슬레이트・울타리용 물결성 판자의 총칭.

海星[★ひとで] 《動》 불가사리.

海松[うみまつ] 해송; ①바닷가의 소나무. ②《動》 흑산호. ③《植》 'みる(청각채)'의 딴이름.

海松茶[★みるちゃ] 갈색을 띤 녹색.

海手[うみて] (바다에 면한 시가지 등에서) 바다쪽.
海魚[うみうお/かいぎょ] 바닷물고기.
海沿い[うみぞい] 해안. 바닷가. 연안.
海燕[うみつばめ] ≪鳥≫ 바다제비.
海烏[うみがらす] ≪鳥≫ 바다오리.
海牛❶[うみうし] (연체동물인) 해우. ❷[かいぎゅう] (포유동물인) 해우.
海原[★うなばら] 넓은 바다. 대양(大洋).
海月[★くらげ] ①≪動≫ 해파리. ②줏대 없는 사람.
海人[★あま] ≪古≫ 어부(漁夫).
海人草❶[★まくり] ①≪植≫ 해인초. ②해인초로 만든 회충 구제약. ❷[かいにんそう] ≪植≫ 해인초.
海雀[うみすずめ] ≪鳥≫ 바다쇠오리.
海際[うみぎわ] 바닷가. 해변.
海釣り[うみづり] 바다낚시.
海鳥[うみどり/かいちょう] 바닷새.
海千山千[うみせんやません] 산전수전을 다 겪음. 온갖 풍파에 시달려 교활함.
海鞘[★ほや] ≪動≫ 우렁쉥이. 멍게.
海苔[★のり] 해태; 김.
海苔巻(き)[★のりまき] 김초밥.
海苔茶[★のりちゃ] '海苔茶漬(のりちゃづ)け'의 준말.
海苔茶漬け[★のりちゃづけ] 구운 김을 뿌리고 엽차를 부은 밥.
海布[★め] ≪動≫ 해조(海藻). 바닷말. ＊식용이 되는 해초의 총칭.
海豹[★あざらし/かいひょう] ≪動≫ 해표.
海豹肢症[★あざらししししょう] ≪医≫ 해표지증; 단지증(短肢症).
海風[うみかぜ/かいふう] 해풍; 바닷바람.
海の幸[うみのさち] 해산물. 해물(海物).
海蛍[うみほたる/うみぼたる] ≪動≫ 갯반디.

音読

海溝[かいこう] 해구; 바다 밑바닥에 가늘고 길게 움푹 들어간 곳.
海国[かいこく] 해양국(海洋国).
海軍[かいぐん] 해군; 바다의 군대.
海難[かいなん] 해난; 항해중의 사고.
海難救助[かいなんきゅうじょ] 해난 구조.
海難事故[かいなんじこ] 해난 사고.
海棠[かいどう] ≪植≫ 해당화.
海図[かいず] 해도; 바다의 지도.
1海路[かいろ/うみじ/うなじ] 해로; 뱃길.
1海流[かいりゅう] 해류; 바닷물의 흐름.
海流図[かいりゅうず] 해류도.
海陸[かいりく] 해륙; 바다와 육지.
海里[かいり] 해리; 항해·항공용의 거리의 단위로 1해리는 약 1.852m임.
海面[かいめん/うみづら] 해면; 해상(海上).
海綿[かいめん] 해면; ①해면동물의 총칭. ②해면의 골격. 스펀지.
1海抜[かいばつ] 해발; 해면(海面)을 기준으로 하여 잰 어느 지점의 높이.
海防[かいぼう] 해방; 해안 방비.
海兵[かいへい] 해병; ①해군의 사병. ②'海軍兵学校(かいぐんへいがっこう)'의 준말.
海浜[かいひん] 바닷가. 해변.
海産物[かいさんぶつ] 해산물.
海上[かいじょう] 해상; 바다 위.
海上権[かいじょうけん] 해상권; 제해권(制海権).
海水[かいすい] 해수; 바닷물.
海水帽[かいすいぼう] 수영모. 수영 모자.
2海水浴場[かいすいよくじょう] 해수욕장.
海水着[かいすいぎ] 수영복.
海獣[かいじゅう] 해수; 바다 짐승.
海神[かいじん/かいしん/わたつみ] 해신; 바다의 신.
3海岸[かいがん] 해안; 육지가 바다와 접한 곳. 해변.
3海岸線[かいがんせん] 해안선; ①육지와 바다와의 경계선. ②해안의 철도 선로.
海岸地帯[かいがんちたい] 해안 지대.
2海洋[かいよう] 해양; 바다.
海洋国[かいようこく] 해양국.
海淵[かいえん] ≪地≫ 해연.
海王星[かいおうせい] ≪天≫ 해왕성.
2海外[かいがい] 해외; 외국.
2海外旅行[かいがいりょこう] 외국 여행.
1海運[かいうん] 해운; 선박으로 여객이나 화물을 해상 운송함.
海運業[かいうんぎょう] 해운업.
海員[かいいん] 선원(船員).
海底[かいてい] 해저; 바다 밑.
海賊[かいぞく] 해적; ①바다의 도적. ②(鎌倉(かまくら)·室町(むろまち) 시대의) 수군(水軍).
海戦[かいせん] 해전; 해상의 전투.
海鳥[かいちょう/うみどり] 해조; 바다 새.
海潮[かいちょう] 해조; 조수(潮水).
海藻[かいそう] ≪植≫ 해조; 바닷말.
海草[かいそう/うみくさ] ≪植≫ 해초.
1海峡[かいきょう] 해협; 육지와 육지 사이에 끼여 폭이 좁은 바다.

害(害) 해칠/손해 해

丶 丷 宀 宀 宇 宇 害 害 害 害

音 ◉ガイ
訓 ⊗そこなう ⊗そこねる

訓読

⊗害なう[そこなう] 〈5他〉 (기분・건강・성질을) 해치다. 상하게 하다.

⊗害ねる[そこねる] 〈下1他〉 (기분・건강・성질을) 해치다. 상하게 하다.

音読

[2]害[がい] 해; ①해로움. ②방해. ③재앙.

[1]害する[がいする] 〈サ変他〉 ①해치다. 상하게 하다. ②방해하다. ③살해하다. 죽이다.

害毒[がいどく] 해독; 해로움과 독.

害心[がいしん] 해심; 해치려는 마음.

害悪[がいあく] 해악; 해독(害毒).

害意[がいい] 해의; 해칠 생각.

害鳥[がいちょう] 해조; 농작물이나 사람에게 해를 끼치는 새.

害虫[がいちゅう] 해충; 농작물이나 사람에게 해를 끼치는 벌레.

解 풀/벗길/해부할 해

⺈ ⺈ 角 角 角 角' 解 解 解

音 ◉カイ ◉ゲ
訓 ◉とかす ◉とく ◉とける ⊗ほどく ⊗ほぐす ⊗ほごす ⊗ほどける ⊗ほつれる ⊗わかる

訓読

◉解かす[とかす] 〈5他〉 ①(머리 등을) 빗다. ②(얼음・설탕 등을) 녹이다.

[2]◉解く❶[とく] 〈5他〉 ①(묶은 것・봉한 것・꿰맨 것을) 풀다. 뜯다. ②(금지・제한을) 해제하다. 풀다. ③(계약・약속을) 해약하다. ④(긴장・응어리를) 풀다. ⑤(문제・의문을) 풀다. ⑥(흐트러진 것을) 가다듬다. 풀다.

[2]⊗解く❷[ほどく] 〈5他〉 ①(묶은 것・엉킨 것을) 풀다. ②(봉한 것・꿰맨 것을) 뜯다. ③(의문점을) 풀다. 이해하다.

解きほぐす[ときほぐす] 〈5他〉 ①(복잡하게 얽힌 것을) 풀어내다. 풀다. ②(굳게 닫힌 마음을) 누그러뜨리다.

解き明かす[ときあかす] 〈5他〉 해명하다. 이유를 자세히 설명하다.

解き物[ときもの] (옷이나 이불의) 솔기를 뜯음.

解き方[ときかた] ①(문제의) 푸는 방법. 해법. 해결 방법. ②옷의 솔기를 뜯어서 푸는 방법.

解き放す[ときはなす] 〈5他〉 ①(얽힌 것을) 풀어 헤치다. ②(속박에서) 풀어주다. 해방시키다.

解き分ける[ときわける] 〈下1他〉 풀어서 따로 떼어놓다. (얽힌 것을) 차례로 풀다.

解き洗い[ときあらい] 옷의 솔기를 뜯어서 세탁함.

解き衣[ときぎぬ] 솔기를 뜯어낸 옷.

解き櫛[ときぐし] 얼레빗.

[2]◉解ける❶[とける] 〈下1自〉 ①(묶은 것・봉한 것・꿰맨 것이) 풀리다. 풀어지다. 끌러지다. ②(감정 등이)풀리다. 해소되다. ③(구속・속박 등이) 해제되다. 풀리다. ④해임되다. 해직되다. 물러나다. ⑤(문제・의문 등이) 풀리다. 해결되다.

[1]⊗解ける❷[ほどける] 〈下1自〉 ①(매듭이나 묶인 것이 저절로) 풀리다. ②(기분이) 풀리다. 마음을 터놓다.

解け合い[とけあい] ①화합. 융화. ②(시세가 급변하는 이상 사태 때) 협의하여 계약을 파기함.

解け合う[とけあう] 〈5自〉 ①화합하다. 융화하다. ②(시세가 급변하는 이상 사태 때) 협의하여 계약을 파기하다.

⊗解す[ほぐす/ほごす] 〈5他〉 ①(굳어진 것을) 풀다. ②(얽히거나 꿰맨 것을) 풀다. 뜯다. ③(감정・오해 등을) 풀다.

⊗解る[わかる] 〈5自〉 ①알다. 이해하다. ②판명되다. 밝혀지다.

⊗解れる[ほつれる] 〈下1自〉 (실・실밥・매듭이) 풀리다. 흐트러지다.

解れ[ほつれ] 흐트러짐. 풀림.

解れ毛[ほつれげ] 흐트러진 머리털.

解れ髪[ほつれがみ] 흐트러진 머리.

音読

解[かい] 해답. 풀이.

解す[かいす] 〈5他〉 알다. 이해하다.

解する[かいする] 〈サ変他〉 ①(생각하여) 풀다. 해석하다. ②이해하다. 알다.

解せない[げせない] 〈句〉 이해할 수 없다. 알 수 없다.

[2]解決[かいけつ] 해결; 사건이나 문제 등을 잘 처리함.

解雇[かいこ] 해고; 면직(免職).
解雇者[かいこしゃ] 해고자; 면직자.
解禁[かいきん] 해금; 금지령을 해제함.
[2]解答[かいとう] 해답; 문제를 풀어 답함.
解党[かいとう] 해당; 정당 등을 해산함.
解毒[げどく] ≪医≫ 해독; 독을 제거함.
解毒作用[げどくさよう] 해독 작용.
解毒剤[げどくざい] ≪医≫ 해독제.
解読[かいどく] 해독; (암호 등 보통으로는 읽을 수 없는 것을) 읽어서 풀어냄.
解凍[かいとう] 해동; 냉동된 것을 녹임.
解明[かいめい] 해명; 풀어서 밝힘.
解文[げぶみ] (大宝令(たいほうりょう)제도에서) 八省(はっしょう) 이하의 제관(諸官)이 그 상관에게 보내는 공문서.
[2]解放[かいほう] 해방; 속박·제한 등을 없애 자유롭게 함.
[1]解剖[かいぼう] 해부; ①생물체를 쪼개서 그 내부 구조를 조사함. ②사물의 조리(条理)를 자세히 분석함.
解剖刀[かいぼうとう] 해부도; 메스.
解氷[かいひょう] 해빙; 봄이 되어 하천·호수·늪·바다 등의 얼음이 녹음.
解氷期[かいひょうき] 해빙기.
[2]解散[かいさん] 해산; ①모인 사람이 흩어지거나 헤어짐. ②(회사 등의 단체가) 조직을 해체하고 활동을 중지함. ③의회(議会)의 모든 의원에 대하여 임기 만료 전에 그 자격을 빼앗음.
解像[かいぞう] ≪物≫ 해상; 렌즈가 세밀한 부분까지 분해하여 찍음.
解像度[かいぞうど] 해상도.
解析[かいせき] 해석; ①분석(分析). ②'解析学(かいせきがく)'의 준말.
[2]解釈[かいしゃく] 해석; ①문장의 의미나 내용을 이해함. ②사물을 자신의 경험이나 판단력에 따라 이해함.
[2]解説[かいせつ] 해설; 사물을 이해하기 쉽게 설명함.
解消[かいしょう] 해소; 이제까지의 관계·상태·약속 등을 소멸시킴.
解約[かいやく] 해약; 계약을 해제함.
解語[かいご] 해어; 말뜻을 이해함.
解熱[げねつ] 해열; 몸의 열을 내림.
解熱剤[げねつざい] ≪薬≫ 해열제.
解悟[かいご] 해오; 잘못을 깨달음.
解任[かいにん] 해임; 특정한 지위나 임무를 내놓게 함.
[1]解除[かいじょ] 해제; 제한·금지 등의 특별한 조치를 풀어 평상 상태로 되돌림.
解題[かいだい] 해제; ①문제를 풂. ②서적·저자·저술 과정·체제·내용 등의 해설.
解職[かいしょく] 해직; 명령에 따라 직무를 그만두게 함. 면직(免職).
解体[かいたい] 해체; ①분해(分解). 하나로 뭉쳐진 것을 낱낱이 뜯어 헤침. ②≪古≫ 해부(解剖).
解脱[げだつ] ≪仏≫ 해탈; 열반(涅槃). 번뇌와 업의 속박에서 벗어남.

該 그/해당할 해

言 言 言 言' 言 訁 該 該 該

音 ◉ガイ
訓 ―

音読

該[がい] 그. 이. 당해(当該).
[1]該当[がいとう] 해당; 일정한 조건에 들어맞음. 적합함.
該当事項[がいとうじこう] 해당 사항.
該当者[がいとうしゃ] 해당자.
該博[がいはく] 해박; 사물에 관해 널리 알고 있음.
該地[がいち] 해지; 그 땅.

咳 기침 해

音 ⊗ガイ
訓 ⊗せき ⊗せく ⊗しわぶく

訓読

[2]⊗咳❶[せき] 기침. ❷[しわぶき] 헛기침.
⊗咳く❶[せく] 〈5自〉 기침하다. ❷[しわぶく] 〈5自〉 헛기침하다.
咳き返す[せきかえす] 〈5他〉 자꾸 기침하다. 반복해서 기침하다.
咳払い[せきばらい] 헛기침.
咳き上げる[せきあげる] 〈下1自〉 ①심하게 기침을 하다. ②흐느껴 울다.
咳き入る[せきいる] 〈5自〉 콜록거리다. 기침이 심하게 나오다.
咳き込む[せきこむ] 〈5自〉 몹시 콜록거리다. 심하게 기침을 하다.

音読

咳嗽[がいそう] 해수; 기침.

諧	희롱할/익살 떨 해	音 ⊗カイ 訓 —

音読

諧調[かいちょう] 해조; 잘 어울리는 가락.
諧謔[かいぎゃく] 해학; 익살.
諧謔曲[かいぎゃくきょく] ≪楽≫ 해학곡.

骸	뼈/시체 해	音 ⊗ガイ 訓 ⊗むくろ

訓読

⊗骸[むくろ] ①시체. 송장. ②썩은 나무 줄.

音読

骸骨[がいこつ] 해골; 시체의 살이 썩고 남은 뼈.
骸炭[がいたん] 해탄; 코크스.

蟹	게 해	音 ⊗カイ 訓 ⊗かに

訓読

⊗蟹[かに] ≪動≫ 게.
蟹股[かにまた] O형 다리.
蟹工船[かにこうせん] 게를 잡아 가공하는 어업의 모선(母船).
蟹文字[かにもじ] 가로로 쓰는 글씨.
蟹屎[かにばば] 배내똥. 태변(胎便).
蟹玉[かにたま] (중국요리의 하나로) 게살과 채소를 넣은 계란부침.
蟹座[かにざ] ≪天≫ 게자리.

音読

蟹行[かいこう] 해행; ①게걸음으로 걸음. ②가로로 쓰는 문자.

〔핵〕

劾	캐물을 핵
丶 亠 ナ 亥 亥 亥 刻 劾	

音 ◉ガイ
訓 —

音読

劾奏[がいそう] 핵주; 관리의 죄를 들추어 내어 임금에게 아룀.
◑弾劾[だんがい]

核	씨/핵심 핵
一 十 才 木 木' 杧 柼 核 核 核	

音 ◉カク
訓 ⊗さね

訓読

⊗核❶[さね] ①(열매의) 핵. ②≪建≫ 은촉. ③ ≪俗≫ (여자의) 음핵(陰核). ❷[かく] ☞ [音読]

音読

[1]核❶[かく] 핵; ① ≪植≫ 열매의 씨를 싸고 있는 단단한 부분. ②핵심(核心). ③핵무기(核武器). ❷[さね] ☞ [訓読]
核アレルギ[かくアレルギ] 핵알레르기; 핵무기 거부 반응.
核エネルギー[かくエネルギー] 핵에너지.
[1]核家族[かくかぞく] 핵가족; 부부 또는 부부와 그 아이들만으로 이루어진 가족.
核武装[かくぶそう] 핵무장; 핵무기를 장비(装備)·배치함.
核物理学[かくぶつりがく] 핵물리학.
核反応[かくはんのう] 핵반응.
核兵器[かくへいき] 핵병기; 핵무기.
核分裂[かくぶんれつ] 핵분열; ①원자핵 분열. ②세포핵 분열.
核の傘[かくのかさ] 핵우산; 핵보유국이 핵무기를 배경으로 하여 자국(自国) 및 우호국의 안전유지를 꾀하는 것.
核酸[かくさん] ≪化≫ 핵산.
[1]核実験[かくじっけん] 핵실험; ①핵분열·핵융합 등의 실험. ②핵폭탄 실험.
核心[かくしん] 핵심; 사물의 중심·본질을 이루고 있는 중요한 부분.
核研[かくけん] '東京大学原子核研究所'의 준말.
[1]核燃料[かくねんりょう] 핵연료; 원자로 내에서 핵분열을 일으켜 에너지를 발생시키는 물질.
核融合[かくゆうごう] 핵융합; 원자핵 융합.
核弾頭[かくだんとう] 핵탄두; 미사일 등의 탄두부(弾頭部)에 핵폭탄을 장착한 것.
核爆発[かくばくはつ] 핵폭발; 원자 핵폭발.
核拡散[かくかくさん] 핵확산; 비핵보유국(非核保有国)이 핵무기를 새로이 보유하거나, 핵보유국이 비핵보유국에 핵무기를 제공하는 것.

행

行 다닐/행할 행

丿 彳 彳 行 行 行

音 ◉アン ◉ギョウ ◉コウ
訓 ◉いく ◉ゆく ◉いける ◉おこなう ◉おこなわれる

訓読

3◉行(な)う[おこなう] 〈5他〉 ①하다. 행하다. 거행하다. 실시하다. ＊'する'의 문장체임. ②≪雅≫ 불도(仏道)를 닦다.

1行(な)い[おこない] ①행위. 행동. 실천. ②품행. 몸가짐. 행실. ③≪仏≫ 불도 수행(修行). 근행(勤行).

◉行(な)われる[おこなわれる] 〈下1自〉 ①행하여지다. 거행되다. 실행되다. ②널리 통하다. 유행되다.

4◉行く[いく/ゆく] 〈5自〉 ＊'ゆく'는 문장용어임. ①(목적지로) 가다. ②가다. 떠나다. ③(세월이) 가다. ④(연락이) 가다. ⑤(일이) 진행되다. 진척되다. ⑥(구름・강물이) 흘러가다. 흐르다. ⑦시집가다. ⑧(납득이) 가다.

2行(き)[ゆき] ①(목적지로) 감. 향함. ②갈 때.

行きしな[いきしな/ゆきしな] ①가는 김. 가는 도중. ②갈 때.

行きずり[ゆきずり] ①(길에서) 스쳐지나감. ②지나가는 길. 지나가는 김. ③오다가다 만남. 일시적임.

行き届く[いきとどく/ゆきとどく] 〈5自〉 (생각・주의가) 두루 미치다. 용의주도하다. 주도면밀하다. 빈틈이 없다.

行(き)過ぎ[いきすぎ/ゆきすぎ] ①(목적지를) 지나쳐 감. 더 지나감. 통과함. ②(생각・행동 등이) 도를 넘음. 지나침.

行き過ぎる[いきすぎる/ゆきすぎる] 〈上1自〉 ①(목적지를) 지나쳐 가다. 더 지나가다. 통과하다. ②(생각・행동 등이) 도를 넘다. 지나치다.

行(き)掛(か)り[いきがかり/ゆきがかり] ①내친걸음. 시작한 여세. ②가는 도중.

行き掛かる[いきかかる/ゆきかかる] 〈5自〉 ①가기 시작하다. 막 가려고 하다. ②지나가다.

行(き)掛け[いきがけ/ゆきがけ] 가는 김. 가는 도중. 갈 때.

行き掛ける[いきかける/ゆきかける] 〈下1自〉 막 가려고 하다. 가기 시작하다.

行き交い[いきかい/ゆきかい] ①왕래. 오고감. ②교제.

行き交う[いきかう/ゆきかう] 〈5自〉 ①왕래하다. 오고가다. ②교제하다.

行構え[ゆきがまえ/ぎょうがまえ] 다닐행변. ＊한자(漢字) 부수의 하나로 '衛・衝' 등의 '行' 부분을 말함.

行(き)帰り[いきがえり/ゆきがえり] ①왕복. 오고감. ②갔다가 되돌아옴.

行き帰る[いきかえる/ゆきかえる] 〈5自〉 ①왕복(往復)하다. 오고가다. ②갔다가 되돌아오다.

行く年[ゆくとし] 가는 해.

行き悩む[いきなやむ/ゆきなやむ] 〈5自〉 ①(앞으로 나가는 데) 애를 먹다. 어려움을 느끼다. ②(일이) 잘 진척되지 않다. 곤란을 느끼다.

行(き)当(た)り[いきあたり/ゆきあたり] ①막다름. 막다른 곳. ②나아가 부딪침.

行(き)当(た)りばったり[いきあたりばったり/ゆきあたりばったり] 계획성이 없음. 주먹구구식임. 되어가는 대로 함.

行き当たる[いきあたる/ゆきあたる] 〈5自〉 ①(나아가다가) 맞닥뜨리다. 부딪치다. ②(어떤 문제와) 맞닥뜨리다. 당면하다. 부딪치다.

行き倒れ[いきだおれ/ゆきだおれ] (굶주림・질병・추위 등으로) 길가에 쓰러짐. 길에서 쓰러져 죽음.

行(き)渡り[いきわたり/ゆきわたり] ①(넓은 범위에) 골고루 미침. ②팁.

行き渡る[いきわたる/ゆきわたる] 〈5自〉 ①(넓은 범위에) 골고루 미치다. 전체에 미치다. ②보급되다. 널리 퍼지다.

行き来[いきき/ゆきき] ①왕래. 오고감. ②교제.

行くさ来さ[ゆくさくさ] 오갈 때.

行き戻り[いきもどり/ゆきもどり] ①갔다가 되돌아옴. ②가고 옴. 오고 감. 가고 오는 도중. ③이혼하고 친정에 돌아와 있음. 소박데기.

行きつ戻りつ[ゆきつもどりつ] 왔다갔다 함.

行き立つ[いきたつ/ゆきたつ] 〈5自〉 ①출발하다. 길을 떠나다. ②성립되다. 이루어지다. ③(그럭저럭) 생계를 꾸려 갈 수 있다.

行く末[ゆくすえ] 장래. 미래.

行き暮らす[ゆきくらす] 〈5自〉 해가 질 때까지 계속 걷다. 걷다가 하루를 보내다.

行き暮れる[ゆきくれる] 〈下1自〉 가는 도중에 날이 저물다. 가다가 날이 저물다.

行(き)抜け[いきぬけ/ゆきぬけ] ①(통과하여) 빠져나감. ②(막힘이 없어) 한이 없음.

行き方❶[いきかた/ゆきかた] ①(목적지로) 가는 길. ②방법. 방식. ❷[いきがた/ゆきがた] 행방. 갈 곳.

行く方[ゆくかた] ①행방; 갈 곳. ②《古》 시름을 푸는 방법.

[2]行方[ゆくえ] ①행방; 행선지. 목적지. 간 곳. 갈 곳. ②장래. 미래.

ㅎ

[2]行方不明[ゆくえふめい] 행방불명; (어떤 사람의) 간 곳을 모름.

行(き)付け[いきつけ/ゆきつけ] 단골.

行き付ける[いきつける/ゆきつける] 〈下1自〉 자주 가다. 항상 가다. 늘 가다.

行く先[いくさき/ゆくさき] ①행선지. 목적지. 가는 방향. ②장래. 미래.

行く先先[ゆくさきざき] 가는 곳마다.

行き成り❶[いきなり] 돌연. 갑자기. 별안간. 느닷없이. ❷[ゆきなり] (일이) 되어가는 대로 맡김. 앞뒤를 가리지 않고 함.

行く水[ゆくみず] 흘러가는 물.

行く手[ゆくて] ①(향해 가는) 앞길. 전방(前方). 가는 쪽. ②장래. 미래.

[1]行き違い[いきちがい/ゆきちがい] ①(길이) 엇갈림. 어긋남. ②스쳐 지나감. ③오해. 착오. 의견 충돌.

行き違う[ゆきちがう] 〈5自〉 ①(길이) 엇갈리다. 어긋나다. ②스쳐 지나가다. ③오해하다. 착오가 생기다. 의견이 충돌하다. 이야기가 엇갈리다.

行き場[いきば/ゆきば] 갈 곳. 가야할 곳.

行き止まり[いきどまり/ゆきどまり] ①막다름. 막다른 곳. ②(사물의) 종말.

行き着く[いきつく/ゆきつく] 〈5自〉 ①(목적지에) 도착하다. 다다르다. ②귀착하다. 최후에 다다르다.

1272

行く春[ゆくはる] 가는 봄.

行き通い[ゆきかよい] 왕래. 오고감.

行き通う[ゆきかよう] 〈5自〉 왕래하다.

行平[ゆきひら] '行平鍋(ゆきひらなべ)'의 준말.

行平鍋[ゆきひらなべ] (손잡이·뚜껑·귀때 등이 있는) 운두가 낮은 오지 냄비.

行(き)合い[いきあい/ゆきあい] ①(가다가) 마주침. 우연히 만남. ②(여름과 가을 등) 두 계절이 겹치는 무렵.

行き合う[いきあう/ゆきあう] 〈5自〉 가다가 만나다. 우연히 마주치다.

行く行く[ゆくゆく] ①〈副〉 가면서. 걸으면서. ②〈名〉 장래. 미래. 장차.

行(き)詰(ま)り[いきづまり/ゆきづまり] ①(길이) 막다름. 막힘. 막다른 곳. ②(진행되던 일이) 침체에 빠짐. 벽에 부딪침.

行き詰まる[いきづまる/ゆきづまる] 〈5自〉 ①(길이) 막다르다. 막히다. 막다른 곳에 이르다. ②(진행되던 일이) 침체에 빠지다. 벽에 부딪치다.

行き詰める[ゆきつめる] 〈下1自〉 갈 수 있는 데까지 가다.

◉行ける[いける] 〈下1自〉 ①갈 수 있다. ②(마음먹은 대로) 잘 나가다. 잘 되다. ③(음식의 맛·물건의 질이) 상당히 좋다. 제법 쓸 만하다. ④술을 제법 마시다. 술잔 깨나 하다.

音読

[2]行❶[ぎょう] ①(글자 등의) 줄. ②《仏》 수행(修行). ③《仏》 과거의 행위. ④(한자 서체에서) 행서(行書).

行❷[こう] ①여행. 떠남. ②행동. 행함. ③〈接尾語〉 여행. 기행(紀行). ④(漢詩体)의 하나.

行脚[あんぎゃ] ①《仏》 (중의) 행각. ②도보 여행. ③순회. 순례. 편력.

行間[ぎょうかん] 행간; 문장의 행(行)과 행(行)의 사이.

行啓[ぎょうけい] 행계; 황실(皇室) 가족의 행차. *천황(天皇)의 행차는 '行幸(ぎょうこう)'라고 함.

行軍[こうぐん] 행군; 군대가 대열을 이루어 장거리를 행진함.

行宮[あんぐう] 행궁; 천황이 행차했을 때의 임시 궁전.

行年[ぎょうねん/ごうねん] 행년; 향년(享年). 먹은 나이.

[2]行動[こうどう] 행동; 행위. 실제로 자신을 움직여서 무언가를 함.

行動派[こうどうは] 행동파.

行灯[あんどん] (일본식의) 사방등(四方灯).

行灯袴[あんどんばかま] 치마 모양의 袴(はかま). *지금은 남녀 공용임.

行灯部屋[あんどんべや] ①낮에 行灯(あんどん)을 넣어두는 좁고 어두운 방. ②(유곽에서) 화대를 못 낸 손님을 잠시 붙들어 두던 골방.

行燈[あんどん] ☞ 行灯(あんどん)
行楽[こうらく] 행락; 야외로 나가 즐기며 노는 것.
行旅[こうりょ] 행려; 나그네. 여행자.
[2]行列[ぎょうれつ] 행렬; ①여럿이 줄지어 감. ②격식을 갖추어 줄지어 가는 사람들.
行路[こうろ] 행로; ①길을 걸어감. ②처세. 세상살이.
行李[こうり] 고리. 고리짝.
行司[ぎょうじ] (씨름의) 심판.
[2]行事[ぎょうじ] 행사; 어떤 일을 거행함.
行使[こうし] 행사; 권리·권력 등을 실제로 실현함.
行賞[こうしょう] 행상; 상을 줌.
行商[ぎょうしょう] 행상; 도붓장사.
行商人[ぎょうしょうにん] 행상인.
行書[ぎょうしょ] 행서; (한자 서체의 하나로) 해서(楷書)와 초서(草書)의 중간체.
行水[ぎょうずい] ①목욕재계(沐浴斎戒). ②(여름에 대야에 물을 담아) 간단히 하는 목욕. 미역.
行雲[こううん] 행운; 흘러가는 구름.
行員[こういん] 은행원(銀行員).
[1]行為[こうい] 행위; ①(어떤 목적을 가진) 개인적인 행동. ②《哲》 의식적인 행동. ③《法》 권리의 행동.
行儀[ぎょうぎ] ①예절. 예의범절. ②질서.
行儀作法[ぎょうぎさほう] 예의범절.
行人❶[ぎょうにん] 《仏》 행인; ①수행자(修行者). ②행자승(行者僧). ③탁발승. ❷[こうじん] 행인; ①길을 가는 사람. ②나그네. 길손.
行者[ぎょうじゃ] 《仏》 불도 수행자.
行状[ぎょうじょう] ①행실. 품행. 몸가짐. ②'行状記(ぎょうじょうき)'의 준말.
行状記[ぎょうじょうき] 행장기; 어떤 사람의 행실을 기록한 것.
行跡[ぎょうせき] 행적; 행실. 몸가짐.
[1]行政[ぎょうせい] 행정; 정치를 함.
行程[こうてい] 행정; ①노정(路程). ②《工》 (피스톤 등의) 왕복 거리. ③(여행 등의) 일정(日程). 스케줄.
[1]行進[こうしん] 행진; 여럿이 줄을 지어 앞으로 나아감.
行進曲[こうしんきょく] 행진곡.
行幸[ぎょうこう] 천황(天皇)의 행차.
行火[あんか] (이불 속에 불을 넣어 발을 데우는) 각로(脚炉). 작은 화로.

幸 다행 행

一 十 土 キ 去 圥 幸 幸

音 ◉コウ
訓 ◉さち ◉さいわい ◉しあわせ ⊗さい ⊗さき

訓読

◉幸❶[さち] ①행복. 행운. ②(바다나 산에서 사냥이나 고기잡이로 얻은) 산물(産物). 노획물. 수확. ③짐승이나 물고기를 잡는 도구. ❷[こう] ☞ [音読]
[2]◉幸い[さいわい] ①(자신에게 있어서 바람직하게 느껴지는 상태의) 다행. 행복. 행운. ②운이 좋음. ③〈副〉 다행히.
幸いなるかな[さいわいなるかな] 다행히도.
幸いにして[さいわいにして] 다행히도.
幸いする[さいわいする] 〈サ変自〉 (어떤 일이) 다행한 결과가 나오다. 돕다.
[2]◉幸せ[しあわせ] ①〈形動〉 행복. ②운. 운수. 운명.
幸せ者[しあわせもの] 행운아. 운이 좋은 사람. 행복한 사람.
⊗幸く[さきく] 《雅》 편안하게. 무사히.
⊗幸先[さいさき] 길조(吉兆).

音読

幸❶[こう] 행; 행복. 다행. 행운. ❷[さち] ☞ [訓読]
[2]幸福[こうふく] 행복; 불편함이나 불만이 없이 마음이 만족한 상태.
幸福追求権[こうふくついきゅうけん] 행복추구권.
幸甚[こうじん] (편지에서) 매우 감사함.
[2]幸運[こううん] 행운; 운이 좋음.

杏 살구나무 /은행 행

音 ⊗アン ⊗キョウ ⊗ギョウ
訓 ⊗あんず

訓読

⊗杏[あんず] 《植》 살구나무. 살구.
⊗杏子[あんず] 《植》 살구나무. 살구.

音読

杏葉[ぎょうよう] ①(馬具의 하나로) 말안장의 껑리끈에 거는 금속제·가죽제 장식. ②(졸병용 갑옷 등의 좌우 어깨에 대는) 물들인 가죽으로 싼 철판.
杏仁[きょうにん] 《医》 행인; 살구 씨의 속알맹이. *한약재(漢薬材)임.

杏仁水[きょうにんすい] ≪医≫ 행인수. ＊기침약・위장약으로 쓰임.

杏仁油[きょうにんゆ] 행인유; 살구씨 기름.

向 향할 향

´ ㅣ 冂 冋 向 向

音 ◉コウ ⊗キョウ

訓 ◉むかう ◉むく ◉むける ◉むこう

訓読

[3]◉**向かう**[むかう] 〈下1他〉 ①마주 대하다. 마주 보다. 그쪽으로 향하다. ②(어떤 곳을) 향해 가다. ③다가오다. 다가서다. ④(바람을) 안고 가다. 거슬러 가다. ⑤대항하다. 맞서다. ⑥(…의) 기미가 보이다.

[3]**向(か)い**[むかい] ①마주 봄. 마주 보고 있음. ②건너편. 맞은편. 건너편 집.

向か脛[むかはぎ] 정강이.

向か伏す[むかぶす] 〈4自〉≪古≫ 멀리 저쪽에 낮게 엎드리다.

向かっ腹[むかっぱら] ≪俗≫ 괜히 화를 냄.

向(か)い側[むかいがわ] 맞은편. 정면.

向(か)い風[むかいかぜ] 맞바람. 역풍.

向(か)い合う[むかいあう] 〈5自〉 마주 보다. 마주 대하다.

向(か)い合(わ)せ[むかいあわせ] 마주 봄. 마주 보고 있음.

向(か)い火[むかいび] ①맞불. 불깃. ②(상대편의 화를 누그러뜨리기 위해) 이쪽에서도 맞서 화를 냄. ③(적군에 대해) 아군이 피우는 화톳불.

[2]◉**向く**[むく] 〈5自〉 ①(몸・얼굴을) 그쪽으로 돌리다. 향하다. ②가리키다. ③(마음이) 쏠리다. 내키다. ④기울다. ⑤(운이) 트이다. ⑥적합하다. 맞다. 어울리다.

[2]**向き**[むき] ①방향. ②〈接尾語〉 적합함. 알맞음. ③취지. 경향. ④〈形動〉 (사소한 일에도) 정색하고 화냄. 정색을 함. ⑤(…하시는) 분. 사람. ⑥관계 당국.

向き直る[むきなおる] 〈5自〉 (몸을 돌려) 방향을 바꾸다. 돌아서다. 그쪽을 향하다.

向(き)合い[むきあい] 마주 봄. 마주 향함.

向き合う[むきあう] 〈5自〉 마주 보다. 마주 향하다. 마주 대하다.

向き向き[むきむき] ①각자의 적성・취향. ②각자의 생각.

[2]◉**向ける**[むける] 〈下1他〉 ①(어느 방향으로) 돌리다. 향하게 하다. 향하다. ②(주의를) 기울이다. 쏟다. ③보내다. ④충당하다. 돌려쓰다.

[2]**向け**[むけ] ①(행선지를 나타내는 말로) 행(行). ②(대상을 나타내는 말로) 용(用).

向け直す[むけなおす] 〈5他〉 방향을 돌리다. 방향을 바꾸다.

向け替える[むけかえる] 〈下1他〉 방향을 바꾸다. 방향을 돌리다.

[4]◉**向(こ)う**[むこう] ①건너편. 맞은편. ②저쪽. ③(목적지의) 그쪽. ④상대편. ⑤금후. 향후. 이후.

向(こ)う見ず[むこうみず] 무턱대고 함. 경솔함. 무모함.

向(こ)う脛[むこうずね] 정강이.

向(こ)う裏[むこううら] (무엇인가를 사이에 둔) 그 뒤쪽.

向(こ)う面[むこうづら] (마주 보는) 상대방의 얼굴.

向(こ)うっ面[むこうっつら] (마주 보는) 상대방의 얼굴. ＊낮추어 하는 말임.

向(こ)う目[むこうめ] (대저울에서) 저울대의 맞은편 눈금을 표준으로 다는 일.

向(こ)う鉢巻(き)[むこうはちまき] (수건의) 매듭이 앞이마에 오도록 동여맨 머리띠.

向(こ)う付け[むこうづけ] ①(정식 일본요리에서) 상 맞은편에 놓는 요리. ②(씨름에서) 이마를 상대편의 가슴에 댐. ③(俳諧(はいかい)에서) 前句(まえく)에 덧붙이는 방법의 하나.

向(こ)う三軒両隣[むこうさんげんりょうどなり] 가장 가까운 이웃. ＊'맞은편 세 집과 좌우의 두 이웃집'이라는 뜻임.

向(こ)う傷[むこうきず] (적과 싸우다가 얼굴이나 몸의) 앞면에 입은 상처.

向(こ)う岸[むこうぎし] 건너편 물가.

向(こ)う様❶[むこうさま] (상대편에 대한 존경어로) 저쪽 분. ❷[むこうざま] 마주 봄. 정면으로 마주 대함.

向(こ)う意気[むこういき] (상대편에게 대항하려는) 뚝심.

向(こ)う桟敷[むこうさじき] (歌舞伎(かぶき) 극장에서) 무대 정면의 2층 관람석.

向(こ)う正面[むこうじょうめん] ①건너편. 맞은편. ②(씨름에서) 정면(북쪽)에 대하여 반대쪽(남쪽). ③(경기장에서) 메인스탠드의 반대쪽 관람석. ④(歌舞伎(かぶき) 극장에서) 2층 정면의 뒤쪽 관람석.

向(こ)う槌[むこうづち] ①(대장간의) 큰 메. 앞메. ②앞메꾼.

向(こ)う側[むこうがわ] ①(무엇인가를 사이에 둔) 저쪽. ②상대편.

向(こ)う河岸[むこうがし] 물 건너. 건너편 물가.

音読

向背[こうはい] 향배; ①순종과 배반. ②동태(動態). 동정(動静).

[1]**向上**[こうじょう] 향상; 좋은 쪽으로 향함.

向上心[こうじょうしん] 향상심; 좋은 쪽으로 향하는 마음.

向暑[こうしょ] 향서; 더위에 접어듦.

向暑の候[こうしょのこう] 향서지절. 더위에 접어드는 계절. ＊편지 용어임.

向日葵[★ひまわり] 《植》 해바라기.

向日性[こうじつせい] 《植》 향일성; 식물이 햇빛이 강한 쪽으로 성장하는 성질.

向地性[こうちせい] 《植》 향지성; 식물체가 중력의 작용에 대하여 나타내는 굴성(屈性).

向学[こうがく] 향학; 학문에 힘쓰려고 생각함.

向寒[こうかん] 향한; 추위에 접어듦. ＊편지 서두의 용어임.

向後[こうご/きょうご/きょうこう] 향후; 금후(今後). 이후(以後). 앞으로.

享 누릴 향

' 亠 亡 古 古 亨 亨 享

音 ◉キョウ
訓 ⊗うける

訓読

⊗**享ける**[うける] 〈下1他〉 (자신의 의지와는 관계없이 남으로부터) 주어지다. 받다. ¶ 生(せい)を～ 삶을 누리다. 살다.

音読

享年[きょうねん] 향년; 생존 연수. 사망했을 때의 나이.

享楽[きょうらく] 향락; 즐거움을 누림.

享楽主義[きょうらくしゅぎ] 향락주의.

[1]**享受**[きょうじゅ] 향수; ①복을 받아 누림. ②예술의 아름다움을 음미하고 즐김.

享有[きょうゆう] 향유; (권리·능력 등을) 태어날 때부터 지님·누림.

香 향기 향

一 二 千 禾 禾 禾 香 香 香

音 ◉キョウ ◉コウ
訓 ◉か ◉かおり ◉かおる ⊗におい ⊗におう ⊗かぐわしい

訓読

◉**香**❶[か] (흔히 '…の～'의 문형으로) 향기. ¶ 梅(うめ)の～매화 향기. ❷[こう] ☞ [音読]

[2]◉**香り**[かおり] 향기. 좋은 냄새.

◉**香る**[かおる] 〈5自〉 향기가 나다. 향기가 풍기다.

⊗**香い**[におい] 향기. 향내. 향긋한 냄새.

⊗**香う**[におう] 〈5自〉 향긋한 냄새가 나다. 향내가 나다. 향기가 풍기다.

⊗**香しい**[かぐわしい] 〈形〉 ①향기롭다. ②훌륭하다. 자랑스럽다. 명예롭다. ③아름답다. 아리땁다.

音読

香❶[こう] ①향. 향내. ②향료. 향나무. ③'味噌(みそ/된장)'의 딴이름. ④'薬味(やくみ/양념)'의 딴이름. ❷[か] ☞ [訓読]

香ばしい[こうばしい] 〈形〉 (냄새가) 향기롭다. 구수하다.

香具[こうぐ] 향구; ①향도(香道)에 사용하는 도구. ②향료.

香具師❶[こうぐし] ①향도(香道)에 필요한 물건을 만들거나 파는 사람. ②(축제일 등에 벌이는) 노점상인. ❷[やし] (축제일 등에 벌이는) 싸구려 노점상인.

香気[こうき] 향기; 향기로운 냄새.

香道[こうどう] 향도; 향기를 피우고 그 향기를 즐기는 도(道).

香落ち[きょうおち] (일본 장기에서) 상수가 왼쪽 香車(きょうしゃ)를 떼고 둠.

香炉[こうろ] 향로; 향을 피우는 화로.

香料[こうりょう] 향료; ①좋은 향기를 발산하는 물건. ②부의(賻儀).

香の物[こうのもの] 일본식 김치. ＊소금·쌀겨·술지게미에 채소를 절인 것.

香味[こうみ] 향미; 향기와 맛.

香箱[こうばこ] 향을 넣는 그릇. 향합.

香水❶[こうすい] (화장품으로서의) 향수. ❷[こうずい] 《仏》 ①불전(仏前)에 바치는 정화수. ②불구(仏具) 등을 씻기 위해 향을 섞은 정화수.

[1]**香辛料**[こうしんりょう] 향신료; 양념.

香魚[★あゆ] ≪魚≫ 은어.
香煙[こうえん] 향연; 향의 연기.
香油[こうゆ] 향유; 머릿기름.
香典[こうでん] 부의(賻儀).
香典返し[こうでんがえし] 부의(賻儀)를 받은 것에 대한 답례.
香煎[こうせん] 미숫가루.
香車[きょうしゃ] 일본 장기의 말의 하나.
香合[こうごう] 향합; 향을 넣는 그릇.
香港[ホンコン] ≪地≫ 홍콩.

郷(鄕) 시골 향

纟 乡 乡ｱ 乡ｺ 乡ｺ 组 组 组' 组ß 郷

音 ◉キョウ ◉ゴウ
訓 ⊗さと

訓読
⊗郷❶[さと] 시골. 고향. ❷[ごう] ☞ [音読]
音読
郷❶[ごう] ①시골. 촌. ②옛날 행정 구역의 하나. ＊村(むら)를 여러 개 합친 단위임. ¶～に入(い)っては～に従(したが)え 다른 고장에 가면 그곳의 습관을 따르라. ❷[さと] ☞ [訓読]
郷関[きょうかん] 향관; ①고향과 타관의 경계. ②고향.
郷国[きょうこく] 향국; 고향.
郷党[きょうとう] 향당; 동향인.
1郷里[きょうり] 향리; 고향.
郷士[ごうし] 향사; ①시골에 토착한 무사(武士). ②토착 농민으로서 무사 대우를 받던 사람.
郷社[ごうしゃ] 神社(じんじゃ)의 사격(社格)의 하나. ＊県社(けんしゃ)의 아래, 村社(そんしゃ)의 위.
1郷愁[きょうしゅう] 향수; ①고향을 그리는 마음. ②옛것에 끌리는 마음.
郷友[きょうゆう] 향우; 고향 친구.
1郷土[きょうど] 향토; ①태어난 곳. ②그 지방.
郷土色[きょうどしょく] 향토색; 지방색.
郷土芸能[きょうどげいのう] 민속 예능.
郷土入り[きょうどいり] 고향에 들어감.

響(響) 울릴 향

纟 乡 乡ｺ 组 组' 组3 郷 響 響 響

音 ◉キョウ
訓 ◉ひびかす ◉ひびかせる ◉ひびく

訓読
◉響かす[ひびかす] 〈5他〉 ☞ 響かせる
◉響かせる[ひびかせる] 〈下1他〉 ①(소리가 나게) 울리다. 울리게 하다. ②(이름을) 떨치다.
2◉響く[ひびく] 〈5自〉 ①(소리가) 울리다. 울려 퍼지다. ②메아리치다. ③여운을 길게 남기다. ④(진동이) 울리다. ⑤(영향을) 미치다. 끼치다. 주다. ⑥널리 알려지다. 소문이 나다. ⑦(마음에) 감동을 주다. 느끼다. 와 닿다. 통하다.
2響き[ひびき] ①울림. 울리는 소리. ②메아리. ③여운. ④진동. ⑤소문. 풍문. ⑥영향. ⑦(귀에 들리는) 느낌.
響き渡る[ひびきわたる] 〈5自〉 ①널리 울려 퍼지다. ②(명성・평판 등이) 널리 퍼지다.
音読
響応[きょうおう] 향응; 많은 사람이 따라서 응함. 목소리를 따라 메아리가 울리듯이 남의 언동에 따라 즉시 행동함.

饗×(饗) 잔치할 향

音 ⊗キョウ
訓 —

音読
饗する[きょうする] 〈サ変他〉 음식을 대접하다. 향응을 베풀다.
饗宴[きょうえん] 향연; 손님을 접대하기 위한 잔치.
饗応[きょうおう] 향응; ①손님을 접대함. ②즉각 남의 언동에 찬성함. 영합(迎合)함.

〔허〕

虚(虛) 빌/헛될 허

' ﾄ ﾄ 广 卢 卢 虍 虐 虚 虚

音 ◉キョ ◉コ
訓 ⊗むなしい ⊗うつける ⊗うつろ

訓読
1⊗虚しい[むなしい] 〈形〉 ①공허하다. 내용이 없다. ②흔적도 없다. ③헛되다. 보람이 없다. ④허무하다. 덧없다.
⊗虚ける[うつける] 〈下1自〉 ①속이 비다. ②멍해지다. 얼이 빠지다.
1⊗虚ろ[うつろ] 〈形動〉 ①(속이) 텅 빔. ②얼빠짐. 멍청함.

音読

虛[きょ] 허; ①텅 빔. 허울뿐임. ②빈틈. 방심함. ③허수(虚数). ④허위. 거짓.
虚構[きょこう] 허구; ①거짓. 조작함. ②(문학에서) 픽션.
虚礼[きょれい] 허례; 겉으로만 꾸민 예절.
虚妄[きょもう] 허망; 거짓. 사실이 아님.
虚名[きょめい] 허명; ①(사실과 다른) 실력 이상의 명성・평판. ②가명(仮名).
虚無[きょむ] 허무; ①아무것도 없고 텅 빔. ②세상의 진리나 가치, 또는 인간 그 자체를 공허하고 무의미한 것이라고 생각함. 공허함.
虚報[きょほう] 허보; 허위 보고・보도.
虚像[きょぞう] 허상; ①《物》 허영상(虚影像). ②어떤 물건의 실태와 다른 이미지.
虚説[きょせつ] 허설; 낭설. 헛소문.
虚勢[きょせい] 허세; 실속이 없는 기세.
虚数[きょすう] 《数》 허수; 제곱이 '−1'이 되는 수.
虚飾[きょしょく] 허식; 겉치레.
虚実[きょじつ] 허실; ①거짓과 참. ②온갖 책략. ③'虚虚実実(きょきょじつじつ)'의 준말.
虚心[きょしん] 허심; 선입관이 없음.
虚心坦懐[きょしんたんかい] 허심탄회; 아무런 사념이 없이 마음이 고요함.
虚弱[きょじゃく] 허약; 몸이 약함.
虚言[きょげん] 허언; 거짓말.
虚栄[きょえい] 허영; 필요 이상으로 하는 겉치레.
虚位[きょい] 허위; 실권이 없는 자리.
虚偽[きょぎ] 허위; 진실처럼 꾸민 거짓.
虚脱[きょだつ] 허탈; ①몸이 약해져서 체력이 없어지거나 죽게 됨. ②기력이 빠져 멍하여 아무것도 손에 잡히지 않음.
虚虚実実[きょきょじつじつ] 허허실실; 서로 계략과 책략을 다하여 싸움.

許 허락할 허

亠 亖 言 言 言 言 言' 訁 訐 許

音 ◉キョ
訓 ◉ゆるす ⊗もと ⊗ばかり

訓読

2◉許す[ゆるす] 〈5他〉 ①허가하다. 허용하다. ②용서하다. ③(마음을) 주다. ④(몸을) 허락하다. ⑤인정하다. ⑥(의무나 부담을) 면제하다.
許し[ゆるし] ①허가. ②용서. ③(芸道에서) 스승이 제자에게 주는 면허 등급의 하나.
⊗許[もと] 곁. 슬하.
⊗許り[ばかり] ①(숫자에 접속하여) 가량. 쯤. 정도. ②(한정을 나타내어) 만. 뿐.

音読

2許可[きょか] 허가; ①허락함. 허용함. 요청을 들어줌. ②인가(認可).
許嫁[★いいなずけ] 약혼자. ＊원래는 당사자들이 어렸을 때 부모들끼리 정혼해 둔 것을 말함.
許諾[きょだく] 허락; 승낙. 청을 들어줌.
許否[きょひ] 허부; 허락과 거절.
1許容[きょよう] 허용; 허락하여 용납함.
許容量[きょようりょう] 허용량.

噓 x(嘘) 거짓말 허

音 ⊗キョ
訓 ⊗うそ

訓読

3⊗噓[うそ] ①거짓. 거짓말. ②잘못. 틀림. 틀린 데. ③적당치 않음. 말도 안 됨.
噓つき[うそつき] 거짓말쟁이.
噓っぱち[うそっぱち] 《俗》 거짓부렁.
噓発見器[うそはっけんき] 거짓말 탐지기.
噓発見機[うそはっけんき] 거짓말 탐지기.
噓言[うそごと] 거짓말.
噓字[うそじ] 오자(誤字). 틀린 글자.
噓吐き[うそつき] 거짓말쟁이.
噓八百[うそはっぴゃく] 거짓말투성이.
噓の皮[うそのかわ] 《俗》 새빨간 거짓말.

墟 언덕 허

音 ⊗キョ
訓 —

音読

◑殷墟[いんきょ], 廃墟[はいきょ]

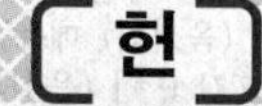

헌

軒 처마/집 헌

一 厂 冂 冃 巨 亘 車 車 車一 軒

音 ◉ケン ⊗コン
訓 ◉のき

訓読

2◉軒❶[のき] 처마. ❷[けん] ☞ [音読]

軒端[のきば] ①처마 끝. ②집 근처.
軒並び[のきならび] ☞ 軒並み(のきなみ)
[1]軒並(み)[のきなみ] ①집들이 늘어서 있음. ②집집마다. ③모두. 일제히.
軒先[のきさき] ①처마 끝. ②집 앞.
軒忍[のきしのぶ] ≪植≫ 일엽초.
軒丈[のきたけ] 처마 높이.
軒長[のきたけ] 처마 높이.
軒店[のきみせ] (처마 밑) 구멍가게.
軒提灯[のきぢょうちん] 처마 끝의 초롱.
軒樋[のきどい] 처마 끝의 낙수받이.
軒下[のきした] 처마 밑.
軒の雫[のきのしずく] (처마에서 계속 이어져 떨어지는) 낙숫물.
軒割り[のきわり] 기부금 등을 호수(戸数)에 따라 할당함.

音読

[2]軒 ❶[けん] ①(가옥을 세는 말로서) 채. ②(옥호·아호에 붙이는 말로) 헌. ❷[のき] ☞ [訓読]
軒灯[けんとう] 헌등; 처마 끝에 다는 등불.
軒数[けんすう] 헌수; 호수(戸数).

献(獻) 드릴 헌

十 ト 冂 冇 冇 南 南 南 献 献

音 ◉ケン ◉コン
訓 —

音読

献[こん] 술을 권하는 횟수.
献じる[けんじる] 〈上1他〉 드리다. 진상하다. 바치다.
献ずる[けんずる] 〈サ変他〉 ☞ 献じる
献金[けんきん] 헌금; 돈을 바침.
献納[けんのう] 헌납; 神社(じんじゃ)나 절·국가 등에 물품을 바침.
[2]献立[こんだて] (음식의) 메뉴. 식단.
献立表[こんだてひょう] (음식의) 메뉴표.
献物[けんもつ] 헌물; 헌상품(献上品).
献杯[けんぱい] 헌배; 상대방에게 경의를 나타내어 술잔을 올림.
献盃[けんぱい] ☞ 献杯
献本[けんぽん] 헌본; 증정본(贈呈本).
献上[けんじょう] 헌상; 진상(進上).
献身[けんしん] 헌신; 자신의 몸이나 이해를 돌보지 않고 그 일에 몸을 바쳐 전력을 다함.
献言[けんげん] 헌언; 윗사람에게 의견을 말씀드림. 윗사람에게 말씀드리는 의견.
献呈[けんてい] 헌정; 삼가 드림. 근정(謹呈).
献策[けんさく] 헌책; 건의(建議).
献血[けんけつ] 헌혈; 자기 피를 제공함.

憲(憲) 법/모범 헌

宀 宀 中 害 害 害 害 憲 憲

音 ◉ケン
訓 —

音読

[2]憲法[けんぽう] 헌법; ①다른 법률이나 명령으로 변경할 수 없는 국가 최고의 법규범. ②사물의 대원칙이 되는 약속.
憲法記念日[けんぽうきねんび] 헌법기념일. ＊한국의 '제헌절(制憲節)'에 해당하며 매년 5월 3일로 공휴일임.
憲兵[けんぺい] 헌병; 군대내의 질서유지를 주임무로 하는 군인.
憲章[けんしょう] 헌장; 국가 등이 이상(理想)으로서 정한 규칙이나 원칙.
憲政[けんせい] 헌정; 헌법에 근거하여 행해지는 정치. 입헌 정치.

〔험〕

険(險) 험할 험

阝 阝 阝 阝 阝 阝 阝 阝 険 険

音 ◉ケン
訓 ◉けわしい

訓読

[2]◉険しい[けわしい] 〈形〉 ①가파르다. 험하다. 험준하다. ②험상궂다. 험악하다. ③(전망이) 위급하다. 위태롭다. 험난하다. ④거칠다.

音読

険[けん] 험; ①험준함. 험준한 곳. ②사나움. 표독함.
険難[けんなん] 험난; ①험하여 가기 힘듦. ②고민. 고통.
険路[けんろ] 험로; 험한 길.
険相[けんそう] 험상; 험악한 인상(人相).
険所[けんしょ] 험소; 험한 곳.

険要[けんよう] 험요; 요충지(要衝地).

険阻[けんそ] 험조; ①(지세가) 험준함. 험한 곳. ②(표정 등이) 험상궂음.

険峻[けんしゅん] 험준; ①산이 높고 험함. ②험악함.

験(驗) 시험할 험

音 ◉ケン ◉ゲン

訓 ⊗ためす ⊗しるし

訓読

⊗**験す**[ためす] 〈5他〉 시험하다. 시험해 보다. 테스트하다.

験し[ためし] 시험. 시도(試図).

⊗**験**[しるし] 효험(効験).

音読

験[げん] ①효험. 효능. ② ≪仏≫ 길흉의 조짐.

験算[けんざん] ≪数≫ 검산(検算). 계산한 결과의 정답 여부를 확인함.

験者[げんじゃ] ≪仏≫ 修験道(しゅげんどう)를 닦는 사람.

◑**試験**[しけん]

혁

革 가죽/고칠 혁

音 ◉カク

訓 ◉かわ ⊗あらたまる ⊗あらためる

訓読

[2]◉**革**[かわ] (가공한) 가죽. 피혁.

革具[かわぐ] 혁구; 가죽으로 만든 도구.

革紐[かわひも] 혁뉴; 가죽 끈.

革帯[かわおび] 혁대; 가죽 벨트.

革袋[かわぶくろ] 가죽 부대.

革刀[かわがたな] 혁도; 가죽 칼.

革籠[かわご] 가죽을 입힌 궤.

革鯉[かわごい] ≪魚≫ 독일산(独逸産)의 양식용 잉어의 한 종류.

革色[かわいろ] 가죽색. 초록빛을 띤 감색(紺色).

革緒[かわお] 가죽끈.

革細工[かわざいく] 가죽 세공·세공품.

革張り[かわばり] 가죽을 씌움.

革足袋[かわたび] 사슴 가죽으로 만든 일본 스타일의 버선.

革砥[かわと] 혁지; 면도칼을 가는 가죽띠.

革製[かわせい] 혁제; 가죽 제품.

革職人[かわしょくにん] 가죽 가공 기술자.

革綴(じ)[かわとじ] 혁철; ①책 표지를 가죽으로 제본함·제본한 책. ②가죽 끈으로 물건을 묶음.

革偏[かわへん] 가죽혁변. ＊漢字 부수의 하나로 '鞍·靴' 등의 '革' 부분을 말함.

革鞄[かわがばん] 가죽 가방.

革表紙[かわびょうし] 가죽 표지.

革靴[かわぐつ] 가죽 구두.

⊗**革まる**[あらたまる] 〈5自〉 (오래 앓던 병이) 갑자기 악화되다. 중태에 빠지다.

⊗**革める**[あらためる] 〈下1他〉 ①고치다. 바꾸다. 변경하다. 개혁하다. ②좋게 고치다. 개선하다.

音読

[1]**革命**[かくめい] 혁명; ①피지배 계급이 지배 계급을 무너뜨리고 사회체제를 변혁함. ②근본적인 급격한 변화.

[1]**革新**[かくしん] 혁신; 종래의 습관·제도·조직·방법 등을 바꿔 새롭게 함.

革新派[かくしんは] 혁신파.

革質[かくしつ] 혁질; (식물 표피층의) 가죽처럼 단단하고 질긴 성질.

嚇 ①꾸짖을 혁 ②위협할 하

音 ◉カク

訓 ⊗おどかす ⊗おどす

訓読

⊗**嚇かす**[おどかす] 〈5他〉 ①깜짝 놀라게 하다. ②협박하다. 위협하다. 겁을 주다.

⊗**嚇す**[おどす] 〈5他〉 ①협박하다. 위협하다. 공갈치다. ②놀라게 하다.

嚇し[おどし] ①협박. 위협. 공갈. 으름장. ②(논밭의) 허수아비.

音読

嚇怒[かくど] 혁노; 격노(激怒). 몹시 화를 냄. 엄청나게 화를 냄.

赫 붉을/빛날 혁

音 ⊗カク
訓 —

音読

赫怒[かくど] 혁노; 몹시 화를 냄.
赫然[かくぜん] 혁연; ①몹시 화를 냄. ②빨갛게 빛남. ③세력이 왕성함.
赫赫たる[かっかくたる] 혁혁한. ①(매우) 밝고 찬란한. ②(명성 등이) 찬연하게 빛나는.

현

玄 검을/오묘할 현

音 ◉ゲン
訓 ⊗くろ

訓読

1⊗**玄人**[★くろうと] ①전문가. 숙련자. 프로. ②화류계 여자.
⊗**玄人筋**[★くろうとすじ] 특히 (증권거래소의) 전문가. 프로. 정통한 사람.

音読

玄[げん] ①오묘함. ②노자(老子)·장자(荘子)의 도덕. ③검은색. 검정.
玄界灘[げんかいなだ] 현해탄(玄海灘). 대한해협 남쪽. 후쿠오카 서북쪽의 바다.
4**玄関**[げんかん] 현관; ①건물이나 주택의 정면에 낸 출입구. ②≪仏≫ 선사(禅寺)의 작은 문.
玄関番[げんかんばん] 문지기.
玄関払い[げんかんばらい] 방문객을 현관에서 맞이하고 돌려보냄.
玄妙[げんみょう] 현묘; 오묘함.
玄米[げんまい/くろごめ] 현미.
玄米パン[げんまいパン] 현미빵.
玄米食[げんまいしょく] 현미식.
玄米茶[げんまいちゃ] 현미차.
玄孫[げんそん/やしゃご] 현손; 고손자.
玄奥[げんおう] 현오; 심오함. 오묘함.
玄翁[げんのう] (돌을 깨는) 큰 쇠망치.
玄鳥[げんちょう] 현조; 'ツバメ(제비)'의 딴 이름.

弦 활시위/악기줄 현

音 ◉ゲン
訓 ◉つる

訓読

◉**弦**❶[つる] 활줄. 활시위. ❷[げん] ☞ [音読]
弦巻(き)[つるまき] 예비용으로 활줄을 감아 놓는 도구.
弦音[つるおと] ①활시위 소리. ②弦打ち(つるうち)할 때 내는 소리.
弦打ち[つるうち] (옛날에) 잡귀 등을 쫓기 위해 활시위 소리를 내던 일.

音読

弦❶[げん] ①(악기의) 현; 줄. ②≪数≫ 현. ③반달형의 달. ❷[つる] ☞ [訓読]
弦歌[げんか] 현가; 三味線(しゃみせん)을 연주하면서 부르는 노래.
弦楽[げんがく] ≪楽≫ 현악; 현악기로 연주하는 음악.
弦楽器[げんがっき] ≪楽≫ 현악기; 현(弦)을 발음체(発音体)로 하는 악기.
弦月[げんげつ] 현월; 조각달.

県(縣) 고을 현

音 ◉ケン
訓 ⊗あがた

訓読

⊗**県**❶[あがた] ①(大和(やまと)시대의) 일본 황실의 직할 영지. ②(옛날) 지방관. 지방의 관리. ③시골. 지방. ❷[けん] ☞ [音読]
県主[あがたぬし] (大化改新(たいかのかいしん)이전의) 세습적인 현(県)의 지방관.

音読

3**県**❶[けん] ≪地≫ 현; 일본 지방 행정구역의 하나. ＊한국의 '도(道)'에 해당함. ❷[あがた] ☞ [訓読]
県警[けんけい] 현경; 현(県)의 경찰본부.
県界[けんかい] 현계; 현(県)과 현(県)의 경계·경계선.
県道[けんどう] 현도; 지방 도로. ＊현(県)의 비용으로 건설하고 유지·보수하는 도로.

県令[けんれい] 현령; ①(1886년 이전의) 현지사(県知事). ②(옛날) 현지사가 내리는 행정 명령.

県立[けんりつ] 현립; 현(県)에서 설립함.

県民[けんみん] 현민; 현(県)의 주민.

県費[けんぴ] 현비; 현(県)의 비용.

県社[けんしゃ] 현사; (제2차 대전 전에) 현(県)에서 봉헌 예식을 올리던 사격(社格)의 神社(じんじゃ).

県税[けんぜい] 현세; 현(県)에서 부과하고 징수하는 세금. 지방세(地方税).

県勢[けんせい] 현세; 현(県)의 정치·경제·문화·인구 등의 종합적인 현황.

県営[けんえい] 현영; 현(県)에서 설치·경영·관리함.

県有林[けんゆうりん] 현유림; 현(県)이 소유하고 있는 숲.

県有地[けんゆうち] 현유지; 현(県)이 소유하고 있는 땅.

県議[けんぎ] 현의; '県会議員(けんかいぎいん)'·'県議会議員(けんぎかいぎいん)'의 준말.

県人[けんじん] 현인; 그 현(県)에 살고 있는 사람. 같은 현(県)출신의 사람.

県人会[けんじんかい] 현인회; 같은 현(県)출신의 단체.

県政[けんせい] 현정; 현(県)의 행정.

県知事[けんちじ] 현지사. ＊한국의 '도지사(道知事)'에 해당함.

2**県庁**[けんちょう] 현청; 현(県)의 사무를 보는 곳. ＊한국의 '도청(道庁)'에 해당함.

県下[けんか] 현하; 현내(県内). 그 현(県)의 행정 관할구역 내.

県花[けんか] 현화; 현(県)을 상징하는 꽃.

県会[けんかい] 현회; ①'県議会(けんぎかい)'의 준말. ②현(県)의 의결 기관. ＊지방자치제 시행 이전의 호칭임.

現 나타날/지금 현

T 王 王 玑 玑 玥 玥 珇 珼 現

音 ◉ゲン

訓 ◉あらわす ◉あらわれる ⊗うつつ ⊗うつし ⊗あきつ

訓読

2◉**現(わ)す**[あらわす] 〈5他〉 (지금까지 보이지 않던 모습·모양을) 드러내다. 나타내다.

1◉**現(わ)れる**[あらわれる] 〈下1自〉 ①(지금까지 보이지 않던 모습·모양이) 나타나다. 출현하다. ②(저절로) 드러나다. 알려지다. 노출되다. 탄로나다.

1**現(わ)れ**[あらわれ] ①나타남. 표현. ②결과.

現人神[★あらひとがみ] ①사람의 모습으로 현세에 나타난 신. ＊천황(天皇)의 높임말임. ②때에 알맞게 나타나 영험(霊験)을 보이는 신.

⊗**現**[うつつ] ①현실. 생시. ②본심. 제정신. ③비몽사몽간.

⊗**現し世**[うつしよ] ≪雅≫ 이승. 현세. 이 세상.

⊗**現し身**[うつしみ] ≪雅≫ 현 세상에 살고 있는 몸. 살아 있는 몸.

⊗**現つ神**[あきつかみ] 현세에 모습을 나타낸 신. ＊천황(天皇)의 높임말임.

音読

1**現**[げん] 〈接頭語〉 현; 지금의. 현재의.

現じる[げんじる] 〈上1自他〉 나타나다. 나타내다. 출현하다. 드러내다.

現ずる[げんずる] 〈サ変自他〉 ☞ 現じる

2**現に**[げんに] 현재. 눈앞에. 실제로.

現高[げんだか] 현재의 잔고(残高).

現今[げんこん] 현금; 현재. 오늘날.

2**現金**[げんきん] 현금; ①현재 가지고 있는 돈. ②현찰(現札). ③맞돈. ④〈形動〉 타산적임.

現金売り[げんきんうり] 현금 판매.

現金買い[げんきんがい] 현금 구입.

現金書留[げんきんがきとめ] 현금 등기우편.

現年度[げんねんど] 현년도; 금년 회계연도.

現段階[げんだんかい] 현단계; 현재의 단계.

現当[げんとう] ≪仏≫ 현당; 현세와 내세.

2**現代**[げんだい] 현대; 현재. 지금.

現代文[げんだいぶん] 현대문.

現物[げんぶつ] 현물; ①실물. 현품. ②금전 이외의 물품. ③거래의 대상인 실제의 상품. ④'現物取引(げんぶつとりひき)'의 준말.

現物取引[げんぶつとりひき] 현물 거래.

現払い[げんばらい] 현금·현물 지불.

2**現状**[げんじょう] 현상; 현재의 상태.

2**現象**[げんしょう] 현상; ①나타나 보이는 사실. ② ≪哲≫ 감각에 포착되는 경험할 수 있는 대상.

1**現像**[げんぞう] 현상; ①영상(映像)을 나타냄. ②감광(感光)된 사진 필름을 약품 처리하여 화상(画像)으로 나타냄.

ㅎ

現世❶[げんせ] 현재. 이승. 이 세상. ❷[げんぜ] ≪仏≫ '現在世(げんざいせ)'의 준말. ❸[げんせい] ①현재. 이승. 이 세상. ②현대. 현재의 세상. ③≪地≫ 지질 시대의 마지막 세상.

現世代[げんせだい] 현세대; 현재의 세대.

2現実[げんじつ] 현실; 현재 사실로서 있는 상태.

現業[げんぎょう] 현업; ①현지에서의 업무. ②현장 작업. ③공공단체가 행하는 공공사업.

現役[げんえき] 현역; ①상비 병역. ②현재 어떤 직무에 종사하고 있는 사람. ③재학 중의 수험생.

現有[げんゆう] 현유; 현재 갖고 있음.

2現場[げんば/げんじょう] 현장; ①사건이 일어난 곳. ②공사장. 작업장.

現場渡し[げんばわたし] 현장도; 현장에서 물품을 건네줌.

2現在[げんざい] 현재; ①지금. ②≪哲≫ 과거와 미래의 경계에 있는 일점. ③≪仏≫ 현세. 이승.

現在高[げんざいだか] 현재고; 현재의 수량·금액.

現前[げんぜん] 현전; 눈앞에 있음.

現政府[げんせいふ] 현정부; 지금의 정부.

現存[げんぞん/げんそん] 현존; 현재 실제로 존재함. 현재 실제로 살아 있음.

現住所[げんじゅうしょ] 현주소; 현재의 주소. 현재 거주하고 있는 장소.

現住地[げんじゅうち] 현재 거주하는 곳.

1現地[げんち] 현지; ①자신이 현재 살고 있는 땅. ②어떤 일이 실제로 행해지고 있는 그 장소.

現地人[げんちじん] 현지인; 그 지방사람.

現職[げんしょく] 현직; ①현재 맡고 있는 직무. ②현재 어떤 직무·직업에 취업해 있음.

現職教育[げんしょくきょういく] 현직 교육; 현재 취업중인 사람을 대상으로 하는 실무 교육. 연수 교육.

現出[げんしゅつ] 현출; 드러남. 나타남.

現品[げんぴん] 현품; 현재 갖고 있는 물건.

現品先渡し[げんぴんさきわたし] 현물 선도.

現下[げんか] 현하; 지금. 목하(目下).

1現行[げんこう] 현행; ①(법률 등이) 현재 행해지고 있음. ②범죄를 눈앞에서 행함.

1現行犯[げんこうはん] 현행범.

1現行法[げんこうほう] 현행법.

現況[げんきょう] 현황; 현재의 상황.

賢 어질/어진 이 현

丨 𠂆 𠂤 臣 臤 臤 臤 賢 賢 賢

音 ◉ケン

訓 ◉かしこい

訓読

2◉賢い[かしこい] 〈形〉 ①영리하다. 현명하다. 슬기롭다. ②(하는 행동이) 약삭빠르다. 약다.

賢立て[かしこだて] 영리한 체함. 똑똑한 체함. 잘난 체함.

賢所[かしこどころ] ①궁중의 温明殿(うんめいでん) 안에 '八咫鏡(やたのかがみ)'의 모조품을 모신 곳. *진품은 伊勢神宮(いせじんぐう)에 있음. ②'八咫鏡(やたのかがみ)'의 딴이름.

賢顔[かしこがお] 약삭빠른 얼굴.

音読

賢[けん] ①현명함. ②현자(賢者). ③막걸리. 탁주. *'聖(せい)'가 청주(清酒)을 뜻하는 데서 나온 말임.

賢なる[けんなる] 현명한. 슬기로운.

賢能[けんのう] 현능; 슬기롭고 재능이 있음. 또는 그런 사람.

賢答[けんとう] 현답; 현명한 답변.

賢慮[けんりょ] 현려; ①현명한 생각. ②남의 생각·고려에 대한 높임말임.

1賢明[けんめい] 현명; 어질고 영리함.

賢母[けんぼ] 현모; 어진 어머니.

賢夫人[けんぷじん] 현부인; 어진 아내.

賢婦人[けんぷじん] 현부인; 어진 아내.

賢愚[けんぐ] 현우; 현명함과 어리석음. 현자(賢者)와 우자(愚者).

賢人[けんじん] 현인; ①현명한 사람. ②탁주. 막걸리. *청주(清酒)를 성인(聖人)에 비유한 데서.

賢者[けんじゃ] 현자; ①현인(賢人). 현명한 사람. ②≪仏≫ 불도를 수행 중이나 아직 득도하지 못한 사람.

賢才[けんさい] 현재; 뛰어난 재주와 슬기·슬기로운 사람.

賢察[けんさつ] 현찰; 헤아려 살피심.

賢哲[けんてつ] 현철; ①현인(賢人)과 철인(哲人). ②현명하여 도리에 통함.

顕(顯) 밝을/나타날 현

冂 日 冒 㬎 㬎 㬎 顕 顕 顕 顕

音 ◉ケン
訓 ⊗あらわ ⊗あらわす ⊗あらわれる

訓読

⊗**顕**[あらわ] ①노골적임. 공공연함. ②가린 것 없이 드러남.
⊗**顕す**[あらわす] 〈5他〉 드러내다. 나타내다. 노출시키다.
⊗**顕れる**[あらわれる] 〈下1自〉 나타나다. 드러나다. 노출되다.

音読

顕官[けんかん] 현관; 높은 벼슬.
2**顕微鏡**[けんびきょう] ≪物≫ 현미경.
顕示[けんじ] 현시; 분명하게 나타내 보임.
顕在[けんざい] 현재; 겉으로 드러나 있음.
顕著[けんちょ] 현저; 뚜렷이 드러남.
顕職[けんしょく] 현직; 고관(高官).
顕彰[けんしょう] 현창; (숨은 공적 등을) 밝히어 알림. (세상에 알려) 표창함.
顕現[けんげん] 현현; 뚜렷이 모습을 나타냄. 명백히 나타남.
顕花植物[けんかしょくぶつ] ≪植≫ 현화식물. 꽃식물.

懸 메달/걸릴 현

目 且 県 県 県 県 縣 縣 縣 懸

音 ◉ケ ◉ケン
訓 ◉かかる ◉かける

訓読

◉**懸かる**[かかる] 〈5自〉 ①(공중에) 뜨다. 걸리다. ②(어떤 결과가 마음에) 걸리다. ③(상금이) 걸리다.
◉**懸ける**[かける] 〈下1他〉 ①(공중에) 걸다. 띄우다. ②얹다. 올려놓다. 달다. ③(상금을) 걸다.
懸け隔たる[かけへだたる] 〈5自〉 ①멀리 떨어지다. 동떨어지다. ②큰 차이가 나다.
懸け隔てる[かけへだてる] 〈下1他〉 멀리 떼어놓다. 사이를 두게 하다.
懸け路[かけじ] ①벼랑에 시렁처럼 걸쳐놓은 다리길. ②벼랑길. 험한 산길.
懸け離れる[かけはなれる] 〈下1自〉 ①멀리 떨어지다. 동떨어지다. ②큰 차이가 나다. ③인간관계가 나빠지다. 소원해지다.
懸(け)物[かけもの] ①족자. ②이불. 덮는 것. ③설탕을 입혀서 만든 과자.
懸詞[かけことば] ≪文学≫ (修辞法의 하나로) 동음이의어(同音異義語)를 이용하여 한 낱말에 두 가지 이상의 뜻을 함축시키는 기교적인 표현.
懸巣[かけす] ≪鳥≫ 어치.
懸(け)魚[かけざかな] 신전(神前)에 바치는 물고기. ＊옛날에 나뭇가지 등에 걸어서 받쳤던 데서 생긴 말임.
懸(け)造り[かけづくり] 계곡이나 벼랑의 경사진 곳에 집을 지음. 또는 그런 집.
懸(け)紙[かけがみ] 선물용 포장지.
懸(け)樋[かけひ/かけい] (먼 곳으로 물을 끌어대기 위해) 지상(地上)에 걸쳐놓은 물을 끄는 홈통.

音読

懸隔[けんかく] 현격; 차이가 많이 남. 아주 동떨어짐.
懸念[★けねん] ①근심. 걱정. 염려. ②≪仏≫ 집념. 집착.
2**懸命**[けんめい] 목숨을 걺. 열심히 함.
懸氷[けんぴょう] 현빙; 고드름.
1**懸賞**[けんしょう] 현상; 상을 걺.
懸想[★けそう] 사모함. 이성을 그리워함.
懸想文[けそうぶみ] ①연애편지. ②(江戸(えど) 시대) 정초에 팔리던 부적. ＊남녀가 인연을 맺는 소원이 이루어진다는 뜻임.
懸垂[けんすい] 현수; ①매닮. 매달림. ②(기계 체조에서) 턱걸이. 매달린 자세.
懸案[けんあん] 현안; 아직 해결되지 않고 있는 문제.
懸崖[けんがい] 현애; ①벼랑. 절벽. ②(盆栽에서) 가지나 잎이 뿌리보다 아래로 처지게 만든 것.
懸絶[けんぜつ] 현절; 아주 동떨어짐. 차이가 많이 남. 현격히 다름.
懸河[けんが] 현하; 세차게 흐르는 강.

呟 소리 현

音 ⊗ケン
訓 ⊗つぶやく

訓読

1⊗**呟く**[つぶやく] 〈5自他〉 중얼거리다. 투덜거리다.
呟き[つぶやき] 중얼거림.
呟き言[つぶやきごと] 혼잣말.

眩 아찔할 현	音 ⊗ゲン 訓 ⊗まぶしい ⊗くらむ

訓読

⊗眩い[まばゆい] 〈形〉 ①눈부시다. ②눈부시게 아름답다. ③ ≪古≫ 부끄럽다.

2⊗眩しい[まぶしい] 〈形〉 눈부시다.

⊗眩む[くらむ] 〈5自〉 ①(눈앞이) 침침해지다. 아찔해지다. ②눈이 멀다. 눈이 어두워지다.

⊗眩かす[くるめかす] 〈5他〉 ①빙빙 돌리다. ②(놀라서) 현기증을 일으키게 하다.

⊗眩く[くるめく] 〈5自〉 ①뱅뱅 돌다. ②눈이 핑핑 돌다. 현기증이 나다.

眩暈[★めまい] 현훈; 현기증. 어지럼증.

音読

眩惑[げんわく] 현혹; 어지러워져 홀림. 어지럽게 하여 홀리게 함.

絃 줄 현	音 ⊗ゲン 訓 ⊗つる

訓読

⊗絃❶[つる] 활줄. 활시위. ❷[げん] ☞ [音読]

音読

絃❶[げん] (악기의) 현; 줄. ❷[つる] ☞ [訓読]

絃歌[げんか] 현가; 三味線(しゃみせん)을 연주하면서 부르는 노래.

絃楽[げんがく] ≪楽≫ 현악; 현악기로 연주하는 음악.

絃楽器[げんがっき] ≪楽≫ 현악기; 현(弦)을 발음체(発音体)로 하는 악기.

絢 무늬/고울 현	音 ⊗ケン 訓 —

音読

絢爛[けんらん] 현란; 휘황찬란함. ¶~たる衣装(いしょう) 현란한 의상.

絢爛豪華[けんらんごうか] 현란호화; 휘황찬란하며 호화스러움.

舷 뱃전 현	音 ⊗ゲン 訓 ⊗ふなばた

訓読

⊗舷[ふなばた] 현(舷). 뱃전.

音読

舷頭[げんとう] 현두; 뱃전.

舷灯[げんとう] 현등; 뱃전에 단 등불.

舷門[げんもん] 현문; 뱃전의 출입구.

舷墻[げんしょう] 현장; 뱃전에 둘러친 바람막이 겸 파도막이.

舷梯[げんてい] 현제; 배의 바깥쪽에 설치한 사다리.

舷窓[げんそう] 현창; 배 중간의 창문.

舷側[げんそく] 현측; 뱃전.

舷舷[げんげん] 뱃전과 뱃전.

舷舷相摩す[げんげんあいます] 〈句〉 뱃전이 서로 부딪치다. 격렬하게 해상 전투를 하다.

蜆 바지라기 현	音 ⊗ケン 訓 ⊗しじみ

訓読

⊗蜆[しじみ] ≪貝≫ 바지라기. 가막조개.

蜆汁[しじみじる] 바지라기 된장국.

蜆花[しじみばな] ≪植≫ 조팝나무.

鉉 솥귀고리 현	音 ⊗ゲン 訓 ⊗つる

訓読

⊗鉉[つる] ①(냄비・주전자 등의) 활시위 모양의 손잡이. ②(정확하게 측정하기 위해) 되의 위쪽에 대각선으로 건너지른 가는 철사.

〔혈〕

穴 구멍 혈
丶 𠂉 宀 穴 穴

音 ◉ケツ
訓 ◉あな

訓読

2◉穴[あな] ①(뚫린) 구멍. ②구덩이. ③굴. 동굴. 소굴. 은신처. ④빈자리. 공석. 공백. ⑤결함. 약점. 허점. ⑥(금전상의) 결손. 손실. ⑦노다지. 노른자위. ⑧(경마・경륜에서) 뜻밖의 결과나 승부.

穴かがり[あなかがり] (단춧구멍의) 사뜨기.

穴ぼこ[あなぼこ] ≪俗≫ 구멍. 구덩이.

穴継ぎ[あなつぎ] 옷에 난 구멍의 안쪽에 천을 대고 깁는 일.
穴冠[あなかんむり] 구멍혈 머리. ＊한자(漢字) 부수의 하나로 '空'·'窓' 등의 '穴' 부분을 말함.
穴掘り[あなほり] ①구멍을 팜. ②무덤을 팜. 무덤을 파는 사람. ③'穴掘り大工(あなほりだいく)'의 준말.
穴掘り大工[あなほりだいく] (목재에 구멍을 파는 기술밖에 없는) 서툰 목수.
穴籠り[あなごもり] ①(동물의) 굴에서 겨울나기. ②(구석진 곳에) 틀어박혀 지냄.
穴馬[あなうま] (경마에서) 뜻밖에 우승할 것 같은 말. 다크호스.
穴埋め[あなうめ] ①(구멍·구덩이를) 메움. ②(결손·부족분의) 보충. 메움. 벌충.
穴熊[あなぐま] ≪動≫ 오소리.
穴子[あなご] ≪魚≫ 붕장어.
穴場[あなば] ①(남이 잘 모르는) 좋은 곳. 잘 알려지지 않은 좋은 곳. ②≪俗≫ (경마·경륜 등의) 매표소.
穴蔵[あなぐら] 움. 움막.
穴釣(り)[あなづり] 구멍 낚시질.
穴株[あなかぶ] 뜻밖의 횡재를 안겨 주는 주식.
穴倉[あなぐら] 움. 움막.

音読

穴居[けっきょ] 혈거; 동굴에서 생활함.
穴居人[けっきょじん] 혈거인.

血 피혈

丿 𠂉 门 血 血 血

音 ◉ケツ ⊗ケチ
訓 ◉ち

訓読

3◉血[ち] ①피. 혈액(血液). ②핏줄. 혈통(血統). ③혈기(血気).
血みどろ[ちみどろ] ①피투성이가 됨. 피범벅이 됨. ②급박함.
血筋[ちすじ] ①핏줄. 혈관. ②혈통. 혈연.
血の気[ちのけ] ①핏기. ②혈기.
血膿[ちうみ] 혈농; 피고름.
血達磨[ちだるま] 피범벅. 피투성이.
血刀[ちがたな] 피 묻은 칼.
血道[ちみち] ①혈맥. 혈관. ②(한방에서) 부인병(婦人病).
血の道[ちのみち] ①혈맥. 혈관. ②(한방에서) 부인병(婦人病).
血塗る[ちぬる] 〈5自〉 ①(칼에) 피를 묻히다. 살상하다. ②피로 얼룩지다.
血塗れ[ちまみれ] 피투성이가 됨.
血豆[ちまめ] ≪医≫ 피멍.
血の涙[ちのなみだ] 피눈물.
血目[ちめ] 혈안(血眼). 충혈된 눈.
血文[ちぶみ] 혈서(血書).
血迷う[ちまよう] 〈5自〉 (흥분하여) 이성을 잃다. 눈이 뒤집히다. 미치다.
血反吐[ちへど] (胃에서 토한) 핏덩어리.
血生臭い[ちなまぐさい] 〈形〉 ①피비린내 나다. ②참혹하다. 잔인하다.
血書き[ちがき] 혈서; 자기 몸의 피로 쓴 글씨.
血腥い[ちなまぐさい] ☞ 血生臭(ちなまぐさ)い
血続き[ちつづき] 혈연. 혈족. 혈통.
血の巡り[ちのめぐり] ①혈액 순환. ②머리 회전. 두뇌 회전.
血眼[ちまなこ] 혈안; ①핏발 선 눈. ②광분(狂奔)함. 골몰함.
血煙[ちけむり] (물보라처럼) 피가 솟구침. 피를 내뿜음.
血染め[ちぞめ] 피로 물듦.
血の雨[ちのあめ] 큰 유혈 사태.
血祭り[ちまつり] ①(피의) 제물. 희생물. ②(출전할 때) 아군의 사기를 북돋우기 위해 포로를 죽이는 일.
血潮[ちしお] ①(몸에서 흘러나오는) 선혈(鮮血). 피. ②(몸속의) 피. 열정(熱情).
血鯛[ちだい] ≪魚≫ 녹줄돔.
血走る[ちばしる] 〈5自〉 ①피가 뿜어지다. ②(눈이) 충혈 되다. 핏발이 서다.
血止め[ちどめ] 지혈(止血). 지혈제(止血剤).
血止め草[ちどめぐさ] ≪植≫ 피막이.
血の池[ちのいけ] ≪仏≫ 피의 연못.
血合い[ちあい] (가다랭이·방어·참치 등의 몸 중심 부분의) 붉은 살. 검붉은 살.
血の海[ちのうみ] 피바다.
血糊[ちのり] 선지피. 끈적끈적한 피.
血荒れ[ちあれ] 유산(流産).

音読

1血管[けっかん] 혈관; 핏줄.
血塊[けっかい] 혈괴; 핏덩어리.
血球[けっきゅう] ≪生理≫ 혈구; 피톨.
血気[けっき] 혈기; 활력이 넘쳐흐르는 것. 생명력. 기력(気力).
血尿[けつにょう] ≪医≫ 혈뇨; 피오줌.

血痰[けったん] ≪医≫ 혈담; 피석인 가래.
血糖値[けっとうち] ≪生理≫ 혈당치; 혈액 속에 포함되어 있는 포도당의 수치.
血路[けつろ] 혈로; ①적의 포위를 뚫고 도망치는 일. ②괴로움이나 어려운 난관을 극복하는 일.
血涙[けつるい] 혈루; 피눈물.
血脈❶[けつみゃく] 혈맥; ①핏줄. 혈관. ②혈연. 혈통. ❷[けちみゃく] ≪仏≫ 스승이 제자에게 불법을 전해감. 또는 그 상승계보(相承系譜)를 기록한 문서.
血盟[けつめい] 혈맹; 혈판(血判)을 찍어서 굳게 맹약함.
血便[けつべん] ≪医≫ 혈변; 피똥.
血相[けっそう] 혈상; 안색. 낯빛.
血色[けっしょく] 혈색; 안색. 낯빛.
血色素[けっしきそ] 혈색소; 헤모글로빈.
血書[けっしょ] 혈서; 피로 쓴 글씨.
血税[けつぜい] 혈세; ①무거운 세금. ②병역 의무의 비유.
血小板[けっしょうばん] ≪生理≫ 혈소판.
2血圧[けつあつ] ≪生理≫ 혈압; 혈액이 혈관 내를 흐르고 있을 때의 압력.
血圧計[けつあつけい] 혈압계.
2血液[けつえき] ≪生理≫ 혈액; 피.
血液型[けつえきがた] 혈액형.
血縁[けつえん] 혈연; 혈족. 친족.
血友病[けつゆうびょう] ≪医≫ 혈우병.
血肉[けつにく] 혈육; ①피와 살. ②살아 있는 몸. ③피붙이. 친척.
血漿[けっしょう] ≪生理≫ 혈장; 혈액의 액상 성분(液状成分).
血栓[けっせん] ≪医≫ 혈전; 혈관 내를 흐르는 혈액이 혈관 내에서 응고된 것.
血戦[けっせん] 혈전; 피나는 싸움.
血族[けつぞく] 혈족; 혈연. 친족.
血清[けっせい] ≪生理≫ 혈청; 응고된 혈액의 상부에 분리할 수 있는 담황색의 투명한 액체.
血清肝炎[けっせいかんえん] 혈청 간염.
血沈[けっちん] '赤血球沈降速度(せっけっきゅうちんこうそくど)'의 준말.
血統[けっとう] 혈통; 혈연. 핏줄.
血判[けっぱん] 혈판; 맹세나 결의를 나타내기 위해 손가락에 상처를 내서 피를 내어 서명한 곳에 찍음.
血行[けっこう] 혈행; 혈액 순환.
血痕[けっこん] 혈흔; 핏자국.

頁 머리 혈	音 ⊗ケツ 訓 ⊗ページ ⊗おおがい

訓読

⊗頁❶[おおがい] 머리혈. *漢字 부수의 하나로 '頭'·'顔' 등의 '頁' 부분을 말함. ❷[ページ] 페이지. 쪽. *책·노트·서류 등의 면수(面数)를 세는 말임.

〔혐〕

嫌(嫌) 싫어할/의심할 혐

音 ◉ケン ◉ゲン
訓 ◉いや ◉きらう ◉きらい

訓読

2◉嫌う[きらう] 〈5自〉 ①싫어하다. 좋아하지 않다. ②혐오하다. 미워하다. ③기피하다. 꺼리다. 가리다.
4◉嫌い[きらい] ①〈形動〉 싫음. 싫어함. 꺼림. ②〈名〉 (좋지 않은) 경향. 성향. 기미. 폐단. ③차별. 구별.
嫌わず[きらわず] 구별하지 않고. 가리지 않고. 꺼리지 않고.
4◉嫌[いや] ①싫음. 좋아하지 않음. ②불쾌함.
嫌がらせ[いやがらせ] (일부러) 남이 싫어하는 짓을 함. 짓궂게 굶.
2嫌がる[いやがる] 〈5他〉 싫어하다.
嫌らしい[いやらしい] 〈形〉 ①불쾌하다. ②(음탕하여) 망측하다. 야하다. 징그럽다. ③추잡하다. 천덕스럽다.
嫌気[いやき/いやけ] 싫증. 싫은 마음.
嫌気売り[いやきうり/いやけうり] 주식(株式)의 인기가 떨어지는 것이 싫어서 팔아버림.
嫌気投げ[いやきなげ/いやけなげ] 싫증이 나서 주식을 매입가보다 싸게 팖.
嫌味[いやみ] ①혐오감·불쾌감을 줌. ②비아냥거림. 싫은 소리.
嫌持て[いやもて] (본심이 아닌) 형식적인 대접을 받음.
1嫌嫌[いやいや] ①마지못해. 싫으나 하는 수 없이. ②(싫다는) 도리질.

音読

嫌忌[けんき] 혐기; 싫어함. 꺼림.

嫌悪[けんお] 혐오; 감정적으로 몹시 싫어하고 미워함.

嫌悪感[けんおかん] 혐오감; 감정적으로 몹시 싫어하고 미워하는 감정.

嫌厭[けんえん] 혐염; 싫어함. 꺼림.

嫌疑[けんぎ] 혐의; 용의(容疑). 범죄의 사실이 있는 것은 아닌가 하고 의심스러움.

◑機嫌[きげん]

협

協 도울 협

一 十 ヤ 忄 忭 协 協 協

音 ◉キョウ
訓 —

音読

協同[きょうどう] 협동; 둘 이상의 사람이나 단체가 마음과 힘을 합쳐 일을 함께 함.

協同組合[きょうどうくみあい] 협동조합.

協働[きょうどう] 협동; 협력하여 일함. 서로 협력해서 일함.

[2]協力[きょうりょく] 협력; 서로 힘을 합쳐 노력함.

協商[きょうしょう] 협상; ①서로 협의하여 정함. ②이해관계가 있는 2개국 이상이 쟁점을 조정하여 우호관계를 수립하기 위한 협정.

協心[きょうしん] 협심; (어떤 목적을 위해) 마음을 합침.

協約[きょうやく] 협약; ①협의하여 계약함. ②2개국 이상의 나라 사이에서 문서에 의해 체결하는 약속.

協業[きょうぎょう] 협업; 노동자가 일정한 생산을 하기 위해 일을 분담·협동하여 조직적으로 일함.

[1]協議[きょうぎ] 협의; 두 사람 이상이 모여서 의논함.

協議会[きょうぎかい] 협의회.

[1]協定[きょうてい] 협정; ①의논하여 결정함. ②의논하여 결정된 사항.

協定書[きょうていしょ] 협정서.

[1]協調[きょうちょう] 협조; ①이해가 대립된 사람끼리 평화롭게 문제를 해결하려고 함. ②사고방식 등이 다른 사람끼리 서로 양보하여 조화롭게 일을 처리함.

協奏曲[きょうそうきょく] ≪楽≫ 협주곡.

協賛[きょうさん] 협찬; ①(계획의 취지에) 찬성하여 협력함. ②(옛날 헌법에서) 의회가 법률안·예산안을 성립시키기 위한 의사 표시를 함.

協和[きょうわ] 협화; ①사이좋게 지냄. ②높이가 다른 2개 이상의 합성음이 잘 조화되어 울리는 상태.

[1]協会[きょうかい] 협회; 어떤 목적을 위해 회원들이 협력하여 유지하는 모임.

峡(峽) 골짜기 협

丨 山 山 山 山 山 山 峡 峡

音 ◉キョウ
訓 ⊗はざま

訓読

⊗峡[はざま] (산의) 골짜기.

音読

峡間[きょうかん] 협간; 골짜기.

峡江[きょうこう] 협강; 협만(峡湾). 피오르드. 육지로 깊이 들어간 만(灣).

峡谷[きょうこく] 협곡; 폭이 좁고 깊은 산골짜기.

峡湾[きょうわん] 협만; 피오르드. 육지로 깊이 들어간 만(湾).

挟(挾) 낄 협

一 ｜ 扌 扌 扌 扌 扌 挟 挟

音 ◉キョウ
訓 ◉はさまる ◉はさむ

訓読

[2]◉挟まる[はさまる] 〈5自〉 ①(사이에) 끼이다. ②(대립하는 양자 사이에) 끼이다.

[2]◉挟む[はさむ] 〈5他〉 ①(틈새에) 끼우다. ②사이에 두다. 끼다. ③(끼워서) 집다. ④말참견하다. ⑤(마음에) 품다. ⑥(귓결에) 듣다.

挟(み)撃ち[はさみうち] 협격; ①협공(挟攻). ②(야구에서) 주자(走者)를 베이스와 베이스 사이에서 몰아 죽임.

挟(み)詞[はさみことば] ①삽어. 어떤 말을 할 때 각음 아래에 그 음과 같은 열(列)의 か행(行) 음을 끼워 넣는 것. *'いやなひと'를 'いきやかなかひきとこ'로 말함. ②삽입어. 삽입구.

挟(み)箱[はさみばこ] (옛날에 막대를 끼워서 하인에게 짊어지게 했던) 옷상자.

挟み入れる[はさみいれる] 〈下1他〉 ①(사이에) 끼워 넣다. ②끼워서 다른 물건 사이에 넣다.

挟(み)込み[はさみこみ] 삽입. 끼워 넣음.

挟み込む[はさみこむ] 〈5他〉 끼워 넣다.

挟(み)将棋[はさみしょうぎ] (장기에서) 상대편 말을 전후좌우로 가두어 잡는 놀이.

挟み切る[はさみきる] 〈5他〉 끼워서 자르다. 가위로 자르다.

挟(み)紙[はさみがみ] ①서표(書標). ②(파손되기 쉬운) 물건이 서로 스치지 않게 사이에 끼우는 종이.

挟(み)打ち[はさみうち] ☞ 挟み撃ち

音読

挟撃[きょうげき] 협격; ①협공(挟攻). ②(야구에서) 주자(走者)를 베이스와 베이스 사이에서 몰아 죽임.

挟殺[きょうさつ] 협살; (야구에서) 주자(走者)를 베이스와 베이스 사이에서 협공(挟攻)하여 죽임.

挟侍[きょうじ] ≪仏≫ 불상 좌우의 보살.

狭(狹) 좁을 협

音 ◉キョウ

訓 ◉せまい ◉せばまる ◉せばめる ⊗さ ⊗さむ ⊗はざ

訓読

[4]◉**狭い**[せまい] 〈形〉 ①(면적·폭이) 좁다. ②(범위가) 좁다. ③(마음이) 좁다.

狭苦しい[せまくるしい] 〈形〉 좁아서 답답하다. 갑갑하도록 좁다. 옹색하다.

狭き門[せまきもん] ①좁은 문. ②(입학·취직에서) 좁은 문. 난관.

◉**狭まる**[せばまる] 〈5自〉 좁아지다. 좁혀지다.

◉**狭める**[せばめる] 〈下1他〉 좁히다.

⊗**狭間**[さま/はざま] ①틈. 틈새기. ②(성벽 등에 설치하여) 밖을 보거나 활·총을 쏘는 창.

⊗**狭霧**[さぎり] (가을의) 안개.

音読

狭軌[きょうき] (철도의) 협궤; 철로의 폭이 1.435m의 표준 궤도보다 좁은 궤도.

狭量[きょうりょう] 협량; 너그럽지 못한 도량. 도량이 좁음. 옹졸함.

狭斜の巷[きょうしゃのちまた] 홍등가(紅灯街). 환락가(歓楽街).

狭小[きょうしょう] 협소; 비좁음.

狭心症[きょうしんしょう] ≪医≫ 협심증.

狭隘[きょうあい] 협애; ①좁음. ②옹졸함. 도량이 좁음.

狭義[きょうぎ] 협의; 한 단어가 가리키는 뜻의 범위에서의 좁은 뜻.

狭窄[きょうさく] 협착; 공간이 좁음.

脅 위협할 협

音 ◉キョウ

訓 ◉おびやかす ◉おどかす ◉おどす ⊗おびえる

訓読

[1]◉**脅かす❶**[おびやかす] 〈5他〉 ①(안정된 상태를) 위협하다. 협박하다. ②(지위나 신분을) 위태롭게 하다. *안정된 상태를 무력이나 실력으로 두려움을 느끼게 하는 말임.

[2]◉**脅かす❷**[おどかす] 〈5他〉 ①깜짝 놀라게 하다. ②협박하다. 위협하다.

[1]◉**脅す**[おどす] 〈5他〉 ①협박하다. 공포심을 주다. 위협하다. ②놀라게 하다.

脅し[おどし] ①협박. 공갈. 위협. 으름장. ②허수아비.

脅し付ける[おどしつける] 〈下1他〉 으름장을 놓다. 몹시 협박하다.

[1]⊗**脅える**[おびえる] 〈下1自〉 ①두려워하다. 겁내다. ②가위눌리다.

脅え[おびえ] 두려움.

脅え上がる[おびえあがる] 〈5自〉 벌벌 떨며 몹시 두려워하다.

音読

[1]**脅迫**[きょうはく] 협박; (형법에서) 남을 위협할 목적으로 해악(害悪)을 가할 의사 표시를 함.

脅威[きょうい] 협위; 위협. 협박.

叶 화합할 협	音 ⊗キョウ 訓 ⊗かなう ⊗かなえる

訓読

1⊗叶う[かなう] 〈5自〉 ①(이치에) 꼭 맞다. 들어맞다. ②뜻대로 되다. 성취되다. 이루어지다. ③…하는 것이 허용되다. …할 수 있다. ④대항할 수 있다.

1⊗叶える[かなえる] 〈下1他〉 ①일치시키다. 들어맞히다. ②채우다. 충족시키다. ③(소망을) 성취시키다. 이루어주다. 들어주다.

夾ˣ(夹) 낄 협	音 ⊗キョウ 訓 —

音読

夾撃[きょうげき] 협격; 협공(挟攻).

夾侍[きょうじ] ≪仏≫ 본존(本尊) 좌우의 불상.

夾雑[きょうざつ] 협잡; 잡것이 섞임.

夾雑物[きょうざつぶつ] 협잡물; 불순물.

夾竹桃[きょうちくとう] ≪植≫ 협죽도.

俠ˣ(侠) 호협할 협	音 ⊗キョウ 訓 —

音読

俠客[きょうかく] 협객; 의협심 있는 사람.

俠骨[きょうこつ] 협골; 의협심 있는 성질.

俠気[きょうき] 협기; 의협심.

俠女[きょうじょ] 협여; 의협심 있는 여자.

脇 겨드랑이 협	音 ⊗キョウ 訓 ⊗わき

訓読

2⊗脇[わき] ①겨드랑이. ②옆. 곁. ③엉뚱한 데. 딴 데. ④(연극에서) 仕手(して)의 상대역.

脇街道[わきかいどう] (江戸(えど) 시대, 정규 가도인 五街道(ごかいどう)에 버금가는 지선(支線) 가도인) 水戸路(みとじ)・伊勢路(いせじ)・美濃路(みのじ)・中国路((ちょうごくじ).

脇見[わきみ] 한눈팔기. 곁눈질.

脇句[わきく] (連歌(れんが)・俳諧(はいかい)에서) 기구(起句)에 붙이는 제2구(句).

脇机[わきづくえ] 보조 책상. ＊책상 옆에 두고 물건을 얹거나 서랍으로 이용함.

脇能[わきのう] (다섯 마당 형식의 能(のう)에서) 제일 먼저 공연하는 곡.

脇道[わきみち] ①옆길. 샛길. 곁길. ②(비유적으로) 본줄기에서 벗어난 길. 나쁜 길. 옆길.

脇連[わきづれ] (能(のう)에서) ワキ를 따라 연기하는 배우.

脇櫓[わきろ] 보조용 노(櫓).

脇立[わきだち] ≪仏≫ 본존(本尊)의 좌우에 있는 보살 등의 불상.

脇明け[わきあけ] ①(겨드랑이 밑은 터놓은) 일본 옛 무관(武官)의 정장. ②(부인용・유아용 옷의) 겨드랑이를 꿰매지 않은 의복.

脇毛[わきげ] 겨드랑이 털.

脇目[わきめ] ①곁눈질. 한눈팔기. ②남이 보는 눈.

脇門[わきもん] 쪽문.

脇方[わきかた] (能楽(のうがく)에서) ワキ역을 전문으로 하는 배우.

脇腹[わきばら] ①옆구리. ②서자(庶子).

脇本陣[わきほんじん] (江戸(えど) 시대 역참에 설치한) 本陣(ほんじん)의 예비 숙소.

脇付[わきづけ] (편지에서) 상대방 이름 왼쪽 밑에 써서 경의를 표하는 말. ＊御中(おんちゅう)・机下(きか)・侍史(じし)・玉案下(ぎょくあんか) 등을 말함.

脇備え[わきぞなえ] 本陣(ほんじん)의 좌우에 배치한 군대.

脇士[わきじ] ≪仏≫ 불상 좌우의 상(像).

脇寺[わきでら] 본사(本寺)에 부속된 절.

脇師[わきし] (能楽(のうがく)에서) ワキ역을 전문으로 하는 배우.

脇線[わきせん] 겨드랑이 밑에서 옷단까지의 선.

脇手[わきて] 옆쪽. 측면(側面).

脇役[わきやく] ①(연극에서) 조연(助演). ②보좌역. 곁꾼.

脇往還[わきおうかん] ☞ 脇街道

脇座[わきざ] 能(のう) 무대의 脇柱(わきばしら) 아래의 ワキ가 앉는 자리.

脇柱[わきばしら] (能楽(のうがく)에서) 관객이 보아서 정면 우측의 기둥.

脇指[わきざし] ☞ 脇差

脇差[わきざし] (일본칼의 길이 1.2척인 칼로) 큰 칼에 곁들여 허리에 차는 작은 칼.

脇の下[わきのした] 겨드랑이.

脇下[わきした] 겨드랑이 밑.

脇挟む[わきばさむ] 〈5他〉 겨드랑이에 끼다.
脇戸[わきど] 옆문. 통용문.
音読
脇息[きょうそく] 앉아서 팔이나 몸을 기대는 궤.
脇侍[きょうじ] ≪仏≫ 본존(本尊) 좌우의 불상.

莢 ×(莢) 꼬투리 협	音 ⊗キョウ 訓 ⊗さや

訓読
⊗**莢**[さや] 콩깍지. 꼬투리.
莢豆[さやまめ] ≪植≫ 꼬투리째 먹는 콩.
莢豌豆[さやえんどう] ≪植≫ 꼬투리째 먹는 강낭콩.
音読
莢膜[きょうまく] ≪生理≫ 협막.

鋏 가위/집게 협	音 ⊗キョウ 訓 ⊗はさみ ⊗はさむ

訓読
2⊗**鋏**❶[はさみ] ①가위. ②표를 개찰하는 가위. 펀치. ❷[やっとこ] (철사를 구부리거나 불에 단 쇠를 집는) 집게.
⊗**鋏む**[はさむ] 〈5他〉 가위로 자르다.
鋏虫[はさみむし] ≪虫≫ 집게벌레.

頬 ×(頰) 뺨 협	音 ⊗キョウ 訓 ⊗ほお

訓読
⊗**頬**[ほお] 뺨. 볼.
頬骨[ほおぼね] 광대뼈.
頬当て[ほおあて] (갑옷을 입었을 때) 눈 밑에서 턱까지 가리는 무구(武具). ＊흔히 쇠로 만듦.
頬袋[ほおぶくろ] 볼주머니. ＊원숭이가 볼 안의 먹이를 잠시 두는 주머니.
頬返し[ほおがえし] ①입에 가득 문 음식을 혀로 돌려 씹음. ②취할 수단・방법.
頬白[ほおじろ] ≪鳥≫ 멧새.
頬辺[ほおべた] 볼. 뺨.
頬っ辺[ほっぺた] ≪俗≫ 귀싸대기. 뺨.
頬笑ましい[ほおえましい/ほほえましい] 〈形〉 흐뭇하다. 절로 미소 짓다.
頬笑み[ほおえみ/ほほえみ] 미소.
頬笑む[ほおえむ/ほほえむ] 〈5自〉 ①미소 짓다. ②꽃망울이 조금 벌어지다.
頬髯[ほおひげ] 구레나룻.
頬刺し[ほおざし] 소금에 절인 정어리의 아가미를 꼬챙이로 여러 마리 꿰어서 말린 것.
頬杖[ほおづえ] (팔꿈치를 세우고 손바닥으로) 턱을 굄.
頬張る[ほおばる] 〈5他〉 ①(음식물을) 한 입 가득히 물다. ②입 안 가득 집어먹다.
頬擦り[ほおずり] (애정 표현으로) 뺨을 맞대고 비빔.
頬被り[ほおかぶり/ほおかむり] ①(수건 등으로) 얼굴이 가려지게 감쌈. ②모르는 체함.
頬桁[ほおげた] 광대뼈.
頬紅[ほおべに] 볼연지.

〔형〕

兄 만 형
丨 ㅁ ㅁ 尸 兄

音 ◉ケイ ◉キョウ
訓 ◉あに ◉にい ⊗せ

訓読
4◉**兄**❶[あに] ①형. 오빠. ②손위 처남. 시숙. 자형. 형부. ❷[けい] ☞ [音読]
4**兄さん**[にいさん] 형. 형님. 오빠.
兄ちゃん[にいちゃん] ≪俗≫ 형. 형님. 오빠. ＊친근하게 부르는 말임.
兄嫁[あによめ] ①형수. ②손위 처남댁.
兄の君[せのきみ] ≪古≫ 낭군. 서방님.
兄貴[あにき] ①형. 형님. ＊정다운 호칭임. ②(폭력배들 사이에서) 선배님. 형님.
兄分[あにぶん] 형뻘(되는 사람).
兄矢[★はや] (연습용의 2개의 화살 중에서) 먼저 쏘는 화살.
兄様[にいさま] 형님. ＊편지에서 깍듯하게 예의를 갖추어 부르는 호칭.
兄子[せこ] ≪雅≫ 여자가 남편・애인・오빠・동생 등을 정답게 부르는 말.
兄者人[あにじゃひと] 형님. ＊예스러운 말.
兄弟子[あにでし] 동문(同門)의 선배.
音読
兄❶[けい] 형. ＊흔히 편지에서 가까운 남자끼리 사용함. ¶ ～たり難(がた)く弟(てい)たり難(がた)く 난형난제. 막상막하. ❷[あに] ☞ [訓読]
兄事[けいじ] 형으로 모심.

兄妹[けいまい] 형과 손아래 누이.
兄姉[けいし] 형과 손위 누이.
4兄弟[きょうだい] ①형제. ②남매. *'남매'의 경우는 한자로 표기하지 않음. ③의형제. ④친구. *남자끼리 친하게 부를 때.
兄弟分[きょうだいぶん] 의형제. *폭력배들의 용어임.
兄弟弟子[きょうだいでし] 동문(同門) 제자.

刑 형벌 형

一 二 于 开 刑 刑

音 ◉ケイ ⊗ギョウ
訓 —

音読

刑[けい] 형; 형벌.
刑する[けいする] 〈サ変他〉 처형하다. 사형시키다.
刑具[けいぐ] 형구; 형벌의 도구.
刑期[けいき] 형기; (교도소에서) 형의 집행을 받는 기간.
刑務所[けいむしょ] 형무소; 교도소(矯導所).
1刑罰[けいばつ] 형벌; (국가가 죄를 범한 자에게 부과하는) 형(刑)과 벌(罰).
刑法[けいほう] 형법; 형벌의 법칙.
刑死[けいし] 형사; 형을 받아 죽음.
2刑事[けいじ] 형사; ①형법을 적용하여 처리해야 할 사항. ②'刑事巡査(けいじじゅんさ)'의 준말.
刑事訴訟[けいじそしょう] ≪法≫ 형사소송.
刑事巡査[けいじじゅんさ] ≪法≫ 형사.
刑余[けいよ] 전과(前科)가 있음. 전과자.
刑場[けいじょう] 형장; 사형장(死刑場).

形 형상 형

一 二 于 开 开 形 形

音 ◉ケイ ◉ギョウ
訓 ◉かた ◉がた ◉かたち ⊗なり

訓読

◉形❶[かた] ①모양. 형태. 스타일. ②자국. 흔적. ③틀. 형식. ④담보. 저당.
3◉形❷[かたち] ①모양. 형상. 형체. 형태. ②용모. 얼굴 생김새. 모습. ③(겉에 나타난) 형식. 꼴. 겉모양. ④(사람에 대한) 자세. 태도. ❸[なり] ①옷차림. ②몸집. 몸매.
◉形❹[がた] 〈接尾語〉 형. 모양. 꼴. ¶卵(たまご)～ 계란형. ¶渦巻(うずまき)～ 소용돌이 모양.
形鋼[かたこう] 형강; 끊은 자리가 일정한 모양의 압연(圧延) 강재(鋼材).
形見[かたみ] ①(과거의) 추억거리. 기념품. ②(죽은 사람이 생전에 쓰던) 유품. 유물.
形見物[かたみもの] 유물(遺物). 유품(遺品).
形見分け[かたみわけ] (죽은 사람의 소지품을 친지들에게 기념물로) 유물을 분배함.
形代[かたしろ] ①(제사 때 사용하는) 위패(位牌). ②액막이용 종이 인형. ③(비유적으로) 대신(代身). 대역(代役).
形木[かたぎ] ①(날염용의) 무늬를 새긴 판자. 판박이 판. ②판목(版木).
形無し[かたなし] ①형편없음. 엉망임. ②체면을 잃음. 면목이 없음. 잡침.
形姿[なりかたち] ①옷차림. ②몸맵시.
形作る[かたちづくる] 〈5他〉 만들다. 이루다. 형성하다. 〈5自〉 화장하다. 몸치장을 하다.
形振(り)[なりふり] ①옷차림. 차림새. ②(다른 것과의) 균형. 형편. 형세.
形板[かたいた] 형판; ①물건 모양을 본뜬 판자. ②(염색할 때) 무늬를 새긴 동판(銅版).
形板ガラス[かたいたガラス] 여러 가지 요철(凹凸) 모양의 무늬를 넣어 투시되지 않게 만든 판유리.
形許り[かたばかり] 형식뿐임. 명색뿐임.

音読

形状[けいじょう] 형상; 모양. 모습.
形相❶[けいそう] 형상; ①형태. 양상. ② ≪哲≫ 사물의 본질적 특징인 현실의 형태. ❷[ぎょうそう] (무서운) 얼굴 표정.
形象[けいしょう] 형상; 미적(美的)인 대상으로서의 사물의 모습.
形像[けいぞう] 형상; 본떠서 만든 상.
形声文字[けいせいもじ] ≪語学≫ 형성문자. *한자(漢字)의 육서(六書)의 하나.
1形成[けいせい] 형성; 이루어짐.
形成外科[けいせいげか] 성형외과.
形成体[けいせいたい] ≪生理≫ 형성체.
1形勢[けいせい] 형세; (대립하여) 변화되어 가는 그때그때의 모양·형태.
形勝[けいしょう] 형승; ①지세(地勢)·풍경이 뛰어남. ②천연의 요충지.
2形式[けいしき] 형식; ①사물이 존재할 때의 일반적인 모습. ②사물의 존재 형태로서 미리 정해져 있는 형태·방법.

ㅎ

形式張る[けいしきばる] 〈5自〉 격식을 차리다. 형식을 중요시하다.
形影[けいえい] 형영; ①형체와 그 그림자. ②자신의 형체와 그림자.
形容[けいよう] 형용; ①모양. 모습. 형상. ②사물의 모양·상태를 표현함.
2**形容動詞**[けいようどうし] ≪語学≫ 형용동사.
2**形容詞**[けいようし] ≪語学≫ 형용사.
形而上学[けいじじょうがく] ≪哲≫ 형이상학; 사물의 본질을 연구하는 학문.
形而下学[けいじかがく] ≪哲≫ 형이하학; 자연과학(自然科學).
形跡[けいせき] 형적; 흔적. 자취.
形質[けいしつ] 형질; ①형태와 실질. ②생물의 형태적·유전적인특징.
形体[けいたい] 형체; (구체적·개별적인) 사물의 형태·모습. 모양새.
1**形態**[けいたい] 형태; ①형체. 사물의 모양새. 생김새. ②≪心≫ 게슈탈트.
形骸[けいがい] 형해; ①송장. 시체. ②빈 껍데기. 형체는 있고 내용이 없는 것.

型 거푸집/본보기 형

一 二 于 开 开' 刑 刑 刑 型

音 ◉ケイ
訓 ◉かた ◉がた

訓読

2◉**型❶**[かた] ①틀. 거푸집. 본. ②(스포츠에서) 기본적인 폼. ③틀. 관례. 형식. ④전형(典型). 유형(類型). ⑤크기. 사이즈.
◉**型❷**[がた] 〈接尾語〉 형; 타입. 스타일. ¶ 最新(さいしん)～ 최신형. ¶B～肝炎(かんえん) B형 간염.
型鋼[かたこう] 형강; 끊은 자리가 일정한 모양의 압연(圧延) 강재(鋼材).
型録[カタログ] 카탈로그. 상품 목록.
型付(き)[かたつき] (옷감에) 종이 본을 사용해서 무늬를 박은 것.
型付(け)[かたつけ] 종이 본을 대고 무늬를 찍음. 또는 그 직공.
型の如く[かたのごとく] 관례대로. 정해진 방식대로.
型染め[かたぞめ] 종이 본을 사용하여 무늬를 박아 염색하는 염색법.
型紙[かたがみ] 형지; 종이 본.
型置き[かたおき] 어떤 본을 물건 위에 놓고 그 위에 염료 등을 칠하여 무늬를 나타냄. 또는 그 사람.
型通り[かたどおり] 관례 대로임. 판에 박은 대로임.
型破り[かたやぶり] 파격적임. 색다름.
型板[かたいた] 형판; ①물건 모양을 본뜬 판자. ②(염색할 때 사용하는) 무늬를 새긴 동판(銅版).
型板ガラス[かたいたガラス] 여러 가지 요철(凹凸) 모양의 무늬를 넣어 투시되지 않게 만든 판유리.

音読

型式[けいしき] 형식; ①타입. 모델. ②(어떤 특정한 내부 구조나 외형을 갖고 있는) 비행기·차량·기계 등의 형태.

蛍(螢) 개똥벌레 형

丶 ⺍ 𰀁 𰀁 𰀁 𰀁 凿 蛍 蛍

音 ◉ケイ
訓 ◉ほたる

訓読

◉**蛍**[ほたる] ≪虫≫ 개똥벌레. 반디.
蛍袋[ほたるぶくろ] ≪植≫ 초롱꽃.
蛍籠[ほたるかご] 개똥벌레를 잡아 넣어두는 바구니.
蛍石[ほたるいし/けいせき] ≪鉱≫ 형석.
蛍狩(り)[ほたるがり] 반딧불 구경. 개똥벌레잡기놀이.
蛍烏賊[ほたるいか] ≪魚≫ 불똥꼴뚜기.
蛍草[ほたるぐさ] ≪植≫ 달개비. 닭의장풀.
蛍火[ほたるび/けいか] ①반딧불. ②(꺼지지 않고 잿속에 남아 있는) 불씨.

音読

蛍光[けいこう] 형광; ①반딧불. ② ≪物≫ 어떤 물질이 빛·자외선·방사선·전자열 등의 전자파에 의해서 자극을 받았을 때 발하는 빛.
蛍光塗料[けいこうとりょう] 형광도료.
2**蛍光灯**[けいこうとう] 형광등.
蛍光物質[けいこうぶっしつ] 형광물질.
蛍光体[けいこうたい] 형광체.
蛍光板[けいこうばん] 형광판.
蛍雪の功[けいせつのこう] 형설지공; 고생하여 공부한 성과.

衡 저울대 형

彳 彳' 彳" 彳㐫 彳鱼 彳魚 彳魚 衡 衡 衡

音 ◉コウ
訓 ―

音読

衡平[こうへい] 형평; 공평. 균형.
◑**均衡**[きんこう], **度量衡**[どりょうこう], **平衡**[へいこう]

桁 ①시렁/마개 형 ②차꼬/횃대 항

音 ⊗コウ
訓 ⊗けた

訓読

2⊗**桁**[けた] ① ≪建≫ 도리. 횡목(横木). ②(숫자의) 자릿수. 자리. ③(주판의) 뀀대. ④(비교했을 때의) 규모. 틀.
桁送り[けたおくり] 세로로 한 줄로 된 문자나 숫자를 좌(左)나 우(右)로 옮김.
桁受(け)[けたうけ] ≪建≫ 도리를 받치는 받침대.
桁外れ[けたはずれ] (규모가 표준과) 엄청난 차이. 차이가 엄청남.
桁違い[けたちがい] ①(숫자의) 자릿수가 다름. ②차원이 다름. 차이가 엄청남.
桁行(き)[けたゆき] ≪建≫ 도리의 길이.

荆 ×(荊) 가시나무 형

音 ⊗ケイ
訓 ⊗いばら

訓読

⊗**荆**[いばら] ① ≪植≫ 가시나무. ②식물의 가시. ③고통. 고난.

音読

荆冠[けいかん] 형관; 가시 면류관.
荆棘 ❶[けいきょく] 형극; ①가시. 가시나무. ②(가시나무가 무성한) 황폐한 땅. ③고통. 고난. ④(남을 헤치려는) 나쁜 마음. ❷[ばら] 가시가 있는 나무의 총칭. 가시나무.
荆妻[けいさい] 형처; 우처(愚妻). 어리석은 아내. *자기 아내를 낮추어서 하는 말.

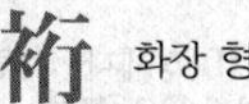
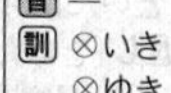

裄 화장 형

音 ―
訓 ⊗いき ⊗ゆき

訓読

裄[ゆき] (옷의) 화장. 등솔기에서 소매 끝까지의 길이.
裄丈[ゆきたけ] ①(옷의) 등솔기에서 소매 끝까지의 길이. ②사물과 형편. 전후의 관계.

馨 향내날 형

音 ⊗ケイ
訓 ⊗かおる ⊗かんばしい

訓読

⊗**馨(り)**[かおり] 향기. 좋은 냄새.
⊗**馨る**[かおる] 〈5自〉 향기가 나다. 향기를 풍기다.
⊗**馨しい** ❶[かんばしい] 〈形〉 ①향기롭다. 향기가 좋다. ②바람직하다. 좋다. ③명예롭다. ❷[かぐわしい] 〈形〉 ①향기롭다. ②명예롭다. 훌륭하다. ③아름답다.

〔혜〕

恵(惠) 은혜 혜

一 𠂉 冂 冃 𠮛 亩 亩 恵 恵 恵

音 ◉ケイ ◉エ
訓 ◉めぐまれる ◉めぐむ

訓読

2◉**恵まれる**[めぐまれる] 〈下1自〉 ①혜택을 받다. 풍족하다. 풍부하다. ②은혜를 받다. 운 좋게 주어지다. 타고나다. 복 받다.
1◉**恵む**[めぐむ] 〈5他〉 ①(사랑·은혜·자비를) 베풀다. ②(동정하여 금품을) 베풀다. 적선하다.
1**恵み**[めぐみ] 은총. 은혜. 자비. 동정.
恵みの雨[めぐみのあめ] 단비.

音読

恵方[えほう] (陰陽道에서 그 해의) 좋다고 정해진 방향. 길방(吉方).
恵方参り[えほうまいり] 설날에 좋다는 방향에 있는 神社(じんじゃ)나 절을 찾아가 복을 비는 일.
恵比寿[えびす] ☞ 恵比須
恵比須[えびす] 칠복신(七福神)의 하나. *오른손에는 낚싯대를 들고, 왼손에는 도미를 안고 있는 바다·어업·상가(商家)의 수호신.

恵比須草[えびすぐさ] ≪植≫ 결명차.
恵比須顔[えびすがお] (恵比須(えびす)처럼) 싱글벙글 웃는 얼굴. 방글거리는 얼굴.
恵与[けいよ] 혜여; ①은혜로 베풂. ②(물건을 받고 사례의 편지에서) '감사하다'는 뜻을 나타내는 말.
恵存[けいそん/けいぞん] 혜존; (자기의 저서를 증정할 때, 상대의 이름 아래에 써서) '받아 간직해 두십시오'라는 뜻의 말.
恵贈[けいぞう] 혜증; (선물을 받고 사례의 편지에서) '감사하다'는 뜻의 말임.

彗 살별 혜	音 ⊗スイ 訓 —

音読
彗星[すいせい] ≪天≫ 혜성; 살별. ＊태양 광선을 받아 빗자루처럼 긴 꼬리를 끄는 별이라 하여 'ほうきぼし'라고도 함.

慧(慧) 슬기로울 혜	音 ⊗ケイ ⊗エ 訓 —

音読
慧敏[けいびん] 혜민; 슬기로움. 두뇌회전이 빠름. 명석(明晳)함.
慧眼[けいがん] 혜안; 뛰어난 통찰력.
慧知[けいち] 혜지; 슬기. 머리가 좋고 뛰어난 지혜가 있음.

호

互 서로 호
一 T 万 互

音 ◉ゴ
訓 ◉たがい ⊗かたみ

訓読
2 ◉**互い**[たがい] 서로. 쌍방. 상호(相互).
互いに[たがいに] 〈副〉 서로. 다 함께.
⊗**互に**[かたみに] 서로. 번갈아.
互代(わ)り[かたみがわり] 번갈아 함.
互(い)先[たがいせん] (바둑·장기에서) 호선. 맞수.
互(い)違い[たがいちがい] 엇갈림. 번갈아 함.
互替(わ)り[かたみがわり] 번갈아 함.

音読
互角[ごかく] 호각; 백중지세(伯仲之勢).
互生[ごせい] ≪植≫ 호생; 어긋나기.
互選[ごせん] 호선; (특정인들이) 자신들 중에서 서로 선출하는 것.
互市[ごし] 호시; 무역. 교역.
互市場[ごしじょう] 교역장(交易場). 무역항.
互譲[ごじょう] 호양; 서로 양보함.
互助[ごじょ] 호조; 상조(相助). 서로 도움.
互恵[ごけい] 호혜; (국가 간에) 서로 특별한 혜택을 주고받는 일.
互恵条約[ごけいじょうやく] 호혜조약.
互恵通商協定[ごけいつうしょうきょうてい] 호혜통상협정.
互換[ごかん] 호환; ①서로 바꿈. ②서로 교환할 수 있음.
互換性[ごかんせい] 호환성.

戸(戶) 집/문 호
一 ㄱ ㅋ 戸

音 ◉コ
訓 ◉と

訓読
4 ◉**戸**❶[と] ①문. ② ≪古≫ 집의 출입문. 대문. ③ ≪古≫ (바다의) 좁은 해협. ❷[こ] ☞ [音読]
戸冠[とかんむり] 지게호 부. ＊한자(漢字) 부수의 하나로 '房·扇' 등의 '戸' 부분을 말함.
戸口❶[とぐち] ①집의 출입구. 문간. ②출발점. ❷[ここう] ☞ [音読]
戸袋[とぶくろ] 덧문을 넣어두는 곳.
2 **戸棚**[とだな] 안에 선반을 단 장. ＊찬장·책장·신발장 등의 총칭.
戸閾[とじきみ] ①문턱. 문지방. ②(牛車(ぎっしゃ)의 앞 입구 아래쪽에 건너지른) 칸막이 판자.
戸襖[とぶすま] 종이나 천을 바른 널문.
戸障子[としょうじ] 문과 미닫이 등의 칸막이로 쓰이는 것.
戸前[とまえ] 땅굴 입구의 문.
戸車[とぐるま] 문바퀴. 도르래바퀴.
1 **戸締(ま)り**[とじまり] 문단속.
戸板[といた] 덧문짝.
戸板返し[といたがえし] ①(정세나 사람의 태도가) 돌변함. 급변함. ②(歌舞伎(かぶき)

에서) 덧문짝의 양쪽에 2개의 인형을 매달고 빨리 회전시켜 변신한 것처럼 보이게 하는 장치.
[1]戸惑い[とまどい] 당황함. 망설임.
[1]戸惑う[とまどう] 〈5自〉 당황하다. 망설이다. 갈피를 못 잡다.

音読

戸❶[こ] (집 호수를 세는 말로) 호. 채. ❷[と] ☞ [訓読]
戸建て[こだて] 단독주택.
戸口❶[ここう] 호구; 가구(家口). 집 호수(戸数)와 인구. ❷[とぐち] ☞ [訓読]
戸別[こべつ] 호별; 집집이. 집집마다.
戸別割当[こべつわりあて] (세금 등의) 가구별(家口別) 할당.
戸数[こすう] 호수; 집 수효.
戸数割[こすうわり] (옛날의) 호별세.
戸外[こがい] 옥외(屋外). 집 밖.
[1]戸籍[こせき] ≪法≫ 호적
戸籍謄本[こせきとうほん] 호적등본.
戸籍抄本[こせきしょうほん] 호적초본.
戸主[こしゅ] 호주; ①세대주. ②호주권(戸主権)을 가진 자.
戸戸[ここ] 호호; 집집마다. 집집이.

号(號) 부를/부르짖을 호

' ㅁ ㅁ 므 号

音 ◉ゴウ
訓 —

音読

[2]号[ごう] 호; ①아호(雅号). 필명(筆名). ②(신문・잡지・차량 등의) 호수(号数). ③(배・비행기・기차 등의 이름에 접속하여 부르는 칭호) …호.
号する[ごうする] 〈サ変自〉 ①(자랑하며) 큰소리치다. ②(아호로서) 호를 붙이다. 칭하다. 일컫다.
号令[ごうれい] 호령; 구령(口令). 명령.
号数[ごうすう] 호수; ①(신문・잡지 등의) 발행된 숫자. ②(크기의) 치수. 사이즈.
号数活字[ごうすうかつじ] 호수 활자; 호수로 크기를 정한 활자.
号外[ごうがい] 호외; (신문 등의) 정한 발행 부수 이외의 것.
号音[ごうおん] 호음; 신호 소리.
号泣[ごうきゅう] 호읍; 소리 높여 욺.
号笛[ごうてき] 호적; 신호용 피리.
号砲[ごうほう] 호포; 신호로 쏘는 총포.

好 좋아할 호

く 女 女 女' 好 好

音 ◉コウ
訓 ◉このむ ◉このましい ◉このもしい ◉すく ◉すき ⊗よし ⊗いい ⊗よい

訓読

[4]◉好む[このむ] 〈5他〉 ①좋아하다. 흥미를 갖다. ②즐기다. ③원하다. 바라다.
[2]好み❶[このみ] ①좋아함. 취향. 기호(嗜好). ②원함. 희망. ③유행.
好み❷[ごのみ] 〈接尾語〉 취향. 기호(嗜好).
お好み焼(き)[おこのみやき] (일본식) 부침개.
お好み食堂[おこのみしょくどう] 자기 취향대로 음식을 주문해서 먹을 수 있는 식당.
[1]◉好ましい[このましい] 〈形〉 ①(성질・태도 등이) 마음에 들다. 호감이 가다. ②바람직하다.
◉好もしい[このもしい] 〈形〉 ①호감이 가다. 믿음직스럽다. ②바람직하다.
◉好く[すく] 〈5他〉 ①좋아하다. 마음에 들다. ②애정을 느끼다. 사랑하다.
好いたらしい[すいたらしい] 〈形〉 마음이 끌리다. 호감이 가다.
[4]◉好き❶[すき] 〈形動〉 ①좋아함. ②여색(女色)을 좋아함. 호색(好色). ③제멋대로임.
好き❷[ずき] 〈接尾語〉 애호가. 광(狂). ¶音楽(おんがく)～음악광; 음악 애호가. ¶釣(つ)り～낚시광; 낚시 애호가.
好き放題[すきほうだい] 제멋대로 함.
好き不好き[すきぶすき] 좋아함과 싫어함.
好き事[すきごと] ①별난 것을 좋아함. ②호색(好色). ＊예스러운 말임.
好き勝手[すきかって] 제멋대로임. 자기 좋을 대로만 함. 마음 내기키는 대로 함.
好き心[すきごころ] ①호기심. ②호색하는 마음.
好き者[すきもの/すきしゃ] ①호사가(好事家). 별난 것을 좋아하는 사람. ②호색가(好色家).
好き合う[すきあう] 〈5自〉 서로 좋아하다.
[2]好き嫌い[すききらい] 좋아함과 싫어함.
好き好き[すきずき] 각자 취향이 다름. 각자의 취미.
好き好み[すきこのみ] 취미. 기호(嗜好).

ㅎ

好き好む[すきこのむ] 〈5他〉 특별히 좋아하다. 일부러 좋아하다.

⊗好し[よし] 〈形〉≪古≫ 좋다.

好しみ[よしみ] 우의. 교분. 친분.

⊗好い[いい/よい] 〈形〉 좋다.

好い加減[いいかげん/よいかげん] ①알맞음. 적당함. ②철저하지 않음. ③〈形動〉 엉성함. 무책임함. ④〈副〉 꽤. 상당히.

好い気[いいき] 혼자서 좋아하는 기분.

好い気味[いいきみ] 통쾌함. 고소함. ＊남의 불행을 조롱하는 말임.

好い年[いいとし] ①나잇살. 지긋한 나이. ②좋은 해.

好い面の皮[いいつらのかわ] (창피한 일을 조롱하여) 꼴좋음.

好い目[いいめ] ①재수. 행운. ②재수 좋게 나온 주사위 끗수.

好い事[いいこと] ①좋은 일. 재미있는 일. ②운좋음. 다행스러움. ③좋은 기회. ④〈感〉 (여성들이 손아랫사람에게 다짐할 때) 알겠지! 내 말 잘 들어!

好い顔[いいかお] ①안면이 넓음. 유력자. ②밝은 표정. 호의적인 태도.

好い人[いいひと] ①좋은 사람. ②애인. 연인. 좋아하는 사람.

好い子[いいこ] 착한 아이. ＊달래거나 칭찬할 때의 말임.

好い仲[いいなか] ≪俗≫ (남녀간의) 사랑하는 사이. 좋아하는 사이.

音読

好角家[こうかくか] 씨름 애호가.

好感[こうかん] 호감; (사람에 대해 갖는) 좋은 감정·느낌.

好個[こうこ] 알맞음. 적당함. 안성맞춤임.

好景気[こうけいき] 호경기; 호황(好況).

好古[こうこ] 호고; 옛것을 좋아함.

好球[こうきゅう] 호구; (구기 종목에서) 치기 좋거나 받기 좋은 공.

好技[こうぎ] 호기; 좋은 기술·연기.

好奇心[こうきしん] 호기심; 새롭거나 신기한 것에 끌리는 마음.

好期[こうき] 호기; 좋은 시기.

好機[こうき] 호기; 좋은 기회.

好機会[こうきかい] 호기회; 좋은 기회.

好男子[こうだんし] 호남자; ①미남. ②쾌남. 성격이 시원시원한 남자.

好都合[こうつごう] 형편이 좋음. 사정이 좋음. 적절함. 알맞음.

好例[こうれい] 호례; 좋은 예.

好物[こうぶつ] 호물; ①(취미에서) 좋아하는 것. ②좋아하는 음식.

好事❶[こうじ] 호사; ①좋은 일. ②착한 일. 선행(善行). ❷[こうず] 별난 것을 좋아함.

好事家[こうずか] 호사가; ①별난 것을 좋아하는 사람. ②풍류를 즐기는 사람.

好尚[こうしょう] 호상; ①취미. 기호(嗜好). ②유행.

好色[こうしょく] 호색; ①이성에 대해 음탕한 마음을 품음. ② (미녀의) 고운 얼굴.

好手[こうしゅ] 호수; ①기술이 뛰어난 사람. ②(장기·바둑에서) 멋진 수.

好守[こうしゅ] 호수; 선방(善防). (골키퍼 등이) 적의 공격을 잘 막아냄.

好演[こうえん] 호연; 훌륭한 연주·연기.

好悪[こうお] 호오; 좋아함과 싫어함.

好運[こううん] 호운; 행운(幸運).

[1]好意[こうい] 호의; 호감(好感).

好誼[こうぎ] 호의; 친하게 사귐.

好餌[こうじ] 호이; ①(남을 꾀는) 달콤한 미끼. ②(남의) 희생물.

好人物[こうじんぶつ] 호인물; 호인(好人).

好一対[こういっつい] 잘 어울리는 한 쌍.

好日[こうじつ] 호일; ①기분이 좋은 날. ②즐겁고 평온한 나날.

好材料[こうざいりょう] 호재료; ①적절한 재료. ②≪経≫ 시세를 올리는 원인이 되는 조건.

好適[こうてき] 호적; 딱 알맞음.

好敵手[こうてきしゅ] 호적수; 맞수.

好転[こうてん] 호전; (이제까지의 나쁜 상황이) 보다 좋은 쪽으로 진행됨.

好転反応[こうてんはんのう] 호전 반응.

好戦[こうせん] 호전; ①싸움을 좋아함. ②(스포츠에서) 잘 싸움. 선전(善戦).

[1]好調[こうちょう] 호조; 순조로움.

好条件[こうじょうけん] 호조건; 좋은 조건.

好天気[こうてんき] 좋은 날씨.

好晴[こうせい] 쾌청(快晴). 상쾌하게 날씨가 갬. 기분좋게 날씨가 갬.

好打[こうだ] 호타; (야구·테니스 등에서) 득점과 연결되는 좋은 타격.

好投[こうとう] 호투; (야구에서) 투수가 공을 잘 던짐.

[1]好評[こうひょう] 호평; 좋은 평판.

好漢[こうかん] 호한; 쾌남아. 시원스럽고 호감이 가는 남자.

好好爺[こうこうや] 호호야; 마음씨 좋은 할아버지.

好況[こうきょう] 호황; 생산·거래가 증가하고 경제 활동이 활발해지는 것.

呼 부를/숨내쉴 호

丨 ㄇ ㅁ 㕣 㕣 㕣 㕣 呼

音 ●コ

訓 ●よぶ

訓読

4●**呼ぶ**[よぶ] 〈5他〉 ①(소리 내어) 부르다. ②(부탁하거나 소리 질러) 오게 하다. ③초대하다. ④불러 모으다.

呼ばう[よばう] 〈5他〉 ①계속 부르다. ②《古》 프러포즈하다.

呼ばれる[よばれる] 〈下1自〉 ①불리다. 일컬어지다. ②초대받다. 대접받다.

呼ばわり[よばわり] ①큰소리로 부름. ②(상대방을 욕하는 뜻의 명사에 접속하여) 취급함.

呼ばわる[よばわる] 〈5自〉 큰소리로 부르다.

呼び覚ます[よびさます] 〈5他〉 ①(잠자는 사람을) 불러 깨우다. ②(기억을) 상기시키다. 되살리다.

呼(び)掛け[よびかけ] ①소리 질러 부름. ②호소. ③(能楽(のうがく)에서) 주역인 'シテ'가 소리를 지르면서 등장하는 형식.

2**呼び掛ける**[よびかける] 〈下1他〉 ①소리 질러 부르다. ②호소하다.

呼び交わす[よびかわす] 〈5他〉 서로 부르다.

呼び起こす[よびおこす] 〈5他〉 ①(잠자는 사람을) 불러 깨우다. ②(감동을) 일게 하다. (기억을) 상기시키다. 되살리다.

呼び寄せる[よびよせる] 〈下1他〉 가까이 불러들이다. 불러 모으다.

呼(び)戻し[よびもどし] (일본 씨름에서) 상대방을 끌어당기고 흔들어 몸이 공중에 떴을 때, 잡은 손을 비틀면서 힘차게 내밀어 넘어뜨리는 수.

呼び戻す[よびもどす] 〈5他〉 ①불러들이다. 소환하다. ②(원래의 상태를) 되찾다.

呼(び)鈴[よびりん] 초인종.

呼(び)立て[よびたて] ①부름. 불러냄. 불러들임. ②떠나라는 신호.

呼び立てる[よびたてる] 〈下1他〉 ①큰소리로 부르다. ②불러들이다. 소환하다.

呼(び)売り[よびうり] 상품명을 크게 외치면서 파는 일. 또는 그 장사치.

呼(び)名[よびな] 통칭(通称). 보통 불리는 이름.

呼(び)物[よびもの] (모임·흥행에서) 인기 종목. 구경거리.

呼び返す[よびかえす] 〈5他〉 (원위치로) 불러들이다. 소환하다.

呼び付ける[よびつける] 〈下1他〉 ①불러오다. ②(늘 불러서) 입에 익다.

呼(び)捨て[よびすて] (경칭을 생략하고 이름이나 성(姓)을) 함부로 부름. 막부름.

呼び上げる[よびあげる] 〈下1他〉 ①큰소리로 부르다. ②(사물의 이름을) 열거하다. 하나하나 지적하여 말하다.

呼(び)声[よびごえ] ①부르는 소리. ②(임명·선출에 관한) 평판. 소문.

呼(び)水[よびみず] ①(펌프의) 마중물. ②(어떤 일의) 실마리. 계기. ③(소금절임에 소금기가 잘 스며들도록) 보충하는 물.

呼(び)塩[よびじお] (짠 식품의 짠맛을 덜기 위해) 묽은 소금물에 담가서 소금기를 빼냄.

呼び迎える[よびむかえる] 〈下1他〉 불러서 맞이하다.

呼(び)屋[よびや] ①《俗》 (외국에서 연예인 등을 불러들이는) 흥행사. 프로모터. ②(江戸(えど) 시대에 京都(きょうと)·大阪(おおさか) 지방의) 3류 창녀집.

呼び入れる[よびいれる] 〈下1他〉 ①불러들이다. ②(며느리로) 맞아들이다.

呼(び)込み[よびこみ] (한패로) 끌어들임. 불러들임. 호객(呼客) 행위.

呼び込む[よびこむ] 〈5他〉 (한패로) 끌어들이다. 불러들이다.

呼(び)子[よびこ] 호루라기.

呼ぶ子[よぶこ] 호루라기.

呼ぶ子鳥[よぶこどり] 'かっこう(뻐꾸기)'의 딴이름

1**呼び止める**[よびとめる] 〈下1他〉 불러서 멈춰 세우다.

2**呼び出す**[よびだす] 〈5他〉 ①호출하다. 불러내다. 불러서 오게 하다. ②부르기 시작하다.

呼(び)出(し)[よびだし] ①호출. ②(씨름에서) 씨름꾼을 호명하여 등장시키는 일.

呼(び)出(し)状[よびだしじょう] ①호출장; 불러내는 문서·쪽지. ②(江戸(えど) 시대의) 피고인 호출장.
呼(び)値[よびね] 호가(呼価). (거래에서) 매매할 물건의 단위 수량에 대한 값을 말함.

音読

呼気[こき] 호기; 내쉬는 숨.
呼応[こおう] 호응; ①서로 마음이 통해 행동을 함께 함. ② ≪語学≫ 앞의 특정한 어구(語句)에 대응하여 일정한 어형(語形)이 뒤따름.
呼集[こしゅう] 호집; 소집(召集). 불러 모음.
呼称[こしょう] 호칭; ①어떤 사물에 이름을 붙여 부름. ②(체조할 때의) 구령(口令).
呼号[こごう] 호호; ①큰소리로 외침. ②큰소리침.
2**呼吸**[こきゅう] 호흡; ①숨쉬기. ②호흡 작용. ③요령. ④(함께 일할 때의) 장단.
呼吸器[こきゅうき] 호흡기; 호흡기관.

弧 활 호

ㄱ ㄱ 弓 弓 弓 弧 弧 弧 弧

音 ◉コ
訓 —

音読

弧[こ] 호; ①활. 활 모양. ② ≪数≫ 원주(円周). 곡선의 일부분.
弧度[こど] ≪数≫ 호도; 라디안(radian). 각도의 계량 단위.
弧状[こじょう] 호상; 궁형(弓形). 반달이나 활처럼 구부러져 있는 모양.
弧線[こせん] 호선; 반달이나 활 모양의 선.

湖 호수 호

氵 汁 汁 汁 沽 沽 湖 湖 湖 湖

音 ◉コ
訓 ◉みずうみ

訓読

3◉**湖**❶[みずうみ] 호수. *원래는 '水海(みずうみ)'라는 뜻임. ❷[こ] ☞ [音読]

音読

2**湖**❶[こ] 〈接尾語〉 호; 호수. ¶琵琶(びわ)~ 비와호. ¶人造(じんぞう)~ 인공호; 인공호수. ❷[みずうみ] ☞ [訓読]
湖面[こめん] 호면; 호수의 수면(水面).
湖畔[こはん] 호반; 호숫가.
湖上[こじょう] 호상; ①호수 위. ②호숫가.
湖沼[こしょう] 호소; 호수와 늪.
湖沼法[こしょうほう] '湖沼水質保全特別措置法'의 준말.
湖水[こすい] 호수; 호수의 물.
湖心[こしん] 호심; 호수면 가운데.
湖岸[こがん] 호안; 호숫가.
湖底[こてい] 호저; 호수 바닥.

豪 굳셀/뛰어날 호

亠 亠 亠 亠 亨 亭 豪 豪 豪

音 ◉ゴウ
訓 ⊗えらい

訓読

⊗**豪い**[えらい] 〈形〉 ①위대하다. 훌륭하다. ②장하다. 기특하다. 갸륵하다. ③지위가 높다. ④엄청나다. 큰일이다. ⑤대단하다. 굉장하다. 중대하다. ⑥심하다. 지독하다. ⑦뜻밖이다. 엉뚱하다.
豪がる[えらがる] 〈5自〉 잘난 체하다.
豪物[えらぶつ] (약간 비꼬는 말로) 훌륭한 사람. 인물.

音読

豪[ごう] 호; ①뛰어남. 권세가 있음. ②'豪州(ごうしゅう/오스트레일리아)'의 준말.
豪家[ごうか/ごうけ] 호가; 권세와 재산이 있는 집안.
豪傑[ごうけつ] 호걸; ①지혜와 무예를 겸비한 사람. ② ≪俗≫ 대담한 사람.
豪気[ごうき/ごうぎ] 호기; ①기상이 씩씩하고 호탕함. ②기세가 억셈. ③굉장함. 놀랄 만함.
豪農[ごうのう] 호농; 재력과 세도가 있는 농가 집안.
豪胆[ごうたん] 호담; 대담함.
豪放[ごうほう] 호방; 담대하여 사소한 일에 구애되지 않음.
豪富[ごうふ] 호부; 부호(富豪).
豪奢[ごうしゃ] 호사; 매우 사치스러움.
豪商[ごうしょう] 호상; 거상(巨商).
豪雪[ごうせつ] 호설; 폭설(暴雪).
豪勢[ごうせい] 호세; 호화판임.
豪語[ごうご] 호어; 큰소리. 호언장담.
豪勇[ごうゆう] 호용; 매우 용감함.

豪雨[ごうう] 호우; 큰비. 폭우.
豪遊[ごうゆう] 호유; (큰돈을 쓰며) 호화판으로 놀아남.
豪壮[ごうそう] 호장; ①세력이 강성함. ②규모가 크고 호화로움.
豪族[ごうぞく] 호족; 지방의 세도가.
豪州[ごうしゅう] 호주; 오스트레일리아.
豪洲[ごうしゅう] 호주; 오스트레일리아.
豪酒家[ごうしゅか] 호주가; 술을 엄청나게 많이 마시는 사람.
豪快[ごうかい] 호쾌; 사소한 일에 구애됨 없이 시원시원함.
[2]豪華[ごうか] 호화; 사치스럽고 화려함.

護 지킬/도울 호

亠 言 言 言 計 詳 詳 謢 謢 護

音 ◉ゴ
訓 ⊗まもる

訓読
⊗護る[まもる] 〈5他〉 지키다. 수호하다. 방호하다. 보호하다.

音読
護国[ごこく] 호국; 국가의 번영과 평안을 지킴.
護国神社[ごこくじんじゃ] 호국 신사.
護摩[ごま] ≪仏≫ 호마; 밀교(密教) 의식(儀式)의 하나. *재앙과 악업을 없애 줄 것을 기도하는 의식임.
護謨[ゴム] 고무. gom.
護法[ごほう] 호법; ①법률을 보호함. ②≪仏≫ 악귀나 병을 물리치는 법력(法力). ③≪仏≫ 교법(教法)을 수호함.
護符[ごふ/ごふう] 호부; 부적(符籍).
護送[ごそう] 호송; 보호하여 보냄.
護送車[ごそうしゃ] 호송차; 호송 차량.
護身[ごしん] 호신; (남의 공격으로부터) 몸을 보호함.
護岸[ごがん] 호안; (돌이나 콘크리트 등으로) 강이나 바다의 둑을 보강하여 수해를 방지함.
[1]護衛[ごえい] 호위; 어떤 사람이나 사물의 안전을 지키는 일.
護持[ごじ] 호지; 수호(守護).
護憲[ごけん] 호헌; (개혁 세력에 대항하여) 현행 헌법·정치를 지킴.

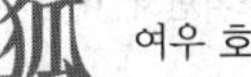 여우 호

音 ⊗コ
訓 ⊗きつね

訓読
⊗狐[きつね] ① ≪動≫ 여우. ②여우처럼 교활한 사람. ③ ≪俗≫ 창녀. ④'狐色(きつねいろ)'의 준말. ⑤'狐饂飩(きつねうどん)'의 준말. ⑥'稲荷鮨(いなりずし)'의 준말.
狐の嫁入り[きつねのよめいり] ①여우비. ②(초롱불 행렬처럼) 줄지어 늘어선 도깨비불.
狐格子[きつねごうし] ①가로 세로로 짠 격자. ②격자 뒤에 판자를 댄 문.
狐蕎麦[きつねそば] 메밀 유부국수.
狐拳[きつねけん] 가위바위보 놀이의 하나.
狐付(き)[きつねつき] 여우에게 홀려 생긴다는 정신병.
狐憑き[きつねつき] ☞ 狐付(き)
狐色[きつねいろ] 엷은 갈색.
狐饂飩[きつねうどん] 유부국수.
狐釣り[きつねつり] 덫으로 여우를 잡음.
狐の剃刀[きつねのかみそり] ≪植≫ 백양꽃.
狐臭[★わきが] ≪医≫ 암내. 겯땀내.
狐火[きつねび] 도깨비불.
狐花[きつねばな] ≪植≫ '彼岸花(ひがんばな/석산(石蒜))'의 딴이름.

音読
狐狸[こり] 호리; ①여우와 너구리. ②사람을 속이거나 몰래 나쁜 짓을 하는 사람.
狐疑[こぎ] 호의; (사람을) 여러 가지로 의심함.

 범/호랑이 호

音 ⊗コ
訓 ⊗とら

訓読
[2]⊗虎[とら] ≪動≫ 범. 호랑이.
虎鶫[とらつぐみ] ≪鳥≫ 호랑지빠귀.
虎冠[とらかんむり] 범호엄. *한자(漢字) 부수의 하나로 '虐·虚' 등의 '虍' 부분을 말함.
虎の巻[とらのまき] ①병법(兵法)의 비전(秘伝)을 기록한 책. ②≪俗≫ 강의 등의 기초 자료가 되는 책. ③자습서. 참고서.
虎頭[とらがしら] ☞ 虎冠(とらかんむり)
虎落[★もがり] ①대나무를 어긋나게 엮어 만든 울타리. ②빨래를 너는 가지가 달린 대나무. ③≪古≫ 공갈을 하여 등쳐먹음.

ㅎ

虎落笛[★もがりぶえ] 겨울바람이 대나무로 엮어 만든 울타리를 스치면서 내는 피리 같은 소리.

虎毛[とらげ] ①(호랑이 털처럼) 황색 바탕에 검고 굵은 줄무늬가 있는 무늬. ②(말의) 거무스레한 바탕에 호랑이 털 같은 얼룩이 있는 것.

虎猫[とらねこ] 얼룩고양이.

虎の尾[とらのお] ≪植≫ 큰까치수염.

虎狩(り)[とらがり] 호랑이 사냥.

虎髭[とらひげ] 억세고 뻣뻣한 수염.

虎魚[★おこぜ] ① ≪魚≫ 쑤기미. ② ≪俗≫ 못생긴 여자. 추녀(醜女).

虎刈り[とらがり] (서투른 이발사가) 머리털을 호랑이 무늬처럼 얼룩이 지게 깎은 머리.

虎子❶[★まる] 환자나 어린이용 변기. ❷[こし] 호랑이 새끼.

虎の子[とらのこ] ≪俗≫ 애지중지하는 비장(秘蔵)의 금품.

虎杖[★いたどり] ≪植≫ 호장; 감제풀.

虎の皮[とらのかわ] 호피; 호랑이 가죽.

虎河豚[とらふぐ] ≪魚≫ 자지복.

虎海老[とらえび] ≪動≫ 범새우.

虎挟み[とらばさみ] 호랑이 덫.

音読

虎口[ここう] 호구; ①호랑이의 입. ②매우 위험한 곳.

虎榜[こぼう] 호방; (옛날 중국에서) 과거에 급제한 사람의 이름을 게시한 방(榜).

虎視眈眈[こしたんたん] 호시탐탐; 범(虎)이 날카로운 눈초리로 먹이를 노린다는 뜻임.

虎児[こじ] 호랑이 새끼.

虎列刺[コレラ] ≪医≫ 콜레라.

虎豹[こひょう] 호표; ①범과 표범. ②용맹스러운 것.

虎穴[こけつ] 호혈; ①범의 굴. ②매우 위험한 곳.

胡	오랑캐 호	音 ⊗コ ⊗ゴ 訓 —

音読

胡笳[こか] 호가; ①날라리. ②풀잎피리.

胡歌[こか] 호가; 호인(胡人)의 노래.

胡瓜[★きゅうり] ≪植≫ 오이.

胡瓜揉み[★きゅうりもみ] 잘게 썬 오이를 소금과 식초에 버무린 요리.

胡国[ここく] 호국; ①(옛날 중국의 서북방의) 오랑캐 나라. ②야만국.

胡弓[こきゅう] ≪楽≫ 호궁.

胡錦鳥[こきんちょう] ≪鳥≫ 호금조.

胡桃[★くるみ] ≪植≫ 호두.

胡桃足[★くるみあし] 호두를 둘로 쪼갠 것 같은 모양의 낮은 상다리.

胡桃足膳[★くるみあしぜん] 호두를 둘로 쪼갠 것 같은 모양의 다리가 네 모퉁이에 있는 작은 상.

胡桃割り[★くるみわり] 호두까기. 호두 까는 기구.

胡虜[こりょ] 호로; (옛날) 중국 북방의 이민족(異民族).

胡馬[こば] 호마; (옛날) 중국 북방의 胡国(ここく)에 살았던 말.

胡麻[ごま] ≪植≫ 참깨.

胡麻幹[ごまがら] 깻대. 깨를 떨고 난 줄기.

胡麻豆腐[ごまどうふ] 볶은 참깨를 빻아 갈분과 함께 반죽하여 두부 모양으로 굳힌 요리.

胡麻味噌[ごまみそ] 볶아서 빻은 참깨를 섞어 버무려 만든 된장.

胡麻の蠅[ごまのはえ] 여행객을 가장하여 길손의 물건을 훔치는 도둑.

胡麻塩[ごましお] ①깨소금. ②검은 것과 흰 것이 섞여 있음. ③희끗희끗하게 센 머리.

胡麻塩頭[ごましおあたま] 반백(半白)의 머리.

胡麻汚し[ごまよごし] ☞ 胡麻和え

胡麻油[ごまあぶら] 참기름.

胡麻和え[ごまあえ] 깨소금을 넣고 무친 음식.

胡兵[こへい] 호병; ①(옛날) 중국 북방의 오랑캐 군대. ②외국 군대.

胡粉[ごふん] 호분; 조가비를 구워 빻은 안료(顔料).

胡蝶花[★しゃが] ≪植≫ 범부채.

胡坐/胡座❶[あぐら] 책상다리로 앉음. ❷[こざ] 책상다리.

胡地[こち] 호지; 오랑캐의 땅.

2**胡椒**[こしょう] ①후춧가루. ② ≪植≫ 후추나무.

胡頽子[ぐみ] ≪植≫ 수유나무.

浩(浩)	넓을/클 호	音 ⊗コウ 訓 —

音読

浩然[こうぜん] 호연; (마음이) 넓고 느긋함.
浩然の気[こうぜんのき] 호연지기; ①하늘과 땅 사이에 가득찬 넓고 큰 정기(精気). ②(잡다한 일에서 벗어난) 자유롭고 느긋한 마음.
浩蕩[こうとう] 호탕; ①(땅・바다 등이) 드넓음. ②(마음이) 호방(豪放)함.
浩浩[こうこう] 호호; ①(물이 넓게) 가득 들어참. ②드넓음.

毫	가는털 호	音 ⊗ゴウ 訓 —

音読

毫も[ごうも] (부정문에서) 조금도. 추호도. 전혀.
豪光[ごうこう] 호광; 부처의 미간에 있는 백호(白毫)에서 사방으로 뻗치는 광채.
豪厘[ごうり] 호리; 매우 적음・작음.
豪釐[ごうり] ☞ 豪厘
毫末[ごうまつ] (부정문에서) 추호도. 털끝만큼도.

壺 ˣ(壷)	항아리 호	音 ⊗コ 訓 ⊗つぼ

訓読

1⊗**壺**[つぼ] ①항아리. 단지. ②종지. 보시기. ③우묵하게 팬 곳. ④뜸자리. ⑤예상. 짐작. ⑥급소. 요점. ⑦《古》 대궐의 안뜰.
壺口[つぼくち] ①단지・항아리의 아가리. ②단지・항아리의 아가리처럼 입을 오므림.
壺菫[つぼすみれ] 《植》 콩제비콩.
壺金[つぼがね] 암톨쩌귀. 여닫이문에 다는 금속 장식의 한 가지.
壺皿[つぼざら] ①종지. ②(노름판에서) 주사위를 넢는 종지.
壺焼(き)[つぼやき] ①양념한 소라를 다시 소라 껍데기에 넣어 구운 요리. ②항아리에 넣어 구운 고구마.
壺屋[つぼや] ①본채에 딸린 헛간. ②(九州(きゅうしゅう) 남쪽 지방에서) 가마터. ③《俗》 담뱃값.
壺屋紙[つぼやがみ] 伊勢(いせ)에서 만드는 유지(油紙).
壺振り[つぼふり] 《俗》 (주사위 놀음에서) 주사위가 들어 있는 종지를 흔들어 엎음. 또는 그 사람.
壺壺口[つぼつぼくち] ①단지・항아리의 아가리. ②단지・항아리의 아가리처럼 입을 오므림.

音読

壺中[こちゅう] 호중; 단지・항아리의 속.
壺中の天地[こちゅうのてんち] 호중천지; 별천지(別天地). 선경(仙境).

琥	호박 호	音 ⊗コ 訓 —

音読

琥珀[こはく] 《鉱》 호박. ＊옛날에 수지(樹脂)가 땅속에 묻혀 화석처럼 된 것.
琥珀色[こはくいろ] 호박색; 호박 같은 누런 색.
琥珀織[こはくおり] 호박단(琥珀緞).

糊	풀칠할 호	音 ⊗コ 訓 ⊗のり

訓読

2⊗**糊**[のり] 풀. ¶ ~で張(は)り付(つ)ける 풀로 붙이다.
糊する[のりする] 〈サ変他〉 ①풀로 붙이다. ②(입에) 풀칠하다. 겨우 생계를 꾸려가다.
糊付け[のりづけ] ①풀칠함. 풀로 칠함. ②(세탁한 옷에) 풀을 먹임.
糊刷毛[のりばけ] 풀칠하는 솔.

音読

糊口[ここう] 호구; 입에 풀칠함. 겨우겨우 생계를 꾸려감.
糊塗[こと] 호도; 얼버무려 넘김.

縞	명주 호	音 ⊗コウ 訓 ⊗しま

訓読

2⊗**縞**[しま] 줄무늬. 체크무늬.
縞馬[しまうま] 《動》 얼룩말. 제브러.
縞瑪瑙[しまめのう] 《鉱》 줄마노. 호마노.
縞目[しまめ] 줄무늬의 색과 색의 경계.
縞蚊[しまか] 《虫》 줄무늬모기.

縞物[しまもの] 줄무늬가 있는 직물.
縞柄[しまがら] (옷감 등의) 줄무늬.
縞蛇[しまへび] ≪動≫ 산무애뱀.
縞染め[しまぞめ] 흰바탕에 줄무늬를 염색한 옷감.
縞葉枯れ病[しまはがれびょう] 줄무늬잎마름병.
縞栗鼠[しまりす] ≪動≫ 줄무늬다람쥐.
縞鯛[しまだい] ≪魚≫ 새끼 돌돔. '石鯛(いしだい)'의 딴이름.
縞織物[しまおりもの] 줄무늬 직물.
縞合(い)[しまあい] (옷감의) 줄무늬의 색조.

濠 해자 호	音 ⊗ゴウ 訓 ⊗ほり

訓読
2⊗濠[ほり] ①도랑. 수로(水路). ②(성 둘레에 판) 해자(垓字).
音読
濠[ごう] ≪地≫ 오스트레일리아.
濠州[ごうしゅう] ☞ 濠洲
濠洲[ごうしゅう] ≪地≫ 호주; 오스트레일리아.
濠太刺利[オーストラリア] ≪地≫ 오스트레일리아.

鯱 물호랑이 호	音 — 訓 ⊗しゃち

訓読
⊗鯱❶[しゃち] ① ≪動≫ 범고래. ②'しゃちほこ'의 준말. ❷[しゃちほこ] 용마루 양쪽 끝에 다는 장식용 동물상. ＊머리는 호랑이이고, 등에는 가시가 돋친 상징적인 물고기 모양임.
鯱立ち[しゃちほこだち] ①물구나무서기. 곤두섬. ②용을 씀.
鯱張る[しゃちほこばる] 〈5自〉 ①(지나치게) 격식을 차리다. ②(긴장해서) 몸이 굳어지다.

鎬 냄비 호	音 ⊗コウ 訓 ⊗しのぎ

訓読
⊗鎬[しのぎ] 칼날과 칼등 사이의 약간 볼록한 부분. ¶ ~を削(けず)る 맹렬하게 싸우다.

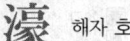

[혹]

惑 미혹할/어지러울 혹
一 ｢ ﾃ ﾃ 可 或 或 或 惑 惑

音 ◉ワク
訓 ◉まどう ◉まどわす

訓読
◉惑う[まどう] 〈5自〉 ①갈팡질팡하다. 갈피를 못 잡다. 당혹하다. ②마음을 빼앗기다. 매혹되다. 푹 빠지다.
惑い[まどい] 미혹(迷惑).
惑い箸[まどいばし] (식사 때) 이것저것 건드리는 젓가락. ＊식사 예법에 어긋남.
◉惑わす[まどわす] 〈5他〉 ①(생각을) 헷갈리게 하다. ②(정신을) 혼란시키다. 현혹하다. 미혹(迷惑)하다. ③유혹하다. 꾀다. ④기만하다. 속이다.
音読
惑[わく] ≪仏≫ 혹; 번뇌(煩悩).
惑溺[わくでき] 혹닉; (제정신을 잃고) 푹 빠짐. 마음을 빼앗김.
惑乱[わくらん] 혹란; (사물을 냉정하게 판단할 수 없을 정도로) 마음이 헷갈림.
1惑星[わくせい] 혹성; ①행성(行星). ②(실력은 모르나) 유력해 보이는 인물. 다크호스.

酷(酷) 혹독할/참혹할 혹
一 ｢ ｢｢ 西 酉 酉 酉ｰ 酉ｰ 酷

音 ◉コク
訓 ⊗ひどい ⊗むごい

訓読
3⊗酷い❶[ひどい] 〈形〉 ①너무하다. 지독하다. 혹독하다. ②잔인하다. 참혹하다. ③형편없다.
⊗酷い❷[むごい] ①비참하다. 애처롭다. ②잔인하다. 무자비하다.
酷く[ひどく] 매우. 몹시. 대단히.
酷たらしい[むごたらしい] 〈形〉 비참하다. 잔혹하다.
酷工面[ひどくめん] 무리한 융통. 억지 변통.
音読
酷[こく] 〈形動〉 가혹함.

酷烈[こくれつ] 혹렬; 매우 혹독하고 심함.
酷吏[こくり] 혹리; ①무자비한 관리. ②지독한 더위. *사람을 괴롭히는 더위를 '무자비한 관리'에 비유함.
酷薄[こくはく] 혹박; 무자비함.
酷法[こくほう] 혹법; 가혹한 법률.
酷使[こくし] 혹사; 사람을 가혹하게 부림.
酷似[こくじ] 혹사; 매우 닮음.
酷暑[こくしょ] 혹서; 지독한 더위.
酷税[こくぜい] 혹세; 가혹한 세금.
酷悪[こくあく] 혹악; 잔혹하고 포악함.
酷熱[こくねつ] 혹열; 지독한 더위.
酷遇[こくぐう] 혹우; 혹독한 대우.
酷評[こくひょう] 혹평; 매우 심한 비평.
酷寒[こっかん] 혹한; 혹독한 추위.
酷刑[こっけい] 혹형; 가혹한 형벌.

或 혹/어떤 혹

音 ⊗ワク
訓 ⊗ある ⊗あるいは

訓読

2⊗**或る**[ある] 〈連体詞〉 어떤. 어느. *예를 들어서 말할 때 사용하는 말임.
2⊗**或(い)は**[あるいは] 혹은. 또는. 때로는. 더러는.
⊗**或は**[あるは] 혹은. 또는. 어떤 것은.

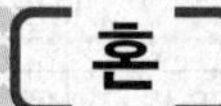

〔혼〕

婚 혼인할 혼

音 ◉コン
訓 —

音読

婚[こん] 혼; 혼인. 부부가 됨.
婚する[こんする] 〈サ変自〉 결혼하다. 혼인하다.
婚家[こんか] 혼가; 시집간 집. 데릴사위로 들어간 집.
婚期[こんき] 혼기; 결혼 적령기.
婚礼[こんれい] 혼례; 결혼식.
2婚約[こんやく] 혼약; 약혼.
婚約指輪[こんやくゆびわ] 약혼 반지.
婚約者[こんやくしゃ] 약혼자.
婚儀[こんぎ] 혼례(婚礼). 결혼식.
婚姻[こんいん] 혼인; 결혼.
婚姻届[こんいんとどけ] 혼인신고. 결혼신고.
婚姻色[こんいんしょく] 혼인색; 동물의 번식기에만 나타나는 특별한 색깔.
婚前[こんぜん] 혼전; 결혼하기 전.
婚前交渉[こんぜんこうしょう] 혼전 성교.

混 섞일/섞을 혼

音 ◉コン
訓 ◉まざる ◉まじる ◉まぜる

訓読

2◉**混ざる**[まざる] 〈5自〉 (두 종류 이상의 것이) 혼합되다. 섞이다.
2◉**混じる**[まじる] 〈5自〉 ①혼합되다. 섞이다. ②(남들 사이에) 끼이다. 섞이다.
混じり[まじり] ①혼합. 섞임. 섞인 것. ②¶お~ 미음. 멀건 죽.
混じり気[まじりけ] 불순물. 약간 섞임.
混じり物[まじりもの] 혼합물. 섞인 물건.
2◉**混ぜる**[まぜる] 〈下1他〉 ①혼합하다. 섞다. 뒤섞다. ②(휘저어) 뒤섞다. ③말참견하다.
混ぜ物[まぜもの] 혼합물. 섞인 물건.
混ぜ飯[まぜめし] 비빔밥.
混ぜ書き[まぜがき] 문장을 한자(漢字)와 かな로 섞어 씀.
混ぜ御飯[まぜごはん] 비빔밥.
混ぜ合わせる[まぜあわせる] 〈下1他〉 혼합하다. 한데 섞다. 섞어 합치다.

音読

混ずる[こんずる] 〈サ変自他〉 혼합되다. 혼합하다. 섞이다. 섞다.
混交[こんこう] 혼교; ①여러 가지가 뒤섞임. ②뜻이 비슷한 두 낱말이 부분적으로 결합되어 새로운 낱말을 만들어 냄. *'とらまえる'는 'とらえる'와 'つかまえる'의 결합어임.
2混沌[こんとん] 혼돈; ①사물이 엉켜서 갈피를 잡을 수 없는 상태. ②천지(天地)가 아직 분리되지 않은 상태.
1混同[こんどう] 혼동; 서로 섞여 하나가 됨.
2混乱[こんらん] 혼란; 여러 가지 것이 헝클어져 질서가 없음.
混迷[こんめい] 혼미; 혼란하여 갈피를 잡을 수 없음.

混紡[こんぼう] 혼방; 종류가 다른 섬유를 섞어서 짬.

混生[こんせい] 혼생; 여러 종류의 식물이 섞여서 자람.

混線[こんせん] 혼선; ①(전신·전화에서) 다른 신호나 통화가 섞여서 들려옴. ②(여러 가지 이야기가) 뒤섞여 뒤범벅이 됨. 갈피를 잡을 수 없음.

混成[こんせい] 혼성; 종류가 다른 것이 서로 섞여서 된 것.

混声[こんせい] ≪楽≫ 혼성; 남자 목소리와 여자 목소리가 함께 섞여 노래함.

混食[こんしょく] 혼식; ①쌀에 잡곡을 섞어 먹음. ②육식과 채식을 배합하여 먹음.

混信[こんしん] 혼신; 다른 방송국의 송신도 뒤섞여 수신되는 일.

混浴[こんよく] 혼욕; 남녀가 한 욕탕에서 뒤섞여 목욕함.

混用[こんよう] 혼용; 두 종류 이상의 것을 섞어서 사용함.

混一[こんいつ] 혼일; 두 종류 이상을 하나로 섞음.

混入[こんにゅう] 혼입; 어떤 것이 다른 것 속으로 섞여 들어감.

2混雑[こんざつ] 혼잡; 많은 사람이나 사물이 질서 없이 뒤섞여 혼란스러움.

混在[こんざい] 혼재; 뒤섞여 있음.

混戦[こんせん] 혼전; ①두 편이 뒤섞여 싸움. ②(시합에서) 승패를 가름할 수 없는 치열한 싸움.

混濁[こんだく] 혼탁; 여러 물질이 뒤섞여 있어 물이 흐림.

2混合[こんごう] 혼합; 성질이 다른 물질이 서로 섞임. 서로 뒤섞임.

混合気[こんごうき] 혼합 기체. (엔진에서) 공기와 연료의 혼합체.

1混血児[こんけつじ] 혼혈아; 튀기.

混和[こんわ] 혼화; ①골고루 뒤섞임. ②≪法≫ 누구의 소유인지 알 수 없게 뒤섞여 있음.

混淆[こんこう] 혼효; 여러 가지가 뒤섞임.

魂	넋/혼 혼
二 云 云' 云' 云' 䰟 䰟 䰟 魂 魂	

音 ◉コン

訓 ◉たましい ⊗たま

訓読

1◉魂❶[たましい] 혼; ①영혼. ②정신. 근성. 정성. ③(직업·신분을 나타내는 말에 접속하여) 특유의 정신. 정신자세. 마음가짐.

⊗魂❷[たま] 영혼. 혼. 넋.

魂結び[たまむすび] 넋이 육신에서 분리되는 것을 멈추게 하는 주술(呪術).

魂極る[たまきわる] ≪枕≫ 'いのち'·'うつつ(현실)'·'世(よ)'를 수식함.

魂消る❶[たまぎる] 〈5自〉 혼나다. 깜짝 놀라다. ❷[たまげる] 〈下1自〉≪俗≫ 깜짝 놀라다.

魂送り[たまおくり] ≪仏≫ 송신(送神). 盂蘭盆(うらぼん)의 마지막에 혼령(魂霊)을 배웅하는 일.

魂迎え[たまむかえ] ≪仏≫ 盂蘭盆(うらぼん)의 처음에 혼령(魂霊)을 맞이하는 일.

魂祭(り)[たままつり] 盂蘭盆(うらぼん)에 조상의 영혼을 집으로 맞이하여 제사지내는 행사.

音読

魂胆[こんたん] 혼담; ①간담. 넋. ②책략. 꿍꿍이속. ③복잡한 사정.

魂胆話[こんたんばなし] 복잡한 사정이 얽힌 비밀 이야기.

魂魄[こんぱく] 혼백; 죽은 사람의 넋.

昏	어두울/혼미할 혼	音 ⊗コン 訓 —

音読

昏倒[こんとう] 혼도; 졸도(卒倒).

昏冥[こんめい] 혼명; 어둠. 캄캄함.

昏蒙[こんもう] 혼몽; ①어두워서 분간을 못함. ②≪医≫ 가벼운 의식 저하 상태. 가벼운 의식 장애.

昏睡[こんすい] 혼수; 의식 불명으로 인해 외부로부터 자극을 주어도 깨어나지 않음.

昏睡状態[こんすいじょうたい] 혼수상태.

昏絶[こんぜつ] 혼절; 기절.

昏惑[こんわく] 혼혹; 혼미하여 갈피를 못 잡음.

昏昏[こんこん] 혼혼; ①의식이 없는 모양. ②(깊이 잠들어) 곤한 상태. ③어두워서 잘 안 보임. ④사리에 어두움.

渾 모두 혼	音 ⊗コン 訓 —

音読

渾沌[こんとん] 혼돈; ①사물이 서로 엉켜서 갈피를 잡을 수 없음. ②천지(天池)가 아직 분리되지 않은 상태.
渾名[★あだな] 별명. 애칭(愛称).
渾然[こんぜん] 혼연; ①여러 가지가 하나로 융합되어 구별이 없음. ②(성질 등이) 모나지 않고 흠이 없음.
渾然一体[こんぜんいったい] 혼연 일체.
渾融[こんゆう] 혼융; 잘 녹아 섞여 있음.
渾一[こんいつ] 혼일; 서로 성질이 다른 것이 하나로 융합됨.
渾渾と[こんこんと] 펑펑. ＊물이 끊임없이 솟아오르거나 흐르는 상태.

焜 빛날 혼	音 ⊗コン 訓 —

音読

焜炉[こんろ] (들고 다닐 수 있는) 취사용 화로. 풍로. ¶電気(でんき)～ 전기 화로.

〔홀〕

忽 홀연 홀	音 ⊗コツ 訓 ⊗たちまち ⊗ゆるがせ

訓読

⊗**忽せ**[ゆるがせ] 소홀함. 등한함. 허술함.
2⊗**忽ち**[たちまち] ①곧. 금세. 순식간에. ②갑자기.
忽布[★ホップ] ≪植≫ 홉. ＊맥주의 향미료.

音読

忽[こつ] 홀; (작은 수의 단위로) 1의 10만분의 1.
忽として[こつとして] 홀연히. 갑자기. 별안간.
忽焉と[こつえんと] 홀연히. 갑자기. 별안간.
忽然と[こつぜんと] 홀연히. 갑자기. 별안간.
忽諸[こっしょ] ①금방 없어짐. ②소홀히 함.

笏 홀 홀	音 ⊗コツ 訓 ⊗しゃく

訓読

⊗**笏**[しゃく] 홀; (옛날) 관리가 조정에 나아갈 때 조복(朝服)에 갖추어 손에 쥐던 패(牌).

惚 황홀할 홀	音 ⊗コツ 訓 ⊗とぼける ⊗ほれる ⊗ほうける

訓読

1⊗**惚ける❶**[とぼける] 〈下1自〉 ①얼빠지다. 멍청하다. 정신 나가다. ②시치미를 떼다. 딴청부리다. ③익살을 부리다.
⊗**惚ける❷**[ほうける/ほける] 〈下1自〉 ①멍해지다. 아둔해지다. ②몰두하다. 정신이 팔리다.
1⊗**惚ける❸**[ぼける] 〈下1自〉 ①멍청해지다. 둔해지다. ②(초점・윤곽이) 흐려지다. 흐릿해지다.
惚け❶[とぼけ] ①얼빠짐. 멍청함. 정신이 나감. ②시치미를 뗌. 딴청부림. ❷[ぼけ] 지각이 둔해짐. 멍청해짐. 망령이 듦.
惚け茄子[ぼけなす] ≪俗≫ 멍청이. 얼간이.
惚気る[のろける] 〈下1自〉 ①애인이나 아내의 자랑을 늘어놓다. ②여자에 반해 사람이 물렁해지다.
惚気話[のろけばなし] 자기 사랑 이야기. 자기 여자 이야기.
惚け面[とぼけづら] 시치미떼는 얼굴.
惚け顔[とぼけがお] ①얼빠진 얼굴. ②시치미떼는 얼굴.
惚け者[とぼけもの] ①얼빠진 사람. ②시치미떼는 사람. ③익살을 부리는 사람.
⊗**惚れる**[ほれる] 〈下1自〉 ①반하다. 넋을 잃다. ②심취하다.
惚れっぽい[ほれっぽい] 〈形〉 쉽게 반하다.
惚れ薬[ほれぐすり] 미약(媚薬).
惚れ込む[ほれこむ] 〈5自〉 홀딱 반하다.
惚れ惚れ[ほれぼれ] 홀딱 반함. 황홀함.

〔홍〕

洪 큰물 홍

丶 氵 氵 氵 汁 汁 洪 洪 洪

音 ◉コウ
訓 —

音読

洪基[こうき] 홍기; 큰 사업의 기초.

洪大[こうだい] 홍대; 굉장히 큼.

洪図[こうと] 홍도; 큰 계획.

[1]洪水[こうずい] 홍수; ①큰물. ②사물이 한꺼번에 많이 나옴.

洪恩[こうおん] 홍은; (부모나 스승에게서) 물려받은 큰 은혜.

洪積世[こうせきせい] ≪地≫ 홍적세.

洪積層[こうせきそう] ≪地≫ 홍적층.

洪化[こうか] 홍화; 광대한 덕화(德化). 천자(天子)의 덕정(德政).

紅 붉을 홍

丶 𠃋 幺 糸 糸 糸 紅 紅 紅

音 ◉コウ ◉ク ⊗グ

訓 ◉べに ◉くれない ⊗あかい ⊗もみ

訓読

◉紅❶[べに] ①≪植≫ 잇꽃. 홍화. ②분홍색. ③연지. ❷[くれない] 다홍. 주홍색(朱紅色).

⊗紅い[あかい] 〈形〉 빨갛다. 붉다.

紅殻[ベンガラ] 벵갈라. 철단(鉄丹). ＊인도의 벵골에서 생산된다는 데서.

紅殻塗(り)[ベンガラぬり] 철단(鉄丹)이 칠해져 있는 물건.

紅殻縞[ベンガラじま] 날실은 명주로 씨실은 무명으로 짠 줄무늬의 직물.

紅絞り[べにしぼり] 연지빛의 홀치기염색.

紅鮭[べにざけ] '紅鱒(べにます)'의 딴이름.

紅裏[べにうら/もみうら] 옷의 홍색 안감.

紅皿[べにざら] 연지를 풀어서 쓰는 작은 접시.

紅蜜柑[べにみかん] ≪植≫ 귤의 한 종류.

紅白粉[べにおしろい] ①연지와 분. ②화장.

紅粉❶[べにこ] 당홍(唐紅). 중국에서 건너온 연지빛 물감. ❷[こうふん] 홍분; 연지와 분.

紅色[べにいろ/こうしょく/くれないいろ] 홍색; 분홍색. 선홍색.

紅生姜[べにしょうが] 매실 식초에 담가 빨갛게 물들인 생강.

紅生薑[べにしょうが] ☞ 紅生姜(べにしょうが)

紅緒[べにお] 홍색의 끈.

紅染(め)❶[べにぞめ] 붉게 물들임. ❷[もみぞめ] 잇꽃으로 물들임.

紅雀[べにすずめ] ①≪鳥≫ 단풍새. ②≪虫≫ 주홍박각시.

紅猪口[べにちょく/べにちょこ] 연지를 담아 두는 술잔 모양의 그릇.

紅赤[べにあか] 선명한 황색을 띤 적색.

紅鱒[べにます] ≪魚≫ 홍송어.

紅天狗茸[べにてんぐたけ] ≪植≫ 광대버섯.

紅鉄漿[べにかね] ①연지와 이를 검게 물들이는 お歯黒(はぐろ). ②화장.

紅筆[べにふで] 입술연지를 바르는 붓.

紅鶴[べにづる] ≪鳥≫ 홍학; 플라밍고.

紅花❶[べにばな] ≪植≫ 잇꽃. 홍화. ❷[こうか] 홍화; 붉은 꽃.

紅型[べにがた] 오키나와에서 발달한 다양한 무늬의 염색한 천.

紅絵[べにえ] (浮世絵(うきよえ) 판화의 한 양식으로) 판화로 찍어낸 그림 위에 홍색을 주제로 하여 채색한 것.

音読

紅灯/紅燈[こうとう] 홍등; ①붉은 등불. ②붉은 등롱(灯籠). ¶ ~の巷(ちまた) 홍등가; 환락가.

紅蓮[ぐれん] 홍련; ①빨간 연꽃. ②타오르는 불길의 색깔.

紅涙[こうるい] 홍루; ①피눈물. ②미인의 눈물.

紅梅[こうばい] 홍매; ①붉은 빛의 매화. ②진한 분홍색.

紅斑[こうはん] 홍반; 붉은 반점.

紅白[こうはく] 홍백; ①붉은 색과 흰색. ②(경기에서) 대항하는 두 팀.

紅白試合[こうはくじあい] (경기에서) 홍백전(紅白戦). 청백전(青白戦).

紅綬褒章[こうじゅほうしょう] 홍수포장. ＊살신성인(殺身成仁)에게 주는 훈장.

紅顔[こうがん] 홍안; 생기가 넘치고 혈색이 좋은 얼굴.

[2]紅葉❶[こうよう] 가을 단풍.

[2]紅葉❷[★もみじ] ①단풍이 듦. 단풍. ②'かえで(단풍나무)'의 딴이름. ③≪俗≫ 사슴고기.

紅葉狩(り)[★もみじがり] 단풍놀이.

紅玉[こうぎょく] 홍옥; ①루비. 붉은 빛의 보석. ②혈색이 좋고 살결이 부드러움. ③사과의 한 품종.

紅衛兵[こうえいへい] (중국의) 홍위병.

紅一点[こういってん] 홍일점.

紅潮[こうちょう] 홍조; ①(아침저녁의 햇살로 인해) 붉게 보이는 바다. ②(긴장·흥분으로) 얼굴이 붉어짐.

紅藻類[こうそうるい] ≪植≫ 홍조류.
3紅茶[こうちゃ] 홍차.
紅海[こうかい] ≪地≫ 홍해.

弘	넓을 홍	音 ⊗コウ ⊗グ 訓 ⊗ひろまる ⊗ひろめる

訓読
⊗弘まる[ひろまる] 〈5自〉 ①넓어지다. ②널리 퍼지다.
⊗弘める[ひろめる] 〈下1他〉 ①(범위를) 넓히다. ②널리 보급하다. 널리 퍼뜨리다.

音読
弘大[こうだい] 홍대; 넓고 큼. 광대함.
弘法❶[ぐほう] 홍법; 불교를 널리 포교함. ❷[こうぼう] 平安(へいあん)시대 초기의 고승인 '弘法大師(こうぼうだいし)'의 준말.
弘法麦[こうぼうむぎ] ≪植≫ 보리사초.
弘法芝[こうぼうしば] ≪植≫ 좀보리사초.
弘報[こうほう] 홍보; (기업체나 단체가) 사업 내용이나 활동 상황을 널리 알리고 이해를 구하는 일.
弘誓[ぐぜい] ≪仏≫ 홍서; 중생을 제도하여 불과(仏果)를 얻게 하려는 서원(誓願).
弘願[ぐがん] ≪仏≫ 홍원; 광대(広大)한 서원(誓願).
弘長[こうちょう] 서기 1261년 2월 20일 ~ 1264년 2월 28일까지의 연호(年号).
弘通[ぐつう/ぐずう] ≪仏≫ 홍통; 불법(仏法)이 널리 퍼지게 함.
弘布[こうふ] 홍포; 널리 알림.
弘徽殿[こきでん] (옛날) 平安京(へいあんきょう) 内裏(だいり)로 清涼殿(せいりょうでん)의 북쪽에 있는 건물.

虹	무지개 홍	音 ⊗コウ 訓 ⊗にじ

訓読
⊗虹[にじ] ≪気≫ 무지개.
虹鱒[にじます] ≪魚≫ 무지개송어.

音読
虹彩[こうさい] ≪生理≫ 홍채; 눈조리개.
虹彩毛様体炎[こうさいもうようたいえん] ≪医≫ 홍채모양체염.
虹彩炎[こうさいえん] ≪医≫ 홍채염.

鴻	큰기러기 홍	音 ⊗コウ 訓 ⊗おおとり ⊗ひしくい

訓読
⊗鴻❶[おおとり] ①(학・황새와 같은) 큰 새. ②(봉황과 같은) 상상의 큰 새. ❷[ひしくい] ≪鳥≫ 큰기러기.

音読
鴻鵠[こうこく] 홍곡; ①큰기러기와 고니. ②큰 인물.
鴻基[こうき] 홍기; 큰 사업의 기초.
鴻図[こうと] 홍도; 큰 계획.
鴻毛[こうもう] 홍모; ①큰기러기의 털. ②지극히 가벼움.
鴻業[こうぎょう] 홍업; ①커다란 사업. ②국가의 대업(大業).
鴻儒[こうじゅ] 홍유; 대학자(大学者).

〔화〕

化(化) 될/변화/요술 화

ノ イ イ' 化

音 ◉カ ◉ケ
訓 ◉ばかす ◉ばける

訓読
◉化かす[ばかす] 〈5他〉 (정신을) 홀리다. (속여서 남의 정신을) 흐리게 하다.
1◉化ける[ばける] 〈下1自〉 ①변신(変身)하다. 둔갑(遁甲)하다. ②(딴사람처럼) 변장하다. 가장(仮装)하다. ③≪俗≫ 예상외로 변하다.
化け[ばけ] ①≪俗≫ (변장하여) 정체를 속임. 둔갑. ②제물낚시. 미끼처럼 보이게 만든 낚시. ③요괴. 도깨비.
化け猫[ばけねこ] 고양이의 요괴(妖怪). 사람으로 둔갑하는 고양이.
化(け)物[ばけもの] ①요괴(妖怪). 도깨비. ②괴물(怪物).
化(け)物屋敷[ばけものやしき] 도깨비가 나오는 집.
化(け)物絵[ばけものえ] 도깨비 그림.
化(け)の皮[ばけのかわ] 가면(仮面).

音読
化[か] 〈接尾語〉 화; …이 되다.
化す[かす] 〈5自他〉 ☞ 化する

化する[かする] 〈サ変自〉 ①화하다. 변화되다. 바뀌다. ②동화(同化)되다. 감화되다. ③둔갑하다. 〈サ変他〉 ①변화시키다. ②감화시키다.

化膿[かのう] 화농; 상처가 곪음.

化肥[かひ] '化学肥料(かがくひりょう)'의 준말.

化生❶[かせい] ① ≪生理≫ 화생; 생물의 기관(器官)의 형상·기능이 보통과 크게 달라짐. ②모양을 바꾸어 태어남. ❷[けしょう] ① ≪仏≫ 화생; 초자연적으로 홀연히 태어남. ②부처가 모습을 바꾸어 나타남. ③둔갑. 변신(変身). ④요괴(妖怪). 도깨비.

1化石[かせき] ① ≪地≫ 화석. ②돌로 변함. 돌처럼 움직이지 않음.

1化繊[かせん] 화섬; '化学繊維(かがくせんい)'의 준말.

化成[かせい] 화성; ①육성함. ②모양이 바뀌어 다른 것이 됨. ③ ≪化≫ 화합하여 딴 물질이 됨. ④감화되어 착해짐.

化性[かせい] ≪虫≫ 화성; 곤충이 1년에 여러 번 세대를 반복하는 성질.

化身[かしん/けしん] 화신; 다른 모습으로 태어남.

化育[かいく] 화육; 천지자연이 만물을 만들고 생육(生育)함.

2化粧[けしょう] 화장; ①얼굴을 아름답게 꾸밈. ②단장. 치장. ③겉치레.

化粧戦[けしょういくさ] 형식적인 전쟁.

化粧台[けしょうだい] ①화장대. ②방의 장식용으로 두는 대.

化粧立ち[けしょうだち] ①(씨름에서) 다시 시합하려고 할 때, 부정을 씻는 소금을 집으러 일어섬. ②(씨름에서) 속임수로 일어서려는 몸짓을 보임.

化粧崩れ[けしょうくずれ] (땀 등으로) 화장이 지워짐.

化粧箱[けしょうばこ] ①화장 도구 상자. ②(선물용으로) 예쁘게 꾸민 상자.

化粧石鹸[けしょうせっけん] 화장비누.

化粧水❶[けしょうすい] 화장수; 스킨로션. ❷[けしょうみず] ①화장수. ②(씨름에서) 씨름꾼이 입안을 가시는 물.

化粧紙[けしょうがみ] ①(씨름에서) 씨름꾼이 얼굴과 몸을 닦는 종이. ②화장할 때 쓰는 부드러운 종이.

化粧直し[けしょうなおし] ①흐트러진 화장을 고침. ②(건물·설비를) 새로 단장함.

2化粧品[けしょうひん] 화장품.

化粧回し[けしょうまわし] 十両(じゅうりょう) 이상의 씨름꾼이 씨름판 의식 때 입는 아름답게 수놓은 앞치마 모양의 드림.

2化学❶[かがく] ≪化≫ 화학. ❷[ばけがく] 화학. ＊발음이 같은 '科学(かがく)'과 구별하기 위한 말임.

化学肥料[かがくひりょう] 화학비료.

化学繊維[かがくせんい] 화학섬유.

1化合[かごう] ≪化≫ 화합; 둘 이상의 물질 또는 원소가 화학적으로 결합하여 다른 물질을 생성함.

化合物[かごうぶつ] ≪化≫ 화합물.

火 불 화

丶 丷 火 火

音 ◉カ ⊗コ
訓 ◉ひ ◉ほ

訓読

3◉火❶[ひ] ①불. 불꽃. 불길. ②화재. ③불기. 불기운. ④등불. ⑤화. 격한 감정. ❷[か] ☞ [音読]

火加減[ひかげん] ①불기운. 화력의 세기. ②화력의 조절.

火脚[ひあし] 불길. 불이 번지는 속도.

火干し[ひぼし] 불에 쬐어 말림.

火蓋[ひぶた] 화승총(火縄銃)의 화약을 넣는 부분의 덮개.

火乾し[ひぼし] 불에 쬐어 말림.

火格子[ひごうし] (보일러 등의) 쇠살대.

火の見[ひのみ] 소방서의 망루(望楼). '火の見櫓(ひのみやぐら)'의 준말.

火の見櫓[ひのみやぐら] 소방서의 망루.

火攻め[ひぜめ] 화공; 불로 공격함.

火口❶[ひぐち] ①화재가 난 곳. 발화 지점. ②점화구(点火口). ③화승총(火縄銃)의 귀약통으로 통하는 구멍. ❷[ほくち] 부싯깃. 화용(火茸). ❸[かこう] ☞ [音読]

火の気[ひのけ] ①불기. 불의 온기. ②(화재의 원인이 되는) 불씨.

火達磨[ひだるま] 불덩이. 불덩어리.

火袋[ひぶくろ] ①난로의 불을 때는 곳. ②석등롱(石灯籠)의 불을 켜는 곳.

火皿[ひざら] ①담배통. ②화승총(火縄銃)의 화약을 담는 곳.

火斑[ひだこ] 불을 너무 오래 쬐어서 피부에 생기는 붉은 반점.

火鉢[ひばち] 화로(火炉).

火焙り[ひあぶり] 화형(火刑).

火の番[ひのばん] 화재를 감시하는 사람.

火保ち[ひもち] 숯불이 오래 가는 정도.

火伏せ[ひぶせ] 화재를 방지하는 신불(神仏)의 신통력.

火付き[ひつき] 불이 붙음.

火付け[ひつけ] ①방화(放火). 불을 지름. ②방화범(放火犯).

火付(け)役[ひつけやく] (사건의) 주동자.

火の粉[ひのこ] 불똥. 불티.

火糞[ほくそ] ①양초의 불똥. ②부싯깃.

火床[ひどこ] ①(보일러・난로의) 쇠살대. ②화덕. ③(옛날 일본 목선의) 취사실.

火箱[ひばこ] 화로 바닥에 넣는 상자.

2 **火傷**[★やけど] 화상; ①불이나 뜨거운 물에 뎀. ②손해를 봄. 피해를 봄. 타격을 입음.

火色[ひいろ] ①불의 빛깔. ②불덩이의 색깔. ③불꽃같은 주홍색.

火先[ほさき] 불길의 끝. 불꽃의 끝.

火消(し)[ひけし] ①소화(消火). 불을 끔. ②(江戸(えど) 시대의) 소방수. 소방 조직. ③위기를 극복함.

火消(し)役[ひけしやく] ①소방수 역할. ②(분쟁의) 해결사. 조정자.

火消(し)壺[ひけしつぼ] 뜬숯을 만들 때 사용하는 항아리. 뜬숯 항아리.

火の手[ひのて] 불길.

火水❶[ひみず] ①불과 물. ②(사이가) 아주 나쁨. ❷[かすい] 화수; 화요일과 수요일.

火縄[ひなわ] 화승; 점화용 노끈.

火縄銃[ひなわじゅう] 화승총.

火矢[ひや] 불화살. 불을 붙인 화살.

火食鳥[ひくいどり] ≪鳥≫ 화식조.

火悪戯[ひいたずら] 불장난.

火映り[ひうつり] 등불이 사물에 비침.

火影[ほかげ] ①불빛. 등불 빛. ②등불에 비치는 그림자.

火玉[ひだま] ①공중을 나는 불똥. 불덩이. ②도깨비불. ③(담뱃대의) 담배 불덩이.

火の玉[ひのたま] ①불덩어리. ②맹렬한 기세. ③도깨비불.

火屋[ほや] ①(남포의) 등피. 유리통. ②향로나 작은 화로의 뚜껑.

火の用心[ひのようじん] 불조심.

火元[ひもと] ①불기 있는 곳. ②불이 난 곳. ③불씨. 사건의 원인.

火の元[ひのもと] ①화재의 원인. ②불기가 있는 곳.

火熨斗[ひのし] 다리미.

火遊び[ひあそび] ①불장난. 불놀이. ②(남녀간의) 무분별한 일시적인 사랑.

火移り[ひうつり] 불이 번짐.

火入れ[ひいれ] ①(용광로에) 처음으로 불을 지핌. 점화(点火). ②(담뱃불 등의) 불씨를 넣는 조그만 그릇. ③(술・간장 등의) 부패를 막기 위해 달이기. ④이른 봄에 산야의 마른 풀을 태움.

火入れ式[ひいれしき] 점화식(点火式).

火炙り[ひあぶり] 화형(火刑). 분형(焚刑).

火箸[ひばし] 화저; 부젓가락.

火箭❶[ひや] 불화살. ❷[かせん] ①불화살. ②함선에서 사용하는 신호용 화구(火具).

火切(り)[ひきり] 나무막대기를 세게 비벼서 불을 일으킴.

火点し[ひともし] 점화. 불을 붙임.

火点し頃[ひともしごろ] 불을 켤 무렵. 저녁때. 땅거미 질 무렵.

火除け[ひよけ] ①화재 예방. ②화재 예방부적.

火祭り[ひまつり] ①진화제(鎮火祭). 화재 예방을 비는 제사. ②큰불을 피워 놓고 올리는 제사.

火造り[ひづくり] 금속을 가열하여 원하는 상태로 물건을 만듦.

火照り[ほてり] ①(몸・얼굴이) 달아오름. 뜨거워짐. ②저녁놀.

火照る[ほてる] 〈5自〉 ①(몸・얼굴이) 달아오르다. 뜨거워지다. ②(수치심으로) 빨개지다.

火足[ひあし] 불길. 불이 번지는 속도.

火種[ひだね] 불씨.

火柱[ひばしら] 불기둥.

火持ち[ひもち] 숯불이 오래 가는 정도.

火振り[ひぶり] ①(밤에) 횃불 등을 휘두름. ②(냇가에서 밤에) 횃불을 들고 하는 고기잡이.

火の車[ひのくるま] ①(죄인을 지옥으로 싣고 간다는) 불타는 수레. ②살림이 매우 쪼들림. 몹시 궁색함.

火鑽(り)[ひきり] 나무막대기를 세게 비벼서 불을 일으킴.

火脹れ[ひぶくれ] (화상을 입고) 부풀어 오름. 부풀어 오르는 물집.

火採り[ひとり] ☞ 火取(り)

火責め[ひぜめ] 불로 하는 고문. 불고문.
火取る[ひどる] 〈5他〉≪古≫ (음식을) 불에 쬐다. 불에 그슬리다.
火取(り)[ひとり] ①부삽. ②≪古≫ 겉은 나무로 안쪽은 구리나 도기로 만들어 구리망을 덮어씌운 향로.
火取(り)の童[ひとりのわらわ] ≪古≫ (五節(ごせち)의 무용에서) '火取(り)②'를 들고 들어오던 동녀(童女).
火取(り)籠[ひとりかご] ≪古≫ '火取(り)②'에 바구니를 덮은 것. ＊옷을 말리거나 향을 피울 때 사용함.
火取(り)虫[ひとりむし] ≪虫≫ 불나방. 여름밤에 등불로 모여드는 나방.
火吹(き)竹[ひふきだけ] 입으로 불어서 불을 피우는 대나무통.
火打(ち)[ひうち] ①(부싯돌로) 불을 일으킴. ②≪建≫ 보강재(補強材).
火打(ち)がね[ひうちがね] 부시.
火打(ち)石[ひうちいし] 부싯돌.
火筒[ほづつ] 총포(銃砲).
火桶[ひおけ] 나무로 만든 둥근 화로.
火膨れ[ひぶくれ] (화상을 입고) 부풀어오름. 부풀어 오르는 물집.
火偏[ひへん] 불화변. ＊한자(漢字) 부수의 하나로 '燃・焼' 등의 '火' 부분을 말함.
火花[ひばな] ①불똥. 불티. 불꽃. ②전극(電極)에서 나는 불꽃. 스파이크.

音読

火❶[か] ①'火曜日(かようび)'의 준말. ②오행(五行)의 둘째. ❷[ひ] ☞ [訓読]
2火口[かこう] 화구; ①≪地≫ (화산의) 분화구(噴火口). ②(보일러의) 아궁이.
火急[かきゅう] 화급; 몹시 절박함.
火気[かき/かっき] 화기; ①불기운. ②화력. 불의 세기.
火器[かき] 화기; ①불을 담아 두는 기구. ②총포류(銃砲類)의 총칭.
火燵[★こたつ] 각로(脚炉).
火遁[かとん] 화둔; 불을 이용한 둔갑술.
火力[かりょく] 화력; ①불의 힘. ②총포류(銃砲類)의 위력.
火力発電[かりょくはつでん] 화력발전.
2火事[かじ] 화재(火災). 불이 남.
火事見舞(い)[かじみまい] 화재 위문.
火事場[かじば] 화재 현장.
2火山[かざん] ≪地≫ 화산.
2火山帯[かざんたい] ≪地≫ 화산대.
火山脈[かざんみゃく] ≪地≫ 화산맥.
火山岩[かざんがん] ≪鉱≫ 화산암.
火山灰[かざんばい] 화산재.
火成[かせい] 화성; 마그마의 활동으로 생성(生成)됨.
1火星[かせい] ≪天≫ 화성.
火勢[かせい] 화세; ①불기운. 불이 타는 기세. ②격렬한 기세.
火食[かしょく] 화식; 음식을 익혀서 먹음.
火薬[かやく] ≪化≫ 화약.
火薬庫[かやくこ] 화약고; 화약 창고.
火炎[かえん] 화염; 불꽃. 불길.
火焔[かえん] ☞ 火炎(かえん)
4火曜[かよう] '火曜日(かようび)'의 준말.
4火曜日[かようび] 화요일.
火葬[かそう] 화장; 시체를 불에 태워 남은 뼈를 장사지냄.
火葬場[かそうば] 화장터.
2火災[かさい] 화재; 불에 의한 재난.
火点[かてん] 화점; ①자동화기를 갖춘 지점. ②불이 난 곳.
火酒[かしゅ] 화주; 독주(毒酒). 증류주.
火宅[かたく] ≪仏≫ 화택; (고뇌에 찬) 이승. 현 세상.
火刑[かけい] 화형; 불에 의해 죽임을 당함.

花(花) 꽃 화

一 十 艹 艹 芢 花 花

音 ◉カ ⊗ケ
訓 ◉はな

訓読

4◉花[はな] ①꽃. ②꽃꽂이의 꽃. ③꽃처럼 아름다움. ④전성기(全盛期). ⑤화대(花代).
花キャベツ[はなキャベツ] 콜리플라워.
花やか[はなやか] 〈形動〉 화려함. 화사함. 눈부심. 뛰어남.
花やぐ[はなやぐ] 〈5自〉 쾌활해지다.
花加留多[はなかるた] 화투. 화투장.
花歌留多[はなかるた] 화투. 화투장.
花街[はなまち] ①유흥가. ②유곽(遊廓).
2花嫁[はなよめ] 신부(新婦). 새색시.
花嫁御寮[はなよめごりょう] 새색시의 미칭(美称).
花殻[はながら] ①시들거나 볼품이 없는 꽃. ②≪古≫ 남에게 베푸는 돈.

[3]花見[はなみ] 꽃구경. 벚꽃놀이.
花見客[はなみきゃく] 상춘객(賞春客).
花見相場[はなみそうば] ≪経≫ 매년 봄철에 시세가 제자리걸음하는 현상.
花見船[はなみぶね] 벚꽃놀이 배.
花見時[はなみどき] 벚꽃놀이 철.
花見月[はなみづき] 음력 3월의 딴이름.
花見舟[はなみぶね] 벚꽃놀이 배.
花見酒[はなみざけ] 벚꽃놀이 때의 술.
花鰹[はながつお] 'かつおぶし(가다랭이포)'를 엷게 썬 것.
花結び[はなむすび] ①장식용으로 끈을 꽃 모양으로 맨 매듭. ②당기면 금새 풀리게 끈을 매는 법.
花供養[はなくよう] ≪仏≫ (4월 초파일에) 꽃으로 장식한 작은 사탕을 불전(仏前)에 바치는 행사.
花菅[はなすげ] ≪植≫ 지모(知母).
花筐[はながたみ] ≪雅≫ 꽃바구니.
花軍[はないくさ] ≪古≫ (옛날) 두 편으로 나뉘어 꽃이 달린 나뭇가지로 서로 때리던 놀이.
花帰り[はながえり] (시집간 신부의) 첫 친정나들이.
花橘[はなたちばな] ① ≪雅≫ 꽃이 핀 탱자나무. ②여름철의 귤.
花金[はなきん] 주(週) 5일 근무제로 해방감에 넘치는 금요일 밤.
花冷え[はなびえ] 꽃샘추위.
花曇り[はなぐもり] 벚꽃이 필 무렵의 흐린 날씨.
花代[はなだい] ①꽃값. ②화대. 해웃값.
花大根[はなだいこん] ≪植≫ ①꽃이 핀 무. ②순무.
花道❶[はなみち] ①(歌舞伎(かぶき)극장에서) 객석을 지나가는 배우의 통로. ②씨름꾼이 출입하는 길. ③전성기. ④은퇴하는 시기. ❷[かどう] 꽃꽂이.
花の都[はなのみやこ] ①꽃의 도시. ②(문화의 중심이 되는) 화려한 도시.
花盗人[はなぬすびと] 꽃 도둑.
花独活[はなうど] ≪植≫ 어수리.
花灯籠[はなどうろう] 꽃등롱. 연꽃무늬로 장식한 등롱.
花落ち[はなおち] 풋과일.
花嵐[はなあらし] ①벚꽃이 폭풍우처럼 우수수 떨어짐. ②꽃샘바람.
花暦[はなごよみ] 꽃달력.
花鹿[はなじか] ≪動≫ 꽃사슴.
花籠[はなかご] ①꽃바구니. ② ≪仏≫ 산화(散華)를 넣는 바구니.
花輪[はなわ] 화환. 꽃다발.
花菱草[はなびしそう] ≪植≫ 금영화.
花立(て)[はなたて] ①꽃꽂이 그릇. ②부처나 무덤 앞에 꽃을 꽂아 두는 그릇.
花笠[はながさ] 꽃으로 장식한 삿갓.
花売(り)[はなうり] 꽃을 팖.
花売(り)娘[はなうりむすめ] 꽃을 파는 아가씨.
花明かり[はなあかり] 벚꽃이 만발하여 밤에도 훤하게 보임.
花毛氈[はなもうせん] 꽃무늬 양탄자.
花模様[はなもよう] 꽃무늬.
花木❶[はなもく] 주(週) 5일 근무로 목요일이 토요일처럼 느껴짐. ❷[かぼく] ①꽃과 나무. ②꽃나무.
花の木[はなのき] ①꽃이 피는 나무. ② ≪植≫ 꽃단풍.
花文字[はなもじ] ①(로마자 등의) 대문자. ②꽃무늬 모양의 글자. ③꽃을 글자 모양으로 심은 것.
花物[はなもの] 꽃을 관상하는 초목.
花薄[はなすすき] 꽃이 핀 억새.
花房[はなぶさ] ①꽃송이. ②꽃받침.
花筏[はないかだ] ①뗏목처럼 떠내려가는 꽃잎. ②꽃을 실은 뗏목을 본뜬 가문(家紋). ③분 바르기 전에 바르는 유성(油性) 향료.
[1]花弁[はなびら/かべん] 화판(花瓣). 꽃잎.
花柄❶[はながら] 꽃무늬. ❷[かへい] ≪植≫ 화병; 꽃자루. 꽃꼭지.
花氷[はなごおり] (여름의 실내 장식용으로) 속에 꽃을 넣고 얼린 얼음.
花詞[はなことば] 꽃말.
花相撲[はなずもう] (정기 흥행이 아닌) 임시 흥행 씨름판.
花色[はないろ] ①꽃의 색깔. ②연한 남색.
花生け[はないけ] 꽃병. 꽃꽂이 그릇.
[2]花婿[はなむこ] 신랑(新郎).
花蓆[はなむしろ] ①화문석(花紋席). 꽃돗자리. ②(온통 꽃잎이 깔려 있어서) 꽃방석을 깐 것 같음.
花盛り[はなざかり] ①꽃이 한창임. ②전성기. 한창 때. ③(여자의) 가장 아름다운 나이.
花蘇芳[はなずおう] ≪植≫ 박태기나무.

花束❶[はなたば] 꽃다발. ❷[けそく] ①(책상다리와 같은 것의 끝을) 꽃이나 구름모양으로 다듬은 것. ②불전(仏前)에 바치는 물건을 담는 그릇. ③불전(仏前)에 올리는 음식.
花水[はなみず] ①부처에게 바치는 꽃과 물. ②벼의 꽃이 피는 시기에 논에 대는 물.
花水木[はなみずき] ≪植≫ '미국산 딸기나무'의 딴이름.
花守(り)[はなもり] 벚꽃을 지키는 사람.
花市[はないち] 꽃 시장.
花時[はなどき] ①꽃철. ②벚꽃의 계절.
花時計[はなどけい] 꽃시계.
花実[はなみ] ①꽃과 열매. ②명예와 실속.
花の顔[はなのかお] ①피어 있는 꽃의 모습. ②꽃처럼 아름다운 얼굴.
花野[はなの] 꽃이 만발한 가을 들판.
花野菜[はなやさい] 콜리플라워.
花御堂[はなみどう] 꽃으로 아름답게 장식한 사당(祠堂).
花の御所[はなのごしょ] 室町殿(むろまちどの)의 총칭.
花言葉[はなことば] 꽃말.
花の宴[はなのえん] 벚꽃놀이 연회.
花筵[はなむしろ] ①화문석(花紋席). 꽃돗자리. ②(온통 꽃잎이 깔려 있어서) 꽃방석을 깐 것 같음.
花染(め)[はなぞめ] ①닭의장풀 꽃으로 청자색으로 염색함. ②벚꽃색깔로 염색함.
花烏賊[はないか] 조그마한 오징어.
花茣蓙[はなござ] 화문석(花紋席). 꽃돗자리. 꽃무늬를 넣어서 짠 돗자리.
花屋[はなや] 꽃가게.
花屋さん[はなやさん] ①꽃가게. ②꽃가게 주인.
花屋敷[はなやしき] 꽃을 많이 심어서 많은 사람에게 구경시키는 정원.
花の王[はなのおう] ①모란꽃. ②벚꽃.
花の雨[はなのあめ] 벚꽃이 필 때 오는 비.
花の雲[はなのくも] 꽃구름. 벚꽃이 구름처럼 많이 피어 있음.
花垣[はながき] 화초로 만든 생울타리.
花園[はなぞの] 화원; 꽃동산. 꽃밭.
花陰[はなかげ] 꽃나무의 그늘.
花人[はなびと] 벚꽃놀이하는 사람.
花入れ[はないれ] 꽃병. 화병(花瓶).
花茨[はないばら] 찔레나무의 꽃.
花自動車[はなじどうしゃ] 꽃자동차.
花作り[はなつくり/はなづくり] ①화초 가꾸기. ②화초 재배업자.
花の宰相[はなのさいしょう] 작약(芍薬).
花摘(み)[はなつみ] 꽃을 땀.
花畑[はなばたけ] 꽃밭. 화원(花園).
花前線[はなぜんせん] 개화전선(開花前線).
花電車[はなでんしゃ] 꽃전차.
花町[はなまち] ①유흥가. ②유곽(遊廓).
花祭(り)[はなまつり] ① ≪仏≫ (4월 초파일의) 관불회(灌仏会). ②풍년을 비는 제사.
花鯛[はなだい] ≪魚≫ 꽃돔.
花種[はなだね] 꽃씨.
花櫛[はなぐし] 조화로 장식한 빗.
花持ち[はなもち] (꽃꽂이에서) 꽃이 오래가는 정도.
花尽(く)し[はなづくし] ①여러 가지 꽃무늬를 그린 것. ②(글이나 노래 가사에) 여러 가지 꽃 이름을 열거함.
花車❶[はなぐるま] ①꽃으로 장식한 수레. ②꽃을 실은 수레. ❷[かしゃ] ①포주(抱主). ②술집의 안주인. ❸[きゃしゃ] ①날씬함. 가냘픔. ②튼튼하지 않고 약함.
花札[はなふだ] 화투. 화투장.
花菖蒲❶[はなしょうぶ] ≪植≫ 꽃창포. ❷[はなあやめ] ≪植≫ (꽃이 핀) 붓꽃.
花菜❶[はなな] 꽃이 핀 유채(油菜). ❷[かさい] 꽃을 식용으로 하는 야채류.
花籤[はなくじ] (계에서) 낙찰자를 정하는 추첨 외에 약간의 돈을 나누기 위한 또 다른 추첨.
花椿[はなつばき] 꽃이 핀 동백나무.
花吹雪[はなふぶき] 꽃보라.
花恥ずかしい[はなはずかしい] 〈形〉 꽃도 무색할 만큼 싱싱하고 아름답다.
花筒[はなづつ] (대나무나 함석으로 만든) 간단한 꽃꽂이 통.
花桶[はなおけ] ①꽃을 꽂는 통. ②(성묘때) 꽃이나 물을 담아가는 통.
花貝[はながい] 꽃조개.
花便り[はなだより] 꽃소식. 화신(花信).
花布[はなぎれ] (책의) 머리띠.
花疲れ[はなづかれ] 꽃구경 갔다가 지침.
花の下[はなのもと] 꽃나무 아래.
花下陰[はなしたかげ] 꽃그늘. 꽃나무 아래.
花霞[はながすみ] (벚)꽃이 피어 안개처럼 보임. 꽃안개.

花合(わ)せ[はなあわせ] ①화투놀이. ②(平安(へいあん) 시대에) 사람들이 두 편으로 나뉘어 꽃에 대한 和歌(わか)를 읊으며 놀던 놀이.

花鋏[はなばさみ] 가지치기 가위.

花の兄[はなのあに] (다른 꽃보다 먼저 핀다는) '매화(梅花)'의 딴이름.

花形[はながた] ①스타. 인기 있는 사람. ②꽃모양. 꽃무늬.

花紅葉[はなもみじ] ①봄의 꽃과 가을의 단풍. ②꽃처럼 선명한 단풍.

[2]花火[はなび] 불꽃. 폭죽(爆竹).

[2]花火大会[はなびたいかい] 불꽃놀이.

花火師[はなびし] 폭죽(爆竹)을 제조하거나 쏘아 올리는 것을 업으로 하는 사람.

花花しい[はなばなしい] 〈形〉 화려하다. 찬란하다. 눈부시다. 훌륭하다.

花花と[はなばなと] 화려하게. 멋있게.

花の丸[はなのまる] 둥글게 도안한 꽃모양.

花環[はなわ] 화환; 꽃다발.

花活け[はないけ] 꽃꽂이하는 그릇.

音読

花崗岩[かこうがん] 《鉱》 화강암.

花茎[かけい] 《植》 화경; 꽃대. 꽃줄기.

花梗[かこう] 화경; 꽃자루.

花器[かき] 화기; 꽃꽂이 그릇.

[1]花壇[かだん] 화단; 화초를 심어두는 곳.

花台[かだい] 화대; 화분이나 꽃병을 올려놓는 받침대.

花柳[かりゅう] 화류; ①꽃과 버들. ②창녀. 유곽(遊廓).

花柳界[かりゅうかい] 화류계; 연예인들이나 창녀들의 세계.

花柳病[かりゅうびょう] 성병(性病).

花弁[かべん/はなびら] 화판(花瓣). 꽃잎.

[4]花瓶[かびん] 화병; 꽃병.

花譜[かふ] 화보; 여러 가지 꽃 그림을 꽃이 피는 계절순으로 편집한 책.

[1]花粉[かふん] 《植》 화분; 꽃가루.

花粉管[かふんかん] 《植》 화분관.

[1]花粉症[かふんしょう] 《医》 화분증; 꽃가루병.

花押[かおう] 화압; 수결(手決). ＊옛날에 서명 대신 사용하던 일종의 기호.

花鳥[かちょう] 화조; 꽃과 새.

花卉[かき] 화훼; 화초(花草).

画(畫/劃)	①그림 화 ②그을 획
一 丅 万 而 而 亩 画 画	

音 ◉ガ ◉カク

訓 ⊗え ⊗えがく

訓読

⊗画[え] ①그림. ②(TV의) 영상. 화면.

⊗画く[えがく] 〈5他〉 ①(그림을) 그리다. ②(그림으로) 묘사하다. 표현하다. ③(마음에) 떠올리다. 그리다.

音読

画す[かくす] 〈5他〉 ☞ 画する

画する[かくする] 〈サ変他〉 ①선을 긋다. 구분 짓다. ②(계획을) 세우다. 꾀하다. 획책하다.

画架[がか] 화가; 받침틀. 이젤.

[2]画家[がか] 화가; 화백(画伯).

画境[がきょう] 화경; ①그림으로 그려진 경치. ②그림을 그릴 때의 심경.

画具[がぐ] 화구; 그림 그리는 도구.

画技[がぎ] 화기; 그림 그리는 기술.

[1]画期的[かっきてき] 획기적; (어떤 분야에서) 새로운 시대가 열릴 만큼 뚜렷한 것.

画嚢[がのう] 화낭; 그림 도구를 넣는 자루.

画廊[がろう] 화랑; ①그림을 전시하는 장소. ②화상(画商).

画竜[がりょう] 화룡; 그림에 그린 용.

画龍[がりょう] 화룡; 그림에 그린 용.

画面[がめん] 화면; ①그림・필름의 표면. ②(영화・TV의) 영상(映像).

画伯[がはく] 화백; '화가(画家)'의 높임말.

画法[がほう] 화법; 그림 그리는 법.

画鋲[がびょう] 압정(押釘). 압핀.

画餅[がべい] 화병; 그림의 떡.

画報[がほう] 화보; 그림이나 사진을 중심으로 하여 편집한 잡지・책.

画譜[がふ] 화보; ①그림을 종류별로 분류・정리하여 놓은 책. ②화법(画法)을 논한 책.

画商[がしょう] 화상; 그림 매매 업자.

画像[がぞう] 화상; ①초상화. ②(영화・TV의) 영상(映像).

画素[がそ] 화소; 화상(画像)을 구성하는 최소의 단위.

画数[かくすう] 획수; 한자(漢字)를 구성하고 있는 획의 숫자.

画時代的[かくじだいてき] ☞ 画期的

画室[がしつ] 화실; 아틀리에.
画業[がぎょう] 화업; 그림 그리는 업.
画然[かくぜん] 획연; 구별이 뚜렷함.
画用紙[がようし] 도화지(図画紙).
画引(き)[かくびき] 획인; 한자(漢字)를 획수에 따라 찾음.
画一[かくいつ] 획일(劃一); 하나하나의 성질·사정을 중요시하지 않고 전체를 하나로 통일시킴.
画一的[かくいつてき] 획일적.
画帳[がちょう] 그림을 그리는 노트.
画才[がさい] 화재; 그림을 그리는 재능.
画材[がざい] 화재; ①그림 그리는 재료. ②그림을 그리는 소재.
画展[がてん] 화전; 그림 전시회.
画定[かくてい] 획정; 명확히 구분함.
画題[がだい] 화제; ①그림의 제목. ②그림의 주제.
画調[がちょう] 화조; (사진이나 그림에서) 그 화면 전체에서 받는 느낌.
画質[がしつ] 화질; (사진이나 TV에서) 화상(画像)의 질.
画集[がしゅう] 화집; 그림을 모은 책.
画賛[がさん] 화찬; 그림의 여백에 써 넣은 글귀.
画讃[がさん] ☞ 画賛
画策[かくさく] 획책; 계략을 꾸밈.
画帖[がちょう] 화첩; 그림을 모은 책.
画板[がばん] 화판; ①그림을 그릴 때 받치는 판. ②유화(油画)를 그리는 널빤지.
画布[がふ] 캔버스.
画幅[がふく] 그림 족자.
画風[がふう] 화풍; 화법(画法)의 특색.
画筆[がひつ] 화필; 그림 그리는 붓.
画学生[ががくせい] 미술 학도(学徒).
画会[がかい] 화회; ①그림 전시회. ②그림을 그리거나 서로 비평하는 모임.

和 온화할/고를 화

一 二 千 禾 禾 利 和 和

音 ◉ワ ◉オ ⊗カ
訓 ◉なごむ ◉なごやか ◉やわらぐ ◉やわらげる ⊗あえる ⊗なぐ ⊗にき ⊗にこ

訓読

◉和む[なごむ] 〈5自〉 (분위기·기분이) 누그러지다. 온화해지다. 부드러워지다.
和み[なごみ] 누그러짐. 온화함. 아늑함.
1◉和やか[なごやか] 〈形動〉 (분위기·기색이) 온화함. 부드러움.
和や[なごや] ≪雅≫ ①부드러움. ②푹신한 침구.
和やぐ[なごやぐ] 〈5自〉 화기애애해지다.
◉和らぐ[やわらぐ] 〈5自〉 ①(날씨·통증이) 가라앉다. 완화되다. 누그러지다. 잔잔해지다. ②(마음·태도가) 누그러지다. 부드러워지다.
和らぎ[やわらぎ] 누그러짐. 온화해짐.
1◉和らげる[やわらげる] 〈下1他〉 ①(분위기를) 누그러뜨리다. 완화시키다. ②(문장 표현을) 부드럽게 하다.
⊗和える[あえる] 〈下1他〉 (반찬을) 버무리다. 무치다.
和(え)物[あえもの] 무침 요리.
⊗和ぐ[なぐ] 〈5自〉 ①(바람이나 파도가) 조용해지다. 가라앉다. ②(날씨가) 온화해지다. ③(마음이) 가라앉다.
⊗和毛[にこげ] 솜털. 부드러운 털.
和御魂[にきみたま] ≪宗≫ 유화(柔和)한 신령.
和幣[にきて/にぎて] ≪宗≫ 신전(神殿)에 바치는 마포(麻布).
和魂[にきたま/にぎたま] ☞ 和御魂(にきみたま)

音読

2和[わ] 화; ①화목(和睦). ②화해(和解). ③≪数≫ 합. 합계. ④일본. 일본어.
和す[わす] 〈5自他〉 ☞ 和する
和する❶[わする] 〈サ変他〉 혼합하다. 뒤섞다. 〈サ変自〉 ①화합하다. 화목하다. ②(노래를) 맞추어 부르다. ③(남의 시가에) 화답(和答)하다. ❷[かする] 〈サ変他〉 부드럽게 하다. 조화시키다. 〈サ変自〉 누그러지다. 어우러지다. 화합하다.
和歌[わか] ①일본 고유 형식의 시(詩). ②화답가(和答歌). ③(謡曲(ようきょく)에서) 춤의 전후에 있는 謡(うたい)의 한 구절.
和歌山県[わかやまけん] ≪地≫ 와카야마현.
2和菓子[わがし] 일본 전통의 과자.
和光同塵[わこうどうじん] 화광동진; ①지덕(智徳)을 감추고 속세를 좇음. ②≪仏≫ 중생구제를 위해 속세에 나타남.
和気[わき] 화기; 화목한 분위기.
和談[わだん] 화담; 화해(和解). 화의(和議).
和陶[わとう] 일본식 도자기.
和独[わどく] ①일본과 독일. ②일본어와 독일어.

和楽❶[わらく] 화락; 화목하게 즐김. ❷[わがく] 일본 전통 음악.
和蘭[オランダ] ≪地≫ 화란; 네덜란드.
和露[わろ] ①일본과 러시아. ②일본어와 러시아어.
和名❶[わみょう] 일본에서의 호칭. ❷[わめい] ①일본에서의 동식물의 표준명. ②일본에서의 호칭.
和睦[わぼく] 화목; 화기애애함.
1**和文**[わぶん] 일문(日文). 일본어 문장.
2**和服**[わふく] 일본옷. 기모노.
和本[わほん] 일본식으로 장정한 책.
和仏[わふつ] ①일본과 프랑스. ②일본어와 프랑스어.
和傘[わがさ] 일본 우산.
和算[わさん] (江戸(えど) 시대에) 일본에서 발달한 수학.
和尚❶[わじょう] 스님. ＊율종(律宗)·법상종(法相宗)·진언종(真言宗)에서. ❷[おしょう] ①스님. ＊선종(禅宗)·정토종(浄土宗)에서. ②절의 주지. ③승위(僧位)의 하나. ④무예나 다도(茶道)의 스승. ⑤고급 창녀. ❸[かしょう] 스님. ＊천태종(天台宗)에서.
和生[わなま] '和生菓子(わなまがし)'의 준말.
和生菓子[わなまがし] 일본식 생과자.
和書[わしょ] 일본 서적. 일본 책.
和船[わせん] 일본 재래식 목선(木船).
和声[わせい] ≪楽≫ 화성; 하모니.
和順[わじゅん] 화순; ①기후가 온화하고 순조로움. ②평온함. 온화함.
和式[わしき] 일본식. 일본 스타일.
和食[わしょく] 일본 음식. 일식(日食).
和室[わしつ] 다다미 방.
和洋[わよう] 화양; ①일본과 서양. ②일본식과 서양식.
和様[わよう] 일본 고유 양식. 일본 스타일.
和語[わご] 일본어. 일본 고유의 말.
和訳[わやく] 일역(日訳). 일본어로 번역함.
2**和英**[わえい] 일본과 영국. 일본어와 영어.
和英辞典[わえいじてん] 일본어에 해당하는 영어 단어 사전.
和牛[わぎゅう] 일본 재래종 소.
和音[わおん] ① ≪楽≫ 화음. ② ≪語学≫ 일본식으로 발음되는 한자(漢字)의 음. ③(平安(へいあん) 시대에) 한(漢)나라 발음을 정음(正音)으로 한 데 대한 오(呉)나라 발음의 일컬음.
和議[わぎ] 화의; 화해 협상.
和人[わじん] 왜인(倭人). 일본인.
和子[わこ] 도령. 도련님.
和子様[わこさま] 도련님.
和字[わじ] ①일본 글자. ②일본에서 만든 한자(漢字).
和装[わそう] ①일본식 옷차림. ②(책 제본에서) 재래식 장정(装幀).
和裁[わさい] 일본 재봉. 일본 바느질.
和戦[わせん] 화전; ①평화와 전쟁. ②전쟁을 중지하고 화해함.
和製[わせい] 일제(日製). 일본제(日本製).
和紙[わし] (재래식) 일본 종이.
和綴(じ)[わとじ] 일본 재래식으로 책을 매는 방법.
和親[わしん] 화친; 사이좋게 함.
和平[わへい] 화평; 평화.
和布[わかめ] ≪植≫ 미역.
1**和風**[わふう] ①일본풍. 일본식. 일본 스타일. ②건들바람. ③온화한 바람.
和学[わがく] (일본의) 국학(国学).
和学者[わがくしゃ] (일본의) 국학자.
和漢[わかん] ①일본어와 중국어. ②일본 학문과 중국 학문.
和合[わごう] 화합; 사이좋게 지냄.
和解❶[わかい] 화해; 사이좋게 함. ❷[わげ] ≪古≫ 일역(日訳). 외국어를 일본어로 번역함.
和魂[わこん] 일본 고유의 정신.
和訓[わくん] 한자(漢字)의 훈독(訓読).

華 빛날 화

音 ◉カ ◉ケ ⊗ゲ
訓 ◉はな ◉はなやか ◉はなやぐ

訓読

◉**華**❶[はな] ① ≪植≫ 꽃. ②꽃꽂이의 꽃. ③꽃처럼 아름다움. ④전성기. 절정기. ❷[か] ☞ [音読]
1◉**華やか**[はなやか] 〈形動〉 화려함. 화사함. 눈부심. 뛰어남.
◉**華やぐ**[はなやぐ] 〈5自〉 ①화려해지다. ②유쾌해지다. 쾌활해지다.
1**華華しい**[はなばなしい] 〈形〉 매우 화려하다. 찬란하다. 눈부시다. 훌륭하다.
華華と[はなばなと] 매우 화려하게. 찬란하게. 눈부시게. 훌륭하게.

音読

華❶[か] ①허식(虛飾). 외양만 화려함. ②'中華民国'의 준말. ❷[はな] ☞ [訓読]

華甲[かこう] 회갑(回甲). 환갑(還甲). ＊'華'를 분리하면 6개의 '十'과 1개의 '一'이 된다는 데서.

華僑[かきょう] 화교; 해외에 거주하는 중국인.

華壇[かだん] 화단; 꽃꽂이를 하는 사람들의 사회.

華道[かどう] 화도; 꽃꽂이.

華麗[かれい] 화려; 눈부시고 아름다움.

華美[かび] 화미; 화려하고 아름다움.

華奢❶[かしゃ] 화사; 호화로움. ❷[きゃしゃ] ①날씬함. 가냘픔. ②튼튼하지 않고 약함.

華商[かしょう] 화상; 해외에 거주하는 중국 상인.

華氏温度計[かしおんどけい] 화씨온도계.

華厳経[けごんぎょう] ≪仏≫ 화엄경.

華厳宗[けごんしゅう] ≪仏≫ 화엄종.

華族[かぞく] 화족; ①작위(爵位)를 가진 사람과 그 가족. ＊明治(めいじ)초기에 시작되어 1947년에 폐지됨. ②公卿(くぎょう) 가문(家門)의 이름.

華燭[かしょく] 화촉; ①화려하게 켠 불. ②결혼식.

華燭の典[かしょくのてん] 결혼식. 혼례식. ＊남의 결혼식에 대한 말임.

◑香華[こうげ], 散華[さんげ]

貨(貨) 재화/화폐 화

音 ◉カ

訓 —

音読

貨[か] 〈接尾語〉 화; 화폐.

貨客[かきゃく] 화객; 화물과 승객.

貨客船[かきゃくせん/かかくせん] 화객선; 사람과 화물을 동시에 실어 나르는 배.

[2]貨物[かもつ] 화물; (기차・배・자동차 등의) 수송 수단으로 운반하는 짐.

貨物船[かもつせん] 화물선; 주로 화물을 운반하는 선박.

貨殖[かしょく] 화식; 재산을 늘림.

貨財[かざい] 화재; 돈과 재산.

貨車[かしゃ] 화차; 화물 열차.

貨車渡(し)[かしゃわたし] 화차 인도(引渡).

[1]貨幣[かへい] 화폐; 돈.

貨幣石[かへいせき] 화폐석; 화폐를 닮은 원형의 화석.

禍(禍) 재앙 화

音 ◉カ

訓 ⊗わざわい ⊗まが

訓読

⊗禍❶[わざわい/まが] 화; 재앙. 재난. ❷[か] ☞ [音読]

禍する[わざわいする] 〈サ変自〉 (어떤 것이 원인이 되어) 재난이 되다. 화가 되다.

禍事[まがごと] 재난. 재앙.

禍神[まがかみ] 악신(悪神). 액신(厄神).

禍禍しい[まがまがしい] 〈形〉 불길하다.

音読

禍❶[か] 화; 불행(不幸). 재앙(災殃). ❷[わざわい/まが] ☞ [訓読]

禍根[かこん] 화근; 재앙의 근원.

禍難[かなん] 화난; 재난(災難). 재앙.

禍福[かふく] 화복; 불행과 행복.

禍災[かさい] 화재; 재난. 재앙.

禍害[かがい] 화해; 재난. 재해(災害).

話 말씀/이야기할 화

音 ◉ワ

訓 ◉はなし ◉はなす

訓読

[4]◉話[はなし] ①이야기. 말. 대화. 담화. ②정보. 알고 있는 내용. ③의논. ④(남에게 들려주는) 이야기. 만담. 재담.

[4]◉話す[はなす] 〈5他〉 ①이야기하다. 말하다. ②대화하다. 의논하다. 상의하다.

話せる[はなせる] 〈下1自〉 ①말할 수 있다. 말할 줄 안다. ②말이 통하다. 대화 상대가 될 만하다.

話し甲斐[はなしがい] 말한 보람.

[2]話し掛ける[はなしかける] 〈下1自〉 ①말을 걸다. 말을 붙이다. ②말을 시작하다.

話し口[はなしくち] 말하는 태도.

話半分[はなしはんぶん] (과장되게 말하므로) 절반 정도만 믿고 들음.

話し方[はなしかた] 말씨. 말투.
話(し)上手[はなしじょうず] 말솜씨가 좋음.
話(し)相手[はなしあいて] 대화 상대. 말벗.
話し声[はなしごえ] 말소리.
話し手[はなして] ①말하는 사람. ②이야기꾼. 말재주꾼.
話し言葉[はなしことば] ①일상어. 구어(口語). ②음성 언어.
話し込む[はなしこむ] 〈5自〉 이야기에 열중하다. 골똘히 이야기하다.
話の接(ぎ)穂[はなしのつぎほ] 이야기를 계속할 기회.
話の種[はなしのたね] 화젯거리.
2**話(し)中**[はなしちゅう] ①대화 도중. 말씀 도중. ②(전화의) 통화중.
話尽く[はなしずく] 충분히 대화를 나눔.
話し振り[はなしぶり] 말씨. 말투.
話(し)下手[はなしべた] 말솜씨가 서투름. 말주변이 없음.
2**話(し)合い**[はなしあい] 의논. 서로 이야기함. 대화. 교섭(交涉).
2**話し合う**[はなしあう] 〈5自〉 ①서로 의논하다. ②서로 이야기하다. 대화하다.
話し好き[はなしずき] 이야기하기를 좋아함. 또는 그런 사람.

音読

話頭(わとう] 화두; 말머리. 화제.
話法[わほう] 화법; ①말하는 법. 대화의 기술. ②서술법(叙述法).
話柄[わへい] 화제. 이야깃거리.
話術[わじゅつ] 화술; 말하는 기술.
話者[わしゃ] 화자; 말하는 사람.
2**話題**[わだい] 화제; 이야깃거리.
話調[わちょう] 화조; 말투의 특색.

靴(鞾) 신발 화

一 廿 廿 廿 芦 苎 革 革 靴 靴

音 ◉カ
訓 ◉くつ

訓読

4◉**靴**[くつ] 구두. 신발.
靴紐[くつひも] 구두끈.
靴磨き[くつみがき] ①구두닦기. ②구두닦이. 구두를 닦는 것을 업으로 하는 사람.
靴墨[くつずみ] 구두약.
靴敷[くつしき] (구두의) 깔창.
靴篦[くつべら] 구두주걱
靴拭い[くつぬぐい] (구두의 흙을 털기 위한) 현관의 매트.
靴屋[くつや] ①구둣방. 양화점. ②구두 수리 및 판매를 하는 사람.
靴音[くつおと] 구둣발자국 소리.
靴底[くつぞこ] ①구두창. 구두 바닥. ②≪魚≫ 참서대. 혀가자미.
靴跡[くつあと] 구둣발자국.
靴摺[くつずり] 문지방.
靴足袋[くつたび] 양말. ＊예스러운 말씨임.
靴直し[くつなおし] ①구두 수선. ②구두 수선공. 구두를 수선하는 사람.
靴擦れ[くつずれ] 구두에 쓸리어 생긴 상처.
4**靴下**[くつした] 양말.
靴下留(め)[くつしたどめ] (양말이 흘러내리지 않도록 매는) 양말대님.
靴型[くつがた] (신발을 만들 때 사용하는) 목형(木型). 신골.

音読

◑**軍靴**[ぐんか]. **製靴**[せいか]

樺 자작나무 화

音 ⊗カ
訓 ⊗かば ⊗から

訓読

⊗**樺**[かば] ① ≪植≫ 자작나무. ②'樺色(かばいろ/주황색)'의 준말.
樺の木[かばのき] ≪植≫ 자작나무
樺色[かばいろ] 주황색(朱黄色).
樺太[からふと] ≪地≫ '사할린'의 일본 명칭.
樺太犬[からふといぬ/からふとけん] 사할린 원산의 개. ＊힘이 세어 썰매를 끌기도 함.

〔확〕

拡(擴) 넓힐 확

一 十 扌 扩 扩 扩 扩 拡

音 ◉カク
訓 ⊗ひろがる ⊗ひろげる

訓読

⊗**拡がる**[ひろがる] 〈5自〉 ①넓어지다. ②퍼지다. 번지다. ③확대되다. 벌어지다. ④펼쳐지다. 전개되다. ⑤퍼지다.

拡がり[ひろがり] 넓어짐. 퍼짐. 확대됨.
⊗拡げる[ひろげる] 〈下1他〉 ①벌리다. 펴다. 펼치다. ②넓히다. 확장하다. ③어질러 놓다.

音読

[2]拡大[かくだい] 확대; (형태나 규모 등을) 넓힘. 크게 함.
拡大鏡[かくだいきょう] 확대경.
拡大販売[かくだいはんばい] 확대판매; 판매 부수 등을 넓힘.
[1]拡散[かくさん] 확산; 퍼져서 흩어짐.
拡声器[かくせいき] 확성기; 라우드스피커.
[2]拡張[かくちょう] 확장; (범위·규모 등을) 넓히거나 크게 함.
[2]拡充[かくじゅう] 확충; (설비·조직 등을) 규모를 크게 함. 충실을 기함.
拡販[かくはん] '拡大販売(かくだいはんばい)'의 준말.
拡幅[かくふく] (도로나 통로의) 폭을 넓힘.
拡幅工事[かくふくこうじ] (도로나 통로의) 폭을 넓히는 확장 공사.

確 확실할 확

丆 丆 石 矿 砕 矿 砕 碎 碓 確

音 ◉カク
訓 ◉たしか ◉たしかめる ⊗しかと ⊗しっかり

訓読

[2]◉確か[たしか] 〈形動〉 ①확실함. 틀림없음. ②정확함. ③든든함. 안전함. ④건전함. 멀쩡함. 또렷함. 〈副〉 확실히. 분명히. 틀림없이.
[2]◉確かめる[たしかめる] 〈下1他〉 (조사하거나 다짐하여) 확인하다.
⊗確と[しかと] ①확실히. 분명히. 틀림없이. ②굳게. 단단히. 꽉.
[3]⊗確り[しっかり] ①튼튼함. 단단함. 견고함. ②(기억력·판단력이) 똑똑함. ③착실히. 열심히. ④잔뜩. 듬뿍.
確り者[しっかりもの] ①확실한 사람. 착실한 사람. ②절약가.

音読

確たる[かくたる] 확실한. 틀림없는.
確とした[かくとした] 확실한. 분명한.
確固[かっこ] 확고; 확실하여 쉽게 움직이지 않음.
確固不抜[かっこふばつ] 확고부동함.
確答[かくとう] 확답; 확실한 답변.
確度[かくど] 정확도. 정확성.
[2]確率[かくりつ] 확률; 어떤 일이 발생할 수 있는 가능성의 비율.
[1]確立[かくりつ] 확립; 확실히 정함.
[1]確保[かくほ] 확보; 확실하게 손에 넣음. 자기의 것으로서 확실하게 만듦.
確報[かくほう] 확보; 확실한 소식.
[1]確信[かくしん] 확신; 굳게 믿어 의심하지 않음. 확실한 신념.
[2]確実[かくじつ] 확실; 정확하고 틀림이 없음. 또는 그런 상태.
確約[かくやく] 확약; 확실한 약속.
確言[かくげん] 확언; 확실하게 단언함.
確然[かくぜん] 확연; 확실함. 틀림없음.
[2]確認[かくにん] 확인; 확실하게 인정함.
[1]確定[かくてい] 확정; 확실하게 정함.
確証[かくしょう] 확증; 확실한 증거.
確執[かくしつ/かくしゅう] (자기주장을 굽히지 않음으로 인해 생기는) 갈등. 불화.
確乎[かっこ] 확고(確固)함.

穫 거둘/수확할 확

千 禾 秆 秆 秆 秆 秆 秆 穫 穫

音 ◉カク
訓 —

音読

◑収穫[しゅうかく], 収穫逓減[しゅうかくていげん]

矍 두리번거릴 확

音 ⊗カク
訓 —

音読

矍鑠[かくしゃく] 확삭; 늙어도 기력이 정정함. 노익장(老益壮).

攫 붙잡을 확

音 ⊗カク
訓 ⊗さらう

訓読

[1]⊗攫う[さらう] 〈5他〉 ①날치기하다. 채가다. ②유괴하다. ③독차지하다. 죄다 가져가다. 휩쓸다.

환

丸 둥글/알약 환

ノ 九 丸

音 ◉ガン

訓 ◉まる ◉まるい ◉まるまる ◉まるめる

訓読

[2]◉**丸❶**[まる] ①둥근 것. 동그라미. ②(일본어의) 온점이나 반탁점의 부호. ③전체. 통째. 온통. ④성곽(城郭)의 내부. ⑤ ≪俗≫ 돈. ❷[がん] ☞ [音読]

[4]◉**丸い**[まるい] 〈形〉 ①둥글다. 동그랗다. ②푹신하다. ③포동포동하다. ④(성격이) 원만하다. 모나지 않다.

丸ガッパ[まるガッパ] 소매가 없는 비옷.

丸きり[まるきり] (부정문에서) 아주. 전혀.

[1]**丸っきり**[まるっきり] '丸(まる)きり'의 강조.

[1]**丸ごと**[まるごと] 통째로. 온통 그대로.

丸ぽちゃ[まるぽちゃ] ≪俗≫ (여자가) 토실토실하고 귀여움. 오동통하고 귀여움.

丸まっちい[まるまっちい] 〈形〉 오동통하다.

[1]◉**丸まる**[まるまる] 〈5自〉 몸을 움츠리다.

丸み[まるみ] 둥그스름함.

[1]◉**丸める**[まるめる] 〈下1他〉 ①둥글게 만들다. 뭉치다. ②구슬리다. 교묘하게 설복하다. ③끝자리수를 사사오입(四捨五入)하다. ④하나로 뭉뚱그리다. ⑤모두를 자기 것으로 만들다.

丸干し[まるぼし] 통째로 말림·말린 것.

丸鋼[まるこう] 둥근 강철 로프.

丸鋸[まるのこ] 둥근 기계 톱.

丸見え[まるみえ] 온통 다 보임.

丸鏡[まるかがみ] 둥근 거울.

丸髷[まるまげ] (일본) 부인들의 헤어스타일의 하나.

丸公[まるこう] 공정 가격(公定価格).

丸括弧[まるかっこ/まるがっこ] 비어 있는 괄호. ( ).

丸潰れ[まるつぶれ] 완전히 부서짐.

丸襟[まるえり] 둥글게 한 깃.

丸紐[まるひも] 일반적인 둥근 끈.

丸禿げ[まるはげ] 완전히 벗겨진 대머리.

丸裸[まるはだか] ①맨몸. 알몸. 발가숭이. ②빈털터리. 무일푼.

丸麦[まるむぎ] 통보리.

丸木[まるき] 통나무.

丸木橋[まるきばし] 외나무다리.

丸木船[まるきぶね] 통나무배. 카누.

丸木造り[まるきづくり] 통나무로 만듦.

丸木舟[まるきぶね] 통나무배. 카누.

丸味[まるみ] 둥그스름함. 원만함.

丸坊主[まるぼうず] 중처럼 빡빡 깎은 머리. 중머리.

丸本[まるほん] ①전질(全帙). 다 갖춰진 책. ②전편이 하나로 수록된 浄瑠璃(じょうるり)의 대본.

丸負け[まるまけ] 완전한 패배.

丸盆[まるぼん] 둥근 쟁반.

丸鼻蜂[まるはなばち] ≪虫≫ 뗑벌.

丸事[まるごと] 통째로.

丸石[まるいし] 둥근 돌.

丸洗い[まるあらい] (옷을 뜯지 않고) 그대로 빨래함.

丸焼き[まるやき] 통구이. 통째로 구움.

丸焼け[まるやけ] 전소(全焼). 하나도 남김없이 몽땅 불타버림.

丸損[まるぞん] 손해만 봄.

丸損する[まるそんする] 〈サ変他〉 몽땅 손해보다.

丸首[まるくび] 셔츠 같은 옷의 목을 둥글게 판 것.

丸勝ち[まるがち] 일방적인 승리. 완승(完勝). 완벽한 승리.

丸十[まるじゅう] ≪数≫ 동그라미 속의 교차선.

丸顔[まるがお] 둥근 얼굴.

丸暗記[まるあんき] 통째로 암기함.

丸染め[まるぞめ] 통째로 물들임.

丸刈り[まるがり] 머리를 짧게 깎음.

丸屋根[まるやね] 돔 모양의 지붕.

丸瓦[まるがわら] 반원통형의 기와.

丸腰[まるごし] 맨주먹임. 무기를 갖고 있지 않음.

丸一[まるいち] ≪数≫ 이등분선(二等分線).

丸め込む[まるめこむ] 〈5他〉 ①둘둘 말아서 넣다. ②구슬리다.

丸材[まるざい] 껍질만 벗긴 통나무 재목.

[1]**丸っ切り**[まるっきり] (부정문에서) 전혀. 아주.

丸提灯[まるぢょうちん] 둥근 초롱등.

丸彫(り)[まるぼり] 입체 조각.

丸持ち[まるもち] 부자(富者).

丸砥石[まるといし] 회전 연마기.

丸漬け[まるづけ] (채소를) 통째로 담금.
丸窓[まるまど] 둥근 창문.
丸天井[まるてんじょう] ①둥근 천장. 돔. ②하늘.
丸出し[まるだし] 숨김없이 노출함.
丸取り[まるどり] 독차지함. 통째로 가짐.
丸針[まるばり] 보통 쓰는 바느질 바늘.
丸寝[まるね] 옷을 입은 채로 잠.
丸打ち[まるうち] 실을 엮어 만든 둥근 끈.
丸呑み[まるのみ] ①씹지 않고 통째로 삼킴. ②무조건 외움.
丸太[まるた] 통나무.
丸太ん棒[まるたんぼう] 통나무.
丸太小屋[まるたごや] 조그마한 통나무집.
丸太材[まるたざい] 통나무 목재.
丸太足場[まるたあしば] (건축 공사장의) 발판.
丸抱え[まるがかえ] ①(기생의 생활비를) 주인이 모두 부담함. ②(남을 위해) 비용을 모두 부담함.
丸幅[まるはば] 짠 그대로의 천의 폭.
丸合羽[まるがっぱ] 소매가 없는 비옷.
丸行灯[まるあんどん] 둥글게 만든 사방등(四方灯).
丸絎け[まるぐけ] 끈을 둥글게 옹그림.
丸絎け帯[まるぐけおび] 안에 솜을 넣고 둥글게 공그린 띠.
丸形[まるがた] 둥근 모양. 원형(円形).
丸丸[まるまる] ①모조리. 온통. ②포동포동. ③모모(某某). ④≪印≫ 공공(○○).
[1]丸丸とした[まるまるとした] 포동포동한. 통통한. 토실토실한.

音読

丸❶[がん] (환약 이름에 접속하여 접미어로) 환. ❷[まる] ☞[訓読]
丸薬[がんやく] 환약; 알약.
丸剤[がんざい] 환제; 환약. 알약.

幻 허깨비 환

く 幺 幺 幻

音 ◉ゲン
訓 ◉まぼろし

訓読

◉幻[まぼろし] ①환상(幻像). 환영(幻影). ②덧없는 것.
幻の世[まぼろしのよ] 덧없는 세상.

音読

幻覚[げんかく] 환각; 현실에 없는 것이 마치 존재하듯이 지각(知覚)되어짐.
幻灯機[げんとうき] 환등기; 슬라이드 필름을 비추어 보는 기계.
幻滅[げんめつ] 환멸; 이상적으로 여기고 있던 것이 현실과 동떨어져 낙담함.
幻想[げんそう] 환상; 현실에 없는 것을 마음속으로 그려 봄.
幻像[げんぞう] 환상; 실제로는 존재하지 않는데도 있는 것처럼 보이는 모습이나 형태.
幻術[げんじゅつ] 환술; ①요술. 마법(魔法). ②마술(魔術). 속임수.
幻視[げんし] 환시; 실제로는 없는 것이 있는 것처럼 보임.
幻影[げんえい] 환영; 환상(幻想). 환각.
幻聴[げんちょう] 환청; 실제로는 소리가 들리지 않는데도 들리는 것처럼 느껴짐.
幻惑[げんわく] 환혹; 현혹(眩惑)함.

患 병앓을/근심할 환

丨 ㄇ 口 吕 串 串 患 患 患

音 ◉カン
訓 ◉わずらう ⊗うれえる

訓読

◉患う[わずらう] 〈5自他〉 (병을) 앓다. 병이 나다.
患い[わずらい] 병(病). 병고(病苦).
患い付く[わずらいつく] 〈5自他〉 (병을) 앓다. 병이 나다.
⊗患える[うれえる] 〈下1他〉 ①슬퍼하다. ②우려하다. 근심하다. 걱정하다.
患え[うれえ] 근심. 걱정. 우려.

音読

患苦[かんく] 환고; 근심에 의한 고통.
患難[かんなん] 환난; 재난(災難). 재앙(災殃).
患部[かんぶ] 환부; 질환이나 상처 자리.
[2]患者[かんじゃ] 환자; 병자나 다친 사람.

喚 부를 환

丨 ㄇ 口 口' 口' 口' 口' 喚 喚 喚

音 ◉カン
訓 ⊗おめく ⊗わめく

訓読

⊗喚く❶[おめく] 〈5自〉 ≪雅≫ 부르짖다. 소리지르다.

⊗喚く❷[わめく] 〈5自〉 아우성치다. 큰소리로 떠들다. 큰소리로 외치다.

喚き立てる[わめきたてる] 〈下1他〉 심하게 아우성치다. 큰소리로 심하게 떠들다.

喚き声[わめきごえ] 아우성치는 소리.

音読

喚起[かんき] 환기; 호소하여 주의·자각(自覚)·양심 등을 불러일으킴.

喚問[かんもん] 환문; (공공기관에서) 사람을 불러들여 필요한 사항을 물어봄.

喚想[かんそう] 환상; 상기시킴.

喚声[かんせい] 환성; 크게 외치는 소리.

喚呼[かんこ] 환호; 고함을 지름.

換 바꿀 환

音 ◉カン

訓 ◉かえる ◉かわる

訓読

[2]◉換える[かえる] 〈下1他〉 ①(서로) 바꾸다. 교환하다. ②(새것으로) 바꾸다. 교체하다. ③(같은 음식을) 더 달라고 요구해서 먹다.

換え[かえ] ①바꿈. 교환. ②대신. 대치품. ③(교환의) 비율.

[2]◉換(わ)る[かわる] 〈5自〉 바뀌다. 교체되다. 교대하다. 갈리다.

音読

換価[かんか] 환가; ①물건의 가치를 금액으로 환산함. ② ≪法≫ 압류한 재산 등을 금전으로 바꿈.

換価株[かんかかぶ] ≪経≫ 환가주; 저장주(貯蔵株).

換骨奪胎[かんこつだったい] 환골탈태; 타인의 작품을 손질하여 새것인 것처럼 발표함. 개작(改作).

換金[かんきん] 환금; 돈으로 바꿈.

[2]換気[かんき] 환기; 오염된 공기를 신선한 공기로 교체함.

換気口[かんきこう] 환기구; 환기통 입구.

換気扇[かんきせん] 환기 팬.

換物[かんぶつ] 환물; 돈을 물건으로 바꿈. 물건을 삼.

[1]換算[かんさん] 환산; 어떤 수치(数値)를 다른 단위로 바꾸어 계산함.

換言[かんげん] 환언; 바꾸어 말함.

歓(歡) 기뻐할 환

音 ◉カン

訓 ⊗よろこぶ

訓読

⊗歓ぶ[よろこぶ] 〈5他〉 기뻐하다. 즐거워하다. 좋아하다.

歓び[よろこび] ①기뻐함. 기쁨. 즐거움. ②경사스런 일. ③축사. 축하의 말.

歓び勇む[よろこびいさむ] 〈5自〉 기뻐서 신바람이 나다.

音読

歓[かん] 환; 기쁨. 즐거움.

歓談[かんだん] 환담; 즐겁게 대화함.

歓待[かんたい] 환대; 진심어린 대접.

歓楽[かんらく] 환락; 기쁨과 즐거움.

歓楽街[かんらくがい] 환락가; 유흥가.

[1]歓声[かんせい] 환성; 환호성.

歓送[かんそう] 환송; 떠나는 사람을 따뜻하게 격려하여 보냄.

歓送会[かんそうかい] 환송회.

歓心[かんしん] 환심; 사람의 마음을 기쁘게 함.

[2]歓迎[かんげい] 환영; 사람을 기쁘게 맞이함.

歓迎会[かんげいかい] 환영회.

歓呼[かんこ] 환호; 기뻐서 크게 소리침.

歓喜❶[かんき] 환희; 큰 기쁨. ❷[かんぎ] ≪仏≫ 법열(法悦).

歓喜会[かんぎえ] ≪仏≫ 법열회(法悦会).

還(還) 다시/돌아올 환

音 ◉カン ⊗ゲン

訓 ⊗かえす ⊗かえる

訓読

⊗還す[かえす] 〈5他〉 (원래의 위치로) 돌려보내다. 돌아가게 하다.

⊗還る[かえる] 〈5自〉 (원래의 위치로) 돌아오다. 돌아가다.

還り[かえり] ①돌아옴. 돌아감. ②돌아올 때. 돌아갈 때.

音読

還啓[かんけい] 환계; 외출했던 황후나 황태자의 환궁(還宮).

還納[かんのう] 환납; 한 번 얻은 것을 다시 되돌려 바침.

[1]**還暦**[かんれき] 환갑(還甲). 회갑(回甲).

還流[かんりゅう] 환류; 본래의 방향으로 되돌아 흐름.

還付[かんぷ] 환부; 환급(還給). (정부가 한때 소유했던 것을) 되돌려 줌.

還付金[かんぷきん] 환급금(還給金).

還俗[げんぞく] 환속; 출가하여 중이 된 사람이 다시 속인(俗人)으로 되돌아옴.

還送[かんそう] 송환(送還). 되돌려 보냄.

還収[かんしゅう] 환수; 한 번 남의 손에 넘어간 것을 되찾음.

還御[かんぎょ] 환어; 궁궐로 되돌아옴.

[1]**還元**[かんげん] 환원; ①원상태로 되돌아옴. ②≪化≫ 산화된 물질을 원래의 상태로 되돌림.

環(環) 고리/두를 환

𤣩 ⺩罒 … 環 環 環

音 ◉カン
訓 ⊗たまき ⊗わ

訓読

⊗**環**❶[たまき] ≪雅≫ (옛날에) 팔에 두르던 팔찌 모양의 장신구. ❷[わ] ①고리. 원형. ②테. 테두리. ❸[かん] ☞ [音読]

音読

環❶[かん] 원형의 옥(玉). ❷[たまき/わ] ☞ [訓読]

[2]**環境**[かんきょう] 환경; ①생활체를 둘러싸고 있는 주변의 세계. ②주위의 사물이나 사정.

環境法[かんきょうほう] 환경법.

環境税[かんきょうぜい] 환경세.

環境庁[かんきょうちょう] 환경청.

環帯[かんたい] ≪植/動≫ 환대.

環堵[かんと] 환도; ①울타리. 담. ②좁은 집. 작은 방.

環状[かんじょう] 환상; 고리 모양.

環状筋[かんじょうきん] ≪生理≫ 환상근.

環状線[かんじょうせん] 환상선; 순환선.

環視[かんし] 환시; 여러 사람이 봄.

環式化合物[かんしきかごうぶつ] ≪化≫ 환식 화합물.

環礁[かんしょう] 환초; 둥근 고리 모양의 산호초(珊瑚礁).

環太平洋[かんたいへいよう] ≪地≫ 환태평양; 태평양을 둘러싼 지역.

環海[かんかい] 환해; 사방이 바다로 둘러싸임.

宦 내시/벼슬살이 환

音 ⊗カン
訓 —

音読

宦官[かんがん] 환관; 내시(内侍).

宦者[かんじゃ] 환자; 환관(宦官). 내시.

渙 흩어질 환

音 ⊗カン
訓 —

音読

渙発[かんぱつ] 환발; 천자(天子)의 명령을 세상에 널리 알림.

煥 불꽃 환

音 ⊗カン
訓 —

音読

煥発[かんぱつ] 환발; (숨은 재능이) 겉으로 드러남. 번득임.

鰥 홀아비 환

音 ⊗カン
訓 ⊗やもめ

訓読

⊗**鰥夫**[やもめ/やもお] 홀아비.

鰥夫暮らし[やもめぐらし] 홀아비 생활.

〔활〕

活 살/응용할 활

丶 冫 氵 氵 汇 汗 汗 活 活

音 ◉カツ
訓 ⊗いかす ⊗いかる ⊗いきる ⊗いける

訓読

⊗**活かす**[いかす] 〈5他〉 ①살리다. 소생시키다. ②활용하다. 발휘하다.

⊗**活かる**[いかる] 〈5自〉 꽃꽂이가 되다. (꽃이 살 수 있는 상태로) 꽂히다.

⊗活きる[いきる] 〈上1自〉 ①살다. 생존하다. ②생활하다. ③존재하다. ④쓸모가 있다. ⑤생기를 띠다.
活き魚[いきうお] 활어; 살아 있는 물고기.
活き餌[いきえ] 살아 있는 미끼.
活き活き[いきいき] 생생함. 싱싱함. 초롱초롱함.
⊗活ける[いける] 〈下1他〉 ①살리다. 되살리다. 소생시키다. ②꽃꽂이하다. ③(식물을) 심다.
活(け)物[いけもの] ①꽃꽂이. ②쓸모가 있는 물건. 실제로 도움이 되는 물건.
活(け)魚[いけうお] 활어; (요리용으로) 수족관에 기르는 물고기.
活(け)作り[いけづくり] ①살아 있는 생선의 살만 회로 쳐서 다시 본래의 모양으로 꾸며 내놓는 요리. ②싱싱한 생선회.
活(け)炭[いけずみ] (화력이 오래 가게) 재속에 묻어둔 숯불.
活(け)花[いけばな] 꽃꽂이. 꽃꽂이한 꽃.

音読

活[かつ] 활; ①삶. 살 길. ②기절한 사람의 의식을 되살리는 기술.
活計❶[かっけい] 생계(生計). ❷[たつき] ①생계(生計). 생활의 수단. ②의지할 곳.
活劇[かつげき] 활극; ①액션 드라마. ②격렬한 난투극.
[2]活気[かっき] 활기; 왕성한 기운.
活断層[かつだんそう] ≪地≫ 활단층; 현재 활동 중인 단층.
[2]活動[かつどう] 활동; 활발하게 움직임.
活動家[かつどうか] 활동가; 정치 운동가.
活動的[かつどうてき] 활동적; ①적극적으로 움직임. ②움직이기 쉬움.
活量[かつりょう] 활량; 활동도(活動度).
[2]活力[かつりょく] 활력; 활동하는 힘. 활동력. 생명력(生命力).
活路[かつろ] 활로; ①(막다른 곳에 탈출한다는 뜻의) 살 길. ②생활의 방법.
[1]活発[かっぱつ] 활발; 활기가 있음.
活潑[かっぱつ] ☞ 活発
活写[かっしゃ] 활사; 생생하게 묘사함.
活社会[かっしゃかい] 현실 사회.
活殺自在[かっさつじざい] 남을 자기 마음대로 다룸.
活塞[かっそく] 활색; 피스톤.
活性[かっせい] 활성; 기능이 나타나거나 효율이 향상됨.
活性化[かっせいか] 활성화.
活性炭[かっせいたん] 활성탄.
[2]活躍[かつやく] 활약; 크게 활동함.
活魚[かつぎょ] 활어; 살아 있는 물고기.
[2]活用[かつよう] 활용; ①이용함. ② ≪語学≫ 용언이나 조동사의 활용.
活用語[かつようご] ≪語学≫ 활용어.
活用形[かつようけい] ≪語学≫ 활용형.
[2]活字[かつじ] 활자; 인쇄용 글자 꼴.
活字体[かつじたい] 활자체.
活栓[かっせん] 활전; ①밸브. 코크. ②(관악기의) 피스톤.
活着[かっちゃく] 활착; (식물이) 뿌리를 내리고 성장하기 시작함.
活版[かっぱん] 활판; 활자 등을 조합하여 만든 인쇄판.
活火山[かっかざん] ≪地≫ 활화산.
活況[かっきょう] 활황; 경기가 좋은 상태.

滑 미끄러울 활

氵 氵 氵 氵 氵 氵 氵 氵 滑 滑

音 ◉カツ ⊗コツ
訓 ◉なめらか ◉すべらす ◉すべる ⊗ぬめる

訓読

[1]◉滑らか[なめらか] 〈形動〉 ①미끄러움. 매끈매끈함. ②순조로움. 거침없음.
◉滑らす[すべらす] 〈5他〉 ①미끄러뜨리다. ②입을 잘못 놀리다.
[3]◉滑る❶[すべる] 〈5自〉 ①미끄러지다. ②(접촉면이) 미끈거리다. ③(스키·스케이트 등을) 타다. 활주하다. ④ ≪俗≫ (시험에) 불합격하다. 떨어지다. ⑤(부주의로) 잘못 말하다.
⊗滑る❷[ぬめる] 〈5自〉 ①미끈거리다. ② ≪古≫ 멋 내다. 모양내다. ③ ≪古≫ 들뜨다.
⊗滑[ぬめ] ①아무런 무늬가 없는 평활한 면. 민짜. ②흠이 없는 문지방.
滑っこい[すべっこい] 〈形〉≪俗≫ 매끄럽다.
滑り❶[すべり] 미끄럼. 미끄러지기. ❷[ぬめり] 점액(粘液) 등으로 미끈미끈함.
滑り台[すべりだい] 미끄럼대.
滑り入る[すべりいる] 〈5自〉 ①미끄러져 들어가다. 미끄러지듯이 들어가다. ②살짝 들어가다.

滑り込み[すべりこみ] ①(야구의) 슬라이딩. ②(정해진 시간에) 가까스로 시간에 댐.
滑り込む[すべりこむ] 〈5自〉 ①(야구에서) 슬라이딩하다. ②미끄러져 들어가다. ③미끄러지듯이 들어가다. 살짝 들어가다. ④가까스로 시간에 대다.
滑子[なめこ] ≪植≫ 담자균류(担子菌類)의 식용버섯.
滑り止め[すべりどめ] ①(미끄럼 방지용) 굄목. 굄돌. ② ≪俗≫ 1차 지망 학교에 떨어질 경우에 대비하여 다른 학교에도 시험을 치러 둠.
滑り出し[すべりだし] ①미끄러지기 시작함. ②출발. 개시. 시작.
滑り出す[すべりだす] 〈5自〉 ①미끄러지기 시작하다. ②(일이) 시작되다. 진행하기 시작하다.
滑革[なめかわ] 가공한 부드러운 가죽.

音読

[1]**滑稽**[こっけい] ①해학(諧謔). 익살스러움. 코미디. ②우스꽝스러움.
滑稽本[こっけいぼん] 서민생활을 해학으로 엮은 江戸(えど) 시대의 통속 소설.
滑降[かっこう] 활강; (스키에서) 미끄러져 내려감.
滑降競技[かっこうきょうぎ] 활강 경기.
滑空[かっくう] 활공; 공중 활주.
滑空機[かっくうき] 글라이더.
滑落[かつらく] (등산에서) 추락함.
滑落事故[かつらくじこ] (등산의) 추락사고.
滑走[かっそう] 활주; ①미끄러지듯이 달림. ②비행기가 이착륙하기 위해 달림.
滑走路[かっそうろ] 활주로.
滑車[かっしゃ] 활차; 도르래.
滑脱[かつだつ] 활탈; 자유자재로 변화함.

猾 교활할 활	音 ⊗カツ 訓 —

音読

◑**狡猾**[こうかつ]

豁 뚫린골 활	音 ⊗カツ 訓 —

音読

豁然[かつぜん] 활연; ①활짝 트임. 드넓음. ②별안간 깨달음.

闊 넓을 활	音 ⊗カツ 訓 —

音読

闊達[かったつ] 활달; 도량이 큼.
闊大[かつだい] 활대; 넓고 큼. 광대함.
闊歩[かっぽ] 활보; ①큰 걸음으로 당당히 걸음. ②당당한 태도로 멋대로 행동함.
闊葉樹[かつようじゅ] 활엽수. *'広葉樹(こうようじゅ)'의 옛 명칭.

〔황〕

況 하물며 황

丶 冫 氵 氿 沪 沪 況 況

音 ◉キョウ
訓 ⊗まして ⊗いわんや

訓読

[1]⊗**況して**[まして] ①하물며. 더구나. ②한층 더. 더욱 더.
⊗**況(ん)や**[いわんや] 하물며. 더군다나. 말할 것도 없이. 물론.

音読

◑**近況**[きんきょう], **不況**[ふきょう], **状況**[じょうきょう], **実況**[じっきょう], **現況**[げんきょう], **好況**[こうきょう]

荒(荒) 거칠 황

一 十 艹 芢 芒 芒 荒 荒 荒

音 ◉コウ
訓 ◉あらい ◉あらす ◉あれる ⊗あばら ⊗すさぶ ⊗すさむ

訓読

[2]◉**荒い**[あらい] 〈形〉 ①(행동이) 거칠다. 난폭하다. ②(파도 등이) 거칠다. 맹렬하다. ③거칠고 절도가 없다. 헤프다.
荒くれ[あらくれ] 난폭함. 거칠고 사나움.
荒くれる[あらくれる] 〈下1自〉 난폭하게 굴다. 거칠게 행동하다.
荒ごなし[あらごなし] 애벌 빻기.
荒っぽい[あらっぽい] 〈形〉 ①난폭하다. 거칠다. 사납다. ②조잡하다. ③투박하다.

荒びる[あらびる] 〈上1自〉 ①거칠어지다. ②난폭한 짓을 하다.

荒らか[あららか] 〈形〉 (행동이) 거칢.

荒らげる[あららげる] 〈下1他〉 (목소리 등을) 난폭하게 하다. 거칠게 하다.

1 ◉荒す[あらす] 〈5他〉 ①황폐하게 만들다. 엉망으로 만들어 놓다. ②망가뜨리다. ③(남의 영역을) 노략질하다. 침범하다. ④위협하다.

荒し[あらし] …을 텖. …을 터는 사람.

2 ◉荒れる[あれる] 〈下1自〉 ①(분위기가) 험악해지다. ②황폐해지다. ③(피부가) 까칠까칠해지다. ④≪俗≫ 날뛰다. 발광하다.

⊗荒ぶ[すさぶ] 〈5自〉 ①(마음이) 삭막해지다. ②탐닉하다.

⊗荒む[すさむ] 〈5自〉 ①(마음이) 삭막해지다. ②탐닉하다. ③〈接尾語〉 더욱 심해지다. 날뛰다.

荒ら家[あばらや] ①폐가(廃家). 다 쓰러져 가는 집. ②(겸양어로) 누추한 집

荒稼ぎ[あらかせぎ] ①막일. 막노동. ②(수단을 가리지 않고) 돈벌이를 함. ③(협박하여) 금품을 빼앗음.

荒肝[あらぎも] 담력. 두둑한 배짱.

荒れ果てる[あれはてる] 〈下1自〉 몹시 황폐해지다. 몹시 거칠어지다.

荒れ狂う[あれくるう] 〈5自〉 ①미쳐 날뛰다. 광란하다. ②(바람・파도 등이) 몹시 사나워지다. 몹시 거칠어지다.

荒巻(き)[あらまき] ①짚이나 대나무껍질로 싼 생선. ②얼간 연어자반.

荒筋[あらすじ] 개요. 대강의 줄거리.

荒肌[あらはだ] 거친 피부. 거친 살결.

荒れ肌[あれはだ] 거칠 피부・살결.

荒技[あらわざ] (씨름・유도・무술에서) 격렬하고 동작이 큰 기술.

荒起(こ)し[あらおこし] (농사를 짓기 위한 준비로) 논밭을 대충 갈아엎음.

荒磯❶[あらいそ] 거친 파도가 밀려오는 바위가 많은 해안. ❷[ありそ] ≪雅≫ 'あらいそ'의 준말.

荒男[あらお] 용맹스런 남자.

荒代[あらしろ] (모내기를 하기 위한) 최초의 물갈이.

荒塗り[あらぬり] 애벌칠. 바닥칠. 초벌칠.

荒道具[あらどうぐ] ①(가정의) 잡다한 도구. ②커다란 칼붙이.

荒鑢[あらやすり] 이가 거친 줄.

荒療治[あらりょうじ] ①(환자를) 거칠게 치료함. ②대담한 개혁. 과감한 조치. ③(조폭들의) 잔인한 살상.

荒立つ[あらだつ] 〈5自〉 ①거칠어지다. ②(일이 꼬여) 복잡해지다.

荒立てる[あらだてる] 〈下1他〉 ①거칠게 하다. ②(일이 얽혀) 말썽을 일으키다. 더욱 복잡하게 만들다.

荒馬[あらうま] 길들이지 않은 말.

荒れ馬[あれうま] 길들이지 않은 말.

荒れ模様[あれもよう] ①날씨가 거칠어질 낌새. ②기분이 나쁜 상태.

荒木[あらき] 원목. 통나무.

荒武者[あらむしゃ] 거칠고 씩씩한 무사.

荒物[あらもの] ①(일상생활의) 잡다한 도구. ＊소쿠리・통・빗자루 등을 말함. ②싱싱한 어패류.

荒物屋[あらものや] (일상생활의) 잡다한 도구를 판매하는 가게.

荒粕[あらかす] 생선으로 만든 비료.

荒れ放題[あれほうだい] (건물・토지 등이) 황폐해진 채로 방치됨.

荒法師[あらほうし] ①거칠고 우락부락한 중. ②모진 고생을 하는 중.

荒壁[あらかべ] 초벽칠만 한 벽.

荒れ膚[あれはだ] 거친 피부・살갗.

荒仕事[あらしごと] ①막일. 막노동. ②(강도・살인 등의) 막된 짓.

荒れ寺[あれでら] 황폐된 절.

荒事[あらごと] ①(歌舞伎(かぶき)에서) 거친 무사나 귀신 등을 주역으로 하는 연극. ②거친 행위.

荒事師[あらごとし] (歌舞伎(かぶき)에서) 거친 무사나 귀신 등의 주역을 하는 배우.

荒削り[あらけずり] ①대강 다듬음. ②〈形動〉 세련되지 않음. 거칢.

荒れ性[あれしょう] 건성(乾性) 체질.

荒星[あらぼし] 초겨울 밤의 별.

荒城❶[あらき] (옛날의) 귀인의 빈소(殯所). ❷[こうじょう] 황성; 황폐된 성.

荒城の宮[あらきのみや] 귀인의 빈소(殯所).

荒聖[あらひじり] ①거칠고 우락부락한 중. ②모진 고생을 하는 중.

荒縄[あらなわ] 동앗줄. 굵은 밧줄.

荒野[あらの/こうや] 황야; 거친 들판.

荒れ野[あれの] 황야; 거친 들판.

荒御魂[あらみたま] 나쁜 짓을 하는 악귀.

荒業[あらわざ] 막일. 막노동.

荒研ぎ[あらとぎ] 거친 숫돌로 갊.
荒筵[あらむしろ] 거칠게 짠 거적.
荒ら屋[あばらや] ①폐가(廢家). 다 쓰러져 가는 집. ②(겸양어로) 누추한 집
荒夷[あらえびす] ①거친 시골뜨기. ②거친 시골뜨기 무사.
荒者[あらもの] 난폭한 사람.
荒田[あらた] 황폐된 논.
荒れ田[あれた] 황폐된 논.
荒切り[あらぎり] ①대충대충 자름. 조잡하게 자름. ②거칠게 썬 담배.
荒彫り[あらぼり] 거칠게 한 조각.
荒潮[あらしお] 거친 조류.
荒れ地[あれち] 황무지(荒蕪地).
荒砥[あらと] 거친 숫돌.
荒茶[あらちゃ] 가공하지 않은 차.
荒薦[あらごも] 거친 줄 거적.
荒鷲[あらわし] ①사나운 독수리. ②용감한 비행사나 전투기.
荒波[あらなみ] 거친 파도.
荒板[あらいた] 꺼칠꺼칠한 판자.
荒布[あらめ] ≪植≫ 대황.
荒荷[あらに] 무거운 짐. ＊목재·철재·토석류를 말함.
荒海[あらうみ] 파도가 거친 바다.
荒行[あらぎょう] (괴로움을 참고 하는) 모진 수행(修行). 고행(苦行).
荒血[あらち] ①출산 때의 출혈. ②칼붙이 등에 의한 출혈.
荒荒しい[あらあらしい] 〈形〉 ①우락부락하다. ②(정도가) 심하다. 격렬하다.

音読

荒唐[こうとう] 황당; (말이나 행동이) 근거 없이 허황됨. 종잡을 수 없음.
荒唐無稽[こうとうむけい] 황당무계; 엉터리임. 터무니없음.
荒涼[こうりょう] 황량; 풍경 등이 몹시 황폐하여 쓸쓸함.
荒蕪地[こうぶち] 황무지; 매우 거친 땅.
荒城❶[こうじょう] 황성; 황폐된 성. ❷[あらき] (옛날의) 귀인의 빈소(殯所).
荒神[こうじん] ①부뚜막 귀신. ②수호신.
荒野[こうや/あらの] 황야; 거친 들판.
荒原[こうげん] 황원; 거친 들판.
荒淫[こういん] 황음; 지나치게 색에 빠짐.
荒天[こうてん] 황천; 거친 날씨.
荒土[こうど] 황토; 황폐된 땅.
[1]荒廃[こうはい] 황폐; (집이나 땅이) 돌보아지지 않고 그냥 버려져 몹시 거칠어 못쓰게 됨.

皇 임금 황

丶 ⺊ 冂 白 白 皁 皁 皇 皇

音 ◉コウ ◉オウ ⊗ノウ
訓 ⊗すめ ⊗すめら

訓読

⊗皇神[すめかみ/すめがみ] ≪古≫ ①황실의 조상신. ②'神(かみ)'의 높임말.
皇御国[すめらみくに] 천황이 다스리는 나라. 일본(日本).
皇御軍[すめらみくさ] 천황의 군대.
皇御祖[すめみおや] ①천황의 어머니. ②천황의 부모나 조상.
皇尊[すめらみこと] 천황(天皇).

音読

[1]皇居[こうきょ] 천황이 거처하는 곳. ＊제2차 세계 대전까지는 宮城(きゅうじょう)라고 했음.
皇国[こうこく] 황국; 천황이 다스리는 나라. 일본(日本).
皇宮[こうぐう] 황궁; 천황의 궁전.
皇紀[こうき] (神武天皇(じんむてんのう)가 즉위한 해를 원년으로 하는) 일본의 기원(紀元).
皇女[こうじょ/おうじょ] 황녀; 천황의 딸.
皇大神宮[こうたいじんぐう] 일본 三重県(みえけん) 伊勢市(いせし)에 있는 神社(じんじゃ). 伊勢神宮(いせじんぐう)의 내궁(内宮).
皇道[こうどう] 황도; 천황이 나라를 다스리는 도(道).
皇霊[こうれい] 황령; 역대 천황의 혼령.
皇霊殿[こうれいでん] 황령전; 역대 천황의 혼령을 안치한 곳. 종묘(宗廟).
皇霊祭[こうれいさい] 황령제; 역대 천황을 제사지내는 곳.
皇陵[こうりょう] 황릉; 천황의 능.
皇民[こうみん] 황민; 천황의 백성.
皇別[こうべつ] 황족(皇族)에서 갈라진 씨족. ＊源氏(げんじ)·平氏(へいし)를 말함.
皇妃[こうひ] 황비; 황후(皇后).
皇師[こうし] 황사; 천황의 군대.
皇嗣[こうし] 황사; 황태자(皇太子).
皇上[こうじょう] 황상; 현재의 천황.
皇城[こうじょう] 황성; 천황의 궁전.
皇孫[こうそん] 황손; 천황의 자손.
皇室[こうしつ] 황실; 천황 및 그 황족.
皇室御寮[こうしつごりょう] 황실 재산.
皇位[こうい] 황위; 천황의 자리.

皇威[こうい] 황위; 천황의 위광(威光).
皇恩[こうおん] 황은; 천황의 은혜.
皇子[おうじ/みこ] 황자; 천황의 아들.
皇帝[こうてい] 황제; ①제후(諸侯)들을 초월하는 왕. ②군주국에서의 왕.
皇祖[こうそ] 황조; 천황의 조상.
皇祚[こうそ] 황조; 천황의 자리.
皇朝[こうちょう] 황조; 천황의 조정(朝廷).
皇族[こうぞく] 황족; 천황의 일족(一族).
皇宗[こうそう] 황종; 천황의 조상.
皇親[こうしん] 황친; 천황의 친족.
皇太妃[こうたいひ] 황태비; 천황의 생모로 선황(先皇)의 비(妃).
皇太孫[こうたいそん] 황태손; 천황의 손자.
皇太子[こうたいし] 황태자; 천황의 뒤를 이을 아들.
皇太子妃[こうたいしひ] 황태자비.
皇太后[こうたいごう] 황태후; 천황의 생모로 선황(先皇)의 비(妃).
皇后[こうごう] 황후; 천황의 아내.
皇后陛下[こうごうへいか] 황후폐하.
◑**天皇**[てんのう], **法皇**[ほうおう]

黃(黄) 누를/누른 빛 황

一 十 廾 卄 共 芇 苗 黄 黄 黄

音 ◉コウ ◉オウ
訓 ◉き ◉こ

訓読

◉**黃**[き] 황; 노랑. 황색.
黃ばむ[きばむ] 〈5自〉 노란빛을 띠다.
黃枯茶[きがらちゃ] 남색을 띤 갈색.
黃枯茶飯[きがらちゃめし] 간장과 술을 조금 넣어 지은 밥.
黃菊[きぎく] 황국; 노란 국화.
黃金❶[こがね] ①황금; 금. ②황금빛. ③금화(金貨). ❷[おうごん] ☞ [音読]
黃金色[こがねいろ] 황금색.
黃金作り[こがねづくり] 황금으로 만듦.
黃金虫[こがねむし] ≪虫≫ 풍뎅이.
黃肌[きはだ/きわだ] '黃肌鮪(きはだまぐろ/きわだまぐろ)'의 준말.
黃肌鮪[きはだまぐろ/きわだまぐろ] ≪魚≫ 지느러미가 노란 황다랑어.
黃緑[きみどり] 황색을 띤 녹색.
黃味[きみ] 노란 빛깔.
黃蘗❶[きはだ/きわだ] ≪植≫ 황벽나무. ❷[おうばく] 황벽나무 껍질로 만든 가루약·물감.
黃蘗色[きはだいろ/きわだいろ] 황벽색; 황벽나무 껍질로 염색한 황색.
黃(な)粉[きなこ] 콩고물. 콩가루.
黃(な)粉餅[きなこもち] 콩고물을 묻힌 떡.
黃橡[きつるばみ] 회색을 띤 황적색.
[3]**黃色**❶[きいろ] 황색; 노랑. ❷[おうしょく/こうしょく] ☞ [音読]
[4]**黃色い**[きいろい] 〈形〉 ①노랗다. ②미숙하다. ③(목소리가) 새되다.
黃水仙[きずいせん] ≪植≫ 황수선.
黃水晶[きずいしょう] ≪鉱≫ 황수정.
黃身[きみ] 노른자위. 난황(卵黃).
黃雁皮[きがんぴ] ≪植≫ 산닥나무.
黃烏瓜[きからすうり] ≪植≫ 하늘타리.
黃鶲[きびたき] ≪鳥≫ 황옹; 노랑딱새.
黃牛[★あめうし] 황소. 누런 소.
黃八丈[きはちじょう] 노랑 바탕에 황색 계통의 실로 무늬를 넣은 견직물.
黃表紙[きびょうし] ①노란색의 표지. ②≪文学≫ 江戸(えど) 시대 중기의 소설책.

音読

黃褐色[おうかっしょく] 황갈색.
[1]**黃金**❶[おうごん] 황금; ①금. ②화폐. 돈. ❷[こがね] ☞ [訓読]
黃金律[おうごんりつ] 황금률.
黃金分割[おうごんぶんかつ] 황금 분할.
黃金時代[おうごんじだい] 황금시대.
黃疸[おうだん] ≪医≫ 황달.
黃桃[おうとう] ≪植≫ 황도.
黃道[こうどう] ≪天≫ 황도.
黃銅[こうどう] 황동; 놋쇠.
黃銅鉱[こうどうこう] ≪鉱≫ 황동광.
黃落[こうらく] 황락; 초목의 잎이나 과일이 누렇게 되어 떨어짐.
黃緑色[おうりょくしょく] 황록색.
黃燐[おうりん] ≪化≫ 황린; 흰 인.
黃梅❶[おうばい] ≪植≫ 영춘화(迎春化). ❷[こうばい] 황매; 누렇게 익은 매실.
黃変[おうへん] 황변; 누렇게 변함.
黃沙[こうさ] ☞ 黃砂
黃砂[こうさ] 황사; ①노란 모래. ②사막. ③황토(黃土). ④황사(黃砂) 현상.
黃色❶[おうしょく/こうしょく] 황색. ❷[きいろ] ☞ [訓読]

黃色植物[おうしょくしょくぶつ] 황색 식물.
黃色人種[おうしょくじんしゅ] 황색 인종.
黃綬褒章[おうじゅほうしょう] 장기간에 걸쳐 열심히 근무하며 모범적인 사람에게 주는 노란 리본이 달린 포장.
黃熟[こうじゅく/おうじゅく] 황숙; (벼·보리 등의 이삭이) 누렇게 익음.
黃熱病[おうねつびょう] ≪医≫ 황열병.
黃葉[こうよう] 황엽; 누렇게 단풍이 듦.
黃玉[おうぎょく/こうぎょく] ≪鉱≫ 황옥.
黃泉[こうせん/よみ] 황천; ①지하천(地下泉). ②저승.
黃鉄鉱[おうてっこう/こうてっこう] 황철광.
黃濁[こうだく] 황탁; 누렇게 흐림.
黃土❶[おうど] 황토; ①노란색 안료. ②누런 흙. ❷[こうど] ①황토; 누런 흙. ②황천. 저승.
黃土色[おうどいろ] 황토색.
黃土層[おうどそう] 황토층.
黃禍論[こうかろん] 황화론.
黃昏[こうこん/たそがれ] 황혼; 해질 녘. 해가 지고 어둑어둑할 때.
黃昏時[★たそがれどき] ①해질 녘. ②황혼기.

慌(慌) 당황할 황
忄 忙 忙 忙 忙 忙 悙 慌 慌 慌

音 ◉コウ
訓 ◉あわただしい ◉あわてる

訓読

2◉慌(ただ)しい[あわただしい] 〈形〉 ①분주하다. 경황이 없다. ②어수선하다. 부산하다.
2◉慌てる[あわてる] 〈下1自〉 ①당황하다. 허둥거리다. 허둥대다. 허둥지둥하다. ②(놀라서) 몹시 서두르다.
慌てふためく[あわてふためく] 〈5自〉 당황하여 허둥대다. 놀라서 쩔쩔매다.
慌て者[あわてもの] 촐랑이. 덜렁이.

音読

◑恐慌[きょうこう]

恍 황홀할 황	音 ⊗コウ 訓 ⊗とぼける

訓読

1⊗恍ける[とぼける] 〈下1自〉 ①얼빠지다. 정신 나가다. ②시치미를 떼다. ③얼빠진 짓을 하다.
恍け[とぼけ] ①얼빠짐. 정신 나간 사람. ②시치미를 뗌. 딴청부림.
恍け面[とぼけづら] 얼빠진 얼굴.
恍け顔[とぼけがお] 얼빠진 얼굴.
恍け者[とぼけもの] ①정신 나간 사람. 얼빠진 사람. ②시치미 떼는 사람.

音読

恍惚[こうこつ] 황홀; ①넋을 잃음. ②(나이가 들어) 정신이 흐려짐. 멍청함.

幌 휘장 황	音 ⊗コウ 訓 ⊗ほろ ⊗とばり

訓読

⊗幌❶[ほろ] (마차·인력거 등의) 포장. 덮개. ❷[とばり] 방장. 장막.
幌馬車[ほろばしゃ] 포장마차.
幌蚊屋[ほろがや] 어린이용 모기장.
幌向草[ほろむいそう] ≪植≫ 장지채.

徨 노닐 황	音 ⊗コウ 訓 —

音読

◑彷徨[ほうこう] 방황; 헤맴. 갈팡질팡함.

煌 빛날 황	音 ⊗コウ 訓 ⊗きらびやか

訓読

1⊗煌びやか[きらびやか] 〈形動〉 현란함. 눈부시게 화려하고 아름다움.
⊗煌めかす[きらめかす] 〈5他〉 번쩍거리게 하다. 반짝이게 하다.
⊗煌めく[きらめく] 〈5自〉 ①반짝이다. 번쩍거리다. ②현란하다. 찬란하다.
煌めき[きらめき] 반짝임. 번쩍거림.
⊗煌やか[きらやか] 〈形動〉 현란함. 눈부시게 화려하고 아름다움.
⊗煌らか[きららか] 〈形動〉 찬란함. 아름답게 반짝임.

音読

1煌煌と[こうこうと] 휘황찬란하게. 휘황하게.

蝗 누리 황	音 ⊗コウ 訓 ⊗いなご

訓読

⊗蝗[いなご] ≪虫≫ 메뚜기. 누리.

音読

蝗虫[こうちゅう/ばった] 황충; 메뚜기.
蝗害[こうがい] 황해; 메뚜기나 누리에 의한 농작물의 피해.

회

会(會) 모일 회

ノ 𠆢 亼 亼 会 会

音 ◉カイ ◉エ
訓 ◉あう ◉あわせる

訓読

4 ◉会う[あう] 〈5自〉 (사람을) 만나다.
◉会わせる[あわせる] 〈下1他〉 (사람을) 만나게 하다. 대면(対面)시키다.

音読

会❶[かい] 회; ①모임. 집회(集会). ②단체 조직. ❷[え] (불교 용어에 접속하여) 법회(法会). 제례(祭礼). ¶ 灌仏(かんぶつ)~ (4월 초파일의) 관불회.
会す[かいす] 〈5自〉 ☞ 会する
会する[かいする] 〈サ変自〉 ①회합하다. 모이다. ②마주치다. 만나다. ③(사물이) 만나다.
1 会見[かいけん] 회견; 인터뷰.
2 会計[かいけい] 회계; 대금의 계산.
会計係[かいけいがかり] 회계 담당자.
2 会館[かいかん] 회관; 집회나 회의를 위해 만들어 놓은 건물.
会規[かいき] 회규; 회칙(会則). 회의 규칙.
会期[かいき] 회기; 집회·회합 등이 행해지는 기간·시기.
会記[かいき] 회기; 다과회(茶菓会)의 기록.
1 会談[かいだん] 회담; 모여서 의논함.
会堂[かいどう] 회당; ①모임을 위한 건물. ②(기독교의) 교회당.
会読会[かいどくかい] 독서회(読書会).
会同[かいどう] 회동; 회의하기 위해 모임.
会頭[かいとう] 회두; 회장(会長).
会得[えとく] 터득. 충분히 이해하여 자기 것으로 만듦.
会名[かいめい] 회명; 회(会)의 이름.
会務[かいむ] 회무; 회(会)의 사무.
会報[かいほう] 회보; ①회(会)에 관한 사무를 알리는 문서나 잡지. ②(군대에서) 상관의 명령을 아랫사람들에게 전달하기 위한 모임.
会費[かいひ] 회비; 회원이 내는 비용.
4 会社[かいしゃ] 회사; 영리를 목적으로 설립된 법인(法人).
会席[かいせき] 회석; ①모이는 자리. 사교 모임. ②連歌(れんが)나 俳諧(はいかい)를 짓는 모임. ③'会席料理(かいせきりょうり)'의 준말.
会席料理[かいせきりょうり] 한 종류씩 접시에 담아 会席膳(かいせきぜん)으로 차려내는 요리.
会釈[えしゃく] ①(머리를 끄덕이는) 가벼운 인사. ②배려. 동정. ③≪古≫ 애교.
会所[かいしょ] ①'集会所(しゅうかいしょ)'의 준말. 모임 장소. ②(室町(むろまち) 시대의) 귀인 저택의 사랑채. ③(江戸(えど) 시대의) 공무 담당자의 집회소. 상업 거래소.
会式[えしき] ≪仏≫ 법회(法会)의 의식.
会食[かいしょく] 회식; 여럿이 함께 모여서 식사함.
会心[かいしん] 회심; 마음에 듦.
会友[かいゆう] 회우; ①같은 모임의 회원. ②회원은 아니지만 그 모임과 관계가 깊은 사람.
2 会員[かいいん] 회원; 모임에 가입한 사람. 모임을 구성하고 있는 사람.
会員証[かいいんしょう] 회원증.
会陰[えいん] ≪生理≫ 회음.
会意[かいい] 회의; 둘 이상의 한자(漢字)로 한 글자를 만들어 그 뜻을 합성하는 한자 구성법.
会意文字[かいいもじ] 회의문자.
3 会議[かいぎ] 회의; ①관계자가 모여 의논함. ②평의(評議)하기 위한 기관.
会議所[かいぎしょ] 회의소.
3 会議室[かいぎしつ] 회의실.
会者定離[えしゃじょうり] ≪仏≫ 회자정리; 만나면 언젠가는 반드시 헤어짐.
会長[かいちょう] 회장; 회(会)의 우두머리.
3 会場[かいじょう] 회장; 모임 장소. 집회 장소.
会葬[かいそう] 회장; 장례식에 참석함.
会戦[かいせん] 회전; 대규모의 육상 전투.
会主[かいしゅ] 회주; 모임의 주최자.
会衆[かいしゅう] 회중; 모임에 모여든 사람들.

会誌[かいし] 회지; 그 회(会)의 기관지.
会則[かいそく] 회칙; 회(会)의 규칙.
2会合[かいごう] 회합; 모임.
3会話[かいわ] 회화; 대화(対話).

灰(灰) 재/석회 회

一 厂 厂 灰 灰 灰

音 ◉カイ
訓 ◉はい

訓読

2◉灰[はい] ①(불타고 남은) 재. ②쓸모없게 된 물건.
灰褐色[はいかっしょく] 회갈색.
灰均し[はいならし] 부젓가락.
灰寄せ[はいよせ] 화장(火葬)한 후 재를 긁어모아 유골을 수습함.
灰塗れ[はいまみれ] 재투성이가 됨.
灰落(と)し[はいおとし] (담배) 재떨이.
2灰皿[はいざら] (담배) 재떨이.
灰猫[はいねこ] ①잿빛 고양이. ②아궁이에 들어가 재투성이가 된 고양이.
灰墨[はいずみ] 기름을 태웠을 때 나는 그을음을 모은 것.
灰篩[はいふるい] 재를 치는 채.
2灰色[はいいろ/かいしょく] 회색; ①잿빛. ②침울함. 우울함. 쓸쓸함.
灰石[はいいし] ≪鉱≫ 회석.
灰掻き[はいかき] ①부지깽이. 부젓가락. 부삽. ②화재 뒤의 재를 치움.
灰神楽[はいかぐら] (불기가 있는 재에 물을 부었을 때 생기는) 재 연기.
灰押し[はいおし] ①부지깽이. 부젓가락. 부삽. ②화재 뒤의 재를 치움.
灰釉[はいぐすり/かいゆう] 회유; 식물의 재로 만든 유약(釉薬).
灰占[はいうら] (옛날에) 화로의 재를 휘저어 길흉을 점치던 일.
灰吹(き)[はいふき] 담뱃재나 꽁초를 넣는 대나무통.
灰貝[はいがい] ≪貝≫ 꼬막.

音読

灰白[かいはく/はいじろ] 회백색.
灰白色[かいはくしょく] 회백색.
灰分[かいぶん] 회분; ①재. ②(영양학에서) 미네랄. 광물질(鉱物質).
灰燼[かいじん] 회신; 재와 불탄 끄트러기.
灰汁[★あく] 회즙; ①잿물. ②(식품에 함유된) 떫은 맛. 쓴맛. ③짐요한 개성. 독특하고도 강렬함.
灰汁抜き[★あくぬき] (식품에 함유된) 떫은 맛・쓴맛을 우려냄.
灰汁抜け[★あくぬけ] ①(식품에 함유된) 떫은 맛・쓴맛이 빠짐. ②(맷물을 벗고) 세련됨. ③(주식 시장에서) 하락의 원인이 사라져 내림세가 주춤함.
灰汁洗い[★あくあらい] (건물에 찌든) 때를 잿물로 씻어냄.
灰塵[かいじん] 회진; ①재와 먼지. ②하찮은 물건.

回 돌/돌아올 회

丨 冂 冂 回 回 回

音 ◉カイ ◉エ
訓 ◉まわす ◉まわる ⊗めぐらす ⊗めぐる

訓読

2◉回す[まわす] 〈5他〉 ①(빙글빙글) 회전시키다. 돌리다. ②둘러치다. ③(차례로) 돌리다. ④(필요한 장소로) 보내다. 옮기다. ⑤(구석구석까지) 손을 쓰다. ⑥운영하다. ⑦(돈을) 굴리다.
回し[まわし] ①회전. 돌림. ②(씨름꾼의) 앞치마 모양의 드림. ③(씨름꾼의) ふんどし. ④소매 없는 비옷. ⑤(창녀가 하룻밤에) 여러 손님을 상대함. ⑥유곽의 잔심부름꾼. ⑦和服(わふく) 위에 입는 남자용 코트의 일종.
回し文[まわしぶみ] 회문; 통발.
回し方[まわしかた] 유곽의 잔심부름꾼.
回し飲み[まわしのみ] 큰 그릇의 것을 돌려가며 마심.
回し者[まわしもの] 첩자. 스파이. 염탐꾼.
回し合羽[まわしがっぱ] 소매 없는 비옷.
⊗回らす[めぐらす] 〈5他〉 ①두르다. 에워싸다. ②돌리다. 회전시키다. ③곰곰이 생각하다. 궁리하다.
3◉回る❶[まわる] 〈5自〉 ①(축을 중심으로) 돌다. 회전하다. ②차례로 돌다. 차례가 오다. ③우회하다. 돌아서 가다. ④들르다. ⑤(방향이나 장소를) 바꾸다. 옮기다. ⑥고루 돌아가다. 퍼지다. ⑦필요에 따르다. ⑧(시각이) 지나다. ⑨(돈을) 굴리다. 이자가 생기다. ⑩현기증이 나다. 어지럽다.

⊗回る❷[めぐる] 〈5自〉 ①돌다. 회전하다. 순환하다. ②여기저기 돌아다니다. 차례로 돌다. ③에워싸다. 둘러싸다. ④관련되다.

2回り❶[まわり] ①회전. 돎. ②둘레. 부근. 주위. ③주변. 가장자리. 가. ④널리 퍼짐. ⑤〈接尾語〉 …경유. …순회.

回り❷[めぐり] ①회전. 순환. ②차례로 들름. 순례(巡礼). 순방(巡訪). ③주변. 주위. 둘레.

回りくどい[まわりくどい] 〈形〉 (말을) 빙 둘러서 하다. 완곡(婉曲)하게 말하다.

回りくねる[まわりくねる] 〈5自〉 구불구불 구부러지다.

回り階段[まわりかいだん] 나선형 계단.

回り気[まわりぎ] 노파심(老婆心).

2回り道[まわりみち] 길을 돌아서 감.

回り灯籠[まわりどうろう] 주마등(走馬灯).

回り廊下[まわりろうか] 회랑(回廊).

回り舞台[まわりぶたい] 회전 무대.

回り番[まわりばん] ①윤번(輪番). 순번(順番). 차례로 함. ②당번(当番).

回り双六[まわりすごろく] 주사위. 주사위 놀이.

回り縁[まわりえん] 바깥 툇마루.

回れ右[まわれみぎ] 뒤로 돌아. *구령(口令) 소리임.

回り遠い[まわりどおい] 〈形〉 ①(길이) 빙 돌아 멀다. ②(수단 등이) 번거롭다.

回り込む[まわりこむ] 〈5自〉 멀리 돌아서 들어가다.

回り梯子[まわりばしご] 나선형 계단.

回り持ち[まわりもち] 차례로 담당함.

回り合い[めぐりあい] 우연히 만남.

回り合う[めぐりあう] 〈5自〉 우연히 만나다.

回り合(わ)せ[まわりあわせ] 운명. 운수.

音読

4回[かい] 〈接尾語〉 회; 횟수.

回顧[かいこ] 회고; 과거를 뒤돌아봄.

回顧録[かいころく] 회고록.

回教[かいきょう] 회교; 이슬람교.

回教徒[かいきょうと] 회교도; 회교 신자.

回国[かいこく] 회국; 여러 지방을 걸어서 돌아다님.

回帰[かいき] 회귀; 일주하여 제자리로 돌아옴.

回帰線[かいきせん] ≪地≫ 회귀선.

回帰熱[かいきねつ] ≪医≫ 회귀열.

回忌[かいき] 회기; 주기(週忌). 해마다 돌아오는 기일(忌日).

2回答[かいとう] 회답; ①문제에 대한 답. ②해결책.

回読[かいどく] 회독; 돌려가며 읽음.

1回覧[かいらん] 회람; ①돌려가며 봄. ②유람(遊覧).

回廊[かいろう] 회랑; 꺾인 긴 복도.

1回路[かいろ] ≪物≫ 회로.

回路網[かいろもう] ≪物≫ 회로망.

回路素子[かいろそし] ≪物≫ 회로소자.

回報[かいほう] 회보; ①(편지의) 답장. 회답. ②회람 문서.

2回復[かいふく] 회복; 나빠졌던 것이 원 상태로 됨.

回付[かいふ] 회부; 서류 등을 돌림.

回想[かいそう] 회상; 지나간 과거의 일을 돌이켜 봄.

回生[かいせい] 회생; 되살아남.

回旋[かいせん] 회선; 선회. 빙글빙글 돎.

回旋搭[かいせんとう] 회전탑(回転塔).

回線[かいせん] ≪電≫ 회선; 통신 선로.

1回送[かいそう] 회송; ①(편지나 화물을) 다시 다른 곳으로 보냄. ②(자동차·전차를) 되돌려 보냄.

1回収[かいしゅう] 회수; 분배한 것이나 흩어진 것을 다시 끌어 모음.

2回数[かいすう] 회수; 횟수. 행해진 숫자.

2回数券[かいすうけん] 회수권.

回信[かいしん] 회신; 답장. 회답.

回遊[かいゆう] 회유; ①유람(遊覧). ②(물고기가) 계절에 따라 떼지어 이동함.

回議[かいぎ] 회의; 주관자가 입안(立案)한 것을 관계자들에게 회람시켜 의견을 묻거나 승인을 구함.

回議案[かいぎあん] 회의안.

回状[かいじょう] 회람장(回覧状). 여러 사람이 돌려가며 읽는 것.

回章[かいしょう] 회장; ①회람장(回覧状). ②답장. 회답.

2回転[かいてん] 회전; ①빙글빙글 돎. ②두뇌의 작용.

回転木馬[かいてんもくば] 회전목마.

回転翼[かいてんよく] 회전익; 회전 날개.

回転子[かいてんし] 회전자; 로터.

回転軸[かいてんじく] 회전축.

回漕[かいそう] 회조; 배에 의한 운송.
回診[かいしん] 회진; (병원에서) 의사가 병실을 돌며 환자를 진찰함.
回天[かいてん] 회천; 천하의 형세를 뒤바꿈. 세력을 만회함.
回春[かいしゅん] 회춘; ①봄이 다시 돌아옴. ②다시 젊어짐. ③병이 나음. 회복.
回虫[かいちゅう] ≪虫≫ 회충; 거위.
回避[かいひ] 회피; 피함.
回航[かいこう] 회항; ①여러 곳을 항해함. ②(배를) 특정 지역으로 운항함.
回向[えこう] ≪仏≫ ①자기가 행한 공덕이나 선행으로 남과 자신이 구제받고자 함. ②죽은 자를 위해 공양함.
回向文[えこうもん] ≪仏≫ 회향문.

悔(悔) 뉘우칠 회

丶 忄 忄 忙 忙 忙 悔 悔 悔

音 ◉カイ ⊗ケ ⊗ゲ
訓 ◉くいる ◉くやしい ◉くやむ

訓読
◉悔いる[くいる] 〈上1他〉 후회하다. 뉘우치다.
悔い[くい] 후회. 뉘우침.
悔い改め[くいあらため] 회개; ①뉘우쳐 고침. ②(기독교에서) 고해(告解). 고백(告白).
悔い改める[くいあらためる] 〈下1他〉 (과거의 잘못을 뉘우치고) 회개하다.
2◉悔しい[くやしい] 〈形〉 ①(실패나 치욕으로 인해) 속상하다. 분하다. 억울하다. ②(자신의 행위를 후회하여) 후회스럽다. 유감스럽다.
悔しがる[くやしがる] 〈5自〉 원통해 하다.
悔し涙[くやしなみだ] 분루(憤涙). 분해서 흘리는 눈물. 분통한 눈물.
悔し紛れ[くやしまぎれ] 홧김. 분한 김.
悔し泣き[くやしなき] 분을 못 이겨 욺.
2◉悔(や)む[くやむ] 〈5他〉 ①후회하다. 뉘우치다. ②문상(問喪)하다. 조위(弔慰)하다.
悔(や)み[くやみ] ①후회. 뉘우침. ②문상(問喪). 조위(弔慰). 애도(哀悼).
悔(や)み言[くやみごと] ①후회의 말. ②문상(問喪)하는 말. 애도의 말.
悔(や)み状[くやみじょう] 문상(問喪)하는 편지.

音読
悔悟[かいご] 회오; 자신의 과거의 잘못을 깨달아 바로 잡음.
悔恨[かいこん] 회한; 잘못을 뉘우침.
◑懺悔[ざんげ], 後悔[こうかい]

絵(繪) 그림/그릴 회

纟 纟 纟 纟 紒 紒 絵 絵 絵

音 ◉エ ◉カイ
訓 —

音読
4絵[え] ①그림. ②(텔레비전의) 화면. 영상(映像).
絵びら[えびら] 그림 전단지. 그림 포스터.
絵看板[えかんばん] (극장 등의) 그림 간판.
絵空事[えそらごと] ①상상의 그림. ②허풍.
2絵の具[えのぐ] 그림물감.
絵の具皿[えのぐざら] 그림물감을 풀거나 녹이는 데 쓰는 접시.
絵巻[えまき] 그림 두루마리.
絵巻物[えまきもの] 그림 두루마리.
絵図[えず] ①그림. ②그림 지도. ③평면도.
絵図面[えずめん] (토지・가옥 등의) 평면도.
絵暦[えごよみ] 그림 달력.
絵馬[えま] 神社(じんじゃ)나 사찰에 봉납하는 말 그림의 액자.
絵描[えかき] 그림쟁이. 화가.
絵文字[えもじ] 그림 문자.
絵物語[えものがたり] 그림 이야기 책.
絵柄[えがら] (공예품 등의) 도안. 무늬.
4絵本[えほん] 그림책.
絵師[えし] 화가(画家). 화공(画工).
絵捜し[えさがし] 그림 찾기. 그림 찾기 퀴즈.
絵手本[えでほん] 그림본.
絵心[えごころ] ①그림에 대한 조예. ②그림을 그리고 싶은 마음.
絵双紙[えぞうし] ①(江戸(えど) 시대의) 풍자화. ②목판본의 소책자. ③목판화(木版画).
絵様[えよう] 무늬. 도안.
2絵葉書[えはがき] 그림엽서.
絵入り[えいり] (서적・신문・잡지 등에) 그림이나 삽화가 들어 있음.
絵入り本[えいりぼん] 그림이 있는 책.
絵姿[えすがた] 화상(画像). 초상(肖像).

絵紙[えがみ] 그림 종이.
絵札[えふだ] ①그림이 있는 놀이딱지. ②(트럼프에서) 잭·퀸·킹의 패.
絵解き[えとき] ①그림풀이. ②그림으로 설명을 보충함. ③이해하기 쉽게 설명함.
2 絵画[かいが] 회화; 그림.

賄 뇌물 회

丨 冂 目 貝 貝 貝 貯 貯 賄 賄

音 ◉ワイ
訓 ◉まかなう ⊗まいない

訓読

1 ◉賄う[まかなう] 〈5他〉 ①(한정된 인원·돈·물자로) 꾸려가다. 처리하다. ②조달하다. 갖추어 공급하다. ③(식사를) 마련해 주다.
賄い❶[まかない] ①식사 담당자. 요리사. ②식사 시중. ③준비. 보살핌. ❷[まいない] ①선물. ②뇌물.
賄い方[まかないかた] ①식사 담당자. ②《歴》(江戸幕府(えどばくふ)의) 식품 공급 담당자.
賄い付き[まかないつき] 식사 제공.
賄い費[まかないひ] 식사 값. 식대(食代).
賄い政治[まいないせいじ] 뇌물 정치.

音読

賄賂[わいろ] 뇌물(賂物).

懐(懷) 품을/생각할 회

忄 忙 忙 忙 怔 恜 悽 愽 懐 懐

音 ◉カイ
訓 ◉ふところ ◉なつかしい ◉なつかしむ ◉なつく ◉なつける ⊗いだく

訓読

◉懐[ふところ] ①품. 가슴 언저리. 의복의 안쪽. ②호주머니 사정. 지닌 돈. ③속셈. 마음속. 내막.
2 ◉懐かしい[なつかしい] 〈形〉 ①정답다. 정겹다. 그립다. ②《古》 반갑다. 기쁘다. ③사랑스럽다. 귀엽다. ④마음이 끌리다. 호감이 가다.
◉懐かしむ[なつかしむ] 〈5他〉 반가워하다. 그리워하다.
1 ◉懐く❶[なつく] 〈5自〉 (친숙해져) 따르다. 친해지다.
⊗懐く❷[いだく] 〈5他〉 (마음에) 품다.
◉懐ける[なつける] 〈下1他〉 (친숙해져) 따르게 하다. 길들이다.
懐メロ[なつメロ] TV의 '懐(なつ)かしのメロディー'의 준말. ＊과거의 유행가를 말함.
懐っこい[なつっこい] 〈形〉 붙임성이 있다.
懐勘定[ふところかんじょう] 꿍꿍이셈. 속셈. 대충 계산함.
懐鏡[ふところかがみ] 휴대용 손거울.
懐具合[ふところぐあい] 호주머니 사정.
懐刀[ふところがたな] ①(품에 지니는) 호신용 칼. 비수(匕首). ②심복 부하.
懐都合[ふところつごう] 호주머니 사정.
懐手[ふところで] ①(양손을 품에 넣고) 팔짱을 낌. ②빈둥빈둥 지냄.
懐時計[ふところどけい] 회중시계.
懐硯[ふところすずり] 휴대용 벼루.
懐育ち[ふところそだち] 부모 슬하에서 귀엽게 자람.
懐子[ふところご] ①부모 슬하에서 자란 철부지. ②젖먹이. 유아(乳児).
懐紙❶[ふところがみ] 휴대용 화장지. ❷[かいし] ①휴대용 휴지. ②和歌(わか)·連歌(れんが) 등을 읊고 남에게 제시하기 위해 정식으로 쓸 때 사용하는 종이.

音読

懐剣[かいけん] 호신용 단검. 비수(匕首).
懐古[かいこ] 회고; 옛날을 그리워함.
懐旧[かいきゅう] 회구; 옛날을 그리워함.
懐旧談[かいきゅうだん] 회구담; 회고담(懐古談).
懐炉[かいろ] 주머니 난로.
懐石[かいせき] '懐石料理(かいせきりょうり)'의 준말.
懐石料理[かいせきりょうり] (茶道에서) 차를 대접하기 전에 내놓는 간단한 음식.
懐柔[かいじゅう] 회유; 상대방을 설득하여 자신의 생각에 따르게 함.
懐疑[かいぎ] 회의; 의심을 품음.
懐妊[かいにん] 회임; 임신.
懐姙[かいにん] 회임; 임신.
懐中[かいちゅう] 회중; 주머니 속.
懐中物[かいちゅうもの] 소지품(所持品).
懐中日記[かいちゅうにっき] 휴대용 일기장.
懐中電灯[かいちゅうでんとう] 회중전등. 손전등.

懐中汁子[かいちゅうじるこ] (뜨거운 물을 부어서 먹는) 인스턴트 단팥죽.
懐胎[かいたい] 회태; 임신. 잉태.
懐郷[かいきょう] 회향; 고향을 그리워함.

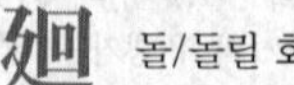

廻 돌/돌릴 회	音 ⊗カイ ⊗エ 訓 ⊗まわす ⊗めぐる

訓読

⊗**廻す**[まわす] 〈5他〉 ①(빙글빙글) 회전시키다. 돌리다. ②둘러치다. ③(차례로) 돌리다. ④(필요한 장소로) 보내다. 옮기다. ⑤(구석구석까지) 손을 쓰다. ⑥운영하다. ⑦(돈을) 굴리다.
廻し[まわし] ①회전. 돌림. ②(씨름꾼의) 앞치마 모양의 드림. ③(씨름꾼의) 샅바. ④소매 없는 비옷. ⑤(창녀가 하룻밤에) 여러 손님을 상대함. ⑥유곽의 잔심부름꾼. ⑦和服(わふく) 위에 입는 남자용 코트의 일종.
⊗**廻らす**[めぐらす] 〈5他〉 ①두르다. 에워싸다. ②돌리다. 회전시키다. ③곰곰이 생각하다. 궁리하다.
⊗**廻る❶**[まわる] 〈5自〉 ①(축을 중심으로) 돌다. 회전하다. ②차례로 돌다. 차례가 오다. ③우회하다. 돌아서 가다. ④들르다. ⑤(방향이나 장소를) 바꾸다. 옮기다. ⑥고루 돌아가다. 퍼지다. ⑦필요에 따르다. ⑧(시각이) 지나다. ⑨(돈을)굴리다. 이자가 생기다. ⑩현기증이 나다.
⊗**廻る❷**[めぐる] 〈5自〉 ①돌다. 회전하다. 순환하다. ②여기저기 돌아다니다. 차례로 돌다. ③에워싸다. 둘러싸다. ④관련되다.
廻り❶[まわり] ①회전. 돎. ②둘레. 부근. 주위. ③주변. 가장자리. 가. ④널리 퍼짐. ⑤〈接尾語〉…경유. …순회.
廻り❷[めぐり] ①회전. 순환. ②차례로 들름. 순례(巡礼). 순방(巡訪). ③주변. 주위. 둘레.

1334

音読

廻瀾[かいらん] 회란; 소용돌이치는 파도.
廻覧[かいらん] 회람; ①돌려가며 봄. ②유람(遊覧).
廻廊[かいろう] 회랑; 꺾인 긴 복도.
廻流[かいりゅう] 회류; 돌아서 흐름.
廻文[かいぶん] 회문; ①회람장. ②내리 읽거나 거꾸로 읽거나 같은 말이 되는 글귀.
廻米[かいまい] 회미; ①산지에서 보내온 쌀. ②(江戸(えど)시대에) 지방에서 모은 쌀을 大阪(おおさか)나 江戸(えど)로 회송하던 일.
廻報[かいほう] 회보; ①(편지의) 답장. 회답. ②회람 문서.
廻旋[かいせん] 회선; 선회. 빙글빙글 돎.
廻旋搭[かいせんとう] 회전탑(回転搭).
廻送[かいそう] 회송; ①(편지나 화물을) 다시 다른 곳으로 보냄. ②(자동차・전차를) 되돌려 보냄.
廻心[えしん] ≪仏≫ 잘못된 마음을 선한 쪽으로 돌림.
廻章[かいしょう] 회장; ①회람장(回覧状). ②답장. 회답.
廻転[かいてん] 회전; ①빙글빙글 돎. ②두뇌의 작용.
廻転木馬[かいてんもくば] 회전목마.
廻転翼[かいてんよく] 회전익; 회전 날개.
廻漕[かいそう] 회조; 배에 의한 운송.
廻虫[かいちゅう] ≪虫≫ 회충; 거위.
廻航[かいこう] 회항; ①여러 곳을 항해함. ②(배를) 특정 지역으로 운항함.

徊 노닐 회	音 ⊗カイ 訓 —

音読

◑**徘徊**[はいかい] 배회; 목적 없이 거닒.

栃 상수리나무 회	音 — 訓 ⊗とち

訓読

⊗**栃**[とち] ≪植≫ 칠엽수(七葉樹).
栃麵[とちめん] 칠엽수(七葉樹) 나무의 열매 가루에 쌀가루나 밀가루 등을 섞어 메밀국수처럼 만든 식품.
栃麵棒[とちめんぼう] ①栃麵(とちめん)을 미는 밀방망이. ②당황함. 허둥댐. ＊栃麵(とちめん)을 밀 때 빨리 안 하면 굳어져 버린다는 데서 생긴 말임.
栃の木[とちのき] ≪植≫ 칠엽수(七葉樹).
栃木県[とちぎけん] ≪地≫ 일본 関東(かんとう) 지방 북부에 있는 현(県).
栃餅[とちもち] 칠엽수 씨로 만든 떡.

栃粉[とちこ] 칠엽수 씨로 만든 가루.
栃栗毛[とちくりげ] (말의 털빛이) 몸 빛깔은 암갈색이고 갈기와 꼬리에 회백색 털이 일부 섞여 있음.
栃粥[とちがゆ] 칠엽수 씨를 넣은 죽.

晦 ×(晦) 그믐/어두울 회	音 ⊗カイ 訓 ⊗つごもり ⊗くらます ⊗みそか

訓読
⊗晦[つごもり] 음력 그믐. 월말(月末).
⊗晦ます[くらます] 〈5他〉 ①(모습을) 감추다. 숨기다. ②속이다.
⊗晦日[みそか] 그믐날. 월말.
⊗晦日払い[みそかばらい] 월말 지불.
音読
晦冥[かいめい] 회명; 캄캄해짐.
晦暝[かいめい] ☞ 晦冥
晦朔[かいさく] 회삭; 그믐날과 초하루.
晦渋[かいじゅう] 회삽; 난해(難解)함.
晦蔵[かいぞう] 회장; ①자신의 재능을 눈에 띄지 않게 함. ②(땅에) 매장되어 있음.

獪 ×(狯) 교활할 회	音 ⊗カイ 訓 —

音読
◑狡獪[こうかい], 老獪[ろうかい]

檜 ×(桧) 노송나무 회	音 ⊗カイ 訓 ⊗ひ ⊗ひのき

訓読
⊗檜[ひ/ひのき] ≪植≫ 노송나무.
檜笠[ひのきがさ/ひがさ] 노송나무 등의 무늬목으로 만든 삿갓.
檜舞台[ひのきぶたい] ①노송나무 등의 무늬목을 깐 무대. ②(능력을 과시할) 영광스러운 무대. 자랑스러운 자리.
檜物[ひもの] 노송나무의 얇은 판자로 만든 원통형 용기(容器).
檜扇[ひおうぎ] ①(노송나무로 만든) 쥘부채. ② ≪植≫ 범부채. ③ ≪貝≫ 보라주머니가리비.
檜葉[ひば] 노송나무 잎.
檜垣[ひがき] 노송나무 판자로 만든 울타리.
檜皮[ひわだ] 노송나무 껍질.
檜皮色[ひわだいろ] ①검붉은 색. ②날실은 연한 황색으로, 씨실은 붉은 색으로 짠 직물의 색깔.
檜皮葺き[ひわだぶき] 노송나무 껍질로 된 지붕.

膾 ×(脍) 회/회칠 회	音 ⊗カイ 訓 ⊗なます

訓読
⊗膾[なます] 육회(肉膾).
音読
膾炙[かいしゃ] 회자; 세상 사람들에게 널리 알려짐. ¶人口(じんこう)に～する 널리 사람들의 입에 오르내리다.

鱠 생선회 회	音 ⊗カイ 訓 ⊗なます ⊗えそ

訓読
⊗鱠❶[なます] ①생선회. ②무·당근 생채를 초간장에 무친 것. ③어패류를 가늘게 썰어서 초간장에 절인 것. ❷[えそ] ≪魚≫ 매퉁이.

〔획〕

画 (劃) ①그을 획 ②그림 화
☞ 画(화) p. 1313

獲 얻을 획
犭 犭一 犭艹 犷 犷 犷 犷 獾 獲 獲

音 ◉カク
訓 ◉える

訓読
◉獲る[える] 〈下1他〉 ①(사냥이나 고기잡이에서) 잡다. 포획하다. ②(어렵게) 쟁취하다.
[1]獲物[えもの] ①(사냥이나 고기잡이에서) 잡은 것. 사냥감. ②전리품(戦利品).
音読
[1]獲得[かくとく] 획득; 노력이나 고생 끝에 자기 것으로 만듦.
獲取[かくしゅ] 획취; 자기 것으로 만듦.

횡

橫(橫) 가로/옆 횡

木 木一 木艹 木卄 木卄 木卄 木卄 木昔 木黄 橫

音 ◉オウ
訓 ◉よこ

訓読

[4]◉横[よこ] ①가로. ②옆. 옆면. 측면. ③부정(不正). ④'横糸(よこいと)'의 준말.

横ずっぽう[よこずっぽう] 따귀. 빰따귀.

横たえる[よこたえる] 〈下1他〉 ①옆으로 누이다. 가로로 놓다. ②(칼 따위를) 옆으로 차다.

横たわる[よこたわる] 〈5自〉 ①옆으로 눕다. 가로로 놓이다. ②(앞을) 가로막다.

横っちょ[よこっちょ] ≪俗≫ 옆. 측면.

横降り[よこぶり] (세찬 비바람으로 비나 눈이) 옆으로 들이침.

[1]横綱[よこづな] ①(일본) 최고위의 씨름꾼. 천하장사. ②최고위의 씨름꾼이 씨름판에 들어갈 때 샅바 위에 매는 四手(しで)로 장식한 굵은 줄. ③제1인자.

横坑[よここう] ≪鉱≫ 횡갱; 수평갱.

横見[よこみ] ①옆쪽에서 봄. 옆쪽을 봄. ②곁눈질. 한눈을 팖.

横広い[よこびろい] 〈形〉 (세로에 비해서) 가로가 넓다.

横殴り[よこなぐり] ①옆에서 세게 때림. ②(비바람이) 옆으로 세차게 들이침. ③거칠게 함.

横根[よこね] ①가로로 뻗은 뿌리. ② ≪医≫ 가래톳.

横筋[よこすじ] ①가로줄. ②옆길. 딴 길.

横筋交い[よこすじかい] 거의 수평에 가까운 상태로 교차됨.

横倒し[よこたおし/よこだおし] 옆으로 쓰러짐. 옆으로 넘어짐.

横倒れ[よこだおれ] 옆으로 쓰러짐·넘어짐.

横道❶[よこみち] ①옆길. 골목길. ②(이야기가) 본 줄거리에서 벗어남. ③그릇된 길. ❷[おうどう] ☞ ①그릇된 길. 사도(邪道). ②부정을 알면서도 행함.

横跳び[よことび] ①옆으로 뜀. ②급히 뜀.

横っ跳び[よこっとび] ☞ 横跳(よこと)び

横流し[よこながし] ≪経≫ 부정 유출(不正流出).

横流れ[よこながれ] ≪経≫ 부정 유출(不正流出)됨.

横利き[よこぎき] (일본 장기에서) 飛車(ひしゃ)를 옆으로 사용함.

横幕[よこまく] 플래카드.

横面[よこつら] ①옆얼굴. 따귀. ②옆면. 측면.

横っ面[よこっつら] ≪俗≫ 따귀. 옆얼굴.

横木[よこぎ] 횡목; 가로대. 가로장.

横目[よこめ] ①곁눈. 곁눈질. ②(종이의) 가로결. ③본체만체함. ④'横目付(よこめつけ)'의 준말.

横目付[よこめつけ] (武家시대에) 장병들의 거동을 감시하던 직책.

横聞き[よこぎき] 얻어들음. 제삼자한테서 들음. 간접적으로 들음.

横文字[よこもじ] 가로로 쓰는 글씨.

横物[よこもの] 옆으로 긴 모양의 물건.

横鉢巻(き)[よこはちまき] 매듭이 옆으로 오게 매는 머리띠.

横並び[よこならび] ①가로로 줄을 섬. ②차별하지 않고 동등하게 취급함.

横歩き[よこあるき] 옆걸음. 게걸음.

横腹[よこばら] ①옆구리. ②물건의 측면.

横っ腹[よこっぱら] ①옆구리. ②물건의 측면. 옆면.

横本[よこほん] 가로로 긴 책.

横棒[よこぼう] ①가로로 댄 나무. ②(漢字에서) 가로로 그은 선.

横付け[よこづけ] (자동차나 선박을) 목적의 장소에 바싹 갖다 댐.

横飛び[よことび] ①옆으로 뜀. ②급히 뜀.

横っ飛び[よこっとび] ☞ 横飛び

横飛沫[よこしぶき] 옆으로 세차게 치는 물보라.

横浜[よこはま] ≪地≫ 요코하마.

横四方固め[よこしほうがため] (유도에서) 외십자누르기.

横糸[よこいと] 횡사; 씨실.

横社会[よこしゃかい] 횡적 사회. 대등한 인간관계를 중시하는 사회.

横書き[よこがき] 횡서; 가로쓰기.

横手❶[よこて] 옆. 옆측. 옆면. ❷[よこで] (감탄하여) 손뼉을 침.

横顔[よこがお] ①옆얼굴. 얼굴 옆모습. ②프로필.

横額[よこがく] 횡액; 옆으로 된 액자.

横様[よこさま/よこざま] ①옆쪽. 옆방향. ②도리에 맞지 않음. 합당하지 않음.

横言[よこごと] 중상(中傷)하는 말.
横恋慕[よこれんぼ] 기혼자나 애인이 있는 사람을 짝사랑함.
横外方[よこぞっぽう] ①옆으로 빗나간 방향. ②예상이 빗나감. ③옆얼굴.
横揺れ[よこゆれ] ①(비행기·열차·배 등이) 옆으로 흔들림. ②(지진으로) 옆으로 흔들림.
横雨[よこあめ] 옆으로 들이치는 비.
横雲[よこぐも] 옆으로 길게 뻗은 구름.
横猿[よこさる/よこざる] (문단속 때) 옆으로 지르는 덧문 빗장.
横意地[よこいじ] 잘못된 주장인데도 일부러 밀고 나가려는 마음.
横辷り[よこすべり] 옆으로 미끄러짐.
横桟[よこざん] (문·창살 등의) 동살.
横長[よこなが] (세로에 비해서) 가로의 길이가 긺. 또는 그런 모양의 물건.
横這い[よこばい] ①(게가) 옆으로 기어감. ② ≪経≫ 보합 시세. 시세에 변동이 없음. ③≪虫≫ 멸구.
横笛[よこぶえ] 가로로 들고 부는 피리의 총칭.
2**横切る**[よこぎる] 〈5自〉 횡단(横断)하다. 가로지르다.
横切れ[よこぎれ] ①옆으로 끊어짐. ②결이 옆으로 나 있는 천.
横丁[よこちょう] ☞ 横町
横町[よこちょう/よこまち] 옆길. 골목.
横組[よこぐみ] ≪印≫ (인쇄 조판의) 횡조.
横縦[よこたて] 가로와 세로. 가로 세로.
横座[よこざ] ①상좌(上座). 윗자리. 정면의 좌석. ②옆자리. 옆쪽의 자리.
横坐り[よこずわり] ☞ 横座り
横座り[よこずわり] (여자들이) 다리를 모아 옆으로 구부려 편하게 앉는 자세.
横櫛[よこぐし] 빗을 비스듬하게 꽂음.
横紙[よこがみ] ①결이 가로로 된 종이. ②종이를 가로로 놓고 글씨를 씀. 또는 그런 종이.
横紙破り[よこがみやぶり] ①억지를 부림. ②생억지를 부리는 사람.
横車[よこぐるま] ①(수레를 옆으로 밀듯이) 이치에 닿지 않음. 억지임. ②(무술에서) 칼이 달린 무기를 가로로 휘두르는 기술.
横槍[よこやり] ①옆에서 갑자기 찌르는 창. ②말참견.
横綴じ[よことじ] 횡철; (옆으로 긴) 책을 세로로 꿰맴. 또는 그런 책.
横薙ぎ[よこなぎ] (칼을) 옆으로 후려침.
横軸[よこじく] ≪数≫ (좌표의) 가로축. 가로대.
横取り[よこどり] 새치기. 횡령. 가로챔.
横太り[よこぶとり] (키에 비해) 몸이 뚱뚱함. 땅땅함. 땅딸보.
横波[よこなみ] ①옆으로 부딪치는 파도. ② ≪物≫ 고저파(高低波). 진행 방향에 직각으로 진동하는 파도.
横板[よこいた] ①가로로 건너지른 널빤지. ②(能(のう)무대에서) 鏡板(かがみいた)의 앞. 囃方(はやしがた)의 좌석 뒤쪽.
横抱き[よこだき] ①가로로 안음. 옆으로 안음. ②겨드랑이에 낌.
横幅[よこはば] 가로 폭. 좌우 넓이.
横風❶[よこかぜ] 옆에서 불어오는 바람. ❷[おうふう] 으스댐. 건방짐.
横割り[よこわり] ①옆으로 쪼갬. ②어떤 조직을 횡적인 연관을 갖도록 일을 분담함.
横合い[よこあい] ①옆면. ②곁. 국외(局外). 그 일과 아무 상관이 없는 입장.
横向き[よこむき] ①옆으로 향함. ②측면. 옆면.
横穴[よこあな] 횡혈; ①(산허리 등의) 옆으로 뚫린 굴. ②횡혈 고분(古墳).
横好き[よこずき] ①본업도 아닌데 무척 좋아함. ②못하면서도 무척 좋아함.
横縞[よこじま] 가로줄 무늬.
横滑り[よこすべり] ①옆으로 미끄러짐. ②(인사이동에서) 동격(同格)인 다른 지위로 이동함.

音読

横架材[おうかざい] ≪建≫ 횡가재.
横隔膜[おうかくまく] ≪生理≫ 횡경막.
2**横断**[おうだん] 횡단; 가로지름.
横断橋[おうだんきょう] 횡단 육교.
横断幕[おうだんまく] 현수막.
2**横断歩道**[おうだんほどう] 횡단보도.
横隊[おうたい] 횡대; 가로로 선 대열.
横列[おうれつ] 횡렬; 가로줄.
横領[おうりょう] 횡령; 불법으로 남의 것을 자기 것으로 만듦.
横柄[おうへい] 거만스러움. 건방짐.
横死[おうし] 횡사; 변사(変死).
横線[おうせん] 횡선; 가로줄.

横説竪説[おうせつじゅせつ] 횡설수설; 막힘없이 유창하게 말함. 자유자재로 논함.
横臥[おうが] 횡와; 옆으로 누움.
横転[おうてん] 횡전; ①옆으로 넘어짐. ②좌우로 회전함. ③곡예 비행함.
横着[おうちゃく] ①뻔뻔스러움. ②교활함. ③빼들거림. ④방자함. 무례함.
横暴[おうぼう] 횡포; 난폭한 행동.
横行[おうこう] 횡행; ①옆으로 걸음. ②제멋대로 다님. ③(악이) 활개침. (악인이) 멋대로 설침.

〔효〕

孝 효도 효

一 十 土 耂 耂 考 孝

音 ◉コウ ⊗キョウ
訓 —

音読
孝[こう] 효; 효도. 효행.
孝心[こうしん] 효심; 효도하는 마음.
孝養❶[こうよう] 효양; 효도하여 봉양함. ❷[きょうよう] ①효도하여 봉양함. ②돌아가신 분을 위해 추선(追善)함.
孝子[こうし] 효자; 효도하는 아들.
2**孝行**[こうこう] 효행; ①효도(孝道). 자식이 부모를 존경하며 정성을 다함. ②(부모를 대하듯이) 소중히 여김.
孝行顔[こうこうがお] 부모에게 효도하는 체하는 태도.

効(效) 보람/본받을 효

' 亠 广 六 ㇇ 交 效 効

音 ◉コウ
訓 ◉きく

訓読
2◉**効く**[きく] 〈5自〉 (약이) 잘 듣다. 효력이 있다. 효과가 있다.
効き[きき] 효능. 효력. 효과.
効き目[ききめ] 효과. 효능. 효험(効験).

音読
効[こう] 효; 효과. 효험.
2**効果**[こうか] 효과; ①보람이 있는 결과. ②(연극·영화의) 음향 효과.
効果音[こうかおん] (연극·영화의) 효과음.
効能[こうのう] 효능; 효력. 효험.
効能書(き)[こうのうがき] 효능서; ①(약 등의) 효능을 기록한 쪽지. ②(선전을 위한) 장점. 특징. 특색.
2**効力**[こうりょく] 효력; 효능. 효험.
効用[こうよう] 효용; ①효과. 효능. 효험. ②쓸모. 용도. ③《経》 소비자의 욕구를 충족시킬 수 있는 재화의 정도.
1**効率**[こうりつ] 효율; 능률.
1**効率的**[こうりつてき] 효율적; 능률적.
効験[こうけん] 효험; 효능. 효과.

暁(曉) 새벽 효

日 日ᐟ 旿 昁 昈 晔 暁 暁 暁

音 ◉ギョウ
訓 ◉あかつき

訓読
◉**暁**[あかつき] ①새벽. 동틀 녘. ②실현될 때. 성취될 때.
暁の別れ[あかつきのわかれ] (하룻밤을 함께 한 남녀의) 새벽녘 이별.
暁方[あかつきがた] 새벽녘.
暁闇[あかつきやみ/ぎょうあん] 달이 없는 새벽녘.

音読
暁光[ぎょうこう] 효광; 새벽빛.
暁星[ぎょうせい] 효성; ①새벽별. ②샛별.
暁雲[ぎょううん] 효운; 새벽녘의 구름.
暁鐘[ぎょうしょう] 효종; 새벽에 치는 종.
暁天[ぎょうてん] 효천; 새벽 하늘.

酵 술밑/술괼 효

一 厂 冂 丙 襾 酉 酉ᐩ 酢 酵 酵

音 ◉コウ
訓 —

音読
酵母菌[こうぼきん] 효모균; 이스트균.
酵素[こうそ] 《化》 효소.
酵素剤[こうそざい] 《薬》 효소제.
酵素製剤[こうそせいざい] 《薬》 효소제제; 효소가 주된 성분인 제제.

肴 고기안주 효	音 ⊗コウ 訓 ⊗さかな

訓読

⊗肴[さかな] ①술안주. ②주흥(酒興)을 돋우기 위한 노래나 이야기.

音読

◑佳肴[かこう], 酒肴[しゅこう]

哮 으르렁거릴 효	音 ⊗コウ 訓 ⊗たける

訓読

⊗哮る[たける] 〈5自〉 (짐승이) 포효(咆哮)하다. 사납게 울부짖다.

哮り立つ[たけりたつ] 〈5自〉 (짐승이) 포효(咆哮)하다. 사납게 울부짖다.

梟 올빼미 효	音 ⊗キョウ 訓 ⊗ふくろう

訓読

⊗梟[ふくろう/ふくろ] ≪鳥≫ 올빼미.

梟部隊[ふくろうぶたい] 야간 순찰대.

梟山伏[ふくろうやまぶし] 狂言(きょうげん)의 하나.

梟耳[ふくろうみみ] 한 번 들으면 잊지 않음. 또는 그런 사람.

音読

梟する[きょうする] 〈サ変自〉 효수(梟首)하다. 목을 베어 높이 매달다.

梟木[きょうぼく] 효목; 효수(梟首)하는 나무. 목을 베어 높이 매다는 나무.

梟首[きょうしゅ] 효수; 목을 베어 높이 매달음.

梟悪[きょうあく] 효악; 몹시 악독함. *올빼미는 어미도 잡아먹는 악독한 새라는 뜻.

梟勇[きょうゆう] 효용; 잔인하고 억셈.

梟雄[きょうゆう] 효웅; 사납고 용맹함.

梟将[きょうしょう] 효장; 용맹한 장수.

嚆 울릴/외칠 효	音 ⊗コウ 訓 —

音読

嚆矢[こうし] 효시; ①소리 나는 화살. 우는 살. 신호탄. ②맨 처음. 시초. 시작.

囂 시끄러울 효	音 ⊗ゴウ 訓 ⊗かしがましい ⊗かしましい ⊗かまびすしい

訓読

⊗囂しい[かまびすしい/かしがましい/かしましい] 〈形〉 ≪雅≫ 시끄럽다. 떠들썩하다. 소란스럽다.

〔후〕

后 황후 후

一 厂 斤 斤 后 后

音 ◉コウ ⊗ゴウ
訓 ⊗きさき

訓読

⊗后[きさき] ①왕비. 천황의 배우자. ②왕족의 아내.

后の宮[きさきのみや] 황후(皇后).

后立ち[きさきだち] 황후(皇后)가 됨.

后腹[きさきばら/きさいばら] 황후를 어머니로 하여 태어남.

后町[きさきまち/きさいまち] 궁중의 常寧殿(じょうねいでん)의 별칭.

音読

后妃[こうひ] 후비; ①왕후(王侯)의 아내. ②왕족의 아내.

后土[こうど] 후토; 지신(地神).

◑皇后[こうごう], 皇太后[こうたいごう]

朽 썩을/쇠할 후

一 十 木 木 朽 朽

音 ◉キュウ
訓 ◉くちる

訓読

1◉朽ちる[くちる] 〈上1自〉 ①(나무 등이) 썩다. ②(명성 등이) 쇠퇴하다. ③죽다. 허무하게 끝나다.

朽ち果てる[くちはてる] 〈下1自〉 ①(나무 등이) 완전히 썩어 버리다. ②(이렇다할 업적도 없이) 허무하게 죽다.

朽ち木[くちき] ①썩은 나무. ②인정받지 못하고 허무하게 죽는 사람.

朽(ち)葉[くちば] ①썩은 낙엽. ②'朽(ち)葉色(くちばいろ)'의 준말.
朽(ち)葉色[くちばいろ] 적황색. 적갈색.

音読

朽敗[きゅうはい] ☞ 朽廃
朽廃[きゅうはい] 후폐; (건물 등이) 썩어서 못 쓰게 됨. 썩어서 내려앉음.

厚 두터울 후

一 厂 𠂆 𠂊 𠂇 𠂉 厚 厚 厚

音 ◉コウ
訓 ◉あつい

訓読

[4]◉**厚い**[あつい] 〈形〉 ①두껍다. ②(인정이) 후하다. 두텁다. ③(신앙이) 독실하다. ④(병이) 위독하다.
[2]**厚かましい**[あつかましい] 〈形〉 뻔뻔하다. 뻔뻔스럽다.
厚さ[あつさ] 두께.
厚ぼったい[あつぼったい] 〈形〉 두툼하다. 두껍고 무거운 듯하다.
厚み[あつみ] ①두께. 두터움. 두툼함. ②(내용의) 깊이.
厚め[あつめ] 두께가 비교적 두꺼움.
厚らか[あつらか] 〈形動〉 두툼함. 두꺼움.
厚物[あつもの] 꽃잎이 많은 둥근 국화.
厚物咲(き)[あつものざき] ☞ 厚物(あつもの)
厚氷[あつごおり] 두껍게 언 얼음.
厚司[あつし] (아이누족의 옷감으로 쓰는) 난티나무 껍질의 섬유로 짠 두꺼운 천. 또는 그것을 본떠 만든 작업복.
厚焼(き)[あつやき] (보통보다) 두툼하게 구운 음식.
厚手[あつで] 두께가 두터움.
厚揚(げ)[あつあげ] 두껍게 썰어 튀긴 두부.
厚額[あつびたい] 가장자리를 높게 만든 관(冠). ＊옛날에 벼슬이 높은 사람용이었음.
厚様[あつよう] 두툼한 鳥(とり)の子紙(こがみ).
厚衣[あつぎぬ] 솜옷.
厚子[あつし] ☞ 厚司(あつし)
厚作り[あつづくり] 두껍게 썬 생선회.
厚切り[あつぎり] 두껍게 썬 것.
厚地[あつじ] 두꺼운 천.
厚紙[あつがみ] ①판지. 두꺼운 종이. ②안티나무와 다닥나무 섬유로 만든 일본 종이. 화지(和紙).
厚表紙[あつびょうし] 책의 두꺼운 표지.
厚皮[あつかわ] ①〈名〉 두꺼운 가죽. ②〈形動〉 뻔뻔스러움.
厚皮面[あつかわづら] 철면피. 뻔뻔한 사람.
厚化粧[あつげしょう] 짙은 화장.

音読

厚朴[こうぼく] ≪植≫ 후박나무. 일본 목련.
厚謝[こうしゃ] 후사; 예의를 갖추어 사례함. 후하게 사례함.
厚相[こうしょう] '厚生大臣(こうせいだいじん)'의 준말.
厚生[こうせい] 후생; 생활을 윤택하게 만듦. 생활이 넉넉해지도록 돕는 일.
厚生大臣[こうせいだいじん] 후생성 장관. ＊한국의 '보건복지부 장관'에 해당함.
厚生省[こうせいしょう] 후생성. ＊한국의 '보건복지부'에 해당함.
厚顔[こうがん] 후안; 뻔뻔스러움.
厚顔無恥[こうがんむち] 후안무치; 뻔뻔스러워 부끄러움을 모름.
厚遇[こうぐう] 후대(厚待). 후하게 대접함.
厚恩[こうおん] 후은; 두터운 은혜.
厚意[こうい] 후의; 두터운 정(情).
厚誼[こうぎ] 후의; 교제의 정이 두터움.
厚情[こうじょう] 후정; 두터운 정.
厚志[こうし] 후지; 친절한 마음.

後 뒤 후

丿 彳 彳 𢒼 𢓁 𢓊 𢓜 後 後

音 ◉ゴ ◉コウ
訓 ◉あと ◉のち ◉うしろ ◉おくらす ◉おくらせる ◉おくれる ⊗しり

訓読

[4]◉**後❶**[あと] ①(공간적으로) 뒤쪽. 등쪽. ②(시간적으로) 나중. 다음. ③뒷일. 뒤처리. ④나머지. ⑤후임자. 후처(後妻). ⑥후손. 자손.
[2]◉**後❷**[のち] (격식을 갖추어서 말할 때) ①후. 나중. 뒤. ¶雨(あめ)～曇(くも)り 비온 후 개임. ②(둘 중에서) 후자(後者). ③사후(死後). ❸[ご/こう] ☞ [音読]
◉**後らす**[おくらす] 〈5他〉 ①(시간을) 늦추다. 지연시키다. ②뒤에 남겨두다. 남겨두고 떠나다. ③먼저 죽다.
◉**後らせる**[おくらせる] 〈下1他〉 (시간을) 늦추다. 지연시키다.

3◉**後れる**[おくれる] 〈下1自〉 ①(정해진 시각에) 지각하다. 늦다. ②(예정보다) 늦다. 늦어지다. ③(남에게) 뒤지다. ④여의다. ⑤주눅이 들다. 기가 죽다.

後れ[おくれ] ①뒤짐. 뒤늦음. 뒤떨어짐. ②주눅이 듦. 기가 죽음.

後れ毛[おくれげ] 귀밑머리.

後れ馳せ[おくればせ] ①지각함. 뒤늦게 도착함. 뒤늦음. ②때늦음.

後れ馳せながら[おくればせながら] 뒤늦게나마. 늦은 감은 있지만.

後歌[あとうた] 간주(間奏) 뒤에 이어지는 노래 부분.

後脚[あとあし] ①(짐승의) 뒷발. 뒷다리. ②(연극의) 하급 배우.

後講釈[あとこうしゃく] 뒷북을 치는 일. 결과를 알고 난 후에 구실을 대며 설명함.

後肩[あとかた] (가마를 앞뒤에서 멜 때) 뒤쪽의 가마꾼.

1**後継ぎ**[あとつぎ] ①상속인. 대를 잇는 사람. ②후계자.

後攻め❶[あとぜめ] 후공; (경기에서) 나중에 공격하는 팀. ❷[ごぜめ] ①적의 배후를 공격함. 또는 그 군대. ②후진(後陣).

後口[あとくち] ①(일을 끝낸) 뒷맛. ②후임(後任). 다음 사람. ③나중 차례. 뒤차례.

後の葵[のちのあおい] 葵祭(あおいまつり) 축제 때 사용했던 제비꽃을 축제가 지나서도 그대로 둔 것.

後金[あときん] ①잔금(残金). ②후불금.

後戻り[あともどり] ①되돌아감. 되돌아옴. ②퇴보함. 후퇴함. 역행함.

後目[★しりめ] 곁눈질.

後味[あとあじ] (음식이나 일의) 뒷맛.

後返り[あとがえり] 되돌아감. 되돌아옴.

後方❶[のちかた] 나중에. 뒤에. ❷[こうほう] 후방; 뒤쪽.

後白波[あとしらなみ] ①(선박이 지나 간 뒤의) 흰 물결. ②흔적도 없이 사라짐.

後腹[あとばら] ①훗배앓이. ②뒤탈. 뒷고생. ③후처 소생.

後覆り[あとがえり] (뒤로 넘는) 공중제비.

後棒[あとぼう] (가마를 앞뒤에서 멜 때) 뒤쪽의 가마꾼.

後付け[あとづけ] (책의) 후기(後記). 색인.

後釜[あとがま] ①후임자. 후계자. ②후처.

後腐れ[あとくされ/あとぐされ] (일이 끝난 후의) 뒤탈. 말썽.

後払い[あとばらい/ごばらい] 후불; 값을 나중에 지불함.

後備え[あとぞなえ] 후방 수비군. 후진(後陣). 후미(後尾) 부대.

後仕舞い[あとじまい] 뒤처리. 뒷마무리.

後仕手[あとじて/のちじて] (能楽(のうがく)・狂言(きょうげん)에서) 중간 휴식 시간 이후에 나오는 주인공.

後山[あとやま] (광산에서) 채굴하는 사람을 돕거나 운반하는 사람.

後産[あとざん/のちざん] 후산; 출산 후에 태반 등을 체외로 배출함.

後箱[あとばこ] (江戸(えど) 시대에) 大名(だいみょう) 행렬 뒤쪽에서 소도구를 넣어 메고 가던 궤짝.

後生い[のちおい] ①나중에 생김. ②나중에 태어난 사람. ③나중에 배우는 사람.

後書き[あとがき] ①(책의) 후기(後記). 뒷말. ②(편지의) 추신(追伸).

後先[あとさき] ①앞뒤. 앞과 뒤. ②(어떤 일의) 전후 사정. ③일의 차례.

後の世[のちのよ] 후세; ①미래. 장래. ②사후(死後). 내세(来世).

後刷り[あとずり/のちずり] (木版画 등에서) 재차 인쇄함. 추가로 인쇄함.

後乗り[あとのり] ①말을 타고 행렬의 후미를 지키는 사람. ②후진(後陣)으로서 입성(入城)함.

後始末[あとしまつ] 뒤처리. 뒷마무리.

後押(さ)え[あとおさえ] (행렬의 맨 뒤에서) 후미를 지키는 역할. 후군(後軍).

後押(し)[あとおし] ①(차를) 뒤에서 밂. 미는 사람. ②후원자. 뒷바라지.

後厄[あとやく] 액년(厄年) 다음 해의 재난.

後薬[のちぐすり] 미래에 도움이 될 만한 것. 먼 훗날 약이 될 만한 것.

後言❶[のちごと] 유언(遺言). ❷[こうげん] ①뒷소리. 뒷말. ②험담.

後の業[のちのわざ] 사후(死後)에 하는 불사(仏事)나 법사(法事).

後役[あとやく] 후임자. 후계자.

後月[あとげつ] 지난 달. 전월(前月).

後の月[のちのつき] ①음력 9월 13일의 달. ②다음 달. ③윤달.

後の月見[のちのつきみ] 음력 9월 13일의 달맞이.

後引き❶[あとひき] (음식을) 만족하지 않고 계속 탐함. ❷[あとびき] (술을 따를 때) 술이 술병의 입구를 타고 뚝뚝 떨어짐.
後入り[あといり] ①후처(後妻). ②후살이의 남편.
後込み[★しりごみ] ①뒷걸음질 침. ②꽁무니를 뺌. ③망설임. 머뭇거림. 주저함.
後込む[★しりごむ] 〈5自〉 ①뒷걸음질 치다. ②꽁무니를 빼다. ③망설이다. 머뭇거리다. 주저하다.
後作[あとさく] ≪農≫ 후작; 뒷갈이.
後程[のちほど] 나중에. 뒤에.
後の祭[あとのまつり] ①행차 뒤의 나팔. 지나간 버스 손들기. 시기를 놓침. 사후 약방문. ②축제 다음 날.
後の朝[のちのあした] (남녀가 만나) 동침한 다음날 아침.
後足[あとあし] ①(짐승의) 뒷발. 뒷다리. ②(연극에서) 하급 배우.
後振り[★しりぶり] ≪古≫ 뒷모습.
後添い[のちぞい] 후처(後妻). 후취(後娶).
後追い[あとおい] ①뒤쫓음. 뒤따름. ②선배의 행동을 그대로 흉내 냄.
後追い心中[あとおいしんじゅう] 뒤따라 자살함.
後取り[あととり] (떡을 칠 때) 옆에서 떡을 욱여넣는 사람.
後歯[あとば] 나막신의 뒷굽.
後の親[のちのおや] (친부모가 죽은 뒤) 부모처럼 의지하는 사람.
後退り[あとじさり/あとずさり] 뒷걸음질 침.
後退る[あとじさる/あとずさる] 〈5自〉 뒷걸음치다.
後片付け[あとかたづけ] 뒤처리. 뒷마무리.
後の彼岸[のちのひがん] 가을의 불교 행사.
後下(が)り[あとさがり] (江戸(えど) 시대의 남자 헤어스타일로) 뒤쪽이 쳐짐.
後火[あとび] ①(결혼식 때) 딸을 시집보낸 후에 피워 놓는 불. ②(장례식 때) 출상(出喪)한 후에 문 앞에 피워 놓는 불.
1後回し[あとまわし] (순서를 바꾸어) 뒤로 돌림. 뒤로 미룸.
後絵[あとえ] ①(도자기에서) 유약(釉藥)을 발라 구운 다음에 그린 그림. ②오래된 도자기의 없어진 그림을 다시 채색하여 되살림.
後後[あとあと/のちのち] 먼 뒷날. 먼 훗날.
4◉後ろ[うしろ] ①(방향의) 뒤쪽. ②등. ③(안 보이는) 뒤쪽. ④뒷모습. ⑤사후(事後). 일이 끝난 뒤. ⑥(무대의) 프롬프터.
後ろめたい[うしろめたい] 〈形〉 뒤가 켕기다. 뒤가 구리다. 떳떳하지 못하다.
後ろ見[うしろみ] 후원자. 후견인. 스폰서.
後ろ見顔[うしろみがお] 후원자로서 자부하고 있는 모습.
後ろ帯[うしろおび] 뒤에서 맨 띠.
後ろ面[うしろめん] (歌舞伎(かぶき)에서) 머리 뒤에서 탈을 쓰고 1인 2역을 춤으로 분류함.
後ろ返り[うしろがえり] (뒤쪽으로) 공중제비를 함.
後ろ鉢巻(き)[うしろはちまき] 뒤에서 맨 머리띠.
後ろ髪[うしろがみ] 뒷머리털.
後ろ弁天[うしろべんてん] (앞모습은 별로인데) 뒷모습만 아름다움.
後ろ歩み[うしろあゆみ] 뒷걸음질을 함.
後ろ付き[うしろつき] 뒷모습. 뒷모양.
後ろ付け[うしろづけ] (連句(れんく)의) 逆付(ぎゃくづ)け.
後ろ飛び[うしろとび] 뒤쪽으로 날아감.
後ろ挿し[うしろさし] 여자의 틀어 올린 머리 뒤에 꽂는 장식품. 뒤꽂이.
後ろ上(が)り[うしろあがり] (옷 길이 등의) 뒤쪽이 치켜져 올라가 있음.
後ろ傷[うしろきず] (도망칠 때) 뒤에서 입은 칼의 상처. 등에 입은 상처. ＊무사에게 불명예스러운 것임.
後ろ手[うしろで] ①뒷짐. 손을 등으로 돌림. ②뒤쪽. 등쪽.
後ろ首[うしろくび] 목뒤. 뒷덜미.
後ろ盾[うしろだて] ①(전투에서) 뒤쪽을 막는 방패. ②후방을 방비함. ③스폰서.
後ろ楯[うしろだて] ☞ 後ろ盾
後ろ矢[うしろや] (적과 내통하여) 아군의 뒤쪽에서 화살을 쏨.
後ろ身[うしろみ] (옷의) 뒷길.
後ろ身頃[うしろみごろ] ☞ 後ろ身
後ろ暗い[うしろぐらい] 〈形〉 떳떳하지 못하다. 뒤가 켕기다. 뒤가 구리다.
後ろ押し[うしろおし] ①뒤를 밂. ②후원자.
後ろ様[うしろざま] ①뒤쪽. ②등을 돌림.
後ろ影[うしろかげ] 뒷모습.
後ろ衣紋[うしろえもん] (袴(はかま)를 입을 때) 허리보다 더 높이 끌어올려 입음.

ㅎ

後ろ姿[うしろすがた] 뒷모습.
後ろ前[うしろまえ] 앞뒤가 뒤바뀜.
後ろ足[うしろあし] ①(동물의) 뒷다리. ②뒷걸음질을 함. 뒤로 물러남.
後ろ指[うしろゆび] 뒷손가락질.
後ろ千両[うしろせんりょう] (앞모습은 별로인데) 뒷모습만 아름다움.
後ろ抱き[うしろだき] 뒤에서 두 팔로 안음.
後ろ幅[うしろはば] 옷의 뒤품. 뒤폭.
後ろ下(が)り[うしろさがり] 뒤쪽이 쳐짐.
後ろ合(わ)せ[うしろあわせ] ①(두 사람이 서로) 등을 맞댐. ②반대.
後ろ向き[うしろむき] ①등을 돌림. ②퇴보적임. 소극적임. 역행함.

音読

2**後❶**[ご] 후; ①(시간적으로) 뒤. ¶その~ 그 후. ②〈接尾語〉 후. ¶百年~ 100년 후. ❷[あと/のち] ☞ [訓読]
後家[ごけ] ①과부. 미망인. ②(세트로 된 것의) 외짝. 짝을 잃은 물건.
後刻[ごこく] 나중. 다음에. 차후에.
後見[こうけん] 후견; ①어린 군주(君主)나 가장(家長)을 보좌하는 직책. ②≪法≫ (민법상의) 후견. ③(能(のう)・歌舞伎(かぶき)에서) 배우의 뒷바라지를 하는 사람.
後見役[こうけんやく] 후견인 역할.
後見人[こうけんにん] 후견인; 스폰서.
後継[こうけい] 후계; ①지위・재산・업무 등을 이어받음. ②(행군하는 부대의) 후미(後尾) 부대. 후진(後陣).
後景[こうけい] 후경; ①(그림이나 사진의) 배경. ②(무대의) 배경 그림. ③후일의 상황.
後顧[こうこ] 후고; ①뒤돌아봄. 돌이켜봄. ②미래에 가서 신경이 쓰임.
後光[ごこう] 후광; ①배광(背光). ②광원(光源)이나 음영(陰影) 주위에 원이나 방사선 모양으로 보이는 광선.
後屈[こうくつ] ≪医≫ 후굴; 후굴증.
後宮[こうきゅう] 후궁; ①후비(后妃) 등이 거처하는 내전(内殿). ②후비나 궁녀의 총칭.
後記[こうき] 후기; ①후세의 기록. ②문장 뒤쪽에 기록함. ③(책의) 본문 뒤쪽에 기록하는 문장.
後期[こうき] 후기; 일정한 시대나 기간을 두 부분으로 나누었을 때의 뒤쪽의 기간.
後難[こうなん] 후난; 뒤탈. 후환(後患).
後年[こうねん] 후년; ①뒷날. 후일. ②만년(晩年).
後段[こうだん/ごだん] ①(계단이) 뒤쪽의 단. ②(문장의) 뒷부분.
後代[こうだい] 후대; 후세(後世).
後図[こうと] 후도; 장래를 위한 계획.
後頭部[こうとうぶ] ≪生理≫ 후두부.
後楽[こうらく] 후락; 세상 사람들이 즐기고 난 후에 나중에 즐김. ＊위정자의 마음가짐을 말함.
後来[こうらい] 후래; 장래. 미래. 금후.
後略[こうりゃく] 후략; 뒷부분을 생략함.
後尾[こうび] 후미; 맨 뒤쪽.
1**後半**[こうはん] 후반; 기간을 두 부분으로 나누었을 때의 뒷부분.
後半期[こうはんき] 후반기.
後半生[こうはんせい] 생애의 나머지 절반.
後半戦[こうはんせん] 후반전.
後方❶[こうほう] 후방; 뒤쪽. ❷[のちかた] 나중에. 뒤에.
後背[こうはい] 후배; 배후(背後). 등 뒤. 뒤쪽.
2**後輩**[こうはい] 후배; 학교나 직장에 나중에 들어온 사람.
後部[こうぶ] 후부; 뒤쪽.
後備[こうび] 후비; 후방 부대. 후방을 지킴. 후진(後陣).
後事[こうじ] 후사; 뒷일. 사후(死後)의 일.
後嗣[こうし] 후사; 상속자. 후계자.
後生❶[こうせい] 후생; ①나중에 태어남. ②후배(後輩). 후진(後進). ❷[ごしょう] ① ≪仏≫ 내세(来世). 사후(死後)의 세계. ②극락왕생. ③제발. 부디.
後生大事[ごしょうだいじ] ①애지중지함. 매우 소중하게 여김. ②내세의 행복을 첫째로 생각함.
後生楽[ごしょうらく] ①내세(来世)는 행복하다고 믿고 안심함. ②모든 것을 낙관적으로 생각함.
後世❶[こうせい] 후세; 다음 세상. ❷[ごせ] ≪仏≫ ①내세(来世). 사후(死後)의 세계. ②내세(来世)에서의 안락(安楽).
後続[こうぞく] 후속; 나중에 계속됨.
後送[こうそう] 후송; ①후방으로 보냄. ②나중에 보냄.
後手[ごて] 후수; ①(바둑・장기에서) 나중에 두는 사람. ②상대방에게 선수를 빼앗김. ③후진(後陣).

後述[こうじゅつ] 후술; 뒷부분에서 설명함.
後身[こうしん] 후신; ① ≪仏≫ 다시 태어난 몸. ②(신분이) 아주 달라진 몸.
後室[こうしつ] 후실; ①뒷방. ②(신분이 높은 사람의) 미망인. 과부.
後夜[ごや] 후야; ①한밤중에서 새벽까지. ② ≪仏≫ 밤중에 행하는 근행(勤行).
後列[こうれつ] 후열; 뒷줄.
後裔[こうえい] 후예; 후손(後孫).
後援[こうえん] 후원; ①뒤에서 도와줌. ②후방에 대기하고 있는 원군(援軍).
後援会[こうえんかい] 후원회.
後衛[こうえい] 후위; ①후방을 지키는 부대·사람. ②(스포츠에서) 후방을 지키는 역할.
後遺症[こういしょう] ≪医≫ 후유증.
後胤[こういん] 후윤; 후손. 자손.
後人[こうじん] 후인; 후세 사람.
後日[ごじつ/ごにち] 후일; 뒷날. 훗날.
後逸[こういつ] (야구에서) 공을 잡지 못하고 뒤로 놓치거나 빠뜨림.
後任[こうにん] 후임; 전임자가 맡고 있던 임무를 그 사람 대신 맡음.
後者[こうしゃ] 후자; ①뒤를 잇는 사람. ②(앞서 말한 둘 중의) 나중 것.
後座❶[こうざ] 후좌; 총을 쏠 때의 반동으로 포신이 뒤쪽으로 밀려남. ❷[ござ] ①(설교나 야담에서) 나중에 등장하는 사람. ②(茶道에서) 다도회가 끝난 후 별실에서 술과 안주로 대접함.
後陣[ごじん/こうじん] 후진; 뒤쪽의 진지(陣地).
後進[こうしん] 후진; ①후배(後輩). ②진보가 늦어짐. 뒤떨어짐.
後進国[こうしんこく] 후진국.
後進性[こうしんせい] 후진성.
後塵[こうじん] 후진; 앞서 가는 사람이나 가마가 일으키는 먼지.
後妻[ごさい] 후처; 후취(後娶).
後天[こうてん] 후천; 태어난 후에 습득함.
後天性[こうてんせい] 후천성.
[1]後退[こうたい] 후퇴; ①뒤로 물러남. ②힘이나 세력이 떨어짐.
後篇[こうへん] ☞ 後編
後編[こうへん] 후편; (작품·서적 등에서) 후반부의 것. 최후의 부분.
後学[こうがく] 후학; ①학문의 후배. ②미래에 자신에게 도움이 될 지식.
後患[こうかん] 후환; 뒷탈. 뒷근심.
[1]後悔[こうかい] 후회; 뉘우침.
後詰め[ごづめ] ①후진(後陣). 후방 부대. ②적의 배후를 공격하는 부대.

侯 제후/후작 후

丿 亻 … 侯

音 ◉コウ
訓 —

音読

侯[こう] 후; ①봉건 시대의 영주(領主). 제후(諸侯). ②'侯爵(こうしゃく)'의 준말.
侯国[こうこく] 후국; (중세 유럽에서) 후작(侯爵)칭호의 군주가 통치하던 나라.
侯伯[こうはく] 후백; ①후작(侯爵)과 백작(伯爵). ②제후(諸侯).
侯爵[こうしゃく] 후작; 귀족의 제2 계급.

候 기후/조짐 후

丿 亻 … 候

音 ◉コウ
訓 ◉そうろう

訓読

◉候う[そうろう] 〈4自〉≪古≫ ('あります'와 'います'의 겸양어로서) 있사옵니다. 있나이다.
候文[そうろうぶん] 문장의 끝을 '候(そうろ)う'라는 말로 끝맺는 문어체의 편지글.

音読

候[こう] 철. 계절.
[2]候補[こうほ] 후보; 어떤 지위나 신분을 얻을 자격이 있어서 거기에 뽑힐 가능성이 있는 사람.
候補生[こうほせい] 후보생.
[2]候補者[こうほしゃ] 후보자.
候鳥[こうちょう] ≪鳥≫ 후조; 철새.

喉 목구멍 후

音 ⊗コウ
訓 ⊗のど

訓読

[3]⊗喉[のど] ①목구멍. 목. 인후(咽喉). ②목소리. 노랫소리. ③숨통. 급소. ④(제본에서) 책을 철하는 여백 부분.
喉ちんこ[のどちんこ] '口蓋垂(こうがいすい)'의 속칭.

喉びこ[のどびこ] '口蓋垂(こうがいすい)'의 속칭.
喉頸[のどくび] ①멱. 숨통. ②급소.
喉骨[のどぼね] 결후(結喉). 목의 중간에 튀어나온 연골(軟骨).
喉輪[のどわ] ①목 언저리에 대는 갑옷의 부속품. ②'喉輪攻め(のどわぜめ)'의 준말.
喉輪攻め[のどわぜめ] (씨름에서) 상대방의 목에 손바닥을 대고 미는 기술.
喉仏[のどぼとけ] ☞ 喉骨(のどぼね)
喉彦[のどびこ] 목젖.
喉元[のどもと] ①목구멍. 목구멍 맨 안쪽. ②가장 중요한 부분. 중추.
喉越し[のどごし] 음식물이 목구멍으로 넘어감. 또는 그 느낌.
喉自慢[のどじまん] 노래 자랑.
喉笛[のどぶえ] 숨통.
喉っ節[のどっぷし] ☞ 喉骨(のどぼね)
喉風邪[のどかぜ] 목감기.

音読

喉頭[こうとう] ≪生理≫ 후두; 인두(咽頭)와 기관(器官) 사이의 부분.
喉頭蓋[こうとうがい] ≪生理≫ 후두개.
喉頭癌[こうとうがん] ≪医≫ 후두암.
喉頭炎[こうとうえん] ≪医≫ 후두염.
喉舌[こうぜつ] 후설; 목구멍과 혀.
喉音[こうおん] 후음; 후두음(喉頭音).

嗅 냄새맡을 후	音 ⊗キュウ 訓 ⊗かぐ

訓読

[2]⊗**嗅ぐ**[かぐ] 〈5他〉 ①(냄새를) 맡다. ②탐지해내다. 알아내다.
嗅ぎ当てる[かぎあてる] 〈下1他〉 ①(물건의) 냄새로 알아맞히다. 냄새로 찾아내다. ②낌새로 알아내다. 낌새로 알아채다.
嗅ぎ付ける[かぎつける] 〈下1他〉 ①냄새로 알아내다. ②낌새로 알아채다.
嗅ぎ分ける[かぎわける] 〈下1他〉 냄새로 식별하다. 냄새로 구별하다.
嗅ぎ薬[かぎぐすり] 코로 흡입하는 약.
嗅ぎ煙草[かぎたばこ] 코담배. 코를 대고 냄새를 맡든 가루담배.
嗅ぎ込む[かぎこむ] 〈5他〉 강하게 흡입하여 냄새를 맡다.
嗅ぎ茶[かぎちゃ] 향기를 맡으며 차의 품질을 판단하는 일.
嗅ぎ出す[かぎだす] 〈5他〉 ①냄새로 찾아내다. 냄새로 알아맞히다. ②낌새로 알아내다. 탐지하다.
嗅ぎ取る[かぎとる] 〈5他〉 ①냄새를 맡아서 알다. ②낌새를 알아채다.
嗅ぎ回る[かぎまわる] 〈5自〉 ①냄새를 맡고 다니다. ②(숨겨진 일을) 알려고 찾아다니다.

音読

嗅覚[きゅうかく] 후각; 냄새를 맡는 지각(知覚).
嗅脳[きゅうのう] ≪生理≫ 후뇌.
嗅細胞[きゅうさいぼう] ≪生理≫ 후세포.
嗅神経[きゅうしんけい] ≪生理≫ 후신경.
嗅剤[きゅうざい] 후제; 혼수상태의 사람의 호흡을 회복시키는 약제.

訓 가르칠 훈
一 ニ 三 亖 訁 訁 言 訓 訓 訓

音 ◉クン
訓 ⊗よむ

訓読

⊗**訓む**[よむ] 〈5他〉 한자(漢字)를 훈(訓)으로 읽다.
訓み替える[よみかえる] 〈下1他〉 하나의 한자(漢字)를 다른 음(音)으로 읽다.

音読

[2]**訓**[くん] 훈; 한자(漢字)를 그 뜻에 해당하는 일본어로 읽는 것.
訓ずる[くんずる] 〈サ変他〉 (漢字를) 훈독하다. 훈(訓)으로 읽다.
訓戒[くんかい] 훈계; 타이름.
訓誡[くんかい] 훈계; 타이름.
訓告[くんこく] 훈고; ①훈계하여 잘 타이름. ②(공무원에게 가하는) 징계 처분의 하나.
訓詁[くんこ] 훈고; 자구(字句)의 해석.
訓導[くんどう] 훈도; ①가르쳐서 지도함. ②(옛날의) 초등학교 교사.
訓読[くんどく] 훈독; ①한자(漢字)를 그 뜻에 해당하는 일본어로 읽는 것. ②한문(漢文)에 訓点(くんてん)을 붙여서 일본어의 문법에 따라 읽는 것.
[2]**訓読み**[くんよみ] 훈독; 한자(漢字)를 그 뜻에 해당하는 일본어로 읽는 것.

[2]**訓練**[くんれん] 훈련; 어떤 것을 가르쳐서 그것이 잘 되도록 연습을 계속적으로 하게 하는 것.

訓令[くんれい] 훈령; ①훈시하여 명령함. ②하급 관청에게 내리는 명령.

訓蒙[くんもう] 훈몽; 어린이나 초보자를 가르쳐 깨우침.

訓辞[くんじ] 훈사; 훈계하는 말.

訓釈[くんしゃく] 훈석; 문자나 문장의 읽기와 뜻풀이.

訓示[くんじ] 훈시; 훈계하는 말.

訓諭[くんゆ] 훈유; 가르쳐 타이름.

訓育[くんいく] 훈육; 올바른 품성과 습관을 가지도록 가르쳐 양육함.

訓義[くんぎ] 훈의; 한자의 훈독과 뜻.

訓電[くんでん] 훈전; 전보로 훈령을 내림.

訓点[くんてん] 훈점; 한문(漢文)을 훈독하기 위해 찍는 부호.

訓化[くんか] 훈화; 가르쳐 인도함.

訓話[くんわ] 훈화; 가르치기 위한 이야기.

勲(勳) 공훈

一 千 肀 肀 重 重 重 動 動 勲

音 ◉クン

訓 ⊗いさお ⊗いさおし

訓読

⊗**勲❶**[いさお/いさおし] ≪雅≫ 공훈(功勳). 공적(功績). 공로(功労). ❷[くん] ☞ [音読]

音読

勲❶[くん] (훈장의 등급 위에 접속하는 말로서) 훈. ¶ ~一等(いっとう) 훈 일등. 1등 훈장. ❷[いさお/いさおし] ☞ [訓読]

勲功[くんこう] 훈공; 공훈(功勳).

勲等[くんとう] 훈등; 훈장의 등급.

勲位[くんい] 훈위; 훈장의 등급과 위계.

勲章[くんしょう] 훈장; 국가나 사회에 기여한 공로자(功労者)에 대해 국가가 수여하는 기장(記章).

薫(薰) 향내/훈할 훈

一 艹 艹 艹 艹 苗 苗 莗 董 薫

音 ◉クン

訓 ◉かおる ⊗くゆる ⊗たく

訓読

◉**薫る❶**[かおる] 〈5自〉 향기가 나다. 향기가 풍기다. 향긋하다.

⊗**薫る❷**[くゆる] 〈5自〉 ①(불에) 타다. 연기가 나다. ②(마음이) 답답하여 고민하다.

[2]**薫り**[かおり] 향기. 좋은 냄새.

薫(り)煙草[かおりたばこ] 향기 좋은 담배.

⊗**薫く**[たく] 〈5他〉 향을 피우다.

薫物[たきもの] 여러 가지 향을 혼합하여 만든 향. 또는 그것을 피우는 일.

薫物合(わ)せ[たきものあわせ] 여러 가지 향을 피워서 그 우열을 겨루는 놀이.

音読

薫[くん] 훈; ①향기. 좋은 냄새. ②여러 향을 혼합하여 만든 향. 또는 그것을 피움.

薫ずる[くんずる] 〈サ変自〉 ①향기를 풍기다. ②훈풍이 불다. 향긋한 바람이 불다. 〈サ変他〉 향을 피워서 향기를 풍기게 하다. 향기가 나게 하다.

薫陶[くんとう] 훈도; 덕으로써 사람을 감화하여 교육함.

薫染[くんせん] 훈염; 좋은 감화(感化)를 주거나 받음.

薫育[くんいく] 훈육; 덕으로써 가르쳐 인도함.

薫製[くんせい] 훈제; (물고기나 고기를) 연기에 쐬어 말림. 또는 그런 식품.

薫風[くんぷう] 훈풍; 초여름에 불어오는 상쾌한 남풍(南風).

薫化[くんか] 훈화; 인격으로써 감화시킴.

薫香[くんこう] 훈향; ①좋은 향기. ②연기를 피워서 좋은 향기를 냄.

暈 무리 훈

音 ⊗ウン

訓 ⊗かさ ⊗ぼかす ⊗ぼける

訓読

⊗**暈**[かさ] ① ≪天≫ (해나 달의) 무리. ②(피로 등으로 인하여) 눈가에 생기는 검은 기미.

⊗**暈す**[ぼかす] 〈5他〉 ①바림을 하다. ②얼버무리다. 애매하게 말하다.

暈し[ぼかし] ①색의 농담(濃淡)의 경계를 희미하게 함. ② ≪美≫ 선염법(渲染法).

暈し染め[ぼかしぞめ] 바림. 선염(渲染).

⊗**暈ける**[ぼける] 〈下1他〉 (윤곽・영상・색조가) 흐릿해지다. 바래다.

音読

暈繝[うんげん] 짙은 색에서 엷은 색으로 점점 층이 나게 나타내는 기법이나 그런 직물.
暈繝錦[うんげんにしき] 붉은 바탕의 세로줄 사이에 꽃이나 마름모 등의 색무늬를 짜넣는 비단.
暈繝縁[うんげんべり] '暈繝錦(うんげんにしき)'로 만든 다다미의 가장자리 선. 또는 그런 다다미.

葷 훈채 훈	音 ⊗クン 訓 —

音読

葷酒[くんしゅ] 훈주; (고약한 냄새가 나는) 파·부추 등의 야채와 술. ¶ ~山門(さんもん)に入(い)るを許(ゆる)さず 정결한 사찰 안으로 훈주를 갖고 들어오는 것을 금한다. ＊흔히 절 입구의 계단석(戒壇石)에 새겨진 문구임.

燻 태울/연기낄 훈	音 ⊗クン 訓 ⊗いぶす ⊗くすぶる

訓読

⊗**燻す**[いぶす] 〈5他〉 ①연기를 내다. 연기를 피우다. 냅게 하다. ②(모깃불을) 피우다. ③그을리다.
燻し[いぶし] ①그을림. ②모깃불.
燻し銀[いぶしぎん] ①유황 연기에 그을린 은. 또는 그런 빛깔. ②실력이나 실속을 갖춘 사람.
⊗**燻べる**[くすべる/ふすべる] 〈下1他〉 연기만 나도록 태우다.
燻べ顔[ふすべがお] 시새움하는 얼굴.
⊗**燻らす**[くゆらす] 〈5他〉 연기를 피우다.
⊗**燻る❶**[くすぶる] 〈5自〉 ①(불이 잘 타지 않고) 연기만 나다. ②그을리다. ③찌들다. ④(감정이) 풀리지 않다. 응어리가 남다. ⑤발전하지 못하다. 제자리걸음을 하다. ⑥(집안에) 틀어박히다. 죽치다. ❷[くゆる] 〈5自〉 ①연기가 나다. 불타다. ②(마음이) 답답하여 고민하다.
燻り❶[くすぶり] 그을리는 일. 그을리고 있음. ❷[くゆり] 연기가 남. 연기나 냄새. 향.

音読

燻煙[くんえん] 훈연; 살충제에 불을 붙여 연기를 쐬게 함.
燻煙剤[くんえんざい] 훈연제.
燻肉[くんにく] 훈육; 훈제한 고기. 연기에 쐬어 말린 식품. ＊햄·베이컨 등을 말함.
燻製[くんせい] 훈제; (물고기나 고기를) 연기에 쐬어 말림. 또는 그런 식품.
燻蒸[くんじょう] 훈증; ①연기를 피움. ②유독 가스를 발생시켜 살충·살균을 행함.

〔훙〕

薨 죽을 훙	音 ⊗コウ 訓 —

音読

薨ずる[こうずる] 〈サ変自〉 홍서(薨逝)하다. 서거(逝去)하다. (귀인이) 돌아가시다.
薨去[こうきょ] 홍거; 서거(逝去). ＊황족(皇族)이나 삼품(三品) 이상인 사람의 죽음에 대한 높임말.

〔훤〕

喧 시끄러울 훤	音 ⊗ケン 訓 ⊗かまびすしい ⊗やかましい

訓読

⊗**喧しい❶**[かまびすしい] 〈形〉 소란스럽다. 시끄럽다. 떠들썩하다.
2 ⊗**喧しい❷**[やかましい] 〈形〉 ①시끄럽다. 떠들썩하다. ②번거롭다. ③잔소리가 심하다. 까다롭다. ④엄하다. 엄격하다.
喧し屋[やかましや] 잔소리꾼. 까다로운 사람.

音読

喧騒[けんそう] 떠들썩함. 시끄러움.
喧擾[けんじょう] 떠들썩함. 시끄러움.
喧伝[けんでん] 왁자지껄하게 선전함.
喧噪[けんそう] 떠들썩함. 시끄러움.
3 **喧嘩**[けんか] 싸움. 다툼. 언쟁.
喧嘩四つ[けんかよつ] (씨름에서) 서로 상대방 겨드랑이 밑에 손을 질러 넣는 방식이 서로 다름.
喧嘩別れ[けんかわかれ] 싸우고 나서 화해하지 않은 채 헤어짐.
喧嘩腰[けんかごし] 싸움을 걸려는 태도.

喧嘩早い[けんかばやい] 〈形〉 (조그만 일에도) 툭하면 싸우려 들다.
喧喧[けんけん] 떠들썩함. 왁자지껄함.
喧喧囂囂[けんけんごうごう] 떠들썩한 환성.

萱 원추리 훤	音 ⊗カン ⊗ケン 訓 ⊗かや

訓読
⊗萱[かや] ≪植≫ ①참억새. ②띠・참억새・사초 등의 총칭.
萱所[かやと] 억새 등이 무성한 산비탈.
萱原[かやはら] 억새 밭. 띠 밭.
萱屋[かやや] 억새 지붕. 띠 지붕.
萱葺(き)[かやぶき] 억새나 띠로 지붕을 임.
萱葺(き)屋根[かやぶきやね] 억새 지붕. 띠 지붕.
萱場[かやば] ①지붕용의 띠나 억새를 베는 곳. ②꼴을 베는 곳.
音読
萱草[かんぞう/けんぞう] ≪植≫ 훤초; 원추리.

卉 풀 훼	音 ⊗キ 訓 —

音読
◑花卉[かき]

喙 부리 훼	音 ⊗カイ 訓 ⊗くちばし

訓読
1⊗喙[くちばし] 부리. (새의) 주둥이. ¶ ~が黄色(きいろ)い ㉠부리가 노랗다. ㉡애송이다. ¶ ~を鳴(な)らす ㉠마구 지껄이다. ㉡이를 갈며 분해하다. ¶ ~を容(い)れる 말참견을 하다.

毁 부술/비방할 훼	音 ⊗キ 訓 ⊗こわす ⊗こぼつ

訓読
⊗毁す❶[こわす] 〈5他〉 ①부수다. 깨뜨리다. 허물다. 파손하다. ②고장 내다. 망가뜨리다. 탈내다. ③(약속・질서・계획을) 파괴하다. 깨뜨리다. 망치다. ④(큰돈을) 헐다. 잔돈으로 바꾸다. ❷[こぼす] 〈5他〉 부수다. 깨뜨리다. 허물다.
⊗毁つ[こぼつ] 〈5他〉 부수다. 깨뜨리다. 허물다.
⊗毁れる❶[こわれる] 〈下1自〉 ①부서지다. 깨지다. 파손되다. ②고장 나다. 망가지다. ❷[こぼれる] 〈下1自〉 (물건의 일부가) 망가지다.
毁れ❶[こわれ] 부서짐. 깨짐. 파손됨. 고장남. 망가짐. ❷[こぼれ] (물건의 일부가) 망가짐. 흠이 남.
毁れ物[こわれもの] ①깨진 물건. 부서진 물건. ②깨지기 쉬운 물건.
音読
毁損[きそん] 훼손; ①(물건의) 망가짐. 파손. ②(명예나 신용 등의) 손상.
毁誉[きよ] 훼예; 비난과 칭찬.
毁誉褒貶[きよほうへん] 훼예포폄; 칭찬과 비난.

휘

揮 지휘할/휘두를 휘

音 ◉キ
訓 ⊗ふるう
訓読
⊗揮う[ふるう] 〈5他〉 (가지고 있는 능력을) 발휘하다. 〈5自〉 (성적・실력・사기가) 떨치다. 번창하다. 상승하다.
音読
揮発[きはつ] 휘발; ①보통의 기온에서 액체가 기체로 됨. ②'揮発油'의 준말. 가솔린.
揮発性[きはつせい] 휘발성.
揮発油[きはつゆ] 휘발유; 가솔린.
揮毫[きごう] 휘호; 붓으로 글씨나 그림을 그림.

輝 빛날 휘

音 ◉キ
訓 ◉かがやかす ◉かがやかしい ◉かがやく

訓読

◉輝かす[かがやかす] 〈5他〉 ①(눈을)반짝이다. ②(명예를) 빛내다.

◉輝かしい[かがやかしい] 〈形〉 ①(눈부실 정도로) 빛나다. ②대단히 훌륭하다.

[2]◉輝く[かがやく] 〈5自〉 ①반짝반짝 빛나다. 반짝이다. ②(영광스럽게) 빛나다.

輝き渡る[かがやきわたる] 〈5自〉 온통 반짝반짝 빛나다.

音読

輝度[きど] ≪物≫ 휘도; 발광체의 표면의 밝기를 나타내는 양.

輝石[きせき] ≪鉱≫ 휘석.

輝線[きせん] ≪物≫ 휘선; 물질의 스펙트럼에 나타나는 빛나는 선.

輝点[きてん] 휘점; 작게 빛나는 점.

彙	무리 휘	音 ⊗イ 訓 —

音読

彙報[いほう] 휘보; 종류별로 알기 쉽게 정리한 보고. ¶学会(がっかい)の~ 학회의 보고・보고서.

◑語彙[ごい]

暉	빛날 휘	音 ⊗キ 訓 —

音読

暉暉[きき] 휘휘; (햇빛이) 찬란하게 빛남. 밝게 빛남.

麾	대장기 휘	音 ⊗キ 訓 ⊗さしまねく

訓読

⊗麾く[さしまねく] 〈5他〉 ①손짓하여 부르다. ②(군대를) 지휘하다. 지시하다.

音読

麾下[きか] 휘하; ①장군의 직속 부하. 막하(幕下). ②지휘하(指揮下).

諱	꺼릴/숨길 휘	音 ⊗キ ⊗イ 訓 ⊗いみな

訓読

⊗諱[いみな] 휘; ①시호(諡号). ②고인(故人)의 생존 시의 이름. ③신분이 높은 사람의 이름을 존경해서 하는 말.

音読

◑忌諱[きき]

徽	아름다울 휘	音 ⊗キ 訓 —

音読

徽章[きしょう] 휘장; 메달. 배지. ¶~をつける 배지를 달다. 메달을 달다.

〔휴〕

休	쉴/그칠 휴
ノ 亻 仁 什 休 休	

音 ◉キュウ

訓 ◉やすまる ◉やすむ ◉やすめる ◉やすらう

訓読

◉休まる[やすまる] 〈5自〉 (심신이) 편안해지다.

[4]◉休む[やすむ] 〈5自他〉 ①쉬다. 휴식을 취하다. ②자다. 잠자리에 들다. ③멈추다. ④(직장이나 학교를) 결근하다. 결석하다. ⑤(직장이나 학교가) 정기적으로 쉬다. 방학하다.

[4]休み[やすみ] ①휴식. 쉬는 시간. ②취침. 잠자리에 듦. ③결근. 결석. ④휴일. 휴가. 방학. ⑤(누에의) 잠.

休み所[やすみどころ] 휴게소. 쉬는 곳.

休み日[やすみび] 휴일.

休み茶屋[やすみぢゃや] 휴게소 찻집.

休み休み[やすみやすみ] ①쉬엄쉬엄. ②(비난하는 말로서) 작작. ¶ばかも~言(い)え 바보 같은 소리 작작해라.

[1]◉休める[やすめる] 〈下1他〉 ①쉬게 하다. 휴식시키다. ②멈추다. 중단하다. ③안심시키다. 편안하게 하다. ④(기계나 돈을) 묵히다. 놀리다.

休め[やすめ] 열중 쉬어! *구령(口令) 소리.

◉休らう[やすらう] 〈5自〉 ① ≪雅≫ 쉬다. 휴식하다. ② ≪古≫ 망설이다. 머뭇거리다. ③잠시 머물다. 발걸음을 멈추다.

休らい[やすらい] ①(심신이) 편안함. 평온함. ②≪古≫ 망설임. 머뭇거림. 주저함.

ㅎ

音読

休す[きゅうす] 〈サ変自〉 ☞ 休する

休する[きゅうする] 〈サ変自〉 ①쉬다. 휴식하다. ②끝나다. 끝장나다.

[2]休暇[きゅうか] 휴가; 직장에서 일정 기간을 쉬도록 주는 휴식.

休暇願(い)[きゅうかねがい] 휴가원; 휴가 신청서.

休刊[きゅうかん] 휴간; 정기 간행물이 어느 일정 기간 발행되지 않음.

[2]休講[きゅうこう] 휴강; 강의를 쉼.

[2]休憩[きゅうけい] 휴게; 휴식. 쉼.

休憩所[きゅうけいじょ] 휴게소; 쉬는 곳.

[2]休憩室[きゅうけいしつ] 휴게실; 쉬는 방.

休耕[きゅうこう] 휴경; 경작을 쉼.

休館[きゅうかん] 휴관; 도서관・미술관・영화관 등이 업무나 영업을 쉼.

休校[きゅうこう] 휴교; 학교를 쉼.

休眠[きゅうみん] 휴면; ①활동을 쉼. ②(생물이) 생활하기 부적당한 기간에 활동을 쉬고 정지 상태에 들어감.

[2]休息[きゅうそく] 휴식; 휴게. 쉼.

休息所[きゅうそくじょ] 휴식소; 휴게소.

休心[きゅうしん] (편지에서) 안심.

[2]休養[きゅうよう] 휴양; 일을 쉬고 체력을 기름.

休養室[きゅうようしつ] 휴양실; 휴게실.

[2]休業[きゅうぎょう] 휴업; 업무를 쉼.

休日[きゅうじつ] 휴일; ①업무나 영업・수업 등을 쉼. ②국경일.

休日明け[きゅうじつあけ] 휴일이 끝남.

休場[きゅうじょう] 휴장; ①흥행을 쉼. ②선수가 시합에 참가하지 않음.

[1]休戦[きゅうせん] 휴전; 교전국 쌍방의 합의에 의해 전쟁을 잠시 중단함.

休店[きゅうてん] 휴점; 가게의 영업을 쉼.

休題[きゅうだい] 휴제; 그때까지 하던 이야기를 중단함.

休止[きゅうし] 휴지; 하던 일을 중지함.

休止符[きゅうしふ] (문장의) 쉼표.

休職[きゅうしょく] 휴직; 직무를 쉼.

休診[きゅうしん] 휴진; 진찰・진료를 쉼.

[1]休学[きゅうがく] 휴학; 학교를 쉼.

休学届[きゅうがくとどけ] 휴학계; 휴학 신고서.

休閑地[きゅうかんち] 유휴지(遊休地).

休火山[きゅうかざん] ≪地≫ 휴화산.

休会[きゅうかい] 휴회; ①국회가 쉼. ②회(会)의 개최를 쉼. ③(거래소에서) 입회(立会)를 쉼.

休会明け[きゅうかいあけ] 휴회 종료.

携 가질/손에들 휴

扌 扌 扌 扌 扌 推 推 携

音 ◉ケイ

訓 ◉たずさえる ◉たずさわる

訓読

◉携える[たずさえる] 〈下1他〉 ①휴대하다. 손에 들다. 몸에 지니다. ②함께 데리고 가다. 동행(同行)하다. ③(두손을) 맞잡다. 서로 협력하다.

[1]◉携わる[たずさわる] 〈5自〉 (어떤 일에) 종사하다. 관계하다. 관여하다.

音読

[1]携帯[けいたい] 휴대; 몸에 지니거나 손에 들고 다님.

[1]携帯手荷物[けいたいてにもつ] (교통편을 이용하는 승객의) 휴대 수하물.

[1]携帯電話[けいたいでんわ] 휴대 전화.

[1]携帯品[けいたいひん] 휴대품.

携持[けいじ] 휴지; 몸에 지님. 휴대함.

携行[けいこう] 휴행; 갖고 다님.

畦 밭두둑 휴

音 ⊗ケイ

訓 ⊗あぜ ⊗うね

訓読

⊗畦❶[あぜ] ①논두렁. 논과 논의 경계. ②(문지방이나 상인방의) 홈과 홈 사이의 턱. ❷[うね] ①밭두둑. 밭이랑. ②밭두둑과 비슷한 것.

畦道[あぜみち] 논두렁길.

畦塗(り)[あぜぬり] (봄갈이한 후) 물이 새지 않도록 논두렁을 진흙으로 바름.

畦織(り)[あぜおり] 굵은 실과 가는 실을 섞어서 골지게 짬. 또는 그런 직물.

畦編(み)[あぜあみ] (뜨개질의) 고무뜨기.

畦火[あぜび] (초봄에) 해충(害虫)을 없애기 위해 논두렁의 마른 풀을 태우는 불.

音読

畦畔[けいはん] 휴반; 논밭을 구분 짓는 두둑. 두렁.

흉

凶(兇) 흉할/흉악할 흉

ノ メ 区 凶

音 ◉キョウ
訓 ―

音読

凶[きょう] 흉; 불길함. 운수가 나쁨.
凶器[きょうき] 흉기; 사람을 살상(殺傷)하는 데 사용하는 기구.
凶年[きょうねん] 흉년; ①농작물의 수확이 나쁜 해. ②재앙이 든 해.
凶徒[きょうと] 흉도; 살인・강도・모반 등 흉악한 범죄를 행하는 사람.
凶変[きょうへん] 흉변; 불길한 변고.
凶報[きょうほう] 흉보; ①불길한 소식. ②부고(訃告). 사망했다는 소식.
凶事[きょうじ] 흉사; 불길한 일.
凶殺[きょうさつ] 흉살; 살인(殺人).
凶状[きょうじょう] 흉상; 흉악 범죄 경력.
凶手[きょうしゅ] 흉수; ①흉악한 짓을 하는 사람. ②흉악한 사람의 손.
凶悪[きょうあく] 흉악; ①몹시 거칠고 사나움. ②험상궂음.
凶刃[きょうじん] 흉인; 살상용 칼.
凶日[きょうじつ] 흉일; 불길한 날.
1 **凶作**[きょうさく] 흉작; 농작물의 소출이 적음.
凶賊[きょうぞく] 흉적; 흉악한 도적.
凶弾[きょうだん] 흉탄; 괴한이 쏜 총탄.
凶暴[きょうぼう] 흉포; 흉악하고 난폭함.
凶漢[きょうかん] 흉한; 흉악한 사람.
凶行[きょうこう] 흉행; 흉악한 범행.
凶荒[きょうこう] 흉황; 흉작. 심한 기근.

胸 가슴/마음 흉

丿 刀 月 月 肑 肑 肑 胸 胸 胸

音 ◉キョウ
訓 ◉むね ◉むな

訓読

2 ◉**胸**[むね] ①가슴. 흉부(胸部). ②심장. ③폐(肺). ④위(胃). ⑤마음. 생각.
胸繫[むながい] 말의 가슴걸이. 말의 가슴에서 안장에 거는 가죽 끈.
胸苦しい[むなぐるしい] 〈形〉 ①(짓눌려서) 가슴이 답답하다. ②(근심으로) 마음이 괴롭다.
胸高[むなだか] 허리띠를 가슴 가까이에 높이 올려 맴.
胸高帯[むなだかおび] 가슴 가까이에 높이 올려 맨 허리띠.
胸鰭[むなびれ] 《魚》 가슴지느러미.
胸紐[むなひも/むねひも] ①(일본옷의) 가슴 부분에 단 끈. 돌띠. ②어린 시절.
胸当て[むねあて/むなあて] ①흉갑(胸甲). ②(어린애의) 턱받이.
胸突き[むなつき] (산길의) 가파른 길.
胸突き八丁[むなつきはっちょう] ①가파른 고갯길. ②어려운 국면.
胸簾[むなすだれ] ①늑골(肋骨). 갈비뼈. ②야위었음.
胸毛[むなげ] 흉모; 가슴털.
胸糞[むなくそ/むねくそ] 속. 배알.
胸算用[むなざんよう/むねざんよう] 속셈. 꿍꿍이셈.
胸先[むなさき] (명치 부근의) 가슴패기.
胸焼け[むねやけ/むなやけ] 《医》 명치 언저리가 쓰리고 아픈 증세.
胸騒ぎ[むなさわぎ] 가슴이 두근거림. 설렘.
胸髭[むなひげ] 흉모(胸毛). 가슴털.
胸元[むなもと] (명치 부근의) 가슴.
胸乳[むなち/むなぢ] 유방(乳房). 젖가슴.
胸底[むなそこ/きょうてい] 흉저; 마음속.
胸積(も)り[むなづもり] 속셈. 꿍꿍이셈.
胸尽くし[むなづくし] 멱살.
胸倉[むなぐら] 멱살.
胸板[むないた] ①앞가슴. 가슴의 평평한 부분. ②갑옷의 가슴 부분에 대는 철판.
胸許[むなもと] (명치 부근의) 가슴패기.
胸黒[むなぐろ] 《鳥》 검은가슴물떼새.

音読

胸腔[きょうこう/きょうくう] 《生理》 흉강. ＊의학계에서는 'きょうくう'라고 함.
胸骨[きょうこつ] 《生理》 흉골.
胸郭[きょうかく] 《生理》 흉곽.
胸廓[きょうかく] ☞ 胸郭(きょうかく)
胸襟[きょうきん] 흉금; 가슴속.
胸裏[きょうり] 흉리; 가슴속. 마음속.
胸裡[きょうり] ☞ 胸裏(きょうり)
胸膜[きょうまく] 《生理》 흉막; 늑막.

胸膜炎[きょうまくえん] ≪医≫ 늑막염.
胸壁[きょうへき] 흉벽; ①가슴의 바깥부분. ②가슴 높이의 성벽. ③요새. 성채.
胸部[きょうぶ] 흉부; ①(신체의) 가슴 부분. ②호흡기.
胸部疾患[きょうぶしっかん] 호흡기 질환.
胸像[きょうぞう] 흉상; 사람의 가슴 부분부터 머리까지의 그림이나 조각상.
胸腺[きょうせん] ≪生理≫ 흉선; 가슴샘.
胸奥[きょうおう] 흉오; 가슴속. 마음속.
胸囲[きょうい] 흉위; 가슴둘레.
胸章[きょうしょう] 흉장; 가슴에 다는 표장(標章).
胸墻[きょうしょう] 흉장; 가슴 높이의 성벽(城壁).
胸牆[きょうしょう] ☞ 胸墻(きょうしょう)
胸中[きょうちゅう] 흉중; 가슴속. 마음속.
胸痛[きょうつう] 흉통; 가슴의 통증.
胸懐[きょうかい] 흉회; 가슴속. 마음속.

〔흑〕

黒(黑) 검을 흑

音 ◉コク
訓 ◉くろ ◉くろい

訓読

3◉黒[くろ] ①검정. 검은 빛깔. ②검정 바둑돌. ③검은색과 관계된 물건. ④용의자. 범죄 혐의가 뚜렷함.
4◉黒い[くろい] 〈形〉 ①검다. 까맣다. ②거멓다. 거무스름하다. ③(범죄의) 혐의가 짙다. ④(속이) 엉큼하다. ⑤불길하다. 좋지 않다.
黒がる[くろがる] 〈5自〉 전문가인 체하다.
黒ずむ[くろずむ] 〈5自〉 거무스름해지다. 검은빛을 띠다.
黒ダイヤ[くろダイヤ] ① ≪鉱≫ 흑다이아몬드. 흑금강석. ②'석탄'의 미칭.
黒っぽい[くろっぽい] 〈形〉 ①거무스름하다. 거뭇하다. ②전문가 티가 나다.
黒ばむ[くろばむ] 〈5自〉 검은 빛을 띠다. 거무스름해지다.
黒パン[くろパン] ①흑빵. ②흑갈색 빵.
黒ビール[くろビール] 흑맥주.
黒み[くろみ] 검은빛. 거무스름함.
黒む[くろむ] 〈5自〉 검은빛을 띠다.
黒める[くろめる] 〈下1他〉 ①검게 물들이다. ②살살 구슬리다. 속이다.
黒光り[くろびかり] 검게 윤이 남.
黒框[くろわく] ①부고(訃告) 등에 두르는 검은 테. ②부고(訃告).
黒具[くろぐ] (歌舞伎(かぶき)에서) 배우의 시중을 드는 사람. 또는 그가 입는 옷.
黒南風[くろはえ] 장마철에 부는 마파람.
黒内障[くろそこひ/こくないしょう] ≪医≫ 흑내장.
黒茶色[くろちゃいろ] 흑다색; 흑갈색.
黒帯[くろおび] (유도에서) 검은 띠. 유단자(有段者).
黒塗り[くろぬり] ①검정 칠. ②검정 칠을 한 물건.
黒み渡る[くろみわたる] 〈5自〉 ①온통 까맣게 타다. ②모든 사람이 검은 상복을 입다.
黒豆[くろまめ] ≪植≫ 흑두; 검정콩. 검은콩.
黒鹿毛[くろかげ] 검은빛의 갈색 말.
黒幕[くろまく] 흑막; ①(무대에서) 장면이 바뀔 때 사용하는 검은 무대막. ②(배후에서 조종하는) 막후 인물.
黒毛[くろげ] ①검정 빛깔의 털. ②검정 말.
黒木[くろき] ①껍질을 안 벗긴 통나무. ②약 30㎝ 길이로 잘라 숯가마에 넣어서 그을린 땔감. ③ ≪植≫ 흑단(黒檀).
黒目[くろめ] (눈알의) 검은자위. 눈동자.
黒目勝ち[ちくろめがち] 눈이 부리부리함.
黒猫[くろねこ] 검은 고양이.
黒い霧[くろいきり] 검은 안개. ＊정계·관계·재계의 정경유착이나 직권남용을 말할 때 사용하는 말임.
黒文字[くろもじ] ① ≪植≫ 조장나무. ②(조장나무로 만든) 이쑤시개.
黒物[くろもの] ①냄비. ＊바닥이 검다는 데서. ②잡어(雑魚). 자지레한 물고기.
黒米[くろごめ/こくまい] 현미(玄米).
黒味[くろみ] 검은빛. 거무스레함.
黒黴[くろかび] ≪植≫ 검은곰팡이.
黒蜜[くろみつ] 검은 조청.
黒髪[くろかみ] 흑발; 검은 머리.
黒ん坊[くろんぼう] ①흑인(黒人). ②햇볕에 까맣게 그을린 사람.
黒房[くろぶさ] (씨름에서) 씨름판 위의 지붕 북서쪽 귀퉁이에 드리우는 검은 술.

黒白❶[くろしろ] 흑백; ①흑과 백. ②(일의) 시비(是非). ❷[こくびゃく] ①검정색과 흰색. ②유죄와 무죄.

黒白鳥[くろはくちょう] ≪鳥≫ 흑백조.

黒百合[くろゆり] ≪植≫ 흑백합.

黒本[くろほん] (江戸(えど) 시대의 검은 표지로 된) 草双紙(くさぞうし)의 한 종류.

黒糸[くろいと] 흑사; ①검은 실. ②'黒糸縅(くろいとおどし)'의 준말.

黒糸縅[くろいとおどし] 검은 실로 갑옷의 미늘을 얽어맨 것.

黒砂糖[くろざとう] 흑설탕.

黒斜子[くろななこ] 바탕이 오톨도톨하고 무늬가 없는 검정 견직물.

黒山[くろやま] 새까맣게 모여든 사람.

黒珊瑚[くろさんご] 흑산호.

黒書院[くろしょいん] ≪歴≫ (武家시대에) 幕府(ばくふ) 안에 있던 고위직용의 밀실. *온통 검은 칠로 칠해져 있었음.

黒鼠[くろねずみ] ①검은 쥐. ②주인집의 금품을 빼돌리는 고용인. ③거무스름한 회색.

黒石[くろいし] 흑석; 검은 돌. 검은 바둑돌.

黒船[くろふね] (江戸(えど)말기에) 서양에서 온 배를 일컫는 말.

黒星[くろぼし] ①검은 점. 검고 둥근 점. ②(과녁 중앙의) 검은 동그라미. 중심. ③(씨름에서) 패배를 나타내는 표. ④패배. 실패. ⑤눈동자.

黒猩猩[くろしょうじょう] 침팬지의 딴이름.

黒焼(き)[くろやき] (약으로 사용하기 위해) 동식물을 검게 찜구이함.

黒松[くろまつ] ≪植≫ 흑송; 해송(海松).

黒水引[くろみずひき] 절반은 흑색, 절반은 흰색의 포장용 끈. *궂은 일에 사용함.

黒水晶[くろずいしょう] 흑수정.

黒穂[くろほ/くろぼ] ≪植≫ 흑수; 깜부기.

黒穂病[くろほびょう/くろぼびょう] 흑수병; 깜부기병.

黒繻子[くろじゅす] 검정 색 공단.

黒柿[くろがき] ≪植≫ 먹감나무.

黒身[くろみ] (가다랭이나 방어 등의) 거무스름한 살. 어육(魚肉)의 벌건 살.

黒鴨[くろがも] ≪鳥≫ 검둥오리.

黒鴨仕立て[くろがもじたて] (남자 하인용의) 검정이나 감색으로 만든 복장.

黒揚(げ)羽[くろあげは] ≪虫≫ 남방제비나비. 黒蝶(くろちょう).

黒煙[くろけむり/こくえん] 흑연; 검은 연기.

黒玉[くろだま] ①검은 구슬. ②흑점. ③눈동자. ④불발한 화포(花砲)의 알맹이.

黒雲[くろくも/こくうん] 흑운; ①먹구름. 비구름. ②암운(暗雲). 불안한 분위기.

黒熊[くろくま] ≪動≫ 흑곰.

黒衣❶[くろご] ①(歌舞伎(かぶき)에서) 배우의 시중을 드는 사람. 또는 그가 입는 검정 옷. ❷[こくい/こくえ] 흑의; ①검정 옷. ②승복(僧服).

黒蟻[くろあり] 검은개미의 총칭.

黒日[くろび] 불길한 날.

黒子❶[くろこ/くろご] (歌舞伎(かぶき)에서) 배우의 시중을 드는 사람. 또는 그가 입는 검정 옷. ❷[ほくろ] 검은 사마귀. 점.

[1]**黒字**[くろじ] 흑자; ①검정색으로 쓴 글씨. ②≪経≫ 이익.

黒字倒産[くろじとうさん] ≪経≫ 흑자도산.

黒慈姑[くろぐわい] ≪植≫ 올방개.

黒作り[くろづくり] ①(먹물주머니째 담근) 오징어젓. ②온통 검게 칠하여 만듦.

黒桟[くろざん] 검정색 고급 가죽.

黒装束[くろしょうぞく] 검정색의 복장.

黒田[くろだ] 모내기하기 전의 논.

黒潮[くろしお] ≪地≫ 흑조; 일본 해류.

黒藻[くろも] ≪植≫ 검정말.

黒鯛[くろだい] ≪魚≫ 감성돔. 먹도미.

黒枠[くろわく] ①부고(訃告) 등에 두르는 검은 테. ②부고(訃告).

黒酒[くろき] 검정색의 술. *천황이 즉위해서 지내는 大嘗祭(だいじょうさい)에 사용함.

黒住教[くろずみきょう] ≪宗≫ 神道(しんとう)의 한 종파(宗派).

黒竹[くろちく] ≪植≫ 오죽(烏竹).

黒地[くろじ] 검은 바탕. 검은 바탕의 천.

黒貂[くろてん] ≪動≫ 검은담비. 산달.

黒焦げ[くろこげ] 타서 검게 눌음.

黒総[くろぶさ] (일본 씨름에서) 씨름판 위의 지붕 북서쪽 귀퉁이에 드리우는 검은 술.

黒鍬[くろくわ] 막벌이꾼. 막일꾼.

黒漆[くろうるし/こくしつ] 흑칠; ①검정색의 옻칠. ②칠흑.

黒め漆[くろめうるし] 수분이 증발하여 흑갈색으로 변한 생칠(生漆).

黒土[くろつち/こくど] 흑토; ①검정색의 흙. ②부엽토(腐葉土). ③불에 탄 땅.

黒兎[くろうさぎ] 흑토; 검은 토끼.

黒八丈[くろはちじょう] 무늬가 없고 두꺼운 명주. *八丈島(はちじょうじま)에서 생산됨.

黒皮❶[くろかわ] ①검정색으로 염색한 가죽. ②식용 버섯의 한 종류. ❷[こくひ] 흑피; 검정색 가죽.
黒革[くろかわ] ☞ 黒皮(くろかわ)
黒胡麻[くろごま] ≪植≫ 검정깨.
黒胡椒[くろこしょう] ≪植≫ 검정후추.
黒和え[くろあえ] 검정깨로 버무린 음식.
黒燻り[くろくすぶり] 검게 그을린 물건.
黒黒と[くろぐろと] 새까맣게.

音読

黒褐色[こっかっしょく/こくかっしょく] 흑갈색; 검정 갈색.
黒檀[こくたん] ≪植≫ 흑단.
黒死病[こくしびょう] 흑사병; 페스트.
黒色[こくしょく] 흑색; 검정색.
黒鉛[こくえん] ≪鉱≫ 흑연; 석묵(石墨).
黒曜石[こくようせき] ≪鉱≫ 흑요석.
黒衣❶[こくい/こくえ] 흑의; ①검정 옷. ②승복(僧服). ❷[くろご] ①(歌舞伎(かぶき)에서) 배우의 시중을 드는 사람. 또는 그가 입는 검정 옷.
黒人[こくじん] 흑인; 피부색이 검은 사람.
黒点[こくてん] 흑점; ①검은 점. ② ≪天≫ 태양 흑점.
黒炭[こくたん] 흑탄; 역청탄(瀝青炭).
2黒板[こくばん] 흑판; 칠판.

〔흔〕

欣 기뻐할 흔	音 ⊗キン ⊗コン ⊗ゴン 訓 —

音読

欣求浄土[ごんぐじょうど] ≪仏≫ 흔구정토; 정토(浄土)에 왕생할 것을 진심으로 기구함.
欣慕[きんぼ] 흔모; 기쁜 마음으로 사모함.
欣然[きんぜん] 흔연; 매우 기뻐함.
欣快[きんかい] 흔쾌; 매우 기뻐함.
欣幸[きんこう] 흔행; 다행으로 여겨 기뻐함.
欣欣[きんきん] 흔흔; 매우 기뻐함.
欣欣然[きんきんぜん] 매우 기뻐함.
欣喜雀躍[きんきじゃくやく] 흔희작약; 너무 좋아서 뛰면서 기뻐함.

痕 흉터/흔적 흔	音 ⊗コン 訓 ⊗あと

訓読

⊗痕[あと] (상처의) 흔적. 자국. ¶傷(きず)の～ 흉터. 상처 자국. ¶手術(しゅじゅつ)の～ 수술 자국.

音読

痕跡[こんせき] 흔적; 자국. ¶～をとどめない 흔적을 남기지 않다.

〔흘〕

吃 말더듬을 흘	音 ⊗キツ 訓 ⊗どもる

訓読

⊗吃る[どもる] 〈5自〉 말을 더듬다.
吃り[どもり] ①말을 더듬음. ②말더듬이. 말을 더듬는 사람.

音読

吃驚[きっきょう] 흘경; 깜짝 놀람.
吃緊[きっきん] 흘긴; 대단히 중요함.
吃水[きっすい] 흘수; 수면에서 배 밑바닥까지의 최대 수직 거리.
吃水線[きっすいせん] 흘수선; 배가 물에 떠 있을 때의 물속에 잠기는 부분과 잠기지 않는 부분의 경계선.
吃語[きつご] 흘어; 말을 더듬음.
吃逆[★しゃっくり/しゃくり/さくり] 딸꾹질.
吃音[きつおん] 흘음; 말을 더듬는 소리.
吃吃[きつきつ] (소리 내어 웃는 소리) 낄낄.

屹 우뚝솟을 흘	音 ⊗キツ 訓 —

音読

屹度[きっと] 꼭. 반드시. 틀림없이.
屹立[きつりつ] 흘립; (산을 깎아지른 듯이) 우뚝 솟아 있음.
屹然[きつぜん] 흘연; ①산이 우뚝 솟아 있음. ②의젓함.

迄 x(迄) 이를/마침내 흘	音 ⊗キツ 訓 ⊗まで

訓読

4⊗迄[まで] ①…까지. ②…조차. ＊동작·작용이 미치는 한계점을 나타내는 조사(助辞)임.

〔흠〕

欽 공경할 흠	音 ⊗キン 訓 —

音読

欽命[きんめい] 흠명; 군주(君主)의 명령.
欽慕[きんぼ] 흠모; 존경하고 사모함.
欽羨[きんせん] 흠선; 우러러 선망함.
欽定[きんてい] 흠정; 군주(君主)의 명령으로 제정함.
欽定訳聖書[きんていやくせいしょ] 흠정역 성서.
欽定憲法[きんていけんぽう] 흠정 헌법.

〔흡〕

吸(吸) 숨들이쉴/빨 흡
ㅣ ㄇ ㅁ ㅁ丿 吸 吸

音 ◉キュウ
訓 ◉すう

訓読

4 **◉吸う**[すう] 〈5他〉 ①(기체나 액체를) 들이마시다. 빨아들이다. 빨다. ②흡수하다. 빨아들이다. ③끌어당기다.
吸(い)殻[すいがら] ①(담배) 꽁초. ②(필요한 성분을 짜내고) 남은 찌꺼기.
吸(い)口[すいくち] ①(물부리 등을) 입에 대고 빠는 부분. ②국에 넣는 향신료.
吸い寄せる[すいよせる] 〈下1他〉 ①빨아 당기다. 빨아들이다. ②(마음·주의를) 끌다. 매혹하다.
吸(い)物[すいもの] 맑은 장국.
吸(い)物膳[すいものぜん] 국그릇을 곁들여 내놓는 밥상.
吸(い)物椀[すいものわん] 국그릇.
吸い付く[すいつく] 〈5自〉 달라붙다.
吸い付ける[すいつける] 〈下1他〉 ①빨듯이 끌어당기다. 흡착시키다. ②빨아서 담뱃불을 붙이다. ③(같은 담배를) 늘 피우다.
吸(い)付(け)煙草[すいつけたばこ] 담배에 불을 붙여 권함. 불을 붙여 주는 담배.
吸(い)上げ[すいあげ] 빨아올림.
吸い上げる[すいあげる] 〈下1他〉 ①빨아올리다. ②(남의 이익을) 착취하다. 가로채다. ③(의견을) 수렴하다.
吸(い)玉[すいだま] ≪医≫ 흡각; 흡종(吸鐘). 고름을 빨아내는 기구.
吸(い)飲み[すいのみ] 부리가 긴 주전자 모양의 물그릇. ＊환자가 누워서 마실 수 있는 그릇.
吸(い)込み[すいこみ] ①흡입. 빨아들임. ②안으로 빨아들이는 구조.
吸い込む[すいこむ] 〈5他〉 흡입하다. 빨아들이다.
吸茶[すいちゃ] (진한 한 잔의 차를) 여럿이서 돌아가며 마심.
吸(い)出し[すいだし] ①빨아냄. ②'吸(い)出(し)膏薬(すいだしこうやく)'의 준말.
吸い出す[すいだす] 〈5他〉 ①빨아내다. ②빨아들이기 시작하다.
吸(い)出(し)膏薬[すいだしこうやく] 고름을 빨아내는 고약.
吸い取る[すいとる] 〈5他〉 ①흡수하다. 흡입하다. 빨아들이다. 빨아내다. ②(냄새·분말·액체 등을) 빨아들여 걷어내다. 빨아들여 제거하다.
吸(い)取(り)紙[すいとりがみ] 흡묵지(吸墨紙). 먹을 흡수하는 종이.
吸(い)呑み[すいのみ] 부리가 긴 주전자 모양의 물그릇. ＊환자가 누워서 마실 수 있는 그릇.
吸い筒[すいづつ] (옛날의) 휴대용 물통.
吸い瓢[すいふくべ] ≪医≫ 흡각; 흡종(吸鐘). 고름을 빨아내는 기구.

音読

吸気[きゅうき] 흡기; ①들이쉬는 숨. ②가스·증기 등을 빨아들임.
吸盤[きゅうばん] 흡반; ① ≪動≫ 빨판. ②(고무나 플라스틱으로 되어) 물체를 고착시키는 물건.
2 **吸収**[きゅうしゅう] 흡수; 빨아들임.
吸収率[きゅうしゅうりつ] 흡수율.
吸湿[きゅうしつ] 흡습; 습기를 흡수함.
吸音材[きゅうおんざい] 흡음재; 소리를 흡수하는 재료.
吸引[きゅういん] 흡인; ①빨아들임. ②(사람을) 끌어당김.
吸入[きゅうにゅう] 흡입; 빨아들임.
吸着[きゅうちゃく] 흡착; 달라붙음.
吸着剤[きゅうちゃくざい] 흡착제.
吸血[きゅうけつ] 흡혈; 피를 빨아 먹음.
吸血鬼[きゅうけつき] 흡혈귀.

恰 흡사할 흡	音 ⊗カツ ⊗コウ ⊗チョウ 訓 ⊗あたかも

訓読

⊗**恰も**[あたかも] ①마치. 흡사. ②때마침. 바야흐로.

恰も好し[あたかもよし] 때마침. 운 좋게.

音読

恰度[ちょうど] ①꼭. 정확히. ②마침. 알맞게. ③마치. 흡사. ④막. 방금. 바로.

恰幅[かっぷく] 풍채. 허우대.

[2]**恰好**[かっこう] ①모양. 모습. 꼴. 꼬락서니. ②체제. 형식. ③〈形動〉 걸맞음. 알맞음. 적당함. ④〈接尾語〉 가량. 정도.

翕 합할 흡	音 ⊗キュウ 訓 —

音読

翕然[きゅうぜん] 흡연; 많은 것이 한 군데로 모임. 많은 것이 합하여 한 곳으로 향함.

흥

興 흥할/흥겨울 흥

音 ◉キョウ ◉コウ
訓 ◉おこす ◉おこる

訓読

◉**興す**[おこす] 〈5他〉 ①(쇠약해진 것을) 흥하게 하다. ②(세력을) 성하게 하다. 일으키다. ③(사업을) 벌이다. 시작하다.

◉**興る**[おこる] 〈5自〉 ①(세력이) 일어나다. 흥하다. 번성하다. ②(새로) 발생하다. 일어나다.

音読

興[きょう] 흥; ①흥취. 재미. ②좌흥(座興). ③(漢詩에서) 어떤 사물을 접하여 자기의 감흥을 표현함.

興がる[きょうがる] 〈5自〉 흥겨워하다. 즐거워하다. 재미있어하다.

興じる[きょうじる] 〈上1自〉 ☞ 興ずる

興ずる[きょうずる] 〈サ変自〉 흥겨워하다. 즐거워하다. 재미있어하다.

興国[こうこく] 흥국; 나라를 흥하게 함.

興起[こうき] 흥기; ①세력이나 기세가 왕성해짐. ②떨치고 일어남.

興隆[こうりゅう] 흥륭; 세력이 왕성하여 번성함.

興亡[こうぼう] 흥망; 흥함과 망함.

[2]**興味**[きょうみ] 흥미; 사물에 마음이 끌려 재미있다고 느낌.

興味津津[きょうみしんしん] 흥미진진.

[2]**興味深い**[きょうみぶかい] 〈形〉 매우 흥미롭다.

興復[こうふく] 흥복; 부흥(復興). 다시 일으킴.

[1]**興奮**[こうふん] 흥분; 감정이 격해짐.

興醒め[きょうざめ] 흥이 깨짐. 기분을 잡침. 흥미를 잃음.

興醒める[きょうざめる] 〈下1自〉 흥이 깨지다. 기분을 잡치다.

興醒め顔[きょうざめがお] 흥이 깨진 표정. 기분을 잡친 표정.

興信録[こうしんろく] 흥신록; (개인이나 기업의) 신용 조사 기록.

興信所[こうしんじょ] 흥신소; (개인이나 기업의) 신용을 조사하는 민간 기관.

興言[きょうげん] 흥언; 흥이 나서 하는 말. 좌중을 즐겁게 하는 말.

[1]**興業**[こうぎょう] 흥업; 새로이 사업을 일으킴.

興趣[きょうしゅ] 흥취; 즐겁고 유쾌함.

興廃[こうはい] 흥폐; 흥망. 성쇠(盛衰).

興行[こうぎょう] 흥행; 입장료를 받고 스포츠・연예・영화 등을 보여줌.

興行師[こうぎょうし] 흥행사; 프로모터.

興懐[きょうかい] 흥회; 즐겁고 유쾌함을 느끼는 마음.

희

希 바랄/드물 희

音 ◉キ ⊗ケ
訓 ⊗こいねがう ⊗まれ

訓読

⊗**希う**[こいねがう] 〈5自〉 갈망하다. 간절히 바라다.

希わくは[こいねがわくは] 부디. 제발 청컨대. 제발 바라건대.

[2]⊗希[まれ] 〈形動〉 드묾. 많지 않음. 좀처럼 없음.

希ら[まれら] 〈形動〉≪古≫ 드묾. 많지 않음. 흔하지 않음.

希希[まれまれ] 극히 드물게. 어쩌다가.

音読

希[き] 희; ①그리스. 희랍. '希臘(ギリシア)'의 준말. ② ≪化≫ 묽은. ③드묾. ¶古来(こらい)~なり 예로부터 드문 일이다.

希求[ききゅう] 희구; 바라고 원함.

希代❶[きたい/きだい] 희대; ①세상에 드묾. ②아주 이상함. 이상야릇함. ❷[けったい] 이상함. 이상야릇함.

希代未聞[きたいみもん] 희대미문; 매우 드물어 좀처럼 듣기 어려운 이야기.

希硫酸[きりゅうさん] ≪化≫ 희황산. 묽은 황산.

[2]希望[きぼう] 희망; 실현되기를 바람.

希薄[きはく] 희박; ①기체의 밀도나 농도가 묽음. ②모자람. 부족함.

希書[きしょ] 희서; 희귀한 책.

希釈[きしゃく] 희석; 용액(溶液)의 농도(濃度)를 묽게 함.

希世[きせい] 희세; 세상에 드묾.

希少[きしょう] 희소; 매우 드묾.

希少価値[きしょうかち] 희소가치.

希元素[きげんそ] ≪化≫ 희원소; 희유원소.

姫(姬) 계집/아가씨 희

音 ⊗キ
訓 ◉ひめ

訓読

◉姫[ひめ] ①'여자'에 대한 미칭. ②귀인의 딸로 미혼녀. ③창녀(娼女). 유녀(遊女).

姫鏡[ひめかがみ] ①모범이 되는 여성. ② ≪植≫ '산해박'의 옛 이름.

姫鏡台[ひめきょうだい] 꼬마 경대.

姫君[ひめぎみ] '姫(ひめ)'의 높임말.

姫宮[ひめみや] 황녀(皇女). 공주.

姫女菀[ひめじょおん] ≪植≫ 개망초.

姫飯[ひめいい] 솥에서 푹 퍼진 밥.

姫百合[ひめゆり] ≪植≫ 산단(山丹).

姫昔艾[ひめむかしよもぎ] ≪植≫ 망초.

姫小松[ひめこまつ] ①≪植≫ 섬잣나무. ②작은 소나무.

姫松[ひめまつ] 작은 소나무. 꼬마 소나무.

姫始め[ひめはじめ] ①새해 들어 처음으로 姫飯(ひめいい)를 먹음. ②새해 들어 처음으로 하는 남녀의 성교(性交).

姫神[ひめがみ] 여신(女神).

姫児[ひめこ] ①어린 여자아이. ②누에.

姫様[★ひいさま] 아가씨. 아씨. *'귀인의 딸'의 존경어.

姫御前[ひめごぜ/ひめごぜん] ①'姫(ひめ)'의 높임말. ② ≪俗≫ '처녀'의 높임말.

姫垣[ひめがき] 나지막한 울타리.

姫墻[ひめがき] ☞ 姫垣

姫鱒[ひめます] ≪魚≫ 각시송어.

姫糊[ひめのり] 물에 불린 밥알을 자루에 넣고 짜낸 풀.

音読

◑美姫[びき]

喜 기쁠/즐거울 희

音 ◉キ
訓 ◉よろこばしい ◉よろこばす ◉よろこぶ

訓読

◉喜ばしい[よろこばしい] 〈形〉 경사스럽다. 기쁘다. 즐겁다.

◉喜ばす[よろこばす] 〈5他〉 기쁘게 하다.

◉喜ばせる[よろこばせる] 〈下1他〉 기쁘게 하다. 즐겁게 하다.

[3]◉喜ぶ[よろこぶ] 〈5他〉 기뻐하다. 달가워하다. 즐거워하다. 좋아하다.

[2]喜び[よろこび] ①기쁨. 즐거움. ②경사. 경사스러운 일. ③축사. 축사의 말.

喜び勇む[よろこびいさむ] 〈5自〉 기뻐서 신바람이 나다.

喜んで[よろこんで] 기꺼이. 흔쾌히. 기쁘게. 기쁜 마음으로.

音読

喜歌劇[きかげき] ≪楽≫ 희가극; 코믹 오페라.

[1]喜劇[きげき] 희극; ①코미디. ②사람을 웃길 만한 사건.

喜楽[きらく] 희락; 기쁨과 즐거움. 기뻐 즐거워함.

喜怒哀楽[きどあいらく] 희로애락; (사람의) 온갖 감정.

喜捨[きしゃ] 희사; 물품이나 기부금을 기꺼이 남을 위해 내놓음.
喜色[きしょく] 희색; 기쁜 표정.
喜寿[きじゅ] 희수; 나이 77세.
喜悦[きえつ] 희열; 기쁨. 즐거움.

戯(戲) 희롱할/연극할 희

丶 广 卢 卢 庐 虚 虚 虚 戱 戯

音 ◉ギ ⊗ケ ⊗ゲ
訓 ◉たわむれる ⊗じゃれる ⊗ざれる ⊗そばえる ⊗おどける ⊗たわける

訓読

◉戯れる❶[たわむれる] 〈下1自〉 ①장난치다. 놀다. ②시시덕거리다. 농담을 하다. ③(남녀가) 새롱거리다.
⊗戯れる❷[ざれる/じゃれる] 〈下1自〉 (작은 동물이) 재롱부리다. 달라붙어 장난치다.
戯れ❶[たわむれ] ①희롱. 장난. ②(남녀가) 새롱거림. ❷[ざれ/じゃれ] ≪古≫ 장난. 농담. 희롱.
戯れ歌[ざれうた] ①장난스런 노래. 익살스러운 노래. ②우스꽝스러운 노래.
戯れ事[たわむれごと/ざれごと] 장난. 희롱.
⊗戯える[そばえる] 〈下1自〉 ①미풍이 살랑살랑 불다. ②버릇없이 굴다. 응석부리다. ③(동물이) 재롱부리다.
戯え[そばえ] ≪古≫ ①응석부림. 버릇없이 굶. ②여우비.
⊗戯ける❶[おどける] 〈下1自〉 익살떨다. 익살부리다. ❷[たわける] 〈下1自〉 ①희롱거리다. ②음란한 행동을 하다.
戯け❶[おどけ] 익살맞음. 농담. 장난. ❷[たわけ] ①희롱거림. ②바보. 천치.
戯け者[おどけもの] 희극배우. 익살꾼.
戯け芝居[おどけしばい] 희극. 관객을 웃기는 익살스런 연극.
戯け話[おどけばなし] 코미디. 익살스런 이야기.
戯れ男[たわれお] 탕아(蕩児). 호색한(好色漢).
戯れ女[たわれめ] 유녀(遊女). 논다니.
戯(れ)言[たわむれごと/たわれごと/たわごと] 허튼소리. 실없는 소리.

音読

戯曲[ぎきょく] 희곡; 드라마.
戯弄[ぎろう] 희롱; ①장난침. ②새롱거림.
戯文[ぎぶん] 희문; 무익한 글.
戯書[ぎしょ] 희서; 장난으로 쓴 글.
戯作[げさく/ぎさく] 희작; ①장난삼아 쓴 소설 작품. ②(江戸(えど) 시대의) 통속 오락 소설.
戯作者[げさくしゃ] 통속 문학 작가.
戯場[ぎじょう] 극장. 극장의 무대.
戯評[ぎひょう] 희평; 만평(漫評).
戯号[ぎごう/げごう] 통속 문학 작가 등이 사용하는 아호(雅号).
戯画[ぎが] 희화; 풍자화(諷刺画).

犠(犧) 희생 희

牛 牜 牜 牪 牸 牸 牸 牸 犠 犠

音 ◉ギ
訓 ―

音読

1 犠牲[ぎせい] 희생; ①어떤 목적을 위해 하나밖에 없는 것을 바침. ②신에게 바치기 위해 동물을 도살함.
犠牲者[ぎせいしゃ] 희생자; 전쟁이나 재해(災害)로 죽거나 큰 피해를 입은 사람.
犠牲打[ぎせいだ] (야구에서) 희생타.
犠打[ぎだ] (야구에서) 희생타.

稀 드물/적을 희

音 ⊗キ ⊗ケ
訓 ⊗まれ

訓読

2 ⊗稀[まれ] 〈形動〉 드묾. 많지 않음. 좀처럼 없음.
稀ら[まれら] 〈形動〉≪古≫ 드묾. 많지 않음.
稀男[まれおとこ] 보기 드문 미남자.
稀物[まれもの] 진품(珍品). 보기 드문 물건. 진귀한 물건.
稀事[まれごと] 희사; 보기 드문 일.
稀者[まれもの] 보기 드문 사람. 비길 데 없이 빼어난 사람.
稀稀[まれまれ] 극히 드물게. 어쩌다가.

音読

稀代❶[きたい/きだい] 희대; ①세상에 드묾. ②아주 이상함. 이상야릇함. ❷[けったい] 이상함. 이상야릇함.
稀硫酸[きりゅうさん] ≪化≫ 희황산. 묽은 황산.
稀薄[きはく] 희박; ①기체의 밀도나 농도가 묽음. ②모자람. 부족함.

稀釈[きしゃく] 희석; 용액(溶液)의 농도(濃度)를 묽게 함.
稀少[きしょう] 희소; 매우 드묾.
稀元素[きげんそ] ≪化≫ 희원소; 희유원소.

嬉 즐길 희	音 ⊗キ 訓 ⊗うれしい

訓読

[3]⊗**嬉しい**[うれしい] 〈形〉 ①반갑다. 기쁘다. ②고맙다. ③ ≪俗≫ 귀엽다. 애교가 있다. 밉지 않다.
嬉しがる[うれしがる] 〈5自〉 반가워하다.
嬉しがらせ[うれしがらせ] (남을) 기쁘게 해 주는 말. 듣기 좋은 말.
嬉し涙[うれしなみだ] 기쁨의 눈물.
嬉し紛れ[うれしまぎれ] 너무 기쁜 나머지 다른 곳에 주의가 미치지 못함.
嬉し悲しい[うれしがなしい] 〈形〉 기쁜 듯 하면서도 슬프다.
嬉し顔[うれしがお] 기쁜 표정.
嬉し泣き[うれしなき] 너무 기뻐서 흐느껴 욺.

音読

嬉笑[きしょう] 희소; ①억지웃음. ②기뻐서 웃음.
嬉遊[きゆう] 희유; 즐겁게 놂.
嬉遊曲[きゆうきょく] ≪楽≫ 희유곡.
嬉嬉[きき] 희희; 희희 낙낙함.
嬉戯[きぎ] 희희; 즐겁게 놂.

鱚 서두어 희	音 — 訓 ⊗きす

訓読

⊗**鱚**[きす] ≪魚≫ 보리멸. 서두어(鼠頭魚).

[힐]

詰 물을/꾸짖을 힐
言 言 言 計 詁 詁 詰 詰

音 ◉キツ
訓 ◉つまる ◉つむ ◉つめる ⊗なじる

訓読

[2]◉**詰まる**[つまる] 〈5自〉 ①(빈 공간에 물건이 빈틈없이) 꽉 차다. 가득 차다. ②(통로가) 막히다. ③(길이가) 줄다. 줄어들다. ④(몰려서) 궁하다. 궁해지다. 꼼짝 못하다. ⑤(야구에서) 공이 베트의 손잡이 근처에 맞다. ⑥(물건이) 부족하다. 모자라다.
詰(ま)る所[つまるところ] 결국은. 요컨대.
[4]**詰(ま)らない**[つまらない] 〈形〉 ①시시하다. 하찮다. 보잘것없다. ②소용없다. 보람이 없다. ③재미가 없다. 흥미가 안 난다. ④어이없다. 우습다. 우스운 꼴이 되다. ⑤사소한 일이다. 하찮은 일이다.
[2]**詰(ま)り**[つまり] ①꽉 참. 가득 참. ②(길이가) 줄어듦. 오그라듦. ③막판. 막다름. ④즉. 요컨대.
◉**詰む**[つむ] 〈5自〉 ①막다른 곳에 이르다. 막히다. 궁해지다. ②촘촘하다. ③(장기에서) 외통수에 몰리다.
詰み[つみ] ①몰림. 막힘. ②(장기에서) 외통수. 외통수에 몰리게 됨.
[2]◉**詰める**[つめる] 〈下1自〉 (출근하여) 대기하다. 〈下1他〉 ①(빈 공간에 물건을 빈틈없이) 꽉 채우다. 채워 넣다. 담다. ②(사이를) 좁히다. ③(구멍을) 메우다. 틀어막다. ④(숨이나 소리를) 죽이다. ⑤(한 가지 일만을) 꾸준히 계속하다. 내리 하다. ⑥(길이를) 줄이다. 짧게 하다. ⑦절약하다. ⑧(장기에서) 외통수로 몰다. ⑨(회의나 이야기를) 매듭짓다. 결말을 내다. 결론을 내다.
詰め[つめ] ①(빈 공간에 물건을 빈틈없이) 꽉 채움. 채워 넣음. ②마개. ③가장자리. ④(장기에서) 마지막 판. ⑤(일의) 막바지. 마무리. ⑥(차례가 와서) 당번함.
詰(め)開き[つめひらき] 흥정. 담판(談判).
詰め開く[つめひらく] 〈5自〉 흥정하다. 담판(談判)하다.
詰め掛ける[つめかける] 〈下1自〉 ①(한꺼번에) 몰려들다. 밀려들다. 밀어닥치다. ②바짝 다가서다.
詰(め)襟[つめえり] (학생복 등의) 선 깃.
詰め寄せる[つめよせる] 〈下1自〉 ①(한꺼번에) 몰려들다. 밀려들다. 밀어닥치다. ②바짝 다가서다.
詰め寄る[つめよる] 〈5自〉 ①바짝 다가서다. ②심하게 추궁하다. 심하게 다그치다. 따지며 덤비다.
詰(め)碁[つめご] (바둑의) 묘수풀이.
詰(め)牢[つめろう] 겨우 사람이 들어갈 정도의 좁은 감방.

詰(め)物[つめもの] ①(생선이나 새의) 내장에 다른 재료를 채워 넣는 요리. ②(충치를 메우는) 봉. ③(포장할 때의) 패킹.

詰(め)番[つめばん] 당번. 당직자.

詰(め)腹[つめばら] ①(강요당하여) 할복자살함. ②(강제적으로) 사임(辞任)이나 사직(辞職)을 강요당함.

詰(め)所❶[つめしょ] (근무하기 위한) 대기소. ❷[つめどころ] 급소. 가장 중요한 곳. 볼만한 장소.

詰め込む[つめこむ] 〈5他〉 가득 채워 넣다. 쑤셔 넣다. 가득 밀어 넣다.

詰(め)込み[つめこみ] 가득 채워 넣음. 쑤셔 넣음. 가득 밀어 넣음.

詰(め)込み教育[つめこみきょういく] 주입식 교육.

詰(め)込み主義[つめこみしゅぎ] 주입식 교육방법.

詰(め)将棋[つめしょうぎ] 외통 장기.

詰め切る[つめきる] 〈5自〉 줄곧 붙어 있다. 〈5他〉 몽땅 채워 넣다.

詰め替える[つめかえる] 〈下1他〉 (다른 것으로) 갈아 채우다. 다시 채워 넣다.

詰草[つめくさ] ≪植≫ '클로버'의 딴이름.

詰(め)合(わ)せ[つめあわせ] (여러 가지를) 한데 섞어 담음. 섞어 담은 것.

詰め合わせる[つめあわせる] 〈下1他〉 (여러 가지를) 한데 섞어 담다.

[1]⊗**詰る**[なじる] 〈5他〉 (잘못된 점이나 불만스런 점을) 따져 묻다. 힐문하다. 힐책하다.

音読

詰屈[きっくつ] ①(글자나 문장이 어려워서) 이해하기 어려움. ②〈形動〉 꾸불꾸불 굳어져 있음.

詰難[きつなん] 힐난; 따져 캐물음.

詰問[きつもん] 힐문; 나무라고 따짐.

詰責[きっせき] 힐책; 나무라고 따짐.

부 록

자음 색인

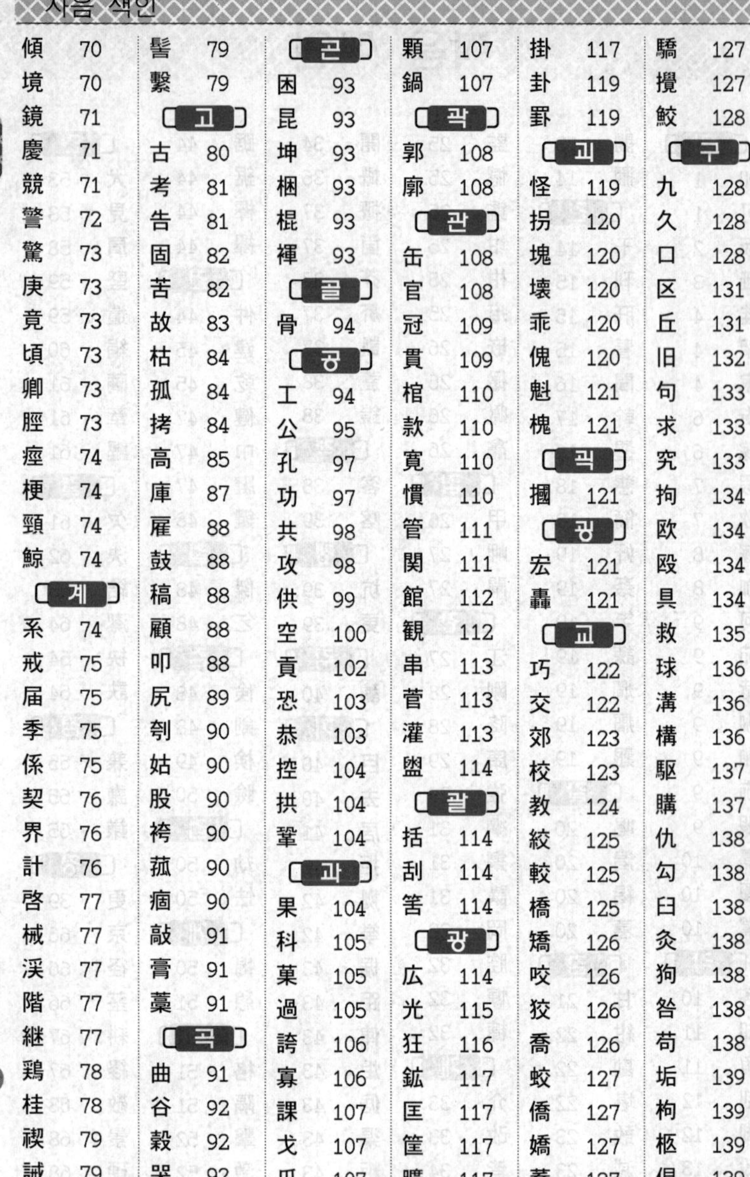

자음

자음

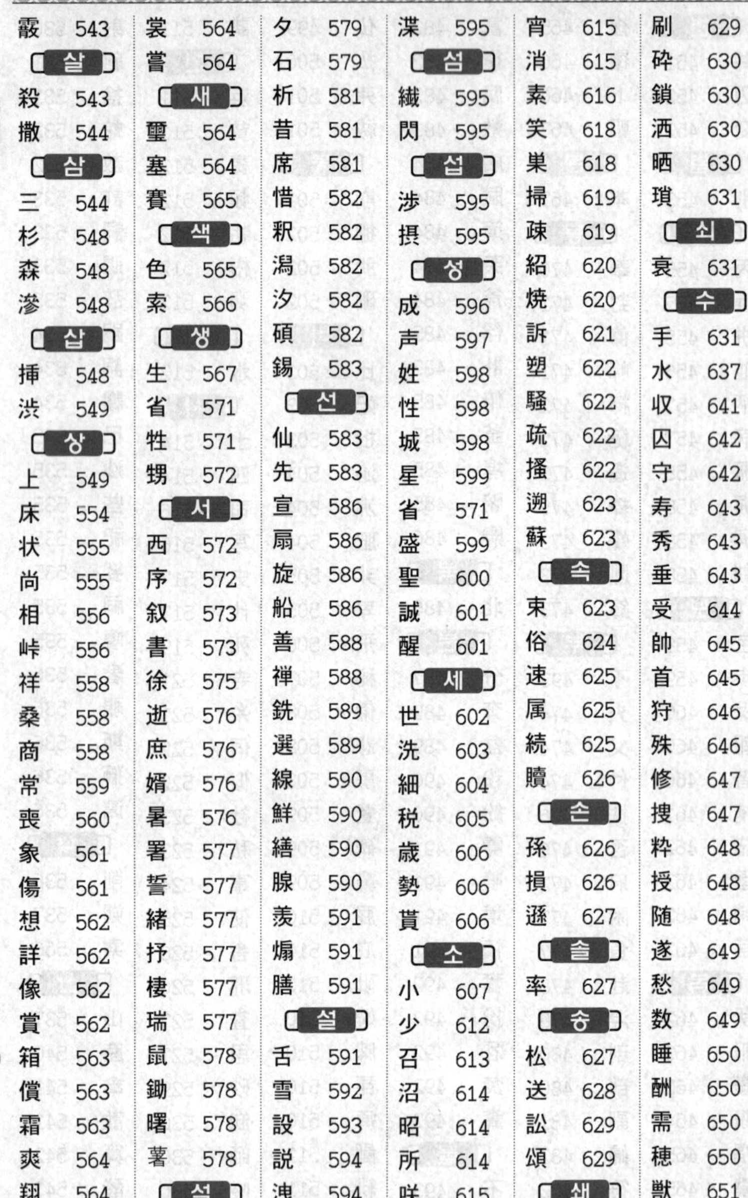

자음

자음

자음

자음

자음

총획 색인

총획

8획

10획

총획

총획

총획

15획

16획

17획

18획

かな 색인

い

う

かな

かな

かな

かな

かな

かな

かな

かな

かな

かな

かな

し

かな

かな

かな

せ

かな

ち

て

と

な

かな

【は】

かな

へ

［ま］

かな

かな

かな

어패류(魚貝類) 색인

*일본 식당에서 잘 사용하는 '어(魚)'와 관련된 단어만 수록하였습니다.

魴[かがみたい] ≪魚≫ 도미의 일종.
魳[かます] ≪魚≫ 꼬치고기.
魬[いなだ/はまち] ≪魚≫ 마래미. 새끼 방어. *'はまち'는 関西(かんさい) 지방 말임.
鮃[ひらめ] ≪魚≫ 넙치. 광어.
鮓[すし] 초밥.
鮎[あゆ] ≪魚≫ 은어.
鮗[このしろ] ≪魚≫ 전어(銭魚).
鮒[ふな] ≪魚≫ 붕어.
鮑[あわび] ≪貝≫ 전복.
鮪[まぐろ] ≪魚≫ 참치. 다랑어.
鮭[さけ/しゃけ] ≪魚≫ 연어.
鮟鱇[あんこう] ≪魚≫ 아귀.
鮫[さめ] ≪魚≫ 상어.
鮠[はや/はえ] ≪魚≫ 피라미.
鮹[たこ] ≪魚≫ 문어. 낙지.
鮨[すし] 초밥.
鯒[こち] ≪魚≫ 양태.
鯆[いるか] ≪動≫ 돌고래.
鯉[こい] ≪魚≫ 잉어.
鯊[はぜ] ≪魚≫ 망둥이.
鯑[かずのこ] ≪魚≫ 말린 청어알. *설날이나 결혼 축하연에 사용함.
鯏[あさり] ≪貝≫ 모시조개.
鯨[くじら] ≪動≫ 고래.
鯛[たい] ≪魚≫ 도미.
鯖[さば] ≪魚≫ 고등어.
鯥[むつ] ≪魚≫ 게르치.
鯱❶[しゃち] ≪動≫ 범고래. ❷[しゃちほこ] 용마루 양쪽 끝에 다는 장식용 동물상. *머리는 호랑이이고, 등에는 가시가 돋친 상징적인 물고기임.
鯣[するめ] 말린 오징어.
鯰[なまず] ≪魚≫ 메기.
鯡[にしん] ≪魚≫ 청어.
鰐[わに] ≪動≫ 악어.
鰓[えら] ≪魚≫ 아가미.

鰈[かれい] ≪魚≫ 가자미.
鰌[どじょう] ≪魚≫ 미꾸라지.
鰍[かじか] ≪魚≫ 둑중개.
鰭[ひれ] 지느러미.
鰊[にしん] ≪魚≫ 청어.
鰕[えび] ≪動≫ 새우.
鰆[さわら] ≪魚≫ 삼치.
鰒❶[ふぐ] ≪魚≫ 복. 복어. ❷[あわび] ≪貝≫ 전복.
鰉[ひがい] ≪魚≫ 중고기. *한국에서는 먹지 않으나 明治天皇(めいじてんのう)이 즐겨 먹었다 하여 '魚+皇=鰉'가 되었음.
鰡[ぼら] ≪魚≫ 숭어.
鰯[いわし] ≪魚≫ 정어리.
鰰[はたはた] ≪魚≫ 도루묵.
鰤[ぶり] ≪魚≫ 방어.
鰾[ふえ] 부레.
鱈[たら] ≪魚≫ 대구.
鰶[このしろ] ≪魚≫ 전어(銭魚).
鰺[あじ] ≪魚≫ 전갱이.
鰻[うなぎ] ≪魚≫ 뱀장어.
鱒[ます] ≪魚≫ 송어.
鱚[きす] ≪魚≫ 보리멸.
鱏[えい] ≪魚≫ 가오리.
鱝[えい] ≪魚≫ 가오리.
鱓❶[ごまめ] 말린 멸치 새끼. ❷[うつぼ] ≪魚≫ 곰치.
鱛[えそ] ≪魚≫ 매퉁이.
鱠[なます] 생선회.
鱮[たなご] ≪魚≫ 납자루.
鱗[うろこ] 비늘.
鱰[しいら] ≪魚≫ 만새기.
鱧[はも] ≪魚≫ 갯장어.
鱶[ふか] ≪魚≫ 큰 상어류의 속칭. *'鮫(さめ)'의 딴이름.
鱸[すずき] ≪魚≫ 농어.

특별 부록

특별부록
인명(人名) · 지명(地名) 읽기

일본어를 심도 있게 공부해 감에 따라서 일본어 학습자를 괴롭히는 것은, 바로 일본인들의 인명(人名)과 지명(地名)을 읽는 방법입니다.

현재 일본에는 27만 종류 이상의 성씨(姓氏)가 존재하는데도 날마다 새로운 성씨의 가문이 생겨나고 있기 때문에 여기서는 독자들의 고민을 모두 해결해 드리지는 못하지만, 서기 2000년 이전의 일본의 사회, 정치, 경제, 문화, 군사, 스포츠 등의 다방면에서 많은 영향력을 끼친 사람들의 성씨 및 이름을 게재하였습니다.

또한 일본의 지명(地名)은 대부분 그 지방의 지형, 특산물, 서식하는 동식물, 과거의 행정기관과 제도, 신사(神社)와 성(城)과 같은 건물 및 역사적인 사건에서 유래된 것이 많기 때문에, 통상적인 한자 읽기와는 너무나 다른 것이 특징입니다. 일본어 학습자가 반드시 알아두어야 할 정도의 지명(地名)도 수록하였으므로, 많은 도움이 되리라고 확신합니다.

※ 일러두기
(人) : 일본의 인명, (地) : 일본의 지명, (姓) : 일본의 성씨

가

加
加計呂麻島[かけろまじま](地)
加古[かこ](地)
加古川[かこがわ](地/姓)
加古川本蔵[かこがわほんぞう](人)
加納[かのう](地/姓)
加納作次郎[かのうさくじろう](人)
加納諸平[かのうもろひら](人)
加納夏雄[かのうなつお](人)
加東[かとう](地)
加藤[かとう](姓)
加藤嘉明[かとうよしあき](人)
加藤景正[かとうかげまさ](人)
加藤高明[かとうたかあき](人)
加藤唐九郎[かとうとうくろう](人)
加藤道夫[かとうみちお](人)
加藤民吉[かとうたみきち](人)
加藤盤斎[かとうばんさい](人)
加藤繁[かとうしげし](人)
加藤士師萌[かとうはじめ](人)
加藤宇万伎[かとううまき](人)
加藤友三郎[かとうともさぶろう](人)
加藤枝直[かとうえなお](人)
加藤千蔭[かとうちかげ](人)
加藤清正[かとうきよまさ](人)
加藤楸邨[かとうしゅうそん](人)
加藤弘之[かとうひろゆき](人)
加藤暁台[かとうきょうたい](人)
加茂[かも](地/姓)
加茂儀一[かもぎいち](人)
加茂川[かもがわ](地)
加美[かみ](地)
加舎[かや](姓)
加舎白雄[かやしらお](人)
加西[かさい](地)
加世田[かせだ](地)
加須[かぞ](地)
加州[かしゅう](地)
加集[かしゅう](姓)
加集珉平[かしゅうみんぺい](人)
加治木[かじき](地)
加太[かだ](地)
加波山[かばさん](地)
加賀[かが](地/姓)
加賀千代[かがのちよ](人)

可
可古の島[かこのしま](地)
可楽[からく](人)
可児[かに](地)
可愛岳[えのだけ](地)
可翁[かおう](人)

仮
仮垣魯文[かながきろぶん](人)

家
家康[いえやす](人)
家島諸島[いえしましょとう](地)
家隆[かりゅう](人)
家持[やかもち](人)

袈
袈裟御前[けさごぜん](人)

歌
歌麿[うたまろ](人)
歌舞伎町[かぶきちょう](地)
歌右衛門[うたえもん](人)
歌の中山[うたのなかやま](地)
歌志内[うたしない](地)
歌川[うたがわ](姓)
歌川広重[うたがわひろしげ](人)
歌川国芳[うたがわくによし](人)
歌川国貞[うたがわくにさだ](人)
歌川豊広[うたがわとよひろ](人)
歌川豊国[うたがわとよくに](人)
歌川豊春[うたがわとよはる](人)
歌沢笹丸[うたざわささまる](人)

嘉
嘉納[かのう](人)
嘉納治五郎[かのうじごろう](人)
嘉島[かしま](地)
嘉麻[かま](地)
嘉祥大師[かじょうだいし](人)
嘉手納[かでな](地)
嘉穂[かほ](地)
嘉義[かぎ](地)
嘉村[かむら](姓)
嘉村礒多[かむらいそた](人)
嘉喜門院[かきもんいん](人)

榎
榎本[えのもと](姓)
榎本健一[えのもとけんいち](人)
榎本其角[えのもときかく](人)
榎本武揚[えのもとたけあき](人)

각

各
各務[かがみ](姓)
各務鉱三[かがみこうぞう](人)
各務原[かかみがはら](地)
各務支考[かがみしこう](人)

角
角館[かくのだて](地)
角大師[つのだいし](人)
角屋七郎兵衛[かどやしちろうべえ](人)
角田①[かくだ](地)
角田②[つのだ](人)
角田忠行[つのだただゆき](人)
角倉[すみのくら](姓)
角倉了以[すみのくらりょうい](人)
角倉素庵[すみのくらそあん](人)

脚
脚摩乳[あしなずち](人)

覚
覚鑁[かくばん](人)
覚信尼[かくしんに](人)
覚彦[かくげん](人)
覚如[かくにょ](人)
覚運[かくうん](人)
覚猷[かくゆう](人)
覚一[かくいち](人)
覚行法親王[かくぎょうほうしんのう](人)

간

干
干宝[かんぽう](人)

肝
肝付[きもつき](地)
肝属[きもつき](地)

間
間[はざま](姓)
間宮[まみや](姓)
間宮林蔵[まみやりんぞう](人)
間宮海峡[まみやかいきょう](地)
間島[かんとう](地)
間部[まなべ](姓)
間部詮房[まなべあきふさ](人)
間部詮勝[まなべあきかつ](人)
間の山[あいのやま](地)
間十次郎[はざまじゅうじろう](人)
間ノ岳[あいのだけ](地)
間人皇女[はしひとのひめみこ](人)
間重富[はざましげとみ](人)
間の土山[あいのつちやま](地)

諫
諫早[いさはや](地)

簡
簡野[かんの](姓)
簡野道明[かんのみちあき](人)

葛
葛巻[くずまき](地)
葛尾[かつらお](地)
葛西[かさい](姓)
葛西善蔵[かさいぜんぞう](人)
葛西因是[かさいいんぜ](人)
葛城[かつらぎ](地/姓)
葛城山[かつらぎさん](地)
葛城襲津彦[かずらきのそつひこ·かつらぎのそつひこ](人)
葛飾[かつしか](地/姓)
葛飾北斎[かつしかほくさい](人)
葛原親王[かつらはらしんのう](人)
葛洪[かっこう](人)

감

甘
甘樫岡[あまかしのおか](地)
甘樫丘[あまかしのおか](地)
甘南備山[かんなびやま](地)
甘楽[かんら](地)
甘木[あまぎ](地)
甘粛[かんしゅく](地)
甘英[かんえい](人)
甘藷先生[かんしょせんせい](人)
甘輝[かんき](人)

邯
邯鄲[かんたん](地)

勘
勘六[かんろく](人)
勘平[かんぺい](人)

鑑
鑑真[かんじん](人)

갑

甲
甲南[こうなん](地)
甲良[こうら](地/姓)
甲良宗広[こうらむねひろ](人)
甲武信岳[こぶしだけ](地)
甲府[こうふ](地)
甲府盆地[こうふぼんち](地)
甲斐[かい](地)
甲斐駒ヶ岳[かいこまがたけ](地)
甲斐ヶ嶺[かいがね](地)
甲西[こうせい](地)
甲子園[こうしえん](地)
甲佐[こうさ](地)
甲州[こうしゅう](地)
甲州街道[こうしゅうかいどう](地)
甲賀[こうか·こうが](地)

岬
岬[みさき](地)

江
江見[えみ](姓)
江見水蔭[えみすいいん](人)
江口[えぐち](地)
江口の君[えぐちのきみ](人)
江南[こうなん](地)
江ノ島[えのしま](地)
江島[えじま](人)
江島其磧[えじまきせき](人)
江東[こうとう](地)
江藤[えとう](姓)
江藤新平[えとうしんぺい](人)
江馬[えま](姓)
江馬細香[えまさいこう](人)
江馬小四郎[えまこしろう](人)
江馬太郎[えまたろう](人)
江木[えぎ](姓)
江木翼[えぎたすく](人)
江木千之[えぎかずゆき](人)
江別[えべつ](地)
江府[こうふ](地)
江北[こうほく](地)
江侍従[ごうじじゅう](人)
江原[えばら](姓)
江原素六[えばらそろく](人)
江月[こうげつ](人)
江刺[えさし](地)
江田島[えたじま](地)
江州[ごうしゅう](地)
江津[ごうつ](地)
江差[えさし](地)
江川①[ごうがわ](地)
江川②[えがわ](姓)
江の川[ごうのかわ](地)
江川太郎左衛門[えがわたろうざえもん](人)
江村[えむら](姓)
江村北海[えむらほっかい](人)
江戸[えど](地)
江戸崎[えどさき](地)
江戸半田夫[えどはんだゆう](人)
江戸屋猫八[えどやねこはち](人)
江戸川[えどがわ](地)
江戸川乱歩[えどがわらんぽ](人)
江湖[ごうこ](地)

岡
岡[おか](姓)
岡潔[おかきよし](人)
岡谷[おかや](地)
岡鬼太郎[おかおにたろう](人)
岡崎[おかざき](地)
岡崎義恵[おかざきよしえ](人)
岡崎正宗[おかざきまさむね](人)
岡島[おかじま](姓)
岡島冠山[おかじまかんざん](人)
岡鹿之助[おかしかのすけ](人)
岡麓[おかふもと](人)
岡白駒[おかはっく](人)
岡本[おかもと](地/姓)
岡本綺堂[おかもときどう](人)
岡本文弥[おかもとぶんや](人)
岡本保孝[おかもとやすたか](人)
岡本三右衛門[おかもとさんえもん](人)
岡本一平[おかもといっぺい](人)
岡本かの子[おかもとかのこ](人)
岡本則録[おかもとのりぶみ](人)
岡本黄石[おかもとこうせき](人)
岡部[おかべ](地/姓)
岡部六弥太[おかべろくやた](人)
岡山[おかやま](地)

岡西[おかにし](姓)
岡西惟中[おかにしいちゅう](人)
岡の水門[おかのみなと](地)
岡野[おかの](姓)
岡野敬次郎[おかのけいじろう](人)
岡研介[おかけんかい](人)
岡熊臣[おかくまおみ](人)
岡垣[おかがき](地)
岡義武[おかよしたけ](人)
岡田[おかだ](姓)
岡田嘉子[おかだよしこ](人)
岡田啓介[おかだけいすけ](人)
岡田良平[おかだりょうへい](人)
岡田武松[おかだたけまつ](人)
岡田米山人[おかだべいさんじん](人)
岡田半江[おかだはんこう](人)
岡田三郎助[おかださぶろうすけ](人)
岡田野水[おかだやすい](人)
岡田為恭[おかだためちか](人)
岡田以蔵[おかだいぞう](人)
岡田寒泉[おかだかんせん](人)
岡倉[おかくら](姓)
岡倉由三郎[おかくらよしさぶろう](人)
岡倉天心[おかくらてんしん](人)
岡村[おかむら](姓)
岡村柿紅[おかむらしこう](人)
岡鶴汀[おかかくてい](人)

康
康慶[こうけい](人)
康継[やすつぐ](人)
康国[こうこく](人)
康尚[こうしょう](人)
康円[こうえん](人)
康有為[こうゆうい](人)
康定[こうてい](地)

強
強羅温泉[ごうらおんせん](地)

綱
綱島[つなしま](姓)
綱島梁川[つなしまりょうせん](人)

橿
橿原[かしはら](地)

개

介
介之推[かいしすい](人)

芥
芥川[あくたがわ](姓)
芥川丹丘[あくたがわたんきゅう](人)
芥川竜之介[あくたがわりゅうのすけ](人)
芥川也寸志[あくたがわやすし](人)

皆
皆生温泉[かいけおんせん](地)
皆野[みなの](地)
皆川[みながわ](姓)
皆川気炎[みながわきえん](人)

開
開高健[かいこたけし](人)
開聞岳[かいもんだけ](地)
開成[かいせい](地)
開化天皇[かいかてんのう](人)

갱

更
更科[さらしな](地)
更級[さらしな](地)
更別[さらべつ](地)
更埴[こうしょく](地)

거

去
去来[きょらい](人)

巨
巨椋池[おぐらのいけ](地)
巨勢[こせ](姓)
巨勢金岡[こせのかなおか](人)
巨勢山[こせやま](地)
巨勢野[こせの](地)
巨然[きょねん](人)

挙
挙母[ころも](地)

裾
裾野[すその](地)

鉅
鉅南[きょなん](地)
鉅鹿[きょろく](地)

鋸
鋸山[のこぎりやま](地)

건

建
建礼門院[けんれいもんいん](人)
建礼門院右京大夫[けんれいもんいんうきょうのだいぶ](人)
建部[たけべ](姓)
建部遯吾[たけべとんご](人)
建部綾足[たけべあやたり](人)
建部賢弘[たけべかたひろ](人)
建川[たてかわ](姓)
建川美次[たてかわよしつぐ](人)
建春門院[けんしゅんもんいん](人)

검

剣
剣崎[つるぎざき](地)
剣山[つるぎさん](地)
剣淵[けんぶち](地)
剣持[けんもち](姓)
剣持勇[けんもちいさむ](人)

劔
劔岳[つるぎだけ](地)

견

犬
犬公方[いぬくぼう](人)
犬山[いぬやま](地)
犬上[いぬかみ](地/姓)
犬上御田鍬[いぬかみのみたすき](人)
犬養[いぬかい](姓)
犬養毅[いぬかいつよし](人)
犬吠埼[いぬぼうさき](地)

見
見島[みしま](地)
見附[みつけ](地)
見沼[みぬま](地)
見真大師[けんしんだいし](人)

堅
堅山[かたやま](姓)
堅山南風[かたやまなんぷう](人)
堅田[かただ](地)

결

結
結城[ゆうき](地/姓)
結城孫三郎[ゆうきまごさぶろう](人)
結城秀康[ゆうきひでやす](人)

結城朝[ゆうきうじとも](人)
結城哀草果[ゆうきあいそうか](人)
結城朝光[ゆうきともみつ](人)
結城宗広[ゆうきむねひろ](人)
結城豊太郎[ゆうきとよたろう](人)

겸

兼
兼光[かねみつ](人)
兼吉[かねよし](人)
兼明親王[かねあきらしんのう](人)
兼常[かねつね](人)
兼寿[けんじゅ](人)
兼[かねうじ](人)
兼元[かねもと](人)
兼載[けんさい](人)
兼定[かねさだ](人)
兼好[けんこう](人)
兼好法師[けんこうほうし](人)

謙
謙徳公[けんとくこう](人)
謙信[けんしん](人)

鎌
鎌ヶ谷[かまがや](地)
鎌田[かまた](姓)
鎌田柳泓[かまたりゅうおう](人)
鎌倉[かまくら](地/姓)
鎌倉街道[かまくらかいどう](地)
鎌倉景政[かまくらかげまさ](人)
鎌倉山[かまくらやま](地)
鎌倉右大臣[かまくらうだいじん](人)

경

京
京[きょう](地)
京街道[きょうかいどう](地)
京極[きょうごく](地/姓)
京極高次[きょうごくたかつぐ](人)
京極上[きょうごくのうえ](人)
京極為兼[きょうごくためかね](人)
京丹波[きょうたんば](地)
京丹後[きょうたんご](地)
京都①[きょうと](地)
京都②[みやこ](地)
京都郡[みやこぐん](地)
京都府[きょうとふ](地)
京田辺[きょうたなべ](地)
京伝[きょうでん](人)

茎
茎崎[くきざき](地)

庚
庚申山[こうしんざん](地)

耕
耕雲[こううん](人)

経
経が島[きょうがしま](地)

景
景戒[けいかい](人)
景光[かげみつ](人)
景徳鎮[けいとくちん](地)
景山[かげやま](姓)
景山英子[かげやまひでこ](人)
景三[けいさん](人)
景正[かげまさ](人)
景清[かげきよ](人)
景清洞[かげきよどう](地)
景行天皇[けいこうてんのう](人)

軽
軽大郎女[かるのおおいらつめ](人)
軽米[かるまい](地)
軽王[かるのみこ](人)
軽井沢[かるいざわ](地)
軽皇子[かるのみこ](人)

傾
傾山[かたむきやま](地)

境
境[さかい](地)
境港[さかいみなと](地)

慶
慶紀逸[けいきいつ](人)
慶雲[けいうん](人)
慶親王奕匡[けいしんのうえききょう](人)
慶喜[けいき](人)

鏡
鏡[かがみ](地)
鏡石[かがみいし](地)
鏡野[かがみの](地)
鏡王女[かがみのおおきみ](人)
鏡川[かがみがわ](地)
鏡花[きょうか](人)

계

戒
戒日王[かいじつおう](人)
戒賢[かいげん](人)

季
季吟[きぎん](人)

契
契[せつ](人)
契沖[けいちゅう](人)

桂
桂[かつら](地/姓)
桂文楽[かつらぶんらく](人)
桂文枝[かつらぶんし](人)
桂文治[かつらぶんじ](人)
桂浜[かつらはま](地)
桂小五郎[かつらこごろう](人)
桂庵玄樹[かつらあんげんじゅ](人)
桂田[かつらだ](姓)
桂田富士郎[かつらだふじろう](人)
桂昌院[けいしょういん](人)
桂川[かつらがわ](地/姓)
桂川甫桑[かつらがわほさん](人)
桂川甫周[かつらがわほしゅう](人)
桂川甫筑[かつらがわほちく](人)
桂春団治[かつらはるだんじ](人)
桂太郎[かつらたろう](人)
桂湖村[かつらこそん](人)

渓
渓斎英泉[けいさいえいせん](人)

堺
堺[さかい](地/姓)
堺筋[さかいすじ](地)
堺利彦[さかいとしひこ](人)

階
階上[はしかみ](地)

継
継体天皇[けいたいてんのう](人)

鶏
鶏足山[けいそくさん](地)

고

古
古公亶父[ここうたんぽ](人)

古関[こせき](姓)
古関裕而[こせきゆうじ](人)
古今亭志ん生[ここんていしんしょう](人)
古島一雄[こじまかずお](人)
古里温泉[ふるさとおんせん](地)
古利根川[ふるとねがわ](地)
古満休伯[こまきゅうはく](人)
古満休意[こまきゅうい](人)
古武弥四郎[こたけやしろう](人)
古市[ふるいち](姓)
古市公威[ふるいちこうい](人)
古宇[ふるう](地)
古在[こざい](姓)
古在由直[こざいよしなお](人)
古田[ふるた](姓)
古田織部[ふるたおりべ](人)
古畑[ふるはた](姓)
古畑種基[ふるはたたねもと](人)
古殿[ふるどの](地)
古座川[こざがわ](地)
古川[ふるかわ](地/姓)
古川古松軒[ふるかわこしょうけん](人)
古川緑波[ふるかわろっぱ](人)
古泉[こいずみ](姓)
古泉千樫[こいずみちかし](人)
古平[ふるびら](地)
古筆了佐[こひつりょうさ](人)
古河[こが](地)
古河[ふるかわ](姓)
古河古松軒[ふるかわこしょうけん](人)
古河緑波[ふるかわろっぱ](人)
古河黙阿弥[ふるかわもくあみ](人)
古河市兵衛[ふるかわいちべ](人)
古河太四郎[ふるかわたしろう](人)
古賀[こが](地/姓)
古賀逸策[こがいっさく](人)
古賀政男[こがまさお](人)
古賀精里[こがせいり](人)
古賀春江[こがはるえ](人)
古学先生[こがくせんせい](人)

告

告子[こくし](人)

高

高間山[たかまやま](地)
高岡[たかおか](地)
高見[たかみ](姓)
高見順[たかみじゅん](人)
高階[たかしな](姓)
高階陸兼[たかしなたかかね](人)
高階英子[たかしなえいし](人)
高鍋[たかなべ](地)
高橋[たかはし](地)
高橋健自[たかはしけんじ](人)
高橋景保[たかはしかけやす](人)
高橋亀吉[たかはしかめきち](人)
高橋泥舟[たかはしでいしゅう](人)
高橋道八[たかはしどうはち](人)
高橋瑞子[たかはしみずこ](人)
高橋是清[たかはしこれきよ](人)
高橋新吉[たかはししんきち](人)
高橋由一[たかはしゆいち](人)
高橋くら子[たかはしくらこ](人)
高橋残夢[たかはしざんむ](人)
高橋お伝[たかはしおでん](人)
高橋至時[たかはしよしとき](人)
高橋虫麻呂[たかはしのむしまろ](人)
高橋和巳[たかはしかずみ](人)
高久[たかく](姓)
高久靄涯[たかくあいがい](人)
高群[たかむれ](姓)
高群逸枝[たかむれいつえ](人)
高槻[たかつき](地)
高根沢[たかねざわ](地)
高崎[たかさき](地/姓)
高崎山[たかさきやま](地)
高崎正風[たかさきまさかぜ](人)
高碕[たかさき](姓)
高碕達之助[たかさきたつのすけ](人)
高楠[たかくす](地/姓)
高楠順次郎[たかくすじゅんじろう](人)
高島[たかしま](姓)
高島嘉右衛門[たかしまかえもん](人)
高島米峰[たかしまべいほう](人)
高島秋帆[たかしましゅうはん](人)
高良三[こうらさん](地)
高梁[たかはし](地)
高梁川[たかはしがわ](地)
高麗[こま](地)
高嶺[たかみね](姓)
高瀬[たかせ](地)
高瀬川[たかせがわ](地)
高柳[たかやなぎ](姓)
高柳健次郎[たかやなぎけんじろう](人)
高輪[たかなわ](地)
高望王[たかもちおう](人)
高木[たかぎ](姓)
高木徳子[たかぎとくこ](人)
高木市之助[たかぎいちのすけ](人)
高木貞治[たかぎていじ](人)
高木八尺[たかぎやさか](人)
高尾[たかお](地)
高尾山[たかおさん](地)
高峰[たかみね](姓)
高峰高原[たかみねこうげん](地)
高峰秀夫[たかみねひでお](人)
高峰讓吉[たかみねじょうきち](人)
高富[たかとみ](地)
高浜[たかはま](地/姓)
高浜虚子[たかはまきょし](人)
高砂[たかさご](地)
高師冬[こうのもろふゆ](人)
高師の浜[たかしのはま](地)
高師の山[たかしのやま](地)
高師直[こうのもろなお](人)
高師泰[こうのもろやす](人)
高山①[こうやま](地)
高山②[たかやま](地/姓)
高山彦九郎[たかやまひこくろう](人)
高山右近[たかやまうこん](人)
高山樗牛[たかやまちょぎゅう](人)
高山宗砌[たかやまそうぜい](人)
高杉[たかすぎ](姓)
高杉晋作[たかすぎしんさく](人)
高森[たかもり](地)
高桑[たかくわ](姓)
高桑闌更[たかくわらんこう](人)
高石[たかいし](地)
高松[たかまつ](地)
高市①[たかいち](地)
高市②[たけち](姓)
高市玄人[たけちのくろひと](人)
高市皇子[たけちのみこ](人)
高岳親王[たかおかしんのう](人)
高安[たかやす](姓)
高安月郊[たかやすげっこう](人)
高野①[こうや](地)
高野②[たかの](姓)
高野口[こうやぐち](地)
高野蘭亭[たかのらんてい](人)
高野房太郎[たかのふさたろう](人)
高野山[こうやさん](地)
高野実[たかのみのる](人)
高野岩三郎[たかのいわさぶろう](人)
高野の玉川[こうやのたまがわ](地)
高野長英[たかのちょうえい](人)
高野辰之[たかのたつゆき](人)
高陽院[かやのいん](人)
高雄[たかお](地)
高円[たかまと](地)
高円山[たかまどやま](地)
高原[たかはる](地)
高遠[たかとお](地)

高越山[こうつざん](地)
高田[たかた·たかだ](姓)
高田馬場[たかだのばば](地)
高田博厚[たかだひろあつ](人)
高田保馬[たかたやすま](人)
高田実[たかたみのる](人)
高田与清[たかだともきよ](人)
高田屋嘉兵衛[たかだやかへえ](人)
高田早苗[たかたさなえ](人)
高田平野[たかだへいや](地)
高畠①[たかはた](地)
高畠②[たかばたけ](人)
高畠達四郎[たかばたけたつしろう](人)
高畠素之[たかばたけもとゆき](人)
高畠華宵[たかばたけかしょう](人)
高井[たかい](姓)
高井几董[たかいきとう](人)
高井蘭三[たかいらんさん](人)
高座[こうざ](地)
高志[こし](地)
高志の山[たかしのやま](地)
高知[こうち](地)
高津①[こうづ](姓)
高津②[たかつ](地)
高津春繁[こうづはるしげ](人)
高倉天皇[たかくらてんのう](人)
高千穂[たかちほ](地)
高千穂峰[たかちほのみね](地)
高天山[たかまやま](地)
高村[たかむら](姓)
高村光雲[たかむらこううん](人)
高村光太郎[たかむらこうたろう](人)
高村豊周[たかむらとよちか](人)
高萩[たかはぎ](地)
高取[たかとり](地)
高平[たかひら](姓/人)
高平小五郎[たかひらこごろう](人)
高向[たかむこ](姓)
高向玄理[たかむこのくろまろ](人)

袴
袴垂[はかまだれ](人)

菰
菰野[こもの](地)

賈
賈島[かとう](人)
賈宝玉[かほうぎょく](人)
賈似道[かじどう](人)
賈誼[かぎ](人)
賈耽[かたん](人)

塙
塙①[ばん](姓)
塙②[はなわ](姓)
塙団右衛門[ばんだんえもん](人)
塙保己一[はなわほきのいち](人)

곡

曲
曲山人[きょくさんじん](人)
曲垣[まがき](姓)
曲垣平九郎[まがきへいくろう](人)
曲亭馬琴[きょくていばきん](人)
曲直瀬[まなせ](姓)
曲直瀬道三[まなせどうさん](人)

谷
谷[たに](姓)
谷干城①[たにかんじょう](人)
谷干城②[たにたてき](人)
谷口[たにぐち](姓)
谷口吉郎[たにぐちよしろう](人)
谷口蕪村[たにぐちぶそん](人)
谷口雅春[たにぐちまさはる](人)
谷崎[たにざき](姓)
谷崎潤一郎[たにざきじゅんいちろう](人)
谷崎精二[たにざきせいじ](人)
谷文晁[たにぶんちょう](人)
谷時中[たにじちゅう](人)
谷中[やなか](地)
谷秦山[たにじんざん](人)
谷津[やつ](姓)
谷津直秀[やつなおひで](人)
谷川①[たにかわ](姓)
谷川②[たにがわ](姓)
谷川士清[たにかわことすが](人)
谷川岳[たにがわだけ](地)
谷川雁[たにがわがん](人)
谷川徹三[たにかわてつぞう](人)
谷村[やむら](地)
谷風梶之助[たにかぜかじのすけ](人)
谷和原[やわら](地)

곤

昆
昆陽[こや](地)

공

工
工藤[くどう](姓)
工藤祐経[くどうすけつね](人)
工藤平助[くどうへいすけ](人)

公
公任[きんとう](人)
公平[きんぴら](人)
公暁[くぎょう](人)

孔
孔舎衙坂[くさえざか](地)

功
功徳天[くどくてん](人)

共
共和[きょうわ](地)

空
空蟬[うつせみ](人)
空穂[うつぼ](人)
空也[くうや](人)
空知[そらち](地)
空知川[そらちがわ](地)
空海[くうかい](人)
空華庵忍鎧[くうげあんにんがい](人)

恐
恐山[おそれざん](地)

恭
恭親王奕訢[きょうしんのうえききん](人)

과

瓜
瓜生[うりゅう](姓)
瓜生保[うりゅうたもつ](人)
瓜生山[うりゅうやま](地)
瓜生岩[うりゅういわ](人)
瓜生野[うりゅうの](地)
瓜生外吉[うりゅうそときち](人)

鍋
鍋島[なべしま](姓)
鍋島直正[なべしまなおまさ](人)
鍋島閑叟[なべしまかんそう](人)
鍋山[なべやま](姓)
鍋山貞親[なべやまさだちか](人)

관

串
串間[くしま](地)
串木野[くしきの](地)
串本[くしもと](地)

冠
冠[かんむり](姓)
冠山[かんむりやま](地)
冠松次郎[かんむりまつじろう](人)

菅
菅[すが](姓)
菅江[すがえ](姓)
菅江真澄[すがえますみ](人)
菅沼①[すげぬま](地)
菅沼②[すがぬま](姓)
菅沼貞風[すがぬまていふう](人)
菅野[すがの](姓)
菅野正道[すがののまみち](人)
菅原[すがわら](姓)
菅原道真[すがわらのみちざね](人)
菅原文時[すがわらのふみとき](人)
菅原是善[すがわらのこれよし](人)
菅原為長[すがわらのためなが](人)
菅原清公[すがわらのきよとも](人)
菅原孝標女[すがわらのたかすえのむすめ](人)
菅専助[すがせんすけ](人)
菅井[すがい](姓)
菅井梅関[すがいばいかん](人)
菅平[すがだいら](地)

貫
貫之[つらゆき](人)
貫名[ぬきな](姓)
貫名海屋[ぬきなかいおく](人)

寛
寛算[かんざん](人)
寛平法皇[かんぴょうほうおう](人)

管
管野[かんの](姓)
管野スガ[かんのすが](人)

関
関[せき](地/姓)
関谷[せきや](姓)
関谷敏子[せきやとしこ](人)
関谷清景[せきやせいけい](人)
関寛斎[せきかんさい](人)
関口[せきぐち](姓)
関口鯉吉[せきぐちりきち](人)
関根[せきね](姓)
関根金次郎[せきねきんじろう](人)
関根正二[せきねしょうじ](人)
関根正直[せきねまさなお](人)
関内[かんない](地)
関東[かんとう](地)
関東山地[かんとうさんち](地)
関東州[かんとうしゅう](地)
関東地方[かんとうちほう](地)
関東八州[かんとうはっしゅう](地)
関東平野[かんとうへいや](地)
関の藤川[せきのふじかわ](地)
関門[かんもん](地)
関門海峡[かんもんかいきょう](地)
関兵内[せきのへいない](人)
関釜[かんぷ](地)
関山慧玄[かんざんえげん](人)
関西[かんさい](地)
関城[せきじょう](地)
関の小万[せきのこまん](人)
関孫六[せきのまごろく](人)
関宿[せきやど](地)
関野[せきの](姓)
関野貞[せきのただす](人)
関屋[せきや](姓)
関温泉[せきおんせん](地)
関ケ原[せきがはら](地)
関一[せきはじめ](人)
関中[かんちゅう](地)
関川[せきかわ](地)
関八州[かんはっしゅう](地)
関孝和[せきたかかず](人)

館
館[たち](姓)
館柳湾[たちりゅうわん](人)
館林[たてばやし](地)
館山[たてやま](地)

観
観世寿夫[かんぜひさお](人)
観世信光[かんぜのぶみつ](人)
観世元雅[かんぜもとまさ](人)
観世元章[かんぜもとあきら](人)
観世元重[かんぜもとしげ](人)
観世元清[かんぜもときよ](人)
観世音[かんぜおん](人)
観世長俊[かんぜながとし](人)
観世宗節[かんぜそうせつ](人)
観世清次[かんぜきよつぐ](人)
観世華雪[かんぜかせつ](人)
観世黒雪[かんぜこくせつ](人)
観阿弥[かんあみ](人)
観音[かんのん](人)
観音崎[かんのんざき](地)
観音寺[かんおんじ·かんのんじ](地)
観音寺城[かんのんじじょう](地)
観自在[かんじざい](人)
観海寺温泉[かんかいじおんせん](地)

광

広
広島[ひろしま](地)
広島湾[ひろしまわん](地)
広瀬[ひろせ](姓)
広瀬淡窓[ひろせたんそう](人)
広瀬武夫[ひろせたけお](人)
広瀬旭荘[ひろせきょくそう](人)
広瀬元恭[ひろせげんきょう](人)
広瀬惟然[ひろせいぜん](人)
広瀬川[ひろせがわ](地)
広尾[ひろお](地)
広松[ひろまつ](姓)
広松渉[ひろまつわたる](人)
広野[ひろの](地)
広田[ひろた](姓)
広田弘毅[ひろたこうき](人)
広田和郎[ひろたかずお](人)
広重[ひろしげ](人)
広津[ひろつ](姓)
広津柳浪[ひろつりゅうろう](人)
広津和郎[ひろつかずお](人)
広川①[ひろかわ](地)
広川②[ひろがわ](地)
広沢[ひろさわ](姓)
広沢池[ひろさわのいけ](地)
広沢真臣[ひろさわさねおみ](人)
広沢虎造[ひろさわとらぞう](人)

光
光[ひかり](地)
光格天皇[こうかくてんのう](人)
光崎[みつざき](姓)
光崎検校[みつざきけんぎょう](人)
光明天皇[こうみょうてんのう](人)
光明皇后[こうみょうこうごう](人)
光世[みつよ](人)
光厳天皇[こうごんてんのう](人)
光源[ひかるげんじ](人)
光仁天皇[こうにんてんのう](人)
光田[みつだ](姓)
光田健輔[みつだけんすけ](人)

光忠[みつただ] (人)
光孝天皇[こうこうてんのう] (人)

匡
匡衡[きょうこう] (人)

掛
掛川[かけがわ] (地)

怪
怪童丸[かいどうまる] (人)

交
交野[かたの] (地)

教
教如[きょうにょ] (人)

喬
喬木[たかぎ] (地)

橋
橋岡[はしおか] (姓)
橋岡久太郎[はしおかきゅうたろう] (人)
橋口[はしぐち] (姓)
橋口五葉[はしぐちごよう] (人)
橋本[はしもと] (地/姓)
橋本関雪[はしもとかんせつ] (人)
橋本国彦[はしもとくにひこ] (人)
橋本明治[はしもとめいじ] (人)
橋本雅邦[はしもとがほう] (人)
橋本宗吉[はしもとそうきち] (人)
橋本左内[はしもとさない] (人)
橋本増吉[はしもとますきち] (人)
橋本進吉[はしもとしんきち] (人)
橋本平八[はしもとへいはち] (人)
橋本欣五郎[はしもときんごろう] (人)
橋田[はしだ] (姓)
橋田邦彦[はしだくにひこ] (人)
橋川[はしかわ] (姓)
橋川文三[はしかわぶんぞう] (人)

鮫
鮫が橋[さめがはし] (地)
鮫川[さめがわ] (地)

구

九
九谷[くたに] (地)
九鬼[くき] (地/姓)
九鬼嘉隆[くきよしたか] (人)
九鬼隆一[くきりゅういち] (人)
九鬼水軍[くきすいぐん] (人)
九鬼周造[くきしゅうぞう] (人)
九段[くだん] (地)
九度山[くどやま] (地)
九頭竜川[くずりゅうがわ] (地)
九十九島[くじゅうくしま] (地)
九十九里[くじゅうくり] (地)
九十九里浜[くじゅうくりはま] (地)
九条[くじょう] (姓)
九条兼実[くじょうかねざね] (人)
九条道家[くじょうみちいえ] (人)
九条良経[くじょうよしつね] (人)
九条頼経[くじょうよりつね] (人)
九条武子[くじょうたけこ] (人)
九州[きゅうしゅう] (地)
九州山地[きゅうしゅうさんち] (地)
九州地方[きゅうしゅうちほう] (地)
九重[ここのえ] (地)
九重山[くじゅうさん] (地)
九戸[くのへ] (地)

久
久居[ひさい] (地)
久国[ひさくに] (人)
久能山[くのうざん] (地)
久留島[くるしま] (姓)
久留島義太[くるしまよしひろ] (人)
久留米[くるめ] (地)
久里浜[くりはま] (地)
久万高原[くまんこうげん] (地)
久明親王[ひさあきらしんのう] (人)
久米[くめ] (地/姓)
久米桂一郎[くめけいいちろう] (人)
久米南[くめなん] (地)
久米島[くめじま] (地)
久米邦武[くめくにたけ] (人)
久米仙人[くめのせんにん] (人)
久米愛[くめあい] (人)
久米栄左衛門[くめえいざえもん] (人)
久米正雄[くめまさお] (人)
久米平内[くめのへいない] (人)
久米の皿山[くめのさらやま] (地)
久保[くぼ] (姓)
久保栄[くぼさかえ] (人)
久保田[くぼた] (姓)
久保田万太郎[くぼたまんたろう] (人)
久保田譲[くぼたゆずる] (人)
久保天随[くぼてんずい] (人)
久山[ひさやま] (地)
久生[ひさお] (姓)
久生十蘭[ひさおじゅうらん] (人)
久世①[くせ] (地)
久世②[くぜ] (姓)
久世広周[くぜひろちか] (人)
久松[ひさまつ] (姓)
久松潜一[ひさまつせんいち] (人)
久御山[くみやま] (地)
久延毘古[くえびこ] (人)
久隅[くすみ] (姓)
久隅守景[くすみもりかげ] (人)
久原[くはら] (姓)
久原躬弦[くはらみつる] (人)
久原房之助[くはらふさのすけ] (人)
久遠[くどう] (地)
久慈[くじ] (地)
久慈川[くじがわ] (地)
久田[ひさだ] (姓)
久住山[くじゅうさん] (地)
久津見[くつみ] (姓)
久津見蕨村[くつみけっそん] (人)
久村[くむら] (姓)
久村暁台[くむらきょうたい] (人)
久坂[くさか] (姓)
久坂玄瑞[くさかげんずい] (人)
久布白[くぶしろ] (姓)
久布白落実[くぶしろおちみ] (人)
久喜[くき] (地)

口
口永良部島[くちのえらぶじま] (地)
口之津[くちのつ] (地)

仇
仇野[あだしの] (地)

丘
丘[おか] (姓)
丘浅次郎[おかあさじろう] (人)

句
句句廼馳[くくのち] (人)

臼
臼杵[うすき] (地)
臼田[うすだ] (地/姓)
臼田亜浪[うすだあろう] (人)

臼井[うすい](姓)
臼井吉見[うすいよしみ](人)

玖
玖珂[くが](地)
球磨[くま](地)
玖珠[くす](地)

具
具志川[ぐしかわ](地)
具平親王[ともひらしんのう](人)

粂
粂平内[くめのへいない](人)

倶
倶生神[くしょうじん](人)
倶知安[くっちゃん](地)

救
救済[ぐさい](人)

韮
韮崎[にらさき](地)
韮山[にらやま](地)

鳩
鳩ケ谷[はとがや](地)
鳩摩羅什[くまらじゅう](人)
鳩山[はとやま](地/姓)
鳩山一郎[はとやまいちろう](人)
鳩山春子[はとやまはるこ](人)
鳩山和夫[はとやまかずお](人)

溝
溝口[みぞぐち](姓)
溝口健二[みぞぐちけんじ](人)
溝店[どぶだな](地)

廐
廐戸皇子[うまやどのおうじ](人)

駒
駒ケ根[こまがね](地)
駒ケ岳[こまがたけ](地)
駒込[こまごめ](地)
駒場[こまば](地)
駒井[こまい](姓)
駒井琦[こまいき](人)
駒井卓[こまいたく](人)
駒沢[こまざわ](地)
駒形[こまがた](地)

鷗
鷗外[おうがい](人)

국

国
国綱[くにつな](人)
国見[くにみ](地)
国広[くにひろ](人)
国光[くにみつ](人)
国吉[くによし](姓)
国吉康雄[くによしやすお](人)
国東[くにさき](地)
国東半島[くにさきはんとう](地)
国頭[くにがみ](地)
国立[くにたち](地)
国木田[くにきだ](姓)
国木田独歩[くにきだどっぽ](人)
国府台[こうのだい](地)
国府津[こうづ](地)
国富[くにとみ](地)
国分①[こくぶ](地/姓)
国分②[こくぶん](姓)
国分寺[こくぶんじ](地)
国分一太郎[こくぶんいちたろう](人)
国分青厓[こくぶせいがい](人)
国司[くにし](姓)
国司信濃[くにししなの](人)
国姓爺[こくせんや](人)
国阿[こくあ](人)
国永[くになが](人)
国友[くにとも](姓)
国友藤兵衛[くにともとうべえ](人)
国定忠次[くにさだちゅうじ](人)
国貞[くにさだ](人)
国助[くにすけ](人)
国宗[くにむね](人)
国俊[くにとし](人)
国中[くんなか](地)
国中公麻呂[くになかのきみまろ](人)
国重[くにしげ](人)
国包[くにかね](人)
国行[くにゆき](人)
国後[くなしり](地)
国後島[くなしりとう](地)

菊
菊岡[きくおか](姓)
菊岡検校[きくおかけんぎょう](人)
菊多[きくた](地)
菊水[きくすい](地)
菊陽[きくよう](地)
菊五郎[きくごろう](人)
菊慈童[きくじどう](人)
菊田[きくた](地/姓)
菊田一夫[きくたかずお](人)
菊池[きくち](地/姓)
菊池契月[きくちけいげつ](人)
菊池寛[きくちかん](人)
菊池大麓[きくちだいろく](人)
菊池武光[きくちたけみつ](人)
菊池武敏[きくちたけとし](人)
菊池武時[きくちたけとき](人)
菊池武朝[きくちたけとも](人)
菊池武重[きくちたけしげ](人)
菊池五山[きくちござん](人)
菊池温泉[きくちおんせん](地)
菊池容斎[きくちようさい](人)
菊池幽芳[きくちゆうほう](人)
菊池正士[きくちせいし](人)
菊川[きくがわ](地)

麹
麹町[こうじまち](地)

군

君
君津[きみつ](地)

軍
軍荼利[ぐんだり](人)
軍艦島[ぐんかんじま](地)

郡
郡内[ぐんない](地)
郡司[ぐんじ](姓)
郡司成忠[ぐんじしげただ](人)
郡山[こおりやま](地)
郡上[ぐじょう](地)
郡上八幡[ぐじょうはちまん](地)

群
群馬[ぐんま](地)

굴

屈
屈斜路湖[くっしゃろこ](地)
屈原[くつげん](人)

堀
堀[ほり](姓)
堀兼の井[ほりかねのい](地)

堀口[ほりぐち](姓)
堀口大学[ほりぐちだいがく](人)
堀内[ほりのうち](姓)
堀内仙鶴[ほりのうちせんかく](人)
堀達之助[ほりたつのすけ](人)
堀麦水[ほりばくすい](人)
堀尾[ほりお](姓)
堀尾吉晴[ほりおよしはる](人)
堀部[ほりべ](姓)
堀部弥兵衛[ほりべやへえ](人)
堀部安兵衛[ほりべやすべえ](人)
堀越公方[ほりこしくぼう](人)
堀田[ほった](姓)
堀田正睦[ほったまさよし](人)
堀田正俊[ほったまさとし](人)
堀辰雄[ほりたつお](人)
堀川[ほりかわ](地)
堀河天皇[ほりかわてんのう](人)
堀杏庵[ほりきょうあん](人)

궁

弓
弓ヶ浜[ゆみがはま](地)
弓削島[ゆげしま](地)
弓削道鏡[ゆげどうきょう](人)
弓削皇子[ゆげのみこ](人)
弓月君[ゆづきのきみ](人)

宮
宮[みや](姓)
宮古[みやこ](地)
宮古島[みやこじま](地)
宮古諸島[みやこしょとう](地)
宮毘羅[くびら](人)
宮崎[みやざき](地/姓)
宮崎滔天[みやざきとうてん](人)
宮崎市定[みやざきいちさだ](人)
宮崎安貞[みやざきやすさだ](人)
宮崎友禅[みやざきゆうぜん](人)
宮崎八郎[みやざきはちろう](人)
宮崎平野[みやざきへいや](地)
宮崎寒雉[みやざきかんち](人)
宮崎湖処子[みやざきこしょし](人)
宮内卿[くないきょう](人)
宮代[みやしろ](地)
宮島[みやじま](地)
宮の渡し[みやのわたし](地)
宮滝[みやたき](地)
宮瀬[みやせ](姓)
宮瀬竜門[みやせりゅうもん](人)
宮ヶ瀬ダム[みやがせダム](地)
宮ヶ瀬湖[みやがせこ](地)
宮武[みやたけ](姓)
宮武外骨[みやたけがいこつ](人)
宮本[みやもと](姓)
宮本武蔵[みやもとむさし](人)
宮本百合子[みやもとゆりこ](人)
宮本三郎[みやもとさぶろう](人)
宮本常一[みやもとつねいち](人)
宮部[みやべ](姓)
宮部金吾[みやべきんご](人)
宮部鼎蔵[みやべていぞう](人)
宮城[みやぎ](地/姓)
宮城道雄[みやぎみちお](人)
宮城野[みやぎの](地)
宮若[みやわか](地)
宮原[みやはら](姓)
宮原二郎[みやはらじろう](人)
宮田①[みやた](地)
宮田②[みやだ](地)
宮柊二[みやしゅうじ](人)
宮之城[みやのじょう](地)
宮之浦岳[みやのうらだけ](地)
宮津[みやづ](地)
宮簀媛[みやずひめ](人)
宮沢[みやざわ](姓)
宮沢俊義[みやざわとしよし](人)
宮沢賢治[みやざわけんじ](人)
宮川[みやがわ](地/姓)
宮川長春[みやがわちょうしゅん](人)
宮川町[みやがわちょう](地)

권

巻
巻[まき](人)
巻菱湖[まきりょうこ](人)
巻向山[まきむくやま](地)

権
権藤[ごんどう](姓)
権藤成卿[ごんどうせいきょう](人)
権田[ごんだ](姓)
権田直助[ごんだなおすけ](人)
権現[ごんげん](人)

궐

蕨
蕨[わらび](地)

궤

几
几董[きとう](人)

귀

帰
帰山[かえりやま](人)
帰山[かえるやま](地)
帰山教正[かえりやまのりまさ](人)
帰綏[きすい](地)
帰天斎正一[きてんさいしょういち](人)

鬼
鬼界ヶ島[きかいがしま](地)
鬼貫[おにつら](人)
鬼怒川[きぬがわ](地)
鬼怒川温泉[きぬがわおんせん](地)
鬼ヶ島[おにがしま](地)
鬼無里[きなさ](地)
鬼北[きほく](地)
鬼城[きじょう](地)
鬼ヶ城[おにがじょう](地)
鬼首温泉卿[おにこうべおんせんきょう](地)
鬼押出[おにおしだし](地)
鬼一法眼[きいちほうげん](人)

亀
亀岡[かめおか](地)
亀菊[かめぎく](人)
亀山[かめやま](地)
亀山天皇[かめやまてんのう](人)
亀田[かめだ](地/姓)
亀田鵬斎[かめだほうさい](人)
亀井[かめい](姓)
亀井南冥[かめいなんめい](人)
亀井文夫[かめいふみお](人)
亀井昭陽[かめいしょうよう](人)
亀井勝一郎[かめいかついちろう](人)
亀井茲矩[かめいこれのり](人)
亀井孝[かめいたかし](人)
亀戸[かめいど](地)

貴
貴宮[あてみや](人)
貴船[きぶね](地)
貴船山[きぶねやま](地)
貴船川[きぶねがわ](地)
貴志川[きしがわ](地)

규

糺
糺[ただす](地)
糺ノ森[ただすのもり](地)

葵
葵[あおい](地)
葵の上[あおいのうえ](人)

鮭
鮭川[さけがわ](地)

귤

橘
橘[たちばな](姓)
橘家円太郎[たちばなやえんたろう](人)
橘嘉智子[たちばなのかちこ](人)
橘奈良麻呂[たちばなのならまろ](人)
橘南谿[たちばななんけい](人)
橘樸[たちばなしらき](人)
橘三千代[たちばなのみちよ](人)
橘瑞超[たちばなずいちょう](人)
橘曙覧[たちばなあけみ](人)
橘成季[たちばなのなりすえ](人)
橘守部[たちばなもりべ](人)
橘媛[たちばなひめ](人)
橘逸勢[たちばなのはやなり](人)
橘諸兄[たちばなのもろえ](人)
橘周太[たちばなしゅうた](人)
橘枝直[たちばなえなお](人)
橘千蔭[たちばなちかげ](人)
橘秋子[たちばなあきこ](人)
橘孝三郎[たちばなこうざぶろう](人)

극

極
極楽寺坂[ごくらくじざか](地)

근

近
近江①[おうみ](地/姓)
近江②[ちかつおうみ](地)
近江のお兼[おうみのおかね](人)
近江盆地[おうみぼんち](地)
近江聖人[おうみせいじん](人)
近江前久[このえさきひさ](人)
近江八幡[おうみはちまん](地)
近江の海[おうみのうみ](地)
近畿[きんき](地)
近畿地方[きんきちほう](地)
近つ淡海[ちかつおうみ](地)
近藤[こんどう](姓)
近藤万太郎[こんどうまんたろう](人)
近藤芳樹[こんどうよしき](人)
近藤富蔵[こんどうとみぞう](人)
近藤勇[こんどういさみ](人)
近藤重蔵[こんどうじゅうぞう](人)
近藤真琴[こんどうまこと](人)
近藤真柄[こんどうまがら](人)
近藤平三郎[こんどうへいざぶろう](人)
近路行者[きんろぎょうじゃ](人)
近衛家熙[このえいえひろ](人)
近衛篤麿[このえあつまろ](人)
近衛文麿[このえふみまろ](人)
近衛秀麿[このえひでまろ](人)
近衛信尹[このえのぶただ](人)
近衛天皇[このえてんのう](人)
近衛忠熙[このえただひろ](人)
近松[ちかまつ](姓)
近松徳三[ちかまつとくぞう](人)
近松門左衛門[ちかまつもんざえもん](人)
近松半二[ちかまつはんじ](人)
近松秋江[ちかまつしゅうこう](人)

芹
芹生[せりふ·せりょう](地)
芹川[せりかわ](地/姓)
芹沢[せりざわ](姓)
芹沢銈介[せりざわけいすけ](人)
芹沢光治良[せりざわこうじろう](人)
芹沢鴨[せりざわかも](人)

根
根来[ねごろ](地)
根尾谷[ねおだに](地)
根本[ねもと](姓)
根本通明[ねもとつうめい](人)
根室[ねむろ](地)
根室湾[ねむろわん](地)
根室半島[ねむろはんとう](地)
根室海峡[ねむろかいきょう](地)
根岸[ねぎし](地/姓)
根岸鎮衛[ねぎしやすもり](人)
根羽[ねば](地)
根津[ねづ](地)
根津嘉一郎[ねづかいちろう](人)
根釧台地[こんせんだいち](地)

勤
勤操[こんぞう·こんそう](人)

금

今
今帰仁[なきじん](地)
今金[いまかね](地)
今東光[こんとうこう](人)
今立[いまだて](地)
今別[いまべつ](地)
今北[いまきた](姓)
今北洪川[いまきたこうせん](人)
今西[いまにし](姓)
今西錦司[いまにしきんじ](人)
今西竜[いまにしりゅう](人)
今市[いまいち](地)
今熊野[いまぐまの](地)
今切[いまぎれ](地)
今井[いまい](地/姓)
今井兼平[いまいかねひら](人)
今井慶松[いまいけいしょう](人)
今井登志喜[いまいとしき](人)
今井邦子[いまいくにこ](人)
今井似閑[いまいじかん](人)
今井正[いまいただし](人)
今井宗久[いまいそうきゅう](人)
今井宗薫[いまいそうくん](人)
今津[いまず·いまづ](地)
今川[いまがわ](姓)
今川了俊[いまがわりょうしゅん](人)
今川義元[いまがわよしもと](人)
今川貞世[いまがわさだよ](人)
今泉[いまいずみ](姓)
今泉嘉一郎[いまいずみかいちろう](人)
今泉今右衛門[いまいずみいまえもん](人)
今村[いまむら](姓)
今村明恒[いまむらあきつね](人)
今村紫紅[いまむらしこう](人)
今村知商[いまむらちしょう](人)
今治[いまばり](地)
今戸[いまど](地)
今和次郎[こんわじろう](人)

金
金家[かねいえ](人)
金ヶ江三兵衛[かねがえさんべえ](人)
金剛手[こんごうしゅ](人)
金剛巌[こんごういわお](人)
金剛右京[こんごううきょう](人)
金剛智[こんごうち](人)
金谷[かなや](地)
金ヶ崎[かねがさき](地)
金道[かねみち](人)
金輪王[こんりんおう](人)
金売吉次[かねうりきちじ](人)
金武町[きんちょう](地)

金門海峡[きんもんかいきょう] (地)
金峰山[きんぷさん　きんぽうさん] (地)
金北山[きんぽくさん] (地)
金比羅[こんぴら] (人)
金毘羅[こんぴら] (人)
金山[かねやま] (地)
金森[かなもり] (姓)
金森徳次郎[かなもりとくじろう] (人)
金森宗和[かなもりそうわ] (人)
金の御岳[かねのみたけ] (地)
金原明善[きんばらめいぜん] (人)
金子[かねこ] (姓)
金子堅太郎[かねこけんたろう] (人)
金子光晴[かねこみつはる] (人)
金子文子[かねこふみこ] (人)
金子元臣[かねこもとおみ] (人)
金子薫園[かねこくんえん] (人)
金田[かねだ] (姓)
金田一京助[かねだいっきょうすけ] (人)
金井[かない] (姓)
金井三笑[かないさんしょう] (人)
金重[かねしげ] (姓)
金重陶陽[かねしげとうよう] (人)
金地院崇伝[こんちいんすうでん] (人)
金津[かなづ] (地)
金春禅鳳[きんぱるぜんぽう] (人)
金春禅竹[きんぱるぜんちく] (人)
金太郎[きんたろう] (人)
金平[きんぴら] (人)
金沢①[かなざわ] (地/姓)
金沢②[かねさわ] (姓)
金沢実時[かねさわさねとき　かなざわさねとき] (人)
金沢庄三郎[かなざわしょうざぶろう] (人)

琴
琴平[ことひら] (地)
琴平街道[ことひらかいどう] (地)
琴平山[ことひらやま] (地)
琴浦[ことうら] (地)

錦
錦[にしき] (地)
錦江[きんこう] (地)
錦江湾[きんこうわん] (地)
錦文流[にしきぶんりゅう] (人)
錦祥女[きんしょうじょ] (人)
錦川[にしきがわ] (地)

襟
襟裳岬[えりもみさき] (地)

긍

亘
亘[わたり] (姓)
亘理[わたり] (地)

기

企
企救の高浜[きくのたかはま] (地)
企救半島[きくはんとう] (地)

気
気比の松原[けひのまつばら] (地)
気色の森[けしきのもり] (地)
気仙[けせん] (地)
気仙沼[けせんぬま] (地)

伎
伎芸天[ぎげいてん] (人)

妓
妓王[ぎおう] (人)

岐
岐南[ぎなん] (地)
岐阜[ぎふ] (地)
岐山[きざん] (地)

奇
奇稲田姫[くしなだひめ] (人)

其
其角[きかく] (人)

紀
紀[き] (姓)
紀貫之[きのつらゆき] (人)
紀国[きのくに] (地)
紀国屋文左衛門[きのくにやぶんざえもん] (人)
紀内侍[きのないし] (人)
紀淡海峡[きたんかいきょう] (地)
紀郎女[きのいらつめ] (人)
紀文[きぶん] (人)
紀尾井坂[きおいざか] (地)
紀美野[きみの] (地)
紀宝[きほう] (地)
紀北[きほく] (地)
紀淑望[きのよしもち] (人)
紀時文[きのときぶみ] (人)
紀信[きしん] (人)
紀友則[きのとものり] (人)
紀伊[きい] (地/人)
紀伊半島[きいはんとう] (地)
紀伊山地[きいさんち] (地)
紀伊水道[きいすいどう] (地)
紀逸[きいつ] (人)
紀長谷雄[きのはせお] (人)
紀州[きしゅう] (地)
紀ノ川[きのかわ] (地)
紀海音[きのかいおん] (人)

祇
祇空[ぎくう] (人)
祇女[ぎじょ] (人)
祇王[ぎおう] (人)
祇園[ぎおん] (地/姓)
祇園南海[ぎおんなんかい] (人)
祇陀太子[ぎだたいし] (人)

耆
耆闍崛山[ぎじゃくっせん] (地)
耆婆[ぎば] (人)

埼
埼京[さいきょう] (地)
埼玉①[さいたま] (地)
埼玉②[さきたま] (地)
埼玉古墳群[さきたまこふんぐん] (地)

基
基山[きやま] (地)

寄
寄居[よりい] (地)

箕
箕輪[みのわ] (地)
箕面[みのお] (地)
箕山[きざん] (地)
箕作[みつくり] (姓)
箕作佳吉[みつくりかきち] (人)
箕作麟祥[みつくりりんしょう] (人)
箕作省吾[みつくりしょうご] (人)
箕作阮甫[みつくりげんぽ] (人)
箕作原八[みつくりげんぱち] (人)
箕作秋坪[みつくりしゅうへい] (人)
箕郷[みさと] (地)

綺
綺堂[きどう] (人)

騎
騎西[きさい] (地)

磯
磯谷[いそや](地)
磯城[しき](地)
磯子[いそご](地)

길

吉
吉江[よしえ](人)
吉江喬松[よしえたかまつ](人)
吉岡[よしおか](地/姓)
吉岡弥生[よしおかやよい](人)
吉岡憲法[よしおかけんぼう](人)
吉見[よしみ](地/人)
吉見幸和[よしみゆきかず](人)
吉光[よしみつ](人)
吉奈温泉[よしなおんせん](地)
吉良[きら](地/姓)
吉良吉央[きらよしなか](人)
吉良上野介[きらこうずけのすけ](人)
吉良仁吉[きらのにきち](人)
吉弥[きちや](人)
吉房[よしふさ](人)
吉冨[よしとみ](地)
吉備[きび](地/姓)
吉備高原[きびこうげん](地)
吉備大臣[きびだいじん](人)
吉備の中山[きびのなかやま](地)
吉備中央[きびちゅうおう](地)
吉備真備[きびのまきび](人)
吉祥金剛[きちじょうこんごう](人)
吉祥天[きちじょうてん](人)
吉水上人[よしみずしょうにん](人)
吉野[よしの](地/姓)
吉野ケ里[よしのがり](地)
吉野山[よしのやま](地)
吉野秀雄[よしのひでお](人)
吉野熊野国立公園[よしのくまのこくりつこうえん](地)
吉野源三郎[よしのげんざぶろう](人)
吉野作造[よしのさくぞう](人)
吉野川[よしのがわ](地)
吉屋[よしや](姓)
吉屋信子[よしやのぶこ](人)
吉雄[よしお](姓)
吉雄耕牛[よしおこうぎゅう](人)
吉原[よしわら](地)
吉益[よします](姓)
吉益東洞[よしますとうどう](人)
吉蔵[きちぞう](人)
吉田[よしだ](地/姓)
吉田健一[よしだけんいち](人)
吉田兼倶[よしだかねとも](人)
吉田兼好[よしだけんこう](人)
吉田光由[よしだみつよし](人)
吉田奈良丸[よしだならまる](人)
吉田東洋[よしだとうよう](人)
吉田東伍[よしだとうご](人)
吉田茂[よしだしげる](人)
吉田文五郎[よしだぶんごろう](人)
吉田富三[よしだとみぞう](人)
吉田山[よしだやま](地)
吉田松陰[よしだしょういん](人)
吉田栄三[よしだえいざ](人)
吉田五十八[よしだいそや](人)
吉田一穂[よしだいっすい](人)
吉田定房[よしださだふさ](人)
吉田精一[よしだせいいち](人)
吉田絃二郎[よしだげんじろう](人)
吉田篁墩[よしだこうとん](人)
吉井[よしい](地/姓)
吉井勇[よしいいさむ](人)
吉宗[よしむね](人)
吉住[よしずみ](姓)
吉住小三郎[よしずみこさぶろう](人)
吉川①[よしかわ](地/姓)
吉川②[きっかわ](姓)
吉川経家[きっかわつねいえ](人)
吉川経幹[きっかわつねもと](人)
吉川広家[きっかわひろいえ](人)
吉川霊華[きっかわれいか](人)
吉川英治[よしかわえいじ](人)
吉川元春[きっかわもとはる](人)
吉川惟足[よしかわこれたり·きっかわこれたり](人)
吉川幸次郎[よしかわこうじろう](人)
吉村[よしむら](姓)
吉村冬彦[よしむらふゆひこ](人)
吉村信吉[よしむらしんきち](人)
吉村寅太郎[よしむらとらたろう](人)
吉村秋陽[よしむらしゅうよう](人)
吉沢[よしざわ](姓)
吉沢検校[よしざわけんぎょう](人)
吉沢義則[よしざわよしのり](人)
吉賀[よしか](地)
吉行[よしゆき](姓)
吉行淳之介[よしゆきじゅんのすけ](人)

나

那
那珂[なか](地/姓)
那珂道世[なかみちよ](人)
那珂湊[なかみなと](地)
那珂川[なかがわ](地)
那大津[なのおおつ](地)
那羅延[ならえん](人)
那須[なす](地/姓)
那須信吾[なすしんご](人)
那須岳[なすだけ](地)
那須野[なすの](地)
那須野原[なすのはら](地)
那須与一[なすのよいち](人)
奈須塩原[なすしおばら](地)
奈須烏山[なすからすやま](地)
那須温泉[なすおんせん](地)
那智滝[なちたき](地)
那智山[なちさん](地)
那智勝浦[なちかつうら](地)
那波[なわ](姓)
那波活所[なわかっしょ](人)
那覇[なは](地)
那賀[なか](地)
那賀川[なかがわ](地)

奈
奈良[なら](地)
奈良利寿[ならとしなが](人)
奈良茂[ならも](人)
奈良盆地[ならぼんち](地)
奈良山[ならやま](地)
奈良屋茂左衛門[ならやもざえもん](人)
奈良井[ならい](地)
奈良坂[ならざか](地)
奈良俣ダム[ならまたダム](地)
奈半利[なはり](地)
奈呉の海[なごのうみ](地)
奈翁[なおう](人)
奈義[なぎ](地)
奈井江[ないえ](地)
奈川渡ダム[ながわどダム](地)
奈河[ながわ](姓)
奈河亀輔[ながわかめすけ](人)

난

難
難波[なにわ·なんば](地)
難波江[なにわえ](地)
難波門[なにわと](地)
難波潟[なにわがた](地)
難波津[なにわづ](地)

남

男
男谷[おだに](姓)
男谷精一郎[おだにせいいちろう](人)
男女群島[だんじょぐんとう](地)

男女川[みなのがわ](地)
男鹿[おが](地)
男鹿国定公園[おがこくていこうえん](地)
男鹿半島[おがはんとう](地)
男山[おとこやま](地)
男体山[なんたいさん](地)

南

南[みなみ](地/姓)
南巨摩[みなみこま](地)
南九州[みなみきゅうしゅう](地)
南国[なんこく](地)
南紀[なんき](地)
南埼玉[みなみさいたま](地)
南箕輪[みなみみのわ](地)
南濃[なんのう](地)
南丹[なんたん](地)
南淡[なんだん](地)
南大東[みなみだいとう](地)
南大東島[みなみだいとうじま](地)
南大隅[みなみおおすみ](地)
南島原[みなみしまばら](地)
南都留[みなみつる](地)
南砺[なんと](地)
南牟[みなみむろ](地)
南木曾[なぎそ](地)
南牧①[なんもく](地)
南牧②[みなみまき](地)
南畝[なんぽ](人)
南方[みなかた](姓)
南方熊楠[みなかたくまぐす](人)
南房総[みなみぼうそう](地)
南部[なんぶ](地/姓)
南部南山[なんぶなんざん](人)
南部富士[なんぶふじ](地)
南部信直[なんぶのぶなお](人)
南富良野[みなみふらの](地)
南北[なんぼく](人)
南山[なんざん](地)
南山古梁[なんざんこりょう](人)
南山大師[なんざんだいし](人)
南山城[みなみやましろ](地)
南三陸[みなみさんりく](地)
南三陸金華山[みなみさんりくきんかざん](地)
南相木[みなみあいき](地)
南西諸島[なんせいしょとう](人)
南西諸島海溝[なんせいしょとうかいこう](人)
南仙笑楚満人[なんせんしょうまひと](人)
南城[なんじょう](地)
南小国[みなみおぐに](地)
南松浦[みなみまつうら](地)
南阿蘇[みなみあそ](地)
南岳[みなみだけ](地)
南陽[なんよう](地)
南淵[みなみぶち](姓)
南淵請安[みなみぶちのしょうあん](人)
南宇和[みなみうわ](地)
南雲[なぐも](姓)
南雲忠一[なぐもちゅういち](人)
南原[なんばら](姓)
南原繁[なんばらしげる](人)
南越前[みなみえちぜん](地)
南伊豆[みなみいず](地)
南伊勢[みなみいせ](地)
南条[なんじょう](地/姓)
南条文雄[なんじょうぶんゆう](人)
南鳥島[みなみとりしま](地)
南足柄[みなみあしがら](地)
南種子[みなみたね](地)
南佐久[みなみさく](地)
南支那海[みなみしなかい](地)
南知多[みなみちた](地)
南津軽[みなみつがる](地)
南次郎[みなみじろう](人)
南村[みなみむら](姓)
南村梅軒[みなみむらばいけん](人)
南総[なんそう](地)
南秋田[みなみあきた](地)
南翠[なんすい](人)
南浦文之[なんぽぶんし](人)
南浦紹明[なんぽしょうみょう](人)
南蒲原[みなみかんばら](地)
南風原[はえばる](地)
南河内[みなみかわち](地)
南海[なんかい](地/人)
南海道[なんかいどう](地)
南華真人[なんかしんじん](人)
南幌[なんぽろ](地)
南会津[みなみあいづ](地)

楠

楠[くすのき](姓)
楠瀬[くすのせ](姓)
楠瀬喜多[くすのせきた](人)
楠木[くすのき](姓)
楠木正季[くすのきまさすえ](人)
楠木正成[くすのきまさしげ](人)
楠木正時[くすのきまさとき](人)
楠木正儀[くすのきまさのり](人)
楠木正行[くすのきまさつら](人)
楠本[くすもと](姓)
楠本端山[くすもとたんざん](人)
楠部[くすべ](姓)
楠部弥弌[くすべやいち](人)
楠山[くすやま](姓)
楠山正雄[くすやままさお](人)
楠葉[くずは](地)

納

納蘭性徳[のうらんせいとく](人)
納屋助左衛門[なやすけざえもん](人)

내

乃

乃木[のぎ](姓)
乃木希典[のぎまれすけ](人)

内

内の大野[うちのおおの](地)
内藤[ないとう](姓)
内藤多仲[ないとうたちゅう](人)
内藤露沾[ないとうろせん](人)
内藤鳴雪[ないとうめいせつ](人)
内藤新宿[ないとうしんじゅく](地)
内藤丈草[ないとうじょうそう](人)
内藤風虎[ないとうふうこ](人)
内藤湖南[ないとうこなん](人)
内房[うちぼう](地)
内山[うちやま](姓)
内山峠[うちやまとうげ](地)
内山完造[うちやまかんぞう](人)
内山真竜[うちやままたつ](人)
内野[うちの](地)
内原[うちはら](地)
内子[うちこ](地)
内田[うちだ](姓)
内田康哉[うちだこうさい](人)
内田魯庵[うちだろあん](人)
内田良平[うちだりょうへい](人)
内田百閒[うちだひゃっけん](人)
内田祥三[うちだよしかず](人)
内田五観[うちだいつみ](人)
内田銀蔵[うちだぎんぞう](人)
内田清之介[うちだせいのすけ](人)
内田吐夢[うちだとむ](人)
内之浦[うちのうら](地)
内村[うちむら](姓)
内村鑑三[うちむらかんぞう](人)
内灘[うちなだ](地)
内浦湾[うちうらわん](地)

녀

女
女満別[めまんべつ](地)
女木島[めぎじま](地)
女三の宮[おんなさんのみや](人)
女二の宮[おんなにのみや](人)
女川[おながわ](地)

농

濃
濃尾[のうび](地)
濃尾平野[のうびへいや](地)
濃州[のうしゅう](地)

눈

嫩
嫩草山[わかくさやま](地)

능

能
能久親王[よしひさしんのう](人)
能代[のしろ](地)
能登[のと](地)
能登半島[のとはんとう](地)
能登川[のとがわ](地)
能美[のみ](地)
能勢[のせ](地)
能阿弥[のうあみ](人)
能仁[のうにん](人)
能仁寂黙[のうにんじゃくもく](人)
能因[のういん](人)
能忍[のうにん](人)
能州[のうしゅう](地)
能取湖[のとろこ](地)

니

尼
尼崎[あまがさき](地)
尼ヶ崎[あまがさき](地)
尼棚[あまだな](地)
尼子[あまこ](姓)
尼子経久[あまこつねひさ](人)
尼子勝久[あまこかつひさ](人)
尼子晴久[あまこはるひさ](人)
尼将軍[あましょうぐん](人)
尼店[あまだな](地)

다

多
多可[たか](地)
多古[たこ](地)
多久[たく](地)
多気[たき](地)
多度津[たどつ](地)
多良間[たらま](地)
多良木[たらぎ](地)
多摩[たま](地)
多摩丘陵[たまきゅうりょう](地)
多摩川[たまがわ](地)
多摩湖[たまこ](地)
多武峰[とうのみね](地)
多聞[たもん](人)
多聞天[たもんてん](人)
多宝[たほう](人)
多野[たの](地)
多田[ただ](姓)
多田南嶺[ただなんれい](人)
多田良浜[たたらはま](人)
多田満仲[ただのまんじゅう](人)
多治見[たじみ](地)
多治見国長[たじみくになが](人)
多賀[たが](地)
多賀城[たがじょう](地)
多胡[たご](地)
多祜の浦[たこのうら](地)

茶
茶臼山[ちゃうすやま](地)
茶臼岳[ちゃうすだけ](地)
茶屋四郎次郎[ちゃやしろじろう](人)

단

丹
丹生[にゅう](地)
丹野[たんの](姓)
丹野セツ[たんのせつ](人)
丹羽[にわ](地/姓)
丹羽保次郎[にわやすじろう](人)
丹羽長秀[にわながひで](人)
丹州[たんしゅう](地)
丹沢[たんざわ](地)
丹沢大山国定公園[たんざわおおやまこくていこうえん](地)
丹沢山[たんざわやま](地)
丹沢山地[たんざわさんち](地)
丹波[たんば](地/姓)
丹波康頼[たんばやすより](人)
丹波高地[たんばこうち](地)
丹波口[たんばぐち](地)
丹波山[たばやま](地)
丹波与作[たんばのよさく](人)
丹下[たんげ](姓)
丹下左膳[たんげさぜん](人)
丹後[たんご](地)
丹後局[たんごのつぼね](人)
丹後半島[たんごはんとう](地)

団
団[だん](姓)
団十郎[だんじゅうろう](人)
団子坂[だんござか](地)
団七[だんしち](人)
団琢磨[だんたくま](人)

但
但馬[たじま](地)
但馬皇女[たじまのひめみこ](人)
但州[たんしゅう](地)

断
断魚渓[だんぎょけい](地)

壇
壇の浦[だんのうら](地)

檀
檀[だん](姓)
檀林皇后[だんりんこうごう](人)
檀一雄[だんかずお](人)
檀特山[だんどくせん](地)

달

達
達磨[だつま·だるま](人)
達磨大師[だるまだいし](人)

담

胆
胆振[いぶり](地)
胆沢[いさわ](地)

淡
淡路[あわじ](地)
淡路島[あわじしま](地)
淡路の瀬戸[あわじのせど](地)
淡水[たんすい](地)
淡州[たんしゅう](地)
淡窓[たんそう](人)
淡海[おうみ](地/姓)
淡海公[たんかいこう](人)
淡海三船[おうみのみふね](人)

談
談山[だんざん](地)

曇
曇徴[どんちょう](人)

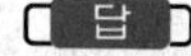

沓
沓掛[くつかけ](地)

当
当麻[とうま](地)
当麻蹴速[たいまのけはや](人)
当別[とうべつ](地)
当山[とうやま](姓)
当山久三[とうやまきゅうぞう](人)

唐
唐犬権兵衛[とうけんごんべえ](人)
唐崎[からさき](地)
唐木[からき](姓)
唐木順三[からきじゅんぞう](人)
唐衣橘洲[からごろもきっしゅう](人)
唐人お吉[とうじんおきち](人)
唐津[からつ](地)

堂
堂島[どうじま](地)
堂ヶ島温泉[どうがしまおんせん](地)
堂本[どうもと](姓)
堂本印象[どうもといんしょう](人)

撞
撞木町[しゅもくまち](地)

대

大
大覚禅師[だいがくぜんじ](人)
大間[おおま](地)
大間々[おおまま](地)
大間崎[おおまざき](地)
大江[おおえ](地/姓)
大江広元[おおえのひろもと](人)
大江匡房[おおえのまさふさ](人)
大江匡衡[おおえのまさひろ](人)
大江山[おおえやま](地)
大江維時[おおえのこれとき](人)
大江音人[おおえのおとんど](人)
大江朝綱[おおえあさつな](人)
大江千里[おおえのちさと](人)
大江卓[おおえたく](人)
大江丸[おおえまる](人)
大岡[おおおか](姓)
大岡昇平[おおおかしょうへい](人)
大岡忠相[おおおかただすけ](人)
大高[おおたか](姓)
大高源吾[おおたかげんご](人)
大高坂[おおたかさか](姓)
大高坂芝山[おおたかさかしざん](人)
大曲[おおまがり](地)
大谷①[おおや](地)
大谷②[おおたに](地/姓)
大谷光瑞[おおたにこうずい](人)
大谷句仏[おおたにくぶつ](人)
大谷吉継[おおたによしつぐ](人)
大谷友右衛門[おおたにともえもん](人)
大谷竹次郎[おおたにたけじろう](人)
大谷川[だいやがわ](地)
大空[おおぞら](地)
大関[おおぜき](姓)
大関和[おおぜきちか](人)
大館[おおだて](地)
大橋[おおはし](姓)
大橋訥庵[おおはしとつあん](人)
大橋新太郎[おおはししんたろう](人)
大橋乙羽[おおはしおとわ](人)
大橋宗桂[おおはしそうけい](人)
大橋佐平[おおはしさへい](人)
大口[おおくち・おおぐち](地)
大久保[おおくぼ](地/姓)
大久保利通[おおくぼとしみち](人)
大久保彦左衛門[おおくぼひこざえもん](人)
大久保一翁[おおくぼいちおう](人)
大久保長安[おおくぼながやす](人)
大久保忠寛[おおくぼただひろ](人)
大久保忠教[おおくぼただたか](人)
大久保忠隣[おおくぼただちか](人)
大国[おおくに](姓)
大国隆正[おおくにたかまさ](人)
大宮[おおみや](地)
大槻[おおつき](姓)
大槻文彦[おおつきふみひこ](人)
大槻磐渓[おおつきばんけい](人)
大槻伝蔵[おおつきでんぞう](人)
大槻玄沢[おおつきげんたく](人)
大給[おぎゅう](姓)
大給恒[おぎゅうゆずる](人)
大紀[たいき](地)
大崎[おおさき](地)
大崎上島[おおさきかみじま](地)
大磯[おおいそ](地)
大南北[おおなんぼく](人)
大内[おおち・おおうち](地)
大内兵衛[おおうちひょうえ](人)
大内義隆[おおうちよしたか](人)
大内義弘[おおうちよしひろ](人)
大内義興[おおうちよしおき](人)
大内政弘[おおうちまさひろ](人)
大内青巒[おおうちせいらん](人)
大多喜[おおたき](地)
大台[おおだい](地)
大台ヶ原山[おおだいがはらざん](地)
大刀洗[たちあらい](地)
大島[おおしま](地/姓)
大島高任[おおしまたかとう](人)
大島亮吉[おおしまりょうきち](人)
大島蓼太[おおしまりょうた](人)
大島如雲[おおしまじょうん](人)
大島浩[おおしまひろし](人)
大都河[だいとが](地)
大導寺[だいどうじ](姓)
大導寺友山[だいどうじゆうざん](人)
大東[だいとう](地)
大東島[だいとうじま](地)
大灯国師[だいとうこくし](人)
大楽[だいらく](姓)
大楽源太郎[だいらくげんたろう](人)
大鹿[おおしか](地)
大輪田の泊[おおわだのとまり](人)
大里[おおさと](地)
大利根[おおとね](地)
大満小満[おおまんこまん](人)
大網白里[おおあみしらさと](地)
大牟田[おおむた](地)
大木[おおき](地/姓)
大木喬任[おおきたかとう](人)
大牧温泉[おおまきおんせん](地)
大文字[だいもんじ](地)
大文字山[だいもんじやま](地)
大物浦[だいもつのうら](地)
大泊[おおどまり](地)
大伴[おおとも](姓)
大伴家持[おおとものやかもち](人)
大伴金村[おおとものかなむら](人)
大伴大江丸[おおとものおおえまる](人)
大伴旅人[おおとものたびと](人)
大伴安麻呂[おおとものやすまる](人)
大伴御行[おおとものみゆき](人)
大伴義鑑[おおともよしあき](人)
大伴坂上郎女[おおとものさかのうえのいらつめ](人)

大飯[おおい](地)
大伴黒主[おおともくろぬし](人)
大伯皇女[おおくのひめみこ](人)
大別山脈[だいべつさんみゃく](地)
大歩危小歩危[おおぼけこぼけ](人)
大菩薩峠[だいぼさつとうげ](地)
大峰[おおみね](地)
大峰山[おおみねさん](地)
大峰山脈[おおみねさんみゃく](地)
大府[おおぶ](地)
大分[おおいた](地)
大分平野[おおいたへいや](地)
大仏[おさらぎ](姓)
大仏次郎[おさらぎじろう](人)
大崩壊小崩壊[おおぼけこぼけ](人)
大山①[おおやま](地/姓)
大山②[だいせん](地)
大山康晴[おおやまやすはる](人)
大山綱良[おおやまつなよし](人)
大山崎[おおやまざき](地)
大山祇神[おおやまつみのかみ](人)
大山咋神[おおやまくいのかみ](人)
大山捨松[おおやますてまつ](地)
大山巌[おおやまいわお](人)
大山郁夫[おおやまいくお](人)
大三島[おおみしま](地)
大杉[おおすぎ](姓)
大杉谷[おおすぎだに](地)
大杉栄[おおすぎさかえ](人)
大森[おおもり](地)
大森房吉[おおもりふさきち](人)
大森彦七[おおもりひこしち](人)
大森義太郎[おおもりよしたろう(人)
大桑[おおくわ](地)
大西[おおにし](姓)
大西瀧治郎[おおにしたきじろう](人)
大西祝[おおにしはじめ](人)
大石[おおいし](姓)
大石久敬[おおいしひさたか](人)
大石内蔵助[おおいしくらのすけ](人)
大石良雄[おおいしよしお](人)
大石誠之助[おおいしせいのすけ](人)
大石田[おおいしだ](地)
大石正巳[おおいしまさみ](人)
大石主税[おおいしちから](人)
大石千引[おおいしちびき](人)
大潟[おおがた](地)
大仙[だいせん](地)
大沼[おおぬま](地/姓)
大沼枕山[おおぬまちんざん](人)
大手町[おおてまち](地)
大樹[たいき](地)
大樹緊那羅[だいじゅきんなら](人)
大船渡[おおふなと](地)
大雪山[だいせつざん](地)
大雪山国立公園[だいせつざんこくりつこうえん](地)
大星由良助[おおぼしゆらのすけ](人)
大聖寺[だいしょうじ](地)
大洗[おおあらい](地)
大須賀[おおすが](姓)
大須賀乙字[おおすがおつじ](人)
大矢[おおや](姓)
大矢野[おおやの](人)
大矢透[おおやとおる](人)
大辻[おおつじ](姓)
大辻司郎[おおつじしろう](人)
大岳温泉[おおたけおんせん](地)
大鰐[おおわに](地)
大冶鉄山[だいやてつざん](地)
大野[おおの](地/姓)
大野九郎兵衛[おおのくろべ](人)
大野東人[おおののあずまひと](人)
大野伴睦[おおのばんぼく](人)
大野城[おおのじょう](地)
大野洒竹[おおのしゃちく](地)
大野治長[おおのはるなが](人)
大彦命[おおびこのみこと](人)
大堰川[おおいがわ](地)
大塩[おおしお](姓)
大塩平八郎[おおしおへいはちろう](人)
大叡[おおひえ](地)
大玉[おおたま](地)
大窪[おおくぼ](姓)
大窪詩仏[おおくぼしぶつ](人)
大王崎[だいおうざき](地)
大倭[おおやまと](地)
大隅①[おおすみ](地)
大隈②[おおくま](姓)
大隅半島[おおすみはんとう](地)
大隈言道[おおくまことみち](人)
大隈重信[おおくましげのぶ](人)
大隅諸島[おおすみしょとう](地)
大涌谷[おおわくだに](地)
大友[おおとも](姓)
大友宗麟[おおともそうりん](人)
大友皇子[おおとものおうじ](人)
大熊[おおくま](地/姓)
大熊喜邦[おおくまよしくに](人)
大元[おおもと](地)
大元帥明王[だいげんみょうおう](人)
大垣[おおがき](地)
大原[おはら](地)
大原[おおはら](地/姓)
大原孫三郎[おおはらまごさぶろう](人)
大原野[おおはらの](地)
大原幽学[おおはらゆうがく](人)
大原重徳[おおはらしげとみ](人)
大月[おおつき](地)
大庾嶺[だいゆれい](地)
大威徳明王[だいいとくみょうおう](人)
大応国師[だいおうこくし](人)
大宜味[おおぎみ](地)
大弐三位[だいにのさんみ](人)
大仁[おおひと](地)
大任[おおとう](地)
大日本[おおやまと](地)
大日本豊秋津洲[おおやまとととよあきつしま](地)
大日岳[だいにちだけ](地)
大子[だいご](地)
大蔵[おおくら](地/姓)
大蔵永常[おおくらながつね](人)
大蔵虎明[おおくらとらあきら](人)
大斎院[だいさいいん](人)
大田①[おおた](地/姓)
大田②[おおだ](地)
大田南畝[おおたなんぽ](人)
大田原[おおたわら](地)
大田垣[おおたがき](姓)
大田垣蓮月[おおたがきれんげつ](人)
大田黒[おおたぐろ](姓)
大田黒伴雄[おおたぐろともお](人)
大前田英五郎[おおまえだえいごろう](人)
大井[おおい](地/姓)
大井川[おおいがわ](地)
大井憲太郎[おおいけんたろう](人)
大正[たいしょう](地)
大正洞[たいしょうどう](地)
大正池[たいしょういけ](地)
大正天皇[たいしょうてんのう](人)
大町[おおまち](地/姓)
大町桂月[おおまちけいげつ](人)
大庭[おおば](姓)
大庭景親[おおばかげちか](人)
大庭源之丞[おおばげんのじょう](人)
大淀[おおよど](地/姓)
大淀川[おおよどがわ](地)
大淀三千風[おおよどみちかぜ](人)
大鳥[おおとり](姓)
大鳥桂介[おおとりけいすけ](人)

大住院以信[だいじゅういんいしん](人)
大洲[おおず](地)
大湊[おおみなと](地)
大竹[おおたけ](地)
大中臣[おおなかとみ](姓)
大中臣能宣[おおなかとみのよしのぶ](人)
大枝[おおえ](姓)
大枝流芳[おおえりゅうほう](人)
大津①[おおつ](地)
大津②[おおづ](地)
大津皇子[おおつのおうじ](人)
大秦王安敦[たいしんおうあんとん](人)
大鑽井盆地[だいさんせいぼんち](地)
大倉[おおくら](姓)
大倉喜八郎[おおくらきはちろう](人)
大川[おおかわ](地/姓)
大川端[おおかわばた](地)
大川周明[おおかわしゅうめい](人)
大泉[おおいずみ](地)
大鷦鷯尊[おおさざきのみこと](人)
大村[おおむら](地/姓)
大村湾[おおむらわん](地)
大村純忠[おおむらすみただ](人)
大村益次郎[おおむらますじろう](人)
大塚[おおつか](姓)
大塚金之助[おおつかきんのすけ](人)
大塚楠緒子[おおつかくすおこ](人)
大塚弥之助[おおつかやのすけ](人)
大槌[おおつち](地)
大炊の帝[おおいのみかど](人)
大治[おおはる](地)
大塔宮[おおとうのみや・だいとうのみや](人)
大湯温泉[おおゆおんせん](地)
大太法師[だいだぼっち・だいだらぼうし](人)
大宅[おおや](姓)
大宅壮一[おおやそういち](人)
大沢[おおさわ](姓)
大沢久守[おおさわひさもり](人)
大沢崩れ[おおさわくずれ](人)
大沢野[おおさわの](地)
大沢の池[おおさわのいけ](地)
大沢豊子[おおさわとよこ](人)
大坂[おおさか](地)
大阪[おおさか](地)
大阪湾[おおさかわん](地)
大阪平野[おおさかへいや](地)
大阪狭山[おおさかさやま](地)
大八洲[おおやしま](地)

大平[おおひら](地/姓)
大平正芳[おおひらまさよし](人)
大浦[おおうら](姓)
大浦兼武[おおうらかねたけ](人)
大豊[おおとよ](地)
大下[おおした](姓)
大下弘[おおしたひろし](人)
大河内[おおこうち](姓)
大河内一男[おおこうちかずお](人)
大河内伝次郎[おおこうちでんじろう](人)
大河内正敏[おおこうちまさとし](人)
大河原[おおがわら](地)
大賀[おおが](姓)
大賀一郎[おおがいちろう](人)
大海人皇子[おおあまのおうじ](人)
大幸[おおさか](姓)
大幸勇吉[おおさかゆうきち](人)
大郷[おおさと](地)
大穴牟遅神[おおなむちのかみ](人)
大衡[おおひら](地)
大濠公園[おおぼりこうえん](地)
大和①[やまと](地)
大和②[たいわ](地)
大和高田[やまとたかだ](地)
大和郡山[やまとこおりやま](地)
大和島[やまとしま](地)
大和島根[やまとしまね](地)
大和路[やまとじ](地)
大和三山[やまとさんざん](地)
大和田[おおわだ](姓)
大和田建樹[おおわだたけき](人)
大和川[やまとがわ](地)
大和青垣[やまとあおがき](地)
大和海嶺[やまとかいれい](地)
大荒木の森[おおあらきのもり](地)
大休正念[だいきゅうしょうねん](人)
大黒屋光太夫[だいこくやこうだゆう](人)
大興安嶺[だいこうあんれい](地)

代

代々木[よよぎ](地)
代々木公園[よよぎこうえん](地)
代田[しろた](姓)
代田稔[しろたみのる](人)
代地河岸[だいちがし](地)

台

台東[たいとう](地)

対

対馬[つしま](地)
対馬海峡[つしまかいきょう](地)

待

待兼山[まちかねやま](地)
待乳山[まつちやま](地)
待賢門院[たいけんもんいん](人)
待賢門院堀河[たいけんもんいんのほりかわ](人)

帯

帯広[おびひろ](地)
帯方郡[たいほうぐん](地)
帯隈山[おぶくまやま](地)

袋

袋田温泉[ふくろだおんせん](地)
袋井[ふくろい](地)

碓

碓氷峠[うすいとうげ](地)

徳

徳岡[とくおか](姓)
徳岡神泉[とくおかしんせん](人)
徳島[とくしま](地)
徳本峠[とくごうとうげ](地)
徳富[とくとみ](姓)
徳富蘆花[とくとみろか](人)
徳富蘇峰[とくとみそほう](人)
徳山[とくやま](地)
徳永[とくなが](姓)
徳永恕[とくながゆき](人)
徳永直[とくながすなお](人)
徳一[とくいち](人)
徳田[とくだ](姓)
徳田球一[とくだきゅういち](人)
徳田秋声[とくだしゅうせい](人)
徳之島[とくのしま](地)
徳川[とくがわ](姓)
徳川家康[とくがわいえやす](人)
徳川家綱[とくがわいえつな](人)
徳川家慶[とくがわいえよし](人)
徳川家継[とくがわいえつぐ](人)
徳川家光[とくがわいえみつ](人)
徳川家達[とくがわいえさと](人)
徳川家茂[とくがわいえもち](人)
徳川家宣[とくがわいえのぶ](人)
徳川家斉[とくがわいえなり](人)
徳川家定[とくがわいえさだ](人)
徳川家重[とくがわいえしげ](人)
徳川家治[とくがわいえはる](人)

徳川綱吉[とくがわつなよし](人)
徳川綱重[とくがわつなしげ](人)
徳川慶冨[とくがわよしとみ](人)
徳川慶喜[とくがわよしのぶ](人)
徳川光国[とくがわみつくに](人)
徳川吉宗[とくがわよしむね](人)
徳川頼房[とくがわよりふさ](人)
徳川頼宣[とくがわよりのぶ](人)
徳川夢声[とくがわむせい](人)
徳川昭武[とくかわあきたけ](人)
徳川秀忠[とくがわひでただ](人)
徳川信康[とくがわのぶやす](人)
徳川義直[とくがわよしなお](人)
徳川斉昭[とくがわなりあき](人)
徳川忠長[とくがわただなが](人)

도

度

度会[わたらい](地/姓)
度会家行[わたらいいえゆき](人)
度会延佳[わたらいのぶよし](人)
度会行忠[わたらいゆきただ](人)

島

島[しま](姓)
島尻[しまじり](地)
島広山[しまひろやま](地)
島根[しまね](地)
島崎[しまざき](姓)
島崎藤村[しまざきとうそん](人)
島木[しまき](姓)
島木健作[しまきけんさく](人)
島木赤彦[しまきあかひこ](人)
島牧[しままき](地)
島尾[しまお](姓)
島尾敏雄[しまおとしお](人)
島本[しまもと](地)
島原[しまばら](地)
島原湾[しまはらわん](地)
島原半島[しまはらはんとう](地)
島薗[しまぞの](姓)
島薗順次郎[しまぞのじゅんじろう](人)
島義勇[しまよしたけ](人)
島田[しまだ](地/姓)
島田三郎[しまださぶろう](人)
島田清次郎[しまだせいじろう](人)
島井[しまい](姓)
島井宗室[しまいそうしつ](人)
島之内[しまのうち](地)
島地[しまじ](姓)
島地黙雷[しまじもくらい](人)
島津[しまづ](姓)
島津家久[しまづいえひさ](人)
島津久光[しまづひさみつ](人)
島津久基[しまづひさもと](人)
島津貴久[しまづたかひさ](人)
島津源蔵[しまづげんぞう](人)
島津義久[しまづよしひさ](人)
島津義弘[しまづよしひろ](人)
島津斉彬[しまづなりあきら](人)
島津重豪[しまづしげひで](人)
島津忠義[しまづただよし](人)
島村[しまむら](姓)
島村抱月[しまむらほうげつ](人)

桃

桃山[ももやま](地)
桃源瑞仙[とうげんずいせん](人)
桃園天皇[ももぞのてんのう](人)
桃井[もものい](姓)
桃井幸若丸[もものいこうわかまる](人)
桃中軒雲右衛門[とうちゅうけんくもえもん](人)

徒

徒野[あだしの](地)

陶

陶[すえ](姓)
陶山[すやま](姓)
陶山鈍翁[すやまどんおう](人)
陶晴賢[すえはるかた](人)

都

都の錦[みやこのにしき](人)
都幾川[ときがわ](地)
都農[つの](地)
都島[みやこじま](地)
都々逸坊扇歌[どどいつぼうせんか](人)
都良香[みやこのよしか](人)
都留[つる](地)
都城[みやこのじょう](地)
都窪[つくぼ](地)
都一中[みやこいっちゅう](人)
都井岬[といみさき](地)
都筑[つづき](地)
都賀[つが](姓)
都賀庭鐘[つがていしょう](人)

渡

渡嘉敷[とかしき](地)
渡島[おしま](地)
渡島大島[おしまおおしま](地)
渡島半島[おしまはんとう](地)
渡島小島[おしまこじま](地)
渡良瀬川[わたらせがわ](地)
渡瀬[わたせ](姓)
渡瀬庄三郎[わたせしょうざぶろう](人)
渡名喜[となき](地)
渡辺[わたなべ](姓)
渡辺綱[わたなべのつな](人)
渡辺一夫[わたなべかずお](人)
渡辺政之輔[わたなべまさのすけ](人)
渡辺霞亭[わたなべかてい](人)
渡辺海旭[わたなべかいきょく](人)
渡辺華山[わたなべかざん](人)
渡会[わたらい](地)

道

道綱母[みちつなのはは](人)
道灌[どうかん](人)
道灌山[どうかんやま](地)
道隆[どうりゅう](人)
道了薩埵[どうりょうさった](人)
道昭[どうしょう](人)
道修町[どしょうまち](地)
道阿弥[どうあみ](人)
道彦[みちひこ](人)
道元[どうげん](人)
道入[どうにゅう](人)
道慈[どうじ](人)
道長[みちなが](人)
道真[みちざね](人)
道春[みちはる](人)
道八[どうはち](人)
道風[どうふう](人)
道後温泉[どうごおんせん](地)

稲

稲毛[いなげ](地)
稲美[いなみ](地)
稲敷[いなしき](地)
稲生[いのう](姓)
稲生若水[いのうじゃくすい](人)
稲城[いなぎ](地)
稲若水[とうじゃくすい](人)
稲葉[いなば](姓)
稲葉一鉄[いなばいってつ](人)
稲羽山[いなばやま](地)
稲垣[いながき](姓)
稲垣足穂[いながきたるほ](人)
稲垣浩[いながきひろし](人)
稲日野[いなびの](地)

稲田[いなだ](姓)
稲田竜吉[いなだりゅうきち](人)
稲田姫[いなだひめ](人)
稲津[いなづ](姓)
稲津祇空[いなづぎくう](人)
稲妻雷五郎[いなずまらいごろう](人)
稲村[いなむら](姓)
稲村ヶ崎[いなむらがさき](地)
稲村三伯[いなむらさんぱく](人)
稲築[いなつき](地)
稲沢[いなざわ](地)
稲荷山[いなりやま](地)
稲魂女[うかのめ](人)

嶋
嶋中[しまなか](姓)
嶋中雄作[しまなかゆうさく](人)

濤
濤沸湖[とうふつこ](地)
濤川[なみかわ](姓)
濤川惣助[なみかわそうすけ](人)

檮
檮原[ゆすはら](地)

独
独歩[とっぽ](人)
独庵玄光[どくあんげんこう](人)

読
読谷[よみたん](地)

敦
敦盛[あつもり](人)
敦実親王[あつみしんのう](人)
敦賀[つるが](地)
敦賀湾[つるがわん](地)

頓
頓別[とんべつ](地)
頓阿[とんあ](人)

동

東
東①[あずま](姓)
東②[ひがし](地)
東京[とうきょう](地)
東京湾[とうきょうわん](地)
東串良[ひがしくしら](地)
東関[とうかん](地)
東広島[ひがしひろしま](地)
東久留米[ひがしくるめ](地)
東久世[ひがしくぜ](姓)
東久世道禧[ひがしくぜみちとみ](人)
東臼杵[ひがしうすき](地)
東近江[ひがしおうみ](地)
東根[ひがしね](地)
東金[とうがね](地)
東吉野[ひがしよしの](地)
東大阪[ひがしおおさか](地)
東大和[ひがしやまと](地)
東牟婁[ひがしむろ](地)
東武[とうぶ](地)
東白川[ひがししらかわ](地)
東伯[とうはく](地)
東辺道[とうへんどう](地)
東福門院[とうふくもんいん]
東峰[とうほう](地)
東部[とうぶ](地)
東北[とうほく](地)
東北地方[とうほくちほう](地)
東山[ひがしやま](地)
東山道[とうさんどう](地)
東山温泉[ひがしやまおんせん](地)
東山殿[ひがしやまどの](人)
東山千栄子[ひがしやまちえこ](人)
東山天皇[ひがしやまてんのう](人)
東三好[ひがしみよし](地)
東常縁[とうつねより](人)
東成[ひがしなり](地)
東成瀬[ひがしなりせ](地)
東松島[ひがしまつしま](地)
東松山[ひがしまつやま](地)
東松浦[ひがしまつうら](地)
東神楽[ひがしかぐら](地)
東尋坊[とうじんぼう](地)
東野州[とうやしゅう](人)
東洋[とうよう](地)
東御[とうみ](地)
東栄[とうえい](地)
東予[とうよ](地)
東叡山[とうえいざん](地)
東吾妻[ひがしあがつま](地)
東員[とういん](地)
東儀[とうぎ](姓)
東儀鉄笛[とうぎてってき](人)
東伊豆[ひがしいず](地)
東茨城[ひがしいばらき](地)
東庄[とうのしょう](地)
東田川[ひがしたがわ](地)
東畑[とうはた](姓)
東畑精一[とうはたせいいち](人)
東淀川[ひがしよどがわ](地)
東諸県[ひがしもろかた](地)
東条[とうじょう](姓)
東条英機[とうじょうひでき](人)
東条義門[とうじょうぎもん](人)
東条操[とうじょうみさお](人)
東州斎写楽[とうしゅうさいしゃらく](人)
東住吉[ひがしすみよし](地)
東津軽[ひがしつがる](地)
東秩父[ひがしちちぶ](地)
東川[ひがしかわ](地)
東村山[ひがしむらやま](地)
東筑摩[ひがしちくま](地)
東置賜[ひがしおきたま](地)
東灘[ひがしなだ](地)
東通[ひがしとおり](地)
東浦[ひがしうら](地)
東蒲原[ひがしかんばら](地)
東風平[こちんだ](地)
東彼杵[ひがしそのぎ](地)
東海[とうかい](地)
東海道[とうかいどう](地)
東海林[しょうじ](姓)
東海林太郎[しょうじたろう](人)
東海散士[とうかいさんし](人)
東海地方[とうかいちほう](地)
東郷[とうごう](地)
東郷茂徳[とうごうしげのり](人)
東郷温泉[とうごうおんせん](地)
東郷青児[とうごうせいじ](人)
東郷平八郎[とうごうへいはちろう](人)

洞
洞ヶ峠[ほらがとうげ](地)
洞爺湖[とうやこ](地)
洞院[とういん](姓)
洞院公定[とういんきんさだ](人)
洞院公賢[とういんきんかた](人)
洞院実世[とういんさねよ](人)
洞院実熙[とういんさねひろ](人)
洞庭湖[どうていこ](地)
洞海湾[どうかいわん](地)

桐
桐ヶ谷[きりがや](地)
桐生[きりゅう](地)
桐生悠々[きりゅうゆうゆう](人)
桐野[きりの](姓)

桐野利秋[きりのとしあき]
桐原[きりはら](地)
桐竹[きりたけ](姓)
桐竹紋十郎[きりたけもんじゅうろう](人)
桐壺の帝[きりつぼのみかど](人)

棟
棟方[むなかた](姓)
棟方志功[むなかたしこう](人)

銅
銅輪王[どうりんおう](人)
銅脈先生[どうみゃくせんせい](人)

두

斗
斗南半島[となみはんとう](地)

豆
豆右衛門[まめえもん](人)
豆州[ずしゅう](地)

逗
逗子[ずし](地)

兜
兜町[かぶとちょう](地)

頭
頭光[つむりのひかる](人名)
頭山[とうやま](姓)
頭山満[とうやまみつる](人)
頭の中将[とうのちゅうじょう](人)

灯
灯明寺畷[とうみょうじなわて](地)

登
登米[とめ](地)
登別[のぼりべつ](地)
登別温泉[のぼりべつおんせん](地)

等
等伯[とうはく](人)

藤
藤江の浦[ふじえのうら](地)
藤岡[ふじおか](地/姓)
藤岡勝二[ふじおかかつじ](人)
藤岡作太郎[ふじおかさくたろう](人)
藤崎[ふじさき](地)
藤堂[とうどう](姓)
藤堂高虎[とうどうたかとら](人)
藤代[ふじしろ](地)
藤島[ふじしま](姓)
藤島武二[ふじしまたけじ](人)
藤浪[ふじなみ](姓)
藤浪与兵衛[ふじなみよへえ](人)
藤里[ふじさと](地)
藤木[ふじき](姓)
藤木九三[ふじきくぞう](人)
藤本[ふじもと](姓)
藤本鉄石[ふじもとてっせき](人)
藤四郎[とうしろう](人)
藤山[ふじやま](姓)
藤山寛美[ふじやまかんび](人)
藤山雷太[ふじやまらいた](人)
藤山一郎[ふじやまいちろう](人)
藤森[ふじもり](姓)
藤森成吉[ふじもりせいきち](人)
藤森栄一[ふじもりえいいち](人)
藤森弘庵[ふじもりこうあん](人)
藤樹[とうじゅ](人)
藤野[ふじの](地)
藤原[ふじわら](姓)
藤原家隆①[ふじわらのいえたか](人)
藤原家隆②[ふじわらのかりゅう](人)
藤原兼家[ふじわらのかねいえ](人)
藤原兼輔[ふじわらのかねすけ](人)
藤原兼実[ふじわらのかねざね](人)
藤原兼通[ふじわらのかねみち](人)
藤原鎌足[ふじわらのかまたり](人)
藤原公経[ふじわらのきんつね](人)
藤原公季[ふじわらのきんすえ](人)
藤原公任[ふじわらのきんとう](人)
藤原広嗣[ふじわらのひろつぐ](人)
藤原基家[ふじわらのもといえ](人)
藤原基経[ふじわらのもとつね](人)
藤原基俊[ふじわらのもととし](人)
藤原基衡[ふじわらのもとひら](人)
藤原道綱母[ふじわらのみちつなのはは](人)
藤原道兼[ふじわらのみちかね](人)
藤原道隆[ふじわらのみちたか](人)
藤原道信[ふじわらのみちのぶ](人)
藤原道雅[ふじわらのみちまさ](人)
藤原道子[ふじわらみちこ](人)
藤原道長[ふじわらのみちなが](人)
藤原敦頼[ふじわらのあつより](人)
藤原敦忠[ふじわらのあつただ](人)
藤原冬嗣[ふじわらのふゆつぐ](人)
藤原藤房[ふじわらのふじふさ](人)
藤原隆家[ふじわらのたかいえ](人)
藤原隆能[ふじわらのたかよし](人)
藤原隆信[ふじわらのたかのぶ](人)
藤原良経[ふじわらのよしつね](人)
藤原頼業[ふじわらのよりなり](人)
藤原頼長[ふじわらのよりなが](人)
藤原頼通[ふじわらのよりみち](人)
藤原麻呂[ふじわらのまろ](人)
藤原明子[ふじわらのあきらけいこ](人)
藤原明衡[ふじわらのあきひら](人)
藤原武智麻呂[ふじわらのむちまろ](人)
藤原敏行[ふじわらのとしゆき](人)
藤原房前[ふじわらのふさざき](人)
藤原百川[ふじわらのももかわ](人)
藤原範兼[ふじわらののりかね](人)
藤原保昌[ふじわらのやすまさ](人)
藤原不比等[ふじわらのふひと](人)
藤原浜成[ふじわらのはまなり](人)
藤原師輔[ふじわらのもろすけ](人)
藤原師実[ふじわらのもろざね](人)
藤原師通[ふじわらのもろみち](人)
藤原師賢[ふじわらのもろかた](人)
藤原宣房[ふじわらののぶふさ](人)
藤原成親[ふじわらのなりちか](人)
藤原惺窩[ふじわらせいか](人)
藤原咲平[ふじわらさくへい](人)
藤原秀郷[ふじわらのひでさと](人)
藤原秀衡[ふじわらのひでひら](人)
藤原純友[ふじわらのすみとも](人)
藤原信頼[ふじわらののぶより](人)
藤原信実[ふじわらののぶざね](人)
藤原実頼[ふじわらのさねより](人)
藤原実方[ふじわらのさねかた](人)
藤原実資[ふじわらのさねすけ](人)
藤原雅経[ふじわらのまさつね](人)
藤原安子[ふじわらのあんし](人)
藤原薬子[ふじわらのくすこ](人)
藤原宇合[ふじわらのうまかい](人)
藤原為家[ふじわらのためいえ](人)
藤原為兼[ふじわらのためかね](人)
藤原為教[ふじわらのためのり](人)
藤原為相[ふじわらのためすけ](人)
藤原為世[ふじわらのためよ](人)
藤原為氏[ふじわらのためうじ](人)
藤原為定[ふじわらのためさだ](人)
藤原銀次郎[ふじわらぎんじろう](人)
藤原乙牟漏[ふじわらのおとむろ](人)
藤原義江[ふじわらよしえ](人)
藤原義孝[ふじわらのよしたか](人)
藤原伊房[ふじわらのこれふさ](人)
藤原伊尹[ふじわらのこれただ](人)

藤原伊周[ふじわらのこれちか](人)
藤原定家①[ふじわらのさだいえ](人)
藤原定家②[ふじわらのていか](人)
藤原定頼[ふじわらのさだより](人)
藤原定方[ふじわらのさだかた](人)
藤原定子[ふじわらのていし](人)
藤原朝忠[ふじわらのあさただ](人)
藤原種継[ふじわらのたねつぐ](人)
藤原佐理[ふじわらのすけまさ](人)
藤原俊成①[ふじわらのしゅんぜい](人)
藤原俊成②[ふじわらのとしなり](人)
藤原仲麻呂[ふじわらのなかまろ](人)
藤原彰子[ふじわらのしょうし](人)
藤原清輔[ふじわらのきよすけ](人)
藤原清河[ふじわらのきよかわ](人)
藤原清衡[ふじわらのきよひら](人)
藤原忠文[ふじわらのただぶみ](人)
藤原忠実[ふじわらのただざね](人)
藤原忠通[ふじわらのただみち](人)
藤原忠平[ふじわらのただひら](人)
藤原泰衡[ふじわらのやすひら](人)
藤原通俊[ふじわらのみちとし](人)
藤原通憲[ふじわらのみちのり](人)
藤原行成[ふじわらのゆきなり](人)
藤原顕輔[ふじわらのあきすけ](人)
藤原興風[ふじわらのおきかぜ](人)
藤田[ふじた](姓)
藤田東湖[ふじたとうこ](人)
藤田嗣治[ふじたつぐはる](人)
藤田小四郎[ふじたこしろう](人)
藤田幽谷[ふじたゆうこく](人)
藤田伝三郎[ふじたでんざぶろう](人)
藤田豊八[ふじたとよはち](人)
藤井[ふじい](姓)
藤井健次郎[ふじいけんじろう](人)
藤井高尚[ふじいたかなお](人)
藤井寺[ふじいでら](地)
藤井右門[ふじいうもん](人)
藤井乙男[ふじいおとお](人)
藤井日達[ふじいにったつ](人)
藤井竹外[ふじいちくがい](人)
藤貞幹[とうていかん](人)
藤枝[ふじえだ](地/姓)
藤枝静男[ふじえだしずお](人)
藤津[ふじつ](地)
藤川[ふじかわ](姓)
藤川勇造[ふじかわゆうぞう](人)
藤村①[とうそん](人)
藤村②[ふじむら](姓)
藤村富美男[ふじむらふみお](人)
藤村作[ふじむらつくる](人)
藤沢[ふじさわ](地/姓)
藤沢利喜太郎[ふじさわりきたろう](人)
藤壺[ふじつぼ](人)

라

羅

羅臼[らうす](地)
羅臼岳[らうすだけ](地)
羅臼湖[らうすこ](地)

락

落

落合[おちあい](地/姓)
落合直文[おちあいなおぶみ](人)

란

乱

乱歩[らんぽ](人)

蘭

蘭渓道隆[らんけいどうりゅう](人)
蘭越[らんこし](地)

람

嵐

嵐[あらし](姓)
嵐寛十郎[あらしかんじゅうろう](人)
嵐山①[あらしやま](地)
嵐山②[らんざん](地)
嵐三右衛門[あらしさんえもん](人)
嵐雪[らんせつ](人)

藍

藍住[あいずみ](地)

랍

蠟

蠟山[ろうやま](姓)
蠟山政道[ろうやままさみち](人)

랑

浪

浪江[なみえ](地)
浪岡[なみおか](地)
浪速[なにわ](地)
浪花[なにわ](地)
浪華[なにわ](地)

래

来

来島[きじま](地)
来島又兵衛[きじままたべえ](人)
来島海峡[きじまかいきょう](地)
来山[らいざん](人)

랭

冷

冷泉[れいぜい](地)
冷泉為相[れいぜいためすけ](人)
冷泉為村[れいぜいためむら](人)
冷泉天皇[れいぜいてんのう](人)

량

両

両国[りょうごく](地)

良

良経[りょうけい](人)
良寛[りょうかん](人)
良観[りょうかん](人)
良基[よしもと](人)
良弁[りょうべん](人)
良源[りょうげん](人)
良忍[りょうにん](人)
良岑[よしみね](姓)
良岑宗貞[よしむねのよしさだ](人)
良岑安世[よしむねのやすよ](人)
良忠[りょうちゅう](人)

涼

涼袋[りょうたい](人)
涼菟[りょうと](人)

梁

梁川[やながわ](姓)
梁川江蘭[やながわこうらん](人)
梁川星巌[やながわせいがん](人)
梁田[やなだ](姓)
梁田蛻巌[やなだぜいがん](人)

椋

椋[むく](地)
椋鳩十[むくはとじゅう](人)

려

呂

呂宋助左衛門[るそんすけざえもん](人)

砺
砺波[となみ](地)
砺波山[となみやま](地)
砺波平野[となみへいや](地)

蠣
蠣殻町[かきがらちょう](地)
蠣崎[かきざき](姓)
蠣崎波響[かきざきはきょう](人)

련

恋
恋川春町[こいかわはるまち](人)

練
練馬[ねりま](地)

蓮
蓮生[れんしょう](人)
蓮如[れんにょ](人)
蓮月尼[れんげつに](人)
蓮田[はすだ](地)

漣
漣[さざなみ](地)

렬

烈
烈公[れっこう](人)

령

苓
苓北[れいほく](地)

鈴
鈴鹿[すずか](地)
鈴鹿山[すずかやま](地)
鈴鹿山脈[すずかさんみゃく](地)
鈴鹿峠[すずかとうげ](地)
鈴鹿川[すずかがわ](地)
鈴木[すずき](姓)
鈴木貫太郎[すずきかんたろう](人)
鈴木大拙[すずきだいせつ](人)
鈴木道彦[すずきみちひこ](人)
鈴木梅太郎[すずきうめたろう](人)
鈴木牧之[すずきぼくし](人)
鈴木茂三郎[すずきもさぶろう](人)
鈴木文治[すずきぶんじ](人)
鈴木三重吉[すずきみえきち](人)
鈴木雅之[すずきまさゆき](人)
鈴木栄太郎[すずきえいたろう](人)
鈴木長吉[すずきちょうきち](人)
鈴木正三[すずきしょうさん](人)
鈴木貞一[すずきていいち](人)
鈴木重胤[すずきしげたね](人)
鈴木泉三郎[すずきせんざぶろう](人)
鈴木春山[すずきしゅんざん](人)
鈴木春信[すずきはるのぶ](人)
鈴木虎雄[すずきとらお](人)
鈴木喜三郎[すずききさぶろう](人)
鈴ケ森[すずがもり](地)

領
領巾振山[ひれふるやま](地)

霊
霊岸島[れいがんじま](地)
霊元天皇[れいげんてんのう](人)

嶺
嶺雲[れいうん](人)

례

礼
礼文[れぶん](地)

로

老
老蘇森[おいそのもり](地)
老曾森[おいそのもり](地)
老ノ坂[おいのさか](地)

路
路通[ろつう](人)

露
露の五郎兵衛[つゆのごろべえ](人)
露月[ろげつ](人)
露沾[ろせん](人)
露風[ろふう](人)

蘆
蘆名[あしな](姓)
蘆名盛氏[あしなもりうじ](人)
蘆雪[ろせつ](人)
蘆庵[ろあん](人)
蘆野[あしの](姓)
蘆野東山[あしのとうざん](人)
蘆屋道満[あしやどうまん](人)
蘆花[ろか](人)

鷺
鷺水[ろすい](人)
鷺坂山[さぎさかやま](地)

록

鹿
鹿角[かづの](地)
鹿ケ谷[しかがたに](地)
鹿島[かしま](地)
鹿島灘[かしまなだ](地)
鹿嶋[かしま](地)
鹿都部真顔[しかつべまがお](人)
鹿背山[かせやま](地)
鹿部[しかべ](地)
鹿沼[かぬま](地)
鹿児島[かごしま](地/姓)
鹿児島湾[かごしまわん](地)
鹿児島寿蔵[かごしまじゅぞう](人)
鹿野[しかの](姓)
鹿野武左衛門[しかのぶざえもん](人)
鹿野山[かのうざん](地)
鹿野苑[ろくやおん](地)
鹿屋[かのや](地)
鹿苑[ろくおん](地)
鹿苑院[ろくおんいん](人)
鹿足[かのあし](地)
鹿地[かじ](姓)
鹿地亘[かじわたる](人)
鹿持[かもち](姓)
鹿持雅澄[かもちまさずみ](人)
鹿追[しかおい](地)
鹿沢温泉[かざわおんせん](地)

緑
緑[みどり](地)
緑雨[りょくう](人)

롱

滝
滝[たき](姓)
滝口[たきぐち](姓)
滝口修造[たきぐちしゅうぞう](人)
滝口入道[たきぐちにゅうどう](人)
滝廉太郎[たきれんたろう](人)
滝上[たきのうえ](地)
滝ノ上温泉[たきのうえおんせん](地)
滝夜叉姫[たきやしゃひめ](人)
滝田[たきた](姓)
滝田樗陰[たきたちょいん](人)
滝井[たきい](姓)
滝井孝作[たきいこうさく](人)
滝亭鯉丈[りゅうていりじょう](人)
滝精一[たきせいいち](人)

滝川①[たきかわ](地)
滝川②[たきがわ](姓)
滝川一益[たきがわかずます](人)
滝川幸辰[たきがわゆきとき](人)
滝沢[たきざわ](地/姓)
滝沢馬琴[たきざわばきん](人)
滝鶴台[たきかくだい](人)

朧
朧月夜[おぼろづくよ](人)

뢰

雷
雷丘[いかずちのおか](地)
雷門[かみなりもん](地)
雷電為右衛門[らいでんためえもん](人)
雷鳥[らいちょう](人)
雷州半島[らいしゅうはんとう](地)

頼
頼[らい](姓)
頼光[よりみつ](人)
頼山陽[らいさんよう](人)
頼三樹三郎[らいみきさぶろう](人)
頼瑜[らいゆ](人)
頼朝[よりとも](人)
頼春水[らいしゅんすい](人)
頼豪[らいごう](人)

瀬
瀬高[せたか](地)
瀬谷[せや](地)
瀬棚[せたな](地)
瀬田[せた](地)
瀬川[せがわ](姓)
瀬川菊之丞[せがわきくのじょう](人)
瀬川如皐[せがわじょこう](人)
瀬川清子[せがわきよこ](人)
瀬戸[せと](地)
瀬戸口[せとぐち](姓)
瀬戸口藤吉[せとぐちとうきち](人)
瀬戸内[せとうち](地)
瀬戸内海[せとないかい](地)
瀬戸内海国立公園[せとないかいこくりつこうえん](地)

료

了
了意[りょうい](人)
了俊[りょうしゅん](人)

蓼
蓼科高原[たてしなこうげん](地)
蓼科山[たてしなやま](地)
蓼太[りょうた](人)

룡

竜
竜渓[りゅうけい](人)
竜ノ口[たつのくち](地)
竜の宮姫[たつのみやひめ](人)
竜ケ崎[りゅうがさき](地)
竜胆寺[りゅうたんじ](姓)
竜胆寺雄[りゅうたんじゆう](人)
竜馬[りょうま](人)
竜猛[りゅうみょう](人)
竜門[りゅうもん](人)
竜飛崎[たっぴざき](地)
竜樹[りゅうじゅ](人)
竜神温泉[りゅうじんおんせん](地)
竜洋[りゅうよう](人)
竜王[りゅうおう](地)
竜右衛門[たつえもん](人)
竜田[たつた](地)
竜田山[たつたやま](地)
竜田彦[たつたひこ](人)
竜田川[たつたがわ](地)
竜田姫[たつたひめ](人)
竜造寺[りゅうぞうじ](姓)
竜造寺隆信[りゅうぞうじたかのぶ](人)
竜智[りゅうち](人)
竜泉洞[りゅうせんどう](地)
竜草廬[りゅうそうろ](人)
竜村[たつむら](姓)
竜村平蔵[たつむらへいぞう](人)
竜湫周沢[りゅうしゅうしゅうたく](人)
竜河洞[りゅうがどう](地)
竜花越[りゅうげごえ](地)
竜華越[りゅうげごえ](地)

龍
龍ケ崎[りゅうがさき](地)
龍野[たつの](地)
龍郷[たつごう](地)

루

涙
涙香[るいこう](人)

累
累[かさね](人)

류

柳
柳[やなぎ](姓)
柳家金語楼[やなぎやきんごろう](人)
柳家三亀松[やなぎやみきまつ](人)
柳家小さん[やなぎやこさん](人)
柳橋[やなぎばし](地)
柳浪[りゅうろう](人)
柳瀬[やなせ](姓)
柳瀬正夢[やなせまさむ](人)
柳ケ瀬[やながせ](地)
柳北[りゅうほく](人)
柳生[やぎゅう](地)
柳生街道[やぎゅうかいどう](地/姓)
柳生十兵衛[やぎゅうじゅうべえ](人)
柳生宗矩[やぎゅうむねのり](人)
柳亜子[りゅうあし](人)
柳原[やなぎはら](姓)
柳原白蓮[やなぎはらびゃくれん](人)
柳田[やなぎた](姓)
柳田国男[やなぎたくにお](人)
柳井[やない](地)
柳亭種彦[りゅうていたねひこ](人)
柳宗悦[やなぎむねよし](人)
柳宗元[りゅうそうげん](人)
柳津[やないづ](地)
柳川[やながわ](地/姓)
柳川検校[やながわけんぎょう](人)
柳川春葉[やながわしゅんよう](人)
柳沢[やなぎさわ](姓)
柳沢淇園[やなぎさわきえん](人)
柳沢吉保[やなぎさわよしやす](人)
柳河[やながわ](姓)
柳河春三[やながわしゅんさん](人)
柳虹[りゅうこう](人)

流
流山[ながれやま](地)

留
留岡[とめおか](姓)
留岡幸助[とめおかこうすけ](人)
留萌[るもい](地)
留別[るべつ](地)
留寿都[るすつ](地)
留夜別[るやべつ](地)

琉
琉球[りゅうきゅう](地)
琉球諸島[りゅうきゅうしょとう](地)
琉球海溝[りゅうきゅうかいこう](地)

硫
硫黄島[いおうじま·いおうとう](地)
硫黄列島[いおうれっとう](地)

륙

六
六角[ろっかく](姓)
六角義賢[ろっかくよしかた](人)
六角紫水[ろっかくしすい](人)
六甲山地[ろっこうさんち](地)
六区[ろっく](地)
六代[ろくだい](人)
六連島[むつれじま](地)
六無斎[ろくむさい](人)
六本木[ろっぽんぎ](地)
六ヶ所[ろっかしょ](地)
六孫王[ろくそんのう](人)
六如[りくにょ](人)
六人部[むとべ](姓)
六人部是香[むとべよしか](人)
六日町[むいかまち](地)
六条[ろくじょう](地)
六条御息所[ろくじょうのみやすどころ](人)
六条天皇[ろくじょうてんのう](人)
六条河原[ろくじょうがわら](地)
六郷[ろくごう](地)
六郷川[ろくごうがわ](地)
六戸[ろくのへ](地)

陸
陸[くが](姓)
陸羯南[くがかつなん](人)
陸賈[りくか](人)
陸九淵[りくきゅうえん](人)
陸機[りくき](人)
陸放翁[りくほうおう](人)
陸別[りくべつ](地)
陸象山[りくしょうざん](人)
陸秀夫[りくしゅうふ](人)
陸奥①[みちのく·みちのくに](地)
陸奥②[むつ](地/姓)
陸奥湾[むつわん](地)
陸奥宗光[むつむねみつ](人)
陸羽[りくう](人)
陸游[りくゆう](人)
陸前[りくぜん](地)
陸前高田[りくぜんたかた](地)
陸前浜街道[りくぜんはまかいどう](地)
陸中[りくちゅう](地)
陸探微[りくたんび](人)

륜

輪
輪島[わじま](地)
輪之内[わのうち](地)

률

栗
栗橋[くりはし](地)
栗駒[くりこま](地)
栗駒山[くりこまやま](地)
栗島[くりしま](姓)
栗島すみ子[くりしますみこ](人)
栗東[りっとう](地)
栗本[くりもと](姓)
栗本鋤雲[くりもとじょうん](人)
栗山[くりやま](地/姓)
栗山大膳[くりやまだいぜん](人)
栗山潜鋒[くりやませんぽう](人)
栗山孝庵[くりやまこうあん](人)
栗栖野[くるすの](地)
栗原[くりはら](姓)
栗原イネ[くりはらいね](人)
栗田[くりた](姓)
栗田寛[くりたひろし](人)

륭

隆
隆光[りゅうこう](人)

릉

菱
菱刈[ひしかり](地)
菱田[ひしだ](姓)
菱田春草[ひしだしゅんそう](人)
菱川[ひしかわ](姓)
菱川師宣[ひしかわもろのぶ](人)

綾
綾[あや](地)
綾歌[あやうた](地)
綾南[りょうなん](地)
綾瀬[あやせ](地)
綾部[あやべ](地)
綾足[あやたり](人)
綾川[あやがわ](地)

리

利
利尻[りしり](地)
利尻島[りしりとう](地)
利尻富士[りしりふじ](地)
利根[とね](地)
利島[としま](地)
利府[りふ](地)
利休[りきゅう](人)

里
里見[さとみ](姓)
里見弴[さとみとん](人)
里庄[さとしょう](地)
里村[さとむら](姓)
里村紹巴[さとむらじょうは](人)
里村昌琢[さとむらしょうたく](人)

理
理源大師[りげんだいし](人)

裏
裏松光世[うらまつみつよ](人)

履
履中天皇[りちゅうてんのう](人)

鯉
鯉丈[りじょう](人)

籬
籬の島[まがきのしま](地)

림

林
林[はやし](姓)
林家トミ[はやしやトミ](人)
林家正楽[はやしやしょうらく](人)
林歌子[はやしうたこ](人)
林広守[はやしひろもり](人)
林達夫[はやしたつお](人)
林道春[はやしどうしゅん](人)
林董[はやしただす](人)
林羅山[はやしらざん](人)
林武[はやしたけし](人)
林房雄[はやしふさお](人)
林奉行[はやしぶぎょう](人)
林鳳岡[はやしほうこう](人)
林不忘[はやしふぼう](人)
林芙美子[はやしふみこ](人)
林銑十郎[はやしせんじゅうろう](人)
林述斎[はやしじゅっさい](人)
林信篤[はやしのぶあつ](人)
林鵞峰[はやしがほう](人)
林屋正蔵[はやしやしょうぞう](人)
林又七[はやしまたしち](人)

林有造[はやしゆうぞう](人)
林子平[はやししへい](人)
林春斎[はやししゅんさい](人)
林忠彦[はやしただひこ](人)
林鶴一[はやしつるいち](人)

립

立

立科[たてしな](地)
立山[たてやま](地)
立松[たてまつ](姓)
立松東蒙[たてまつとうもう](人)
立羽[たちば](姓)
立原[たちはら](姓)
立原道造[たちはらみちぞう](人)
立原正秋[たちはらまさあき](人)
立原翠軒[たちはらすいけん](人)
立原杏所[たちはらきょうしょ](人)
立入[たていり](姓)
立入宗継①[たていりむねつぐ](人)
立入宗継②[たていりそうけい](人)
立場不角[たちばふかく](人)
立田姫[たつたひめ](人)
立正大師[りっしょうだいし](人)
立川[たてかわ](姓)
立川談馬[たてかわえんば](人)
立花[たちばな](姓)
立花家橘之助[たちばなやきつのすけ](人)
立花北枝[たちばなほくし](人)
立花宗茂[たちばなむねしげ](人)

笠

笠[かさ](姓)
笠間[かさま](地)
笠岡[かさおか](地)
笠金村[かさのかなむら](人)
笠女郎[かさのいらつめ](人)
笠寺[かさでら](地)
笠森お仙[かさもりおせん](人)
笠松[かさまつ](地)
笠ヶ岳[かさがたけ](地)
笠取山[かさとりやま](地)
笠置[かさぎ](地)
笠置山[かさぎやま](地)

마

馬

馬建忠[ばけんちゅう](人)
馬琴[ばきん](人)
馬内侍[うまのないし](人)
馬島[まじま](姓)
馬島晴眼[まじませいがん](人)
馬路[うまじ](地)
馬喰町[ばくろちょう](地)
馬淵川[まべちがわ](地)
馬入川[ばにゅうがわ](地)
馬場[ばば](姓)
馬場金埒[ばばきんらち](人)
馬場文耕[ばばぶんこう](人)
馬場鍈一[ばばえいいち](人)
馬場佐十郎[ばばさじゅうろう](人)
馬場辰猪[ばばたつい](人)
馬場恒吾[ばばつねご](人)
馬場弧蝶[ばばこちょう](人)
馬祖道一[ばそどういつ](人)

麻

麻生①[あさお](地)
麻生②[あそう](地/姓)
麻生慶次郎[あそうけいじろう](人)
麻生久[あそうひさし](人)
麻生磯次[あそういそじ](人)
麻田[あさだ](姓)
麻田剛立[あさだごうりゅう](人)
麻績[おみ](地)
麻布[あざぶ](地)

摩

摩文仁[まぶに](地)
摩耶[まや](人)
摩耶夫人[まやふじん](人)
摩耶山[まやさん](地)

磨

磨針峠[すりはりとうげ](地)

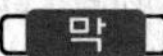

幕

幕別[まくべつ](地)
幕張[まくはり](地)

만

万

万[よろず](姓)
万里小路①[まりこじ](地)
万里小路②[までのこうじ](姓)
万里小路藤房[までのこうじふじふさ](人)
万里小路宣房[までのこうじのぶふさ](人)
万木の森[ゆるぎのもり](地)
万庵[ばんあん](人)
万亭応賀[まんていおうが](人)
万座温泉[まんざおんせん](地)
万鉄五郎[よろずてつごろう](人)
万太郎[まんたろう](人)

満

満濃池[まんのういけ](地)

말

末

末広[すえひろ](姓)
末広恭雄[すえひろやすお](人)
末広鉄腸[すえひろてっちょう](人)
末吉[すえよし](地/姓)
末吉孫左衛門[すえよしまござえもん](人)
末松[すえまつ](姓)
末松謙澄[すえまつけんちょう](人)
末の松山[すえのやま](地)
末永[すえなが](姓)
末永雅雄[すえながまさお](人)
末摘花[すえつむはな](人)
末次[すえつぐ](姓)
末次平蔵[すえつぐへいぞう](人)
末川[すえかわ](姓)
末川博[すえかわひろし](人)
末弘[すえひろ](姓)
末弘厳太郎[すえひろいずたろう](人)

망

望

望東尼[もとに](人)
望月[もちづき](地/姓)
望月三英[もちづきさんえい](人)
望月玉蟾[もちづきぎょくせん](人)
望一[もいち](人)

網

網島[あみじま](地)
網野[あみの](地/姓)
網野菊[あみのきく](人)
網走[あばしり](地)

매

売

売木[うるぎ](地)

妹

妹尾[せのお](姓)
妹尾妓楼[せのおぎろう](人)
妹背牛[もせうし](地)

枚
枚岡[ひらおか](地)
枚方[ひらかた](地)

埋
埋忠明寿[うめただみょうじゅ](人)

梅
梅[うめ](姓)
梅謙次郎[うめけんじろう](人)
梅ケ谷[うめがたに](人)
梅根[うめね](姓)
梅根悟[うめねさとる](人)
梅崎[うめざき](姓)
梅崎春生[うめざきはるお](人)
梅ケ島温泉[うめがしまおんせん](人)
梅暮里谷峨[うめぼりこくが](人)
梅辻[うめつじ](姓)
梅辻春樵[うめつじしゅんしょう](人)
梅若六郎[うめわかろくろう](人)
梅若万三郎[うめわかまんざぶろう](人)
梅若実[うめわかみのる](人)
梅若丸[うめわかまる](人)
梅王丸[うめおうまる](人)
梅原[うめはら](姓)
梅原末治[うめはらすえじ](人)
梅原北明[うめはらほくめい](人)
梅原竜三郎[うめはらりゅうざぶろう](人)
梅田[うめだ](地/姓)
梅田雲浜[うめだうんぴん](人)
梅亭金鵞[ばいていきんが](人)
梅津[うめづ](姓)
梅津美次郎[うめづよしじろう](人)
梅津川[うめづがわ](人)
梅沢[うめざわ](姓)
梅沢浜夫[うめざわはまお](人)

맹

虻
虻田[あぶた](地)

면

面
面山瑞芳[めんざんずいほう](人)
面河渓[おもごけい](地)

명

皿
皿山[さらやま](地)

名
名古屋[なごや](地/姓)
名古屋山三[なごやさんざ](人)
名古屋玄医[なごやげんい](人)
名寄[なよろ](地)
名東①[めいとう](地)
名東②[みょうどう](地)
名瀬[なぜ](地)
名栗[なぐり](地)
名栗川[なぐりがわ](地)
名西[みょうざい](地)
名神[めいしん](地)
名張[なばり](地)
名草[なぐさ](地)
名草の浜[なぐさのはま](地)
名取[なとり](地/姓)
名取洋之助[なとりようのすけ](人)
名取川[なとりがわ](地)
名護[なご](地)
名和[なわ](姓)
名和長年[なわながとし](人)
名和靖[なわやすし](人)

明
明覚[みょうかく](地/人)
明空[みょうくう](人)
明石[あかし](地/姓)
明石覚一[あかしかくいち](人)
明石の瀬戸[あかしのせと](地)
明石の上[あかしのうえ](人)
明石順三[あかしじゅんぞう](人)
明石元二郎[あかしもとじろう](人)
明石入道[あかしのにゅうどう](人)
明石中宮[あかしのちゅうぐう](人)
明石志賀之助[あかししがのすけ](人)
明石海峡[あかしかいきょう](地)
明神礁[みょうじんしょう](地)
明野[あけの](地)
明円[みょうえん](人)
明日香[あすか](地)
明正天皇[めいしょうてんのう](人)
明智[あけち](姓)
明智光秀[あけちみつひで](人)
明智秀満[あけちひでみつ](人)
明治天皇[めいじてんのう](人)
明恵[みょうえ](人)
明和[めいわ](地)

茗
茗渓[めいけい](地)

鳴
鳴門[なると](地)
鳴門海峡[なるとかいきょう](地)
鳴子[なるこ](地)
鳴沢[なるさわ](地)
鳴海[なるみ](地)
鳴海潟[なるみがた](地)

모

毛
毛谷村六助[けやむらろくすけ](人)
毛呂山[もろやま](地)
毛利[もうり](姓)
毛利敬親[もうりたかちか](人)
毛利元就[もうりもとなり](人)
毛利輝元[もうりてるもと](人)
毛野①[けぬ](地)
毛野②[けの](地)
毛剃九右衛門[けぞりくえもん](人)

牟
牟岐[むぎ](地)
牟礼[むれ](地)

牡
牡鹿[おしか](地)
牡鹿半島[おしかはんとう](地)
牡丹花肖柏[ぼたんかしょうはく](人)

茅
茅ケ崎[ちがさき](地)
茅部[かやべ](地)
茅淳[ちね](地)
茅淳の海[ちねのうみ](地)
茅淳の県[ちねのあがた](地)
茅野[ちの](地)
茅場町[かやばちょう](地)

冒
冒頓単于[ぼくとつぜんう](人)

栂
栂尾[とがのお](地)

鉾
鉾田[ほこた](地)

魹
魹ケ崎[とどがさき](地)

暮
暮鳥[ぼちょう](人)

목

木

木更津[きさらづ](地)
木古内[きこない](地)
木内[きうち](姓)
木内石亭[きうちせきてい](人)
木内惣五郎[きうちそうごろう](人)
木島平[きじまだいら](地)
木瀬川[きせがわ](地)
木挽町[こびきちょう](地)
木暮[こぐれ](姓)
木暮理太郎[こぐれりたろう](人)
木米[もくべい](人)
木幡[こはた](地)
木山[きやま](姓)
木山捷平[きやましょうへい](人)
木城[きじょう](地)
木喰[もくじき](人)
木の芽峠[きのめとうげ](地)
木俣[きまた](姓)
木俣修[きまたおさむ](人)
木曜島[もくようとう](地)
木原[きはら](姓)
木原均[きはらひとし](人)
木場[きば](地)
木田[きた](地)
木祖[きそ](地)
木造[きづくり](地)
木曾[きそ](地/人)
木曾街道[きそかいどう](地)
木曾谷[きそだに](地)
木曾崎[きそさき](地)
木曾路[きそじ](地)
木曾福島[きそふくしま](地)
木曾山脈[きそさんみゃく](地)
木曾御岳[きそおんたけ](地)
木曾義仲[きそよしなか](人)
木曾川[きそがわ](地)
木津[きづ](地)
木津川[きづがわ](地)
木村[きむら](姓)
木村芥舟[きむらかいしゅう](人)
木村謹治[きむらきんじ](人)
木村栄[きむらひさし](人)
木村義雄[きむらよしお](人)
木村毅[きむらき](人)
木村伊兵衛[きむらいへえ](人)
木村資生[きむらもとお](人)
木村庄之助[きむらしょうのすけ](人)
木村荘八[きむらしょうはち](人)
木村正辞[きむらまさこと](人)
木村重成[きむらしげなり](人)
木村太賢[きむらたいけん](人)
木下[きのした](姓)
木下藤吉郎[きのしたとうきちろう](人)
木下利玄[きのしたりげん](人)
木下杢太郎[きのしたもくたろう](人)
木下尚江[きのしたなおえ](人)
木下順庵[きのしたじゅんあん](人)
木下長嘯子[きのしたちょうしょうし](人)
木下竹次[きのしたたけじ](人)
木下幸文[きのしたたかぶみ](人)
木戸[きど](地/姓)
木戸幸一[きどこういち](人)
木戸孝允[きどたかよし](人)
木花開耶姫[このはなのさくやびめ](人)

目

目梨[めなし](地)
目黒[めぐろ](地)

杢

杢太郎[もくたろう](人)

牧

牧[まき](姓)
牧口[まきぐち](姓)
牧口常三郎[まきぐちつねさぶろう](人)
牧水[ぼくすい](人)
牧野[まきの](姓)
牧野富太郎[まきのとみたろう](人)
牧野省三[まきのしょうぞう](人)
牧野信一[まきのしんいち](人)
牧野信顕[まきのしんけん](人)
牧野栄一[まきのえいいち](人)
牧ノ原[まきのはら](地)
牧逸馬[まきいつま](人)
牧之原[まきのはら](地)

睦

睦沢[むつざわ](地)

몽

夢

夢の島[ゆめのしま](地)
夢の市郎兵衛[ゆめのいちろべ](人)
夢野久作[ゆめのきゅうさく](人)
夢二[ゆめじ](人)
夢前[ゆめさき](地)
夢窓国師[むそうこくし](人)
夢窓疎石[むそうそせき](人)

묘

妙

妙見山[みょうけんさん](地)
妙高[みょうこう](地)
妙高山①[みょうこうさん](地)
妙高山②[みょうこうせん](地)
妙音天[みょうおんてん](人)
妙義山[みょうぎさん](地)
妙荘厳[みょうしょうごん](人)
妙ノ浦[たえのうら](地)

苗

苗場山[なえばさん](地)

畝

畝傍[うねび](地)
畝傍山[うねびやま](地)

무

武

武甲山[ぶこうざん](地)
武庫泊[むこのとまり](地)
武庫川[むこがわ](地)
武内宿禰[たけしうちのすくね·たけのうちのすくね](人)
武島[たけしま](姓)
武島羽衣[たけしまはごろも](人)
武藤[むとう](姓)
武藤三治[むとうさんじ](人)
武藤章[むとうあきら](人)
武藤清[むとうきよし](人)
武烈天皇[ぶれつてんのう](人)
武府[ぶふ](地)
武生[たけふ](地)
武市[たけち](姓)
武市瑞山[たけちずいざん](人)
武信[たけのぶ](姓)
武信由太郎[たけのぶよしたろう](人)
武野[たけの](姓)
武雄[たけお](地)
武元[たけもと](姓)
武元登等庵[たけもととうとうあん](人)
武者小路[むしゃのこうじ](姓)
武者小路実篤[むしゃのこうじさねあつ](人)
武蔵[むさし](地)
武蔵丘陵[むさしきゅうりょう](地)
武蔵坊弁慶[むさしぼうべんけい](人)
武蔵野[むさしの](地)
武蔵村山[むさしむらやま](地)
武田[たけだ](姓)

武田耕雲斎[たけだこううんさい](人)
武田久吉[たけだひさよし](人)
武田麟太郎[たけだりんたろう](人)
武田勝頼[たけだかつより](人)
武田信玄[たけだしんげん](人)
武田五一[たけだごいち](人)
武田泰淳[たけだたいじゅん](人)
武井[たけい](姓)
武井武雄[たけいたけお](人)
武豊[たけとよ](地)

茂
茂吉[もきち](人)
茂木[もてぎ](地)
茂山[しげやま](姓)
茂山弥五郎[しげやまやごろう](人)
茂原[もばら](地)

無
無関普門[むかんふもん](人)
無対光仏[むたいこうぶつ](人)
無辺光仏[むへんこうぶつ](人)
無碍光仏[むげこうぶつ](人)
無腸[むちょう](人)
無著道忠[むじゃくどうちゅう](人)
無住[むじゅう](人)
無着成恭[むちゃくせいきょう](人)
無称光仏[むしょうこうぶつ](人)
無学祖元[むがくそげん](人)

舞
舞子ノ浜[まいこのはま](地)
舞阪[まいさか](地)
舞鶴[まいづる](地)

蕪
蕪村[ぶそん](人)

撫
撫養[むや](地)

霧
霧降高原[きりふりこうげん](地)
霧島[きりしま](地)
霧島山[きりしまやま](地)
霧島屋久[きりしまやく](地)
霧島温泉[きりしまおんせん](地)
霧ケ峰[きりがみね](地)
霧隠才蔵[きりがくれさいぞう](人)
霧積温泉[きりづみおんせん](地)

묵

墨
墨江[すみのえ](地)
墨浜[ぼくひん](地)
墨田[すみだ](地)

黙
黙阿弥[もくあみ](人)
黙庵[もくあん](人)

문

文
文家[ぶんや](姓)
文家綿麻呂[ぶんやのわたまろ](人)
文京[ぶんきょう](地)
文耕堂[ぶんこうどう](人)
文徳天皇[もんとくてんのう](人)
文武天皇[もんむてんのう](人)
文弥[ぶんや](人)
文屋[ぶんや](姓)
文屋康秀[ぶんやのやすひで](人)
文屋朝康[ぶんやのあさやす](人)
文之玄昌[ぶんしげんしょう](人)

門
門司[もじ](地)
門司の関[もじのせき](地)
門真[かどま](地)
門川[かどがわ](地)
門脇宰相[かどわきさいしょう](人)

紋
紋別[もんべつ](地)

물

物
物部[もののべ](姓)
物部守屋[もののべのもりや](人)
物部麁鹿火[もののべのあらかび](人)
物集[もずめ](姓)
物集高見[もずめたかみ](人)

미

未
未得[みとく](人)

米
米原[まいばら](地)
米子[よなご](地)
米沢[よねざわ](地)

尾
尾高[おだか](姓)
尾高邦雄[おだかくにお](人)
尾高尚忠[おだかひさただ](人)
尾高朝雄[おだかともお](人)
尾崎[おざき](姓)
尾崎放哉[おざきほうさい](人)
尾崎士郎[おざきしろう](人)
尾崎秀実[おざきほつみ](人)
尾崎雅嘉[おざきまさよし](人)
尾崎一雄[おざきかずお](人)
尾崎行雄[おざきゆきお](人)
尾崎紅葉[おざきこうよう](人)
尾崎喜八[おざききはち](人)
尾道[おのみち](地)
尾藤[びとう](姓)
尾藤二洲[びとうじしゅう](人)
尾瀬[おぜ](地)
尾瀬沼[おぜぬま](地)
尾駮[おぶち](地)
尾上[おのえ](地/姓)
尾上菊五郎[おのえきくごろう](人)
尾上梅幸[おのえばいこう](人)
尾上松緑[おのえしょうろく](人)
尾上松助[おのえまつすけ](人)
尾上松之助[おのえまつのすけ](人)
尾上柴舟[おのえさいしゅう](人)
尾西[びさい](地)
尾張[おわり](姓)
尾張浜主[おわりのはまぬし](人)
尾張旭[おわりあさひ](地)
尾佐竹[おさたけ](姓)
尾佐竹猛[おさたけたけき](人)
尾州[びしゅう](地)
尾鷲[おわせ](地)
尾形[おがた](姓)
尾形乾山[おがたけんざん](人)
尾形光琳[おがたこうりん](人)
尾花沢[おばなざわ](地)

弥
弥冨[やとみ](地)
弥山[みせん](地)
弥生[やよい](地)
弥彦[やひこ](地)
弥彦山[やひこやま](地)
弥次郎兵衛[やじろべえ](人)

美
美空[みそらひばり](人)
美祢[みね](地)
美濃[みの](地)

美濃加茂[みのかも](地)
美濃部[みのべ](姓)
美濃部達吉[みのべたつきち](人)
美濃部亮吉[みのべりょうきち](人)
美豆[みず](地)
美里[みさと](地)
美馬[みま](地)
美妙[びみょう](人)
美方[みかた](地)
美保関[みほのせき](地)
美保の関[みおのせき](地)
美福門院[びふくもんいん](人)
美浜[みはま](地)
美山[みやま](地)
美咲[みさき](地)
美深[びふか](地)
美野里[みのり](地)
美瑛[びえい](地)
美原[みはら](地)
美ヶ原[うつくしがはら](地)
美作[みまさか](地)
美波[みなみ](地)
美唄[びばい](地)
美浦[みほ](地)
美郷[みさと](地)
美和[みわ](地)
美幌[びほろ](地)

迷
迷盧[めいろ](地)

眉
眉山[びざん](地)

梶
梶[かじ](姓)
梶常吉[かじつねきち](人)
梶原[かじわら](姓)
梶原景季[かじわらかげすえ](人)
梶原景時[かじわらかげとき](人)
梶原直景[かじわらなおかげ](人)
梶田[かじた](姓)
梶田半古[かじたはんこ](人)
梶井[かじい](地)
梶井基次郎[かじいもとじろう](人)
梶川[かじかわ](姓)
梶川久次郎[かじかわきゅうじろう](人)

민

敏
敏達天皇[びだつてんのう](人)

박

泊
泊[とまり](地)

迫
迫[はさま](地)

狛
狛[こま](姓)
狛江[こまえ](地)
狛近真[こまちかざね](人)

粕
粕屋[かすや](地)

博
博多[はかた](地)
博多湾[はかたわん](地)
博多津[はかたのつ](地)
博雅三位[はくがのさんみ](人)

薄
薄野[すすきの](地)
薄雲の女院[うすぐものにょういん](人)
薄田[すすきだ](姓)
薄田研二[すすきだけんじ](人)
薄田泣菫[すすきだきゅうきん](人)
薄田隼人[すすきだはやと](人)

반

反
反正天皇[はんぜいてんのう](人)

半
半田[はんだ](地)
半井[なからい](姓)
半井桃水[なからいとうすい](人)
半井卜養[なからいぼくよう](人)

伴
伴①[とも](姓)
伴②[ばん](姓)
伴林[ともばやし](姓)
伴林光平[ともばやしみつひら](人)
伴善男[とものよしお](人)
伴信友[ばんのぶとも](人)
伴蒿蹊[ばんこうけい](人)

班
班女[はんじょ](人)

畔
畔田[くろだ](姓)
畔田翠山[くろだすいざん](人)

飯
飯岡[いいおか](地/姓)
飯岡助五郎[いいおかのすけごろう](人)
飯綱[いいづな](地)
飯綱山[いいづなやま](地)
飯舘[いいたて](地)
飯南[いいなん](地)
飯能[はんのう](地)
飯島[いいじま](地/姓)
飯島魁[いいじまいさお](人)
飯尾[いいお](姓)
飯尾宗祇[いいおそうぎ](人)
飯山①[いいやま](地)
飯山②[はんざん](地)
飯石[いいし](地)
飯沼[いいぬま](姓)
飯沼慾斎[いいぬまよくさい](人)
飯盛山[いいもりやま](地)
飯野山[いいのやま](地)
飯田[いいだ](地/姓)
飯田武郷[いいだたけさと](人)
飯田蛇笏[いいだたこつ](人)
飯田忠彦[いいだただひこ](人)
飯塚[いいづか](地/姓)
飯塚浩二[いいづかこうじ](人)
飯坂温泉[いいざかおんせん](地)
飯豊[いいで](地)
飯豊山[いいでさん](地)
飯豊青皇女[いいとよあおのひめみこ](人)

斑
斑鳩[いかるが](地)

磐
磐代[いわしろ](地)
磐司磐三郎[ばんじばんざぶろう](人)
磐城[いわき](地)
磐手の森[いわでのもり](地)
磐余[いわれ](地)
磐余の池[いわれのいけ](地)
磐田[いわた](地)
磐梯[ばんだい](地)
磐梯山[ばんだいさん](地)
磐梯熱海温泉[ばんだいあたみおんせん](地)
磐梯朝日[ばんだいあさひ](地)

磐州[ばんしゅう](地)
磐姫皇后[いわのひめのおおきさき](人)

발

髪
髪結新三[かみゆいしんざ](人)

방

坊
坊ガツル[ぼうがつる](地)
坊津[ぼうのつ](地)

芳
芳村[よしむら](姓)
芳村伊十郎[よしむらいじゅうろう](人)
芳沢[よしざわ](姓)
芳賀[はが](地/姓)
芳賀矢一[はがやいち](人)

防
防府[ほうふ](地)
防長[ぼうちょう](地)
防州[ぼうしゅう](地)

房
房州[ぼうしゅう](地)
房総[ぼうそう](地)
房総半島[ぼうそうはんとう](地)

放
放生津[ほうじょうづ](地)
放庵[ほうあん](人)
放哉[ほうさい](人)

백

白
白岡[しらおか](地)
白糠[しらぬか](地)
白骨温泉[しらほねおんせん](地)
白根①[しろね](地)
白根②[しらね](地)
白根山[しらねさん](地)
白老[しらおい](地)
白瀬[しらせ](姓)
白瀬矗[しらせのぶ](人)
白柳[しらやなぎ](姓)
白柳秀湖[しらやなぎしゅうこ](人)
白馬[はくば](地)
白馬岳[しろうまだけ](地)
白保珊瑚礁[しらほさんごしょう](地)
白峰山[しらみねさん](地)
白浜[しらはま](地)
白糸の滝[しらいとのたき](地)
白山①[しらやま](地/姓)
白山②[はくさん](地)
白山松哉[しらやましょうさい](人)
白石①[しろいし](地)
白石②[しらいし](姓)
白石正一郎[しらいししょういちろう](人)
白神山地[しらかみさんち](地)
白雄[しらお](人)
白鷹[しらたか](地)
白子[しらこ](地)
白井①[しらい](姓)
白井②[しろい](地)
白井光太郎[しらいみつたろう](人)
白井喬二[しらいきょうじ](人)
白井権八[しらいごんぱち](人)
白井松次郎[しらいまつじろう](人)
白井晟一[しらいせいいち](人)
白鳥①[しらとり](姓)
白鳥②[しろとり](姓)
白鳥庫吉[しらとりくらきち](人)
白鳥省吾[しろとりせいご](人)
白川[しらかわ](地)
白川郷[しらかわごう](地)
白秋[はくしゅう](地)
白布温泉[しらぶおんせん](地)
白河[しらかわ](地/姓)
白河楽翁[しらかわらくおう](人)
白河義則[しらかわよしのり](人)
白河天皇[しらかわてんのう](人)

百
百閒[ひゃっけん](人)
百丈懐海[ひゃくじょうえかい](人)
百田[ももた](姓)
百田宗治[ももたそうじ](人)
百済川[くだらがわ](地)
百済河成[くだらのかわなり](人)

伯
伯耆[ほうき](地)
伯耆富士[ほうきふじ](地)
伯備[はくび](地)
伯州[はくしゅう](地)

柏
柏[かしわ](地)
柏崎[かしわざき](地)
柏木[かしわぎ](姓/人)
柏木如亭[かしわぎじょてい](人)
柏木義円[かしわぎぎえん](人)
柏原①[かしわら](地)
柏原②[かしわばら](地)

번

番
番場[ばんば](地)

幡
幡多[はた](地)
幡豆[はず](地)
幡随意[ばんずいい](人)
幡随院長兵衛[ばんずいいんちょうべえ](人)

繁
繁慶[しげよし·はんけい](人)

범

凡
凡兆[ぼんちょう](人)
凡河内[おおしこうち](姓)
凡河内躬恒[おおしこうちのみつね](人)

帆
帆足[ほあし](姓)
帆足万里[ほあしばんり](人)

梵
梵灯庵[ぼんとうあん](人)
梵舜[ぼんしゅん](人)
梵天[ぼんてん](人)

법

法
法螺男爵[ほらだんしゃく](人)
法然[ほうねん](人)
法蔵[ほうぞう](人)
法蔵比丘[ほうぞうびく](人)

벽

碧
碧南[へきなん](地)
碧梧桐[へきごとう](人)

躄
躄勝五郎[いざりかつごろう](人)

변

弁

弁慶[べんけい](人)
弁内侍[べんのないし](人)
弁阿[べんあ](人)
弁円[べんえん](人)
弁長[べんちょう](人)
弁天島[べんてんじま](地)
弁天小僧[べんてんこぞう](人)

별

別

別木庄左衛門[べつきしょうざえもん](人)
別府[べっぷ](地/姓)
別府湾[べっぷわん](地)
別府晋介[べっぷしんすけ](人)
別所[べっしょ](地/姓)
別所温泉[べっしょおんせん](地)
別所長治[べっしょながはる](人)
別海[べつかい](地)

병

兵

兵庫[ひょうご](地)

並

並木[なみき](姓)
並木五瓶[なみきごへい](人)
並木正三[なみきしょうぞう](人)
並木宗輔[なみきそうすけ](人)
並河[なみかわ](姓)
並河靖之[なみかわやすゆき](人)
並河天民[なみかわてんみん](人)

柄

柄井[からい](姓)
柄井川柳[からいせんりゅう](人)

瓶

瓶原[みかのはら](地)

甫

甫庵[ほあん](人)

宝

宝達志水[ほうだつしみず](地)
宝島[たからじま](地)
宝生九郎[ほうしょうくろう](人)
宝生新[ほうしょうあらた](人)
宝永山[ほうえいざん](地)
宝井[たからい](姓)
宝井其角[たからいきかく](人)
宝井馬琴[たからいばきん](人)
宝ヶ池[たからがいけ](地)
宝塚[たからづか](地)

保

保谷[ほうや](地)
保科[ほしな](姓)
保科正之[ほしなまさゆき](人)
保科孝一[ほしなこういち](人)
保原[ほばら](地)
保田[やすだ](姓)
保田与重郎[やすだよじゅうろう](人)
保井[やすい](姓)
保定[ほてい](地)
保津川[ほづがわ](地)
保土ヶ谷[ほどがや](地)

普

普代[ふだい](地)
普済国師[ふさいこくし](人)
普陀山[ふださん](地)
普陀落[ふだらく](地)
普賢[ふげん](人)
普賢大士[ふげんだいし](人)

補

補陀大士[ふだだいし](人)
補陀落[ふだらく](地)

복

卜

卜部[うらべ](姓)
卜部兼倶[うらべかねとも](人)
卜部兼好[うらべかねよし](人)
卜部季武[うらべすえたけ](人)
卜部神道[うらべしんとう](人)
卜部懐賢[うらべかねかた](人)

伏

伏見[ふしみ](地)
伏見街道[ふしみかいどう](地)
伏見天皇[ふしみてんのう](人)
伏木[ふしき](地)
伏屋[ふせや](姓)
伏屋素狄[ふせやそてき](人)

服

服部[はっとり](姓)
服部南郭[はっとりなんかく](人)
服部嵐雪[はっとりらんせつ](人)
服部良一[はっとりりょういち](人)
服部白賁[はっとりはくひ](人)
服部四郎[はっとりしろう](人)
服部宇之吉[はっとりうのきち](人)
服部之総[はっとりしそう](人)
服部土芳[はっとりとほう](人)

福

福間[ふくま](地)
福江[ふくえ](地)
福岡[ふくおか](地/姓)
福岡孝弟[ふくおかたかちか](人)
福光[ふくみつ](地)
福崎[ふくさき](地)
福内鬼外[ふくうちきがい](人)
福島[ふくしま](地/姓)
福島安正[ふくしまやすまさ](人)
福島正則[ふくしままさのり](人)
福禄[ふくろく](人)
福禄寿[ふくろくじゅ](人)
福禄人[ふくろくじん](人)
福武[ふくたけ](姓)
福武赳夫[ふくたけたけお](人)
福武直[ふくたけただし](人)
福本[ふくもと](姓)
福本日南[ふくもとにちなん](人)
福本和夫[ふくもとかずお](人)
福士幸次郎[ふくしこうじろう](人)
福山[ふくやま](地)
福生[ふっさ](地)
福野[ふくの](地)
福永[ふくなが](姓)
福永武彦[ふくながたけひこ](人)
福羽[ふくば](姓)
福羽美静[ふくばよししず](人)
福原[ふくはら](地/姓)
福原麟太郎[ふくはらりんたろう](人)
福原信三[ふくはらしんぞう](人)
福原越後[ふくはらえちご](人)
福田①[ふくだ](姓)
福田②[ふくで](地)
福田徳三[ふくだとくぞう](人)
福田英子[ふくだひでこ](人)
福田平八郎[ふくだへいはちろう](人)
福田恒在[ふくだつねあり](人)
福田行誠[ふくだぎょうかい](人)
福井[ふくい](地/姓)
福井久蔵[ふくいきゅうぞう](人)
福地[ふくち](姓)
福地桜痴[ふくちおうち](人)
福知山[ふくちやま](地)

福智[ふくち](地)
福津[ふくつ](地)
福沢[ふくざわ](姓)
福沢桃介[ふくざわももすけ](人)
福沢諭吉[ふくざわゆきち](人)

본

本
本間[ほんま](姓)
本間四郎三郎[ほんましろうさぶろう](人)
本間尚生[ほんまひさお](人)
本居[もとおり](姓)
本居内遠[もとおりうちとお](人)
本居大平[もとおりおおひら](人)
本居宣長[もとおりのりなが](人)
本居長世[もとおりながよ](人)
本居春庭[もとおりはるにわ](人)
本居豊穎[もとおりとよかい](人)
本宮[もとみや](地)
本吉[もとよし](地)
本多光太郎[ほんだこうたろう](人)
本多利明[ほんだとしあき](人)
本多正純[ほんだまさずみ](人)
本多正信[ほんだまさのぶ](人)
本多静六[ほんだせいろく](人)
本多宗一郎[ほんだそういちろう](人)
本多重次[ほんだしげつぐ](人)
本多忠勝[ほんだただかつ](人)
本多弘吉[ほんだひろきち](人)
本渡[ほんど](地)
本命[ほんめい](人)
本木[もとき](姓)
本木良永[もときよしなが](人)
本木庄左衛門[もときしょうざえもん](人)
本木昌造[もときしょうぞう](人)
本別[ほんべつ](地)
本部[もとぶ](地)
本山[もとやま](姓)
本山彦一[もとやまひこいち](人)
本栖湖[もとすこ](地)
本所[ほんじょ](地)
本巣[もとす](地)
本阿弥光悦[ほんあみこうえつ](人)
本庄[ほんじょう](地/姓)
本庄繁[ほんじょうしげる](人)
本荘[ほんじょう](地)
本州[ほんしゅう](地)
本郷[ほんごう](地/姓)
本郷新[ほんごうしん](人)

봉

峰
峰崎[みねざき](姓)
峰崎勾当[みねざきこうとう](人)

逢
逢坂[おうさか](地)
逢坂山[おうさかやま](地)
逢坂越[おうさかごえ](地)

蜂
蜂谷[はちや](姓)
蜂谷宗先[はちやそうせん](人)
蜂須賀[はちすか](姓)
蜂須賀家政[はちすかいえまさ](人)
蜂須賀小六[はちすかころく](人)
蜂須賀正勝[はちすかまさかつ](人)

蓬
蓬が島[よもぎがしま](地)
蓬莱山[ほうらいさん](地)
蓬田[よもぎた](地)
蓬壺[ほうこ](地)

鳳
鳳[ほう](姓)
鳳来[ほうらい](地)
鳳秀太郎[ほうひでたろう](人)
鳳珠[ほうす](地)
鳳凰三山[ほうおうさんざん](人)

부

不
不角[ふかく](人)
不昧[ふまい](人)
不死男[ふじお](人)
不識庵[ふしきあん](人)
不二[ふじ](地)
不忍池[しのばずのいけ](地)
不知哉川[いさやがわ](地)
不知火海[しらぬいかい](地)
不破[ふわ](地)

父
父島[ちちじま](地)

扶
扶桑[ふそう](地)

府
府内[ふない](地)
府中[ふちゅう](地)

浮
浮図[ふと](人)
浮島[うきしま](地)
浮島ヶ原[うきしまがはら](地)
浮屠[ふと](人)
浮羽[うきは](地)
浮田[うきた](姓)
浮田の森[うきたのもり](地)
浮田一蕙[うきたいっけい](人)
浮田和民[うきたかずたみ](人)
浮舟[うきふね](人)

釜
釜ヶ崎[かまがさき](地)
釜無川[かまなしがわ](地)
釜石[かまいし](地)

副
副島[そえじま](姓)
副島種臣[そえじまたねおみ](人)

富
富加[とみか](地)
富岡[とみおか](地/姓)
富岡鉄斎[とみおかてっさい](人)
富樫[とがし](姓)
富樫広蔭[とがしひろかげ](人)
富樫政親[とがしまさちか](人)
富谷[とみや](地)
富崎[とみざき](姓)
富崎春昇[とみざきしゅんしょう](人)
富良野[ふらの](地)
富楼那[ふるな](人)
富里[とみさと](地)
富本[とみもと](姓)
富本豊前掾[とみもとぶぜんのじょう](人)
富本憲吉[とみもとけんきち](人)
富士[ふじ](地/姓)
富士見[ふじみ](地)
富士谷[ふじたに](姓)
富士谷成章[ふじたになりあきら](人)
富士谷御杖[ふじたにみつえ](人)
富士宮[ふじのみや](地)
富士吉田[ふじよしだ](地)
富士山[ふじさん](地)
富士箱根伊豆[ふじはこねいず](地)
富士五湖[ふじごこ](地)
富士正晴[ふじまさはる](人)
富士川[ふじかわ](地/姓)

富士川游[ふじかわゆう](人)
富士河口湖[ふじかわぐちこ](地)
富山[とやま](地)
富山湾[とやまわん](地)
富岳[ふがく](地)
富嶽[ふがく](地)
富安[とみやす](姓)
富安風生[とみやすふうせい](人)
富永[とみなが](姓)
富永仲基[とみながなかもと](人)
富雄川[とみおがわ](地)
富田[とみた](姓)
富田渓仙[とみたけいせん](人)
富田林[とんだばやし](地)
富井[とみい](姓)
富井政章[とみいまさあき](人)
富津[ふっつ](地)
富浦[とみうら](地)

敷

敷島[しきしま](地)
敷田[しきだ](姓)
敷田年治[しきだとしはる](人)
敷津の浦[しきつのうら](地)

북

北

北[きた](地/姓)
北葛城[きたかつらぎ](地)
北葛飾[きたかつしか](地)
北見[きたみ](地)
北谷[ちゃたん](地)
北広島[きたひろしま](地)
北九州[きたきゅうしゅう](地)
北群馬[きたぐんま](地)
北大東[きただいとう](地)
北大路[きたおおじ](姓)
北大路魯山人[きたおおじろさんじん](人)
北島[きたじま](地/姓)
北島見信[きたじまけんしん](人)
北島雪山[きたじませつざん](人)
北都[ほくと](地)
北都留[きたつる](地)
北都真君[ほくとしんくん](人)
北斗[ほくと](地)
北杜[ほくと](地)
北嶺[ほくれい](地)
北竜[ほくりゅう](地)
北陸[ほくりく](地)
北陸街道[ほくりくかいどう](地)
北陸道[ほくりくどう・ほくろくどう](地)
北陸の道[くぬがのみち](人)
北陸地方[ほくりくちほう](地)
北里[きたさと](姓)
北里柴三郎[きたさとしばさぶろう](人)
北林禅尼[ほくりんぜんに](人)
北名古屋[きたなごや](地)
北牟婁[きたむろ](地)
北尾[きたお](姓)
北尾政演[きたおまさのぶ](人)
北尾重政[きたおしげまさ](人)
北方[きたがた](地)
北本[きたもと](地)
北浜[きたはま](地)
北山[きたやま](地)
北山殿[きたやまどの](人)
北上[きたかみ](地)
北上高地[きたかみこうち](地)
北上盆地[きたかみぼんち](地)
北上山地[きたかみさんち](地)
北上川[きたかみがわ](地)
北相馬[きたそうま](地)
北相木[きたあいき](地)
北設楽[きたしたら](地)
北松浦[きたまつうら](地)
北岳[きただけ](地)
北野[きたの](地)
北塩原[きたしおばら](地)
北栄[ほくえい](地)
北宇和[きたうわ](地)
北原[きたはら](姓)
北原怜子[きたはらさとこ](人)
北原白秋[きたはらはくしゅう](人)
北園[きたぞの](姓)
北園克衛[きたぞのかつえ](人)
北越[ほくえつ](地)
北一輝[きたいっき](人)
北茨城[きたいばらき](地)
北庄/北の庄[きたのしょう](地)
北畠[きたばたけ](姓)
北畠具教[きたばたけとものり](人)
北畠満雅[きたばたけみつまさ](人)
北畠准后[きたばたけけじゅごう](人)
北畠親房[きたばたけちかふさ](人)
北畠顕家[きたばたけあきいえ](人)
北畠顕能[きたばたけあきよし](人)
北畠顕信[きたばたけあきのぶ](人)
北の政所[きたのまんどころ](人)
北諸県[きたもろかた](地)
北条[ほうじょう](地/姓)
北条高時[ほうじょうたかとき](人)
北条民雄[ほうじょうたみお](人)
北条団水[ほうじょうだんすい](人)
北条時頼[ほうじょうときより](人)
北条時房[ほうじょうときふさ](人)
北条時政[ほうじょうときまさ](人)
北条時宗[ほうじょうときむね](人)
北条時行[ほうじょうときゆき](人)
北条実時[ほうじょうさねとき](人)
北条氏康[ほうじょううじやす](人)
北条氏綱[ほうじょううじつな](人)
北条氏長[ほうじょううじなが](人)
北条氏政[ほうじょううじまさ](人)
北条氏直[ほうじょううじなお](人)
北条義時[ほうじょうよしとき](人)
北条政子[ほうじょうまさこ](人)
北条政村[ほうじょうまさむら](人)
北条早雲[ほうじょうそううん](人)
北条重時[ほうじょうしげとき](人)
北条泰時[ほうじょうやすとき](人)
北条霞亭[ほうじょうかてい](人)
北足立[きたあだち](地)
北佐久[きたさく](地)
北中城[きたなかぐすく](地)
北枝[ほくし](人)
北津軽[きたつがる](地)
北川[きたがわ](姓)
北川冬彦[きたがわふゆひこ](人)
北村[きたむら](姓)
北村木吟[きたむらきぎん](人)
北村山[きたむらやま](地)
北村透谷[きたむらとうこく](人)
北総[ほくそう](地)
北秋田[きたあきた](地)
北八[きたはち](人)
北浦[きたうら](地)
北蒲原[きたかんばら](地)
北蝦夷[きたえぞ](地)
北海[ほっかい](地)
北海道[ほっかいどう](地)
北向道陳[きたむきどうちん](人)
北脇[きたわき](姓)
北脇登[きたわきのぼる](人)

분

分

分倍河原[ぶばいがわら](地)
分水[ぶんすい](地)

粉

粉河[こかわ](地)

噴

噴火湾[ふんかわん](地)

불

仏
仏図[ふと](人)
仏御前[ほとけごぜん](人)
仏印[ふついん](地)
仏陀[ぶつだ](人)
仏ヶ浦[ほとけがうら](地)

붕

朋
朋誠堂喜三二[ほうせいどうきさんじ](人)

棚
棚倉[たなぐら](地)

비

比
比企[ひき](地/姓)
比企能員[ひきよしかず](人)
比内[ひない](地)
比島[ひとう](地)
比羅夫温泉[ひらふおんせん](地)
比良山[ひらさん](地)
比叡山[ひえいざん](地)
比田井[ひだい](姓)
比田井天来[ひだいてんらい](人)
比婆道後帝釈国定公園[ひばどうごたいしゃくこくていこうえん](地)
比布[ぴっぷ](地)

肥
肥国[ひのくに](地)
肥前[ひぜん](地)
肥筑[ひちく](地)
肥後[ひご](地/人)

卑
卑弥呼[ひみこ](人)

飛
飛島[とびしま](地)
飛来[ひらい](姓)
飛来一閑[ひらいいっかん](人)
飛田[とびた](姓)
飛田穂洲[とびたすいしゅう](人)
飛鳥[あすか](地)
飛鳥部[あすかべ](姓)
飛鳥部常則[あすかべつねのり](人)
飛鳥山[あすかやま](地)
飛鳥井[あすかい](姓)
飛鳥井雅康[あすかいまさやす](人)
飛鳥井雅経[あすかいまさつね](人)
飛鳥井雅世[あすかいまさよ](人)
飛鳥井雅有[あすかいまさあり](人)
飛鳥井雅親[あすかいまさちか](人)
飛鳥川[あすかがわ](地)
飛州[ひしゅう](地)
飛騨[ひだ](地)
飛騨高地[ひだこうち](地)
飛騨工[ひだのたくみ](人)
飛騨巧[ひだのたくみ](人)
飛騨木曾川[ひだきそがわ](地)
飛騨山脈[ひださんみゃく](地)
飛騨川[ひだがわ](地)
飛火野[とぶひの](地)

斐
斐伊川[ひいかわ](地)
斐川[ひかわ](地)

備
備前[びぜん](地)
備州[びしゅう](地)
備中[びっちゅう](地)
備後[びんご](地)

琵
琵琶湖[びわこ](地)
琵琶湖国定公園[びわここくていこうえん](地)

鵯
鵯越[ひよどりごえ](地)

빈

浜
浜街道[はまかいどう](地)
浜岡[はまおか](地)
浜口[はまぐち](姓)
浜口御陵[はまぐちごりょう](人)
浜口雄幸[はまぐちおさち](人)
浜頓別[はまとんべつ](地)
浜名の橋[はまなのはし](地)
浜名湖[はまなこ](地)
浜尾[はまお](姓)
浜尾新[はまおあらた](人)
浜辺黒人[はまべのくろひと](人)
浜北[はまきた](地)
浜寺[はまでら](地)
浜松[はままつ](地)
浜田[はまだ](地/姓)
浜田耕作[はまだこうさく](人)
浜田広介[はまだひろすけ](人)
浜田国松[はまだくにまつ](人)
浜田弥兵衛[はまだやひょうえ](人)
浜田彦蔵[はまだひこぞう](人)
浜田庄司[はまだしょうじ](人)
浜中[はまなか](地)
浜通り[はまどおり](地)

빙

氷
氷見[ひみ](地/人)
氷島[ひょうとう](地)
氷ノ山[ひょうのせん](地)
氷ノ山後山那岐山[ひょうのせんうしろやまなぎさん](地)
氷上[ひかみ](地)
氷川[ひかわ](地)

사

士
士朗[しろう](人)
士別[しべつ](地)
士幌[しほろ](地)

四
四街道[よつかいどう](地)
四谷[よつや](地)
四国[しこく](地)
四国山地[しこくさんち](地)
四国三郎[しこくさぶろう](地)
四国中央[しこくちゅうおう](地)
四国地方[しこくちほう](地)
四万十[しまんと](地)
四万十川[しまんとがわ](地)
四万温泉[しまおんせん](地)
四明[しめい](地)
四明山[しめいざん](地)
四明ヶ岳[しめいがだけ](地)
四迷[しめい](人)
四方赤良[よものあから](人)
四位少将[しいのしょうしょう](人)
四日市[よっかいち](地)
四条[しじょう](地/姓)
四条大納言[しじょうだいなごん](人)
四条隆資[しじょうたかすけ](人)
四条天皇[しじょうてんのう](人)
四条畷[しじょうなわて](地)
四条通[しじょうどおり](地)
四条河原[しじょうがわら](地)
四川[しせん](地)

司

司馬江漢[しばこうかん](人)
司馬達等[しばたつと](人)
司馬遼太郎[しばりょうたろう](人)
司馬相如[しばしょうじょ](人)
司馬仲達[しばちゅうたつ](人)

写

写楽[しゃらく](人)

寺

寺崎[てらさき](姓)
寺崎広業[てらさきこうぎょう](人)
寺内[てらうち](姓)
寺内寿一[てらうちひさいち](人)
寺内正毅[てらうちまさたけ](人)
寺島[てらしま](姓)
寺島良安[てらしまりょうあん](人)
寺島宗則[てらしまむねのり](人)
寺門[てらかど](姓)
寺門静軒[てらかどせいけん](人)
寺尾[てらお](姓)
寺尾寿[てらおひさし](人)
寺泊[てらとまり](地)
寺山[てらやま](姓)
寺山修司[てらやましゅうじ](人)
寺西[てらにし](姓)
寺西閑心[てらにしかんしん](人)
寺田[てらだ](姓)
寺田寅彦[てらだとらひこ](人)
寺坂[てらさか](姓)
寺坂吉右衛門[てらさかきちえもん](人)

糸

糸島[いとしま](地)
糸鹿山[いとかやま](地)
糸満[いとまん](地)
糸魚川[いといがわ](地)
糸田[いとだ](地)
糸賀[いとが](姓)
糸賀一雄[いとがかずお](人)

似

似雲[じうん](人)

社

社[やしろ](地/姓)

沙

沙流[さる](地)
沙弥満誓[さみまんせい·しゃみまんせい](人)

舎

舎那[じゃな](人)
舎人親王[とねりしんのう](人)

思

思ひ川[おもいがわ](地)

砂

砂利場[じゃりば](地)
砂川[すながわ](地)

師

師練[しれん](人)
師勝[しかつ](人)

紗

紗那[しゃな](地)

斜

斜里[しゃり](地)

捨

捨女[すてじょ](人)

射

射水[いみず](地)

蛇

蛇足[じゃそく](人)
蛇笏[だこう](人)

獅

獅子国[ししこく](地)
獅子文六[ししぶんろく](人)

謝

謝花昇[じゃはなのぼる](人)

산

山

山江[やまえ](地)
山岡[やまおか](姓)
山岡元隣[やまおかげんりん](人)
山岡荘八[やまおかそうはち](人)
山岡鉄舟[やまおかてっしゅう](人)
山階[やましな](地)
山高[やまたか](姓)
山高しげり[やまたかしげり](人)
山高検校[やまたかけんぎょう](人)
山谷[さんや](地)
山谷堀[さんやぼり](地)
山科[やましな](地/姓)
山科言継[やましなときつぐ](人)
山口[やまぐち](地/姓)
山口蓬春[やまぐちほうしゅん](人)
山口誓子[やまぐちせいし](人)
山口素堂[やまぐちそどう](人)
山口青邨[やまぐちせいそん](人)
山口華楊[やまぐちかよう](人)
山口薫[やまぐちかおる](人)
山ノ国川[やまのくにがわ](地)
山極[やまぎわ](姓)
山極勝三郎[やまぎわかつさぶろう](人)
山崎①[やまさき](地)
山崎②[やまざき](地/姓)
山崎神道[やまざきしんとう](人)
山崎闇斎[やまざきあんさい](人)
山崎朝雲[やまざきちょううん](人)
山崎宗鑑[やまざきそうかん](人)
山崎直方[やまざきなおまさ](人)
山内[やまのうち](姓)
山内なな[やまのうちなな](人)
山ノ内[やまのうち](地)
山ノ内温泉郷[やまのうちおんせんきょう](地)
山内容堂[やまのうちようどう](人)
山内一豊[やまのうちかずとよ](人)
山内清男[やまのうちすがお](人)
山内豊信[やまのうちとよしげ](人)
山代温泉[やましろおんせん](地)
山都[やまと](地)
山道[せんどう](地)
山東[さんとう](人)
山東京山[さんとうきょうざん](人)
山東京伝[さんとうきょうでん](人)
山路[やまじ](姓)
山路愛山[やまじあいざん](人)
山路主住[やまじぬしずみ](人)
山鹿[やまが](地/姓)
山鹿素行[やまがそこう](人)
山鹿温泉[やまがおんせん](地)
山梨[やまなし](地/姓)
山梨稲川[やまなしとうせん](人)
山名[やまな](姓)
山名氏清[やまなうじきよ](人)
山名宗全[やまなそうぜん](人)
山名持豊[やまなもちとよ](人)
山武①[さんぶ](地)
山武②[さんむ](地)
山背大兄王[やましろのおおえのおう](人)
山辺①[やまのべ](地)
山辺②[やまべ](地)
山辺の道[やまのべのみち](地)

山本[やまもと](地/姓)
山本勘助[やまもとかんすけ](人)
山本健吉[やまもとけんきち](人)
山本久人[やまもときゅうじん](人)
山本権兵衛[やまもとごんべえ](人)
山本芳翠[やまもとほうすい](人)
山本北山[やまもとほくざん](人)
山本薩夫[やまもとさつお](人)
山本宣治[やまもとせんじ](人)
山本実彦[やまもとさねひこ](人)
山本安英[やまもとやすえ](人)
山本五十六[やまもといそろく](人)
山本有三[やまもとゆうぞう](人)
山本長五郎[やまもとちょうごろう](人)
山本鼎[やまもとかなえ](人)
山本周五郎[やまもとしゅうごろう](人)
山本荷兮[やまもとかけい](人)
山部[やまべ](姓)
山部赤人[やまべのあかひと](人)
山北[やまきた](地)
山上①[やまのうえ](姓)
山上②[さんじょう](地)
山上ヶ岳[さんじょうがたけ](地)
山上様[さんじょうさま](人)
山上憶良[やまのうえのおくら](人)
山上宗二[やまのうえのそうじ](人)
山西[さんせい](地)
山城[やましろ](地)
山手[やまて](地)
山室[やまむろ](姓)
山室軍平[やまむろぐんぺい](人)
山室機惠子[やまむろきえこ](人)
山岸[やまぎし](姓)
山岸得平[やまぎしとくへい](人)
山野[やまの](姓)
山野愛子[やまのあいこ](人)
山陽[さんよう](地)
山陽道[さんようどう](地)
山陽小野田[さんようおのだ](地)
山陽地方[さんようちほう](地)
山葉[やまは](姓)
山葉寅楠[やまはとらくず](人)
山元[やまもと](地)
山原[やまばる](地)
山越[やまこし](地)
山陰[さんいん](地)
山陰道[さんいんどう](地)
山陰地方[さんいんちほう](地)
山陰海岸[さんいんかいがん](地)
山田[やまだ](地/姓)
山田耕筰[やまだこうさく](人)
山田美妙[やまだびみょう](人)
山田盛太郎[やまだもりたろう](人)
山田守[やまだまもる](人)
山田温泉[やまだおんせん](人)
山田長政[やまだながまさ](人)
山田宗徧[やまだそうへん](人)
山田顕義[やまだあきよし](人)
山田孝雄[やまだよしお](人)
山州[さんしゅう](地)
山中[やまなか](地/姓)
山中鹿之介[やまなかしかのすけ](人)
山中峯太郎[やまなかみねたろう](人)
山中貞雄[やまなかさだお](人)
山中湖[やまなかこ](地)
山之口[やまのぐち](姓)
山之口貘[やまのぐちばく](人)
山川①[やまがわ](地)
山川②[やまかわ](姓)
山川健次郎[やまかわけんじろう](人)
山川菊栄[やまかわきくえ](人)
山川均[やまかわひとし](人)
山添[やまぞえ](地)
山椒大夫[さんしょうだゆう](人)
山椒太夫[さんしょうだゆう](人)
山村[やまむら](姓)
山村暮鳥[やまむらぼちょう](人)
山村才助[やまむらさいすけ](人)
山片[やまがた](姓)
山片蟠桃[やまがたばんとう](人)
山下[やました](姓)
山下奉文[やましたともゆき](人)
山下新太郎[やましたしんたろう](人)
山海関[さんかいかん](地)
山幸彦[やまさちびこ](人)
山県[やまがた](地/姓)
山県大弐[やまがただいに](人)
山県有朋[やまがたありとも](人)
山形[やまがた](地)
山形盆地[やまがたぼんち](地)
山形県[やまがたけん](地)
山脇[やまわき](姓)
山脇東洋[やまわきとうよう](人)

珊

珊瑚海[さんごかい](地)

産

産山[うぶやま](地)

散

散士[さんし](人)
散史[さんし](人)

蒜

蒜山[ひるぜん](地)

살

殺

殺生関白[せっしょうかんぱく](人)

薩

薩南[さつなん](地)
薩南諸島[さつなんしょとう](地)
薩摩[さつま](地)
薩摩半島[さつまはんとう](地)
薩摩富士[さつまふじ](地)
薩摩外記[さつまげき](人)
薩摩浄雲[さつまじょううん](人)
薩摩川内[さつませんだい](地)
薩州[さっしゅう](地)
薩埵峠[さったとうげ](地)

삼

三

三角[みすみ](姓)
三角寛[みすみかん](人)
三股[みまた](地)
三谷[さんや](地)
三谷温泉[みやおんせん](地)
三光坊[さんこうぼう](人)
三橋[みつはし](地)
三国[みくに](地)
三国街道[みくにかいどう](地)
三国山脈[みくにさんみゃく](地)
三国峠[みくにとうげ](地)
三宮[さんのみや](地)
三筋町[みすじまち](地)
三岐[さんぎ](地)
三崎[みさき](地)
三吉[さんきち](人)
三丹[さんたん](地)
三島①[さんとう](地)
三島②[みしま](地/姓)
三島由起夫[みしまゆきお](人)
三島中洲[みしまちゅうしゅう](人)
三島通庸[みしまみちつね](人)
三陸[さんりく](地)
三陸海岸[さんりくかいがん](地)
三輪[みわ](地/姓)
三輪山[みわやま](地)
三輪田[みわた](姓)
三輪田真佐子[みわたまさこ](人)
三輪執斎[みわしっさい](人)
三里塚[さんりづか](地)

三笠[みかさ](地)
三笠山[みかさやま](地)
三木[みき](地/姓)
三木露風[みきろふう](人)
三木武吉[みきぶきち](人)
三木武夫[みきたけお](人)
三木竹二[みきたけじ](人)
三尾の松原[みおのまつばら](地)
三方[みかた](地)
三方上中[みかたかみなか](地)
三方五湖[みかたごこ](地)
三方ヶ原[みかたがはら](地)
三芳[みよし](地)
三瓶[さんぺい](姓)
三瓶考子[さんぺいこうこ](人)
三瓶山[さんべさん](地)
三保ノ松原[みほのまつばら](地)
三保の浦[みほのうら](地)
三本木原[さんぼんぎはら](地)
三峰三[みつみねさん](地)
三冨[みとみ](姓)
三冨朽葉[みとみくちは](人)
三上[みかみ](姓)
三上山[みかみやま](地)
三上義夫[みかみよしお](人)
三上参次[みかみさんじ](人)
三上菟吉[みかみおときち](人)
三船山[みふねやま](地)
三善[みよし](姓)
三善康信[みよしやすのぶ](人)
三善清行[みよしきよゆき](人)
三世覚母[さんぜかくも](人)
三神山[さんしんざん](地)
三室山[みむろやま](地)
三十六峰[さんじゅうろっぽう](地)
三岸[みぎし](姓)
三岸好太郎[みぎしこうたろう](人)
三野[さんや](地)
三養基[みやき](地)
三原[みはら](地)
三原山[みはらやま](地)
三越[さんえつ](地)
三遊亭[さんゆうてい](姓)
三遊亭円生[さんゆうていえんしょう](人)
三遊亭円朝[さんゆうていえんちょう](人)
三鷹[みたか](地)
三ヶ日[みっかび](地)
三蔵法師[さんぞうほうし](人)
三斎[さんさい](人)
三豬[みずま](地)

三田①[さんだ](地)
三田②[みた](地)
三田村[みたむら](姓)
三田村鳶魚[みたむらえんぎょ](人)
三井①[みい](地)
三井②[みつい](姓)
三井高利[みついたかとし](人)
三井高平[みついたかひら](人)
三井親和[みついしんな](人)
三条[さんじょう](地/姓)
三条西[さんじょうにし](姓)
三条西公条[さんじょうにしきんえだ](人)
三条西実隆[さんじょうにしさねたか](人)
三条小鍛冶[さんじょうこかじ](人)
三条実万[さんじょうさねつむ](人)
三条実美[さんじょうさねとみ](人)
三条亭可楽[さんじょうていからく](人)
三条天皇[さんじょうてんのう](人)
三条通り[さんじょうどおり](地)
三条河原[さんじょうがわら](地)
三朝[みささ](地)
三朝温泉[みささおんせん](地)
三種子[みたね](地)
三州[さんしゅう](地)
三重[みえ](地)
三池[みいけ](地)
三枝[さいぐさ](姓)
三枝博音[さいぐさひろと](人)
三趾啄木鳥[みゆびげら](人)
三津五郎[みつごろう](人)
三次[みよし](地)
三千風[みちかぜ](人)
三川[みかわ](地)
三清[みきよし](人)
三春[みはる](地)
三宅[みやけ](地/姓)
三宅観瀾[みやけかんらん](人)
三宅島[みやけじま](地)
三宅藤九郎[みやけとうくろう](人)
三宅米吉[みやけよねきち](人)
三宅尚斎[みやけしょうさい](人)
三宅雪嶺[みやけせつれい](人)
三宅嘯山[みやけしょうざん](人)
三宅周太郎[みやけしゅうたろう](人)
三宅泰雄[みやけやすお](人)
三宅花圃[みやけかほ](人)
三沢[みさわ](地/姓)
三沢勝衛[みさわかつえ](人)
三波川[さんばがわ](地)
三浦[みうら](地/姓)

三浦乾也[みうらけんや](人)
三浦謹之助[みうらきんのすけ](人)
三浦梅園[みうらばいえん](人)
三浦半島[みうらはんとう](人)
三浦按針[みうらあんじん](人)
三浦梧楼[みうらごろう](人)
三浦義明[みうらよしあき](人)
三浦義澄[みうらよしずみ](人)
三浦義村[みうらよしむら](人)
三浦樗良[みうらちょら](人)
三浦周行[みうらひろゆき](人)
三浦泰村[みうらやすむら](人)
三浦環[みうらたまき](人)
三豊[みとよ](地)
三河[みかわ](地)
三河湾[みかわわん](地)
三郷①[みさと](地)
三郷②[さんごう](地)
三峡[さんきょう](地)
三戸[さんのへ](地)
三戸町[さんのへまち](地)
三好[みよし](地/姓)
三好達治[みよしたつじ](人)
三好三人衆[みよしさんにんしゅう](人)
三好十郎[みよしじゅうろう](人)
三好長慶[みよしながよし](人)
三好政清海入道[みよしせいかいにゅうどう](人)
三好学[みよしまなぶ](人)
三和[さんわ](地)

杉

杉木[すぎき](姓)
杉木望一[すぎきもいち](人)
杉並[すぎなみ](地)
杉本[すぎもと](姓)
杉本良吉[すぎもとりょうきち](人)
杉本栄一[すぎもとえいいち](人)
杉山[すぎやま](姓)
杉山寧[すぎやまやすし](人)
杉山丹後掾[すぎやまたんごのじょう](人)
杉山杉風[すぎやまさんぷう](人)
杉山元次郎[すぎやまもとじろう](人)
杉山和一[すぎやまわいち](人)
杉野[すぎの](姓)
杉野芳子[すぎのよしこ](人)
杉田[すぎた](姓)
杉田成卿[すぎたせいけい](人)
杉田玄白[すぎたげんぱく](人)
杉村[すぎむら](姓)
杉村楚人冠[すぎむらそじんかん](人)

杉浦[すぎうら](姓)
杉浦非水[すぎうらひすい](人)
杉浦昇意[すぎうらじょうい](人)
杉浦重剛[すぎうらしげたけ](人)
杉風[さんぷう](人)
杉戸[すぎと](地)

森

森[もり](地/姓)
森恪[もりかく](人)
森槐南[もりかいなん](人)
森鷗外[もりおうがい](人)
森島[もりしま](姓)
森島中良[もりしまちゅうりょう](人)
森敦[もりあつし](人)
森茉莉[もりまり](人)
森蘭丸[もりらんまる](人)
森本[もりもと](姓)
森本六爾[もりもとろくじ](人)
森本薫[もりもとかおる](人)
森有礼[もりありのり](人)
森有節[もりゆうせつ](人)
森有正[もりありまさ](人)
森狙仙[もりそせん](人)
森田[もりた](姓)
森田思軒[もりたしけん](人)
森田正馬[もりたまさたけ](人)
森田草平[もりたそうへい](人)
森町[もりまち](地)
森枳園[もりきえん](人)
森川[もりかわ](姓)
森川杜園[もりかわとえん](人)
森川許六[もりかわきょりく](人)
森鹽昶[もりのぶてる](人)
森村[もりむら](姓)
森村市左衛門[もりむらいちざえもん](人)
森春濤[もりしゅんとう](人)
森戸[もりと](姓)
森戸辰男[もりとたつお](人)

鯵

鯵ヶ沢[あじがさわ](地)

삽

渋

渋江[しぶえ](姓)
渋江抽斎[しぶえちゅうさい](人)
渋谷[しぶや](地/姓)
渋谷天外[しぶやてんがい](人)
渋民[しぶたみ](地)
渋温泉[しぶおんせん](地)
渋川[しぶかわ](地/姓)
渋川景佐[しぶかわかげすけ](人)
渋川伴五郎[しぶかわばんごろう](人)
渋川春海[しぶかわはるみ](人)
渋川玄耳[しぶかわげんじ](人)
渋沢[しぶさわ](姓)
渋沢敬三[しぶさわけいぞう](人)
渋沢竜彦[しぶさわたつひこ](人)
渋沢栄一[しぶさわえいいち](人)

상

上

上京[かみぎょう](地)
上高井[かみたかい](地)
上高地[かみこうち](地)
上関[かみのせき](地)
上郡[かみごおり](地)
上宮太子[じょうぐうたいし](人)
上磯[かみいそ](地)
上代タノ[じょうだいたの](人)
上島①[うえじま](姓)
上島②[かみじま](地/姓)
上島鬼貫[うえじまおにつら・かみじまおにつら](人)
上東門院[じょうとうもんいん](人)
上路の山[あげろのやま](地)
上六[うえろく](地)
上里[かみさと](地)
上林[かみばやし](姓)
上林暁[かみばやしあかつき](人)
上毛①[こうげ](地)
上毛②[じょうもう](地)
上毛三山[じょうもうさんざん](地)
上毛野[かみつけの](地)
上毛野形名[かみつけののかたな](人)
上牧①[かみまき](地)
上牧②[かんまき](地)
上尾[あげお](地)
上福岡[かみふくおか](地)
上峰[かみみね](地)
上浮穴[かみうけな](地)
上富良野[かみふらの](地)
上富田[かみとんだ](地)
上北[かみきた](地)
上北山[かみきたやま](地)
上士幌[かみしほろ](地)
上司[かみつかさ](姓)
上司小剣[かみつかさしょうけん](人)
上砂川[かみすながわ](地)
上山[かみのやま](地)
上山温泉[かみのやまおんせん](地)
上山田[かみやまだ](地)
上三川[かみのかわ](地)
上杉[うえすぎ](姓)
上杉謙信[うえすぎけんしん](人)
上杉景勝[うえすぎかげかつ](人)
上杉景寅[うえすぎかげとら](人)
上杉禅秀[うえすぎぜんしゅう](人)
上杉慎吉[うえすぎしんきち](人)
上杉氏憲[うえすぎうじのり](人)
上杉鷹山[うえすぎようざん](人)
上杉定正[うえすぎさだまさ](人)
上杉重房[うえすぎしげふさ](人)
上杉治憲[うえすぎはるのり](人)
上杉憲実[うえすぎのりざね](人)
上杉憲政[うえすぎのりまさ](人)
上杉憲顕[うえすぎのりあき](人)
上小阿仁[かみこあに](地)
上松[あげまつ](地)
上水内[かみみのち](地)
上勝[かみかつ](地)
上市[かみいち](地)
上信越[じょうしんえつ](地)
上信越高原[じょうしんえつこうげん](地)
上野①[うえの](地/姓)
上野②[こうずけ](地)
上野広小路[うえのひろこうじ](地)
上野彦馬[うえのひこま](人)
上野原[うえのはら](地)
上野益三[うえのますぞう](人)
上原[うえはら](姓)
上原六四郎[うえはらろくしろう](人)
上原勇作[うえはらゆうさく](人)
上原専禄[うえはらせんろく](人)
上越[じょうえつ](地)
上伊那[かみいな](地)
上益城[かみましき](地)
上田[うえだ](地/姓)
上田万年[うえだかずとし](人)
上田敏[うえだびん](人)
上田貞次郎[うえだていじろう](人)
上田宗箇[うえだそうこ](人)
上田秋成[うえだあきなり](人)
上の町[かみのちょう](地)
上条[かみじょう](姓)
上条嘉門次[かみじょうかもんじ](人)
上州[じょうしゅう](地)
上川[かみかわ](地)
上川盆地[かみかわぼんち](地)
上天草[かみあまくさ](地)
上泉[かみいずみ](姓)
上泉秀綱[かみいずみひでつな](人)

上村①[かみむら](姓)
上村②[うえむら](姓)
上村松園[うえむらしょうえん](人)
上村彦之丞[かみむらひこのじょう](人)
上総[かずさ](地)
上総介広常[かずさのすけひろつね](人)
上板[かみいた](地)
上閉伊[かみへい](地)

尚

尚寧[しょうねい](人)

峠

峠[とうげ](姓)
峠三吉[とうげさんきち](人)

相

相楽①[さがら](姓)
相楽②[そうらく](地)
相楽総三[さがらそうぞう](人)
相良[さがら](地/姓)
相馬[そうま](地/姓)
相馬大作[そうまだいさく](人)
相馬御風[そうまぎょふう](人)
相馬黒光[そうまこっこう](人)
相模[さがみ](地/姓)
相模トラフ[さがみとらふ](人)
相模湾[さがみわん](地)
相模原[さがみはら](地)
相模入道[さがみにゅうどう](人)
相模川[さがみがわ](地)
相模灘[さがみなだ](地)
相模太郎[さがみたろう](人)
相模湖[さがみこ](地)
相の山[あいのやま](地)
相生[あいおい](地)
相阿弥[そうあみ](人)
相川[あいかわ](地)
相沢[あいざわ](姓)
相沢忠洋[あいざわただひろ](人)

祥

祥啓[しょうけい](人)

桑

桑名[くわな](地)
桑木[くわき](姓)
桑木厳翼[くわきげんよく](人)
桑山[くわやま](姓)
桑山玉州[くわやまぎょくしゅう](人)
桑原[くわばら](姓)
桑原武夫[くわばらたけお](人)
桑原仙渓[くわばらせんけい](人)
桑田[くわた](姓)
桑田義備[くわたよしなり](人)
桑折[こおり](地)
桑沢[くわさわ](姓)
桑沢洋子[くわさわようこ](人)

常

常念岳[じょうねんだけ](地)
常徳[じょうとく](地)
常呂[ところ](地)
常陸[ひたち](地)
常陸大宮[ひたちおおみや](地)
常陸坊海尊[ひたちぼうかいそん](人)
常陸山[ひたちやま](人)
常陸太田[ひたちおおた](地)
常盤①[ときわ](地/姓)
常盤②[ときわ](人)
常盤光長[ときわみつなが](人)
常磐[じょうばん](地)
常磐津林中[ときわずりんちゅう](人)
常磐津文字太夫[ときわずもじたゆう](人)
常不軽[じょうふきょう](人)
常願寺川[じょうがんじがわ](地)
常総[じょうそう](地)
常滑[とこなめ](地)

象

象頭山[ぞうずさん](地)
象山[きさやま](地)
象潟[きさかた](地)
象の小川[きさのおがわ](地)
象牙海岸[ぞうげかいがん](地)

湘

湘南[しょうなん](地)

箱

箱根[はこね](地)
箱根路[はこねじ](地)
箱根山[はこねやま](地)
箱根峠[はこねとうげ](地)
箱根温泉[はこねおんせん](地)
箱根湯本[はこねゆもと](地)
箱崎[はこざき](地)
箱王丸[はこおうまる](人)
箱田[はこだ](姓)
箱田六輔[はこだろくすけ](人)

색

色

色丹[しこたん](地)
色丹島[しこたんとう](地)
色麻[しかま](地)
色川[いろかわ](姓)
色川三中[いろかわみなか](人)

생

生

生口島[いくちしま](地)
生駒[いこま](地)
生駒山[いこまやま](地)
生島[いくしま](姓)
生島新五郎[いくしましんごろう](人)
生麦[なまむぎ](地)
生ノ松原[いきのまつばら](地)
生野[いくの](地)
生月島[いきつきしま](地)
生田[いくた](地/姓)
生田検校[いくたけんぎょう](人)
生田万[いくたよろず](人)
生田ノ森[いくたのもり](地)
生田長江[いくたちょうこう](人)
生田川[いくたがわ](地)
生田春月[いくたしゅんげつ](人)
生坂[いくさか](地)

서

西

西[にし](地/姓)
西京[にしきょう](地)
西桂[にしかつら](地)
西光[さいこう](人)
西臼杵[にしうすき](地)
西国路[さいごくじ](地)
西宮[にしのみや](地)
西根[にしね](地)
西那須野[にしなすの](地)
西多摩[にしたま](地)
西徳二郎[にしとくじろう](人)
西島①[さいとう](地)
西島②[にしじま](姓)
西ノ島[にしのしま](地)
西島蘭渓[にしじまらんけい](人)
西都[さいと](地)
西都原[さいとばる](地)
西の道[にしのみち](地)
西東京[にしとうきょう](地)
西東三鬼[さいとうさんき](人)
西牟婁[にしむろ](地)

西目屋[にしめや](地)
西米良[にしめら](地)
西尾[にしお](地/姓)
西尾末広[にしおすえひろ](人)
西尾実[にしおみのる](人)
西磐井[にしいわい](地)
西方[にしかた](地)
西白河[にししらかわ](地)
西伯[さいはく](地)
西枇杷島[にしびわじま](地)
西山[にしやま](地/姓)
西山卯三[にしやまうぞう](人)
西山拙斎[にしやませっさい](人)
西山宗因[にしやまそういん](人)
西成[にしなり](地)
西成甫[にしせいほ](人)
西所川原[さいしょがわら](地)
西粟倉[にしあわくら](地)
西松浦[にしまつうら](地)
西予[せいよ](地)
西宇和[にしうわ](地)
西原[にしはら](地)
西院の帝[さいいんのみかど](人)
西園寺公経[さいおんじきんつね](人)
西園寺公望[さいおんじきんもち](人)
西伊豆[にしいず](地)
西田[にしだ](姓)
西田幾多郎[にしだきたろう](人)
西田天香[にしだてんこう](人)
西淀川[にしよどがわ](地)
西諸県[にしもろかた](地)
西条[さいじょう](地/姓)
西条八十[さいじょうやそ](人)
西周[にしあまね](人)
西中国山地国定公園[にしちゅうごくさんちこくていこうえん](地)
西之表[にしのおもて](地)
西津軽[にしつがる](地)
西陣[にしじん](地)
西川[にしかわ](地/姓)
西川光二郎[にしかわこうじろう](人)
西川鯉三郎[にしかわこいさぶろう](人)
西川扇蔵[にしかわせんぞう](人)
西川如見[にしかわじょけん](人)
西川祐信[にしかわすけのぶ](人)
西川一草亭[にしかわいっそうてい](人)
西川正治[にしかわしょうじ](人)
西村[にしむら](姓)
西村道人[にしむらどうにん](人)
西村茂樹[にしむらしげき](人)
西村山[にしむらやま](地)
西村遠里[にしむらとおさと](人)
西村伊作[にしむらいさく](人)
西村天因[にしむらてんしゅう](人)
西春[にしはる](地)
西春日井[にしかすがい](地)
西置賜[にしおきたま](地)
西沢[にしざわ](姓)
西沢一鳳[にしざわいっぽう](人)
西沢一風[にしざわいっぷう](人)
西八代[にしやつしろ](地)
西表[いりおもて](地)
西表国立公園[いりおもてこくりつこうえん](地)
西蒲[にしかん](地)
西蒲原[にしかんばら](地)
西彼杵[にしそのぎ](人)
西彼杵半島[にしそのぎはんとう](人)
西合志[にしごうし](人)
西海[さいかい](地)
西の海[にしのうみ](地)
西海国立公園[さいかいこくりつこうえん](地)
西行[さいぎょう](人)
西郷①[にしごう](地)
西郷②[さいごう](地/姓)
西郷隆盛[さいごうたかもり](人)
西郷従道[さいごうつぐみち](人)
西脇[にしわき](地/姓)
西脇順三郎[にしわきじゅんざぶろう](人)
西湖[さいこ](人)
西和賀[にしわが](地)
西会津[にしあいづ](地)
西興部[にしおこっぺ](地)

書

書写山[しょしゃざん](地)

舒

舒明天皇[じょめいてんのう](人)

犀

犀星[さいせい](人)
犀川[さいがわ](地)

瑞

瑞渓周鳳[ずいけいしゅうほう](人)
瑞金[ずいきん](地)
瑞浪[みずなみ](地)
瑞竜山[ずいりゅうざん](地)
瑞穂[みずほ](地)

鼠

鼠小僧[ねずみこぞう](人)

緒

緒方[おがた](姓)
緒方正規[おがたまさのり](人)
緒方竹虎[おがたたけとら](人)
緒方知三郎[おがたともさぶろう](人)
緒方洪庵[おがたこうあん](人)

曙

曙覧[あけみ](人)

석

夕

夕暮[ゆうぐれ](人)
夕霧[ゆうぎり](人)
夕顔[ゆうがお](人)
夕張[ゆうばり](地)
夕張山地[ゆうばりさんち](地)
夕張岳[ゆうばりだけ](地)
夕張川[ゆうばりがわ](地)

石

石岡[いしおか](地)
石見[いわみ](地)
石見潟[いわみがた](地)
石光[いしみつ](姓)
石光真清[いしみつまきよ](人)
石橋[いしばし](地/姓)
石橋湛山[いしばしたんざん](人)
石橋思案[いしばししあん](人)
石橋忍月[いしばしにんげつ](人)
石橋正二郎[いしばししょうじろう](人)
石巻[いしのまき](地)
石童丸[いしどうまる](人)
石廊崎[いろうざき](地)
石母田[いしもた](姓)
石母田正[いしもたしょう](人)
石部[いしべ](地)
石山[いしやま](地)
石上[いそのかみ](地/姓)
石上麻呂[いそのかみのまろ](人)
石上宅嗣[いそのかみのやかつぐ](人)
石狩[いしかり](地)
石狩湾[いしかりわん](地)
石狩山地[いしかりさんち](地)
石狩岳[いしかりだけ](地)
石狩川[いしかりがわ](地)
石狩平野[いしかりへいや](地)
石垣[いしがき](地)
石垣島[いしがきじま](地)
石垣山[いしがきやま](地)
石垣町[いしがきまち](地)

石原[いしはら](姓)
石原謙[いしはらけん](人)
石原純[いしはらじゅん](人)
石原慎太郎[いしはらしんたろう](人)
石原莞爾[いしはらかんじ](人)
石原祐次郎[いしはらゆうじろう](人)
石原幽汀[いしはらゆうてい](人)
石原忍[いしはらしのぶ](人)
石原正明[いしはらまさあきら](人)
石凝姥命[いしこりどめのみこと](人)
石田[いしだ](姓)
石田光成[いしだみつなり](人)
石田梅厳[いしだばいがん](人)
石田未得[いしだみとく](人)
石田小野[いしたのおの](地)
石田英一郎[いしだえいいちろう](人)
石田波郷[いしだはきょう](人)
石井[いしい](地/姓)
石井菊次郎[いしいきくじろう](人)
石井都留三[いしいつるぞう](人)
石井亮一[いしいりょういち](人)
石井露月[いしいろげつ](人)
石井漠[いしいばく](人)
石井柏亭[いしいはくてい](人)
石井十次[いしいじゅうじ](人)
石鳥谷[いしどりや](地)
石津[いしづ](地)
石川[いしかわ](地/姓)
石川公明[いしかわこうめい](人)
石川達三[いしかわたつぞう](人)
石川島[いしかわじま](地)
石川郎女[いしかわのいらつめ](人)
石川武美[いしかわたけよし](人)
石川三四郎[いしかわさんしろう](人)
石川淳[いしかわじゅん](人)
石川雅望[まさもち・いしかわまさもち](人)
石川五右衛門[いしかわごえもん](人)
石川丈山[いしかわじょうざん](人)
石川精舎[いしかわのしょうじゃ](人)
石川千代松[いしかわちよまつ](人)
石川啄木[いしかわたくぼく](人)
石川豊信[いしかわとよのぶ](人)
石村[いしむら](姓)
石村検校[いしむらけんぎょう](人)
石塚[いしづか](姓)
石塚竜麿[いしづかたつまろ](人)
石鎚[いしづち](地)
石鎚国定公園[いしづちこくていこうえん](地)
石鎚山[いしづちさん](地)
石坂[いしざか](姓)
石坂洋次郎[いしざかようじろう](人)
石下[いしげ](地)
石黒[いしぐろ](姓)
石黒宗麿[いしぐろむねまろ](人)
石黒直悳[いしぐろただのり](人)
石黒忠篤[いしぐろただあつ](人)
石和[いさわ](地)

潟
潟上[かたがみ](地)

선

仙
仙覚[せんがく](人)
仙台[せんだい](地)
仙台堀川[せんだいぼりがわ](地)
仙台湾[せんだいわん](地)
仙台平野[せんだいへいや](地)
仙北[せんぼく](地)
仙石[せんごく](姓)
仙石秀久[せんごくひではら](人)
仙石原[せんごくはら](地)
仙娥[せんが](人)
仙娥滝[せんがたき](地)
仙厓[せんがい](人)
仙丈ヶ岳[せんじょうがたけ](地)

先
先島諸島[さきしましょとう](地)
先斗町[ぽんとちょう](地)
先山[せんざん](地)

宣
宣和天皇[せんかてんのう](人)

船
船岡山[ふなおかやま](地)
船橋[ふなばし](地)
船上山[せんじょうさん](地)
船引[ふねひき](地)
船場[せんば](地)
船井[ふない](地)
船坂峠[ふなさかとうげ](地)

善
善光寺平[ぜんこうじだいら](地)
善信[ぜんしん](人)
善信尼[ぜんしんに](人)
善阿[ぜんな](人)
善阿弥[ぜんなみ](人)
善財童子[ぜんざいどうじ](人)
善竹[ぜんちく](人)
善竹弥五郎[ぜんちくやごろう](人)
善通寺[ぜんつうじ](地)

選
選子内親王[せんしないしんのう](人)

膳
膳所[ぜぜ](地)

蟬
蟬丸[せみまる](人)

설

雪
雪嶺[せつれい](人)
雪山①[せっさん](姓)
雪山②[せつざん](地/人)
雪山鶴曇[せっさんかくどん](人)
雪州[せっしゅう](人)
雪中庵[せっちゅうあん](人)
雪村[せっそん](姓/人)
雪村友梅[せっそんゆうばい](人)
雪平[ゆきひら](人)

設
設楽[したら](地)

섭

摂
摂州[せっしゅう](地)
摂津[せっつ](地)
摂河泉[せっかせん](地)

성

成
成島[なるしま](姓)
成島柳北[なるしまりゅうほく](人)
成島司直[なるしまもとなお](人)
成東[なるとう](地)
成良親王[なりながしんのう](人)
成瀬[なるせ](姓)
成瀬巳喜男[なるせみきお](人)
成瀬仁蔵[なるせじんぞう](人)
成務天皇[せいむてんのう](人)
成相山[なりあいさん](地)
成田[なりた](地/姓)
成田蒼虬[なりたそうきゅう](人)

性
性空[しょうくう](人)

城
城崎温泉[きのさきおんせん](地)
城南[じょうなん](地)
城端[じょうはな](地)
城ケ島[じょうがしま](地)
城東[じょうとう](地)
城里[しろさと](地)
城山[しろやま](地)
城陽[じょうよう](地)
城州[じょうしゅう](地)
城戸[きど](姓)
城戸四郎[きどしろう](人)

星
星野[ほしの](姓)
星野直樹[ほしのなおき](人)
星一[ほしはじめ](人)
星亨[ほしとおる](人)

盛
盛岡[もりおか](地)
盛光[もりみつ](人)

聖
聖徳太子[しょうとくたいし](人)
聖籠[せいろう](地)
聖務天皇[しょうむてんのう](人)
聖応大師[しょうおうだいし](人)
聖護院[しょうごいん](地)

세

世
世羅[せら](地)
世田谷[せたがや](地)
世之介[よのすけ](人)

細
細江[ほそえ](地)
細木①[ほそき](姓)
細木②[さいき](姓)
細木藤次郎[さいきとうじろう](人)
細木香以[ほそきこうい](人)
細田[ほそだ](姓)
細田栄之[ほそだえいし](人)
細井[ほそい](姓)
細井広沢[ほそいこうたく](人)
細井平洲[ほそいへいしゅう](人)
細井和喜蔵[ほそいわきぞう](人)
細川[ほそかわ](姓)
細川高国[ほそかわたかくに](人)
細川頼之[ほそかわよりゆき](人)
細川勝元[ほそかわかつもと](人)
細川幽斎[ほそかわゆうさい](人)
細川政元[ほそかわまさもと](人)
細川重賢[ほそかわしげかた](人)
細川澄元[ほそかわすみもと](人)
細川晴元[ほそかわはるもと](人)
細波[さざなみ](地)

笹
笹森[ささもり](姓)
笹森義助[ささもりぎすけ](人)
笹野権三[ささのごんざ](人)
笹子峠[ささごとうげ](地)
笹川[ささかわ](姓)
笹川臨風[ささかわりんぷう](人)
笹川繁蔵[ささかわのしげぞう](人)

勢
勢多迦童子[せいたかどうじ](人)
勢力富五郎[せいりきとみごろう](人)
勢州[せいしゅう](地)

소

小
小さん[こさん](人)
小墾田[おはりだ](地)
小見川[おみがわ](地)
小谷①[おたり](地)
小谷②[おたに・おだに](姓)
小谷の方[おだにのかた](人)
小谷喜美[おたにきみ](人)
小菅[こすげ](地)
小関①[おぜき](姓)
小関②[こせき](姓)
小関三英[こせきさんえい](人)
小関三英[おぜきさんえい](人)
小国[おぐに](地)
小郡[おごおり](地)
小堀[こぼり](姓)
小堀鞆音[こぼりともと](人)
小堀遠州[こぼりえんしゅう](人)
小宮[こみや](姓)
小宮山[こみやま](姓)
小宮山楓軒[こみやまふうけん](人)
小宮豊隆[こみやとよたか](人)
小槻[おづき](姓)
小金井[こがねい](地/姓)
小金井良精[こがねいよしきよ](人)
小金井蘆洲[こがねいろしゅう](人)
小金井小次郎[こがねいこじろう](人)
小崎[こざき](姓)
小崎弘道[こざきひろみち](人)
小磯[こいそ](姓)
小磯国昭[こいそくにあき](人)
小磯良平[こいそりょうへい](人)
小楠公[しょうなんこう](人)
小女郎[こじょろう](人)
小大君①[こおおぎみ](人)
小大君②[こだいのきみ](人)
小碓尊[おうすのみこと](人)
小島①[おじま](姓)
小島②[こじま](姓)
小島法師[こじまほうし](人)
小島烏水[こじまうすい](人)
小島祐馬[おじますけま](人)
小島政二郎[こじままさじろう](人)
小督[こごう](地)
小豆[しょうず](地)
小豆島[しょうどしま](地)
小藤[ことう](姓)
小藤文次郎[ことうぶんじろう](人)
小鹿野[おがの](地)
小瀬[おぜ](姓)
小瀬甫庵[おぜほあん](人)
小柳[おやなぎ](姓)
小柳司気太[おやなぎしげた](人)
小栗[おぐり](姓)
小栗上野介[おぐりこうずけのすけ](人)
小栗栖[おぐるす](地)
小栗栖の長兵衛[おぐるすのちょうべえ](人)
小栗宗湛[おぐりそうたん](人)
小栗忠順[おぐりただまさ](人)
小栗判官[おぐりはんがん](人)
小栗風葉[おぐりふうよう](人)
小林[こばやし](地/姓)
小林古径[こばやしこけい](人)
小林多喜二[こばやしたきじ](人)
小林秀雄[こばやしひでお](人)
小林一三[こばやしいちぞう](人)
小林一茶[こばやしいっさ](人)
小林清親[こばやしきよちか](人)
小林好日[こばやしよしはる](人)
小笠原[おがさわら](地/姓)
小笠原国立公園[おがさわらこくりつこうえん](地)
小笠原長秀[おがさわらながひで](人)
小笠原長清[おがさわらながきよ](人)
小笠原長行[おがさわらながみち](人)
小笠原貞宗[おがさわらさだむね](人)
小笠原諸島[おがさわらしょとう](地)
小名木川[おなぎがわ](地)
小名浜[おなはま](地)
小牧[こまき](地)
小美玉[おみたま](地)

小幡①[おばた](姓)
小幡②[こばた](姓)
小幡景憲[おばたかげのり](人)
小幡小平次[こばたこへいじ](人)
小幡英之助[おばたえいのすけ](人)
小仏峠[こぼとけとうげ](地)
小浜[おばま](地)
小糸[こいと](姓)
小糸源太郎[こいとげんたろう](人)
小山①[おやま](地/姓)
小山②[こやま](姓)
小山内[おさない](姓)
小山内薫[おさないかおる](人)
小山作之助[こやまさくのすけ](人)
小山田[おやまだ](姓)
小山田与清[おやまだともきよ](人)
小山正太郎[こやましょうたろう](人)
小杉[こすぎ](地/姓)
小杉放庵[こすぎほうあん](人)
小杉天外[こすぎてんがい](人)
小森[こもり](姓)
小森桃塢[こもりとうう](人)
小西[こにし](姓)
小西来山[こにしらいざん](人)
小西重直[こにししげなお](人)
小西幸長[こにしゆきなが](人)
小石[こいし](姓)
小石元俊[こいしげんしゅん](人)
小石川[こいしかわ](地)
小城[おぎ](地)
小松[こまつ](地/姓)
小松耕甫[こまつこうすけ](人)
小松の内府[こまつのないふ](人)
小松帯刀[こまつたてわき](人)
小松島[こまつしま](地)
小松の帝[こまつのみかど](人)
小手指原[こてさしがはら](地)
小矢部[おやべ](地)
小矢部川[おやべがわ](地)
小侍従[こじじゅう](人)
小式部内侍[こしきぶのないし](人)
小夜の中山[さやのなかやま・さよのなかやま](人)
小野[おの](地/姓)
小野宮[おののみや](人)
小野宮流[おののみやりゅう](人)
小野宮実頼[おののみやさねより](人)
小野道風[おののみちかぜ](人)
小野蘭山[おのらんざん](人)
小野老[おののおゆ](人)
小野妹子[おののいもこ](人)
小野寺[おのでら](姓)
小野寺十内[おのでらじゅうない](人)
小野小町[おののこまち](人)
小野鵞堂[おのがどう](人)
小野梓[おのあずさ](人)
小野田[おのだ](地/姓)
小野竹喬[おのちくきょう](人)
小野川喜三郎[おのがわきさぶろう](人)
小野泉蔵[おのせんぞう](人)
小野塚[おのづか](姓)
小野塚喜平次[おのづかきへいじ](人)
小野忠明[おのただあき](人)
小野お通[おののおつう](人)
小野派一刀流[おののはいっとうりゅう](人)
小野好古[おののよしぶる](人)
小野皇太后[おののこうたいこ](人)
小野篁[おののたかむら](人)
小余綾の磯[こゆるぎのいそ](地)
小塩山[おしおやま](地)
小俣[おばた](地)
小涌谷[こわくだに](地)
小牛田[こごた](地)
小熊[おぐま](姓)
小熊秀雄[おぐまひでお](人)
小原①[おはら](姓)
小原②[おばら](姓)
小原国芳[おばらくによし](人)
小原雲心[おはらうんしん](人)
小原豊雲[おはらほううん](人)
小子部栖軽[ちいさこべのすがる](人)
小紫[こむらさき](人)
小田[おだ](地)
小田野[おだの](姓)
小田野直武[おだのなおたけ](人)
小田原[おだわら](地)
小町[こまち](姓)
小町屋惣七[こまちやそうしち](人)
小諸[こもろ](地)
小早川[こばやかわ](姓)
小早川隆景[こばやかわたかかげ](人)
小早川秀秋[こばやかわひであき](人)
小樽[おたる](地)
小湊[こみなと](地)
小竹[こたけ](地/姓)
小竹無二雄[こたけむにお](人)
小中村[こなかむら](姓)
小中村清矩[こなかむらきよのり](人)
小津[おづ](姓)
小津安二郎[おづやすじろう](人)
小倉①[おぐら](地/姓)
小倉②[こくら](地)
小倉金之助[おぐらきんのすけ](人)
小倉南[こくらみなみ](地)
小倉北[こくらきた](地)
小倉山[おぐらやま](地)
小倉正恒[おぐらまさつね](人)
小倉進兵[おぐらしんぺい](人)
小千谷[おぢや](地)
小川[おがわ](地/姓)
小川未明[おがわみめい](人)
小川松民[おがわしょうみん](人)
小川芋銭[おがわうせん](人)
小川原湖[おがわらこ](人)
小川殿[こがわどの](人)
小川正孝[おがわまさたか](人)
小川治兵衛[おがわじへえ](人)
小川琢治[おがわたくじ](人)
小川平吉[おがわへいきち](人)
小泉[こいずみ](姓)
小泉丹[こいずみまこと](人)
小泉信三[こいずみしんぞう](人)
小泉八雲[こいずみやくも](人)
小清水[こしみず](地)
小村[こむら](姓)
小村寿太郎[こむらじゅたろう](人)
小塚原[こづかっぱら](地)
小出[こいで](地/姓)
小出楢重[こいでならしげ](人)
小治田[おはりだ](地)
小値賀[こぢか](地)
小沢[おざわ](姓)
小沢蘆庵[おざわろあん](人)
小沢栄太郎[おざわえいたろう](人)
小波[さざなみ](地)
小坂[こさか](地)
小坂井[こざかい](地)
小貝川[こかいがわ](地)
小平①[おだいら](姓)
小平②[おびら](地)
小平③[こだいら](地)
小平波平[おだいらなみへい](人)
小布施[おぶせ](地)
小海[こうみ](地)

少

少彦名神[すくなびこなのかみ](人)
少弐[しょうに](姓)
少弐頼常[しょうによりひさ](人)
少子部蜾蠃[ちいさこべのすがる](人)

召

召波[しょうは](人)

沼
沼間[ぬま](姓)
沼間守一[ぬまもりかず](人)
沼南[しょうなん](地)
沼田[ぬまた](地)
沼津[ぬまづ](地)
沼和田[ぬまわだ](地)

所
所沢[ところざわ](地)

昭
昭南[しょうなん](地)
昭島[あきしま](地)
昭明太子[しょうめいたいし](人)
昭憲皇太后[しょうけんこうたいごう](人)
昭和[しょうわ](地)
昭和記念公園[しょうわきねんこうえん](地)
昭和新山[しょうわしんざん](地)
昭和天皇[しょうわてんのう](人)

素
素堂[そどう](人)
素性[そせい](人)

笑
笑福亭松鶴[しょうふくていしょかく](人)

巣
巣林子[そうりんし](人)
巣鴨[すがも](地)

紹
紹鷗[じょうおう](人)
紹瑾[じょうきん](人)
紹明[しょうみょう](人)
紹益[しょうえき](人)
紹巴[じょうは](人)
紹喜[しょうき·じょうき](人)

逍
逍遥[しょうよう](人)

疎
疎石[そせき](人)

焼
焼尻島[やぎしりとう](地)
焼山[やけやま](地)
焼岳[やけだけ](地)
焼津[やいづ](地)

篠
篠崎[しのざき](姓)
篠崎小竹[しのざきしょうちく](人)
篠栗[ささぐり](地)
篠山[ささやま](地)
篠原[しのはら](姓)
篠原国幹[しのはらくにもと](人)
篠原助市[しのはらすけいち](人)

蘇
蘇民将来[そみんしょうらい](人)
蘇我稲目[そがのいなめ](人)
蘇我馬子[そがのうまこ](人)
蘇我石川麻呂[そがのいしかわのまろ](人)
蘇我蝦夷[そがのえみし](人)

속

速
速見[はやみ](地)
速水[はやみ](姓)
速水御舟[はやみぎょしゅう](人)

粟
粟国[あぐに](地)
粟島[あわしま](地)
粟島浦[あわしまうら](地)
粟田[あわた](地/姓)
粟田口[あわたぐち](地/姓)
粟田口国綱[あわたぐちくにつな](人)
粟田口吉光[あわたぐちよしみつ](人)
粟田口隆光[あわたぐちたかみつ](人)
粟田真人[あわたのまひと](人)
粟津[あわづ](地)
粟津温泉[あわづおんせん](地)
粟津原[あわづがはら](地)
粟特[ぞくとく](地)

손

損
損軒[そんけん](人)

솔

率
率川[いざかわ](地)

송

松
松江[まつえ](地/姓)
松江重頼[まつえしげより](人)
松岡[まつおか](地)
松岡駒吉[まつおかこまきち](人)
松岡恕庵[まつおかじょあん](人)
松岡洋右[まつおかようすけ](人)
松岡映丘[まつおかえいきゅう](人)
松居[まつい](姓)
松居松翁[まついしょうおう](人)
松橋[まつばせ](地)
松根[まつね](姓)
松根東洋城[まつねとうようじょう](人)
松崎[まつざき](地/姓)
松ヶ崎[まつがさき](地)
松崎観海[まつざきかんかい](人)
松崎慊堂[まつざきこうどう](人)
松廼屋露八[まつのやろはち](人)
松代[まつしろ](地)
松島[まつしま](地)
松瀬[まつせ](姓)
松瀬青青[まつせせいせい](人)
松林[まつばやし](姓)
松林桂月[まつばやしけいげつ](人)
松林伯円[しょうりんはくえん](人)
松茂[まつしげ](地)
松尾[まつお](地)
松尾山[まつのおやま](地)
松尾芭蕉[まつおばしょう](人)
松方[まつかた](姓)
松方三郎[まつかたさぶろう](人)
松方正義[まつかたまさよし](人)
松方幸次郎[まつかたこうじろう](人)
松帆の浦[まつほのうら](地)
松伏[まつぶし](地)
松本[まつもと](地/姓)
松本奎堂[まつもとけいどう](人)
松本良順[まつもとりょうじゅん](人)
松本盆地[まつもとぼんち](地)
松本亦太郎[まつもとまたたろう](人)
松本長[まつもとながし](人)
松本竣介[まつもとしゅんすけ](人)
松本烝治[まつもとじょうじ](人)
松本清張[まつもとせいちょう](人)
松本治一郎[まつもとじいちろう](人)
松本幸四郎[まつもとこうしろう](人)
松山[まつやま](地)
松野[まつの](地)
松永[まつなが](地/姓)
松永久秀[まつながひさひで](人)
松永良弼[まつながよしすけ](人)
松永安左衛門[まつながやすざえもん](人)

松永貞徳[まつながていとく] (人)
松永尺五[まつながせきご] (人)
松永和楓[まつながわふう] (人)
松王丸[まつおうまる] (人)
松旭斎天[しょうきょくさいてん] (人)
松旭斎天勝[しょうきょくさいてんかつ] (人)
松原[まつばら] (地)
松園[しょうえん] (人)
松陰[しょういん] (人)
松任[まっとう] (地)
松田[まつだ] (地/姓)
松田権六[まつだごんろく] (人)
松田浮舟[まつだうきふね] (人)
松前①[まさき] (地)
松前②[まつまえ] (地)
松前半島[まつまえはんとう] (地)
松井[まつい] (姓)
松井簡治[まついかんじ] (人)
松井石根[まついいわね] (人)
松井須磨子[まついすまこ] (人)
松井源水[まついげんすい] (人)
松井田[まついだ] (地)
松井直吉[まついなおきち] (人)
松亭金水[しょうていきんすい] (人)
松之山[まつのやま] (地)
松倉[まつくら] (姓)
松倉重政[まつくらしげまさ] (人)
松川[まつかわ] (地)
松村[まつむら] (姓)
松村謙三[まつむらけんぞう] (人)
松村景文[まつむらけいぶん] (人)
松村松年[まつむらしょうねん] (人)
松村呉春[まつむらごしゅん] (人)
松村月渓[まつむらげっけい] (人)
松村任三[まつむらじんぞう] (人)
松阪[まつさか] (地)
松平[まつだいら] (姓)
松平慶永[まつだいらよしなが] (人)
松平信綱[まつだいらのぶつな] (人)
松平信明[まつだいらのぶあきら] (人)
松平乗邑[まつだいらのりさと] (人)
松平容保[まつだいらかたもり] (人)
松平定信[まつだいらさだのぶ] (人)
松平春嶽[まつだいらしゅんがく] (人)
松平忠直[まつだいらただなお] (人)
松平治郷[まつだいらはるさと] (人)
松浦①[まつら] (地/姓)
松浦②[まつうら] (地/姓)
松が浦島[まつがうらしま] (地)
松浦武四郎[まつうらたけしろう] (人)
松浦潟[まつらがた] (地)
松浦静山[まつらせいざん・まつうらせいざん] (人)
松浦佐用姫[まつらさよひめ] (人)
松浦鎮信[まつらしげのぶ・まつうらしげのぶ] (人)
松下[まつした] (地)
松下見林[まつしたけんりん] (人)
松下大三郎[まつしたださぶろう] (人)
松下禅尼[まつしたぜんに] (人)
松下幸之助[まつしたこうのすけ] (人)
松戸[まつど] (地)
松花堂[しょうかどう] (人)
松花堂昭乗[しょうかどうしょうじょう] (人)

쇄

洒

洒竹[しゃちく] (人)

수

手

手島①[てしま] (姓)
手島②[てじま] (姓)
手島堵庵[てしまとあん] (人)
手島精一[てじませいいち] (人)
手稲[ていね] (地)
手稲山[ていねやま] (地)
手力男命[ちぢからおのみこと] (人)
手摩乳[てなずち] (人)
手名椎[てなずち] (人)
手柄岡持[てがらのおかもち] (人)
手節崎[たふしのさき] (地)
手塚[てづか] (姓)
手塚治虫[てづかおさむ] (人)
手取川[てどりがわ] (人)
手賀沼[てがぬま] (地)

水

水谷[みずたに] (姓)
水谷不倒[みずたにふとう] (人)
水谷八重子[みずたにやえこ] (人)
水口[みなくち] (地)
水巻[みずまき] (地)
水島[みずしま] (姓)
水島三一郎[みずしまさんいちろう] (人)
水無瀬川[みなせがわ] (地)
水無川[みなのがわ] (地)
水尾帝[みずのおてい] (人)
水府[すいふ] (地)
水師営[すいしえい] (地)
水上①[みずかみ] (地)
水上②[みなかみ] (地/姓)
水上滝太郎[みなかみたきたろう] (人)
水野[みずの] (姓)
水野広徳[みずのひろのり] (人)
水野錬太郎[みずのれんたろう] (人)
水野十郎左衛門[みずのじゅうろうざえもん] (人)
水野忠邦[みずのただくに] (人)
水野忠成[みずのただあきら] (人)
水俣[みなまた] (地)
水原①[すいばら] (地)
水原②[みずはら] (姓)
水原秋桜子[みずはらしょうおうし] (人)
水前寺[すいぜんじ] (地)
水沢[みずさわ] (地)
水海道[みつかいどう] (地)
水郷[すいごう] (地)
水郷筑波国定公園[すいごうちくばこくていこうえん] (地)
水戸[みと] (地/姓)
水戸街道[みとかいどう] (地)
水戸烈公[みとれっこう] (人)
水戸義公[みとぎこう] (人)
水戸黄門[みとこうもん] (人)

守

守家[もりいえ] (人)
守覚法親王[しゅかくほうしんのう] (人)
守谷[もりや] (地)
守口[もりぐち] (地)
守武[もりたけ] (人)
守山[もりやま] (地)
守田[もりた] (姓)
守田勘弥[もりたかんや] (人)
守貞親王[もりさだしんのう] (人)
守次[もりつぐ] (人)

寿

寿都[すっつ] (地)
寿々木米若[すずきよねわか] (人)

秀

秀吉[ひでよし] (人)
秀真[ほずま] (人)
秀湖[しゅうこ] (人)

垂

垂加[すいか] (人)
垂見[たるみ] (姓)
垂見健吾[けんご] (人)

垂水①[たるみ] (地)
垂水②[たるみず] (地)
垂仁天皇[すいにんてんのう] (人)
垂井[たるい] (地)

首
首里[しゅり] (地)
首里城公園[しゅりじょうこうえん] (地)

狩
狩谷[かりや] (姓)
狩谷棭斎[かりやえきさい] (人)
狩勝峠[かりかちとうげ (地)
狩野①[かの] (地)
狩野②[かのう] (姓)
狩野光信[かのうみつのぶ] (人)
狩野芳崖[かのうほうがい] (人)
狩野山楽[かのうさんらく] (人)
狩野山雪[かのうさんせつ] (人)
狩野尚信[かのうなおのぶ] (人)
狩野常信[かのうつねのぶ] (人)
狩野永徳[かのうえいとく] (人)
狩野元信[かのうもとのぶ] (人)
狩野正信[かのうまさのぶ] (人)
狩野直喜[かのうなおき] (人)
狩野川[かのがわ] (地)
狩野探幽[かのうたんゆう] (人)
狩野亨吉[かのうこうきち] (人)

修
修羅[しゅら] (人)
修明門院[しゅめいもんいん] (人)
修善寺[しゅぜんじ] (地)

袖
袖師浦[そでしのうら] (地)
袖湊[そでのみなと] (地)
袖振山[そでふるやま] (地)
袖ケ浦[そでがうら] (地)
袖の浦[そでのうら] (地)

須
須崎[すさき] (地)
須達[すだつ] (人)
須藤[すどう] (姓)
須藤南翠[すどうなんすい] (人)
須磨[すま] (地)
須磨子[すまこ] (人)
須勢理毘売[すせりびめ] (人)
須田[すだ] (姓)
須田国太郎[すだくにたろう] (人)
須佐之男命[すさのおのみこと] (人)
須走[すばしり] (地)
須坂[すざか] (地)
須賀川[すかがわ] (地)
須賀の荒野[すかのあらの] (地)
須恵[すえ] (地)

綏
綏靖天皇[すいぜいてんのう] (人)

穂
穂高[ほたか] (地)
穂高岳[ほたかだけ] (地)
穂積[ほづみ] (地/姓)
穂積重遠[ほづみしげとお] (人)
穂積陳重[ほづみのぶしげ] (人)
穂積八束[ほづみやつか] (人)
穂波[ほなみ] (地)

燧
燧ヶ岳[ひうちがたけ] (地)
燧灘[ひうちなだ] (地)

숙

宿
宿毛[すくも] (地)
宿毛湾[すくもわん] (地)
宿屋飯盛[やどやのめしもり] (人)

粛
粛親王善耆[しゅくしんのうぜんき] (人)

순

淳
淳仁天皇[じゅんにんてんのう] (人)
淳和天皇[じゅんなてんのう] (人)

順
順徳天皇[じゅんとくてんのう] (人)

숭

崇
崇光天皇[すこうてんのう] (人)
崇徳天皇[すとくてんのう] (人)
崇道天皇[すどうてんのう] (人)
崇神天皇[すじんてんのう] (人)
崇峻天皇[すしゅんてんのう] (人)

습

習
習志野[ならしの] (地)

襲
襲の国[そのくに] (地)

승

升
升田[ますだ] (姓)
升田幸三[ますだこうぞう] (人)

昇
昇仙峡[しょうせんきょう] (地)

乗
乗鞍[のりくら] (地)
乗鞍岳[のりくらだけ] (地)

勝
勝[かつ] (姓)
勝間田の池[かつまたのいけ] (地)
勝光[かつみつ] (人)
勝山[かつやま] (地)
勝沼[かつぬま] (地)
勝安芳[かつやすよし] (人)
勝央[しょうおう] (地)
勝田[かつた] (地)
勝川[かつかわ] (姓)
勝川春章[かつかわしゅんしょう] (人)
勝浦[かつうら] (地)
勝海舟[かつかいしゅう] (人)

僧
僧正谷[そうじょうがたに] (地)

시

市
市谷[いちがや] (地)
市の上人[いちのしょうにん] (人)
市の聖[いちのひじり] (人)
市原[いちはら] (地)
市原王[いちはらのおおきみ] (人)
市川[いちかわ] (地/姓)
市川団十郎[いちかわだんじゅうろう] (人)
市川団蔵[いちかわだんぞう] (人)
市川大門[いちかわだいもん] (人)
市川房枝[いちかわふさえ] (人)
市川三郷[いちかわみさと] (地)
市川小団次[いちかわごだんじ] (人)
市川寿海[いちかわじゅかい] (人)
市川猿之助[いちかわえんのすけ] (人)
市川正一[いちかわしょういち] (人)
市川左団次[いちかわさだんじ] (人)

市川中車[いちかわちゅうしゃ](人)
市川貝塚[いちかわかいづか](人)
市村[いちむら](姓)
市村羽左衛門[いちむらうざえもん](人)
市村瓚次郎[いちむらさんじろう](人)
市貝[いちかい](地)
市河[いちかわ](姓)
市河寛斎[いちかわかんさい](人)
市河米庵[いちかわべいあん](人)
市河三喜[いちかわさんき](人)

矢
矢巾[やはば](地)
矢掛[やかげ](地)
矢橋[やばせ](地)
矢内原[やないはら](姓)
矢内原忠雄[やないはらただお](人)
矢代[やしろ](姓)
矢代幸雄[やしろゆきお](人)
矢島[やじま](姓)
矢島せい子[やじませいこ](人)
矢島楫子[やじまかじこ](人)
矢本[やもと](地)
矢部[やべ](姓)
矢部長克[やべひさかつ](人)
矢部川[やべがわ](地)
矢野[やの](姓)
矢野竜渓[やのりゅうけい](人)
矢野玄道[やのはるみち](人)
矢作川[やはぎがわ](地)
矢田部[やたべ](姓)
矢田部良吉[やたべりょうきち](人)
矢切[やぎり](地)
矢祭[やまつり](地)
矢板[やいた](地)
矢吹[やぶき](地)

施
施基皇子[しきのみこ](人)

柿
柿本[かきのもと](姓)
柿木金助[かきのききんすけ](人)
柿本人麻呂[かきのもとのひとまろ](人)
柿右衛門[かきえもん](人)
柿田川[かきだがわ](地)

時
時枝[ときえだ](姓)
時枝誠記[ときえだもとき](人)
時津[とぎつ](地)

柴
柴[しば](姓)
柴四郎[しばしろう](人)
柴野[しばの](姓)
柴野栗山[しばのりつざん](人)
柴田[しばた](地/姓)
柴田敬[しばたけい](人)
柴田桂太[しばたけいた](人)
柴田鳩翁[しばたきゅうおう](人)
柴田錬三郎[しばたれんざぶろう](人)
柴田勝家[しばたかついえ](人)
柴田是真[しばたぜしん](人)
柴田雄次[しばたゆうじ](人)

식

式
式根島[しきねじま](地)
式子内親王①[しきしないしんのう](人)
式子内親王②[しょくしないしんのう](人)
式亭三馬[しきていさんば](人)

息
息軒[そっけん](人)

埴
埴科[はにしな](地)
埴安[はにやす](地)
埴安の池[はにやすのいけ](地)

植
植木[うえき](地/姓)
植木枝盛[うえきえもり](人)
植村[うえむら](姓)
植村文楽軒[うえむらぶんらくけん](人)
植村正久[うえむらまさひさ](人)
植村直己[うえむらなおみ](人)
植村環[うえむらたまき](人)

飾
飾磨[しかま](地)

신

辛
辛崎[からさき](地)

身
身延[みのぶ](地)
身延山[みのぶさん](地)

信
信家[のぶいえ](人)
信国[のぶくに](人)
信貴山[しぎさん](地)
信濃[しなの](地)
信濃路[しなのじ](地)
信濃前司行長[しなののぜんじゆきなが](人)
信濃川[しなのがわ](地)
信濃追分[しなのおいわけ](地)
信徳[しんとく](人)
信楽[しがらき](地)
信夫[しのぶ](地/姓)
信夫淳平[しのぶじゅんぺい](人)
信西[しんぜい](人)
信時[のぶとき](姓)
信時潔[のぶときき よし](人)
信越[しんえつ](地)
信長[のぶなが](人)
信州[しんしゅう](地)
信田[しのだ](地)
信太[しのだ](地)
信玄[しんげん](人)

神
神居古潭[かむいこたん](地)
神谷[かみや](姓)
神谷宗湛[かみやそうたん](人)
神宮皇后[じんぐうこうごう](人)
神近[かみちか](姓)
神近市子[かみちかいちこ](人)
神埼[かんざき](地)
神崎①[かみざき](地/姓)
神崎②[かんざき](地)
神崎③[こうざき](地)
神崎与五郎[かみざきよごろう](人)
神崎川[かみざきがわ](地)
神奈備山[かんなびやま](地)
神奈川[かながわ](地)
神島[かみじま](地)
神楽岡[かぐらおか](地)
神楽坂[かぐらざか](地)
神路山[かみじやま](地)
神流[かんな](地)
神流川[かんながわ](地)
神武天皇[じんむてんのう](人)
神辺[かんなべ](地)
神保[じんぼう](姓)
神保格[じんぼうかく](人)
神山[かみやま](地)
神石[じんせき](地)
神石高原[じんせきこうげん](地)
神栖[かみす](地)

神日本磐余彦天皇[かんやまといわれひこのすめらみこと](人)
神田[かんだ](地/姓)
神田乃武[かんだないぶ](人)
神田伯竜[かんだはくりゅう](人)
神田伯山[かんだはくざん](人)
神田川[かんだがわ](地)
神田孝平[かんだたかひら](人)
神津[こうづ](姓)
神津島[こうづしま](地)
神津俶祐[こうづしゅくすけ](人)
神川[かみかわ](地/姓)
神川彦松[かみかわひこまつ](人)
神通川[じんずうがわ·じんづうがわ](地)
神河[かみかわ](地)
神恵内[かもえない](地)
神戸①[ごうど](地)
神戸②[こうべ](地)

新
新居[あらい](地)
新居浜[にいはま](地)
新見①[にいみ](地)
新見②[しんみ](姓)
新見正興[しんみまさおき](人)
新高山[にいたかやま](地)
新冠[にいかっぷ](地)
新橋[しんばし](地)
新宮[しんぐう](地/姓)
新宮涼庭[しんぐうりょうてい](人)
新宮川[しんぐうがわ](地)
新吉原[しんよしわら](地)
新南陽[しんなんよう](地)
新島[にいじま](地)
新島襄[にいじまじょう](人)
新渡戸[にとべ](姓)
新渡戸稲造[にとべいなぞう](人)
新得[しんとく](地)
新羅三郎[しんらさぶろう](人)
新明[しんめい](姓)
新明正道[しんめいまさみち](人)
新門辰五郎[しんもんたつごろう](人)
新美[にいみ](姓)
新美南吉[にいみなんきち](人)
新発田[しばた](地)
新富[しんとみ](地)
新上五島[しんかみごとう](地)
新潟[にいがた](地)
新潟平野[にいがたへいや](地)
新城[しんしろ](地)
新世界[しんせかい](地)
新篠津[しんしのつ](地)
新宿①[しんじゅく](地)
新宿②[にいじゅく](地)
新市[しんいち](地)
新十津川[しんとつかわ](地)
新温泉[しんおんせん](地)
新庄[しんじょう](地)
新田[にった](地/姓)
新田義貞[にったよしさだ](人)
新田義顕[にったよしあき](人)
新田義興[にったよしおき](人)
新田次郎[にったじろう](人)
新井[あらい](地/姓)
新井白石[あらいはくせき](人)
新町[しんまち](地)
新座[にいざ](地)
新湊[しんみなと](地)
新地[しんち](地)
新津[にいつ](地)
新川[しんかわ](地)
新村[しんむら](姓)
新村出[しんむらいずる](人)
新海[しんかい](姓)
新海竹太郎[しんかいたけたろう](人)
新郷[しんごう](地)

榊
榊原[さかきばら](姓)
榊原康政[さかきばらやすまさ](人)
榊原紫峰[さかきばらしほう](人)
榊原仟[さかきばらしげる](人)
榊原篁洲[さかきばらこうしゅう](人)

실

実
実川[じつかわ](姓)
実川延若[じつかわえんじゃく](人)

室
室[むろ]
室鳩素[むろきゅうそう](人)
室堂[むろどう](地)
室蘭[むろらん](地)
室生[むろう](地)
室生犀星[むろうさいせい](人)
室生赤目青山国定公園[むろうあかめあおやまこくていこうえん](地)
室町[むろまち](地)
室津[むろつ·むろのつ](地)
室戸[むろと](地)
室戸崎[むろとざき](地)
室戸阿南海岸国定公園[[むろとあなんかいがんこくていこうえん](地)
室の八島[むろのやしま](地)

심

心
心斎橋筋[しんさいばしすじ](地)

甚
甚目寺[じもくじ](地)

深
深見[ふかみ](姓)
深見玄岱[ふかみげんたい](人)
深谷[ふかや](地)
深尾[ふかお](姓)
深尾須磨子[ふかおすまこ](人)
深沙大將[じんじゃだいしょう](人)
深田[ふかだ](姓)
深田久弥[ふかだきゅうや](人)
深川[ふかがわ](地)
深草[ふかくさ](地/姓)
深草小将[ふかくさのしょうしょう](人)
深草帝[ふかくさのみかと](人)
深沢[ふかざわ](姓)
深沢七郎[ふかざわしちろう](人)
深浦[ふかうら](地)

십

十
十国峠[じっこくとうげ](地)
十島[としま](地)
十文字[じゅうもんじ](地)
十返舎一九[じっぺんしゃいっく](人)
十石峠[じっこくとうげ](地)
十勝[とかち](地)
十勝岳[とかちだけ](地)
十勝川[とかちがわ](地)
十勝平野[とかちへいや](地)
十市の里[とおちのさと](地)
十一谷[じゅういちや](姓)
十一谷義三郎[じゅういちやぎさぶろう](人)
十日町[とおかまち](地)
十津川①[とつかわ](地)
十津川②[とつがわ](地)
十津川郷[とつがわごう](地)
十寸見[ますみ](姓)
十寸見河東[ますみかとう](人)
十和田[とわだ](地)
十和田湖[とわだこ](地)
十和田湖八幡国立公園[とわだこはちまんこくりつこうえん](地)

辻
辻[つじ](姓)
辻本[つじもと](姓)
辻本満丸[つじもとみつまる](人)
辻善之助[つじぜんのすけ](人)
辻与次郎[つじよじろう](人)
辻潤[つじじゅん](人)
辻直四郎[つじなおしろう](人)
辻村[つじむら](姓)
辻村伊助[つじむらいすけ](人)
辻村太郎[つじむらたろう](人)

쌍

双
双ヶ岡[ならびがおか](地)
双葉[ふたば](地)
双葉山[ふたばやま](姓)
双葉山定次[ふたばやまさだじ](人)

씨

氏
氏家[うじいえ](地)

아

亜
亜欧堂田善[あおうどうでんぜん](人)

児
児島[こじま](地/姓)
児島高徳[こじまたかのり](人)
児島湾[こじまわん](地)
児島善三郎[こじまぜんざぶろう](人)
児島惟謙[こじまいけん](人)
児島虎次郎[こじまとらじろう](人)
児島喜久雄[こじまきくお](人)
児雷也[じらいや](人)
児玉[こだま](地/姓)
児玉源太郎[こだまげんたろう](人)
児玉花外[こだまかがい](人)
児湯[こゆ](地)

阿
阿加流比売神[あかるひめのかみ](人)
阿見[あみ](地)
阿古屋[あこや](地/人)
阿久根[あくね](地)
阿久比[あぐい](地)
阿国[おくに](人)
阿南①[あなん](地)
阿南②[あなみ](姓)
阿南惟畿[あなみこれちか](人)
阿曇[あずみ](姓)
阿曇比邏夫[あずみのひらふ](人)
阿里山[ありさん](地)
阿武[あぶ](地)
阿武山古墳[あぶやまこふん](地)
阿武隈川[あぶくまがわ](地)
阿武隈山地[あぶくまさんち](地)
阿弥陀ヶ峰[あみだがみね](地)
阿弥陀の聖[あみだのひじり](人)
阿倍[あべ](姓)
阿倍内麻呂[あべのうちのまろ](人)
阿倍比羅夫[あべのひらふ](人)
阿倍野[あべの](地)
阿保親王[あぼしんのう](人)
阿部[あべ](姓)
阿部信行[あべのぶゆき](人)
阿部将翁[あべしょうおう](人)
阿部正弘[あべまさひろ](人)
阿部知二[あべともじ](人)
阿部次郎[あべじろう](人)
阿部忠秋[あべただあき](人)
阿仏尼[あぶつに](人)
阿寺の七滝[あてらのななたき](地)
阿蘇[あそ](地)
阿蘇山[あそさん](地)
阿新丸[くまわかまる](人)
阿児[あご](地)
阿若丸[くまわかまる](人)
阿漕[あこぎ](地)
阿漕の平次[あこぎのへいじ](人)
阿漕ヶ浦[あこぎがうら](地)
阿佐太子[あさたいし](人)
阿州鹿央[あしゅかおう](人)
阿知使主[あちのおみ](人)
阿智[あち](地)
阿直岐[あちき](人)
阿茶の局[あちゃのつぼね](人)
阿太の大野[あだのおおの](地)
阿波[あわ](地)
阿波座[あわざ](地)
阿賀[あが](地)
阿賀野[あがの](地)
阿賀野川[あがのがわ](地)
阿寒[あかん](地)
阿寒国立公園[あかんこくりつこうえん](地)
阿寒湖[あかんこ](地)
阿弖流為[あてるい](人)

我
我が立つ杣[わがたつそま](地)
我孫子[あびこ](地)
我妻[わがつま](姓)
我妻栄[わがつまさかえ](人)

芽
芽室[めむろ](地)

峨
峨山[がさん](人)

雅
雅子[まさこ](人)

악

岳
岳翁蔵久[がくおうぞうきゅう](人)

悪
悪源太[あくげんた](人)
悪左府[あくさふ](人)
悪七兵衛[あくしちびょうえ](人)

渥
渥美[あつみ](地)
渥美半島[あつみはんとう](地)

안

安
安家洞[あっかどう](地)
安嘉門院[あんかもんいん](人)
安嘉門院四條[あんかもんいんのしじょう](人)
安岡[やすおか](姓)
安岡正篤[やすおかまさひろ](人)
安康天皇[あんこうてんのう](人)
安綱[やすつな](人)
安国寺恵瓊[あんこくじえけい](人)
安国院[あんこくいん](人)
安寧天皇[あんねいてんのう](人)
安濃津[あのつ](地)
安達[あだち](地/姓)
安達謙蔵[あだちけんぞう](人)
安達景盛[あだちかげもり](人)
安達ヶ原[あだちがはら](地)
安達潮花[あだちちょうか](人)
安達太良山[あだたらやま](地)
安達泰盛[あだちやすもり](人)
安曇[あづみ](地)
安曇野[あずみの](地)
安曇川[あづみがわ](地)
安徳天皇[あんとくてんのう](人)
安島[あじま](姓)
安島帯刀[あじまたてわき](人)

安島直円[あじまなおのぶ](人)
安堵[あんど](地)
安東[あんどう](姓)
安東省庵[あんどうせいあん](人)
安藤[あんどう](姓)
安藤広重[あんどうひろしげ](人)
安藤東野[あんどうとうや](人)
安藤信正[あんどうのぶまさ](人)
安藤正次[あんどうまさつぐ](人)
安藤昌益[あんどうしょうえき](人)
安楽庵策伝[あんらくあんさくでん](人)
安来[やすぎ](地)
安良礼松原[あられまつばら](人)
安房[あわ](地)
安房峠[あぼうとうげ](地)
安倍[あべ](姓)
安倍能成[あべのよししげ](人)
安倍頼時[あべのよりとき](人)
安倍保名[あべのやすな](人)
安倍貞任[あべのさだとう](人)
安倍宗任[あべのむねとう](人)
安倍川[あべがわ](地)
安倍晴明[あべのせいめい](人)
安部[あべ](姓)
安部公房[あべこうぼう](人)
安部磯雄[あべいそお](人)
安比温泉[あっぴおんせん](地)
安西[あんざい](姓)
安西冬衛[あんざいふゆえ](人)
安城[あんじょう](地)
安乗崎[あのりざき](地)
安阿弥[あんあみ](人)
安芸[あき](地)
安芸高田[あきたかた](地)
安芸太田[あきおおた](地)
安原[やすはら](姓)
安原貞室[やすはらていしつ](人)
安積[あさか](地/姓)
安積艮斎[あさかごんさい](人)
安積澹泊[あさかたんぱく](人)
安積山[あさかやま](地)
安積の沼[あさかのぬま](地)
安積疏水[あさかそすい](地)
安田[やすだ](地/姓)
安田善次郎[やすだぜんじろう](人)
安田靫彦[やすだゆきひこ](人)
安井[やすい](姓)
安井てつ[やすいてつ](人)
安井道頓[やすいどうとん](人)
安井算哲[やすいさんてつ](人)
安井息軒[やすいそっけん](人)
安井仲治[やすいなかじ](人)
安井曾太郎[やすいそうたろう](人)
安佐南[あさみなみ](地)
安佐北[あさきた](地)
安中[あんなか](地)
安治川[あじかわ](地)
安宅[あたか](地)
安土[あづち](地)
安八[あんぱち](地)
安平[あびら](地)
安閑天皇[あんかんてんのう](人)
安喜門院[あんきもんいん](人)

岸

岸[きし](姓)
岸本[きしもと](姓)
岸本英夫[きしもとひでお](人)
岸本由豆流[きしもとゆずる](人)
岸本調和[きしもとちょうわ](人)
岸信介[きしのぶすけ](人)
岸田[きしだ](姓)
岸田国士[きしだくにお](人)
岸田劉生[きしだりゅうせい](人)
岸田吟香[きしだぎんこう](人)
岸田日出刀[きしだひでと](人)
岸田俊子[きしだとしこ](人)
岸清一[きしせいいち](人)
岸和田[きしわだ](地)

雁

雁坂峠[かりさかとうげ](地)

鞍

鞍馬[くらま](地)
鞍馬山[くらまやま](地)
鞍手[くらて](地)
鞍作鳥[くらつくりのとり](人)
鞍作止利[くらつくりのとり](人)

顔

顔世御前[かおよごぜん](人)

암

岩

岩間[いわま](地/姓)
岩間乙二[いわまおつに](人)
岩見[いわみ](姓)
岩見重太郎[いわみじゅうたろう](人)
岩見沢[いわみざわ](地)
岩谷[いわや](姓)
岩谷松平[いわやまつへい](人)
岩橋[いわはし](姓)
岩橋武夫[いわはしたけお](人)
岩橋善兵衛[いわはしぜんべえ](人)
岩国[いわくに](地)
岩槻[いわつき](地)
岩崎[いわさき](姓)
岩崎灌園[いわさきかんえん](人)
岩崎弥之助[いわさきやのすけ](人)
岩崎弥太郎[いわさきやたろう](人)
岩崎小弥太[いわさきこやた](人)
岩内[いわない](地)
岩代[いわしろ](地)
岩藤[いわふじ](人)
岩瀬[いわせ](地/姓)
岩瀬京伝[いわせきょうでん](人)
岩瀬の森[いわせのもり](地)
岩瀬忠震[いわせただなり](人)
岩木山[いわきさん](地)
岩美[いわみ](地)
岩船[いわふね](地)
岩沼[いわぬま](地)
岩手[いわて](地)
岩手山[いわてさん](地)
岩室[いわむろ](地)
岩野[いわの](姓)
岩野泡鳴[いわのほうめい](人)
岩淵[いわぶち](姓)
岩淵悦太郎[いわぶちえつたろう](人)
岩永[いわなが](姓)
岩永マキ[いわながまき](人)
岩田[いわた](姓)
岩田藤七[いわたとうしち](人)
岩田涼菟[いわたりょうと](人)
岩田豊雄[いわたとよお](人)
岩井[いわい](地/姓)
岩井半四郎[いわいはんしろう](人)
岩佐[いわさ](姓)
岩佐又兵衛[いわさまたべえ](人)
岩舟[いわふね](地)
岩倉[いわくら](地/姓)
岩倉具視[いわくらともみ](人)
岩泉[いわいずみ](地)
岩出[いわで](地)
岩出山[いわでやま](地)
岩波[いわなみ](姓)
岩波茂雄[いわなみしげお](人)
岩下[いわした](姓)
岩下壮一[いわしたそういち](人)

暗

暗部山[くらぶやま](地)
暗峠[くらがりとうげ](地)

闇

闇部山[くらぶやま](地)
闇斎[あんさい](人)

巌

巌谷[いわや](姓)
巌谷小波[いわやさざなみ](人)
巌谷一六[いわやいちろく](人)
巌流島[がんりゅうじま](地)
巌本[いわもと](姓)
巌本善治[いわもとよしはる](人)

압

押

押川[おしかわ](姓)
押川春浪[おしかわしゅんろう](人)

姶

姶良[あいら](地)

鴨

鴨[かも](地/姓)
鴨居[かもい](姓)
鴨居羊子[かもいようこ](人)
鴨島[かもじま](地)
鴨方[かもがた](地)
鴨長明[かものちょうめい](人)
鴨川[かもがわ](地)

애

愛

愛甲[あいこう](地)
愛南[あいなん](地)
愛発山[あらちやま](地)
愛別[あいべつ](地)
愛本[あいもと](地)
愛山[あいざん](地)
愛西[あいさい](地)
愛媛[えひめ](地)
愛鷹山[あしたかやま](地)
愛荘[あいしょう](地)
愛知①[あいち](地)
愛知②[えち](地)
愛知高原国定公園[あいちこうげんこくていこうえん](地)
愛知用水[あいちようすい](地)
愛知川[えちがわ](地)
愛川[あいかわ](地)
愛宕[あたご](地)
愛宕山[あたごやま](地)

액

額

額田[ぬかた](地)
額田王[ぬかたのおおきみ](人)

앵

桜

桜[さくら](地)
桜間[さくらま](姓)
桜間弓川[さくらまきゅうせん](人)
桜間道雄[さくらまみちお](人)
桜間左陣[さくらまさじん](人)
桜島[さくらじま](地)
桜梅少将[おうばいしょうしょう](人)
桜木町[さくらぎちょう](地)
桜田[さくらだ](姓)
桜田一郎[さくらだいちろう](人)
桜田治助[さくらだじすけ](人)
桜井[さくらい](地/姓)
桜井丹波少掾[さくらいたんばのしょうじょう](人)
桜井梅室[さくらいばいしつ](人)
桜井錠二[さくらいじょうじ](人)
桜井忠温[さくらいただよし](人)
桜井欽一[さくらいきんいち](人)
桜町中納言[さくらまちのちゅうなごん](人)
桜町天皇[さくらまちてんのう](人)
桜川[さくらがわ](地)
桜川慈悲成[さくらがわじひなり](人)
桜丸[さくらまる](人)

鶯

鶯谷[うぐいすだに](地)

야

也

也有[やゆう](人)

夜

夜見ヶ浜[よみがはま](地)
夜半亭[やはんてい](人)

耶

耶麻[やま](地)
耶馬渓[やばけい](地)
耶馬日田英彦山国定公園[やばひたひこさんこくていこうえん](地)

野

野間[のま](姓)
野間宏[のまひろし](人)
野間清治[のませいじ](人)
野見宿禰[のみのすくね](人)
野尻[のじり](地/姓)
野尻抱影[のじりほうえい](人)
野尻湖[のじりこ](地)
野口[のぐち](姓)
野口兼資[のぐちかねすけ](人)
野口米次郎[のぐちよねじろう](人)
野口弥太郎[のぐちやたろう](人)
野口英世[のぐちひでよ](人)
野口雨情[のぐちうじょう](人)
野口遵[のぐちしたがう](人)
野崎[のざき](地)
野島[のじま](姓)
野島康三[のじまやすぞう](人)
野島崎[のじまざき](地)
野島が崎[のじまがさき](地)
野呂[のろ](姓)
野呂介石[のろかいせき](人)
野呂栄太郎[のろえいたろう](人)
野呂元丈[のろげんじょう](人)
野路の玉川[のじのたまがわ](地)
野雷[のづち](人)
野麦峠[のむぎとうげ](地)
野木[のぎ](地)
野迫川[のせがわ](地)
野辺地[のべじ](地)
野辺山原[のべやまはら](地)
野付[のつけ](地)
野上[のがみ](姓)
野上弥生子[のがみやえこ](人)
野上豊一郎[のがみとよいちろう](人)
野々口[ののぐち](姓)
野々市[ののいち](地)
野々村[ののむら](姓)
野々村仁清[ののむらにんせい](人)
野田[のだ](地)
野田の玉川[のだのたまがわ](地)
野州①[やしゅう](地)
野州②[やす](地)
野洲川[やしゅうがわ](地)
野中[のなか](姓)
野中兼山[のなかけんざん](人)
野之口[ののぐち](姓)
野之口隆正[ののぐちたかまさ](人)
野之口立圃[ののぐちりゅうほ](人)
野津[のづ](姓)
野津道貫[のづみちつら](人)
野川[のがわ](地)
野村[のむら](姓)
野村吉三郎[のむらきちさぶろう](人)

野村東皐[のむらとうこう](人)
野村万蔵[のむらまんぞう](人)
野村望東尼[のむらともに](人)
野村胡堂[のむらこどう](人)
野村篁園[のむらこうえん](人)
野槌[のづち](人)
野沢[のざわ](姓)
野沢凡兆[のざわぼんちょう](人)
野沢温泉[のざわおんせん](地)
野坂[のさか](姓)
野坂参三[のさかさんぞう](人)

약

若
若槻[わかつき](姓)
若槻礼次郎[わかつきれいじろう](人)
若柳[わかやなぎ](地)
若林[わかばやし](地)
若山[わかやま](姓)
若山牧水[わかやまぼくすい](人)
若松[わかまつ](地/姓)
若松賤子[わかまつしずこ](人)
若桜[わかさ](地)
若葉[わかば](地)
若州[じゃくしゅう](人)
若草山[わかくさやま](地)
若沖[じゃくちゅう](人)
若狭[わかさ](地)
若狭街道[わかさかいどう](地)
若狭湾[わかさわん](地)
若狭湾国定公園[わかさわんこくていこうえん](地)

薬
薬師岳[やくしだけ](地)
薬研堀[やげんぼり](地)

양

羊
羊蹄山[ようていざん](地)

洋
洋野[ひろの](地)

揚
揚巻[あげまき](地)
揚屋町[あげやまち](地)

陽
陽成天皇[ようぜいてんのう](人)

様
様似[さまに](地)

養
養老[ようろう](地)
養老の滝[ようろうのたき](地)
養老川[ようろうがわ](地)
養父[やぶ](地)

어

魚
魚島[うおしま](地)
魚山[ぎょさん](地)
魚沼[うおぬま](地)
魚野川[うおのがわ](地)
魚津[うおづ](地)

御
御蓋山[みかさやま](地)
御堂関白[みどうかんぱく](人)
御堂筋[みどうすじ](地)
御代田[みよた](地)
御木[みき](姓)
御木徳近[みきとくちか](人)
御木徳一[みきとくはる](人)
御木本[みきもと](姓)
御木本幸吉[みきもとこうきち](人)
御坊[ごぼう](地)
御浜[みはま](地)
御山[おやま](地)
御裳濯川[みもすそがわ](地)
御船[みふね](地)
御所[ごせ](地)
御巣鷹[おすたか](地)
御宿[おんじゅく](地)
御嵩[みたけ](地)
御食津神[みけつかみ](人)
御室[おむろ](地)
御岳[みたけ](地)
御岳山[おんたけさん](地)
御嶽[みたけ](地)
御嶽山[おんたけさん](地)
御影[みかげ](地)
御垣の原[みかきのはら](地)
御杖[みつえ](地)
御蔵島[みくらじま](地)
御前崎[おまえざき](地)
御殿場[ごてんば](地)
御肇国天皇[はつくにしらすすめらみこと](人)
御津[みつ](地)
御茶の水[おちゃのみず](地)
御茶ノ水[おちゃのみず](地)
御幸厳天皇[ごこうごんてんのう](人)

억

憶
憶良[おくら](人)

언

言
言問[こととい](地)
言水[ごんすい](人)

彦
彦根[ひこね](地)
彦山[ひこさん](地)

엄

奄
奄美[あまみ](地)
奄美群島[あまみぐんとう](地)
奄美大島[あまみおおしま](地)
奄美諸島[あまみしょとう](地)

厳
厳島[いつくしま](地)
厳原[いずはら·いづはら](地)

업

業
業平[なりひら](地)

여

与
与那国[よなぐに](地)
与那国島[よなぐにじま](地)
与那原[よなばる](地)
与論[よろん](地)
与論島[よろんとう](地)
与謝[よさ](地/姓)
与謝蕪村[よさぶそん](人)
与謝野[よさの](地/姓)
与謝野晶子[よさのあきこ](人)
与謝野鉄幹[よさのてっかん](人)
与謝の海[よさのうみ](地)
与野[よの](地)

如
如是閑[にょぜかん](人)
如意ヶ岳[にょいがだけ](地)
如一[にょいち](人)

余
余目[あまるめ](地)
余部[あまるべ](地)
余市[よいち](地)
余呉湖[よごこ·よごのうみ](地)

역

役
役小角[えんのおづの·えんのしょうかく](人)
役優婆塞[えんのうばそく](人)
役行者[えんのぎょうじゃ](人)

逆
逆髪[さかがみ](人)

연

延
延岡[のべおか](地)
延命冠者[えんめいかじゃ](人)

淵
淵[ふち](姓)
淵岡山[ふちこうざん](人)

煙
煙山[けむやま](姓)
煙山専太郎[けむやません たろう](人)

燕
燕[つばめ](地)
燕岳[つばくろだけ](地)
燕雲十六州[えんうんじゅうろくしゅう](地)

열

熱
熱田[あつた](地)
熱川温泉[あたがわおんせん](地)
熱海[あたみ](地)

염

染
染殿の大臣[そめどののおとど](人)
染殿の后[そめどののきさき](人)
染井[そめい](地)
染川[そめかわ](地)

塩
塩見[しおみ](姓)
塩見岳[しおみだけ](地)
塩見政盛[しおみまさなり](人)
塩尻[しおじり](地)
塩尻峠[しおじりとうげ](地)
塩谷①[しおや](地)
塩谷②[しおのや](姓)
塩谷温[しおのやおん](人)
塩谷判官[えんやはんがん](人)
塩谷宕陰[しおのやとういん](人)
塩釜[しおがま](地)
塩山[えんざん](地)
塩の山[しおのやま](地)
塩原[しおばら](地/姓)
塩原多助[しおばらたすけ](人)
塩原温泉郷[しおばらおんせんきょう](地)
塩田温泉[しおだおんせん](地)
塩井[しおい](姓)
塩井雨江[しおいうこう](人)
塩竃[しおがま](地)
塩津山[しおつやま](地)
塩沢[しおざわ](地)
塩土老翁[しおつちのおじ](人)
塩飽諸島[しわくしょとう](地)

艶
艶二郎[えんじろう](人)

엽

葉
葉山[はやま](地/姓)
葉山嘉樹[はやまよしき](人)
葉室[はむろ](姓)
葉室時長[はむろときなが](人)

영

永
永観[ようかん](人)
永徳[えいとく](人)
永福門院[えいふくもんいん](人)
永野[ながの](姓)
永野修身[ながのおさみ](人)
永田[ながた](姓)
永田徳本[ながたとくほん](人)
永田武[ながたたけし](人)
永田善吉[ながたぜんきち](人)
永田雅一[ながたまさいち](人)
永田町[ながたちょう](人)
永田鉄山[ながたてつざん](人)
永井[ながい](姓)
永井竜男[ながいたつお](人)
永井柳太郎[ながいりゅうたろう](人)
永井尚志[ながいなおむね](人)
永井荷風[ながいかふう](人)
永平寺[えいへいじ](地)

英
英[はなぶさ](姓)
英彦山[ひこさん·えひこさん](地)
英虞湾[あごわん](地)
英一蝶[はなぶさいっちょう](人)
英田[あいだ](地)
英照皇太后[えいしょうこうたいこう](人)

栄
栄[さかえ](地)

頴
頴原[えばら](姓)
頴原退蔵[えばらたいぞう](人)

예

刈
刈谷[かりや](地)
刈羽[かりわ](地)
刈田[かった](地)

苅
苅田[かんだ](地)
苅萱[かるかや](人)

芸
芸西[げいせい](地)
芸阿弥[げいあみ](人)
芸予諸島[げいよしょとう](地)
芸州[げいしゅう](地)

叡
叡山[えいざん](地)
叡尊[えいぞん](人)

蘂
蘂取[しべとろ](地)

오

五
五家荘[ごかのしょう](地)
五個荘[ごかしょう](地)
五箇荘[ごかしょう](地)
五剣山[ごけんざん](地)
五大湖[ごだいこ](地)
五代[ごだい](姓)
五代友厚[ごだいともあつ](人)
五台山[ごだいさん](地)

五島[ごとう](地/姓)
五島慶太[ごとうけいた](人)
五島列島[ごとうれっとう](地)
五ヶ瀬[ごかせ](地)
五ヶ瀬川[ごかせがわ](地)
五木[いつき](地)
五色沼[ごしきぬま](地)
五姓田[ごせだ](姓)
五姓田芳柳[ごせだほうりゅう](人)
五姓田義松[ごせだよしまつ](人)
五城目[ごじょうめ](地)
五所[ごしょ](姓)
五ヶ所湾[ごかしょわん](地)
五所川原[ごしょがわら](地)
五所平之助[ごしょへいのすけ](人)
五十嵐[いがらし](姓)
五十嵐道甫[いがらしどうほ](人)
五十嵐力[いがらしちから](人)
五十嵐信斎[いがらししんさい](人)
五十鈴川[いすずがわ](地)
五十里ダム[いかりダム](地)
五十猛命[いたけるのみこと](人)
五日市[いつかいち](地)
五丈原[ごじょうげん](地)
五丁町[ごちょうまち](地)
五井[ごい](姓)
五井蘭洲[ごいらんしゅう](人)
五条[ごじょう](地)
五条の袈裟[ごじょうのけさ](人)
五条三位[ごじょうのさんみ](人)
五条通り[ごじょうどおり](地)
五条坂[ごじょうざか](地)
五条の后[ごじょうのきさき](人)
五条[ごじょう](地)
五泉[ごせん](地)
五浦[いづら·いずら](地)
五霞[ごかま](地)
五戸[ごのへ](地)

呉
呉[くれ](地/姓)
呉茂一[くれしげいち](人)
呉秀三[くれしゅうぞう](人)

吾
吾妻[あがつま](地)
吾妻山[あずまやま](地)
吾妻川[あがつまがわ](地)
吾川[あがわ](地)
吾湯市[あゆち](地)

烏
烏山[からすやま](地)
烏丸①[からすま](地)
烏丸②[からすまる](地/姓)
烏丸光広[からすまるみつひろ](人)
烏丸殿[からすまるどの](人)

奥
奥[おく](姓)
奥尻[おくしり](地)
奥尻島[おくしりとう](地)
奥宮[おくのみや](姓)
奥宮健之[おくのみやけんし](人)
奥鬼怒[おくきぬ](地)
奥多摩[おくたま](地)
奥多摩湖[おくたまこ](地)
奥丹後半島[おくたんごはんとう](地)
奥保鞏[おくやすかた](人)
奥羽[おうう](地)
奥羽山脈[おううさんみゃく](地)
奥羽地方[おううちほう](地)
奥入瀬川[おいらせがわ](地)
奥日光[おくにっこう](地)
奥田[おくだ](姓)
奥田穎川[おくだえいせん](人)
奥州[おうしゅう](地)
奥州街道[おうしゅうかいどう](地)
奥只見ダム[おくただみだむ](地)
奥秩父[おくちちぶ](地)
奥村[おくむら](姓)
奥村五百子[おくむらいおこ](人)
奥村政信[おくむらまさのぶ](人)
奥村土牛[おくむらとぎゅう](人)
奥出雲[おくいずも](地)

塢
塢舸の水門[おかのみなと](地)

옥

玉
玉菊[たまぎく](人)
玉島[たましま](地)
玉島川[たましまがわ](地)
玉東[ぎょくとう](地)
玉名[たまな](地)
玉木[たまき](姓)
玉木文之進[たまきぶんのしん](人)
玉木正英[たまきせいえい](人)
玉城①[たまき](地)
玉城②[たまぐすく](姓)
玉城朝薫[たまぐすくちょうくん](人)
玉松[たままつ](姓)
玉松操[たままつみさお](人)
玉水[たまみず](地)
玉野[たまの](地)
玉依姫[たまよりびめ](人)
玉楮[たまかじ](姓)
玉楮象谷[たまかじぞうこく](人)
玉の井[たまのい](地)
玉造[たまつくり](地)
玉藻前[たまものまえ](人)
玉之浦[たまのうら](地)
玉津島[たまつしま](地)
玉川①[たまかわ](地)
玉川②[たまがわ](地)
玉川勝太郎[たまがわかつたろう](人)
玉村[たまむら](地)
玉の浦[たまのうら](地)

屋
屋久島[やくしま](地)
屋代[やしろ](姓)
屋代弘賢[やしろひろかた](人)
屋島[やしま](地)

온

温
温泉津[ゆのつ](地)
温海温泉[あつみおんせん](地)

와

臥
臥雲辰致[がうんたっち](人)

窪
窪田[くぼた](姓)
窪田空穂[くぼたうつぼ](人)
窪川[くぼかわ](地/姓)
窪川鶴次郎[くぼかわつるじろう](人)

완

椀
椀久[わんきゅう](人)
椀屋久右衛門[わんやきゅうえもん](人)

왕

王
王家の谷[おうけのたに](地)
王滝[おうたき](地)
王寺[おうじ](地)
王子[おうじ](地)

왜

倭
倭[やまと](地)
倭建命[やまとたけるのみこと](人)
倭姫命[やまとひめのみこと](人)

외

外
外房[そとぼう](地)
外ヶ浜[そとがはま](地)
外山[とやま](姓)
外山亀太郎[とやまかめたろう](人)
外山正一[とやままさかず](人)
外村[とのむら](姓)
外村繁[とのむらしげる](人)

腰
腰越[こしごえ](地)

瑤
瑤甫惠瓊[ようほえけい](人)

用
用命天皇[ようめいてんのう](人)

勇
勇払[ゆうふつ](地)
勇払平野[ゆうふつへいや](地)

涌
涌谷[わくや](地)

湧
湧別[ゆうべつ](地)

又
又平[またへい](人)

友
友ヶ島水道[ともがしますいどう](地)
友梅[ゆうばい](人)
友部[ともべ](人)
友禅[ゆうぜん](人)
友成[ともなり](姓/人)
友野[ともの](姓)
友野霞舟[とものかしゅう](人)
友田[ともだ](姓)
友田恭助[ともだきょうすけ](人)

牛
牛久[うしく](地)
牛島[うしじま](姓)
牛島謹爾[うしじまきんじ](人)
牛深[うしぶか](地)
牛若丸[うしわかまる](人)
牛原[うしはら](姓)
牛原虚彦[うしはらきよひこ](人)
牛込[うしごめ](地)

右
右京[うきょう](地)
右近[うこん](人)
右近源左衛門[うこんげんざえもん](人)

宇
宇検[うけん](地)
宇奈月[うなづき](地)
宇多[うだ](地)
宇多津[うたづ](地)
宇多天皇[うだてんのう]
宇都宮[うつのみや](地/姓)
宇都宮遯庵[うつのみやとんあん](人)
宇都宮頼綱[うつのみやよりつな](人)
宇都宮三郎[うつのみやさぶろう](人)
宇留間[うるま](地)
宇留馬[うるま](地)
宇流麻の島[うるまのしま](地)
宇美[うみ](地)
宇部[うべ](地)
宇城[うき](地)
宇野[うの](地/姓)
宇野明霞[うのめいか](人)
宇野円空[うのえんくう](人)
宇野重吉[うのじゅうきち](人)
宇野哲人[うのてつと](人)
宇野浩二[うのこうじ](人)
宇野弘蔵[うのこうぞう](人)
宇垣[うがき](姓)
宇垣一成[うがきかずしげ](人)
宇田川[うだがわ](姓)
宇田川榛斎[うだがわしんさい](人)
宇田川玄随[うだがわげんずい](人)
宇田川玄真[うだがわげんしん](人)
宇井[うい](姓)
宇井伯寿[ういはくじゅ](人)
宇佐[うさ](地)
宇智の大野[うちのおおの](地)
宇津ノ谷峠[うつのやとうげ](地)
宇津の山[うつのやま](地)
宇治[うじ](地/姓)
宇治加賀掾[うじかがのじょう](人)
宇治の関白[うじのかんぱく](人)
宇治の橋姫[うじのはしひめ](人)
宇治の大君[うじのおおいぎみ](人)
宇治山[うじやま](地)
宇治山田[うじやまだ](地)
宇治田原[うじたわら](地)
宇治川[うじがわ](地)
宇陀[うだ](地)
宇土[うと](地)
宇品[うじな](地)
宇和[うわ](地)
宇和島[うわじま](地)
宇和海[うわかい](地)
宇喜田[うきた](姓)
宇喜田秀家[うきたひでいえ](人)
宇喜田直家[うきたなおいえ](人)

羽
羽島[はしま](地)
羽咋[はくい](地)
羽生[はにゅう](地)
羽束師の森[はつかしのもり](地)
羽柴[はしば](姓)
羽柴秀長[はしばひでなが](人)
羽曳野[はびきの](地)
羽越[うえつ](地)
羽仁[はに](姓)
羽仁五郎[はにごろう](人)
羽仁もと子[はにもとこ](人)
羽田[はねだ](地/姓)
羽田亨[はねだとおる](人)
羽前[うぜん](地)
羽州[うしゅう](地)
羽州街道[うしゅうかいどう](地)
羽村[はむら](地)
羽合温泉[はわいおんせん](地)
羽幌[はぼろ](地)
羽後[うご](地)
羽黒街道[はぐろかいどう](地)
羽黒山[はぐろさん](地)

雨
雨宮[あめみや](姓)
雨宮敬次郎[あめみやけいじろう](人)
雨竜[うりゅう](地)
雨森[あめのもり](姓)
雨森芳洲[あめのもりほうしゅう](人)
雨情[うじょう](人)

雫
雫石[しずくいし](地)

옥

旭
旭[あさひ](地)
旭堂南陵[きょくどうなんりょう](人)
旭岳[あさひだけ](地)
旭川[あさひかわ](地)

郁
郁芳門院[いくほうもんいん](人)

운

運
運慶[うんけい](人)

雲
雲谷等顔[うんこくとうがん](人)
雲南[うんなん](地)
雲霧仁左衛門[くもきりにざえもん](人)
雲浜[うんぴん](人)
雲仙[うんぜん](地)
雲仙岳[うんぜんだけ](地)
雲仙天草国立公園[うんぜんあまくさこくりつこうえん](地)
雲雀山[ひばりやま](地)
雲井[くもい](姓)
雲井竜雄[くもいたつお](人)
雲井の雁[くもいのかり](人)
雲照[うんしょう](人)
雲州[うんしゅう](地)
雲取山[くもとりやま](地)

웅

雄
雄琴[おごと](地)
雄琴温泉[おごとおんせん](地)
雄踏[ゆうとう](地)
雄島[おしま](地)
雄略天皇[ゆうりゃくてんのう](人)
雄武[おうむ](地)
雄物川[おものがわ](地)
雄勝[おがち](地)
雄阿寒岳[おあかんだけ](地)
雄長老[ゆうちょうろう](人)

熊
熊谷①[くまがい](姓)
熊谷②[くまがや](地)
熊谷岱蔵[くまがいたいぞう](人)
熊谷守一[くまがいもりかず](人)
熊谷直実[くまがいなおざね](人)
熊谷直好[くまがいなおよし](人)
熊毛[くまげ](地)
熊本[くまもと](地)
熊本平野[くまもとへいや](地)
熊斐[ゆうひ](人)
熊襲[くまそ](地)
熊野[くまの](地)
熊野街道[くまのかいどう](地)
熊野川[くまのがわ](地)
熊野灘[くまのなだ](地)
熊王丸[くまおうまる](人)
熊取[くまとり](地)
熊沢[くまざわ](姓)
熊沢蕃山[くまざわばんざん](人)
熊坂[くまさか](姓)
熊坂台州[くまさかたいしゅう](人)
熊坂長範[くまさかちょうはん](人)

원

元
元吉親王[もとよししんのう](人)
元隣[げんりん](人)
元明天皇[げんめいてんのう](人)
元の木網[もとのもくあみ](人)
元輔[もとすけ](人)
元三大師[げんざんだいし](人)
元箱根[もとはこね](地)
元信[もとのぶ](人)
元田[もとだ](姓)
元田永孚[もとだながざね](人)
元正天皇[げんしょうてんのう](人)
元町[もとまち](地)
元重[もとしげ](人)

円
円谷[つぶらや](姓)
円谷英二[つぶらやえいじ](人)
円空[えんくう](人)
円山[まるやま](姓)
円山応挙[まるやまおうきょ](人)
円月[えんげつ](人)
円位[えんい](人)
円融天皇[えんゆうてんのう](人)
円仁[えんにん](人)
円地[えんち](姓)
円地文子[えんちふみこ](人)
円通[えんつう](人)

垣
垣内[かいとう](姓)
垣内松三[かいとうまつぞう](人)

原
原[はら](地/姓)
原敬①[はらけい](人)
原敬②[はらたかし](人)
原民喜[はらたみき](人)
原富太郎[はらとみたろう](人)
原宿[はらじゅく](地)
原勝郎[はらかつろう](人)
原田[はらだ](姓)
原田甲斐[はらだかい](人)
原田慶吉[はらだけいきち](人)
原田孫七郎[はらだまごしちろう](人)
原田淑人[はらだよしと](人)
原田直次郎[はらだなおじろう](人)
原田豊吉[はらだとよきち](人)
原町[はらまち](地)
原采蘋[はらさいひん](人)
原坦山[はらたんざん](人)

院
院庄[いんのしょう](地)
院尊[いんそん](人)

員
員弁[いなべ](地)

園
園[その](姓)
園女[そのじょ](人)
園原[そのはら](地)
園正造[そのまさぞう](人)

源
源[みなもと](姓)
源家長[みなもとのいえなが](人)
源兼昌[みなもとのかねまさ](人)
源経基[みなもとのつねもと](人)
源経信[みなもとのつねのぶ](人)
源高明[みなもとのたかあきら](人)
源空[げんくう](人)
源光行[みなもとのみつゆき](人)
源琦[げんき](人)
源等[みなもとのひとし](人)
源頼家[みなもとのよりいえ](人)
源頼光[みなもとのよりみつ](人)
源頼信[みなもとのよりのぶ](人)
源頼義[みなもとのよりよし](人)
源頼政[みなもとのよりまさ](人)

源頼朝[みなもとのよりとも](人)
源隆国[みなもとのたかくに](人)
源湾仲[みなもとのみつなか](人)
源博雅[みなもとのひろまさ](人)
源範頼[みなもとののりより](人)
源師房[みなもとのもろふさ](人)
源三位頼政[げんざんみよりまさ](人)
源順[みなもとのしたごう](人)
源信[みなもとのまこと](人)
源実朝[みなもとのさねとも](人)
源氏[げんじ](姓)
源氏鶏太[げんじけいた](人)
源氏の君[げんじのきみ](人)
源氏の大将[げんじのだいしょう](人)
源為義[みなもとのためよし](人)
源為朝[みなもとのためとも](人)
源為憲[みなもとのためのり](人)
源有仁[みなもとのありひと](人)
源融[みなもとのとおる](人)
源義家[みなもとのよしいえ](人)
源義経[みなもとのよしつね](人)
源義光[みなもとのよしみつ](人)
源義朝[みなもとのよしとも](人)
源義仲[みなもとのよしなか](人)
源義平[みなもとのよしひら](人)
源宗于[みなもとのむねゆき](人)
源俊頼[みなもとのとしより](人)
源重之[みなもとのしげゆき](人)
源知行[みなもとのともゆき](人)
源親行[みなもとのちかゆき](人)
源通具[みなもとのみちとも](人)
源通親[みなもとのみちちか](人)
源行家[みなもとのゆきいえ](人)

猿

猿島[さしま](地)
猿面冠者[さるめんかんじゃ](人)
猿払[さるふつ](地)
猿飛佐助[さるとびさすけ](人)
猿若町[さるわかちょう](地)
猿田彦[さるたびこ](人)
猿沢の池[さるさわのいけ](地)
猿投山[さなげやま](地)
猿丸大夫[さるまるだゆう](人)

遠

遠江[とおとうみ](地)
遠軽[えんがる](地)
遠淡海[とおつおうみ](地)
遠藤[えんどう](姓)
遠藤嘉基[えんどうよしもと](人)
遠藤隆吉[えんどうりゅうきち](人)
遠藤盛遠[えんどうもりとお](人)
遠藤於菟[えんどうおと](人)
遠藤元閑[えんどうげんかん](人)
遠里小野[とおさとおの](地)
遠別[えんべつ](地)
遠山[とおやま](姓)
遠山金四郎[とおやまきんしろう](人)
遠山雲如[とおやまうんじょ](人)
遠野[とおの](地)
遠刈田温泉[とおがったおんせん](地)
遠田[とおだ](地)
遠州[えんしゅう](地)
遠州灘[えんしゅうなだ](地)
遠賀[おんが](地)
遠賀川[おんがかわ](地)

薗

薗八[そのはち](人)

월

月

月江[げっこう](人)
月岡[つきおか](地/姓)
月岡芳年[つきおかよしとし](人)
月岡温泉[つきおかおんせん](地)
月ヶ瀬[つきがせ](地)
月ヶ瀬温泉[つきがせおんせん](地)
月山[がっさん](地)
月性[げっしょう](人)
月照[げっしょう](人)
月形[つきがた](地)

越

越[こし](地)
越谷[こしがや](地/姓)
越谷吾山[こしがやござん](人)
越の国[こしのくに](地)
越南[えつなん](地)
越渡島[こしのわたりしま](地)
越の道[こしのみち](地)
越路[こしじ](地)
越の白嶺[こしのしらね](地)
越生[おごせ](地)
越人[えつじん](人)
越前[えちぜん](地)
越前岬[えちぜんみさき](地)
越州[えっしゅう](地)
越中[えっちゅう](地)
越知[おち](地)
越智[おち](地/姓)
越智越人[おちえつじん](人)
越の海[こしのうみ](地)
越後[えちご](地)
越後山脈[えちごさんみゃく](地)
越後三山[えちごさんざん](地)
越後三山只見国定公園[えちごさんざんただみこくていこうえん](地)
越後湯沢[えちごゆざわ](地)
越後平野[えちごへいや](地)

위

位

位山[くらいやま](地)
位の山[くらいのやま](地)

為

為兼[ためかね](人)
為永[ためなが](姓)
為永春水[ためながしゅんすい](人)

葦

葦北[あしきた](地)
葦原の国[あしはらのくに](地)
葦原色許男[あしはらのしこお](人)
葦原の瑞穂の国[あしはらのみずほのくに](地)
葦原の中つ国[あしはらのなかつくに](地)
葦原の千五百秋の瑞穂の国[あしはらのちいおあきのみずほのくに](地)
葦原醜男[あしはらのしこお](人)

衛

衛満[えいまん](人)

유

由

由良[ゆら](地)
由良の門[ゆらのと](地)
由良の湊[ゆらのみなと](地)
由良川[ゆらがわ](地)
由利[ゆり](姓)
由利公正[ゆりきみまさ](人)
由利本荘[ゆりほんじょう](地)
由比[ゆい](地)
由比ヶ浜[ゆいがはま](地)
由仁[ゆに](地)
由井[ゆい](姓)
由井正雪[ゆいしょうせつ](人)
由布[ゆふ](地)
由布岳[ゆふだけ](地)

有
有間山[ありまやま](地)
有間晴信[ありまはるのぶ](人)
有間皇子[ありまのみこ](人)
有吉[ありよし](姓)
有吉佐和子[ありよしさわこ](人)
有度浜[うどはま](地)
有島[ありしま](姓)
有島武郎[ありしまたけお](人)
有島生馬[ありしまいくま](人)
有楽町[ゆうらくちょう](地)
有明[ありあけ](地/姓)
有明湾[ありあけわん](地)
有明海[ありあけかい](地)
有馬[ありま](地)
有馬頼寧[ありまよりやす](人)
有馬山[ありまやま](地)
有馬新七[ありましんしち](人)
有馬温泉[ありまおんせん](地)
有峰ダム[ありみねだむ](地)
有栖川[ありすがわ](地)
有栖川宮熾仁親王[ありすがわのみやたるひとしんのう](人)
有松[ありまつ](地)
有王[ありおう](姓)
有王山[ありおうざん](地)
有乳山[あらちやま](地)
有田①[ありた](地)
有田②[ありだ](地)
有田川[ありだがわ](地)
有珠[うす](地)
有珠山[うすざん](地)
有智子内親王[うちこないしんのう](人)
有沢[ありさわ](姓)
有沢広巳[ありさわひろみ](人)
有坂[ありさか](姓)
有坂成章[ありさかなりあきら](人)
有坂秀世[ありさかひでよ](人)
有賀①[ありが](姓)
有賀②[あるが](姓)
有賀長伯[あるがちょうはく](人)
有賀長雄[ありがながお](人)
有賀喜左衛門[あるがきざえもん](人)

油
油煙斎貞柳[ゆえんさいていりゅう](人)
油屋お紺[あぶらやおこん](人)
油壺[あぶらつぼ](地)

幽
幽斎[ゆうさい](人)

惟
惟康親王[これやすしんのう](人)
惟光[これみつ](人)
惟喬親王[これたかしんのう](人)
惟然[いぜん](人)
惟中[いちゅう](人)

遊
遊佐[ゆざ](地)

楢
楢の小川[ならのおがわ](地)
楢葉[ならは](地)

維
維摩[ゆいま](人)
維摩吉[ゆいまきつ](人)

濡
濡髪長五郎[ぬれがみちょうごろう](人)

嬬
嬬恋[つまごい](地)

육

宍
宍道湖[しんじこ](地)
宍粟[しそう](地)
宍喰[ししくい](地)

윤

允
允恭天皇[いんぎょうてんのう](人)

융

融
融[とおる](人)
融通王[ゆうずうおう](人)

은

恩
恩納[おんな](地)
恩田[おんだ](姓)
恩田杢[おんだもく](人)
恩地[おんち](姓)
恩地孝四郎[おんちこうしろう](人)

殷
殷富門院[いんぷもんいん](人)
殷富門院大輔[いんぷもんいんのたいふ](人)

銀
銀座[ぎんざ](地)

隠
隠岐[おき](地)
隠岐の島[おきのしま](地)
隠岐院[おきのいん](人)
隠岐諸島[おきしょとう](地)
隠元[いんげん](人)
隠州[いんしゅう](地)

을

乙
乙部[おとべ](地)
乙由[おつゆう](人)
乙字[おつじ](人)
乙州[おとくに](人)
乙訓[おとくに](地)

음

音
音更[おとふけ](地)
音無の滝[おとなしのたき](地)
音無川[おとなしがわ](地)
音阿弥[おんあみ・おんなみ](人)
音羽[おとわ](地)
音羽山[おとわやま](地)
音威子府[おといねっぷ](地)
音戸[おんど](地)
音戸の瀬戸[おんどのせと](地)

飲
飲光[おんこう](人)

읍

邑
邑久[おく](地)
邑南[おおなん](地)
邑楽[おうら](地)
邑知潟[おうちがた](地)
邑智[おおち](地)

泣
泣菫[きゅうきん](人)

揖
揖保[いぼ](地)
揖斐[いび](地)
揖斐関ヶ原養老国定公園[いびせきがはらようろうこくていこうえん](地)
揖斐川[いびがわ](地)

姉川[あねがわ](地)

姿

姿の池[すがたのいけ](地)

茨

茨木[いばらき](地)
茨木童子[いばらきどうじ](人)
茨城[いばらき](地)
茨田[まんだ](地)

紫

紫女[しじょ](人)
紫の上[むらさきのうえ](人)
紫式部[むらさきしきぶ](人)
紫野[むらさきの](地)
紫波[しわ](地)

滋

滋野[しげの](姓)
滋野井[しげのい](人)
滋野貞主[しげののさだぬし](人)
滋賀[しが](地)
滋賀山[しがやま](地)
滋賀浦[しがのうら](地)

慈

慈覚大師[じかくだいし](人)
慈氏[じし](人)
慈眼大師[じげんだいし](人)
慈雲[じうん](人)
慈円[じえん](人)
慈鎮[じちん](人)
慈昌[じしょう](人)
慈遍[じへん](人)
慈慧大師[じえだいし](人)

雌

雌阿寒岳[めあかんだけ](地)

작

作

作並温泉[さくなみおんせん](地)
作州[さくしゅう](地)

柞

柞の森[ははそのもり](地)

잡

匝

匝瑳[そうさ](地)

雑

雑司ヶ谷[ぞうしがや](地)
雑賀[さいか](地)

장

丈

丈山[じょうざん](人)
丈草[じょうそう](人)

壮

壮瞥[そうべつ](地)

庄

庄内[しょうない](地)
庄内川[しょうないがわ](地)
庄内平野[しょうないへいや](地)
庄原[しょうばら](地)
庄川[しょうがわ](地)
庄和[しょうわ](地)

杖

杖突峠[つえつきとうげ](地)
杖突坂[つえつきざか](地)

長

長岡[ながおか](地)
長岡京[ながおかきょう](地)
長岡半太郎[ながおかはんたろう](人)
長居の浦[ながいのうら](地)
長慶天皇[ちょうけいてんのう](人)
長谷部[はせべ](姓)
長谷部言人[はせべことんど](人)
長谷川[はせがわ](姓)
長谷川テル[はせがわてる](人)
長谷川勘兵衛[はせがわかんべえ](人)
長谷川潔[はせがわきよし](人)
長谷川等伯[はせがわとうはく](人)
長谷川利行[はせがわとしゆき](人)
長谷川保[はせがわたもつ](人)
長谷川四郎[はせがわしろう](人)
長谷川三郎[はせがわさぶろう](人)
長谷川時雨[はせがわしぐれ](人)
長谷川伸[はせがわしん](人)
長谷川如是閑[はせがわにょぜかん](人)
長谷川町子[はせがわまちこ](人)
長谷川千四[はせがわせんし](人)
長谷川天渓[はせがわてんけい](人)
長谷川平蔵[はせがわへいぞう](人)
長光[ながみつ](人)
長久保[ながくぼ](姓)
長久保赤水[ながくぼせきすい](人)
長久手[ながくて](地)
長崎[ながさき](地/姓)
長崎高資[ながさきたかすけ](人)
長吉[ながよし](人)
長南[ちょうなん](地)
長島[ながしま](地)
長道[ながみち](人)
長等山[ながらやま](地)
長良川[ながらがわ](地)
長万部[おしゃまんべ](地)
長明[ちょうめい](人)
長門[ながと](地)
長門狭[ちょうもんきょう](地)
長尾[ながお](姓)
長尾景虎[ながおかげとら](人)
長柄[ながら](地)
長府[ちょうふ](地)
長浜[ながはま](地)
長生[ちょうせい](地)
長船長満[おさふねながみつ](人)
長勢[ちょうせい](人)
長沼[ながぬま](地/姓)
長沼妙佼[ながぬまみょうこう](人)
長嘯子[ちょうしょうし](人)
長束[なつか](姓)
長束正家[なつかまさいえ](人)
長篠[ながしの](地)
長髄彦[ながすねひこ](人)
長野[ながの](地/姓)
長野盆地[ながのぼんち](地)
長野宇平治[ながのうへいじ](人)
長野原[ながのはら](地)
長野義言[ながのよしこと](人)
長与[ながよ](地/姓)
長与善郎[ながよよしろう](人)
長与又郎[ながよまたろう](人)
長与専斎[ながよせんさい](人)
長屋王[ながやおう](人)
長義[ながよし](人)
長田①[おさだ](姓)
長田②[ながた](地/姓)
長田幹彦[ながたみきひこ](人)
長田秀雄[ながたひでお](人)
長田新[おさだあらた](人)
長井[ながい](地/姓)
長井兵助[ながいひょうすけ](人)
長井雅楽[ながいうた](人)
長井雲坪[ながいうんぺい](人)
長井長義[ながいながよし](人)
長瀞[ながとろ](地)
長宗我部[ちょうそかべ](姓)

응

応

応挙[おうきょ](人)
応其[おうご](人)
応神天皇[おうじんてんのう](人)

凝

凝然[ぎょうねん](人)

鷹

鷹見[たかみ](姓)
鷹見泉石[たかみせんせき](人)
鷹島[たかしま](地)
鷹栖[たかす](地)
鷹巣[たかのす](地)
鷹ノ巣[たかのす](地)

의

衣

衣掛山[きぬかけやま](地)
衣笠山[きぬがさやま](地)
衣笠貞之助[きぬがさていのすけ](地)
衣紋坂[えもんざか](地)
衣川[ころもがわ](地)
衣通姫[そとおりひめ](人)

医

医王[いおう](人)

依

依田[よだ](姓)
依田学海[よだがっかい](人)

宜

宜野湾[ぎのわん](地)
宜野座[ぎのざ](地)
宜寸川[よしきがわ](地)
宜秋門院[ぎしゅうもんいん](人)
宜秋門院丹後[ぎしゅうもんいんのたんご](人)

義

義経[よしつね](人)
義公[ぎこう](人)
義堂周信[ぎどうしゅうしん](人)
義満[よしみつ](人)
義山[ぎざん](人)
義淵[ぎえん](人)
義浄[ぎじょう](人)
義仲[よしなか](人)
義真[ぎしん](人)
義太夫[ぎだゆう](人)
義弘[よしひろ](人)

儀

儀同三司[ぎどうさんし](人)
儀同三司母[ぎどうさんしのはは](人)
儀狄[ぎてき](人)

懿

懿徳天皇[いとくてんのう](地)

이

二

二見[ふたみ](地)
二見浦[ふたみがうら](地)
二見の浦[ふたみのうら](地)
二階堂トクヨ[にかいどうとくよ](人)
二宮[にのみや](地/姓)
二宮敬作[にのみやけいさく](人)
二宮尊徳[にのみやそんとく](人)
二宮忠八[にのみやちゅうはち](人)
二百三高地[にひゃくさんこうち](地)
二本松[にほんまつ](地)
二上山[にじょうさん](地)
二十五日様[にじゅうごにちさま](人)
二葉亭四迷[ふたばていしめい](人)
二位の尼[にいのあま](人)
二酉[にゆう](地)
二条[にじょう](地/姓)
二条良基[にじょうよしもと](人)
二条院讃岐[にじょういんのさぬき](人)
二条為世[にじょうためよ](人)
二条通り[にじょうどおり](地)
二条天皇[にじょうてんのう](人)
二重丸[にじゅうまる](人)
二天[にてん](人)
二村山[ふたむらやま](地)
二海[ふたみ](地)
二戸[にのへ](地)
二ノ戸[にのへ](地)
二荒三[ふたらさん](地)

以

以心崇伝[いしんすうでん](人)
以仁王[もちひとおう](人)

耳

耳成山[みみなしやま](地)

伊

伊江[いえ](地)
伊江島[いえじま](地)
伊具[いぐ](地)
伊根[いね](地)
伊吉博徳[いきのはかとこ](人)
伊奈[いな](地/姓)
伊奈忠次[いなただつぐ](地)
伊那[いな](地)
伊那街道[いなかいどう](地)
伊那盆地[いなぼんち](地)
伊那佐の山[いなさのやま](地)
伊能[いのう](姓)
伊能忠敬[いのうただたか](人)
伊丹[いたみ](地/姓)
伊丹万作[いたみまんさく](人)
伊達[だて](地/姓)
伊達政宗[だてまさむね](人)
伊達宗城[だてむねなり](人)
伊達千広[だてちひろ](人)
伊都[いと](地)
伊都国[いとのくに](地)
伊東[いとう](地/姓)
伊東甲子太郎[いとうきねたろう](人)
伊東藍田[いとうらんでん](人)
伊東満所[いとうマンショ](人)
伊東巳代治[いとうみよじ](人)
伊東深水[いとうしんすい](人)
伊東祐親[いとうすけちか](人)
伊東祐亨[いとうすけゆき](人)
伊東静雄[いとうしずお](人)
伊東忠太[いとうちゅうた](人)
伊東玄朴[いとうげんぼく](人)
伊豆[いず](地)
伊豆の国[いずのくに](地)
伊豆半島[いずはんとう](地)
伊豆長岡[いずながおか](地)
伊豆長岡温泉[いずながおかおんせん](地)
伊豆諸島[いずしょとう](地)
伊豆七島[いずしちとう](地)
伊豆の海[いずのうみ](地)
伊藤[いとう](姓)
伊藤圭介[いとうけいすけ](人)
伊藤大輔[いとうだいすけ](人)
伊藤東涯[いとうとうがい](人)
伊藤蘭嵎[いとうらんぐう](人)
伊藤六郎兵衛[いとうろくろべえ](人)
伊藤博文[いとうひろぶみ](人)
伊藤松宇[いとうしょうう](人)
伊藤信徳[いとうしんとく](人)
伊藤慎蔵[いとうしんぞう](人)
伊藤野枝[いとうのえ](人)

伊 夷 姨 益 人 仁 印 因 忍 一

伊藤若冲[いとうじゃくちゅう](人)
伊藤永之介[いとうえいのすけ](人)
伊藤為吉[いとうためきち](人)
伊藤仁斎[いとうじんさい](人)
伊藤一刀斎[いとういっとうさい](人)
伊藤整[いとうせい](人)
伊藤宗看[いとうそうかん](人)
伊藤左千夫[いとうさちお](人)
伊藤痴遊[いとうちゆう](人)
伊藤平左衛門[いとうへいざえもん](人)
伊藤喜朔[いとうきさく](人)
伊良部島[いらぶじま](地)
伊良子[いらこ](姓)
伊良子清白[いらこせいはく](人)
伊良湖岬[いらごみさき](地)
伊良湖水道[いらごすいどう](地)
伊万里[いまり](地)
伊木[いき](姓)
伊木三猿斎[いきさんえんさい](人)
伊方[いかた](地)
伊舎那天[いしゃなてん](人)
伊邪那岐命[いざなきのみこと](人)
伊邪那美命[いざなみのみこと](人)
伊邪河[いざかわ](地)
伊仙[いせん](地)
伊勢[いせ](地/姓/人)
伊勢崎[いせざき](地)
伊勢大輔[いせのおおすけ·いせのたゆう](人)
伊勢湾[いせわん](地)
伊勢三郎[いせさぶろう](人)
伊勢原[いせはら](地)
伊勢長氏[いせながうじ](人)
伊勢貞丈[いせさだたけ](人)
伊勢貞親[いせさだちか](人)
伊勢佐木[いせざき](地)
伊勢志摩国立公園[いせしまこくりつこうえん](地)
伊勢平野[いせへいや](地)
伊勢の海[いせのうみ](地)
伊是名[いぜな](地)
伊野[いの](地)
伊予[いよ](地)
伊予三島[いよみしま](地)
伊予灘[いよなだ](地)
伊原[いはら](姓)
伊原青々園[いはらせいせいえん](人)
伊井[いい](姓)
伊井蓉峰[いいようほう
伊庭[いば](姓)
伊庭孝[いばたかし](人)
伊佐[いさ](地)
伊吹[いぶき](地)
伊吹山[いぶきやま](地)
伊治呰麻[いじのあざまろ](人)
伊治呰麻呂[これはるのあざまろ](人)
伊沢[いざわ](姓)
伊沢蘭軒[いざわらんけん](人)
伊沢修二[いざわしゅうじ](人)
伊波①[いは](姓)
伊波②[いば](姓)
伊波普猷[いはふゆう](人)
伊平屋[いへや](地)
伊賀[いが](地)
伊賀上野[いがうえの](地)
伊賀越[いがごえ](地)
伊香保[いかお·いかほ](地)
伊香保の沼[いかほのぬま](地)

夷

夷[えびす](人)
夷三郎[えびすさぶろう](人)
夷隅[いすみ](地)

姨

姨捨山[おばすてやま](地)

익

益

益満[ますみつ](姓)
益満休之助[ますみつきゅうのすけ](人)
益城[ましき](地)
益信[やくしん](人)
益子[ましこ](地)
益田[ますだ](地/姓)
益田時貞[ますだときさだ](人)
益田の池[ますだのいけ](地)
益田孝[ますだたかし](人)
益軒[えきけん](人)

인

人

人見[ひとみ](姓)
人見絹枝[ひとみきぬえ](人)
人吉[ひとよし](地)
人麻呂[ひとまろ](人)
人形峠[にんぎょうとうげ](地)
人丸[ひとまる](人)

仁

仁科[にしな](姓)
仁科芳雄[にしなよしお](人)
仁科盛遠[にしなもりとお](人)
仁多[にた](地)
仁徳天皇[にんとくてんのう](人)
仁明天皇[にんみょうてんのう](人)
仁木①[にき](地/姓)
仁木②[にっき](姓)
仁木弾正[にっきだんじょう](人)
仁阿弥道八[にんあみどうはち](人)
仁田[にった](地/姓)
仁田四郎[にたんのしろう](人)
仁田勇[にったいさむ](人)
仁田忠常[にったただつね](人)
仁淀川[によどがわ](地)
仁清[にんせい](人)
仁海[にんがい](人)
仁賢天皇[にんけんてんのう](人)
仁孝天皇[にんこうてんのう](人)

印

印南[いなみ](地)
印南野[いなみの](地)
印旛[いんば](地)
印旛沼[いんばぬま](地)
印西[いんざい](地)

因

因島[いんのしま](地)
因伯[いんはく](地)
因幡[いなば](地)
因幡山[いなばやま](地)
因州[いんしゅう](地/姓)
因州山稔[いんしゅうざんみのる](人)

忍

忍岡[しのぶがおか](地)
忍壁親王[おさかべしんのう](人)
忍性[にんしょう](人)
忍野[おしの](地)
忍野八海[おしのはっかい](地)
忍月[にんげつ](人)
忍坂[おさか](地)

일

一

一角仙人[いっかくせんにん](人)
一ノ谷[いちのたに](地)
一関[いちのせき](地)
一橋慶喜[ひとつばしよしのぶ](人)
一九[いっく](人)
一宮[いちのみや](地/姓)
一宮長常[いちのみやながつね](人)
一寧[いちねい](人)
一茶[いっさ](人)

一竜斎貞山[いちりゅうさいていざん](人)
一木喜徳郎[いちききとくろう](人)
一つ目[ひとつめ](地)
一碧楼[いっぺきろう](人)
一山一寧[いっさんいちねい](人)
一色[いっしき](地)
一心太助[いっしんたすけ](人)
一葉[いちよう](人)
一円[いちえん](人)
一条兼良[いちじょうかねら](人)
一条冬良[いちじょうふゆら](人)
一条天皇[いちじょうてんのう](人)
一忠[いっちゅう](人)
一遍[いっぺん](人)
一閑[いっかん](人)
一行[いちぎょう](人)
一戸[いちのへ](地)
一休[いっきゅう](人)

日

日間賀島[ひまかじま](地)
日ノ岬[ひのみさき](地)
日見[ひみ](人)
日高[ひだか](地)
日高見国[ひたかみのくに](地)
日高川[ひだかがわ](地)
日高山脈[ひだかさんみゃく](地)
日高山脈襟裳国定公園[ひだかさんみゃくえりもこくていこうえん](地)
日光[にっこう](地/姓)
日光街道[にっこうかいどう](地)
日光国立公園[にっこうこくりつこうえん](地)
日光例幣使街道[にっこうれいへいしかいどう](地)
日光湯元温泉[にっこうゆもとおんせん](地)
日吉津[ひえづ](地)
日吉丸[ひよしまる](人)
日南[にちなん](地)
日女[ひるめ](人)
日郎[にちろう](人)
日蓮[にちれん](人)
日霊[ひるめ](人)
日孁[ひるめ](人)
日柳[くさなぎ](姓)
日柳燕石[くさなぎえんせき](人)
日隆[にちりゅう](人)
日立[ひたち](地)
日本アルプス[にほんアルプス](地)
日の本[ひのもと](地)
日の本の国[ひのもとのくに](地)
日本橋①[にほんばし](地)
日本橋②[にっぽんばし](地)
日本列島[にほんれっとう](地)
日本武尊[やまとたけるのみこと](人)
日本原[にほんばら](地)
日本堤[にほんづつみ](地)
日本平[にほんだいら](地)
日本海[にほんかい](地)
日本海溝[にほんかいこう](地)
日比谷[ひびや](地)
日氷[ひみ](人)
日像[にちぞう](人)
日乗朝山[にちじょうちょうざん](人)
日什[にちじゅう](人)
日野[ひの](地/姓)
日野富子[ひのとみこ](人)
日野資朝[ひのすけとも](人)
日野俊基[ひのとしもと](人)
日野草城[ひのそうじょう](人)
日ノ御埼[ひのみさき](地)
日御碕[ひのみさき](地)
日奥[にちおう](人)
日原[にっぱら](地)
日田[ひた](地)
日田盆地[ひたぼんち](地)
日朝[にっちょう](人)
日州[にっしゅう](地)
日之影[ひのかげ](地)
日進[にっしん](地)
日出[ひじ](地)
日の出[ひので](地)
日置[ひおき](地)
日親[にっしん](人)
日豊[にっぽう](地)
日豊海岸国定公園[にっぽうかいがんこくていこうえん](地)
日下[くさか](姓)
日下部[くさかべ](姓)
日下部鳴鶴[くさかべめいかく](人)
日下部伊三次[くさかべいそうじ](人)
日下世傑[くさかせいけつ](人)
日夏[ひなつ](姓)
日夏耿之介[ひなつこうのすけ](人)
日向[ひゅうが](地)
日向灘[ひゅうがなだ](地)
日和佐[ひわさ](地)
日興①[にちこう](人)
日興②[にっこう](人)

壱

壱岐[いき](地)
壱岐対馬国定公園[いきつしまこくていこうえん](地)
壱岐水道[いきすいどう
壱与[いよ](人)
壱州[いっしゅう](地)

逸

逸然[いつねん](人)

임

壬

壬生[みぶ](地/姓)
壬生忠見[みぶのただみ](人)
壬生忠岑[みぶのただみね](人)

任

任那[みまな](地)

입

入

入間[いるま](地)
入間川[いるまがわ](地)
入江[いりえ](姓)
入江波光[いりえはこう](人)
入谷[いりや](地)
入善[にゅうぜん](地)
入水鍾乳洞[いりみずしょうにゅうどう](地)
入野[いりの](地/姓)
入佐山[いるさのやま](地)
入沢[いりさわ](姓)
入沢達吉[いりさわたつきち](人)

廿

廿日市[はつかいち](地)

鳰

鳰の海[におのうみ](地)

자

子

子規[しき](人)
子母沢[しもざわ](姓)
子母沢寛[しもざわかん](人)

自

自来也[じらいや](人)
自在天[じざいてん](人)

姉

姉崎[あねさき](姓)
姉崎正治[あねさきまさはる](人)
姉小路[あねがこうじ](姓)
姉小路公知[あねがこうじきんとも](人)

姉 姿 茨 紫 滋

응

応
応挙[おうきょ](人)
応其[おうご](人)
応神天皇[おうじんてんのう](人)

凝
凝然[ぎょうねん](人)

鷹
鷹見[たかみ](姓)
鷹見泉石[たかみせんせき](人)
鷹島[たかしま](地)
鷹栖[たかす](地)
鷹巣[たかのす](地)
鷹ノ巣[たかのす](地)

의

衣
衣掛山[きぬかけやま](地)
衣笠山[きぬがさやま](地)
衣笠貞之助[きぬがさていのすけ](地)
衣紋坂[えもんざか](地)
衣川[ころもがわ](地)
衣通姫[そとおりひめ](人)

医
医王[いおう](人)

依
依田[よだ](姓)
依田学海[よだがっかい](人)

宜
宜野湾[ぎのわん](地)
宜野座[ぎのざ](地)
宜寸川[よしきがわ](地)
宜秋門院[ぎしゅうもんいん](人)
宜秋門院丹後[ぎしゅうもんいんのたんご](人)

義
義経[よしつね](人)
義公[ぎこう](人)
義堂周信[ぎどうしゅうしん](人)
義満[よしみつ](人)
義山[ぎざん](人)
義淵[ぎえん](人)
義浄[ぎじょう](人)
義仲[よしなか](人)
義真[ぎしん](人)
義太夫[ぎだゆう](人)
義弘[よしひろ](人)

儀
儀同三司[ぎどうさんし](人)
儀同三司母[ぎどうさんしのはは](人)
儀狄[ぎてき](人)

懿
懿徳天皇[いとくてんのう](地)

이

二
二見[ふたみ](地)
二見浦[ふたみがうら](地)
二見の浦[ふたみのうら](地)
二階堂トクヨ[にかいどうとくよ](人)
二宮[にのみや](地/姓)
二宮敬作[にのみやけいさく](人)
二宮尊徳[にのみやそんとく](人)
二宮忠八[にのみやちゅうはち](人)
二百三高地[にひゃくさんこうち](地)
二本松[にほんまつ](地)
二上山[にじょうさん](地)
二十五日様[にじゅうごにちさま](人)
二葉亭四迷[ふたばていしめい](人)
二位の尼[にいのあま](人)
二酉[にゆう](地)
二条[にじょう](地/姓)
二条良基[にじょうよしもと](人)
二条院讃岐[にじょういんのさぬき](人)
二条為世[にじょうためよ](人)
二条通り[にじょうどおり](地)
二条天皇[にじょうてんのう](人)
二重丸[にじゅうまる](人)
二天[にてん](人)
二村山[ふたむらやま](地)
二海[ふたみ](地)
二戸[にのへ](地)
二ノ戸[にのへ](地)
二荒三[ふたらさん](地)

以
以心崇伝[いしんすうでん](人)
以仁王[もちひとおう](人)

耳
耳成山[みみなしやま](地)

伊
伊江[いえ](地)
伊江島[いえじま](地)
伊具[いぐ](地)
伊根[いね](地)
伊吉博徳[いきのはかとこ](人)
伊奈[いな](地/姓)
伊奈忠次[いなただつぐ](地)
伊那[いな](地)
伊那街道[いなかいどう](地)
伊那盆地[いなぼんち](地)
伊那佐の山[いなさのやま](地)
伊能[いのう](姓)
伊能忠敬[いのうただたか](人)
伊丹[いたみ](地/姓)
伊丹万作[いたみまんさく](人)
伊達[だて](地/姓)
伊達政宗[だてまさむね](人)
伊達宗城[だてむねなり](人)
伊達千広[だてちひろ](人)
伊都[いと](地)
伊都国[いとのくに](地)
伊東[いとう](地/姓)
伊東甲子太郎[いとうきねたろう](人)
伊東藍田[いとうらんでん](人)
伊東満所[いとうマンショ](人)
伊東巳代治[いとうみよじ](人)
伊東深水[いとうしんすい](人)
伊東祐親[いとうすけちか](人)
伊東祐亨[いとうすけゆき](人)
伊東静雄[いとうしずお](人)
伊東忠太[いとうちゅうた](人)
伊東玄朴[いとうげんぼく](人)
伊豆[いず](地)
伊豆の国[いずのくに](地)
伊豆半島[いずはんとう](地)
伊豆長岡[いずながおか](地)
伊豆長岡温泉[いずながおかおんせん](地)
伊豆諸島[いずしょとう](地)
伊豆七島[いずしちとう](地)
伊豆の海[いずのうみ](地)
伊藤[いとう](姓)
伊藤圭介[いとうけいすけ](人)
伊藤大輔[いとうだいすけ](人)
伊藤東涯[いとうとうがい](人)
伊藤蘭嵎[いとうらんぐう](人)
伊藤六郎兵衛[いとうろくろべえ](人)
伊藤博文[いとうひろぶみ](人)
伊藤松宇[いとうしょうう](人)
伊藤信徳[いとうしんとく](人)
伊藤慎蔵[いとうしんぞう](人)
伊藤野枝[いとうのえ](人)

伊藤若冲[いとうじゃくちゅう] (人)
伊藤永之介[いとうえいのすけ] (人)
伊藤為吉[いとうためきち] (人)
伊藤仁斎[いとうじんさい] (人)
伊藤一刀斎[いとういっとうさい] (人)
伊藤整[いとうせい] (人)
伊藤宗看[いとうそうかん] (人)
伊藤左千夫[いとうさちお] (人)
伊藤痴遊[いとうちゆう] (人)
伊藤平左衛門[いとうへいざえもん] (人)
伊藤喜朔[いとうきさく] (人)
伊良部島[いらぶじま] (地)
伊良子[いらこ] (姓)
伊良子清白[いらこせいはく] (人)
伊良湖岬[いらごみさき] (地)
伊良湖水道[いらごすいどう] (地)
伊万里[いまり] (地)
伊木[いき] (姓)
伊木三猿斎[いきさんえんさい] (人)
伊方[いかた] (地)
伊舎那天[いしゃなてん] (人)
伊邪那岐命[いざなきのみこと] (人)
伊邪那美命[いざなみのみこと] (人)
伊邪河[いざかわ] (地)
伊仙[いせん] (地)
伊勢[いせ] (地/姓/人)
伊勢崎[いせさき] (地)
伊勢大輔[いせのおおすけ·いせのたゆう] (人)
伊勢湾[いせわん] (地)
伊勢三郎[いせさぶろう] (人)
伊勢原[いせはら] (地)
伊勢長氏[いせながうじ] (人)
伊勢貞丈[いせさだたけ] (人)
伊勢貞親[いせさだちか] (人)
伊勢佐木[いせざき] (地)
伊勢志摩国立公園[いせしまこくりつこうえん] (地)
伊勢平野[いせへいや] (地)
伊勢の海[いせのうみ] (地)
伊是名[いぜな] (地)
伊野[いの] (地)
伊予[いよ] (地)
伊予三島[いよみしま] (地)
伊予灘[いよなだ] (地)
伊原[いはら] (姓)
伊原青々園[いはらせいせいえん] (人)
伊井[いい] (姓)
伊井蓉峰[いいようほう
伊庭[いば] (姓)
伊庭孝[いばたかし] (人)
伊佐[いさ] (地)
伊吹[いぶき] (地)
伊吹山[いぶきやま] (地)
伊治呰麻[いじのあざまろ] (人)
伊治呰麻呂[これはるのあざまろ] (人)
伊沢[いざわ] (姓)
伊沢蘭軒[いざわらんけん] (人)
伊沢修二[いざわしゅうじ] (人)
伊波①[いは] (姓)
伊波②[いば] (姓)
伊波普猷[いはふゆう] (人)
伊平屋[いへや] (地)
伊賀[いが] (地)
伊賀上野[いがうえの] (地)
伊賀越[いがごえ] (地)
伊香保[いかお·いかほ] (地)
伊香保の沼[いかほのぬま] (地)

夷

夷[えびす] (人)
夷三郎[えびすさぶろう] (人)
夷隅[いすみ] (地)

姨

姨捨山[おばすてやま] (地)

益

益満[ますみつ] (姓)
益満休之助[ますみつきゅうのすけ] (人)
益城[ましき] (地)
益信[やくしん] (人)
益子[ましこ] (地)
益田[ますだ] (地/姓)
益田時貞[ますだときさだ] (人)
益田の池[ますだのいけ] (地)
益田孝[ますだたかし] (人)
益軒[えきけん] (人)

인

人

人見[ひとみ] (姓)
人見絹枝[ひとみきぬえ] (人)
人吉[ひとよし] (地)
人麻呂[ひとまろ] (人)
人形峠[にんぎょうとうげ] (地)
人丸[ひとまる] (人)

仁

仁科[にしな] (姓)
仁科芳雄[にしなよしお] (人)
仁科盛遠[にしなもりとお] (人)
仁多[にた] (地)
仁徳天皇[にんとくてんのう] (人)
仁明天皇[にんみょうてんのう] (人)
仁木①[にき] (地/姓)
仁木②[にっき] (姓)
仁木弾正[にっきだんじょう] (人)
仁阿弥道八[にんあみどうはち] (人)
仁田[にった] (地/姓)
仁田四郎[にたんのしろう] (人)
仁田勇[にったいさむ] (人)
仁田忠常[にったただつね] (人)
仁淀川[によどがわ] (地)
仁清[にんせい] (人)
仁海[にんがい] (人)
仁賢天皇[にんけんてんのう] (人)
仁孝天皇[にんこうてんのう] (人)

印

印南[いなみ] (地)
印南野[いなみの] (地)
印旛[いんば] (地)
印旛沼[いんばぬま] (地)
印西[いんざい] (地)

因

因島[いんのしま] (地)
因伯[いんはく] (地)
因幡[いなば] (地)
因幡山[いなばやま] (地)
因州[いんしゅう] (地/姓)
因州山稔[いんしゅうざんみのる] (人)

忍

忍岡[しのぶがおか] (地)
忍壁親王[おさかべしんのう] (人)
忍性[にんしょう] (人)
忍野[おしの] (地)
忍野八海[おしのはっかい] (地)
忍月[にんげつ] (人)
忍坂[おさか] (地)

일

一

一角仙人[いっかくせんにん] (人)
一ノ谷[いちのたに] (地)
一関[いちのせき] (地)
一橋慶喜[ひとつばしよしのぶ] (人)
一九[いっく] (人)
一宮[いちのみや] (地/姓)
一宮長常[いちのみやながつね] (人)
一寧[いちねい] (人)
一茶[いっさ] (人)

一竜斎貞山[いちりゅうさいていざん] (人)
一木喜徳郎[いちききとくろう] (人)
一つ目[ひとつめ] (地)
一碧楼[いっぺきろう] (人)
一山一寧[いっさんいちねい] (人)
一色[いっしき] (地)
一心太助[いっしんたすけ] (人)
一葉[いちよう] (人)
一円[いちえん] (人)
一条兼良[いちじょうかねら] (人)
一条冬良[いちじょうふゆら] (人)
一条天皇[いちじょうてんのう] (人)
一忠[いっちゅう] (人)
一遍[いっぺん] (人)
一閑[いっかん] (人)
一行[いちぎょう] (人)
一戸[いちのへ] (地)
一休[いっきゅう] (人)

日

日間賀島[ひまかじま] (地)
日ノ岬[ひのみさき] (地)
日見[ひみ] (人)
日高[ひだか] (地)
日高見国[ひたかみのくに] (地)
日高川[ひだかがわ] (地)
日高山脈[ひだかさんみゃく] (地)
日高山脈襟裳国定公園[ひだかさんみゃくえりもこくていこうえん] (地)
日光[にっこう] (地/姓)
日光街道[にっこうかいどう] (地)
日光国立公園[にっこうこくりつこうえん] (地)
日光例幣使街道[にっこうれいへいしかいどう] (地)
日光湯元温泉[にっこうゆもとおんせん] (地)
日吉津[ひえづ] (地)
日吉丸[ひよしまる] (人)
日南[にちなん] (地)
日女[ひるめ] (人)
日郎[にちろう] (人)
日蓮[にちれん] (人)
日霊[ひるめ] (人)
日孁[ひるめ] (人)
日柳[くさなぎ] (姓)
日柳燕石[くさなぎえんせき] (人)
日隆[にちりゅう] (人)
日立[ひたち] (地)
日本アルプス[にほんアルプス] (地)
日の本[ひのもと] (地)
日の本の国[ひのもとのくに] (地)
日本橋①[にほんばし] (地)
日本橋②[にっぽんばし] (地)
日本列島[にほんれっとう] (地)
日本武尊[やまとたけるのみこと] (人)
日本原[にほんばら] (地)
日本堤[にほんづつみ] (地)
日本平[にほんだいら] (地)
日本海[にほんかい] (地)
日本海溝[にほんかいこう] (地)
日比谷[ひびや] (地)
日氷[ひみ] (人)
日像[にちぞう] (人)
日乗朝山[にちじょうちょうざん] (人)
日什[にちじゅう] (人)
日野[ひの] (地/姓)
日野富子[ひのとみこ] (人)
日野資朝[ひのすけとも] (人)
日野俊基[ひのとしもと] (人)
日野草城[ひのそうじょう] (人)
日ノ御埼[ひのみさき] (地)
日御碕[ひのみさき] (地)
日奥[にちおう] (人)
日原[にっぱら] (地)
日田[ひた] (地)
日田盆地[ひたぼんち] (地)
日朝[にっちょう] (人)
日州[にっしゅう] (地)
日之影[ひのかげ] (地)
日進[にっしん] (地)
日出[ひじ] (地)
日の出[ひので] (地)
日置[ひおき] (地)
日親[にっしん] (人)
日豊[にっぽう] (地)
日豊海岸国定公園[にっぽうかいがんこくていこうえん] (地)
日下[くさか] (姓)
日下部[くさかべ] (姓)
日下部鳴鶴[くさかべめいかく] (人)
日下部伊三次[くさかべいそうじ] (人)
日下世傑[くさかせいけつ] (人)
日夏[ひなつ] (姓)
日夏耿之介[ひなつこうのすけ] (人)
日向[ひゅうが] (地)
日向灘[ひゅうがなだ] (地)
日和佐[ひわさ] (人)
日興①[にちこう] (人)
日興②[にっこう] (人)

壱

壱岐[いき] (地)
壱岐対馬国定公園[いきつしまこくていこうえん] (地)
壱岐水道[いきすいどう] (地)
壱与[いよ] (人)
壱州[いっしゅう] (地)

逸

逸然[いつねん] (人)

壬

壬生[みぶ] (地/姓)
壬生忠見[みぶのただみ] (人)
壬生忠岑[みぶのただみね] (人)

任

任那[みまな] (地)

입

入

入間[いるま] (地)
入間川[いるまがわ] (地)
入江[いりえ] (姓)
入江波光[いりえはこう] (人)
入谷[いりや] (地)
入善[にゅうぜん] (地)
入水鍾乳洞[いりみずしょうにゅうどう] (地)
入野[いりの] (地/姓)
入佐山[いるさのやま] (地)
入沢[いりさわ] (姓)
入沢達吉[いりさわたつきち] (人)

廿

廿日市[はつかいち] (地)

鳰

鳰の海[におのうみ] (地)

자

子

子規[しき] (人)
子母沢[しもざわ] (姓)
子母沢寛[しもざわかん] (人)

自

自来也[じらいや] (人)
自在天[じざいてん] (人)

姉

姉崎[あねさき] (姓)
姉崎正治[あねさきまさはる] (人)
姉小路[あねがこうじ] (姓)
姉小路公知[あねがこうじきんとも] (人)

姉川[あねがわ](地)

姿
姿の池[すがたのいけ](地)

茨
茨木[いばらき](地)
茨木童子[いばらきどうじ](人)
茨城[いばらき](地)
茨田[まんだ](地)

紫
紫女[しじょ](人)
紫の上[むらさきのうえ](人)
紫式部[むらさきしきぶ](人)
紫野[むらさきの](地)
紫波[しわ](地)

滋
滋野[しげの](姓)
滋野井[しげのい](人)
滋野貞主[しげののさだぬし](人)
滋賀[しが](地)
滋賀山[しがやま](地)
滋賀浦[しがのうら](地)

慈
慈覚大師[じかくだいし](人)
慈氏[じし](人)
慈眼大師[じげんだいし](人)
慈雲[じうん](人)
慈円[じえん](人)
慈鎮[じちん](人)
慈昌[じしょう](人)
慈遍[じへん](人)
慈慧大師[じえだいし](人)

雌
雌阿寒岳[めあかんだけ](地)

작

作
作並温泉[さくなみおんせん](地)
作州[さくしゅう](地)

柞
柞の森[ははそのもり](地)

잡

匝
匝瑳[そうさ](地)

雑
雑司ヶ谷[ぞうしがや](地)
雑賀[さいか](地)

장

丈
丈山[じょうざん](人)
丈草[じょうそう](人)

壮
壮瞥[そうべつ](地)

庄
庄内[しょうない](地)
庄内川[しょうないがわ](地)
庄内平野[しょうないへいや](地)
庄原[しょうばら](地)
庄川[しょうがわ](地)
庄和[しょうわ](地)

杖
杖突峠[つえつきとうげ](地)
杖突坂[つえつきざか](地)

長
長岡[ながおか](地)
長岡京[ながおかきょう](地)
長岡半太郎[ながおかはんたろう](人)
長居の浦[ながいのうら](地)
長慶天皇[ちょうけいてんのう](人)
長谷部[はせべ](姓)
長谷部言人[はせべことんど](人)
長谷川[はせがわ](姓)
長谷川テル[はせがわてる](人)
長谷川勘兵衛[はせがわかんべえ](人)
長谷川潔[はせがわきよし](人)
長谷川等伯[はせがわとうはく](人)
長谷川利行[はせがわとしゆき](人)
長谷川保[はせがわたもつ](人)
長谷川四郎[はせがわしろう](人)
長谷川三郎[はせがわさぶろう](人)
長谷川時雨[はせがわしぐれ](人)
長谷川伸[はせがわしん](人)
長谷川如是閑[はせがわにょぜかん](人)
長谷川町子[はせがわまちこ](人)
長谷川千四[はせがわせんし](人)
長谷川天渓[はせがわてんけい](人)
長谷川平蔵[はせがわへいぞう](人)
長光[ながみつ](人)
長久保[ながくぼ](姓)
長久保赤水[ながくぼせきすい](人)
長久手[ながくて](地)
長崎[ながさき](地/姓)
長崎高資[ながさきたかすけ](人)
長吉[ながよし](人)
長南[ちょうなん](地)
長島[ながしま](地)
長道[ながみち](人)
長等山[ながらやま](地)
長良川[ながらがわ](地)
長万部[おしゃまんべ](地)
長明[ちょうめい](人)
長門[ながと](地)
長門狭[ちょうもんきょう](地)
長尾[ながお](姓)
長尾景虎[ながおかげとら](人)
長柄[ながら](地)
長府[ちょうふ](地)
長浜[ながはま](地)
長生[ちょうせい](地)
長船長満[おさふねながみつ](人)
長勢[ちょうせい](人)
長沼[ながぬま](地/姓)
長沼妙佼[ながぬまみょうこう](人)
長嘯子[ちょうしょうし](人)
長束[なつか](姓)
長束正家[なつかまさいえ](人)
長篠[ながしの](地)
長髄彦[ながすねひこ](人)
長野[ながの](地/姓)
長野盆地[ながのぼんち](地)
長野宇平治[ながのうへいじ](人)
長野原[ながのはら](地)
長野義言[ながのよしこと](人)
長与[ながよ](地/姓)
長与善郎[ながよよしろう](人)
長与又郎[ながよまたろう](人)
長与専斎[ながよせんさい](人)
長屋王[ながやおう](人)
長義[ながよし](人)
長田①[おさだ](姓)
長田②[ながた](地/姓)
長田幹彦[ながたみきひこ](人)
長田秀雄[ながたひでお](人)
長田新[おさだあらた](人)
長井[ながい](地/姓)
長井兵助[ながいひょうすけ](人)
長井雅楽[ながいうた](人)
長井雲坪[ながいうんぺい](人)
長井長義[ながいながよし](人)
長瀞[ながとろ](地)
長宗我部[ちょうそかべ](姓)

長宗我部盛親[ちょうそかべもりちか](人)
長宗我部元親[ちょうそかべもとちか](人)
長州[ちょうしゅう](地)
長洲[ながす](地)
長洲の浜[ながすのはま](地)
長曽禰虎徹[ながそねこてつ](人)
長次郎[ちょうじろう](人)
長泉[ながいずみ](地)
長塚[ながつか](姓)
長塚節[ながつかたかし](人)
長沢[ながさわ](姓)
長沢蘆雪[ながさわろせつ](人)
長和[ながわ](地)

蔵

蔵内[くらうち](姓)
蔵内数太[くらうちかずた](人)
蔵六[ぞうろく](人)
蔵王[ざおう](地)
蔵王国定公園[ざおうこくていこうえん](地)
蔵王権現[ざおうごんげん](人)
蔵王山[ざおうざん](地)
蔵原[くらはら](姓)
蔵原惟人[くらはらこれひと](人)
蔵前[くらまえ](地)

재

才

才麿[さいまろ](人)

在

在五[ざいご](人)
在五中将[ざいごちゅうじょう](人)
在原[ありわら](姓)
在原業平[ありわらのなりひら](人)
在原滋春[ありわらのしげはる](人)
在原行平[ありわらのゆきひら](人)

財

財部彪[たからべたけし](人)

梓

梓川[あずさがわ](地)

斎

斎宮女御[さいぐうのにょうご](人)
斎藤[さいとう](姓)
斎藤徳元[さいとうとくげん](人)
斎藤道三[さいとうどうさん](人)
斎藤緑雨[さいとうりょくう](人)
斎藤竜興[さいとうたつおき](人)
斎藤隆夫[さいとうたかお](人)
斎藤利三[さいとうとしみつ](人)
斎藤茂吉[さいとうもきち](人)
斎藤弥九郎[さいとうやくろう](人)
斎藤秀三郎[さいとうひでさぶろう](人)
斎藤秀雄[さいとうひでお](人)
斎藤実[さいとうまこと](人)
斎藤実盛[さいとうさねもり](人)
斎藤彦麿[さいとうひこまろ](人)
斎藤雄[さいとうたけし](人)
斎藤月岑[さいとうげっしん](人)
斎藤義竜[さいとうよしたつ](人)
斎藤拙堂[さいとうせつどう](人)
斎藤喜博[さいとうきはく](人)
斎部[いんべ](姓)
斎部広成[いんべのひろなり](人)

저

杵

杵島[きしま](地)
杵屋[きねや](姓)
杵屋勘五郎[きねやかんごろう](人)
杵屋六三郎[きねやろくさぶろう](人)
杵屋六左衛門[きねやろくざえもん](人)
杵屋栄蔵[きねやえいぞう](人)
杵屋佐吉[きねやさきち](人)
杵築[きつき](地)

猪

猪名野[いなの](地)
猪名川[いながわ](地)
猪苗代[いなわしろ](地/姓)
猪苗代兼載[いなわしろけんさい](人)
猪苗代湖[いなわしろこ](人)
猪俣[いのまた](姓)
猪俣津南雄[いのまたつなお](人)

적

赤

赤[あか](地)
赤間関[あかませき](地)
赤の広場[あかのひろば](地)
赤橋守時[あかはしもりとき](人)
赤堀[あかぼり](姓)
赤堀四郎[あかぼりしろう](人)
赤根[あかね](姓)
赤根武人[あかねたけと](人)
赤目四十八滝[あかめしじゅうはちたき](人)
赤磐[あかいわ](地)
赤石山脈[あかいしさんみゃく](地)
赤石岳[あかいしだけ](地)
赤城[あかぎ](地)
赤城山[あかぎやま](地)
赤城湖[あかぎこ](地)
赤松[あかまつ](姓)
赤松克麿[あかまつかつまろ](人)
赤松満祐[あかまつみつすけ](人)
赤松常子[あかまつつねこ](人)
赤松義則[あかまつよしのり](人)
赤松則祐[あかまつのりすけ](人)
赤松則村[あかまつのりむら](人)
赤穂[あこう](地)
赤彦[あかひこ](人)
赤染[あかぞめ](姓)
赤染衛門[あかぞめえもん](人)
赤羽[あかばね](地)
赤垣[あかがき](姓)
赤垣源蔵[あかがきげんぞう](人)
赤人[あかひと](人)
赤井川[あかいがわ](地)
赤池[あかいけ](地)
赤倉温泉[あかくらおんせん](地)
赤湯温泉[あかゆおんせん](地)
赤沢山[あかざわやま](地)
赤坂[あかさか](地/姓)
赤坂忠正[あかさかただまさ](人)
赤平[あかびら](地)
赤鶴吉成[しゃくづるよしなり](人)

的

的矢湾[まとやわん](地)

荻

荻生[おぎゅう](姓)
荻生徂徠[おぎゅうそらい](人)
荻須[おぎす](姓)
荻須高徳[おぎすたかのり](人)
荻野[おぎの](姓)
荻野吟子[おぎのぎんこ](人)
荻原[おぎわら](姓)
荻原重秀[おぎわらしげひで](人)
荻村[おぎむら](姓)
荻村一智朗[おぎむらいちろう](人)

寂

寂蓮[じゃくれん](人)
寂然[じゃくぜん](人)

笛

笛吹川[ふえふきがわ](地)

跡

跡見[あとみ](姓)
跡見花蹊[あとみかけい](人)
跡部[あとべ](姓)
跡部良顕[あとべよしあきら](人)

積

積丹[しゃこたん](地)
積丹半島[しゃこたんはんとう](地)

鏑

鏑木[かぶらぎ](姓)
鏑木清方[かぶらぎきよかた](人)

전

田

田んぼ[たんぼ](地)
田岡[たおか](姓)
田岡良一[たおかりょういち](人)
田岡嶺雲[たおかれいうん](人)
田尻[たじり](地)
田谷[たや](姓)
田谷力三[たやりきぞう](人)
田口[たぐち](姓)
田口卯吉[たぐちうきち](人)
田口和美[たぐちかずよし](人)
田宮[たみや](姓)
田宮虎彦[たみやとらひこ](人)
田崎[たざき](姓)
田崎草雲[たざきそううん](人)
田能村[たのむら](姓)
田能村竹田[たのむらちくでん](人)
田代[たしろ](姓)
田代三喜[たしろさんき](人)
田代松意[たしろしょうい](人)
田代栄助[たしろえいすけ](人)
田道間守[たじまもり](人)
田螺金魚[たにしききんぎょ](人)
田老[たろう](地)
田麦俣[たむぎまた](地)
田無[たなし](地)
田霧姫命[たきりびめのみこと](人)
田方[たがた](地)
田辺[たなべ](地/姓)
田辺朔郎[たなべさくお](人)
田辺尚雄[たなべひさお](人)
田辺元[たなべはじめ](人)
田部[たなべ](姓)
田部重治[たなべじゅうじ](人)
田舎館[いなかだて](地)
田山[たやま](姓)
田山花袋[たやまかたい](人)
田上[たがみ](地)
田上山[たなかみやま](地)
田沼[たぬま](地/姓)
田沼意知[たぬまおきとも](人)
田沼意次[たぬまおきつぐ](人)
田鎖[たくさり](姓)
田鎖綱紀[たくさりこうき](人)
田心姫命[たごりひめのみこと](人)
田安宗武[たやすむねたけ](人)
田野[たの](地)
田野畑[たのはた](地)
田熊[たくま](姓)
田熊常吉[たくまつねきち](人)
田原[たはら](地)
田原本[たわらもと](地)
田原淳[たわらすなお](人)
田原坂[たはらざか](地)
田園調布[でんえんちょうふ](地)
田子[たっこ](地)
田子の浦[たごのうら](人)
田中[たなか](姓)
田中角栄[たなかかくえい](人)
田中絹代[たなかきぬよ](人)
田中耕太郎[たなかこうたろう](人)
田中寛一[たなかかんいち](人)
田中館[たなかだて](人)
田中館愛橘[たなかだてあいきち](人)
田中光顕[たなかみつあき](人)
田中久重[たなかひさしげ](人)
田中吉政[たなかよしまさ](人)
田中訥言[たなかとつげん](人)
田中大秀[たなかおおひで](人)
田中桐江[たなかとうこう](人)
田中美知太郎[たなかみちたろう](人)
田中芳男[たなかよしお](人)
田中不二麻呂[たなかふじまろ](人)
田中勝助[たなかしょうすけ](人)
田中新兵衛[たなかしんべえ](人)
田中阿歌麿[たなかあかまろ](人)
田中英光[たなかひでみつ](人)
田中王堂[たなかおうどう](人)
田中義一[たなかぎいち](人)
田中正造[たなかしょうぞう](人)
田中正平[たなかしょうへい](人)
田中親美[たなかしんび](人)
田主丸[たぬしまる](地)
田川[たがわ](地)
田添[たぞえ](姓)
田添哲二[たぞえてつじ](人)
田村[たむら](地/姓)
田村藍水[たむららんすい](人)
田村俊子[たむらとしこ](人)
田村秋子[たむらあきこ](人)
田村泰次郎[たむらたいじろう](人)
田沢湖[たざわこ](地)
田坂[たさか](姓)
田坂具隆[たさかともたか](人)
田布施[たぶせ](地)
田圃[たんぼ](地)
田河[たがわ](姓)
田河水泡[たがわすいほう](人)
田丸[たまる](姓)
田丸稲之衛門[たまるいなのえもん](人)
田丸卓郎[たまるたくろう](人)

伝

伝馬町[てんまちょう](地)

佃

佃[つくだ](地/姓)
佃島[つくだじま](地)

典

典仁親王[すけひとしんのう](人)

前

前橋[まえばし](地)
前島[まえじま](姓)
前島密[まえじまひそか](人)
前野[まえの](姓)
前野良沢[まえのりょうたく](人)
前原①[まえばる](地)
前原②[まえばら](姓)
前原一誠[まえばらいっせい](人)
前田[まえだ](姓)
前田綱紀[まえだつなのり](人)
前田寛治[まえだかんじ](人)
前田利家[まえだとしいえ](人)
前田夕暮[まえだゆうぐれ](人)
前田正名[まえだまさな](人)
前田青邨[まえだせいそん](人)
前田河[まえだこう](姓)
前田河広一郎[まえだこうひろいちろう](人)
前田夏蔭[まえだなつかげ](人)
前田玄以[まえだげんい](人)
前中書王[さきのちゅうしょおう](人)
前川[まえかわ](姓)
前川国男[まえかわくにお](人)
前沢[まえさわ](地)

専

専順[せんじゅん](人)

畠
畠山[はたけやま](姓)
畠山義就[はたけやまよしなり](人)
畠山政長[はたけやままさなが](人)
畠山重忠[はたけやましげただ](人)
畠中[はたけなか](姓)
畠中観斎[はたけなかかんさい](人)

戦
戦場ヶ原[せんじょうがはら](地)

銭
銭屋五兵衛[ぜにやごへえ](人)
銭形平次[ぜにがたへいじ](人)

槙
槙[まき](姓)
槙尾[まきのお](地)
槙有恒[まきありつね](人)

鴫
鴫立沢[しぎたつさわ](地)

纏
纏向山[まきむくやま](地)

절

折
折口[おりくち](姓)
折口信夫[おりくちしのぶ](人)

絶
絶海中津[せっかいちゅうしん](人)

점

占
占冠[しむかっぷ](地)
占城[せんじょう](地)
占守島[しむしゅとう](地)
占守海峡[しむしゅかいきょう](地)

苫
苫小牧[とまこまい](地)
苫田[とまた](地)
苫前[とままえ](地)

鮎
鮎川[あゆかわ](姓)
鮎川信夫[あゆかわのぶお](人)
鮎川義介[あゆかわよしすけ・あいかわよしすけ](人)

접

摺
摺針峠[すりはりとうげ](地)

정

井
井口[いのくち](姓)
井口阿くり[いのくちあくり](人)
井口在屋[いのくちありや](人)
井伏[いぶせ](姓)
井伏鱒二[いぶせますじ](人)
井上[いのうえ](姓)
井上でん[いのうえでん](人)
井上剣花坊[いのうえけんかぼう](人)
井上光晴[いのうえみつはる](人)
井上勤[いのうえつとむ](人)
井上金峨[いのうえきんが](人)
井上蘭台[いのうえらんだい](人)
井上頼圀[いのうえよりくに](人)
井上文雄[いのうえふみお](人)
井上士郎[いのうえしろう](人)
井上成美①[いのうえしげよし](人)
井上成美②[いのうえせいび](人)
井上勝[いのうえまさる](人)
井上円了[いのうええんりょう](人)
井上毅[いのうえこわし](人)
井上因碩[いのうえいんせき](人)
井上日召[いのうえにっしょう](人)
井上正夫[いのうえまさお](人)
井上正鉄[いのうえまさかね](人)
井上靖[いのうえやすし](人)
井上準之助[いのうえじゅんのすけ](人)
井上真改[いのうえしんかい](人)
井上哲次郎[いのうえてつじろう](人)
井上通女[いのうえつうじょ](人)
井上通泰[いのうえみちやす](人)
井上播磨掾[いのうえはりまのじょう](人)
井上馨[いのうえかおる](人)
井手[いで](地/姓)
井手曙覧[いであけみ](地)
井手の玉川[いでのたまがわ](地)
井深[いぶか](姓)
井深梶之助[いぶかかじのすけ](人)
井原①[いはら](姓)
井原②[いばら](地)
井原西鶴[いはらさいかく](人)
井伊[いい](姓)
井伊直政[いいなおまさ](人)
井伊直弼[いいなおすけ](人)
井伊直孝[いいなおたか](人)
井之頭公園[いのかしらこうえん](地)
井川[いかわ](地)
井泉水[せいせんすい](人)
井沢[いざわ](姓)
井沢弥惣兵衛[いざわやそべえ](人)
井波[いなみ](地)
井戸[いど](姓)
井戸平左衛門[いどへいざえもん](人)

丼
丼池[どぶいけ](地)

正
正岡[まさおか](姓)
正岡子規[まさおかしき](人)
正力[しょうりき](姓)
正力松太郎[しょうりきまつたろう](人)
正木[まさき](姓)
正木ひろし[まさきひろし](人)
正秀[まさひで](人)
正宗[まさむね](姓/人)
正宗白鳥[まさむねはくちょう](人)
正俊[まさとし](人)
正清[まさきよ](人)
正親町天皇[おおぎまちてんのう](人)
正八幡[しょうはちまん](人)
正八幡宮[しょうはちまんぐう](人)
正恒[まさつね](人)

町
町田[まちだ](姓)
町田佳声[まちだかしょう](人)
町田忠治[まちだちゅうじ](人)

定
定家[ていか](人)
定慶[じょうけい](人)
定利[さだとし](人)
定山渓[じょうざんけい](人)
定朝[じょうちょう](人)

征
征西将軍宮[せいせいしょうぐんのみや](人)

亭
亭子院[ていじいん](人)

貞
貞慶[じょうけい](人)

貞奴[さだやっこ](人)
貞徳[ていとく](人)
貞明皇后[ていめいこうごう](人)
貞成親王[さだふさしんのう](人)
貞信公[ていしんこう](人)
貞信尼[ていしんに](人)
貞室[ていしつ](人)
貞宗[さだむね](人)
貞次[さだつぐ](人)

浄
浄瑠璃姫[じょうるりひめ](人)
浄弁[じょうべん](人)
浄厳[じょうごん](人)
浄土ヶ浜[じょうどがはま](地)

淀
淀[よど](地)
淀橋[よどばし](地)
淀君[よどぎみ](人)
淀屋辰五郎[よどやたつごろう](人)
淀川[よどがわ](地)

程
程伊川[ていいせん](人)
程頤[ていい](人)
程顥[ていこう](人)

碇
碇ヶ関[いかりがせき](地)

精
精進湖[しょうじこ](地)
精華[せいか](地)

静
静[しずか](人)
静岡[しずおか](地)
静寛院宮[せいかんいんのみや](人)
静内[しずない](地)
静軒[せいけん](人)

瀞
瀞八丁[どろはっちょう](地)
瀞峡[どろきょう](地)

제

弟
弟橘姫[おとたちばなひめ](人)
弟磯城[おとしき](人)
弟師木[おとしき](人)
弟子屈[てしかが](地)

斉
斉明天皇[さいめいてんのう](人)

帝
帝釈狭[たいしゃくきょう](地)

堤
堤[つつみ](姓)
堤康次郎[つつみやすじろう](人)
堤中納言[つつみちゅうなごん](人)

諸
諸橋[もろはし](姓)
諸橋轍次[もろはしてつじ](人)
諸塚[もろつか](地)

醍
醍醐[だいご](地)
醍醐山[だいごさん](地)
醍醐天皇[だいごてんのう](人)

조

兆
兆殿司[ちょうでんす](人)

早
早島[はやしま](地)
早良[さわら](地)
早良親王[さわらしんのう](人)
早明浦ダム[さめうらだむ](地)
早鞆瀬戸[はやとものせと](地)
早矢仕[はやし](姓)
早矢仕有的[はやしゆうてき](人)
早野[はやの](姓)
早野勘兵[はやのかんぺい](人)
早野巴人[はやのはじん](人)
早田[はやた](姓)
早田文蔵[はやたぶんぞう](人)
早池峰[はやちね](地)
早池峰国定公園[はやちねこくていこうえん](地)
早池峰山[はやちねさん](地)
早川[はやかわ](地/姓)
早川孝太郎[はやかわこうたろう](人)
早坂[はやさか](姓)
早坂文雄[はやさかふみお](人)

助
助広[すけひろ](人)
助光[すけみつ](人)
助真[すけざね](人)
助平[すけひら](人)

祖
祖谷[いや](地)
祖母傾国定公園[そぼかたむきこくていこうえん](地)
祖母山[そぼさん](地)
祖父江[そぶえ](地)
祖元[そげん](人)

鳥
鳥居[とりい](姓)
鳥居強右衛門[とりいすねえもん](人)
鳥居竜蔵[とりいりゅうぞう](人)
鳥居峠[とりいとうげ](地)
鳥居素川[とりいそせん](人)
鳥居耀蔵[とりいようぞう](人)
鳥居元忠[とりいもとただ](人)
鳥居清満[とりいきよみつ](人)
鳥居清倍[とりいきよます](人)
鳥居清信[とりいきよのぶ](人)
鳥居清長[とりいきよなが](人)
鳥見山[とみやま](地)
鳥島[とりしま](地)
鳥籠の山[とこのやま](地)
鳥尾[とりお](姓)
鳥尾小弥太[とりおおこやた](人)
鳥辺山[とりべやま](地)
鳥辺野[とりべの](地)
鳥部山[とりべやま](地)
鳥部野[とりべの](地)
鳥山[とりやま](姓)
鳥山芝軒[とりやましけん](人)
鳥栖[とす](地)
鳥潟[とりがた](姓)
鳥潟右一[とりがたういち](人)
鳥羽[とば](地)
鳥羽僧正[とばそうじょう](人)
鳥羽天皇[とばてんのう](人)
鳥取[とっとり](地)
鳥海[ちょうかい](姓)
鳥海国定公園[ちょうかいこくていこうえん](地)
鳥海山[ちょうかいさん](地)
鳥海青児[ちょうかいせいじ](人)

朝
朝来[あさご](地)
朝霧高原[あさぎりこうげん](人)
朝比奈[あさひな](姓)
朝比奈義秀[あさひなよしひで](人)
朝比奈知泉[あさひなちせん](人)
朝比奈泰彦[あさひなやすひこ](人)
朝山日乗[あさやまにちじょう](人)

朝彦親王[あさひこしんのう](人)
朝永[ともなが](姓)
朝永三十郎[ともながさんじゅうろう](人)
朝永振一郎[ともながしんいちろう](人)
朝熊[あさま](地)
朝熊山[あさまやま](地)
朝原[あしたのはら](地)
朝夷[あさひな](姓)
朝日[あさひ](地)
朝日山[あさひやま](地)
朝日山地[あさひさんち](地)
朝日将軍[あさひしょうぐん](人)
朝倉[あさくら](地/姓)
朝倉文夫[あさくらふみお](人)
朝倉敏景[あさくらとしかげ](人)
朝倉山[あさくらやま](地)
朝倉義景[あさくらよしかげ](人)
朝倉孝景[あさくらたかかげ](人)
朝妻[あさづま](地)
朝河[あさかわ](姓)
朝河貫一[あさかわかんいち](人)
朝霞[あさか](地)

照

照手姫[てるてひめ](人)

銚

銚子[ちょうし](地)

潮

潮岬[しおのみさき](地)
潮来[いたこ](地)

調

調所[ずしょ](姓)
調所広郷[ずしょひろさと](人)
調伊企儺[つきのいきな](人)
調布[ちょうふ](地)
調和[ちょうわ](人)

糟

糟谷[かすや](地)
糟屋[かすや](地)

鯛

鯛屋貞柳[たいやていりゅう](人)
鯛ノ浦[たいのうら](地)

竈

竈山[かまやま·かまどやま](地)

족

足

足寄[あしょろ](地)
足代[あじろ](姓)
足代弘訓[あじろひろのり](人)
足利[あしかが](地/姓)
足利基氏[あしかがもとうじ](人)
足利茶々丸[あしかがちゃちゃまる](人)
足利成氏[あしかがしげうじ](人)
足利氏満[あしかがうじみつ](人)
足利義教[あしかがよしのり](人)
足利義量[あしかがよしかず](人)
足利義満[あしかがよしみつ](人)
足利義尚[あしかがよしひさ](人)
足利義昭[あしかがよしあき](人)
足利義勝[あしかがよしかつ](人)
足利義視[あしかがよしみ](人)
足利義栄[あしかがよしひで](人)
足利義詮[あしかがよしあきら](人)
足利義政[あしかがよしまさ](人)
足利義持[あしかがよしもち](人)
足利義稙[あしかがよしたね](人)
足利義澄[あしかがよしずみ](人)
足利義晴[あしかがよしはる](人)
足利義輝[あしかがよしてる](人)
足利政知[あしかがまさとも](人)
足利尊氏[あしかがたかうじ](人)
足利持氏[あしかがもちうじ](人)
足利直冬[あしかがただふゆ](人)
足利直義[あしかがただよし](人)
足立[あだち](地/姓)
足立文太郎[あだちぶんたろう](人)
足立源一郎[あだちげんいちろう](人)
足名椎[あしなずち](人)
足尾[あしお](地)
足柄[あしがら](地)
足柄関[あしがらのせき](地)
足柄山[あしがらやま](地)
足柄上[あしがらかみ](地)
足柄峠[あしがらとうげ](地)
足柄下[あしがらしも](地)
足摺岬[あしずりみさき](地)
足摺宇和改国立公園[あしずりうわかいこくりつこうえん](地)
足助[あすけ](地)

존

存

存応[ぞんのう](人)

尊

尊良親王[たかながしんのう](人)
尊氏[たかうじ](人)
尊円法親王[そんえんほうしんのう](人)
尊融法親王[そんゆうほうしんのう](人)
尊澄法親王[そんちょうほうしんのう](人)

종

宗

宗[そう](姓)
宗喀巴[そうかくは](人)
宗鑑[そうかん](人)
宗谷[そうや](地)
宗谷岬[そうやみさき](地)
宗谷海峡[そうやかいきょう](地)
宗近[むねちか](人)
宗祇[そうぎ](人)
宗達[そうたつ](人)
宗良親王[むねながしんのう](人)
宗密[しゅうみつ](人)
宗峰妙超[しゅうほうみょうちょう](人)
宗像[むなかた](地)
宗碩[そうせき](人)
宗純[そうじゅん](人)
宗養[そうよう](人)
宗義智[そうよしとし](人)
宗因[そういん](人)
宗長[そうちょう](人)
宗助国[そうすけくに](人)
宗尊親王[むねたかしんのう](人)

終

終南山[しゅうなんざん](地)

種

種市[たねいち](地)
種彦[たねひこ](人)
種子島[たねがしま](地/姓)
種子島時尭[たねがしまときたか](人)
種田[たねだ](姓)
種田山頭火[たねださんとうか](人)

鐘

鐘の岬[かねのみさき](地)
鐘巻[かねまき](姓)
鐘巻自斎[かねまきじさい](人)
鐘ケ淵[かねがふち](地)

좌

左

左京[さきょう](地)
左文字[さもんじ](人)
左甚五郎[ひだりじんごろう](人)
左右田[そうだ](姓)
左右田喜一郎[そうだきいちろう](人)

佐

佐久[さく](地)
佐久間[さくま](姓)
佐久間勉[さくまつとむ](人)
佐久間盛政[さくまもりまさ](人)
佐久間信盛[さくまのぶもり](人)
佐久間貞一[さくまていいち](人)
佐久間惣五郎[さくまそうごろう](人)
佐久間玄蕃[さくまげんば](人)
佐久良[さくら](姓)
佐久良東雄[さくらあずまお](人)
佐久盆地[さくぼんち](地)
佐久象山[さくましょうざん](人)
佐久穂[さくほ](地)
佐久鼎[さくまかなえ](人)
佐那河内[さなごうち](地)
佐多岬[さたみさき](地)
佐渡[さど](地)
佐渡島[さどがしま](地)
佐渡弥彦米山国定公園[さどやひこよねやまこくていこうえん](地)
佐渡院[さどのいん](地)
佐藤[さとう](姓)
佐藤継信[さとうつぐのぶ](人)
佐藤尚中[さとうしょうちゅう](人)
佐藤誠実[さとうのぶざね](人)
佐藤信淵[さとうのぶひろ](人)
佐藤栄作[さとうえいさく](人)
佐藤義亮[さとうぎりょう](人)
佐藤一斎[さとういっさい](人)
佐藤佐太郎[さとうさたろう](人)
佐藤直方[さとうなおかた](人)
佐藤惣之助[さとうそうのすけ](人)
佐藤春夫[さとうはるお](人)
佐藤忠信[さとうただのぶ](人)
佐藤泰然[さとうたいぜん](人)
佐藤玄々[さとうげんげん](人)
佐藤紅緑[さとうこうろく](人)
佐呂間[さろま](地)
佐瀬[させ](姓)
佐瀬与次右衛門[させよじえもん](人)
佐伯①[さいき](地)
佐伯②[さえき](地/姓)
佐伯梅友[さえきうめとも](人)
佐伯裕三[さえきゆうぞう](人)
佐伯定胤[さえきじょういん](人)
佐保[さほ·さお](地)
佐保山[さほやま](地)
佐保神[さほがみ](人)
佐保川[さほがわ·さおがわ](地)
佐保姫[さほひめ·さおひめ](人)
佐世保[させぼ](地)
佐夜の中山[さやのなかやま](地)
佐野[さの](地/姓)
佐野紹益[さのしょうえき](人)
佐野源左衛門尉常世[さのげんざえもんのじょうつねよ](人)
佐野学[さのまなぶ](人)
佐屋[さや](地)
佐用[さよう](地)
佐原[さわら](地)
佐田岬[さだみさき](地)
佐田岬半島[さだみさきはんとう](地)
佐井[さい](地)
佐々①[さざ](地)
佐々②[さっさ](姓)
佐々木①[ささき](姓)
佐佐木②[ささき](姓)
佐々木高綱[ささきたかつな](人)
佐々木高氏[ささきたかうじ](人)
佐々木高行[ささきたかゆき](人)
佐々木導誉[ささきどうよ](人)
佐々木隆興[ささきたかおき](人)
佐佐木茂索[ささきもさく](人)
佐々木味津三[ささきみつぞう](人)
佐々木小次郎[ささきこじろう](人)
佐佐木信綱[ささきのぶつな](人)
佐々木定綱[ささきさだつな](人)
佐々木惣一[ささきそういち](人)
佐佐木弘綱[ささきひろつな](人)
佐々木喜善[ささききぜん](人)
佐々成政[さっさなりまさ](人)
佐々醒雪[さっさせいせつ](人)
佐々十竹[さっさじっちく](人)
佐州[さしゅう](地)
佐竹[さたけ](姓)
佐竹曙山[さたけしょざん](人)
佐竹義躬[さたけよしみ](人)
佐竹義宣[さたけよしのぶ](人)
佐竹義重[さたけよししげ](人)
佐竹義和[さたけよしまさ](人)
佐織[さおり](地)
佐倉[さくら](地)
佐川[さかわ](地)
佐土原[さどわら](地)
佐波[さわ](地)
佐賀[さが](地)
佐賀関[さがのせき](地)
佐賀関半島[さがのせきはんとう](地)
佐賀平野[さがへいや](地)
佐和[さわ](地)
佐和山[さわやま](地)

座

座間[ざま](地)
座間味[ざまみ](地)

주

朱

朱搠内湖[しゅまりないこ](地)
朱楽菅江[あけらかんこう](人)
朱雀大路[すざくおおじ](地)
朱雀野[しゅじゃかの](地)
朱雀天皇[すざくてんのう](人)

舟

舟橋[ふなはし](姓)
舟橋聖一[ふなはしせいいち](人)
舟形[ふながた](地)

住

住吉[すみよし](地/姓)
住吉具慶[すみよしぐけい](人)
住吉如慶[すみよしじょけい](人)
住友[すみとも](姓)
住友吉左衛門[すみともきちざえもん](人)
住田[すみた](地)
住之江[すみのえ](地)

周

周南[しゅうなん](地)
周防[すおう](地)
周防内侍[すおうのないし](人)
周防大島[すおうおおしま](地)
周防灘[すおうなだ](地)
周知[しゅうち](地)
周布[すふ](姓)
周布政之助[すふまさのすけ](人)

洲

洲崎①[すさき](地)
洲崎②[すのさき](地)
洲本[すもと](地)

酒

酒匂川[さかわがわ](地)
酒田[さかた](地)
酒顚童子[しゅてんどうじ](人)
酒井[さかい](姓)
酒井田[さかいだ](姓)
酒井田柿右衛門[さかいだかきえもん](人)
酒井忠世[さかいただよ](人)
酒井忠勝[さかいただかつ](人)
酒井忠次[さかいただつぐ](人)
酒井忠清[さかいただきよ](人)
酒井抱一[さかいほういつ](人)
酒々井[しすい](地)
酒呑童子[しゅてんどうじ](人)

珠

珠光[しゅこう](人)
珠洲[すず](地)

厨

厨子王[ずしおう](人)
厨川[くりやがわ](姓)
厨川白村[くりやがわはくそん](人)

湊

湊川[みなとがわ](地)

죽

竹

竹渓[ちくけい](地)
竹橋[たけばし](地)
竹久[たけひさ](姓)
竹久夢二[たけひさゆめじ](人)
竹崎[たけざき](姓)
竹崎季長[たけざきすえなが](人)
竹内①[たけうち](姓)
竹内②[たけのうち](姓)
竹内栖鳳[たけうちせいほう](人)
竹内式部[たけのうちしきぶ](人)
竹内好[たけうちよしみ](人)
竹島[たけしま](地)
竹尾[たけお](姓)
竹尾正胤[たけおまさたね](人)
竹本[たけもと](姓)
竹本摂津大掾[たけもとせっつだいじょう](人)
竹本越路太夫[たけもとこしじだゆう](人)
竹本義太夫[たけもとぎだゆう](人)
竹本政太夫[たけもとまさたゆう](人)
竹本筑後掾[たけもとちくごのじょう](人)
竹富[たけとみ](地)
竹富島[たけとみじま](地)
竹山[たけやま](姓)
竹山道雄[たけやまみちお](人)
竹生島[ちくぶしま](地)
竹原[たけはら](地)
竹越[たけこし](姓)
竹越与三郎[たけこしよさぶろう](人)
竹杖外道[ちくじょうげどう](人)
竹田①[たけた](地/姓)
竹田②[ちくでん](人)
竹田出雲[たけたいずも](人)
竹中[たけなか](姓)
竹中半兵衛[たけなかはんべえ](人)
竹添[たけぞえ](姓)
竹添進一郎[たけぞえしんいちろう](人)
竹取翁[たけとりのおきな](人)

준

俊

俊寛[しゅんかん](人)
俊徳丸[しゅんとくまる](人)
俊頼[としより](人)
俊成[しゅんぜい](人)
俊乗房[しゅんじょうぼう](人)
俊恵[しゅんえ](人)

准

准如[じゅんにょ](人)

隼

隼人[はやと](地)

樽

樽屋[たるやおせん](人)
樽前山[たるまえさん](地)
樽井[たるい](姓)
樽井藤吉[たるいとうきち](人)

駿

駿台[すんだい](地)
駿台先生[すんだいせんせい](人)
駿東[すんとう](地)
駿豆[すんず](地)
駿府[すんぷ](地)
駿州[すんしゅう](地)
駿河[するが](地)
駿河トラフ[するがとらふ](地)
駿河大納言[するがだいなごん](人)
駿河台[するがだい](地)
駿河湾[するがわん](地)

중

中

中[なか](地/姓)
中間[なかま](地)
中勘助[なかかんすけ](人)
中江[なかえ](姓)
中江藤樹[なかえとうじゅ](人)
中江兆民[なかえちょうみん](人)
中江丑吉[なかえうしきち](人)
中岡[なかおか](姓)
中岡慎太郎[なかおかしんたろう](人)
中巨摩[なかこま](地)
中京①[ちゅうきょう](地)
中京②[なかぎょう](地)
中谷[なかや](姓)
中谷宇吉郎[なかやうきちろう](人)
中橋[なかはし](姓)
中橋徳五郎[なかはしとくごろう](人)
中国[ちゅうごく](地)
中国街道[ちゅうごくかいどう](地)
中国路[ちゅうごくじ](地)
中国山地[ちゅうごくさんち](地)
中国地方[ちゅうごくちほう](地)
中根[なかね](姓)
中根雪江[なかねゆきえ](人)
中根淑[なかねきよし](人)
中根元圭[なかねげんけい](人)
中能島[なかのしま](姓)
中能島欣一[なかのしまきんいち](人)
中能登[なかのと](地)
中大兄皇子[なかのおおえのおうじ](人)
中島[なかじま](地/姓)
中島健蔵[なかじまけんぞう](人)
中島広足[なかじまひろたり](人)
中島敦[なかじまあつし](人)
中島信行[なかじまのぶゆき](人)
中島棕隠[なかじまそういん](人)
中島俊子[なかじまとしこ](人)
中島知久平[なかじまちくへい](人)
中頓別[なかとんべつ](地)
中頭[なかがみ](地)
中里[なかざと](姓)
中里介山[なかざとかいざん](人)
中里恒子[なかざとつねこ](人)
中林[なかばやし](姓)
中林梧竹[なかばやしごちく](人)
中林竹洞[なかばやしちくどう](人)
中務[なかつかさ](人)
中尾[なかお](姓)

中 仲 重 即 櫛

中尾都山[なかおとざん](人)
中泊[なかどまり](地)
中部[ちゅうぶ](地)
中部山岳国立公園[ちゅうぶさんがくこくりつこうえん](地)
中部日本[ちゅうぶにほん](地)
中部地方[ちゅうぶちほう](地)
中富良野[なかふらの](地)
中浜[なかはま](姓)
中浜万次郎[なかはままんじろう](人)
中山[なかやま](地/姓)
中山マサ[なかやままさ](人)
中山ミキ[なかやまみき](人)
中山道[なかせんどう](地)
中山文甫[なかやまぶんぽ](人)
中山峠[なかやまとうげ](地)
中山義秀[なかやまぎしゅう](人)
中山伊知郎[なかやまいちろう](人)
中山晋平[なかやましんぺい](人)
中山忠光[なかやまただみつ](人)
中山忠能[なかやまただやす](人)
中山忠親[なかやまただちか](人)
中山太郎[なかやまたろう](人)
中上[なかがみ](姓)
中上健次[なかがみけんじ](人)
中上川[なかみがわ](姓)
中上川彦次郎[なかみがわひこじろう](人)
中西[なかにし](姓)
中西悟堂[なかにしごどう](人)
中仙道[なかせんどう](地)
中禅寺湖[ちゅうぜんじこ](地)
中城[なかぐすく](地)
中臣[なかとみ](姓)
中臣鎌子[なかとみかまこ](人)
中臣鎌足[なかとみかまたり](人)
中新川[なかにいかわ](地)
中岳[ちゅうがく](地)
中ノ岳[なかのたけ](地)
中巌円月[ちゅうがんえんげつ](人)
中央[ちゅうおう](地)

中野[なかの](地/姓)
中野柳圃[なかのりゅうほ](人)
中野逍遥[なかのしょうよう](人)
中野友礼[なかのともの り](人)
中野正剛[なかのせいごう](人)
中野重治[なかのしげはる](人)
中野好夫[なかのよしお](人)
中魚沼[なかうおぬま](地)
中御門天皇[なかみかどてんのう](人)
中院[なかのいん](姓)
中院通勝[なかのいんみちかつ](人)
中院通村[なかのいんみちむら](人)
中原[なかはら](姓)
中原悌二郎[なかはらていじろう](人)
中原中也[なかはらちゅうや](人)
中原親能[なかはらちかよし](人)
中将姫[ちゅうじょうひめ](人)
中田[なかだ](地)
中井[なかい](地/姓)
中井履軒[なかいりけん](人)
中井正一[なかいまさかず](人)
中井竹山[なかいちくざん](人)
中井甃庵[なかいしゅうあん](人)
中ノ町[なかのまち](地)
中条[なかじょう](地)
中種子[なかたね](地)
中洲①[なかす](地)
中洲②[なかず](地)
中之島[なかのしま](地)
中之条[なかのじょう](地)
中支[ちゅうし](地)
中津[なかつ](地)
中津軽[なかつがる](地)
中津一碧楼[なかついっぺきろう](人)
中津川[なかつがわ](地)
中札内[なかさつない](地)
中川[なかがわ](地/姓)
中川淳庵[なかがわじゅんあん](人)
中川乙由[なかがわおつゆう](人)
中川一政[なかがわかずまさ](人)
中村[なかむら](地/姓)
中村歌右衛門[なかむらうたえもん](人)
中村勘三郎[なかむらかんざぶろう](人)
中村光夫[なかむらみつお](人)
中村吉右衛門[なかむらきちえもん](人)
中村吉蔵[なかむらきちぞう](人)
中村武羅夫[なかむらむらお](人)
中村半次郎[なかむらはんじろう](人)
中村白葉[なかむらはくよう](人)
中村不折[なかむらふせつ](人)
中村富十郎[なかむらとみじゅうろう](人)
中村星湖[なかむらせいこ](人)
中村岳陵[なかむらがくりょう](人)
中村鴈次郎[なかむらがんじろう](人)
中村翫右衛門[なかむらかんえもん](人)
中村彝[なかむらつね](人)
中村正直[なかむらまさなお](人)
中村汀女[なかむらていじょ](人)
中村精男[なかむらきよお](人)
中村座[なかむらざ](人)
中村仲蔵[なかむらなかぞう](人)
中村惕斎[なかむらてきさい](人)
中村草田男[なかむらくさたお](人)
中村憲吉[なかむらけんきち](人)
中塚[なかつか](姓)
中塚一碧楼[なかつかいっぺきろう](人)
中沢[なかざわ](姓)
中沢道二[なかざわどうに](人)
中沢臨川[なかざわりんせん](人)
中土佐[なかとさ](地)
中通り[なかどおり](地)
中筒男命[なかつつのおのみこと](人)
中標津[なかしべつ](地)
中河[なかがわ](姓)
中河与一[なかがわよいち](人)
中海①[なかうみ](地)
中海②[なかのうみ](地)

仲

仲恭天皇[ちゅうきょうてんのう](人)
仲多度[なかたど](地)
仲町[なかまち](地)
仲の町[なかのまち](地)

重

重光[しげみつ](姓)
重光葵[しげみつまもる](人)
重頼[しげより](人)
重森[しげもり](姓)
重森三玲[しげもりみれい](人)
重信[しげのぶ](地)
重野[しげの](姓)
重野安繹 [しげのやすつぐ](人)
重源[ちょうげん](人)
重の井[しげのい](人)
重政[しげまさ](人)

즉

即

即非如一[そくひにょいち](人)

櫛

櫛引[くしびき](地)
櫛田[くしだ](姓)
櫛田民蔵[くしだたみぞう](人)
櫛形[くしがた](地)

즙

楫
楫取[かとり](姓)
楫取素彦[かとりもとひこ](人)
楫取魚彦[かとりなひこ](人)

증

証
証空[しょうくう](人)
証賢[しょうけん](人)

増
増基[ぞうき](人)
増毛[ましけ](地)
増本[ますもと](姓)
増本量[ますもとはかる](人)
増富温泉[ますとみおんせん](地)
増穂[ますほ](姓)
増穂残口[ますほざんこう](人)
増阿弥[ぞうあみ](人)
増誉[ぞうよ](人)
増田①[ました](姓)
増田②[ますだ](地)
増田長盛[ましたながもり](人)
増井[ますい](姓)
増井清[ますいきよし](人)
増賀[ぞうが](人)

曾
曾根崎[そねざき](地)
曾禰[そね](姓)
曾禰好忠[そねよしただ](人)
曾良[そら](人)
曾呂利新左衛門[そろりしんざえもん](人)
曾我[そが](姓)
曾我蛇足[そがじゃそく](人)
曾我蕭白[そがしょうはく](人)
曾我時致[そがときむね](人)
曾我祐成[そがすけなり](人)
曾我直庵[そがちょくあん](人)
曾於[そお](地)
曾爾[そに](地)

甑
甑島列島[こしきじまれっとう](地)

지

支
支考[しこう](人)
支倉[はせくら](姓)
支倉常長[はせくらつねなが](人)
支笏湖[しこつこ](地)
支笏洞爺国立公園[しこつとうやこくりつこうえん](地)

止
止利仏師[とりぶっし](人)

只
只見[ただみ](地)
只見川[ただみがわ](地)
只洲[ただす](地)

至
至道無難[しどうぶなん](人)

地
地蔵[じぞう](人)
地蔵尊[じぞうそん](人)

芝
芝[しば](地/姓)
芝木[しばき](姓)
芝木好子[しばきよしこ](人)
芝山[しばやま](地)
芝全交[しばぜんこう](人)
芝浦[しばうら](地)

池
池谷[いけたに](姓)
池谷信三郎[いけたにしんざぶろう](人)
池内[いけうち](姓)
池内宏[いけうちひろし](人)
池大納言[いけのだいなごん](人)
池大雅[いけたいが · いけのたいが](人)
池袋[いけぶくろ](地)
池坊[いけのぼう](姓)
池坊専慶[いけのぼうせんけい](人)
池坊専応[いけのぼうせんのう](人)
池坊専好[いけのぼうせんこう](人)
池辺[いけべ](姓)
池辺三山[いけべさんざん](人)
池辺義象[いけべよしかた](人)
池西[いけにし](姓)
池西言水[いけにしごんすい](人)
池禅尼[いけのぜんに](人)
池野[いけの](姓)
池野成一郎[いけのせいいちろう](人)
池田[いけだ](地/姓)
池田光政[いけだみつまさ](人)
池田菊苗[いけだきくなえ](人)
池田亀鑑[いけだきかん](人)
池田大伍[いけだだいご](人)
池田瑞仙[いけだずいせん](人)
池田成彬[いけだしげあき](人)
池田英泉[いけだえいせん](人)
池田勇人[いけだはやと](人)
池田宗旦[いけだそうたん](人)
池田草庵[いけだそうあん](人)
池田態真[いけだたいしん](人)
池田恒興[いけだつねおき](人)
池田好運[いけだこううん](人)
池田湖[いけだこ](地)
池田輝政[いけだてるまさ](人)
池波[いけなみ](姓)
池波正太郎[いけなみしょうたろう](人)

志
志貴皇子[しきのみこ](人)
志度[しど](地)
志道軒[しどうけん](人)
志摩[しま](地)
志摩半島[しまはんとう](地)
志免[しめ](地)
志木[しき](地)
志方[しかた](姓)
志方益三[しかたますぞう](人)
志ん生[しんしょう](人)
志野[しの](姓)
志野宗信[しのそうしん](人)
志田[しだ](姓)
志田順[しだとし](人)
志州[ししゅう](地)
志津川[しづがわ](地)
志筑[しづき](姓)
志筑忠雄[しづきただお](人)
志太[しだ](姓)
志太林三郎[しだりんざぶろう](人)
志太野坡[しだやば](人)
志布志[しぶし](地)
志布志湾[しぶしわん](地)
志賀①[しか](地/姓)
志賀②[しが](地/姓)
志賀潔[しがきよし](人)
志賀高原[しがこうげん](地)
志賀の大輪田[しがのおおわだ](地)
志賀島[しかのしま](地)
志賀山[しがやま](地)
志賀の山越[しがのやまごえ](地)
志賀重昂[しがしげたか](人)
志賀直哉[しがなおや](人)

志賀浦①[しかうら](地)
志賀浦②[しかのうら](地)
志賀浦③[しがのうら](地)

知
知内[しりうち](地)
知多[ちた](地)
知多半島[ちたはんとう](地)
知里[ちり](姓)
知里真志保[ちりましほ](人)
知里幸恵[ちりゆきえ](人)
知立[ちりゅう](地)
知名[ちな](地)
知夫[ちぶ](地)
知床国立公園[しれとこくりつこうえん](地)
知床半島[しれとこはんとう](地)
知恵伊豆[ちえいず](人)

枝
枝幸[えさし](地)

持
持国天[じこくてん](人)
持統天皇[じとうてんのう](人)

指
指宿[いぶすき](地)

紙
紙屋宗旦[かみやそうたん](人)
紙屋川[かみやがわ](地)
紙屋治兵衛[かみやじべえ](人)
紙治[かみじ](人)

砥
砥部[とべ](地)

遅
遅塚[ちづか](姓)
遅塚麗水[ちづかれいすい](人)

智
智頭[ちづ](地)
智蘊[ちうん](人)
智月尼[ちげつに](人)
智顗[ちぎ](人)
智仁親王[としひとしんのう](人)
智者大師[ちしゃだいし](人)
智証大師[ちしょうだいし](人)
智慧文殊[ちえもんじゅ](人)

직

直
直江[なおえ](姓)
直江兼続[なおえかねつぐ](人)
直江津[なおえつ](地)
直島[なおしま](地)
直木[なおき](姓)
直木三十五[なおきさんじゅうご](人)
直方[のおがた](地)

織
織部[おりべ](人)
織田[おだ](姓)
織田秀信[おだひでのぶ](人)
織田純一郎[おだじゅんいちろう](人)
織田信秀[おだのぶひで](人)
織田信雄[おだのぶかつ](人)
織田信長[おだのぶなが](人)
織田信忠[おだのぶただ](人)
織田信孝[おだのぶたか](人)
織田有楽斎[おだうらくさい](人)
織田作之助[おださくのすけ](人)

진

辰
辰松[たつまつ](地)
辰松八郎兵衛[たつまつはちろうべえ](人)
辰野[たつの](地/姓)
辰野金吾[たつのきんご](人)
辰野隆[たつのゆたか](人)

津
津[つ](地)
津軽[つがる](地)
津軽国定公園[つがるこくていこうえん](地)
津軽半島[つがるはんとう](地)
津軽富士[つがるふじ](地)
津軽平野[つがるへいや](地)
津軽海峡[つがるかいきょう](地)
津久見[つくみ](地)
津久井[つくい](地)
津の国[つのくに](地)
津奈木[つなぎ](地)
津南[つなん](地)
津島[つしま](地)
津名[つな](地)
津幡[つばた](地)
津別[つべつ](地)
津山[つやま](地)
津守[つもり](地)
津野[つの](地)
津田[つだ](姓)
津田監物[つだけんもつ](人)
津田梅子[つだうめこ](人)
津田三蔵[つださんぞう](人)
津田仙[つだせん](人)
津田助広[つだすけひろ](人)
津田宗及[つだそうきゅう](人)
津田宗達[つだそうたつ](人)
津田左右吉[つだそうきち](人)
津田真道[つだまみち](人)
津田青楓[つだせいふう](人)
津坂[つさか](地)
津坂東陽[つさかとうよう](人)
津和野[つわの](地)

珍
珍宝島[ちんぽうとう](地)

真
真間の継橋[ままのつぎはし](地)
真間手児奈[ままのてごな](人)
真葛原[まくずがはら](地)
真岡[もおか](地)
真改[しんかい](人)
真鍋[まなべ](姓)
真鍋嘉一郎[まなべかいちろう](人)
真教[しんきょう](人)
真崎[まざき](姓)
真崎甚三郎[まざきじんざぶろう](人)
真能[しんのう](人)
真達羅[しんだら](人)
真島[まじま](姓)
真島利行[まじまりこう](人)
真木[まき](姓)
真木和泉[まきいずみ](人)
真壁[まかべ](地)
真備[まび](地)
真山[まやま](姓)
真山青果[まやませいか](人)
真船[まふね](姓)
真船豊[まふねゆたか]
真盛[しんせい](人)
真神の原[まがみのはら](地)
真室川[まむろがわ](地)
真野の入江[まののいりえ](地)
真野の萱原[まののかやはら](地)
真如親王[しんにょしんのう](人)
真淵[まぶち](人)

真芸[しんげい](人)
真田[さなだ](地/姓)
真田山[さなだやま](地)
真田信之[さなだのぶゆき](人)
真田昌幸[さなだまさゆき](人)
真田幸村[さなだゆきむら](人)
真庭[まにわ](地)
真諦[しんだい](人)
真土山[まつちやま](地)
真鶴[まなつる](地)
真鶴半島[まなつるはんとう](地)
真興王[しんこうおう](人)

陣
陣那[じんな](人)

秦
秦[はた](姓)
秦野[はだの](地)
秦八郎[はたはちろう](人)
秦河勝[はたのかわかつ](人)

榛
榛東[しんとう](地)
榛名[はるな](地)
榛名山[はるなさん](地)
榛名湖[はるなこ](地)
榛原[はいばら](地)

震
震生湖[しんせいこ](地)

鎮
鎮西[ちんぜい](地/姓)
鎮西八郎[ちんぜいはちろう](人)

질

秩
秩父[ちちぶ](地)
秩父多摩国立公園[ちちぶたまこくりつこうえん](地)
秩父盆地[ちちぶぼんち](地)
秩父山地[ちちぶさんち](地)

蛭
蛭ヶ小島[ひるがこじま](地)

집

執
執金剛[しっこんごう](人)

징

澄
澄憲[ちょうけん](人)

차

此
此花[このはな](地)

車
車大路[くるまおおじ](地)

遮
遮那仏[しゃなぶつ](人)
遮那王[しゃなおう](人)

蹉
蹉跎岬[さだみさき](地)

찬

讃
讃岐[さぬき](地)
讃岐国[さぬきのくに](地)
讃岐山脈[さぬきさんみゃく](地)
讃岐平野[さぬきへいや](地)
讃州[さんしゅう](地)

찰

札
札幌[さっぽろ](地)
札幌大通公園[さっぽろおおどおりこうえん](地)

참

参
参州[さんしゅう](地)

창

倉
倉橋[くらはし](姓)
倉橋島[くらはしじま](地)
倉橋山[くらはしやま](地)
倉橋惣三[くらはしそうぞう](人)
倉吉[くらよし](地/人)
倉敷[くらしき](地)
倉石[くらいし](姓)
倉石武四郎[くらいしたけしろう](人)
倉椅山[くらはしやま](地)
倉田[くらた](姓)
倉田百三[くらたひゃくぞう](人)

昌
昌益[しょうえき](人)
昌琢[しょうたく](人)

菖
菖蒲[しょうぶ](地)

槍
槍ヶ岳[やりがたけ](地)

彰
彰仁親王[あきひとしんのう](人)

채

菜
菜草[なぐさ](地)

책

策
策彦周良[さくげんしゅうりょう](人)

처

妻
妻籠[つまご](地)
妻木[つまき](姓)
妻木頼黄[つまきよりなが](人)
妻沼[めぬま](地)

천

千
千[せん](姓)
千家[せんけ](姓)
千家元麿[せんけもとまろ](人)
千家尊福[せんけたかとみ](人)
千樫[ちかし](人)
千曲[ちくま](地)
千曲川[ちくまがわ](地)
千国街道[ちくにかいどう](地)
千代[ちよ](人)
千代女[ちよじょ](人)
千代尼[ちよに](人)
千代田[ちよだ](地)
千道安[せんどうあん](人)
千島[ちしま](地)
千島列島[ちしまれっとう](地)
千島海峡[ちしまかいきょう](地)
千里丘陵[せんりきゅうりょう](地)
千利久[せんのりきゅう](人)
千歳[ちとせ](地)
千少庵[せんしょうあん](地)
千松[せんまつ](人)

千手[せんじゅ](人)
千葉[ちば](地/姓)
千葉広常[ちばひろつね](人)
千葉亀雄[ちばかめお](人)
千葉常胤[ちばつねたね](人)
千葉周作[ちばしゅうさく](人)
千日前[せんにちまえ](地)
千田[せんだ](姓)
千田是也[せんだこれや](人)
千早赤阪[ちはやあかさか](地)
千鳥ヶ淵[ちどりがふち](地)
千宗旦[せんそうたん](人)
千宗室[せんそうしつ](人)
千宗易[せんそうえき](人)
千宗左[せんそうさ](人)
千種①[ちくさ](地)
千種②[ちぐさ](人/姓)
千種有功[ちぐさありこと](人)
千種忠顕[ちぐさただあき](人)
千住[せんじゅ](地)
千倉[ちくら](地)
千々石[ちぢわ](姓)
千々石ミゲル[ちぢわみげる](人)
千賀浦[ちがのうら](地)
千姫[せんひめ](人)

川

川口[かわぐち](地/姓)
川口松太郎[かわぐちまつたろう](人)
川根[かわね](地)
川根本[かわねほん](地)
川崎[かわさき](地/姓)
川崎九淵[かわさききゅうえん](人)
川崎正蔵[かわさきしょうぞう](人)
川南[かわみなみ](地)
川内①[かわうち](地)
川内②[せんだい](地)
川内川[せんだいがわ](地)
川端[かわばた](姓)
川端康成[かわばたやすなり](人)
川端道喜[かわばたどうき](人)
川端龍子[かわばたりゅうし](人)
川端茅舎[かわばたぼうしゃ](人)
川端玉章[かわばたぎょくしょう](人)
川島①[かわしま](姓)
川島②[かわじま](地)
川島芳子[かわしまよしこ](人)
川島甚兵衛[かわしまじんべえ](人)
川島正次郎[かわしましょうじろう](人)
川島皇子[かわしまのおうじ](人)
川東[かわひがし](地)
川路[かわじ](地/姓)
川路ダム[かわじだむ](地)
川路柳虹[かわじりゅうこう](人)
川路利良[かわじとしよし](人)
川路聖謨[かわじとしあきら](人)
川路温泉[かわじおんせん](地)
川辺①[かわなべ](地)
川辺②[かわべ](地)
川本[かわもと](地/姓)
川本幸民[かわもとこうみん](人)
川副[かわそえ](地)
川北[かわきた](地)
川棚[かわたな](地)
川上[かわかみ](地/姓)
川上冬崖[かわかみとうがい](人)
川上眉山[かわかみびざん](人)
川上不白[かわかみふはく](人)
川上産業[かわかみさんぎょう](人)
川上音二郎[かわかみおとじろう](人)
川上貞奴[かわかみさだやっこ](人)
川上操六[かわかみそうろく](人)
川上座頭[かわかみざとう](人)
川上澄生[かわかみすみお](人)
川上梟帥[かわかみのたける](人)
川西[かわにし](地)
川手[かわて](姓)
川手文治郎[かわてぶんじろう](人)
川俣[かわまた](地)
川俣ダム[かわまただむ](地)
川原①[かわら](地)
川原②[かわはら](姓)
川原慶賀[かわはらけいが](人)
川原湯温泉[かわらゆおんせん](地)
川越[かわごえ](地)
川越街頭[かわごえかいどう](地)
川場[かわば](地)
川田[かわだ](姓)
川田順[かわだじゅん](人)
川田甕江[かわだおうこう](人)
川中島[かわなかじま](地)
川之江①[かわのえ](地)
川之辺②[かわのべ](姓)
川之辺一朝[かわのべいっちょう](人)
川村[かわむら](姓)
川村景明[かわむらかげあき](人)
川村驥山[かわむらきざん](人)
川村多実二[かわむらたみじ](人)
川村純義[かわむらすみよし](人)
川湯温泉[かわゆおんせん](地)
川合[かわい](姓)
川合小梅[かわいこうめ](人)
川合玉堂[かわいぎょくどう](人)

天

天渓[てんけい](人)
天橋立[あまのはしだて](地)
天国[あまくに](人)
天台[てんだい](地)
天台大師[てんだいだいし](人)
天童[てんどう](地)
天竜[てんりゅう](地)
天竜奥三河国定公園[てんりゅうおくみかわこくていこうえん](地)
天竜川[てんりゅうがわ](地)
天竜狭[てんりゅうきょう](地)
天竜[てんりゅう](地)
天六[てんろく](地)
天理[てんり](地)
天満[てんま](地)
天売島[てうりとう](地)
天目山[てんもくざん](地)
天武天王[てんむてんのう](人)
天文館通り[てんもんかんどおり](地)
天白[てんぱく](地)
天保山[てんぽうざん](地)
天北原野[てんぽくげんや](地)
天山[てんざん](地)
天山南路[てんざんなんろ](地)
天山北路[てんざんほくろ](地)
天城[あまぎ](地)
天城山[あまぎさん](地)
天城峠[あまぎとうげ](地)
天沼[あまぬま](姓)
天沼俊一[あまぬましゅんいち](人)
天孫[てんそん](人)
天神[てんじん](人)
天神崎[てんじんざき](地)
天心[てんしん](人)
天野[あまの](地/姓)
天野信景[あまのさだかげ](人)
天野屋利兵衛[あまのやりへえ](人)
天野遠景[あまのとおかげ](人)
天野為之[あまのためゆき](人)
天野貞祐[あまのていゆう](人)
天野宗歩[あまのそうほ](人)
天野探女[あまのさぐめ](人)
天若日子[あめわかひこ](人)
天塩[てしお](地)
天塩山地[てしおさんち](地)
天塩川[てしおがわ](地)
天栄[てんえい](地)
天王[てんのう](地)
天王寺[てんのうじ](地)
天王寺屋長左衛門[てんのうじやちょうざえもん](人)

칙

勅

勅使河原[てしがわら](姓)
勅使河原蒼風[てしがわらそうふう](人)

친

天王山[てんのうざん](地)
天外[てんがい](人)
天一坊[てんいちぼう](人)
天日矛[あまのひぼこ](人)
天日槍[あまのひぼこ](人)
天田[あまだ](姓)
天田愚庵[あまだぐあん](人)
天鈿女命[あまのうずめのみこと](人)
天之川[あまのがわ](地)
天智天皇[てんちてんのう · てんじてんのう](人)
天津久米命[あまつくめのみこと](人)
天津麻羅[あまつまら](人)
天津小湊[あまつこまなと](地)
天川①[あまがわ](地)
天川②[てんかわ](地)
天ノ川[てんのがわ](地)
天草[あまくさ](地/姓)
天草四郎[あまくさしろう](人)
天草諸島[あまくさしょとう](地)
天竺徳兵衛[てんじくとくべえ](人)
天稚彦[あまわかひこ](人)
天親[てんじん](人)
天下茶屋[てんがぢゃや](地)
天海[てんかい](人)
天香久山[あまのかぐやま](地)

泉

泉[いずみ](姓)
泉鏡花[いずみきょうか](人)
泉崎[いずみざき](地)
泉南[せんなん](地)
泉大津[いずみおおつ](地)
泉北[せんぼく](地)
泉井[いずい](姓)
泉井久之助[いずいひさのすけ](人)
泉佐野[いずみさの](地)
泉州[せんしゅう](地)
泉川[いずみがわ](地)

浅

浅間高原[あさまこうげん](地)
浅間山[あさまやま](地)
浅間温泉[あさまおんせん](地)
浅見[あさみ](姓)
浅見絅斎[あさみけいさい](人)
浅口[あさくち](地)
浅利[あさり](姓)
浅利又七郎[あさりまたしちろう](人)
浅茅ヶ原[あさじがはら](地)
浅沼[あさぬま](姓)
浅沼稲次郎[あさぬまいねじろう](人)
浅野[あさの](姓)
浅野内匠頭[あさのたくみのかみ](人)
浅野長矩[あさのながのり](人)
浅野長政[あさのながまさ](人)
浅野長勲[あさのながこと](人)
浅野川[あさのがわ](地)
浅野総一郎[あさのそういちろう](人)
浅野幸長[あさのよしなが](人)
浅羽[あさば](地)
浅田[あさだ](姓)
浅田宗伯[あさだそうはく](人)
浅井[あさい](姓)
浅井了意[あさいりょうい](人)
浅井長政[あさいながまさ](人)
浅井忠[あさいちゅう](人)
浅川[あさかわ](地/姓)
浅川範彦[あさかわのりひこ](人)
浅草[あさくさ](地)
浅草田圃[あさくさたんぼ](地)
浅虫温泉[あさむしおんせん](地)
浅沢小野[あさざわおの](地)
浅賀[あさが](姓)
浅賀ふさ[あさがふさ](人)
浅香[あさか](地)
浅香山[あさかやま](地)
浅香の沼[あさかのぬま](地)
浅香の浦[あさかのうら](地)

釧

釧路[くしろ](地)
釧路湿原国立公園[くしろしつげんこくりつこうえん](地)
釧路平野[くしろへいや](地)

賤

賤機山[しずはたやま](地)
賤ヶ岳[しずがたけ](地)

철

鉄

鉄幹[てっかん](人)
鉄拐[てっかい](人)
鉄拐山[てっかいさん](地)
鉄眼[てつげん](人)
鉄牛[てつぎゅう](人)
鉄腸[てっちょう](人)
鉄斎[てっさい](人)
鉄砲洲[てっぽうず](地)
鉄血宰相[てっけつさいしょう](人)

徹

徹書記[てっしょき](人)

첨

尖

尖閣諸島[せんかくしょとう](地)

添

添田[そえだ](姓)
添田啞蟬坊[そえだあぜんんぼう](人)

청

青

青根ヶ峰[あおねがみね](地)
青根温泉[あおねおんせん](地)
青島[あおしま](地)
青ヶ島[あおがしま](地)
青ノ洞門[あおのどうもん](地)
青梅[おうめ](地)
青梅街道[おうめかいどう](地)
青面金剛[しょうめんこんごう](人)
青木[あおき](地/姓)
青木昆陽[あおきこんよう](人)
青木鷺水[あおきろすい](人)
青木木米[あおきもくべい](人)
青木繁[あおきしげる](人)
青木ヶ原[あおきがはら](地)
青木正児[あおきまさる](人)
青木周蔵[あおきしゅうぞう](人)
青木周弼[あおきしゅうすけ](人)
青木湖[あおきこ](地)
青墓[あおはか](地)
青山[あおやま](地/姓)
青山杉作[あおやますぎさく](人)
青山延于[あおやまのぶゆき](人)
青山胤道[あおやまたねみち](人)
青山忠俊[あおやまただとし](人)
青森[あおもり](地)
青森平野[あおもりへいや](地)
青野[あおの](姓)
青野季吉[あおのすえきち](人)
青葉[あおば](地)
青葉山[あおばやま](地)
青垣[あおがき](地)
青地[あおち](姓)
青地林宗[あおちりんそう](人)
青砥[あおと](姓)
青砥藤綱[あおとふじつな](人)
青青園[せいせいえん](人)
青楓[せいふう](人)
青海[せいかい](人)
青海島[おうみしま](地)

天 泉 浅 釧 賤 鉄 徹 尖 添 青

清

清見潟[きよみがた](地)
清女[せいじょ](人)
清寧天皇[せいねいてんのう](人)
清涼山[せいりょうざん](地)
清滝[きよたき](地)
清瀬[きよせ](地)
清里[きよさと](地)
清里高原[きよさとこうげん](地)
清麿[きよまろ](人)
清武[きよたけ](地)
清方[きよかた](人)
清白[せいはく](人)
清盛[きよもり](人)
清少納言[せいしょうなごん](人)
清水①[きよみず](地/姓)
清水②[しみず](地/姓)
清水幾太郎[しみずいくたろう](人)
清水多嘉示[しみずたかし](人)
清水六兵衛[きよみずろくべえ](人)
清水浜臣[しみずはまおみ](人)
清水紫琴[しみずしきん](人)
清水宗治[しみずむねはる](人)
清水次郎長[しみずのじろうちょう](人)
清水清玄[きよみずせいげん](人)
清水喜助[しみずきすけ](人)
清須[きよす](地)
清十郎[せいじゅうろう](人)
清野[きよの](姓)
清野謙次[きよのけんじ](人)
清元梅吉[きよもとうめきち](人)
清元延寿太夫[きよもとえんじゅだゆう](人)
清原[きよはら](姓)
清原家衡[きよはらのいえひら](人)
清原武則[きよはらのたけのり](人)
清原武衡[きよはらのたけひら](人)
清原宣賢[きよはらののぶかた](人)
清原深養父[きよはらのふかやぶ](人)
清原元輔[きよはらのもとすけ](人)
清原俊蔭[きよはらのとしかげ]
清原青衡[きよはらのきよひら](人)
清原夏野[きよはらのなつの](人)
清田①[きよた](地)
清田②[せいた](姓)
清田儋叟[せいたたんそう](人)
清拙正澄[せいせつしょうちょう](人)
清洲[きよす](地)
清澄山[きよすまやま](地)
清川[きよかわ](地/姓)
清川八郎[きよかわはちろう](人)
清沢①[きよさわ](姓)
清沢②[きよざわ](姓)
清沢洌[きよさわきよし](人)
清沢満之[きよざわまんし](人)
清浦[きようら](姓)
清浦圭吾[きようらけいご](人)
清韓[せいかん](人)
清和天王[せいわてんのう](人)
清姫[きよひめ](人)

晴

晴海[はるみ](地)

蜻

蜻蛉洲[あきつしま](地)

鯖

鯖江[さばえ](地)

초

肖

肖柏[しょうはく](人)

初

初島[はつしま](地)
初瀬[はせ・はつせ](地)
初瀬山[はつせやま](地)
初瀬川[はせがわ・はつせがわ](地)
初山[はつやま](姓)
初山別[しょさんべつ](地)
初山滋[はつやましげる](人)

草

草加[そうか](地)
草間[くさま](姓)
草間直方[くさまなおかた](人)
草壁皇子[くさかべのおうじ](人)
草城[そうじょう](人)
草野[くさの](姓)
草野心平[くさのしんぺい](人)
草場[くさば](姓)
草場佩川[くさばはいせん](人)
草田男[くさたお](人)
草津[くさつ](地)
草千里[くさせんり](地)
草薙[くさなぎ](地)
草香山[くさかやま](地)

蕉

蕉翁[しょうおう](地)

촌

寸

寸又狭[すまたきょう](地)
寸又狭温泉[すまたきょうおんせん](地)

村

村岡[むらおか](姓)
村岡局[むらおかのつぼね](人)
村岡典嗣[むらおかつねつぐ](人)
村岡花子[むらおかはなこ](人)
村瀬[むらせ](姓)
村瀬栲亭[むらせこうてい](人)
村山[むらやま](地/姓)
村山槐多[むらやまかいた](人)
村山竜平[むらやまりゅうへい](人)
村山左近[むらやまさこん](人)
村山知義[むらやまともよし](人)
村上[むらかみ](地/姓)
村上鬼城[むらかみきじょう](人)
村上冬嶺[むらかみとうれい](人)
村上浪六[むらかみなみろく](人)
村上英俊[むらかみひでとし](人)
村上義光[むらかみよしてる](人)
村上義清[むらかみよしきよ](人)
村上専精[むらかみせんじょう](人)
村上天皇[むらかみてんのう](人)
村上華岳[むらかみかがく](人)
村松[むらまつ](地/姓)
村松梢風[むらまつしょうふう](人)
村野[むらの](姓)
村野藤吾[むらのとうご](人)
村野四郎[むらのしろう](人)
村垣[むらがき](姓)
村垣範正[むらがきのりまさ](人)
村田[むらた](地/姓)
村田経芳[むらたつねよし](人)
村田了阿[むらたりょうあ](人)
村田新八[むらたしんぱち](人)
村田整珉[むらたせいみん](人)
村田珠光[むらたじゅこう](人)
村田清風[むらたせいふう](人)
村田春海[むらたはるみ](人)
村井[むらい](姓)
村井吉兵衛[むらいきちべえ](人)
村井弦斎[むらいげんさい](人)
村正[むらまさ](人)
村川[むらかわ](姓)
村川堅固[むらかわけんご](人)

총

冢

冢田[つかだ](姓)
冢田大峯[つかだたいほう](人)

塚

塚原[つかはら](姓)
塚原卜伝[つかはらぼくでん](人
塚原渋柿園[つかはら
(人)

総

総[illegible]

秋葉原[あきはばら](地
秋元[あきもと](姓
秋元不死男
秋月[あ
秋田
秋

…ハ)
…しゅうしえん]

…国[ふさのくに] (地)
総社[そうじゃ] (地)
総州[そうしゅう] (地)
総和[そうわ] (地)

최

最

最上[もがみ] (地/姓)
最上徳内[もがみとくない] (人)
最上義光[もがみよしあき] (人)
最上川[もがみがわ] (地)
最勝河原[さいしょうがわら] (地)
最澄[さいちょう] (人)

추

追

追分[おいわけ] (地)

秋

秋江[しゅうこう] (人)
秋瑾[しゅうきん] (人)
秋吉台[あきよしだい] (地)
秋吉台国定公園[あきよしだいこくていこうえん] (地)
秋芳洞[あきよしどう · しゅうほうどう] (地)
秋保温泉[あきうおんせん] (地)
秋山[あきやま] (姓)
秋山玉山[あきやまぎょくざん] (人)
秋山定輔[あきやまていすけ] (人)
秋山真之[あきやまさねゆき] (人)
秋山郷[あきやまごう] (地)
秋山好古[あきやまよしふる] (人)
秋色女[しゅうしきじょ] (人)
秋声[しゅうせい] (人)
秋成[あきなり] (人)
秋桜子[しゅうおうし] (人)
秋葉[あきは] (地)
秋葉山[あきはさん] (地)

…地)
…[あきもとふじお] (人)
…さづき] (地)
…[あきた] (地/姓)
…田実[あきたみのる] (人)
秋田雨雀[あきたうじゃく] (人)
秋田平野[あきたへいや] (人)
秋津[あきづ] (地)
秋津国[あきつくに] (地)
秋津島[あきつしま] (地)
秋津洲[あきつしま] (地)
秋川[あきがわ] (地)
秋川渓谷[あきがわけいこく] (地)

推

推古天皇[すいこてんのう] (人)

萩

萩[はぎ] (地)
萩野[はぎの] (姓)
萩野由之[はぎのよしゆき] (人)
萩原[はぎわら] (姓)
萩原タケ[はぎわらたけ] (人)
萩原広道[はぎわらひろみち] (人)
萩原朔太郎[はぎわらさくたろう] (人)
萩原雄祐[はぎわらゆうすけ] (人)

椎

椎名[しいな] (姓)
椎名麟三[しいなりんぞう] (人)
椎本[しいがもと] (姓)
椎本斎麿[しいがもとさいまろ] (人)
椎葉[しいば] (地/姓)

諏

諏訪[すわ] (地/姓)
諏訪頼重[すわよりしげ] (人)
諏訪の海[すわのうみ] (地)
諏訪湖[すわこ] (地)
諏訪湖盆地[すわこぼんち] (地)

鰍

鰍沢[かじかさわ] (地)

축

舳

舳倉島[へぐらじま] (地)

筑

筑摩[ちくま · つくま] (地)
筑肥山地[ちくひさんち] (地)
筑北[ちくほく] (地)
筑上[ちくじょう] (地)
筑西[ちくせい] (地)
筑紫[ちくし · つくし] (地)
筑紫の島[つくしのしま] (地)
筑紫山地[つくしさんち] (地)
筑紫潟[つくしがた] (地)
筑紫野[ちくしの] (地)
筑紫次郎[つくしじろう] (地)
筑紫平野[つくしへいや] (地)
筑紫の海[つくしのうみ] (地)
筑前[ちくぜん] (地)
筑州[ちくしゅう] (地)
筑波[つくば] (地)
筑波根[つくばね] (地)
筑波山[つくばさん] (地)
筑豊[ちくほう] (地)
筑後[ちくご] (地)
筑後川[ちくごがわ] (地)

築

築館[つきだて] (地)
築山殿[つきやまどの] (人)
築地[つきじ] (地)

蹴

蹴上[けあげ] (地)

춘

春

春江[はるえ] (地)
春慶[しゅんけい] (人)
春廼舎朧[はるのやおぼろ]
春団治[はるだんじ] (人)
春道[はるみち] (姓)
春道列樹[はるみちのつらき] (人)
春登[しゅんとう] (人)
春浪[しゅんろう] (人)
春山之霞壮夫[はるやまのかすみおとこ] (人)
春信[はるのぶ] (人)
春野[はるの] (地)
春屋妙葩[しゅんおくみょうは] (人)
春月[しゅんげつ] (人)
春日[かすが] (地/姓)
春日局[かすがのつぼね] (人)
春日部[かすがべ] (地)
春日山[かすがやま] (地)
春日野[かすがの] (地)
春日野老[かすがのおゆ] (人)
春日潜庵[かすがせんあん] (人)
春日井[かすがい] (地)

春日政治[かすがまさじ](人)
春草[しゅんそう](人)
春華門院[しゅんかもんいん](人)

椿

椿[つばき](姓)
椿嶺[ちんれい](地)
椿市[つばいち](地)
椿椿山[つばきちんざん](人)

출

出

出口[でぐち](姓)
出口ナオ[でぐちなお](人)
出口延佳[でぐちのぶよし](人)
出口王仁三郎[でぐちおにさぶろう](人)
出口の茶屋[でぐちのちゃや](人)
出島[でじま](地)
出目[でめ](姓)
出目是閑[でめぜかん](人)
出石[いずし](地)
出水[いずみ](地)
出羽[いでわ·でわ](地)
出羽弁[いでわのべん](人)
出羽富士[でわふじ](地)
出羽三山[でわさんざん](地)
出雲[いずも](地)
出雲崎[いずもざき](地)
出雲阿国[いずものおくに](人)
出雲平野[いずもへいや](地)

충

虫

虫明の瀬戸[むしあけのせと](地)

沖

沖ノ島[おきのしま](地)
沖縄[おきなわ](地)
沖縄島[おきなわじま](地)
沖縄本島[おきなわほんとう](地)
沖縄戦跡国定公園[おきなわせんせきこくていこうえん](地)
沖縄諸島[おきなわしょとう](地)
沖縄海岸国定公園[おきなわかいがんこくていこうえん](地)
沖永良部島[おきのえらぶじま](地)
沖田[おきた](姓)
沖田総司[おきたそうじ](人)
沖ノ鳥島[おきのとりしま](地)
沖中[おきなか](姓)
沖中重雄[おきなかしげお](人)

忠

忠岡[ただおか](地)
忠綱[ただつな](人)
忠吉[ただよし](人)

취

吹

吹飯の浦[うけいのうら](地)
吹上[ふきあげ](地)
吹上浜[ふきあげはま](地)
吹上の浜[ふきあげのはま](地)
吹田[すいた](地)
吹割の滝[ふきわりのたき](地)

取

取手[とりで](地)

酔

酔茗[すいめい](人)

鷲

鷲宮[わしみや](地)
鷲の峰[わしのみね](地)
鷲山[じゅせん](地)
鷲の山[わしのやま](地)
鷲羽山[わしゅうざん](地)
鷲津[わしづ](姓)
鷲津毅堂[わしづきどう](人)

층

層

層雲峡[そううんきょう](地)

치

値

値嘉島[ちかのしま](地)

歯

歯舞諸島[はぼまいしょとう](地)

置

置戸[おけと](地)

稚

稚内[わっかない](地)
稚児滝[ちごがたき](地)
稚児ヶ淵[ちごがふち](地)

幟

幟仁親王[たかひとしんのう](人)

親

親鸞[しんらん](
親不知[おやしらず](地

칠

七

七里の渡し[しちりのわたし](地)
七里ヶ浜[しちりがはま](地)
七面山[しちめんざん](地)
七尾[ななお](地)
七味温泉[しちみおんせん](地)
七飯[ななえ](地)
七宝[しっぽう](地)
七ヶ浜[しちがはま](地)
七ヶ宿[しちかしゅく](地)
七条院[しちじょういん](人)
七宗[しちそう](地)
七戸[しちのへ](地)

침

枕

枕崎[まくらざき](地)
枕山[ちんざん](人)

針

針ノ木峠[はりのきとうげ](地)

寝

寝覚の床[ねざめのとこ](地)
寝屋川[ねやがわ](地)
寝惚先生[ねぼけせんせい](人)

칭

称

称光天皇[しょうこうてんのう](人)
称徳天皇[しょうとくてんのう](人)

쾌

快

快能[かいのう](姓)
快能通孝[かいのうみちたか](人)
快賢[かいげん](人)

타

打
打出浜[うちでのはま](地)

詫
詫間[たくま](地)

탁

濁
濁河温泉[にごりごおんせん](地)

啄
啄木[たくぼく](人)

탄

炭
炭[たん](姓)
炭大祇[たんたいぎ](人)

弾
弾崎[はじきざき](地)

灘
灘[なだ](地)
灘崎[なださき](地)
灘目[なだめ](地)
灘五郷[なだごきょう](地)

탐

探
探幽[たんゆう](人)

탕

湯
湯島[ゆしま](地)
湯ヶ島温泉[ゆがしまおんせん](地)
湯瀬温泉[ゆぜおんせん](地)
湯梨浜[ゆりはま](地)
湯ノ峰温泉[ゆのみねおんせん](地)
湯ノ山温泉[ゆのやまおんせん](地)
湯西川温泉[ゆにしがわおんせん](地)
湯野浜温泉[ゆのはまおんせん](地)
湯ヶ野温泉[ゆがのおんせん](地)
湯原王[ゆはらのおおきみ](人)
湯田温泉[ゆだおんせん](地)
湯田中温泉[ゆだなかおんせん](地)
湯前[ゆのまえ](地)
湯殿山[ゆどのさん](地)
湯川①[ゆかわ](姓)
湯川②[ゆがわ](地)
湯川秀樹[ゆかわひでき](人)
湯川温泉[ゆのかわおんせん](地)
湯浅[ゆあさ](地/姓)
湯浅年子[ゆあさとしこ](人)
湯浅常山[ゆあさじょうざん](人)
湯村温泉[ゆむらおんせん](地)
湯沢[ゆざわ](地/姓)
湯沢幸吉郎[ゆざわこうきちろう](人)
湯布院[ゆふいん](地)
湯河原[ゆがわら](地)
湯郷温泉[ゆのごうおんせん](地)
湯檜曾温泉[ゆびそおんせん](地)

태

太
太[おお](姓)
太祇[たいぎ](人)
太東崎[たいとうざき](地)
太良[たら](地)
太白[たいはく](地)
太神山[たなかみやま](地)
太安萬侶[おおのやすまろ](人)
太原[たいげん](地)
太原崇孚[たいげんすうふ](人)
太子[たいし](地/人)
太宰[だざい](姓)
大宰府[だざいふ](地)
太宰春台[だざいしゅんだい](人)
太宰治[だざいおさむ](人)
太田[おおた](地/姓)
太田錦城[おおたきんじょう](人)
太田道灌[おおたどうかん](人)
太田白雪[おおたはくせつ](人)
太田水穂[おおたみずほ](人)
太田玉茗[おおたぎょくめい](人)
太田牛一[おおたぎゅういち](人)
太田全斎[おおたぜんさい](人)
太田川[おおたがわ](地)
太地[たいじ](地)
太秦[うずまさ](地)
太平海[たいへいかい](地)

胎
胎内[たいない](地)
胎中天皇[たいちゅうてんのう](人)

泰
泰阜[やすおか](地)
泰澄[たいちょう](人)

택

択
択捉[えとろふ](地)
択捉島[えとろふとう](地)

沢
沢[さわ](姓)
沢角[さわずみ](姓)
沢角検校[さわずみけんぎょう](人)
沢柳[さわやなぎ](姓)
沢柳政太郎[さわやなぎまさたろう](人)
沢名垂[さわだなたり](人)
沢瀉[おもだか](姓)
沢瀉久孝[おもだかひさたか](人)
沢宣嘉[さわのぶよし](人)
沢庵[たくあん](人)
沢野[さわの](姓)
沢野忠庵[さわのちゅうあん](人)
沢田[さわだ](姓)
沢田美喜[さわだみき](人)
沢田正次郎[さわだしょうじろう](人)
沢田川[さわだがわ](地)
沢住[さわずみ](姓)
沢住検校[さわずみけんぎょう](人)
沢村[さわむら](姓)
沢村琴所[さわむらきんしょ](人)
沢村栄治[さわむらえいじ](人)
沢村田之助[さわむらたのすけ](人)
沢村宗十郎[さわむらそうじゅうろう](人)

토

土
土居[どい](地/姓)
土居光知[どいこうち](人)
土光[どこう](姓)
土光敏夫[どこうとしお](人)
土岐[とき](地/姓)
土岐頼康[ときよりやす](人)
土岐頼遠[ときよりとお](人)
土岐善麿[ときぜんまろ](人)
土崎[つちざき](地)
土門[どもん](姓)
土門拳[どもんけん](人)
土方[ひじかた](姓)
土方久元[ひじかたひさもと](人)
土方歳三[ひじかたとしぞう](人)
土方与志[ひじかたよし](人)
土方定一[ひじかたていいち](人)
土芳[とほう](人)

土肥①[とい](地)
土肥②[どひ](姓)
土肥慶蔵[どひけいぞう](人)
土肥実平[どひさねひら](人)
土肥原①[どいはら](人)
土肥原②[どひはら](姓)
土肥原賢二[どひはらけんじ](人)
土山[つちやま](地)
土生[はぶ](姓)
土生玄碩[はぶげんせき]
土御門[つちみかど](地/姓)
土御門道親[つちみかどみちちか](人)
土御門天皇[つちみかどてんのう](人)
土屋[つちや](姓)
土屋文明[つちやぶんめい](人)
土屋安親[つちややすちか](人)
土庄[とのしょう](地)
土田[つちだ](姓)
土田麦僊[つちだばくせん](人)
土田杏村[つちだきょうそん](人)
土田献[つちだけん](人)
土井①[どい](姓)
土井②[つちい](姓)
土井利勝[どいとしかつ](人)
土井晩翠[つちいばんすい·どいばんすい](人)
土井聱牙[どいこうが](人)
土井辰雄[どいたつお](人)
土井忠生[どいただお](人)
土佐[とさ](地/姓)
土佐光起[とさみつおき](人)
土佐光信[とさみつのぶ](人)
土佐光長[とさみつなが](人)
土佐湾[とさわん](地)
土佐山田[とさやまだ](人)
土佐の院[とさのいん](人)
土佐清水[とさしみず](地)
土州[どしゅう](地)
土湯温泉[つちゆおんせん](人)
土浦[つちうら](地)

吐
吐噶喇列島[とかられっとう](地)

通
通園[つうえん](人)
通町[とおりちょう](地)
通済渠[つうさいきょ](地)

桶
桶川[おけがわ](地)

筒
筒井[つつい](姓)
筒井順慶[つついじゅんけい](人)

樋
樋口[ひぐち](姓)
樋口一葉[ひぐちいちよう](人)

透
透谷[とうこく](人)

巴
巴[ともえ](人)
巴御前[ともえごぜん](人)
巴人[はじん](人)

芭
芭蕉[ばしょう](人)

波
波崎[はさき](地)
波多野[はたの](姓)
波多野精一[はたのせいいち](人)
波勝崎[はがちざき](地)
波照間島[はてるまじま](地)
波佐見[はさみ](地)
波郷[はきょう](人)

破
破笠[はりつ](人)

婆
婆羅門僧正[ばらもんそうじょう](人)

播
播磨[はりま](地)
播磨潟[はりまがた](地)
播磨灘[はりまなだ](地)
播磨平野[はりまへいや](地)
播州[ばんしゅう](地)

簸
簸川[ひかわ](地)

判
判官[ほうがん](人)

坂
坂口[さかぐち](姓)
坂口謹一郎[さかぐちきんいちろう](人)
坂口安吾[さかぐちあんご](人)
坂口昂[さかぐちたかし](人)
坂崎[さかざき](姓)
坂崎出宇守[さかざきでわのかみ](人)
坂東[ばんどう](地/姓)
坂東三津五郎[ばんどうみつごろう](人)
坂東彦三郎[ばんどうひこさぶろう](人)
坂東太郎[ばんどうたろう](人)
坂東八箇国[ばんどうはっかこく](人)
坂本[さかもと](地/姓)
坂本嘉治馬[さかもとかじま](人)
坂本竜馬[さかもとりょうま](人)
坂本繁次郎[さかもとはんじろう](人)
坂本四方太[さかもとしほうだ](人)
坂本天山[さかもとてんざん](人)
坂上[さかのうえ](姓)
坂上郎女[さかのうえのいらつめ](人)
坂上望城[さかのうえのもちき](人)
坂上是則[さかのうえのこれのり](人)
坂上田村麻呂[さかのうえのたむらまろ](人)
坂城[さかき](地)
坂西[ばんざい](姓)
坂西利八郎[ばんざいりはちろう](人)
坂田[さかた](姓)
坂田金時[さかたのきんとき](人)
坂田藤十郎[さかたとうじゅうろう](人)
坂田三吉[さかたさんきち](人)
坂田昌一[さかたしょういち](人)
坂井[さかい](地)
坂祝[さかほぎ](地)
坂出[さかいで](地)
坂戸[さかど](地)

阪
阪南[はんなん](地)
阪東[ばんどう](姓)
阪東妻三郎[ばんどうつまさぶろう](人)
阪神[はんしん](地)

板
板谷[いたや](姓)
板谷峠[いたやとうげ](地)
板谷波山[いたやはざん](人)
板橋[いたばし](地)
板柳[いたやなぎ](地)

板付[いたづけ](地)
板額[はんがく](姓)
板額御前[はんがくごぜん](人)
板野[いたの](地)
板垣[いたがき](姓)
板垣征四郎[いたがきせいしろう](人)
板垣退助[いたがきたいすけ](人)
板倉[いたくら](地/姓)
板倉勝重[いたくらかつしげ](人)
板倉重宗[いたくらしげむね](人)
板倉重昌[いたくらしげまさ](人)

팔

八

八街[やちまた](地)
八甲田山[はっこうださん](地)
八橋[やつはし](地/姓)
八橋検校[やつはしけんぎょう](人)
八溝山地[やみぞさんち](地)
八女[やめ](地)
八大山人[はちだいさんじん](人)
八代[やつしろ](地)
八代海[やつしろかい](地)
八島[やしま](地)
八頭[やず](地)
八郎潟[はちろうがた](地)
八瀬[やせ](地)
八木[やぎ](姓)
八木秀次[やぎひでつぐ](人)
八木重吉[やぎじゅうきち](人)
八木秋子[やぎあきこ](人)
八文字屋自笑[はちもんじやじしょう](人)
八尾①[やお](地)
八尾②[やつお](地)
八百屋お七[やおやおしち](人)
八百津[やおつ](地)
八幡①[はちまん](地)
八幡②[やはた](地)
八幡③[やわた](地)
八幡東[やはたひがし](地)
八幡浜[やわたはま](地)
八幡山[やわたやま](地)
八幡西[やはたにし](地)
八幡太郎[はちまんたろう](人)
八幡平[はちまんたい](地)
八峰[はっぽう](地)
八杉[やすぎ](姓)
八杉貞利[やすぎさだとし](人)
八森[はちもり](地)
八十村[やそむら](姓)
八十村路通[やそむらろつう](人)
八ヶ岳[やつがたけ](地)
八ヶ岳中信高原国定公園[やつがたけちゅうしんこうげんこくていこうえん](地)
八王子[はちおうじ](地)
八雲[やくも](地/人)
八日市[ようかいち](地)
八日市場[ようかいちば](地)
八丈[はちじょう](地)
八丈島[はちじょうじま](地)
八田[はった](姓)
八田知紀[はったとものり](人)
八丁堀[はっちょうぼり](地)
八潮[やしお](地)
八洲[やしま](地)
八洲国[やしまくに](地)
八重崎[やえざき](姓)
八重崎検校[やえざきけんぎょう](人)
八重瀬[やえせ](地)
八重山[やえやま](地)
八重山諸島[やえやましょとう](地)
八重洲[やえす](地)
八千代[やちよ](地)
八坂[やさか](地)
八海山[はっかいさん](地)
八郷[やさと](地)
八軒屋[はちけんや](地)
八戸[はちのへ](地)

패

貝

貝殻島[かいがらじま](地)
貝谷[かいたに](姓)
貝谷八百子[かいたにやおこ](人)
貝掛温泉[かいかけおんせん](地)
貝原[かいばら](姓)
貝原益軒[かいばらえきけん](人)
貝塚[かいづか](姓)
貝塚茂樹[かいづかしげき](人)

稗

稗田[ひえだ](姓)
稗田阿礼[ひえだのあれ](人)

팽

澎

澎湖諸島[ほうこしょとう](地)

편

片

片岡[かたおか](地/姓)
片岡健吉[かたおかけんきち](人)
片岡安[かたおかやすし](人)
片岡仁左衛門[かたおかにざえもん](人)
片岡千恵蔵[かたおかちえぞう](人)
片岡鉄兵[かたおかてっぺい](人)
片桐[かたぎり](姓)
片桐石州[かたぎりせきしゅう](人)
片桐且元[かたぎりかつもと](人)
片瀬[かたせ](地)
片山[かたやま](姓)
片山兼山[かたやまけんざん](人)
片山久安[かたやまひさやす](人)
片山国嘉[かたやまくにか](人)
片山東熊[かたやまとうくま](人)
片山北海[かたやまほっかい](人)
片山潜[かたやません](人)
片山正夫[かたやままさお](人)
片山津温泉[かたやまづおんせん](人)
片上[かたかみ](姓)
片上伸[かたかみのぶる](人)
片倉[かたくら](姓)
片倉兼太郎[かたくらかねたろう](人)
片品[かたしな](地)

遍

遍昭[へんじょう](人)
遍照[へんじょう](人)

평

平

平[たいら](地/姓)
平康頼[たいらのやすより](人)
平兼盛[たいらのかねもり](人)
平景清[たいらのかげきよ](人)
平高望[たいらのたかもち](人)
平谷[ひらや](地)
平教経[たいらののりつね](人)
平教盛[たいらののりもり](人)
平国香[たいらのくにか](人)
平群[へぐり](地)
平内[ひらない](地)
平徳子[たいらのとくこ](人)
平敦盛[たいらのあつもり](人)
平良[ひらら](地)
平良門[たいらのよしかど](人)
平鹿[ひらか](地)
平頼盛[たいらのよりもり](人)
平瀬[ひらせ](地/姓)
平瀬作五郎[ひらせさくごろう](人)
平六代[たいらのろくだい](人)
平林[ひらばやし](姓)

平林たい子[ひらばやしたいこ](人)
平林初之輔[ひらばやしはつのすけ](人)
平尾台[ひらおだい](地)
平福[ひらふく](姓)
平福百穂[ひらふくひゃくすい](人)
平山[ひらやま](姓)
平山信[ひらやましん](人)
平生[ひらお](地)
平城天皇[へいぜいてんのう](人)
平沼[ひらぬま](姓)
平沼麒一郎[ひらぬまきいちろう](人)
平沼亮三[ひらぬまりょうぞう](人)
平手[ひらて](姓)
平手政秀[ひらてまさひで](人)
平手造酒[ひらてみき](人)
平時子[たいらのときこ](人)
平時忠[たいらのときただ](人)
平野[ひらの](地/姓)
平野謙[ひらのけん](人)
平野国臣[ひらのくにおみ](人)
平維茂[たいらのこれもち](人)
平維盛[たいらのこれもり](人)
平維衡[たいらのこれひら](人)
平慈子[たいらのしげこ](人)
平将門[たいらのまさかど](人)
平田[ひらた](地/姓)
平田道仁[ひらたどうじん](人)
平田禿木[ひらたとくぼく](人)
平田篤胤[ひらたあつたね](人)
平田東助[ひらたとうすけ](人)
平田彦三[ひらたひこぞう](人)
平田靭負[ひらたゆきえ](人)
平田銕胤[ひらたかねたね](人)
平田清明[ひらたきよあき](人)
平井[ひらい](姓)
平井権八[ひらいごんぱち](人)
平正盛[たいらのまさもり](人)
平貞文[たいらのさだふん](人)
平貞盛[たいらのさだもり](人)
平宗盛[たいらのむねもり](人)
平重盛[たいらのしげもり](人)
平重衡[たいらのしげひら](人)
平櫛[ひらくし](姓)
平櫛田中[ひらくしでんちゅう](人)
平知盛[たいらのとももり](人)
平泉[ひらいずみ](地/姓)
平泉澄[ひらいずみきよし](人)
平清盛[たいらのきよもり](人)
平塚[ひらつか](地/姓)
平塚らいてう[ひらつからいてう](人)
平忠度[たいらのただのり](人)
平忠常[たいらのただつね](人)
平忠盛[たいらのただもり](人)
平取[ひらとり](地)
平湯温泉[ひらゆおんせん](地)
平賀[ひらが](地/姓)
平賀譲[ひらがゆずる](人)
平賀元義[ひらがもとよし](人)
平賀源内[ひらがげんない](人)
平戸[ひらど](地)
平戸島[ひらどじま](地)

坪

坪内[つぼうち](姓)
坪内逍遥[つぼうちしょうよう](人)
坪田[つぼた](姓)
坪田譲治[つぼたじょうじ](人)
坪井[つぼい](姓)
坪井九馬三[つぼいくめぞう](人)
坪井杜国[つぼいとこく](人)
坪井誠太郎[つぼいせいたろう](人)
坪井信道[つぼいしんどう](人)
坪井正五郎[つぼいしょうごろう](人)
坪井忠二[つぼいちゅうじ](人)
坪井玄道[つぼいげんどう](人)

폐

幣

幣原[しではら](姓)
幣原喜重郎[しではらきじゅうろう](人)

포

包

包永[かねなが](人)
包平[かねひら](人)

布

布留[ふる](地)
布施[ふせ](地/姓)
布施辰治[ふせたつじ](人)
布引の滝[ぬのびきのたき](地)
布引山地[ぬのびきさんち](地)

抱

抱月[ほうげつ](人)
抱一[ほういつ](人)

泡

泡鳴[ほうめい](人)

浦

浦臼[うらうす](地)
浦島[うらしま](地/人)
浦島の子[うらしまのこ](人)
浦島太郎[うらしまたろう](人)
浦富海岸[うらどめかいがん](地)
浦上[うらかみ](地/姓)
浦上玉堂[うらかみぎょくどう](人)
浦上春琴[うらかみしゅんきん](人)
浦安[うらやす](地)
浦添[うらそえ](地)
浦河[うらかわ](地)
浦賀[うらが](地)
浦賀水道[うらがすいどう](地)
浦和[うらわ](地)
浦幌[うらほろ](地)

飽

飽海[あくみ](地)

蒲

蒲の冠者[がまのかんじゃ](人)
蒲郡[がまごおり](地)
蒲生[がもう](地/姓)
蒲生君平[がもうくんぺい](人)
蒲生氏郷[がもううじさと](人)
蒲生賢秀[がもうかたひで](人)
蒲原[かんばら](地/姓)
蒲原有明[かんばらありあけ](人)
蒲田[かまた](地)

표

俵

俵[たわら](姓)
俵国一[たわらくにいち](人)
俵藤太[たわらとうた](人)
俵山温泉[たわらやまおんせん](地)
俵屋宗達[たわらやそうたつ](人)

標

標茅原[しめじがはら](地)
標津[しべつ](地)
標茶[しべちゃ](地)

瓢

瓢湖[ひょうこ](地)

품

品

品川[しながわ](地/姓)
品川弥二郎[しながわやじろう](人)

풍

風

風間浦[かざまうら](地)
風来山人[ふうらいさんじん](人)
風連[ふうれん](地)
風連鍾乳洞[ふうれんしょうにゅうどう](地)
風連湖[ふうれんこ](地)
風葉[ふうよう](人)
風越[かざごし](地)
風越山[かざごしやま](地)
風越の峠[かざごしのとうげ](地)
風早[かざはや](地)

豊

豊岡[とよおか](地)
豊見城[とみぐすく](地)
豊頃[とよころ](地)
豊科[とよしな](地)
豊橋[とよはし](地)
豊丘[とよおか](地)
豊国[とよくに](地)
豊根[とよね](地)
豊能[とよの](地)
豊島①[としま](地)
豊島②[とよしま](姓)
豊島与志雄[とよしまよしお](人)
豊道春海[ぶんどうしゅんかい](人)
豊明[とよあけ](地)
豊富[とよとみ](地)
豊北[ほうほく](地)
豊浜[とよはま](地)
豊山[とよやま](地)
豊臣[とよとみ](姓)
豊臣秀吉[とよとみひでよし](人)
豊臣秀頼[とよとみひでより](人)
豊臣秀次[とよとみひでつぐ](人)
豊栄[とよさか](地)
豊予[ほうよ](地)
豊予海峡[ほうよかいきょう](地)
豊原[とよはら](地)
豊葦原[とよあしはら](地)
豊葦原瑞穂国[とよあしはらのみずほのくに](地)
豊葦原中国[とよあしはらのなかつくに](地)
豊葦原千五百秋瑞穂国[とよあしはらのちいおあきのみずほのくに](地)
豊田①[とよた](地/姓)
豊田②[とよだ](姓)
豊田四郎[とよだしろう](人)
豊田佐吉[とよださきち](人)
豊田天工[とよだてんこう](人)
豊前[ぶぜん](地)
豊竹呂昇[とよたけろしょう](人)
豊竹山城少掾[とよたけやましろしょうじょう](人)
豊竹若太夫[とよたけわかたゆう](人)
豊州[ほうしゅう](地)
豊中[とよなか](地)
豊川[とよかわ](地/姓)
豊川良平[とよかわりょうへい](人)
豊聡耳命[とよとみみのみこと](人)
豊秋津島[とよあきつしま](地)
豊鍬入姫命[とよすきいりひめのみこと](人)
豊太閤[ほうたいこう](人)
豊沢[とよざわ](姓)
豊沢団平[とよざわだんぺい](人)
豊平[とよひら](地)
豊浦[とようら](地)
豊郷[とよさと](地)
豊後[ぶんご](地)
豊後高田[ぶんごたかだ](地)
豊後大野[ぶんごおおの](地)
豊後水道[ぶんごすいどう](地)

하

下

下岡[しもおか](姓)
下岡蓮杖[しもおかれんじょう](人)
下京[しもぎょう](地)
下高井[しもたかい](地)
下谷[したや](地)
下関[しものせき](地)
下館[しもだて](地)
下都賀[しもつが](地)
下呂[げろ](地)
下呂温泉[げろおんせん](地)
下馬将軍[げばしょうぐん](人)
下毛野[しもつけの](地)
下部温泉[しもべおんせん](地)
下北[しもきた](地)
下北半島[しもきたはんとう](地)
下北半島国定公園[しもきたはんとうこくていこうえん](地)
下北山[しもきたやま](地)
下松[くだまつ](地)
下水内[しもみのち](地)
下市[しもいち](地)
下新川[しもにいかわ](地)
下野[しもつけ](地)
下伊那[しもいな](地)
下益城[しもましき](地)
下仁田[しもにた](地)
下田[しもだ](地/姓)
下田歌子[しもだうたこ](人)
下田温泉[しもだおんせん](地)
下の町[しものちょう](地)
下条[しもじょう](地)
下照姫[したてるひめ](人)
下中[しもなか](姓)
下中弥三郎[しもなかやさぶろう](人)
下津[しもつ](地)
下妻[しもつま](地)
下川[しもかわ](地)
下村[しもむら](姓)
下村観山[しもむらかんざん](人)
下村海南[しもむらかいなん](人)
下村湖人[しもむらこじん](人)
下総[しもうさ·しもふさ·しもつふさ](地)
下総台地[しもうさだいち](地)
下諏訪[しもすわ](地)
下閉伊[しもへい](地)
下河部[しもこうべ](姓)
下河部長流[しもこうべちょうりゅう](人)
下賀茂温泉[しもがもおんせん](地)
下郷[しもごう](地)

河

河鍋[かわなべ](姓)
河鍋暁斎[かわなべぎょうさい](人)
河口[かわぐち](姓)
河口慧海[かわぐちちえかい](人)
河口湖[かわぐちこ](地)
河崎[かわさき](姓)
河崎なつ[かわさきなつ](人)
河南[かなん](地)
河内[かわち](地)
河内長野[かわちながの](地)
河東①[かとう](地/姓)
河東②[かわひがし](地/姓)
河東碧梧桐[かわひがしへきごとう](人)
河本[こうもと](姓)
河本大作[こうもとだいさく](人)
河北[かほく](地)
河上[かわかみ](姓)
河上丈太郎[かわかみじょうたろう](人)
河上肇[かわかみはじめ](人)
河上徹太郎[かわかみてつたろう](人)
河西①[かさい](地)
河西②[かわにし](地)
河沼[かわぬま](地)

河野[こうの](姓)
河野広中[こうのひろなか](人)
河野道有[こうのみちあり](人)
河野敏鎌[こうのとがま](人)
河野一郎[こうのいちろう](人)
河芸[かわげ](地)
河原[かわら](地)
河原崎[かわらざき](姓)
河原崎長十郎[かわらざきちょうじゅうろう](人)
河原町[かわらまち](地)
河原の左大臣[かわらのさだいじん](人)
河井[かわい](姓)
河井継之助[かわいつぐのすけ](人)
河井寛次郎[かわいかんじろう](人)
河井道[かわいみち](人)
河井荃廬[かわいせんろ](人)
河井酔茗[かわいすいめい](人)
河竹[かわたけ](姓)
河竹黙阿弥[かわたけもくあみ](人)
河竹繁俊[かわたけしげとし](人)
河竹新七[かわたけしんしち](人)
河津[かわづ](地/姓)
河津祐泰[かわづのすけやす](人)
河村[かわむら](姓)
河村瑞軒[かわむらずいけん](人)
河村秀根[かわむらひでね](人)
河合[かわい](地/姓)
河合武雄[かわいたけお](人)
河合小市[かわいこいち](人)
河合栄治郎[かわいえいじろう](人)
河合乙州[かわいおとくに](人)
河合曾良[かわいそら](人)

夏

夏目[なつめ](姓)
夏目成美[なつめせいび](人)
夏目漱石[なつめそうせき](人)
夏目甕麿[なつめみかまろ](人)
夏油温泉[げとうおんせん](地)

荷

荷田[かだ](姓)
荷田在満[かだのありまろ](人)
荷田春満[かだのあずままろ](人)
荷風[かふう](人)
荷兮[かけい](人)

賀

賀名生[あのう](地)
賀茂[かも](地/姓)
賀茂真淵[かものまぶち](人)
賀茂川[かもがわ](地)
賀陽[かや](姓)
賀陽院[かやのいん](人)
賀陽豊年[かやのとよとし](人)
賀州[がしゅう](地)
賀川[かがわ](姓)
賀川豊彦[かがわとよひこ](人)
賀川玄悦[かがわげんえつ](人)

蝦

蝦夷[えぞ](地)
蝦夷富士[えぞふじ](地)
蝦夷地[えぞち](地)

霞

霞が関[かすみがせき](地)
霞ヶ浦[かすみがうら](地)

학

学

学海[がっかい](人)

涸

涸沼[ひぬま](地)

鶴

鶴岡[つるおか](地)
鶴居[つるい](地)
鶴見[つるみ](地)
鶴見岳[つるみだけ](地)
鶴崎[つるさき](地)
鶴ヶ島[つるがしま](地)
鶴来[つるぎ](地)
鶴峰[つるみね](姓)
鶴峰茂伸[つるみねしげのぶ](人)
鶴屋南北[つるやなんぼく](人)
鶴田[つるた](地)
鶴賀若狭掾[つるがわかさのじょう](人)

한

寒

寒川[さむかわ](地)
寒河江[さがえ](地)

韓

韓国岳[からくにだけ](地)
韓崎[からさき](地)

함

函

函館[はこだて](地)
函館山[はこだてやま](地)
函南[かんなみ](地)
函嶺[かんれい](地)

합

合

合志[こうし](地)

항

恒

恒藤[つねとう](姓)
恒藤恭[つねとうきょう](人)
恒良親王[つねながしんのう](人)

港

港[みなと](地)
港南[こうなん](地)
港北[こうほく](地)

해

海

海江田[かいえだ](姓)
海江田信義[かいえだのぶよし](人)
海南[かいなん](地)
海道[かいどう](地)
海老名[えびな](地/姓)
海老名弾正[えびなだんじょう](人)
海老原[えびはら](姓)
海老原喜之助[えびはらきのすけ](人)
海保[かいほ](姓)
海保漁村[かいほぎょそん](人)
海保青陵[かいほせいりょう](人)
海部①[あま](地)
海部②[かいふ](地)
海北[かいほう](姓)
海北若冲[かいほうじゃくちゅう](人)
海北友松[かいほうゆうしょう](人)
海士[あま](地)
海柘榴市[つばきいち・つばいち](地)
海野[うんの](地/姓)
海野勝珉[うんのしょうみん](人)
海野十三[うんのじゅうざ](人)
海野清[うんのきよし](人)
海陽[かいよう](地)
海音寺潮五郎[かいおんじちょうごろう](人)
海田[かいた](地)
海ノ中道[うみのなかみち](地)

海津[かいづ](地)
海草[かいそう](地)
海幸彦[うみさちひこ](人)
海後[かいご](姓)
海後宗臣[かいごときおみ](人)

解
解脱上人[げだつしょうにん](人)

蟹
蟹江[かにえ](地)

행

行
行橋[ゆくはし](地)
行基[ぎょうき](人)
行徳[ぎょうとく](地)
行成[こうぜい](人)
行阿[ぎょうあ](人)
行人坂[ぎょうにんざか](地)
行田[ぎょうだ](地)
行尊[ぎょうそん](人)
行平[ゆきひら](人)

幸
幸[さいわい](地)
幸堂[こうどう](姓)
幸堂得知[こうどうとくち](人)
幸徳[こうとく](姓)
幸徳秋水[こうとくしゅうすい](人)
幸島[こうじま](地)
幸祥光[こうよしみつ](人)
幸手[さって](地)
幸阿弥[こうあみ](人)
幸野[こうの](姓)
幸野楳嶺[こうのばいれい](人)
幸田①[こうた](地)
幸田②[こうだ](姓)
幸田露伴[こうだろはん](人)
幸田文[こうだあや](人)
幸田延[こうだのぶ](人)

향

向
向島①[むかいしま](地)
向島②[むこうじま](地)
向象賢[しょうしょうけん](人)
向阿[こうあ](人)
向日[むこう](地)
向田[むこうだ](姓)
向田邦子[むこうだくにこ](人)
向井[むかい](姓)
向井去来[むかいきょらい](人)
向井元升[むかいげんしょう](人)
向坂[さきさか](姓)
向坂逸郎[さきさかいつろう](人)

香
香久山[かぐやま](地)
香具山[かぐやま](地)
香南[こうなん](地)
香林坊[こうりんぼう](地)
香美[かみ](地)
香寺[こうでら](地)
香山居士[こうざんこじ](人)
香月[かづき](姓)
香月泰男[かづきやすお](人)
香芝[かしば](地)
香川[かがわ](地/姓)
香川景樹[かがわかげき](人)
香椎[かしい](地)
香春[かわら](地)
香取[かとり](地/姓)
香取秀真[かとりほずま](人)

郷
郷[ごう](姓)
郷誠之助[ごうせいのすけ](人)
郷義弘[ごうよしひろ](人)
郷ノ浦[ごうのうら](地)

響
響灘[ひびきなだ](地)

饗
饗庭[あえば](姓)
饗庭篁村[あえばこうそん](人)

허

虚
虚子[きょし](人)

현

玄
玄武洞[げんぶどう](地)
玄樹[げんじゅ](人)
玄海[げんかい](地)
玄海国定公園[げんかいこくていこうえん](人)
玄海灘[げんかいなだ](地)
玄恵[げんえ](人)
玄慧[げんえ](人)

県
県犬養三千代[あがたいぬかいのみちよ](人)
県の井戸[あがたのいど](地)

蜆
蜆川[しじまがわ](地)

賢
賢島[かしこじま](地)

顕
顕昭[けんしょう](人)
顕如[けんにょ](人)
顕宗天皇[けんぞうてんのう](人)

혈

穴
穴門[あなと](地)
穴山[あなやま](姓)
穴山梅雪[あなやまばいせつ](人)
穴水[あなみず](地)
穴戸[あなと](地)

협

協
協和[きょうわ](地)

狭
狭山[さやま](地)
狭山池[さやまいけ](地)
狭山湖[さやまこ](地)
狭野茅上娘子[さののちがみのおとめ](人)
狭野弟上娘子[さののおとがみのおとめ](人)
狭衣大将[さごろものたいしょう](人)

脇
脇[わき](地)
脇屋[わきや](姓)
脇屋蘭室[わきやらんしつ](人)
脇屋義助[わきやよしすけ](人)
脇坂[わきさか](姓)
脇坂安治[わきさかやすはる](人)
脇坂義堂[わきさかぎどう](人)

형

兄
兄猾[えうかし](人)

刑

刑部親王[おさかべしんのう](人)

혜

恵

恵慶[えぎょう](人)
恵瓊[えけい](人)
恵那[えな](地)
恵那山[えなさん](地)
恵那狭[えなきょう](地)
恵美[えみ](姓)
恵美押勝[えみのおしつか](人)
恵比寿[えびす](人)
恵比須[えびす](人)
恵比須三郎[えびすさぶろう](人)
恵山[えさん](地)
恵信尼[えしんに](人)
恵心[えしん](人)
恵雲[えうん](地)
恵庭[えにわ](地)
恵庭岳[えにわだけ](地)

慧

慧慈[えじ](人)
慧鶴[えかく](人)
慧玄[えげん](人)

호

戸

戸無瀬[となせ](地)
戸山ヶ原[とやまがはら](地)
戸隠[とがくし](地)
戸隠山[とがくしやま](地)
戸張[とばり](姓)
戸張孤雁[とばりこがん](人)
戸田[とだ](地/姓)
戸田茂睡[とだもすい](人)
戸田城聖[とだじょうせい](人)
戸田旭山[とだきょくざん](人)
戸田貞三[とだていぞう](人)
戸畑[とばた](地)
戸倉[とぐち](地)
戸倉上山温泉[とぐちかみやまおんせん](地)
戸川[とがわ](姓)
戸川秋骨[とがわしゅうこつ](人)
戸塚[とつか](地/姓)
戸塚静海[とつかせいかい](人)
戸沢[とざわ](地)
戸坂[とさか](姓)
戸坂淳[とさかじゅん](人)

芦

芦ノ牧温泉[あしのまきおんせん](地)
芦別[あしべつ](地)
芦北[あしきた](地)
芦屋[あしや](地)
芦原温泉[あわらおんせん](地)
芦田[あしだ](姓)
芦田均[あしだひとし](人)
芦田恵之助[あしだえのすけ](人)
芦ノ湯[あしのゆ](地)
芦ノ湖[あしのこ](地)

虎

虎渓[こけい](地)
虎関師錬[こかんしれん](人)
虎ノ門[とらのもん](地)
虎御前[とらごぜん](人)
虎屋源太夫[とらやげんだゆう](人)
虎徹[こてつ](人)
虎沢[とらざわ](姓)
虎沢検校[とらざわけんぎょう](人)

湖

湖南[こなん](地)
湖西[こさい](地)
湖処子[こしょし](人)

壺

壺井[つぼい](姓)
壺井繁治[つぼいしげじ](人)
壺井栄[つぼいさかえ](人)
壺井義知[つぼいよしとも](人)

護

護良親王①[もりながしんのう](人)
護良親王②[もりよししんのう](人)
護持院ヶ原[ごじいんがはら](地)

혼

溷

溷店[どぶだな](地)

홀

忽

忽那諸島[くつなしょとう](地)

홍

弘

弘文天皇[こうぶんてんのう](人)
弘法大師[こうぼうだいし](人)
弘田[ひろた](姓)
弘田竜太郎[ひろたりゅうたろう](人)
弘前[ひろさき](地)
弘徽殿女御[こきでんのにょうご](人)

鴻

鴻巣[こうのす](地)
鴻池善右衛門[こうのいけぜんえもん](人)

화

化

化野[あだしの](地)

火

火山列島[かざんれっとう](地)
火野[ひの](姓)
火野葦平[ひのあしへい](人)

花

花見川[はなみがわ](地)
花巻[はなまき](地)
花袋[かたい](人)
花登[はなと](姓)
花登筺[はなとこばこ](人)
花柳[はなやぎ](姓)
花柳寿輔[はなやぎじゅすけ](人)
花柳章太郎[はなやぎしょうたろう](人)
花輪[はなわ](地)
花菱アチャコ[はなひしあちゃこ](人)
花山院[かざんいん](人)
花山院師賢[かざんいんもろかた](人)
花山院長親[かざんいんながちか](人)
花山天皇[かざんてんのう](人)
花森[はなもり](姓)
花森安治[はなもりやすじ](人)
花外[かがい](人)
花園[はなぞの](地)
花園天皇[はなぞのてんのう](人)
花田[はなだ](姓)
花田清輝[はなだきよてる](人)
花井[はない](姓)
花井卓蔵[はないたくぞう](人)
花川戸[はなかわど](地)
花泉[はないずみ](地)

和

和歌山[わかやま](地)
和歌浦[わかのうら](地)
和光[わこう](地)
和宮[かずのみや](人)
和気[わけ](地/姓)
和気広虫[わけのひろむし](人)
和気清麻呂[わけのきよまろ](人)
和達[わだち](姓)
和達清夫[わだちきよお](人)
和藤内[わとうない](人)
和木[わき](地)
和泊[わどまり](地)
和尚吉三[おしょうきちさ](人)
和束[わづか](地)
和水[なごみ](地)
和辻[わつじ](姓)
和辻哲郎[わつじてつろう](人)
和田[わだ](姓)
和田岬[わだみさき](地)
和田万吉[わだまんきち](人)
和田山[わだやま](地)
和田三造[わださんぞう](人)
和田峠[わだとうげ](地)
和田英[わだえい](人)
和田英松[わだひでまつ](人)
和田英作[わだえいさく](人)
和田雄治[わだゆうじ](人)
和田維四郎[わだつなしろう](人)
和田義盛[わだよしもり](人)
和田伝[わだでん](人)
和井内[わいない](姓)
和井内貞行[わいないさだゆき](人)
和州[わしゅう](地)
和倉温泉[わくらおんせん](地)
和泉[いずみ](地)
和泉山脈[いずみさんみゃく](地)
和泉式部[いずみしきぶ](人)
和賀[わが](地)
和寒[わっさむ](地)

華

華岡[はなおか](姓)
華岡青州[はなおかせいしゅう](人)
華厳滝[けごんのたき](地)

樺

樺山[かばやま](姓)
樺山資紀[かばやますけのり](人)
樺太[からふと](地)
樺戸[かばと](地)

환

丸

丸岡[まるおか](地/姓)
丸岡秀子[まるおかひでこ](人)
丸橋[まるばし](姓)
丸橋忠弥[まるばしちゅうや](人)
丸駒温泉[まるこまおんせん](地)
丸亀[まるがめ](地)
丸の内[まるのうち](地)
丸山[まるやま](地/姓)
丸山定夫[まるやまさだお](人)
丸山薫[まるやまかおる](人)
丸森[まるもり](地)
丸子①[まりこ](地)
丸子②[まるこ](地)

활

滑

滑川①[なめがわ](地)
滑川②[なめりかわ](地)

황

荒

荒[あら](姓)
荒木[あらき](姓)
荒木古童[あらきこどう](人)
荒木寛畝[あらきかんぽ](人)
荒木十畝[あらきじっぽ](人)
荒木又右衛門[あらきまたえもん](人)
荒木田[あらきだ](姓)
荒木田久老[あらきだひさおゆ](人)
荒木田麗女[あらきだれいじょ](人)
荒木田守竹[あらきだもりたけ](人)
荒木田寅三郎[あらきだとらさぶろう](人)
荒木田俊馬[あらきだとしま](人)
荒木貞夫[あらきさだお](人)
荒木宗太郎[あらきそうたろう](人)
荒木村英[あらきむらひで](人)
荒木村重[あらきむらしげ](人)
荒尾[あらお](地)
荒船山[あらふねやま](地)
荒畑[あらはた](姓)
荒畑寒村[あらはたかんそん](人)
荒井[あらい](姓)
荒井寛方[あらいかんぽう](人)
荒井郁之助[あらいいくのすけ](人)
荒正人[あらまさひと](人)
荒川[あらかわ](地/姓)
荒川豊蔵[あらかわとよぞう](人)
荒血山[あらちやま](地)

皇

皇嘉門院[こうかもんいん](人)
皇嘉門院別当[こうかもんいんべっとう](人)
皇極天皇[こうぎょくてんのう](人)
皇孫[すめみま](人)
皇御孫[すめみま](人)

黄

黄瀬川[きせがわ](地)
黄檗山[おうばくさん](地)

幌

幌加内[ほろかない](地)
幌延[ほろのべ](地)
幌泉[ほろいずみ](地)

篁

篁[たかむら](人)

회

会

会田[あいだ](姓)
会田安明[あいだやすあき](人)
会津[あいづ](地/姓)
会津高田[あいづたかだ](地)
会津嶺[あいづね](地)
会津美里[あいづみさと](地)
会津磐梯山[あいづばんだいさん](地)
会津富士[あいづふじ](地)
会津盆地[あいづぼんち](地)
会津小鉄[あいづのこてつ](人)
会津若松[あいづわかまつ](地)
会津坂下[あいづばんげ](地)
会津八一[あいづやいち](人)
会沢[あいざわ](姓)
会沢正志斎[あいざわせいしさい](人)

灰

灰屋紹益[はいやしょうえき](人)

栃

栃錦[とちにしき](人)
栃木[とちぎ](地)
栃尾[とちお](地)

絵

絵金[えきん](人)
絵島[えじま](地)

懐

懐良親王[かねながしんのう　かねよししんのう](人)
懐月堂安堵[かいげつどうあんど](人)
懐奘[えじょう](人)

檜

檜山[ひやま](地)
檜限川[ひのくまがわ](地)
檜原[ひのはら](地)
檜原湖[ひばらこ](地)
檜枝岐[ひのえまた](地)

횡

横

横谷[よこや](姓)
横谷宗珉[よこやそうみん](人)
横光[よこみつ](姓)
横光利一[よこみつりいち](人)
横溝[よこみぞ](姓)
横溝正史[よこみぞせいし](人)
横堀川[よこぼりがわ](地)
横瀬[よこせ](地/姓)
横瀬夜雨[よこせやう](人)
横浜[よこはま](地)
横山[よこやま](姓)
横山大観[よこやまたいかん](人)
横山又次郎[よこやままたじろう](人)
横山源之助[よこやまげんのすけ](人)
横手[よこて](地)
横手盆地[よこてぼんち](地)
横須賀[よこすか](地)
横笛[よこぶえ](人)
横田[よこた](姓)
横田喜三郎[よこたきさぶろう](人)
横井[よこい](姓)
横井小楠[よこいしょうなん](人)
横井時敬[よこいときよし](人)
横井也有[よこいやゆう](人)
横芝[よこしば](地)
横芝光[よこしばひかり](地)
横川①[よかわ](地)
横川②[よこかわ](姓)
横川景三[おうせんけいさん](人)
横川省三[よこかわしょうぞう](人)

효

孝

孝謙天皇[こうけんてんのう](人)
孝徳天皇[こうとくてんのう](人)
孝霊天皇[こうれいてんのう](人)
孝明天皇[こうめいてんのう](人)
孝昭天皇[こうしょうてんのう](人)
孝安天皇[こうあんてんのう](人)
孝元天皇[こうげんてんのう](人)
孝標女[たかすえのむすめ](人)

暁

暁月[ぎょうげつ](人)

후

朽

朽木[くつき](地/姓)
朽木元綱[くつきもとつな](人)
朽木昌綱[くつきまさつな](人)

厚

厚木[あつぎ](地)
厚別[あつべつ](地)
厚岸[あっけし](地)
厚真[あつま](地)
厚沢部[あっさぶ](地)

後

後光明天皇[ごこうみょうてんのう](人)
後堀河天皇[ごほりかわてんのう](人)
後亀山天皇[ごかめやまてんのう](人)
後奈良天皇[ごならてんのう](人)
後徳大寺[ごとくだいじ](姓)
後徳大寺実定[ごとくだいじさねさだ](人)
後桃園天皇[ごももぞのてんのう](人)
後藤[ごとう](姓)
後藤艮山[ごとうこんざん](人)
後藤光次[ごとうみつつぐ](人)
後藤徳乗[ごとうとくじょう](人)
後藤牧太[ごとうまきた](人)
後藤象二郎[ごとうしょうじろう](人)
後藤新平[ごとうしんぺい](人)
後藤又兵衛[ごとうまたべえ](人)
後藤宙外[ごとうちゅうがい](人)
後藤祐乗[ごとうゆうじょう](人)
後藤一乗[ごとういちじょう](人)
後藤才次郎[ごとうさいじろう](人)
後藤芝山[ごとうしざん](人)
後冷泉天皇[ごれいぜいてんのう](人)
後瀬山[のちせやま](地)
後白河天皇[ごしらかわてんのう](人)
後柏原天皇[ごかしわばらてんのう](人)
後伏見天皇[ごふしみてんのう](人)
後三条天皇[ごさんじょうてんのう](人)
後西天皇[ごさいてんのう](人)
後小松天皇[ごこまつてんのう](人)
後水尾天皇[ごみずのおてんのう](人)
後崇光院[ごすこういん](人)
後深草天皇[ごふかくさてんのう](人)
後桜町天皇[ごさくらまちてんのう](人)
後陽成天皇[ごようぜいてんのう](人)
後宇多天皇[ごうだてんのう](人)
後円融天皇[ごえんゆうてんのう](人)
後二条天皇[ごにじょうてんのう](人)
後一条天皇[ごいちじょうてんのう](人)
後醍醐天皇[ごだいごてんのう](人)
後鳥羽天皇[ごとばてんのう](人)
後朱雀天皇[ごすざくてんのう](人)
後中書王[のちのちゅうしょおう](人)
後志[しりべし](地)
後嵯峨天皇[ごさがてんのう](人)
後村上天皇[ごむらかみてんのう](人)
後土御門天皇[ごつちみかどてんのう](人)
後花園天皇[ごはなぞのてんのう](人)

훈

訓

訓子府[くんねっぷ](地)

薫

薫大将[かおるだいしょう](人)
薫園[くんえん](人)

훤

萱

萱野[かやの](姓)
萱野三平[かやのさんぺい](人)

휘

輝

輝く日の宮[かがやくひのみや](人)

흑

黒

黒江[くろえ](地)
黒谷[くろだに](地)
黒谷上人[くろだにしょうにん](人)
黒駒[くろこま](地)
黒駒勝蔵[くろこまのかつぞう](人)
黒崎[くろさき](地)
黒埼[くろさき](地)
黒磯[くろいそ](地)
黒島[くろしま](姓)
黒島伝治[くろしまでんじ](人)
黒滝[くろたき](地)
黒瀬[くろせ](地)
黒柳[くろやなぎ](姓)
黒柳召波[くろやなぎしょうは](人)
黒木①[くろき](姓)
黒木②[くろぎ](地)
黒木勘蔵[くろきかんぞう](人)
黒木為楨[くろきためもと](人)
黒門市場[くろもんいちば](地)
黒髪山[くろかみやま](地)
黒部[くろべ](地)
黒部ダム[くろべだむ](地)
黒部川[くろべがわ](地)
黒部峡谷[くろべきょうこく](地)
黒石[くろいし](地)
黒松内[くろまつない](地)
黒岩[くろいわ](姓)
黒岩涙香[くろいわるいこう](人)
黒闇女[くろあんにょ](人)
黒闇天[くろあんてん](人)
黒羽[くろばね](地)
黒田[くろだ](姓)
黒田如水[くろだじょすい](人)
黒田長政[くろだながまさ](人)
黒田清隆[くろだきよたか](人)
黒田清輝[くろだせいき](人)
黒田孝高[くろだよしたか](人)
黒潮[くろしお](地)
黒住[くろずみ](姓)
黒住宗忠[くろずみむねただ](人)
黒川[くろかわ](地/姓)
黒川利雄[くろかわとしお](人)
黒川温泉[くろかわおんせん](地)
黒川真頼[くろかわまより](人)
黒川春村[くろかわはるむら](人)
黒沢[くろさわ](姓)
黒沢尻[くろさわじり](人)
黒沢琴古[くろさわきんこ](人)
黒沢翁満[くろさわおきなまろ](人)
黒板[くろいた](姓)
黒板勝美[くろいたかつみ](人)
黒姫山[くろひめやま](地)

흠

欽

欽明天皇[きんめいてんのう](人)

흥

興

興部[おこっぺ](地)
興世王[おきよおう](人)
興安嶺[こうあんれい](地)
興津[おきつ](地)

희

姫

姫街道[ひめかいどう](地)
姫島[ひめしま](地)
姫路[ひめじ](地)
姫川[ひめかわ](地)

喜

喜界[きかい](地)
喜多[きた](地/姓)
喜多六平太[きたろっぺいた](人)
喜多方[きたかた](地)
喜多源逸[きたげんいつ](人)
喜多川[きたがわ](姓)
喜多川歌麿[きたがわうたまろ](人)
喜多村[きたむら](姓)
喜多村緑郎[きたむらろくろう](人)
喜多村信節[きたむらのぶよ](人)
喜多七太夫[きたしちだゆう](人)
喜多八[きたはち](人)
喜茂別[きもべつ](地)
喜入[きいれ](地)
喜田[きた](姓)
喜田貞吉[きたさだきち](人)
喜撰[きせん](人)
喜撰岳[きせんだけ](地)

稀

稀音家浄観[きねやじょうかん](人)

嬉

嬉野[うれしの](地)

【대표 저자 김영진】

*** 주요 저서**

- 셀프 일본어 첫걸음
- 셀프 일본어 문법
- 김영진 개인지도 일본어 시리즈
- JLPT 한자 빨리따기 1급/2급/3·4급
- JLPT 문법 빨리따기 1급/2급 외 40여종

찾기 쉬운

김영진 일본어 한자읽기 사전

2008. 10. 10. 초 판 1쇄 발행
2009. 8. 1. 개 정 1판 1쇄 발행
2015. 5. 14. 개 정 2판 1쇄 발행
2016. 10. 10. 수정증보 1판 1쇄 발행
2018. 5. 9. 수정증보 1판 2쇄 발행
2020. 12. 4. 수정증보 1판 3쇄 발행

지은이 | 김영진, 이덕경
펴낸이 | 이종춘
책임 | 최옥현
편집진행 | 양나경
표지 디자인 | VITA, 박원석
홍보 | 김계향, 유미나
국제부 | 이선민, 조혜란, 김혜숙
마케팅 | 구본철, 차정욱, 나진호, 이동후, 강호묵
마케팅 지원 | 장상범, 조광환
제작 | 김유석
펴낸곳 | 주식회사 성안당
주소 | 04032 서울시 마포구 양화로 127 첨단빌딩 5층(출판기획 R&D 센터)
10881 경기도 파주시 문발로 112 파주 출판 문화도시(제작 및 물류)
전화 | 02) 3142-0036
031) 950-6300
팩스 | 031) 955-0510
등록 | 1973. 2. 1. 제406-2005-000046호
출판사 홈페이지 | www.cyber.co.kr
ISBN | 978-89-315-8240-6 (03730)
정가 | 38,000원

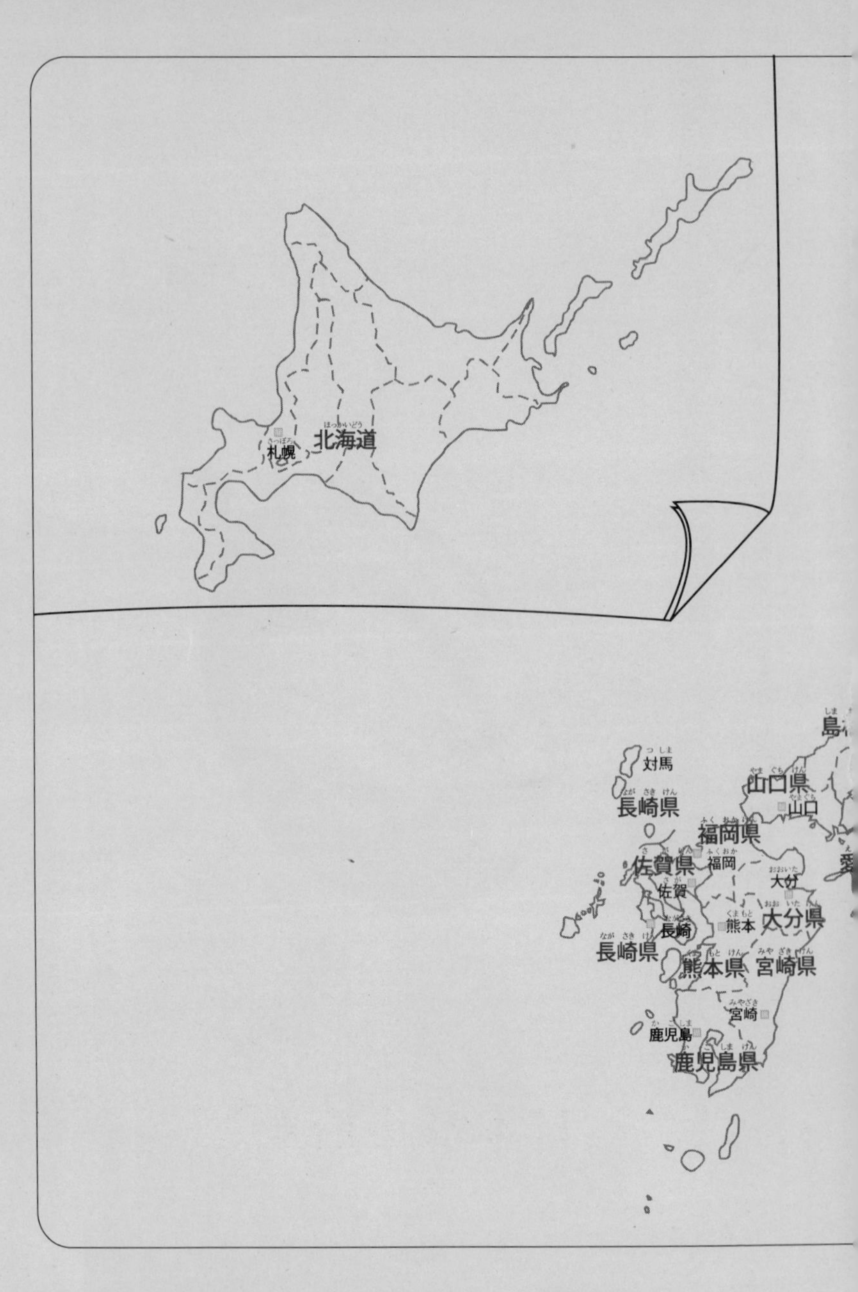

北海道
札幌
対馬
長崎県
山口県
山口
福岡県
佐賀県
福岡
佐賀
大分
長崎
熊本
大分県
長崎県
熊本県
宮崎県
宮崎
鹿児島
鹿児島県